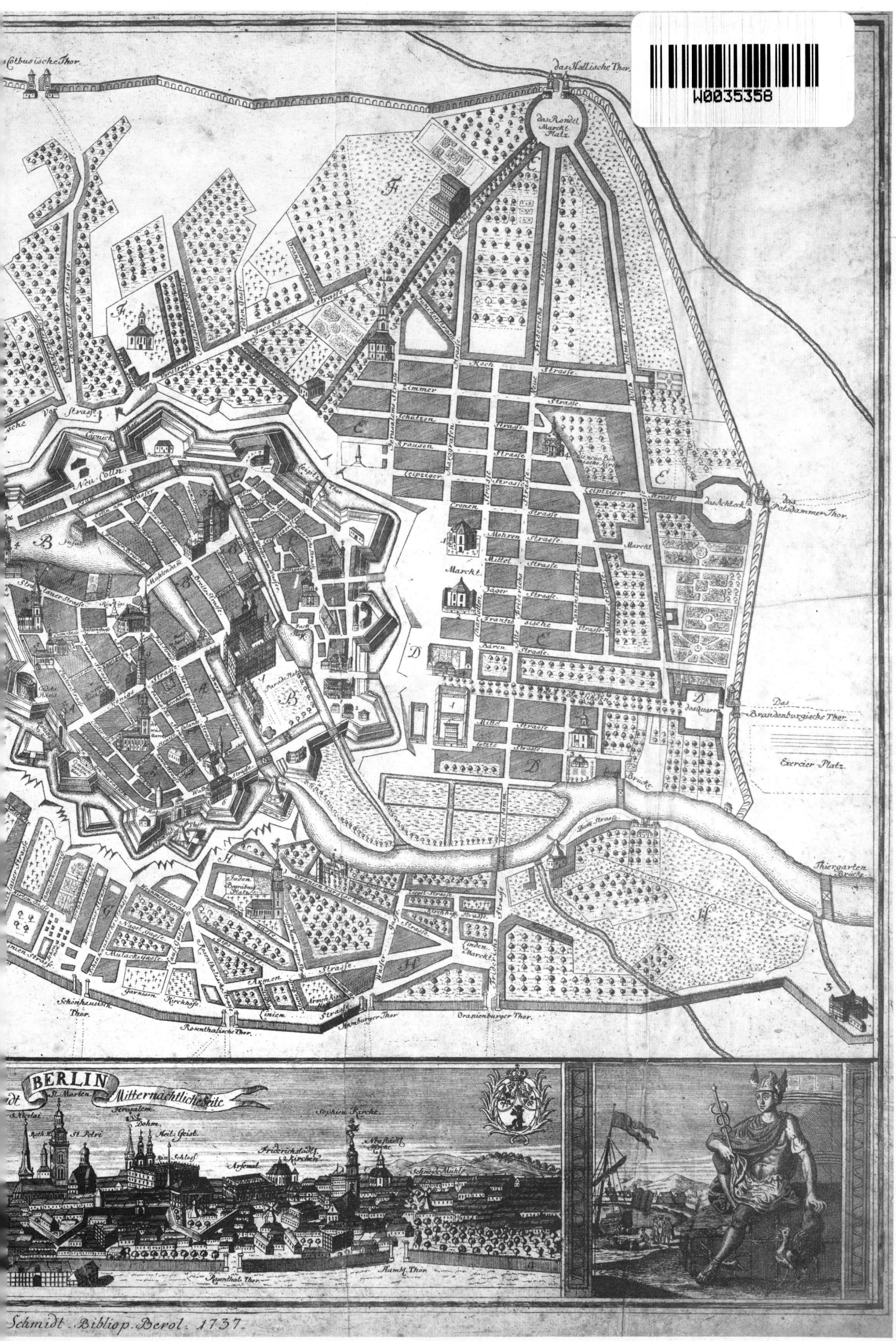

Schmidt Bibliop. Berol. 1737.

Johann Friedrich Geist   Klaus Kürvers

Das Berliner Mietshaus
1740-1862

Eine dokumentarische Geschichte
der »von Wülcknitzschen Familienhäuser« vor dem Hamburger Tor,
der Proletarisierung des Berliner Nordens
und der Stadt im Übergang von der Residenz zur Metropole

Prestel-Verlag München

Der vorliegende Band ist der erste Teil einer
Geschichte des Berliner Mietshauses.
Der zweite Teil umfaßt den Zeitraum zwischen
1862 und 1945 und ist soeben erschienen.
Am abschließenden dritten Teil, der die Entwicklung
des Berliner Mietshauses seit 1945 bis in die
Gegenwart verfolgt, wird zur Zeit gearbeitet.
Dieser Band wird voraussichtlich 1987 erscheinen.

CIP-Kurztitelaufnahme der Deutschen Bibliothek

Geist, Johann Friedrich:
Das Berliner Mietshaus / Johann Friedrich
Geist ; Klaus Kürvers. – München : Prestel.
NE: Kürvers, Klaus:
Bd. 1. 1740 – 1862 : e. dokumentar. Geschichte
d. ›von Wülcknitzschen Familienhäuser‹ vor d.
Hamburger Tor, d. Proletarisierung d. Berliner
Nordens u. d. Stadt im Übergang von d. Residenz
zur Metropole. – 1980.
ISBN 3-7913-0524-7

Inhaltsverzeichnis

Vorwort

Mit diesem ersten Teil der Geschichte des Berliner Mietshauses — tiefes Aufatmen bei allen, daß er nun wirklich fertig ist —, der den frühen Zeitraum von der ersten Friderizianischen Kolonie vor den Toren der Stadt bis zum großen Berliner Bebauungsplan behandelt, den Zeitraum also, in dem die Voraussetzungen für spätere massenhafte Reproduktion des Typs „Berliner Mietskaserne" geschaffen werden, legt der an der Hochschule der Künste in Berlin-West eingerichtete Forschungsschwerpunkt „Theorie und Geschichte von Bau, Raum und Alltagskultur" sein zweites Arbeitsergebnis vor. Das erste war die Filmserie „Küche, Stube usw. — Zur Geschichte der Arbeiterwohnung", die 1977—78 im Auftrag des Westdeutschen Rundfunks entstanden war.

Beide Themen hängen miteinander zusammen. Ging es in den Filmen um die ländlichen Verhältnisse, um Arbeiterwohnungsbau an Industriestandorten außerhalb der Stadt, so wird in dieser Forschungsarbeit mit dokumentarischen Mitteln versucht, die Frühgeschichte des städtischen Mietshauses am Beispiel Berlins auszugraben. Was bisher fehlte, sind exakte Untersuchungen nicht nur zur Bau-, sondern auch zur Sozial- und Kulturgeschichte des Mietshauses am konkreten Beispiel.

Von unserem Objekt — den v. Wülcknitzschen Familienhäusern vor dem Hamburger Tor —, auf das wir durch eine literarische Quelle gestoßen sind, fehlt jeglicher Überrest; der einzige Bildausschnitt, auf dem im Hintergrund ein Teil von ihnen zu sehen ist, ist dieser:

→vgl. S. 81

Wir haben mit allen irgendwie aufspürbaren Dokumenten und wie Privatdetektive den Fall der Familienhäuser systematisch rekonstruiert, die Diskussionen, die über dieses „Trojanische Pferd vor den Toren Berlins" zwischen Armendirektion, Polizeipräsidium, Magistrat, Innenminister und Regierung geführt wurden, entwirrt, den Fall als Ort vermessen und die Geschichte der Gegend, des pauperisierten Voigtlands, geschrieben. In dem Fall spiegeln sich die allgemeinen Verhältnisse, in dem Ort die Entwicklung der Stadt und in der Transformation der Gegend der Übergang von feudaler zu kapitalistischer Produktionsweise in Preußen mit all seinen Besonderheiten.

Wir hoffen, daß die Arbeit trotz ihres Volumens lesbar und nicht zu gelehrt geworden ist und einen Gebrauchswert auf lange Zeit hat. Die Unzufriedenheit über die Art von Berlin-Büchern, wie sie bei uns auf den Markt geworfen werden, die sich entweder nur mit hoher Kunst beschäftigen oder im Anekdotischen versinken, ist mit eingeflossen. Wir wollten es endlich genauer wissen.

Wir hätten den Fall der Familienhäuser nicht in dieser Komplexität entfalten können, wenn nicht drei Umstände uns dabei geholfen hätten:

1. das weitgehende und interessierte Entgegenkommen der Archive in der DDR, in Berlin-West, in der BRD und in der Schweiz, die uns bei der Sichtung des umfangreichen Aktenmaterials geholfen haben;

2. die finanzielle und personelle Unterstützung, die der Forschungsschwerpunkt bei der Hochschule der Künste, ihrem Präsidenten Ulrich Roloff und seiner Verwaltung gefunden hat, ohne die wir die Arbeit nicht so schnell hätten fertigstellen können;

3. die Ausstattung durch die Deutsche Forschungsgemeinschaft mit Sachmitteln, durch die es möglich war, das in der Schweiz aufgespürte Grunholzer-Tagebuch seiner Berliner Studienzeit zu entziffern und in eine zitierbare Form zu übertragen und umfangreiches Planmaterial nachvollziehbar zu machen.

Wir danken Klaus Homann, Martin Kieren und Joachim Krausse vom Forschungsschwerpunkt für die vielen Diskussionen über die Struktur der Arbeit und dem Prestel-Verlag München dafür, daß er bereit war, diese aus dem Rahmen des Kunstverlags fallende Forschungsarbeit in sein Programm, in dem Berliner Themen allerdings schon reich vertreten sind, mit aufzunehmen und zu betreuen.

Es haben uns durch ihre Sammlungen und Dienste besonders unterstützt:
Zentrales Staatsarchiv Merseburg
Staatsarchiv Potsdam
Stadtarchiv Berlin (DDR)
Landesarchiv Berlin (West)
Archiv der Evangelischen Kirche der Union in Berlin (West)
Staatsarchiv Hamburg
Goethe-Haus Frankfurt/M.
Märkisches Museum Berlin (DDR)
Chronikstube Uster, Paul-Kläui-Bibliothek, Uster (Schweiz)
Frau Ritter-Hürlimann, Uster (Schweiz)
Günter Liebchen, Berlin (West)

Es haben zusammengearbeitet:

Carla Bernards	Lektorat
Evelyn Böttcher	Register
Ute Erb	Composersatz
Johann Friedrich Geist	Autor
Hans Ulrich Hirschfelder	Korrektur
Klaus Homann	Abbildungen
Martin Kieren	Zeichnungen
Klaus Kürvers	Autor
Grittli Niewisch-Eisner	Abschriften
Annette Otterstedt	Text-Übertragungen
Christine Schmer	Abschriften
Luise Wotschke	Umbruch

Berlin (West), den 7.9.1980

1 Erfahrungen eines jungen Schweizers im Voigtlande

**Anhang zu
„Dies Buch gehört dem König"
von Bettina von Arnim,
Berlin 1843**

Dies Buch

gehört dem König.

534

Erfahrungen eines jungen Schweizers im
Vogtlande.

(Als Beilage zur Socratie der Frau Rath.)

Der Vater webet zu Bett und Hemden und Hosen und Jacke das Zeug und wirkt Strümpfe, doch hat er selber kein Hemd. Barfuß geht er und in Lumpen gehüllt!

Die Kinder gehen nackt, sie wärmen sich einer am andern auf dem Lager von Stroh und zittern vor Frost.

Die Mutter weist Spuhlen vom frühsten Tag zur sinkenden Nacht. Öl und Docht verzehret ihr Fleiß, und erwirbt nicht so viel daß sie die Kinder kann sättigen.

Abgaben fordert der Staat vom Mann, und die Miethe muß er bezahlen sonst wirft ihn der Miethherr hinaus und die Polizei steckt ihn ein. Die Kinder verhungern und die Mutter verzweifelt.

Die Armenverwesung hat taube Ohren, sie läßt lange vergeblich sich anschreien vom Armen, was er ihr abdringt das Leben zu fristen, läßt ihn nur langsamer sterben. Die Armenverwesung spart die milden Spenden zum Kapital und legt es auf Zinsen. Die Armen sind Verschwender: „Heute essen sie, — morgen nicht, — übermorgen essen sie wieder, und in den Zwischentagen geben sie dem noch ärmeren Nachbar was sie sich abhungern:"

Kreuzweis wird durch die Stube ein Seil gespannt in jeder Ecke haust eine Familie, wo die Seile sich kreuzen steht ein Bett für den noch Ärmeren den sie gemeinschaftlich pflegen. —

An Feiertagen hält der Mäßigkeitverein eindringliche Reden im Vogtland, wo für 5 Dreier, Fünfe ein Mahl sich bereiten. Ist Euer Magen zu schlaff daß Ihr den Verein zum Vogtland nicht hinausbellt. So wie der Bettelvoigt mit Flüchen den wieder hineinbellt, der mit List durchschlüpft um für Vater und Mutter ein Stück Brod zu erbetteln.

Ihr sagt zwar, „Es geht nicht zu helfen" ich sag, „es geht doch, Ihr widersprecht und seid nicht zum Schweigen zu bringen mit hohlen Gründen der Philisterei. Wärt Ihr aber selber die Armuth, dann würdet Ihr allen Philisterverstand übertäuben mit dem Geschrei Eurer Noth."

536

Soll der Adel Euch adeln den mit Wucherglück der Bürger seiner Abkunft zum Hohn im adlichen Gute sich ankauft; so mach er statt Luxus-Anlagen von Tempel und Grotte und tanzenden Wassern, — Anlagen für Heimathlose, und sein Sommerplaisir die inglish cottage mach er zur deutschen Hütte worin deutsche Armuth sich erholt; den englischen Rasen theil er aus zu Feldern für Kartoffel und Brod und er ist Edelmann, wer wird widersprechen.

Höher steigt dann im Rang wers um die Armen verdient, durch ihre Betriebsamkeit mit sich zugleich sie selber emporbringt, der grünt am eignen Stamm wie ein edleres Pfropfreis, lebendige Bedeutung die wir anerkennen in ihm, hat er als Graf.

Wer aber keinen andern Zweck mehr hat als der Elenden Ansprüche ans Leben zu vertreten, keine Standeserhebung als nur die Erhebung der Menschheit ins Gesammt, der die Asche seiner Väter mit der Armen Asche auf dem Gottesacker sammelt, und keine Familiengruft baut seinen Ahnen, wo Lebende kein Obdach haben, der ist vom reinen Stamm — der Fürst der Menschheit und reich an Gütern der Weisheit an denen wir alle ja arm sind. —

537

Vogtländer bejammre nicht dein
eignes Geschick.
Beklage nur die, die kein Mitleid
fühlen mit dir.

Vor dem Hamburger Thore, im sogenannten Vogtland, hat sich eine förmliche Armen-Colonie gebildet. Man lauert sonst jeder unschuldigen Verbindung auf. Das aber scheint gleichgültig zu sein, daß die Armsten in Eine große Gesellschaft zusammengedrängt werden, sich immer mehr abgränzen gegen die übrige Bevölkerung und zu einem furchtbaren Gegengewichte anwachsen. Am leichtesten übersieht man einen Theil der Armengesellschaft in den sogenannten „Familienhäusern." Sie sind in viele kleine Stuben abgetheilt, von welchen jede einer Familie zum Erwerb, zum Schlafen und Küche dient. In 400 Gemächern wohnen 2500 Menschen. Ich besuchte daselbst viele Familien und verschaffte mir Einsicht in ihre Lebensumstände.

In der Kellerstube Nr. 3 traf ich einen Holzhacker mit einem kranken Bein. Als ich eintrat, nahm die Frau schnell die Erdäpfelhäute vom Tische, und eine

538

sechszehnjährige Tochter zog sich verlegen in einen Winkel des Zimmers zurück, da mir ihr Vater zu erzählen anfing. Dieser wurde arbeitsunfähig beim Bau der neuen Bauschule. Sein Gesuch um Unterstützung blieb lange Zeit unberücksichtigt. Erst als er ökonomisch völlig ruinirt war, wurden ihm monatlich 15 Silbergroschen zu Theil. Er mußte sich ins Familienhaus zurückziehen, weil er die Miethe für eine Wohnung in der Stadt nicht mehr bestreiten konnte. Jezt erhält er von der Armendirektion 2 Thaler monatlich. In Zeiten, wo es die unheilbare Krankheit des Beines gestattet, verdient er 1 Thaler monatlich; die Frau verdient das Doppelte, die Tochter erübrigt $1\frac{1}{2}$ Thlr. Die Gesammteinnahme beträgt also $6\frac{1}{2}$ Thlr. im Monat. Dagegen kostet die Wohnung 2 Thlr.; eine „Mahlzeit Kartoffeln" 1 Sgr. 9 Pf.; auf zwei tägliche Mahlzeiten berechnet, beträgt die Ausgabe für das Hauptnahrungsmittel $3\frac{1}{2}$ Thlr. im Monat. Es bleibt also noch 1 Thlr. übrig zum Ankaufe des Holzes und alles dessen, was eine Familie neben rohen Kartoffeln zum Unterhalte bedarf. — Im Zimmer Nr. 113 des gleichen Hauses wohnt der alte Sinhold mit seiner Frau. Aus dem letzten Feldzuge kehrte er mit zerrütteter Gesundheit zur Arbeit in der Fabrik zurück. Er erzog neun Kinder.

539

Die Armuth zwang ihn, die Stadt zu verlassen und zwei Webstühle im Familienhause aufzustellen. Seit funfzehn Wochen liegt er krank im Bette. Die Webstühle stehen still, die Frau ist mit der Epilepsie behaftet, verdiente sonst mit Spuhlen $1\frac{1}{2}$ Sgr. täglich; jezt findet sie keine Arbeit. Die wenigen Geräthschaften gehören den Juden, der lezte Rock ist verkauft. Von der Armendirektion erhält Sinhold jeden Monat 1 Thlr., den aber der Hausverwalter sogleich in Empfang nimmt. Der Krankenverein reicht ihm die „Krankensuppe," die ihn und seine Frau ernährt. Vom Haushertn ist er „ausgeklagt;" d. h. er ist für drei Monat Miethe schuldig. Am 1. April wird man ihn in die Charité bringen, die Frau aus dem Hause jagen, und das Zimmer versiegeln mit allem, was darinnen ist. —

Ich ging in den finstern Hausgängen auf und ab, horchte an den Thüren, und wo ich weben hörte, trat ich ein. In Nr. 18 traf ich zwei Weber, die machten $\frac{3}{4}$ Elle breite dicke Leinwand. Jeder webt täglich 6 bis 7 Ellen und bezieht von der Elle 1 Sgr. Arbeitslohn; dagegen hat er wöchentlich 10 Sgr. für die Einschlagespuhlen und 5 Sgr. für Schlichte auszugeben. In einem Monat werden also 4 Thlr. rein verdient. Nach Abzug der Miethe bleiben noch 2 Thlr. auf Nahrung,

540

Kleidung und Holz zu verwenden. — Einen Arbeiter sah ich, dem ist die Frau gestorben; er kann keinen eigenen Haushalt führen, dient als Weberknecht, erhält von der Elle 8 Pf., und hat für sich und die Kinder das Tischgeld zu bestreiten. Diese Leute wären recht wohl zufrieden, wenn es ihnen nur nicht bisweilen wochenlang an Arbeit fehlte. — In Nr. 5 wohnt Unger, ein recht geschickter Weber. Er hat auf seinem Stuhle $1\frac{7}{8}$ Elle breite gestreifte Leinwand. An einem Stücke von 66 Ellen, mit welchem er in vierzehn Tagen fertig wird, verdient er 3 Thlr. 5 Sgr. Die Frau sagte mir, daß sie abwechselnd Kartoffeln und Hafergrütze koche; jede Mahlzeit koste $2\frac{1}{2}$ Sgr.; da die Kinder schlecht gekleidet seien, so müßten sie frieren, wenn sie nicht täglich für $1\frac{1}{2}$ Sgr. Holz einlegte. Wenn diese Leute nur zwei Mal essen im Tage, so beläuft sich die monatliche Ausgabe (2 Thlr. Miethe eingerechnet) auf 7 Thlr. 15 Sgr., während die Einnahme im günstigsten Falle nur 6 Thlr. 10 Sgr. beträgt. Ich unterhielt mich lange mit Unger und seiner Frau; er ist ein so verständiger und braver Mann und sie so heiter und freundlich, daß es mir ganz wohl zu Muthe wurde. Ich dachte nicht mehr an jenes ungünstige Zahlenverhältniß, sah das Stroh nicht unter der leichten Bettdecke und achtete

541

nicht mehr auf die Lumpen, in welche die Kinder gehüllt waren. Ich hörte keine Klage; der Hausvater trieb emsig das Weberschiffchen hin und her und erzählte mir scherzend, daß es ihm mit den Kindern gehe, wie dem bekannten Schuster Flick, der ein kleines forttragen wollte und zwei zurückbrachte. Die Mutter hielt das kleinste Kind auf der Schürze und trieb das Spuhlrad. Dabei erzählte sie vergnügt, daß zwei Kinder die Schule besuchen und recht viel lernen. Es zeigt sich auch hier, daß die Armen ihre größte Freude an den Kindern haben und fest darauf rechnen, daß diese durch den Schulunterricht aus dem Elende gerissen werden. — Ist es nicht barbarisch, daß man heut zu Tage die Fruchtbarkeit der Armen so hart tadelt? Ich hörte schon oft sagen: Warum zeugen die Leute so viele Kinder, wenn sie diese doch nicht ernähren können!

Im „Querhause“ (Gartenstraße 92 a) Stube Nr. 9 wohnt der Tischlergeselle Gellert. Ich traf ihn nicht zu Hause. Seine Schwiegermutter lag todtkrank auf dem Stroh, die Frau scheint auch sehr krank zu sein; sie hielt sich mit Mühe aufrecht, und erzählte mir, daß der Mann vierzehn Tage ohne Arbeit und jetzt ausgegangen sei, „um Brod zu suchen;“ die Kinder seien in der Schule. Die Familie erhält von keiner Seite Un-

542

terstützung. — Im Dachstübchen Nr. 76 wohnt ein Schuster, Schadow. Ich sah lange Zeit durch die gespaltene Thüre ins Zimmer. Er arbeitete fleißig; die Frau saß am Boden und nähte einige Lumpen zusammen; zwei kleine, halbnackte Kinder saßen am Boden und spielten mit einer alten Tabakspfeife. Als ich eintrat, war Schadow ganz erschrocken; er hatte mich für den Inspektor gehalten, dem er Miethe schuldig ist, und sah sich gern enttäuscht. Das Zutrauen der Unglücklichen hat man sich bald erworben: es dauerte nicht lange, so erzählte mir der Mann seine ganze Lebensgeschichte; daß er dabei nicht viel von seinen Fehlern sprach, schien mir sehr verzeihlich und zum Theil überflüssig, da ich an ihm ja leicht merken konnte, daß er den Branntwein liebt und seine Frau sehr unordentlich ist. Sch. ist der Sohn armer Eltern; er konnte Berlin nie verlassen, weil er dieselben bis zu ihrem Tode unterstützen mußte. Er verheirathete sich früh, etablirte sich in der Stadt und machte gute Geschäfte. Seine Familie vermehrte sich schnell, worauf er bei seinen Ausgaben zu wenig Rücksicht nahm, und was daran Schuld gewesen sei, daß er in der Stadt nicht mehr wohnen konnte. (Große arme Familien werden von den Hausbesitzern nicht geduldet.) 1836 zog er ins Familienhaus. Fünf sei-

543

ner Kinder starben an den Pocken, und während sie krank waren, fehlte es ihm an Arbeit. Von Niemandem unterstützt, gerieth er dadurch so in Schulden, daß er mehrmals aus dem Hause geworfen werden sollte. Er verkaufte Hausgeräthe und Kleider und ist jetzt so entblößt von allem, daß er nicht einmal ein Hemd besitzt. Durch Arbeit kann er sich nicht wieder aufschwingen, weil es ihm an Leder fehlt und die Flickarbeit, die er den Leuten im Familienhause macht, schlecht bezahlt wird. Zudem hat er mit zwölf andern Schustern, die am gleichen Orte wohnen, zu concurriren. Ich sah es selbst, wie seine Frau um Arbeit ausging, und er unterdessen die Kinder hütete. Es war drei Uhr Abends, und er hatte an demselben Tag erst 2 Sgr. verdient; den einen gab er wieder aus für Zwirn, für den andern kaufte er Brod. Das Kleine fing an vor Hunger zu weinen. Sch. hatte so eben einen Schuh geflickt und gab ihn der Frau mit den Worten: „Trage ihn fort, laß Dir einen Sechser dafür geben und bring dem Kind ein Semmelbrod; es hungert.“ Die Frau kam mit leerer Hand zurück; das Mädchen, dem der Schuh gehörte, konnte nicht bezahlen. Das Kind weinte noch immer, und Vater und Mutter weinten mit. Ich half mit einigen Groschen aus der augenblicklichen Verlegen-

544

heit. Schnell sagte Sch. zu seiner Frau: „Nun geh, hole für 6 Pf. Brod, für 3 Pf. Kaffee und für 3 Pf. Holz; das Übrige lege in den Schrank, ich will es dem Inspektor bringen; vielleicht hält er die Klage noch zurück." Es war ihm ein Stein vom Herzen genommen, er schaute zum Fenster hinaus und meinte, es könnte doch ein fruchtbares Jahr geben. Dann fing er auch an zu politisiren: es schade ihm viel, daß von den Schuhfabrikanten in Spandau so wohlfeil gearbeitet werde, daß nur die großen Bäcker den Brodpreis bestimmen; am meisten aber, daß der Hausherr so viel Abgaben bezahlen und deshalb die Wohnungen so theuer vermiethen müsse; in einem freien Lande gebe es gewiß nicht so viele Arme. — Bald war die Frau wieder zurück. Es wurde Feuer gemacht im Ofen und Brod vertheilt. Die Kinder warteten aber mit ihrem Theile nicht, bis der Kaffee fertig war. —

Sch. wird nicht unterstützt. Es heißt: man gebe den Leuten im Familienhause nicht gerne; es seien da so viel Arme, daß die Armendirektion derselben nicht mehr los würde, wenn sie einmal zu helfen anfinge. Sollte Sch. nichts bekommen wegen seiner Liederlichkeit, so wäre dies sehr ungerecht. Wo die Noth so groß ist, muß man thätig unterstützen, nicht moralisiren, bis die Leute

545

Leute vor Hunger sterben. Auch ist zu bedenken daß die Hoffnung wieder aufzukommen, Kraft giebt zur Bekämpfung des Leichtsinnes.

Im Querhause, Stube 72, traf ich Frau Schreyer. Ihr Mann war ein armer Weber, starb 1814 und hinterließ drei unerzogene Kinder. Die Wittwe erzog diese im Familienhause, ohne von irgend einer Seite unterstützt zu werden. Nur ein Sohn ist noch am Leben; er lebt von der Mutter getrennt als Weber und kann mit Noth seine Familie ernähren. Frau Sch. schloß sich an einen Weber an, dem sie die Bobinen macht und so des Tags 1 Sgr. verdient. Es ist hier darauf zu achten, daß diese Frau mit einem Manne, mit dem sie nicht getraut ist, zusammenleben muß, nur um nicht arbeitslos zu sein und vor Hunger umzukommen. Hat jener keine Arbeit, so ist sie auch ohne Brod. Seit kurzer Zeit läßt ihr die Armendirektion monatlich 1 Thlr. 15 Sgr. zukommen; davon braucht sie aber 1 Thlr. 1 Sgr. für die Hälfte der Miethe (die andere Hälfte trägt der Weber). Sie hat also im Monat nur 1 Thlr. und 10 Sgr. auf Nahrung, Kleidung, Holz etc. zu verwenden. In diesem Augenblick verdient sie gar nichts und ist zudem unwohl. Es giebt Tage, wo sie nichts zu essen hat; die gewöhnliche Nahrung besteht in Brod

35

546

und bitterm Kaffee, in der Regel wird nur Morgens und Abends gespeist. Sie zeigte mir einen Teller voll Kaffeesatz, den eine arme Nachbarin gebettelt und mit ihr getheilt hat. — Es ist rührend, wie die Armen sich gegenseitig unterstützen! Ich wollte mich so eben entfernen, als der ebenfalls im Familienhause wohnende Schuster G. etwas betrunken in die Stube trat. Es entwickelte sich ein Gespräch:

G. Ich habe hier ein Paar Stiefeln für Ignaz; ich weiß, daß er barfuß geht und sie brauchen kann; er soll mir nichts dafür geben.

Frau Sch. Er ist jezt nicht zu Hause.

G. Wo ist er?

Fr. Sch. Er sizt.

G. Es ist nicht möglich?

Fr. Sch. Doch — Sie wissen, daß er seit fünf Wochen keine Arbeit hat, und wir Beide großen Hunger leiden. Am Montag konnte er es nicht mehr aushalten; er entlehnte ein Paar Schuh von unserm Nachbar und ging um ein Bischen Brod aus. Da haben ihn die Gensdarmen gleich erwischt und auf die Stadtvogtei gebracht.

G. (Fängt an zu weinen.) Der alte Ignaz auf der Stadtvogtei! Die ehrlichste Haut, die es auf der

547

Welt giebt! Ich habe ihn als Soldat gekannt, wie er bei Leipzig focht; und seither waren wir immer gute Freunde.

(Der Weber Matthes tritt herein und giebt der Wittwe Schreyer Luthers Lebensgeschichte zurück.)

Ist Ignaz noch nicht da?

Fr. Sch. Nein. Ich erwarte ihn jeden Augenblick. Es liegt da Garn zu einer Schürze. Wir könnten wieder einen Groschen verdienen, wenn er los wäre. Ich habe diesen Morgen von der „Bischoffen" Kleider gelehnt, — ich kann so doch nicht vors Haus gehen — ging dann nach der Stadtvogtei und bat den Referendarius, er möchte Ignazen freigeben. Er hat es mir auf diesen Mittag versprochen.

Weber M. Er kommt heute nicht mehr; es ist schon zu spät.

Fr. Schr. Aber er sizt doch schon vier Tage, und der Referendarius sagte mir selbst, daß Ignaz nur wegen des Bettelns eingesteckt sei.

Weber M. Der alte Mann dauert mich. Er hat noch Soldatenstolz, gewiß hat er nicht ohne die größte Noth gebettelt.

G. Nach der Noth fragen sie auf der Stadtvogtei nicht. Man sollte aber die verfluchten Schreiber lehren,

35*

548

was Noth ist. Die elenden Kerl dürfen einen alten Soldaten einstecken! Kreuzsacrament, ich bin auch Soldat gewesen! Man möchte ....!

Wittwe Schr. Werden Sie nicht so eifrig; ich kann dergleichen Redensarten auf meiner Stube nicht dulden.

G. (immer eifriger) Sie wissen nicht, was Recht ist. Man giebt uns keine Arbeit, verbietet das Stehlen und wirft uns ins Loch, wenn wir betteln. Das kann nicht so fortgehen; man kann noch anders sterben, als vor Hunger; ich weiß es; ich habe in sieben Schlachten mitgefochten.

Weber M. Die sind aber nicht Schuld daran, daß wir Nichts verdienen.

G. Aber sie verzehren doch Geld, das ihnen nicht allein gehört. Übrigens habe ich selbst erfahren, wie sie für die Armen sorgen. Weiber, die mit den Franzosen freundlich thaten, werden unterstützt; die Männer, welche die Franzosen aus dem Lande gejagt haben, werden verstoßen. Ich habe mich zum Nachtwächterdienst gemeldet und erhielt nicht einmal eine Resolution.

Weber M. Da kann aber der König nichts dafür.

G. Ich sage ja nichts gegen den König. Ich habe es bewiesen, daß ich gut preußisch bin; ich habe gerne

549

für den König gehungert, als er im Trocknen saß, ich habe ohne Murren acht Kinder aufgezogen; dafür sollte man mich aber in meinen alten Tagen nicht hungern lassen. Sie denken gewiß so, wie ich, und noch viele Tausend. Sie wollen sich nur zufrieden stellen vor diesem fremden Manne. Er ist kein Spion; aber wenn er einer wäre, so sagte ich es doch frisch heraus, daß es bei uns nicht auf dem rechten Wege geht. (Mich von der Seite ansehend.) Die verfluchten Zeitungsschreiber sagen es auch, aber thun weiter nichts.

In diesem Tone ging es eine Zeit lang fort. Nach und nach kamen noch andere Nachbaren in die Stube. Alle fragten nach Ignaz. Die Versammlung ging in der größten Mißstimmung auseinander. —

———

Am gleichen Abend machte ich noch einen Besuch beim Invaliden Bischoff (Stube Nr. 141.) dieser hat fünf Blessuren; der linke Arm ist unbrauchbar. Er bezieht aus der Invalidenkasse monatlich 1 Thlr. Dazu verdient er einige Groschen durch Verfertigung von Kinderspielzeug. Die Frau leidet an Epilepsie. Heute haben Mann und Frau außer einem Häring, den sie für 6 Pf. kauften, noch nichts gegessen. Anstatt des

550

Bettes ist ein Lager von Stroh im Winkel. Das Benehmen der Leute, die Reinlichkeit in der Stube und eine Borderie auf einem alten Stuhle ließen mich vermuthen, daß Bischoff schon in besseren Umständen gelebt habe. Mit aller Klugheit konnte ich aber Anfangs nichts herausbringen. Die Frau klagte mir, daß zu einem hübschen Spielwerke noch die Puppen fehlen. Ich gab das Geld zu diesen her und schloß mir dadurch die Herzen auf. Bitterlich weinend erzählte mir Bischoff, daß er vor Jahren ein glänzendes Auskommen als Hoflackirer gefunden habe, daß er durch die erste Frau und drei Kinder ins Unglück gebracht worden sei. Ich erkundigte mich nach den Kindern „Wir dürfen es Ihnen nicht sagen, wo die Kinder sind" — Ich mache keinen Mißbrauch von Ihrer Erzählung — „Ach Gott! — drei Söhne sind in Spandau, für die Erziehung eines andren Sohnes und einer Tochter sorgt die Königin." So Etwas hab ich noch von keinem Vater gehört. Das Herz wurde mir schwer und ich weiß nicht, wer Schuld ist, daß ich der weitläufigen Erzählung nicht folgen konnte. — Es sind Verhältnisse vorhanden in dieser Familie, welche der genauern Untersuchung werth sind. Bischoff hat aber seine wichtigsten Papiere

551

dem frühern Miethherrn für eine Schuld von 1 Thlr. 25 Sgr. versetzt. —

———

Gartenstr. 92a. Stube 71. Der Schneider Engelmann hat graue Haare, ist aber noch ganz munter. Seine Frau scheint bedeutend jünger zu sein; in ihren angenehmen Gesichtszügen liegt viel Kummervolles. Das Dachstübchen ist schön aufgeräumt, der Boden gefegt; die Bettdecken sind weiß. Ich durfte den Zweck meines Besuches nur sachte andeuten, so begann der Alte die Erzählung seiner Lebensgeschichte mit Bezeichnung des Geburtstages, und führte sie mit dem besten Humor auf die Gegenwart fort; obgleich sie eine ganze Reihe von Unglücksfällen darstellte. Er wußte geschickt den Nachdruck auf das Erfreuliche zu legen, wie z. B. auf den Umstand, daß er durch das Loos den Leiden des russischen Feldzuges, bei welchem er ohne Zweifel erfroren wäre, entronnen sei und sich bei einer zweiten Conscription glücklich auf preußischem Boden geflüchtet habe. Diese Flucht führte ihn auf das Reisethema; er sprach begeistert vom Harzgebirge und sagte zuletzt: „Sollte ich einmal einige Groschen auf einen kleinen Theil eines Viertelloses setzen und gewinnen, so machte ich doch noch eine Reise nach meiner Vaterstadt

552

Nordheim." Ich durfte die Freude des Mannes nicht stören und entfernte mich. Da ich aber die Gemüthsstimmung der Frau so ganz verschieden gefunden hatte von derjenigen des Mannes, so besuchte ich die Familie am späten Abend noch einmal und erhielt nun über ihre Lage die gewünschten Aufschlüsse.

Engelmann wohnt schon siebenundzwanzig Jahre in Berlin und rechnet es sich zur Ehre, während dieser Zeit nie in gerichtliche Untersuchung gekommen zu sein. Sein elftes Kind ist vier Monat alt, ein zwölftes wird erwartet; acht Kinder sind gestorben; der älteste Knabe ist bei einem Müller in der Lehre. — Bis 1834 wohnte E. in der Stadt. 1833 kam er in die Charité wegen eines kranken Fußes. Kaum war er gesund, so erkrankte die Frau und lag zehn Wochen im Bette. Das Krankenhaus war so angefüllt, daß er die Erlaubniß seine Frau dahin zu bringen dem besondern Wohlwollen des Herrn Geh. Rath Kluge verdankte, dabei ist ihm die Fürsprache der Stubenmagd unvergeßlich. Es fehlte ihm aber das Geld, um die Kranke zu Wagen in die Charité zu bringen. Umsonst wandte er sich deshalb an die Armendirektion. Ein guter Freund borgte ihm einen Thaler dazu, den er heute noch schuldig und zurückzuerstatten bemüht ist. Um

553

nicht an der Arbeit verhindert zu sein, ließ er das kleinste Kind außer dem Hause verpflegen; was ihn $3\frac{1}{2}$ Thlr. kostete. Da er diese aus eigenen Kräften nicht bestreiten konnte, so kam er abermals bei der Armendirektion um Unterstützung ein und erhielt für ein und allemal zwei Thaler. Nach vier Wochen kam die Frau krank zurück. E. arbeitete ganze Nächte hindurch, konnte aber doch die Miethe nicht mehr erschwingen, wurde aus dem Hause geworfen und entschloß sich auf einige Monate ins Familienhaus zu ziehen. (In diesem Augenblicke hätten vielleicht 10 Thlr. auf immer geholfen.) Hier fand er aber keine Kundschaft, wurde mit jedem Tage ärmer und durfte zuletzt gar nicht mehr hoffen aus dem Vogtlande heraus zu kommen; was ihm auch für seine Knaben leid that, weil hier die Schulen nicht so gut seien, wie in der Stadt. Er hat kein Geld, um Futter und Knöpfe zu kaufen und macht daher meistens nur Flickarbeit. Mehr als täglich $7\frac{1}{2}$ Sgr. verdient er nie. Die Frau leidet noch immer an der Gicht und verdient nichts. Am meisten drückt ihn die Miethe (20 Thlr. jährlich). Oft bricht er sich am Munde ab, um dieselbe bezahlen zu können und lebt doch immer in Gefahr, ausgeklagt zu werden. Auf seinen Tisch kommt abwechselnd Brod zum schwar-

554

zen Kaffee, Häring und dünne Mehlsuppe. Wenn er nur einen Tag ohne Arbeit ist, so muß er Kleidungsstücke ꝛc. versetzen. Er zeigte mir verschiedene Scheine, nach welchen er $7\frac{1}{2}$ – 15 Sgr. auf solche Weise erhoben hat. Die Frau klagte sehr darüber, daß sie die Milch verloren habe und nun dem Kleinen schlechtes Getränk theuer kaufen müsse. (Selbst die Muttermilch muß bei den Armen nach Geldwerth geschätzt werden!) Als im letzten December die Frau in den Wochen und ein Kind krank neben ihr im Bett lag, suchte E. wieder Hülfe bei der Armendirektion. Der Deputirte besuchte ihn um seine Lage zu untersuchen. Darauf wurden ihm 2 Thlr. zugesprochen, aber nur 15 Sgr. baar ausbezahlt. Als er zwei Tage darauf den Rest holen wollte, sagte ihm Direktor H. ärgerlich: „Sie gehen darauf los, wie Blücher." Das Kind starb und E. konnte die Begräbnißkosten nicht bestreiten. Ein Invalide, der blinde Leierkastenmann Wegener borgte ihm ein Beinkleid und ein Hemd, daß er Geld darauf entlehnen konnte. Als einige Wochen später ein zweites Kind starb, borgte derselbe Mann 1 Thlr. In welchem Lichte erscheint die Armendirektion neben diesem Leierkastenmann! — Leuten unter sechszig Jahren reicht sie keine regelmäßige Unterstützung. Der Deputirte besucht

555

die Armen nur, wenn sie außerordentliche Hülfe verlangen. Bis diese verabfolgt, verstreichen oft sechs bis acht Wochen. Vom 16. Decemb. bis 15. April werden „Armensuppen" gekocht. Jede Familie darf monatlich fünfzehn Portionen holen. (Die Armensuppe sei nicht so gut, wie die Krankensuppe.) Wer monatliche Unterstützung hat, ist von dieser Wohlthat ausgeschlossen.

Als ich wegging, sagte mir die Frau, daß ich die paar Groschen, die ich ihr gegeben, recht wohl angebracht habe; es sei diesen Nachmittag kein Pfennig mehr in der Kasse gewesen. — Und doch war der Mann so guter Laune! — Der Frohsinn wird dem Armen sehr häufig zum Vorwurfe gemacht und kann sogar die Unterstützung verhindern. „Der braucht nichts; es ist ihm wohl genug" heißt es; gleichsam als müßte man sich durchs Elend an der ganzen Seele niederdrücken lassen. Ich habe die Klage oft gehört, daß man sich recht kleinmüthig zeigen müsse, um von den Armenbehörden unterstützt zu werden.

———

92b. Stube Nr. 8. (Kellerwohnung.) Glaser Weidenhammer war nicht zu Haus; die Frau kochte eine Suppe für das Kleine in der Wiege. Es war Sonntag, aber die Stube nicht aufgeräumt. Das Bett sah

556

schmutzig aus. Diesem gegenüber lag ein Bund frisches Stroh. Über diesem hing eine Schreibtafel, auf welcher die Worte „Trink und eß" fleißig copirt waren. Neben derselben hing ein geflochtener Strick, der anstatt einer Ruthe für den eilfjährigen Karl gebraucht wird. Unter dem Spiegel, in Goldrahmen gefaßt, hängt der letzte Wille von Friedrich Wilhelm III. Ich wollte mich mit der Frau in ein Gespräch einlassen; allein sie hört und sieht wenig und scheint ganz einfältig zu sein. Sie holte den Mann. Der war in einer benachbarten Stube, wo sich jeden Sonntag eine kleine Spielgesellschaft bilde. Um Geld werde nicht gespielt; zuweilen gebe Jeder einen Dreier, damit Branntwein oder Bier geholt werden könne. Weidenhammer ist in seinen besten Jahren. In der Woche geht er mit seinem Glaskasten von Haus zu Haus und sucht Arbeit. In der dritten Woche des März habe er nur zwei Glastafeln verarbeitet und an denselben 5 Sgr. verdient; es könne sich auch zutragen, daß er an einem Tage $\frac{1}{2}$ Thlr. erwerbe. Seine Einnahmen lassen sich nicht leicht bestimmen; doch sind sie im Ganzen so gering, daß es die ganze Familie beim Tische fühlt, wenn dem Vater eine Fensterscheibe gesprungen ist. Ich glaube auch annehmen zu dürfen, daß ein herumziehender Handwerker

557

zuweilen einen Groschen im Wirthshause zurücklasse. W. wies nach, wie er auf das Scheibeneinsetzen nothwendig beschränkt sei: es fehle ihm an einer Werkstatt und an Kredit; wenn ein gutes Stück Arbeit ausgeschrieben werde, so dürfe er sich in seinem zerlumpten Rock nicht als Meister melden. — Die Frau verdient in einer Papierfabrik wöchentlich 1 Thlr., wird aber sehr oft durch Kopfkrampf an der Arbeit verhindert. Sind Vater und Mutter fort, so muß Karl bei dem kleinen Kinde bleiben. Der Knabe besucht keine Schule, wird aber vom Vater fleißig unterrichtet. Bevor dieser des Morgens ausgeht, stellt er die Aufgabe; ist diese am Abend nicht gelöst, so wird Karl mit dem Stricke ausgepeitscht. Der Knabe liest und schreibt ordentlich und ist im Rechnen bis zur Subtraction gekommen. Der Vater versicherte mich, daß derselbe in der Armenschule, wo man die Kinder Stunden lang müßig lasse, nicht so weit gekommen sein würde.

W. ist sehr arm, in diesem Augenblicke 5 Thlr. Miethe schuldig. Er zeigt sich unzufrieden mit der Armendirektion. In höchst dringenden Fällen speisen sie die Bittenden mit 2 Thlr. ab. Auf den Präsidenten der Armenkommission, Herrn Stadtrath D., könne man

558

sich besser verlassen. Der Glaser meint, wenn man ihm nur für einen Tag genug Arbeit ins Haus brächte, so wollte er Alles, was er von der Armendirektion empfangen habe, mit sammt den Zinsen zurückerstatten.

———

Gartenstr. 92 b. Stube Nr. 9. Dahlström hat früher als Seidenwirker gearbeitet und wöchentlich 3 bis 4 Thlr. verdient. Seit fünf Jahren leidet er an chronischem Katarrh und an Augenschwäche so, daß er völlig untauglich zur Arbeit ist. Die feuchte Kellerwohnung, die er wegen rückständiger Miethe nicht vertauschen kann, wirkt sehr nachtheilig auf seine Gesundheitsumstände. Der älteste Sohn, ein Stickmuster Zeichner, hat ihn vor einigen Wochen, als er eben die Miethe bezahlen sollte, verlassen. Der zweite arbeitet auch für sich, wohnt bei den Eltern und giebt 25 Sgr. zu der Miethe. Ein vierzehnjähriges Mädchen verdient wöchentlich $22\frac{1}{2}$ Sgr. in einer Kattunfabrik, wo es von fünf Uhr Morgens bis neun Uhr Abends zur Arbeit angehalten wird. (Ist hier durch kein Gesetz solcher unmäßigen Anstrengung der Kindeskräfte vorgebogen?) Ein zehnjähriger Knabe geht in die Schule oder hütet sein zweijähriges Brüderchen. Die Mutter sucht in der Stadt Knochen zusammen, von welchen ein Zentner mit

559

10 Sgr. bezahlt wird. Um so viel zusammenzubringen, sind wenigstens drei Tage Zeit erforderlich. Dahlström war funfzehn Jahr lang Soldat und erhält daher monatlich 1 Thlr. Unterstützung, obschon er erst dreiundfunfzig Jahr alt ist. Überdies empfing er einmal eine Extrazulage von 3 Thlr. Den Kleinen dient ein Strohsack als Bett. Auf den Tisch komme Morgens ein wenig trocknes Brod, des Mittags gewöhnlich nichts, Abends Brod und Häring oder Mehlsuppe.

———

Gartenstr. 92 b. St. 58. Kleist starb vor einigen Jahren an der Cholera, hinterließ eine schwangere Frau und sechs Kinder, von welchen der älteste dreizehn Jahr alt war. Die Armendirektion reichte der Wittwe 3 Thlr. und bezahlte eine Zeit lang 2 Thlr. 15 Sgr. monatlich Kostgeld für zwei Kinder. Der älteste Sohn kam zu einem Felbel-Fabrikanten in die Lehre, und verdiente nachher 2 bis 3 Thlr. in der Woche. Seit neun Monaten ist er ohne Arbeit. Jetzt hat er Garn zu winden, und verdient $3\frac{3}{4}$ Sgr. den Tag. Obschon er bei der Mutter wohnt, kauft er sich das Brod doch selbst und spart das Erworbne zusammen für ein Paar Stiefeln. Die Kinder aus armen Familien machen sich frühe unabhängig. Die Eltern verzichten gerne auf die

560

Unterstützung des Sohnes in der Hoffnung, dieser reiße sich aus der Armuth heraus. Ein anderer Knabe lernt das Töpferhandwerk, erhält wöchentlich 1 Thlr. Lohn, und bezahlt davon $22\frac{1}{2}$ Sgr. Kostgeld an die Mutter. Eine erwachsene Tochter war Dienstmagd in der Stadt, wurde krank und wohnt bei der Mutter, bis sie wieder gesund ist. Ein funfzehnjähriger Knabe verdient mit Spuhlen 2 bis 3 Sgr. täglich, die Mutter neben den Hausgeschäften halb soviel. Ein sechsjähriger Knabe geht in die Schule. Die Gesammteinnahme der Wittwe beträgt also höchstens 6 Thlr. monatlich (jene $22\frac{1}{2}$ Sgr. Kostgeld mit eingerechnet). Daraus ist die Miethe und der Unterhalt für fünf Personen zu bestreiten. Brod, Kaffee und Mehlsuppe sind auch hier die gewöhnlichen Nahrungsmittel. In die Suppe kommt kein Fett. Um sie schmackhafter zu machen, zuweilen etwas Zucker. Von $\frac{1}{2}$ Loth Kaffee trinken fünf Personen zweimal.

92 b. St. Nr. 30. Der Weber Jährig leidet seit zehn Jahren an einem doppelten Bruchschaden. Vor sechs Jahren zog er ins Familienhaus, weil hier die ärztliche Behandlung nichts kostet und Freischulen sind. — Er webt schmales Baumwollenzeug, in vierzehn Tagen 66 Ellen für 1 Thlr. 10 Sgr. Zehn Kinder sind

561

ihm gestorben, ein Sohn lernt das Töpferhandwerk, ein Mädchen von dreizehn Jahren besucht noch die Schule und verdient nebenbei täglich 1 Sgr. mit Spuhlen, ebensoviel erwirbt die Frau neben den Hausgeschäften. Seit fünf Jahren bezieht J. monatliche Unterstützung von der Armendirektion, erst 20 Sgr., jetzt 2 Thlr. Da seine Frau drei Monat krank lag und er durch die Verpflegung an der Arbeit verhindert wurde, ist die Miethschuld auf 6 Thlr. angewachsen. Er ist keinen Tag sicher, daß er nicht aus der Wohnung getrieben und ins Arbeitshaus gebracht werde. Deshalb wandte er sich vor vier Wochen an die Armendirektion, um eine Extrazulage zu erhalten. Vor acht Tagen erst besuchte ihn der Deputirte; bis zur Stunde ist die Antwort ausgeblieben. Bekümmerte sich der Hausherr nicht mehr um die Familie J., als der Armendirektor, so wäre dieselbe schon auf der Gasse. Die Frau ist sehr verständig; sie sagte mir unter Andern, daß hier die Sorge für Nahrungsmittel nicht mehr Hauptsache sei: bei schlechtem Verdienst könne man zuweilen eine Mahlzeit unterlassen; die Miethe aber wachse immer an, die Geräthschaften nutzen sich ab und können nicht ersetzt werden.

562

92 b. St. 59. An der Thür steht angeschrieben: „Webermeister Künstler." In der Stube ist ein Spuhlrad an der Stelle des Webstuhles. Vor sechzehn Jahren verlor Künstler die Frau und hatte sechs Kinder zu erziehen. Von diesen leben noch vier, drei wohnen bei ihm, arbeiten aber außer dem Hause. In zwei Bettstellen sind zwei Strohsäcke, auf dem einen schläft der Vater mit zwei erwachsenen Söhnen, auf den andern die erwachsene Tochter. K. verdient mit Garndoppeln täglich $2\frac{1}{2}$ bis $3\frac{3}{4}$ Sgr. Der eine Sohn ist Seidenwirker, verdient in der Woche 1 Thlr. und giebt dem Vater wöchentlich 15 Sgr. Tisch- und Schlafgeld. Der andere war längere Zeit Sandführer, bekam das Essen und wöchentlich 10 Sgr. Die Tochter ist Dienstmagd und braucht das Erworbene für Kleider. Seit zwei Tagen hat der zweite Sohn Arbeit als Handlanger und wird nun 10 Sgr. des Tages verdienen. Er kam eben zum Mittagessen; der Vater setzte dem baumstarken Kerl für 1 Sgr. Kartoffeln und für 3 Pf. Butter vor. K. klagte mir, daß er 3 Thlr. Miethe schuldig sei und die meisten Kleider versetzt habe. Am 27. Februar reichte er der Armendirektion ein Gesuch um Unterstützung ein. Bis jetzt (13. April) ist noch kein Deputirter zu ihm geschickt und keine Antwort ertheilt worden.

563

K. rühmte die gute alte Zeit und den verstorbenen König. Dieser habe, wenn die Messen ungünstig ausgefallen seien, Polizeidiener nach den Webern geschickt und die leeren Stühle zählen lassen. Auch sei bis 1806 jedem Webermeister, der drei Stühle hatte, alljährlich $\frac{1}{2}$ Klafter Holz geschenkt worden.

92 b. Nr. 51. Die Stube der Wittwe Möltner sieht gut aus; die Hausgeräthe sind in gutem Zustande und sehr rein gehalten. Möltner war ein Schuster, gab das Handwerk auf, arbeitete als Tagelöhner, ergab sich dem Trunke, in Folge dessen er vor drei Jahren starb. Die Wittwe bezieht für ihre zwei Kinder $2\frac{1}{2}$ Thlr. monatlich Pflegegeld. Über die Erziehung der Kinder wird von den Vormundschaftsbehörden sorgfältig gewacht. Das dreizehnjährige Mädchen arbeitete in einer Tabacksfabrik von fünf Uhr Morgens bis sieben Uhr Abends; von sieben bis neun Uhr besucht es die „Nachhülfeschule." Seit einiger Zeit geht es aber mit Damen in der Stadt auf den Markt. Gleiche Dienste verrichtet die Mutter. An einzelnen Tagen verdienen sie auf diese Weise in wenigen Stunden bis auf 25 Sgr.; zuweilen aber auch nichts. Die Miethe wird regelmäßig bezahlt aus den Pflegegeldern. An Nahrungsmit-

564

teln leidet die Familie in diesem Augenblicke keinen Mangel. Die Frau darf aber nur einige Tage krank werden, so fehlt es an Brod. —

Eine viel dürftigere und weniger unterstützte Wittwe wohnt im Keller Nr. 12. des gleichen Hauses. Ihr Mann, Gränzaufseher Kayser, ist vor elf Jahren gestorben. Erst seit einem Jahre bezieht sie Pflegegeld und zwar nur für den ältern Knaben, der bald das Alter erreicht, wo jenes gesetzlich entzogen wird. Sie ernährt sich mit Spuhlen, wobei im Durchschnitt $3\frac{3}{4}$ Sgr. täglich verdient werden. Oft fehlt es an Arbeit. — Man darf sich hier durch den Anblick der wohlerhaltenen Hausgeräthe nicht täuschen lassen über die Lage der Familie. Diese Frau hungert lieber einen Tag, als daß sie Bettzeug oder Kleider verkaufte, weil sie diese nie wieder ersetzen könnte. Auch läßt sie die beiden Knaben nicht in zerrissenen Kleidern umhergehen. Lieber flickt sie aus zwanzig Stücken ein Paar Hosen zusammen. Bei Tische muß es schmal zugehen. Heute Mittag wurde vier Personen für 6 Pf. Hafergrütze gekocht und das Brod so spärlich ausgetheilt, daß es der größere Knabe verdrießlich zurückgab und aus dem Zimmer lief. — Wittwe K. beklagt sich darüber, daß man

565

sich zu sehr erniedrigen müsse, wenn man Etwas von der Armendirektion erhalten wolle. Sie habe genug geweint, bis sie für ein Kind das Pflegegeld erhalten; lieber wolle sie Hunger leiden, als sich zum zweitenmale Faulheit und Leichtsinn vorwerfen zu lassen. — Bei ihr wohnt eine Schwester, deren Mann vor zweiundzwanzig Jahren gestorben ist. Als sie die fünf Dekorationen abgab, welche derselbe in verschiedenen Schlachten erworben hatte, erhielt sie 5 Thlr. Geschenk, seither ist der Soldatenwittwe nichts mehr zugekommen. Sie fand ihr Auskommen als Kinderfrau. In diesem Augenblicke findet sie als solche keinen Platz, und darbt wie ihre Schwester. Sie darf keinen Versuch machen mit einer Bitte um Unterstützung, da sie noch nicht sechzig Jahr alt, nicht krank ist, und ihre Kinder gestorben sind.

Die Frauen erzählten mir von einer Gesellschaft, die im Familienhause Betstunde halten. Man dürfe sich nur für diese einschreiben lassen, so werde man von reichen Damen unterstützt. Sie halten aber nichts auf das Sektenwesen und wollen mit heuchlerischem Gebete kein Geld verdienen. Ebenso gehöre der Lehrer an der untern Knabenschule einer Sekte an und suche Anhänger unter den Armen im Familienhause. Er for-

566

dere eine Selbstprüfung, die alle Zeit zur Arbeit wegnehme; deshalb können sie sich nicht an ihn anschließen. So kommt es, daß die frommen Wohlthäter an der Thür der beiden Wittwen, die keine Betschwestern sein wollen, vorübergehen.

92b. Nr. 73. Der Weber Fischer ist zweiundvierzig Jahr alt. Sein Äußeres flößt wenig Zutrauen ein; er kann nicht über die Straße gehen, ohne durch sein struppiges Haar, das finstere Auge und den zerlumpten Anzug die Aufmerksamkeit der Polizeidiener auf sich zu ziehen. Man sieht auf den ersten Blick, daß ihn das Elend schon lange von jeder ordentlichen Gesellschaft abgeschlossen hat. Ich bot ihm eine Cigarre; das machte ihn freundlicher und gesprächig. Die Unterredung gab mir eine bessere Meinung von ihm. Die Frau sieht liederlich aus; sie saß mit zerzaustem Haare auf dem schmutzigen Bette und strickte. Dem zehnjährigen Knaben sieht man es gleich an, daß sich die Eltern mehr um die Bobinen bekümmern, die er macht, als um ihn selbst. Ein achtjähriges Mädchen war ausgegangen; acht Kinder sind todt. — F. hat sich als Webergeselle schon weit umhergetrieben. Gegen das Ende des vorigen Jahres fehlte es ihm siebenzehn Wochen an Arbeit.

567

Er blieb im Familienhause 8 Thlr. Miethe schuldig, reiste nach Hamburg, fand daselbst auch nichts zu thun, kam krank nach Berlin zurück und wurde in die Charité gebracht. Als er wieder gesund war, fehlte es ihm an Obdach; die Polizei brachte ihn mit seiner ganzen Familie ins Arbeitshaus, wo er funfzehn Wochen, getrennt von Frau und Kindern, als Gefangener lebte neben Verbrechern aller Art. — Er erzählte mir von einem Manne, der neben ihm arbeitete, daß derselbe drei Jahr eingesteckt sei, weil man ihn zu wiederholtenmalen beim Betteln ertappt habe. — Endlich entließ man ihn mit 4 Thlr. Unterstützung. Von diesen bezahlte er 3 Thlr. an die Miethschuld, 1 Thlr. für Executions- und Auctionskosten. Er bleibt also noch 5 Thlr. Miethe schuldig. Er wäre abermals ohne Arbeit, wenn ihm nicht der arme Nachbar Sigmund gestern 30 Ellen Zettel abgeschnitten hätte, an welchen in vierzehn Tagen 3 Thlr. Weberlohn zu verdienen sind. Auf zwei Wochen ist die Existenz der Familie gesichert. Es ist aber vorauszusehen, daß sie binnen kurzer Zeit wieder ins Arbeitshaus gebracht werden muß. F. meint, wenn man ihm $1\frac{1}{2}$ Thlr. vorstreckte, so wollte er Garn kaufen und auf eigene Faust Bettzeug fabriciren. Es helfe ihm aber Niemand; mit seinen Geschwistern in Sachsen habe

568

er seit zehn Jahren keinen Brief gewechselt. Ein unfrankirter Brief sei ihm von einem verwandten Pfarrer wieder zurückgekommen.

Gestern hat F. folgende Ausgaben gemacht (für vier Personen)

Morgens 7 Uhr fr. ½ L. Kaffee	—	Sgr.	2	Pf.
Cichorien	—	=	1	=
Salzkuchen	—	=	8	=
Holz	—	=	3	=
10 Uhr Brod	1	=	—	=
12 Uhr Roggenmehl	—	=	6	=
Holz	—	=	4	=
4 Uhr Brod	—	=	9	=
Rauchtabak	—	=	3	=
7 Uhr Brod	1	=	—	=
Kaffee	—	=	3	=
Holz	—	=	3	=
Öl	—	=	9	=
Schlichte	—	=	8	=

Summa 6 Sgr. 11 Pf.

92b. Nr. 60. Es war Charfreitag, als ich den Tagelöhner Schumann besuchte. In seinem Dachstübchen sah es nicht festlich aus. Es war nicht aufgeräumt; der Vater, die Mutter und vier Mädchen von eilf bis zweiundzwanzig Jahren saßen im Werktagskleide müßig beisammen; ein Sonntagsgewand ist nicht

569

vorhanden, darum ging auch Niemand aus der Familie zur Kirche. Die sechs Personen müssen sich mit zwei kleinen schlechten Betten behelfen. — Schumann scheint recht ehrlich zu sein. Er verdient sein Brod bei einem Trödler durch den Transport der verkauften Waaren. Durchschnittlich bekommt er jeden Tag 7½ Sgr. Ist die Witterung schlecht, so wird nichts verkehrt und von ihm nichts verdient. Von den drei erwachsenen Töchtern dient die älteste in der Stadt, die zweite ist kränklich, die dritte eine Stütze der Familie, indem sie in einer Papierfabrik wöchentlich 1 Thlr. verdient. Von diesem werden aber 7½ Sgr. abgezogen, bis das Einsegnungskleid bezahlt ist. Dieses kostete 8 Thlr. und ist schon fünf Monate gegen 2 Thlr. versetzt. Am 24. Febr. wurde Schumann „ausgeklagt." Die Armendirektion unterstützte ihn mit 2 Thlr. Die Schuld beträgt noch 3 Thlr., an welche zu der laufenden Miethe wöchentlich 15 Sgr. erlegt werden müssen. Dies nöthigt zur größten Sparsamkeit. Heute hat sich die ganze Familie mit einer Metze Kartoffeln begnügt.

———

Auch beim Arbeitsmann Fundt im Dachstübchen Nr. 62 wurde das christliche Fest nicht gefeiert. Der Vater arbeitete am Schnitzstuhle; einige Knaben spiel-

570

ten Mariage, andere das Damenspiel. Die wenigen Hausgeräthe lagen bunt durcheinander. Zwei Strohsäcke, der eine auf dem bloßen Boden, der andere auf einigen Brettern, vertreten die Stelle der Betten. — F. ist Wittwer und Vater von sieben Kindern. Vier von diesen haben gelähmte Glieder. Das eine ist in der Charité, das andere im Hospital, zwei Mädchen wohnen bei Verwandten im Harzgebirge, für die Erhaltung eines zweiundzwanzigjährigen, völlig arbeitsunfähigen Sohnes erhält F. zweimonatlich 2 Thlr. von der Armendirektion, ein funfzehnjähriger Knabe ist bei einem Drechsler in der Lehre, der zehnjährige Fritz besucht die Schule. — Fundt arbeitet bisweilen in der Gießerei, wo er wöchentlich 2—3 Thlr. verdient. Da aber in seiner Abwesenheit das Hauswesen nicht besorgt wird, so zieht er es vor, auf seiner Stube am Dreh- und Schnitzstuhle zu arbeiten. Er hat eine geschickte Hand, verfertigt Vogelbauer, Kinderspielzeug, aber auch Zithern und Guitarren. Der Lebensunterhalt macht ihm wenig Sorgen. — Seine Knaben spielen die Zither. Ich ließ mir einige Stücke vorspielen, und bewunderte den kleinen Fritz, der nie einen Lehrer hatte und doch mit Fertigkeit die Tänze spielt, die er von den Leierkasten hört. Er hat Lust zum Violinspielen. Der

571

Knabe gefällt mir auch außerdem recht wohl. Es ist schade, wenn nicht mehr auf seine Erziehung verwendet wird als in Vermögen des Vaters liegt. —

———

In Nr. 67 wohnt ein altes Weibchen, in Einfalt freundlich. Vor acht Jahren schon hat es den Ehemann, Weber Suchi, verlassen, weil er liederlich war. Für zwei Knaben, welche die Abgeschiedene zu sich nahm, wurden vor sechs Jahren 2 Thlr. monatl. Pflegegeld ausgesetzt. Der eine von jenen ist zehn Jahr alt und kränklich, der andere zwölf Jahre alt und möchte ein Weber werden (was die Vormundschaftsbehörden nicht zugeben sollten). Als Laufbursche hat dieser wöchentlich 20 Sgr. verdient. Er ist um seinen Platz gekommen. Da jenes Pflegegeld nicht einmal die Miethe deckt, so hat das Mütterchen für den Lebensunterhalt ganz zu sorgen. Es ist wunderbar, wie es dieses zu Stande bringt dadurch, daß es Knochen und Papier zusammensucht auf den Straßen; was doch nicht mehr als 2—3¾ Sgr. einbringt im Tage. Ist die Witterung ungünstig, so ist die Einnahme noch geringer. Heute (Charfreitag) hat sich Frau Suchi die Kleider gewaschen, konnte also nicht ausgehen, nichts verdienen, und wäre, wenn sie nicht von mir zufällig einige Gro-

572

schen erhalten hätte, hungrig zu Bett gegangen. — Trotz der Armuth ist doch die Stube rein gehalten und die Hausgeräthe sind in gutem Zustande.

St. Nr. 69. Berwig war ein Leineweber, fand als solcher keine Arbeit und kam vor sechs Jahren als Tagelöhner nach Berlin. Er arbeitet in einer Firnißfabrik, wo er die Späne wegfährt. Da man diese nur trocken braucht, so hat er bei schlechter Witterung nichts zu thun. Bei ununterbrochener Arbeit stiege die wöchentliche Einnahme bis auf 3 Thlr. In diesem Winter war er aber schon sechs bis sieben Wochen nacheinander ohne Verdienst. Um nicht hungern zu müssen, ging er mit seiner Frau in einen zwei Meilen entlegenen Wald. Das Holz, welches Beide in einem Tage nach der Stadt bringen konnten, wurde für $7\frac{1}{2}$ Sgr. verkauft. B. ist einige Thaler Miethe schuldig und keinen Tag vor Exmission sicher. Die Frau wird bald mit dem zehnten Kinde niederkommen. Sechs Kinder leben noch; der älteste Knabe ist sechszehn Jahr alt und bei einem Schmied in der Lehre. Ein neunjähriger Knabe besucht seit fünf Jahren die Schule, liest noch ganz schlecht und kann gar nicht rechnen. Einige Schuld mag an

573

der Ungelehrigkeit des Knaben liegen; die größere fällt aber auf die untere Knabenschule im Familienhause.

In Nr. 66 traf ich die ganze Familie beisammen. Zwei kleine Kinder schliefen auf einem Strohsacke am Boden, mit einem leichten Tuche bedeckt. Die Mutter lag krank im Bette. Der Vater, Tagelöhner Benjamin, pflegte sie. Dieser ist ein verständiger, rüstiger und gewiß braver Mann. Bisweilen verdient er $2\frac{1}{2}$ Thlr. in der Woche; dann muß er aber wieder mehrere Tage müßig gehen. Eigene Krankheit und Krankheit der Familie hat ihn in die größte Armuth gebracht. Von der Armendirektion erhielt er einmal 3, ein andermal 2 Thlr. Unterstützung. Dessenungeachtet mußte er Kleider und Bettzeug verkaufen. Er führte mich zum Bette der Kranken und zeigte mir, wie die Bettanzüge nur mit Stroh angefüllt waren. Seine Kleider sind so schlecht, daß er Sonntags nicht ausgehen darf. Es muß einen vernünftigen Mann tief schmerzen, auf solche Weise ins Zimmer gebannt zu sein. —

92a. St. Nr. 35. Tischler Krellenberg. — Ich mußte einigemal anklopfen, bis die Stube aufgeschlossen wurde. Die Frau entschuldigte sich damit, daß sie ihre

574

dürftige Lage vor den Leuten im Hause geheim halten möchte. Es ist leider jetzt so, daß sich die Armen, anstatt der Reichen, der Armuth schämen. Die außergewöhnliche Reinlichkeit überraschte mich angenehm: der Fußboden war frisch gescheuert, das Küchengeschirr blank, die hellen Fenster machten das Zimmer freundlich. — In der Wiege lag ein Kind von zwei Jahren, an der Gehirnentzündung krank. Die Mutter pflegte es mit der größten Zärtlichkeit. Ich zog sie nicht gerne ab von ihrem Geschäfte, mußte es aber doch, weil Krellenberg nicht zu Hause war. Ich erfuhr, daß dieser von 1822—1841 als Tischlergeselle bei einem Meister gearbeitet habe und sah aus dem schriftlichen Zeugniß, daß er wegen Mangel an Arbeit entlassen werden mußte. Seit zwei Jahren wohnt er im Familienhause. Tischlerarbeit kam ihm wenig zu. Überdies sieht er nicht mehr gut, so daß er keine feinen Arbeiten annehmen kann. Seit acht Tagen arbeitet er im Taglohn als Farbenreiber. Diese Arbeit strengt ihn sehr an, denn er ist schon vierundfunfzig Jahr alt und durch Alter und Mangel geschwächt. Im letzten Winter kam er wegen Mangel an Verdienst, so weit ökonomisch, zurück, daß er Kleider, Betten und Werkzeug verkaufen mußte. Es stehen drei Bettgestelle im Zimmer; in allen

575

ist nichts als Stroh, beim einen nicht einmal mit einem Tuche bedeckt. Von acht Kindern leben sieben. Eine achtzehnjährige Tochter und ein dreizehnjähriger Knabe lagen achtzehn Wochen krank am Nervenfieber. Ein siebenzehnjähriger Sohn lernt das Tischlerhandwerk. Gestern hat er dem Vater 15 Sgr. geschickt, die er aus Trinkgeldern zusammengespart hatte, um auf Ostern eine neue Weste zu kaufen. Vier Kinder von vier bis zehn Jahren besuchen die Schule. Alle sehen gescheit und hübsch aus und sind ordentlich gekleidet. Die Mutter hat bis auf einen Rock alles zur Bekleidung der Kinder hergegeben. — Weinend sagte mir diese, wie oft die Kleinen umsonst nach Brod rufen und daß der Vater diesen Morgen hungrig an die schwere Arbeit gegangen sei; der Hauswirth wolle bezahlt sein; so oft sie am Comptoir des Verwalters vorbei zum Brunnen gehe, werde sie an die 4 Thlr. Miethe erinnert; jeden Tag könne man die ganze Familie aus dem Hause werfen. — K. habe sich zweimal um Unterstützung beworben bei der Armendirektion und zur Stunde noch nichts empfangen, als die Armensuppe, die oft für die ganze Familie das einzige Nahrungsmittel gewesen sei.

92. St. 91. Der Hausverwalter hatte mir den

576

Strumpfweber Ehrife als einen sehr armen Mann bezeichnet. Ohne dies hätte ich mich beim einmaligen Besuche leicht über die Lage desselben getäuscht. Der Alte arbeitete munter an seinem Webstuhle und rauchte dazu. Bei seiner erwachsenen Tochter war eine junge Nachbarin mit dem Spuhlrade auf Besuch. Die Mädchen suchten so geschickt und angelegentlich den lezten Schein von dem zu retten, was nun einmal die Stellung in der Gesellschaft zu bestimmen pflegt, daß ich den Vater nicht veranlassen durfte, mir seine Armuth zu schildern. Ich leitete das Gespräch auf die Strumpffabrikation, und gelangte dadurch zu einem Maaßstabe für die Berechnung der Einnahme. — Ein fleißiger Weber macht in einem Tage zwei Paar Strümpfe. $7\frac{1}{2}$ Sgr. kostet ihn die Baumwolle, vom Handelsmann erhält er für die ausgemachten Strümpfe 15 Sgr.; der tägliche Verdienst ist also $7\frac{1}{2}$ Sgr. Ein auffallendes Mißverhältniß liegt darin, daß der Handelsmann jene Waare für $22\frac{1}{2}$ Sgr. verkauft und also an derselben eben so viel verdient, als der Arbeiter. Will dieser nicht in der Arbeit aufgehalten werden, so muß er die Fabrikate dem Kaufmann liefern, und es kommt ihm von dem, was die Waare mehr gilt, als der rohe Stoff, nur so viel zu, als der Handelsmann willkürlich

577

bestimmt. Wenn auch im Allgemeinen nichts gegen dieses Verhältniß anzuheben ist, so dürfte doch von Seite der Armenbehörde dahin gewirkt werden, daß sehr armen Arbeitern der volle Arbeitslohn zukäme. Jene würde doch leichter Bestellungen besorgen, als Almosen eintreiben. — Ehrife beklagte sich darüber, daß die Sachsen wohlfeilere Arbeiten liefern und den Preis der Strümpfe herabdrücken; dies können sie, weil die Arbeiter auf dem Lande mit wenig Geld auskommen. Viele Arbeiter, welche ihr Gewerbe besser auf dem Lande betreiben könnten, sind an die theuern Wohnungen in der Stadt dadurch gebunden, daß ihnen die Mittel zur Einrichtung eines ordentlichen Haushaltes fehlen. Wer nur für einen Tag sorgen kann, muß in der Nähe der Kramläden wohnen.

———

St. 92. Wittwe Keßler ist eine muntere, gescheite Frau. Sie hat fünf Kinder. Für die drei kleinsten erhält sie 3 Thlr. Pflegegeld. Die älteste Tochter dient in der Stadt, kann aber die Mutter nicht unterstützen, weil sie den geringen Lohn ganz auf die Kleider verwenden muß. Die armen Mädchen müssen durch ihren Staat der Herrschaft Ehre machen. Der älteste Knabe wird bald eingesegnet. Nur ungern will

578

sich die Mutter bei der Waisenbehörde um das Einsegnungskleid verwenden, weil die Kleider, welche man den Armen spendet, durch Schnitt und Farbe sich von andern auszeichnen. Einem sechzehnjährigen Burschen ist es nicht übel zu nehmen, wenn er lieber zerlumpt einhergeht, als seine Abhängigkeit von der Armenbehörde zur Schau trägt. Warum unterstüzt man die Armen nicht ohne sie vor aller Welt zu demüthigen? — Was Frau K. zu jenen 3 Thlr. durch Waschen und Scheuern verdient, ist unbestimmt. Die Kinder bekommen oft mehrere Tage kein Brod zu Gesicht. —

———

St. 101. Weber Würth ist aus Biberach, seit vierundfunfzig Jahren in Berlin, jezt sechsundsiebenzig Jahr alt und so nervenschwach, daß er kaum stehen und die Tasse nicht mit der Hand zum Munde bringen kann. Er lebt mit seiner fünften Frau, die einundsechzig Jahr alt ist, zusammen. Von der Armendirektion erhält er monatl. 3 Thlr., davon sind 2 Thlr. für Miethe auszugeben. Da er wie ein Kind gepflegt werden muß, so kann die Frau kaum $1\frac{1}{2}$ Thlr. verdienen im Monat. Diese alten Leute müssen also von $2\frac{1}{2}$ Sgr. im Tage leben. Es hat mich ganz ergriffen, als die Frau ihren höchsten Wunsch dahin richtete, daß der Mann ins

579

Hospital aufgenommen werden möchte, was aber nicht zu erwarten sei, weil man Eheleute nicht trenne. „Sehen Sie, mein Herr," sagte sie, „so hülflos sizt mein Mann, und er kann noch recht lange leben, wenn ihn der Hunger nicht umbringt." Der Alte schaute mich mit großen Augen an und schien ganz damit zufrieden, daß ihm seine Gefährtin den Tod wünschte. Nachher erzählte er mir begeistert von den guten Einrichtungen im Spitalamt Biberach, und wies dann die Unmöglichkeit, je noch dorthin zu kommen, nach: alle seine Verwandten seien wahrscheinlich todt und überdies heiße es: „Wo das Fleisch geblieben ist, können die Knochen auch bleiben." —

———

Der Wittwer Lottes ist dreiundsechzig Jahr alt Seit vielen Jahren leidet er an Leberkrankheit und Bandwurm. Jedes Jahr muß er einige Wochen in der Charité zubringen. Sonst hat er das Brod mit Weben verdient; jezt ist er zu dieser Arbeit untauglich Er sucht bei den benachbarten Webern das unbrauchbare Garn zusammen und macht daraus Schürzenschnüre. Diese muß er auf geheimen Wegen verkaufen. Ein Hausir-Patent würde ihn 12 Thlr. kosten, die er auf keine Weise zusammenbrächte. Würde er beim

580

Verkaufe seiner Waaren ertappt, so käme er nach dem „Ochsenkopf." Da er von der Armendirektion monatlich nur 20 Sgr. erhält, so ist es mir jezt noch räthselhaft, wie er sich durchbringt. Er wünscht sehr, ins Hospital aufgenommen zu werden; was aber nicht geschehe, bis er hülflos auf der Straße gefunden werde. Von seinen vier erwachsenen Kindern hat er keine Unterstützung zu hoffen: die Mädchen sind Dienstmägde und brauchen das Ersparte für Kleider; die Söhne haben weben gelernt, sind brodlos und leiden selbst Hunger. Den unglücklichen Vater drückt die Besorgniß, daß seine Knaben zum unrechtmäßigen Erwerbe gezwungen werden möchten. —

———

In Nr. 92, St. 27 wohnte der Arbeitsmann Weber. Seine Frau ist auf einige Jahre wegen Betteln eingesperrt, die Familie also von der Polizei auseinandergerissen. — (Wer einmal beim Betteln ertappt wird, kommt auf vier Wochen ins Arbeitshaus. Den ersten Rückfall straft man mit acht Wochen, den zweiten mit einem Jahre Arrest u. s. f. bis auf vier Jahre.) Solche Strenge gegen das Betteln ist unmenschlich, wo man den Klagen der Armen nicht durch genaue Untersuchung und Abhülfe der Lage dürftiger Familien zuvorkommt. Vor eini-

581

gen Tagen ging Weber, durch Hunger getrieben, mit einem sechsjährigen Knaben in die Stadt. Dieser mußte im Hause betteln und der Vater wartete vor der Thüre. Jener wurde von den Polizeidienern erwischt, und dieser wollte ihn nicht verlassen. Man hat Beide nach dem Arbeitshause gebracht. Ein Mädchen von zwölf Jahren und ein Knabe von acht Jahren sind unter Aufsicht des Verwalters der Familienhäuser gestellt, und treiben sich bei guten Bekannten herum, bis der Vater losgelassen wird.

———

Nr. 92. St. 94. Urbich und sein Sohn machen Schlafrockzeug. Für 66 Ellen, die Einer in vierzehn Tagen webt, werden $2\frac{1}{3}$ Thlr. bezahlt. Der Sohn arbeitet für sich und kann den Vater nicht unterstützen. Dieser versicherte mich, daß er mit dem größten Fleiß nur so viel verdiene, als Miethe und Lebensunterhalt kosten; er könne sich kein Hemd anschaffen. Übrigens sei er noch im Vortheile gegen andere Weber: mit Rücksicht auf sein hohes Alter gebe ihm ein Fabrikant, dem er schon zweiundvierzig Jahre gearbeitet habe, regelmäßig zu verdienen, obschon er die Waare wohlfeiler auf mechanischen Webstühlen verfertigen lasse. —

———

582

Nr. 92. St. 74. Der Weber Matthes und seine Frau scheinen recht ordentliche Leute zu sein. Der Sohn ist sechsundzwanzig Jahre alt, leidet an Krämpfen und ist oft zur Arbeit unfähig. Schon vier Monate lang wird gar nichts verdient. Die Miethschuld beträgt 12 Thlr. Der Hausbesitzer hält die Klage zurück, weil M. schon dreizehn Jahre im Familienhause gewohnt und immer regelmäßig bezahlt hat. Das meiste Küchengeschirr, Betten und Kleider sind verkauft oder versezt. Was mehr als ein Jahr zum Unterpfande gelassen worden ist wird vom Gläubiger versteigert, und der Vorerlös kommt nicht dem Schuldner zu. So muß M. diesmal 12 Thlr., welche die versezten Effekten mehr werth sind, als das entlehnte Geld, rein verlieren. — Würden ihm 5 Thlr. vorgestreckt zur Anschaffung der ersten Kette (Zettel), so könnte er auf eigene Rechnung fabriciren und sich aus der Klemme helfen.

———

92a. St. 26. Bergmann ist zweiundachtzig, seine Frau neunundsiebzig Jahr alt. Zwei Söhne sind im lezten Freiheitskriege gefallen. Er ward vom Schlage gerührt, kann seit fünf Wochen das Bett nicht verlassen. Die Frau hat geschwollene Beine. Verdient wird nichts, und die Armendirektion bezahlt nur die Miethe. Ohne

583

die Unterstützung der Nachbaren müßten die alten braven Leute vor Hunger umkommen.

———

92a. St. 53. Der Weber Hambach hat fünf kleine Kinder. Er macht buntgestreiftes Halbtuch und verdient in vierzehn Tagen 3 Thlr. Er ist mehrere Thaler Miethe schuldig. Die meisten Kleider sind versezt. Das neunjährige Mädchen weinte bitterlich, als es der Mutter Halstuch dem Gläubiger bringen mußte. In zwei Tagen hat die ganze Familie nichts als für 4 Sgr. Brod gegessen. Als ich der Mutter etwas gab, fragte ein dreijähriges Mädchen gleich, ob es jezt Brod bekomme. Von der Armendirektion hat H. ein Kartoffelfeld in Pacht. Dafür bezahlt er jährlich 2 Thlr., 15 Sgr. beträgt das Wächtergeld, ebensoviel der Fuhrlohn. Im lezten Herbst hat er für 6 Thlr. Kartoffeln eingesammelt. Bringt man das Zeitversäumniß in Anschlag, so ist der Pächter im Nachtheil. — H. versicherte mich, daß seine Frau das Unglück leichter ertrage, als er. —

Zu diesem Besuche ward ich durch Bitten der Hausfrau, die mich aus der Stube des Nachbars kommen sah, veranlaßt. Ich nahm es derselben nicht übel, daß sie mich durchaus in ihre Stube führen wollte und zum

584

Voraus einige Groschen erwartete. Wie ich aber die Noth der Kinder sah, freute ich mich über das Benehmen der Mutter. Ich konnte dieser in den Augen lesen, daß in ihr die Liebe zu den Kleinen über die weibliche Schüchternheit triumphirte. Die Dreistigkeit der Bettler belästigt oft. Man darf sich aber ja nicht von dem ersten unangenehmen Eindruck bestimmen lassen. Was den Bettler dreist macht, ist gerade das Beste an ihm.

————

92b. Nr. 68. Der Schlossergeselle Bettin, eines Vergehens gegen einen Beamten verdächtig, sizt schon einundeinhalbes Jahr in Spandau gefangen. Seine des Ernährers beraubte Familie ist dem größten Elende preisgegeben. Die Armendirektion bestimmte nur für ein Kind ein Pflegegeld von monatlich $1\frac{1}{4}$ Thlr. Die Mutter konnte als Wäscherin nur wenig verdienen, weil sie durch die Verpflegung der Kinder an der Arbeit gehindert war. Vor einigen Tagen kam sie wieder in die Wochen. Da sich Niemand ihrer annehmen wollte, wurde sie vom Hausverwalter nach der Charité befördert. Um die zurückgelassenen Kinder bekümmert sich keine Behörde. Der Hausverwalter hat sie der armen Wittwe Lynhold übergeben, und läßt dieser jene $1\frac{1}{4}$ Thlr.

585

zukommen. Da Frau Bettin 4 Thlr. Miethe schuldig ist, hat man sie ausgeklagt und die Hausgeräthschaften weggenommen. Kommt sie nach einigen Tagen aus der Charité zurück, so ist sie mit ihren Kindern auf der Gasse und muß ins Arbeitshaus gebracht werden.

————

Ich hätte die Untersuchungen gerne noch weiter fortgesezt. So wie es aber bekannt war, daß ich das Gesehene notire und mitunter einige Groschen schenke, verfolgten mich Weiber und Kinder und wollten mich in ihre Wohnung führen. Um nicht das ganze Vogtland in Auflauf zu bringen, blieb ich weg. Es sind indessen die angeführten Beispiele weder ausgesucht noch ausgemalt, so daß sich leicht auf die übrigen Bewohner der Familienhäuser schließen läßt; und für einmal ist deutlich genug nachgewiesen, wie man die Leute durch alle Stufen des Elendes in den Zustand hinabsinken läßt, aus welchem sie sich, selbst mit erlaubten Mitteln, nicht wieder herausarbeiten können; und daß mit den als Almosen hingeworfenen Zinsen der Armengüter Keinem aufgeholfen wird.

————

· In den Familienhäusern traf ich auch auf Schulstuben. Ein Privatverein hat daselbst eine Klein-

586

kinderschule, ein anderer drei Primarschulen, zwei für Knaben und eine für Mädchen, gestiftet und bis jezt unterhalten. Die Zahl der Kinder wird sich auf circa dreihundertundfünfzig belaufen. Sie sehen im Durchschnitt recht gut aus; viele scheinen mit schönen Anlagen reichlich begabt. In der Kleinkinderschule sind gegen hundertundvierzig Knaben und Mädchen von zwei bis sechs Jahren unter der Leitung eines alten Ehepaars täglich sechs bis acht Stunden beisammen. Solchen, deren Eltern den ganzen Tag abwesend sind, giebt der Lehrer ein Mittagbrod für 6 Pf. Die äußere Einrichtung der Schule ist zweckmäßig, die innere hat mich unangenehm überrascht. Die armen Kleinen werden schon mit Schulkenntnissen abgequält, und dies auf die traurigste Weise. Die Haare standen mir zu Berg, als die Kinder folgends Fragen im Chor und taktmäßig beantworteten: Wie heißt das Buch, im welchem Gott mit uns spricht? Was für Theile hat die Bibel? Womit beginnt das alte, das neue Testament? Was ist Taufe? Wovon handelt das achte, vierte, sechste, das siebente Gebot? Was für Lehranstalten sind in Berlin? Was für Beamtete? Was für Königreiche sind in Europa? Was für Flüsse in Deutschland, Frankreich, Spanien? — Die vierjährigen Buben und Mädchen, die vom Ehebruch sprachen,

587

kommen mir Zeitlebens nicht aus dem Gedächtniß. — Die untere Mädchenschule, wo Kinder von sechs bis zehn Jahren unterrichtet werden, versetzte mich ganz in eine Dorfschule des verflossenen Jahrhunderts. Dreiundvierzig Schüler buchstabirten mit einander aus Hornung's Leselernbüchlein, und der Lehrer schlug mit dem Stock den Takt dazu. Zum Schlusse der Stunde wurden die heiligen zehn Gebote im Chor aufgesagt und einige schwere Lieder auswendig auf's Jämmerlichste abgesungen. — Die Privatschulen werden doch auch unter Aufsicht des Staates stehen? Der Lehrer an der Mädchenschule sagte mir wenigstens, daß er von den hohen Erziehungsbehörden examinirt worden sei.

————

Im Familienhause Nr. 92b. kam ich glücklicher Weise zu einer Betstunde (9. April). Um sechs Uhr Abends versammelten sich in zwei nebeneinander liegenden Schulstuben ohngefähr zweihundert Personen, darunter mehr Weiber als Männer und eine bedeutende Anzahl von Kindern. Wenn ich nach den Kleidern schließen darf, so bildeten die Bewohner der Familienhäuser die Minderheit, und es waren vornehme Damen aus der Stadt und Umgebung anwesend. Die gefalteten Hände, die seitwärts geneigten Köpfe und die ge-

588

zwungen niedergeschlagenen Augen brachten mich sogleich ins Reine über den Charakter der Gesellschaft. Ich sezte mich zu Weber M., den ich bei der armen Wittwe als Opponenten des unzufriedenen Schusters kennen gelernt hatte. Nach geschehenem Gebete und Gesange stellte sich der Prediger auf die Schwelle der die beiden Zimmer verbindenden Thür. Im Äußeren dieses jungen Mannes fand ich den Geist der ganzen Versammlung summarisch ausgedrückt. Auf dem blassen Gesicht waren die Züge des geistigen Lebens glatt gestrichen, Zerknirschung und Hochmuth kämpften um die lezten Streifen. Die ganze Gestalt schien vor dem Crucifix einzubrechen. — Ich wußte zum Voraus, daß eine Passionspredigt folgen würde, denn die Geistlichen sind in nichts gewissenhafter, als in Festhaltung der nach der Lebensgeschichte Christi gemachten Textordnung. Wer funfzig Jahr den Gottesdienst besucht hat, ward funfzig Mal im gleichen Ideenkreise herumgeführt. Die Wahl des Textes: „Darnach, als Jesus wußte, daß schon Alles vollbracht war, daß die Schrift erfüllet würde, spricht er: Mich dürstet" (Ev. Joh. 19, 28.) konnte mich also nicht befremden, wohl aber die Behandlung derselben. Mit einem leichten Sprunge sezte der Prediger über die Worte „daß schon Alles voll-

589

bracht war" und „daß die Schrift erfüllet würde" hinweg und arbeitete sich eine volle Stunde müde am Ausrufe „Mich dürstet." Es war für den Theologen kein leichtes Geschäft, nachzuweisen, wie der Durst überhaupt entstehe, wie sich der leibliche Schmerz im Angesicht des Herrn ausdrückte, wie ihm die Lippen glühten u. f. w. Noch weniger fand er sich zurecht in dem Collisionsfalle, daß Christus, der Herr, dem die Macht über Alles gegeben, der Aller Hunger zu stillen, alle Schmerzen zu lindern weiß, Durst litt. Dagegen kam er ganz auf sein Feld, als er den leiblichen Durst auch als Durst des Herzens gefaßt hatte. Mit bewunderungswürdiger Beredtsamkeit schilderte er die Schlechtigkeit der Menschen, zeigte, wie auch nicht Einer gerecht war, und wie den Herrn darnach dürsten mußte, die Seelen aus des Satans Gewalt zu gewinnen. Mit Begeisterung wurde ausgesprochen, daß Christus seine Seele nicht hoch und theuer gehalten, daß er sie freudig hingegeben habe für die elenden, sündhaftigen Menschen. Schlafend seien wir des höchsten Glückes theilhaftig geworden. Durch die Gnade des Herrn empfangen wir bewußtlos die heilige Taufe und werden gerettet vom Verderbniß des Heidenthums. Indessen sei der Durst des Herrn doch zur Stunde noch nicht ge-

590

löscht. Groß sei die Zahl derjenigen, die den Durst des Herrn nicht stillen wollen. „Ach, möchten wir doch recht heiß nach dem Herrn dursten; wir, die wir nur Strafe und Zorn verdienen! Doch, wir müssen Alles vom Herrn erbitten, selbst, daß wir ihn lieben, daß wir nach ihm dürsten können; denn unser Herz ist so matt, so ohnmächtig, so todt, daß wir Alles nur durch die Gnade des Herrn erlangen. Ach, könnten wir doch die Welt ganz aus unserm Herzen stoßen!" So ohngefähr ging es eine Zeit lang fort, dann kam es an den moralischen Theil der Predigt und zwar schnurstracks an den Genuß des Branntweins. Es hieß, im Genusse dieses Giftes vergesse man der Worte des Herrn: „Mich dürstet"; der Genuß geistiger Getränke sei darum ungerecht, weil Christus am Kreuze Durst gelitten; es sei billig, daß man auch dürste, dieweilen der Heiland gedürstet habe, unbillig, diesem allein allen Schmerz zu überlassen und uns die sinnlichen Genüsse zu verschaffen. Mit der dringendsten Bitte, wenigstens in der Charwoche weder Branntwein noch Punsch zu trinken, wurde die Passionspredigt geschlossen. Nachdem der Psalm: „Wie nach einer Wasserquelle" abgesungen war, wurden die Statuten des Enthaltsamkeitsvereins vorgelesen, und der Prediger sprach die Erwartung aus, daß die-

591

jenigen, welche das Wort des Herrn: „Mich dürstet" beherzigen, dem Vereine beitreten. Gerührt ging die Versammlung auseinander.

Es werden wöchentlich zwei Betstunden gehalten. Es verdient Anerkennung, daß man den Armen, welche wegen Mangel an Kleidern die Kirchen nicht besuchen können, das Wort Gottes in ihrem Hause predigt, und daß Leute aus höhern Ständen an diesem besondern Gottesdienste Theil nehmen und eine christliche Gemeinschaft herzustellen bemüht sind. Doch bringt die Betstunde nur dann Segen ins Armenhaus, wenn sie rein von Heuchelei und Frömmelei ist, und wenn die Theilnehmer aus höhern Ständen nicht zu jenen erbärmlichen Menschen gehören, welche an Kopf und Herz krank sind, und die größte Freude haben, wenn sie Andere anstecken können. Wenn es überhaupt lächerlich ist, die schönste Lebenszeit mit Sündenbetrachtungen zu verlieren, so ist es geradezu unmenschlich, die Armen gewaltsam in dieselben zu versenken. Es ist Pflicht, daß man diese im Glauben an den Werth der menschlichen Seele stärke, damit sie sich ermannen und dem Schicksale trotzen. Wer es nicht versteht, den Geist, „der lebendig macht", zu predigen, der dränge den Armen seine Litaneien nicht auf. Es ist besser, es komme

592

ein Leierkastenmann in den Hof zwischen den Familienhäusern, denn ein pietistischer Pfarrer. Jenen Freunden der Gemeinschaft aber ist zu rathen, daß sie Arm und Reich nicht in der Narrheit zu vereinigen suchen, sondern handeln nach Ev. Matth. XIX. 21: „Willst du vollkommen sein, so gehe hin, verkaufe was du hast und gieb es den Armen u. s. w." —

———

Im Vogtlande giebt es auch außer den Familienhäusern des Herrn Heyder noch verschiedene Wohnungen, wo viele Arme beisammen sind. Am bekanntesten ist Nr. 42. in der Langen Gartenstraße. Man wollte mich abhalten von dem Besuche dieses Hauses, indem man sagte, es sei von Leuten bewohnt, die aus dem Zuchthause entlassen seien oder dahin gehören; das schlechteste Gesindel sammle sich dort, ich könne leicht mißhandelt und geplündert werden, die Polizeidiener haben fortwährend dort zu schaffen. Dies zog mich gerade hin. Um die Leute zu Hause zu treffen, wählte ich einen Sonntag Abend zu diesem Spaziergange. Das Haus ist ziemlich weit vom Hamburger Thore entfernt. Es sieht besser aus als die Familienhäuser. Vor demselben spielten die Kinder, auf der Treppe saßen viele Weibspersonen, Männer und Jünglinge standen

593

beisammen und plauderten. Ich machte mich auf Neckereien gefaßt, wie man solche etwa von den Berliner Gassenjungen zu ertragen hat. Die jungen Burschen waren aber ganz freundlich gegen mich; die Mädchen, welche mich wahrscheinlich für einen Prediger hielten, lachten etwas unanständig hinter meinen Rücken. So kam ich mitten in das berüchtigte „Gesindel" ohne alle Gefahr. Ich schämte mich, daß ich einen starken Stock als Vertheidigungswaffe mitgenommen hatte, und warf in meinem Kopfe die hohlen Definitionen von „Spitzbub, Auswurf der Menschheit" rc. über den Haufen. Ich unterhielt mich recht angenehm mit den Leuten und bestärkte mich in der Ansicht, daß man in den verschiedensten Theilen der menschlichen Gesellschaft das gleiche Licht der Seele wiederfinde nur in verschiedener Form. Wer dasselbe sehen will, darf das eigene Licht nicht unter den Scheffel stellen. „Das Gleiche findet sich stets." Wer das Herz freundlich schlagen läßt, dem schlagen die Herzen Anderer freundlich entgegen. Wer aber seine Gesinnung in die Paragraphe einer brutalen Polizeiverordnung schnürt, der wird überall auf Brutalität stoßen. —

Das Haus gehört der Wittwe Neumann, welche, obschon sehr alt und fast blind, das Re-

594

giment klug zu führen scheint. Der Sohn unterstützt sie dabei und besizt einen Kramladen, aus welchem die Hausbewohner die meisten Lebensmittel beziehen, und wo sie dagegen absetzen, was sie auf der Straße zusammentreiben. Hausbesitzer und Miethsleute bilden ziemlich eine Familie zusammen. Wenn diese auch das Miethgeld nicht regelmäßig bezahlen, so werden sie deshalb nicht exmittirt; wahrscheinlich, weil sie die Industrie des Ganzen unterstützen. Es sind Einzelne bis auf 15 Thlr. schuldig und doch geduldet. Oft kommt es vor, daß die Polizei auf Exmission einzelner Familien dringt, und diese von Neumann in Schutz genommen werden. Es ist zu begreifen, wenn der Polizeikommissarius dieser Armengesellschaft nicht grün ist, sie scheint wohl constituirt und für die Schergen unüberwindlich zu sein. Es wurde mir bereitwillig gestattet, mich in den einzelnen Stuben umzusehen. Das „Mütterchen" begleitete mich aber überall und warf mich durch seine Einmischung ins Gespräch oft aus dem Geleise der Untersuchungen. In zwölf Stuben sind achtundzwanzig ältere Personen und fünfundvierzig unerzogene Kinder beherbergt. Was sich von ihrer Lage sagen läßt, stimmt ganz überein mit den in den Familienhäusern gemachten Beobachtungen.

595

Der Weber Fechter fand keine Arbeit, wußte Frau und Kinder nicht mehr zu ernähren und verließ diese vor einigen Wochen, damit die Armendirektion, welche jüngere Hausväter nicht unterstüzt, genöthigt werde, sich der hülflos Zurückgelassenen anzunehmen. Die Frau liegt todtkrank in der Charité. Für ein Kind von fünf Monaten, welches einem armen Weber übergeben ist, werden monatlich 2 Thlr. Pflegegeld bezahlt. Einen vierjährigen Knaben hat Herr Neumann angenommen.

———

Der Weber Naumann ist schon sieben Wochen für 3 Thlr. 15 Sgr. im Schuldarrest. Der Executor ging persönlich mit ihm zum Armendirektor und stellte diesem vor, daß der Armendirektion, wenn sie jene Schuld nicht tilge, eine Frau mit sechs kleinen Kindern auf den Hals falle. Doch umsonst: man läßt den armen Mann im Gefängniß sitzen und reicht der brodlosen Familie monatlich 4 Thlr. Unterstützung. Es zeigt sich an diesem Beispiele deutlich, wie ungeschickt die Armenfonds benuzt werden. Anstatt den rechten Augenblick der Unterstützung kennen zu lernen und zu benutzen, verwendet man die Gelder auf Almosen, die noch keinem Armen aufgeholfen haben. Aus diesem

596

wird das Miethgeld bestritten und das Übrige genügt nicht, die Familie vor großem Hunger zu sichern. Die junge Frau des Hausbesitzers erzählte mir, daß die Kinder Tage lang hungern und sie das kleinste schon oft an ihrer Brust genährt habe.

———

Schneider von Hirschlanden bei Zürich hat den russischen Feldzug mitgemacht und wohnt seit 1813 in Berlin. Von neun Kindern hat er die zwei jüngsten bei sich. Er leidet an einem doppelten Bruchschaden. Seine Frau ist alt und kränklich. Beide suchen Knochen und Papier. Heute haben sie auf diesem Wege 2 Sgr. 4 Pf. verdient. Vor einem Jahre erhielten sie 2 Thlr. Unterstützung von der Armendirektion. Vor zwei Jahren hat Schneider Jemanden um ein Almosen angesprochen; er bekam 3 Pf., wurde von einem Polizeidiener erwischt und auf sechs Monat eingesperrt.

In der gleichen Stube wohnt eine alte Wittwe, welche ebenfalls Knochen sucht.

———

Kornewitz ist ein Soldatenkind und hat in seiner Jugend mehrere Feldzüge mitgemacht. Nachher wurde er bei der Post als Schirrmeister angestellt; vor acht Jahren aber abgesetzt, weil er, in Folge eines Nerven-

597

fiebers wahnsinnig geworden sei. Er und seine Frau behaupten, daß ein gewisser R.-Rath B., welchem Kornewitz einmal das Übergewicht nicht verheimlichen wollte, die Absetzung bewirkt habe. Das Postamt hat ihm monatlich 8 Thlr. Pension ausgesetzt. Von dreizehn Kindern leben sechs, fünf sind noch unerzogen und wohnen bei den Eltern.

———

Der Weber Weber ist achtundfunfzig Jahre alt, seit Mitte November vorigen Jahres ohne Arbeit. Hausgeräthe und Kleider sind verkauft. Die Kinder sind vor Hunger blaß.

———

Der Weber Beneke ist vierzehn Wochen ohne Arbeit. Er liegt krank im Bette. Die vier Kinder scheinen großen Mangel zu leiden. Die Frau gestand mir, daß sie durch Betteln die Ihrigen ernähre. Von der Armendirektion hat sie einmal 2 Thlr. bekommen.

Im gleichen Zimmer wohnt unentgeldlich der alte Warich. Er sucht Knochen und Papier. —

Auf die Polizei und die Armendirektion kommen die Leute nicht gut zu sprechen. Jene verlange, daß man die Armen auf die Gasse stelle, damit sie in den Ochsenkopf gebracht werden können. Der Armendirektor

598

wolle da nicht angreifen, wo viele Dürftige beisammen wohnen. Es sei merkwürdig, daß sich ein Armendirektor erhängt habe und sein Nachfolger wegen Veruntreuung der Gelder abgesetzt worden sei und nun selbst bettle.

———

Gedruckt bei Trowitzsch und Sohn in Berlin.

2 Forschungsinteresse und Arbeitsweise

Die „Erfahrungen eines jungen Schweizers" als Ausgangspunkt für die Geschichte des Berliner Mietshauses

Es mag zunächst überraschen, daß wir die Geschichte des Berliner Mietshauses mit einem Text beginnen, der von den Lebensverhältnissen der Bewohner eines bestimmten Hauses berichtet, ohne daß über das Gebäude selbst Genaueres ausgesagt wird. Wir sind der Ansicht, daß der Geschichte des Mietshauses mit kunsthistorischen Methoden nicht beizukommen ist, daß es sich nicht lohnt, diese Geschichte als reine Baugeschichte zu schreiben, sondern daß die architekturhistorischen Untersuchungen verbunden werden müssen mit der Geschichte des räumlichen und sozialen Umfeldes. Unser Ausgangspunkt sind also nicht bestimmte Häuser, sondern die Arbeits- und Lebensverhältnisse der Teile der Bevölkerung, die gezwungen sind, in Mietshäusern zu wohnen.

Wie kommt es zu diesem Text? — Ein junger Schweizer Lehrer kommt **1842** zum Ergänzungsstudium (Philosophie und Philologie) nach Berlin, gerät über die Berliner Universität in den Kreis um die Schriftstellerin Bettina von Arnim, erhält von ihr den Auftrag, zur Verdeutlichung eines Kapitels ihres an den neuen König gerichteten Buches die berüchtigten Familienhäuser vor dem Hamburger Tor in Augenschein zu nehmen und das dort Gesehene und Gehörte zu protokollieren. Seine Beobachtungen werden dem sogenannten „Königsbuch", das **1843** in Berlin erscheint, als Anhang beigefügt. Sie machen eine bürgerliche Leserschaft mit den sozialen Verhältnissen am Stadtrand bekannt und berichten aus einer Welt, in die „man nicht ging". Wir haben die Tagebücher des Lehrers Heinrich Grunholzer, des Verfassers dieser Protokolle, in einem Schweizer Archiv gefunden und sind so in der Lage, die Entstehung der Protokolle zur verfolgen. Leider sind das Manuskript des „Königsbuches" und die in einem gesonderten Tagebuchheft eingetragenen Originale der Protokolle, die Bettina für fünfzig Taler Grunholzer abgekauft hat, seit der Versteigerung des v.-Arnim-Nachlasses **1929** in Berlin verschollen.

Was gibt der Text wieder? — Heinrich Grunholzer betritt einen großen Gebäudekomplex, direkt vor den Toren der Stadt, den, wie man annehmen kann, damals viele von außen, aber nur wenige Bürger — Armendeputierte, Ärzte, Pastoren, Polizisten — von innen kennen. Er geht durch die Etagen, klopft an die Stubentüren, beschreibt, wen und welche Einrichtungen er vorfindet, und gibt die Gespräche wieder, die er führt. Er besucht insgesamt 33 von etwa 400 Haushalten. Die Auswahl erscheint zufällig, die unterschiedlichen Beobachtungen und der wechselnde Inhalt der Gespräche zeigen die Unvorbereitetheit des Besuchers. Allerdings kann er beobachten und ist fähig zuzuhören. Er hat keine die Wirklichkeit kanalisierende Methode, wird aber auch durch das, was ihn betroffen macht, nicht sprachlos, sondern ist fähig zu protokollieren. Was er erfährt und was er beschreibt, sind die **Lebensverhältnisse** der Bewohner, die Form ihres Haushalts, des Alltags und der Arbeit, der sie nachgehen, und die Klagen, die sie führen gegen die Gesellschaft, unter deren Bedingungen sie leben müssen. Die damals wie heute herrschende bürgerliche Einschätzung gegenüber Menschen, wie sie Grunholzer in den Familienhäusern antrifft — als dumpf vor sich hinlebend, selbst schuld an ihrem Schicksal, dumm, faul und „asozial" —, wird hier widerlegt durch Gegenbilder von beobachteter Würde und Einsicht

in die Lage, einmal als Anklage, andererseits als Hoffnungslosigkeit, sich selbst aus dieser Lage befreien zu können.

Was ist das Besondere an diesem Text, den Bettina selbst als das Wichtigste ihres Buches einschätzt? — Er hat einen gemeinen Inhalt, eine rohe Form und gibt die Beobachtungen direkt wieder. Er hat die Qualität der dokumentierenden Reportage, die sich im Moment der Beobachtung der Wertung weitgehend enthält. Während man das „Königsbuch" heute nur noch aus historisch-literarischem Interesse zu konsumieren vermag, gehen die Protokolle von Grunholzer nach wie vor unmittelbar unter die Haut.

Was macht diesen Text für unser Thema so wertvoll? — Er teilt etwas mit, was in vielen geschichtlichen Darstellungen, bezogen auf diesen Zeitraum und die Stadt Berlin, ausgespart ist. Es wird weder über einen Einzelnen im biographischen Sinn, noch über pathologische Fälle, also besondere, im gesellschaftlichen Sinn berichtet, sondern über viele und normale, und zwar Einzelne mit subjektiven Konturen, mit typischen Gemeinsamkeiten und wiedergegebenen Erfahrungen, die in bezug auf die städtischen Mietshausverhältnisse neu sind.

Der Text, so verstanden, fordert auf, für eine Geschichte des Mietshauses von diesen Verhältnissen auszugehen, die Einzelheiten nachzuzeichnen, weitere Trümmer aufzuspüren, um ein Bild der historischen Wirklichkeit von innen her und aus der Sicht von unten zu entwerfen.

Fragen an die Wirklichkeit, die der Text beschreibt:
— Sind Grunholzers Protokolle die einzigen Beschreibungen der berüchtigten Familienhäuser, oder gibt es noch andere?
— Welche Wirkungsgeschichte hat der Text?
— Woher kommen die Bewohner?
— Warum wohnen sie ausgerechnet in den Familienhäusern?
— Welchem Broterwerb gehen sie nach, und wo arbeiten sie?
— Wie sehen die Gebäude aus, in denen sie wohnen, und wie sind die Gebäude im Inneren aufgeteilt?
— Wer hat sie warum und wann bauen lassen?
— Wo stehen die Familienhäuser, und warum gerade dort?
— Wieviele Personen wohnen in diesen Gebäuden?
— Handelt es sich bei den Familienhäusern um typische Berliner Mietshäuser oder um einen Sonderfall?

Wie sind wir darauf gekommen, uns mit der Geschichte des Berliner Mietshauses zu beschäftigen?

Das Bedürfnis, an diesem Thema zu arbeiten, hat sich aus den persönlichen und fachlichen Erfahrungen als Architekten entwickelt. Wir müssen mitansehen, wie ein Großteil der Berliner Altbausubstanz in diesen Jahren vernichtet wird, wie die sozialen Gemeinschaften in den Häusern und Stadtquartieren zerstört werden, ohne daß Spuren davon bleiben oder ihre Geschichte aufgehoben wird. Viele unserer Berufskollegen sind oder werden mit der Veränderung oder Beseitigung der großen Berliner Arbeiterquartiere — soweit sie in Westberlin liegen — beauftragt. Sie greifen damit in einen wenig oder gar nicht erforschten Zusammenhang ein: Weder ist die Entstehungsgeschichte dieser Quartiere noch die der Häuser noch die der Lebensverhältnisse und Widerstandsformen ihrer Bewohner bekannt. Die kollektive Erfahrung des überwiegenden Teils der Bevölkerung wird so unbeschreibbar, indem die sozialen Beziehungen zerrissen und die Orte ausgelöscht werden. Unser persönlicher Anspruch, die Planung an den Bedürfnissen der Bewohner anzusetzen, scheitert nicht nur an den Rentabilitätsberechnungen der Bauträger und Grundstückseigentümer, sondern oft auch an unserer eigenen historischen Unkenntnis über die Lebensbedingungen der von der Sanierung der Bausubstanz betroffenen Bewohner und natürlich daran, daß ein solcher Planungsanspruch von den jeweiligen Kapitalgebern sofort politisch kriminalisiert wird.

Aus dieser schlechten Praxis heraus entstand das Bedürfnis, von unten herauf und von Anfang an die Entstehung des typischen Berliner Mietshauses, die Herausbildung von Arbeiterquartieren und die Sozial- und Kulturgeschichte des Berliner Proletariats zu erforschen.

Die zu unserem Gegenstand bereits vorliegenden Untersuchungen sind entweder leblose Kunst- und Baugeschichten, Rechts- und Verordnungsgeschichten zum Thema Sozialer Wohnungsbau oder volkswirtschaftliche und sozialstatistische Untersuchungen ohne klassenspezifische Durcharbeitung und in bezug auf die allgemeine Wohnungsnot völlig abgehobene Ideengeschichte bürgerlicher Reformvorhaben. Erst während der letzten Jahre beginnt sich die Qualität der Arbeiten zur Geschichte des Mietshauses zu ändern, nur sind es bisher ungedruckte Diplomarbeiten und Dissertationen.

Die Erfahrung, daß die von der Kunstgeschichte abgeleitete Baugeschichte kein Instrumentarium hat, um einem solchen Thema wie dem Mietshausbau, in dem es nicht um die Feststellung „künstlerischer Werte" geht, gerecht zu werden, macht es notwendig, daß wir uns mit anderen Fachdisziplinen aus dem kultur- und sozialwissenschaftlichen Bereich verbinden oder zumindest lernen, uns deren Ergebnisse anzueignen.

Die Universitätsreform von **1969** hat, obwohl die Fakultäten in Fachbereiche umgerüstet wurden, den interdisziplinären Anspruch an Lehre und Forschung nicht eingelöst. Es hat sich gezeigt, daß interdisziplinäre Arbeit an der Universität immer noch nur schwer möglich ist, daß man weiterhin institutionell abgeschnitten ist von den Methoden und Erkenntnissen anderer Wissensgebiete, die für die Erfassung der alltäglichen Lebensverhältnisse unbedingt erforderlich sind. Wir haben daher an der Berliner Hochschule der Künste begonnen, einen Forschungsschwerpunkt aufzubauen, in dem wir versuchen, die benannten Grenzen zu überwinden.

Der Ausgangspunkt für dieses Buch war ein Versuch, die baugeschichtliche Entwicklung der Stadt mit Hilfe literarischer Quellen zu beschreiben. Schon aus der Materialsammlung zu diesem Versuch wurde klar, daß man sich auf exemplarische Fälle und auf einen Gebietsausschnitt und auf bestimmte Sphären der Gesellschaft, wie z.B. Wohn- und Arbeitsverhältnisse, beschränken muß, um auf die alltägliche Wirklichkeit zu stoßen.

Die Qualität der Grunholzer-Protokolle brachte uns darauf, uns genauer mit der Bau- und Sozialgeschichte der v. Wülcknitzschen Familienhäuser und ihrem Umfeld, dem sogenannten Voigtland vor dem Hamburger Tor, zu beschäftigen und in den Archiven herauszufinden, ob dieser in der Literatur bekannte Fall exemplarischen Charakter für die allgemeine Mietshausgeschichte hat. Die Fülle des in den Archiven entdeckten Materials bestätigte die Hypothese und löste gleichzeitig immer neue Diskussionen aus, welche Formen der Darstellung sich anbieten und wie es möglich ist, das dokumentarische Material unvermittelt wiederzugeben.

Wie ist der Stoff angeordnet, und wie kann er gelesen werden?

Die nach verschiedenen Zwischenstufen endgültig gewählte Methode der Anordnung des Stoffes zielt sowohl auf die unbedingte Anschaulichkeit wie auf die Möglichkeit unterschiedlichen Leseverhaltens. Zwei Stoffstränge ziehen sich nebeneinander durch die Arbeit: der eine, der vom Objekt ausgeht, dessen Bau-, Bewohner- und Wirkungsgeschichte dokumentiert, der andere, der das Objekt aufsucht im stadttopographischen Umfeld, das sich von der Sandwüste vor den Toren der Stadt im Zusammenhang mit der Ansiedlung der Maschinenbauindustrie zum frühen proletarischen Wohnquartier verwandelt. Beide Stränge sind so miteinander verschnitten, daß sie wie Zahnräder ineinandergreifen. Dabei werden neben dem Haupt-

text die für das Verständnis notwendigen zusätzlichen Erklärungen, Biographien und Vergleiche an den Stellen montiert, wo es der Textzusammenhang erfordert.

Dabei haben wir versucht, die Diskussionen, Auseinandersetzungen, Kompetenzstreitigkeiten, Verfügungen und Protokolle so direkt zu montieren wie irgend möglich, damit ein rekonstruiertes Bild der Wirklichkeit entsteht und nicht eine komprimierte Analyse, die nur ein sehr begrenztes Publikum verstehen kann. Die inhaltliche Argumentation wandert dabei zum Teil in die Montage der Dokumente, in die Gegenüberstellung der unterschiedlichen Positionen, wodurch der Leser in die Lage versetzt wird, selber zu urteilen.

Da in den dokumentarischen Texten, die wir verarbeitet haben, oft Informationen unterschiedlichster Art enthalten sind, ist es sinnvoll, diese Texte nicht nur vollständig wiederzugeben, sondern in den jeweiligen Zusammenhängen auszugsweise zu wiederholen. So werden wir z.B. die Berichte Grunholzers aus den Familienhäusern, die am Anfang des Buches im Original nachgedruckt sind, sowohl dort, wo es um die Entstehung dieser Berichte geht, wie auch im Zusammenhang mit der Analyse des Alltags der Familienhausbewohner erneut zitieren.

Im Zwischenraum zwischen Haupttext und Randspalte sind alle Quellennachweise untergebracht: Die Pfeile geben an, worauf sie sich beziehen, „A" bedeutet Archivmaterial, „L" bedeutet gedruckte Literatur, und „B" bedeutet Bild- und Plannachweis. Die Zählung der Nachweise erfolgt kapitelweise, die Zusammenstellung der Nachweise befindet sich am Ende des Buches. Zusätzlich sind im Zwischenraum noch unter „S" Seitenverweise innerhalb dieses Buches angeordnet, die es ermöglichen, Genaueres oder Ausführlicheres über den jeweiligen Zusammenhang zu erfahren.

Zitierte Texte sind kursiv geschrieben (also ein schräg gestellter Schriftsatz).

Zum lexikalischen Gebrauch des Stoffes wird auf das ausführliche Personen-, Orts- und Sachregister am Ende des Buches verwiesen.

3 Das Gebiet: 1740 – 1820

Von der Sandwüste zum Voigtland

Bevor wir uns mit der eigentlichen Bau- und Nutzungsgeschichte der Familienhäuser befassen, wollen wir uns mit dem Zustand und der Geschichte der Gegend vertraut machen, wo sie gestanden haben, mit dem sogenannten Voigtland.

Wer unvorbereitet versucht, diese Gegend auf einem heutigen Stadtplan Berlins ausfindig zu machen, wird wenig Erfolg haben. Er wird vergeblich nach der Bezeichnung „Voigtland" suchen, und ebenso schwer wird es ihm fallen, von dem heutigen Stadtbild auf die Lage der ehemaligen Vorstadt außerhalb der Stadtmauer zu schließen. Wir haben das Gebiet, um dessen Geschichte es hier geht, in dem untenstehenden Plan hervorgehoben. Es liegt heute zum größten Teil im Stadtbezirk Berlin-Mitte (DDR). Nur wenige Ortsbezeichnungen und wenige heute noch stehende Gebäude stammen aus der Zeit vor 1820, und allein vom Augenschein her ist es uns unmöglich, uns ein Bild davon zu machen, wie es hier einmal ausgesehen hat.

Der von uns hervorgehobene Gebietsausschnitt umfaßt aber mehr als das eigentliche Voigtland, womit nur die Gegend zwischen der Wilhelm-

B 1

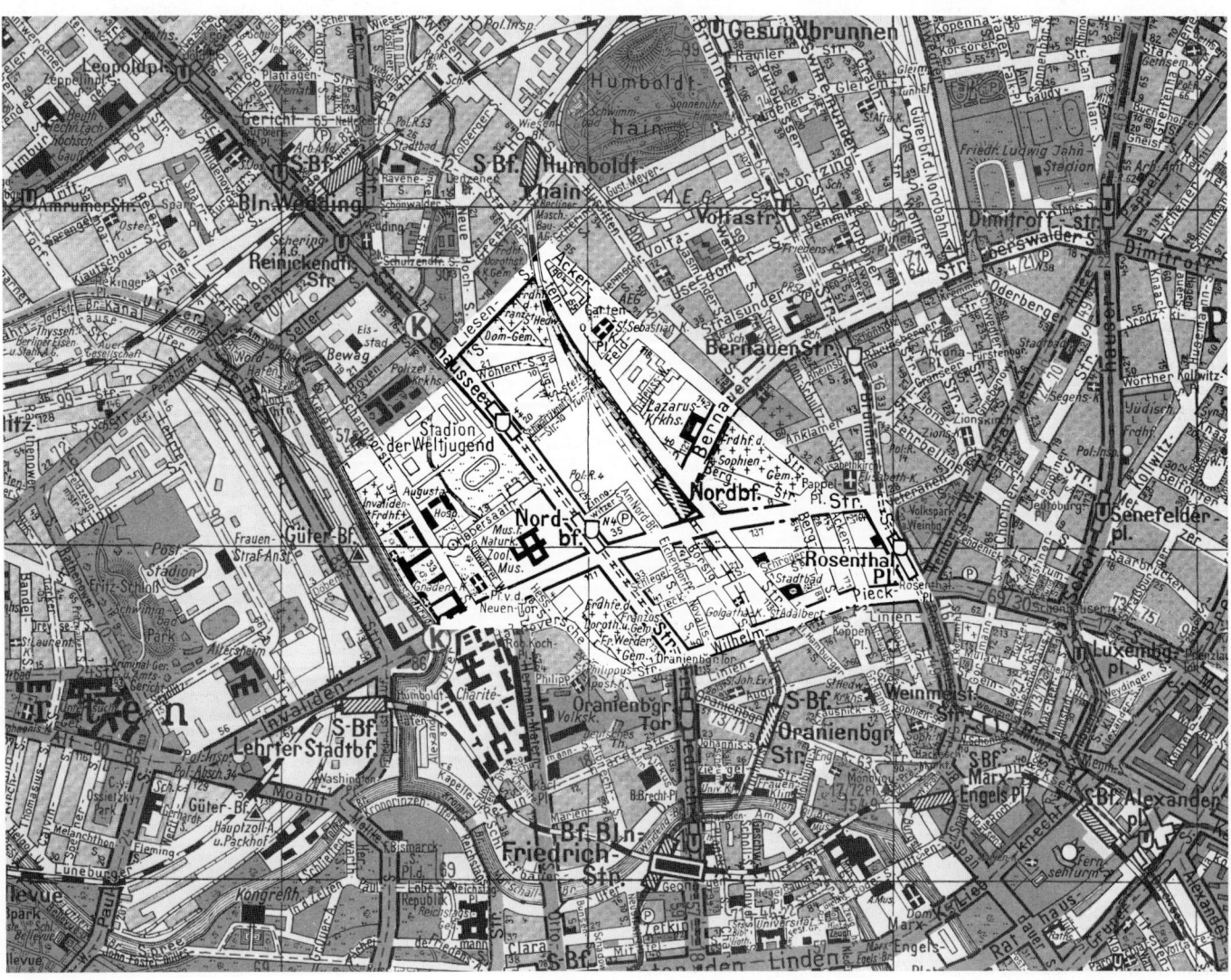

Pieck-Straße (der ehemaligen Stadtmauer), der Brunnen-, Invaliden- und Gartenstraße bezeichnet wurde. Wir beziehen in unsere Untersuchung zusätzlich noch das nordwestlich daran anschließende Gebiet, die ehemaligen Ländereien des Invalidenhauses, mit ein. In diesem ersten Gebietskapitel werden wir den Entwicklungsprozeß dieser Gegend bis **1820** nachvollziehen und zeigen, wie sich die **1740** noch namenlose unbesiedelte Sandwüste im Norden der Stadt zu der Gegend entwickelt hat, die um **1820** zur Zeit des Baubeginns der Familienhäuser, unter dem Namen „Voigtland" bei den Berliner Stadtbürgern als Armen- und Verbrecherviertel verrufen ist. In diesem 80jährigen Entwicklungsprozeß spiegelt sich nicht nur der Anfang des Umbruchs von der feudal-absolutistischen zur bürgerlich-kapitalistischen Stadtentwicklung, sondern die Geschichte dieser Vorstadt ist für uns in Hinblick auf die Familienhäuser deshalb so interessant, weil wir hier auf engem Raum nebeneinander die wesentlichen bautypologischen Vorläufer der ersten wirklichen Berliner Mietskaserne auffinden und beschreiben können.

3.1 Die Sandwüste (vor 1740)

1855 schreibt der Pfarrer Kuntze von der Elisabethkirche die erste und ←S 382 bis heute einzige zusammenhängende Chronik des Voigtlandes. Aus ihr werden wir häufiger zitieren. Die Urgeschichte des Gebiets schildert er folgendermaßen:

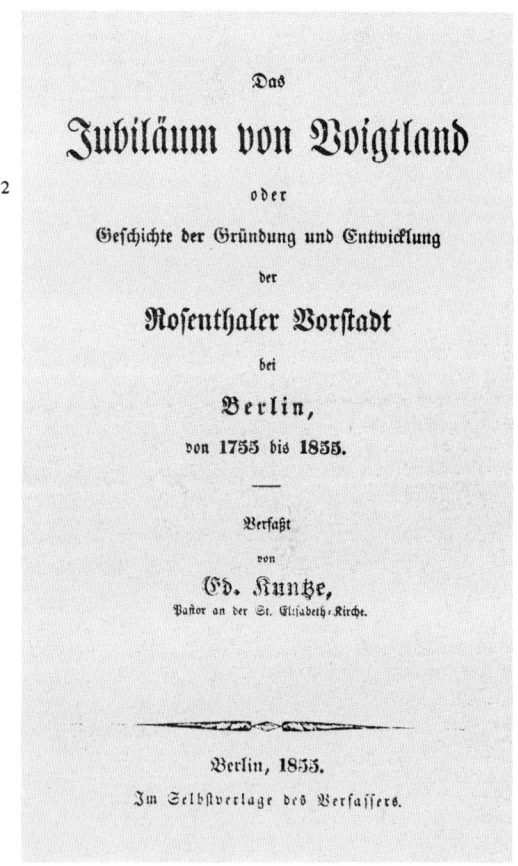

Die ganze Gegend vom Magistrats-Weinberge, oder zuletzt Klausens ←L 1 *Weinberg genannt, der ein klein wenig südwestlich von dem jetzigen Hamburger Bahnhofe gelegen hat, bis zu dem später Wollankschen Weinberge am Rosenthaler Tore, war noch 1640 mit Wald bedeckt. Dort befand sich, bis an das nördliche Ufer der Spree herabgehend, die Hasenheide, nebst einigen Weingärten in der jetzigen Oranienburger- und Weinmeister-Straße, und hierdurch ging der Weg nach Spandow, vom Spandower Tor aus, das ungefähr da stand, wo sich jetzt die Garnisonkirche befindet; so wie der Ruppiner Heerweg, die jetzige Chaussee-Straße. Damals fing man an, die Spandauer Vorstadt zu bauen, besonders da die Churfürstin in der Gegend des jetzigen Monbijou eine Meierei mit sehr ausgedehnten Gärten besaß. Bis dahin stand das Hochgericht in der Oranienburger Straße, wo jetzt Nr. 25 und 26 ist, ein Ort, der noch bis vor 40 Jahren unter dem Namen „des Schinderberges" bekannt war. Das Hochgericht wurde nun weiter hinaus verlegt auf einen kleinen Berg (Sandhügel) zwischen der Garten- und Bergstraße, wo jetzt der Garten des Hauses Nr. 2 und der alte Sophien-Kirchhof liegt. Daselbst blieb es, bis Voigtland erbaut wurde.*

Die erste einschneidende städtebauliche Maßnahme, die den Kranz der regellos gewachsenen unmittelbaren nordöstlichen Vorstädte gegen das weitere Umland abgrenzt, ist die im Zusammenhang mit der Anlage des Oberbaums der Spree, also der Zollgrenze auf dem Fluß, gebaute Stadt- →L 2 befestigung.

Als die vom Großen Kurfürsten angelegten Festungswerke ihre militä- ←L 3 *rische Bedeutung verloren, hatte Friedrich Wilhelm I. die Wälle abtragen lassen, hatte die Werke geöffnet, über die Gräben Brücken gelegt und die Bastionen als Bauplätze benutzt. Über die alten Verteidigungswerke führte er neue Straßen. Es gab keine Festung mehr. Die Mauer, die Groß-Berlin einschloß, teils eine Palisadierung an den Landwehren, teils eine hohe Mauer von Backsteinen, war nur eine Zollschranke und der Akzise wegen gezogen; daneben sollte diese Mauer hindern, daß Soldaten echappierten. Weniger Deserteure kamen dann an den Galgen. Diese Mauer diente nicht mehr zum Schutz gegen einen Feind.*

Am Verlauf der Linienstraße kann man noch heute die Lage dieser Palisade im Norden der Stadt erkennen.

Die neue Umwallung der Stadt beschließt die Phase der planmäßigen Erweiterung Berlins über den alten Festungsring hinaus, in deren Verlauf die Dorotheenstadt, die Friedrichstadt und zuletzt im Norden und Nordosten die Spandauer und die Stralauer Vorstadt angelegt werden.

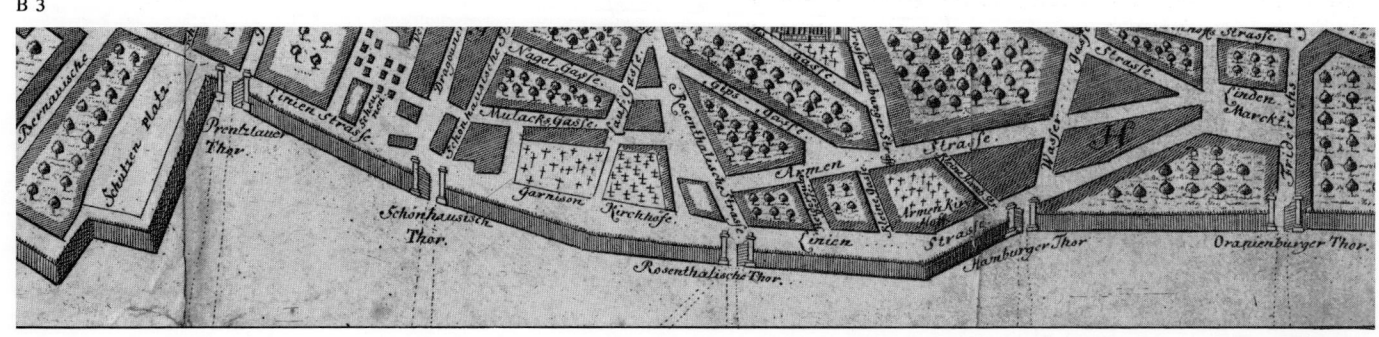

→B 2 Dismar Degen: Bau der Oranienburger Straße. Um 1735

Sowohl die Anlage der Palisade, die aus angespitzten Holzpfählen besteht, als auch die umfangreiche Neubautätigkeit, erfordern neben dem nötigen Brennmaterial zum Heizen und Kochen kaum vorstellbare Mengen an Holz. Dieses Holz stammt vor allem aus den die Stadt umgebenden Wäldern, die ohne eine planmäßige Wiederaufforstung abgeholzt werden. Das →L 4 führt dazu, daß um **1730** die Gegend nördlich der Palisade *eine große Fläche des unfruchtbarsten Triebsandes dar(bot), der von heftigen Stürmen, bald hie bald da zu kleinen Sandhügeln zusammengeweht wurde, so daß es hier wandernde Berge gab. Nur einige wenige Hütten mochten zerstreut in dieser Sandwüste liegen.* Ein ehemaliger Armeegeneral erinnert →L 5 sich an die „Sandscholle": *Dieses Land umher war völlig einer Wüste gleich. Niemand hatte Lust, der Kosten wegen es zu bebauen. Nach der Richtung des Windes entstand bald hier, bald da ein Hügel von Flugsand, so daß man zuweilen sogar über die Palisaden in die Stadt hineinreiten konnte.*

B 3

J.C. Haffner, um 1730: Stadtansicht von Süden (Ausschnitt). Links im Hintergrund ←B 4
die Spandauer Vorstadt, dahinter das abgeholzte Gebiet mit dem Hochgericht

Die Beherrschung dieser Sandwüste wird für die nächsten Jahrzehnte zum ständigen Problem für die Residenzstadt. Am Anfang der Geschichte des Kampfes gegen den Flugsand stehen zwei Namen:

Es sind dies: der berühmte und um die Mark überhaupt so verdiente ←L 6 *Hr. Prof. Gleditsch und der verstorbene Oberinspektor Habermaaß bei der Charité. Der letzte wagte 1732 zuerst, dem alles überziehenden Flugsande, welcher damals alle umliegenden Gärten und Gegenden verderbte und dem niemand Grenzen setzen wollte, einen schmalen Damm entgegenzusetzen, auf welchem Erlen etwas dicht standen. Herr Prof. Gleditsch, als er 1733 nach Berlin kam, riet ihm, allerhand wuchernde Grasarten, deren Wurzeln sich in diesem dürren Sande am besten erhalten, zu wählen, und zeigte sie ihm an dem Orte, wo sie wuchsen. Besonders empfahl er ihm das sogenannte Quecken-Gras (um Berlin Päden genennet) von der um Panko gelegenen Fläche holen zu lassen, wo es jährlich in großer Menge ausgepflüget, abgeharket und verbrannt wurde, ohne daß man seinen Wert zur Dämpfung des Flugsandes kannte. Dieses Gras riet er, zur Herbstzeit, vornehmlich im Oktober, da die Nächte beginnen länger und kuhler zu werden, zusammenbringen, frisch oder eingeweicht auf einer Hechsellade (wegen des anhangenden Sandes) Fingerslang schneiden, mit etwas Erde, Sägespänen oder auch kurzem Miste vermengen und sackweise auf den Sand hinführen zu lassen, wenn dieser vorher gegen die Stoßwinde aus Nordwest einigen Schutz erhalten hätte, und nur leichte bei oder vor dem einfallenden Regen wäre gepflüget und eben gemacht worden. In diesen morgenweise abgeteilten und ganz frisch geflügten Acker sollte er sogleich bei einer solchen nassen Herbstzeit diese Graswurzeln aussäen, eineggen und überwalzen lassen, um den Sand derb zu machen, und in einiger Zeit die Schafe darauf nicht treiben lassen, bis sich alles wohl bewurzelt habe. Die ersten Versuche gerieten recht gut, die Wurzeln waren dicke genug gesäet und nach vierzehn Tagen ausgeschlagen, daß die Beeten mit meergrünen Grasblättern über und über so bedeckt waren, als ob man junge Nelkenpflanzen darauf sähe. Herr Haabermaaß dachte der Sache nach; Herr Gleditsch gab ihm weitern guten Rat. Er erhielt zu seinen Versuchen die ganze hügliche Sandwüste von dem Könige geschenkt, die er teils durch Schutz gegen die Windstöße mit Weidenstecken, teils durch die vorgeschlagene Bestellungsart zum großen Vorteil der ganzen Gegend urbar zu machen gesucht hat, und worauf nach der Zeit unter andern die ganze sehr wichtige Wirtschaft des Invalidenhauses angelegt, und durch dieses Beispiel zu vielen andern Verbesserungen Gelegenheit gegeben worden ist.*

Der nächste Versuch, mit der „Sandscholle" fertig zu werden, hängt mit der Anlage des Invalidenhauses zusammen, bei dessen Gründung natürlich noch ganz andere Gesichtspunkte eine Rolle spielen.

Das stehende Heer im brandenburgisch-preußischen Militärstaat

Die Entstehung des feudalabsolutistischen Militarismus im brandenburgisch-preußischen Territorialstaat war ein Prozeß, der in der zweiten Hälfte des 17. Jahrhunderts begann und im ersten Drittel des 18. Jahrhunderts seine volle Ausbildung erreichte. Nach 1648 strebten die Hohenzollern danach, ihre von Ostpreußen bis zum Rhein zerstreuten Gebiete zu vereinigen und durch weitere Annexionen ihren Herrschaftsbereich zu vergrößern. Diese Ziele deckten sich mit den Klasseninteressen der feudalen Gutsherren, die in den ostelbischen Landesteilen die entscheidenden wirtschaftlichen und politischen Machtpositionen besaßen und die Bauern schonungslos ausbeuteten.

←L 7

Als Mittel zur Sicherung der feudalen Gutswirtschaft und als Instrument der Aggression gewann das Heer in Brandenburg-Preußen eine Schlüsselstellung. Teils mit Hilfe der Landstände, teils mit ausländischen Subsidien baute Kurfürst Friedrich Wilhelm I. ein stehendes Söldnerheer auf, das 1688 bereits 31 000 Mann zählte. Die verschiedenen Landtagsrezesse, so 1653 mit den Ständen der Kurmark Brandenburg, bestätigten und erweiterten in der Regel die Privilegien der Feudalherren, wofür die Krone Mittel für den Unterhalt von Truppen erhielt. Im Interesse des Feudaladels erhoben die preußischen Herrscher die militärische Rüstung und die Vorbereitung von Raubkriegen zu Grundprinzipien der Politik und zu Maßstäben für die wirtschaftlichen, politischen und sozialen Maßnahmen im Lande. Der kurfürstlichen Machtpolitik diente auch der Aufbau einer stehenden Kriegsflotte, die um 1685 insgesamt 26 größere und kleinere Schiffe zählte.

Wesensmerkmale des feudalabsolutistischen Militarismus, der unter den Königen Friedrich Wilhelm I. und Friedrich II. den Höhepunkt seiner Macht erreichte, waren die rigorose Unterordnung des staatlichen und gesellschaftlichen Lebens unter die militärischen Bedürfnisse des ständig wachsenden Heeres, die scharfe Trennung zwischen Volk und Armee, zwischen Offizier und Soldat sowie ein barbarisches Drill- und Strafsystem. Die noch bestehenden Rudimente der Landesdefension, wie die Landmiliz, wurden 1713 beseitigt. Am Hofe und im adligen Offizierskorps keimte ein Geist der Glorifizierung des Raubkrieges und der Armee auf. Der Offizier galt als der „erste Stand" im Staat, seine Uniform machte ihn „hoffähig" und allen bürgerlichen Beamten überlegen. Das obrigkeitsstaatliche Denkschema „Ordre parieren, nicht räsonieren" paarte sich mit der Verachtung der bürgerlichen Kultur und humanistischen Bildung durch die Hohenzollern und die Masse des preußischen Feudaladels und des Offizierskorps. Nicht zuletzt widerspiegelte sich diese politische Maxime in der Militärseelsorge und in der Militärmusik, die Mittel zur reaktionären Beeinflussung der Soldaten waren.

Rüstungslasten des brandenburgisch-preußischen Militarismus

Jahr	Einwohner (in Mill.)	Stärke des Heeres	Prozent der Bevölkerung	Staatseinnahmen (in Mill. Taler)	Militärische Ausgaben (in Mill. Taler)	Prozent der Einnahmen	Militärische Ausgaben pro Kopf (in Taler)
1688	1,100	31000	2,8	3,75	2,5	75	2,27
1713	1,672	40000	2,3	4,10	2,2	55	1,37
1740	2,381	76000	3,4	6,90	5,3	86	2,86
1786	6,000	195000	3,2	19,60	12,3	75	2,05

Das Heer und seine Rüstung verschlangen den größten Teil der finanziellen Potenzen des Landes. Preußen rangierte um die Mitte des 18. Jahrhunderts hinter Rußland, Frankreich und Österreich als die viertstärkste Militärmacht, obwohl es in der Landesgröße an 10. und in der Bevölkerungszahl erst an 13. Stelle unter den europäischen Staaten stand. In keinem anderen Land nahmen das Heer eine solche dominierende und das Offizierskorps eine so exklusive Stellung im Staat ein wie in Preußen.

Die oberste Kommandogewalt über die Armee lag uneingeschränkt in den Händen des absolutistischen Herrschers. Der Ausbau der staatlichen Bürokratie nach 1648 diente in erster Linie der Versorgung der Armee. Anfang des 18. Jahrhunderts bestanden bereits eine Reihe von Verwaltungsinstitutionen, die entweder unmittelbar aus dem Heer hervorgegangen oder direkt zu dessen Unterhalt geschaffen worden waren. Das Generalkriegskommissariat wurde 1723 mit dem Generalfinanzdirektorium zum Generaldirektorium vereinigt. 1749 bildete Friedrich II. darin ein

3.2 Das Invalidenhaus (ab 1746)

Das Invalidenhaus wird in den Jahren **1746–48** gebaut, also unmittelbar nach dem Zweiten Schlesischen Krieg, der für Brandenburg-Preußen den Besitz der an Bodenschätzen reichen und für die Versorgung des Heeres mit Rüstungsgütern aus Metall unentbehrlichen Provinz Schlesien sichern soll. Friedrich II. hat für die Eroberungskriege, die er anzettelt, **1740** von seinem Vater Friedrich Wilhelm I. ein voll entwickeltes, aber bisher nicht eingesetztes Heer übernommen, das bei einer Stärke von 76 000 Mann (3,4 % der Bevölkerung) Preußen nach Rußland, Frankreich und Österreich zur viertstärksten Macht Europas macht. Der forcierte Ausbau des Heeres setzt ein mit dem Regierungsantritt Friedrich Wilhelms I., der **1713** einen total heruntergewirtschafteten Staatshaushalt übernimmt. Durch drastische Streichungen, besonders in den kulturellen Positionen des Haushaltes, und durch neue Steuern ermöglicht er die Verdoppelung des Heeres. Die Methoden, die zur Aushebung von Soldaten angewandt werden, denn es gibt ja noch keine allgemeine Wehrpflicht, haben zur Folge, daß die Jugend in großer Zahl aus Preußen flieht und wichtige Arbeitskräfte wie Bauern und Handwerker fehlen. Darüber hinaus hat der Ausbau des Heeres eine Militarisierung des gesamten öffentlichen Lebens zur Folge, besonders in Berlin. Kasernen gab es ja noch nicht, die Soldaten wohnen bei den Bürgern einquartiert in der Stadt. Dazu die Beschreibung eines sächsischen Militärs:

→L 8

Die Soldaten machen den größten Teil der Bewohner der Residenz dieses Königs aus; auch die gewöhnliche Unterhaltung der Gelehrten, Geistlichen und Bürger – sogar unserer Damen – dreht sich nur um militärische Angelegenheiten; man hört nur reden von Marsch und Gegenmarsch, von Reih und Glied. Die Damen der ersten Gesellschaft machen sich zu Regimentskommandeuren unter den Frauen, und die der nächsten Rangstufe sind zufrieden, Bataillon und Kompagnien zu befehligen.

Wenn die Soldaten und Offiziere außer Dienst durch die Straßen gehen, marschieren sie in der gleichen Manier, die sie im geschlossenen Bataillon gewöhnt sind; und sogar die, die nicht aus dem Krieg einen Beruf machen, haben sich samt und sonders daran gewöhnt, wie die Soldaten im Gleich- und Stechschritt zu marschieren.

Kurz, Berlin gleicht nicht einer Residenz, sondern einem Heerlager an der Grenze, wo die Stärke der Bewohner in der Garnison besteht und wo der Rest der Ansiedler, Männer wie Weiber, nur dazu da ist, die Soldaten zu bedienen. So kann man die Staatsminister betrachten als hohe Militärbeamte, die Kanzlisten als Musterschreiber, die Damen als Waschfrauen, Marketenderinnen, Schnapsverkäuferinnen, Schankwirtinnen usw. und die Kaufleute als Lieferanten und Fouriere.

Während und nach dem Zweiten Schlesischen Krieg tritt allerdings neben die auffälligen militärischen Zeremonien, die das öffentliche Leben zunehmend bestimmen, ein anderes Element: die wachsende Zahl der Invaliden, die sich als Bettler durch das Land schlagen und so die Folgen und die Härte der Kriege für jeden sichtbar machen. Eine systematische Versorgung dieser arbeitsunfähigen Invaliden fehlt bisher im militärischen System Preußens. In anderen Ländern existiert sie jedoch schon seit langem, so in Frankreich mit dem **1670** für 5000 Invalide am Stadtrand von Paris gebauten Hôtel des Invalides, in England mit dem **1681** für 300 Invalide gebauten Royal Hospital in Chelsea und in Österreich, dem Gegner Preußens in den Schlesischen Kriegen, mit den Invalidenhäusern von Wien und Pest. Diese Bauten werden zu Vorbildern für Preußen. Für die Standortwahl des Invalidenhauses kommen mehrere Momente zusammen:

1. Die Charité, die zur Zeit ihrer Gründung ebenfalls vor der Stadt lag, **1710** als Pesthaus gebaut, dann, da die Pest nicht nach Berlin kam, als Armenhaus benutzt und ab **1726** Anstalt für Kranke, sogenannte Irre und chronisch Pflegebedürftige, ist überfüllt und möchte sich erweitern.

2. Die entstandene Sandwüste muß kultiviert werden, da sie zu einer Bedrohung für die Stadt geworden ist.

3. Die Invaliden sollen außerhalb der Stadt angesiedelt werden und sollen sich unabhängig von der Stadt versorgen können, um aus dem Stadtbild (Residenz) zu verschwinden.

Schon im Laufe des ersten Schlesischen Krieges trat die Frage über den ←L 9
Bau eines Invalidenhauses an den König in folgender Art heran. Ein Kriegs-
rat, Dr. Schaarschmidt, berichtete unter dem 1. Mai 1741:

„Der Inspector der Charité in Berlin Habermaaß erbietet sich, ein
Invalidenhaus neben der Charité für wenigstens 400 Personen zu erbauen,
dergestalt, daß wenn Euer Majestät die freien Baumaterialien allergnädigst
accordiren wollen, er nicht nur den Bau, ohne daß es Euer Majestät ein
Weiteres koste, vollends ausführen, sondern auch den Unterhalt für 400
Personen herbeischaffen werde. Da der jetzige Krieg Invalide erzeugen
dürfte, welche auf Zeitlebens Verpflegung bedürfen, so habe ich, meiner
untertänigsten Schuldigkeit zufolge, Euer Majestät dies melden müssen,
und erbitte eine allergnädigste Ordre, ob der Habermaaß seine Vorschläge
Euer Majestät oder einer Commission vorlegen darf?"

Der König forderte zwar die Vorschläge des Inspectors Habermaaß ein,
ließ sie auch in Berlin von einer militärischen Behörde begutachten, fand
aber dann, daß dieselben nicht annehmbar seien. Nur ein Gedanke wurde,
infolge dieser Correspondenz, von ihm festgehalten, nämlich der:

„Bau des Invalidenhauses in der Nähe der Charité".

Dieses große Krankenhaus war im Jahre 1710 als P e s t h a u s erbaut
worden und wurde 1726 zur C h a r i t é umgewandelt.

Der zweite Schlesische Krieg nahm den König derart in Anspruch, daß
er erst nach dem Friedensschluß desselben (December 1745) sich im Laufe
des Jahres 1746 bestimmt für den Bau entscheiden konnte.

spezielles Departement für die Militärverwaltung, aus
dem 1787 das Oberkriegskollegium als Vorläufer des
späteren Kriegsministeriums entstand. Als Hilfsorgan
für die Vorbereitung der Feldzüge und Lager, für die
Unterbringung der Truppen sowie den Bau und die
Instandhaltung der Festungen entstand aus zunächst
nur zeitweise eingesetzten Generalquartiermeistern
der Generalquartiermeisterstab. Der fürstlichen Mili-
tärhoheit unterstanden auch die Militärjustiz, die Ver-
waltung, die Militärseelsorge und das Medizinalwesen,
wo Juristen (Auditeure), Beamte, Feldprediger und
Ärzte eingesetzt wurden.

Das Offizierskorps mit seinem ausgeprägten Stan-
desdünkel und feudalen Korpsgeist ergänzte sich im
17. Jahrhundert vorrangig und im 18. Jahrhundert na-
hezu ausschließlich aus den Reihen der feudalen Guts-
herren. Stärker als den Offizieren anderer Söldner-
heere oblagen jedoch den preußischen Offizieren der
tägliche Exerzierdienst und die Ausbildung der Trup-
pen. Als Garnisonschefs und Regimentskommandeure
besaßen sie große staatliche Machtbefugnisse, die ih-
nen vielfältige Bereicherungsmöglichkeiten auf Kosten
der städtischen und ländlichen Bevölkerung ermög-
lichten. Am lukrativsten war die zu Beginn des 18.
Jahrhunderts eingeführte Kompaniewirtschaft. Der
Kompaniechef erhielt vom König eine Pauschalsumme
für den Unterhalt seiner Kompanie. Alle Einsparun-
gen aus Beurlaubungen und Freistellungen vom Dienst
flossen in seine Tasche. Die in allen absolutistischen
Heeren herrschende Korruption bewegte sich in der
preußischen Armee in gelenkten Bahnen innerhalb
der Ranghierarchie.

Die Charité um 1730   ←B 5

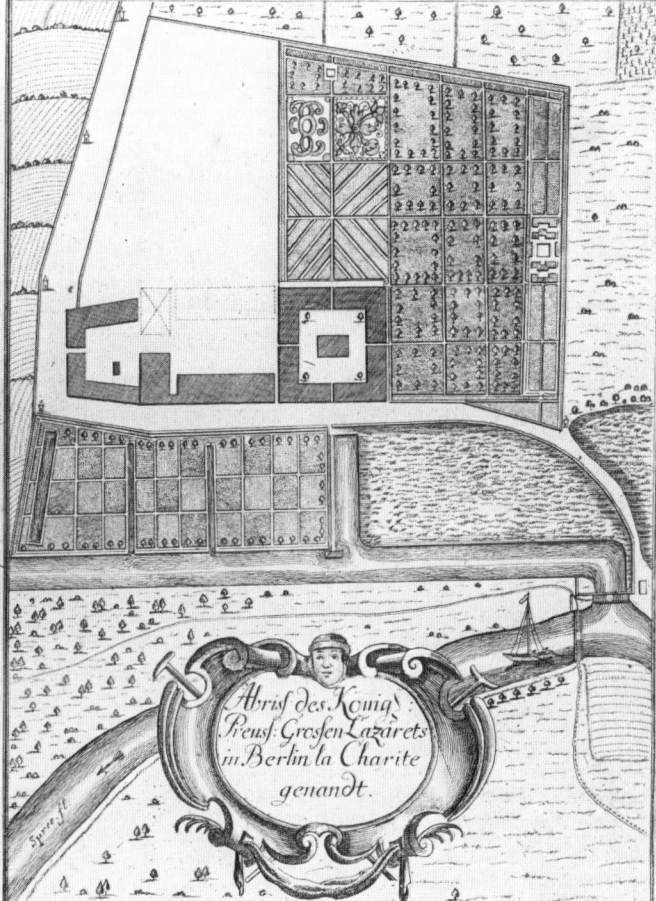

Der ursprüngliche Zustand der Charité zeigt im Vordergrund rechts
den Unterbau der Spree und die Einmündung der Panke, von der ein Stichkanal zum Haupteingang der Charité führt. Das Gebäude entwickelt sich in
drei Geschossen um einen quadratischen Hof nach Vorbild des Kloster-
hofes und ist umgeben von Gärten, die das ganze umzäunte Areal in der
Versorgung unabhängig machen – insofern direktes Vorbild für das Invalidenhaus.

Das preußische Heer ergänzte sich aus zwangsre-
krutierten Landeseinwohnern sowie aus geworbenen
Söldnern, wobei die Werber, oft gewaltsam, Menschen
nach Preußen verschleppten oder sie mit List und Be-
trug in preußische Dienste lockten. Von dem men-
schenunwürdigen Leben der Soldaten, die in großer
Zahl durch Desertion dem Zwang zu entfliehen such-
ten, überlieferten der Schweizer Ulrich Bräker in sei-
ner Biographie „Der arme Mann im Tockenburg" und
der Künstler Daniel Chodowiecki in vielen Kupfersti-
chen eindrucksvolle Zeugnisse. Für die Zwangsaushe-
bungen im Land erließ Friedrich Wilhelm I. 1733 das
Kantonsreglement, das den Regimentern bestimmte
Rekrutierungsgebiete zuteilte. Ausgenommen von der
Dienstpflicht im Heer waren vermögende bürgerliche
Schichten, der Adel sowie einzelne für den Staat geld-

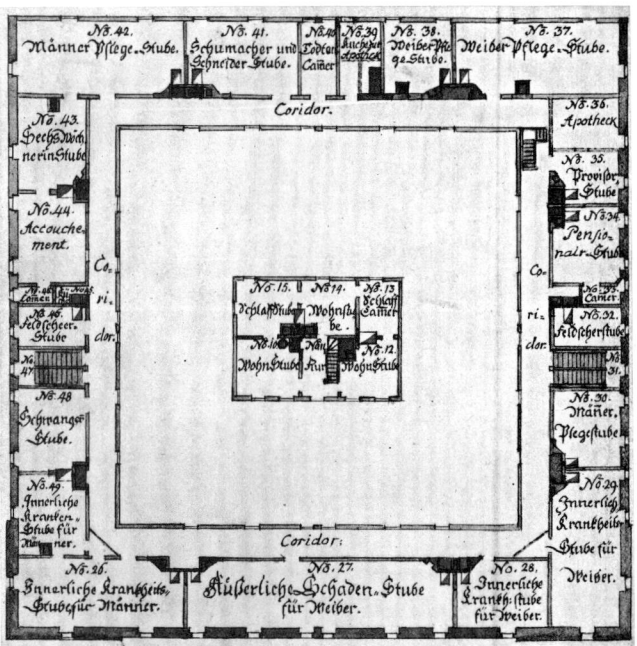
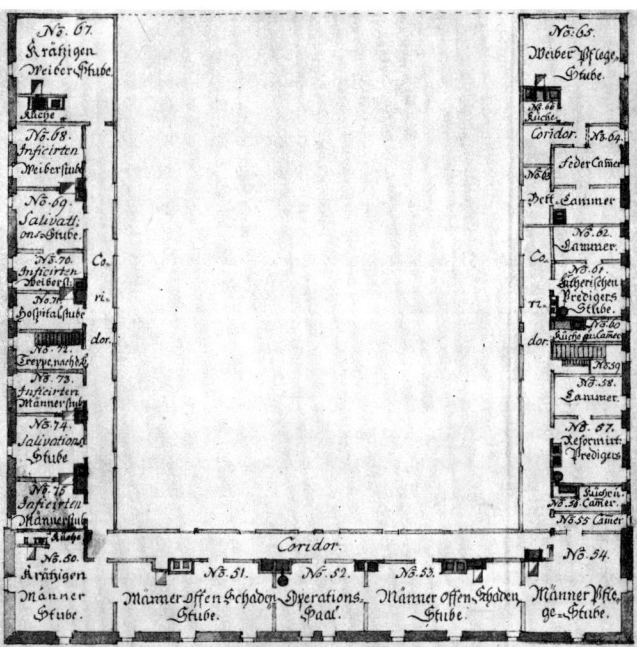

→ B 6   Grundrisse der 2. und 3. Etage des großen Charité-Gebäudes. 1768

bringende Gewerbezweige und industrielle Gebiete. Der drückende Militärdienst lastete in erster Linie auf den bäuerlichen und den armen städtischen Schichten.

→ L 10   *Das Kantonsystem, die besonders intensive Ausbildung der Truppen sowie die zentrale militärische Verwaltung und Finanzwirtschaft verschafften der preußischen Militärmacht einen Vorsprung vor den Heeren anderer Länder. Preußen konnte das Wirtschaftspotential stärker für die Rüstung nutzen und vermochte durch die Kantone schneller Reserven für das stehende Heer zu mobilisieren.*

Gestützt auf das kriegsbereite Heer entriß Friedrich II. 1740 den Habsburgern das wirtschaftlich weit entwickelte Schlesien. Von nun an beeinflußte der aufbrechende preußisch-österreichische Dualismus die politisch-militärischen Auseinandersetzungen zwischen Frankreich, Österreich, England und Rußland. Im Verlauf des Österreichischen Erbfolgekrieges und des Siebenjährigen Krieges vermochte Preußen, zuerst mit Hilfe des französischen Absolutismus und später als Festlandsdegen der britischen Bourgeoisie, das eroberte Schlesien zu behaupten. Die erfolgreichen Schlachten gegen österreichische Truppen bei Mollwitz (Malujowice) 1741, Hohenfriedberg (Dobromierz) 1745, Prag und Leuthen (Lutynia) 1757 sowie im gleichen Jahr gegen die Franzosen und die Reichsarmee bei Roßbach zeigten vor allem die taktische Überlegenheit des preußischen Heeres. Sie begründeten zugleich den Mythos von der besonderen Stärke Preußens im „Durchhalten gegen eine Welt von Feinden", der später ein wichtiges Element der Kriegsideologie des deutschen Militarismus wurde. Gegen das russische Heer, das durch die Militärreformen Peters I. zu Beginn des 18. Jahrhunderts zu einer straff organisierten, vorwiegend aus Landeseinwohnern rekrutierten Streitmacht geworden war, erlitten die preußischen Truppen schwere Niederlagen. Nach der verlustreichen Schlacht bei Zorndorf (Sarbinowo) 1758 und bei Kunersdorf (Kunowice) 1759 bewahrte in erster Linie nur das überraschende Ausscheiden Rußlands aus dem Krieg Anfang 1762 Preußen vor dem Zusammenbruch.

Der preußische Militarismus unterwarf die Volksmassen vielfachen Belastungen und Bedrückungen. Zu der wachsenden Steuerlast durch Kontribution und Akzise kamen mannigfache Zwangsdienste für das Heer sowie Arbeiten beim Festungsbau. In Preußen, das Gotthold Ephraim Lessing das „sklavischste Land Europas" nannte, ging die Armee beim geringsten Aufflackern antifeudaler Unruhen rücksichtslos vor. 1733 beteiligte sich Preußen bereitwillig an der „Reichsexekution" gegen die Freie Reichsstadt Mühlhausen, um die von den Bürgern gestürzte patrizische Ratsherrschaft zu restaurieren. Durch seine Eroberungspolitik bedrohte der preußische Militarismus die militärisch schwächeren Nachbarländer, vor allem Sachsen, Mecklenburg und Polen.

Was letztlich für die genaue Auswahl des Bauplatzes bestimmend ist, erklärt der Chronist des Invalidenhauses, Ollech:

Der Wasserlauf, welcher hier den Boden durchschneidet, ist die P a n k e. Dieses Flüßchen, welches, aus der Gegend von Buch kommend, zwischen Buchholz und Blankenburg das Dorf Pankow mit dem Schloß Schönhausen berührt und dann der Residenz Berlin zur Spree hinzueilt, war damals von einer Bedeutung, die ihm heute unter der Fülle des Häuserbaues an seinen Ufern vollständig abhanden gekommen ist. Die Panke war wasserreich und fischreich, namentlich gaben ihr die Neunaugen, welche sich reichlich in ihr fortpflanzten, eine Art Berühmtheit; sie trug leichte Fahrzeuge und schwoll bei anhaltendem Regenwetter oft derart an, daß Friedrich I., um Überschwemmungen zu verhüten oder doch zu mindern, im Jahre 1704 den Schönhauser Graben ausheben ließ, der den Abfluß der Wassermassen erleichtern sollte. Der Austritt dieses Grabens aus der Panke erfolgte da, wo heute die Dalldorfer Straße liegt, wendet sich dann bei der jetzigen städtischen Gasanstalt vorbei im rechten Winkel nach der Spree, um in der Nähe des Unterbaums zu münden. König Friedrich I. wollte die Panke und diesen Graben auch dazu benutzen, auf dem Wasserwege von Berlin aus das Schloß Schönhausen zu erreichen, wie er es gewohnt war, auf der Spree von Berlin nach Charlottenburg und Spandau zu schiffen. Indessen ist es zur Ausführung dieser Absicht nicht gekommen.

Die Namen dieses Grabens haben mehrfach gewechselt; er wurde auch der „neue Graben", die „neue Panke", die „zweite Panke" oder die „Panke" genannt.

Auf diesen S c h ö n h a u s e r G r a b e n richtete der König Friedrich II. seine Aufmerksamkeit, als er sich zu der Wahl eines Bauplatzes für das Invalidenhaus entschloß. In Begleitung des Commandanten von Berlin, des Generals Grafen v. H a c k e, recognoscirte er den 10. Dezember 1746 vom Unterbaum her den Graben an seiner östlichen Seite. Graf H a c k e erzählt, daß Friedrich erwogen habe, ob es nicht zweckmäßig sei, das Invalidenhaus dicht an dem rechten Ufer der Spree zu erbauen, da hier die Herbeischaffung der Baumaterialien auf dem Wasserwege am leichtesten sein werde. Allein auch der Schönhauser Graben bot ihm dazu ein zu vervollständigendes Hülfsmittel, und außerdem war es hier möglich, ein ausgedehnteres Terrain dem Hause als Grundeigentum zu überweisen. Über die „Sandscholle" verfügte der König als souveräner Herr, ohne irgend einen etwa vorhandenen Besitztitel zu schädigen.

Nach der Wahl des Baugeländes werden noch im **Dezember 1746** die ersten Baumaßnahmen eingeleitet. Der König wählt den in Magdeburg tätigen Ingenieur Isaak Jacob Petri zum Baumeister. Der Bau soll unter der Direktion des Generalmajors Graf v. Hacke auf Kosten der Kurmärkischen Kriegs- und Domänenkammer errichtet werden. Noch im Winter wird das nötige Bauholz geschlagen, damit es im kommenden Frühjahr zur Baustelle geschafft werden kann, wofür jedoch die Vertiefung und Verbreiterung des Schönhauser Grabens von der Spree bis zum Bauplatz durchgeführt werden muß. Die Arbeiten sind am **24.4.1747** beendet, und die Grundsteinlegung erfolgt am **2.5.1747**. Im **Oktober 1748** sind die Bauarbeiten beendet. Hier eine **1784** veröffentlichte Beschreibung des Gebäudekomplexes aus der Enzyklopädie von Johann Georg Krünitz:

Das eigentliche Invalidenhaus besteht aus einem großen Hauptgebäude ←L 11 *von 3 Etagen, welches mit 2 Seitenflügeln einen viereckigen Vorhof einschließt, welcher dem Hauptgebäude gegenüber durch ein eisernes Gitterwerk umschränkt wird. Über dem Haupt-Eingange steht auf einem Steine die Inschrift: Laeso & invicto militi (d.i. den verwundeten und unüberwundenen Soldaten). Inwendig ist ein Corridor nach der Länge des Gebäudes, wo auf beiden Seiten die Zimmer sind, welcher aber zu wenig Licht hat. Auch ist ein großer Fehler in der Anlage darin begangen, daß gar keine Souterrains oder Keller angebracht sind. An den beiden Ecken des Hauptgebäudes stehen zwei Kirchen; eine für die Protestanten, und die andere für die Katholiken. Auf beiden Seiten werden noch zwei Nebenhöfe von verschiedenen Wirtschaftsgebäuden, zur Viehzucht, zum Backen, Brauen, Branntweinbrennen etc. eingeschlossen. Vor dem Hause sind Gärten und Äcker, und besonders eine große Maulbeer-Plantage... Alle Victualien und Getränke, welche im Invalidenhause verbraucht werden, genießen völlige Freiheit von der Consumtions-Accise, und es wohnen daselbst 3 Höker, welche im Kleinen verkaufen. An dem Wege, welcher von dem Haupt-Eingange des Invalidenhauses nach dem Felde überführt, ist eine Brücke mit einem Geländer, über die Panke. Bei derselben ist ein Wachthaus für die Invaliden und wo zugleich ein hölzernes Tor die Communication des Invalidenhauses von dieser Seite verschließt. Außer diesem Tore stehen rechts und links zwei große Gebäude, welche zum Seidenbau gewidmet sind.*

Über die militärische Organisation der Invaliden und über das notwendige Personal zu ihrer Versorgung heißt es weiter bei Krünitz:

Die Invaliden werden in 3 Compagnien geteilet und bestehen in 1 Com- ←L 12 *mendant; 3 Capitäns; 6 Lieutenants; 3 Fähnriche; 30 Unter-Officiers, wor-* →L 13 *unter 3 Feldwebel; 570 Gemeine, worunter 6 Tambours.*

Ferner: 2 Priester, als 1 lutherischer und 1 katholischer; 1 Chirurgus, mit 4 Gesellen; 1 Cassier, welcher zugleich Auditeur sein muß.

Zum Lazareth: 1 Köchinn; 1 Wäscherinn; 2 Wärterinnen.

Zur Wirtschaft: 1 Verwalter oder Amtmann; 1 Schreiber; 1 Backmeister mit seinen Leuten; 1 Brauer mit seinen Leuten; 1 Branntweinbrenner mit seinen Leuten; 1 Fleischer mit seinen Leuten; 1 Gärtner, welcher ein Invalide ist; 3 Bierschenken; 3 Höker; 1 Ochsenknecht; 2 Pferdeknechte; 2 Hausknechte.

Obige Personen alle werden, wie der Plan anzeigt, eine längliche Wohnung im Invalidenhause haben; wie denn auch die benötigten Wirtschaftsgebäude, als: Bäckerei, Brauerei, Branntweinbrennerei, Schlachthaus, Wein-Haus, Scheuern und Ställe angedeutet sind. Was ein jeder zu seiner Verpflegung und Subsistenz monatlich und jährlich bekomme, wird diese Instruction und der angeschlossene Etat ausweisen.

Die gesamte Ausstattung und innere Ordnung des Invalidenhauses wird durch eine ausführliche Instruktion geregelt, die am **31.8.1748** erlassen

Kruenitz, Johann Georg: *berühmt als Verfasser mehrerer großer encyclopädischer Sammelwerke, war in Berlin am 28. März 1728 geboren. Er machte seine Studien in Göttingen, Halle, Frankfurt a.O. und wurde an letzterer Universität 1749 Dr. med. mit der „Diss. de matrimonio multorum morborum remedio“. Nachdem er einige Zeit in Frankfurt a.O. als Arzt practicirt, auch als Privatdocent Vorlesungen über Osteologie gehalten hatte, gab er diese Laufbahn auf, kehrte 1769 nach Berlin zurück und beschäftigte sich von da ab bis zu seinem am 20. December 1796 erfolgten Tode ausschließlich mit literarischen Arbeiten. Am bekanntesten von ihnen ist die große „Oekonomisch-technologische Encyclopädie, oder allgemeines System der Staats-, Stadt-, Haus- und Landwirthschaft“ (die ersten 73 Bände von 1773–1798 von K. selbst verfaßt).*

Schleuen: Das Invalidenhaus 1773 in der Fassung für die Ökonomische Enzyklo- ←B 7 pädie von Krünitz

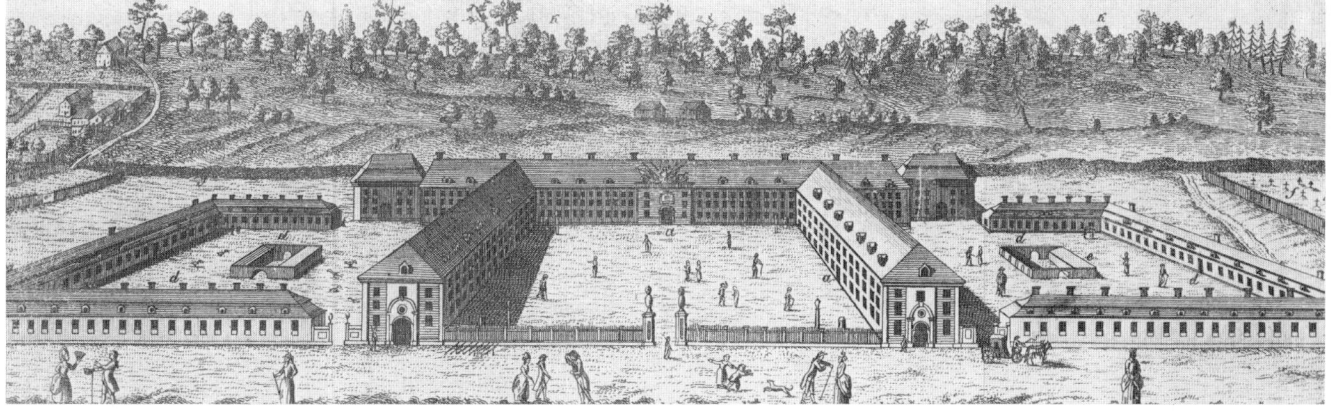

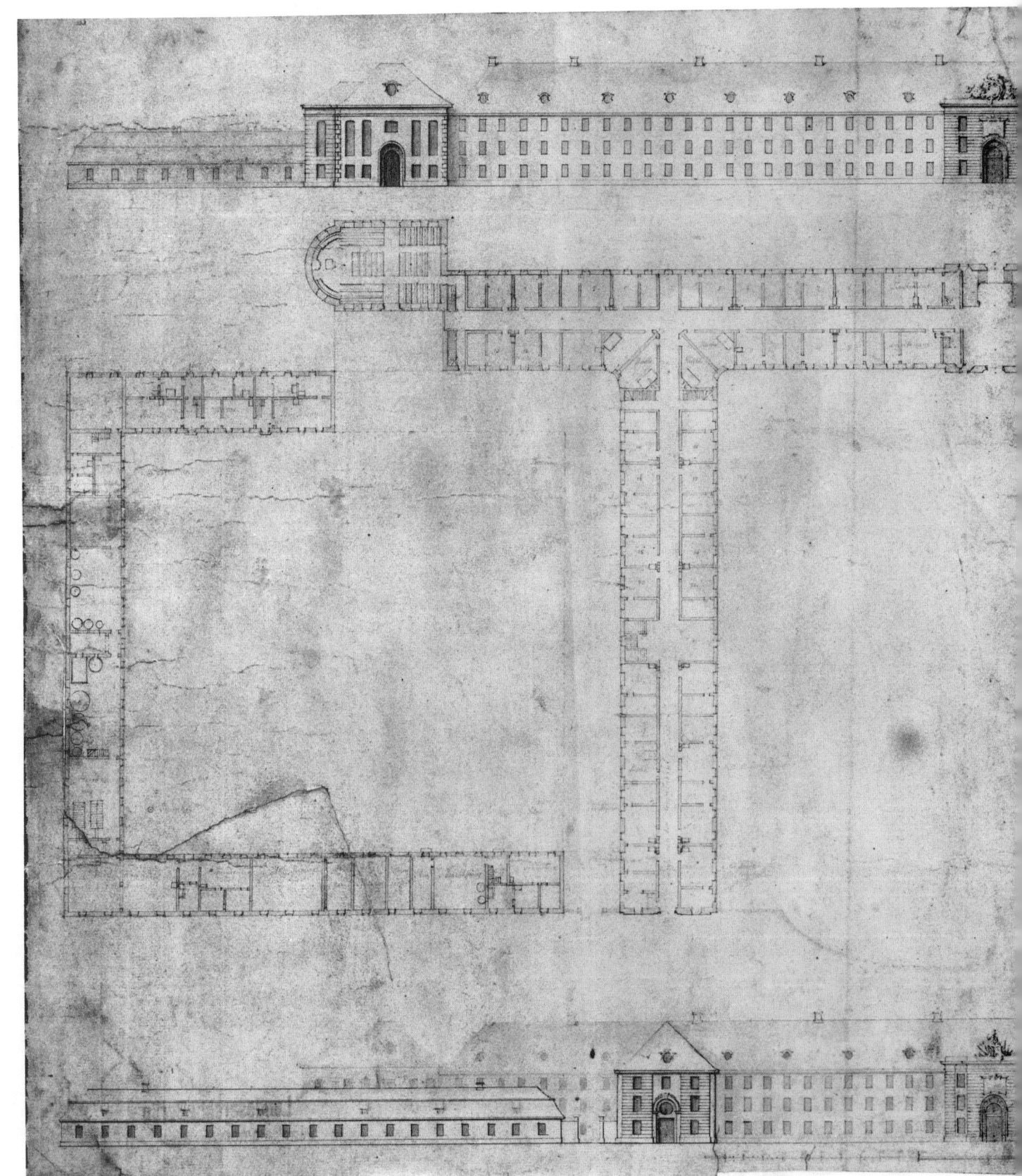

→B 8 Entwurf für das Invalidenhaus von Petri 1746–47, genehmigt durch „gut, Friedrich"

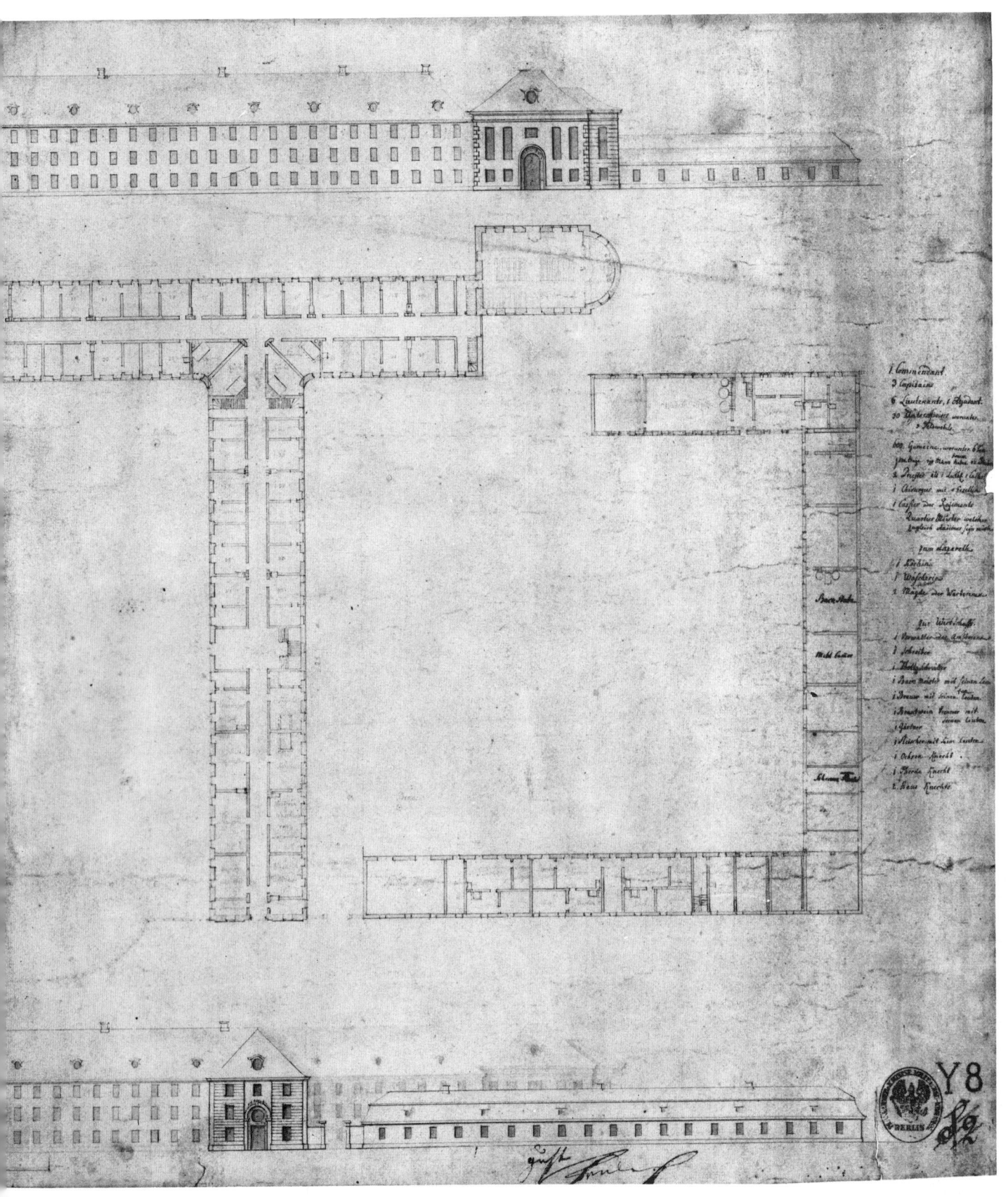

Die „Kameradschaft" als militärische Wohngemeinschaft

Die innere Organisation des Invalidenhauses wird im § 24 der Instruktion für den Kommandanten vom **31.8.1748** geregelt:

←L 14

Das ganze Corps wird in 3 Compagnien getheilt. Eine jede besteht in 1 Capitän, 2 Lieutenants, 1 Fähnrich, 1 Feldwebel, 4 Sergeanten, und 5 Corporals, 2 Tambours, und 188 Gemeine. Eine jede Compagnie wird zusammen geleget in der ihr angewiesenen Etage und bekommt, ausser den Officieren, 42 Stuben mit 42 Kammern, nähmlich allemahl 1 Beweibter und 4 ledige Leute in eine Stube und Kammer zusammen, welche eine Cameradschaft ausmachen. Der Beweibte schläft in der Stube und die 4 Ledigen in der Kammer, in 2 Betten. Die 10 Unter-Officiers bekommen 3 Stuben und Kammern, folglich können unter ihnen 3 Beweibte seyn. Des Morgens um 7 Uhr soll der Feldwebel seine Compagnie visitiren, ob alle Leute in ihrem Quartier und gesund sind, und davon an seine Officiers rapportiren. Des Abends nach der Reparte soll ein Sergeant desgleichen thun. Ein Officier soll alle Tage, und ein Capitän alle 3 Tage, um 11 Uhr ihre Compagnien visitiren und scharf darauf sehen, daß die Leute zusammen gute Cameradschaft zu halten suchen, in ihren Stuben, Betten, Kleidung etc. reinlich seyn, keinen Zank miteinander haben, die zu einer jeden Stube gehörigen Utensilien in Acht nehmen, mit dem Feuer behutsam umgehen, des Winters nicht zu stark einheitzen, und überhaupt sich gottesfürchtig und stille aufführen, wovon sie an den Commendanten richtige Rapports thun sollen.

Die Grundeinheit der Haushaltsorganisation ist also die **Kameradschaft** (von ital. camerata = die Personengruppe, die gemeinsam in einem Raum = camera wohnt), eine Stubengenossenschaft von 6 Personen – eine Frau und fünf Männer – in einer Stube und einer Kammer. Die Frau führt den Haushalt, hat die Männer zu verpflegen und kocht in einer Flurküche, die für mehrere Kameradschaften zur Verfügung steht.

Das Invalidenhaus leitet den militärischen Anstaltsbau zur organisierten Unterbringung der Soldaten unter Friedrich II. ein. Die innere Organisation mit den Kameradschaften als selbständige Haushalte wird auch in den frühen Kasernen übernommen. Krünitz beschreibt die Vorteile, die die Kasernierung der Soldaten gegenüber der bisher üblichen Einquartierung in Bürgerhäuser bringt:

←L 15

Die Kasernirung der Truppen hat im Ganzen wesentliche Vorzüge vor der Einquartierung bei den Bürgern, wohin vorzüglich gehört, daß man alle Leute mehr zusammen und unter größerer Aufsicht hat, was bei der Einquartierung im Einzelnen bei den Bürgern gar nicht möglich ist und wo auch der Soldat sehr leicht zu einer ausschweifenden Lebensart verführt wird; denn da er selten bei dem Hauseigner selbst Zutritt hat, es müßten denn Leute vom Lande, Ackerbürger, oder gewöhnliche Handwerker seyn, die ihn mit in ihren Familienkreis ziehen, sonst bleibt er, wo nicht sich allein überlassen, doch in der Gesellschaft schlechter Individuen, die ihn zu so manchen Ausschweifungen verleiten, besonders wenn er noch etwas von Hause zuzusetzen hat, welches dann ein um so größeres Reizmittel abgiebt, ihn zum Trunk und Spiel zu verleiten, wenn er selbst nicht feste Grundsätze hat. In der Kaserne fällt dieses nun weg, und wenn ein junger Mann Anlagen zur Ausschweifung haben sollte, so fehlt es ihm hier an Gelegenheit, diesem Hange nachzugehen; und es ist auch selbst für das bürgerliche Leben besser, wo der Soldat kasernirt wird; denn auch er verursacht oft Störungen und wird dem Bequartierten um so lästiger, da er ihn als eine Staatslast ansieht, die er zu tragen gezwungen ist; denn er gibt oft lieber das Geld, um ihn auszuquartieren, als bei sich zu behalten, wenn er gleich dazu Gelegenheit oder Gelaß haben sollte. Ferner kann auch die Beköstigung der Soldaten besser und regelmäßiger eingerichtet werden, als es bei dem Bürger möglich ist, wenn er nämlich daselbst auf die Selbstbeköstigung angewiesen ist; entweder will er sparen und ißt sich nicht satt, hungert lieber, oder wenn er dieses nicht thut, so macht er kalte Küche und trinkt Glas Branntwein, wodurch er sich dann leicht dieses Getränk angewöhnt. Auch weiß mancher mit der Küche nicht Bescheid, um sich etwas Warmes zu kochen, und den Wirt darum zu bitten ist er, wenn er bei Leuten von Stande einquartiert wird, entweder zu blöde, oder sie thun es wohl ein- oder zweimal und lassen ihm an dem Feuer sein Essen mit besorgen, allein geschieht es öfterer, so wird es lästig und giebt auch wohl bei dem Dienstmädchen zu andern Störungen Anlaß. In den Kasernen erhält dagegen der Soldat Mittags um 12 Uhr pünktlich sein Essen, oder wenn er zur Musterung oder sonst

→B 9 Das Invalidenhaus um 1900

→B 10 Der Nordflügel des Invalidenhauses 1978. Es existieren nur noch die beiden Seitenflügel, der Südflügel gehört zur Charité, der Nordflügel wird als Mietshaus genutzt

→L 16 wird. Über die innere Ordnung befiehlt der König: *Daß der Kommandant scharfe Disziplin und Subordination aufrecht erhalte, und daß sich die Invaliden durch Stille und Gottesfurcht auszeichnen sollten.*

In der Beschreibung von Krünitz ist schon vermerkt, daß das Invalidenhaus nicht unterkellert worden ist. Welche Folgen die fehlende Entwässerung hat – ein Thema, das zum Problem wird bei allen kommenden Großbauten wie Kasernen, Anstalten und auch bei den Familienhäusern –, schildert **1820** der damalige Kommandeur des Hauses, Generalleutnant v. Kessel:

→L 17 *Zur Wegschaffung des unreinen Wassers hatte das Waschhaus am Fußboden eine Öffnung in der Mauer, durch welche dieses Wasser abfloß. Da aber der Rinnstein außerhalb nicht gepflastert ist, so versandet er so oft, das Wasser bleibt stehen und zieht sich um das Gebäude. Im Winter, wo die Öffnung in der Mauer zufriert, wird das Wasser zum Fenster hinausgegossen, ein um so größerer Nachteil für das Haus.*

Obgleich die innere und äußere Anlage und Einrichtung des Invalidenhauses ganz dem hohen Zweck entsprechen, welchen der große König mit demselben stiftete, und wenn auch nach jetzigen Ansichten über Bewohnbarkeit manches anders zu wünschen wäre, so ist dabei doch nicht zu vergessen, in welchem Zeitalter dasselbe gebaut wurde. Etwas aber, was wohl mit Recht in der Anlage des Gebäudes zu tadeln bleibt, ist die niedrige

Lage desselben o h n e K e l l e r , ja selbst ohne irgend eine Erhöhung über der Erde, da man sogar um eine Stufe h i n u n t e r in das Haus tritt. Es ist gewiß zweckmäßig, die alten und zum Teil verkrüppelten Invaliden keine äußere hohe Treppe steigen zu lassen; allein einige Erhöhung über der Erde hätte dem Hauptgebäude eine gesündere Lage, besonders in der unteren Etage, gegeben, wo die Stuben stets Feuchtigkeit zeigen, die Fußböden beständig Reparaturen und neue Dielungen erfordern, und die Bewohner, meist Blinde und Krüppel, vielfach unter der Nässe leiden. Auch daß der Fußboden des untersten Corridors mit Fliesen gepflastert ist, ist nicht vorteilhaft, weil die Stelzfüße und die Blinden durch das stete tastende Klopfen mit dem Stock, um ihren Weg zu finden, die Fliesen binnen Kurzem zerstören. Das Dach ist über dem ganzen Hause so schadhaft, daß eine vollständige Um- und Neudeckung nötig ist; allein das Ministerium hat nur den Flügel, wo sich das Lazareth befindet, renoviren lassen.

Daß man aber bei Erbauung dieses wichtigen Gebäudes sogar nicht an Abflüsse gedacht hat, beweist die Anlage der in allen Höfen befindlichen Pumpen, deren Wasser sowohl, als auch das unreine Wasser aus den Küchenausgüssen, sowie auch das Traufwasser ohne irgend einen Rinnstein sich in das offene Terrain ergießen und dort in den Sandboden gehen soll. Die unangenehme, unreinliche und der Gesundheit nachteilige Folge ist, daß der Boden bei dem fortwährenden Zufluß von Unreinigkeiten diese nicht aufsaugen kann. Es werden deshalb in den drei Höfen Löcher gegraben, wohin das unreine Wasser sich sammeln soll, und wo dasselbe wöchentlich zweimal ausgeschöpft wird, um abermals über die Höfe weggeschüttet zu werden. Der unangenehme Geruch wird dadurch immer von Neuem aufgerührt und verbreitet sich überall hin. Außerdem sind diese Pfützen und die gegrabenen Rinnen sowie die Ausflüsse am Hause mit den darunter befindlichen freien Urinirplätzen dem Auge so widerwärtig, daß dies, alles zusammengenommen, den Aufenthalt der alten verdienten Krieger zu einem sehr mißlichen gemacht hat. Eine unreine Umgebung macht sie gleichgültig gegen die Reinlichkeit, daß die strengsten polizeilichen Maßregeln nichts dagegen ausrichten können.

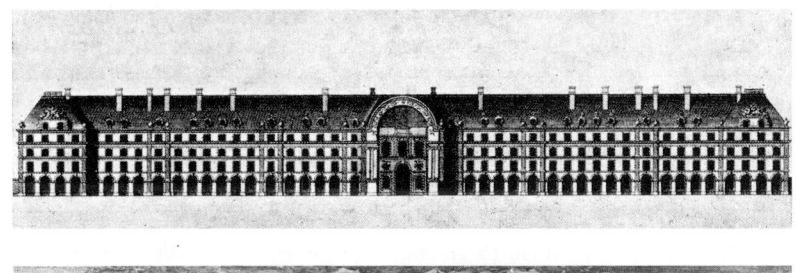

Oben: Hotel des Invalides, Paris
Unten: Invalidenhaus, Berlin

Das Invalidenhaus wird also direkt an den Schönhauser Graben gesetzt, seine repräsentative Fassade weist ebenso wie die der Charité nach Westen. Diese Ausrichtung der Fassaden erklärt sich möglicherweise durch den Lauf der Spree, denn wenn der König von seinen Landschlössern nach Berlin gebracht wird, so geschieht das mit dem Schiff. Das erste, was er von seiner Residenz erblickt und seinen Besuchern zeigen kann, sind die zwei großen königlichen Fürsorgeeinrichtungen. Während die Hauptfassade des Invalidenhauses stark an das allerdings viel größere Pariser Vorbild erinnert, öffnet sich die Hofseite mit den Wirtschaftshöfen nach Osten zu der den Invaliden zur Kultivierung übertragenen Sandwüste.

einer militärischen Uebung, später zurückkehrt, so findet er sein Essen.

In den ersten Berliner und Potsdamer Kasernen, die ab 1750 gebaut werden, gibt es noch keine gemeinschaftliche Küche und Speisesäle. Die Beköstigung wird innerhalb der Kameradschaft geregelt. Zwar bilden diese Stubengenossenschaften selbständige Haushalte, sie sind in den Kasernen jedoch alle – und das macht das Wesen dieser Anstalten aus – einer strengen Hausordnung und Überwachung untergeordnet.

→L 18

Die starke Bevölkerung dieser militairischen Klöster, wie man sie wohl nennen könnte, macht auch eine gehörige Aufsicht nothwendig, daher sind eigene Gesetze, sogenannte Kasernen-Reglements entworfen worden, wonach sich die Einwohner der Kasernen streng zu richten haben, und damit diese auch gehörig befolgt werden, wohnen in der Kaserne ein Hauptmann oder Rittmeister, nachdem es eine Infanterie- oder Kavallerie-Kaserne ist, und mehrere Lieutenants; dann die Wachtmeister, Unterofficiere etc. Die Reglements enthalten die Obliegenheiten derjenigen Ober-Officiere, welche in der Kaserne wohnen oder darin wechselweise die Aufsicht haben, die Pflichten der auf die Stuben und Kammern vertheilten Unterofficiere, als Aufseher über die übrigen Bewohner der Zimmer; die Vorschriften in Ansehung des sorgfältigen Verhaltens mit Feuer und Licht; des Tabackrauchens etc.; in Rücksicht auf die Reinlichkeit der Zimmer und Betten und andere Verhaltungsregeln wegen des Essens, Trinkens, Spielens und Schlafengehens etc., nebst den Strafen auf die Uebertretungen derselben. Endlich enthalten auch diese Reglements die Gesetze für die Angehörigen der Soldaten, oder ihre Weiber und Kinder, in Betreff des Kochens, Waschens, Unterhaltung des Bettwerkes und andern dem Soldaten angeschafften Geräthes, mit scharfen Verboten, die Kasernen nicht in Schlupfwinkel in der Stadt gestohlener Sachen oder Contrebandwaaren zu verwandeln; daß über alle diese Verordnungen auf das strengste gehalten werden müsse und daß dieser letztgedachte Anhang der Soldaten, früher, wo das Militair nur aus angeworbenen Söldlingen, nicht bloß aus Landeskindern bestand, die Aufsicht auf die Kasernen-Reglements am meisten erschwerte, bedarf wohl keiner Erinnerung.

Das System der gegenseitigen Überwachung ist auch das wesentliche Strukturelement der Kameradschaft. Der verheiratete Soldat in der Stube erhält den Rang eines „Unteroffiziers", die vier, später nur noch zwei ledigen Kameraden, die in der angrenzenden Kammer schlafen, werden als „Schlafburschen" bezeichnet. Karl Friedrich von Klöden, der als Sohn eines Unteroffiziers in einer Berliner Kaserne aufgewachsen ist, beschreibt das Herrschaftsgefüge innerhalb einer solchen Wohngemeinschaft:

→L 19

←B 11

←B 12

Am unangenehmsten aber war folgende Einrichtung: Jeder verheiratete Unteroffizier erhielt zur Wohnung in der Kaserne eine Stube und eine Kammer. In die letztere wurden ihm zwei der schlimmsten Ausländer, denen man am wenigsten trauen durfte, unter dem Namen von Schlafburschen gelegt, die er überwachen mußte und für die er verantwortlich war. Desertierte ein solcher Kerl, so hatte der Unteroffizier tausend Sorgen und Ängste auszustehen, und hatte er sich im geringsten nachlässig gezeigt, so wurde er hart bestraft. Er hatte dafür zu sorgen, daß sie des morgens pünktlich aufstanden und des abends pünktlich um 9 Uhr im Bett waren, aus dem sie dann nicht heraus konnten, weil sie durch sein Zimmer gehen mußten. Ertönte des Abends die Lärmkanone, was im hohen Sommer, wenn das Getreide Ähren hatte, jeden Abend mehrmals geschah, so war dies ein Zeichen, daß ein Soldat desertiert sei. Dann mußte jeder Unteroffizier seine Mannschaft genau revidieren; in der Umgegend der Stadt aber mußten die Bauern sich mit Hunden auf den Weg machen, Felder und Wälder durchstreifen, um den Flüchtling einzufangen. Auch am Tage durfte kein Soldat zum Tore hinausgehen, wenn er nicht einen Erlaubnisschein vorweisen konnte, der nur den zuverlässigsten Leuten und möglichst selten erteilt wurde. War es ein Wunder, wenn sich das unschuldige Herz meiner Mutter vorkam, als wäre es in ein Zuchthaus geraten, schlimmer als irgendeins der jetzigen Zuchthäuser, wenn es sich empörte bei den unmenschlichen Strafen, die, bald in Form von Spießruten, bald von Stockprügeln, bald von Fuchteln, bald von Krummschließen, nicht selten Menschen bis zum Rande des Grabes führten? Und welch eine Menge der schlechtesten Streiche wurden täglich von Leuten verübt, von denen viele schon zehnmal den Galgen verdient hatten und ihm nur mit Mühe entgangen waren, und die sich nicht selten solcher Streiche rühmten: Wahrlich, für eine solche Welt war meine Mutter zu gut, zu edel, ihr grauste vor solch einem Fegefeuer, und dennoch mußte sie darin leben und ohne Hoffnung auf Erlösung aus demselben.

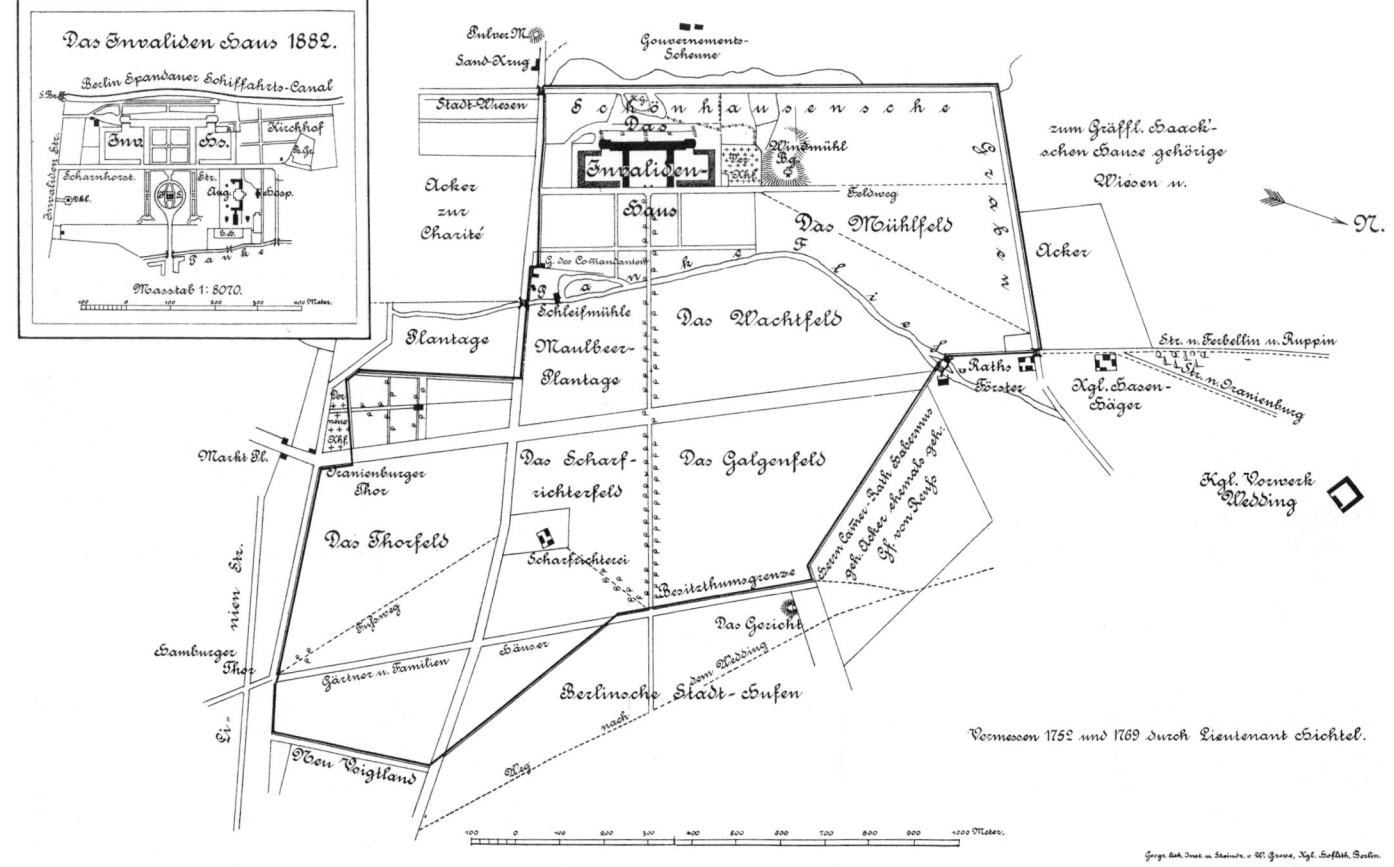

→B 13 Invalidenhausgelände, Nachzeichnung von Ollech

Diese innere Organisation der preußischen Kasernen wird erst durch die Heeresreform von **1816/17** verändert. Seitdem wohnen nur noch unverheiratete Soldaten in den Kasernen bei gemeinsamer Verpflegung durch Großküchen.

Über die Grundrißgestaltung der frühen Kasernen, die bis **1816** gebaut werden, wissen wir heute so gut wie nichts mehr. Es ist uns kein einziger Plan bekannt, der eine dieser Kasernen in ihrem ursprünglichen Zustand zeigt. Wir wissen lediglich, daß diese Kasernen meist massiv, drei- bis viergeschossig gebaut wurden, und zwar so, daß sie einen großen Kasernenhof einschließen. Über die übliche Grundrißorganisation der Infanterie-Kasernen schreibt David Gilly:
Die gewöhnliche Einrichtung der Casernen ist so beschaffen, daß sich in der Mitte ein Corridor oder Gang befindet, der in diesen Gebäuden wegen des vielen Ein- und Ausgehens zweckmäßig ist; zu beyden Seiten des Corridors sind sodann die Stuben und Kammern angebracht. In jeder Stube wird ein Beweibter und in die dabey befindliche Kammer vier unverheirathete Soldaten einquartiert.
In diesen Gebäuden muß vorzüglich für eine hinreichende Anzahl, wo möglich massiver Treppen, imgleichen außer den Vorgelegen oder den Oefen, worin gekocht wird, für eine allgemeine Waschküche gesorgt werden.
Unter „Vorgelege" wird ein vom Corridor aus zugänglicher Herdraum verstanden. Die Ähnlichkeit der Beschreibung einer gewöhnlichen Kaserne mit der inneren Aufteilung des Invalidenhauses fällt ins Auge und ist für uns deshalb wichtig, weil das für diese Militärbauten typische Erschließungssystem identisch ist mit dem der v. Wülcknitzschen Familienhäuser. Eine Entwurfzeichnung für eine Kaserne in der Jacobstraße, die nicht genau zu datieren ist, in der Literatur aber „**um 1750**" angegeben wird, illustriert das von Gilly beschriebene Raumgefüge.

Der Plan gibt den Zustand von **1748** wieder, er umgrenzt das zugeteilte landwirtschaftlich zu nutzende Gebiet, das aufgeteilt wird durch die notwendigen Wege, die zu den Stadttoren führen, und durch eine Allee, die vom Hof des Invalidenhauses gerade nach Osten führt. Die Nutzung der Flächen ist unterschiedlich: direkt am Invalidenhaus die Gärten, jenseits der Panke mit der schon **1702** dort angelegten Schleif- und Poliermühle die Felder, deren Namen auf zusätzliche Bestimmungen hinweisen, und die Maulbeerplantage für Aufzucht der Seidenraupen. Die Anpflanzung von Maulbeerbäumen ist zusammen mit der Einrichtung staatlicher Textilmanufakturen ein Versuch Friedrichs II., Preußen von Seidenimporten unabhängig zu machen.

←L 20

→L 21

Das Gelände unmittelbar vor der Stadt ist im Besitz des Invalidenhauses. Das Invalidenhaus hat die Auflage, sich selbst durch Bewirtschaftung der Flächen zu ernähren: *Zunächst mußte die dem Hause an der Ostseite anstoßende Sandwüste bis zur Panke hin zum G a r t e n für Offiziere und Gemeine umgeschaffen werden. Die Ufer der Panke waren an dieser Stelle so niedrig, daß das übertretende Wasser das anliegende Terrain versumpfte. Es hatten sich hier zu beiden Seiten des Wasserlaufs auf dem bruchigen Boden Elfengebüsche gebildet, die nun ausgerodet werden mußten. Auch wurde es nötig, die beiden Ufer der Panke hier zu erhöhen. Von einem höher gelegenen Hügel karrten die Invaliden den Sand herunter und schütteten ihn an den Ufern auf, nachdem die Gebüsche entfernt worden waren. Mancher Schweißtropfen wurde bei dieser Arbeit vergossen, und eine Nachricht aus jener Zeit hebt es ausdrücklich hervor, daß die Invaliden dieses Werk nur „unwillig" vollzogen. Auch die Anlage ihrer eigenen Gärten kostete ihnen große Anstrengungen, die doch gefordert werden mußten. Wie schlimm es da mit der Bestellung der Äcker jenseits der Panke aussah, ist leicht zu begreifen; nur die Anlage der Wiesen ergab sich als die leichtere Arbeit.*

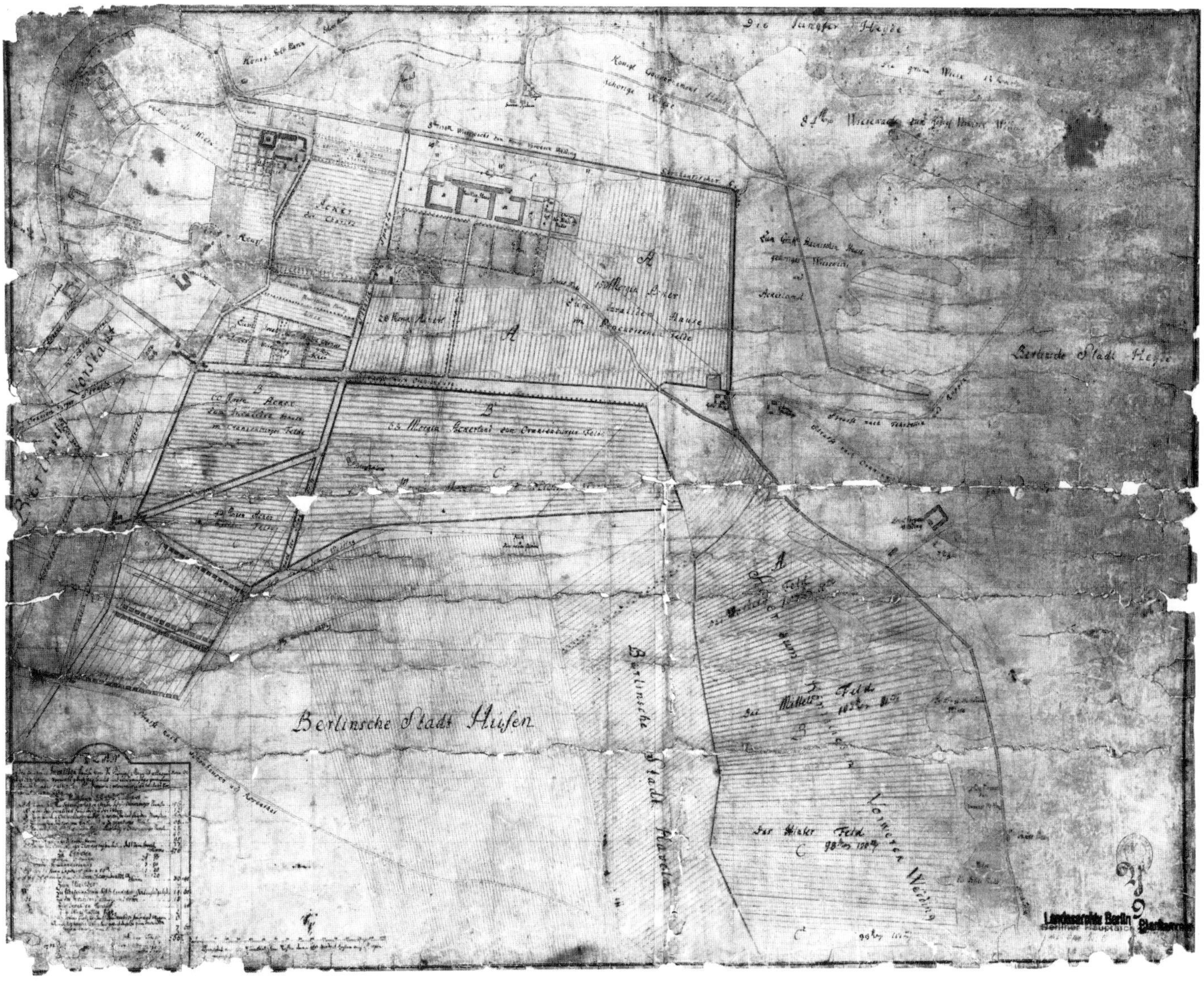

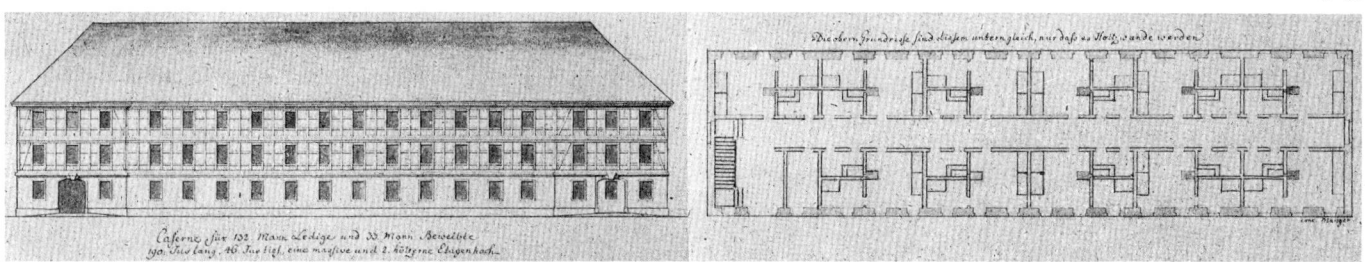

Der Norden Berlins vor den Toren 1752 ←B 14

In unserem Zusammenhang ist zweierlei festzuhalten:

Erstens liegt das Grundstück der v. Wülcknitzschen Familienhäuser auf diesem, dem Invalidenhaus zugeordneten Gelände, zweitens ist das Invalidenhaus vom Grundriß her als Mittelgangtyp organisiert — es ist also nicht auszuschließen, daß diese Anstalt mit als Vorbild für die Familienhäuser gedient hat.

B 15

„Caserne für 132 Mann Ledige und 30 Mann Beweibte, 190 Fuß lang, 45 Fuß tief, eine massive und 2 hölzerne Etagen hoch". Entwurf für die Kaserne an der Jakobstraße von Baudirektor Feldmann um 1750. — Der Entwurf zeigt die für die frühen preußischen Kasernen typische Grundrißorganisation mit den Wohnungseinheiten von Stube/Kammer/Herdraum und der Korridorerschließung

Johann Georg Krünitz über den Begriff „Kolonie"
(1776)

Colonie, Pflanzstadt, L. Colonia, Fr. Colonie, ein Ort, der von Ausländern angebauet worden; imgleichen diejenigen fremden Einwohner, welche sich an einem fremden Orte niederlassen, als ein Ganzes betrachtet. Das Mitglied einer fremden Colonie wird ein Colonist oder Pflanzer, fr. Colon, genennet. Man errichtet die Colonien entweder in entfernten Gegenden oder im eigenen Lande.

I.

Die erstern sind nichts anders als eine Anzahl Menschen beiderlei Geschlechts und von allerlei Stande, die aus einem Lande oder einer Stadt aus- und in ein ander Land oder eine andere Stadt zieht, um sich allda niederzulassen, das Land zu bauen, wie auch Handel und Gewerbe zu treiben.

Man kann zwei Gattungen der Colonie unterscheiden. Die erste geschieht aus Not, vornehmlich um folgender Ursachen willen: 1) Wenn ein Volk, das sich zu sehr vermehrt hat und folglich in dem Lande, in welchem es wohnt, nicht hinlänglichen Unterhalt findet, entweder ganz oder zum Teil, aus demselben auszieht und sich in ein ander Land wendet, wo es mehrern Unterhalt für sich zu finden hofft. 2) Wenn ein Volk, das in einem rauhen und schlechten Lande wohnt, ein angenehmeres und besseres Land zu seinem Aufenthalte suchet. 3) Wenn ein Volk von einem Feinde, welcher das Land oder die Stadt verwüstet, oder solches nicht neben sich leiden will, aus dem Lande oder der Stadt gejaget wird. 4) Wenn ein Volk um der Religion oder verschiedener anderer Ursachen willen gar zu sehr gedrücket wird und daher ausziehet und eine andere Wohnung suchet. 5) Wenn verschiedene Personen um ihres Verbrechens willen nach andern unbewohnten Ländern zur Strafe versetzet werden.

Eine andere Art sind diejenigen, welche die Erweiterung des Handels und den Anbau gewisser Länder zur Absicht haben, dergleichen diejenigen sind, welche die Portugiesen, Spanier, Franzosen, Engländer, Holländer und einige andre europäische Nationen, seit zwei Jahrhunderten nach Asien, Afrika und Amerika geführt haben und noch jetzt ausführen, teils um vermittelst derselben eine ordentliche Handlung mit den Einwohnern dieser Länder zu unterhalten oder das Land daselbst zu bauen, Zuckerrohr, Indigo, Kaffee, Gewürze und andere dergleichen kostbare Waaren, welche Europa so hoch schätzet und welche der europäische Erdboden hervorzubringen nicht imstande ist, zu pflanzen . . .

II.

Was die auf eigenem Boden anzurichtenden Colonien betrifft, da man nehmlich Fremde ins Land ziehet, so ist deren Nutzen für den Staat einleuchtend. Die churbrandenburgischen Länder zeigen ein augenscheinlich Beispiel, wie die in denselben angerichtete Schweizer-, Pfälzer-, Franzosen-, Niederländer- und Salzburger-Colonien dem Lande in Pflanzung des Weids, Weins, Anises, Tobaks und anderer dergleichen Früchte, imgleichen in Anlegung herrlicher Manufacturen, großen Nutzen gestiftet haben. Sonderlich sind unter Sr. Majestät, Friedrich des Zweiten Regierung, bis ans Ende des 1774sten Jahres, in der Churmark an 6000 neue Familien angesetzt worden, welches veranlaßt hat, daß viele Brücher urbar gemacht und dadurch der Anbau und die Bevölkerung gar sehr befördert worden.

3.3   Die Kolonie Neu-Voigtland (ab 1752)

←L 22

Direkt östlich anschließend an das Gelände des Invalidenhauses zwischen Hamburger Tor und Rosenthaler Tor kommt es ab **1751** zu einem weiteren Befestigungsversuch der „Sandscholle" durch den Bau einer Kolonie von 4 Reihen mit jeweils 15 eingeschossigen Häusern für Bauhandwerker, die auf den zahlreichen Baustellen der Residenz den Sommer über beschäftigt sind. Friedrich II. beauftragt den Obersten v. Retzow damit, nähere Erkundigungen über die Verhältnisse dieser Handwerker einzuziehen, und erläßt dann am **22.9.1751** die folgende Kabinettsorder an den damaligen Kommandanten in Berlin:

→L 23   *Mein lieber General-Lieutenant Graf v. H a c k e , auch Hochgelahrter Rath, lieber Getreuer. Da Ihr dem Geh. Rath K i r c h e i s e n , bey Erstattung Eures Berichtes vom 14. dieses Mir angezeiget habet, daß unter denen zu Berlin jetzo befindlichen Zimmer- und Maurergesellen, sich 247 fremde Zimmer-Gesellen, so aus- und einwandern und bei dem Maurer-Gewercke 294 fremde Gesellen, so ab- und zureisen, befindlich seyn; So will Ich zuvörderst von Euch noch wissen, ob gedachte Gesellen nicht von denen sogenannten Voigtländern seynd, welche zu Sommerszeiten kommen, um zu arbeiten, gegen die Winterzeit aber wiederum nach ihrer Heymath reisen, um allda das durch ihre Arbeit verdiente Geldt zu verzehren.*

Dieweil aber hierunter ein dem Lande allerdinges schädlicher abus vorgehet, da gedachte Leuthe ein beträchtliches Geldt aus dem Lande ziehen und auswärts verzehren; So habe Ich Euch Meine Gedanken deshalb dahin eröfnen wollen, daß Ihr wohl examiniren und überlegen sollet, ob es nicht füglich angehet, daß mann künftiges Jahr darauf arbeiten könne, diese Leute dahin zu disponiren, damit sich selbe, so wie Ich hier zu Potsdam bereits einen guten Anfang gemachet habe, im Lande etablirten und vor dem Thore zu Berlin mit Häusern und Gärten angesetzet werden könnten.

Nach Meiner idee würde der Platz vor dem Hamburger Thore, in der Gegend, wo jetzo der Galgen stehet, (als welcher letzterer auf dem Wege nach Ruppin hin am Walte, transportiret werden könnte) zu solchen etablissements vor diese Leute am convenablesten seyn, welcher zuvor ordentlich aufgenommen und in Quartiere und Straßen eingetheilet werden müßte, aber alsdann jeder dererselben mit einem kleinen Hause angesetzet und ihm ein ziemlich räumlicher Gartenfleck, nebst etwa einem Stück Landes (so wie es hier geschehen) gegeben werden könnten, da sie, wenn ihre Maurer- und Zimmer Arbeit vorbey, im Winter leben und sich überdem durch Spinnen und dergleichen Arbeit gantz reichlich ernehren könnten, und zwar dieses um so mehr, als Meine intention ist, daß solches Quartier alsdann nicht mit unter der accise gezogen werden, sondern sie davon gäntzlich befreyet bleiben sollten. Ihr habet sonach alles dieses reiflich zu überlegen, auch ein ordentliches project zu Meiner nähern Einsicht davon zu fertigen, wobei Ich Euch aber nochmahlen erinnere, daß dieses ein Plan ist, womit allererst im künftigen Jahre der Anfang gemacht werden kann.
Ich bin Euer wohlaffectionirter König
P o t s d a m , den 22. Sept. 1751.   (gez.) F r i e d r i c h .
An den Gener.-Lieut. Gr. v. H a c k e
und Geh. Rath K i r c h e i s e n .

Der König kann sich nicht sofort zum Bau der Kolonie entschließen, inzwischen wird aber von dem Königlichen Kriegs- und Domänenrat und Oberbaudirektor Karl Samuel Schmidt ein Typenentwurf für ein Kolonistenhaus für zwei Familien entworfen und kalkuliert.

Im folgenden Jahr **1752** werden dann vom König 9000 Rthl. für die Baumaterialien zur Verfügung gestellt, bauen müssen die Handwerker selber:

→L 24   *Mein lieber General-Lieutenant Graf von H a c k e !*
Auf Eure Vorstellung vom 25. dieses habe Ich der Churmärkischen Cammer aufgegeben, die zum Bau der dreißig Colonisten-Häuser bei Berlin, wegen welcher Ich Euch die Aufsicht aufgetragen habe, nach den durch den R i c h t e r davon gefertigten Anschlage, genöthigte Bau-Materialien, gegen Bezahlung der Transport-Kosten, auch Schneide- und resp. Brecherlohns auf Eure assignationes verabfolgen zu lassen, daher Ihr dann das Weitere zu besorgen habet.

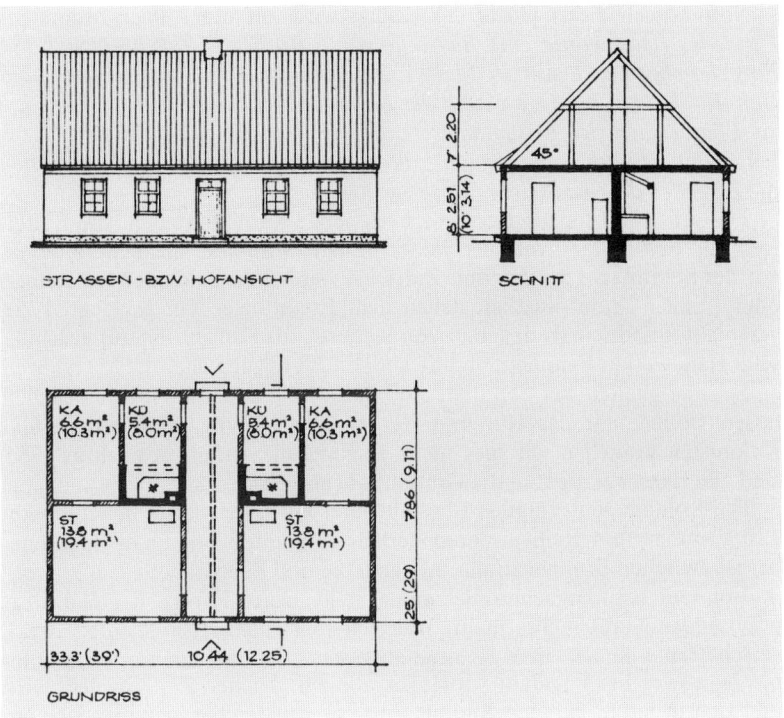

←B 16

Rekonstruiertes Kolonistenhaus im Voigtland nach Skoda

Ich habe auch an den hiesigen Magistrat die Ordre gestellet, daß derselbe nunmehro die vor dem Hamburger Thore vorjetzt noch befindliche Gerichte abbrechen und näher nach dem Wedding hinaufbauen lassen soll. Da ihr übrigens meldet, daß jedes von denen 30 Häusern 300 Rthlr. auf das Genaueste accordiret, kostet, mithin die an Euch deshalb assignirten 9000 Rthlr. völlig verwandt werden, alsdann aber annoch zu Anlegung deren benöthigten Brunnen 140 Rthlr. zu assigniren bleiben würden. So ist Euch deshalb in Antwort: Daß, woferne aus denen accordirten Baugeldern nicht so viel durch gute menage erübrigt werden kann, daß gedachte Kosten der 140 Rthlr. zu Anlegung der vier benöthigten Brunnen daselbst, mit erfolgen können, Ich alsdann, wenn die Häuser allererst fertig sein werden, solche noch besonders an Euch assigniren will.
Ich bin Euer wohlaffectionirter König
*   Berlin, den 27. May 1752.   (gez.) Friedrich.*
An den Gen.-Lieut. Gr. v. Hacke.

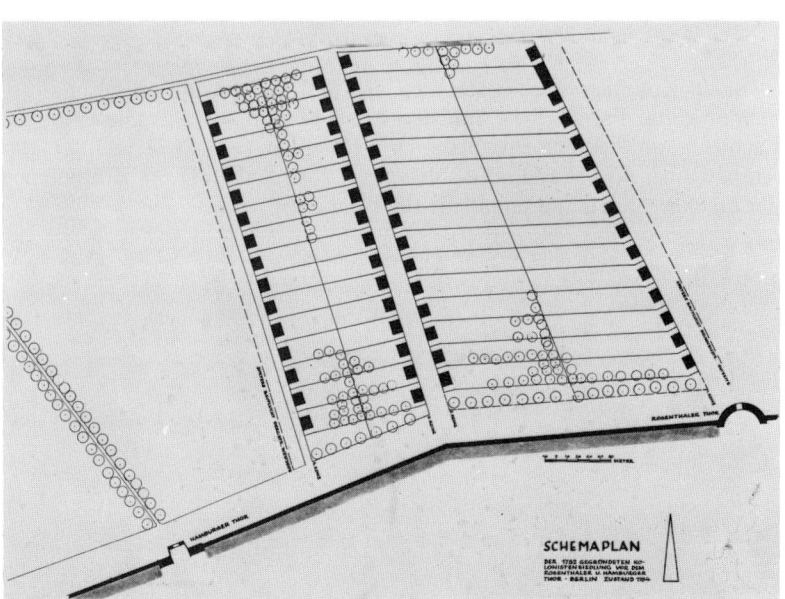

Kolonisten-Siedlung vor dem Hamburger und Rosenthaler Tor, Zustand 1754 nach ←B 17 Skoda

*Kantonsystem heißt das System der Ergänzungs-
weise eines Heeres, bei welchem das Land in eine Anzahl Bezirke (Kantons) eingeteilt ist und bei welchem
jedes Regiment seinen Rekrutenersatz aus einem bestimmten Kanton zu beziehen hat, sei es durch eine
geregelte Aushebung, sei es durch freie Werbung.
Nach dem preuß. Reglement von 1733 war jeder Einwohner dem Regiment verpflichtet, zu dessen Kanton
er gehörte, ausgenommen waren die Söhne der Edelleute und der Bürger, welche ein Vermögen von 6000
bis 10 000 Thlrn. nachwiesen u.s.w. Die Regimenter
durften nur in dem ihnen zugewiesenen Kanton, mit
Ausschluß jedes andern, werben; jeder eingeschriebene
Kantonist durfte keinerlei andere Verpflichtung eingehen. Einige Städte und ganze Landesteile, in denen
eine rege Industrie stattfand, waren von der Kanton-
pflicht befreit.*

Nowaweß, ein böhmisches Kolonisten- und Spin-
nerdorf, 1/4 Meile von Potsdam, von dessen Teltower-
vorstadt es durch die Ruthe geschieden ist. Es ward
von K. Friedrich II. 1754 durch den General von Retzow angelegt und 1764 durch den General v. Anhalt
erweitert. Es hat jetzt, außer einer Kirche, 209 Feuerstellen und an 900 Einwohner. Es sind daselbst viele
Handwerker, besonders aber eine ansehnliche Kattun-
manufaktur; auch hat der König da ein großes Gebäude zu einer Nähnadelfabrik aufführen lassen. Nahe dabey ist eine seit 1763 angelegte Königl. Maulbeerbaum-
plantage (nebst einem Wohnhause für den Planteur),
wovon das Laub zu dem Königl. Seidenbau auf dem
Jägerhofe benutzt wird. In Nowaweß hat der König
1783 die Straßen und den Platz bey der Kirche mit
1300 Stück Maulbeerbäumen auf seine Kosten bepflan-
zen lassen und jedem Hausbesitzer, soviel Bäume er
vor dem Hause hat, geschenkt. Auch hat die Kammer
auf Königl. Befehl 1784 hinter Nowaweß auf dem
Felde eine Maulbeerplantage von 2235 Bäumen setzen lassen, welche noch vergrößert werden soll. Dies
Feld gehört der Neuendorfer Gemeinde, welcher der
König dafür ein anderes Stück Land angewiesen hat.
* Dies böhmische Wort heißt auf deutsch: neues Dorf.
Ganz nahe dabey liegt ein deutsches Dorf, genannt
Neuendorf.*

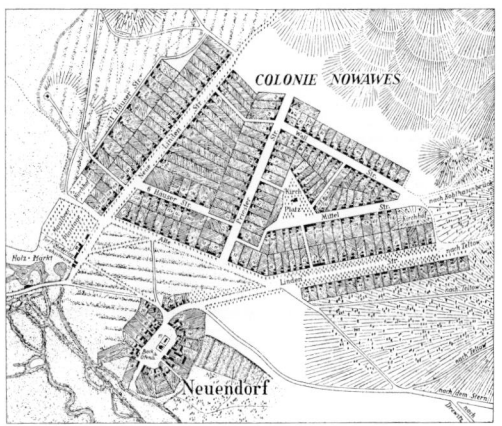

Plan von Nowawes und Neuendorf um 1830   ←B 19

→L 25 Sofort nach dieser Order des Königs wird mit der Anlage begonnen:
*Für jedes Haus wurde eine Baustelle von 5 Ruthen 8 Fuß breit und 384
Fuß tief abgesteckt. Am 30. Mai 1752 begaben sich der Polizei-Direct. und
Geh.-R. K i r c h e i s e n und der Kommandant Gen.-Lieut. v. H a c k e
zu Pferde nach der Rosenthaler Landwehr, wo die ausländischen Gesellen, welche zuerst sich anbauen sollten, versammelt waren, und es wurden
die Parcellen dort nach dem Loose vertheilt.*

←L 26 Die seit **1730** für die Residenz bestehende Kantonsfreiheit, die Befreiung der Stadtbürger von der Militärpflicht, wird auf die neue Kolonie
vor der Stadtmauer ausgedehnt. Zunächst werden die beiden ersten Reihen
oder „Linien" nord-westlich neben dem Rosenthaler Tor angelegt. 1753
veranlaßt Friedrich II. den Bau von weiteren 30 Häusern für 60 ausländische Handwerker-Familien, ändert aber die Verfügung über die Mittel, weil
er Schwierigkeiten bei den ersten 60 hat, die ihre Häuser sofort beleihen
lassen wollen; auf das Hin und Her zwischen König, Stadtgericht und
Kolonisten brauchen wir hier nicht einzugehen. Anfang des Jahres **1755**
sind alle Häuser fertig und die Grundbriefe ausgehändigt.

Die Kolonie Neu-Voigtland besteht jetzt aus 60 Häusern, bewohnt von
120 Familien in 4 Reihen, deren Verlauf im Stadtplan heute noch erkennbar ist zwischen Brunnenstraße, Ackerstraße und Bergstraße.

←L 27 Von der ursprünglichen Bebauung steht heute infolge der Nähe zur
wachsenden Stadt nichts mehr. Wer sich aber einen lebendigen Eindruck
verschaffen will, wie diese Kolonie ausgesehen hat, sei auf die Weberkolonie Nowawes bei Potsdam verwiesen, die zur gleichen Zeit angelegt wird
und sich in ihrem äußeren Bild bis heute so erhalten hat, daß man sich um
200 Jahre zurückversetzt glaubt.

→B 18 Weberkolonie Nowawes, Zustand 1979

Beide Kolonien sind Bestandteil des umfassenden Kolonisierungspro-
gramms unter Friedrich II., mit dem versucht wird, vor allem ausländische
Fachleute im Land anzusiedeln. Damit werden zwei Ziele verfolgt: der
Aufbau einer vom Ausland unabhängigen Wirtschaft und die Kultivierung
der brachliegenden und unbesiedelten Flächen.

3.4 Die Gärtner-Kolonie (ab 1770)

1756—63, während der Zeit des Dritten Schlesischen Krieges, stagniert die innere Entwicklung Preußens völlig, Felder können nicht mehr bestellt werden, Handwerker fehlen, die Bevölkerung wird durch den Krieg dezimiert. In Berlin lebt während des Krieges jeder Dritte von der Armenversorgung. Das erklärt, warum wir erst nach dieser Zeit, zu Ende der 60er Jahre, neue Veränderungen in der Nutzung des Gebietes feststellen können.

Die Bewirtschaftung der zum Invalidenhaus gehörenden Sandfelder macht den Invaliden auf die Dauer derartige Schwierigkeiten, daß am **10.9.1769** durch eine Instruktion des Kriegsministers die Felder an einen Generalpächter übergeben werden. Das daraus fließende Pachtgeld soll zur Teilfinanzierung des Invalidenhauses sowie dazu verwandt werden, *eine* ←L 28 *Anzahl der im Lande umherlaufenden und zum Teil bettelnden Invaliden mit dem Gnadenthaler zu versorgen.*

Der erste Pächter, dem die Preise für Bier, Branntwein und Fleisch ge- ←L 29 *nau vorgeschrieben wurden, unter fortdauernder Accisefreiheit, war Eli Jouin. Auch die Äcker und Gärten der Invaliden wurden ihm übergeben. Er zahlte im Ganzen jährlich 4150 Thaler als Pachtgefälle, von welcher Summe 230 Invaliden den Gnadenthaler erhielten, mithin für das Invalidenhaus nur noch 700 Thaler übrig blieben, von denen der Generalintendant Oberst v. Görne für die Direction jährlich 200 Thaler erhielt und zwei ihm beigegebene Beamte ein jeder 100 Thaler.*

Der Contract mit Eli Jouin lautete auf eine Zeitpacht von neun Jahren, also bis 1778.

Ab **1770** wird versucht, neben der Verpachtung auf Zeit auch noch Gärtner auf Erbpacht auf dem Gelände des Invalidenhauses anzusiedeln, die Obstkulturen anlegen und als Spezialisten die Sandwüste bekämpfen sollen:

Unter dem 21. April 1770 befahl der König, daß 100 ausländische Gärt- ←L 30 *nerfamilien in der Gegend von Neu-Voigtland, der Hamburger und Oranienburger Landwehr angesetzt werden sollten. Jede Familie sollte außer Haus und Hof zwei Morgen Land frei erhalten. Der Domainenrat G r o t h e war von Seiten der Churmärk. Kriegs- und Domainen-Kammer und Öconomie-Director S c h e f f e l von Seiten des Magistrats mit der Ausführung dieses Königlichen Planes beauftragt. Das Land westlich von der Berg-Straße gehörte großenteils dem Invalidenhause, war aber nicht hinreichend, so viele Kolonisten als beabsichtigt war, aufzunehmen. Man wollte daher 70 Hufenstücke, die hier gelegen waren und die Berliner Bürgern gehörten, mit dazu nehmen. Da diese jedoch 16 Gr. für den Morgen forderten und dieser Preis zu hoch befunden ward, stand man davon ab und begnügte sich, zunächst 10 ausländische Gärtnerfamilien vor der Hamburger Landwehr (Garten-Straße) anzusetzen. Jede Familie erhielt unentgeltlich ein Haus, Hof und 4 Morgen Land, und es wurden ihnen 6 Jahre Freiheit von allen Abgaben bewilligt, dann hatten sie den geringen Canon von 2 Thlr. 7 Gr. 8 Pf. an das Invalidenhaus zu zahlen. Doch war auch hier die Bedingung gemacht, daß nur 30 Thlr. Hypotheken-Schulden auf das einzelne Grundstück gemacht werden durften und daß dasselbe nicht vor der dritten Generation an einen Inländer veräußert werden sollte. Die Gärtnerhäuser wurden so gebaut, daß immer zwei, durch eine einfache Mauer getrennt, neben einander standen. Sieben davon befanden sich zwischen dem Hamburger Tor und der Invaliden-Straße auf der rechten Seite, und drei lagen jenseits der Invaliden-Straße.*

Man suchte diesen Gärtnern noch auf jede Weise zu Hülfe zu kommen und bewilligte ihnen 10 Rthlr. zur Anschaffung einer Kuh und 4 Schock Obstbäume aus dem M a l c h o w schen Garten oder Rthlr. baar Geld, wenn sie selbst die Obstbäume anschafften; und für jeden Morgen urbargemachten Sandlandes sollte ihnen noch ein Douceur von 5 Rthlr. gegeben werden. Die ersten Besitzer waren H e u b a c h und S t a c h o w, U n g e r und L u x, M a a ß und H o f f m a n n, W o l f; jenseit der Invaliden-Straße R e t t e r, B e y e r und H a b e r k o r n. Die Colonisten hatten aber auch eine schwere Aufgabe zu lösen, den losen Flugsand in blühende Gärten umzuwandeln. Auf einigen Grundstücken, wie auf dem ersten, mußte der Sand erst 12 Fuß, auf an-

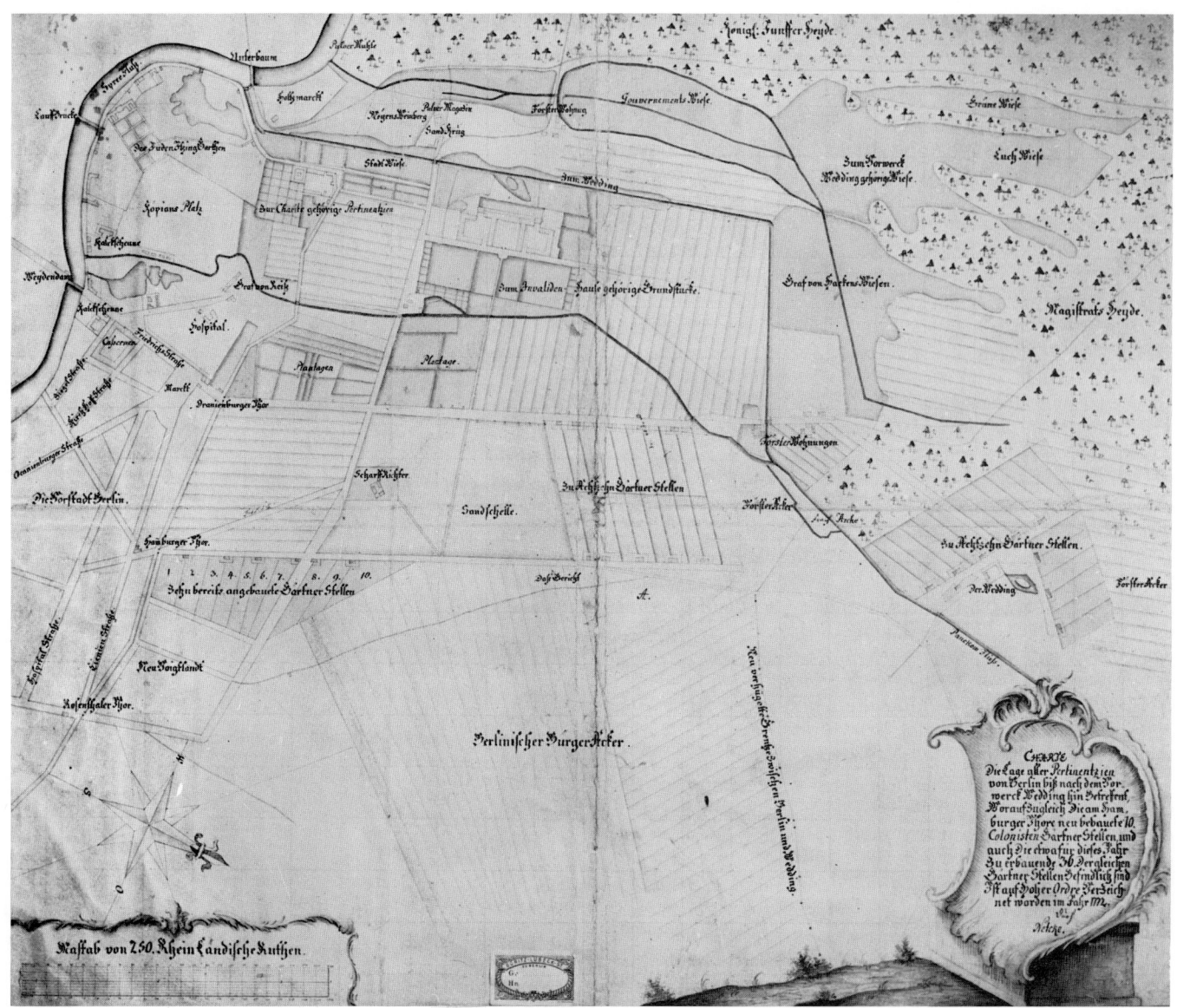

→B 20 Der Norden Berlins um 1770 mit den eingetragenen Gärtnerstellen vor dem Hamburger Tor

dern sogar 16 Fuß tief abgegraben und weggefahren werden, ehe die Pflanzungen fortgingen; und wenn sie ihren Garten mit Mühe und Fleiß so weit gebracht hatten, daß er Gewinn versprach, so kam Kälte oder Dürre, und alle ihre Hoffnung war dahin.

Das Gelände, auf dem die Gärtnerhäuser 1772 gebaut werden, liegt zwischen der späteren Garten- und Bergstraße und hat nach Beendigung des sogenannten Siebenjährigen Krieges seit 1763 der Artillerie als Exerzierplatz gedient. Hier sind auch die Kanonen der Berliner Garnison aufgestellt. Nach dem Bau der Gärtnerhäuser wird dieser Exerzierplatz nach Westen auf das Torfeld verlegt, wo er die mühsamen Kultivierungsversuche der Gärtner behindert:

→L 31 *Ja, es erhoben sich wohl häufig heftige Westwinde, die von dem gegenüberliegenden Artillerie-Exerzier-Platze den Sand in solchen Massen herüberwehten, daß dadurch die Zäune und Gebäude fast eingedrückt wurden. Ein Zaun von Tangergeflecht, den man zur Verhütung der Versandung für 93 Rthlr. an dem Exerzierplatze entlang anlegen wollte, scheint gar nicht zu Stande gekommen zu sein.*

Die Tatsache, daß die Gärtner in den folgenden Jahren gezwungen sind, ihre Häuser und Grundstücke durch immer neue Hypotheken zu belasten, läßt vermuten, daß die Erträge der Obstgärten nicht besonders reichhaltig ausfielen. Dennoch scheint sich die Erbverpachtung gegenüber der Verpachtung auf Zeit bewährt zu haben:

→L 32 *Von 1792 bis 1797, dem Todesjahr des Königs, wurde die Erbverpachtung, für den Zweck, den sandigen Boden rascher und gründlicher zu cultivieren, auf 20 und sehr bald hernach auf 30 Personen ausgedehnt, welche nicht versäumten, auf ihre eigenen Kosten sich das neue Besitztum durch den Bau von Häusern wohnlich einzurichten. Diese Ländereien, deren Größe von 3 Morgen bis zu 12 Morgen wechselte, lagen bei der Scharfrichterei, an der Oranienburger Landstraße, auf dem Torfelde, an der Hamburger Landstraße und auf dem Galgenfelde; sie stellten einen Gesamtumfang dar von 263 Morgen, mit Einschluß der zehn Gärtner vor dem Hamburger Tor.*

Seit **1799** wird auch die ehemalige Maulbeerplantage erbverpachtet.

Im Jahre 1803 befanden sich vor dem Hamburger Tor an der West- ←L 33
seite der Gartenstraße 8 Erbpächter, vor dem Oranienburger Tor an der östlichen Seite der Chausseestraße 20 Erbpächter und an deren westlicher Seite 2, endlich an der Invalidenstraße 1 Erbpächter, mithin im Ganzen 31 Erbpächter, welche dem Invalidenhause jährlich 700 Thaler einbrachten.

Der Erbpachtvertrag ist an folgende Bedingungen geknüpft:

1. Das Erbpachtstück muß bebaut und cultivirt werden, und zwar inner- ←L 34
halb der Frist von einem Jahr bei Verlust der Erbpacht.

2. Ohne Einwilligung des Invalidenhauses darf das Erbpachtstück nicht veräußert werden. Das Invalidenhaus behält das Vorkaufsrecht nach dem mit dem Fremden extrahirten Preise. (NB. Erfahrungsgemäß hat das Haus von diesem Rechte keinen Gebrauch gemacht.)

3. Es darf auf demselben keine Schankwirtschaft etablirt werden.

4. Es darf an niemanden weiterer Hand verpachtet oder vermietet werden, der nicht ein ehrliches Gewerbe treibt, deshalb vorher dem Invalidenhause präsentirt werden muß.

5. Beim Verkauf des Erbpachtstückes ist an das Invalidenhaus ein Laudemium zu bezahlen, und zwar in der Höhe der doppelten einjährigen Erbpacht. Zu dem beabsichtigten Verkauf, wenn das Invalidenhaus mit demselben einverstanden ist, holt der Commandant die Genehmigung Seiner Majestät des Königs ein.

Die Geschichte der Lokalisation des Invalidenhauses, der Bauhandwerker-Kolonie Neu-Voigtland und der Gärtnerkolonie auf dem Gelände, das für den Bedarf des Invalidenhauses reserviert war, zeigt zweierlei:

1. den schrittweisen Parzellierungs- und Privatisierungsprozeß des Gebietes unmittelbar vor den Toren über die Vertragsformen Zeitpacht und Erbpacht bis hin zum unbeschränkten Eigentum, das für die Kolonie Neu-Voigtland zuerst vorgesehen, dann aber über Grundbucheintragungen wieder eingeschränkt worden ist. In den einzelnen Schritten kann man die Auflösung der feudalen Verhältnisse in bezug auf Grund und Boden nachvollziehen;

2. den in der Bestimmung des Erbpachtvertrages für die Gärtner, die ab **1792** in das Gebiet ziehen, deutlichen Widerspruch zwischen der Aufgabe, die Sandscholle zu kultivieren, und den leichteren Verdienstmöglichkeiten, die sich aus der Stadtnähe ergeben: ausdrückliches Verbot, Schankwirtschaften zu etablieren.

Was in dem Gebiet bisher, d.h. bis etwa **1780**, noch ganz fehlt, ist eine private Bautätigkeit. In den folgenden Abschnitten werden wir zunehmend das Einsetzen dieser privaten Bautätigkeit zu beobachten haben in den Phasen Ausbau, Umbau und Neubau – einhergehend mit weiteren Parzellierungen und Differenzierungen der Nutzung.

Das Fehlen von Weiden und Feldern, die in Dreifelderwirtschaft bewirtschaftet werden und sich in Gemeinbesitz befinden, wie es rings um die Stadt Berlin der Fall ist, erklärt vielleicht, warum sich die Stadt so früh in Richtung Norden ausdehnen kann. Im Osten und im Süden ist die Stadtentwicklung noch bis in die Mitte des 19. Jh. behindert durch die langwierigen Separationsprozesse, d.h. die Überführung des Gemeineigentums an ←S 471
den landwirtschaftlich benutzten Flächen in Privateigentum.

3.5   Die Nordwanderung des Galgens

←L 35 *Galgen*, *ein aufgerichtetes Gerüste, daran einige Missethäter, und sonderlich die Diebe, mit einen um den Hals gelegten Strick, von dem Hencker aufgehangen, und also vom Leben zum Tode gebracht werden. Ein beständiges Hoch-Gericht, sonderlich bey denen Städten, wird unten in die Runde, oben mit drey Pfeilern von Stein aufgeführt, und von einem zum andern Balcken geleget. Die Dorff-Galgen werden von zwey oder drey starken Pfosten aufgerichtet. Wenn es aber nur eine Pfoste mit einen Arm ist, wird es ein Knie-Galgen genennet. Diese Art der Lebens-Straffe scheinet erst nach Constantini Zeiten, welcher den Creutz-Tod abgeschafft hat, aufgekommen zu seyn. Unter denen Rechts-Gelehrten ist ehemahl gestritten worden, ob ein gehangener, wenn der Strick gerissen ist, und er noch lebt, sein Recht ausgestanden habe, worauf aber die meisten mit nein antworten, in Massen solches denen Wörtern und dem Sinne des Urtheils, so da saget, daß der Übelthäter mit dem Stricke vom Leben zum Tode gebracht werden solle, schnurstracks zuwieder wäre. Wenn jemand wegen einer Missethat das Schwerdt oder den Strick verdienet hat, demselben aber entlauffen ist, so ist an vielen Orten gebräuchlich, solches Menschen Bildniß oder Namen an den Galgen zu schlagen, welches auch denen ausgerissenen Soldaten, wenn sie auf den ihnen verkündigten Pardon sich nicht stellen, wiederfahret.*

Vor den Erweiterungen der Stadt in Richtung Norden muß jedesmal das Hochgericht mit dem Galgen, das hier vor den Toren der Stadt aufgebaut steht, beseitigt und weiter nach Norden verlegt werden. Im Bewußtsein der alteingesessenen Stadtbewohner bleiben auch die neubesiedelten Stadtteile, zumindest aber die Grundstücke, auf denen der Galgen vorher gestanden hat, noch lange Zeit mit unheimlichen Erinnerungen verbunden, die sich in Ortsnamen, Geschichten und Sagen erhalten. Die neuen Stadtgebiete im Norden sind so von vornherein negativ besetzt. Wenn wir in diesem Teilkapitel die Nordwanderung des Galgens bis zu seiner endgültigen Beseitigung verfolgen, so müssen wir hier ausnahmsweise die sonst chronologische Ordnung des Kapitels aufgeben und eine Entwicklung beschreiben, die den Zeitraum von **Anfang des 18. Jh.** bis **1843** umfaßt.

Bis zum **Beginn des 18. Jh.** steht der Galgen im Norden des Berlin und Cölln umgebenden Befestigungswalls auf einem Platz, der noch lange als unbebautes Grundstück in der sonst geschlossenen Randbebauung der Oranienburger Straße auffällt. Noch bis ins 19. Jahrhundert hinein wird dieser Ort der „Schinderberg" genannt. Dieses Grundstück ist tatsächlich nie bebaut worden, heute mündet an dieser Stelle die Krausnickstraße in die Oranienburger Straße.

Als Friedrich Wilhelm I. **1716** die Gassen und Straßen in dieser bisher unbebauten Gegend abstecken läßt, die Berliner Bürger zur Bebauung der Spandauer Vorstadt auffordert und selbst den Bau von Schloß und Garten Monbijou veranlaßt, wird auch der Galgen weiter nach Norden verlegt, auf einen kleinen Sandhügel außerhalb der projektierten Stadtmauer, dorthin, wo später unmittelbar gegenüber den von Wülcknitzschen Familienhäusern der Sophien-Kirchhof liegen wird.

Krausnickstraße, Ecke Oranienburger Straße, Zustand ←B 21
1980, Standort des Galgens auf dem Schinderberg

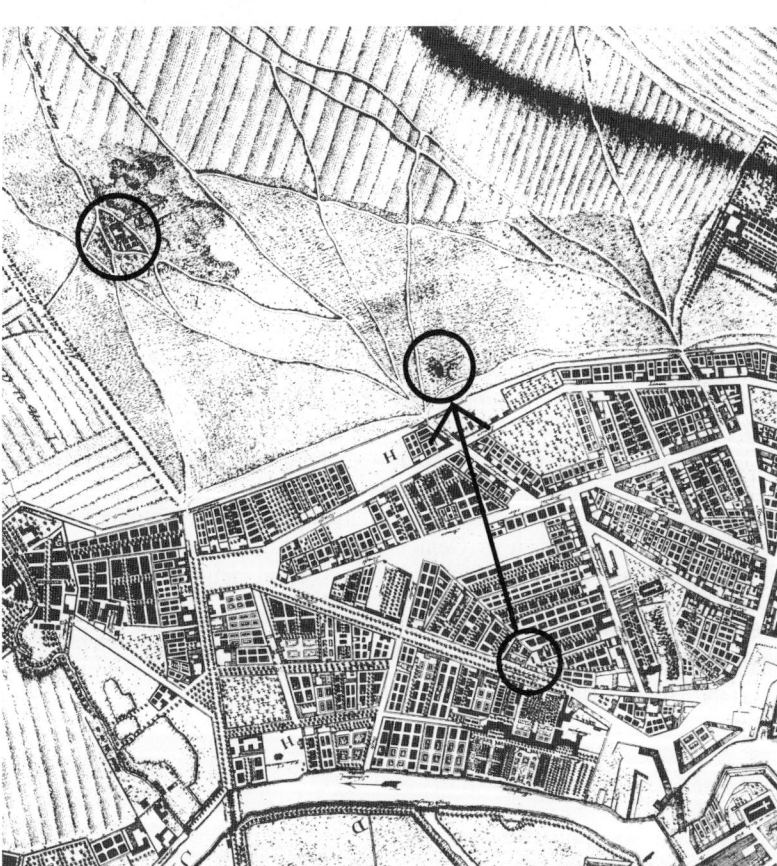

→B 22 Plan de la Ville de Berlin, um 1748 (Ausschnitt). Vor dem Hamburger Tor das Hochgericht, nordwestlich davon die Scharfrichterei

Etwa 500 m nordwestlich des Hochgerichts liegt die Scharfrichterei, wo Scharfrichter und Henker nicht nur wohnen, sondern auch eine Abdeckerei betreiben. Dieses Gewerbe gehört noch im 18. Jh. sehr häufig zu den Aufgaben des Scharfrichters, und auch die in dem Schmettauschen Plan von **1748** neben der Scharfrichterei eingezeichnete „Ludergrube" (= „Aasgrube") weist auf eine solche Nutzung dieses kleinen Gehöfts hin. Die große Entfernung von der Stadt und die freie Lage lassen sich aus dem unvermeidlichen Gestank, der mit einer Abdeckerei verbunden ist, erklären. Diese Anlage bleibt auf diesem Grundstück bestehen, bis sie **1842** dem Stettiner Bahnhof Platz macht.

→L 36

Halsgericht ist der veraltete Ausdruck für Gericht über schwere Verbrechen, auf denen harte Leibes- oder Lebensstrafe steht; im engern Sinne oder auch mit dem Beisatze „hochnotpeinlich" ward damit ein Gebrauch bezeichnet, der als der letzte Akt des Kriminalprozesses in den Fällen, wo auf Todesstrafe erkannt war, erschien. An dem Tage, wo diese Strafe vollstreckt werden sollte, führte man den Verbrecher an einen freien Platz, auf dem sich die Richter schwarz gekleidet an einer Tafel versammelt hatten. Hier ward unter gewissen Formeln freies Gericht über den Verbrecher, dem jedoch das Todesurteil schon vorher bekannt gemacht worden, gehalten. Er wurde der Tat angeklagt, dann befragt, ob er derselben geständig sei, hierauf das Urteil ihm nochmals verkündigt, der Stab über ihn gebrochen und er selbst dem Scharfrichter übergeben, wobei die Gerichtsbeisitzer sich erhoben und ihre Bänke umstießen. Dieser Akt war in der Halsgerichtsordnung als Rest des alten öffentlichen Verfahrens beibehalten, sank aber zur leeren Ceremonie herab, so daß die neuern Gesetzgebungen ihn schon lange aufgegeben haben.

Das Hochgericht dagegen wechselt seinen Standort, und zwar zunächst **1752**, als in Sichtweite des Galgens mit dem Bau der ersten 30 Kolonistenhäuser für die voigtländischen Bauhandwerker begonnen wird. Der König, Friedrich II., erteilt dem Magistrat die Order, *daß derselbe nunmehr die* ←L 37 *vor dem Hamburger Tore vorjetzt noch befindliche Gerichte abbrechen und näher nach dem Wedding hin aufbauen soll.*

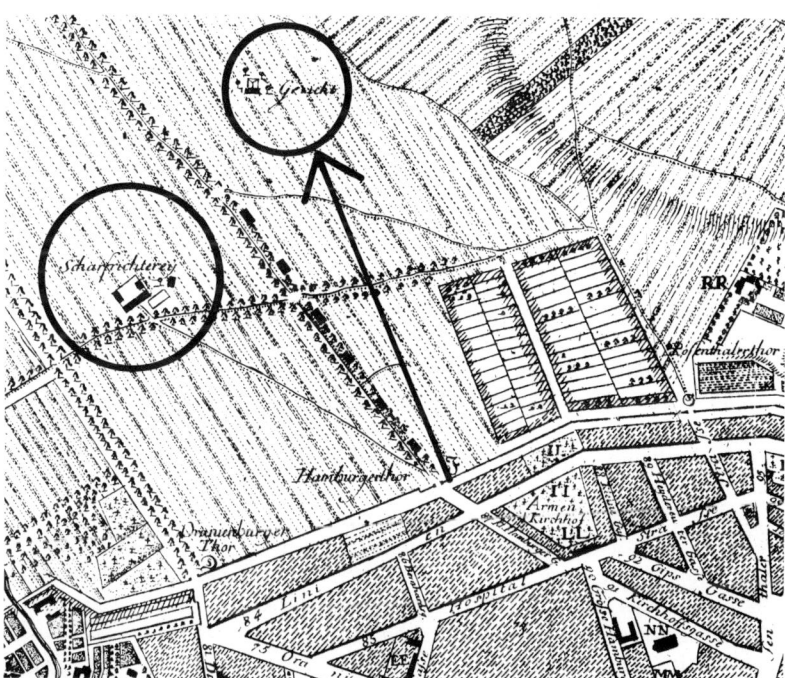

D.F. Sotzmann: Berlin 1786 (Ausschnitt). Das Hochgericht ist nach Norden verlegt, ←B 23
die Scharfrichterei an der alten Stelle geblieben

Der Galgen wird nun etwa 1 km weiter nördlich auf einem Sandhügel aufgebaut, wo er bis zum Ende des 18. Jh. steht, um dann noch einmal versetzt zu werden, diesmal um ca. 500 m nach Westen an die Gartenstraße. Von dem bisherigen Standort bleibt der Name „Galgenberg", der neue wird schlicht der „Galgenplatz" genannt. Es ist der heutige Gartenplatz mit der St. Sebastiankirche zwischen Garten- und Ackerstraße.

J.F. Schneider: Berlin 1802 (Ausschnitt). Das Hochgericht ist nach Westen an die ←B 24
Gartenstraße verlegt worden

Was sich auf diesen Plätzen noch bis **1839** bisweilen abspielte, beschreibt ein anonymer Berlinbesucher im Jahre **1799**:

→L 38   *Ich habe heute einem Volksfeste beigewohnt, von welchem mir noch jede Nerve zuckt – es war eine öffentliche Hinrichtung durchs Rad, und der Delinquent ein Frauenzimmer. Um sich an ihrem ungetreuen Liebhaber zu rächen, hatte sie vorsätzlich ein Kind – das anderen Eltern gehörte – mit kalter Grausamkeit ermordet und sich dann selbst angegeben. Ob sie diesen Tod verdiente oder nicht vielmehr hätte ins Tollhaus gebracht werden sollen, davon kann hier die Rede nicht sein; denn die Gesetze haben über sie gesprochen. Allein von der Wirkung dieser öffentlichen Hinrichtung auf das Volk werde ich einige Worte sagen.*

Früh um vier Uhr waren die Straßen schon lebhaft – alles drängte sich nach der Gegend des Rathauses hin, wo über die Unglückliche noch unter freiem Himmel ein peinliches Halsgericht gehalten werden sollte. Um sechs Uhr waren bereits alle Straßen, welche dahin führen, so mit Menschen angefüllt, daß man Mühe hatte, sich durchzudrängen. Alle Fenster waren besetzt – selbst von den Dächern hob man hie und da Ziegel ab. Ein Kommando Husaren, welches die Delinquentin begleitete, ritt mitten in den Volkshaufen hinein und sprengte ihn mit Gewalt auseinander, um einen Weg nach dem Ort des Gerichts zu bahnen, wobei mancher so gedrückt wurde, daß er ohnmächtig niedersank.

Der Ort, wo das Gericht gehalten werden sollte, war mit einem hölzernen Gitter umgeben, aber selbst in diesen Kreis hatten die Gerichtsdiener für Trinkgelder so viele Menschen gelassen, daß die Richter sich kaum umwenden konnten. Von dem, was hier vorging – der Vorlesung des Urteils und so weiter – konnte man des lauten Getöses, selbst des Gelächters wegen unter den Volkshaufen, welches unaufhörlich durch Mutwillen unterhalten wurde, nicht das Geringste hören.

Von hier ging der Zug durch verschiedene Straßen zum Hochgericht, das eine ziemliche Strecke von der Stadt entfernt ist. Auf den Straßen standen zwei dichte Reihen von Zuschauern, alle Türen, Fenster, selbst Dachfenster, waren besetzt. Das Wetter war außerordentlich schön und daher kein Wunder, daß vor dem Tor und um das Hochgericht her sich eine unübersehbare Volksmenge versammelt hatte. Um das Gericht hatte das Militär einen großen Kreis geschlossen; um diesen hielt eine Wagenburg, welche mit Zuschauern besetzt war, die ihre Plätze, je nachdem sie gut zum Sehen gelegen waren, mit 4 bis 12 Gr. bezahlt hatten. Zwischen diesen Zuschauern, die aus allen Ständen und Volksklassen und ebenso viel Weibern als Männern bestanden, drängte sich eine zahllose Menge Marketender mit Likör und Branntwein herum und wurden ihre Ware häufig los. Man hatte geglaubt, die Exekution würde ganz früh vollzogen werden – es wurde Mittag, und die Langeweile wurde mit Trinken verscheucht. Es konnte nicht fehlen, daß eine große Menge sich als berauscht ausgezeichnet, sich geprügelt, gezankt, geschrien – kurz alles getan hätte, was ein ausgelassener Pöbel nur immer tun kann. Manche Wagen hatten mehr Zuschauer geladen, als sie tragen konnten, und brachen unter dem wiehernden Gelächter der Umstehenden ein. So erwartete man den Augenblick mit Ungeduld, wo das Leben eines Menschen vernichtet werden sollte. Die Gebildeteren sprachen davon als von einem Kriminalspaß, den man doch mit ansehen müsse. – Niemand war bei dieser Gelegenheit geschäftiger als die heillose Schar der Freudenmädchen, die überall zu treffen waren, um Geschäfte zu etablieren. Die reicheren in Mannskleidern zu Pferde, die übrigen zu Wagen, zu Fuß, wie sie konnten.

Endlich kam die Unglückliche an, und die Exekution ward vollzogen. Ein junger Mann, der Sohn des hiesigen Scharfrichters, vollstreckte sie. Der Tod durchs Rad – von oben herab – war gewiß für die Unglückliche weniger grausam als schauderhaft für den gefühlvollen Zuschauer – den gefühlvollen sag ich; aber hier schien kein solcher zu sein. Man spottete, zankte und lachte, während sie den Geist aufgab; und indem es vorüber war, hatte jeder das Bedürfnis, seinen Nachbar zu fragen, ob er es auch gut gesehen habe? Ich habe es prächtig gesehen – gab ein wohlgekleidetes Frauenzimmer zur Antwort.

Zu einer Hinrichtung durchs Rad sind sieben Scharfrichter nötig, die sich dann an diesem Tage aus der ganzen Gegend eingefunden hatten. Jeder derselben hatte seine Kinder mitgebracht, alle standen oben auf dem Schafott und bildeten einen Kreis umher. Das Publikum wollte aber dieses Schauspiel sich nicht nehmen lassen und schrie, indem die Exekution vor sich ging: Aus dem Wege! Herunter! und man machte etwas Platz. Eine

D. Chodowiecki: Strafvollzug   ←B 25

*Anekdote, welche sich dabei zutrug, verdient erzählt zu werden. Nach den
ersten drei Schlägen in den Nacken muß der Körper des Delinquenten her-
umgeworfen werden. Diese kleine Pause benutzte der alte Scharfrichter,
der seinen Sohn, welcher die Exekution vollzog, unterwies und ihm jedesmal mit dem Finger die Stelle zeigte, wohin er schlagen sollte, um ihm mit
allem Ausdruck des Beifalls auf die Schulter zu klopfen und ein lautes
Bravo! zuzurufen.*

*Nachdem die Exekution vorüber und der Körper aufs Rad gelegt war,
zog das Militär mit klingendem Spiel nach Hause, und der bessere Teil der
Zuschauer ging gleichfalls fort.*

Daß eine öffentliche Hinrichtung die Zuschauer durchaus nicht in sich
gehen ließ, zeigt auch eine Anzeige des Armenkommissionsvorstehers
Krahmer vom **2.1.1837**, der sich bei seiner vorgesetzten Behörde über die
Sittenlosigkeit der Vorstadtbewohner beklagt: *Ein schauderhaftes Beispiel* ←A 1
*steht mir noch immer vor Augen, welches von der Gesunkenheit des Pö-
bels zeugt, nämlich nach der Hinrichtung des Hobusok zog der Pöbel vom
Galgen weg nach den Kneipen und Tabagien und tollte und tanzte bis in
die späte Nacht hinein.*

Da diese öffentlichen Demonstrationen der Rechtsgewalt immer mehr
einen volksfestartigen Charakter annehmen, werden sie schließlich aufgegeben: *Eine öffentliche Hinrichtung lockte jedesmal eine große Anzahl von* ←L 39
*Zuschauern herbei, welche aus bloßer Neugier vielfach von auswärts ka-
men und allerlei Unfug trieben. Dadurch ging dem wichtigen Akte der
nötige Ernst und die beabsichtigte Wirkung verloren. Aus der Sühne der
Tat entstand ein Hohn auf die Gesetze. Es war daher die höchste Zeit,
diesen wieder Achtung zu verschaffen und das jetzige Verfahren einzuführen. Die letzte öffentliche Hinrichtung auf dem Galgen des Gartenplat-
zes fand im Juni 1839 statt.*

Dieser letzte Galgen wird **1842/43**, im Zusammenhang mit dem Bau der
Berlin-Stettiner Eisenbahn, abgebrochen und verkauft. Der Berliner Karl ←S 171
Ludwig Zeitler erinnert sich, ihn als Kind noch gesehen zu haben:

Bei den Sonntagsspaziergängen meines Vaters mit uns Knaben kamen ←L 40
*wir auch nach dem Galgenplatz, zwischen Acker- und Bergstraße, jetzt
Gartenplatz. Der Galgen soll früher in der Oranienburger Straße gestanden haben.*

*Es war ein aus Rathenauer Ziegeln erbauter, etwa ein Meter hoher, drei-
eckiger Unterbau, zu dessen Oberfläche eine, im Mauerwerk eingelassene,
schmale, mit einer Lattentür verschlossene Treppe hinaufführte.*

*Auf jeder der drei Ecken war ein 3 1/2 oder 4 Stein starker, 10 Fuß
hoher Pfeiler aufgemauert, der mit den anderen in etwa 2 1/2 m, 8 Fuß
Höhe durch einen schmiedeeisernen Balken verbunden war. Aus jedem
Pfeiler streckte sich in gleicher Höhe ein eiserner, etwa 2 1/2 Fuß langer*

Eisenarm nach der Außenseite heraus, so daß an solchem Galgen bequem zu gleicher Zeit sechs Personen gehängt werden konnten, ohne daß sie sich gegenseitig behinderten.

Auf der Mitte des Unterbaues konnte das Rädern vor sich gehen; es wurde dadurch vollführt, daß die Gliedmaßen, der Körper zwischen Klötzen hohlgelegt wurden und dann vom Henker mit einem schweren Rade – wie beim Holzknicken das zu knickende, hohl gelegte Holz mit dem Beil – zerbrochen, zerknickt wurden. Ich selbst habe keinen hängen oder rädern sehen. Mein Vater, der einige Jahre vorher von dem damals allein am Platze stehenden, niedrigen, jetzt dreistöckigen Eckhause an der Bergstraße, eine der letzten Hinrichtungen 1838 angesehen hatte, erzählte es mir, als ich über die zur Richtstätte führende Türe kletterte, um zu versuchen, ob ich an einem Pfeiler hochklettern könnte. Meine kurzen Arme konnten den Pfeiler, an dem oben das Todesurteil und der Name des Verbrechers noch angeheftet waren, nicht umfassen.

→S 395 *Der Galgen, um den herum gleich die Gehängten ungehügelt begraben wurden und auf dessen Stelle jetzt die katholische St. Sebastian-Kirche steht, wurde nach Erbauung des Zellengefängnisses in der Kusselheide, niedrige, einzeln stehende Kiefernstämme – hinter der Jungfernwiese an der verlängerten Invalidenstraße, seit 1843 nicht mehr benutzt. Er wurde später zum Abriß verkauft. Ein bei der Weberei halb erblindeter Meister kaufte ihn und baute von dem Material auf einer kleinen, schrägüber in der Ackerstraße gelegenen, von Griebenow, dem Besitzer des ehemaligen, städtischen Wedding'schen Erbpachtgutes, für höchstens 100 Taler gekauften Sandscholle, ein kleines Wohnhaus.*

Er erbaute das kleine Haus, welches ich noch in den sechziger Jahren gesehen habe, nicht dicht an der Straße, sondern soweit zurück, daß später ein größeres Haus davor stehen konnte.

Der unbebaute Vorplatz wurde vorläufig als Garten benutzt für die zu ihm kommenden Gäste.

3.6 Die Entwicklung des Voigtlandes (bis 1800)

Wir verfolgen in diesem Teilkapitel sowohl die soziale wie die baulich-räumliche Entwicklung der Kolonie Neu-Voigtland, die mit der Zeit im Sprachgebrauch nur noch einfach mit „Voigtland" bezeichnet wird. Diese Bezeichnung bezieht sich nicht mehr nur auf die ursprüngliche Bauhandwerkerkolonie, sondern bezieht auch die Gärtnerhäuser mit ein.

Die Bewohner

Die Geschichte des Voigtlandes ist gekennzeichnet durch ständige Verarmung und Veränderung der Bewohnerschaft. Am besten spiegelt sich dieser Prozeß in der Veränderung der Zusammensetzung der Hauseigentümer und Mieter der Kolonie Neu-Voigtland, die ursprünglich ausschließlich für die ausländischen Bauhandwerker gedacht war. Die im folgenden wiedergegebenen Tabellen verdanken wir der ersten, leider ungedruckten, exakten Arbeit zur Geschichte des Berliner Mietshauses am Beispiel der Rosenthaler Vorstadt, die für uns in vielerlei Hinsicht ein Vorbild gewesen ist. Es ist die **1967** abgeschlossene Dissertation von Rudolf Skoda. Skoda stellt zunächst aus der namentlichen Hauseigentümerliste von **1754**, die Kuntze wiedergibt, folgende Übersicht zusammen:

	Hauseigentümer	davon	
		Maurergesellen	Zimmergesellen
Insgesamt	116	66	50
davon in der			
1. Reihe	29	16	13
2. Reihe	28	17	11
3. Reihe	30	20	10
4. Reihe	29	13	16

Bereits **1755** ergibt sich aus einem „Verzeichnis der in der Rosenthaler Vorstadt befindlichen Häuser, Eigentümer und Einwohner, welche zur Unterhaltung der Nachtwache beitragen müssen", das aber leider nicht vollständig ist, eine erhebliche Verschiebung des Berufsbildes der H a u s - e i g e n t ü m e r :

Beruf bzw.	Anzahl in der				Anz.
Tätigkeit	1. Reihe	2. Reihe	3. Reihe	4. Reihe	Ges.
Maurer	8	9	15	7	39
Zimmerer	5	6	6	8	25
Victualienhändler	2	1	–	1	4
Soldaten	2	–	1	–	3
Weber	–	1	1	–	2
Fuhrmann	1	–	–	1	2
Müller	–	–	1	1	2
Wollarbeiter	–	–	–	2	2
Drechsler	1	–	–	–	1
Glaser	–	1	–	–	1
Stellmacher	–	1	–	–	1
Kaufmann	–	1	–	–	1
Schmied	–	1	–	–	1
Schuster	–	–	1	–	1
Bäcker	–	–	–	1	1
Büchsenmacher	–	–	–	1	1
Holzschneider	–	–	–	1	1
Zeugmacher	–	–	–	1	1
Witwe	3	1	–	5	9

Während nach diesem Verzeichnis der Eigentümer die Bauhandwerker noch dominieren, zeigt sich bei den M i e t e r n eine sehr viel stärkere

→L 41
←L 42
Rudolf Skoda:
Wohnhäuser und Wohnverhältnisse der Stadtarmut,
dargestellt insbesondere an der Rosenthaler Vorstadt
von Berlin zwischen 1750 und 1830

←L 43
Bd. 1:
1. Einleitung
2. Methodologische Hinweise
3. Wohnhäuser und Wohnverhältnisse der Stadtarmut
4. Wohnhäuser und Wohnverhältnisse der Rosenthaler Vorstadt von Berlin
5. Schlußfolgerungen

Bd. 2:
6. Regesten – Auszüge der Grundstücksakten der Rosenthaler Vorstadt von Berlin (einschließlich Rekonstruktions-Zeichnungen)
7. Bildteil

Dissertation, Fakultät Architektur der Hochschule für Architektur und Bauwesen, Weimar 1967

„Die Dissertation stellt einen ersten Versuch dar, eine Lücke in der Literatur zur Baugeschichte schließen zu helfen, die durch die Vernachlässigung der Fragen des Wohnungswesens der besitzlosen Klassen in der Vergangenheit entstanden ist."

←L 44 Aus der Einleitung:

Die Zielsetzung der Arbeit läßt sich wie folgt zusammenfassen:
– Standorttendenzen der Wohnhäuser der Stadtarmut aufzuzeigen und an Hand einer Anzahl von Beispielen aus verschiedenen Städten zu versuchen, allgemeine Kriterien für Wohnhäuser und Wohnverhältnisse der Stadtarmut zu bearbeiten.
– Die historische Entwicklung eines Berliner Stadtteiles, der sich innerhalb weniger Jahrzehnte zu einem charakteristischen Armenviertel entwickelte, darzustellen und damit einen Beitrag zur Geschichte der städtebaulichen Entwicklung Berlins zu leisten.
– Die noch vorhandenen Grundstücksakten der ehemaligen Rosenthaler Vorstadt von Berlin erstmalig hinsichtlich der Wohnhäuser und Wohnverhältnisse zu analysieren und eine größere Anzahl von Wohngebäuden nach Baubeschreibungen im Maßstab 1:200 zu rekonstruieren.
– Eine Methode zu erarbeiten und zur Diskussion zu stellen, nach der weitere spezielle Untersuchungen auf diesem Gebiet durchgeführt werden sollten, um die gewonnenen Erkenntnisse gegebenenfalls verallgemeinern zu können.
Wenn darüber hinaus die Arbeit zu neuen ähnlichen Untersuchungen anregen wird, ist ein weiteres wichtiges Ziel der Arbeit erreicht.

Besuch in einem Kolonistenhaus um 1860

In der Rosenthalervorstadt oder im Voigtlande, wie der Berliner zu sagen pflegt, also in jenem Stadtteile, welcher sich außerhalb der Stadtmauer vom Schönhauser Tore bis zum Rosenthaler Tore erstreckt, gibt es Häuser, wie man sie in der ganzen übrigen Stadt vergeblich sucht. Sie stehen vereinzelt zwischen den großen, modernen Häusern, oder sie bilden auch noch hie und da eine Straßenfronte und repräsentieren so die Altertümlichkeit und die sonderbare Bauart der Vorstadt vor hundert Jahren; oft sind sie nur so hoch, daß man von außen in die Dachfenster hineinschauen kann. Selten haben sie zwei Stockwerke; sondern sie bestehen meistens aus einem Erdgeschoß, welches oft mehrere Fuß unter dem Niveau der Straße liegt. Ein Kellergeschoß fehlt gewöhnlich gänzlich. Über der Parterrewohnung oder eigentlich über dem Souterrain erhebt sich sofort das Dach, und auf demselben sind dann noch einige Wohnungen angebracht. Selten, wie gesagt, haben diese sonderbaren Häuser über der Parterrewohnung noch einen ersten Stock, oder wenn dies ausnahmsweise der Fall ist, so sieht man demselben an, daß er fünfzig Jahre später entstanden ist als sein Unterbau. Von einem Hofraum ist natürlich keine Rede; nur zwischen dem Straßendamm und der Vorderseite der Gebäude befindet sich eine grabenartige Vertiefung, welche nach der Straße zu mit einem alten, baufälligen Geländer umgeben ist, damit die Vorübergehenden nicht hineinstürzen und nicht in die Fenster hineinfallen. Dieselben reichen zur Hälfte unter das Niveau der Straße, und der Herunterfallende würde durch die Scheiben hindurch sogleich in die Parterrewohnung stürzen und sich bei diesem Falle dennoch an der niedrigen Decke der Stube den Kopf zerschlagen.

Das Haus, in dem Schmidt – so will ich ihn hier nennen – wohnt, hat ausnahmsweise über dem Parterre oder eigentlich Souterrain noch einen ersten Stock und einen hintern Hofraum, sonst steigt man auch hier fünf Stufen von der Straße abwärts und bückt den Kopf, um in die niedrige Haustür einzutreten. Auf einem schmalen, dunklen Hausflur, der nur durch die offene Haustür sein Licht empfängt und kein Fenster hat, öffnet sich rechts eine schmale Stubentür, an der man auf einem mit Tinte geschriebenen Papierzettel die Worte liest: ,,Destillation.'' An einer andern Tür links stehen mit Kreide die Worte geschrieben: ,,Zu vermieten; Näheres beim Wirt in der Destillation.'' Die Wohnung oder eigentlich der kellerartige Raum, zu dem diese zweite Tür führt, steht schon seit einem halben Jahre leer; er ist so feucht und ungesund, daß seine Bewohner deshalb ausgezogen sind und sich sogar im Voigtlande seit sechs Monaten niemand gefunden hat, der diese Räume hat mieten wollen. Und doch ist es keine Fabel, daß es in den großen Familienhäusern vor dem Hamburger Tore Stuben gibt, in denen mehrere Familien in der Art zusammenwohnen, daß ein Kreidestrich auf dem Fußboden die Stube in zwei oder drei Reviere teilt, und jedes Revier einer einzelnen Familie als Wohnung angewiesen ist. Wie ungesund und erbärmlich muß diese Parterrewohnung sein. Die Türe ist nur angelehnt; dort drinnen ist nichts zu nehmen. Blicken wir hinein, wie die Wohnung aussieht.

Die Fensterbretter liegen wenigstens drei Fuß unter dem Niveau der Straße, die Stuben empfangen das Licht also nur durch die obern, halb erblindeten Scheiben dieser schmalen, kleinen Fenster, so daß von einer eigentlichen Tageshelle in ihnen niemals die Rede sein kann. Es schlägt jetzt zwei Uhr auf dem Kirchturme in der Sophienstraße, und schon ist es so dunkel, als wenn es fünf Uhr wäre! Die Wände und die Decke waren vor Jahren einmal weiß, der Rauch und die Zeit haben ihnen allmählich ein Colorit gegeben, was die Mitte zwischen dunkelgrau und schwarz einnimmt. Die Decke ist so niedrig, nicht, daß ich sie mit der Hand erreichen kann, sondern daß ich, wenn ich ganz gerade stehe, mit dem Kopfe daran stoße! Die Luft ist feucht und modrig; die Luft in den Magdeburger Kasematten, die doch zwanzig Fuß hoch mit Erde bedeckt waren, war reiner und gesunder. Gedielt war der Fußboden nicht. In der ersten Stube war er festgestampft, wie die Flure in den Bauernhäusern Westfalens, in der zweiten war offenbar einst ein hölzerner Fußboden gewesen, einzelne Überreste an den Wänden zeugten noch davon, jetzt war der nackte, feuchte Boden an die Stelle der hölzernen Dielen getreten. Ein großer, schwarzer Kachelofen nahm die eine Ecke der ersten Stube ein und unterschied sich in seiner Farbe wenig von den Wänden. Ein modriger Dunst wehte mich an.

←L 45
→L 46
→L 47
→S 471

Verschiebung, die noch dazu auf den inzwischen begonnenen Um- und Ausbau und damit auf die höhere Belegung der ganzen Kolonie hinweist:

Beruf bzw. Tätigkeit	*Anzahl in der*				*Anz. Ges.*
	1. Reihe	*2. Reihe*	*3. Reihe*	*4. Reihe*	
Spinner	*18*	*7*	*13*	*3*	*41*
Weber	*11*	*2*	*2*	*3*	*18*
Zeugmacher	*9*	*19*	*12*	*3*	*43*
Maurer	*2*	*5*	*3*	*2*	*12*
Fabrikant	*1*	*–*	*–*	*–*	*1*
Viehwächter	*1*	*1*	*–*	*–*	*2*
Töpfer	*1*	*–*	*–*	*–*	*1*
Vogelsteller	*1*	*–*	*–*	*–*	*1*
Chirurg	*1*	*–*	*–*	*–*	*1*
Gärtner	*1*	*1*	*–*	*–*	*2*
Schneider	*1*	*–*	*1*	*–*	*2*
Tuchmacher	*2*	*–*	*–*	*–*	*2*
Wollkämmer	*1*	*–*	*5*	*1*	*7*
Soldat	*2*	*–*	*–*	*2*	*4*
Tagelöhner	*6*	*6*	*7*	*6*	*25*
Wollstricker	*1*	*3*	*–*	*–*	*4*
Handlanger	*1*	*2*	*1*	*2*	*6*
Gießer	*1*	*–*	*–*	*–*	*1*
Schuster	*2*	*3*	*1*	*1*	*7*
Schlosser	*1*	*–*	*–*	*–*	*1*
Zimmerer	*1*	*3*	*2*	*2*	*8*
Nadler	*1*	*–*	*–*	*–*	*1*
Bäcker	*–*	*1*	*–*	*–*	*1*
Fuhrmann	*–*	*2*	*–*	*1*	*3*
Invaliden	*–*	*3*	*8*	*–*	*11*
Victualienhändler	*–*	*1*	*1*	*1*	*3*
Bierschenker	*–*	*1*	*–*	*–*	*1*
Instrumentenm.	*–*	*1*	*–*	*–*	*1*
Lumpenhändler	*–*	*–*	*2*	*–*	*2*
Controlleur	*–*	*–*	*1*	*–*	*1*
Galanteriehändl.	*–*	*–*	*1*	*–*	*1*
Brigadier	*–*	*–*	*1*	*–*	*1*
Kupferschmied	*–*	*–*	*–*	*1*	*1*
Müller	*–*	*–*	*–*	*1*	*1*
Tischler	*–*	*–*	*–*	*1*	*1*
Witwe	*–*	*2*	*–*	*–*	*2*

Bei den Mietern dominieren Spinner, Weber, Zeugmacher und Tagelöhner. Kuntze bestätigt diesen Zusammenhang allgemein:

Schon zu Ende des Jahres 1780 hatte sich vieles verändert. Alle Arten von Professionisten an Meistern und Gesellen, die zu den städtischen Gewerken gehörten, Bierschenker und Victualienhändler, die vom Polizei-Directorio concessionirt waren, bildeten die Bevölkerung. Durch Kauf, Heirat und Vererbung waren die Häuser an Schneider, Schuster und abgedankte Offiziere gekommen, und wegen des starken Anwuchses dieser Vorstadt waren zwei Brotscharren angesetzt, die einen Zins an die Kämmerei zahlten. Einen eignen Fleischscharren gab es hier noch nicht, sondern man mußte das Fleisch aus der Stadt holen. Im Ganzen scheint jedoch, wenn nicht Wohlhabenheit, doch ein guter Nahrungsstand unter den Bewohnern obgewaltet zu haben. (Aus einem Promemoria vom 4. December 1780 in den Magistrats-Acten.)

Da sich beim Verkauf der Häuser große Schwierigkeiten erhoben, indem nicht so leicht ein Ausländer sich fand, der Geld genug besaß, um ein solches Haus zu übernehmen, so verfügte die Churmärkische Kammer unter dem 19. October 1794, daß auch Inländer die Gründstücke kaufen könnten, und unter dem 6. Januar 1801, daß es keines Consenses zur Aufnahme von Hypotheken mehr bedürfe.

Die letzten Bemerkungen von Kuntze knüpfen an einen bereits behandelten Vorgang an, nämlich die allmähliche Befreiung der Grundstücke im Voigtland von Auflagen, die die private Verfügbarkeit noch einschränken. Sie wird endgültig zu **Beginn des 19. Jh.** hergestellt. Auf eine entspre-

chende Anfrage der Potsdamer Regierung antwortet das Berliner Stadtgericht, wo die Hypothekenbücher geführt werden, *daß die Beschränkung in*   ←A 2
Ansehung der Veräußerung und Verpfändung der Kolonisten-Grundstücke
im sogenannten Neuen Voigtlande bereits durch die von der damaligen
Königlichen Kurmärkischen Kriegs- und Domänenkammer unterm 6.1.
1801 erlassene Verordnung aufgehoben und ebenso durch die, von der-
selben Behörde, unterm 24.12.1809 an den hiesigen Magistrat erlassene
Verfügung die Löschung der auf denselben gehafteten eisernen Kapitalien
von resp. 100 Rthl. und 200 Rthl. verfügt und wirklich in den Hypo-
thekenbüchern vorgenommen worden, so daß jetzt sämtliche Grundstücke
im Voigtland ein freies Eigentum sind.

Die Häuser

Mit der s o z i a l e n Veränderung geht eine b a u l i c h e Veränderung auf den Kolonie-Grundstücken einher. Sie sind im folgenden in bezug
auf den Grundriß, den Aufriß und in bezug auf die baulich-räumliche Veränderung der einzelnen Parzelle analysiert, die sich auch widerspiegelt in
den Veränderungen, die die Numerierung der einzelnen Reihen im Zeitraum von **1754−1800** erfährt.

Entwicklung der Grundstücksnumerierung   ←L 48

1. Reihe Brunnenstraße Westseite			2. Reihe Ackerstraße Ostseite			3. Reihe Ackerstraße Westseite			4. Reihe Bergstraße Ostseite		
1754	*1800*	*1966*	*1754*	*1800*	*1966*	*1754*	*1800*	*1966*	*1754*	*1800*	*1966*
1	*52*		*1*	*1*	*1b*	*1*	*58*	*171*	*1*	*1*	*1*
							57	*170*			
2	*51*	*196*	*2*	*2*	*2*	*2*	*56*	*169*	*2*	*2*	*2*
	50			*3*	*3*		*55*	*168*		*3*	*3*
3	*49*	*195*	*3*	*4*	*4*	*3*	*54*	*167*	*3*	*4*	*4*
	48	*194*		*5*	*5*		*53*	*166*		*5*	*5*
4	*47*	*194*	*4*	*6*	*6*	*4*	*52*	*165*	*4*	*6*	*6*
	46	*193*		*7*	*7*		*51*	*164*		*7*	*7*
5	*45*	*192*	*5*	*8*	*8*	*5*	*50*	*163*	*5*	*8*	*8*
	44	*191*		*9*	*9*		*49*	*162*		*9*	*9*
6	*43*	*190*	*6*	*10*	*10*	*6*	*48*	*161*	*6*	*10*	*10*
	42	*189*		*11*	*11*		*47*	*160*		*11*	*11*
7	*41*	*188*	*7*	*12*	*12*	*7*	*46*	*159*	*7*	*12*	*12*
	40	*187*		*13*	*13*		*45*	*158*		*13*	*13*
8	*39*	*186*	*8*	*14*	*14*	*8*	*44*	*157*	*8*	*14*	*14*
	38	*185*		*15*	*15*		*43*	*156*		*15*	*15*
9	*37*	*185*	*9*	*16*	*16*	*9*	*42*	*155*	*9*	*16*	*16*
	36	*184*		*17*	*17*		*41*	*154*		*17*	*17*
10	*35*	*183*	*10*	*18*	*18*	*10*	*40*	*153*	*10*	*18*	*18*
	34	*182*		*19*	*19*		*39*	*152*		*19*	*19*
11	*33*	*181*	*11*	*20*	*20*	*11*	*38*	*151*	*11*	*20*	*20*
	32	*181*		*21*	*21*		*37*	*150*		*21*	*21*
12	*31*	*180*	*12*	*22*	*22*	*12*	*36*	*149*	*12*	*22*	*22*
	30	*179*		*23*	*23*		*35*	*148*		*23*	*22*
13	*29*	*178*	*13*	*24*	*24*	*13*	*34*	*147*	*13*	*24*	*23*
	28	*177*		*25*	*25*		*33*	*145*		*25*	*24*
14	*27*	*176*	*14*	*26*	*26*	*14*	*32*	*145*	*14*	*26*	*25*
	26	*175*		*27*	*27*		*31*	*144*		*27*	*26*
15	*25*	*174*	*15*	*28*	*27*	*15*	*30*	*143*	*15*	*28*	*27*
	24	*174*					*29*	*143*		*29*	*28*

→B 26 Ausschnitt aus Sineck 1856: Kolonie Neu-Voigtland

→B 27

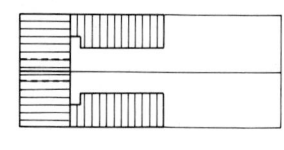

Der Normalfall
1 Parzelle
1 Haus
2 Familien

Trennung von Haus
und Parzelle

Seitlicher Ausbau

Hinterer Ausbau
durch Seitenflügel

Neubau und
Aufstockung

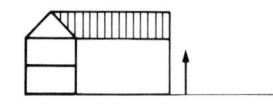

Skoda beschreibt die Veränderungen der ursprünglichen Koloniehäuser,
die in ihrer ersten Form nicht lange Bestand hatten, auf Grund des ihm zur
Verfügung stehenden Aktenmaterials:
Als am häufigsten durchgeführte Umbauten seien hier genannt: ←L 49
− Das Haus wurde durch Einziehen einer Längswand im Flur (Gang) ge-
teilt. Es entstanden 2 sog. „halbe Häuser". Beide Hälften erhielten dabei
eigene Hauseingänge und Schornstein;

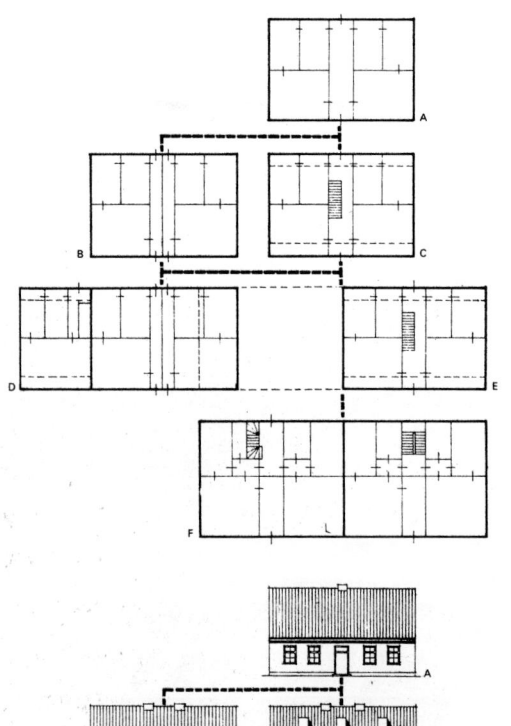

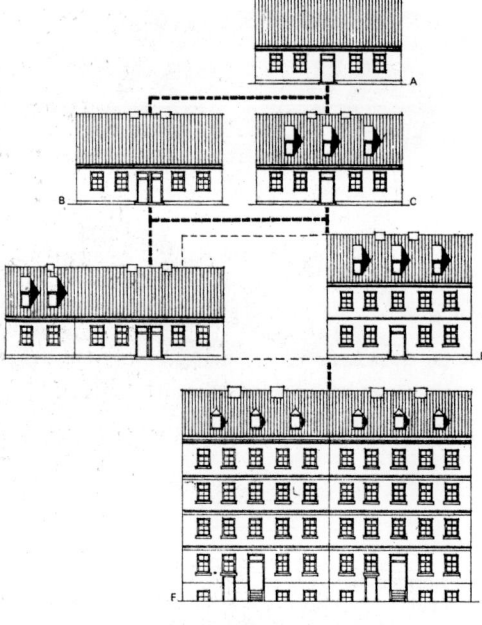

Entwicklung des Kolonistenhauses zum mehrgeschossigen Mietshaus, Schemagrundrisse und Ansichten von Skoda
A – Kolonistenhaus, Grundform: Fachwerk
B – Eingebaute Trennwand (Bildung von zwei „halben" Häusern)
C – A mit ausgebautem Dachgeschoß, vordere Längswand massiv
D – Horizontale Erweiterung von B, meist mit ausgebautem Dachgeschoß
E – Vertikale Erweiterung, Aufstockung und ausgebautes Dachgeschoß
F – Nach Abriß von D und E Neubau (massiv), mehrgeschossig mit Souterrain

– *Vergrößerung der Nutzfläche des Hauses durch Ausbau des Dachgeschosses;*
– *Abriß der Längswände des Hauses, insbesondere zunächst der Wand an der Straße, und Aufführen von massiven Wänden aus Ziegelmauerwerk;*
– *das Haus erhielt seitliche Anbauten, meist massiv und ebenfalls eingeschossig.*

Da die von **1752–54** gebauten Kolonistenhäuser mit kostenlosem Baumaterial von den späteren Bewohnern nach einem Mustergrundriß selbst errichtet werden, ist ihre bauliche Qualität entsprechend den handwerklichen Fähigkeiten der Erbauer sehr unterschiedlich. So erklärt sich, daß die ersten dieser Häuser bereits nach weniger als zwanzig Jahren wieder abgerissen werden müssen und durch Neubauten ersetzt werden. Für den Zeitraum von **1771–92** kann Rudolf Skoda folgende Abrisse von Kolonistenhäusern feststellen:

→L 50

←B 28

Grundstück	Jahr des Abbruches
1. Reihe Nr. 2	1783
1. Reihe Nr. 5	1789
2. Reihe Nr. 11	1780
2. Reihe Nr. 13	1792
2. Reihe Nr. 14	1786
3. Reihe Nr. 10	1790
3. Reihe Nr. 11	1780 (?)
3. Reihe Nr. 15	1780
4. Reihe Nr. 1	1773
4. Reihe Nr. 12	1771

→B 29 J.G. Rosenberg: Vor dem Rosenthaler Tor 1780
←B 30

Die Ansicht der ersten Reihe, die Johann Georg Rosenberg um **1780** vom Wollankschen Weinberg aus malt, zeigt, daß der beschriebene Transformationsprozeß von freistehenden, eingeschossigen Kolonistenhäusern zu mehrgeschossigen Reihenhäusern offenbar in noch stärkerem Maße stattgefunden hat: Kein Haus steht mehr allein, nur noch wenige sind eingeschossig und als Kolonistenhaus erkennbar.

Zwei Photographien der Gebäude Bergstr. Nr. 5 und 6, die Skoda vor dem Abriß noch gemacht hat, zeigen die zweite und im Anschnitt die dritte Stufe der Bebauung mit üblichen Mietshäusern der **2. Hälfte des 19. Jh.**, wie sie z.T. heute noch stehen. Die Fünfachsigkeit ist durchgehend, aus ihr läßt sich mit einigem Geschick die ursprüngliche Struktur von Kolonistenhaus und Parzellenbreite zurückverfolgen.

Im Gegensatz zu den Veränderungen der Kolonie mit ihren vier Reihen von Häusern, deren Besitzer ausbauen, die Bebauung verdichten, worin offenbar wird, daß sie versuchen, ihre Existenz über die Vermietung ihrer Häuser zu sichern, nehmen die Gärtner-Häuser vor dem Hamburger Tor mit ihren großen Gartengrundstücken eine andere Entwicklung. Nachdem sich herausgestellt hat, daß sie vom Obstanbau nicht leben können, gehen einige Gärtner daran, ihre viel größeren Grundstücke anders zu nutzen:

→L 51 *Es wurden nun auch Vergnügungs-Lokale für diejenigen Berliner angelegt, die sich gern im Sande die Füße vertreten. Schon 1783 legte A d e l m a n n auf seinem Grundstück vor dem Hamburger Tor Nr. 4 das Wirtshaus zur Stadt Gera an, wobei zur Veränderung der Gäste eine Russische Schaukel und ein Caroussel benutzt wurden. Andere folgten diesem Bei-*

→B 31

←B 32

Straßen- und Hofansicht Bergstr. 5/7. Zustand Mitte 1966

→B 33

←B 34

spiele. So kaufte 1804 ein gewisser B e r g e r das Grundstück Garten-straße Nr. 10, wo er zwei Kegelbahnen, einen Tanzsaal und ein Caroussel anlegte. Dies Etablissement machte damals mehr Aufsehen als jetzt die 10 öffentlichen Tanzlokale mit der Pracht des Eldorado und den Vergnügun-gen des Vorstädtischen Theaters und Reiter-Circus.

Diese Nutzung bietet sich schon deshalb an, weil die Gebiete vor den Toren Akzisefreiheit haben, also Bier und Kaffee ohne die in der Stadt darauf liegenden Steuern ausgeschenkt werden können. Daher liegen rings um Berlin die Orte des billigen Vergnügens vor der Akzisemauer.

→B 35 Die Ackerstraße und Haus Nr. 9 (Vorderhaus und Sei-tenflügel), Zustand 1980

Die Stadtmauer

Seit **1788** wird auch im Norden der Stadt die bisherige hölzerne Pali-sadenumwallung durch eine hohe Steinmauer mit repräsentativen Toren ersetzt. Diese neue Mauer hat, wie alle Mauern, einen mehrfachen Zweck: Zunächst dient die neue Mauer wie die bisherige als Zollgrenze (Accise = Verbrauchssteuer, die auf eingeführte Waren erhoben wird). Der Zoll rich-tet sich gegen fremde Waren, die auch in Preußen hergestellt werden, be-sonders Textil-, Metall-, Lederwaren und Tabak. Friedrich Nicolai weist **1786** Berlinbesucher darauf hin, wie man sich bei den Zollkontrollen an den Stadttoren am besten verhält:

Ankunft in Berlin: Ihre Legitimation?!

Accise *(assisia, accisia, cisa) ist ein Wort von zweifelhafter Herkunft. Nach einigen soll es mit incisio zusammenhängen, einem Ausdrucke, der im Mittelalter, ebenso wie tallia, eine Grundabgabe bezeichnete, die durch Einschnitte in ein Kerbholz kontrolliert wurde. Andere leiten es von dem franz. Verbum asseoir ab, das auch gegenwärtig noch für Veranlagen und Umlegen einer Steuer gebraucht wird. Obwohl diese Ableitungen eher auf eine direkte Steuer hindeuten, so bezeichnete man doch von Anfang an, wie auch jetzt noch, mit A. fast ausschließlich Verbrauchssteuern (s. d.), namentlich von feilgebotenen Konsumtionsgegenständen. Solche Steuern existierten schon im röm. Reiche, und sie erhielten seit dem 12. Jahrh. in den ital. Städten eine größere Ausbildung. Unter dem Namen A. erschienen sie im 13. Jahrh. namentlich in Belgien (assisia rerum vernalium), Spanien (sisa), auch schon in England. In Frankreich war diese Bezeichnung für die Verbrauchssteuern weniger gebräuchlich. In Deutschland findet man für A. auch die Ausdrücke Zysse und Zeisse, ferner Ungeld, Impost u.a. Auch von den Zöllen, die im Mittelalter größtenteils als lokale Abgaben erscheinen, war die A. ursprünglich in vielen Fällen nicht zu unterscheiden, daher denn auch das Wort häufig als Synonym für Zoll (teloneum) gebraucht wurde. Die ursprünglich nur als Markt- und Thoraccise in den Städten erhobene Abgabe erweiterte sich später zu einer allgemeinen staatlichen Steuer. Ihren bedeutendsten Aufschwung nahm sie im 17. Jahrh., besonders nach dem Vorgange der Niederlande. In dieser Periode erhielt sie in England eine größere Ausdehnung, wie auch in Brandenburg-Preußen unter dem Großen Kurfürsten. Die amtliche Anwendung des Wortes A. auf innere Verbrauchssteuern ist gegenwärtig eine sehr beschränkte. Sie findet sich noch in England (excise), Rußland (akzis), den Niederlanden. In Baden hat sich das Wort in der seltenen Anwendung auf Mutationsabgaben erhalten (Liegenschafts-, Schenkungs- und Erbschaftsaccise). Auch im wissenschaftlichen Sprachgebrauch behält es nur noch eine historische Stelle.*

→L 52   *Vernünftige Reisende werden sich selbst bescheiden, daß die Anstalten, die zu Entdeckung der kontrebanden oder verschwiegenen accisbaren Waren gemacht worden, an sich sehr notwendig sind, und daß auch ein Reisender sich den Gesetzen des Landes, wo er sich befindet, unterwerfen müsse. Es ist auch sehr begreiflich, daß derjenige, der, was er bei sich führet, nicht richtig angibt, oder sich gar weigert, seine Sachen visitiren zu lassen, sich verdächtig machen müsse. Man kann aber der Wahrheit gemäß versichern, daß einem Fremden, der, was er bei sich führet, richtig angibt, niemals werde Verdrüßlichkeit gemacht werden, und sollte es wider Vermuten geschehen, so kann ein Fremder gewiß versichert sein, daß ihm bei gegründeter Beschwerde die berlinische Accisedirection und nötigen Falls auch die General-Accise und Zolladministration die schleunigste Hülfe werde widerfahren lassen. Die Visitatoren und andere Unteraccisebedienten sind von ihren Obern angewiesen, niemand ungebührlich zu begegnen; inzwischen erfordert die Billigkeit, daß ein Fremder auch diesen Leuten*
←B 36   *nicht unhöflich begegne, denn so wie allenthalben, so findet auch hier ein gutes Wort eine gute Statt. Manchen Reisenden gibt die bloße Erblickung eines Accisebedienten eine üble Laune, sie nennen ungebührliche Begeg*
←L 53   *nung, wenn ihnen doch auf alle Weise gebührlich begegnet wird. Zuweilen auch, wenn sie wirklich über einige Unfreundlichkeit zu klagen Ursach hätten, möchten sie nur wohl untersuchen, ob sie nicht durch die trotzige und unfreundliche Art, mit der sie die Accisebedienten, wenn sie ihr Amt verrichten wollen, angefahren haben, sich selbst etwa diese kleinen Ungelegenheiten zugezogen haben.*

→B 37 Das Rosenthaler Tor um 1800, gestochen von P. Haas nach Serrurier

Die zweite Funktion der neuen Mauer geht aus folgender Anzeige hervor, die zeigt, daß sie auch gegen die gebaut wird, die sie umschließt:

→A 3   *Die Wache am Rosenthaler Tor hat, soviel mir bekannt ist, sowie alle anderen Tor-Wachen, die Ordre, nach 9 Uhr abends keine Soldaten zum Tor herauszulassen, diese Ordre wird aber wenig oder gar nicht befolgt, alle Nacht ist das Umherlaufen der Soldaten in der Vorstadt zu beobachten, so sind gestern abend um 11 Uhr drei Mann von der königlichen Garde ganz ungehindert an der Wache vorbei zum Rosenthaler Tor heraus und nach dem Felde zu, wo sie sich Mädchen hinbestellt hatten, ich ging ihnen mit meiner Wache nach, sie verloren sich aber im Getreide, und wir konnten sie nicht habhaft werden.*

Euer Hochwohlgeboren bitte ich ganz gehorsamst, die der Wache früher gegebenen Ordre zu wiederholen und aufs strengste einschärfen zu lassen, ehe ein größerer Unfug entsteht, oder die Soldaten sich verunreinigen, denn nur schlechte Menschen sind es, die sich des Abends aus der Stadt schleichen und im Getreide herumtreiben, die bei dem weiten Umfang des Feldes schwer zu erhaschen sind.
Berlin, den 9. August 1814   Hummel

Die dritte Funktion wird sichtbar in einer allgemeinen zeitgenössischen Charakterisierung des Voigtlandes aus dem Jahre **1788** — sie richtet sich gegen die Bewohner außerhalb der Stadt und spiegelt die Angst der Bürger um ihr Privateigentum wider:

Das Oranienburger Tor 1788, Entwurf von Gontard (Ausschnitt) ←B 38

Voigtland: Eine Vorstadt vor dem Rosenthaler Tor, die den größeren ←L 54
Diebesbanden von jeher zum Schlupfwinkel gedient hat. Da sie außerhalb
der Ringmauern auf freiem Feld liegt, so hat das lose Gesindel hier immer
den Rücken frei und kann zur Nachtzeit seinen Frevel in den umliegenden
Dörfern und auf der Heerstraße ausüben. Dabei weiß es allzeit zum Vor-
aus, wenn aber Haussuchung geschehen wird.

Es ist deshalb aus dieser inzwischen verbreiteten negativen Besetzung
des Voigtlandes verständlich, daß zu Beginn des Jahres **1800** der Landrat
Pannwitz eine Anzeige an das Polizeipräsidium richtet, in der er die zunehmenden Diebstähle, die vom Voigtland ausgehen, beklagt und die Einbeziehung des Voigtlandes in die Ringmauer — mindestens aber die Einrichtung eines Polizeikommissariats in dieser Gegend — fordert. Die Stadt hat
aus verständlichen Gründen keinerlei Interesse, das Voigtland mit in die
Mauer einzubeziehen, das Kommissariat wird jedoch eingerichtet.

Die Ende des **18. Jh.** ausgeführte feste Stadtmauer mit den beschriebenen Funktionen, die bis zum Ende des hier behandelten Zeitraums steht,
trennt nur im Voigtland dicht bewohntes Gebiet diesseits und jenseits,
wird also besonders dort zu einer sozialen Grenze.

Wie sehr die Gegensätze zwischen Zentrum und Peripherie in Berlin
bereits im **18. Jh.** spürbar sind, geht aus der Beschreibung eines Fremden,
datiert 1785, hervor:

Kommt man vom Rosenthaler, Hamburger, Kottbusser und Schlesi- ←L 55
schen Tor herein, so hat Berlin ein sehr trauriges Ansehen; sehr niedrige
schlechte Häuser, wo die Armut ihr Schild angehangen hat — Menschen in
den zerlumptesten Kleidern und Kinder halb nackend, die aus den Häu-
sern herauskriechen, sind der erste Anblick, der sich aber nach und nach
erheitert, sowie man in das Innere der Stadt kommt und den Neuen und
Hackeschen Markt berührt, wo man Steinpflaster, schöne Häuser und
bessere Menschenphysiognomien findet. Man könnte auch die Gruppen
des Elends umschaffen und diesem Teil der Stadt eine bessere Gestalt

Das Hamburger Tor um 1800 von Serrurier ←B 39

geben, aber man scheint es gar nicht zu fühlen, daß es auch Menschen sind, die ebenso gerechte Ansprüche auf den Beistand und die tätige Unterstützung der Väter der Stadt haben sollten als diejenigen, die um sie herum wohnen – wollte man etwa das schöne Gemälde der inneren Stadt dadurch zu erheben suchen, wenn man das Häßliche gegenüberstellte?

Die Gründe für die konstatierte negative Besetzung des Voigtlandes gegen **Ende des 18. Jh.** müssen noch differenziert und ergänzt werden. Folgende Faktoren lassen sich auseinanderhalten:

1. die Unfruchtbarkeit und Unwirtlichkeit der „Sandscholle";
2. die Scharfrichterei und das Hochgericht;
3. die Konzentration militärischer Einrichtungen innerhalb und außerhalb der Tore wie Invalidenhaus, Exerzierplätze und Kasernen;
4. Ort für Gelegenheitsarbeit der Stadtarmen in den Pachtländereien und Gärtnereien;
5. Konzentration privat geführter billiger Vergnügungslokale;
6. schlechter werdende Bausubstanz und regellose Bebauung;
7. Ansammlung der Stadtarmen wegen der billigeren Mieten;
8. die bis **1800** fehlende polizeiliche und kirchliche Kontrolle;
9. fehlende Infrastruktur: keine Beleuchtung, Entwässerung und Pflasterung der Straßen;
10. fehlende Orientierung, da die Straßen bis **1800** nur als Reihen numeriert, also ohne Namen sind.

Wie sehr dieses negative Urteil über das Voigtland speziell den kleinbürgerlichen Anteil unter seinen Einwohnern und denen Berlins beunruhigt, geht aus der Geschichte der Namensgebung für die Straßen und der Umbenennung des Gebietes hervor.

Die Namensgebung

Auf die Anzeige des Landrats Pannwitz (s.o.) hin wird noch im Jahr **1800** das 19. Polizeirevier mit dem Kommissarius Ebell als einzigem Beamten eingerichtet. In mehreren Eingaben fordert Ebell vergeblich vom Polizeipräsidium einen zusätzlichen Diener zur Unterstützung an, was aber aus finanziellen Gründen nicht bewilligt wird, obwohl er sein Gesuch auf Verstärkung einleuchtend begründet: *die Handwerksburschen und Tagelöhner ..., die zügellos sonnabends, sonntags und montags ihr Faß feiern, sind zu stark für mich.* Das Kommissariat 19 wird nicht verstärkt, es finden sich jedoch einige „beherzte", im Voigtland wohnende Bürger bereit, ihn auf seinen Patrouillen zu begleiten. Es sind *der Mühlmeister Kampe, der Gastwirt Katze, der Stallarbeiter Braun, der Gastwirt Kalisch und der Weber Bertig.*

→A 4

→A 5

Ebell, der nicht mehr auf diese Hilfe verzichten will, wendet sich am **8.8.1800** an das Polizeipräsidium mit dem Vorschlag, diese Bürger förmlich auszuzeichnen, denn *die finstern Nächte des Winters nahen heran, wo ich einzig und allein nicht im Stande bin, was würken zu können. Ruhe und Ordnung werde ich hierdurch erhalten können, und der schöne Plan wird hierdurch ins Werk gesetzt, daß die im üblen Ruf stehende Vorstadt der königlichen Residenz nicht gefährlich wird.* Ob diese kleine vorstädtische Bürgerwehr tatsächlich ausgezeichnet wird, konnten wir nicht feststellen, wohl aber findet sich in derselben Akte eine andere Anzeige vom **28.12.1800**, worin der Kommissarius einen umfassenden Vorschlag macht für die Benennung der Straßen und die Umbenennung des Voigtlandes, mit dem er den Bürgern dort vor dem Tor gefällig sein will:

→A 6

→A 7 *Gehorsamste Anzeige!*

Einem Königlichen Polizeidirectorio bitte ich ganz gehorsamst im Namen sämtlicher Bürger und Eigentümer der Vorstadt, daß, da die Häuser gleich der Residenz mit Nummern sollen versehen und die Straßen Namen bekommen, auch der allgemein verhaßte Name Voigtland möchte abgenommen werden.

Im Jahre 1757 sind den National-Voigtländern Etablissements hier angebaut, sie aber fast ausgestorben und nunmehr mit den städtischen Bürgern, die teils sich hier angekauft und erbaut haben, besetzt worden.

Es hegt alles den feurigen Wunsch, den verhaßten Namen Voigtland zu verlieren: denn es ist denen Gewerbetreibenden sehr zum Nachteile, sobald sie den Namen Voigtland nennen. Für denen jenigen, so Kapita-

lien suchen, macht es einen großen Anstoß, denn die Creditores sind gleich abgeneigt, sobald sie diesen Namen hören; und hierdurch werden also würklich ganze Familien außer Stand gesetzt.

Es wäre meines unvorgreiflichen Vorschlags, und untertänigen Bitte wohl gut, wenn diese Vorstadt bei jetziger Gelegenheit, den Namen Berliner Vorstadt erhielt: Es gibt einen gewissen Anstrich, wodurch das ganze hier gewinnet.

Die Straßen würden also meines unvorgreiflichen Vorschlags und nach dem geneigten Willen des Königlichen Hochlöblichen Polizeidirectorii folgenden Namen erhalten:

1. die Brunnenstraße: fürm Rosenthaler Tor, jetzt 1rste und neue Reihe
2. die Ackerstraße: jetzt 2te und 3. Reihe
3. die Bergstraße: jetzt 4te Reihe
4. die Gartenstraße: fürm Hamburger Tor
5. die Chausseestraße: fürm Oranienburger Tor
6. die Invalidenstraße: vom Invalidenhaus bis an die Windmühle des Filicke

7. Straße an der Mauer:
Berliner Vorstadt,
28.12.1800   Ebell

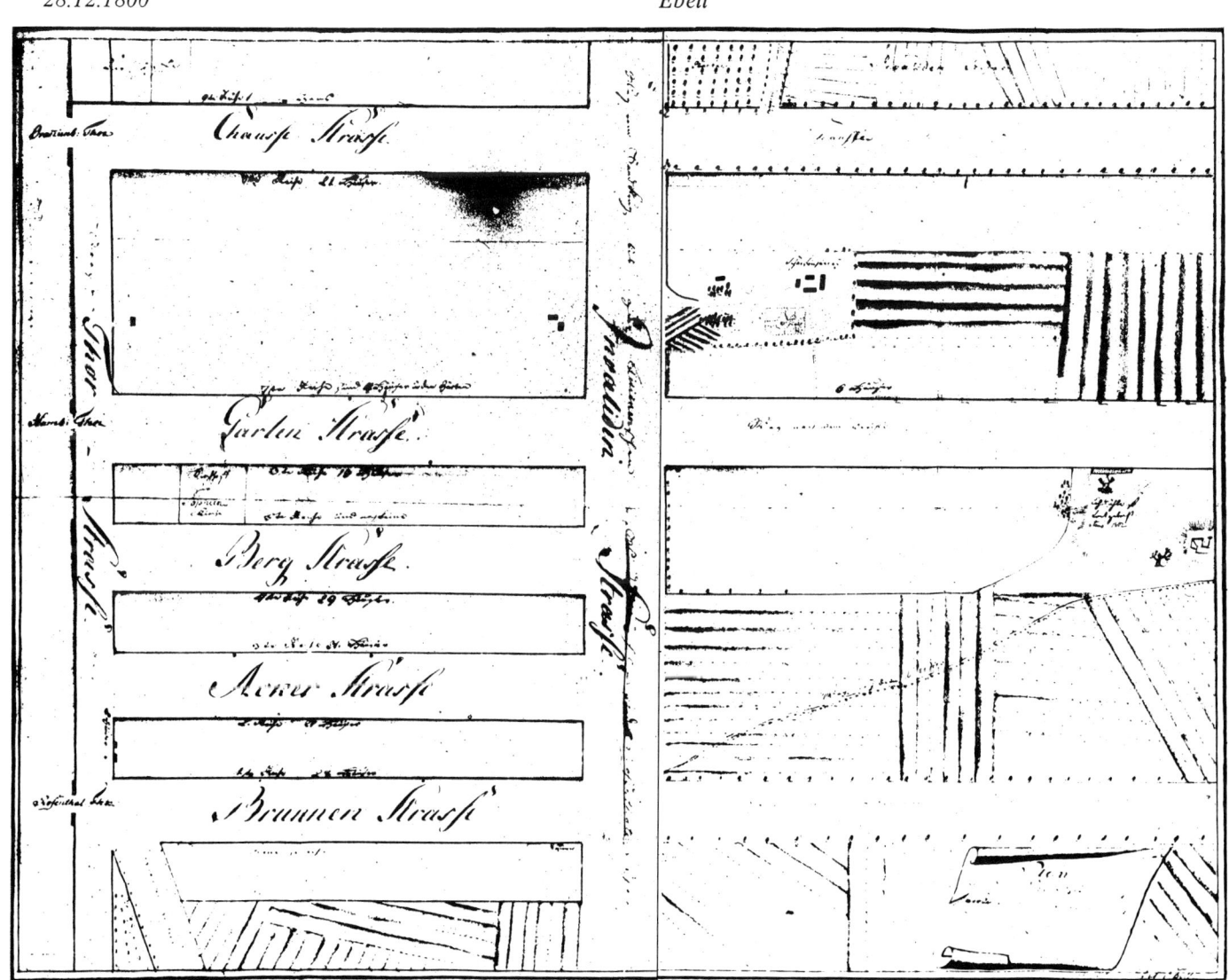

Straßenplan des Voigtlands 1800, gezeichnet von Polizeikommissar Ebell   ←B 40

Tatsächlich wird sein Vorschlag für die den Lokalitäten entnommenen Straßennamen angenommen, sein Vorschlag zur Umbenennung des Voigtlandes in „Berliner Vorstadt" aber wird abgelehnt, da diese Bezeichnung zu Mißverständnissen führen könne. Kurz darauf wird jedoch die offizielle Bezeichnung „Rosenthaler Vorstadt" eingeführt. Der Name Voigtland erhält sich jedoch als Synonym für das Armenviertel Berlins im Volksmund und in der Literatur.

Aus der Geschichte der Oberschlesischen
Eisen- und Stahlindustrie

Als Friedrich der Große 1740 in Schlesien einrück- ←L 56
te, das er bald darauf endgültig für Preußen in Besitz
nahm (mit Ausnahme der Herzogtümer Troppau, Jä-
gerndorf, Teschen und Bielitz), gab es folgende alte
Eisenhüttenbetriebe:

Kr. Groß-Strehlitz: Kadlub (mit einem Hochofen,
zwei Frischfeuern und zwei Eisen-
hämmern), Oschiek und Centawa;
Kr. Tost: Tworog, Kotten, Wessolla, Plaw-
niowitz, Kleinberger Hammer, Ta-
tischau, Pohlsdorf-Schierakowitz,
Althammer, Blechhammer, Quarg-
hammer, Ortowitz, Goschzitz und
Medar;
Kr. Oppeln: Krogulas und Sacrau;
Kr. Rosenberg: Sausenberg;
Kr. Lublinitz: Guttentag, Ellguth, Makow-
tschütz, Mokrosch, Boronow, Ko-
schentin, Zielonna, Ruschinowitz
und Kutschau;
Kr. Rybnik: Wielopole und Ober-Ellguth;
Kr. Ratibor: Stodoll;
Kr. Beuthen: Brimnitz, Halemba, Przelaika,
Brzezowitz und Jendryssek;
bei Tarnowitz: Piaseczna.

Nach Angaben von Fechner waren 1740 im dama-
liegen Breslauer Departement (d.h. im Bereich der spä-
teren Regierungsbezirke Breslau und Oppeln) 12 Hoch-
öfen primitiver Art, 28 Frischfeuer, 34 Luppenfeuer
und 27 Eisenhämmer vorhanden, denen die damals
außer Betrieb gesetzten 4 Luppenfeuer und 2 Eisen-
hämmer des Grafen Colonna hinzugerechnet werden
müssen.

Friedrich II. legte in der politisch und militärisch
heiklen Lage seines Landes Wert darauf, die Eisener-
zeugung Schlesiens nachhaltig zu steigern. Allerdings
war das Eisen, das in den vorhandenen Anlagen herge-
stellt wurde, so minderwertig, daß seine Ausfuhr in
die anderen preußischen Provinzen zunächst verboten
werden mußte. Es stellte sich mithin eine doppelte
Aufgabe, nämlich einerseits mengenmäßig die Erzeu-
gung kräftig zu entwickeln, andererseits aber dem her-
gestellten Eisen eine wesentlich bessere Qualität zu
geben. In Preußen, jedenfalls im Kernland, war man
durch Schwedeneisen, das dort einen guten Markt ge-
funden hatte, verwöhnt worden.

Diese Aufgabe wurde in der Weise angepackt, daß
durch die Regierung bzw. die Kriegs- und Domänen-
kammern, ja durch den König selbst, Privatleute zum
Ausbau und zur Neuschaffung von Anlagen ermäch-
tigt wurden, daß aber zum anderen Hüttenanlagen von
Amts wegen „auf königliche Rechnung" erstellt wur-
den, die beispielgebend wirken sollten. Schon 1753
wurde auf Vorschlag von Oberforstmeister Rhedanz
und unter Förderung durch Minister von Reden auf
Befehl des Königs mit dem Bau eines Hüttenwerkes
in Malapane mit zwei Hochöfen und einem Frisch-
feuer begonnen, das Wiesenerze der dortigen Gegend
zu verhütten hatte und das aus den ausgedehnten Wal-
dungen mit Holzkohle beliefert werden konnte. Kurz
danach erfolgte die Errichtung der Kreutzburger Hütte.
Aber auch die Privatinitiative regte sich. Im Jahre 1756
wurden im Breslauer Departement gezählt (in Klam-
mern die Zahlen für 1740):
20 (12) Hochöfen
43 (28) Frischfeuer
36 (38) Luppenfeuer
33 (29) Eisenhämmer.
Die Roheisenerzeugung dürfte zu dieser Zeit zwischen
35 000 und 40 000 Ztr. im Jahr gelegen haben, die
Herstellung von Stabeisen aus den Luppen und Frisch-
feuern etwa bei 40 000 Ztr., alles in allem für heutige
Begriffe erstaunlich wenig.

Die Entwicklung des zunächst für die Eisengewin-
nung nicht wichtigen Steinkohlenbergbaus ließ aber
sehr zu wünschen übrig. Es gab nämlich zu Ausgang
der vierziger Jahre nur drei Steinkohlengruben in Ober-
schlesien bei Beuthen und Ruda, dazu eine Steinkoh-
lengrube in der Herrschaft Pleß. Erst 1750 wurde durch
den Freiherrn von Stechow auf der von ihm geschaffe-
nen Brandenburggrube die erste wirklich bergmännisch
geförderte Kohle in Oberschlesien gewonnen. Im Jahre
1754 wurde von der Fürstlich Anhalt-Pleßschen Ver-
waltung die Emanuelssegengrube eröffnet. Aber es
ging langsam voran. Im Steinkohlenbergbau waren
noch 1770 nicht mehr als 247 Mann beschäftigt, und
diese Zahl besagt bei Berücksichtigung der damaligen
Abbauweise alles.

Der Siebenjährige Krieg brachte nicht nur eine Un-
terbrechung der gewerblichen Entwicklung mit sich,
vielmehr warf die Zerstörung mancher Anlagen den

3.7 Die Königliche Eisengießerei (ab 1804)

→B 41 Die Rauchfahne der Königlichen Eisengießerei von der Sandkrugbrücke aus, links das
Invalidenhaus. F.A. Calau um 1815

Der Plan, in Berlin eine Eisengießerei als Filiale der Königlichen Eisenhüttenwerke in Schlesien aufzubauen, geht auf das Jahr **1789** zurück, als
die Bergwerks- und Hüttenadministration den ministeriellen Auftrag er-
→L 57 hält, *wegen Anlegung einer Eisengießerei in Berlin auf Wind- oder Cupol-*
Ofen-Betrieb und eines dieserhalb zu fertigenden Kostenanschlages mit
dem nach England gehenden Grafen von Reden sich in Verbindung zu set-
zen.

Der Geheime Finanzrat Graf von Reden hatte kurz zuvor mit dem englischen Eisenhütten- und Gießereibesitzer Wilkinson die märkischen und
schlesischen Eisenhüttenwerke in der Absicht bereist, englische Erfahrungen für Preußen nutzbar zu machen, vor allem wegen der Verwendung
von Steinkohle zum Schmelzen des Eisens. Die Umstellung des Brennmaterials von Holzkohle auf Steinkohle ist angesichts des immer spürbarer
werdenden Holzmangels die Voraussetzung für die Ausbeutung der großen
schlesischen Erzlager und für die angestrebte Ausweitung der preußischen
Eisenfabrikation über die Grenzen des inländischen Bedarfs hinaus. Hinzu
kommt das Vorhandensein riesiger Steinkohle-Vorkommen in unmittelbarer Nähe der schlesischen Hüttenstandorte.

→L 58 *Die Ergebnisse dieser Reisen fassen sich zusammen in folgende Pläne:*
1. Große Erweiterung der Steinkohlenförderung, um dieses Brennmaterial
beim Eisenschmelzen anstatt der Holzkohlen zu verwenden;
2. Vermehrung der Roheisenerzeugung unter Anwendung von Koks;
3. Verwendung der hierdurch zu ersparenden Holzkohlen zum Ausschmie-
den des in beträchtlich größerer Menge zu verfertigenden Stabeisens unter
Einführung der Harzer und Walloner Frischmethode;
4. Vervollkommnung der Eisengießereien und Anlegung einiger neuer der-
gleichen mit Flammöfen nach englischer Art, um beim Steinkohlenfeuer
feinere und haltbarere Gußwaren zu allen Bedürfnissen des Publicums, des
Kriegswesens, der Bauten und der inländischen Fabriken zu erzielen.

Nachdem der Graf Reden im Auftrage des Königs England bereist hatte,
ging man an die Ausführung dieser Pläne, und es entstanden nun in Schle-
sien für fiscalische Rechnung die K ö n i g s g r u b e für Steinkohlenför-
derung im Jahre 1791, ferner die große E i s e n g i e ß e r e i, der erste
K o k s h o c h o f e n und die G u ß w a r e n - V e r f e i n e r u n g s a n s t a l t
zu G l e i w i t z im Jahre 1796, die K ö n i g s h ü t t e ebenfalls für Koks-
betrieb im Jahre 1798. Außerdem begünstigte man durch Beihülfe aus
Staatsmitteln die Bildung von Privatgesellschaften für industrielle Unter-
nehmungen, unter welchen die S t a h l w a r e n f a b r i k z u K ö n i g s -
h u l d an der Malapane-Mündung zu nennen ist (1790).

Der Plan zur Einrichtung einer Eisengießerei in Berlin stößt zunächst auf allgemeines Unverständnis. *Man behauptete, es sei zweckmäßiger, an-* ←L 59 *statt die Rohmaterialien nach einer Gießerei in der Hauptstadt gegen hohe Transportkosten kommen zu lassen, die daselbst notwendigen Gußwaren aus der Provinz zu beziehen. . . . Graf Reden motivierte die Anlage gerade für Berlin, wo die Grundstücke und Löhne hoch im Preise und der Verbrauch an Brennmaterialien ohnehin sehr bedeutend sei, durch den starken Begehr nach kleinen und feinen Gußwaren sowie durch die Erfahrung, daß der Absatz dieser Produkte größtenteils von schneller Beförderung der Bestellung, und die Vervollkommnung solcher Gießereien und die Lieferung guter Muster für die entfernteren Königlichen und Privatgießereien gerade davon abhängig sei, daß sie in den Hauptstädten errichtet würden, wie dies in London, Paris und Petersburg bewahrheitet habe.*

Tatsächlich bestehen in Preußen noch zu **Beginn des 19. Jh.** erhebliche Transportprobleme, da der Ausbau der Chausseen unter Friedrich II., der das Land für feindliche Truppen möglichst unpassierbar halten wollte, vorsätzlich vernachlässigt worden ist. Das einzige für schwere Lasten in Frage kommende Transportmittel für weite Entfernungen ist das Schiff, das jedoch im Winter bei Vereisung oder im Frühjahr bei Überschwemmungen der Wasserwege ausfällt. Die dadurch bedingten unvorhersehbaren Verzögerungen halten viele mögliche Auftraggeber davon ab, Arbeiten an die schlesischen Hütten zu vergeben, vor allem dann, wenn die gewünschten Produkte auch aus anderen Materialien als Eisen herstellbar sind.

Erst im Jahre 1801 befand man sich im Besitz aller erforderlichen Mit- ←L 60 *tel zur Ausführung dieses Planes. Graf Reden beabsichtigte nun zuerst die Anlage einer kleinen Tiegelgießerei in der neuen Münze vor dem Königstore, wählte demnächst aber ein anderes Local, das dem Haupteisencomptoir gehörige ehemalige Muth'sche Grundstück an der Spree, zwischen der Waisenbrücke und der Insel, nahe bei der ersteren, welches der Minister v. Heinitz schon unter der Regierung Friedrichs II. angekauft hatte zu dem Zweck, um Kalksteine, Gyps, Mühlsteine, Quaderstücke, Garkupfertonnen, Guß- und Schmiedeeisen, Steinkohlen und Torf nach Bedürfnis dahin bringen und sicher aufbewahren zu lassen.*

wirtschaftlichen Aufbau um Jahre zurück. Die fiskalischen Werke Malapane und Kreutzburger Hütte wurden nach dem Friedensschluß, so schnell es ging, wieder in Ordnung gebracht und ausgebaut. Neu gebaut wurden die Eisenhütten von Krascheow (1768, zwei Frischfeuer), von Zedlitze (1775, ein Frischfeuer, ein Drahtzug, ein Zeug- und Zaynhammer) und Dembiohammer (1784 mit zwei Frischfeuern).

Die oberschlesischen Magnaten begleiteten diesen Ausbau mit eigenen Vorhaben. Sahen sie doch in der Eisengewinnung ein Mittel, das anders gar nicht lohnend zu verwertende Holz aus den riesenhaften Waldbeständen nutzbar zu machen. An der Spitze dieser Großgrundbesitzer stand Graf Colonna zu Groß-Strehlitz, den man wohl als ersten Eisenindustriellen Oberschlesiens bezeichnen darf, weil er, wie auch sein Erbe Graf Renard, geradezu eine Lebensaufgabe in der Entwicklung des Eisenhüttenwesens sah. Nach Studienreisen in das Harzgebiet und das Siegerland übertrug er die dort von ihm festgestellten Errungenschaften der Hüttentechnik auf seine eigenen Werke, die er ausbaute und deren Zahl er vermehrte, so daß er um die Wende zum 19. Jahrhundert bereits über 3 Hochöfen, 15 Frischfeuer und 2 Zaynhämmer verfügte (größte Anlage Hüttenwerk Colonnowska). So wurde er einer der großen Bahnbrecher in der industriellen Entwicklung Schlesiens.

Große Initiative legten auch die für das Hüttenwesen verantwortlichen Staatsbeamten an den Tag. Nennen wir nur den 1777 von Friedrich II. zum Oberberghauptmann und Staatsminister ernannten Friedrich Anton Freiherrn von Heynitz, der als Gründer der Königl. Gleiwitzer Eisenhütte und der Königshütte zu betrachten ist und der sich auch um den schlesischen Bergbau unvergängliche Verdienste erworben hat. Erwähnen wir auch den Freiherrn (später Grafen) Friedrich Wilhelm von Reden, der als Berghauptmann 1803 zum Nachfolger von Heynitz preußischer Bergwerksbesitzer geworden war. Reden hat ebenso wie sein Vorgänger durch Ausbau und Schaffung von Eisenhütten, aber auch durch kräftige Förderung des Bergbaues, schließlich durch kluge Anordnungen die Hauptgrundlagen für eine gedeihliche Entwicklung der oberschlesischen Montanindustrie geschaffen. Auf zahlreichen Studienreisen, die ihn auch nach England führten,

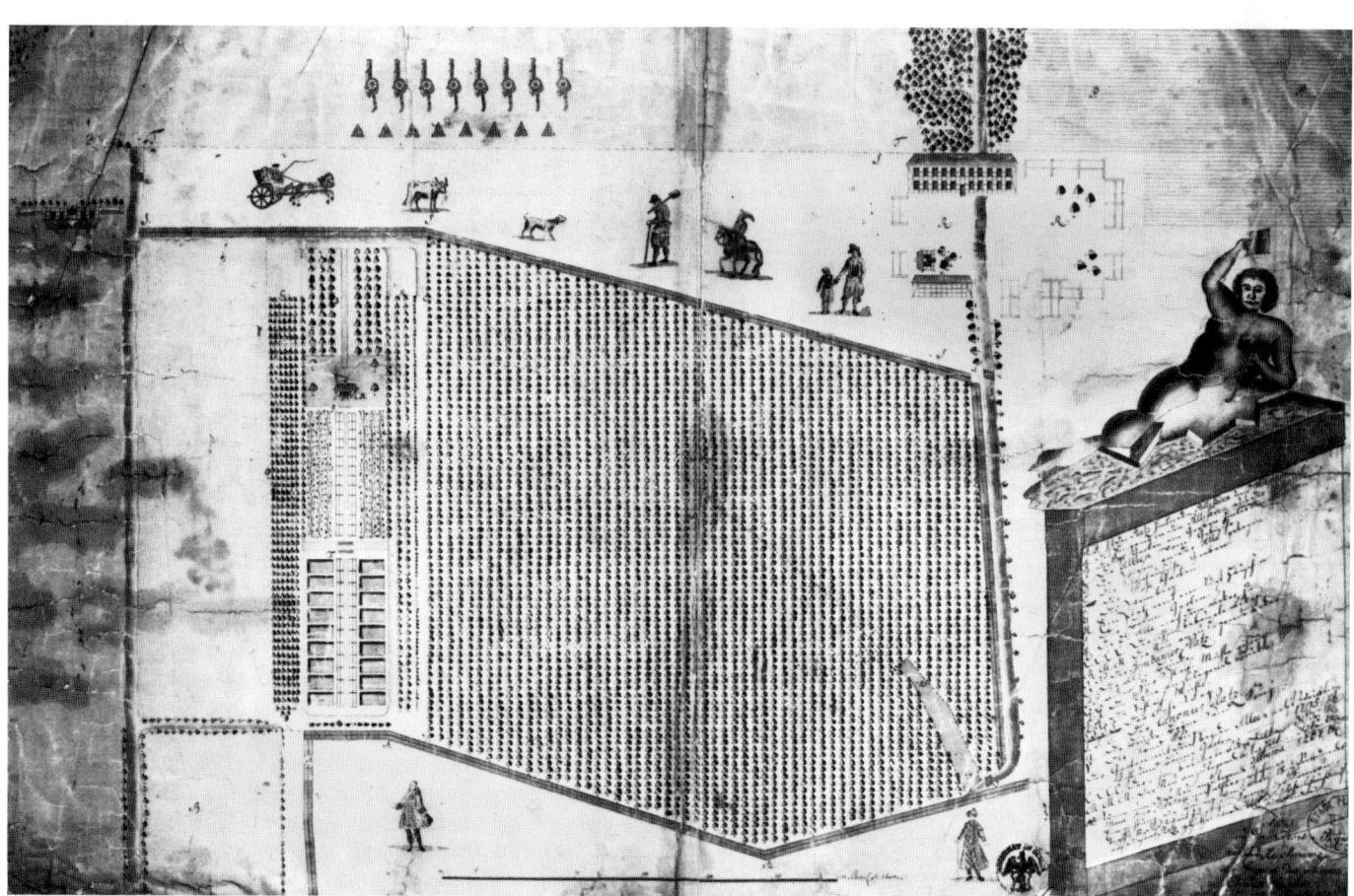

Plan der Maulbeerplantage nördlich der Charité. Rechts oben die Schleifmühle an ←B 42
der Panke. Anonyme Zeichnung 1744

konnte Reden wertvolle Erfahrungen sammeln, die ihn die technischen Fortschritte des Hüttenwesens beflügeln ließen. Die Heranziehung englischer Fachleute, wie John Wilkinson und John Baildon, brachte neuen Schwung in die Entwicklung des Hüttenwesens.

Es war der Tatkraft Redens zu danken, daß in der Königl. Eisengießerei Gleiwitz 1796 der erste deutsche Kokshochofen angeblasen werden konnte, nachdem bereits 1789 in einem Holzkohlenofen zu Malapane erstmals nur mit Koks gewonnenes Roheisen erschmolzen worden war. Damit war eine völlig neue Lage geschaffen. Die Holzbestände in der Nähe der alten Hochofenwerke und auch der Frischfeuer – die letzten Luppenfeuer in Oberschlesien kamen Ende des 18. Jahrhunderts zum Erliegen – lichteten sich mehr und mehr. So wurden immer längere Wege für die Anfuhr der Holzkohle erforderlich. Schließlich aber begannen die Holzpreise selber zu steigen, ganz besonders im Laufe der ersten Hälfte des 19. Jahrhunderts. So kam diese Umstellung auf das Kohleverfahren wie gerufen. Die lange Zeit nur recht langsame Weiterentwicklung des Steinkohlenbergbaues bekam allmählich mehr Tempo. Mit der noch von Heynitz eingeleiteten, von Reden aber vollendeten Errichtung der Königshütte (1802) wurde der entscheidende Schritt zum Großbetrieb unternommen und der damals größte Hochofen des europäischen Festlandes angeblasen. Eine industrielle Pionieraufgabe von Rang war damit von der staatlichen, immerhin doch noch kameralistisch geführten Verwaltung bewältigt worden.

Schon regt sich auch die Initiative von Privaten, die keine Grundbesitzer waren. So wurde 1780, wie eingangs erwähnt, von Koulhaas in Stahlhammer an der Malapane nördlich von Tarnowitz eine neue Eisenhütte gegründet. 1785 schuf die Breslauer Kaufmannschaft das Werk Königshuld am Unterlauf der Malapane, das später erheblich ausgebaut werden konnte. Es bestanden um 1800 schon 46 Hochöfen und 150 Frischfeuer, in denen 315 000 Ztr. Roheisen und 116 600 Ztr. Stabeisen erzeugt wurden.

Im Jahre 1805 traten noch zwei neuere Hochofenwerke hinzu, die von Lazarus Graf Henckel von Donnersmarck geschaffene Antonienhütte bei Neudorf und die vom Fürsten von Hohenlohe-Ingelfingen gebaute Hohenlohehütte in Bittkow bei Königshütte. Dies waren die ersten von privater Seite geschaffenen Kokshochofenwerke.

Die darauffolgenden Kriege unterbrachen diese Entwicklung für längere Zeit. Aber danach folgte ein mehr und mehr sich beschleunigender Ausbau.

„Königshütte in Oberschlesien"

Ende des 18. Jahrhunderts nahm der Absatz schlesischen Eisens in die übrigen Provinzen Preußens immer größeren Umfang an, nachdem die vordem so schlechte Beschaffenheit des Eisens Veranlassung gegeben hatte, die Lieferungen in die anderen preußischen Gebietsteile zu untersagen. In Brandenburg wurde das schwedische Eisen fast völlig verdrängt. Der zunehmende Bedarf der Frischhütten Oberschlesiens an Roheisen konnte nicht mehr gedeckt werden. Die Schaffung der Gleiwitzer Eisenhütte im Jahre 1796 brachte keine Abhilfe, weil dieses Werk den größten Teil des erzeugten Roheisens selber für die Herstellung von Gußwaren verbrauchte. Graf von Reden beschloß daher die Errichtung eines neuen, noch größeren Werkes unmittelbar im Hauptkohlenrevier. Der Platz wurde, nach dem Vorbild der schottischen Eisenhütten, so gewählt, daß die Versorgung mit Steinkohlen und Erzen aus unmittelbarer Nähe gesichert war.

Das neue Werk „Königshütte" wurde daher neben der Königsgrube, etwa mittwegs zwischen Beuthen und Kattowitz, errichtet. Mit dem Bau wurde 1798 unter Leitung des Bauinspektors Johann Friedrich Wedding und des englischen Ingenieurs Baildon begonnen. Im Jahre 1802 wurden die ersten beiden Hochöfen, der „Redenofen" und der „Heinitzofen", angeblasen. Drei Jahre später wurde mit dem Bau eines dritten Ofens begonnen. Der „Redenofen" war mit einer Höhe von annähernd 13,5 m und einem Gestelldurchmesser von 3,9 m der größte Hochofen, der bis dahin auf dem europäischen Festland erbaut worden war. Die gesamte Anlage war den neuesten Errungenschaften der Hüttentechnik angepaßt und bedeutete einen entscheidenden Schritt in Richtung zum Großbetrieb. Hier wurde nicht nur unmittelbar auf der Kohlengrundlage ein völliger Übergang zum Kokshochofenprozeß vollzogen, sondern auch zum ersten Male in Deutschland an Stelle der Wasserkraft mit Steinkohle erzeugte Dampfkraft für die Gebläsemaschine verwandt (noch in der einige Jahre zuvor er-

→A 8 *Da dort aber, in Ermangelung der Wasserkraft, das anzulegende intendierte Bohr-, Dreh- und Schleifwerk, sowie das Gebläse zu den Cupolo-Öfen, mittelst Göpel oder Dampfmaschinen hätte betrieben werden müssen, so ging man von diesem Plan ab und erkaufte zu Anlage einer Eisengießerei die vor dem Oranienburger Tore bei Berlin liegende, damals dem Stahlfabrikanten Voigt zugehörige sogenannte Schleifmühle.*

Eine einzelne Bauzeichnung, die sich ohne nähere schriftliche Erläuterungen in den Archiven findet, belegt, daß **1789** geplant war, für 20 Familien der in der Schleifmühle beschäftigten Arbeiter ein Wohnhaus zu errichten. Wir wissen nicht, ob dieser Plan ausgeführt worden ist. Dieses frühe Arbeiterwohnhaus baut auf dem Grundrißschema der Kolonistenhäuser mit ihren Wohnungseinheiten von Küche-Stube-Kammer und besteht praktisch aus 10 aneinandergereihten und in zwei Etagen gestapelten Kolonistenhäusern.

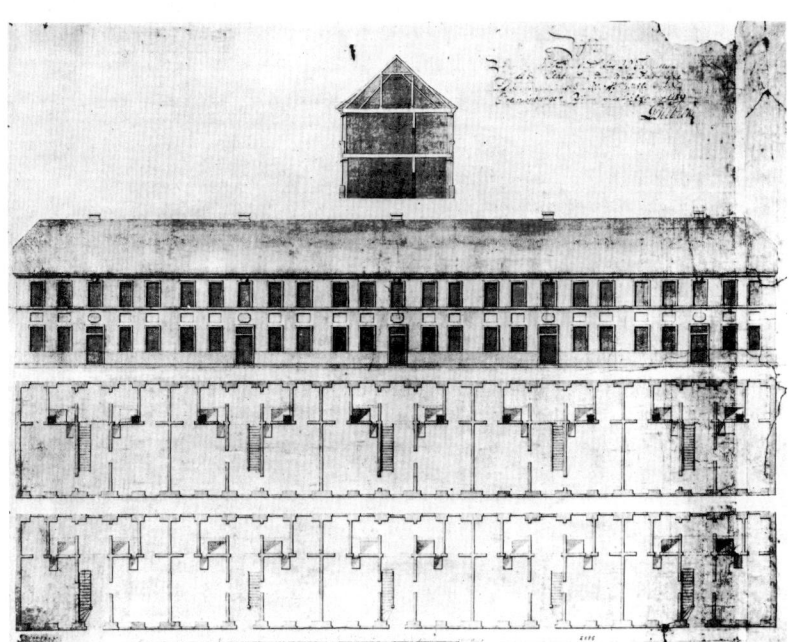

→B 43 „Zeichnung zu einem Wohngebäude für 20 Familien behufs der Etablierung der Stahl-Fabrique und der sogenannten Schleif-Mühle vor dem Oranienburger Tor". Gezeichnet von D. Siebicke 1789
←L 61

Die Eisengießerei an der Panke

→A 9 Diese Schleifmühle, die nach dem Tode ihres letzten Besitzers Voigt **1803** versteigert und für 16 125 Taler dem Fiskus zugeschlagen wird, ist der Ausgangspunkt für die Entwicklung der eisenverarbeitenden Industrie im Norden Berlins. Die Schleifmühle steht dort schon mehr als 200 Jahre, wird **1650** zum erstenmal erwähnt und ist ursprünglich in staatlicher Hand gewesen.

Die Panke, welche mitten durch das Werk fließt, treibt das Bohr-, Dreh- und Schleifwerk und trieb, als die Cupoloöfen noch in der Hütte B standen, auch das Gebläse zu diesen. Sie entspringt unweit Bernau, einer kleinen drei Meilen von Berlin entfernten Stadt, treibt kurz unter derselben eine Malzmühle, weiterhin beim Dorfe Buch eine Mahlmühle, nimmt demnächst mehrere kleine von den Dörfchen Schwanebeck, Lindenberg, Malchow und Blankenfelde kommende Bäche auf, treibt dicht unter Pankow eine 1823 neu angelegte Papiermühle und beim Gesundbrunnen – jetzt Luisenbade – eine Mahl-, sonst Papiermühle. 600 Ruthen unter letzterer teilt sie sich in zwei Arme, von welchen der linke den Werksober-, der rechte den Flutgraben der Eisengießerei bildet. In letzterem befand sich schon früher eine Stauschleuse, die bei Anlage der Eisengießerei wieder neu erbaut wurde. Von dieser ab hat der Werkgraben bis zur Eisengießerei eine Länge von 400 Ruthen und von hier, als Werksuntergraben, durch den Garten der Charité, die Stadtmauer, den Garten der Tierarzeneischule und durch die Welpersche Manchesterfabrik bis zur Spree, in welche er dicht unter der Weidendammer Brücke einfällt, eine Länge von ca. 290 Ruthen. Von der 100 Ruthen oberhalb des Wehrs liegenden Brücke bis zur Spree, also auf 790 Ruthen, hat die Panke ein Gefälle von 9 Fuß 7 1/4 Zoll.

Die Eisengießerei liegt nordwestlich von Berlin, vor dem Oranienburger Tore, in kürzester Entfernung gemessen, 80 Ruthen von der Ringmauer dieser Stadt.

Sie grenzt, nach dem hier beigefügten Situationsplan, gegen Morgen und Mitternacht an die Grundstücke der Witwe Jouin, gegen Mittag an die Invalidenstraße und gegen Abend mit dem zum Invalidenhaus gehörigen Territorio, namentlich mit dem Dienstgarten des Kommandanten des Invalidenhauses. Ihr Flächeninhalt betrug zur Zeit des Ankaufs, mit Inbegriff der Insel und des Hüttenteiches – I, II, III, IV des Plans – circa 7 1/2 Magdeburger Morgen.

Die Familienhäuser der Königlichen Eisengießereien

Im Zusammenhang mit der Rüstungsproduktion für die preußische und russische Artillerie während der sogenannten Befreiungskriege verdoppelt sich die Zahl der Arbeiter. In einer ungedruckten Geschichte für die Berliner Eisengießerei wird für das Jahr **1815** vermerkt: *Bei dem immer noch* ←A 10 *mehr anwachsenden Absatz der Gußwaren wurde es notwendig, sowohl* →B 44 *einige zum Betriebe noch erforderliche Werkstellen als auch zum Unterkommen der unentbehrlichsten Arbeiter Familienhäuser zu erbauen, wozu es jedoch auf dem der Eisengießerei zugehörigen Terrain an Raum mangelte. Man requirirte daher im Jahre 1815 von dem Gutsbesitzer Juin 10 Morgen Land um den Preis von überhaupt 1600 Rthl. – Diese 10 Morgen schließen* →L 62 *sich an die östliche Grenze des alten Terrains an und sind auf dem Plan durch I, IV, V, VI bezeichnet.*

An dieser Stelle – zeitlich wie örtlich – wird die Geschichte der Eisengießerei auch unmittelbar für die Berliner Mietshausgeschichte interessant sowie für die Entwicklung des preußischen Wohnungsbaus, der in Schlesien seinen Ausgang nimmt und erst viel später im Ruhrgebiet systematisch weiterentwickelt wird in den Werkskolonien der Montanindustrie.

Wir können zwar die „Familienhäuser", die für die Berliner Eisengießerei gebaut werden, selber nicht darstellen, da ihre Pläne unauffindbar sind, wohl aber können wir die Vorüberlegungen zu ihrem Bau und ihre direkten Vorbilder dokumentieren. Sie unterscheiden sich typologisch durchaus den bereits dargestellten Kolonistenhäusern.

Zu den Vorüberlegungen haben wir einen Briefwechsel zwischen dem Oberbergamt und der begutachtenden Oberbaudeputation, der Aufschluß gibt über die Planungsabsichten und auch ein ungefähres Bild vermittelt, wie diese Familienhäuser aussehen sollten:

In betreff des zu erbauenden Familienhauses müssen wir im Allgemeinen bemerken, daß dessen Erbauung unentbehrlich ist, einesteils, weil es ←A 11 *bei dem zunehmenden Arbeiter-Personale unmöglich ist, Arbeiter-Mietswohnungen in der Nähe zu verschaffen, anderenteils, weil es zur ordnungsmäßigen Betriebsführung sowohl als zur Sicherheit des Etablissements wichtig ist, wenigstens einen Teil der Arbeiter immer zur Hand zu haben.*

Übrigens erlauben wir uns, über die Disposition der Arbeiterwohnungen →B 45 *im Allgemeinen folgendes gehorsamst zu bemerken.*

Da dieselben mit den Räumen für die Arbeitswerkstellen nicht in Verbindung stehen dürfen, so wird dazu von dem beigefügten Situationsplan, der Raum zwischen der Grenze des Werks, längs a–d und der eisernen Bewährung längst der neuen Cupolo-Hütte zu benutzen sein. Ein wesentliches Erfordernis zur Erhaltung der Reinlichkeit und für die Wirtschaft dieser Leute ist ferner einiger Hofraum, ein kleiner Stall und einige Abtritte. Die Hinterfronte des für beide letzteren Zwecke zu erbauenden Gebäudes dient zugleich zur Bewährung des Werks, vorlängs der Vorderfronte der Häuser läuft ein Weg, welcher nach dem von der Straße am entferntesten liegenden Terrain hinführt. Zwischen diesem und der Bewährung des Hüttenhofes gedenken wir jedem Bewohner einen kleinen Gartenfleck anzugrenzen, wodurch zugleich das Ganze ein freundliches Ansehn gewinnen wird. Dieses letztern wegen glauben wir auch, mehreren einzelnen Wohngebäuden den Vorzug vor einem einzigen größeren einräumen zu müssen, wobei ein c a s e r n e n -ähnliches Aussehen nicht zu vermeiden ist. Wenn

richteten Gleiwitzer Hütte wurde das Gebläse mit Wasserkraft betrieben).

Im Jahre 1805 wurden mit dem dritten Hochofen auch eine Kupolofen- und eine Tiegelgießerei erbaut. 1818 besaß die Königshütte bereits vier Hochöfen.

2. Entwurf zur Königshütte von Hüttenbaumeister Wedding (1798). Die neugotischen Formen sind auf den persönlichen Wunsch des Oberberghauptmannes Graf v. Reden gewählt worden

„Königliche Eisengießerei bei Gleiwitz"

Die im Jahre 1796 in Betrieb gesetzte Gleiwitzer Eisenhütte war eine für die damaligen Verhältnisse sehr moderne, zum preußischen Staatsbesitz gehörende Anlage, die es getrost mit den in der zweiten Hälfte des 18. Jahrhunderts führenden englischen Eisenwerken aufnehmen konnte. Graf von Reden, der eigentliche Initiator, hatte sich von Beginn an der Mithilfe bekannter englischer Sachverständiger versichert. John Wilkinson, einer der bedeutendsten Eisenhütteleute überhaupt, jener Mann, der als erster die Wattsche Dampfmaschine in der Eisenindustrie anwandte und sie zum Antrieb von Walzwerken, Hämmern und Gebläsemaschinen benutzte, stand Reden bei der Anlage dieser ersten, von vornherein auf Koksverwendung eingerichteten Eisenhütte mit Rat und Tat zur Seite. Der Betrieb der neuen Hütte stand lange Jahre unter Führung des englischen Ingenieurs J. Baildon.

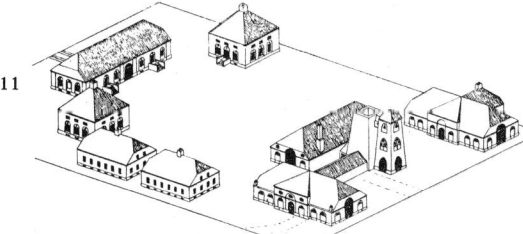

B 45 Isometrische Rekonstruktion von der Gleiwitzer Hütte

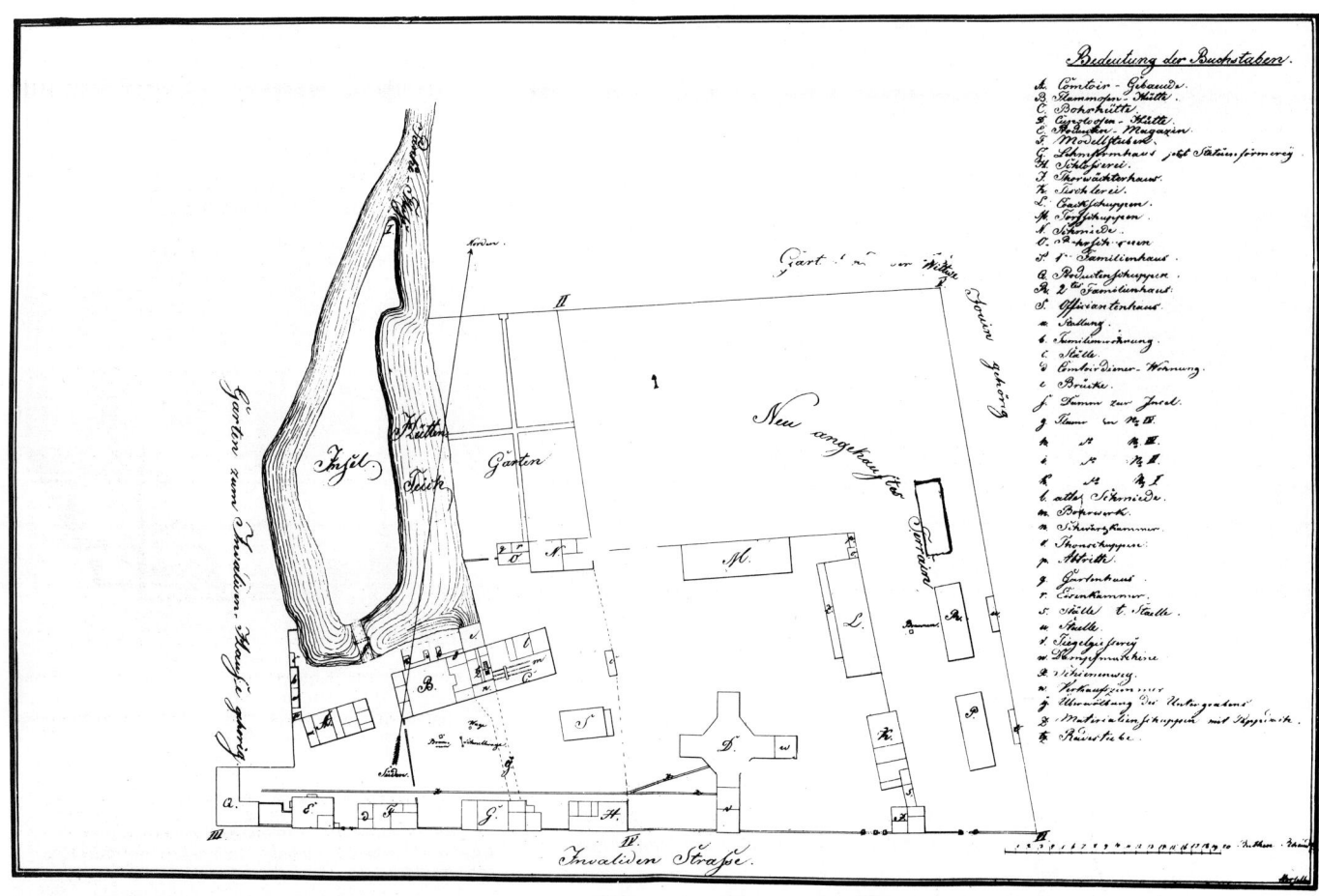

→B 46 Lageplan der Königlichen Eisengießerei von 1823

↓ A 12

Entwicklung der Königlichen Eisengießerei 1804–1823

Jahr	Anzahl d. Arbeiter	Baumaßnahmen	Produktion
1804	6	2 Tiegelöfen 1 Cupolofen Umbau d. ehemaligen Voigtschen Wohnhauses (A) in ein Offiziantenhaus	Medaillen, Messerträger, Möbelverzierungen
1805	24	(B): besondere Cupol- und Flammofenhütte (Q): Produktenschuppen	Auftragsproduktion: Platten, Pferdekrippen, Gewichte, Röhren, Walzen, Getriebe, Pochstempel, Türzargen, Kessel, Türknöpfe ...
1806	22	(C): Baubeginn der Bohrhütte	div. Gußwaren, u.a. die Brücke, welche d. beiden Türme auf der Pfaueninsel verbindet
1807	20	–	Fabrikation kleiner feiner Gußwaren vor allem für französische Abnehmer
1808	18	–	dass.
1809	20	–	Auftragsproduktion von Geschützen und Munition
1810	20	Fertigstellung der Bohrhütte (tz): Radstube	dass.
1811	23	–	dass.
1812	23	Brücke, Umzäunung	Zunahme d. Fabrikation v. Gußwaren f. Bauten u. Maschinerien (Glocke f. d. Kirche in Teltow)
1813	47	Doppelkran in der Flammofenhütte	verstärkte Produktion v. Artilleriematerial, Geschütze u. Munition
1814	41	(G): Lehmformhaus (F): Tiegelhütte	neben der Waffenproduktion weiter feine Eisengußwaren, vor allem

Jahr	Anzahl d. Arbeiter	Baumaßnahmen	Produktion
		(w): Verkaufszimmer im Comptoirgebäude	Schmuck. *U.a. auch 5041 Kreuze des neu eingerichteten Ordens des eisernen Kreuzes und 145 Ringe, welche durch die Prinzess Wilhelm bestellt, mit der Umschrift „Eingetauscht zum Wohl des Vaterlandes" versehen wurden.*
1815	48	Ankauf von Erweiterungsgelände	Rückgang der Waffenproduktion für die preußische u. russische Armee, daneben Auftragsarbeiten: Maschinenteile, Monumente, Gitter, Öfen
1816	58	(H): Schlosserwerkstatt (E): Produktenmagazin	Modell eines Dampfwagens, Denkmäler, Bauteile (Gitter), erste Versuche, Statuen zu gießen
1817	72	(E): Produktenmagazin (M): Torfschuppen (L): Coaksschuppen (J): Wächterhaus (p): Abtritt	div. monumentale Schlachtendenkmäler, anstatt der kleinen Bijoterieewaren verstärkt große und kleine Büsten; Gedächtnistafeln
1818	68	(D): Cupolhütte	dass.
1819	81	(K): Tischlerwerkstatt (N): Schmiede (O): Bohrschuppen (r): Eisenkammer (z): Anbau	dass., u.a. Beginn der Arbeit an dem großen Siegesdenkmal für den Kreuzberg (Vollendung 1824)
1820	77		
1821	79	(P): 1. Familienhaus zu 4 Familien	
1822	88		
1823	88	(R): 2. Familienhaus (Q): Produktenschuppen (p): Abtritt	Beginn der Kunstgußproduktion

Die Königliche Eisengießerei vom Hüttenteich aus gesehen, 1807

→B 47

←B 48

→B 49

Die Königliche Eisengießerei, Blick in den Hof. F.A. Calau, um 1806

→B 50

←B 51

→B 52

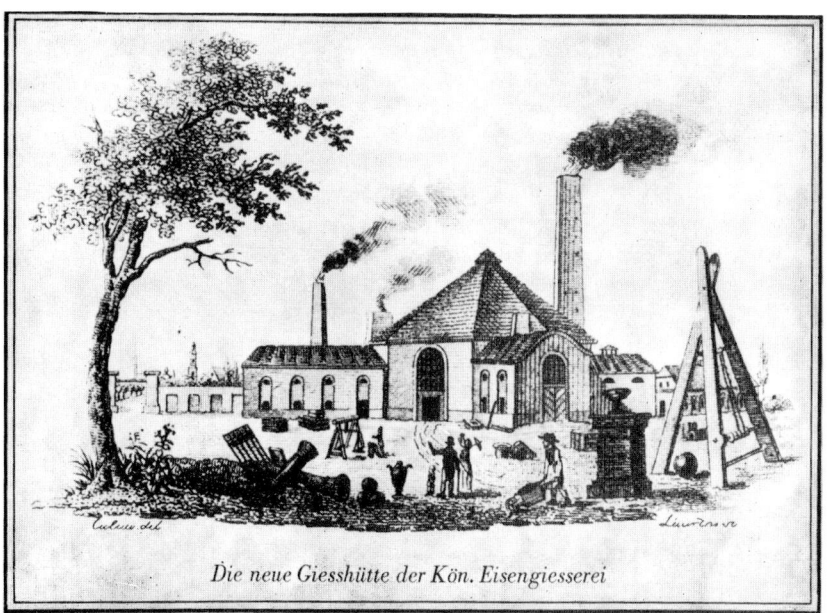

Die neue Giesshütte der Kön. Eisengiesserei

Die 1818 gebaute Gießhütte

←B 53

→B 54

Von der Königlichen Eisengießerei gegossene eiserne Neujahrsplaketten, die die Produktionspalette illustrieren

Die Familienhäuser der Industriekolonien

Da die Standortwahl der Ende des 18. Jh. in den preußischen Provinzen angelegten Industrieanlagen in erster Linie von der Lage der Bodenschätze Erz und Kohle sowie der vorhandenen Wasserkraft abhängt, stellt sich in vielen Fällen das Problem, eine ausreichende Anzahl von ausgebildeten Arbeitern dauerhaft an das Werk zu binden. Es werden deshalb in direkter Nachbarschaft der Hütten und Gruben Kolonien angelegt, wobei die Wohnhäusser mit Garten und Feld den Arbeiterfamilien leihweise oder gegen geringe Miete zur Nutzung überlassen werden. Diese Häuser werden allgemein als „Familienhäuser" bezeichnet und nach einem Typengrundriß gebaut, der von dem des „mitteldeutschen Doppelstubenhauses", dem typischen Bauernhaus der Mark Brandenburg, abgeleitet ist. Dieser Bauernhaustyp zeichnet sich aus durch seine Querteilung, die „schwarze Küche" und durch seine ausschließliche Nutzung als Wohnhaus, von dem die Ställe und Scheunen baulich getrennt sind.

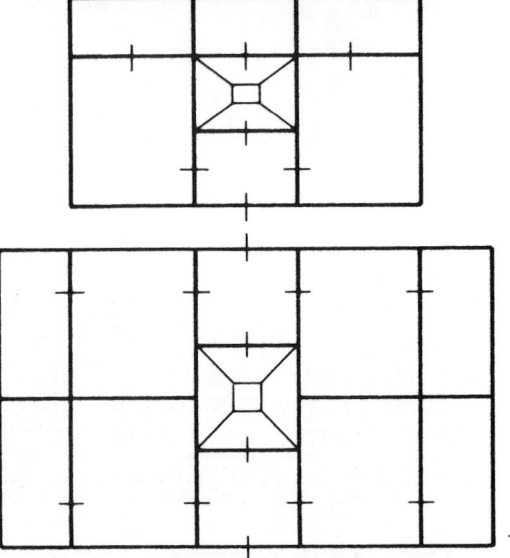

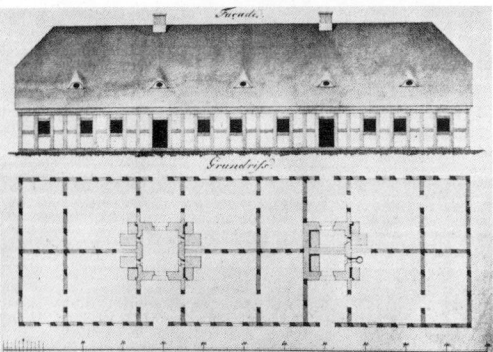

Vergleich zwischen einem mitteldeutschen ländlichen Wohnhaus (Schöneiche bei Berlin, jetzt Museum) und einem Familienhaus für Arbeiter der Gottartowitzer Hütte. Beiden gemeinsam sind die „Schwarze Küche" und die Wohneinheit von beheizter Stube und unbeheizter Kammer

hiernach ein solches zu erbauendes Familienhaus von 2 Stock für 8 Familien die nur geringe Tiefe von 28 Fuß erhält, so werden die Wohnungen an Bequemlichkeit gewinnen und eine jede von der anderen abgesondert sein. Überhaupt dürfte in der Nähe der Residenz ein einigermaßen gutes Aussehen wohl zu berücksichtigen sein. Da ein ziemlich tiefes Fundament bei dem zweistöckigen Hause stattfinden muß, so werden die Kosten für die Überwölbung der Kellerräume wenigstens nicht um sehr viel vermehrt, für die Bewohner aber zu Aufbewahrung ihrer Vorräte sehr viel gewonnen, da sie sonst im entgegengesetzten Falle sich gewöhnlich, ohne daß man es merkt, Löcher in den Wohnungen eingraben. Der Dachbodenraum wird zur Unterbringung des Torfes zu benutzen sein, der den Bewohnern dann nicht einzeln, sondern für jeden Winter gleich in dem vollen Quanto zu verabreichen ist. . . .

←L 63

←S 102 *Berlin, den 29.1.1818*   *Königl. Ober-Berg-Amt*
An Eine Königl.   *für die Brand.-*
Ober-Bau-Deputation   *Preuß. Provinzen*

In diesem Brief werden schon die Hauptprinzipien des späteren Werkswohnungsbaus klar gemacht: Ein Teil der Arbeiter muß in der Nähe der Produktionsstätte wohnen, um bei Reparaturen und anderen besonderen Ereignissen sofort verfügbar zu sein, darüber hinaus soll diese Stammarbeiterschaft über die Werkswohnung an das Werk gebunden werden. Trotz der räumlichen Nähe wird schon sorgsam auf die Trennung der Arbeiterwohnungen von dem Gelände der Produktionsstätten geachtet, die Arbeiter aber andererseits herangezogen zur Sicherung des gesamten Werksgeländes. Besonders interessant ist hier schon die Argumentation gegen das „kasernenähnliche Aussehen" der zu bauenden Arbeiterwohnhäuser.

Aus dem Antwortschreiben der Königlichen Oberbaudeputation, die in Berlin sitzt, wird deutlich, daß eine abgeschlossene Arbeiterwohnung mit

←B 55
→A 13 eigenem Eingang nach bürgerlichem Muster gefordert wird:

Euer Hochwohlgeboren beehren wir uns, die unterm 13. Mai uns zur Revision gefälligst zugefertigten 4 Anschläge und 3 Zeichnungen von Erbauung eines Familienhauses und der dazugehörigen Ställe nebst Einschlußmauern auf der hiesigen Eisengießerei unter folgenden Bemerkungen zu remittieren.

Daß es vorteilhafter sei, die Familienwohnungen bei ihrer Menge in 2 Etagen übereinander zu legen, um so mehr, als die gegenwärtigen nicht als ordinäre Colonisten-Gebäude zu betrachten sind, darin stimmen wir der Meinung des hiesigen Oberbergamts vollkommen bei, auch darin, daß diese Wohnungen dadurch gehörig voneinander abgesondert werden können. Letzteres ist jedoch im vorliegenden Plane nicht ganz erfüllt, denn die unteren Wohnungen haben zwar mit den aus den Küchen führenden Hintertüren jede ihre besonderen Eingänge erhalten, zu den oberen Wohnungen aber führt nur ein Eingang für jede 2 Familien, und der untere Flur bleibt eigentlich gemeinschaftlich für 4 Parteien, auch wird die Lage der oberen Küchen, zu denen man nur durch die Stuben kommen kann, nicht bequem, auch wohl der Reinlichkeit nicht zuträglich gefunden werden.

Da, soviel sich ohne einen Special-Grundplan urteilen läßt, die freie Stellung dieser Gebäude keine Schwierigkeiten haben wird, so könnte
←B 56 *ihnen wohl eine größere Tiefe und dadurch mehrere Bequemlichkeit bei einer geringeren Länge gegeben werden, wodurch sich an Kosten eher gewinnen als verlieren läßt. Die in der beigefügten Skizze würde eine solche Einrichtung sein, in welcher die Küchen freilich vom Flur aus erleuchtet werden müssen, welcher hier jedoch bei der angenommenen lichten Höhe von 10 Fuß hinlänglich wird statthaben können. Je 2 und 2 Familien würden einen Eingang haben, auch die Kammern etwas größer sein. . . .*

←B 57

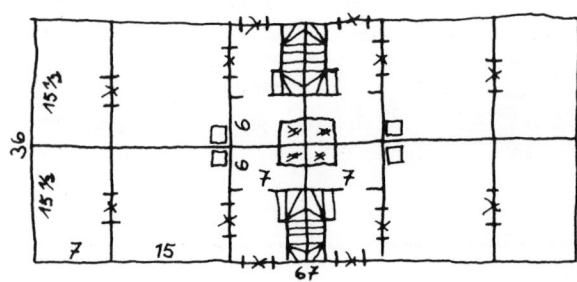

→B 58

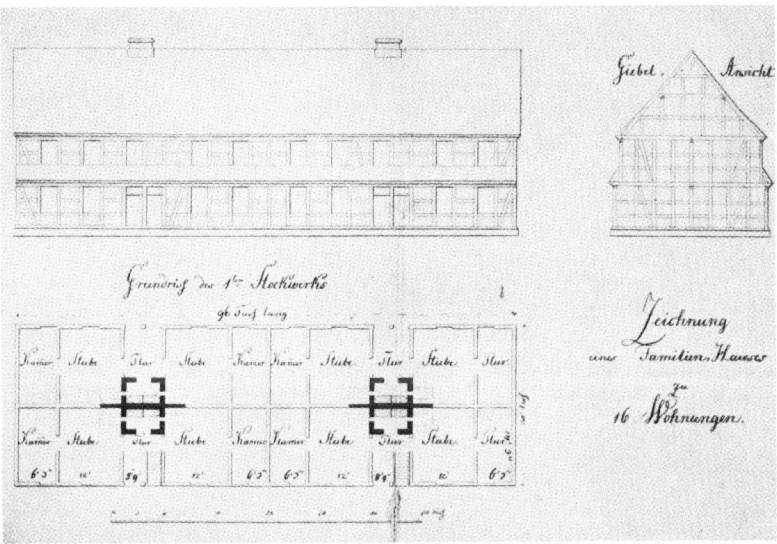

Plan zu einem Familienhaus für 16 Wohnungen für die Königliche Gesundheits- ←B 59
geschirr-Manufaktur, um 1819

Bei den Familienhäusern für Arbeiter sind die charakteristischen Merkmale des Bauernhauses übernommen worden. Es werden aber 4 statt 2 Stube-Kammer-Einheiten unter einem Dach untergebracht, was zur Folge hat, daß die Möglichkeit der Querlüftung für die einzelnen Wohnungen fortfällt. Die Familienhäuser werden in der Regel eingeschossig, sowohl als Fachwerk- wie auch als Massivbauten, ausgeführt und werden im Gegensatz zu dem alleinstehenden Bauernhaus oft als Reihenhäuser gebaut.

Das 1819 gebaute Familienhaus, das bis 1938 gestanden hat ←B 60

Das **1819** für die Königliche Gesundheitsgeschirr-Manufaktur an der Chaussee nach Charlottenburg, später Berliner Str. 6/7, erbaute Familienhaus mit 16 Wohnungen wird nach einem Plan gebaut, der dem von Held der Eisengießerei vorgeschlagenen ganz ähnlich ist. Der sogenannte „Strohsack", erst **1938** für den Neubau des Hauses des Deutschen Städtetags, das heutige Ernst-Reuter-Haus, abgerissen, vermittelt eine Vorstellung von diesen frühen, als Werkswohnungen für Arbeiter errichteten Berliner Familienhäusern.

Ab **1821** werden für die Königliche Eisengießerei nach und nach insgesamt 4 in einer Reihe liegende Familienhäuser gebaut; jedoch nicht, wie ursprünglich beabsichtigt, jeweils für 8, sondern nur für 4 Familien.

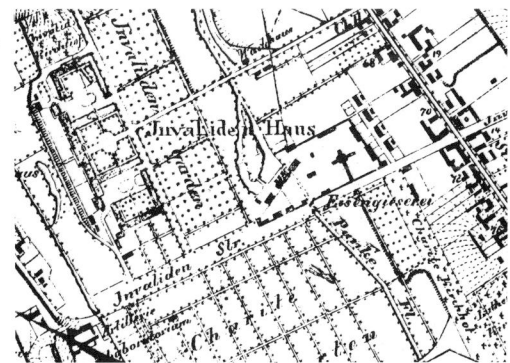

→B 61 Ausschnitt Emphinger-Glaeser 1825 mit den 4 aufgereihten Familienhäusern östlich der Königlichen Eisengießerei

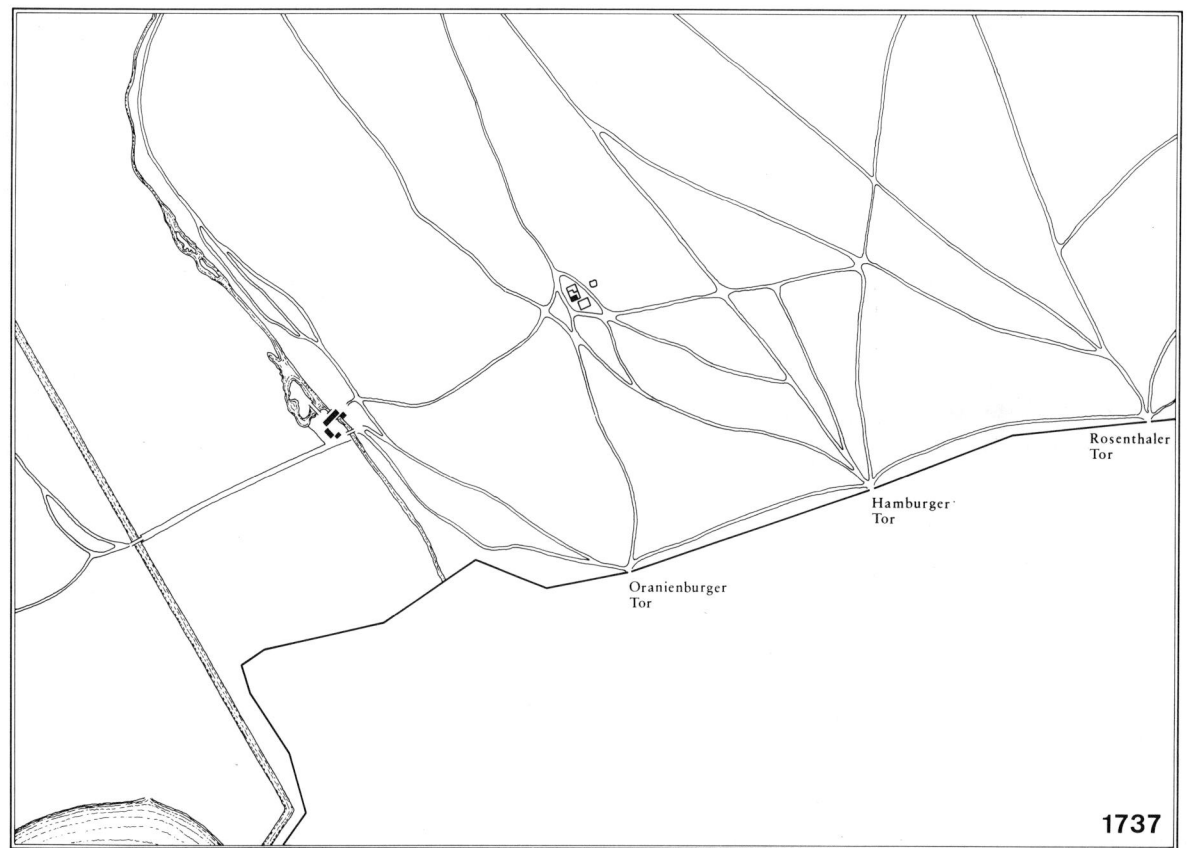

1737

Gebietszustand 1 (1737): Die Sandwüste vor den Toren, die Schleifmühle an der Panke und die Scharfrichterei

←B 62

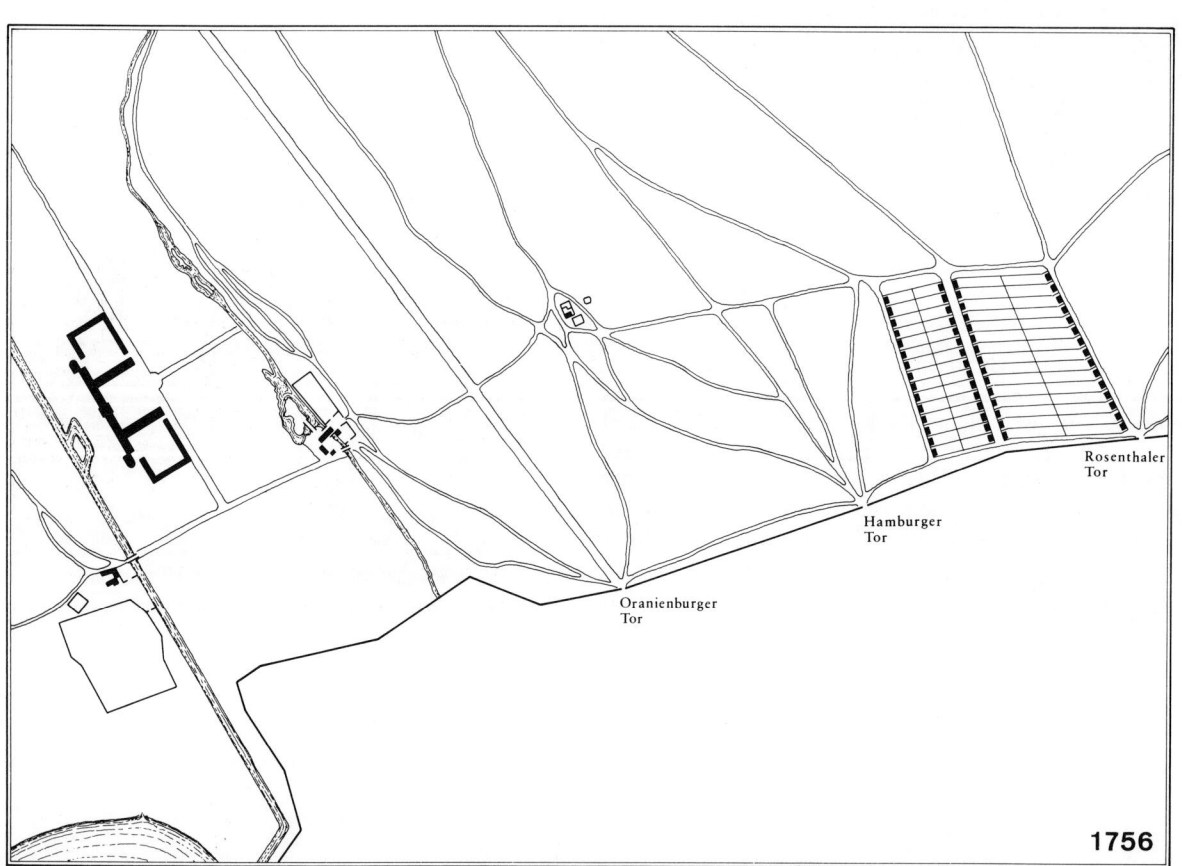

1756

Gebietszustand 2 (1756): Sandkrug, Invalidenhaus, Chaussee nach Hamburg und Kolonie Neu-Voigtland

←B 63

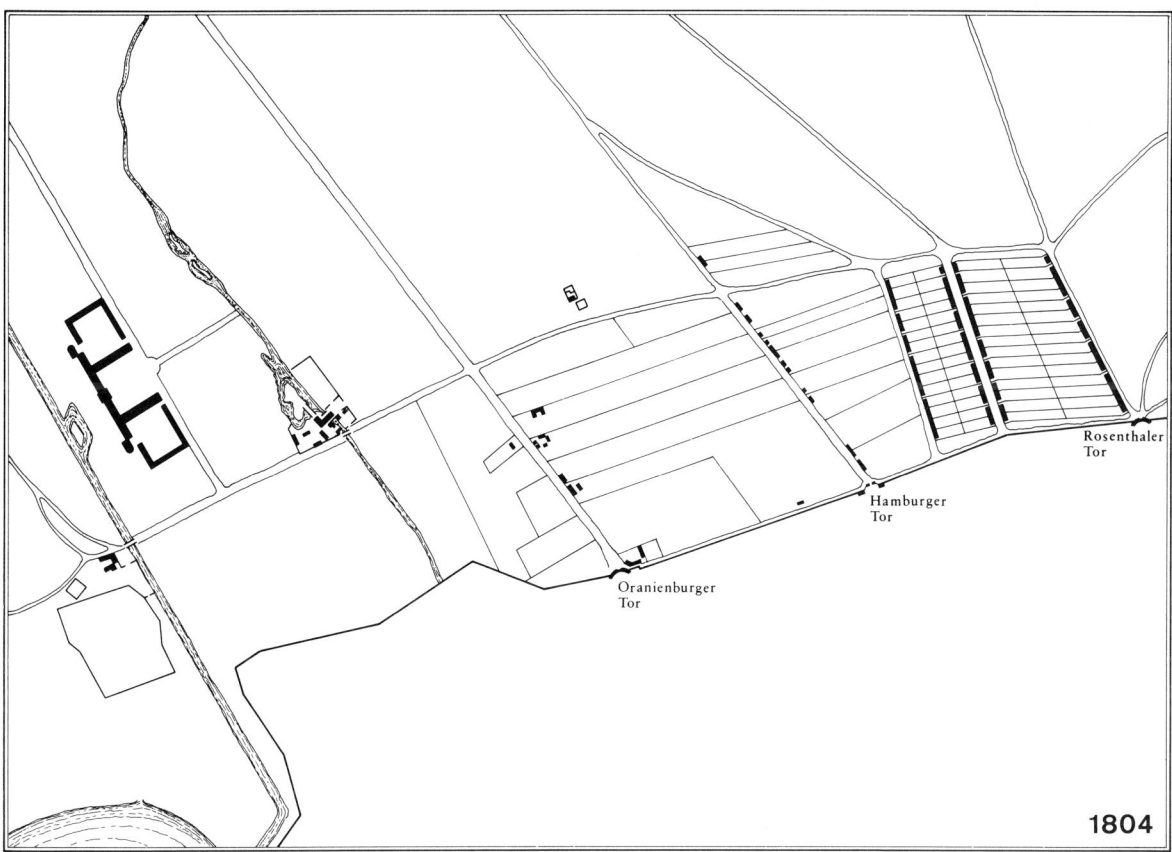

Gebietszustand 3 (1804): Gärtnerstellen vor dem Hamburger Tor, Parzellierung vor
dem Oranienburger Tor und Königliche Eisengießerei

←B 64

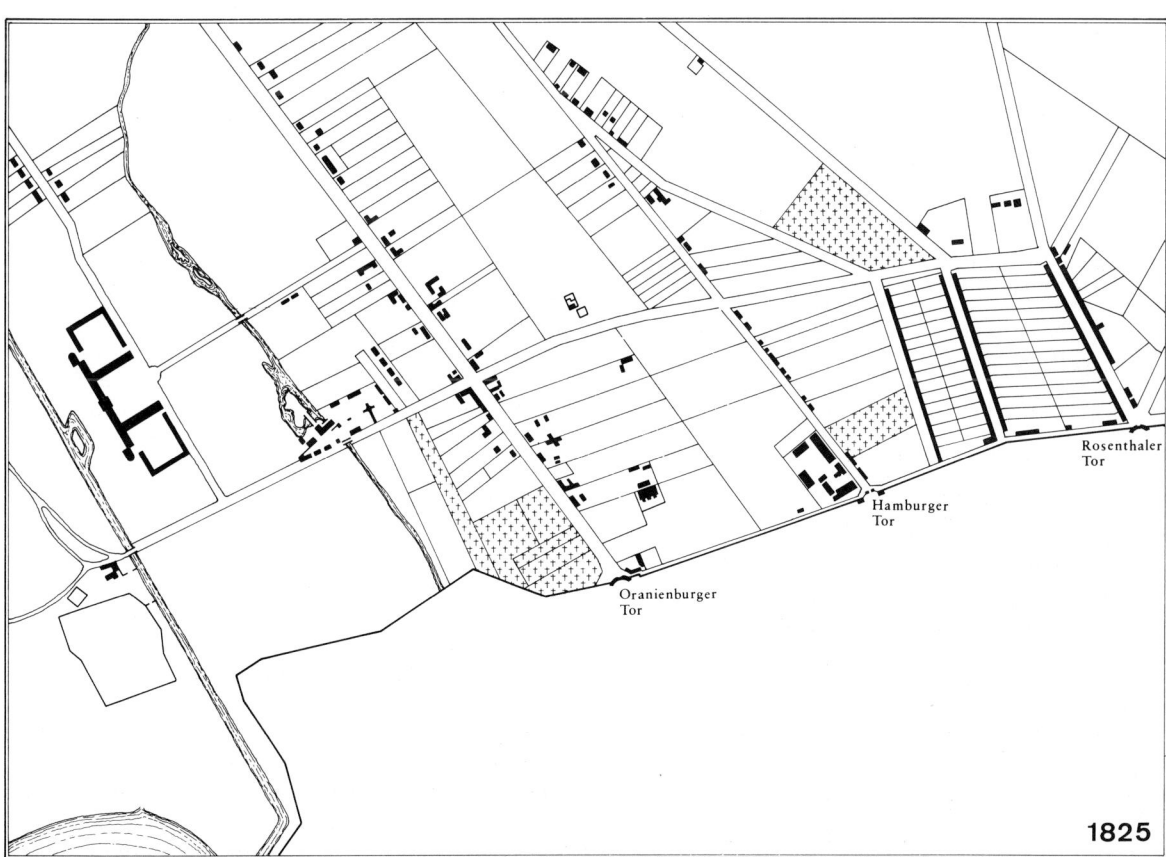

Gebietszustand 4 (1825): Familienhäuser vor dem Hamburger Tor, Ausbau der Königlichen Eisengießerei, erste Maschinenbauanstalt von Egells, Anlage von Friedhöfen
und Parzellierung des Invalidenhausgeländes

←B 65

Übersicht über die Stein-Hardenbergschen Reformen

Nach der Niederlage von Jena und Auerstedt am **14.10.1806** gegen die Napoleonischen Truppen flieht das preußische Königshaus in Richtung Osten nach Königsberg. Napoleon besetzt Berlin und verkündet dort am **21.11.1806** die Kontinentalsperre gegen England. Der Friedensschluß von Tilsit zwischen Napoleon und dem russischen Zaren besiegelt das Ende Preußens als Großmacht, obwohl es als Staat bestehen bleibt, nur besetzt ist und riesige Kontributionen aufzubringen hat.

Freiherr vom Stein ist nach einer langen Verwaltungslaufbahn seit **1804** zuständig für das Fabrikdepartement im Generaldirektorium. Seine Reformpläne für den Umbau der staatlichen Verwaltung, die er in Königsberg ausarbeitet, stoßen jedoch auf erbitterten Widerstand am Hof und bei den Junkern, so daß er im **Januar 1807** entlassen wird. Im **Sommer 1807** verfaßt er eine Denkschrift, in der er eine Reform der preußischen Verwaltung fordert, . . . *den Kräften der Nation eine freie Tätigkeit und eine Richtung auf das Gemeinnützige zu geben*. Sein Nachfolger wird Hardenberg, der auf Befehl Napoleons aber wieder abgesetzt und durch Stein ersetzt wird, weil Napoleon sich von Stein die Eintreibung der Kontributionen verspricht.

Steins zweite ministerielle Tätigkeit dauert vom **Oktober 1807** bis **November 1808**, erst **1810** wird Hardenberg wieder Minister, dessen Amtszeit bis **1821** dauert. Scharnhorst, Stein und Hardenberg leiten im wesentlichen drei Reformen ein, die allerdings erst gegen die Jahrhundertmitte sich ganz auswirken und die Grundlage für die Durchsetzung bürgerlicher Rechte schaffen, wie Freizügigkeit der Person, Gewerbefreiheit und freie Verfügung über Grund und Boden:

1. **Agrarreform** zur Beseitigung der feudalen Lasten und zur Herstellung frei verfügbaren Grund und Bodens;
2. **Städtereform** zur Wiederherstellung der städtischen Selbstverwaltung;
3. **Heeresreform** zur Beseitigung der völlig veralteten Ausbildungsmethoden, Kampfformen und des Söldnerwesens.

Folgende Edikte werden bis **1825** erlassen:

9.10.1807: „Edikt den erleichterten Besitz und freien Gebrauch des Grundeigentums sowie die persönlichen Verhältnisse der Landbewohner betreffend". Es hebt die ständische Beschränkung für Handel, Gewerbe und Grundbesitz auf, zum anderen beseitigt es die feudalen Beschränkungen der persönlichen Freiheit (Leibeigenschaft).

19.11.1808: Städteordnung. Der Staat hat künftig nur noch die Oberaufsicht über die Städte. Erziehung, Gesundheitsfürsorge, Armenwesen und Grundstücksverwaltung werden von den Kommunen übernommen, das Wahlrecht wird neu geregelt. Die Magistrate werden ab jetzt von den Stadtverordnetenversammlungen gewählt. Jeder Bürger wählt jetzt mit.

2.11.1810: Edikt über die Gewerbesteuer. Führt die allgemeine Steuerpflicht ein, hebt den Zunftzwang auf und gibt die Wahl des Gewerbes frei.

14.11.1811: Edikt zur Regulierung der gutsherrlichen und bäuerlichen Verhältnisse. Die Erbbauern müssen ein Drittel, die Bauern, die nur begrenztes Recht auf ihren Höfen haben, die Hälfte ihres Bodens oder den entsprechenden Geldwert an ihren Gutsherrn abgeben, wenn sie von feudalen Lasten befreit und freie Eigentümer werden wollen.

11.3.1812: Edikt über die bürgerliche Verfassung der Juden. Die etwa 30 000 Juden in Preußen werden dadurch rechtlich und wirtschaftlich gleichberechtigte Staatsbürger.

21.4.1813: Landwehredikt und Landsturmordnung. Einführung der allgemeinen Wehrpflicht, die aber bald wieder verwässert wird.

29.5.1816: Deklaration, die den Kreis der Bauern, die ihre Lasten ablösen können, auf Initiative des Adels nach den Befreiungskriegen wieder einengt.

26.5.1818: Zollgesetz. Beseitigung der Schutzzölle und Importverbote.

7.6.1821: Erlaß, der die „Allmende", Wald, Gewässer und Weiden der Gemeinden, aufteilt und in privaten Besitz überführt. Da diese sogenannten Gemeinheitsteilungen nicht zu gleichen Teilen erfolgen, sondern proportional zum Landbesitz der einzelnen, verschiebt sich der Landbesitz zugunsten der Junker.

3.8 Das Voigtland vor dem Bau der Familienhäuser

→L 64   *Während des Krieges, 1806–9, verarmte die Vorstadt immer mehr, und als nach dem Kriege, 1815, die Bewohnerzahl Berlins sich mehrte, wurden die Armen und Unbemittelten immer mehr in die Vorstädte hinausgedrängt und namentlich nach dem Voigtlande, so daß die Physiognomie der Vorstadt ganz verändert wurde. Statt der wohlhabenden Handwerker sammelte sich das Proletariat.*

Kuntze faßt hier in zwei Sätzen zusammen, was für den Zeitraum bis zum ←L 65   Baubeginn der Familienhäuser **1820** für das Voigtland charakteristisch ist. Es sind für diesen Zeitraum also nicht so sehr baulich-räumliche Veränderungen zu beobachten, denn die Bautätigkeit stagniert während und nach der französischen Besetzung, sondern soziale. Sie haben Gründe, die aus dem Gebiet heraus nicht zu erklären sind, sondern nur Folgen haben für das Gebiet, also allgemeinere Darstellungen notwendig machen.

Folgende Faktoren sind bestimmend für das Anwachsen des „Proletariats", das sich in dieser Periode noch zusammensetzt aus Tagelöhnern, Manufakturarbeitern und verarmten Handwerkern – die tatsächliche Industrialisierung setzt erst um **1830** ein:

1. Durch das Fernbleiben der französischen Konkurrenz während und nach der Französischen Revolution **1789** kommt es in Berlin zu einer kurzen Blüte der Textil-, speziell der Seidenindustrie, die Nordeuropa und Rußland als Markt gewinnt.

→L 66   *Die Französische Revolution und ihr Einfluß auf die Stadt Lyon war unseren Fabriken so günstig gewesen, daß im Jahre 1796 die Zahl der Stühle sich beinahe gegen 1786 verdoppelt hatte und wir fast ganz Norden, hauptsächlich Rußland mit Seidenwaren versorgten. Seit einiger Zeit sind die Umstände nicht so blühend; dieser Zweig der Nationalindustrie fängt an zu verdorren und wird bald in sein voriges Nichts zurücksinken, wenn der Staat ihm nicht zu Hilfe kommt . . .*

Unter den Ursachen zählt man zuerst mit Recht die Erscheinung der Lyoner Kaufleute auf den großen Messen Deutschlands, besonders zu Frankfurt an der Oder, wo sie ihre Fabrikwaren zu solchen Preisen verschleudern, daß neben ihnen keine anderen Fabriken bestehen können. Dadurch haben sie den ganzen Absatz nach Norden an sich gezogen und uns verdrängt . . .

Im Jahre 1776 waren im ganzen Lande nur 1163 Stühle vorhanden. Zehn Jahre nachher, als der König starb, war ihre Anzahl mit 591 vermehrt, folglich 1754. Wiederum zehn Jahre nachher hatten unsere Seidenfabriken einen so unerwarteten Schwung bekommen, daß im Mai 1796 die Zahl der Stühle zu 2886 gestiegen war. Der stärkste Handel wurde mit Rußland geführt, und ich kenne ein hiesiges Haus, welches in einem Jahr an 100 000 Thlr. Geschäfte dort gemacht hatte. Das Kommerzial- und Manufakturdepartement glaubte nun, daß der Zeitpunkt gekommen wäre, wo sich die Seidenfabriken mit sehr wenig Unterstützung von seiten des Staates in diesem Flor würden erhalten können, versagte ihnen auf den meisten Artikeln die gewöhnliche Verwiegungsbonifikation und setzte die Ausfuhrprämien zu 5 Prozent herunter. Dies verteuerte mit einmal unsere Waren im Auslande mit 11 Prozent . . . Man sah nicht ein, oder wollte nicht einsehen, daß nur zufällige, durch Frankreichs Revolution veranlaßte Umstände unsere Fabriken, welche nach den französischen die vorzüglichsten sind, diesen Schwung gegeben und die Fremden genötigt hatten, sich diese Erhöhung der Preise gefallen zu lassen; wie wichtig es daher sei, sie durch gute Preise an uns zu halten, und, statt die Prämien herunterzusetzen, sie, nachdem sich die Umstände ändern würden, zu erhöhen . . . Die Folgen der Einsichten unserer Administration blieben nicht lange aus; die Franzosen erschienen wieder, und wir wurden sogleich verlassen. In der Zeit von drei Jahren kamen 936 Stühle herunter, so daß wir im verwichenen Oktober nur noch 1886 hatten. Seitdem hat das Heruntersetzen nicht aufgehört, und wir werden am Ende des Winters von unseren Seidenfabriken nichts mehr als 18 bis 20 000 mit Not und Elend kämpfende Menschen übrigbehalten, wenn nicht schleunigst geholfen wird.

Trotz des beschriebenen Niedergangs hat sich Berlin zu **Beginn des 19. Jh.** zu einem bedeutenden Zentrum der Textilproduktion entwickelt. Fast 50 000 Personen, also etwa 1/3 der nichtmilitärischen Bevölkerung, arbeiten **1802/03** in Manufakturen oder hausindustriell, davon allein 42 000 in der Seiden-, Woll-, Baumwoll- und Leinen- – also in der Textilbranche. →L 67

Nach den „Befreiungskriegen" setzt in dieser Branche, nicht zuletzt unter dem Druck der billigen englischen Massenware, die nach Aufhebung der Kontinentalsperre in den preußischen Markt eindringt, die Industrialisierung ein. Zunächst werden vor allem die Spinnereien mit Maschinen ausgerüstet, und zwar mit staatlicher Hilfe. So kann die Textilproduktion zunächst sowohl verbilligt wie auch gesteigert werden. Die Weberei als der anschließende Produktionsprozeß wird in Preußen zunächst nicht industrialisiert, sondern bleibt im Gegensatz zu England und Frankreich noch lange, in manchen Gebieten bis ins **20. Jh.** hinein, Handarbeit. So vermehrt sich nach der Einführung der Gewerbefreiheit die Zahl der Handweber, die als Heimarbeiter im Verlagssystem organisiert sind. Unter dem anhaltenden Druck der ausländischen Konkurrenz beginnt die Berliner Textilindustrie bereits zu **Beginn der 20er Jahre des 19. Jh.**, aus der Stadt abzuwandern. Die relativ hohen Lebenshaltungskosten in Berlin veranlassen sie, ihre Produktion aufs Land zu verlagern, zunächst nach den traditionellen Weberdörfern wie Nowawes, Bernau und Luckenwalde, wo die Löhne für die hier lebenden und sich weiter ansiedelnden Weber noch geringer sein können als in der Stadt. Sinkende Löhne und Arbeitslosigkeit für die Berliner vor allem im Voigtland ansässigen Weber sind die Folgen. Ihre Lage verschlechtert sich durch diese ländliche Konkurrenz ständig. ←S 281

2. Durch die Stein-Hardenbergschen Reformen, speziell durch das Regulierungsedikt vom **9.10.1807**, werden die Bauern aus ihrem persönlichen Untertanenverhältnis zum Gutsherren herausgelöst, und es wird ihnen möglich, ohne Zahlung von Ablösungsgeldern und ohne die Erlaubnis des Gutsherrn ihren bisherigen Arbeits- und Wohnort zu verlassen und den Beruf frei zu wählen. Durch diese Aufhebung der Leibeigenschaft wird es der eigentumslosen Landbevölkerung möglich, in die Stadt zu ziehen, was sich in den wachsenden Bevölkerungszahlen der Städte nach den „Befreiungskriegen" spiegelt. Sie müssen sich als Tagelöhner, Dienstboten oder Weber verdingen und geraten Schritt für Schritt aus dem ihnen gewohnten Naturalhaushalt in den vom Geld bestimmten Haushalt.

3. Für das städtische Bürgertum bringen die Edikte von **1807** und **1811** die volle Gewerbefreiheit, die Aufhebung des Zunftzwangs und damit für jeden Gesellen die formale Möglichkeit, sich, egal, ob in der Stadt oder auf dem Land, selbständig zu machen und einen eigenen Hausstand zu gründen. Die Folge ist ein bisher ungekannter Konkurrenzdruck unter den vielen kleinen Meistern.

4. Die unmittelbaren Auswirkungen der Kriegs- und Besetzungsperiode von **1806–1813** auf die Zusammensetzung der Berliner Bevölkerung durch Verarmung, Plünderung, Flucht, Invalidität und Tod. Die Verringerung des Anteils der Militärs an der Bevölkerung nach **1806** und **1815** vermehrt die Zahl der Arbeit- und Wohnungsuchenden.

5. Die Veränderung der Militärverfassung von **1814** schafft kurzfristig einen Bedarf an Tagelöhnern in Berlin: *Bei den früheren Militair-Verhältnissen verrichteten nämlich die zur hiesigen Garnison gehörigen Soldaten einen großen Teil der Tagelöhner-Arbeiten. Bei der jetzigen Militair-Verfassung ist dies nicht mehr zulässig, das Bedürfnis an solchen Arbeiten ist aber nicht nur in der Commune geblieben, sondern hat sich bei der gestiegenen Bevölkerung bedeutend vermehrt. Es hat sich daher ein eigener Tagelöhner-Stand gebildet, der früher wegen der vielen, die Handarbeit verrichtenden Soldaten nur in einem sehr geringen Umfange existirte. Es ist wohl zweckmäßig, hier beiläufig zu bemerken, daß das Entstehen dieses Tagelöhner-Standes auch die Veranlassung geworden ist, daß der wohlfeileren Getreide-Preise ungeachtet sich doch das Tagelohn nicht vermindert, sondern eher erhöhet hat. Der frühere Tagelöhner-Stand, die Soldaten der Garnison, hatten mit Ausnahme der sogenannten Beurlaubten, durch ihre Militair-Verhältnisse freie Wohnung, Kleidung, Heizung und Löhnung und brauchten daher das Tagelohn, welches sie sich in der vom Militairdienst* ←L 68

Franz Mehring, der Historiker, über die Stein-Hardenbergschen Reformen:

Stein (1757–1831) hat nur wenig über ein Jahr, von Oktober 1807 bis zum November 1808, an der Spitze des preußischen Staates gestanden. Er war kein Revolutionär und nicht einmal ein Liberaler im heutigen Sinne des Wortes, im Grunde nicht nur ein Adliger, sondern auch ein Adelsfreund. Aber er kam aus dem kultivierten Westen und hatte sich einigermaßen in der Welt umgesehen; sein Ideal der aristokratischen Selbstverwaltung hatte er sich aus England geholt, so daß er noch immer hoch über dem ostelbischen Kraut- und Zaunjunkertum stand. Und wenn seine Reformen nicht allzuweit reichten, so besaß er doch das notwendige Maß von Energie und Kraft, um sie überhaupt gegen den Stumpfsinn des Königs und die hartnäckige Klassenselbstsucht der Junker durchzusetzen.

Es waren ihrer vornehmlich zwei: eine neue Städteordnung und das sogenannte Oktoberedikt vom 9. Oktober 1807. Die Städteordnung war für ihre Zeit ein ziemlicher Fortschritt; sie gab den Städten die Verwaltung ihrer Finanzen, ihres Armen- und Schulwesens zurück; sie verlegte den Schwerpunkt der städtischen Verwaltung in die Versammlung der Stadtverordneten, die zwar nicht nach dem allgemeinen, sondern durch einen nicht bedeutenden Zensus beschränkt, aber doch gleichen und geheimen Stimmrecht durch die Bürger gewählt werden sollten, und beschränkte das Aufsichtsrecht des Staates wesentlich auf die Befugnis, die städtischen Wahlen auf ihre Richtigkeit zu prüfen. In diesen für Stein entscheidenden Punkten ist seine Städteordnung sogar der heutigen Städteordnung überlegen, die seit hundert Jahren in der Tat nur rückwärts revidiert worden ist, sowohl dadurch, daß die Aufsichtsbefugnisse des Staates viel schikanöser ausgebildet worden sind, als auch dadurch, daß die städtischen Bürger mit all ihrer berühmten Selbstverwaltung das allgemeine Stimmrecht immer noch nicht erobert, aber sich dafür das gleiche und geheime Stimmrecht haben eskamotieren lassen.

Das Oktoberedikt aber enthielt zwei Hauptbestimmungen. Erstens beseitigte es die Einschachtelung des preußischen Staates in Geburtsstände, indem es den Junkern gestattete, auch Gewerbe und Handel zu treiben, während es den Bürgern und Bauern erlaubte, auch adlige Güter zu erwerben, womit nicht mehr erreicht war, als daß sich der Kastenstaat in einen Klassenstaat umwandelte, dessen Klassen auf der Gleichheit der ökonomischen Interessen beruhen. Dann aber beseitigte das Oktoberedikt die bäuerliche Erbuntertänigkeit, was auch nicht sowohl bedeutete, daß der ländliche Arbeiter von feudalen Ketten befreit, als daß er aus einem feudalen in ein kapitalistisches Ausbeutungsobjekt verwandelt wurde. Während die Gesetzgebung der französischen Revolution den Bauern nicht nur die Freiheit der Person, sondern auch die Freiheit des Eigentums sicherte, beließ es das Oktoberedikt bei der Freiheit der Person, die ohnehin durch die berüchtigte, skandalöserweise heute noch bestehende Gesindeordnung, sowie durch die Fortdauer der gutsherrlichen Justiz und Polizei empfindlich eingeschränkt wurde. Dagegen sollte das bäuerliche Eigentum mit allen dinglichen Lasten bepackt bleiben, mit allen Fron- und Hofdiensten, mit allen Geld- und Naturallieferungen, kurzum mit dem ganzen Wuste des feudalen Unrats, den das Junkertum der bäuerlichen Klasse im Laufe der Jahrhunderte durch Gewalt und List aufgezwungen hatte.

Unter dem Gesichtspunkte der Bauernbefreiung hinkte das Oktoberedikt der englischen, der italienischen, der holländischen, der schweizerischen, der dänischen und innerhalb Deutschlands selbst der österreichischen, der schleswig-holsteinischen, der badischen Gesetzgebung kümmerlich nach. Vor allem ließ es sich mit der französischen Revolutionsgesetzgebung nicht entfernt vergleichen. Dieser schüchterne Anfang der Bauernemanzipation war den Junkern sogar eher günstig als ungünstig; nicht mit Unrecht sagt ein neuerer Historiker, das Edikt habe die Bauern in die gefährlichste Lage gebracht, in der sie sich jemals befunden hätten. Von ihrer persönlichen Freizügigkeit hätten die Bauern nur spärlichen Gebrauch machen können, dagegen hätten die Junker sie nunmehr von der Scholle jagen und diese zum Rittersacker einziehen können; die hörigen Bauern seien durch das Edikt zu besitzlosen Tagelöhnern geworden.

Gleichwohl erbosten sich die Junker in ihrem verbohrten Eigennutze gegen das Edikt, zumal da sie wußten, daß Stein keineswegs sich damit zu begnügen gedachte. Stein war ein abgesagter Feind des Bauernlegens; er pflegte die Schlösser der ostelbischen Edelleute, die ihre Bauern legten, statt deren Zustand zu verbessern, mit den Höhlen von Raubtieren zu verglei-

chen, die alles um sich verödeten und sich mit der Stille des Grabes begnügten. Ein Minister von so gefährlichen Gesinnungen mußte beseitigt werden, und die Junker beseitigten ihn durch das niederträchtige Mittel, daß sie einen Brief, worin Stein seine franzosenfeindliche Gesinnung aussprach, in die Hände der französischen Polizei spielten. Nunmehr gegen den Zorn Napoleons gedeckt, entließ der elende König den von ihm nicht minder als von den Junkern gefürchteten Minister zum zweiten Male.

Damit waren die Junker wieder obenauf, aber schließlich konnten sie doch nicht mit dem Kopfe gegen die Wand rennen. Ein Ministerium von Mittelmäßigkeiten, das nach Steins zweiter Entlassung eingesetzt wurde, machte binnen Jahr und Tag völlig bankerott. Es konnte die Kriegskontributionen nicht mehr aufbringen, die an Frankreich zu zahlen waren, und das Königreich Westfalen wurde durch seine bürgerlichen Reformen ein allzu gefährlicher Nachbar und Nebenbuhler. Im Juni 1810 wurde Hardenberg (1750–1822) leitender Minister. Gleich Stein war er kein geborener Preuße und besaß ein gewisses Maß bürgerlicher Bildung; er konnte sogar eher als Stein ein Liberaler im modernen Sinne des Wortes genannt werden. Oberflächlich und schmiegsam, klatschte er in der nun beginnenden zweiten Periode bürgerlicher Reformen das Vorbild des Königreichs Westfalen einfach ab; seine Gewerbe- und Steuergesetzgebung, sein Gendarmerie-Edikt, seine Judenemanzipation usw. ahmten in manchmal selbst grotesker Weise die westfälischen Gesetze nach. Der König „Morgen-wieder-Lustig" wurde das Muster dieses modernen Reformers. Auch Hardenberg war den Junkern ein Dorn im Auge, und er hat sogar einmal einige ihrer Führer ohne Urteil und Recht auf die Festung Spandau geschickt, aber sie ertrugen ihn eher, da er in liberaler Manier doch auch wieder ihre Geschäfte zu führen verstand.

Es geschah namentlich durch das Regulierungsedikt vom 14. September 1811, das angeblich das gutsherrlich-bäuerliche Verhältnis regeln sollte. Darin wurden die politischen Vorrechte der Rittergüter gar nicht angetastet, und zwar den Bauern mancherlei leidliche Versprechungen über die Ordnung ihrer Besitzverhältnisse gemacht, aber zu keinem anderen Zwecke, als sie zum Kampfe gegen die Franzosen auf die Beine zu bringen. Kaum war der Feind aus dem Lande geschlagen, als die Bauern um so ärger geprellt wurden durch 121 Artikel, die am 29. Mai 1816 zur „Deklaration" des Regulierungsedikts von 1811 erlassen wurden. Nach diesen Artikeln wurden alle nicht spannfähigen Bauern, das heißt ihre große Masse, den Junkern recht- und schutzlos ausgeliefert, während die Minderheit der spannfähigen Bauern durch kolossale Opfer an Acker und Geld einen Teil des Landes erwerben durften, das ihre Vorfahren als freie Leute besessen hatten. Es war noch die Revolution von 1848 nötig, um endlich mit allen feudalen Vorrechten aufzuräumen, und tatsächlich endete diese preußische Bauernbewegung erst im Jahre 1865; sie hatte zwei Menschenalter gebraucht, um in ungleich kläglicherer Weise das zu erreichen, was die französische Revolution immerhin in einer Nacht durchgesetzt hatte. Das höchst profitable Geschäft, das die Junker mit dem Regulierungsedikt von 1811 und der Deklaration von 1816 gemacht haben, erklärt es aber zur Genüge, daß sie dem Urheber dieser Gesetze eine gewisse Nachsicht für seine liberalen Sünden gewährt haben.

freien Stunden verdienten, nicht zu ihrem eigentlichen Unterhalt, sondern nur zu Nebenausgaben und um sich eine bessere Existenz zu verschaffen. Verheiratet waren die Soldaten, die immer bei der Fahne und also beurlaubt waren, überdies selten, hatten daher keine Familie zu ernähren und konnten mit einem geringen Tagelohn zufrieden sein.

Der jetzige Tagelöhnerstand hat dagegen nicht solche besondere Einnahmen, durch welche er die Hauptbedürfnisse seines Lebens decken könnte, er muß diese daher für sich, und in den meisten Fällen auch für eine Familie, durch das Tagelohn erwerben und kann mithin nicht für so geringes Tagelohn arbeiten, als die Soldaten dies ehemals vermochten.

Dies sollten diejenigen auch erwägen, welche über ein hohes Tagelohn klagen, das freilich in einzelnen Fällen sehr gesteigert werden mag, im Ganzen sich aber bei der freien Concurrenz doch gewiß auf die Höhe gestellt hat, welche den hiesigen Verhältnissen gemäß ist.

Der größte Teil dieses Tagelöhnerstandes und des geringeren Handwerksstandes verdient nun zwar sein tägliches Brot und wäre daher gesetzlich verpflichtet, die Communalsteuern zu zahlen, da nach der Cabinets-Ordre vom 26. Januar 1815 nur die Familien von der Mietssteuer befreit sein sollen, die von Almosen leben. Es gibt indessen doch immer viel Familien, von denen die Commune wegen der Dürftigkeit keine Steuer erhalten kann, wenn sie ihnen auch noch keine Almosen gibt.

Selbst wenn die veranlaßte Untersuchung auch die Überzeugung gegeben hat, daß solche Familien nach ihrem Verdienst Steuer zahlen können, so ist es doch mit vieler Schwierigkeit verbunden, dieselbe einzuziehen.

Es leben diese Leute, wie man zu sagen pflegt, aus der Hand in den Mund. Jeder kleine Unglücksfall, der sie durch Krankheit etc. betrifft, macht sie gleich wirklich unfähig, Steuern zu zahlen, ja selbst ihr Brot zu verdienen, sie fallen dann sogar der Commune zur Last und sind mit eine Veranlassung der so sehr vermehrten Ausgaben der Commune.

Die genannten Faktoren schaffen nach den „Befreiungskriegen" ein Überangebot an Arbeitskräften und ein Unterangebot an billigen, kleinen Wohnungen, denn der Wohnungsbau stagniert während der Kriegsjahre. Die Folge davon sind steigende Mieten, die die ärmeren Schichten an den billigen Stadtrand drängen, vor die Tore — und damit aus dem Zollgebiet heraus —, wo nicht nur die Lebensmittel, sondern auch die Mieten billiger sind. Die aus der Stadt herausgedrängten und immer noch zuwandernden verarmten Handwerker und Tagelöhner finden vor allem im Voigtland Unterkunft, wo es dadurch zur Überbelegung aller bewohnbaren Gebäude kommt. Nicht zuletzt die Lage Berlins inmitten eines unfruchtbaren und industriell unterentwickelten Umlandes bindet die hier lebenden Armen an die Stadt und deren Armenversorgung. Eine Abwanderung ist schon aus geographischen Gründen schwierig.

Über die Zeit nach den „Befreiungskriegen" müssen wir uns mit diesen allgemeinen Analysen begnügen, weil dokumentarische Berichte fast vollständig fehlen. Eine kurze Passage aus den Jugenderinnerungen von Gutzkow, dessen Onkel nahe dem Hamburger Tor gewohnt hat, beschreibt die →L 69 Vorstadt um **1817**: *Die Gegend vor dem Oranienburger Tor war die früheste sichere Eroberung des jungen Kolumbus. Vom unheimlichen Voigtland, der damaligen Höhle des Pauperismus, zogen sich einsame, endlos scheinende Sandflächen bis nach Tegel hin, wo die Geister der Wöllnerperiode „dem dicken König" Mut zu religiösen Reaktionen eingespukt hatten.*

Da lag der Gesundbrunnen und eine Saharawüste, die man den Wedding nennt, auf dessen tief im Sande angelegten Laufgräben, Schanzen, kleinen Belagerungsforts die Artillerie zu exerzieren pflegte und jährlich an jedem dritten August oder „Königsgeburtstag" ein Feuerwerk abbrannte, bei dessen Licht- und Farbenzaubern, Kanonenschlägen, Transparentinschriften der Bruder des Bombardiers, spätern Unteroffiziers, Feuer- und Oberfeuerwerkers nicht fehlen konnte, so sehr ihm dabei vor Müdigkeit beinahe die Glieder zusammenbrachen. Auch die Nordwestseite Berlins wurde erforscht. Überall, wo jetzt neue Straßen und Stadtviertel entstanden sind, lagen sonst Wiesen, Hecken, Kornfelder, Holzhöfe und teilweise innerhalb der Ringmauern der Stadt.

Er bewunderte einen „Apollosaal", das schwache erste Vorbild der jetzigen Tempel bacchantischer Lust. In der Nähe erhob sich an der Panke die erste Anlage jener königlichen Eisengießerei, die den Anfang eines ganz dem Maschinenwesen gewidmeten Stadtviertels bildete. Immer unruhiger wurde es um die stille Zurückgezogenheit des dem Laeso, sed invicto militi gewidmeten Hauses, wo Friedrich des Großen Invaliden ihre hölzernen Beine im Sonnenschein ausstreckten oder wohin sie vom Betreiben einiger Gewerbe zurückkehrten, die sie in der Stadt, wenn auch blind oder einarmig, betreiben durften, z.B. den Handel mit Binsen zum Ausräumen der Pfeifen.

Teilplan der im Maßstab 1:12500 aufgenommenen engeren Umgebung Berlins 1826, ←B 66
Ergänzung der Emphinger-Glaeserschen Aufnahme von 1822. Die v. Wülcknitzschen Familienhäuser sind bereits eingetragen

4 Die Familienhäuser - Teil I

Die ersten großen Berliner Mietshäuser (1822 - 28)

Die Vermessung der Umgebung von Berlin aus dem Jahre 1825 zeigt bereits eingetragen die v. Wülcknitzschen Familienhäuser am Hamburger Tor, mit deren Baugeschichte und Rekonstruktion im einzelnen während der Jahre 1820–1824 wir uns in diesem Kapitel beschäftigen.

Die einzige Abbildung, die die Gesamtanlage andeutet, ist der unten wiedergegebene Ausschnitt aus einer Darstellung der Borsigschen Fabrik aus den 40er Jahren des 19. Jh. Er zeigt, von Westen aus gesehen, hinter dem Fabrikgebäude eine Reihe von langgestreckten Gebäuden mit Schornsteinen und steilen Dächern.

→B 1 Die Dächer der Familienhäuser im Hintergrund einer Darstellung der Borsigschen Fabrik aus dem Jahr 1847

→L 1 *Der immer größere Andrang von kleinen Leuten nach der Vorstadt und der Mangel an Wohnungen veranlaßte eine Speculation eigner Art. Der Kammerherr von Wülcknitz kaufte einen bedeutenden Bauplatz vom Gärtner Christian unmittelbar am Hamburger Tor, links in der Gartenstraße, und erbaute vom Jahre 1820–24 fünf Häuser aus schlechten Steinen und schlechtem Holz mit Lehmstaaken, wo eine Stube von zwei Fenstern als Wohnung für eine arme Familie bestimmt wurde. Die Häuser sind gewöhnlich unter dem Namen der „Familienhäuser" bekannt und heißen: Gartenstraße Nr. 92 „das lange Haus", Nr. 92a „das Querhaus", Nr. 92b „das Schulhaus", Nr. 93 „das kleine Haus" und Nr. 94 „das Kaufmannshaus".*

→A 1 Die Baugeschichte der Familienhäuser, erzählt vom Bauherrn selbst, dem Kammerherrn Baron Heinrich Otto von Wülcknitz: *Vor einigen Jahren errichtete ich vor dem Hamburger Tore in der Gartenstraße mehrere Gebäude in der Absicht, teils meine Baumaterialien bei dem jetzigen Unwert derselben zu benutzen, andernteils um durch Vermietung derselben meine Auslagen verzinset zu erhalten.*

←B 2 *Der Anfang dieser Unternehmung beschränkte sich auf Errichtung eines Familienhauses, worin 20 einzelne Wohnungen sich befanden, die so eingeteilt sind, daß eine Stube von 12 Fuß quadrat (3,77m/3,77m), daneben aber eine Küche von 12 Fuß Länge und 6 Fuß Tiefe (3,77m/*

←A 2 *1,88m) sich befindet. Da der Preis von 36 Rthl. für eine solche Wohnung dem Publico so angenehm war, daß Hunderte von Familien unbefriedigt weggehen mußten, ohne bei mir Unterkommen zu finden, so entschloß ich mich, ein größeres Familienhaus zu erbauen, worin eine große Stube, ein Alkoven, eine Küche und bei sehr vielen ein Cabinett angebracht wurde. Der Preis dieser Wohnungen, den ich von 30–50 Rthl. setzte, entsprach ebenfalls dem Wunsch des Publikums, so daß die Wohnungen schnell besetzt und bei mir der Gedanke rege werden mußte, diese Unternehmung zu erweitern. Ich erbaute deshalb im Jahre 1823 vier Häuser, worin jede Wohnung aus einem Zimmer von 21 Fuß Länge und 12 Fuß Tiefe (6,60m/ 3,77m) bestand, und legte zu jeder derselben eine separate Kammer in der Dachetage. Da nun die Wohnungen in dem ersterbauten Hause nur 216*

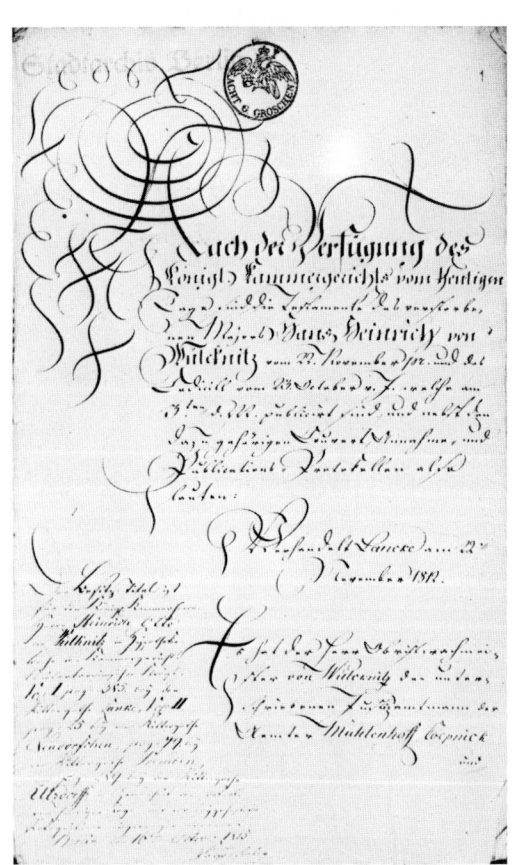

Testament des Majors Hans Heinrich v. Wülcknitz vom 22.11.1812. — Die Besitztitel für die Güter Lanke, Prenden, Ützdorf und Neudörfchen werden am 16.10.1815 dem Erben Heinrich Otto v. Wülcknitz übertragen. Aus dem Besitztitel für das Gut Lanke: „Der vorige Besitzer hat dieses Gut im Jahre 1783 nebst den Gütern Prenden und Uetzdorf und dazugehörigen Vorwerken Sophienstaedt und Werder auf dem Gute Neudörffchen und dem unter der Gerichtsbarkeit des Justizamtes Mühlenbeck liegenden Braukruge zu Closterfelde bei einer Subhastation für 74 050 Rthl. in Courant zugeschlagen erhalten."

Quadratfuß (21 qm), in denen im Jahre 1823 aber erbauten Häusern 252 Quadratfuß (25 qm), ohne die Kammern zu rechnen, Wohnraum gewährten, so fanden die Preise von 30, 36 und 38 Rthl. nach Verschiedenheit der Etagen wiederum Beifall, und sämtliche Häuser vermieteten sich bald.

Aus der Bemerkung *meine Baumaterialien* geht das aktuelle Motiv für den Bau der Familienhäuser hervor: Baron und Kammerherr von Wülcknitz erbt **1815** von seinem Vater, dem Oberstwachtmeister Hans Heinrich v. Wülcknitz, als einziger Sohn und Alleinerbe die Rittergüter Lanke, Neudörfchen, Prenden und Ützdorf nordwestlich von Bernau im Kreis Niederbarnim, die er **1783** bei einer Versteigerung für 74 050 Rthl. in Courant gekauft hatte. Die zur Zeit der Erbschaft noch hypothekarisch belasteten Güter, zu denen riesige Wälder gehören, wie der Kartenausschnitt aus dem 20. Jh. zeigt, erklären die Eröffnung eines Handels mit Bauholz nach Berlin, der seit **1806** wieder privat möglich ist. Ein Holzgeschäft zwischen v. Wülcknitz und dem Staat ist erstmals belegt für **1815**, wir wissen aber nicht, ob er schon vor **1820** einen eigenen Holzplatz bei Berlin eventuell an einer anderen Stelle hatte.

Das ursprüngliche Motiv für den Kammerherren, dem Gärtner Christian einen Teil seines Gartenlandes abzukaufen, ist sehr wahrscheinlich die Anlage eines Holzplatzes direkt am Hamburger Tor, günstig gelegen zu seinen Gütern und Wäldern im Norden Berlins. Auf diesen Zusammenhang weist die erste Bebauung seines Grundstückes hin: Wohnhaus an der Gartenstraße für sich selbst, Ställe und Remisen dahinter für die Fuhrwerke und ein kleines Familienhaus, das den Hof westlich begrenzt — möglicherweise für seine Arbeiter.

→B 3 Lage der v. Wülcknitzschen Güter zu Berlin

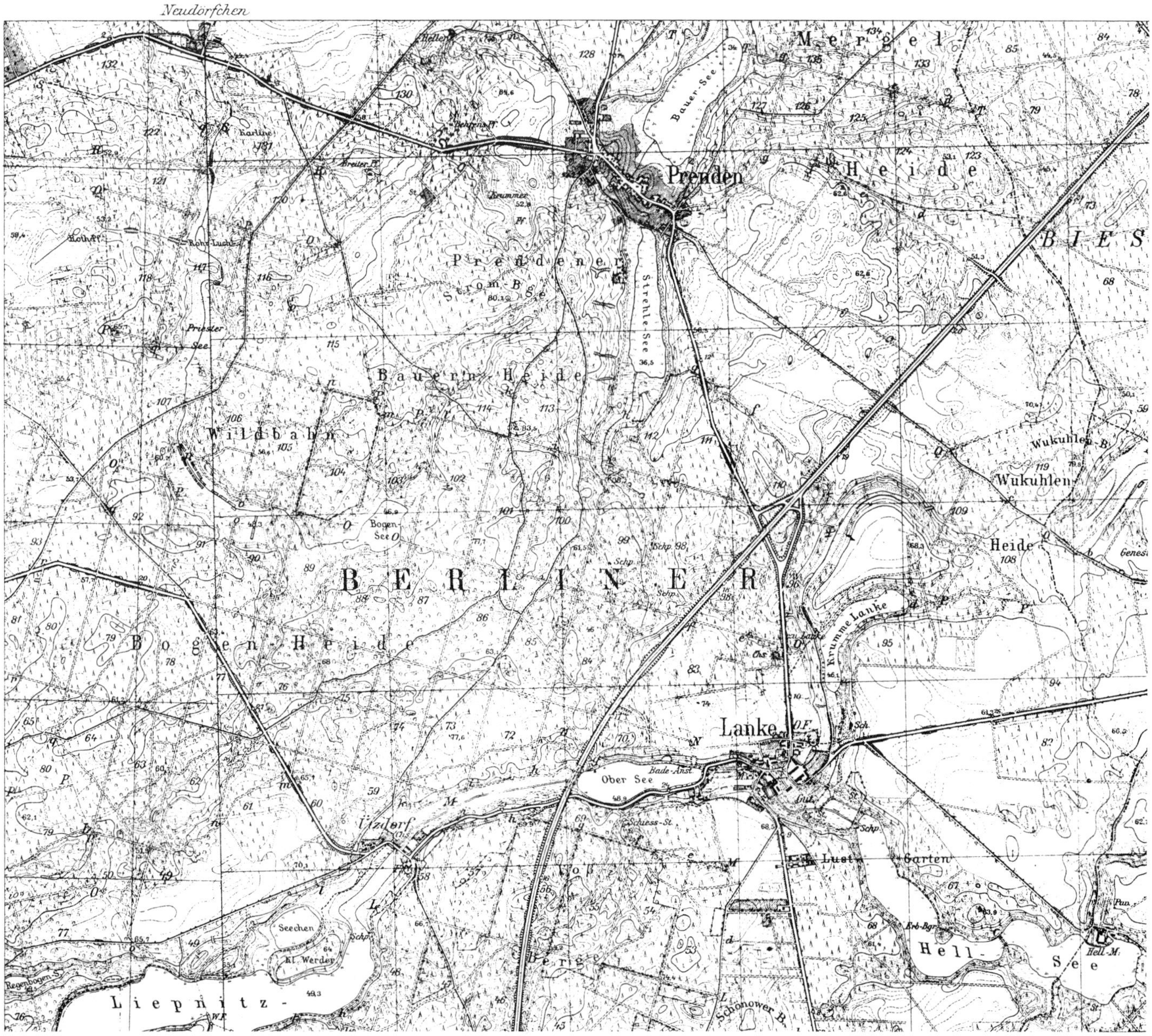

Ausschnitt aus der Landesaufnahme 1941: die ehemals v. Wülcknitzschen Güter Neudörfchen, Prenden, Lanke und Ützdorf ←B 4

4.1   Planung und Bau der Familienhäuser vor dem Hamburger Tor (1820-24)

←L 2

Wie schon aus der einleitenden Charakterisierung der Bauunternehmung hervorgeht, lassen sich drei Bauphasen für den Gesamtkomplex Familienhäuser unterscheiden:

1. die Einrichtung eines Holzplatzes (1820–21);
2. die erste Erweiterung des Hofes durch den Bau des ersten großen Familienhauses direkt an der Kreuzung der Gartenstraße mit der Torstraße (1822);
3. der Ausbau des nördlichen Teils des Grundstücks durch den Bau von vier nach einem gemeinsamen Plan gebauten Familienhäusern um den Holzlagerplatz (1822–1824).

Kammerherr von Wülcknitz baut sich zwar 1825 neben seinem bisherigen Wohnhaus ein größeres, in dem er bis 1830, bis zum Verkauf seiner Häuser wohnt. Diese letzte Bautätigkeit auf dem Grundstück erscheint aber nicht als eigene Bauphase, zumal wir keinerlei Pläne oder Beschreibungen von diesem Haus besitzen.

Die Rekonstruktionen der Gebäude und der Bauphasen setzen sich aus den Beschreibungen zusammen, die wir aus den Grundstücksakten und aus den Akten der Städtischen Feuersozietät gezogen haben. Das genannte Material wird ergänzt durch diverse Berichte in den Akten der Ministerien, des Polizeipräsidiums und des Magistrats.

→L 3

Die genaue Analyse des bisher aufgefundenen Materials führt zu erheblichen Korrekturen der bislang einzigen Baubeschreibung von Rudolf Skoda, die aber an den Ergebnissen seiner Dissertation nichts Wesentliches verändern.

Da ein Teil der Grundstücksakten trotz verzweifelter Suche nicht aufzufinden waren, besonders die, die für die ersten beiden Phasen wichtig sind, ist es möglich, daß, wenn sie eines Tages doch noch gefunden werden sollten, auch unsere Rekonstruktion überarbeitet werden muß.

4.1.1   Einrichtung eines Holzplatzes (1820/21)

Die vier ersten Gebäude werden am 31.12.1821 feuerversichert. Pläne zu diesen Häusern liegen uns nicht vor. Die Versicherungsbeschreibungen sind die einzigen Dokumente, die uns noch eine Vorstellung dieser Gebäude und ihrer Funktion vermitteln können:

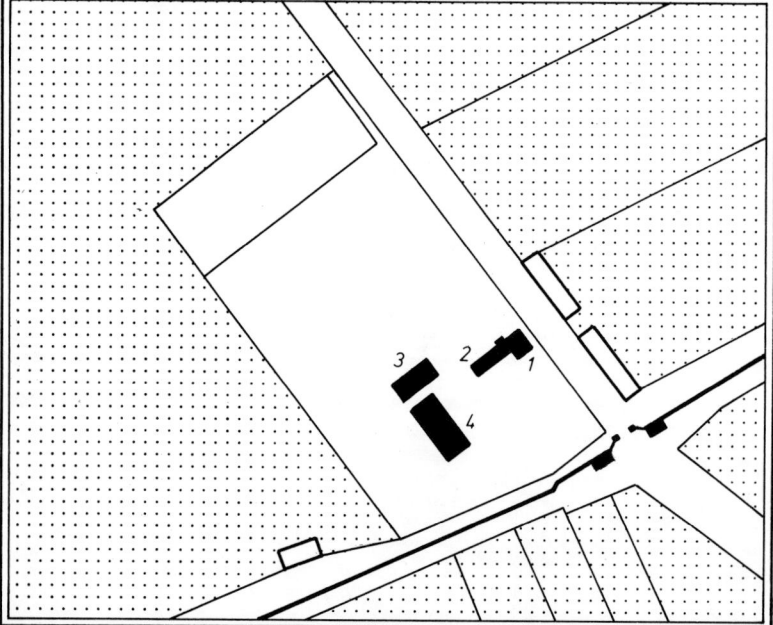

→B 5

Zu 1:

Das vordere Wohngebäude, 25 Fuß lang, 25 Fuß tief (7,85 m/7,85 m), ←A 3
1 Etage hoch mit Balkenkeller und zweiseitigem Mansardendach; im Dache
1 Stube und 2 Kammern; im Keller 1 Stube, 1 Küche, 1 Kammer; davor
ein Anbau 7 Fuß 6 Zoll lang, 17 Fuß tief (2,35 m/5,34 m), 2 Etagen hoch,
worin 2 Kammern.

Das nicht beschriebene Erdgeschoß besteht wahrscheinlich ebenfalls aus
Küche, Stube und Kammer.

Zu 2:

Das angrenzende Seitengebäude rechter Hand, 42 3/4 Fuß lang, 16 Fuß ←A 4
tief (13,42 m/5,02 m), 1 Etage hoch, von Fachwerk mit zweiseitigem gera-
den Dach, worin 2 Ställe und Remisen.

Zu 3:

Rechter Hand ein Stallgebäude, 52 Fuß lang, 27 Fuß tief (16,32 m/ ←A 5
8,48 m), 1 Etage hoch von Holz mit zweiseitigem Mansardendach, worin
6 Ställe.

Zu 4:

Quer des Hofes ein Wohngebäude, 84 1/4 Fuß lang, 32 Fuß tief (26,45 m/ ←A 6
10,04 m), 1 Etage hoch von Holz, teils ausgemauert, teils Lehmwickel-
fach mit zweiseitigem Mansardendach; in der ersten Etage und im Dache
ein Corridor auf die ganze Länge des Gebäudes; im Dache 8 Stuben,
8 Küchen; im Oberdache der Mansarde 4 Stuben und 4 Küchen.

Das Gebäude Nr. 4 ist das Haus, das v. Wülcknitz in seiner schon zitierten Bauerinnerung als den ersten Schritt zum Bau der Familienhäuser bezeichnet: *Der Anfang dieser Unternehmung beschränkte sich auf Errich-* ←A 7
tung eines Familienhauses, worin 20 einzelne Wohnungen sich befanden,
die so eingeteilt sind, daß eine Stube von 12 Fuß quadrat (3,77 m/3,77 m),
daneben aber eine Küche von 12 Fuß Länge und 6 Fuß Tiefe (3,77 m/
1,88 m) sich befindet. Aus diesen Angaben läßt sich ein schematischer
Grundriß des Erdgeschosses rekonstruieren:

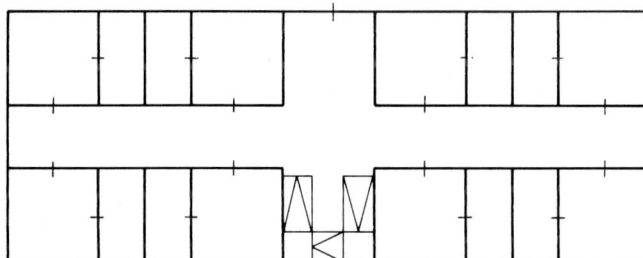

←B 6

4.1.2   Die erste Erweiterung (1822)

Im Laufe der folgenden 10 Monate bis September **1822** entsteht durch den Bau zweier weiterer Gebäude eine dreiseitige zur Gartenstraße hin geöffnete Hofanlage, in deren Mitte der Brunnen liegt.

Von den beiden Gebäuden existieren ebenfalls keine Planunterlagen, wir sind auch hier auf die Feuerversicherungs-Beschreibungen angewiesen. Beide Gebäude werden am **28.9.1822** versichert.

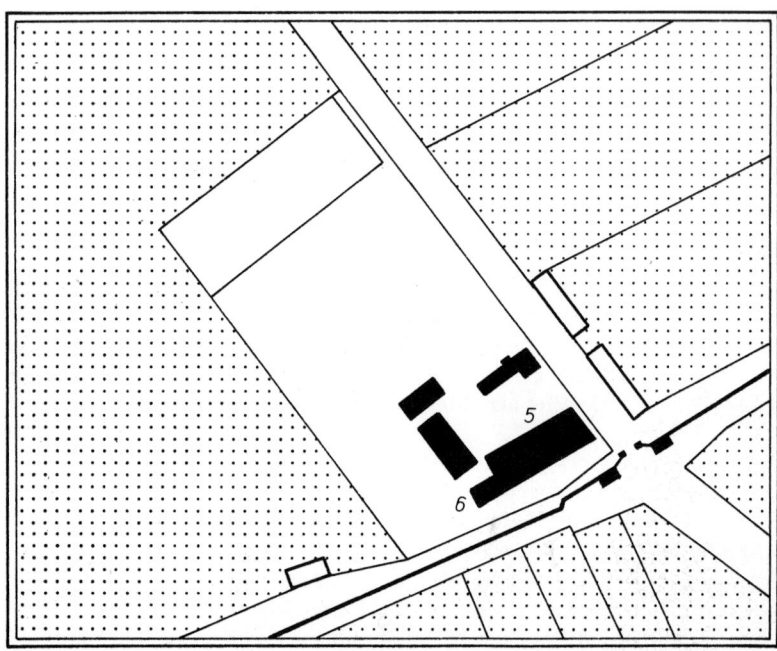

→B 7

Zu 5:

→A 8   *Das vordere Wohngebäude, aequiert 127 Fuß lang und 50 Fuß tief (39,87m/15,7m), 2 Etagen hoch, die erste Etage massiv; im Souterrain sind 14 Stuben, 12 Küchen, 12 Kammern; im Dache: 14 Stuben, 12 Küchen, 12 Kammern, und über den Mansardenbalken im Dache sind 28 Stuben, 24 Küchen, 14 Kammern.*

Zu 6:

→A 9   *Das Gebäude am Giebel des Vorderhauses, 36 Fuß lang, 24 Fuß tief (11,30 m/7,53 m), 1 Etage hoch, massiv; im Keller eine Töpferwerkstatt mit Brennofen, 1 Stube und 1 Küche.*

Bei der Töpferwerkstatt handelt es sich um die des Töpfers Rehmel, der in die späteren Familienhäuser die großen Kochöfen einbauen wird, worauf wir später eingehen.

Zum Querprofil der eben beschriebenen Häuser 5 und 6 besitzen wir im Hintergrund einer vom Oranienburger Tor aus gemalten Ansicht der Borsigschen Fabrik eine Darstellung: ein Gärtnerhaus, dahinter die beschriebenen Häuser 6 und 5 und rechts daneben die beiden Obelisken des Hamburger Tores.

Das große Haus (Nr. 5) wird sehr bald als das „Kaufmannshaus" bezeich-
→S 272 net, wahrscheinlich nach dem Kaufmann Zieche, der dort wohnt und als Armendeputierter die Austeilung der Armengelder in den Familienhäusern vornimmt.

Wir stellen zusammen, was wir über dieses Haus aus späteren Beschreibungen wissen:

→A 10   Zuerst wieder v. Wülcknitz selbst: *Da der Preis von 36 Rthl. für eine solche Wohnung dem Publico so angenehm war, daß Hunderte von Familien unbefriedigt weggehen mußten, ohne bei mir Unterkommen zu finden, so entschloß ich mich, ein größeres Familienhaus zu erbauen, worin eine große Stube, ein Alkoven, eine Küche und bei sehr vielen ein Cabinett angebracht wurde. Der Preis dieser Wohnungen, den ich von 30–50 Rthl. setzte, entsprach ebenfalls dem Wunsch des Publikums, so daß die Wohnungen schnell besetzt und bei mir der Gedanke rege werden mußte, diese Unternehmung zu erweitern.*

←B 8

Der Armenarzt Dr. Thümmel beschreibt das Kaufmannshaus Garten- ←S 193
straße Nr. 60 am **11.1.1827** in seinem Gutachten: *Das dem Tore zunächst* ←A 11
gelegene, mit der Giebelseite der Gartenstraße, mit der Vorderfronte der
Stadtmauer und mit der Hinterfront dem Hofe zugekehrte Haus 60 endlich
hat, indem es zuerst entstanden, noch die beste Bauart und leidlichste Ein-
richtung, besteht ebenfalls aus 5 Stockwerken, ist aber mit 4 Eingängen
versehen, welche indes nicht miteinander in Verbindung stehen und bei
etwaiger Feuersgefahr den Bewohnern keine Wahl gestatten. Es schließt
91 Wohnungen in sich, wozu Kammern oder Alkoven und dunkle auf den
Corridors angebrachte Kochgelegenheiten (Kamine) gehören.

Die Kellerstuben sind hier am tiefsten, in Vergleich zu den übrigen Häu-
sern gelegen, feucht, dumpfig und ungesund, die dazugehörigen Corridors
werden nur durch ein Kellerloch unter der Eingangstreppe schwach erleuch-
tet, vor welcher sich der Abfall, Kehricht etc., den die Bewohner der obe-
ren Stockwerke hier ausschütten, anhäuft und einen sehr üblen Geruch ver-
breitet.

Die beschriebenen Einzelheiten, der differenzierte Wohnungsgrundriß,
die dunklen Küchen, die vier nicht miteinander verbundenen Eingänge
deuten auf die Aneinanderreihung eines Haustyps ohne Mittelgang. Einige
der beschriebenen Elemente tauchen in einem noch während der Bauzeit
des Kaufmannshauses von dem Maurermeister Lindner, Wallstraße 56, eingereichten Bauantrag zum weiteren Ausbau des v. Wülcknitzschen Grundstücks auf. Dem Bauantrag liegt der Entwurf zu einem Familienhaus mit
6 bewohnbaren Geschossen zu Grunde, der die dritte Bauphase auf dem
Grundstück einleitet.

4.1.3 Ausbau des nördlichen Teils des Grundstücks (1822-24)

Am **4.6.1822**, also drei Monate vor Fertigstellung des Kaufmannshauses, reicht der mit dem Bau der weiteren Familienhäuser beauftragte Maurermeister Lindner beim Polizeipräsidium folgenden Plan ein:

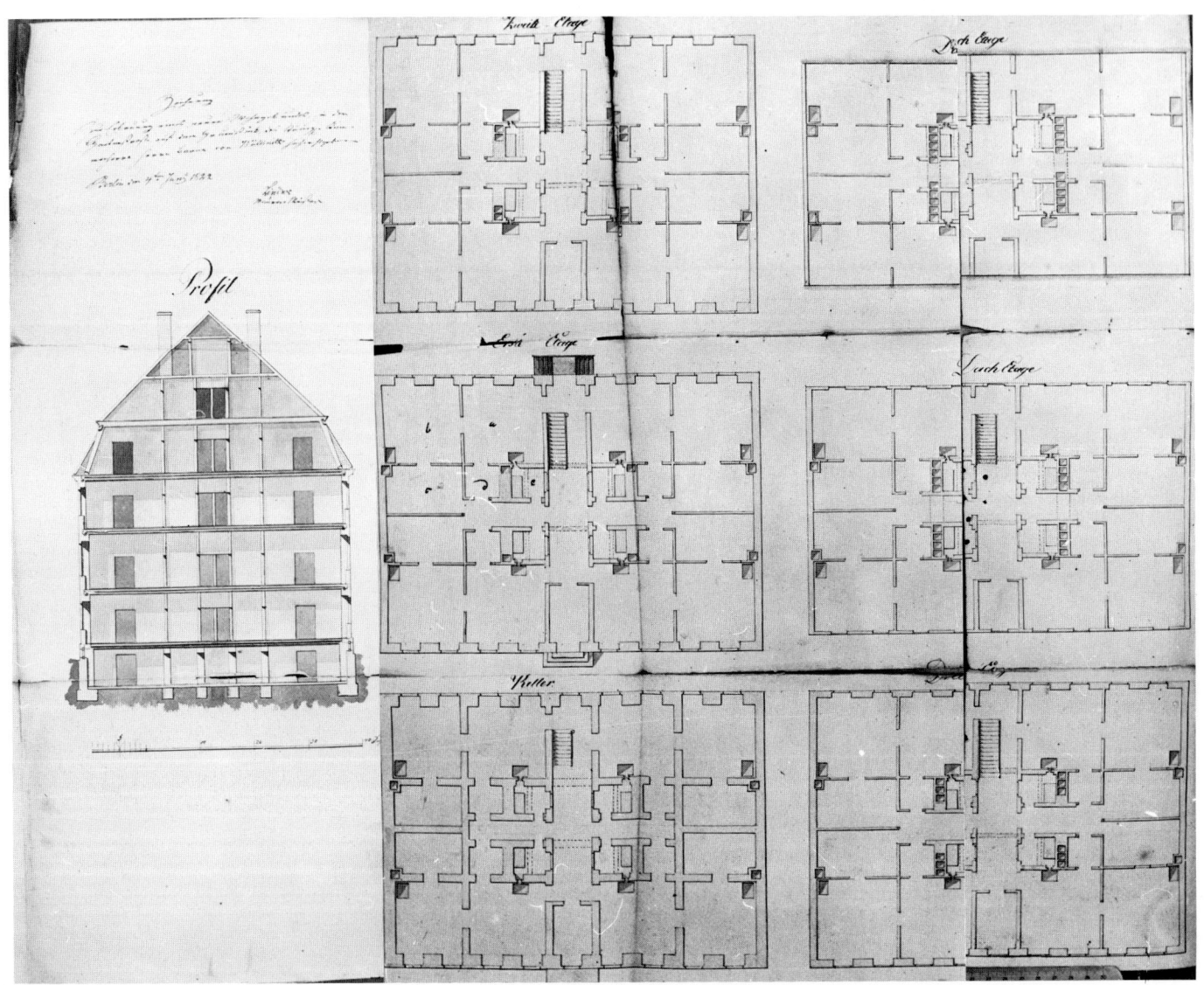

→B 9 „Zeichnung zur Erbauung eines neuen Wohngebäudes, in der Gartenstraße auf dem Grundstück des Königl. Kammerherrn Baron v. Wülcknitz, hochwohlgeboren. Berlin, den 4ten Juny 1822, Maurermeister Lindner"

Interessant ist an dem Grundriß auf den ersten Blick, daß es sich um jeweils 4 größere Wohnungen mit 2 Stuben, 1 Alkoven, 1 Küche und einem Vorraum handelt, die von einem Treppenhaus mit Stichfluren erschlossen werden. Der dem Erschließungssystem zugrunde liegende Quergang erinnert an das Kolonistenhaus. Neu ist auf jeden Fall die Zahl der Wohngeschosse.

Dieser Antrag wird nicht genehmigt. Grund der Ablehnung ist das Geschoß über dem Mansardbalken, das man aus feuerpolizeilichen Gründen für gefährlich hält.

Die ausführliche Begründung dieser Ablehnung des Antrags findet sich schriftlich erst im Zusammenhang mit späteren Anträgen, die auf die gleichen feuerpolizeilichen Bedenken stoßen.

4 Monate später, am **26.10.1822**, reicht Lindner einen neuen Bauantrag für Familienhäuser ein, dem eine völlig veränderte Grundrißstruktur mit 1-Zimmer-Wohnungen, die über einen Mittelgang erschlossen sind, zugrunde liegt, ähnlich dem kleinen Familienhaus von **1821** (Gebäude Nr. 4):

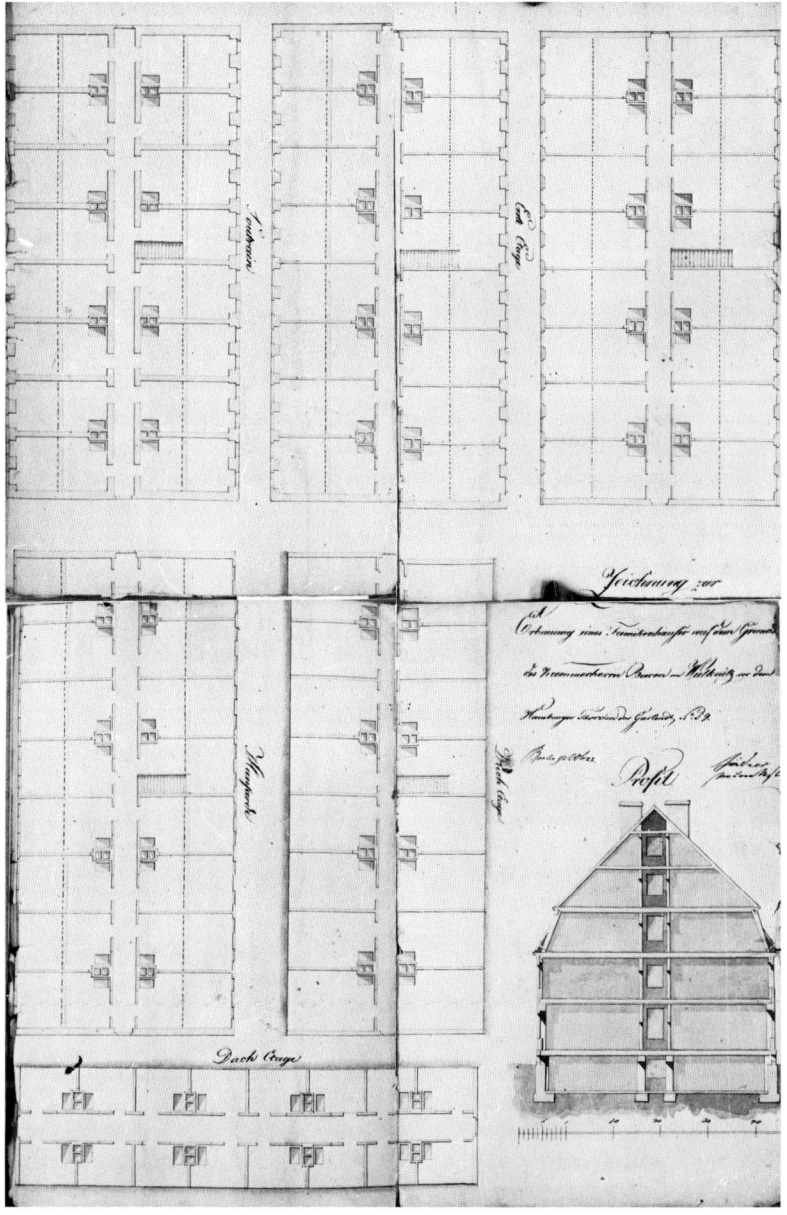

„Zeichnung zur Erbauung eines Familienhauses auf dem Grundstück des Kammerherrn Baron v. Wülcknitz vor dem Hamburger Tore in der Gartenstr. Nr. 59, Berlin, 12.10.1822, Lindner, Maurermeister" ←B 10

Der Königl. Kammerherr Herr Baron von Wülcknitz ist willens, auf seinem Grundstück Gartenstr. No. 59 nach beiliegender Zeichnung ein Familienhaus zu erbauen. Es ist bereits eine Zeichnung zur Ausführung eines ähnlichen Gebäudes bei einem Königl. Polizei-Präsidii eingereicht, welche aber nicht ausgeführt werden soll.

Er bittet Ein Königl. Hochwohllöbliches Polizei-Präsidium ganz ergebenst, ihm den Erlaubnisschein, diesen Bau ausführen zu dürfen, baldigst erteilen zu wollen.
Berlin, den 26. Okt. 22   Lindner
an Ein Königl. Hochwohllöbl.   (Maurermeister)
Polizei-Präsidium

Auch dieser Antrag wird abgelehnt, obwohl das Gebäude ein Vollgeschoß weniger als das am **4.6.1822** beantragte hat. Das Polizeipräsidium informiert den Bauherrn mit Datum vom **7.11.1822** von der Ablehnung:
Nach einer von dem Maurermeister Lindner gemachten Anzeige vom 26. Oct. d. J. beabsichtigen Ex. auf Ihrem, in der Gartenstr. Nr. 59 belegenen Grundstücke, die Erbauung eines Wohngebäudes, welches außer einem Souterrain und zwei anderen Etagen noch drei dergleichen im Dach, näm-

Zum Verhältnis von „Familienhaus" zu Kaserne: eine unmittelbare Vorgeschichte

→S 64   Im Zusammenhang mit der Geschichte der Berliner Eisengießerei haben wir bereits den Gebäudetyp vorgestellt, der seit Ende des 18. Jh. mit dem Begriff „Familienhaus" verbunden ist. Es handelt sich dabei um ein- bis zweigeschossige Arbeiter-Wohnhäuser mit Stube, Kammer und Küche als Wohneinheit für meist 4–8 Familien, wie sie unter Leitung des Oberbergamtes für die staatlichen Industrieunternehmen, wie z.B. für das Messingwerk in Eberswalde oder die schlesischen Eisenhütten und Kohlegruben, gebaut werden.

Schlägt man das „Conversationsbuch für Berlin" aus dem Jahre **1834** von Zedlitz auf – was wir noch öfter tun werden, weil es so genau ist –, so findet man unter dem Stichwort *Familienhäuser* folgende Auskunft:

→L 4   **Familienhäuser.** Diesen Namen führten Anfangs zwei ehemalige Kasernen, welche milde Fürsorge armen Handwerkern, besonders Zitzwebern, gegen einen sehr geringen Miethszins eingeräumt hatte, und in neuerer Zeit führen die ehemals v. Wülcknitzschen, später Wiesekeschen Häuser vor dem Hamburger Thore, Gartenstr. 10. 92 a. b. c., in deren zusammen einigen hundert Wohnungen größtentheils sehr arme Leute aus der niedrigsten Volksklasse für einen billigen Miethszins wohnen.

Die Notiz zeigt, daß der Begriff „Familienhäuser" in Berlin eine spezielle Bedeutung annimmt, der wir nachgehen wollen.

Bezieht sich „Familienhaus" ursprünglich auf eine bäuerliche Hausstruktur, in der nur noch gewohnt wird, also eine ländlich-feudale Form, so überträgt sich dieser Begriff auf Kasernen im städtischen Zusammenhang, und zwar in dem Augenblick, wo anstatt der Soldatenfamilien Handwerker- und Arbeiterfamilien in die Kasernen einziehen. „Familienhaus" wird nun die Bezeichnung für einen Gebäudetyp, der n u r vermietbare Räume enthält.

Vergleicht man den Grund- und Aufriß eines klassischen Familienhauses, wie es vom Oberbergamt für Hüttenarbeiter gebaut wird, mit dem einer frühen Berliner Kaserne, die bis **1806** noch für die selbständigen Haushalte der „Kameradschaften" gebaut werden, so stellt man Ähnlichkeiten wie Unterschiede fest:

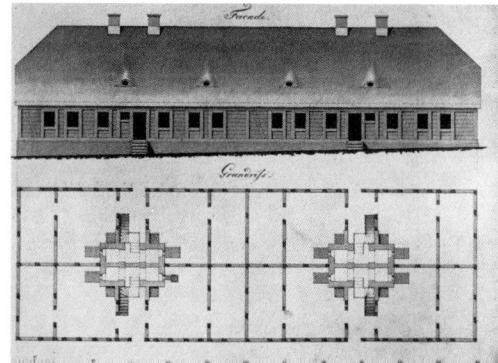
←A 12

→B 11

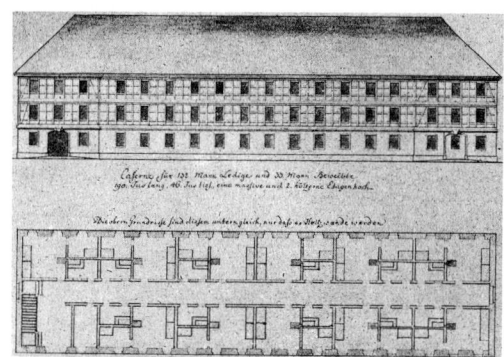
←A 12

→B 12

Vergleich:
Oben: Familienhaus in Paruschowitz um 1800
Unten: Entwurf einer Kaserne in der Jacobstraße in Berlin, 1750

←A 13   G e m e i n s a m ist beiden Gebäudetypen das Raumprogramm: eine Vielzahl von Stube-Kammer-Küche-Einheiten, wobei in beiden Fällen die Küchen gemeinschaftlich genutzt werden, abgeschlossene Wohnungen im heutigen Sinne existieren noch nicht. Gemeinsam ist auch die in die Länge entwickelte feudale Hausform mit der Traufe zur Straßenseite und der Abwalmung des Daches am Hausende.

Unterschiedlich ist die Zahl der Geschosse und die Form der Erschließung. Erfolgt bei den Familienhäusern auf dem Lande die Erschließung über gemeinsame Vorräume von der Vorderseite und von der Rückseite, so erfolgt sie bei der Kaserne über eine gemeinsame Treppe und einen Korridor, der nur an seinen Stirnseiten beleuchtet ist und an dem die Wohnungen zu beiden Seiten aufgereiht sind.

In diesem Vergleich erscheint in gedrängter Form die Entwicklung wieder, die die Baupläne für die von Wülcknitzschen Familienhäuser von 1820–22, die Phase der einzelnen Anträge, durchlaufen. Ihre Besonderheit ist, daß sich der Grundriß der ursprünglichen Familien-Wohnungen immer weiter reduziert bis auf Einstubeneinheiten.

Der Korridor als durchlaufender Mittelgang taucht in Berlin zum ersten Mal in dem 1746 gebauten Invalidenhaus auf und dient dem danach begonnenen Kasernen-Programm als Grundriß-Vorbild. ←S 36

Der Mittelgang ist die ökonomisierte Form der z.B. im Kloster offenen oder geschlossenen Arkade, wie sie in Berlin noch in der Charité in unmittelbarer Nachbarschaft zum Invalidenhaus gebaut wird. Der Korridor mit seiner schlechten Lüftung und Belichtung wird als Erschließungsform nur dort eingesetzt, wo es sich um die massenhafte Aufreihung ziemlich einfacher und gleichförmiger Räume für Personalgruppen ohne privaten Haushalt handelt, wie z.B. Invalide, Soldaten, Kranke, Irre und Obdachlose – insofern Ausgangspunkt für die im 19. Jh. entwickelten bürgerlichen Anstaltsbauten. ←S 34

In dem Moment, wo in Berlin Kasernen leer stehen, weil Regimenter aus Berlin herausgelegt wurden und der Staat in feudaler Fürsorgepflicht diese Kasernen an notleidende, wohnungsuchende Webstuhlarbeiter vermietet, überträgt sich die Bezeichnung „Familienhaus" auf diese Kasernen in zwei Fällen, von de- ↓B 13

lich eine im unteren und zwei im oberen Teile des Mansarddachs, enthalten soll. Es scheint hiernach, als habe der p. Lindner Ex. von der diesseitigen höheren Verfügung auf einen unterm 4. Juni d.J. eingereichten Plan, wie ihm aufgegeben worden, nicht unterrichtet, durch welche demselben bekanntgemacht wurde, daß in bezug auf Feuersgefahr die Anlegung einer Dachetage nur in dem unteren, keinesweges aber in dem oberen Teile des Mansarddaches gestattet werden könne.
Berlin, den 7.11.1822
an den Kammerherrn v. Wülcknitz   Pol.-Praes.

In der Begründung wird also auch auf den vorhergehenden Antrag eingegangen, dessen Ablehnung uns nicht schriftlich vorliegt.

Aus einer Randbemerkung neben dem oben zitierten Schreiben in der Akte des Polizeipräsidiums geht hervor, daß die Ablehnung nur bedingt erfolgt, indem Lindner die Auflage bekommt, nur eine Dachetage, nicht aber, wie gezeichnet, zwei als bewohnbare Geschosse auszuführen.

Der Maurermeister zeichnet daraufhin den Plan um und reicht die geänderte Fassung am 24.2.1823 zur Genehmigung ein: Im Unterschied zu den bisherigen Anträgen lautet dieser Antrag nicht mehr auf den Bau von einem, sondern von drei Familienhäusern: →A 14

Der Königliche Kammerherr Herr Baron von Wülcknitz ist willens, auf seinem Grundstück vorm Hamburger Tor, Gartenstr. Nr. 60, d r e i Familienwohnhäuser nach beiliegender Zeichnung erbauen zu lassen. Er bittet Ein Königl. Hochwohllöbliches Polizei-Präsidium ganz ergebenst, ihm die Erlaubnis, diese Bauten ausführen zu dürfen, baldigst bewilligen zu wollen.
Berlin, den 24.2.1823
An   Lindner
Ein Königl. Hochwohllöbl.   Maurermeister
Polizei-Präsidium   Wallstr. 56

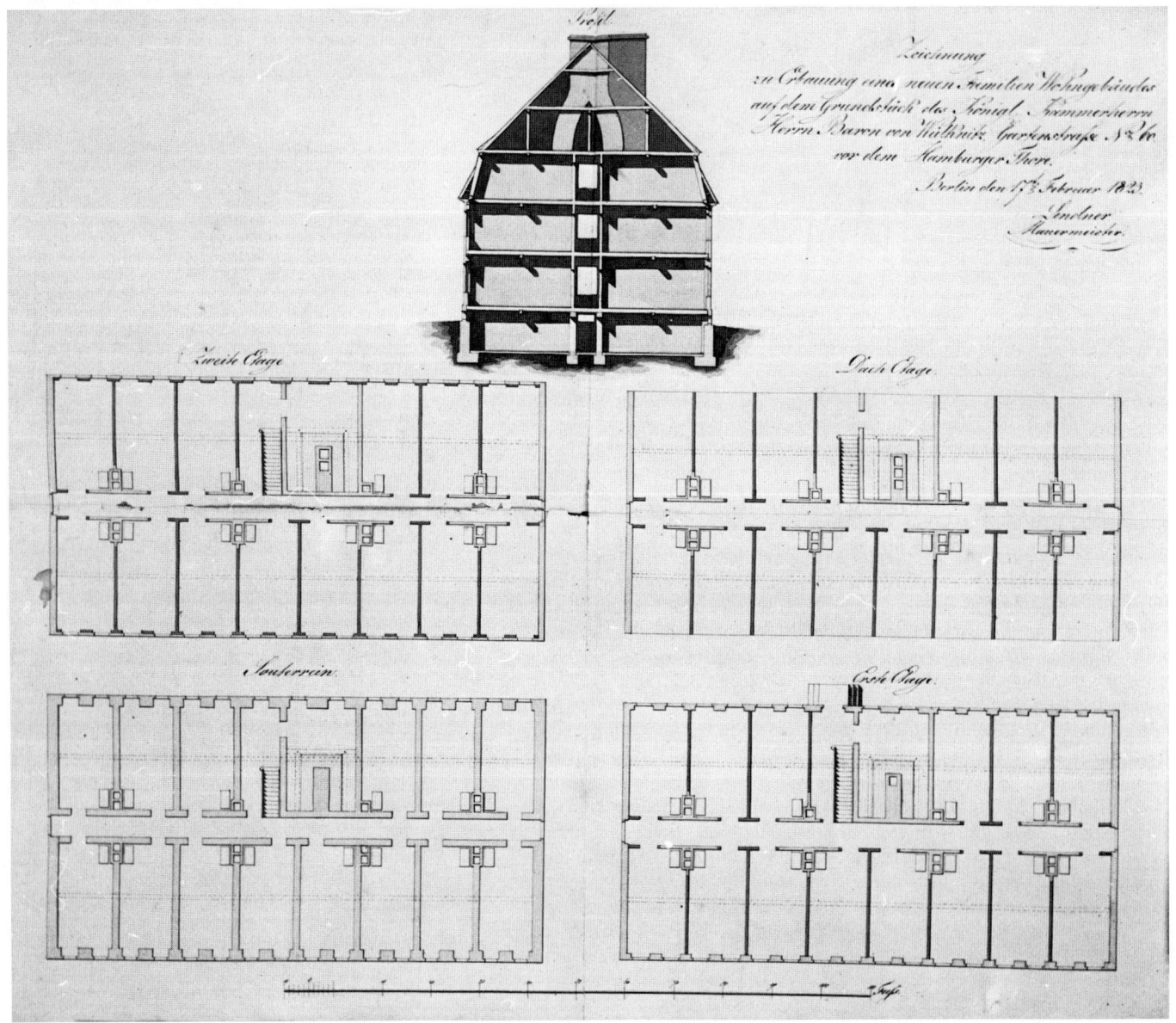

Dieser dritte Plan, der tatsächlich genehmigt wird, woraufhin die Bauarbeiten sofort begonnen werden, unterscheidet sich in mehreren Punkten sowohl von dem vorangegangenen Entwurf als auch von der tatsächlich ausgeführten Form der Familienhäuser. Neu ist eine gemeinschaftliche Etagenküche in dem dritten Antrag, die jedoch nicht ausgeführt wird und wahrscheinlich nur die Funktion hatte, mögliche Einwänden gegen die 1-Stuben-Haushalte vorzubeugen. Völlig ungeklärt ist in diesem wie auch in den beiden vorangegangenen Entwürfen die Belichtung der Dachgeschosse. Alles, was über dem Mansardbalken sich befindet, ist als unbewohnbar dargestellt.

Die nun begonnenen Gebäude werden nacheinander am **6.9.1823**, am **18.12.1823** und am **10.5.1824** fertiggestellt, bzw. feuerversichert. Wieder sind die Gebäudebeschreibungen der Feuersozietät relativ zuverlässige Quellen in bezug auf die Gestalt der tatsächlich ausgeführten Bauten, die sich, wie wir sehen werden, nicht unwesentlich von dem Bauantrag unterscheiden:

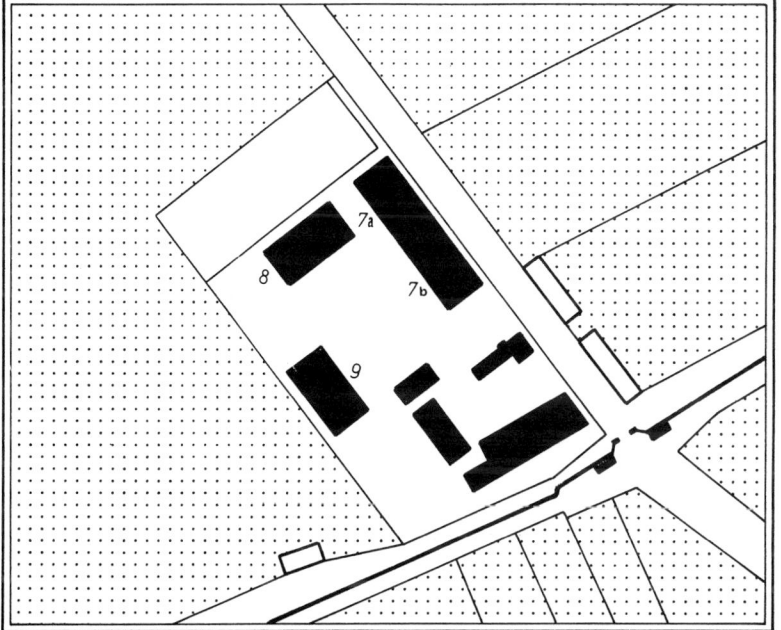

Zu 7a, 7b:

Das Doppelhaus an der Gartenstraße, das sogenannte „Lange Haus", wird als erstes gebaut, und beide Teile werden am **6.9.1823** feuerversichert. Beide Teile sind durch ihre innere Erschließung miteinander verbunden, werden aber als zwei Teile unter verschiedenen Hausnummern getrennt versichert. Die Hausbeschreibungen sind für beide Teile identisch und werden daher nur einmal hier wiedergegeben:

Das Wohnhaus an der Straße, 100 Fuß 6 Zoll lang, 50 Fuß 6 Zoll tief ←A 16
(31,55 m/15,85 m), 2 Etagen hoch, mit hohem Souterrain, das Souterrain und die erste Etage ganz massiv, mit zweiseitigem Mansardendach und einer durchlaufenden Dachfensterwand auf jeder Seite, darin 15 Stuben, 1 Treppenflur und 1 Corridor auf die ganze Länge des Gebäudes; über der Mansarde nochmals eine durchlaufende Dachfensterwand auf beiden Seiten und darin 30 Kammern, 1 Treppenflur und ein Corridor auf die ganze Länge des Gebäudes. Vor dem Hause gegen die Hofseite ist eine Sandsteintreppe.

Weiterhin sind als versichert aufgeführt: 1 Brunnen und zwei 5 Fuß (1,57 m) hohe Estaquets (Staketzäune), einmal von 150 Fuß (47,09 m) Länge und ein zweites von 140 Fuß (43,95 m) Länge.

Zu 8:

Als zweites wird das sogenannte „Querhaus" fertiggestellt und mit Datum vom **18.12.1823** versichert. →A 17

Das neu erbaute Familienwohnhaus, 100 Fuß lang, 50 Fuß 6 Zoll tief ←A 18
(31,39 m/15,85 m), zwei Etagen hoch mit hohem Souterrain; das Souterrain und die erste Etage ganz massiv, in der zweiten Etage die sämtlichen Wände von Holz verbunden, ausgemauert und verblendet; mit zweiseitigem Mansardendach und über der Mansarde zweimal Böden; darin sind

nen wir einen an Hand der Akten dokumentieren können. Er ist deshalb besonders interessant, weil die dort wohnenden Weber **1819**, kurz vor dem Bau der von Wülcknitzschen Familienhäuser, das sogenannte „Erste Familienhaus vor dem Schlesischen Tor" verlassen müssen, da diese Kaserne wieder militärisch belegt werden soll. In der Gesamtanlage, in der Erschließungsform, aber auch in der gewohnten Bezeichnung, setzt sich in den Familienhäusern vor dem Hamburger Tore etwas fort, was wir zwar nicht konkret beweisen können, dessen Traditionsübertragung aber naheliegt, weil die dortigen Bewohner sowohl von der Miete her wie von dem Zuschnitt der Räume etwas wiederfinden, was ihren Möglichkeiten entspricht. In den Familienhäusern vor dem Hamburger Tor wird dann auf Dauer gestellt, was am Schlesischen Tor nur eine Episode war. Der Privatspekulant lernt vom Staat, der sich von der Industrieunternehmung und von der Wohnungsvermietung zurückzuziehen beginnt und diese Bereiche dem privaten Unternehmer überläßt.

Geschichte des „1. Familienhauses vor dem Schlesischen Tor" in der Köpenicker Str. Nr. 14–15

1767 wird in der Köpenicker Straße direkt vor dem Schlesischen Tor eine Kaserne gebaut, die zuerst von dem Regiment v. Pfuhl belegt wird, später von dem Regiment v. Thiele, das in den 90er Jahren aus der Stadt hinaus gelegt wird. Danach steht die Kaserne leer, und der König überlegt eine neue Verwendung:

→A 15 *Rath, besonders lieber und getreuer. Um von der am Schlesischen Tore zu Berlin belegenen Kaserne, des nach Südpreußen verlegten Regiments v. Thiele zum allgemeinen besten, oder zuträglichsten Gebrauch zu machen, habe ich resolviert, daß dieses weitläufige Gebäude, zum Unterkommen für die ärmere Classe der Stuhlarbeiter als Etamin- und Raschmacher, Leineweber pp. angewendet werden soll. Die Aussicht darüber, will ich der Oberhof-Bau-Direktion anvertrauen und ich habe dem Ober-Kriegs-Collegio befohlen, die Caserne Euch in der Absicht zu übergeben, und zu dem Ende das weiter erforderliche mit Euch zu verabreden. Meine Absicht gehet hiernächst dahin, daß die in der Kaserne vorhandenen Zimmer für einen verhältnismäßig billigen im konvenablen Raten alljährlich zu bezahlenden Mietzins einzelnen Stuhlarbeitern überlassen werden sollen. Diesen Mietzins kann, unter Eurer Direktion, das Oberbauamt regulieren und angeben, und es sollen davon zuvörderst die zur Unterhaltung des Gebäudes erforderlichen Kosten bestritten werden. Es muß darüber eine richtige Rechnung ge-* ←B 14 *führt und Mir mit Ablauf jeden Jahres der Abschluß eingeschickt werden, damit ich wegen Ablieferung des Überschusses zur Dispositions-Kasse das erforderliche jedesmal verfügen kann. Besondere Administrations-Kosten werden dazu nicht erfordert noch bewilligt. Ihr müßtet aber dahin sehen, daß die Zimmer in den oberen Stockwerken, zum Schaden des Gebäudes nicht ungebührlich belästigt werden dürfen, und daß nicht etwa liederliches Gesindel sich einschleichen und unter den übrigen Bewohnern des Gebäudes noch sonst Unfug anrichte.*
Im Übrigen überlasse ich Euch diese Meine Willensmeinung gehörig zur Ausführung zu bringen und bin Euer gnädiger König

Fridrich Wilhelm

Potsdam den 26. Nov. 1795
An den Geh. Finanzrat Baumann

Kurze Zeit später wird auf dem anderen Spreeufer noch eine zweite Kaserne frei, die ehemalige Artilleriekaserne vor dem Stralauer Tor, und beide werden auf königlichen Erlaß vom **25.3.1799** hin – bezeichnet als 1. und 2. Familienhaus – der Berliner Armendirektion anstatt wie bisher dem Königl. Oberbauamt zur Vermietung überlassen. Die Kasernen bleiben zwar im Besitz des Kriegsministeriums, die Armendirektion kann jedoch über die erzielten Mieteinnahmen frei verfügen.

Bis zur französischen Besetzung **1806** decken die Mieteinnahmen aus den beiden Familienhäusern nicht nur Unterhaltungskosten, sondern ergeben sogar Überschüsse, die für die Reparatur anderer Häuser verwandt werden. Das ändert sich ab **1806**:

→A 17 *Während der feindlichen Occupation ruhten die Fabriquen, und deren Arbeiter waren unbeschäftigt; dies hatte auf die Bewohner des 2. Familienhauses den Einfluß, daß sie ihre Mieten nicht bezahlen konnten, und wir, von ihrer Not überzeugt, durften die Beitreibung der Rückstände mit Strenge nicht veranlassen – die eingehenden Mieten reichten zwar zu den Besoldungen des dabei angestellten Inspektors, Chirurgi, Wärters,*

Schornsteinfegers und zur teilweisen Bezahlung der Baukosten hin, und es mußten notwendig Rückstände für Bauten und andere Regie-Kosten entstehen.

Was hier für das zweite Familienhaus beschrieben wird, gilt ebenso für das erste.

Nachdem **1806** das preußische Heer fast gänzlich aufgelöst wurde, werden eine Reihe der leerstehenden Kasernen Privatleuten zu einer anderen Nutzung überlassen. So erhält beispielsweise der Fabrikant Cockerill die Kaserne in der Friedrichstraße Nr. 26 für seine Maschinenfabrik, oder der Philanthrop v. Kottwitz die ehemalige v. Winningsche Kaserne in der Alexanderstraße 6–7 zur Anlage seiner *freiwilligen Beschäftigungsanstalt* für arbeitslose Weber. Auch das zweite Familienhaus wird **1810** der Armendirektion wieder entzogen und an den Fabrikanten Tappert verkauft, der in der Kaserne eine der ersten wirklichen Fabriken auf Maschinenbasis in Berlin einrichtet:

Die Fabrik von dem Herrn Wilhelm Tappert in der Holzmarktstraße No. 9: Der Unternehmer dieser Anstalt gehört unter die Zahl derjenigen achtungswerten Männer, die sich aus sich selbst herausbilden, und von einem glücklichen Genius geleitet, der Bestimmung entgegengehn, mehr als das Gewöhnliche, Alltägliche zu leisten, so wenig die früheren Verhältnisse, worin sie das Schicksal gestellt hatte, ihnen auch Anlaß und Aussicht dazu zu geben schienen. Der Herr Wilhelm Tappert ist in Magdeburg geboren und ursprünglich ein Metallarbeiter. Er besuchte in seiner Jugend Frankreich und trat zur Zeit, als in Paris die ersten Unternehmungen stattfanden, die englische Baumwollen-Maschinen-Spinnerei dort einzuführen, in eine dieser Anstalten als Metallarbeiter in Arbeit, wo er dann die damals vorhandenen besten Maschinen dieser Art kennenlernte. Im Jahre 1792 ward er preußischerseits dazu veranlaßt, in sein Vaterland zurückzukehren und seine erlangte Kenntnis zu dessen Nutzen in Anwendung zu setzen. Zu diesem Ende wurde ihm eine angemessene Unterstützung zugesichert, und er legte mit dieser zuerst eine Maschinen-Baumwoll-Spinnerei an, die er für seine Rechnung betrieb. Als ebenso eine andere Anstalt ähnlicher Art in dem Gebäude der ehemaligen Seidenmühle angelegt worden war, die für öffentliche Rechnung geführt werden sollte, worin es jedoch an einer gehörigen sachkundigen Leitung fehlte, so ward dem Herrn Wilhelm Tappert die Direktion derselben übertragen, indem man seine frühere Anstalt damit verband. Diese Direktion führte derselbe auch bis ins Jahr 1803, wo man es für zweckmäßig fand, überhaupt von allen Verwaltungen gewerblicher und kaufmännischer Etablissements, besonders von Fabriken, für Rechnung des Staats, möglichst abzustehen, und beschlossen ward, auch diese Maschinenspinnerei an Privat-Unternehmer zu übertragen. Dieses geschah demnach, und der Herr Tappert trat, unter Beibehaltung der ihm kontraktmäßig ausgesetzten Pension, aus. Hierauf gründete derselbe eine Werkstatt zum Bau von Wollspinnmaschinen, nach einem von ihm erfundenen und ihm eigentümlichen System, und errichtete zugleich eine Wollspinnerei für eigene Rechnung auf denselben. Da es ihm an Raum gebrach, diese neue Anstalt in der gehörigen Ausdehnung zu betreiben, und die Staatsbehörde es angemessen fand, sich mit ihm wegen der Forderungen aus dem mit ihm abgeschlossenen Kontrakt auseinanderzusetzen, so ward ihm die ehemalige Artillerie-Kaserne vor dem Stralauer Tor, in der Holzmarktstraße, damals unter dem Namen des zweiten Familienhauses bekannt, weil sie an viele dürftige Familien vermietet war, mithin nicht mehr für das Militär diente, im Jahre 1810 behufs seines Maschinenbaues für einen bestimmten Kaufpreis, der zum Teil mit seinen Forderungen an den Staat berichtigt ward, überlassen; in welchem Grundstücke sich denn gegenwärtig sein bedeutendes, umfassendes, sehenswertes Fabrik-Etablissement befindet. Es begreift dasselbe nämlich: 1. die Werkstätten zum Bau der Wollspinne und anderen Maschinen, und zur Streichenfabrikation, 2. die Wollspinnerei auf Maschinen, 3. die Baumwollspinnerei, und 4. die Werkstätten zur eigentlichen Tuchfabrikation, welche jetzt ebenfalls in dieser Anstalt auf fünf Stühlen betrieben wird.

Zur Bewegung der Maschinerie ist eine englische Dampfmaschine neuester Art aufgestellt. Sie hat 16 Pferde Kraft, einen Cylinder von 22 Zoll engl. Durchmesser, und der Stempel macht 26 Hube in der Minute. An Feuerungsmaterial wird täglich bei Benutzung der vollen Kraft der Maschine etwa für 6 Thlr. Werts verbrannt, nach den hiesigen hohen Preisen desselben, woraus sich dann das Verhältnis der Kosten des Betriebes, mittelst dieser Dampfmaschine, und des Betriebes mittelst Anwendung von Pferdekräften abnehmen läßt, bei welchem letzteren mindestens 32 Ar-

30 Stuben, 2 Treppenflure und 2 Corridore auf die ganze Länge des Gebäudes; im Souterrain sind 15 Stuben, 1 Lichtflur und 1 Corridor; in der Mansarde auf jeder Seite des Daches eine durchlaufende Dachfensterwand und darin 15 Stuben, 1 Treppenflur und 1 Corridor auf die ganze Länge; über der Mansarde nochmals eine durchlaufende Dachfensterwand auf beiden Seiten, darin 30 Kammern, 1 Treppenflur und 1 Corridor.

Außerdem ist ein 200 Fuß (62,78 m) langer Zaun versichert.

→A 19 **Zu 9:**

Als letztes der Familienhäuser wird am **10.5.1824** das später als „Schulhaus" bezeichnete Gebäude versichert:

←L 5 *Das neu erbaute Familienwohnhaus, 101 Fuß lang, 50 Fuß 6 Zoll tief (31,70 m/15,85 m), 2 Etagen hoch, mit hohem Souterrain und zweiseitigem Mansardendach; das Souterrain ist mit allen inneren Wänden massiv; in der ersten Etage sind die Umfassungswände und die beiden auf die ganze Länge des Gebäudes durchlaufenden Corridorwände massiv; die Umfassungswände der 2. Etage sowie die Dachgiebel sind zwar von Holz, jedoch auf einem Stein stark ausgemauert und verblendet; alle übrigen Wände außer der Brandmauer sind von Holz verbunden und Lehmwickelfach; im Souterrain sind 15 Stuben, 1 Corridor, 1 Flur; im Dach 15 Stuben, 1 Flur, 1 Corridor; über dem Mansardenbalken sind 30 Kammern, 1 Corridor, und über diesem Gebälke sind 30 Verschläge und 1 Corridor.*

Vergleichen wir diese Baubeschreibungen mit dem Bauantrag, so fallen mehrere Unterschiede auf:

1. **in bezug auf die Anzahl der Gebäude:** Obwohl nur drei Familienhäuser beantragt worden sind, werden tatsächlich vier nach einem gemeinsamen Plan gebaut. Möglicherweise liegt hier ein Motiv für die Anlage des Doppelhauses an der Gartenstraße, dessen beide Teile über die Corridore miteinander verbunden sind und das der Bauherr bei möglichen Einsprüchen des Polizei-Präsidiums als e i n Gebäude hätte vertreten können;

2. **im Grundriß:** Auf jeder Etage der ausgeführten Bauten befinden sich 15 Stuben. Die im Bauantrag gezeichnete Etagenküche wird in keinem der vier neuen Häuser eingerichtet;

3. **im Schnitt:** Im Bauantrag ist der Raum über der Mansarde als offene Dachkonstruktion dargestellt. Die Schornsteine werden über der Mansarde so zusammengeführt, daß sie zusammen mit der Konstruktion des Dachstuhls einen Mittelgang wie in den darunterliegenden Geschossen unmöglich machen. Die scheinbar beabsichtigte Unbewohnbarkeit dieses Dachraumes wird weiter dadurch suggeriert, daß kein Grundriß dieser Ebenen beigefügt und der Raum im Schnitt im Gegensatz zu den Stuben dunkel angelegt ist. Wie die Versicherungsbeschreibungen jedoch zeigen, wird der Mittelgang aber auch in den beiden über den Mansardenbalken liegenden Geschossen beibehalten, und in dem ersten Oberdach werden jeweils 30 Kammern angelegt, die wie die Mansardenstuben über eine durchlaufende Dachfensterwand belichtet sind. Darüber liegen auf dem zweiten Dachboden, zumindest für das „Schulhaus" ausdrücklich erwähnt, 30 wahrscheinlich unbelichtete Verschläge.

Sowohl aus den Stubennumerierungen in den später erstellten Bewohnerlisten als auch aus der Gebäudebeschreibung des Dr. Thümmel geht eindeutig hervor, daß sich in dem Geschoß über der Mansarde wie in den darunter liegenden Geschossen ebenfalls 15 Stuben und nicht 30 Kammern befinden.

Ungeklärt bleibt, ob unmittelbar nach dem Bau tatsächlich 30 Kammern im Oberdach existiert haben, die später durch Wegnahme jeweils einer Trennwand in Stuben verwandelt worden sind, oder ob die Beschreibung der Feuerversicherung nur eine weitere Bauabsicht des Bauherrn darstellt, die zur Zeit der Besichtigung noch nicht ausgeführt ist.

Die in den Oberdächern angelegten Räume werden zunächst nicht mit Öfen ausgestattet, was den Baron von Wülcknitz jedoch nicht hindert, angesichts der enormen Nachfrage diese wie die übrigen Stuben zu vermieten. Bereits am **28.3.1824** beantragt er beim Polizei-Präsidium die Genehmigung, auch hier Feuerungen anlegen zu dürfen.

Der zu Rate gezogene Sachverständige, der Stadtbaurat Langerhans, erklärt sich gegen diesen Antrag, vor allem deshalb, weil er erhebliche
→A 20 Bedenken gegen die *zu große Anhäufung von Wohnungen für Menschen der niederen Klasse* hat. Das Polizei-Präsidium kann sich diesem Gutachten nicht anschließen und leitet deshalb die Entscheidung über den Antrag des

Kammerherrn weiter an die übergeordnete Behörde. In einem entsprechenden Schreiben vom **16.8.1824** an das Innenministerium stellt das Polizei-Präsidium die Planungs- und Baugeschichte der letzten 4 großen Familienhäuser zusammenhängend dar:

Bericht des Polizei-Präsidiums betr. die von dem Kammernherrn von Wülcknitz beabsichtigte Anlegung von Feuerungen und Wohnungen in dem Oberdach der auf seinem Grundstück in der Gartenstr. sub No. 59 errichteten Gebäude

Der Kammerherr von Wülcknitz erbaute im vorigen Jahre unter erteilter polizeilicher Erlaubnis auf seinem Grundstück in der Gartenstr. No. 59 folgende drei Gebäude:

1. an der Straße und von derselben 12 Fuß (3,77m) entfernt ein Wohnhaus, 100 Fuß (31,39 m) lang, 50 Fuß (15,70 m) tief, 2 Etagen hoch, mit zweiseitigem Mansardendach und massivem Erdgeschoß, in der ersten Etage mit massiven Fronten und mit teils massiven, teils mit Fachwerk-Scheidewänden, in der zweiten Etage mit massiv zu verblendenden Fronten, massiven Giebeln und mit Fachwerks-Scheidewänden;

2. neben diesem Wohnhause in gleicher Fluchtlinie ein zweites Wohnhaus von gleicher Größe und Konstruktion und

3. als Quergebäude, 8 Fuß (2,51m) von der nachbarlichen Grenze und 3 Ruthen (11,30m) von dem nächsten Gebäude entfernt von derselben Größe und Construktion.

Auf den Grund der von dem Regierungsrat Triest und dem Stadtbaurat Langerhans deshalb erforderten und abgegebenen Gutachten ward dem Kammerherrn von Wülcknitz bei dem erwähnten Bau zur Bedingung gemacht, daß nur im unteren Teile der Mansarde selbst, nicht aber im Oberdache Wohnungen angelegt werden dürften. Die gedachten Sachverständigen haben mündlich die Benutzung der oberen Dachböden in den genannten 43 Fuß (13,50m) hohen Gebäuden zu Wohnungen aus folgenden Gründen für unzulässig erachtet, weil:

1. bei einer lichten Höhe von 7 1/2 Fuß (2,35m) Öfen und Heizungen zu sehr unter den Balken sich befinden und die beiden Dachetagen wegen der Umgebungen von Holz schon dieserhalb in bezug auf Feuergefahr eine bedrohliche Lage haben;

2. bei einer so bedeutenden Höhe bis zu dieser Dachetage doch nur sehr arme Leute dergleichen Wohnungen beziehen würden, denen 3 Stuben, Kammer, 1 Küche und Vorflur, aus welchen Teilen eine jede Wohnung bestehen sollte, zuviel seien und die sogar zur Erleichterung der Mieter noch andere Familien aufnehmen würden, wodurch nicht allein das Personale, sondern auch die Feuergefahr bei der Aufbewahrung von Holz und Torf in den sehr benutzten Räumen werde vermehrt werden;

3. die Küchen in den fraglichen Gebäuden zu finster seien, die in demselben angebrachten Flurfenster zu wenig Licht geben und dadurch die Feuersgefahr vermehrt werde;

4. die Belastung solcher Wohnungen auf die Balken des untern Mansardendaches einen nachteiligen Einfluß mit der Zeit ausüben müßten und deshalb dieser obere Dachstuhl nie zu Wohnungen, sondern nur zur Aufbewahrung von leichten, nicht feuerfangenden Gegenständen benutzt werden dürfte;

5. bei den vielen hölzernen Wänden dieser aneinander gebauten Gebäude die gänzliche Vernichtung der letzteren zu erwarten stehe, wenn in dem Dache Feuer ausbreche, zumal auch alle äußeren Wände von Holz construiert wurden und daher bei einer schnellen Verbreitung des Feuers an Rettung wenig zu denken sei.

Nach erfolgter Ausführung der in Rede stehenden Wohnhäuser hat der Kammerherr von Wülcknitz um Erlaubnis gebeten, in den Gebäuden sub 1, 2, 3 und 3a des Situationsplanes (dieser Plan ist jedoch nicht auffindbar, d.V.) die oberen Dachböden zu Wohnungen einrichten zu dürfen und demgemäß Feuerungen darin anbringen zu können. Zur Begründung dieses Antrages führt der gedachte Bittsteller an, daß keine Feuergefahr obwalte, indem zwei in jedem Gebäude befindliche Treppen die Sicherung der Bewohner befördern, auch die Brandmauern nach den gesetzlichen Vorschriften eingerichtet seien und endlich ihm im Jahre 1822 gestattet worden (sei), die oberen Dachetagen in dem damals von ihm erbauten sogenannten Familienhause in der Gartenstr. sub No. 60 belegen und von gleicher Größe und Construktion zu Wohnungen mit Feuerungen einzurichten.

Da das letztgedachte Gebäude in dem oberen Dachraum wirklich mit

←A 21 *beitspferde gehalten werden müßten; nicht zu erwähnen, daß die Anspannung von 16 Pferden im Roßwerk mit gewaltigen Schwierigkeiten verbunden sein würde. Diese Dampfmaschine kostet hier an Ort und Stelle, nach dem Cockerillschen Preiscourant, 9600 Thlr., wofür sie geliefert worden ist. Ihr Gang ist so ruhig und geräuschlos, daß man nur ein sehr mäßiges Getöse des Räderwerks hört, und die Einfachheit ihrer Konstruktion ist erstaunenswert. Welch ein Unterschied zwischen diesen neueren Dampfmaschinen, und den älteren, wie sich deren noch eine in der hiesigen Prozelanfabrik befindet!*

Für das 1. Familienhaus, das sich offensichtlich in baulich schlechterem Zustand befindet, häufen sich bei der Armendirektion die unbezahlten Handwerkerrechnungen, so daß **1811** insgesamt 2796 Rthl. offenstehen. Am **28.10.1812** ergeht auch für dieses Familienhaus aus Unternehmer-Kreisen ein Angebot an den Besitzer:

→A 22 *Seiner Hochwohlgeboren des Königl. Geheimer Staatsrats und Chef des Departement der Allgemeinen Polizei im Ministerium des Innern Herrn v. Schuckmann.*

Seit einem Jahre beschäftige ich mich mit der Anlage einer Baumwollen-Spinnerei auf Maschinen nach der neuesten englischen Weise und kann mich rühmen und mit dem Urteile meiner Abnehmer bezeugen, es ebenso gut zu spinnen als das englische.

Um aber diese Anstalt ganz zweckmäßig einzurichten und mit dem Auslande gleichen Schritt zu halten, bedarf es eines großen Lokals, um die größeren Maschinen durch Dämpfe betreiben zu können. Mein bisheriges Bemühen, mir selbst ein für eine solche Anstalt passendes zu verschaffen, war vergebens, und selbst die gütige Versicherung des Geheimen Staatsrats des Inneren Sack, mir zu diesem Behufe ein nicht gebrauchtes Königliches Gebäude zu überlassen, wurde durch den Einmarsch der Franzosen vereitelt. In dieser gedrängten Lage wage ich es, meine Zuflucht zu Euer Hochwohlgeboren zu nehmen, da ich erfahren habe, daß das Familienhaus am Schlesischen Tore wegen Baufälligkeit beinahe unbewohnbar sei und dem Nutzen nicht entspricht, welchen es der Armut gewähren sollte, indem ich Euer Hochwohlgeboren bitte, mir dieses Gebäude zur Anlage meiner Spinnanstalt zu überlassen, wogegen ich die Reparaturen desselben, welche sich nach der neuesten Taxe auf ungefähr 5–6000 Thaler belaufen würden, sehr gern übernehmen und mich auch verbindlich mache, dieses Gebäude für die Benutzung zu diesem Behufe stets im baulichen Stande zu halten.

Auch glaube ich, dadurch der Armut mehr wirkliche Hilfe zu schaffen und gemeinnützig zu wirken, indem ich dadurch nicht allein in den Stand gesetzt werde, eine große Anzahl armer, arbeitsfähiger Menschen zu beschäftigen, sondern auch tätig mitzuwirken, die Ausfuhr des Geldes zu vermindern und vom Auslande weniger abhängig zu sein.

Ich schmeichle mich einer baldigen geneigten Erwiderung auf mein gehorsames gegenwärtiges Gesuch, und verharre mit der vollkommensten Hochachtung Euer Hochwohlgeboren

ganz gehorsamer Hildebrand

Berlin, den 28. Oktober 1812   Schloßfreiheit Nr. 5

Die Armendirektion und der Staat gehen auf dieses Angebot ein, den Mietern wird, noch bevor es zu einer festen Vereinbarung mit Hildebrand kommt, zum nächstmöglichen Termin, dem **1.4.1813**, gekündigt. Die Kündigung erfolgt geschoßweise am **28.12.1812**, das Erdgeschoß akzeptiert, die drei Obergeschosse des Vorderhauses wählen jedoch unter Anführung des 1. Obergeschosses drei Sprecher, die zusammen einen Protest gegen die Kündigung an den König formulieren:

→A 23 *Allerdurchlauchtigster Großmütigster König, Allergnädigster König und Herr*

Er. Königl. Majestät werden gnädigst verzeihen, wenn wir uns zu Höchst dero Füßen werfen und alleruntertänigst Nachstehendes vortragen und um Hülfe flehen.

Seit bereits 17 Jahren hatte Eure königl. Majestät die Gnade, die ehemals v. Pfuhlschen Casernen dem Königl. Armendirectorium zu überlassen, um darinnen arme Stuhlarbeiter für eine billige Miete aufzunehmen, seit dieser Zeit wohnen wir in dem Hause und geben unsere Miete richtig, jetzt ereignet sich der Fall, nämlich am gestrigen Tag wurden uns sämtlich unsere Wohnung gekündigt, um den ersten April zu räumen,

und zwar aus diesen Gründen, weil der Kaufmann und Strumpf-Fabrikant Hildebrand, welcher in Berlin auf der Königl. Schloßfreiheit wohnt, das Haus gekauft hat, oder erst kaufen will, wir sind in einer unglücklichen Lage versetzt, dieweil für eine so billige Miete uns kein Logis zuteil wird, es nehmen uns auch die Wirte nicht ein, weil erstens das Haus in dem Ruf steht, die Einwohner gäben keine Miete, und zweitens die Wirte nicht Stuhlarbeiter nehmen, weil sie in dem Wahn stehen, die Arbeit ruiniert die Häuser. Sollte es nun wider unser Hoffen Eurer Königl. Majestät Willen sein, daß dieses Haus verkauft würde, so würde vielleicht der Käufer durch den Kauf glücklich, dagegen beinahe dreihundert Familien unglücklich. Wir bitten daher alleruntertänigst:
die Gnade zu haben und für uns Arme auf eine andere Art für ein ähnliches Unterkommen zu sorgen und uns nicht bei der jetzigen traurigen Zeit, wo unser Verdienst sehr geschmälert, in einer solchen unglücklichen Lage zu versetzen.
Wir setzen unser bestes Vertrauen auf Eurer königl. Majestät Gnade und hoffen, dieser Wohltat, wie wir sie bishero genossen, noch ferner uns erfreuen zu können und ersterben in dieser Erwartung ehrfurchtsvoll Eurer königl. Majestät   Alleruntertänigst
die Deputierten im Namen sämtlicher Stuhl-Arbeiter des ersten Familienhauses
Berlin, den 29. Dez. 1812   Walther Löffler Prager

Mit ihren billigen Mieten und der Möglichkeit für die Weber, darin auf ihren Webstühlen zu produzieren, entsprechen diese Familienhäuser offenbar dem momentanen Bedarf ihrer Bewohner. Im Vorderhaus betragen die Mieten für Stube/Kammer/Kochkamin:

Parterre	14–16 Rthl./Jahr
2. Etage	16–18 Rthl./Jahr
3. Etage	14–16 Rthl./Jahr
4. Etage	12–14 Rthl./Jahr

wobei die geringere Mietsumme immer gilt für die Wohnungen zum Hof, die teurere für die Vorderwohnungen.

Aus den Akten geht keine Reaktion auf dieses Dokument hervor; im Gegenteil – es findet erst einmal eine Begehung am 7.1.1813 durch den Maurermeister Güthe und den Zimmermeister Damm statt, die von der Armendirektion beauftragt sind, den Wert des Vorderhauses, an dem der Fabrikant Hildebrand zunächst interessiert ist, einzuschätzen. Sie kommen zu dem Ergebnis von 31 082 Rthl. 12 Sgr. Die Armendirektion macht dem Fabrikanten daraufhin mit Datum vom 24.3.1813 ein Angebot, nachdem dieser mündlich 12 000 Rthl. höchstens geboten hat, und argumentiert mit den Vorteilen, die ein Privatmann nun mal hat:

Wenn Sie gefälligst berechnen, daß Sie als Privateigentümer nicht verpflichtet sind, besondere Kassenbeamte zu besolden und einen eigenen Inspektor, Chirurgus, Schullehrer und Wächter zu halten, daß Sie den Mietern kein Öl zur Erleuchtung des Corridors vorhalten werden, so werden Sie sich leicht überzeugen können, daß von diesem Vorderhause mehr als 600 Rthl. reiner Überschuß in Berechnung zu ziehen ist. Daß mitunter einigen Bewohnern die Mieten ganz oder teilweise erlassen werden mußten, kann auf den Wert des Gebäudes selbst keinen Einfluß haben, da ein Privatmann mit seinem Eigentum anders handeln kann als ein Collegium, welches die Not der ärmeren Volksklassen zu berücksichtigen verpflichtet ist. . . .

Auf diese verführerische Argumentation des Kollegiums geht Hildebrand nicht ein und bleibt bei seinem Angebot. Aus dem Handel wird nichts – ohne daß wir die komplizierten Einzelheiten weiter zu verfolgen brauchen.

Am 29.7.1814 versucht es Hildebrand noch einmal beim Eigentümer der Kaserne, doch der Staat ist jetzt, wo sich die politische Lage nach der endgültigen Vertreibung der Franzosen mit Hilfe der Russen geändert hat und die Kasernen für die Unterbringung der neu zusammengestellten preußischen Truppen wieder interessant geworden sind, an einem Verkauf an den Fabrikanten nicht mehr interessiert, sondern schickt am 8.10.1814 den Major Friederici in das immer noch bewohnte 1. Familienhaus, um ihn prüfen zu lassen, ob der Gebäudekomplex sich als Kaserne wiederverwenden läßt. Ihm verdanken wir eine genaue Baubeschreibung:

Es besteht diese Caserne laut überstehender Handzeichnung
a) aus einem Vordergebäude von 345 Fuß lang, 45 1/2 Fuß tief, 4 Etagen hoch, in welchen sich 104 Stuben und 88 Kammern befinden;

Wohnungen und Feuerungen versehen ist und auch die übrigen vorgedachten Zusicherungen des Kammerherrn von Wülcknitz dem ehrerbietigst unterzeichneten Präsidio mit Rücksicht auf die (im Manuskript gestrichen: wohltätige Absicht des erstern) große Anzahl der Wohnungen für sein in Rede stehendes Vorhaben nicht unerheblich scheinen, so wird der Stadtbaurat Langerhans nochmals mit der Untersuchung der genannten von Wülcknitzschen Gebäude in der Gartenstr. sub No. 59 mit Hinweisen auf den Antrag des von Wülcknitz beauftragt. Der erwähnte Sachverständige hat hierbei und unter genauerer Rücksprache mit dem letzteren befunden, daß:

1. das Gebäude sub 1 u. 2, welches zwei Eingänge zu den Dachetagen enthält, zu 120 Logis;
2. das Gebäude sub 3 mit einem Eingang zur Dachetage zu 60, und
3. das Gebäude sub 3a ebenfalls mit einem Eingang zur Etage gleichfalls zu 60
bereits eingerichtet sind und daß durch die von Kammerherrn v. Wülcknitz jetzt beabsichtigte Anlegung von Feuerungen in Wohnungen in den oberen Dachböden der vorstehend ad 1, 2 und 3 noch ungefähr 60 Logis entstehen würden.

Mit Bezug auf die eingangs bei 1 bis 5 aufgeführten Gründe hat demnächst der Langerhans sich wiederum gegen die Statthaftigkeit des in Frage stehenden v. Wülcknitzschen Antrags gutachtlich geäußert, weil, wenn demselben deferirt werden könnte, in diesem Gebäude – sub 1, 2, 3 und 3a des Situationsplans – mehr Aufgänge und wenigstens größere Treppen, als geschehen, hätten angelegt werden müssen und weil bei dem Grundstück sub No. 60 mehr Eingänge als bei den vorliegenden Gebäuden vorhanden seien. Insbesondere führt dieser Sachverständige für seine Meinung noch an:

a), daß die Straße keinen Abfluß habe und die Fortschaffung des Wassers durch Senkgruben zu schwierig werde, wenn noch mehr Wohnungen entstehen sollten,
b), daß selbst die Anhäufung des Unrats immer größer und
c), daß die Anhäufung der vielen Brennmaterialien (und der Torföfen) immer bedenklicher werde, je mehr die Zahl der Bewohner steigen würde, welche am 15. July c. schon zwischen 2000 und 3000 Seelen betragen. Hinzu kommen noch – bemerkt derselbe –
d), daß es nicht ratsam sei, die Zahl der Bewohner auf einem Gehöfte noch zu vermehren, da die zu große Anhäufung von Wohnungen für Menschen der niederen Klasse in einem Gehöfte sehr leicht zu tumultuarischen Auftritten Veranlassung geben kann.

←A 24   *Wenngleich hiernach der Antrag des Kammerherrn von Wülcknitz als zulässig nicht erscheint, so glaubt das Präsidium dennoch, solchen der höheren Prüfung und Entscheidung Eines pp. ganz gehorsamst unterwerfen zu müssen, da das Präsidium mit dem erwähnten Gutachten der Sachverständigen sich nicht ganz einverstanden erklären kann und namentlich die Feuersgefahr nicht für so groß und dringlich hält, als von den Sachverständigen gesehen ist.*

Das Präsidium erlaubt sich in dieser Hinsicht ehrerbietigst zu bemerken:
ad 1, des eingangs erwähnten Gutachtens, daß bei gehöriger Vorsicht wohl eine solche Gefahr vermieden werden kann;
ad 2, ist dem gedachten Übelstand hiermit vorgebeugt, daß die Wohnungen in den oberen Dachetagen nicht aus Stuben, 1 Kammer, 1 Küche, Vorflur bestehen, sondern nur zu 1 Stube eingerichtet sind, zu der man über den gemeinschaftlichen Flur gelangt. Der zu zahlreichen Bevölkerung der von Wülcknitzschen Häuser hat überdem die Servis dadurch zu beseitigen gesucht, daß sämtlichen Bewohnern derselben die Erlaubnis zur Unter-Vermietung von Schlafstellen zum 1. Januar 1825 nicht mehr erteilt wird;
ad 3, die Bedingung der hier erwähnten Besorgnis ist auch im Grundstück sub No. 60 vorhanden und dürfte bei der bisher in diesem Gebäude beobachteten Vorsicht schwinden,
ad 4, so kann wohl die Benutzung des oberen Dachstuhls zu Kammern oder Gemächern ohne Feuerungen den Eigentümern nicht gewährt werden und ihnen füglich auch nicht untersagt werden, solche zu vermieten,
←A 26   *wie dies schon jetzt geschieht. Hierbei ist zu befürchten, daß die Bewohner in Ermangelung von anderweitigem Unterkommen für die kalte Jahreszeit Wärme gebende Stoffe, z.B. Kohlentöpfe, in diese Gemächer nehmen, wodurch eine größere Gefahr entsteht, als wenn die Wohnungen ständig mit*

Feuerungen versehen werden;
ad 5, sind zwar die Gebäude sub 1 u. 2 dicht aneinander gebaut, jedoch durch eine Brandmauer bis zum Dachfirst getrennt. . . .
Berlin, den 16.8.1824 Der Polizei-Präsident
An Ein
Königl. Hohes
Ministerium des Innern und der Polizei

Nach einem weiteren Bericht des Polizei-Präsidiums in dieser Sache vom **10.9.1824** informiert das Innenministerium die Berliner Polizeibehörde am **17.9.1824**, daß dem Besitzer der Familienhäuser die Anlegung der Öfen zu gestatten sei:

Aus dem von dem Königl. Polizeipräs. in dem Berichte vom 10. d.M. an- ←A 25
geführten Gebäude ist das unterzeichnete Ministerium damit ganz einver-
standen, daß dem Kammerherrn v. Wülcknitz voll zu gestatten sei, die
oberen Dachböden der in der Gartenstr. No. 59 errichteten sub 1, 2, 3 und
3a des farbig zurückerhaltenen Situationsplanes bezeichneten Gebäude zu
Wohnungen mit Feuerungen einzurichten.

Das Königl. Polizei-Präsidium hat dafür demselben die gewünschte Er-
laubnis zu erteilen, jedoch darauf zu halten, daß in der fraglichen Dach-
etage die Öfen so niedrig angelegt und die Feuerungen so einzurichten,
daß der Gefahr von Feuersbrünsten vorgebeugt wird.

Daß die von dem Königl. Polizei-Präsidio sonst noch in anderer Hinsicht
vorgeschlagenen polizeilichen Maßnahmen vorzunehmen sind, versteht sich
von selbst.
Berlin, den 17.9.1824 Ministerium des Inneren
An das 1. Abteilung
Königl. Polizei-Präsidium

Am **19.10.1824** wird von Wülcknitz durch das Polizei-Präsidium von der Genehmigung in Kenntnis gesetzt:

. . . Auf Ihr Gesuch vom 28. März d.J. betreffend die Einrichtung der ←A 27
oberen Dachböden in den von Ihnen in der Gartenstr. No. 59 errichteten
sub 1, 2, 3 und 3a des anliegenden Situationsplans bezeichneten Gebäuden
zu Wohnungen mit Feuerungen wird Ihnen hierdurch angezeigt, daß Ihnen
nunmehr unter eingeholter Genehmigung des Königl. Ministeriums des
Inneren und der Polizei die gewünschte Einrichtung von Dachwohnungen
mit Feuerungen gestattet werden soll. Bevor jedoch die Art der Zulässig-
keit dieser Einrichtung beurteilt werden und die Ausführung der Feuerun-
gen selbst erfolgen kann, ist es nötig, von jedem einzelnen der erwähnten
Gebäude Zeichnungen einzuholen, aus welchen speziell hervorgeht, wie die
Einrichtung der Wohnungen bewirkt, insbesondere ob neue Schornsteine
angelegt, oder welche von den unteren Schornsteinen etwa dazu und in
welcher Art genutzt werden sollen.

Sie werden daher hierdurch aufgefordert: von jedem der oben genann-
ten in den Situationsplan sub 1, 2, 3 und 3a bezeichneten Gebäude binnen
14 Tagen solche Zeichnungen einzureichen, aus welchen die oben genann-
ten Data sich erkennen lassen. Zugleich wird Ihnen hierbei bekannt ge-
macht, daß nur diesseits erteilter Anweisung zur Anlegung, deren Ausfüh-
rung nicht gestattet werden kann.
Berlin, 19.10.24 Der Pol.-Präsident
An den
Kammerherrn von Wülcknitz

Der Baron von Wülcknitz hat diese Genehmigung jedoch gar nicht erst abgewartet. Bereits am **27.8.1824** berichtet der für die Gartenstraße zuständige Polizei-Commissarius Gain II: *Die Öfen befinden sich im 2ten* ←A 28
Dach der auf der Zeichnung ad 1, 2, 3 u. 3a bemerkten Gebäude und
sind vom Töpfer Rehmel, Gartenstr. 60/21, gesetzt.

In der Bauakte der Familienhäuser findet sich ein weiterer Plan der Familienhäuser, der weder beschriftet noch datiert ist und bei dem es sich höchstwahrscheinlich um die in dem Schreiben vom **19.10.1824** angeforderte Zeichnung handelt.

Geht man diesen Grundriß in seinen Einzelheiten durch und vergleicht ihn sowohl mit den Beschreibungen des Feuerkatasters wie auch mit den späteren Gebäudebeschreibungen, so deckt sich dieser Plan am ehesten mit der Wirklichkeit: Im Schnitt sind zum ersten Mal die Dachfensterwände eingetragen, und in den Grundrissen sind die Etagenküchen ent-

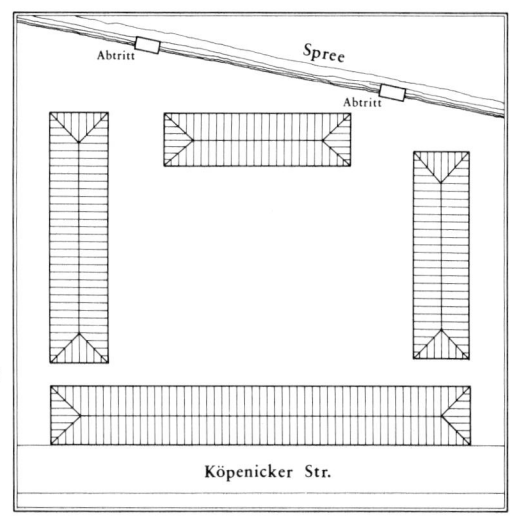

→B 15 Lageplan des 1. Familienhauses in der Köpenicker Str. 14—15

b) aus einem Seitenflügel von 192 Fuß lang, 45 1/2 Fuß tief, 4 Etagen hoch, in welchem sich gegenwärtig 68 Stuben und in der untersten Etage 18 Holzställe befinden;

c) aus einem Seitenflügel von 160 Fuß lang, 45 1/2 Fuß tief, 4 Etagen hoch, in welchem sich gegenwärtig 58 Stuben und in der untersten Etage 14 Holzställe befinden;

d) aus einem Quergebäude von 126 Fuß lang, 44 1/2 Fuß tief, 3 Etagen hoch, in welchem sich 33 Stuben und 3 Kammern befinden.

Außerdem stehen in den Seitenhöfen noch ein kleines Schlachthaus, einige Abtritte an der hinten dicht nebenbei fließenden Spree und eine verfallene Grube. Das ganze Gebäude enthält also überhaupt 263 Stuben, 91 Kammern und 32 Holzställe, welche letztere, wie gedacht, sich in beiden Seitenflügeln befinden und ehemals Casernenstuben wie die übrigen waren.

Die bauliche Beschaffenheit dieses Gebäudes ist höchst desolat. In dem Hauptgebäude und beiden Seitenflügeln sind die Decken weder geschalt noch gerohrt, sondern nur überputzt, welches (bei einer Bewohnung der Kasernen wie bisher, mit armen Familien, wo mit dem Verplätschern des Wassers nie sorgfältig umgegangen wird, teils auch wegen der engen Wohnungen nicht ganz zu vermeiden ist) sehr leicht vermuten läßt, daß mehrere Balken angefault sind, wodurch dann die natürliche Besorgnis, daß über kurz oder lang ein Balkenfach herunterfallen dürfe, nicht leicht unterdrückt werden kann.

Ferner sind sämtliche Stubentüren und Fenster in so veraltetem Zustande, daß wenig daran noch als brauchbar bei Einrichtung eines Casernements angeschlagen werden kann. Ebenso sind bedeutende Reparaturen am Fußboden, am Dache und an den Öfen vorzunehmen.

Kurz, es sind die sämtlichen Gebäude so desolat, daß eigentlich nur die Mauern und die Hauptbestandteile derselben zur unmittelbaren Wiederanwendung bei einem Casernement und auch nur dann erst angenommen werden können, wenn auch diese Hauptbestandteile zuvor noch gut repariert werden, indem alles im Innern der Gebäude schwarz und schmutzig aussieht und viel Putzwerk daran sowie von außen zu ergänzen ist.

Besonders aber ist zu bemerken, daß außer dem Quergebäude d, welches später erbaut worden und sich vor allen andern noch im besseren Zustande befindet, alle übrigen Gebäude a, b und c sehr tief in der Erde angelegt sind, daher dann, bei den stattgefundenen hohen Wasserständen die untersten Etagen in den Fußböden bedeutend erhöht und dadurch die Höhe der untersten Etagen, als auch sämtliche Fensterbrüstungen in denselben, sehr erniedrigt worden sind, so daß die untersten Etagen gedachter drei Gebäude nicht eigentlich zu Wohnungen für ein Casernement betrachtet werden können, ungeachtet gegenwärtig noch die unterste Etage, besonders des Vorderhauses, überall bewohnt ist.

Auch der Weg von der Stadt aus nach der Caserne, der auf einer bedeutenden Strecke noch gar nicht gepflastert und im Herbste und Frühjahr fast grundlos ist, ist bei einem vorhabenden Casernement keineswegs außer Acht zu lassen, und würde dies eine der ersten Hauptbedingungen sein, die seitens der Polizei zu erfüllen wären.

Das lange Vorderhaus beschreiben Güthe und Damm, der Maurer- und der Zimmermeister, genauer als der Major. Wir geben diese Beschreibung hier – zeitlich nachgestellt – wieder, um einen Vergleich mit dem „Langen Haus" der Familienhäuser vor dem Hamburger Tor zu ermöglichen:

fallen. Was sich mit den späteren Beschreibungen nicht deckt, sind die 30 Kammern im Mansarden-Kehlgebälk und die Erschließung des Souterrain-Korridors, der nach dieser Darstellung ohne Treppe durch Türen in den Giebelwänden direkt von außen zugänglich ist.

Im Unterschied zu den vorangegangenen Entwürfen weist diese Zeichnung anstatt der 8 Schornsteinzüge 13 auf, was nur im Zusammenhang mit den 30 Kammern sinnvoll erscheint, deren Beheizung nur so gewährleistet

↓ B 16

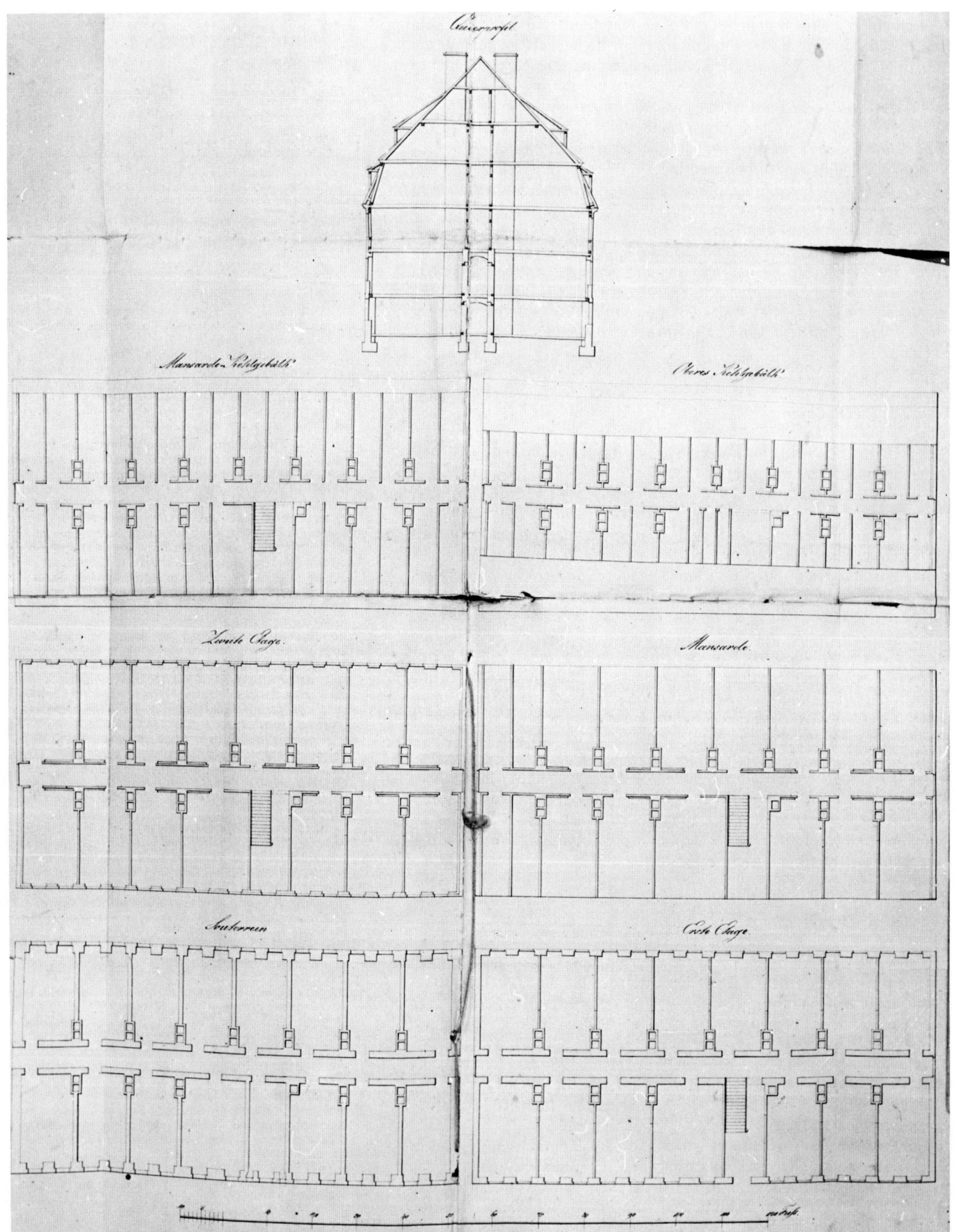

wird. Die Tatsache, daß diese Kammern jedoch nicht ausgeführt worden sind, sondern ebenfalls zweifenstrige Stuben, macht es fraglich, ob wirklich 5 Schornsteine mehr als nötig angelegt worden sind. Diese Bedenken verstärken sich angesichts der sehr detaillierten Darstellung des Mansarden-Kehlgebälks im Hause Gartenstr. 92b, die am **8.3.1848** als Bauantrag zur Erneuerung der mittlerweile völlig verrotteten Dachfensterwände eingereicht wird.

→A 29

Das vordere Wohngebäude nach der Köpenicker Str., selbiges ist 334 1/2 Fuß lang 45 Fuß tief, 4 Etagen massiv hoch, mit zweiseitigem geraden Doppeldache, zwei Walmen, darunter keine Keller. Darin befindlich in der

1. Etage   21 Stuben, 1 Banke, 4 Küchen,
*   22 Kammern, 1 Torweg*
2. Etage   24 Stuben, 1 Küche, 22 Kammern
3. Etage   24 Stuben, 22 Kammern
4. Etage   24 Stuben, 22 Kammern
und in allen Etagen 1 in der ganzen Länge durchlaufender Corridor mit doppelten Kochkaminen und in jeder Etage ein Treppenflur.

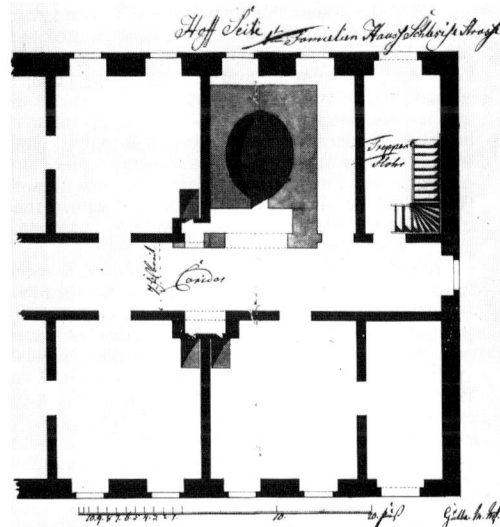

→B 17 Detailplan zum Einbau eines Backofens des vorderen Wohngebäudes: der Kasernengrundriß mit Korridor, Stube-Kammer-Wohnungen und Vorgelegen

Bezogen auf den Zeitraum der Nutzung dieser Kaserne, der uns hier interessiert, bleibt nachzutragen, daß die Mieter das sogenannte 1. Familienhaus erst am **1.10.1819** verlassen und das Kriegsministerium erst zu diesem Zeitpunkt wieder die Mittel hat, den Gebäudekomplex als Kaserne für das Garde-Schützen-Korps herrichten zu lassen.

Ein Jahr später beginnt v. Wülcknitz als Privatunternehmer mit dem Bau seiner Familienhäuser vor dem Hamburger Tor. Dieser Standort, weitab von der Spree, ermöglicht ihm die Anlage von Kellern, macht aber die Entwässerung zum Problem.

"Zeichnung. Zur Errichtung zweier neuen Dachfensterwände, jede derselben 102 Fuß lang, in der Stelle der gegenwärtig befindlichen beiden sehr schadhaften Dachfensterwände der obersten Wohnungen des Hauses No. 92b vor dem Hamburger Tor in der Gartenstraße No. 92b belegenen, dem Herrn Heyder zugehörigen Grundstück. Berlin, 1ten März 1848 ... Baumeister"   ←B 18

→B 19 Die Kaserne in der Köpenicker Straße Anfang des 20. Jh.

mehr zu erblicken, Einem hochlöbl. Magistrat ehrerbietigst diese Sache zur weiteren Berücksichtigung zu empfehlen.
Berlin, den 6.11.1825   *Haase*
An Einen hochlöbl.
Magistrat hiesiger Residenz

Der Bericht wird an das Polizeipräsidium weitergeleitet, das ohnehin seit **1813** an einer neuen Bauordnung zu arbeiten begonnen hat. In dem Begleitschreiben des Oberbürgermeisters wird das Polizeipräsidium gebeten, entsprechende Bestimmungen zu erlassen.

In Berlin gilt bis **1853** die Bauordnung von **1641**, die nichts weiter ist als eine Zusammenstellung von erlassenen Urteilen aus Prozessen, die Bausachen betreffen. Diese erste Bauordnung wird Ende des 18. Jh. erweitert durch die sogenannten „Bauobservanzen". Bereits **1821** wird ein Entwurf für eine neue Bauordnung gedruckt, der zwar von allen beteiligten Gremien und Instanzen diskutiert, aber nicht verabschiedet wird. Ihm folgt eine **1835** gedruckte zweite Fassung, ausgearbeitet von einer vom Magistrat und der Stadtverordnetenversammlung ernannten Deputation, die in immer höheren Instanzen diskutiert und endlich am **21.4.1853** in stark reduzierter Form in Kraft tritt.

Im § 90 dieser neuen Bauordnung heißt es in bezug auf Neubauwohnungen: *Wohnungen in neuen Häusern oder in neuerbauten Stockwerken dürfen erst nach Ablauf von 9 Monaten nach Vollendung des Rohbaues bezogen werden, wird eine frühere wohnliche Benutzung der Wohnungsräume beabsichtigt, so ist die Erlaubnis des Polizeipräsidiums dazu nachzusuchen, welches nach den Umständen die Frist bis auf 4 Monat, und bei Wohnungen in neu erbauten Stockwerken bis auf 3 Monat ermäßigen wird.*

Welcher Nachteil hierdurch für Eure wohllöbl. Armendirektion ferner entstehen kann, überlasse ich dem wohlweisen Ermessen Eurer wohllöbl. Armendirektion, wenn sich die ungeheure Menschenzahl in diesen Häusern so sehr vermehrt und wenn kaum eine Wohnung fertig, solche bezogen wird, da die Anzahl der Bewohner in den bereits fertigen Häusern sich auf 600 Seelen beläuft und die Anzahl der Kranken sich mit jedem Tage vermehrt.

Es wäre zu wünschen, daß Eure wohllöbl. Armendirektion die Veranstaltung treffen möge, daß in dem jetzt im Bau begriffenen Hause keine Bewohner angenommen werden mögen, bevor daß es nicht gehörig ausgetrocknet sei, und die Leute die feuchten Kellerwohnungen meiden.

Die Armendirektion setzt daraufhin Dr. Meyer in Kenntnis, daß die Polizei schon eingeschritten ist, Dr. Meyer erwidert aber, daß sich noch nichts getan habe. Daher wird die Anzeige ans Polizei-Präsidium weitergereicht, das Rechenschaft von Müller II fordert.

→A 39   Müller II antwortet am **16.7.1823**: *Die hochgeehrte Verfügung vom 9. des Monats, wonach die Kellerbewohner des neuen v. Wülcknitzschen Hauses binnen 24 Stunden ihre Wohnungen verlassen sollten, haben solche größtenteils genüget, in vergangener Nacht aber habe ich gefunden, daß*
←L 6   *fast sämtliche Kellerbewohner in ihren gemieteten Wohnungen geschlafen, und da sie ihre Sachen dort belassen, dem Anschein nach ihre Wohnungen, worin sie sich wohl befinden, nicht wieder verlassen werden. Ob nun solches den Kellerbewohnern, 140 Seelen stark, deren anderweitige Unterbringung mit ihrem Mobiliar sehr schwierig sein dürfte, zugegeben werden kann, stelle ich . . . anheim, bemerke dennoch pflichtgemäß, wie diese Kellerwohnungen selbst, jetzt bedeutend mehr, fast ganz ausgetrocknet sind, sich auch nicht ermittelt hat, daß irgend jemand der Bewohner krank geworden ist, und die Schornsteine bereits seit mehreren Tagen völlig vollendet, dadurch nun der Rauch in den Kellerwohnungen verschwunden, solche daher keineswegs feuergefährlich sind.*

Dr. Natorp wird nun ein zweites Mal in die Häuser geschickt, und zwar vom Stadtgericht, um sich über den Zustand der Räume zu informieren.
→A 40   Er berichtet am **25.7.1823**: *Die Balken sind gegenwärtig in den Kellerwohnungen viel trockener als zu Anfang dieses Monats, . . . und (es) hat der Herr Kammerherr von Wülcknitz die Vorsicht gebraucht, die über dem Kellergeschoß liegenden Zimmer noch nicht dielen zu lassen, wodurch ein großer Teil der den Balken inwohnenden Feuchtigkeit nach oben verdunstet und die Austrocknung befördert wird.*

Mit dieser Maßnahme gibt sich das Polizei-Präsidium zufrieden, und die Wohnungen können weiter bezogen werden.

4.3 Rekonstruktion und Beschreibung der Familienhäuser

Aus den zusammengetragenen Einzelheiten und Beschreibungen müssen wir versuchen, eine Rekonstruktion der Gesamtanlage und — soweit wie vertretbar — der Gebäude herzustellen. Sie ist notwendig, um eine Orientierung für die spätere Bewohnergeschichte zu haben und um für die Analyse der baugeschichtlichen Zusammenhänge in bezug auf die Entwicklung des Berliner Mietshauses eine klare Vorstellung von diesem ersten großen als Spekulationsobjekt erbauten Berliner Mietshaus zu erhalten.

4.3.1 Die Gesamtanlage

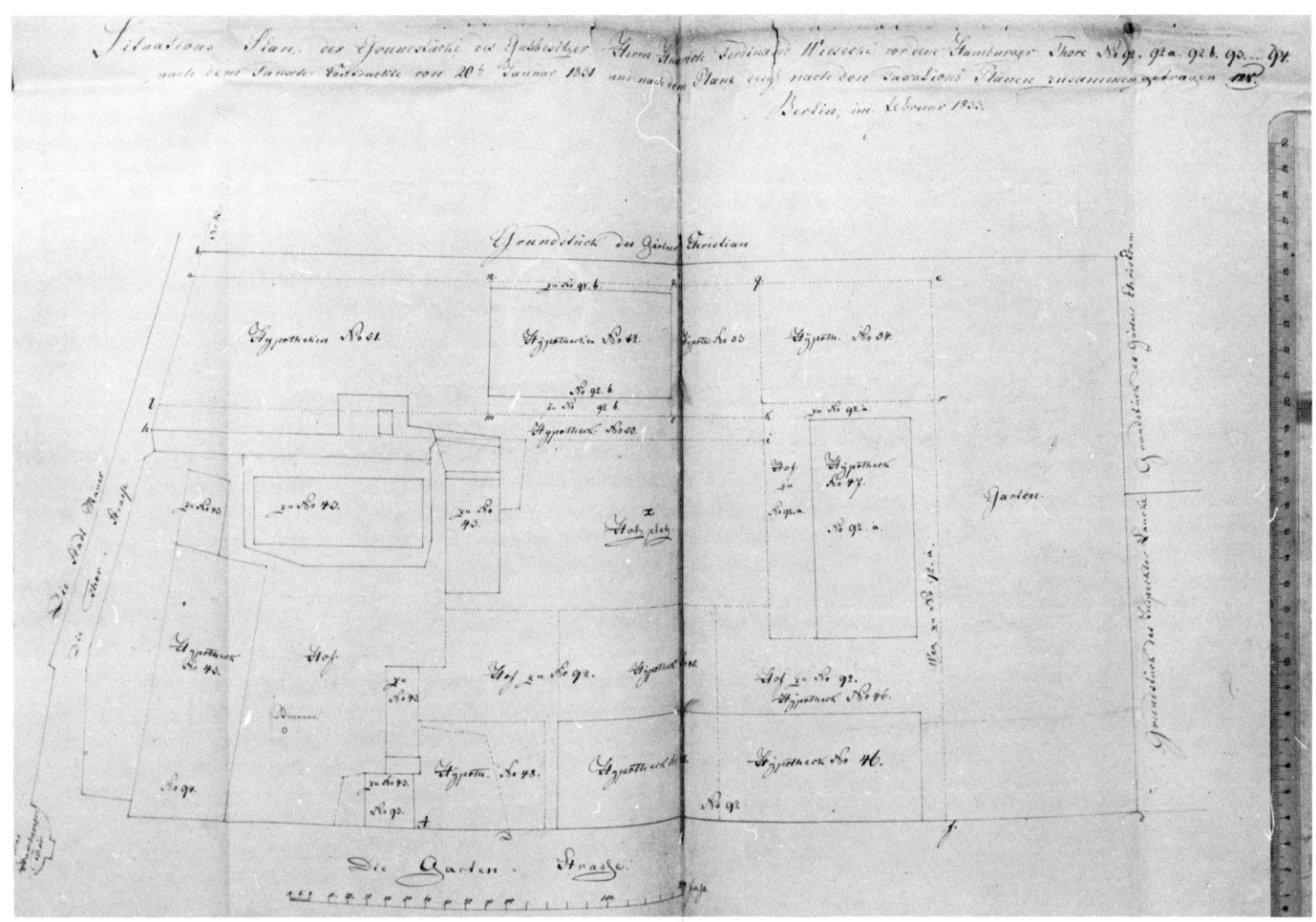

„Situationsplan der Grundstücke des Gutsbesitzers Herrn Heinrich Ferdinand Wiesecke ←B 21
vor dem Hamburger Tore No. 92, 92a, 92b, 93 und 94 nach dem Tauschkontrakte
vom 20. Januar 1831 und nach dem Plane desgl. nach den Taxationsplänen zusammengetragen. Berlin, im Februar 1833"

Dieser Plan findet sich in den Akten der Armendirektion im Zusammenhang mit der Subhastation (Versteigerung) der Häuser im Jahre 1835 und ist die einzige zuverlässige Unterlage über die Lage der Häuser zueinander. Die Angaben in den Stadtplänen bis hin zu Sineck 1856 sind unzuverlässig. Auf dieser Grundlage ergibt sich folgende Umzeichnung, die die Größenangaben zu den einzelnen Häusern aus den Feuerversicherungsakten mit einbezieht. Die Bezeichnung der Häuser ist chronologisch geordnet und von uns gewählt. Die Numerierung der Gebäude wechselt in den Jahren ihres Bestehens, also zwischen 1822–82, zweimal, nämlich 1827 und 1859, jedesmal im Zusammenhang mit der Verlängerung der Gartenstraße nach Norden; wir bringen die Auflistung schon hier, damit man sich bei späteren Beschreibungen zurechtfinden kann.

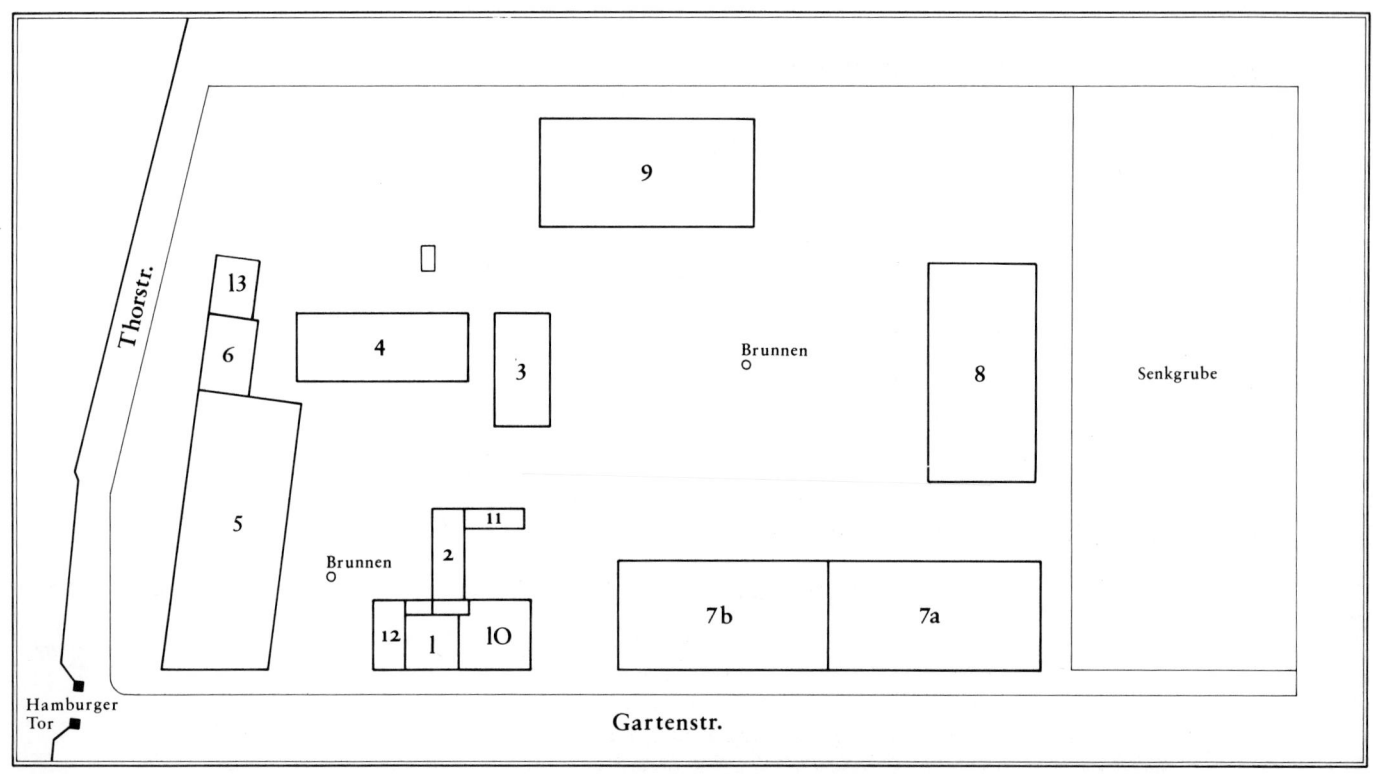

→B 22   Nachzeichnung des vorstehenden Lageplans der Familienhäuser

Numerierung der Familienhäuser in der Gartenstraße

		bis 1828	bis 1859	bis 1882
1	Wohngebäude	Nr. 59	Nr. 93	Nr. 171
2	Stall/Remise	Nr. 59	Nr. 93a	Nr. 171
3	Stall	Nr. 59	Nr. 93	Nr. 172
4	„Kleines Haus"	Nr. 59a	Nr. 93b/94b	Nr. 172b
5	„Kaufmannshaus"	Nr. 60	Nr. 94	Nr. 172
6	Anbau	Nr. 60	Nr. 94	Nr. 172
7	„Langes Haus"	Nr. 58	Nr. 92	Nr. 170
8	„Querhaus"	Nr. 58a	Nr. 92a	Nr. 170a
9	„Schulhaus"	Nr. 58b	Nr. 92b	
10	Wohnhaus	Nr. 59	Nr. 93	Nr. 171
11	Stall/Remise		Nr. 93	Nr. 171
12	Kramläden		Nr. 93	Nr. 171
13	Appartement		Nr. 94	Nr. 172

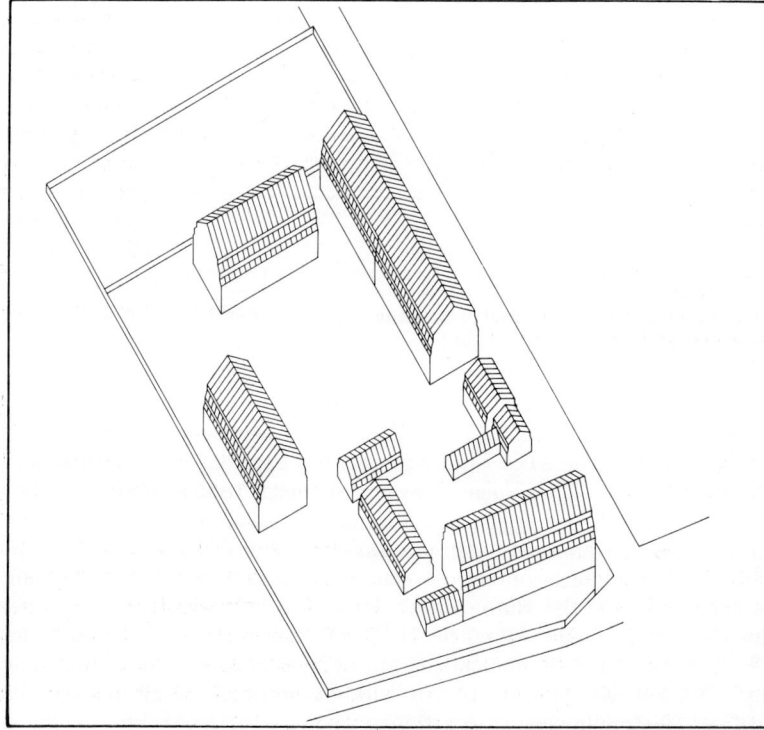

→B 23   Isometrische Rekonstruktion der Familienhäuser

Da uns alle Abbildungen des Gesamtkomplexes fehlen, müssen wir uns mit Hilfe einer Isometrie eine Vorstellung machen, die einerseits den ersten kleineren Hof, der dem eines Bauernhofes vergleichbar ist, und andererseits den späteren größeren Hof deutlich zeigt, der eher mit einem Kasernenhof zu vergleichen ist, wie er in der Randspalte für die als Familienhaus umgenutzte Kaserne in der Köpenicker Straße beschrieben ist.

Wenn man die isometrische Rekonstruktion verbindet mit den frühen Beschreibungen — soweit sie die Gesamtanlage betreffen —, so ergibt sich doch ein plastisches Bild.

Das Grundstück

Dr. Thümmel (11.1.1827): *Auf einem Flächenraum von ungefähr* ←A 41 *600 Quadratruthen, welcher die Gestalt eines länglichen Rechtecks hat, sind die 5 Familienhäuser (58, 58a, 58b, 59a und 60 der Gartenstraße) so erbaut, daß das jetzige Wohnhaus des Herrn Kammerherrn v. Wülcknitz, 59, nebst den dahinter befindlichen Kramläden, die zur Viehhalterei gehörigen Stallungen, der Müllkasten (ein viereckiger offener, mit 6–7 Fuß hohen Mauern umschlossener und mit 2 Türen versehener Raum) und die Cloaken, den Hof in 2 ungleiche Teile trennen, deren größerer durch die Häuser 58, 58a, 58b und die genannten Ställe etc., deren letzterer kleinerer durch die Gebäude 60, 59, 59a, die Kramläden, Müllkasten und die Viehhalterei, so eingeschlossen wird, daß zwischen den letzteren Häusern ein Durchgang bleibt, welcher, von etwa 12 Fuß Breite, beide Höfe miteinander verbindet.*

Wenn wir das Grundstück des Kammerherrn von Wülcknitz nach dem Lageplan vermessen, ergibt sich eine Fläche von 13 560 qm, das entspricht 956 Quadratruthen. Das Polizei-Präsidium stellt diesen Widerspruch zu der Angabe Thümmels ebenfalls fest und hält dem Armenarzt diesen Fehler vor. Trotzdem hält Thümmel seine Angabe für gerechtfertigt:

Dr. Thümmel (19.8.1828): *Was den in dem Berichte vom 11.1.27 er-* ←A 42 *wähnten ablongen Flächenraum, auf welchem die Familienhäuser stehen, betrifft, so wird derselbe (nach der Angabe des damaligen Haus-Inspectors) sich nicht höher als auf 600 Quadratruthen (8514 qm) belaufen, wenn man den Raum, der ein längliches Rechteck bildet und auf welchem die Familienhäuser erbaut sind, meint; rechnet man aber den hinter den Häusern befindlichen Sumpf oder Abzugsgraben (Senkgrube) und den Platz, auf welchem sich Wagenschuppen, Holzställe und Gelaß zu Baumaterialien (der ehemalige Holzplatz des Herrn von Wülcknitz) befinden und welchen die Bewohner der Häuser nicht benutzen können und dürfen, noch hinzu, so müßte sich die Summe der Quadratruthen vielleicht auf das Doppelte belaufen. Diese genannten Plätze aber, welche in medizinisch polizeilicher Beziehung durch ihren in Zahlen ausgedrückten Raum einen günstigen Eindruck zu äußern scheinen, dürfen aber ebensowenig als die daranstoßenden Gärten fremder Besitzer hinzugezählt werden, weil mit der Angabe der Bewohneranzahl und des Flächeninhalts nicht gemeint war, daß außerhalb der 600 Quadratruthen die freie Luft durch Anbau beschränkt sei.*

Die Gebäude

Dr. Thümmel (11.1.1827): *Das Haus 58, welches mit seiner Vorder-* ←A 43 *fronte der Gartenstraße, mit der Hinterfronte dem Hofe zugekehrt ist, hat mit den Kellern und 2 Reihen Dachwohnungen 5 Stockwerke, 32 Fensterfronte und 150 Stuben.*

Die Häuser 58a und 58b, welches erstere 18 Fensterfronte mit 87 Wohnungen, das letztere 16 Fensterfront und 75 Stuben hat, sind, außer daß sie jedes nur einen einzigen Eingang und eine Treppe haben, welche bis zu den obersten Stockwerken führt, in Beziehung auf Bauart, Beschaffenheit des Materials, auf Einrichtungen und Mängel ganz von derselben Art wie das vorher beschriebene Haus 58, bilden mit diesem 3 Seiten eines Rechtecks und bieten wie dies ein Bild der höchsten Armseligkeit dar.

Vorbilder für den konstruktiven Aufbau der Familienhäuser

Der Ort, das vorhandene Material Holz und der Zweck bestimmen Dimension und Konstruktion des Gebäudes, das seinerseits nicht frei ist von handwerklicher Tradition und gewählten Vorbildern. Im Falle der Familienhäuser erscheint der Zuschnitt der Gebäude im städtischen Zusammenhang als ungewöhnlich, unwillkürlich wird man an Scheunen oder Speicher erinnert, also an ländliche Ökonomiegebäude. Dafür sind bestimmend:
1. die freie Lage der Gebäude,
2. die große Gebäudetiefe,
3. das hohe, durch zwei Fensterstreifen unterbrochene Dach,
4. die Fachwerkkonstruktion,
5. das völlige Fehlen von über das Notwendige hinaus gegliederten Fassaden.

Offensichtlich ist hier ein traditioneller Gebäudetyp zu Wohnzwecken verändert worden.

Unsere erste Vermutung war, daß der Gutsbesitzer und Holzhändler v. Wülcknitz diesen Gebäudetyp aus seiner ländlichen Umgebung mitbringt. Unsere Recherchen vor Ort hatten kein Ergebnis. Der Maurermeister Lindner, der die Pläne bei dem Polizeipräsidium für die Familienhäuser einreicht und sie offensichtlich nicht nur plant, sondern auch baut, wohnt in Berlin. Er ist also kein Baumeister im Sinne von Architekt, sondern ein Bauunternehmer, der die Pläne mitliefert, was für den Berliner Mietshausbau typisch wird. Was kann ihm als Vorlage gedient haben, wenn wir als einzige Vorgabe das Material Holz annehmen und den freien Bauplatz außerhalb des Weichbildes von Berlin ohne den typischen städtischen Parzellenzuschnitt.

Geht man nun die Vorlagenbücher – wenn wir einmal ausschließen, daß es ein direktes Vorbild gibt – der Zeit vor 1820 durch in bezug auf einen vergleichbaren Gebäudetyp, so stößt man auf David Gillys berühmte und in 6 Auflagen noch nach seinem Tod erschienene „Landbaukunst", ein mehrteiliges exaktes

$\mathfrak{H} \mathfrak{a} \mathfrak{n} \mathfrak{d} \mathfrak{b} \mathfrak{u} \mathfrak{ch}$

der

$\mathfrak{L} \mathfrak{a} \mathfrak{n} \mathfrak{d} = \mathfrak{B} \mathfrak{a} \mathfrak{u} = \mathfrak{K} \mathfrak{u} \mathfrak{n} \mathfrak{ft},$

vorzüglich

in Rücksicht auf die Construction der Wohn- und Wirthschafts-Gebäude

· für

angehende Cameral-Baumeister und Oeconomen,

von

D. Gilly,

Königlichem Geheimem Ober-Bau-Rath;

nach dessen Tode herausgegeben

von

D. G. Friderici,

Königlichem Regierungs-Baurath zu Berlin.

Dritten Theils erste Abtheilung.

Mit illuminirten Kupfern.

Halle 1811.
Im Verlage der Rengerschen Buchhandlung.

Lehrbuch, nach dem man entwerfen kann und das der Maurermeister Lindner gekannt haben mag. David Gilly ist es auch, der 1793 in Berlin die Bauschule einrichtet, aus der ab 1799 die Bauakademie hervorgeht. Wenn wir die 3. Auflage des „Handbuchs der Land-Bau-Kunst", erschienen in Halle 1811, durchgehen, so finden wir in den Abbildungen zwei Konstruktionen, denen diejenige der Familienhäuser verblüffend ähnlich ist. Der Text erläutert, daß es sich um schematische Entwürfe für Magazine für Salz und Korn, also ländliche Ökonomiegebäude, handelt.

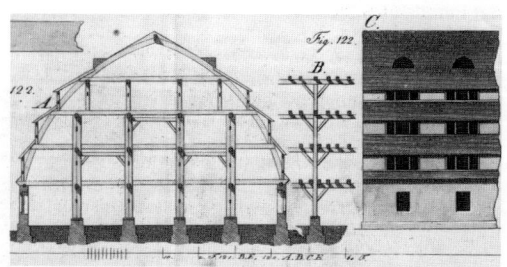

Beide, Fig. 122 und Fig. 125, sind für den Vergleich mit dem Schnitt durch das Familienhaus interessant. Gilly bietet Magazine mit unterschiedlicher Tiefe und Konstruktion an und im Falle von Fig. 125 sogar in

→S 85   Diese Angaben stehen im Widerspruch zu den Angaben der Feuersozietät. Thümmel behauptet, das Haus 58a habe 18, 58b 16 Fenster. In der Beschreibung der Feuerversicherung werden für die beiden Häuser die Längen 100 Fuß und 101 Fuß sowie gleiche Konstruktion und Stubenzahl angegeben. Mit den uns zur Verfügung stehenden Quellen können wir diesen Widerspruch nicht klären.

Was die Anzahl der Stuben angeht, so haben wir bereits darauf hingewiesen, daß offenbar die bei der Feuerversicherung noch angegebenen einfenstrigen Dachkammern entweder gar nicht ausgeführt oder nachträglich zu Stuben zusammengelegt worden sind. Die 87 Stuben des Hauses 58a lassen sich möglicherweise dadurch erklären, daß einige der ursprünglich geplanten Kammern doch ausgeführt worden sind und Thümmel sie ebenfalls als Stuben bezeichnet.

→A 44   **Dr. Thümmel (11.1.1827):** *Das dem Tore zunächst gelegene, mit der Giebelseite der Gartenstraße, mit der Vorderfronte der Stadtmauer und*
←L 7   *mit der Hinterfront dem Hofe zugekehrte Haus 60 endlich hat, indem es zuerst entstanden, noch die beste Bauart und leidlichste Einrichtung, besteht ebenfalls aus 5 Stockwerken, ist aber mit 4 Eingängen versehen, welche indes nicht miteinander in Verbindung stehen und bei etwaiger Feuersgefahr den Bewohnern keine Wahl gestatten. Es schließt 91 Wohnungen in sich, wozu Kammern oder Alkoven und dunkle auf den Corridors angebrachte Kochgelegenheiten (Kamine) gehören.*

Die Kellerstuben sind hier am tiefsten, in Vergleich zu den übrigen Häusern gelegen, feucht, dumpfig und ungesund, die dazugehörigen Corridors werden nur durch ein Kellerloch unter der Eingangstreppe schwach erleuchtet, vor welcher sich der Abfall, Kehricht etc., den die Bewohner der oberen Stockwerke hier ausschütten, anhäuft und einen sehr üblen Geruch verbreitet. Das Haus 59a ist nur zweistöckig, besteht aus 20 Wohnungen und kommt gar nicht mit den übrigen Gebäuden in Betracht. Die Ställe hingegen, die zur Viehhalterei gehörigen Gebäude, die offenen Cloaken und der Müllkasten, welche weder zur Verschönerung noch Verbesserung des Ganzen beitragen, verderben durch die hier vermodernden animalischen und vegetabilischen Substanzen die Atmosphäre.

Um einen Überblick über die vermietbaren Stuben in den Familienhäusern zu erhalten, faßt Thümmel diese, bezogen auf die einzelnen Gebäude, zusammen.

→A 45   **Dr. Thümmel (11.1.1827):** *(Die Einwohner sind) nun in 426 Stuben (wovon etwa 26 leerstehende abzurechnen sind) verteilt,*

nämlich im Hause 58   – 150 Stuben
im Hause 58a   –   87 Stuben
im Hause 58b   –   75 Stuben
im Hause 59   –   3 Stuben
im Hause 59a   –   20 Stuben
in der Töpferei und im Hause 60   –   91 Stuben
Summa 426 Stuben

Dazu kommen noch Küchen und Kammern in den Häusern 59 und 60, bzw. nur Küchen (20) im Haus 59a, dem „Kleinen Haus". Desweiteren befinden sich noch insgesamt 9 Ställe, 2 Remisen und der Kramladen auf dem Grundstück.

Der Hof

Von den beiden Höfen ist nur der vordere kleine vollständig gepflastert, der hintere, den die Häuser 58, 58a und 58b umschließen, besteht abgesehen von einem etwa 1,80 m breiten Pflasterstreifen vor dem „Langen Haus" aus einer großen baumlosen Sandfläche, nachdem der Holzplatz, der sich anfangs dort befunden hat, aufgelöst worden ist.

→A 46   **von Wülcknitz (27.11.1827):** *Die Pflasterung des Hofes würde, wenn sie*
←B 24   *noch weiter ausgedehnt werden sollte als geschehen, nur nachteilig wirken, indem die Kinder, welche darauf spielen und zum Teil ohne Schuhe sind, sich viel glücklicher auf dem festgetretenen und reinen Sande befinden, als wenn sie auf Steinen gehen. Rücksichtlich der Reinlichkeit aber würde die Pflasterung, die in den Zwischenräumen der Steine Kot und Scherben*

aufnimmt, lange nicht so angemessen sein als die jetzige ganz ebene und reinliche Fläche, die selbst bei anhaltendem Regenwetter niemals mit bedeutenden Wasserpfützen bedeckt ist, weil der Abfluß zu den gepflasterten Teilen des Hofes sofort erfolgt, in denen ein Rinnstein sich befindet, welche die fernere Ableitung des Wassers sichern, deren Anlage allein im Hinterhofe über 400 Rthl. Courant gekostet hat, und für den Bedarf genügend sind, denn man bedenke, mit welchen Schwierigkeiten die nötigsten Pflasterungen von der Commune zu erreichen sind, wie sollte sie von einem Privatmann gefordert werden können, . . ., wo (durch) die Bedürfnisse so vieler Bewohner die Dauerhaftigkeit derselben fortwährend gefährdet würde, wie dies beim Holzhauen (oder) Einbringen der Pfähle, um die Wäscheleinen zu befestigen, der Fall sein würde.

Sowohl der Magistrat wie auch das Polizei-Präsidium schlagen dem Innenminister vor, von Wülcknitz wegen der Reinlichkeit des Hofes die Pflasterung desselben aufzutragen, was der Innenminister jedoch nicht für nötig hält und was auch niemals geschieht.

Innenminister von Schuckmann (21.7.1828): *Was die Pflasterung des* ←A 47 *Hofes anlangt, so gibt das Königl. Polizei-Präsidium zu, daß der Vorderhof vollständig, der Hinterhof aber insoweit gepflastert sei, daß kein Wagen genötigt werde, das Pflaster zu verlassen. Hiermit ist dem, was polizeilich erforderlich ist, Genüge geschaffen und ist dem von Wülcknitz die Pflasterung des ganzen Hinterhofes um so weniger anzusinnen, als der Magistrat die Gartenstraße, durch welche die ganze Bevölkerung der Häuser den Zugang zu denselben findet, noch ungepflastert gelassen hat, auch mehrere öffentliche Plätze der Residenz, auf welchen lebhafter Verkehr getrieben wird, z.B. der Gensdarmen-Markt, auch ohne allen Nachteil der Pflastersteine entbehren.*

Außer dem Pflaster fehlt auf den Höfen wie in den Treppenfluren und Korridoren der Häuser jede hausöffentliche Beleuchtung.

Stadtrat Keibel (7.12.1825): *An Beleuchtung des Hofes und der Flure* ←A 48 *und Treppen während des Abends und nachts ist gar nicht zu denken.*

von Wülcknitz (27.11.1827): *Die Erleuchtung der Höfe ist wegen der* ←A 49 *starken Bewohnung der Häuser und des Lichts, welches bis späthin in den Zimmern brennt, überflüssig, da es in der dunkelsten Nacht heller als in der Gartenstraße ist – wie der Augenschein ergibt.* →B 25

Polizeirat Kayser (29.4.1828): *Wenn jedoch die Hausbewohner in der* ←A 50 *Regel größtenteils um 10, spätestens um 11 Uhr abends ihre Lichter wieder auslöschen, so fällt auf die Dauer der Nacht diese Erleuchtung fort.*

Der Hof ist nicht nur Spielplatz für die Kinder und Platz zum Wäschetrocknen und Holzhacken. Außer dem offenen Müllplatz befinden sich hier noch zwei Einrichtungen, die heute Bestandteile der Wohnungen sind, sich im 19. Jh. aber noch allgemein auf dem Hof befinden: die Abtritte und die Brunnen.

Die Abtritte

Polizeirat Kayser (29.4.1828): *Für alle Bewohner der sämtlichen Häu-* ←A 51 *ser ist nur ein in der Mitte des Gehöftes belegenes Abtrittsgebäude vorhanden, dessen Abteilungen*
a) mit   8 Sitzen für Weiber
b) mit 15 Sitzen für Kinder weiblichen Geschlechts
c) mit 12 Sitzen für Männer und
d) mit 13 Sitzen für Kinder männlichen Geschlechts bestimmt sind.

Stadtrat Keibel (7.12.1825): *Die Abtritte stehen offen und verpesten* ←A 52 *die Luft.*

Polizeirat Kayser (29.4.1828): *Jede Abteilung hat nur einen Zugang,* ←A 53 *und die einzelnen Sitze sind durch Querlatten (statt der Brillen) voneinander geschieden. Diese geringe Anzahl und die Lage der Abtritte in einem einzigen, von mehreren der Häuser ziemlich entfernten Gebäude ist für das Bedürfnis durchaus nicht zureichend zu erachten.*

Selbst bei einer für die Familienhäuser relativ geringen Bevölkerung von 2108, wie sie im April 1827 gezählt wird, bedeutet das, daß für 44 Personen ein Sitz zur Verfügung steht.

zwei Versionen, einmal mit Fachwerk außen und mit massiven Außenwänden. Er betont in seinen Beschreibungen die Notwendigkeit einer guten Querlüftung bei der Lagerung von Korn und ordnet daher durchgehende Lüftungsbänder in der Dachhaut an mit senkrecht stehenden Klappen. Auf der anderen Seite empfiehlt er, den Sockel bzw. das Erdgeschoß bei Fachwerkkonstruktionen immer in massivem Mauerwerk auszuführen, damit die Füße der äußeren Stützen nicht faulen und die Gesamtkonstruktion in Gefahr bringen können.

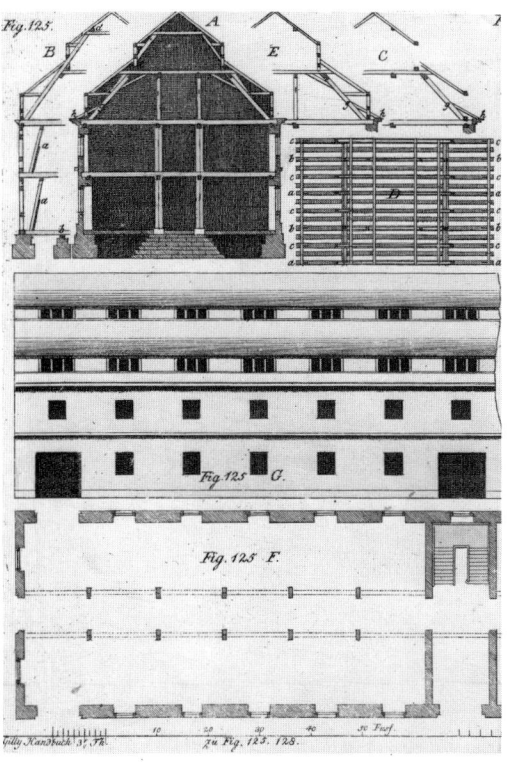

Genau nach diesen Anweisungen werden die großen Familienhäuser konstruiert: Souterrain und 1. Geschoß haben massive Außenwände und Korridor-Wände, auf und in die die Fachwerkkonstruktion eingestellt ist.

Soweit ist ein unmittelbarer Vergleich möglich mit der Gillyschen Vorlage.

Was den Entwurf gegenüber der Vorlage verändert, stammt aus dem Auftrag, in die vorgegebene Konstruktion Wohnräume einzuplanen, die beheizbar und belichtet sein müssen. Die Schornsteine, die bei den Magazinen fehlen, durchschneiden die Konstruktion und schaffen massive Kerne, die die Aussteifung in der Quer- und Längsrichtung über die massiv ausgeführten Wandteile in T-Form übernehmen. Der Versuch, auch die Dachgeschosse für Wohnzwecke auszubauen, führt über die Vergrößerung der Lüftungsbänder zu Fensterbändern und in Abänderung der Dachkonstruktion zu einem Mansard-Kehlbalkendach.

→B 26 Tabackscheune in Friedrichstal, 2. Hälfte 18. Jh.

Das Fachwerk wird in bezug auf die Fassade nur im Dachbereich sichtbar, im Bereich der senkrechten Wände, also im 2. Geschoß, wird das Fachwerk verblendet durch eine hochgezogene und wahrscheinlich verputzte Schicht aus Mauerwerk. Das Ergebnis – soweit die Unterlagen die Beurteilung zulassen – ist also im Inneren eine Mischkonstruktion aus Mauerwerksbau und Fachwerk, im Äußeren ein Magazingebäude mit zu Fenstern erweiterten Lüftungsöffnungen.

Interessanterweise ermöglicht die Vorlage Fig. 125 ohne weiteres eine Mittelgangerschließung, wie sie bei der Berliner Kaserne aus der zweiten Hälfte des 18. Jh. üblich ist. Hier treffen sich also – von uns getrennt entwickelt – die beiden Vorbilder für die großen Familienhäuser: die Kaserne für die Grundrißgestaltung und das Magazin für den konstruktiven Aufbau.

Die Nähe zur Stadt und ihren feuerpolizeilichen Bestimmungen entkleidet die Familienhäuser ihrer feudal-ländlichen Selbständigkeit in Teilaspekten: Die Abwalmung entfällt, und die Querwände (Giebelwände) werden als massive Brandwände ausgebildet, die nur noch für die Korridore Fensteröffnungen vorsehen, so daß die Familienhäuser gereiht werden können, wie es bei dem „Langen Haus" auch durchgeführt wird. Tendenziell entsteht also ein addierbarer Reihenhaustyp, wenngleich mit ländlichem Querschnitt und ohne Fassade und Eingang von der Straße her.

Es bleibt nachzuweisen, daß sich in Berlin und der weiteren Umgebung gebaute Beispiele finden, die dieselbe Gillysche Vorlage, in der sich ja nur die gesammelte Erfahrung des 18. Jh. niederschlägt, zur Grundlage haben.

Tuchfabrik in Luckenwalde

Wohnhaus, Schornsteinfegergasse 5, Berlin um 1800

→A 54 **Oberbürgermeister Büsching (26.3.1827):** *Es ist wohl einleuchtend, daß dies nicht hinreicht und es die nächste Veranlassung zu gegenwärtiger Unreinlichkeit gibt, daß die Einwohner alle Stellen des Hofes durch Excremente verunreinigen.*

→A 55 **Dr. Thümmel (11.1.1827):** *Es ist so gut, als wären fast gar keine vorhanden, weil sich die Leute nicht aus dem 4ten und 5ten Stock über den schmutzigen Hof zu den entlegenen Cloaken begeben, zu welchen der Weg ohnedies durch scheußliche Verunreinigungen versperrt ist.*

→A 56 **Polizeirat Kayser (29.4.1828):** *Der Vorzug der Anlegung mehrerer Abtritte ist wohl einleuchtend, indem es nicht zu verhindern sein möchte, daß bei dem Vorhandensein einer einzigen Gelegenheit, die von mehreren Häusern bedeutend entfernt ist, durch Notgedrungenheit und Scheu vor großer Unbequemlichkeit, der Mißbrauch der Höfe, Flure, Treppen und wohl gar der Wohnungsräume, zumal zur Nachtzeit, zur Befriedigung der Notdurft sich häufig einstellt, wohl auch mitunter unumgänglich vorkommen muß.*

→A 57 **von Wülcknitz (27.11.1827):** *(Ich) glaube, daß wenn statt der einen Abtrittseinrichtung deren 5 oder 10 wären, der Gestank, den sie verbreiten würden, ebensoviele Male stärker sein würde als jetzt, da eine geringe Menge Kot hinreicht, große Lufträume zu verpesten, und ihre Konzentrierung an ein und derselben Stelle sowie auch die gleichzeitige Wegschaffung derselben von einem Orte Bedingung der Beschränkung des Gestanks ist. . . . Die Vermehrung der Latrinen würde noch ein größeres Übel herbeiführen, indem sie weniger benutzt als abgelegene Winkel zu den schamlosesten Excessen Veranlassung geben dürften.*

→A 58 **Innenminister von Schuckmann (21.7.1828):** *Was die Anlegung mehrerer Abtrittsgebäude an verschiedenen Stellen des Hofes für jedes Haus anlangt, so ist dem v. Wülcknitz darin beizustimmen, daß deren Vervielfältigung nur dazu führen würde, die Luft an mehreren Stellen zu verderben, und daher in gesundheitspolizeilicher Rücksicht eher nachteilig als vorteilhaft würde. Von diesem Ansinnen ist daher abzusehen.*

Dagegen ergibt sich, daß 48 Sitze in dem vorhandenen Abtritts-Gebäude für 2200 Menschen nicht ausreichen und daß durch diesen Mangel Unreinlichkeit und Schamlosigkeit gefördert werden müssen.

Das Polizei-Präsidium möge daher dem Eigentümer eine angemessene Erweiterung des vorhandenen Gebäudes und Vermehrung der Sitze unter Beibehaltung der zeitherigen Sonderung der Geschlechter aufgeben.

←B 27 Dieser Auflage kommt der Besitzer der Familienhäuser jedoch nicht
→S 92 nach. Erst am **19.3.1841** wird in die Versicherungsakte des „Kaufmannshauses" (Nr. 94) ein neugebautes „Appartement" eingetragen.

Die Brunnen

→S 95 Auf dem Grundstück befinden sich, wie aus den Feuerversicherungsakten hervorgeht, 2 Brunnen. Der eine liegt in der Mitte des kleinen Hofes – seine Lage können wir auf dem abgebildeten Lageplan erkennen. Der zweite wird zusammen mit dem „Langen Haus" versichert und liegt irgendwo auf dem großen Hof – seine Lage können wir nicht exakt bestimmen. Von ihm aus geht eine Abzugsrinne bis zu der Senkgrube, die wir später beschreiben werden.

→A 59 **Dr. Thümmel (11.1.1827):** *Der Brunnen liegt höher als der größte übrige Teil des Hofes, so daß das überflüssige Wasser, welches durch die Abzugsrinne nicht nach dem Sumpfe fließen kann, den tiefer liegenden Teil des Hofes überschwemmt und bei Frostwetter für die große Anzahl von Kindern und Betrunkenen leicht ein Ort zum Fallen werden kann.*

→A 60 **Stadtrat Keibel (7.12.1825):** *Um den Brunnen in der Mitte des Hofes häuft sich Kehricht und Müll.*

←B 28 Das Problem der Grundstücksentwässerung nimmt bei einer Anlage dieses Ausmaßes, die nicht direkt an einen Fluß gebaut worden ist, ganz neue Dimensionen an. Sämtliche Abwässer der Familienhäuser werden, wie auf einem Gutshof üblich und auch praktikabel, in eine Senkgrube geleitet, die jedoch schon bald wegen der anfallenden Mengen zu einem großen Sumpf anwächst. In dem oben abgebildeten Lageplan wird dieser Sumpf noch als „Garten" bezeichnet.

Die Senkgrube

Dr. Thümmel (11.1.1827): *Der Teil des Hofes, welcher von den Häusern 58, 58a und 58b umgeben ist, wird zum dritten Teil von einem Rinnstein durchschnitten, der alle unreine Flüssigkeiten nach dem das Haus 58a halb umschließenden Sumpf, dessen Ausdünstung besonders im Sommer höchst unangenehm und nachteilig ist, hinleitet, während der Abfall und Moder denselben so lange umgibt, bis er oft erst nach 8–14 Tagen von dem Entrepreneur abgeholt wird. Außerdem wird der Teil des Hofes, wo sich die Cloaken und der oben bezeichnete Sumpf befinden, von Kindern und Großen, abends und bei Tage auf eine empörende Weise so verunreinigt, daß man mit Sicherheit nicht schreiten kann.* ←A 61

Polizeirat Kayser (29.4.1828): *Hinsichtlich der Ableitung der Flüssigkeiten von dem Gehöfte wird folgendes ehrerbietigst bemerkt:* ←A 62

Die sämtlichen Gossen sind vor den Häusern in einem mit sehr starkem Falle versehenen tiefen Rinnsteine vereinigt, der an der Haupt-Facade des Seitengebäudes links vorbei in einem mit Stakaten abgeschlossenen, neben und hinter diesem Hause liegenden Hofraum oder Gartenfleck führt, auf welchem sich eine viereckige, bis auf den Grundwasserstand ausgegrabene Senkgrube von 16 Fuß Länge und gleicher Breite befindet, die jedoch weder an den Seiten ausgemauert noch mit Brettern bedeckt ist und von der ab in verschiedenen Richtungen Gräben gezogen sind, um das mehrere Wasser aufzunehmen, welches die Grube, da sie zu klein ist, nicht fassen kann. Aber auch der Raum dieser Gräben ist nicht zureichend, und (es) wird daher gewöhnlich ein großer Teil des Platzes, welcher das Haus an der Hinter- und Seitenfront umgibt, von dem Abfluß des Urins der Bewohner und von 8 Kühen, sowie vieler anderer der faulen Gärung fähigen Substanzen überschwemmt und diese Stoffe der Sonnenhitze ausgesetzt, so daß durch die jetzige Beschaffenheit des Abflusses die Gesundheit der zunächst wohnenden Menschen allerdings als gefährdet erscheint.

Dr. Thümmel (3.12.1825): *Leider aber kann man die Entfernung derselben nicht eher verlangen, als bis die vor dem Hamburger Tor belegene Gartenstraße (welche, beiläufig gesagt, einem Moraste gleicht) gepflastert ist und durch die Anlegung von Rinnsteinen jenen Flüssigkeiten der Abfluß in die Panke verschafft wird. Wenn zwar dieser Übelstand in allen Häusern der Vorstadt stattfinden mag, so ist er nicht so fühlbar als hier, wo eine so große Menschenmenge vereinigt ist und ein eigenes Grundstück für den Abfluß des Wassers gekauft werden mußte.* ←A 63

Oberbürgermeister Büsching (21.4.1827): *Die Pflasterung der dortigen Straße (kann) nicht eher mit Nutzen und Erfolg ausgeführt werden, als bis der dortigen Gegend auch ein Abfluß verschafft ist. Dieser läßt sich jedoch nicht eher bewirken, als bis von seiten der Königl. Regierung die nötige Vorflut von der Oranienburger Chaussee nach der Panke beschafft ist. Dieser Teil der Chaussee, von welcher der Weg von der Eisengießerei nach der Panke führt, steht öfters von beiden Seiten unter Wasser.* ←A 63

Die Streitereien darum, ob die Kosten von der Stadt oder vom Staat zu tragen sind und was zuerst unternommen werden muß, ziehen sich hin bis zum Beginn der 40er Jahre, als dann endlich im Zusammenhang mit der Anlegung des Stettiner Bahnhofs, der eine gepflasterte Straßenverbindung ←S 171 über die Gartenstraße zur Stadt erforderlich macht, zusammen mit der Pflasterung der Straßen der Rosenthaler und Oranienburger Vorstadt auch ein Abzugskanal für die Hausabwässer zur Panke angelegt wird. Bis dahin wächst der Sumpf hinter den Familienhäusern jedoch stetig an. Daß er nicht nur eine hygienische Bedrohung für die Bewohner darstellt, wie es besonders während der Cholera-Epidemien deutlich wird, soll ←S 150 diese Anzeige des Hausverwalters Laucke zeigen:

Hausinspektor Laucke (4.3.1836): *Heute nachmittag um 4 Uhr ist der 12jährige Sohn des Webers Schäfer, Heinrich, Gartenstr. 92b/78, auf dem mit hohem Zaun und Mauer umgebenen Düngerhofe, welcher nur zur Aufsammlung des Düngers und der Flüssigkeiten aus den Familienhäusern benutzt wird und wohin in der Regel nur das Fuhrwerk gelangt, welches zum Abfahren des Düngers benutzt wird, in einer dort befindlichen unbewährten tiefen Senkgrube ertrunken.* ←A 65

Um 4 Uhr ist der Knabe aus der Wohnung seiner Eltern gelaufen, mit einer Hacke, um auf dem zum Abfahren des Düngers eben geöffneten Hofe Knochen zu sammeln, und mehrere Personen,

1. der Schuhmacher Arend, Gartenstr. 92a/24;
2. die Wilhelmine Schuhmann, 14 J. alt, Tochter des Arbeitsmanns, Gartenstr. 92b/60;
3. die Maria Volkland, 14 J., und
4. die Pauline Volkland, 17 J.,
Töchter der Witwe Volkland, Gartenstr. 92a/34, u.a.m.,
haben ihn dort aus ihren Fenstern a l l e i n und an der Senkgrube stehend gesehen; die beiden letzteren aber, wie er, mit der Hacke in das Wasser hineinlangend, von dem vom Regen erweichten Ufer hineingestürzt ist.

Hierauf ist nach sofort erhobenem Lärm der Knabe von dem Weber Rietz, Gartenstr. 92/17, und dem Weber Dimsler, Gartenstr. 92a/36, ungesäumt mit einer Stange zu Tage gefördert, aber völlig leblos zu seinen Eltern getragen worden, woselbst dann auch die sofort angestellten Rettungsversuche durch den Doktor Lerchner vergeblich angewandt worden sind.

Keine Einraumwohnung ohne Kochofen

Die drei großen Familienhäuser des Kammerherrn v. Wülcknitz, das „Lange Haus", das „Querhaus" und das „Schulhaus", bestehen alle aus gleichartig aneinandergereihten Einraumwohnungen. Diese Gebäude unterscheiden sich damit von ihren direkten Vorläufern auf dem gleichen Grundstück, sowohl vom „Kaufmannshaus" mit seinen Einheiten aus Stuben, Kammer, Flurküche und Alkoven, als auch vom „kleinen Haus", in dem eine Wohnung aus Küche und Stube besteht. Die Einraumwohnung stellt eine Reduzierung dar, nicht nur des Raumprogramms der frühen Kaserne, der frühen ländlichen Familienhäuser, wie sie für die staatlichen Industrieanlagen gebaut worden sind, oder der Kolonistenhäuser mit ihrer dreiteiligen Einheit aus Stube, Kammer und Küche, sondern sie ist auch eine Vereinfachung gegenüber den ersten Plänen zu diesen großen Familienhäusern, in denen neben den Einzelstuben pro Etage noch eine Gemeinschaftsküche vorgesehen war.

←S 82

←S 83

←S 56

←S 84

Trotz der räumlichen Reduktion, die die Einraumwohnung gegenüber der Küche-Stube-Kammer-Wohnung darstellt, bleibt die Lebensweise in ihr gleich. Sie wird bestimmt durch Kochen, Essen, Schlafen, Heimarbeit usw.

Um alle Funktionen in einen Raum zu drängen – aus welchen Gründen auch immer –, ist eine technische Voraussetzung notwendig, nämlich, daß man in diesem Raum sowohl heizen wie kochen kann. Wenn wir verstehen wollen, was die Erfindung des Kochofens bedeutet, müssen wir anschaulich machen, wie in den vorhergehenden mehrräumigen Wohnungen gekocht und geheizt wurde.

Der Küchenherd

In der für die Mark Brandenburg typischen Küche wird noch bis weit ins 19. Jh. hinein, nicht nur auf dem Lande, sondern auch in der Stadt, über dem offenen Feuer auf einem gemauerten Herd gekocht.

→S 85

←B 29

Oberdeutscher Herd

Der Rauch zieht durch einen Schornstein ab, der in den ländlichen Familienhäusern, wie auch in brandenburgischen Bauernhäusern, als steinerner Mantel den gesamten Herdraum, die „schwarze Küche", umfaßt.

In den mehrgeschossigen städtischen Häusern ist die schwarze Küche so nicht möglich, daher wird über dem Herd eine Esse angebracht, die mit eigenem Rauchabzug über Dach geführt wird.

4.3.2 Das „Lange Haus"

Wir beschränken uns bei der Darstellung des inneren Aufbaus der Familienhäuser auf das „Lange Haus" an der Gartenstraße, weil es als ein Beispiel steht für die ganze dritte Ausbauphase, die das Hauptvolumen an Wohnraum schafft – insgesamt 312 von 426 Stuben, also etwa 3/4 des gesamten vermietbaren Wohnraums auf dem v. Wülcknitzschen Grundstück. Hinzu kommt, daß die späteren Beschreibungen und Kritiken an den Familienhäusern sich fast ausschließlich auf diese vier mit 1-Stuben-Haushalten ausgerüsteten Mittelgangtypen beziehen. Die Bauzeit des „Langen Hauses" läßt sich ziemlich exakt bestimmen. Der Bauantrag wird am **24.2.1823** gestellt, kurz darauf genehmigt, und die Gebäude sind bereits am **6.9.1823**, nach etwas mehr als einem halben Jahr – also selbst nach heutigen Vorstellungen in einer unglaublich kurzen Zeit – fertiggestellt.

Die Konstruktion

Aus dem rekonstruierten Plan des „Langen Hauses" (nacheinander Gartenstr. Nr. 58, dann Nr. 92 und seit **1860** Nr. 170) und der kurzen Baubeschreibung der Feuerversicherung lassen sich folgende Baudaten feststellen:

Das „Lange Haus" besteht aus 2 mit ihren Brandwänden aneinandergebauten Familienhäusern, die über die Mittelgänge, die das gesamte Gebäude in jedem Geschoß auf seine ganze Länge durchlaufen und an denen zu beiden Seiten pro Geschoß insgesamt 30 Einzelstuben aufgereiht sind, miteinander verbunden sind. Mit einer Höhe von 18,40m und einer Tiefe von 15,85 m gleicht das „Lange Haus" dem „Quer"- und dem „Schulhaus" (Nr. 8, 9), mit denen es einen rechteckigen Hof umschließt, konstruktiv aufs Detail. Es ist lediglich doppelt so lang, nämlich 63m, woher auch der Name für dieses größte der Familienhäuser kommt. Außer allen Wänden im Souterrain und den Brandwänden sind lediglich die äußeren Umfassungs- und die Korridorwände des ersten Stockwerks massiv aus Stein gemauert. Alle übrigen Wände sind von Fachwerk, wobei die Außenwände des 2ten Stocks und die beiden Dachfensterwände der Mansarde und des Oberdachs mit Stein ausgemauert und verblendet, die inneren Trennwände aber nur mit Lehmwickeln ausgefacht sind.

Die Fassade

Zur Fassade der Familienhäuser haben wir lediglich zwei dokumentarische Anhaltspunkte. In der Bauakte des Schulhauses findet sich, datiert auf den **19.5.1876**, ein Feuvisitationsprotokoll, in dem festgestellt wird, daß *der Putz an der Vorder- und Hinterseite des Hauses . . . schadhaft* ←A 66 *und lose* ist. In einem später wiederzugebenden Bericht über die Familienhäuser, der geschrieben am **21.8.1842** in der „Jungen Generation" ←S 201 erscheint, beschreibt der Verfasser das Äußere der Familienhäuser folgendermaßen: *Denken Sie sich ein halbes Dutzend fabrikähnliche, aus Lehm,* ←L8 *Holz und Fachwerk zusammengekleisterter, 40 Fuß hoher und 90 Fuß langer, blau und weiß angestrichener Mäusekasten, und Sie haben eine richtige Idee von den Berliner sogenannten Familienhäusern.* Das sind die beiden einzigen Angaben, die wir zum Äußeren der Häuser haben, ohne zu wissen, ob sie von Anfang an geputzt oder gestrichen waren.

Was für den äußeren Eindruck der Familienhäuser bestimmend gewesen ist, notiert Heinrich Grunholzer am **29.3.1843** in sein Tagebuch: *(Vor* ←A 67 *dem Hamburger Tore) stehen nicht weit voneinander 6 große Gebäude, welche man am besten an den vielen kleinen Fenstern erkennt, die hier und da mit Papier ausgebessert und durchweg von Schmutz undurchsich-* ←S 221 *tig sind.*

Um zu erfahren, wie die Familienhäuser, speziell das „Lange Haus", von innen ausgesehen haben, haben wir alle diesbezüglichen uns zur Verfügung stehenden authentischen Aussagen so montiert, daß eine fiktive Begehung des Hauses stattfindet, wobei die Beobachter sich durchaus nicht immer einig sind über das Gesehene und dessen Bewertung.

Der Grundriß

Dr. Thümmel (11.1.1827): *Das Haus 58, welches mit seiner Vorder-* ←A 68 *fronte der Gartenstraße, mit der Hinterfronte dem Hofe zugekehrt ist, hat mit den Kellern und 2 Reihen Dachwohnungen 5 Stockwerke, 32 Fensterfronte und 150 Stuben. In einem jeden der 5 Stockwerke durchschneidet ein sehr dunkler und enger Gang von ungefähr 5 Fuß Breite und 9–10 Fuß Höhe dies große Gebäude der Länge nach dergestalt, daß zu beiden Seiten desselben die Wohnungen liegen.*

Dr. Thümmel (11.1.1827): *Vor diesem Hause, zu welchem vom Hofe* ←A 69 *aus zwei nicht fertige, gemauerte Treppen ohne Geländer führen, ist der Hof der Länge nach etwa 6 Fuß breit (1,85 m) und sonst nirgends als vor dem Hause Nr. 60 in gleicher Breite gepflastert.*

Die Treppen

Die Treppen, die die Geschosse miteinander verbinden, sind nichts anderes als einläufige, etwa 1 m breite Holzstiegen. Darüber, wie steil diese Stiegen gewesen sind, gibt unsere rekonstruierte Planfassung Auskunft. Die Stiegen waren an ihrer Unterseite nicht, wie es in anderen Häusern üblich war, geschalt und verputzt, sondern wie Leitern offen. Der →S 82 Hausbesitzer versucht das zu rechtfertigen:

von Wülcknitz (27.11.1827): *Ich bemerke . . ., daß ich die Verschalung* ←A 70 *deshalb weggelassen habe, weil die Bestimmung dieser Treppen nicht nur dahingeht, daß Menschen sich darauf bewegen, sondern daß viele Lasten mit Flüssigkeiten in Eimern und Kesseln von den Weibern und Kindern herauf und hinuntergetragen werden, da nun, wie der tägliche Augenschein lehrt, diese Substanzen zum Teil auf den Stufen verschüttet werden und nach Eindringen dieser Massen in den Raum zwischen dem angetragenen Putz und den Brettern der Treppen sich sammeln, einen üblen Geruch hervorbringen, so wie auch die Verwesung des Rohrs, das, wenn es*

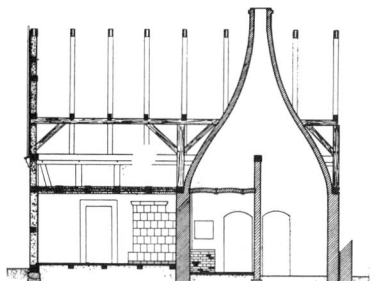

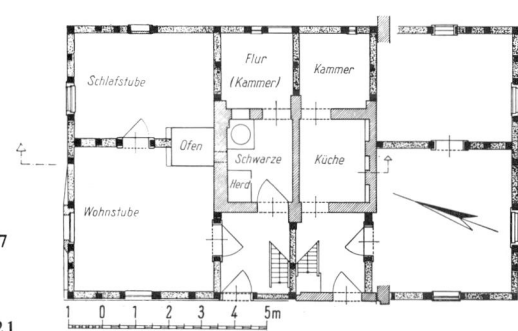

→B 30 Mitteldeutsches Doppelhaus für Tagelöhner, in Zülichendorf: Quergeteiltes Fachwerkhaus mit breiter schwarzer Küche

→B 31 Darstellung einer bürgerlichen Berliner Küche 1839 (Ausschnitt)

Das bedeutet, daß in mehrgeschossigen Häusern die Küchenherde je Geschoß einen eigenen Schornstein brauchen, während die Stubenöfen an die Küchenherde angeschlossen sind und der Rauchabzug jeweils in die Esse geleitet wird. In der nächsten Stufe der Entwicklung erhalten die Stubenöfen eigene Schornsteine, die sich von denen der Küchenherde dadurch unterscheiden, daß ein Zug mehrere Öfen versorgen kann, weil der Rauch sich in einem geschlossenen Kammersystem befindet. Beide beschriebenen Zustände sind im Grundriß erkennbar im abgelehnten Plan vom **4.6.1822** für ein Familienhaus.

In dem Moment, wo Heizen und Kochen in einem Ofen integriert werden, wie bei den großen Familienhäusern, verschwinden die Schornsteinbatterien, und es bleibt 1 Schornsteinstrang für alle übereinanderliegenden Öfen, wie es noch heute üblich ist.

Der Stubenofen

Die Stube wird in der gleichen Gegend üblicherweise mit einem gemauerten Ziegel- oder Kachelofen beheizt, der ursprünglich von der Herd-Küche aus mit Holz und Torf beschickt wird. Bis in die Mitte des 18. Jh. werden diese Stubenöfen ohne besondere Feuerzüge nach Art der im Freien stehenden ländlichen Backöfen ge-

B 32
**Rekonstruktion des
LANGEN HAUSES
Gartenstr. 58**

0   5   10   15   20   25   30

Schnitt

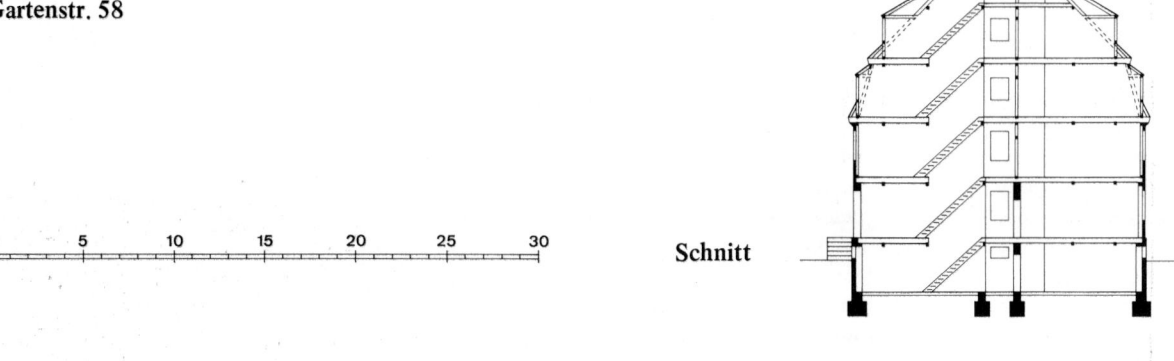

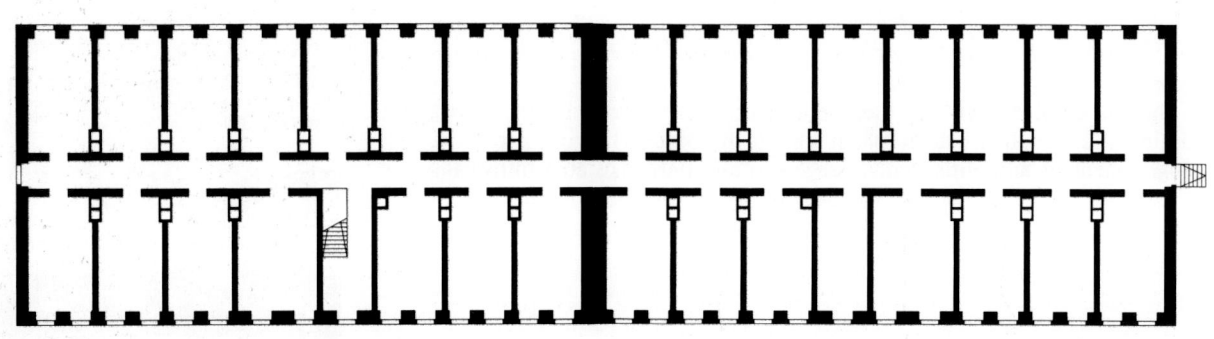

1. Etage

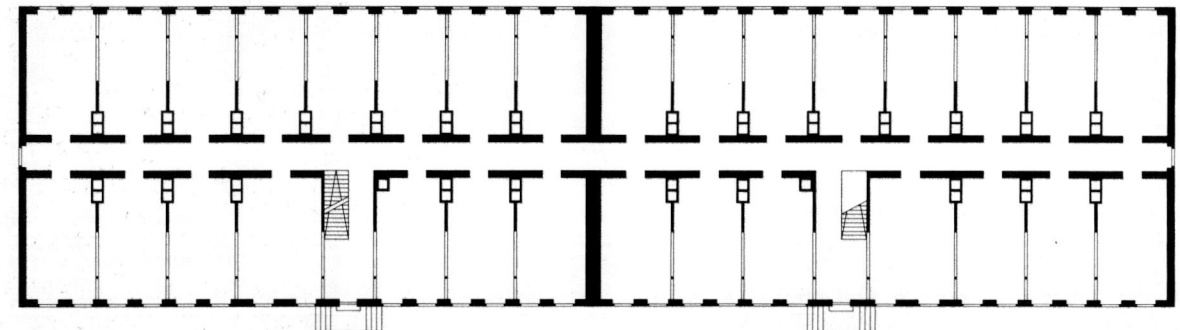

2. Etage

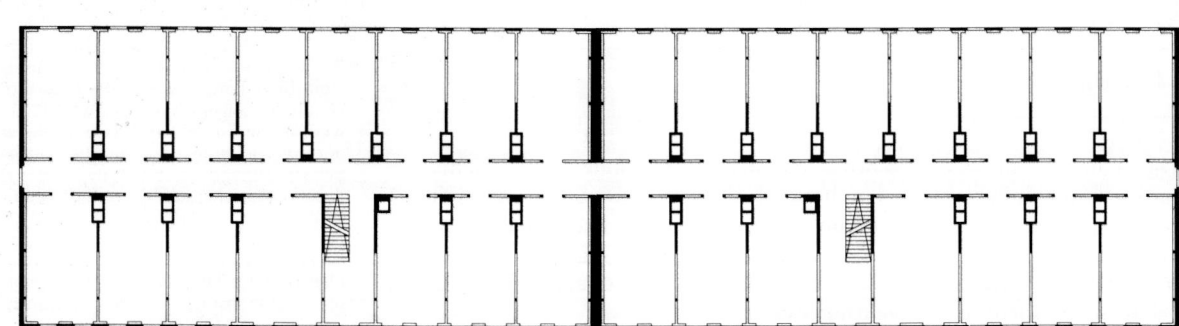

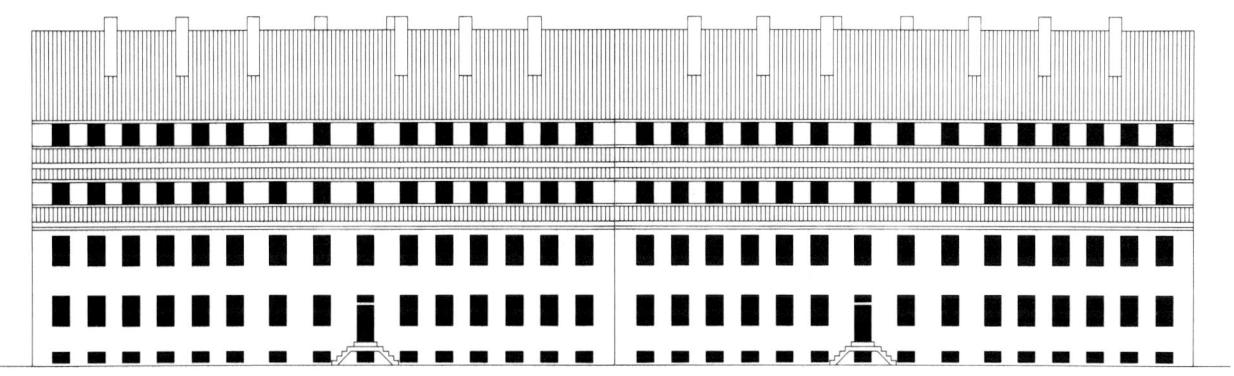

Ansicht

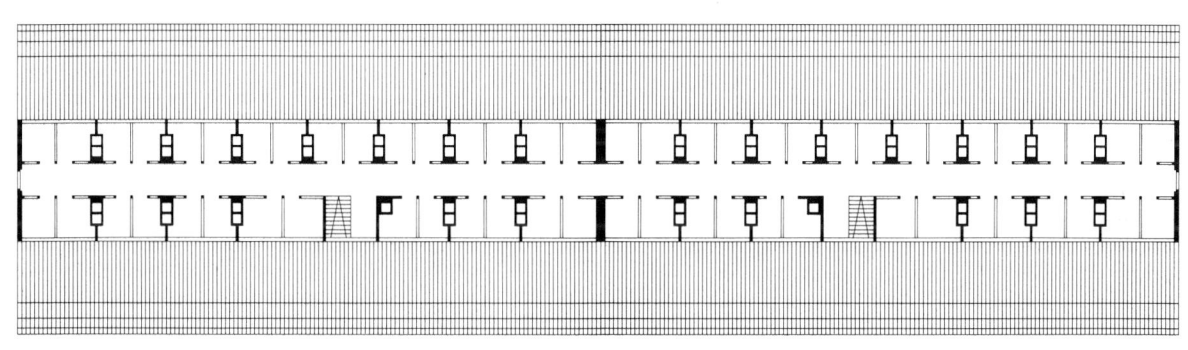

2. Oberdach

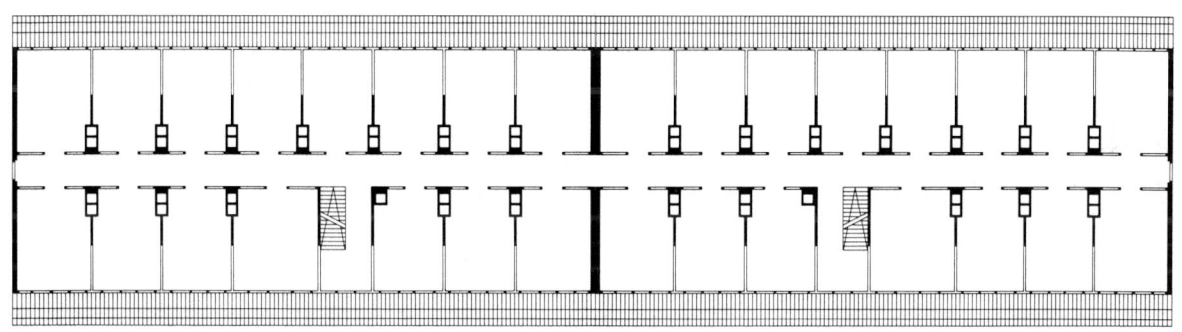

1. Oberdach

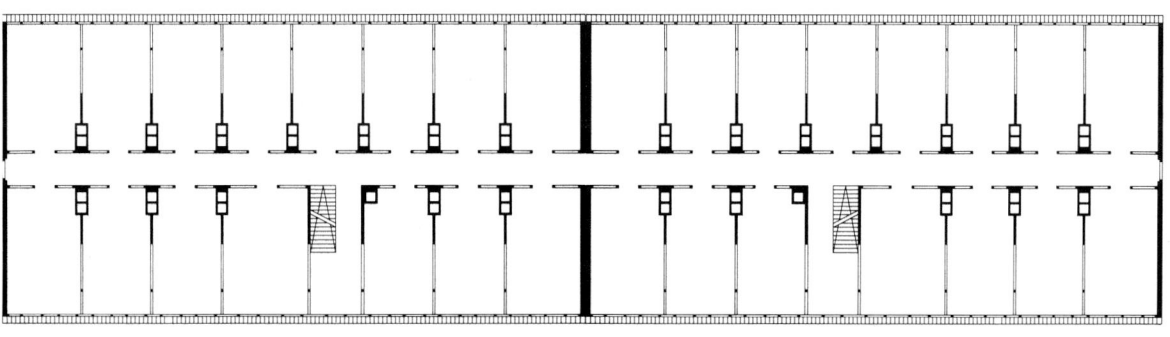

Mansarde

mauert. Um die Stube ständig warm zu halten, waren große Holzmengen notwendig.

Die durch den hohen Holzverbrauch bedingte zunehmende Rohstoffverknappung, die sich als großflächige landschaftliche Verwüstung von gerodeten und nicht wieder aufgeforsteten Wäldern zeigt – die Sandwüste im Norden Berlins steht dafür als Beispiel –, bildet den Ausgangspunkt für die Entwicklungsgeschichte des B e r l i n e r K a c h e l o f e n s.

1763, unmittelbar nach dem letzten Schlesischen Krieg, läßt Friedrich II. durch seine Königliche preußische General-Oberfinanz-Kriegs- und Domänendirektion" eine Preisaufgabe ausschreiben, *auf einen Stubenofen, so am wenigsten Holz verzehret.*

Vorbericht.

Worin von den, über die vorgeschlagenen Oefen angestellten Versuchen, Nachricht gegeben, und einige Anmerkungen über den besten Bau der Oefen, über die beste Art sie zu heizen, und über die verschiedene zur Feuerung dienende Materien, gemacht werden.

Es ist sowohl durrch die Sorglosigkeit, womit man an verschiedenen Orten ganze Wälder umgehauen und das gefällte Holz verschwendet hat, als durch die Nachlässigkeit, womit der neue Anbau derselben getrieben wird, endlich so weit gekommen, daß der ehedem beschwerliche Überfluß des Holzes sich in einen noch beschwerlichern Mangel verwandelt hat. Diejenigen, denen die Besorgung der allgemeinen Landespolicen obliegt, fühlen die Notwendigkeit, auf der einen Seite durch wohl veranstalteten Anbau junger Wälder, anderseits durch kluge Sparsamkeit des noch vorhandenen Holzes einer größern Not vorzubeugen und die gegenwärtige, soviel möglich, zu vermindern.

Die lang anhaltenden und oft ziemlich strengen Winter, die in diesen Ländern gewöhnlich sind, verursachen jährlich einen erstaunlichen Aufwand von Holz, der durch die ungeschickte Einrichtung der Öfen, womit man die Zimmer wärmt, und die oft noch ungeschicktere Art, sie zu heizen, weit über die Notdurft vermehrt wird. Man kann sicher behaupten, daß in manchem Hause durch bessere Öfen und eine sorgfältigere Besorgung des Einheizens die Hälfte, wo nicht gar zwei Dritteile des verbrauchten Holzes hätten können gespart werden.

Dieses hat ein Hohes Königliches General-Ober-Finanz-Kriegs- und Domainen-Directorium bewogen, eine Veranstaltung zu treffen, wodurch diese so sehr schädliche Verschwendung eines der kostbarsten Landesgefälle könnte gehemmt werden. Zu dem Ende hat dasselbe vor anderthalb Jahren durch die Königliche Academie der Wissenschaften öffentlich bekannt machen lassen, daß derjenige einen Preis oder eine Ehrenbelohnung bekommen soll, der den besten Vorschlag tun würde, durch vorteilhaftere Einrichtung der Stubenöfen das Holz zu sparen.

Dieses hat eine ziemliche Menge Schriften veranlasset, die an das Hohe General-Directorium eingeschickt und von demselben der Academie zur näherer Prüfung vorgelegt worden. Da die Wissenschaft, die Kräfte des Feuers auf die vorteilhafteste Weise zu nutzen, noch nicht erfunden ist, so blieb der Academie kein anderer Weg übrig, unter den verschiedenen Vorschlägen den besten auszusuchen, als wirkliche Proben damit anzustellen, wozu das General-Directorium die Unkosten mit rühmlicher Bereitwilligkeit dargeschossen hat. Diese Proben ergaben nicht nur die Entscheidung, welcher von den vorgeschlagenen Öfen der beste sei, sondern veranlasseten noch verschiedene allgemeine Anmerkungen über die Vollkommenheit solcher Öfen, über die beste Art zu heizen und über die Vorteile, welche eine Art des Holzes vor der andern hat. Wir hoffen also, daß es nicht ohne Nutzen sein werde, wenn wir sowohl von den angestellten Proben als von den Anmerkungen, die sie uns an die Hand gegeben haben, hier eine umständliche Nachricht mitteilen.

Es war nach einer genauen Untersuchung der eingekommenen Schriften nicht sehr schwer zu sehen, daß von den darin vorgeschlagenen Öfen fürnehmlich vier einer besondern Aufmerksamkeit wert waren. Man entschloß sich daher, diese vier Öfen genau nach der Vorschrift, welche die Erfinder derselben gegeben haben, bauen zu lassen. Es ist billig, daß wir dem Herrn Hofrat Jeschke, welcher drei Zimmer in seiner Wohnung dazu hergegeben und sich der Unbequemlichkeit, die unsre Versuche notwendig nach sich zogen, so willig unterworfen hat, öffentlichen Dank abstatten und seinem Eifer für das gemeine Beste, das ihm gebührende Lob erteilen.

verfault, mitsamt dem Putz herabfallen würde, nicht ohne diejenigen, welche sich gerade auf der Treppe befinden, zu verletzen.

Aber trotz dieser Weitsicht des Hausbesitzers führten diese Stiegen gelegentlich zu Unfällen:

→A 71 **Dr. Thümmel (11.1.1828):** *Die Treppen, welche zu den oberen Stockwerken führen, . . ., sind nur sehr leicht gezimmert, mit zu einfachen Geländern (ohne Sparren) versehen und ganz besonders diejenigen, welche nach den dunklen Kellerwohnungen führen, schadhaft und schlecht.*

→A 72
←L 9 **Polizeirat Kayser (29.4.1828):** *An den Treppengeländern, mit Ausschluß des Hauses No. 60, fehlen Doppellatten oder sind solche zum Teil so weit auseinander befestigt, daß nach den Anzeigen des Revier-Polizei-Commissars selbst in neuerer Zeit Kinder durch die Geländer der inneren Haustreppen hinabgestürzt sind.*

Noch weit gefährlicher drohen diese Treppen jedoch im Fall eines Brandes in diesem Haus zu werden, der glücklicherweise nie eingetreten ist. Dieser Mangel an Fluchtwegen führt **1828** zu der Bauauflage an von Wülcknitz, eine dritte Treppe im „Langen Haus" anzulegen, der aber weder er noch seine Nachfolger jemals nachkommen.

→A 73 **Innenminister von Schuckmann (21.7.1828):** *Was die Zahl der Treppen anlangt, so sind in dem Hause No. 58 deren zwei für den Bedarf zu wenig, so daß die Anlegung einer dritten als unerläßliches polizeiliches Erfordernis hiermit angeordnet wird.*

Es ergibt sich von selbst, daß, wenn einmal die eine dieser Treppen vom Feuer ergriffen werden sollte, die andere nicht ausreichen würde, um 791 in diesem Hause wohnende Personen, welche mit ihren geretteten Gerätschaften dieser Treppe gleichzeitig zueilen und von den von untenaus Herbeikommenden oder zu weiterer Rettung Zurückkehrenden gehemmt und gedrängt werden würden, in Sicherheit zu bringen. Wenn auch eine hölzerne Treppe diese Last ertrüge, ohne ganz oder teilweise einzubrechen, und die Obengebliebenen den Flammen preiszugeben – ein Fall, der nicht zu den unwahrscheinlichen gehört –, so müßte doch unausbleiblich das Gedränge der Menschen und Effecten, welche auf dem engen mit einem einzigen Ausgange versehenen Raum zusammengepreßt wären, das Leben vieler in die drohendste Gefahr bringen. Unglücksfällen dieser Art vorzubeugen ist die Polizei so verpflichtet als berechtigt, und wenn es schon unrecht ist und bedauert werden muß, daß nicht gleich bei der ersten Genehmigung des Bauplans die Anlegung mehrerer Treppen vorgeschrieben worden ist, so kommt doch in Betrachtung, daß man damals wahrscheinlich eine so zahlreiche Bevölkerung des Hauses nicht vorausgesehen hat. Der Eigentümer, welcher durch den von dem Hause gemachten Gebrauch diese Bevölkerung darin versammelt, kann sich daher nicht auf die gegebene Genehmigung berufen, sondern hat auch noch nachträglich diejenigen innern Einrichtungen zu treffen, welche zu möglichster Sicherstellung der Einwohner gegen eine ihnen augenscheinlich drohende Gefahr erforderlich sind.

Die Gefährlichkeit dieser Treppen wird noch dadurch erhöht, daß weder die Treppenflure noch die von ihnen ausgehenden Korridore nachts beleuchtet sind.

→A 74 **Innenminister von Schuckmann (21.7.1828):** *Bei irgendeiner Veranlassung zur Unruhe, z.B. bei einem wirklich notwendigen oder nur aus Mutwillen erhobenen Feuergeschrei innerhalb der Häuser würde die ganze Bevölkerung derselben auf den Corridors und in den Höfen zusammenstürzen, und es bedarf keiner Erörterung, wie sehr die Dunkelheit hierbei die Gefahr für das Leben und die Gesundheit der Einwohner vermehren würde.*

Die Korridore

Dieser gefährlichen Dunkelheit der Korridore versuchen die Bewohner durch notdürftige Mittel selbst zu begegnen:

→A 75 **Dr. Thümmel (11.1.1827):** *Für die . . . Corridors (würden etwa) 30 kleinere Laternen notwendig sein. Zwar erleuchten einige Bewohner ihren Flurteil mit Lampen. Dies ist aber meiner Meinung nach zu untersagen, weil sie nicht in Laternen hängen und die Feuersgefahr sehr vergrößert wird.*

Die geforderte hausöffentliche Beleuchtung wird nach unserer Aktenkenntnis von den Besitzern der Familienhäuser niemals eingeführt.

Aber auch tagsüber werden die Korridore, etwa 1,50 m breit, 2,67 m bis 2,98 m hoch und hier im „Langen Haus" ca. 63 m lang, an denen zu beiden Seiten auf jeder der 5 Etagen 30 Stuben aufgereiht und die nur über zwei Treppenflure und die beiden Giebelfenster an den Gangenden notdürftig belichtet sind, nicht viel heller.

Gustav Rasch (um 1860): *Der Treppenflur war ganz dunkel; denn an* ←L 10 *den Treppenfenstern fehlten die Scheiben, und diese waren durch vorge-* ←S 507 *nagelte Bretter ersetzt. Während wir im Zwielicht die Treppe hinaufstiegen, bemerkte mein Cicerone erklärend: „Sehen Sie, die jungen Seelen schlagen die Scheiben doch nur ein, da haben wir denn statt der Scheiben Bretter vornageln lassen. . . . Von dem Treppenflur liefen schmale Gänge aus, so eng, daß nicht zwei Menschen nebeneinander gehen konnten, an denen die Eingänge zu den vorderen und hinteren Stuben lagen. Die Wände hatten, soviel ich im Zwielicht sehen konnte, einen gelben Ockeranstrich, der indes an den meisten Stellen heruntergefallen war.*

Dr. Thümmel (19.8.1828): *Paradox erscheint es, wenn der Verfasser des* ←A 76 *Berichtes vom 11. Januar von der Dunkelheit der Corridore besonders in dem langen Hause 92 spricht und dem Haus-Inspector anrät, die unteren Scheiben der Flurfenster mit Holzscheiben zu vertauschen. Wenn aber überhaupt diese großen Fenster nicht im Stande sind, in der Mitte der Flure die gehörige Helle zu verbreiten, so glaubte der Verfasser dem allgemeinen Nutzen wenig Eintrag zu tun, wenn er wegen des unerträglichen Zuges, der durch die stets beschädigten unteren Scheiben der Flurfenster drang und den Bewohnern der 48 an diesen Fenstern unmittelbar belegenen Stuben, vor denen sich Schnee und Regen anhäuften, lästig, ja schädlich wurde, sorgfältige Reparatur der Fenster anriet, und wegen der Klage, daß die unteren Scheiben täglich von den mutwilligen Knaben zerbrochen würden, vorschlug, diese letzteren Scheiben mit hölzernen zu vertauschen.*

Die Bewohner der Familienhäuser benutzen diese dunklen Schläuche nicht nur dazu, um in ihre Stuben zu kommen. →L 11

Stadtrat Keibel (7.12.1825): *Es ist unmöglich, in so beengten Räumen* ←A 77 *Reinlichkeit und Ordnung zu erhalten. Für die vorläufige Aufbewahrung des Unrats und Kehrichts ist kein abgesonderter Raum vorhanden . . .*

Dr. Thümmel (11.1.1827): *Abfall und Kehricht werden in Eimern auf-* ←A 78 *gesammelt, und wenn der Inhalt durch seinen Geruch im Zimmer zu lästig wird, auf den Corridor, dicht an die Stubentür verwiesen, so daß man diese Potpourris, welche die kleineren Kinder noch geflissentlich zur Verrichtung nötiger Bedürfnisse benutzen, hier reihenweise, aufgepflanzt findet.*

Stadtrat Keibel (7.12.1825): *. . . alles muß in der Stube bleiben, oder* ←A 79 *auf dem Corridor stehen, bis es nach dem Hofe geschafft werden kann, und da dies wegen des Umfangs der Gebäude nur gelegentlich geschieht, so erzeugt sich, besonders bei warmer Witterung ein pestilenzialischer Geruch, der sich durch das ganze Haus verbreitet.*

Dr. Thümmel (3.12.1825): *Was die üble Luft betrifft, welche auf den* ←A 80 *schmalen und langen Gängen herrschen soll, so wird dieselbe einmal sehr durch die von den zwei auf jedem Corridor befindlichen Treppenöffnungen hereinströmende bessere Luft gereinigt, und zweitens habe ich noch zur Vermehrung des Luftzuges, den bereits durch den Herrn Haus-Inspector in Ausführung gebrachten Vorschlag getan, daß in einem jeden an den Enden der Corridors befindlichen großen Fenster nah oben eine 1 1/2 Quadratfuß große Scheibe herausgenommen werden soll.*

An jedem dieser Korridore liegen 30 Türen, die zu den insgesamt 150 Einzelstuben des „Langen Hauses" führen.

Die Stuben

Die einzelnen Stuben haben alle 2 Fenster und eine Breite von ca. 3,77 m (12 Fuß). Die Tiefe beträgt im Keller und in den Vollgeschossen ca. 6,60 m (21 Fuß) und geht bei den Dachstuben auf ca. 5,00 m (16 Fuß) zurück. Sie haben also eine Größe von knapp 25 qm bzw. 19 qm bei den Dachstuben. Die Stubenhöhe beträgt 2,98 m, im Keller und im Dachboden 2,67 m.

Man versah sich mit viererlei Arten Holz, nämlich mit rot Büchen-Eichen-Eisen- oder Ellern und Fichten-Holz, und mit einem Vorrat von hiesigem Torf. Es wurden von jeder Art kleine Portionen von 4 Pfunden zum voraus abgewogen, damit man bei jedem Versuch sogleich wissen konnte, wieviel man gebraucht hatte. In jedem Zimmer wurden drei Thermometer, wodurch die Wärme genau konnte bestimmt werden, dergestalt verteilt, daß einer am Fußboden, ein andrer ohngefähr auf der halben Höhe des Zimmers und der dritte ganz oben nahe an der Decke gesetzt wurde. Ein andrer aber hing draußen in freier Luft.

Mit jeder Art Holz wurden an jedem Ofen mehrere Proben gemacht. Anfänglich wurden in jeden Ofen 8 Pfund auf einmal eingelegt, weil die Kasten alle etwas klein waren; wenn dieses halb ausgebrannt war, wurden noch vier Pfund und zuletzt noch einmal vier Pfund nachgelegt; so daß in den meisten Versuchen die Öfen mit 16 Pfund Holz gehitzt wurden. Man gab daher sorgfältig Achtung, daß das Holz schnell und gleich brennen sollte, und sobald alles so weit verbrannt war, daß man keinen Rauch mehr merkte, so wurden die Röhren, durch welche der Zug in die Schornsteine geht, zugemacht, damit die Hitze der glühenden Kohlen nicht weiter herausziehen konnte.

Indem das Feuer in den Öfen angemacht ward, beobachtete man den Zustand der verschiedenen Thermometer und verzeichnete die Beobachtungen in die zu diesem Gebrauch verfertigte Tabellen. So lange die Wärme der Zimmer zunahm, bis auf die Zeit, da sie sich wieder merklich verloren hatte, wurden diese Beobachtungen aller Thermometer von einer halben Stunde zur andern wiederholet. Auf diese Weise konnte man genau sehen, wie stark die Zimmer erwärmt worden, in wieviel Zeit die Öfen eine hinlängliche Wärme darin ausgebreitet, wie lange sie angehalten und wie sie wieder abgenommen hatte. Man versäumte nicht die Nebenumstände, welche einigen Einfluß auf die Wirkungen des Ofens haben konnten, genau anzumerken.

Nach ausführlichen vergleichenden Testreihen vergibt die Akademie der Wissenschaften **1764** den ersten Preis an den Erfurter Johann Paul Baumers für den von ihm entwickelten Sparofen.

Der Preisofen Fig. 18 hat folgenden Bau. Der Vorderteil des Ofens ist hier an der schattierten Seite, wo die Windröhre unten angebracht worden, und mit der eisernen Türe, 5 Fuß oder 5 Kacheln hoch und anderthalb Fuß oder anderthalb Kacheln breit. Die hintere Seite des Ofens ist bei c., da wo die Rauchklappe zu sehen ist, und 5 Kacheln hoch und anderthalb Kacheln breit. c ist die eine Seite, 5 Kacheln hoch und 4 Kacheln lang. Das Heizloch ist mit einer eisernen Türe d verschlossen und neben welcher die Windröhre zu sehen. e ist das Windloch, welches vorne, seitwärts durch die Kachel gebrochen, undzwar durch die erste Kachel, und ferner durch eine Röhre und durch die Wand geführt wird, von welcher dieser Windofen, den man in der Stube heizt, einen Fuß weit absteht, damit die Stube nicht rauche, wenn jemand während des Brandes die Türe öffnet und zuschlägt. f.f. sind 2 hohle Räume, worinnen man Essen wärmen kann; ihr Boden ist eine Eisenplatte. Der Rücken dieser Höhlungen ist der Hitzreflexion wegen mit Kacheln versehen. i ist das Rauch- und Zugloch, dessen Röhre durch die Wand

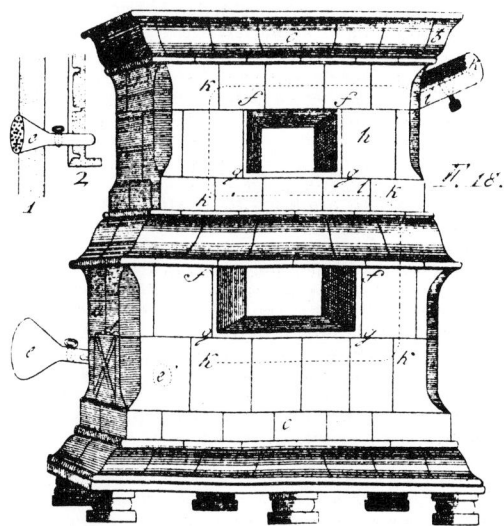

→B 33 Baumers Preisofen 1764

in den Schornstein geführt wird. k, die punktierte Schlangenlinie, deutet den Gang des Feuers und Rauches inwendig im Ofen an. Die Kacheln nimmt man einen Fuß hoch und breit an. Sind aber die Kacheln kleiner, so setze man den Ofen sechs bis sieben Kacheln hoch und fünf bis sechs Kacheln lang und zwei Kacheln breit. Man kann den Ofen alle halbe Jahre ausschmieren und denn oben und an der Kachel öffnen. In der Nebenfigur ist 1 die Mauer, 2 die Kachelseite, c die durchlöcherte Windröhre, so außer dem Zimmer frische Luft ins Feuer bringt und zuletzt mit einer Klappe verschlossen wird. Um endlich auch zu verschaffen, daß der Fußboden einer Stube erwärmt werde, so ziehe man eine gerade Blechröhre, mitten durch die ganze Höhe des Ofens hindurch, dergestalt, daß diese Röhre mit ihrer untern Öffnung beinahe den gepflasterten Fußboden des Ofens berühre, mit der obern Öffnung aber oben aus der Decke des Ofens, dessen eiserne Türe zugleich in der Stube zu kochen gestattet, hinausgehet. Solchergestalt steigt die kalte Luft des Fußbodens in diese Blechröhre, durch den Gang hindurch, und erwärmt sich für die Stube. Übrigens schwebt die ganze Hitze aller Zimmer oben an der Decke des Zimmers, hier sucht sie mit Gewalt Ausgänge zu finden, dahingegen die Kälte unten am Fußboden in das Zimmer einzudringen sucht und sich durch die letztgedachte Blechröhre erwärmt und mit der oben verdünnten und warmen Luft vermischt. Um nun die Wärme und die oben schwebenden ungesunden Dämpfe zu mäßigen, dient eine Röhre und Klappe oben über dem Fenster, so wie eine Klappenröhre unten am Fußboden, frische Luft ins Zimmer zu leiten.

Dieser Baumersche „Preisofen", der sich bereits auszeichnet durch seine Stellung auf Füße, durch die langen Gänge, durch die die heiße Luft im Innern geleitet wird, durch die Durchsichten und die Rauchklappe, wird nun während der nächsten 150 Jahre ständig verbessert bis zu dem von Holz- auf Kohlebetrieb umgestellten Typ des „Einheit-Kachelofens", der noch heute jedem Berliner Altbaumieter wohlvertraut ist.

Der Kochofen

Der „Kochofen", der zu Beginn des 19. Jh. in vielen Formen entwickelt wird, vereinigt die Funktion des Küchenherdes mit der des Stubenofens. Er dient einerseits der besseren Ausnutzung des Brennmaterials, das nun gleichzeitig sowohl zum Kochen als auch zum Heizen genutzt werden kann, andererseits ermöglicht er die Reduzierung des Standardwohnungsgrundrisses, dadurch, daß nun ohne Rauchentwicklung gekocht werden kann, ein gesonderter Herdraum also nicht mehr unbedingt erforderlich ist. Die Kochöfen bilden die notwendige Voraussetzung für die Grundrißgestaltung der großen von Wülcknitzschen Familienhäuser. Von den uns bekannten Beschreibungen und Bauanweisungen kommt die des von Dr. Rommerdt entwickelten Kochofens den Beschreibungen der Öfen aus den Familienhäusern am nächsten. Sie findet sich in Pools praktischem Handbuch für Ofenbaumeister und ist deutlich als Weiterentwicklung des Baumerschen „Preisofens" zu erkennen.

Ein sehr wohlfeiler Heiz- und Kochofen, der sehr bequem eingerichtet und besonders in Haushaltungen auf dem Lande zu empfehlen ist; von Demselben. (Hierzu Fig. 336. bis 339.)
Zu dem ganzen Ofen werden nur 125 platte und 15 bis 20 gewöhnliche Mauerziegeln (Backsteine) erfordert, daß also die Materialien zu einem solchen Ofen, mit Ausnahme der Eisenblechtüren von dem Heiz-, Aschen- und Kochkasten, etwa 2 1/2 Thaler kosten würden. Der Ofenfuß wird ebenso angelegt wie bei dem vorhin beschriebenen Ofen. Auf diesen Fuß wird nun der Ofen so gebaut, wie ihn Fig. 336. von der schmalen Seite, wo eingeheizt wird, 337. von der entgegengesetzten schmalen Seite, 338. von der langen Seite, wo die Öffnung zum Kochkasten ist, und 339. die Seite des Ofens an der Brandmauer zeigt. Die hinzugefügten Figuren, mit Nr. 1 bis 5 bezeichnet, zeigen die Grundrisse der Durchschnittslinien der gleichen Nummern bei Fig. 339. Auf den Fuß kommt also zunächst der gußeiserne Kasten so, wie ihn Nr. 5 darstellt, daß eine Zunge in demselben einem Winkeleisen gleich sich hinzieht, die bis an seine Decke reicht. In der Ecke links, von da aus, wo der Ofen geheizt wird, fangen die beiden senkrechten Züge an, die man bei Nr. 1, 2 und 3 mit den Buchstaben m und g bezeichnet sieht. Auf diesen Kasten, der übrigens ganz zugedeckt wird, kommt alsdann der Aschenkasten, der sich nicht weiter einrichtet, als der Rost so zu liegen kommt, wie man unterhalb der Nummer 1 bei Fig. 339. gewahr wird. Nr. 1 ist der Grundriß des

Die Wohnungen im „Langen Haus" bestehen also nicht aus einem Raumgefüge, wie etwa die Küche-Kammer-Stube-Wohnungen der Kolonisten-Häuser, sondern aus einer einzigen Stube.

→A 81   **Stadtrat Keibel (7.12.1825):** *Diese dient ebensowohl zum Wohn- als Schlafraum wie zur Küche und Werkstatt, und wie nachteilig so manche häusliche Verrichtungen darin, zum Beispiel die Wäsche bei Krankheitsfällen, sein müssen, spricht von selbst.*

→A 82   **Dr. Thümmel (11.1.1827):** *Den Bewohnern, welche nur auf ein einziges Zimmer beschränkt sind, mangelt der eigentlich dringende nötige Kammer-, Küchen-, Keller- und Bodenraum durchaus, und dieselben sind genötigt, sowohl all ihre häuslichen Geschäfte darin zu verrichten, als daselbst mit einer zahlreichen Genossenschaft zu schlafen.*

→A 83   **Oberbürgermeister Büsching (26.3.1827):** *Da sich also weder Küche noch Kammer noch sonst ein Gelaß außer dem auf dem Boden zu etwas Brennmaterial vorfindet, so ist das Wohnzimmer auch Sitz aller Unreinlichkeiten, welche von einer Haushaltung unzertrennbar sind.*

→A 84   **Polizeirat Kayser (29.4.1828):** *Neuere Untersuchungen des Revier-Polizei-Commissarius haben ergeben, daß die . . . Bodenverschläge in der Spitze des Daches und selbst die Wohnungsräume zur Aufschichtung von Holz etc. benutzt und dadurch feuergefährlich werden.*

→A 85   **Innenminister von Schuckmann (21.7.1828):** *Daß den Wohnungen Küchen, Keller und Bodenraum fehlen, ist kein Gegenstand polizeilicher Einwirkung. Derselbe Mangel wird bei vielen anderen Wohnungen der ärmeren Classe zu bemerken sein und denjenigen wenig fühlbar werden, deren tägliche Bedürfnisse vom Erwerbe des Tages angeschafft zu werden pflegen. Auch ist für die Bequemlichkeit der einzelnen innerhalb ihrer Wohnungen zu sorgen kein Recht und keine Pflicht der Polizei. Für feuergefährlich aber kann es nicht geachtet werden, wenn von den Bewohnern der stark bewohnten Häuser, wo jedenfalls der geringste Rauch sofort bemerkt wird, ein kleiner Holzvorrat in den Bodenkammern, wo er auch anderwärts untergebracht zu werden pflegt, oder in den Wohnstuben selbst aufbewahrt wird. Andere Materialien, die in Wohnungen dieser Art sich in den Wohnstuben selbst befinden und durch keine polizeiliche Fürsorge daraus entfernt werden können, z.B. Stroh und Betten zum Nachtlager, fangen leichter Feuer als aufgeschichtetes Holz oder Torf, daher eine besondere Vorschrift hierüber weder notwendig noch hier und anderwärts auszuführen ist.*

→A 86   **Dr. Thümmel (11.1.1827):** *Die Zimmer selbst werden nur durch einfache glatte Türen, welche sich verworfen haben, sehr unvollkommen verschlossen und veranlassen mit den gegenüber befindlichen ebenfalls schadhaften Fenstern fast überall Zugluft.*

→A 87   **Lehrer Bötzow (Febr. 1828):** *Die meisten Türen sind Türen mit Füllungen, wie sie gewöhnlich in bürgerlichen Häusern zu finden sind, auch die Fenster sind größtenteils in gutem Zustande.*

→A 88   **Dr. Thümmel (11.1.1827):** *Die Wände sind nur zum Teil gemauert,*
←L 12   *bestehen aus Fachwerk mit Lehmfüllung und sind überall nur dürftig geweißt.*

→A 89   **Dr. Thümmel (11.1.1827):** *In einem jeden Zimmer befindet sich ein ziemlich großer Ofen, der auch zum Kochen eingerichtet und vor der Öffnung mit Fließen versehen ist.*

→A 90   **Dr. Thümmel (19.8.1828):** *Was die Kochöfen in den Zimmern selbst betrifft, so mußten (den Verfasser des Berichts) in medizinisch-polizeilicher Beziehung, ohne Rücksicht, ob dem Hauseigner eine Änderung der Zimmer angesonnen werden könnte, die Nachteile berühren, welche daraus erwachsen; die darin bestehen: daß diese Kochöfen im Sommer, namentlich in den der Sonnenseite zugekehrten Wohnungen, eine unerträgliche Hitze, im Winter aber häufig Rauch verursachen, welche nicht nur Momente zur Krankheitsbildung, als auch zur Verschlimmerung schon bestehender Krankheiten abgibt.*

→A 91   **Polizeirat Kayser (29.4.1828):** *Mit Ausschluß einiger Stuben der unteren Wohnungsreihen und aller in den oberen Dachetagen sind die Öfen so eingerichtet, daß die Vorrichtung derselben, welche zum Kochen bestimmt ist, von denen zur Zimmer-Heizung eingerichteten Ofenteilen mit abgesonderten Rauchfängen ganz getrennt ist, so daß die Benutzung der ersten nicht, wie der p. Thümmel meint, einen erheblichen Einfluß auf die Temperatur der Stube bewirken kann.*

→A 92   **Innenminister von Schuckmann (21.7.1828):** *Daß ärmere Personen in Ermangelung einer besonderen Küche den Ofen zugleich zum Kochen be-*

nutzen, ist weder hier noch anderwärts etwas Seltenes, und da die Stuben mit zweien Fenstern versehen, die Öfen aber Windöfen sind, deren Wärme bald zu beseitigen ist, so erscheint eine gesundheitspolizeiliche Vorkehrung, um der zu großen Erhitzung der Stuben vorzubeugen, nicht erforderlich.

Die genaueste uns überlieferte Beschreibung einer Stube der Familienhäuser stammt von Gustav Rasch, der die Häuser um 1860 besichtigt. Diese Stube wird von einer 8köpfigen Weberfamilie und dem Gesellen des Webers bewohnt. ←S 507

Gustav Rasch (um 1860): *Die Stube hatte eine Länge von höchstens* ←L 13 *sieben, eine Breite von ungefähr fünf Schritten und erhielt ihr Licht durch zwei schmale Fenster. Die Wände hatten auch hier den gelben Ockeranstrich, wie die Gänge, an vielen Stellen war der Kalk von den Wänden gefallen, an andern war er dem Herunterfallen nahe. In der übrigens mit großer Sauberkeit und Ordnungsliebe aufgeräumten Stube war jedes Plätzchen und jeder Winkel so besetzt, daß wir Mühe hatten, für unsere vier Füße einen Raum zu finden, um stehen zu können. Zwei große Webstühle nahmen den Raum an beiden Fenstern und die Hälfte der ganzen Stube ein. Hinter jedem Stuhle saß ein junger Mann in Hemdsärmeln und arbeitete tätig darauf los. Zwischen beiden Webstühlen saß ein Kind von vielleicht sieben Jahren und war emsig mit dem Haspeln von Garn beschäftigt. Es war eine junge, arbeitende Seele. Neben ihr saß eine Frau und drehte das Spinnrad . . .*

Der Übelstand, daß keine Stube eine Küche hat, ist eine wahre Tortur für die unglücklichen Bewohner. Im Sommer ist es in den Stuben deshalb vor Hitze nicht auszuhalten und im Winter, wo die Fenster nicht geöffnet werden können, vor Dunst nicht. Wenn in demselben Raume neun Menschen wohnen, essen, trinken und schlafen und für diese neun Menschen noch gekocht wird, wenn während des Winters dazu der Ofen geheizt wird und die Fenster verschlossen sind, wie enorm muß der Stickstoffgehalt dieser Luft sein, welche durch den Verbrennungsprozeß und durch das Atmen von neun Menschen erzeugt wird, und dies um so mehr, weil durch den im Winter notwendigen Verschluß der Fenster die freie Ventilation der äußern Luft ja gänzlich ausgeschlossen ist. . . .

Ich sprach mit den beiden Webern am Fenster und mit dem armen Weibe am Spinnrade darüber; auch sie erklärte diesen Übelstand, abgesehen von allen andern Übelständen, für unerträglich und für die Gesundheit höchst nachteilig; aber was sollten sie machen!

. . . Eine Kommode, ein Tisch und einige Stühle von Birkenholz, zwei Betten und allerlei Gerümpel nahmen den übrigen Teil der Stube ein, den ein großer Ofen übrig ließ. Dieser Ofen diente zugleich als Feuerherd, Küche und zur Erwärmung der Stube. Es war draußen eine Wärme von 20 Grad Reaumur im Schatten, und hier drinnen brannte ein Feuer im Ofen, denn es war Mittagszeit, und es mußte gekocht werden. Die Hitze und der Dunst in der Stube waren fast unerträglich, obschon beide Fenster geöffnet waren. Keine Stube im Familienhause hat nämlich eine Küche, die Küche würde ja Raum wegnehmen, und da sie nicht zu dem Preise einer Stube vermietet werden kann, würde sie den Mietzins verringern.

Die zitierte Stubenbeschreibung gibt uns einen Eindruck von der Möblierung der Stuben. Außer den 2 Webstühlen, der Haspel und dem ←S 284 Spinnrad, den Produktionsmitteln des überwiegenden Teils der Bewohner, sind an Möbeln vorhanden: Kommode, Tisch, einige Stühle und zwei Betten für 9 Personen. Diese Angaben decken sich mit dem, was Heinrich Grunholzer bei seinen Besuchen in den Familienhäusern beiläufig erwähnt: außer den Webstühlen 1–2 Betten, d.h. Strohlager oder mit Stroh gefüllte Säcke, die oft sogar ohne Gestell auf dem hölzernen Dielenfußboden liegen und mindestens 2–3 Personen zur Schlafstelle dienen, dazu kommen höchstens noch eine Kinderwiege, ein Tisch, ein alter Stuhl, ausnahmsweise auch mal ein Schrank oder ein Spiegel. Aus seinen Gesprächen mit den Bewohnern geht hervor, daß sie oft, bevor sie in die Familienhäuser zogen, mit eigenen Möbeln in der Stadt gewohnt haben und diese im Leihhaus versetzt haben mußten.

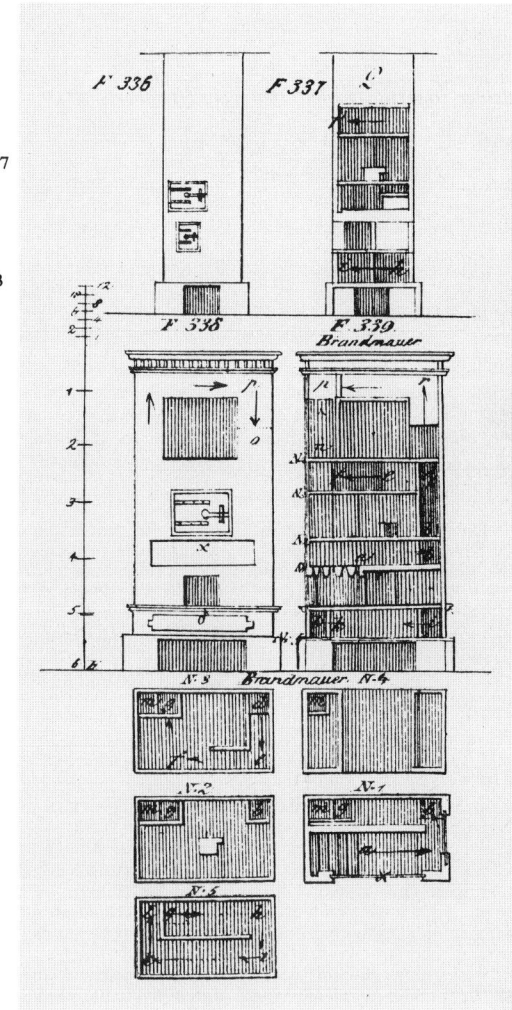

→B 34 Kochofen von Dr. Rommerdt

Feuerkastens; in diesem zieht sich eine Zunge von Backsteinen hin, damit das Feuer besonders gegen die Vorderwand des Ofens wirken und der Stube Wärme mitteilen kann. Nr. 2 ist die dünne Platte von Eisen oder von starkem Eisenblech, auf welcher gekocht wird. In der Ecke bei b führt der Zug an dem Kochkasten in die Höhe, welchen man bei Fig. 339. mit c bezeichnet findet. Nr. 3 ist die Decke des Kochkastens, auf welcher an der Öffnung bei d weg eine Zunge in Winkelform ausläuft, die bis an den Boden der Durchsicht, welchen Nr. 4 darstellt, geht. Der senkrechte Zug g endet bei Nr. 3 und der Zug m bei Nr. 4. Der Obersatz bei Fig. 339. ist ebenso wie der Raum über der ersten großen Durchsicht des zuvor beschriebenen Ofens, durch eine Zunge der ganze Länge nach in zwei Züge geteilt. Diese Zunge senkt sich an der rechten Seite des Ofens bis zur Hälfte der Durchsicht an dieser herunter. Wenn nun der Ofen geheizt wird, so zieht das Feuer bei Nr. 1 in der Richtung der Pfeile von a nach b zu, geht daselbst bei Nr. 2 in die Höhe; dann steigt die Hitze bei c, Fig. 339., nach d, zieht sich bei Nr. 3 nach e, und um die Ecke der Zunge nach f, strömt dann in die daselbst befindliche Öffnung des senkrechten Zuges g, geht in diesem herab in den Untersatz Nr. 5, wo sie von g aus in dem durch die Zunge gebildeten Zuge nach h und um die Zunge weg nach i, k und l geht, hierauf wieder in dem senkrechten Zuge m in die Höhe steigt, an der linken Seite der Durchsicht fortwährend von n bei Fig. 339. nach o bei Fig. 338. aufwärts geht, dann nach der Ofenlänge hin von o nach p in dem vorderen Teil des gespaltenen Obersatzes weiter, und nun herunter unter der Zunge bei q weg sich zieht, nochmals nach r aufwärts steigt und nun in dem hinteren Teile des gespaltenen Obersatzes nach s zu dem Rauchrohrloche hinausgeht. Zur Verhütung der Feuersgefahr wird die Stelle, wo der Ofen steht, sowie ein 1 1/2 Fuß breiter Raum um dieselbe, mit Gyps ausgegossen oder mit platten Ziegeln belegt. Die nötigen Reinigungsöffnungen sind nicht zu vergessen, können aber aus viereckigen Ziegelstücken bestehen, die inwendig im Ofen nicht mit Lehm verstrichen werden, damit sie sich bequem herausnehmen lassen.

5 Das Gebiet 1820 – 1841

Entstehung und Lokalisation der Maschinenbau- industrie vor dem Oranienburger Tor

Übersicht über die Preußische Gewerbeförderung im Zusammenhang mit den Stein-Hardenbergschen Reformen

Die Grundzüge für die staatliche Gewerbeförderung hat Freiherr v. Stein entworfen im Rahmen seiner umfassenden Verwaltungsreform für den preußischen Staat. Stein war bereits als Direktor der Westfälischen Bergämter 1787 in England, um sich dort über die Entwicklung der Industrie zu informieren, um nicht zu sagen: zu spionieren. Die Durchführung der Gewerbeförderung nach den „Befreiungskriegen" ist verbunden mit dem Namen Beuth.

Die Gewerbeförderung für Preußen war notwendig, um den immensen technologischen Rückstand gegenüber England und gesellschaftlichen Rückstand gegenüber Frankreich aufzuholen. Die Stein-Hardenbergschen Reformen hatten mit ihren ersten Edikten die Freizügigkeit des arbeitenden Menschen, die freie Gewerbewahl für den Bürger und die materielle und personelle Beschränkung der Produktion herzustellen begonnen. Um Preußen jedoch einer industriellen Zukunft, einer besseren Versorgung und höheren Leistungsfähigkeit seiner Bevölkerung zuzuführen, war es notwendig, der Produktion eine wissenschaftliche Grundlage zu geben, den Maschinenbau zu entwickeln und Menschen auszubilden, die Maschinen bauen und einsetzen konnten.

Christian Peter Wilhelm Beuth wird 1781 in Cleve geboren, studiert ab 1798 in Halle Recht und Kameralwissenschaften und tritt mit 20 Jahren in den preußischen Staatsdienst. Bis 1811 hat er es nach verschiedenen Positionen und Orten bis zum Geheimen Obersteuerrat im Finanzministerium in Berlin gebracht und ist dort Mitglied der Kommission für die Reform des Steuer- und Gewerbewesens.

Während der „Befreiungskriege" tritt Beuth dem Lützower Freikorps bei, kommt so 1814 nach Lüttich und besichtigt dort die berühmte Maschinenfabrik der Brüder Cockerill, die er sofort nach seiner Heimkehr nach Preußen holt:

Beispielhaft ist die Anwerbung der Gebrüder Cockerill aus den Niederlanden. Die Cockerills hatten eine beherrschende Stellung auf dem Textilmarkt in den Niederlanden. Dort aber war die Zeit des großen Geschäfts vorüber. Die Aufhebung der Napoleonischen Kontinentalsperre hatte für die niederländische Industrie beträchtliche Absatzsorgen mit sich gebracht. Das fabrikationstechnisch rückständige Preußen versprach ein aufnahmefähiger Markt zu werden.

Im Frühjahr 1815 kamen John und Charles James Cockerill nach Berlin, um eine moderne Wollspinnerei ins Leben zu rufen und in Verbindung damit eine Maschinenfabrik. Der Fiskus stellte ihnen in der Friedrichstraße ehemalige Kasernengebäude zur Verfügung, die die Cockerills auf eigene Kosten ausbauten und als Fabrik einrichteten. Sie mußten sich verpflichten, 10 Jahre hindurch nicht nur alle Arten von Maschinen und Werkzeugen zur Wollfabrikation anzufertigen, sondern auch deren praktische Anwendung zu demonstrieren. Erst nach Ablauf dieser Frist sollten die Grundstücke in ihr Eigentum übergehen.

Die Erwartungen, die Beuth in das Berliner Unternehmen der Gebrüder Cockerill gesetzt hatte, wurden erfüllt. 1817, zu einer Zeit, in der die Berliner Textilfabriken schwer unter der britischen Konkurrenz zu leiden hatten, konnte bei Cockerill eine neue 30-PS-Dampfmaschine aufgestellt werden. Die vorhandene reichte nicht mehr aus und wurde an den Berliner Tuchfabrikanten Becker verkauft, der vorher schon einen Satz bei Cockerill in Vervier bestellter Spinnmaschinen erhalten hatte. 1825 gingen die Grundstücke endgültig in das Eigentum der Gebrüder Cocke-

→S 514

Vergleicht man das Gebiet nördlich des Oranienburger Tors auf einem Plan von **1825**, wie dem auf dem Buchumschlag wiedergegebenen, mit dem entsprechenden Ausschnitt aus dem Sineckschen Plan von **1856**, so fällt auf, daß sich auf den ehemaligen Feldern des Invalidenhauses große Industriebetriebe angesiedelt haben, die Wohnbebauung aber noch kaum zugenommen hat. Als weitere Veränderung ist der Bau von zwei Eisenbahnkopfbahnhöfen erkennbar: der Stettiner Bahnhof auf dem Gelände der ehemaligen Scharfrichterei und der Hamburger Bahnhof zwischen dem Invalidenhaus und dem Zellengefängnis. Der Sinecksche Plan zeigt auch schon die Verbindungsbahn, die ab **1851** alle Berliner Bahnhöfe provisorisch verbindet.

Es ist Aufgabe des 5. und des 7. Kapitels, die sich beide mit der Entwicklung der Oranienburger Vorstadt beschäftigen, die baulich-räumlichen Veränderungen in diesem Gebiet darzustellen, einmal unter dem Aspekt der Entwicklung der Industrie, zum anderen unter dem Aspekt der Entwicklung des Verkehrs, wobei die verkehrstechnische Erschließung des Gebietes die industrielle Entwicklung beschleunigt, nicht aber hervorruft.

5.1 Die Parzellierung und Privatisierung des Invalidenhausgeländes

←L 1

Die Ländereien unmittelbar vor dem Oranienburger Tor gehören bis **1823** als Felder zum isoliert liegenden Invalidenhaus und sind zum großen Teil seit Ende des 18. Jh. verpachtet. Um zu verstehen, warum die einzelnen Felder parzelliert und verkauft werden, müssen wir uns die Zustände im Invalidenhaus vergegenwärtigen. Von der ursprünglichen Anweisung

→L 2 Friedrichs II., *daß der Commandant scharfe Disziplin und Subordination aufrechterhalte und daß sich die Invaliden durch Stille und Gottesfurcht auszeichnen sollten*, ist seit der Jahrhundertwende nicht mehr viel zu spüren, im Gegenteil, das Invalidenhaus hat sich in eine riesige Kneipe verwandelt, die von dem Generalpächter Grützmacher betrieben wird. Er sel-

→L 3 ber erzählt, was sich an der Pacht noch lohnt: *Der Hauptertrag der ganzen an Ländereien und sonstigen Pertinenzien nicht bedeutenden Pachtung lag in dem schnellen, sicheren und fortdauernden Absatz der Naturalien, hauptsächlich des Biers und Branntweins, durch die drei zur Generalpacht gehörenden S c h a n k w i r t e , welche in ihren Räumen nicht etwa bloß die w e n i g e n a r m e n I n v a l i d e n , von denen sie nicht leben konnten, sondern einen s e h r g r o ß e n T e i l des ganzen B e r l i n e r P u b l i c u m s der geringen Volksklasse mit S p e i s e n u n d G e t r ä n k e n r e i c h l i c h versahen und dies zum Vorteil und Nutzen der Generalpacht in solcher Quantität absetzten, daß jeder Schankwirt (Marketender) im Durchschnitt 8 Tonnen Bier und 12 bis 18 Tonnen Branntwein ausschenkte.*

Die Schankkonzessionen sind also das einzig Einträgliche an der Generalpacht, und zwar deswegen, weil entgegen dem Kontrakt, nur Invalide zu bedienen, auch Fremde Zutritt erhalten. Das Invalidenhaus ist so zu einem vielbesuchten Vorstadtlokal vor allem für Handwerksburschen und Tagelöhner geworden.

Es ist zu verwundern, daß dieser für eine Caserne unnatürliche Zustand ←L 4 *so lange hat dauern können. Unter Trinkgelagen der Art mußte die Disciplin des Hauses schwer leiden. Die Katastrophe blieb schließlich auch nicht aus.*

Am 4. April 1820 kam es in diesen Schankwirtschaften gegen Abend beim Tanz zu einer Schlägerei zwischen Invaliden und Handwerksgesellen, in welcher angeblich über 1000 Menschen beteiligt waren und in welcher die Invaliden als die numerisch und körperlich Schwächeren vollständig überwältigt wurden. Die nahen Schildwachen auf den Höfen wurden mit Steinen geworfen. Der patrouillirende Unteroffizier wußte nicht, wo und wie er in diesen Tumult eingreifen sollte. Ein Offizier mit sechs Mann Wache drang ebenfalls nicht durch. Erst das Erscheinen einer Compagnie des 2. Garde-Regiments zu Fuß mit ihren Offizieren ließ die Tumultanten sich rasch zerstreuen und stellte so die Ordnung wieder her.

Varnhagen, der genaue Chronist, notiert über denselben Vorfall:

In der letzten Woche war ein ernstlicher Sreit im Vogtlande (im Inva- ←L 5 *lidenhause), wobei Soldaten von Handwerksburschen geschlagen und selbst die Torwache gefährdet wurde, es waren gegen 1500 Menschen im Getüm-* →L 6 *mel; der Streit hieß Landwehr und reguläre Truppen. – Üble Nachrichten über Geist und Stimmung am Rhein, man verhandelt allgemein Gegenstände von Gewalt, Mord usw. . . .*

Den 22. April 1820. . . . Die Schlägerei vor Ostern war am Invalidenhause und Oranienburger Tore, die Torwache konnte wenig Widerstand leisten, eine ganze Kompagnie des 2. Garderegiments mußte anrücken. Die Handwerksburschen hatten Pfähle aus einem Zaun gerissen und schlugen damit; ein Ulane ist an seinen Wunden gestorben, viele Verwundete von beiden Teilen liegen noch in der Charité, auch dadurch verzögert sich die Untersuchung. Man macht aus dem ganzen Vorfalle dem König ein Schreckbild, und gewiß mit großem Unrecht.

Der König weist am **15.4.1820** das Kriegsministerium an: *Ich habe mit* ←L 7 *großem Mißfallen aus dem Bericht des Generallieutenants v. Brauchitsch über einen am 4. d. Mts. im hiesigen Invalidenhause stattgefundenen Exceß erfahren, daß in diesem Institut Versammlungsorte für die niederen Volksklassen bestehen, wodurch schon seit längerer Zeit zu Unfug und zur Belästigung der Bewohner des Hauses Anlaß gegeben ist. Ich würde diesem Übelstande schon früher abgeholfen haben, wenn nicht versäumt worden wäre, Mir davon Meldung zu machen, da Ich es nicht dulden will, daß der Aufenthalt eines ehrwürdigen Veteranencorps auf solche Weise gemißbraucht werde, und erteile Ich dem Kriegsministerio daher den Befehl, unverzüglich Einleitung zu treffen, daß jene öffentlichen Anstalten aus dem Invalidenhause entfernt werden, indem Ich demselben die Vermittelung wegen etwaiger Abfindung eines Pächters anheimstelle.*

Friedrich Wilhelm

Das Kriegsministerium befiehlt am **21.4.1820** dem Generalleutnant v. Kessel, dem das Invalidenhaus untersteht: *Daß dem Generalpächter* ←L 8 *Grützmacher zu eröffnen sei, wie er durch den Contract von 1817 nur das Recht zum Victualien- und Materialienhandel erworben habe, keineswegs aber die Befugnis, in dem Invalidenhause oder in den dazu gehörigen Pertinenzien auch eine Tabagie oder Schankwirtschaft für f r e m d e , zum Invalidenhause nicht gehörende Personen anzulegen und darin Bier- und Branntweingäste setzen zu dürfen. Es sei ihm deshalb, unter Bekanntmachung der Allerhöchsten Ordre, das Halten von Tabagien- und Tanzversammlungen in dem Invalidenhause zu untersagen, und dieses Verbot durch die öffentlichen Blätter und durch Anschlagszettel an den Eingängen des Invalidenhauses zur Kenntnis des Publicums zu bringen. Einen Anspruch auf Entschädigung habe der Grützmacher rechtlich nicht.*

1823 wird dem Generalpächter Grützmacher endgültig gekündigt, die Schankwirtschaft im Invalidenhaus aufgehoben und eine rigorose Anstaltsordnung eingeführt. Gleichzeitig wird das gesamte ehemalige Pachtgelände parzelliert und verkauft. Auf einer dieser Parzellen, vor dem Oranienburger Tor 3, richtet bald darauf der Mechaniker Franz Anton Egells, ein ehemaliger Schlossergeselle der Königlichen Eisengießerei, mit staatlicher Hilfe eine Maschinenfabrik ein.

rill über. Sie waren ihren 10jährigen Verpflichtungen zur Zufriedenheit der Regierung nachgekommen. Etwa 180 Arbeiter waren hier beschäftigt, weitere Fabriken gleicher Art hatten die Cockerills auf Veranlassung der Regierung in Kottbus, Guben und Grünberg errichtet. Die der Cockerillschen Fabrik von der Regierung zugedachte Aufgabe hatte darin bestanden, den Gewerbetreibenden durch die hier aufgestellten und von ihr gelieferten Maschinen Vorbild und Musterbetrieb zu sein, sie zu belehren und zur selbständigen Aneignung der neuen Methoden zu erziehen. Dieses Ziel war erreicht worden. Auch die Gebrüder Cockerill waren mit den in diesem Zeitraum erzielten Ergebnissen zufrieden.

Beuth selbst kehrt in die Abteilung Handel und Gewerbe des Finanzministeriums zurück. Zunächst hat er sich hier mit der Steuergesetzgebung zu befassen. Bereits 1818 wird ihm die Leitung der Abteilung übertragen, zu deren Aufgabenbereich auch die Gewerbeförderung gehört. Am 21.7.1819 wird Beuth durch Kabinettsorder zum Direktor der nach seinen Vorschlägen umorganisierten „Technischen Deputation für Gewerbe“, die die **1811** bereits unter Hardenberg eingerichtete, aber arbeitsunfähige „Technische Gewerbe- und Handelsdeputation“ ersetzt. Beuth hatte schon **1817** in einem Gutachten die Aufgaben benannt, die er jetzt in Angriff nimmt:

Jedes Mitglied der Technischen Deputation muß der in seinem Fache hervorragendste Mann sein. Die Gehälter sind so zu bemessen, daß die Mitglieder sich ausschließlich ihrem Amte widmen zu können.

Die Haupttätigkeit der Technischen Deputation muß darin bestehen, bestimmte Aufgaben, die für die Gewerbe von besonderer Wichtigkeit sind, zu lösen; hierzu ist erforderlich:
1. Ständige Unterrichtung der Deputation durch das Ministerium über die schwebenden technischen Fragen.
2. Korrespondenzen und ausgedehnte Reisen der Mitglieder.
3. Beschaffung von Zeichnungen, Modellen usw. der neuesten technischen Einrichtungen.
4. Eigene technische Versuche der Deputation, die sich auch auf selbstgefertigte Modelle und größere Maschinen erstrecken.

Herausgabe eines Halbjahr- oder Jahrbuches, in dem hauptsächlich die Gegenstände behandelt werden, die sich praktisch bewährt haben. Bei der Herausgabe dieses Werkes, insbesondere bei der graphischen Ausstattung, darf die Regierung keine Kosten scheuen.

Unterrichtung einzelner Interessenten in Form von „Gutachten, Belehrung und praktischer Ausführung“ in allen Fällen, die sich nicht für eine Veröffentlichung in Buchform eignen.

Öffentliche Lehrtätigkeit der Mitglieder der Deputation.

Ausscheidung der Handelssparte aus dem Arbeitsgebiet der Technischen Deputation.

Beschaffung umfassender literarischer Hilfsmittel.

Angemessene Lösung der Frage der räumlichen Unterbringung, besonders in Anbetracht des für Sammlungen, Laboratorien und eine Werkstatt erforderlichen Platzes.

Berücksichtigung der künstlerischen Erfordernisse, die darin bestehen, „den Einfluß eines geläuterten Geschmacks und die Kenntnis des Altertums zur Geltung zu bringen“.

Geeignete Auswahl des Leiters der Technischen Deputation. Dieser muß zwar technische Kenntnisse besitzen, darf aber nicht ausschließlich Techniker sein. Ferner muß er möglich gleichzeitig Mitglied der Verwaltung für Handel und Gewerbe im Ministerium sein. Nur auf diesem Wege kann die Technische Deputation in unmittelbarer Verbindung mit den Grundsätzen und Erfahrungen der Verwaltung bleiben und vor Einseitigkeit bewahrt werden.

Der Deputation treten neben einigen verbliebenen Mitgliedern der alten Deputation Oberbergrat Schaffrinsky, Oberbaurat Crelle, Fabrikenkommissar Severin und der Geheime Oberbaurat Schinkel bei.

Bereits nach drei Jahren Arbeit der Deputation kann Beuth dem Minister für Handel berichten, daß folgende Einrichtungen und Unternehmungen ins Leben gerufen wurden:
1. die Bibliothek und Sammlung von Zeichnungen als eine technische Fachbibliothek,
2. die Modellsammlung, besonders Modelle von Maschinen nach dem Vorbild des Pariser Conservatoire des Arts et Metiers,
3. die Maschinensammlung, in der aus dem Ausland beschaffte Einzelstücke oder nach Zeichnungen nachgebaute Maschinen auf ihre Brauchbarkeit hin überprüft wurden. Sie zu beschaffen dienten vor allem die

vielen Studienreisen auf staatliche Kosten, die einzelne Mitglieder der Deputation machten,
4. die Produktensammlung, deren Grundstock die im gleichen Jahr 1822 von der Technischen Deputation veranstaltete 1. Ausstellung vaterländischer Gewerbeerzeugnisse in den Räumen des neu eingerichteten Gewerbeinstituts in der Klosterstraße bildete,
5. die Einrichtung eines chemisch-physikalischen Laboratoriums für technische Gutachten,
6. die Modellwerkstatt, um planmäßig Maschinenmodelle bauen zu können. Sie war mit Dampfantrieb ausgestattet,
7. die Herausgabe eigener technischer Literatur, Lehrbücher, Vorlagen für Handwerker und Fabrikanten durch Einrichtung einer Kupferstecherei,
8. die gutachtliche Patentprüfung der nach dem ersten Patentgesetz von 1815 eingereichten Patent-Gesuche.

Der Ausbau dieser staatlichen Einrichtung dient aber nur als Voraussetzung für die beiden großen Initiativen, 1. die privaten an der Gewerbeförderung interessierten Kreise in einem Verein zusammenzufassen, und 2. die fachliche Ausbildung durch Ausbau des Gewerbeschulzweigs zu verbessern.

Zu 1.: Am 15.1.1821 tritt im Versammlungsraum der Stadtverordneten zum ersten Mal der „Verein zur Beförderung des Gewerbefleißes in Preußen" zusammen, der ab 1822 regelmäßig Verhandlungen herausgibt, die der Verbreitung technischen Wissens dienen. Unter § 2 des Vereinsstatuts wird als Zweck aufgeführt: *Kenntnisnahme von dem Zustande der Gewerbsamkeit im Inlande und Auslande, Prüfung von Entdeckungen und Erfindungen, Unterricht, Aufmunterung durch Belohnung bedeutender Erfindungen, Concurrenz durch das Aussetzen von Prämien sind die Mittel, deren sich die Gesellschaft bedient, ihren Zweck zu erreichen.*

Zu 2.: Bereits am 1.11.1821 nimmt im Gewerbeinstitute eine nach Beuths Plänen eingerichtete zweiklassige „Technische Schule" ihren Unterricht auf. Beuth sieht als ihre Aufgabe: *dem angehenden Fabrikanten und Handwerker nicht nur eine allgemeine Bildung und eine Einsicht in Dinge zu geben, welche zu wissen jedem Handwerker not tut, sondern auch gerade soviel Vorkenntnisse, als zum Betriebe eines technischen Gewerbes nötig sind.*

Beuth ist der Überzeugung, daß eine naturwissenschaftliche Grundlage für ein technisches Studium nur durch strengen schulmäßigen Klassenunterricht vermittelt werden kann, und kritisiert scharf den Akademiebetrieb, wie er auch an der Bauakademie üblich ist.

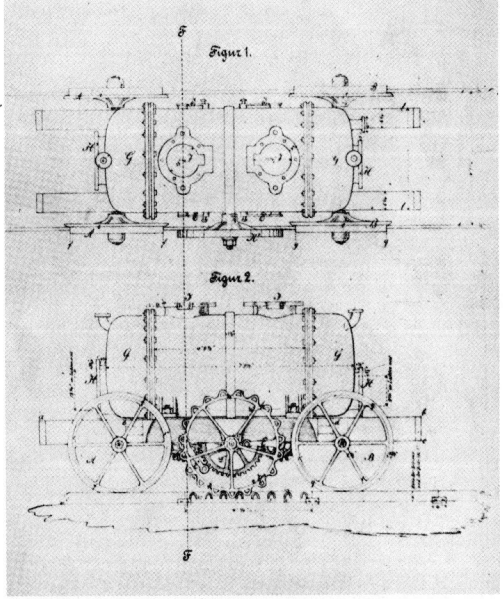

1. Lokomotive der Königlichen Eisengießerei, nach ←B 1
einer Konstruktionszeichnung von Althans 1817

1824 wird auch die Städtische Berliner Gewerbeschule eingerichtet, ihr erster Direktor ist Karl Friedrich von Klöden. 1830 übernimmt Beuth auch noch die Leitung der Berliner Bauakademie und versucht durch Verschärfung der Aufnahmebedingungen, Einführung des Schulbetriebs und Lehrplanänderungen daraus eine „Allgemeine Bauschule" zu machen – gegen den Widerstand der Studenten.
Höhepunkt dieser systematischen Entwicklung der technisch-naturwissenschaftlichen Ausbildung ist die

5.2 Die Maschinenbauanstalt von Egells

→L 9 Obwohl Egells in der Industriegeschichte als *Vater des Berliner Maschi-*
→L 10 *nenbaus* und seine Fabrik als *Pflanzstätte für den gesamten deutschen Maschinenbau* bezeichnet wird, existiert über ihn so gut wie keine Literatur. Egells, der Erfinder und hervorragende Techniker, aus dessen Werkstätten viele der späteren Firmengründer der Maschinenbauanstalten an der Chausseestraße hervorgehen, steht völlig im Schatten seines ehemaligen Angestellten und späteren Nachbarn und Konkurrenten August Borsig. Dieses Verhältnis zu korrigieren ist jedoch aufgrund der vorhandenen Literatur nicht möglich.

An der Entwicklung von Egells ist für uns dreierlei interessant:
1. ein biographisches Moment: Ausbildung und Förderung durch staatliche Mittel, durch Arbeit in der Königlichen Eisengießerei und durch Finanzierung von Reisen nach England, um durch ihn und seine Begabung das dortige Wissen und Können in bezug auf den Bau von Dampfmaschinen zu importieren;
←L 11 2. ein technisches Moment: Beteiligung an den ersten inländischen Experimenten mit Dampfmaschinen und Dampfwagen mit dem Ziel, bald zu einer eigenen Produktion, die von Importen unabhängig machen soll, zu kommen;
3. ein standörtliches Moment: Lokalisation und Ausrüstung einer Maschinenfabrik in unmittelbarer Nähe der Königlichen Eisengießerei, die die Konzentration der Maschinenbauindustrie vor dem Oranienburger Tor auf
←L 12 ehemals staatlichem Gelände einleitet.

Diese drei Momente verknüpfen die Biographie mit der allgemeinen Entwicklung der staatlichen Gewerbeförderung in Preußen und mit den Besonderheiten unseres Gebietes vor dem Oranienburger Tor.

Wir wissen nur ungefähr, wie Egells nach Berlin kommt. Er ist 1788 in Rheine geboren, hat versucht, in Gravenhorst in Westfalen sich selbständig zu machen, um Dampfmaschinen zu bauen, scheitert und wandert nach Berlin, wo er in der Königlichen Eisengießerei Arbeit als Schlosser findet. Dort wird seit 1815 an einer ersten deutschen Lokomotive herumexperimentiert, die das englische Vorbild erkennen läßt.

→L 13 Seine Kurzbiographen erzählen: *Mit einer von ihm verbesserten Windbüchse lenkte er die Aufmerksamkeit der für die preußische Gewerbeförderung verantwortlichen Männer, u.a. W. Beuths, auf sich.*

→L 14 *Egells muß auf Beuth einen ausgezeichneten Eindruck gemacht haben. Er ermöglichte es ihm, Paris, London, Manchester, Birmingham und andere Industriestädte zu besuchen. Egells verstand es zu sehen und zu lernen. Kaum war er in Berlin, so begann er selbst Dampfmaschinen zu bauen. Er erfand eine sogenannte Bügelmaschine, die vom Gebäude unabhängig mit kleinerem Raum als die alte Balanziermaschine sich begnügte. So gründete denn Egells 1821 eine Eisengießerei in Berlin, für die er jede gewünschte staatliche Unterstützung erhielt. Der Minister bestellte für ihn zwei Drehbänke in England. Zunächst baute er ein kleines Modell seiner von ihm erfundenen Maschine und fuhr nach England, um sein Patent vorteilhaft zu verkaufen. Mit dem Gelde wollte er seine Fabrik vergrößern. Es dauerte ziemlich lange, bis Egells zurück kam, und der Minister fürchtete schon, er würde ihn zu denen rechnen müssen, bei denen der Staat sein Geld verloren hatte. Mit dem Dampfmaschinenbau war es allerdings in der neuen Berliner Maschinenfabrik noch nicht weit her, aber 1824 baute Egells schon eine hydraulische Presse, die damals vom Gewerbfleißverein entsprechend bewundert wurde. Die 100 Taler Modellkosten mußte allerdings der Staatsminister von Bülow, wie wir wissen, auch ein Mitglied des Gewerbfleißvereins, selbst bezahlen.*

Seinen ersten großen Auftrag zum Bau einer Dampfmaschine erhält Egells 1825 von den Besitzern einer Maschinenspinnerei in Waldenburg, den Gebrüdern Alberti, die zu den ersten auswärtigen Mitgliedern des „Vereins zur Beförderung des Gewerbefleißes in Preußen" gehören. Dieser Auftrag ermöglicht es Egells, seine Fabrik, die ihm 1821 von Beuth in einem alten Ökonomie-Gebäude nahe dem Stralauer Tor an der Spree, in der Mühlenstr. 59/60, eingerichtet worden ist, in die Chausseestr. 3 nahe der Königlichen Eisengießerei zu verlegen. Diese Eisengießerei ist 1825 noch die einzige in Berlin, auch Egells muß seine Maschinenteile hier gießen lassen. Am **28.9.1825** unterzeichnet Egells den Kaufvertrag für das Grundstück Chausseestraße Nr. 3. Das Datum geht aus den Akten der Feuersozietät hervor, nicht aber der Name des Verkäufers. Im selben Monat, also **September 1825**, stellt Egells den Zimmermann und abgebrochenen Technikstudenten August Borsig als Praktikanten ein und beginnt nun mit dem Bau eines großen Schmiedegebäudes, das am **24.6.1826** ←A 1 fertiggestellt und feuerversichert wird.

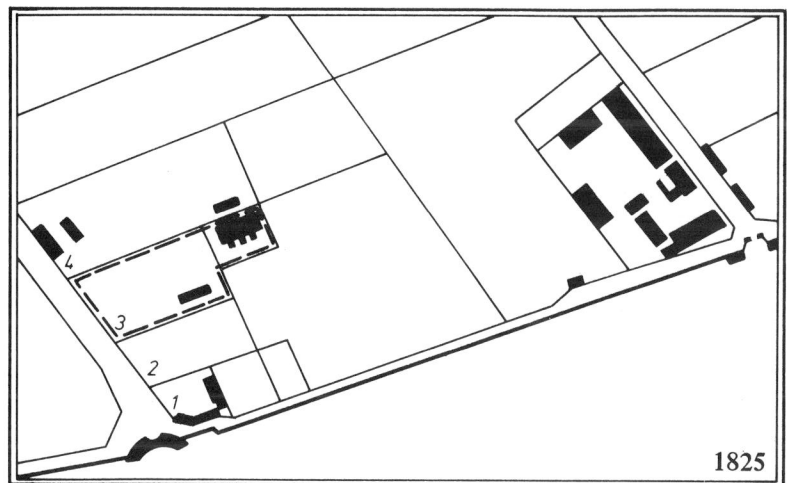

→B 2

Egells (1788 – 1854)

←B 3
→L 15

zweite große Gewerbeausstellung, die nun schon im Zeughaus **1844** stattfindet, aber im Zusammenhang mit den Weberaufständen in Schlesien ein doch sehr gemischtes Echo findet.

Am **15.8.1844** wird die Ausstellung eröffnet, zu der alle Länder des **1834** gegründeten Zollvereins ihre Waren geschickt haben. Adolf Streckfuß berichtet von der Eröffnungsfeier:

Die Eröffnung geschah durch Finanzminister von Bodelschwingh, der sich mit den übrigen Ministern und vielen hohen Staatsbeamten nach dem Zeughaus begeben hatte und eine schwungvolle Rede an die um ihn versammelten Aussteller hielt. Er sprach viel von dem gewaltigen Fortschritt, welchen die deutsche Industrie unter den Segnungen eines vieljährigen Friedens, unter dem Schutz großherziger Regierungen und unter der heilbringenden Einwirkung des die Fesseln und Schranken eines freien Handelsverkehrs brechenden Zollvereins gemacht habe – aber von den hungern- ←L 16 *den Arbeitern sprach er nicht; er dankte in warmen Worten dem König, der mit gewohnter Großmut das Zeughaus der Ausstellung eingeräumt habe, dem Zeughaus der Ausstellung eingeräumt habe, dem Kriegsminister, der es von den Waffenvorräten geleert, der Ausstellungskommission, die es ausgeschmückt und die Ausstellung geordnet habe – aber den fleißigen Arbeitern, aus deren kunstreichen Händen die ausgestellten Erzeugnisse der Gewerbetätigkeit hervorgegangen waren, dankte er nicht.*

Stadtrat Kochhann beschreibt, was zu sehen ist:

In den einfach dekorierten Sälen hatten 3000 Fabrikanten und Handwerker, zumeist Berliner, ihre Höchstleistungen dem beschauenden Publikum vor Augen gestellt. Von Reklame war noch keine Rede, aber die Besucher staunten. Das hatten sie nicht erwartet, daß, sozusagen hinter den Kulissen – denn Läden mit Schaufenstern waren noch eine Seltenheit – so Vieles und so Gutes geleistet werden konnte. Borsig errang durch Ausstellung einer Prachtlokomotive den ersten Preis. Seitdem war sein Name in aller Munde, und man sah es den bedienenden Arbeitern seiner Fabrik an, wie stolz sie das Lob aufnahmen. Aber auch die Suhler Gewehre erregten die ungeteilte Bewunderung; denn die Hinterlader und der gezogene Gewehrlauf waren neue Erfindungen, die das ganze Kriegswesen umgestalteten. Die rheinische Industrie glänzte noch durch Abwesenheit, obgleich die Kohle und das Eisen eine Hauptrolle zu spielen begannen; nur Solingen mit seinen Stahlproduktionen in Klingen und Messern bewährte seinen Ruf. Nun war es klar geworden, daß Wissenschaft und Handwerk in Preußen ein neues Gebilde, die Industrie, geboren hatten, die, aus den Kinderschuhen heraustretend, in Jugendkraft einherschritt.

Und Varnhagen von Ense notiert nach einem Besuch der Ausstellung in sein Tagebuch:

Vormittags eine Stunde in der Gewerbeausstellung, bloß um eine Übersicht davon zu haben. Großer Reichtum an schönen Sachen, vortreffliche Anordnung. Das ganze Zeughaus ist angefüllt. Die Vervollkommnung der Technik ist bewundernswert, gebietet Ehrfurcht, der Aufschwung des Handwerks ist eine Veredlung des Menschlichen, ein weitwirkender Segen. Aber auch andere Betrachtungen drängen sich auf! Die Fortschritte sind groß, die Fülle des Erzeugens, der Wett-

1825

Welche Funktion Borsig beim Aufbau der Egellsschen Fabrik gespielt haben könnte, erhellt die Vergegenwärtigung seiner bisherigen Laufbahn. August Borsig wird am **23.6.1804** in Breslau geboren. Als 15jähriger beginnt er eine Lehre, um wie sein Vater Zimmermann zu werden, gleichzeitig besucht er die „Königliche Kunst-, Bau- und Handwerksschule" in Breslau. **1823** schließt Borsig seine Lehre ab, im gleichen Jahr erhält er am **22.9.1823** sein Abschlußzeugnis als „Eleve der Baukunst und Mechanik", worin ihm u.a. bescheinigt wird, *in dem Unterrichte der schönen und* ←L 16 *städtischen Baukunst, im Zeichnen alter Säulen, in den vorzüglichen Übungen der Zimmerkunst wie auch im besonderen Unterrichte der Mechanik . . . besonders lobenswert gewesen zu sein.* Aufgrund dieser Leistungen an der Kunst-, Bau- und Handwerksschule erhält Borsig nun von der niederschlesischen Provinzialregierung ein Stipendium zum Studium an der „Technischen Schule" in Berlin, die seit **1827** den Namen „Königliches Gewerbeinstitut" trägt und aus der die heutige „Technische Universität" →L 17 hervorgegangen ist. Die „Technische Schule" wurde von Chr. P. Wilhelm Beuth am **1.11.1821** mit 13 Schülern und 4 Lehrern in der Absicht eröffnet, hier einen Stamm von zukünftigen Industrie-Unternehmern heranzuziehen, und Beuth bezeichnet es als die Aufgabe dieser Schule, *dem an-* ←L 18 *gehenden Fabrikanten und Handwerker nicht nur eine allgemeine Bildung und eine Einsicht in Dinge zu geben, welche zu wissen jedem Handwerker nottut, sondern auch gerade soviel Vorkenntnisse, als zum Betriebe eines technischen Gewerbes nötig sind.* Borsig beginnt sein Studium an diesem Institut noch **1823**, aber bereits *nach einundeinhalb Jahren wollte man ihn* ←L 19 *im Gewerbeinstitut nicht mehr haben. . . . Ja, selbst Beuth gab ihm zu verstehen, daß er als Techniker kaum etwas zu erwarten hätte, und schlug ihm einen Laufbahnwechsel vor.* So muß der 21jährige **1825** die „Technische Schule" verlassen, will ursprünglich *nach diesem verunglückten Anlauf wie-* ←L 20 *der heimkehren, um sich in Breslau als Zimmermann niederzulassen,* und bleibt dann doch in Berlin, da er bei Egells, der gerade dabei ist, seine Maschinenfabrik aufzubauen, Arbeit findet. Es ist anzunehmen, daß gerade Borsigs baumeisterliche Fähigkeit für Egells in der Aufbauphase seiner Fabrik von Nutzen gewesen ist.

Bereits **1826** beginnt Egells sich von der Königlichen Eisengießerei unabhängig zu machen, indem er mit Hilfe des Kalkbrennereibesitzers Woderb →L 21 und des Kaufmanns F.W. Schultz die erste private Eisengießerei Berlins, die „Neue Berliner Eisengießerei" gründet. Am **30.12.1826** kaufen sie das nördlich angrenzende Grundstück Chausseestraße Nr. 4 von dem Tierarzt Dr. Bitter, der durch Heirat der Witwe Jouin aus der Familie der früheren ←S 45 Erbpächter des Invalidenhauses in den Besitz mehrerer Gärtnergrundstücke am Oranienburger Tor gelangt ist. Auf diesem Grundstück steht be-

eifer der Erfindung und des Fleißes verdienen alle Anerkennung; aber die große Menge, die Masse des Volkes, hat wenig Vorteil davon, geht unberührt nebenher! Selbst diese Dresch- und Sägemaschinen, an unsere Bauern gelangen sie nicht. Der Vortrab unserer Zivilisation, die Reichen und Gebildeten, verzehrt alles, und der nachziehende Haupttrupp, oder gar der Troß, kommt kümmerlich weiter.

Beuth tritt im folgenden Jahr von der Leitung der Bauakademie zurück und legt Anfang der fünfziger Jahre auch seine vielen weiteren Ämter nieder. Seine Opposition gegen den, wie er meint, zu frühen Eisenbahnbau in Preußen hat ihn selbst in den Gegensatz zur allgemeinen industriellen Entwicklung gebracht. Er stirbt **1853**.

Am **17.1.1845** wird in Preußen die Allgemeine Gewerbeordnung erlassen, die den Grundsatz der Gewerbefreiheit auf ganz Preußen ausdehnt.

reits ein **1821** fertiggestelltes Wohnhaus mit vier Wohngeschossen, Souterrain und Mansarde eingeschlossen, in dem auf jedem Geschoß vier Wohnungen von Küche, Stube und Kammer liegen. Dieses frühe Mietshaus wird
→L 22 in der Literatur fälschlicherweise als erster Werkswohnungsbau in Berlin dargestellt, ist aber vielmehr mit den gleichzeitig gebauten Familienhäusern zu vergleichen und kann als private Spekulation gekennzeichnet werden. In dieses Mietshaus ziehen jetzt Beschäftigte von Egells, u.a. auch August Borsig. Auf dem hinteren Teil des Grundstücks Chausseestraße Nr. 4 bauen Egells, Woderb und Schulz ein Eisengießereigebäude, das am **26.5.**
→A 2 **1827** feuerversichert wird.

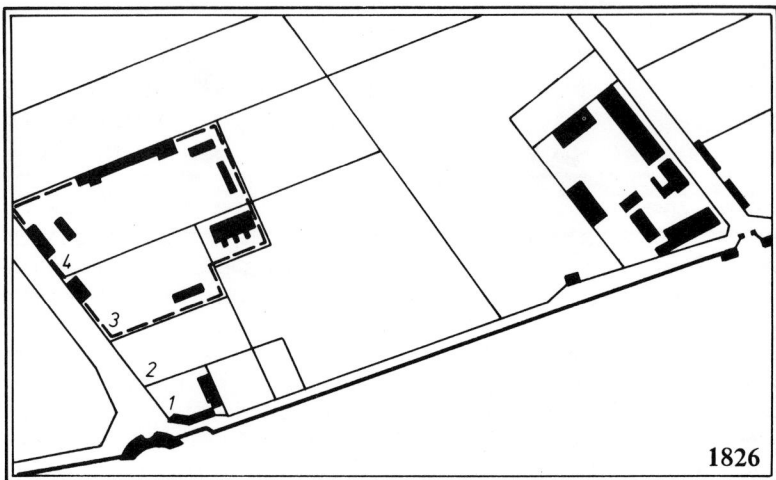

→B 4   1826

Im gleichen Jahr, **1827**, wird die 28 PS starke Dampfmaschine für Alberti in Waldenburg fertiggestellt und dort unter Leitung von August Borsig installiert. Nachdem Borsig diesen Auftrag zur Zufriedenheit von Egells ausgeführt hat, erhält er nach seiner Rückkehr im **Juli 1827** einen festen Arbeitsvertrag mit einem Gehalt von 300 Rthl. jährlich und dazu eine Be-
→L 23 teiligung am Umsatz, *als Faktor, der dem Technischen in der Eisengießerei und den davon abhängigen Werkstätten fleißig und ordentlich vorzustehen hat.* Verbunden mit diesem Arbeitsvertrag wird dem neuen Vorsteher in Aussicht gestellt, eine Wohnung in dem auf dem Grundstück Chausseestraße Nr. 3 geplanten Wohnhaus zu beziehen. Mit diesen Aussichten heiratet Borsig am **26.4.1828** die 19jährige Tochter des Küsters Praschl von der katholischen St. Hedwigskirche und bezieht im **April 1829** im ersten Stock des eben fertiggestellten Wohnhauses an der Chausseestraße eine Wohnung mit drei Stuben, Kammer, Küche für die jährliche Miete von 86 Rthl. Egells zieht in dasselbe Haus.

→B 5 Chausseestraße Nr. 3 und 4. Im Vordergrund Wohnhaus Egells, dahinter das 1821 gebaute Mietshaus. Photographie um 1870

Die oben erwähnte Unabhängigkeit von der Königlichen Eisengießerei erreicht Egells, weil er inzwischen über eine eigene raumsparende Dampfmaschine verfügt, mit der er unabhängig auch von Wasser als Antriebsmittel das Gebläse für den Kupolofen zur Herstellung von Eisenguß antreiben kann. Was er produziert, führt Zedlitz in seinem Lexikon von 1834 auf:

→L 24

Berliner Eisengießerei (neue) am Oranienburger Tore Nr. 3 belegen, wurde im Jahre 1826 von den Kaufleuten F.W. Schulze und C. Woderb und dem Mechanikus F.A. Egells gegründet, und nachdem der erstere ausgeschieden war, das Werk seit dem Jahre 1827 unter der Firma: Neue Berliner Eisengießerei von C. Woderb und F.A. Egells betrieben. Es werden in derselben vorzüglich Gegenstände, die zum Maschinenbau gehören, angefertigt; doch hat sie sich auch in andern Branchen seit mehreren Jahren versucht. Die größeren Arbeiten sind: 1) eine Haupttreppe im Palais des Prinzen Carl; 2) eine Haupttreppe im Palais des Prinzen Albrecht; 3) eine dergleichen im Hause des Kaufmanns Ravené, Wall- und Grünstraßen-Ecke; 4) 4 Paar Türen in der Werderschen Kirche; 5) zwei kolossale Bogenfenster zur Nicolai-Kirche in Potsdam, in einem Halbzirkel von 50 zu 25' Radius. Das Gewicht erreicht eine Schwere von fast 900 Ctr. Der Landwirt findet in ihrem Warenlager die solidesten und zweckmäßigst eingerichteten Gegenstände zur Landwirtschaft. Die neuen Dreschmaschinen fanden, nebst Kartoffelquetschmaschinen, Kohlenmühlen, Schrotmühlen etc., Anerkennung durch ganz Deutschland, auch wird eine ganz neu construirte Häckselschneidemaschine, welche patentirt werden soll, die mangelhaften, die bis jetzt nur vorhanden sind, verdrängen. – Die Anstalt beschäftigt sich auch mit Schmiedearbeit jeder Art und verbindet Guß- und Schmiedeeisen auf eine ebenso solide als elegante Art. Das große Umfassungsgitter am Charitégebäude, am Ende der Luisenstraße, spricht wenigstens dafür. In der neueren Zeit sind ihr sogar aus der andern Hemisphäre Bestellungen zugekommen, mit deren Ausführung sie im Frühjahre 1834 beschäftigt war. Herr F.A. Egells besitzt eine Maschinenbauwerkstatt in der Nachbarschaft, welche aber mit der Neuen Eisengießerei außer aller Berührung in merkantilischer und technischer Hinsicht ist. Der Neuen Berliner Eisengießerei steht als Faktor Herr Borsig vor.

←L 25

Die Zusammenstellung des von Egells Produzierten zeigt im Vergleich zur Produktenübersicht der Königlichen Eisengießerei deutlich die Hinwendung zur Fertigung von Gebrauchsgegenständen und Maschinen, zeigt aber auch, daß das Produkt, das die Berliner Maschinenbauindustrie erst eigentlich dynamisiert, die Lokomotive als selbstfahrende Dampfmaschine, im Programm noch fehlt.

→B 6
←S 66

Der Cupolo-, Cupol-, Kupol- oder Kuppelofen

Das Schmelzen des Roheisens erfolgt in besonders hierzu gebauten Öfen, welche entweder Cupol-, Herdflammöfen oder Tiegelöfen sind. Am meisten verbreitet ist der Cupolofen, weil er die Möglichkeit eines kontinuierlichen Betriebes bietet und den Schmelzprozeß in einfachster und wohlfeilster Weise auszuführen gestattet. Es ist dies ein schachtförmiger Ofen, in welchen der Brennstoff und das Roheisen von oben her eingeführt werden, während im untern Teil durch die mittels eines Gebläses zugeführte Luft die Verbrennung des Heizmaterials und durch die hierbei entwickelte Wärme die Schmelzung des Roheisens stattfindet. Das geschmolzene Roheisen sammelt sich unterhalb der Lufteinströmungsöffnungen und kann von hier nach Bedarf durch Öffnung des in der Ofenwand angebrachten, durch einen Thonpfropfen verschlossen gehaltenen Stichlochs entnommen werden.

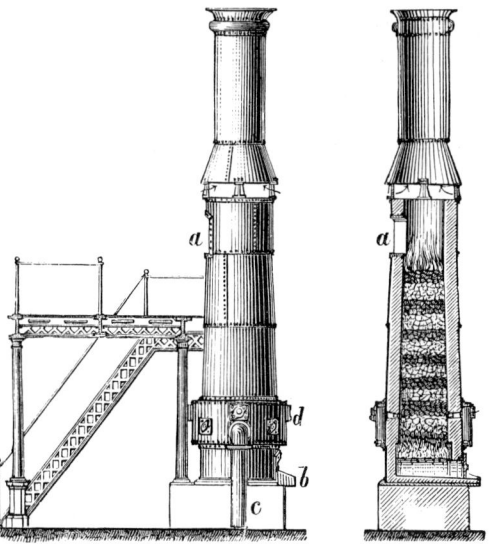

Cupolofen

Die Einrichtung eines Cupolofens ist in Fig. 1 der Tafel Eisengießerei gezeigt. Vor der obern Einschüttöffnung a, Gicht genannt, ist eine Plattform angebracht, auf welcher die mit der Füllung des Ofens beschäftigten Arbeiter stehen. Der Ofen selbst besteht aus einem Eisenblechmantel, der innen mit Chamottesteinen ausgemauert ist. Die Luft wird durch das Rohr c in den durch einen Mantel d an der Außenseite gebildeten ringförmigen Raum geblasen und tritt von hier durch die auf dem Umfang verteilten Luftzuführungslöcher in das Innere des Ofens. Der unterste Raum des Cupolofens, in welchem sich das flüssige Eisen sammelt, der Herd, ist, um eine bequeme Reinigung zuzulassen, mit einer eisernen Tür versehen, die während des Schmelzens geschlossen und durch einen eingesetzten feuerfesten Stein vor Beschädigung durch das flüssige Eisen geschützt wird. In der Tür befindet sich das Stichloch und vor diesem eine aus Eisenblech oder Gußeisen gefertigte und mit Lehm oder feuerfester Masse ausgekleidete Rinne b, die sog. Gußrinne, durch welche das geschmolzene Eisen nach Öffnung des Stichlochs ausströmt. Die Füllung des Ofens erfolgt in der Weise, daß man in dem mit Thon ausgeschmierten Ofen zuerst ein leichtes Feuer macht, um den Thon zu trocknen, sodann von oben soviel Coks in den Ofen schüttet, daß derselbe bis oberhalb der Lufteintrittsöffnungen gefüllt ist, worauf man die Tür schließt, während das Stichloch vorläufig offen bleibt, und sobald die Coksmasse in Glut geraten ist, von oben abwechselnd ein gewisses Quantum Coks oder Eisen in den Ofen schüttet, so daß, wie aus der Abbildung ersichtlich, immer abwechselnd eine Coks- und eine Eisenschicht gebildet wird. Nachdem der Ofen vollständig gefüllt ist, wird das Gebläse in Gang gesetzt; das Stichloch wird erst dann mittels eines Lehmpfropfens verschlossen, wenn sich das erste flüssige Eisen zeigt. Um einen leichtern Fluß der Schlacke zu erzielen, wird zwischen die Gichten (wie der technische Ausdruck für die einzelnen Aufschüttungen lautet) etwas Flußspat gebracht.

"Rocket" von Stevenson   ←B 7

←B 8
→L 26

"Sanspareil" von Hackworth   ←B 9

→L 27

"Perseverance" von Burstall   ←B 10

5.3   Die Maschinenbauanstalt von Borsig

Wenn August Borsig sich ab **1836** von Egells trennt und als dessen Konkurrent auf dem Nachbargrundstück eine eigene Maschinenbauanstalt gründet, so ist dies nur zu verstehen in Verbindung mit der Entwicklungsgeschichte der Eisenbahn, bzw. des Lokomotivbaus. Wir werden hier in einer knappen Chronologie den Verlauf der sich bedingenden Ereignisse, angefangen von der ersten Bewährung der Lokomotive in England, über die Planung und Gründung der ersten preußischen Eisenbahnen bis hin zum Beginn der Lokomotivenproduktion durch Borsig, darstellen. So soll zum einen deutlich werden, wie sich die technische und politische Entwicklung der 30er Jahre in der räumlichen Struktur der Oranienburger Vorstadt niederschlägt, zum andern soll am Beispiel Borsigs der Aufstieg eines ehemaligen Handwerkers zum Unternehmer gezeigt und entmythologisiert werden. Dieser soziale Prozeß bildet zwar die Ausnahme, aber auch gleichzeitig die notwendige Ergänzung zum Proletarisierungsprozeß, den wir bei den Bewohnern der Familienhäuser beobachten können.

Zwischen zwei Wettfahrten. 1829–1841

6.10.1829: Während des Baus der ersten längeren Eisenbahnstrecke von Manchester nach Liverpool steht noch nicht fest, wie der künftige Betrieb erfolgen soll. Den Lokomotiven, die bisher nur für Materialtransporte in Bergwerken bei geringen Geschwindigkeiten eingesetzt worden sind, traut man nicht viel zu. Einige der Eisenbahnunternehmen wollen Pferde, einige feststehende Dampfmaschinen in größeren Abständen, die die Wagen mittels Seilen ziehen sollen. Eine Wettfahrt auf einem 3 km langen Bahnabschnitt bei Rainhill soll schließlich klären, ob die Lokomotiven halten, was ihre Hersteller versprechen. *Auf dem Kampfplatze erschienen vier Lokomotiven. Die „Rocket" nach den Plänen Stephensons und seines Sohnes Robert in ihrer Newcastler Fabrik erbaut, die „Novelty" von Braithwaite und dem berühmten Ericsson in London, ferner die „Sanspareil" von Timothy Hackwort, einem früheren Werkführer Stephensons, in Shildon, und die „Perseverance", von Burstall hergestellt.* Die fünfte Bewerberin um die ausgesetzten 500 Pfund, die „Cyclopède" von Brandreth aus Liverpool, wird von Matschoss, dem seriösen Historiker der Dampfmaschine, schamvoll verschwiegen. Das Rennen macht Stephensons „Rocket". Die Gebrauchsfähigkeit der Lokomotive ist erwiesen, sie wird gekauft und eingesetzt.

10.11.1830: Friedrich Wolff, deutscher Unternehmer in London, bittet in einem Memorial an den preußischen Schatzminister Graf v. Lottum um die Erteilung des ausschließlichen Rechts zur Anlegung von Eisenbahnen in den preußischen Staaten und schlägt zwei Linien vor – von Berlin nach Breslau und von Berlin nach Leipzig über Potsdam. Der Antrag wird wahrscheinlich abgelehnt.

März 1833: Gründung des Deutschen Zollvereins. *Der große und eisenbahnbegeisterte Volkswirt L i s t war durch einen glücklichen Zufall gerade zu einer Zeit nach Leipzig gekommen, als diese reiche Handelsstadt dem Anschluß an den Zollverein entgegensah und damit ein erhöhtes Verkehrsbedürfnis lebhaft spüren mochte. Er erfaßte sofort die Lage; hier erschien 1833 seine berühmt gewordene Broschüre „Über ein sächsisches Eisenbahnsystem als Grundlage eines allgemeinen deutschen Eisenbahnsystems". Den wohlfeilen und schnellen Transport auf der Eisenbahn hob List, der auch mehrere Jahre in Amerika gewesen war, nachdrücklich hervor. Am nächsten lag wohl der Gedanke einer Eisenbahn von Leipzig nach Dresden (115 km), von der größten Handelsstadt Sachsens zu seiner ansehnlichen Landeshauptstadt. Angeregt durch Lists Schrift wandte sich eine Anzahl einflußreicher Leipziger Bürger, voran vier jüngere Großkaufleute, an ihn wegen dieses Projektes. Und List ging nun sehr geschickt als Geschäftsführer des 1834 gewählten Komitees vor; unter seiner Leitung entwarf man Statuten, machte Kostenanschläge und technische Vorarbeiten und betrieb die Einführung des Expropriationsrechts.*

9.4.1833: Dr. Stubbe beantragt bei der preußischen Regierung Erlaubnis zur Anlegung einer Dampfwagenfahrt von Berlin bis Breslau. Er scheitert jedoch an der konkreten Projektierung, von der die Genehmigung abhängig gemacht wird.

28.6.1833: Dr. James Schumann (Berlin) beantragt bei der preußischen Regierung die Erlaubnis zur Anlegung einer Eisenbahn zwischen Berlin und Potsdam. Die Genehmigung wird abhängig gemacht von der konkreten Projektierung, bei der ihm andere zuvorkommen.

1.1.1834: Der Deutsche Zollverein tritt in Kraft.

27.1.1834: Der Justizkommissar Robert (Berlin) und der Bankier Arons (Berlin) bitten um staatliche Genehmigung für den Eisenbahnbau von Berlin nach Leipzig über Potsdam. Als auch bei diesem Projekt von der Regierung genaue Pläne gefordert werden, zieht Arons sich zurück, Robert gewinnt den Oberbaurat und Mitglied der Oberbaudeputation August Leopold Crelle für die Projektierung.

→B 11 „Cyclopède" von Brandreth

4.3.1835: Robert und Crelle reichen die Pläne für die Linienführung einer Eisenbahn zwischen Berlin und Potsdam als ersten Abschnitt der Strecke nach Leipzig ein. Zur Finanzierung wollen sie eine private Aktiengesellschaft gründen.

1.5.1835: Erläuterungsbericht von Crelle zu seinem Plan für die Berlin-Potsdamer Eisenbahn. Er stellt als Alternative den Betrieb mit Pferden oder mit Lokomotiven dar, spricht sich selbst aber trotz höherer Kosten für die Lokomotive aus.

14.5.1835: Aktienzeichnung für das Leipzig-Dresdner Eisenbahnunternehmen.

1835: August Borsig beginnt sich von der Egellsschen Eisengießerei zu lösen und trifft die Vorbereitungen für eine eigene Betriebsgründung. Er zieht von Chausseestraße Nr. 3 in das Haus Chausseestraße Nr. 1, hinter dem mehrere unbebaute Gärtnergrundstücke liegen, die dem Tierarzt Dr. Bitter gehören. Noch im gleichen Jahr wird Borsig Mitglied des „Vereins zur Förderung des Gartenbaus in Preußen", was in der Literatur als „Liebe zum Boden" gewertet wird. Wir vermuten dahinter eher die Liebe ←L 28 zum Grundstück.

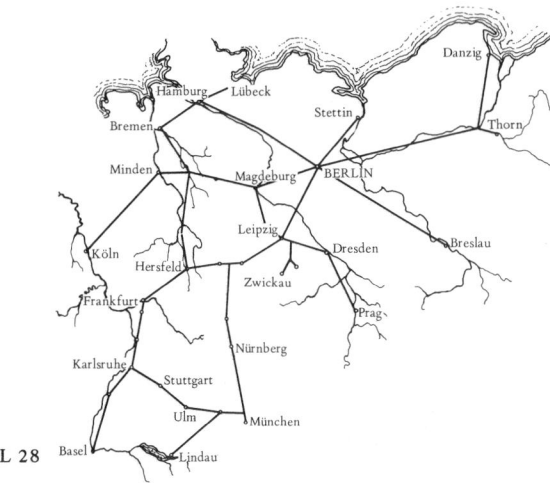

→B 12 Projekt des Deutschen Eisenbahnsystems von List 1833

27.11.1835: Geheimrat Rother überreicht dem König das angeforderte Gutachten über die Anlegung der Berlin-Potsdamer Eisenbahn: *Die Anlage* ←L 29 *einer Eisenbahn von hier nach Potsdam kann zwar, als selbständiges Ganzes betrachtet, weder in kommerzieller noch in strategischer Hinsicht als besonders wichtig betrachtet werden. Erwägt man aber, daß sie künftig in der Richtung nach Magdeburg oder Halle fortgesetzt werden könnte, so erscheint sie als der A n f a n g einer größeren und folgenreichen Unternehmung. Als die erste Eisenbahn in der Monarchie, die als Landstraße zu dienen bestimmt ist und wahrscheinlich sich einer hinlänglichen Frequenz, wenigstens für den Personenverkehr, erfreuen wird, nimmt sie durch ihre Verbindung mit der Hauptstadt das Interesse der Techniker, ja selbst des ganzen Publikums in hohem Grade in Anspruch.*

7.12.1835: Einweihung der ersten deutschen Eisenbahnlinie von Nürnberg nach Fürth.

19.12.1835: Der König erteilt die vorläufige Erlaubnis für die Anlegung der Berlin-Potsdamer Eisenbahn durch Robert und Crelle.

8.1.1836: Bericht des Geheimrats Rother zum Expropriationsrecht für die Anlage einer Eisenbahn Berlin–Potsdam. *Die Eisenbahn bedurfte ja* ←L 30 *doch zu ihrem Bau eines gewissen Grund und Bodens, und zwar für eine vorteilhafte, ja mögliche Linienführung nicht an beliebiger, sondern an bestimmten oder jedenfalls wenigen möglichen Stellen. Wie nun, wenn sich die Grundeigentümer nicht zum Verkauf dieser Parzellen bereit fanden? Zwingen, gegen angemessene Entschädigung, konnte dann nur der Staat unmittelbar oder durch Verleihung des Enteignungsrechts an die Bahngesellschaft, und er durfte diese Verleihung ohne ethische Beanstandung natürlich nur aus wirklichem Allgemeininteresse aussprechen. Muster lagen in England für die Kanäle, in Preußen für die Staatsstraßen (Chausseen) schon vor – „die Rechte der Staatsstraßen bei Erwerbung des Straßenraumes" –; Frankreich brachte 1833 das Gesetz „sur l'expropriation pour cause d'utilité publique" heraus; in Sachsen wurde etwa um die gleiche Zeit auf Lists Anregung ein „Expropriationsrecht" ausgesprochen.*

16.1.1836: Mit der vorläufigen Erteilung des Expropriationsrechts sind die Voraussetzungen für den Eisenbahnbau zwischen Berlin und Potsdam geschaffen.

→B 13

**Goethe über Eisenbahnen und die
wirtschaftliche Einigung Deutschlands 1828:**

*Mir ist nicht bange, daß Deutschland nicht eins
werde; unsere guten Chausseen und künftigen Eisenbahnen werden schon das Ihrige tun. Vor allem aber
sei es in Liebe untereinander, und immer sei es eins,
daß der deutsche Taler und Groschen im ganzen Reiche gleichen Wert habe; eins, daß mein Reisekoffer
durch alle sechsunddreißig Staaten ungeöffnet passieren könne. Es sei eins, daß der städtische Reisepaß
eines weimarischen Bürgers von dem Grenzbeamten
eines großen Nachbarstaats nicht für unzulänglich gehalten werde, als der Paß eines A u s l ä n d e r s. Es
sei von Inland und Ausland unter deutschen Staaten
überall keine Rede mehr. Deutschland sei ferner eins
in Maß und Gewicht, in Handel und Wandel, und hundert ähnlichen Dingen, die ich nicht alle nennen kann
und mag.*

*Wenn man aber denkt, die Einheit Deutschlands
bestehe darin, daß das sehr große Reich eine einzige
große Residenz habe und daß diese eine große Residenz wie zum Wohl der Entwickelung einzelner großer
Talente, so auch zum Wohl der großen Masse des Volks
gereiche, so ist man im Irrtum.*

**Friedrich Harkort über die militärische Bedeutung
der Eisenbahnen 1853:**

*Die Kunst der Feldherren neuerer Zeit besteht
darin, rasch große Streitmassen nach e i n e m Punkte zu bewegen.*

*Während ein preußisches Korps sich von Magde-
burg auf Minden oder Kassel begibt, erreicht in derselben Zeit ein französisches Heer von Straßburg aus
Mainz, von Metz aus Koblenz, von Brüssel aus Aachen;
wir verlieren also zehn Tagmärsche, welche oft einen
Feldzug entscheiden.*

*Diesen Nachteil würde die Eisenbahn heben, in-
dem 150 Wagen eine ganze Brigade in einem Tage von
Minden nach Köln schafften, wo die Leute wohl aus-
geruht mit Munition und Gepäck einträfen. — — —*

*Denken wir uns eine Eisenbahn mit Telegraphen
auf dem rechten Rheinufer von Mainz nach Wesel.
Ein Rheinübergang der Franzosen dürfte dann kaum
möglich sein, denn bevor der Angriff sich entwickelte,
wäre eine stärkere Verteidigung an Ort und Stelle.*

*Dergleichen Dinge klingen jetzt noch seltsam, allein
im Schoße der Zeit schlummert der Keim so großer
Entwicklung der Eisenbahnen, daß wir die Resultate
nicht zu ahnen vermögen!*

←L 31

6.2.1836: Robert legt der Regierung ein Verzeichnis der in Anspruch zu nehmenden Grundstücke, einen Tarifentwurf und das von den Teilnehmern der Planung beschlossene Statut nebst Verzeichnis der Aktionäre vor.

20.2.1836: Gründung der „Aktiengesellschaft für die Anlegung einer Eisenbahn zwischen Berlin und Potsdam".

26.2.1836: In der Mohrenstraße 49 findet die erste Hauptversammlung der Gesellschafter für die Berlin-Potsdamer Eisenbahn statt. In den Vorstand werden gewählt:
1. Bankier C.W.J. Schultze,
2. Bankier Alexis Meyer,
3. Bankier Wilhelm Beer,
4. Oberstleutnant von Ziegler,
5. Kaufmann C.E. Richter.
Als technischer Direktor wird Crelle benannt, als Syndikus Justizkommissar Robert.

Frühjahr 1836: Geplanter Baubeginn an der Berlin-Potsdamer Eisenbahn. Er verzögert sich jedoch bis zum **10.8.1837**, weil Schwierigkeiten mit den Statuten auftauchen.

März 1836: Unter dem Vorsitz von einigen Berliner und Stettiner Kaufleuten tritt ein Verein zusammen, der sich den Bau einer Berlin-Stettiner Eisenbahn zum Ziel gesetzt hat.

←L 32

14.4.1836: Ein Komitee aus Berliner Bankiers wie A. Meyer, W. Beer und C. Schultze und Reichenbach beantragt die vorläufige Genehmigung zur Bildung einer Gesellschaft zum Bau einer Eisenbahn von Potsdam zur sächsischen Grenze, um dort Anschluß zu gewinnen an die Leipzig-Dresdner Bahn (spätere Berlin-Anhalter Eisenbahn).

11.5.1836: Justizkommissar Robert beantragt zusammen mit Crelle die Genehmigung für eine Eisenbahnstrecke von Berlin nach Frankfurt/Oder und Küstrin.

14.6.1836: G.F. Oppert legt eine Denkschrift über den Bau einer Eisenbahn von Berlin nach Wittenberge an der Elbe vor (spätere Berlin-Hamburger Eisenbahn).

10.7.1836: Vorläufige Konzession für die Berlin-Stettiner Eisenbahngesellschaft.

12.9.1836: Borsig legt der Baupolizei seine selbstverfaßten Pläne zur Anlage einer Maschinenbauanstalt auf dem Gelände hinter seinem Wohn-

→L 33

haus vor. *Sie sahen die Einrichtung einer Eisengießerei, bestehend aus einem Hüttengebäude mit Masse-Formerei, Lehm-Formerei, Trockenkammern, Kerntrocknerei, zwei Kupolöfen mit Schmelzkammern sowie Bohr- und Drehwerkstätte, ferner eines Kesselhauses mit zwei Dampfkesseln und eines Maschinenraumes mit Dampfmaschinen vor.*

7.10.1836: Polizeiliche Baugenehmigung für die von Borsig vorgelegten Pläne zu einer Fabrik. Nur für die Installation der Dampfmaschine müssen noch genauere Angaben eingereicht werden.

→L 34

22.10.1836: Borsig erwirbt für 1220 Rthl. das 1230 qm große Hinterland des Grundstücks Torstr. 53.

Projektzeichnung für die Anlage der Gießhalle von ←B 14 Borsigs Maschinenbauanstalt

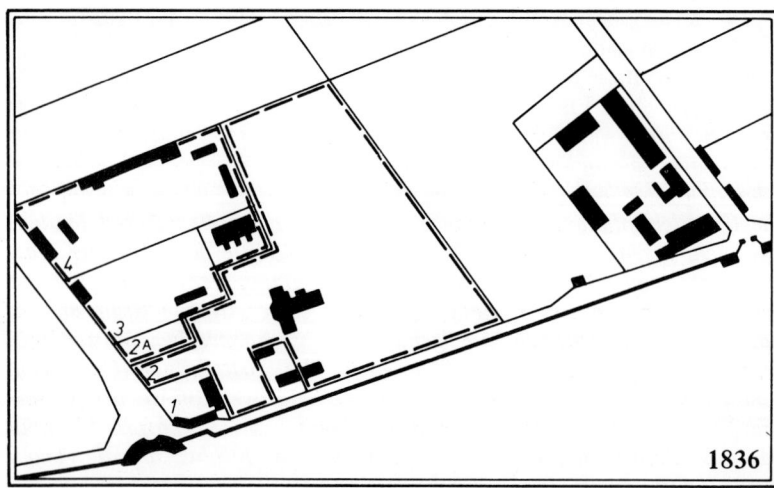

1836

→B 15

→A 3   **5.11.1836**: Der Rentier Gustine gewährt Borsig durch Schuldverschrei-
→A 4   bung ein Hypothekendarlehen von 9000 Rthl. zu 4,5 %. Am selben Tag er-
→A 5   wirbt Borsig von dem Tierarzt Dr. Bitter die Grundstücke Torstr. 46–52 mit insgesamt 19 350 qm für 10 000 Rthl., ebenso das Grundstück Chaus-

seestraße 2, und hat damit alle südlich und östlich an die Egellssche Fabrik grenzenden Grundstücke in seiner Hand.

20.12.1836: Der „Eigentümer und Fabrik-Unternehmer" August Borsig erhält den Bürgerbrief für Berlin.

1836: Egells erwirbt in der Nähe des Dorfes Tegel zur Erweiterung seines Werkes, hauptsächlich um eine Kesselschmiede bauen zu können, ein 380 000 qm großes Gelände, das **1910** von Borsig übernommen wird.

Januar 1837: Der Verein zur Anlegung einer Eisenbahn von Berlin nach Frankfurt/Oder, der unter dem Vorsitz des Majors v. Kräwel, des Obersten v. Preuß und des Oberbaurats Crelle zusammengetreten ist, legt eine genaue Begründung für die Notwendigkeit dieser Eisenbahn vor.

20.1.1837: Der Hof-Kleidermacher Johann Simon Freytag gewährt Borsig ein sich zu 3 3/4 % verzinsendes Darlehen in Höhe von 40 000 Rthl. ←L 35

3.1.1837: Nachdem Woderb aus dem Unternehmen der Neuen Berliner Eisengießerei ausgestiegen ist, ist Egells Alleinbesitzer. ←A 6

18.2.1837: Borsig tritt aus der Egellsschen Fabrik aus und baut auf den von Bitter gekauften Grundstücken einige provisorische Bretterbuden, in denen er eine Schlosserwerkstatt einrichtet. Seinen ersten Auftrag zur Herstellung von 116 200 Schrauben erhält er von dem Komitee der Eisenbahnanlagen zwischen Berlin und Potsdam. Für diesen Auftrag stellt Borsig 50 Arbeiter ein, unter denen sich auch F.L. Wöhlert befindet, seit **1830** Werkmeister bei Egells. Gleichzeitig mit diesem Auftrag läßt Borsig den Neubau der Eisengießerei hochziehen. Die achteckige Hütte läßt das Vorbild der Königlichen Eisengießerei erkennen.

22.7.1837: Die Gieß-Hütte ist soweit, daß der erste Guß erfolgen kann. Da die Dampfmaschine noch fehlt, werden die Blasebälge für das Gebläse der Kupolöfen zunächst noch mit Menschenkraft bedient, und zwar von Soldaten aus der benachbarten Kaserne des 2. Garde-Regiments zu Fuß, die dem jungen Fabrikherrn zur Verfügung gestellt werden. Die ersten Aufträge bestehen in gußeisernen Bauteilen, Kunstgüssen wie dem der vier Löwen der „Löwenbrücke" im Tiergarten, vor allem aber Folgeaufträge der Berlin-Potsdamer Eisenbahn – zunächst gußeiserne Schienenstühle.

10.8.1837: Beginn der Erdarbeiten für die Berlin-Potsdamer Eisenbahn. Gleichzeitig werden bei Stephenson in Newcastle 6 Dampfwagen zu je 14 000 Rthl. bestellt. Die Kipploren zum Erdtransport sind zum Preis von je 300 Rthl. in Borsigs Fabrik hergestellt worden. ←L 36
←L 37

23.9.1837: Endgültige Bestätigung des Statuts der Gesellschaft für die Eisenbahn zwischen Berlin und Potsdam mit Verleihung der Korporationsrechte und des Expropriationsrechts.

28.9.1837: Betriebsgenehmigung für die 12-PS-Dampfmaschine in der Borsigschen Eisengießerei.

18.1.1838: Borsig kauft das Eckgrundstück Chausseestr. 1 mit dem Haus, in dem er seit **1835** wohnt, für 14 000 Rthl., wovon 10 000 Rthl. als Restkaufgeld eingetragen werden.

→B 16 Der § 15 der Städteordnung von 1808 bestimmt: „Das Bürgerrecht besteht in der Befugnis, städtische Gewerbe zu betreiben und Grundstücke im städtischen Polizeibezirk der Stadt zu besitzen."

→B 17 Die Gießhütte der Borsigschen Maschinenbauanstalt 1837

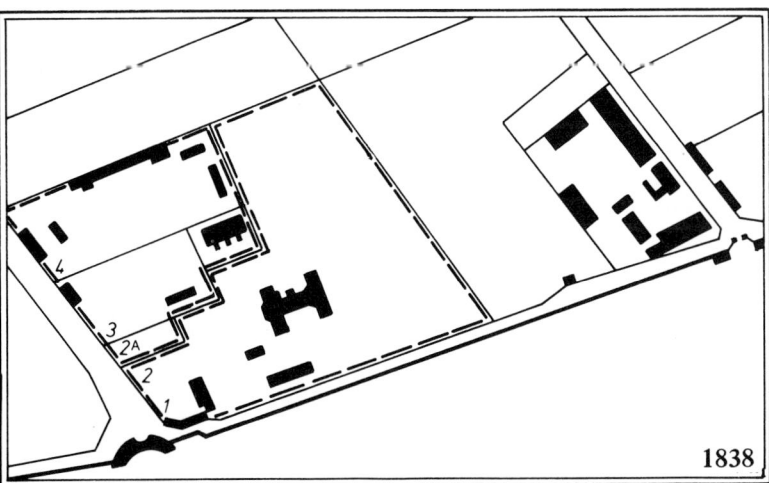

1838

←B 18

Anfang 1838: Bei Borsig wird die erste Dampfmaschine hergestellt.

1838: Von der Maschinenfabrik „Übigau" bei Dresden wird nach Plänen von Schubert, Dozent am Polytechnikum Dresden, die „Saxonia", die erste brauchbare in Deutschland hergestellte Lokomotive, gebaut.

22.9.1838: Fertigstellung der 14,2 km langen Teilstrecke der Berlin-Potsdamer Eisenbahn zwischen Potsdam und Zehlendorf.

→B 19

Die Berlin-Potsdamer Eisenbahn um 1839

**Probefahrt auf der Strecke Potsdam–Zehlendorf
am 18.9.1838**

Unter den Fahrgästen befindet sich der Stadtrat Carl Knoblauch, der dieses Erlebnis in seinem Tagebuch festhält:

18. S e p t e m b r e 38. Wilhelm (Stadtrat Keibel) war so gut, mich, Stüler und Bruder Eduard nach Potsdam abzuholen, von wo wir um 11 Uhr mit den übrigen Mitgliedern der Direktion und anderen Eingeladenen in 10 Wagen, etwa 300 Personen, die Eisenbahn bis Zehlendorf befuhren. Die Lokomotive „Pegasus" fuhr. Wir brauchten 1/2 Stunde für die 2 Meilen. Viel Zuschauer, die Aufmerksamkeit, Staunen und Verwunderung ausdrückten. Dazwischen die Landleute auf dem Felde. Die Dampfstöße glichen ganz dem Schnaufen der Pferde. – Der gellende, schneidende Ton der Dampfpfeife, um Signale zu geben und um die Bahn zu räumen. Die Aufseher mit Pfeifen an den Fangschnüren. Sehr hübsche Partien bei Nowawes und Kohlhasenbrück. Große Anzahl von Menschen beim Empfang in Zehlendorf. Die Lokomotive „Adler" folgte in einiger Entfernung. – Steigerung der Geschwindigkeit. Schnelles Entweichen der Gegenstände. Auf den Boden kann man kaum sehen, ohne schwindlig zu werden.

Um 12 Uhr ging es wieder zurück. Wir machten den Rückweg in etwa 25 Minuten. Im Garten von Heinzelmann am Fuße des Brauhausberges aßen wir zu Mittag. (Langes Warten. Kein Wein.) Um 3 Uhr wurde das Signal zur Abfahrt gegeben, obgleich noch kein Braten aufgetragen war. Wir legten mit der Lokomotive „Der Adler" den Weg in 23 Minuten zurück und langten (nach einem Aufenthalt von 20 Minuten) in 24 Minuten wieder in Potsdam an. Im Einsiedler warteten wir auf Keibel, der aber erst um 8 Uhr aus der Direktionssitzung kam. Mehrere höhere russische Offiziere, die von Sanssouci kamen, waren dort. Bei recht kaltem Winde fuhren wir nach Hause, wo wir gegen 11 Uhr ankamen.

September 1838: Erste Probefahrten mit den Stephenson-Lokomotiven auf dem bereits fertiggestellten Streckenabschnitt zwischen Zehlendorf und Potsdam. Die Reparaturaufträge für die Lokomotiven werden an Borsig vergeben. Durch diese Aufträge wird Borsig in die Lage versetzt, bei der Zerlegung der Lokomotiven ihre Konstruktion zu studieren.

28.10.1838: Eröffnung der Berlin-Potsdamer Eisenbahn nach Fertigstellung der 12,2 km langen Teilstrecke von Berlin nach Zehlendorf.

3.11.1838: Gesetz über die Eisenbahn-Unternehmungen zur Regelung des Konzessionswesens in Preußen.

1839: Der Ingenieur und Privatdozent Dr. Kufahl baut in seiner kleinen Maschinenbauanstalt in der Kleinen Frankfurter Straße Nr. 12, Ecke Landsberger Straße eine Lokomotive für die Berlin-Potsdamer Eisenbahn – wahrscheinlich im eigenen Auftrag.

←B 20
→L 38

14.4.1839: Borsig schreibt an Beuth:

Hoch zu verehrender Herr Geheimer Rat!

←L 39

Die vor zwei Jahren von mir begründete Maschinenbauanstalt erfreut sich einer so regen Teilnahme des Publikums, daß mir Bestellungen sowohl auf einfache als auch zusammengesetzte Maschinen aller Art gemacht werden.

Der große Aufschwung, welchen die Runkelrüben-Zuckerfabrikation in der neuesten Zeit gewonnen, hat auch meine Maschinenwerkstätte im Ausland vorteilhaft bekannt werden lassen, so daß mehrere Dampfmaschinen und hydraulische Pressen nach den Königreichen Sachsen und Polen zu diesem Behufe aus derselben geliefert worden sind. Auch ist vor einigen Wochen für die neu etablierte Kattunfabrik der Herren Pardow & Philipp hierselbst eine Dampfmaschine von 24 Pferdekräften aus meiner Werkstatt nach dem Bestimmungsorte (Köpenickerstraße 27) abgegangen und bereits in voller Tätigkeit. Zwei Hochdruckmaschinen für Magdeburg, eine Dampfmaschine für Leipzig, eine desgleichen für Berlin und 3 oscillierende Dampfmaschinen sind jetzt in Arbeit. Euer Hochwohlgeboren wage ich es durch diese treue Darstellung ganz offen zu gestehen, daß zwar die Tätigkeit meiner Maschinenbau-Anstalt immer mehr und mehr in Anspruch genommen wird, es mir aber immer noch an Werkzeugen und namentlich an Drehbänken mangelt, um schwere Maschinenteile abdrehen zu können, weil meine Fonds es bis jetzt noch nicht gestatten, mich in dem Maße mit Werkzeugen zu versehen, als es der Betrieb des Geschäftes erheischt. Die Drehbänke meiner Werkstatt sind viel zu schwach konstruiert, um schwere Maschinenteile damit zu bearbeiten, und sind daher in der letzten Zeit vielfach beschädigt worden.

Euer Hochwohlgeboren haben so oft schon Gelegenheit genommen, das Entstehen vaterländischer Fabrikanlagen zu unterstützen, und aus diesem Grunde wage ich es, nachstehende Bitte ganz gehorsamst vorzutragen:

„hochgeneigtest mir die auf dem Königlichen Gewerbe-Institut disponible Drehbank, welche durch den Herrn Mechaniker Hamann angefertigt worden, zur ferneren Fortführung einer Geschäftstätigkeit, wenn auch nur leihweise, anvertrauen zu wollen.

Mit der vorzüglichsten Hochachtung habe ich die Ehre zu sein Euer Hochwohlgeboren ergebenst A. B o r s i g."

Borsig erhält die Drehbank, er braucht sie später nicht mehr zurückzugeben.

Sommer 1839: Baubeginn an der zweiten von Berlin ausgehenden Eisenbahn, der Berlin-Anhaltischen von Berlin nach Köthen. Für diese Bahn werden 15 Stephenson-Lokomotiven in Newcastle on Tyne bestellt.

22.9.1839: Die Berlin-Potsdamer Eisenbahn stellt die beiden bestellten amerikanischen Norris-Lokomotiven „America" und „Prussia" in Dienst, die den englischen Stephenson-Lokomotiven in manchen Punkten überlegen sind. Die Konstruktionsunterlagen für die Reparaturen dienen Borsig als Vorlage zur Planung seiner ersten eigenen Lokomotive.

Dezember 1839: Neben den Maschinenbauern Egells und Freund unterzeichnet auch Borsig einen Aufruf zum Bau der Eisenbahn Berlin–Frankfurt–Breslau, in dem sie sich bereit erklären, den Bau der Lokomotiven und Wagen sowie die Lieferung der nötigen Gußwaren zu übernehmen.

1840: Egells baut zusammen mit Dr. Kufahl seine erste Lokomotive im eigenen Auftrag, die er auf der Strecke der Berlin-Potsdamer Eisenbahn erprobt. Diese Lokomotive wird später unter der Betriebsnummer 3 bei der Niederschlesisch-Märkischen Eisenbahn in Betrieb genommen, wo sie bis **1853** in Betrieb ist.

28.3.1840: Konzessionserteilung für die Eisenbahn Berlin–Frankfurt/ Oder.

12.10.1840: Endgültige Konzessionierung der Berlin-Stettiner Eisenbahngesellschaft.

1.9.1840: Fertigstellung der ersten 21,3 km langen Teilstrecke der Berlin-Anhaltischen Eisenbahn von Dessau nach Köthen.

März 1841: Baubeginn an der Berlin-Stettiner Eisenbahn.

Sommer 1841: Baubeginn an der Berlin-Frankfurter Eisenbahn.

24.6.1841: Fertigstellung der ersten Borsig-Lokomotive mit dem Namen „Borsig".

1.7.1841: Eröffnung des zweiten 62,8 km langen Streckenabschnitts der Berlin-Anhaltischen Eisenbahn zwischen Berlin und Jüterbog.

7.7.1841: Die „Borsig" wird auf der Berlin-Anhalter Strecke in den Fahrbetrieb übernommen, bleibt aber zunächst Eigentum von Borsig.

24.7.1841: Wettfahrt mit der „Borsig" und einer Stephenson-Lokomotive auf der Strecke Berlin–Jüterbog. Die Lokomotive von Borsig gewinnt mit 10 Minuten Vorsprung. Als Ergebnis dieser Wettfahrt verbucht Borsig den Ankauf seiner „Borsig" und die Bestellung von zwei weiteren Lokomotiven.

Während Borsig nun Folgeaufträge von allen deutschen Eisenbahngesellschaften erhält, muß Egells den Lokomotivbau aufgeben. *Egells baute* ←L 40 *noch drei weitere Maschinen, und zwar für die Niederschlesische Zweigbahn (Glogau–Hausdorf), die die Namen „Preuße", „Hermann" und „Windsbraut" erhielten und im Jahre 1846 abgeliefert wurden. Infolge der beengten Lage seiner Fabrik in der Chausseestraße und angesichts seines übrigen umfangreichen Fabrikationsprogramms gab Egells jedoch den Lokomotivbau wieder auf.*

Mit dem Ergebnis der Wettfahrt wird äußerlich sichtbar, daß der ausländischen Konkurrenz in Preußen ein ernstzunehmender Gegner in der Gestalt des Maschinenbau-Unternehmers Borsig erwachsen ist. Die Chronologie endet **1841**, bereits 1 1/2 Jahre später hat sich Borsig einen Marktanteil von 4,4 % aller auf deutschen Eisenbahnstrecken eingesetzten Lokomotiven erobert und ist damit zum führenden Lokomotivbauer in den deutschen Ländern aufgestiegen.

→B 21 Die Dampflokomotive „Merkur" aus der Fabrik von Robert Stevenson

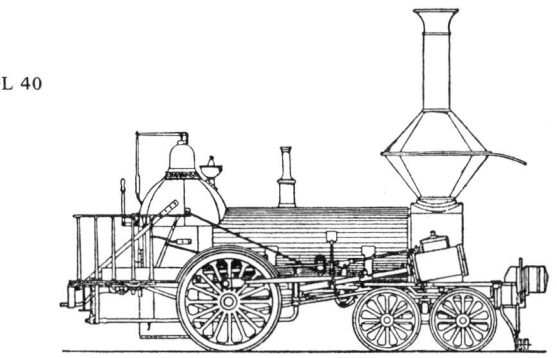

→B 22 Die Dampflokomotive „America" aus der Fabrik von Norris in Philadelphia

↓ B 23

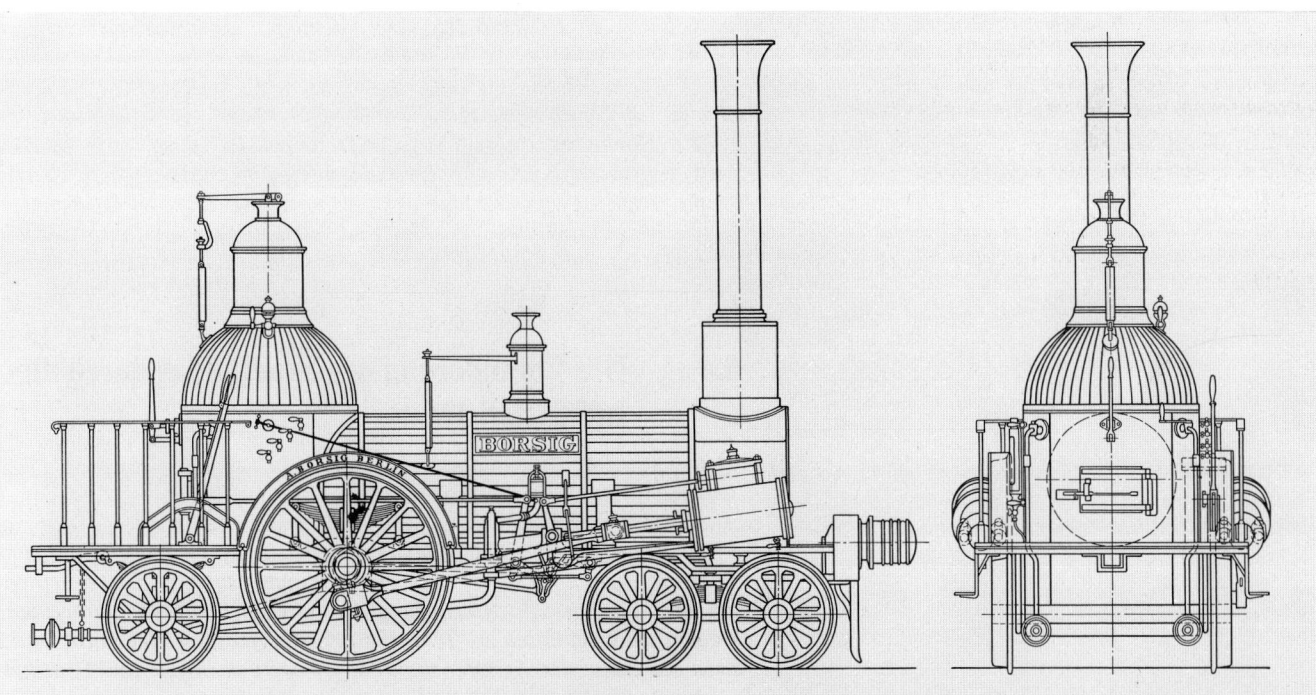

Versuch einer Rekonstruktion der 2A1-Lokomotive „Borsig" der Berlin–Potsdamer Eisenbahn, Fabrik-Nr. 1 aus dem Jahre 1841

	Borsig-Lokomotive „Borsig"	Norris-Lokomotive „Amerika"		Borsig-Lokomotive „Borsig"	Norris-Lokomotive „Amerika"
Zylinder-Durchmesser	279 mm	267 mm	Rostfläche	0,85 m²	0,66 m²
Hub	457 mm	457 mm	Reibungsgewicht	9,6 t	6 bis 7 t
Treibraddurchmesser	1370 mm	1244 mm	Dienstgewicht	19,2 t	11,2 t
wb. Heizfläche	36,25 m²	33,5 m²	Gesamtradstand	ca. 4380 mm	2934 mm

→L 41 *Bestand und Herkunft der Lokomotiven auf deutschen Eisenbahnen Anfang 1843*

Land bzw. Firma	Stückzahl	v.H. des Gesamtbestandes
England:	112	62,9
davon: Stephenson	56	31,5
Sharp	55	31,0
Nordamerika	36	20,3
Belgien	10	5,6
Ausland insgesamt	158	88,8
Zollverein:	20	11,2
davon: Borsig	8	4,4
Summe der Lokomotiven	178	100,0

Von den 20 Lokomotiven, die in deutschen Maschinenbauanstalten hergestellt worden sind, stammen also 8 von Borsig, die restlichen 12 werden von insgesamt 9 verschiedenen Firmen zusammengebaut und sind fast alle Versuchsexemplare.

Die Chronologie zeigt aber auch ganz deutlich, daß Borsig allein auf das Eisenbahnsystem als Auftraggeber spekuliert. Er entwirft unter dem Eindruck der sich im Jahr **1836** konzentrierenden Komitee-Gründungen zur Anlegung von Eisenbhnen in alle Himmelsrichtungen von Berlin aus zuerst die Maschinenbauanstalt, leiht sich dann Geld auf seine Pläne hin und kauft sich vor dem Oranienburger Tor ausreichendes Gelände, um in provisorischen Holzschuppen mit dem ersten Auftrag zur Herstellung von Schrauben für den Gleisbau der Berlin-Potsdamer zu beginnen, als ersten Einstieg in das Eisenbahngeschäft. Es folgen gußeiserne Schienenstühle, Loren für die Erdarbeiten, dann Reparaturaufträge für die gelieferten Lokomotiven aus England und Amerika, die ihm die Pläne für seine erste selbstgebaute Lokomotive liefern.

5.4   Die Veränderung des Stadtbildes durch die Industrialisierung

→L 42   *. . . Die Industrie Deutschlands ist freilich mit der Englands noch nicht zu vergleichen, aber sie ist auch erst in ihrem Anfange. Es steht zu erwarten, daß durch die Zollvereinigung die gewerbliche Entwicklung einen bisher noch unbekannten Aufschwung nehmen werde. Allein damit wird sich auch die Masse der Arbeiter mehren: wir werden Städte und Distrikte bekommen, die denen in England gleichen werden . . .*

Dieses Zitat aus einem Zeitungsbericht der „Spenerschen Zeitung" vom **2.9.1842** über die ersten englischen Arbeiteraufstände zeigt, daß auch in den deutschen Ländern die industrielle Revolution die soziale Zusammensetzung der Bevölkerung, das Verhältnis von Stadt und Land und damit das Bild der Städte zu verändern beginnt. Die früheste uns bekannte Beschreibung Berlins als Fabrikstadt findet sich ebenfalls in der „Spenerschen Zeitung", und zwar am **22.1.1840**, und ist die Einleitung zu einer ausführlichen Fabrikbeschreibung der neu eingerichteten Freundschen Maschinenbauanstalt:

Berlin vor seinen Toren.

Wenn wir einen hochgelegenen Punkt in der Nähe Berlins betreten, so ←L 43
gewährt der Anblick der o b e l i s k e n a r t i g e n S c h o r n s t e i n e
mit ihren hoch emporwirbelnden Rauchsäulen einen eigentümlichen An-
blick. Diese merkwürdigen Colosse sind ein Erzeugnis der neuesten Zeit,
und, wie sie itzt im Norden, Süden, Osten und Westen die Residenz umge-
ben, erscheinen sie gleichsam als der Sitz der Cyklopen, welche den Ein-
gang in die Stadt verteidigen wollen. Drei der Himmelsgegenden waren
schon seit mehreren Jahren hinlänglich mit diesen Gestaltungen versehen,
während die Westseite bisher schwach besetzt blieb, indem nur ein Paar
Posten dieser Art am Unterbaume vorgeschoben waren. Betreten wir von
O s t e n her die Stadt, so vernehmen wir bald das Geräusch der Räder,
das Schwirren der Spindeln, das Pochen des Druckers und den Tactschlag
des Wäschers, wir sehen uns in einer F a b r i k s t a d t , bei deren Anblick
man nicht ahnen möchte, daß im Mittelpunkt derselben auch Wissenschaft
und Kunst ihren Sitz genommen haben. Die N o r d s e i t e der Stadt
zeigt uns ein etwas anderes Bild: wir finden hier nicht ein gewerbtätiges
Leben, welches etwa mit der Nachbarin im Osten concurrirt, und deren
Neid erregt, es ist vielmehr die sorgsame Schwester derselben, welche dar-
auf bedacht ist, ihr durch geeignete W e r k z e u g e in ihrer Betriebsam-
keit beizustehen. E i s e n g i e ß e r e i e n und M a s c h i n e n b a u -
A n s t a l t e n haben hier ihren Platz genommen, und die F r e u n d -
s c h e Werkstatt, mit dem dröhnenden Schlage ihres Hammers, bezeich-
nete bisher, gegen Westen, die Grenze der großartigen Betriebsamkeit.
Indes auch der weite Tiergarten, mit seinen freundlichen Anlagen, schränkt
itzt diese riesigen Feueressen nicht mehr ab, auch jenseits desselben hat
sich die schaffende Kraft angesiedelt, und in der Nähe der Brücke, welche
nach M o a b i t führt, ist bereits eine Anstalt der Art entstanden, welche
dazu beiträgt, dem beliebten Vergnügungsort, welcher schon durch eine
P o r z e l l a n - M a n u f a c t u r und ein H a m m e r w e r k seine
ländliche Ruhe verloren hatte, einen anderen Charakter zu geben. Es ist
wohl zu glauben, daß es, bei dieser Entfaltung unserer Gewerbtätigkeit auf
dem günstig gelegenen, r e c h t e n U f e r d e r S p r e e noch lange nicht
sein Bewenden haben werde, indes schreitet dieselbe auf dem l i n k e n
U f e r , a u ß e r h a l b d e s W e i c h b i l d e s u n s e r e r S t a d t ,
nach C h a r l o t t e n b u r g zu, rüstig fort, so daß wir bei der diesmali-
gen Fortführung unseres Artikels fast fürchten müssen, die nachbarliche
Residenz werde gegen die von uns gewählte Überschrift Einsprache erhe-
ben.

In der Tat liegen die Fabriken, in deren Mitte wir uns heute begeben,
sämtlich auf dem Gebiet der L ü t z o w e r Feldmark, wo dieselben größ-
tenteils einen ehemals wenig einträglichen Kirchen- oder Stiftungs-Acker
einnehmen. Bald wird hier der ganze Gesichtskreis von diesen Anlagen er-
füllt sein, denn noch sind die neuesten nicht vollendet, und schon werden
zu andern die Äcker erkauft und die Risse entworfen. Wenn wir uns auf
den itzt noch freien Platz stellen, welchen vielleicht schon in diesem Jahre
die Gebäude einer D a m p f m ü h l e einnehmen werden, so sehen wir
um uns her, außer der c. S a n i t ä t s - G e s c h i r r - F a b r i k , eine
Ö l r a f f i n e r i e , eine Fabrik für T o n w a r e n , eine K a l k -
und G y p s b r e n n e r e i , eine C h e m i s c h e - P r o d u c t e n -
F a b r i k , eine, noch ganz neue, große B l e i c h - A n s t a l t f ü r
D r u c k w a r e n und eine D a m p f k e s s e l - F a b r i k und E i s e n -
g i e ß e r e i , welchen letzteren wir hier vorzugsweise unsere Aufmerk-
samkeit widmen wollen, weil die Eisengießerei erst vor einigen Tagen ein-
geweiht wurde und wir, indem wir Zeugen dieser Feierlichkeit waren, zu-
gleich Gelegenheit fanden, das ganze großartige Institut näher kennen zu
lernen. Wenn das beabsichtigte Unternehmen, den Freigraben des Land-
wehrgrabens s c h i f f b a r zu machen, über denselben eine B r ü c k e
zu schlagen und durch die Feldmark eine n e u e S t r a ß e anzulegen,
welche sich der Berlin-Charlottenburger Chaussee anschließen soll, zu
Stande kommt, so werden, in einer mäßigen Entfernung von Berlin, noch
viele schöne Baustellen an schiffbarem Wasser für große Fabrik-Anlagen
gewonnen und der Stadt Charlottenburg, welche die beförderte Verbin-
dung durch die E i s e n b a h n nach P o t s d a m sehr nachteilig emp-
findet, neue Hülfsquellen eröffnet werden, weshalb auch die dortigen
Stadt-Behörden das Unternehmen mit allen Kräften zu fördern geneigt
sind.

de immer current erhalten werden; so haben wir die Notizen aus den Steuer-Catastern der Jahre 1815 und 1828 extrahiren lassen, welche eine Uebersicht dieser Verhältnisse zu geben vermögen.

Das Jahr 1815 ist deshalb gewählt, weil durch die Cabinets-Ordre vom 26sten Januar 1815 die Mieths-Steuer zuerst eingeführt wurde. Am Ende dieses Jahres hatte nach den zu diesem Behuf angelegten Catastern schon eine zwölfmalige Erhebung statt gefunden, so daß dieselben als eine gültige Basis statistischer Berechnungen betrachtet werden können.

Bei dem Jahre 1828 ist der Zustand des Monats September zum Grunde gelegt, weil dieser die Mitte hält zwischen den verschiedenen Resultaten, welche die Winter- und Sommer-Monate ergeben.

In der Anlage A sind die Resultate dieser beiden Jahres-Extracte zusammengestellt, und daraus eine Balance der Verhältnisse beider Jahre gezogen. Aus dieser ergeben sich die Verschiedenheiten in der Bevölkerung in beiden Jahren, wenigstens nach Quartieren und also nach Familien, welche dieselben bewohnen, in den verschiedenen Unterabtheilungen, welche in Hinsicht der Höhe der Miethen angenommen sind.

Es wird nun zweckmäßig sein, die einzelnen Summen dieser Balance näher zu betrachten, und einiges zur Erläuterung derselben für diejenigen hinzuzufügen, welche mit den Communal-Verhältnissen weniger bekannt sind. Diese Erörterungen werden zugleich dazu dienen, manche Irrthümer zu beseitigen, welche in Hinsicht der Bevölkerung und des dadurch angeblich so gesteigerten Wohlstandes der Commune laut geworden sind.

Zuvörderst ist in Erinnerung zu bringen, daß in dem Jahre 1815 noch kein ruhiger Zustand eingetreten war. Die Zahl der hiesigen Familien hatte sich durch die französische Invasion und während der darauf folgenden unruhigen Jahre sehr vermindert. Nach einer etwa neunjährigen Dauer dieser Verhältnisse waren wegen der vielen leerstehenden Wohnungen die Miethen so gefallen, daß besonders die größern Quartiere für einen sehr geringen Miethszins zu haben waren. Die kriegerischen Zeiten hatten viele wohlhabende Personen von Berlin verscheucht, und das Militair war entweder noch gar nicht wieder in der Stadt, oder wenigstens nicht in gemietheten Wohnungen, sondern in Naturalquartier bei den Eigenthümern, und vermehrte daher noch nicht durch eigene Einmiethung, wie es gegenwärtig der Fall ist, die Zahl der vermietheten Wohnungen.

Als nun nach dem Jahre 1816 der Friedens-Zustand wieder eingetreten war, mehrte sich auch mit jedem Jahre die Zahl der hier wohnenden Familien, und zwar aus mancherlei Ursachen, in sehr raschem Verhältnisse. Da so viele Quartiere während der Kriegszeit ganz eingegangen, und die meisten Haus-Eigenthümer so heruntergekommen waren, daß ihre Grundstücke unter gerichtlicher Administration standen, oder wenn dies auch noch nicht der Fall, daß sie doch kein Geld auf die Wiederherstellung derselben wenden konnten, so fehlte es auf längere Zeit fast ganz an Wohnungen, und viele kleine Familien wurden deshalb genöthigt Berlin zu verlassen. Der darauf eingetretene sehr rasche An- und Ausbau der Stadt, nachdem besonders viele Häuser in andere wohlhabendere Hände gekommen waren, beschaffte jedoch sehr bald ein erforderlichen Raum, so daß sogar gegenwärtig ein bedeutender Ueberfluß, wenigstens an kleinen Quartieren, vorhanden ist.

Kolonne A: Größere Zahl von Neubauten und gestiegener Mietwert

Dies vorausgeschickt, so ergiebt die Colonne A der Anlage A, daß die Zahl der Häuser sich seit 1815 um 837 vermehrt hat, und also gegenwärtig 7,300 beträgt. Die wenigen Königlichen und öffentlichen Gebäude, welche Real-Abgaben entrichten, sind in dieser Zahl mit eingeschlossen, dagegen haben alle übrige, für welche diese Abgaben gar nicht, oder in sehr geringem Umfange geleistet werden, deren Capitalwerth sich etwa auf 9 bis 10 Millionen Thaler beläuft, auch nicht in diese Uebersicht aufgenommen werden können, da sie nicht in den städtischen Steuer-Cataster stehen.

Die obgedachte Zahl der hiesigen Grundstücke ergiebt in der Hauptsache die Summe der hiesigen steuerpflichtigen Gebäude, mit Einschluß der sogenannten Freihäuser, welche keine Haussteuer und Militair-Einquartierung, sondern nur Nachtwachgeld zahlen, und Einquartierungslasten anderer Art dafür tragen, deren Bewohner aber auch Miethssteuer entrichten. Es treten jedoch dabei noch manche Verhältnisse ein, welche bei Vergleichung der Häuserzahl von den Jahren 1815 und 1828 berücksicht werden müssen. Man darf nämlich damit nicht die Zahl verwechseln,

Häuser vermöge ihrer Hantierungen in der ganzen Stadt zirkulieren und folglich den Krankheitsstoff überall hin verschleppen können, so ist gewiß alle Ursache vorhanden, für das Wohl der Einwohner Berlins besorgt zu werden.

Unsere Armendirektion hat sich daher veranlaßt gefunden, alle diese Data zur Kenntnis Euer Königl. Majestät Polizeipräsidium zu bringen und demselben die weitere Verfügung in dieser wichtigen Angelegenheit anheimzugeben.

Eine viel wichtigere Seite in dieser Angelegenheit ist jedoch die Berücksichtigung, zu welcher großen Immoralität das Zusammenwohnen so vieler Leute aus der geringen Volksklasse führt, die hier in einer späten Berührung miteinander leben und wo kein Beispiel oder äußerer Anstoß zum Guten wirkt, sondern nur immer die Lasterhaftigkeit des einen auch den Minderverderbten auf Abwege führt. Besonders nachteilig ist dies Beispiel für die zahlreiche Jugend, welche sich in den Häusern befindet, welche das fortdauernde Beispiel von Roheit und Unsittlichkeit vor sich sehen, das auch durch den besten Schulunterricht nicht wieder verwischt werden kann.

Vor mehreren Jahren war in der jetzigen Kaserne am Schlesischen Tor schon ein ähnliches Beisammenleben solcher armer Familien eingetreten, und die nachteiligen Folgen derselben zeigten sich auch in einem hohen Grade; jedoch war dies bei weitem nicht so gefährlich als in den v. Wülcknitzschen Häusern, weil weniger Familien darin vorhanden waren und nicht ein bloßes Mietsverhältnis daselbst eintrat, sondern sie wie in einer öffentlichen Anstalt unter einer polizeilichen Aufsicht und Ordnung lebten; dies ist aber bei den v. Wülcknitzschen Häusern nicht der Fall, es waltet bei denselben ein bloßes Mietsverhältnis ob. Der finanzielle Gesichtspunkt ist der einzige, aus welchem die ganze Anstalt entstanden ist und aus welchem sie auch nur verwaltet wird. Welchen Nachteil dies in polizeilicher und moralischer Hinsicht für die Kommune hat, ist daher unberücksichtigt geblieben, und dies hat den Wunsch in uns veranlaßt, daß diese Anlage wenigstens nicht noch vergrößert werden möchte.

Diese wird gegenwärtig leider schon in moralischer Hinsicht eben eine solche unversiegbare Quelle von Verderblichkeit werden, die sich über die ganze Stadt verbreitet, als sie es nach der ersten Auseinandersetzung schon in physischer Hinsicht werden wird.

In tiefster Ehrfurcht ersterben wir
Euer Königl. Majestät

alleruntertänigster treu gehorsamster
Oberbürgermeister, Bürgermeister und
Rat Büsching
Berlin, den 30.9.1824

Am **13.10.1824**, fünf Tage, nachdem dem Innenminister dieser „Zeitungsbericht" zugestellt worden ist mit der königlichen Aufforderung, etwas → A 3 zu unternehmen, wendet sich v. Schuckmann an das Polizeipräsidium: *In dem hier im Extrakte beigesandten an des Königs Majestät erstatteten Zeitungsberichte hat der hiesige Magistrat die Nachteile darzustellen gesucht, welche aus dem Zusammenleben so vieler zu der niedrigen Klasse gehörigen Menschen für die Residenz in physischer und moralischer Hinsicht zu befürchten seien, worauf Seine Königliche Majestät geruht haben, den Inhalt dieser Anzeige meiner Aufmerksamkeit zu empfehlen.*

← S 145

Ich veranlasse zuvörderst das Polizei-Präsidium, die aufgezeigten Umstände einer näheren Prüfung zu unterwerfen und durch die Physiker erörtern zu lassen, ob nach Verhältnis der Einwohnerschaft eine mehr als gewöhnliche Menge an Kranken dort vorhanden zu sein scheint und welche Maßnahmen etwa wegen Verminderung des Unheils, das bei einem so dichten Zusammenwohnen in Beziehung auf ansteckende Krankheiten nie so ganz zu beseitigen sein wird, etwa zu fassen sein dürften. Nicht minder hat der p. zu erörtern, ob seither bei den dortigen Bewohnern mehr als gewöhnlich Polizei- und andere Vergehungen, insonderheit Störungen der öffentlichen Ruhe vorgekommen sind. Endlich hat dasselbe auch auszumitteln, wieviel von den dortigen schulfähigen Kindern zum Schulunterrichte angehalten werden und wieviele dessen noch entbehren. Bei Erstattung des Berichts hat das Königl. Polizei-Präsidium anzufügen, was überhaupt von ihm bereits zur Beseitigung der vom Magistrat befürchteten Nachteile verfügt worden ist, um zu begutachten, welche ferneren Vorkehrungen etwa noch zu fassen seien.
Berlin, den 13.10.1824

Der Minister des Inneren
An das hiesige Königl. Pol.-Präs.

Am **26.10.1824** wendet sich das Polizeipräsidium mit folgender Verfügung an den Besitzer der Familienhäuser: *Mehrseitige wichtige polizeiliche Rücksichten machen es unzulässig, den Bewohnern der E. Hochwohlgeboren zugehörigen Familienhäuser in der Gartenstraße hierselbst die Einnehmung von Aftermietern und Schlafburschen fernerweit irgend noch zu gestatten, und ist die specielle Bekanntmachung der zeitigen dortigen Hauptmieter hiermit, unter dem Andeuten, daß spätestens bis zum 1. Januar 1825 alle zu der erwähnten Kategorie gehörigen Individuen vollständig aus den einzelnen Wohnungen entfernt sein müssen, bereits veranlaßt.* ←A 4

Das generelle Verbot von Schlafstellenhalten und Untervermietung in bezug auf ein Gebäude stellt ein Novum dar, auf das der erste Besitzer der Familienhäuser sofort energisch reagiert, weil es in die Grundrechte der privaten Verwertung von Grund und Boden eingreift. In der chronologischen Montage dieses ersten die Verhältnisse in den Familienhäusern betreffenden Konflikts zwischen Mietern, Vermieter, Stadt und Staat werden die unterschiedlichen Standpunkte deutlich. Hier die erste Reaktion des Besitzers der Familienhäuser vom **10.11.1824**:

Ich bin krank und noch immer sehr leidend und deshalb auch weniger geneiget als je, die Verfügung Eines Hochlöblichen Polizei-Präsidii vom 26.10.1824 so vollständig zu beantworten, als der Gegenstand es fordert, ich bitte deshalb um gütige Nachsicht. ←A 5

Schon in meiner letzten Eingabe habe ich der Wahrheit gemäß behauptet, daß die Menschenzahl in meinen hiesigen Häusern der Gesundheit nicht nachteilig zu sein scheint, da die Mortalität im gewöhnlichen Verhältnis zur Seelenzahl ist, was aber die Sittlichkeit betrifft, so läßt sich nicht behaupten, daß, wenn Familien hier wegziehen, um bei einem Nachbarn in einem kleinen Raum zusammenzuwohnen, dieselbe darunter gewinnen könne. Nach unseren Gesetzen ist es aber niemand verboten, mit einem anderen zusammenzuwohnen, und ich füge in der Beilage eine Liste bei, aus der hervorgeht, wie allgemein dies Recht von Seiten der ärmeren Klasse selbst in der Stadt geübt wird, wo doch die Häuser nicht mit so geräumigen hellen Zimmern, Windöfen und Kochanstalten versehen sind, die eine ewige Bewegung der Luft und ihre Erneuerung bewirken.

In der Stadt sind, wie bekannt, die Häuser dicht zusammengebaut und der Arme gezwungen, in engen Höfen neben Ställen und Latrinen elend zu wohnen, indes bei mir die ganz freie Lage und die Anbringung von Corridors ohne Zweifel günstiger wirken müssen.

Aus der oben angeführten beiliegenden Liste zeigt sich, daß in der Stadt bei durchaus doppelter Bewohnung der Stuben die Überbevölkerung auffallend ist, in dem einen Hause wohnen bis 92 Familien, und es gibt deren, worin bis über 100 Familien wohnen, indes keins meiner Häuser diese Bewohnerzahl erreicht.

Ich gestehe, daß ich nicht einsehe, mit welchem Recht mir verboten werden kann, das zu tun, was gesetzlich erlaubt und unter viel ungünstigeren Umständen für Sittlichkeit und Gesundheit von Tausenden meiner Mitbürger ausgeübt wird.

Ich will aber auch annehmen, daß ich mich meines Rechtes begeben wollte, wie sollte die Ausführung möglich sein. Die mehresten Bewohner haben von mir die Erlaubnis erhalten, Aftermieter einzunehmen, und das Versprechen, unter Voraussetzung richtiger Zahlung der Verlängerung der Contracte gewiß zu sein, sollte nun von Seiten irgend einer Behörde von ihnen verlangt werden, das ausnahmsweise und nicht in Übereinstimmung mit den Landesgesetzen zu unterlassen, wodurch sie einen bedeutenden Nutzen haben, so würden sie wahrscheinlich, ohne die vollständigste Entschädigung zu fordern, das nicht tun, und da bei der großen Zahl der Familien, welche Wohnungen zu gleicher Zeit suchen würden, diese steigen müßte, so dürfte der Gegenstand nicht unbedeutend sein, der als Entschädigung dargebracht werden müßte.

Wegen der Schlafburschen hat es nun freilich eine andere Bewandtnis. Das Gesetz vom Jahre 1811 überläßt es der Polizeibehörde, die Qualifikation derer zu beurteilen, welche ein Gewerbe aus diesem Verkehr machen. Es liegt aber augenscheinlich im Sinn desselben, daß keine allgemein an Örtlichkeit gebundene Bestimmung hierüber entscheiden soll, sondern die Moralität der nachsuchenden Person.

Meiner Meinung nach würden aber die Wünsche, welche in der erwähnten Verfügung ausgedrückt sind, durch mein Mitwirken am leichtesten gehoben werden, wozu wie natürlich ich von Herzen die Hände bieten werde.

welche sich ergibt, wenn man die Hausnummern in allen Straßen zusammen rechnet. Diese fällt bedeutend höher aus, als die Zahl der wirklich vorhandenen Feuerstellen, denn viele Grundstücke, besonders in den entfernteren Gegenden führen mehrere Nummern, da ihre Höfe, Gärten u.s.w. an die Straßen stoßen und bei Anbringung der Hausnummer schon darauf gerechnet ist, daß diese Räume dereinst mit besonderen Häusern bebaut werden könnten, und dann eine besondere Nummer führen müßten. Man hat daher solchen Grundstücken gleich mehrere Hausnummern gegeben, und wenn man diese Nummern dereinstiger Häuser mitrechnen wollte, wie zuweilen irrthümlich geschieht, so würde man eine viel größere Häuserzahl herausbekommen, als wirklich vorhanden ist, und die Stadt sich mit Unrecht um so viel bebauter denken.

In dem Steuer-Cataster stehen aber auch solche Grundstücke, welche nach zwei Straßen hinausliegen, und die in jeder derselben eine besondere Hausnummer haben, wie z.B. die Häuser, welche die Burgstraße bilden, nur mit einer Nummer aufgeführt, wenn sie nur ein Folium im Hypothekenbuche haben. Auch schon aus diesem Grunde ist die Zahl der Grundstücke kleiner als die Hausnummern. Auf der anderen Seite führen aber auch mehrere an einander stoßende Grundstücke nur eine Nummer, da sie nach Ertheilung der Nummern parcellirt sind, und unterscheiden sich durch den Zusatz a, b u.s.w. Dies sind jedoch seltene Fälle, und im Ganzen ergiebt die Colonne A die möglichst genaue Zahl der hiesigen steuerpflichtigen Feuerstellen der Jahre 1815 und 1828.

Aus der Colonne A ist aber nicht nur die Zahl der Häuser überhaupt ersichtlich, sondern es gehen auch die seit dem Jahre 1815 eingetretenen Veränderungen in Ansehung ihres Miethswerthes daraus hervor.

Unter Miethswerth eines Hauses wird hier, so wie bei der Verwaltung der Haus- und Miethssteuer überhaupt die Summe der Miethen verstanden, die von einem Hause aufkommen mit Einschluß des Preises für welchen die Gelasse etwa vermiethet werden könnten, welche der Eigenthümer in seinem Hause selbst bewohnt, oder sonst benutzt. Um diesen Miethswerth der Grundstücke festzustellen, werden die von den Eigenthümern selbst benutzten Locale von Zeit zu Zeit abgeschätzt, auch die Veränderungen in den Preisen der vermietheten Locale vierteljährlich ermittelt und nachgetragen, um als Norm der Besteuerung zu dienen.

Die etwanige Miethe oder der Miethswerth von Aeckern, Plätzen und zur Gewinnung von Gartenfrüchten bestimmten Gärten wird nicht mit zum Miethswerth eines Hauses gerechnet, und auch keine Mieths- und Haussteuer davon erhoben.

Der aus der Colonne A ersichtliche Miethswerth der hiesigen Häuser hat sich gegen das Jahr 1815 nun sehr bedeutend erhöht, theils deshalb, weil durch den Andrang nach der Hauptstadt sich die Bevölkerung und also auch die Nachfrage nach Quartieren sich vermehrte, und die Miethen daher selbst über die im Jahre 1805 gewöhnliche Höhe stiegen, theils weil die Eigenthümer es bei den gestiegenen Miethen für vortheilhaft erachteten, die während der Kriegsjahre häufig unbewohnten, ja selbst verfallenen Hintergebäude wieder zu Wohnungen einzurichten, neue Nebengebäude aufzuführen, Etagen aufzusetzen u.s.w., um dadurch den Miethswerth ihrer Grundstücke zu erhöhen.

Dieser Ausbau der schon vorhandenen Grundstücke ist die Veranlassung, daß es jetzt nicht mehr so viel Häuser von einem geringen Miethswerth giebt, als 1815. Damals bestand die größte Zahl der vorhandenen Häuser nach den, in der Anlage gemachten, Unterabtheilungen aus solchen, die einen Miethswerth von 100 bis 200 Thlrn. hatten, deren waren damals 1,451
jetzt sind deren nur   915
also   536 *weniger.*

Dagegen bilden die Häuser, welche einen Miethswerth von 500 bis 1,000 Thlrn. haben, jetzt die Mehrzahl von allen anderen Klassen von Häusern. Es sind solcher Häuser jetzt 1,995
1815 waren 955
jetzt sind deren also mehr 1,040

Wenn man die Zahl der jetzt überhaupt vorhandenen 7,300 Feuerstellen mit der Zahl der jetzt nach Colonne F vorhandenen Familien vergleicht, so ergiebt sich daraus, daß etwa 7 Familien im Durchschnitt in einem Hause wohnen. Rechnet man jede Familie, wie dies gewöhnlich, 4 Personen, so macht dies im Durchschnitt 28 Personen auf ein Grundstück.

Kolonne B: Mehr Wohnungen und höhere Mieten

Die Colonne B ergiebt, daß gegenwärtig 11,229 Wohnungen mehr in Berlin und in den dazu gerechneten Umgebungen vorhanden sind, als 1815. Dieser Mehrbetrag entsteht zum Theil dadurch, daß einige vorstädtische Bezirke, welche im Jahre 1815 entweder noch gar nicht bebaut waren, oder, als damals nicht zur städtischen Besteuerung gehörig; erst später dazu gezogen sind, wie dies besonders mit vielen Grundstücken vor dem Oranienburger Thore der Fall ist.

Wenn man von den obigen . . . . *11,229 Quartieren, welche jetzt mehr vorhanden sind, als 1815, diese hinzugerechneten vorstädtischen mit* . . . . <u>1,446</u>
abzieht, so würden nur 9,783
Quartiere verbleiben, welche in den alten Stadttheilen 1828 mehr vorhanden sind.

Es ist indessen nicht zweckmäßig befunden, diese 1446 Quartiere aus dem Tableau wegzulassen, da sie doch immer erst durch die steigende Bevölkerung der Stadt selbst entstanden sind. Durch diese wurde es veranlaßt, daß die Quartiere im Preise stiegen, daß es sogar zuweilen ganz daran fehlte, und daß daher viele Familien genöthigt wurden, nach den Vorstädten zu ziehen, deren Ausbau dadurch herbeigeführt ist.

Das Steigen der Miethen hat außerdem die Folge gehabt, daß gegenwärtig nicht selten zwei Familien sich in einem Quartier befinden, so daß die Zahl der Familien doch eigentlich größer ist, als die der bewohnten Quartiere.

Es sind daher um so mehr die aus den Steuer-Catastern sich ergebenden Summen der Quartiere auch der vorstädtischen Gegenden, mit in das Tableau aufgenommen worden.

Obgleich die Zahl der Wohnungen sich überhaupt um etwa den vierten Theil vermehrt hat, so sind doch der Wohnungen um 30 Thlrn. Miethswerth um die Hälfte weniger geworden. Dagegen haben sich die Quartiere von 31–50 Thlrn. etwa um 2 1/2, die Quartiere von 51–100 Thlrn. um das Zweifache, die Quartiere von 100–200 Thlrn. noch um das Einfache, alle Quartiere von einem höheren Miethswerth aber um etwa das Drei- und Vierfache vermehrt.

Es geht daraus hervor, daß die Miethen nicht nur auf den Standpunkt vor 1805, sondern wohl noch höher gestiegen sind, und daß sich wieder mehr wohlhabendere Personen hier aufhalten, welche große Quartiere gebrauchen, und höhere Miethen zu zahlen im Stande sind.

Kolonne C: Spekulation führt zu leerstehenden Wohnungen

Unter C weiset die Colonne nach, wie viel Wohnungen 1815 und im September 1828 leer standen, deren Miethswerth dabei nach dem Preise angesetzt ist, welcher bei der letzten Vermiethung dafür gegeben war.

Von den 1828 überhaupt vorhandenen 51,817 Quartieren standen 1,882 leer, also etwa 4 pro Cent, statt daß im Jahre 1815 nur 3/4 pro Cent der Quartiere unvermiethet waren.

Dies Leerstehen von Wohnungen, und das daraus jetzt schon folgende Sinken der Miethen überhaupt, ist nicht etwa veranlaßt durch eine Abnahme der Bevölkerung in der letzten Zeit, sondern durch das Steigen der Miethen selbst. So wie dieselben nämlich die Höhe erreichen, bei welcher es vortheilhaft erscheint, durch Neubau oder durch den Ausbau der schon vorhandenen Gebäude sich noch mehr Gelegenheit zur Vermiethung von Quartieren zu verschaffen, so suchen sogleich Viele und in allen Stadttheilen diesen durch Einrichtung neuer Quartiere zu benutzen.

Alle Baulustige kennen zwar den Stand der Miethen, und vermögen zu beurtheilen, ob, theils durch denselben, theils durch die Wohlfeilheit der Baumaterialien es vortheilhaft sein möchte, Geld auf Bauten zu wenden; keiner ist aber im Stande zu übersehen, was andere aus gleicher Speculation schon gebaut haben, oder noch bauen wollen, und so suchen dann viele auf gleichem Wege den möglichen Gewinn, kennen aber nicht die Verhältnisse durch welche sie behindert werden, denselben zu erlangen. So wird dann leicht über das Bedürfniß hinausgebaut, und daß dies vor einigen Jahren der Fall war, ergiebt das Tableau, nach welchem im Herbst v.J. 1,882 Quartiere fast von allen Größen leer standen.

Daß jedoch ein nicht unbedeutender Theil immer unbewohnt ist, liegt in der Natur der Sache, da durch Todesfälle, nöthige Reparaturen, Aufgeben des hiesigen Wohnortes u.s.w. fortdauernd der Fall eintritt, daß Wohnungen leer werden, und dann auch auf län-

←S 145   *Ich mache zu dem Ende folgende Vorschläge:*
1. Ich suche durch Güte alle Familien, welche Stuben bewohnen, die sehr starke Zweifamilien enthalten, dahin zu bestimmen, daß sie bis zum ersten Januar 1825 sich bis auf eine geringere Zahl beschränken.
2. Ich suche es zu bewirken, daß keine Schlafburschen aus anderen Teilen der Stadt aufgenommen werden, als deren Meister hier wohnen, insofern die Moralität der Personen als geeignet von der Behörde befunden wird, welches ein solches Subjekt aufnehmen will.

Ich bin fest überzeugt, daß alle Maßregeln, die Aufsehen erregen, um so mehr unterlassen werden, als ich den aufrichtigen Wunsch habe, durch das freundlichste Entgegenkommen dahin mitzuwirken, die Menschenmenge zu vermindern. Bisher sah ich es als ein Opfer an, welches ich der Armut brachte, sie in ihren Einrichtungen gar nicht zu stören, und ich ertrug lieber die Unbequemlichkeit, meine Häuser etwas eingewohnt zu sehen, als ich deshalb die Leute verdrängen wollte.

Ich wiederhole meine Bitte, in diesen Äußerungen nichts finden zu wollen, was einer Renitenz gleiche, wohl aber den dringendsten Wunsch, mich so behandelt zu sehen wie jeder andere Bürger dieser Stadt in tausend und aber tausend Fällen als Lokalgesetz einem jeden zusichert.

Anlage

Mehrere Aftermieter in der Stadt können in folgenden Häusern nachgewiesen werden:
– PRENZLAUER Str. No. 3 wohnen 32 Familien, die Hälfte davon ist mit Aftermietern und Schlafburschen belegt.
– PRENZLAUER Str. No. 26 und 28 wohnen 80 Familien, wovon der größte Teil mit Aftermietern und Schlafburschen belegt ist.
– PRENZLAUER Str. No. 22 wohnen 16 Familien, worunter 10 Familien Aftermieter und Schlafburschen haben.
– PRENZLAUER Str. No. 19 wohnen mehrere Familien, welche mit Aftermietern und Schlafburschen belegt sind.
– SPANDAUER BRÜCKE No. 1, 2 und 3 wohnen 96 Familien, worunter viele Aftermieter und Schlafburschen sind.
– GARTENSTR. No. 18 wohnt eine Familie, welche 2 Aftermieter bei sich hat,
– daselbst No. 20 befinden sich Aftermieter.
– CHAUSSEESTR. No. 71 wohnen 32 Familien, wobei mehrere Familien Aftermieter und Schlafburschen haben.
– HOSPITALSTR. No. 38 wohnen einige 30 Familien, wovon ein großer Teil mit Aftermietern und Schlafburschen belegt ist.
– KAYSERSTR. No. 37 befinden sich Aftermieter und Schlafburschen.

←S 139 *Übrigens bin ich bereit, nötigenfalls 1000 Häuser namhaft zu machen, die sich ihres Rechtes bedienen, von ihren Mietern Aftermieter einnehmen zu lassen.*   *v. Wülcknitz*

von Wülcknitz bekommt auf sein Schreiben keine Antwort und wendet sich deshalb am **26.11.1824** an das Innenministerium, die Behörde, der das Berliner Polizeipräsidium direkt untersteht. von Wülcknitz beginnt seine *Beschwerde . . . wegen Beschränkung seiner Rechte als Hauseigentümer in Berlin* mit der Darstellung seiner Bauunternehmung, die wir im Zusammen-

→S 76 hang mit der Baugeschichte der Häuser bereits zitiert haben. Er fährt fort:
→A 6 *Ich lasse dahingestellt sein, welche Motive die Veranlassung gewesen sind, daß diesem Unternehmen manche Verleumdung zuteil wurde, ob manchem Hausbesitzer von Einfluß eine Wohnung leer geblieben ist, lasse ich dahingestellt sein, aber gewiß ist es, daß schon während des Baues ohne alle Veranlassung behauptet wurde, wie nachteilige Folgen die Unternehmung auf das Wohl der Stadt haben müßte. Pest, Rebellion und Unsittlichkeit sollten dadurch veranlaßt werden.*

Ich glaube mich bei so widerwilligen Behauptungen um so mehr beruhigen zu können, als ich überzeugt war, daß bei der Einrichtung, die ich den Wohnungen gab, welche hell, luftig und mit Kochanstalten versehen wurden, auch Corridors zur Verbesserung der Luft ihre Erneuerung bewirken mußten, der Erfolg zeigen werde, daß der Gesundheitszustand besser als in der Stadt sein müßte; und so ist es auch, ich provodiere auf die unparteiische Untersuchung dieses Punktes und bin überzeugt, daß er zu meiner völligen Genugtuung entschieden werden muß. Was die Ruhe betrifft, so fordere ich einen jeden auf, der das Gegenteil behauptet, nachzuweisen, daß hier, einzelne Zänkereien unter den Weibern abgerechnet, etwas anderes als die tiefste Stille und Ordnung herrsche. Die Gegner meiner Unter-

nehmung behielten nur noch einen Ausweg, um mir Übeles nachzureden, dies sollte dadurch entstehen, daß, weil die Wohnungen in denen zuletzt erbauten Häusern nur aus einer Stube und einer Bodenkammer bestehen, die Moralität darunter leiden solle, wenn mehr als eine Familie darin zusammenwohne.

Man vergißt bei dieser Behauptung, daß, wenn zwei Familien in einem Raume, welcher 256 Quadratfuß an Fußboden mißt, bei einer sehr angemessenen Etagenhöhe und zwei hellen Fenstern, mehr Platz haben, sich aus dem Wege zu gehen, als wenn dieselben Familien in einem anderen Hause der Stadt eine Kellerwohnung von halb der Größe zusammen beziehen, wo das Licht durch ein kleines Kellerfenster unterhalb der Straße eindringen muß, worin Wasser den Grund entweder bedeckt oder doch wenigstens an den Wänden herabläuft, wovon Beispiele auf Erfordern von mir in großer Menge beigebracht werden können. Ist es aber in der Stadt erlaubt, wo die ärmeren Einwohner in den engsten Straßen und hochverbauten engen Höfen neben Latrinen, Pferde- und Hühnerställen zusammengepreßt sind, so würde es geradezu lächerlich sein, bei meinen gesunden Wohnungen eine Ausnahme machen zu wollen, indem sogar der Vorwand wegfällt, daß in jedem meiner Häuser mehr Menschen wohnen als in ähnlichen Häusern der Stadt, indem ich der beiliegenden Liste zu meiner Angabe an das Polizei-Präsidium nachweisen kann, daß bis nahe 100 Familien in manchen Häusern der Stadt wohnen, welche Bewohnerzahl keines der meinigen erreicht.

Unter diesen Umständen finde ich mich veranlaßt, Ein Königl. Hochlöbl. Ministerium des Inneren ganz gehorsamst zu bitten, mich gegen die beiliegende Verfügung des hiesigen Polizei-Präsidii vom 28.10.1824 zu schützen, welches vom ersten Januar des nächsten Jahres ab die Exmission sämtlicher Aftermieter und Schlafburschen veranlassen will. Ich habe zwar durch die Eingabe vom 10. November, welche ebenfalls nebst der Beilage erfolgt, dagegen Vorstellung gemacht, bin aber bisher nicht beschieden worden und muß vermuten, daß die erwähnte Behörde die beschlossene Maßregel ausführen will. Dies würde jedoch für mich die nachteiligsten Folgen haben, zugleich würde auch eine große Zahl von Menschen, die von mir gemietet haben, in Verlegenheit gesetzt werden. Wenn ich meinen Mietern Aftermieter einzunehmen gestattete, so geschah es, weil mir kein Gesetz bekannt ist, welches dies untersagt, und weil mir bekannt ist, daß die Königlichen Hohen Behörden bei ihrer unbeschränkten Macht den Grundsatz festhalten, die weisen Gesetze des Landes nicht zu deuteln, sondern mit fester Hand unparteiisch anzuwenden.

Außer dem Rechte, welches mir zugesteht, das zu tun, was nicht verboten ist, steht mir das Gewohnheitsrecht aller großen Städte der Welt zur Seite, und ich bin bereit, namentlich in Berlin Tausende von Fällen anzuführen, wo mehr als eine Familie in derselben Stube zusammenwohnen und nicht etwa ohne Wissen der Polizei, sondern in ihren eigenen Diensthäusern. Ich führe einige sprechende Fälle dieser Art an:

Im Karrenstalle am Potsdamer Tore

a) der Karrenknecht Hagemann, 53 Jahre, dessen Ehefrau, 26 Jahre, und zwei Kinder;

b) der Karrenknecht Reinicke, 33 Jahre, dessen Ehefrau, 31 Jahre, und 3 Kinder;

c) der Karrenknecht Wilhelm Schulze, 28 Jahre, dessen Ehefrau, 22 Jahre, und 1 Kind.

b) In einer anderen Stube

1. der Karrenknecht Lehmann, dessen Ehefrau und drei Kinder;

2. der Karrenknecht Schulz, dessen Ehefrau und drei Kinder.

Im Lazarettgebäude in verschiedenen Stuben mehrere Familien, z.B. in einer

1. der Posamentier Heinrichs, 47 Jahre, dessen Ehefrau, 42 Jahre, und 7 Kinder;

2. der Posamentier Schramm, 39 Jahre, dessen Ehefrau, 41 Jahre, und 4 Kinder.

Abgesehen von alledem, was ich bisher gesagt habe, und wenn man selbst darüber weggehen wollte, mir einen sehr großen Schaden ohn alle Veranlassung zuzufügen, der daraus entstehen würde, und zum Teil schon entstanden ist, wenn a u s n a h m s w e i s e f ü r m i c h a l l e i n eine so starke Maßregel durchgesetzt würde, so dürfte doch das Wohl von 176 Familien zu berücksichtigen sein, welche Aftermieter eingenommen haben. Diese Leute haben im guten Glauben auf die Unparteilichkeit unserer Königl. Staatsbehörden Wohnungen genommen, die zu groß und zu hoch

gere oder kürzere Zeit unvermiethet bleiben. Auffallend ist es dabei, daß gerade jetzt so viele Quartiere für die unbemittelten Familien, also unter einem Miethswerth von 30 und 50 Thlrn., leer stehen. An diesen fehlte es sogar vor mehreren Jahren, als aus mancherlei Ursachen die Bevölkerung zu steigen begann, und ein schnelles Steigen der Miethen dadurch veranlaßt wurde. Diesem Mangel an Quartieren, für geringen Miethswerth, ist aber auch am leichtesten abzuhelfen, da solche Wohnungen für den Miethspreis nur klein sein können. Es darf nur der zehnte Theil von den 7,300 Eigenthümern eine Stube und Kammer bei sich einrichten, und dadurch sind gleich 730 solcher kleiner Wohnungen beschafft. Es ist daher nicht nöthig, besondere Maaßregeln und die Anlage von großen, casernenartigen, mit so vielen Nachtheilen verknüpften, Familienhäusern zu begünstigen, um das Wohnungsbedürfniß auch für die unbemittelten Stände zu befriedigen.

Das Entstehen dieses Bedürfnisses hat auch die Abhülfe desselben herbeigeführt, wie dies in allen ähnlichen Verhältnissen der Fall ist. Es sind nicht nur überflüssig viel k l e i n e Quartiere entstanden, sondern die steigenden Miethen, und die wohlfeileren Bau-Materialien haben auch die Veranlassung gegeben, daß viel ganz neue Gebäude erbaut, in den schon vorhandenen größere und kleinere Wohnungen eingerichtet wurden, so daß selbst zum Nachtheil vieler Eigenthümer, welche gebaut haben, jetzt viel mehr Quartiere vorhanden sind, als gebraucht werden.

So lange jedoch alle die Ursachen bleiben, welche bis jetzt die schnelle Zunahme der Bevölkerung veranlassen, so wird der Ueberfluß an Wohnungen bald wieder verschwinden, und ein vielleicht wieder eintretender Mangel derselben, der Baulust Gelegenheit geben, sich zu entwickeln.

Die anliegende Nachweisung B zeigt sogar, daß, obgleich so viel Wohnungen unvermiethet geblieben sind, die Zahl der Familien doch noch zugenommen hat. Nach den vierteljährlichen Anmeldungen der Wohnungs-Veränderungen sind nämlich im Jahre 1828 überhaupt,

eingezogen . . . . . 18,305 Familien,
ausgezogen aber . . 18,077 –
es sind also . . . . . 228 mehr eingezogen als ausgezogen, und folglich auch mehr vorhanden, die Bevölkerung hat also im Jahre 1828 um 228 Familien zugenommen, aber freilich nicht in dem Verhältniß, in welchem neue Wohnungen eingerichtet waren.

Nach diesem Tableau haben sich besonders die Familien in den nach den Thoren zu belegenen Stadttheilen vermehrt, indem aus den innern Stadttheilen Berlin, Cölln und Werder sogar 101 Familien nach den übrigen Vierteln hinausgezogen sind, wahrscheinlich wohl, weil in diesen sonst weniger gesuchten Gegenden, die Quartiere durch den Ueberfluß derselben zuerst im Preise gefallen sind. Dies hat denn die Veranlassung gegeben, daß viele Familien die theueren Gegenden im Innern der Stadt verlassen haben und nach den entlegeneren Gegenden gezogen sind. Die Nachweisung ergiebt auch die Uebersicht, daß im Durchschnitt jährlich etwa der dritte Theil der Einwohner seine Quartiere verläßt und mit andern vertauscht. Wenn nun unter der Gesammtzahl der Wohnungen noch die der Eigenthümer begriffen sind und vieler Miether, die selten ihre Locale wechseln, so stellt sich das Verhältniß in Hinsicht der übrigen Wohnungen noch anders und wohl so, daß schon etwa die Hälfte der Wohnungen jährlich gewechselt wird. Durch die jetzt leer stehenden Wohnungen oder durch den fernern An- und Ausbau in der Stadt werden jedoch, wenn nicht etwa außerordentliche Ereignisse zutreten, die Miethen immer nicht bedeutend sinken, indem das Bauen natürlich gleich wieder aufhört, so wie die Bauenden nicht mehr hoffen können, Gelegenheit zu einer vortheilhaften Anlage ihres Geldes durch die Höhe der Miethen zu finden.

Vortheil ist aber beim Bauen nur dann, wenn noch ein Ueberschuß bei den jährlichen Miethseinnahmen verbleibt, nachdem daraus auch alle die jährlichen Ausgaben bestritten sind, welche mit Verwendung von Capitalien zum Bau, und mit dem Besitz eines Hauses verbunden sind.

Diese aus den Miethen zu bestreitenden Ausgaben sind:

1) die landüblichen Zinsen des auf die Baustelle und auf den Bau selbst gewandten Capitals;

2) die jährlichen Unterhaltungskosten des Gebäudes, ein Jahr in das andere gerechnet;

3) die jährlichen mit dem Hausbesitz in Verbindung stehenden sehr bedeutenden Ausgaben, als Feuer-Kassen-, Schornsteinfeger-, Straßen-Reinigungs-, Aufsichts-Kosten, endlich auch

4) die jährlichen öffentlichen Abgaben, welche in 3 1/3 pro Cent Haus-Steuer von dem Brutto-Ertrage des Hauses, und in der Einquartierungs-last bestehen, die zu Gelde berechnet, nicht viel weniger beträgt.

Selten möchte wohl nach Abzug aller dieser Abgaben sich ein Ueberschuß bei einem Neubau finden. Die vielen Lasten und Ausgaben, welche mit dem Hausbesitz verbunden sind, hat daher wohl mancher nicht erwogen, der sein Geld auf einen Neubau wandte, mit dem Bau oder Besitze eines Hauses große pecuniäre Vortheile verbunden wähnte, oder als Miether sich über den hohen Miethszins beschwert, den er dem Eigenthümer zahlen muß, und der doch meist nur etwa die Ausgaben deckt, welche der Hausbesitz veranlaßt.

Nur diejenigen haben durch den gegenwärtig höheren Stand der Miethen einen pecuniären und oft sehr bedeutenden Vortheil erlangt, welche Häuser zu der Zeit erworben, als bald nach dem Frieden die Miethen noch sehr niedrig standen, und viele Eigenthümer, von den Drangsalen der Kriegsjahre überwältigt, genöthigt waren, ihre Häuser zu verkaufen. Die Zahl solcher unglücklichen Eigenthümer ist sehr bedeutend gewesen, wie daraus zu ersehen, daß z.B. in dem Jahre 1811 noch 696 Häuser unter Administration des Stadt-Gerichts standen, die Administration unter der eximirten Gerichtsbarkeit des Kammergerichts ungerechnet. Bei nicht weniger Häusern war es noch nicht zu dieser Maaßregel gekommen, doch waren deren Eigenthümer zur Vermeidung einer gerichtlichen Administration schon genöthigt worden, dieselben ihren Gläubigern zur außergerichtlichen Administration zu überlassen.

Diese unglücklichen Zeiten sind überhaupt die Veranlassung gewesen, daß der größte Theil der hiesigen Häuser in andere Hände gekommen ist, so daß also den wenigsten von den Eigenthümern, welche die Kriegs-Drangsale überstanden haben, die jetzigen höheren Miethen zu Gute kommen.

Wenige von den Leuten, welche durch den wohlfeilen Ankauf von Grundstücken in der damaligen Zeit einen Gewinn gemacht haben, besitzen aber die Häuser noch. Die meisten haben es vorgezogen durch den Verkauf derselben zu einem höheren Preise als für welchen sie solche erwarben, den gemachten Gewinn in Capital zu verwandeln, ihn in Hypotheken oder anderweitig wieder anzulegen, und ihn dadurch zu sichern, um nicht der Gefahr ausgesetzt zu sein, ihn durch ein eintretendes Sinken der Miethen wieder zu verlieren. Die Eigenthümer, welche aber die Häuser von diesen Personen, welche sie bald nach dem Kriege erstanden, wieder aus der zweiten oder dritten Hand kauften und sie noch jetzt besitzen, haben aber nur nach der Rente gekauft, welche das Grundstück zur Zeit ihres Erwerbes trug, und haben daher keinen besonderen Vortheil gemacht.

Ob aber jemand bei dem Ankauf eines Grundstücks einmal Vortheil gehabt hat, oder nicht, kann überhaupt niemals die Basis sein, um die Prästations-Fähigkeit der Haus-Besitzer als solche zu beurtheilen. Diese ergibt doch nur wenn man die Ausgaben, welche der Neubau, die Unterhaltung, die Lasten desselben veranlaßt, von der Einnahme abzieht, welche die Miethen in demselben gewähren, wie eben näher auseinandergesetzt ist.

Zweckmäßig wird es sein hier noch zu bemerken, wie die Verhältnisse der Haus-Eigenthümer auch in der Hinsicht in Berlin ungünstig sind, daß die Existenz des in den Häusern steckenden Vermögens so precair und den Chancen mehr unterworfen ist, als irgend ein anderes Vermögen. Es hängt nämlich die Existenz dieses Vermögens allein von dem Stande der Miethen ab, so wie dieselben fallen, und also dadurch auch die Renten sich vermindern, welche aus einem Hause zu beziehen waren, verschwindet auch der Capitalwerth, welcher durch die Rente repräsentirt war. Es darf daher nur die Garnison zum Theil ausmarschieren, und dadurch, oder aus einer anderen Ursach ein bedeutender Theil der Wohnungen leer werden, so fällt gleich der Preis der Miethen aller Häuser bedeutend unter den Preise, welcher nöthig ist das auf den Bau oder Kauf des Hauses verwandte Capital zu verzinsen, und wenn solche ungünstige Verhältnisse lange dauern, so geht ein Eigenthümer nach dem andern zu Grunde, da er sein im Hause steckendes Vermögen verliert, wenn gleich das Haus selbst unversehrt so stehen bleibt, wie es früher stund.

Solche Zeiten führen auch gewöhnlich einen höheren Zinsfuß herbei, die Capitalisten verlangen höhere Zinsen von den Hypotheken, die sie auf den Häusern stehen haben, kündigen die Capitalien auch wohl ganz, und vollenden dadurch vollends den Ruin des Theils der Eigenthümer, der nicht anderweitig begütert ist.

sind, um daß sie dieselben ohne Hilfe noch einer Familie heizen können; mitten im Winter sollen sie von ihren Freunden oder Verwandten gewaltsam getrennt werden. Diese ihre Mitbewohner, welche fleißige ehrliche Leute sind, sollen, ohne etwas verbrochen zu haben, dem Arbeitshause überwiesen werden. Mit welchem Rechte und unter welcher Autorität? Bekanntlich gründet sich die Macht unseres väterlichen und weisen Gouvernements auf die Liebe des Volkes, und diese wird gesichert durch die Gewißheit, die jeder mit Recht nährt, daß seine Person und sein Eigentum keiner Willkür preisgegeben sei. Was würde man diesen Leuten aber sagen, wenn man dazu schreiten sollte, sie aus ihrer Gewerbstätigkeit und in das tiefste unverschuldetste Elend zu stoßen.

Was wird man denen Hauptmietern sagen, wird man, ohne ihnen Entschädigung zu geben, die Hälfte ihrer Einnahmen an Miete und Feuerung rauben können, und ist endlich die Zahl von 2 x 176 Familien ein Gegenstand von so geringer Bedeutung, daß man durch eine unmotivierte Verfügung über ihre Not entscheidet? Unter diesen Umständen kann ich die Hoffnung nicht aufgeben, daß ein Königl. Ministerium meine Bitte berücksichtigen würde, nachstehenden Vorschlägen ein geneigtes Gehör zu schenken, welche dahingehen, hochgeneigt zu veranlassen:

1. daß die von Seiten des Pol.-Präsidii angedrohte Exmission der Aftermieter aufgeschoben und mir überlassen werde, nachgerade und im Wege der Güte dahin zu wirken, daß die Menschenzahl so sehr beschränkt werde, daß nie zwei starke Familien zusammenwohnen und daß bis zu Ostern oder spätestens Johanni 1825, wo die Leute bei der milderen Jahreszeit eher ein Unterkommen finden, dies wirklich ausgeführt sei, wovon ich die Ausführung zu übernehmen bereit bin;

2. daß Schlafburschen nach Anleitung des Gesetzes von 1811 nur bei moralisch qualifizierten Personen untergebracht werden dürfen, wovon die Prüfung der Polizeibehörde verbleiben muß . . .

Wie aus der folgenden Verfügung des Innenministeriums an das Polizeipräsidium vom **2.12.1824** zu ersehen ist, scheinen die Argumente des Kammerherrn überzeugt zu haben: *Das unterzeichnete Ministerium muß die diesfällige Beschwerde des v. Wülcknitz für begründet erachten. Die . . . Akten des Königl. Pol.-Präs. ergeben, daß das Motiv jenes Verbotes die Besorgnis ist, es möchten aus dem Zusammenleben so vieler Menschen der Gesundheit nachteilige oder andere polizeiliche Übelstände, die jedoch nicht genau angegeben sind, hervorgehen. Aber*

→ A 7

1. kann vorerwähntes Verbot zu diesem Zwecke wenig beitragen, indem die Überfüllung der Wohnungen nicht bloß durch Sublokationen, sondern auch durch die zu starke Anzahl der Familienmitglieder des Mieters selbst herbeigeführt werden kann.

Wenn eine einzelne Person in den Wülcknitzschen Häusern eine Stube gemietet hat, so soll ihr nach der Absicht des Königl. Pol.-Präs. nicht erlaubt sein, eine zweite Person als Schlafburschen einzunehmen; dagegen aber bleibt es auch unverboten, daß eine Familie, aus 10 Personen bestehend, oder daß 10 Personen, die gemeinschaftlich, mithin sämtlich als Hauptmieter, gemietet haben, ein solches Zimmer bewohnen;

2. das Königl. Polizei-Präsidium ist aber auch zu dergleichen Beschränkungen des Eigentums nicht befugt. Am wenigstens kann eine allgemein erlaubte Handlung für einen einzelnen ein privilegium odiorum angeordnet werden;

3. fehlt es dem Königl. Pol.-Präs. an hinlänglicher Veranlassung zu Besorgnis von nachteiligen polizeilichen Folgen. Nach dem in seinen Akten befindlichen Bericht des Physikus Natorp vom 10. August waren in den fraglichen Häusern 104 Kranke. Die wenigsten derselben waren bettlägrig. Die meisten Krankheiten waren leichte gewöhnliche Kinderkrankheiten und zum Teil solcher Art, daß man sie im gewöhnlichen Leben nicht einmal zu den Krankheiten rechnet, z.B. Altersschwäche, Fußwunden usw. Aber auch angenommen, daß die von Natorp vorgezeichneten leichten Krankheiten sämtlich mit zur Berechnung gezogen werden mußten: so ist die Zahl von 104 zur Zahl der Einwohner (am 1. Dez. waren es 2175 Personen) nicht unverhältnismäßig, indem darauf ungesehen nur jeder 20te Einwohner, Alte und Kinder mitgerechnet, krank erscheint.

Ferner ergeben die Akten des Königl. Pol.-Präs. auch keine sonstige Tatsachen, die auf erhebliche polizeiliche Übelstände hindeuteten. . . .

Die freie, an das Feld anstoßende Lage, die planmäßige Anlage derselben und die sichtbare sorgfältige Aufsicht gewährt diesen Wohnungen so-

gar einen Vorzug vor vielen anderen in der Stadt gelegenen Häusern, in deren Dachstuben, Hintergebäuden und Kellern . . . zahlreiche Individuen zusammengedrängt sind.

Sollte endlich eingangs gedachtes Verbot des Königl. p zur Ausführung gebracht werden, so würde höchstwahrscheinlich es an Gelegenheit fehlen, die ausgewiesenen Personen anderweit unterzubringen.

Das Königl. Pol.-Präs. wird hiernach angewiesen, dieses Verbot zurückzunehmen, übrigens aber allerdings fortzufahren, auf die polizeiliche Ordnung in diesen so zahlreich bewohnten Häusern eine vorzügliche und ununterbrochene Aufsicht zu führen.

Am **20.1.1825** schließt das Polizeipräsidium nach wiederholter Aufforderung durch das Innenministerium den am **13.10.1824** angeforderten ←S 126 Bericht über die Verhältnisse in den Familienhäusern ab. In diesem Bericht versucht das Präsidium nachträglich seine Verfügung zu rechtfertigen. Aus diesem Bericht nur die Zitate, die in den hier behandelten Zusammenhang gehören: *Es ist augenscheinlich, daß das Vorhandensein der v. W.schen* ←A 8 *Häuser, sowie die Art und Weise ihrer Benutzung, auch ohne alle Anregung seitens des hiesigen Magistrats oder sonst die Aufmerksamkeit der Polizeibehörde auf sich ziehen mußte. Der Mangel an Wohnungen für Familien der geringsten Stände innerhalb der bewohntesten Teile der Stadt und selbst in den entlegenen Vorstädten ließ die Veranlassung derselben durch die Aufführung derselben und die zu diesem besonderen Zwecke bewirkte Einrichtung der in Rede stehenden Häuser als wünschenswert erscheinen. Das Zusammenleben von so vielen Familien dieser Gattung erregte Besorgnisse in physischer und sittlicher Beziehung. Eine laute Stimme erhob sich ziemlich allgemein gegen die Spekulation des Unternehmers, die Ausführung und Errichtung der fraglichen Gebäude und reichte bald zu rücksichtslosem Tadel. Wie fast überall, so auch hier, ward das Gute und Tadelnswerte in der Erwägung nicht klar gesondert, auch wohl oft von bloßem Hörensagen ohne gründliche Untersuchung unrichtig und lieblos beurteilt. Die Ergebnisse der polizeilichen Beobachtungen ließen nicht verkennen, daß der Unternehmer sorgsam bemüht war, den aus seiner Unternehmung hervorgehenden Nachteilen nach Kräften zu begegnen, daß er jedoch die pekuniäre Seite dabei ebenmäßig nicht aus den Augen verlor, jedoch Ordnung und Vorteil zu verbinden sich möglichst bestrebte. Daß das pekuniäre Interesse in Kollisionsfällen nicht zum Übergewichte gelangte, solches zu verhindern war Sache der Obrigkeit. Die deshalb nötigen Mittel sind von Zeit zu Zeit diesseitig angewandt worden, und bei dem bisherigen guten Willen und der Folgsamkeit des Unternehmers sind die von der Kommune besorgten Nachteile nicht so grell ins Licht getreten, als solche der Magistrat in dem unterm 30. Sept. v.J. höchstenorts erstatteten Zeitungsbericht geschildert hat . . .*

In bezug auf die gesundheitspolizeilichen Gefahren wird nach der genauen Überprüfung der Medizinalberichte festgestellt: *die Anzahl der Kranken in den v. Wülcknitzschen Häusern erscheinen hiernach im Verhältnis zu der Zahl der Bewohner derselben (über 2100 Seelen) nicht besonders ungewöhnlich.* In sitten- und sicherheitspolizeilicher Beziehung stellt der Bericht fest:

a) Seither sind bei den Bewohnern dieser Häuser Kriminalvergehungen in unverhältnismäßig bedeutender Zahl nicht zur Sprache gekommen;

b) ebensowenig Störungen der öffentlichen Ruhe veranlaßt worden, wenngleich es an wiederholten einzelnen Veruneinigungen und Zänkereien daselbst nicht mangelt;

c) nachteilige Einwirkungen des schon besagten engen Zusammenlebens einer so großen Anzahl von Individuen der ärmeren und zugleich ungebildeten Volksklasse ist allerdings, wie weiter unten noch besonders ehrerbietigst angezeigt wird, bemerklich geworden, zur bestimmten Beurteilung des Maßes derselben dürfte aber längere Erfahrung noch unumgänglich erforderlich sein;

d) schulfähige Kinder befinden sich in den v. W. H. in einem Alter von sieben bis 13 Jahren 380, wovon nur 149 die Schule besuchen und 231 des Schulunterrichts entbehren;

Die Eigentümlichkeit der in Rede stehenden Bauanlage und ihrer Benutzung sowie die dabei obwaltende Spekulation des Erbauers veranlassen die Polizeibehörde zu besonderer Aufmerksamkeit und zu eigentümlichen speziellen Anordnungen, welche Sitten- und Sicherheitspolizei in Bezug auf die besonderen Verhältnisse gebieten.

So drängen dann von allen Seiten die ungünstigsten Verhältnisse auf die Hauseigner Berlins ein, während der Landwirth, der Gewerbetreibende sich noch in recht günstiger Lage befindet.

In dieser Hinsicht ist der Hausbesitz in einer großen und besonders in einer Garnisonstadt weit bedenklicher, als in einer mittlern und kleinern, oder als der Besitz eines Landguts. Der Nutzen und der Werth des letzteren hängt zwar auch von dem Preise der Erzeugnisse ab, und ist daher auch den Conjuncturen unterworfen, indessen sind doch die Erzeugnisse derselben verschiedenartiger, wenn z.B. das Getreide im Werth verliert, so gilt einmal die Wolle, der Branntwein mehr. Auch giebt der Besitz eines Landguts doch der Industrie und Thätigkeit mehr Spielraum, um ungünstige Zeiten zu überwinden, dies ist aber beim Besitz eines Hauses in Berlin nicht der Fall. Sinken die Miethen, so giebt es keinen anderen, aus dem Grundstück zu nehmenden und zu erhöhenden, Erwerbszweig. Der Eigenthümer muß sich in sein Schicksal ergeben, und den Verfall seines Vermögens mit ansehen, ohne durch Thätigkeit und Industrie etwas zur Abhülfe thun zu können. Selbst der Fall einer von Seiten des Staats zu machenden militarischen Demonstration, ein ausbrechender Krieg, der, wenn er nicht gerade den Feind in das Land zieht, das städtische und ländliche Gewerbe belebt, die Produkte der Güter im Preise steigert und die Einnahmen derselben vermehrt; bringt für den Stand der Eigenthümer Berlins gleich die größte Bekümmerniß.

Mit solchen politischen Ereignissen vermehrt sich zwar der Verkehr der Stadt im Allgemeinen und insbesondere von manchen Classen der Gewerbetreibenden; aber die Eigenthümer als solche haben davon nicht nur keinen Gewinn, sondern wie gedacht Verlust an ihren Einnahmen. Außerdem liegt aber auch, nach der gegenwärtigen Gesetzgebung, die Hauptlast der militarischen Einquartierungen, welche mit solchen Zeiten verbunden sind, auf den Eigenthümern, und dies macht daher die Lage derselben doppelt ungünstig.

In kleinen Städten und auf dem Lande, wo es keine oder nur wenig Miethsleute und diese meist nur von unbedeutenden Verhältnissen giebt, ist die Vertheilung der Einquartierung nach dem Grundeigenthum ganz in den Verhältnissen begründet. Bei einer großen Stadt, wie Berlin, das unter seinen 49,935 Familien nur 7,300 Eigenthümer zählt, giebt eine solche Vertheilung aber für die Eigenthümer sehr ungünstige Resultate.

Nicht mit Unrecht wird Berlin für eine große und prästationsfähige Stadt gehalten, wenn man erwägt, daß sie eine Bevölkerung von etwa 50,000 Familien oder von 200,000 Seelen und darüber zählt; nach den neuesten polizeilichen Zählungen sogar, mit dem einzigen Polizei-Bezirk außerhalb der Stadt, über 230,000 Seelen. Danach werden dann die Lasten der Stadt, die sie zu tragen vermöge, auch gewöhnlich geschätzt; geht man nun aber in das Innere der Communal-Verhältnisse zurück, so tragen nur die 7,300 Eigenthümer diese außerordentliche Last der Einquartierung noch außer der gewöhnlichen, und außerdem, daß sie fast die Hälfte der directen Steuern durch die auf sie fallende Haussteuer und durch ihren Antheil an der Miethssteuer aufbringen, und daß über die Hälfte von ihnen zu den so wenig bemittelten Familien gehören, die nur eine Miethe von 100 Thlrn. zahlen, das heißt in ihrem eigenen Hause nur ein Gelaß benutzen können, das einen Miethswerth von 100 Thlrn. hat.

Bei Beurtheilung der Lage und Verhältnisse der Eigenthümer pflegen auch wohl mit denselben nicht hinreichend bekannte Personen zu bemerken, daß sich niemand mit dem Erwerb und Besitz eines Hauses befassen sollte, der nicht des Vermögens sei, es ganz oder doch größtentheils schuldenfrei zu besitzen, um ungünstigen Zeitumständen nicht zu unterliegen. Mit wenigen tausend Thalern erwürben viele Leute große Grundstücke, es würde Schwindelei mit dem Häuserhandel getrieben, und dies sei die Ursache der ungünstigen Lage so vieler Hausbesitzer.

Allerdings, ist hierauf zu entgegnen, wie mit dem Häuserhandel eben so gut Schwindel getrieben wird, wie mit Landgütern und anderen Gegenständen des Verkehrs; auch geht mancher leichtsinnig oder unkundig der Lasten, welche er übernimmt, mit einem zu geringen Vermögen in den Erwerb eines Hauses ein; deshalb ist aber doch im Allgemeinen kein nachtheiliges Urtheil über alle diejenigen zu fällen, welche bei geringem Vermögen Grundstücke besitzen, die denselben nicht angemessen sind.

Für viele Gewerbetreibende ist der Besitz eines eigenen Grundstücks ein nothwendiges Bedingniß ihres Gewerbebetriebs. Es ist nicht Uebermuth oder Unbedachtsamkeit, wodurch sie zur Erwerbung eines Hauses veranlaßt werden, sondern dieses gehört zu den übrigen

Wagnissen, die mit dem Gewerbbetrieb unvermeidlich verbunden sind. Dann walten aber auch noch manche andere Ursachen ob, aus welchen Häuser in die Hände unbemittelter Personen ohne ihre Schuld kommen können.

Gewerbtreibende, welche in günstiger Lage waren, kommen in ihrem Gewerbe zurück; Familienväter sterben, die in bemittelten Umständen waren und hinterlassen ihre Witwen oder mehrere Kinder. Das Vermögen wird getheilt, auf jeden einzelnen kommt weniger Vermögen, einer kann nur mit seinem Antheil das Grundstück annehmen und kommt also unbemittelt in den Besitz eines Grundstücks. Zum Verkaufist nicht immer Gelegenheit, auch ist es wohl sehr verzeihlich, wenn der Sohn das Grundstück des Vaters zu conserviren wünscht, er braucht es auch wohl dringend zum eigenen Gewerbe.

Wie viele Ursachen giebt es daher nicht, aus welchen weniger bemittelte Personen in den Besitz eines Grundstücks sich befinden können, ohne daß ihnen deshalb ein Vorwurf zu machen ist.

Kolonne D: Zunahme reiner Mietshäuser　　　　←S 145

Die Colonne D. ergiebt, wie viel Häuser von den Eigenthümern in den Jahren 1815 und 1828 selbst bewohnt wurden. Die Zahl derselben hat sich in diesem Zeitraum um . . . . 675 *vermehrt.*
Nach der Colonne A. sind aber seit 1815 . . . . . 837 *mehr entstanden, und daraus folgt, daß*
jetzt $\overline{162}$
Häuser mehr vorhanden sind, die von den Eigenthümern nicht selbst bewohnt werden.
Da nach Colonne A jetzt . . . . 7.300 *Häuser vorhanden sind, nach der Colonne D.*
aber nur 5.283
Häuser von den Eigenthümern bewohnt werden, so sind . . . . $\overline{2.017}$
Häuser, also etwa 2/7 aller Häuser vorhanden, in welchen die Eigenthümer nicht wohnen, die daher ganz vermiethet sind.

Dies Verhältniß hat seinen Grund darin, daß viele Eigenthümer gar nicht in Berlin wohnen, oder wenn dies auch der Fall, doch nicht in ihren Häusern, sondern in einem andern Stadttheile sich eingemiethet haben, der ihnen in gewerblicher Rücksicht mehr convenirt. Manche Eigenthümer haben auch mehrere Häuser; viele Grundstücke befinden sich in den Händen der Minorennen, welche noch keiner eigenen Wohnung bedürfen, und endlich stehen auch immer viel Häuser unter gerichtlicher Administration, so daß aus allen diesen Gründen die Zahl derjenigen Häuser immer bedeutend groß ist, in welchen die Eigenthümer gar nicht wohnen und die gegenwärtig über den vierten Theil sämmtlicher Häuser ausmachen.

Von diesen Häusern, in welchen die Eigenthümer nicht selbst wohnen, gehörten 1828:
1) Witwen und sonstigen Erben 438
2) Officianten 143
3) Rentiers 209
4) Gewerbtreibenden 900
5) Behörden, Vereinen, Gerichten etc. . . . $\underline{327}$
　　　　Summa obiger 2.017

Diese Colonne D., welche die Zahl und die Größe der Gelasse nachweist, die von den Eigenthümern in ihren Häusern selbst benutzt werden, zeigt zugleich wie die, von der städtischen Steuerbehörde bewirkte Abschätzung des Miethswerths derselben, das Resultat ergeben hat, daß die Zahl der Quartiere von geringerem Miethswerth sich bedeutend vermindert, die von größerem sich dagegen vermehrt hat. Dies ist zwar im Ganzen bei allen Quartieren der Fall, also auch bei denen der Miether, welche in der Colonne C. nachgewiesen worden, jedoch bei den Gelassen der Eigenthümer findet dies in einem viel bedeutenderen Verhältnisse statt.

Diese Verminderung der Quartiere von kleinerm Miethswerth hat ihren Grund zum Theil darin, daß der Preis der Wohnungen überhaupt seit 1815 sehr gestiegen ist, und daß daher der Werth der eigenen Wohnungen der Hauseigenthümer auch höher abgeschätzt werden mußte. Es walten dabei aber noch besondere Verhältnisse ob.

Ehe nämlich im Jahre 1822 die neue Organisation der Haus- und Mieths-Steuer-Erhebung eintrat, standen die Wohnungen und sonstigen Gelasse der Eigenthümer, welche sie in ihren Häusern selbst benutzten, mit einem auffallend niedrigen Miethswerth im Steuer-Cataster.

Dies war zum Theil dadurch entstanden, daß der Miethswerth der Wohnungen bei der ersten Abschätzung der Eigenthümer-Gelasse überhaupt nur gering

Schon die Benutzung einer Kaserne zur Militäreinquartierung erfordert eine besondere und strenge Hauspolizei, welche Beschränkungen mit sich führt, die aus allgemeinen polizeilichen Anordnungen bisweilen nicht hervorgehen. Die hier in Rede stehende Anstalt befindet sich jedoch in einem noch schlimmeren Verhältnisse als eine Kaserne. Die Zahl der Bewohner der v. W. H. ist größer als die Zahl der in einer gewöhnlichen Kaserne einquartierten. Die strenge Manneszucht, welche der in einer Kaserne kommandierende Offizier ausüben darf, fehlt in der v. W. Anlage ganz, auch kann bei der Ausführung polizeilicher Ordnung in einer Kaserne das pekuniäre Interesse der Spekulation des Besitzers (in der Regel des Staates) nicht leicht mit der Befolgung der deshalb nötigen Anordnungen in Kollision geraten, wie eben jetzt bei den v. Wülckn. H. geschieht und die Veranlassung der verehrlichen Verfügung eines Königl. Hohen Ministerii vom 2.12. v.J. gegeben hat . . .

In dem vorliegenden besonderen Verhältnisse kommt zur Sprache, daß in jedem Hause außer der allgemeinen Einwirkung der obrigkeitlichen Polizei durch den Wirt eine gewisse Hauspolizei ausgeübt wird, die oft tiefer in Eigentum und Freiheit eingreift als die allgemeine obrigkeitliche. Je zahlreicher ein Grundstück bewohnt ist, desto beschwerlicher wird den einzelnen Bewohnern desselben oft die Befolgung dieser hauspolizeilichen Anordnungen. Ist aber gar von einer kasernenartigen Anstalt die Rede, welche nicht dem Staate, sondern einem Privatmann gehört und bei welcher gute Hauspolizei mit der Spekulation des Besitzers in Kollision geraten kann, dann wird es Pflicht der Obrigkeit, auf die Aufrechterhaltung der guten, inneren Hauspolizei selbst zu wachen und dem Eigentümer und seinen Stellvertretern vorzuschreiben, was er zu tun und zu lassen hat, damit seine Spekulation in ihrer Ausführung nicht der Ordnung, Sitte, Gesundheit und Sicherheit nachteilig werde.

Nachdem festgestellt wird, daß der Hausbesitzer das Schlafstellenhalten zwar ausdrücklich verbieten, nicht aber genehmigen darf und die Genehmigung des Schlafstellenhaltens und des Vermietens von möblierten Zimmern laut Edikt vom **2.11.1810** § 21 Sache der Polizeibehörden ist, wird hierzu ausgeführt: *Das gemeinschaftliche Mieten einer einzelnen Wohnung durch mehrere Familien zugleich muß in Casu concreto jedesmal besonders beurteilt und dabei verhindert werden, daß es nicht in Umgehung des Gesetzes ausarte und nicht gegen Sitte und Ordnung streite. Wenn einige Personen einerlei Geschlechts sich gemeinschaftlich eine Wohnung mieten, so ist dagegen nichts zu erinnern, und die Polizeibehörde wird sich in ein solches Verhältnis nur dann einmischen, wenn Überfüllung Nachteil für die Gesundheit besorgen läßt. Wenn aber mehrere Familien, die aus Männern, Weibern, erwachsenen und unerwachsenen Kindern beiderlei Geschlechts bestehen, sich gemeinschaftlich eine Wohnung mieten und sich in der letztern wachend und schlafend bei Tag und Nacht beisammen befinden, so führt dies zu großer Unordnung und grober Unsittlichkeit, daß eine gute Polizei-Verwaltung einen solchen wahren Unfug weder in den v. Wülcknitzschen Häusern noch sonst irgendwo dulden darf. Wieweit die bereits in diesen Häusern bemerkte Sittenlosigkeit schon zugenommen hat, ergibt sich aus einer neuerlichen Anzeige des Revier-Polizei-Kommissars. Derselbe begab sich infolge einer Requisition der Kriminaldeputation des hiesigen Königl. Stadtgerichts behufs der Verhaftung des in dem v. Wülcknitzschen Häusern wohnenden Arbeitsmannes Carl Rotte, welcher einen Menschen geschädigt hatte und deshalb gefänglich eingezogen werden sollte, zum sicheren Gelingen seiner Amtsverrichtung um Mitternacht in dessen Wohnung in dem v. Wülcknitzschen Hause Gartenstr. Nr. 58, Stube Nr. 70, und verhaftete denselben. Hierbei ergab sich folgendes.*

Der p. Rotte lag in der eben bezeichneten Wohnung bei der Witwe Büttner in S c h l a f s t e l l e .

Mit der 15jährigen Tochter seiner S c h l a f s t e l l e n g e b e r i n , mußte er in einem sehr vertrauten Verhältnisse stehen, denn beide lagen auf e i n e r Lagerstätte an der Erde. Die p. Büttner selbst, eine Frau von 45 Jahren, befand sich mit einem anderen S c h l a f b u r s c h e n namens Labeau, 34 Jahre alt, und einer jüngeren Tochter von 11 Jahren gleichfalls in e i n e m Bette zusammen. In ähnlichen vertrauten Verhältnissen leben mit ihren Schlafburschen die Tischlermeisterwitwe Klauss (in dem v. Wülcknitzschen Hause, Gartenstraße 58, Stube 40), die Tochter des Webers Voelcker (Gartenstraße Nr. 60, Stube 47), welcher, sowie die Klauss, Erlaubnis zum Schlafstellenhalten bekommen hat.

*Von dergleichen speziellen Fällen u n e r l a u b t e n B e i s a m -
m e n l e b e n s erhält der Revier-Polizei-Kommissar in der Regel nur
durch zufällige Veranlassung Kenntnis, weil es sehr schwierig ist, über die
in den oft gedachten Häusern wohnenden Individuen Erkundigungen einzuziehen, indem der Verwalter derselben nur die Hauptmieter und auch
diese nur dem Namen nach aus seinen Büchern kennt.*
76 Paare leben in diesen Häusern offenkundig in w i l d e r E h e.

Trotz dieser ausführlichen und sehr konkreten Argumentation der Polizei, die zudem erhellt, was unter einer „Mietskaserne" zu verstehen ist,
ändert der Innenminister seine Einstellung nicht und antwortet am **20.2.
1825**: *Ich stimme zwar dem Königl. Pol.-Präs. . . . darin bei, daß die Art* ←A 9
*und Weise, wie jene Häuser eingerichtet sind und benutzt werden, eine
spezielle polizeiliche Kontrolle der Bewohner derselben dringend erfordert, muß jedoch . . . zugleich darauf aufmerksam machen, daß dem
v. Wülcknitz nichts verboten werden darf, was nicht auch andern Hausbesitzern verboten werden kann. Da nun Aftervermietungen im allgemeinen
nicht untersagt werden können, so muß es hinsichts dieses Punktes bei
meiner Verfügung beim 2.12. v.J., durch welche das Pol.-Präs. angewiesen
worden ist, das Verbot der Aftervermietungen in den v. Wülcknitzschen
Häusern zurückzuziehen, sein Bewenden behalten . . .*

Nach dieser Verfügung des Innenministers, die die allgemeine Rechts-
lage zu Gunsten von v. Wülcknitz bestätigt, kommt trotz der geschickten,
auf die besondere Bauform der Familienhäuser zielenden Argumentation
der Polizei der erste Konflikt, der sich auf die hohe Belegung der Häuser
konzentriert, zum Abschluß. von Wülcknitz verfährt nach seinen eigenen
Vorschlägen, die er dem Polizeipräsidium am **10.11.1824** gemacht hat.
Dies geht aus dem Bericht des Armenarztes Dr. Thümmel an die Armendirektion vom **3.12.1825** hervor, in dem er bemerkt, *daß, was die große* ←A 10
*Zahl der Bewohner in den genannten Häusern betrifft, dieselbe von dem
Besitzer insofern sehr bedeutend vermindert sei, als ersterer seit jener
vom Königlichen Polizei-Präsidio an ihn gegangenen Aufforderung gegen-
wärtig nur e i n e r oder höchstens z w e i , aber weniger zahlreichen
Familien gestattet, in einem Zimmer zu wohnen, und durch diese Maßregel über 1000 Individuen daraus entfernt worden sind.*

Der eigentliche Verlierer aus diesem ersten Schlagabtausch zwischen
dem Spekulanten, der vom Land in die Stadt kommt und neue Maßstäbe
setzt, den erschrockenen städtischen Instanzen und dem Ministerium, das
die Macht hat und auf geltendes Recht verweisen kann, ist der Magistrat.
Weder das „unkontrollierte Zusammenleben", noch die bloße Verminderung der Bewohnerzahl, die von Wülcknitz geschickterweise selbst in die
Hand genommen hat, scheint für den Magistrat der Beweggrund zu sein,
sondern die magnetische Wirkung, die die Familienhäuser als Wohnort
für die vom Lande in die Stadt hereinströmenden Familien haben. Für den
Magistrat ist dieser Personenkreis eine doppelte Belastung, da er zum Steu-
eraufkommen nichts beiträgt und der Armendirektion zur Last fällt.

Objektiv hat sich hier vielleicht zum ersten Mal auch im Zusammenhang
mit der Herstellung reiner 1-Zimmer-Wohnungen ein Vertragsverhältnis
zwischen Mieter und Vermieter herausgebildet mit dem Charakter der frei-
en Vereinbarung, also ein kapitalistisches, in dem sich alles nach Angebot
und Nachfrage regelt. Die Wohnung – aller Auflagen zur Lebensweise ent-
ledigt – wird zur, freilich unbeweglichen, Ware.

**Der Versuch des Magistrats, einen genaueren Bericht
über die Familienhäuser anzufertigen**

Der Magistrat gibt sich mit dem beschriebenen Ergebnis seines ersten
„Zeitungsberichts" vom **30.9.1824** nicht zufrieden, sondern verfolgt seine ←S 125
Interessen weiter, indem er den Stadtrat Keibel beauftragt, einen zweiten
„Zeitungsbericht" vorzubereiten. Keibel besucht die Familienhäuser Anfang →S 145
Dezember 1825 und verfaßt einen *Bericht über die v. Wülcknitzschen Fami-* ←A 11
lienhäuser vor dem Hamburger Tor am **7.12.1825** als Grundlage für den
„Zeitungsbericht", den er selbst entwirft, der dann aber überarbeitet werden muß und für den Monat **Januar 1826** an den König geleitet wird. Wir ←A 12
dokumentieren auf der folgenden Doppelseite nebeneinander den Bericht,
den Vorentwurf für die „Zeitung" und den „Zeitungsbericht" des Magi- ←A 13
strats, so wie er an den König geschickt wird:

*war, theils hatte man diese Gelasse wohl absichtlich
nicht nach dem wirklichen Miethswerth angesetzt, um
den Eigenthümern dadurch einige Erleichterung angedeihen zu lassen, in Hinsicht der großen Lasten, welche sie damals noch vorzugsweise vor allen anderen
Einwohnern zu tragen hatten. Diese Lasten bestanden
nicht nur in der bedeutenden, jetzt nur für zwei
Bataillone fortdauernden Natural-Einquartierung der
Garnison, sondern auch darin, daß man die Eigenthümer neben dieser Natural Einquartierung auch noch
das 4te procent sogenannten Sublevations-Servis fort-
zahlen ließ, welches doch von den Hauseigenthümern
früher nur unter der Bedingung übernommen worden
war, gegen Zahlung dieses Servises von der Natural-
Einquartierung der Garnisons-Truppen frei zu bleiben.*

*Bei der neuen Steuer-Organisation im Jahre 1822
wurde dieses Unrecht beseitigt. Der Sublevations-Servis wurde bis auf 1/5 seines Betrages vermindert, und
die dadurch aufkommende Summe auch zu dem Fonds
geschlagen, der zur Sublevation der Einquartierungs-
Last bestimmt ist.*

*Indem auf diese Art den Eigenthümern ihr Recht in
Hinsicht der Real-Lasten war, es dagegen aber
auch erforderlich, sie in Hinsicht der persönlichen Lasten richtig und den gesetzlichen Bestimmungen gemäß, also nach dem Miethswerth ihrer Wohnungen,
zum Ansatz zu bringen. Dadurch wurde nicht nur die
von ihnen zu zahlende und nach dem Miethswerth
sich richtende Haussteuer, sondern auch ihre Miethssteuer wieder bedeutend erhöht, so daß es möglich
wurde, das früher von den Eigenthümern nach dem
Maaßstabe des Feuerkassen-Werths der Grundstücke
noch besonders erhobene Nachtwachgeld auch daraus
zu decken, wie dies früher schon, wegen des Nachtwachgeldes zur Ausführung gekommen war, welches
die Miether ehemals besonders aufbrachten.*

*Bei dieser Colonne D. ist noch zu bemerken, wie
gering in hiesiger Stadt die Zahl der Eigenthümer gegen die der Miether (Colonne E.) ist. Sie beträgt etwa
nur den 8. bis 9. Theil. Von den 5,283 Eigenthümern,
welche selbst in ihren Häusern wohnen, benutzen
2,736, also nur etwa die Hälfte, nur so geringe Räume
in ihren Häusern, daß der jährliche Miethswerth derselben nicht einmal 30, 50 und höchstens 100 Thlr.
beträgt. Sie gehören also zu den unbemittelten Einwohnern. Viele derjenigen Eigenthümer, welche größere Quartiere inne haben, sind deshalb noch nicht
als begütert zu erachten. Gewerbtreibende erwerben
und besitzen häufig nur deshalb Grundstücke, und benutzen große Räume darin, weil sie als Miether ihr Gewerbe gar nicht würden betreiben können, durch welches den Unterhalt einer gewinnen müssen.*

*Das bei manchen Leuten eingewurzelte Vorurtheil,
als sei die Klasse der hiesigen Hauseigenthümer vorzugsweise wohlhabend, ist daher keineswegs begründet.
Wenn nun gar aus dieser präsumirten Wohlhabenheit
gefolgert wird, daß man den Eigenthümern daher auch
besonders die Communal-Lasten auflegen und ihnen
keine wieder abnehmen müsse, die ihnen mit Unrecht
einmal aufgelegt, so ist diese Ansicht ganz gegen die
rechtlichen Bestimmungen der Städteordnung, welche
verbietet, einzelne Klassen der Einwohner vorzugsweise zu belasten. Es befinden sich zwar allerdings
unter den Eigenthümern viele Leute von einem wohl
begründeten Vermögen, dies ist aber auch unter den
Miethern und zwar noch in größerm Verhältniß der
Fall. Die Vergleichung der Colonne D. und E. ergiebt
dies in Hinsicht des Jahres 1828 zur Genüge, z.B. der
Familien, die so wohlhabend sind, um über 1000 Thlr.
Miete zu zahlen, giebt es Miether . . . .* 69 *Familien.*
Eigenthümer nur . . . . 42 *"*
von 500–1000 Thaler Miethe
sind Miether . . . . 368 *"*
sind Eigenthümer . . . . 258 *"*
von 400–500 Thaler Miethe
sind Miether . . . . 362 *"*
" Eigenthümer . . . . . 130 *"*
von 301–400 Thaler Miethe
sind Miether . . . . 684 *"*
" Eigenthümer . . . . . 237 *"*

Kolonne E: Zunahme der unbemittelten Mieter

*Nach der Colonne E. hat sich die Zahl der Mie-
ther seit 1815 um 8,989 vermehrt, also um etwa 1/4
der im Jahre 1815 vorhandenen 35,663 und mithin in
einem bedeutend stärkeren Verhältniß als die Zahl der
hiesigen Eigenthümer zugenommen hat.*

*In welchem Verhältniß sich dagegen die Zahl der
unbemittelten Miether gegen die der wohlhabenderen
vermehrt hat, ist aus dem Tableau nicht mit bestimmten Zahlen zu entnehmen. Es müßte sich dieses Ver-*

Fortsetzung S. 136

Bericht über die von Wülcknitzschen Familienhäuser vor dem Hamburger Tor

Einleitung

Die Tatsache, daß in großen und volkreichen Städten die untere Volksklasse auf einer sehr niedern Stufe der Sittlichkeit steht, gibt an und für sich schon Veranlassung zu den betrübendsten Betrachtungen. Alle in neuerer Zeit fast in allen kultivierten Ländern angestellten menschenfreundlichen Versuche, einen höhern Grad von Moralität unter jener Volksklasse zu verbreiten, haben mehr oder minder ihren Zweck nur höchst unvollkommen erreichen können. Wenn vielleicht in kleinern Städten und Communen jene Bemühungen erfreulichere Resultate geliefert haben, so begründet sich solches dadurch, daß die Einwohner gleichsam einen ausgedehnten Familienverband bilden, während in volkreichen die Masse nicht zu übersehen ist und durch unaufhörlichen Zu- und Abfluß in einer steten Schwankung bleibt. Die besorgteste Armen-Verwaltung, das gründlichste Vormundschafts-System vermögen nichts über eine so große und veränderliche Masse, und es bleibt nur zu hoffen, daß die allmählich fortschreitende Bildung des Menschengeschlechts nach und nach auf die niedere Volksklasse durchdringe.

Niederschlagend in hohem Grade aber ist es, wenn Einrichtungen entstehen und geduldet werden, welche die Demoralisation jener Volksklasse befördern. Befindet sie sich verteilt durch alle Gegenden einer großen Stadt, so ist ihre nachteilige Wirkung weniger gefährlich, der Einfluß aber, den ein besseres Beispiel auf sie als einzelne Familien oder Individuen ausübt, kann wesentlich zur Verbesserung ihres eigenen Zustands dienen. Sind dergleichen Personen ja doch auf e i n e n Punkt zusammengedrängt, so müssen sie, auf sich selbst angewiesen, nur tiefer und tiefer sinken und andere in ihr Verderben mit hineinziehen.

Veranlassung zu diesen Bemerkungen geben die seit ohngefähr 3 Jahren vor dem Hamburger Tor nach und nach entstandenen 5 großen und 2 kleinern Familienhäuser des Kammerherrn Baron von Wülcknitz. Leicht gebaut, haben sie in kurzer Zeit errichtet werden können, und in der Art, wie sie dastehen, scheint es wünschenswert zu sein, daß ihr Bau niemals gestattet worden wäre.

Das Übel, das hier geschildert werden soll, i s t l e i d e r d a und ist nicht wieder zu vertilgen. Alle Vorschläge, welche gemacht werden können, werden, wenn sie Eingang finden, höchstens die weitere Verbreitung jenes Übels zu hemmen vermögen.

Beschreibung der Häuser

Die erwähnten 5 großen Häuser umschließen einen unregelmäßigen länglich 4eckigen Hof und bestehen aus einem bewohnten Souterrain, darüber 2 Stockwerke und im Bohlendach 2 Mansarden-Etagen, sind im ganzen 5 Stock hoch und haben eine Front von 16 und 18 Fenstern. Ein langer Corridor, nur durch die beiden Giebelfenster erleuchtet, trennt die Wohnungen nach 2 entgegengesetzten Richtungen. Die Ausgänge sind eng; zwei zusammenhängende Häuser haben 3, eins hat zwei, aber 2 haben nur jedes einen einzigen Ausgang nach dem Hofe.

Von Kellern und Böden zur Bequemlichkeit der Einwohner ist gar keine Rede. In dem einen Hause bestehen die Wohnungen aus einer Stube und einem ganz finstern Behältnis als Küche; in den übrigen aber durchgängig nur aus einem einzigen Local. Dieses dient ebensowohl zum Wohn- als Schlafraum wie zur Küche und Werkstatt, und wie nachteilig so manche häusliche Verrichtungen darin, zum Beispiel die Wäsche, besonders bei Krankheitsfällen sein müssen, spricht von selbst.

Jede solcher Stuben hat 2 Fenster und ist, je nachdem sie im Souterrain oder in den mittlern Etagen, oder in den Mansarden belegen, höher oder niedriger. In einem Hause von 18 Fenster Front befinden sich etwa 90 solcher Wohnungen.

Es ist unmöglich, in so beengten Räumen Reinlichkeit und Ordnung zu erhalten. Für die vorläufige Aufbewahrung des Unrats und Kehrichts ist kein abgesonderter Raum vorhanden, alles muß in der Stube bleiben oder auf dem Corridor stehen, bis es nach dem Hofe geschafft werden kann, und da dies wegen des Umfangs der Gebäude nur gelegentlich geschieht, so erzeugt sich, besonders bei warmer Witterung ein pestilenzialischer Geruch, der sich durch das ganze Haus verbreitet. Handwerker schlagen in so beengtem Locale noch ihre Werkstatt auf, und Holzarbeiter bewahren ihre Hobelspäne darin; vor den Öfen mangeln Platten, auf dem äußersten Boden befinden sich kleine hölzerne Verschläge, dicht an den Schornsteinröhren; in dem einen Gebäude hat ein Töpfer dicht bei seinem Ofen seinen Holzvorrat, aus welchem allem eine nicht geringe Feuergefährlichkeit zu folgern ist.

Hierzu kommt, daß nicht selten mehrere Familien beisammen wohnen, so daß sich oft 12 Seelen und mehr in einem dieser Räume vereinigt befinden. Häufig wechselnde Schlafleute zu halten ist ganz allgemein. Auf den Gängen wohnen Früchte-, Brot-, Käse- und Heringshöker, Bier- und Branntweinschänker, so daß fast jedes Bedürfnis dieser Klasse von Einwohnern im Innern der Häuser zu haben ist.

Eine polizeiliche Hausordnung scheint gänzlich zu ermangeln, und überall herrscht die ärgste Unreinlichkeit.

Der Anblick mancher dieser Wohnungen ist unbeschreiblich, ja Schauder erregend. Die zusammengedrängte Armut, keinen Antrieb, keine Gelegenheit findend, sich heraus zu arbeiten, entäußert sich auch jeglichen äußern Scheins von Ordnungsliebe, Anstand und Schamhaftigkeit und liefert ein Bild des jammervollsten Elends.

Mieten

Die Mieten für so unbedeutende Locale sind im Verhältnis höher als in andern Gebäuden der Stadt und betragen in dem Souterrain 30 Rthl., in den mittlern Etagen 34 und in den Mansarden 22 bis 25 Rthl. jährlich, sowie 40 Rthl. für die Wohnungen, bei denen sich eine besondere Kochgelegenheit findet. Werden sie nicht regelmäßig und zwar pränumeral bezahlt, so muß der Mieter unverzüglich räumen. Es dürfte auffallen, weshalb trotz der hohen Mieten dennoch alle Wohnungen besetzt sind. Aber der Reiz, keiner strengen Hausordnung unterworfen zu sein und Schlafleute nach Belieben halten zu dürfen; die Gleichgültigkeit des Wirts gegen die Qualität des Mieters, wenn er nur die Miete zahlt, und vorzüglich, weil es gestattet ist, die Mieten monatlich, ja wöchentlich zu entrichten, auch der Umstand, daß die Wohnungen auf Verlangen auf ebenso kurze Zeiträume vermietet werden; dies alles lockt soviel Menschen und zum größten Teil gerade liederliches Gesindel hierher.

Äußere Beschaffenheit und Umgebung

Die äußern Umgebungen entsprechen der innern Beschaffenheit vollkommen. Der Hof ist zum größten Teil ungepflastert und auf die empörendste Weise verunreinigt. Die Abtritte stehen offen und verpesten die Luft. Um den Brunnen in der Mitte des Hofes häuft sich Kehricht und Müll. Das unreine Wasser fließt in eine dicht bei den Häusern befindliche, umzäunte Pfütze, wo es stehenbleibt und, den Sonnenstrahlen ausgesetzt, die nachteiligsten Dünste erzeugt, so daß auch auf dem Hofe eine ebenso unerträgliche Luft als im Innern der Gebäude herrscht. Eine Viehhalterei vermehrt noch die Unreinlichkeit und üble Ausdünstung. An Beleuchtung des Hofes und der Flure und Treppen, während des Abends und nachts, ist gar nicht zu denken.

Bewohner

Die Zahl der Bewohner ist sehr bedeutend und soll sich, nach neuester Zählung, auf 3200

Seelen belaufen, von denen 330, also mehr als der 10. Teil, Almosen-Empfänger sind. Sie bestehen meistens, einige Handwerker ausgenommen, aus Tagelöhnern, Handlangern und Leuten ohne alle bestimmte Beschäftigung.

Gesundheitszustand

Daß der Gesundheitszustand in diesen Häusern schlecht sein muß, ist einleuchtend. Fast sämtliche Einwohner bedienen sich in Krankheitsfällen des Armen-Arztes. Die Zahl der Kranken war im September c. 75. Wenn diese nicht größer ist, ja sogar gegen den Herbst 1824 sich vermindert hat, so liegt der Grund in dem im gegenwärtigen Jahre überhaupt sehr günstigen Gesundheitszustand der Residenz. Jene Gebäude sind die Veranlassung, daß die Armen-Verwaltung einen neuen Armenarzt hat anstellen müssen, so daß in der Rosenthaler Vorstadt jetzt 2 Armenärzte und 1 Armenwundarzt fungieren. Brechen aber einmal epidemische Krankheiten, als Pocken, Scharlachfieber etc., hierin auf, so können sie von den in den verschiedensten Gegenden der Stadt arbeitenden Bewohnern leicht weiter verbreitet und selbst die Hauptstadt in die größte Gefahr bringen.

Nach dieser in der Wahrheit begründeten Schilderung bilden sich 4 Haupt-Gesichtspunkte, aus denen die Unzulässigkeit der gegenwärtigen Verfassung der von Wülcknitzschen Gebäude zu betrachten ist:
1. aus dem der Moralität,
2. aus dem der Feuergefährlichkeit,
3. aus dem der polizeilichen Gefahr,
4. aus dem des Gesundheitszustandes.
Hierdurch wird die Notwendigkeit begründet, Maßregeln zu nehmen, um wenigstens die Weiterverbreitung des durch sie herbeigeführten Übels möglichst zu verhüten.
Zu diesem Endzweck wird vorgeschlagen:
1. den fernern Bau von Familienhäusern zu untersagen;
2. zu verordnen, daß diejenigen Locale, welche leer würden, in der Art, wie sie jetzt beschaffen, von neuen Mietern nicht wieder bezogen werden dürfen, vielmehr wenigstens je 2 und 2 in Stube und Küche verwandelt werden, was um so notwendiger ist, als bei der gegenwärtigen Einrichtung die Einwohner auch im Sommer stets warme Zimmer haben. Auch kann nur durch solche Veränderung die Reinlichkeit einigermaßen verlangt und erhalten werden;
3. den Einwohnern Kellerräume behufs von Holzgelassen und denjenigen, welche Holzarbeiter sind, Räume zur sichern Aufbewahrung der Späne anweisen zu lassen;
4. jede feuergefährliche Einrichtung zu entfernen, denn im Fall eines Feuers wäre alles Retten äußerst schwierig, ja, wenn unglücklicherweise die Treppe zuerst ergriffen werden sollte, unmöglich und das grenzenloseste Unglück zu befürchten. Vor allen Dingen daher zu veranlassen, daß
5. diejenigen Häuser, die nur e i n e n Aufgang haben, noch einen erhalten;
6. eine abendliche und nächtliche Beleuchtung des Hofes und der Corridore stattfinde;
7. wenigstens 2 Hausspritzen gehalten werden;
8. die bedrückende Einwohnerzahl zu vermindern und zu diesem Behuf nicht zu gestatten, daß mehr als eine Familie e i n Local bewohne, das Halten von Einliegern und Schlafleuten jedoch gänzlich zu untersagen. Die ad 2 vorgeschlagenen Veränderungen werden zur Verminderung der Einwohnerzahl wesentlich beitragen;
9. eine streng polizeiliche Hausordnung einzuführen, besonders darauf zu achten, daß auf möglichst größte Reinlichkeit gehalten und der Bewohner, der sich derselben nicht unterwerfen will, entfernt werde;
10. zu verordnen, die Wohnungen mindestens nur auf ein Vierteljahr zu vermieten;
11. die Locale alljährlich zu weißen, was desto notwendiger ist, je mehr Menschen beisammen wohnen;
12. den Hof zu pflastern und möglichst rein zu erhalten. Für Müll und Kehricht Behältnisse anzuweisen und diese wöchentlich zu leeren;

13. Latrinen auf Fauche-Borel'sche Art zu errichten;

14. die Pfütze neben den Häusern abzuschaffen und vielmehr dafür zu sorgen, daß das unreine Wasser einen Abfluß nach der Panke erhalte;

15. zur Verminderung der Verbreitung der Menschenpocken nur Familien einzunehmen, die teils ihre Kinder haben impfen lassen, teils sich vertragsmäßig verbinden, solches auch für die Folge zu tun, endlich wird es

16. gewiß zur Förderung der sittlichen Verbesserung beitragen, wenn keine Familien eingenommen werden, die ihre schulfähigen Kinder nicht zur Schule halten und sich nicht verbindlich machen, solches auch für die Folge zu tun. Die Controlle ist in einem Familienhause leichter, und es könnte hierin viel Gutes gewirkt werden;

17. die Erfüllung aller zu gebenden Vorschriften einer strengen polizeilichen Controlle zu unterwerfen.

Dem Einwurf, wo sollen die Leute hin, die durch Verminderung der Bewohnerzahl wohnungslos werden, ist leicht zu begegnen. Denn erstens wird diese Verminderung nur langsam und stufenweise stattfinden und nur solche Mieter treffen, die schon wieder andere Wohnungen haben, sodann hatten ja alle, die jetzt darin wohnen, bevor dies geschah, auch ein Unterkommen, und endlich nimmt der Bau von Häusern und Etablissements aller Art in und um die Residenz so außerordentlich zu, daß es Leuten, die den ernsten Willen haben, sich der Sitte und Arbeitsamkeit zu befleißigen, an einem Unterkommen so leicht nicht fehlen wird.

Mögen diese Darstellung und diese Vorschläge den Zweck einer Reform der von Wülcknitzschen Familienhäuser als eines so gerechten, dringenden und allgemeinen Verlangens nicht verfehlen, wobei auch wohl zu berücksichtigen sein dürfte, daß die ganze Anstalt doch eigentlich nichts als eine Finanz-Speculation ist, die auf Kosten der Moralität eine vorteilhafte Rente bringt.

Möchte es besonders tief erwogen werden, wie die Beispiele von Lasterhaftigkeit, Roheit und Unsittlichkeit die minder Verderbten mit fortreißen als besonders auf die in diesen Häusern befindliche zahlreiche Jugend den gefährlichsten Einfluß üben und im jugendlichen Gemüt allen bessern Eindruck des Schul-Unterrichts nicht allein verwischen, sondern ganz vergeblich machen müssen. Der zukünftige Nachteil für die Commune, sowohl in polizeilicher als moralischer Hinsicht, wäre aber bei einem Fortbestehen der gegenwärtigen Einrichtung als einer dann unversiegbaren Quelle des Verderbens gar nicht zu berechnen.

Berlin, den 7. Dez. 1825   Keibel

Die großen Familienhäuser in der Gartenstraße vor dem Hamburger Tor – Dezember 1825

Schon im vorigen Jahre haben wir die Gefahr geschildert, welche uns bei der eiligen Einrichtung der von Wülcknitzschen Familienhäuser sowohl für den Gesundheitszustand und noch mehr für die Moralität ihrer Bewohner und mittelbar für die ganze Stadt bedenklich erscheint. – Wir erinnerten an die Folgen, welche die früher am Schlesischen Tor vorhandenen Familienhäuser schon gezeigt haben, ungeachtet daselbst doch noch eine ganz andere und strengere polizeiliche Aufsicht gehandhabt wurde, als es in den in Rede stehenden, durch eine ganz andere Veranlassung angefüllten Gebäuden der Fall ist. –

Seitdem erhebt sich aber mit dem nachteiligen Wachstum und ... verbreiteten Kunde von der Beschaffenheit dieser Häuser die öffentliche Stimme immer lauter dagegen. – An 3200 Seelen sollen der neuesten Zählung zu Folge in jenen 5 Häusern wohnen oder viel-

mehr in fünf Reihen übereinander geschichtet sein. – (Jedes Wohnhaus besteht nämlich aus einem tiefen Souterrain, 2 Stockwerken und 2 Reihen Mansardzimmern.) Welch einen verderblichen Einfluß dieser Umstand auf die Gesundheit ausüben muß, zeigt die noch immer darin vorhandene verhältnismäßig sehr große Anzahl von Kranken, auch haben einige der ersten Ärzte unserer Stadt bereits mehrmals ernste Besorgnis hierüber geäußert, besonders wenn einmal epidemisch contagiöse Krankheiten daselbst überhand nehmen sollten, in welchem (Fall) für das Gesundheitswohl von ganz Berlin das Ärgste zu fürchten (wäre), weil eine höchst verschiedenartige Beschäftigung die Bewohner der von Wülcknitzschen Familienhäuser den Tag über in der ganzen Stadt (verteilt). Nicht unbegründet mag auch eine andere Sorge sein, welche häufig (vernom)men wird und die großes Unglück bei etwaiger Feuers-Gefahr (befürch)tet, und besondere Erwägung wird nicht minder die Staatspoli(zei in dieser) Frage erheischen, ob es nicht höchst bedenklich, eine so große Zu(sammenballung von) Personen, welche meistens der niedrigsten Volksklasse angeh(ören und) alle nichts zu verlieren und in Roheit und Sittenlosigkeit (auf)wachsen oder versunken sind, auf einem so engen Flecke zusammengedrängt zu wissen.

Und wenn nun auch dies alles dahingestellt bliebe und ange(nommen) wird, daß die angedeutete Besorgnis entweder zu groß sei (oder) sich andere Mittel ausfindig machen ließen, jenen Übeln, fall(s diese) wirklich eintreten, zu begegnen, so ist doch unter allen Umständen das moralische Verderben unermeßlich, welches durch ein so (enges) Beisammenwohnen notwendigerweise erzeugt werden m(uß) und das wie ein schleichendes Gift erst im Verborgenen immer m(ehr) um sich greift, und bei dem, wenn sich die Folgen davon erst offenkundig zeigen, Rettung und alle Hülfe zu spät ist. – Ein solches Verderben ist aber bei dem dermaligen Zustande dieser Häuser leider ganz unvermeidlich.

Jeder, der in das Innere derselben tritt, wird sich davon überzeugen. Und wenn schon der Schmutz und unerträgliche Geruch auf dem Hofe den Mangel jeder Ordnung fühlbar macht und man auf einen Blick sieht, wie Roheit und Armut hier ihren Sitz aufgeschlagen haben, so bieten die Wohnungen selbst doch noch ein viel traurigeres Bild, denn die meisten bestehen nur aus einer einzigen Stube, nur wenige sind mit einem kleinen Küchenraume versehen. In einer solches Gelaß dient einer ganzen, in der Regel sehr zahlreichen Familie zu allen häuslichen Verrichtungen, die, gleichviel zu welcher Jahreszeit und ob Kranke oder Gesunde in demselben Raume, notwendig darin vorgenommen werden müssen. Und beziehungsweise erträglich wäre dies noch, wenn jede dieser Stuben nur von einer Familie besessen würde. Allein dies ist keineswegs der Fall, vielmehr ist es ganz etwas Gewöhnliches, daß mehrere Familien beisammenwohnen, oder wenigstens noch Schlafleute, oder diese gar noch außerdem gehalten werden, und begreiflich ist es, daß die überwiegende Mehrzahl der letzteren zur Hefe des Volkes angehören muß, wodurch dann müßigen Umhertreibern und jeglichem Verbrechen eine bequeme Zufluchtstätte eröffnet wird. – Wie auf diese Weise alle Sittlichkeit und frische Betriebsamkeit zu Grunde geht und eine so schlechte Genossenschaft unnütze Mitglieder der bürgerlichen Gesellschaft noch mehr verdirbt und andere, die ein gutes Beispiel gebessert oder aufrechterhalten haben würde, in den Strudel des Verderbens mithineinzieht, springt in die Augen. Das bejammernswerteste Elend ist es aber, daß die schuldlosen Kinder, die hier geboren und auferzogen werden, von Anbeginn ihres Lebens fast von allem Guten ferngehalten werden, so daß ihnen, die sie beständig Zeugen von den Ausbrüchen und Handlungen der rohesten Leidenschaft sind, Schamhaftigkeit, Anstand und Ordnungsliebe ganz fremde Dinge bleiben. – Gegen solche Übel, von denen Glaubwürdigkeit nur der Augenschein zu überzeugen vermag, kann der Schul-Unterricht,

und wenn ihnen der beste auf das regelmäßigste zuteil würde, nicht von Wirkung sein, und so steht das allergrößte Unglück der nächsten Generation erst im vollen Maße bevor.

Wenn nun bei dem allen die Mieten in diesen Häusern ver(hältnis)mäßig sehr teuer sind und dieselben dennoch stets so stark be(wohnt sind), so ist dies weniger eine Folge mangelnder Wohnungen, die, wenn s(ie) früher bisweilen schwer zu finden gewesen, doch niemals ganz in den verschiedensten Teilen der Stadt soviel gebaut wird, und vornehmlich kleine Quartiere errichtet werden. Es ist diese Frequenz jener Häuser mehr ei(ne Fol)ge der darin herrschenden Ungebundenheit und verderbl(ichen) Gemeinschaft, welche einem großen Teile jener Classe vorz(ugsweis)e zusagt und die begierig von ihm gesucht wird; während diese(e) Personen gleichzeitig angestrengte Arbeitsamkeit scheuen und pünctliche Ordnung, wie sie zu ihrem eigenen Besten in anderen Häusern, welche von den Wirten selbst bewohnt werden, ge(fordert) wird.

Wenn es daher wünschenswert erscheint, daß mehrere polizeiliche Bestimmungen zur Handhabung einer besseren Ordnung (in die-)sen Häusern erlassen werden, so dürfte die nächste und w(ichtigste) von allen doch gewiß ein polizeiliches Verbot sein, wonach in solche(n Ge)bäuden und bei so beschränkten Wohnungs-Räumen ni(cht) die Veraftermietterung und das Halten von Schlafleuten durch (weg) gestattet würde.

Von der größten Wichtigkeit halten wir die ernstliche Er(örterung) dieser Angelegenheit, denn zu einer Zeit, wo ein fro(mmer) christlicher Sinn sich in so vielen Stiftungen und Rettungs-(Institu)ten mit der größten Selbstaufopferung äußert, geht das (Seelen)heil einer ungleich größeren Zahl in solchen Anstalten z(u Grunde), die gewiß wider Vermuten ihres Begründers eine (so allge)mein schädliche Richtung genommen haben und eine Pfla(nzschu)le der Immoralität geworden sind.

Extract
aus dem „Zeitungsbericht" an Se. Majestät den König für den Monat Januar 1826 vom 3. Februar 1826

Die von Wülcknitzschen Gebäude vor dem Hamburger Tor

Wenngleich in der letzten Zeit einige Maßregeln ergriffen sein sollen, um den nachteiligen Folgen vorzubeugen, welche das enge Beisammenwohnen so zahlreicher Familien aus der niedrigsten Klasse in den von Wülcknitzschen Häusern veranlaßt, so scheinen sie doch nicht von bedeutendem Erfolge zu sein. Wir glauben daher, daß mit den gewöhnlichen polizeilichen Maßregeln bei einer solchen Anstalt nicht auszureichen ist. Polizeiliche Vorschriften müssen sich wohl unbedenklich nach den speciellen Verhältnissen modificieren und können daher nicht für alle Städte, ja nicht für alle Stadtteile, gleich sein. Wenn nun die von Wülcknitzschen Etablissements schon einen so bedeutenden Umfang erhalten haben, daß ihre Bevölkerung viel größer ist als die in mancher Provinzialstadt, so bilden sie eigentlich selbst eine besondere Stadt. Besteht aber eine solche einzig und allein nur aus Tausenden von Personen der ungebildetsten und selbst zügellosen Klasse, so können natürlich nicht dieselben Polizei-Grundsätze angewandt werden, welche für die Residenz gelten, die größtenteils aus gebildeten Einwohnern besteht, von denen die niedrige Klasse nur einen geringen Teil ausmacht.

Es müßte daher eine besondere Polizei-Ordnung für jene Etablissements ausgearbeitet werden, damit dieser krankhafte Auswuchs der hiesigen Residenz nicht in physischer und besonders in moralischer Hinsicht eine fortwährende Quelle von Verderben und selbst von Verbrechen werde.

Fortsetzung von S. 133

hältniß zwar aus einer solchen Uebersicht der Miethen, welche sie zahlen, mit ziemlicher Genauigkeit übersehen lassen, indem die höhere oder geringere Miethe doch stets einen Maaßstab für die übrigen Ausgaben liefert, dann müßte aber auch der Stand der Miethen gleich geblieben sein, dies ist aber nicht der Fall.

Der Miethswerth der Wohnungen ist seit 1815 sehr gestiegen. Dies wirkt bedeutend bei den Zahlen des Tableaus ein und vermindert die Sicherheit der Resultate, welche sonst in Hinsicht der Wohlhabenheit daraus gezogen werden könnten.

Rechnet man nun aber die Zahl der Mieths-Quartiere von 8 bis 100 Thlr. also die drei ersten Reihen zusammen, so giebt dies für:

1815 – 32,452 Quartiere
für   1828 – 35,995   "
also für
1828 – 3,543 mehr kleine Quartiere, oder was dem gleich gerechnet werden kann, mehr kleine Familien, welche dieselben bewohnen. Bedenkt man hierbei, daß die Miethen so viel theurer geworden sind, und daß daher viele Familien, welche früher nur eine geringere Miethe zu zahlen brauchten, um ein für sie ausreichendes Quartier zu erhalten, jetzt eine höhere Miethe zahlen müssen, so geht daraus hervor, daß viele Familien, welche sonst in den Reihen unter 100 Thlr. standen, jetzt in der nächst darüber stehenden Colonne der Quartiere über 100 Thlr. sich befinden müssen. Daraus folgt dann, daß die Zahl der weniger bemittelten Familien sich noch bedeutender vermehrt haben muß, als wie obige 3,543, welche die Colonne der Miethen unter 100 Thlr. in den Jahren 1815 und 1828 ergab. Man kann dabei annehmen, daß sich diese Zahl der weniger bemittelten Familien, welche aber wegen der gestiegenen Miethspreise höhere Miethen zahlen müssen, wohl um so viel vermehrt habe, als der Miether nach der vierten Reihe von 100–200 Thlr. Miethe mehr geworden sind;

dies beträgt . . . . 3,171 Familien
und mit obigen . . . . 3,543 Familien
die Vermehrung im Ganzen . . . . . . 6,714 Familien.
Dies bestätigt auch die Colonne H., von der weiter unten die Rede sein wird, nach welcher jetzt 6,434 Familien mehr vorhanden sind, die wegen Dürftigkeit nicht zur Communalsteuer herangezogen werden.

Die Zahl der unbemittelten Familien ist aber in der Wirklichkeit noch bedeutender, als sich aus dieser Zusammenstellung entnehmen läßt, denn es giebt hier etwa 1,200 Familien, welche meublirte Zimmer vermiethen, die nur in sehr beschränkten Verhältnissen leben, nach diesen nur Wohnungen von 50, ja selbst nur von 30 Thlr. haben können, welche aber Quartiere von 100, 150, ja selbst von 200 Thlr. gemiethet haben, um durch Veraftermiethung des größten Theils dieser Wohnungen mit Meubles und Aufwartung an Studirende etc. sich einen Erwerb zu verschaffen.

Solche Familien stehen daher in dem Steuer-Cataster, also auch in den anliegenden Tableaus nach dem Miethsertrage aufgeführt, der sie wirklich zahlen, gehören aber in eine viel niedrigere Klasse der Einwohner, wenn sie nur nach dem Theil der Miethe klassificirt würden, den sie für den selbst benutzten Theil der Wohnung zahlen.

Die oben angegebene Zahl der kleinen Miether kann wegen dieser 1,200 Familien, die sich mit Vermiethung von chambres garnies befassen, wohl noch um 800–1,000 höher angeschlagen werden, also wohl zu 36,995. Aber nicht allein die Zahl der Familien, welche geringe Miethen, sondern auch die Zahl derer, welche höhere Miethen geben, hat sich bedeutend vermehrt, eine Folge des Andranges zur hiesigen Residenz von Familien aus allen Ständen.

Kolonne F: Bauvolumen und Bevölkerungswachstum

Die Colonne F., welche alle Wohnungen der Miether und Eigenthümer zusammenfaßt, ergiebt nun eine Vermehrung von überhaupt 9,664, seit 1815, also von etwa dem 4ten Theil der damals vorhandenen 40,271 Familien, so daß also 1/5 der jetzigen Bevölkerung der Stadt als Zuwachs der letzten 13 Jahre zu betrachten ist.

Mit diesen Ermittelungen stimmen auch die polizeilichen Seelenlisten ziemlich überein. Auf eine Familie pflegt man nämlich 4 Personen zu rechnen, und dies würde bei den 49,935 jetzt vorhandenen Familien eine Seelenzahl von 199,740 Köpfen geben, mit Ausschluß des in den Casernen oder in Natural-Einquartierung befindlichen Militairs. Es kommen hier aber mehr als 4 Personen auf eine Familie, welches auch darin seinen Grund hat, daß viel einzelne Personen noch außer den

Wir dokumentieren die beiden Arbeitstexte des Stadtrats Keibel und ihre Verarbeitung zum „Zeitungsbericht" des Magistrats, um die Methode zu zeigen, mit der nach offensichtlich oberflächlicher Begehung dann auf den gewollten Inhalt gekommen wird: eine *besondere Polizeiordnung für die v. Wülcknitzschen Familienhäuser*, zum einen, um die Konzentration von Almosenempfängern vor der Stadt zu verhindern, zum anderen aber auch, um den mit den städtischen Grundbesitzern konkurrierenden Großspekulanten auszuschalten. Dabei wird das Ziel aus den Vortexten immer klarer, je weiter man zurückgeht: Im ersten Text wird noch direkt das Verbot, solche Familienhäuser zu bauen, gefordert und damit im Zusammenhang das Verbot von 1-Stuben-Wohnungen. Argumentiert wird mit angeblichen Bewohnerzahlen, die maßlos übertrieben zu sein →S 125 scheinen. Keibel nennt *3200 Seelen*, im 1. „Zeitungsbericht" des Magistrats vom **30.9.1824** ist von *über 2500* die Rede, die offizielle Polizeizählung für den **1.12.1824** lautet 2175, und Dr. Thümmel, der Armenarzt, der gleichzeitig mit Keibel am **3.12.1825** der Armendirektion zum ersten Mal berichtet, gibt an, daß sich die Bewohnerzahl seit **Januar 1825** um 1000 Personen reduziert habe. Keibel nennt also Extreme in bezug auf Gesamtzahl und vor allem Stubenbelegung *von oft 12 Seelen und mehr*, um seinen detaillierten 17 Vorschlägen das nötige Gewicht zu verleihen. Im zweiten Text geht Keibel wieder von seinen vier Hauptpunkten *Moralität, Feuergefährlichkeit, polizeiliche Gefahr und Gesundheitszustand* aus, wobei sich das Hauptgewicht auf die moralische Argumentation verschiebt und folgerichtig in der Forderung nach dem polizeilichen Verbot der Untervermietung und des Schlafstellenwesens für die Familienhäuser mündet — was der Innenminister ja bereits am **20.2.1824** eindeutig ausgeschlossen hat. Im endgültigen Text des „Zeitungsberichts" stellt der Magistrat nur noch die allgemeine Forderung nach einer *besonderen Polizeiordnung* auf, wobei er offensichtlich hofft, bei der konkreten Erarbeitung dieser Polizei-Ordnung die alte Verbotsforderung wieder mit einbeziehen zu können.

Auf den „Zeitungsbericht" hin wird der Magistrat vom Innenministerium →A 14 am **18.2.1826** aufgefordert, *spezielle Tatsachen, auf welchen seine Meinung von der Schädlichkeit jener Anstalt beruht, anzuzeigen und zugleich bestimmte Vorschläge über diejenigen polizeilichen Vorschriften zu machen, durch welche seiner Meinung nach den Übelständen abgeholfen werden kann.* Der Magistrat unternimmt selbst nichts, sondern reicht nach einer zweiten Aufforderung durch das Innenministerium am **16.5.1826** die Angelegenheit weiter an die Armendirektion. Sie ihrerseits betraut ihren →S 193 Armenarzt Dr. Thümmel mit dieser Aufgabe, der einen umfangreichen Bericht am **11.1.1827** abfaßt. Dieser Bericht gelangt, versehen mit einem Begleitschreiben des Oberbürgermeisters vom **26.3.1827** an das Innenmini- →A 15 sterium: *Auf den Inhalt derselben (der Darstellung des Dr. Thümmel, d.V.) Bezug nehmend, glauben wir im allgemeinen anfügen zu dürfen, daß uns das Gleichnis sehr passend gewählt scheint, nach welchem der Dr. Thümmel diese größtenteils hölzernen Gebäude wegen ihres sowohl in physischer als moralischer Hinsicht Verderben schwangeren Inhalts mit dem trojanischen Pferd vergleicht, das, vor den Mauern der Stadt stehend, nur auf den rechten Augenblick wartet, um dieselbe zu durchbrechen und seinen verderblichen Inhalt über die bis jetzt die Gefahr wohl noch nicht ahnenden Einwohner zerstörend zu verbreiten. So mehr uns dies scheint, so notwendig erachten wir auch, daß ernstliche Maßregeln ergriffen werden, um wenigstens die Nachteile zu mildern, welche das einmal Vorhandensein dieser Gebäude veranlaßt . . .*

Vorgeschlagen werden im wesentlichen verstärkte Polizeiaufsicht und ←S 145 bauliche Maßnahmen. Unter Punkt 7 führt der Oberbürgermeister in bezug auf die hier interessierende Problematik aus:

7. Die einzelnen Wohnungen bestehen in der Regel nur in einer einzelnen Stube, in welcher sich ein auch zum Kochen eingerichteter Ofen befindet. Da sich also weder Küche noch Kammer noch sonst ein Gelaß außer auf dem Boden zu etwas Brennmaterial vorfindet, so ist das Wohnzimmer auch der Sitz aller Unreinlichkeiten, welche von einer Haushaltung unzertrennbar sind.

Solche Wohnungen . . . dienen nun gewöhnlich zum Aufenthalt von 8 bis 10 Personen, meist aus zwei Familien bestehend und in der Regel aus männlichen und weiblichen Schlafleuten. Unseres Erachtens kann ein so buntes Gemisch von Bewohnern in so engen Räumen nicht geduldet werden; es ist für die Gesundheit und die Moralität der Einwohner gleich ge-

fährlich, und wenn es sogar bei Ställen Vorschriften gibt, wieviel Quadrat- und Cubikfuß sie wenigstens enthalten müssen, um den Tieren nicht gefährlich zu sein, so müßte dies bei menschlichen Wohnungen wohl um so eher der Fall sein. Unseres Erachtens dürften nicht zwei Familien in so kleinen Räumen beieinander wohnen. Den darin bleibenden Familien darf es aber auch nur unter solchen Verhältnissen verstattet sein, Schlafleute zu halten, welche nach dem jedesmaligen Bewohner sich richten.

Unter Punkt 8 jedoch (polizeiliche Maßnahmen) wird nach Abhandlung der schulischen Unterversorgung, auf die wir noch genau eingehen werden, zum ersten Mal in diesen Auseinandersetzungen die s e e l i s c h e Unterversorgung des Voigtlandes angesprochen – vom Oberbürgermeister:

Daß übrigens nach der Anlage das kirchliche Verhältnis der ganzen Parochie, wozu die von Wülcknitzschen Häuser gehören, sich in einer so betrübten Verfassung befinden, ist leider nur allzu wahr. Das ganze Spandauer Stadt-Viertel und fast die ganze Oranienburger-Vorstadt bis zum Vorwerk Wedding und den Rehbergen sowie die ganze Vorstadt vor dem Hamburger und dem Rosenthaler Tor gehört zur Parochie, der unter Königl. Patronat stehenden Sophien-Kirche. Sie hat gewiß nicht unter 50.000 Seelen, (. . . unleserlich . . .) Von einem Seelsorger kann hier gar nicht die Rede sein. Die Kirche kann nur einen ganz unbedeutenden Teil der erwachsenen Einwohner erfassen. Die Entfernung derselben von dem größten Teil der Einwohner macht es auch, daß ihnen die Kirche nicht einmal äußerlich in Erinnerung kommt. Sollte innerlicher Trieb sie auch zum Kirchengehen veranlassen, so würden sie keinen Platz in der Kirche finden. Dies alles scheint es notwendig zu machen, daß des Königs Majestät geruhten, diese (. . . unleserlich . . .) Kirchen erbauen zu lassen, worüber wir heut an das Königl. Consistorium berichtet haben.

Sofort wird deutlich, läßt man die bisherigen Vorgänge Revue passieren, daß hier der Magistrat fast wie nebensächlich eine ganz neue tiefgestaffelte Strategie entwickelt:

1. Der Oberbürgermeister, als Vertreter der städtischen Hausbesitzer, schickt den gedruckten Thümmel-Bericht mit der dort genannten Bewohnerzahl von 4000, die sich später als zu hoch angenommen erweist, mit dem zitierten Begleitschreiben an den Innenminister. Dieser reagiert, erschrocken über die extrem hohe Bewohnerzahl, mit einer Verfügung an das Polizeipräsidium, welches er auffordert, speziell für die v. Wülcknitzschen Familienhäuser ein Reglement auszuarbeiten, und hebt damit ausdrücklich seine Verfügung vom **20.2.1825** auf. Damit hat der Magistrat sein früher vergeblich verfolgtes Ziel, ein Sonderrecht für die Unternehmung des konkurrierenden Großspekulanten durchzusetzen, erreicht. ←S 133

2. Der Oberbürgermeister verfaßt einen „Zeitungsbericht" für den Monat **März 1827** an den König, in dem zum d r i t t e n M a l die v. Wülcknitzschen Familienhäuser behandelt werden. Mit diesem „Zeitungsbericht" – im Gegensatz zum zweiten – erhält der König ein gedrucktes Exemplar des Thümmel-Berichtes. In dem „Zeitungsbericht" fordert der Magistrat besondere polizeiliche Maßnahmen im Gebiet des Voigtlandes und zudem ganz direkt den Bau von Kirchen. Der König reagiert darauf in doppelter Weise: Er weist den Minister Altenstein (Ministerium für geistliche und Unterrichts-Angelegenheiten) an, den Bau der Kirchen vorzubereiten, den Innenminister fordert er auf zu berichten, was er seit **1824** veranlaßt hat. Der Innenminister antwortet, daß er das Polizeipräsidium aufgefordert habe, ein Reglement zu entwerfen, das ihm, dem König, vorgelegt werden solle. ←S 139 / ←S 379

3. Der Oberbürgermeister schreibt direkt an das Konsistorium, die Oberaufsichtsbehörde der Evangelischen Kirche in Brandenburg, und regt den Bau von Vorstadtkirchen im Norden der Stadt Berlin an. Mit dem Wecken der Aufmerksamkeit der staatlichen und kirchlichen Organisationen auf die fehlende seelische Beeinflussung wird versucht, ein mittelalterliches Instrumentarium wiederzubeleben, das hilft, diese *unnützen Mitglieder der bürgerlichen Gesellschaft*, wie Keibel sie nennt, in die herrschende gesellschaftliche Ordnung zurückzubringen, wofür die polizeilichen Maßnahmen allein offensichtlich nicht ausreichen. ←S 379

In diesem Kapitel, in dem es um das Verhältnis Mieter zu Vermieter bzw. Vermieter zu Stadt und Staat geht, verfolgen wir nur die unter 1. genannte Linie der Magistratsstretegie. (Die 2. und 3. sind Ausgangspunkt für das Kapitel 12, in dem die Entwicklung des Instrumentariums bürgerlicher Sozialpolitik verfolgt wird – am Berliner Beispiel.)

Familien vorhanden sind, und in chambres garnies bei denselben wohnen, oder in Schlafstelle liegen.
Die polizeilichen Seelenlisten des Jahres 1828 ergeben nämlich, daß
1) innerhalb der Ringmauer . . 206,566 Personen
2) außerhalb derselben in den engeren Polizei-Bezirken der Stadt . . . . 13,107 Personen
in Summa . . . . . . 219,673 Personen,
selbst außer den in den Casernen liegenden und in den Bürgerhäusern eingemietheten Militair-Personen, vorhanden waren. Genau läßt sich dies mit den Notizen balanciren, welche die Steuer-Cataster der Familien ergeben, da die Besteuerung außerhalb der Stadt nicht gleiche Grenzen mit den Polizei-Bezirken hat. Es geht indessen doch so viel daraus hervor, die Einwohnerzahl in der Stadt, selbst wenn man die nicht steuernden Militair Familien von der Communal-Berechnung in Abzug bringt, auch nach den polizeilichen Listen nicht nur eben so groß, sondern größer ist, als nach der Wahrscheinlichkeits-Berechnung, welche durch die Zahl der durch Familien bewohnten Localien begründet wird.

→S 145 **Kolonnen G–I: Zunehmende Verarmung der Bevölkerung führt zu steigender Belastung für die Stadt**

Die Colonne G.H. und I. ergeben nun auch das Besteuerungs-Verhältniß der hiesigen Commune in den Jahren 1815 und 1828 sowohl überhaupt als auch in Hinsicht der Familien, welche in jedem der beiden Jahre zur Communal-Besteuerung gezogen wurden sind. Aus der Vergleichung der Colonne F. und G. geht hervor, daß von den . . . . 49,935 Familien welche jetzt überhaupt vorhanden sind nur . . . . 37,848 Familien Communal-Steuer zahlen, indem der Ueberrest von . . . . 12,087 Familien also etwa der vierte Theil der ganzen Bevölkerung von der Steuer frei bleibt, der in Hinsicht der Lasten und der Beschaffung der Communal-Bedürfnisse von den übrigen Familien übertragen werden muß.

Dies steuerfreie Viertel zerfällt nach den Colonnen H. und I. in zwei Haupttheile, nämlich in die durch höhere Bestimmung von der Steuer-Zahlung eximirten . . . . 3,531 Familien und in die . . . . 8,556 Familien von welchen wegen dürftiger Verhältnisse keine Steuer zu erhalten ist . . . . . . 12,087 Familien.

Wegen dieser beiden Klassen wird unten noch ein Mehreres verhandelt, und ist nur hier zuvörderst im Allgemeinen darauf aufmerksam zu machen, welchen ungünstigen Erfolg die so vermehrte Bevölkerung der Stadt auf die Communal-Verwaltung gehabt hat.

Nach der Colonne F. hat sich nämlich die Zahl der hier wohnenden Familien an Eigenthümern und Miethern aus allen Ständen seit 1815 um . . . . 9,664 vergrößert, nach Colonne G. hat aber die Zahl der Familien, welche Communalsteuer zahlen, nur um . . . . 421 zugenommen. Die übrigen . . . . 9,243 Familien sind daher solche, die gar keine Steuer zahlen, um sich zwar die Bevölkerung vermehrt hat, durch welche die Communal-Kassen aber keine neue Einnahme zur Deckung der Communal-Bedürfnisse erhielten, die besonders durch eine so vergrößerte Bevölkerung bedeutend gesteigert wurden.

Von der hinzugekommenen Bevölkerung zahlt also nur 1/23 die Steuer und 22/23 oder 9243 Familien dieses Zuwachses müssen von den übrigen steuernden Familien übertragen werden.

Geht man nun die specielleren Verhältnisse der Colonne H. und I. durch, welche die Zahl dieser 9243 Familien nachweisen, die keine Communalsteuer zahlen, so geht daraus hervor, daß die Zahl derjenigen, welche wegen Armuth frei gelassen werden müssen, sich gegenwärtig auf . . . . . . 8,556 Familien beläuft, dagegen nur 1815 . . . . . . 2,122 Familien aus gleichen Ursachen steuerfrei gelassen wurden, es hat sich also deren Zahl um . . . . 6,434 Familien und mithin um etwa das Vierfache vermehrt. Im Jahre 1815 waren daher auf 37,427 steuernde Familien nur 2,122 Familien, oder auf 15 steuernde, eine wegen Armuth nicht zu steuernde zu übertragen.

Im Jahre 1828 aber waren auf 37,848 steuernde, 8556 arme Familien zu übertragen, also 1 auf 4 und ein halb der Steuerzahlenden.

Seit dem Jahre 1823 werden die Untersuchungen wegen der Steuerfreiheit aus Armuths-Verhältnissen durch die Armen-Commissionen bewirkt, welche um diese Zeit zu Stande gekommen waren, um in erster Instanz sämmtliche Armen-Angelegenheiten der Commune zu besorgen. Bis dahin hatten die Servis-Verordneten auch diese Untersuchungen mit allen anderen Recherchen bewirkt, welche auf die Erhebung der Haus- und Mieths-Steuer Bezug haben, und die Zahl der wegen Armuth freigelassenen Personen war damals auf die Hälfte des jetzigen Betrages, also etwa bis auf 4000 Familien angewachsen. Diese bedeutende Zunahme, der wegen Armuth von der Steuer freigelassenen Personen, ist besonders dadurch veranlaßt, daß die Zahl der hiesigen kleinen Familien sich aus mannigfaltigen Gründen in einem raschen Verhältniß vermehrt hat.

Die Leichtigkeit sich hier zu etabliren, besonders für alle diejenigen unbemittelten Personen, welche die Kriege von 1813 bis 1815 mitgemacht haben, die unbeschränkte Gewerbfreiheit, der Zudrang zu jeder großen Stadt überhaupt, und besonders zur Hauptstadt, sind die Veranlassung, daß zahlreiche Personen nicht nur aus hiesiger Stadt, sondern aus allen Theilen der Monarchie ihr Glück hier versuchen, sich verheirathen und etabliren. Dies ist die Veranlassung, daß die Zahl der kleinen dürftigen Familien sich häuft, und daß der Erwerb der hier zu erlangen ist, sich mit jedem Jahre unter mehrere Familien theilt, und jede sich daher mit einem geringeren Verdienst behelfen und einrichten muß als früher.

Außer den zahlreichen Schutzverwandten, durch welche in den Jahren von 1815 bis 1828 sich die Bevölkerung vermehrt, sind nach der anliegenden Nachweisung in diesem Zeitraum 14,462 Personen zu hiesigen Bürgern angenommen, mit Einschluß von 2604 Personen, die so unbemittelt waren, daß sie das Bürgerrechtsgeld von 25 Thlr. nicht bezahlen konnten, und von denen die meisten das Bürgerrecht nach den deshalb ergangenen Verordnungen deshalb unentgeldlich erhielten, weil sie die Campagne von 1813/15 mitgemacht hatten, sie mochten zur hiesigen Commune schon früher gehört haben oder nicht.

Wenn nun aber gegenwärtig, nachdem sich die Bevölkerung seit 1815 um 9,664 Familien vermehrt hat, sich hier 6,434 mehr arme Familien finden als sonst, so kann man doch nicht sagen, daß diese armen Familien gerade nur die neu hinzugekommenen wären, obgleich dies mit vielen, und auch wohl mit den Meisten der Fall ist.

Unkundig der Lasten und Sorgen, welche auf einem Familienvater ruhen, der zahlreichen Ansprüche, die mit dem Anwachsen der Familie an ihn gemacht werden, meist selbst unkundig des Gewerbes durch welches sie ihr Brod zu erwerben beabsichtigen, da keine gesetzliche Bestimmungen mehr von ihnen verlangen, daß sie sich dazu fähig machen, und nur durch den Wunsch geleitet, ihr eigener Herr zu sein, sich zu verheirathen etc., schaffen sich viele leichtsinnig dieses geträumte Glück, das ihnen dann nur zu bald wieder verrinnt, für sie und für die unterdessen erzeugten Kinder aber eine Quelle des Elends wird, und die Sorge für die Erhaltung und Erziehung der letzteren auf die Commune abwälzt.

Unter den armen Familien befinden sich aber auch viele, die schon lange hier lebten, sonst in Wohlstand waren, aber durch Conjuncturen, und besonders durch das Zuströmen so vieler neuen Familien so heruntergekommen sind, daß sie, nicht nur keine Abgaben entrichten können, sondern wohl gar von der Commune unterstützt werden müssen, auch oft nicht einmal eigene Wohnungen haben, in Schlafstelle liegen.

Obgleich daher das Zuströmen auch zur Gewinnung des hiesigen Bürgerrechts so bedeutend ist, daß nach der Anlage C. jährlich 1,100 bis 1,300 neue Bürger angenommen, so beträgt dennoch die Gesammtzahl der hiesigen activen Bürger nur die Summe von . . . . 12,801 Personen also nur den vierten Theil aller Familien. Rechnet man davon die . . . . 5,203 Eigenthümer ab, welche hier wohnen, und deren Existenz nicht so vorübergehend ist, von denen viele als Rentiers, Staatsbeamte das Bürgerrecht nur wegen des Hausbesitzes gewinnen müssen, so bleiben nur . . . . . 7,598 die allein des Gewerbes wegen hier vorhanden sind, und sich von den 11–1,300 jährlich Aufgenommenen, haben in ihrem Erwerbe halten können.

Es liegt in der Natur der Sache, daß Familien, welche in jüngeren Jahren unter sonst günstigen Verhältnissen mehrere Kinder, wohl noch Eltern und sonstige Verwandte zu ernähren hatten, bei aller Sparsamkeit nichts für das Alter zurücklegen konnten, bei dem Eintritt desselben oder schon früher, durch jüngere

Ausnahmerecht für die Familienhäuser

Was der Innenminister auf den Thümmel-Bericht und das Begleitschreiben des Oberbürgermeisters mit den 8 Reformvorschlägen hin unternimmt, berichtet er selbst am **24.4.1827** auf eine entsprechende Anfrage dem König: →A 16 *Obgleich auf den von Eurer Königl. Majestät unterm 7.2.1826 an mich abgegebenen Zeitungsbericht des Magistrats derselbe unterm 18.2.26 von mir angewiesen worden war, die speziellen Tatsachen, auf welchen seine Meinung über die Anstalt sich begründen, anzuzeigen und bestimmte Vorschläge über die zu treffenden Verfügungen zu eröffnen, und obgleich ich denselben an die Berichterstattung erinnert hatte, ist der Bericht dennoch erst am 26.3.1827, folglich 13 Monate nach jener Aufforderung, erstattet worden und den 3.4.1827 eingegangen. Da ich übrigens die meisten der darin geschehenen Vorschläge, unter der Voraussetzung der Richtigkeit der angezeigten Tatsachen, als zweckmäßig erkannte, so verfügte ich bereits unterm 7.4.1827 mittelst der in Abschrift anliegenden Verordnung an das Polizei-Präsidium in Gemäßheit derselben und veranlaßte dasselbe, für die Abstellung der Übelstände zu sorgen und ein besonderes Polizei-Reglement über Vermietungen und Aftervermietungen zu entwerfen, solches auch mir einzureichen, damit ich es nach Befinden zu Euer Königl. Majestät allerhöchsten Bestimmung alleruntertänigst vorlegen könne . . .*

Die hier angesprochene Verfügung des Innenministers an das Polizeiprä-→S 136 sidium vom **7.4.1827** bezieht sich direkt auf den oben zitierten 7. Vor-→A 17 schlag des Oberbürgermeisters: *. . . Was den Vorschlag unter 7 anlangt, so habe ich bereits in den Verfügungen vom 2.12.1824 und 20.2.1825 dem Polizeipräsidio zu erkennen gegeben, daß ein unbedingtes Verbot der Aftervermietungen weder zulässig noch dem Zweck ganz entsprechend sei, demselben aber in der letzten Verfügung zugleich anbefohlen, darauf zu sehen, daß dort keine der Gesundheit der Bewohner und sonst nachteilige Überfüllung der Häuser stattfinde. Diese Überfüllung scheint nun wirklich eingetreten zu sein, da nach der Anzeige vom 21. Juni 1825 die Bevölkerung der Häuser damals nur über 2100 Menschen betrug, gegenwärtig aber nach der angeblich auf die Angaben der Revier-Polizei-Kommission aus gegründeten Versicherungen des Dr. Thümmel bereits mit mehr als 3800 Menschen angeschrieben sein soll. Ich stimme dem Magistrat darin ganz bei, daß ein Institut so eigentümlicher Art, wie des v. Wülcknitzschen, welches die Bevölkerung einer Mittelstadt auf dem Raume weniger Morgen Land zusammendrängt, auch eigentümliche Polizeimaßregeln erfordert. Es wird daher notwendig und zulässig sein, über die Vermietungen und Aftervermietungen und über die Befugnis, Schlafstellen zu halten, für diese Häuser ein besonderes Polizeireglement festzustellen und durch solches der zu großen Überfüllung nicht nur Krankheiten, sondern auch der Sittenlosigkeit, welche das rücksichtslose Beisammensein der Geschlechter verursacht, möglichst vorzubeugen. Das Königliche Polizei-Präsidium hat ein solches Reglement unter Berücksichtigung der Lokalverhältnisse zu entwerfen, über solches demnächst mit dem Kammerherrn v. Wülcknitz selbst Rücksprache zu nehmen und dessen Erklärung darüber zu erfordern, demnächst aber unter Einreichung derselben und des entworfenen Reglements zu berichten, indem ich mir vorbehalte, dann nötigenfalls die Entschließung Seiner Majestät des Königs zu erbitten.*

Diese ministerielle Verfügung fußt auf der Angabe Dr. Thümmels, die Familienhäuser seien zur Zeit mit *über 3800 Seelen* belegt. Daß diese Angabe falsch ist und im Gegenteil die Vermietung der Stuben in den Familienhäusern wegen der starken Bautätigkeit im Voigtland sogar schwierig zu werden beginnt, stellt der Armenarzt bereits im **April 1827** fest und in-→A 18 formiert den Magistrat davon am **17.4.1827**: *Als mich eine Wohllöbliche Armen-Direction im November d.J. beauftragte, genau ihr den physischen und moralischen Zustand etc. der v. Wülcknitzschen Familienhäuser zu berichten, bemühte ich mich lange fruchtlos, genaue Data in Beziehung auf Bewohnerzahl, Flächeninhalt etc. zu erlangen und den Herrn Eigentümer zu einer ganz neuen Zählung seiner Mieter und Aftermieter zu vermögen. Ich sah mich deshalb genötigt, den Herrn Polizei-Commissarius Herrn Gain um die Mitteilung der Bewohnerzahl dieser Häuser in der Gartenstr. zu ersuchen, und erhielt mit der Bemerkung, daß durch den häufigen, fast* *täglichen Wechsel der Aftermieter und Schlafleute die Summe nicht ganz genau bestimmt werden könnte und nach einigen Wochen oder gar Monaten schon wieder um mehrere Hundert differiere, die Anzahl von 3800 Seelen. Mit Erstaunen erfahre ich nun, daß bei der letzten Zählung, welche Herr von Wülcknitz nach dem Erscheinen des letzten Berichtes über sein Institut veranlaßte, sich die Total-Summe nur auf 2108 beläuft und die Differenz daher 1685 beträgt.*

So erfreulich dies Resultat auch ist, so dürfte es der Herr Eigentümer, welcher diesen Punkt als eine falsche Prämisse zum ganzen Bericht ausgeben und mithin auch die übrigen Angaben in demselben schreckend und verdächtigt machen könnte, zu kräftigen Operationen gegen die gehofften Wirkungen des Berichts veranlassen.

Um mich genau zu überzeugen, begab ich mich gestern selbst zum Herrn Polizei-Commissarius Gain und ließ mir die Liste der Einwohner der Familienhäuser vorlegen.

Leider erfuhr ich, daß mir durch ein Mißverständnis früher die Gesamtzahl der Bewohner der Gartenstraße überhaupt mitgeteilt worden war und deshalb die Summe von 881 von der Hauptsumme abgezogen werden mußte.

Nach dieser Überschrift wohnen

in dem Hause 60	*in 91 Stuben*	–	*602 Menschen*
in dem Hause 58	*in 150 Stuben*	–	*824 Menschen*
in dem Hause 58a	*in 87 Stuben*	–	*411 Menschen*
in dem Hause 58b	*in 75 Stuben*	–	*375 Menschen*
durch den Wechsel ungewiß		–	*500 Menschen*
	Summe	–	*2712 Menschen*
im übrigen Teil der Gartenstr.		–	*881 Menschen*
	Summa	–	*3593 Menschen*

Indessen belief sich zur Zeit der Abfertigung meines Berichtes die Bewohnerzahl freilich mit Einschluß der Gartenstr. auf 3800, wie überhaupt im Winter die Zahl immer viel bedeutender ist als im Frühjahr und Sommer. – Zu verwundern ist es nicht, wenn die Nachfrage nach den Wohnungen in diesen Häusern abnimmt, da die Häuser sich im Voigtlande fast täglich vermehren und den Leuten bessere Wohnungen für denselben Preis darbieten.

Nachträglich erlaube ich mir noch zu bemerken, daß Herr v. Wülcknitz, durch die größere Concurrenz der kleinen Wohnungen im stets sich vergrößernden Voigtlande veranlaßt, den Mietzins ermäßigt hat und dies seit dem 1. April c. in Anwendung getreten ist, um mit den übrigen Hauswirten einigermaßen Schritt zu halten. Dr. Th.

Das Dilemma, in das der Magistrat durch diese Aufklärung gerät, leuchtet unmittelbar ein: Einerseits entfällt mit dieser Information die Grundlage für die Erarbeitung des Polizei-Reglements, an dem der Magistrat ein deutliches Intresse hat, andererseits ist er verpflichtet, diese Information weiterzuleiten. Um die erreichte Verfügung des Innenministers nicht wieder zu gefährden, verfährt man folgendermaßen: von Schuckmann wird nicht informiert, dafür der König in einem „Zeitungsbericht", der jedoch, obwohl der Magistrat über die sehr präzisen Angaben Thümmels verfügt, so abgefaßt ist, daß er keine Grundlage für eventuelle neue Entscheidungen bieten kann:

Zeitungsbericht des Magistrats an den König
für den Monat April 1827

Die von Wülcknitzschen Familienhäuser. In Verfolg unseres letzten Zeitungsberichts erlauben wir uns nachträglich alleruntertänigst anzuzeigen, wie die Bewohnerzahl der von Wülcknitzschen Häuser gegenwärtig bedeutend geringer sein soll, als der von uns überreichte Bericht des Dr. Thümmel, als Armen-Arzt des Reviers, besagt. Nach dessen Auskunft soll der betreffende Polizei-Commissarius nämlich unter der von ihm benannten Zahl auch die Bewohner eines Teils der Gartenstraße, in welcher die von Wülcknitzschen Häuser liegen, mitgerechnet haben.

Wir finden uns um so eher veranlaßt, die angegebene Zahl für ganz begründet anzunehmen, als der von Wülcknitz selbst gegen einen Deputierten unseres Collegii früher geäußert hatte, daß seine Anlage etwa 4000 Menschen fassen würde. Wir werden nun noch eine specielle Zählung ver-

←A 19

C.

Zu Bürgern sind angenommen worden:

im Jahre.	ohne Zahlung der Bürgerrechtsgelder.	gegen Erlegung der Bürgerrechtsgelder		Haupt-Summe.
		mosaischen Glaubens.	zur christlichen Kirche gehörig.	
1 1815	„	97	992	1,089
2 1816	233	46	977	1,256
3 1817	263	42	536	841
4 1818	294	42	591	927
5 1819	168	27	550	745
6 1820	245	48	637	930
7 1821	260	35	634	929
8 1822	202	38	687	927
9 1823	154	49	794	997
10 1824	143	39	802	984
11 1825	163	55	1,112	1,330
12 1826	198	34	979	1,211
13 1827	168	51	962	1,181
14 1828	113	38	964	1,115
	2,604	641	11,217	14,462

Neuendorff.
Stadt-Sekretär.

und daher noch kräftigere Familien, die noch für weniger Bedürfnisse zu sorgen haben, außer Erwerb und Brod gesetzt werden, und daher zu Grunde gehen, bis diese jüngeren dann auch alt werden, und dem Schicksal ihrer Vorgänger ebenfalls unterliegen.

Dergleichen Verhältnisse haben in früheren Zeiten vielfache Vorschriften zur Befähigung, Behufs des Bürgerwerdens, so wie Beschränkungen des zeitigen Etablirens, und dieses Verdrängens der älteren Generationen durch die jüngeren herbeigeführt.

Manche Nachtheile, welche diese Beschränkungen etc. hatten, in welche sie ausarten, und der so natürliche Wechsel der Ansichten und Systeme sind die Veranlassung gewesen, daß in den neueren Zeiten diese Beschränkungen als unzulässig ganz verworfen sind. Vielleicht werden spätere Jahre wieder passendere Beschränkungen der jetzigen Ungebundenheit herbeiführen, wenn erst lange Erfahrungen die großen Nachtheile werden gezeigt haben, welche besonders für das Familienleben, die Erziehung der Jugend und für die Moralität, aus den jetzt bestehenden Verhältnissen hervorgehen.

Die im Jahre 1814 veränderte Militair-Verfassung hat aber auch die Vermehrung solcher kleinen Familien zur natürlichen Folge gehabt, und sie nothwendig gemacht, ohne daß man ihren Ursprung aus den gedachten Ursachen herleiten kann. Bei den früheren Militair-Verhältnissen verrichteten nämlich die zur hiesigen Garnison gehörigen Soldaten einen großen Theil der Tagelöhner-Arbeiten. Bei der jetzigen Militair-Verfassung ist dies nicht mehr zulässig, das Bedürfniß an solchen Arbeiten ist aber nicht nur in der Commune geblieben, sondern hat sich bei der gestiegenen Bevölkerung bedeutend vermehrt. Es hat sich daher ein eigener Tagelöhner-Stand gebildet, der früher wegen der vielen, die Handarbeit verrichtenden Soldaten nur in einem sehr geringen Umfange existirte. Es ist wohl zweckmäßig hier beiläufig zu bemerken, daß das Entstehen dieses Tagelöhner-Standes auch die Veranlassung geworden ist, daß der wohlfeileren Getreide-Preise ungeachtet sich doch das Tagelohn nicht vermindert, sondern eher erhöhet hat. Der frühere Tagelöhner-Stand, die Soldaten der Garnison, hatten mit Ausnahme der sogenannten Beurlaubten, durch ihre Militair-Verhältnisse freie Wohnung, Kleidung, Heizung und Löhnung, und brauchten daher das Tagelohn, welches sie sich in der vom Militairdienst freien Tagen und Stunden verdienten, nicht zu ihrem eigentlichen Unterhalt, sondern nur zu Nebenausgaben, um sich eine bessere Existenz zu verschaffen. Verheirathet waren die Soldaten, die immer bei der Fahne und also nicht beurlaubt waren, überdies selten, hatten daher keine Familie zu ernähren, und konnten mit einem geringen Tagelohn zufrieden sein.

Der jetzige Tagelöhnerstand hat dagegen nicht solche besonderen Einnahmen, durch welche er die Hauptbedürfnisse seines Lebens decken könnte, er muß diese daher für sich, und in den meisten Fällen auch für eine Familie, durch das Tagelohn erwerben, und kann mithin nicht für so geringes Tagelohn arbeiten, als die Soldaten dies ehemals vermochten.

Dies sollten diejenigen auch erwägen, welche über ein hohes Tagelohn klagen, das freilich in einzelnen Fällen sehr gesteigert werden mag, im Ganzen sich aber bei der freien Concurrenz, doch gewiß auf die Höhe gestellt hat, welche den hiesigen Verhältnissen gemäß ist.

Der größte Theil dieses Tagelöhnerstandes und des geringeren Handwerksstandes verdient nun zwar sein tägliches Brod, und wäre daher gesetzlich verpflichtet, die Communalsteuern zu zahlen, da nach der Cabinets-Ordre vom 26. Januar 1815 nur die Familien von der Miethssteuer befreit sein sollen, die von Allmosen leben. Es giebt indessen doch immer viel Familien, von denen die Commune wegen Dürftigkeit keine Steuer erhalten kann, wenn sie ihnen auch noch keine Allmosen giebt.

Selbst wenn die veranlaßte Untersuchung auch die Ueberzeugung gegeben hat, daß solche Familien nach ihrem Verdienst Steuer zahlen können, so ist es doch mit vieler Schwierigkeit verbunden, dieselbe einzuziehen.

Es leben diese Leute, wie man zu sagen pflegt, aus der Hand in den Mund. Jeder kleine Unglücksfall, der sie durch Krankheit etc. betrifft, macht sie gleich wirklich unfähig Steuern zu zahlen, ja selbst ihr Brod zu verdienen, sie fallen dann sogar der Commune zur Last, und sind mit eine Veranlassung der so sehr vermehrten Ausgaben der Commune.

Wenn nun gleich eine so bedeutende Zahl der hiesigen, nur eine geringe Miethe zahlenden Familien von der Besteuerung frei gelassen werden muß, so werden doch die Steuern von 6,967 solcher Familien erhoben, die nur Quartiere unter 30 Thlr. bewohnen, also von mehr als der Hälfte dieser 11,785 Familien, wie Colonne G. ergiebt, und von den 14,154 Familien, die eine Miethe von 31 bis 50 Thlr. geben, zahlen sogar 10,589 die Miethssteuer, also 5/7 und mithin ein gar nicht unbedeutender Theil der Hauptsumme.

Von den Familien, welche 51 bis 100 Thaler Miethe zahlen, haben aber auch . . . . 740 Familien, und von denen, welche 101 bis 200 Thlr. Miethe geben, haben . . . . 47 Familien im Jahre 1828 wegen Armuth von der Steuer freigelassen werden müssen, so wie dies auch in den Jahren vorher in gleichem Verhältniß statt gefunden hat. Mannigfaltige Ursachen veranlassen dies, besonders auch der schon bei Colonne E. angeführte Umstand, daß so viele unbemittelte Personen sich damit befassen, größere Quartiere zu miethen, um einzelne und mehrere Piecen dann wieder als meublirte Zimmer zu veraftermiethen.

Diese Leute sind meist dürftig und können dann oft die Miethen für die größeren zur Veraftermiethung bestimmten Quartiere eben so wenig bezahlen, als wenn sie allein für ihr Bedürfniß gemiethet hätten.

Es ist wohl verschiedentlich die Bemerkung gemacht worden, daß jeder, welcher eine Miethe von 30 bis 50 Thlr. und darüber gebe, auch noch die wenigen Thaler Miethssteuer entrichten könne, welche mit 6 2/3 pCt. erhoben wird, indessen lehrt die Erfahrung das Gegentheil.

Viele beginnen ein Gewerbe, zu welchem ein großer Raum erforderlich ist, sie sind dann nicht im Stande es durchzuführen, müssen es wieder aufgeben, und können weder Miethe noch Steuer bezahlen.

Für 50 Thlr. und darüber sind die Quartiere gewöhnlich nur sehr klein, bestehen oft nur aus Stube und Kammer. Familien, welche ein Gewerbe treiben, das nur einigen Raum erfordert, oder die mehrere Kinder haben, ja selbst Wittwen unter gleichen Verhältnissen, welche sich oft nicht selbst ernähren können, sondern von ihren Verwandten, Bekannten und selbst von der Commune unterstützt werden, brauchen zu ihrem und der Ihrigen Unterkommen, so wie zu dem Gewerbe, das sie treiben, und ohne welches sie doch gar nicht subsistiren können, häufig Quartiere von 50 Thlr. und darüber. Es wird ihnen schon sehr schwer diese Miethe aufzubringen als die Basis ihres Bestehens, sie leben dabei aber in der größten Dürftigkeit, und ist es nicht möglich von ihnen Steuer zu erhalten, ja es würde oft eine große Härte sein sie zu verlangen zu wollen. Dagegen können oft Leute, welche nur 30 Thlr. und weniger Miethe zahlen, und die sich nicht in so bedrängten Verhältnissen befinden, viel eher ihre Abgaben entrichten.

Die Colonne I. weiset die Zahl der Familien nach, welche wegen der ihnen beigelegten Steuerfreiheit nicht zu den Communalsteuern beitragen.

Den durch die Verordnung vom 26. Januar 1815, wegen Einführung der Miethssteuer schon von derselben befreiten Personen, zu welchen hauptsächlich die

anlassen, indem bis jetzt nur durch unsere dieser Tage veranlaßte Ermittlung festgestellt ist, daß 495 Familien in den von Wülcknitzschen Häusern wohnen.

In tiefster Ehrfurcht ersterben wir
Euer Königl. Majestät
Oberbürgermeister, Bürgermeister und Rat
Büsching
Berlin, den 1. Mai 1827

Tatsächlich erfolgt auf diesen Bericht hin nichts, der König leitet ihn nicht einmal an den Innenminister weiter. Währenddessen arbeitet das Polizeipräsidium an dem in Auftrag gegebenen Polizei-Reglement für die Familienhäuser. Der Entwurf des Reglements wird zusammen mit dem am 7.4.1827 vom Innenminister angeforderten Bericht und einer Instruktion für die praktische Handhabung am 29.4.1828 eingereicht. Zur Frage der

→A 20 Belegung und des ausgearbeiteten Reglements heißt es im Bericht: *Die Zahl der Bewohner dieser Häuser nimmt öfter ab und zu, letzteres besonders im Winter. Nach der zuletzt zu diesseitigen Akten eingereichten Nachweisung betrug die Gesamtzahl der Mieter, Aftermieter und Schlafleute 2200 Seelen (nicht, wie der Dr. Thümmel anführt, 3800–4000, welches ungefähr die Zahl der Bewohner sämtlicher Häuser der Gartenstraße einschließlich der v. Wülcknitzschen Häuser ist).*

Diese für ein städtisches Grundstück ausnahmsweise zahlreiche Bewohnerschaft erfordert auch besondere Maßnahmen in Bezug auf die polizeiliche Kontrolle derselben, zumal deren einzelne Individuen ihre Wohnungen so häufig wechseln, daß eine genaue Kontrolle bei der gewöhnlichen An- und Abmeldungsweise, nach welcher der Wirt nur die Hauptmieter, die Mieter, aber die Aftermieter und Inlieger ohne Mitwirkung des Hauseigentümers dem Revier-Polizei-Commissarius melden, auf die Dauer unmöglich wird . . . Eine Überfüllung der einzelnen Wohnungen findet im allgemeinen gegenwärtig nicht statt. Um solche auch für die Zukunft zu verhüten, ist dem Befehle eines Königl. Hohen Ministerii gemäß über die Vermietung und Aftervermietung und über die Befugnis, Schlafstellen zu halten, ein Reglement und eine allgemeine Instruktion für die ausführende Polizei entworfen worden, von welchen beiden Abschriften gehorsamst eingereicht werden . . .

Der Inhalt des R e g l e m e n t s ist zusammengefaßt folgender: Als Mieter werden nur die nächsten Familienmitglieder eines Hauptmieters, also Frau und Kinder, ohne polizeiliche Genehmigung geduldet. Für weitere Mitglieder einer *Stuben- oder Wohnungsgenossenschaft* muß die Erlaubnis beim örtlichen Polizeikommissariat beantragt werden. Die Hauptmieter müssen sich und die Untermieter polizeilich an- und abmelden. Der Vermieter muß vollständige Bewohnerlisten führen und sie regelmäßig abliefern. Für alle Muß-Vorschriften sind entsprechende Strafandrohungen vorgesehen.

Die I n s t r u k t i o n dagegen regelt die Gesichtspunkte für die Genehmigung von Anträgen für den Polizeikommissar: Die Prüfung erfolgt in sanitäts- und sittenpolizeilicher Beziehung. Die maximale Belegung der Stuben wird mit 8–10 Personen festgelegt, was auch in den Familienhäusern bis auf ganz wenige Ausnahmen die Obergrenze ist. In sittenpolizei-

→A 21 licher Beziehung wird der folgende Grundsatz formuliert: *Es ist in dieser Beziehung als allgemein leitender Grundsatz anzunehmen, daß Personen verschiedenen Geschlechts im zeugungsfähigen Alter höchstens nur insoweit beständige Zimmergemeinschaft haben dürfen, als durch das besondere Verwandtschaftsrecht und Familienverhältnis jede nähere Besorgnis der Anknüpfung eines unzüchtigen Verkehrs zwischen denselben sich ausschließt.* Ausgeschlossen sind damit Kinder verschiedenen Geschlechts über 14 Jahre und sämtliche denkbaren anderen Personen bis zu 60 Jahren. Schlafleute oder Aftermieter sind nur dann zulässig, wenn der Hauptmieter alleinstehend ist. Geprüft wird außerdem *die allgemein moralische Führung des um die Erlaubnis Ansuchenden.*

Die Stellungnahme des Hausbesitzers v. Wülcknitz stammt vom 23.2.

→A 22 1828 und ist ein einziger Protest gegen diese ihm zugemuteten Entwürfe: *Der Entwurf eines Reglements für meine Häuser scheint mir ganz überflüssig, da eine sechsjährige Erfahrung gezeigt hat, daß nicht der geringste Nachteil weder für die Gesundheit noch für die Sittlichkeit der Bewohner erfolgt ist. Die Untersuchung, welche das Hohe Ministerium des Innern ver-*

fügt hat, wurde durch die Druckschrift des Dr. Thümmel und den daraus gemachten Auszug des hiesigen Magistrats veranlaßt. Eine Untersuchung, von der ich nicht durch richtige Vorwände ausgeschlossen worden und wo nicht die Anklage das leitende Prinzip wäre, dürfte gezeigt haben, daß die Verleumder Bestrafung, ich aber keine Bestimmung zu dulden haben würde, die mein Eigentum mir angreifen und welche ich nach den bestehenden Landesgesetzen mir nicht brauche gefallen zu lassen. Ich protestiere gegen jedes Reglement, welches meine Besitzungen anders zu behandeln beabsichtigt als die jedes Bürgers des Staates und werde ich gegen jedes gesetzwidrige Einschreiten der Behörde den Weg rechtens contra Fiscum angehen, ich bin aber zu sehr von der Weisheit des Hohen Minist. des Inneren überzeugt, um nicht zu glauben, daß das, was Hochdasselbe in dem Reskript vom 20. Februar 1825 feststellte, auch ferner aufrechterhalten wird. Was den Entwurf selbst betrifft, so enthält er vorzüglich Bestimmungen zu Gunsten der Lokalpolizeibehörde, wo, um einem subalternen Beamten einige Zeilen zu schreiben wöchentlich zu ersparen, mein Eigentum beeinträchtigt und wertlos gemacht werden soll. Ich protestiere deshalb gegen den ganzen Inhalt des vorgelegten Reglements und habe mich deshalb durch eine Eingabe an das oben bemerkte Ministerium gewendet, um mir die nötige Ruhe für die Zukunft zu sichern.

Der Innenminister, der das Reglement und die Instruktionen dem König zur Beurteilung weitergereicht hat, verfügt am **21.7.1828** als Antwort auf den Polizeibericht unter Punkt 20:

20. Wenn nun aus dem Bericht des Polizei-Präsidio hervorgeht, daß die ←A 23 *Schilderung, welche der Dr. Thümmel vom Zustande dieser Häuser gemacht hat, unrichtig und mit unverantwortlichem Leichtsinn übertrieben ist, wenn nach den jetzigen Ermittlungen sich weder in sittlicher noch in physischer Hinsicht ein Resultat ergeben hat, welches besondere Besorgnisse zu erwarten vermuten geeignet wäre; wenn insonderheit angeführt ist, daß eine Überfüllung der einzelnen Wohnungen im allgemeinen gegenwärtig nicht stattfindet: so wird es zweifelhaft, ob ein besonderes Reglement wegen der Vermietungen erforderlich sei. Ich habe indessen bei dem Interesse, welches des Königs Majestät an der Sache zu nehmen geruhet haben, Allerhöchstdenenselben die Entschließung hierüber endiglich anheimgestellt und werde das Polizei-Präsidium zu seiner Zeit mit der Allerhöchsten Entschließung bekannt machen. Inmittelst möge dasselbe von den ihm zustehenden ressortmäßigen Befugnissen, in Beziehung auf das Verbot der Betreibung falscher Gewerbe, welche in stark bevölkerten Gegenden polizeilich nicht zu dulden sind, und sonst Gebrauch machen, polizeiliche Conzessionen, Schlafstellen zu halten, aber jedem Einwohner dieser Häuser einstweilen versagen.*

Daß diese einstweilige Verfügung des Innenministers unmittelbar danach Folgen hat für die Bewohner der Familienhäuser, zeigt ein Lagebericht des Armenarztes Dr. Thümmel aus den Familienhäusern vom **19.8. 1828**: *... hiernächst aber muß es anerkannt werden, daß der neue Haus-* ←A 24 *inspector, Herr Eberbach, es sich angelegen sein läßt, für die Aufrechthatung und Verbesserung der Hausordnung tätig zu sorgen und durch seine Strenge um An- und Abmelden der Mieter und Aftermieter, welche er durch gestempelte Zettel mit dem Herrn Polizeicommissarius Günther, der nicht minder tätig wirkt, genauer kontrollieren kann. Hierdurch ist viel unordentliches, lüderliches Gesindel abgehalten und die Bewohnerzahl nach der neusten Zählung vom 6. August auf 1749 vermindert worden.*

Der König scheint die Angelegenheit auf sich beruhen gelassen zu haben. Daß die einstweilige Verfügung des Innenministers für die nächsten Jahre in bezug auf die Familienhäuser und nur dort streng gehandhabt worden ist, bestätigt eine um Jahre spätere Aussage, die sich in einem Schreiben des Polizeipräsidiums an die Armendirektion findet, in dem festgestellt wird, *daß nach einem Rescripte des Königlichen Ministerii des Innern vom* ←A 25 *21.7.1828 angeordnet worden ist, allen Einwohnern der vor dem Hamburger Tore gelegenen ehemals v. Wülcknitzschen Häuser das Schlafstellehalten vorläufig zu versagen. Da nun eine wiederaufhebende Bestimmung in dieser Beziehung nicht erlassen worden, so ist auch bis jetzt danach verfahren worden.*

Haben wir bisher die mehr p r a k t i s c h e n Konsequenzen der Verfügung vom **7.4.1827** beziehungsweise des Thümmel-Berichtes verfolgt bis hin zum tatsächlichen Verbot, Untermieter in den Familienhäusern

Servis-Empfänger gehören, sind durch spätere Bestimmungen noch:
   die sämmtlichen Geistlichen der Stadt,
   die sämmtlichen öffentlichen Schullehrer,
   die Privat-Elementar-Schullehrer,
mit gewissen Modificationen hinzugekommen. Durch diese neue Befreiungen, und dadurch, daß nun wieder eine starke Garnison sich hier befindet, während im Jahre 1815 nur etwa 3—4000 Mann hier standen, hat sich die Zahl der steuerfreien in gemietheten Wohnungen befindlichen Familien um 2,809 auf 3,531 vermehrt, und zwar durch alle Klassen der Miether. Rechnet man zu diesen jetzt von den Communal-Steuern mehr eximirten . . . . 2,809 Familien, die . . . . 6,434 Familien, welche wegen Armuths-Verhältnisse jetzt mehr von der Steuer frei gelassen werden müssen, und die . . . . 421 Familien, welche jetzt mehr an steuernde Familien vorhandenn sind, so ergiebt sich daraus die obige Zahl von . . . . . 9,664 Familien, welche nach Colonne F. im Jahre 1828 mehr vorhanden waren als im Jahre 1815.

Für das Communal-Interesse und für finanzielle Verhältnisse der Stadt ist nach dieser Auseinandersetzung die zunehmende Bevölkerung der Stadt keineswegs vortheilhaft, denn sie hat das Resultat herbeigeführt, daß für 9,664 Familien mehr an Communal-Bedürfnissen aller Art, besonders an Schulen, Armen-, Kranken-, Waisenhaus-, Hospital- und selbst Arbeitshaus-Anstalten zu sorgen ist, daß dagegen von 9,243 dieser Familien gar keine Steuer gezahlt wird, daß diese also nichts zu den, durch sie nothwendig gewordenen, Ausgaben beitragen.

Es müssen mithin die übrigen steuernden Familien der Stadt, deren Zahl sich dagegen seit 1815 nur um 421 vermehrt hat, diese steuerfreien Familien in Hinsicht aller Communal-Ausgaben übertragen.

Die vermehrte Bevölkerung hat daher in Hinsicht der steuernden Familien folgende Resultate gehabt.

Die in der Anlage A. Colonne G. 1815 verzeichneten 37,427 steuernde Familien zahlten im Jahre 1815 überhaupt an Miethssteuer à 8 1/3 pCt. vom Miethswerth der Wohnungen 135,000 Thlr. im Durchschnitt, jede Familie 3 Thlr. 18 Sgr. 3 Pf., und zwar:

33,169 Besteuerte ad. No. 1, 2 und 3, von 8 bis 100 Thlr. jährliche Miethe etwa 91,000 Thlr. im Durchschnitt jeder 2 Thlr. 22.Sgr. 4 Pf., und

4,258 Besteuerte ad 4 bis 9 über 100 Thlr. jährliche Miethe etwa 44,000 Thlr. im Durchschnitt jeder 10 Thlr. 10 Sgr.

37,427   Summa   135,000 Thlr.

Im Jahre 1828 zahlten 37,848 besteuerte Familien überhaupt an Miethssteuer à 6 2/3 pCt vom Miethswerth der Wohnungen . . . . 246,000 Thlr. im Durchschnitt jede Familie 6 Thlr. 15 Sgr. und zwar:

27,681 Besteuerte von 8 bis 100 Thlr. jährliche Miethe etwa . . . . 88,000 Thlr. im Durchschnitt jeder 3 Thlr. 5 Sgr. 4 Pf., und

10,167 Besteuerte über 100 Thlr. jährliche Miethe etwa . . . . . 158,000 Thlr.

37,848   Summa   246,000 Thlr.

im Durchschnitt jeder 15 Thlr. 16 Sgr., mithin zahlen die Besteuerten von 8 bis 100 Thlr. jährliche Miethe, jetzt mehr an Miethssteuer als im Jahre 1815 im Durchschnitt jeder – Thlr. 13 Sgr. – Pf. also etwa 1/6 mehr, die Besteuerten über 100 Thlr. jährliche Miethe mehr im Durchschnitt jeder 5 Thlr. 6 Sgr. – Pf. letztere also ein jeder etwa zur Hälfte mehr von dem, als im Jahre 1815 entrichtet werden mußte.

Seit dem Jahre 1817 verblieben alljährlich aus der Einnahme der Haus- und Mieths-Steuer mit Einschluß des Nachtwachgeldes, nach Abzug der gewöhnlichen Ausgaben bedeutende Summen zur Disposition und zu außerordentlichen Ausgaben. Dieses Verhältniß dauerte mehrere Jahre fort, wenn gleich im verminderten Maaßstabe, und gab der Commune Gelegenheit diese Ueberschüsse zu mancherlei nothwendigen und nützlichen Ausgaben, besonders zu Schulzwecken zu verwenden.

Obgleich nun durch das Steigen der Miethen auch die von jedem Steuerpflichtigen zu zahlende Mieths- und Haussteuer sich bedeutend erhöhte, so steigerten sich doch die Ausgaben in noch viel größerem Maaße, wegen der schnell anwachsenden Bevölkerung, besonders durch solche Personen, die nicht Steuer zahlten, wohl aber der Commune bedeutende Ausgaben veranlaßten.

In diesem Zeitraum mußte die Commune zur Hal-

tung von Polizei-Gensdarmen sich zur Bezahlung von jährlich 8110 Thlr. verstehen, damit durch dieselben die Dienstleistungen der ehemaligen, von den Franzosen errichteten, Bürgergarde, bestritten werden konnten. Im Jahre 1826 wurde zwar der, von den fiskalischen Behörden, gegen die Stadt angestellte Prozeß, wegen Unterhaltung des hiesigen Straßenpflasters, auch in dritter Instanz zu Gunsten der Stadt entschieden, und die Stadt brauchte daher hierzu kein Geld aufzubringen, indessen werden dagegen in diesem Jahre die Zuschüsse jährlich um 20,000 Thlr. vermindert, welche aus Königlichen Kassen zur Unterhaltung der hiesigen Hospital-Waisenhaus-Anstalten, des Arbeitshauses etc. gezahlt wurden; diese Summe mußte daher den gedachten Anstalten aus den Communalsteuern wieder gedeckt werden, welches für die Commune um so mehr bedauert wird, da diese Anstalten keinesswegs als reine Communal-Anstalten zu betrachten sind, da ihre Bedürfnisse großentheils ganz über das Verhältniß weggehen, welches für die Commune als solche erforderlich sein würde. Die größeren Bedürfnisse dieser Anstalten finden ihren Grund in dem Andrange fremder Personen aller Art, besonders aus der ärmeren Klasse, zur Residenz und in der Anwesenheit einer bedeutenden Garnison. Selbst die neuere Gesetzgebung, besonders die dadurch begründete Gewerbfreiheit, welche in einer großen Stadt ganz besonders ihre Wirksamkeit zeigt, und die Veranlassung ist, daß eine Menge Leute hier ihr Glück versuchen, sich etabliren, verheirathen und nach einer kurzen bürgerlichen Existenz, wieder zu Grunde gehen, geben ganz besonders für Berlin die Veranlassung zu den in so schneller Progression wachsenden Bedürfnissen dieser öffentlichen Anstalten.

Je vertrauensvoller daher die Commune, um diesen wachsenden Bedürfnissen zu begegnen, auf eine entsprechende Vermehrung der Königl. Zuschüsse hoffen zu dürfen glaubte, um desto schmerzlicher mußte sie die Verminderung empfinden, wodurch sie mit einem Schlage verhindert wurde, manche wohlthätige Einrichtungen zu treffen, insbesondere diese Anstalten des Stadt- und Armen-Schulwesens, den so oft und allseitig ausgesprochenen Wünschen und den Erfordernissen der Königlichen Residenz angemessen zu erweitern und zu verbessern.

Es wird indessen aus den Königl. Kassen noch immer ein bedeutender Zuschuß zu den hiesigen öffentlichen Communal-Anstalten gezahlt, und dadurch gleicht es sich einigermaßen wieder aus, daß fast von sämmtlichen in hiesiger Stadt befindlichen Königlichen Gebäuden, welche etwa einen Werth von 10 Millionen haben, und also etwa den siebenten Theil des Werths sämmtlicher hiesigen Grundstücke aus manchen, fast gar keine Grundsteuer gezahlt wird, wie von den Privat-Grundstücken geschieht, und daß von den in den Königlichen Gebäuden befindlichen Gelassen, so wie von allen zum Militair-Stande gehörigen Einwohnern, sie mögen öffentliche oder Privatgrundstücke bewohnen, gar keine Miethssteuer bezahlt wird.

Nur würde es wünschenswerth sein, daß mit dem steigenden Bedürfnisse und dem steigenden Miethswerthe auch die Beiträge erhöht worden wären, welche gewissermaßen das Aequivalent der Steuern bilden, die von den Privat-Grundstücken und von Privat-Personen bezahlt werden, und die seit dem Jahre 1815 nach obiger Auseinandersetzung so bedeutend gesteigert sind.

Tableaus D–E: Kommunale Einnahmen und Ausgaben

Wir fügen nun noch ein Tableau D. zur Uebersicht bei, wie die beiden directen Steuern der Commune seit dem Jahre 1815 gestiegen sind, und unter E. ein anderes Tableau, welches die verschiedenartigen Ausgaben ergiebt, zu welchen die directen Steuern der Commune im Jahre 1805, 1815 und von dem Jahre 1820, also etwa seit den Jahren verwandt wurden, in welchen theils die Verwaltung der Servis- und Einquartierungs-Angelegenheit, durch welche die erwähnte Steuer zuerst begründet worden, teils die des Armenwesens auf die Commune übergegangen ist.

Es ergiebt dieses Tableau, daß sich der Betrag der Steuer in den Jahren seit 1815, um etwa 140,000 Thlr. vermehrt hat, sowohl durch das bedeutende Steigen der Miethen, als auch durch die seit diesem Jahre nach pag. 30 neu hinzugekommenen 421 steuernden Familien.

Die Gesammt-Ausgaben haben sich dagegen in einem noch stärkeren Verhältnisse vermehrt, als die Einnahmen, besonders die für das Armenwesen erforderlichen Ausgaben, die größtentheils durch die seit

aufzunehmen, was die Rendite des Vermieters v. Wülcknitz beschnitten haben muß, so müssen wir noch einen mehr theoretischen Nebenzweig der Folgen des Thümmel-Berichtes hier einschieben, der ebenfalls den **7.4.1827** zum Ausgangspunkt hat. Der Innenminister schlägt dem Magistrat unter Hinweis auf ein Beispiel aus Elberfeld vor, k o m m u n a l e n W o h n u n g s b a u zur Behebung des akuten Mangels an Kleinwohnungen zu praktizieren, was der Magistrat kategorisch ablehnt und damit seine prinzipielle Haltung zur Wohnungsversorgung in Berlin manifestiert.

→S 437 Nach diesem Einschub, der unbedingt in diesen Zusammenhang gehört und später in bezug auf gemeinnützige Versuche mit dem Wohnungsbau wieder aufgenommen wird, müssen wir verfolgen, wie v. Wülcknitz auf die ihm gemachten Auflagen reagiert und warum er schließlich die Familienhäuser verkauft.

Der Magistrat lehnt einen kommunal gesteuerten Wohnungsbau für Berlin ab

---

Als der Innenminister dem König am **24.4.1827** über die von ihm nach dem Thümmel-Bericht ergriffenen Maßnahmen berichtet, stellt er in bezug auf den Magistrat fest: *Zu bemerken ist, daß der Magistrat zwar sehr eifrig bestrebt ist, die Übelstände, welche mit diesem Etablissements unstreitig verbunden sind, in ein möglichst grelles Licht zu stellen, aber seinerseits keine Geneigtheit zeigt, innerhalb seines Wirkungskreises etwas zu deren Abstellung zu tun . . . Ich fand mich deshalb veranlaßt, in meiner . . . an den Magistrat erlassenen Verfügung, . . ., ihn selbst zur Mitwirkung aufzufordern und ihm insbesondere anheimzugeben, ob nicht der Mangel an Wohnungen für geringere Familien nach dem Beispiel von Elberfeld durch ein von der Stadtverwaltung vermitteltes Bau-Unternehmen auf Actien abgeholfen werden kann.*

→A 27 In seiner Verfügung an den Magistrat vom **7.4.1827** argumentiert von Schuckmann: *Der große Andrang nach den v. Wülcknitzschen Wohnungen und der sehr hohe Preis, in welchen selbige ungeachtet ihrer großen Anzahl und schlechten Beschaffenheit sich halten, beweist unwiderruflich, daß es an Wohnungen dieser Art für die ärmere Klasse noch in der hiesigen Residenz fehlt, wie denn auch der Augenschein zeigt, daß die sonst neuerbauten Häuser auf Wohnungen für diese Klasse meistens nicht berechnet sind. Derselbe Mangel ist in Elberfeld, dessen Verwaltung und Commune sich durch einen großen Gemeinsinn und durch immer rege Tätigkeit für das öffentliche Beste auszeichnet, in der neuern Zeit fühlbar geworden, und man hat dort, um ihm abzuhelfen, unter Vermittlung des Stadtvorstandes, einen Bauverein gebildet, welcher den Zweck hat, Häuser zu Wohnungen für Fabrikarbeiter und andere Leute ähnlicher Art auf Actien zu bauen. Die Einrichtung dieses Vereins ist aus den Annalen der Stadt Elberfeld für das Jahr 1825, S. 63 u.ff. zu ersehen.*

←S 145

→B 1 Die „Langen Häuser" der Elberfelder Bau-Verein AG 1825

Dieses Beispiel dürfte in Berlin vielleicht Nachahmung finden, da hierdurch zugleich den ärmeren Einwohnern Gelegenheit zur Erlangung gesünderer, zweckmäßigerer und wohlfeiler Wohnungen verschafft, durch Verteilung der zu erbauenden Häuser in mehreren Gegenden jedem das Unterkommen in der Nähe derjenigen Gegend, in welcher er seine Arbeit zu finden pflegt, erleichtert, den Preis der Wohnungen in den v. Wülcknitzschen Häusern herabgedrückt und ihrer Überfüllung vorgebeugt, somit aber auf mehrfache Zwecke zugleich hingewirkt würde.

Da man im Publikum versichert, daß das Bau-Kapital des von Wülcknitz sich auf mehr als zwanzig Procent verzinse, so würde, wenn dies gegründet sein sollte, schon bei der Hälfte des Mietzinses zu verzinsen und ein Überschuß zu einer Dividende und zur Tilgung des Kapitals zu erlangen sein. Die Häuser würden dann nach Einlösung der Actien irgendeiner städtischen Stiftung, vielleicht dem Elementarschulwesen, überwiesen und der Fonds desselben durch deren Einwohner verstärkt werden können.

Da der Magistrat die Übelstände der v. Wülcknitzschen Häuser selbst zu einem Gegenstande seiner Aufmerksamkeit gemacht hat, so ist zu erwarten, daß derselbe auch ihrer Abstellung seine Teilnahme nicht versagen werde, daher ich demselben die weitere Erwägung dieser vorläufigen Äußerungen anheimgebe.

Hier die Antwort des Oberbürgermeisters vom **21.4.1827**: *Auf die hohe* ←A 28 *Verfügung vom 7. d.M. verfehlen wir nicht, ganz gehorsamst anzuzeigen, daß der Andrang nach den von Wülcknitzschen Wohnungen wohl durch andere Ursachen veranlaßt ist als durch den vermeinten Mangel an Wohnungen, da daran gegenwärtig schon 765 von allen Größen leerstehen, und bei den fortwährenden Bauten, welche auch in diesem Jahre bereits begonnen haben, werden immer noch mehr leer werden. Die Ungebundenheit, welche der dortige Aufenthalt gewährt, der Mangel der Aufsicht, welche jeder Eigentümer in gewöhnlichen Häusern auf seine Mieter wenden kann und muß, hier aber gar nicht ausführbar ist, geben für diese Klasse der Einwohner einen besonderen Reiz. Sehr wichtig ist es auch dabei, daß wir genötigt gewesen sind, die sämtlichen Einwohner von der Mietssteuer frei zu lasten und uns mit einem geringen Aversional-Quantum zu begnügen, welches der Herr von Wülcknitz dafür zahlt. Nur von einigen Wohnungen dieser Häuser, wie z.B. von den darin wohnenden Material-Händlern, war es möglich, die Mietssteuer einzuziehen. Weder die gewöhnlichen Einziehungs-Mittel noch executive Maßregeln reichten hin, die Mietssteuer auch von den Personen zu erlangen, die, wenn sie in andern Häusern gewohnt, wohl Zahlung hätten leisten müssen. Bis zur Execution ließen sie es gewöhnlich kommen, der Executor konnte die Personen selten antreffen, sie verliefen sich gleich in den unzähligen Wohnungen. Wenn er einmal diese Häuser betreten hatte, um mehrere Executionen zu vollziehen, so war es gleich in allen Wohnungen bekannt und die Türen verschlossen, um einigermaßen zu reüssieren, so hätte er bei jeder Execution immer an einem anderen Tage kommen müssen. Excesse wären dabei jedoch nicht zu vermeiden gewesen, besonders, da bei den vielen Dürftigen, die darin wohnen, die Grenze schwer zu ziehen war, wer von seinem Erwerb noch Steuer geben könnte oder nicht. Dies veranlaßte uns daher gegen das Aversional-Quantum, lieber alle von der Steuer frei zu lasten, und dies ist wohl mit ein Hauptgrund, weshalb die Leute die dortigen Wohnungen vorziehen, wo sie überdies in einem solchen Naturstand wohnen.*

Wie schon aus dem obigen ergibt, ist hier keineswegs ein Mangel an Wohnungen und gar kein Grund vorhanden, das Elberfelder Beispiel nachzuahmen. Dort ist die Zahl der kleinen Fabrik-Arbeit gegen die größere der wohlhabenden Kaufleute und Fabrik-Inhaber ungleich größer, und wohl gegen die Ausdehnung der Fabriken in fortdauerndem Anwachsen. Hier ist das Zunehmen der kleinen Familien hauptsächlich durch die neue Militair-Verfassung herbeigeführt. Die Tausende der ehemaligen so genannten Beurlaubten der hiesigen Garnison bildeten den eigentlichen Tagelöhner-Stand zu den geringeren Handarbeiten. Da das Militair jetzt keine solche Arbeiten vorweisen darf, so hat sich ein eigentlicher Tagelöhner-Stand seit 1814 gebildet, der in den vergangenen Jahren das Bedürfnis der kleinen Wohnungen herbeiführte, das nunmehr befriedigt zu sein scheint, zumal auch durch den Anbau des Weddings eine Menge geringer Leute, die für die Stadt arbeiten, ein für die bürgerliche Gesellschaft und für sich selbst viel günstigeres Unterkommen gefunden haben.

1815 zwar auch neu hinzugekommenen aber nicht steuernden 6,434
2,809
Summa 9,243
Familien pag. 30 veranlaßt werden.

Das Haupt-Resultat dieses Tableaus ist daher auch, daß der bedeutend angewachsenen Einnahmen und der nicht unbeträchtlichen Ersparnissen, bei einzelnen Zweigen der Communal-Verwaltung, ungeachtet, die Einnahmen nicht mehr zur Deckung der Ausgaben ausreichen, sondern in zwei der letzten Jahre die Einnahmen schon durch die Ausgaben überstiegen wurden, und dieser Ausfall vorschußweise beschafft werden mußte, um aus den Einnahmen der kommenden Jahre gedeckt zu werden; in denen dann aber ein um so größerer Ausfall entstehen wird.

Das ehemalige sehr bedeutende jährliche Extraordinarium, welches nach Deckung der verschiedenen Communal-Etats daher vorhanden war, um zu den extraordinairen Ausgaben verwandt zu werden, und woraus in der damaligen Zeit so manche nützliche Einrichtungen und Erwerbungen, besonders für Schulzwecke bewirkt wurden, ist daher nicht mehr vorhanden, und würde auf Beschaffung neuer Communal-Abgaben Bedacht genommen werden müssen, um den mannigfaltigen Bedürfnissen und Anforderungen zu genügen, wenn des Königs Majestät in angestammter Milde nicht etwa der Commune diejenigen 20,000 Thlr. jährliche Zuschüsse aus Königl. Kassen wieder zu bewilligen geruhen, welche wie unser oben entwickelten Ansicht, als für die fiskalischen Grundstücke zu den Communallasten bezahlt, betrachtet werden können.

In Hinsicht der speciellen Ausgaben, welche aus der Haus- und Miethssteuer geleistet werden, ist zu bemerken:
ad 1a
Statt der ehemaligen unmittelbaren Servis-Zahlungen an das Militair muß die Commune aus ihren directen Steuern auf den Grund des Edicts vom 30. Mai 1820 eine feststehende Servisquote an das Militair zahlen, welche auf 131,416 Thlr. festgestellt ist, und die also etwa den dritten Theil der gesammten Communalsteuer beträgt.
ad b.
Die Ausgaben für sonstige Einquartierungslasten haben sich seit 1820 schon um etwa 15,000 Thlr. jährlich vermindert, da in den letzten 10 Jahren die größere Hälfte der im Jahre 1820 noch im Natural-Quartier befindlich gewesenen Truppen kasernirt ist. Wenn nun, wie es gegenwärtig im Werke sein soll, auch der übrige Theil der Garnison-Truppen in Casernen gelegt wird, so werden sich diese noch aus der Kriegszeit herschreibenden Natural-Einquartierungskosten noch um mehrere tausend Thaler vermindern, und auch die Ausgaben, welche den Hauseigenthümern außerdem noch durch diese Natural-Einquartierung erwachsen.
ad c.
Die Steuer-Erhebung und sonstigen Verwaltungskosten dieser Partie haben sich nominell, zwar um einige Tausend Thaler erhöht. Wenn man jedoch erwägt, daß die Summe der aufkommenden Steuern sich um etwa 140,000 Thlr. vermehrt hat, welches eine unvermeidliche Mehrausgabe veranlaßt, so ist diese an sich nur geringe Mehr-Ausgabe durch die Natur der Sache begründet, verhältnismäßig sogar ein Ersparniß eingetreten.
ad 2.
Da es in hiesiger Stadt nicht ausführbar ist zu den Landwehr-Cavallerie-Uebungen die eigenen Pferde der Einwohner zu gestellen, so werden die, zu den Uebungen erforderlichen Pferde jedesmal gemiethet, wodurch die hier berechneten Ausgaben veranlaßt sind.
ad 3.
Die Zuschüsse zur Unterstützung der, durch den Krieg von 1813 bis 1815, invalide gewordenen Freiwilligen und Landwehrmänner, haben bis jetzt immer noch zugenommen, obgleich eine lange Reihe von Jahren schon seit diesem Kriege verflossen ist. Dies entsteht dadurch, daß manche Personen, welche sich in der ersten Zeit zu Beiträgen verpflichteten, schon verstorben sind, theils aus mancherlei Ursachen keine Beiträge mehr zahlen, und daß besonders mit dem zunehmenden Alter der Invaliden sich ihre Bedürftigkeit vermehrt, und manche, die in früheren Jahren sich noch selbst ernähren konnten, jetzt der Verpflegung der Commune anheimgefallen sind.
ad 4.
Die hier berechneten Summen sind die von der Commune bezahlten Beiträge zur Straßen-Erleuchtung, Nachtwächter, Brunnen und sonstige Feuerlösch-Anstalten, welche unter der Verwaltung des Königl. Polizei-Präsidii stehen. Außerdem wird noch von den Haus-Eigenthümern durch die Feuer-Socie-

täts-Kasse ein Theil der Kosten für die Feuerlösch-Anstalten gegeben.
  ad 5.
  Da in den Vorstädten bisher keine Straßenerleuchtung durch die gedachte Behörde eingerichtet war, so fand die Commune es zweckmäßig, aus den durch dieselben aufkommenden Steuern einen verhältnismäßigen Theil zurück zu behalten, und dadurch selbst eine Erleuchtung in den Vorstädten zu Stande bringen zu lassen.
  ad 6 et 7.
  Ist schon oben pag. 42 das Nöthige bemerkt.
  ad 8.
  Aus der Kämmerei wird der gewöhnliche Stadt-Haushalt, mit Einschluß des höhern Schulwesens, bestritten.
  Das eigenthümliche Vermögen der Kämmerei, welches sich noch aus den Zeiten herschreibt, in welchen Berlin ein unbedeutender Ort war, ist nicht zureichend, die darauf fundirten Bedürfnisse zu bestreiten. Es mußten daher die hier ausgeworfenen Summen zur Deckung des Etats zugeschossen werden.
  ad 9.
  Das Armenwesen, dessen Verwaltung seit dem Jahre 1820 auf die Commune übergegangen ist, veranlaßt derselben eine mit jedem Jahr wachsende Ausgabe. Die eigenthümlichen Fonds desselben reichen bei weitem nicht zu, die Ausgaben zu bestreiten, und der bedeutenden freiwilligen Beiträge ungeachtet, welche zu diesem Behuf einkommen, hat mit jedem Jahre immer mehr zugeschossen werden müssen, so daß im Jahre 1828 dieser Zuschuß schon die bedeutende Summe von 95,000 Thlr. betrug, und meist durch die pag. 30 seq. schon entwickelten Verhältnisse veranlaßt ist.
  Außer der direkten Haus- und Mieths-Steuer, deren Verwendung durch Vorstehendes nachgewiesen ist, hat die Commune noch eine indirecte Einnahme von Roggen- und Weizenmehl etc., welches von den hiesigen Einwohnern verbraucht, und die unter dem Namen der Communal-Accise, zugleich mit der Königlichen Accise erhoben wird. Der Ertrag dieser Steuer ist jedoch nicht zu den gewöhnlichen Communal-Ausgaben, sondern allein nur zur Verzinsung und Amortisation der Stadtschuld bestimmt, welche größtentheils aus den Kriegsjahren von 1806 herstammen. Die Bezahlung der seit dieser Zeit noch rückständig gewesenen Zinsen, ist nun seit kurzem beendigt, und durch die jetzt zur Ausführung gebrachte Reduction der 5 pCt. in 4 pCt. Stadt-Obligationen, der Amortisations-Fond so verstärkt worden, daß zur allmähligen Abzahlung der Capitalschuld geschritten werden wird, durch welche dann die gesammte Schuld etwa in 30 Jahren getilgt sein kann, wenn sich unterdessen nicht noch Einnahmen ermitteln lassen, um eine schnellere Abzahlung derselben zu bewirken.
Berlin, den 25ten September 1829
  Oberbürgermeister Bürgermeister u. Rath hiesiger Königlichen Residenzien.

Aus der Argumentation des Magistrats, der den städtischen Hausbesitz vertritt, wird deutlich, daß er nicht nur gegen das Beispiel des Spekulanten im großen, in der Innenstadt so nicht zu realisierenden Maßstab kämpft, sondern auch gegen die Massierung mittelloser und damit nicht Steuern aufbringender, aber Armenunterstützung verschlingender Tagelöhnerfamilien in der Stadt. Dieses Interesse formuliert der Oberbürgermeister noch deutlicher in einem Schreiben vom **2.9.1828**, das ebenfalls an den Innenminister gerichtet ist:

→A 29
  Als Communal-Behörde haben wir auch wohl Ursache zu wünschen, daß nicht die Zahl der kleinen Familien, um Spekulanten behilflich zu sein, so künstlich zusammengedrängt u. von auswärts hierher gezogen werden, wie dies durch die Anlage der von Wülcknitzschen Häuser geschehen ist. Nach dem anliegenden Tableau unseres Ober-Buchhalters beträgt die Zahl der unbemittelten Familien der Stadt, welche nur unter 50 Rthl. Miete zahlen, schon mehr als die Hälfte aller übrigen Familien, und die Zahl derer, die nicht einmal 100 Thl. Miete zahlen, etwa 3/4 derselben, welches einen Beweis gibt, daß die Zahl der unbemittelten Familien hier schon bedeutend genug ist.

→A 30

Nach der grundsätzlichen Auseinandersetzung zwischen Staat/Innenminister und Stadt/Magistrat über die Form der Wohnungsversorgung kehren wir zurück zu der Frage, wie v. Wülcknitz auf die ihm gemachten Auflagen reagiert. Seine Reaktion leutet die dramatische Zuspitzung ein, in der zum ersten Mal auch die Bewohner sich aktiv einschalten. Ausgangspunkt für den Konflikt ist der Katalog der Auflagen, die v. Wülcknitz gemacht werden, aus dem wir schon zitiert haben. Darauf antwortet v. Wülcknitz mit der Verweigerung der Mietsteuerpauschale für **1828**. Der Versuch, die Mietsteuer direkt von den Mietern zu erheben, trifft auf ihren entschlossenen Widerstand, der zuletzt tumultuarische Formen annimmt. Verschärft wird der Konflikt dadurch, daß das Innenministerium es dem Polizeipräsidium überläßt, die Beschwerde des Kammerherrn v. Wülcknitz gegen die Untersuchungsmethoden der Polizei zum Anlaß für eine Beleidigungsklage zu nehmen. Das Polizeipräsidium verfährt entsprechend. Es gibt einen Prozeß vor dem Kammergericht, der mit der Verurteilung des Hausbesitzers endet, der daraufhin seine Konsequenzen zieht. Das ist zusammengefaßt der Inhalt der beiden folgenden Abschnitte, den wir hier bereits vorgeben, damit bei der Darstellung der beiden Stränge in ihren geschichtlichen Besonderheiten die Verschränkung klar bleibt.

Zusammenstellung
der Häuser und Quartiere, wie solche im Jahre 1815 und im September 1828 vorhanden, bewohnt und besteuert worden sind.

A.

		A.		B.		C.		D.		E.		F.		G.		H.		I.	
Laufende Nummer.	Miethswerth.	Haupt-Summe der vorhandenen				Von denen nach Colonne B. vorhandenen Quartieren								Von d. nach Colon. F. bewohnt. Quartieren					
		Häuser im Jahre	Quartiere im Jahre			standen leer im Jahre		waren bewohnt						wurden zur Communal-Besteuerung gezogen im Jahre		wurden wegen Armuth der Inhaber nicht besteuert im Jahre		wurden wegen Steuerfreiheit der Bewohner nicht besteuert im Jahre	
								von den Eigenthümern der Häuser im Jahre		von den Miethern im Jahre		in Summa von den Eigenthümern und Miethern im Jahre							
		1815	1828	1815	1828	1815	1828	1815	1828	1815	1828	1815	1828	1815	1828	1815	1828	1815	1828
1.	Von 8 bis 30 Rthl.	227	109	23,622	12,759	161	611	1,163	363	22,298	11,785	23,461	12,148	21,240	6,967	1,997	4,364	224	817
2.	— 31 — 50 —	349	192	6,874	15,414	84	517	912	743	5,878	14,154	6,790	14,897	6,542	10,559	106	3,405	142	903
3.	— 51 — 100 —	870	468	5,615	12,081	48	395	1,291	1,630	4,276	10,056	5,567	11,686	5,387	10,125	19	740	161	821
4.	— 101 — 200 —	1,451	915	3,077	7,040	19	225	797	1,383	2,261	5,432	3,058	6,815	2,949	6,211	„	47	109	524
5.	— 201 — 300 —	1,069	875	829	2,311	3	72	245	497	581	1,742	826	2,239	788	2,013	„	„	38	226
6.	— 301 — 400 —	689	834	286	941	„	20	90	237	196	684	286	921	267	847	„	„	19	74
7.	— 401 — 500 —	499	669	126	510	„	18	50	130	76	362	126	492	116	430	„	„	10	62
8.	— 501 — 1,000 —	955	1,995	125	648	1	22	50	258	74	368	124	626	112	548	„	„	12	78
9.	— 1,001 — 4,600 —	354	1,231	34	113	1	2	10	42	23	69	33	111	26	85	„	„	7	26
10.	— 4,601 — 5,000 —	„	9	„	„	„	„	„	„	„	„	„	„	„	„	„	„	„	„
11.	— 5,001 — 11,500 —	„	12	„	„	„	„	„	„	„	„	„	„	„	„	„	„	„	„
	Summa	6,463	7,300	40,588	51,817	317	1,882	4,608	5,283	35,663	44,652	40,271	49,935	37,427	37,848	2,122	8,556	722	3,531
	Vom Jahre 1828 nun abgezogen das Jahr 1815 mit		6,463	„	40,588	„	317		4,608	„	35,663	„	40,271	„	37,427	„	2,122	„	722
	Ergiebt für das Jahr 1828 mehr	„	837	„	11,229	„	1,565		675	„	8,989	„	9,664		421	„	6,434	„	2,809

Lange,
Ober-Buchhalter der Servis- und Einquartierungs-Deputation d. h. Magistrats.

B.

Nachweisung
der im Jahre 1828 vorgekommenen Wohnungsveränderungen, wie der Anzahl der Quartiere und Häuser.

Reviere.	Ausgezogen sind im Jahre 1828.	Eingezogen sind im Jahre 1828.	Es sind also im Jahre 1828 mehr ausgezogen	mehr eingezogen	Anzahl der im Jahre 1828 vorhandenen Quartiere.	Häuser.
Berlin	2,089	2,028	61	„	6,716	1,019
Cölln	1,330	1,303	27	„	4,540	659
Louisenstadt	1,570	1,632	„	62	4,447	574
Stralauer	1,572	1,584	„	12	3,651	580
Königstadt	1,537	1,629	„	92	3,951	534
Spandauer, mit Einschluß des jetzt „Friedrich Wilhelmsstadt" benannten Theils	3,395	3,498	„	103	8,031	1,070
Rosenthaler- und Oranienburger-Vorstadt	990	1,022	„	32	3,463	520
Dorotheenstadt	767	792	„	25	2,474	354
Werder	551	538	13	„	1,993	275
Friedrichsstadt	4,276	4,279	„	3	12,551	1,715
Summa	18,077	18,305	101	329	51,817	7,300
Die Ausgezogenen abgerechnet	„	18,077	„	101	„	„
bleiben mehr eingezogen als ausgezogen	„	228	„	228	„	„

Lange,
Ober-Buchhalter der Servis- und Einquartierungs-Deputation d. h. Magistrats.

D.

Nachweisung
der vom Jahre 1815 bis Ende 1828 eingegangenen Haus-Steuer, Nachtwachtgeld und Mieths-Steuer-Beiträge.

Jahre.	Haussteuer mit Einschluß des Nachtwachtgeldes. Thlr.	Mieths-Steuer. Thlr.	Summa vorgenannter Steuern. Thlr.	Bemerkung.
1815	93,209	135,171	228,380	
1816	96,255	172,215	268,470	
1817	116,418	172,407	288,825	
1818	114,957	175,990	290,947	
1819	120,462	185,568	306,030	
1820	123,253	182,119	305,672	
1821	125,378	169,999	295,377	
1822	113,102	222,599	335,701 *)	
1823	106,593	211,547	318,140	
1824	111,379	221,753	333,131	
1825	112,890	229,268	342,158	
1826	117,466	238,277	355,743	
1827	117,818	243,759	361,577	
1828	120,583	245,835	366,418	

*) In diesem Jahre 1822 trat die neue Steuer-Organisation ein. Dieselbe wurde veranlaßt, durch das, seit 1816 eingetretene, so bedeutende Steigen der Miethen, so daß, wie pag. 22 seq. ausführlicher erörtert, durch eine richtige Katastrirung, die Miethsteuer von 5% auf 6%, und die Haus-Steuer auf das herabgesetzt werden konnte, was die Eigenthümer vor 1806 theils nur gegeben hatten, theils nach den Vorschriften der Städte-Ordnung auch nur zu geben hatten.
Im

E.

Nachweisung
über die Verwendung der in Berlin eingehobenen Haus- und Mieths-Steuer und des Nachtwachtgeldes in den Jahren 1805, 1815 und 1820 bis incl. 1828.

		1805 Rthlr.	1815 Rthlr.	1820 Rthlr.	1821 Rthlr.	1822 Rthlr.	1823 Rthlr.	1824 Rthlr.	1825 Rthlr.	1826 Rthlr.	1827 Rthlr.	1828 Rthlr.
	Einnahme.											
	An Haus- und Mieths-Steuer und Nachtwachtgeld	114,440	228,380	305,672	295,377	335,701	318,140	333,131	342,158	355,743	361,577	366,418
	Summa der Einnahmen											
	Ausgabe.											
1.	Zur Servis- und Einquartierungs-Verwaltung.											
	a. Servis-Quote der Stadt zur General-Staats-Kasse		131,416	131,416	131,416	131,416	131,416	131,416	131,416	131,416	131,416	131,416
	b. Communal-Zuschuß an Militair-Personen und Bequartierte, und zu den sonstigen die Einquartierung betreffenden Ausgaben	82,500	33,452	30,826	24,068	19,190	19,347	14,401	14,315	23,755	11,670	15,512
	c. Steuer-Erhebungs- und sonstige Verwaltungs-Kosten der Steuer- und Einquartierungs-Angelegenheit und zu extraordinairen Ausgaben		26,290	35,370	29,630	27,151	31,201	29,095	28,726	30,178	28,723	28,099
	Summa der Ausgaben für die Servis- und Einquartierungs-Verwaltung	82,500	191,158	197,612	185,134	177,757	181,964	174,912	174,457	185,349	171,809	175,027
2.	Kosten für das Miethen der Pferde zu den jährlichen Landwehr-Cavallerie-Uebungen	. . . .	. . . .	4,257	3,719	3,559	4,120	3,843	3,875	3,824	7,830	. . . .
3.	Zuschuß zur Unterstützung der 181½ invalide gewordenen Freiwilligen und Landwehrmänner	. . . .	. . . .	3,025	4,500	7,464	7,364	6,685	6,823	10,823	9,500	9,500
4.	An die unter dem Polizei-Präsidio stehende Nachtwachtkasse	31,940	35,037	35,967	35,040	35,040	35,040	35,040	35,040	40,746	46,873	55,609
5.	An die vorstädtische Erleuchtungs-Kasse der Commune	. . . .	. . . .	. . . .	. . . .	. . . .	. . . .	. . . .	315	2,943	1,800	1,800
6.	An die vormalige Bürgerwachtkasse	. . . .	1,000	3,600	3,600	3,600	2,700	3,600	. . . .	. . . .	. . . .	. . . .
7.	An die Polizei-Hauptkasse zur Unterhaltung der Stadt-Gensd'armes	. . . .	. . . .	. . . .	. . . .	. . . .	. . . .	. . . .	6,082	8,110	8,110	8,110
8.	Zuschuß zur Kämmerei-Verwaltung des eigentlichen Stadthaushalts, incl. für das Schulwesen, mit Ausschluß der Armenschulen	. . . .	. . . .	22,000	21,776	28,635	34,091	30,585	28,560	28,560	26,978	
9.	Zuschuß zur Armen-Verwaltung incl. des Armenschulwesens	. . . .	. . . .	13,500	. . . .	19,165	37,000	61,100	46,000	85,000	80,000	95,000
	Summa der Ausgaben	114,440	227,225	257,961	253,993	268,661	296,943	318,271	303,194	365,355	354,482	372,024
	Gegen obige Einnahme Ueberschuß	. . . .	1,155	47,711	41,384	67,040	21,197	14,860	38,964	. . . .	7,095	
	Vorschuß	. . . .								9,612		5,606

Die verbliebenen Ueberschüsse sind zur Erwerbung von Grundstücken und Häusern für die Commune, zu Baukosten der Communal-Gebäude und auch zu Vorschüssen an Communal-Kassen verausgabt worden.

Kunßmann sen.
Calculatur-Vorsteher des Magistrats.

Zusammenstellung der Tabellen zur „Statistischen Übersicht von der gestiegenen Bevölkerung der Haupt- und Residenzstadt Berlin in den Jahren 1815–1828".

In Form und Größe der Familienhäuser liegt politische Gefährlichkeit

Mit der Verfügung des Innenministers vom **21.7.1828** werden dem Besitzer der Familienhäuser folgende Auflagen gemacht:
1. Pflasterung von Trottoirs und Rinnsteinen an der Gartenstraße;
2. Anlegung einer dritten Treppe aus feuerpolizeilichen Gründen im „Langen Haus" an der Gartenstraße;
3. Verbindung der Treppenhäuser im „Kaufmannshaus";
4. Erweiterung des Abtrittgebäudes, da 48 Sitze für 2200 Personen zu wenig sind;
5. Beleuchtung der Höfe und Korridore;
6. Anlegung einer zweiten Totenkammer;
7. diverse kleinere Reparaturarbeiten.

Am empfindlichsten wird v. Wülcknitz jedoch durch die einstweilige Verfügung an das Polizeipräsidium getroffen, wonach – wie schon ausgeführt – ihm und damit den Mietern das Halten von Schlafstellen verboten wird. von Wülcknitz läßt nichts von den hier in der Zusammenfassung aufgeführten Auflagen ausführen – bis auf das Verbot der Untervermietung, gegen das er sich nicht wehren kann. Dafür verweigert er die Zahlung des „Aversionalquantums", also der Mietsteuerpauschale. Den Vorteil, den die Mieter von der Mietsteuerfreiheit haben, hat bereits der Oberbürger-

→S 143 meister in seinem Schreiben vom **21.4.1827** als Hauptmotiv für den Einzug in die Familienhäuser genannt. Da die ersten Versuche, die Mietsteuer direkt von den Mietern einzutreiben, gescheitert waren, hatte sich die Stadt mit v. Wülcknitz darauf geeinigt, daß er eine jährliche Pauschale von 150 Rthl. für seine Mieter bezahlt. Das ist belegt:

In den beiden Jahren 1826 und 1827 ist an Mietsteuer, die v. Wülck-

←L 3 *nitzschen Häuser betreffend, ausgeschrieben worden:*

→A 31 *a) das Aversional-Quantum, welches H. von Wülcknitz*
jährl. mit 150 Rthl. zu entrichten hatte . . . .   300 Rthl.
b) auf den H. von Wülcknitz für
Wohnung und Wirtschaftsgelaß . . . .   44 Rthl. 2 Sgr.
c) auf den in demselben Hause wohnenden
Bäckermeister Mertens . . . .   33 Rthl. 2 Sgr.
*   Summe der Mietsteuer: 377 Rthl. 4 Sgr.*

Zur Haussteuer wurden in den beiden bemerkten Jahren nur die jetzt mit No. 93a u. 94 bezeichneten Grundstücke, und zwar das erstere nach 664 Rthl. Ertrag mit 42 Rthl. 4 Sgr., das letztere nach 2984 Rthl. Ertrag mit 190 Rthl. 28 Sgr., in Summe mit 233 Rthl. 2 Sgr. angezogen. Die mit No. 92, 92a, 92b u. 93 bezeichneten v. Wülcknitzschen Häuser hatten in beiden benannten Jahren Baufreiheit.

Nachdem sich v. Wülcknitz jetzt **1828** weigert, die Pauschale zu bezahlen, muß die Stadt die Mietsteuer wieder selber eintreiben. Eine Woche nach der ministeriellen Verfügung kommt es bei einem ersten Eintreibungsversuch zu folgendem Vorfall:

→A 32 *A n z e i g e v o m 29.7.1828 d u r c h d i e F u ß g e n s d a r m e n B r ü h e r u n d B e h r e n s. Heute als am 29. d. Monats wurden wir von dem Buchhalter Herrn Eysenhardt beauftragt, den Executor Berger zu begleiten und bei dem Auspfändungsgeschäft auf Ruhe und Ordnung zu sehen. Die Ehefrau des Webers Braune, wohnhaft Gartenstraße 92a, Stube Nr. 42, wurde, da der Mann in dem Augenblick nicht gegenwärtig war, gefragt, ob sie ihre rückständigen Mietsabgaben zahlen könnte oder nicht, weil sonst die bereits unter Siegel belegten Sachen gepfändet würden, darauf geriet dieselbe hierbei sogleich in Eifer und erwiderte, sie könne nicht zahlen, würde sich aber auch nicht auspfänden lassen, währenddem kam ihr Mann zur Tür herein, welcher ebenfalls bemerkte, daß er nicht zahlen könnte.*

Die genannte Braune entfernte sich hierauf einige Augenblicke aus der Stube, stürzte aber mit einem wütenden Geschrei wieder zur Tür herein und langte, als sie bemerkte, daß der mitgenommene Arbeitsmann die Uhr von der Wand nehmen wollte, nach einem an dem Boden liegenden Beil und rannte so in voller Wut mit den Worten auf uns zu: Ehe ich mir ein Stück nehmen lasse, muß erst einer sterben.

Die Mietssteuer, die als Ersatz für die direkte Einquartierung des Militärs in den Bürgerhäusern erhoben wird, dient der Finanzierung der kasernenmäßigen Unterbringung der Soldaten. Sie wird von den Mietern der Wohnhäuser innerhalb des Weichbildes, die Kantonsfreiheit genießen, also zum militärischen Dienst nicht herangezogen werden, direkt an die Service- und Einquartierungsdeputation abgeführt, hat also nichts mit den Hausbesitzern zu tun, die ihrerseits Haussteuer bezahlen. Obwohl das Gelände, auf dem auch die Familienhäuser stehen, keine Kantonsfreiheit hat, versuchen die Stadt und die genannte Deputation, die Mietssteuer trotzdem zu erheben.

←L 3 Miethen, Miethssteuer und Miethsverträge. Bei dem Miethen einer neuen Wohnung müssen die Betreffenden, wie beim Ausziehen aus der alten Wohnung, von dem Eigenthümer des Hauses sogleich an den Polizei-Kommissarius des Viertels schriftlich gemeldet, und diese Meldung doppelt ausgefertigt werden; selbst diejenigen, welche hier nur ein Absteige-Quartier gemiethet haben, müssen eben so, wie alle übrigen Fremden bei ihrer Ankunft, wie bei ihrer Abreise, gemeldet werden. Durch die Service- und Einquartirungs-Deputation des Magistrats, deren Büreau sich im Köllnischen Rathhause befindet, wird die Miethssteuer erhoben, welche sich nach der Höhe des Miethsbetrages richtet, und sich schon in den vier Jahren von 1817 — 21 im Ganzen auf fast eine Million Thaler belief. An einer andern Stelle, Seite 166, haben wir schon angeführt, daß nach den letzten statistischen Uebersichten von den Kommunal-Einnahmen und Ausgaben der Residenzstadt, welche auf Veranstaltung des Herrn Ober-Bürgermeisters zusammengestellt und 1829 und 31 zur öffentlichen Kenntniß gelangt waren, nach dem Miethssteuer-Kataster sämmtliche 7342 Häuser einen jährlichen Miethsertrag von 4405340 Thl. brachten, daß demnach im Durchschnitt auf ein Haus ein Miethsertrag von 611 Thl. 5 Sgr. 2 Pf. kam, und im Jahre 1828 im Ganzen 51817 Quartiere vermiethet waren. Diese Quartiere werden theils ohne Meubel, theils als chambres garnie oder meublirt vermiethet, die ersten gewöhnlich auf die Dauer eines oder mehrerer Jahre, die letzten ¼jährlich, monatlich oder auch wöchentlich. Der Betrag der jährlichen Miethe beläuft sich nach der Größe, Bequemlichkeit oder mehr und minder vortheilhaften Lage der Wohnung von 30 Thl. bis auf mehrere tausend Thl.; die chambres garnis oder meublirten Zimmer kosten nach Maaßgabe der größern oder geringern Zahl der einzelnen Piecen 5 Thl. bis 5 Louisd'or monatlich; natürlich sind die in den beliebtesten Theilen der Stadt die gesuchtesten und theuersten. Die Miethskontrakte müssen, wenn der Gegenstand 50 Thaler beträgt, schriftlich und zwar auf einem Stempelbogen abgeschlossen werden. Der Vermiether muß dem Miether die Wohnung in brauchbarem Zustand überliefern, und dieser sie in solchem erhalten. Die nöthigen Ausbesserungen und die Lasten und Abgaben, so wie die Zahlungstermine der Miethe, und die Termine der Aufkündigung sind Gegenstände des Kontrakts. Bei den meublirten oder monatweise gemietheten Wohnungen muß in der ersten Hälfte und spätestens am 15. gekündigt werden.

←L 4 Servis- und Einquartirungs-Deputation, Gertraudtenstraße Nr. 1. Ein vom Magistrat abhängiger Verwaltungszweig zur Einnahme der Servis-Abgabe und Besorgung der Einquartirung bei Durchmärschen, beim Einrücken fremder Truppen, bei Kommandos u. s. w. Die Deputation besteht aus 19 Mitgliedern und 4 Armen-Kommissions-Vorstehern, die erstern aus der Mitte des Magistrats, der Stadtverordneten und der Bürgerschaft, an deren Spitze der zweite Bürgermeister steht. Die Versammlungen sind auf dem Köllnischen Rathhause. Eben so liegt auch dieser Deputation die Abschätzung der Servisabgaben ob. — Im Jahre 1743 führte Friedrich II. diese Abgabe ein, nachdem er die Armee verstärkt und Kasernen bauen ließ.

Ihr Mann sowohl als wir übrigen hielten ihr sogleich die Arme, entwanden ihr das Beil und hielten sie solange fest, bis die versiegelten Sachen aus der Stube gebracht waren. Der genannte Braune äußerte, er befürchte, daß sie dennoch, wenn wir schon fort wären, ein Unglück anrichten möchte, indem sie schon öfter, wenn sie auf solche Art gereizt würde, in diesen fast wahnsinnigen Zustand gefallen sei; jedoch schien es wohl nur bloße Bosheit zu sein, denn sie fing schon wieder an, sich zu beruhigen, als die Sachen wieder da waren.

Das fürchterliche Fluchen und Schreien der gen. Braune hatte nicht allein die Bewohner in demselben Hause, sondern auch aus den übrigen Gebäuden in Aufruhr gebracht, so daß alle Treppen und Ausgänge mit Menschen angefüllt waren. Als wir den Corridor verlassen wollten, begegnete uns der betreffende Reviercommissar mit mehreren Herren von der Baucommission, welche sich nach der Ursache dieses ungewöhnlichen Auflaufs erkundigten, als sie hiervon in Kenntnis gesetzt waren, zahlte einer der Herren die schuldige Mietssteuer nebst Gebühren, und so erhielt der p. Braune die gepfändeten Sachen wieder zurück, das war auch der·Grund, daß der Unfug nicht noch mehr ausartete, und von allen Seiten hörten wir beleidigende Äußerungen, wir übergingen es aber mit Stillschweigen, denn zu einer Arretierung zu schreiten wäre nicht ratsam gewesen, indem die Gemüter zu sehr erbittert und aufgeregt waren, auch wenn noch mehrere Beamte zugegen gewesen wären, konnte nicht anders verfahren werden, denn das allgemeine Geschrei war: Wenn sie alles genommen haben, können sie uns auch mitnehmen.

Um nun bei der nächsten Auspfändung hiernach die nötigen Maßregeln nehmen zu können, verfehlen wir nicht, solches hiermit ganz gehorsamst anzuzeigen.

Als zwei Monate später weitere zahlreiche Exekutionen (Eintreibungen) vorgenommen werden sollen, wendet sich der Magistrat an das Polizeipräsidium und bittet um militärische Unterstützung, um ähnliche Tumulte zu verhindern. Der sich daraus entwickelnde Briefwechsel dreht sich um die Angemessenheit der Mittel und enthält strategische Überlegungen, die für die Geschichte des Mietshauses wichtig sind:

Unter den Bewohnern der v. Wülcknitzschen Häuser in der Rosenthaler ←A 33
Vorstadt, wo wir die Mietssteuer zu erheben haben, befinden sich mehrere Individuen, welche die Entrichtung derselben auf das hartnäckigste verweigern. Wir sind daher genötigt, die Steuer im Wege der Execution einzuziehen, wie unterm 29. Juli des J., namentlich auch in Ansehung des Webers Braune, Gartenstraße 92a, Stube Nr. 42, erforderlich gewesen ist. Die Ehefrau desselben hat sich aber, wie die in Abschrift anliegende Anzeige der Gensdarmen Brüher und Behrens näher ergibt, der Auspfändung auf das nachdrücklichste und mit solchem Ungestüm widersetzt, daß das ganze Haus dadurch in Aufruhr gekommen ist. Um größeren Unordnungen und Aufläufen, welche bei einer Bevölkerung, wie sie die v. Wülcknitzschen Häuser enthalten, leicht zu befürchten sind, bei der nächsten Vollstreckung von Executionen, welche wiederum gegen 74 Steuerschuldige stattfinden muß, möglichst zu begegnen, scheint es uns ebenso ratsam als notwendig, diensame Vorkehrungen deshalb zu treffen.

Zu dem Ende halten wir es für zweckmäßig, sämtliche Executionen an einem Tage zu vollstrecken und dazu nicht allein die Torwache zu verstärken, sondern auch ein militärisches Kommando in der Nähe der v. Wülcknitzschen Häuser aufzustellen, welches nötigenfalls zur Aufrechterhaltung der Ordnung und Dämpfung eines etwa entstehenden Tumults herbeieilen kann . . .
Berlin, den 29.9.1828   *Oberbürgermeister, Bürgermeister und Rat*
An das Polizei-Präsidium   *hiesiger Residenzien Büsching*

Das Polizeipräsidium antwortet dem Magistrat noch am selben Tag, indem es den Vorschlag, die Exekution mit offener Militärgewalt auszuführen, für sehr bedenklich hält, da so ein allgemeiner Aufruhr nur schwer zu verhindern ist. Der Magistrat wird ersucht, *gegenteils vielmehr die aus-* ←A 34
drückliche Verfügung gefälligst treffen zu wollen, daß dergleichen (Executionen) dort nur, soviel als irgend tunlich, vereinzelt zur Ausführung gebracht werden. Sollte sich ihr jemand widersetzen, ist dieser sofort festzunehmen.

Gouvernement. Wir haben schon in dem Artikel „Commandantur" (Seite 137) erwähnt, daß die Gouvernements-Geschäfte in der Gegenwart von dem Kommandanten der Haupt- und Residenz-Stadt, dem Herrn General-Lieutenant v. Tippelskirch, mit verwaltet werden. In dem Geschäftsbereich des Gouvernements liegen: die Anordnung der militairisch-polizeilichen Maaßregeln, die Einrichtung des Wachtdienstes, die Erhaltung der militärischen Anlagen und Gebäude, die Aufsicht über das stete Bereitsein der Truppen, weshalb die Kommando's derselben bei jedem Exerciren, oder Zusammenkommen zu anderm Behuf, besonders aber, wenn sie sich aus der Stadt begeben, auch Kommando's, die abgehen, davon bei dem Gouvernement Meldung zu machen haben; dasselbe muß auch von allen auf Urlaub gehenden oder ankommenden, oder eine veränderte Anstellung erhaltenden Offizieren geschehen; ferner hat das Gouvernement die Kontrolle über alle einzelne, bei keinem besondern Kommando eingetheilte Militärs, imgleichen über alle in der Stadt anwesende Offiziere fremder Mächte, und veranlaßt endlich die Untersuchung und Bestrafung der von den Wachten und Posten verübten, oder der gegen die öffentliche Ruhe und Sicherheit stattfindenden Vergehen und der Uebertretung besonderer, vom Gouvernement ertheilten Vorschriften. Ueber die Garnisonkirche und Garnisonschulen übt das Gouvernement das Patronatsrecht aus.

Aus dem Schreiben der Königl. Kommandantur an das Polizeipräsidium vom 29.9.1830:

Es sollen für das Hamburger Tor in der Kaserne des 2. Garderegiments und für das Rosenthaler Tor, in der Kaserne des Kaiser-Alexander-Grenadier-Regiments die nötigen Mannschaften jeden Augenblick bereit stehen, um gegen Unordnungen auftreten zu können, die auf den dortigen Vorstädten von Widersetzlichkeit, von herausgewiesenen Mietern entstehen könnten . . .

Theodor Hosemann: Der Exekutor, 1841

←L 5
→A 35

Noch am selben Tag fordert das Polizeipräsidium beim königlichen Gouvernement eine Verstärkung der Wachen für die zur Rosenthaler Vorstadt führenden Tore: *Das Bedürfnis, einiger sofort zu erreichender militärischer Hilfe für den Notfall sich stets versichert halten zu können, ist . . . gerade rücksichtlich dieser sehr von der niederen Volksklasse bewohnten Vorstadt dringender als für irgendeine andere Gegend der Stadt selbst und deren unmittelbaren äußeren Umgebungen. Die vor dem Hamburger Tor belegenen Wülcknitzschen Familienhäuser fassen allein mehr als 2000 Menschen in sich, und es liegt in diesen Verhältnissen, daß Excesse aller Art vorzugsweise häufig vorkommen; jeder derselben aber auch, insofern ihm nicht sofort ausreichend kräftig begegnet werden kann, ohne Ausnahme beinahe, sehr bald sich weiter ausdehnt und bedenklich steigert.*

→A 36
Das Gouvernement lehnt diesen Antrag am **4.10.1828** ab, und zwar nicht nur aus finanziellen Gründen: *Übrigens aber dürfte auch eine Verstärkung der in Rede stehenden Wachbesetzung, wenn solche nicht sehr bedeutend wäre, dem beabsichtigten Zweck nur sehr wenig entsprechen, es würde vielmehr bei einem etwa eintretenden größeren oder gar allgemeinen Aufstande mehrerer tausend Bewohner der v. Wülcknitzschen Häuser wegen Unzulänglichkeit der von der Hamburger Torwache zu entnehmenden Hilfe das Militär sowie das Gouvernement nur kompromittiert werden. Letzteres ist jedoch der Meinung, daß, wenn zur Begegnung oder Unterdrückung eines durch die Bewohner der v. Wülcknitzschen Häuser oder durch die in der dortigen Vorstadt wohnende niedrige Volksklasse veranlaßten Aufstandes oder verübten Excesses die Anwendung kräftiger Beseitigungsmittel erforderlich wird, alle Beischreitung der einzelnen Polizei-Offizianten solange sistiert bleiben dürften, bis der nötige Militärbeistand, welcher nach Maßgabe des jedesmaligen Bedürfnisses aus der zunächst liegenden Kaserne (resp. der Kasernen der reitenden sowie der Fußgarde-Artillerie oder des 2. Garderegiments zu Fuß) durch Antrag beim Offizier* ←A 37 *Tujour zu requiriren ist, beschafft werden und werktätig zur Stelle angewandt werden. Daß übrigens die Truppenbefehlshaber in den Kasernen angewiesen worden sind, dergleichen Militärunterstützungen nach Bedürfnis sofort verabfolgen zu lassen, ist einem hochlöbl. Pol.-Präs. durch die diesseitige Mitteilung vom 18. September v.J. bekannt.*

War dieser Vorschlag die Antwort des Gouvernements an das Polizeipräsidium, so antwortet der Magistrat in gleicher Angelegenheit dem Polizeipräsidium auf das oben zusammengefaßte Schreiben vom **29.9.1828**
→A 38 am **16.10.1828**: *Einer Königl. wohllöbl. Polizei-Intendantur erwidern wir auf das gefällige Schreiben vom 29. September d.J., betreffend die Vereinigung aller gegen die Mietssteuer-Restanten in den v. Wülcknitzschen Häusern auszuführenden Executions-Vollstreckungen auf einen Tag, ergebenst, daß bei einer Anzahl von ca. 500 Menschen, welche sich in den v. Wülcknitzschen Häusern befinden, von denen der größte Teil der Besteuerten die Zahlung verweigert, sich die Executionen nicht einzeln ausführen lassen, sondern in Masse vollstreckt werden müssen, indem es sich sonst mit zwei Executoren, welche der Service-Deputation nur zu Gebote stehen und welche auch anderweit vollauf beschäftigt sind, gar nicht zustande kommen läßt . . .*

Nachdem am **5.11.1828** das Polizeipräsidium dem Magistrat die Polizeiunterstützung bei Massenpfändungen, wie der Magistrat sie geplant hat, verweigert, kommt es in den weiteren Verhandlungen zwischen den beiden Behörden zu folgender Einigung, die die Servis-Deputation der Polizeiintendantur am **14.12.1828** mitteilt: *Infolge der . . . Verhandlungen werden wir* →A 39 *in den v. Wülcknitzschen Häusern, insofern gleichzeitig in allen Häusern Executionen gegen Steuer-Restanten zu vollstrecken sind, an einem Tage nicht mehr als einen Executionsbefehl in jedem Hause zur Ausführung bringen lassen. Insofern aber vielleicht nur in einem Hause mit Executionen zu verfahren sein sollte, so werden wir darin täglich höchstens gegen drei Steuerschuldige, jedoch nicht gleichzeitig, sondern successive, mit Vollstreckung der Executionen verfahren und haben wir unseren Executoren angewiesen, sich jedesmal bei dem Polizei-Commissarius des Reviers zu melden und ihm anzuzeigen, daß und wo sie Executionen abzuhalten haben . . .*

Als Ergebnis zeichnet sich ab einerseits Vorsicht von seiten der Stadt bei den Pfändungen, wobei abzusehen ist, daß so die Mietsteuer nicht eingetrieben werden kann, andererseits steht Militär abrufbereit in den ←B 2 Kasernen. Zu größeren Konflikten scheint es nicht mehr gekommen zu sein bis **1831**, also solange v. Wülcknitz Besitzer der Familienhäuser ist. Wichtiges Ergebnis dieser Erfahrungen für Stadt und Staat, aber auch für die Bewohner ist die **politische Gefährlichkeit für die herrschende Ordnung einer derart räumlich konzentrierten und über gemeinsame Erschließung miteinander verbundenen Zahl eigentumsloser Haushalte, die spontanen Widerstand möglich macht, worauf der Organisationsgrad der Polizei und des Militärs noch nicht vorbereitet ist.**

Der Spekulant gibt auf und setzt sich ab

Am Schluß der ministeriellen Verfügung vom **21.7.1828**, die schon Ausgangspunkt des vorigen Abschnitts gewesen ist, nimmt der Innenminister v. Schuckmann Bezug auf die Beschwerde, die v. Wülcknitz am **3.3.1828** gegen den Polizeibericht, der Grundlage für die erteilten Auflagen war, eingereicht hat: *Danach aber muß es als sehr tadelnswert anerkannt werden,* ←A 40 *wenn H. von Wülcknitz der Behörde vorwirft, daß sie die Untersuchung auf eine sehr parteiische und verwerfliche Art vorgenommen, daß das Protokoll Unwahrheiten enthalte und falsch sei; daß sich der Polizeirat Kayser durch Unwahrheiten habe entschuldigen wollen, daß die Staatsbehörden sich einer gehässigen Verfolgung und der Widerrechtlichkeit gegen ihn schuldig gemacht; daß sich die Commissarien bemühen, das . . . zu rechtfertigen. Äußerungen dieser Art, welche geflissentliche Beleidigungen der Behörde enthalten, sind um so weniger zu entschuldigen, als sich, wenn dies nicht alle A n s i c h t e n des Polizei-Präsidii und der Commissarien über das, was polizeilich erforderlich sein möchte, vom Ministerio haben gebilligt werden können, doch zwischen den gezeigten Tatsachen und dem, was der v. Wülcknitz hierüber behauptet, nirgends ein wesentlicher Widerspruch vorfindet und die Unwahrheit der Angaben des Dr. Thümmel durch das Polizei-Präsidium selbst mit voller Unparteilichkeit ins Licht gestellt ist. Das Polizei-Präsidium erhält daher die Beschwerdeschrift des p. von Wülcknitz vom 3ten März d.J. anliegend im Originale und wird demselben überlassen, jene Beleidigungen zur gerichtlichen Rüge zu bringen.*

Von dieser Möglichkeit macht das Polizeipräsidium eine Woche nach den ersten Zusammenstößen mit den Bewohnern bei der Eintreibung der Mietsteuer, am **8.8.1828**, Gebrauch. Es beantragt beim Kammergericht eine Untersuchung gegen v. Wülcknitz, da er sich in der 5 Monate zurückliegenden Beschwerde *mehrere grobe Beleidigungen erlaubt* habe. Die An- ←A 41 klageschrift wird am **3.9.1828** verfaßt, die Untersuchung wird am **18.5.** ←A 42 **1829** abgeschlossen, das Urteil ergeht am **24.9.1829**: v. Wülcknitz wird zu ←A 43 6 Wochen Gefängnis sowie den Gerichtskosten verurteilt. Sein Versuch, Berufung gegen dieses Urteil einzulegen, wird am **6.5.1830** abgewiesen. Im ←A 44 Schlußbericht heißt es:

Wenn der Herr Denunziat, der Königl. Kammerherr Freiherr Heinrich ←A 45 *Otto v. Wülcknitz, durch die Erkenntnis erster Instanz des Kriminalsenats des Königl. Kammergerichts de publ. den 24. September apr.*
 wegen grober Beleidigungen des Königl. Polizei-Präsidii zu Berlin
 zu einer sechswöchigen Gefängnisstrafe und zur Tragung der Untersuchungskosten verurteilt ist,
so hat er in der Tat nicht Ursache, sich über eine besondere Strenge des er- ←L 6 *kennenden Richters zu beschweren . . . und ebensowenig ist der Antrag, eventualiter statt der erkannten Gefängnisstrafe eine Geldbuße zu substituiren, gerechtfertigt, da es sich hier nicht nur um die Bestrafung bloßer einfacher Verbalinjurien unter Privatleuten des höheren Standes, sondern zugleich auch um die Bestrafung der mit der gleichen Beleidigung verbundenen Verletzung der dem Staat und dessen Behörden schuldigen Ehrfurcht handelt.*

Was dann folgt, wissen wir nicht genau, nur daß ab **1.1.1831** der Gutsbesitzer Heinrich Ferdinand Wiesecke neuer Besitzer der Familienhäuser wird, und das, was Kuntze, der Chronist des Voigtlandes, dazu erzählt: *Herr v. Wülcknitz nahm bedeutende Hypotheken auf diese Häuser auf; er ging mit den Capitalien nach Paris, und die Creditoren verloren fast all ihr Geld, indem ein Herr Wiesecke die Häuser für ein sehr billiges annahm.*

v. Wülcknitz konnte nach Paris gehen, weil er bereits **1826/27** seine Güter Lanke, Uetzdorf, Neudörfchen und Prenden an die Grafen von Redern verkauft hatte.

Dr. Thümmel, 11.1.1827:

Bekannt ist es, daß das Zusammengedrängtsein vieler, besonders armer Menschen, bei bestehendem Mangel an nötiger Reinlichkeit der Leib- und Bettwäsche, ungesunder Luft in engen Wohnungen etc. bösartige Krankheiten hervorzurufen und einmal entstandene Epidemien mit fürchterlicher Rapidität zu verbreiten im Stande ist.

Verhängt der Himmel über unsere Stadt einmal ein solches Unglück, so werden die Bewohner, welche als Tagelöhner sich täglich in alle Teile derselben ausbreiten, auch bald das Krankheitsgift hierher verpflanzen. Oder umgekehrt, bildet sich hier ein Contagium; was leicht von Stube zu Stube verbreitet wird, so dürfte uns dies, eben wegen der vielen Beziehungen, in welchen die Familienhäuser zur Stadt stehen, an das Schicksal Gröningens erinnern und uns zu dem Wunsche berechtigen, daß der verderbliche Inhalt dieser unsere Mauern bedrohenden Gebäude sich nicht auch so zerstörend über unsere Stadt verbreite, wie einst ein ähnlicher Inhalt des Trojanischen Pferdes Verheerung und Zerstörung über die nur zu sorgenfreie Stadt brachte.

Die Choleraepidemie 1831

Die ersten genauen Angaben über eine Choleraepidemie stammen aus dem Jahre 1816. Es wird zwar fast allgemein angenommen, daß die Cholera schon in früheren Jahrhunderten eine einheimische Krankheit Indiens, namentlich des feudalen und fruchtbaren Ganges-Deltas gewesen sei und wahrscheinlich schon früher Europa und andere Länder heimgesucht hat. Jedoch die Unterscheidung der einzelnen Seuchen war in früheren Zeiten bei dem Fehlen der wissenschaftlichen Beobachtungsmethoden so schwer, daß es wahrscheinlich kein Zufall ist, daß die Bekanntschaft der Cholera-Erkrankung mit dem Aufschwung der wissenschaftlich-beobachtenden Medizin im Anfang des 19. Jahrhunderts zusammenfällt.

Der I. bekannte Seuchenzug der Cholera fällt in die Jahre 1816–23: Die Cholera drang zuerst nach Süden und Osten von Vorderindien aus vor nach den großen Sunda-Inseln, Philippinen, kleinen Sunda-Inseln, China. 1821 wandte sie sich nach Westen und Norden: Arabien, Mesopotamien, Persien, Syrien, Astrachan, Alexandria. In diesen Ländern hielt sie sich, ohne weiter nach Europa zu dringen.

II. Seuchenzug 1826–37: Einschleppung über Rußland, Türkei durch die Pilgerzüge, und uns zu Arabien in diese Länder zurückkehrten. In Rußland forderte die Epidemie große Opfer. Sie verbreitete sich 1830 von Astrachan dem Lauf der Wolga entlang und erreichte in 2 Monaten Moskau. 1830 trat aus wurde Rußland im selben Jahre vollständig überschwemmt. 1831 durch den russisch-polnischen Krieg gelangte die Cholera nach Polen, von dort nach Deutschland, und besonders Berlin und Wien hatten unter der Seuche zu leiden. Die Cholera verbreitete sich dann über ganz Deutschland, schließlich fast über alle Länder der Erde. 1832 erreichte sie London, etwas später Paris. Auf dem Seeweg wurde sie nach Amerika verschleppt. 1837 trat sie noch einmal in Berlin in heftigem Maße auf.

Im **Juni 1831** werden in Berlin ein „Gesundheitskomitee" und eine „Verwaltungsbehörde", bestehend aus Medizinal- und Kommunalbeamten sowie Deputierten des Militärs und der Polizei, gebildet, deren Aufgabe darin besteht, die notwendigen Abwehrmaßnahmen gegen die unaufhaltsam von Osten nach Berlin zuwandernde Cholera zu organisieren. Alle Versuche, den Seuchenzug aufzuhalten, scheitern, da weder der Erreger der Cholera bekannt ist, noch die Art, wie sie übertragen wird, noch irgendwelche praktischen Erfahrungen bei der Bekämpfung der unbekannten Seuche vorliegen. Man weiß über die Cholera **1831** nicht viel mehr, als daß die Sterblichkeit in den bereits betroffenen Gebieten erschreckend hoch war.

In Kalkutta wurden im Jahre 1817 von den 90 000 Mann starken Heer innerhalb von 12 Tagen 9000 Menschen hinweggerafft. Von 4 Millionen Bewohnern auf Java starben in den Jahren 1819 und 1821 400 000 an der Cholera. Bagdad verlor von seinen 20 000 Einwohnern in einem einzigen Monat 5000.

Zudem ist noch bekannt, daß bisher vor allem die ärmsten Stadtgebiete befallen sind, ohne daß man weiß warum. Die Nachrichten von der bevorstehenden Seuche zusammen mit denen von den erfolglosen Abwehrmaßnahmen lösen in Berlin eine panische Angst aus.

Noch war die Seuche von Berlin viele Meilen weit entfernt, und doch herrschte in der Residenz schon

←A 46

6.2 Die „Wieseckeschen Familienhäuser" (1831 – 1832)

Seit dem **1.1.1831** ist Heinrich Ferdinand Wiesecke, ehemaliger Besitzer des Plauerhofs im Westhavelländischen Kreis, neuer Besitzer der Familienhäuser. Zu dieser Zeit werden die Auswirkungen einer seit Herbst **1830** um sich greifenden Krise immer stärker spürbar, und das natürlich zuerst in den Familienhäusern. Am **20.6.1831** stellt Wiesecke eine Liste derjenigen Mieter zusammen, die ihm die Miete schulden (sog. Restantenliste). Insgesamt zählt er über 1000 Rthl. an Mietrückständen. Bezogen auf die einzelnen Häuser ergibt sich folgende Zusammenstellung:

→A 47

in Nr. 92:	40 Schuldner mit	285 Rthl. 8 Sgr.
Nr. 92a:	32 Schuldner mit	255 Rthl. 22 Sgr.
Nr. 92b:	28 Schuldner mit	225 Rthl. 26 Sgr.
Nr. 94:	29 Schuldner mit	280 Rthl. 23 Sgr.
Mietschulden insgesamt:		1047 Rthl. 19 Sgr.

←L 7

Der Brief, den Wiesecke mit Datum vom **26.6.1831** an den Magistrat richtet, muß vor dem Hintergrund der unaufhaltsam westwärts wandernden Choleraepidemie, die im Sommer **1831** Rußland erreicht hatte, gesehen werden. Wiesecke konstruiert einen Zusammenhang zwischen Mietrückständen und drohender Epidemie und macht dem Magistrat einen Vorschlag:

→A 48

Ein hochpreislicher Magistrat hiesiger Residenz soll, wie mir durch ein Gerücht zugegangen ist, in Übereinstimmung mit der Königl. Immediat-Commission zur Verhütung der Cholera die heilsame Maßregel beabsichtigen: in allen den Quartieren und Gebäuden der Stadt, worin viele arme Leute dichtgedrängt beieinander leben, für die Vereinzelung — sowohl der Familien als auch der Mitglieder derselben, wenn ihre Gesamtzahl zu groß ist — Sorge zu tragen. — Diese Maßregel wird sich natürlich auch auf die sogenannten v. Wülcknitzschen Familienhäuser, deren Besitzer ich seit dem Januar 1831 bin, erstrecken, ja vielleicht dort zuerst in Anwendung gebracht werden, und ich erkläre mich gern bereit, für diesen, das Wohl der Stadt bedingenden Zweck mit zu wirken und zur Erleichterung des Verfahrens die Hand zu bieten.

Nach meinem genau gemachten Überschlage reicht in diesem Augenblick die Zahl der vorhandenen Zimmer vollkommen hin, die Summe der Bewohner so zu repartiren, daß eine . . . Zahl von vier Personen (Kinder unter fünf Jahren nicht mitgerechnet) in einem abgesonderten Zimmer ihr Unterkommen finden könnte. — Außerdem aber läßt sich noch ein Gebäude, von einigen und siebenzig Stuben, zu einem separirten Lazarett für die wirklich Erkrankten hergeben und einrichten. Dies Haus hat drei Stockwerke und könnte nach meiner unvorgreiflichen Meinung so arrangirt werden, daß im Sous-Terrain die Bäder, Parterre die Krankensäle, darüber die Reconvalescenten und weiter nach oben die Wärter Platz fänden. Sobald meine Perposition genehmigt ist und die Sache ins Leben tritt, werde ich mir erlauben, eine von mir in Übereinstimmung mit den allgemeinen und speciellen Sanitäts-Gesetzen entworfene, den besonderen Verhältnissen der Familienhäuser angepaßte Hausordnung zur geneigten Bestätigung Eines hochpreislichen Magistrats und der Immediat-Commission vorzulegen und deren Sanktionierung nachzusuchen. — Im allgemeinen bemerke ich nur vorläufig soviel: daß in jedem Fall ein Umzug sämtlicher Bewohner und eine Räumung der einzelnen resp. Zimmer vorgenommen werden soll, wobei die Stuben, welche jetzt nur einzelnen Personen gehören, mit anderen, die von ganzen Familien bewohnt sind — insofern diese weniger Flächenraum haben als jene —, ausgewechselt werden können. — Ferner sollen die am wenigsten in Unreinlichkeit versunkenen Familien die luftigsten, am wenigsten im Gemenge liegenden Stuben der oberen Stockwerke erhalten. Auch will ich es gleich beim Umzuge bewerkstelligen, daß die zu beziehenden Zimmer vorher gelüftet, gescheuert, frisch geweißt und mit Chlor-Gas durchräuchert werden, was sehr gut angeht, da viele Wohnungen jetzt leerstehen. — Dann soll auch kein Stück Möbel in ein gereinigtes Zimmer gebracht werden, was nicht zuvor unter Aufsicht gesäubert und gewaschen ist. Alle Betten, Kleidungsstücke pp. müssen gleichfalls vor dem Umzuge gereinigt, gelüftet und durchräuchert sein, und wird dafür gesorgt wer-

←L8

←L 9

den: daß mit Lüften, Waschen und Räuchern regelmäßig fortgefahren und die hergestellte Reinlichkeit in den Stuben erhalten wird.

Das Scheuern der gemeinschaftlichen Treppen, Gänge, Corridore und Abtritte soll gleichzeitig auf meine Veranstaltung und Kosten geschehen, und regelmäßig fortgesetzt, wie überhaupt jedes mögliche Arrangement, den bestehenden Vorschriften und der Vernunft gemäß getroffen werden, wobei ich mich verpflichte, für die Ausführung jeder von der Immediat-Commission gegebenen Verordnung zu haften, insofern mir die specielle Haus-Polizei übertragen und ein Mittel verschafft wird, meinen Anweisungen Nachdruck zu geben. –

Die Bedingung, welche ich dafür zu machen mir erlaube, ist: daß man mir von Seiten der Immediat-Commission den bei Bücher-Abschluß sich ergebenden Defekt an Miets-Einnahmen deckt; indem ich doch eine anderweitige Unterbringung der Mieter nicht vor der Erfüllung ihrer Verbindlichkeit gegen mich genehmigen und der Staat auch nicht eine so große Einbuße meiner Revenue billigerweise verlangen kann; andererseits aber bei Zahlungs-Unfähigen, die ich sonst exmittiert haben würde, die mir unweigerlich zustehende Einbehaltung der Webstühle und sonstigen Möbel zu meiner Sicherheit diese exmittierten Individuen völlig hilflos machen und den öffentlichen Armen-Anstalten aufbürden müßte. – →L 10

Die Mietssätze sollen zwar in ihrer bisherigen Billigkeit unverändert beibehalten werden, indes dürfte die größere räumliche Ausdehnung mancher Familie, die bis jetzt pünktlich zahlte, eine Mehrausgabe veranlassen und dadurch vielleicht ein teilweiser Ausfall entstehen, für welchen zu haften ich die Immediat-Commission ersuchen muß. – Es versteht sich indessen, daß dieses Zugeständnis ein strenges Geheimnis bleibt, damit die Arbeiter nicht schon vor dem Unglück ihre Zahlungen einstellen. Dies würde sonder Zweifel sogleich geschehen, sobald die Immediat-Commission unmittelbar einschreitet; durch einen Vergleich mit mir und durch meine Intervention kann dies aber wenigstens größtenteils vermieden werden. –

Nun bin ich ferner noch so frei, in Anregung zu bringen: daß es nötig sein dürfte, wenn die Sache wirklich da ist und die Spuren eintreten, den von allem Erwerb und von allen Subsistenzmitteln abgeschnittenen Familien die unentbehrlichen Ernährungs-Gegenstände für die Dauer der Epidemie zu verschaffen; und da solche Maßregel, wenn sie in der Eile ausgeführt werden muß, unendlich schwierig und kostbar werden muß, so erlaube ich mir zugleich, beikommendes Memorial, welches den umständlich ausgearbeiteten Plan zu einer wohlfeilen Ernährung der Einwohner in den Familienhäusern enthält, zur gefälligen Durchsicht zu überreichen, mit der ergebensten Bitte, nach Prüfung der darin entwickelten Ideen und verlautbarten Vorschläge mir zur schleunigen Ausführung derselben durch Vorreichung des erforderlichen Betriebs-Capitals aus dem Fonds der Immediat-Commission und sonstigen Vergünstigungen zu verhelfen. –

Wenn schon beim Entstehen der in meinem Memorial entwickelten Ideen die jetzt so dringende Rücksicht auf die Gefahr einer Seuche nicht vornehmlich ins Auge gefaßt wurde, so geht doch die allgemeine wohltätige Absicht mit dem jetzt so wichtigen und fast zur Hauptsache gewordenen Zweck so innig Hand in Hand: daß schon allein aus diesem Grunde die Genehmigung meines Projekts und der von mir erheischten Unterstützung keinen Bedenken unterliegen dürfte! →L 11

Indem ich schließlich um möglichste Beschleunigung des Bescheids, und zwar spätestens bis zum Ende dieses Monats, zu bitten wage, habe ich die Ehre, in tiefster Devotion mich zu ernennen →L 12

Berlin,   *Eines hochpreislichen Magistrats*
den 26. Juni 1831   *ganz gehorsamster Diener*
Gartenstr. 93   *Heinrich Wiesecke*

Dieses seltsame Dokument aus der Feder eines Mietspekulanten enthält in Hinblick auf die zu erwartende Choleraepidemie zusammengefaßt folgendes Angebot:
– Räumung aller Stuben,
– Reinigung der gesamten Gebäude sowie des Inventars,
– Neuverteilung der Mieter auf die Stuben, nach Familienstärke und Reinlichkeit der Familien,
– Einrichtung eines Lazaretts in dem „Kleinen Haus";
und die Forderungen:
– Deckung des bei Buch-Schluß festgestellten Miet-Defizits durch öffentliche Mittel,

eine fabelhafte Furcht vor derselben, welche durch die Regierungs-Behörden fortwährend genährt wurde. Es gab damals nur ein Thema des Gesprächs in allen Kreisen der Gesellschaft: die Cholera! Wird sie auch nach der Hauptstadt kommen? welche Maßregeln sollen ergriffen werden, um sie abzuhalten, welche, um sich vor ihr zu schützen, wenn sie dennoch kommt?

Eine Flut von Schriften über die Krankheit überschwemmte den Büchermarkt; die meisten waren ohne den geringsten wissenschaftlichen Wert, aber sie wurden trotzdem eifrig gekauft, ebenso die zahlreich feilgebotenen und angepriesenen, oft geradezu unsinnigen Heil- und Vorbeugungsmittel . . .

Die Cholerafurcht nahm so überhand, daß sie zum Wahnsinn ausartete. Eine alte Frau erhängte sich, um nicht die Cholera zu bekommen. In allen Familien wurden Vorbereitungen getroffen, um für den Ausbruch der Krankheit gerüstet zu sein. Man verproviantierte sich, um so wenig wie möglich mit andern Menschen in Berührung zu kommen. Cholera-Apotheken wurden angeschafft, Dampfapparate konstruiert, und alle Präservativmittel, welche die Staatszeitung in reicher Fülle anpries, hatten einen hohen Preis. Wer es sich leisten kann, verläßt die Stadt in Richtung Westen.

Die asiatische Cholera erschien, nachdem man den von Osten her immer näher rückenden Feind vergeblich durch Cordons abzuhalten gesucht hatte, in Berlin zuerst im August 1831. Am 29. August starb in Charlottenburg der Schiffer Wegener und am folgenden Tage der Schiffer Mater auf einem Kahn vor dem Hause Schiffbauerdamm Nr. 13 unter der Cholera verdächtigen Symptomen. Diesem Fall folgte am 30. August ein neuer an der Schleuse Nr. 5, und hierauf ward am 31. August von der Gesundheits-Commission die Krankheit als solche constatirt. Dieselbe nahm nun sehr schnell zu, zunächst auf Kähnen und in den der Spree nahe gelegenen Straßen. Nach wenigen Tagen zeigten sich aber schon in allen Stadtteilen Kranke. Nur das Voigtland war in den ersten beiden Wochen noch frei von der Epidemie.

Währenddessen haben die zahlreichen medizinischen Gegenmaßnahmen notwendigerweise experimentellen Charakter. Ein Verein von Medizinalbeamten gibt während der drei Monate, in denen die Cholera die Stadt beherrscht, die „Berliner Cholera-Zeitung" heraus, die dreimal wöchentlich erscheint, den Verlauf der Epidemie genau dokumentiert und über die ergriffenen Therapiemaßnahmen berichtet.

Berliner Cholera-Zeitung

mit

Benutzung amtlicher Quellen;

herausgegeben von

einem Verein von Medicinal-Beamten.

Desinficirt.

№ 1.   Sonnabend den 24. September.   1831.

Das Voigtland ist der letzte Stadtteil Berlins, der von der Cholera ergriffen wird. Die ersten beiden Choleratoten werden hier am 3. und 10.9.1831 auf der Straße gefunden, am 21.9.1831 ereignet sich der erste Fall in den Familienhäusern.

In den Wieseckeschen Familienhäusern zeigte sich der erste Cholerakranke am 21. September bei dem Sohne des Webers Willmorsky, Gartenstraße Nr. 94, welcher am folgenden Morgen, nach kurzem Kranksein, als ein Opfer fiel; das zweite Kind war, als ich von dem Falle Kenntnis erhielt, bereits erkrankt und, aller angewandten Mühe ungeachtet, rettungslos verloren. Das dritte Kind, ein Säugling von 3/4 Jahren, am 24. befallen wurde, genas, und der Vater, obgleich ein schwächlicher Mann, welcher vor wenigen Monaten an einem sehr heftigen langdauernden Durchfall gelitten hatte, wurde nach 4 Tagen vollkommen hergestellt.

Fast gleichzeitig hiermit trat die Krankheit in einem anderen Familienhause, Gartenstraße Nr. 92a, am 24. September auf und ergriff bis zum 15., 23 Personen . . .

Um einige Tage später zeigte sich das Übel in dem Nachbarhause, Gartenstraße Nr. 92 (von 150 Stuben), in welchem überhaupt von 27. Sept. bis zum 15. Oct. 13 Personen erkrankten . . .

Am längsten wurde das Haus Nr. 92b verschont, von welchem nur bis zum 15. October 7 Opfer gefordert wurden . . .

Unmittelbar nach dem ersten Cholerafall in den Familienhäusern wird hier im „Kleinen Haus" die

„Cholera-Heilanstalt No. 5" eingerichtet. Der leitende Arzt Dr. Thümmel berichtet darüber in der „Berliner Cholera-Zeitung":

Erster Bericht über die Cholera-Heilanstalt No. 5 ←L 13
(Abgestattet vom dirigirenden Arzte Dr. Thümmel)
Die starke Bevölkerung der Rosenthaler Vorstadt von Berlin, zu welcher die in der Gartenstraße belegenen ehemaligen v. Wülcknitzschen Familienhäuser gehören, und die gleichzeitig dort herrschende Armut und Hülfsbedürftigkeit der Bewohner hat die Behörden veranlaßt, auch dort eine Heilanstalt zu errichten, welche, etwa auf 40 Betten eingerichtet, dem fühlbaren Mangel, den die Entfernung der nächsten Cholera-Heilanstalten darbietet, Grenzen setzt.

Es ist zu diesem Lazarethe das kleinste der Familienhäuser, Gartenstraße 93a, welches isolirt gelegen ist und ringsumher mit einem Bretterzaune vorschriftsmäßig hat umgeben werden können, gewählt worden.

Das Gebäude ist 84 1/2 Fuß lang und 32 Fuß tief, wird in der Länge von einem 4 1/2 Fuß breiten Corridor durchschnitten und besteht aus 2 Stockwerken, die 21 kleine Stuben, 9 Kammern und 8 kleine Küchen enthalten. Im untern Geschoß wohnen die Beamten und zwar so, daß die beiden Assistenten ein Zimmer nebst Kammer einnehmen, in welchem sich gleichzeitig die kleine Hausapotheke befindet, aus der der erste →A 49 *Assistent die anzuwendenden Arzeneien entnimmt und sich selbst dispensirt. Ein Zimmer ist für das Büreau bestimmt, in dessen anstoßender Kammer der Schreiber wohnt, eines hat der Revieraufseher inne, ein viertes ist zum Aufbewahren der Wäsche und Utensilien sowohl als zur Wohnung für die Aufseherin bestimmt, das fünfte wird als Desinfectionskammer benutzt, während sich in zwei anderen, Träger, Bote, Portier u.s.w. aufhalten und die daran grenzenden Küchen zur Wäsche und zur Erwärmung des Badewassers benutzt werden. Das achte dient als Versammlungszimmer für die besuchenden Herren Ärzte, und dem Flur zunächst befindet sich die ziemlich geräumige Sectionskammer. Im zweiten Stockwerk liegen die Kranken in 8 kleinen Zimmern von 14 Fuß Tiefe und 12 Fuß Breite, woran jedesmal ein kleines Zimmer von 5 1/2 Fuß Breite stößt, für die Wärter bestimmt, welches nur durch eine mit einer Tür versehene Bretterwand von einem Raume getrennt ist, in welchem sich ein Feuerheerd zum Erwärmen der Getränke und des für die Krankenwärme bestimmten Wassers befindet. Mit Bequemlichkeit können 3 Betten in jedem Krankenzimmer so stehen, daß die Wärter überall frei zum Kranken gelangen können. Im dritten Stockwerk sind noch 4 kleine Giebelzimmer befindlich, wohin die Genesenen sofort gebracht werden, ein Raum, welcher außer den Wärterlagerstellen 12 Krankenbetten bequem in sich faßt. In der Umzäunung ist zugleich ein Schoppen angebracht, unter welchem der Leichenwagen, die Krankentransportkörbe und die Särge Platz finden. Endlich ist auch das Leichenhäuschen zu erwähnen, welches, mit einem Ofen versehen, erwärmt werden kann. – Auch werden die Leichen dort auf Matratzen gelegt und mit wollenen Decken bedeckt, bis sich die Zeichen des Todes sinnlich vernehmbar machen.*

Die Anstalt ist seit dem 29. September vollständig eingerichtet und eröffnet . . .

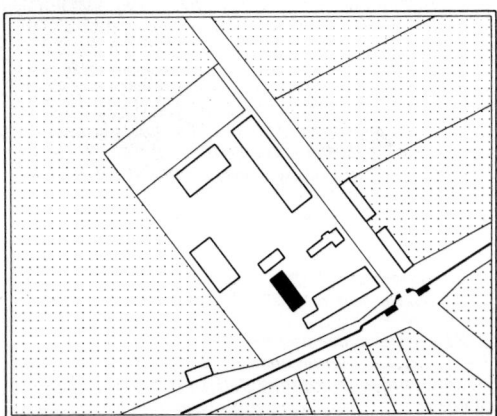

Das Voigtland wird zwar erst spät von der Cholera ergriffen, wird dann aber zu ihrem eigentlichen Hauptsitz. Zu diesem Ergebnis kommt 1849 der Medizinalrat Dr. Schütz, als er eine statistische Bilanz der ersten 4 Epidemien in Berlin verfaßt. Eine Übersicht der während der ersten vier Choleraepidemien am stärksten betroffenen Berliner Straßen belegt diese Tatsache

– Deckung der Mehrkosten für große Familien, die bisher in überbelegten kleinen Stuben wohnen und jetzt größere zugewiesen bekommen sollen, ebenfalls durch öffentliche Mittel.

Durch dieses Geschäft möchte Wiesecke die ausstehenden Mieten sich von der Stadt bezahlen lassen und darüber hinaus eine ausgeglichene Belegung und damit eine volle Vermietung der Familienhäuser sichern, indem er geschickt die kritisierte Überbelegung in seine Argumentation einbezieht. Sollte die Stadt auf das Geschäft nicht eingehen, so droht er damit, die zahlungsunfähigen Mieter zu exmittieren, ihre Möbel und Produktionsmittel einzubehalten. Die Mieter würden somit Fälle für die Armenfürsorge. Der Magistrat beschäftigt sich mit dem Brief nicht selbst, sondern leitet ihn weiter an den Königlichen Oberpräsidenten der Provinz Brandenburg, Herrn v. Bassewitz – wahrscheinlich, weil die Abwehrmaßnahmen gegen die Cholera zentral organisiert werden.

Gleichzeitig wendet sich Wiesecke an den zuständigen Armenvorsteher der 59. Armenkommission, Bocquet. Über dieses Treffen berichtet dieser mit Schreiben vom **11.7.1831** der Armendirektion:

Vor einigen Wochen hatte ich den persönlichen Besuch des jetzigen Eigentümers der ehemaligen v. Wülcknitzschen Familienhäuser, Herrn Gutsbesitzer Wiesecke, wobei derselbe die Erklärung abgab, daß eine bedeutende Menge seiner Mieter so in Rückstand wären, daß er nunmehr sich genötigt sehe, die Stuben zu v e r s c h l i e ß e n und m i t E i n b e h a l t u n g i h r e s g a n z e n E i g e n t u m s diese Familien geradezu auf die Straße zu setzen.

Um einigermaßen eine Übersicht darüber zu erlangen, habe ich späterhin die gehorsamst beigefügte Zusammenstellung erbeten und erhalten, wonach es sich ergibt, daß 128 Mieter ihm bis m e d i o J u n i d e s J a h r e s bereits 1047 Rthl. 19 Sgr. verschulden, welche mit ihren größtenteils zahlreichen Familien nunmehr der Verzweiflung preisgegeben werden sollen.

Infolge einer mündlichen Rücksprache mit dem Herrn Geheimen Ober-Finanz-Rat Semmler verfehle ich nicht, hiervon eine gehorsamste Anzeige zu machen und es der hohen Ansicht anheimzustellen, was bei diesen Umständen geschehen soll, zu diesen bedeutenden Mietrückständen tritt nun noch der Antrag p r o J u l i hinzu, und mit jeder S t u n d e melden sich n e u e F a m i l i e n, welche auch exmittiert werden sollen, da der Herr Wiesecke keine Miet-Reste ferner anhäufen lassen will, das Elend ist daher ohne Grenzen, da noch überall bei diesen Unglücklichen teils Krankheiten, teils bevorstehende Entbindungen vorhanden sind, es muß daher auf eine s c h l e u n i g e Bestimmung, wie hier gehandelt werden soll, gehorsamst angetragen.

Der Herr v. Wülcknitz hat in den früheren Jahren n i e an das Eigentum seiner Mieter gepfändet, welches eine dankbare Anerkennung verdienet, bei der jetzt von dem Herrn Wiesecke verfügten unerbittlichen Strenge werden diese Leute, wenn nicht alle rückständigen Mieten ihm bezahlt werden, durch Entbehrung ihres sämtlichen Eigentums rein unglücklich, selbst wenn sie zum anderweiten Unterkommen eine kleine Beihülfe erhielten.

Kurz vor diesem Schreiben hatte sich Wiesecke mit Datum vom 7.7. 1831 selbst mit einem Schreiben an die Armendirektion gewandt und nach Schilderung seiner Lage als Hausbesitzer und unter Verweis auf mehr als 120 Familien, die seit Monaten außerstande sind, Miete zu zahlen, die Einsetzung einer Spezialkommission verlangt, die sich an Ort und Stelle von den Zuständen überzeugen und mit ihm über die zu ergreifenden Maßnahmen beraten soll.

Die Armendirektion schickt beide Schreiben am **15.7.1831** an den Magistrat zusammen mit der Liste der Miet-Restanten und hält ein Eingreifen für unbedingt erforderlich, da sonst für die exmittierten Familien nur noch das Arbeitshaus als Obdach bleibt. Die Armendirektion lobt gegen- ←B 3 über dem von Wiesecke angestrebten Verfahren das seines Vorgängers von →A 50 Wülcknitz: *Jedenfalls war das von dem p. v. Wülcknitz in ähnlichen Fällen beobachtete Verfahren in jeder Art zweckmäßiger, menschenfreundlicher und der öffentlichen Wohlfahrt weniger gefährlich als das von dem p. Wiesecke eingeschlagene. Ersterer hielt auf pünktliche Zahlung der Mieten in kurzen Zeitabschnitten und erwirkte mit unerbittlicher Strenge die Exmission, wenn die Mietzahlung nicht erfolgte; er hielt aber niemals das geringe*

Mobiliar der armen Leute zurück und versetzte sie dadurch nicht in die Un-möglichkeit, anderweitiges Unterkommen zu finden. Die Exmissionen er-folgten überdies successive, wie die Mietreste entstanden, und ein conse-quentes Verfahren bestimmte die Leute, auf ihrer Hut zu sein, die Miete nicht in Rückstand kommen zu lassen. Der Wiesecke dagegen läßt die Miets-reste ansammeln, droht nun mit Exmission sämtlicher Restanten und will ihr Mobiliar zurückhalten, sie also dadurch an den Bettelstab bringen. →L 14 Die Armendirektion hält die Bildung einer Spezialkommission nicht für angeraten, vor allem nicht deren gemeinsame Beratung mit Wiesecke. Um Einblick in die Verhältnisse der Familienhäuser zu bekommen, reiche die 59. Armen-Kommission aus, die jedoch durch ortskundige Männer ver-stärkt werden müsse. Ein sofortiges Handeln wird nochmals dringend emp-fohlen, da für die Unterbringung der 128 mittellosen Familien nur das Arbeitshaus in Frage komme, *in welchem sich auch jetzt, in der besseren* ←A 51 *Jahreszeit, fortgesetzt über 750 Personen befinden.* Die Armendirektion entwickelt keine eigenen Ideen, sie fürchtet nur den Präzedenzfall, daß, wenn sie ausgefallene Mietbeiträge zu erstatten beginnt, wozu sie aus-drücklich nicht verpflichtet ist, andere Hausbesitzer kommen und ähnli-ches verlangen. Die Ratlosigkeit der Armendirektion ist zugleich das siche-re Zeichen dafür, daß die herkömmliche Struktur der Armenversorgung in-folge der neuen Quantität der zu Versorgenden überholt ist.

Der Magistrat antwortet der Armendirektion am 23.7.1831. Aus dieser Antwort geht hervor, daß sich Wiesecke auch noch an höhere Stellen ge- ←A 52 wandt hat: *Der Armen-Direction erwidern wir auf ihre Anfrage vom 15. d.M., daß, wenn der pp. Wiesecke in den jetzigen Zeiten die Speculation gemacht hat, die von Wülcknitzschen Häuser zu kaufen, derselbe auch gleich die Möglichkeit dabei erkannt haben muß, daß er einen bedeutenden Ausfall an Miete dabei erleiden würde. Wenn derselbe jetzt so unzweck-mäßige Maßregeln ergreift und sich dadurch selbst in Schaden bringt, so wird er durch eine ihm sehr nachteilige Erfahrung schon in Zukunft zu einem vorsichtigeren Benehmen geleitet werden, denn es würden ihm die Quartiere immer mehr leer stehen und sein Haus ganz in Verruf gebracht werden. Den Leuten die Miete zu bezahlen, damit sie nicht exmittiert wür-den, möchte ein Mittel werden, um wohl viele andere Eigentümer zu einem gleichen Verfahren gegen ihre Mieter zu veranlassen.*

Der Herr Wiesecke ist dem Vernehmen nach seit längerer Zeit schon damit beschäftigt, den Königl. Behörden die Notwendigkeit glaubhaft zu machen, ihm ein zinsloses Darlehn von 15,000 Rthl. und auch sonstige Unterstützung zu bewilligen, damit er nicht genötigt sei, die Leute aus sei-nem Hause zu exmittieren und im Stande zu sein, ihnen den Lebensunter-halt im Fall des Ausbruchs der Cholera zu sichern.

Man wird abwarten müssen, was die höheren Behörden darauf veran-lassen werden, so wie dann überhaupt nach den zurückerfolgenden Ver-handlungen der Armen-Direction mit dem Königl. Polizei-Präsidium das letztere schon sein Augenmerk auf diese Angelegenheit gerichtet hat, zu dessen Ressort sie zunächst gehört.

Während die kommunalen Behörden auf die Entscheidung der überge-ordneten Institutionen warten, schreitet Wiesecke zur Tat. Am **27.7.1831** schreibt der Kommissionsvorsteher Bocquet an die Armendirektion: *Euer* ←A 53 *Hochwohlgeboren muß ich um s c h l e u n i g e Verhaltungs-Befehle bit-ten, da Herr Wiesecke, seit heute frühe, an 15–18 Familien aus ihrer Woh-nung geschmissen hat, und sämtliche Türen sind verschlossen.*

Jede dieser Familien ist teils 8. 10–12 Rthl. schuldig, liegen auf dem Hofe, und der Inspector verlangt eine Bescheinigung von meiner Seite, d a ß a l l e s b e z a h l t w e r d e n w i r d , bevor er die Wohnungen wieder öffnet.

Was soll nun hierbei geschehen, da diese größtenteils z a h l r e i-c h e n F a m i l i e n doch Obdach haben müssen und sie nichts haben, als wie sie gehen und stehen, es ist daher, da diese Leute meine Wohnung b e s t ü r m e n und in den Familienhäusern bereits der größte Aufruhr ist, die ergebenste Frage,
1. soll Zahlung geleistet werden, oder
2. sollen diese Familien zum Arbeitshaus kommen.

Der Bericht des ratlosen Armenvorstehers wird am Morgen des **27.7.** **1831** an die Armendirektion geschickt – noch am gleichen Tag berichtet der Hausbesitzer Wiesecke dem Polizeipräsidenten ausführlich über den Verlauf des Tages und den **ersten belegbaren Mieteraufstand** in den Fami-

für die Acker-, Berg-, Brunne- und vor allem die Gar-tenstraße.

Ist die Rosenthaler Vorstadt – oder das Voigtland – als Stadtteil der Seuchenherd Berlins, so sind es als Gebäude die Familienhäuser.

Unter den Privathäusern nehmen in Bezug auf die Ausbreitung der Cholera in denselben, wie bereits er-wähnt, die Familienhäuser in der Gartenstraße am Hamburger Tore die erste Stelle ein. Die Gesamtzahl der Kranken in den einen gemeinschaftlichen Hof bil-denden Gebäuden von Nr. 92–94 betrug:

1831 . . . . . . 118 Personen
1832 . . . . . . 29 Personen
1837 . . . . . . 105 Personen
1848 . . . . . . 14 Personen

Am meisten war immer das Haus Nr. 92 beteiligt, welches 1831 allein 102; 1832 – 14; 1837 – 49 und 1848 – 13 Kranke lieferte. In Bezug auf die Entste-hung dieser intensiven Krankheitsgruppen verdient bemerkt zu werden, daß in den drei ersten Epidemien jedesmal in dem Gehöfte der Familienhäuser ein Cho- →L 15

Vergleichende Tabelle für die vorzugsweise Betheiligung einzelner Straßen.

Es ereigneten sich Cholerafälle:	1831.	1832.	1837.	1848.
in der Ackerstraße	41	.	59	6
„ „ Auguststraße	12	13	93	25
„ „ Bergstraße	45	7	43	14
„ „ Blumenstraße	4	.	10	34
„ „ Brunnenstraße	20	2	25	9
„ „ Fischerbrücke	24	5	13	5
„ „ Gartenstraße	142	37	141	42
„ „ Gr. Hamburgerstraße . .	9	4	30	25
„ „ Hirtengasse	.	.	19	7
„ „ Jüdenstraße	37	3	18	14
„ „ Königsmauer	28	1	26	9
„ „ Königsthor, vor dem . .	3	.	12	22
„ „ Kreuzgasse	.	4	17	6
„ „ Kürassierstraße . . .	3	1	2	16
„ „ Landsbergerstraße . .	5	2	35	35
„ „ Lindenstraße	4	2	22	6
„ „ Linienstraße	31	13	90	33
„ „ Mulackgasse	3	10	38	9
„ „ Poststraße	8	6	17	15
„ „ Prenzlauerstraße . . .	43	4	65	29
„ „ Rosenqueergasse . . .	17	.	7	14
„ „ Schiffbauerdamm . . .	32	4	32	44
„ „ Schleuse	14	7	7	10
„ „ Schönhauserstraße, neue .	4	1	14	3
„ „ Schumannsstraße . . .	1	1	25	6
„ „ Spandauerstraße . . .	8	5	25	6
„ „ Spreegasse	5	.	13	3
„ „ Stralauerstraße . . .	23	6	64	40
„ „ Wallstr.(ohne neues Hospital)	24	7	40	93
„ „ Weberstraße	3	6	34	8

„Vergleichende Tabelle für die vorzugsweise Beteiligung einzelner Straßen"

lera-Lazarett etabliert war und daß also zu den an Ort und Stelle Erkrankten noch manche andere aus der Umgegend hinzukamen. Man könnte hiernach wohl auf den Gedanken kommen, daß durch diese Maß-regel der Krankheitsherd noch an Intensität gewon-nen habe. Diese Annahme wird noch dadurch unter-stützt, daß die Erkrankungen in den übrigen Häusern der Gartenstraße in den drei ersten Epidemien nicht so überwiegend an Zahl sind wie in den Familienhäusern; denn es kamen Kranke vor:

1831	*in der Gartenstraße*	*142*
	in den Familienhäusern	*118, Rest 24*
1832	*in der Gartenstraße*	*37*
	in den Familienhäusern	*29, Rest 16*
1837	*in der Gartenstraße*	*141*
	in den Familienhäusern	*105, Rest 36*
1848	*in der Gartenstraße*	*42*
	in den Familienhäusern	*14, Rest 28*

Es könnte wohl der Fall sein, daß das Agens der Cholera, sei es ein Contagium oder Miasma, durch die überaus große Zusammenhäufung von Kranken auf einem kleinen Raum, welche die Einrichtung eines Cholera-Lazaretts auf dem Gehöfte der Familienhäu-ser mit sich brachte, in den drei ersten Epidemien noch in seiner Weiterentwicklung begünstigt worden wäre.

Was Dr. Schütz **1849** nur vermuten kann, wird **1883** nach der Entdeckung der Choleraerreger durch Robert Koch bestätigt.

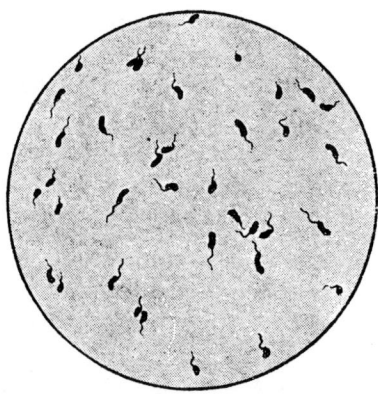

Cholera-Vibrionen 800fach vergrößert.
(Nach Gotschlich)

Die Choleravibrionen werden mit Nahrungsmitteln, Trinkwasser usw. aufgenommen; sie passieren den Magen unverändert, wenn dort nicht viel Salzsäure abgesondert wird, von der sie schon in sehr starker Verdünnung (1:10 000) abgetötet werden, und gelangen in den Darm, wo sie infolge der alkalischen Reaktion des Darmsaftes einen günstigen Nährboden finden und sich sehr stark vermehren; sie dringen in das Epithel der Darmschleimhaut ein und zerstören es oft weithin. Ein Teil der Vibrionen zerfällt; ihre Gifte (Endotoxine) werden frei, die nun von den Lymphgefäßen aufgenommen werden und das schwere Vergiftungsbild der C. erzeugen.

Als Ansteckungsquelle kommen in erster Linie die Abgänge des infizierten Menschen in Betracht. Dauerausscheider (s.d.) gibt es bei der C. nicht. Dagegen bedeuten hier die gesunden, meist ganz unverdächtigen Bazillenträger (s.d.) für ihre Umgebung eine große Ansteckungsgefahr. Die Übertragung der Vibrionen geschieht durch Berührung (Hausgenossen des Kranken usw.) oder durch infizierte Nahrungs- und Genußmittel, vor allem durch das Wasser. Trinkwasserepidemien verlaufen meist explosionsartig (z.B. Hamburg 1892). Die auf Schiffen und Flößen lebende Bevölkerung entleert die Abgänge in den Fluß; Schiffs- und Uferbewohner genießen nachher unbesorgt das rohe Flußwasser, worin sich die Erreger gut vermehren, und werden leicht angesteckt.

Das erklärt sowohl, warum die Cholera erst so spät im Voigtland auftritt, aber auch – denkt man an die fehlende Entwässerung der Grundstücke und Straßen, vor allem aber an die große Senkgrube neben den Familienhäusern, wohin auch die infizierten Abgänge der Kranken entleert werden, an die offenen Abtritte und Abwassergräben und die nahedabeiliegenden Brunnen –, warum gerade die Familienhäuser zum Seuchenherd werden. Während der Epidemie **1831** erkranken von den 248 682 Einwohnern Berlins 2274, von den 1447 Bewohnern der Familienhäuser erkranken 118. Kommt also, bezogen auf die ganze Stadt, 1 Kranker auf 109 Einwohner, so liegt das Verhältnis in den Familienhäusern bei 1:12. Die Wahrscheinlichkeit, daß ein an der asiatischen Cholera Erkrankter stirbt, liegt bei 60 %. In den 3 Monaten bis Ende **Dezember 1831** sterben in den Familienhäusern etwa 70 Personen, d.h. 5 % der Bewohner, an der Cholera.

An Cholera starben in Preußen:

	Jahr	Personen	Von 1000 der Bevölkerung
1. Epidemie	1831	32 647	2,51
	1832	9 091	0,70
2. Epidemie	1837	13 325	0,96
3. Epidemie	1848	26 151	1,62
	1849	45 315	2,80
	1850	14 899	0,91
	1851	133	0,01
4. Epidemie	1852	41 238	2,45
	1853	9 588	0,57
	1854	756	0,04
5. Epidemie	1855	30 564	1,78
	1856	259	0,02
6. Epidemie	1857	4 077	0,24
	1858	3	0,0002
7. Epidemie	1859	2 151	0,12
	1860	15	0,001
8. Epidemie	1866	114 683	5,90
	1867	6 031	0,31
9. Epidemie	1873	28 656	1,14

lienhäusern infolge der massenhaft eingeleiteten Exmissionen, mit denen Wiesecke seine Forderungen gegenüber den Behörden durchzudrücken versucht:

→A 54   *Einem Königlichen Hochlöblichen Polizei-Präsidio mache ich ganz ergebenst Anzeige: daß heute in den sogenannten von Wülcknitzschen Familienhäusern ein höchst tumultuarischer Auftritt stattgefunden, welchem zu einem förmlichen Aufstand wenig fehlte. Der Hergang der Sache ist folgender: Seit geraumer Zeit ist ein großer Teil der bei mir einwohnenden Familien im Rückstand mit der Mietsrechnung geblieben. Ich habe darauf den gesetzlichen Vorschriften gemäß diese Schulden verklagt und nach erfolgtem Erkenntnis auf Exmission derselben angetragen, welche auch von Rechtens wegen verfügt worden ist.*

←B 4   *Bereits in den letzten Tagen des Monats Mai wollte ich executive Maßregeln ergreifen, als ich von dem Armenvorsteher Herrn Bocquet aufge-*
←L 16   *fordert wurde, die Exmission vorläufig zu suspendieren, indem sonst diese Masse von Familien – 125 an der Zahl – in eine völlig erwerbs- und hilflose Lage versetzt, der Stadt vielleicht für immer zur Last fielen und man überdem, bei der ungesunden Überfüllung der öffentlichen Armenanstalten nicht einmal wisse, wo man sie unterbringen solle. Ich war gleich dazu bereit, um so mehr, da Herr Bocquet sich erboten hatte, das Armen-Directorium zu veranlassen: diese Angelegenheit in einer Plenar-Sitzung zum Gegenstand einer ganz besonderen Beratung zu machen und dann mit mir in Unterhandlung zu treten. – Mittlerweile ging aber von den Restanten weder eine Teilzahlung auf die alte Schuld noch – trotz dringender wiederholter Mahnungen – die laufende Miete ein; und die Leute, welche wirklich erwerbslos und dürftig, doch noch ehrliebend, sich ihrer Schuldenlast zu entledigen wünschten, trugen bei dem Herrn Bocquet vielfach auf Unterstützung an. – Nicht einer erhielt jedoch eine befriedigende Antwort, und es wurde ihnen einerseits gesagt: daß die Unterstützungen des Armenfonds prinzipienmäßig nicht zu Mietszahlungen verwendet werden könnten, andererseits aber verbreitete sich das Gerücht einer Aussage des Herrn Bocquet (welche einige, die namhaft gemacht werden können, selbst vernommen haben wollen), daß man nämlich über die Rückstände im Ganzen mit mir in Unterhaltung stehe, ja sogar mir bereits eine bedeutende Entschädigungs-Summe dafür angeboten, welche aber von mir – als unzulänglich – verworfen wäre.*

Da mir nun von einer solchen Offerte niemals etwas zu Ohren gekommen, da ich im Gegenteil für keinen meiner Vorschläge zur Abwehr des
←S 101   *drückenden Mangels unter meinen Einwohnern und zu ihrer einstweiligen Unterstützung Gehör fand, mich inzwischen aber stets mehr und mehr überzeugte: daß irgendeine energische Maßregel zur Vermeidung eines Äußersten ergriffen werden müsse, so trug ich unterm 7. d.Mts. bei einer Hochlöbl. Armen-Direction darauf an: aus Ihrer Mitte eine mit Vollmacht*
←L 17   *versehene Special-Commission für die sogenannten Familienhäuser zu er-*
←L 18   *nennen, welche nach ausgeführter Lokal-Untersuchung die Sache in Erwägung ziehe und mit mir gemeinschaftlich beraten möge. Auf diese meine Eingabe erfolgte kein Bescheid, und ebenso blieb mein Beschleunigungsversuch vom July ohne Antwort. Solchergestalt an mich selbst gewiesen und von der Notwendigkeit, zur Execution zu schreiten, um so mehr gedrängt, weil die gerichtlichen Erkenntnisse dem Erlöschen ihrer Rechts-*
←L 19   *kräftigkeit nahe waren, wonach ich aufs neue hätte klagen und Kosten aufwenden müssen, blieb mir nichts anderes übrig: als einige Exmissionen auf den heutigen Tag festzusetzen, um so den Leuten zu zeigen, daß Ernst gebraucht werden könnte, und die noch Zahlungsfähigen zu eifrigerem Streben, die Miete abzutragen, zu bewegen.*

Heute gegen Mittag also begab ich mich selbst in Begleitung des Gerichts-Executors Reimann und meiner Hausofficianten in die Wohnungen der zu exmittierenden Einwohner. Bei vieren derselben gelang es uns, die Leute zum Abzug zu bewegen; der fünfte aber – ein Schneider namens Weisbecker – wollte durchaus nicht weichen, drohte trotz allem Zureden mit tätlichem Widerstand und raste endlich – das Bügelholz in der Hand – wie ein Wahnsinniger im Zimmer umher. Der Executor war endlich, zu seiner persönlichen Sicherheit und um auch für künftige Fälle nicht ganz seine Autorität einzubüßen, durchaus notgedrungen, sich von der Torwache zwei Mann zu erbitten, mit deren Hülfe es endlich gelang, auch diese Familie aus dem Zimmer zu bringen. Inzwischen hatte das lärmende Toben dieses Menschen eine Masse Neugieriger herbeigezogen. Dicht gedrängt standen diese auf dem Corridor, murrten und stießen Verwünschungen aus, als wir uns in das sechste Zimmer begaben, die letzte Execution vorzunehmen. Hier fand der Executor den hartnäckigsten Widerstand, und soviel Güte er auch verschwendete, man wollte weder Vorstellungen, noch der Gewalt weichen, da bereits sich mehrere hundert Männer und Weiber versammelt hatten, welche unter trotzigen Drohungen und selbst Injurien sich entschlossen erklärten, die Sache zu der ihrigen zu machen und Gewalt mit Gewalt zu vertreiben. Kein Zureden, kein Bitten half, und von dem tumultuarischen Haufen eng umgeben, blieb mir nichts übrig, als diese letzte Exmission aufzugeben und, von meinem Vorhaben abstehend, das Haus mit dem Executor zu verlassen. — Ohnerachtet dieser Nachgiebigkeit war indessen die Aufregung der Friedenstörer immer größer. Man rottirte sich auf dem Hofe in großen Haufen zusammen, insultirte meine Hausofficianten und wurde immer unverschämter und herausfordernder. Unter diesen Umständen mußte der Executor den Beistand der Wache aufs neue fordern, und da diese nur aus vier Mann bestand, so verstärkte sie sich von der Hauptwache und aus der Artillerie-Caserne, so daß in kurzem 30 Mann und ein reitender Gensdarm auf dem Hofe erschienen. Statt diesen Demonstrationen zu weichen, ging nun der Lärm erst recht los, man brüllte, pfiff und schrie, verhöhnte die Wache und insultirte mich, der ich stets zu vermitteln und zu begütigen suchte, nebst meiner Umgebung, bewarf uns mit Sand und drohte zu Steinwürfen zu schreiten. — Mittlerweile erschienen mehrere Polizei-Beamte, welche ich zur Schlichtung des Handels aufgerufen hatte, und um den Sturm nicht sich weiter — vielleicht bis in die Stadt — verbreiten zu lassen, indem schon mehrere gar nicht in diesen Häusern ansässige Menschen sich den Tumultuanten beigesellt hatten, beschloß ich auf Anraten des Herrn Polizei-Commissarius: von meinem früheren Vorhaben einstweilen ganz abzustehen. — Ich ließ den bereits exmittierten Einwohnern die Schlüssel wieder zurückgeben, die Wache sich entfernen und redete dann mit Hülfe der Polizei-Beamten den versammelten Leuten zu, sich in ihre Wohnungen zu verfügen. Nach einigem Widerstreben taten sie das auch, und so wurde die Ruhe für den Augenblick wieder hergestellt. —

Es liegt jedoch am Tage, daß ein Geist der Widersetzlichkeit in hohem Grade eingerissen ist, welchen teilweise die Verzweiflung erzeugt und der — ganz abgesehen von meinem persönlichen Interesse — sehr bedenklich ist, wenn die Veranlassung dazu nicht auf eine oder die andere Weise aus dem Wege geräumt wird. — Der Arbeitsmangel und der ganz unverhältnismäßig geringe Fabriklohn sind wohl hauptsächlich als nähere und entferntere Ursachen des allgemeinen Unmuts anzunehmen, und da nun leider der böse Wille diesmal das Feld behauptete, da man es gegen das Gesetz und die executive Gewalt durchsetzte, den Fortbesitz der gemieteten Wohnungen zu erzwingen, so könnte es leicht geschehen, daß die einmal aufgeregte Menge auch weiter ginge und sich einen höheren Tageslohn zu erstürmen suchte. — Schon fielen heute vielfache schlimme Äußerungen darüber: Man sprach von allgemeiner Rebellion, daß man in die Stadt ziehn und alle Gewerke aufbieten müsse, man beschwerte sich über die Härte der Fabrikherren, welche den Verdienst allein in die Tasche steckten, den Lohn stets schmälerten und die Arbeiter verhungern ließen, man rief: es sei kein Gesetz mehr zu respektiren, denn umkommen müßte man doch, und der Hunger sei es auch, von dem die Cholera entstände. —

Diesem gefährlichen Übel zu wehren steht vielleicht jetzt noch in der Gewalt der Regierung, doch weit entfernt, mich irgend hier einmischen zu wollen, überlasse ich die Sorge dafür dem weisen Ermessen der hohen Behörden und erlaube mir nur, in meiner Privat-Angelegenheit ausdrücklich um Rat zu fragen: was dabei zu tun sei, und wie ich mich zu verhalten habe? — Es läßt sich nicht leugnen, daß durch den heutigen Vorfall mein Interesse sehr gefährdet ist: denn da einmal die Böswilligsten ihre Absicht erreicht haben, so ist an eine freiwillige Anstrengung, die Schuld zu tilgen, kaum mehr zu denken. Selbst die laufende Miete wird nicht gezahlt werden, da diese doch nur von dem Rest abgeschrieben werden würde, für dessen straflose Nichtzahlung man aber heute complottierte. Die Allgemeinheit der Calamität hat aber das sonst noch stattfindende point d'honneur, als ordentlicher Wirt und Zahler zu gelten, fast ganz vertilgt, und deshalb werden auch die besseren Mieter den Mietzins zurückhalten, um erst in Reste zu kommen und deren Beitreibung dann zu frustriren; ja bei dem sich stark aussprechenden Esprit de corps möchte es vielleicht zum Ehrenpunkt werden, recht viel Rückstände zu haben, recht oft verklagt zu sein. — Nun aber kann von mir unmöglicherweise ver-

Die periodisch auftretenden Choleraepidemien und die Angst vor ihnen gehören während des ganzen 19. Jh. zu den Lebenserfahrungen vor allem der Bewohner der „schlechten Viertel" in den großen Städten. Die Beobachtung der Seuche zeigt immer deutlicher, daß das Auftreten der Cholera mit den sozialen Verhältnissen zusammenhängt. In den Großstädten werden vor allem Arbeiter- und Armenviertel betroffen, was bedingt ist durch die Übervölkerung dieser Stadtteile, die mangelhaften hygienischen Bedingungen, vor allem durch das Fehlen von Kanalisation und Kläranlagen, aber auch durch die Armut, die mangelhafte Ernährung und damit eine besondere Anfälligkeit für Krankheiten aller Art zur Folge hat. Erst seit der Entdeckung Kochs kann die Cholera wirksam bekämpft werden.

Was sich hinter diesen Zahlen verbirgt, vermittelt die genaue Beobachtung des homöopathischen Arztes Dr. Stüler, der 1831 in den Familienhäusern Cholerakranke behandelt und in der „Cholera-Zeitung" die allgemein unbekannte Krankheit beschreibt.

→L 20

*Die homöopathischen Kuren
in den Wieseckeschen Familienhäusern
(Vom Dr. Stüler)
Zur bequemern Übersicht der hier folgenden von uns behandelten Cholerafälle teilen wir dieselben in drei Klassen ein, wovon*

die e r s t e die Krankheitsfälle allerdings schon in ihrer characteristischen Form, jedoch in minder hohem Grade entwickelt,

die z w e i t e dieselben in ihrer vollkommensten Ausbildung und einem hohen Grade der Entwickelung,

die d r i t t e die Fälle höchster Entwickelung in sich begreift.

Unter jenem geringern Grade der Cholera-Entwickelung verstehe ich nur, in neuerer Zeit, in der Regel auf scheinbar sehr unbedeutende, die schlummernde Disposition weckende äußere Veranlassungen, nach vorgängiger starker, beängstigender Leibauftreibung, meist flüchtigen Leibschmerzen und vielem Kollern entstehenden heftigen Diarrhoen mit meist außerordentlich copiösen, sehr schnell aufeinanderfolgenden, oft schon jetzt auch unwillkürlichen Abgängen wäßriger Consistenz und anfangs meist braunen, bald aber weiß- oder gelblich-, seltner grünlich-schleimigen Ansehens, wie Molke, Hafer-Seim oder Seifenwasser, worin, oder worauf entweder faserig schleimige, oder käseartige, oder schaumige Flocken schwimmen.

Hierzu gesellen sich früher oder später Erbrechen ähnlicher Stoffe, bei heftigem Durst und jetzt noch mehr oder weniger belegter Zunge; gänzlicher Mangel der Harnabsonderung; Anfälle von krampfhaften Schmerzen in den Waden, seltner in den Armen; mehr oder weniger Blässe und Kälte in den Extremitäten und den hervorragenden Gesichtsteilen, weniger für den Kranken als die berührende Hand fühlbar; kalter Stirnschweiß oder auch bei noch fortbestehender Wärme, zuweilen selbst bläulicher Gesichtsröte, ohne turgor vitalis, sehr matte, etwas tief liegende Augen, dumpfer Stirnschmerz, Schlafbetäubung und Unbesinnlichkeit; nicht selten schmerzhafter Druck oder auch Brennen in der Herzgrube, Stechen in den Brustseiten oder Hypochondern; Angst, oft schon jetzt in sehr hohem Grade Unruhe, langsamer unterdrückter Puls und Ohnmachten.

In diesem geringern Grade der Krankheits-Entwickelung wurden behandelt und meist sehr schnell hergestellt:

1. die Frau des Webers F r a n k (Gartenstraße 92a, Zimmer 22),

2. J o h a n n R o l a c k (Gartenstraße 92a, Zimmer 60),

3. die Frau des Bäckers K a g e r m a n n (Gartenstr. 92a, Zimmer 14),

4. der Raschmacher L ö f f l e r (Gartenstraße 92a, Zimmer 56),

5. der Arbeitsmann S e i d l e r (Gartenstraße 92b, Zimmer 57),

6. d e s s e n F r a u (ebendaselbst),

7. K a r l K n i t t e , Maurerlehrling (Gartenstraße 92, Zimmer 62),

8. Frau B e r g n e r (Gartenstraße 92b, Zimmer 23),

9. J. G. E c k a r d t (Gartenstraße 92b, Zimmer 4),

10. F r i e d r i c h E c k a r d t (ebendaselbst),

11. Sohn der Wittwe B o w e (Gartenstraße 92, Zimmer 40).

Einer nicht geringen Anzahl von Kranken, namentlich auch unter Familien, wo das eine oder andere Mitglied früher von der Cholera befallen worden und auch wohl daran gestorben war, welche schon an allen Vorläufern der Cholera litten und schnell geheilt wurden, ist mit Recht nicht gedacht worden.

Vollkommen und im hohen Grade entwickelt nenne ich die Krankheit, wenn zu den Ausleerungen der genannten Beschaffenheit, so wie zu den Verhaltungen und Schmerzen folgende Erscheinungen hinzukommen: unauslöschliches Verlangen nach kaltem, seltner warmem Getränk; schwache, heisere oder eigentümlich hohle Stimme und dergleichen Schreien über Schmerzen und Durst; allgemeine Totenkälte und Erstarrung mit Zurücktreten aller Säfte von der Peripherie (gänzlicher Mangel des turgor vitalis), Zusammenschrumpfen der Haut an Händen und Füßen, große Verfallenheit der Gesichtszüge, sehr tief liegende, beständig nach oben sich drehende Augen, starrkrampfartige Zusammengezogenheit der Finger und Einwärtsbiegung der Zehen; zuweilen convulsivische Bewegungen in den Extremitäten; bleifarbene Bläue im Gesicht besonders um Augen und Mund, und nach den Finger- und Zehen-Spitzen zu; fadenförmiger, nicht selten vorübergehend schwindender, etwas beschleunigter Puls, mit großer Schwäche oder unruhigem Hin- und Herwerfen, selbst Aufspringen aus dem Bette.

Ebenso rechne ich hierher diejenigen Fälle, wo diese tonisch-krampfige Erstarrung und das leichenartige Ansehen nicht selten im gänzlichem Pulsmangel, wenigstens in den kleinern Gefäßen, gleich anfangs, ohne vorangegangene Ausleerungen, oder höchstens mit einigen wäßrig-durchfälligen Stühlen auftreten, weil diese Zufälle der homöopathischen Behandlung, wenn sie zeitig genug kommt, sehr schnell, nicht selten schon nach Verlauf einer Viertelstunde weichen.

Hierher gehören folgende homöopathisch behandelte und geheilte Cholerafälle:

1. Sohn der Wittwe S c h u l z (Gartenstraße 92, Zimmer 9),
2. die Frau des Schneiders G r a v e n h o r s t (Gartenstraße 92a, Zimmer 7),
3. Sohn des Webers F r a n k (Gartenstraße 92a, Zimmer 22),
4. Wittwe W e i ß (Gartenstraße 92a, Zimmer 61),
5. Sohn der Frau R o l a c k , A d o l p h (Gartenstraße 92a, Zimmer 61),
6. Tochter des Webers G e i s t , W i l h e l m i n e (Gartenstraße 92, Zimmer 103),
7. Sohn des Seidenwirkers P r o b s t , E d u a r d (Gartenstraße 92b, Zimmer 27),
8. Wittwe S c h r e u e r (Gartenstraße 92a, Zimmer 43).

Im höchsten Grade entwickelt und gefährlich nennen wir die Krankheit, wenn häufig unter Nachlaß oder gänzlichem Aufhören der sämtlichen Magen- und Darm-Ausleerungen, zuweilen nur mit Ausbrechen eines kalten Schweißes an der Stirn, den Extremitäten und am Rücken, die übrigen genannten Symptome im Extrem erscheinen, oder dergleichen extreme Erscheinungen auch gleich anfangs mit dem Erbrechen und mit unwillkürlichem Durchfall auftreten, und entweder gänzliche allgemeine oder wenigstens in den kleinern Schlagadern stattfindende Pulslosigkeit (Asphyxie) hinzukommt; oder wo sich, allerdings nicht selten in Folge zu warmen Verhaltens oder großer Dosen reizender und betäubender Arzneimittel, zuweilen aber auch lediglich bei allzugroßer Intensität der Krankheit und daraus hervorgehendem Stehenbleiben der Besserung, ein typhöser Zustand entwickelt hat. – Die Ausleerungen haben in diesem Falle gänzlich aufgehört, statt der Kälte ist trockne, fast brennende Hitze mit sehr beschleunigtem, schnellem, gehobenem, doch nicht hartem Pulse eingetreten. Die Kranken liegen dann bald in tiefem sopor (Schlafsucht) mit halb geöffneten nach oben gekehrten Augen, oft bläulich-rotem, doch dabei eingefallnem Gesicht, sehr trockenen, glänzenden Lippen, zuweilen mit braunem Schleim in den Winkeln, flüchtigem (?) Schaum vor dem Munde, sehr trockner, brauner Zunge, die oft nicht wieder zurückgezogen wird, wenn die Kranken der Aufforderung zum Herausstrecken Gehör gegeben haben; vorübergehend krampfhafter Verzerrung der Gesichtsmuskeln, krampfhaft geschlossenen Kiefern, Zähnknirschen, Irreden, Klagen über Brennen im Leibe, Stechen in den Seiten (den Hypochondern vorzüglich) – bald werden sie abwechselnd von heftiger Unruhe ergriffen, werfen sich mit stierem Blick, höchster Angst und steigender Gesichtsröte hin und her, leiden nicht die geringste Bedeckung, wollen entfliehen, schreien, sind ganz unbändig und außer sich.

In diesem Grade der Krankheitsentwickelung wurden geheilt:

1. C a r o l i n e R u d o l p h (Gartenstr. 92, Zimmer 50),
2. Frau G ü n t h e r (Gartenstraße 92a, Zimmer 23),
3. W i l h e l m i n e , Tochter des Arbeitsmanns S e i d l e r (Gartenstraße 92b, Zimmer 57),

langt werden, daß ich den größten Teil meiner Revenue verloren gehen lasse, während ich allen meinen Verpflichtungen genügen soll.

Als Bürger des Staats stehe ich unter dem Schutze des Gesetzes, welches jedem den ungestörten Genuß des Seinigen garantiert. – Ich habe diesmal von der Ausübung desselben in seiner ganzen Strenge abgestanden, um einen allgemeinen Aufstand zu vermeiden, und habe meine Ansprüche einstweilen der höheren Rücksicht auf die Wohlfahrt meiner Mitbürger und des Staats untergeordnet. Demohnerachtet erwarte ich fortan, daß man auch mich unterstützen werde, zu dem Meinigen zu kommen, und mein gehorsamstes Gesuch geht deshalb dahin: daß ein Königlich Hochlöbliches Polizei-Präsidium mit möglichster Beschleunigung Maßregeln treffe, den erwähnten Übelständen abzuhelfen und mich in mein volles Eigentümerrecht wieder einzusetzen.

Berlin, den 27. Juli 1831   *Heinr. Wiesecke*
                                                       Gartenstraße No. 93

Daß die *Ruhe für den Augenblick* u.a. auch durch die Verhaftung von 16 am Widerstand beteiligten Männern wiederhergestellt wurde, erfahren wir aus einem Verzeichnis der in der Stadtvogtei Inhaftierten:

→A 55 *Verzeichnis:*

1. der Webermeister Johann Gottlieb Christian Strehl,
2. der Weber Carl August Schlegel,
3. der Arbeiter Carl Eduard Schön,
4. der Seidenwirkermeister Johann Fried. Martin Raube,
5. der Webergesell Carl Friedrich Mann,
6. der Webermeister Christian Friedrich Mann,
7. der Weber Johann Gottlieb Krause,
8. der Schuhmachermeister Carl Christian Schollmann,
9. der Webergesell Friedrich Ferdinand Hennig,
10. der Schuhmachermeister Samuel Friedrich Haarsieber,
11. der Schuhmachergesell Johann Carl Friedrich Bell,
12. der Raschmachergesell Jesaias Friedrich Ad. Baumbach,
13. der Raschmachergesell Johann Ernst Braune,
14. der Webermeister Johann George Nicolaus Wagner,
15. der Weber Johann Willscher,
16. der Webersohn Franz Seydel.

Wiesecke schickt auch eine Abschrift seines Berichts an die Armendirek-
→S 153 tion, die ihm am **30.7.1831** ganz im Sinne der Antwort des Magistrats vom **23.7.1831** antwortet und ihm mitteilt, daß die von ihm geforderte Special-Commission zur Untersuchung der Häuser überflüssig sei, da die 59. Armenkommission durch die beiden Lehrer Gerlach und Bötzow, die selbst in den Familienhäusern wohnen und den Unterricht der durch einen Privat-
→S 373 verein getragenen Armen-Schule in den Familienhäusern abhalten, verstärkt worden ist.

Die Analyse des Wieseckeschen Berichts von dem Tumult am **27.7.1831** bestärkt den Verdacht der Inszenierung und mag vielleicht mit erklären, warum die Behörden zögern und den Fall Wiesecke und den Präzedenzfall Mieterstattung von einer Instanz zur anderen schieben. Bezeichnend dafür, daß man Wiesecke nicht traut, ist die Anfrage, die das Polizeipräsidium schon nach den ersten Vorschlägen Wieseckes an den Magistrat von Magdeburg richtet, in der nach seinen persönlichen Verhältnissen gefragt wird. Die Antwort des Oberbürgermeisters von Magdeburg trifft erst nach dem Tumult ein:

→A 56 *Der ehemalige Kaufmann Wiesecke, welcher nach der geehrten Zuschrift . . . einen Plan zur verbesserten inneren Einrichtung der von Wülcknitzschen Häuser eingereicht hat, übernahm hier vor mehreren Jahren die elterliche Brauerei, verkaufte demnächst dies Besitztum, zog nach Halle a/S und legte dort eine Tabakfabrik an. Dies Geschäft hatte, wie ich äußerlich vernommen, keinen gewünschten Fortgang und wurde daher ebenfalls, so wie ich weiß, nach bedeutenden Verlusten, wieder aufgegeben. Nachher kaufte der Wiesecke das unweit von Burg belegene Gut Küsel. Ob er solches noch besitzt, darüber vermag ich keine Auskunft zu erteilen. Hier geriet er im März 1823 in Untersuchung, weil er verdächtig war, die in seinem Hause ausgebrochene Feuersbrunst aus gewinnsüchtigen Absichten verursacht zu haben, er wurde indes aus Mangel an Beweisen völlig freigesprochen. Das Gerücht bezeichnet ihn als einen unvorsichtigen Speculan-*

ten und Schwindler. Wodurch er diese üble Meinung veranlaßt hat, weiß
ich aber nicht; vielleicht ist indes der Magistrat in Halle im Stande, in die-
ser Hinsicht nähere Auskunft zu erteilen.
Magdeburg, den 31. Juli 1831   Oberbürgermeister der Stadt Magdeburg
gez. Franck

Am **7.8.1831** antwortet Wiesecke auf einen Bescheid der Armendirek- ←A 57
tion vom **30.7.1831**, der im Sinne des Schreibens des Magistrats vom **23.7.**
1831 abgefaßt ist. Er sieht seine Absichten völlig verkannt, beruft sich auf
sein Recht zu exmittieren und sich an der Habe der Schuldner schadlos zu
halten. Er habe die Armendirektion nur rechtzeitig davon in Kenntnis setzen wollen, daß die völlig hilflosen Familien der Armenpflege anheimfallen
würden. Wiesecke bezweifelt, daß die Armendirektion ein rechtes Bild von
der Armut in seinen Häusern habe, und regt an, die beiden Schullehrer
Gerlach und Bötzow einen Bericht darüber anfertigen zu lassen. Wenn auch
die Summe der gewährten Unterstützungen einzelner Familien erheblich
sei, so sei sie doch im Verhältnis zu den herrschenden Zuständen unzureichend. Wiesecke schlägt erneut vor, daß die Mietschulden nach und nach
von der Armendirektion an ihn entrichtet werden, wobei die Schuldner
von der Höhe der ihnen gewährten Unterstützung nichts erfahren sollten,
um den *Hang zur Faulheit* nicht zu bestärken.

Drei Tage später, am **10.8.1831**, antwortet die Armendirektion und
versichert Wiesecke erneut: *. . ., daß wir uns in keiner Weise auf eine Garan-* ←A 58
tie der Miets-Rückstände Ihrer Hausbewohner einlassen und die Schuldner
nur nach den Grundsätzen der Armenpflege, also durch die dafür einge-
setzte Localbehörde, unterstützen lassen können.

Am **13.8.1831** übersendet der Kommissionsvorsteher Bocquet eine von
den beiden neu eingesetzten Armenkommissaren Gerlach und Bötzow, den
beiden Schullehrern, angefertigte Restantenliste, die sie als erste Amts-
handlung aufgestellt haben.

Aufschlüsselung der zahlungsunfähigen Familienvorstände nach Berufen
(insgesamt: 128):

TEXTILHANDWERKER:		DIE ÜBRIGEN:		←A 59
1. Weber	61	1. Arbeitsmann	13	
2. Raschmacher	11	2. Witwe	8	
3. Seidenwirker	9	3. Schuhmacher	3	
4. Schneider	5	4. Tischler	2	
5. Tuchmacher	2	5. Tapezierer	2	
6. Strumpfwirker	1	6. sonstige (je 1)	10	
7. Posamentier	1	insgesamt:	38	
insgesamt:	90			

Die Aufstellung zeigt, daß 70% der zu exmittierenden Familien von der
Textilfabrikation leben. Für sie ist die Wohnstube gleichzeitig Werkstatt,
wo ihre Produktionsmittel, vor allem die Webstühle, aufgebaut sind.

Eingetragen sind Name, Beruf, Haus- und Stubennummer, die Höhe der
Mietschuld sowie ein Urteil über die Unterstützungswürdigkeit der Miet-
Restanten, die am **7.8.1831** mit ihren Mieten mehr als drei Monate im
Rückstand sind. Von den 128 aufgeführten Personen halten die beiden
Lehrer 79 für unterstützungswürdig. Die aufgelisteten Mietschulden betra-
gen 1167 Rthl. und 10 Sgr.

Bocquet schreibt dazu: *. . . da ergibt sich leider eine ungeheure Summe,* ←A 60
welche augenblicklich erforderlich wäre, um die aufs Neue ausgebrochenen
Unruhen zu ersticken, welche durch die eingeleiteten Exmissionen herbei-
geführt sind.

Gerlach und Bötzow müssen sich später dafür verantworten, daß in ihrer
Liste einige Personen als unterstützungswürdig bezeichnet sind, die im Zusammenhang mit den Unruhen vom **27.7.1831** arretiert werden. Bei ihrer
Rechtfertigung vom **11.9.1831** erfahren wir Einzelheiten des Überprüfungs-
verfahrens:

Wenn wir nun aus den Verhältnissen der Leute sahen, daß sie unmög- →A 61
lich von ihrem Erwerb ihre Mietschulden tilgen konnten, so hielten wir sie
für bedürftig; fanden wir bei ihnen Sinn für Arbeit und Ordnung, so hielten
wir sie der Unterstützung für würdig.

4. Frau L a n g b e i n (Gartenstraße 92, Zimmer 72),
5. Seidenwirker P r o b s t (Gartenstr. 92a, Zim-
mer 11),
6. C a r o l i n e , Tochter des Arbeitsmanns S p e r -
l i n g (Gartenstraße 92a, Zimmer 11),
starben:
7. der Bäcker K a g e r m a n n (Gartenstraße 92a,
Zimmer 14),
8. der Weber K i e s e w e t t e r (Gartenstraße 92,
Zimmer 44),
9. Frau P a c k h o f f (Gartenstraße 92a, Zimmer
18),
10.F r i e d e r i k e A b e l e e (Gartenstraße 92,
Zimmer 110),
11.Sohn des Maurer P a u l (Gartenstraße 92b, Zim-
mer 63),
12.M a r i e , T o c h t e r des p. S e i d l e r (Garten-
straße 92b, Zimmer 57).

Um die Gesinnung der Leute kennenzulernen, legten wir jedem die Frage vor: was er zu tun gedächte, wenn ihn wirklich in kurzem die Exmission treffen sollte, ob er sich, wie andere schon getan hatten, widersetzen würde? wobei wir die Leute nicht auf die Hochlöbliche Armen-Direction, sondern auf Gott hinwiesen. Hierbei sprachen sich die meisten so aus, daß wir mit ihren Äußerungen zufrieden sein konnten, nur einige zeigten sich widerspenstig, die dann bald darauf den Aufstand nicht bloß veranlaßten, sondern auch unter mancherlei schrecklichen Drohungen andere, die sonst wohl still geblieben wären, mit hineinzogen.

Zu diesen letzteren gehört z.B. der Schuhmacher Bell, 92a, Stube 49, er ist auf unserer Liste als der Unterstützung bedürftig und würdig verzeichnet, und obgleich er der Widersetzlichkeit wegen arretirt worden ist, so sind wir doch der festen Überzeugung, daß er vor vielen anderen, die der Obrigkeit als Ruhestörer nicht bekannt wurden, der Unterstützung würdig und bedürftig ist.

Übrigens sind wir der Meinung, daß man eine rechtschaffene Frau mit ihren unversorgten Kindern Einer Hochlöblichen Armen-Direction zur Unterstützung empfehlen könne und müsse, wenngleich dem Mann nicht das letzte Zeugnis gegeben werden kann.

Es soll aber hiermit nicht gesagt werden, daß wir uns gar nicht bei der Untersuchung geirrt hätten oder ferner auch beim besten Willen irren könnten; wenn dies verlangt wird, so halten wir uns für unfähig, Mitglieder einer Armen-Commission zu sein, und bitten gehorsamst, uns in diesem Amte, soviel als möglich, Nachsicht zu schenken.

→A 62   Am **17.8.1831** beschließt die Mehrheit der Mitglieder der Armendirektion, in bezug auf die zu erwartenden Exmissionen, die tatsächlich eintretende Obdachlosigkeit der ehemaligen Bewohner abzuwarten und nicht vorher helfend einzugreifen. Da dieser Beschluß nicht einhellig gefällt wird, wendet sich die Armendirektion an den Magistrat als die übergeordnete Behörde.

Am selben Tag übersendet die Armendirektion die Restantenliste mit dem Begleitbrief Bocquets an den Magistrat. Bei dieser Gelegenheit legt sie
→A 63   ihre Rechtsauffassung in der ganzen Angelegenheit dar: *Bekanntlich werden nach den bis jetzt bei uns zur Anwendung gekommenen Verwaltungs-Grundsätzen weder Schulden der Armen im allgemeinen noch insbesondere Mietsschulden bezahlt, daß in den vorliegenden Fällen von diesem Prinzipe eine Ausnahme nicht gemacht werden kann. Zwar muß die Commune nach dem Patente vom 8. September 1804 die ihr zugehörigen Armen nötigenfalls auch mit Obdach versehen, allein der Fall einer Obdachlosigkeit ist vor erfolgter Exmission nicht vorhanden. Gesetzlich glauben wir daher nur verpflichtet zu sein, für bereits exmittierte Familien zu sorgen. Es fragt sich demnach bloß: ob es dem communalen Interesse mehr entspricht, den gesetzlichen Gesichtspunkt festzuhalten, oder schon gegenwärtig mit Unterstützungen einzuschreiten, um der Obdachlosigkeit so vieler Familien vorzubeugen?*

Die große Mehrzahl unserer Collegii ist der Meinung, bei der gesetzlichen Bestimmung lediglich stehn zu bleiben, da, wenngleich die zu befürchtenden Exmissionen und die dadurch notwendig werdenden Unterbringungen der exmittierten Familien bedeutende Kosten nach sich ziehen dürften, dennoch hierdurch allgemeineren und nachhaltigeren Übeln und Kosten vorgebeugt werden würde. Denn wird der erste Schritt zu Mietzahlungen für v i e l e arme Familien auf eine ihre Obdachlosigkeit vorbeugende Art getan, so werden, nach der Ansicht der Mehrheit unseres Collegii, bald alle Armen auf ähnliche Mietszahlungen Anspruch machen, oder sich sehr irrtümliche und verderbliche Meinungen in Ansehung der den Bewohnern der Wieseckeschen Häuser bewilligten Vorzüge bilden. Es sei daher, nach der Meinung der Mehrheit, zu befürchten, daß die zu leistenden Miets-Unterstützungen einen ganz neuen Zweig der Ausgabe der Armen-Verwaltung zu Gunsten der respectiven Hausbesitzer bilden und in Folge der Zeit unerschwingliche Opfer von der Commune notwendig machen werden. Überdies ist die Armen-Commission selbst der Meinung, daß nur ein Teil der zu exmittierenden Familien, 79 von 128 Familien, sich dazu eignet, außerordentlich unterstützt zu werden. Wollte man sich nun dieses Teils im Ganzen annehmen, so würden, nach der Ansicht der Mehrheit, doch immer die 49 Familien übrig bleiben, welche zu unterstützen keinen Falls ratsam erscheinen kann. Aber grade von diesen letztern Familien seien, wie die Mehrheit meint, nur unruhige Auftritte zu erwarten, und folglich könne

Erstes und letztes Blatt der Liste der Bewohner der Familienhäuser, die über drei Monate mit der Miete im Rückstand sind ←A 64

den letztern nicht einmal durch Unterstützung der bessern Familien vorgebeugt werden. Hiernach könne also auch selbst der eben berührte wichtige Grund nicht als ausreichend erscheinen, um von den bisherigen Verwaltungs-Maßregeln abzuweichen.

Die Minorität des Collegii hat diesen Ansichten und namentlich dem Grundsatze lebhaft widersprochen, von welchem die Mehrheit ausgegangen, daß nämlich die wirklich eingetretene Obdachlosigkeit der zur Exmission stehenden Familien in den Wülcknitzschen Häusern abzuwarten und ihr hinsichtlich der als bedürftig anerkannten 79 Familien nicht vorzubeugen sei. Die Minorität glaubt, daß das letztere ebenso den Gesetzen als den Ansprüchen, die an eine Armen-Behörde zu machen sind, gemäß und es die dringende Pflicht der hiesigen sei, es nicht zu größerer Unruhe, als bereits durch die versuchten und leider nicht durchgeführten Exmissionen entstanden, kommen zu lassen. Zur Begründung ihrer Meinung beruft sie sich auf das bisher beobachtete Verfahren, wonach sehr häufig solchen Familien, welche nicht durch eigene Schuld, sondern wegen Krankheit, Mangel an Arbeit etc. außerstande gerieten, die Miete für ihre Wohnungen zu bezahlen, durch außerordentliche Unterstützungen zu Hülfe gekommen ist, um sie nicht der Gefahr auszusetzen, ganz obdachlos zu werden. Hierbei wurde zur Vermeidung allgemeiner Ansprüche dieser Art jederzeit sorgfältig vermieden, gedachte Unterstützungen unter der Benennung einer Mietsbeihülfe zu verabreichen, und überließ man es daher auch lediglich dem redlichen Armen, sich selbst mit dem Wirte zu einigen und diesem nach und nach aus eigenen Mitteln gerecht zu werden. Ein gleiches Verfahren, glaubt die Minorität des Collegii, müsse auch bei den anerkannt redlichen Bewohnern der Wieseckeschen Häuser um so mehr eintreten, weil *es wünschenswert erscheine, daß gerade die ordentlichen Familien den erwähnten Häusern erhalten, die liederlichen Menschen aber, der allgemeinen Sicherheit wegen, möglichst daraus entfernt würden, und ist sie daher der Meinung, daß man nur bei letzteren es auf die Exmission derselben ankommen lassen dürfe, erstern aber, wenn auch nicht die ganze Miete, doch soviel an außerordentlicher Unterstützung zufließen lassen müsse, als nach erfolgter gründlicher Untersuchung ihrer Lage für nötig erachtet werde, um sich mit ihrem Wirte einigen zu können.*

Um nun in dieser wichtigen und verantwortlichen Angelegenheit nicht gegen die Absicht eines Hochedlen Magistrats zu handeln und da es auf Feststellung und Befolgung eines neuen allgemeinen Verwaltungs-Prinzips ankommt, so ersuchen Wohldieselben wir ganz ergebenst: uns gefälligst s c h l e u n i g s t mit Bescheidung deshalb und mit Bestimmung zu versehn: ob durch außerordentliche Unterstützungen an die mehrerwähnten 79 Familien ihrer Exmission und Obdachlosigkeit vorgebeugt werden soll oder nicht?

→A 65   Der Magistrat antwortet zwei Tage darauf, am **19.8.1831**: *Der Armen-Direction erwidern wir auf den Bericht vom 17ten August c., daß wir der darin uns mitgeteilten Meinung der Majorität derselben dahin beipflichten, daß von dem bisherigen Grundsatze der Armen-Verwaltung in Hinsicht der Mietzahlung der von den Armen rückständigen Mieten rücksichtlich der Bewohner der Wieseckeschen Häuser eine Ausnahme nicht gemacht werden kann. Sollten aber einzelne, durch Krankheit oder sonstige ganz ungewöhnliche und unverschuldete Umstände herbeigeführte Fälle einer außergewöhnlichen Berücksichtigung bedürfen, so muß dieselbe zwar eintreten; sie kann jedoch nur auf Grund der speziell zu motivierenden Anträge der Armen-Commissionen erfolgen und muß ihre Rechtfertigung durch die I n d i v i d u a l i t ä t der betreffenden Personen und Verhältnisse finden.*

An den Königl. Stadtgerichts-Director haben wir wegen der nicht zu zahlreich an einem und demselben Tage zu vollstreckenden Exmissionen nach dem Antrage der Armen-Direction geschrieben.

Am **5.9.1831** kündigt das Polizeipräsidium der Armendirektion die
→A 66 ersten Exmissionen für den **8.9.1831** an: *Um die zu große Anhäufung exmittierter Personen zu verhüten, welche wegen mangelnden Obdachs zum Arbeitshause geschafft werden müssen, soll von den 70 zu exmittierenden Familien mit sechsen der Anfang gemacht werden und wird eine Wohllöbliche Armen-Direction daher ergebenst ersucht, das Nötige zu deren Aufnahme im Arbeitshause zu veranlassen.*

Nachdem am **8.9.1831** die angekündigten Exmissionen ausgeführt worden sind, wendet sich die Armendirektion am **15.9.1831** an den Justizminister von Arnim. Anstatt, wie angekündigt, 6 sind 9 Familien exmittiert worden, deren Unterbringung im Arbeitshaus Schwierigkeiten bereitet:

→A 67   *Aus dem Rapporte des Arbeitshauses ersehe ich aber, daß gestern 9 Familien, aus 38 Köpfen bestehend, mit einem Male in diese Anstalt abgeliefert worden sind. Wenn dies so fortgeht, dürfte bald eine gefahrvolle Überfüllung im Arbeitshaus eintreten, die, wenngleich der anderweitigen Unterbringung solcher Familien alle Sorgfalt gewidmet wird, dennoch der Abgang mit dem Zugang nicht gleich Schritt halten kann.*

Eure pp. beehre ich mich daher ganz ergebenst zu ersuchen: schleunigst verfügen zu wollen, daß nicht mehr als 6 Familien an einem Tage exmittiert werden und daß die Exmissionen nicht täglich, sondern in angemessenen Zwischenräumen . . . alle 3 Tage zu Ausführung kommen. Eine
→A 68 entsprechende Anordnung des Polizeipräsidiums erfolgt am **17.9.1831**.

Durch das Auftreten der Cholera in den Familienhäusern werden weitere Exmissionen zunächst hinausgezögert. Am **29.9.1831** wird in dem
←A 69 „Kleinen Familienhaus" die „Cholera-Heilanstalt No. 5" eingerichtet.

Nachdem die Exmissionen im November weitergehen, schreibt am **12.11.1831** der Schullehrer Gerlach an den Oberfinanzrat Semler, der die
→A 70 Armendirektion vertritt: *Herr Hempel gab mir den Auftrag, Ihnen gehors. vorzustellen, ob Wiesecke nicht auf irgend eine Weise in seinen Exmissionen beschränkt werden könnte; denn in manchen Familien wird die Not wirklich dadurch so groß, daß gar nicht abzusehen ist, wie derselben abge-*

Liste der bis zum 15.9.1831 exmittierten und ins Arbeitshaus gebrachten Familien aus den Familienhäusern. Außer der Familie des „Aufrührers" Weisbecker befinden sich unter diesen 8 Familien, die sich bei den Exmissionsversuchen vom 27.7.1831 mit den betroffenen Familien solidarisiert hatten und verhaftet worden waren. Daß der Weber Braune identisch ist mit demjenigen, dessen Frau bereits 3 Jahre früher mit dem Beil Widerstand gegen eine Pfändung leisten wollte, darf vermutet werden.

holfen werden soll; denn wenn auch die Leute im Arbeitshause einige Thaler erhalten, um sich wieder eine Stube mieten zu können, so würde, wenn sie auch eine bekämen, ihnen dieselbe nichts helfen, weil sie weder zu ihrem Erwerb Handwerkszeug noch etwas zum Nachtlager haben, und gewöhnlich sind sie soviel für Miete bei Herrn Wiesecke schuldig, daß die Sachen mit 6–8 Rthl. nicht auszulösen sind. – Da liegen uns denn die Armen täglich, oft stündlich zu Halse, und w e n n w i r a u c h h e l f e n d ü r f t e n , s o w ü r d e n s i c h b a l d d i e m e i s t e n e x m i t - t i e r e n l a s s e n .

D i e s e m Ü b e l s t a n d e w ä r e a b e r d a d u r c h b e d e u t e n d a b - g e h o l f e n , w e n n H e r r n W i e s e c k e a u f g e g e b e n w ü r d e , d a ß e r j e d e m M i e t e r , d e n e r e x m i t t i e r t , s ä m t l i c h e S a c h e n f ü r d i e Z a h l u n g v o n 1 4 t ä g i g e r M i e t s s c h u l d v e r a b f o l - g e n l a s s e n m ü ß t e ; dann könnte den Leuten eher geholfen werden, und Wiesecke müßte es auf seinen Risico nehmen, wenn er die länger wohnen ließe. – Da jetzt fast alle mehrere Monate an Miete restiren, so dürfte ja nur eine Zeit festgesetzt werden, von wo an diese oder eine ähnliche Anordnung in Kraft träte. Dadurch würde auch allen geheimen Betrügereien vorgebeugt, welche die Leute selbst im Einverständnis mit Wiesecke machen könnten. – Wenn Wiesecke den Leuten die Stube zugeschlossen hat und sie dann nackend und (bloß ?) da stehn, so sagt er ihnen: Bringt mir 2 oder 3 oder 6 Rthl. etc., so lasse ich euch wieder hinein. Die Leute nehmen dann notgedrungen, was sie im Arbeitshause oder von uns erhalten, und geben es hin, sehen aber auch ein, daß sie auf diese Weise nicht zur Miete kommen können, und lassen es darauf ankommen; in kurzer Zeit sind sie mit Wiesecke auf dem alten Stand, und das Quälen geht von neuem an.

Aus dem vom Arbeitshause remittirten Verzeichnisse geht hervor, daß ←A 71
von 128 Familien, die 1167 Rthl. Miete schuldig waren, nur 44 Familien zum Arbeitshaus gekommen und zusammen mit 110 Rthl. 10 Sgr. unterstützt worden sind, um sich Obdach zu verschaffen, welches sie auch dafür, in wenigen Tagen nach ihrer Einlieferung . . . haben und dann entlassen worden sind.

Am **25.11.1831** nimmt der Magistrat, wie vom Innenminister verlangt, zum Plan von Wiesecke Stellung. Der Magistrat erläutert hierin seine gene- ←S 152
relle Haltung den Familienhäusern gegenüber und lehnt auch eine Unterstützung der Vorschläge *zu einer wohlfeilen Ernährung der Einwohner in den Familienhäusern* ab, da durch eine Privilegierung der Bewohner die Häuser für die „niedere Volksklasse" an Attraktivität gewinnen könnten, was die als politisch gefährlich erkannte Zusammenballung des Proletariats verstärken würde. Die grundsätzliche Stellungnahme des Magistrats interessiert hier nicht so sehr wegen des erwähnten Plans (den wir im übrigen nicht kennen). Sie ist aber so wichtig für die Entwicklung des Berliner Mietshauses und für die Ablehnung einer bestimmten bautypologischen Entwicklung von seiten der städtischen Hausbesitzer, die die Politik des Magistrats tragen, daß wir sie hier in den für unsere Darstellung wesentlichen Passagen wiedergeben wollen. Mit dieser Einschätzung der Verhältnisse von seiten des Magistrats kommt, verstärkt natürlich durch Krisen, Cholera und erste Aufstände in Berlin im Jahr **1831**, die seit **1824** andauernde Diskussion um die Familienhäuser zum Abschluß.

. . . Daß in großen und volkreichen Städten die unterste Volksklasse auf ←A 72
einer sehr niedrigen Stufe der Sittlichkeit steht, ist eine betrübende, aber allgemein anerkannte Tatsache. Auch die hiesige Residenz liefert den Beweis derselben, und es ist nicht in Abrede zu stellen, daß seit der in dem letzten Decennium hier eingetretenen Volksvermehrung Armut und Immoralität auf eine bemerkenswerte Weise zugenommen haben. . . . Befände diese (die niedere Volksklasse, d.V.) sich verteilt durch alle Gegenden der Stadt, so wäre ihre nachteilige Einwirkung weniger gefährlich; denn der Einfluß, den ein besseres Beispiel auf sie, als einzelne Familien oder Individuen, ausübt, kann sogar wesentlich zur Verbesserung ihres eigenen Zustandes dienen. Sind dergleichen Personen jedoch auf e i n e m Punkt zusammengedrängt, so müssen sie, auf sich selbst angewiesen, nur tiefer und tiefer sinken und, hingerissen durch so manches böses Beispiel, einer gänzlichen Demoralisation entgegengehen.

Überzeugt von der Wahrheit dieser Behauptung, hat man in hiesiger Stadt die in Zeiten vorübergehender Not in einigen Kasernen gebildeten Familienhäuser wieder eingehen lassen, und es hat uns aus gleichem Grun-

de stets wünschenswert erschienen, der Privat-Speculation nicht zu gestatten, dergleichen wieder zu erbauen. Ganz gegen unsere Überzeugung von der angeblichen Notwendigkeit und Nützlichkeit der ehemaligen v. Wülcknitzschen, jetzt Wieseckeschen Häuser sind aber diese entstanden. Bald nachdem mehr als 500 der ärmsten Familien in diesen concentrirt waren, ergaben sich die Übelstände, die aus solcher Anhäufung von Menschen der niedrigsten Klasse unvermeidlich hervorgehen mußten. Nicht vergebens sind wir bemüht gewesen, zur Abstellung der vorgefundenen schreienden Mängel beizutragen, und das erste Einschreiten des Besitzers hat genügsam ergeben, wie notwendig es sei, derartige Unternehmungen zu beschränken. Allmählich ist nun freilich ein besserer Zustand dieser Häuser, im Vergleich zu dem schändlichen, in dem sie sich befanden, herbeigeführt und das Bemühn dahin gerichtet worden, einen leidlichen zu unterhalten; allein das durch die Natur der Sache herbeigeführte Übel, nämlich die Zusammenschichtung so vieler Armer auf einen Punkt, ist und bleibt immer dasselbe, und es will uns so polizeiwidrig als unpolitisch erscheinen, in irgendeiner Art dazu beizutragen, ein solches Verhältnis zu begünstigen, es zu befestigen oder wohl gar noch ihm eine größere Ausdehnung zu geben. Wer mit den näheren Verhältnissen der Wieseckeschen Häuser und ihrer Bewohner, mit den Ansprüchen der letzteren und mit der Art der Geltendmachung derselben bekannt ist, wird unsrer Ansicht beipflichten und unsre Besorgnis teilen müssen. Schon sind für diese Häuser eine Menge von Einrichtungen notwendig geworden, die, wären die dort vereinigten Armen verteilt in der ganzen Stadt, ganz entbehrlich gewesen wären. Ein häuslicher Gottesdienst wurde eingerichtet, eine Hausschule gegründet, eine besondere Armen-Commission nur für diese Häuser organisiert und gegenwärtig ein besonderes Cholera-Lazarett für sie etablirt. Es ergibt sich von selbst, welche Lasten hieraus und namentlich im Gebiete der Armenpflege für die Commune erwachsen. Das Beispiel der erfolgten Unterstützung der Notleidenden ermuntert alle übrigen Bewohner, gleiche Anforderungen zu machen, und die Menge der Armen, die in der Regel höchst relative Beurteilung ihrer Hilfsbedürftigkeit und Würdigkeit, das Ähnliche der Verhältnisse der verschiedenen dort befindlichen Familien und die individuellen Ansichten über Notwendigkeit der Unterstützung machen die Verabfolgung derselben zu einem unversiegbaren Quell höchst bedeutender Ausgaben, deren Zunahme von Jahr zu Jahr nicht zu verhindern gewesen ist. Alle Anforderungen der dortigen Bewohner bilden sich zur Masse, und es erfolgt daraus von selbst, daß eine genaue Beaufsichtigung der unterstützten Personen und Familien im Grunde gar nicht und wenigstens nicht in dem Grade möglich ist, als es im Interesse der Commune und der Unterstützten selbst geschehen müßte und könnte, wenn die letztren in der ganzen Stadt verteilt wären und sonach der Beaufsichtigung und Befürsorgung von 60 Armen-Commissionen unterliegen könnten.

Sind nun die meisten der dortigen Familien in der Lage, selbst Unterstützung aus Armenfonds in Anspruch nehmen zu müssen, so folgt hieraus, daß sie nicht die Abgaben leisten, die von ihren Mitbürgern gefordert werden. Daher ist auch an Erhebung von Mietsteuer in den Wieseckeschen Häusern fast gar nicht zu denken, und schon vor mehreren Jahren einigten wir uns mit dem damaligen Besitzer derselben dahin, daß er für sämtliche Familien ein Aversional-Quantum von 150 Rthl. Mietsteuern jährlich entrichtete. Aber auch dieses Abkommen war nicht von Dauer, da der Eigentümer sich selbst überzeugt haben mochte, daß alle Bemühungen, eine solche hier durch executivische Maßregeln beizutreiben, unter den hier obwaltenden Umständen fruchtlos sein würden, und es blieb daher nur übrig, die Mietsteuer zu erlassen, selbst bei solchen Personen und Familien, die zu deren Entrichtung wohl angehalten würden, wenn sie einzeln in der Stadt ihr Unterkommen hätten und nicht, durch den Einfluß des bösen Beispiels der Mitbewohner verleitet, Mittel fänden, sich ihren Verpflichtungen zu entziehen.

Wir schweigen von den Ungesetzlichkeiten und Excessen, die in diesen Häusern gegen Exmissionen, Polizeibeamte und Gensdarmen begangen worden sind und die, an und für sich strafbar, leicht von den verderblichsten Folgen für die öffentliche Ruhe und Sicherheit hätten werden können, aber die neueste Zeit hat bewiesen, zu welchen beklagenswerten Auftritten diese Häuser Veranlassung gaben, und dieses eine Beispiel dürfen wir nicht unausgeführt lassen.

Im July d.J. waren 128 Familien dieser Häuser mit einer Miete von zusammen 1167 Rthl. 10 Sgr. im Rückstande; sie wurden deshalb ausgeklagt und sollten exmittirt werden. Als der Executor mit einigen Exmissionen den Anfang zu machen beauftragt war, fand er Widerstand; er mußte die Torwache requiriren; auch diese konnte nichts ausrichten; sie wurde um 30 Mann verstärkt; ein allgemeiner Aufstand konnte nur mit Mühe unterdrückt werden, und die rechtliche Hülfe blieb unvollstreckt.

Aus dem hier beigefügten Extracte des an das Königl. Polizei-Präsid. erstatteten Berichts des Wiesecke vom 27. July c. gehen die näheren Umstände dieses Vorfalls hervor, und es ergibt sich von selbst, welcher Gefahr die Residenz, in der damaligen bewegten Zeit, hätte ausgesetzt werden können, ja welcher Gefahr sie stets ausgesetzt ist, wenn bei ähnlichen Veranlassungen oder in Folge eines unglücklichen Zufalls die dort befindliche Volksmasse in Bewegung gesetzt oder wohl gar zu irgendeinem Excesse angeregt werden sollte.

Nachdem das Innenministerium Wiesecke am **27.12.1831** davon in Kenntnis setzt, daß der von ihm eingereichte Plan keine Unterstützung finden wird, schwindet für den Hausbesitzer alle Aussicht, mit den Familienhäusern noch ein Geschäft machen zu können. Nach dem Fehlschlagen seiner Pläne nimmt er sich nun seinen Vorgänger von Wülcknitz zum Vorbild: *Dieser (Wiesecke) nahm ebenfalls wieder bedeutende Hypotheken* ←L 21 *auf und ging nach kurzer Zeit mit dem Gelde wie sein Vorgänger nach Paris, wo er als homöopathischer Arzt sein Glück machte.*

Wiesecke nimmt zwei Hypotheken auf seine Häuser auf. Aus einer Notiz in den Akten der Armendirektion geht hervor:

Eingetragen in Hypothekensachen vom 15. März 1832 auf sämtliche ←A 73 *Grundstücke 57 000 Rthl. in Actis*
   die Häuser 93, 93a, 94 betr.
noch diese Hypothekensachen vom 5. April 1832 28 000 Rthl. in Actis
   die Häuser 92 betr.

Drei Tage bevor Wiesecke die ersten Hypotheken aufnimmt, ist das Haus 92a unter die Verwaltung des Kammergerichts gestellt worden. Dieser Tatbestand geht aus einer Auskunft hervor, die das Kammergericht dem Polizeipräsidium am **18.6.1832** übermittelt, in der festgestellt wird, *daß auf Antrag der Majorin v. Albedyhl die Administration des vor dem* ←A 74 *Hamburger Tor in der Gartenstraße Nr. 92 gelegenen, dem Gutsbesitzer Wiesecke gehörenden Grundstücks vom 12. März des Jahres eingeleitet und dieselbe noch nicht aufgehoben ist.*

Wir vermuten, daß Wiesecke bereits vor Aufnahme der Hypotheken in Liquidationsschwierigkeiten geraten ist, einer Person gegenüber, die wir nicht kennen. Für den **27.7.1832** haben wir die Auskunft des Polizeirevierkommissars Zimmermann, der dem Polizeipräsidium mitteilt: *Mit* ←A 75 *Ausschluß des zu Nr. 93 gehörigen sog. Bäckerhauses sind sämtliche Wieseckeschen Häuser vor dem Hamburger Tor unter Administration gestellt.*

6.3   Die Verwaltung durch das Kammergericht (1832 – 1835)

Kammergericht (Königl.), auf der Friedrichsstadt, Lindenstra- ←L 22
ße Nr. 15. Schon der Kurfürst Johann Cicero, ein durch seine
Gelehrsamkeit in hoher Achtung stehender Regent, faßte den Entschluß, zu der Zeit, als Kaiser Maximilian I. das Reichs-Kammer-
gericht einsetzte, auch in seinem Lande ein Kammergericht zu gründen,
doch wurde dieser hohe Gerichtshof erst im Jahre 1516 von dem
Kurfürsten Joachim I. gestiftet. Dieser Landesfürst hatte im Jahre
vorher eine Reise in alle seine Städte unternommen, um die
Rechtspflege darin zu ordnen und auf eine zweckmäßige Weise
neue Einrichtungen in denselben zu treffen. In der ersten deshalb
erlassenen Kurfürstl. Verordnung setzte der Regent die Ursache, die
ihn veranlaßt hatte, diesen Gerichtshof einzusetzen, umständlich
auseinander. Sein Nachfolger, der Kurfürst Joachim II., verbesserte
noch in vielen Punkten die oben gedachte Kammergerichts-Ord-
nung, und ließ im Jahre 1562 auch eine besondere Ordnung für
die Räthe der Kanzlei bekannt machen. Auch unter dem Kurfürsten George Wilhelm erfolgte eine Revision der gedachten Verordnungen. Die späteren Regenten fuhren fort, die Einrichtungen
des Kammergerichts zu verbessern; vorzüglich aber wurde dasselbe
eben so wie die ganze Justiz-Verfassung in dem Preußischen Staate
unter König Friedrich II. durch den damaligen Groß-Kanzler, Freiherrn von Cocceji, in eine andre und bessere Gestalt versetzt, die
wieder im Jahre 1782 durch den Groß-Kanzler von Carmer neue
Verbesserungen erhielt. In der Gegenwart besteht das Kammergericht aus 3 verschiedenen Senaten, 1) aus dem Ober-Appella-
tions-Senat, welcher sich Mittwochs und Sonnabends versammelt. Es ist die Revisions-Instanz in allen Sachen des Pommerschen und Neumärkischen Oberlandesgerichts zu Stettin und Frankfurt. Für alle Gegenstände im Betrage von 200 — 500 Thlrn.
desgleichen in Ehe-, Sponsalien- und Schwängerungs-Sachen der Untergerichte der Kurmark. Ferner ist er die Appellations-Instanz in
allen Civil-Sachen des Departements des Kammergerichts, deren Gegenstand mehr als 50 Thl. beträgt, incl. der Ehe-, Sponsalien- und
Schwängerungs-Sachen; — in allen Injurien-Sachen, in welchen die
Civil-Deputation des Kammergerichts nicht in der 2ten Instanz erkennt; — in allen in diesem Departement vorfallenden Untersuchungen, die Kontraventionen gegen landesherrliche Steuer- und
Polizei-Gesetze betreffen, in welchen in der ersten Instanz bei Un-
tergerichten erkannt worden; endlich in allen Kriminal- und Injurien-Sachen, in welchen der Untergerichte der General-Audito-
riat erkannt hat; 2) aus dem Instruktions-Senat, welcher
sich Montags, Donnerstags und Sonnabends versammelt. In
seinen Geschäftsbereich gehören: die Untersuchung und Entscheidung
der Rechts-Streitigkeiten der Mitglieder des Königl. Hauses und
der in der Kurmark wohnenden Eximirten, in der ersten Instanz,
so wie die Entscheidung der Ehe-, Sponsalien- und Schwängerungs-Sachen und Prozesse bis 500 Thl. der Untergerichte der
Kurmark in der Appellations-Instanz; 3) aus dem Kriminal-
Senat. Besondere Deputationen des Kammergerichts in Berlin sind: das Hausvoigtei-Gericht und das Kammerge-
richts-Inquisitoriat, welches die Untersuchungen gegen die unter der Gerichtsbarkeit des Kammergerichts stehenden Eximirten in
Berlin führt. Ferner gehören zu seinem Ressort hier in Berlin:
das Pupillen-Kollegium, das Stadtgericht mit seinen
verschiedenen Deputationen, das Justiz-Amt Mühlenhof und
Nieder-Schönhausen. Außerhalb aber 4 Land- und Stadtgerichte, 3 Stadtgerichte, die Justiz-Kammer zu Schwedt, sämmtlich
als Untergerichte 1ster Klasse, 9 Land- und Stadtgerichte, 27 Stadtgerichte, 16 Justizämter als Untergerichte 2ter Klasse, endlich auch die
gräflich Stolbergischen Justiz-Behörden zu Wernigerode und des
Dom-Kapitels zu Brandenburg. Der Präsident des Kammergerichts ist gegenwärtig der Geh. Ober-Justiz-Rath Herr von
Grollmann.

Am **10.12.1832** gibt das Königlich-Preußische Kammergericht im Berliner Intelligenzblatt bekannt, daß die Familienhäuser versteigert werden
sollen: Das in der Gartenstraße No. 92. a. vor dem Hamburger Thore hieselbst bele- →L 23
gene, im Hypothekenbuche des Königl. Kammergerichts Vol. II. b. pag. 286. No. 47.
verzeichnete, dem Gutsbesitzer Heinrich Ferdinand Wiesecke hieselbst gehörige Grundstück nebst Zubehör, welches auf 20510 Thlr. 1 sgr. 6¼ pf. abgeschätzt ist, soll an den
Meistbietenden im Wege der Execution öffentlich verkauft werden. Die Bietungs-
Termine sind auf den 11ten Dezember d. J., Vormittags 11 Uhr, auf den
19ten Februar 1833., Vormittags 11 Uhr, und zuletzt auf den 4ten May
1833., Vormittags um 10 Uhr, vor dem Kammergerichts-Rath Noack im Kammergerichte angesetzt worden. Dies wird den Kauflustigen bekannt gemacht, mit der Zusicherung, daß demjenigen, der im letzten Termine Meistbietender bleiben wird, Falls keine
rechtliche Hindernisse eintreten, das Grundstück zugeschlagen werden soll. Das Grundstück
kann jedoch von einem Schmiede, Kupferschmiede, Viehhändler, Viehmäster, Fuhrmann,
Gerber, Tischler, Böttcher, Drechsler, Stellmacher, Branntweinbrenner, Destillateur,
so wie einem grobes Holz verarbeitenden Professionisten zum Gewerbsbetriebe aus feuerpolizeilichen Rücksichten nicht benutzt werden. Uebrigens steht es einem Jeden frey,
bis 4 Wochen vor dem letzten Termine die bey der Aufnahme der Taxe etwa vorgefallenen Mängel dem Kammergerichte anzuzeigen.
Berlin, den 6ten September 1832.   Königl. Preuß. Kammergericht.
   Das in der Gartenstraße sub No. 93., 93. a. und 94. vor dem Hamburger
Thore hieselbst belegene, im Hypothekenbuche des Königl. Kammergerichts Vol. II. b.
pag. 230. No. 43. verzeichnete, dem Gutsbesitzer Heinrich Ferdinand Wiesecke hieselbst
gehörige Grundstück nebst Zubehör, welches auf 38210 Thlr. 16 sgr. 8 pf. abgeschätzt
ist, soll an den Meistbietenden im Wege der Execution öffentlich verkauft werden.
Die Bietungs-Termine sind auf den 11ten Dezember d. J., Vormittags
11 Uhr, auf den 19ten Februar 1833., Vormittags 11 Uhr, und zuletzt
auf den 27sten April 1833.; Vormittags um 10 Uhr, vor dem Kammergerichts-Rath Noack im Kammergerichte angesetzt worden. Dies wird den Kauflustigen
bekannt gemacht, mit der Zusicherung: daß demjenigen, der im letzten Termine Meistbietender bleiben wird, falls keine rechtliche Hindernisse eintreten, das Grundstück zugeschlagen werden soll. Das Grundstück kann jedoch von einem Schmiede, Kupferschmiede, Viehhändler, Fuhrmann, Gerber, Tischler, Böttcher, Drechsler, Stellmacher, Branntweinbrenner, Destillateur, so wie einem grobes Holz verarbeitenden
Professionisten zum Gewerbsbetriebe aus feuerpolizeilichen Rücksichten nicht benutzt
werden. Uebrigens steht es einem Jeden frey, bis 4 Wochen vor dem letzten Termine
die bey der Aufnahme der Taxe etwa vorgefallenen Mängel dem Kammergerichte anzuzeigen. Berlin, den 6ten September 1832.   Königl. Preuß. Kammergericht.

Offensichtlich finden sich keine Käufer, so daß die Familienhäuser bis
April 1836 unter der Verwaltung des Kammergerichts stehen. Diese Verwaltung durch die öffentliche Hand ermöglicht aber nun zum ersten Mal
eine genaue statistische Erfassung der Bewohner. Das nutzt die Armendirektion aus, um sich einen Einblick in die dortigen sozialen Verhältnisse
zu verschaffen, und beauftragt am **6.3.1834** den Vorsteher der 56. Armenkommission, Krahmer, in Rücksprache mit dem Polizeikommissarius Lübke,
eine statistische Übersicht über die Bewohner der Familienhäuser herzustellen. Die Ergebnisse erscheinen zusammengefaßt in dem Monatsblatt
der Armendirektion vom **25.4.1834**:

→L 24 *Statistische Notizen über die Wieseckeschen, ehemals v. Wülcknitzschen*
Familienhäuser Gartenstr. 92, 92a und 92b, 93b und 94.
1. Die nebengenannten Häuser, welche seit 12 Jahren allmählich erbaut
worden und zum Betrage von 144 000 Rthl. in der Feuer-Kasse versichert
sind, enthielten am 1. d.M. eine Bevölkerung von 1581 Seelen, worunter
677 Kinder unter 14 Jahren.
2. Von diesen haben eine eigene Wohnung:
 240 Professionisten,
  10 Gewerbtreibende,
  39 Arbeitsleute,
   1 Angestellter (Nachtwächter),
   7 Invaliden,
  39 Wittwen,
  11 separirte Frauen,
   5 unverehelichte Frauenzimmer,
 352 Personen.

Schon seit geraumer Zeit darf nicht mehr als eine Familie in ein und
derselben Stube wohnen; der niedrigste Mietzins einer solchen ist jährlich:
20 Rthl. 24 Sgr.

Die Erhebungen im einzelnen, auf denen diese Zusammenfassung beruht, finden sich in den Akten der Armendirektion und enthalten:
1. eine Bewohnerliste mit den Rubriken: Hausnummer, Stubennummer, ←A 76 Name und Stand des Haushaltsvorstands, Anzahl der Bewohner/Stube, Anteil der Kinder unter 14 Jahren und Bemerkungen über Verdienst und Arbeitsverhältnisse;
2. *Nachweisung der Mieter nach Stand und Geschlecht,*
3. *Nachweisung der in den Monaten November und Dezember 1833, Januar, Februar und März 1834 an Personen, welche in den Wieseckeschen Familienhäusern vor dem Hamburger Tor wohnen, gezahlten monatlichen Almosengelder,*
4. *Nachweisung der . . . gezahlten Pflegegelder für Kinder, welche mit ihren Müttern in den Wieseckeschen Familienhäusern wohnen,*
5. *Nachweisung der außerordentlichen Unterstützungen, welche an Personen, die in den Wieseckeschen Familienhäusern wohnen, . . . gezahlt worden sind,*
6. *Nachweisung des im Winter 1833–34 an die . . . Almosen- und Pflegegeld- sowie an Nicht-Almosen-Empfänger verteilten Holzes,*
7. *Nachweisung der . . . nicht in Gelde bestehenden Unterstützung,*
8. *Nachweisung der Kinder, welche die Schule in den Wieseckeschen Familienhäusern besuchen,*
9. *Nachweisung der Speisemarken . . ., welche verteilt worden sind.*

Besonders die ersten beiden Listen geben zum ersten Mal einen exakten Überblick über Zahl und soziale Zusammensetzung der Bewohner der Familienhäuser.

Die unter 2 aufgeführte *Nachweisung der Mieter nach Stand und Geschlecht* ist eine genaue Aufschlüsselung der in der Veröffentlichung pauschal wiedergegebenen Aufstellung nach sozialen Gruppen, bezogen allerdings nur auf den jeweiligen Haushaltsvorstand:

I. MANNSPERSONEN

Professionisten:

1	Weber	129
2	Raschmacher	18
3	Tuchmacher	5
4	Seidenwirker	10
5	Maurer	11
6	Zimmerleute	7
7	Tischler	5
8	Töpfer	3
9	Schlosser	1
10	Stellmacher	1
11	Nagelschmiede	1
12	Kupferschmiede	1
13	Zeugschmiede	1
14	Gürtler	2
15	Schneider	11
16	Schuhmacher	9
17	Korbmacher	2
18	Sattler	1
19	Knopfmacher	1
20	Brunnenmacher	1
21	Bürstenmacher	1
22	Kattundrucker	1
23	Glasschleifer	1
24	Pfeifenschlauchmacher	1
25	Mahler	1
26	Färber	1
27	Federzurichter	1
28	Strumpfwirker	3
29	Bäcker	2
30	Schlächter	2
31	Tapatzier	2
32	Posamentier	1
33	Stuhlmacher	1
34	Bandmacher	1
	Summe:	240

Gewerbetreibende:

1	Victualienhändler	2
2	Handelsleute	2
3	Schwefelholzhändler	1
4	Lumpenhändler	2
5	Barbierstuben-Inhaber	1
6	Gastwirt	1
7	Handlungsdiener	1
	Summe:	10

Arbeitsleute:

1	Tagelöhner u. Arbeitsleute	35
2	Münzarbeiter	1
3	Stukkaturarbeiter	1
4	Schiffer	1
5	Steinsetzer	1
	Summe:	39

Angestellte:

1	Nachtwächter	1

Invalide:

1	Ganzinvalide	6
2	Halbinvalide	1
	Summe:	7

II. FRAUENS-LEUTE

1	Witwen	39
2	Separirte Frauen	11
3	unverehelichte	5
	Summe:	55

Rekapitulation:

Professionalisten	240
Gewerbetreibende	10
Arbeitsleute	39
Angestellte	1
Invalide	7
Frauens-Leute	55
Summa:	352

Fast 70% von den 352 Haushaltsvorständen sind Handwerker oder *Professionalisten*, davon wieder 70% sind Stuhlarbeiter wie Weber, Raschmacher, Tuchmacher usw., deren Anteil an der Summe der Haushalte beträgt 47%, also fast die Hälfte. Arbeiter und Tagelöhner dagegen stellen nur 11% der Haushalte. Überraschend hoch ist der Anteil der alleinstehenden Frauen mit über 15%.

Die unter 1 aufgeführte Bewohnerliste gibt uns in der tabellarischen Zusammenfassung, kombiniert mit den baulichen Angaben aus Kapitel 4, einen genauen Einblick in Größe und Lage der Wohnungen und ihre Belegung:

Haus-Nr.	Geschosse	Stuben	unbewohnte Stuben	qm/Stube	Zahl der „Seelen"	davon unter 14 Jahren	Haushalte	arbeitslos	Almosen/Pflegegeldempfänger	öfters ohne Arbeit	unbestimmter Verdienst	Beleg./Stube	Wohnfläche/Person (qm
92	Souterrain	30	10	21,6	86	38	20	5	5	2	3	4,3	5,2
	1. Oberg.	30	5	23,6	110	49	25	6	5	2		4,4	5,3
	2. Oberg.	30	1	24,6	133	41	29	8	6	4		4,6	5,3
	Mansarde	30		24,2	150	75	30	2	2	11		5,0	4,8
	Oberdach	30	3	19,3	107	46	27	6	5	2	3	4,0	4,8
	insgesamt	150	19	22,6	586	249	131	27	23	21	6	4,5	5,0
92a	Souterrain	15	6	s.o.	39	11	9	3	3			4,3	
	1. Oberg.	15			77	33	15	2	2	4		5,1	
	2. Oberg.	15			78	37	15	2	4		1	5,2	
	Mansarde	15	3		58	32	12	1	1			4,8	
	Oberdach	15	3		50	25	12	1	3		1	4,2	
	insgesamt	75	12	22,6	302	138	63	9	13	4	2	4,8	4,7
92b	Souterrain	15	1	s.o.	59	25	14	2	2		4	4,2	
	1. Oberg.	15	6		37	13	9	1	2		1	4,1	
	2. Oberg.	15			68	30	15	5	4			4,5	
	Mansarde	15	3		71	34	15	4		1	1	4,7	
	Oberdach	15			46	17	12		3		2	3,8	
	insgesamt	75	10	22,6	281	119	65	12	11	1	8	4,3	5,2
94	insgesamt	90	12		412	171	78	15	8		3	5,3	
	Summe	390	53		1581	677	337	73	55	26	19	4,7	

Bewohnerliste der Familienhäuser vor dem Hamburger Tor vom 1.4.1834

Die Tabelle zeigt:

1. Die Häuser sind nur zu etwa 90% belegt, leer stehen vor allem Stuben im Souterrain und im Dach (Ausnahme 92b, 1. OG: Schulräume);

→S 79 2. in der Statistik fehlen die Häuser unter Nr. 93 (das Haus des Besitzers und das „Kleine Haus", das **1831** während der Choleraepidemie zur „Cholera-Heilanstalt Nr. 5" eingerichtet worden und **1834** noch nicht wieder bezogen ist);

3. die Gesamtzahl der Bewohner ist gemessen an früheren Jahren stark gesunken, ausgewirkt hat sich dabei das am **21.7.1828** vom Innenministerium verfügte Verbot des Schlafstellenhaltens, das, wie aus Notizen in den
→A 77 Armenakten hervorgeht, von der Polizei streng kontrolliert wird: *Schlafburschen werden, wie mir bekannt, von der Revierpolizei in den Familienhäusern nicht geduldet und werden solche, wenn sie sich länger als drei Tage aufhalten, wegen unerlaubten Aufenthalts zur Haft gebracht. Berlin, den 28.6.1834, Armendeputierter Fischer;*

4. die Belegung/Stube beträgt im Schnitt 5 Personen

5. von den aufgeführten 337 Haushalten wird bei 163, also etwa der Hälfte, bemerkt, daß sie arbeitslos, öfter ohne Arbeit sind oder von unbestimmtem Verdienst, Almosen und Pflegegeldern leben.

Aus allen uns zur Verfügung stehenden Angaben zur Anzahl der Bewohner, in der folgenden Tabelle mit Datum und Quelle aufgelistet, kann man den Gesamtverlauf der Belegung der Familienhäuser ungefähr darstellen. In diesem Zusammenhang sei noch einmal Dr. Thümmel zur Frage der
→A 78 Schwierigkeiten bei der Bewohnerstatistik zitiert: *Die Bewohneranzahl der Familienhäuser genau zu bestimmen ist sonst immer mit Recht von den dazu Berufenen als eine Danaidenarbeit betrachtet worden, weil der tägliche Wechsel der Einlieger und die mangelhafte Kontrolle von Seiten des*

Hausinspectors jede genaue Angabe unmöglich machte . . . Und würde man in jedem Winter und Sommer, also jährlich zweimal, die Seelenlisten der Familienhäuser anfertigen lassen, so würde sich gewiß . . . doch die Summe der Köpfe im Winter höher als im Sommer belaufen.

Quelle	Datum		Anzahl der Bewohner
Thümmel	vor	1824	an 3800
Thümmel		1824	3200
Pol.-Präs.	1.7.	1824	2000–3000
Magistrat	Aug.	1824	über 2500
Innenministerium	1.12.	1824	2175
Thümmel		1825	2800–3000
Innenministerium	21.6.	1825	über 2100
Thümmel	4.11.	1825	3200
Keibel	7.12.	1825	3200
Thümmel		1826	2712
Thümmel		1827	2100
Thümmel	11.1.	1827	über 3800 (Irrtum)
Thümmel	Apr.	1827	2108
Kuntze	24.4	1827	2197
Magistrat	Mai	1828	2200
Thümmel	6.8.	1828	1749
Sachs	1.11.	1831	1447
Armendirektion	1.4.	1834	1581
„Stafette"	Nov.	1842	2190
Vossische Zeitung	29.12.	1842	über 2500
Grunholzer		1843	2500
„Fliegende Blätter"		1845	1800
Rasch	um	1862	1021

Quelle	Zeit	Kl. Haus 20 Wg.	Kauf-manns-haus 90 Wg.	Langes, Quer- und Schulhaus		
				Sou-terrain 60 Wg.	1. u. 2. Etage 120 Wg.	Mansar-den 120 Wg.
von Wülcknitz	1824	36	30–50	36	38	30
Keibel	1825	40		30	34	22–25
Thümmel	1827	22–36				
Heyder	1843	30–36		20	24–26	20
„Fliegende Blätter"	1845	?	28–36	24–26		
Sass	1846	36		24		
Rasch	1862	?		12	18–24	12

Jahresmieten in den Familienhäusern/Wohnung, Angaben in Talern

Im Zusammenhang mit der Übersicht über die Belegung ist es informativ, auch gleich die Quellen über die Höhe der Mieten in bezug auf die einzelnen Häuser zusammenzustellen. Sie zeigen ebenso wie die Statistik über die Belegung das tendenzielle Sinken der Mieten und damit Fallen der Gesamteinnahmen. Sie können am Anfang so hoch sein, weil die Nachfrage so groß ist. Jedoch schon am **17.4.1827** kann Dr. Thümmel der Armendirektion berichten, *daß Herr v. Wülcknitz, durch die größere Konkurrenz der kleinen Wohnungen im stets sich vergrößernden Voigtlande veranlaßt, den Mietzins ermäßigt hat und dies seit dem 1. April d.J. in Anwendung getreten ist, um mit den übrigen Hauswirten einigermaßen Schritt zu halten.* Immerhin – *die Mietzinsen, welche der p. v. Wülcknitz aus seinen Häusern bezieht, (betragen) seiner Angabe zufolge nach Herabsetzung derselben immer noch 11 500 Rthl.* In den 30er bis 40er Jahren bleiben die Mieten relativ konstant, wie es die aufgelisteten Quellen zeigen; daß sie immer noch für spekulativ überhöht gehalten werden, zeigt eine Rechtfertigung des nächsten Besitzers Heyder vom **5.3.1843**, in der er sich gegen entsprechende Vorwürfe von seiten der Armendirektion verwahrt:

Dies ist nun ganz unbegründet und mag im ersten Augenblick so vorkommen. Der größte Teil der Wohnungen besteht nur aus einer Stube, in der sich ein zum Heizen und Kochen besonders eingerichteter Ofen be-

findet. Diese Stuben zahlen 3 Treppen und im Souterrain 20 Rthl. und Parterre 1. und 2. Treppen 24 Rthl. und 26 Rthl. und sind im Vergleich so groß wie in einem andern Hause Stube und Kammer, haben zwei große helle Fenster, und es können neben dem nötigen Hausgeräte zwei vollständige Webstühle vollkommen Platz finden. Dies kann der Weber bei den kleinen Stuben anderer Häuser nur selten haben, und er muß mehr zahlen.

Am **12.10.1835** kündigt das Kammergericht erneut die Versteigerung der großen Familienhäuser an, nachdem ein Teil der Häuser bereits seit Ende **1834** an den Rendanten Heyder verkauft worden ist.

→L 25

Subhastationen
Notwendiger Verkauf
Königliches Kammergericht zu Berlin

Das vor dem Hamburger Tore bei Berlin in der Gartenstraße No. 92b belegene Haus, abgeschätzt auf 17,282 Rthl. 24 Sgr. 7 1/2 Pf., zufolge der nebst Hypothekenschein und Bedingungen in der Registratur einzusehenden Taxe, soll am 19ten März 1836, vormittags 10 Uhr, an ordentlicher Gerichtsstelle subhastiert werden. Der Eigentümer des Hauses, Gutsbesitzer Dr. Heinrich Ferdinand Wiesecke, dessen Aufenthalt unbekannt ist, wird zu diesem Termine öffentlich vorgeladen.

6.4 Die „Heyderschen Familienhäuser" (ab 1836)

Hr. Heyder, Sekretair beim Justizrat Ludolph, nahm die Häuser für fast ←L 26
nichts an und hinterließ sie seiner Familie, der sie die Zinsen von einem
Capitale von 104 000 Rthl. eintragen.

Friedrich Wilhelm Heyder kauft die Familienhäuser, wie aus den Feu-
ersozietätsakten zu ersehen ist, Stück für Stück: ←A 79

1. am 15.11.1834   Nr. 93
2. am 2. und 5.3.1835   Nr. 91 (Nachbargrundstück)
3. am 15.3.1835   Nr. 94 und 92a
4. am 21.3.1836   Nr. 92
5. am 11.4.1836   Nr. 92b.

Die letzten beiden Häuser ersteigert Heyder bei der Subhastation vom **19.3.
1836**, die am **12.10.1835** in der Vossischen Zeitung annonciert ist:

Für die Zeit bis zum Abriß der Familienhäuser **1881** haben wir nur gele-
gentliche Aktennotizen, die es nicht möglich machen, das Verhältnis Mie-
ter-Vermieter und Stadt–Staat am Beispiel der Familienhäuser weiter zu
beschreiben. Der Grund ist darin zu suchen, daß die Bewohnerzahl sich
auf ein für die Stadt vertretbares Maß reduziert hat und der neue Besitzer
offensichtlich auf strenge Ordnung sieht: Bereits **April 1836** läßt er eine
gedruckte Hausordnung anschlagen:

Aufforderung.   ←A 80

Es ist Hauptbedingniß bei Vermiethung der Wohnungen in den gegenwärtigen Häusern, daß Jeder sich der eingeführten Hausordnung streng unterwirft, das heißt:

1. Die Wohnungen selbst, die jedem Miether beim Einziehen rein geweißt, mit ganzen
   Fenstern, Oefen, Thüren u. Schlössern übergeben werden, stets reinlich zu halten;

2. Die Miether und ihre Kinder sich ruhig und verträglich mit ihren Nachbarn und
   übrigen Hausbewohnern, und insbesondere die Kinder unter strenger Aufsicht halten,
   wie auch zur Schule schicken, wozu die Gelegenheit in den Häusern selbst vorhanden ist. Unnützes Herumtreiben auf den Höfen wird nicht geduldet;

3. Jeder Bewohner, wenn ihm die Reihe trifft, Flur und Treppen zu reinigen, dies zu
   rechter Zeit, und zwar im Sommer bis 8 Uhr und im Winter bis 9 Uhr spätestens bewirken läßt;

4. Die Rinnsteine auf dem Hofe oder die Höfe selbst nicht durch Ausschüttung von
   Müll oder sonstigen Abgang zu verunreinigen, das Müll und Abgang vielmehr nach
   dem dazu angewiesenen Orte bringen zu lassen;

5. Des Abends zur rechten Zeit und bevor der Eingang zu den Häusern geschlossen
   wird, welches im Sommer um 11 Uhr und im Winter um 10 Uhr geschieht, in
   ihren Wohnungen zu sein, da späteres Kommen nur aus erheblichen Gründen geduldet werden kann, der Wächter auch angewiesen ist, jede Uebertretung am Morgen
   anzuzeigen; endlich

6. Alles unnütze und überflüssige Scheuren und überflüssige Wasserpumpen an den
   Brunnen (wegen des nicht vorhanden Wasserabflusses) zu vermeiden.

Jeder rechtlich Denkende wird einsehen, daß hier, wo so viele Menschen beisammen
wohnen, streng auf Erfüllung der Hausordnung gehalten werden muß, und wird sich derselben gern unterwerfen. Auch was insbesondere die Reinlichkeit betrifft, so ist selbige
dort wo Ueberfluß mangelt, besonders nöthig. Arm zu sein ist, wenn der Arme seine
Schuldigkeit thut, keine Schande, und Jeder hat Mitleid, dies fällt aber fort, wenn der
Arme unreinlich ist, und in diesem Falle bleibt auch die beanspruchte Hülfe aus.

Derjenige Bewohner, welcher sich diesen Anordnungen nicht unterwirft, kann nicht
im Hause geduldet werden, und muß, auch wenn er die Miethe richtig zahlt, nach geschehener 14tägiger Kündigung die Wohnung verlassen.

7 Das Gebiet 1842 – 1852

Die Veränderung der Oranienburger Vorstadt durch die Eisenbahn

Als **1842** der Stettiner Bahnhof in der Oranienburger Vorstadt fertigge-stellt wird, hat das einschneidende Folgen für die weitere Entwicklung der Vorstadt. Einmal stört und storniert diese Eisenbahnanlage alle bisherigen Versuche einer systematischen Stadterweiterung, worauf wir im Gebiets-Kapitel 13 eingehen. Andererseits bildet der Bahnhof aber auch einen Gegenpol zur Innenstadt und verwandelt die noch ländliche Vorstadt durch den Fabrik- und Mietshausbau, der sich an ihn anlagert, wie durch den Ausbau der Infrastruktur, den er auslöst, in eine Vorstadt mit zuneh-mend städtischem Charakter. Mit der baulichen Veränderung ändert sich aber auch die Sozialstruktur der Bewohner. Daß die Folgen der durch die Bahnhofsanlage ausgelösten Entwicklung schon bald sichtbar werden, belegt eine Beschreibung des Mediziners Dr. Schütz aus dem Jahre **1849**, worin er die rasche Veränderung der Vorstadt den gleichbleibenden Ver-hältnissen in der Innenstadt gegenüberstellt.

→S 467

→L 1 *Hingegen haben die an der Peripherie liegenden Stadtteile durch die seit dem Jahre 1839 entstandenen fünf Eisenbahnhöfe und durch viele Fabrik-anlagen namentlich vor dem Oranienburger Tore eine andere und bessere Gestalt bekommen. Die Straßen in denselben sind gepflastert und mit Abzugskanälen versehen worden. Durch den regeren Geschäftsverkehr und die größere Wohlhabenheit der Bewohner sind bessere Häuser ent-standen und aus den Zufluchtsstätten eigentlicher Proletarier Wohnungen regelmäßig beschäftigter Arbeiter geworden. Dies findet ganz besonders auf die Familienhäuser vor dem Hamburger Tore und die benachbarten Straßen Anwendung. Man muß deshalb nicht glauben, daß die allerärmste Klasse von Einwohnern verschwunden sei. Sie hat sich nur anders in der Stadt verteilt und andere Gegenden Berlins, wie z.B. die äußeren Endigun-gen der Königsstadt, die Landsbergerstraße, den Büschingsplatz und deren Nachbarschaft zu ihrem Wohnsitz gewählt. Endlich läßt sich nicht verken-nen, daß mit der über dies Bedürfnis gestiegenen Zahl neuer Häuser und Wohnungen im allgemeinen diese auch für die ärmere Klasse gegen früher geräumiger und gesunder geworden sind.*

7.1 Die Berlin-Stettiner Eisenbahn

Bereits im **März 1836**, also noch vor Eröffnung der ersten preußischen Eisenbahnstrecke, bildet sich auch für den Eisenbahnanschluß Berlins an den nächsten Hafen in Stettin ein Komitee zur Planung und zum Bau der Strecke Berlin–Stettin. Das Komitee setzt sich zusammen aus Berliner und Stettiner Kaufleuten, die ein ganz gezieltes Interesse daran haben, ihre Handelsverbindungen zu beschleunigen. *Die Nützlichkeit dieser Bahn im* ←L 2 *Handels- und militärischen Interesse wurde von der Staatsregierung anerkannt, und durch Kabinetsordre vom 10. Juli 1836 erhielt die Gesellschaft unter den damals üblichen Bedingungen die vorläufige Konzession mit einer Frist bis zum 1. Februar 1837 für Festsetzung der Statuten und Zeichnung des Aktienkapitals. Das Direktorium der Gesellschaft nahm seinen Sitz in Stettin. Der Königliche Ober-Wegebau-Inspektor N e u h a u s begann mit den ausführlichen Vorarbeiten, nachdem er im Juni 1836 von einer Reise zur Besichtigung der belgischen Eisenbahnen zurückgekehrt war.*

Die geplante Strecke verläuft von Berlin über Bernau, Eberswalde (Messingwerk), Angermünde, Tantow ziemlich gradlinig auf Stettin zu. Die Verhandlungen und Vorarbeiten für die Streckenführung ziehen sich hin bis **1839**, als ein genauer Entwurf vorgelegt und die Bausumme mit 3 Millionen Rthl. veranschlagt wird. Uns interessiert hier aber vor allem die Standortwahl und Anlage des Bahnhofs in Berlin. Zuerst wird versucht, den Bahnhof so nahe wie möglich an die Innenstadt heranzubringen, wie entsprechende Grundstücksverhandlungen mit Borsig beweisen. Borsig antwortet dem Ober-Wegebau-Inspektor Neuhaus, der die Verhandlungen führt: *Das Grundstück, welches ich abtreten kann, ist mit A-B-C-D-E-F* ←L 3 *bezeichnet, der Ankauf der anstoßenden Grundstücke des Gärtners Bouché und Gärtners Christian dürfte ebenfalls keine Schwierigkeiten haben, und ebenso leicht würden die übrigen Grundstücke bis zur Invalidenstraße zu haben sein, da solche bloßes Ackerland sind, wo den Besitzern der Verkauf eines Stück Landes willkommen sein dürfte. Zur Erweiterung der Torstraße trete ich längs meinem Grundstück soviel ab, daß die Torstraße eine Breite von 50 Fuß erhalten kann. Sobald das Unternehmen mehr vorschreitet und es noch Ihre Absicht ist, den Bahnhof der Stadt-Mauer zu nähern, so ersuche ich ganz ergebenst, mir seiner Zeit das Nähere gfl. mitzuteilen, damit ich bei dem Unternehmen behülflich sein kann.*

Hochachtungsvoll
(gez.) A. Borsig

Der Stettiner Bahnhof wäre so direkt zwischen die Borsigsche Maschinenbauanstalt, die sich nicht weiter hätte ausdehnen können, und die Familienhäuser gelegt worden. Dieser Plan wird jedoch aufgegeben und der Bahnhof weiter nördlich an der Invalidenstraße gebaut.

Die Anlage des B a h n h o f s in B e r l i n war auf dem bisherigen, ←L 4 *vor dem Oranienburger Tor nördlich der Invalidenstraße gelegenen Scharfrichtereigrundstücke des Magistrats geplant; von hier sollte die Bahnlinie über den Wedding, Gesundbrunnen und Pankow in nordöstlicher Richtung nach der Prenzlauer Chaussee hin abschwenken. Der Zugang zum Bahnhofe sollte vom damaligen Hamburger Tore aus durch die Gartenstraße und vom Oranienburger Tore aus durch die Chaussee- und Invalidenstraße erfolgen. Die Gesellschaft hatte dem Berliner Magistrat ein anderes Grundstück für die Scharfrichterei zu überweisen, und diese wurde daher nach dem Grundstück Chausseestraße 32 in die Nähe des orthopädischen Instituts von Krüger verlegt. Hierüber waren die Nachbarn nicht gerade sehr erfreut, indessen enthielt dieses Scharfrichtereigehöft nur die Wohnung für den Scharfrichter und die nötigen Gelasse für seine Knechte, Pferde und Karren und diente zur einstweiligen Aufbewahrung aufgegriffener Hunde und halbtrockener Felle, so daß eine erhebliche Belästigung der Nachbarschaft hierdurch nicht eintrat. Dagegen lag die eigentliche A b d e c k e r e i schon lange nicht mehr in der Nähe der Stadt, sondern wurde in der Jungfernheide in eigens dazu errichteten Anlagen betrieben.*

Bei der Prüfung des Bahnhofsentwurfs hatte das Polizei-Präsidium angeregt, den Bahnhof weiter östlich, zwischem dem Frankfurter und Rosenthaler Tor anzulegen, da von dort aus ein schlankerer Anschluß an die ge-

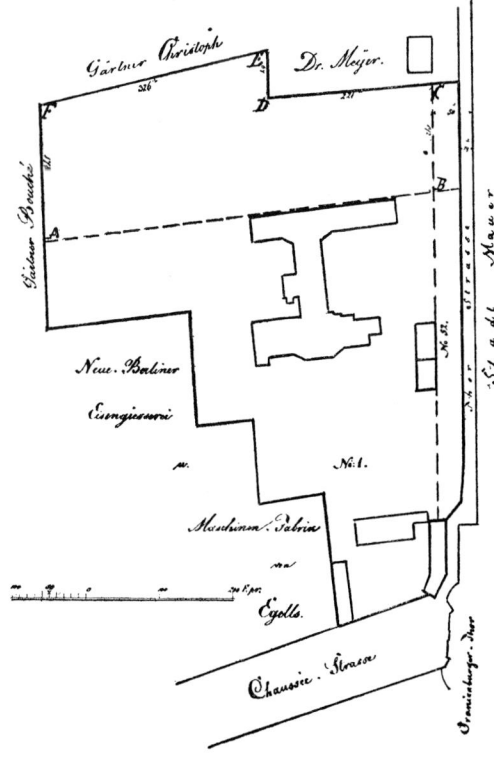

→B 1 Borsigs Grundstück 1839

gebene Bahnrichtung ohne den bedeutenden westlichen Umweg erfolgen könne. Indessen hielt die Gesellschaft aus finanziellen Gründen und mit Rücksicht auf die Geländeverhältnisse an ihrem ursprünglichen Plane fest: ein von Neuhaus aufgestellter Vergleichsentwurf mit dem Bahnhof vor dem Rosenthaler Tor am Wollank'schen Weinberge – wo heute die Zionskirche steht – ergab, daß diese Lage gerade am Talrande der Spree erhebliche Erdarbeiten verursacht hätte: die Anlage der Station diesseits dieses Talrandes weiter östlich wäre sehr kostspielig geworden, da sich hier die Stadtmauer dem Talrande schon zu sehr näherte; die Anlage jenseits des Talrandes aber hätte die Entfernung des Bahnhofs von der Stadtmitte noch weiter vergrößert. Die technische Oberbaudeputation hatte wegen der Bahnhofsanlage eine Abstumpfung des spitzen Winkels an der Chausseestraße, die Verlängerung der Invalidenstraße bis zur Gartenstraße und die Anlage eines Platzes vor dem Bahnhofe als notwendig bezeichnet; nur die letzten beiden Forderungen wurden in der Folge erfüllt.

Die Bahnlinie sollte bei ihrer Fortsetzung durch das Weichbild von Berlin die Garten-, Acker-, Grenz-, Wiesen-, Hoch- und Badstraße überschreiten. Die ersten beiden Straßen wurden mit einer geringfügigen Änderung des Bebauungsplans am Schnittpunkt mit der Eisenbahn zusammengezogen und in e i n e m g e m e i n s c h a f t l i c h e n Ü b e r w e g e in Schienenhöhe überführt. Bei der Grenz-, Wiesen- und Hochstraße wurden infolge der Geländeverhältnisse Bahnunterführungen erforderlich, durch deren Herstellung der Straßenverkehr nicht weiter berührt wurde. Dagegen war auch für die Badstraße ein Übergang in Schienenhöhe vorgesehen, so daß sich demnach die Zahl der Überwege auf z w e i beschränkte. Damals fand das Polizeipräsidium bei der landespolizeilichen Prüfung – nach seinem Gutachten vom 20. September 1841 – gegen die Anlage dieser Schienenübergänge um so weniger etwas zu erinnern, ,,als sich voraussehen ließ, daß diese Eisenbahn, welche weniger zu Vergnügungsfahrten als zu Geschäftsreisen benutzt werden wird, nicht so häufig wie z.B. die Potsdamer Bahn befahren werden und die Hemmung der Passage in jenen, überdies für jetzt noch fast wüsten und nur als Landwege anzusehenden Straßen also nur selten eintreten dürfte". . . . Durch Kabinetsordre vom 24. Dezember 1841 wurde die Anlage des Berliner Bahnhofs nach diesen Grundzügen genehmigt und mit Ausführung des Bahnbaus im März 1841 begonnen.

Ausschlaggebend für die endgültige Fixierung des Standortes nördlich der Invalidenstraße ist sicher neben topographischen Vorteilen die günstige Straßenverbindung zur Potsdamer Bahn über die Invalidenstraße und westlich der Stadt entlang der Stadtmauer. So kann der Nord-Süd-Verkehr in Richtung Leipzig besser abgewickelt werden.

Im **Sommer 1842** sind Empfangsgebäude, Lokomotivschuppen, Wagenschuppen und die Wasserstation fertig. Zwei der insgesamt sechs Lokomotiven liefert Borsig, dem weitere Aufträge in Aussicht gestellt werden, wenn sich seine Lokomotiven bewähren.

Am **30.7.1842** wird der erste Streckenabschnitt bis Eberswalde, am **15.11.1842** der zweite bis Angermünde, am **15.8.1843** die ganze Strecke bis Stettin für den Verkehr fertiggestellt und am **16.9.1843** für den durchgehenden Güterverkehr Berlin–Stettin freigegeben. Wir erlauben uns, Sie – vertreten durch den Korrespondenten Dr. Weyl von der ,,Stafette" – zur Eröffnung der Strecke einzuladen.

Der erste Stettiner Bahnhof in Berlin auf einer Neu- ←B 2
jahrsplakette der Königlichen Eisengießerei

Eröffnung der Berlin-Stettiner Eisenbahn

→L 5   *Schon wieder einmal trauert eine Chaussee in Sack und Asche und zwar die v i e r t e bei Berlin – die B e r l i n - S t e t t i n e r. In den Chausseehäusern herrscht dumpfe Stille, und die Uhren an denselben verkünden den pensionirten Chausseebeuteln, welche sich jetzt nennen werden Chausseebeutel a.D., die Stunde des Todes. Die glücklichen Chausseepächter, welche sich vor der ganzen Welt E i n n e h m e r nannten, werden anstatt des T a u s e n d g ü l d e n k r a u t s, welches sie bisher eingenommen, bittere Pillen verschlucken. Sie werden des Tages 24 Freistunden haben und ihre Blicke dahin richten, woher einst kamen Equipagen und Rippenbrecher, Herrschaften und Menagerien. Jetzt, nachdem sie ihre Laufbahn z u -*

rückgelegt, wird sich zeigen, ob sie etwas z u r ü c k g e l e g t haben.

Die Posthörner fangen allmählich an aus der Mode zu kommen. Man wird sie bald finden in der allgemeinen deutschen Rumpelkammer, wo aufgespeichert liegen: S c h l a g b ä u m e und P r e ß z w a n g , P o l i z e i s p i o n e und J u d e n b e d r ü c k u n g , S c h l ö s s e r und R i e g e l bei Magistratsversammlungen und die G a l g e n , von denen man bisher geglaubt, daß ein jeder, der nicht daran hängt, ein ehrlicher Mann sei.

Überall werden jetzt Eisenbahnen angelegt; vielleicht kommt einmal eine Eisenbahn nach unserm Kammergericht und dem Stadtgericht zustande; am bequemsten ließe sich eine Eisenbahn durch unsere Literatur anlegen; Terrainschwierigkeiten sind nicht zu überwinden, alles geht hier hübsch f l a c h zu.

Warum sollte man in Preußen nicht schnell fahren, es führt ja einen fliegenden Adler im Wappen? – Seitdem unsere neuen Cassenanweisungen fünf Adler erhalten haben, sind sie gar nicht mehr zu halten; einer fliegt immer schneller als der andere davon.

Der Stempel der G e g e n w a r t ist der bewegliche S t e m p e l der L o c o m o t i v e , und wer könnte noch behapten, wenn er das Feuerroß betrachtet und die vielen Wagen in seinem Gefolge, daß an der Locomotive n i c h t s d a h i n t e r sei?

Am Morgen des 15. August, gerade am Geburtstage Napoleons, der im Norden am schlechtesten g e f a h r e n , wurde die S t e t t i n e r E i s e n b a h n eröffnet. Vor dem Bahnhofe waren flatternde Fahnen und ernste Gensdarmen gepflanzt; den Voigtländern lächelte die neue Morgenröte entgegen, die sie aus Fenstern und Dachstuben mit ihren Blicken aufzusuchen schienen.

Um 7 1/2 Uhr hatten sich die Fahrenden im Bahnhofe versammelt. Sie bestanden zunächst aus dem Könige und den Prinzen, deren Gegenwart schon den besten Beweis gab, welche Wichtigkeit sie dieser Eisenbahn beilegten, die unter den mühseligsten Kämpfen entstanden. Ferner sah man den Kriegsminister, den Minister des Innern, den Oberpräsidenten der Provinz, Alexander von Humboldt, und andere Notabilitäten. Die übrigen Fahrgäste waren meist Verwandte, d.h. keine Blutsverwandte, sondern A c t i e n v e r w a n d t e , denn die Eisenbahn verbindet nicht nur Länder und Städte, sondern auch Menschen miteinander, und A c t i e n v e r w a n d t e halten viel fester zusammen als B l u t s v e r w a n d t e .

Eine rauschende Musik hatte die Ankunft des Königs gemeldet. Alle eilten auf ihre Plätze, und ein zärtlicher Gatte, welcher seine Gemahlin aufsuchte, rief in den Wagen hinein: „Mein Engel, wo hat dich denn wieder der Teufel?" –

Unter dem Musikchor befanden sich einige Supernumerarien, d.h. Schmuggler, welche sich ungeladen aufgeladen hatten und mit Trompetenstücken, Trommelschlägern etc. als Musici figurirten. Hinter einem einzigen Bombardon steckten allein drei magere Schmuggler.

A u c h S e i n e D u r c h l a u c h t d e r F ü r s t v o n S c h ö n b u r g v e r h e r r l i c h t e n d a s F e s t d u r c h h ö c h s t I h r e G e g e n w a r t .

Die Fahrt ging unter den glücklichen Auspicien um 7 3/4 Uhr vonstatten; kaum hatte jedoch die Locomotive einige 100 Schritte zurückgelegt, als sie mit Luther ausrief: hier stehe ich, ich kann nicht mehr? –

Einige wollten behaupten, daß dies vor Entzücken bei dem Anblicke der reizenden Sandfläche des Wedding geschehen. Andere meinten, das Pumpwerk sei in Unordnung geraten. In einem civilisirten Staate kann man beim Pumpen nicht stehen bleiben, weshalb die erste Behauptung wahrscheinlicher ist. Die Locomotive war übrigens vor der Abfahrt in allen ihren Teilen untersucht worden, und dennoch hatte man sich verrechnet; sie ist aber ein Weib wie jedes andere. Wie mancher Ehemann glaubte noch am Morgen seiner Hochzeit, seine Frau gekannt zu haben, und sah am Abend, daß er sich fürchterlich getäuscht hatte.

Eine Locomotive ist jedoch viel leichter als eine Frau ins rechte G e l e i s e zu bringen. Die Fahrt nahm nach einer Pause von einer Viertelstunde ihren Fortgang.

Die Wiesen bei P a n k o w waren keineswegs öde; hier promenirten mit vieler Seelenruhe die Genossen derer, welche einst Euklid bei der Erfindung seines berühmten Lehrsatzes geopfert. Bald erreichten wir B u c h , welches jedoch nichts von Censurfreiheit weiß, da die Eisenbahn hier nur e i n e n und nicht 21 B o g e n macht. Bei B e r n a u bemerkten wir

→L 6 **Dietrich Eichholtz über die Eisenbahnbauarbeiter**

Die eigentlichen Schöpfer der Eisenbahnen waren vor allem die Arbeiter. Der Eisenbahnbau war ein großes, wahrhaft geschichtliches Werk, errichtet von vielen Zehntausenden von Arbeitern, die Trassen freilegten, Dämme aufschütteten, Fels und Gestein sprengten, nivellierten, planierten usw.

Nirgends gab es vor 1848 in Deutschland solche Riesenarmeen von Arbeitern wie beim Eisenbahnbau. An den größeren Strecken arbeiteten viele Tausende, bei der Thüringischen Bahn z.B. bis zu 15 000 Arbeiter. Waren diese Arbeiter zum großen Teil auch noch Halbproletarier und zogen sie zur Erntezeit oder wenigstens über Winter ins Heimatdorf zurück zur Arbeit, sei es auf der eigenen Parzelle sei es auf dem Herrengut – jedenfalls standen sich beim Eisenbahnbau Großbourgeois und für damalige Verhältnisse riesige Arbeiterarmeen gegenüber.

Wenn eine Bahn gebaut wurde, sammelten sich immer zahlreiche Arbeiter aus der Umgebung, z.B. Tagelöhner vom Lande, Heimarbeiter aus dem Textilgewerbe, Handwerksgesellen, arbeitslose Fabrikarbeiter. Die meisten Arbeiter bei den Bahnbauten aber waren Wanderarbeiter, die oft von weither kamen und schon jahrelang von Strecke zu Strecke zogen, immer dorthin, wo es gerade Arbeit und Verdienst gab. Diese Wanderarbeiter gehörten zu jenem Teil des Proletariats, den das Kapital „je nach seinem Bedürfnis bald auf diesen Punkt wirft, bald auf jenen." Beispielsweise arbeiteten schon 1835 schlesische Saisonarbeiter an der Düsseldorf-Elberfelder Bahn. Somit durchbrachen die Arbeiter beim Eisenbahnbau schon in großem Maßstab die engen Grenzen, die ihnen die deutsche Kleinstaaterei zog. Hier, unter den Eisenbahnbauarbeitern, fing sich die proletarische Solidarität zu verwirklichen an – über die Grenzen der deutschen Einzelstaaten und sogar über die Grenzen Deutschlands hinaus.

Überwiegend kamen die Eisenbahnbauarbeiter in Schachten zur Bauleitung und ließen sich Arbeiten zuweisen. Die Schachte waren Arbeitergruppen, die zu jener Zeit in der Regel aus etwa 100 bis 120 Arbeitern bestanden. Sie wurden jeweils von einem Schachtmeister geführt. Bei der Arbeit standen sie unter der Aufsicht der Ingenieure, Inspektoren und Aufseher der Eisenbahngesellschaft.

Die Schachtmeister haben offensichtlich anfangs in der Art von Vorarbeitern mitgearbeitet, entwickelten sich aber mit der Zeit immer mehr zu (Unter-) Ausbeutern. Sie nutzten dabei vor allem ihre Verbindung zur Eisenbahngesellschaft aus, z.T. auch ihr Eigentum an Produktionsmitteln (wie Pferden und Karren), die sich einige von ihnen bereits angeschafft hatten. Die primitiven Arbeitsmittel (Schaufel, Picke) mußten aber die Arbeiter selbst mitbringen. Wie aber das Verhältnis der Arbeiter zum Schachtmeister auch immer gewesen sein mag, der Hauptunternehmer war die Eisenbahngesellschaft, für die die Arbeiter die Bahnstrecke bauten. Die Eisenbahngesellschaft war daher auch stets ihr eigentlicher Ausbeuter. Es standen sich also Arbeiter und Großbourgeoisie gegenüber, nämlich die Gründer und Großaktionäre der Gesellschaften und die von ihnen ausgebeuteten Eisenbahnbauarbeiter.

Die Eisenbahnarbeiter arbeiteten unter modernen, d.h. rein kapitalistischen Arbeitsbedingungen und sahen sich – zum großen Teil gerade erst zu Proletariern geworden – durch die brutale Anwendung kapitalistischer Ausbeutungsmethoden seitens der Eisenbahngesellschaften in klarsten Gegensatz zum Kapital gestellt. Bei dürftiger Entlohnung für schwerste körperliche Arbeit war ihre Unterbringung elend und äußerst primitiv, aber dabei doch relativ kostspielig. Neben einem endlos langen Arbeitstag von 14–16 Stunden (einschließlich einer Stunde Mittagspause) herrschte bei den Eisenbahnbauten eine scharfe Arbeitshetze. An der Bahn konnten die Aktionäre erst dann klingende Münze verdienen, wenn sie betriebsfertig war. Vorher lieferte sie keine Einnahme. Neben dem Korps der Ingenieure und Aufseher hatten sie noch ein anderes, viel folgenschwereres Mittel in der Hand, um die Arbeitsleistung zu steigern. Sie wandten überall das Akkordsystem bei der Lohnberechnung an. Das war sonst in der Industrie noch selten. Was dieses System für die Arbeiter bedeutete, die vordem kaum jemals etwas anderes als kümmerlichsten Tagelohn kennengelernt hatten, kann man sicher nur schwer ermessen. Die Möglichkeit, im Akkord 15, sogar 20 Sgr., ja scheinbar unbegrenzt viel zu verdienen, war völlig neu für die Arbeiter, die bisher als Tagelöhner, Heimweber und -spinner usw. für ein Hungerdasein fronten.

Es ist offensichtlich ein besonderes Merkmal der Arbeit beim Eisenbahnbau, daß das Eisenbahnkapital bei rücksichtsloser Anwendung extensiver Ausbeutungsmethoden (lange Arbeitszeit!) unter den Bedingungen dieser überschweren Arbeit gleichzeitig durchweg Lohnformen des Akkord- oder Gedinglohns benutzte, die den Methoden der intensiven Ausbeutung entsprechen. Dabei hielt sich der Lohn der Eisenbahnarbeiter im Durchschnitt unter dem Existenzminimum, und zwar auch dann, wenn man eine solche kräftezehrende Kombination von Ausbeutungsmethoden gar nicht berücksichtigt.

In den harten Arbeits- und Lebensbedingungen unter der Peitsche des Kapitals, insbesondere aber in der Kombination und Häufung extensiver und intensiver Ausbeutungsmethoden, war die Grundlage für die Aktivität der preußischen Eisenbahnarbeiter im Vormärz und für die innere Kampfes gegeben. Die Aktivität der Eisenbahnarbeiter hing ferner noch mit anderen Faktoren zusammen: mit dem proletarischen Wanderleben ohne feudale und halbfeudale Fesseln, das die Eisenbahner führten, mit der Zusammenballung großer Arbeitermassen an der Trasse, überhaupt mit der modernen, rein kapitalistischen Form der Ausbeutung, unter der sie arbeiteten. Auch die Wohnverhältnisse und die übrigen Lebensumstände trugen dazu bei, das proletarische Bewußtsein bei den Eisenbahnarbeitern zu wecken, zu bilden und zu festigen, die Auslösung umfassender Kampfaktionen zu erleichtern und das Zusammengehörigkeitsgefühl der Arbeiter dem Kapital gegenüber, die proletarische Solidarität, zu stärken.

Wo Ausbeutung ist, da ist auch Kampf gegen die

erst, daß sich der Wagen des Königs v o r d e m u n s r i g e n befand, gewiß mit Unrecht, denn ein solcher geistreicher König ist uns noch nicht v o r g e k o m m e n.

Nach kurzer Fahrt öffnete mein Nachbar, ein Stadtrat, die Fenster; wir hatten eine freie Aussicht auf die b e d ü n g t e n F e l d e r, und ich erfreute mich nicht sonderlich, hieraus zu erfahren, daß er nur der b e d i n g t e n Ö f f e n t l i c h k e i t huldige.

Im Jahre 1639 wurde B e r n a u von den S c h w e d e n e r o b e r t, was ich schon deshalb erwähne, weil S c h w e d e n z u e r o b e r n eine Haupttendenz der Eisenbahn-Actionaire ist. Bei unserer heutigen Affaire, wo wir in unentgeltlichem Entzücken schwelgten, sind übrigens nur wenig Schweden geblieben. Im Bernauer Rathause werden noch von den Hussiten her Pikelhauben, Hellebarden, Flamberge, kurz die ganze eiserne Garderobe des Mittelalters aufbewahrt.

Die Stettiner Eisenbahn ist ein sehr gewandter Copist, alle Augenblicke b e s c h r e i b t s i e e i n e n B o g e n, wie z.B. vor dem B i e s e n t h a l e r F o r s t und bei G r ü n t h a l. Da sie überall mit dem S t e m p e l darüber fährt, so könnte man solche Bogen S t e m p e l b o g e n nennen. In dem eben erwähnten Grünthal ist gegenwärtig der fürchterliche Kampf zwischem dem B a i r i s c h e n und G r ü n t h a l e r B i e r e. Ein Unglück ist dabei nur, daß die Kämpfer des Gambrinus so leicht in den Schuß kommen, und wenn sie s c h i e f g e l a d e n sind, sich so leicht ü b e r g e b e n. Ein tüchtiger S c h ü t z besitzt hier eminente Batterien.

Wir gelangen jetzt zur zweiten Station: N e u s t a d t - E b e r s w a l d e, dem schönsten Punkte der Provinz Brandenburg. Wie E u r o p a könnte man auch die P r o v i n z B r a n d e n b u r g mit einer Jungfrau vergleichen; K y r i t z ist bekanntlich ihr Vaterland. An ihrer Stirn steht deutlich, obwohl unorthographisch (wie meist alle Damen schreiben), D a h m e. An ihrem Kopfe prangt neben J ü t e r b o c k - T r e u e n b r i e z e n; also auf der einen Seite die mutmaßliche Hornaufsetzung und auf der andern wiederum die T r e u e. Daß sie W i t z besitzt, sieht man an D e n n e w i t z. Ihr Mund – S a a r m u n d ist bekanntlich nur klein. Auf der Brust trägt sie das G r o ß - K r e u z (bei Werder); ihr H e r z ist in Berlin aufzusuchen, während ihre Hände nach den Bergen, die rechte nach O d e r b e r g, die linke nach P e r l e b e r g ausgestreckt sind. Sie hat das H e i r a t e n keineswegs von der Hand gewiesen, denn hier liegt F r e i e n w a l d e, zu ihren Füßen F r e i e n s t e i n, und ihr Auge ist auf L i e b e n w a l d e gerichtet.

Ruhen wir also ein wenig in dem Paradiese unserer Schönen, in N e u s t a d t - E b e r s w a l d e aus. Während die Locomotive, ein Muster der Enthaltsamkeit, nur Wasser zu sich nimmt, halten wir uns an den goldfarbigen Madeira. Der König ließ sich hier an seinen Wagen eine Tasse Chocolade bringen. Das junge Mädchen, welches ihm die Tasse kredenzte, schien den erlauchten Gast nicht gekannt zu haben und rief, als ihr der König die Tasse zurückgab: „zwei und ein halben Silbergroschen!", der König lächelte und legte ihr ein Goldstück auf das Caffeebret.

Wir passieren jetzt die große Brücke über den F i n o w - C a n a l und staunen über den großen Auftrag, dessen sich hier der Erbauer der Eisenbahn Hr. N e u h a u s erledigt hat – nämlich ein Auftrag von 50 Fuß Höhe.

H o c h und n i e d r i g sind eigentlich Begriffe, welche den Eisenbahnen ganz fehlen, denn die Eisenbahnen sind ein democratisches Institut. Hier ist Freiheit und Gleichheit die Parole. Das Recht der Kaiser und Könige, mit sechs Pferden über die Chaussee zu fliegen und sich durch die Schnelligkeit die Entfernungen zu verkürzen, wenn auch der Postillion herunterpurzelt und die Pferde stürzen, ist durch die Eisenbahnen aufgehoben. Hier fährt der bevollmächtigte Gesandte gleich schnell mit dem bevollmächtigten Ellenreiter.

Rechts an der Eisenbahn liegt das Kloster C h o r i n c h e n, wo sich einst feiste Mönche durch die Leichtgläubigkeit unserer Voreltern zu mästen wußten. Noch heutigen Tages nennt man hier die Aale in dem Mariensee M ö n c h s a a l e, denn der Sage nach wurden die geistlichen Dickwanste in Aale verwandelt. Man vergesse nicht, daß die Aale mit den Schlangen viel Ähnliches haben.

Jetzt beginnt der Kampf der Chaussee mit der Eisenbahn; alle Augenblicke kommt die eine der andern ins Gehege. Welch ein ungleicher Kampf – der gewaltige Schornstein der Locomotive und ein langweiliger Schlagbaum!

Seht dort das alte A n g e r m ü n d e mit seinen hohen Türmen. Ein Musikchor empfängt uns mit der Cracovienne. Auf unserer ganzen Fahrt Cracovienne und nichts als Cracovienne, welche man schon aus Delicatesse auf einer Eisenbahn vermeiden sollte, weil die Polen von allen Völkern am übelsten g e f a h r e n sind.

Jedes Plätzchen am Bahnhofe ist von Personen eingenommen, welche den König zu sehen wünschen. Auf den Dächern sahen wir mehrere auf ihren Bäuchen liegen, um einen Blick des Königs zu erhaschen. Alles schart sich um den freundlichen Herrn. Es liegt ein eigentümlicher Zauber in dem Anblick eines gesalbten Hauptes. Der König ging einfach gekleidet, das Haupt mit der Feldmütze bedeckt. Überall zeigte sich seine Humanität und Leutseligkeit. „Setzen Sie Ihre Hüte auf, die Sonne ist zu heiß", rief er mehrere Male den Umstehenden zu, während ein Commissarius mit Stentorstimme „Hutab" schrie.

Die Eisenbahn sagt jetzt der Chaussee, welche in Verzweiflung auf S c h w e d t zuläuft, auf immer Valet! Sie macht bei S t e r k o w , B r u c h - h a g e n und dem der Männerwelt wohlbekannten G r e i f e n b e r g einen Bogen, überschreitet das Flußtal der Randow und gelangt nach der vierten Station P a s s o w.

Hier an der Grenze zwischen Brandenburg und Pommern weht uns pommersche Luft an. Wir befinden uns im Reiche der Spickgänse, der pommerschen Muränen, Lachse, Aale und Bücklinge, der Lieblingskost der Servilen. Eine blühende, wohlbeleibte Pomeranze stand hier an der Eisenbahn und wedelte mit einem weißen Tuche. Hier ist ja das Land, wo die Pomeranzen blühen.

Ich hatte mich bisher noch wenig mit meinen Nachbarn unterhalten. Die ganze Gesellschaft bestand, wie bereits gemeldet, meist aus Actionairs, und ein Actionair will ganz anders als ein gewöhnlicher Mensch behandelt sein. Man kann z.B. einen solchen nicht fragen, wie g e h t s Ihnen? son- dern: wie f ä h r t s Ihnen, und wohl zehnmal erhielt ich die Antwort: „es p a s s i r t !" – Ich vertauschte daher in P a s s o w meinen Platz mit einem andern. Meine bisherige Nachbarin war zwar ein wenig dumm, dafür aber war sie auch häßlich. Als wir in T a n t o w , der nächsten Station, ankamen, fragte mich der glückliche Gatte dieser Schönen, warum ich nicht neben seiner Frau sitzen geblieben. Ich sagte ihm: Ihre Frau ist zwar in der Nähe nicht übel, aber in der Ferne ist sie wunderschön – was der Glückliche mit einem freundschaftlichen Händedruck erwiderte.

Hier in T a n t o w hatte sich der Schulze aufgepflanzt, um den König mit einer Rede zu bewillkommen. Er schien einen großen Anlauf zu neh- men. Ich wurde unwillkürlich an den Maire einer kleinen Stadt erinnert. Dieser hatte Heinrich IV. mit einer sehr langen Rede gequält, die gar kein Ende zu nehmen schien. Der König sagte: en trois mots! worauf der Maire rief: vive le roi! Ich weiß nicht, ob auch dieser Schulze aus dem Context gefallen, aber seine Rede endete mit einem mehrfachen echt pommerschen Vivat, welches die Lüfte erfüllte. Die Tantower hatten in Ermangelung eines andern Geschützes für Böller gesorgt; leider ging dem Artilleristen in Hemdsärmeln mehrere Male die Lunte aus, worauf er zur Ergötzlichkeit aller bei der hellen Mittagssonne Leuchtkugeln aufsteigen ließ. Dieser Tag wird in der Chronik Tantows eine wichtige Rolle spielen.

Gegen 1 Uhr langten wir an dem Endpunkte unserer Reise, in S t e t - t i n , an.

Wenn unsere Gattin den siebenten Knaben zur Welt bringt und man den König zum Paten einladen kann, wenn man aus dem Königsstädtschen Theater kommt, ohne sich ennuyirt zu haben, wenn man 10 Jahre in einem Hause wohnt, ohne daß der Wirt die Miete um das Doppelte erhöht, wenn man unter den Linden bei Truchot gegessen und eine Stunde darauf keinen Hunger verspürt und wenn man mit einer Locomotive vier Stunden gefahren, ohne umgeworfen und verbrannt zu werden, muß man die Hände dankend zum Himmel erheben.

Ich schließe mit einem stillen Dankgebet.

Ausbeutung. Die Eisenbahnarbeiter haben diesen Kampf schon sehr früh, man kann sagen, von Anbe- ginn an aufgenommen. Fest steht, daß die Eisenbahn- arbeiter neben den Webern und Kattundruckern einen hervorragenden Anteil an den Arbeiterkämpfen in der Zeit der Vorbereitung der bürgerlich-demokratischen Revolution hatten.

Der erste der bisher entdeckten Streiks datiert aus dem Jahre 1841. Und von da an riß bis zur Revolu- tion die Kette der Arbeitskämpfe nicht mehr ab. Es sind für Preußen über 30 kleinere und große, bedeuten- de Kampfaktionen der Eisenbahnarbeiter bekannt ge- worden.

→B 3 Das Gelände des ehemaligen Stettiner Bahnhofs an der Invalidenstraße 1980

7.2   Pflasterung und Entwässerung der Vorstadt

Adolf Streckfuß über das Berliner Straßenpflaster vor 1840:

Bisher waren selbst in den belebtesten Stadtteilen Berlins die Fahrdämme mit ihrem unregelmäßigen Pflaster von schlechten Feldsteinen eine wahre Marter für alle Fahrenden gewesen. Die Fremden, welche nach der preußischen Hauptstadt kamen, wußten nicht genug von dem abscheulichen Pflaster zu erzählen. In den entfernteren Straßen aber war es noch schlimmer, da fehlte das Pflaster zum Teil ganz, man konnte in manchen Stadtteilen noch Sandwege finden, in denen zwei kräftige Pferde nur mit Mühe leichte Fuhrwerke fortzuschleppen vermochten.

Die Bürgersteige, welche von den Hausbesitzern unterhalten werden mußten, entsprachen den Straßendämmen; wo sie gepflastert waren, lagen unregelmäßige spitze Steine, auf denen schon ein kurzer Spaziergang schmerzende Füße machte, und doch sehnte man sich in gar vielen Straßen selbst nach diesen abscheulichen Steinen, wenigstens bei schlechtem Wetter, man konnte, wo sie lagen, doch nicht in den tiefen Morast bis über die Knöchel einsinken.

Theodor Hosemann (1830), im Rinnstein spielende Kinder ←B 4

Ludwig Pietsch über den Zustand der Berliner Straßen:

Das vormärzliche Berlin, und bekanntlich auch das nachmärzliche bis in die siebziger Jahre hinein, war ←L 9 *eine der übelriechendsten, schmutzigsten Hauptstädte Nordeuropas. Zu beiden Seiten der erbärmlich gepflasterten Straßendämme, hart neben den Bürgersteigen, floß oder stand vielmehr der Rinnstein, „die Renne", wie die Berliner ihn nannten, Sammelbecken alles Unrats, aller Schmutzmassen aus den angrenzenden Häusern, der Tummelplatz widerwärtiger Ratten, und duftete unverdeckt gen Himmel. An den Ufern, an dem „schaudervollen Rande" dieser mephistische Dünste aushauchenden, wahren „Höllenflüsse" spielte die Straßenjugend Berlins mit Vorliebe. Gänzlich frei von schwächlichem Schauder vor der Berührung mit der schlammigen Flut zögerten die Buben und Mädchen nie einen Augenblick, ihre Hände tief hinab zu tauchen, um den Ball, die Murmeln oder andere Gegenstände herauszufischen, welche ein unglücklicher Zufall da hinein befördert hatte. Die von dieser Gewohnheit abgeleitete altberlinische Bezeichnung „Rinnstein-Kalauer" hatte für die damit Belehnten nichts Kränkendes oder Ehrenrühriges. Auch die kühnste Phantasie des vormärzlichen Berliners hätte sich einen Zustand seiner geliebten Haupt- und Residenzstadt ohne diese schätzbare Eigentümlichkeit der Straßen und „Rennen" und ohne die „rinnsteinklauende" Jugend nicht vorzustellen vermocht.*

Das vormärzliche Berliner P f l a s t e r im wörtlichen Sinne des Wortes war das denkbar elendeste, die Verzweiflung der armen Gäule und ihrer Kutscher. In regellosem Durcheinander schienen Steine von der verschiedensten Art und Form, rundliche, eckige, spitze, große und kleine in den aufgeschütteten Sand und Kies gestampft zu sein.

→L 7   *1842 ist der Stettiner Eisenbahnhof entstanden, und in demselben Jahre sind die meisten Straßen des Voigtlandes, namentlich Garten-, Acker-, Berg- und Invalidenstraße gepflastert worden. Man hat einen Ab-* ←L 8 *zugskanal von diesen Straßen aus nach der in die Spree führenden Panke gebaut, durch welchen Regen und Spülwasser, so wie andere Unreinigkeiten, die sonst auf den Höfen der Grundstücke in Senkgruben aufgefangen wurden und langsam in die Erde einziehen sollten, fortgeführt werden. Der größte Teil der gedachten Flüssigkeiten verdunstete früher und verbreitete namentlich im Sommer und Herbst eine widrige Ausdünstung.*

Erst die Anlage des Stettiner Bahnhofs und der dadurch entstehende rege Verkehr von Fuhrwerken von und nach diesem wichtigen Güterbahnhof veranlassen den Magistrat zur Pflasterung der Vorstadtstraßen im Norden der Stadt. Mit dieser Befestigung der Straßen erfolgt gleichzeitig die Entwässerung der Grundstücke. Zu diesen Maßnahmen ist der Magistrat während der letzten zwanzig Jahre sowohl von den Anwohnern der Straßen wie auch von der staatlichen Regierung immer wieder aufgefordert worden, bisher jedoch fehlte die ökonomische Notwendigkeit für diese Investition.

Die Bedeutung der Pflasterung und Entwässerung können wir am besten erfassen, wenn wir uns den bisherigen Zustand des öffentlichen Raumes in den beiden Vorstädten vergegenwärtigen. Ein realistisches Bild davon vermitteln die verschiedenen Anzeigen, die dazu auffordern, diesen Zustand zu verändern. Am **11.2.1824** wendet sich der Bezirksvorsteher der Rosenthaler Vorstadt, Fischer, der in der Brunnenstraße 28 wohnt, mit der Bitte um Pflasterung und Beleuchtung der Brunnenstraße an den Innenminister v. Schuckmann, nachdem seine Bemühungen beim →A 1 Magistrat erfolglos waren: *Die Rosenthaler Vorstadt bei Berlin, welche, und besonders deren Brunnenstraße, an schönen Gebäuden und an Regelmäßigkeit alljährlich zunimmt, erfreut bis jetzt noch keinen Steinpflasters und keiner nächtlichen Beleuchtung sich, obgleich deren Bewohner ihren Anteil zu dergleichen Bedürfnissen schon seit geraumer Zeit durch bare Beiträge gern und willig zu erkennen gegeben haben. Die Brunnenstraße, als die frequenteste von allen, welche ihrer Breite wegen mit den schönsten Straßen Berlins wetteifert, empfindet den Übelstand des mangelnden Steinpflasters und der Beleuchtung am meisten, indem bei schmutzigem Wetter Lastwagen und anderes Fuhrwerk bis zur Hälfte fast im Schlamme versinken und nur mit großer Mühe und Anstrengung, vorzüglich bei finsterer Nacht, herausgebracht werden können. Wegen Abstellung dieses Übels haben wir uns bereits an die betreffenden Behörden gewandt, dabei aber weiter nichts gevorteilt, als daß uns bekanntgemacht worden: wie es noch unentschieden sei, welche Behörde die Kosten der Straßenpflasterung übernehmen müsse, indem der Magistrat von Berlin deren sich nicht unterziehen wolle. Sollten wir daher so unglücklich sein, die Entscheidung dieses Rechtsstreits abwarten zu müssen, so würden wir bis dahin immer mehr und mehr im Schlamm versinken und auch so bald uns einer Beleuchtung der Straße nicht erfreuen dürfen.*

Aus einem späteren Schreiben des Innenministers an das Polizeipräsidium vom **7.4.1827** geht hervor, daß die Pflasterung der Brunnenstraße durch gerichtlichen Beschluß auf Kosten des Magistrats bewirkt wird. Betroffen ist aber nur die Brunnenstraße, in den übrigen Straßen ändert sich nichts. Wie es gleichzeitig in der Bergstraße aussieht, geht aus einem Gesuch des Hausbesitzers Zieten an das Polizeipräsidium vom **15.9.1824** →A 2 hervor: *Ich habe verflossenes Jahr in der Bergstr. Nr. 40 ein neues Haus erbaut, und zwar das erste auf der östlichen Seite dieser Straße; die westliche Seite ist bereits ganz mit Häusern besetzt. Unglücklicherweise befindet sich in dieser Straße gerade vor meinem Hause ein großer Hügel, welcher veranlaßt, daß das ganze Regen- und Ausgußwasser der gegenüberliegenden höheren Seite einen Abfluß meinem Grundstück zu nimmt. Es ist schrecklich, daß diese Straße noch nicht einen Rinnstein behufs des Wasserabflusses hat und daher neben meinem Hause längs des Kirchhofes hin sich ein austrocknender Pfuhl befindet, der im Winter eine Tiefe von 4 Fuß hat. Auch tritt das Wasser dergestalt bei regnerischem Wetter über, daß ich* *meine Kinder zum Besuche des Schulunterrichts muß in die Stadt tragen lassen. Gern würde ich so wie alle Bewohner dieser Straße unseren Beitrag zahlen, wenn dies gute und nützliche Werk zustande kommen sollte. Die sämtlichen Häuser haben einen gepflasterten Bürgersteig, und es kann dahe die Anlage eines einzigen Rinnsteins doch nicht sehr kostspielig sein.*

Die Anzeige von Zieten hat keine Folgen, die Bergstraße wird weder gepflastert noch entwässert. Sie hat keine Folgen, weil sie in einen Rechtsstreit fällt, den der Magistrat mit dem Staatsfiskus seit **1820** darüber führt, wer für die Kosten der Pflasterung nach der Städteordnung von **1808** aufzukommen hat, der erst **1837** endgültig entschieden wird.

←S 465

Tatsächlich werden die Straßen erst mit dem Bau der Stettiner Eisenbahn gepflastert. Die Entwässerung, die damit angelegt wird, ist die gleiche wie in der Innenstadt und hat noch nichts mit einer geregelten Kanalisation zu tun. Es sind teilweise offen geführte, teilweise mit Granitplatten bedeckte Rinnsteine, in denen sich Abfälle und Kot sammeln, bis der nächste Regen sie in Richtung Panke fortschwemmt. Welche Nachteile die Pflasterung, so wie sie ausgeführt wird, für die Kolonistenhäuser im Voigtland hat, beschreibt folgender Text aus dem Jahr **1845**: *Durch die Verlegung des Stettiner Eisenbahnhofes in diese Gegend wurde zuerst eine, dann auch die anderen Straßen mit Pflaster versehen, es wurden Abzüge angelegt, wodurch, beiläufig gesagt, einzelne Häuser durch die notwendige Erhöhung des Bodens beinahe zur Hälfte in die Erde vergraben wurden, so daß man mit der Hand bequem auf das Dach reichen kann.* Diese Aussage wird druch August Braß bestätigt: *Die meisten dieser Häuser, die nur aus einem einzigen Stockwerk bestehen, liegen von der Straße aus so tief, daß die Fenster förmlich unter der Erde angebracht sind, und ein plumpes, hölzernes Geländer gewährt dem Vorübergehenden wenigstens einige Sicherheit vor der Gefahr, in diese Vertiefungen hinabzustürzen, die in einer Breite von drei bis vier Fuß in das Straßenpflaster ausgeschnitten sind, um den Bewohnern dieser unterirdischen Räumlichkeiten Gelegenheit zu geben, die dunstige Atmosphäre ihrer feuchten Zimmer mit der frischen Luft zu verbessern, die sich aus dem nahe liegenden, fauligen Rinnstein entwickelt.*

→L 10

←L 11

←L 12

Karl Ludwig Zeitler über die Entwässerung und Pflasterung der Spandauer Vorstadt um 1840:

Die Straßen in diesem Stadtteil waren oder wurden eben gepflastert; bis dahin war in den bebauten Straßen eine kaum 1 Meter (3 Fuß) breite Rinnstein-Anlage aus runden oder auch teilweise zerschlagenen Feldsteinen hergestellt. Der Bürgersteig war teils mit Ziegelsteinen, teils mit runden Steinen belegt. Da wo bei Pflasterung der Straße diese der Wasserabflusses wegen so erhöht war, daß die ebenerdigen Fenster der anliegenden Häuser hätten verschüttet werden müssen, war vor den Häusern, namentlich in der älteren Linienstraße, ein etwa ein Meter breiter und tiefer, mit Balken, Bohlen und Gitter versehener Graben angelegt, in den von der Straße eine Treppe hinab zum Hauseingang führte.

Das Regen- und Wirtschaftswasser im Hofe war nach den zu den Häusern gehörigen Gärten oder nach den Senkgruben geleitet, die mit Bohlenwänden umschlossen und abgedeckt fast auf allen Höfen, die legt waren. Das übrige Wirtschaftswasser wurde in den Straßen-Rinnstein geschüttet, der vom Hausbesitzer zu reinigen war. Der Schlamm wurde als Dünger im Garten verwendet. Erst später mußte das Regen- und Wirtschaftswasser vom Hofe durch Rinnen im Hausflur oder durch Röhren in und an den Hausgiebelwänden und durch Zungen-Rinnsteine, später Schlitzröhren, über den Bürgersteig hinweg nach dem Straßen-Rinnstein geleitet werden, und der tiefere Hof – wenigstens teilweise – bis zum Brunnen erhöht werden.

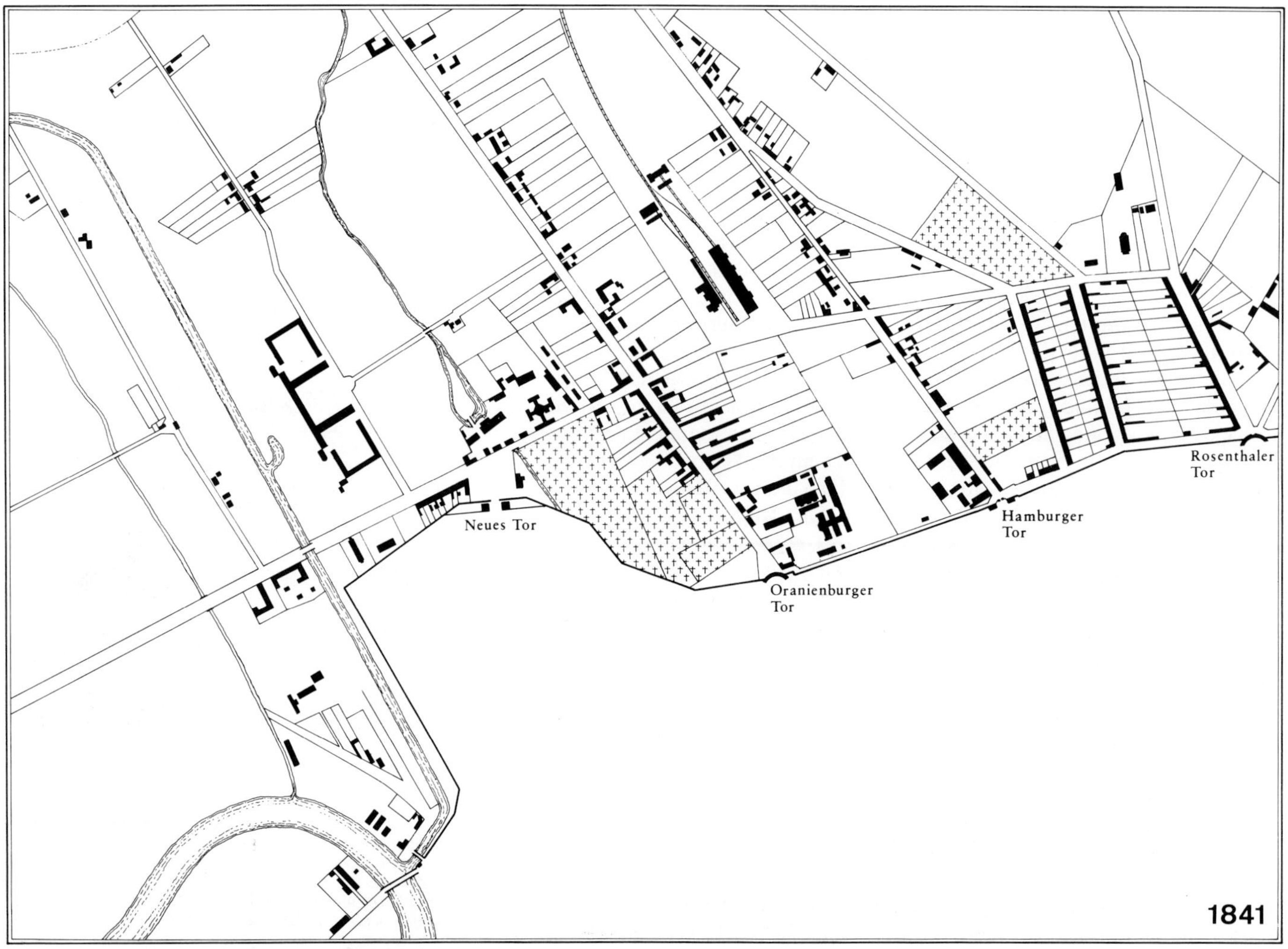

Neues Tor

Oranienburger
Tor

Hamburger
Tor

Rosenthaler
Tor

1841

B 5

Neues Tor

Oranienburger
Tor

Hamburger
Tor

Rosenthaler
Tor

1856

B 6

7.3 Das Maschinenbauerviertel

Die beiden Gebietspläne von **1841** und **1856** zeigen auf den ersten Blick die großen Veränderungen durch den Bau erst der Stettiner Eisenbahn und später der Hamburger Eisenbahn, die beide **1851** durch eine auf Straßenniveau liegende Bahn nicht nur untereinander, sondern auch mit den übrigen Kopfbahnhöfen verbunden werden. Beide Pläne zeigen aber auch die unterschiedliche Entwicklung der Oranienburger und der Rosenthaler Vorstadt. Die erstere wird zum ausgesprochenen Industrieviertel (Maschinen-, Lokomotiv- und Waggonbau), die Rosenthaler Vorstadt bleibt Wohnviertel. In der Oranienburger Vorstadt bildet sich in Berlin — abgesehen einmal von den Spreeufern im Süden der Stadt — zum ersten Mal ein von der Industrie überwiegend besetztes Stadtgebiet. Diese Industrieansiedlung ist vor allem durch den unmittelbaren Anschluß an die Eisenbahn bestimmt, weniger durch den an Straße oder Wasser. Dieses „Maschinenbauerviertel" zeigt, daß die industrielle Revolution auch die gewohnte Struktur verändert, indem die Schwerindustrie durch ihren Flächenanspruch mit entsprechenden Erweiterungsmöglichkeiten für die Werksanlagen Arbeiten und Wohnen auch stadträumlich voneinander trennt.

Entlang der Chausseestraße, aber eigentlich eher bezogen auf die Stettiner Eisenbahn, vervielfachen sich die Betriebe der Waggon- und Maschinenbauindustrie, deren Produktion sich überwiegend auf Eisenbahnbedarf erstreckt. Nacheinander bekommen fast alle der größeren Betriebe von der Stettiner Eisenbahn aus einen rückwärtigen Gleisanschluß, der ihnen dann einen ganz anderen Absatzmarkt auch für ihre anderen Produkte erschließt.

Die meisten derjenigen Fabrikgründer, die sich hier selbständig machen, haben bei Egells und Borsig gelernt. Die Vermittlung des technischen Wissens erfolgt nun also nicht mehr nur über die Gewerbeschulen, sondern auch von einem Privatbetrieb zum anderen. Als erste nach Egells und Borsig kaufen am **28.9.1841** die beiden Stellmachermeister Johann Friedrich Themor und Friedrich Adolf Pflug das Grundstück Chausseestraße 11 und beginnen hier — gleichzeitig mit der Anlage des Stettiner Bahnhofs — mit dem Aufbau einer Wagenfabrik, zunächst noch für Kutschen, die aber auf einem eisernen Untergestell bald die Form von Eisenbahnwaggons annehmen. Als nächster errichtet **1842** Friedrich Wöhlert, der zusammen mit Borsig bei Egells gelernt, später mit Borsig dessen Fabrik aufgebaut hat und, ehe er beginnt, sich selbständig zu machen, Technischer Leiter in der Maschinenbauanstalt der Seehandlung in Moabit gewesen ist, seine Fabrik in der Chausseestraße 29. Wöhlert erweitert seinen Betrieb bald in der Chausseestraße 36/37 unmittelbar an der Bahnstrecke. Sein Produktionsprogramm umfaßt vor allem Eisenbahnbedarf, Hallen, Brücken, später ab **1848** Lokomotiven. Das Grundstück Chausseestraße 23 kauft der Maschinenbauer und Mechaniker Georg Sigl, der dort Druckerei- und Werkzeugmaschinen produziert und später in Wien eine von Norris aufgebaute Lokomotiv-Fabrik übernimmt. Am **21.3.1844** kauft der Schlossermeister Carl Adolf Theodor Rüdiger das Grundstück Chausseestraße 9, am **29.4. 1847** Ernst Carl Theodor Hoppe, der mit Wöhlert und Borsig bei Egells gearbeitet und bereits eine erste Fabrik in der Köpenicker Straße eröffnet hatte, die Grundstücke Gartenstraße Nr. 9—12, gegenüber den Familienhäusern, von dem Gärtner Meyer, um seine Maschinenbauanstalt dorthin zu verlegen. Ab **1851** erfolgt eine zweite Welle von Firmengründungen entlang der Chausseestraße in Richtung Wedding, deren wichtigste, die von Louis Schwartzkopff, ehemaliger Mitarbeiter von Borsig, wir hier noch mit erwähnen wollen. Seine Fabrik liegt in der Chausseestraße 18, das Grundstück hat er am **23.10.1852** gekauft.

Betrachtet man den Gebietsplan von **1856**, den wir gewählt haben, weil der Sineckssche Plan im Maßstab 1:6250 die erste zuverlässige Gebäudevermessung enthält, so erkennt man das starke Wachstum der oben aufgeführten Maschinenbauanstalten bis zum Jahr **1856**, dem Jahr, für das wir auch die ersten exakten Angaben über die hier beschäftigten Arbeiter besitzen.

Neues Tor

Oranienburger Tor

→B 7 Stettiner Bahnhof und Maschinenbaufabriken vor dem Oranienburger Tor um 1856

→L 13 Hans G. Helms über die Wechselwirkung von Eisenbahnbau und Kapitalentwicklung

Die Zentralisation der akkumulierten Einzelkapitale wurde jedoch erst durch den enormen Kapitalbedarf des Eisenbahnbaus und -betriebs in Gang gesetzt. Über diese Wechselwirkungen zwischen Eisenbahn und Kapitalentwicklung schreibt Marx:

←A 3

„Die Welt wäre noch ohne Eisenbahnen, hätte sie solange warten müssen, bis die Akkumulation einige Einzelkapitale dahin gebracht hätte, den Bau einer Eisenbahn gewachsen zu sein. Die Zentralisation dagegen hat dies, vermittelst der Aktiengesellschaften, im Handumdrehen fertiggebracht."

An dieser Stelle muß man sich überlegen, worin denn eigentlich die neuen und verändernden Momente bestanden, die mit den Eisenbahnen in die Entwicklung des Kapitalismus eingriffen. Zunächst zum Kapitalbedarf. Solange ein Industrieller mit seinen Produkten mangels adäquater Transportmittel nur einen regional begrenzten Markt erreichen konnte, reichte der realisierte Mehrwert, der Profit, aus, um je nach der Konkurrenzlage seine Produktionsmittel zu erneuern. Auch das Handelskapital vermochte ausreichend Kapital zu akkumulieren, um sich auf den relativ kleinen Märkten zu behaupten. In diese bourgeoise Industrie- und Handelsidylle brach schon vor Beginn der Eisenbahnära der englische Export ein, der durch die Nähe der englischen Industrien zu den Häfen und durch die frühe technische Entwicklung der Seeschiffahrt gegenüber den deutschen Manufakturen ohnehin im Vorteil war. Durch den Ausbau der Eisenbahnen in England und Belgien vergrößerte sich der Vorteil der englischen Industrie gegenüber der deutschen. Zugleich entstand ein Konflikt zwischen deutschen Handelsbourgeois und Industriebourgeois: die Handelsbourgeoisie war primär daran interessiert, die Märkte mit billigen englischen Importen zu überschwemmen; die deutschen Industriellen benötigten hingegen dringend billige Transportmittel, um mit der englischen Industrie überhaupt konkurrieren zu können und um auch entferntere Märkte sich zu erschließen, so daß eine Massenfabrikation wie in England für sie finanzierbar und lukrativ würde. Für die Handelsbourgeoisie waren Eisenbahnen interessant, um billiger importieren zu können, für die industrielle Bourgeoisie, um sich überhaupt auf dem Markt zu halten.

←A 4

←A 5

Man sieht: Eisenbahnen vergrößern die Absatzmärkte und verbilligen die Produkte. Zugleich erzeugen sie neue Märkte und wecken Bedarf nach neuen Produkten: für Schienen und Baumaterialien, für Wag-

Montagehalle von Schwartzkopff, Chausseestraße 20, um 1860, rechts unten Louis Schwartzkopff mit Zylinder   ←B 8

→L 14

Grundstück	Firma	Arbeiter
Chausseestraße 1	Borsig	1500
Chausseestraße 3–4	Egells	448
Chausseestraße 11	AG/Eisenbahnbedarf (vorm. Pflug & Zoller)	?
Chausseestraße 20	Schwartzkopff	260
Chausseestraße 28	Nitsche	6
Chausseestraße 30	Asch	84
Chausseestraße 35	Fesca	120
Chausseestraße 36/37	Wöhlert	673
Chausseestraße 50	Jürst & Co.	120
Gartenstraße 9–12	Hoppe	450

Die Zusammenstellung der Maschinenbauanstalten in der Chaussee- und Gartenstraße, also in Nachbarschaft der Stettiner Eisenbahn, zeigt allein schon von der Zahl der hier beschäftigten Arbeiter die herausragende Position der Borsigschen Maschinenbauanstalt, die 1856 ja bereits zudem noch mehrere Zweigbetriebe in Moabit unterhält. Diese Stellung der Borsigschen Fabrik erklärt, warum sich zeitgenössische Beschreibungen der Berliner Maschinenbauindustrie fast ausschließlich auf diese Anstalt beziehen. Um eine Vorstellung vom Innern einer dieser frühen Maschinenfabriken und der Arbeit in ihnen zu vermitteln, dokumentieren wir hier zwei Beschreibungen der Borsigschen Maschinenbauanstalten, die eine von 1844 aus der „Allgemeinen Bauzeitung", die andere von 1848 aus der „Leipziger Illustrierten".

gons und Lokomotiven, für Maschinen und Energie. Sie ermöglichen den Massentransport von Kohle und Erz und schaffen damit die Voraussetzungen für die massenhafte Befriedigung der industriellen Bedürfnisse, die sie selbst wecken. Hatte die industrielle Revolution sich zuerst lediglich auf den Textilsektor erstreckt, so ergreift sie dank der Eisenbahnen nun die Eisen- und Maschinenindustrie. Der Bergbau nimmt bisher ungeahnte Ausmaße an.

Zwischen diesen beiden Etappen der industriellen Revolution stand das Problem der Kapitalschöpfung. Selbst die kürzeste Eisenbahnstrecke, so Deutschlands erste Strecke zwischen Nürnberg und Fürth, erforderte einen Kapitalaufwand, den einzelne Kapitalisten nicht aufzubringen imstande waren. Auch das Finanzkapital, die wenigen großen Bankhäuser jener Epoche, wurde durch die Kapitalbedürfnisse der Eisenbahnen überfordert. Deshalb zwang das Bedürfnis nach Eisenbahnen die Bourgeoisie, ihre Einzelkapitale in einer Form zu koordinieren, die die einzelnen Kapitalisten bis zu einem gewissen Grad zum Verzicht auf direkte Verfügungsgewalt über ihr jeweiliges Kapital veranlaßte. Diese Form des zentralisierten Kapitals war die Aktiengesellschaft. Die Aktiengesellschaft bedeutet eine qualitative Veränderung des Eigentumsverhältnisses: das kleine Kapital wird durch das große majorisiert, die Verfügungsgewalt über das beteiligte Einzelkapital wird an Zwischeninstanzen, den Aufsichtsrat und das Direktorium, delegiert, die Kontrollgewalt kann nur noch indirekt ausgeübt werden. Die Beteiligungen, die Aktien, werden an der Börse frei konvertibel, sie werden zu Werten gehandelt, die sich nach Angebot und Nachfrage an der Börse ergeben, das heißt ferner, ihr Handelswert richtet sich mehr nach den Profiterwartungen der Aktionäre und nach der jeweils verfügbaren Kapitalmenge, die an der Börse umgeschlagen wird, als nach dem realen Anlagewert, auf den die Aktien sich beziehen. Auf diese qualitativen Veränderungen im kapitalistischen System, die durch den immensen Kapitalbedarf der Eisenbahnen ausgelöst worden sind, bezieht sich Marx, wenn er die Eisenbahnen als „Krönung des Werks" bezeichnet.

„Die Eisenbahnen entstanden zuerst als ‚couronnement de l'oeuvre' in jenen Ländern, in denen die moderne Industrie am weitesten entwickelt war, in England, den Vereinigten Staaten, Belgien, Frankreich usw. Ich nenne sie ‚couronnement de l'oeuvre' nicht nur in dem Sinn, daß sie endlich (zusammen mit Dampfschiffen für den Ozeanverkehr und Telegraphen) die Kommunikationsmittel waren, die den modernen Produktionsmitteln adäquat sind, sondern auch, weil sie die Grundlage für riesige Aktiengesellschaften abgaben und damit gleichzeitig einen neuen Ausgangspunkt für alle anderen Arten von Aktiengesellschaft bildeten, angefangen mit Bankgesellschaften. Mit einem Wort, sie gaben der Konzentration des Kapitals

→L 15

Borsig's Eisengießerei und Maschinenbauanstalt in Berlin.

In den Straßen Berlins wird jetzt mit größer Beharrlichkeit der Hauptkampf der neuen Zeit überhaupt, der Kampf des Gewerbes mit dem Besitze, ausgestritten, und die Industrie ist der Bannerträger vor den Reihen der ersteren Streiter. Nach den bis heute errungenen Erfolgen kann man kaum zweifeln, auf wessen Seite sich die Schale des Sieges endlich senken werde; denn Schritt vor Schritt, von Haus zu Haus und von Straße zu Straße erringt die Industrie immer neue Stellungen, während die in ihrer Ruhe aufgeschreckte Aristokratie scheu den Rücken wendet und auf ihrer ängstlichen Flucht kaum noch in den ersten Etagen und in einigen Vorstadtstraßen sich sicher zu fühlen scheint, die Erdgeschosse jedoch dem ungestümen, zudringlichen Gegner als Beute überlassen muß. Immer seltener werden die stillen, verschlossenen Gebäude, die stolzen Paläste in den vornehmen Straßen, durch welche nur das dumpfe Gerassel schwerfälliger Karossen zu tönen pflegte und wo bei Tage nur die langweiligen Gesichter der Türsteher und die hochmütigen der Lakaien zu sehen waren; allgemach öffnen sich allüberall die verschlossenen Jalousien der unteren Stockwerke, es werden Läden ausgebrochen, hinter blanken, koketten Spiegelscheiben erblitzt das Kleingewehrfeuer der Gasflammen, und der Handel beginnt sein Vorpostenplänkeln im Dienste der Gewerbsamkeit. So zieht sich dieser Kampf, anscheinend ganz zufällig und doch von weltgeschichtlicher Bedeutung von Osten nach Westen durch die Stadt:

Denn nach Westen flüchtet die Geschichte
Und nach Westen wendet sich der Sieg.
v. Platen

Wo das alte, vermischte Besitzdasein weichen muß, ersprießt das neue, jugendfrische Gewerbeleben; die Bedientenröcke verschwinden mehr und mehr, und die Blousen nehmen ihre Stelle ein. Es ist die Zeit der rastlosen Arbeit, der angestrengten Tätigkeit für jeden gekommen, der nicht in den Wogen des Tages untersinken will; die Zeit des süßen Nichtstuns, sei's für wen es wolle, ist vorüber, und keinem wird mehr vergönnt, nur von dem Verdienste der Vorfahren zu zehren. „Selbst ist der Mann" lautet die Parole; Fortuna ist in der Gegenwart mannstoll geworden; sie liebt und sucht wieder Männer, aber gesunde und starke, und der Kräftigste nur darf hoffen, sie als Braut heimzuführen. Johann August Borsig ist solch eine Erscheinung der Neuzeit; in dem eben angedeuteten Kampfe

Ansicht von Borsig's Eisengießerei und Maschinenbauanstalt in Berlin.

B 9

unserer Industrie hat er manche Schlacht geschlagen, manchen Sieg erfochten, und er steht jetzt da in voller Mannskraft, ein Günstling des Glückes, ein Muster und Vorbild für das heranwachsende Geschlecht. Es sei uns vergönnt, in der Schilderung dieses Mannes und der Schöpfungen seines Unternehmungsgeistes den Nachweis zu liefern, wieviel in diesem Kampfe aller gegen alle der einzelne vermag, wenn er bei ursprünglicher Kraft einen richtigen Blick für die Verhältnisse seiner Zeit hat und wie sehr die eigentümliche Entwicklung Berlins, die Geschichte seines heutigen gewerblichen Lebens mit dem Namen Borsig verbunden ist.

Wir sagten oben: Berlin ist aus den Kleidern gewachsen; nun gut, vor dem Oranienburger Tore streckt sich aus dem engen Ärmel desselben seine kräftige, rußgeschwärzte Arbeitshand, in der als tiefe Furchen die Geleise der Stettiner und Hamburger Eisenbahn verlaufen und wo jeder Finger, jedes Glied eines Fingers eine Maschinenbauanstalt, eine Eisengießerei ist. Den Daumen bildet die Anstalt von Borsig. Auf einer Fläche von 120,000 QF. erheben sich eine Reihe ein- und zweistöckiger Gebäude, durchgängig massiv, während ein fast viermal so großer Raum für die Aufstapelung des Rohmaterials und der Fabrikbedürfnisse bestimmt ist und über dem Ganzen weithin aus 3 turmhohen Schornsteinen die Siegesfahnen des Dampfes, die Rauchwolken flattern. Beim Eintritt in den innern Hof erblickt man zuerst einen schönen Ausgangs- und Endpunkt der ganzen Fabrikanlage, einen massiven Turm, welchem am entgegengesetzten Endpunkte ein anderer entspricht und in denen beiden 20 Fuß über den höchsten Maschinengebäuden Wasserbehälter aufgestellt sind, welche, durch in der Erde liegende Röhren verbunden, nach allen Teilen des ganzen Werkes im eintretenden Notfalle sogleich hinlänglichen Wasservorrat zu leiten vermögen. Damit das Schöne sich dem Nützlichen verbinde, hat der Besitzer von dem als vorzüglichsten Tiermodelleur hieselbst bekannten Bildhauer Wolff einen Löwen im Sprunge formen lassen und in seiner eigenen Fabrik gegossen, aus dessen Rachen sich in einem breiten Strahle das heiße Wasser der großen Dampfmaschine in ein steinernes Becken ergießt; über diesem Bassin ist in einem Durchbruche des Turmes die überlebensgroße Figur eines Arbeiters aufgestellt, welches treffliche Bildwerk, von unserem berühmten Bläser modellirt, in seiner vollen Kräftigkeit einen ungemein erfreulichen Eindruck auf jeden Fremden, wie

einen vorher nie geahnten Anstoß und trugen auch zur Beschleunigung und mächtigen Steigerung der kosmopolitischen Aktivität des Leihkapitals bei, das nun die Welt mit einem Netzwerk finanziellen Schwindels und gegenseitige Verschuldung, der kapitalistischen Form ‚internationaler‘ Brüderlichkeit, umspannt.“. . .

Nach den Ermittlungen Jürgen Kuczynskis gab es 1827 in Deutschland „noch nicht 30 Aktiengesellschaften, und ihr Kapital betrug noch nicht 50 Millionen Mark; in England betrug das Aktienkapital im gleichen Jahr über zwei Milliarden Mark, also mehr als vierzigmal so viel, während in Frankreich allein 1827 etwa ebensoviele Aktiengesellschaften gegründet wurden, wie es in ganz Deutschland damals gab. Erst gegen Ende der dreißiger Jahre, mit dem Bau von Eisenbahnen und der Beschleunigung im Wachstum der Schwerindustrie trat hier eine Änderung ein.“

Die damaligen Änderungen sind aus den Statistiken nachweisbar. Während es 1825, also ein Jahrzehnt vor Gründung der ersten preußischen Eisenbahngesellschaften, in Preußen erst 16 Aktiengesellschaften mit rund 34 Millionen Mark Kapital und in sämtlichen deutschen Duodez-Staaten zusammen weniger als 30 Aktiengesellschaften mit noch nicht 50 Millionen Mark Kapital gegeben hatte, gab es 1850, also wenig mehr als zehn Jahre nach Eröffnung der ersten preußischen Eisenbahnen, in Preußen allein schon 102 Aktiengesellschaften mit einem Gesamtkapital in Höhe von 638 Millionen Mark. Rund ein Viertel, nämlich 27, der 102 Aktiengesellschaften von 1850 waren Eisenbahngesellschaften, aber dieses Viertel verfügte über rund zwei Drittel des gesamten in Aktien angelegten Kapitals, nämlich über 428 Millionen Mark.

Spiegeln diese Zahlen zwar den Zentralisationseffekt, den die Eisenbahnen auf die Einzelkapitale ausgeübt haben, so spiegeln sie nicht die tatsächlich verfügbaren und tatsächlich aufgewendeten Kapitalien. Erstens wurden bei Gründung der diversen Eisenbahngesellschaften weder die für den Bau noch die für den späteren Betrieb benötigten Kapitalien auch nur halbwegs realistisch veranschlagt, was nicht verwundern darf; die Eisenbahngründer und die von ihnen angeheuerten Ingenieure und Techniker besaßen zumeist noch keine Erfahrungen mit dem Eisenbahnbau und -betrieb. Zweitens bürgerte sich von Anbeginn die

Fortsetzung S. 186

Beschreibung der Eisengießerei und Maschinenbau- ←L 16
Anstalt von A. Borsig zu Berlin (1844)

Schon bei der Anlage, welche im Jahre 1836 er-
folgte, ist auf eine spätere Ausdehnung der Anstalt
Rücksicht genommen, und so wie jetzt die in der Mitte
befindlichen Gießereien und Werkstätten, links auf der
Nordseite an der Grenze des Grundstücks mit Hallen,
Materialienräumen und Glühöfen umgeben sind, so soll
später das Grundstück von allen übrigen Seiten mit
dergleichen Gebäuden nach und nach eingeschlossen
werden.

Außer den im Vorhofe an der Westseite, welche
zugleich Straßenseite ist, befindlichen Gebäuden für
Wohnungen, Komptoir und Zeichensälen, welche
hier nicht mit angegeben sind, wurden die Gebäude
A, B, C und D zuerst gebaut, die übrigen Gebäude
sind, dem Jahr für Jahr wachsenden Betrieb entspre-
chend, nach und nach angebaut worden, und so sind
schon wieder für künftiges Jahr neue Anbauten im Pro-
jekt vorhanden.

So wie die Gießerei und Maschinenbau-Anstalt
von A. Borsig sich gegenwärtig befindet, ist A die
Hütte für Sandformerei mit der nötigen Dammgrube
und 3 Krahnen, für welche zunächst der Dampfma-
schine 2 Kupolöfen und ein Flammofen angelegt
sind. Die beiden Seitenflügel B sind für Lehm- und
Massenförmerei bestimmt. Zur Seite derselben befin-
den sich Räume für Herdguß, Trockenkammern und
eine Schmiede. C ist der Raum für die Dampfmaschine,
welche das Gebläse für die Kupolöfen und einen Teil
der Arbeitsmaschinen treibt. D, D, D sind Räume zur
Aufstellung der Arbeitsmaschinen. Der dahinter lie-
gende Raum E mit Krahn und Senkgruben ist zur Auf-
stellung und Zusammensetzung von Maschinen be-
stimmt. Die zu beiden Seiten befindlichen Räume F
sind Werkstätten für Feiler, G ist eine Schmiede für
die gewöhnlich vorkommenden Arbeiten, H eine Ham-
merschmiede, I eine Kesselschmiede. Über den Räumen
D, D, D befindet sich die Tischlerwerkstatt, und über
dem Raume F, F liegen die Modellräume, welche
durch den Gang K (siehe den Durchschnitt nach abcd)
mit der Tischlerei verbunden sind.

Die Umfassungsmauer des Etablissements ist auf
der linken Seite schon für kleine Gebäudeanlagen be-
nutzt, die geschlossenen Gebäude sind großenteils
Materialienmagazine; außerdem befindet sich daselbst
eine Metallgießerei nebst den daran liegenden Trocken-
kammern und zwei Glühöfen für Eisenbahnschienen
und für Radreifen zu Eisenbahnwagen. Von den 3 offe-
nen Hallen dient die eine zum Zusammenstellen der
Tender, die zweite für Kesselschmiedarbeiten und die
dritte zum Biegen der Kesselbleche, wozu auch die
nötigen Schmiedefeuer angebracht sind. Die Dächer
der Hallen ruhen auf eisernen Säulen.

Zum Betriebe sämtlicher Maschinen und Apparate
dienen 3 Dampfmaschinen. Die erste in C treibt außer
einigen Arbeitsmaschinen, wie schon erwähnt, das Ge-
bläse für die Kupolöfen, und zwar so, daß der Gebläse-
zylinder senkrecht über dem Dampfzylinder steht,
wobei beide Kolbenstangen nach Belieben miteinander
gekuppelt werden können. Eine zweite Hochdruckma-
schine von eigentümlicher Konstrukzion, die auf eine
sehr geniale Weise an die Wand geschraubt ist, bewegt
mehrere große Hebemaschinen, so wie einige Bohr-
und Drehwerke im Raume D. Eine dritte Hochdruck-
maschine L treibt einen Ventilator für sämtliche
Schmiedefeuer, einen Ventilator und zwei Hämmer
der Hammerschmiede.

Unter der großen Anzahl vorzüglich guter Arbeits-
maschinen verdienen besonders hervorgehoben zu wer-
den: eine Bohrmaschine a im Raume E mit 5 Bohr-
spindeln, welche durch Dampfkraft gedreht werden,
während der zu bohrende Gegenstand durch Wasser-
druck gegen den Bohrer gedrückt wird. Zu dem
Zwecke steht in einer Höhe von etwa 40 Fuß ein guß-
eisernes Wasserreservoir, von welchem Röhren nach
den 5 hydraulischen Stiefeln, ähnlich denen der hy-
draulischen Pressen, geleitet sind. Eine Stoß- oder
Lochmaschine b im Raume F, mittelst welcher auf kal-
tem Wege 1 1/4zöllige Löcher in zöllige Eisenplatten
ausgedrückt werden können. Eine Nietmaschine c im
Raume J für Kesselarbeiten, eine zweite Loch- und
Schneidemaschine d im Raume J für Bleche, ferner im
Raume D eine Maschine zum Schneiden von Eisen-
stäben im kalten Zustande und eine Nutmaschine. Es
besitzt außer den bereits oben erwähnten Arbeitsma-
schinen 2 große Planscheiben-Bohrwerke, 10 große
Drehbänke, 35 kleine Drehbänke, 11 Hobelmaschine,
1 Fresenmaschine zum Fresen von Rädern bis zu 12'
Durchmesser, 2 Schraubenschneide-Maschinen, 1 Vor-
richtung zum Biegen der Reifen für Eisenbahnräder,
auf welcher in der gewöhnlichen Arbeitszeit 150 Rei-
fen täglich gebogen werden können, 32 Schmiede-
feuer etc. etc. Das ganze Etablissement beschäftigt   →B 10
gegenwärtig über 550 Arbeiter.

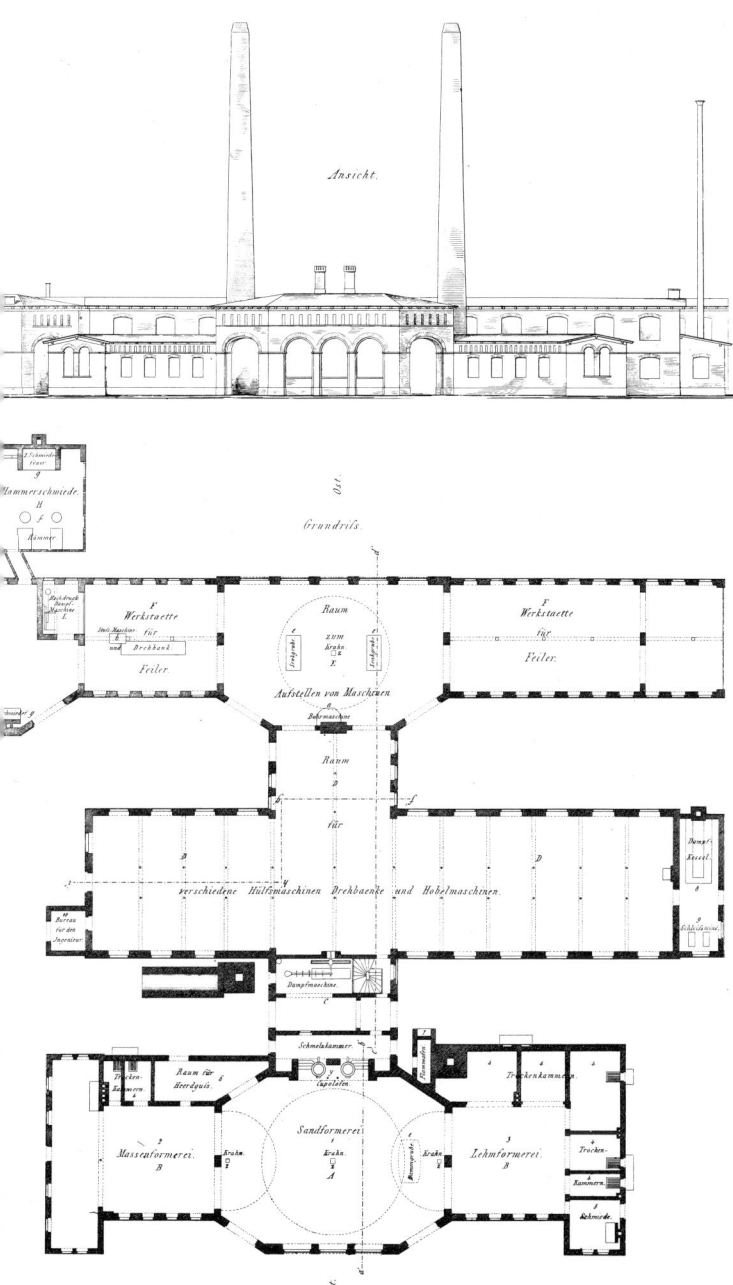

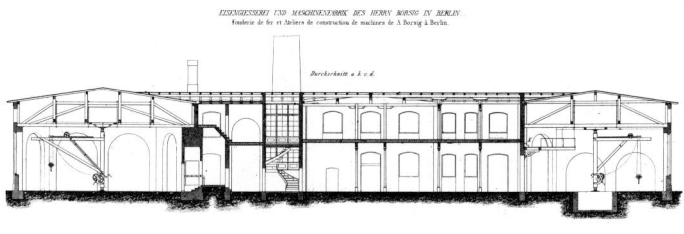

→L 17 **Aus dem Tagebuch des Kohlengroßhändlers Emanuel Friedländer**

5. Juli 1847. Morgens legte ich mit meinem Bruder Hermann den Weg von der Köpenicker Str. 27 bis zur Borsigschen Maschinenfabrik vor dem Oranienburger Tore per pedes zurück. Der Weg ist ewig lang, man geht wohl 1 1/2 Stunde, aber ebenso belohnend. Diese Fabrik ist das großartigste Institut Deutschlands, vielleicht auch Europas, und sehr sehenswert. Beim Eintritt in den Hof sieht man zuerst einen großen Turm, worin eine Nische eingemauert ist, in welcher ein Schmied in Bronce gegossen steht. B. wurde aufgefordert, die Statue unseres Königs dorthin zu stellen, er soll aber gesagt haben: ,,Hier paßt kein König her, hier ist der Schmied der König!''

Ich begann meine Wanderung in der Fabrik selbst. Zuerst sieht man ungefähr fünfzehn Schornsteine, welche teilweise den Rauch aus der Schmiede ableiten, teilweise auch zu den drei kolossalen Dampfmaschinen gehören, welche das ganze Werk in Bewegung setzen. Der Hofraum mit den vielen Gebäuden und Schornsteinen scheint eine kleine Stadt zu bilden. Das erste Gebäude ist die Schmiede, eine große Halle, deren Ende man kaum ersieht. Hier arbeiten dreihundert Schmiede an siebenhundertfünfzig Feuern. Es sieht so sauber aus, als wenn Frauenarbeit hier gemacht würde. Eine Dampfmaschine setzt das Räderwerk in Bewegung, so daß noch viele hundert Hände, die sonst das Feilen, Bohren usw. besorgen müßten, unnötig werden. Von hier kommt man in eine ebensolche Halle, wo ebensoviele Schlosser arbeiten; dieselbe Ordnung, dieselbe Reinlichkeit, von dort in ein großes Gebäude, dessen Dach von Glas, dessen Gebälk von Eisen ist; letzteres ist ein Kunstwerk und das erste, welches Berlin aufzuweisen hat. Diese eisernen Gebälke nehmen einen sehr geringen Raum ein, sind fester als die von Holz und befördern den raschen Bau. In diesem ungeheuren Raum stehen etwa fünfzehn Lokomotiven fertig zum Abnehmen; dies ist ein großartiger Anblick. Wenn man überhaupt die Fabrik durchwandert und die Masse kleine und große Gebäude betrachtet, welche zu dem Bau einer einzelnen Lokomotive gehören, so staunt man doch nicht wenig, diese Maschinen mit einem Male fertig zu sehen. Von da kommt man in die Schuppen der vorrätigen Wasserkästen, in die Polierfabrik, zu den Blecharbeitern, zu den Kupferschmieden, zu den Kasten-Niederlagen, zu den Vorräten an Brettern, Eisen, Schrauben, Messing, Kupfer, alles großartig sortiert, daß trotz der großen Consumtion nie etwas fehlen wird, und endlich in die kolossale Eisengießerei, welche wiederum Hunderte von Menschen beschäftigt und die schönste ist, welche ich bis jetzt gesehen habe. Ein Kran, der von zwei Leuten regiert wird, bringt die Massen glühenden Erzes an die Modelle, schüttet die Eisenmasse hinein, und in einigen Minuten sieht man die größten Räder transportieren. Es scheint unglaublich, in wenigen Minuten soviel zu schaffen. Tagelang müßte man in dieser Fabrik sein, um alles sehen zu können. Als wir unseren flüchtigen Besuch in der Fabrik beendet hatten, wurde zu Mittag geläutet. Zwölfhundert Menschen, die während des Tages enorm fleißig sind, weil sie nicht auf Tagelohn, sondern auf Accord arbeiten, fast alle in Blusen, verließen die Fabrik. Borsig stand mit meinem Bruder an der Tür, da kamen die Leute vorbei; jeder einzelne grüßte ihn mit einem Gesicht, auf welchem sich Liebe und Ehrfurcht zeigten. Mein Bruder stellte mich B. vor, und ich hatte noch das Vergnügen, einige Zeit mit diesem weltberühmten Mann zu sprechen, der auch in meinen Augen mehr gilt als mancher König und Kaiser.

B 11   Das Gießhaus in Borsig's Eisengießerei.

*auf die in der Fabrik Tätigen, hervorzubringen wohl geeignet ist, indem es
eine plastische Darstellung des großen Wortes zu sein scheint: „Ich lebe
von meiner Arbeit." Wir lassen das Gebäude für die Zeichner und Comp-
toiristen links liegen und treten über den Hof in die Hauptfabrikanlagen*

B 12

Die Schmiede in Borsig's Maschinenbauanstalt.

Der Drehſaal in Borſig's Maſchinenbauanſtalt.

B 13

selbst, welche ungefähr in Kreuzesform gebaut sind, und zwar so, daß der obere Teil des Längenbalkens die Eisengießerei einnimmt, der Querbalken jedoch doppelt vorhanden ist und einmal aus dem Drehsaale, dann aus dem Schmiede- und dem Feilsaale besteht, an welchen letztern sich rechts das →L 18 Zusammensetzungshaus für Locomotiven und Tender anschließt, von dessen Größe man sich einen ungefähren Begriff machen kann, wenn man bedenkt, daß zu gleicher Zeit 20 Locomotiven nebst den dazu gehörigen Tendern darin aufgestellt werden können. Mit zaghaftem Staunen, mit banger Verwunderung stehen wir in diesen, von der Riesenhaftigkeit menschlicher Fähigkeiten überall Zeugnis gebenden Räumen; und wenn wir uns einerseits geängstigt fühlen gegenüber den gewaltigen Vernichtung drohenden Kräften des Dampfes, des Feuers, so stärkt uns andrerseits doch um so mehr das Bewußtsein der Übermacht des deren Kräfte gleichsam spielend und sorglos benutzenden Menschengeistes, wie wir auf jedem Schritte, bei jedem Blicke davon die deutlichsten Beweise finden. Da strömt aus

Lokomotivproduktion der Maschinenfabrik Borsig

Jahr	Anzahl der Lokomotiven
1841	1
1842	8
1843	10
1844	8
1845	32
1846	61
1847	67
1848	47
1849	33
1850	31
1851	46
1852	75
1853	84
1854	80
1855	86
1856	119

B 14

Der Zuſammenſetzungsſaal in Borſig's Maſchinenbauanſtalt.

Fortsetzung von S. 181

Praxis ein, das gezeichnete Aktienkapital ratenweise einzuzahlen, wobei die Zahltermine nach dem voraussichtlichen Bautempo und dem davon abhängigen Bedarf an flüssigen Mitteln festgesetzt wurden. Die Gesellschaften verfügten folglich stets nur über Teile ihres nominellen Kapitals. Infolge dieser Kapitalaufbringungspraxis gerieten die meisten Eisenbahngründungen bereits während des Baus in Finanznöte, die sie zwangen, entweder neue Aktien auszugeben, was schon aus Rücksicht auf den Börsenhandelswert, also den Spekulationswert, der alten Aktien selten ratsam schien; denn die Ausgabe neuer Aktien offenbarte die Kapitalsnot der Gesellschaft und drückte den Börsenkurs, zumal die Vermehrung des Aktienkapitals ja auch die Gewinnerwartungen schmälerte; oder, und das war das gebräuchliche Verfahren, die Gesellschaft gab festverzinsliche – oft durch eine staatliche Zinsgarantie abgesicherte – Obligationen aus, die für die Aktionäre den doppelten Vorteil hatten, daß sie ihre Dividendenerwartungen im Verhältnis zum gesamten Kapitalaufwand erhöhten und die Inhaber der Obligationen von vornherein von der Verfügungsgewalt über das Gesellschaftskapital ausschlossen. War die Differenz zwischen der Erstkapitalisierung einer Eisenbahngesellschaft und ihrem realen Kapitalbedarf so groß, daß die Profiterwartungen auf Null oder unter Null sanken und infolgedessen weder eine Emission zusätzlicher Aktien noch die Aufnahme von festverzinslichem Leihkapital möglich war, pflegte die Gesellschaft sich an den Staat zu wenden.

Das Verhältnis zwischen Aktien- und Leihkapital, die „Verschuldung", von der Marx spricht, offenbarte den wachsenden Einfluß des Finanzkapitals auf die Eisenbahngesellschaften, das an den Gründungen beteiligte Handels- und Industriekapital allmählich verdrängte. Als Hebel dazu dienten ihm freilich nicht nur die schier unerschöpflichen Kapitalbedürfnisse der Eisenbahngesellschaften, die nach Inbetriebnahme der Hauptstrecke durch den notwendig werdenden Bau von Nebenstrecken die Vergrößerung des Wagenparks, die Anschaffung stärkerer und schnellerer Lokomotiven fortwährend stiegen, sondern auch die widersprüchlichen Interessen der beteiligten Handels- und Industriekapitalisten.

Max Ring: Borsigs Schmiede   ←L 19

Die Dampfmaschine, welche die Fabrik betrieb, reckte ihre Riesenglieder und setzte hundert Räder und Hebel in Bewegung, welche summend und sausend, knirschend und stöhnend mit ihrem ewigen Lärm die weiten Säle der Werkstätte füllten. Dazwischen tönte vom Hofe her das dumpfe betäubende Geräusch dröhnender Hammerschläge. Gewaltige Dampfkessel wurden von den muskulösen Fäusten der Schmiede aus riesigen Platten mit klobigen Nägeln zusammengefügt und aneinandergeschweißt. In den hohlen Bäuchen standen die rußigen Männer und hielten sich stemmend gegen den donnernden Schlag, von dem ihr Leib erschüttert zitterte. Centnerschwere Cylinder drehten sich schwerfällig gemessen um ihre Axe gegen den geschärften schneidenden Stahl, der das Eisen wie Holz beschnitt und die rauhen Seiten glättete, sorgfältiger wie eine Menschenhand vermocht. Zolldicke Platten wurden von spitzen Bohrern ausgehöhlt, welche langsam, allmählich vordringend das dichte Metall überwanden. Glühendheiß fielen die blanken gekräuselten Eisenspäne zur Seite und zeigten die mächtige Reibung und den Widerstand, welcher stattgefunden. Kreischend packten die Feilen die wälzenden Eisenstangen, welche zu Schrauben geformt aus der Berührung hervorgingen.

Überall lebte und webte eine geordnete großartige Tätigkeit. In den Öfen spielte die rötliche Flamme hell entfacht, glühte das Metall, welches die Form erfüllen sollte. Zischend entströmte es in feurigen Purpurbogen und verlief in der feuchten Erde, die in graue Dämpfe sich aufzulösen schien.

Max Ring: Pause bei Borsig   ←L 20

Die große Glocke verkündete eine Pause. Die Arbeiter verließen ihre Werkstätten und eilten in den Hof, wo eines reges Leben und Treiben begann. Frauen und Geschwister waren mit ihren Tragkörben gekommen und brachten das zu Hause bereitete Mahl, welches in Eile verzehrt ward. Bekannte und Freunde gingen ab und zu und trugen Neuigkeiten. Demokratische Agenten wählten diese Zeit, um den Samen ihrer Lehren auszustreun und zu Volksversammlungen aufzufordern.

einer mehr denn fußweiten Öffnung dreier Schmelzöfen die weißglühende Eisenmasse mit blendendem Glanze; unter unseren Füßen raucht überall der Boden durch die ausgegossenen Formen, und von den rauchgeschwärzten Deckenbalken hängen fußdicke Eisenketten an kolossalen Winden, um die vollendeten oft viel Centner schweren Güsse aufzuheben.

Betäubt von dem dröhnenden Gestampfe der großen Dampfmaschine, von dem verwirrten Schnurren und Sausen, Rasseln und Schwirren mehrerer tausend Räder, bleiben wir auf der Schwelle des großen Drehsaales stehen. Wenn je der Mensch ein Recht hätte, sich selber anzubeten, hier wäre er zu entschuldigen; und wer nie den Begriff eines Organismus hat erfassen können, hier wird er ihn, trotz der Mechanik, verstehen lernen. Jedes Rad, jede Welle, jeder Arbeiter erfüllt genau nur seinen Zweck, scheint nur für sich tätig, und doch empfängt alles nur aus der Allbewegungskraft seine besondere; jedes Einzelne dient nur dem Ganzen, indem es für sich vollkommen ist; doch ist jeder abhängig, wie frei er auch für sich dastehen möge und wie wenig wir im Allgemeinen den das Ganze leitenden Plan, den beaufsichtigenden Geist zu erkennen im Stande sind. So oft wir die Borsig'sche Anstalt, und immer wieder mit neuer Bewunderung, in Augenschein genommen haben, stets war uns dieser scheinbare Mangel jeglicher Überwachung auffallend, und daß gleichsam so alles von selbst sich zu machen schien. Nirgends und doch überall war ein deus ex machina sichtbar; alles war in Bewegung und doch jeder ruhig; der Lärm betäubte das Ohr, und doch herrschte lautloses Schweigen; wie der Geist Gottes über den Wassern, so schwebt über diesem Chaos der Geist seines Schöpfers: der Geist der Ordnung. Das Gras haben wir noch nicht wachsen hören, hier aber hörten wir Locomotiven werden und wachsen, was auch wunderbar ist; bei jedem Tactklopfen der Hämmer klopfte auch unser Herz stärker in dem Gefühle: „Solches vermag der Mensch", und wie der Dampf sich mächtig in den Kesseln drehte, hob sich auch unsere Brust bei dem Gedanken: Wir alle sind berufen, Menschen zu sein, und jeder Mensch kann mit Gott eine Welt aus sich selbst erschaffen. . . .

In der Anstalt werden sämtliche Arbeiten zu den Locomotiven, von der größten bis zur kleinsten, ausgeführt; alle Arbeitsräume sind unter sich zusammenhängend, was außerordentlich zweckmäßig für die verschiedenen Fabrikationszweige ist und die Beaufsichtigung eines so großartigen Instituts sehr erleichtert. Drei Dampfmaschinen setzen die verschiedenen Hülfswerkzeuge in Bewegung, und eine von ihnen betreibt gleichzeitig ein Gebläse, von welchem durch in der Erde liegende Röhren ungefähr 80 Schmiedefeuern der nötige Wind zugeführt wird. Auch für Erleuchtung der Fabrik vermittelst 900 Gasflammen ist eine im Jahre 1846 erbaute eigne Gasanstalt vorhanden. Wie mächtig ein solches Unternehmen bei solchem Umfange schon an und für sich auf die Verhältnisse Tausender, direkt dabei Beteiligter einwirken muß, ergibt sich von selbst; in welchem Maße es jedoch auf fast alle andern gewerblichen Verhältnisse, nicht bloß Berlins, sogar Preußens zurückwirkt, ist unberechenbar. Durch Borsig sind wir in Hinsicht unserer Eisenbahnen vom Auslande unabhängig gemacht, und in dem Feldzuge der berliner Industrie gegen das Beamtentum und die Feudalherrschaft hat das Beispiel dieses tatkräftigen schlichten Mannes aus dem Volke gewiß unendlich ermutigend gewirkt. Solche Männer bilden eine Macht durch die breite Grundlage, welche sie notwendig in den untern Schichten der Gesellschaft haben müssen, und wer weiß, ob dereinst nicht die Geschicke der Staaten von ihnen abhängig werden möchten. Schon entwickelt sich um die Fabrikanlagen ein fast ausschließlich von Arbeitern bewohnter Stadtteil, und wie Paris seine Faubourg St. Antoine und St. Germain hat, erhält Berlin seine Oranienburger und Potsdamer Vorstadt. Die Zeit geht frei die eigenen Wege, da hilft nicht Eile, hilft nicht Groll; Berlin ist nicht nur aus den Kleidern gewachsen, es wird auch noch manchem andern entwachsen.

1848, ein Jahr bevor die Beschreibung des Betriebes, die so feierlich endet, in der „Leipziger Illustrierten" erscheint, hat Borsig bereits in Moabit direkt an der Spree damit begonnen, sich von dem Architekten Strack ein großes Eisen-, Hammer- und Walzwerk bauen zu lassen, dessen Werksgelände zur Spree hin offen, zur Straße Alt-Moabit hin geschlossen ist. Direkt neben diesem Werk, aber getrennt erschlossen, läßt er sich ebenfalls von Strack eine weitläufige Villa mit einer Folge repräsentativer Festräume errichten, deren Parkanlagen von Gartenbaudirektor Lenné gestaltet werden. Was in dem Werk Chausseestraße noch integriert war, Unternehmerwohnung und Fabrik, erscheint hier bei der Erweiterung

Der große Festsaal in der Villa Borsig ←B 15

des Werkes als klassisches Gegenüber von Villa und Fabrik mit getrennten Zugängen für Arbeiter und Unternehmer. Der verschwenderische Reichtum →B 16 Borsig 1851
dieser Villenanlage, die jeden Vergleich mit den Potsdamer Villen Wilhelms IV. aushält, macht den gesellschaftlichen Aufstieg der Industriebourgeoisie anschaulich. Hier vergegenständlicht sich ein kleiner Teil des *wie von selbst und ohne jegliche Überwachung* erarbeiteten Mehrprodukts.

Die Arbeiter von Borsig bleiben in den Vorstädten, sie ziehen nicht mit hinaus. — Vergleicht man die neue Wohnung von Borsig mit der, die er noch 20 Jahre vorher bewohnt hat, so wird die sich in dieser Zeit vollzie- ←S 114 hende räumliche und soziale Klassentrennung zwischen Proletariat und Bourgeoisie deutlich.

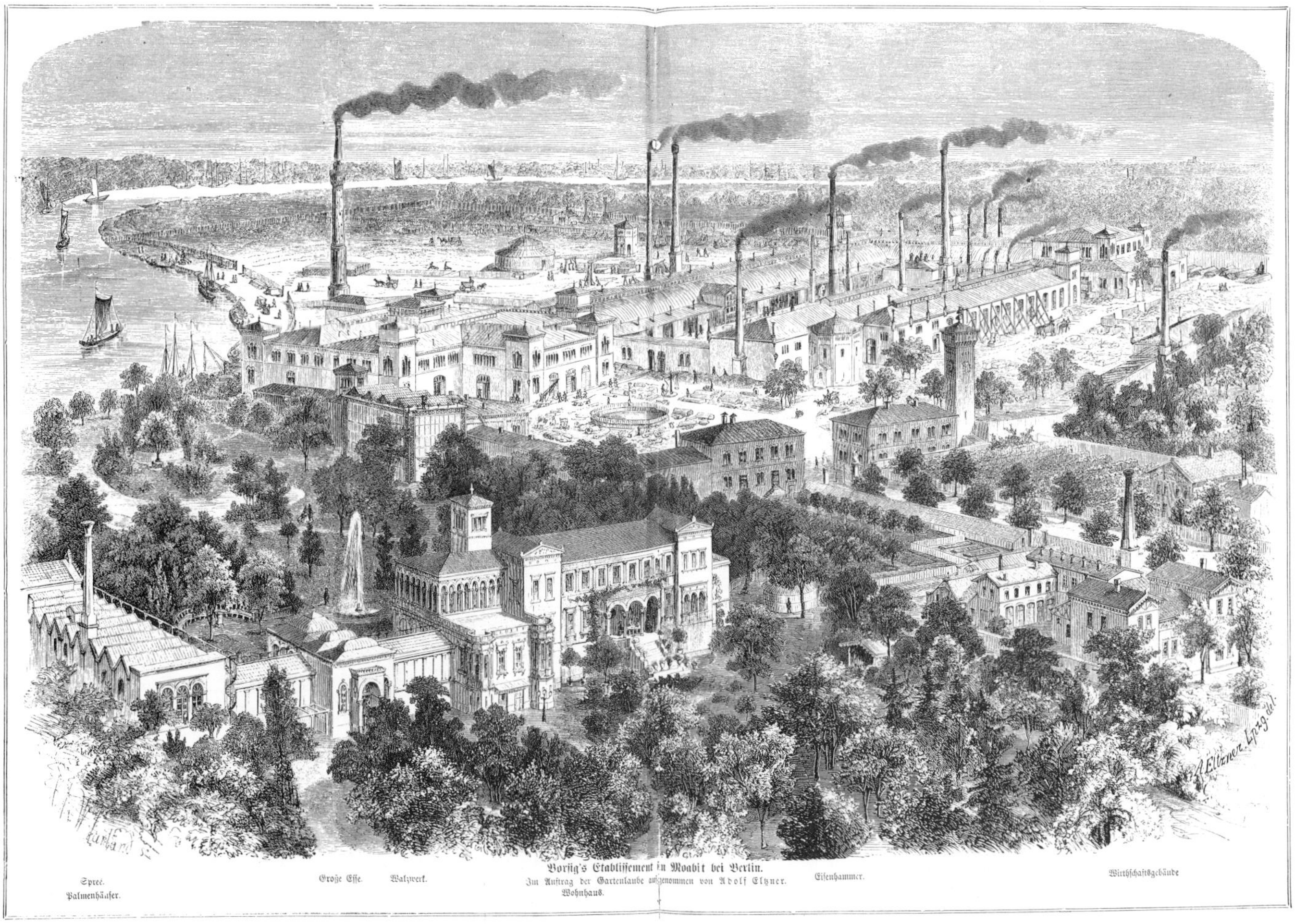

Villa, Park und Fabrik von Borsig in Moabit 1851 ←B 17

7.4   Der Ausbau des Straßen- und Schienennetzes

Der Plan, die Berliner Kopfbahnhöfe durch eine besondere Eisenbahn miteinander zu verbinden, geht als Anregung bis auf das Jahr **1844** zurück. Schon am **6.10.1844** beantragt eine Privatfirma die Konzeption für eine eingleisige Bahn mit der Länge von 22,5 km. Diese Bahn soll die 4 Bahnhöfe der Potsdamer, Anhalter, Stettiner und Frankfurter Eisenbahnen für

→L 21 den Transport von Gütern und Personen verbinden. *Außerdem sollte sie der Stadt einen nützlichen Abschluß gewähren, indem sie bei zweckmäßiger Bauart die Stelle einer Mauer vertreten sollte,* so heißt es in „Berlin und seine Eisenbahnen", dem Buch, in dem die Geschichte dieser Verbindungsbahn aufgearbeitet ist. Diesem Konzessionsgesuch folgen weitere konkretere, die sich hinziehen, bis **1848** ein konzessionsreifes Projekt zur Bewilligung bereitsteht. Durch die Märzrevolution wird aber dann die Ausführung verzögert, obwohl der Oberpräsident der Provinz Brandenburg am **29.3.1848** anregt, das Projekt auf Staatsrechnung durchzuführen, um dadurch brotlose Arbeiter beschäftigen zu können. Daraus wird zunächst nichts, aber es wird weiter an den Bedingungen gearbeitet, diese Bahn auf Staatskosten auszuführen.

→L 22 *Da erfolgte im Herbst 1850 die Mobilmachung des preußischen Heeres; hierbei traten die Mängel der Berliner Eisenbahnverhältnisse in Bezug auf die Beförderung größerer Truppenmassen mit solcher Deutlichkeit zu Tage, daß der König anordnete, zur Befriedigung des dringendsten militärischen Bedürfnisses zunächst eine vorläufige, eingleisige Schienenverbindung zwischen dem Stettiner, Hamburger und Potsdamer Bahnhofe mit möglichster Beschleunigung auf Staatskosten herzustellen. . . . Die Schienen und Schwellen konnten aus den Materialbeständen der Hamburger Bahn sofort beschafft werden. Im Dezember 1850 wurde mit der Bauausführung zunächst für den Abschnitt zwischen dem Stettiner und Hamburger Bahnhof begonnen.* Am **12.5.1851** wurde durch Gesetz der Bau der Verbindungsbahn vom Landtag nachträglich gebilligt. Die Teilstrecke vom Stettiner bis zum Anhalter Bahnhof wird am **15.9.1851** eröffnet und bis zum **15.10.1851** verlängert bis zur Niederschlesisch-Märkischen Eisenbahn, die auch die Verwaltung übernimmt. Das eingleisige Provisorium ist die erste staatliche Bahn und wird erst 20 Jahre später durch die Berliner Ringbahn ersetzt.

Die Verbindungsbahn wird sofort auch von den angrenzenden Berliner Maschinenbau-Anstalten in Anspruch genommen. Bereits am **24.12. 1850** stellt der Waggonfabrikant Pflug den Antrag auf Gewährung eines privaten Eisenbahnanschlusses, der aber erst am **24.2.1852** nach Klärung der Anschlußbedingungen eingerichtet und später bis zu Borsig verlängert wird. Die umständliche Abfertigung der einzelnen Waggons über die Drehscheibe vor dem Stettiner Bahnhof verursacht ständige Verkehrsunterbrechungen.

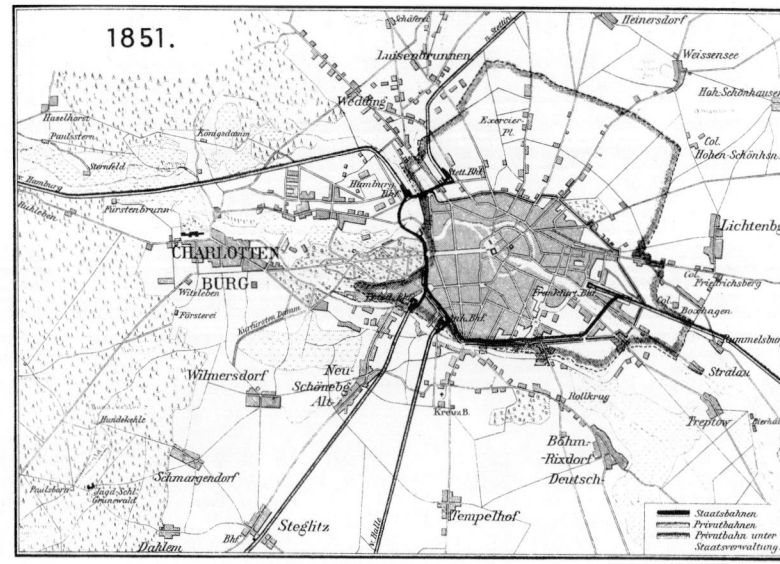

→B 18

Die leicht vorstellbare Belastung der nicht sonderlich breiten Invalidenstraße durch die ebenerdig geführte Verbindungsbahn erklärt, warum der
Zubringerverkehr zum Stettiner Bahnhof nun verstärkt über die Gartenstraße abgewickelt wird, was einerseits zur Belastung des engen Hamburger Tores, andererseits zur Notwendigkeit der Verbreiterung und Pflasterung der Torstraße führt, die nun den Verkehr vom Oranienburger Tor
über die Gartenstraße zum Stettiner Bahnhof umleiten soll. Diese Entwicklung veranlaßt mehrere Anwohner der Gartenstraße am **29.10.1852** zu
einer Eingabe an den Magistrat: *Durch die Anlegung der Berlin-Stettiner* ←A 6
*Eisenbahn und durch den erweiterten Ausbau der nächstliegenden Straßen
ist die Gartenstraße eine sehr lebhafte geworden. Zu den abgehenden und
ankommenden Zügen passiert soviel Fuhrwerk diese Straße und das Hamburger Tor, daß man oft nur mit Lebensgefahr das genannte Tor als Fuß-
gänger passieren kann. Der Übelstand besteht nämlich darin, daß in diesem
Tore nur eine Durchgangspforte befindlich ist. Die Fußgänger der linken
Seite der Gartenstraße müssen sich also, um das Tor zu passieren, zwischen
Wagen durch das an und für sich enge Tor durchzwängen, und es werden
Unglücksfälle an dieser Stelle gar nicht ausbleiben. Einen Wohllöblichen
Magistrat bitten wir daher gehorsamst: Eine Erweiterung des Hamburger
Tores durch eine zweite Ausgangspforte an der Seite des Wachgebäudes
baldmöglichst in Angriff zu nehmen.*

Das Hamburger Tor, von der Gartenstraße aus gesehen. Bleistiftzeichnung von F.A. ←B 19
Borchel um 1860

Die Darstellung des Hamburger Tors aus dem Jahre **1860** zeigt, daß
diese Eingabe Erfolg gehabt hat. In derselben Eingabe gehen die Bürger
aus der Gartenstraße auch auf den begonnenen Ausbau der Torstraße ein:

→A 7 *Bei dieser Gelegenheit müssen wir auch nachstehenden Umstand erwähnen: Mit Freude wurde der Plan Wohldesselben aufgenommen, die Passage
zwischen dem Oranienburger und Hamburger Tor durch Erweiterung und
Pflasterung gangbar zu machen. Leider ist dies nur halb geschehen, so daß
die Passage jetzt fast noch schlechter geworden ist. Viele Fuhrleute haben
sich am Oranienburger Tor verleiten lassen, diesen Weg mit ihrem Fuhrwerk zu passieren. Wenn aber die Pflasterung aufhört, dann ist ein Um-
schwenken nicht mehr möglich, und nach dem erfolglos versuchten Abtrei-
ben des Viehs müssen diese Leute demnach kostspieligen Vorspann nehmen. Einen Hochlöbl. Magistrat bitten wir auch: die Pflasterung und Erweiterung dieses Weges recht baldigst aufzunehmen und zur Vollendung
zu bringen.*

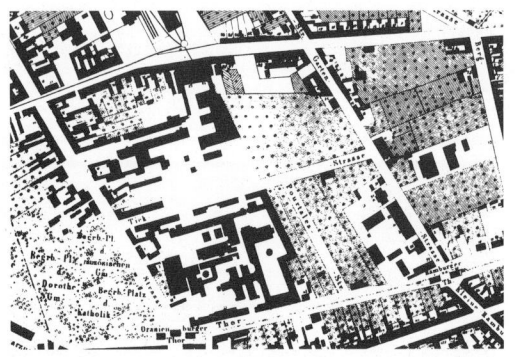

Der Block Chaussee-, Tor-, Garten- und Invalidenstraße mit der neu angelegten Tieck- und Pourtalesstraße 1856

Die Entwicklung der Oranienburger Vorstadt zum „Maschinenbauervier-
tel", wo um **1848** bereits etwa 3000 Arbeiter beschäftigt sind, hat einen
wachsenden Bedarf nach kleinen Wohnungen in der Nähe der Fabriken zur
Folge. Das führt neben dem Ausbau und der Neubebauung der Rosenthaler
Vorstadt auf dem großen Baublock zwischen Thor-, Garten-, Invaliden-
und Chausseestraße zu einer Spekulation neuen Stils. Bereits **1850** stellt
→A 8 der Graf Henry von Pourtales, der gezielt die sich gegenüberliegenden
Grundstücke Chausseestr. 5, 6 und 7 – Gartenstr. 90 und Thorstr. 43 –
Invalidenstr. 70/70a mit ihrem tiefen Hinterland gekauft hat, beim Han-
delsministerium den Antrag, diese Grundstücke auf seine Kosten durch
Straßen miteinander zu verbinden. Das Ergebnis sind die Tieck- und Pourtalesstraße. Den Anfang mit 4geschossigen Mietshäusern auf den nun
←B 20 erschlossenen schmalen Parzellen macht Pourtales selbst, sein eigentliches
Geschäft liegt aber im Verkauf der weiteren Parzellen an baulustige Privat-
spekulanten – meist Kaufleute und Bauunternehmer, die hier Häuser
ähnlicher Art errichten. Die neue Qualität dieser Spekulation gegenüber
dem von Wülcknitzschen Unternehmen besteht darin, daß vor die Spekulation mit vermietbarem Wohnraum die mit dem Grundstück tritt.

→B 21 Das Oranienburger Tor 1867, Photographie von F.A. Schwarz

→B 22

Im Vordergrund das Wohnhaus von olle Egells, dahinter die 1852 gebauten ersten ←B 23 Mietshäuser in der Tieckstraße 1980
Mietshäuser in der Tieckstraße

→B 24 Reste der Neuen Berliner Eisengießerei (Egells), von der Novalisstraße aus gesehen 1980

Der Block Chausseestraße, Torstraße (jetzt Elsässer Straße), Gartenstraße, Invaliden- ←B 25
straße um 1900

Von dem Maschinenbauerviertel in der Oranienburger Vorstadt ist heute so gut wie nichts mehr zu sehen. Die großflächigen Industriegrundstücke werden seit den 80er Jahren eins nach dem andern aufgelöst und parzelliert, um einer Bebauung mit Mietshäusern Platz zu machen. Das weitflächige Gelände zwischen Chaussee-, Tor-, Garten- und Invalidenstraße wird weiter durch ein etwas unregelmäßiges Straßensystem in acht Blöcke aufgeteilt, deren Tiefe für die seit den 60er Jahren übliche Mietshausbebauung geeignet ist. Geblieben sind nicht viel mehr als die Mietshäuser in der Tieckstraße und die lange Fabrikhalle auf dem ehemaligen Egellsschen Grundstück, das heute von der Novalisstraße aus zugänglich ist. An das Werksgelände von Borsig in der Chausseestraße erinnert nur noch die Borsigstraße, die früher das Werk von den Christianschen Gärten und den Familienhäusern trennte.

→B 26 Die ehemalige Ecke Torstraße/Pourtalesstraße 1980

→B 27 Das ehemalige Gelände der Borsigschen Eisengießerei, Chausseestraße 1, 1980

8 Die Familienhäuser – Teil III

Die literarische Entdeckung des Proletariats

Nach der Geschichte des Baus der Familienhäuser und der Beschreibung des Verhältnisses von Mietern zu Vermieter ist es als nächstes wichtig zu erfahren, auf welche Weise die Familienhäuser in die Öffentlichkeit geraten. Hier endlich haben wir es mit gedruckten, wenn auch heute noch schwer zu beschaffenden Quellen zu tun. Die Familienhäuser werden für eine b ü r g e r l i c h e Öffentlichkeit entdeckt, denn für den anderen, den Großteil der Berliner Bevölkerung sind die Verhältnisse, wie wir sie in den Familienhäusern vorfinden, alltägliche Lebenserfahrung. Für die Rekonstruktion der Lebensverhältnisse des frühen Proletariats sind wir heute weitgehend auf diese Texte angewiesen, denn von den Betroffenen selbst fehlt für diesen Zeitraum jegliche schriftliche Überlieferung.

Die ersten Beschreibungen aus medizinisch-topographischer Sicht dringen mehr zufällig und durch Indiskretion, als gedruckte Vorlagen für die Verwaltung bestimmt, an die Öffentlichkeit, gehen aber noch nicht über Berlin hinaus. Erst mit der Entwicklung einer oppositionellen Presse nach dem Regierungsantritt von Friedrich Wilhelm IV. von Preußen geraten die Familienhäuser in Form der Reportage an eine weitere deutschsprachige Öffentlichkeit. Die realen elenden Verhältnisse werden in diesen Artikeln jedoch nur angedeutet. Erst mit den Besuchsprotokollen, die der Student Heinrich Grunholzer für Bettina von Arnim verfaßt und die sie im Anhang zu ihrem „Königsbuch" veröffentlicht, erreicht der Fall der Familienhäuser die die Öffentlichkeit schockierende Ebene des realistischen Einblicks in die Verhältnisse. Die Entstehung dieser Protokolle zeichnen wir hier →S 218 nach, während wir die Einzelaussagen zum Alltag der Bewohner im Teil IV auswerten. Ziemlich gleichzeitig mit dem „Königsbuch" werden die Familienhäuser auf dem literarischen Unerhaltungsmarkt ausgiebig verwertet, indem sie zum Zentrum von Armut und Verbrechen avancieren. Zum festen Bestandteil werden sie aber auch in den im Vormärz entstehenden politisch-sozialen Stadtbeschreibungen Berlins, die versuchen, sich von der herkömmlichen Form des Fremdenführers abzusetzen und so etwas wie eine Klassentopographie der Stadt zu entwerfen. Verbot der Bücher und Verhaftung der Autoren sind die Folge.

8.1 Die Verhältnisse in den Familienhäusern geraten an die Öffentlichkeit: Der Thümmel-Bericht von 1827

Die Vorgeschichte des ersten gedruckten Dokuments über die Familienhäuser, des umfangreichen „Berichts über die innere Verfassung, den physischen und moralischen Zustand der Bewohner der v. Wülcknitzschen Familienhäuser und deren Mängel nebst Gutachten zur Abhülfe derselben", den der Armenarzt Dr. Thümmel am 11.1.1827 verfaßt, haben wir bereits in Kapitel 6 dargestellt. Auftraggeber dieses Berichts ist der Berliner Magistrat, der den handschriftlichen Bericht Thümmels wegen der besseren Lesbarkeit in einer Auflage von 50 Exemplaren drucken läßt, um ihn anschließend an die zuständigen Behörden weiterzuleiten. Das Imprimatur (die Druckerlaubnis) wird jedoch von dem zuständigen Zensor, dem Geheimen Rat Granow, zunächst versagt, da er annimmt, die Schrift sei für die Öffentlichkeit bestimmt, und da Privatunternehmen in dieser Form nicht öffentlich behandelt werden dürfen. Erst nachdem der Magistrat versichert hat, daß der Bericht nur für den amtsinternen Gebrauch vorgesehen ist, wird der Druck freigegeben.

Daß das Durchsickern dieses seltenen Einblicks in die Lebensverhältnisse der armen Bevölkerung nicht verhindert werden kann, zeigt der Brief des Stadtrats Haase vom 23.4.1827, der diese Berliner Merkwürdigkeit für die Nachwelt aufheben will:

Wenn die von Wülcknitzschen Familienhäuser schon an und für sich selbst sehr beachtenswerte Gegenstände für jeden Bewohner Berlins sind, so sind sie es für mich ganz besonders, da ich mehreremals Gelegenheit gehabt, solche von unten bis oben durchzugehen und sie mit ihren großen Mängeln kennenzulernen.

Euer Hochwohlgeboren teilten nun vor einiger Zeit dem Collegio einen Aufsatz des Herrn Doktor Thümmel über quäst. Häuser mit, den ganz durchzulesen mir bis jetzt noch nicht Gelegenheit gewesen ist. Wenn ich nun Euer Hochwohlgeboren ganz ergebenst bitte, mir doch solchen gefälligst zukommen zu lassen, so bin ich der Zuversicht, daß dieselben mir diese Bitte auch gern gewähren.

Da ich das, was zur Geschichte Berlins gehört, mit besonderer Vorliebe lese und auch sammle, so möchte dieser Bericht als ein merkwürdiger Beitrag zu derselben wohl der Mühe wert sein, ihn abzuschreiben, denn wenige Städte Europas möchten wohl 5 große und 2 bis 3 kleinere nahe beieinander stehende, einem Eigentümer zugehörende Häuser aufzuweisen haben, worin nach der zu mir von den Erbauern bei einer Zunge ausgesprochenen Meinung soviel Seelen, nahe an 4000, einquartiert sind, als eine mittelmäßige Provinzialstadt unserer Mark in ihren Mauern zählt.

Sollten sich die Wohnungsangelegenheiten unseres Orts ändern, oder wohl gar diese Häuser zu anderen Zwecken übergehen, so möchte es die Nachwelt kaum glauben, daß in den Jahren 1825 und 1826 in diesen Häusern eine so große Zahl Menschen wirklich gewohnt haben, wenn nicht etwas Schriftliches vorhanden bleibt, wodurch die Wahrheit dokumentiert wird.

Euer Hochwohlgeboren befördern ja so gern das erlaubte Vergnügen eines jeden, und daher darf ich mir auch wohl die Erlaubnis erbitten, diesen Bericht auf einige Zeit zum Abschreiben behalten zu dürfen, was ich mit den Acten doch nicht könnte, da diese zu oft gebraucht werden.

Der Thümmel-Bericht enthält fehlerhafte Angaben, vor allem was die Zahl der Bewohner, die Maßangaben der Stuben und die Grundstücksabmessungen anbetrifft. Diese Fehler beruhen auf Angaben, die Thümmel vom zuständigen Polizeikommissariat erhalten hat. Er entdeckt die Fehlerhaftigkeit seiner Angaben nach Drucklegung seines Berichtes selbst und informiert die Armendirektion darüber. Da der Bericht, wie das Beispiel Haase zeigt, in die Öffentlichkeit gedrungen ist, sieht sich der König, der davon erfahren hat, über Innenminister und Polizeipräsidium zu einer öffentlichen Richtigstellung veranlaßt, die vom Polizeipräsidium verfaßt und am 7.10.1828 veröffentlicht wird.

→S 126

←S 136

←A 1

←S 137

Chronologie zur Geschichte des Thümmel-Berichts vom 11.1.1827

29.7.1824: Bericht des Armenarztes Dr. Büttner über die erschreckend hohe Zahl der Kranken in den Familienhäusern

30.9.1824: Zeitungsbericht des Magistrats an den König über die Familienhäuser

13.10.1824: Aufforderung des Innenministers an das Polizeipräsidium, einen Bericht über die Verhältnisse in den Familienhäusern zu verfassen

26.10.1824: Verfügung des Polizeipräsidiums an v. Wülcknitz (Verbot des Schlafstellenhaltens ab 1.1. 1825)

2.12.1824: Verfügung des Innenministers an das Polizeipräsidium (Verbot der Untervermietung ist nicht statthaft)

20.1.1825: Bericht des Polizeipräsidiums an den Innenminister über die Familienhäuser

20.2.1825: Erneute Bestätigung des Innenministers, daß ein Untervermietungsverbot für die Familienhäuser unrechtmäßig ist

3.12.1825: Der speziell für die Familienhäuser neu eingestellte Armenarzt Dr. Thümmel berichtet der Armendirektion über die Familienhäuser

7.12.1825: Der Stadtrat Keibel verfaßt im Auftrag des Magistrats einen Bericht über die Familienhäuser

3.2.1826: Zweiter Zeitungsbericht des Magistrats an den König über die Familienhäuser

18.2.1826: Der Innenminister fordert den Magistrat auf, seinen Zeitungsbericht durch spezielle Tatsachen zu untermauern und Verbesserungsvorschläge zu machen

16.5.1826: Erneute Aufforderung des Innenministers an den Magistrat

30.5.1826: Der Magistrat fordert die Armendirektion auf, einen Bericht über die Familienhäuser zu verfassen

27.11.1826: Die Armendirektion fordert ihren Armenarzt Dr. Thümmel auf, diesen Bericht anzufertigen

11.1.1827: Dr. Thümmel schließt seinen Bericht ab

31.1.1827: Die Armendirektion übermittelt dem Magistrat den Thümmel-Bericht

26.3.1827: Bericht des Magistrats an den Innenminister über die Familienhäuser auf der Grundlage des Thümmel-Berichts

7.4.1827: Verfügung des Innenministers an Magistrat und Polizeipräsidium

17.4.1827: Dr. Thümmel informiert die Armendirektion über Fehlangaben in seinem Bericht vom 11.1. 1827

1.5.1827: Zeitungsbericht des Magistrats an den König über die Familienhäuser

29.4.1828: Bericht des Polizeipräsidiums auf die Verfügung des Innenministers vom 7.4.1827

21.7.1828: Verfügung des Innenministers an das Polizeipräsidium

19.8.1828: Dr. Thümmel muß sich vor dem Innenministerium wegen der fehlerhaften Angaben in seinem Bericht rechtfertigen

7.10.1828: Öffentliche Richtigstellung des Thümmel-Berichts vom 11.1.1827 im Berliner Intelligenzblatt

7625

→L 1

Berliner

Intelligenz-Blatt.

No. 241. Dienstags, den 7. Oktober 1828.

Königl. Preuß. Polizey-Präsidium. von Esebeck.

Bekanntmachung. In einem von dem hiesigen Magistrat auszugsweise und Druck beförderten Bericht des Dr. Thümmel vom 11ten Januar vorigen Jahres über den Zustand der hierselbst vor dem Hamburger Thor belegenen. von Wülknitzschen Häuser und ihrer Bewohner sind Aeußerungen und Schilderungen enthalten, welche dringende Besorgnisse erregen mußten, und die Veranlassung dazu gegeben haben, daß höheren Ortes eine desfallsige nähere Untersuchung angeordnet und von Sachkundigen mit Zuziehung des Dr. Thümmel zur Ausführung gebracht worden ist. Es hat sich bey dieser Untersuchung ergeben, daß jener Bericht des Dr. Thümmel erhebliche Unrichtigkeiten und Uebertreibungen enthält, welche zu tadelnden Mißdeutungen über die Verhältnisse dieser Häuser öffentlich Anlaß gegeben haben; wie aus Folgendem näher hervorgeht. Der Dr. Thümmel giebt in der gedachten Schrift an, daß der ganze Raum, auf welchem die von Wülknitzschen Häuser stehen, einen Flächen-Inhalt von 600 □Ruthen enthalten. Die Untersuchung hat ergeben, daß derselbe über 1200 □Ruthen beträgt. Er giebt ferner an: die in den Häusern befindlichen Zimmer hätten bey einer Höhe von 8 bis 9 Fuß nur eine Tiefe von 12 Fuß. — Die Untersuchung ergab: daß die Zimmer im Dache 16 Fuß Tiefe haben, und daß dieselben in den Etagen unter dem Dache (deren nicht fünf, wie der Dr. Thümmel unrichtig bemerkt, sondern nur zwey vorhanden sind) in einer Tiefe bis zu 21 Fuß erbaut sind. Weiter ist in jener Schrift angezeigt: die Kellerwohnungen wären feucht, dumpfig und ungesund. Bey der Untersuchung wurden dieselben zwar nicht ganz trocken, jedoch keinesweges so ungesund befunden, als die Schilderung des Dr. Thümmel besorgen ließ. Ferner ist vom Dr. Thümmel geäußert, daß auf einem so engen Raume (von 600 □Ruthen) und in so engen und ungesunden Wohnungen 3800 bis 4000 Menschen zusammengedrängt wären. — Bey der Untersuchung fand sich, daß auf einem Flächen-Raum von mehr als 1200 □Ruthen die Einwohnerzahl nur 2200 Köpfe betrug, und daß also der Flächen-Raum um mehr als die Hälfte zu klein, die Einwohner-Zahl aber, um beynahe um die Hälfte zu groß angegeben worden ist. Sodann behauptet der Dr. Thümmel in jener Schrift: die Höfe, die Corridors und die Wohnungen selbst wären voll von stinkendem und Ekel erregenden Unrath, und deshalb die Luft in den Zimmern ungesund. — Die unvermuthet ausgeführte Besichtigung ergab, daß Besorgniß für die Gesundheit der Bewohner nicht vorhanden war, und Ekel erregende Unreinlichkeiten wurden nicht vorgefunden. Endlich sagt der Dr. Thümmel: der Zustand der Bewohner dieser Häuser sey physisch und moralisch verdorben und für die Stadt Gefahr drohend. — Die Untersuchung legte dar, daß in Beziehung auf die Zahl dieser Einwohner und ihrer Verhältnisse weder deren physischer noch moralischer Zustand die ausgesprochene Gefahr befürchten läßt, und zu etwanigen außerordentlichen Gegen-Mitteln auffordert. Zur Berichtigung der durch jene Druck-Schrift verbreiteten irrigen und gehässigen Ansichten wird dies auf höchsten Befehl hierdurch bekannt gemacht. Berlin, den 1sten Oktober 1828. Königliches Preußisches Polizey-Präsidium. v. Esebeck.

Mit dieser Vorinformation reproduzieren wir als erstes Dokument den Thümmel-Bericht in seiner fehlerhaften Originalfassung und lassen Dr. Thümmel in der Randspalte die Fehler selbst kommentieren:

→A 2

Auszug eines Berichts

über

die innere Verfassung, den physischen und moralischen Zustand der Bewohner der von Wülcknitzschen Familienhäuser und deren Mängel nebst Gutachten zur Abhülfe derselben.

Localität.

←A 3   Auf einem Flächenraum von ungefähr 600 Quadratruthen, welcher die Gestalt eines länglichten Rechtecks hat, sind die 5 Familienhäuser (58, 58a, 58b, 59a und 60 der Gartenstraße) so erbaut, daß das jetzige Wohnhaus des Herrn Kammerherrn v. Wülcknitz, 59, nebst den dahinter befindlichen Kramläden, die zur Viehhalterei gehörigen Stallungen, der Müllkasten (ein viereckiger offener, mit 6–7 Fuß hohen Mauern umschlossener und mit 2 Thüren versehener Raum), und die Cloaken, den Hof in 2 ungleiche Theile trennen, deren größerer durch die Häuser 58, 58a, 58b und die genannten Ställe ꝛc., deren letzterer kleinerer durch die Gebäude 60, 59, 59a, die Kramläden, Müllkasten und die Viehhalterei, so eingeschlossen wird, daß zwischen den letzteren Häusern ein Durchgang bleibt, welcher, von etwa 12 Fuß Breite, beide Höfe mit einander verbindet.

(Zur Grundstücksgröße), Berichtigung vom 19.8.1828:

Was den in dem Berichte vom 11.1.27 erwähnten ablongen Flächenraum, auf welchem die Familienhäuser stehen, betrifft, so wird derselbe (nach der Angabe des damaligen Haus-Inspectors) sich nicht höher als auf 600 Ruthen belaufen, wenn man den Raum, der ein längliches Rechteck bildet und auf welchem die Familienhäuser sind, meint; rechnet man aber den hinter den Häusern befindlichen Sumpf oder Abzugsgraben (Senkgrube) und den Platz, auf welchem sich Wagenschuppen, Holzställe und Gelaß zu Baumaterialien (der ehemalige Holzplatz des Herrn von Wülcknitz) befinden und welchen die Bewohner der

Das Haus 58, welches mit seiner Vorderfronte der Gartenstraße mit der Hinterfronte dem Hofe zugekehrt ist, hat mit den Kellern und 2 Reihen Dachwohnungen 5 Stockwerke 32 Fenster Fronte und 150 Stuben. In einem jeden der 5 Stockwerke durchschneidet ein sehr dunkler und enger Gang von ungefähr 5 Fuß Breite und 9—10 Fuß Höhe dies große Gebäude der Länge nach dergestalt, daß zu beiden Seiten desselben die Wohnungen liegen. Vor diesem Hause, zu welchem vom Hofe aus zwei nicht fertige, gemauerte Treppen ohne Geländer führen, ist der Hof der Länge des Gebäudes nach, etwa 6 Fuß breit und sonst nirgends als vor dem Hause Nr. 60 in gleicher Breite gepflastert. Die Treppen, welche zu den oberen Stockwerken führen und mit den oben angegebenen 2 Ausgangstreppen zusammenhängen, sind nur sehr leicht gezimmert, mit zu einfachen Geländern (ohne Sparren) versehen und ganz besonders diejenigen, welche nach den dunklen Kellerwohnungen führen, schadhaft und schlecht. Die Zimmer selbst werden nur durch einfache glatte Thüren, welche sich verworfen haben, sehr unvollkommen verschlossen und veranlassen mit den gegenüber befindlichen ebenfalls schadhaften Fenstern fast überall Zugluft. — Die Höhe der Zimmer beträgt im Durchschnitt 8—9, die Tiefe etwa 12 Fuß, der Miethszins 36 — 22 Rthlr. — Die Wände sind nur zum Theil gemauert, bestehen aus Fachwerk mit Lehmfüllung und sind überall nur dürftig geweißt.

In einem jeden Zimmer befindet sich ein ziemlich großer Ofen, der auch zum Kochen eingerichtet und vor der Oeffnung mit Fliesen versehen ist. Im Durchschnitt wohnen in jeder Stube 2 Familien, so daß mit Kindern und Schlafleuten eine Anzahl von 9 — 10 Köpfen auf solch einen engen Raum kommt. Die Kellerwohnungen sind im Allgemeinen hier feucht und dumpfig, ohne daß ihnen die Unbequemlichkeiten und Mängel der Wohnungen des übrigen Theils des Hauses abgingen. — Den Bewohnern, welche nur auf ein einziges Zimmer beschränkt sind, mangelt der eigentlich dringend nöthige Kammer-, Küchen-, Keller- und Bodenraum durchaus und dieselben sind genöthigt, sowohl alle ihre häuslichen Geschäfte darin zu verrichten, als daselbst mit einer zahlreichen Genossenschaft zu schlafen.

Die Häuser 58a und 58b, welches erstere 18 Fenster Fronte mit 87 Wohnungen, das letztere 16 Fenster Front und 75 Stuben hat, sind, außer daß sie jedes nur einen einzigen Eingang und eine Treppe haben, welche bis zu den obersten Stockwerken führt, in Beziehung auf Bauart, Beschaffenheit des Materials, auf Einrichtungen und Mängel ganz von derselben Art, wie das vorher beschriebene Haus 58, bilden mit diesem 3 Seiten eines Rechtecks, und bieten wie dies, ein Bild der höchsten Armseligkeit dar.

Das dem Thore zunächst gelegene, mit der Giebelseite der Gartenstraße, mit der Vorderfronte der Stadtmauer und mit der Hinterfront dem Hofe zugekehrte Haus 60 endlich hat, indem es zuerst entstanden, noch die beste Bauart und leidlichste Einrichtung, besteht ebenfalls aus 5 Stockwerken, ist aber mit 4 Eingängen versehen, welche indeß nicht mit einander in Verbindung stehen und bei etwaiger Feuersgefahr den Bewohnern keine Wahl gestatten. Es schließt 91 Wohnungen in sich, wozu Kammern oder Alkoven und dunkle auf den Corridors angebrachte Kochgelegenheiten (Kamine) gehören.

Die Kellerstuben sind hier am tiefsten, in Vergleich zu den übrigen Häusern gelegen, feucht, dumpfig, und ungesund, die dazu gehörigen Corridors werden nur durch ein Kellerloch unter der Eingangstreppe schwach erleuchtet, vor welcher sich der Abfall, Kehricht etc., den die Bewohner der oberen Stockwerke hier ausschütten, anhäuft und einen sehr üblen Geruch verbreitet. Das Haus 59a ist nur zweistöckig, besteht aus 20 Wohnungen und kommt gar nicht mit den übrigen Gebäuden in Betracht. Die Ställe hingegen, die zur Viehhalterei gehörigen Gebäude, die offenen Cloaken und der Müllkasten, welche weder zur Verschönerung noch Verbesserung des Ganzen beitragen, verderben durch die hier vermodernden animalischen und vegetabilischen Substanzen die Athmosphäre.

Der Theil des Hofes, welcher von den Häusern 58, 58a und 58b umgeben ist, wird zum dritten Theil von einem Rinnstein durchschnitten, der alle unreine Flüssigkeiten nach dem, das Haus 58a halb umschließenden Sumpf, dessen Ausdünstung besonders im Sommer höchst unangenehm und nachtheilig ist, hinleitet, während der Abfall und Moder demselben so lange umgiebt, bis er oft erst nach 8 — 14 Tagen von dem Entrepreneur abgeholt wird. Außerdem wird der Theil des Hofes, wo sich die Cloaken und der oben bezeichnete Sumpf befinden, von Kindern und Großen, Abends und bei Tage auf eine empörende Weise so verunreinigt, daß man mit Sicherheit nicht schreiten kann. — Ueberhaupt aber sind die Cloaken von den einzelnen Häusern zu weit entfernt, zu gering an Zahl und unzweckmäßig eingerichtet. Der Brunnen liegt höher als der größte übrige Theil des Hofes, so daß das überflüssige Wasser, welches durch die Abzugsrinne nicht nach dem Sumpfe fließen kann, den tiefer liegenden Theil des Hofes überschwemmt und bei Frostwetter für die große Anzahl von Kindern und Betrunkenen leicht ein Ort zum Fallen werden kann.

Dem ganzen Hauswesen steht ein Inspector vor, der sich bei den vielen übrigen Geschäften für seinen Principal, eigentlich zu wenig um dasselbe bekümmern kann, da er oft Tage lang in der Stadt mit Abhaltung von Terminen wegen Ermission der Miethsschuldner beschäftigt ist. Er wird zwar von einem Schreiber unterstützt dessen Function, aber nur die Führung der Listen der Bewohner, der Bücher für die Mietheinnahme und Anfertigung von Contracten, Klagen und Ermissionsgesuchen ist.

Der Hausknecht, welchem die Reinhaltung des Hofes aufgetragen ist, hat mit dem

Häuser nicht benutzen können und dürfen, noch hinzu, so müßte sich die Summe der Quadrat-Ruthen vielleicht auf das Doppelte belaufen. Diese genannten Plätze aber, welche in medizinisch polizeilicher Beziehung durch ihren in Zahlen ausgedrückten Raum einen günstigen Eindruck zu äußern scheinen, dürfen aber ebensowenig als die daranstoßenden Gärten fremder Besitzer hinzugezählt werden, weil mit der Angabe der Bewohner- Anzahl und des Flächen-Inhalts nicht gemeint war, daß außerhalb der 600 Quadrat-Ruthen die freie Luft durch Anbau beschränkt sei.

(Zu den Korridoren), Rechtfertigung vom 19.8.1828:
Paradox erscheint es, wenn der Verfasser des Berichtes vom 11. Januar von der Dunkelheit der Corridore besonders in dem langen Hause 92 spricht und dem Haus-Inspector rät, die unteren Scheiben der Flurfenster mit Holzscheiben zu vertauschen. Wenn aber überhaupt diese großen Fenster nicht im Stande sind, in der Mitte der Flure die gehörige Helle zu verbreiten, so glaubte der Verfasser dem allgemeinen Nutzen wenig Eintrag zu tun, wenn er wegen des unerträglichen Zuges, der dort stets beschädigten u n t e r e n Scheiben der Flurfenster drang und den Bewohnern der 48 an diesen Fenstern unmittelbar belegenen Stuben, vor denen sich Schnee und Regen anhäuften, lästig, ja schädlich wurde, sorgfältige Reparatur der Fenster anriet, und wegen der Klage, daß die u n t e r e n Scheiben täglich von den mutwilligen Knaben zerbrochen würden, vorschlug, diese letzteren Scheiben mit hölzernen zu vertauschen.

(Zu den Raumgrößen), Berichtigung vom 19.8.1828:
Was aber die irrigen Angaben wegen des Raum-Verhältnisses der einzelnen Zimmer betrifft, welche vom Keller bis zu den Dachwohnungen an Größe sehr verschieden sind und wohl eine Durchschnitts- oder Mittelzahl gestatten, so ist der Fehler begangen, daß nur die Höhe und Breite genannt und statt der Breite d i e T i e f e angegeben worden, die eigentliche Tiefe der Zimmer aber freilich ganz übersehen worden ist.

→A 4 **(Zu den Mieten), Ergänzung vom 17.4.1827:**
Nachträglich erlaube ich mir noch zu bemerken, daß Herr v. Wülcknitz durch die größere Concurrenz der kleinen Wohnungen im stets sich vergrößernden Voigtlande veranlaßt, den Mietzins ermäßigt hat und dies seit dem 1. April c. in Anwendung getreten ist, um mit den übrigen Hauswirten einigermaßen Schritt zu halten.

(Zu den Kochöfen), Berichtigung vom 19.8.1828:
Was die Kochöfen in den Zimmern selbst betrifft, so mußte der Verfasser des Berichts in medizinisch-polizeilicher Beziehung, ohne Rücksicht, ob dem Hauseigner eine Änderung der Zimmer angesonnen werden könnte, die Nachteile berühren, welche daraus erwachsen; die darin bestehen: daß diese Koch-Öfen im Sommer, namentlich in den der Sonnenseite zugekehrten Wohnungen eine unerträgliche Hitze, im Winter aber h ä u f i g Rauch verursachen, welche nicht nur Momente zur Krankheitsbildung, als auch zur Verschlimmerung schon bestehender Krankheiten abgibt, namentlich da bei der Überfüllung der Königlichen Charité jetzt ein größerer Teil schwerer Kranken im Hause behandelt werden muß, ja oft Kranke mit Gehirn-, Lungen- und anderen Entzündungen, oder Kinder, welche nicht mehr zu transportieren sind, nun dem e r s t e n Erfordernisse einer zur baldigen Wiederherstellung nötigen Krankenpflege entbehren müssen. So ist das Aufschichten der nassen Holzspäne hinter den Öfen, welche, außer daß sie einen sehr unangenehmen Kien-Geruch verbreiten, doch leicht bei Beschädigung und Ausfallen einer Kachel in Brand geraten können, nach der Ansicht des Verfassers nicht gutzuheißen.

(Zu den Abtritten), Berichtigung vom 19.8.1828:
Es darf nicht übergangen werden, daß von dem Verfasser des Berichtes vom 11. Januar 2/3 der Sitze in den Abtritten übersehen wurde; indessen liegt der Eingang zur einen Hälfte der Abtritte hinter der Viehhalterei so versteckt, daß diese nur von den Bewohnern des Hauses 94 benutzt werden, die Bewohner der Häuser 92, 92a und 92b gerade 3/4 und mehr der ganzen Summe der Einwohner sich der anderen Hälfte der Abtritte bedienen, deren Eingang dem sogenannten Hinterhofe, welcher von obengenannten Häusern umschlossen wird, zugekehrt ist.

(Zur Bewohnerzahl), Berichtigung vom 19.8.1828:
Die Bewohner-Anzahl der Familienhäuser genau zu bestimmen ist sonst immer mit Recht von den dazu Berufenen als eine Danaiden-Arbeit betrachtet worden, weil der tägliche Wechsel der Einlieger und die mangelhafte Controlle von seiten des Hausinspectors jede genaue Angabe unmöglich machte.

Sehr bedauert hat es der Berichterstatter, dem eine Zählung der Seelen nicht zugemutet werden konnte, daß er weder die Polizeibehörde noch die Hausinspection zu einer neuen Zählung bewegen konnte und er sich genötigt sehen mußte, eine ältere Zählung von 1824, welche noch in dem Polizei-Büreau lag, sich in Abwesenheit des Polizei-Commissarius, der ihn Vices vertrat, zu erbitten. Hierbei fiel der bekannte Fehler vor, daß die 6–800 Bewohner des übrigen Teils der Gartenstraße von demselben mitgezählt wurden und eine Summe von 3800 Köpfen heraus kam. Im Jahre 1825–27 aber hat sich die Zahl der Häuser und Wohnungen in dem übrigen Voigtlande so unglaublich vermehrt, daß den Armen, welche sich zwar im Winter 1825 noch in den Familienhäusern behalfen und die mithin deren Bewohnerzahl noch vergrößerten, bequemere und ebenso wohlfeile Zuflucht-Örter dargeboten wurden, und die Untersuchungs-Commission im folgenden Sommer, also 8 ganze Monate später (wo ohnehin ein großer Teil der Bewohner als Arbeiter auf dem Lande etc. die Wohnungen verläßt), die Häuser evacuirt und die Bewohner-Anzahl zum Erstaunen so verringert fand.

Als ein recht schlagender Beweis für das allmähliche Sinken der Seelenzahl dieser Häuser bei dem abnehmenden Mangel an Wohnungen durch neuen Anbau im Voigtlande mögen die Seelenlisten der Familienhäuser in den verschiedenen Jahren betrachtet werden, woraus sich ergibt, daß

vor 1824 an	*3800*	
in 1824 an	*3200*	
1825 an	*2800–3000*	
1826 aber	*2300*	
1827 aber	*2100*	

am 6. August 1828 aber 1740 Seelen vorhanden waren.

(Zur Belegung), Berichtigung vom 19.8.1828:
Wenn zwar jetzt in den meisten Wohnungen nur noch 5–6, seltener 8 bis 9 Menschen leben, so gibt es doch noch neuerdings viele Zimmer, in welchen sich über 10 Bewohner befinden; ja, es ist noch im März 1828 der Fall vorgekommen, daß im Hause 92b Kellerstube 11 (deren Raumverhältnis noch geringer als in den übrigen Wohnungen ist) s i e b e n z e h n Menschen wohnten, wovon d r e i z e h n an einem n e r v ö s e n F i e b e r m i t P e t e c h i n (?) erkrankt waren:

nämlich die Witwe Naucke mit 4 Kindern 5
die Witwe Lange mit 5 6
die Witwe Grasmann mit 1 Kind 2
Höfke nebst Frau und Mutter 3
Laake 1

Summa 17 Personen
Ebenso im Mai 1828 im Hause 92b 49 beim Weber Rauschnick z w ö l f und Haus 92 Stube 118 z w ö l f Personen in drei Familien – Fälle, die nach gehöriger Anzeige an die Behörde erledigt wurden.

Stall und der Viehhalterei ꝛc. so viel zu thun, daß ihm zu wenig Zeit übrig bleibt, für die allgemein wünschenswerthe Ordnung und Reinlichkeit hinreichend zu sorgen.

Bewohner.

a. Anzahl.

Nach den Angaben des Revier-Polizei-Commissarius beläuft sich die Zahl der Bewohner dieser Familienhäuser über 3800; so daß man annehmen kann, daß diese Summe, mit den fast täglich wechselnden, ambulirenden und obdachlosen Schlafleuten, unbedingt auf 4000 heranwächst!

Kein Gasthof bietet dem Nachtlagerbedürftigen wohl billigere und bessere Gelegenheit zur Aufnahme als dies, wo es für 6 Pfennige, Streu mit manchen nächtlichen Annehmlichkeiten giebt. — Diese Einwohneranzahl ist nun in 426 Stuben (wovon etwa 26 leerstehende abzurechnen sind) vertheilt,

nämlich im Hause 58	—	150	Stuben
„ „ 58a	—	87	„
„ „ 58b	—	75	„
„ „ 59	—	3	„
„ „ 59a	—	20	„
in der Töpferei und „	—	60	— 91

Summa 426 Stuben,

so daß im Durchschnitt auf jedes Zimmer 9 — 10 Köpfe gezählt werden können; eine gewiß zu bedeutende Bewohnerzahl für so kleine Zimmer von höchstens 9 Fuß Höhe und 12 Fuß Tiefe, — wenn man bedenkt, daß die schon durch vielerlei Ausdünstungen verdorbene Luft, durch Kranke und besonders viel Schwindsüchtige, Wöchnerinnen, scrophulöse Kopfausschläge, alte Fußgeschwüre ꝛc. mit der Gesundheit schädlichen Substanzen imprägnirt werden muß. — Bei Tage und im Sommer hat dieser Uebelstand weniger zu sagen, weil die Kinder und Erwachsenen außer dem Hause arbeiten und dem Zimmer durch Fensteröffnen frische Luft gegeben werden kann. Nachts und im Winter hingegen, herrscht bei den stets verschlossenen Fenstern eine desto unerträglichere und nachtheiligere Zimmerluft.

b. physischer Zustand derselben.

Der größte Theil der Bewohner besteht aus Tagelöhnern, sogenannten Arbeitsleuten, die an keine bestimmte Beschäftigung gebunden sind, ferner aus Webern und verarmten Professionisten jeglicher Art — vielen Taugenichtsen und liederlichem Gesindel beiderlei Geschlechtes. — Mangel an ordentlicher Kost, unordentliches liederliches Leben, die Neigung zum Branntweintrinken und ein zügelloses Hingeben zu allen Lastern, frühes Heirathen, oft Hunger und Kummer um Selbsterhaltung und Erhaltung der Familie, geben fast allen das Gepräge des Siechthums — Schwindsuchten, Wassersuchten, Lungenentzündungen, halbseitige Lähmungen, Schlagflüsse und Irresein der Trinker, sind häufig vorkommende Krankheiten. Im Ekel erregendsten Schmutze werden die Kinder erzogen. — Schlechte Milch, Kartoffeln sind ihre Nahrung und der größte Theil derselben ist dem zahllosen Heer der scrophulösen Leiden unterworfen, welche dem Arzte hier eine reiche Beobachtung gestatten. — Kranke liegen hier ganz ohne Pflege und Wartung, denn auf nachbarliche Hülfe ist, wie auf Freundschaft und Mitgefühl, wenig zu rechnen, da Jeder für den heutigen Tag und für die Erhaltung seiner eigenen Familie selbst genug zu sorgen hat.

c. moralischer Zustand.

Dieser sinkt an Werth bei Weitem unter den vorigen herab und ist wohl der Grund warum diese gewiß in unendlich vieler Beziehung für die Bewohner so höchst unbequemen Häuser, noch in der gegenwärtigen Frequenz bewohnt sind.

Für ein Revier von ungefähr 12,000 Seelen sind nur 2 und zwar entlegene Schulen bestimmt, welche von den Kindern aus den Familienhäusern am allerwenigsten besucht werden. Schickt man sie auch pro Forma ein oder das andere Jahr in die Schule, so müssen sie doch bald zum Unterhalt der Familie, als Spuler, oder in Kattun- und anderen Fabriken, als Ziehjungen bei Seidenwirkern u. s. w. arbeiten, und fangen nun an, ihre erste Bildung zu Taugenichtsen und Lotterbuben zu bekommen — (wovon man überzeugt wird, wenn man diese Kinder des Abends von ihrer Arbeit zurückkehren und in den benachbarten Straßen, Zoten singend, Unanständigkeiten ausüben sieht). Oft ohne lesen zu können, werden sie zum Religions-Unterricht gelassen, den sie gewöhnlich von ihrem 12ten Jahre an, meistens sehr unregelmäßig frequentiren, eben weil sie schlecht vorbereitet, das Ernste und Heilige desselben gar nicht verstehen und empfangen den Segen, ohne im Innern nur das Geringste des Christenthums zu besitzen. Wie ist es auch möglich, daß zwei Prediger einer so zahlreichen Gemeinde von circa 60,000 Seelen und darüber, als eigentliche Seelsorger (die jedes Familienglied kennen sollten, um wohlthätig auf die Schwachen und Irrenden zu wirken) walten können, da sie wohl kaum im Stande sind, die äußere Seite, das Ceremonielle und Unwesentlichere ihres hohen Amtes zu bestreiten. Wenige dieser unglücklichen Voigtländer besuchen die Kirche. — Können 2 Stunden wöchentlichen Religions-Unterrichts alle die Uebel, welche die Kinder täglich zu Hause üben sehen, aus der Wurzel vertilgen?

Auf Verbesserung und größere Verbreitung der Schulen und auf eine ausgedehntere Seelsorge, dürfte meiner Ansicht nach, hier besonders zu sehen sein. —

Der Erwachsene lebt hier gewissermaßen in rüder Freiheit, und kann ungestört in diefen Hallen feinen Neigungen nachhängen, unbekümmert, ob fie den polizeilichen Gefehen zuwider find oder nicht, weiß er doch, daß für 12,000 Voigtländer nur ein Polizei-Commiffarius und ein Sergeant gefeht find, die ihre ganze Aufmerkfamkeit nicht auf diefe Häufer allein, und befonders Abends richten können, wo das eigentliche Uebelthun erft recht beginnt. — Vagabonden und anderes Gefindel miethen fich hier Nachtlager um niederen Preis, und haben zugleich die Annehmlichkeit, daffelbe mit einer gefälligen Concubine zu theilen. — Wilde Ehen find hier zahllos. — Betrunkene häufige, tägliche Erfcheinungen — der größte Theil des verdienten Geldes wird in Branntwein verzehrt, fo daß es Abends von überluftigen Leuten wimmelt.

Zur Ausübung aller Lafter ift die Gelegenheit ftets günftig.

Vorgefundene Mängel.

1. Der Urfprung aller hier nachzuweifenden Mängel ift unftreitig die innere Exiftenz folcher Häufer und die Fülle der Bewohner derfelben, welche zu den gegründetften Beforgniffen wegen unabwendbarer Gefahren, Gelegenheit geben.

I. In Beziehung auf die Bewohner felbft.
α. In polizeilicher Hinficht.

Bei der leichten Bauart der Häufer, bei welcher die Vermeidung einer Feuersgefahr keinesweges hinreichend berückfichtigt worden, muß man fich allerdings wundern, daß bis jeht noch kein Unglück der Art entftanden ift, da einmal die Sorglofigkeit der Bewohner, die große Menge von Kindern und Trunkenen und die unten näher zu bezeichnenden Mängel nicht nur nichts zur Verhütung deffelben beitragen, fondern es vielmehr zu begünftigen fcheinen. Wenn auch nicht in Abrede zu ftellen ift, daß diefe Gefahr durch die große Frequenz der Bewohner und den unglaublichen Verkehr derfelben, welcher noch fpät Abends ftatt findet, fehr vermindert wird; fo ift doch namentlich in der Nacht, wenn durch Sorglofigkeit, oder gar durch Muthwillen oder Rache, Feuer ausbräche, (ganz befonders wenn die leichten hölzernen, unten nicht bekleideten Treppen zuerft mit ergriffen würden) das Unglück nicht zu fchildern, dem die Bewohner, vorzüglich der Häufer 58 a und 58 b mit einem einzigen Ausgange, preisgegeben wären, welchen dann nur die Wahl zwifchen Flammentod, oder Herabftürzen aus den Fenftern übrig bliebe, während Kinder, Greife und Kranke traurige Opfer des Feuers rettungslos würden.

β. In phyfifcher Hinficht.

Bekannt ift es, daß das Zufammengedrängtfein vieler, befonders armer Menfchen, bei beftehendem Mangel an nöthiger Reinlichkeit der Leib- und Bettwäfche, ungefunder Luft in engen Wohnungen 2c. bösartige Krankheiten hervorzurufen und einmal entftandene Epidemien mit fürchterlicher Rapidität zu verbreiten im Stande ift.

Verhängt der Himmel über unfere Stadt einmal ein folches Unglück, fo werden die Bewohner, welche als Tagelöhner, fich täglich in alle Theile derfelben ausbreiten, auch bald das Krankheitsgift hieher verpflanzen. Oder umgekehrt, bildet fich hier ein Contagium; was leicht von Stube zu Stube verbreitet wird, fo dürfte uns dies, eben wegen der vielen Beziehungen, in welchen die Familienhäusler zur Stadt ftehen, an das Schickfal Gröningens erinnern, und uns zu dem Wunfche berechtigen, daß der verderbliche Inhalt diefer, unfere Mauern bedrohende Gebäude fich nicht auch fo zerftörend über unfere Stadt verbreite, wie einft ein ähnlicher Inhalt des Trojanifchen Pferdes Verheerung und Zerftörung über die nur zu forgenfreie Stadt brachte.

γ. In moralifcher Hinficht.

Auf welcher Stufe der inneren Cultur und der Sittlichkeit die niedere Claffe überhaupt fteht, wäre zu erinnern, überflüffig. — Welcher Geift in diefen Häufern herrfcht, wo nur Arme und viel fehr liederliches Gefindel wohnen, leuchtet von felbft ein. Daß aber diefer Geift auf die zahlreiche Menge von Kindern und auf einzelne Beffere übertragen wird, und werden muß, ift leider Thatfache.

II. In Beziehung auf die Stadt,
gewinnen die Beforgniffe wohl eben den Grad von Wichtigkeit, wie die vorher angedeuteten und zerfallen ebenfalls in drei Abtheilungen.

α. In polizeilicher Hinficht.

Wenn durch eine Verheerung des Feuers eine große Anzahl Familien mit einemmale obdachlos wird, fo fallen fowohl die vom Feuer Befchädigten als die Geretteten der Stadt zur Laft. Denn ein zum größten Theil in phyfifcher und moralifcher Beziehung verderbter Haufe von Menfchen, könnte durch plötzliche Obdachlofigkeit für die Stadt nicht anders als eine fchwere Bürde zu nennen fein. — Der Hauseigenthümer ift durch die Feuerkaffe gefichert.

β. In phyfifcher Hinficht.

Habe ich fchon die Wirkung, welche durch das Zufammenwohnen fo vielen Menfchen den Ausbruch contagiöfer Krankheiten veranlaßt werden und die Gefahren, welche der Stadt daraus erwachfen können, oben angegeben.

γ. In moralifcher Hinficht.

Erwachfen für die Stadt aber auch nicht befondere Vortheile aus diefen Häufern, welche mit Recht eine Pflanzfchule der Sittenlofigkeit genannt zu werden verdient.

(Zur Hausordnung), Ergänzung vom 17.4.1827:

In Beziehung auf die hauspolizeilichen und moralischen Unordnungen, welche sich in dieser Anstalt in Fülle vorfinden, darf ich nur auf die Haus-Akten, welche vom Herrn Polizei-Commissarius Gain geführt worden sind, verweisen, wo noch ganz neuerdings darüber geklagt wird, daß mehrere Holzarbeiter keinen sicheren Raum zur Aufbewahrung des Materials und der Hobelspäne etc. hätten — von dem Herrn Eigentümer die nötige Anzahl Feuereimer nicht zu erlangen wäre. — Der tief gesunkene moralische Zustand der Bewohner wird aus diesen Akten recht klar, wenn man die Unordnungen, welche Herr Gain gefunden und über welche er berichtet hat, erwägt. Ist leider durch das oben angegebene Mißverständnis die Bewohnerzahl zu hoch angeschlagen und von der Hauptsumme 881 Personen abzurechnen, so dürfte es nur diesen Punkt mildern, welcher immer noch sehr der Beobachtung und Beherzigung verdient, keineswegs aber zu einer Nichtbeachtung der ganzen Sache Gelegenheit geben dürfte.

→A 5 **Gutachten und Vorschläge. (Manuskript, in der Druckfassung durch die letzten vier Absätze ersetzt):**
Nun fragt sich aber, wer die Kosten zu tragen hat, welche durch die Wegräumung der oben angeführten Mängel entstehen, da der Herr Eigentümer einmal sich auf seine Ministerielle Erlaubnis zum Bau solcher Häuser standhaft berufen und nicht aus der Categorie gewöhnlicher Hauseigentümer treten wird, von denen die Erleuchtung des Hofes und der Flure sowie die Anschaffung von Lösch-Apparaten etc. nicht verlangt werden (zu) können (scheint). Es leuchtet zwar ein, daß diese Familienhäuser mit keinem Hause der Stadt

verglichen werden können (wenn man auch das an der Communikation zwischen dem Hallischen und Potsdamer Tor gelegene sogenannte Lazareth, das letzte Haus in der großen Friedrichstraße, nahe dem Platz belle Alliance, in welchem einige 90 Familien leben, und viele Häuser der alten Stadt, Petristraße, Roßstraße etc. etc. hierher rechnen wollte (?), welche in kleinerem Maßstabe ein ähnliches Bild der Armseligkeit, des Schmutzes und Elendes geben, so machen doch die ersteren durch ihre Gefahr drohenden Mängel die öffentliche Aufmerksamkeit mehr als alles rege, daran vollkommene Abhülfe, sei es von Seiten des Eigentümers oder der Commune, nicht lange mehr zu den piis desideriis gehören möge.

Dennoch zweifle ich nicht, daß der Herr Eigentümer sich diesen Neuerungen, die ihm sehr bedeutende, außer dem Bereich seines Calculs liegende Ausgaben verursachen würden, sich Rücksichts seiner Concession hartnäckig widersetzen wird, wenn nicht von Seiten des Staates demselben eine Entschädigung zugeführt oder mit ihm ein billiges Abkommen getroffen werden kann.

Schlägt man die in den 3 Häusern 58, 58a und 58b nötigen Veränderungen in Bezug auf Kammer, Küche etc. auf 12.000 Rthl. zu jährl. Zinsen   600 Rthl.
3.000 Rthl. Verlust der Miete
*   während der Dauer*
Spritzen   500 Rthl. Zinsen u. jährl. Unterh. 25 Rthl.
Laternen   200 Rthl. Zinsen u. jährl. Unterh. 25 Rthl.
Abtritte   500 Rthl. Zinsen u. jährl. Unterh. 30 Rthl.
Verlust der Viehhalterei jährlich   100 Rthl.
Verlust des jährlichen Mietzinses   3000 Rthl.
Verlust 16.200 Capital u. jährl. Zinsen v. 3.865 Rthl. an. Ohne die Vermehrung der Schulen, des Straßenpflasters und die Seelsorge zu rechnen, so ergibt sich daraus eine nicht unbedeutende Summe, die bei der Melioration der Häuser noch obenein dem Eigentümer zufällt, ohne eigentlich ein Institut von wahrhaft anerkanntem Werte und allgemeinem Nutzen zu gründen, eben weil die Verwaltung dieselbe bleibt und der Arme nicht erleichtert wird. – Ohnerachtet man die Voigtländer und Familienhäusler nicht ganz unschicklich mit Neapels Lazzaronis vergleichen kann, welche, wie diese von dem göttlichen dolce far niente beseelt, recht eigentlich den Kern der horazischen Lebens-Philosophie „quid sit futurum cras, fuge quaerere" besitzen und nur so lange arbeiten, als hinreicht, ihren täglichen Bedarf zu erwerben, (kaum) und als es Bequemlichkeit und guter Wille erlauben, während sie den Silen, der aber statt der Trauben mit Kartoffeln geziert ist, reichliche Opfer spenden und die zahllosen Schnapsboutiquen in Flor erhalten, so scheint der Eigentümer durch hohen Mietzins, der mit dem Ochsenkopf in Alternative steht, teils auf den Ruin der letzteren bedacht, doch eigentlich die bösen Folgen des häufigen Genusses geistiger Getränke verhüten zu wollen. –

Unmaßgebliche Vorschläge

Allgemein ist es anerkannt und von Sachkundigen vielfach ausgesprochen worden, daß die benannten Familienhäuser, in der jetzigen Form und Verwaltung, zahllose Mängel und Gefahren darbietend, nicht bestehen dürfen. Und zu leugnen ist es nicht, daß wir je länger je mehr wie Trojas Bürger dem inhaltvollen Rosse, diesem Ungetüm, unsere Mauern einreißen, um dereinst Verheerungen und Zerstörungen uns selbst preiszugeben.

Unter welchen Bedingungen aber wird dies Krebsübel zu beseitigen sein? – Durch palliative Heilmittel, welche nur oberflächlich einwirken, gewiß nicht, sondern durch eine mit einer rationellen Kur verbundene, kühne, zu unternehmende Operation.

Obgleich ich durchaus überzeugt bin, daß die auf eine gute Eingangsspekulation gegründete Entstehung dieser Familienhäuser den Eigentümer bis jetzt in pecuniärer Hinsicht keineswegs gereuen darf, da sich das angelegte Kapital unbedingt höher als 12% verzinset, so glaube ich, daß er, vielleicht bei der täglich im Voigtlande und überall wechselnden Anzahl von Wohnungen vermindernden Nachfrage nicht, nicht unbegründet fürchtend, auch nicht abgeneigt sein wird, sein Grundstück käuflich zu überlassen. Fände sich bei den lockenden Aussichten, seine Kaufsumme von praeter propter 100 000 mit 300 000 Rthl. verzinsen zu können, ein Privatmann und würden auf diesen alle Rechte des jetzigen Eigentümers übertragen, so dürfte, wenn nun durch ein Praevum derselbe und zur strengsten Abhülfe aller bezeichneten Mängel angehalten würde, das Übel verkleinert werden und schwerer zu beseitigen sein.

Die voranschickend, erlaube ich mir, nun die Vorschläge zu tun, und beginne bei dem, welcher zwar den

2. Mangel an Küchen-, Keller-, Kammer- und Bodenraum, welcher die Bewohner zwingt, alle häuslichen Geschäfte in der einzigen engen Stube zu verrichten und wodurch der Uebelstand, viele Menschen auf einen kleinen Raum eingeengt zu sehen, noch bedeutend vermehrt wird. Abfall und Kehrigt, werden in Eimern aufgesammelt, und wenn der Inhalt durch seinen Geruch im Zimmer zu lästig wird, auf den Corridor, dicht an die Stubenthür verwiesen, so daß man diese Potpourri's, welche die kleineren Kinder noch geflissentlich zur Verrichtung nöthiger Bedürfnisse benutzen, hier reiheweise, aufgepflanzt findet.

3. Mangel an Hausspritzen. Eigentlich müßte eine große Spritze, und für jedes Stockwerk jeden Hauses noch kleinere Handspritzen angeschafft werden, wobei man es den Bewohnern zur Pflicht machen könnte, dafür zu sorgen, daß sie die auf den Corridors zu vertheilenden, etwa für kürzere eine, für längere Corridors zwei Wassertonnen, stets gefüllt hielten.

4. Mangel an Erleuchtung des Hofes und der Corridors. Für die Höfe würden etwa 10, für die Corridors 30 kleinere Laternen nothwendig sein. Zwar erleuchten einige Bewohner ihren Flurtheil mit Lampen. Dies ist aber meiner Meinung nach zu untersagen, weil sie nicht in Laternen hängen und die Feuersgefahr sehr vergrößert wird.

5. Mangel an zweckmäßig angelegten Abtritten. Es ist so gut als wären fast gar keine vorhanden, weil sich die Leute nicht aus dem 4ten und 5ten Stock über den schmutzigen Hof zu den entlegenen Cloaken begeben, zu welchen der Weg ohnedies durch scheußliche Verunreinigung versperrt ist.

6. Die Viehhalterei, welche zur Verunreinigung des Hofes und der Luft viel beiträgt, und meiner Ansicht nach, nicht eher zu verstatten wäre, als bis ein zweckmäßigerer Abfluß (nicht nach dem unten bezeichneten Sumpfe) statt fände.

7. Nicht weniger lästig, ist wohl der schon oben angegebene Mangel an Reinlichkeit des Hofes, dem ein einziger Hausknecht abzuhelfen unfähig ist. Der Abfall, Kehrigt und Unrath bei 4000 Einwohnern müßte, da er täglich mehr als eine Fuhre beträgt, auch täglich weggeschafft und der Hof überall sorgfältig gereinigt werden.

8. Der hinter dem Hause No. 58a befindliche luftverpestende Sumpf, in welchen alle unreinen Flüssigkeiten abfließen, der aber freilich nicht eher zu entfernen ist, als bis

9. der Mangel des Straßenpflasters der Gartenstraße (wodurch alsdann ein Abfluß in die Panke veranlaßt wird) gehoben sein wird.

Zu den Mängeln gehören unbedingt ferner:

10. daß nur ein einziger Polizei-Commissarius und ein Sergeant in dem Revier von 12 – 13000 Voigtländern fungiren – worunter allein an 4000 Familienhäusler sind – welche des Abends und in der Nacht einen ganz anderen Character annehmen, und wenn auch nicht gerade Verbrechen, doch gewiß viele nicht zu glaubende Unordnungen begehen, welche in der Stadt unbedingt gerügt werden müßten, hier aber eben Wirkung ihrer Freiheit sind. – Aus diesem Grunde ist auch eine genaue Angabe der Bewohner nicht möglich und nicht zu verhindern, daß Vagabonden in den 426 Stuben nicht unbemerkt von der Polizei, Herbergen erlangen sollten.

11. Schulen und Seelsorge.

Gutachten.

Wenn der Staat nicht die Macht hat, Einrichtungen, welche unter dem Scheine der Wohlthätigkeit und Abhülfe von damals fühlbaren Mängeln an Wohnungen sanctionirt wurden, bei ihrem Bestehen aber nicht wegzuläugnende Gefahren für das Gemeinwohl darbieten, zu vertilgen, und diese Familienhäuser der einmal gegebenen Concession zur Erbauung wegen, geduldet werden müssen, so verlangen dieselben unerläßlich die Beseitigung der oben angegebenen Mängel, um wenigstens erträglich zu werden. – Hiezu gehören also:

1. Verminderung der Bewohneranzahl, so daß nur eine Familie ohne Schlafleute (oder höchstens unter Mitwissen der Polizei) eine Wohnung beziehen dürfe, woran sich allerdings das Herabsetzen des Miethszinses reihet.

2. Die Einrichtung der Wohnungen in Stube, Kammer, Küchen, Boden und Kellerraum.

3. Die Anschaffung und Einrichtung von zweckmäßigen Lösch-Apparaten.

4. Die zweckmäßige Anlegung von Abtritten (nach Fauche Borelscher Art), — aber so vertheilt, daß sie der Bequemlichkeit der Bewohner entsprechen, daher etwa in jedes Haus verlegt und selbst auf die Corridors vertheilt würden.

5. Die Beseitigung des genannten Sumpfes.

6. Die Abschaffung der Viehhalterei.

7. Bessere Anlegung des Müllkastens und tägliche Reinigung desselben.

8. Pflasterung der Straße und des Hofes.

9. Erleuchtung der Flure und Höfe.

10. Ernennung von Polizei-Beamten, welchen nur die Pflicht ausschließlich für diese Häuser zu sorgen und auf Ordnung streng zu wachen, obläge.

11. Besondere Berücksichtigung von Schulen, welche hier zweckmäßig eingerichtet, mit der

12. zu erhöhenden Seelsorge unbedingt vom segensreichsten Einflusse sein würden.

In wiefern dies am besten zu erreichen, ob durch Anlegung neuer Kirchen und Fundirung neuer Pfarren, oder durch Missionaire, welche vielleicht hier eben soviel, als unter den Südsee Insulanern zu bekehren bekämen — hierüber zu urtheilen, liegt außer meinem Bereich.

Wenn sich dem Beschauer dieses Institutes, bei genauerer Prüfung seiner Gesahdrohenden Mängel, der Wunsch aufdringt, daß dasselbe entweder gar nicht erstanden sein, oder, wie es jetzt besteht, gänzlich vertilgt werden möchte, so bleibt doch noch ein Mittelweg übrig, auf welchem, unter gänzlicher Beseitigung der genannten sehr fühlbaren Mängel, diese Familienhäuser tolerabel würden. Wie nun die öffentlichen und hauspolizeilichen Gesetze, nach der Lage der Dinge und dem Bedürfnisse verschieden ausfallen und in der Anwendung beschränkter oder ausgedehnter werden müssen, dieselben anders für Residenz als für Provinzial-Städte, anders für Casernen als für Armenhäuser, anders für Spitäler als für Gefängnisse und für Irren-Anstalten sind; so müssen sie auch für diese Familienhäuser, welche in einem so beschränkten Raume, eine so unerhört große Anzahl von Einwohnern ganz eigenthümlicher Art in sich schließen, welche die mancher größern Provinzialstadt bei Weitem übersteigt, mit Strenge und Sorgfalt angepaßt werden; während jetzt den allgemeinen für dies Institut unbedingt viel zu gelinden hauspolizeilichen Gesetzen kaum, ja in mancher Beziehung gar nicht Genüge geleistet wird.

Wenn nach den Gesetzen des Rechts und der Billigkeit von einem Eigenthümer größerer Grundstücke höherer Zins und größere Lasten gefordert werden können, so müssen auch bei der enormen Ausdehnung dieser Häuser, welche dem Hrn. Eigenthümer nur bedeutende pecuniäre Vortheile, der Stadt aber nicht zu berechnende Nachtheile darbieten, alle angemessenen Lasten dem ersteren so lange zufallen, bis die letztern gänzlich beseitigt sind.

Der Staat, welcher für das Wohl, den Schutz und die Sicherheit seiner Bürger sorgt, hat auch das Recht Unternehmungen, welche diesem Grundsatze nicht vollkommen entsprechen, entweder gänzlich zu vernichten, oder sie zu verbessern, bis die Ansprüche erfüllt sind. — In wiefern sich zu dem letztern die fraglichen Familienhäuser qualificiren, bleibt jedem unbefangenen Urtheile überlassen.

Zu bezweifeln bleibt es indeß gewiß nicht, daß wenn die Concession zur Erbauung solcher Häuser, dem Gründer derselben, der gewiß auch wohlthätige Zwecke beabsichtigte, gegeben wurde, derselbe auch keine Opfer scheuen wird, zum Wohl der Armen und zur Sicherheit seiner Mitbürger, so lange thätig zu verbessern, bis die letzte Spur der Mängel durchaus verschwunden ist. —

Berlin, den 11. Januar 1827.

Dr. Thümmel,
Armen-Arzt des Bezirks.

meisten Widerspruch finden wird, in pecuniärer und polizeilicher Hinsicht aber wohl der annehmbarste, nach meiner ganz unmaßgeblichen Ansicht sein dürfte.

Da es bei den jetzigen inneren Wesen des Militairs, wo Deserteure ganz unerhört sind, nachgegeben ist, auch die vor den Toren gelegenen Häuser mit Standquartieren belastet werden können, so fragt es sich, ob diese Familienhäuser, auf welchen eine Einquartierung von 16 Mann ruhe, nicht für sämtliche nicht kasernierte Truppen Berlins so eingerichtet werden könnten, daß jeder Eigentümer, von dem Standquartier auf immer befreit, dafür eine jährliche Steuer angemessener Art zu entrichten hätte.

Die Kosten der Einrichtung dürften weniger betragen, als wenn man sie zu zweckmäßigen Familienhäusern umändern wollte, und dürften an Zinsen mit denen des Kaufkapitals etwa jährlich an 6000 Rthl. kommen, eine Summe, die bei einer Zahl von ca. 12 000 Häusern mit einer jährlichen Standquartiersbefreiungssteuer von 15–20 Sgr. hinreichend gedeckt werden können.

Nebenbei könnten noch gute Familien, welchen die Beköstigung und Besorgung der Soldaten obläge, darin gestreut wohnen – auch müßte diese Einrichtung, um die große Anzahl Familien nicht obdachlos zu machen, sowie die Räumung nur allmählich geschehen.

2. Nicht weniger wohltätig, aber nicht so einträglich würde vielleicht d i e Einrichtung sein, wenn die Commune diese Grundstücke für eine annehmbare Summe erstände, obgedachte Veränderungen treffen ließe, alle Mängel gehörig beseitigte und demnächst nur an ordentliche Familien zu einem billigen Mietzins die zweckmäßig eingerichteten Wohnungen vermieteten. Hierdurch würde die Einwohner-Anzahl gemindert, das Gesindel entfernt und man im Stande sein, jedes Individuum gehörig zu kennen. Freilich dürfte für jedes Haus ein guter Inspektor und ein eigens für diese Häuser bestimmter Polizei-Commissarius (mit plein pouvoir versehen) nebst Sergeanten und einer zahlreichen Torwache nicht fehlen. Statt der 426 würden alsdann 200–250 Wohnungen bestehen, welche im Durchschnitt mit 30 Rthl. (alsdann ein mäßiger Preis für Boden-, Keller-, Kammer-, Küche- und Stubengelaß) 6000–7500 Rthl. Mietzinsen ergeben würden; eine Summe, welche die Zinsen des Kauf-Capitals zu 100.000 Rthl. angeschlagen und die Verwaltungskosten zu decken im Stande wäre.

Berlin, den 11.1.1827   (gez.)
                                    Dr. Thümmel

8.2 Die Familienhäuser als exemplarischer Fall in der entstehenden kritischen Presse

Die Anfänge der selbständigen deutschen Arbeiterbewegung und ihre erste Zeitschrift

Nicht nur in England und Frankreich, sondern auch in Deutschland begannen die Arbeiter während der dreißiger Jahre des 19. Jahrhunderts politisch aktiv zu werden. In der Zeit des revolutionären Aufschwungs in Deutschland von 1830 bis 1834 beteiligten sich zahlreiche Arbeiter an demokratischen Kundgebungen, Aufständen und geheimen Verbindungen. Als um 1833/1834 in Deutschland eine Verfolgungswelle einsetzte, wurde die Bildung politischer Organisationen im Lande besonders schwierig. Die Bestrebungen der deutschen Arbeiterklasse nach einer politisch selbständigen Organisation nahmen daher außerhalb Deutschlands ihren Anfang. Initiatoren waren proletarische Handwerksgesellen, die auf der Wanderschaft nach Frankreich, England und in die Schweiz kamen. Erstes Zentrum dieser Bestrebungen war Paris.

Die selbständige deutsche Arbeiterbewegung ging aus der antifeudalen demokratischen Bewegung hervor. 1834 hatten sich in Paris kleinbürgerliche Demokraten und proletarische Handwerksgesellen in einem geheimen Bund der Geächteten zusammengeschlossen, der sich als Ziel die Vernichtung der Fürstenherrschaft und die Einigung Deutschlands stellte. Die Führung des Bundes lag in den Händen kleinbürgerlicher Intellektueller. Zwischen ihnen und den proletarischen Mitgliedern kam es sofort zu scharfen politischen Differenzen. Sie wurden hervorgerufen durch die neuen Erfahrungen, die der schon weiterentwickelte Klassenkampf in England und Frankreich den deutschen Handwerksgesellen vermittelte. Immer stärker drangen seit 1835 auch sozialistische und kommunistische Ideen in den Bund der Geächteten ein.

So reifte in den deutschen Handwerksgesellen die Erkenntnis, daß die organisatorische Einheit mit dem Kleinbürgertum sie daran hinderte, die Interessen als Proletarier wahrzunehmen. Sie begriffen, daß sie dazu einer eigenen Klassenorganisation bedurften, und setzten diese Erkenntnis in die Tat um. In den Jahren 1836 bis 1838 trennten sich die proletarischen Handwerksgesellen vom kleinbürgerlich-demokratischen Bund der Geächteten und bildeten die erste politische Organisation der deutschen Arbeiter: den Bund der Gerechten.

Die Gründer des Bundes der Gerechten und seine Mitglieder rekrutierten sich aus proletarisierten Handwerksgesellen, die zu dieser Zeit, als Deutschland noch verhältnismäßig wenig Fabrikindustrie besaß, die Masse der deutschen Arbeiter ausmachte. Durch ihr Wanderleben hatten zahlreiche Handwerksgesellen ständig Kontakt mit den fortgeschrittenen Verhältnissen und Ideen in den entwickelten kapitalistischen Ländern Westeuropas, und so kam es, daß eine kleine Minderheit dieser an sich rückständigen Abteilung der jungen deutschen Arbeiterklasse zur politischen Vorhut der ganzen Klasse wurde.

Der Bund der Gerechten war, wie die französischen proletarischen Geheimbünde, halb Propagandaverein, halb Verschwörerorganisation. Doch traten die Wesenszüge einer selbständigen Arbeiterorganisation schon klar zutage. Der Bund der Gerechten gab sich ein eigenes Statut, das auf demokratischen Grundsätzen beruhte und eine zentrale Führung gewährleistete. Das Statut bestimmte, alle Bundesbehörden jährlich neu zu wählen; es legte einen zentralistischen Aufbau des Bundes fest und umriß genau die Aufgaben der gewählten Leitungen und die Rechte und Pflichten der Mitglieder.

Von größter Bedeutung für die Bildung einer unabhängigen Arbeiterorganisation war die Ausarbeitung eines selbständigen politischen Programms des Bundes der Gerechten. Es erschien 1838 in Paris unter dem Titel „Die Menschheit, wie sie ist und wie sie sein sollte". Der Verfasser dieser Schrift war Wilhelm Weitling. Weitling, 1808 in Magdeburg geboren, war selbst in bitterem Elend aufgewachsen, nach der Lehrzeit im Schneiderhandwerk als Geselle auf Wanderschaft gegangen und 1835 nach Paris gekommen. Hier wurde er einer der Führer des Bundes der Gerechten und entwickelte sich zum bedeutendsten Vertreter des utopischen Kommunismus in der frühen deutschen Arbeiterbewegung. Weitling schrieb das Programm im Auf-

←L 2

→S 150

→L 3

Die Berichte zu den Verhältnissen in den Familienhäusern während der ersten Jahre ihres Bestehens haben den Charakter amtlicher Mitteilungen über bestimmte Notstände in den neu entstandenen Massenunterkünften mit dem Ziel, diese, soweit sie für die Stadt eine Gefahr bedeuten, abzustellen. Die Berichte verlassen die Amtsstuben und Kommissionssitzungen nicht und sind geprägt von denen, die sie verfassen: Armenverwalter und Ärzte, Polizisten, Schulvorsteher und Stadträte. Erst in einer Situation äußerster Bedrohung für die Stadt, während der Choleraepidemie **1831**, werden die Familienhäuser und die Lage ihrer Bewohner in einer öffentlich erscheinenden Zeitung behandelt — sieht man einmal ab von der kurzen Berichtigung des Thümmel-Berichts im „Intelligenz-Blatt" **1828**.

Die Bedingungen dafür, daß Berichte etwa in der Art des Thümmel-Berichts in der Öffentlichkeit erscheinen, sind bis zum Anfang der 40er Jahre in Preußen nicht gegeben, da eine Presse, die solche abgedruckt hätte, ebenso fehlt wie mögliche Adressaten. Das ändert sich erst im Zusammenhang mit den ersten Organisationsversuchen der Handwerker und der Arbeiter seit Anfang der 30er Jahre. Führend sind, bezogen auf die deutschen Handwerker, die Schneider, für sie ist ein mehr oder weniger langer Aufenthalt in Paris, das ja nicht nur Modezentrum ist, während ihrer Wanderjahre obligatorisch. Hier wird im Februar **1832** der Deutsche Volksverein gegründet, aus dem **1834** der Bund der Geächteten und **1836** der Bund der Gerechten, der als erste politische Organisation der deutschen Arbeiterklasse gilt, hervorgeht. **1841** wird der Schneider Wilhelm Weitling von dieser Organisation zur Propagierung der neuen Gedanken im deutschsprachigen Raum in die Schweiz geschickt, wo er die erste Zeitung des Proletariats, den „Hülferuf der deutschen Jugend", gründet, zu deren erklärtem Ziel die Veröffentlichung von Berichten über die tatsächliche Lage der deutschen Arbeiter und Handwerker, um deren Verbesserung es geht, gehört.

Erste Lieferung. September 1841.

Der Hülferuf der deutschen Jugend.

Herausgegeben und redigirt von einigen deutschen Arbeitern.

Gegen das Interesse Einzelner, insofern es dem Interesse Aller schadet, und für das Interesse Aller, ohne einen Einzigen auszuschließen.

Es erscheint zu Anfang eines jeden Monats eine Lieferung einen Bogen stark.
Das jährliche Abonnement ist 3 französische Franken.

Man abonnirt in Paris bei Herrn Bauer, Schuhmacher, rue du Jour, N. 19; in London bei Herrn Charles Moll, Hyde Street, Bloonsburg, N. 4; in Genf bei Herrn Sandox, rue de Pellisserie, N. 131; in Lachaudefond bei Herrn Zutter, Bäcker, rue des Juifs.

Jeder deutsche Tagelöhner, Bauer, Arbeiter, Meister, Künstler und Gelehrte, der seinen guten Willen und praktische Erfahrung der unsrigen zugesellen will, wird ersucht, uns portofreie Nachrichten über den Stand der Bildung der Handwerker, die Verhältnisse der Arbeit und des Lohnes, mit den Preisen der Bedürfnisse, zukommen zu lassen, und diesen Bericht mit Rathschlägen zur Verbesserung der Lage des Arbeiters zu begleiten. Sehr angenehm würden uns die Berichte von Aerzten sein über die schädlichen Einwirkungen der verschiedenen Geschäfte auf die Gesundheit der Arbeiter, verbunden mit Rathschlägen zur Abhülfe.

Portofreie Einsendungen bittet man unter folgender Adresse zu schicken: A Monsieur W. W., chez Sandoz, rue de Pellisserie, N. 131, à Genéve.

Nur vier Monate lang erscheint die neue Zeitung unter diesem Titel, bereits von der Januarausgabe **1842** an trägt sie den neuen Titel „Die junge Generation", bis zum Verbot im **Mai 1843**.

Erste Lieferung. **Januar 1842.**

Die junge Generation. ←L 4

Gegen das Interesse Einzelner, insofern es dem Interesse Aller schadet, und für das Interesse Aller, ohne einen Einzigen auszuschließen.

Es erscheint zu Anfang eines jeden Monats eine Lieferung, einen Bogen stark. — Das jährliche Abonnement ist 3 französische Franken. — Man abonnirt in Paris bei Herrn Bauer, Schuhmacher, Nr. 19, rue du Jour, in London bei Herrn Charles Moll, Hyde-Street, Bloonsburg, No. 4.

8.2.1 In der „Jungen Generation"

Genau ein Jahr nach der ersten Lieferung der Zeitung erscheint in der Septemberausgabe **1842** die „Korrespondenz" eines Berliners über die Familienhäuser. Vergleichen wir diese Zuschrift mit den Berichten von Keibel oder Thümmel, so sind die Unterschiede deutlich. Der Verfasser schreibt nicht mehr in amtlichem Auftrag, sondern als Bürger, der sich über die Verhältnisse, die er aus eigener Anschauung kennt, empört. Sein Adressat ist nicht mehr die nächsthöhere Behörde, sondern eine internationale Öffentlichkeit.

Die Form der „Korrespondenz" hat gegenüber den trockenen Amtsberichten literarischen Charakter, und es geht nicht mehr um die Erkenntnis und Abwendung bestimmter, von den Familienhäusern ausgehender Gefahren für die Bürger am Ort, sondern die Verhältnisse in den Familienhäusern, die nur noch schlaglichtartig skizziert werden, dienen dem Verfasser dazu, sie in einen allgemeinen Zusammenhang zu stellen. Der Angriff gilt den durch die Staatsverfassung begünstigten, sich rücksichtslos durchsetzenden Privatinteressen, im Falle der Familienhäuser denen der Hausbesitzer.

Correspondenz.

Im Augenblick, wo wir unser Blatt schließen, empfangen wir nachstehenden Brief, den wir seines allgemeinen Interesses wegen unseren Lesern wörtlich mittheilen: ←L 5

Berlin, 21. August 1842. →L 6

Ihre monatliche Zeitschrift, „die junge Generation", wird nun auch im Norden Deutschlands verbreitet und ist bereits bis Berlin vorgedrungen. Merkwürdigerweise war es zuerst in unserer starkbesuchten politischen Conditorei bei Stehely, einem Schweizer, am hiesigen Gensdarmenmarkt, wo ich sie in den Händen eines Freundes erblickte, mit dem ich über den Inhalt und das Streben Ihrer Zeitschrift ein ziemlich lebhaftes Gespräch pflog. Anfangs hielt ich sie für einen übersetzten Abdruck französischer oder englischer kommunistischer Flugschriften, doch in Folge näherer Betrachtung aller bisher erschienenen Nummern Ihres „Hülferufs" oder „jungen Generation" habe ich mich vom Gegentheile überzeugt und ich bin so frei, mich in unmittelbare Verbindung mit Ihnen zu setzen und Sie zuvörderst um Eröffnung eines Abonnements für meine Rechnung zu bitten.

Erlauben Sie mir demnächst ein kurzes Bekenntniß meiner Ansichten.

trage der Leitung des Bundes der Gerechten. Mehrere Monate wurde der Entwurf in den Bundesgemeinden diskutiert und schließlich von einer speziellen Bundeskommission überprüft. . . .

Mit der Annahme des Programms wurde der Arbeiterkommunismus Wilhelm Weitlings zur ideologischen und politischen Grundlage des Bundes der Gerechten. Er war in Begründung und Inhalt zwar noch utopisch, besaß aber eine revolutionäre Zielsetzung. Das Programm des Bundes begnügte sich nicht mit einer scharfen Kritik an den kapitalistischen Ausbeutungsverhältnissen. Es forderte nicht nur, die Ausbeutung des Menschen durch den Menschen zu beseitigen, sondern proklamierte als Bedingung dafür die Abschaffung des Privateigentums und die Einführung einer kommunistischen Gütergemeinschaft. Es lehrte die Arbeiter auch, daß dieses Ziel nur durch eine große soziale Revolution erreicht werden kann, die weit über die Grenzen der bürgerlichen politischen Revolution hinausgeht und in der die arbeitenden Massen selbst Hand anlegen müssen. Die Forderung, die Ausbeutung des Menschen durch den Menschen zu beseitigen, wurde jedoch nicht abgeleitet aus den Gesetzmäßigkeiten der ökonomischen und gesellschaftlichen Entwicklung, sondern aus moralischen Grundsätzen. Schon mit dem ersten, noch utopischen Programm richtete die junge deutsche Arbeiterbewegung ihren Blick auf die kommunistische Zukunft.

Im Mai 1839 beteiligten sich die Sektionen des Bundes der Gerechten in Paris an einem Aufstand der blanquistischen Gesellschaft der Jahreszeiten und wurden in deren Niederlage verstrickt. Die daraufhin einsetzenden Verhaftungen und Ausweisungen von Bundesmitgliedern brachten die Entwicklung des Bundes vorübergehend zum Stocken. Doch der Bund überwand die Niederlage schnell; die Handwerksgesellen bauten die Organisation wieder auf. Der Bund faßte nun auch in anderen Ländern Fuß. Ein Teil seiner Mitglieder begab sich nach London und bildete dort ein neues Zentrum. Wilhelm Weitling sammelte in Paris die zersprengten Kräfte des Bundes. Im Mai 1841 ging er im Auftrage der Bundesleitung endgültig in die Schweiz.

Nach der Niederlage des blanquistischen Aufstandes von 1839 wandte sich der Bund der Gerechten stärker der Propaganda zu. Wilhelm Weitling gründete in der Schweiz zahlreiche öffentliche Arbeiterbildungsvereine, in denen die Bundesmitglieder ihre Ideen verbreiteten. Gleichzeitig wurde er mit der Herausgabe eines theoretischen Organs des Bundes der Gerechten betraut. Von 1841 bis 1843 erschien – zunächst unter dem Titel „Der Hülferuf der deutschen Jugend", später als „Die junge Generation" – in der Schweiz die erste gedruckte Zeitschrift des deutschen Proletariats. Sie besaß 1000 Abonnenten, davon 400 in Frankreich und 100 in England.

Ernst Dronke (1845):
Die Konditorei von Stehely

Die größte und unstreitig bedeutendste sämtlicher Konditoreien ist die von Stehely auf dem Gendarmenmarkt. Sie hat einen allgemeinen Ruf auch in der Ferne erlangt, indem die Hauptführer der periodischen Presse hier ihren Versammlungsplatz aufgeschlagen haben. Indes drängen sich die verschiedensten Gäste zu den verschiedenen Tageszeiten hierher. Am Morgen besucht der Geheimrat oder Regierungsbeamte, der auf sein Büro eilt, diese Konditorei, um bei seinem Gläschen Madeira oder Malaga die eben angekommene Zeitung zu durchblättern und seinen Kollegen die neuesten Neuigkeiten bringen zu können. Ihnen folgen die Heroen der Oper, des Balletts und des Schauspiels. Die Szene ist auf einmal umgewandelt, und statt der geheimnisvollen diplomatischen Stille herrscht jetzt ein lautes, wirres Treiben. Es wird gelacht, disputiert, intrigiert, sogar Verschwörung angezettelt – alles in Theaterangelegenheiten. Manche neugierige junge Leute oder Fremde kommen ebenfalls zu dieser Zeit hierher, weil sie gehört haben, daß sie so die berühmten und bekannten Theatergrößen in der Nähe sehen können; jetzt sitzen sie überrascht und in heiliger Befangenheit da und wissen nicht recht, ob sie wirklich in diesen Leuten die illusorischen Bilder des Kulissenscheins wiedererkennen sollen. Plötzlich ist der ganze Trupp verschwunden und wandert dem nahen Schauspiel- und Opernhause zu. Dann, um die Mit-

tagsstunde, treten neue Erscheinungen auf die Szene. Es sind dies einige wenige Offiziere, die sich etwas mehr wie ihre Kameraden mit wissenschaftlichen oder wenigstens ernsten Dingen beschäftigen und nach überstandenen Paraden oder Besuchen ein paar belletristische Blätter und die Feuilletons der Zeitungen durchsehen. Nachmittags zwischen drei und vier erscheint ein kleines Häuflein Universitätslehrer und konservativer Geister, welche in dem vorderen Zimmer ihr Lager aufschlagen ...

Zwischen vier und sechs Uhr finden sich bei Stehely die Schriftsteller der radikalpolitischen Partei ein. Diesen Leuten ist die Konditorei Ersatz eines ordentlichen Lesezimmers, dessen Mangel in einer Stadt wie Berlin auffallend erscheinen muß. Sie kommen hierher, um die periodischen Blätter zu lesen, welche sie in größtem, ausgebreitetstem Maße vorfinden, besprechen sich und disputieren über die einzelnen Vorkommnisse und Angelegenheiten der Öffentlichkeit und sammeln Notizen zu ihren journalistischen Arbeiten. Ihr Versammlungsort ist das letzte der vorderen Gemächer, welches man in Berlin wie auch auswärts in der entgegengesetzten Partei mit dem Namen des „roten Zimmers" bezeichnet hat. Es geht oft lebhaft hier zu, und die Unterhaltungen sind stets anregend und von allgemeinem Interesse. Oftmals, oder selbst regelmäßig, finden sich in diesem Raum schweigende Beobachter, die in einer Ecke diesen belehrenden Unterhaltungen über gemeininteressante Gegenstände zuhorchen und sich auf diese Weise ein tiefer eingehendes Urteil verschaffen, als es ihnen selbst möglich wäre; auch bezahlte „Beobachter", kenntlich an den schmalen, tiefgefurchten Spielergesichtern, trifft man hier, Leute, die nur zum Schein ein Zeitungsblatt in die Hand nehmen und, die Augen starr auf die Zeilen gerichtet, seitwärts nach den hohen Ortes so „mißliebigen" Schriftstellern lauschen. Diese Spione werden oft auf das unbarmherzigste malträtiert, aber wahrscheinlich hat sie das Bewußtsein ihres ehrlosen Gewerbes bereits so abgestumpft, daß sie gefühllos gegen alles sind und stets unbekümmert wiederkehren. Gewiß ist, daß von diesem Zimmer aus ein großer Teil der ganzen deutschen Preßbewegung beherrscht wird, und wir werden sehen, welche rastlose und achtungswerte Tätigkeit von diesen Leuten ausgeht, die dem Interesse der Sache, für die sie schreiben, allen persönlichen ehrgeizigen Vorteil als „Schriftsteller" opfern. Daß von mancher Seite dies „rote Zimmer" mit hämischen, ja selbst entsetzten Blicken angesehen wird, ist nicht zu verwundern, und ich selbst bin Zeuge gewesen, wie ein ehrsamer, loyaler Spießbürger einen begleitenden Fremden erschrocken vom Eintritt in jenes Zimmer zurückhielt, indem er es dasselbe als den Herd der Jakobiner bezeichnete. Gegen Abend ist es ruhig. Nach dem Theater jedoch kehren noch einzelne alte Herren ein, welche über die Tänzerinnen sprechen, vielleicht auch einer kleinen, jungen Freundin hier ein Vergnügen bereiten wollen.

Das „Rote Zimmer" bei Stehely   ←B 1

Friedrich Sass über Stehely (1845):

Eine Geschichte der Stehelyschen Konditorei   ←L 7
schreiben hieße nichts anderes, als die Geschichte der Berliner Literaturzustände geben. Hier war es, um nur bei der letzten Periode zu bleiben, hier war es, wo E.T.A. Hoffmann phantasierte und seinen Spuk trieb, wo die Teelöffel vor ihm tanzten und die Kaffeekannen ein Ave Maria beteten, hier war es, wo Heine seine Baisers verzehrte und die ganze Berliner Welt, besonders aber den (Historiker) Herrn von Raumer karikierte. Hier war es, wo in den zwanziger Jahren das Theaterrezensententum seine Huldigungen entgegennahm, wo eine Kritik über die Sontag das Herz des alten Europa im tiefsten Innern erschüttern machte;

Fast von Kindesbeinen an hatte ich Gelegenheit das entsetzliche Elend eines großen — vielleicht des größten Theils der Menschheit zu beobachten. Mein Vater besaß ein Haus unweit des Hamburgerthores zu Berlin, in dessen Nachbarschaft die beiden verächtlichsten Schandflecken Berlin's liegen: nämlich der Galgen und die Familienhäuser. Gott sei Dank, der Erstere ist seit einigen Monaten verschwunden, indem Se. mittelalterliche Majestät, der Rabenstein, einer modernen Idee, der Berlin=Stettiner Eisenbahn Platz machen müssen, und es wird hoffentlich nicht lange mehr dauern, wo auch die Letztern, nämlich die sogenannten Familienhäuser, werden einer vernünftigeren gesellschaftlichen Ordnung weichen müssen. Beiläufig gesagt, gleichen diese „Wohlthätigkeitsanstalten" eher einer Mördergrube als einer menschlichen, bürgerlichen Familienwohnung. Denken Sie sich ein halbes Dutzend fabrikähnlicher, aus Lehm, Holz und Fachwerk zusammengekleisterter, 40 Fuß hoher und ungefähr 90 Fuß langer, blau und weiß angestrichener Mäusekasten und Sie haben eine richtige Idee von den Berliner sogenannten Familienhäusern, die, um mit weiland Ludwig Börne zu sprechen, eine Art residenzstädtischer Wassersack bilden, welche das von der Polizei selbst sehr gefürchtete Lumpengesindel unschädlich machen sollen. Für die „wohlhabendere" Bürgerklasse gibt es bekanntlich eine Menge anderer Institute, als da sind Bürgerrettungs=Anstalten u. s. w.

Kreidestriche bezeichnen wie im Freischütz oder Robert der Teufel die Grenzen der verschiedenen Abtheilungen in den Zimmern — Gott verzeih mir diesen Ausdruck! — deren bleiche, abgemagerte, oder vom Kartoffelschnaps und unverdaulichen Sauerkraut aufgedunsenen Bewohner, wie das liebe Vieh oft neben und durcheinander liegen. Jüngst kam ich unter irgend einem Vorwande in eines dieser Häuser gerade in einem Augenblicke, wo ein schwindsüchtiges Weib, bereits Mutter von sechs Kindern, auf einem halbfaulen Strohsack abermals entbunden wurde ... Welch fürchterlicher Anblick und dennoch spielte in einem anstoßenden Zimmer dazu ein ehemaliger Holzhauer in den ohrzerreißendsten Tönen die Geige! Jetzt können Sie sich eine Vorstellung von den übrigen täglichen Scenen des Inneren machen. Und doch ist der Andrang zur Aufnahme in diese Pesthäuser in unserm „intelligenten" Berliner Himmelreiche so groß, daß die Meisten es noch für ein Glück schätzen, darin aufgenommen zu werden. Wahrhaftig, man möchte rasend werden. Kein anständig gekleideter Mensch wagt sich des Abends — vielweniger eine sogenannte vornehme Familie — in dieses Stadtviertel und es ist nicht abzusehen, welche Anträge die Berlin=Stettiner Eisenbahngesellschaft wegen dieser angenehmen Nachbarschaft des Bahnhofes bei dem Magistrat stellen wird. Würden wir im Fall irgend eines neuen, von uns jedoch unmöglich gehaltenen Religionskrieges für oder gegen den historischen Christus, die Ehre haben, einen zweiten Kosacken=Till in unseren Mauern zu sehen, so dürfte er seine Banden nicht mehr bloß hinter Königsmauer und an der Friedrichsgracht (siehe die Deutsche Geschichte), sondern höchst wahrscheinlich in diesen Familienhäusern rekrutiren.

In immerwährendem Anblick dieses bedaurungswürdigen Auswurfs der Menschheit, begreifen Sie wohl, daß ich ernstlich und oft über den Grund und die Ursachen dieses entsetzlichen Elends sowie über dessen Abhilfe nachdachte. Da fand ich nun endlich in meinem eigenen Bischen gesunden Menschenverstand, daß es die Ungleichheit der Rechte unter uns Menschen sei, welche diesen mißgeburtähnlichen Zustand, Individualismus in der Hofsprache getauft, hervorgebracht habe. Den Individualismus — dieses Scheusal von Theorie, das Jedem befiehlt, zuerst an sich und seine Kinder und dann allenfalls an Vetter und Frau Base zu denken, wenn nämlich keine sonstigen Leibeserben und Geburts-vorrechtler laut Kirchenregister vorhanden sind. Neugierig, wie man dieser zweitausendjährigen Hyder den Kopf gänzlich zertreten, das heißt, diese Wurzel alles Elends vollständig ausrotten könne, forschte ich abermals nach und gelangte darauf zu der Ueberzeugung, daß das einzige Heilmittel hiefür in der Aenderung des Rechtsbegriffs über den Privatbesitz, d. h. des Eigenthumsrechts, zu Gunsten Einzelner auf Kosten Aller, — liege. Nichts ist natürlicher, als daß man die Wurzel des Uebels, das klingende Privatinteresse, erst unmöglich machen müsse, um die alte Xantippe Europa zu kuriren. Denke man sich die ganze Welt voller Brutusse und Cassiusse mit den Pfennigfuchsereien unserer Zeit — und die Republik stürzt zusammen. Nur ohne materielle Anerkennung des Verdienstes ist Freiheit und Gleichheit, d. h. die wahre Republik, möglich. Das ist so klar wie zwei Mal zwei vier.

Allein es gibt Menschen, die gar nicht multipliciren lernen, und auch ich erschrack Anfangs gewaltig über mich selber, hütete meine Gedanken wie ein Geizhals seine beschnittenen Goldstücke, damit mir ja keiner entschlüpfe, den der danebenwohnende Viertelkommissarius als corpus delicti hätte dem Polizei = Präsidium einsenden können. Endlich erledigte mich ein Rettungsengel meiner geistigen Plage. Um diese Zeit, im Mai 1817, las nämlich der Prediger der Dreifaltigkeitskirche, Namens Schleiermacher, an der hiesigen Universität ein Kollegium über Plato's Republik, welche bekanntlich auf gleichmäßiger Erziehung aller Kinder im Staate und auf Gütergemeinschaft beruht und welche kürzlich in Straßburg, durch den talentvollen Vortrag des Professors Ferari, so mancherlei Bauchbeißen dem französischen Ministerio Guizot verursachte. Allein Schleiermacher war Pfaffe — zwar ein protestantisch=lutherischer radikaler Pfaffe, aber immerhin ein Pfaffe, die es mit der leidenden Menschheit nie ganz aufrichtig gemeint haben. Deshalb täuschte er auch die Neugierde seiner Zuhörer, vermischte Ideales mit Realem, wie Kümmel mit Spiritus, und sein ganzer Vortrag bewies nur zu deutlich, daß er kein Handwerker, d. h. ein praktischer Staatsmann gewesen, wie z. B. jene großen griechischen und römischen Aristokraten, die das Regierungsruder oft mit dem Pfluge gewechselt. Mit einem Wort, er verstand von der Volksküche gar nichts; zeigte weder die Gründlichkeit des gesellschaftlichen Urvertrages à la Sieyes, noch das auffallend Dumme von der Macht der Thatsache à la Haller, noch schien er den Platon ernstlich gelesen. Dieß verdroß mich, ich verließ unbefriedigt den Hörsaal und stürzte mich in den Weltstrudel, um die civilisirtesten Völker in ihren Einrichtungen und Sitten persönlich zu prüfen. Dort wurde meine oben auseinandergesetzte Ansicht um so fester. Jetzt sitze ich wieder am Hamburger Thore, von wo ich Ihnen diese ersten Fäden unseres, wie ich hoffe, fortzusetzenden Briefwechsels *) schreibe.

Ist es dem menschlichen Verstande gelungen, das tausendjährige Religions=Netz zu durchlöchern, d. h. den religiösen Irrwahn zu brechen, warum sollte es ihm nicht auch gelingen, den Eigenthumswahn zu überwältigen?   Ihr * *

---

*) Mit Vergnügen!   Anmerk. der Red.

hier war es, wo die Julirevolution und die Hegelsche Philosophie vom Jungen Deutschland entbunden wurde und das ganze Koteriewesen seinen Mittelpunkt fand. Hier war es, von wo aus die eine Partei im Jungen Deutschland die andere zu bekämpfen suchte, hier war es, wo der „Standpunkt des Jungen Deutschland zuerst überwunden wurde", hier war es, von wo aus die „Halleschen Jahrbücher" und die „Rheinische Zeitung" ihr Geschütz bezogen, und hier eben waltet der Kreis, von den Deutschlands Zeitungen ihre Berliner Korrespondenzen erhalten.

Schon diese kurzen Andeutungen zeigen, wie wichtig die Kenntnis der Stehelyschen Konditorei für die Erkenntnis der Berliner und der deutschen Kultur- und Literaturzustände geworden ist. Man kann es ohne Anmaßung sagen, das junge Volk, die neue Zeit hat gesiegt bei Stehely. Diese Konditorei ist der Gegenpol von Spargnapani geworden. Zwar zeigt sich hier auch noch dann und wann eine Gestalt des ancien régime, aber sie wagt sich entweder nicht weiter als bis in die Vorhalle, oder sie zieht sich in den Hintergrund zurück. Der Mittelpunkt dieser Konditorei, die vielerwähnte „rote Stube", ist dem Geiste des jungen Tages erobert.

Die „rote Stube" bei Stehely ist der Zusammenkunftsplatz der Berliner Liberalen und Radikalen geworden, und eben diesen gilt, was Prutz in der Parabase seiner „Politischen Wochenstube" bemerkt:

„Politik allein, so schnattern sie laut
und essen Baisers bei Stehely."

Alle Nachmittage finden hier bei einer Tasse Kaffee unschuldige Besprechungen und Erörterungen statt, wie die Journallektüre und die Ereignisse des Tages sie herbeiführen, und es wird hier nichts weniger als das Spargnapanische Prinzip des Schweigens aufrechterhalten. Die Stimmung der „roten Stube" pflegt immer eine lebendige zu sein. In neuester Zeit freilich ist der Kreis nicht mehr so vollständig als früher. Es sind viele Parteiungen und Dissonanzen in das literarische Berlin hineingefahren, welche ein Zusammensein häufig verhindern und auch die „rote Stube" beeinträchtigt haben. Aber immer noch geht es in ihr zwischen vier Uhr nachmittags und der Theaterzeit ziemlich lebhaft zu. Es sind dann manche literarische Elemente in ihr sichtbar geworden beim dampfenden Kaffee. Das politische und soziale Interesse hat allerdings in der „roten Stube" die meisten anderen literarischen Interessen absorbiert, und wie der Journalstandpunkt der Stehelyschen Konditorei sich immer nach dem Thermometer ihres Mittelpunktes, der „roten Stube" richtet, so sind denn auch nach und nach aus dieser Konditorei beinahe alle belletristischen Journale verschwunden. Vor zehn Jahren wurden kaum noch andere als eben solche Blätter gelesen. Wollen wir nun einen politischen „Gesinnungsmaßstab" an diese „rote Stube" legen, so macht sich in ihr durchaus nicht die Einigkeit einer Partei, sondern die verschiedenartigste Steigerung vom „gesetzmäßigen Fortschritt" an bis zum ultrademokratischen und kommunistischen Prinzip geltend. Es kann hier also durchaus nicht von einer geschlossenen Richtung die Rede sein, von einer Partei gewisser „Stehely-Literaten", wie sie der „Rheinische Beobachter" ins Gerede gebracht hat; sondern es gibt sich eben jeder so, wie er sich geben kann, es sucht eben jeder sein Prinzip, seine Ansichten geltend zu machen und zu verteidigen, wie er es kann. Es steht jeder für sich. Im allgemeinen aber ist zwischen dem Standpunkt des bürgerlichen Berlinertums eine große Kluft zu bemerken; denn während auf der einen Seite eine Theorie hervortritt, welche, vom absoluten Gedanken ausgehend, die einzelnen kleinen Entwicklungen und Bildungen des Lebens mannigfach ignoriert, macht sich auf der anderen Seite eine vis inertiae, ein bequemer Indifferentismus geltend, welcher sich aber, solange er sein Weißbier hat, durch keine Theorien stören lassen will. Es ist keine Versöhnung da, kein berechtigtes, anerkanntes Hinausgreifen ins unmittelbare Leben, und darum ist die Stellung der „roten Stube" auch immer nur eine theoretische, eine literarische geblieben, und ihre Tätigkeit hat sich nirgends aus der zersplitterten und zersplitternden Journalistik herausheben können.

Die „Korrespondenz" erscheint anonym, über ihren Verfasser ist bislang nichts bekannt. Wir haben versucht, anhand der biographischen und örtlichen Hinweise, die sich in diesem Text finden, Aufschluß über seinen Autor zu enthalten.

Fassen wir zusammen: Der Vater besaß ein Haus unweit des Hamburger Tores, in der Nachbarschaft der Familienhäuser, die der Verfasser fast von Kindesbeinen an kennt. Er beweist dies durch seine genaue Ortskennt-

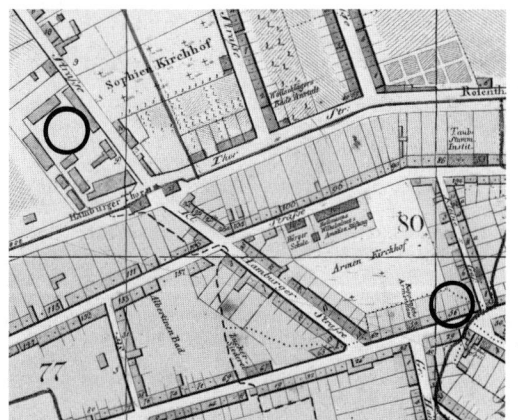

Lage der Familienhäuser und der Hospitalstraße 56   ←B 2

Karl Gutzkow 1844   ←B 3

Karl Gutzkow, Publizist, Schriftsteller, geb. 17.3. ←L 9
1811 in Berlin, gest. 16.12.1878 in Frankfurt a.M. ←L 10
Der Vater ist Bereiter des Prinzen Wilhelm, später Geh.
Kanzleidiener im preuß. Kriegsministerium. Seit 1829
Studium in Berlin: Theologie bei Schleiermacher, Philosophie bei Hegel, beginnt unter dem Eindruck der
Julirevolution 1830 Tätigkeit als politischer Publizist, weiteres Studium (Philosophie, Jura) in Jena, Hei-
delberg und München. Seit 1833 ausschließlich schriftstellerische Arbeit, Reisen nach Italien, Wien, Prag,
Dresden, 1835 Verbot seines Romans „Wally", darauf-
hin verbietet der Bundestag alle Schriften „jungdeut-
scher" Autoren (Laube, Wienbarg, Theodor Mundt,
H. Heine), 1837–43 Redakteur des „Telegraph für
Deutschland", 1846–49 Dramaturg des Hoftheaters
Dresden, freie schriftstellerische Tätigkeit mit ständig
wechselnden Wohnorten, 1852–62 Herausgeber der
„Unterhaltungen am häuslichen Herd", leidet seit
1861 zunehmend an Verfolgungswahn, 1865 Selbst-
mordversuch, erstickt 1878 in Sachsenhausen bei
Frankfurt bei einem Zimmerbrand.

nis. Seine umstürzlerischen Gedanken mußte er vor dem *danebenwoh-
nenden Viertelkommissarius* verbergen. Diese Angaben haben uns veranlaßt, aus den Berliner Adreßkalendern der 20er und 30er Jahre die Poli-
zeireviere um das Hamburger Tor und die Wohnungen der Polizeikommis-
sare und Revier-Sergeanten herauszusuchen und diese Häuser auf dem
Stadtplan auf ihre Lage zum Hamburger Tor zu überprüfen. Danach haben wir uns auf bloßen Verdacht hin die Namen und Berufe der Mitbewohner und der Bewohner der direkten Nachbarhäuser angesehen. Das Ergebnis war verblüffend: Seit 1826 wohnt der Revier-Sergeant des 15. Polizeireviers (Spandauer Viertel), Herr Martin, in der Hospitalstr. 56. Im selben
Haus wohnt zur selben Zeit u.a. ein *Formstecher C.W. Gutzkow,* für das →L 8
Jahr 1831 verzeichnet der Adreßkalender unter den Bewohnern der Hospitalstr. 56: *Gutzkow, W., Formschneider und Zeichner* und *Gutzkow, –,
prinzlicher Lakai.* Ein Zusammenhang mit dem Schriftsteller und Journali-
sten Karl Gutzkow, den wir bereits im Kapitel 3 über das Voigtland zitiert
und als ortskundigen Berliner kennengelernt haben, liegt nahe. Seine Biographie und Lebenserinnerungen geben weiteren Aufschluß: Zwar kann
es sich bei keinem der Gutzkows aus der Hospitalstr. 56 um den Vater des
Schriftstellers handeln, jedoch ist Karls Onkel Wilhelm gelernter Schneider
und Kammerdiener des Prinzen Wilhelm. Darüber hinaus weist die Biographie Karl Gutzkows eine Reihe von Übereinstimmungen mit den Angaben
in oben zitierter Korrespondenz auf: Der 1811 in Berlin geborene Gutzkow
studiert seit 1829 bei dem Theologen und Religionsphilosophen Schleiermacher, gibt dieses Studium nach 2 Jahren wieder auf, studiert weiter
Philosophie, promoviert 1832 in Jena und beginnt daraufhin 1832/33 ein
Jurastudium in Heidelberg und München. *In München, wo er an seinem
ersten Roman arbeitete, gab er schließlich alle Pläne auf, einen Brotberuf
zu ergreifen. Von nun an wurde er zu einem ruhelos von Ort zu Ort zie-
henden freien Schriftsteller.* Wenn der Verfasser der Korrespondenz angibt, er habe im **Mai 1817** bei Schleiermacher studiert, so ist diese Angabe
mit Sicherheit falsch, schon deshalb, weil sie im Widerspruch steht mit der
eigenen Angabe, er habe die 1824 fertiggestellten Familienhäuser *fast von
Kindesbeinen an* beobachten können.

Es scheint somit sicher, daß es sich bei dem Verfasser der „Korrespon-
denz" um **Karl Gutzkow** handelt, jenen Schriftsteller, der zusammen mit
Heinrich Heine, Ludwig Börne u.a. der oppositionellen Literatengruppe
„Junges Deutschland" angehört, deren Schriften 1835 in allen deutschen
Staaten generell verboten werden. Dieses Verbot wird ausgelöst durch
Gutzkows Roman „Wally die Zweiflerin". Von 1838–1843 arbeitet Gutzkow als Redakteur des in Hamburg erscheinenden „Telegraph für Deutschland" und ermöglicht in dieser Zeitung dem jungen Friedrich Engels die
Veröffentlichung seiner ersten Schriften. Das Verbot dieser oppositionellen Zeitung im Jahre 1843 hängt eng mit dem Kontakt zu Wilhelm Weitling zusammen, den Gutzkow mit dem zitierten Bericht über die Familienhäuser aufgenommen hat. Wir halten es für einen bemerkenswerten und
bislang unbekannten Zusammenhang, daß Karl Gutzkow noch 1842 seine
politischen Ansichten darauf zurückführt, daß ihn die Familienhäuser früh
dazu veranlaßt haben, daß er *ernstlich und oft über den Grad und die Ursachen dieses entsetzlichen Elends, sowie über dessen Abhülfe nachdachte.*

8.2.2   In der „Rheinischen Zeitung"

Am 30.9.1842 erscheint diese „Korrespondenz" über die Familienhäuser ungekürzt in der „Rheinischen Zeitung" in Köln, zu deren Mitarbei-
tern Moses Heß und Karl Marx, der gerade 24 Jahre alt ist, gehören. Die
„Rheinische Zeitung" erscheint seit **Januar 1842** als Sprachrohr des anti-
feudal eingestellten rheinischen Industriebürgertums.

Die „Korrespondenz" wird auch unverändert übernommen, bis auf
zwei kleine Abänderungen:
1. Die „Korrespondenz", in der „Jungen Generation" noch ohne Überschrift erschienen, ist jetzt überschrieben mit *Die Berliner Familienhäuser.*
2. Am Ende des ersten Absatzes heißt es anstatt „*Erlauben Sie mir dem-*
→L 11   *nächst ein kurzes Bekenntnis meiner Ansichten":* „. . . *meiner Bekehrung
zum Kommunismus."* Es ist nicht zu ermitteln, ob der verantwortliche Re-

Abonnements-Preis: vierteljährlich | In Köln 1 Thlr. 12½ Sgr. | Auswärts 1 Thlr. 22½ Sgr.

Rheinische Zeitung

für

Politik, Handel und Gewerbe.

Nro 273 Köln, Freitag den 30. September 1842

Insertions-Gebühren: Die enggedruckte Petitzeile 1 Sgr. Briefe werden frankirt erbeten.

Geneigte Bestellungen auf die „Rheinische Zeitung" für das mit dem ersten Oktober beginnende vierte Quartal

wolle man in Köln bei der Expedition, Schildergasse Nr. 99, auswärts bei der nächsten Postanstalt baldigst machen. Der Abonnementspreis beträgt in Köln 1 Thlr. 12½ Sgr. (Stempel und Traggeld einbegriffen), auswärts bei allen königl. preuß. Postämtern 1 Thlr. 22½ Sgr. (Porto und Stempel einbegriffen).

Uebersicht des Inhalts.

Amtliche Nachrichten.

Deutschland. Berlin, 24. September. Urtheil über den verstorbenen Herrn von Tzschoppe. — Königsberg, 21. September. Direktor Lukas resignirt. — 22. Sept. Bürgermeisterwahl. — Aus Preußen, 24. Sept. — Stuttgart, 26. Sept. Vierte Hauptsitzung der deutschen Land- und Forstwirthe. — Kassel, 26 Sept. — Aus dem Holsteinschen. Resultat von Kobbe's Bemühungen für den Inquisiten Ramcke. — Wien, 22. Sept. Eisenbahnen. — 23. Sept. Die serbische Revolution.

Schweiz. Zürich, 25. Sept. Die Umwandlung der Zeitschrift: „Deutscher Bote aus der Schweiz."

Holland. Amsterdam, 25. Sept. Die traurige Lage des holländischen Militärs auf den ostindischen Kolonieen. — 27. Sept. Stand der Unterhandlungen zwischen Holland und Belgien.

Frankreich. Paris, 27. Sept. Das Journal „des Debats" über den Orient. — Oppositionswahlen.

Großbritannien und Irland. London, 23. Sepbr. Der Brand von Liverpool.

Schweden und Norwegen. Christiania, 22. Sept. Der diesjährige Storthing und die norwegische Verfassung.

Türkei. Semlin, 12. Sept. Ruhe in Belgrad.

Handels- und Börsennachrichten.

Amtliche Nachrichten.

Chronik des Tages.

Berlin, 26. Sept. Se. Maj. der König haben Allergnädigst geruht, folgenden fremdherrlichen Offizieren Orden zu verleihen:

Den rothen Adlerorden erster Klasse:

Dem k. Würtembergischen Generallieutenant v. Spitzemberg.

Den rothen Adlerorden zweiter Klasse mit dem Stern:

Dem k. Niederl. General Neven; dem großh. Badischen Gen.-Maj. von Freystedt.

Den rothen Adlerorden dritter Klasse:

Dem königl. Würtembergischen Oberstlieutenant und Flügeladjutanten v. Rüpplin; dem kön. Niederl. Maj. Cohern; dem kön. Niederl. Kapit. Hemskerken; dem kön. Niederl. Kapit. v. Linden; dem kön. Hannoverschen Rittmeister und Flügeladjutanten v. Ompteda; dem kais. Oestreich. Maj. Grafen v. Morzin; dem kais. Oestreich. Hauptm. v. Frossard; dem großh. Badischen Maj. v. Hinkeldei; dem großh. Badischen Rittmeister v. Freystedt; dem großh. Badischen Rittmeister v. Schuler; dem großh. Badischen Hauptmann v. Kunze; dem großh. Schwerinschen Hauptm. und Flügeladjutanten v. Zülow; dem herzoglich Nassauischen Oberstlieutenant und Flügeladjutanten v. Rettberg; dem herzogl. Nassauischen Maj. Grafen v. Boos-Waldeck.

Den rothen Adlerorden vierter Klasse:

Dem herzogl. Nassauischen Lieut. und Flügeladjutanten Grafen v. Bismarck.

— Se. Maj. der König haben Allergnädigst geruht, die Annahme; dem Premierlieutenant v. Rappard, dienstleistenden Adjutanten der 14. Division, des kön. Niederl. Ordens der Eichenkrone; so wie dem Bäcker Jakob Lorenz zu Kreuznach, der Hanseatischen Kriegsdenkmünze zu gestatten.

Ferner: den seitherigen Advokatanwalt Schraut zu Koblenz zum Landrath des Kreises Ahrweiler, im Regierungsbezirk Koblenz, zu ernennen.

Deutschland.

Berlin, 24. September. Der in diesen Tagen hier erfolgte Tod des bekannten geh. Oberregierungsraths v. Tzschoppe läßt uns auf den Ablauf eines in verschiedenem Sinne vielfach wirksam gewesenen Beamtenlebens zurückblicken, das sich an der negativen Seite einer frühern Verwaltungsepoche vorzugsweise und mit besonderm äußern Erfolg ausgebildet hatte, und deshalb vor dem Geiste der neuen Zeit in Preußen nothwendig zurücktreten mußte, was bei dem leidenschaftlichen Thätigkeitstrieb einer so regsamen Persönlichkeit nicht ohne innere schmerzhafte Bewegung vor sich gegangen sein mußte. Tzschoppe griff während der Zeit seines amtlichen Wirkens fast nach allen Seiten des Staatslebens einflußreich hinüber und hatte sich allmälig eine so vielumfassende Stellung zu gründen gewußt, daß namentlich die in jener Zeit emporgekommene polizeiliche Behandlung der geistigen Elemente des Staates lediglich in seinen Händen lag und gewaltig von ihm ausgeübt wurde. Als Direktor des Staatsarchivs hatte er eine wissenschaftlich bedeutende, als provisorischer Präsident des Obercensurkollegiums eine für die Freiheit der literarischen Intelligenz verhängnißvolle und als geh. Oberregierungsrath und Direktor im Ministerium des königlichen Hauses politisch wichtige Wirksamkeit sich geöffnet, deren volles Gewicht er auf die demagogischen Untersuchungen der damaligen Zeit fallen lassen konnte, an denen er sich besonders als Mitglied der zu diesem Zweck eingesetzten bekannten Ministerialkommission unberechenbar betheiligte. Von ihm wurde auch das Verbot gegen die Schriftsteller des jungen Deutschlands in seiner ersten Gestalt, in der jede zukünftige literarische Thätigkeit dieser Autoren polizeilich verhindert werden sollte, formulirt und unter der interimistischen Verwaltung des Polizeiministeriums durch den Justizminister Mühler, während einer Krankheit des Hrn. v. Rochow, in Kraft gesetzt. Das mühsam errichtete, klug nach den Verhältnissen berechnete und allseitig gestützte Gebäude des Hrn. v. Tzschoppe mußte aber bei der ersten neuen Wendung, welche der preußische Staat zu seiner ihm naturgemäß unvermeidlichen Entwickelung nahm, niedersinken, und eine in ihrer Erscheinung wie in ihren Folgen sehr trübe Geisteskrankheit machte ihn, bald nach der Thronbesteigung des jetzigen Königs, zur Fortführung seiner Amtsgeschäfte unfähig. Die letzten beiden Jahre verbrachte er größtentheils in seiner Geburtsstadt Görlitz unter der Pflege der Seinigen, und wer auch mit der von ihm im Staatsleben behaupteten Stellung sich nie einverstanden zeigen mochte, mußte doch durch das erschütternde Bild seiner Krankheit tief bewegt werden. Wir sind aber über jene Verhältnisse, in denen ein solches Wirken seinen Boden finden konnte, bereits so weit hinausgekommen, daß wir über das Persönliche wohl einen milden Schleier fallen lassen können. Ein Gesammtbild aber jener amtlichen Wirksamkeit in allen ihren Nuancen, so weit dieselben nur irgend erreichbar sind, aufzuzeichnen, dürfte, von kundiger und rechter Hand unternommen, ein in vielem Betracht lehrreiches, zeitcharakteristisches und von der historischen Nemesis zeugendes Gemälde werden. — Wie es heißt, wird der Kriminaldirektor Hitzig, welcher die letzten Jahre seines wirkungsreichen Lebens den Rechtsverhältnissen der Presse und den literarischen Eigenthumsverhältnissen gewidmet hat, eine höhere Stelle in unserer Censurverwaltung bei der bevorstehenden neuen Organisation derselben übernehmen, und es ließe sich gerade von ihm, der die juristische wie die literarische Seite stets zu gleicher Berechtigung herauskehren würde, hier ein wohlthuender Einfluß erwarten. (L. A. Z.)

Königsberg, 21. September. Das Publikum hat hier auf verschiedene Weise ganz unverkennbar seine Mißstimmung gegen den Direktor Lucas, dessen Zeugniß über den Oberlehrer Witt zur Suspension des Letztern beigetragen haben soll, zu erkennen gegeben. Unter diesen Umständen fühlte sich Letzterer bewogen, gestern sein Amt als Direktor bei dem Kneiphöf'schen Stadtgymnasium niederzulegen. Den beiden ersten Klassen soll er dies mit der Bemerkung, daß ihn gebieterische Verhältnisse zwängen, seine jetzige Stellung aufzugeben, angezeigt und von denselben in wehmüthiger Stimmung Abschied genommen haben.

Königsberg, 22. Sept. Am 2. d. M. fand hier abermals die Wahl eines Oberbürgermeisters, an Stelle des uns durch Versetzung entzogenen Hrn. v. Auerswald statt, nachdem der Oberlandesgerichtsrath Jarke die auf ihn am 29. Juli gefallene Berufung entschieden abgelehnt hatte. Aus verschiedenen Zeitungen werden Sie bereits nicht nur die wohlklingenden Namen der Wahlkandidaten ersehen, sondern auch die empfehlenden Eigenschaften des Letztern aus seiner frühern liberalen Censurverwaltung gefolgert haben. Bei der neuen Wahl erhielt Commerzienrath Burdach die meisten Stimmen, was — unbeschadet seiner Befähigung und der großen Achtung, die er hier genießt — doch Manchen überraschte, der einen andern Ausgang erwartet hatte und sich nun über die Ursache dieser Ueberraschung den Kopf zerbrach. Es war nämlich ein noch junger, thatkräftiger, intelligenter, durch seine einnehmende Persönlichkeit in besonderem Grade beliebter Mann, Regierungsrath Pinder, mit in die enge Wahl gekommen, dem zwei wesentliche Unterstützungsvortheile zur Seite standen; denn erstens hatte sich derselbe bereits bei der ihm vor mehren Jahren vom Ministerium übertragenen amtlichen Untersuchung der Verwaltung unseres Stadthaushaltes, dessen tiefe Verschuldung durch die schweren Kriegsjahre (wo sogar Provinzialkontributionen unserer Stadt aufgebürdet wurden) und die steigende Noth unseres hermetisch abgesperrten Landes alle Heimzahlungshoffnungen und Auswege verloren geben und die Kommunalverwaltung aufheben lassen mußte, eine große Hochachtung und Liebe der Bürger, namentlich des einsichtsvollern Theils ihrer Repräsentanten, erworben; und zweitens war die vorzügliche Meinung unseres ehemaligen, allgemein verehrten Oberpräsidenten v. Schön, der ihn als einen der ausgezeichnetsten und humansten Verwaltungsbeamten unserer Zeit dem Könige bei seinem Abschiede dringend empfohlen hatte, vollkommen geeignet, das ungewöhnliche Wohlwollen für ihn noch höher zu steigern. Warum dennoch die Stimmenmehrheit der Wähler nicht für ihn war: darüber kann man nichts Bestimmtes erfahren. Einige wollen wissen, die Wähler hätten gemeint: er selbst werde sich, bei so geringer Verbesserung seiner äußern Lage (unser Oberbürgermeister hat nämlich nur 2000 Thlr. Gehalt), aus der Wahl nichts machen, da ihm als fungirenden Regierungs-Abtheilungs-Dirigenten, trotz seiner Jugendlichkeit und v. Schön's ehrenvoller Empfehlung, auch in seinen jetzigen Verhältnissen ohne allen Zweifel eine glänzende Lauf-

Die Berliner Familienhäuser.

×× Unter diesem Titel theilt die erste deutsche kommunistische Zeitschrift in der Schweiz, „die junge Generation", in ihrer so eben erschienenen Septembernummer folgende Correspondenz aus Berlin mit, die vielleicht für die Geschichte dieser wichtigen Zeitfrage nicht ohne Interesse sein dürfte.

Berlin, 21. August 1842.

Ihre monatliche Zeitschrift „die junge Generation" wird nun auch im Norden Deutschlands verbreitet und ist bereits bis Berlin vorgedrungen. Merkwürdigerweise war es zuerst in unserer starkbesuchten politischen Zuckerbäckerei bei Stehely, einem Schweizer, am hiesigen Gensdarmenmarkt, wo ich sie in den Händen eines Freundes erblickte, mit dem ich über den Inhalt und das Streben Ihrer Zeitschrift ein ziemlich lebhaftes Gespräch pflog. Anfangs hielt ich sie für einen übersetzten Abdruck französischer oder englischer kommunistischer Flugschriften, doch in Folge näherer Betrachtung aller bisher erschienenen Nummern Ihres früheren „Hülferufs", jetzt „jungen Generation" habe ich mich vom Gegentheil überzeugt und ich bin so frei, mich in unmittelbare Verbindung mit Ihnen zu setzen und Sie zuvörderst um Eröffnung eines Abonnements für meine Rechnung zu bitten. Erlauben Sie mir demnächst ein kurzes Bekenntniß meiner Bekehrung zum Kommunismus.

Fast von Kindesbeinen an hatte ich Gelegenheit, das entsetzliche Elend eines großen — unstreitig des größten Theils der Menschheit zu beobachten. Mein Vater besaß ein Haus unweit des Hamburger Thores zu Berlin, in dessen Nachbarschaft die beiden verächtlichsten Schandflecken Berlins liegen; nämlich der Galgen und die Familienhäuser. Gott sei Dank, der erstere ist seit einigen Monaten verschwunden, indem dieser mittelalterliche Rest, der Rabenstein, einer zeitgemäßeren Idee, der Berlin-Stettiner Eisenbahn, hat Platz machen müssen, und es wird hoffentlich nicht mehr lange dauern, wo auch die letzteren, nämlich die Familienhäuser, einer vernünftigeren gesellschaftlichen Ordnung werden weichen müssen. Vor allen Dingen muß ich bemerken, daß diese sogenannten „Wohlthätigkeitsanstalten" eher einer Mördergrube als einer menschlichen, bürgerlichen Familienwohnung gleichen. Denken Sie sich ein halbes Dutzend fabrikähnlicher, aus Lehm, Holz und Fachwerk zusammengekleisterter, 40 Fuß hoher und ungefähr 90 Fuß langer, blau und weiß angestrichener Mäusekasten und Sie haben eine richtige Idee von den Berliner Familienhäusern, die, um mit weiland Ludwig Börne zu sprechen, eine Art residenzstädtischen Wassersack bilden, welche das selbst von der Polizei so sehr gefürchtete Lumpengesindel unschädlich machen sollen. Für die „wohlhabendere" Bürgerklasse gibt es bekanntlich eine Menge anderer Institute, als da sind „Bürgerrettungs-Anstalten u. s. w.

Wie im Freischütz oder Robert der Teufel, bezeichnen Kreidestriche die Gränzen der verschiedenen Abtheilungen in den Zimmern — Gott verzeih mir diesen Ausdruck! — deren bleiche, abgemagerte, vom Kartoffelschnaps und unverdaulichem Sauerkraut aufgedunsene Bewohner oft wie das liebe Vieh neben- und durcheinander liegen. Jüngst gelangte ich unter irgend einem Vorwande in eines dieser Häuser gerade in einem Augenblicke, in welchem ein krankes Weib, bereits Mutter von sechs Kindern, auf einem halbfaulen Strohsack abermals entbunden wurde.... Welch fürchterlicher Anblick! Und dennoch ließ sich der Bewohner eines daran stoßenden Zimmers, ein ehemaliger Holzspalter, durch dieses Ereigniß so wenig stören, daß er in den ohrzerreissendsten Tönen fortgeigte! Hieraus können Sie sich eine Vorstellung von den übrigen täglichen Scenen im Innern dieser Gebäude machen. Und doch ist der Andrang zur Aufnahme in diese Pesthäuser trotz unseres „intelligenten" Himmelreiches so groß, daß die Armen-Kommissionen nicht allen Bittstellern genügen können und die Meisten es noch für ein Glück schätzen, darin aufgenommen zu werden. Wahrhaftig, man möchte rasend werden. Kein anständig gekleideter Mensch — vielweniger eine sogenannte vornehme Familie — wagt sich des Abends in dieses Stadtviertel, und es ist nicht abzusehen, welche Anträge die Berlin-Stettiner Eisenbahngesellschaft wegen dieser angenehmen Nachbarschaft rücksichtlich des Bahnhofes bei dem Magistrat stellen wird. Sollten wir je, was wir jedoch für unmöglich halten, wieder die Ehre haben, irgend einen Kosacken-Till in unseren Mauern zu sehen, so würde er wahrscheinlich seine Banden nicht mehr bloß hinter Königsmauer und an der Friedrichsgracht (s. die Magdeburger Chronik), sondern ohne Zweifel in diesen Familienhäusern rekrutiren.

In immerwährendem Anblick dieses bemitleidenswerthen Auswurfs der Menschheit, begreifen Sie wohl, dachte ich ernstlich und oft über den Grund und die Ursachen dieses entsetzlichen Elends sowie über dessen Abhülfe nach. Da fand ich endlich in meinem Bischen gesunden Menschenverstand, daß es die Ungleichheit der Rechte unter uns Menschen sei, welche den mißgeburtähnlichen Zustand — Individualismus in der Philosophensprache genannt, erzeugt habe. Individualismus, diese theoretische Zwerggestalt, die nur Jedem befiehlt, zuerst an sich und seine Kinder, und dann allenfalls an entferntere Seitenverwandte, an Vetter und Frau Base zu denken, wenn sonst keine Leibeserben und Geburtsvorrechtler laut Kirchenregister vorhanden. Neugierig, wie man dieser zweitausendjährigen Hyder den Kopf vollends zertreten, das heißt, die Wurzel alles materiellen Elends gänzlich ausrotten könne, forschte ich unausgesetzt nach und gelangte zu der Ueberzeugung, daß dieses einzige Heilmittel in einer Umkehrung des bisher üblichen Rechtsbegriffs über den Privatbesitz, d. h. in der Abschaffung des Eigenthumsrechts zu Gunsten Aller und nicht mehr bloß Einzelner — liege. Nichts klarer, als daß man zuerst die Wurzel des Uebels, nämlich das Privatinteresse, unmöglich machen — ein viel edleres Bewußtsein im Menschen als Stachel zur Thätigkeit wecken müsse, um die alte kranke Xantippe Europa zu genesen. Denn, denke man sich die ganze Welt voll Brutusse und Cassiusse mit den Pfennigfuchsereien unserer Zeit und auch die beste Republik — stürzt zusammen. Nur ohne klingende Anerkennung des Verdienstes ist Gleichheit, mithin Freiheit, mithin die wahre Demokratie möglich. Das ist so klar wie zwei Mal zwei Vier.

Allein es gibt Menschen, die gar nicht multipliziren lernen und Alles für Verrücktheit ausschreien, das sie nicht verstehen. Auch ich gestehe übrigens, daß ich Anfangs gewaltig vor mir selber erschrack und meine Gedanken wie ein Geizhalz seine beschnittenen Goldstücke hütete, damit mir ja keiner entschlupfe, den der in der Nähe wohnende Viertelskommissär als corpus delicti hätte dem Polizeipräsidium einsenden können. Endlich erbarmte sich ein wohlwollender Engel meiner geistigen Plage. Um diese Zeit, im Mai 1817, kündigte nämlich Schleiermacher, der berühmte Prediger an der Dreifaltigkeitskirche, an der hiesigen Universität ein Kollegium über Plato's Republik an, welche bekanntlich auf gleichmäßig guter Erziehung aller Kinder im Staate und auf Gütergemeinschaft beruht, und worüber kürzlich der Professor Ferari in Straßburg einen ähnlichen Vortrag hielt, der dem Ministerio Guizot so viel doktrinäres Bauchbeißen verursachte. Allein Schleiermacher war Priester, zwar ein protestantisch-lutherisch radikaler Priester, aber immerhin ein Priester. Deshalb täuschte er auch die Neugierde seines Zuhörers, vermischte Ideales mit Realem, wie Kümmel mit Spiritus, und sein ganzer Vortrag bewies nur zu deutlich, daß er kein Handwerker, d. h. kein praktischer Staatsmann gewesen, wie z. B. jene wenigen großen griechisch-römischen Alterthümler, die nicht selten das Regierungsruder mit dem Pfluge gewechselt. Mit einem Wort, er verstand von der Volksküche gar nichts; zeigte weder die Gründlichkeit des gesellschaftlichen Urvertrags à la Sieyes, noch das auffallend Dumme von der Macht der Thatsache à la Haller, noch schien er überhaupt den Platon ernstlich gelesen zu haben

Die „Rheinische Zeitung":

Ihre Gründung war der Regierung nicht unangenehm gewesen, weil sie sich von den Liberalen Unterstützung bei der Überwindung des durch den Landtagsabschied von 1841 wiederbelebten rheinischen Partikularismus versprach. Die Kölnische Zeitung, die sich 1837 durch Aufkauf der Konkurrenz das Monopol verschafft hatte, war zudem den Behörden durch ihr Eintreten für die Katholiken während der sogenannten Kölner Wirren unangenehm aufgefallen. Die 1839 konzessionierte Rheinische Allgemeine Zeitung vegetierte nur noch dahin. Dieses Blatt wurde von der am 15. Dezember 1841 gebildeten Kommanditgesellschaft auf Aktien erworben. Die im deutschen Zeitungswesen bis dahin unbekannte Unternehmensform bedurfte keiner Konzession. So erschien die Rheinische Zeitung für Politik, Handel und Gewerbe seit dem 1. Januar 1842 im Verlag des Buchhändlers Renard. Geranten der Gesellschaft waren die Juristen Georg Jung und Dagobert Oppenheim.

Ein aus Juristen und Ärzten bestehender Aufsichtsrat formulierte die Tendenz der Zeitung. Bedeutsam wurde die Beteiligung von Moses Hess, der die Verbindung zu den Junghegelianern herstellte, mit denen auch Georg Jung sympathisierte. Anfangs herrschte jedoch im Aufsichtsrat die liberale Richtung vor. Friedrich List sollte erster Chefredakteur werden, war aber verhindert. Man wählte dann Gustav Höfken, einen seiner Anhänger und Mitarbeiter der Augsburger Allgemeinen Zeitung. Er vertrat ein ruhiges nationales Fortschrittsprogramm, sah sich jedoch schon am 18. Januar 1842 wegen einer Kontroverse mit Jung zum Rücktritte veranlaßt.

Höfkens Nachfolger wurde der Junghegelianer und Mitarbeiter der Hallischen Jahrbücher Adolf Rutenberg aus Berlin, der ab 1848 Redakteur der Berliner National-Zeitung werden sollte. Mitautoren waren dem Kreis der sogenannten Berliner „Freien", besonders Eduard Meyen, Friedrich Köppen, Edgar Bauer, Karl Nauwerck und Max Stirner, die Spalten des Blattes geöffnet. Ihre Mitarbeit wurde durch die ähnlich und teilweise noch radikaler orientierten Moses Hess, Bruno Bauer, Karl Heinzen, Andreas Gottschalk, Heinrich Bürgers, Hermann Püttmann, Carl D'Ester, Wolfgang Müller und nicht zuletzt Karl Marx ergänzt. Marx begann seine Mitarbeit am 5. Mai 1842 mit einer kritischen Artikelserie zu den „Debatten über Pressefreiheit", die der sechste Rheinische Landtag ein Jahr zuvor geführt hatte.

Bereits am 11. März 1842 wurde der Oberpräsident von Bodelschwingh aus Berlin aufgefordert, die Rheinische Zeitung zum 31. März zu unterdrücken. Der Oberpräsident setzte sich emphatisch dafür ein, von einem solchen Schritt abzusehen, um die zahlreichen angesehenen, mit ihrem Vermögen haftenden rheinischen Bürger nicht zu verärgern. Ein Wechsel in den Ministerien führte am 24. Juli zu einer milderen Entscheidung, die das Weitererscheinen des Blattes zunächst bis zum 31. Dezember gestattete. Der Verleger sollte einen neuen Redakteur namhaft machen, andernfalls unter noch laufendes Konzessionsgesuch für die Herausgabe abschlägig beschieden würde. Da die Auflage bis zum August erst 800 Exemplare erreicht hatte, gegenüber 8300 der Kölnischen Zeitung, beruhigte der neue Oberpräsident von Schaper den Innenminister von Arnim, „die Rheinische Zeitung (habe) in dem Rheinischen Publikum durchaus nicht den Anklang gefunden, den sie durch ihre eigentümliche und verwerfliche Tendenz zu erlangen trachtet".

Im Oktober 1842 wurde Karl Marx, der von Bonn nach Köln übersiedelte, die Chefredaktion übertragen. Er gab der Rheinischen Zeitung jene kritische, geschlossene Form, die ihr bald den Ruf eintrug, die erste politische Zeitung Deutschlands zu sein – was allerdings nur mit Einschränkungen stimmt. Richtig ist jedoch, daß bis dahin keine deutsche Tageszeitung eine so klar formulierte Tendenz vertreten hatte. Sie wurde damit zum Muster für die gesamte zeitgenössische deutsche Presse.

. . . Marx verhalf dem Blatt in den wenigen Monaten bis zum Januar 1843 zu „einer in Deutschland beispiellosen" Auflagensteigerung auf 3400 Abonnenten. Diese Tatsache und zwei Korrespondenzen über die Notlage der Moselbauern am 12. und 14. Dezember 1842 bestimmten die Behörden, endgültig kurzen Prozeß zu machen, besonders nachdem die Rheinische Zeitung am 12. Januar festgestellt hatte, „in der Zensur liege sicherlich die tiefste Unsittlichkeit". Friedrich Wilhelm IV. sprach im Staatsrat am 19. Januar höchstselbst sein Mißfallen aus. Der Kölner Regierungspräsident wurde sogleich aufgefordert, sich das Blatt nach der Zensur vorlegen zu lassen. Am 21.

←L 12 dakteur, in diesem Falle Moses Heß, mit Einwilligung des Verfassers gehandelt hat.

Die Veröffentlichung von Zuschriften dieser Art stellt auch für die junge „Rheinische Zeitung" ein Novum dar und steht im Zusammenhang mit einem grundsätzlich gehaltenen Artikel von Moses Heß über die deutschen Parteien, den er drei Wochen vorher, am **11.9.1842**, in der „Rheinischen Zeitung" veröffentlicht. Daraus hier zwei wichtige Abschnitte:

→L 13 *Erst dem neunzehnten Jahrhundert ist es vorbehalten, das ganze Volk zu emanzipieren; erst jetzt wird eingesehen, daß die Herrschaft der Majorität nicht Volksherrschaft ist; daß der Staat einig, nicht geteilt sein darf, wenn er die Allgemeinheit sein soll. – Das vorige Jahrhundert war in einer Einseitigkeit befangen, die erst jetzt, nachdem die Theorien desselben in der Julirevolution ihre wirkliche Vollendung erreicht haben, allgemein gefühlt wird.*

Es ist schon oft behauptet worden, daß gewisse Ideen in der Luft einer geschichtlichen Periode liegen, der sich niemand erwehren könne. Es herrscht alsdann eine Unbehaglichkeit in den Geistern, und man kann nicht zur Ruhe kommen, bis diese Luftgestalten sich verdichtet, eine positive Form angenommen haben. Eine solche Unbehaglichkeit herrschte in der Periode zwischen dem Sturze Napoleons und der Julirevolution; diese gab den Ideen der damaligen Zeit eine feste Gestalt. – Jetzt ist die Welt wieder beunruhigt; aber andere Ideen als die, welche die Julirevolution hervorgerufen haben, harren ihrer Verwirklichung entgegen. – Bis zur Julirevolution hat man sich, um den gehörigen Spielraum zur freien Entwickelung aller menschlichen Kräfte zu gewinnen, damit begnügt, ein Gleichgewicht der Gewalten im Staate herzustellen; ein höheres Prinzip kannte man eben noch nicht. – Wie es im Altertume dem gebildetsten Griechen nicht einfiel, daß die vielgepriesene Freiheit seiner sozialen Zustände durch die mit denselben eng verbundene Sklaverei eine höchst einseitige und illusorische war, so dachte bis vor kurzem noch niemand daran, daß in den republikanischsten Institutionen unserer Zeit die Freiheit an dem Elend scheitert, welches noch einem sehr großen Teile unserer Gesellschaft jede Möglichkeit einer freien Entwickelung der Kräfte abschneidet. Der Pauperismus, die Verarmung des Volkes, hat erst in jüngster Zeit die Aufmerksamkeit auf sich zu ziehen gewußt, und er hat den Bestrebungen der Zeit eine ganz neue und eigentümliche Richtung gegeben. Man fühlt, daß die freisinnigsten Bestrebungen bis jetzt unzureichend waren, die Mehrzahl der Menschen aus einem Zustande zu ziehen, der der Sklaverei faktisch gleichkommt; man macht plötzlich die Entdeckung, daß es noch im neunzehnten Jahrhunderte Heloten gibt. Seitdem ist es nicht mehr die Feudalaristokratie, auch nicht mehr der Absolutismus allein, was dem Zeitgeiste widerspricht: die ganze Organisation oder vielmehr Desorganisation unseres sozialen Lebens erheischt eine Reform. –

Was in den Betrachtungen von Moses Heß auffällt und das Interesse an der „Korrespondenz" erklärt, ist die Abwendung von der spekulativen, nach der idealen gesellschaftlichen Konstruktion suchenden Philosophie hin zur Beschäftigung mit der sozialen Wirklichkeit und den Widersprüchen der Gesellschaft, in der er lebt. Der nachgedruckte Brief über die Berliner Familienhäuser und ein Artikel von Moses Heß über eine Gelehrtentagung in Straßburg bieten der liberal-konservativen „Augsburger Allgemeinen Zeitung" den willkommenen Anlaß, die „Rheinische Zeitung" wegen kommunistischer Propaganda anzugreifen. Vier Tage nachdem dieser Artikel des Augsburger Chefredakteurs Gustav Kolb unter dem Titel *Communisten-*
→L 14 *lehren* erschienen ist, wird am **15.10.1842** der junge Karl Marx zum neuen Redakteur der „Rheinischen Zeitung" ernannt. Sein erster Artikel in der neuen Funktion, den Marx noch am selben Tag verfaßt, ist überschrieben: *Der Communismus und die Augsburger Allgemeine Zeitung* und ist sowohl eine scharfe Antwort auf die Angriffe Kolbs als auch programmatisch für die weitere Arbeit der „Rheinischen Zeitung", indem Marx ankündigt, daß sie sich in Zukunft gründlich mit den in Deutschland noch nahezu unbekannten Ideen des französischen Kommunismus befassen werde.

→L 15 *Köln, 15. Oktober. Die Nro. 284 der Augsburger Zeitung ist so ungeschickt, in der Rheinischen Zeitung eine Preußische Communistin zu entdecken, zwar keine wirkliche Communistin, aber doch immer eine Person, die mit dem Communismus phantastisch kokettiert und platonisch liebäugelt.*

Ob diese unartige Phantasterei der Augsburgerin uneigennützig, ob diese müßige Gaukelei ihrer aufgeregten Einbildungskraft mit Spekulationen und diplomatischen Geschäften zusammenhängt, mag der Leser entscheiden, – nachdem wir das angebliche corpus delicti vorgeführt haben.

Die Rheinische Zeitung, erzählt man, habe einen communistischen Aufsatz über die Berliner Familienhäuser in ihr Feuilleton aufgenommen und mit folgender Bemerkung begleitet: Diese Mitteilungen „dürften für die Geschichte dieser wichtigen Zeitfrage nicht ohne Interesse sein"; folgt daher nach der Augsburger Logik, daß die Rheinische Zeitung „dergleichen ungewaschenes Zeug empfehlend aufgetischt." Also wenn ich z.B. sage: „folgende Mitteilungen des Mephistopheles über den innern Haushalt der Augsburger Zeitung dürften nicht ohne Interesse für die Geschichte dieser wichtig tuenden Dame sein", so empfehle ich die schmutzigen „Zeuge", aus denen die Augsburgerin ihre bunte Garderobe zusammenschneidet? Oder sollten wir den Communismus schon deshalb für keine wichtige Zeitfrage halten, weil er keine courfähige Zeitfrage ist, weil er schmutzige Wäsche trägt und nicht nach Rosenwasser duftet?

Allein mit Recht grollt die Augsburgerin unserm Mißverstand. Die Wichtigkeit des Communismus besteht nicht darin, daß er eine Zeitfrage von höchstem Ernst für Frankreich und England bildet. Der Communismus besitzt die europäische Wichtigkeit, von der Augsburger Zeitung zu einer Phrase benutzt worden zu sein. Einer ihrer Pariser Korrespondenten, ein Convertit, der die Geschichte behandelt wie ein Conditor die Botanik, hat jüngst einmal den Einfall gehabt: die Monarchie müsse die socialistisch-communistischen Ideen in ihrer Weise sich anzueignen suchen. Versteht Ihr nun den Unmut der Augsburgerin, die uns nie verzeihen wird, daß wir den Communismus in seiner ungewaschenen Nacktheit dem Publikum bloßgestellt; versteht Ihr die verbissene Ironie, die uns zuruft: so empfehlt Ihr den Communismus, der schon einmal die glückliche Eleganz besaß, eine Phrase der Augsburger Zeitung zu bilden!

Die „Rheinische Zeitung", die den communistischen Ideen in ihrer jetzigen Gestalt nicht einmal theoretische Wirklichkeit zugestehen, also noch weniger ihre praktische Verwirklichung wünschen oder auch nur für möglich halten kann, wird diese Ideen einer gründlichen Kritik unterwerfen. Daß aber Schriften, wie die von Leroux, Considerant und vor allen das scharfsinnige Werk Proudhons nicht durch oberflächliche Einfälle des Augenblicks, sondern nur nach lang anhaltenden und tief eingehenden Studien kritisiert werden können, würde die Augsburgerin einsehen, wenn sie mehr verlangte und mehr vermöchte als Glacée-Phrasen. Um so ernster haben wir solche theoretische Arbeiten zu nehmen, als wir nicht mit der Augsburgerin übereinstimmen, welche die „Wirklichkeit" der communistischen Gedanken nicht bei Plato, sondern bei ihrem obskuren Bekannten findet, der nicht ohne Verdienst in einigen Richtungen wissenschaftlicher Forschung sein ganzes ihm damals zur Verfügung stehendes Vermögen hingab und seinen Verbündeten Teller und Stiefel nach dem Willen des Vaters Enfantin putzte. Wir haben die feste Überzeugung, daß nicht der praktische Versuch, sondern die theoretische Ausführung der communistischen Ideen die eigentliche Gefahr bildet, denn auf praktische Versuche, und seine Versuche in Masse, kann man durch Kanonen antworten, sobald sie gefährlich werden, aber Ideen, die unsere Intelligenz besiegt, die unsere Gesinnung erobert, an die der Verstand unser Gewissen geschmiedet hat, das sind Ketten, denen man sich nicht entreißt, ohne sein Herz zu zerreißen, das sind Dämonen, welche der Mensch nur besiegen kann, indem er sich ihnen unterwirft. Doch die Augsburger Zeitung hat die Gewissensangst, welche eine Rebellion der subjektiven Wünsche des Menschen gegen die objektiven Einsichten seines eigenen Verstandes hervorruft, wohl nie kennengelernt, da sie weder eigenen Verstand noch eigene Einsichten, noch auch ein eigenes Gewissen besitzt.

In diesem Artikel nimmt Marx zum ersten Mal Stellung zum Kommunismus und beginnt nun mit dem Studium der Werke der französischen Sozialisten. Unter seiner Leitung wächst die Zahl der Abonnenten rasch, und die Zeitung gewinnt immer mehr an Einfluß, was dazu führt, daß die Zensur über sie noch strenger gehandhabt wird. Es erscheinen jedoch auch weiterhin realistische Berichte über die Lage der arbeitenden Klassen, darunter die ersten Briefe von Friedrich Engels aus England und eine Serie von Korrespondenzen über die Lage der Weinbauern an der Mosel, die die Regierung beschuldigen, sie in Not und Elend verkommen zu lassen und ihre Klagen zu unterdrücken. Als der Oberpräsident der Provinz, von Scha-

Januar erließen die für die Zensur zuständigen Minister die endgültige Verbotsverfügung. Nur mit Rücksicht auf die Kapitalverluste der Aktionäre wurde das Erscheinen der Rheinischen Zeitung noch bis zum 31. März 1843 geduldet.

→B 4 Karl Marx um 1845

per, hierauf der „Rheinischen Zeitung" zwei „Berichtigungen" zugehen läßt, druckt die „Rheinische Zeitung" diese ab, in der Erwartung, daß der Mosel-Korrespondent eine gründliche Rechtfertigung verfassen würde. Dieser erklärt sich unfähig, so daß die Aufgabe Marx zufällt, der sich zu dieser Zeit, **Ende Dezember 1842**, bei seiner Braut Jenny von Westphalen, in Kreuznach aufhält, von wo aus er an Ort und Stelle das nötige Material sammeln kann. Durch diese Arbeiten kommt er erstmalig dazu, sich mit ökonomischen Fragen zu beschäftigen. Engels schreibt später über diese

→L 16 Zeit: *Ich habe von Marx immer gehört, gerade durch seine Beschäftigung mit dem Holzdiebstahlgesetz und der Lage der Moselbauern sei er von der bloßen Politik auf ökonomische Verhältnisse verwiesen worden und so zum Sozialismus gekommen.* Diese Rechtfertigungen des Mosel-Korrespondenten durch Marx, die vom **15.–20.1.1843** erscheinen, sind so scharf formuliert, daß die „Rheinische Zeitung" am **21.1.1843** durch die Regierung zum **1.4.1843** verboten und bis dahin unter eine noch schärfere Zensur gestellt wird.

Karl Marx sieht in seiner berühmten Einleitung zur *Kritik der politischen Ökonomie von 1859*, die dem „Kapital" vorausgeht, seine eigene Entwicklung während der Jahre **1842–43** so:

→L 17 *Mein Fachstudium war das der Jurisprudenz, die ich jedoch nur als untergeordnete Disziplin neben Philosophie und Geschichte betrieb. Im Jahre 1842/43, als Redakteur der „Rheinischen Zeitung", kam ich zuerst in die Verlegenheit, über sogenannte materielle Interessen mitsprechen zu müssen. Die Verhandlungen des Rheinischen Landtags über Holzdiebstahl und Parzellierung des Grundeigentums, die amtliche Polemik, die Herr von Schaper, damals Oberpräsident der Rheinprovinz, mit der „Rheinischen Zeitung" über die Zustände der Moselbauern eröffnete, Debatten endlich über Freihandel und Schutzzoll, gaben die ersten Anlässe zu meiner Beschäftigung mit ökonomischen Fragen. Andererseits hatte zu jener Zeit, wo der gute Wille „weiterzugehen" Sachkenntnis vielfach aufwog, ein schwach philosophisch gefärbtes Echo des französischen Sozialismus und Kommunismus sich in der „Rheinischen Zeitung" hörbar gemacht. Ich erklärte mich gegen diese Stümperei, gestand aber zugleich in einer Kontroverse mit der „Allgemeinen Augsburger Zeitung" rund heraus, daß meine bisherigen Studien mir nicht erlaubten, irgendein Urteil über den Inhalt der französischen Richtungen selbst zu wagen. Ich ergriff vielmehr begierig die Illusion der Geranten der „Rheinischen Zeitung", die durch schwächere Haltung des Blattes das über es gefällte Todesurteil rückgängig machen zu können glaubten, um mich von der öffentlichen Bühne in die Studierstube zurückzuziehn.*

Gutzkows Beschreibung der Familienhäuser gehört in die Reihe der frühen Berichte über die soziale Lage des Proletariats als neu entstehender Klasse und ist Ausdruck dafür, daß einigen revolutionären Demokraten die rein philosophische Gesellschafts- und Religionskritik nicht mehr genügt. Sie beginnen nach den Ursachen der gesellschaftlichen Mißverhältnisse zu suchen, und die genauen Berichte über die sozialen Verhältnisse, zu denen auch Friedrich Engels' umfangreiche Beschreibung der Lage der

→S 257 arbeitenden Klasse in England gehört, sind notwendig für die Verwissenschaftlichung der sozialistischen Ideologie.

8.2.3   In der „Stafette"

Auch in der Berliner Lokalpresse erscheint, und zwar in dem **1838** gegründeten Feuilleton-Blatt „Die Stafette", mit Datum vom **17.11.1842**, also kaum zwei Monate nach der „Korrespondenz" in der „Jungen Generation" von Weitling, ein Bericht über die Familienhäuser, der den Charakter einer Reportage hat:

→L 18 *Was helfen uns in Berlin die wohltätigen Vereine, die Ruhmreden auf unsere Intelligenz, unser blühendes Volkswohl, unsre Freuden und Genüsse, solange wir noch Tausende, viele Tausende in unserer Mitte haben, auf die kein Strahl christlicher Liebe, kein Lächeln eines Lebensglücks fällt, die ohne Kleider und Schuh, ohne Bett und Tisch, ja ohne Salz und Kartoffeln zu Tausenden da draußen liegen und wimmern und nicht einmal Stroh und Lumpen haben, sich gegen die Kälte zu schützen? Allerdings manches from-*

mes Herz, mancher wohltätige Verein nährt und tröstet die Armen, aber alle die gerühmte Wohltätigkeit in Berlin reicht nur eben hin, die Not, das Elend, den Hunger zu füttern und zu nähren; sie reicht nicht hin, diese Unholde, diese Wütheriche zu verjagen. Wir brauchen nicht nach Paris und London zu gehen, keine Boz'schen Romane zu lesen, um die Menschheit in ihrer tiefsten Erniedrigung, ihrem herzzerreißendsten Elende kennenzulernen.

Draußen vor dem Hamburger Tore, in den mit furchtbarer Ironie sogenannten „Familienhäusern" ist das ganze Elend Berlins aus allen Straßen und Winkelgäßchen zusammengestopft. Hier wohnen (nach Angabe des Inspectors vom 10. November) 2190, zweitausend, über zweitausend Menschen, von denen die meisten nichts haben als einige Lumpen und Hunger; kein Bett, keinen Tisch, kein Holz, keine Kleider, keine Strümpfe, keine Schuhe, keine Arbeit, kein Geld, keine Kartoffeln, keine Aussicht, keinen Trost, kein Mitleiden – nur Lumpen und Stroh und Schmutz und Ungeziefer und Hunger, Hunger, der in ihren kalten Eingeweiden heult wie der hungrige Wolf in polnischen, gefrornen Einöden. –

Ich traf neulich abends einen in dem Treppenwinkel eines Hauses zusammengefrornen Haufen Lumpen, in denen ich bei näherer Untersuchung ein menschliches Wesen entdeckte, einen Jungen mit einigen Waldteufeln. Er konnte nicht mehr gehen und stehen und wäre hier erfroren, wenn ich ihn nicht in eine Droschke gepackt und in seine Wohnung, im Familienhause, gefahren hätte. Hier gab ich ihn seiner Familie wieder, einem Weber mit 11 Kindern, die alle auf der Erde umherlagen in Lumpen und Stroh.

Der Weber erzählte mir, daß er bei der angestrengtesten Arbeit, die ihm sein Elend möglich mache, nicht mehr als 10 bis 12 Taler monatlich verdiene; der Mann, für den er arbeite, ziehe von jedem Stück gewöhnlich noch etwas Lohn ab, weil der Mann wohl wisse, daß er arbeiten müsse, daß er kein anderes Brot verdienen könne. Das mit einem Holzklotze (als Tisch) und mit dem Webstuhl meublirte Zimmer kostet ihm 36, also monatlich 3 Taler; die Frau kann nicht aus der Stube, denn sie hat keinen Strumpf und keine Schuh und nur einen einzigen, durchlöcherten Rock; die Kinder liegen zum Teil ganz nackt in Lumpen und müssen den ganzen Tag darin liegen, um nicht zu erfrieren. Drei Metzen Kartoffeln reichen kaum hin, täglich die 13 Magen nur notdürftig zu füllen. In einem Winkel der Stube fand ich die berüchtigten Kreidestriche, welche den gemieteten Teil der Stube für ein Ehepaar bezeichneten, das am Tage aus Rinnsteinen Knochen, Papierschnitzel und Lumpen zusammenfischt und monatlich 20 Silbergroschen Aftermiete geben muß.

Die zweitausend Menschen in den Familienhäusern, wozu jetzt noch fast tagtäglich neue kommen, und allnächtlich viele Kinder hier das Licht der Welt? nein der Familienhäuser erblicken, bestehen fast aus lauter Familien, die in der Stadt aus ihren Wohnungen geworfen wurden, weil sie die Miete nicht bezahlen konnten, und denen der Wirt alles brauchbare Mobiliar und die letzten erträglichen Kleidungsstücke zurückbehalten hat, aus den Elendesten der Stadt, Knochen- und Lumpensammlern, Holzhauern (die reichste Klasse), aus den Gefängnissen gejagte Sträflinge, ja oft Gauner und Spitzbuben aller Art.

Wenn die Familienhäuser nur Eigentum des Staates wären, eine Freistätte für die Ausgeworfenen, eine Anstalt, worin man die Kräfte der Leute beschäftigt und ihnen dafür satt zu essen und Holz und Kleider gibt.

Wir empfehlen die kleine Stadt und den kleinen Staat des gräßlichsten Elends vor dem Hamburger Tore der Mildtätigkeit Berlins, wissen aber, daß alles Mitleiden, alle Spenden das Elend nicht tilgen, sondern nur nähren. Gebt ihnen Sicherheit des physischen Lebens, Arbeit, moralische Kraft, gebt ihnen Mittel und Gelegenheit, s i c h s e l b e r z u h e l f e n, das hilft. – Kälte, Hunger, Teuerung, Nahrungslosigkeit, für viele gänzliche Unmöglichkeit, sich redlich etwas zu verdienen oder verdienten Lohn zu bekommen, da viele auch so aus dem Elende Gewinn ziehen, daß sie den Arbeitslohn teuflisch kalt herabdrücken – alle diese Gäste haben sich gleich mit Anfang des Winters eingestellt; man wird nicht genug tun können, sie nur in Schranken zu halten. ß

Ein Textvergleich mit der „Physiologie Berlins" (1846) läßt den Verfasser erkennen. Das Verfasserzeichen unter dem Zeitungsartikel „ß." ist gleichzeitig sein Pseudonym: „Beta".

Zum Jahresende **1842** erscheint in der „Königlich privilegirten Berlinischen Zeitung", also der „Vossischen", eine ausführliche Entgegnung,

Textvergleich
Aus Beta: Physiologie Berlins

→L 19   *Was helfen all die wohltätigen Vereine, die Ruhmreden auf unsere Intelligenz, unser blühendes Volkswohl, unsere Freuden und Genüsse, solange wir noch viele Tausende in unserer Mitte haben, auf die kein Strahl christlicher Liebe, kein Lächeln des Lebensglückes fällt, die ohne Kleider und Schuh, ohne Bett und Tisch, ja ohne Salz und Kartoffeln zu Tausenden da draußen wimmern und hungern und frieren und nicht einmal Stroh und Lumpen genug haben, ihr Elend und ihre Kälte hineinzuwickeln? Wir brauchen nicht nach Paris und London zu gehen, keine Boz'schen und Sue'schen Romane zu lesen, die Menschheit in ihrer tiefsten Erniedrigung, ihrem herzzerreißensten Elende kennenzulernen. Draußen vor dem Hamburger Tore, in den mit furchtbarer Ironie sogenannten ,, F a m i l i e n - Häusern" und dem Voigtlande ist das ganze Elend Berlins aus allen Straßen und Winkelgäßchen zusammengestopft. Die beinahe dreitausend Bewohner dieser Familienhäuser bestehen fast aus lauter Familien und Individuen, die in der Stadt aus den wohlfeilsten Hofwohnungen geworfen wurden, weil sie die Miete nicht bezahlen konnten, und denen der Wirt noch brauchbare Mobiliar und die letzten, erträglichen Kleidungsstücke zurückbehalten hat, aus den Elendesten der Stadt, Knochen- und Lumpensammlern, Holzhauern, invaliden Arbeitsleuten, aus den Gefängnissen gejagten Sträflingen, Gaunern und Dieben aller Art. Kein Bett, kein Tisch, kein Holz, keine Kleider, nicht Strümpfe und Schuh, keine Arbeit, kein Geld, keine Kartoffeln, keine Aussicht, kein Trost, kein Mitleiden, Hoffnung aufs Arbeitshaus oder schmählichen Tod in der Charité – nur Lumpen und Stroh und Schmutz und Ungeziefer und Hunger, Hunger, der in ihren kalten Eingeweiden heult wie der hungrige Wolf in polnischen gefrornen Einöden. –*

Beta (Pseudonym für Bettziech), Johann Heinrich, Journalist und Nationalökonom, geb. **23.3.1813** in Werben bei Delitzsch, gest. **31.3.1876** in Berlin.
→L 20   *Während des philologischen, philosophischen und naturwissenschaftlichen Studiums zu Halle war B. Mitarbeiter der „Hallischen Jahrbücher" seines ehemaligen Lehrers A. Ruge und redigierte von 1838–48 den literarisch-kritischen Teil von J.W. Gubitz' „Gesellschafter" in Berlin. Mit J. Prince-Smith, J. Faucher u.a. gründete er 1846 den „Freihandelsverein" und dessen Organ „Berliner Stafette", wurde 1847 als Vertreter eines idealistischen Demokratismus Berliner Berichterstatter des „Leuchtturm" von E. Keil und huldigte in seiner ausgedehnten Revolutionspublizistik radikal-demokratischen Auffassungen. Sein Witzblatt „Berliner Krakehler" wurde Anfang 1849 verboten. Als ihm ein Hochverratsverfahren drohte, floh B. an der Wende 1850/51 nach London und wirkte hier als Korrespondent führender deutscher Blätter, besonders der „Gartenlaube" von E. Keil. Seine Berichterstattung hat das England-Bild des deutschen Bürgertums mitgeprägt. 1859 war er maßgeblich an der Gestaltung des großen Schillerfestes im Crystal Palace in London beteiligt. Auf Grund seiner engl. Erfahrungen und unter dem Eindruck einer 1855 einsetzenden, fortschreitenden Lähmung mäßigte sich seine radikale Haltung. „Nahezu konservativ" gesinnt kehrte er 1861 nach Berlin zurück.*

Der Zeitungskorrespondent, von Theodor Hosemann ←B 5
1842

die von einem der Armenvorsteher verfaßt sein muß. Der Autor geht mit dem Artikel der „Stafette" kritisch ins Gericht und bezweifelt die Einzelheiten, hält sie aus eigener Kenntnis der Familienhäuser für überzeichnet und argumentiert, daß das Mitleid dem Verfasser den Blick für die Realität verstellt, obwohl er selber zugibt, daß die Zustände menschenunwürdig sind. Die Bezweiflung von Einzelheiten als Methode, einen Bericht, einen Autor unglaubhaft zu machen, dem man an sich grundsätzlich zustimmt, wiederholt sich hier. Wir haben sie bereits im Zusammenhang mit den Berichtigungen des Thümmel-Berichts kennengelernt.

Die Berliner Familienhäuser

→L 21
Das in No. 136 der Stafette vom 1. November c. enthaltene Referat „Die Berliner Familienhäuser" gibt abermals einen Beweis, daß, so gut gemeint der Zweck desselben sein soll, dergleichen Berichte nie die Wahrheit aus eigener Wissenschaft und Überzeugung enthalten und jederzeit mit Ironie und Bitterkeit gepaart sind, die den untergelegten Zweck eher verscheuchen als erreichen können. Der Verfasser jenes Referats will anscheinend das Elend, was er beschreibt, in den sogenannten Familienhäusern vor dem Hamburger Tore s e l b s t g e s e h e n und das Treiben der Bewohner, die er zum Abschaum der Residenz zählt und die sich angeblich aus allen Stadtteilen, wo sie hinausgeworfen werden, dort ansammeln, s e l b s t b e o b a c h t e t haben. Dies muß jedoch durchaus bezweifelt werden, denn sonst wäre es unmöglich, ein Urteil in der geschehenen Art, sowohl über die Verhältnisse als über die armen Unglücklichen selbst, auszusprechen; und dabei seit Jahren verbreitete grundlose und gehässige Nachrichten, als das Abteilen der Stuben unter mehrere Familien d u r c h K r e i d e s t r i c h e, aufzuwärmen. Ebenso unwahrscheinlich und auf die hier in Rede stehenden Häuser anwendbar ist die von dem Herrn Berichterstatter gegebene Erzählung von dem halberfrornen Waldteufeljungen, den er seinen Eltern, welche 11 Kinder haben sollten, zurückgebracht hat, denn es ist in sämtlichen Häusern kein Weber mit 11 Kindern, der 36 Thlr. Miete zahlt, einen H a u k l o t z statt Tisch in der Stube und dabei noch e i n e n A f t e r m i e t e r bis an e i n e n K r e i d e s t r i c h – den Referent selbst gesehen haben will – hat. Der Schreiber dieses, dem das Innere und die Verhältnisse der Bewohner der vor dem Hamburger Tore in der Gartenstr. No. 92, 92a, 92b und 94 belegenenen im Publiko benannten „ F a m i l i e n - H ä u s e r" seit Jahren genau bekannt sind, gibt zu, daß in denselben in 400 besonderen Wohnungen zu 20, 24 u. 30 Thlr. jährlicher Miete, die in monatlichen u. geringern Summen, selbst 10 Sgr., angeommen werden, über 2500 Menschen, zum größesten Teile in den ärmsten u. elendesten Umständen, ohne Nahrung, körperliche Bekleidung, auch wohl eines Nachtlagers, leben; und daß besonders das Elend und die Not bei den immer mehr steigenden Preisen aller Lebensbedürfnisse, wozu vor allem Brot u. Kartoffeln zu rechnen, sich noch vermehren dürfte; daß auch mitunter durch Faulheit, auch wohl Mutlosigkeit bei der drückenden Armut die Unreinlichkeit und Liederlichkeit eingekehrt ist. Daß aber tagtäglich neue Bewohner aller u. jeder Herumtreiber, Gauner u. Spitzbuben, insbesondere alle aus Gefängnissen entlassene Sträflinge dort aufgenommen werden, ist eine Unwahrheit; darüber so wie auch, daß Aftermieter in den Häusern gar nicht aufgenommen werden dürfen, stelle ich dem Herrn Berichterstatter in der Stafette anheim, sich bei der Polizei-Behörde genauer zu belehren. Wie in aller Welt nun ist es wohl möglich, den Trieb des Mitleids unter solchen gehässigen und eben nicht empfehlenden Bemerkungen zu erregen. Wer wird sich wohl zur Ausübung von Wohltaten in die wie Diebeshöhlen beschriebenen Häuser hineinwagen? Leider haben viele der Bewohner, namentlich die Weber – von denen mehrere wohl 20 und mehrere Jahre in den Häusern wohnen –, durch den früher verbreiteten schlechten Ruf der Häuser leiden müssen, indem die Fabrikanten ihnen kein Arbeitsmaterial anvertrauen wollen. Inzwischen hat sich dieser unglückliche Umstand durch die von dem derzeitigen Besitzer eingeführte bessere Aufsicht und Controle einigermaßen gehoben, und diejenigen Herren Fabrikanten, oder sonst Arbeiter benötigten, dürfen sich nur im Comtoir der Häuser melden, wo sie zu jeder Tageszeit die gewünschte Auskunft erhalten können. Unterstützungen bedürfen die Bewohner, wenige ausgenommen, wohl alle, und erhält auch ein großer Teil nach den Prinzipien der Armenpflege Unterstützung. Ruft das Referat der Stafette daher zum Mitleid für alle diese Unglücklichen auf, so ist dies zwar lobenswert, denn es kann in

dieser Hinsicht zur Linderung des besonders in dieser unglücklichen Zeit herrschenden Elends nicht genug geschehen, nur kann man sich auch hierbei mit der Art und Weise, wie dies geschieht – in Worten und Ausdrücken, die bei den Bedrängten, anstatt Gefühle des Dankes zu erregen, wohl gar den Gedanken aufkommen lassen, „daß der Wohlhabendere sie unterstützen m ü s s e und daß von ihm nicht genug geschähe" – nicht einverstanden erklären. Schreiber dieses legt den jederzeit zur Mildtätigkeit geneigten Bewohnern Berlins die in ihrer Mitte darbenden viele hundert Familien, unter denen sich würdige und unwürdige befinden, ans Herz, um sie, sei es durch Zuweisung fehlender Arbeit, zu unterstützen.

Die „Stafette" antwortet in ihrer Nummer 110 vom **16.9.1843**, also erst neun Monate später, in einem Artikel *Hand und Maschinenarbeit/Aus Berlin.* Daraus interessiert hier nur der erste Absatz:

Wir haben im vorigen Winter schon einmal die Blicke der Leser in die ←L 22
Berliner Familienhäuser geführt und das großartige Elend darin kurz geschildert. Damals erhob die mutige Vossische Zeitung ihre Stimme gegen uns und befahl, man solle nicht glauben, daß es da wirklich so schlimm sei. Nun hat aber Bettina in ihrem: „Dies Buch gehört dem König" ganz zuletzt eine Reihe T a t s a c h e n und E r l e b n i s s e aus den Berliner Familienhäusern mitgeteilt, welche als Tatsachen unwiderleglich beweisen, daß die Not und das Elend noch viel größer seien, als wir je behauptet und geglaubt. Da gibts Familien von 6–8 Personen, welche monatlich, wenn's hochkommt, 6–8 Taler verdienen. Da gibts Menschen, die, wenn sie endlich einmal so glücklich gewesen, einen Silbergroschen zu verdienen, diesen Silbergroschen in 3, 4 und 6 Teile teilen müssen, um sich Brot, Salz, Kartoffeln, Holz u.s.w. in den kleinsten Portionen kaufen zu können. Diese Leute und die a r b e i t e n d e n K l a s s e n überhaupt (arbeitenden Klassen! Das ist ein sehr schmeichelhafter Ausdruck für unsere Zeit! man unterscheidet dadurch die niedern Stände von den höhern!) glauben in der Regel, das Maschinenwesen sei Schuld an der immer fürchterlicher zunehmenden Armut, an der Arbeitslosigkeit und an den niedergedrückten Arbeitspreisen, welche selten so viel betragen, daß die Menschen von ihrer redlichen Arbeit redlich leben können. Das ist aber ein ganz hohles Vorurteil, die Ursachen des Volkselends liegen in ganz andern Einrichtungen und Kreisen –

In der nächsten Nummer, die drei Tage später erscheint, widmet die „Stafette" dem eben erschienenen Anhang zu dem „Königsbuch" von →S 9
Bettina von Arnim einen ganzen Artikel und zitiert aus den Besuchsprotokollen der Familienhäuser 5 Fälle, die sie für sich selber sprechen läßt.

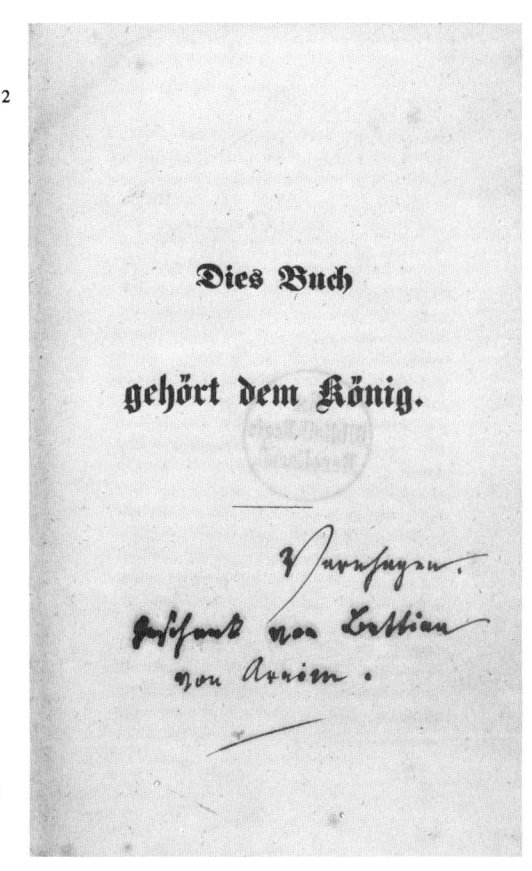

𝕭𝖊𝖙𝖙𝖎𝖓𝖆 𝖎𝖓 𝖉𝖊𝖓 𝕭𝖊𝖗𝖑𝖎𝖓𝖊𝖗 𝕱𝖆𝖒𝖎𝖑𝖎𝖊𝖓=𝕳ä𝖚𝖘𝖊𝖗𝖓.

Man denke sich! Bettina, die einst als Kind nur in ←L 23
den überschwenglichsten Idealen schwärmte und keine größere Seligkeit kannte, als vor Göthe, ihrem Liebes=Abgott, wie ein unsterbliches Wesen genienhaft zu tanzen, ist jetzt als Greisin herabgestiegen in das tiefste Elend Berlins, in die schmutzigste Wirklichkeit, in welche jede Spur von Idealen unter Lumpen, Hunger, Schmutz und Thränen verkümmert ist. Bettina hat die Berliner Familien=Häuser vor den Hamburger Thore nicht nur so aus Neugier besucht, nein sie hat deren Bewohner und deren Elend so sorgfältig studirt und erforscht und kennen gelernt, wie kein mildthätiger Verein, wie keine Armen= Direktion. Sie hat eine ausführliche, herzzerschneidende, streng in Thatsachen sich haltende Schilderung der Bewohner dieser Familien=Häuser und ihrer grenzenlosen Noth ihrem großen Werke „Dies Buch gehört dem König" angehangen, wo es mehrere Bogen füllt und alle des Gefühls noch fähigen Seelen die Augen mit Thränen. Der Abschnitt führt das Motto:

„Vogtländer, bejammere nicht Dein eigen Geschick,
Beklage nur die, die kein Mitleid haben mit Dir!"

Darin liegt ein schneidender Vorwurf für Alle, die nicht im Voigtlande wohnen. Sie sind die Opfer unserer unmoralischen, gesellschaftlichen Verhältnisse, wir — die Schuldigen. Sie beginnt die Schilderung dieser Berliner Armencolonie mit statistischen Notizen, die in ihrer Kälte grade recht wirksam sind. In 400 Gemächern wohnen über drittehalb Tausend Menschen, also mehr Unglückliche, als manche ganze Stadt Einwohner hat. Wohl über 100 Familien hat sie besucht, und sie schildert deren himmelschreiende Verhältnisse mit den Genauigkeit eines Statistikers. Wir wollen nur einzelne davon hervorheben.

In einer Kellerstube findet sie einen Mann mit gebrochenem Bein. Er war beim Bau der neuen Bauschule verunglückt. Ein Gesuch um Unterstützung findet kein Gehör; die Armen-Direktion hat ihn monatlich 2 Thaler bewilligt. Seine höchste Einnahme beträgt monatlich $6\frac{1}{2}$ Thaler.

In dem Zimmer Nr. 113 wohnt ein Mann Sinhold mit Namen, nebst Frau. Er kam mit zerrütteter Gesundheit aus dem Feldzug von 1813 zurück. Er ist Weber und verdient bei angestrengtem Fleiße und wenn er Arbeit hat, täglich $1\frac{1}{2}$ Silbergroschen. Nun war er aber 15 Wochen krank; seine Frau ist epileptisch. Von der Armen-Direktion bekommt er monatlich 1 Thaler. —

Zwei Weber weben jeder täglich 6 bis 7 Ellen, für die Elle giebt's — 1 Silbergroschen. Von dem Verdienste, gehen wöchentlich 10 Silbergroschen für Einschlagspulen und 5 Silbergroschen für Schlichte ab. So haben sie monatlich 4 Thaler reinen Verdienst, davon 2 Thaler Miethe, bleiben monatlich 2 Thaler für Nahrung, Kleider und Schuh. Ich glaube nicht daß sie bei Kranzler Eis essen und bei Groß-Jagor speisen —

Ein Schuster mit Frau und Kindern schickt eben einen geflickten Schuh fort: „Da, trag' ihn fort, laß Dir einen Sechser dafür geben und bring dem Kinde etwas zu essen mit," sagt er zur Frau. Die Frau kömmt wieder, das Mädchen, dem der Schuh gehörte, hat keinen Sechser gehabt. „Das Kind weinte noch immer und Vater und Mutter weinten mit." Wir aber weinen nicht, denn wir hungern nicht, nicht wahr?

In der Gartenstraße 92a Stube 71 wohnt der Schneider Engelmann. Bevor er in's Familienhaus zog, war er schon 27 Jahr in Berlin gewesen, während der ganzen Zeit redlich, nie in gerichtlicher Untersuchung u. s. w. Im Jahre 1833 führte ihn Krankheit in die Charité; so wie er gesund ist, erkrankt seine Frau, welche nur durch besondere Fürsprache in die Charité aufgenommen ward. Aber er hatte kein Geld, sie hinschaffen zu lassen; an die Armen-Direktion wandte er sich umsonst. Endlich bringt er sie mit einem geborgten Thaler in die Charité, wo sie 10 Wochen krank liegt. Er kömmt um Unterstützung bei der Armen-Direktion ein und bekömmt ein für alle Mal 2 Thaler. Nach Rückkunft seiner Frau arbeitet er Tag und Nacht, um nur die Miethe zu verdienen; nicht möglich — aus dem Hause geworfen. Jetzt hätten ihm 10 Thaler vielleicht für immer gerettet, wo aber die hernehmen? Bloß Reichen borgt man; wer nichts hat, hat auch keinen Credit; also ins Familienhaus. Im Familienhause findet er keine Kunden, jeden Tag ärmer, Alles verkauft oder versetzt. Wenn er den ganzen Tag arbeitet, verdient er höchstens $7\frac{1}{2}$ Silbergroschen. Er zeigte Pfandscheine von 15 bis auf 7 ½ Silbergroschen!! Die niedergekommene Frau verliert durch Hunger die Milch und muß dem Kinde schlechte Getränke kaufen. (Selbst die Muttermilch muß bei den Armen nach Geld geschätzt werden!) Auf eine neue Eingabe an die Armen-Direktion kommt ein Deputirter, der seine Verhältnisse untersucht. In Folge dessen werden ihm 2 Thaler bewilligt, bekömmt aber bloß 15 Silbergroschen. Nach 2 Tagen will er den Rest holen, da wird ihm gesagt: „Sie gehn ja drauf los wie Blücher!“ und er bekömmt nichts. Ein Kind stirbt, er kann keine Begräbnißkosten bezahlen. Da borgt ihm der alte blinde Invalide und Leierkastenman Wegener 1 Thaler, und das Kind wird begraben. Es stirbt abermals ein Kind, und der blinde Leierkastenmann giebt ihm 1 Hemd und ein Beinkleid zum — Versetzen, da er kein Geld mehr hat. Diese That-sache schließt Bettina mit folgenden Worten: „In welchem Lichte erscheint die Armen-Direktion neben dem blinden Leier-kastenmann!“

Wir fügen diesen Berliner Familienhaus-Geschichten nichts hinzu, und lassen diese trockenen Thatsachen selbst sprechen. Vielleicht fällt hier und da eine menschliche Thräne darauf, und dann sind sie ja nicht mehr — trocken.

β.

Etwa zwei Monate später, am **30.11.1843**, erscheint in der „Stafette“ noch ein dritter, wieder mit „ß“ gekennzeichneter Artikel, der in diesen Zusammenhang gehört und in dem die Verhältnisse im Voigtland zitiert werden. Der Artikel ironisiert die einsetzende Untersuchung des Pauperis-mus und gibt eine Typologie der Berliner Armen, wobei die Bewohner des Voigtlandes unter der Kategorie *bettelarm* rangieren:

Der B e t t e l a r m e wohnt in Berlin vor den Toren, und der be- ←L 24
rühmte Hauptsitz ist das Voigtland, welches durch B e t t i n a ' s Buch,
das dem Könige gehört, eine neue unsterbliche Berühmtheit erlangt hat.
Berlin wird einst sinken in Schutt und Staub, aber das Berliner Voigtland
wird fortleben in der Geschichte durch Bettina. — Im übrigen findet man
die meisten Leute, welche ausschließlich vom Betteln leben, größtenteils
auf dem Lande, da die Gensdarmen daselbst nicht so häufig vorkommen
als in Berlin. In Berlin ist man sehr streng gegen Bettler, in Berlin ist das
Betteln ein Verbrechen, aber der Hunger und das Elend sollte es auch sein.
Die Bettler sind aber u n s e r e Verbrecher, denn Gott und Natur wollen
nicht, daß nur einer unserer Mitmenschen nötig habe zu betteln. Man dul-
det mit Recht die Bettelei nicht, man müßte nur aber auch sorgen, daß die
eiserne Notwendigkeit den Hungrigen nicht zum Betteln treibe. So ist's
und so soll's nicht sein. Mit diesem versöhnlichen Schlusse Punktum. ß.

Theodor Hosemann: Friedrich Wilhelm IV. in der Loge ←B 6

Ernst Dronke: *Nach einer langen Reihe von trüben,* ←L 25
in dumpfem Harren verbrachten Jahren stieg endlich
zu Anfang Juni 1840 ein langaufatmender Zug aus dem
Herzen der Preußen. Der alte König war gestorben;
was Wunder, daß die Hoffnungen, welche vor dem star-
ren alten Manne geschwiegen, sich jetzt an den jungen
Regenten klammerten? Friedrich Wilhelm IV. war als
Kronprinz beliebt – er teilte darin das Los jedes ande-
ren. Man hofft immer, was man wünscht – auch ohne
begründete Voraussetzung, und wenn es die Gegenwart
versagt, so tröstet man sich mit der Möglichkeit der
Zukunft.

Die ersten Nachrichten über Bettinas „Königsbuch"

Varnhagen v. Ense, 17.5.1841: *Besuch bei Bet-* ←L 27
tine von Arnim; der König will ihre Zueignung anneh-
men, hat es ihr durch Humboldt schreiben lassen; die-
ser berichtet noch, auf die Frage des Königs, welches
der Inhalt sei, habe er geantwortet: „Die Nacht des
Gemüts und der Natur von der hellsten Geistessonne
beleuchtet", welches er zwar selber nicht verstehe, der
König aber für gut angenommen habe; derselbe habe
noch hinzugesetzt: „Wenn Frau von Arnim aber ihm
mehr aufbürde und zumute, als ihm gebühre, so würde
er öffentlich in allen Zeitschriften gegen sie zu Felde
ziehen!"

Bettina v. Arnim an Adolf Stahr, 5.6.1841: *Ich* ←L 28
habe den König um Erlaubnis gebeten, ihm mein Buch
zuzueignen, was sagen Sie dazu? Er hat gesagt ja! Es
werde ihn freuen, aber ich sollte meiner Phantasie
nicht die Zügel schießen lassen, sonst werde er öffent-
lich gegen mich zu Felde ziehen. Guter Professor Stahr,
ich freue mich darauf, Ihnen das Buch zu geben, ob-
schon ich gar nicht weiß, was ich hinein schreiben soll,
aber ich muß in diesen Tagen den Druck beginnen,
und daher muß auch etwas drin stehen. Beten Sie zu
den Sternen, daß die mich nicht sitzen lassen.

Die „Augsburger Allgemeine Zeitung", 8.6.1841: ←L 29
Von Bettina kommt soeben ein neues Buch unter die
Presse; der König hat bereits gestattet, daß ihm das-
selbe gewidmet wird. Die Teilnahme für die Verfasse-
rin wird durch seinen Inhalt nur gesteigert werden, da
es außer mehreren größeren Aufsätzen von allgemei-
nem Interesse eine Reihe von Gesprächen mit Frau

8.3 Die Familienhäuser im „Königsbuch" von Bettina v. Arnim (1843)

Mit dem „Königsbuch", das Mitte **Juli 1843** in Berlin erscheint, erreicht der Fall der Familienhäuser die gesellschaftlich anerkannte Publikationsform des Buches, und damit werden die Zustände in den Familienhäusern **1843** dauerhaft festgehalten. Wir haben den 65 Seiten starken Bericht über die Familienhäuser, den Bettina v. Arnim ihrem Buch unter dem Titel „Erfahrungen eines jungen Schweizers im Voigtlande" beifügt, am Anfang dieses Buches im Original wiedergegeben und bereits darauf hingewiesen, daß diese Protokolle Ausgangspunkt unserer Arbeit gewesen sind. Wir werden in diesem Kapitel die Entstehung dieses Textes und seine Wirkungsgeschichte nachvollziehen, wobei wir uns weitgehend auf das Tagebuch des Schweizers Heinrich Grunholzer, der ihn im Auftrag von Bettina v. Arnim verfaßt hat, stützen können.

8.3.1   Die Entstehung des „Königsbuchs"

Die früheste Nachricht über die Entstehung des „Königsbuchs" findet ←L 25
sich in der Biographie von Bettina v. Arnim von Moritz Carriere: *Als ich* →L 26
im Spätherbst 1840 wieder nach Berlin kam, sagte sie (Bettina, d.V.) mir
bei dem ersten Besuch: „Wir müssen den König retten!" Sie sah die guten
Absichten desselben im Widerspruch mit dem Geiste der Zeit, welche nicht
nach ständischer Gliederung, sondern nach gleichem Bürgertum, nicht nach
lutherischer oder katholischer Rechtgläubigkeit, sondern nach christlicher
Gesinnung und Überzeugungstreue, nach freiem Denken und Forschen,
nach freier Presse, nach Volksvertretung verlange; der König werde durch
seine Umgebung auf das Vergangene, Veraltete hingewiesen; der geistreiche
sei durch geistarme Frömmler und Feudalgesinnte nur umgarnt, umringt.
So entstand in ihr der Gedanke, öffentlich ein offenes Wort an ihn zu rich-
ten. Schon im Mai 1841 schrieb sie an Alexander von Humboldt: Ein klei-
nes Buch wolle sie dem König zueignen, Gedanken aus durstigen Augen-
blicken ihrer Jugendzeit, in denen sie mit brünstigem Gelübde einem gro-
ßen Charakter entgegenharrte, der die Menschheit segnen und erheben
werde, dem sich anzuschmiegen ihr eigener höchster Beruf sein sollte. Sie
vergleicht sich dem blinden Huhn, das ein Korn finde, dem König darbiete,
was gleichsam aus der Luft gegriffen sei. Sie fragt, ob es nicht anmaßend
sei, das dem König als Geschenk zu bieten, etwa als Dank für die Berufung ←L 27
der Brüder Grimm, obschon es das nicht sei, was sie dazu bewege, sondern
ein tieferer Zug. 1843 erschienen zwei Bändchen unter dem Titel: „Dies
Buch gehört dem König."

Am **7.6.1840** stirbt Friedrich Wilhelm III., König von Preußen. Am **15.10.1840** findet in Berlin vor dem Schloß das große Huldigungsfest für den neuen König Friedrich Wilhelm IV. statt. Mit der Person des neuen kunstsinnigen Königs verbinden sich romantische Hoffnungen des liberalen Bildungsbürgertums auf eine Abkehr von der bisherigen reaktionären ←L 28
Politik des Königshauses, auf die Einlösung der Verfassungsversprechen von **1815** und auf eine Lockerung der Zensur. Diese Hoffnungen scheinen sich nach dem Thronwechsel zunächst zu bestätigen durch die Berufung der Gebrüder Grimm an die Berliner Universität, die zu den „Göttinger Sieben" gehören. Die sieben Professoren der Göttinger Universität wurden im **November 1837** von dem König Ernst August entlassen und des Landes verwiesen, weil sie öffentlich gegen die von ihm verfügte Außerkraftsetzung der seit **1833** in Hannover bestehenden Verfassung protestierten.

Die Berufung der beiden Grimms hatte Friedrich Wilhelm IV. noch als Kronprinz auf Bettinas Fürsprache hin versprochen. Es ist nicht zuletzt die Einlösung dieses Versprechens, die Bettina v. Arnim dazu veranlaßt, weitergehende Hoffnungen in den neuen König zu setzen. Sie sieht in dem König die integrierende Figur, die gesellschaftlich ausgleichend eingreift im Sinne eines „sozialen Königs", sieht ihn aber zugleich umgeben von einer reaktionär-pietistischen Hofkamarilla, die ihm den Blick für die realen Verhältnisse in seinem Land verstellt. Aus dieser Überzeugung heraus plant Bettina, das Buch zu schreiben, das sie dem König widmen will und worin sie sich als geheime Beraterin in politischen und sozialen Fragen empfiehlt. Das „Königsbuch" hätte heute nur noch literaturhistorischen Wert, wenn es darin nicht den Anhang mit den Besuchsprotokollen aus den Familienhäusern gäbe. →L 30

Ob Bettina selbst jemals die Familienhäuser betreten hat, läßt sich nicht nachweisen. Für die gelegentlichen Behauptungen, daß sie schon während der Choleraepidemie **1831** in diesen Häusern gewesen sei, fehlt jeder dokumentarische Beleg. Johann Heinrich Wichern, der uns noch an anderer Stelle beschäftigen wird, erkundigt sich **1844** bei Leuten, die im Voigtland als Lehrer, Prediger usw. arbeiten, nach Bettinas Besuchen. Niemand hat sie dort gesehen oder davon gehört, daß sie selbst dort gewesen ist. Nur in den Lebenserinnerungen des Schriftstellers Max Ring, der **1838–1840** in Berlin gewohnt hat, findet sich ein Hinweis, der allerdings auch weniger um der Wahrheit als um der eigenen Aufwertung willen geschrieben sein könnte:

Mit der Zeit gestaltete sich auch mein Verhältnis zu der genialen Frau ←L 32
immer freundlicher. Es verging keine Woche, wo ich nicht von ihr eine Einladung erhielt: auch durfte ich sie mitunter auf ihren interessanten Wanderungen durch das Berliner Voigtland nach den sogenannten „Familienhäusern" begleiten, welche, von dem ärmsten Proletariat bewohnt, ihr den Stoff zu dem 1843 erschienenen Werke: „Dies Buch gehört dem König" lieferten . . .

Die Legende von Karl und Bettina

Bettina von Arnim ist es auch gewesen, die dem jungen Studenten Karl ←L 33
Marx in Berlin die Elendsviertel der Großstadt zeigt und ihn aufmerksam macht auf die Krebskrankenbaracken und die Cholerakrankenstuben. Durch Bettinas praktisches Christentum wird der blutjunge Marx zum ersten Mal vor die Fragen nach dem Sinn des Lebens gestellt und erkennt bereits in seinen frühen Berliner Studienjahren jene tiefe Kluft zwischen der reichen, der herrschenden Klasse und der armen Bevölkerung.

Diese interessante Information findet sich im Vorwort der **1963** veröffentlichten Bettina-Biographie von Hans von Arnim und stammt von dem Westberliner Theatermann Horst Behrend. **1978** greift der Kunstkritiker Heinz Ohff dieses Zitat auf und verbreitet es, etwas ausgeschmückt, unter dem Serientitel „Die liberalen Preußen", in dessen 5. Teil er mangels wirklicher Preußen auf die Frankfurterin Bettina v. Arnim zurückgreifen muß, aufs neue:

Sie war es, die dem jungen Studenten Karl Marx die Elendsviertel Ber- ←L 34
lins gezeigt hat, das sogenannte „Voigtland" vor dem Hamburger Tor, auch →B 7
die Krebsbaracken und die Cholerastuben. – Den Marxisten ist sie dann auch bis heute so etwas wie die Lieblings-Preußin geblieben. Zu recht, denn es könnte gut sein, daß sie, die Unpolitische, die nie eine Zeitung las, Marx durch ihre soziale Hilfsbereitschaft, ihr praktisches Christentum beeindruckt und beeinflußt hat.

Diese neuesten Ergebnisse der Arnim-Forschung erscheinen im „sachlich-kritisch-überparteilichen Tagesspiegel", einer Westberliner Tageszeitung, und sind mittlerweile auch als Buch erschienen. Im Gegensatz zu der oben zitierten Passage von Behrend untermauert Ohff seine Aussagen durch einen Quellenverweis:

Den Hinweis auf die Verbindung zu Karl Marx hat Horst Behrend in ←L 35
„Karl und Jenny Marx" von B. Nikolajewski und O. Mänchen-Helfer (Berlin, 1933) aufgespürt und in seinem Vorwort zu Hans von Arnims Monographie veröffentlicht.

Uns hat dieser Zusammenhang zwischen Bettina v. Arnim, Karl Marx und dem Voigtland neugierig gemacht, und wir sind dieser Quelle nachgegangen. Wir haben das von Ohff ohne Seitenhinweis angegebene Buch durchgelesen und auf den Seiten 58/59 eine Textpassage ausfindig gemacht, in der etwas über eine Beziehung zwischen Bettina und Karl Marx steht:

Vermutlich durch den Doktorenklub wurde Marx auch mit Bettina von ←L 36

Rat Goethe, Briefe derselben und viele Tagebuchblätter aus der Zeit der Korrespondenz mit Goethe bringen soll. In letztern spiegelt sich die Eigentümlichkeit der genialen Frau auf eine wunderliche Weise; es ist die Musik der Gedanken, daß das Harmonische und Melodische aller Wahrheit sich offenbart.

Varnhagen v. Ense, 30.1.1842: *Frau von Arnim schreibt an Humboldt nach London, er solle ihr vom Könige für das Buch, dessen Zueignung er angenommen, hier Zensurfreiheit geben.*

Varnhagen v. Ense, 19.2.1842: *Abends Bettina von Arnim bei mir, liest mir einen großen Abschnitt aus ihrem Königsbuche vor, eine herrliche Komposition, worin sie die Mutter Goethes die tiefsinnigsten, kühnsten, schlagendsten Sachen über Hof und Fürsten, Kirche und Glauben, Regieren und Volkswesen aussprechen läßt, in glücklichstem Humor vorgetragen, zum ersten Male gestand sie mir völlig ein, daß hier mit der Wahrheit auch Dichtung sei und daß sie den Anspruch auf buchstäbliche Wirklichkeit nicht mehr machen wolle. Hätte sie dies bei ihrem ersten Buche aufgegeben, wieviel Widerspruch und Verdruß hätte sie sich erspart! Ich bekenne, daß auch ich jenen Anspruch allzu sehr berücksichtigt habe, ich hätte ihn mehr unbeachtet lassen können. Freilich setzte sie grade mir persönlich ihn wie einen Dolch auf die Brust, und sie zwang mich durch täglich erneuertes Ansinnen zur gesteigerten Abwehr. Der vorgelesene Abschnitt hatte in der Mitte und gegen den Schluß doch wieder den Grund- und Erbfehler aller Arnim-Brentanoschen Sachen, Auswüchse und Weitschweifigkeiten, Mangel an Ebenmaß und Überfülle.*

Bettina v. Arnim vor ihrem Modell für ein Goethe-Denkmal

von Arnim, Bettina, Schriftstellerin, geb. **4.4. 1785** in Frankfurt/Main, gest. **20.1.1859** in Berlin. – Bettina wächst in der freien Reichsstadt Frankfurt auf in einem großbürgerlich-liberalen Milieu. Sie ist die Tochter des aus Tremezo stammenden Großkaufmanns Peter Anton Brentano und der früher mit Goethe befreundeten Maximiliane von La Roche. Diese deutsch-italienische Herkunft bestimmt ihr Naturell, die Prinzipien der späten Aufklärung bestimmen ihre Erziehung. Mit acht Jahren verliert Bettina die Mutter, wird zuerst bei der Großmutter, der Schriftstellerin Sophie v. La Roche, untergebracht, kommt dann aber mit 13 Jahren in das Pensionat des Ursulinen-Klosters in Fritzlar. Nach dem Tod des Vaters und der Großmutter folgt sie den Geschwistern und wechselt oft den Aufenthaltsort. **1807** besucht sie von Kassel aus zum erstenmal Goethe, mit dem schon ihre Mutter befreundet war. **1810** kommt sie mit ihrem Schwager v. Savigny nach Berlin. Durch ihren älteren Bruder Clemens v. Brentano, der ihre Erziehung verfolgt, lernt sie Achim v. Arnim kennen – Clemens und Achim hatten beide einige Jahre zuvor aus romantischer Begeisterung heraus die Volksliedsammlung „Des Knaben Wunderhorn" herausgegeben.

Mit 26 Jahren heiratet Bettina Achim v. Arnim, obwohl sie eigentlich gegen die Institution Ehe ist. Mit Achim v. Arnim lebt sie 20 Jahre in Berlin und auf dem Arnimschen Gut in Wiepersdorf in der Mark – heute Tagungs- und Erholungsstätte des Schriftstellerverbandes der DDR. Sie haben miteinander 7 Kinder, *zu denen sie, wie man aus den Briefen entnehmen kann, ein sehr zärtliches Verhältnis hatte. Nach ihrer antiautoritären Auffassung von Erziehung hat Bettina auch wohl gehandelt. Sie fühlte sich offensichtlich als Frau nicht unterdrückt; im Unterschied zu anderen Romantikerinnen. Sie wurde nicht von Eltern frühzeitig und ohne viel eigenen Willen verheiratet, und sie fühlte sich auch nicht ihrem Manne künstlerisch unterlegen . . .*

1831 stirbt Achim v. Arnim, und erst nach seinem Tod, als 50jährige, beginnt ihre eigene öffentlich wirksame literarische Produktion, frei von familiären Bindungen und gesellschaftlichen Rücksichten.

Ihre Jugend bis zu ihrer Heirat ist geprägt durch drei Beziehungen zu Frauen: zu der Schriftstellerin und Großmutter Sophie v. La Roche, der Frau Rat Goethe, Mutter des Dichters, und der fünf Jahre älteren Dichterin Karoline von Günderode, zu der Bettina sich leidenschaftlich hingezogen fühlt. *Von der Frau Rat Goethe lernt Bettina, wozu sie schon prädestiniert war: mit einem sozusagen antiautoritären Instinkt in jeder Nische des Denkens und Alltagslebens den Kern verhärteter Vorurteile zu erkennen und aufzubrechen, der ein freies Zusammenleben der Menschen verhinderte . . . Die Liebe zur Günderode endet tragisch: Der bekannte klassische Philologe und Historiker Georg Friedrich Creuzer, der sich 1804 in die Günderode verliebte, trug bei zu dem Bruch der Freundschaft zwischen der Günderode und Bettina. Seinetwegen erdolchte sich schließlich die Günderode 1806 in Winkel am Rhein. – Creuzers Werk „Die Mythologie und Symbolik der Alten" (1810) sich mit mutterrechtchen Gesellschaftsstrukturen befaßte (und Bachofen beeinflußte), scheint kein Zufall. Die Auseinandersetzung mit weiblichen Kulturformen und die romantische Wiederentdeckung antiker Frauengestalten hat das romantische Frauenbild mitgeformt.*

Nach dem Tod ihres Mannes kümmert sich Bettina um die Herausgabe seiner Werke. In das Todesjahr 1831 fällt die Auftreten der Cholera in Berlin, die besonders in den dichtbevölkerten Vorstädten wütet und viele Adelige und Bürgerliche veranlaßt, die Stadt zu verlassen. Bettina tut das Gegenteil: *Die Energien, die sie dabei entwickelte, waren außerordentlich. Sie veranstaltete Geldsammlungen, kaufte Bettzeug, Kleidungsstücke und wollene Decken für die Armen, und da sie keine Furcht kannte, ging sie in die Häuser, wo Kranke lagen, brachte Arzeneien und half bei der Pflege.*

Aus dieser Erfahrung erwächst Bettinas politischsoziales Engagement, das sich von der Hilfe für einzelne Personen hinwendet zu Gedanken über die gesellschaftlichen Verhältnisse in ihrer Umgebung, in Berlin. Sie entfaltet eine umfangreiche Korrespondenz und führt Gespräche in ihrem Berliner Salon. Der Brief – auch der fiktive – wird für Bettina zur bevorzugten literarischen Form, ihrer ganzen Lebenserfahrung entsprechend, und der Salon wird für sie zu einem Instrument, zu einer bürgerlich-liberalen Gegenöffentlichkeit in Berlin beizutragen.

Ihre ersten selbständigen literarischen Produktionen

– Goethes Briefwechsel mit einem Kinde 1835,
– Die Günderode 1840,
– Dies Buch gehört dem König 1843,
– Clemens Brentanos Frühlingskranz aus Jugendbriefen 1844,

fallen in die Zeit des Vormärz, in die Zeit zunehmender Zensur, Bespitzelung und Repression durch den preußischen Staat.

In diesen Brief- und Gesprächsromanen kehren die wichtigen Bezugspersonen ihres bisherigen Lebens wieder, wenden ihr Verhältnis zu ihnen ab, gespiegelt durch Verarbeitung der tatsächlich geführten Briefwechsel. Bettina schafft sich so die Möglichkeit, die ideale Form romantischer Beziehungen, ihre Reflexionen über Religion, Natur und menschliche Verhältnisse so zu offenbaren oder zu verkleiden, wie es ihren jeweiligen literarischen Absichten entspricht. So werden fast unmerklich die beschworenen Figuren der Vordergrund für ganze Adressaten wie z.B. Wilhelm IV. in „Dies Buch gehört dem König".

Die Jahre nach 1844, nach der Einstellung ihres Plans, ein Armenbuch zu schreiben, sind für Bettina

←L 37

Arnim bekannt. Sie liebte es, in ihrem Palais Unter den Linden „die verschiedensten, oft schroff einander gegenüberstehenden Elemente um sich zu versammeln, und hatte ihre Freude daran, je schärfer die Geister aufeinander platzten. An solchen Abenden sah man neben ihrem Schwager, dem berühmten Rechtslehrer und Haupte der historischen Schule, Herrn von Savigny, den kleinen Doktor Oppenheim, der für Gans, den Vertreter der philosophischen Richtung in der Jurisprudenz, schwärmte. Da saß der zwar freisinnige, aber gemäßigte Hegelianer Werder und der extreme, wegen seiner zersetzenden Angriffe auf das orthodoxe Christentum gemaßregelte Theologe Bruno Bauer neben dem konservativen aristokratischen Obermundschenk Pitt-Arnim, der sogenannte ‚Hofdemagoge' und liberale Geschichtsschreiber Friedrich Förster neben dem strenggläubigen Philipp Nathusius, dem späteren Herausgeber des ultrareaktionären Hallischen Volksblattes." Marx wird nicht lange Gast im Salon der Bettina gewesen sein. In dem Heft Gedichte, das er 1837 seinem Vater zum Geburtstag widmete, verspottete er die „neumodische Romantikerin", und es ist wohl auch kein Zufall, daß er in die Volksliedersammlung, welche er Jenny 1839 schickte, nur ein einziges Lied aus „Des Knaben Wunderhorn" aufnahm. Eine amüsante Episode aus etwas späterer Zeit erzählt Jennys Freundin Betty Lucas: „Ich erinnerte mich, wie mir die junge Braut klagte, Bettina von Arnim raube ihr zum großen Teil ihren Bräutigam, der Morgens in aller Frühe und Abends bis spät in die Nacht mit ihr die Umgebung durchschweifen müsse und doch nur kurze acht Tage zum Besuch gekommen sei, nach halbjähriger Trennung. Ich erinnerte mich, wie ich eines Abends rasch und ohne Anklopfen in das Zimmer Jennys getreten und im Halbdunkel eine kleine Gestalt auf dem Sopha kauern sah, die Füße heraufgezogen, die Knie von den Händen umschlossen, eher einem Bündel als einer menschlichen Gestalt ähnlich, und ich begreife heute noch, nach mehr als zehn Jahren, meine Enttäuschung, als dieses Wesen vom Sopha glitt, um mir als Bettina von Arnim vorgestellt zu werden. Wie hatte ich mich nach der Möglichkeit gesehnt, ‚Goethes Freundin', das ‚berühmte Kind' zu sehen! . . . Und nun stand ich ihr gegenüber, der Geweihten, und mein Auge irrte gern zu der Phantasie zurück, die sich ein Dichterbild geschaffen, und das Ohr hätte sich schließen mögen vor den Klagen über Hitze, den einzigen Worten, die ich aus dem gefeierten Munde vernahm, denn alsbald trat Marx ein, und sie bat ihn in so bestimmten Ausdrücken, sie zum Rheingrafenstein zu begleiten, daß er, obschon es neun Uhr abends und der Fels eine Stunde entfernt lag, mit einem wehmütigen Blick auf seine Braut der ‚Gefeierten' folgte."

←L 38

←L 39

Von gemeinsamen Besuchen in den Elendsvierteln oder gar in den Familienhäusern findet sich kein Wort. Nikolajewski und Mänchen-Helfen geben ihrerseits keine Quellen an. Erst Gertrud Meyer-Heppner, der ehemaligen Leiterin des Bettina-von-Arnim-Archivs in Wiepersdorf, gelang es, die zitierte Episode von Betty Lucas genau zu datieren: Sie rekonstruiert die Beziehung Marx–Bettina v. Arnim folgendermaßen:

→L 40

Zweifellos haben Beziehungen zwischen Bettina und Karl Marx bestanden. Bruno Bauer, mit dem Marx während seines Berliner Aufenthaltes viel verkehrte, war mit Bettinas Sohn Friedmund befreundet, und Bettina ließ, um den von der Reaktion schwer bedrängten Brüdern Bauer zu helfen, ihr Buch „Der Frühlingskranz" im Bauerschen Verlag erscheinen, auch den ersten Band vom Neudruck des „Wunderhorns", Band XIII der Gesamtausgabe Ludwig Achim von Arnims. Höchstwahrscheinlich haben sich die Brüder Bauer an jenem Fackelzug beteiligt, den die Berliner Studenten 1840 der Frau Bettina von Arnim als Dank für die Widmung des Buches „Die Günderode" brachten. Es ist durchaus anzunehmen, daß Bauer seinen Freund Marx bei Bettina eingeführt hat.

Für diese Beziehung Bettinas gibt es ein Zeugnis: In der Marx-Chronik steht unter den Begebenheiten des Jahres 1839: „Marx ist während der Sommerferien zu Besuch in Trier und häufig mit der dort weilenden Bettina von Arnim zusammen." Als Quelle wird angegeben: Leipziger Sonntagsblatt 14. IX. 1862 (B. Lucas = B. Behuty, Ein Erinnerungsblatt aus London). Eine Fußnote sagt: „Vielleicht beziehen sich die hier gemachten Angaben auf das Jahr 1838."

Dem Bettina-Archiv ist es gelungen, diesen Artikel aufzutreiben und die Fotokopie seiner Sammlung von Zeugnissen aus Zeitungen, Zeitschriften und Büchern über Bettina einzureihen. Nach Kenntnis des Artikels muß man zu der Überzeugung gelangen, daß die hier ohne Angabe von Ort und

Jahreszahl berichtete Begegnung zwischen Marx und Bettina nicht in Trier, sondern in Kreuznach, und weder 1839 noch 1838, sondern 1842 stattgefunden hat. Die Jahreszahl ist aus den Angaben des Artikels zu errechnen. Die Verfasserin ist eine Jugendfreundin von Jenny von Westphalen, Marx' Frau. Sie schildert das Wiedersehen mit ihrer Freundin in London und erinnert sich an gemeinsame Jugenderlebnisse. Als Sechzehnjährige befreundeten sie sich während eines gemeinsam verlebten Sommers; Jenny ist 1814 geboren, dieser Sommer muß also 1830 gewesen sein. Falsch ist, daß Jenny bereits damals als Braut von Karl Marx bezeichnet wird, der in diesem Jahr erst zwölf Jahre alt war. Dagegen bestand diese Verbindung beim nächsten Wiedersehen der Freundinnen, das zwölf Jahre später erfolgte. Bei diesem Besuch traf die Verfasserin Bettina von Arnim bei Jenny. Das →L 41 *muß also 1842 gewesen sein. Marx war acht Tage zum Besuch seiner Braut gekommen, und Jenny klagte der Freundin, daß er morgens und abends mit Bettina Wanderungen mache, so daß sie selbst viel zu wenig mit ihm zusammen sei. Auch an dem geschilderten Abend veranlaßt Bettina, daß Marx noch abends mit ihr zum Rheingrafenstein geht, eine Stunde Weg. Diese Ruine liegt im Kreise Kreuznach, und in Kreuznach wohnte Jenny 1842, seit dem Tode ihres Vaters bis zu ihrer dort erfolgten Trauung mit Karl Marx. Daß Bettina 1838 oder 1839 in Trier gewesen ist, läßt sich nicht feststellen. Jedoch gibt es einen Brief Bettinas von 1842 aus Kreuznach, der sich unter Friedmund von Arnims Papieren befand. Dieser Brief war nicht in Wiepersdorf, sondern ist aus Burow, einer ehemaligen Besitzung der Familie von Arnim, direkt in das Bettina-Archiv zu Berlin gebracht worden.*

Bettina v. Arnim und Karl Marx wandern also nicht in den Berliner Elendsvierteln, sondern in den Weinbergen zwischen Bad Kreuznach und Rheingrafenstein an der Nahe. Sie wandern also gemeinsam nach der Polemik zwischen der „Augsburger Allgemeinen" und der „Rheinischen Zeitung", die wir schon wiedergegeben haben, und noch bevor Bettina Grunholzer kennenlernt. In der Marx-Chronik findet sich als einziger Aufenthalt in Kreuznach der vom **Dezember 1842**. Der fragliche Zeitraum in der Chronik:

KREUZNACH, Ende Dezember: Marx besucht seine Braut in Kreuz- ←L 42
nach.

ca. 28. Dezember: Marx wird von Claessen benachrichtigt, daß der Moselkorrespondent der Rheinischen Zeitung (Peter Coblenz) sich unfähig erklärte, eine wirkungsvolle Erwiderung auf die amtlichen Beschuldigungen des Oberpräsidenten v. Schaper einzusenden, Marx daher selbst eine Erwiderung schreiben muß.

KÖLN, Januar 1843: Marx arbeitet an der Replik auf die amtliche Berichtigung v. Schapers betr. der Moselwinzer, leitet die Beschaffung von Tatsachenmaterial und Dokumenten, studiert aus diesem Anlaß eingehend die Lage der bäuerlichen Winzer an der Mosel.

Den weiter oben zitierten Spekulationen über Beeinflussungen wollen wir eigene Aussagen von Bettina und von Marx über ihre Arbeitsprinzipien entgegensetzen:

Bettina v. Arnim, 29.6.1843: *Wozu ein Prinzip? Ein solches ist nur ein* ←L 43 *Pfosten, an dem man die Gedanken knüpft, um keine zu verlieren. Man lasse die Gedanken laufen, es kommen immer neue. Mein Prinzip war stets, keins zu haben.*

Karl Marx, September 1842: *Die wahre Theorie muß innerhalb konkre-* ←L 44 *ter Zustände und bestehenden Verhältnisse klargemacht und entwickelt werden.*

Während der Hauptteil des „Königsbuchs", dessen Text **Ende 1842** bereits weitgehend abgeschlossen ist, dem ersten Prinzip folgt, so liegt dem „Anhang", der erst im **Frühjahr 1843** geschrieben wird, schon eher das zweite zugrunde.

dadurch gekennzeichnet, daß sie sich auf unmittelbare Hilfe für Verfolgte und Verdächtige konzentriert, Stellungnahmen verfaßt zu aktuellen politischen Fragen wie in der Broschüre „An die aufgelöste Nationalversammlung", die Ende **1848** erscheint und Regierung wie Nationalversammlung ein vollkommenes Versagen in der Polenfrage vorhält.

Vor allem aber muß Bettina sich mit dem Magistrat der Stadt Berlin auseinandersetzen, der ihr den Prozeß zu machen versucht, der als sogenannter Magistratsprozeß in die Geschichte eingegangen ist und den Bettina genau protokolliert hat. Der Anlaß zu diesem Prozeß ist folgender: Bettina gibt auf Grund von Differenzen mit ihrem Verleger seit **1846** ihre Bücher im Selbstverlag heraus, erhält daraufhin vom Magistrat die Aufforderung, *binnen acht Tagen das Bürgerrecht zu erwerben, wozu sie als gewerbetreibende Verlagsbuchhändlerin verpflichtet sei.* Bettina legt ausführlich dar, daß sie keine „gewerbetreibende Person" ist, ist aber bereit, das Bürgerrecht anzunehmen, wenn der Magistrat es ihr als freiwilliges Ehrengeschenk anbietet. Wenn der Magistrat aber auf dem Kauf des Bürgerrechts besteht, will sie ihr Unternehmen an einen anderen Ort verlegen. Auf dieses Schreiben antwortet der Magistrat erst fünf Monate später und wiederholt seine Aufforderung, denn zur Verleihung des Ehrenbürgerrechts gäbe es keine Veranlassung. Bettina antwortet öffentlich in zwei Artikeln, die ihr eine Beleidigungsklage durch den Magistrat einbringen. Der Prozeß, der ihr folgt, sieht sie als Verurteilte zu zwei Monaten Gefängnis, die sie ausdrücklich absitzen will. Das private und öffentliche Echo auf diesen Prozeß bringt sie dazu, die Prozeßakten als Buch zu planen, es erscheint aber nie. Schließlich wird die ganze Angelegenheit niedergeschlagen durch ihren Schwager Savigny, der inzwischen Justizminister in Preußen geworden ist.

1852 erscheint dann noch der zweite Band des „Königsbuchs", betitelt „Gespräche mit Dämonen", in dem sie sich wieder mit dem König beschäftigt in der Form des Zwiegesprächs zwischen dem schlafenden König und seinem Dämon, als den sie sich selbst versteht. Es ist zugleich ihr letztes Buch.

1859 stirbt Bettina im Alter von 73 Jahren und wird in Wiepersdorf beigesetzt.

8.3.2   Die Entstehung des Anhangs zum „Königsbuch": „Erfahrungen eines jungen Schweizers im Voigtlande"

Ihrem im **Juni 1843** erscheinenden zweibändigen Werk mit dem seltsamen Titel „Dies Buch gehört dem König", dem sog. „Königsbuch", fügt Bettina v. Arnim einen 65 Seiten langen Anhang unter der Überschrift „Erfahrungen eines jungen Schweizers im Voigtlande" bei. Es handelt sich hierbei um die Besuchsprotokolle aus den Familienhäusern, die wir im Kapitel 1 vollständig wiedergegeben haben. Von Bettina selbst stammt lediglich der kurze Vortext, die Protokolle wurden von dem jungen Schweizer Pädagogen Heinrich Grunholzer geschrieben, der sich vom **24.10.1842** bis zum **14.8.1843** für zwei Semester in Berlin aufhält, um hier zu studieren. Während dieser Zeit gibt Grunholzer seine Gewohnheit, Tagebuch zu führen, nicht auf, so daß wir anhand seiner unveröffentlichten Aufzeichnungen, dem „Schatzkämmerlein", den Verlauf der Bekanntschaft zwischen dem 24jährigen Schweizer und der 58jährigen Bettina sowie die Geschichte seiner Erfahrungen im Voigtland nachvollziehen können. Unter diesem Aspekt stellen wir auf den folgenden Seiten Grunholzers Tagebucheintragungen zusammen. Den Auftakt bildet die Geburtstagsfeier des Ger-

←L 45

Heinrich Grunholzer, Lehrer, geb. **18.2.1819** in Trogen (Appenzell), gest. **18.7.1873** in Zürich. Sein Vater, ursprünglich Dorfschullehrer, ist seit **1816** Landschreiber und Gastwirt. Als das Gasthaus **1832** wegen finanzieller Schwierigkeiten verkauft werden muß, wird die Familie vorübergehend getrennt. Die Mutter findet Arbeit in einer Mousselinfabrik in Wald, der Sohn Heinrich beginnt in einer Manufaktur eine Weber- und Stickerlehre, die er aber schon ein halbes Jahr später abbrechen muß, als der Vater in Oltingen, einem kleinen Dorf bei Basel, zum Schullehrer gewählt wird. Der 13jährige Heinrich erhält dort durch den freisinnigen Dorfpfarrer, der später sein Schwager wird, Privatunterricht mit dem Ziel, wie sein Vater Lehrer zu werden. Die Zeit von **1833–35** ist für H.G. dadurch geprägt, daß er öfters den Schulunterricht anstelle seines Vaters übernimmt, durch die Begegnung mit den politischen Flüchtlingen aus Deutschland und Polen, die im Elternhaus Aufnahme finden, und durch die Beteiligung am Kampf der umliegenden Ortschaften um ihre republikanische Unabhängigkeit von der Stadt Basel. Mit 16 Jahren beginnt H.G. an der Lehrerbildungsanstalt in Küssnacht die Ausbildung als Schullehrer. Diese Anstalt ist Teil einer nach **1831** begonnenen Schulreform, die im Kanton Zürich als Versuchsprojekt durchgeführt wird und auf ein von der Kirche unabhängiges, staatliches und allgemein zugängliches Schulsystem zielt, in dem sämtliche Volksbildungsanstalten von der Volksschule bis zur Universität organisch miteinander verbunden sind. Kennzeichnend für die Lehrerausbildung ist die Verbindung von Theorie und Unterrichtspraxis. Nach Zwischenstationen als Primarlehrer in Thalwil und Weiterbildung in Mathematik, Physik, französischer Sprache und Musik in Genf wird H.G. **1838** als Lehrer an der neu eingerichteten Sekundarschule in dem kleinen Industriestädtchen Bauma, nahe bei Zürich, angestellt, wo er vor allem Arbeiterkinder unterrichtet.

Am **6.9.1839** kommt es in Zürich im Zusammenhang mit der Berufung des Religionskritikers und Hegelschülers David Friedrich Strauß an die dortige Universität zum gewaltsamen Putsch der kirchlich-konservativen Partei gegen die seit 1830 regierende fortschrittlich-liberale Partei, deren Hauptverdienst die Durchführung der Schulreform war. Zu den ersten Maßnahmen der neuen Regierung gehören die Entlassung von Thomas Scherr, dem Leiter der Lehrerbildungsanstalt in Küssnacht, und die Einführung einer Gesinnungsprüfung der Schullehrer, von denen ein offenes Glaubensbekenntnis zur Kirche gefordert wird. So kommt es, daß die Lehrer des Kantons Zürich den Kern des Widerstands gegen die konservative Regierung bilden, woran H.G., zunächst wegen seiner persönlichen Verbundenheit mit Scherr, maßgeblich beteiligt ist. Im **Sommer 1842** erhält Heinrich Grunholzer auf seinen Antrag hin vom Erziehungsrat einen einjährigen Urlaub, um sich an der Universität in Berlin in Philosophie, Philologie und Pädagogik weiterbilden zu können.

→B 8   Grunholzers Reisepaß für die Reise nach Berlin

manisten und Universitätsprofessors Wilhelm Grimm, dem Freund Betti- ←A 6
nas und Lehrer Heinrich Grunholzers.

24.2.1843: *Endlich ward ausgeführt, was schon längst planiert. Um
1/2 8 versammelten sich die Sänger in der Bierkneipe an der Ecke der
Bellevue- und Lennéstraße. Die Witterung war schlecht; Macard, Schaft,
Nakert und ich fuhren in einer Droschke hin. Marat aus Norwegen las und
übersetzte ein norwegisches Gedicht, welches er den Brüdern Grimm überreichen wollte. Es trägt den Beweis in sich, daß Grimm mit der norwegischen Sprache auch den norwegischen Patriotismus zu entzünden gewußt.
Wer die Sprache so erfaßt wie Grimm, muß den Volkscharakter zugleich
erfassen. Nach 8 Uhr bewegte sich ein Zug von 50 Jünglingen (zusammengetreten aus Nord, Süd, Ost, West und Centrum des Deutschen Landes)
gegen die Wohnung der Brüder Grimm (Lennéstraße am Tiergarten). Auf
3 Sänger kam eine Stocklaterne.*

*Die beiden Grimm und ihre Leute traten auf den Balkon. Die Fenster
der benachbarten Häuser öffneten sich. Aus dem Halbkreise erklang zu-
erst: „Was ist des Deutschen Vaterland", darauf: „Freiheit, die ich meine!"
Nach dessen Beendigung traten die Abgeordneten Becker, Nakert und ich
(absichtlich nicht im Schnippel, sondern im deutschen Rocke) ins Haus.
Nakert hielt eine kurze Anrede, in welcher er auseinandersetzte, was das
Ständchen bedeuten sollte. Jakob und Wilhelm reichten uns erfreut die
Hand und behielten sich die öffentliche Antwort vor. Nakert überreichte
das Lied „Heil dem Lande und den Leuten", von Meyn gedichtet, von
Nakert mit altdeutschen Buchstaben geschrieben, und nun draußen ange-
stimmt in der Melodie des Walhalla-Liedes. Wir gingen hinaus, um mitzu-
singen. Nach der letzten Strophe brachten wir den Brüdern ein Lebehoch.
Nun trat Jakob auf den Balkon vor und fing an zu reden in der ihm eigentümlichen schlichten Sprache, anhebend: „Wenn ein Baum verpflanzt wird,
so bedarf es vor allem eines guten Erdreiches, in dem er Wurzeln schlagen* →L 46
*kann", setzte die Bedeutung des gründlichen Studiums der Muttersprache
auseinander. Früher sei diese nicht auf hohen Schulen gelehrt worden. Es
wäre barbarisch, wenn man die klassischen Sprachen verdrängen wollte,
aber nicht weniger barbarisch, wenn man die Muttersprache, die allein
unserem Geist entspreche, vernachlässigen wolle. Er hoffe auf uns etc. Zuletzt: „Ich danke euch noch besonders daür, daß ihr einen Tag gewählt, an
welchem derjenige geboren ist, der mir das Liebste ist auf dieser Welt"
(Geburtstag seines Bruders Wilhelm). Darauf sprach Wilhelm: Er sei eben
von einer schweren Krankheit auferstanden, hoffe sich von neuem der
guten Sache hingeben zu können, und hoffe auf uns; denn sie wollen keinen toten Schatz der Wissenschaft ausgraben, die Pflanze nicht trocken
ins Herbarium legen usw. Noch ein Lebehoch. Zum Schlusse noch ein
deutsches Freiheitslied und beim Weggehen ein „Gaudeamus". Wir Abgeordneten verfügten uns nochmals zu den Beehrten und erfreuten uns der
besten Aufnahme. Unsäglich wohl fühlte ich mich in der Nähe der liebenswürdigen Grimm und ihrer Familie. Wilhelms Frau (Jakob ist ledig) sagte
mir, daß ihre Mutter von Basel stamme. Jakob sprach von C. Zellwege und
Titus Tabler (dieser habe viel gewußt; hätte aber doch noch mehr tun können; habe zuviel auf Sittenzeichnung hinübergeschielt). Ich erhielt die
höchsterfreuliche Einladung, jeden Sonntag in die Abendgesellschaft zu
kommen. Nebenbei machte ich eine besonders interessante Bekanntschaft.
Ich stund, das Glas in der Hand, und sprach mit einem andern. Auf einmal
höre ich an einen Becher klingeln mit den Worten: „Gesundheit du!" Ich
schaute mich um und sah eine kleine Frau mit hellen Augen und zerzaustem Haar, die sah mich an und sagte: „Der will nicht mit mir Gesundheit
trinken." – „Ich trinke gern auf die Gesundheit der Brüder Grimm",
sagte ich und dachte, die kleine Person müsse verrückt sein. Bald nachher
sagte mir Becker: „Jene Kleine ist die berühmte Bettine v. Arnim." Ich
staunte und gab mir Mühe, das „Kind", mit welchem Goethe korrespon-
dierte, anzusehen, so genau als möglich. Sie erzählte, wie ihr Professor
Weiß in Leipzig Vorwürfe gemacht, daß sie ihr Buch den Studenten gewidmet habe, daß sie geantwortet, er sei schuld, wenn er keine Führer mehr
fände und sie alle Hoffnung der besseren Zeit auf die Studierenden setze
etc. Dann setzte sie sich auf das Sofa, zog die Knie an, lehnte den Kopf
an die Wand und foppte den Minister Hassenpflug, der neben ihr saß und
ihr versprechen sollte, im Falle er Cultusminister werde, den Studenten
Freiheit zu verschaffen. Beim Weggehen küßte sie die beiden Grimm und
drückte uns die Hand. – ...*

26.2.1843: *Becker, Meyn und ich besuchen uneingeladen die Baronin*

→B 9 Grunholzer: Selbstdarstellung aus dem Tagebuch

Becker über die Grimmsche Geburtstagsfeier
vom 24.2.1843:
*Oben hatte sich eine bunte Gesellschaft zusam-
mengefunden, der pietistische Minister Hassenpflug
und die Bettina, die ihn fortwährend wie einen Schul-
jungen heruntermachte, die Pertz, eine echte Englän-
derin mit aller Liebenswürdigkeit in geschmacklos auf-
gedonnertem Putz und die einfache Grimm (Wilhelms
Frau) mit ihrem Kasselaner Dialect und vor Freude
strahlenden Augen, feine Berliner Dämchen und wir
Studenten, commentmäßig in Sänftlingen (Sammet-
röcken), einige schweigende Gelehrte und eine Hetze
von circa einem Dutzend Jungen und Mädchen, die,
die bildschöne Tochter der Bettina an der Spitze,
jubelnd und unser Ständchen parodierend durch die
Zimmer tobten – und dazwischen die beiden Grimm,
der behagliche Wilhelm, wie er sich immer in epischer
Breite gehen läßt! Und Jakob, der sonst immer nur
halb von der Arbeit sich zu trennen scheint und nur
kurze Sätzchen in das Gespräch einwirft, das sein
Bruder führt, ihn hatte heute die Freude aufgeschlossen. ... Eins muß ich noch erzählen. Als wir hinauf-
kamen, wurden wir bald auf ein kleines altes Frauchen
aufmerksam, die wie eine Fledermaus, der sie an strup-
pigem Ansehn wenig nachstand, unstät umherschlüpfte.
Es war Bettina. Bald kam sie auf uns zu und „Gesundheit du!" stieß sie mit uns an. (Das Dutzen war damals bei den Burschenschaftern, denen ein großer Teil
meiner Freunde auf andern Universitäten angehört,
allgemeiner Brauch.) Bald blieb sie an Hassenpflug
hängen, den sie auf das fürchterlichste höhnte. Sie hat
eigentlich gar nichts Weibliches an sich und ist in ihren
Manieren schrecklich häßlich, aber ihr Gesicht ist*

→B 10 Jakob und Wilhelm Grimm 1843

trotz aller sich darauf kreuzenden Runzeln sehr schön und plastisch, ihr Auge ist feurig, fest und durchdringend. Sie gefiel mir eigentlich wenig den Abend, weil sie so schrecklich viel Unsinn schwatzte, indessen „ungeladen kömmt er zum Feste", und am Sonntag darauf ließen Meyn, der Schweizer (Grunholzers Spitzname) und ich uns bei der Baronin v. Arnim melden. Wir kamen mit genauer Not nach zwei Stunden von ihr los. Da habe ich denn wirklich Respect vor der Frau bekommen und ihrem sittlichen Ernste, den ich bei ihr nicht gesucht.

Bettine v. Arnim. Diese nimmt uns sehr freundlich auf. Ganz ernst spricht sie gegen Eichhorn und Schelling und bezeigt große Achtung vor Bruno Bauer. Den Studenten wirft sie vor, daß dieselben schon beim Beginn des Studiums festsetzen, an welcher „Hobelbank" sie einst arbeiten wollen. Heftig bekämpft sie das christliche Vorurteil gegen die Juden und erzählt, wie sie einer Jüdin, Mutter von 8 Kindern, aufgeholfen; wie der König Wilhelm IV., nicht so großherzig wie der König von Württemberg, die Bittende abgewiesen und sie endlich bei Rothschild in Frankfurt Hilfe gefunden habe. Sie ist derb, klar, männlich fest. Man muß es sich gefallen lassen, wenn auf unbesonnene Antworten folgt: „Sie sind noch unerfahrener Jüngling", oder wenn man schweigt: „Was gucken Sie mich an? Dürfen Sie nicht heraus mit der Sprache?" Dagegen nimmt sie den heftigen Widerspruch nicht übel. Auf dem Sofa macht sie sich ganz bequem:

↑ B 11

Wir weilten 2 volle Stunden (von 4–6). Die Unterhaltung machte auf mich einen besseren Eindruck als auf meine Freunde, weil Bettinas Ansichten mit den meinigen übereinstimmten und diejenigen meiner Freunde nicht.

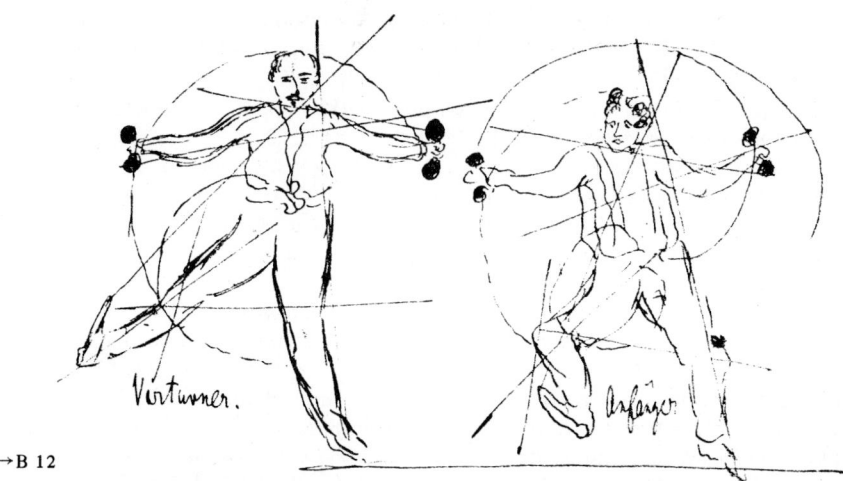

→B 12

Jakob Burckhardt über seinen Besuch bei Bettina. – Brief an seine Schwester vom 29.1.1842:

←L 47

Gestern vor acht Tagen, morgens halb elf Uhr, ließen Focke und ich uns bei Bettina melden. Wir wurden in ein sehr brillantes Zimmer geführt. Wenige große Ölgemälde an den Wänden, aber von den schönsten, auch ein treffliches altdeutsches Bild unter ihnen. Endlich öffnete sich die Tür des anstoßenden Zimmers, Bettina trat herein. Ein 54jähriges Mütterchen, klein, aber von schöner Haltung, mit wahrhaften Zigeunerzügen im Angesicht, aber so wunderbar interessant wie s e l t e n ein weiblicher Kopf; schöne, echte kastanienbraune Locken, die braunsten, wundersamsten Augen, die mir noch vorgekommen sind. Sie trug ein dunkelviolettes seidenes Kleid, und drüber einen hellmeergrünen Shawl, den sie unaufhörlich in die zierlichsten Falten warf; es muß ein superfeines Gewebe sein, denn wenn sie ihn über der Hand zusammenzog, so sah man die ganze Gestalt der – noch immer schönen – Hand durch. – Ach, Sie haben einen Brief! geben Sie mal her!, – oder kommen Sie lieber zu mir rüber. – Wir traten in das höchst einfache Arbeitszimmer. An der Wand über dem Sopha bloß die Io, Copie nach Corregio, an der Wand links Achim von Arnim, ihr verstorbner Gemahl; an der Wand rechts Sophie de la

7.3.1843: *In der Turnstunde sagte mir Fries, daß mich Bettina durch Burckhardt einlade, sie öfter zu besuchen; ich habe ihr zugesagt. –*

20.3.1843: *Diesen Mittag war ich bei Bettina von Arnim und unterhielt mich 2 volle Stunden aufs angenehmste. Sie ist unzufrieden mit den Philosophen, welche ihre Kraft auf „unnützen Umwegen verzehren". Die individuelle Fortdauer verteidigte sie eifrig. Höchstinteressant ist, was sie mir von ihrem Verhältnis zum König anvertraute, von einem Briefwechsel mit demselben, von dem Buche, das sie jetzt schreibt und von welchem bereits 20 Bögen gedruckt sind, von dem Goetheschen Denkmal, das der König nach ihrer Skizze ausführen würde, wollte sie es zugeben; von der Stellung zu Eichhorn und zu ihrem Schwager Savigny, von der Verbindung mit dem Kronprinzen von Württemberg etc. Ich habe Stillschweigen versprochen und werde daher, solange ich in Preußen bin, selbst dem Tagebuch nichts anvertrauen. Bettina ist geistreich und edelgesinnt. – Am Sonntag werde ich sie wieder besuchen; sie bemerkte, daß sie leichter schrieb, wenn sie sich vorher aussprechen könne. – Sie befürchtet, daß sie nur noch 6 Jahre leben werde. – Unter anderm sagte Bettina von Hegels Logik, wenn man nach dieser verfahre, so sei es, als ob man sich die Rippen aus dem Leibe fressen sollte. – Sie ist höchst aufgeregt, spricht ununterbrochen in höchster Begeisterung. . . .*

25.3.1843: *(Nachts 1 Uhr.) Soeben komme ich von Niquet. Dieser hat mir lange erzählt von den Familienhäusern im Voigtland (vor dem Hamburger Tor), wo sich die Armen eingewohnt haben. Niquet ist Vorsteher eines Hilfsvereins und wußte manches zu sagen, wie es in den Stuben aussieht, wie er einer Frau (die als Mädchen neben ihm gedient habe, Tändelschürze reicher Herrn gewesen und dann so in Armut gekommen sei, daß sie sich mit dem Mann und drei Kindern unter einem alten Mantel auf ein wenig Stroh im ungeheizten Zimmer schlafen legen mußte) beigestanden habe etc. Er versprach mir, mich hinzuführen. Ich will Berlins Armut kennenlernen. Auf die Maskenbälle im königlichen Schloß werde ich doch nicht eingeladen. Ich bin fest überzeugt, daß es zu großen Eigentumsrevolutionen kommen werde. Ich zweifle aber, daß durch gleichmäßigere Verteilung dessen, was man jetzt Vermögen nennt, radikal geholfen werden könne. – Für einmal sind Colonisationen noch das sicherste Mittel, der Armut abzuhelfen. Dabei ist aber nicht gesagt, daß sie das einzige sind. Veränderungen im Besitze sind jedenfalls dringend, nur darf man ihren Nutzen nicht zu hoch anschlagen. Aus dem Geld, das hier auf Bällen gebraucht wird, könnte man zwar viele Arme speisen; was aber an Lebensmitteln und Kleidern dabei verbraucht wird, reicht nicht weit. Der Luxus gleicht der Staubwolke, vom Winde getragen. Es liegt nichts in derselben, und der Niederschlag macht keine Kornfelder. Dem Winde vergleiche ich das Creditwesen, der Staubwolke die Luxusartikel.*

26.3.1843: *Besuch bei Bettina. Sie schreibt an einem größeren Buche, aus welchem sie mir das Gespräch über die Verbrecher vorlas. Ich schnitt ihr Federn dabei. Ich muß ihr eigenes Material verschaffen. Im Nebenzimmer war vornehme Gesellschaft. Die Töchter sind bezaubernd schön . . .*

Mit *Material* sind die Besuchsprotokolle gemeint, die Grunholzer in den nächsten vier Wochen in den Familienhäusern anfertigt. Für den Zeitraum vom **29.3.1843** bis zum **6.4.1843** trägt er seine Beobachtungen direkt in sein Tagebuch ein, so daß wir für diesen Zeitraum in der Lage sind, die erste Eintragung mit der gedruckten Fassung des Anhanges zum „Königsbuch" vergleichen zu können. Es sind Textunterschiede da, ob die endgültige Fassung von Grunholzer selbst oder von Bettina verfaßt ist, läßt sich nicht ermitteln.

29.3.1843: *Wer die fürstlichen Paläste und die schönen Casernen gesehen hat, tut wohl, wenn er, um sich das Bild von der preußischen Residenz zu vervollständigen, ins sogenannte Voigtland vor dem Hamburger Tor geht. Dort stehen nicht weit voneinander 6 große Gebäude, welche man am besten an den vielen kleinen Fenstern erkennt, die hier und da mit Papier ausgebessert und durchweg vor Schmutz undurchsichtig sind. Ein Holzhacker sagte mir, daß es „Familienhäuser" seien, welche sämtlich dem Rentier Heyder angehören und viele kleine Stuben, deren jede einer Familie zu Wohnung diene, enthalten. Das größte derselben heiße: „das lange Haus". In diesem wohnt auch jener Holzhacker, der mich bereitwillig in seine Stube führte, Zimmer Nr. 3 im Keller. Wohnstube, Schlafstelle und Küche sind hier in einem Gemache vereinigt. Die Wände sind vom Rauch geschwärzt, spärlich fällt das Licht durch das winzige Fenster in den engen Raum. Die Frau räumte schnell die Erdäpfelhäute vom Tisch, eine hübsche Tochter von 16 bis 18 Jahren, auffallend wohl gekleidet, zog sich verlegen in einen Winkel zurück, als mir der Mann zu erzählen anfing. Dieser arbeitete am Fundamente der neuen Bauschule und zog sich in dem Grundwasser eine Krankheit zu, die ihn auf lange Zeit zur Arbeit untauglich machte. Er glaubte um so mehr Anspruch auf Unterstützung von seiten der Behörden machen zu dürfen, da er bei einer öffentlichen Arbeit verunglückte; allein sein deshalb eingereichtes Gesuch blieb unberücksichtigt, bis er ökonomisch völlig ruiniert war. Endlich erhielt er 12 Groschen monatlich. Dies reicht nicht aus, seine Existenz in der Stadt zu sichern. Er suchte sein Unterkommen in den Familienhäusern, wo die Miete geringer ist als in der Stadt und wohin sich deshalb die meisten der aus Berlin durch Geldnot Vertriebenen flüchten. Glücklicherweise wuchs die ihm monatlich gereichte Unterstützung auf 2 Thaler, und er selbst kam in den Stand, von Zeit zu Zeit etwas mit Holzhacken verdienen zu können; sonst hätte er sich auch hier nicht mit seiner Familie durchbringen können. Für jede Stube im Familienhause wird monatlich 2 Thaler vorausbezahlt. Wer dreimal nicht bezahlt, wird von dem Verwalter ohne Barmherzigkeit hinausgeworfen und läßt die Habe zur teilweisen Deckung der Schuld zurück. Jene geringe Unterstützung reicht also für den Mietzins hin. Was der Mann verdient, ist sehr unzuverlässig, kann höchstens 1 Thaler monat-*

Roche, ihre Großmutter, in aufgesteckter Haube, und auf einer Console Gypsabgüsse ein prächtiges Jovishaupt u.s.w. – Endlich am Trumeau vor dem Spiegel ein herrliches Gypsmodell nach Bettinens Zeichnung, Göthes Denkmal, wie sie es projektiert und mehr im Kleinen ausgeführt hatte. Göthe sitzt auf einem Throne, das Haupt prachtvoll aufgerichtet, das Auge in die Fernen der Dichtung sendend. Am Throne Reliefs, seine Hauptschöpfungen, Mignon, Leonore u.s.w. Seine Rechte lehnt an die Stütze des Thrones, seine Linke hält eine Lyra; vor ihm an sein Knie gelehnt steht eine Psyche, welche in die Saiten greift und mit süßem Lächeln auf den Ton horcht. –

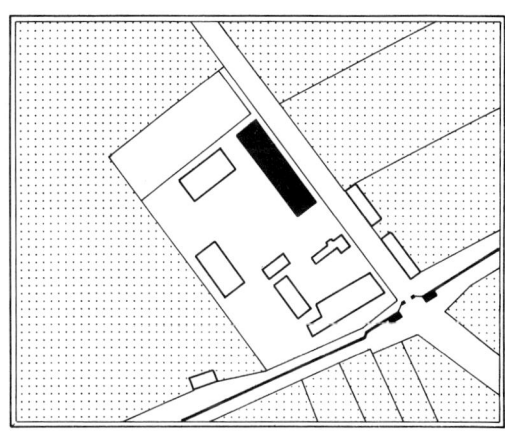

←A 6

→B 13 Gartenstraße Nr. 92, das „Lange Haus"

Holzhacker, Gartenstraße 92/3

→S 10 *In der Kellerstube Nr. 3 traf ich einen Holzhacker mit einem kranken Bein. Als ich eintrat, nahm die Frau schnell die Erdäpfelhäute vom Tische, und eine sechzehnjährige Tochter zog sich verlegen in einen Winkel des Zimmers zurück, da mir ihr Vater zu erzählen anfing. Dieser wurde arbeitsunfähig beim Bau der neuen Bauschule. Sein Gesuch um Unterstützung blieb lange Zeit unberücksichtigt. Erst als er ökonomisch völlig ruinirt war, wurden ihm monatlich 15 Silbergroschen zu Teil. Er mußte sich ins Familienhaus zurückziehen, weil er die Miete für eine Wohnung in der Stadt nicht mehr bestreiten konnte. Jetzt erhält er von der Armendirektion 2 Thaler monatlich. In Zeiten, wo es die unheilbare Krankheit des Beines gestattet, verdient er 1 Thaler monatlich; die Frau verdient das Doppelte, die Tochter erübrigt 1 1/2 Thlr. Die Gesamteinnahme beträgt also 6 1/2 Thlr. im Monat. Dagegen kostet die Wohnung 2 Thlr.; eine „Mahlzeit Kartoffeln" 1 Sgr. 9 Pf.; auf zwei tägliche Mahlzeiten berechnet, beträgt die Ausgabe für das Hauptnahrungsmittel 3 1/2 Thlr. im Monat. Es bleibt also noch 1 Thlr. übrig zum Ankaufe des Holzes und alles dessen, was eine Familie neben rohen Kartoffeln zum Unterhalte bedarf.*

Tagebuchaufzeichnung vom 29.3.1843 ←B 14

lich betragen. Die Frau erwirbt im glücklichen Falle das Doppelte, und das Mädchen 1 1/2 Thaler. 2 Knaben gehen noch in die Schule. Die für die Mahlzeit erforderlichen Kartoffeln kosten roh 1 Groschen 9 Pfennige; auf zwei Mahlzeiten täglich berechnet, steigt die monatliche Ausgabe für das Hauptnahrungsmittel auf 3 1/2 Thaler; es bleibt noch 1 Thaler zum Ankauf des Holzes und alles dessen, was neben den rohen Kartoffeln zum Unterhalte gehört. So schlägt sich die Familie durch; die kleinste Störung im Erwerbe muß sie aber notwendig auf die Gasse bringen.

Ich wollte noch ärmere Leute sehen und wurde zu Sinhold, Zimmer Nr. 113 des gleichen Hauses, geführt. Ich traf den alten Mann krank im Bette. Er hielt mich zuerst für einen Boten des Hausherrn, erhob sich mit

Weber Sinhold, Gartenstr. 92/113
Im Zimmer Nr. 113 des gleichen Hauses wohnt der alte Sinhold mit seiner Frau. Aus dem letzten Feldzuge kehrte er mit zerrütteter Gesundheit zur Arbeit ←S 10

den Worten „sehen Sie sich das Zimmer nur an, ich ziehe bald aus", und dabei schaute ihm der Tod aus den Augen heraus. Als er aber den Zweck meines Besuches erkannte, wurde er freundlich und sagte mir, was ich zu wissen wünschte. Bei Jena wurde er gefangen, desertierte aber, weil er den Franzosen nicht dienen wollte. In den Jahren 1813/14 stand er wieder im Felde, nachher suchte er mit zerrütteter Gesundheit sein Brot in einer Fabrik zu verdienen. Er erzog 9 Kinder. Die Armut trieb ihn ins Familienhaus. Mehrere Jahre hindurch ernährte er sich und die Seinigen mit Weben. Nun liegt er aber seit 15 Wochen an einer unheilbaren Krankheit darnieder, nur seine Frau ist bei ihm. Die Armendirektion reicht ihm monatlich 1 Thaler Unterstützung, der aber sogleich vom Hausverwalter für einen Teil der Miete in Empfang genommen wird. Die Webstühle stehen still + der Webergeselle lief davon, weil ihm der Meister keine Arbeit mehr suchen konnte. Die Frau ist mit Epilepsie behaftet, verdiente sonst am Spuhlrad 1 1/2 Groschen täglich; jetzt hat sie keine Arbeit. Vom Krankenverein erhält er jeden Tag die Krankensuppe, die ihn und seine Frau ernährt. Beim Hauswirt ist er „ausgeklagt", d.h. er hat vom 1. Januar an die Miete nicht mehr bezahlt. Nächsten Sonnabend wird er endlich in die Charité gebracht, was er als besondere Vergünstigung betrachten muß, weil man Leute, die an unheilbaren Krankheiten leiden, daselbst nicht aufzunehmen pflegt. Bitterlich weinend sagte der Unglückliche, daß er für sich nicht weiter zu sorgen habe, er sterbe bald; seiner Frau aber stehe das Schlimmste bevor. Spätestens am Montag werde sich der Hausinspector mit dem Executor einfinden, jene auf die Gasse stellen und das Zimmer versiegeln. Ob sie ins Arbeitshaus geführt werde, sei zweifelhaft, da dasselbe zunächst nur für rüstige arbeitsfähige Leute bestimmt. Ich hatte leider nur über wenige Groschen zu Gunsten des Armen zu verfügen und schämte mich, als derselbe glaubte, der Himmel habe mich zu ihm geschickt.

Eine weitere specielle Berichterstattung ist überflüssig; das Elend ist mit wenigen Zahlen bezeichnet, die sich auf viele hundert Familien anwenden lassen. Ob jenes durch eigene oder fremde Schuld zugezogen sei, kommt hier nicht mehr in Betracht. Es ist einmal Tatsache, daß es Leute gibt, die auf erlaubtem Wege ihr Brot nicht mehr finden, und daß der Staat sich ihrer nicht annimmt. Die wenigen Groschen, die aus den Zinsen der Armengüter verteilt werden, kommen gewöhnlich zu spät und können eine verunglückte Familie nicht retten. Die Verhältnisse der Armen werden nicht genau untersucht; sieht man ja an obigen zwei Beispielen, daß 3 Thaler so unter zwei verteilt sind, daß dem Dürftigeren nur 1 Thaler zufällt. Ich bin überzeugt, daß sich bei einer strengen Untersuchung das gleiche Mißverhältnis im allgemeinen darstellen würde.

Der Armut abzuhelfen ist bei der großen Verwickelung gesellschaftlicher Verhältnisse äußerst schwer. Man wird sie aber nicht einmal vermindern, solange man nur Almosen austeilt, aufs Geratewohl. Das Geld ist eine Ware, die im Preis steigt und fällt und da am wohlfeilsten ist, wo die meisten Kräfte so zusammenwirken, daß die größten Summen verdient und die meisten Lebensmittel da verzehrt werden, wo sie nicht herkommen. Der Einzelne dient mechanisch als Glied der großen Erwerbsmaschine. Vergißt er sich einen Augenblick oder machte ihn der Zufall unbrauchbar, so wird er gleich ersetzt, selbst aber vollends zerdrückt und ausgeworfen. Wer ein zerbrochenes Rad schmieren wollte, würde ausgelacht; warum glaubt man aber, daß Arbeitslosen oder Arbeitsunfähigen mit einigen Groschen geholfen sei? Man hilft diesen nur, wenn man sie wieder an ihren rechten Platz stellt, den nur diejenigen kennen, welche den Lauf des Ganzen übersehen. Colonisationen bleiben immer ein kräftiges Mittel gegen die Armut, vielen Einzelnen wird durch dieselben radikal geholfen; doch kann es nicht im Interesse eines Staates liegen, die Armen sich nur vom Halse zu schaffen, weil es ihm zuletzt an den notwendigsten Kräften gebrechen könnte. Dagegen ist es dringende und zur Stunde noch nicht erfaßte Aufgabe des Staates, die Kräfte jedes außer Tätigkeit gesetzten Gliedes der Gesellschaft zu messen und zu benutzen für das Ganze. Die Lösung dieser Aufgabe scheint schwieriger, als sie ist. Man besoldet einen Wust unnützer Beamteter in allen Zweigen der Verwaltung: Sollten dem Staat die Mittel fehlen, viele einsichtige Männer fortwährend dafür zu verwenden, die Verhältnisse der einzelnen Familien genau zu ermitteln, damit er wüßte, wo und wann zu helfen ist? Einzelne Gesellschaften haben in dieser Hinsicht schon viel Gutes gewirkt. Mit 10 Thalern, im rechten Augenblicke gegeben, oder auch nur Rat und Beistand bei der Einrichtung und Leitung des Geschäftes würden manchen gerettet haben, dem man jetzt in einer

in der Fabrik zurück. Er erzog neun Kinder. Die Armut zwang ihn, die Stadt zu verlassen und zwei Webstühle im Familienhause aufzustellen. Seit fünfzehn Wochen liegt er krank im Bette. Die Webstühle stehen still, die Frau ist mit der Epilepsie behaftet, verdiente sonst mit Spuhlen 1 1/2 Sgr. täglich; jetzt findet sie keine Arbeit. Die wenigen Gerätschaften gehören den Juden, der letzte Rock ist verkauft. Von der Armendirektion erhält Sinhold jeden Monat 1 Thlr., den aber der Hausverwalter sogleich in Empfang nimmt. Der Krankenverein reicht ihm die „Krankensuppe", die ihn und seine Frau ernährt. Vom Hausherrn ist er „ausgeklagt", d.h. er ist für drei Monat Miete schuldig. Am 1. April wird man ihn in die Charite bringen, die Frau aus dem Hause jagen und das Zimmer versiegeln mit allem, was darinnen ist.

Die Schulen in den Familienhäusern
  In den Familienhäusern traf ich auch auf Schulstuben. Ein Privatverein hat daselbst eine Kleinkinderschule, ein anderer drei Primarschulen, zwei für Knaben und eine für Mädchen, gestiftet und bis jetzt unterhalten. Die Zahl der Kinder wird sich auf circa dreihundertundfünfzig belaufen. Sie sehen im Durchschnitt recht gut aus; viele scheinen mit schönen Anlagen reichlich begabt. In der Kleinkinderschule sind gegen hundertundvierzig Knaben und Mädchen von zwei bis sechs Jahren unter der Leitung eines alten Ehepaars täglich sechs bis acht Stunden beisammen. Solchen, deren Eltern den ganzen Tag abwesend sind, gibt der Lehrer ein Mittagbrot für 6 Pf. Die äußere Einrichtung der Schule ist zweckmäßig, die innere hat mich unangenehm überrascht. Die armen Kleinen werden schon mit Schulkenntnissen abgequält, und dies auf die traurigste Weise. Die Haare standen mir zu Berg, als die Kinder folgende Fragen im Chor und taktmäßig beantworteten: Wie heißt das Buch, in welchem Gott mit uns spricht? Was für Teile hat die Bibel? Womit beginnt das alte, das neue Testament? Was ist Taufe? Wovon handelt das achte, vierte, sechste, das siebente Gebot? Was für Lehranstalten sind in Berlin? Was für Beamtete? Was für Königreiche sind in Europa? Was für Flüsse in Deutschland, Frankreich, Spanien? – Die vierjährigen Buben und Mädchen, die vom Ehebruch sprachen, kommen mir Zeitlebens nicht aus dem Gedächtnis. – Die untere Mädchenschule, wo Kinder von sechs bis zehn Jahren unterrichtet werden, versetzte mich ganz in eine Dorfschule des verflossenen Jahrhunderts. Dreiundvierzig Schüler buchstabirten miteinander aus Hornung's Leselernbüchlein, und der Lehrer schlug mit dem Stock den Takt dazu. Zum Schlusse der Stunde wurden die heiligen zehn Gebote im Chor aufgesagt, und einige schwere Lieder auswendig aufs Jämmerlichste abgesungen. – Die Privatschulen werden doch auch unter Aufsicht des Staates stehen? Der Lehrer an der Mädchenschule sagte mir wenigstens, daß er von den hohen Erziehungsbehörden examinirt worden sei.

Reihe von Jahren tausend Thaler ins Elend nachwirft. Arbeitsunfähige müßten ganz versorgt werden auf Kosten des Staates. Daß diesem die Kräfte fehlen, darf man nicht sagen, solange die prunkvollsten Casernen etc. etc. gebaut werden. Mancher wird sich freilich auf die Theorie stützen, daß der Staat keine Maschine sein dürfe. Es ist aber offenbar, daß er zur Maschine schon geworden ist, nur zu einer schlechten und schlecht dirigiert. Solange man von Rechts wegen alljährlich einige Hunderte durch alle Stufen des Elends bis zur Hülflosigkeit hinabsinken läßt . . . wird man auch genötigt sein, ebensoviel Polizeidiener, wie sie alle heißen mögen, zu halten, um die Einzelnen, welche auf „unerlaubten Wegen“ der Pflicht der Selbsterhaltung Genüge leisten, aufzugreifen, und wenn auch nicht gleich zu erwürgen, doch im Kerker für die Gesellschaft absterben zu lassen; wie es Berlin in alltäglichem Beispiel aufzeigt, daß Scharen berittener Polizeidiener einem Weibe nachjagen, das ein Brot vom Laden gestohlen hat, während sich um die Leute im Voigtland nur der Besitzer der Familienhäuser, Juden und Privatgesellschaften bekümmern.

←S 22 *Heute besuchte ich die Kleinkinderschule in der Gartenstraße vor dem Hamburger Tor. Als ich ins Zimmer trat, verzehrte der Lehrer (ein Mann von 50 Jahren mit schielenden Augen) Brot und Speck. Die Kinder spielten auf einem eingezäunten Sandplatze vor dem Hause. Er rief sie herein. Es waren über 100 (fast 140) von 2 bis 6 Jahren. Ich mußte mich auf einen Stuhl setzen, dann bildete die oberste Klasse einen Halbkreis vor mir, die übrigen Schüler wurden von der Frau des Lehrer ruhig gehalten. „Nun wollen wir einmal eins singen“, hub dieser an. Die Kinder sangen schwerere Lieder, so daß ich keine Melodie herausfinden konnte. Der begleitende Baß war grundfalsch. „Nun sagt dem Herrn, was für Stunden wir haben.“ Antwort im Chor: Wir haben eine Stunde Religion, eine Stunde Geographie, eine Stunde Naturgeschichte, eine Stunde Sprachübung, u.s.w. Lehrer: Was meint ihr, wollen wir eins aus der Religionsstunde nehmen? Kinder (immer im Chor): Ja, wir wollen eins aus der etc. L.: Wie heißt das Buch, in welchem Gott mit uns spricht? K.: Die Bibel. L.: Wieviele Teile hat sie? Womit beginnt das alte, das neue Testament? Was ist Taufe? Was ist Opfer? – Wovon handelt das 8te, das 4te, das 6te, das 7te Gebot? etc. . . . Alle Fragen wurden sogleich beantwortet, von allen zugleich mit gleichen Worten, im gleichen Ton und Takt. L.: Was meint ihr, wollen wir dem Herrn etwas aus der Geographie sagen? K.: Ja, wir wollen dem H. . . . L.: Was ist Geographie? K.: Erdbeschreibung. L.: Was beschreibt sie? In welchem Königreich wohnen wir? Welches ist die Hauptstadt? Wieviel Straßen, Häuser, Brücken hat sie? Was für Schulen? Sind Gymnasien solche Nasen (er zeigt auf ihre Nasen)? Seid ihr auch Gymnasialschüler? Wer lernt in der Universität? Was für Beamte gibt es? Wie heißt unser Landesherr? Der verstorbene König? Der König mit dem dreieckigen Hut? Was für andere Königreiche gibt es noch? Welches sind die Hauptstädte? In welchem Erdteil wohnen wir? Was für Erdteile gibt es noch? Was für Flüsse sind in Deutschland, in Spanien? etc. . . . Auch diese Fragen wurden von den 4- und 5jährigen Kindern beantwortet, im Chor und wohl im Takt.*

  Wollen wir eins aus der Naturgeschichte nehmen? Was für Erdreich gibt es? Wie ist die Fruchtbarkeit hier? (Antwort: mittelmäßig.) Was für Bäume gibt es? Was für Gemüse etc. . . . – Dann wurde wieder gesungen, auch deklamiert mit den einfältigsten Gesten. Gegen 1 Uhr wurden die Kinder entlassen; einige bleiben zurück; der Lehrer gibt ihnen für 6 Pfennige das Mittagsbrot.

  Der Lehrer bezieht 14 Thaler monatlich, später 16. – So weh es mir tat, mußte ich ihm einige Komplimente machen. Der Kerl ist übrigens gutmütig und sagte gleich, daß er aber nicht nur den Geist ausbilde, sondern auch den Leib und gab mir einen gedruckten Jahresbericht mit. Ich schrieb mich ins Visitationsbuch ein. Auch die Königin hat die Anstalt besucht – Das Weitere siehe im Bericht! –

  Solche Kinderschule in der preußischen Residenz?! Das heißt einmal Geist und Herz mit Gewalt ruinieren. Solcher Unsinn würde in keinem schweizer Dorfe geduldet. –

  30.3.1843: *Hier lauert man auf die unschuldigsten Verbindungen und bekümmert sich nicht darum, daß im Voigtland sich eine große Armenge-*

sellschaft bildet, die sich immer mehr von der übrigen Bevölkerung absondert, immer stärker und zuletzt gefährlich wird. – Ich habe schon eineinhalb Tage nichts gegessen; das Bittersalz wird mich gesund machen.

1.4.1843: Besuch bei Bettina von Arnim. Ich überreiche Notizen über Arme, Verbrecher, Strafe etc. Gespräch über die Frauen. Bettina sagt, daß manche Frau unter sehr ungünstigen Umständen das Haus besser verwalte als der Minister die Staatsgüter. Man dürfe nicht verächtlich von Weibern reden. Von den Kindern sagte Bettina, daß sie alles verstehen, daß sie großherzig die Liebe bewahren für Personen, welche ihnen oft unrecht tun. Der Lehrerberuf sei der schönste. Bettina spricht über alles so klar und wahr, daß ich mich immer weniger verwundere über den großen Einfluß am Hofe. . . . Bettina ersuchte mich, den Besuch armer Familien fortzusetzen, und gab mir einen Louisd'or zu Gaben für die Ärmsten. (Auch ohne Auftrag und Unterstützung, meinem Herzen folgend, würde ich die Untersuchungen fortgesetzt haben.)

(Weber) „Querhaus", Zimmer Nr. 18. Kupfer (?) hat auf seinem Webstuhle 5/4 Ellen breite dicke Leinwand. Er webt täglich 6 bis 7 Ellen und erhält für die Elle einen Groschen Weberlohn. Dagegen hat er wöchentlich 8 Groschen Spuhlerlohn und 4 Groschen für Schlichte auszugeben. Da er zuweilen auf Arbeit warten muß, ist, was er in einem Monat reinverdient, auf 3 Thaler 6 Groschen anzuschlagen. Nach Abzug der Miete bleibt für Nahrung, Kleidung und Holz noch 1 Thlr. 6 Gr. – Seinem Gesellen Kittebach (?) gibt er von der Elle 8 Pfennig, kauft ihm Schlichte und sorgt für die Spuhlen. Kittebach hat sich und 2 Kinder zu ernähren. Er schläft mit ihnen auf dem Boden und hat für die Schlafstätte monatlich 12 Groschen zu bezahlen. Er muß Weberknecht sein, weil ihm die Frau gestorben ist. (10 SGr.)

Daselbst Nr. 5. Die Türe war verschlossen. Die junge Frau, welche mir öffnete, wurde ganz verlegen bei meinem Anblick. Der Hausvater, Unger von Scherzburg, saß am Webstuhle. Drei kleine Kinder lagen auf dem Boden, 2 waren in der Schule. Unger webt 1,7/8 br. gestreifte Leinwand. An einem 66 Ellen langen Stück verdient er 3 Thlr. 4 Gr. Er ist nicht ganz wohl und arbeitet deshalb 14 Tage an einem Stück. Die Frau macht Bobinen, indem sie dabei das kleinste Kind auf der Schürze hält. Jede Mahlzeit (von Kartoffeln oder Hafergrütze) kommt auf 2 Groschen. Täglich wurde diesen Winter für 6 Dreier Holz gebraucht. – Eine herrliche Familie. Mann und Frau und Kinder haben ein gescheites Aussehen. Als ich Unger nach der Zahl seiner Kinder fragte, sagte er, es gehe ihm wie dem armen Schuster, der ein Kind habe fortbringen wollen und zwei nach Hause gebracht habe. Die Kinder sind die einzige Freude der Armen. Und will man diesen die Fruchtbarkeit heutzutage zum Vorwurf machen? Solange er sich regen könne, wolle er nichts mit der Armendirektion zu schaffen haben. Die Frau erzählte mit freudvollem Auge, daß die Kinder soviel lernen in der Schule. Es ist merkwürdig, wie diese Armen darauf rechnen, daß ihre Kinder durch den Schulunterricht aus dem Elende heraus kommen. – Eine liebenswürdigere Familie gibts nicht leicht. Was könnte nicht Unger leisten in anderen Verhältnissen?! –

3.4.1843: Spaziergang ins Voigtland. Der Inspector der Familienhäuser sagt mir, daß (es) 7 solche seien, mit mehr als 400 Familien und annähernd 3000 Seelen. Ich hatte mich ziemlich weit ins Freie gewagt, als mich ein heftiger Regen zwang, in einer Droschke heimzufahren.

4.4.1843: Nachmittags streifte ich im Voigtlande umher. Der Inspector der Familienhäuser nannte mir die ärmsten Familien (unter anderem auch die schon besuchten der Sinhold und Unger).

„Querhaus", Gartenstr. Nr. 92a, Stube Nr. 9. Gellert, Tischlergeselle. Eine 70jährige Frau liegt krank im Bette (d.h. hier auf Stroh mit Lumpen bedeckt). Ihre Tochter, Gellerts Frau, hat heute zum ersten Mal das Bett verlassen, sie war auch lange krank. – Eine 15jährige Tochter war am Ofen beschäftigt, 2 Kinder waren ausgegangen, Gellert traf ich auch nicht. Er arbeitete in der Stadt auf Stück . . . gab wöchentlich 2 Thaler in die Haushaltung, das übrige reichte kaum hin zur Deckung der Miete. Woche für Woche wurde aufgezehrt. Nun wechselt der Meister die Wohnung, seit 14 Tagen ist Gellert ohne Arbeit, und schon ist die ganze Familie vom Hunger gedrückt. Die Frau scheint das Sparen wohl zu verstehen. Kartoffeln können sie nicht mehr kaufen; am vorteilhaftesten sei das Mehl, das sie jetzt außer der Stadt holen (einzelne Metzen können nämlich unverzollt in die Stadt geholt werden), doch kostet auch die Mehlsuppe für die ganze Familie 2 1/2 Groschen. Nur zum Kochen braucht sie für 1 Gr. Holz am Tage (ich gab 10 Gr.).

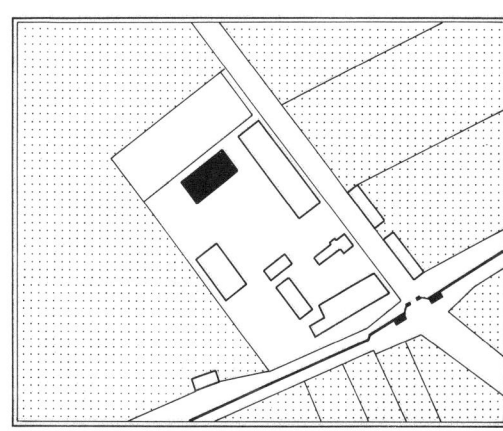

→B 15 Gartenstraße Nr. 92a, das Querhaus

Weber Kupfer, Gartenstr. 92a/18

→S 10 *Ich ging in den finstern Hausgängen auf und ab, horchte an den Türen, und wo ich weben hörte, trat ich ein. In Nr. 18 traf ich zwei Weber, die machten 3/4 Elle breite dicke Leinwand. Jeder webt täglich 6 bis 7 Ellen und bezieht von der Elle 1 Sgr. Arbeitslohn; dagegen hat er wöchentlich 10 Sgr. für die Einschlagespuhlen und 5 Sgr. für Schlichte auszugeben. In einem Monat werden also 4 Thlr. rein verdient. Nach Abzug der Miete bleiben noch 2 Thlr. auf Nahrung, Kleidung und Holz zu verwenden. – Einen Arbeiter sah ich, dem ist die Frau gestorben; er kann keinen eigenen Haushalt führen, dient als Weberknecht, erhält von der Elle 8 Pf. und hat für sich und die Kinder das Tischgeld zu bestreiten. Diese Leute wären recht wohl zufrieden, wenn es ihnen nur nicht bisweilen wochenlang an Arbeit fehlte.*

Weber Unger, Gartenstr. 92a/5

→S 11 *In Nr. 5 wohnt Unger, ein recht geschickter Weber. Er hat auf seinem Stuhle 1 7/8 Elle breite gestreifte Leinwand. An einem Stücke von 66 Ellen, mit welchem er in vierzehn Tagen fertig wird, verdient er 3 Thlr. 5 Sgr.; da die Kinder schlecht gekleidet sind, so müßten sie frieren, wenn sie nicht täglich für 1 1/2 Sgr. Holz einlegte. Wenn diese Leute nur zwei Mal essen im Tage, so beläuft sich die monatliche Ausgabe (2 Thlr. Miete eingerechnet) auf 7 Thlr. 15 Sgr., während die Einnahme im günstigsten Falle nur 6 Thlr. 10 Sgr. beträgt. Ich unterhielt mich lange mit Unger und seiner Frau; er ist ein so verständiger und braver Mann und sie so heiter und freundlich, daß es mir ganz wohl zu Mute wurde. Ich dachte nicht mehr an jenes ungünstige Zahlenverhältnis, sah das Stroh nicht unter der leichten Bettdecke und achtete nicht mehr auf die Lumpen, in welche die Kinder gehüllt waren. Ich hörte keine Klage; der Hausvater trieb emsig das Weberschiffchen hin und her und erzählte mir scherzend, daß es ihm mit den Kindern gehe wie dem bekannten Schuster Flick, der ein Kleines forttragen wollte und zwei zurückbrachte. Die Mutter hielt das kleinste Kind auf der Schürze und trieb das Spuhlrad. Dabei erzählte sie vergnügt, daß zwei Kinder die Schule besuchen und recht viel lernen. Es zeigt sich auch hier, daß die Armen ihre größte Freude an den Kindern haben und fest darauf rechnen, daß diese durch den Schulunterricht aus dem Elende gerissen werden. – Ist es nicht barbarisch, daß man heut zu Tage die Fruchtbarkeit der Armen so hart tadelt? Ich hörte schon oft sagen: Warum zeugen die Leute so viele Kinder, wenn sie diese doch nicht ernähren können!*

Tischlergeselle Gellert, Gartenstr. 92a/9

→S 11 *Im „Querhause" (Gartenstraße 92a), Stube Nr. 9, wohnt der Tischlergeselle Gellert. Ich traf ihn nicht zu Hause. Seine Schwiegermutter lag todkrank auf dem Stroh, die Frau scheint auch sehr krank zu sein; sie hielt sich mit Mühe aufrecht und erzählte mir, daß der Mann vierzehn Tage ohne Arbeit und jetzt ausgegangen sei, „um Brot zu suchen"; die Kinder seien in der Schule. Die Familie erhält von keiner Seite Unterstützung.*

Schuster Schadow, Gartenstr. 92a/76

Im Dachstübchen Nr. 76 wohnt ein Schuster, Schadow. Ich sah lange Zeit durch die gespaltene Türe ins Zimmer. Er arbeitete fleißig; die Frau saß am Boden und nähte einige Lumpen zusammen; zwei kleine, halbnackte Kinder saßen am Boden und spielten mit einer alten Tabakspfeife. Als ich eintrat, war Schadow ganz erschrocken; er hatte mich für den Inspektor gehalten, dem er Miete schuldig ist, und sah sich gern enttäuscht. Das Zutrauen der Unglücklichen hat man sich bald erworben: es dauert nicht lange, so erzählte mir der Mann seine ganze Lebensgeschichte; daß er dabei nicht viel von seinen Fehlern sprach, schien mir sehr verzeihlich und zum Teil überflüssig, da ich an ihm ja leicht bemerken konnte, daß er den Branntwein liebe und seine Frau sehr unordentlich ist. Sch. ist der Sohn armer Eltern; er konnte Berlin nie verlassen, weil er dieselben bis zu ihrem Tode unterstützen mußte. Er verheiratete sich früh, etablirte sich in der Stadt und machte gute Geschäfte. Seine Familie vermehrte sich schnell, worauf er bei seinen Ausgaben zu wenig Rücksicht nahm, und was daran Schuld gewesen sei, daß er in der Stadt nicht mehr wohnen konnte. (Große arme Familien werden von den Hausbesitzern nicht geduldet.) 1836 zog er ins Familienhaus. Fünf seiner Kinder starben an den Pocken, und während sie krank waren, fehlte es ihm an Arbeit. Von niemandem unterstützt, geriet er dadurch so in Schulden, daß er mehrmals aus dem Hause geworfen werden sollte. Er verkaufte Hausgeräte und Kleider und ist jetzt so entblößt von allem, daß er nicht einmal ein Hemd mehr besitzt. Durch Arbeit kann er sich nicht wieder aufschwingen, weil es ihm an Leder fehlt und die Flickarbeit, die er den Leute im Familienhause macht, schlecht bezahlt wird. Zudem hat er mit zwölf andern Schustern, die am gleichen Orte wohnen, zu concurriren. Ich sah es selbst, wie seine Frau um Arbeit ausging und er unterdessen die Kinder hütete. Es war drei Uhr abends, und er hatte an demselben Tag erst 2 Sgr. verdient; den einen gab er wieder aus für Zwirn, für den andern kaufte er Brot. Das Kleine fing an vor Hunger zu weinen. Sch. hatte soeben einen Schuh geflickt und gab ihn der Frau mit den Worten: „Trage ihn fort, laß dir einen Sechser dafür geben, und bring dem Kind ein Semmelbrot; es hungert." Die Frau kam mit leerer Hand zurück; das Mädchen, dem der Schuh gehörte, konnte nicht bezahlen. Das Kind weinte noch immer, und Vater und Mutter weinten mit. Ich half mit einigen Groschen aus der augenblicklichen Verlegenheit. Schnell sagte Sch. zu seiner Frau: „Nun geh, hole für 6 Pf. Brot, für 3 Pf. Kaffee und für 3 Pf. Holz; das Übrige lege in den Schrank, ich will es dem Inspektor bringen; vielleicht hält er die Klage noch zurück." Es war ihm ein Stein vom Herzen genommen, er schaute zum Fenster hinaus und meinte, es könnte doch ein fruchtbares Jahr geben. Dann fing er auch noch an zu politisiren: es schade ihm viel, daß von den Schuhfabrikanten in Spandau so wohlfeil gearbeitet werde, daß nur die großen Bäcker den Brotpreis bestimmen; am meisten aber, daß der Hausherr soviel Abgaben bezahlen und deshalb die Wohnungen so teuer vermieten müsse; in einem freien Lande gebe es gewiß nicht so viele Arme. – Bald war die Frau wieder zurück. Es wurde Feuer gemacht im Ofen und Brot verteilt. Die Kinder warteten aber mit ihrem Teile nicht, bis der Kaffee fertig war. –

Sch. wird nicht unterstützt. Es heißt: man gebe den Leuten im Familienhause nicht gerne; es seien da so viel Arme, daß die Armendirektion derselben nicht mehr los würde, wenn sie einmal zu helfen anfinge. Sollte Sch. nichts bekommen wegen seiner Liederlichkeit, so wäre dies sehr ungerecht. Wo die Not so groß ist, muß man tätig unterstützen, nicht moralisiren, bis die Leute vor Hunger sterben. Auch ist zu bedenken, daß die Hoffnung wieder aufzukommen Kraft gibt zur Bekämpfung des Leichtsinnes.

Witwe Schreyer, Gartenstr. 92/72

Im Querhause, Stube 72, traf ich Frau Schreyer. Ihr Mann war ein armer Weber, starb 1814 und hinterließ drei unerzogene Kinder. Die Witwe erzog diese im Familienhause, ohne von irgend einer Seite unterstützt zu werden. Nur ein Sohn ist noch am Leben; er lebt von der Mutter getrennt als Weber und kann mit Not seine Familie ernähren. Frau Sch. schloß sich an einen Weber an, der auch die Bobinen macht und so des Tages 1 Sgr. verdient. Es ist hier darauf zu achten, daß diese Frau mit einem Manne, mit dem sie nicht getraut ist, zusammenleben muß, nur um nicht arbeitslos zu sein und vor Hunger umzukommen. Hat er keine Arbeit, so ist sie auch ohne Brot. Seit kurzer Zeit läßt ihr die Armendirektion monatlich 1 Thlr.

←S 11

Daselbst Nr. 76, Dachstube, Schuster Schadow. Der ärmste Mann, den ich je gesehen. Ich sah lange Zeit durch die gespaltene Türe ins Zimmer. Er arbeitete fleißig, die Frau saß am Boden und nähte einige Lumpen zusammen; zwei Kinder von 2 und 5 Jahren spielten am Boden mit einer alten Tabakspfeife. Als ich eintrat, ward Schadow ganz verwirrt; er hielt mich für einen Inspector und sah sich gern enttäuscht. Schadow (geboren 1802) ist der Sohn armer Eltern; er konnte Berlin nicht verlassen, weil er jene unterstützen mußte; ein kranker Arm machte ihn militairfrei. Einige Zeit war er in der Stadt etabliert; er fand keine Wohnung mehr, weil er 5 Kinder hatte. 1836 kam er ins Familienhaus. 5 Kinder starben an den Pocken. Während sie krank waren, fehlte es ihm an Arbeit, er kam dadurch so zurück, daß er die Miete nicht mehr bezahlen konnte und ohne die Hilfe eines Freundes ausgejagt worden wäre. Er bezahlt 1 Thlr. 22 Gr. Miete in verschiedenen Terminen. Es fehlt ihm an Arbeit; wenn die Schuhfabrikanten nicht in Spandau arbeiten ließen, könnte er doch 6 Gr. im Tag verdienen; so aber nehmen ihm die Gefangenen den Verdienst weg. (In den Familienhäusern sind 13 Schuster.) – Seine Frau treibt ihm Flickarbeit zusammen, inzwischen hütet er das kleine Knäbchen. Heute hat er 2 Gr. verdient; den einen gab er für Zwirn aus, für den anderen kaufte er Brot. Es war abends 3 Uhr, und er, seine Frau und 2 Kinder hatten den ganzen Tag über nichts als für 1 Gr. Brot gegessen. Das Kleine, offenbar vor Hunger kränklich, fing an zu weinen. Schadow hatte soeben einen Schuh geflickt und gab ihn der Frau mit den Worten: „Trage ihn hin; laß dir einen Sechser (6 Pfennig) dafür geben, und hole dem Kleinen ein Brötchen; er hungert!" Die Frau kam zurück mit leerer Hand; das Mädchen, dem der Schuh gehörte, konnte nicht bezahlen. Das Kind weinte vor Hunger; der Vater sah es mit tränendem Auge, konnte aber nicht helfen. Ich zog einen halben Thaler aus der Tasche und legte ihn auf den Tisch. Wie glücklich waren Vater und Mutter auf einmal. „Nun, Caroline, hole für 3 Pf. Holz, für 3 Pf. Kaffee und Zichorie, für 6 Pf. Brot. Das übrige lege in den Schrank; ich will es dem Inspector bringen; vielleicht hält er die Klage noch zurück." Die Frau brachte alles. Das Holz (drei kleine Stücke) mochte hinreichen, das Wasser für den Kaffee zu wärmen. Die Kinder verzehrten mit Lust das trockene Brot; die Hälfte aßen Schadow und seine Frau; den Kindern aßen sie die Brosamen nach. Einmal schaute er zum Fenster hinaus und sagte: „Hoffentlich schenkt uns Gott ein fruchtbares Jahr." Dies ging mir tief ins Herz. Wie ganz anders schaue ich dem Frühling entgegen. – Der arme Schuster vermag keine Kartoffeln zu kaufen; nur von Brot und schlechtem Kaffee nährt er sich. Er hat kein Hemd mehr; der Rock ist in einem Zustand, daß er darin nicht mehr ausgehen kann. Was muß aus einem Menschen werden, der so in der Stube gefangen ist?! Die Betten bestehen aus schmutzigen Lumpen. – Leder, Zwirn, Harz, Werkzeug muß er bar bezahlen. Von 4 Gr. täglichem Verdienst muß er wenigstens einen dazu hergeben. Offenbar drückt auch hier die Miete am stärksten. Interessant war es, daß Schadow den Steuern, dem Zunftzwang, dem Wucher der großen Bäcker etc. Schuld beimaß und sich vorstellte, daß es in einem freien Lande keine so armen Leute geben könne. Hier ist eine Pflanzstätte der Unzufriedenheit. Wenn die Armutspolitik aufschlägt, so helfen keine Proklamationen. – Nachdem ich eineinhalb Stunden bei Schadow gewesen, ging ich bewegt von dannen. – Eine kleine Summe würde helfen für viele Arme. Nur müßte man sie mit Fleiß und Verstand anwenden. –

5.4.1843: *Um halb 6 Uhr ging ich wieder ins Voigtland.*

Hausnummer 92, Stube 72. Witwe Schreyer. Ihr Mann war ein Weber, starb 1814 und überließ ihr drei unerzogene Kinder. Unterstützung erhielt sie nicht. Nur noch ein Sohn lebt, der auch Weber ist und seine Familie kaum durchbringt. Seit vielen Jahren lebt sie im Familienhaus mit einem Weber Ignaz aus Galizien zusammen. Sie tragen die Miete gemeinschaftlich. Von der Armendirektion erhält sie monatlich 1 Thlr. 15 Gr. 1 Thlr. 1 Gr. gibt sie sogleich für die Miete ab. Zu den 14 Gr. verdient sie noch 1 Thlr. mit Spülen. Nun aber hat der Geselle seit 5 Wochen nichts zu tun. Am Montag ging er mit entlehnten Schuhen aus, um Brot zu betteln, wurde erwischt und auf die Stadtvogtei gebracht. Witwe Schreyer, die unterdessen für etwas Arbeit gesorgt hatte, entlehnte Kleider und ging hin, um für seine Loslassung zu bitten, da sie nichts verdient, bis der Webstuhl wieder geht. Umsonst hatte sie ihn erwartet diesen Abend. – Wie lebt sie nun? Die Ärmsten teilen mit ihr. Als ich dort war, brachte ihr Frau Bischoff (vide weiter unten) von dem Kaffeesatz, den sie auf dem Teller geholt hat. Zum bittern Getränke wird morgens und abends ein Stück Brot

←S 12

gegessen. Mit dieser Mahlzeit wechselt eine Suppe, das heißt heißes Wasser mit Salz und Brot. – Schuster G. (92. Nr. 47) tritt herein mit alten Stiefeln, die er dem Ignaz schenken wollte. „Wo ist der alte Ignaz?" – Er sitzt. – Warum? – Am Sonntag hatten wir nichts zu verzehren. Er ging am Montag um ein bißchen Brot aus, und da haben ihn die Gensdarmes abgefaßt. – (Schuster weinend): Das tut man dem alten Ignaz, der die Ehrlichkeit selber ist. Ich hab ihn schon als Soldat gekannt, wie er bei Leipzig focht. Arbeit hat er nicht, stehlen darf er nicht, und wenn man bettelt, so kommt man auf die Stadtvogtei.

Der Weber Matthes tritt herein und bringt der Witwe Schreyer Luthers Lebensgeschichte zurück.

Ist Ignaz noch nicht da?

Witwe Schreyer: Man hat mir versprochen, ihn auf diesen Mittag loszulassen. Es ist nicht geschehen, sonst wäre er hier; er streift nicht auf der Straße umher.

Matthes: Der alte Mann dauert mich. Es war ihm schon leid genug, daß er betteln mußte, und nun dieses?

Schuster G. (noch immer weinend): Das hat Ignaz nicht verdient.

(Matthes): Kreuzsapperment! Man sollte die verfluchten Schreiber . . .! Herrgott! Warum brennt man nicht alles nieder, daß er los kommt. (Man sollte die Schreiber lehren, was Not ist.)

Witwe Schr.: Solche Redensarten dulde ich nicht auf meiner Stube.

Sch.: Sie wissen nicht, was das ist. Ich habe sieben Schlachten mitgeschlagen, mein Vater sagte mir: hör, Junge, halt nie zu den Franzosen. Ich war gut preußisch. Fühlen Sie, mein Herr, die Narben hier am Kopfe, ich hab den Hieb bei Culm bekommen. Ich hab gar gehungert für den König. Wie der Sieg errungen war, hatte ich genug zu tun, um 8 Kinder groß zu ziehen. Jetzt drückt mich der Hunger wieder. Sie glauben es nicht, mein Herr, denn ich bin jetzt betrunken. Man hat mir ein Glas Branntwein geschenkt, das erträgt der leere Magen nicht. Ich wollte Nachtwächter werden, ich erhielt nicht einmal eine Resolution. Dem König lege ichs nicht zur Last. Er weiß nicht alles, was geschieht. Aber seine verfluchten Knechte . . . Jetzt bin ich bereit, wo es nur Waffen gibt, mitzugehen. Ich kann nichts dafür, daß ich nicht in einer Schlacht umgekommen bin. Selbst den Tod geben, tut man nicht gern. Sterben möchte ich.

So ging es lange Zeit. Der Weber Matthes war ängstlich; er traute mir nicht. –

Sch. fährt fort: Weibern in der Stadt, die sich von Franzosen haben Kinder machen lassen, wird geholfen; aber einem Mann, der gegen die Franzosen schoß, hilft man nicht. –

Mehrere Weiber kamen noch herbei und fragten nach Ignaz. Ich war froh, daß sich die unzufriedene Gesellschaft bald auflöste. Es war mir ganz unheimlich zumute dabei. Der Schuster sagte mir noch, daß die Armen sich gegenseitig unterstützen. „In der Stadt schließt man die Türen vor uns."

Mit der Frau des Invaliden Bischoff, den ich auch im Verzeichnis der Ärmsten hatte, ging ich weg auf ihre Stube. Bischoff hat 5 Wunden, einen unbrauchbaren Arm. Er macht Kinderspielzeug, das ihm niemand abkauft. Die Frau hat Epilepsie. Er war Hoflackierer. 3 Söhne sind in Spandau, 2 Kinder erzieht die Königin. Er bezieht monatlich 1 Thaler. Die Habseligkeiten sind an verschiedenen Orten versetzt. An die Armendirektion will er sich nicht wenden, weil seine Sachen gestempelt und nach seinem Tode weggenommen würden. Er liegt auf dem Stroh am Boden. – 6 Pfennig. Hering für 2 Mahlzeiten.

6.4.1843: *Für den Unterricht der 350 Kinder in den Familienhäusern sorgt eine Privatgesellschaft, die jedoch so von der Stadt unterstützt wird, daß diese die Hälfte der Lehrerbesoldung bezahlt. Die Kinder besuchen die Schule vom 6.–14. Altersjahr; die Knaben täglich 6, die Mädchen 3 Stunden. Für jene sind 2 Lehrer, diese stehen in 2 Abteilungen unter einem Lehrer. Eltern, welche die Kinder nicht fleißig zur Schule schicken, werden vom Polizeicommissarius gemahnt. – Der Lehrer bezieht jährlich 216 Thaler Besoldung und 12 Thaler Mietentschädigung. Die Miete kostet ihn aber 40 Thaler. Wöchentliche Stundenzahl: 42 (die Abendschule mit eingerechnet). Wie erstaunte ich beim Eintritt in die Schule! Ich hoffte, in eine Musterschule zu kommen, welche der preußischen Residenz wohl anstünde, und ich traf eine Schule, wie ich sie nie sah, aber von jenen schildern hörte, die vor 40 Jahren in die Schule gingen. – 43 Mädchen von 6 bis 10 Jahren waren in einem düsteren Zimmer versammelt. Sie*

15 Sgr. zukommen; davon braucht sie aber 1 Thlr. 1 Sgr. für die Hälfte der Miete (die andere Hälfte trägt der Weber). Sie hat also im Monat nur 1 Thlr. und 10 Sgr. auf Nahrung, Kleidung, Holz etc. zu verwenden. In diesem Augenblick verdient sie gar nichts und ist zudem unwohl. Es gibt Tage, wo sie nichts zu essen hat; die gewöhnliche Nahrung besteht in Brot und bitterm Kaffee, in der Regel wird nur morgens und abends gespeist. Sie zeigte mir einen Teller voll Kaffeesatz, den eine arme Nachbarin gebettelt und mit ihr geteilt hat. – Es ist rührend, wie die Armen sich gegenseitig unterstützen! Ich wollte mich soeben entfernen, als der ebenfalls im Familienhause wohnende Schuster G. etwas betrunken in die Stube trat. Es entwickelte sich ein Gespräch:

G. Ich habe hier ein Paar Stiefeln für Ignaz; ich weiß, daß er barfuß geht und sie brauchen kann; er soll mir nichts dafür geben.

Frau Sch. Er ist jetzt nicht zu Haus.

G. Wo ist er?

Fr. Sch. Er sitzt.

G. Es ist nicht möglich?

Fr. Sch. Doch – Sie wissen, daß er seit fünf Wochen keine Arbeit hat und wir beide großen Hunger leiden. Am Montag konnte er es nicht mehr aushalten; er entlehnte ein Paar Schuh von unserm Nachbar und ging um ein bißchen Brot aus. Da haben ihn die Gensdarmen gleich erwischt und auf die Stadtvogtei gebracht.

G. (Fängt an zu weinen.) Der alte Ignaz auf der Stagtvogtei! Die ehrlichste Haut, die es auf der Welt gibt! Ich habe ihn als Soldat gekannt, wie er bei Leipzig focht; und seither waren wir immer gute Freunde.

(Der Weber Matthes tritt herein und gibt der Witwe Schreyer Luthers Lebensgeschichte zurück.)

Ist Ignaz noch nicht da?

Fr. Sch. Nein. Ich erwarte ihn jeden Augenblick. Es liegt Garn da zu einer Schürze. Wir könnten wieder einen Groschen verdienen, wenn er los wäre. Ich habe diesen Morgen von der „Bischoffen" Kleider gelehnt, – ich kann so nicht vors Haus gehen – ging dann nach der Stadtvogtei und bat den Referendarius, er möchte Ignazen freigeben. Er hat es mir auf diesen Mittag versprochen.

Weber M. Er kommt heute nicht mehr; es ist schon zu spät.

Fr. Sch. Aber er sitzt doch schon vier Tage, und der Referendarius sagte mir selbst, daß Ignaz nur wegen des Bettelns eingesteckt sei.

Weber M. Der alte Mann dauert mich. Er hat noch Soldatenstolz, gewiß hat er nicht ohne die größte Not gebettelt.

G. Nach der Not fragen sie auf der Stadtvogtei nicht. Man sollte aber die verfluchten Schreiber lehren, was Not ist. Die elenden Kerl dürfen einen alten Soldaten einstecken! Kreuzsacrament, ich bin auch Soldat gewesen! Man möchte . . .!

Witwe Sch. Werden Sie nicht so eifrig; ich kann dergleichen Redensarten auf meiner Stube nicht dulden.

G. (immer eifriger) Sie wissen nicht, was Recht ist. Man gibt uns keine Arbeit, verbietet das Stehlen und wirft uns ins Loch, wenn wir betteln. Das kann nicht so fortgehen; man kann noch anders sterben als vor Hunger; ich weiß es; ich habe in sieben Schlachten mitgefochten.

Weber M. Die sind aber nicht Schuld daran, daß wir nichts verdienen.

G. Aber sie verzehren doch Geld, das ihnen nicht allein gehört. Übrigens habe ich selbst erfahren, wie sie für die Armen sorgen. Weiber, die mit den Franzosen freundlich taten, werden unterstützt; die Männer, welche die Franzosen aus dem Lande gejagt haben, werden verstoßen. Ich habe mich zum Nachtwächterdienst gemeldet und erhielt nicht einmal eine Resolution.

Weber M. Da kann aber der König nichts dafür.

G. Ich sage ja nichts gegen den König. Ich habe es bewiesen, daß ich gut preußisch bin; ich habe gerne für den König gehungert, als er im Trocknen saß, ich habe ohne Murren acht Kinder auferzogen; dafür sollte man mich aber in meinen alten Tagen nicht hungern lassen. Sie denken gewiß so wie ich und noch viele Tausend. Sie wollen sich nur zufrieden stellen vor diesem fremden Manne. Er ist kein Spion; aber wenn er einer wäre, so sagte ich es doch frisch heraus, daß es bei uns nicht auf dem rechten Wege geht. (Mich von der Seite ansehend.) Die verfluchten Zeitungsschreiber sagen es auch, aber tun weiter nichts.

In diesem Tone ging es eine Zeit lang fort. Nach und nach kamen noch andere Nachbaren in die Stube. Alle fragten nach Ignaz. Die Versammlung ging in der größten Mißstimmung auseinander.

Invalide Bischoff, Gartenstr. 92/141

Am gleichen Abend machte ich noch einen Besuch beim Invaliden Bischoff (Stube Nr. 141), dieser hat fünf Blessuren; der linke Arm ist unbrauchbar. Er bezieht aus der Invalidenkasse monatlich 1 Thlr. Dazu verdient er einige Groschen durch Verfertigung von Kinderspielzeug. Die Frau leidet an Epilepsie. Heute haben Mann und Frau außer einem Hering, den sie für 6 Pf. kauften, noch nichts gegessen. Anstatt des Bettes ist ein Lager von Stroh im Winkel. Das Benehmen der Leute, die Reinlichkeit in der Stube und eine Borderie auf einem alten Stuhle ließen mich vermuten, daß Bischoff schon in besseren Umständen gelebt habe. Mit aller Klugheit konnte ich aber anfangs nichts herausbringen. Die Frau klagte mir, daß zu einem hübschen Spielwerke noch die Puppen fehlen. Ich gab das Geld zu diesen her und schloß mir dadurch die Herzen auf. Bitterlich weinend erzählte mir Bischoff, daß er vor Jahren ein glänzendes Auskommen als Hoflackirer gefunden habe, daß er durch die erste Frau und drei Kinder ins Unglück gebracht worden sei. Ich erkundigte mich nach den Kindern. „Wir dürfen es Ihnen nicht sagen, wo die Kinder sind." – „Ich mache keinen Mißbrauch von Ihrer Erzählung." – „Ach Gott! – drei Söhne sind in Spandau, für die Erziehung eines andren Sohnes und einer Tochter sorgt die Königin." So etwas habe ich noch von keinem Vater gehört. Das Herz wurde mir schwer, und ich weiß nicht, wer Schuld ist, daß ich der weitläufigen Erzählung nicht folgen konnte. – Es sind Verhältnisse vorhanden in dieser Familie, welche der genauern Untersuchung wert sind. Bischoff hat aber seine wichtigsten Papiere dem frühern Mietherrn für eine Schuld von 1 Thlr. 25 Sgr. versetzt.

←S 13 *saßen unordentlich an den flachen breiten Tischen oder lehnten in Winkeln. Alle schienen müßig zu sein, 10 lautirten mit dem Lehrer an der Wandfibel. Dieser ist ein älterer Mann, kränklich mit roten Augen. Er lautirte vor, und die Kinder sprachen nach. Er klagte mir, daß das Lautiren mit großen Klassen (zehn!) nicht gut gehe; allein das Schulcollegium wolle einmal lautirt haben. Die oberen Klassen bustabieren noch; er wolle aber „nach und nach die Lautirmethode ganz einführen". Er ließ die Kinder an ihre Plätze gehen, durchsah die Tafeln, auf welche die Kinder Buchstaben nachgeschrieben hatten. „Hornung's Leselernbuch" (Berlin 1827) wurde aufgeschlagen, und die Schüler fingen an, im Chor zu buchstabieren. Zur Abwechslung wurde auch im Chor gelesen. Wenn der Lehrer mit dem Stock auf den Tisch schlug, wurde ein Wort gelesen. (So lernt man Betonung.) Zum Schluß wurde noch gesungen. „Singt noch die Arie: Herr, Deine Güte preisen wir." Der Lehrer strich die Geige, und die Kinder schrien durcheinander, was sie noch von dem ziemlich schweren Liede wußten. (Bisweilen wurde die Zeile erst gesprochen und dann gesungen.) Auf die Chorrezitation der heiligen Zehngebote und seiner Sprüche folgte das Gebet. – Der Lehrer ist examiniert. Bei der ersten Prüfung wurde er für fähig erklärt mit der Bedingung, daß er nach 2 Jahren wieder eine Prüfung zu bestehen habe. Jetzt ist er unbedingt petetirt (?). Er sagte mir, daß in vielen Schulen der Stadt nicht der rechte Geist herrsche: Der Kopf werde gebildet, aber das Herz nicht. – Die Anstalt scheint Pietisten in den Händen zu sein. Jeden Mittwoch und Sonnabend ist Betstunde. – Es schmerzte mich sehr, die schönen Kinder in der düsteren Schulstube zu sehen. Es kam mir vor, als hätte man sie versammelt, um ihnen auf immer das geistige Leben abzuschneiden. Fürwahr muß ein anderes Leben in die Schulen kommen. Im Kanton Zürich steht es zwar tausendmal besser; aber auch dort wird mehr glatt geschlagen als gewirkt. Die Volksschulen müssen doch noch im Innersten umgekehrt werden. – Übrigens lernt man Scherr's Verdienste erst in Preußen recht würdigen.*

__8.4.1843:__ Bei der Bettina. Sie freut sich über meine Berichte über das Voigtland. Sie habe den ersten einem Grafen vorgelesen, welcher darüber zu weinen anfing. Sie gab mir abermals einen Louisd'or mit der Bitte, die Skizzen fortzuführen: „Ich bin Ihnen so gut; Ihre Berichte sind mehr wert als mein ganzes Buch." Der König soll sich der Bettina zu nähern suchen. Bettina nährt die edelsten Gesinnungen gegen ihn. Sie hält ihn zur Besserung fähig. – Besuch bei Schneider Engelmann (von 4–5 und 7–10 Uhr).

Bis zum **6.4.1843** hat Grunholzer seine Aufzeichnungen über die Familienhausbesuche aus seinem Tagebuch abgeschrieben, möglicherweise auch bereits überarbeitet, um sie Bettina zu überlassen. Seit dem **8.4.1843** finden sich keine Berichte mehr in seinem Tagebuch; die Besuche im Voigtland sind nur noch als Fakten vermerkt. Offensichtlich schreibt er von nun an direkt für seine Auftraggeberin. Diese Aufzeichnungen dürften identisch →L 48 sein mit dem *Eigh. Manuskript (Heinrich Grunholzers) zu „Erfahrungen eines jungen Schweizers im Voigtlande" (Anhang zum „Königsbuch"), ca. 40 Seiten. 8 und 4,* welches sich im Nachlaß Bettina von Arnims befand und mit diesem am **28.2.1929** bei der 148. Versteigerung des Auktionshauses Henrici (Berlin) unter der Nr. 14a verkauft wurde. Wir konnten lediglich ermitteln, daß der Käufer der Berliner Antiquar Calvari aus der Friedrichstraße war. Ob er im Auftrag eines seiner Kunden oder von sich aus kaufte, wissen wir ebensowenig, wie wir etwas über den Aufenthalt Calvaris nach **1933**, nachdem er als Jude Berlin hat verlassen müssen, herausbekommen konnten. Grunholzers Manuskript gilt ebenso wie das des gesamten „Königsbuches" bis heute als verschollen.

→A 6　　*__9.4.1843:__ Betstunde im Familienhause. Die erbärmliche Branntweinpredigt, angeknüpft an Evangelium Joh. 19.28 – Besuch bei Glaser Weidenhammer, der seinen 11jährigen Knaben selbst unterrichtet.*

__12.4.1843:__ Besuch im Voigtlande mit Prüger.

__13.4.1843:__ Nachmittags im Voigtlande. – Gründonnerstag wird hier nicht gefeiert.

__14.4.1843:__ Karfreitag. Es schneit. Wieder einmal bei Bettina. Die Stunden, die ich bei ihr zubringe, gehören zu den schönsten meines Lebens. Als ich den Bericht vom Voigtlande vorlas, wurde die Tochter, Frl. Armgard, gerufen. Wir drei saßen dicht nebeneinander. Hinter einem Gemälde stand die liebe Gisela und pfiff ein Liedchen „Ich werde Sie stets zum Freunde behalten", sagte Frau von Arnim. Die liebenswürdige Tochter sagte, daß sie mich allein sprechen möchte. Wir gingen von Zimmer zu Zimmer,

immer von Gisela verfolgt; zuletzt waren wir allein. Armgard kennt einen jungen Mann, welcher jährlich 30.000 Thlr. einnimmt und geheim für die Armen wirken will; ich soll executiren. – Frl. von Arnim ist so gescheit und so lieblich! Kein Wunder, daß sie beim König wohl angeschrieben ist. Sie sprach von einem Roman, den ihr der König empfohlen. Hat dieser Zeit zum Romanelesen? Der König hat an Frau von Arnim wieder geschrieben, auf den derben Brief höchst freundlich. Er müsse ihr die Hand küssen etc. – 3 Stunden im Voigtlande.

17.4.1843: *(Ostermontag). Von 12–4 Uhr bei Bettina. Sie las mir ihre Correspondenz mit dem Könige vor. Er ließ sich weit herab, wenn er aber nicht ergriffen wird von dem letzten Briefe, den Bettina an ihn geschrieben, so ist er ein elender Kerl. In Bettina liegt eine ungeheuere Kraft und felsenfeste Gesinnung. – Der König sei ein Fresser. – (Ich speiste zu Mittag bei Bettina.) – Abends im Voigtlande.*

Aus dem Skizzenbuch von Grunholzer: Bettina v. Arnim   ←B 16

Heinrich Grunholzer sieht Friedrich Wilhelm IV. zum erstenmal bei einer Parade am 24.5.1843:

„Der König hat ein gemeines Fleischergesicht. Denke ←A 6
ich ihn im Bürgerkleide, mit einer langen Pfeife hinter einer Stange Weißbier in Günthers Lokal, so – Gut Nacht „Von Gottes Gnaden!"

Zeichnung aus Grunholzers Skizzenbuch: „Sene Meje- ←B 16
stet werd en det Moment auf die Parade sint" – Berliner Spießbürger

20.4.1843: *Besuch in den ehemaligen Familienhäusern in der Holzmarktstr.*

22.4.1843: *Voigtland. (Würth, Kessler, Lottes)*

23.4.1843: *Ich arbeitete Armenberichte aus, besuchte Bettina von Arnim. Es waren noch zwei Herren da. Zuletzt kam noch der Sekretär des Königs. Ich mußte die Berichte zweimal lesen. Sogleich drückte mir der Sekretär 2 Thlr. für die Armen in die Hand, Frau von Arnim 6 Thlr. und Armgard 20 Thlr. Ich war ganz entzückt. Von 8–12 Uhr nachts war ich bei Bettina von Arnim. Es war noch ein Graf von X da und der Sohn Sigmund, mit dem ich den heftigsten politischen Kampf führte.*

24.4.1843: *Im Voigtlande; Armenunterstützung. Was ist der Händedruck eines Dankbaren wert! –*

27.4.1843: *Im Voigtlande arbeitete ich fleißig. Dem Weber Matthes kann ich aufhelfen. –*

30.4.1843: *Besuch bei der Bettina.*

6.5.1843: *Höchst angenehmer Besuch bei Bettina. Gespräch über Erziehung. Sie behauptet, das Kind fasse das Höchste. Es sei gleich, was man dasselbe zuerst lehre; es mache sich selbständig etwas aus dem leeren Wort etc. Dem Kind sei alles nahe, das leibliche Auge stellt es dar: Es wolle den Mond packen etc. Armgard sehr freundlich. Im Scherze sprachen wir davon, daß ich ihr Mathematik lehren müsse. „Du willst lieber bei einem liebenswürdigen Mann lernen als bei einem alten Professor", sagt die Mutter zur Tochter. Sehr interessant waren mir die Andeutungen, welche Frau von Arnim machte über die Erziehung, welche Eltern von den Kindern erhalten. Sie wies nach, welche Tugenden der Vater bei Behandlung der Kinder erwerbe, wie das Kind die Eltern ergänze, deren Erziehung vollende; wie in den großen Verhältnissen die jungen Generationen die Alten erziehen. Alles liege im Kinde; das Größte. Gisela, ihre Tochter, hat bekanntlich keinen Lehrer gehabt. Jetzt schreibt sie einen herrlich reinen Stil. Sie macht nämlich jede Woche einen Bericht an die kleine Kaffeegesellschaft. – Ich habe schon lange daran gedacht, wie es wäre, wenn man ein Kind bis ins 15. Jahr frei ließe. Frau von Arnim hats mit Glück gewagt.*

9.5.1843: *Von 8 Uhr bis 12 Uhr nachts bei Bettina. Herr von Alvensleben war da, der Graf von Deligi (aus Ungarn) wurde geholt, „der junge Pädagoge sei da". Derselbe besuchte die hiesigen Gymnasien. Die Pietisterei mißfällt ihm. Über Loskauf des Zehnten hat er viele Notizen. Er ließ sich von seinen Bauern das zehnte Teil der Güter abtreten. Einige Zeit unterhielt ich mich mit Frl. Armgard, auch mit Max. Gisela malte und pfiff. Sehr lebhaft kämpfte ich mit Bettina gegen die individuelle Fortdauer.*

„Sie sind ein so liebenswürdiges Individuum und wollen es aufgeben, ich lasse es nicht zu", sagte mir die Gegnerin. Als wir davon sprachen, daß das Buch über Verbrecher von den Philosophen angegriffen werden möchte, sagte Bettina: „Ich will keine Anerkennung. Eine Frau hatte 17 häßliche Kinder und war lustig dabei; ohne Zweifel, weil sie froh war, daß sie des wüsten Zeuges los war, ähnlich geht es mir mit einem Gedanken."

12.5.1843: *Schuster Sauer ersucht mich, bei der Taufe seiner Tochter als Zeuge zu erscheinen. –*

13.5.1843: *Besuch im Voigtland. Ich traue dem Inspector nicht mehr recht. Frau Bettin wurde schwanger, während ihr Mann in Spandau wegen Verdacht eingesteckt war. Sie soll ihn besucht haben. Dem Schuster Sauer erklärte ich, daß ich nicht Taufpate sein könne, nach meinen areligiösen Grundsätzen. Ich würde nie tun, was in meinen Kräften stände, um das Mädchen der Kirche zu erziehen. Versprechen und nicht halten, das wolle ich nicht. Er war zufrieden, daß ich ihm 1 Thlr. schenkte. Es ist doch merkwürdig, daß ich in Berlin zuerst Götti sein sollte. Sauer hat gestern den Rock versetzt, den er morgen tragen sollte. Ich hab ihm denselben gelöst. Da er das vierte Lotteriebillett nicht lösen konnte, so gab ich meinen blauen Frack in Versatz und überließ Sauer das Geld. Es muß doch einmal durchgesetzt sein mit der Lotterie. – Ich machte einen Besuch in Nr. 42 der langen Gartenstr., wo das sogenannte Berliner Gesindel wohnt.*

14.5.1843: *Am Morgen arbeitete ich an dem Armenberichte. Mittags war ich bei Bettina. Sie wollte eben ausgehen und ging dann mit mir ins Zimmer zurück. Sie las mir den Schluß ihres Buches vor. Sie hat mit einem Baumeister Rücksprache genommen wegen Erbauung einer Armenstadt.*

18.5.1843: *Besuch bei Bettina . . .*

21.5.1843: *Den Abend brachte ich bei Bettina zu . . .*

28.5.1843: *Bei Bettina . . .*

5.6.1843: *Bis Mitternacht bei Frau von Arnim. Der Sigmund von Arnim, Verfasser eines Buches, war anwesend. Frau von Arnim sagte, „wenn Gott Vater die Bibel geschrieben hat, so ist er ein schlechter Schriftsteller." Sie erzählte viel aus ihrem dreijährigen Aufenthalt im Kloster, wo 3 Wochen Ferien, wo alle Klausur aufgehoben war. Meine Berichte liegen unter der Presse. Der Verleger habe ihr gesagt: „Der Anhang rettet das ganze Buch." –*

10.6.1843: *Ich dachte soeben auf einen Weg, die Verdauung des Mittagsbrotes durch einen Spaziergang zu unterstützen, als der Bediente von Frau von Arnim kam mit einer Einladung zum Besuche. Ich war recht froh darüber und ging sogleich hin. (Unter den Linden Nr. 21.) „Ich muß noch einen Bogen Armenberichte haben. Der alte Gleim (Corrector) kann Sie nicht genug rühmen. Wissen Sie noch was. Ich will Ihnen etwas Geld dazu geben. Tun Sie mir den Gefallen, und gehen Sie noch einmal ins Voigtland." Ich mußte es versprechen. Ich wurde stark gelobt. „Ich will Ihnen nicht schmeicheln, aber Sie sollten hier bleiben. Sie könnten Ihr Brot reichlich mit Schreiben verdienen etc. . . . " Die liebe Gisela zeigte mir ihr Porträt und das Freßmärchen „Liebe überwindet Kartoffelbrei", welches sie und Hermann Grimm gemacht haben. Die Arbeit ist köstlich. Reiner Scherz, und doch in jedem Wort eine auf den eßlustigen Friedrich Wilhelm IV. mögliche Beziehung. –*

11.6.1843: *Den ganzen Tag bracht ich im Voigtlande zu. Die Gesellschaft eines jungen Verbrechers hat mich ganz entzückt. Der Tagesbericht wird in Bettinas „Buch des Königs" gedruckt werden. –*

15.6.1843: *Ich brachte der Frau von Arnim die Unterredung mit dem jungen Verbrecher. Sie wird sogleich gedruckt. Ich muß immer hören, mein Gesicht sei nicht schweizerisch. (Wenn es nur das Herz ist!) Heute wurde ich durch ein pyramidales Compliment dafür entschuldigt. Scherzend fragte mich Frau von Arnim, ob ich nicht von der Habsburger Linie stammen könnte. Sie und Stier haben mein Profil in dieses Geschlecht verwiesen. Es wäre doch ein Spaß, wenn mich meine krumme, dicke Nase noch adelig machte. Wenn Levater noch lebte, ließe ich die Sache begründen und machte Ansprüche auf den deutschen Kaiserthron. Ich wollte bei Gott so regieren, daß man mich bald nicht mehr brauchte.*

24.6.1843: *Besuch bei Frau von Arnim. S t i e r s P l a n z u r A r m e n s t a d t w i r d d e m B u c h e n i c h t b e i g e d r u c k t . G u t . E s h a n d e l t s i c h u m Z e r s t r e u u n g , n i c h t u m S a m m l u n g d e r A r m e n .*

8.3.3 Wilhelm Stiers Plan zu einer Armenstadt

Der Architekt Wilhelm Stier, Lehrer an der Bauakademie in Berlin, langjähriger Freund des Hauses von Arnim, wird im Tagebuch von Grunholzer bereits mit Datum vom **14.5.1843** als der *Baumeister* genannt, mit dem Bettina *Rücksprache genommen (hat) wegen Erbauung einer Armenstadt*. Der Entwurf zu dieser „Armenstadt vor den Toren Berlins", also in einer der Lage der Familienhäuser vergleichbaren Situation, sollte ursprünglich dem „Königsbuch" ebenfalls beigegeben werden. Er findet sich im Nachlaß Stiers und ist zu seinen Lebzeiten nicht veröffentlicht worden. Stier hat allerdings unter dem Eindruck der 48er Revolution den Entwurf wieder hervorgeholt und mit der ausführlichen Beschreibung sowie einem Begleitschreiben am **23.3.1848**, also vier Tage nach den Aufständen in Berlin, an den neuen Innenminister gesandt, weil er unter den veränderten politischen Umständen eine neue Chance zur Realisierung seiner Idee sieht. Der Minister Puttkammer bedankt sich höflich und antwortet ihm am **10.5.1848:** *Abgesehen indes davon, daß gegen die Zweckmäßigkeit öffentlicher Einrichtungen, durch welche Arme und Unvermögende in bedeutender Anzahl konzentriert werden sollen, erhebliche Bedenken sprechen, so gestatten auch die gegenwärtigen Zeitumstände, welche die möglichste Einschränkung der Staatsausgaben erheischen, nicht, auf die Verwirklichung des Planes, welche nach Ihrer Schätzung über eine Million Thaler kosten würde, näher einzugehen. In voller Anerkennung der beifallswerten Motive Ihrer Bemühungen empfangen Sie daher die gedachte nebst dem dieselbe erläuternden Programm hierneben zurück.*

Bettina empfiehlt dem Buchhändler Merz einen Baumeister

→L 49   *Wenden Sie sich in diesem Interesse an Professor Stier, Lehrer an der Bauschule zu Berlin, wohnhaft auf dem Karlsbade vor dem Potsdamer Tor. – Dieser geniale Mann würde wahrscheinlich mit seinen vielseitigen durch und durch lebenvollen Mitteilungen nie stokken, wenn Sie ihn für Ihr Unternehmen zu gewinnen wissen. Es ist ihm kein Zweig der Wissenschaften und Künste ungeeignet, alles ist ihm Organ und Nahrung seiner Kunst, in der er vermöge seiner Philosophie wahrscheinlich eine neue Blüte hervorrufen wird, und schön wäre es, wenn Ihr Blatt als Athenäum ihm einen ehrenvollen Sitz anböte, seine Kenntnis, seine Spekulationen durch seine historischen Mitteilungen zu verbreiten, und so wie er als Architekt am besten den Grundstein zu legen wissen wird, um den Strebepfeiler zu tragen, so prophezeie ich Ihnen eine edle und feste Stütze in diesem Manne. –*

Auszug aus dem „Königsbuch"
Die Sokratie der Frau Rat.
Aus dem Gespräch über Verbrecher

→L 50   *Fr. Rat. Eine Wohnstadt für die Armen, für das Geschlecht des Menschengewürmes, was könnte mich hindern, ein wahres Attika zu erbauen zum Ruhmesglanz meiner landesväterlichen Milde! Ja, wär ich Landesherr, ich wollt's euch zeigen, daß, wenn Begeistrung mich überrascht, ich doch an ihr nicht verzage als an einem Ding der Unmöglichkeit. Alle Gelüsten nach Pantheon, Kirchen, Museen, Naturalienkabinetten, Wintergärten und dergleichen würde ich an diesem Musensitze eines künftigen gewaltigen Geschlechtes abkühlen, eine Helden erzeugende Stadt müßte sie mir werden, inmitten der Zirkus olympischer Siegeskränze, denn da die Enkel doch ohne Hosen laufen, bis des Großvaters Tod sie zum Erben der seinen macht, so könnte die Polizei es nicht als dem Geist des Christentums zuwider verpönen, daß sie wie ungetaufte Heiden auf dem olympischen Spielplatz durch den Reif springen, oder man müßte um ihrer Gaunereien*

→S 393   *willen einen jeden in das Isoliergefängnis von ein Paar neuen Hosen und Jacke stecken, und das so lang, bis sie wieder herausgewachsen wären, sollten sie dennoch nicht zur Besserung schreiten, und abermals der christlichen Gastfreundschaft dem Sanskulottismus sich ergeben ohne alle Rücksicht auf die fortschreitende Kultur, – nun so lasse man sie in ein zweites Paar Hosen und Jacke, recht fest und nicht durchzubrechen, einfangen, lasse sie bei Wasser und Brot und etwas Zu-*

←A 7   *gemüse in diesen moralischen Schweig- und Isoliergefängnissen, bis sie zur Erkenntnis kommen, daß mit gesunden und starken Gliedmaßen, frischem jungen Mut, der Gefahren und Beschwerden trotzt, mit spartanischer Abhärtung und Mäßigkeit man den unbedingtesten Anspruch an den Staat habe, einen ehrenvollen Posten in ihm auszufüllen. Ei! – diese widerbellende Magen tollkühner Hungerleider nicht zu Paaren treiben und mir gehorsam nachlocken wie die Lämmer auf die Weide, diesen Spott wollt ich mir als Landesherr in die Blätter der Geschichte nicht aufzeichnen lassen!*

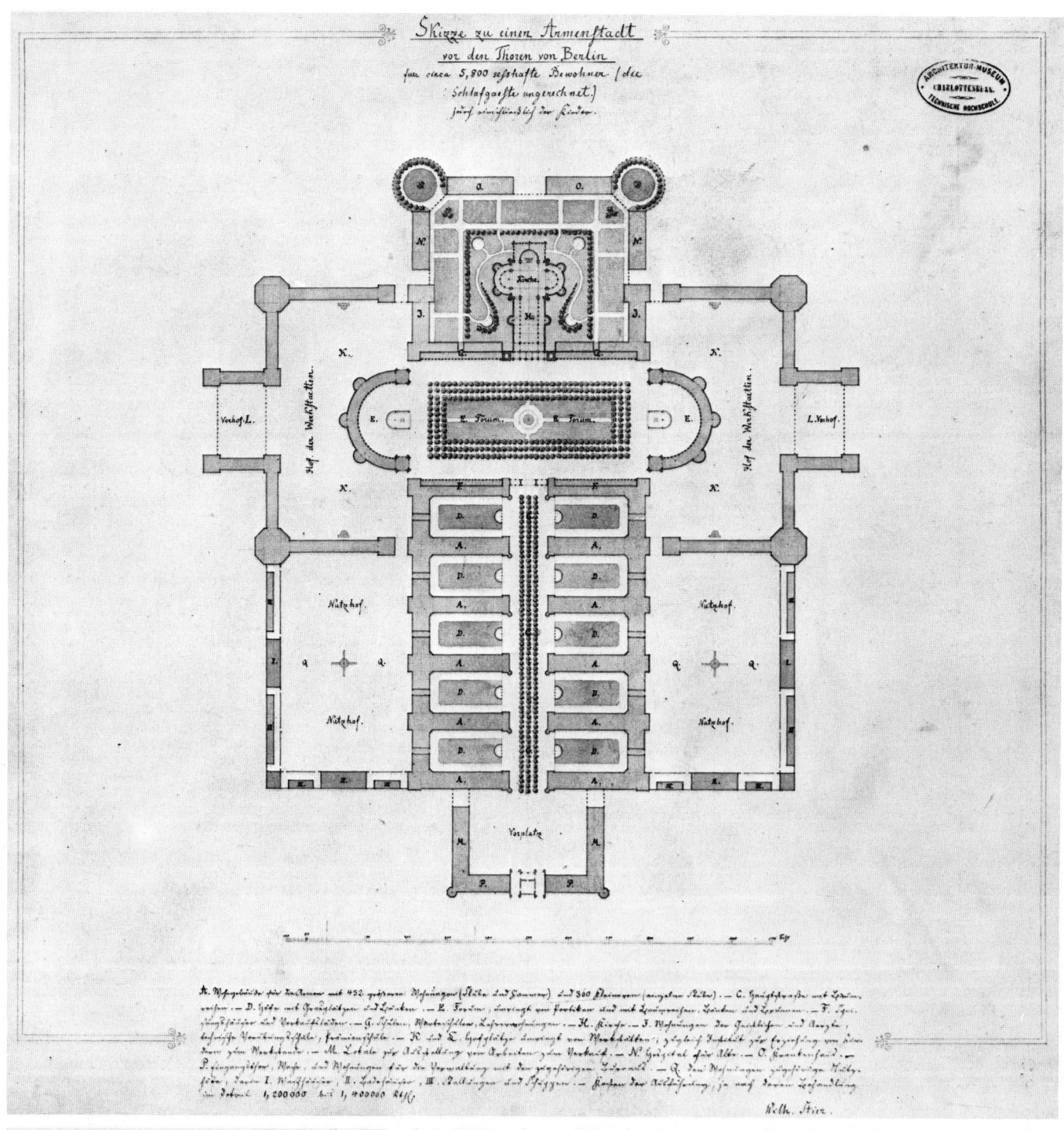

→B 17 Wilhelm Stier: „Skizze zu einer Armenstadt vor den Toren von Berlin für ca. 5800 seßhafte Bewohner (die Schlafgäste ungerechnet), jedoch einschließlich der Kinder." (Gebäude und Gartenanlagen erscheinen grau, die Kirche ist als Grundriß eingetragen. Die Buchstaben beziehen sich auf den untenstehenden Text, der eine Kurzfassung des abgedruckten Textes darstellt.)

     Die Zeichnung ist eine lavierte Federzeichnung und nicht datiert,
→L 51 die Tagebuchnotizen von Grunholzer sind der einzige Anhaltspunkt für die Entstehung dieses Entwurfs bereits **1843** und nicht **1848**, wie H. Frank, der diesen Entwurf erstmalig publiziert und analysiert hat, angenommen hat. Unter der Skizze befindet sich eine handschriftliche Kurzbeschreibung der Anlage, durch alphabetisch angeordnete Buchstaben gegliedert, die denen in der Zeichnung entsprechen. Da der Buchstabe B offensichtlich in der Skizze vergessen wurde, taucht er auch in der Beschreibung nicht auf. Als Stier **1848** die Skizze beim Innenminister einreicht, fügt er eine ausführliche Erläuterung aller Gebäudeteile bei, die in der gleichen Reihenfolge gegliedert ist. Ob der Text schon **1843** für Bettina v. Arnim verfaßt wurde oder erst **1848**, bleibt offen, auf jeden Fall bezieht sich die Beschreibung auf die Skizze und ergänzt sie entscheidend, weil sie den Baumassenplan inhaltlich füllt und die Beziehung zu den Familienhäusern wörtlich herstellt.

Deckblatt zur Eingabe des Entwurfs beim Innenminister 1848   ←B 18

Skizze zu einer Armenstadt
vor den Thoren von Berlin
mit Bezugnahme auf anbeiliegende Zeichnung.

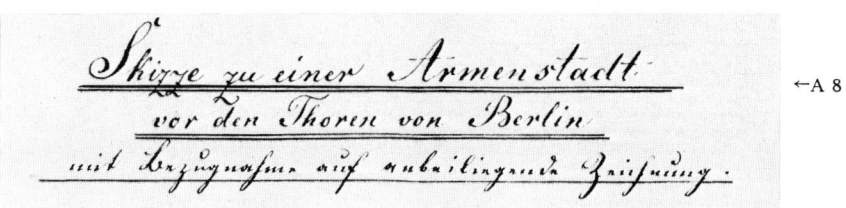

←A 8

Programm, welches der Referent sich gestellt hat

Das gesteigerte Interesse, welches in den letztentwichenen Jahren in unserem Vaterlande und namentlich auch in hiesiger Stadt der Pflege und der Erwerbstätigkeit der ärmeren Volksklassen sich zuwendete, übte seinen Einfluß auch auf den Zeichner des vorliegenden Entwurfes. Namentlich war es der Besuch der Familienhäuser vor dem Hamburger Tor und

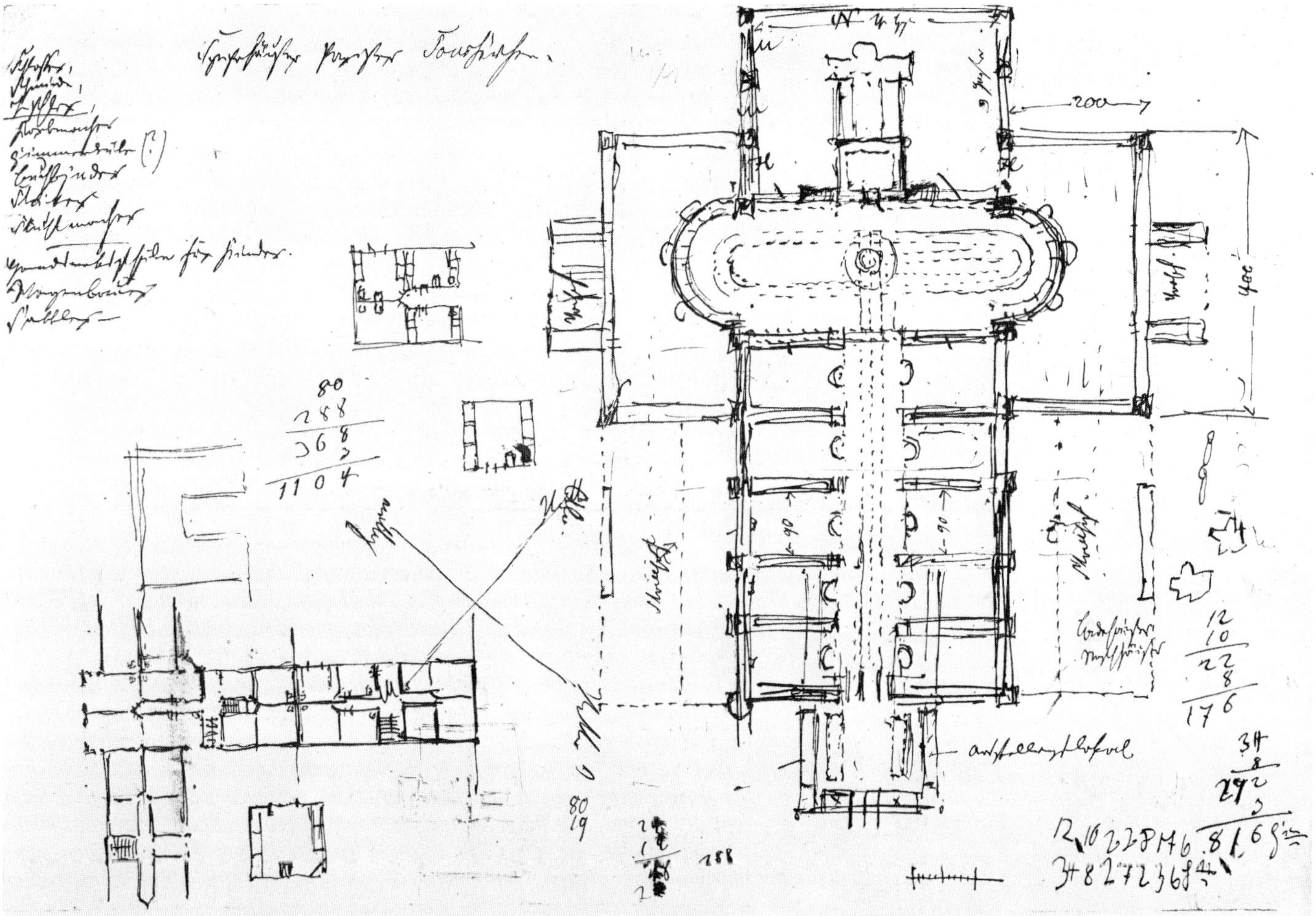

Skizzenblatt zum Entwurf einer Armenstadt mit Grundrißstudien zur Erschließung der Wohnungen in den Flügeln und der Eintragung der Himmelsrichtungen (Mittag–Abend), die im Vergleich mit der Planung zu dem großen Exerzierfeld auf dem Pulvermühlengelände in Moabit den Schluß zuläßt, daß die Armenstadt in der Achse des Invalidenhauses gedacht war

←B 19
←S 395

die traurigen Wahrnehmungen, welche dort sich ihm aufdrängten, welche ihn bewegten, der Armenpflege Studien zu widmen und namentlich über die Mittel nachzudenken, durch welche hiesigen Ortes dem Armenstande eine entschiedenere Hülfe und der mögliche Grad einer Erhebung könnte zu Teil werden. Er gewann die Ansicht, daß der Sache dürfte gedient sein durch ein Institut größeren Umfanges, welches die wichtigsten Zweige der bisherigen und weiterhin möglichen Sorge für die ärmeren Volksklassen in sich vereinigt und unter den Schutz und die Leitung einer besonderen Behörde gestellt würde. Als die wichtigsten Punkte, welche hier im Auge zu halten seien, erscheinen ihm folgende:

1. Beschaffung gesunder und der Arbeitstätigkeit angemessener Wohnungen zu einem mäßigen Mietzins;

2. Sorge für eine fruchtreiche und angemessene Beschäftigung und für Erweckung der Arbeitsamkeit;

3. Sorge, daß die tägliche Speisung den Armen erleichtert werde;

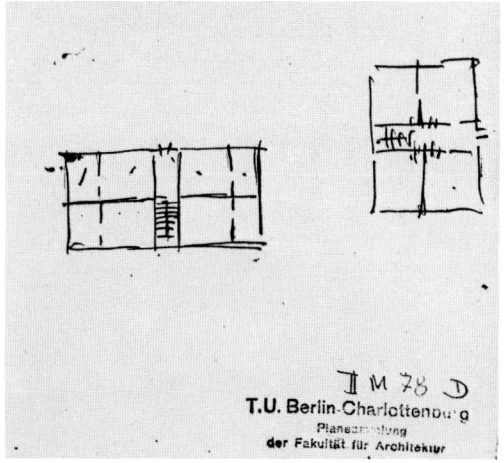

→B 20 Rückseite des Skizzenblattes mit Überlegungen zur Wohnungserschließung (Grundrisse mit jeweils 4 Wohnungen als Kochstube und Kochstube-Kammer)

4. Sorge für angemessene Erziehung der Kinder und für Heranbildung derselben zu einem Erwerbszweig;
5. Sorge für alte Arbeitsunfähige und Kranke;
6. Anregung zu Sittlichkeit, Religiosität und Ordnung.
Der Referent enthebt sich aller weiteren Betrachtungen von allgemeinerem Naturell über sein bereits so vielfältig bewegtes Objekt und glaubt seine spezielle Ansicht am einfachsten darlegen zu können, indem er der anbeiliegenden Planskizze sich zuwendet und nach den dort eingeschriebenen Buchstaben die Bestimmung der verschiedenen Baumassen seiner Skizze und ihrer Umgebungen erklärt:

A und D

A. Wohngebäude der Armen in der Hauptmasse 3 Etagen, auf den Ecken 4 Etagen (jede zu 10 Fuß im Lichten) hoch. Zwischen diesen Gebäuden liegen Höfe D, 98 Fuß breit, welche gegen eine geräumige Straße in ihrer vollen Breite sich auftun. Bei dieser Anordnung ist das Ganze abgeschlossen gegen die Außenseite der Anlage, innen ist Luft und Licht, die Übersicht bequem, und ein erheiternder Anblick wird durch eine weitere entsprechende Ausbildung möglich gemacht. – Häuser solcher Bestimmung zu ordnen mit Corridoren nach der Richtung ihrer Längenmaße, wie es zumeist geschieht, ist ganz schlecht. Ich denke mir schmale Flure nach der Tiefe der Häuser, jeder mit besonderem Eingang von außen und mit einer Treppe. An jeder Seite dieser Flure liegen sodann jedesmal zwei Wohnungen oder um jeden Flur vier, so daß bei der Höhe der Gebäude von drei Etagen jedesmal zwölf Wohnungen mit einer Treppe versehen sind. Ein jedes solches Haus hätte seinen Alten, der darin Aufsicht und Ordnung hielte. Die Alten jedes Stockwerkes in jedem Gebäudeflügel sind einem Aufseher untergeordnet. Diese Aufseher führen zugleich die Inspektion in den Hofplätzen und in der Hauptstraße der Anlage, sie erhalten deshalb ihre Wohnung am äußersten Ende jedes Gebäudeflügels zunächst der Hauptstraße. Erker auf den Ecken der Baumassen erleichtern ihnen die Aufsicht nach außen hin. Die einzelnen Wohnungen bestehen bald nur aus einer Stube, bald aus Stube und Kammer (in der ein Kochofen) je nach dem Bedürfen der Armen. Die Stuben sind 15 Fuß breit, 18 Fuß tief; bei dieser Größe können darin zunächst der Fenster jedesmal zwei Webstühle aufgestellt werden, und außerdem ist noch schicklicher Raum für den Ofen und für Betten. Bei dieser Einrichtung würde jede einzelne der mit „A" bezeichneten Baumassen 44 größere Wohnungen (zu Stube und Kammer eine jede) und 38 kleinere (aus einer einzelnen Stube bestehende) Wohnungen enthalten.

In sämtlichen mit „A" bezeichneten Baumassen aber 432 größere und 360 kleinere Wohnungen der bezeichneten Art sich vorfinden. Rechnet man durchschnittlich Erwachsene und Kinder zusammengenommen 6 Personen auf eine solche Wohnung, so können in ihnen in allem 4752 Bewohner untergebracht werden. Auch wäre es zu erörtern, ob es nicht praktisch sein dürfte, einen Teil der Wohnungen nur zu großen Schlafsälen einzurichten für solche, die den Tag über in der Stadt ihre Arbeit suchen, und für jene, die in den Werkstätten dieser Anstalt (von denen noch später soll gehandelt werden) beschäftigt sind. (Anmerkung, ev. später: Solche Schlafsäle ließen sich auch innerhalb der Dachräume dieser Gebäude einrichten mit besonderen ihnen allein zugehörigen Treppen.) In diesen Wohnungen werden die Armen nicht umsonst aufgenommen, vielmehr nur gegen einen entsprechenden Mietzins, natürlich wird man für das Anlagekapital nicht zu 10 und 15 Prozent auf Zins legen wollen, welche Bedrückung die Armen jetzo teilweise sich müssen gefallen lassen.

C

C ist eine Straße von 90 Fuß Breite, welche zwischen den Wohngebäuden und Höfen hinführt, die Verbindung dieser Teile vermittelt und nach dem Forum oder der Anlage führt. Sie zerfällt in einen Weg in der Mitte für Fußgänger und in Fahrstraßen zu beiden Seiten, Bäume trennen diese drei Wege und geben dem mittleren und der ganzen Anlage Anmut und Heiterkeit.

D

Die Höfe D zwischen den Wohnhäusern sind größtenteils mit Grabplätzen und hin und wieder mit Gebüsch und Blumen bedeckt. Am Eingang zu jedem Hof ist eine große Rundbank, die ein Weindach überschattet; mögen

die Armen hier und auf dem Forum (von welchem weiter noch zu spre-
chen ist) der Abendluft im Freien genießen und einen fröhlichen Sonntag
begehen. Eine Aufsicht, die nicht drücken wird, eine verständige Leitung:
die Vorsteher und Geistlichen unter dem Volk, die Schulmeister als Vor-
leser, als Anführer des Chorgesanges, Spiel und Tanz könnten hier gar
schön einwirken auf Erweckung einer reinen Freude, auf sittliche Erhe-
bung, auf Reinigung der Gemüter.

E

E das Forum; ein geräumiger offener Platz, umringt durch bedeckte
Gänge (Portiken), welche aus Ziegelpfeilern und übergelegten Balken
ganz schlicht gebildet sind, und ferner dieser Platz geschmückt mit Baum-
reihen und einem Springbrunnen und mit Bänken versehen. An diesem
Platz liegen vornehmlich diejenigen Bauwerke der Anlage, welche zu ge-
meinschaftlicher Benutzung bestimmt sind. Das Forum ist gleichzeitig
Tummelplatz für die Jugend, Mittelpunkt der Sonntagsfreuden für alle. An
Festtagen ist hier für Prämienverteilung an Lebensmitteln, Kleidungsstük-
ken, Geld: teils aus dem Fond der Anstalt bestritten, teils durch die Mild-
tätigkeit Einzelner gewährt. Hallen, die ganz schlicht konstruiert sind aus
Ziegelpfeilern und übergelegten Balken und zum Teil die Hälfte der unte-
ren Etage von angrenzenden Gebäuden bilden, umringen diesen Platz. An
ihm liegen die Bauwerke der Öffentlichkeit und der Erziehung.

F

Die beiden Baumassen F sind Speisungshäuser: in der unteren Etage die
Küchen und die Wohnungen der betreffenden Verwaltung, wie auch einige
entsprechende Verkaufläden, in der folgenden Etage große Speisesäle.

In Paris sind in neueren Zeiten von wohltätig Gesinnten Küchen einge-
richtet worden, wo der Arme für einige Sous ein warmes Mittagessen er-
hält. Bei uns sind die Anstalten der Suppenverteilung in der Winterzeit, und
bei unserem Militär wird der Mittagstisch der Gemeinen besorgt, indem
diese zusammenschießen ein Bestimmtes von ihrem Sold und abwechselnd
eine Zahl aus ihnen den Einkauf und die Arbeiten der Küche übernimmt.
Möge man diese Motive miteinander in Verbindung zu setzen suchen, je
nach der geringeren oder größeren Hülfsbedürftigkeit der Armen und
ihrem eigenen Gefallen. Ich denke mir eine Art spartanisches Mittag-
essen unter dem Vorsitz der Vorsteher und Armenpfleger. Jeden Mittag
kann in drei oder vier Zeitabschnitten das Mahl gehalten werden, dann
ist nicht nötig, die dafür bestimmten Säle allzu groß anzunehmen. (Späte-
rer Zusatz:) Diese Einrichtung würde vielen Einzelnen Zeit sparen, welche
zur Arbeit könnte genutzt werden.

G

Die Baumassen G sind die Schulen für die Knaben, dort die Mädchen.
In der unteren Etage die Warteschulen, in der obersten die Wohnungen
der Lehrer.

H

Mitten inne zwischen diesen zuletzt erwähnten Gebäuden liegt die
Kirche H. Sie ist geräumig gedacht, daß als eine schlicht gehaltene Con-
struktion mit Balkendecken ohne allen Prunk. Von beiden christlichen
Confessionen würde sie zu nutzen seien.

J

In den Baumassen J wohnen unten die Geistlichen, die nötigen Ärzte
und die Hebammen, darüber ist eine Vorübungsschule zur Bildung von
mancherlei Art von technischem Geschick: zeichnen, modellieren, schnit-
zen, colorieren, stricken, nähen, flicken u.a.m. In der dritten Etage dieser
Baumassen ist eine Art von Prämieninstitut der Jugend gedacht; mögen
für Kinder von den ausgezeichneteren Anlagen, als eine Auszeichnung für
sie, als ein Sporn für die anderen, als eine billige Huldigung, die man den
reiferen Gaben der Natur darbringt, eine länger dauernde und gründlichere
Schulbildung genießen als die übrigen, eine Bildung, welche Knaben und
Mädchen befähigt, über die Volksklasse, aus der sie hervorgegangen sind,
sich zu erheben.

K und L
Vier große Tore neben den Halbkreisportiken führen vom Forum nach

Beilage zur Zeitschrift für Bauwesen 1857

N.e.Photogr. lith. v. C Wildt.   Druck v H Gotthur in Berlin

Wilh Stier.
Bau-Rath und Professor

Berlin, Verlag v. Ernst & Korn,
(Gropius'sche Buch-u Kunsthandlung)

→B 21 Wilhelm Stier nach 1850

→L 52 **Wilhelm Stier**, Architekt, geb. **8.5.1799** in Blo-
nic bei Warschau, gest. **19.9.1856** in Berlin: *Seit*
1815 Studium an der Bauakademie, seit 1816 Eleve
bei Baudirektor Sachs. 1817 Conducteurprüfung.
Cond. und Schüler bei A. v. Vagedes in Düsseldorf bis
1821 mit Unterbrechung in Bonn unter Friedrich Wae-
semann beim Universitätsbau und in Köln (Umbau von
Groß St. Martin in eine Kaserne). – 1821 nach Paris,
kurze Zeit Schüler bei Le Cointre, von Herbst 1821
bis März 1822 Fußreise durch Südfrankreich und Ober-
italien nach Rom, dort bis Okt. 1827. Befreundet mit
dem preuß. Legationsrat Bunsen, dessen Gedanken
über eine Wiederbelebung des christlichen Kirchenbaues
durch Erneuerung des gotischen Stils er teilt, und mit
Künstlern der deutschen Romantik wie Julius Schnorr
v. Carolsfeld, Ludwig v. Maydell sowie dem badischen
Architekten Heinrich Hübsch. – Herbst 1824 Begeg-
nung mit Schinkel, auf dessen Verwendung für 1825
und 26 Stipendium. Rückkehr nach Berlin Okt. 1827.
Seit 1828 Lehrer an der Bauakademie (Entwerfen,
Monumente der Baukunst, 1829 System des griechi-
schen Bauornaments). – 1831 Nachprüfung als Bau-
meister; Bauinspektor und Professor. 1832 im Zuge
der Umorganisierung der allgemeinen Bauschule unter
Beuth Verlust des Unterrichts im Entwerfen (für 10
Jahre gestrichen, dann von anderen Architekten er-
teilt), dafür Geschichte der Bau-Kunst. – Seit 1842
wichtige Rolle mit Vorträgen und Gesprächen auf den
deutschen Architektentagungen. 1842 Mitglied der
Berliner Akademie der Künste. 1852 Baurat. 1853
Ehrenmitglied der bayer. Akademie der Künste.

den Hofplätzen K. Diese sind mit technischen Werkstätten verschiedener Art umgeben, und die Hofplätze L bilden besondere Vorhöfe und Eingänge zu diesem Teil des Instituts. Zunächst die Wohngebäude die Werkstätten, in den entfernter liegenden für die lärmenden Arbeiten: ich meine für unter den ersten Schuhmacher, Schneider, Buchbinder und Papparbeiter, Spielwarenmacher, Holz-, Blech- und Dosenmaler, Korbmacher, Decken- und Stuhlflechter, Posamentierer, Riemer, Strohhut- und Blumenmacher; unter den anderen Tischler, Schlosser, Stellmacher, Klempner, Drechsler. Andere Gewerbetätigkeit, z.B. jene der Weber, Tuchmacher, Strumpfwirker, Seidenwirker, Spinner, Bürstenmacher, Drahtflechter, Sticker, Näher wird in den Wohnungen können verrichtet werden. Jene Werkstätten dürfen natürlich nicht jedem offen stehen, sondern nur dem wirklich Hülfsbedürftigen, der sonst keine Arbeit zu finden weiß. Um hier zu unterscheiden, scheint praktisch, was Bulwer vorschlägt: geringeren Lohn zahlen, als solcher zu derselben Zeit außer dem Werkhause gezahlt wird.

Dann sollen besondere Abteilungen der Werkstätten den Arbeitsschwachen offenstehen, die anderwärts nicht würden angenommen werden und doch noch hinreichende Kraft haben, einer mäßigeren Anstrengung als jener eines vollen Tagewerkes sich hinzugeben. Ihre Arbeiten werden nach einer Schätzung von der Verwaltung des Instituts angekauft: diese Arbeiten wie die jener auserwählten Arbeiter sodann zum Verkauf ausgestellt, und wenn sie allzusehr sich häufen sollten, in Auction losgeschlagen. Das Institut muß dafür fundiert sein, für diesen Fall auch einen Schaden tragen zu können: es ist ein großer Unterschied für die Wohlfahrt der Armen, ob die Wohltat dem Arbeiter oder dem Müßiggänger gereicht wird. Die Werkstätten stehen unter der Aufsicht und Leitung eigens bestellter Meister. Mit diesen Werkstätten ist zugleich in Verbindung gedacht ein Institut zur Erziehung von Kindern der Anstalt für die fruchtbringenderen Zweige des Werkstandes.

M

Die Gebäudemassen M am Eingange der Armenanstalt enthalten die Lokale zur Ausstellung der in den Werkstätten gefertigten Arbeiten.

N

Die Baumassen N zur Seite der Kirche sind zu einem Hospital für Alte bestimmt, die aus den Bewohnern der Armenstadt sich ergeben.

O

O ist das Krankenhaus, wo insonderheit die mit ansteckenden Krankheiten Behafteten und solche aufgenommen werden, welche das Geräusch der Webstühle und anderer Maschinen in den Wohnungen nicht wohl vertragen können; auch dürfte ein Säugammeninstitut in verständiger Beschränkung mit diesem Hospital in Verbindung zu bringen sein.

P

P ist das Eingangstor zur Armenstadt. Die Baumassen rechts und links von demselben sind zu Wohnungen für das Verwaltungspersonal und zu den Büreaus bestimmt, welche diesem nötig sind.

Q

sind die den Wohngebäuden zugehörigen Nutzhöfe. Von den Baumassen, welche sie umgeben, sind I Waschhäuser, II Badehäuser, III Stallgebäude und Schuppen; möge dem Armen Gelegenheit gegeben werden, irgendein Nutztier sich zu halten. Auf dem Vorplatz der Anlage zwischen den Gebäuden L könnte an einigen Tagen der Woche ein Speisemarkt gehalten werden. Schön wäre in der Nachbarschaft der Armenstadt ein großes Stück Feld, wo man gegen einen billigen Zins kleinere Parzellen zu beliebiger Bestellung abließe.

Schlußprogramm

Nur eine Skizze seiner Ansicht zu geben war die Absicht des Referenten. Ein genaueres Eingehen in Details würde von seiner Seite nutzlos sein; es bedürfte hierfür eines fest umschriebenen Programmes, gegründet auf örtliche Ermittlungen. Auch fühlt er wohl, daß die innere Organisation des Instituts noch mannigfacher Erörterung würde bedürftig sein, namentlich um vorzubeugen, daß diese Armenstadt nicht der englischen Armenpflege gleich arbeitsscheues Gesindel zu Tage brächte, vielmehr entschieden das Gepräge einer Erhebung des Armenstandes und einer billigen und verständigen, echt christlichen Teilnahme und Hülfe an sich trüge.

→L 53

Bei einem näheren Eingehen in die bauliche Auffassung eines derartigen Instituts würde natürlich von einer Aufwandsarchitektur ganz abzusehen sein, dagegen dem Baumeister die interessante Benutzung sich entgegenstellen mit Benutzung der gewöhnlichsten Baumittel und bei möglichster Sparsamkeit dennoch ein ästhetisch gegliedertes Ganze und in dessen Einzelheiten den Ausdruck der Nettigkeit und Solidität hervorzubringen. – – –

(Nachsatz:) Die Kosten der Ausführung dieses Institutes in der angenommenen Ausdehnung würden sich bei Berliner Preisen, je nach der Behandlung der Ausführung, im Detail auf 1.200 000 bis 1.400 000 Thaler belaufen.

Die Betonung der Sparsamkeit und Solidität, in der die in vielfacher Hinsicht interessante Beschreibung von Stier mündet, muß im Gegensatz zu den verschwenderischen Bauprojekten seit Regierungsantritt Friedrich Wilhelms IV. gesehen werden. Neben Neuem Museum, Zellengefängnis, dem Wiederaufbau des abgebrannten Opernhauses in Berlin und den vielen Projekten in Potsdam sind es besonders die beiden aufwendigen Domprojekte in Köln und Berlin, für die mehrere Millionen Thaler aus der Staatskasse veranschlagt sind. Allein der Berliner Dom soll 10 Millionen Rthl. kosten. Stier arbeitet in den Jahren **1840–1842** vier alternative Domentwürfe aus. Wenn wir den einen dieser Entwürfe neben die erste Skizze

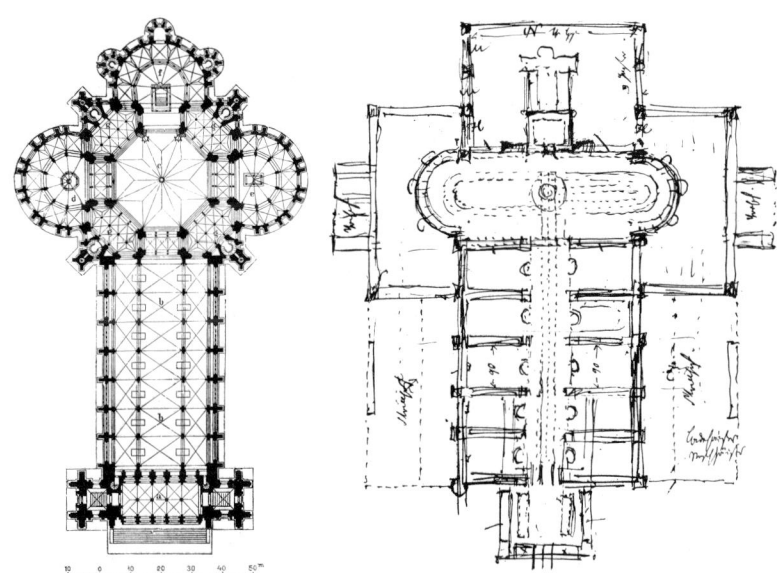

zu der Armenstadt halten, so wird sofort deutlich, daß aus dem Kathedralgrundriß eine Gottesstadt mit gleichem Grundmuster geworden ist. Diese Übertragung entspricht offensichtlich Ideen von Bettina von Arnim, die dem „Königsbuch" zugrunde liegen und erklären, warum der Entwurf in das „Königsbuch" mit aufgenommen werden sollte. Aus den Tagebüchern Varnhagen von Enses, dem genauen Chronisten dessen, was in den bürgerlichen Salons Berlins diskutiert wurde, zwei Zitate zu diesem Zusammenhang:

23.3.1842: *Dombau, in Berlin, in Köln, – Bisthum von Jerusalem, und* ←L 54 *zehn andere Liebhabereien der Art, – was könnte damit nicht alles bestritten werden! Wohlfeile gute Wohnungen für die ärmere Klasse wäre – in Berlin – das Nötigste, wirkte unermeßlich ein, brächte sogar einen Teil der Auslage jährlich wieder, mindestens die Zinsen.*

20.6.1844: *Große Baupläne des Königs. Der Dom in Berlin soll zehn Millionen Thaler kosten; die ursprüngliche Absicht des Königs ist durch die Baumeister Stüler und Fontaine sehr bedingt worden; er hat nachgegeben, aber die Sache gefällt ihm nicht mehr; dennoch läßt er sie vorschreiten, und ein Werk beginnen, das ihm nicht mehr gefällt, das unverantwortliche Summen kostet, dessen Vollendung er kaum erleben kann, und das der Nachfolger wahrscheinlich nicht vollenden wird! – Bettinens von Arnim schönes Wort, er solle den Dom in Tausenden von Hütten bauen, wird jetzt viel gehört und belobt.*

Adolf Streckfuß über die königlichen Baupläne:

Der dem romantischen Mittelalter zugewandte Sinn des Königs gab sich vorzugsweise in den künstlerischen Plänen kund, deren Ausführung Friedrich Wilhelm IV. zu bewirken suchte. Die Architektur war seine Lieblingskunst, er zeichnete mit großem Talent, und seine architektonischen Entwürfe, wenn sie auch von manchen Fehlern nicht frei waren, trugen doch stets den Charakter der Genialität.

Seine Neigung führte den König weniger zu Nützlichkeitsbauten als zu solchen von Kirchen, Schlössern und Kunstgebäuden. Sein Schönheitssinn trieb ihn auch auf einem nahe liegenden Gebiet weniger zur Anlegung von dem gemeinen Verkehr dienenden Straßen etc. als zu Projekten von Gartenanlagen und zur Verschönerung des Tiergartens. Viele der lieblichsten durch die Gartendirektor Lenné angelegte Partien dieses den Berlinern so lieben Parks sind nach den Zeichnungen Friedrich Wilhelms IV., der fast täglich mit Lenné arbeitete, angelegt.

Wie groß das Interesse des Königs für die Schöpfungen des Mittelalters war, zeigte sein Befehl, daß alle Ruinen im Lande, die einen architektonischen Wert hatten, vor dem gänzlichen Verfall bewahrt werden sollten. Mehrere derselben ließ der König restauriren und einige Schlösser von altertümlicher Schönheit gänzlich wieder herstellen.

Der Dom zu Cöln, das herrliche unvollendete, mittelalterliche Bauwerk, erregte sein höchstes Interesse. Den Weiterbau dieses prächtigen Werkes unterstützte er deshalb mit großer Freigebigkeit, zugleich aber hegte er den Wunsch, auch in Berlin, seiner Residenz, ein dem Cölner Dom ebenbürtiges Bauwerk zu errichten.

←B 22

→B 23 Dombaufest in Köln am 4.9.1842

An der Stelle des alten Doms im Lustgarten sollte sich ein neues Gotteshaus erheben, ein Dom von kolossaler Ausdehnung und Höhe, der zugleich ein campo santo, die Ruhestätte des königlichen Hauses umschließen sollte. Auf 9 Millionen Thaler, so erzählte man in Berlin, war vorläufig der Bauplan des gewaltigen Domes berechnet.

Außer dem Dombau beschäftigten noch zahllose andere Bauprojekte den König. Am 6. April 1843 legte er den Grundstein zu dem neuen Museum, in welches die zahlreichen Kunstschätze Berlins, die im alten Museum kaum Raum genug fanden, untergebracht werden sollten. Ein großer Neubau, der des Opernhauses, wurde fast in derselben Zeit begonnen und schnell vollendet . . .

Die Bauten des Königs fanden bei den Berlinern wenig Interesse und noch weniger Sympathien. Der Bau des Museums und besonders des Opernhauses erschien allerdings für die Hauptstadt als notwendig, desto weniger aber befriedigten den Kunstsinn die Ruinen-, Schlösser- und Kirchenbauten, ja das Projekt des neuen Doms erregte sogar ein recht gründliches Mißbehagen. Die alten Kirchen ständen des Sonntags leer, so meinten die frivolen Berliner, wozu noch ein großartige neue bauen? 9 Millionen auf Eisenbahnen verwandt, würden dem Staate und der Stadt mehr Nutzen bringen als der prächtigste Dom. Man hörte damals in Berlin recht mißbilligende Worte darüber, daß das Staatseinkommen für Luxusbauten verschwendet werde.

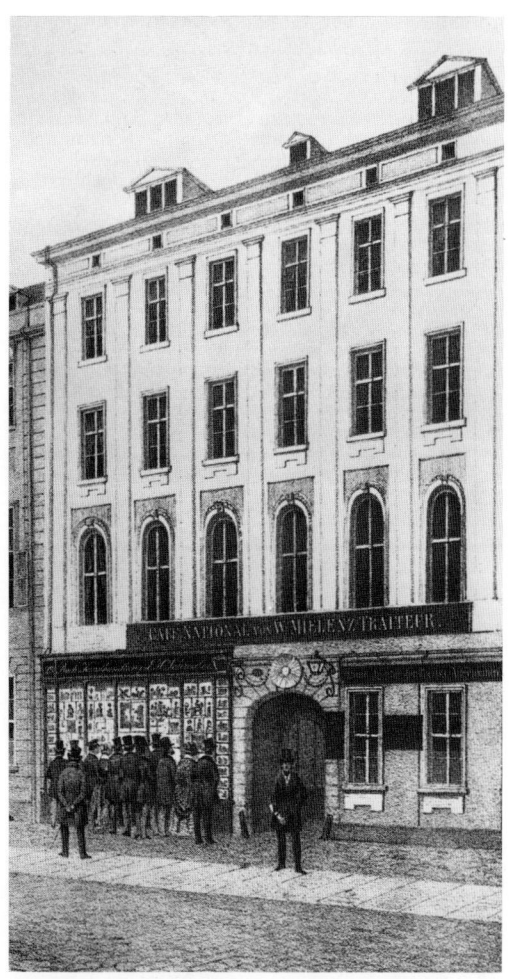

Die Buch- und Kunsthandlung E.H. Schroeder, Unter den Linden Nr. 23, wo das „Königsbuch" erscheint. Ausschnitt aus einer Lithographie von C.E. Lütke, um 1840

Der König an Bettina:

Ich habe Ihr Buch empfangen. –
Ich d a n k e Ihnen für Ihr Buch. –
Ich fühle mich durch Ihr Buch geehrt:
W a r u m ?

Johann Jacoby über Bettinas Königsbuch, 20.9.1843:

Dem Volke hätte sie das Buch widmen müssen; dem König gehört es nicht ... Er würde die Verfasserin verfolgen, wenn er die Bedeutsamkeit und Gefährlichkeit des Buches für seine Zwecke zu ahnen im Stande wäre.

8.3.4 Die Wirkung des „Königsbuchs"

Das Erscheinen des „Königsbuchs" und die ersten Reaktionen darauf lassen sich in Form einer Chronik rekonstruieren. In dem Tagebuch von Grunholzer finden sich bis zu seiner Abreise aus Berlin noch folgende Eintragungen zu diesem Zusammenhang:

→A 6
→S 9
27.6.1843: *Die Vorrede, welche Bettina zu meinem Berichte gesetzt hat in ihrem Buche (dies Buch gehört dem Könige), gefällt mir nicht ganz. Es sind konfuse Sätze darinnen.*

29.6.1843: *Besuch bei Frau von Arnim. Sie hat vorgestern ihr Buch dem Könige geschickt. Heute kam bei meiner Anwesenheit Minister von Savigny und wollte sie nach Potsdam mitnehmen ohne Zweifel, um sie dem Könige in die Hände zu führen. Sie ließ sich aber nicht bereden. Sie lacht über ihr Buch. Aus Mutwillen hat sie Frankfurt als Musterstadt dargestellt. („Ich weiß, daß dort nur alte Perücken, die fast von Motten gefressen werden, regieren.") „Man wird sagen, ich sei verrückt, einfältig, dumm usw. – Alles ist mir gleich; ich weiß, daß ich gescheit bin." – Über die Philosophie resumiert sie immer. „Wozu ein Prinzip? Ein solches ist nur ein Pfosten, an den man die Gedanken knüpft, um keine zu verlieren. Man lasse die Gedanken laufen, es kommen immer neue. Mein Prinzip war stets, keins zu haben."*

6.7.1843: *Bei Bettina. Sie hat noch keine Antwort vom König.*

13.7.1843: *Besuch bei der Bettina. Sie schenkt mir 2 Ex. ihres Buchs („Dies Buch gehört dem König"). Sie bleibe mir Zeitlebens dankbar für den Anhang, den ich geliefert. – Schade, daß die Einleitung dazu (v. Alvensleben?) nicht gut ist. Druckfehler hat's. Sie ist mit dem Gespräch der Fr. Rath über Verbrecher nicht zufrieden. (Fr. Rath ist Göthes Mutter.) – Frankfurter Styl.*

16.7.1843: *Bettina las mir den Brief, welchen der König auf die Sendung ihres Buches schrieb. Er spielt auf ein früher v. der Bettina gebrauchtes Gleichnis an und nennt sich Eule, weil er nämlich männlich sei, „Uhu". Es kam mir der Schluß schrecklich vor: „Ihr ergebenster Uhu Fr. Wilh. IV." Die Polizei hat meine Gänge ins Voigtland streng beobachtet. Es ist so etwas ganz unheimlicher Natur.*

←B 24

18.7.1843: *Heute schenkt mir Bettina 50 Thaler als Honorar für die 4 Bogen, die ich in ihr „Buch dem König" geschrieben habe. Das kommt wie vom Himmel. Entweder bestreite ich eine schöne Heimreise daraus – oder – wenns ginge – einen längeren Aufenthalt in Berlin. 50 Thaler reichen für 3 Monate aus. –*

←L 55

Die erste Ankündigung des Erscheinens und zugleich Wertung steht in der „Augsburger Allgemeinen Zeitung":

←L 56
→L 57
Berlin, 25.7.1843. – Das in der vorigen Woche erschienene neue Buch Bettinas, das – man weiß nicht recht warum – den Titel hat: „Dieses Buch gehört dem König" würde gewiß noch viel mehr gelesen werden, wenn der Preis von vier Thalern für zwei ganz dünne luxuriös gedruckte Bändchen nicht viel zu hoch wäre. Gelesen wird es indessen doch, und zwar hauptsächlich der „Frau Rath" halber, die einmal dem deutschen Publicum lieb geworden und welcher die Verfasserin wieder ihre Gedanken über manche sociale und politische Einrichtung Deutschlands in den Mund gelegt hat. Goethes Mutter mag wohl einiges von dem, was ihr hier unter der allgemeinen Überschrift: „Der Erinnerung abgelauschte Erzählungen und Gespräche von 1807" zugeschrieben wird, wirklich gedacht und gesagt haben, aber in seiner Gesamtheit ist es sicher nichts weiter als eine Fiction ihrer genialen Frankfurter Landsmännin. Neben diesen angeblichen Erinnerungen wird in unserm dem Könige gehörenden Buch nichts weiter noch mitgeteilt als die Beschreibung einer Haus- und Zimmervisitation in den großen Armen- und Familienhäusern unserer unter dem Namen „Vogtland" bekannten und gefürchteten Proletarier-Vorstadt. Die Verfasserin hat sich dort von den Leuten vielerlei erzählen lassen, hat in ihrer edeln Gutmütigkeit alles für ebenso bare Münze aufgenommen, als sie dafür dort zurückließ, und teilt es nun ihren Lesern in sehr schmuckloser, aber gewiß eindrucksvoller Form mit. Wir wollen wünschen, daß ihr Zweck zur Verbesserung der Lage jener Armen beizutragen erreicht werden möge, wenn wir auch überzeugt sind, daß nicht alles so sei, wie sie es darstellt. Der Darstellung selbst ist die Überschrift gegeben: „Vogtländer, bejammere nicht dein eigenes Geschick. Beklage nur die, die kein Mitleid fühlen mit dir." –

10.8.1843, Heinrich Grunholzer: *Eine Einladung v. Bettina durch den Friedrich („gnädige Frau läßt bitten"). Sanitätsrat Strahl will die ganze Noblesse für das Voigtland interessieren. Eichhorn werde abgesetzt. Vorwürfe, daß ich weggehe.*

Bemerkung. Nach der Bestimmung in der hohen Ministerialverfügung vom 26. September 1829, hat jeder Studirende während der Vorlesung nur denjenigen Platz in dem Auditorium einzunehmen, welchen die ihm von dem betreffenden Lehrer gegebene Nummer auf dem Anmeldungsbogen bezeichnet und zwar das ganze Semester hindurch. Auch soll, wenn ein Studirender verhindert wird, einige Tage oder länger an den Vorlesungen Theil zu nehmen, kein anderer befugt sein, von dessen Platz unter irgend einem Vorwande Besitz zu nehmen.

Friedrich-Wilhelms-Universität zu Berlin.

Anmeldungsbogen.

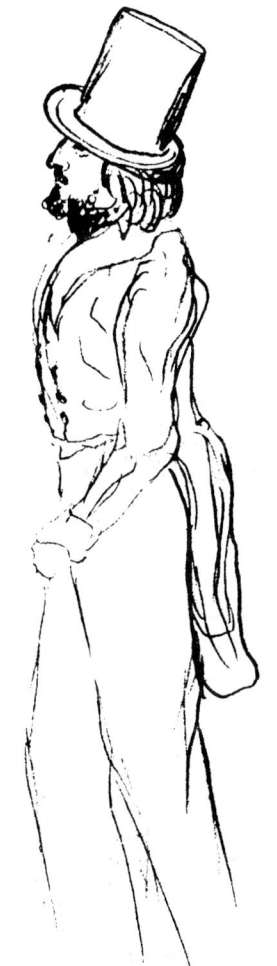

→B 25 Zeichnung Grunholzers aus dem Skizzenbuch: „Stud. Grunholzer geht in Adelmanns Hut und Rock zu Sanitätsrat Dr. Stahl, um über das Preußische Armenwesen zu sprechen".

Anmeldungsbogen Grunholzers für die Berliner Universität mit den eingetragenen Testaten   ←B 26

→A 6   **12.8.1843, Heinrich Grunholzer:** *Besuch bei Sanitätsrat Strahl (in Ahlmanns Rock). Ich zeige, daß der Staat ins Armenwesen einzugreifen habe, nicht eine Privatgesellschaft. 2 Stunden bei Bettina . . .*

13.8.1843, Heinrich Grunholzer: *Die Kiste wird gepackt u.s.w. Es ist mir nicht wohl bei der Sache.*

Der letzte Abend bei Bettina. Sie las mir noch eins ihrer Gespräche mit den Dämonen vor, & wollte mir erklären, nach welchen Regeln der Stilistik sie schreibe. Ihr Stil ist aber nicht zu erlernen, er sitzt im Geiste . . . Ich konnte fast nicht fort; alle begleiteten mich zur Türe. Es kam mir vor wie ein Leichenzug. – Wie oft drückte ich allen die Hand! – Es ist bei Gott nicht recht, daß ich Berlin jetzt verlasse! – Die in Berlin verlebten Tage gehören zu dem schönsten meines Lebens!!! –

→L 58   **14.8.1843, Varnhagen von Ense:** *Bettinens „Dies Buch gehört dem König" erfährt wenig Gunst. Der Tadel hat sehr das Übergewicht. Das Schlimmste ist, daß die meisten Stimmen es als langweilig verurteilen. Der König selber soll nur darin geblättert, es noch gar nicht eigentlich gelesen haben.*

Am gleichen Tag verläßt Grunholzer Berlin.

→L 59   **17.8.1843,** Eingabe des Ministers von Arnim an den König: *Wäre das Buch statt in dem nur für einen kleinen Leserkreis geeigneten Tone prophetischer Ekstase in der dem größeren Publikum zugänglichen Form einfacher Logik und verständiger Reflexion geschrieben und trüge nicht der abenteuerliche Charakter der, wenn auch nicht genannten, doch bekannten Verfasserin dazu bei, die praktische Richtigkeit und Anwendung der darin enthaltenen Doktrinen in Zweifel zu stellen, so würde dasselbe, den gesetzlichen Bestimmungen nach, vermöge der darin dargelegten und verteidigten Irreligiosität und vermöge des darin gepredigten heillosen Radikalismus für e i n e d e r g e m e i n g e f ä h r l i c h s t e n S c h r i f t e n erklärt werden müssen.*

30.9.1843: Der Bericht eines österreichischen Geheimagenten in Frankfurt beschreibt, wie Bettinas „Königsbuch" beim Publikum aufgenommen wird:

→L 60   *Frankfurt, 30. September 1843. Bettinas „Dies Buch gehört dem*
←L 61   *König" macht in der literarischen Masse großes Aufsehen. Man wundert sich, daß so etwas in Berlin und in Preußen gesagt werden darf, und knüpft neue Hoffnungen an die Bewegung der preußischen Presse. Diese entsetzliche Oberflächlichkeit des Liberalismus, die jede ungereimte Erscheinung mit Jubel und Plänen begrüßt, ist der beste Beweis, was die Regierungen zu erwarten haben, wenn sie nicht so fest wie möglich in dem Prinzipe beharren, der sterilen Spekulation, die sich die Literatur mit dem Staate und der Gesellschaft erlaubt, entgegenzutreten. Früher studierte alles wegen einer Stellung im Staate, jetzt, nachdem der Stil so ganz und gar Gemeingut der Masse geworden ist, braucht man nicht einmal zu studieren, um eine Stellung g e g e n den Staat zu erreichen. Die Opposition wird sich furchtbar mehren; wenigstens werden alle, die einige Semester Philosophie gehört haben und das Geschick besitzen, die Doktrin mit den Tatsachen zu verbinden, sich in die Journale flüchten, können sie nicht eine Anstellung erhalten. Wo will das hinaus? Die Verteidiger der konservativen Richtung lesen und hören nur diejenigen, die sie widerlegen wollen. Somit bildet sich unter dem Schutze des Staates und unter den Händen der Zensur eine furchtbare revolutionäre Phalanx aus. Es wird nur eines zufälligen Ereignisses bedürfen, um zu sehen, wie weit man unter der legalen Form einer vernünftigen politischen Entwicklung gekommen ist. Ich schreibe ausdrücklich die literarische Masse – denn eine Literatur ist das nicht mehr – von dem Volke. Dies letztere wird von den Regierungen solange geleitet werden, wie diese nur wollen. Es scheidet sich in die Besitzenden und Arbeitenden und in die Proletarier.*

Die ersten beiden Klassen nehmen an der literarischen Bewegung zumeist nur aus Unterhaltung anteil. Die letzteren wollen aus der Presse nur derbe handgreifliche Vorteile schöpfen, wie zum Beispiel den Kommunismus, das übrige geht sie nichts an. Wenn nun aber die literarische Masse noch mehr Terrain gewinnt, wenn ihr die Tatsachen und die Ereignisse zur Hilfe kommen, so wird man erfahren, wie schnell sie sich zu dem Instinkt und den Bedürfnissen der Proletarier herabläßt, welche herrliche Lockspeise sie den arbeitenden Klassen vorhält, wie sie bemüht sein wird,

Die von Bettina gesammelten Rezensionen über „Dies Buch gehört dem König"

- „Literarischer Monatsbericht" für Juli 1843
- „Die Stafette", Berlin, den 27.7.1843. No. 88
- „Das Vaterland", den 31.8.1843. No. 206
- „Die Posaune. Hannoversche Morgen-Zeitung", den 17.9.1843. No. 111
- „Telegraph für Deutschland", Okt. 1843. No. 165 und 166
- „Diese Kritik gehört Bettinen" (von Karl Gutzkow). Die Rezension liegt außerdem als Broschüre bei.
- „Allgemeine Literatur-Zeitung (Ergänzungsblätter)", Nov. 1843. Num. 98 und 99
- „Wandsbecker Intelligenz-Blatt", Freitag, den 10.11.1843. No. 45
- „Königsberger Literatur-Blatt", den 25. und 29.11. 1843. No. 69 (doppelt) und 70 (von Alexander Jung)
- „Beilage zur Allgemeinen Zeitung", Nov. 1843
- „Literarische Blätter", 1843. No. 27. Beilage zum 136. Blatte des „Gesellschafters" (6 Exemplare)
- „Blätter für literarische Unterhaltung", Mittwoch und Donnerstag, den 29. u. 30. Nov. 1843. No. 333 u. 334
- „Allgemeine Zeitung", Montag, den 11.12.1843. Nr. 345
- „Preußische Volks-Schulzeitung", Berlin, den 20.1. und 2.3.1844. No. 3 u. 10
- „Evangelische Kirchen-Zeitung", Berlin, den 1.–4. 5.1844. No. 35 u. 36
- „Revue de Paris" (undatiert)

ihnen Genuß vorzuspiegeln. Die bescheidensten, bedächtigsten und loyalsten Reformer werden ihre Sprache zu einem solchen Ton hinaufschrauben, denn dieser Ton ist nur eine konsequente Folge der Bewegung. In diesem Fall wird der Indifferentismus der Besitzer vielleicht zu einem nachdrücklichen Bewußtsein gelangen, aber zu spät: Man wird keine genügenden Mittel besitzen, um die Intelligenz und die literarische Masse, die dieselbe repräsentiert, abzuhalten, den Staat und die Gesellschaft in ihrem Interesse zu exploitieren.

Exploitieren, das ist die ganze Reform! Daß ich in diesem durchaus recht habe, beweisen unzählige Tatsachen, wie man nur einen Zollbreit erhält, sucht man eine Handbreit Raumes. Dazu kommt, daß unsere Theoretiker den Staat, wie er ist, gar nicht kennen, sie wissen nur zu sagen, wie er sein soll, damit er ihnen nütze, und die Leidenschaftlichsten unter ihnen, die meistenteils auch die Feigsten sind (woher auch ihre Stille, wenn die Regierungen auf der Hut sind), platzen bei jeder Gelegenheit damit heraus, daß der Staat, wie er ist, gar nicht mehr existieren könne. Regierungen und Besitzende müssen in sich gehen und einen neuen Staat bilden helfen, in welchem sie zunächst nur eine menschliche Stellung einnehmen. Diese allgemeine Redensart hörte ich gestern von Herrn Gutzkow, als ich mit ihm über das Buch Bettinas sprach. Ist das etwas anderes als Kommunismus? Freilich protestieren sie jetzt alle dagegen, die direkt oder indirekt daran teilgenommen haben, aber ließe man sie schalten, sie würden nichts Besseres zuwege bringen, sie würden das Prinzip des Genusses und der materiellen Gleichheit unwillkürlich allen ihren Handlungen zum Grunde legen.

Oktober 1843 erscheint eine ausführliche und überschwengliche Kritik von Karl Gutzkow in den Nummern 165–166 seines von ihm selbst herausgegebenen „Telegraph für Deutschland", daraus nur eine Textstelle über den Anhang im zweiten Band des „Königsbuches": ←S 204

Diese Kritik gehört Bettinen. (Schluß.) Eingreifender aber noch und unmittelbarer wirkend ist der zweite Band. Man hat diese Partie des Buches communistisch genannt. Man höre, was er enthält, und erstaune über dieses sonderbare Neuwort: Communismus. Ist die heißeste, glühendste Menschenliebe Communismus, dann steht zu erwarten, daß der Communismus viele Anhänger finden wird. . . . Wessen Auge über dieser Schilderung des Elends im Berliner Voigtlande verweilen kann, ohne in Tränen zu schwimmen, der muß ein Herz von Marmelstein haben. Bettina teilt die Aufzeichnungen eines edlen Menschen mit, der in dem sogenannten Berliner Voigtlande die von Armut bewohnten Häuser durchwanderte, an die Türen pochte, eintrat und sich nach den bittern Lebensumständen, die hier zusammengepfercht sind, gründlich erkundigte. Die Namen sind genannt, die Türen bezeichnet, hier hört jede Fiktion auf. Tausende von Menschen leben hier in Hunger und Kummer, schlafen auf Stroh, stündlich gewärtig, ausgepfändet und auf die Straße geworfen zu werden mit Greisen und Säuglingen, im ewigen Kampf, entweder zu hungern oder zu betteln oder aus Verzweiflung zu stehlen, gehetzt von der Polizei und verlassen von jener Behörde, die ihr nächster Schutz und Schirm sein sollte, der städtischen Armendirektion. Für die Mitteilung dieses Gemäldes verdient Bettina den Dank jedes fühlenden Herzens. . . . von diesem A n h a n g kann man nicht glauben, daß er spurlos vorübergehen wird. Nicht nur, daß die Berliner Armendirektion, eines der unpopulärsten Institute der Residenz, einer gründlichen Reorganisation unterworfen werden muß, auch die höhere, den ganzen Staat umfassende, ja ich nenne sie die c o m m u n i s t i s c h e Frage: was soll geschehen, um den Menschen dem Menschen zu retten, das Band der Bruderliebe wieder anzuknüpfen und einer unheilschwangeren, furchtbar drohenden Zukunft vorzubeugen? Diese Frage wird um Antwort drängen, und die Antwort wird nicht in Phrasen, nicht in Almosen, sondern in durchgreifenden Schöpfungen bestehen müssen. Und der edlen Frau, die diese Frage dicht an den Stufen des Throns aufwirft, auf dem Parkett der eximirten Gesellschaft, unter Luxus, sybaritischer Indolenz und transcendentaler, nichtsnütziger Nasen- und Bonzenweisheit, dieser edlen Frau steht der bescheidene Feldblumenkranz eines solchen Verdienstes prangender, als weiland ihre schönsten Blumenkronen aus der Periode ihrer romantischen Naturmystik.

Mit beklommener Erwartung sehen alle die, welche von dem Buche ergriffen wurden, nun auf den, dem es gewidmet ist. Numa Pompilius hatte seine Egeria, eine geheimnisvolle Sybille, die ihm die Weisheit lehrte, mit

←L 62

der er Rom aus einem Räuberstaate zu einem geordneten Gemeinwesen erhob. Der König von Preußen wird Bettinen nicht zu seinem ersten Minister machen, aber er hat ihr Buch in der Handschrift durchblättert, er hat die Widmung gestattet und es mit seinen tausend censurwidrigen Freiheiten vorweg gegen die Verfolgung der Polizei in Schutz genommen. So darf Deutschland und Preußen insbesondere hoffen, daß von der mächtigen Beredsamkeit einer Feuerseele, die hier im Namen der Zeit wie eine Prophetin am Wege, ihn anzusprechen, wenn nicht ein begeisternder Funke, der zur Tat zündet, doch eine warme Erregung, die Schonung und Duldung übt, in ihm zurückgeblieben ist.
Frankfurt a.M., den 1. October 1843   *Karl Gutzkow*

→L 63   **13.11.1843, Varnhagen von Ense:** *Über Bettinens Verhältnis zum Könige kommen nun doch ganz andre Dinge an den Tag, als sie vermuten ließ. Er scherzt bisweilen über sie in gar nicht schonender Art. Er hatte ihr erst auf ihr Buch viel freundlicher geantwortet, aber, nachdem er hin und wieder darin gelesen, zerriß er sein Blatt und schrieb ein andres, das sie auch empfangen hat und in bombastischem Lobe doch kalt sein soll, ja sogar etwas spitzig; hat mir Bettine das ganze Blatt vorgelesen, und richtig? Nachdem der König weitergelesen und über das Gelesene gesprochen hat, ist seine Stimmung wahrer Unwille geworden.*

→L 64   **21.11.1843.** Von Adolf Stahr aus Oldenburg, also aus dem Bekanntenkreis Bettinas, erscheint eine lobende Rezension des „Königsbuchs" als billige Broschüre von 56 Seiten und versucht, das „Königsbuch" und seine Inhalte zusammengefaßt und leicht verständlich wiederzugeben.

→L 65   **22.11.1843, Varnhagen von Ense:** *Bettina von Arnim kam eilig und entrüstet, mir zu sagen, daß die Schrift von Stahr „Bettina und ihr Königsbuch" heute früh durch die Polizei bei allen Buchhändlern weggenommen worden, den Befehl dazu habe der Minister des Innern Graf von Arnim noch in der Nacht erteilt. Der Grund dieser Maßregel ist schwer zu finden, der Erfolg dem Zwecke gewiß nicht entsprechend, die ganze Maßregel roh und plump. Ich rate Bettinen, ruhig abzuwarten, was der Autor oder Verleger tun wird, da sie der Sache eigentlich fremd ist, wenn schon Haß gegen sie hauptsächlicher Antrieb sein mag. Sie will aber an Humboldt darüber schreiben. Das wird weder schaden noch helfen!*

     21.12.1843, Varnhagen von Ense: *Das Verbot der Stahr'schen Schrift ging unmittelbar vom König aus, der in ungeheurem Zorn darüber war, gleich an den Minister des Innern schreiben ließ, und der schickte noch in der Nacht zum Präsidenten von Puttkammer!*

     Setzt man diese sofortige Maßnahme in Beziehung zu der Eingabe des Ministers von Arnim an den König vom **17.8.1843**, so wird das Motiv klar.

     Die Geschichte der Rezensionen des „Königsbuches" endet mit einem zweiten Buch, das am **20.1.1844** in der Schweiz erscheint. Als Verfasser wird ein „Leberecht Fromm" genannt, der niemand anderes ist als der junge Adolf Streckfuß, der spätere Verfasser der Geschichte Berlins. Schon der Name und der Titel deuten an, daß Streckfuß sich verstellt als empörter Staatsbürger und Biedermann – um deutlicher werden zu können. Er analysiert das Buch genau und endet mit einem *Schlußgebet*, in dem er von einem Gespenst redet, das er meint in diesem Buch geortet
→L 66 zu haben, das in Europa umgeht: *So steht der Teufel denn entlarvt vor uns in seiner ganzen Scheußlichkeit, und der Name dieses finster drohenden Gespenstes ist: Communismus!* – Auch diese Schrift wird sofort verboten.

     Am Ende des Berliner Tagebuchs von Grunholzer findet sich ein Briefentwurf von ihm an Bettina v. Arnim, datiert mit **Nov. 1843** aus Bauma in der Nähe von Zürich, in dem er Bezug nimmt auf Vorwürfe des Schwagers von Bettina, des Ministers von Savigny. Grunholzer wird offensichtlich vorgeworfen, falsche Angaben gemacht und übertrieben zu haben, ohne daß wir diese Vorwürfe genau kennen und wissen, wie Grunholzer sie erfahren hat.

→A 6   *Sie haben mich bei meiner Abreise aufgefordert, Ihnen einmal zu schreiben. Es ist große Ehre für mich und hoher Genuß, Ihnen in diesem Stücke zu gehorchen.*

     Was der Minister von Savigny über die Erfahrungen im Voigtlande gesagt hat, werden noch viele nachsprechen. Es gibt keine höhere Poli-

tik, als sich selbst zu belügen. Ohne diese wären die Minister und die zu ihrem Trosse gehören, schon längst an sich selbst zu Grunde gegangen. Ich möchte den Mann kennen, der zur Stunde Haus und Familie und Herz der preußischen Untertanen durchschaute und doch seine höchste Stellung darein setzen könnte, die ganze Staatsmaschine in dem Geleise, das Friedrich II. eingeschnitten hat, festzuhalten. Ich will den weisen Herren nicht zürnen, wenn sie in meinem schlichten Berichte nur Lug und Trug erblicken; sie sind darum da, sich selbst am nächsten zu sein, nicht aber ich: allein von ihren Combinationen will ich weiter nichts wissen und, solange ich lebe, nur der Wahrheit Zeugnis geben. Darum wiederhole ich Ihnen, daß ich k e i n W o r t des Gesagten zurücknehme und bereit bin, auf jeden Einwurf zu antworten. Wahrscheinlich aber schweigt in diesem Augenblicke schon alles vom Voigtlande, und ich werde nie in den Fall kommen, meine Aussagen erhärten zu müssen. Das wäre kein Unglück, man braucht von den Voigtländern nicht zu sprechen; sie haben alles, was sie ans Licht bringen kann, und wenn sie einmal anfangen zu reden, werden König und Minister gerne schweigen.

Mein Wort will ich indessen nicht zurückhalten; es ist so, daß es die Voigtländer zuletzt zum eigenen machen können. So sehr ich mich freue, daß in dem Buche des Königs der Armen erwähnt werden durfte, ebenso besorgt bin ich, daß noch im besten Falle geglaubt werde, es sei das Schlimmste gesagt, was sich von den Armen in Preußen sagen lasse.

Meine Berichte umfassen fürs erste nur einen ganz geringen Teil aller blutarmen Familien in Berlin. Dieselben ließen sich in wenigen Wochen um das Zehnfache vermehren, auch wenn man sich nur auf die Residenz beschränkte. Nun wird man aber in allen größern Städten Preußens Ähnliches finden. (Es ist mir unvergeßlich, daß ich bei meiner Reise am schönen Brandenburg vorbei fast nur Soldaten und Bettelweiber gesehen habe.) Auf den Dörfern ist wieder eine ganz andere Klasse Hülfsbedürftiger.

Zweitens bin ich bei meinen Untersuchungen gar nicht auf die Grundursachen der Verarmung eingetreten. Und endlich habe ich gerade die interessanteste Seite der Armut unserer Zeit nicht beleuchtet: ich hätte in Berlin ohne Lebensgefahr nicht wiederholen dürfen, was die Armen selbst über ihre Lage denken, welche Vergleichungen sie anstellen und worauf sie die Schuld ihres Unglücks wälzen und worauf sie ihre Hoffnungen setzen. Ich habe mit Stillschweigen übergangen, was ich von der Zukunft im Leben der Armen angeschaut habe. Somit, wenn auch alles wahr ist, was ich erzählt habe, so ist doch das entworfene Bild nur eine Fratze und nur dazu gut, das große Werk einer gründlichen Untersuchung des Armenwesens anzudeuten.

Wären mir die Resultate klar, so bedürfte es weiter keiner Arbeit. Allein die wenigen einseitigen Armenberichte und was sonst vom Armenwesen allgemein bekannt ist, lassen Ungeheures ahnen. – Ich glaube selbst, daß das zu erwartende Bewußtsein und das Wesen eines Königs, wie er jetzt ist, unvereinbar sein müßten. . . . Und endlich, was wird, wenn man von den Armen nicht weiter spricht? Antwort: Der Armut am schnellsten abgeholfen. Die Klasse der Armen ist die größte und ist sich der eigenen Lage am klarsten bewußt. . . . Keine Revolution liegt offener auf der Hand als die der Armen. In keinem Kriege ist der Sieg gewisser als in dem zwischen Reich und Arm. . . .

→B 27 Heinrich Grunholzer 1851

Weitere Lebensdaten Heinrich Grunholzers nach seiner Abreise aus Berlin

→L 67   1843 Wiederaufnahme seiner alten Sekundarlehrerstelle in Bauma, daneben journalistische Tätigkeit im politischen Kampf gegen die konservative Regierungspartei; 1847 Wahl zum Direktor des Bernischen Lehrerseminars in Münchenbuchsee, wo er neben der Leitung des Instituts Pädagogik, Psychologie, Ethik und in deutscher Literatur unterrichtet; wird 1852 von der im Kanton Bern seit 1850 regierenden konservativen Partei, der das Lehrerseminar als „Brutstätte des Atheismus und Kommunismus" gilt, wegen seiner freisinnigen Anschauungen fristlos entlassen, im gleichen Jahr heiratet er Rosette Zangger, die Tochter eines Industriellen in Zürich; seit 1853 Lehrer an der Kantonsschule in Zürich; 1854 Wahl in den „großen Rat", wo er sich den Linksliberalen anschließt, seine Berufung zum Direktor des Lehrerseminars in Küssnacht wird von seinen politischen Gegnern verhindert; 1856 Wahl zum Erziehungsrat, wo er maßgeblich an dem in der Schweiz heute noch gültigen Unterrichtsgesetz mitarbeitet, daneben Redakteur der für das Schulwesen bahnbrechenden „Pädagogischen Monatsschrift"; 1858 tritt H.G. für immer aus dem Schuldienst aus und wird Teilhaber an der Baumwollspinnerei seines Schwiegervaters in Uster; 1863 Wahl zum Nationalrat als Nachfolger seines Schwiegervaters; 1873 stirbt Heinrich Grunholzer im Alter von 55 Jahren.

Wilhelm Wolff: Die Kasematten

Wer jetzt in unseren Bibliotheken nach Eugen Sues Mystères de Paris fragt, darf von Glück sagen, wenn er das Buch zu erhaschen imstande ist. Mit Heißhunger wird es verschlungen, es ist so schön, so pikant! Es könnte sogar rühren, wer noch der Rührung fähig; und wirklich gibt es Veranlassung zu mancher Träne, zu manchem Seufzer und bisweilen zu der Frage: ob denn solches gesellschaftliche Elend überhaupt möglich sei?

Davon aber, daß gleiches Elend in unserer Nähe, um nicht neben uns existiert, daß die Mystères de Breslau nicht weniger anziehend und lehrreich sind, davon haben unsere leselustigen Damen und Herren selten eine Ahnung. Und doch steht d i e s e s Buch jedem täglich, ja stündlich zur Einsicht offen; nur demjenigen aber erschließt es sich ganz, der neben dem leiblichen Auge und einigem Nachdenken auch e i n w e n i g H e r z zu seiner Lektüre mitbringt. Ein einziges Kapitel aus ihm, die K a s e m a t t e n betitelt, erlaube ich mir vor dem Leser aufzuschlagen; nicht um es ganz, sondern nur, um den gedrängtesten Auszug und Bericht mitzuteilen.

Wenn Ihr über die Sand- und die beiden Oderbrükken hinüber seid, so wendet einmal, ich bitte Euch, Eure Schritte gleich rechts ab in die S t e r n g a s s e hinein. Ihr geht nicht weit, und ein Haus steht vor Euren Augen, das sich sogleich zu militärischen Zwekken erbaut ankündigt. Es sind die K a s e m a t t e n. Faßt Euch ein Herz und tretet ein! Ihr findet hier keine Soldaten, und dennoch wohnen Krieger darin, aber ü b e r w u n d e n e; ihr Feind, dem sie unterlagen und bei neuen Anstrengung täglich aufs neue unterliegen – dieser Feind ist die Armut. Auf seiner Seite streiten als treue Alliierte der H u n g e r, die B l ö ß e, der F r o s t. Wie sollten waffen-, d.h. mittellose Männer, Frauen und Kinder den ungleichen Kampf bestehen können? Seht Euch den Aufenthalt der Armut genau an! Hier der Fußboden, aus Mauerziegeln bereitet, voll tiefer Gruben, eine an der anderen; schreitet mit Vorsicht über sie, Ihr wagt Eure Glieder; die Kinder, die hier hausen, mögen sie brechen, was liegt uns daran? Betrachtet die mit Papier notdürftig verklebten Fenster, den Ofen mit seinen Rissen, seiner mangelnden Tür und dann die Röhre mit ihren kopfgroßen Löchern, und – Ihr werdet begreifen, daß hier das Feuer unmöglich ist, Ihr werdet begreifen, daß die Bewohner f r i e r e n. Da steht ein Ofen mit ganzer Röhre; aber der Rauch dringt aus der Stube erstickt Euch; öffnet! öffnet! und Ihr werdet begreifen, daß sie f r i e r e n. Der Rauch lockt Euch Tränen aus den Augen, Ihr blickt die Insassen an, sie weinen – vor Rauch? O nein! sie weinen vor F r o s t und H u n g e r. Diese Menschen, zum Teil in Lumpen gehüllt, oft wenig oder nichts zum Schutze der Füße, auf kalten Ziegeln, in kalter Stube, sollten nicht frieren? Übersieht nicht jene Lagerstätten; etwas dumpfiges Stroh und ein Stück Leinwand zum Decken – das ist alles, worauf und worunter sich diese Leute der Ruhe hingeben, sich gegen die Kälte der Nacht wehren können. Fragt sie dann nach ihrem Verdienst oder der monatlichen Unterstützung, und Ihr werdet erstaunen, wie wenig der Mensch bedarf, um nicht ganz zu verhungern. Werft einen Blick auf die Kinder. Ihr skrophulöses Aussehen spricht von selbst. Die ungesunde Atmosphäre der Stuben, die Wasch- und Trockenplatz zugleich und außerdem von 9 bis 13 Kindern nebst 5 bis 7 Erwachsenen bewohnt sind, sowie die schlechte Nahrung können nicht anders als nachteilig auf die Entwickelung des jugendlichen Körpers, die aus der Armut entspringende Roheit, Unwissenheit und Verdorbenheit nicht anders als verderblich durch Wort und Tat auf das junge Herz und Gemüt einwirken. In jener Ecke sitzt ein Knabe und ein Mädchen; sie haben ihre Mutter verloren; der Vater, ein Tagearbeiter, dem Trunke ergeben, kümmert sich nicht um sie. Beide Geschwister sind von Ungeziefer überschüttet; der eine ist barfuß, die andere ohne Hemd; das Wenige, was sie um sich haben, sind Fetzen. Sie sind 8 und 10 Jahre alt; da für sie, wie bemerkt, niemand sorgt, so gehen sie betteln; sie werden auch stehlen! Vielleicht oder vielmehr wahrscheinlich. Das winkende Ziel ist das Zuchthaus; für das Mädchen vorher noch die Prostitution. Aber die Schule und die Religion! Ach ja, ich hatte vergessen! Meint Ihr denn im Ernst, die Schule sei im Besitz unbekannter Zauberkräfte, um in wenigen Stunden die nachteiligsten Einflüsse aller Art zu beseitigen, die schon eingesogenen schädlichen Stoffe herauszuschaffen und dem immer neu einströmenden Platz zu machen? Und die Religion? Die Religion des Hungers ist Essen, sei es erarbeitet, erbettelt oder ge-

←L 68

8.3.5   Bettinas Projekt zu einem Armenbuch

Durch das Echo bestätigt, wird für Bettina v. Arnim der Anhang zum „Königsbuch" zum Modell für den Plan zu einem Armenbuch, der zugleich zeigt, wie sehr ihre Arbeitsweise durch die Zusammenarbeit mit Grunholzer und durch die Erfahrung der Wirkung dokumentarischer Berichte verändert wird. Dieses Armenbuch soll eine Sammlung von genauen Berichten über die soziale Lage der Armen nicht nur in der Residenz, sondern in ganz Preußen werden. Unter dem Material zu dem nie veröffentlichten Armenbuch findet sich ein Auszug aus der „Breslauer Zeitung" vom **18.11.1843**. Der Artikel, den Bettina abschreibt und dabei leicht verändert, um ihn für ihr neues Buch zu benutzen, stammt von Wilhelm Wolff und beschreibt die Breslauer Kasematten und deren Bewohner.

Liefern die ab **Herbst 1842** einsetzenden Zeitungsberichte über die Berliner Familienhäuser noch als literarische Ausnahmen der Öffentlichkeit, soweit sie lesen konnte und Zeit dazu hatte, die ersten Einblicke in die tatsächliche soziale Lage des entstehenden Proletariats, die in Hinsicht auf die Genauigkeit ihren Höhepunkt in dem Anhang zum „Königsbuch" finden, so entstehen jetzt, ein Jahr später, in allen deutschen Staaten Berichte ähnlichen Inhalts. Sie knüpfen zunächst an das breite Interesse an, das die erste romanhafte Verarbeitung der Armenverhältnisse in den „Mystères de Paris" von Eugène Sue geweckt hat, sie spiegeln jedoch die sich verschärfende ökonomische Lage der neuen Klasse wider und zeigen ganz allgemein, daß in den deutschen Staaten die industrielle Revolution eingesetzt hat.

→S 249

Bettina v. Arnim versucht um das Jahresende **1843** bis hin zum **Mai 1844** mit Hilfe ihrer weitverzweigten gesellschaftlichen Verbindungen, an mögliche Berichterstatter und Theoretiker heranzutreten. In dem ebenfalls bei der Versteigerung des Arnim-Nachlasses **1929** vom Deutschen Hochstift in Frankfurt a.M. angekauften Konvolut zum Armenbuch finden sich diverse ihr zugesandte Texte und verschiedene Fassungen der Überarbeitung, auf die einzugehen hier nicht der Ort ist. Wichtig ist nur, daß ihr das auf diesen Wegen zusammengetragene Material offensichtlich nicht ausgereicht hat, denn mit Datum vom **15.5.1844** gibt sie in der „Magdeburger", der „Kölner" und anderen Zeitungen eine Anzeige auf, in der sie darum bittet, ihr Mitteilungen über das Armenwesen zu machen.

→L 69

— Bekanntlich hat die geniale Frau Bettina v. Arnim den schönen und rühmlichen Entschluß gefaßt, dem Armenwesen in Deutschland ihre besondere Aufmerksamkeit und Thätigkeit zu widmen. Die Ergebnisse ihrer ehrenvollen Thätigkeit in dieser Beziehung will Frau Bettina von Arnim zusammenfassen und in einem besondern ausführlichen Werke der Oeffentlichkeit übergeben. Zur Förderung dieses Werkes der Menschenliebe sind wir nun ermächtigt, in diesen Blättern einen Aufruf an Alle, welche über den Zustand des Armenwesens in Gemeinden, Kreisen, Bezirken, Provinzen u. s. w. des gesammten deutschen Vaterlandes genaue Auskunft zu geben vermögen, hiermit zu erlassen und dieselbem zu ersuchen, der Frau Bettina von Arnim getreue Berichte darüber zukommen zu lassen. Besonders wünschenswerth würde es auch sein, wenn in diesen Berichten angeführt würde, was bis jetzt zur Abhelfung des Uebels in den einzelnen Gemeinden, Kreisen u. s. w. geschehen ist, und welche Mittel sich wohl zur Verminderung der Noth als wirksam erweisen dürften. Deutschland wird auf diese Weise über ein Uebel in seinem Schooße volle Aufklärung erhalten, das bei stetem Zunehmen sich für die Zukunft immer drohender gestalten kann. Das Unternehmen der Frau Bettina von Arnim ist daher eben so verdienstvoll als edel und großartig. Sie bekundet dadurch, daß sie nicht bloß eine durch Geist hervorragende Frau ist, sondern daß ihr auch ein warmes Herz für die Leiden der Menschheit im Busen schlägt. Das deutsche Vaterland wird die edeln Bestrebungen einer Frau, die sich ein solches Ziel vorgesteckt hat, wie wir es oben bezeichneten, dankbar anerkennen. Trägt das großartig angelegte Werk die gewünschten und beabsichtigten Früchte, so hat sich Frau Bettina von Arnim ein bleibendes Denkmal bei der deutschen Nation gesetzt und sich den schönen Namen einer Wohlthäterin erworben, der von Tausenden und abermals Tausenden im deutschen Vaterlande gesegnet werden wird. Von der gesammten deutschen Presse, die bei solchen Anlässen immer einen edeln und guten Sinn bekundet, läßt sich mit Zuversicht erwarten, daß sie das vaterländische Unternehmen der Frau Bettina v. Arnim, durchdrungen von der Wichtigkeit und Dringlichkeit desselben, auf alle mögliche Weise fördern und unterstützen wird. Es sind die Armen und Unglücklichen, welche mit vollem Rechte ihre Ansprüche auf die mächtige Hülfe der Presse geltend machen. (Magdeb. Z.)

Anfang Juni ist das Armenbuch fast fertig, als am **9.6.1844** in den Berliner Zeitungen die ersten Nachrichten über den Schlesischen Weberaufstand am **4.** und **5.6.1844** in Peterswaldau und Langenbielau, ganz in der Nähe von Breslau, erscheinen. Kurz danach schreibt Bettina v. Arnim an Alexander v. Humboldt: *Mein Manuscript vom Buch der Armen, was ich* ←L 70 *dem Schwanenorden widmen wollte und schon 15 Bogen gediehen ist, hab' ich einstweilen zurückgenommen. Wenn man mir an einem andern Druckort auch noch soviel Chicanen macht, es wird mir erträglicher sein als hier unter den Augen des Königs.*

Varnhagen von Ense notiert unter dem Datum vom **19.6.1844**: *Der Minister Graf von Arnim beschuldigt Bettinen von Arnim, sie sei Ursache* ←L 71 *des Aufstandes, sie habe die Leute gehetzt, ihnen Hoffnungen erweckt, durch ihre Reden und Briefe, und schon durch ihr Königsbuch! –*

Eine Woche später, am **27.6.1844**, schreibt Bettina an Adolf Stahr: *Mein Armenbuch habe ich einstweilen abgebrochen, denn der Druck würde* ←L 72 *hier nicht gestattet werden, indessen sammeln sich jeden Tag noch merkwürdige Belege dazu. Traurig ists zwar, daß es nicht zu rechter Zeit kommt. – Allein, d e n H u n g r i g e n h e l f e n w o l l e n h e i ß t j e t z t A u f r u h r p r e d i g e n, hat mir jemand geschrieben und mir damit Rat verbunden, den Druck hier nicht fortzuführen. – Ich bewahre wunderliche Dokumente, geschichtlich merkwürdig, in Bezug auf dieses Buch. – Noch mehr in Bezug auf die letzten 14 Tage, wo das arme Schlesien sich regte! Ach, schwerer Seufzer, wo bist Du, daß ich ein Gewicht darauf legen könnte! –*

Bettina wird die Arbeit am Armenbuch nicht mehr aufnehmen.

Die Weberaufstände finden ein vielfältiges Echo und beschleunigen einerseits die Organisierung des Proletariats, andererseits die politische Formierung des fortschrittlichen Bürgertums im Gegendruck gegen die eingeleiteten Repressionsmaßnahmen: Bündnisse und Vertiefung der Klassengegensätze im Vorfeld der 48er Revolution, der ersten im europäischen Maßstab.

Wir können hier nicht auf den Weberaufstand, seine Ursachen, den Anlaß und den Ablauf eingehen, zumal er in der Literatur oft dargestellt worden ist. Wir wollen nur zwei unmittelbare Zeugnisse gegenüberstellen, einen Zeitungsbericht aus der „Berliner Vossischen Zeitung", der die dokumentarische Methode geschickt benutzt, um die Angst vor der Bedrohung des Privateigentums zu schüren, und von den brutalen Militäreinsätzen wenige Tage vorher ablenkt, und die Beschreibung eines Gemäldes mit dem Titel *Schlesische Weber liefern ihr Tuch ab* von Carl W. Hübner, der als einer der ersten Maler versucht, die Klassengegensätze darzustellen.

Die Berliner Vossische Zeitung bringt folgendes Schreiben aus Breslau ←L 73 *vom 13. Juni. Dem Reisenden, der jetzt den Weg von Schweidnitz nach dem Gebirge zurücklegt, kann es wohl wie mir am 11. d.M. begegnen, daß er ein unfreiwilliger Zuschauer der Eröffnungsszenen zum Nachspiel des furchtbaren Dramas wird, dessen Schauplatz die Dörfer Peterswaldau und Langenbielau am 4. und 5. d.M. waren. Drüben verlieren sie sich mit ihren stolzen prächtigen Häusern in den Bergen, heut, so scheint es, von einem wahren Gottesfrieden übergossen; hier an der Chaussee fährt ein Korbwagen an uns vorüber, von Husaren escortirt; auf ihm sitzt mit vier Infanteristen ein Mann im stattlichen Bauernrock, der uns verschmitzt und höhnisch zulächelt. Nach kurzer Frist kömmt uns in Langenbielau selbst ein Flechtwagen entgegen; Husaren, die Pistolen zum Anschlagen bereit, in der Hand, umgeben ihn; auf ihm sitzen drei geschlossene Männer; zwei derselben sehen scheu und nachdenklich vor sich hin, der dritte lacht den Bewohnern des Dorfes zu, welche von allen Seiten herbeiströmen oder schon erwartungsvoll an den Türen und Fenstern stehen. Ja, es sind die Eröffnungsszenen zum Nachspiel des Dramas, das sich jetzt zwischen den Mauern der Gefängnisse von Schweidnitz entwickeln wird. Dorthin, wo sich eine aus Breslau abgesendete Untersuchungscommission befindet . . . bringt man diese vier Individuen, welche neuerdings in die Arme der weltlichen Gerechtigkeit gefallen sind.*

stohlen. Die Behausungen des Elends muß man aufsuchen, um die ersten Ringe jener Kette zu entdecken, von welcher umschlungen das junge Leben für die Strafanstalten heranreift.

Wer nun glauben wollte, daß in den K a s e m a t t e n die einzige oder auch nur die größte Not anzutreffen sei, würde sich in schwerem Irrtum befinden. Es ist hier bloß auf einen Haufen zusammengedrängt, was sonst vereinzelt in den tausend und aber tausend Wohnungen des Mangels überall in unserer Stadt zu schauen ist, von jedem, der sich an die geeigneten Orte verfügen will. Und nicht allein in Breslau, sondern ringsum und überall, soweit die Zivilisation reicht, lastet mehr oder weniger die gleich harte Geschick auf einem zahlreichen Teile der Menschheit. Es gibt nur e i n Heilmittel gegen diese Leiden, es heißt – V e r t i l g u n g d e r A r m u t. Sie kann und wird aber nur vertilgt werden, wenn wir die Quelle verstopfen, aus der sie entspringt, wenn wir der Wurzel nachgehen und sie herausreißen, aus welcher das Giftgewächs der Armut emporschießt. Jene Quelle, jene Wurzel zu entdecken wird bei einigem Nachdenken und redlichen Willen unschwer gelingen.

Kehren wir nach dieser kurzen Ablenkung zu den K a s e m a t t e n zurück. Abhülfe, wenigstens Linderung, ist hier dringend notwendig. Schon hat der Winter das Szepter ergriffen. Während jetzt der Wohlhabende und der Reiche auf seinen Bällen und Konzerten, im Theater, in Weinstuben, bei Bosko und anderen Abendunterhaltungen oder im häuslichen Kreise bei reichlichem Mahl und im warmen Zimmer die gewohnten oder neuen Vergnügungen dieser Saison kostet, steigert sich für die Armen, speziell für die Bewohner der K a s e m a t t e n, die Not auf den höchsten Grad. Zuallernächst hat die K o m m u n e die unerläßliche Pflicht, helfend einzugreifen. Darum erlaube ich mir, den Herren Stadtverordneten das Los der Unglücklichen ans Herz zu legen und zugleich folgende Anträge baldigster Berücksichtigung zu empfehlen:
1. Man bessere den Fußboden, die Fenster, die Öfen und die Ofenröhren aus; d.h. man mache die Räume wenigstens einigermaßen für menschliche Wesen bewohnbar und sorge dafür, daß die hier zu hausen Gezwungenen nicht ihr einziges Kapital, ihre letzte Hülfsquelle – i h r e G e s u n d h e i t – einbüßen.
2. Man verschaffe denen Arbeit, die dazu fähig sind; und die es nicht sind, unterstütze man mit Holz, Betten, Kleidern und Lebensmitteln.
3. Man lasse nicht einzelne Kasematten ganz oder zum Teil unbewohnt; es ist noch für eine Menge Raum da; viele sind – und dies bedenkt wohl! –, die es als ein Glück betrachten müssen, hier aufgenommen zu werden. So wohnt z.B. jetzt eine der f ü n f mit Gewalt von hier ausgetriebenen Familien, der ehemalige Gärtner B u c h n e r mit seiner Frau und zwei kleinen Kindern, in einer M a n g e l k a m m e r (Rosengasse Nr. 13), wo natürlich kein Ofen ist und sie unter ihren spärlichen Lumpen bald erfrieren und doch wöchentlich 7 1/2 Sgr. Miete zahlen müssen.
4. Man errichte E r z i e h u n g s a n s t a l t e n für die Kinder der Armen, um sie den E i n f l ü s s e n s c h l e c h t e r U m g e b u n g e n z u e n t z i e h e n und zu sittlich-vernünftigen M e n s c h e n h e r a n z u b i l d e n.

Letzter Vorschlag ist überhaupt und auch für B r e s l a u nicht neu. Denn schon im April dieses Jahres (in Nr. 90 der Schlesischen Zeitung) ist er in einem gediegenen Artikel („Erziehungswesen") – auf den ich jeden Menschenfreund verweise – gemacht und die Notwendigkeit der Ausführung energisch und bündig nachgewiesen worden. Er scheint aber tauben Ohren gepredigt zu haben. Wird es der Erneuerung desselben ebenso ergehen? Ich kann mir mit dem Gegenteile schmeicheln. Gleichwohl wollte ich nicht unterlassen, den Gegenstand abermals zur Sprache zu bringen, und grade jetzt, wo in unserer Stadt das f r e i e B ü r g e r t u m den 19. d.M. ein Fest begeht, wo sich Gelegenheit bietet, zu erörtern, ob und was für die u n f r e i e n, weil armen Mitgeschöpfe zu tun sei. „An ihren Früchten sollt Ihr sie erkennen!"

Endlich aber wende ich mich an die einzelnen der bürgerlichen Gesellschaft, an diejenigen, welche mit den Mitteln Einsicht und Willen verbinden, daß sie, mag nun von der Kommune etwas oder nichts geschehen, zusammentreten und durch Subskriptionen einen kleinen oder großen Anfang machen, um die große Zahl der Kinder, welche den Gefängnissen entgegenwächst, am hiesigen Orte vermindern zu helfen. Da den Worten die Tat entsprechen soll, so bin ich, obgleich selbst Proletarier, bereit, jährlich vier Thaler zu solchem Zwecke zu entrichten.

Wilhelm Wolff:
Das Elend und der Aufruhr in Schlesien (Auszug):

Das anfangs nicht allzugroße Vermögen der Zwanziger war in kurzer Zeit zu großem Reichtum angewachsen. Sechs prächtige Gebäude gaben Zeugnis davon. Herrliche Spiegelscheiben, Fensterrahmen von Kirschbaumholz, Treppengeländer von Mahagony, Kleider- und Wagenpracht sprachen der Armut der Weber Hohn. Bei der letzten Lohnverkürzung sollten die Zwanziger auf der Weber ihre Vorstellung, daß sie nun gar nicht mehr bestehen und selbst nicht mehr Kartoffeln kaufen könnten, geäußert haben: sie würden noch für eine Quarkschnitte arbeiten müssen, oder, wie andere sagen: die Weber möchten nur, wenn sie nichts anderes hätten, Gras fressen; das sei heuer reichlich gewachsen. Ich lasse diese Äußerungen dahin gestellt sein; ich teile sie nur mit, weil sie in aller Munde sind. Dagegen kann ich folgenden kurzen Bericht, wie ich ihn Augenzeugen, und zwar glaubhaften Männern, nacherzähle, verbürgen.

Ein Gedicht, nach der Volksmelodie: „Es liegt ein Schloß in Österreich" abgefaßt und von den Webern gesungen, ward gleichsam die M a r s e i l l a i s e der Notleidenden. Sie sangen es zumal vor Zwanzigers Haus wiederholt ab. Einer ward ergriffen, ins Haus genommen, durchgeprügelt und der Ortspolizei überliefert. Endlich um 2 Uhr nachmittags, den 4. Juni, trat der Strom über seine Ufer. Eine Schar Weber erschien in N i e d e r - P e t e r s w a l d a u und zog auf ihrem Marsche alle Weber aus den Wohnungen rechts und links an sich. Alsdann begaben sie sich nach dem wenig entfernten Kapellenberge und ordneten sich paarweise und rückten so auf das neue Z w a n z i g e r s c h e Wohngebäude los. S i e f o r d e r t e n h ö h e r e n L o h n und – e i n G e s c h e n k ! Mit Spott und Drohen schlug man's ihnen ab. Nun dauerte es nicht lange, so stürmte die Masse ins Haus, erbrach alle Kammern, Gewölbe, Böden und Keller und zertrümmerte alles von den prächtigen Spiegelfenstern, Trümeaus, Lüsters, Öfen, Porzellan, Möbels bis auf die Treppengeländer herab, zerriß die Bücher, Wechsel und Papiere, drang in das zweite Wohngebäude, in die Remisen, ins Trockenhaus, zur Mange, ins Packhaus und stürzte die Waaren und Vorräte zu den Fenstern hinaus, wo sie zerrissen, zerstückt und mit Füßen getreten oder, in Nachahmung des Leipziger Meßgeschäfts, an die Umstehenden verteilt wurden. Z w a n z i g e r flüchtete sich mit seiner Familie in Todesangst nach R e i c h e n b a c h. Die dasigen Bürger, welche einen solchen Gast, der die Weber auch ihnen auf den Hals ziehen konnte, nicht dulden wollten, veranlaßten ihn zur Weiterreise nach S c h w e i d n i t z. Aber auch hier deuteten die Behörden an, die Stadt zu verlassen, weil sie durch seine Gegenwart leicht einer Gefahr ausgesetzt sein konnten; und so fand er endlich hier in Breslau Sicherheit.

Der Polizeiverweser Christ und ein Gensdarm nahmen zwar in Peterswaldau eine Arretirung vor, indes befreiten die Weber bald den Gefangenen. Neben Z w a n z i g e r wohnt der Fabrikant W a g e n - k n e c h t. Er hatte die Weber menschlicher behandelt, er blieb verschont. Da er ihnen noch ein kleines Geschenk verabreichte, brachten sie ihm ein Vivat aus. Bald fanden sich Weber aus Arnsdorf und Bielau ein. Was bei Zwanziger noch übrig blieb, wurde vollends zertrümmert. Die Nacht unterbrach das Rachewerk. Ich darf den Vorschlag einiger Weber: die Häuser anzuzünden, und die Verwerfung desselben aus dem Grunde: weil die so Beschädigten dann Brandgelder erhielten und es doch darauf ankomme, sie a u c h einmal arm zu machen, damit sie erführen, wie der Hunger tue, als zu charakteristisch nicht unerwähnt lassen. Am folgenden Tage, den 5. Juni, ging es zum drittenmal in die Zwanzigers Establissements. Ein Garnvorrat auf dem Boden des Hauses war am 4. Juni nicht entdeckt worden; darum fiel er heute der Vernichtung anheim. Zum Schluß ward selbst an die Dächer Hand gelegt und ihre teilweise Zerstörung bewerkstelligt. Nachdem hier alles zu Ende, begab sich der Haufe zum Fabrikant F.W. F e l l m a n n, jun. Fellmann beschwichtigte die Leute, indem er jedem 5 Sgr. zahlte und Brot und Butter, nebst einigen Speckseiten an sie verabreichte. Ein Stück Brot und 1 Viergroschenstück reichten hin, die Wut der von Hunger und Rache Getriebenen im Zaum zu halten! Nun ging's weiter zu E.G. H o f r i c h t e r s W i t t w e und S ö h n e. Die Masse der Weber betrug hier schon an 3000. Auch Hofrichter zahlte ein Geschenk von 5 Sgr. für den einzelnen, doch erhielten dies nur die ersten, die letzten weniger.
Von hier bewegte sich der Zug „zum Sechsgröschel Hilbert". Hilbert u. Andretzky wohnen in B i e l a u. Mit ihrem Hause begann die Zerstörung an diesem

←L 74

Gehen wir an den einzelnen, durch andere Häuser getrennt nebeneinander liegenden Gebäuden der HH. Dierig vorüber bis gegen das Ende des Dorfes, wo ein Weg von Peterswaldau einmündet. Das Establissement der HH. Hilbert und Andretzky liegt hier an der Straße und fiel zuerst in Langenbielau unter den Streichen der Wütenden. Noch sehen wir überall auch äußerlich das Werk der Zerstörung. Kein Fenster, nur einige Trümmer der Scheiben vom Giebel der Gebäude bis zur Sohle, die Kreuze zerbrochen oder ausgerissen, die eisernen Stäbe, wo die Fenster mit Gittern verkleidet sind, zum Teil zerschlagen, die Türen da und dort zersprengt, vor den Häusern Überreste zertrümmerter Gerätschaften, an den Wänden deutliche Zeichen von zahllosen Steinwürfen. Und so treten wir zwar einigermaßen vorbereitet in das Innere ein, aber der erste Blick überzeugt uns, wie unzulänglich alle unsere trüben Erwartungen waren.

Wir schreiten über Trümmer, wohin sich unser Fuß wendet, nichts ist verschont geblieben, was nicht auch den Hieben einer mit dämonischer Wut geschwungenen Axt widersteht. Wir sehen nichts als kahle Wände, auf den Fußböden in einem wild aufgeschichteten Haufen zersplitterte Scheiben und Steine, welche sie vernichteten, Meubles, nur schwer in den kleinen Stücken zu erkennen, in welche sie einzeln zerhauen worden sind, zerrissene Papiere und Tapeten, aufgeschnittene Betten, niedergeschlagene Öfen; was irgend wertvoll war und ohne Schwierigkeit weggebracht werden konnte, ist verschwunden. Nach den Schildereien an den Wänden sind die Axtschläge gerichtet worden; das Mauerwerk bröckelt überall nieder, mit so furchtbarer Gewalt wurde von ihm abgesprengt, was an ihm befestigt war. Selbst die Klinken an vielen Türen sind losgerissen. So in den Wohngemächern, so in den Comptoirs, so auf den höchsten Böden und im tiefsten Keller. Eiserne Türen sind aufgebrochen worden, wo man Vorratskammern mutmaßte, nicht das gewöhnlichste Hausgerät ist der systematischen Verwüstung entgangen. In den Kellern finden wir noch die Überreste von Flaschen; in wenigen Minuten waren sie von der rasenden Rotte ausgetrunken worden, und mit blutenden Händen, verletzt durch die schnell abgebrochenen Hälse, eilten sie wiederum ihrem finsteren Werke zu.

In beiden Etablissements richtete sich der Angriff vorzugsweise gegen die Warenlager und Materialvorräte; es sind dieselben zum größten Teil verschwunden, und – ich muß es hier schon anführen – nicht ohne Auswahl zwischen dem mehr und minder Kostbaren. Hier liegen noch einzelne Fetzen, hier zerschnittene Weben, hier umgestürzte Fässer mit Farben und anderen Stoffen. Ich vermag nur einzelne Züge des traurigen Bildes zu entwerfen, welches die bezeichneten Gebäude in Langenbielau wie Peterswaldau noch jetzt nach dem Verlauf mehrerer Tage bieten. Nur ist am letztern Ort, wenn ich so sagen darf, die Verwüstung noch auserlesener und vollendeter, noch mehr auf das kleine Detail gegangen. Man hat hier alles in kleine Stücke zerschlagen, selbst die Dachbedeckungen durchbrochen. Seltsamerweise haben die Treppengeländer in sämtlichen Häusern das gleiche Los geteilt, ein besonderer Haß scheint sich gegen dieselben gerichtet zu haben; sie sind bis zum Boden hinauf umgeschlagen worden, und wahrscheinlich wurde an sie schließlich immer die Hand gelegt, weil sonst schwer abzusehen, wie nicht der eine oder andere aus der Menge, welche die Räume durcheilte, durch einen Fall zu Schaden gekommen sein sollte. Von einem noch tieferen Entsetzen muß man ergriffen werden, wenn man die Überreste der herrlichen Maschinen erblickt, welche in dem Etablissement des Hrn. Dierig zerstört worden sind. Die hölzernen wie die metallenen Bestandteile derselben sind gleichmäßig zerstückt, die stärksten eisernen Räder in Stücke zerschlagen, kostbare kupferne Walzen wenigstens durch einzelne Hiebe mit der raffinirtesten Bosheit unbrauchbar gemacht. Von allen diesen schönen Jacquard'schen und Schönherr'schen Stühlen sind nur wenige Trümmer zurückgeblieben, die aufgespannten Fäden hängen durchschnitten nieder; die Arbeiter, welche an ihnen ihren reichlichen Unterhalt gefunden haben, zeigten mir, Tränen in den Augen, wie die „Rebellen gewirtschaftet hatten". Nur die große Dampfmaschine ist der Vernichtung entronnen. Der Maschinist erklärte sich, von den Wütenden aufgefordert, augenblicklich bereit, das Werk zu zeigen, warnte sie jedoch, irgendetwas zu beschädigen, weil er für die Folgen nicht stehen könne. Sie folgten ihm, soviel das Gemach faßte, andere warfen Steine zum Fenster hinein, welche glücklich zum Teil an den eisernen Fensterstäben abprallten. Die Maschine war in der höchsten Spannung. Die Eingedrungenen musterten sie, erstaunt und verwundert, tippten sanft an diese und jene Schraube und riefen einander zu: das sei doch sehr schön. Plötzlich öffnete sich ein Sicherheitsventil, der Dampf brauste, und mit dem Schrei, „hier sei Pulver", stürzten sie alle von dem gefährlichen Platze.

Wenn ich schon hier bei dem Versuche, das zu schildern, was ich selbst gesehen, die Schwierigkeit meiner Aufgabe lebhaft fühlte, so wage ich kaum, an eine Darstellung der Ereignisse vom 4. und 5. Junius zu gehen, weil ich dieselbe nur aus Mitteilungen und Nachrichten Dritter zusammenfügen kann, wenn ich sie auch von den zuverlässigsten und achtbarsten Personen empfangen habe. Dem Richter muß es vorbehalten bleiben, alle die zahlreichen Tatsachen, in welchen sich das Geschehene charakteristisch ausdrückte, in einen organischen Zusammenhang zu bringen und aus ihnen das eigentliche und wahre Motiv, das die Frevler entzündete und leitete, herauszuschälen. Ich bin nur im Stand, diejenigen Angaben, welche nach meinem individuellen Ermessen entweder unzweifelhaft sind oder die höchste Wahrscheinlichkeit für sich haben, zu wiederholen und mit der aus ihnen gebildeten Ansicht zu begleiten.

9.11.1844, Friedrich Engels über Hübners Weberbild:

Lassen Sie mich bei dieser Gelegenheit ein Bild von Hübner, einem der   ←L 75
besten deutschen Maler, erwähnen, das wirksamer für den Sozialismus agitiert hat als hundert Flugschriften. Es zeigt einige schlesische Weber, die einem Fabrikanten gewebtes Leinen bringen, und stellt sehr eindrucksvoll dem kaltherzigen Reichtum auf der einen Seite die verzweifelte Armut auf der anderen gegenüber. Der gutgenährte Fabrikant wird mit einem Gesicht, rot und gefühllos wie Erz, dargestellt, wie er ein Stück Leinen, das einer Frau gehört, zurückweist; die Frau, die keine Möglichkeit sieht, den Stoff zu verkaufen, sinkt in sich zusammen und wird ohnmächtig, umgeben von ihren zwei kleinen Kindern und kaum aufrecht gehalten von einem alten Mann; ein Angestellter prüft ein Stück, dessen Eigentümer in

Orte. Zunächst kam das obere Etablissement der Gebrüder D i e r i g an die Reihe. Der Pastor S e i f f e r t, Schwiegersohn des Dierig, dem seine Frau eine Mitgift von 20,000 Thaler zugebracht und der nun wohl bequem von der ruhigen Ergebung des wahren Christen in sein Schicksal, von den Freuden, die dem Dulder hienieden, dort oben winken sollen, sprechen und zur Ruhe und zum Frieden ermahnen mochte, soll ins Wasser geworfen worden sein. Unterdes hatten die Commis ihre Fabrikknechte und andere Leute versammelt, mit Knütteln und was sonst zur Hand lag, bewaffnet und drangen nun unter Anführung des Bauergutsbesitzers Werner auf die Weber los. Nach einem heftigen Gefecht flohen die Weber unter Zurücklassung mannigfaltiger Blutspuren und mit zerschlagenen Köpfen zu dem Gebäude hinaus und fort. Indes fanden sich die Entwichenen mit neu Angekommenen bald vor dem zweiten Hause D i e r i g s ein. Besonders hatten sich viele Weber von denen, die bei D i e r i g arbeiten, versammelt. Letzterer hatte allen, die sein Eigentum beschützen und somit sich selbst die Gelegenheit, weiter zu arbeiten, erhalten würden, ein Geschenk von 5 Sgr. zugesagt. Mehrere Fremde, die eindringen wollten, waren von den zur Beschützung Bereitwilligen zurückgewiesen worden. Unterdes rückte das schon vor 24 Stunden aus S c h w e i d n i t z requirirte Militär in Bielau ein. Ich verbürge nicht, ob Pastor S e i f f e r t zu seinem Schwiegervater gesagt hat: jetzt brauche er nicht mehr zu bezahlen, das Militär sei ja da! Genug, so wird es fast allgemein erzählt. Das steht fest, daß sich die Menge soeben in Ordnung aufzustellen begann, um die auf einem Zettel, der ans Haus geklebt wurde, von D i e r i g versprochenen 5 Sgr. entgegenzunehmen, als das Militär ankam. Dieses verschaffte sich durch Rückwärtsbewegung einigen Raum; Weber redeten in der Nähe an, und der Commandirende mochte solche Ansprache mit Recht für gefahrbringend halten. Deshalb begab sich der Major

Karl W. Hübner 1844: Schlesische Weber liefern ihr Tuch ab. Varnhagen v. Ense am   ←B 28
29.11.1844: „Der Minister v. Savigny spricht heftig über die Frechheit und den Un-   ←L 76
verstand, die Ausstellung des Bildes ‚Die armen Weber' in dieser Zeit veranlaßt und
gestattet zu haben."

von der ersten Stelle weg, um hinter dem Hause und auf seinen Seiten eine vorteilhaftere Stellung zu wählen. Ein Lieutenant mit 10 Mann wurde in den Garten vor dem Hause beordert. Die Weber formirten zwei Reihen, um jeder seine 5 Sgr. zu erhalten. Die Austeilung sollte am Hause des D i e r i g vor sich gehen und jeder bald nach dem Empfang durchs Haus hindurch ins Freie sich entfernen. Die Ein- und Ausgänge waren mit Soldaten besetzt. Es dauerte aber so lange und die Zahlung verzögerte sich so sehr, daß die Masse ungeduldig wurde, und, außerdem beim Anblick der Soldaten ohnehin aufgeregt und von einigen Unteroffizieren barsch zur Ordnung gerufen und bald fest überzeugt, daß sie kein Geld erhalten würden, gegen die Truppen immer mehr andrängte. Der Major, welcher D i e r i g s Haus und seine Truppen mehr und mehr bedroht sah, ließ Feuer geben.

In Folge dreier Gewehrsalven blieben sofort 11 Menschen tot. Blut und Gehirn spritzte weit hin. Einem Manne trat das Gehirn über dem Auge heraus. Eine Frau, die 200 Schritte entfernt an der Türe ihres Hauses stand, sank regungslos nieder. Einem Manne war die eine Seite des Kopfes hinweggerissen. Die blutige Hirnschale lag entfernt von ihm. Eine Mutter von 6 Kindern starb denselben Abend an mehreren Schußwunden. Ein Mädchen, das in die Strickstunde ging, sank, von Kugeln getroffen, zu Boden. Eine Frau, die ihren Mann stürzen sah, ging auf den Boden und erhenkte sich. Ein Knabe von 8 Jahren wurde durchs Knie geschossen. Bis jetzt sind überhaupt 24 schwer und tödlich Verwundete, außer den obigen 11 Toten, bekannt geworden. Wie viele ihre Wunden verheimlichen, läßt sich vielleicht später erfahren. Nach den ersten Salven herrschte einige Sekunden eine Totenstille. Aber der Anblick des Blutes um und neben ihnen, das Stöhnen und Röcheln der im Verscheiden Begriffenen, der Jammer der Blessirten, trieb die mutigsten unter den Webern zum Widerstande. Sie antworteten mit Steinen, die sie von den Steinhaufen der Straße aufrafften. Als nun zwar noch mehrere Schüsse getan und dadurch abermals einige Weber verwundet wurden, gleichwohl aber die Weber, auf der einen Seite entfliehend, von der andern her zürckkehrten und unter den fürchterlichsten Flüchen und Verwünschungen mit Steinen zu werfen fortfuhren, mit Knitteln, Äxten u.s.w. vordrangen, bewerkstelligte der Major v. Rosenberger seinen Rückzug. Hätte er länger gezögert, so war es vielleicht für immer zu spät. Abends 10 Uhr langte der Major v. Schlichting mit 4 Compagnien in P e t e r s w a l d a u an. Auch 4 Geschütze trafen von Schweidnitz ein . . .

schmerzlicher Besorgnis auf das Ergebnis warten; ein junger Mann zeigt seiner verzagten Mutter den kärglichen Lohn, den er für seine Arbeit bekommen hat; ein alter Mann, ein Mädchen und ein Knabe sitzen auf einer Steinbank und warten, daß sie an die Reihe kommen; und zwei Männer, jeder mit einem Packen zurückgewiesenen Stoffes auf dem Rücken, verlassen gerade den Raum, einer von ihnen ballt voll Wut die Faust, während der andere die Hand auf des Nachbarn Arm legt und zum Himmel zeigt, als ob er sagt: Sei ruhig, es gibt einen Richter, der ihn strafen wird. Diese ganze Szene spielt sich in einem kalt und ungemütlich aussehenden Vorsaal mit Steinfußboden ab; nur der Fabrikant steht auf einem Stück Teppich, während sich auf der anderen Seite des Gemäldes, hinter einer Barriere ein Ausblick in ein luxuriös eingerichtetes Kontor mit herrlichen Gardinen und Spiegeln öffnet, wo einige Angestellte schreiben, unberührt von dem, was hinter ihnen vorgeht, und wo der Sohn des Fabrikanten, ein junger Geck, sich auf die Barriere lehnt, eine Reitgerte in der Hand, eine Zigarre raucht und die unglücklichen Weber kühl betrachtet. Dieses Gemälde ist in mehreren Städten Deutschlands ausgestellt worden und hat verständlicherweise so manches Gemüt für soziale Ideen empfänglich gemacht.

Kommentar im „Vorwärts. Pariser Deutsche Zeitschrift" vom **29.11. 1844** zum Ausgang der ersten gewaltsamen Klassenauseinandersetzung in
→L 77 Deutschland: *Die Proletarier Deutschlands haben hier eine Niederlage, aber nur zum Scheine, erlitten; jene schlesischen Weber sind die verlorenen Posten einer siegreichen Zukunft.*

8.4 Die Familienhäuser in der sozial orientierten Stadtbeschreibung

Gleichzeitig mit dem „Königsbuch" von Bettina v. Arnim erscheint als billige Massenauflage in deutscher Übersetzung der erste französische Zeitungs-Fortsetzungsroman, „Die Geheimnisse von Paris" von Eugène Sue.

(Compl. 6 fl. oder 3½ Rthlr. pr. Ct.) [5498-99] Billigste Ausgabe der (Compl. 6 fl. oder 3½ Rthlr. pr. Ct.)

„Les Mystères de Paris par Eug. Sue."

Von diesen das allgemeine Interesse so sehr fesselnden „Mysterien" haben wir, in Gemeinschaft mit Haumann & Comp. in Brüssel, eine prachtvolle und zugleich außerordentlich billige Taschenausgabe auf Velinpapier (in 12—13 Bd. compl. 6 fl. oder 3½ Rthlr. pr. Ct.) veranstaltet.

Die ersten 10 Bände sind bereits vorräthig; der 11te Band (das Neueste dieser interessanten Sue'schen Novellen enthaltend) erscheint in wenigen Tagen, und die übrigen Bände bringen den Schluß derselben, sogleich, nachdem solcher in Paris veröffentlicht.

☞ Bestellungen nebst Betrag gefällig franco.
Frankfurt a. M., den 15 Julius 1843.

E. Ullmann'sche
Buch-, Kunst- und Antiquariats-Handlung.

Anzeige in der „Allgemeinen Zeitung", Augsburg, Nr. 241, vom 2.8.1843

Zur Vorgeschichte dieses Buches aus dem Nachwort der jüngsten deutschen Übersetzung:

Da kam am Abend des 25. Mai 1841 in einer Pause der Premiere von →L 79 *Félix Pyat's Sozialstück „Les deux Serruriers" („Die beiden Schlosser") die Rede auf die richtige oder falsche Darstellung des Proletariers in der Literatur. Sue griff blasiert den Autor an, er habe in seinem Drama das Volk karikiert und sein Elend übertrieben. Dieser lud ihn und seine Freunde ein, ihn anderntags zu einem Arbeiter in der ärmlichen Rue Basse-du-Rempart zu begleiten. Sue nahm die Einladung an, verstrickte sich dort in ein langes Gespräch über ökonomische Grundfragen, in dem er von der ergreifenden Rede des Arbeiters tief erschüttert wurde, so daß er am Ende ausrief: „Ich bin Sozialist!" Die jähe Bekehrung zu einem überzeugten, wenn auch nur gefühlsmäßigen Sozialisten hinterließ zunächst nur periphere Spuren in seinem letzten Intrigenroman „Mathilde, Mémoires d'une jeune Femme" (1840–41). Ein Jahr danach drückt ihm E. Legouvé, der Herausgeber des „Journal des Débats", eine marktschreierisch aufgemachte englische Kolportage in die Hand, die unter dem Titel „The Mysteries of London" und unter einer nachlässig gewahrten Romanfiktion Mißstände der Großstadt anprangert, und fragt ihn, ob er nicht ein ähnliches Buch über Paris schreiben wolle, da solche Revuen gute Absatzchancen hätten. Eugène Sue zögert und bittet sich Bedenkzeit aus, aber sechs Wochen danach erhält Legouvé dreihundert Manuskriptseiten, die er am gleichen Abend „in fieberhafter Erregung" zu Ende liest – es ist der erste Teil der „Geheimnisse von Paris".*

Wie viele seiner Schriftstellerkollegen vor und neben ihm hatte auch Sue bis dahin einzelne seiner Romane als Teildruck oder im ganzen an Zeitungen zur Veröffentlichung übergeben, ohne daß jedoch dieser Schritt Konsequenzen für die Anlage seiner Bücher gehabt hätte. Erst mit der langen Folge der „Mystères de Paris" („Journal des Débats", 19. Juni 1842 bis 15. Oktober 1843) entsteht der eingangs erwähnte neue Typ des Zeitungsromans: offen in seiner Grundlage, auf Tageskonsum und Tageseinfluß hin angelegt, Melodram, Reportage und humanitären Appell zu immer neuen Effekten und Steigerungen zusammenschweißend. Alle die Fehler seiner früheren Bücher: die grelle Überzeichnung der Charaktere und Situationen, die fahrige und unkonsequente Skizzierung des Handlungsgerüstes, die Überfüllung seiner Romane mit immer neuen Figuren und Begebenheiten, kann Sue beim Zeitungsroman taktisch als Vorzüge einbringen.

Die reportagehaft angelegte Form des Romans, der in deutscher Übersetzung bereits in Teillieferungen erscheint, ehe er in Französisch überhaupt ganz erschienen ist, trifft auf die gesellschaftliche Unruhe, die das Anwachsen der allgemeinen Verarmung im Bürgertum auslöst. Die mystifizierende Reportage ersetzt das analytische Begreifen der gesellschaftlichen Umwälzung, deren Erscheinungen handgreiflich sind. Bezeichnenderweise

---

Zu Eugène Sue, Mystères de Paris:

→L 78 *„Von allen Enden der Welt fliegt uns in mächtigen Posaunentönen die Nachricht von den Erfolgen der ‚Geheimnisse' zu, ja, es ist nachgewiesen, daß seit Erfindung der Buchdruckerkunst kein Buch einen solchen Absatz gefunden hat, mithin so bewundert wurde. Alles liest die ‚Mysterien', alles spricht über sie, die Leihbibliotheken werden beinahe gestürmt, hunderte von verschiedenen Ausgaben kreuzen den Buchhandel, Herr Eugène Sue ist so der Unvermeidliche geworden, dem man begegnet, wohin man den Fuß setzt. Lockt ein Plakat unsere Aufmerksamkeit, so spricht es von den ‚Geheimnissen', treten wir an einen Bilderladen, so begegnen wir den blutdürstigen Blicken des illustrierten Chourineur. Die Märchen der bärtigen Sheherazade beherrschen das ganze Haus, vom Souterrain bis zur Mansarde. Verlöscht der Dame die Lampe spät des Nachts beim Lesen der ‚Geheimnisse', so liest das Kammermädchen am frühen Morgen stehend darin."*

Das satirisch eingefärbte Zitat aus dem Jahr 1843 hält den ungeheuren Erfolg von Eugène Sues Roman „Les Mystères de Paris" in Deutschland zu einem Zeitpunkt fest, da in Frankreich die Veröffentlichung im „Journal des Débats" gerade abgeschlossen und die Buchausgabe eben erst erschienen war. Nicht weniger als zwölf deutsche Tageszeitungen und Zeitschriften brachten ←B 29 den Roman unter den wechselnden Titeln „Die Geheimnisse von Paris" oder „Pariser Mysterien" gleichzeitig heraus, in Fortsetzungen, die beinahe parallel zu den französischen erschienen. Die Übersetzungen von Erwin von Moosthal und A. Diezmann wurden in einer verwirrenden Fülle von Buchausgaben, Broschüren und illustrierten Heftchen, von angeblichen Originalausgaben und verbotenen Nachdrucken auf den Markt geworfen. Ein Sue-Fieber – analog zur etwas früheren Boz- oder Dickens-Grippe – hatte nicht nur Deutschland, sondern von Frankreich aus ganz Europa und Nordamerika erfaßt. Zeitgenössische Berichte aus Frankreich stellen unser scheinbar satirisch überzeichnetes Eingangszitat noch weit in die Schatten: ganz Paris verschlang zwei Jahre lang Morgen für Morgen wie im Taumel die Fortsetzungen des Romans, und bis eine Stunde nach der Auslieferung des „Journal des Débats" war an geregelte Arbeit im Parlament so wenig zu denken wie bei der Müllabfuhr. In der französischen Provinz pflegten, wie Tony Kellen zu berichten weiß, „ganze Dorfschaften dem Briefträger entgegenzugehen, der die neue Nummer der ‚Débats' bringen mußte, um sich den Roman dann von dem Schullehrer vorlesen zu lassen". Ja, Kranke sollen mit dem Sterben gewartet haben bis zum Abschluß der „Mystères de Paris": „Das magische ‚Fortsetzung folgt' fristete von Tag zu Tag ihr Leben, und der Tod hatte ein Einsehen, daß sie in der anderen Welt nicht ruhig sein könnten, ehe sie nicht die Auflösung dieser bizarren Epopöe erfahren hatten" (Théophile Gautier). Als demungeachtet im Januar 1843 die berühmte Wahrsagerin Lenormand verschied, ohne ihren letzten Wunsch erfüllt zu sehen, nämlich den Ausgang der „Geheimnisse von Paris" zu erfahren, soll umgekehrt dieses unerwartete Ereignis den Autor bewogen haben, allen Schwerkranken zum Dank seinen Roman frühzeitig, noch vor Eintritt des Winters 1844, abzuschließen.

. . . Der Zeitroman von den „Pariser Geheimnissen" erschien als Zeitungsroman. Gewiß hatten sich schon vor Eugène Sue französische Romanciers wie Balzac und Frédéric Soulié der 1836 durch Emile Girardin, den Herausgeber der „Presse", kreierten Publikationsform des „roman-feuilleton" bedient, um ihren Romanen im Vorabdruck größere Verbreitung zu sichern, aber erst Sue hatte den Typ des Zeitungsromans auch zeitungsgerecht benutzt: Alle Enthüllungen und Mitleidsappelle, alle Begebenheiten und Verwicklungen seines Romans geraten mit Absicht in das Magnetfeld der aktuellen Tagesnachrichten und Parlamentsberichte, der Leitartikel und der politischen Glossen. Wenn Dickens seine Romane noch in literarischen Zeitschriften oder in eigenen Heften publizierte, so sprach er damit ein wenn auch weitgespanntes Publikum von R o m a n lesern an. Sue dagegen ordnete seine Tätigkeit der Tagespresse unter und sprach damit über das gewohnte auch in weiten Teilen unliterarisches Massenpublikum an, das sich für seine Ziele und Forderungen begeistern ließ und als lesendes Publikum wiederum auf die Auflagenhöhe der Zeitung und damit auf deren politische Durchschlagskraft zurückwirkte. Der Zwang zur Aktualität einmal, zur formalen Aufbereitung in Tagesportionen zum anderen, bewirkte für den Roman eine gänzliche strukturelle Umorientierung: Die Aufteilung und Zersplitterung in je für sich spannungsträchtige Szenen und Situationen ließ die sukzessive Ordnung, die auch dem damals landläufigen Trivialroman eigen war, in Scherben brechen zu einer *kaleidoskopartigen Ansammlung von parallel neben-einanderlaufenden Handlungen und Einzelmomenten, aus denen sich nur langsam eine Art geschlossenes Ganzes addiert. Diese Zersplitterung ist es überhaupt erst, welche Sues Roman eine literarisch desinteressierte Leserschaft zuführt – eine Leserschaft, die Eugène Sues Nachrichten aus der Pariser Unterwelt wie tägliche Reportagen oder Gerichtsberichte goutierte, die aber vor der Forderung, ein ausgearbeitetes, dickleibiges Buch lesen zu sollen, sofort abgesprungen wäre. Überdies wird durch das rigorose Auftrennungsverfahren der schreibende Autor – es war in Paris durchaus bekannt, daß Sue noch an seinen Romanen arbeitete, während das Publikum bereits die ersten Fortsetzungen las – in einen ungewöhnlich engen Rapport zur namenlosen Menge seiner Leser gesetzt, so daß sich einzelne Episoden, der gute oder schlechte Ausgang von Handlungssträngen, ja sogar die Grundlinien des Romans, nach der Ausdauer und nach dem Interesse des Publikums verändern können.*

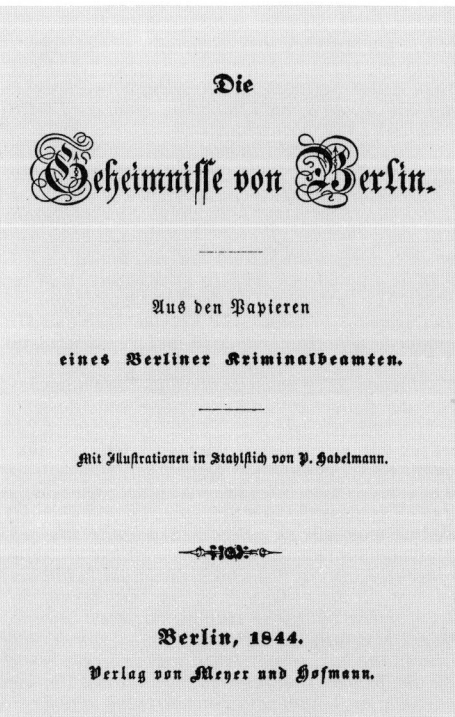

schießen die Mysterien à la Sue überall da aus dem Boden, wo die Folgen der neuen Produktionsweise sichtbar werden.

Die Sue-Lektüre hat für Berlin zwei Folgen. Einmal entstehen romanhafte „Geheimnisse von Berlin", in denen kolportagehaft das Voigtland mit den Familienhäusern den Stadtteil St. Antoine in Paris und St. Gilles in London ersetzt. Zum anderen wird der Suesche Roman im Zusammenhang mit der ausführlichen kritischen Beschäftigung der deutschen Sozialisten mit seiner Tendenz zum Anlaß genommen, eine erste Realbeschreibung Berlins als Hauptstadt Preußens und als Ort sich verschärfender Klassengegensätze zu versuchen. Ernst Dronke und Friedrich Sass, die fast gleichzeitig ihre Bücher über Berlin veröffentlichen und dafür verfolgt werden, arbeiten aber mit ganz anderen Mitteln als Sue.

8.4.1 Der geheimnisvolle Ort vor dem Hamburger Tor

1844 erscheinen drei Berliner Sue-Imitationen, die stereotyp das Voigtland in der doppelten Besetzung als Verbrecher- und Proletarierviertel zum Ort der Handlung machen:

→S 265 1. August Braß: „Mysterien von Berlin",

→S 269 2. (Anonym): „Geheimnisse von Berlin. Aus den Papieren eines Berliner Kriminalbeamten",

→L 80 3. Rudolf Lubarsch (L. Schubar): „Mysterien von Berlin".

Das folgende Zitat aus den anonym erschienenen „Geheimnissen" zeigt, wie die Familienhäuser als Hochburg des Verbrechens und der Armut literarisch verwurstet werden:

→L 81 *Den Centralpunkt und die eigentliche Krone des Voigtlandes bilden die sogenannten Familienhäuser. Diese großen, casernenmäßig angelegten Gebäude sind mit Tausenden von Menschen bevölkert, welche genügen würden, ganze Städte mit Einwohnern zu versetzen, und welche hier bei einem geringen Mietszins ein notdürftiges Obdach genießen. Von hier aus ziehen jeden Morgen ganze Herden räuberischen Gesindels durch das Hamburger Tor in die Stadt hinein und verbreiten sich wie die Pest über alle Teile derselben. Von dem Leben und Treiben, welches in diesen Höhlen herrscht, in denen die tiefste Hefe des Volkes zusammengepreßt ist, vermag sich der Leser, welcher sich auf seinen weichen Kissen wohlgefällig streckt, kaum einen Begriff zu machen. Es ist keine Fabel, daß früher dort einzelne Stuben durch kreuzweis auf den Dielen gezogene Kreidestriche in vier Viertel geteilt wurden und daß jedes dieser Viertel von einer zahlreichen Familie bewohnt wurde. Es ist ferner keine Fabel, daß zur Zeit des Winters in den Magen der dortigen Bewohner alljährlich Hunderte von Hunden und Katzen ihren Untergang finden und daß dort ganze Familien den schmutzigsten und ekelhaftesten Krankheiten erliegen. Daß sich bei dieser Beschaffenheit des Voigtlandes dort namentlich in den Zeiten des Jammers und des Elends oft die gräuelvollsten Scenen ereignen, in denen die heiligsten Familienbande mit Füßen getreten werden und in denen der Mensch nur in seinem rein tierischen Zustande erscheint, bedarf wohl keiner weiteren Ausführung.*

Voigtland und Familienhäuser liefern den Autoren dieser „Geheimnisse" den Stoff, um auf der Welle der ungeheuer populären Sue-Romane mitzureiten, und dienen dazu, den kleinbürgerlichen Leser erschauern zu lassen. Dieser literarischen Konjunktur kann sich auch die „schöne Literatur" für die „gehobenen Leserkreise" nicht verschließen. So verarbeitet der Berliner Ästhetik-Professor Theodor Mundt, bei dem auch Heinrich Grunholzer Vorlesungen gehört hat, die Familienhäuser in seinem Roman „Camela oder die Wiedertaufe".

→L 82 *— Aber jetzt lassen Sie uns gehen, der Regen hat aufgehört, und da Sie Ihre Freunde erst spät bei sich erwarten, so könnten wir noch ein wenig zum Tor hinaus wandern. Ich habe Lust, mich einmal draußen im Voigtlande umzusehen.*

Ja, ja, lachte Arminius, mit Ihrer Liebe zu der rätselhaften Carmela wirken Sie jetzt auch in die Geheimnisse von Berlin hinein, und da ist es nun ganz natürlich, daß Sie auch einmal das Voigtland näher in Augenschein nehmen wollen. Ich bin von der Partie und begleite Sie!

Tagebuchseite von Grunholzer mit der Karikatur von Dr. Mundt bei der Vorlesung ←B 30
vom 8.5.1843

→L 83 **Theodor Mundt**, Schriftsteller u. Publizist, geb. 19.9.1808 in Potsdam, gest. 30.11.1861 in Berlin. Sohn eines Rechnungsbeamten, Studium Philosophie/ Philologie in Berlin, 1832 Mitredakteur der „Blätter für lit. Unterhaltung" in Leipzig, von den Verfolgungen und der Zensur gegen die Schriftsteller des „Jungen Deutschland" betroffen, 1839 Heirat mit Klara Müller (Luise Mühlbach), 1840–43 Herausgeber der Zeitschrift „Pilot", habilitiert sich 1842 an der Universität in Berlin, 1848 außerordentlicher Professor für Geschichte und Literatur in Breslau, seit 1850 Bibliothekar der Universitätsbibliothek Berlin.

Die beiden Freunde machten sich auf den Weg und durchschritten die Linden, wo, nach dem gefallenen Regen, erfrischende Düfte von den Bäumen stiegen. Kühl und dunkel lag die Sommernacht über den Straßen, auf denen es sich jetzt allmählich wieder zu regen und lebendig zu tummeln begann. Arminius und Sylvius bogen die große Friedrichsstraße ein und verfolgten dieselbe bis zum Oranienburger Tor. Darauf wanderten sie außerhalb desselben an der Stadtmauer entlang bis zum Hamburger Tor, wo sie zugleich bei den sogenannten Familienhäusern anlangten. Sie hatten diesen Weg mit großer Eile zurückgelegt, und Sylvius war stumm und in sich versunken neben dem andern hergegangen, während Arminius ihn forschend und mit etwas spöttischer Aufmerksamkeit zu betrachten schien.

Wir stehen vor den Pyramiden des Berliner Pauperismus, sagte Arminius, indem er auf die Familienhäuser wies, aus deren spärlich erleuchteten Fenstern das Geräusch der Webstühle sich vernehmlich machte. Diese vier Häuser, in welchen 2000 Menschen hungern und darunter 1500 Kinder, sie schließen die ganze Märchenwelt der heutigen Armut ein! Auch der Pauperismus hat sich bereits seine Mythen gebildet, wie dies hier in den Familienhäusern geschehen ist, wo man lange von den vier Kreidestrichen gefabelt hat, durch welche die Stuben geteilt wären, um in jeder Ecke eine Familie mit allem ihren Zubehör aufnehmen zu können!

Lassen Sie uns rasch vorbeikommen! sagte Sylvius. Diese Romantik der Armut, zu deren Gegenstand man neuerdings die Berliner Familienhäuser zu machen angefangen, sie ist nicht nach meinem Geschmack! Aber ich laufe gern zuweilen in diese seltsamen Gassen des Voigtlandes hinein, wo es aus den kleinen niedrigen Häusern mich so wunderbar anmutet, wo die zerlumpten Kinder so fröhlich mitten auf der Straße liegen und spielen und singen und wo jedes gefurchte und kummervolle Gesicht, dem man hier begegnet, seine Geschichte hat, welches die Geschichte der ganzen heutigen Gesellschaft ist!

Betrachten Sie doch noch ein wenig diese merkwürdigen Häuser, sagte Arminius, indem er einige Schritte in den Hof hineintrat und Sylvius mit sich zog. Wenn auch die Familienhäuser bis jetzt noch zu keinem Fourier'schen Phalanstere umgeschaffen worden sind, so sahen wir doch schon unsere sociale Poesie und Romantik zum Hamburger Tor hinaus wandern, um diese Häuser zu besuchen, von welchen seitdem in allen Büchern und Blättern so häufig die Rede geht. Wir haben besonders gesehen, wie

Bettina, das Kind, in welcher der Berliner Socialismus seine ersten romantischen Bacchanalien feiert, auch hinausgeschlüpft ist auf ihren Mondschein-Zehen in diese Familienhäuser und wie sie dort um das Elend der armen Weber ihre magischen Gedankenkreise gezogen hat, mit geheimnisvollem Tanzen und Springen dabei den Genius der Menschheit mitten auf dem Berliner Voigtlande anrufend. Und diese unsere armen Weber, welche bei der angestrengtesten Arbeit in 14 Tagen nur 1 Thlr. 10 Sgr. zu verdienen vermögen, sie haben es der Bettina alles gesagt, was ihnen fehlt, damit diese es dem König sage, und da haben wir, in diesem eigentümlichen socialen Bild unserer nächsten Zustände, die ganze Stufenleiter dieser socialen Entwicklung: die arbeitende Volksklasse, dann den prophetischen Genius des socialen Gedankens, und als drittes Glied den höchsten Staatsvertreter und Herrn selbst, in welchem sich die politische Bedeutung dieser socialen Erscheinungsweise zusammenfaßt! Da haben wir auch ein deutsches Proletariat, wie es bei uns zunächst noch als das Element einer neuen Sentimentalität und Romantik sich hervordrängt! Denn auf uns Deutsche wirken einmal alle neuen historischen Bewegungen zuerst sentimental!

Es ist wahr, entgegnete Sylvius, wir bekommen von dieser zerlumpten Seite der Menschheit her neuen Stoff zu neuen Gefühlen, zu neuen Gedanken und Dichtungen. Man fängt diesen Stoff an zuerst unter der Form der „ G e h e i m n i s s e “ zu behandeln, und diese Benennung ist charakteristisch genug, denn wie ein Mysterium schauen sich die Lumpen des Volkes an, diese Lumpen, aus welchen jetzt die wahren Feierkleider der Menschheit gemacht werden sollen. Es ist allerdings ein geheimnisvoller Prozeß, wenn diese untersten Tiefen der Gesellschaft gelüftet werden, und wenn diese taumelnden Gestalten des Unglücks heraufschreiten zur Morgenröte ihrer neuen Zukunft, unter dem klingenden Spiel ihrer Tränen, Flüche und Verwünschungen! Es ist ein neues Zwielicht der Gesellschaft jetzt angebrochen, und da ist es kein Wunder, daß die Romanschreiber in demselben Gespenster sehen, und nichts mehr als „Geheimnisse“ zu schreiben wissen.

Ich für mein Teil, versetzte Arminius, möchte lieber „Öffentlichkeiten von Berlin“ schreiben als Geheimnisse von Berlin. Jedes wahre und echte G e h e i m n i s kann doch nur dazu bestimmt sein, zur rechten Zeit zur Ö f f e n t l i c h k e i t zu werden, wie denn das überhaupt die eigentlichen und größten Geheimnisse sind, welche jedermann vor Augen gewissermaßen auf der Straße liegen. Und namentlich hier in unserm teuern Berlin ist es denn mit den eigentlich geheimen Geheimnissen gar nicht weit her. Diese Dünnbier-Mysterien des Berliner Voigtlandes werden doch immer nur einen schlechten Roman hergeben können. Es wächst alles hier zu Lande gar zu verständig auf, selbst die Greuel des Voigtlandes. Und doch sind auch hier so manche kleine Üppigkeiten und Schlechtigkeiten versteckt, welche die bisherigen Geheimnisschreiber von Berlin sogar übersehen zu haben scheinen. Zum Beispiel, die kleinen Badehäuser in der Bergstraße, von denen einige, obwohl in ziemlich schmieriger Einrichtung, doch alles vereinigen, was man nur in Italien, in Polen, in Brüssel und anderswo in diesem Genre sehen kann, nämlich die Nymphe der Bäder, die zugleich als Göttin Venus fungiert, wenn auch als diese schlechte Göttin, welche die Alten die Vulgivaga nannten. Indes soll die Polizei von diesen Bade-Mysterien der Bergstraße sehr gut unterrichtet sein, und sie duldet dieselben immer zeitweise so lange, als sie dadurch besondere Zwecke erreicht, und einen Concentrationspunct für manche Verbrecher gewinnt, die sie hier am bequemsten überwachen und zuletzt abfassen kann.

Ich habe Sie immer um Ihre große Localkenntnis von Berlin bewundert, sagte Sylvius. In der Tat, Sie wären unter allen der Berufenste, Geheimnisse von Berlin zu schreiben, oder vielmehr Öffentlichkeiten, wie Sie dieselben lieber nennen wollen. Schreiben Sie dergleichen, und Sie werden Geld, Ruhm und Anerkennung verdienen.

Ich glaube wohl, daß ich darin mehr leisten könnte, als bisher auf diesem Gebiet geschehen! erwiderte Arminius, mit einiger Selbstgefälligkeit lächelnd. Aber ich habe, aufrichtig gesagt, keine Zeit dazu!

Zwei Seiten weiter werden sie Zeuge einer wüsten Auseinandersetzung, die mit einem Mord im Torweg der Familienhäuser endet.

Der zitierte Abschnitt läßt die beiden Quellen für den Ort, das „Königsbuch" von Bettina und die „Mysterien" von Sue, deutlich werden. Der mit großer Lokalkenntnis ausgestattete Arminius, der zum Schreiben der Geheimnisse aufgefordert wird, hat keine Zeit, das erledigt vielmehr die Frau von Theodor Mundt, die unter dem Pseudonym Luise Mühlbach **1846** „Ein Roman in Berlin" herausbringt. Sie legt die Haupthandlung in die Familienhäuser: Die verarmte Baronin von Hermfeld zieht mit ihren drei Töchtern in die Familienhäuser usw. Der Baronin legt die Autorin ihre Gedanken über „Die soziale Frage" in den Mund. Der dreibändige Roman beginnt mit einer Beschreibung der Familienhäuser und der Ankunft der von Hermfelds auf dem Hof:

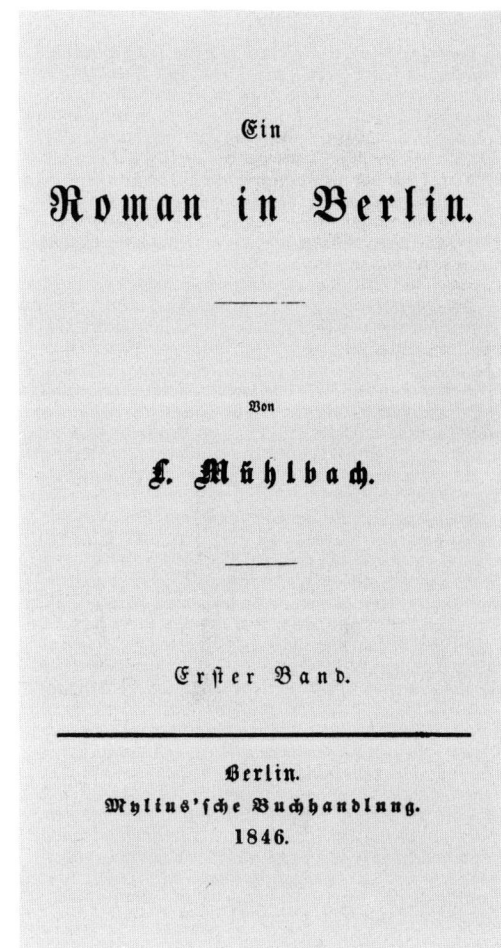

Die Familienhäuser.

Draußen in den Familienhäusern vor dem Hamburger Tor ist es einsam ←L 84 *und still, und nichts von dem lauten und fröhlichen, kreischenden und jauchzenden Leben Berlins läßt sich hier vernehmen. Einsam, das heißt, man sieht weder glänzende Equipagen noch Droschken vor diesen großen palastartigen Gebäuden mit den unzähligen kleinen Fenstern halten, noch auch sieht man andere Menschen die Schwelle überschreiten, andere als die Armen, welche in diesen Häusern wohnen. Und wenn wir diese Gebäude still nannten, so ist es doch nur eine eigentümliche, geräuschvolle Stille, nicht das lautlose Schweigen der Ruhe, sondern die geschäftige Stille der Arbeit. Drunten in jenen Räumen erklingen viele murmelnde Kinderstimmen, Gebete plappernd, oder mit eintönigem Tacte dem Lehrer die einzelnen Buchstaben des Alphabets nachsprechend, zuweilen auch steigert sich dies Flüstern und Murmeln zu lauteren Tönen, und die armen Kleinen erheben ihre dünnen zitternden Stimmchen zu der feierlichen Weise eines Chorals, der aber nicht wie ein Dankgebet, sondern wie ein Aufschreien der flehenden Angst, des zitternden Jammers erklingt, und einem Tränen in die Augen drängt, Tränen über diese armen, frierenden, hungernden Kinder.*

Droben in den obern Stockwerken aber hört man, die langen Corridore hinabschreitend, und lauschend an den vielen Türen, die auf dieselben ausmünden, stehen bleibend, das eintönige melancholische Klappern der Webestühle, das leise Hämmern des Schusters, und wenn hie und da jammervolles Ächzen und Klagen dies arbeitsame Geräusch unterbricht, so kommt dies von den Lippen irgend eines armen Kranken, der arbeitsunfähig auf einsamem Strohlager wimmert, und vielleicht herber wie an den Schmerzen der Krankheit an den Schmerzen des Hungers leidet. Aber es gibt auch Stunden, in denen diese Räume sich beleben, in denen Jauchzen und Jubeln durch die Corridore schallt, und die trüben Augen der arbeitenden Frauen aufleuchten in freudigem Glanze. Das sind die Stunden, in denen die Kinder, frei vom lästigen Schulzwang, befreit von der drückenden, verpesteten Luft des großen finstern Schulsaales, zu den Ihrigen eilen, um froh und zufrieden von ihren Müttern die kärgliche Mahlzeit, das Stückchen Brot oder die wenigen gekochten Kartoffeln zu erhalten, die ihnen als Mittagsessen dienen sollen. Aber die Kinder nehmen jubelnd, was die Mütter ihnen seufzend reichen, sie wissen nichts von der Mühe und Qual, womit auch dies Wenige erworben und verdient wird, sie wissen aber auch nicht, daß es noch andere Genüsse und kostbarere Mahlzeiten gibt als Brot und Kartoffeln. Sie sind zufrieden und hüpfen singend und jubelnd hinunter in den Hof, gewiß, dort ihre Freunde und Kameraden, gewiß, dort Lust und Freude zu finden. Nun belebt sich der stille Hof, der inmitten dieser drei mächtigen Gebäude liegt, nun dröhnen die dunklen trüben Fenster wieder von dem Schreien und Jubelkreischen der Kleinen, und hie und da öffnet sich mühsam und knarrend ein Fensterflügel, und es zeigt sich ein sorgenvolles, durchfurchtes Angesicht, das sich erhellt beim Anblick der kleinen fröhlichen Kinderschar; und der lächelnde Blick dieses Beschauers ist ein Segen und Seufzer zugleich, denn er weiß wohl, daß diese Freude nicht lange dauern und daß, mit dem Wachsen dieser jungen, schwellenden Glieder auch die Sorgen und die Not wachsen werden, und darum sind seine Gedanken ein seufzender Segen für die Zukunft dieser Kleinen.

Ach, aber diese Kleinen, sie wissen nichts von Sorgen und Not. Der weite, schmutzige Hofraum hat sich unter ihren magischen Blicken ihnen verwandelt, die Kinderphantasie ist lächelnd und singend darüber hingefahren, und in jauchzendem Spiele haben sie die Lumpen, die groben Gewänder von sich geworfen, um ihre kleinen schwachen Schultern mit Königsmänteln und Purpurgewändern zu bekleiden, um im glänzenden Gefolge von Soldaten und Dienern einher zu stolziren; und auf den Gesichtern dieser kleinen Lumpenkönige wechselt mühsam unterdrücktes Lachen mit künstlicher Gravität. Die Kinder der Armut spielen mit dem,

Mundt, Klara (Ps. Luise Mühlbach), geb. **2.1.1814** in Neubrandenburg, gest. **26.9.1873** in Berlin. Tochter des Neubrandenburger Oberbürgermeisters Müller, bereist die Schweiz und Italien, wird von Theodor Mundt literarisch gefördert, heiratet ihn **1839** und wohnt mit ihm seit **1841** in Berlin. Im Laufe von 36 Jahren überschwemmt sie den Büchermarkt mit nicht weniger als 290 Bänden. Ihre Bücher gehören zur meist gelesenen Unterhaltungsliteratur.

Max Ring über Luise Mühlbach:

Theodor Mundt war eine liebenswürdige Persönlichkeit, ein feiner Geist, mehr spekulativ als schöpferisch und produktiv. Um so fleißiger und produktiver war seine Gattin, Frau Luise Mühlbach, welche täglich mehrere Druckbogen lieferte und eine bewunderungswürdige literarische Fruchtbarkeit entwickelte. Sie besaß in der Tat ein ungewöhnliches Erzählertalent, eine seltene Erfindungsgabe und eine nur allzu leichte wuchernde Phantasie. Leider mangelte ihr fast jeder künstlerisch-ästhetische Sinn, das feinere sittliche Gefühl und vor allem die nötige Selbstkritik. Ihre zahlreichen Romane und Novellen strotzten von ethischen Ungeheuerlichkeiten, von psychologischen und historischen Unwahrheiten, von Verstößen gegen den guten Geschmack, fesselten aber durch den meist glücklich gewählten Stoff, durch die Lebendigkeit der Darstellung, durch spannenden Reiz der Situationen und durch die Geschicklichkeit, mit der sie die Fäden der Handlung zu knüpfen und zu lösen wußte, so daß ihre Werke von dem großen Leihbibliotheken-Publikum förmlich verschlungen und selbst vom gebildeten nicht ohne Interesse gelesen wurden.

Im persönlichen Verkehr erschien Frau Mundt höchst amüsant, geistvoll, witzig und auch gutmütig, wenn nicht ihre leicht gereizte Eitelkeit verletzt wurde. Dabei war sie eine ausgezeichnete liebevolle Gattin und Mutter, eine tüchtige Hausfrau und Wirtin, welche ebenso gut in der Küche wie in der Literatur Bescheid wußte. Ihr mit eigenen Händen bereitetes „Weißsauer" und andere mecklenburgische Nationalgerichte erfreuten sich einer gleichen Beliebtheit wie ihre Romane. Auch das schöne Tafelservice, auf das sie mit Recht stolz war, zeigte die vielseitige Kunstfertigkeit der begabten Frau, da sie selbst sämtliche Teller und Schüsseln mit den reizendsten Blumenstücken nach der Natur bemalt hatte. Sowohl sie wie auch Mundt liebten eine anregende Geselligkeit und übten eine verschwenderische, ihre Einnahmen oft übersteigende Gastfreundschaft in ihrem Hause, in dem sie einen großen Kreis interessanter Männer und Frauen um sich versammelten.

←L 85   *was ihnen versagt ist, sie holen mit ihren schwachen Händen den Purpurmantel und die Königskrone sich herbei, sie greifen mit ihrer mächtigen Kinderphantasie kühn hinauf in den Himmel und ziehen Mond und Sterne herunter zu sich und ihren Spielen. Aber diese Königspracht des Wahns, diese muntern Spiele, dies Jauchzen und Singen, es dauert nur kurze Zeit; mit dem Schlag der zweiten Stunde verschwinden alle diese Geister des Glückes und der Luft, und niedergebeugt, traurig, den Opium-Freuden ihrer Phantasiespiele entrissen, schleichen die Kinder der Armut wieder zurück in die trübe dumpfe Schulstube, um sich unterweisen zu lassen, wie man sich beschäftigt, um unterrichtet zu werden in der Arbeit, die ihre ganze Zukunft, ihr ganzer Lebensinhalt sein wird.*

Zögernd, langsam wollten auch heute die Kinder sich diesem mahnenden Rufe fügen, als ein neues, seltenes Schauspiel ihre ganze Aufmerksamkeit in Anspruch nahm und sie ihrer Pflichten vergessen ließ. Mühsam von einem magern, alten Gaul gezogen, fuhr ein elender Wagen in den Hof, bepackt mit allerlei unscheinbarem Hausgerät, unansehnlichen Stühlen und Schränken. Aber denen, die neben diesem Wagen her gingen, schienen diese Dinge wichtig und köstlich, denn es war ihre ganze Habe, ihr ganzes Besitztum, das einzige, welches sie mit dem glücklichen Gefühl der Zugehörigkeit betrachteten, und sie behüteten es mit ihren Blicken, angstvoll, es möge bei dem Rollen des Wagens irgend eins dieser Dinge herabfallen oder zerschellen. Jetzt hielt der Wagen inmitten des Hofes an, und die beiden Frauen, die zur Seite desselben gegangen, schickten sich an, mit Hülfe des Fuhrmanns, die Sachen abzuladen und auf den Hof zu stellen. Mit schweigender Aufmerksamkeit hatten die Kinder diesem Schauspiel zugesehen, als aber jetzt hinter dem Wagen zwei Kinder zum Vorschein kamen, wurden sie von der versammelten Schar mit freudigem Jauchzen begrüßt, und alles drängte und lief herbei, die Hände darzureichen, und den Ankömmlingen einen guten Tag zu bieten.

Die neuen Bewohner werden, nachdem sie die Miete bezahlt haben, vom Inspektor in die Stube Nr. 40 eingewiesen. Während sie noch mit der Einrichtung beschäftigt sind, gesellt sich Frau Winkler, eine Knochensammlerin, zu ihnen. Die erste Charakterisierung einer Bewohnerin:

Das ist recht, das gefällt mir, sagte plötzlich eine Stimme hinter ihnen, und als sie sich umwandten, gewahrten sie ein altes Weib, das unter der Tür stand und mit neugierigen Blicken im Zimmer umherschaute.

Aber das ist ja eine Einrichtung, wie für eine Fürstin, fuhr sie fort, desgleichen hat unser Palais noch niemals erblickt. Potz tausend, einen Sopha sogar, der kein Loch hat, und drei Stühle mit Rohrgeflecht! Das ist brillant!

Erschreckt und ungewiß, ob das Weib im Ernst oder Spott so gesprochen, standen Louise und ihre Mutter schweigend da und betrachteten die Alte, die noch immer unter der Türe stand und im Zimmer umhersah. — Sie mochte funfzig Jahre zählen, und ihr braunes Antlitz zeigte von mannigfachen Sorgen und Stürmen, welche diese tiefen Runzeln und Furchen durch dasselbe gezogen. Nur ihre kleinen blitzenden Augen hatten sich noch ein jugendliches Leben bewahrt, und um ihre schmalen, gekniffenen Lippen schwebte ein gewinnendes, gutmütiges Lächeln. Ihre Kleidung zeigte von der höchsten Dürftigkeit, und kaum noch konnte man die Grundfarbe und den Grundstoff dieses Rockes erkennen, der mit Lappen jeglicher Art und Größe an seinen vielen schadhaften Stellen geflickt war und fast wie eine Harlekinsjacke anzusehen war, so bunt und komisch. Eine graue leinene Schürze bedeckte den Vorderteil des Kleides, ein verschossenes, wollenes Tuch die Schultern, und ein ähnliches hatte sie, als eine Art Turban oder Haube, sich um den Kopf geschlungen und mit demselben ihr graues Haar bedeckt, das hier und da in ganz kleinen, grauen Locken unter dem Tuche hervorsah. Auf dem Rücken trug sie einen Korb, der mit ledernen Riemen an den Schultern befestigt war und aus dem eine kleine eiserne Hacke hervorragte.

An dieser letztern erkannte Frau von Hermfeld schnell eine jener Weiber, die ein Gewerbe daraus machen, von Straße zu Straße in den Höfen umherzugehen und in den Gossen wie auf dem Müllhaufen umherzuscharren, um vielleicht unter dem dort aufgestapelten Abhub oder in der Gosse irgend etwas zu finden, das ihnen nützlich oder genießbar erscheint. Zuweilen ist ihre Ausbeute nicht unbedeutend, und sie entdecken in den Rinnsteinen einen silbernen Löffel, den die Magd mit dem Spülwasser verschüttet hat, oder ein Stück Wäsche, das in gleicher Weise vergeudet worden, während der Müllhaufen ihnen manches im Sande verborgene Stück

Brot, manche genießbare Kartoffel liefert, die, als die beste Beute, sorgfältig von Schmutz und Staub gereinigt und mit einem Wohlbehagen verzehrt werden, wie kaum ein Fürst an reichbesetzter Tafel es empfinden mag.

Die Nachbarinnen finden Gefallen aneinander, und Frau Winkler lädt zum Kaffee. Die Beschreibung der Stube:

Und es war ein herrliches Fest, das Frau Winkler ihren Gästen bereitete. Die kleine Stube sah ganz verklärt aus von dem Dreierlichtchen, das steif wie ein Wachtmeister auf dem Halse einer alten grünen Flasche stand und den ganzen Raum mit einem angenehmen Dämmerlicht erleuchtete. Ja, man konnte bei diesem Licht ganz deutlich sehen, wie sauber und rein diese kahlen Wände, dieser Fußboden und der viereckige weiße Holztisch, der dort unter dem Fenster stand und heute das Centrum des Festes sein sollte. Denn dort standen mehr denn ein halbes Dutzend Tassen, von denen zwei sogar mit blanken zinnernen Teelöffeln versehen waren, und wenn man auch gerade nicht sagen konnte, daß die Tassen schön waren, oder daß die Schale allzugänglich zur Obertasse paßte und gehörte, so machte doch das Ganze einen recht angenehmen Eindruck, der noch erhöht ward, wenn man auf den braunen irdenen Topf blickte, der daneben stand und eine ziemliche Menge bläulich schimmernder Milch enthielt. Auch an Eßbarem sogar fehlte es nicht, auf einem Teller lag ein stattliches Brot und daneben auf einer Unterschale ein nicht ganz unbedeutendes Stück Butter. Und wenn man von diesen Herrlichkeiten den Blick abwandte, so fiel er unwillkürlich auf den blau angestrichenen Ofen, in dem ein behagliches Feuer brannte, eben so sehr zur Erwärmung des Zimmers als zum Besten der großen braunen Kaffeekanne, die im Ofen stand und in welcher der Kaffee lustig zischte und brodelte. Die alte Frau Winkler ging ordnend und säubernd im Zimmer auf und ab, und sie war in ihre Prunkgewänder, wie sie selber sie gern nannte, gehüllt, das heißt, sie trug einen ungestickten Kattunoberrock von einer gewissen, unbestimmten Farbe, die eben so sehr grün als braun oder gelb genannt werden kann, dazu eine saubere weiß und blau gestreifte Schürze und eine Haube von grobem Mousseline, verziert mit gefärbtem himmelblauen Bande, das an einigen Stellen höchst verräterisch noch seine rosa Grundfarbe hervorblicken ließ. Aber alles an der Frau Winkler war reinlich und ordentlich, und es war ein Vergnügen, in dies alte runzlige Gesicht zu sehen, das erglänzte in Freude, in diese Augen zu blicken, die so hell strahlten in Lust, und diese Hände, diese alten, braunen, runzligen Hände zu beachten, wie sie in nimmer ruhender Geschäftigkeit mit dem Stückchen groben Wollenzeuge den Staub abwischten von Stellen, wo längst schon kein Staub mehr gelegen, oder an dem Resedatopf säuberten und putzten, der als einziger Luxus und Schmuck dieses ärmlichen Zimmers auf dem Fensterbrett stand und die ganze Stube erfüllte mit seinem milden Duft.

Die zu der „Kaffeegesellschaft" geladenen Gäste aus den Familienhäusern treffen ein. Die Charakterisierung der Gäste (andere Bewohner tauchen in der Handlung nicht mehr auf):

Als die Baronin mit ihren Töchtern eintrat, strahlte das Zimmer schon im hellen Glanz von z w e i Dreierlichten. – Bald auch kamen die übrigen Gäste. Zuerst erschien Lude's Vater, ein alter Weber, mit frommen, ehrwürdigen Zügen, fast erblindet von unermüdlichem Arbeiten; mit ihm kam sein Sohn Thomas, Lude's älterer Bruder, ein Jüngling von zweiundzwanzig Jahren, hochgewachsen und schlank, und mit einem so schönen, edlen Angesicht, daß selbst die dürftige, ärmliche Kleidung, im schneidenden Gegensatz, seine Schönheit nur noch edler und stolzer erscheinen ließ. Schwarzes glänzendes Haar umschattete in dicken Locken seine hohe weiße Stirn, und fiel hernieder zu beiden Seiten seines schmalen bleichen Gesichtes, das in seinen Zügen den Ausdruck einer stillen resignirten Schwermut trug. Ein schwärmerisches Feuer sprach aus diesen großen, tiefdunklen Augen, und um seinen Mund zuckte zuweilen, wenn er sprach, ein so mildes, schwermütiges Lächeln, daß es einem Tränen in die Augen treiben konnte. Die große und schlanke Gestalt war leicht vorne übergeneigt von der vielen und anhaltenden sitzenden Arbeit, und die etwas schmale, zusammengedrückte Brust gab ihm ein krankes, leidendes Aussehen. – Dann kam Madame Albratti, und ein kaum unterdrücktes Lachen durchflog bei ihrem Erscheinen die übrige Gesellschaft. Wirklich konnte man nichts Komischeres sehen als diese Frau mit den hochroten Wangen,

Klara Mundts Tochter Thea erinnert sich an Mutters Bekanntenkreis

→L 86   *Geselligkeit war ihr Lebenselement, und sie konnte nicht ohne eine solche in ausgedehntem Maße, und zwar am liebsten im eignen Hause, fertig werden. Sie vereinigte häufig bei sich zu kleinen Diners Mitglieder der Bühne und Kunst, Literaten, sowie geistig bedeutende Aristokraten. Auch den höchsten Kreisen angehörende Persönlichkeiten gingen ein und aus bei ihr, und der geistvolle Herzog Ernst von Coburg-Gotha, der Bruder des Prinz-Gemahls von England, nannte sich ihren Freund. Sie war öfter bei ihm und seiner sanften, liebenswürdigen Gemahlin Alexandrine Gast in Coburg und Gotha, und Herzog Ernst besuchte sie stets, wenn er auf noch so kurze Zeit in Berlin weilte, so daß, wie er lächelnd erzählte, seine Nichte, die nachherige Kaiserin Friedrich, ganz eifersüchtig war und ihm, wenn er zu lange bei der Ausfahrt ausblieb, vorwarf: „Du warst gewiß wieder bei der Mühlbach."*

Auch der Dichter Prinz Georg von Preußen, von dem sie in den Briefen aus Ems erzählt, hielt häufig ein Plauderstündchen bei der anregenden, klugen und heiteren Frau und nahm an mancher großen und kleinen Gesellschaft teil. Mit Auerbach verband sie herzliche Freundschaft, ebenso mit dem genialen Fürsten Pückler-Muskau, Fanny Lewald, A. Stahr, Gutzkow, Gustav Rasch, Ludwig Pietsch, A. Glasbrenner, Marx und viele andere, darunter Bühnengrößen wie Friedrich Haase, E. Devrient, Döring, Ida Pellet, die schöne Sarolta, Auguste von Bärndorf, in früheren Zeiten Charlotte Hagn, Fr. Großmann, der verdienstvolle und gescheite Schauspielregisseur Hein, belebten ihren Salon. Darunter mischten sich andere hervorragende Persönlichkeiten. Man sah den klugen, feinen Diplomatenkopf des Präsidenten von Kirchmann, den geistreichen Officier Major von Korff, den Dichter und Arzt Sanitätsrat Schlemm, Intendant von Hülsen, den lebenslustigen, witzigen Polizeipräsidenten von Wurmb und andere. Sie alle belebten und verschönten den Kreis, der sich im Salon der Mühlbach in der Wintersaison zusammenfand.

die sie mit zierlich geriebenem Ziegelrot sich kunstgerecht bemalt, während ihre schwarzen Locken, die sie täglich sich mit Dinte zu färben pflegte, ganz steif, wie eine compacte Masse herunterhingen und wie aus Holz geschnitten erschienen. Eine wunderbare Haube von vergilbtem Tüll und verziert mit allerlei Stückchen von buntem, willkürlich angestecktem Flor oder Seidenband, in dessen Mitte eine zerknitterte, schmutzige Rose saß, bedeckte ihr Haupt, und ein faltenreicher Oberrock von dunkelrot gefärbtem Kattun umhüllte ihre dürre knöcherne Gestalt. Ein stereotypes, kokettes Lächeln umschwebte ihren Mund, der mit einer Reihe großer aus Wachs gekneteter Zähne verziert war. Neben ihr erschien ihre junge zwölfjährige Tochter Amintha besonders lieblich und anmutsvoll. Leicht und ätherisch, wie eine Sylphe, schwebte sie herein, und ihre zarte, in ein weißes Gewand gehüllte Gestalt erinnerte an jene Märchen, in denen Mondenstrahlen als Feen zur Erde herniedersteigen, um irgend ein sterbliches Herz zu trösten und ihm eine Vorahnung des Himmels zu geben.

Bleich auch, wie Mondenlicht, war ihr liebliches Antlitz von durchsichtiger Weiße, in dem ein paar tiefblaue Augen, gleich hellen Sternen erglänzten; lange blonde Locken fielen hernieder auf ihre zarten Schultern, um die sie ein kleines rosaseidenes Tuch geschlungen hatte, während ein Band von gleicher Farbe, in langen Enden herniederfallend, ihre schmächtige, überzarte Taille umschloß. Ein wunderbarer Contrast war zwischen dieser lieblichen Gestalt in ihrem zierlichen, geschmackvollen Anzug und der Armut und Dürftigkeit dieses Zimmers und den dunklen, ärmlichen und geflickten Gewändern der übrigen Gesellschaft. Staunend sahen die beiden Kinder der Baronin zu dieser Lufterscheinung empor, und auch die Baronin und Louise betrachteten mit Neugierde diese seltene Erscheinung. – Madame Albratti weidete sich eine Zeitlang an der Sensation, die ihr Kommen hervorbrachte, und sie zweifelte keinen Augenblick, daß die Bewunderung, die sie auf allen Zügen las, lediglich ihrer glanzvollen Erscheinung und ihrem herrlichen Putze gezollt ward.

Die umschwärmte Primadonna erzählt als einzige ihr Leben und nennt als Grund ihrer Verarmung, daß sie selbst für einen ungarischen Fürsten geschwärmt habe, der sie dann nach einem Jahr sitzengelassen hat. Frau Winkler fürchtet zwischendurch dauernd, daß der Kaffee kalt wird. Die Gäste langen eifrig zu, sind schließlich satt und *preisen sich glücklich.* Ein Ausschnitt aus der Unterhaltung nach Tisch:

– Frau Hermfeld aber wandte sich mit Tränen in den Augen zu Louisen hin und flüsterte: wollen wir nun noch sagen, Louise, daß die Armut ein Unglück sei? Sie ist es nur so lange, als wir der Armut uns nicht hingeben, als wir uns wehren wollen gegen ihre Herrschaft! Haben wir uns einmal ihr ergeben, dann kleidet sie uns und wärmt uns, dann schützt sie uns vor Hunger und Kälte, so gut wie den Reichen sein Reichtum, nur in einfacheren, stilleren Formen!

Ja, sagte Louise, du hast recht, Mutter! Wie ruhig, wie ohne Sorgen und ohne Kampf und Weh sind wir jetzt, da wir der Armut uns überlassen haben. Sie mag mit uns schalten und walten, wir wehren ihr nicht mehr, wir sind ihre Kinder!

Und wenn Ihr's so nehmt, dann wird sie Euch auch eine gute Mutter sein, sagte Frau Winkler, die Louisens Worte gehört hatte. Wer einmal arm ist, der hat kleine Bedürfnisse und große Freuden, während der Reiche stets nur große Bedürfnisse und kleine Freuden kennt. Denken Sie, was ein Minister den ganzen Tag über sich plagen, wie er stets arbeiten und schaffen muß von früh bis in die Nacht, wie er nicht hinaus kann in Gottes Sonne, wenn sie tagsüber scheint, weil er arbeiten muß, wie er abends nicht den Sternenhimmel sieht, weil er in seinen vornehmen Gesellschaften sein muß! Der ist nur ein Lasttier von seinem eigenen Glück. Aber wir Armen, wir sind frei! Uns gehört die Gotteswelt und die Sonne und die Sterne! Wenn wir den Tag zwei oder vier Groschen verdienen, das ist genug für uns, davon können wir leben und die übrige Zeit vergnügt sein und ohne Sorgen!

Während die Alten so sprachen und in ernstem Gespräch einander ermutigten und aufheiterten, trällerte die alte Primadonna leise eine ihrer alten Bravour-Arien, und die Kinder kauerten, dicht aneinander gedrängt, in der warmen Ecke hinter dem Ofen.

In dem Stil geht es in drei Bänden über tausend Seiten weiter. Die Idee der Mühlbach, daß nur der Arme wirklich frei und damit glücklich ist, es nur noch nicht gemerkt hat, wie es in dem Gespräch leitmotivisch anklingt und sich durch das ganze Buch zieht, wird im dritten Band noch einmal in konzentrierter Form verkündet:

Den Reichen, sagte die Baronin, gehören die Rosen und die prachtvollen Lilien, dem Armen die Veilchen und die duftenden Blumen der Wiese, welche der Reiche als Unkraut zertritt unter seinem achtlosen Fuß. Wer aber sagen will, daß ein Unkrautsblümchen minder schön sei als die stolze Rose, und wer möchte behaupten, daß die Freuden der Armen minder bedeutend und inhaltsreich, nur weil sie äußerlich kleiner und unscheinbarer als die prunkenden Freuden der Reichen? Der Reiche ist ein Sclave der Verhältnisse und des Herkommens, der Arme allein ist frei; ihm gehört die ganze Zeit, die ganze Welt; durch keine Rücksicht gebunden, durch keine Convenienz gefesselt, geht er rücksichtslos und ohne Scheu in seinen Lumpen einher, verachtend das Gepränge der Reichen, unabhängiger und ungebundener als der Millionair. Der hat für tausend Dinge zu sorgen, für den Prunk seiner Gemächer, für den Glanz seiner Feste, für die Auserlesenheit seiner Tafel, für die Eleganz seiner Equipage und der Livreen seiner Dienerschaft, für die Zusammensetzung seiner Gesellschaften und die Bewirtung seiner Gäste, und über all' diesem Sorgen und Mühen geht ihm das Leben hin, im Trachten nach Glück, aber im seltenen, friedlichen Genusse desselben. Der Arme hat keine Bedürfnisse, ihn kümmert nichts als der Unterhalt des nächsten Tages, ist dieserr beschafft, dann ist er frei, Herr seiner Zeit, seines Willens, Herr seines Mißmutes und seiner Launen, Herr seines Lachens und seiner Freude. Er allein kann sich geben, wie er ist, ihn beherrscht nicht die Gesellschaft mit ihren widersinnigen Gebräuchen, und unabhängig ganz ist er von der Mode, dieser unerbittlichen Tyrannin der Vornehmen und Reichen, welche oft die Unnatur heiligt und das Häßliche zur Schönheit stempelt. Wer es versteht, arm zu sein, der ist glücklich und zufrieden, Neid und Mißgunst, Ehrgeiz und Eitelkeit ist ihm fremd, sich selber hingebend und verlierend an das Weltall, ist alles sein eigen, was er sieht, weil eben er alles nur anschaut mit erfreuten, unbegehrenden Blicken. Wohl uns, meine Kinder, daß wir arm sind, und es verstehen, unserer Armut uns zu freuen und das Leben zu genießen, unabhängig von den Launen des äußern Glückes!

Louise und Thomas stimmten freudig ein in die begeisterten Worte der Baronin, und wenn sie Hand in Hand neben einander saßen mit lächelndem Munde und strahlenden Blicken, dann fragten sie: was fehlt uns denn, was entbehren wir denn? Sind wir nicht reicher als die Könige der Erde, die allein stehen auf ihrer stolzen Höhe? Reich, weil wir uns lieben, weil wir glücklich sind, der ganzen Welt zum Trotz?

Allen zitierten Beschreibungen ist gemeinsam, daß Ort und Verhältnisse in bezug auf die Familienhäuser – vergleicht man sie mit den bisher behandelten Berichten – nicht real beschrieben, sondern literarisch verklärt werden, entweder als Überzeichnung oder als Idylle. Diese Literatur zielt auf ein bürgerliches Publikum, dessen Vorstellung von einer heilen Welt durch die immer krasser zutage tretenden Klassengegensätze, an deren Herstellung es selber beteiligt ist, ins Wanken geraten ist. So blüht das Geschäft mit dem Bedürfnis nach Trost, Beruhigung, Veredelung. In dieser Literatur wird die allgemeine Veränderung in Einzelfälle atomisiert, der reale Ort romantisch verklärt und damit entfernt.

Während es den Anschein hat, daß die romanschreibende Professorengattin mit berühmter Küche ihre Haushaltsprobleme einfach in die Familienhäuser verlegt, dort aber nie gewesen ist, zeichnen drei Publikationen aus dem gleichen Jahr **1846** von den Bewohnern und den Verhältnissen in den Familienhäusern ein ganz anderes Bild. Die Gegenüberstellung dieser Literatur muß berücksichtigen, daß ein Jahr zuvor, **1845**, „Die Lage der arbeitenden Classen in England" von Friedrich Engels in Leipzig bei Otto Wiegand und in Teilabdrucken in dem **1845** von Moses Heß gegründeten und geleiteten „Gesellschaftsspiegel" erschienen ist. Wie die gleichzeitig entstehenden Zeitschriften „Westfälisches Dampfboot" und die „Rheinischen Jahrbücher zur gesellschaftlichen Reform" und das „Bürgerbuch" verkörpert der „Gesellschaftsspiegel" einen neuen Typ von Publikation, der sich, wie es in seinem Untertitel heißt, die *Beleuchtung der gesellschaftlichen Zustände der Gegenwart* zur Aufgabe gemacht hat.

Im „Gesellschaftsspiegel" erscheint im **Januar 1846** eine Besprechung der in drei Bänden gerade erscheinenden „Berliner Skizzen" von Albert Fränkel und Ludwig Köppen, die sich von der durch Sue beeinflußten

→L 87

Über den „Gesellschaftsspiegel" und Engels' „Die Lage der arbeitenden Klasse in England":

Der „Gesellschaftsspiegel" ist ein Parallelunternehmen zu Friedrich Engels' im Winter 1844/45 entstandenem Bericht über „Die Lage der arbeitenden Klasse in England". Der erste bereits 1846/47 veranstaltete Nachdruck zeigt auf dem Titelblatt an, er sei von Moses Heß herausgegeben und enthalte Beiträge von „Fr. Engels, Marx, H. Püttmann, R. Matthäi, Georg Weerth, Dr. König, H. Lüning, H. Bürgers, Jul. Mayer, R. Neuhaus, F. Schnake". Engels' Werk erschien Ende Mai 1845 in Leipzig; im gleichen Monat lieferte „der kommunistische Buchhändler" Julius Bädeker in Elberfeld die erste Nummer des „Gesellschaftsspiegels" aus. Diese bis Juli 1846 insgesamt zwölfmal erschienene

Zeitschrift mit dem Untertitel: „Organ zur Vertretung der besitzlosen Klassen . . .", die als erste in Deutschland „ausschließlich die Interessen des Proletariats vertrat", war nicht weniger erfolgreich als der Engelssche Englandreport. Engels schrieb später, er habe mit seiner Arbeit versucht, „dem damals entstehenden, in hohlen Phrasen herumfahrenden deutschen Sozialismus eine tatsächliche Unterlage zu geben durch Beschreibung der von der modernen großen Industrie geschaffenen Gesellschaftszustände". Diese von einer UNESCO-Bibliographie heutigen Sozialwissenschaftlern als Vorbild und „Meisterstück ökologischer Analyse" empfohlene Engelssche Jugendschrift wurde, wie eine Studie zu deren Wirkungsgeschichte belegt, gleich nach ihrer ersten Veröffentlichung in allen Stufen der gesellschaftlichen Hierarchie, „vom Proletariat bis zur preußischen Regierung", stark beachtet. Ähnlich fanden Sozialkritik und sozialistische Propaganda des „Gesellschaftsspiegels", wie Wolfgang Mönke eruierte, ein Echo vom Rhein bis Schlesien und auch am Sitz des „Bundes der Gerechten" in London. Der publizistische Erfolg des „Gesellschaftsspiegels" veranlaßte außerdem die Gründung einer Reihe ähnlicher Zeitschriften, darunter das wichtige Organ der westfälischen demokratischen und sozialistischen Opposition, das „Westphälische Dampfboot".

Literatur absetzen. Es sind Alltagsbeschreibungen, die auf Beobachtungen beruhen und Einzelschicksale verfolgen, unter denen wir in einer Geschichte von Albert Fränkel auch Bewohner der Familienhäuser finden („Die Familie des Trunkenbolds"). Die Besprechung im „Gesellschaftsspiegel" trifft so genau den Bruch zwischen zwei Literaturen, wie wir ihn am Beispiel der Familienhäuser demonstrieren, daß wir sie hier wiedergeben wollen.

→L 88   *Elberfeld, im Januar. Scharenweise, tagtäglich tauchen in Monatsschriften und Tagesschriften, Feuilletons u.s.w. Novellen und Erzählungen auf, welche sich zwar S c h i l d e r u n g e n a u s d e m s o c i a l e n L e b e n d e r G e g e n w a r t nennen, aber gewöhnlich nichts weniger als dieses sind, sondern nur darauf berechnet, die abgestumpften Nerven der Romanleser und Romanleserinnen durch die abenteuerlichsten Mischungen des Unmöglichen und Möglichen, Wunderbaren und Natürlichen, durch furchtbare und grausenerregende Ereignisse, wie sie die überspannteste Phantasie nur erdenken kann, für kurze Zeit zu kitzeln. Ein nachhaltiges Interesse für den unterdrückten Teil der Menschheit soll und kann auch keineswegs durch solche Zusammenstoppelungen erregt werden – hinter der Mode, das Tatsächliche, offen Daliegende in „Geheimnisse" zu kleiden, versteckt sich meistens die Unfähigkeit, das wirkliche Leben in seiner Zerrissenheit lebendig zu erfassen und dem Leser vorzuführen. Das Leben selbst bietet schmerzlichere und tragischere Lagen, als die Köpfe von hundert Mord- und Geheimnisliteratur-Fabrikanten aussinnen können; wer sich nicht scheut, mit dem Elende und der Armut vertraut zu werden, wird durch die einfache Darstellung des Erlebten mehr wirken, als wenn er pikante Saucen darübergießt und Zusätze aus seiner eigenen Phantasie dazumacht. Das Leben, dieses Chaos der verschiedenartigsten und mannigfaltigsten Wechselfälle, der festen, wandelbaren und vernichteten Existenzen, dieses Durcheinander der wildesten und zahmsten Leidenschaften, der Inbegriff aller großen und kleinen, schmerzlichen und lächerlichen Widersprüche, aller Freuden und Leiden, der Boden, auf dem die Menschheit täglich erbitterte Kämpfe führt, die Quelle, aus der immer neu und unversiegbar das Elend fließt – wer hätte dieses Leben schon nur genügend geschildert? Nur einzelnes kann der einzelne herausnehmen, aber in das Einzelne vermag er die reiche Mannigfaltigkeit der Taten und Gefühle zu verweben. Die Wirklichkeit bietet ergreifende Scenen, ruinirte Existenzen, eine Fülle von Verzweiflung und erfolglosen Anstrengungen genug als Beleg zu dem Satze, daß die Gesellschaft noch sehr weit von ihrer vernünftigen Bestimmung ist, von den Bedingungen, unter denen die individuelle glückliche Existenz durch das Glück aller verbürgt wird. Wer die Vorurteile und Schranken, die der freien Entfaltung der Tätigkeit und damit dem Glücke aller im Wege stehen, hinwegräumen helfen will, studire die Menschen, wie sie sind, das Leben, wie es wirklich ist; dem geübten und scharfen Beobachter wird es nicht an Stoff fehlen, Bilder und Charactere werden ihm reichlich zufließen. Besonders die größeren Städte, wo sich die Civilisation in ihrer größten Verderbtheit und Verknöcherung zeigt, wo die Verwickelungen und die Verschrobenheiten des modernen Lebens sich concentriren, bieten einen reichen Stoff für solche Beobachtungen. Welche Bilder der verschiedenartigsten, wechselnden, auf- und absteigenden Lebensformen, welche Scenen von Not und Elend, von wildem, rohen Lebensgenusse und tödlicher Verzweiflung!*

Einen Beitrag zur Schilderung besonders des großstädtischen socialen Lebens beabsichtigen Albert Fränkel und Ludwig Köppen in „ B e r l i n e r S k i z z e n " zu geben. Das 1. Heft ist bereits erschienen und enthält „Zwei geheimnisvolle Personen" von Fränkel, eine treffliche Schilderung eines arm gewordenen Musikenthusiasten und eines liederlichen Barons – – dann „das Schenkmädchen" von Köppen und „Malwine", eine Berliner Alltagsgeschichte von Fränkel. Das Interesse, welches die Herausgeber beseelt, ist nach ihrer Mitteilung hierüber ein social-kritisches. Deshalb haben sie auch gleich zu Anfang den Anschein vermeiden wollen, als wollten sie die t r i v i a l e G e h e i m n i s l i t e r a t u r mit ihrer klugen Klatschmoral oder die moderne Criminal- und Polizeiromantik durch ein neues Produkt bereichern. Das Interesse, welches das Elend, die sogenannten „Nachtseiten" unserer Gesellschaft ausbeutet und gebraucht, nur um eine piquante Suppe für die Bourgeoisie und die vornehmen Leute daraus zu machen, steht ihnen fern. In einer bunten Reihe der mannigfaltigsten Bilder sollen die verschiedensten Seiten und Sphären des groß-

städtisch-modernen Gesellschaftslebens vorgeführt werden, n i c h t r o - m a n t i s c h g e s t u t z t , s o n d e r n n a t u r g e t r e u u n d w a h r , in lebensvollen wirklichen Gestalten und Verhältnissen. Sociale Schilderun- gen und Characteristiken in novellistischer Form, Scenen aus dem Leben der arbeitenden Classen wollen die Verfasser geben, wozu ihnen allerdings ein reichhaltiges Material in dem Leben einer großen Stadt zu Gebote steht, besonders in dem von allen socialen Conflikten durchzogenen Ber- lin. Wir wollen hiermit die „Berliner Skizzen" unsern Lesern bestens emp- fehlen. S.

Wir müssen dieses Mal von unserem Prinzip des ausführlichen Zitie- rens abweichen, denn die Skizze „Die Familie des Trunkenbolds" ist nicht im Ausschnitt zitierbar, aber auch nicht ganz, weil sie 67 Seiten umfaßt — zumal die Familienhäuser auch nicht als Ort der Handlung erscheinen.

Die Autoren dieser Skizze haben den Anspruch, die gegenwärtige Ge- sellschaft zu beschreiben: *Hat eine Gesellschaft mitten in der Pracht, dem* ←L 89 *Reichtum und der Bildung ihrer Zivilisation bei jedem Schritt tiefe Kotgru- ben stehn, so ist das nicht Schuld des einzelnen, der da hineinfällt, sondern der ganzen Gesellschaft, die den Kot unter sich duldet, die vielleicht gar ohne denselben nicht bestehn kann.* Sie lösen den Anspruch aber nicht ein, denn die einzelnen Schicksale werden so kriminalistisch überzogen, daß sich eher die gegenteilige Wirkung einstellt und die Verallgemeinerung aus- bleibt.

8.4.2 Ein Ort unter vielen

Den Erkenntnissprung von der Lage des einzelnen zur Klassenlage lei- sten in bezug auf Berlin erst Friedrich Sass und Ernst Dronke in ihren gleichzeitig und unabhängig voneinander erarbeiteten „Berlin"-Büchern, die Ende **1846** erscheinen und sofort verboten werden. In beiden Büchern tauchen die Familienhäuser in ihrem richtigen Stellenwert in bezug auf die Klassentopographie der Stadt auf.

Bei Sass erscheinen die Familienhäuser im Kapitel „Wohnungen" und werden als Durchgangsstation beschrieben zwischen der Obdachlosigkeit von Familien, die ihre Miete in der Stadt nicht mehr bezahlen können, und dem Arbeitshaus. Sass charakterisiert die Familienhäuser als „Speku- lation" und errechnet die Rendite von 12 %.

Die Obdachlosigkeit ganzer Familien ist in der Regel nur von kurzer ←L 90 *Dauer. Sie sind nicht im Stande, sich lange, wenn sie bis dahin herabge- sunken, dem Auge der Gesellschaft und ihrer beauftragten Organe zu entziehen. Die nächste Stufe zur Obdachlosigkeit einer Familie ist das Wohnen derselben in den vielerwähnten Familienhäusern des Voigtlandes. Diese großen nackten Gebäude, welche dem Jammer, der Verzweiflung und dem Verbrechen zur Zuflucht dienen, sind nicht etwa, wie man mannigfach geglaubt hat, Wohltätigkeitsanstalten, im Gegenteil, sie sind — charakteristisch für die Zustände unserer Zeit — auf Speculation erbauet worden. In diesen fünf Häusern vor dem Hamburger Tore wohnen 16 bis 1800 Seelen. Die Häuser sind für 80,000 Thlr. erbauet, der Besitzer fordert gegenwärtig 200,000 Thlr. für dieselben. Man zahlt in denselben für eine Stube — welche häufig von mehr als einer Familie bewohnt wird — 24 Thlr. Miete, ist noch ein finsteres Loch zum Kochen dabei, 36 Thlr. Das Capital verzinset sich gegenwärtig zu 12 Procent. Die Pfennige der schrecklichsten Armut müssen eine reiche, bequeme Existenz düngen, und wer nach Ab- lauf des Monats nicht zu dem richtigen Termin die allerdings nur kleine Mietsumme bezahlen kann, der wird augenblicklich und ohne weitere Um- stände in seiner Nacktheit mit seinem zitternden Weibe, mit seinen hun- gernden Kindern auf die Straße geworfen, „exmittirt", wies es in der Spra- che der Berlinischen Hauseigentümer heißt. Und das ist nur allzuhäufig das Los unseres kleinen Handwerkertums, welches sich jahrelang, vom Morgen bis zum Abend, ohne zu ruhen und zu rasten, abgemüht hat, die Concurrenz eines großen Fabrikanten zu ertragen, und durch die Macht des Capitals und unglückliche Familienereignisse so tief gestürzt wurde. Die augenblickliche Obdachlosigkeit, welche durch das Herauswerfen aus den*

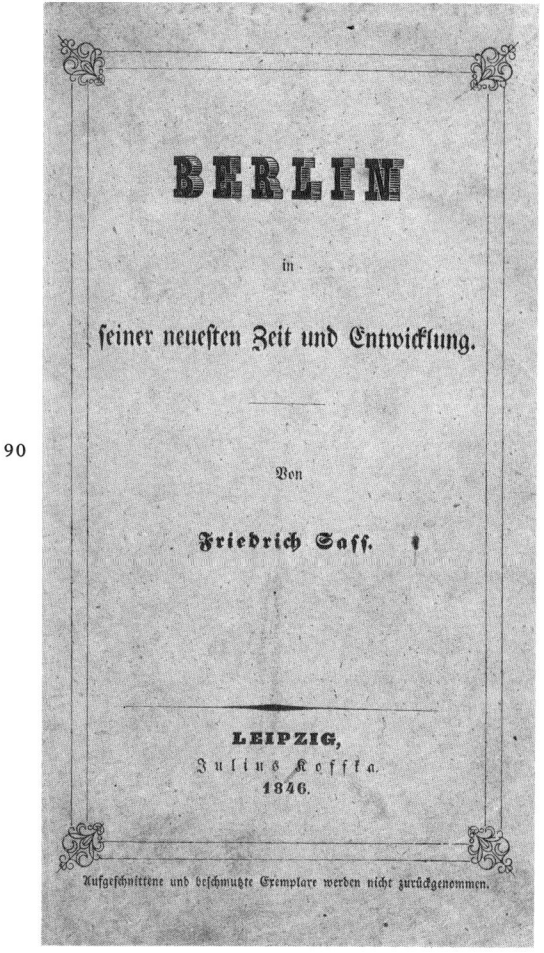

Friedrich Sass (Saß), Publizist, geb. 1817 oder 1819, gest. 1850 oder 1851 in Brüssel. Über ihn sind nur wenige verstreute biographische Notizen bekannt: 1842/43 Redakteur der von Theodor Mundt herausgegebenen Zeitschrift „Der Pilot – Allgemeine Revue der einheimischen und ausländischen Literatur- und Volkszustände", gehört in Berlin zum Kreis der „Freien" um die Brüder Bruno und Edgar Bauer, Max Stirner, Ludwig Buhl, Eduard Meyer, Fedor v. Köppen, zeitweise auch Karl Marx und Friedrich Engels; 1846 erscheint sein Buch „Berlin", vor 1848 Festungshaft in den Kasematten der Magdeburger Zitadelle, März 1848 Mitglied des „Politischen Klubs" in Berlin, Winter 1848 Exil in Straßburg, wo er im Hause von Georg Herwegh wohnt, Anfang der fünfziger Jahre politischer Korrespondent in Paris, stirbt 1850 oder 1851 an Schwindsucht in Brüssel.

Ernst Dronke, Jurist, vorwiegend Schriftsteller und Journalist, geb. 17.8.1822 in Koblenz, gest. 1891 in Liverpool. Sohn eines Gymnasialprofessors, studiert ab 1839 Jura (Dr. jur.). 1843–1845 Aufenthalt in Berlin, wird dort 1845 wegen „kommunistischer Tendenzen" ausgewiesen und nach Erscheinen seines Buches „Berlin" 1847 zu zwei Jahren Festungshaft verurteilt. Februar 1848 Flucht nach Belgien, wo er mit Friedrich Engels zusammentrifft, wird dort Mitglied des Bundes der Kommunisten, seit Juni 1848 bis zum Verbot 1849 Redaktionsmitglied der „Neuen Rheinischen Zeitung", Emigration nach Paris, später nach London, dort zunächst enge Zusammenarbeit mit Karl Marx, dann zwingt ihn Existenznot gezwungen, eine kaufmännische Tätigkeit aufzunehmen, wodurch er sich zunehmend von der politischen Arbeit zurückzieht. Das Berlin-Buch ist seine letzte schriftstellerische Arbeit.

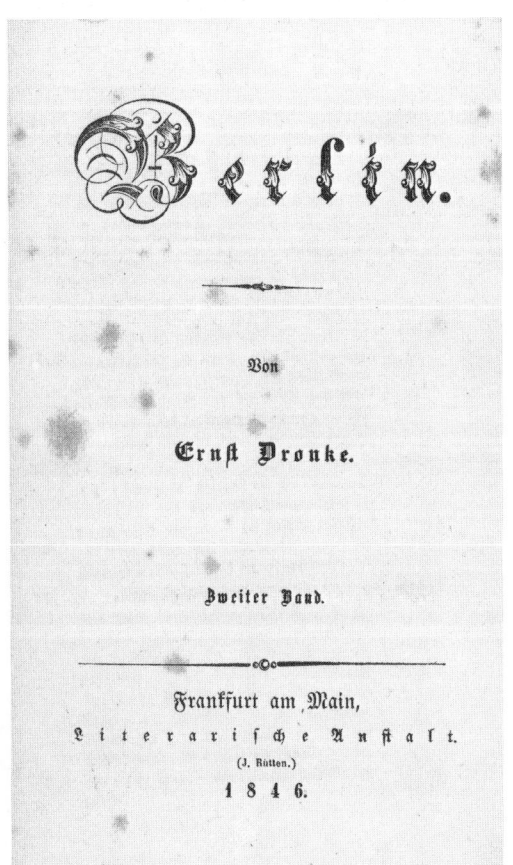

←L 91 *Familienhäusern bedingt ist, wird in der Regel durch einen Transport in das Arbeitshaus gehoben.*

Werden bei Sass in erster Linie die Häuser gesehen, so steht bei Dronke die Lage der Bewohner im Vordergrund. Entsprechend sind die Familienhäuser eingebettet in das Kapitel „Proletariat". Dronke differenziert den Begriff und ordnet die Bewohner der Familienhäuser ein unter dem, wie er es nennt, „eigentlichen Proletariat", unter dem er Tagelöhner, verarmte Handwerker versteht. Dronke stützt sich bei seiner Beschreibung ausdrücklich auf die Berichte Grunholzers im Anhang des „Königsbuchs", den er noch irrtümlich als „jungen Schweizer Arzt" zitiert. Dadurch gewinnen die Grunholzer-Dokumente einen neuen Wert, indem sie von Dronke in Verhältnis gesetzt werden zum gesellschaftlichen Aufbau der ganzen Stadt.

←L 92

→L 93 *Sind diese Leute schon schlimm daran, so liegen dagegen diejenigen in den kläglichsten Verhältnissen, welche sich auf Zufall hin den ersten besten Beschäftigungen abwechselnd in die Arme werfen müssen. Es sind dies meist Familien, wo der Mann krank oder gestorben ist und entweder schwache Großeltern oder zahlreiche unmündige Kinder mit zu ernähren bleiben. Die Kinder werden, sobald sie im mindesten die Kraft dazu haben, in die Fabriken geschickt. Hier bleiben sie von morgens 5 bis abends 9 Uhr und verdienen die Woche 15 bis 22 1/2 Silbergroschen, also 3 Silbergroschen täglich. Nicht nur, daß sie physisch bei der anstrengenden Arbeit verkommen, wie solches der bei ihnen einheimische Lungenhusten, die gebückte Körperhaltung und die krummen Beine beweisen; auch moralisch werden sie durch dies Leben in jeder Weise abgestumpft und vernichtet. In den Bleiweißfabriken unter anderem werden sie durch das Einatmen der giftigen Dünste total ruiniert, denn selbst ein kräftiger Mann kann den Aufenthalt in denselben kaum einige Jahre ertragen. Und doch senden die Mütter ihre Kinder hierher, obwohl sie wissen, daß die Kinder einem sicheren Tod entgegengehen. Vielleicht gerade, weil sie es wissen. Die Kinder sind ihnen zur Last, und das Elend raubt ihnen jedes menschliche Gefühl; zudem hat ja die wohlanständige Gesellschaft diese Fabriken gegründet, und es kann in den Augen derselben wohl kein Verbrechen sein, wenn man Kinder dorthin schickt. Es kommt aber nicht so selten vor, daß sich Eltern ihrer Kinder durch offenes Verbrechen „entledigen"; sie haben ihnen keine Nahrung zu geben, sie nähren sich oft selbst nur durch Abnagen der Knochen, welche sie vor den Wassersteinen der Küchen finden, was sollen sie mit den Kindern machen? Auch gehören hierher alle vorzugsweise so genannten Kindermorde: wenn junge Mütter ihr Neugeborenes umbringen, weil sie nicht wissen, wie sie es ernähren sollen. Die Berliner Zeitungen bringen nicht selten die Nachricht, daß man in Kloaken solche unbekannten Gebeinchen gefunden hat.*

Das Hauptproletariat solcher Familien findet man in entlegenen Gassen und Stadtteilen, sogenannten „schlechten Vierteln". Das Hauptlager derselben ist im Voigtland, einer großen Anzahl erbärmlicher Hütten, die sich draußen vor dem Hamburger Tor links und rechts weit hinziehen. In diesem Viertel findet man die sogenannten Familienhäuser, eine Einrichtung, deren Betrachtung besonders belehrend ist. Mitten unter den elenden Hütten dieses Viertels stehen einzelne große Häuser, im ganzen sieben, in welchen sich zusammen 2500 Menschen in 400 Gemächern befinden. Die Einrichtung ist entstanden durch Privatspekulation; weder der Staat noch die „Gemeinde" ist darauf gefallen, der Masse von Armen solche größeren Asyle statt ihren schlechten, stinkenden Höhlen zu geben. In jedem dieser Häuser ist ein Inspektor, welcher auf das Hausreglement zu sehen und den Mietzins einzutreiben hat. Die Stuben sind, wie schon die Zahl derselben beweist, im allgemeinen klein und regelmäßig; dennoch aber wohnen in vielen solcher Stuben zwei Familien beisammen. Ein Seil, welches quer durch die Stube gezogen ist, trennt die beiden Einwohner. Die Bewohner selbst bestehen, wie sich aus diesen Anstalten von selbst ergibt, aus der letzten Hefe der besitzlosen Volksklasse. Große Familien werden dem ausdrücklichen Reglement gemäß nicht geduldet; es sind meist einzelne hilflose Arme, teils Familien von 3 bis 4 Personen. Die Miete beträgt gewöhnlich zwei Taler für den Monat. Diese und der Lebensunterhalt muß also von den Leuten „verdient" werden; die Einwohner gehören dem eigentlichen Proletariat an, sie müssen, wenn sie nicht auf die Gasse geworfen sein wollen, diese Existenz durch was immer für Mittel „verdienen"; der

Inspektor hat gewöhnlich Nachsicht mit ihnen, muß aber doch darauf sehen, daß sie überhaupt zu zahlen imstande sind. Die meisten wenden sich um Unterstützung an die Armendirektion. Da die Lage aller ohne Ausnahme gewiß die hilfsbedürftigste ist, so sollte man glauben, daß die Armendirektion hier tätig eingreife; dies ist jedoch im ganzen nicht der Fall. Wendet sich ein Hilfsbedürftiger an die Direktion, so werden erst die sorgfältigsten Untersuchungen angestellt, ob man nicht einen Auswand der Arbeitsfähigkeit geltend machen könne; es ist öfter bei jungen Familienmüttern vorgekommen, daß die Armendirektion vor der Unterstützung untersuchte, ob die Unglückliche nicht etwa noch M u t t e r m i l c h habe! Andere werden ohne weiteres zurückgewiesen; die meisten mit einem Almosen „ein für allemal" abgespeist. Der junge Schweizer Arzt, welcher die Erfahrung dieser Häuser niedergeschrieben, wie sie Frau von Arnim in ihrem Königsbuch abdruckte, erzählt, wie ein Armer in den fürchterlichsten Verhältnissen ein für allemal zwei Taler bekommen und nach kurzer Zeit natürlich wieder in dasselbe Elend gesunken; da borgte ein blinder Leierkastenmann dem Unglücklichen eine Hose und ein Hemd, damit er es versetze, und schenkte demselben später beim Tod seines Kindes einen Taler zur Bestreitung der Begräbniskosten. „In welchem Licht", sagt der Arzt, „erscheint die Armendirektion neben diesem Leierkastenmann!" Wir meinen aber, in keinem anderen Licht als die ganze liberale Geldaristokratie neben dem um das Leben bestohlenen Proletariat.

→L 94

Leute unter 60 Jahren erhalten von der Armendirektion fast nie Unterstützung. Der Deputierte besucht die Armen nur, wenn ganz außerordentliche Hilfe verlangt wird; bis dies aber erfolgt, verstreichen oft sechs bis acht Wochen. Ein Exekutor, der wegen einer Schuld von 3 Talern 15 Silbergroschen den Mann in Arrest bringen sollte, ging selbst zum Armendirektor, um die kleine Summe für die Leute zu erbitten. Aber er stellte umsonst vor, daß durch die Verhaftung des Mannes die Frau mit sechs Kindern der Kommune zur Last fallen würde; die Armendirektion bekümmerte sich nicht darum, und erst, als der Mann eingesteckt war, erhielt die Frau ein monatliches Almosen von 4 Talern. Die Armendirektion geht also von dem noblen Grundsatz aus, daß die Armen erst vollständig demoralisiert sein müssen, bevor sie der Aufhilfe wert sind. Ein anderer schwacher Armer wünschte ins Spital, wurde aber zurückgewiesen, bis man ihn hilflos auf der Straße liegend fand. Die Armendirektoren selbst sind daher bei diesen Leuten keineswegs als die „Wohltäter der leidenden Menschheit" angesehen; die Armen vergessen auch nicht, wie sich einer der Armendirektoren erhängt, sein Nachfolger aber wegen Veruntreuung der Gelder abgesetzt und selbst zum Bettler geworden sei.

Im Winter vom 15. Dezember bis 15. April werden die Armensuppen gekocht, von denen jede Familie alle zwei Tage eine Portion erhält; davon ist jedoch ausgeschlossen, wenn eine monatliche Unterstützung zugewiesen ist. Die höchste Unterstützung beläuft sich auf 2 Taler monatlich, reicht also im günstigsten Fall zur Deckung der Miete. Alle diese Leute, welche doch der Unterstützung „bedürftig" sind, sind demnach gezwungen, ihren Lebensunterhalt auf irgendeine Weise zu erwerben, ungerechnet diejenigen, welche gar nichts erhalten und a l l e s verdienen müssen. Die Unsicherheit des Verdienstes bei diesen Leuten liegt auf der Hand; aber das erste, was sie erwerben, verwenden sie auf ihren Mietzins. Sie hungern lieber bis aufs Äußerste, als daß sie sich der Exmission aussetzen, denn sie wissen, daß sie alsdann der Polizei in die Hände fallen, ins Arbeitshaus kommen und ihr Leben gehetzt von den unmenschlichsten Polizeigesetzen aushauchen. Manche Weiber suchen sich ihren Unterhalt zu verdienen, indem sie Knochen sammeln; der Zentner davon wird mit 10 Silbergroschen bezahlt, und es mag oftmals mancher Tag vergehen, bis sie diese Quantität vom Glück begünstigt erworben haben. Manche Eltern schicken denn ihre Kinder noch in die Fabriken, wo sie die Woche über ihr spärliches Verdienst finden. Oft geben die Kinder ihren Eltern nichts, und die Eltern verzichten gern darauf in der Hoffnung, daß sich die Kinder aus der Armut reißen.

Viele sind Arbeiter und Handwerker, welche durch die Unsicherheit des Verdienstes hierher verschlagen werden. So erzählt der erwähnte junge Arzt von einem sehr geschickten Weber, der an einem Stück (66 Ellen) 1 7/8 breiter Leinwand 14 Tage arbeitet und 3 Taler 5 Silbergroschen hieran verdient; Frau und Kinder desselben leben abwechselnd von Kartoffeln oder Hafergrütze, was sie 2 1/2 Silbergroschen kostet, und der schlecht gekleideten Kinder wegen werden 1 1/2 Silbergroschen täglich für Holz aus-

Über das Verbot von Dronkes Berlin-Buch:

Die Schrift, über deren Erscheinen in der Literarischen Anstalt (J. Rütten) in Frankfurt die preußische Regierung durch ihre Spitzel Nachricht erhalten hatte, und die sie für besonders „verwerflich" hielt, war betitelt: „Berlin". Noch ehe das Buch herausgekommen war, wurde es unter Androhung schwerer Strafen für ganz Preußen verboten.

Der preußische Bundestagsgesandte erhob Einspruch bei den Frankfurter Behörden und erwirkte das Verbot des Buches für die Frankfurter Leihbibliotheken. Dieser außerordentliche Eifer, mit dem die preußischen Behörden die Verbreitung des Buches „Berlin" zu verhindern versuchten, ist leicht erklärlich.

. . . Kurz nach dem Erscheinen des Buches kam Ernst Dronke auf einer Rheinreise durch seine Heimatstadt Koblenz. Dort wurde er am 27. November 1846 verhaftet. Am Tage nach seiner Verhaftung ersuchte der Oberpräsident der Rheinprovinz den Oberprokurator in Koblenz „Dronke wegen seiner verbrecherischen Schrift ‚Berlin' vor Gericht zu stellen, da sie geeignet sei, Mißvergnügen und Unzufriedenheit der Bürger gegen die Regierung zu erwecken". Der Oberpräsident machte am 29. November 1846 dem preußischen Innenminister Mitteilung von der geglückten Verhaftung Dronkes. Der preußische Innenminister verfügte am 28. Dezember 1846 und erneut am 13. Januar 1847 eine besonders strenge Beaufsichtigung Dronkes im Koblenzer Arresthaus. Dronke sollte nicht nur als Verfasser des Buches angeklagt werden, sondern auch als Teilnehmer an einer revolutionären Verschwörung gegen den preußischen Staat. Auf diplomatischem Wege hatte das preußische Innenministerium eine Haussuchung in Dronkes Frankfurter Wohnung durchgesetzt. Es ging den Behörden darum, Material über ein „revolutionäres Komplott" zu finden, an dem Dronke beteiligt sein sollte.

Da sich das entsprechende Material nicht finden ließ, mußte das Buch selbst als Beweis für die „verbrecherische" revolutionäre Tätigkeit Dronkes dienen. In der Gerichtsverhandlung, die am 10. April 1847 stattfand, wurde fünf Stunden lang eine Unmenge von Zitaten aus der Schrift „Berlin" als Beweise gegen Dronke vorgelesen. In seiner Anklagerede betonte der Oberprokurator besonders die Gefährlichkeit der Ausführungen über das Proletariat. In dem Kapitel „Das Proletariat" sei das Elend der unteren Volksklassen mit den schreiendsten, grellsten Farben dargestellt und zugleich als die notwendige Lebensfrage des heutigen Staates bezeichnet. Nachdem daselbst weitläufig auseinandergesetzt, wie die ärmeren Klassen durch direkte und indirekte Steuern und Ernährung der anderen steuerpflichtigen Klassen, durch erhöhte Arbeit oder Aufschlag der Lebensmittel ganz allein den Staat in seiner gegenwärtigen Organisation erhielten, heißt es am Schluß: „Das Proletariat ist faktisch der Staat; die Auflösung des Proletariats ist die Auflösung des Staates."

Am 24. April 1847 wurde Ernst Dronke zu einer Gefängnisstrafe von zwei Jahren verurteilt. In der Berufungsverhandlung, die auf Grund des Einspruchs von Ernst Dronke am 6. Mai 1847 erfolgte, kam das Gericht zu dem Beschluß, daß „bei der Schwere der vorliegenden Beschuldigungen keine Veranlassung vorliegt, dieselbe in betreff der Dauer herabzusetzen, daß dagegen der Antrag des Beschuldigten, sie in Festungsarrest zu verwandeln, bei seinem Stande und seiner Bildungsstufe als angemessen erscheint".

Ernst Dronke kam auf die Festung Wesel . . . Kurz nach Ausbruch der Februarrevolution 1848 in Paris gelang Dronke die Flucht aus der Festung Wesel über die holländische Grenze nach Brüssel.

gegeben. Seine Monatsausgaben mit Miete usw. belaufen sich auf 7 1/2 Taler, seine Einnahme im günstigen Fall auf 6 1/3 Taler. Ein anderer ist Schuhmacher, der nicht unterstützt wird; er macht Flickarbeit für die Leute im Familienhaus, die selten gleich bezahlen, und muß im Haus mit 12 anderen Schustern konkurrieren. Sein Verdienst beläuft sich oft nur auf 2 Silbergroschen den Tag, und davon soll er mit Frau und 2 Kindern vegetieren. Viele in den Familienhäusern essen morgens trockenes Brot, mittags gar nichts, abends eine Mehl- oder andere Suppe. Von einem halben Lot Kaffee trinken fünf Personen zweimal. Eine Frau hat mit einem fremden Weber ein Zimmer zusammen gemietet und hilft ihm bei der Arbeit, um wenigstens einen Anhaltspunkt zu haben. Manchmal aber verdienen beide nichts. Ihre gewöhnliche Nahrung besteht in Brot und bitterem Kaffee. Als der Arzt ihr Zimmer besuchte, zeigte sie ihm einen Teller voll Kaffeesatz, den sich eine arme Nachbarin erbettelt und mit ihr geteilt hatte.

Ein anderer Weber, der untauglich zur Arbeit geworden, suchte sich bei benachbarten Webern unbrauchbares Garn zusammen, um Schürzenschnüre daraus zu verfertigen; da aber ein Hausierpatent 12 Taler kostet, ist er gezwungen, dieselben heimlich zu verkaufen. Neben solchen Arbeitern, die im Dienst der Handelsgesellschaft ihr Blut geopfert, findet man in den Familienhäusern auch solche, die der Staat preisgegeben hat. Ein Mann von 82 Jahren, dessen zwei Söhne im sogenannten Freiheitskrieg gefallen, liegt gelähmt und ohne Möglichkeit etwas zu verdienen im Bett. Die Armendirektion bezahlt ihm seine Miete und weiter nichts; nur die Hilfe seiner armen Nachbarn rettet ihn vor dem Hungertod. Eine arme alte Witwe gibt die fünf Dekorationen ihres Mannes ab, welche derselbe in verschiedenen Schlachten erhalten, und bekommt ein- für allemal 5 Taler Almosen. Ein Schirrmeister, welcher ebenfalls die Feldzüge mitgemacht, ist mit einer Frau und 6 Kindern im Familienhaus, wo er von 8 Talern Pension vegetieren muß. Seine Absetzung war erfolgt wegen angeblichen Wahnsinns, in der Tat aber, weil er einem hohen Beamten ein Übergewicht verweigert hatte. – Überall herrscht in den Familienhäusern das tiefste Elend. Das Leben oder vielmehr das Vegetieren ist hier eine Art Hasardspiel; es wird présence d'esprit verlangt, um dies Vegetieren von einem Tag zum andern hinzuleiern. Nur die Armen selbst stehen sich untereinander noch bei.

Die Demoralisation wird in den Familienhäusern naturgemäß in jeglicher Weise befördert. Die Leute sind durch das Zusammenwohnen aller äußeren Schranken voneinander enthoben und die Kinder wachsen in dieser Wirtschaft wild und ohne Erziehung auf. Die meisten Eltern selbst tragen die größte Sehnsucht nach Schulunterricht für ihre Kinder, aber teils sind sie gezwungen, dieselben in die Fabriken zu schicken, teils sind die Schulen in diesen Vierteln so schlecht wie die ganze Behandlung dieser Parias der christlichen Gesellschaft. Gleich den Familienhäusern sind auch die Schulen Privatunternehmen; der Staat bekümmert sich nur insofern um dieselben, als er die Lehrer examiniert. Im ganzen besuchen ungefähr 350 Kinder diese Schulen. Sie bestehen aus einer Kleinkinderschule und drei Primärschulen, von denen zwei für Knaben und eine für Mädchen errichtet sind. In der Kleinkinderschule befinden sich ungefähr 140 Knaben und Mädchen, welche ein altes Ehepaar täglich 6 bis 8 Stunden unterrichtet. In den Primärschulen werden die Kinder der erbärmlichsten Quälerei durch mechanische Lernübungen ausgesetzt. Der Stand der Bildung aber ist in der ganzen Hauptstadt unter der arbeitenden Klasse der kläglichste. Berlin hat 66 000 schulpflichtige Kinder, und von diesen besuchen etwa 37 000 die Schule, während 29 000 der größten Unwissenheit und Demoralisation preisgegeben bleiben.

Die Polizei mischt sich denn hier ganz im Interesse des Rechtsstaates der Besitzenden in die Verhältnisse. Diejenigen, welche nicht bezahlen, werden ohne weiteres ins Arbeitshaus gebracht, wo sie auf beliebige Zeit festgehalten werden. Bei ihrer Entlassung setzt ihnen die Polizei einen Termin, bis zu welchem die Leute einen sicheren Unterhalt nachweisen müssen; dann werden sie von neuem eingesteckt. Die Polizei weiß sehr wohl, daß der Nachweis eines Unterhaltes den Armen unmöglich wird, aber das Recht des freien Lebens ist seit der Erfindung des Eigentums nur das Recht der Besitzenden, und die Polizei handelt ganz im Interesse der ehrlichen Gesellschaft, wenn sie die zum freien Leben nicht Berechtigten der Gesellschaft entzieht. Der junge Schweizer Arzt erzählt in Bettinas Königsbuch, wie die Polizei von einem Besitzer eines Armenhauses Exmission verlangte, der Besitzer es aber verweigerte, um den Leuten Vorschub zu tun. Die Polizei hatte im Grund ganz recht, die Auslie-

ferung eines Menschen zu verlangen, welcher kein Geld besitzt, denn ein solcher hat kein Recht zum freien Leben, er gehört gar nicht in die rechtliche „Gesellschaft". Die Polizei trennt alle Bande. Sie nimmt den Mann von Frau und Kindern und sperrt ihn ins Arbeitshaus, wo er mit Verbrechern zusammen sitzt; in dem Gelddespotismus ist die Armut ein Verbrechen. Ein Weber kam auf diese Weise auf 15 Wochen ins Arbeitshaus, weil er krank gewesen war und nichts „verdient" hatte; 15 Wochen lang saß er getrennt von Frau und Kindern ebenfalls unter Verbrechern. Die Polizei trifft hierbei kein Vorwurf. Ist die Armut etwa kein Verbrechen? Wir werden aber auf die Polizeiverhältnisse und auf die Rechtsverhältnisse der Armen weiter ausführlich zurückkommen.

Ein Jahr später, im Hungerjahr **1847**, als es in Berlin infolge von Mißernten zu ersten gewaltsamen „Selbsthilfemaßnahmen" des Proletariats kommt, und wenige Monate vor den Märzereignissen erscheint in Leipzig, sicher vor der preußischen Zensur, Adolf Glassbrenners „Berliner Volksleben", worin die nun allgemein bekannten Familienhäuser in einen über Stadt und Staat hinausgehenden Zusammenhang gestellt werden:

Dies berlinische Elend, gleichsam ein sickernder Tränenbach, entspringt ←L 95
in den Webereien der Wilhelmsstraße (an deren anderm Ende Grafen, Fürsten, Minister und Prinzen wohnen), schlängelt sich am Halle'schen und den folgenden Toren um drei Vierteile der Stadt entlang und ergießt sich endlich in den See des berlinischen Jammers, in die sogenannten Familienhäuser des Voigtlandes, einer Vorstadt zwischen dem Oranienburger und Rosenthaler Tor. Doch, dieses Bild paßt nicht. Das Elend ist kein See, von diesem oder jenem Lande begrenzt: das Elend ist ein Strom, der durch ganz Europa zieht und seine Ufer verheerend zu übertreten droht. Gefängnisse, Barrikaden, Bajonette, Censur, Wohltätigkeitsvereine, und wie alle die Dämme heißen mögen, welche die Furcht vor der Überschwemmung errichtet, werden sie schützen? Und sind wir nicht die furchtbarsten Verbrecher, wenn wir uns bloß schützen wollen? Nur die Völkerfreiheit kann die Tränen und jenen Strom des Elends trocknen.

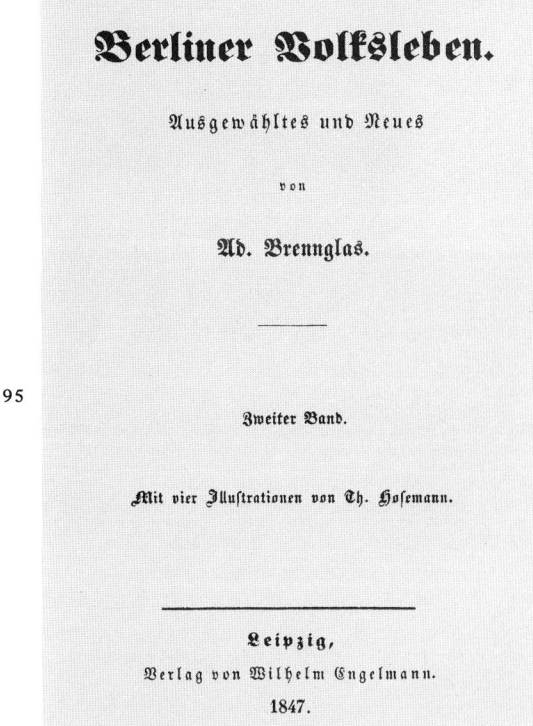

9 Das Gebiet um 1845

Das Voigtland im Spiegel der Literatur

Gleichzeitig mit den Familienhäusern als Ort wird auch das Voigtland als Gebiet Gegenstand literarischer Beschreibungen:
– als realistische Beschreibung von Vorfällen bis hin zu Dronke etwa, der innerhalb seines Versuchs, eine Klassentopographie Berlins zu entwerfen, das Voigtland als Wohnort des Proletariats definiert;
– als unheimliche Gegend, die gebraucht wird als konjunkturelle Kulisse für Romane nach dem Vorbild von Sue, „Die Geheimnisse von Paris", die unter dem Titel „Die Geheimnisse von Berlin" das Vorbild ausschlachten. Trotzdem scheint auch in den reinen Ortsbeschreibungen in diesen „Geheimnissen", wenn man sie aus der Handlung heraustrennt, die Wirklichkeit durch.

Wir bringen in diesem Kapitel eine Sammlung von Texten, die das Voigtland zum Gegenstand haben oder Darstellungen des Alltags enthalten, die im Voigtland spielen. Die Texte haben sehr verschiedene Qualität, wir glauben sie jedoch trotzdem unkommentiert wiedergeben zu können, da der Leser ihren Wahrheitsgehalt selbst an den vorangegangenen Kapiteln messen kann. So scheinen uns selbst die Aufzeichnungen des „Berliner Kriminalbeamten" aus den **1844** anonym erschienenen „Geheimnissen von Berlin" einen dokumentarischen Wert zu haben, auch wenn sie vielleicht nur belegen, in welcher Verzerrung das Voigtland dem städtischen Kleinbürger erscheint. Die zusammengetragenen Texte stammen aus dem Zeitraum zwischen **1842–1851** und sollen in der Zusammenstellung ein plastisches Bild vom Zustand dieses Gebietes vermitteln.

Kein anderer hat in dieser Zeit so knapp und doch so genau die soziale Gliederung Berlins in der Zeit des Vormärz geschildert wie Dronke:

→L 1 *Die hohe Aristokratie, die Crème, wie sie sich nennt, hat ihre Wohnsitze in einigen Teilen der Friedrichstadt aufgeschlagen. Ihr Hauptstandquartier ist Unter den Linden und in demjenigen Teil der Wilhelmstraße, welcher zunächst an die Linden stößt. Man kann sehen, wie klein das Häuflein dieser Kaste ist, wenn es sich in anderthalb Straßen ausbreiten kann, und doch gehören ihnen selbst diese anderthalb Straßen nicht ausschließlich. Unter den Linden hat sich die mächtige Bourgeoisie in ihre Reihen eingedrängt, und an dem entgegengesetzten Ende der Wilhelmstraße, dem Halleschen Tor zu, findet man bereits einzelne Höhlen des Proletariats. So berühren sich die Extreme, und bald vielleicht werden auch diese Schranken aufgelöst sein. Die mittlere Bourgeoisie, das Krämer- und Fabrikantentum, hat sich in der Königsstadt und weiter hinaus nach Luisenstadt ausgedehnt. Dieser Kaste folgt konsequent das Proletariat auf dem Fuße nach, und so findet man es sowohl in den Dachkammern und Kellern der Handelshäuser wie in den Hütten neben den Fabriken. Nur ein Teil des Proletariats und der düstersten Armut birgt sich wie ausgestoßen aus dieser Gesellschaft draußen vor den Toren des nordwestlichen Stadtteils. Dort ist das Elend in seiner letzten, furchtbarsten Gestalt. Alles, was hierher verkehrt, steht mit Polizei und Gericht in Verbindung, denn die Fessel der Armut kettet sie auf die dürre Heide des Verbrechens. Diese Parias hören nichts von dem Branden und Brausen des inneren Lebens der Hauptstadt, und wenn sie hineinkommen, so bezeichnet das Blut der Wachen und Polizeisoldaten und die Angriffe gegen Eigentum und Leben der Einwohner die Spuren ihres Weges.*

Heinrich Grunholzer: ←A 1
Der erste Spaziergang vor die Stadt am 12.11.1842

Der erste Spaziergang vor die Stadt. Die Witterung war schön; ich wollte einmal sehen, wo ich mich denn eigentlich befinde; der Himmel ist überall gleich, und die Häuser sind hier wie in Zürich, so daß ich mich fast nicht in die Stadt Berlin hineindenken kann, der ich jetzt mein Heil anvertraue. In Straßburg fühlte ich gleich den Ortswechsel. Entweder ist hier nichts, was besonderen Eindruck machen kann, oder die Eindrücke sind so vielfach, daß sie sich ausstreichen. Nach dem Mittagessen zwang ich mich zum Ausfluge. Von meiner Wohnung bin ich bald am Oranienburger Tor. Vor diesem verhindert eine lange Doppelreihe von Häusern die Aussicht auf die Umgebung der Stadt. Rechts ab sieht man das Orthopädische Institut. Wie in der Stadt, so außerhalb, mehr Victualienhandlungen, Destillieranstalten, freundliche Bierwirtschaften u.s.w. als andere Läden (ein Sarg-Magazin hat mich ganz erschüttert. Der Tod ist so commun, daß er diesem einfältigen Schreiner die Brotkorbspeculation begründet). Nach etwa 10 Minuten Marsch bog ich rechts auf eine Seitenstraße, sie führte mich zur Begräbnisstätte der Dorotheen-Gemeinde. Der sandige, hügellose Garten ist von einer Bretterwand prosaisch eingeschlossen. Die Straße ist wenigstens 1/2 Fuß tief mit lockerem Sande bedeckt. Still fahren die Totenwagen hinaus. Mit einigen Schritten kommt man zu einem Wachposten auf der Stettiner Eisenbahn. Ich suchte den höchsten Punkt und kam auf eine Brücke über die Schienen. Der traurigste Blick, den ich je in die Natur geworfen. Um die Stadt nackter Sand, weit entfernt magere Kornfelder, kranke Bäume an der Straße. Der Horizont ist nicht weit, die Fläche gerade soviel uneben, daß man sie nicht leicht übersehen kann. Die wenigen Häuschen sind armselig. Phlegmatisch arbeitende Windmühlen. Jetzt sah ich, daß ich nicht im Vaterlande lebe, und kehrte traurig in die Stadt zurück, am Kirchhof meine Brüder grüßend.

August Heinrich Braß: ←L 2
Das Voigtland als Zufluchtsort der Armut

Noch ehe man die Ringmauern der Stadt verlassen hat und diese ungepflasterten holprigen Straßen betritt, welche das eigentliche Voigtland bilden, gewinnt das Äußere der Häuser, bei welchen man vorübergeht, der Anblick der Menschen, die aus den trübseligen Fenstern dieser Häuser neugierig dem besser gekleideten Vorübergehenden nachglotzen, einen ganz eigentümlichen Anstrich. Nirgends findet man, in keiner anderen Stadtgegend, Gebäude, die mit so merkwürdigen Farben, gewöhnlich sehr grell und den Augen wehetuend, angestrichen sind; nirgend ist es stiller und einsamer auf den Straßen der Residenz als wie hier, und diese trübselige Stille wird nur hin und wieder durch das Geschrei von einem Haufen sehr zerlumpt aussehender Kinder unterbrochen, die sich auf eine wahrhaft dämonische Weise jauchzend und tobend auf einem großen Lehm- oder Sandhaufen umherwälzen, der, vor einem dieser Häuser abgeladen, solange die Mitte der Straße sperrt, bis er zu seiner Bestimmung verwendet worden ist, die darin besteht, zu der Reparatur dieses schäbigen baufälligen Hauses zu dienen, welches so zerrissen, so geflickt aussieht wie die Tuchjacke eines Eckenstehers, so hinfällig wie ein schwindsüchtiger Trunkenbold, dessen innerste Lebenskräfte von jenem entnervenden Getränk des Branntweins ausgetrocknet sind. Die meisten dieser Häuser, die nur aus einem einzigen Stockwerk bestehen, liegen von der Straße aus so tief, daß die Fenster förmlich unter der Erde angebracht sind, und ein plumpes, hölzernes Geländer gewährt dem Vorübergehenden wenigstens einige Sicherheit vor der Gefahr, in diese Vertiefungen hinabzustürzen, die in einer Breite von drei bis vier Fuß in das Straßenpflaster ausgeschnitten sind, um den Bewohnern

dieser unterirdischen Räumlichkeiten Gelegenheit zu geben, die dunstige Atmosphäre ihrer feuchten Zimmer mit der frischen Luft zu verbessern, die sich aus dem nahe liegenden, fauligen Rinnstein entwickelt. In der besseren Jahreszeit sieht man diese Fenster fortwährend geöffnet; sehr viele Kinder, die von ihren schmutzigen Spielen auf der Straße zurückkehren und sich zu einer ihrer ärmlichen Mahlzeiten wieder einfinden, klettern durch die offenstehenden Fenster mit seltener Geschicklichkeit aus und ein, und um diese sonderbare Übung der Gymnastik zu erleichtern, steht, eigens nur zu diesem Gebrauch bestimmt, vor jedem Fenster innerhalb der Stube, ein derber Schemel oder ein alter, statt des Rohrgeflechtes mit Brettern benagelter Stuhl, der den Aus- und Einsteigenden bei diesen Evolutionen von nicht geringem Nutzen ist. Häufig genug sieht man sogar ältere Personen, mit Hintenansetzung des civilisierten Komforts der Türen, hinter den Fenstern verschwinden, und oftmals haben wir es mit großem Ergötzen angesehn, wenn eine ganze Familie, von irgendeinem Spaziergange zurückkehrend, oder vielleicht einen Besuch bei einem Bekannten abstattend, auf diese einbrecherische Weise ihren Eingang in eine jener Wohnungen fand. Mitunter ist auch der geringe Raum, welchen diese Einfriedigungen bilden, zu einer Art von Gärtchen benutzt, in denen man viele gelbe Blumen wachsen sieht; aber auch diese Pflanzen haben ein elendes, krüppelhaftes Aussehn, verwelkt, kotbespritzt, oder durch die Hand eines mutwilligen Buben zur Hälfte abgerissen.

Auch die Läden dieses Stadtteils, aus welchen die Bewohner desselben ihre geringen Bedürfnisse entnehmen, unterscheiden sich durch den Aufwand jeder möglichen Einfachheit von allen andern Verkaufslokalen der Residenz. Der äußere Anstrich der Ladentüren ist gewöhnlich ein sehr dunkles Braunrot, eine Farbe, auf welcher Schmutzflecke sehr wenig zu sehen sind und die außerdem sehr gut geeignet ist, die Aufmerksamkeit eines vorbeischlendernden Straßenjungen nicht auf sich zu ziehen, der sich sonst ein Vergnügen daraus machen würde, auf einem helleren Grunde allerlei sehr merkwürdige Figuren mit Bleistift oder Röthel zu zeichnen. In der Tat kann man in jedem andern Stadtteil vergeblich nach dieser Farbe der Läden suchen; – sie sind nach demselben Grundsatze so angestrichen, nach welchem die Natur einigen Insecten eine analoge Farbe mit den Gegenständen gegeben hat, auf welchen sich dieselben aufhalten, so daß sie in ihrem Unbemerktsein den einzigen Schutz finden. Das Innere dieser Läden ist übrigens charakteristisch genug. Ein einziger enthält fast sämtliche Bedürfnisse dieser anspruchslosen Käufer. Beim Eintreten stolpert man gewöhnlich über ein oder mehrere zerbrochene Hufeisen, die auf der Schwelle festgenagelt sind und dazu dienen, allen Hexen und allen bösen Geistern den Eingang zu wehren und Glück und Segen in dieses Haus zu bannen. Auf dem Ladentisch, der übrigens mit den Eingangstüren den gleichen Anstrich hat, sieht man neben einer großen Kaffeemühle eine große Zahl von verschiedenen falschen Münzen ebenfalls mit sehr großen Nägeln befestigt, wahrscheinlich um den Käufer auf den Scharfblick des Ladeninhabers aufmerksam zu machen und zugleich dunkel anzudeuten, daß irgendein schreckliches Schicksal demjenigen bevorsteht, welcher es wagt, ein falsches Geldstück auszugeben. Vor dem Ladentisch steht gewöhnlich eine Tonne mit sehr großen Heringen und ein Sack mit sehr kleinen Kartoffeln, daneben liegt in der Ecke ein Haufen Rüben und einige Kohlköpfe. Auf der andern Seite, ebenfalls noch diesseits des Ladentisches, ist an der Wand ein Brett angebracht, auf welchem Backwaren liegen; ein Zettel, mit sehr großen Buchstaben geschrieben, enthält die Notiz: „Acht Pfund gut ausgebackenes Landbrot für fünf Silbergroschen.“ – Im Hintergrunde des Ladens, wo ein großes Repositorium angebracht ist – wir brauchen wohl nicht zu sagen, daß der Eigentümer auch hier wieder seiner Lieblingsfarbe den Vorzug gegeben –, erblickt man ein unendliches Gemisch von Butterfässern, altem Käse, Schreib-

büchern mit sehr buntem Deckel, Cichorientüten, verschiedene sehr billige Stoffe zu Damenkleidern, eine Syrupskanne, ein Ölfaß, ein anderes Gefäß, in welchem Bieressig enthalten, und noch eine Unzahl namenloser, aber höchst merkwürdiger Gegenstände. Auf dem Repositorium stehen neben einem zinnernen Schenkbrett mit kleinen Gläsern und vielen Branntweinsflaschen die verschiedenen Luxusartikel der eingemachten Heringe und Gurken, der verschimmelten Citronen, sogar ein grünes Glas mit unendlich kleinen Bonbons, von denen das Dutzend sechs Pfennige kostet und welche, wie ein an dem Glase befindliches Etiquett sagt, Mohrrüben-Bonbons heißen und dazu dienen, bei Erwachsenen die Schwindsucht zu kurieren und kleinen Kindern das Zahnen zu erleichtern, auch gegen Rheumatismus und Fieber helfen. Das Repositorium selbst ist in sehr viele kleine Schubladen geteilt, auf denen man allerlei prunkende Inschriften liest, wie z.B.: Feinste Raffinade, Litt. A.; feine dito, feinsten Pecco, Mocca, Candis, Cassia und noch vieles andere, wodurch man einen sehr hohen Begriff von den Warenvorräten des Eigentümers bekommt, wenn man nämlich nicht weiß, daß diese Kästen nichts anderes enthalten als einige Pfund gebrannten Kaffee, sehr viel Feuerherdsrot, Schwefelund Bindfaden, groben Zwirn, Nägel jeder Größen und andere einer Wirtschaft unentbehrliche Artikel. –

Abgesehen von diesen Warenhandlungen sind auch noch die Trödler-Läden dieses Stadtteils merkwürdig. – Da kann man das stufenweise Sinken jener Unglücklichen deutlich verfolgen, die sich in diese Gegend zurückgezogen, um entfernt und unbeachtet von denen, die sie in besseren Tagen gekannt, auf eine glückliche Zukunft zu hoffen, mit deren Aussicht sie sich trösten wie der Schwindsüchtige mit seiner baldigen Genesung. – Wenn aber auch der eine Teil dieser zum Kauf ausgestellten Sachen deutlich genug auf bessere Zeiten hinweist, so verrät doch der andere wieder die jammervollste, bitterste Armut, die sich des Notwendigsten entäußerte, um Brot anzuschaffen, Brot, trockenes, hartes und doch so gern gegessenes Brot. Es ist schwer zu begreifen, wie diese zerrissenen, geflickten Kleider, diese zerbrochenen Geräte, welche hier zur Schau ausstehen, auch nur den geringsten Wert haben können, und ein kaltes Fröstein läuft über unsern Rücken, wenn wir an das Elend dessen denken, der sich mit tränenden Augen in die Notwendigkeit versetzt sah, diese entsetzlich wertlosen Gegenstände zu veräußern.

Was die Bewohner dieses Stadtteils betrifft, so findet man hier, und nur hier, die Armut, das Elend in der fürchterlichsten Gestaltung.

Wenn man vor das Tor hinaustritt und diese vom Regen aufgeweichten, schlammigen Straßen, die durch häufige Löcher und Pfützen gesperrt werden, entlang wandert, diese Straßen, aus einer Reihe elender Häuser bestehend, die sich mißtrauisch einander anlehnen, als wüßten sie, daß jeden Augenblick ihr nächster Nachbar zusammenstürzen kann und sie dann ratlos und ohne Halt dastehen, so begegnet man nur hin und wieder einem menschlichen Wesen. Aber sei es nun ein altes Weib, mit heruntergetretenen Schlarren, eine Zweipfennigstüte mit Kaffee und ein sehr kleines Töpfchen mit Syrup in der Hand haltend, sei es ein junger Mensch mit abgetragenem, schäbigem Rock, die Arme sehr steif an der Seite herunterhängend, um die zerrissenen Ärmel zu verbergen; sei es ein Kind, von der Mutter zum nächsten Kaufmann geschickt, in der Hand ein schmutziges Stückchen Papier haltend, worin einige Pfennige eingewickelt sind, und mit großem Ernst die Namen der verschiedenen Sachen vor sich hinmurmelnd, welche es holen soll, sei es ein junges Mädchen, mit einer Nachbarin einige Worte wechselnd, sei es noch ein anderer, gleichviel, ob Mann oder Weib, so haben sie doch alle eine gewisse Ähnlichkeit in der Gesichtsbildung, einen gewissen Ausdruck, den man überall bei ihnen findet, als wenn sie nur eine einzige Familie ausmachten; und es ist ja wirklich, in der Tat so, sie gehören alle zu einer Familie, zu dieser großen Familie der jammervollen Armut, des schwindsüchtigen Elends.

Was die Vorstädte St. Antoine und St. Marceau für Paris waren und teilweis noch sind, das ist das Voigtland für Berlin. Es ist der Wohnplatz der Sansculottes unserer Residenz, die man hier im eigentlichen Sinne des Wortes als Hosenlose umherlungern sehen kann, wenn sie an einem Sonn- oder Festtage von der Arbeit feiern.

Wenn man zur Sommerzeit an einem dieser Tage, besonders zur Morgenstunde, in diese Gegend gerät und dann wohl einen neugierigen Blick durch eine der zerbrochenen Einzäunungen tut, welche die Höfe jener Häuser begrenzen, gewahrt man, ein eigentümliches Schauspiel, sehr viele alte und jüngere Frauen, die ohne sonstige Bekleidung als die eines Unterrockes, aus welchem man mit leichter Mühe den Anzug eines Harlequins herausschneiden könnte, am Brunnen stehend damit beschäftigt sind, mit sehr vielem Wasser und sehr wenig Seife ihr einziges Hemd sowie das ihres Mannes und ihrer Kinder zu waschen. Ist dies Geschäft beendet, so tun die lustige Sonne und der frische Morgenwind das ihre, die Wäsche sobald als möglich zu trocknen, während im Winter der warme Ofen dies Geschäft verrichtet, und wenn dann der Mittag kommt, ist alles fertig und sonntäglich herausgeputzt, und die Kinder drängen sich freudig und erwartungsvoll um den Tisch, auf diese ärmliche Mahlzeit harrend, die heut, als am Feiertage, durch ein sehr kleines Stück Fleisch und viele Knochen zu einem köstlichen Mahle gemacht wird. – Ist dann das Essen vorüber, so sieht die Mutter noch einmal den Anzug der Kinder nach, und die älteste Tochter kämmt den jüngeren Geschwistern das Haar glatt, während der Vater sehr viel an seinem kleinen Hut mit sehr schmaler Krempe bürstet und dann das Gesangbuch von dem Sims des Ofens herablangt und abstäubt, und wenn alle diese Vorbereitungen geendet sind, nimmt die Frau das jüngste Kind auf den Arm und der Vater den Knaben an die Hand, die übrigen Kinder folgen, und so geht's zur Kirche. – Und das sind keine von Euren städtischen Kirchengängern, die da in das Gotteshaus treten, um einen neuen Anzug oder sich selbst zur Schau zu stellen; die eine alte Tante beerben wollen und dieselbe jeden Sonntag mit sehr frommer Miene in ihren Kirchenstuhl führen, und wenn die alte Frau eingeschlafen ist, mit einer ebenso andächtigen Dame, die ihnen gegenüber sitzt, liebäugeln; nein das sind Leute, die in die Kirche gehen des Gebets wegen, die dem Herrn da oben danken, daß er ihnen Arbeit gegeben und Kraft und Gesundheit, daß sie arbeiten konnten, und die ihn bitten, daß er sie fernerhin nicht verlassen möge. – Ja, ja wir sind selbst in diese unscheinbare Kirche eingetreten, die da so schlicht und prunklos auf dem Felde steht, wir sind eingetreten und haben den kräftigen, markigen Worten des Predigers zugehört und haben gesehen, wie die Tränen über die Wangen dieser Frauen herabliefen, Tränen, die tief herauskamen aus dem innersten Herzen, wurden sie gleich nicht mit einem kantenbesetzten Tuche, sondern nur mit einer groben Schürze getrocknet, und haben gesehen, wie die Männer mit der rauhen, schwieligen Hand sich die Augen abwischten, wie sie sich nach beendigtem Gottesdienst erhoben und man's ihnen ordentlich ansehen konnte, daß sie sich getröstet und gestärkt fühlten, für die abermalige Woche der Entbehrung und der erschöpfenden Arbeit, und dann sind uns die Systeme unserer neuesten Philosophen eingefallen, und wir haben daran gedacht, was wir diesen Leuten wohl zum Ersatz geben könnten, wenn wir ihnen das einzige nehmen, woran sie sich in ihrem jammervollen Elend aufrecht halten, ihre Religion! –

Mag nun zwar die Armut einzelner Individuen, welche andere Stadtteile bewohnen, dieselbe Höhe erreichen als bei den Bewohnern des Voigtlandes, so drängt sie sich doch nirgends in diesem Maßstabe zusammen als wie grade hier. Allerdings finden sich, besonders unter den Grundeigentümern, *wohlhabendere Bürger, die Masse besteht indessen hauptsächlich aus Handarbeitern und Tagelöhnern, und während in einer andern Gegend der Stadt der Arme aus leicht erklärlichem Schamgefühl die Lumpen seines Anzugs soviel als möglich zu verbergen strebt, um nicht den Augen seines Nachbarn aufzufallen, so findet doch diese Rücksicht hier nicht statt, und man gewöhnt sich vielmehr an diese sorglose Schaustellung des Elends, die dem Fremden, der sie zum ersten Male bemerkt, widerwärtig genug erscheint. Allerdings trifft man demgemäß selten anderswo einen so zerlumpt aussehenden Menschen, sowohl männlichen als weiblichen Geschlechts, als wenn man die Straßen vor dem Hamburger und Schönhauser Tore durchstreift; aber es wäre engherzig und vorschnell, wollte man die Bewohner dieser Stadtgegend als Verbrecher bezeichnen. – Ihr erstes Verbrechen ist ihre Armut, und diese entsetzliche, jammeratmende Armut wird die Quelle anderer Verbrechen, die wohl gefährlicher für die Gesellschaft, es aber kaum für den Täter sind, denn wenn Entbehrungen und Leiden jeder Art unser psychisches Empfinden abgestumpft haben, bleibt nur die Sorge für unser materielles Wohl übrig, und es ist schrecklich genug, aber wahr und durch die tägliche Erfahrung bestätigt, daß es unter unsern Mitbrüdern Menschen geben kann, die ein Verbrechen begehen, um als Sträflinge in einem Arbeitshause ein Unterkommen und hinlängliche Nahrung zu finden, die sie selbst, bei anstrengenderer Arbeit als wie die im Detentionshause, oft genug entbehren mußten . . .*

Allerdings mag es daher im Voigtlande eine nicht unbedeutende Zahl jener unglücklichen Individuen geben, die von augenblicklicher Not getrieben, die warnende Stimme des Gewissens betäubten; aber man gebe diesen Leuten Arbeit, und sie werden sich lieber von früh bis spät quälen, ohne an eine unrechtmäßige Handlung zu denken, wenn sie nur soviel erwerben, als für ihren erbärmlichen Unterhalt notwendig ist; allerdings findet man hier häufiger als anderswo Menschen, die sich obdachlos umhertreiben, die Nacht im Freien oder in einer verlassenen Scheune zubringend; aber der professionirte Dieb, der da stiehlt, weil er zur Arbeit zu faul ist, dem der Diebstahl ein behagliches Auskommen gewährt, der weit weniger der Entdeckung ausgesetzt ist, da er bei der verbrecherischen Tat mit Überlegung zu Werke geht, dieser wohnt weit lieber im Mittelpunkte der Stadt, wo er zum Schein irgendein Gewerbe treibt, wo er weit günstigere Gelegenheit für seine Beschäftigung findet, als wenn er außen vor den Ringmauern der Stadt seine Wohnung aufgeschlagen hat.

Wer daher in dem Voigtlande den Aufenthalt und Sammelplatz der Berliner Diebe zu finden glaubt, der ist im Irrtum; es ist der Zufluchtsort der von allem entblößten Armut, mit ihren ekelhaften Gebrechen und Lastern; – aber diese Armut ist kein Verbrechen, und wer will auf den, der durch sie zum Verbrecher geworden, den ersten Stein werfen!

Ludwig Lenz: ←L 3
Versteigerung in der Ackerstraße

Wir verlassen die mit heißer und beklemmender Ausdünstung erfüllten Salons des Sir Babbage, worin die Mode und die Narrheit ein ebenso bejammernswertes als lächerliches Turney halten, und nehmen unsere Wanderung durch die so pomphaft entworfene und so kläglich ausgeführte neue Wilhelmsstraße nach der Luisenstadt. Dieser Stadtteil, obwohl einer der prächtigsten Berlins, erschien uns immer wie die bis auf die Knöchel reichenden Röcke, welche ökonomische Väter ihren Kindern, das Wachstum derselben im Augen habend, anfertigen lassen. Sie bedenken aber dabei nicht, daß, ehe die Kinder eine mit dem Kleidungsstück correspondirende Körperform erlangen, dieses längst unbrauchbar geworden sein muß, und verschwenden also, anstatt zu sparen. So tragen auch jene, auf das Be-

dürfnis einer späteren Zeit berechneten Bauten schon jetzt Spuren des Verfalls, eines Verfalls, der keinen Glanz gesehen. Die palastähnlichen Gebäude sind meist von armen Handwerkern bewohnt, die in den hohen und prächtigen Zimmern ihre Werkstätten aufgeschlagen. Viele Etagen stehen ganz leer. Man vermißt auf den Straßen den Verkehr und das Treiben der anderen Stadtteile, und nur zu gewissen Tageszeiten bringen die das Charité-Krankenhaus besuchenden Studenten der Medizin ein mattes Leben in die einsamen Straßen.

Wir schlendern durch das neue Tor, den sandigen Weg an der Stadtmauer entlang und betrachten mit andächtigem Eifer die kabbalistischen Zeichen, die Sinn- und Denksprüche und die Facsimiles berühmter Straßenjungen. Wir durchschneiden die Oranienburger Chaussee und gelangen in die Ackerstraße, die einen Teil des so verschrieenen Voigtlandes bildet, in dessen Bereich der Abdecker wohnt, der Rabenstein steht und das der Berliner als den Sitz des Verbrechens und Elends zu betrachten gewohnt ist. Die Straße, durch die wir schreiten, ist nicht gepflastert; Düngerhaufen, Tümpel, Vertiefungen machen den Weg zu einer Promenade sehr ungeeignet. Die meist einstöckigen Häuser, von schmutzigem Aussehen, sind durch lange Bretterzäune, die Gemüsegärten einschließen, getrennt oder durch wüstgelegene Stellen, die sich bis in das freie Feld erstrecken. Blasse Kinder, mit den Emblemen der Armut und der Krankheit, spielen im Sande, schlagen Rad und bemühen sich, ihre Lumpen noch lumpiger zu machen. Vor einem isolirt stehenden Hause sehen wir einen größeren Haufen Kinder versammelt. Aus einer oberen Etage dringt das Geräusch verworrener Stimmen. Möbel werden herabgetragen, auf Schubkarren geladen und fortgeführt. Leute kommen herunter, gehen hinauf. Eine Auction, dachten wir und stiegen die schmale, steile Stiege hinan bis in die dritte Etage. Wir haben uns nicht geirrt und vernehmen schon von weitem das monotone: zum Ersten . . . zum Zweiten . . . zum Dritten . . . Niemand mehr. Durch eine niedrige Tür treten wir in ein kleines Gemach. Es sind nur wenige Leute darin, meist Trödler und Hausirer der untersten Gilde. Welch ein Contrast gegen die Prunkzimmer der Lords und das elegante Publikum, das Geld mit vollen Händen wegwarf, um armselige wertlose Spielereien zu erstehen. Auf die hier zu versteigernden schlichten, aber dauerhaften Möbel wurden nur wenige Groschen geboten, selten nur das Gebot erhöht und alles im Fluge abgemacht.

In der Ecke steht eine schlanke, blasse Frau, in ärmlicher, aber sauberer Kleidung. Sie trägt auf dem Arm ein einjähriges Kind, ein anderes, ein Knabe von ungefähr sechs Jahren, hält sich an ihrer Schürze. Alle diese Dinge, die jetzt für einen geringen Preis in die Plunderkammer der Trödler wandern, waren einst ohne Zweifel ihr liebes und wertgehaltenes Eigentum. Auf ihrem Angesichte stand in lesbaren Zügen die Geschichte ihres Unglücks geschrieben. Einst war sie jung und hübsch gewesen, eine treue und sorgsame Dienerin. Sie hatte einen Mann gefunden, den sie liebte und der sie wieder liebte. Sie hatte geheiratet und Kinder geboren und glücklich gelebt von dem mäßigen Arbeitslohne ihres Mannes. Da überfiel diesen eine schwere Krankheit, ein langes Siechtum, das die schwachen Pfeiler ihres Wohlstandes zerbrach. Es war eine harte Zeit für die Arme, als das letzte Geld aufgezehrt war und sie die sauren Gänge zum Pfandleiher antrat; es wollte ihr das Herz abdrücken. Dann kamen noch saurere Gänge, als nichts mehr da war zum Verpfänden und sie die Freunde ansprechen mußte um Almosen. Endlich erbarmte sich der Tod und erlöste den Mann, und die Arme vergaß ihre gänzliche Hoffnungslosigkeit und weinte in wehmütiger Freude, daß er, den sie über alles geliebt, erlöst war von den Schmerzen und glücklich, und daß der Hauswirt ihn doch nun nicht hinauswerfen konnte auf die Straße, wie er so oft gedroht, und der nun die letzten Reste ihrer Habe zur Tilgung des rückständigen Mietzinses unter den Hammer des Auctionators gebracht.

Es kam eben ein sonderbares Möbel zur Versteigerung, eine Art von Tempel mit buntbemalten Säulen, kunstvoll ausgelegt mit Spiegelglas und Flittern und Moos, ringsherum besteckt mit kleinen zierlichen Glasleuchtern, einer der Tempel, wie man sie um die Weihnachtszeit an der Stechbahn feilbietet, und die, mit Lichtern besteckt, in der Christnacht die Krone bilden aller Bescherungen. Gewiß hatte der Verstorbene in den Feierabendstunden diesen Tempel selbst gefertigt für seine Kinder, denn er war wirklich äußerst zierlich und nett, nur daß das Spiegelglas ein wenig angelaufen war, weil man ihn in letzter Weihnacht wohl nicht gebraucht und den Kindern nichts zu bescheren hatte. Kaum gewahrte aber der Knabe sein geliebtes Spielzeug, als er mit weinerlicher Stimme rief:

– Mutta, meine Perjemide! Krieg ich denn meine Perjemide nich mehr?

Das Kind auf dem Arme schien auch den Tempel zu kennen, denn es streckte die Ärmchen nach ihm aus und strampelte mit den Beinen, daß die Mutter alle Mühe hatte, es zu beschwichtigen und auch den älteren Knaben.

– Sei ruhig, Willem, sagte sie; kriegst eine schönere.

Einen Augenblick hoffte die Arme, daß kein Gebot auf diese Spielerei erfolgen würde. Fast schien es so. Endlich bot einer einen Groschen, und schnell erfolgte der Zuschlag.

Die arme Frau trocknete sich mit der Schürze die Augen, nahm ihren Knaben an die Hand und ging hinaus.

Ernst Kossak: ←L 4
Der Sonntagsmarkt der Armut

Sehen so manche kleine, arme Straßen, die in große und vornehme münden, wie unbezahlte Rechnungen aus, die alle Tage wieder anklopfen und vor Verschämtheit und Bedürftigkeit umkommen wollen; so gibt es nichts den Menschen Verstimmenderes als eine große, lange und – arme Straße. Solch eine verstimmende ewig lange Straße ist die Linienstraße, mager wie die mathematische Linie, die ihr mitleidig einen Namen vorgeschossen hat, krumm, als ob sie einen Katzenbuckel vor einem wohlhabenderen Stadtviertel machte, und lang wie – deutsche Geduld. Wenn eine andere Straße sie durchschneiden muß, macht diese, daß sie rasch weiter kommt, und Droschken auf den in ihr gelegenen Halteplätzen sehen um fünf Grad trauriger aus.

Als die neue Zeit kam, wo anständige Staatsmänner den Ereignissen immer gerade um eine Pferdelänge voraus sind, konnte der Fortschritt nichts anderes für sie tun, als daß er in ihr ein Leihhaus baute, Leihhaus Nr. 3, das nun da steht mit seinen eisernen Fensterstäben in der unteren Etage wie ein reicher Kerl, der sich die Taschen zuhält und mißtrauisch um sich blickt.

Es gibt Sommertage, wo der Sonnenschein dort auf einem Ecksteine sitzt und die armen Kinder wehmütig ansieht, die im Schatten spielen, und wieder Wintertage, wo das Trottoir, das nur auf einer Seite liegt, hochmütig zu dem Wanderer auf der anderen Seite sagt: „Du kannst zu mir kommen, nicht ich zu dir", wo selbst die Hunde sich gestatten, determinirter aufzutreten, weil sie hier zeigen dürfen, daß von ihrer Steuer dieses Trottoir erbaut ist.

Wer täglich die Linienstraße entlanggehen muß, der bekommt schon bei Lebzeiten einen hippokratischen Zug in das Gesicht, und wenn ein genialer Dichter hier längere Zeit wohnen sollte, wird man einmal im Lokalbericht lesen: Gestern erhängte sich ein junger Mann in der Linienstraße aus unbekannten Gründen. Der Psychologe aber weiß, daß er an der Linienstraße selber gestorben ist.

Sonntagmorgens, wenn die reichen Leute in ihren Equipagen durch das Schönhauser Tor nach Pankow fahren, wenn man die blühenden Linden zwischen Akzise und Torwache durchriecht; dann geht man nicht zum Tor hinaus, sondern

biegt links in die Linienstraße und geht weiter, bis man rechts ein anderes Tor hat, das wieder einen schönen Namen trägt; es heißt wohl das Rosenthaler Tor.

Es hat eben sieben Uhr geschlagen, und ihr steht mitten auf einem Markt, denn diese Gegend hat Sonnabendvormittag keine Zeit und wahrscheinlich auch kein Geld gehabt, um Markt zu halten; ihr habt ihn vor euch: den Sonntagsmarkt der Armut.

Da liegen Brote, so groß und schwarz, daß ein zärtlicher Magen davor erschrickt und die Buttersemmel in der Tasche sich furchtsam duckt wie die Gefährten des Odysseus vor Polyphem. Dort sind Zwiebeln, so viele und große Zwiebeln, um die ganze Welt weinen zu machen, wenn es, um diese arme Welt weinen zu machen, noch der Zwiebeln bedürfte! Jenes Grünzeug dort hat gestern auf dem Markt der Wohlhabenheit eine wohlverdiente Zurücksetzung erfahren und die Nacht grollend und schmollend zugebracht, ohne zu ahnen, daß es heute morgen doch noch einen Beruf zu erfüllen hat. Jetzt wirft sich der schäbig gentile Blumenkohl in die Brust, zupft sein krauses zerknittertes Chemisett hervor und verachtet die Mohrrüben, die sich dort in den schmutzigen Körben langweilen: alte welke Jungfern, die gestern von keinem Kotelett auf dem Dejeuner dansant zum Tanze aufgefordert worden sind. Grüne Bohnen erzählen albern kichernd von den Heringen, die sich in den nahen Fässern etwas Weitgereistes zu geben suchen und die Mienen von Polarexpedienten haben, während sie doch durch ihre robuste Natur, breite Rücken und dumme Physiognomien verraten, daß sie ihre Jugend vor Swinemünde im halbsalzigen Wasser verträumt haben. Die Kartoffen treten mit dem Selbstbewußtsein auf, das aus dem Gefühl der Unentbehrlichkeit zu entspringen pflegt, sie blicken mit derselben Sicherheit um sich wie Studenten oder Offiziere, die einen Ball arrangiert haben. So sehen auch die Kartoffeln aus, als ob sie eigentlich alle übrigen Viktualien eingeladen hätten, und die guten Wesen mögen so unrecht nicht haben!

Die Fleischwaren sind einer genauen Betrachtung wohl wert. Die Aristokraten unter den Ochsen, Kälbern und Schweinen tragen ihre Gebeine nicht hierher; es sind arme Verwandte, Seitenlinien, Individuen, die einem siechen Alter nur durch frühen, gewaltsamen Tod entgingen, welche hier den mutwilligen Fliegen zur Kurzweil dienen. Denn die Fliegen scheinen wenn nicht ältere Ansprüche, so doch jüngere an diese Rohstoffe zu erheben als die Menschen, Ansprüche, die um nichts schwächer scheinen, weil sie so neu sind, und die Morgensonne selber scheint sie zu ermuntern und ihnen mit dem vorrückenden Tage bedeutende Konzessionen zu verheißen. Würste mit polizeiwidrigen konfiszierten Physiognomien, kleine Schlackwürste mit römischen Nasen und verdrossen, als ob sie heute noch nüchtern wären, Leberwürste, bleich und aufgedunsen, offenbar übler Laune, daß man sie so frühe in ihren Meditationen gestört hat, durch und durch leberkrank und hypochondrisch! Endlich liegen da Teile von Tieren, die ihren früheren Inhabern zum Laufen gute Dienste geleistet haben, als Essen gedacht, aber den Menschen zum Weglaufen einladen könnten. Nicht weit davon kleine Holzvorräte, magere Kienbündel, Eier von einem kleineren Hühnergeschlecht oder von Hühnern, die ein übriges getan und ihren Gebietern wöchentlich ein überzähliges, aber winzigeres Ei für diesen Armutsmarkt gelegt haben.

Von alledem zu kaufen haben sich Menschen eingefunden, viele Menschen, die durch ihre Zahl ersetzen wollen, was ihnen an Aussehen und Besitz fehlt. Neben einer armen Mutter steht ein Töchterchen, die kleinen Hände unter der Schürze verborgen – alle leeren und kalten Kinderhände stecken ja unter der Schürze –, und beobachtet, wie die Mutter um einiges Gemüse handelt, als ob es Lehren für das ganze Leben abzulernen gelte, als ob die ganze Theorie der Armut an dem Kauf dieser Handvoll Wurzeln und Petersilie entwickelt würde!

Vor den gigantischen Broten steht ein ausgehungerter Mann und durchbohrt ein Exemplar, das er in der Hand wägt, mit dem Blicke eines Richters, der einen verstockten Bösewicht vor sich hat. Noch scheint er zweifelhaft, ob er den großen Wurf des Ankaufes wagen soll – kein Doktor kann tiefsinniger nachrechnen, wie lange sein Patient noch leben wird, als dieser Mann, der dem Brote fast an den Puls faßt und kalkuliert, wie lange es reichen wird und ob nicht jenes dort ein wenig größer ist, damit der kleine Junge zu Hause mit den langen blonden Locken, die der Friseur in der Jägerstraße neulich kaufen wollte, täglich eine Scheibe mehr bekommen kann.

Auch ein Hering ist schon entführt, der Flügelmann der Tonne, und zwar von einem Trunkenbold, der in seinen Armen den Rausch des vorigen Abends vergessen will. Und er geht mit ihm ab, als führte er eine Geliebte heim, um die er sieben Jahre geworben. Der Polizeibeamte aber blickt ihm einsichtig nach, denn er weiß, daß er ihn noch heute abend da finden wird, wo er gewöhnlich zu Bette zu gehen pflegt, seinen eigenen Hut unter dem Kopf und zugedeckt vom freien Himmel und dem kopernikanischen Weltsystem – in der Gosse.

Jenem Manne, der seine dünnen Haare mit einem Kamme zusammengesteckt hat und dem niemand ansieht, daß er tagein, tagaus elegante seidene Stoffe webt, die hernach um schöne Frauengestalten rauschen, folgt ein Bauer mit einem Holzwägelchen und zugleich der Neid auf hundert Gesichtern. Wie lange mag der arme Seidenwirker für diese Bereicherung seines Haushaltes gespart haben?!

Man traut nicht seinen Augen, wenn man auch Blumen auf diesem Markt sieht, freilich nicht die duftenden zierlich frischen Blüten, die den Gendarmenmarkt schmücken, aber doch Blumen in Töpfen und nicht in Sträußen, weil diese Blumen lange vorhalten sollen und der Armut nicht zu rasch verblühen dürfen. Viel schlechter Goldlack und Levkojen, ein wenig von Raupen benagt, aber doch noch in Blüte.

Schon hat ein Wesen etwas hermaphroditischer Natur, vielleicht ein Hospitalit – sein Rock sieht wenigstens wie das Geschenk eines Mäcenas, vielleicht gar eines Beschützers der Anstalt selbst aus und zierte einst den Kutscher –, einen Gewächstopf erstanden und trägt ihn stolz, aber vorsichtig nach Hause. Weder Humboldt noch Link würden dieses vegetabile Rätsel erklären können. Einige dürften es für eine Reitpeitsche halten, die sich zur Ruhe gesetzt, einiges erübrigt hat und auf ihre alten Tage so etwas wie ein Rentier geworden ist, der in einem Topfe ein stillvergnügtes Dasein feiern will und schon drei Blätter getrieben hat; andere möchten behaupten, daß diese zwei Schuh lange Gerte einem unbekannten Pflanzengeschlecht angehöre, das eigentlich nie blühe, sondern nur zum Schrecken der Schuljugend auf Kathedern ein Schmarotzerdasein führte, eigentlich aber doch in die Klasse der hautreizenden Pflanzen passe.

Gleichviel, blüht das Gewächs nicht, so wird es doch begossen werden, am offenen Fenster stehen, wahrscheinlich beim nächsten starken Winde einem Vorübergehenden auf den Kopf herabgeworfen werden und zu einer Klage Veranlassung geben, die den Besitzer auf drei Tage ins Gefängnis führt – ein teures und verderbliches Gewächs.

Nun hört man es in der Entfernung läuten, und eine seltsame Unruhe gibt sich unter den Käufern und Verkäufern kund. Wollen sie zur Kirche gehen? Sie sehen nicht danach aus. Die Mehrzahl geht gewiß nur bei den Taufen und Konfirmationen ihrer Kinder ins Gotteshaus oder auch nur in der Woche, d.h., um zuzusehen, wenn die Tochter eines reichen Bäckers oder Brauers Hochzeit hält.

Nein – es ist Zeit, den Markt zu schließen; die Sabbatfeier fängt an. Polizei im Tugendeifer, voll sittlicher Entrüstung – es herrscht viel Sittlichkeit in der Berliner Polizei –, geht mit

enragiertem Gesicht umher – selbst die Backen wetteifern mit Nase und Rockkragen im schönsten Polizeirot –, es ist Zeit, zornig zu werden – die Menschheit ist zu verstockt. Aber sie hat nicht nötig, sich körperlich zu sehaden, man gehorcht, der Markt ist von selbst vorbei, denn die Sechser- und Dreierflut hat sich verlaufen, und kein Umsatz ist mehr möglich.

In kurzer Zeit hat sich die Menge entfernt, wie aufgesaugt von den dürren, duftigen Quergäßchen, versunken in Kellern, gehuscht in Türen wie Mauerritzen; elende Gespenster, die verschwinden müssen, wenn der Hahn des Gesetzes den Sonntagsanfang ausgekräht hat.

Einen Augenblick gehört die Straße dem muntern Tage, dem verirrten Schmetterling, den Hunden vor dem Milchkarren, die rachsüchtig der Katze nachlaufen, die ein Wurstfragment mit philologischer Sauberkeit in ihr Studierkatzenloch trägt; dann aber öffnet sich die glänzende Haustür jenes großen Hauses, ein Mann tritt heraus mit Bratenrock und Bratengesicht, er stäubt ein Federchen vom Rockärmel ab, dankt nickend den demütig grüßenden Gassenkehrern, drückt das Gesangbuch mit Goldschnitt unter den Arm und nimmt mit der Miene des Ekels eine Prise Karotten, denn eines ist ihm ebenso zuwider wie ein kleiner Mieter, der am Ersten nicht zahlt – vor seiner Tür: der Sonntagsmarkt der Armut.

Aus den Papieren eines Berliner Kriminalbeamten: ←L 5
Das Voigtland als Stadt für sich

Berlin bestehet eigentlich aus zwei Städten, einer größern, der wirklichen Residenzstadt, und einer kleinern, dem Voigtlande.

Man belegt das letztere zwar in der Regel nur mit dem Namen der Rosenthaler Vorstadt, aber das Voigtland ist weit mehr als eine bloße Vorstadt, es ist eine Stadt für sich. Schon seine ganze Bauart macht es zu einer solchen. Während man in der Residenzstadt und den übrigen Vorstädten fast nur drei- und vierstöckige Gebäude und schön gepflasterte Straßen mit blendenden Gaslaternen erblickt, sieht man im Voigtlande nur schmutzige Öllampen, ungepflasterte Straßen, deren Kot ganze Armeen verschlingen könnte, und kleine einstöckige Häuser, welche ohne Kellerraum tief in die Erde hineingebauet sind und in deren unförmliche Dachfenster jeder nur ziemlich ausgewachsene Mann bequem hineinzuschauen vermag.

Auch die Gewerbe, die Sitten und die Gebräuche der Einwohner sind von denen der Residenz völlig verschieden. Denn die Bewohner des Voigtlandes bestehen ihrer Mehrzahl nach nur aus Kesselflickern, Topfflechtern, Torfträgern, Lumpensammlern, Hundehändlern, Schweineschneidern, Knochensammlern, Holzhauern, Webern, Flickschneidern, Bücklingshändlern, Obsthökern, Schuhflickern, Vogelstellern, Pyramidenfabrikanten, Waldteufeljungen und anderem derartigen Gelichter. Die Honorationen dieser verschiedenartigen Menschenrassen werden durch pensionirte Unterbeamte, durch dürftige Witwen, durch unbemittelte Hauseigentümer, durch die Inhaber der Kramläden und durch die Beamte des Voigtlandes gebildet.

Die Ehen sind im Voigtlande nicht beliebt, da auch die billigste Hochzeit mindestens 1 Thlr. 22 Sgr. 6 Pf. an Traugebühren kostet und man für diese Summe ganze Fluten des köstlichsten Branntweins zu beschaffen vermag. Viele Voigtländer leben daher in einer sogenannten polnischen Ehe, wobei die Polizei auf sehr verschiedenartige Weise getäuscht wird.

Injurien gibt es im Voigtlande nicht, denn man findet dort schwerlich zwei Menschen, welche nicht schon irgend einmal in ihrem Leben, sei es durch Worte oder durch Taten, miteinander gekämpft haben sollten. Demnach hat der Voigtländer auch einen sehr versöhnlichen Charakter, indem er Verunglimpfungen ebenso schnell vergißt, als er solche zufügt, und indem er heute denjenigen als seinen lieben Bruder umarmt, welchen er gestern als seinen erbittertsten Gegner verfolgt hat.

Die hauptsächlichsten Nahrungsmittel der Voigtländer bestehen in Branntwein, Kaffee, Brot, Kartoffeln und Schweineschmalz.

Die Executoren und die Steuerbeamten sind seine natürlichen Feinde, und er befindet sich in stetem Kampfe mit denselben. Hingegen ist der Revier-Polizei-Commissarius der Abgott sämtlicher Voigtländer. Er muß alle Streitigkeiten entscheiden, er muß bei jedem Faustkampfe als rettender Engel erscheinen, er muß Armen-Unterstützungen auswirken und Straferlasse bevorworten, kurz in seine Hände sieht der Voigtländer sein ganzes Lebensglück gegeben. Mit der Verweisung auf den Polizei-Commissarius schreckt der Voigtländer daher böse Schuldner und säumige Mieter; mit der Verweisung auf ihn tröstet er seine jammernden Witwen und Waisen und singt seine Kinder in den Schlaf, und ein stolzes Bewußtsein drückt sich in seinen Mienen aus, wenn es ihm vergönnt gewesen, demselben vertrauungsvoll die Hand zu drücken.

Aber wehe dem armen Polizeibeamten, wenn der Voigtländer irgendein Verbrechen begangen hat oder wenn seine Sinne an festlichen Tagen der berauschenden Kraft des Branntweins gewichen sind.

Wenn er dann losgelassen
Raset durch die schmutz'gen Gassen

so vermögen oft nicht die vereinten Anstrengungen mehrerer Mann Wache und mehrerer Polizeibeamten einen einzigen Voigtländer zu bändigen.

Ebenso gefährlich ist der Voigtländer, wenn er, wozu ihm eine eigentümliche Neigung bewohnt, des Nachts mit Sack und Pack seine Wohnung verläßt, um den habsüchtigen Klauen seines Hauswirtes zu entgehen. Wehe dem unglücklichen Nachtwächter, der ihm, durch ein Viergroschenstück des Wirtes gewonnen, dann verräterisch in den Weg tritt. Denn dann kämpft der Voigtländer um den eigenen Herd, um seine einzigen und teuersten Besitztümer, und gewöhnlich geht er durch Gewalt oder List aus diesem Kampfe siegreich hervor. Unterliegt er in demselben, so wird er seiner gesamten Habe beraubt, und man kann in solchem Falle füglich mit Schiller sagen:

Noch einen Blick
Nach dem Grabe
Seiner Habe
Sendet Voigtlands Sohn zurück —
Greift fröhlich dann zum Wanderstabe:
Was Wirtes Wut ihm auch geraubt,
Ein süßrer Trost ist ihm geblieben,
Er zählt die Häupter seiner Lieben
Und siehe! Es sind ihrer sieben.

Dann sinkt der Voigtländer aus dem Stande der freien Menschen in den der Schlafburschen herab. Das heißt, er, der bisher selbst Schlafburschen gehalten hatte, wird nun mit Frau und Kind zum Schlafburschen eines höher gestellten Voigtländers. Aus diesem Zustande der Abhängigkeit vermag er sich gewöhnlich nie wieder zu erheben, da er selten von seinem kärglichen Verdienste soviel erübrigt, um sich eine neue Wirtschaft zu beschaffen.

Eine Kindererziehung findet im Voigtlande eigentlich nicht statt. Denn das edle Elternpaar verläßt mit dem grauenden Tage seine Heimat, um seinen Geschäften nachzuleben. Die Kinder bleiben, sich selbst überlassen, entweder in der öden Dachstube eingeschlossen, zurück, oder sie schweifen auf den schmutzigen Höfen umher. Das einzige schwache Surrogat der Kindererziehung besteht darin, daß der Vater, wenn er am Abende des Geld spendenden Sonnabends berauscht heimkehrt, sowohl seine Gattin als auch sämtliche Kinder auf eine fürchterliche Weise abbläuet. Oftmals bedient er sich hierbei sogar seines jüngsten Säuglings als Prügelinstrument. Bereits mit dem sechsten oder siebenten Lebensjahre emancipirt sich

der Voigtländer aus der väterlichen Gewalt. Seine erste Beschäftigung beginnt dann mit der edlen Kunst des Bettelns. Späterhin tritt der Knabe als vagabundirender Geschäftsmann in irgendein Gipsfigurencabinet oder in einen Hökerkram über. Nebenbei macht er schwache Versuche in Taschen- und Marktdiebstählen, und durch die reiche Ausbeute dieser Beschäftigung gelockt, stehet er bald als vollendeter Künstler in derselben da. Allmählich geht er zu kühneren Bestrebungen über und nimmt seinen Wohnsitz dann abwechselnd im Zuchthause und im Voigtlande.

Das Mädchen beginnt seinen Lebenslauf auf ähnliche Weise. — Mit einem kleinen Körbchen schweift es auf den Straßen müßig umher und betreibt einen Handel mit Rosen und Veilchen oder Schwefelhölzern. Sehr bald wird die frische Jugendblüte derselben irgendeinem jungen Wüstling zur Beute, und nachdem der von vornherein nur höchst locker befestigte Schleier einmal gefallen ist, beginnt ein wüstes und schwelgerisches Leben, welches nach mannigfachen Schicksalen gewöhnlich in das Bordell oder das Krankenhaus führt. Erst in reiferen Jahren kehrt die Voigtländerin aus diesem, jedoch zuweilen mit Zurücklassung ihrer Nase, als Gattin irgendeines berüchtigten Genossen in ihre Heimat zurück, falls ihr nicht als Winkelkupplerin oder Diebeshehlerin in der Stadt selbst ein noch einträglicheres Gewerbe zuteil wird.

Eine eigentümliche Kunst des Voigtländers bestehet darin, sich mit einem äußerst geringen Raum für seine sämtlichen Bedürfnisse zu begnügen. Ein einziges, notdürftig erleuchtetes Dachstübchen dient oft einer Familie von Vater und Mutter nebst mehreren Kindern und Schlafburschen zur Wohnung.

Den Centralpunkt und die eigentliche Krone des Voigtlandes bilden die sogenannten Familienhäuser. Diese großen, casernenmäßig angelegten Gebäude sind mit Tausenden von Menschen bevölkert, welche genügen würden, ganze Städte mit Einwohnern zu versehen, und welche hier bei einem geringen Mietzins ein notdürftiges Obdach genießen. Von hier aus ziehen jeden Morgen ganze Horden räuberischen Gesindels durch das Hamburger Tor in die Stadt hinein und verbreiten sich wie die Pest über alle Teile derselben. Von dem Leben und Treiben, welches in diesen Höhlen herrscht, in denen die tiefste Hefe des Volkes zusammengepreßt ist, vermag sich der Leser, welcher sich auf seinen weichen Kissen wohlgefällig streckt, kaum einen Begriff zu machen. Es ist keine Fabel, daß früher dort einzelne Stuben durch kreuzweis auf den Dielen gezogene Kreidestriche in vier Viertel geteilt wurden und daß jedes dieser Viertel von einer zahlreichen Familie bewohnt wurde. Es ist ferner keine Fabel, daß zur Zeit des Winters in den Magen der dortigen Bewohner alljährlich Hunderte von Hunden und Katzen ihren Untergang finden und daß dort ganze Familien den schmutzigsten und ekelhaftesten Krankheiten erliegen. Daß sich bei dieser Beschaffenheit des Voigtlandes dort namentlich in den Zeiten des Jammers und des Elends oft die gräuelvollsten Scenen ereignen, in denen die heiligsten Familienbande mit Füßen getreten werden und in denen der Mensch nur in seinem rein tierischen Zustande erscheint, bedarf wohl keiner weiteren Ausführung.

Luise Aston: ←L 6
Familie Naumann

Es war ein unfreundlicher Märzabend. Auf den Straßen Berlins lag dichter Nebel, den zu durchdringen die zahlreichen Gasflammen sich vergebens anstrengten. Mit raschen Schritten und tief in Mäntel gehüllt oder unter schützenden Regenschirmen sich bergend eilten die geschäftigen Bewohner der preußischen Residenz auf dem feuchtglänzenden Trottoir aneinander vorüber.

Auf dem Turme der Nikolaikirche in der Poststraße schlug es 8 Uhr. Zahlreich strömten aus den Tabaksfabriken der Königsstadt die Arbeiter und Arbeiterinnen, um sich nach ihren Familien in den Vorstädten zu begeben. Nicht wie die Schnitter und Schnitterinnen auf dem Lande unter fröhlichem Scherz und munterem Gelächter, wenn sie dem mit Garben hochbeladenen Wagen folgend am Abend nach vollbrachtem Tagewerk ins Dorf ziehen: – lautlos und finster schlichen sie dahin, und nur eine Hoffnung beflügelte ihre Schritte, im Schlaf das Bewußtsein ihres qualvollen Daseins loszuwerden. – Und wohl ihnen, wenn dies Bewußtsein in ihnen noch lebendig war, aber bei den meisten war statt dessen eine stumpfe Indifferenz vorhanden, die sie gegen Trost und Hoffnung wie gegen den Schmerz und die Entbehrung gleicherweise unempfindlich machte. Unter den jungen Mädchen, welche aus dem hellerleuchteten Laden des Fabrikanten P. in der Königsstraße heraustraten, wäre dem aufmerksamen Beobachter vielleicht nur eins aufgefallen, in dessen Gesicht sich noch das Gefühl der Herabwürdigung abspiegelte; und doch war gerade dieses eine der ältesten Cigarrenwicklerinnen der Fabrik. Sie hieß Anna und war 16 Jahre alt. Um sich besser gegen den allmählich zum Regen gewordenen Nebel zu schützen, hatte sie ein dunkelbraunes, grobwollenes Tuch um den Kopf und Hals geschlungen, so daß man nur ihre dunkelblauen Augen, aus denen eine in diesem Alter selten verständige Resignation sprach, sowie ihre feingeschnittene Nase erkennen konnte, so richtete sie, abgesondert vom großen Haufen, einsam ihren Weg nach einer der düstern nordöstlich gelegenen Vorstädte.

Es war heute Zahltag gewesen: sie brachte den Lohn für die Arbeit einer ganzen Woche mit nach Hause. Sie rechnete nach, wieviel jede Stunde, die sie in der Fabrik angestrengt gearbeitet, ihr eingetragen habe und brachte endlich heraus, daß es im Durchschnitt fünf Pfennige ausmache. Fünf Pfennige für eine ganze lange Stunde – das war freilich wenig, um eine ganze Familie damit zu ernähren. Denn Anna mußte außer ihren Eltern noch fünf Geschwister, von denen das jüngste noch an der Mutter Brust war, unterstützen. Zwar hatte sie noch einen ältern Bruder – Rudolph, oder wie er gewöhnlich genannt wurde: Ralph – ein fleißiger und geschickter Maschinenbauer. Aber, der war seit einiger Zeit ein ganz anderer Mensch geworden: früher heiter und lebensfroh, jetzt düster und in sich gekehrt. Ihr Vater, der alte Naumann, war ein geschickter Tischler, da er jedoch schon lange keine Arbeit mehr erhielt und die Not so groß war, so hatte er sein Arbeitszeug verkaufen müssen und flocht jetzt Körbe. Aber das brachte auch wenig oder nichts ein. Der Winter war sehr hart gewesen, sie hatten die Miete nicht bezahlt, und es war vorauszusehen, daß der Wirt des Familienhauses – sie wohnten in einem Familienhause im Voigtlande – ihnen in kurzem, wie man zu sagen pflegt, den Stuhl vor die Tür setzen würde . . .

Fast atemlos und mit pochenden Herzen eilte sie die drei alten morschen Treppen des Familienhauses hinauf und stand endlich vor der Tür ihrer Wohnung – wenn man so den Aufenthaltsort für eine aus 7 Personen bestehende Familie nennen konnte, der in einer weißgetünchten, 20 Fuß langen und 15 Fuß breiten Bodenkammer bestand. – Drinnen vernahm sie die polternde Stimme ihrer Mutter, die über das lange Ausblei-

ben der „faulen Dirne" und des „liederlichen Buben" schalt, die gewöhnlichen Bezeichnungen für sie und Ralph. Sie war es gewohnt, hart und ungerecht behandelt zu werden; und doch seufzte sie heute und öffnete mit einer ihr sonst fremden Bangigkeit die Türe.

– Bist endlich da, Rumtreiberin? – grollte die Mutter mit erstickter Stimme, als Anna in die Stube trat. – Um 8 Uhr wird die Fabrik geschlossen, und jetzt ist's schon 9 vorbei. Wo hast unterdes rumgelumpert, he? Und wenn du noch was dabei verdientest! – Aber du bist zu nichts nütze.

– Schweig doch, Alte – sagte der alte Naumann, welcher mit dem jüngsten Kinde auf dem Schoß sich vor dem kleinen Ofen niedergekauert hatte, in dem noch ein paar Coakskohlen glühten. – Es ist ja heute Zahltag gewesen, und da wird sie länger aufgehalten sein. Die Anna ist ein gutes Mädchen, auf die laß ich nichts kommen. Aber der Junge, der Junge – er stützte den Kopf in die Hände und starrte in die verglimmende Kohlenglut.

Anna sagte nichts, weil sie wußte, daß Widerspruch von ihrer Seite ihre Mutter noch mehr aufzubringen pflegte. Sie holte ein Talglicht aus ihrem Arbeitskorbe, steckte es in den Hals einer alten Flasche und zündete es an einer Kohle an. Während die Mutter fort und fort zankte, wie ungebildete Menschen es tun, die den Groll über ihr trauriges Schicksal an denen auszulassen pflegen, die am wenigsten daran schuld sind – benutzte Anna den Augenblick, wo sie am Ofen beschäftigt war, um ihrem Vater das von Gilbert empfangene Goldstück in die Hand zu drücken, damit es nicht etwa in die habgierigen Hände ihrer Mutter gelangte, die ihre Nahrungssorgen nicht selten in Branntwein zu ertränken pflegte. Der alte Naumann sah bald seine Tochter, bald das Goldstück an, begnügte sich jedoch, als Anna bezeichnend den Finger auf den Mund legte, verwundert den Kopf zu schütteln, als wollte er sagen: die Sache kommt mir nicht ganz geheuer vor.

Anna setzte das Licht auf den Tisch und langte nun aus ihrem Arbeitskorbe ein großes Brot und eine fußlange Wurst heraus. Darauf holte sie aus dem alten Spinde ein paar gebrochene irdene Teller und setzte sie ebenfalls auf den Tisch. Ihre Eltern sahen mit einem Erstaunen, das bei der Mutter in Zorn überzugehen drohte, dem geschäftigen Treiben ihrer Tochter zu. Diese aber schien mit dem entfalteten Luxus ihrer Anordnung noch nicht zufrieden zu sein. Zum größten Schreck ihres Vaters warf sie mit rascher Hand alle Kohlen, die derselbe für den morgenden Tag reserviert hatte, in den Ofen, so daß derselbe bald rotglühend wurde, legte die Wurst auf eine Pfanne und stellte diese auf den Ofen. Bald füllte der Dampf der schmorenden Wurst die Stube und weckte die beiden in einer Ecke des Bettes zusammengekauerten Geschwister – ein Aroma für die ausgehungerten Magen – Annas auf. Ihr erster Laut war ein Geschrei nach Brot, auf das indes niemand achtete. Annas Mutter erhob sich endlich schwerfällig von ihrem Lager, stemmte beide Arme in die Seite und wollte eben der Tochter ihren ganzen Unwillen über diese Verschwendung zu erkennen geben, als diese endlich das lange Schweigen durch die Mitteilung des Gesprächs brach, welches sie mit Gilbert gehabt hatte . . .

10 Die Familienhäuser - Teil IV

Frühproletarische Lebensbedingungen in Berlin

Das Berliner Proletariat vor 1848:

Der Entstehungsprozeß des Berliner Proletariats ist durch zwei Faktoren bestimmt:
1. der Zuzug von ehemaligen Landarbeitern und verarmten ländlichen Handwerkern nach **1816**;
2. die Proletarisierung der kleinen städtischen Handwerker durch Gewerbefreiheit und den Niedergang der traditionellen Textilindustrie in Berlin.
Die Proletarisierung beinhaltet neben dem Übergang von ehemals leibeigenen Landarbeitern oder selbständigen Warenproduzenten zu Lohnarbeitern, daß zunehmend auch Frauen und Kinder als Lohnarbeiter in den Produktionsprozeß einbezogen werden.
In seiner Dissertation von **1922** „Der Berliner Arbeiter 1815–1848" untersucht Werner Piltz die Bevölkerungsentwicklung Berlins in diesem Zeitraum:

Berlins Einwohnerschaft hat sich in der Zeit von 1816–46 auf mehr als das Doppelte vermehrt. Die Bevölkerung stieg von 197 721 Ew. (1816) auf 397 776 (1846). Damit geht Berlin erheblich über die natürliche Vermehrung des preußischen Staates hinaus. Das gesamte Staatsgebiet hatte 1816 10 349 031, 1855 17 101 822 Ew. Die Vermehrung beträgt also in 39 Jahren 65,25 %, wobei bemerkt wird, daß die Vermehrung nach den letzten Zählungen abgenommen habe. Man kann also die Vermehrung bis 1846 auf etwa 50–52 % ansetzen. Berlin hat sich demnach doppelt so schnell entwickelt wie Preußen.

$\leftarrow$L 1

Unter den 15 preußischen Städten über 30 000 Ew. kommt Berlin mit seiner Vermehrungsquote dem Durchschnitt ziemlich nahe. Zwischen 1840–55 vermehrte sich die Gesamtbevölkerung um 14,97 %. Die 15 größeren Städte wuchsen um 32,45 %, Berlin um 36,95 %. Der Durchschnitt ist entscheidend beeinflußt durch das Wachstum der rheinischen Industriestädte (Krefeld 74,53 %!), deren großer Aufschwung meist aber erst nach 1848 liegt. Das darf man nicht übersehen, wenn man die relativ niedrige Vermehrungsquote Berlins richtig einschätzen will.

Die Bevölkerungszunahme Berlins bewegt sich in einer gleichmäßig ansteigenden Linie, deren Neigungswinkel sich nach und nach vergrößert. Der Stand der Bevölkerung war:

1816	*197 717*	*1837*	*283 722*
1819	*201 138*	*1840*	*330 230*
1822	*209 146*	*1841*	*340 209*
1825	*220 277*	*1842*	*351 216*
1828	*236 830*	*1845*	*380 040*
1831	*248 682*	*1846*	*397 767*
1834	*265 122*	*1847*	*411 403.*

Errechnet man daraus die durchschnittliche jährliche Vermehrung, so ergibt sich für:

1816–19	*1 140*	*1839*	*8 283*
1820–22	*2 669*	*1840*	*9 200*
1823–25	*3 710*	*1841*	*9 979*
1826–28	*5 518*	*1842*	*11 007*
1828–31	*3 950*	*1843–44*	*11 000 ca.*
1832–34	*5 818*	*1845*	*11 992*
1835–37	*5 263*	*1846*	*13 378*
1838	*6 432*	*1847*	*13 636.*

Es ist nun festzustellen, aus welchen Bestandteilen sich dieser Zuwachs zusammensetzt. Es kommt der natürliche Zuwachs durch Überwiegen der Geburtenrate über die Sterblichkeitsrate und die Einwanderung von außen her in Betracht. Für Berlin gibt der Zuzug bei weitem den Ausschlag. Das wird durch eine Gegenüberstellung der Geburten- und Zuzugsüberschüsse ohne weiteres klar . . .

Noch deutlicher werden diese Ergebnisse, wenn man den Zuzugsüberschuß in ein Verhältnis zum Gesamtüberschuß bringt. Es betrug der Zuzugsüberschuß:

1820–22	*37,2 %*	*1838*	*79,9 %*
1826–28	*86,1 %*	*1842*	*80,4 %*
1832–34	*88,5 %*	*1846*	*74,4 %.*

In den bisherigen Hauptkapiteln zu den Familienhäusern ging es um die Klärung der Baugeschichte, die Charakterisierung der Familienhäuser als Spekulationsobjekt in ungewohntem Maßstab und um das literarische Echo, das die Verhältnisse in den Familienhäusern ausgelöst haben. Der vierte Teil der dokumentarischen Geschichte handelt von den Lebensbedingungen der Bewohner im Zeitraum des Überganges von der feudalen bis zur kapitalistischen Produktionsweise in Preußen.

Die Lebensbedingungen, also Alltag, Haushalt, gesellschaftliche Beziehungen, Arbeitsformen in ihrer Gesamtheit, kann man aus den vorhandenen Quellen nur systematisch zusammensetzen, indem man kleinste Informationen aus Berichten und Protokollen herausfiltert und thematisch zusammensetzt. Das daraus entstehende Bild der Lebensverhältnisse ermöglicht einerseits die kritische Betrachtung der literarischen Quellen selbst, ob sie überzeichnet sind oder einen realistischen Eindruck vermitteln – denn von den Bewohnern selbst verfaßte Berichte fehlen für diesen Zeitraum noch gänzlich –, andererseits ist nach unserem Überblick nur für die Familienhäuser die Rekonstruktion des Alltags unmittelbar und nicht nur als statistischer Überblick oder momentane Impression möglich. Wir brauchen diese Rekonstruktion, um die innerhalb eines Jahrzehnts in Berlin sich vollziehenden gesellschaftlichen Veränderungen, die in der 48er Revolution ihren Ausdruck finden, an der das Proletariat elementar und schon organisiert beteiligt ist, von den einzelnen Menschen und ihren Lebensbedingungen her verstehen zu können.

Aus dem bisher vorgestellten dokumentarischen Material wird deutlich, daß die Grunholzer-Protokolle den detailliertesten Einblick in die Lebensverhältnisse der Bewohner der Familienhäuser möglich machen. Die gedruckte Version seiner Begehungen stellt sowieso die herausragende und am meisten zitierte Quelle zu den Lebensverhältnissen des deutschen Proletariats vor **1848** dar. Haben wir sie bisher als Text reproduziert und verglichen mit seinen bisher unbekannten Tagebuchaufzeichnungen, die die Protokolle in vielfacher Hinsicht erweitern, so sind sie für uns in diesem Kapitel Ausgangspunkt für die systematische Erschließung der Aussagen und Beobachtungen zum Alltag der Bewohner.

Diese Aussagen und Beobachtungen können wir nun ergänzen durch Einzelheiten aus anderen Quellen und anderen Zeitabschnitten und sie in Beziehung setzen zu dem statistischen Material, das uns zur Verfügung steht.

Daraus ergeben sich zwei Stufen der Verallgemeinerung:
1. Die mehr zufälligen und unsystematischen Begehungsprotokolle Grunholzers werden ergänzt und korrigiert und ergeben ein auch nach heutigem Anspruch zuverlässiges Bild der Lebensverhältnisse der Bewohner der Familienhäuser.
2. Das systematische Bild des Alltags gilt auch für andere Teile der Stadt, für andere Mietshäuser, hat also die Qualität einer exemplarischen klassentopographischen Beschreibung, zu der in der Gebietsgeschichte der allgemeine Zusammenhang geliefert wird.

Das Kapitel gliedert sich folgendermaßen: Wir gehen aus von der sozialen Zusammensetzung der Bewohner entsprechend der Arbeit, der sie nachgehen und die die Grundlage ihrer Existenz ist, dann kommen wir auf die Zusammensetzung und durchschnittliche Höhe des Haushaltseinkommens, berechnet auf einen Monat, das wir ins Verhältnis setzen zu den Einzelpositionen der monatlich notwendigen Ausgaben. Neben die Beschreibung der Existenzgrundlagen tritt die der Gefährdung durch Arbeitslosigkeit und Krankheit und ihre Bewältigung durch Selbstbeschränkung oder Inanspruchnahme der Hilfe von außen. Zum Schluß werden wir Informationen zusammenstellen zu der Lebensweise, den Verhaltensnormen und Verkehrsformen, die sich in den Familienhäusern herausgebildet haben und für das Proletariat typisch werden.

So sehr sich die materiellen Lebensbedingungen des entstehenden Proletariats von denen der städtischen Bourgeoisie, die in der herkömmlichen Kulturgeschichte ausführlich behandelt sind („Biedermeier"), unterscheiden, so sehr unterscheiden sich auch Lebensweise und sittliche Regeln, die sich auf dieser Basis herausbilden und zur Norm werden. Ihre genaue Definition als Teil der Verselbständigung des Proletariats als Klasse ist Voraussetzung für das folgende Kapitel, in dem beschrieben wird, wie das Proletariat, das 1848 für einen geschichtlichen Augenblick zum politisch Verbündeten des Bürgertums wird, wieder unter Kontrolle und bürgerliche Norm gebracht werden soll.

10.1 Die systematische Analyse der Grunholzer-Protokolle

Als erste Fragen sind zu klären:
1. Wie kommt Grunholzer auf die Familienhäuser?
2. Wie geht Grunholzer vor, und wie wählt er die Haushalte aus, die er beschreibt?
3. Welchen Aussagewert haben seine Protokolle in bezug auf die durchschnittlichen Verhältnisse?

Grunholzer hört zum ersten Mal von den Familienhäusern am Abend des 25.3.1843 von dem Wirte seiner Stammkneipe Niquet. Das Gespräch macht einen so nachhaltigen Eindruck auf ihn, daß er sich noch in derselben Nacht hinsetzt und in sein Tagebuch notiert:

(Nachts 1 Uhr). Soeben komme ich von Niquet. Dieser hat mir lange erzählt von den Familienhäusern im Voigtland (vor dem Hamburger Tor), wo sich die Armen eingewohnt haben. Niquet ist Vorsteher eines Hülfsvereins und wußte manches zu sagen, wie es in den Stuben aussehe, wie er einer Frau (die als Mädchen neben ihm gedient habe, Tändelschürze reicher Herren gewesen und dann so in Armut gekommen sei, daß sie sich mit dem Mann und drei Kindern unter einem alten Mantel auf ein wenig Stroh im ungeheizten Zimmer schlafen legen mußte) beigestanden habe etc. Er versprach mir, mich hinzuführen. Ich will Berlins Armut kennenlernen. Auf die Maskenbälle im königlichen Schloß werde ich doch nicht eingeladen.

Die eindringliche Schilderung eines für ihn unfaßbaren Einzelfalles bringt Grunholzer die Erkenntnis, daß er als Fremder bisher nur die eine Hälfte der Residenz kennengelernt hat und daß er sich auch mit der anderen beschäftigen muß.

Am nächsten Tag besucht er Bettina v. Arnim, die ihm aus dem Manuskript ihres „Königsbuchs" das Gespräch über die Verbrecher vorliest, worin sie die These vertritt, daß nicht dem Dieb allein die Schuld an seiner Tat zukommt, sondern vor allem dem Staat, der verantwortlich ist für die Mittellosigkeit der Armen, die aus Selbsterhaltungstrieb zu Verbrechern werden. Das Ergebnis der Zusammenkunft ist, daß Grunholzer ihr *einiges Material* verschaffen soll. Drei Tage später fertigt er nach seinem ersten Besuch in den Familienhäusern die ersten Aufzeichnungen für Bettina an.

Der erste Satz dieser bereits vollständig zitierten Aufzeichnungen erklärt Grunholzers privates Erkenntnisinteresse: *Wer die fürstlichen Paläste* ←S 221 *und die schönen Casernen gesehen hat, tut wohl, wenn er, um sich das Bild von der Preußischen Residenz zu vervollständigen, ins sogenannte Voigtland vor dem Hamburger Tor geht.* Wie nimmt Grunholzer, der Fremde aus der Schweiz, nun Kontakt mit den Bewohnern der Familienhäuser auf, und wie trifft er die Auswahl seiner Gesprächspartner? Diese Einzelheiten sind um so interessanter, als es sich hier um eine der frühesten mit dem Instrument des Interviews arbeitenden Sozialstudien handelt.

Friedrich Sass über die Berliner Zuwanderer 1845:

→L 2 *Solche unverhältnismäßige Steigerung in der Bevölkerung Berlins ist wohl geeignet, nicht bloß die Aufmerksamkeit des Staatsmannes und des Communalbeamten zu erregen, sondern auch die desjenigen, der die socialen Verhältnisse der Gegenwart und unseres Lebens zu seinem Studium zu machen wünscht. Das Natürlichste ist es nun aber jedenfalls zu fragen, woraus besteht dieser Strom, der sich jeden Tag, jedes Jahr und in immer größerer Breite mit seinen meistens schlammigen Wellen in die märkische Weltstadt hineinwirft?*

Wir sondern hier, und man wird es hoffentlich natürlich finden, vier Classen:

1) Die Reichen, die Wohlhabenden, kurz, alle diejenigen, welche nicht unter die specielle Rubrik der arbeitenden Classen gehören und eine gesicherte Existenz ←A 1 *mitbringen, um sie hier entweder geschäftlich fortzuführen oder nur auf längere oder kürzere Zeit zu genießen. So angesehen auch die Zahl dieser Zukommenden sein mag, in Betracht der Annehmlichkeiten, Aussichten und Hülfsquellen, welche gerade Berlin ihnen bietet, so würde ihre Zahl, wenn wir statistische Data hätten, doch jedenfalls hinter die beiden nun folgenden Classen verschwinden.*

2) Die reinen Proletarier, d.h. diejenigen, welche Arbeitslust und Arbeitskraft mitbringen, um in Berlin Arbeit zu suchen und die Existenz notdürftig zu fristen. Der tägliche und jährliche Einzug dieses Teils tritt sehr hervor und wird durch das Eisenbahnnetz, welches Berlin umgibt, im Verhältnis zu früher immer mehr gesteigert. Man kann sich darüber nicht wundern, wenn man bedenken will, daß auf dem platten Lande zum Teil ein feudaler Druck lastet, dem sich viele zu entziehen wünschen, und daß durch die Eisenbahnen die großen Städte materiell gewinnen, während die kleinen Städte mannigfach gehemmt werden und dann in einem größeren Teile ihrer Bevölkerung als früher verarmen. Diese Bevölkerung pflegt sich aber vielfach in die großen Städte überzusiedeln und dort eine Existenz zu suchen, welche sie in der Heimat nicht finden konnte oder verlieren mußte. Tagelöhner, Handwerksgesellen und kleine Gewerbetreibende bilden in dieser Classe die Mehrzahl, obgleich auch sehr viele in ihr stehen, die sich zur Wissenschaft, zur Kunst, zur Schule u.s.w. bekennen und deren Glaube es ist, in ←S 221 *dem intelligenten Berlin ihre bescheidenen Hoffnungen am leichtesten verwirklichen zu können. Während das Proletariat in den großen Städten immer wächst, werden dem Ackerbau sehr oft die notwendigsten Kräfte entzogen.*

Immer war es dem Verfasser dieses Buches interessant, wenn er mit Leuten aus den niederen Ständen in Berührung kam, zu erfahren, wo ihre Heimat sei, wie, in welchen Verhältnissen und welcher Absicht sie nach Berlin gekommen? Reiche Männer erzählten mitunter, wie sie zuerst mit zerrissenen Stiefeln in Berlin eingezogen. Andere verleugneten ihre Vergangenheit. Berlin ist in seinen arbeitenden Classen, namentlich im Gewerksstande, zwar eine Musterkarte aller Districte, Provinzen, Länder und Nationen, wie jede große Stadt es ist, aber wie in großen Städten sehr häufig unter den Proletariern ein besonderer Nationaltypus hervortritt, so auch hier. Aus Irland wandern die armen Bewohner nach London und bilden dort das niedrigste und schmutzigste Proletariat. In ganz demselben Verhältnisse stehen die Savoyarden zu Paris, die Finnen zu Petersburg und die Jüten zu Schleswig-Holstein und Copenhagen. Nach Berlin und weiter pflegt ein Land seine Bevölkerung zum Proletarierdienste zu senden, ein Land, welches berühmt ist durch die Schönheit seiner Gegenden und seinen Überfluß an allen denjenigen Erzeugnissen, welche zur Befriedigung der notwendigen menschlichen Bedürfnisse dienen und welches also weder mit Irland, noch mit Savoyen, noch mit Finnland oder gar mit Jütland verglichen werden kann, obgleich ein Teil seiner Bewohner mit denen der genannten Länder auf eine Stufe getreten ist, ich meine: Schlesien. Nicht die Dürftigkeit der Natur, wie bei jenen Ländern, treibt Schlesiens Proletarier in die Ferne hinaus, sondern ein mächtiger Factor der Gegenwart, der in Schlesien wachsende Industrialismus. Wie man im ganzen preußischen Staate bei den Erdarbeiten der Eisenbahnen auf eine große Anzahl ausgewanderter Schlesier stößt, so auch in Berlin bei allen schweren, mit kargem Lohne verbundenen Arbeiten, bei der Ramme, beim Handlangern, bei Karrendiensten. Den Berliner Proletarier beseelt, dieser armen Bevölkerung gegenüber, der Hochmut. Er stellt sich mit ihnen, selbst in seinem elendesten Zustande, nicht leicht auf dieselbe Stufe; nur die schrecklichste Not treibt ihn zu ihnen in dieselbe Beschäftigung, welche hier höchstens mit 8 Groschen pr. Tag gelohnt wird. Während der Berliner damit kaum zu leben weiß, versteht der Schlesier davon zu sparen, und zur Winterzeit bringt er einige sauer erworbene Thaler in seine Heimat zurück. Dafür lebt er aber dann wie der Ire in London. Acht bis zehn Mann liegen nachts zusammen in einem stinkigen Loche, in einer elenden Bretterbude. Die Nahrung besteht aus Abfall, aus Kartoffeln und Hering, von Schmutz starrt der Körper. Aber die Leute scheinen sich in diesen Verhältnissen, im Vergleich zu ihrer Heimat, ganz wohl zu fühlen. Ihre gutmütige, heitere Natur bricht selbst in ihrem Elende hervor, und in ihrem Gesichte entdeckt man niemals jene schrecklichen Züge, welche uns aus dem Gesichte eines vollendeten Berliner Proletariers entgegenstarren. Überhaupt das Proletariat, welches der Haupstadt aus den Provinzen entgegenströmt, ist an innerer Verwahrlosung und Zerkniffenheit durchaus nicht mit demjenigen, welches die Haupstadt in ihrem eigenen Schooße gebärt, zu vergleichen. Der Berliner Proletarier hat für den armen Schlesier Spott und Verachtung, und es pflegt häufig zu ernstlichen Collisionen zu kommen.

Wie dieses Tagelöhnerproletariat sich täglich und jährlich in die Hauptstadt begibt, fortgepeitscht aus engen Verhältnissen vom Industrialismus, so auch ohne Aufhören die Handwerksgesellen, die kleinen Gewerbtreibenden aus den kleinen Städten. Diese Leute haben aber in der Regel nicht nur nicht die Mittel, um die furchtbare Concurrenz, welche in der Hauptstadt herrscht, aushalten zu können, und sie fallen nicht bloß deshalb, sobald ihre kleinen Mittel erschöpft sind, mit dem Proletariat zusammen, noch häufiger entsteht ihre Verarmung daher, weil die Verfeinerung der Arbeit, welche in Berlin geltend geworden, ihnen unbekannt geblieben ist. Ihre Geschicklichkeit reichte eben nur für die kleinen Städte aus, aber nicht für die Anforderungen, welche in Berlin gemacht werden. In Berlin sind viele Handwerke zu einer ausgedehnten Fabriktätigkeit potenzirt worden, z.B. in den Maschinen-Werkstätten, Wagenbauereien, Tuchfabriken u.s.w. Ein solcher Fabrikherr kann nicht jeden Handwerker, der aus seinen Lehrjahren die notdürftigste Fähigkeit, den besten Willen zur Arbeit und Fleiß mitbringt, zu der Art von Arbeit anstellen, welche er gerade gebraucht. Und nicht bloß stehen dem gelernten Handwerker in solchen Fällen große Schwierigkeiten entgegen, sondern ebenfalls dadurch, daß er hier, wo eine weit größere Teilung der Arbeit eingeführt worden ist, auch durch die gewöhnlichen Handarbeiter verdrängt wird, welche bei weitem geringere Lohnforderungen machen. Aber dem unausgesetzten Zuge der kleinen Gewerbtreibenden aus den kleinen in die großen Städte wird wohl auf keine Art und Weise begegnet werden können.

3) Die dritte Partie des Berliner Zuzuges könnten wir mit Grund unter die Rubrik: „Ich hab meine Sache auf nichts gestellt" bringen. Unter ihr vereinigen sich

Offensichtlich ohne eigentliches Konzept und Vorbereitung trifft er an seinem ersten Besuchstag vor den Familienhäusern auf einen Mann, den er anspricht: →S 221 *Ein Holzhacker sagte mir, daß es „Familienhäuser" seien, welche sämtlich dem Rendant Heyder angehören und viele kleine Stuben, deren jede einer Familie zur Wohnung diene, enthalten. Das größte derselben heiße „das Lange Haus", . . . in diesem wohnt auch jener Holzhacker, der mich bereitwillig in seine Stube führte, Zimmer Nr. 3 im Keller.* Dieser →S 221 Holzhacker vermittelt Grunholzer seinen zweiten Besuch: *Ich wollte noch ärmere Leute sehen und wurde zu Sinhold, Zimmer 113 des gleichen Hauses, geführt.* Sinhold ist ein arbeitsunfähiger kranker Weber. Außer diesen beiden Fällen besucht Grunholzer noch am selben Tag die Kleinkinderschule im Haus Nr. 94, was im Zusammenhang zu sehen ist mit seinen pädagogischen Studieninteressen, vielleicht auch, weil er sich von dem dort arbeitenden Lehrer Informationen erhoffte.

Zwei Tage später liefert er Bettina die Protokolle über den ersten Be- →S 225 suchstag: *Bettina ersuchte mich, den Besuch armer Familien fortzusetzen, und gab mir einen Louisdor zu Gaben für die Ärmsten. (Auch ohne Auftrag und Unterstützung, meinem Herzen folgend, würde ich die Untersuchungen fortgesetzt haben).* Noch am selben Tag, am **1.4.1843**, geht er wieder in die Familienhäuser, diesmal offenbar mit dem Ziel, arbeitende →S 225 Weberfamilien aufzusuchen: *Ich ging in den finstern Hausgängen auf und ab, horchte an den Türen, und wo ich weben hörte, trat ich ein.* Im Erdgeschoß und im Keller des Querhauses 92a trifft er die Weber Kupfer und Unger.

Vor seinem dritten Besuch am **4.4.1843** spricht Grunholzer mit dem →S 225 Hausverwalter der Familienhäuser: *Der Inspektor der Familienhäuser nannte mir die ärmsten Familien (unter anderem auch die schon besuchten der Sinhold und Unger).* Unmittelbar danach besucht er die kranke Fami- →S 225 lie des arbeitslosen Tischlergesellen Gellert, dann den Schuster Schadow, *den ärmsten Mann, den ich je gesehen habe.* Grunholzer scheint hier also nach den Angaben des Inspektors vorzugehen. Zum Teil tut er dies auch →S 20 bei seinen späteren Besuchen, wie z.B. bei seinem 24. Gespräch: *Der Hausverwalter hatte mir den Strumpfweber Ehrike als einen sehr armen Mann bezeichnet.* Daß diese Angaben jedoch alle weiteren Besuche bestimmen, ist zu bezweifeln, da die finanzielle Absicherung der Haushalte doch so unterschiedlich ist, daß nicht alle zu den „ärmsten Familien" gehören können. Wahrscheinlich wählt Grunholzer den Großteil seiner 33 Besuche zufällig aus.

Die Zahl von 33 Einzelbesuchen ist nicht vorsätzlich bestimmt (33 von 400 Haushalten = 8,3 %), sondern sie ergibt sich aus den äußeren Bedin- →S 22 gungen: *Ich hätte die Untersuchungen gerne noch weiter fortgesetzt. So wie es aber bekannt war, daß ich das Gesehene notiere und mitunter einige Groschen schenke, verfolgten mich Weiber und Kinder und wollten mich in ihre Wohnungen führen. Um nicht das ganze Voigtland in Auflauf zu bringen, blieb ich weg. Es sind indessen die angeführten Beispiele weder ausgesucht noch ausgemalt, so daß sich leicht auf die übrigen Bewohner der Familienhäuser schließen läßt; und für einmal ist deutlich genug nachgewiesen, wie man die Leute durch alle Stufen des Elendes in dem Zustand hinabsinken läßt, aus welchem sie sich selbst mit erlaubten Mitteln nicht wieder herausarbeiten können; und daß mit den als Almosen hingeworfenen Zinsen der Armengüter keinem aufgeholfen wird.*

Grunholzer selbst beansprucht also für seine Untersuchungen, daß sie einen repräsentativen Querschnitt der Familienhausbewohner darstellen, und darüber hinaus, daß der stufenweise Verelendungsprozeß vom Handwerker bis zum Insassen des Arbeitshauses deutlich wird. Wir wollen versuchen, durch statistische Vergleiche, die sich beziehen auf die soziale Zusammensetzung, die Haushaltsgröße, das monatliche Einkommen und den Zeitpunkt der Besuche, soweit sie in den Protokollen vermerkt sind, den Anspruch der Durchschnittlichkeit der Aussagen zu prüfen.

Schon die Auflistung der Besuche nach Wochentagen zeigt eine breite Streuung. Grunholzer verteilt seine insgesamt 14 Besuchstage auf einen Monat und in diesem Monat auf alle Wochentage, so daß er auch diejenigen antrifft, die wochentags außer Hause arbeiten.

Die Zusammenstellung der Gebäude, die er besucht, ergibt, daß er ausschließlich die großen Häuser mit den 1-Stuben-Haushalten besucht:

SO	26.	2.	**9.**	16.	23.
MO	27.	3.	10.	**17.**	**24.**
DI	28.	**4.**	11.	18.	25.
MI	**29.**	5.	**12.**	19.	26.
DO	30.	**6.**	**13.**	20.	**27.**
FR	31.	7.	**14.**	21.	28.
SA	**1.**	**8.**	15.	**22.**	29.

Verteilung der Besuche Grunholzers auf die Wochentage März/April 1843

Geschosse	Gartenstraße Nr.			Summe/
	92	92a	92b	Geschoß
Oberdach	1	2	6	9
Mansarde	5	1	4	10
2. Etage	2	0	1	3
1. Etage	0	2	1	3
Souterrain	2	2	3	7
Summe	10	7	15	32

Verteilung der Besuche Grunholzers auf Gebäude und Geschosse

Die Gesamtauflistung aller Besuche ermöglicht uns, den statistischen Durchschnitt von Haushaltsgröße, monatlichem Einkommen und Haupterwerbsquelle festzustellen und in Vergleich zu setzen mit den uns sonst noch bekannten statistischen Aussagen zu den Familienhäusern.

die Liederlichen, die Abenteurer, die Lumpen aller Classen, aller Provinzen, aller Länder. Wenn man sich erinnern will, daß 11,000 Personen ihren Aufenthalt in Berlin vor der Polizei zu verbergen wissen, so wird man diese Partie nicht allzu gering anschlagen dürfen. Viele Tatsachen sprechen dafür, daß eine große Zahl derer, welche auswärts, in engern Verhältnissen auf die eine oder die andere Weise an ihrer Existenz Schiffbruch gelitten haben, in Berlin den Schatten einer großen Stadt suchen, die dann so viele verzwickte und zerrissene Lebenszustände bedeckt. Hier sind keine Stände ausgenommen, sie liefern alle Beiträge zu dieser Classe, welche in das Proletariat so recht einen sittlichen Schmutz, zusammengescharrt aus allen Elementen der modernen Gesellschaft, hineinbringt. Schwindelexistenz, Verarmung und Armut und Verbrechen, das hängt hiemit innig zusammen.
4) Die Soldaten. Ein Soldat ist nichts anderes als ein Proletarier, im Kleide des Königs, wenigstens im allgemeinen Durchschnitte kann dies angenommen werden. Viele von den Soldaten, welche nach Berlin in Garnison gebracht werden, bleiben auch nach ihrer Dienstzeit in Berlin und vermehren dadurch, in nicht geringem Maaße, die Arbeitskräfte und die Bevölkerung der arbeitenden Classen. Sie verheiraten sich in Berlin, machen Familie, greifen entweder zu ihrer alten Hantierung, deren Betrieb dann auch für die Anforderungen, welche Berlin macht, nicht ausreicht, oder werden Kutscher, Bediente, Hausknechte, Tagelöhner, oder legen auch einen kleinen Kram an, vielleicht von der kleinen Summe, welche ihre Frau als Dienstmädchen zu erübrigen wußte u.s.w.
Dies sind die Hauptelemente des Berliner Zuzugs.

Besuch-Nr.	Besuchstag	Gartenstr. Nr./Stube	Name	Beruf	Haushalts-größe	Monatl. Einnahmen Rthl. Sgr.		Regelm. Armenunterst. Rthl. Sgr.		Kranke im Haushalt	Mietschulden nach Liste v. 2.11.1842 Rthl. Sgr.	
1	29.3.1843	92/3	?	Tgl./Holzhacker	5	6	15	2		x	2	2
2	29.3.1843	92/113	Sinhold	Weber	2	2	15	1		x	4	26
3	1.4.1843	92a/18	Kupfer	Weber	4	8					2	2
4	1.4.1843	92a/5	Unger	Weber	7	6	10				2	2
5	4.4.1843	92a/9	Gellert	Tischlergeselle	6	?				x	2	11
6	4.4.1843	92a/76	Schadow	Schuster	4	4					3	17
7	5.4.1843	92/72	Schreyer	Witwe/Spulerin	2	2	15	1	15		13	19
8	5.4.1843	92/141	Bischoff	Invalide	2	1		1		x		
9	8.4.1843	92a/71	Engelmann	Schneider	?	7	15			x	2	16
10	9.4.1843	92b/8	Weidenhammer	Glaser	4	?				x	5	7
11	12.4.1843	92b/9	Dahlström	Seidenwirker	6	7	25	1		x	3	19
12	12.4.1843	92b/58	Kleist	Witwe/Spulerin	5	6		3		x	3	18
13	12.4.1843	92b/30	Jährig	Weber	4	6	20			x	2	2
14	12.4.1843	92b/59	Künstler	Weber	4	5–7					2	17
15	12.4.1843	92b/51	Möltner	Witwe/Dienstbotin	3	?		2	15		2	19
16.	12.4.1843	92b/12	Kayser	Witwe/Spulerin	4	?		?				
17	13.4.1843	92b/73	Fischer	Weber	4	6						
18	14.4.1843	92b/60	Schumann	Tgl./Transportarb.	6	11	15				3	6
19	14.4.1843	92b/62	Fundt	Arbeiter/Gießerei	4	10		1		x	0	25
20	14.4.1843	92b/67	Suchi	Knochensammlerin	3	4–5		2			1	22
21	14./17.4.	92b/69	Berwig	Tgl./Firnisfabrik	7	12					3	6
22	14./17.4.	92b/66	Benjamin	Tgl.	4	10				x		
23	14./17.4.	92b/35	Krellenberg	Tischler	9	?				x		
24	17.4.1843	92/91	Ehrike	Strumpfweber	?	7	15				3	3
25	22.4.1843	92/92	Kessler	Witwe/Waschfrau	6	?		3			5	5
26	22.4.1843	92/101	Würth	Weber	2	4	15	3		x	5	24
27	22.4.1843	?	Lottes	Weber	?	?		0	20	x		
28	24.4.1843	92/27	Weber	Arbeiter	5	?						
29	24./27.4.	92/94	Urbich	Weber	?	10					2	2
30	24./27.4.18	92/74	Matthes	Weber	3	?				x	13	28
31	24./27.4.	92a/26	Bergmann	?	2	?		2		x		
32	24./27.4.	92a/53	Hambach	Weber	7	6					4	2
33	27.4.1843	92b/68	Bettin	Schlossergeselle	?	?		1	7			

→A 2 Fast aus gleicher Zeit, nämlich datiert mit dem **2.11.1842**, existiert die Liste der Mieter, die dem derzeitigen Hausbesitzer Heyder die Miete schulden. Heyder hat diese Liste zusammengestellt, um sie an die Armendirektion zu schicken. In seinem Begleitschreiben weist er auf *die im Laufe dieses Jahres fast ansteckend zugenommene Nahrungs- und Arbeitslosigkeit* hin, führt aus, daß er gezwungen würde, umfangreiche Exmissionen durchzuführen, die zur Folge hätten, daß die zahlungsunfähigen Mieter der Stadt bzw. dem Arbeitshaus zur Last fallen würden, und versucht von der Armendirektion eine Mietgarantie zu erhalten, sei es indirekt durch Arbeitsbeschaffung oder direkt durch Zahlungen an die Mieter. Die Liste der Mietrestanten enthält insgesamt 298 Haushalte, das sind rund drei Viertel aller Haushalte in den Familienhäusern. Die Mietschulden belaufen sich insgesamt auf 1001 Thlr. 1 Sgr. 9 Pf., was eine Durchschnittsschuld von 3 Thlr. 10 Sgr. oder 1 1/2 Monatsmieten/Haushalt ergibt. Auf dieser Schuldenliste finden sich namentlich aufgeführt 24 der 33 von Grunholzer besuchten Familien, deren Mietschuld in der obenstehenden Tabelle eingetragen ist. Sehen wir von zwei extrem verschuldeten Haushalten ab (Nr. 7 und 30), die Mietschulden von mehr als 13 Thlr. haben, und untersuchen die restlichen 22, so ergibt sich bei ihnen eine durchschnittliche Mietschuld von 3 Thlr. 3 Sgr. 4 Pf., was ziemlich genau der durchschnittlichen Verschuldung von 75 % aller Haushalte entspricht. Man kann also nicht davon sprechen, daß es sich bei diesen 22 Familien um extreme Armutsfälle handelt.

→A 3 Daß sich auch bis **April 1843**, als Grunholzer seine Untersuchungen durchführt, in bezug auf Arbeitslosigkeit und Hunger nichts geändert hat, belegt ein Zirkular der Armendirektion vom **8.3.1843** an sämtliche Armenkommissionen: *Durch die Teuerung mehrerer der ersten Lebensbedürfnisse befinden sich gegenwärtig viele Familien, welche bisher im Stande waren, sich durch ihrer Hände Arbeit zu ernähren, in so drückenden Verhältnissen, daß sie notgedrungen die Hülfe der Armenpflege in Anspruch nehmen müssen. Dies gilt besonders von den Stuhlarbeitern und mehreren Fabrikarbeitern, denen es, selbst bei dem regsten Willen, nicht möglich ist, Arbeit zu erhalten, weil in diesen Geschäften eine augenblickliche Stockung eingetreten ist.*

Untersuchen wir als nächstes die Haushaltsgrößen, also die Anzahl der Personen, die gemeinsam eine Stube bewohnen und eine Miete zahlen, so ergibt sich folgender Vergleich: In 28 Fällen gibt Grunholzer die personelle Größe der Haushalte an. Es sind insgesamt 124 Personen, was eine Durchschnittszahl von 4.43 ergibt, also 4–5 Personen pro Stube. Vergleichen wir diesen Durchschnitt mit den uns aus dieser Zeit vorliegenden Gesamtbewohnerzahlen (2190 Einwohner für **10.11.1842** und 2500 Einwohner von Grunholzer selbst), so ergeben sich bei insgesamt 400 Haushalten Durchschnittswerte von 5.48 bzw. 6.26, also 5–6 Personen und mehr pro Stube. Also auch in bezug auf die Durchschnittsbelegung untersucht Grunholzer keine Extremfälle.

Es bleibt uns noch, nach der Sozialstruktur von Grunholzers Untersuchung zu fragen. Wir vergleichen deshalb die Berufsangaben in seinen Protokollen mit denen, die wir aus früheren Statistiken von den Familienhausbewohnern haben.

Friedrich Sass über die Lage der arbeitenden Klasse in Berlin 1845:

←L 3 *Wenn wir nun einen unbefangenen Blick auf die Lage der arbeitenden Classen in Berlin werfen wollen, so kann uns nichts anderes übrig bleiben, als ein statistisches Material zusammenzusuchen, denn des allgemeinen Geschreies über die Concurrenz ist schon genug gewesen. Wie sehr sich im allgemeinen der Gewerbebetrieb in Berlin fortwährend steigert, mag man daraus sehen, daß die jährliche Zahl der zu einem Gewerbe sich Meldenden durchschnittlich auf 1800 angegeben werden kann, da bereits vom 1. März bis Ende December 1845 1424 Anmeldungen erfolgt waren. Für das Specielle teilen wir nach dem Berliner Stadtrat Risch folgende Tabelle für 1845 mit:*

Stand	März 1834	Oktober 1842	April 1843
→A 4 Professionisten	240 = 68,38 %	191 = 64,09 %	20 = 62,50 %
Weber	129 = (36,75 %)	132 = (44,30 %)	13 = (40,63 %)
andere Handwerker	111 = (31,63 %)	59 = (19,79 %)	7 = (21,87 %)
←L 3 Tagelöhner/Arbeitsleute	39 = 11,11 %	41 = 13,76 %	6 = 18,75 %
alleinstehende Frauen	55 = 15,67 %	62 = 20,81 %	5 = 15,63 %
Gewerbetreibende	10 = 2,85 %	2 = 0,67 %	0 = 0,00 %
Invalide	7 = 1,99 %	2 = 0,67 %	1 = 3,13 %
Summe	351 = 100,00 %	298 = 100,00 %	32 = 100,00 %

Sozialstruktur der Bewohner der Familienhäuser

Wir können feststellen, daß Grunholzer mit seiner Untersuchung die sozialen Hauptgruppen

1. „Professionisten" (das sind sowohl verlagsabhängige Heimarbeiter als auch selbständige „kleine Meister") mit dem Hauptanteil der Weber, die 1/3 bis 2/5 der Gesamtbewohnerschaft ausmachen,
2. Tagelöhner und Arbeitsleute und
3. die alleinstehenden Frauen mit eigenem Haushalt,

in einem Verhältnis erfaßt, welches durchaus dem der beiden Vergleichslisten entspricht. Die scheinbare Überrepräsentierung der Tagelöhner und Arbeitsleute bei Grunholzer gegenüber 1834 entspricht im Zusammenhang mit der gleichzeitigen Unterrepräsentierung der nicht verlagsabhängig arbeitenden Handwerker der allgemeinen Proletarisierungstendenz unter den „kleinen Meistern", die gerade in dem Zeitraum zwischen 1834 und 1843 wirksam wird. Die Überrepräsentierung der alleinstehenden Frauen und die Unterrepräsentierung der Arbeitsleute in der Mietrestantenliste von 1842 gegenüber der Grunholzer-Untersuchung lassen sich mit der ökonomischen Schwäche der Frauen bzw. der relativen Stärke der Arbeitsleute erklären, was auch an der Einkommensaufstellung der 33 von Grunholzer untersuchten Haushalte abzulesen ist. Diese Abweichungen sprechen also für die Aussagekraft der Grunholzer-Untersuchung.

Nachdem wir festgestellt haben, daß die Grunholzer-Untersuchung durchaus dem Anspruch des repräsentativen Durchschnitts genügt, können wir sie nun als Grundmaterial benutzen, um die drei statistisch festgestellten sozialen Hauptgruppen, die „Professionisten", die Arbeiter und die alleinstehenden Frauen, zu untersuchen auf ihre soziale und ökonomische Lage hin, also auf Höhe und Zusammensetzung ihres Haushaltseinkommens und auf die Arbeit, der sie nachgehen, so daß Ähnlichkeiten und Unterschiede zwischen diesen Gruppen deutlich werden. Diese anschaulichen Beschreibungen sollen ergänzt, erläutert und in Beziehung gesetzt werden zu den allgemeinen sozialen und ökonomischen Verhältnissen in Berlin zu Beginn der industriellen Revolution, so daß das Bild des proletarischen Alltags nicht nur Aussagewert für die Familienhäuser hat, sondern einen über den besonderen Fall hinausweisenden Allgemeinheitsgrad erhält.

10.1.1 Motive, in die Familienhäuser zu ziehen

Bevor wir die Zusammensetzung der Bewohner der Familienhäuser genauer untersuchen, ist zu klären, aus welchen Motiven heraus sie in die Familienhäuser ziehen. Dabei ist zu berücksichtigen, wie schon im Kapitel 6 dargestellt, daß seit der ministeriellen Verfügung vom 21.7.1828, die das ←S 146 Schlafstellenhalten in den Stuben zunächst einstweilig, praktisch aber auf Dauer untersagt, und seit der Besitzübertragung an Heyder und der nachfolgenden rigorosen Hausordnung sich die Verhältnisse in den Familienhäusern 1843 anders darstellen als in den ersten vier Jahren ihrer Existenz. Dadurch wurde die Belegungszahl erheblich reduziert.

Am 21.4.1827 philosophiert der Oberbürgermeister Berlins über die Gründe für die relativ hohe Belegung der Familienhäuser: *Die Ungebun-* ←A 5 *denheit, welche der dortige Aufenthalt gewährt, der Mangel an Aufsicht, welche jeder Eigentümer in gewöhnlichen Häusern auf seine Mieter wenden kann und muß, hier aber gar nicht ausführbar ist, geben für diese Klasse der Einwohner einen besonderen Reiz. Sehr wichtig ist es auch dabei, daß wir genötigt gewesen sind, die sämtlichen Einwohner von der Mietsteuer freizulasten.*

Stellen wir dem gegenüber, was Grunholzer von den Bewohnern selbst erfährt:

Der Holzhacker aus Nr. 92/3: *Dieser arbeitete am Fundamente der* ←S 221 *neuen Baustelle und zog sich in dem Grundwasser eine Krankheit zu, die ihn auf lange Zeit zur Arbeit untauglich machte. Er glaubte um so mehr Anspruch auf Unterstützung von Seiten der Behörden machen zu dürfen, da er bei einer öffentlichen Arbeit verunglückte, allein sein deshalb eingereichtes Gesuch blieb unberücksichtigt, bis er ökonomisch völlig ruiniert war. Endlich erhielt er 12 Groschen monatlich. Dies reicht nicht aus, seine*

Gewerbe	Zahl der Innungs-Meister	Anzahl d. nicht zur Innung gehörenden Mstr.	Zahl der Gesellen	Zahl der nicht zünftigen Gesellen	Lehrlinge
Bäcker	200	47	650	20	150
Groß-Böttcher	56	135	103	70	60
Klein-Böttcher	29	47	20	8	15
Brunnenmacher	7	11	27		25
Bürstenmacher	25	65	36		30
Buchbinder . .	119	421	295		290
Drechsler . . .	61	356	450		70
Seiden- u. Wollenfärber . . .	10	117	40	16	20
Schönfärber . .	14		12		9
Feilenhauer . .	3	22	12		4
Fischer	18	20			
Friseure	17	22	48		20
Gelbgießer . . .	41	63	52	100	30
Garnweber . .	557	1770	883		300
Glaser	81	303	63	20	45
Goldschmiede	93	346	300	150	200
Gürtler	52	211	343		100
Handschuhmacher	40	162	98	40	15
Hutmacher . .	12	74	80		12
Kammacher . .	15	59	32	15	5
Klempner . . .	47	228	280	198	150
Knopfmacher .	17	68	39	66	20
Korbmacher . .	50	89	120		60
Kupferschmiede	30	64	53		65
Lohgerber . . .	29	30	190		53
Maurer	47	89	2700		300
Messerschmiede	25	60	70	15	20
Nadler	20	23	40	9	15
Schwarz-Nagelschmiede . . .	22	36	90	200	50
Weiß-Nagelschmiede . . .	12	6	39	5	6
Pantoffelmacher	17	34	88		3
Posamentiere .	46	140	130		60
Pfefferküchler .	13	6	47	67	20
Raschmacher .	184	243	300		70
Riemer	47	81	35	30	60
Sattler	62	109	300		70
Stellmacher . .	68	43	200		55
Schiffbauer . .	10	1	65		18
Schlächter . . .	113	182	390		120
Schlosser . . .	163	290	1600	120	450
Huf-Schmiede	106	24	800		140
Zeug-Schmiede	19	18	65	20	30
Schneider . . .	509	3276	2600		230
Schornsteinfeger	15		30		56
Schuhmacher .	568	2543	1968		250
Seidenwirker .	320	710	1200		460
Seifensieder . .	11	12	14		2
Seiler	24	17	34	10	15
Siebmacher . .	4	5			5
Steinmetz . . .	3	12	124		53
Steinsetzer . .	8	19	64		30
Strumpfwirker .	52	58	150		15
Stuhlmacher . .	7	49	14	8	6
Täschner	6	7	18		14
Tischler	287	1835	2200		350
Töpfer	14	45	480		110
Tuchbereiter . .	4	9	10		2
Tuchscheerer . .	11	25	46		3
Tuchmacher . .	87	37	306		9
Weißgerber . .	16	10	60		5
Zimmerleute . .	36	16	1680		160
Zinngießer . . .	3	26	14	10	19
Dachdecker . .	18	9	150		
Barbiere	193	339	160		
Lackirer	28	30	60		
Mustercolorirer	34	264	93		
Buchhändler . .	45	16			
Vergolder . . .	32	62	65		
Uhrmacher . .	62	151	70		
Tapezirer . . .	135	181	250		
Maler	111	693	75	140	
Summa	5277	16471	23122	1377	5069

Berlin zählt also im ganzen 21,748 Meister und 21,499 Gesellen, dazu 5069 Lehrlinge. Eine Zahl, die immer im Wachsen ist und jedenfalls im Verlaufe der neuesten Zeit schon wieder bedeutend überstiegen wurde. Nach den Berechnungen Dietericis (der Volkswohlstand im preußischen Staate, S. 254) käme durchschnittlich im ganzen preußischen Staate auf 39 Men-

schen ein Meister, auf 50 Menschen ein Geselle; in Berlin ist diese Durchschnittszahl hoch überschritten worden, denn hier muß man bereits auf 18 Menschen einen Meister und beinahe ebenso auf 18 Menschen einen Gesellen rechnen. Diese Data werden die Abundanz des Gewerbebetriebes in Berlin und die unverhältnismäßige Zunahme desselben hinlänglich nachweisen können. Man sollte glauben, es müsse eine Stockung eintreten; dieses ist zwar bei einzelnen Geschäften, aber durchaus nicht im ganzen der Fall. Man sieht dies wohl an der Zunahme der Lehrlinge und an der steigenden Zahl aller derjenigen, welche aus dem Lehrlingsstande in den Gesellenstand übertreten. Im Jahre 1824 wurden in Berlin 57 Lehrlinge zu Gesellen gemacht, im Jahre 1845 dagegen hat die Zahl derselben, und zwar nur vom März ab, 626 betragen! Die Steigerung aller Gewerbe nachzuweisen ist nicht nötig, da schon an den einzelnen der Zustand des Ganzen dargestellt werden kann. Wir wählen zwei Gewerbe, in denen der Überfluß an Arbeitskräften am deutlichsten hervortritt: das Gewerbe der Tischler und Seidenwirker. Im Jahre 1826 gab es in Berlin 756 selbständige Tischler, 1830: 1061; 1834: 1285; 1840: 1590; 1844: 1888, jetzt sind sie bereits, nach der obigen Tabelle, über 2000 gestiegen. So groß auch die Volksvermehrung in Berlin im allgemeinen, so ist doch hier durchaus kein auch nur annäherndes Verhältnis zu finden. Die Seidenwirker haben sich zwar in den letzten Jahren, da ihr Gewerbe zu tief gesunken ist, eher vermindert als vermehrt, aber im Vergleiche zu den frühern Jahren ist die Steigerung selbst dieses Gewerbes noch im höchsten Grade bedeutend. 1826 gab es in Berlin 215 selbständige Seidenwirker, 1830: 562, 1840: 900; 1845: 1046, 1846 fiel diese Zahl auf 1035 herunter. In diesen Zahlen ist schon einiges Material für die Erkenntnis der Berliner Arbeitszustände und des Berliner Proletariats gegeben. Daß bei den Schneidern, Schustern, Schlössern u.s.w. ganz dasselbe Verhältnis stattfindet, wollen wir hier nur sagen und nicht weitläufig durch Zahlen documentieren.

Wenn man diese Tatsachen erwägt, so muß man allerdings immer, um keine voreiligen Schlüsse zu machen und keine falschen Behauptungen aufzustellen, die bedeutend gesteigerte Population und die bedeutend gesteigerte Consumtion Berlins im Gedächtnis behalten. Aber trotzdem ist der große Überfluß an gewerblichen Arbeitskräften ganz außerordentlich deutlich und Schrecken erregend. In den niedern Sphären, wo man den allgemeinen Zustand der Verhältnisse nicht übersehen kann, strömt die Jugend unaufhaltsam fort und fort den Gewerben zu, selbst solchen Gewerben, die am überfülltesten sind, in denen die Concurrenz am heftigsten ist, die immer mehr durch die vergrößerte Teilung der Arbeit, durch die wachsende Fabrikationstätigkeit vernichtet werden. Hier muß natürlich das Proletariat mit dem Gewerbe zusammenfallen. Bedenke man nur, daß im Jahre 1845 wieder 142 Schneider, 102 Schuhmacher, 64 Tischler, 23 Schlosser, 40 Weber u.s.w. ihr Gewerbe in Berlin begonnen haben. Alle diese Leute haben guten Mut, wenn sie anfangen; aber sie kennen die Verhältnisse nicht, in denen sie leben. Sie ahnen das mächtige Rad der Gegenwart nicht, welches sie großenteils ganz unbarmherzig mit ihren armen Familien zerschmettert und dem Elende Preis gibt.

Daß in der Gewerbefreiheit nicht der Kern für eine vollendete Freiheit liegt, daß sie die Arbeit auflöset und unter die Macht des Capitales stellt, während die Organisation der Arbeit immer dringender wird, dieses muß uns an den Arbeitsverhältnissen Berlins frappant in die Augen treten. Während das Bürgertum in ihr und ihrer ungemessenen Concurrenz die Mittel findet, sich in zwei Teile, in Bourgeoisie und gewerbliches Proletariat, zu scheiden, hat es bereits seit längerer Zeit angefangen, den Namen „Bürger" geringzuschätzen. Was ist ein Bürger von Berlin? Der ärmste Schuster- und Schneidergeselle kann es werden, wenn er 30 Thaler zusammenbringt. In dem Namen eines Bürgers liegt in Berlin keine Gewähr gegen das Proletariat. Höchstens ein Anspruch auf Almosenempfang und im glücklichsten Falle, im elendesten Alter, ein Unterkommen im Nicolaus-Bürger-Hospitale! Unsere reiche Bourgeoisie, die mit dem Capitale arbeitet, hat sich also weit über das Bürger-Proletariat erhoben, und der „Eigentümer" ist es, der sich höher stellt als der „Bürger". Das Eigentum ist ihr Stichwort. Das E darf bei ihrem Namen im Adreßbuch nicht fehlen. Eigentümer und Bürger! Man beobachte diesen Unterschied, und man wird in ihm eine Auflösung aller bisherigen politischen Begriffe entdecken! –

Sehr wichtig für die Charakteristik der Berliner Zustände wäre es nun, wenn wir durch statistische Nachrichten möglichst genau das numerische Verhältnis der

Existenz in der Stadt zu sichern. Er suchte sein Unterkommen in den Familienhäusern, wo die Miete geringer ist als in der Stadt und wohin sich deshalb die meisten der aus Berlin durch Geldnot Vertriebenen flüchten.

→S 222   Der Weber Sinhold: *Bei Jena wurde er gefangen, desertierte aber, weil er den Franzosen nicht dienen wollte. In den Jahren 1813/14 stand er wieder im Felde. Nachher suchte er mit zerrütteter Gesundheit sein Brot in einer Fabrik zu verdienen. . . . Die Armut trieb ihn ins Familienhaus.*

→S 11   Der Schuster Schadow: *Schadow (geboren 1802) ist der Sohn armer Eltern; er konnte Berlin nicht verlassen, weil er jene unterstützen mußte. Ein kranker Arm machte ihn militärfrei. Einige Zeit war er in der Stadt etabliert; er fand keine Wohnung mehr, weil er 5 Kinder hatte. 1836 kam er ins Familienhaus.*

→S 13   Der Schneider Engelmann: *Bis 1834 wohnte E. in der Stadt. 1833 kam er in die Charité wegen eines kranken Fußes. Kaum war er gesund, so erkrankte die Frau und lag zehn Wochen im Bette. Das Krankenhaus war so angefüllt, daß er die Erlaubnis, seine Frau dahin zu bringen, dem besondern Wohlwollen des Herrn Geh. Rath Kluge verdankte, dabei ist ihm die Fürsprache der Stubenmagd unvergeßlich. Es fehlte ihm aber das Geld, um die Kranke zu Wagen in die Charité zu bringen. U m s o n s t w a n d t e e r s i c h d e s h a l b a n d i e A r m e n d i r e k t i o n. Ein guter Freund borgte ihm einen Thaler dazu, den er heute noch schuldig und zurückzuerstatten bemüht ist. Um nicht an der Arbeit verhindert zu sein, ließ er das kleinste Kind außer dem Hause verpflegen; was ihn 3 1/2 Thlr. kostete. Da er diese aus eigenen Kräften nicht bestreiten konnte, so kam er abermals bei der Armendirektion um Unterstützung ein und e r h i e l t f ü r e i n u n d a l l e m a l z w e i T h a l e r. Nach vier Wochen kam die Frau krank zurück. Er arbeitete ganze Nächte hindurch, konnte aber doch die Miete nicht mehr erschwingen, wurde aus dem Hause geworfen und entschloß sich, auf einige Monate ins Familienhaus zu ziehen. (In diesem Augenblick hätten vielleicht 10 Thlr. auf immer geholfen.) Hier fand er aber keine Kundschaft, wurde mit jedem Tage ärmer und durfte zuletzt gar nicht mehr hoffen, aus dem Voigtlande herauszukommen; was ihm auch für seine Knaben leid tat, weil hier die Schulen nicht so gut seien wie in der Stadt.*

→S 16   Der Weber Jährig: *Der Weber Jährig leidet seit zehn Jahren an einem doppelten Bruchschaden. Vor sechs Jahren zog er ins Familienhaus, weil hier die ärztliche Behandlung nichts kostet und Freischulen sind.*

Das bestimmende Motiv ist die Notwendigkeit, eine finanziell tragbare Unterkunft zu finden, wenn man die Miete innerhalb der Stadt nicht mehr zahlen kann. Besonders schwer ist es für kinderreiche Familien oder Weber, die in Heimarbeit produzieren, Stadtwohnungen zu niedrigen Mieten zu finden. Ihren Bedürfnissen kommt neben der verhältnismäßig geringen Miete und dem Zahlungsmodus, der zuläßt, daß diese in kleinen Raten und nicht wie sonst üblich für 1/2 Jahr im voraus gezahlt werden kann, der Zuschnitt der Wohnungen in den Familienhäusern entgegen. Hierzu der Be-

→A 6   sitzer der Familienhäuser Heyder am **5.3.1843**: *Der größte Teil der Wohnungen besteht nur aus einer Stube, in der sich ein zum Heizen und Kochen besonders eingerichteter Ofen befindet. Diese Stuben zahlen 3 Treppen und im Souterrain 20 Rthl. und Parterre 1. und 2. Treppen 24 Rthl. und 26 Rthl. und sind im Vergleich so groß wie in einem anderen Hause Stube und Kammer, haben zwei große helle Fenster, und es können neben dem nötigen Hausgeräte zwei vollständige Webstühle vollkommen Platz finden. Dies kann der Weber bei den kleinen Stuben anderer Häuser nur selten haben, und er muß mehr zahlen.*

10.1.2   Die privaten Haushalte: monatliche Einnahmen

Es sollen hier die einzelnen Haushalte daraufhin untersucht werden, wie sie ihre Existenz sichern. Gemeinsam ist ihnen, daß sie ihre Existenzgrundlage durch A r b e i t beziehen, unterschiedlich ist jedoch die Form der Arbeit und ihre Verteilung auf die einzelnen Mitglieder der Haushalte. Der Existenzsicherung ist die Existenzbedrohung gegenüberzustellen in der Form der Arbeitslosigkeit und von Krankheit.

Wir können, wie gesagt, im wesentlichen drei Gruppen von Haushalten unterscheiden. Die größte Gruppe ist die der sogenannten „Professionisten", also gelernte Handwerker. Sie arbeiten entweder als selbständige „kleine Meister" ohne räumlich gesonderte Werkstatt in ihrer Stube oder auf der Straße, als Gesellen oder als verlagsabhängige Heimarbeiter. Ihnen folgt zahlenmäßig die Gruppe der Tagelöhner und der Arbeitsleute, die wöchentlich bezahlt werden und entweder in der Manufaktur oder schon in der Fabrik arbeiten. Die dritte Gruppe ist die der verwitweten, geschiedenen oder unverheirateten Frauen, die aber mit ihren Kindern zusammen einen eigenen Haushalt führen. Sie leben vor allem von Hilfs- und Gelegenheitsarbeiten.

Allen drei Gruppen ist gemeinsam, daß das Haushaltseinkommen nicht durch die Arbeit einer einzelnen Person aufgebracht wird. Bevor wir die drei Haushaltsgruppen genauer beschreiben, ist es wichtig, sich eine Vorstellung zu machen von dem, was vom Einkommen her, bezogen auf die Haushaltsgröße, als E x i s t e n z m i n i m u m zu gelten hat.

Schon in den tabellarisch aufgeführten Besuchen von Grunholzer sind die monatlichen Haushaltseinkommen aufgeführt, soweit sie erwähnt wurden. Sie sind idealisiert, d.h. Tages- oder Wochenlöhne sind einheitlich auf Monatseinkommen umgerechnet, unter der theoretischen Voraussetzung, daß das Einkommen nicht durch temporäre Arbeitslosigkeit geschmälert wird. Es handelt sich bei den Annahmen also um Maximalwerte.

Stellen wir nach Grunholzers Aufzeichnungen die durchschnittlichen Monatseinkommen pro Haushalt für die sozialen Hauptgruppen zusammen, so ergibt sich, daß die Frauen mit ihren Haushalten von 3–4 Personen und die Handwerkerfamilien einschließlich der Weber mit durchschnittlich 4–5 Personen monatlich über 1 Thlr. 10 Sgr. pro Person verfügen. Das Haushaltseinkommen der Frauen liegt monatlich bei 4 1/3 Thlr., das der Handwerker bei 6 1/2 Thlr., unter der theoretischen Voraussetzung, sie hätten durchgängig Arbeit, was meistens nicht der Fall ist.

Besser stehen sich die Arbeiter und Tagelöhner. Sie haben durchschnittlich größere Familien von 5–6 Personen und verfügen über ein Monatseinkommen von etwa 10 Thlr., d.h. fast 2 Thlr. pro Kopf.

Dieser Monatssatz von 2 Thlr. kann uns einen Maßstab liefern für die Höhe der Einnahmen. Von dem Weber Kupfer, der mit seinem Gesellen und dessen beiden Kindern, also mit 4 Personen, einen Haushalt bildet, der monatlich über ein Einkommen von 8 Thlr. verfügen könnte, sagt Grunholzer: *Diese Leute wären recht wohl zufrieden, wenn es ihnen nur* ←S 10 *nicht bisweilen wochenlang an Arbeit fehlte*, und von dem Gießereiarbeiter Fundt, der monatlich über etwa 10 Thlr. verfügt, wovon er für sich und seine drei gelähmten Söhne sorgen muß, schreibt Grunholzer: *Der Lebens-* ←S 18 *unterhalt macht ihm wenig Sorgen.* Dieser Monatssatz bildet jedoch die Ausnahme in den Familienhäusern. Die 33 dokumentierten Haushalte verfügen nach Grunholzers Angaben über durchschnittlich 6 Thlr. 25 Sgr., bei einer Durchschnittsgröße von 4.43, also 4–5 Personen. Durchschnittlich kommen also pro Monat 1 Thlr. 16 Sgr. auf jede Person.

Wenn wir die Fälle aus den Grunholzer-Protokollen auf die die Arbeit betreffenden Aussagen durchgehen, so finden wir alle Stufen der Proletarisierung vom noch selbständigen Handwerker, der noch im Besitz seiner Produktionsmittel ist, bis hin zum Lohnarbeiter, der nur noch seine Arbeitskraft verkauft. Alle Zwischenstufen existieren nebeneinander in den Familienhäusern. Das Gemeinsame aller Familien ist ihre ungesicherte Existenzgrundlage, worin sich die allgemeine Proletarisierungstendenz zeigt. Diese gesellschaftliche Umschichtung, das Absterben des selbständigen Handwerks und die Entstehung des lohnabhängigen Proletariats ohne Besitz der Produktionsmittel, wird ebenfalls in den 40er Jahre zu analysieren versucht. Wir setzen diese Analysen in die Randspalte, damit man den exemplarischen Fall mit den allgemeinen Verhältnissen vergleichen kann. Was in der systematischen Zusammenstellung der Stufen der Proletarisierung fehlt, ist auf der einen Seite der kleinbürgerliche selbständige Handwerker mit eigenem Haus und integrierter Werkstatt, wie er sich in der Berliner Altstadt konzentriert, auf der anderen Seite der Facharbeiter, wie er beschäftigt ist etwa in den nahegelegenen Maschinenbauanstalten. Dieser Facharbeiter kann es sich leisten, eine bessere Wohnung zu nehmen, als es sie in den Familienhäusern gibt.

Besitzenden und der Proletarier feststellen und zugleich nachweisen könnten, welche einzelnen Gewerbe am meisten auf die Erzeugung des Proletariates in Berlin hinwirken. Im allgemeinen lassen sich zwar diese Gewerbe leicht angeben; es sind solche, in denen die Concurrenz am größten geworden ist und in denen der Lohn durch die Resultate des Welthandels und der Fabrikation bedeutend gesunken, aber es fehlen uns für eine specielle Untersuchung die statistischen Materialien. Wäre uns ein Blick in die Gewerbesteuerrollen Berlins verstattet, wir würden gewiß zu merkwürdigen Resultaten kommen. Wir würden die Zahl der selbständigen Gewerbetreibenden mit der Zahl derjenigen vergleichen, welche die Gewerbesteuer zahlen. Der mehr oder minder starke Ausfall würde dann immer bei jedem Gewerbe ein gewerbliches Proletariat, mit gewiß unbedeutenden Ausnahmen, sein. Um aber auch hier einige sichere Anhaltepunkte zu geben, wollen wir, wie oben, wieder das Gewerbe der Tischler und der Seidenwirker nehmen, über deren Gewerbesteuer-Verhältnisse wir durch den Stadtrat Risch einige Aufschlüsse erhalten haben:

Im Jahre 1826 zahlten von den 756 selbständigen Tischlern Berlins 191 die Gewerbesteuer, 1830 von den 1061: 321; 1834 von den 1285: 387; 1840 von den 1590: 520; 1844 von den 1888: 633 und 1846 von den 2028: nur 666. Das Verhältnis aller dieser Zahlen zeigt, daß nur 1/3 der Berliner Tischler im Stande ist, Gewerbesteuer zu zahlen und daß 2/3 dieses Handwerkes als gewerbliche Proletarier betrachtet werden müssen. Aber auch von den Steuernden kann immer mehr als die Hälfte nur den niedrigsten Steuersatz zahlen.

Noch trauriger sieht es mit den Seidenwirkern aus. Im Jahre 1826 zahlten von 215 selbständigen Seidenwirkern 61 Gewerbesteuer; 1830 von 562: 125; 1840 von 980: 226; 1845 von 1046: 176; 1846 von 1035: 130. Auch hier steuert weit über die Hälfte nur den niedrigsten Satz. Es kann also nur der achte Teil der selbständigen Seidenwirker in Berlin die Gewerbesteuer bezahlen. Was sind die anderen sieben Achtel? Proletarier, ist die einfache Antwort. Die Seidenwirker in Berlin haben sich zwar seit dem Jahre 1839 nur um 100 vermehrt, aber die Zahl der Steuerpflichtigen hat sich unter ihnen um 56 vermindert. Es ist also das Proletariat auch in diesem Gewerbe fortwährend im Steigen. Jetzt würde es, auf jeden nicht steuernden Seidenwirker eine Familie von 4 Personen gerechnet, 5448 Menschen umfassen.

Gedämpft mag der Eindruck dieser Zahlenverhältnisse für manche dadurch werden, daß alle diejenigen Gewerbetreibenden für gewerbesteuerfrei angesehen werden, welche in der Regel nur um Lohn oder auf Bestellung arbeiten, ohne ein Lager von fertigen Waaren zu halten, solange sie das Gewerbe nur für ihre Person oder mit einem Gehülfen und mit einem Lehrlinge betreiben. Dieses sind aber meistens nur Gewerbs-Proletarier.

Bei allen bedeutenden Handwerken ist es vorzüglich der fabrikationsmäßige Betrieb, an dem die kleinen Meister in Berlin zu Grunde gehen und der die Gewerbe in armselige Proletarier und reiche Besitzer zerteilen will. Wir haben die Aussagen von Meistern verschiedener Gewerbe vor uns, und wir wollen aus ihnen, die zwar einen großen Wirrwarr bilden und mit denen sich ein blasirter Schöngeist gewiß nicht abgeben möchte, folgende Data zusammenstellen.

Aus unserem Nachweis über das Tischlerhandwerk ging hervor, daß zwei Drittel dieser Profession zu den Proletariern gezählt werden müssen. Seltsam, unser ehrlicher Meister, der von unseren Berechnungen gewiß nichts weiß, sagt uns: „Zwei Drittel der in Berlin ansässigen Tischler müssen für die hiesigen Meubleshändler arbeiten und dem ungnützigen Drucke derselben unterworfen." Das werden eben dieselben zwei Drittel des Berliner Tischlergewerks sein, welche keine Gewerbesteuer bezahlen können. Die Berliner Meubleshändler, bekannt durch ihre geschmackvolle Waare, ruiniren mit ihrer Industrie und ihrem Capitale die kleinen Handwerker. Wer bestellt sich noch bei einem schlichten Tischler Mobilien? Niemand. Unser Meister sagt ebenfalls: „Die armen Tischler sind nicht mehr im Stande, den nötigsten Lebensunterhalt zu erwerben." Ferner sagt er: „Um den habsüchtigen Bedingungen der Meubleshändler zu genügen, muß der Tischler aus leichtem und schlechtem Material immer einerlei Arbeit machen und sich fabrikmäßig dazu einrichten." Da mag es dann vorkommen, daß ein Lehrling während seiner Lehrjahre kaum etwas anderes als Schränke machen lernt. Die Lohnpreise muß der Tischler sich von dem Meubleshändler setzen lassen, er ist ganz und gar in der Hand desselben, er ist nichts als ein Proletarier, der durch die Macht des Geldes sittlich und körperlich entwürdigt wird. Diese zwei Drittel der Berliner Tischler, zu 1400 angenommen, würden, auf jeden Meister eine Familie von 4 Personen gerechnet, dem Proletariat eine Anzahl von 5600 Menschen zubringen. Die Gesellen u.s.w sind natürlich hier ebensowenig wie weiter unten mitgezählt worden.

Auch die Schuhmacher werden in Berlin durch die Concurrenz untereinander, durch den Überfluß ihrer Arbeitskräfte, aber auch durch Elemente ruinirt, mit denen sie von vorneherein gar keinen gewerblichen Wettkampf eingehen können. Nach dem verständigen Meister, den wir darüber befragen, überschwemmen die Schuster in den kleinen Städten, welche, weil sie billiger leben, auch billiger arbeiten können, Berlin mit ihrer Arbeit. Die Berliner Händler senden dahin die Leisten und bekommen die fertigen Stiefel und Schuhe wagenweise vor die Tür geliefert. „Mit diesen Leuten können wir kleinen Meister nicht concurriren." Noch schlimmer aber ist die Concurrenz, welche der Staat selber in seinen Zuchthäusern eröffnet hat. „Es werden die zugeschnittenen Stiefel nach den Zuchthäusern gebracht und dort für einen sehr geringen Preis angefertigt." Daß ein kleiner Bürger, der Steuern zu bezahlen und seine Familie zu ernähren hat, mit einem Zuchthäusler nicht concurriren kann, den der Staat erhält, versteht sich von selbst; oder er müßte denn als Proletarier erst selber ins Zuchthaus kommen. Würde die Arbeit fürs Militair, welche auf den Militär-Commissionen gemacht wird, nicht auch von Soldaten angefertigt, so könnte dadurch schon mancher bürgerlicher Not abgeholfen werden. Das Proletariat, auf zwei Drittel des Standes taxirt, würde auf 8000 Menschen angenommen werden dürfen.

Auch was das Schneiderhandwerk in Berlin betrifft, so steht hier die Production zu der, wenn auch noch so bedeutenden, Consumtion in gar keinem Verhältnisse. Auch hier hat der kleine Gewerbsmann nicht bloß mit der Überzahl seinesgleichen, sondern auch mit den Kleiderläden und außerdem noch mit den Zuchthäusern und den Soldaten des Staates zu concurriren. So geraten die meisten von den ca. 4000 selbständigen Schneidern Berlins auf die Stufe des Proletariats. Die Kleiderläden, mit ihren marktschreierischen Ankündigungen, ruiniren die Arbeit mit dem Capitale oder noch öfter mit dem Scheine des Capitals. Eine übergroße Anzahl der Berliner Schneider ist ihnen verpfändet. Die Kleidung für das Militair wird nicht bloß von Soldaten in den Militairwerkstätten besorgt, sondern es ist den uniformirten Meistern und Gesellen auch noch erlaubt, bürgerliche Kleidung anzufertigen. Sie können natürlich für Preise arbeiten, welche beinahe dem Zuchthäusler zu niedrig erscheinen würden. „Freilich hätten", hieß es in den Verhandlungen des seligen Lokalvereins, „Reclamationen höhern Orts Gehör gefunden, aber das Mißverhältnis sei dasselbe geblieben." Berücksichtigt man diese Verhältnisse, so wird man es schon erklärlich finden, wenn wir mindestens 3/4 der sämtlichen Berliner Schneider als gewöhnliche Proletarier betrachten, das gibt wieder, auf jeden eine Familie von 4 Köpfen gerechnet, 12,000 Proletarier.

In einer ganz besonders traurigen Lage ist auch die Weberei in Berlin. Die meisten Weber daselbst haben eben nur einen Webstuhl, deren im ganzen 5000 gerechnet worden sind. Kann man auf jeden Weber eine Familie von 4 Köpfen rechnen, so erhalten wir dadurch für das Berliner Proletariat einen Zuwachs von 20,000 Menschen. Weniger die Concurrenz untereinander als die großen Entwicklungen der Industrie, verbunden mit den Umgestaltungen des Handels, haben den Ruin der Weber herbeiführen müssen. Sie gehören

Theodor Hosemann, Schuhmacherfamilie, 1845   ←B 1

Der selbständig produzierende Handwerker

Unter den 33 von Grunholzer untersuchten Fällen findet sich einer, der Strumpfweber Ehrike, der nicht nur über seine Produktionsmittel verfügt, nämlich den Webstuhl, sondern auch das Rohmaterial, die Baumwolle, selbst vorfinanziert, um die fertigen Produkte dann an einen Händler zu verkaufen, also schon nicht mehr an den Konsumenten:

→S 20   *Der Alte arbeitete munter an seinem Webstuhle und rauchte dazu. Bei seiner erwachsenen Tochter war eine junge Nachbarin mit dem Spuhlrade auf Besuch. Die Mädchen suchten so geschickt und angelegentlich den letzten Schein von dem zu retten, was nun einmal die Stellung in der Gesellschaft zu bestimmen pflegt, daß ich den Vater nicht veranlassen durfte, mir seine Armut zu schildern. Ich leitete das Gespräch auf die Strumpffabrikation und gelangte dadurch zu einem Maßstabe für die Berechnung der Einnahme. – Ein fleißiger Weber macht in einem Tage zwei Paar Strümpfe. 7 1/2 Sgr. kostet ihn die Baumwolle, vom Handelsmann erhält er für die ausgemachten Strümpfe 15 Sgr.; der tägliche Verdienst ist also 7 1/2 Sgr. Ein auffallendes Mißverhältnis liegt darin, daß der Handelsmann jene Ware für 22 1/2 Sgr. verkauft und also an derselben ebensoviel verdient als der Arbeiter. Will dieser nicht in der Arbeit aufgehalten werden, so muß er die Fabrikate dem Kaufmann liefern, und es kommt ihm von dem, was die Ware mehr gilt als der rohe Stoff, nur so viel, als der Handelsmann willkürlich bestimmt.*

Die Beschreibung zeigt auf den ersten Blick, daß hier nur noch formal von Selbständigkeit die Rede sein kann. Ehrike lebt mit 7 1/2 Thlr. im Monat am Rande des vorher beschriebenen Existenzminimums. Ehrike ist
→S 20   dem Händler bereits vollständig ausgeliefert. – *Ehrike beklagte sich darüber, daß die Sachsen wohlfeilere Arbeiten liefern und den Preis der Strümpfe herabdrücken; dies können sie, weil die Arbeiter auf dem Lande mit wenig Geld auskommen. Viele Arbeiter, welche ihr Gewerbe besser auf dem Lande betreiben könnten, sind an die teuern Wohnungen in der Stadt dadurch gebunden, daß ihnen die Mittel zur Einrichtung eines ordentlichen Haushalts fehlen. Wer nur für einen Tag sorgen kann, muß in der Nähe der Kramläden wohnen.*

Das zweite Zitat macht deutlich, daß Ehrike auch genau erkennt, welches die Gründe sind für seinen ökonomischen Abstieg: die in Sachsen weit fortgeschrittene Industrialisierung der Textilproduktion mit ihren niedrigen Preisen und Löhnen und den Arbeitern, die auf dem Lande wohnen, deren Lebenshaltungskosten niedriger sein können, weil sie über zusätzliche Ernährungsmöglichkeiten durch Gartenarbeit verfügen.

Der Handwerker, der nicht mehr produziert, sondern nur noch repariert

Die Fälle, des Schusters Schadow, des Schneiders Engelmann, sind ähnlich gelagert: Beide waren früher selbständige Handwerker in der Stadt und werden durch Krankheit in der Familie gezwungen, da sie die Miete in der Stadt nicht mehr aufbringen können, in die Familienhäuser zu ziehen. Sie können das notwendige Rohmaterial nicht mehr finanzieren, sind auch abgeschlossen von der städtischen Kundschaft und können nur noch dadurch als Handwerker existieren, daß sie sich anbieten, für die Bewohner der Familienhäuser Schuhe und Kleidung zu reparieren.

→S 13   Vom Schneider Engelmann schreibt Grunholzer: *Er hat kein Geld, um Futter und Knöpfe zu kaufen, und macht daher meistens nur Flickarbeit. Mehr als täglich 7 1/2 Silbergroschen verdient er nie.*

→S 226   Schuster Schadow: *. . . Es fehlt ihm an Arbeit; wenn die Schuhfabrikanten nicht in Spandau arbeiten ließen, könnte er doch 6 Sgr. im Tag verdienen, so aber nehmen ihm die Gefangenen den Verdienst weg. In den Familienhäusern sind 13 Schuster. – Seine Frau treibt ihm Flickarbeit zusammen; inzwischen hütet er das kleine Knäbchen. Heute hat er 2 Sgr. verdient, den einen gab er für Zwirn aus, für den anderen kaufte er Brot . . . Leder, Zwirn, Harz, Werkzeug muß er bar bezahlen. Von 4 Sgr. täglichem Verdienst muß er wenigstens einen dazu hergeben.*

In einer ähnlichen Lage wie Schadow und Engelmann befindet sich auch der Glaser Weidenhammer. Im Unterschied zu ihnen bindet ihn seine Tätigkeit jedoch nicht an eine Werkstatt, also nicht an die Familienhäuser: *Weidenhammer ist in seinen besten Jahren. In der Woche geht er mit seinem Glaskasten von Haus zu Haus und sucht Arbeit. In der dritten Woche des März habe er nur zwei Glastafeln verarbeitet und an denselben 2 Sgr. verdient; es könne sich auch zutragen, daß er an einem Tage 1/2 Thlr. erwerbe. Seine Einnahmen lassen sich nicht leicht bestimmen; doch sind sie im ganzen so gering, daß es die ganze Familie bei Tische fühlt, wenn dem Vater eine Fensterscheibe gesprungen ist.* ←S 15

Auch wenn Weidenhammer als Hausierer bei der Arbeitsbeschaffung flexibler ist als der Schneider oder der Schuster, so ist sein Einkommen doch völlig ungesichert. Die Weidenhammers können ihren Haushalt nur dadurch aufrecht erhalten, daß die Frau als Arbeiterin in einer Papierfabrik 1 Thlr. wöchentlich dazuverdient.

Die verlagsabhängigen Heimarbeiter

Der größte Teil der Handwerker in den Familienhäusern besteht aus reinen Produzenten, denen es auf Grund ihrer spezifischen Arbeit nicht möglich ist, kleine Reparaturarbeiten zu übernehmen. Mehr als zwei Drittel der hier wohnenden Handwerker sind Weber, das entspricht 40 % der 400 Haushalte in den Familienhäusern. Im übrigen Voigtland sieht es genauso aus: *Den Hauptstamm bilden die Stuhlarbeiter: die Weber, Tuchmacher, Seidenwirker, Raschmacher. Überall, wenn man durch die Straßen und die Höfe geht, hört man den Webstuhl rasseln. Gerade diese Gewerke haben aber sehr verloren. Die, welche anfangs für ihre eigene Rechnung arbeiten, sind allmählich durch die Anlage der Fabriken in den Sold der Fabrikherren geraten, da sie die Preise nicht mehr so wohlfeil stellen konnten als jene. Die Rivalisation der Fabriken untereinander und nach Abschluß des Zollverbandes die Concurrenz des Auslandes, besonders Sachsens, drückte den Arbeitslohn immer tiefer herab. Dann fing man an, die Fabriken aus der Hauptstadt in die Provinzialstädte zu verlegen, ohne doch die Arbeiter mitzunehmen. Dies alles und anderes hat dazu beigetragen, daß in einem Zeitraume von zwanzig Jahren der Lohn der Stuhlarbeiter wohl um zwei Dritteile gesunken ist, so daß ein Weber mit Frau und Kind, vom frühen Morgen bis zum späten Abend arbeitend, 6, höchstens 8 Sgr. verdient. Und glücklich ist er, wenn er überhaupt nur Arbeit findet; denn es vergehen oft Wochen, ja Monate, ehe er einen Schlag tun kann. Viele suchen wohl in solchen Zeiten sich ihr Brot als Arbeitsleute zu verdienen, allein, durch die Stubenarbeit von Jugend auf geschwächt, sind sie gewöhnlich zu angreifenderen Verrichtungen im Freien nicht brauchbar, abgesehen davon, daß auch da schon Arbeiter genug vorhanden sind.* ←L 4

Bei den städtischen Handwebern bewirkt also weniger die Konkurrenz untereinander, verschärft durch die absolute Übersetzung einzelner Handwerke infolge der Gewerbefreiheit, die Verarmung, sondern ihre produktionsabhängige Konkurrenz zu den Fabriken, die auf Grund der Mechanisierung und des Standortes auf dem Land billiger produzieren können. Ihre durch Unterernährung und die nicht sonderlich kraftaufwendige sitzende Arbeit bestimmte körperliche Konstitution macht den Webern oft den Berufswechsel unmöglich und bindet sie so an ihre Lage. Nur wenige von ihnen verfügen über ein Minimalkapital, wie der bereits vorgestellte Strumpfweber Ehrike, welches den Kauf des Produktionsmaterials und damit die selbständige Produktion ermöglicht. Der Weber Matthes ist, als Grunholzer ihn besucht, bereits seit 4 Monaten ohne Arbeit. Sein gesamter Hausrat ist versetzt oder verkauft, und mit der Miete ist er seit 6 Monaten im Verzug. *Würden ihm 5 Thlr. vorgestreckt zur Anschaffung der ersten Kette (Zettel), so könnte er auf eigene Rechnung fabriciren und sich aus der Klemme helfen.* Matthes verfügt weder über dieses Kapital, noch hat er die Möglichkeit, wie einige seiner Berufskollegen in den Familienhäusern, für einen Verleger zu arbeiten, da auch diese nicht unbegrenzt Arbeit vergeben können. ←S 21

Die Verleger waren ursprünglich selbst produzierende Handwerker, denen es aber aus den verschiedensten Gründen gelungen ist, eine eigene Werkstatt mit Gesellen aufzubauen und soviel Mehrwert zu produzieren,

in der Regel zu den traurigsten Gestalten, welche man in Berlin nur sehen kann, bei ihnen durchaus nicht möglich, bei der angestrengtesten Arbeit vom frühesten Morgen bis zum spätesten Abend, mehr als höchstens 6 bis 8 Groschen für sich und ihre Familie zu verdienen, eine Summe, die in Berlin kaum genügt, um, bei der Teuerung aller Lebensbedürfnisse, auch nur die kümmerlichste Existenz zu fristen. In der Nähe meiner frühern Wohnung pflegten sich arme Weber alle Sonntagmorgen, als Genuß für eine ganze Woche, aus einem Krämerladen für 2 Pfennige Rauchtaback und für 1 Pfennig Schnupftaback zu holen! Man kann im Berliner Arbeitshause fortwährend Weber finden.

Wenn solche Details dazu beitragen, daß die Berliner Gewerksverhältnisse in ihrem wirklichen Zustande, nämlich in ihrer Verbindung mit Pauperismus und Proletariat betrachtet worden, so haben sie, so ungenügend sie sonst immerhin sein mögen, ihren Zweck erfüllt. Durch die Darstellung derselben sollte kein Vorwurf nach irgendeiner Seite hin gemacht, es sollte nur das mächtige Princip, welches die Gegenwart beherrscht, in seiner Wirklichkeit nachgewiesen werden. Die Concurrenz, der Industrialismus, das Unverhältnis der Consumtion zur Production, die Macht des Capitals über die Handarbeit, haben selbst in der kleinen gewerblichen Sphäre mächtig durchgegriffen und dort ein immer wachsendes Proletariat erzeugt. Das Princip der freien Concurrenz wird seinen Weg gehen, ohne daß wir es hindern könnten, und nur die Geschichte wird uns aus diesem Conflicte erlösen. Untersuchungen scheinen uns vorteilhafter den Anklagen zu sein. Wenn man aber, wie im gewöhnlichen Leben dem verarmten Gewerbsmann gegenüber, so auch im Angesichte der großen Zahlen, welche das Berliner Gewerbe-Proletariat bilden, etwa ausrufen sollte: warum ergreifen diese Leute kein anderes Fach? so ist diese Frage ebenso unvernünftig als grausam.

Zum Teil haben sie wirklich einen andern Weg eingeschlagen, und wir treffen verarmte Gewerbsleute in allen möglichen Stellungen und Verhältnissen, welche das Leben einer großen Stadt nur zu erfinden mag. Nicht bloß im Schuldgefängnisse, im Familienhause, im Armen- oder Zuchthause, als Stiefelputzer, als Colporteure, als Eisenbahnwärter, als Bediente, als Krankenwärter, Nachtwächter u.s.w., sehr oft auch als Tagelöhner tauchen sie auf. Die kleinen Civilversorgungen sind ihnen in der Regel durch das Militairpersonal verschlossen. Zum Teil sind sie aber noch von einem zu tief gewurzelten Gewerbestolz erfüllt, als daß sie sich gleich mit dem gewöhnlichen Tagarbeiter auf einen Markt stellen möchten. Dies spricht gegen den Nutzen einer projectirten Arbeiterbörse. Drittens aber hat ihr Gewerbe ihnen auch so häufig die Gesundheit ruinirt, daß es ihnen, selbst bei dem besten Willen, nicht möglich wird, gewöhnliche Tagearbeiterdienste zu leisten, wo sie wieder nicht bloß mit den Berliner Tagearbeitern, sondern auch mit den Schlesiern und sehr oft auch mit den Soldaten concurriren müssen.

Der Wirtschaftshistoriker Lothar Baar über die Entwicklung des traditionellen Berliner Textilgewerbes während der industriellen Revolution:

Der Prozeß der industriellen Revolution erfaßte neben anderen traditionellen Berliner Gewerben auch die Textilproduktion und damit jenen Produktionszweig, der nicht nur in Berlin und in Preußen, sondern in ganz Deutschland und den meisten entwickelteren Ländern am Ende des 18. Jahrhunderts mit Abstand der führende Zweig der nichtagrarischen Produktion war. →L 5

Die industrielle Revolution fand jedoch in diesem Berliner Gewerbe nur eine begrenzte Widerspiegelung, da die Textilproduktion der Stadt besonderen Entwicklungsbedingungen unterlag, die auch den sozialökonomischen und technischen Umwälzungsprozeß, wie er sich seit Mitte der dreißiger Jahre des 19. Jahrhunderts in der deutschen Textilindustrie vollzog, in Berlin beeinflußt haben.

Die industrielle Revolution im Berliner Textilgewerbe vollzog sich unter den Bedingungen des Rückgangs und Niedergangs dieses bisher führenden Produktionszweiges. Allerdings setzte der Prozeß bereits vor Beginn der industriellen Revolution ein und war auch mit ihr noch nicht völlig abgeschlossen, wurde jedoch durch sie zweifellos entscheidend gefördert.

Berlin büßte somit im Laufe des 19. Jahrhunderts seine Stellung als bedeutendes Textilzentrum mehr und mehr ein. Lediglich der Konfektion ist es zu verdanken, daß Berlin seine alte Tradition als Textilstadt fortzusetzen vermochte.

Der Rückgang der Textilproduktion in Berlin, der in einer Abwanderung und Verlagerung des Gewerbes seinen Ausdruck fand, setzte bereits Anfang des 19. Jahrhunderts ein. Unmittelbare Ursache dafür waren einmal die Unterwerfung unter die französische Handelspolitik während der Zeit der Kontinentalsperre und zum anderen die im Jahre 1807 beginnende Abschaffung der vielen Einfuhrverbote, der hohen Zölle und Akzisen. Gerade das Berliner Textilgewerbe, das im 18. Jahrhundert zum großen Teil als Produkt der einseitigen staatlichen Förderungsmaßnahmen des Merkantilismus aufgeblüht war und viele protektionistische Stützungen erhalten hatte, verlor dadurch viel von dem Schutz, den es bisher genossen hatte.

Ein weiterer Rückgang erfolgte dann seit Mitte des zweiten Jahrzehnts. Auch dieser Zeitpunkt war kein Zufall. Die nach Aufhebung der Kontinentalsperre auf dem inneren deutschen Markt wieder vordringende englische Fabrikindustrie und der Beginn der Konkurrenz von seiten der entstehenden deutschen Fabrikindustrie waren jetzt Anlaß für den weiteren Rückgang der Berliner Textilproduktion. Die tiefere Ursache lag jedoch letztlich in der beginnenden Durchsetzung der kapitalistischen Warenproduktion in standortbegünstigten Zentren der deutschen Textilindustrie. Mit dem Sieg der industriellen Revolution in allen Teilen des Landes mußten zwangsläufig auch in Berlin eine Reihe von Standortnachteilen zutage treten, die eine Verlagerung einzelner Produktionszweige zur Folge hatten. Gerade im Textilgewerbe wirkte sich aus, daß Großstädte wie Berlin seit dieser Zeit nicht mehr in der Lage waren, die Produktionskosten so niedrig zu halten, wie es ländliche oder kleinstädtische Textilzentren konnten. Die Höhe der Produktionskosten wurde in diesen städtischen Industriezentren weit stärker von den Grundstückspreisen, also der städtischen Grundrente, beeinflußt als in ländlichen oder kleinstädtischen Gebieten. Zu einer Vergrößerung der Produktionskosten haben aber in Berlin vor allem die höheren Löhne auf Grund der größeren Reproduktionskosten der Ware Arbeitskraft beigetragen.

Von Bedeutung war dabei schließlich auch das mit zunehmender Mechanisierung der Textilindustrie auftretende Problem der Antriebskräfte, welches in Berlin nicht durch billigen Wasserantrieb, sondern durch Dampfkraft gelöst werden mußte. Dieses und die zudem noch durch langen Transport hohen Kohlenpreise haben die Produktionskosten in Berlin noch weiter vergrößert und die Standortbedingungen verschlechtert. Der Rückgang der Textilproduktion war deshalb eine unausbleibliche Folge.

Bei der Verlagerung des Berliner Textilgewerbes läßt sich jedoch beobachten, daß zwar sehr oft die Hauptproduktion in Gegenden mit niedrigeren Produktionskosten abwanderte, spezialisierte Zweigstellen dagegen in Berlin belassen wurden. Erfolgte die Verlagerung der Produktion restlos nach außerhalb, so blieben mitunter die Geschäftsbüros in Berlin weiterbestehen, wie dies bei der Wollspinnerei festzustellen ist. Selbst bei Neugründungen von Unternehmen der Textilindustrie wurde Berlin oft als Geschäftssitz gewählt, um die Vorteile der Stadt als Handels- und Kreditzentrum nutzen zu können.

Der Prozeß der Standortverlagerung verlief aber keinesfalls kontinuierlich; er erfaßte vielmehr die einzelnen Teilzweige des Textilgewerbes unterschiedlich und war selbst wieder durch neue Aufschwungsperioden unterbrochen. Eine solche trat nochmals nach Beginn des Eisenbahnbaus in den vierziger Jahren ein, als Teile des Berliner Textilgewerbes durch bessere Transportmöglichkeiten neue Impulse erhielten. Insgesamt hatte jedoch während der industriellen Revolution die Berliner Textilproduktion infolge ihrer besonderen Entwicklungsbedingungen niemals einen mit der deutschen Textilindustrie vergleichbaren Aufschwung nehmen können.

Dies war nur der Wollweberei und Veredlungsindustrie möglich, die der allgemeinen Tendenz zumindest während der industriellen Revolution noch nicht folgten. Die Ursache dafür, daß bestimmte Zweige des Textilgewerbes in Berlin während der industriellen Revolution noch Fortschritte machen konnten, muß vor allem in der Tatsache gesehen werden, daß auf Kosten der Arbeiter niedrige Produktionskosten geschaffen wurden. So hat die Wollweberei bis in die siebziger Jahre ihre Konkurrenzfähigkeit mit Hungerlöhnen erkauft.

Bei der Veredlungsindustrie, der Kattundruckerei, hat dagegen die schnelle technische Ausrüstung eine Rolle gespielt, wodurch vorübergehend eine Konkurrenzfähigkeit Berlins noch möglich war.

daß sie nicht nur ihre eigenen Arbeitsmaterialien kaufen konnten, sondern solche auch für andere Handwerker, die sie nun außer Haus beschäftigen. Einen solchen Betrieb hatte in den 40er Jahren in der Linienstraße, also unweit der Familienhäuser, der Webermeister Zeidler, dessen Sohn sich

→L 6 später erinnert: *Ein großer Teil der Webwaren wurden von Webermeistern außer dem Hause in deren Werkstatt hergestellt. Sie holten vom Vater die geschorene Kette, den Aufzug und den Schuß-Einschlag. Alles wurde vorgewogen und für nicht glatte Arbeit eine Anweisung für die Zahl und Art der Einschläge bei karrierter oder gemusterter Arbeit mitgegeben.*

Nach in der Regel 14 Tagen liefern die Weber dem Verleger das gefertigte Tuch ab, der es begutachtet und ihnen, wenn die Ware für einwandfrei erklärt wird, den ausgemachten Lohn zahlt. Der Düsseldorfer Maler

→S 247 Carl W. Hübner hat so eine Übergabe dargestellt, um auf die Situation der schlesischen Weber aufmerksam zu machen.

Während also einige wenige der ehemals selbständig produzierenden Weber zu Unternehmern werden, die nicht mehr selber produzieren brauchen, wird der größte Teil von ihnen zu lohnabhängigen Heimarbeitern, die

→S 225 für diese Unternehmer arbeiten: *Der Weber Kupfer hat auf seinem Webstuhl 5/4 Ellen breite dicke Leinwand. Er webt täglich 6 bis 7 Ellen und*

→S 11 *erhält für die Elle einen Groschen Weberlohn. Der Weber Unger hat auf seinem Stuhle 1 7/8 breite gestreifte Leinwand. An einem Stücke von 66 Ellen, mit welchem er in vierzehn Tagen fertig wird, verdient er 3 Thlr.,*

→S 17 *5 Sgr. Der Weber Fischer wäre abermals ohne Arbeit, wenn ihm nicht der arme Nachbar Sigmund 30 Ellen Zettel abgeschnitten hätte, an welchen in vierzehn Tagen 3 Thlr. Weberlohn zu verdienen sind. Der Weber*

→S 21 *Urbich und sein Sohn machen Schlafrockzeug. Für die Ellen, die einer in*

→S 16 *vierzehn Tagen webt, werden 2 1/2 Thlr. bezahlt. Und der Weber Jährig kann wegen seiner Krankheit nur bedingt arbeiten. Er webt schmales Baumwollzeug, in vierzehn Tagen 66 Ellen für 1 Thlr. 10 Sgr.* Der Arbeitslohn der voll arbeitenden Weber beträgt also zwischen 1 1/2 und etwas mehr als 3 Thlr. in 14 Tagen, maximal können sie im Monat also auf 6 1/2 Thlr. kommen. Das ist 1 Thlr. weniger, als der Strumpfwirker Ehrike verdient, der sein Arbeitsmaterial selbst kaufen kann und direkt an den Händler verkauft.

Wenn Grunholzer von „Weberlohn" spricht, so ist dies nicht ganz korrekt, wie es im Fall des Webers Kupfer deutlich wird: Er *erhält für die*

→S 225 *Elle einen Groschen Weberlohn. Dagegen hat er wöchentlich 8 Sgr. Spulerlohn und 4 Sgr. für Schlichte auszugeben. Da er zuweilen auf Arbeit warten muß, ist, was er in einem Monat rein verdient, auf 3 Thlr. 6 Sgr. anzuschlagen.*

Die Schlichte, ein aus Stärke oder Mehl bereiteter Kleister, mit dem vor dem Weben die Kettenfäden bestrichen werden, um sie fester und geschmeidiger zu machen, wird ebensowenig vom Verleger vorgegeben wie die Spulen oder „Bobinen" mit dem Einschußgarn, für die ebenfalls der Weber selbst zu sorgen hat. Da ein Weber diese Arbeit nicht selbst neben dem Weben erledigen kann, muß Kupfer eine andere Person für das Spulen bezahlen. Wäre er jedoch verheiratet, wie die meisten anderen Weber, so würde das Spulrad wie bei diesen von seiner Frau bedient werden und die Ausgabe von monatlich fast 1 Thlr. nicht vom Haushaltseinkommen abgehen.

Bei der Analyse der Grunholzer-Protokolle erkennen wir, daß diese Arbeit des Garnspulens und -doppelns recht häufig von den Webern innerhalb der Familienhäuser als Lohnarbeit vergeben wird. So verdienen die Frau und die Tochter des Webers Jährig und die Witwe Kleist neben ihrer Hausarbeit mit Spulen 1 bis 1 1/2 Sgr. täglich, ebensoviel würden Frau Sinhold und die Witwe Schreyer verdienen, wenn sie nicht zur Zeit arbeitslos wären. Die beiden Söhne der Witwe Kleist, die Witwe Kayser und der ehmalige Weber Künstler betreiben das Spulen als Haupterwerb und können so 2–3 3/4 Sgr. am Tag verdienen.

Wenn den Webern von dem Verleger Kette und Garn vorgegeben wird, so handelt es sich in der Regel um mechanisch in den großen Spinnereien gefertigtes Material. Es gibt in den Familienhäusern aber auch Weber, deren Frauen den Flachs noch mit der Hand spinnen, was dann den Einsatz der Haspel erfordert, die oft von einem der Kinder bedient wird. Eine solche veraltete komplexe Familienproduktion findet Gustav Rasch in einer der Stuben der Familienhäuser:

→L 7 *Zwei große Webestühle nahmen den Raum an beiden Fenstern und die Hälfte der ganzen Stube ein. Hinter jedem Stuhle saß ein junger Mann in*

Hemdsärmeln und arbeitete tätig drauf los. Zwischen beiden Webstühlen saß ein Kind von vielleicht sieben Jahren und war emsig mit dem Haspeln von Garn beschäftigt. Es war eine junge, arbeitende Seele. Neben ihr saß eine Frau und drehte das Spinnrad. Sie konnte höchstens dreißig Jahr alt sein; denn sie war die Frau des einen jungen Mannes hinter dem einen Webestuhl; aber sie hatte das Aussehen einer Vierzigerin. In einer Proletarierfamilie muß die Frau am meisten und am anstrengendsten arbeiten, denn außerdem, daß ihr die Sorge für die Bewirtung und Verpflegung der ganzen Familie auf dem Halse liegt, muß sie auch zum täglichen Erwerbe mithelfen und also alle Tage zehn bis zwölf Stunden am Webestuhle oder am Spinnrade zubringen. Die Stunde der Erholung, welche der Mann, eine Dreiercigarre rauchend und vor der Haustüre stehend, vor dem Schlafengehen zubringt, wird auch bei ihr durch die Sorge für die kleinen Kinder in Anspruch genommen. Eine solche Proletarierfrau ist das gedrückteste und gequälteste Geschöpf auf der Erde, die weiße Sklavin der modernen Zeit.

Der Mann heiratet sie häufig nur, um ihre Arbeitskraft auszubeuten, und da die Kinder für die armen Leute ein Erwerbsmittel sind, muß sie, wie die schwarze Sklavin in den südlichen Staaten der amerikanischen Union, auch im Kindergebären so produktiv wie irgend möglich sein, wenn sie in der Gunst ihres Herrn, nämlich ihres Mannes, bleiben will, für dessen üble Launen sie der einzige Gegenstand ist, woran er sie auslassen kann. Wenn die Proletarierfrauen dann früh alt werden und mit vierundzwanzig Jahren aussehen, als wären sie vierundvierzig, so ist das kein Wunder. Auch diese Frau, die hier am Spinnrade saß, trug den Stempel ihrer Sklaverei auf ihrem Gesichte und auf ihrer ganzen schon verfallenden Gestalt. Sie hatte sechs Kinder, von denen das, was neben ihr am Garnhaspel mit den zarten, kleinen Fingern arbeitete, das jüngste war. Die übrigen fünf Kinder standen alle in dem Alter von neun bis vierzehn Jahren und arbeiteten sämtlich bereits in einer Fabrik.

Daß wie in der hier von Rasch beschriebenen Weberstube in den Räumen der meisten Weber in den Familienhäusern 2 Webstühle aufgestellt sind, wenn auch oft nicht einmal für einen Arbeit vorhanden ist, zeigt eine kurze statistische Übersicht vom **25.7.1835.**

In den Familienhäusern wohnen **1835** insgesamt 137 Weberfamilien mit 211 Webstühlen, von denen jedoch 72 Stühle stillstehen. In zwei Drittel der Weberhaushalte stehen also 2 Webstühle, während das Verhältnis der tatsächlich arbeitenden Stühle zu den Haushalten 1:1 beträgt.   ←A 7

Von den Weberfamilien, die Grunholzer besucht, arbeiten zwei auf zwei Stühlen. Der eine ist der Weber Urbich und sein Sohn, wobei sich Urbich in einer ausnahmsweise glücklichen Position gegenüber den anderen Webern sieht: *Mit Rücksicht auf sein hohes Alter gebe ihm ein Fabrikant, dem*   ←S 21 *er schon zweiundvierzig Jahre gearbeitet habe, regelmäßig zu verdienen, obschon sich die Ware wohlfeiler auf mechanischen Webstühlen verfertigen lasse.* Der andere ist der Weber Kupfer, der einzige Weber, den Grunholzer trifft, der einen Gesellen halten kann. Da Kupfer nicht verheiratet ist und keine Kinder hat, wohnt der Geselle bei ihm. *Seinem Gesellen Kit-*   ←S 225 *tebach gibt er von der Elle 8 Pfennig, kauft ihm Schlichte und sorgt für Spulen. Kittebach hat sich und zwei Kinder zu ernähren. Er schläft mit ihnen auf dem Boden und hat für die Schlafstelle monatlich 12 Sgr. zu bezahlen. Er muß Weberknecht sein, weil ihm die Frau gestorben ist.* Der Geselle kommt so also auf 3 Thlr. monatlich, die Schlafstelle noch nicht abgerechnet.

So wie Kittebach nach dem Tod seiner Frau seine Tätigkeit als selbständiger Weber aufgeben mußte, wahrscheinlich weil er es sich nicht leisten konnte, von seinem spärlichen Verdienst sich und seine Kinder zu ernähren, so mußte auch der Weber Künstler nach dem Tod seiner Frau seine berufliche Tätigkeit umstellen: *In der Stube ist ein Spulrad an der Stelle*   ←S 16 *des Webstuhles. . . . K(ünstler) verdient mit Garndoppeln täglich 2 1/2 bis 3 3/4 Sgr.* Eine andere Möglichkeit haben der alleinstehende Weber Ignaz und die Weberwitwe Schreyer gefunden. Frau Schreyer wird zwar von ihm für das Spulen bezahlt, 1 Sgr. pro Tag, sie leben aber zusammen in einer Stube und tragen Miete und Haushalt gemeinsam.

Die Lage der bei den kleinen Meistern in Lohn stehenden Gehilfen und Gesellen ist mit der ihrer Meister eng verbunden. Fehlt es den Meistern an Arbeit, so sind auch sie ohne Lohn. So geht es dem Tischlergesellen Gellert: *Er arbeitete in der Stadt auf Stück; gab wöchentlich 2 Thlr. in die*   ←S 225 *Haushaltung, das übrige reichte kaum hin zur Deckung der Miete. Woche*

Genaueres über die Arbeit der Weber:

Um sich von der schwierigen Arbeit des Webens am eigenen Webstuhl ein Bild machen zu können, montieren wir eine exakte lehrbuchartige Beschreibung der Produktionsmittel und Teilarbeiten zusammen mit einer Folge historischer Bilddokumente aus unterschiedlichen Zeiten.

1. Die Vorbereitung:

→L 8   *Beim Weben werden so viele Fäden, als zur Breite eines Zeuges gehören, parallel nebeneinander aufgespannt; sie sind so lang wie das zu webende Zeug und bilden zusammen die Kette. Rechtwinklig werden andere Fäden durch sie geführt, der Einschuß, von denen jeder abwechselnd einen oder mehrere Kettenfäden über und unter sich hat, so daß ein dichtes Geflecht entsteht. Ehe aber dieses Durchflechten, Weben, vorgenommen werden kann, müssen Kette und Einschuß dazu zubereitet werden.*

Die Art, wie die Kettenfäden abgemessen und gelegt werden, heißt das Scheren oder Schweifen der Kette. Zunächst wird das Garn auf Spulen gewickelt,

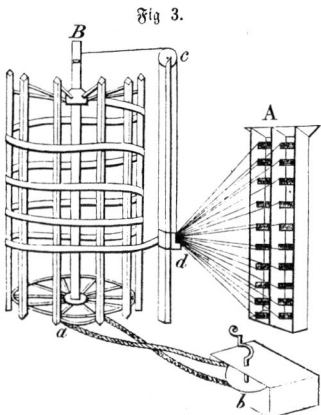

Fig 3.

was im Kleinen auf dem Spulrade, im Großen auf Spulmaschinen geschieht, welche viele Spulen auf einmal bewegen; 20 solcher Spulen oder auch mehr steckt man nun in zwei oder mehr Reihen auf ein Gestell, die Scherlatte, Schweifgestell oder Kanter, wie es Fig. 3 in A mit 20 Spulen in zwei Reihen dargestellt. Es werden nun die Enden der 20 Fäden durch einen Knoten verbunden und um einen langen Stift am untern Teil des danebenstehenden Scher- oder Schweifrahmens geschlungen. Der Umfang desselben beträgt stets mehrere Ellen, so daß, wenn er 5 Ellen ausmachte und man ein 60 Ellen langes Stück weben wollte, man den Scherrahmen nur 12mal umzudrehen hätte, um von der Spule 20 Fäden von 60 Ellen Länge abzuwickeln. Die Welle des Scherrahmens läuft in Pfannen, so daß das Ganze leicht mit der Hand oder der Rolle, Schnur und Kurbel a, b, c, gedreht werden kann. Das Aufwickeln erfolgt in Spirallinien, wobei die Fäden entweder durch die Finger der Hand oder durch das Lesebrett ausgebreitet werden, damit sie sich nicht übereinander legen und ungleiche Längen herbeiführen; hauptsächlich aber, damit sie, um später Verwirrung zu vermeiden, so in zwei Teile getrennt werden, daß stets zwei benachbarte Fäden zu verschiedenen Abteilungen gehören. Dies wird dadurch erreicht, daß man z.B. die Fäden 1, 3, 5, 7 u.s.w. zwischen Daumen und Zeigefinger, die Fäden 2, 4, 6 u.s.w. zwischen Zeige- und Mittelfinger legt, oder bequemer, daß man die Fäden in genannter Ordnung durch ein Brettchen, Lesebrett, führt, worin 20 Löcher in zwei wagerechten Reihen sind, oder auch durch 20 glatt durchbohrte Messingstifte, die in zwei Reihen und abwechselnd hintereinander stehen und von denen jede Reihe von einer rahmenartigen Umfassung besonders gehoben werden kann. Damit man auch die Mühe erspart, beim Aufwinden die Fäden mit der Hand nachzuführen, bringt man die erwähnte Vorrichtung in ein Behältnis, welches an dem Pfosten e mittelst einer Schnur gehoben und gesenkt werden kann. Die Schnur geht über die Rolle bei e nach der Welle und wird, je nachdem man den Scherrahmen dreht, auf- und abgewickelt und demgemäß auch das Lesebrett u.s.w. bewegt.

Sind die Fäden oben angekommen, so werden sie um einen Stift gelegt, dann die 10 der einen Abteilung über, die der andern unter einen zweiten Stift, nach einem dritten Stift (Kreuznägel) geleitet, doch so, daß sich alle benachbarten Fäden kreuzen und auf dem dritten Stift diejenigen oben liegen, die auf dem zweiten unten waren, und umgekehrt. Diese Vorrichtung heißt schränken oder ins Kreuz legen und wird durch die zuvor beschriebenen Vorbereitungen wesentlich erleichtert. Um die Kreuzung zu sichern, befestigt man sie noch durch einen Bindfaden und leitet dann sämtliche Fäden wieder herab, jedoch nicht auf, sondern zwischen den vorigen Windungen, indem man den

Scherrahmen in entgegengesetzter Richtung dreht. Unten schlingt man sie um einen Stift, aber ohne die Fäden zu kreuzen, und wiederholt dann das Ganze solange, bis die Kette aufgeschweift ist. Das Ergebnis eines Auf- und Abwindens heißt ein Gang, und eine Kette von 40 Gängen (bei 20 Fäden wie oben) hat also 40.2.20 = 1600 Fäden nebeneinander.

Die so gescherte Kette muß nun auf den Webestuhl gebracht, d.h. aufgebäumt werden. Der zu ihrer Aufnahme bestimmte Teil des Webestuhls heißt Kettenbaum und ist eine hölzerne Walze, etwas breiter als das zu webende Zeug, mit einer zu seiner Axe parallelen Spalte, in welche eine Leiste, die Rute, paßt, die man durch die Schleifen der Kette steckt und mit diesen in die Spalte des Kettenbaums legt und befestigt. Indem man diesen umdreht, wickelt man die Kette auf ihn auf, läßt diese jedoch dabei durch die messingenen Zähne des Rietkammes gehen, der die Breite des Kettenbaumes und die Bestimmung hat, die Kette gleichmäßig auf diesem zu verteilen, weshalb man auch zwischen je zwei Zähnen gleichviel Fäden gehen läßt.

Hiermit ist die Kette geordnet auf den Webestuhl gebracht. Die Vorbereitung des Garnes zum Einschuß besteht einfach darin, daß man dasselbe auf kleine Spulen wickelt, die in den Schützen (§. 68) eingesetzt werden. Das Einschußgarn ist gewöhnlich feiner und schwächer als das Kettengarn.

2. Der Webstuhl:

Die Einrichtung eines gewöhnlichen Webestuhls ist im wesentlichen folgende: In einem Balkengerüst (Fig. 4) A, A, A liegt im hintern Teil der mit der Kette umwickelte Ketten- oder Garnbaum b, von welchem die Kettenfäden durch das Geschirr c, d, d und die Lade r, k, k nach dem Brustbaum gehen. Das Ge-

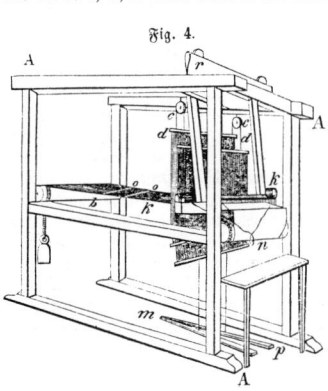

schirr hat hier zwei Schäfte d, d, von denen jeder aus einem Paar wagerechter Leisten besteht, zwischen denen gefirnißte Zwirnfäden, Litzen, ausgespannt sind, in deren Mitte sich eine Schleife oder ein Drahtring, Auge, befindet, durch welches ein Kettenfaden geht. Von der oberen Leiste eines jeden Schaftes geht eine Schnur über die Rolle c nach der oberen Leiste des anderen, und jede der unteren Leisten ist mit einem Tritt p verbunden, der sich um den Punkt m dreht. Hieraus folgt, daß wenn der eine Schaft durch den Tritt herabgezogen wird, der andere in die Höhe geht. Es werden nun durch die Augen des einen Schafts nur die ungeraden Fäden 1, 3, 5, 7 . . ., durch die des andern nur die geraden 2, 4, 6, 8 . . . gezogen, was entweder mittelst eines Hakens oder durch Andrehen an die Fadenenden der vorigen Kette geschieht. Wenn demnach ein Schaft gehoben wird, so nimmt er alle in seinen Augen liegenden Fäden mit in die Höhe, die übrigen dagegen, welche zwischen seinen Litzen nach den Augen des anderen Schaftes gehen, werden von diesem abwärts gezogen.

Die Lade ist eine rahmenartige Vorrichtung, die um ihr oberes Querholz r drehbar ist und deren unterer Teil k, k, Backen, aus einem schweren Holz besteht, das unmittelbar unter der Kette liegt. In geringer Höhe über der Kette geht parallel zum Backen ein dünneres Querholz, der Ladendeckel, der höher und niedriger gestellt werden kann und mit dem Backen einen langen rechteckigen Raum bildet, der durch das Rietblatt (Rietkamm, Blatt) ausgefüllt wird. Dies besteht aus zwei schmalen Leisten, welche in entsprechende Fugen des Backen und Ladendeckels eingesetzt werden und durch senkrechte dicht nebeneinander stehende Drähte oder glatte Rohrstäbchen verbunden sind, zwischen denen die Kettenfäden durchgeführt werden. Ist die Zahl derselben gering, so geht zwischen zwei Stiften oder Rieten nur ein Faden durch, meist aber stehen mehrere Fäden in einem Riet. Der Zweck des Rietblattes ist, die Kette gleichmäßig auszubreiten und durch den Schlag mit der Lade den querlaufenden Faden oder Einschuß dicht an das Gewebe zu drängen, wozu die Lade durch ihr Gewicht und ihre nach vorn geneigte Richtung besonders befähigt wird.

→B 2　Haspel, Spulrad und Webstuhl (nach einer Zeichung aus der 1. Hälfte des 19. Jh.)

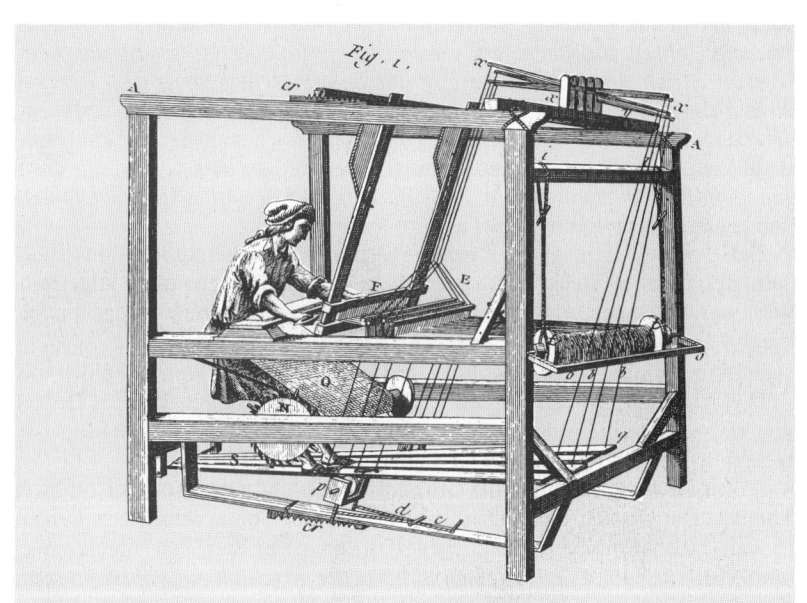

→B 3　Handwebstuhl (18. Jh.)

→B 4　Weberwerkstatt um 1840

Handweber beim Spulen ←B 5

Handweberehepaar ←B 6

Handweber um 1930 ←B 7

Die durch Litzen und Rietblatt gezogenen Fäden werden schließlich auf dem Brustbaum n in ähnlicher Weise wie auf dem Garnbaum befestigt, auf welchen man auch das Gewebe, welches zwischen dem Brustbaum und der Lade entsteht, aufwickelt. Da jedoch hierdurch leicht, namentlich bei dicken Zeugen, die freie Bewegung des Arbeiters gehemmt wird, so leitet man meist das Gewebe nur über den Brustbaum hin und führt es nach einem unter dem Stuhl befindlichen Zeugbaum, an den man auch die Kette befestigt. Da die Spannung der Kettenfäden desto gleichmäßiger wird, je länger der freie Teil der Kette ist, so legt man auch oft den Garnbaum hoch oder niedrig in den Stuhl und leitet die Kette um einen unbeweglichen Cylinder, den Streichbaum, der dann da liegt, wo in der Zeichnung der Kettenbaum ist. Diese Einrichtung erlaubt dem Stuhl eine geringere Länge zu geben. Um endlich Verwirrung in der Kette zu vermeiden, steckt man durch dieselbe mehrere flache Stäbe, Ruthen o, o, so daß abwechselnd ein Faden darüber und darunter liegt, so wie man auch vorn über das bereits gewebte Stück ein Lineal, Spannrute oder Tempel, legt, das an seinen Enden Stifte hat und damit das Gewebe in die Breite spannt.

Wegen der vielfachen Reibung, der die Kette ausgesetzt ist, wird sie mit einer schleimigen Substanz, Schlichte, überzogen, um ihr mehr Glätte und Geschmeidigkeit zu geben. Bei der Leinwand wird jedesmal nur derjenige Teil geschlichtet, der gerade ausgespannt ist, und zwar in der Regel mit einem dünnen, oft mit etwas Talg versetzten Mehlkleister, der mittelst einer Bürste aus langen Schweinsborsten aufgetragen wird.

3. Das Weben:

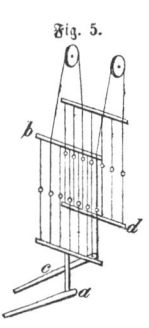

Fig. 5.

Das Weben beginnt am Brustbaum und rückt allmählich gegen die Lade vor. Es wird mit dem Fuß der eine Tritt, z.B. a (Fig. 5) herabgedrückt und dadurch der Schaft b mit allen in seinen Augen befindlichen Fäden 1, 3, 5, 7... niedergezogen, gleichzeitig aber der Schaft d mit seinen Fäden 2, 4, 6, 8... in die Höhe gebracht, mithin die Kette so in zwei Hälften geteilt, daß abwechselnd ein Faden oben und einer unten ist. Der dadurch gebildete spitzwinklige Raum heißt Fach, die oben liegenden Fäden bilden das Oberfach oder Obergelese, die unten befindlichen das Unterfach oder Untergelese. Wird jetzt der andere Tritt c abwärts bewegt, so wird der Teil der Kette Oberfach, der vorher Unterfach war, und umgekehrt.

In das geöffnete Fach wird der Einschußfaden mittelst des Schützen eingeführt. Dieser besteht aus einem länglichen Kästchen (Fig. 6) von hartem Holz, das an seinen Enden kegelförmig zugespitzt ist und innerhalb auf einem Draht die leicht drehbare, mit

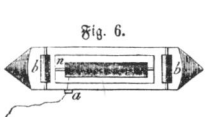

Fig. 6.

dem Einschußgarn umwickelte Spule n hat, von welcher der Einschußfaden aus der zur Seite befindlichen Öffnung a heraustritt. Am Boden des Schützen sind (beim Handschützen seltener, beim Schnellschützen immer) zwei glatte Rollen b b, auf denen er schnell fortrollt, wenn er einen Anstoß erhält. Hat nun der Weber Fach gemacht, so wirft er den Schützen mit dem Faden durch, macht wieder Fach und schlägt den eingetragenen, von der Kette umschlungenen Einschuß ein- oder mehreremal mit der Lade dicht an die früher eingewebten Fäden an, worauf er wieder und zwar von der andern Seite her einschießt, Fach macht, u.s.f. Bisweilen erfolgt der Schlag auch sofort nach Eintrag des Fadens, und dann erst das Fachmachen, welches den Faden einschließt. Ist das Weben bis zur Lade vorgerückt, so wird die fertige Leinwand aufgewickelt und von der Kette ein gleicher Teil abgewunden. Es läßt sich daher der Brustbaum (oder der Zeugbaum) auf entsprechende Weise drehen, während ein an seinem Ende befindliches Zahnrad, in dessen Zähne ein Sperrhaken fällt, die Drehung in entgegengesetzter Richtung unzulässig macht. Auch der Kettenbaum muß an einer Drehung in Richtung der sich abwindenden Kette verhindert werden, damit diese stets die rechte Spannung behalte. Der Kettenbaum darf jedoch nicht ganz fest liegen, sondern muß beim Einschlagen etwas nachgiebig sein, damit die Fäden nicht durch zu große Spannung reißen. Man befestigt deshalb an dem einen Ende des Kettenbaums eine Schnur mit einem Ge-

wicht, welches die Kettenfäden zwar straff hält, aber einem plötzlichen Zuge derselben, wie er beim Einschlag erfolgt, nachgibt.

Wenn das Zeug so breit ist, daß der Weber von seinem Sitze aus den Rand des Gewebes nicht mehr mit der Hand erreichen kann, so müssen entweder zwei Arbeiter sich an den Webestuhl setzen und sich gegenseitig den zuvor beschriebenen Schützen zuwerfen, oder es wird, wie gewöhnlich geschieht, der Schnellschütze gebraucht. Dieser ist wie der Handschütze eingerichtet, nur sind seine Spitzen durch einen harten Metallbeschlag gegen Abnutzung gesichert, und seinen Anstoß erhält er nicht unmittelbar von der Hand, sondern durch eine am Backen der Lade befindliche Vorrichtung. Es hat dieser nämlich auf der dem Brustbaum zugewendeten Seite ein Brett a (Fig. 7), etwas breiter als der Schütze, der über demselben hingleiten soll, und so an-

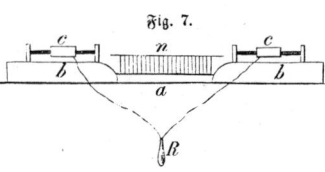

gebracht, daß, wenn Fach gemacht ist, das Untergelese gerade auf demselben aufliegt. Zur Seite sind zwei Kästchen bb, worin zwei mit Eisen beschlagene kleine Klötze cc, Treiber, auf Drähten sich leicht hin und her bewegen. Von jedem Treiber geht eine Schnur aus, die an einem Stiel R befestigt ist, den der Weber gleich einer Peitsche, welchen Namen auch der Stiel mit seinen Schnüren erhalten hat, hin und her schwingt und dadurch die Treiber rechts und links vorwärts zieht. Der vorwärts gezogene Treiber schnellt den Schützen über das auf a ruhende Unterfach hin, der dann mit soviel Kraft auf der entgegengesetzten Seite ankommt, daß er den hier befindlichen Treiber zurückstößt und diesem dadurch Spielraum zum Anstoß für den nächsten Einschuß gibt, wo dasselbe wieder auf der andern Seite erfolgt; n deutet den Rietkamm an.

Heinrich Grunholzer, 1843, Knochensammlerin   ←B 8

Ernst Dronke: „Manche Weiber suchen sich ihren Unterhalt zu verdienen, indem sie Knochen sammeln; der Zentner davon wird mit 10 Silbergroschen bezahlt, und es mag oftmals mancher Tag vergehen, bis sie diese Quantität vom Glück begünstigt erworben haben."   ←L 10

für Woche wurde aufgezehrt. Nun wechselt der Meister die Wohnung. Seit 14 Tagen ist Gellert ohne Arbeit, und schon ist die ganze Familie von Hunger gedrückt.

Gelegenheitsarbeiten

Die Arbeitslosen sind ebenso wie die Invaliden, deren Unterstützung nicht zum Leben reicht, und die alleinstehenden Frauen, die keine Arbeit als Spulerinnen finden, keinen Beruf gelernt haben und für die meisten Tagelöhner- und Fabrikarbeiten zu schwach oder schon zu alt sind, gezwungen, sich nach irgendwelchen Gelegenheitsarbeiten umzusehen:

→S 19   Der Tagelöhner Berwig ist seit 1 1/2 Monaten arbeitslos. Um nicht hungern zu müssen, ging er mit seiner Frau in einen zwei Meilen (= 14 km, d.V.) entlegenen Wald. Das Holz, welches beide in einem Tage nach der Stadt bringen konnten, wurde für 7 1/2 Sgr. verkauft . . . Die Frau wird bald mit dem zehnten Kinde niederkommen.

→S 13   Der Invalide Bischoff bezieht aus der Invalidenkasse monatlich 1 Thlr. Dazu verdient er einige Groschen durch Verfertigung von Kinderspielzeug.

→S 15   Die Frau des kranken Seidenwirkers Dahlström sucht in der Stadt Knochen zusammen, von welchen ein Zentner mit 10 Sgr. bezahlt wird. Um so viel zusammenzubringen, sind wenigstens drei Tage Zeit erforderlich. Auch Frau Suchi trägt zum Lebensunterhalt des dreiköpfigen Haushalts dadurch

→S 18   bei, daß sie Knochen und Papier zusammensucht auf den Straßen; was doch nicht mehr als 2–3 3/4 Sgr. einbringt am Tage. Ist die Witterung ungünstig, so ist die Einnahme noch geringer.

Auch die Witwe Möltner kann mit ihren beiden Kindern und ihrer kranken Schwester nicht allein von dem Pflegegeld leben. Zusammen mit ihrer

→S 16   dreizehnjährigen Tochter geht sie mit Damen in der Stadt auf den Markt. . . . An einzelnen Tagen verdienen sie auf diese Weise in wenigen Stunden bis auf 25 Sgr.; zuweilen aber auch nichts.

→S 20   In der gleichen Lage befindet sich die Witwe Keßler, die für drei ihrer Kinder insgesamt 3 Thlr. Pflegegeld erhält. Was Frau K(eßler) zu jenen 3 Thlr. durch Waschen und Scheuern verdient, ist unbestimmt.

Der Fall des ehemaligen Webers Lottes, den seine Kinder nicht unterstützen können, zeigt, wie jemand aus der Notwendigkeit der Selbsterhal-

→S 20   tung in den Augen des Gesetzes straffällig wird: Der Witwer Lottes ist dreiundsechzig Jahr alt. Seit vielen Jahren leidet er an Leberkrankheit und Bandwurm. Jedes Jahr muß er einige Wochen in der Charité zubringen. Sonst hat er das Brot mit Weben verdient; jetzt ist er zu dieser Arbeit untauglich. Er sucht bei den benachbarten Webern das unbrauchbare Garn zusammen und macht daraus Schürzenschnüre. Diese muß er auf geheimen Wegen verkaufen. Ein Hausir-Patent würde ihn 12 Thlr. kosten, die er auf keine Weise zusammenbrächte. Würde er beim Verkaufe seiner Waren ertappt, so käme er nach dem „Ochsenkopf". Da er von der Armendirektion monatlich nur 20 Sgr. erhält, so ist es mir jetzt noch rätselhaft, wie er sich durchbringt. Er wünscht sehr, ins Hospital aufgenommen zu werden; was aber nicht geschehe, bis er hülflos auf der Straße gefunden werde.

Die Tagelöhner und Arbeitsleute

Der wesentliche Unterschied zwischen Tagelöhnern und Arbeitsleuten einerseits und den Handwerkern andererseits besteht darin, daß ihre Tätigkeit keinen erlernten Beruf voraussetzt und sie selber nicht mehr Besitzer ihrer Produktionsmittel sind, sondern nur noch ihre bloße Arbeitskraft verkaufen. Untereinander unterscheiden sie sich vor allem nach der Form der Entlohnung, entweder täglich oder wöchentlich, und deren Höhe, die vor allem nach Geschlecht und Alter differiert. Die exakte Unterscheidung der Tagelöhner von den Arbeitsleuten ist jedoch aufgrund des uns vorliegenden Materials nicht immer möglich.

Die Grunholzer-Protokolle geben uns einen Einblick in die Tätigkeitsfelder und die Löhne dieser Gruppen.

Der Tagelöhner Schumann *verdient sein Brot bei einem Trödler durch* ←S 18
den Transport der verkauften Waren. Durchschnittlich bekommt er jeden
Tag 7 1/2 Sgr. Ist die Witterung schlecht, so wird nichts verdient.

Berwig war ein Leineweber, fand. als solcher keine Arbeit und kam vor ←S 19
sechs Jahren als Tagelöhner nach Berlin. Er arbeitete in einer Firnißfabrik,
wo er Späne wegfährt. Da man diese nur trocken braucht, so hat er bei
schlechter Witterung nichts zu tun. Bei ununterbrochener Arbeit stiege
die wöchentliche Einnahme bis auf 3 Thlr. In diesem Winter war er aber
schon sechs bis sieben Wochen nacheinander ohne Verdienst. Berwig ist
also einer der wenigen Weber, deren körperliche Konstitution diesen Berufswechsel zugelassen hat. Der theoretische Wochenverdienst von 3 Thlr.
ist der höchste Lohn, der von Grunholzer genannt wird.

Ebenso ungesichert wie der Verdienst von Schumann und Berwig ist
der des Tagelöhners Benjamin: *Bisweilen verdient er 2 1/2 Thlr. in der* ←S 19
Woche; dann muß er aber wieder mehrere Tage müßig gehen.

Ebenfalls nicht dauerhaft ist der Arbeitsplatz des Arbeitsmannes
Fundt: *Fundt arbeitet bisweilen in der Gießerei, wo er wöchentlich* ←S 18
2–3 Thlr. verdient.

Wären diese Tagelöhner und Arbeitsleute nicht ständig von Arbeitslosigkeit betroffen, könnte ihr monatlicher Lohn zwischen 7 1/2 bis 12
Thlr. liegen.

Dieser Verdienst liegt weit über dem, was zum Beispiel die Weber bei
voller Arbeit verdienen können. Vielen der Heimarbeiter ist der Wechsel
der Tätigkeit jedoch allein wegen ihrer körperlichen Schwäche nicht möglich. Der arbeitslose Tischler Krellenberg versucht es trotzdem: *Seit acht* ←S 19
Tagen arbeitet er im Tagelohn als Farbenreiber. Diese Arbeit strengt ihn
sehr an, denn er ist schon vierundfünfzig Jahre alt und durch Alter und
Mangel geschwächt.

Einen relativ festen Arbeitsplatz, dafür jedoch auch viel geringere
Löhne haben die jungen Fabrikarbeiterinnen aus den Familienhäusern: Die
vierzehnjährige Tochter des arbeitsunfähigen Seidenwirkers Dahlström *ver-* ←S 15
dient wöchentlich 22 1/2 Sgr. in einer Kattunfabrik, wo (sie) von fünf Uhr
morgens bis neun Uhr abends zur Arbeit angehalten wird. Die 13jährige
Tochter der Witwe Möltner *arbeitete in einer Tabaksfabrik von fünf Uhr* ←S 16
morgens bis sieben Uhr abends; von sieben bis neun Uhr besucht (sie)
die „Nachhülfeschule". Eine der Töchter des Arbeitsmanns Schumann
ist eine Stütze der Familie, indem sie in einer Papierfabrik wöchentlich ←S 15
1 Thlr. verdient. Ebensoviel verdient auch Frau Weidenhammer, die auch
in einer Papierfabrik arbeitet. Der monatliche Verdienst dieser Arbeiterinnen liegt also zwischen 3 und 4 Thlr.

Die berufliche Zukunft der Kinder

Für die Töchter aus den Familienhäusern zeigen Grunholzers Untersuchungen drei berufliche Alternativen: Entweder sie finden als Spulerinnen Arbeit bei den Webern im Hause, oder sie werden Fabrikarbeiterinnen.
In beiden Fällen tragen sie zum Haushaltseinkommen bei. Die dritte Möglichkeit ist, daß sie als Dienstmagd in einem der bürgerlichen Haushalte
der Stadt arbeiten können, wo sie dann auch in der Regel wohnen, solange
sie gesund und arbeitsfähig sind. Wird ein Dienstmädchen krank, wie
die Tochter der Witwe Kleist, so wohnt sie, bis sie wieder gesund ist,
bei den Eltern in den Familienhäusern, ohne jedoch selbst zum Haushaltseinkommen beitragen zu können. Die Entlohnung der Dienstmägde ist
noch fast eine reine Naturalentlohnung. Grunholzer erfährt dies unter
anderem von der Witwe Keßler: *Die älteste Tochter dient in der Stadt,* ←S 20
kann aber die Mutter nicht unterstützen, weil sie den geringen Lohn ganz
auf die Kleider verwenden muß. Die armen Mädchen müssen durch ihren
Staat der Herrschaft Ehre machen. Daß der geringe Geldbetrag, den diese
Dienstmädchen neben Essen und Schlafplatz erhalten, mit der Auflage verbunden ist, ihn für Kleider zu verwenden, erfährt Grunholzer ebenfalls
von den Lottes, deren beide Töchter in der Stadt dienen, und vom Weber
Künstler.

In insgesamt 11 Fällen erfahren wir bei Grunholzer etwas über die beruflichen Aussichten der Söhne. In 9 von den 11 Fällen sind sie bei einem

→B 9 Heinrich Grunholzer, 1843, Holzhacker

→B 10 Dörbeck, Dienstmädchen bei der Wäsche, um 1830

→B 11 Theodor Hosemann, Sandjunge, 1847 (Scheuersand
für die Fußböden)

Tageslöhne in Berlin um 1845:

Es gibt für die Zeit vor 1848 in Berlin keine offiziellen Lohnstatistiken. Die einzigen, immer wieder zitierten, Lohnzusammenstellungen finden sich in den beiden 1846 erschienenen Berlinbüchern von Friedrich Sass und Ernst Dronke. Wir haben aus diesen Tabellen die Angaben zu den Löhnen der Verlags- und Fabrikarbeiter zusammengefaßt und auf Tageslöhne vereinheitlicht, um einen Vergleichsmaßstab für die Lohnabgaben zu erhalten, die Heinrich Grunholzer von den Familienhausbewohnern erfährt.

Löhne für Verlagsarbeit im Textil- und Bekleidungsgewerbe

		Sgr./Pfg.		
Männer:	Seidenwirker	3	bis	4
	Handweber	6	bis	10/6
	Schneider	7/6	bis	13/9
Frauen:	Fransenknüpferin	5	bis	6
	Weißwarennäherin	3	bis	4
	Stickerin	3	bis	8
	Schneiderin	5	bis	7/6

Fabriklöhne

a) Textil- und Bekleidungsgewerbe

		Sgr./Pfg.		
Männer:	Kattundrucker	25		
	Stoffdrucker	15	bis	20
	Baumwollappreteur	15		
	Färber	25		
	Seidenfärber	15		
Frauen:	Anknüpferin	5		
	Wollhasplerin	5	bis	10
	Baumwollhasplerin	2/6	bis	5
	Hasplerin	3	bis	6
	Wollsortiererin	5	bis	7/6
	Spulerin	3	bis	4
	Fabrikmädchen	3	bis	6
Kinder:	Spuler(in)	1/6	bis	2/6
	Fabrikkinder	2/6	bis	3/6

b) Metallindustrie

Männer:	Eisengießer	10	bis	45
	Gelbgießer	15		
	Fabrikschlosser	17/6	bis	27/6
	Schlosser	7/6	bis	15
Frauen:	Metallpoliererin	6	bis	7

Es ergeben sich bei 10–14 Std. täglicher Arbeit, wobei auch der Sonntag oft kein ganzer arbeitsfreier Tag ist, folgende Tagesdurchschnittslöhne:

	Sgr./Pfg.
Verlagsarbeiter	7
Fabrikarbeiter	19
Arbeiterinnen (Verlag/Fabrik)	5
Kinder	2/6

Durschnittlich geben Sass und Dronke 3–4 Monate „stille Zeit" oder Arbeitslosigkeit an. Berechnen wir das Jahreseinkommen der Fabrikarbeiter bei 26 Arbeitstagen pro Monat und 10 Arbeitsmonaten pro Jahr, so kommen wir auf 165 Thlr. Zum Vergleich die Jahresgehälter einiger Stadtbeamter:

der Oberbürgermeister	5.500 Thlr.
der Bürgermeister	3.500 Thlr.
der Stadtbaurat	1.500 Thlr.
der Stadtschulrat	2.300 Thlr.

←L 11
→S 16

←L 12

Handwerksmeister in der Lehre oder haben sie hinter sich, wobei fünf den Beruf des Vaters oder einen verwandten Beruf erlernen. Zwei der Jungen arbeiten als Tagelöhner: Ein Sohn des Webers Künstler *war längere Zeit Sandführer, bekam das Essen und wöchentlich 10 Sgr. . . . Seit zwei Tagen hat (er) Arbeit als Handlanger und wird nun 10 Sgr. des Tages verdienen.* Und auch der Sohn der Witwe Suchi hat als Laufbursche gearbeitet, bis er seine Stelle verlor, und hat so 20 Sgr. wöchentlich verdient.

Fassen wir zusammen, was die Grunholzer-Aufzeichnungen über die Arbeitsbedingungen der Familienhausbewohner aussagen, so ergibt sich zunächst, daß die Familienhäuser nicht nur Wohnhäuser, sondern auch Produktionsstätte sind. Der überwiegende Teil der erwachsenen Bewohner hält sich während des ganzen Tages in den Häusern auf, da ihre Wohnstube auch ihre Werkstatt ist. Kinder, wenn sie älter als 13 Jahre sind, arbeiten meist außerhalb der Häuser. Man erkennt aber auch, daß die Familienhäuser als Produktionsstätte den produzierenden Handwerkern, vor allem den Stuhlarbeitern, wegen der relativ billigen großen Stuben Vorteile bieten; die auftragsabhängigen Reparaturhandwerker werden aber durch die ungünstige Lage der Familienhäuser von ihrer Kundschaft und damit von Aufträgen und Arbeit abgeschnitten. Die Bewertung der Qualität der Unterkunft hängt also von den spezifischen Produktionsbedingungen der Bewohner ab.

Durchgängig können wir bei allen Familien eine mehr oder weniger akute Existenzbedrohung feststellen. Bei einem großen Teil der Handwerker ist die Auftrags- und Arbeitslosigkeit auf die verschärfte Konkurrenz untereinander zurückzuführen. Die textilproduzierenden Stuhlarbeiter sind von der Entwicklung der Produktivkräfte betroffen, die die Maschinenarbeit als Konkurrenz zu ihrer Handarbeit hervorgebracht hat, wodurch die Löhne unter das Existenzminimum gesunken sind. Die Tagelöhner befinden sich in der täglichen Unsicherheit, irgendeine Arbeit zu finden, oft entscheidet das Wetter über ihren Verdienst.

Die Arbeitsleute sind wie die Gesellen abhängig davon, daß ihr Brotherr Arbeit hat. Ohne jeden Arbeitsschutz sind sie von einem auf den anderen Tag kündbar.

Zu dieser ständigen Bedrohung durch ökonomische Faktoren tritt die durch Krankheit. In 16 der 33 besuchten Familien befinden sich Kranke, deren Pflege zu den Aufgaben der Haushalte gehört, was bedeutet, daß nicht nur der oder die Kranke, sondern auch die Pflegeperson von Arbeit und Verdienst abgehalten werden. Krankheitsfälle sind nicht nur die häufigsten Ursachen, daß Familien in die Familienhäuser ziehen müssen, sie bilden auch dort weiterhin die Anlässe weiterer Verarmung bis hin zur völligen Verschuldung und Existenzunfähigkeit ganzer Haushalte.

Diese Existenzbedrohung können auch die Almosenunterstützungen der Armendirektion nicht ausgleichen, die zwar die Hälfte der Familien (16 von 33) in Form von Pflegegeldern für die Halbwaisen, Invalidengeldern und Armengeldern erhalten, die aber im Durchschnitt weniger als 2 Thlr. monatlich ausmachen, also kaum für die Miete reichen.

Diese Situation macht es notwendig, daß soweit wie möglich alle Haushaltsangehörigen mitarbeiten und zum gemeinsamen Haushaltseinkommen beitragen, beziehungsweise daß sie sich zumindest selbst finanzieren. Die Arbeit der Frauen wird dabei nur als Nebenarbeit bezahlt, die kaum für die eigene Existenzsicherung reicht. Ihre Löhne liegen bei durchschnittlich 2–2 1/2 Sgr. pro Tag, d.h. bei theoretisch 2–2 1/2 Thlr. im Monat.

Da das Halten von Schlafleuten, was bis 1827 den Familien half, die Mieten aufzubringen, ebenso wie das Bewohnen der Stuben durch mehr als 2–3 Erwachsene seit 16 Jahren in den Familienhäusern verboten ist, lastet die Existenzsicherung der Haushalte fast ausschließlich auf Kleinfamilien, die jedoch in fast der Hälfte der untersuchten Fälle nicht einmal mehr vollständig sind, da ein Elternteil gestorben ist oder im Gefängnis sitzt, die älteren Kinder vorzeitig aus dem Haus gegangen sind und die Großeltern oft dort geblieben sind, woher die Familie aufgebrochen ist, um in der Stadt Arbeit zu finden.

10.1.3 Die privaten Haushalte: monatliche Ausgaben

Die Besuchsprotokolle von Grunholzer erlauben es auch, durchschnittliche Aussagen zu machen zur Zusammensetzung der Ausgaben der Haushalte. In der Auflistung aller Besuche ist als durchschnittliches Einkommen/Haushalt/Monat 6 Thlr. 25 Sgr. errechnet, ein Wert, der sich je nach der Form der Arbeit auf unterschiedlichste Art zusammensetzt. Von diesem Gesamteinkommen sind nun als erstes abzuziehen die f e s t e n Ausgaben pro Haushalt, die unabhängig sind von seiner Personenzahl.

Miete

Als erste Position ist die M i e t e aufzuführen, die in den Familienhäusern im geringsten Fall für die Souterrain-Wohnungen 1 Thlr. 20 Sgr. pro Monat beträgt, durchschnittlich aber mit 2 Thlr. anzusetzen ist. Die Miete beträgt also 30 % der Gesamtausgaben pro Haushalt.

Es bleiben 4 Thlr. 25 Sgr. in unserer pauschalen Rechnung.

Als nächste Position erscheinen als ständige Ausgaben pro Haushalt die Ausgaben für das Holz, mit dem geheizt und gekocht wird.

Holz

Bei der Familie Unger wird *täglich . . . diesen Winter für 6 Dreier* ←S 225 *(= 1 1/2 Sgr.) Holz gebraucht.* Mit diesem Holz wird sowohl gekocht wie geheizt. Von Frau Gellert schreibt Grunholzer: *nur zum Kochen brauchte* ←S 225 *sie für 1 Silbergroschen Holz am Tage.* Diese beiden Angaben ergeben eine tägliche Ausgabe von 1 Sgr. 3 Pf., umgerechnet auf den Monat also 1 Thlr. 7 1/2 Sgr. für Holz.

Damit verbleiben 3 Thlr. 17 1/2 Sgr. pro Monat.

Öl zur Beleuchtung

Zu den Ausgaben für Beleuchtung haben wir nur die Position, die der Weber Fischer aufführt. Er kauft für 9 Pf. Öl pro Tag für seine Lampe, die Voraussetzung dafür ist, daß er abends an seinem Webstuhl arbeiten kann. Nimmt man diese Angabe als Tagesbedarf, so ergeben sich 22 Sgr./Monat, um die Stube zu beleuchten. Für die Haushalte, in denen nicht zu Hause gearbeitet wird, ist dieser Betrag sicher geringer anzusetzen.

Nach Abzug dieser Position bleiben 2 Thlr. 25 1/2 Sgr. pro Haushalt.

Ernährung

Die Ernährung muß pro Kopf errechnet werden. Bei einer durchschnittlichen Haushaltsgröße von 4.43 Personen bleiben von den 2 Thlr. 25 1/2 Sgr. dafür pro Person 19 Sgr. 2 Pf.

Was essen die besuchten Familien? Der Holzhacker gibt Grunholzer an: *die für die Mahlzeit erforderlichen Kartoffeln kosten roh 1 Sgr. 9 Pf.; auf* ←S 221 *zwei Mahlzeiten täglich berechnet, steigt die monatliche Ausgabe für das Hauptnahrungsmittel auf 3 1/2 Thlr.* Diese Familie besteht aus 5 Personen, auf eine Person berechnet, kostet eine Mahlzeit 4,2 Pf. Die Frau des Webers

→L 13 Mietzins und Brennholzpreise um 1842:

Mietzins und Feuerungs-Material sind in Berlin zu hohen Preisen gestiegen; erstere durch die starke Zunahme der Bevölkerung. Das Brennholz ist teuer, weil die holzreichen Gegenden zu entfernt sind und der Transport kostspielig ist; jedoch sind die zahlreichen Holzmärkte in allen Gegenden der Stadt mit überflüssigen Vorräten versehen; auch ist die Zufuhr der Landleute auf den Wochenmärkten nicht unbeträchtlich. Ein Haufen Büchsenholz, ungefähr vier Klafter, kostet 36 bis 45 Rthlr., Eichen, Elsen und Kienholz haben etwas geringere Preise, kosten 25 bis 40 Rthlr. der Haufen. Der Haufen Torf, welcher 240 Kiepen enthält und zum Heizen stark benutzt wird, kostet 8 bis 9 Thaler. In den Fabriken werden Holz- und Steinkohlen, in vielen Tabagien und von der ärmeren Volksklasse, in eisernen Öfen, Cokes und Lohkuchen verbrannt.

Nahrungsmittel in Berlin um 1842:

→L 14 *An kostbaren Weizen, Liqueuren, einheimischen und fremden Bieren ist kein Mangel. Was aus der Nachbarschaft an Nahrungsmitteln nicht auf die Märkte gebracht wird, kommt aus der Ferne zu Wasser und ist stets im Überfluß vorhanden. Getreide aller Art aus dem Magdeburgischen, dem Saalkreise und der Altmark, auf der Elbe; aus Pommern, Schlesien, Westpreußen und Posen, auf der Oder. Ochsen werden meist aus Preußen und Polen, Schweine, Kühe, Kälber, Hammel und Lämmer aus allen Gegenden hergetrieben. Fische liefern die Spree, die Havel und benachbarte Seen. Zu allen Zeiten findet man in Berlin Lachs, Seefische, Austern, Kaviar, Fasanen, Wildpret aller Art, Straßburger Pasteten etc. Die zahlreichen Treibhäuser liefern treffliche Früchte und frühzeitige Gemüse, Spargel, Bohnen, Erbsen u.s.w.*

Die ärmere Volksklasse nährt sich meist von Brot, Kartoffeln, Hering, Wurst u. dgl., trinkt einen Aufguß von Cichorien und einigen Kaffeebohnen mit Syrup versüßt, viel Kümmel, Halbbier und Wasser.

→L 15

		Juni 1841	Juni 1843	Juni 1845	Mai 1847
			Angaben: Sgr./Pfg.		
Rindfleisch	*(Pfund)*	*3/5*	*3/ 3*	*3/ 0*	*3/6*
Schweinefl.	*(Pfund)*	*3/3*	*3/ 9*	*3/ 3*	*4/9*
Fetter Speck	*(Pfund)*	*5/6*	*6/ 6*	*5/ 6*	*0/0*
Butter	*(Pfund)*	*7/0*	*7/ 6*	*6/ 6*	*8/0*
Kuhkäse	*(Pfund)*	*13/9*	*48/ 9*	*37/ 6*	*0/0*
Eier	*(Schock)*	*13/3*	*19/43*	*14/ 6*	*0/0*
Weizenmehl	*(Metze)*	*7/0*	*6/ 6*	*5/ 6*	*0/0*
Hafergrütze	*(Metze)*	*7/6*	*9/ 0*	*6/ 6*	*0/0*
Kartoffeln	*(Metze)*	*0/9*	*2/ 2*	*0/11*	*2/9*

←S 221

Lebensmittelpreise in Berlin
1 Pfund = 500 g; 1 Schock = 60 Stück; 1 Metze = 3,435 Liter

Theodor Hosemann, Holzhauerfamilie, 1847
(Die Hauptmahlzeit Kartoffeln)

**Friedrich Sass über die Abnahme der Fleisch- und
Brotnahrung bei steigender Bevölkerung:**

*Während Mehl und Korn in Paris teurer sind als
in Berlin, stehen doch in Berlin die Brotpreise verhältnismäßig höher. Dies ist, bei dem niedrigen Arbeitslohne, nicht ohne schlimmen gesundheitlichen Einfluß
auf die arbeitenden Classen. Die bedenklichen Zustände, welche daraus erwachsen, treten am auffallendsten
durch einige Steuerverhältnisse vor Augen. Die beiden
Hauptsteuern für Berlin sind die Haus- und Mietsteuer
und der Communalzuschlag zur Schlacht- und Mahlsteuer. Die Haus- und Mietsteuer betrug im Jahre
1845 eine Brutto-Einnahme von 609,116 Thlr., die
Schlacht- und Mahlsteuer aber 362,709 Thlr. Für die
Haus- und Mietsteuer stellt sich eine jährliche Zunahme von mehr als 20,000 Thlr. heraus, was aus der
Vergrößerung der Einwohnerzahl, der größeren Bebauung und der Vermehrung der steuerbaren Wohnungen leicht erklärlich ist. Dieselben Ursachen sollten
aber auch das Steigen des Ertrages aus der Schlacht- und
Mahlsteuer zur Folge haben. Dies ist jedoch nicht der
Fall. Es findet hier vielmehr ein vollkommen umge-
kehrtes Verhältnis statt. Denn schon im Jahre 1815
betrug der Communalzuschlag auf diese Steuer 5000
Thlr. weniger als im Jahre 1844 und im ersten Semester des laufenden Jahres (1846) sogar 10,000 Thlr.
weniger als in demselben Zeitraume des vorigen Jahres; so daß also für 1846 ein Ausfall von 20,000 Thlrn.
gegen 1845 und von 25,000 Thlrn. gegen 1844, trotz
der bedeutend gestiegenen Vermehrung der Bevölkerung, zu befürchten ist. In diesen Zahlen liegen traurige Resultate, denn sie beweisen gar nichts anderes,
als daß bei wachsender Population in Berlin die Consumtion von Fleisch und Brot nicht nur nicht zunimmt, sondern sich sogar jährlich vermindert und
die arbeitenden Klassen also an den notwendigsten
Lebensbedürfnissen immer mehr Mangel leiden müssen. Die höheren Stände mit ihren meistens kleineren
Familien und im Besitz der Mittel, Surrogate für Brot
und geschlachtetes Fleisch zu genießen, tragen im Verhältnis zu der übrigen Bevölkerung sehr wenig zu der
Schlacht- und Mahlsteuer bei; die mittleren Stände
(die Gewerbe und Handel treibende Klasse) und
ebenso die niederen Stände (mit ihren großen Familien) haben den größten Beitrag zu derselben zu liefern. Es ist also kein Wunder, daß bei immer größerer
Beschränkung in den notwendigsten Lebensbedürfnissen, die Gesundheitszustände der Proletarier sich nicht*

→S 11 Unger sagt Grunholzer, *daß sie abwechselnd Kartoffeln und Hafergrütze
koche; jede Mahlzeit kostet 2 1/2 Silbergroschen.* Der Haushalt der Ungers
besteht aus 7 Personen, pro Person kostet eine Mahlzeit 4,29 Pf., was die
Angabe des Tagelöhners voll bestätigt.

Das Hauptnahrungsmittel ist die Kartoffel und die Hafergrütze, gegess-
sen wird zweimal am Tage, was pro Person, auf den Monat berechnet,
21 1/2 Sgr. beträgt. Vergleicht man diese durchschnittliche Angabe mit der
Restsumme unserer Gesamt-Haushaltsrechnung (21 1/2 Sgr. gegenüber
19 Sgr. 2 Pf., also 2 Sgr. 4 Pf. zuviel), so wird sofort klar, daß entweder
an Heizung, Beleuchtung oder Essen gespart werden muß. Aus den weiteren Zitaten, die uns zur Verfügung stehen, wird deutlich, daß am Essen
→S 17 gespart wird, was sich auch auf den Holzverbrauch auswirkt: Frau Kayser
erklärt, *bei Tische muß es schmal zugehen. Heute mittag wurde 4 Personen
für 6 Pfennig Hafergrütze gekocht und das Brot so spärlich ausgeteilt, daß
es der größere Knabe verdrießlich zurückgab und aus dem Zimmer lief.*
Wird hier versucht, die Nahrungsmenge einzuschränken, so versucht Frau
→S 225 Gellert, auf ein billigeres Nahrungsmittel umzusteigen: *Die Frau scheint
das Sparen wohl zu verstehen. Kartoffeln können sie nicht mehr kaufen;
am vorteilhaftesten sei das Mehl, das sie jetzt außer der Stadt hole (einzelne Metzen können nämlich unverzollt in die Stadt geholt werden),
doch koste auch die Mehlsuppe für die ganze Familie 2 1/2 Sgr.* Andere
Familien reduzieren die Ausgaben für Nahrung noch weiter: Der Schuster
→S 226 Schadow *vermag keine Kartoffeln zu kaufen; nur von Brot und schlechtem
Kaffee nährt er sich.* So auch Frau Schreyer: *Es gibt Tage, wo sie nichts zu
→S 226 essen hat; die gewöhnliche Nahrung besteht in Brot und bitterem Kaffee,
in der Regel wird nur morgens und abends gespeist . . . Mit dieser Mahlzeit
wechselt eine Suppe, d.h. heißes Wasser mit Salz und Brot.* Bei Schneider
→S 13 Engelmann heißt es: *Auf seinen Tisch kommt abwechselnd Brot zum
schwarzen Kaffee, Hering und dünne Mehlsuppe.* Bei Seidenweber Dahl-
←B 12 ström das gleiche Bild: *Auf den Tisch kommt morgens ein wenig trockenes
→S 16 Brot, des Mittags gewöhnlich nichts, abends Brot und Hering oder Mehl-
→S 15 suppe.* Bei Frau Kleist: *Brot, Kaffee und Mehlsuppe sind auch hier die ge-
wöhnlichen Nahrungsmittel. In die Suppe kommt kein Fett. Um sie
schmackhafter zu machen, zuweilen etwas Zucker. Von einem halben Lot
Kaffee trinken 5 Personen zweimal.* Haushalt des Invaliden Bischoff:
←L 16 *Heute haben Mann und Frau außer einem Hering, den sie für 6 Pf. kauften,
→S 13 noch nichts gegessen.* Die letzte Stufe, das völlige Fehlen von Nahrungs-
→S 20 mitteln, dokumentiert der Fall Keßler: *Die Kinder bekommen mehrere
Tage kein Brot zu Gesicht.*

Man erkennt, daß die Auswahl dessen, was auf den Tisch kommen
kann, sehr gering und keine Geschmacks-, sondern eine Geldfrage ist. In
hierarchischer Abstufung erfährt Grunholzer nur von 6 Nahrungsmitteln,
die sicherlich den Hauptanteil der Ernährung in den Familienhäusern bilden:
– Kartoffeln,
– Hafergrütze,
– Mehlsuppe,
– Hering,
– trockenes Brot,
– Kaffee.

Betrachtet man die Zusammensetzung der Nahrung in ihrer schrittweisen Reduktion, so wird die folgende, auf die Bewohner der Familienhäuser
bezogene Bemerkung aus den „Geheimnissen von Berlin" von **1844**
→L 17 durchaus verständlich: *Es ist . . . keine Fabel, daß zur Zeit des Winters in
den Mägen der dortigen Bewohner alljährlich Hunderte von Hunden und
Katzen ihren Untergang finden.*

Kleidung

Die bisherige Haushaltsrechnung im Durchschnitt zeigt, daß die Ein-
kommen, wie sie sich auch immer zusammensetzen, verbraucht sind für
Miete, Heizung, Beleuchtung, Ernährung. Es bleibt zu untersuchen, wie die
Mittel für Bekleidung, Bettwäsche, Gerät und Möbel aufgebracht werden.

Um überhaupt zu verstehen, wie die besuchten Bewohner in den Familienhäusern existieren können, muß man sich klarmachen, daß **1843** eine strukturelle Krise herrscht, die Verhältnisse, die uns begegnen, also besonders kraß erscheinen, weil natürlich eine Wirtschaftskrise in der gesellschaftlichen und stadträumlichen Randlage, in der sich die Familienhäuser befinden, sich besonders auswirkt: Arbeitslosigkeit, Lohnverfall, Preissteigerungen, Auftragslosigkeit, Fehlen der Ausweichmöglichkeiten auf Naturalwirtschaft usw.

Viele Haushaltsgegenstände sind geerbt, selber hergestellt, geliehen oder in Zeiten mit höheren Einnahmen angeschafft. Das bestätigt der Weber Urbich, der Grunholzer versichert, *daß er mit dem größten Fleiß nur soviel* ←S 21 *verdiene, als Miete und Lebensunterhalt kosten; er könne sich kein Hemd anschaffen.*

Um Kleidung neu anzuschaffen, muß über lange Zeiträume gespart werden, so wie es der Sohn der Witwe Kleist versucht, *obschon er bei* ←S 15 *der Mutter wohnt, kauft er sich das Brot doch selbst und spart das Erworbene zusammen für ein Paar Stiefel.* Oft wird das Ersparte doch nicht für Kleidung, sondern zur Beseitigung akuter Not wieder verwendet, wie es der Fall des Tischlers Krellenberg zeigt: *Ein siebenzehnjähriger Sohn* ←S 19 *lernt das Tischlerhandwerk. Gestern hat er dem Vater 15 Silbergroschen geschickt, die er aus Trinkgeldern zusammengespart hatte, um auf Ostern eine neue Weste zu kaufen.* Die meisten Bewohner sind jedoch gezwungen, da zum Sparen nichts bleibt, sich Kleider herzustellen – besonders →L 18 trifft das für die Kinder zu – , sich getragene Kleider zu verschaffen oder sich aus Stoffresten Kleider zusammenzunähen. Grunholzer beobachtet Frau Schadow: *Die Frau saß am Boden und nähte einige Lumpen zusam-* ←S 11 *men.* Das gleiche bei Frau Fischer: *Sie saß mit dem zerzausten Haare auf dem schmutzigen Bette und strickte.*

Bei der Kleidung kann man drei Kategorien der Ausstattung unterscheiden. Die erste, ein Sonntags- und ein Werktagskleid, bleibt für die meisten der Familienhausbewohner ein Wunschtraum. Bei der zweiten haben die Personen noch eine vollständige Garnitur und bei der dritten nur noch Teile davon. Alle Hinweise auf Kleiderschränke oder mehrfach vorhandene Kleidungsstücke fehlen in den Protokollen. Für die zweite Kategorie steht der Fall der Frau Suchi: *Heute (Karfreitag) hat sich Frau Suchi die Kleider* ←S 18 *gewaschen, konnte also nicht ausgehen, nichts verdienen.* Von dem Tagelöhner Benjamin bemerkt Grunholzer, *seine Kleider sind so schlecht, daß* ←S 19 *er sonntags nicht ausgehen darf.* Ebenso ist die Familie des Tagelöhners Schumann, die Grunholzer am Karfreitag besucht, an die Stube gebunden: *Der Vater, die Mutter und vier Mädchen von 11 bis 22 Jahren saßen* ←S 18 *müßig beisammen; ein Sonntagsgewand ist nicht vorhanden, darum ging auch niemand aus der Familie zur Kirche.*

Grunholzer trifft jedoch auch auf Personen, die nicht einmal mehr eine Garnitur haben, z.B. den Schuster Schadow: *er hat kein Hemd mehr; der* ←S 226 *Rock ist in einem Zustand, daß er darin nicht mehr ausgehen kann.* Die Witwe Schreyer und der Weber Ignaz, mit dem sie zusammenlebt, *müssen* ←S 12 *Kleider und Schuhe bei Nachbarn ausleihen, wenn sie das Haus verlassen wollen.* Dieser Zustand ist die Folge davon, daß man gezwungen war, nachdem die monatliche Einnahme infolge von Arbeitslosigkeit oder Krankheit nicht einmal mehr für das absolute Minimum an Nahrung ausreichte, nach Möbeln und Hausrat auch die Kleidung zum Leihhaus zu bringen oder zu verkaufen. So geht es z.B. dem Weber Sinhold, der krank im Bett liegt: *die wenigen Hausgeräte (bis auf Bett und einen Webstuhl) ge-* ←S 10 *hören dem Juden; gestern hat er seinen letzten Rock verkauft* –, oder dem Schneider Engelmann, *wenn er nur einen Tag ohne Arbeit ist, so muß er* ←S 14 *Kleidungsstücke u.s.w. versetzen. Er zeigte mir verschiedene Scheine, nach welchen er 7 1/2 bis 15 Sgr. auf solche Weise erhoben hat.* Die Witwe Kayser wird beschrieben, wie sie kurz davor steht, ihre Kleider zu verkaufen: *diese Frau hungert lieber einen Tag, als daß sie Bettzeug oder Kleider ver-* ←S 17 *kaufte, weil sie die nie wieder ersetzen könnte.*

Die Familien kommen in eine besonders krasse Notlage, wenn sie gezwungen sind, die von der Kirche geforderte Sonntagskleidung oder Ausstattung der Kinder für die Konfirmation zu beschaffen. Grunholzer trifft in zwei Fällen auf dieses Problem. Zunächst bei der Witwe Keßler: *der* ←S 20 *älteste Knabe wird bald eingesegnet. Nur ungern will sich die Mutter bei der Waisenbehörde um das Einsegnungskleid verwenden, weil die Kleider, welche man den Armen spendet, durch Schnitt und Farbe sich von andern auszeichnen. Einem sechzehnjährigen Burschen ist es nicht übelzunehmen, wenn er lieber zerlumpt einhergeht, als seine Abhängigkeit von der Armen-* →B 13

verbessern können, sondern immer verschlechtern müssen. Herr Dieterici berechnet zwar, daß in Berlin durchschnittlich auf den Kopf 282 Pfd. 24 Lot Körnernahrung und 116 Pfd. 26 Lot Fleischnahrung per Jahr kommen, aber solche Durchschnittsrechnungen, in denen die Nahrung des Armen durch die Schmäuse der Reichen erhöht wird, können gar keinen besonderen practischen Nutzen haben. Der Hunger wird sogar oft eine Krankheit.

Friedrich Sass über die Einsegnungskleider der Armendirektion:

Es wird von der Berliner Commune zum Teil für die Bekleidung armer Kinder zur Einsegnung gesorgt. Aus den Mitteilungen, welche darüber in den Jahrgängen des Monatsblattes für die Berliner Armenverwaltung gemacht werden, tritt das Elend unter den Kindern des Berliner Proletariats sehr deutlich hervor. Wie in allen Proletariatszuständen, so ist auch hier der Norden Berlins auf eine ganz unverhältnismäßige Weise vorwiegend. Im Jahre 1837 kam auf alle Armencommissionen Berlins durchschnittlich 1 Kind; in der Armen-Commission 56a dagegen sind 27, in der 56b (beide in Nord-Berlin) sind 23 zu bekleiden gewesen. Im Jahre 1841 kommen auf jede Armencommission ca. 2 Kinder, auf 56a jedoch 18, auf 56b 19. Im Jahre 1842 ebenfalls jede Armencommission 2 Kinder, auf die 29ste jedoch (Köpenicker Straße, Berliner Fabrikengegend) 4, auf 56a aber 28 und auf 56b 16. Es hat sich zwar das Verhältnis zu 1837 etwas gebessert, aber man sieht doch aus diesen Zahlen, in welchem Unverhältnisse das Elend der Kinder in den eigentlichen Proletariergegenden Berlins, wenn sie auch ausgedehnter sind als andere, sogar noch zu dem Kinderelende in den übrigen Districten der großen Stadt steht. Dabei muß noch bemerkt werden, daß die Berliner Armendirection ausdrücklich erklärt hat: „Wir machen bemerkbar, daß die Verwendungen für Kinder, welche in Fabriken arbeiten, in der Regel unberücksichtigt bleiben müssen, weil es den Eltern solcher Kinder, bei ordentlicher Einrichtung, nicht schwer fallen kann, die zur Bekleidung erforderlichen Mittel von dem Verdienste der Kinder zu sparen." Wer mag es aber glauben, daß hier von einem Ersparnis die Rede sein kann? Wer wird überhaupt die vielfach ruinirende Arbeit der Kinder in den Fabriken billigen mögen?

→B 13   Theodor Hosemann, Konfirmation, 1859

Die Pfandleihanstalten um 1845:

Das Leihamt ist in Berlin kein städtisches, sondern ein königliches Institut. Bis jetzt existiren in zwei verschiedenen Stadtgegenden zwei Locale. Man wird sich aber bald genötigt sehen, ein drittes einzurichten, da die Verhältnisse dies dringend fordern und der Versatz, ungeachtet der privilegirten Privat-Pfandleihen fortwährend wächst. Sind aber auch mit dem Leihamte gar keine fiscalische Zwecke verbunden, so steigen doch die Kosten seiner Verwaltung so bedeutend und zum Teil werden auch seine Einrichtungen so wenig auf die wirkliche Armut und Arbeiternot berechnet, daß wir, wie es denn überhaupt geschehen muß, den Nutzen eines solchen Institutes nicht allzu hoch anschlagen mögen, so gut immer die Absicht sein mag, aus der es gegründet wurde und erhalten wird. Die Procente, welche das Leihhaus nimmt, nämlich 3 Pfennig vom Thaler per Monat, sind noch immer so bedeutend, daß wir darin wenig Garantie gegen den Privat-Wucher finden können. In den Privat-Pfandleihen wird allerdings aber den Thaler berechnet, nämlich 2 1/2 Sgr. für 6 Monate, aber dafür bieten sie auch wieder verschiedene Bequemlichkeiten. Erstens zahlen sie mehr auf die Pfänder als das Königl. Leihamt, und zweitens wird das Königl. Leihamt schon nachmittags 3 Uhr geschlossen, während die arme Klasse weit über diese Zeit hinaus arbeiten und doch am Abend etwas Geld haben muß; drittens aber macht das Leihamt keine Versatzgeschäfte unter 1 Rthlr. an Wert, schließt also geradesweges den kleinen Versatz der ärmsten Klasse aus. Die Privat-Pfandleihen existiren daher ungestört fort und beschäftigen sich auf die häßlichste Weise mit der Aussaugung und Ausbeutung der hülfsbedürftigen Klassen. Tausendfach kommt es vor, daß unsere Arbeitsleute, Weber, Seidenwirker, Schneider, Schuster u.s.w. regelmäßig 52mal im Jahre das in der Woche auf die Pfandleihe bringen, was sie am Sonntag wieder auslösen und so also einen sehr beträchtlichen Teil ihres Arbeitslohns an Zinsen bezahlen müssen. In Frankreich wird das Leihhaus mont de pitié genannt, aber in dieser Bezeichnung liegt ein Sinn, den wir mit dem Berliner Leihhause noch niemals haben verbinden können.

←L 19
→S 18

behörde *zur Schau trägt.* Bei der Familie des Tagelöhners Schumann hat die kirchliche Forderung nach dem Einsegnungskleid zu einer Ausgabe geführt, die den Haushalt auf lange Zeit belastet: Die Tochter verdient wöchentlich 1 Thlr. in einer Papierfabrik, *von diesen werden aber 7 1/2 Silbergroschen abgezogen, bis das Einsegnungskleid bezahlt ist. Dieses kostete 8 Thlr. und ist schon 5 Monate gegen 2 Thlr. versetzt.*

→S 21
Was mit den beim Leihhaus versetzten Gegenständen passiert, erfährt Grunholzer vom Weber Matthes: *Das meiste Küchengeschirr, Betten und Kleider sind verkauft oder versetzt. Was mehr als ein Jahr zum Unterpfande gelassen worden ist, wird vom Gläubiger versteigert, und der Vorerlös kommt nicht dem Schuldner zu. So muß M. diesmal 12 Thlr., welche die versetzten Effekten mehr wert sind als das entlehnte Geld, rein verlieren.*

→S 19
Bevor der Hunger die Leute zwingt, ihre letzten Kleider zum Leihhaus zu tragen, haben sie jedoch bereits all das von ihrem Mobiliar und Hausrat versetzt, was irgendeinen Wert darstellt. Dies betrifft vor allem die Betten, die neben einigen alten Stühlen und einem Tisch, wenn überhaupt, die einzigen Möbelstücke in der Stube sind. Der Tischler Krellenberg ist im Winter 1842/43 aus Mangel an Verdienst gezwungen, sein Bettzeug zu verkaufen: *Es stehen drei Bettstellen im Zimmer; in allen ist nichts als Stroh, beim einen nicht einmal mit einem Tuche bedeckt.* Die Krellenbergs sind zu neunt, d.h. in einem Bett schlafen 3 Personen, das gleiche trifft Grunholzer beim Tagelöhner Schumann: *Die sechs Personen müssen sich mit zwei kleinen schlechten Betten behelfen.* Daß nur eine Person in einem Bett schläft, ist in den Familienhäusern seltene Ausnahme, wie bei der Tochter des Webers Künstler: *In zwei Bettstellen sind zwei Strohsäcke, auf dem einen schläft der Vater mit seinen zwei erwachsenen Söhnen, auf dem anderen die erwachsene Tochter.* Grunholzer führt einige Fälle auf, wo als nächste Reduktionsstufe auch bereits die Bettstellen fehlen, so bei Arbeitsmann Fundt: *Zwei Strohsäcke, der eine auf dem bloßen Boden, der andere auf einigen Brettern, vertreten die Stelle der Betten,* oder beim Invaliden Bischoff: *Anstatt des Bettes ist ein Lager von Stroh im Winkel.* Und der Weberknecht Kittebach mit seinen beiden Kindern *schläft mit ihnen auf dem Boden.* Nicht in einem einzigen Fall bemerkt Grunholzer eine andere Schlafstelle als die hier aufgeführten Strohbetten.

→S 18
→S 16
→S 18
→S 13
→S 225

10.1.4 Die öffentliche Unterstützung der Haushalte durch die Armendirektion

Friedrich Sass über das Berliner Armenwesen 1845:

Es ist ein gewöhnliches Verhältnis, daß bei der fortwährenden Zunahme einer Einwohnerzahl sich in unsern Zuständen die Zahl der Armen steigern muß und dem zufolge auch die Ausgabe der Armenpflege. Aber sehr überraschend ist es, daß diese Steigerung zu Berlin in einem auffallend ungünstigen Verhältnisse stattfindet. Denn während im Jahre 1835 bei 253,355 Civileinwohnern ein Zuschuß von 133,200 Thalern zu den Kosten der Armenpflege erfordert wurde, exclusive der Kosten für das Armenschulwesen, hat solcher im Jahre 1844, bei über 300,000 Civileinwohnern, 264,846 Thaler betragen. Während die Einwohnerzahl Berlins in zehn Jahren um 2 Fünftel stieg, ist der Zuschuß zu den Kosten der Armenverwaltung auf das Doppelte gesteigert worden. Von dem Zuschuß kommen 1835: 15 Sgr. 9 Pf. auf den Kopf; 1844 aber: 22 Sgr. 5 Pf., wobei indes die Unterstützten mitgerechnet worden sind. Im Jahre 1845 haben alle gesamten Ausgaben für das Armenwesen Berlins, inclusive der Unterstützungen der Invaliden, 445,779 Rthlr. betragen. Eigene Einnahme war vorhanden: 169,786 Rthlr. Mithin ist ein Zuschuß von 275,933 Rthlr., also fast die Hälfte der gesamten Ausgabe, erforderlich gewesen. Ebenso haben sich die Summen gesteigert, welche den Almosenempfängern monatlich verabreicht werden. Im Jahre 1840 war der höchste Satz 1 Rthlr. 22 Sgr. 3 Pf.; im Jahre 1845 ist man aber bis über 2 Rthlr. vorgegangen; eine Steigerung, die das städtische Budget sehr bedeutend belastet, ohne daß dadurch dem einzelnen Armen auch nur die allerelendeste Existenz möglich werden könnte.

Die gegebenen Data beweisen zur Genüge das fortwährende unverhältnismäßige Wachstum des Paupe-

←L 20
Betrachten wir die Auflistung der Grunholzer-Gespräche, so erkennen wir, daß 15, also fast die Hälfte der Familien, ihr Haushaltseinkommen mit Hilfe regelmäßiger öffentlicher Unterstützungen aufbringen. Im Durchschnitt betragen diese Unterstützungen 1 3/4 Thlr., ein Betrag, der nicht einmal zur Deckung der Miete reicht. Die absolut höchsten Unterstützungen betragen 3 Thlr. Das ist der Fall bei dem 76jährigen Weber Würth, der von seiner 61jährigen Frau wie ein Kind gepflegt werden muß, und bei der Witwe Keßler mit ihren fünf Kindern, die nicht zum Einkommen beitragen können. Trotz dieser relativ hohen Unterstützung bekommen die Kinder

→S 20
der Keßler *oft mehrere Tage kein Brot zu Gesicht,* da unbestimmt ist, *was Frau K(eßler) zu jenen 3 Thlr. durch Waschen und Scheuern verdient.* In mehreren Fällen vermerkt Grunholzer, daß die Unterstützungsgelder zur

→S 16
Zahlung der Miete verwandt werden, z.B. bei der Witwe Möltner: *Die Miete wird regelmäßig bezahlt aus den Pflegegeldern,* oder dem Weber Sin-

→S 223
hold: *Die Armen-Direction reicht ihm monatlich einen Thlr. Unterstützung, der aber sogleich vom Hausverwalter für einen Teil der Miete in Empfang genommen wird.* Daß aber auch eine regelmäßige Unterstützung oft nicht verhindern kann, daß sich Mietschulden anhäufen, zeigt der Fall des

→S 16
Webers Jährig: *Der Weber Jährig leidet seit zehn Jahren an einem doppelten Bruchschaden . . . Seit fünf Jahren bezieht J. monatliche Unterstützung von der Armendirection, erst 20 Sgr., jetzt 2 Thlr. Da seine Frau drei Monate krank lag und er durch die Verpflegung an der Arbeit verhindert wurde, ist die Mietsschuld auf 6 Thlr. angewachsen. Er ist keinen Tag sicher, daß er nicht aus der Wohnung getrieben und ins Arbeitshaus gebracht werde.*

Als im Winter **1842** infolge allgemeiner Arbeitslosigkeit, verstärkt durch Krankheitsfälle, 3/4 der Bewohner in den Familienhäusern mit ihren Mietzahlungen in Verzug kommen und bei vielen keine Möglichkeit besteht, diese Schulden aus eigener Kraft zu begleichen, wendet sich der Hausbesitzer Heyder sowohl im eigenen Interesse als auch im Namen seiner Mieter am **31.10.1842** an die Armendirektion mit zwei alternativen Vorschlägen. Er bittet um Unterstützung der Mieter entweder in Form der Arbeitsbeschaffung oder in Form einer Mietbeihilfe:

. . . Die zweite Alternative betreffend, so weiß ich leider aus Erfahrung, ←A 8 *daß eine wohllöbl. Direktion keine Unterstützung zur Zahlung von Mieten gewähren will, aber ebenso auch, daß es in den letzten Jahren den Bewohnern meiner Häuser insbesondere schwer gemacht wird, Unterstützungen zu erhalten. Unmöglich kann ich mir denken, daß diese Erschwernisse dem diesseitigen Herrn Armenbezirks-Vorsteher zur Pflicht gemacht werden und daß irgend Gründe obwalten könnten, die zur Unterstützung aus dem Armenfonds sich eignenden Bewohner meiner Häuser gegen andere zurückzusetzen; auch kann ich nicht einsehen, wie der Grundsatz, Unterstützungen zur Zahlung der Miete und Erhaltung des Obdachs zu verweigern, zu rechtfertigen ist.*

Denn wenn auch den Leuten Unterstützungen bewilligt und ihnen selbst ausgehändigt werden, so sind sie größtenteils dazu geneigt, das Erhaltene zu anderen, auch wohl den unnötigsten Zwecken anzuwenden. Zahlen sie nun keine Miete oder doch nur eine Kleinigkeit von dem, was sie erhalten haben, so ist ihre Lage nicht verbessert, vielmehr ihre Heraussetzung aus der Wohnung noch ebenso gewiß, und sie müssen der erhaltenen Unterstützung ohnerachtet obdachlos und nur mit dem, was sie am Leibe haben, von der Commune aufgenommen werden. Ob es nun in solchen Fällen nicht besser wäre, die zu gewährende Unterstützung unmittelbar auf die Mieten zu zahlen, ist meines unmaßgeblichen Dafürhaltens eine wohl zu bejahende Frage.

Die Logik, die in dieser Argumentation liegt, ist nicht von der Hand zu weisen, obwohl sie in letzter Konsequenz darauf hinausläuft, daß die Unterstützungen nicht mehr an die Armen selbst ausgezahlt, sondern unter den Hausbesitzern der Stadt aufgeteilt werden. Die Realisierung des „freien Wohnens" für die Mittellosen verträgt sich wiederum nicht mit dem privat organisierten Wohnungsmarkt, auf dem die Höhe der Mieten über die Nachfrage bestimmt wird. Seitdem dieses Problem durch den ehemaligen Besitzer der Familienhäuser, Wiesecke, **1831** erstmalig aufgetaucht ist, wobei ←S 150 die Unzulänglichkeit des mittelalterlichen Armenunterstützungswesens angesichts der sich herausbildenden kapitalistischen Verhältnisse deutlich geworden ist, verfährt die Armendirektion nach dem Grundsatz, daß die von ihr gezahlte Almosenunterstützung nicht zur Zahlung der Mieten oder zur Deckung von Schulden bestimmt sei – ein rein abstrakt-theoretischer Grundsatz, der an den praktischen Notwendigkeiten der Verwendung dieser Gelder völlig vorbeigeht. Die Armendirektion leitet denn auch **1842** das für sie unlösbare Problem an den Magistrat und der an das Innenministerium weiter, das erst **1847** eine endgültige Stellungnahme hierzu abgibt. Während dieser Zeit tritt keine Änderung in der Art der Unterstützungen ein, und die Mietschulden steigen bis auf 2750 Thlr. im April **1847**. Die ←A 9 Hausbesitzer, inzwischen die Erbengemeinschaft Heyder, zögern mit Exmissionsanträgen, von denen sie selbst keinen Vorteil gehabt hätten. Sie würden damit lediglich auf ihre Schuldansprüche verzichten, denn der wenige bei den zu exmittierenden Familien noch vorhandene Hausrat, den sie zur Deckung der Schuld hätten einbehalten können, ist wertlos.

Das Innnenministerium gibt am **9.5.1847** eine endgültige Stellungnahme zu dem Problem ab. Es stellt zunächst fest, daß in den Monaten **Oktober 1846** bis **März 1847** für die Bewohner der Familienhäuser inklusive der Unterstützung der Schule (50 Thlr./Monat) 3440 Thlr. 26 Sgr. von seiten der Armendirektion aufgebracht worden sind, und geht dann auf das besondere Problem der Mietzahlungen ein:

Hieraus dürfte sich schon ergeben, daß die wahrhaft Bedürftigen nicht ←A 10 *unberücksichtigt geblieben sind und daß nur diejenigen von der Teilnahme an Unterstützungen ausgeschlossen wurden, deren vorgebliche Bedürftigkeit nicht anerkannt werden konnte. Noch weiter mit Unterstützungen vorzuschreiten würde an sich nicht gerechtfertigt, auch wohl sehr bedenklich und selbst gefährlich sein, da alle Bewohner dieser Häuser mehr oder weniger dem ärmsten Teile der Bevölkerung angehören und folglich alle Anspruch auf Unterstützung machen und die der Armenpflege zu Gebote*

rismus in der glänzenden Hauptstadt des preußischen Staates. Aber sie beweisen auch noch die Unzulänglichkeit des bestehenden Armenwesens, für welches die bedeutendsten Mittel in Anspruch genommen werden, und nur, um zu sehen, wie der Feind, den man bekämpfen möchte, sich immer weiter verbreitet. Die Communalbehörden Berlins haben den Armenzuständen ihrer großen Stadt eine musterhafte Sorgfalt gewidmet, und sie fahren rastlos fort, sich damit zu beschäftigen, aber der ganze Grund und Boden, auf den ihre sorgenvolle Tätigkeit hingewiesen ist, kann ein wirkliches Gedeihen nicht befördern. Man hat es hier nicht mit einer besonderen Communalfrage, sondern mit der größten Weltfrage zu tun, und die Reorganisation des Lebens und der Arbeit wird sich niemals mit allen den tausendfachen Rücksichten vereinigen lassen, von denen unsere Zustände überall umzirkelt werden.

In dem Armenwesen herrscht das Almosengeben vor, und diesem steht, wie überall, so auch in Berlin noch eine althergebrachte Mildtätigkeit zur Seite. Wo aber der Pauperismus und das Proletariat ihren tiefen Grund in den dauernden Mißständen der Gesellschaft und nicht in plötzlich eingetretenen Unglücksfällen haben, da können für die Proletarier aus den sogenannten Gaben der Liebe und aus einer dürftigen Unterstützung von Seiten der Communen keine segenreichen Früchte erwachsen. Erst da wird in der Regel eingeschritten, wo der Mensch durch die Mächte der Gesellschaft schon vollkommen gestürzt worden ist. Wunderbar erscheint es uns aber in der Tat, daß, während alle Legate, alle Wohltätigkeitsgaben und Anstalten meistens nur darauf berechnet sind, um die Gebrechlichkeit und das körperliche Elend, namentlich alterschwacher Personen, notdürftig im Dasein zu erhalten, selten daran gedacht wird, gegen die schreckliche Not, von welcher in unsern Zuständen gerade das frische Leben so umfassend ergriffen wird, die Kräfte zu vereinigen und über die Spitäler, Krankenanstalten und Stiftungen für gebrechliche Personen sich zu einer weit nützlicheren Tätigkeit zu erheben! Solange der Mensch die Kraft und die Fähigkeit hat für den vernunftgemäßen Gebrauch und Genuß seines Lebens, solange gehört er bei uns dem vornehmen Zufall; erst dann, wenn er erschöpft, siech, unfähig, abgestumpft worden, wenn sein Leben für ihn und die Welt keinen Wert weiter haben kann, erst dann öffnet sich ihm aus „christlicher Barmherzigkeit" der Armenfond, das Tor eines Krankenhauses, einer Stiftung u.s.w. im allerglücklichsten Falle. In Sparta erschlug man die Sclaven, Galerius ließ die Bettler ersäufen. In Frankreich gibt es Verordnungen aus dem sechzehnten Jahrhundert, wonach die Bettler gehangen wurden. Wird man einst in der Zukunft das Verhältnis unserer Gesellschaft zu ihren Proletariern menschlicher nennen können?

Dies ist kein Vorwurf für die Berliner Communalbehörden, sondern eine allgemeine Wahrheit. Es muß vielmehr wiederholt werden, daß die Vorstände der Stadt Berlin ihrem großen Armenwesen die ausgedehnteste Tätigkeit zuwenden und daß man hier stets um neue Einrichtungen und Verbesserungen bemüht ist, ohne allerdings den gewünschten Zweck erreichen zu können. Das Armenschulwesen wurde verbessert. Man revidirte die Statuten der Sparkasse und erleichterte die Einlegungen. Man sorgt mit großen Kosten für die Waisenkinder, Kranken und Gebrechlichen, aber der Mangel an Wohnungen für die arbeitenden Classen, die Verteurung der notwendigsten Lebensbedürfnisse durch die Schlacht- und Mahlsteuer, das Unverhältnis zwischen Arbeitssuchern und Arbeitgebern, der Schwindel der Speculation, der Knochenfraß einer wilden Concurrenz haben nicht aufgehoben, nicht ausgeglichen werden können. Das Rad der Geschichte geht vorwärts.

Die Geschichte des Berliner Arbeitshauses:

Im Anfange des vorigen Jahrhunderts und noch viel ←L 21
früher, in Folge des für Berlin so verderblichen drei-
ßigjährigen Krieges, hatte sich aber das Bedürfnis fühl-
bar gemacht, für körper- und geistesschwache Indivi-
duen, die weder aus eigenem Vermögen noch von den
Ihrigen verpflegt werden konnten, Wohltätigkeits-An-
stalten zu gründen. Daher finden wir bereits zu An-
fange des vorigen Jahrhunderts das „F r i e d r i c h s -
H o s p i t a l", an der Waisenbrücke, worin Geistes-
und Körperschwache sowie Waisen gleichmäßig unter-
gebracht wurden. Später, im Jahre 1721, ward das
Irren- und Arbeitshaus, wie man es damals schon
nannte, von dem Waisenhause getrennt und nach der
Krausenstraße Nr. 8 und 9 verlegt, zu welchem in der
Folge die an die Hinterfront anschließenden Grund-
stücke in der Schützenstraße angekauft und darin die
sogenannten „D o l l k a s t e n" für die Rasenden an-
gelegt wurden. Schon seit 1728 wurden auch Müßig-
gänger, Herumtreiber, lüderliche Dirnen u.s.w in das
Irren- und Arbeitshaus aufgenommen und daselbst
mit Strenge zur Arbeit – namentlich zum Wollespin-
nen, welches nachher auch die Hauptbeschäftigung des
jetzigen Arbeitshauses geblieben ist – angehalten.
So blieb es bis 1742.
Nun hatte aber König Friedrich Wilhelm I. dem
Armendirectorium über 107,000 Thaler geschenkt und
demselben unter Androhung des zeitlichen und ewig
göttlichen Fluches dabei zur Pflicht gemacht, hiervon
ein Findelhaus zu gründen. Dazu war aber weniger ein
Bedürfnis vorhanden als zur Unterbringung jener fau-
len Müßiggänger, Bettler, Invaliden und entlassenen
Soldaten, die sich auf den Straßen herumtrieben und
das Publikum außerordentlich belästigten.
Es ward daher auf Veranlassung einer Cabinetsordre,
die Friedrich der Große am 6. März 1742 aus dem
Feldlager zu Znaym erließ, das dem Schlächtergewerk
gehörige Schlachthaus, Belleallianceplatz Nr. 11, wel-
ches unter seinem Schilde einen O c h s e n k o p f
führte, unter sehr ansehnlichen königlichen Unterstüt-
zungen gemietet und zu einem Arbeitshause eingerich-
tet, in welchem bereits im Mai 1742 an hundert
„m u t w i l l i g e" Bettler eingesperrt wurden.
Bald jedoch wurden diese Räumlichkeiten zu klein,
und der König genehmigte den Bau eines neuen
großen Arbeitshauses auf der damals sogenannten
„Contre-Escarpe", jetzt Alexanderstraße 1 bis 4, und
dieses Haus wurde 1758 vollendet und noch in demsel-
ben Jahre bezogen. Es behielt aber, wie das frühere, im
Volksmunde den Namen „Ochsenkopf".
Im Jahre 1774 wurden nun strenge Verordnungen
gegen das Bettelwesen erlassen und auch die inneren
Verhältnisse des Arbeitshauses geregelt. Die Bewohner
desselben wurden in zwei Klassen geteilt:
1) Verarmte, die sich freiwillig zur Beschäftigung mel-
deten;
2) mutwillige Bettler, Herumtreiber u.s.w.
Im Jahre 1791 wurde die Bestimmung des Arbeits-
hauses erweitert, indem dasselbe zugleich zu einer Bes-
serungs-Anstalt für die aus den Zuchthäusern Zurück-
gekommenen eines ordentlichen Unterkommens und
rechtlichen Broterwerbes entbehrenden Sträflinge,
überhaupt für „boshafte und verderbte Menschen" ein-
gerichtet wurde.
Trotz mehrfacher Vergrößerung dieses Hauses des
Elends waren doch die Räume so überfüllt, daß eine
durchgreifende Sonderung der verschiedenen Katego-
rien der Insassen des Hauses nicht stattfinden konnte.
Eine besondere Abteilung bildete die sogenannte
„Schule", in welcher die Schulkinder detinirt wurden.
Die Arbeitshäusler zerfielen in drei Klassen:
E r s t e   K l a s s e
Diejenigen, welche
1) sich wegen mangelnden Obdachs oder Erwerbes
freiwillig zur Aufnahme in die Anstalt meldeten;
2) von Seiten der Armendirection oder der Polizei-
behörde dieser überwiesen wurden, oder
3) zum ersten Male wegen Bettelns, Arbeitsscheu oder
Landstreichens – nach dem Gesetz vom 6. Januar
1843 – bestraft worden waren.
Z w e i t e   K l a s s e
Die rückfälligen Bettler, Arbeitsscheue, Landstrei-
cher und Herumtreiber in der Stadt.
D r i t t e   K l a s s e
Die Criminal-Arrestanten, d.h. Dienstboten und
Lehrlinge, welche wegen Hausdiebstahls rechtskräftig
zur Strafe verurteilt worden sind, oder andere Sträf-
linge, welche aus persönlichen Gründen, z.B. wegen
Gebrechlichkeit, Schwangerschaft u.s.w. nicht nach
dem Zuchthause gebracht werden konnten.
Alle diese moralisch ungesunden Elemente der
bürgerlichen Gesellschaft, zu denen auch die lüderli-

stehenden Mittel erschöpft würden, wenn man nicht mit einiger Zurückhal-
tung und Erwägung der Verhältnisse verfahren und die Unterstützung auf
das Notwendigste beschränken wollte. Eine Abweichung von diesem Ver-
fahren würde diese Familienhäuser in Armenanstalten umwandeln, deren
Bewohner eben dadurch, daß sie dort wohnen, sich für unbedingt unter-
stützungsbedürftig und würdig halten und, gestützt hierauf, Unterstützun-
gen zu erringen bemüht sein dürften, die ihnen bei anderen Wohnungsver-
hältnissen nicht gewährt werden würden.

Namentlich ist nun dies mit der Mietszahlung der Fall. Wollte die Ar-
medirektion sich darauf einlassen, dort für die rückständige Miete aufzu-
kommen, so könnte es gar nicht fehlen, daß nach und nach und nur zu
bald alle Mietszahlung seitens der Bewohner der Heyderschen Häuser
aufhören und daß die Armenverwaltung in die Lage kommen würde, für
sämtliche Bewohner dieser Häuser die Miete zahlen zu müssen. Ein solches
Beispiel würde aber seinen nachteiligen Einfluß über die ganze Stadt ver-
breiten, und es wäre gar nicht abzusehen, wohin es führen sollte, wenn die
Armen eben dadurch, daß sie nicht die Miete zahlen, die Armenverwaltung
in die Notwendigkeit und unüberwindliche Verlegenheit setzen sollten, für
ihre Miete aufkommen zu müssen, um sie gegen Exmission und Retartion
zu schützen. Die nächste Folge würde hiervon sein, daß die Wirte um so
strenger gegen die Mieter verfahren würden, wenn bekannt wäre, daß die
Armenverwaltung die rückständige Miete zahle. Die Armen, hierdurch
sorglos gemacht, würden noch weniger für ihr Obdach Sorge tragen, und
hieraus müßte ein höchst verderblicher, Gefahr drohender Zustand hervor-
gehen, in dem alle Mittel der Commune, selbst bei der höchsten Anstren-
gung derselben, nicht ausreichen würden, die Mieten für die zahllosen,
sich durch die fortgesetzten Niederlassungen so unendlich mehrenden
Armen aufzubringen.

Das Innenministerium bestätigt die bisherige Praxis und bekräftigt, daß
nur in einzeln zu prüfenden, individuell zu beantragenden Fällen Unter-
stützungszahlungen genehmigt werden können. Ohne weitreichende Eingriffe in die private Verfügung, sowohl im Bereich der Produktion wie
auch dem der Reproduktion, läßt sich das Problem der immer weiter um
sich greifenden Verelendung von Teilen der Bevölkerung durch den Staat
nicht bewältigen, erst recht nicht durch die Stadt, die die Mittel der Armenfürsorge fast ausschließlich aufbringen muß. Eine Gegenüberstellung
der städtischen Einnahmen und Ausgaben für das Jahr **1847** zeigt, daß das
Armenwesen mit 40 % bereits den größten Ausgabenfaktor des städtischen
Etats darstellt:

→L 22 *1847 betrugen die öffentlichen Einnahmen:*
963 607 Taler Steuern,
6 729 Taler aus Gerichts- und Polizeiverwaltung,
89 118 Taler aus der Schulverwaltung,
158 481 Taler von der Armenverwaltung,
127 479 Taler verschiedene Einnahmen,
98 668 Taler Übertrag vom Vorjahr.
1 514 755 Taler
+ 1 109 875 Taler   außerordentliche Einnahmen (Erlös aus Verkauf oder
Bevorschussung von Stadtobligationen).
2 624 630 Taler

Im gleichen Jahr betrugen die ordentlichen Ausgaben:
616 552 Taler für das Armenwesen   (= 40,0 % des ordentl. Etats)
226 153 Taler für das Schulwesen   (= 14,5 % des ordentl. Etats)
201 329 Taler für das Polizei- und Gerichtswesen
(= 13,0 % des ordentl. Etats)
182 033 Taler für die allgem. Verwaltung   (= 11,5 % des ordentl. Etats)
142 613 Taler für das Servis- u. Militärwesen(= 9,1 % des ordentl. Etats)
118 989 Taler für die Stadtschuldenverw. (= 7,8 % des ordentl. Etats)
63 801 Taler für das Bauwesen u.a.
3 628 Taler für kirchliche Zwecke
1 555 084 Taler ordentliche Ausgaben
994 720 Taler außerordentliche Ausgaben
2 549 804 Taler   (Die Rechenfehler sind authentisch.)

Daß trotz dieser scheinbar enormen Summe die Unterstützungen in den
Einzelfällen nicht zur Sicherung der Existenz ausreichen, zeigen die Pro-

tokolle Grunholzers. Sie zeigen weiterhin, wie von der Armenkommission durch Verzögerungen bei der Bearbeitung von Anträgen und durch zahlreiche psychologische Sperren, die davon abhalten sollen, Unterstützungsanträge zu stellen, versucht wird, die Summe der Ausgaben nicht noch höher anwachsen zu lassen, als sie ohnehin schon sind. Regelmäßige Unterstützungen werden nur Personen gewährt, die älter als 60 Jahre oder krank sind, oder Witwen und anderen alleinstehenden Müttern als Pflegegeld für ihre Kinder. Nachdem man nun einen Antrag auf Unterstützung beim Vorsteher der Armenkommission gestellt hat, muß man auf den Besuch eines Deputierten warten, der die Unterstützungswürdigkeit zu prüfen hat, danach auf einen Bewilligungsbescheid und dann wieder bis zur tatsächlichen Auszahlung der Almosen. Diese Erfahrung macht zur Zeit, als Grunholzer ihn besucht, der Weber Jährig, der wegen Krankheit seiner Frau mit 6 Thlr. Miete im Rückstand steht: *Deshalb wandte er sich vor 4 Wochen an die* ←S 16 *Armendirektion, um eine Extrazulage zu erhalten. Vor 8 Tagen erst besuchte ihn der Deputierte; bis zur Stunde ist die Antwort ausgeblieben. Bekümmerte sich der Hausherr nicht mehr um die Familie J. als der Armendirektor, so wäre dieselbe schon auf der Gasse.*

Der Weber Künstler wartet noch länger: *Künstler klagte mir, daß er* ←S 16 *drei Thlr. Miete schuldig sei und die meisten Kleider versetzt habe. Am 27.2. reichte er der Armendirektion ein Gesuch zur Unterstützung ein. Bis jetzt (13. April) ist noch kein Deputierter zu ihm geschickt und keine Antwort erteilt worden.*

Daß sich während dieser Wartezeit die Gründe für die Unterstützung zuweilen ändern, zeigt der Fall des Schneiders Engelmann: *Als im letzten De-* ←S 14 *cember die Frau in den Wochen und ein Kind krank neben ihr im Bett lag, suchte E. wieder Hülfe bei der Armendirektion. Der Deputirte besuchte ihn, um seine Lage zu untersuchen. Darauf wurden ihm 2 Thlr. zugesprochen, aber nur 15 Sgr. bar ausbezahlt. Als er zwei Tage darauf den Rest holen wollte, sagte ihm Direktor H. ärgerlich: „Sie gehen darauf los, wie Blücher.“ Das Kind starb, und E. konnte die Begräbniskosten nicht bestreiten. Ein Invalide, der blinde Leierkastenmann Wegener, borgte ihm ein Beinkleid und ein Hemd, daß er Geld darauf entlehnen konnte. Als einige Wochen später ein zweites Kind starb, borgte derselbe Mann 1 Thlr. In welchem Lichte erscheint die Armendirektion neben diesem Leierkastenmann!*

Von Frau Kayser erfährt Grunholzer, daß die Armenkommssion es den Antragstellern noch auf andere Weise schwer macht, überhaupt Anträge zu stellen: *Ihr Mann, Grenzaufseher Kayser, ist vor 11 Jahren gestorben.* ←S 17 *Erst seit einem Jahre bezieht sie Pflegegeld, und zwar nur für den älteren Knaben, der bald das Alter erreicht, wo jenes gesetzlich entzogen wird. . . . Witwe K(ayser) beklagt sich darüber, daß man sich zu sehr erniedrigen müsse, wenn man etwas von der Armendirektion erhalten wollte. Sie habe genug geweint, bis sie für ein Kind das Pflegegeld erhalten; lieber wolle sie Hunger leiden, als sich zum zweiten Male Faulheit und Leichtsinn vorwerfen zu lassen.*

Auch der Weber Unger hält nicht viel von der Armen-Unterstützung: *Solange er sich regen könne, wolle er nichts mit der Armendirektion zu* ←S 225 *schaffen haben,* ebenso wie Weidenhammer: *Der Glaser meint, wenn man* ←S 14 *ihm nur für einen Tag genug Arbeit ins Haus brächte, so wollte er alles, was er von der Armen-Direction empfangen habe, mitsamt den Zinsen zurückerstatten.* Es scheint also den Tatsachen zu entsprechen, was der Schuster Schadow seinem Besucher anvertraut: *Es heißt, man gebe den* ←S 11 *Leuten im Familienhause nicht gerne; es seien da soviel Arme, daß die Armendirektion derselben nicht mehr los würde, wenn sie einmal zu helfen anfinge.*

Manche der Bewohner der Familienhäuser fassen aus ihrer verzweifelten Lage heraus den Mut, in der Stadt trotz des strengen Verbots zu betteln, wie der Weber Ignaz, der seit 5 Wochen keine Arbeit finden konnte: *Am Montag ging er mit entliehenen Schuhen aus, um Brot zu betteln,* ←S 12 *wurde erwischt und auf die Stadtvogtei gebracht. Witwe Schreyer, die unterdessen für etwas Arbeit gesorgt hatte, entlehnte Kleider und ging hin, um für seine Loslassung zu bitten; da sie nichts verdient, bis der Webstuhl wieder geht. Umsonst hatte sie ihn erwartet diesen Abend.*

Schlimmer geht es der Frau des Arbeiters Weber: *Seine Frau ist auf* ←S 21 *einige Jahre wegen Betteln eingesperrt, die Familie also von der Polizei auseinandergerissen. – (Wer einmal beim Betteln ertappt wird, kommt auf vier Wochen ins Arbeitshaus. Den ersten Rückfall straft man mit acht Wo-*

chen Dirnen kamen, bewegten sich im Ochsenkopf unter, mit und neben einander. Es war daher eine traurige Consequenz der inneren Einrichtung dieses Hauses, daß viele noch nicht total sittlich verwahrloste Menschen hier erst recht verdorben und unrettbar in den Sumpf des Lasters gestürzt wurden.

Die Bekleidung der ersten und der zweiten Klasse bestand im Winter aus grauem Tuch, im Sommer aus grauer Leinewand. Daher der Name im Volksmunde: „Das graue Elend“. Die Männer trugen lange Hosen und kurze Jacken, die Weiber einen Unterrock nebst Camisol. Die zweite Klasse oder die Rückfälligen wurden durch zwei gelbe Bandstreifen über den Schultern bezeichnet.

Die dritte Klasse oder die Sträflinge wurden dadurch kennbar gemacht, daß sie braune Jacken tragen mußten.

Der Unterschied zwischen den Rückfälligen und den zum ersten Male Detinirten bestand außerdem darin, daß die erstern
1. vier Wochen lang an zwei Tagen keine Morgensuppe,
2. bei wiederholter Rückfälligkeit drei Monate hindurch viermal wöchentlich ebenfalls keine Morgensuppe und bei der ihnen auferlegten schweren Arbeit nur die Hälfte der Brotzulage erhalten.
Also Hungerkur!
3. die schwersten, niedrigsten und schmutzigsten Arbeiten verrichten mußten: wie Gipsstoßen – für Brust und Augen gleich gefährlich – Maschinendrehen – namentlich für Hektische oft die Todesursache! – Treten in der Tretmühle – Ausräumen der Cloaken u.s.w.
4. strengere Bestrafung bei Disciplinarvergehen, z.B. strenger Arrest mit Entziehung der warmen Kost, um die Hälfte mehr Prügel als in der ersten Klasse. –

Die Prügelkabuse befand sich im ersten Hofe, in derselben der famose „Fuchs“ mit den Prügelinstrumenten Stock, Kantschuh, Ruthe etc.

Die Hauptbeschäftigung der Anstalt war von jeher die Spinnerei. Außerdem Auszupfen von Roßhaaren, Wollesortiren, Federnreißen, Gipsstampfen, Lohkuchentreten, Strohmattenflechten, Filzschuhnähen u.s.w.

Die Dauer der Arbeit betrug im Sommer 14, im Winter 13 Stunden.

Die strenge Disciplin der – einem aus Magistratsmitgliedern bestehenden Curatorium untergeordneten – Administration des Arbeitshauses, der harte Arbeitszwang, die unerbittliche Strafgewalt machten dem Verbrecher die Detention im Arbeitshause zu Zeiten schwerer und unerträglicher als im Zuchthause, daher auch die vielen Beispiele von Leuten, welche in der Voraussicht, daß sie nach dem Arbeitshause gebracht werden würden, lieber sich zu schweren Criminalverbrechen bekannten, um nur in die Strafanstalten (Zuchthäuser) und nicht in das verhaßte Arbeitshaus zu kommen.

chen, den zweiten mit einem Jahre Arrest u.s.f. bis auf vier Jahre.) So grausam diese Strafe ist, abschreckend ist sie offenbar nicht: Vor einigen Tagen ging Weber, durch Hunger getrieben, mit einem sechsjährigen Knaben in die Stadt. Dieser mußte im Hause betteln, und der Vater wartete vor der Türe. Jener wurde von den Polizeidienern erwischt, und dieser wollte ihn nicht verlassen. Man hat beide nach dem Arbeitshause gebracht.

Hier im Arbeitshaus treffen die, die gebettelt haben, mit denen zusammen, die es nicht getan haben, was der Fall des Webers Fischer belegt:

→S 17 *Gegen das Ende des vorigen Jahres fehlte es ihm siebenzehn Wochen an Arbeit. Er blieb im Familienhause 8 Thlr. Miete schuldig, reiste nach Hamburg, fand daselbst auch nichts zu tun, kam krank nach Berlin zurück und wurde in die Charité gebracht. Als er wieder gesund war, fehlte es ihm an Obdach; die Polizei brachte ihn mit seiner ganzen Familie ins Arbeitshaus, wo er funfzehn Wochen, getrennt von Frau und Kindern, als Gefangener lebte neben Verbrechern aller Art. – Er erzählte mir von einem Manne, der neben ihm arbeitete, daß derselbe drei Jahre eingesteckt sei, weil man ihn zu wiederholtenmalen beim Betteln ertappt habe. – Endlich entließ man ihn mit 4 Thlr. Unterstützung. Von diesen bezahlte er 3 Thlr. an die Mietschuld, 1 Thlr. für Executions- und Auctionskosten. Er bleibt also noch 5 Thlr. Miete schuldig. Er wäre abermals ohne Arbeit, wenn ihm nicht der arme Nachbar Sigmund gestern 30 Ellen Zettel abgeschnitten hätte, an welchen in vierzehn Tagen 3 Thlr. Weberlohn zu verdienen sind. Auf zwei Wochen ist die Existenz der Familie gesichert. Es ist aber vorauszusehen, daß sie binnen kurzer Zeit wieder ins Arbeitshaus gebracht werden muß.*

Dem städtischen Bürgertum ist es unmöglich, das Problem des „Pauperismus", der immer weiter um sich greifenden Verelendung, zu bewältigen. Es bleibt nur, d a s P r o b l e m z u v e r d r ä n g e n. Dies geschieht zum einen dadurch, daß die Erscheinung des Elends versteckt wird, indem man das Betteln in der Stadt bei Strafe verbietet, und zum andern auf der ideologischen Ebene dadurch, daß die Armut erklärt wird aus individueller Faulheit und der moralischen Verkommenheit einzelner Subjekte, mit denen man kein Mitleid zu haben braucht. Diese Art der Problembewältigung demonstriert ein „vieljähriger Armenpfleger" in seiner Darstellung des Berliner Armenwesens, die in der 1842 erschienenen Berlin-Beschreibung von J.P. Kux veröffentlicht wird.

→L 23 *Daß die Arbeitsscheu, die Faulheit und der Hang zum Betteln eine der Haupt-Ursachen der Verarmung bei vielen ist, steht außer Zweifel. Man wird bemerken, daß selten Arbeitslust sich mit Armut paart, daß aber gerade Trägheit eine gewöhnliche Quelle der Verarmung ist, und daß die meisten nicht daran denken, einen Sparpfennig für die geschäftslose Winterszeit zurückzulegen. Es gibt hier so viele sogenannte Arbeitslustige, die nicht arbeiten, aber doch leben wollen. Diese leben, so gut es geht, auch von Unterstützungen, besonders von mildtätigen Privatpersonen, die sie oder ihre Familie erhalten, kurz, solange es geht. Mancher von ihnen wandert auch ins Arbeitshaus oder ins Criminal-Gefängnis und läßt Frau und Kinder in der größten Not zurück, welcher dann die Commune abhelfen muß. Diese sogenannten Arbeitslosen, die nur mit der Zunge Lust zur Arbeit haben, müßten als Faulenzer zu einer Arbeit gezwungen werden, die ihnen gar nicht behagt, und z.B. auf die Tretmühle gebracht werden.*

Die Natur der Sache und das Verhalten solcher Personen lassen mich das Urteil über sie aussprechen, daß sie unnütze, schädliche, undankbare, den Torheiten und Lastern sich hingebende und strafbare Geschöpfe sind, die dem Willen des Allweisen und Allgütigen entgegen für die Erhaltung und Wohlfahrt ihrer Familien das nicht leisten, was sie könnten und sollten. Sie sind daher auch schädliche Geschöpfe und dem unfruchtbaren Baume gleich, dessen Wurzeln weit um sich herum den übrigen Bäumen Kraft und Nahrung rauben. Die gewöhnliche Folge ihrer Lebensart, ihrer Faulheit und Arbeitsscheu stürzt sie dann in manche Laster, und die warnende Wahrheit, daß derjenige, der einer Sünde sich hingibt, in mehrere verfällt und den klar sich aussprechenden Anforderungen der Vernunft, des Gewissens und der Offenbarung ganz entgegen handelt, wird von ihnen nicht erkannt.

Es kann daher auch nicht auffallen, daß mitunter an kräftige Arbeiter Unterstützungen gewährt werden mußten, da dies zur Vorbeugung der die allgemeine Sicherheit gefährdenden Nachteile als Pflicht und die Fürsorge für diese Menschen um so nötiger erscheint, da es leider noch immer an Mitteln fehlt, solche arbeitsscheue, für ihre Familien nicht sorgende Leute zu corrigiren und in ihnen die verlorene Selbsttätigkeit und Arbeitslust zu erwecken und hervorzurufen.

Solange also die strengern Zuchtmittel gegen diese Personen ausgesetzt bleiben, solange wird diese Klasse von Menschen fortbestehen und sich täglich vermehren, da sie sich darauf verlassen, daß ihre Familien ernährt werden müssen. Die bisherigen Strafen gegen die Faulenzer und Vagabunden sind viel zu gelinde. Körperliche, womöglich öffentliche Züchtigung dürften bald ein günstigeres Resultat geben. In der Zucht- und Besserungsanstalt zu Amsterdam, das Raspelhaus genannt, hat man ein sehr zweckmäßiges Mittel, um die Faulen, welche sich auf keine Weise zur Tätigkeit wollen bringen lassen, fleißig zu machen. Es ist eine verschlossene wasserdichte Zelle, gleich einem Brunnen, in welche unaufhörlich soviel Wasser hineinfließt, als ein tätiger Mensch auspumpen kann. Hierher wird der Faule gebracht, es wird ihm der Pumpenschwengel in die Hand gegeben und der Hahn der Röhre, durch welche das Wasser fließt, aufgezogen. Jetzt heißt es: – Pumpe oder ertrinke! – Die Liebe zum Leben tut Wunder, und man hat noch nicht gehört, daß die Faulheit die Lebenslust überwunden hat.

Aus allem diesem ersieht man, daß diese großen Übel und Lasten nicht aus Armut und aus der Schwierigkeit, sich und seine Familie zu ernähren, entspringen, sondern daß daran hauptsächlich der Mangel an sittlicher Kraft, eine schlechte Erziehung, die Macht des schlechten Beispiels, besonders aber der Mangel des Ehrgefühls und des Gemeinsinnes die Hauptursachen sind, und daß daher von Jugend auf und namentlich in den Schulen die Grundsätze tief eingeprägt werden müssen, welche das wirkliche Lebensglück der Menschen begründen sollen.

10.1.5   Die gesellschaftlichen Beziehungen der Bewohner

Haben wir bisher die Haushalte in den Familienhäusern unter dem Aspekt der Existenzsicherung durch Einnahmen und Ausgaben betrachtet, so geht es nun darum, das Netz der gesellschaftlichen Beziehungen zu beschreiben, das die Bewohner über die Arbeit hinaus vor allem untereinander verbindet. Das Hauptmaterial zu dieser Untersuchung liefern wieder Grunholzers Protokolle, die ergänzt werden durch das Aktenmaterial der Armendirektion. Wir gliedern es hier nach der klassischen Anordnung der wesentlichen Ereignisse eines Lebenslaufs von der Geburt bis zum Tod.

Die Geburt

Im Baukomplex der Familienhäuser ist die Geburt eines Kindes ein fast tägliches Ereignis. Eine Stichprobe anhand der Taufbücher der Sophiengemeinde für die Jahre **1826** und **1827** ergibt eine absolute Zahl der Geburten von 77 bzw. 69 pro Jahr, d.h. alle 4 bis 5 Tage eine Geburt. Die Kinder werden, wie üblich, zu Hause geboren. Als der Verfasser des Artikels über die Familienhäuser, der in der „Stafette" erscheint, die Familienhäuser besucht, wird er zufällig Zeuge einer Geburt:

Jüngst kam ich unter irgendeinem Vorwande in eins dieser Häuser gerade in einem Augenblicke, wo ein schwindsüchtiges Weib, bereits Mutter von 6 Kindern, auf einem halbfaulen Strohsack abermals entbunden wurde . . . welch fürchterlicher Anblick, und dennoch spielte in einem anstoßenden Zimmer dazu ein ehemaliger Holzhauer in den ohrzerreißendsten Tönen die Geige! ←S 208

In den Akten der Armendirektion findet sich ein in diesem Zusammenhang aufschlußreicher Schriftwechsel aus dem Jahre **1830**: Eine Bewohnerin der Familienhäuser, Frau Klinger, Gartenstraße 92a/Stube 39, hat bei der Armendirektion die Erlaubnis erbeten, am Hebammenunterricht teilnehmen zu dürfen, um *dereinst als Hebamme in den v. Wülcknitzschen Häusern vor dem Hamburger Tore zu fungieren.* Das Polizeipräsidium antwortet nach erfolgter Prüfung, *daß zwar die Anstellung einer Hebamme für* ←A 11
  ←A 12

die Rosenthaler Vorstadt und die v. Wülcknitzschen Häuser insbesondere wünschenswert ist, da bis jetzt in dieser Gegend keine Hebamme wohnt, daß jedoch in Betreff der verehelichten Klinger bemerkt werden muß, daß sie nach der Anzeige des Stadtphysicus Dr. Natorp im Examen nicht bestanden und zur Erlernung der Hebammenkunst nicht geeignet ist. Dieser Vorgang belegt, daß es noch **1830** keine öffentlich organisierte Hilfe für gebärende Frauen in den Familienhäusern gibt. Erst **1833** beginnt ein christlicher Frauenkrankenverein in diesen Häusern zu arbeiten. Im allgemeinen leisten sich aber die hier wohnenden Frauen untereinander Hilfe bei Geburten, so wie es auf dem Lande noch lange üblich ist. Nur in Einzelfällen, wo sich keine Hilfe findet, bleibt als letzte Möglichkeit die wegen des dort häufig auftretenden, oft tödlichen Kindbettfiebers gefürchtete Charité, das Berliner Armen- und Universitätskrankenhaus. Dorthin wird auch Frau Bettin gebracht:

→S 22 *Vor einigen Tagen kam sie wieder in die Wochen. Da sich niemand ihrer annehmen wollte, wurde sie vom Hausverwalter nach der Charité befördert. Um die zurückgelassenen Kinder bekümmert sich keine Behörde. Der Hausverwalter hat sie der armen Witwe Lynhold übergeben und läßt dieser jene 1 1/4 Thlr. zukommen.*

Die Beaufsichtigung und Erziehung der Kleinkinder

Über die Kleinkinderbewahranstalten in Berlin:

Berlin. Die Zeitungshalle gibt über die Kleinderbewahranstalten in Berlin folgenden Nachweis: Nach dem Vorbilde von Kopenhagen (wo bereits 1798 eine Kinderbewahranstalt bestand) und London rief die erste Armencommission hierselbst, unter Mitwirkung unserer höchsten Unterrichtsbehörde und des Magistrats, im Jahre 1830 zuerst eine solche Anstalt ins Leben; bald darauf wurden andere ähnliche Anstalten von Privatvereinen ins Leben gerufen. Im Jahre 1844 hatte Berlin schon 26 Kleinkinderbewahranstalten, welche unter 7 Vorständen stehen, von denen einer 13, einer 7, einer 3, zwei je 2 und 2 je 1 Schule besorgen. Außerdem führten noch besondere Vereine von Frauen und Jungfrauen wochenweise specielle Aufsicht über jede Anstalt, so daß für jeden Tag wenigstens ein Mitglied dieser Beaufsichtigung sich unterziehen sollte; auch geht von diesem Vereine vorzüglich die Christbescheerung der Kleinen aus. Der Commandeur v. Webern und Prediger Goßner führten den Vorsitz bei den verschiedenen Vorständen. Im April 1838 ist vom verstorbenen Könige die Errichtung eines Centralfonds bewilligt und demselben ein Statut verliehen worden, nach welchem der Fonds durch Geschenke und Vermächtnisse vergrößert und die Anstalten erst dann damit unterstützt werden sollen, wenn sie durch die Beiträge des Publicums allein nicht mehr unterhalten werden können; wenn dieser Fonds jedoch bis auf 200 000 Thlr. gestiegen, so daß sämtliche Anstalten davon zwei Jahre lang erhalten werden können, so dürfen von den Zinsen desselben die früheren Anstalten unterstützt und verbessert und neue ins Leben gerufen werden. Je zwei Mitglieder aus der Armendirection, der Schuldeputation, der Stadtverordnetenversammlung (darunter eine Magistratsperson), zu welchen noch aus jedem Vorstande der Kleinkinderbewahranstalten ein Deputirter hinzutritt, verwalten den Centralfonds und haben jährlich dem Magistrate Rechnung abzulegen. Dieser Fonds belief sich schon vor einigen Jahren auf etwa 3000 Thlr. Auch hat derselbe seit 1838 Corporationsrechte zur Erwerbung von Grundstücken. Im Jahre 1845 beliefen sich die jährlichen Ausgaben der 29 Anstalten auf 11.365 Thlr. In demselben Jahre befanden sich in den 29 Anstalten 3635 Kinder von dem Alter zwischen zwei und sechs Jahren. Nur sieben Anstalten haben unter 100, die übrigen alle zwischen 100 und 200 Kinder, die am geringsten besuchte hat 30, die frequentirteste 185, die Durchschnittszahl ist 123. Die 29 Anstalten sind über die ganze Stadt verbreitet, und manche Straße, wie z.B. die Linienstraße, hat deren zwei, ja, selbst ein Haus, das sogenannte Familienhaus (vor dem Hamburger Tore) besitzt eine besondere mit 470 Kindern. Der letzte Jahresbericht über 7 Anstalten ergibt folgende Data: 14 Männer als Specialvorstände und 66 Frauen beaufsichtigten diese sieben Anstalten. Die Einnahmen des vergangenen Jahres betrugen 2770, die

←L 24 Die Versorgung der Kleinkinder wird in all den Haushalten zum besonderen Problem, zu denen nur ein Erwachsener gehört. Der alleinstehende Vater oder die Mutter steht vor der Aufgabe, sowohl durch Arbeit die notwendigen Existenzmittel zu beschaffen, als auch die Versorgung der Kinder zu sichern. Beispiele für diese Situation geben die Haushalte des Arbeiters Fundt und der Frau Bettin:

→S 18 *F(undt) ist Witwer und Vater von sieben Kindern. Vier von diesen haben gelähmte Glieder. Das eine ist in der Charité, das andere im Hospital, zwei Mädchen wohnen bei Verwandten im Harzgebirge, für die Erhaltung eines zweiundzwanzigjährigen, völlig arbeitsunfähigen Sohnes erhält F. zweimonatlich 2 Thlr. von der Armendirektion, ein funfzehnjähriger Knabe ist bei einem Drechsler in der Lehre, der zehnjährige Fritz besucht die Schule. – Fundt arbeitet bisweilen in der Gießerei, wo er wöchentlich 2–3 Thlr. verdient. Da aber in seiner Abwesenheit das Hauswesen nicht besorgt wird, so zieht er es vor, auf seiner Stube am Dreh- und Schnitzstuhle zu arbeiten.*

→S 22 *92b Nr. 68. Der Schlossergeselle Bettin, eines Vergehens gegen einen Beamten verdächtig, sitzt schon einundeinhalbes Jahr in Spandau gefangen. Seine des Ernährers beraubte Familie ist dem größten Elende preisgegeben. Die Armendirektion bestimmte nur für ein Kind ein Pflegegeld von monatlich 1 1/4 Thlr. Die Mutter konnte als Wäscherin nur wenig verdienen, weil sie durch die Verpflegung der Kinder an der Arbeit gehindert war.*

Bei den Heimarbeiterfamilien, wo die Eltern gemeinsam arbeiten, muß zumindest einer neben der Arbeit noch für die Kinder sorgen. So fertigt
→S 225 die Frau des Webers Unger ihrem Mann die Spulen, *indem sie dabei das kleinste Kind auf der Schürze hält*, und während die Frau des Schusters Schadow in den Familienhäusern von Stube zu Stube geht, um ihrem
→S 11 Mann Flickarbeiten zu besorgen, *hütet er das kleine Knäblein.*

Nur wo schon ältere Kinder zur Familie gehören, können diese die Versorgung ihrer kleineren Geschwister übernehmen und so beiden Eltern ermöglichen, außerhalb des Hauses zu arbeiten, wie z.B. die Söhne von Dahlström oder Weidenhammer.

Diese Familien versuchen alle noch, die Versorgung ihrer Kleinkinder familiär zu regeln, obwohl es seit **1837** in den Familienhäusern, genauer im „Kaufmannshaus", eine Kleinkinderbewahranstalt gibt, die von dem hier arbeitenden Frauenkrankenverein gegründet wurde und nur Kinder aus den Familienhäusern aufnimmt. Grunholzers Beschreibung dieser Einrichtung zeigt, daß sie völlig überlastet ist. Wir montieren hier Grunholzers Tagebuchaufzeichnungen zusammen mit der endgültigen Druckfassung zu
→S 22 einem durchgehenden Text, um alle Informationen zu erfassen:
→S 227 *In der Kleinkinderschule sind gegen hundertundvierzig Knaben und*

Mädchen von zwei bis sechs Jahren unter der Leitung eines alten Ehepaars täglich sechs bis acht Stunden beisammen. Die äußere Einrichtung der Schule ist zweckmäßig, die innere hat mich unangenehm überrascht. – Als ich ins Zimmer trat, verzehrte der Lehrer (ein Mann von 50 Jahren mit schielenden Augen) Brot und Speck. Die Kinder spielten auf einem eingezäunten Sandplatze vor dem Hause. Er rief sie herein. Es waren über 100 (fast 140) von 2 bis 6 Jahren. Ich mußte mich auf einen Stuhl setzen, dann bildete die oberste Klasse einen Halbkreis vor mir, die übrigen Schüler wurden von der Frau des Lehrers ruhig gehalten. „Nun wollen wir einmal eins singen", hub dieser an. Die Kinder sangen schwerere Lieder, so daß ich keine Melodie herausfinden konnte. Der begleitende Baß war grundfalsch. – Die armen Kleinen werden schon mit Schulkenntnissen abgequält, und dies auf die traurigste Weise. „Nun sagt dem Herrn, was für Stunden wir haben." Antwort im Chor: Wir haben eine Stunde Religion, eine Stunde Geographie, eine Stunde Naturgeschichte, eine Stunde Sprachübung, u.s.w. Lehrer: Was meint ihr, wollen wir eins aus der Religionsstunde nehmen? Kinder (immer im Chor): Ja, wir wollen eins aus der etc.

Die Haare standen mir zu Berg, als die Kinder folgende Fragen im Chor und taktmäßig beantworteten:

L.: Wie heißt das Buch, in welchem Gott mit uns spricht?

K.: Die Bibel.

L.: Wieviele Teile hat sie? Womit beginnt das alte, das neue Testament? Was ist Taufe? Was ist Opfer? – Wovon handelt das 8te, das 4te, das 6te, das 7te Gebot? Etc. . . .

Alle Fragen wurden sogleich beantwortet, von allen zugleich mit gleichen Worten, im gleichen Ton und Takt. – Die vierjährigen Buben und Mädchen, die vom Ehebruch sprachen, kommen mir Zeitlebens nicht aus dem Gedächtnis. –

L.: Was meint ihr, wollen wir dem Herrn etwas aus der Geographie sagen?

K.: Ja, wir wollen dem H. . . .

L.: Was ist Geographie?

K.: Erdbeschreibung.

L.: Was beschreibt sie? In welchem Königreich wohnen wir? Welches ist die Hauptstadt? Wieviel Straßen, Häuser, Brücken hat sie? Was für Schulen? Sind Gymnasien solche Nasen (er zeigt auf ihre Nasen)? Seid ihr auch Gymnasialschüler? Wer lernt in der Universität? Was für Beamte gibt es? Wie heißt unser Landesherr? Der verstorbene König? Der König mit dem dreieckigen Hut? Was für andere Königreiche gibt es noch? Welches sind die Hautpstädte? In welchem Erdteil wohnen wir? Was für Erdteile gibt es noch? Was für Flüsse sind in Deutschland, in Spanien? etc. . . .

Auch diese Fragen wurden von den 4- und 5jährigen Kindern beantwortet, im Chor und wohl im Takt.

Wollen wir eins aus der Naturgeschichte nehmen? Was für Erdreich gibt es? Wie ist die Fruchbarkeit hier? (Antwort: mittelmäßig.) Was für Bäume gibt es? Was für Gemüse etc. . . . – Dann wurde wieder gesungen, auch deklamiert mit einfältigsten Gesten. Gegen 1 Uhr wurden die Kinder entlassen; einige bleiben zurück. Solchen, deren Eltern den ganzen Tag abwesend sind, gibt der Lehrer ein Mittagbrot für 6 Pf.

Der Lehrer bezieht 14 Thaler monatlich, später 16. – So weh es mir tat, mußte ich ihm einige Komplimente machen. Der Kerl ist übrigens gutmütig und sagte gleich, daß er aber nicht nur den Geist ausbilde, sondern auch den Leib und gab mir einen gedruckten Jahresbericht mit. Ich schrieb mich ins Visitationsbuch ein. Auch die Königin hat die Anstalt besucht. – Das Weitere siehe im Bericht! –

Solche Kinderschule in der preußischen Residenz?! Das heißt einmal Geist und Herz mit Gewalt ruiniren. Solcher Unsinn würde in keinem schweizer Dorf geduldet. –

Dieses Urteil ist das eines Fachmannes, denn Heinrich Grunholzer war selbst jahrelang in der Schweiz Lehrer von Arbeiterkindern und kommt aus dem Kreis der Schulreformatoren um Pestalozzi.

Ausgaben 2711 Thlr.; zu letzteren gehören Local mit 947, Gehalte 1098, Geschenke und Kleidung 188 Thlr. Die Kleinkinderbewahranstalten haben den Zweck, vorzugsweise Kinder solcher Eltern, welche, ihres Broterwerbes halber, außer dem Hause arbeiten müssen, in dem Alter vom zweiten bis zum sechsten Jahre, den größten Teil des Tages zu beaufsichtigen, denselben die erste Erziehung angedeihen zu lassen, in Bezug auf diese gleichsam die Stelle der Eltern zu vertreten und so auf die sittliche Veredelung der ärmeren Volksclassen einzuwirken. Auf Verlangen werden auch die Kinder in den Anstalten gespeist, wobei fürs Mittagsbrot 6 oder 9 Pf. und für den ganzen Tag 2 Sgr. gezahlt wird (für ganz arme Kinder unentgeltlich). In einigen Anstalten ist jedoch gar keine Speisung eingeführt, in andern nur im Winter; etwa 2000 Kinder werden in den Anstalten gespeist. Auf eine Anstalt kommen etwa, tagweise gezählt, 1300 Kostkinder. Jede der Anstalten hat einen Reservefonds von etwa 500 Thlrn., und der Pensionsfonds der Erzieher, deren jährlicher Gehalt sich kaum auf 100 Thlr. belauft, ist für 13 Anstalten mit 900 Thlrn. zinsbar angelegt. Es werden auch Kinder bemittelter Eltern aufgenommen, jedoch haben die bedürftigsten Kinder den Vorzug. Jedes Mitglied, das monatlich 5 Sgr. zahlt, kann ein Kind überweisen. (Ztg. f. Preuß.)

Die Schulerziehung der Kinder

Es war Sonntag, aber die Stube nicht aufgeräumt. Das Bett sah schmutzig aus. Diesem gegenüber lag ein Bund frisches Stroh. Über diesem hing ←S 14

**Friedrich Sass über den Schulunterricht
der Proletarierkinder:**

*Die städtischen Behörden haben zwar sehr große
Anstrengungen gemacht für eine Verbreitung des
Unterrichtes unter den Proletarier-Kindern; aber wenn
Dieterici richtig rechnet, so fallen von den 66,000
schulpflichtigen Kindern Berlins ca. 20,000 mehr oder
minder der Unwissenheit anheim. Vielleicht mögen die
neuesten Einrichtungen hier etwas geändert haben.
Seit 1839 hat sich die Zahl der Kinder, welche auf
Kosten der Commune Unterricht empfangen, von
12,751 bis 1845 auf 17,606 gesteigert. Die städtische
Schuldeputation kann Eltern, welche ihre Kinder nicht
zur Schule schicken, gegenwärtig mit einer Geldstrafe
von 1 Sgr. bis zu 1 Thlr. und mit Gefängnis bis 24
Stunden belegen; aber kann dadurch nur einigermaßen
die Ursache aufgehoben werden, welche den Schulbesuch so vieler Kinder unmöglich macht und welche
die Armendirection selber sogar anzuerkennen scheint,
indem sie von der „Arbeit der Kinder in den Fabriken" und von dem „Verdienste" derselben redet? Die
Not läßt sich nicht durch Verordnungen hindern.
Jedoch selbst ein genügender Schulunterricht kann
das Proletarier-Kind nicht heben. Hinausgestoßen in
den Egoismus unseres Lebens, verschwindet oft jede
Spur desselben. Die christlichen Moralbegriffe sind
nicht geeignet, dem Proletarier im Kampfe der Welt
zur Stütze zu werden, und da über den christlichen
Dogmatismus nur allzuhäufig das Princip der Men-
schenveredelung in unsern Schulen vernachlässigt
wird, so ist auch hier wenig geholfen. Wo ist der
Grund, daß unter den Kindern die Verbrechen sich
steigern? Daß sich unter den Kindern Berlins nicht
bloß vollendete Bösewichter, sondern sogar schon
Selbstmörder finden? Diebstahl, Bettelei, Umhertreiben und Liederlichkeit in jeder Weise führen jährlich
in großer Menge eine Anzahl von Kindern, sowohl
männlichen als weiblichen Geschlechtes, dem Institute
und der Schule für sittlich verwahrlosete Kinder des
Berliner Arbeitshauses zu.*

Theodor Hosemann, Unterricht, 1842

*eine Schreibtafel, auf welcher die Worte „Trink und ess" fleißig copirt
waren. Neben derselben hing ein geflochtener Strick, der anstatt einer
Rute für den elfjährigen Karl gebraucht wird. . . . Der Knabe besucht keine
Schule, wird aber vom Vater fleißig unterrichtet. Bevor dieser des Morgens
ausgeht, stellt er die Aufgabe; ist diese am Abend nicht gelöst, so wird
Karl mit dem Stricke ausgepeitscht. Der Knabe liest und schreibt ordentlich und ist im Rechnen bis zur Subtraction gekommen. Der Vater versicherte mich, daß derselbe in der Armenschule, wo man die Kinder stundenlang müßig lasse, nicht so weit gekommen sein würde.*

Die Erziehungsmethode des Glasers Weidenhammer, die Grunholzer
hier beschreibt, stellt sicher das eine Extrem dar. Der Sohn muß den Tag
←L 25 über auf den zweijährigen Bruder aufpassen, da die Mutter in einer Papierfabrik und der Vater als Hausierer außerhalb der Familienhäuser arbeitet.

Der Glaser erzieht seinen Sohn selbst, obwohl seit **1828** die Familienhäuser eine Schule haben, die von einem Privatverein unterhalten und von
der Armendirektion unterstützt wird. Sie ist in zweimal zwei zusammengelegten Stuben des Schulhauses untergebracht, die Lehrer Bötzow und
Gerlach wohnen ebenfalls in den Familienhäusern. Grunholzer nimmt an
einer Schulstunde teil:

→S 227 *Für den Unterricht der 350 Kinder in den Familienhäusern sorgt eine
Privatgesellschaft, die jedoch so von der Stadt unterstützt wird, daß diese
die Hälfte der Lehrbesoldung bezahlt. Die Kinder besuchen die Schule
vom 6.–14. Altersjahr; die Knaben täglich 6, die Mädchen 3 Stunden.
Für jene sind 2 Lehrer, diese stehen in zwei Abteilungen unter einem
Lehrer. Eltern, welche die Kinder nicht fleißig zur Schule schicken, werden vom Polizeicommissarius gemahnt. – Der Lehrer bezieht jährlich
216 Thaler Besoldung und 13 Thaler Mietentschädigung. Die Miete kostet ihn aber 40 Thaler. Wöchentliche Stundenzahl: 42 (die Abendschule mit eingerechnet). Wie erstaunte ich beim Eintritt in die Schule! Ich
hoffte, in eine Musterschule zu kommen, welche der preußischen Residenz wohl anstünde, und ich traf eine Schule, wie ich sie nie sah, aber
von jenen schildern hörte, die vor 40 Jahren in die Schule gingen. – 43
Mädchen von 6 bis 10 Jahren waren in einem düsteren Zimmer versammelt. Sie saßen unordentlich an den flachen breiten Tischen oder lehnten
in Winkeln. Alle schienen müßig zu sein, 10 lautirten mit dem Lehrer an
der Wandfibel. Dieser ist ein älterer Mann, kränklich mit roten Augen. Er
lautirte vor, und die Kinder sprachen nach. Er klagte mir, daß das Lautiren mit großen Klassen (zehn!) nicht gut gehe; allein das Schulcollegium
wolle einmal lautirt haben. Die oberen Klassen buchstabiren noch; er wolle
aber „nach und nach die Lautirmethode ganz einführen". Er ließ die Kinder an ihre Plätze gehen, durchsah die Tafeln, auf welche die Kinder Buchstaben nachgeschrieben hatten. „Hornung's Leselernbuch" (Berlin 1827)
wurde aufgeschlagen, und die Schüler fingen an, im Chor zu buchstabiren.
Zur Abwechslung wurde auch im Chor gelesen. Wenn der Lehrer mit dem
Stock auf den Tisch schlug, wurde ein Wort gelesen. (So lernt man Betonung.) Zum Schluß wurde noch gesungen. „Sing noch die Arie: Herr,
Deine Güte preisen wir." Der Lehrer strich die Geige, und die Kinder
schrien durcheinander, was sie noch von dem ziemlich schweren Liede
wußten. (Bisweilen wurde die Zeile erst gesprochen und dann gesungen.)
Auf die Chorrezitation der heiligen Zehngebote und seiner Sprüche folgte
das Gebet. – Der Lehrer ist examinirt. Bei der ersten Prüfung wurde er
für fähig erklärt mit der Bedingung, daß er nach 2 Jahren wieder eine Prüfung zu bestehen habe. Jetzt ist er unbedingt reputirt. Er sagte mir, daß
in vielen Schulen der Stadt nicht der rechte Geist herrsche: Der Kopf
werde gebildet, aber das Herz nicht. – Die Anstalt scheint Pietisten in den
Händen zu sein. Jeden Mittwoch und Sonnabend ist Betstunde. – Es
schmerzt mich sehr, die schönen Kinder in der düsteren Schulstube zu
sehen. Es kam mir vor, als hätte man sie versammelt, um ihnen auf immer
das geistige Leben abzuschneiden. Fürwahr muß ein anderes Leben in die
Schulen kommen. Im Kanton Zürich steht es zwar tausendmal besser;
aber auch dort wird mehr glatt geschlagen als gewirkt. Die Volksschulen
müssen doch noch im Innersten umgekehrt werden. – Übrigens lernt man
Scherr's Verdienste erst in Preußen recht würdigen.*

Allgemein zu den Armenschulen in Berlin notiert Grunholzer am
→A 13 **28.3.1843** in sein Tagebuch: *In Berlin sind 14 Armenschulen mit 80 bis
100 Kindern von 6 bis 14 Jahren. Der Lehrer hat gegen 200 Thaler Besol-*
←B 14 *dung. In den Kommunalschulen bezahlt jeder Schüler monatlich 10 Gro-*

schen Schulgeld an den Entrepreneur. Die sog. Schulvorsteher (oft Leute ohne Bildung, Schneidergesellen) betreiben das Schulehalten ganz geschäftsmäßig. Sie beziehen bis auf einen Thaler monatlich vom Kinde, haben oft 600 bis 1000 Kinder unter sich, lesen selbst nicht, bezahlen die Lehrer schlecht (etwa 160 bis 200 Thaler), ersparen sich jährlich mehrere tausend Thaler. – Geschlechtertrennung. – Jeder Vater kann die Kinder selbst unterrichten. Der Schulbesuch ist nicht obligatorisch.

Tatsächlich besteht für die Kinder der Familienhäuser durch die Hausordnung von **1835** doch so etwas wie Schulpflicht. Für die Kinder, die tagsüber zu den Einnahmen des Haushalts durch Arbeit beitragen müssen, ist in denselben Schulräumen eine Abendschule eingerichtet, so daß theoretisch alle Kinder eine Schule besuchen können. Die Erwartungen, die die Eltern in den Familienhäusern mit dem Schulbesuch ihrer Kinder verbinden, geht aus dem hervor, was Frau Unger ihrem Besucher erzählt: *Die Frau erzählte mir mit freudvollem Auge, daß die Kinder soviel lernen in der Schule. Es ist merkwürdig, wie diese Armen darauf rechnen, daß ihre Kinder durch den Schulunterricht aus dem Elende herauskommen.* Realistischer scheint es der Schneider Engelmann zu sehen, der ursprünglich nur für wenige Monate in die Familienhäuser ziehen wollte, um Miete zu sparen: *Hier fand er aber keine Kundschaft, wurde mit jedem Tage ärmer und durfte zuletzt gar nicht mehr hoffen, aus dem Voigtlande herauszukommen; was ihm auch für seinen Knaben leid tat, weil hier die Schulen nicht so gut seien wie in der Stadt.* Das zeigt auch der Schulbesuch des Sohnes des Tagelöhners Berwig: *Ein neunjähriger Knabe besucht seit fünf Jahren die Schule, liest noch ganz schlecht und kann gar nicht rechnen. Einige Schuld mag an der Ungelehrigkeit des Knaben liegen; die größere fällt aber auf die untere Knabenschule im Familienhause.*

Weil der Schulerziehung bei der Entwicklung des Proletariats als Klasse eine große Bedeutung zukommt, müssen wir beschreiben, wie im Voigtland die ersten Schulen entstehen, wer sie besucht und ab wann eine geregelte kommunale Schulversorgung einsetzt, damit man die Beschreibungen des Pädagogen Grunholzer messen kann an der Entwicklung des Erziehungswesens im Voigtland insgesamt.

Pfarrer Kuntze, der Chronist des Voigtlandes, gibt einen ersten Überblick über die ersten Etappen des Schulwesens: *Länger als ein halbes Jahrhundert ist Voigtland ohne Schule gewesen. Die wenigen, welche sich Schulkenntnisse aneignen wollten, gingen zur Stadt. Allein schon 1810–12 verlangten viele nach einer Schule, und 1813 wurde der Lehrer H i n d e r - s i n veranlaßt, die erste Schule hier anzulegen. Man muß sich freilich darunter nicht ein palastähnliches Gebäude, wie die erste Kommunalschule, mit geräumigen, hohen und hellen Klassen denken, in der alles in pünktlicher Ordnung getrieben wird. Die erste voigtländische Schule im Hause Brunnenstraße Nr. 1 war ein bescheidenes zweifenstriges Zimmer, wo so viele Kinder hineingepreßt wurden, als kamen, und wo der Schulmeister mit dem Stock nicht wenig zur Bildung beitrug. Lesen, Religion, ein wenig Schreiben und Rechnen, aber alles in sehr bescheidenem Maße, umfaßte die ganze Bildung der voigtländischen Jugend; später wurde diese Schule in ein geräumigeres Lokal, Brunnenstraße Nr. 43, verlegt.*

Kaum aber war so ein Anfang von Schule gemacht, so zeigte sich ein viel größeres Bedürfnis, und 1823 bestanden außer der genannten noch zwei Schulen für Armen-Kinder, die K ö l t z 'sche, später W e i d n e r' sche Schule, Ackerstraße 57, und die K l e i n 'sche Schule, Ackerstraße 12. Aber auch diese genügten dem wachsenden Bedürfnisse nicht. Deshalb wurde 1825 das neue Schulhaus, jetzt Pfarrhaus, Invalidenstraße Nr. 5, für 6000 Rthlr. von der Kommune gebaut und Ostern 1826 bezogen.

Am **2.9.1828** erklärt der Berliner Oberbürgermeister dem Innenminister, wodurch diese „wachsenden Bedürfnisse" entstanden sind: *Nach Errichtung der v. Wülcknitzschen Häuser reichten die dortigen Armenschulen nicht mehr für das Bedürfnis aus, wir waren genötigt, nicht nur ein ganz neues Schulhaus zu bauen, sondern auch ein anderes zu enges und selbst baufälliges zu vergrößern oder ganz neu zu bauen, und bei dieser Gelegenheit kam es zur Sprache, ob nicht während des Baues wenigstens die eine Schule interimistisch in der von Wülcknitzschen eingerichtet werden könnte. Wir hielten es aber nicht für zweckmäßig, u. das Königl. Ministerium für die Unterrichts-Angelegenheiten billigte nach dem Rescript vom 11. Juni 1824 unsere Ansichten und Maßregeln.*

→L 26

←S 11

←S 14

←S 19

←L 27

→B 15
←A 14
→L 28

Ernst Dronke über die Schulen in den Familienhäusern:

Die meisten Eltern selbst tragen die größte Sehnsucht nach Schulunterricht für ihre Kinder, aber teils sind sie gezwungen, dieselben in die Fabriken zu schicken, teils sind die Schulen in diesen Vierteln so schlecht wie die ganze Behandlung dieser Parias der christlichen Gesellschaft. Gleich den Familienhäusern sind auch die Schulen Privatunternehmen; der Staat bekümmert sich nur insofern um dieselben, als er die Lehrer examiniert. Im ganzen besuchen ungefähr 350 Kinder diese Schulen. Sie bestehen aus einer Kleinkinderschule und drei Primärschulen, von denen zwei für Knaben und eine für Mädchen errichtet sind. In der Kleinkinderschule befinden sich ungefähr 140 Knaben und Mädchen, welche ein altes Ehepaar täglich 6 bis 8 Stunden unterrichtet. In den Primärschulen werden die Kinder der erbärmlichsten Quälerei durch mechanische Lehrübungen ausgesetzt. Der Stand der Bildung aber ist in der ganzen Hauptstadt unter der arbeitenden Klasse der kläglichste. Berlin hat 66 000 schulpflichtige Kinder, und von diesen besuchen etwa 37 000 die Schule, während 29 000 der größten Unwissenheit und Demoralisation preisgegeben bleiben.

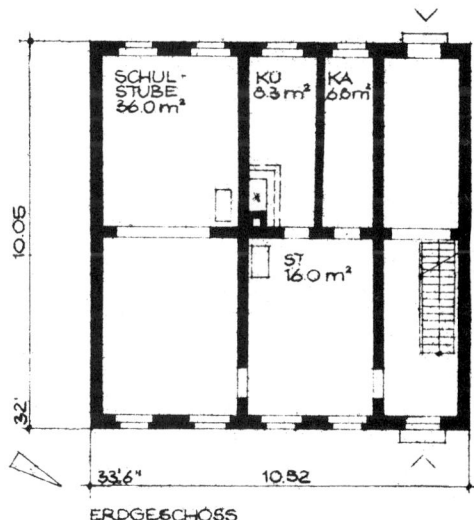

ERDGESCHOSS

Die Költzsche, später Weidnersche Schule in der Ackerstraße 57

Auf dem Grundstück Ackerstraße 57 stand ursprünglich ein Kolonistenhaus, das bereits 1812 abgerissen wurde. Da sich für das Grundstück kein Eigentümer mehr fand, wurde es vom Magistrat übernommen und 1817 der Armendirektion übergeben. Sie baut noch im gleichen Jahr das Schulhaus nach dem oben abgebildeten Grundriß: „Die durchgehende Schulstube ist gefangen, davor liegt die Wohnung des Lehrers." Seit 1828 stand das Gebäude ohne Aufsicht, war unbewohnt und diente „herumtreibendem Volk" als Schlupfwinkel. Nach einem Schreiben war das Haus wegen seiner geringen Abmessungen für eine Armenschule nicht mehr zu gebrauchen.

In dem erwähnten Schreiben vom **11.6.1824** klärt das Ministerium für geistliche, Unterrichts- und Medizinalangelegenheiten den Magistrat, bzw. die Stadtverordneten, über ihre Pflichten auf. In der Stadtverordnetenversammlung sind nämlich kurz zuvor die Ausgaben für eine neue Armenschule im Voigtland nicht nur für zu hoch erachtet worden, sondern es ist auch in Frage gestellt worden, ob es überhaupt Aufgabe der Stadt sei, solche Schulen zu bauen. In diesem Schreiben heißt es:

→A 15 *Die Unterhaltung der Schulgebäude und Schullehrerwohnungen liegt der Kommune nach Allgemeinem Landrecht, Teil II/Tit. 12/§ 34, als eine gemeine Last, gesetzlich ob. Die nötigen Kosten für die Reparaturen, oder wenn diese nicht mehr ratsam oder tunlich sind, für den Neubau des Armen-Frei-Schulhauses in der Ackerstr. 12 müssen daher von den Stadtverordneten bewilligt und aufgebracht werden, und bis zur Vollstreckung des Baus ist die Freischule in einem andern angemessenen, mietweise zu beschaffenden Lokale unterzubringen. Daß aber die Klein'sche Schule in einem der von dem Freiherrn von Wülcknitz vor dem Hamburger Tore erbauten großen Gebäude eingemietet werde, ist ganz unzweckmäßig. Selbst wenn die dort etablirte Schule nur für die Kinder der Bewohner dieser Häuser bestimmt bleiben soll, ist vorauszusehen, daß mancherlei unangenehme Kollisionen des Schullehrers mit den Eltern seiner Schüler entstehen werden, die für seine Wirksamkeit, Autorität und ganze Stellung nachteilige Folgen herbeiführen müssen. Vollends unstatthaft aber ist es, daß die Kinder anderer Einwohner in diese Schule gewiesen werden.*

→S 373 **1827** nimmt ein Privatverein um den Oberlandesgerichtsrat v. Gerlach die Idee der Einrichtung einer Schule innerhalb der Familienhäuser wieder auf, auf die Motive dieses Vereins werden wir im nächsten Textteil eingehen. Dieser Verein reicht **Ende 1827** seine Vorstellungen samt Stundenplanentwurf beim königlichen Provinzial-Schulkollegium der Provinz Brandenburg ein, worin die schulische Situation der Kinder der Familienhäuser beschrieben wird:

→A 16 *Allgemein bekannt ist die in mancher Hinsicht bedauernswerte Lage der vielen armen Familien, welche der Druck der Zeit in den v. Wülcknitz' schen Häusern vor dem Hamburger Tor unserer Stadt versammelt hat, weniger bekannt und beherzigt scheint es jedoch zu sein, daß die Hälfte dieser verarmten Leute aus Kindern besteht, die größtenteils ohne allen Unterricht, sich selbst überlassen, aufwachsen. Es besteht namentlich gegenwärtig die ganze Bevölkerung dieser Häuser aus circa 2300 Seelen, worunter 1007 Kinder bis zum Alter von 14 Jahren.*

→A 17

No. der Häuser	Erwachsene		Kinder von 7 bis 14 Jahren	unter 7 Jahren	Summe der Seelen	Von den Kindern gehen z. Schule	Anzahl der Familien
	Männer	Frauen					
58	208	237	153	193	791	70	195
58a	96	119	98	121	434	33	100
58b	113	104	94	98	409	27	93
59	10	3	4	5	22	5	3
59b/60	153	129	110	131	523	58	105
Summe	580	592	459	548	2179	193	496

1007

Nachweisung der Bewohner der von Wülcknitzschen Häuser in der Gartenstraße am 24.4.1827

Der Grund eines solchen Verhältnisses liegt wohl darin, daß Familien mit vielen Kindern sehr schwer eine Aufnahme in anderen Häusern finden, zumal wenn sie Stuhlarbeiter sind, wie dies hier bei den meisten der Fall ist.

Von diesen 1007 Kindern sind 500 in dem schulfähigen Alter von 7–14 Jahren, und nur 111 derselben besuchen die Armenschulen. Noch andere 25 gehen in andere Schulen für Geld. Es sind demnach also ganz ohne Unterricht 364 Kinder in einem Alter von 7–14 Jahren. Zählt man diesen noch die 67 ebenfalls schulfähigen Kinder von 6–7 Jahren bei, so ergibt sich die bedeutende Anzahl von 431 Kindern, die ganz ohne erziehenden Unterricht aufwachsen.

Die Schulen jener Gegend sind zu überfüllt, um mehrere dieser unglücklichen Kinder aufnehmen zu können, und eine neue Armenschule, welche dem Vernehmen nach im künftigen Jahre von der löbl. Armendirektion unweit der Oranienburger Chaussee erbaut werden soll, wird ebenso wenig im Stande sein, allen diesen Kindern freien Unterricht zu gewähren; indem die so schnell anwachsende Bevölkerung jenes neu entstehenden Stadtteils größtenteils aus Armen, aber an Kindern reichen Familien besteht, die gleichfalls Anspruch auf freien Unterricht ihrer Kinder haben.

Nicht zu gedenken, daß die Wohltat eines freien Unterrichts aufhört, Wohltat zu sein, wenn die Kinder bei oft schlechtem Wetter weite und unwegige Wege nach der Schule gehen müssen.

Von diesen gewiß jeden Menschenfreund höchst betrübenden Betrachtungen tief ergriffen, haben wir uns entschlossen, zunächst eine Schule für die männliche Jugend in den v. Wülcknitzschen Häusern zu errichten, dieser aber, sobald es der Beitritt mehrerer Wohltäter, den wir zu gewinnen hoffen, erlaubt, eine Schule für die weibliche Jugend beizufügen.

Die Gegenstände, in welchen wir diese armen Kinder unterrichten lassen wollen, sind: Religion, lesen, schreiben, rechnen, deutsche Sprache und Coral-Gesang. Gelegentlich soll ihnen auch das Wissenswerteste aus den gemeinnützigen Kenntnissen mitgeteilt werden.

Die Zeit, welche auf den Unterricht verwendet werden soll, ist für die bereits Lesenden vormittags von 8–11 Uhr, für die übrigen von 1–4 Uhr nach beiliegendem Lectionsplan bestimmt. Indem wir es noch dankbar anerkennend bemerken, daß der Kammerherr v. Wülcknitz uns bereitwilligst und unentgeltlich einen Schulsaal von 24 Fuß Länge und 19 Fuß Breite, der schon früher zu dem selben Zwecke genutzt wurde, überlassen hat, bitten wir ein Königl. Hohes Provincial-Schulcollegium, die vorgenannte Schule für Knaben und Mädchen nebst dem hier beiliegenden Lectionsplan zu bestätigen. . . .

v.d. Groeben, Obrist
v. Gerlach, Oberlandesgerichtsrat
le Coq I, Kammergerichtsrat
Dr. Hornung, Schulvorsteher Lindenstraße Nr. 67

VORMITTAG. LECTIONSPLAN FÜR DIE ERSTE CLASSE

Zeit	MONTAG	DIENSTAG	MITTWOCH	DONNERSTAG	FREITAG	SONNABEND
8.00– 8.30	Gesang, Gebet und Vorsprechen der wöchentlich zu erlernenden Bibelsprüche u. Liedverse, Überhörung derselben					
8.30– 9.00	Unterredung über das Evangelium o. d. Epistel	Erklärung des Wochenspruchs u. Liedverses	Bibl. Geschichte	Erklärung des Katechismus Lutheri	Erklärung der Monatspsalmen u. Lieder	Bibl. Geschichte
9.00–10.00	Schönschreiben	Bibellesen	Schönschreiben	Leseübungen	Schönschreiben	Bibellesen
10.00–11.00	Kopfrechnen	Tafelrechnen	II.te Classe: Bibl. Geschichte	Deutsche Sprache	Tafelrechnen	II.te Classe: Bibl. Geschichte
11.00–12.00			Orthographische u. Kopfbuchstabier-Übungen			Überhörung der Wochenlectionen

NACHMITTAG. II. CLASSE

13.00–13.30	Gesang, Gebet und Vorsprechen der wöchentlich zu erlernenden Bibelsprüche und Liedverse					
13.30–14.00	Unterredung über das Evangelium o. d. Epistel	Erklärung des Wochenspruchs u. Liedverses	frei	Erklärung des Katechismus Lutheri	Denkrechnen	frei
14.00–15.00	1. Abt.: liest 2. Abt.: schreibt	wie am Montage		wie am Montage	wie am Montage	
15.00–16.00	1. Abt.: schreibt 2. Abt.: buchstabiert			1. Abt.: rechnet auf Tafeln 2. Abt.: buchstab.		

Dr. Hornung

Nach der Genehmigung wird am **1.1.1828** eine Knabenschule mit zwei Klassen, eine vormittags, eine nachmittags, und am **1.3.1828** eine ebenso organisierte Mädchenschule in ebenfalls zwei zusammengelegten Stuben →S 375 eingerichtet. Nach einer **Mitte 1828** angestellten Zählung *fanden sich 460 schulfähige Kinder, von welchen*

142 die Communal-Armenschulen
und 244 unsere Schulen besuchten;
zusammen 386 die Schulen besuchenden Kinder.

Um zu erfahren, aus welchen Gründen die übrigen Kinder keine Schule besuchen, stellt am **10.5.1828** der Armen-Kommissions-Vorsteher Krahmer die folgende Liste zusammen, die für jeden einzelnen Fall das Alter, die Beschäftigung der Eltern, die Arbeit und den Fabrikherren des Kindes und besondere Bemerkungen festhält. Wir reproduzieren diese Liste vollständig, weil sie einen genauen Einblick in die Struktur der Kinderarbeit vermittelt. Sie zeigt auch, daß es k e i n e Unterschiede zwischen Arbeitsplätzen der Jungen und Mädchen gibt und daß sich zwischen Eltern und Kindern der Schritt vom heimproduzierenden Handwerk zur Lohnarbeit in der Fabrik vollzieht. Kartiert man die Arbeitsstandorte der Kinder aus den Familienhäusern, so wird deutlich, daß die Kinder im Gegensatz zu den Eltern weite, durch die ganze Stadt verstreute Arbeitswege haben.

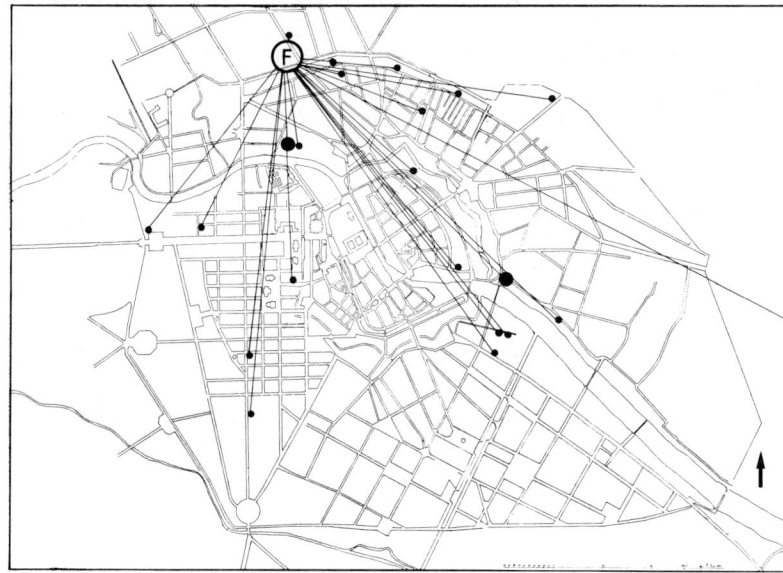

→B 16 Kartierung der Arbeitsorte der Kinder in den Familienhäusern, 1828

↓ A 18

General-Nachweisung derjenigen Armen-Kinder, welche mit ihren Eltern oder Pflege-Eltern in den von Wülcknitzschen Häusern in der Gartenstraße wohnen und in einer solchen Lage sind, daß sie den gewöhnlichen Tagesunterricht in der Armen-Schule nicht besuchen können, vielmehr notgedrungen in den Fabriken oder sonstwie Tagesarbeiten verrichten müssen.
10.5.1828

Lf. Nr.	Stuben- No.	Vor- und Zuname	Alter	Confession	Beschäftigung der Eltern	Arbeit der Kinder mit Benennung der Fabrikherren, bei welchen sie arbeiten	Bemerkungen
I. Knaben, Haus Gartenstr. Nr. 94							
1	*17*	*BOWE, Theodor*	*13*	*e*	*Witwe*	*arbeitet beim Seidenwirker Hertel, Linienstr. 21*	*hat angeblich die Schule früher besucht*
2	*20*	*SCHLIEPER, Edmund*	*12*	*–*	*Schuhmacher u. Almosenempf.*	*hat keine Arbeit*	*besucht die Tagesschule in den Familienhäusern*
3	*26*	*GRIFFEN, Ludwig*	*13*	*–*	*Alm.-Empfänger*	*–*	*wohnt in der Ziegelstr. 11*
4	*29*	*KUNTZE, Wilhelm*	*10*	*k*	*Witwe*	*Streichjunge in der Reichel'schen Fabrik, Flatowstraße 2*	*wohnt jetzt Gartenstr. 66*
5	*29*	*WEBER, Louis*	*12*	*–*	*Arbeitsmann*	*–*	*ist nach der Mittelstr. 41 gezogen*
6	*37*	*FRIEDRICHS, Wilhelm*	*12*	*e*	*Stiefvater ist Scherenschleifer Brückner*	*hat keine Arbeit*	*besucht die Schule nicht mehr*
7	*36*	*DIETZE, Friedrich*	*13*	*k*	*Weber*	*arbeitet zu Hause auf dem Webstuhl*	*hat nie eine Schule besucht*
8	*40*	*KARBE, Friedrich*	*14*	*e*	*Arbeitsmann*	*arbeitet in den Rüdersdorfer Kalkbergen*	*ist von Berlin 4 Meilen entfernt*
9	*54*	*MEYER, Heinrich*	*12*	*e*	*Böttcher*	*Ziehjunge beim Seidenwirker Blesch, Gartenstr. 92*	*besucht die Schule nicht mehr u. wohnt jetzt in der Bergstr. 4*
10	*60*	*SEIDEL, Christian*	*10*	*e*	*Arbeitsmann*	*–*	*ist nach der Rosenstr. 17 hingezogen*
11	*57*	*KRINN, Carl*	*10*	*e*	*Maurer*	*in der Reichelschen Fabrik, Flatowgasse 2*	*besucht die Meidnersche Abendschule*
12	*65*	*SOMMER, Friedrich (Waisenhaus-Kostkind)*	*12*	*e*	*bei der Großmutter*	*Streichjunge in der Böhmschen Fabrik, Holzmarktstr. 1*	*besucht die Schule nicht mehr*
13	*67*	*MOESER, Friedrich*	*11*	*e*	*Arbeitsmann*	*ebendaselbst*	*wohnt jetzt Gartenstr. 42, besucht die Schule nicht mehr*
14	*82*	*OLLMANN, Carl*	*12*	*e*	*Witwe*	*dass.*	*besucht die Langersche Abendschule*

Lf. Nr.	Stuben No.	Vor- und Zuname	Alter	Confession	Beschäftigung der Eltern	Arbeit der Kinder mit Benennung der Fabrikherren, bei welchen sie arbeiten	Bemerkungen

Haus Gartenstr. Nr. 92

15	7	DEGE, Carl	12	e	Arbeitsmann	—	wohnt jetzt Hirtengasse 12
16	21	LIETZMANN, Friedrich	12	e	Arbeitsmann	in der Reichel'schen Kattundruckerei, Flatowstr. 1	hat früher die Hornungsche Schule besucht
17	33	ALBERTIN, Carl	14	e	Seidenwirker u. Almosenempf.	lernt die Seidenwirkerei beim Vater	besucht die Schule nicht mehr
18	33	ALBERTIN, Gottlieb	12	e	ders.	Ziehjunge beim Seidenwirker Teffner, Gartenstr. 10	besucht die Weidnersche Abendschule
19	33	ALBERTIN, Friedrich	10	e	ders.	desgl. bei der Witwe Triller, Gartenstr. 92	desgl.
20	40	SCHRÖDER, Fr.-Wilhelm	12	e	Schuhmacher	beim Seiler Febrinus in der Linienstr.	hat früher die Hornungsche Schule besucht
21	44	KOLST, Wilhelm	12	k	Witwe KLUCKERT	arbeitet in der Tabaksfabrik Mittel- und Wallstr. Ecke	besucht die Schule nicht mehr, wohnt jetzt Gartenstr. 92b/34
22	46	KAUL, Wilhelm	10	e	Seidenwirker	Ziehjunge beim Seidenwirker HELM, Kleine Gasse 1	hat noch keine Schule besucht
23	55	HOFFMANN, Carl	13	e	Weber	Ziehjunge beim Seidenwirker FINDEIS, Dragonerstr. 8	besucht die Weidnersche Abendschule
24	61	NESTEL, Carl	13	e	Weber	Schußjunge beim Seidenwirker KROCKERT, Kleine Gasse 1	besucht die Schule nicht mehr
25	65	LATTORFF, Carl	9	e	Die Mutter ist die unverehel. Almosenempf. Lattorff	in der Reichelschen Fabrik, Flatowstr. 1	besucht die Weidnersche Abendschule
26	84	BERGER, Christian	17	–	Weber	—	ist nicht aufzufinden und soll vernehmlich SORGER heißen, welcher jetzt Reinickendorffer Str. im MOLL'schen Hause wohnt
27	95	MÜLLER, Carl	13	k	Arbeitsmann	in der Böhmschen Kattunfabrik, Holzmarktstr. 1	besucht die Schule nicht mehr
28	95	MÜLLER, August	9	k	ders.	—	besucht die Tagesschule im Familienhaus
29	96	MANN, Friedrich	17	e	Weber	arbeitet zu Haus auf einem Webstuhl	hat die Schule wenig besucht
30	103	GRUNEWALD, Carl	12	e	Strumpfwirker	Streichjunge in der Reichelschen Fabrik, Flatowstr. 1	hat früher die Hornungsche und Weidnersche Schule besucht
31	104	LAU, Ludwig	15	e	Arbeitsmann	in der KRONHEIMSCHEN Kattunfabrik, Köpenickerstr. 71	besucht die Schule nicht mehr
32	107	SCHÜTTER, Friedrich	13	e	Witwe	arbeitet in der SIEBURGSCHEN Kattunfabrik, Pariser Platz 6	besucht keine Schule
33	107	SCHÜTTER, August	7	e	dies.	dass.	dass.
34	108	SCHÜSSLER, Gottlieb	13	e	Strumpfwirker	Ziehjunge beim Seidenwirker FINDEIS, Dragonerstr. 8	geht nicht mehr zur Schule
35	131	WISOTZKY, Ernst	12	e	Witwe	geht mit der Mutter Knochen sammeln	hat nur sehr kurze Zeit die Schule besucht
36	150	MASCHMANN, Friedrich	11	–	Arbeitsmann	—	ist nach der Königsmauer 2 gezogen

Haus Nr. 92a

37	4	POSTEL, Friedrich	15	e	Witwe	Streichjunge in der BÖHM'schen Fabrik, Holzmarktstr. 1	besucht die Schule nicht mehr, ist confirmirt
38	11	BUGGE, Heinrich	14	e	Arbeitsmann	—	besucht die Tagesschule in den Familienhäusern
39	11	" , August	10	e	ders.	—	dass.
40	25	SCHULZ, Johann	11	e	Weber u. Almosenempf.	Ziehjunge beim Seidenwirker HELM, Kleine Gasse 1	besucht die Schule nicht mehr
41	26	POSE, Wilhelm	14	e	Posamentier	Schießjunge beim Seidenwirker BECK, Gartenstr. 10	desgl.
42	53	SAUERMANN, Carl	11	e	Witwe	—	leidet unter einer Augenkrankheit und hat früher die Schule besucht
43	54	STUDIR, August	11	e	Arbeitsmann	streicht bei unbestimmten Fabrikanten	besucht die Schule nicht mehr
44	54	" , Wilhelm	13	e	ders.	dass.	dass.
45	63	JAWINSKY, Joseph	11	e	Witwe	unbestimmte Arbeiten	hat früher die Schule besucht
46	84	FISCHER, August	12	e	Arbeitsmann	desgl.	besucht zuweilen die Abendschule

Haus Gartenstr. Nr. 92b

47	7	SCHULZ, Heinrich	10	e	Witwe	—	leidet unter einer Augenkrankheit und hat früher die Schule besucht
48	10	LANGE, Friedrich	13	e	Arbeitsmann	—	wohnt jetzt Kirschallee im Mikoleitschen Haus
49	10	" , Wilhelm	10	e	ders.	—	dass.
50	13	LOHMANN, Ferdinand	10	e	Witwe	Streichjunge in der SPARKÄSERschen Fabrik, Sp. Wassergasse 16	besucht die Schule nicht mehr
51	25	ILGENER, Carl	11	e	Weber	arbeitet in der COCKERILL'SCHEN Wollspinnerei, Neue Friedrichstr. 26	desgl.
52	38	LINDECKE, Carl	12	e	bei der Witwe BÜTTNER	arbeitet beim Goldschmied GLÄSER, Jägerstr. 52	desgl.
53	40	HOFFMANN, Ludwig	10	e	Arbeitsmann	spult zu Hause	besucht zuweilen die Abendschule
54	42	SARBACH, Carl	12	e	Arbeitsmann	streicht bei der BÖHMSCHEN Fabrik, Holzmarktgasse 1	besucht die Schule nicht mehr
55	42	" , Wilhelm	9	e	ders.	dass.	dass
56	64	WILCKE, Friedrich	11	e	Arbeitsmann	—	ist aus dem Bezirke gezogen
57	64	" , Eduard	10	e	ders.	—	dass.
58	70	BONN, Friedrich	12	e	Arbeitsmann	Streichjunge bei Bando in der Köpenicker Wassergasse	besucht die Weidnersche Abendschule
59	75	KAHLE, Julius	14	e	Schneider	Ziehjunge beim Weber BUSCH, Gartenstr. 92	besucht die Schule nicht mehr

Lf. Nr.	Stuben-No.	Vor- und Zuname	Alter	Confession	Beschäftigung der Eltern	Arbeit der Kinder mit Benennung der Fabrikherren, bei welchen sie arbeiten	Bemerkungen

II. Mädchen, Haus Gartenstr. 94

1	18	PATEFSKY, Auguste	8	e	Arbeitsmann	–	besucht die Tagesschule im Familienhause
2	50	MICHAELIS, Friederike	12	e	Weber u. Almosen-empf.	spult zu Hause	besucht die Schule nicht mehr
3	50	", Caroline	14	e	ders.	beim Seidenwirker THEIER in der Linienstr.	dass.
4	53	SCHUCKERT, Caroline	13	e	Puppenspieler	–	ist nach dem Wedding gezogen
5	53	", Beathe	10	e	ders.		dass.
6	54	MEYER, Caroline	10	e	Böttcher	unbestimmte Arbeiten	ist bei der Mutter in der Bergstr. 4 und hat früher die Schule besucht
7	61	KRINN, Caroline	10	e	Maurer		besucht die Tagesschule im Familienhaus
8	62	BONN, Wilhelmine	10	e	Weber	in der KRONHEIMSCHEN Kattun-druckerei, Köpenicker Str. 71	hat früher die Schule besucht
9	65	SOMMER, Henriette	9	e	Witwe	arbeitet in der REICHELSCHEN Fabrik, Flatowstr.	besucht die MINCKEsche Abendschule
10	70	KORTZE, Wilhelmine	12	e	Bandmacher		besucht die Weidnersche Abendschule
11	74	LANGMANN, Christiane	12	e	bei ihrem Stiefvater, dem Weber OBER-REITER		besucht die Weidnersche Abendschule
12	76	JACHSTIESS, Christiane	12	e	Arbeitsmann	streicht bei JORES in der Gerichtsstr.	besucht die Langersche Abendschule
13	82	OLLMANN, Emilie	14	e	Witwe	in der REICHELSCHEN Kattunfabrik, Flatowstr. 1	besuchte die Communal-Armenschule 13. Bezirk früher, jetzt die Langersche Abendschule

Haus Gartenstr. Nr. 92

14	3	REINHARDT, Emilie	12	e	Weber	–	hat früher die Schule besucht
15	3	", Wilhelmine	11	e	ders.	–	besucht die Communal-Armenschule 13. Bezirk
16	47	HOFFMANN, Liselotte	10	e	Weber	spult zu Hause	hat noch keine Schule besucht
17	67	LIEBNER, Pauline	12	e	Arbeitsmann u. Al-mosenempf.	–	besucht die Tagesschule im Familienhause
18	69	REICHEL, Henriette	11	e	Weber	spult zu Hause Kattungarn	hat 4 Jahre die Schule der Wadzeckschen Anstalt besucht
19	77	HEIDEMANN, Wilhelmine	10	e	beim Maler SCHOTT	spult zu Hause	besucht die Schule im Familienhause
20	84	KUTSCHER, Emilie	13	e	Weber	streicht in der REICHELSCHEN Fabrik, Flatowstr. 1	ist noch nie in einer Schule gewesen
21	103	GRUNEWALD, Emilie	13	e	Strumpfwirker	arbeitet bei dem Tabakfabrikanten ELTRE, Stralauerstr. 12	besucht die Weidnersche Abendschule
22	108	EISERLE, Auguste	12	e	Witwe/Almosen-empfängerin	arbeitet in der REICHELSCHEN Fabrik	dass.
23	12	WISOTZKY, Auguste	14	e	Witwe	desgl.	dass.
24	137	MAKLOW, Friederike	11	e	Schuhmacher	arbeitet in der REICHELSCHEN Fabrik, Flatowgasse 1	besucht die Hindersinsche Schule
25	137	", Henriette	11	e	ders.	dass.	dass.
26	106	DREHER, Augustine	11	e	Witwe	desgl.	besucht keine Schule
27	37	VENUS, Johanna	11	e	Witwe	arbeitet in der BÖHMSCHEN Fabrik, Holzmarktstr. 1	besucht die Langersche Abendschule

Haus Gartenstr. Nr. 92a

28	5	HÜBNER, Friederike	10	e	Arbeitsmann	arbeitet beim Tabakspinner WETZEL, Friedrichstr. 54	besucht keine Schule
29	3	BUGGE, Henriette	11	e	dto.	–	besucht die Weidnersche Abendschule
30	14	SCHRANDER, Emilie	12	e	dto.	arbeitet in der TAPPERTSCHEN Fabrik, Stralauer Holzmarktplatz 9	hat früher die Kirchnersche Schule besucht
31	31	ROSCHER, Auguste	15	e	Weber	arbeitet beim Galanteriehändler HAM-MERFELD, Friedrichstr. 22	besucht die Schule nicht mehr
32	37	SPERLING, Friederike	11	e	Arbeitsmann	streicht bei JORES in der Gerichtstr.	desgl.
33	51	SCHLEURIG, Rosalie	11	e	Riemer	–	der Riemer Schleurig ist mit seiner Familie nach Schlesien gezogen

Haus Gartenstr. Nr. 92b

34	20	KEMNITZ, Amalie	12	e	Weber	spult bei JÜTERBOCK am Neuen Königstor	besucht die Schule nicht mehr
35	21	MÜLLER, Louise	12	e	Weber u. Almosen-empfänger	streicht in der REICHELSCHEN Fabrik	hat noch keine Schule besucht
36	69	DRESSLER, Henriette	12	e	Wollarbeiter	arbeitet ebendaselbst in der Kattun-fabrik	besucht die Weidnersche Abendschule

Der Schulverein richtet für die aufgeführten Kinder eine Abendschule ein, in der sie nach der Arbeit noch zwei Stunden Schulunterricht erhalten. Gegen diese Abendschule hat das ministerielle Schulkollegium erhebliche Bedenken, da zu den bereits **1824** geäußerten generellen Bedenken gegen eine Schule in den Familienhäusern bei der Einrichtung einer Abendschule

→A 19 noch hinzukäme, *daß das Zusammentreffen einer großen Anzahl halb er-wachsener Knaben und Mädchen auf dem nämlichen entweder schwach oder gar nicht erleuchteten Corridor des Hauses und in den spätesten Abendstunden sowohl beim Kommen als beim Gehen und während des nie ganz zu vermeidenden Hinausgehens während der Lehrstunden nicht bloß zu Unordnungen, sondern auch zu eigentlichen Unsittlichkeiten Veranlassung geben würde.* Statt dieser Abendschule schlägt das Kollegium eine Morgenschule vor, die im Sommer von 6–9 Uhr, im Winter von 7–10 Uhr und an den Sonntagen von 6–9 Uhr morgens vor dem Gottesdienst stattfinden soll. Der Schulverein richtet auf diesen Vorschlag hin versuchsweise eine Morgenschule ein. Als sich jedoch zeigt, daß nicht mehr als 10 Kinder sie besuchen, wird doch die Abendschule eröffnet. Wie sich die Kinder auf die drei Schulen verteilen, zeigt eine Statistik für das Jahr **1834**:

Gegenwärtig (1.4.1834) besuchen diese Schule: ←A 20

die Vormittags-Schule	*56 Knaben*	*56 Mädchen*	*zusammen: 112 Kinder*
die Nachmittags-Schule	*96 Knaben*	*79 Mädchen*	*zusammen: 175 Kinder*
die Abend-Schule	*57 Knaben*	*37 Mädchen*	*zusammen: 94 Kinder*
zusammen:	*209 Knaben*	*172 Mädchen*	*zusammen: 381 Kinder*

Nachweisung der Kinder, welche die Schule in den Wieseckeschen Familienhäusern besuchen

Wenn man bedenkt, daß für den Unterricht insgesamt nur zwei Lehrer, Gerlach für die Knaben und Bötzow für die Mädchen, zur Verfügung stehen und Gerlach z.B. in der zweiten Knabenklasse 96 Kinder vor sich hat, kann man sich leicht vorstellen, daß nur noch Lernen im Chor übrigbleibt – wie es Grunholzer anschaulich beschreibt.

Erst **1847** ändert sich diese Situation dadurch, daß unmittelbar neben den Familienhäusern, auf dem Gelände der ehemaligen Senkgrube, die durch die Pflasterung und Entwässerung der Gartenstraße inzwischen über- ←S 176 flüssig geworden ist, ein kommunales Schulgebäude errichtet wird: *Nach* ←L 29 *längeren Verhandlungen zwischen dem Verein für die Schule in den Familienhäusern und der Schul-Deputation erbaute letztere das sehr schöne Schulhaus der ersten Kommunal-Schule, Garten-Straße 91a, mit 12 Klassen. In dieser wurde die Bohm'sche Schule mit der Schule in den Familienhäusern unter dem Hauptlehrer Bohm vereinigt, und im Anfang October 1847 wurde diese Schule durch den Schulrat Schultz und Pastor Kuntze eröffnet, welche 1854 885 Kinder in der Tagesschule und 153 Kinder in der Sonntagsschule, zusammen 1038 Schüler, zählte.*

Für die schulische Versorgung der Familienhäuser bewertet die Schul-Deputation den Neubau in einem Schreiben vom **8.6.1847** an den Magistrat folgendermaßen: *Das Eingehen der Schulen in den Familienhäusern* ←A 21 *scheint auch in jeder Beziehung wünschenswert zu sein. Diese Schulen, welche jetzt einen jährlichen Zuschuß von 685 Rthl. von der Commune erhalten, haben bisher sehr wohltätig gewirkt, insofern sie es möglich machten, daß die Kinder der in den Familienhäusern wohnenden Eltern, ohne weite Wege zu machen, in diesen Häusern selbst den Schulunterricht erhielten, daß eben dadurch der Schulbesuch besser überwacht und geregelt werden konnte und daß durch diese Schulen selbst ein sittliches Element in die Häuser und in die Familien gebracht wurde. Indessen ist es nicht zu leugnen, daß der Unterricht in diesen Schulen nicht so vollständig und so wohlgeordnet war und ist als in den Communal-Schulen, daß die Erziehung und besonders die religiöse Erziehung von einer einseitigen Richtung und Färbung nicht ganz frei war und daß es für die Erziehung der Kinder gewiß nicht von wohltätigem Einfluß sein konnte, in der Schule nur auf sich beschränkt zu sein und mit Kindern anderer Volksklassen in keine Berührung zu kommen.*

Die sexuellen Beziehungen

So wichtig ein Abschnitt über die sexuellen Beziehungen der Bewohner untereinander für die Beschreibung der frühproletarischen Verhältnisse ist, so dürftig sind die Quellen. Die bürgerliche Literatur klagt zwar an, umschreibt aber nur die Realität in geblümten Worten. Nur aus einigen uns überlieferten Anzeigen gehen Einzelheiten hervor.

Man muß sich darüber klarwerden, daß es in den Familienhäusern infolge der dichten Belegung k e i n e n   p r i v a t e n   R a u m gibt. Dieser Punkt wird beleuchtet durch die Argumentation, die der erste Besitzer v. Wülcknitz gegen verschiedene polizeiliche Auflagen zum Umbau seiner Häuser verwendet. So wird ihm vorgeschlagen, zur besseren Beleuchtung des Korridors im „Langen Haus" durch die Herausnahme von jeweils zwei Stuben pro Geschoß in der Mitte des Korridors einen querliegenden Lichtflur zu schaffen. v. Wülcknitz lehnt diesen Vorschlag ab, nicht nur wegen der zu großen Tiefe dieser Querflure, sondern auch, weil *ein anderes viel größeres Übel jedoch unvermeidlich eintreten würde, indem zehn große leere Räume als ebenso viel offene Latrinen anzusehen wären, wo alt und jung seine Notdurft verrichte und wo während der Nacht Gelegenheit zu Zusammenkünften und argen Exzessen gegeben würde, die nunmehr, wo gar kein Dunkel im Hause frei ist, ganz unmöglich sind, indes ihnen jetzt nichts bleibt als der offene Hof, auf welchem kein Schritt geschehen kann, ohne daß der aufmerksame Wächter jede Unordnung im Keim erstickt.*

→A 22

Auch einen Vorschlag, die einzelnen Häuser durch Mauern voneinander zu trennen, um den Hof so aufzuteilen, lehnt v. Wülcknitz ab. Ihm wollten die Mauern *wie Kerkermauern* erscheinen, aber *abgesehen davon werden die geschlossenen Höfe mit ihren 20 Winkeln ebensoviel Gelegenheitsorte, wo die schändlichsten Verbrechen der Unzucht nicht zu stören sein werden, indes jetzt die ganz offenen Plätze ein Verkriechen der verschiedenen Geschlechter miteinander sowie der Unzucht der jüngeren Personen wegen der jedem Menschen innewohnenden Scham verhindern, indem die Kontrolle aus mehreren hundert Fenstern selbst dem verworfensten Leben zu kräftig entgegenwirkt, um etwas Unanständiges vorzunehmen.*

→A 23

Daß die Familienhäuser tatsächlich so angelegt sind, ob absichtlich oder unbeabsichtigt, sei dahingestellt, daß man nirgendwo auf dem Grundstück unbeobachtet ist, beweist eine Anzeige des Torwächters des nahegelegenen Hamburger Tores, die zugleich den Ort beschreibt, wo die Jungen und Mädchen aus den Familienhäusern sich regelmäßig nach der Abendschule treffen, um dort unbeobachtet die Formen und Schritte der körperlichen Annäherung bis hin zur sexuellen Vereinigung zu üben.

Anzeige des Torkontrolleurs Rüthling am Hamburger Tor vom **13.6. 1839**: *Das überhandnehmende Unfugtreiben an der Communication vom Hamburger bis Oranienburger Tor der jungen sittenlosen Leute beiderlei Geschlechts aus den Familienhäusern betreffend: Der in rubro genannte Weg, innerhalb der Mauer vom Hamburger bis Oranienburger Tor, ist durch Aufhebung der Wache eine freie Passage für jedermann zu Fuß, Wagen und zu Pferde geworden, der Nähe der Familienhäuser wegen, von den Bewohnern derselben, vorzüglich deren Kinder und erwachsenen Jugend, beiderlei Geschlechts, bei deren sittenloser Erziehung, leider!, ein Ort für zügellose Unzucht, in ausgelassener Wildheit ausartende, Unfug treibende Niederlage geworden. Die Mädchen von 12 bis 16 Jahren kommen regelmäßig des Abends von 9 Uhr ab aus den Familienhäusern und erwarten allda die jungen Knaben von gleichem Alter, wo alle Moralität schwindet, wo sie sich erst aller Ausgelassenheit hingeben, dem vorübergehenden Publikum durch unsittliche Reden insultieren, wo die Menschheit erröten muß, solche Redensarten von jungen Leuten zu hören; beschimpfen denen, die es wohl wagen, ihnen zurechtzuweisen zu wollen, beschädigen aus Übermut Zäune, Gärten, reißen von den Tuchrahmen nach und nach ein Stück Brett nach dem andern ab und tragen es hinweg; nach diesen vandalischen Ergötzlichkeiten beschließen sie endlich den Ort mit frecher Unzucht in den dort befindlichen Gräben.*

→A 24

Unterzeichneter Beamter, dessen Dienstwohnung hinter der Mauer belegen, hat hierdurch Gelegenheit, dieses skandalöse Betragen öfters zu sehen und zu hören, wo man noch froh sein muß, mit heiler Haut davonzukommen, wenn man ihnen als öffentliche Ruhestörer zurechtweist. Gestern abend noch drohte nach 10 Uhr ein Exzess ernstlicher Art sogar das Leben der Angehörigen des Beamten am Tore zu bedrohen, indem es zwischen Garde-Artilleristen und den jungen Leuten männlichen Geschlechts wegen die Mädchen zum heftigen Zank kam, der in einer völligen Schlägerei auszuarten drohte, zuletzt mit Steinwürfen endete, wobei der alte Vater des Steuer-Aufsehers Arendt, der, um seine Wohnung bei dem Auflaufe zu schützen, vor der Tür stand, durch einen Steinwurf im Gesicht verletzt wurde; wobei es Unterzeichnetem nur mit größter Gefahr durch Dazwischentreten der kämpfenden Parteien gelang, größeres Unglück zu verhüten.

Die Anzeige und die sprachlichen Schwierigkeiten, die der Torwächter hat, das Gesehene und Gehörte zu beschreiben, und zwar so, daß er bei der vorgesetzten Behörde nicht unangenehm auffällt, enthalten das Indiz, daß die beschworene Sittlichkeit und Schamhaftigkeit kein fester Bestandteil der menschlichen Natur ist, sondern ein Teil der Bedingungen, unter denen die Menschen aufwachsen. Das, was dem Torwächter als Sittenlosigkeit erscheint, sind nur die Umgangsformen, die unter den räumlichen und sozialen Bedingungen der Familienhäuser entstanden sind und die sich von seinen Sitten ebenso unterscheiden wie die Familienhäuser von seinem Wachhaus.

Die Sexualität unsichtbar zu machen – erklärtes Programm aller bürgerlichen Erzieher und Institutionen –, ihr Ausleben in die auch räumliche Privatheit zu verbannen wird hier von denen gefordert, die dazu gar keine materielle Möglichkeit haben.

Wenn wir als nächstes die Sexualbeziehungen in den Familienhäusern, in den Wohnstuben zu beleuchten versuchen, wovon man sich ja mit heutigen Maßstäben nur schwer vorstellen kann, wie sie geregelt worden sind, so müssen wir die Phase bis **1828** unterscheiden von der Zeit danach. Bis zu diesem Datum war es ja noch erlaubt, Schlafburschen zu halten oder zu mehreren Familien zusammen zu wohnen, bestand also noch die Freiheit, den Personenkreis, der miteinander lebte, nach den ökonomischen Notwendigkeiten, uneingeschränkt von polizeilichen Auflagen, selbst zu bestimmen. Danach wurden Haushalt und Familie weitgehend identisch, die sexuellen Verkehrsformen also dem bürgerlichen Vorbild der abgeschlossenen christlichen Familie angenähert, ohne jedoch je deren räumliche Ausstattung zu erreichen.

Für die Phase vor **1828** besitzen wir das seltene Dokument, wo ein Revierpolizeikommissar buchstäblich um Mitternacht in eine Stube der Familienhäuser hineinleuchtet: *Wieweit die bereits in diesen Häusern be-* ←A 25 *merkte Sittenlosigkeit schon zugenommen hat, ergibt sich aus einer neuerlichen Anzeige des Revier-Polizei-Kommissars. Derselbe begab sich infolge einer Requisition der Kriminaldeputation des hiesigen Königlichen Stadtgerichts behufs der Verhaftung des in dem v. Wülcknitzschen Häusern wohnenden Arbeitsmannes Carl Rotte, welcher einen Menschen geschädigt hatte und deshalb gefänglich eingezogen werden sollte, zum sicheren Gelingen seiner Amtsverrichtung um Mitternacht in dessen Wohnung in dem v. Wülcknitzschen Hause Gartenstraße Nr. 58, Stube Nr. 70, und verhaftete denselben. Hierbei ergab sich folgendes.*

Der p. Rotte lag in der eben bezeichneten Wohnung bei der Witwe Büttner in <u>Schlafstelle</u>. *Mit der 15jährigen Tochter seiner* <u>Schlafstellengeberin</u> *mußte er in einem sehr vertrauten Verhältnisse stehen, denn beide lagen auf* <u>einer Lagerstätte</u> *an der Erde. Die p. Büttner selbst, eine Frau von 45 Jahren, befand sich mit einem anderen* <u>Schlafburschen</u> *namens Labeau, 34 Jahre alt, und einer jüngeren Tochter von 11 Jahren gleichfalls in* <u>einem</u> *Bette zusammen. In ähnlichen vertrauten Verhältnissen leben mit ihren Schlafburschen die Tischlermeisterwitwe Klauss (in dem v. Wülcknitzschen Hause, Gartenstraße 58, Stube 40), die Tochter des Webers Voelcker (Gartenstraße Nr. 60, Stube 47), welcher, sowie die Klauss, Erlaubnis zum Schlafstellenhalten bekommen hat. Von dergleichen speziellen Fällen* <u>unerlaubten Beisammenlebens</u> *erhält der Revier-Polizei-Kommissar in* <u>der Regel nur durch zufällige Veranlassung</u> *Kenntnis, weil es sehr schwierig ist, über die in den oft gedachten Häusern wohnenden Individuen Erkundigungen einzuziehen, indem der Verwalter derselben nur die Hauptmieter und auch diese nur dem Namen nach aus seinen Büchern kennt.*

76 Paare leben in diesen Häusern offenkundig in <u>wilder Ehe</u>.

Auch wenn ab **1828** das Zusammenwohnen von nicht miteinander verwandten Personen offiziell untersagt wird, und zwar zunächst nur für die Familienhäuser, so kann dadurch nicht verhindert werden, daß für die Kinder dieser Familien, in denen Sexualität nichts Privates ist, weil niemand allein lebt, die Ausübung des Geschlechtsverkehrs alltägliche Erfahrung ist.

Daß diese durch vollständige Armut gezeichneten Kinder zugleich Objekte für die sexuellen Bedürfnisse anderer Schichten darstellen, ist jedem vorstellbar, der sich etwas mit der Geschichte der Prostitution beschäftigt hat. Daß in diesem Zusammenhang die Akten fast vollständig schweigen, ist nicht überraschend, denn verfolgt wird von der Polizei – und es entsteht gerade Ende der zwanziger Jahre des 19. Jh. die besondere Abteilung der Sittenpolizei – und von den Gerichten, deren Akten der unteren Instanzen allerdings vernichtet sind, nur, was ö f f e n t l i c h e s Ärgernis erregt hat, alles andere wird als Privatsache behandelt.

Nur dadurch, daß öffentlich darüber geredet worden ist, und zwar in den Familienhäusern, sind wir über einen Fall informiert, den die Armendirektion aufgegriffen hat, weil sie davon in den Familienhäusern gehört hat. Nur ihre Aktennotizen sind erhalten, die komplementären Akten des Polizeireviers und des Gerichts existieren nicht mehr, deswegen ist es schwierig, den Fall zu rekonstruieren. Wir wollen ihn dennoch skizzieren, weil der ursächliche Zusammenhang zwischen Armut und der Möglichkeit, seinen Körper an andere zu verkaufen, sichtbar wird.

Am **22.7.1836** teilt der für die Familienhäuser zuständige Armendeputierte Kernbach der Armendirektion mit, daß die Tochter der Witwe Hagemann in den Familienhäusern als Kupplerin arbeitet.

→A 26 *Nachstehende Kinder sind von der Hagemann ihrer Tochter bei Herrn Kranzler hingelockt und, wie hier im Hause erzählt wird, von diesem zur Unzucht verführt worden, was wir aber nicht mit Gewißheit behaupten können.*

1. Die Tochter der Witwe Hagemannn   94/69
2.   ”   ”   der sep. Gottschalk   94/30
3.   ”   ”   des Arb. Ganitzki   94/29
4.   ”   ”   des Schuhmachers Hackebusch 93a/8
5.   ”   ”   des Unteroffiziers Köpernick   93a/18
6.   ”   ”   des Arbeits. Bannack   92b/50
7. Die 2 Töchter des Webers u.A.E.   92b/32
*   (Almosenempfängers) Hille*

Dieses sind mehrerenteils Kinder, welche noch die Schule besuchen.

Die Armendirektion leitet auf diese Anzeige hin den Vorgang weiter an die Polizei. Über den Ausgang der Untersuchung gegen die angezeigte Frau unterrichtet die Kriminal-Deputation des königlichen Stadtge-

→A 27 richts die Armendirektion am **15.9.1836**, *daß die unverehelichte Wilhelmine Caroline Hagemann wegen Kuppelei zur Untersuchung gezogen und zu neunmonatlicher Strafarbeit verurteilt worden ist, welche sie in der Straf- und Besserungsanstalt zu Brandenburg abbüßet.* Auf die erneute Anfrage der Armendirektion, was denn mit dem Herrn Kranzler gewor-

→A 28 den sei, erhält sie am **12.10.1836** die Auskunft, *daß gegen den Conditor Kranzler die Untersuchung wegen Notzucht nicht eingeleitet worden ist, denn nur die unverehelichte Bannack und die zwölfjährige Ganitzki hat-*

←B 17 *ten behauptet, daß sie von dem Kranzler mit unwiderstehlicher Gewalt zur Vollziehung des Beischlafs gezwungen worden sind; die Bannack hat aber bei ihrer gerichtlichen Vernehmung jene Behauptung nicht wiederholt, und wenngleich das seitens der Ganitzki geschehen ist, so hat doch von der Eröffnung der Untersuchung abgestanden werden müssen, weil die Eltern der Bannack und Ganitzki auf Untersuchung und Bestrafung Verzicht geleistet haben und, soviel uns bekannt geworden, ein öffentliches Ärgernis nicht stattgefunden hat.* Warum die Eltern auf die Bestrafung des Konditors Kranzler verzichtet haben, wird beleuchtet durch

→A 29 den Bericht der Armendeputierten vom **26.10.1836**: *Die Tochter des Arb. Bannack heißt Johanne Charlotte und ist jetzt 14 Jahre alt. Von der Sache ist folgendes allgemein bekannt geworden: daß die Eltern der Mädchen jede 10 Thaler von Kranzler erhalten haben, um, wie man sagt, auf Bestrafung zu verzichten, dieses ist aber von Seiten Bannack nicht geschehen (sagt die Frau), sondern sie hat im Gegenteil gewünscht, daß Kranzler bestraft werden möchte, denn ihre Tochter ist bei der Unzucht so gemißhandelt worden, daß sie noch lange blaue Flecken an ihrem Leibe getragen hat, auch darf sich dieses Mädchen auf Fabriken nirgends sehen lassen, so wird sie die Kranzlersche Hure genannt. Die Ganitzki, welche 200 Rthl. bekommen hat, weil sie sich mit einer geringeren Summe nicht hat abfinden lassen, hatte ihrem Mädchen einen Hut gekauft, dieses erweckte bei den andern Neid und gab zu Exzessen Veranlassung, so daß sich*

←B 18 *die Ganitzki und die Gottschalk fürchterlich geschlagen haben und die*

Eröffnungsanzeige des Café Kranzler 1825

An der Ecke bei Kranzler.

Nachbarn und der Inspektor mußten hinzutreten und sie auseinander und zur Ruhe bringen. Die Notiz, daß Ganitzki inzwischen in die Pallisaden-straße gezogen sei, zeigt, daß es der Familie mit Hilfe der hohen Abfin-dungssumme des Konditors möglich geworden ist, die Familienhäuser zu verlassen. →L 30

Erst die durch die Abfindungsgelder in unterschiedlicher Höhe in den Familienhäusern ausgelöste Unruhe erfüllt, so kann man es den Akten wei-ter entnehmen, für die Armendirektion den Tatbestand des öffentlichen Ärgernisses. Sie fürchtet, daß das Beispiel Schule macht: *Schon des Bei-* ←A 30 *spiels wegen und um fernere Folgen zu verhüten, dürfte eine nachdrückliche Bestrafung des Kranzler gewünscht werden müssen, damit eine so unmora-lische Handlung nicht die Geldgier der Armen noch mehr erregt, welche nur zu sehr bereit sind, Geld auf alle mögliche Weise zu lukriren, und gewiß solche Wege verfolgen werden, auf welchen auf eine so leichte Art für sie Geld zu erwerben ist.*

Eine erneute Stellungnahme des Stadtgerichts dazu schließt den Vor-gang ab und verdreht nun endgültig Ursache und Wirkung im Sinne bürger-lichen Rechts. Das Stadtgericht hält die Einleitung einer Untersuchung gegen den Konditor wegen Notzucht nicht für gerechtfertigt, *denn es* ←A 31 *kommt nicht darauf an, ob seine Immoralität in Verführung junger Mäd-chen ein öffentliches Ärgernis gegeben hat . . ., sondern das Erfordernis des § 1060, II 20 des Allgemeinen Landrechts besteht darin, daß die ausge-übte Notzucht selbst, mithin die Vollziehung des Beischlafs mit unwider-stehlicher Gewalt ein solches öffentliches Ärgernis veranlaßt hat; und daß dies geschehen ist, dafür sind durchaus keine Andeutungen vorhanden. Es würde vielmehr, wenn jetzt, nachdem überdies die Beleidigten das Ver-brechen nicht gerügt haben, die Untersuchung gegen Kranzler eröffnet wer-den sollte, der in Rede stehende Vorfall gerade erst dem Publico näher be-kannt werden.*

Friedrich Sass über die Konditorei Kranzler:

Und nun mögen wir immerhin die Linden entlang nach Kranzler schlendern. Diese Conditorei ist die Wal-halla der Berliner Gardelieutenants geworden, wo sie, nachdem sie rechts und links kommandirt haben, zur Belohnung für ihre Tapferkeit Eis und Baisers essen dürfen. Das klassische Nichts hat in dieser Conditorei seinen glänzendsten Ausdruck gefunden, und der Gar-delieutenantston hat sich in ihr geltend machen kön-nen . . .

Behorcht man die Gespräche dieser Herren, so wird man sehr bald finden, daß Pferde, Hunde, Ballett-nymphen und sonstige Eroberungen, welche einem Gardelieutenant natürlich wie Spreu entgegenkom-men, den Hauptinhalt derselben bilden und daß in ihnen von einer ernsten, bestimmten Auffassung des Lebens keine Rede ist, sondern daß sich in ihnen der leichte, anmaßende, ohne Bewußtsein und Begründung aristokratische Ton einer privilegirten Existenz spie-gelt. Bedenklich möchte es einem da allerdings vor-kommen, wenn man sich vorstellt, daß eben auf diese Figuren der Staat sein Vertrauen gesetzt hat und daß er sie als seine besonderen Stützen sowohl bei äußerer als auch bei innerer Not anerkennt. Preußen rühmt sich doch, Staat der Intelligenz zu sein; aber wo ist hier die Intelligenz? . . .

Was sich sonst in Civil bei Kranzler bewegt, pflegt mit den Gardelieutenants in einer Sphäre zu atmen und als Dandy eine Blasirtheit zur Schau zu tragen, welche jene noch unter dem Anscheine des militai-rischen Heroismus verbergen müssen. Junger, müßiger Adel, der in der Residenz seine Revenuen verzehrt, Gesandtschaftsattachés u.s.w. sind die Lichtpunkte, die großen Sonnen des Kranzlerschen Dandytumes, denen sich mehr oder minder erleuchtete, dunkle oder leere Körper anschließen.

Die Ehe

Geht man die Taufbücher der Sophien-Gemeinde und später der Elisa-beth-Gemeinde für die Jahre **1825—47** durch, so kann man feststellen, daß etwa 1/3 der getauften Kinder in den Familienhäusern unehelich sind. Die Ehe als Institution, als private Vereinbarung zur Gründung einer Lebensge-meinschaft und eines gemeinsamen Haushaltes auf Dauer, können bei wei-tem nicht alle Bewohner eingehen, oft schon deshalb nicht, weil ihnen da-zu die Mittel fehlen. Das belegt ein Zitat aus den „Geheimnissen von Ber-lin": *Die Ehen sind im Voigtlande nicht beliebt, da auch die billigste* ←L 31 *Hochzeit mindestens 1 Thlr. 22 Sgr. 6 Pf. an Traugebühren kostet und man für diese Summe ganze Fluten des köstlichsten Branntweins zu beschaffen vermag. Viele Voigtländer leben daher in einer sogenannten polnischen Ehe, wobei die Polizei auf sehr verschiedenartige Weise getäuscht wird.*

Es fehlen jedoch nicht nur die Mittel, um die Hochzeit selber zu be-streiten, sondern auch die finanziellen Voraussetzungen zur Gründung eines eigenen Hausstandes. In den Familienhäusern, wo es seit **1828** ja untersagt ist, mit mehreren Familien in einer Stube zusammen zu wohnen, ist die Eheschließung für das Brautpaar mit der Notwendigkeit verbunden, die Miete für eine eigene Wohnung aufzubringen. Gleichzeitig entfallen zwei Personen zur Finanzierung der elterlichen Haushalte. Gegen die Ehe spricht auch das System der Armenversorgung, die bei der Unterstützung von Arbeitsunfähigen oder Kranken Alleinstehende eher unterstützt, da nicht auf die familiäre Mithilfe verwiesen werden kann. Ebenso verlieren mit der Eheschließung alleinstehende Mütter den Anspruch auf die Pflege-gelder ihrer vorher als Halbwaisen geltenden Kinder.

Trotz der Bekämpfung durch Kirche und Armendirektion gibt es in den Familienhäusern daher Wohngemeinschaften von nicht miteinander ver-heirateten Paaren, eine davon besucht Grunholzer: *Im Querhause, Stube* ←S 12 *72, traf ich Frau Schreyer. Ihr Mann war ein armer Weber, starb 1814 und hinterließ drei unerzogene Kinder. Die Witwe erzog diese im Familien-hause, ohne von irgendeiner Seite unterstützt zu werden. Nur ein Sohn ist noch am Leben; er lebt von der Mutter getrennt als Weber und kann mit Not seine Familie ernähren. Frau Sch. schloß sich an einen Weber an, dem sie die Bobinen macht und so des Tags 1 Sgr. verdient. Es ist hier darauf zu achten, daß diese Frau mit einem Manne, mit dem sie nicht getraut ist, zusammenleben muß, nur um nicht arbeitslos zu sein und vor Hunger umzukommen. Hat jener keine Arbeit, so ist sie auch ohne Brot. Seit kurzer Zeit läßt ihr die Armendirektion monatlich 1 Thlr. 15 Sgr. zukommen; davon braucht sie aber 1 Thlr. 1 Sgr. für die Hälfte der Miete (die andere Hälfte trägt der Weber).*

Wenn man sich klar macht, daß der eigentliche materielle Grund für die Ehe die Regelung der Eigentumsverteilung und -übertragung auf eindeutig bestimmbare Nachkommen ist, so wird angesichts der E i g e n t u m s - l o s i g k e i t so gut wie aller Bewohner der Familienhäuser die Ehe hier nur noch eine moralische und mehr von außen erhobene Forderung, die keine Entsprechung hat in den Verkehrsformen, wie sie sich im Rahmen der materiellen Not in den Familienhäusern herausgebildet haben. Trotzdem hält noch bei vielen Bewohnern die traditionelle und formale Bindung zur Kirche bei Taufe, Heirat und Beerdigung.

Feste und Feiern

Welche Form eine Hochzeit annehmen kann, die in den Familienhäusern gefeiert wird, darüber sind wir informiert durch eine Nachforschung der Armenkommission. Am **8.11.1834** erkundigt sich der Vorsteher der 56. Armenkommission Krahmer bei den für die Familienhäuser zuständigen Armendeputierten Adler und Kernbach:

→A 32 *Nach einer mir zugekommenen Anzeige hat die Almosen-Empfängerin Lattorff, Gartenstr. 92/14, ihre Tochter an den Sohn der Almosen-Empfängerin Wwe. Brodbeck, Gartenstr. 92/43, am 2ten d.M. verheiratet. Es sollen 46 Personen, fast lauter Jungen und Mädchen, vom Sonnabend bis zum Montagabend beinah ununterbrochen tollirt, die Musikanten 8 Rthl. erhalten haben, und als sie am Montag früh fortgingen, ein Mann mit einem Leierkasten geholt worden sein. Nicht bloß in ihrer Wohnung, sondern am Montag früh wieder noch zweimal auf dem Hofe musizirt und getanzt haben.*

Ist das nicht ein greuliches Unwesen, und sollte der Lattorff und der Brodbeck der Brotkorb nicht höher gehangen und ein Almosen-Abzug gemacht werden können?

Daß dergleichen bei Almosen-Empfängern gestraft werde, scheint mir besonders in den Familienhäusern unerläßlich.

Ich bitte deshalb um Ihre gutachtliche Meinung.

Am **10.11.1834** lädt Krahmer nun die beiden Frauen Lattorff und Brodbeck vor und unterzieht sie einem eingehenden Verhör:

→A 33 *Den Conspiranten wurde die Anzeige vorgehalten, ihnen das immoralische und straffällige dieser Lebensweise geschildert und ihnen angekündigt, daß ein so greuliches Unwesen offenbar den Verlust des Almosens nach sich ziehen müßte; und beide zur Erklärung und Rechtfertigung aufgefordert.*

Danach erklärte die Erschienene 1: Sie könne es nicht in Abrede stellen, daß die Musik von den Gästen geholt und selbige den ganzen Tag und Nacht über gedauert habe. Die Hochzeit selbst habe in der Wohnung der Witwe Brodbeck stattgefunden, sie sei aber dabei nicht zugegen gewesen, da sie mit der Witwe Brodbeck nicht in Freundschaft lebe, welche eine Person von unsittlichem Lebenswandel sei und mit dem Arbeitsmann Francke in wilder Ehe lebe, von dem sie auch ein Kind habe. Übrigens habe sie anzuführen, daß die Kosten der Hochzeit weder von ihr noch von ihrer Tochter, sondern von den Geschenken der Gäste bestritten worden sind, an welchen die Witwe Brodbeck noch habe participiren wollen.

Zeichen +++ der Witwe Lattorff.

Die später erschienene Witwe Brodbeck erklärt: Die Heirat meines Sohnes mit der Lattorffschen Tochter ist ganz wider meinen Willen und ebenso die Ausrichtung der Hochzeit geschehen, zu welcher ich auch keinen Groschen beigetragen habe, welches meine Armut nicht gestattet. Vielmehr hat die p. Lattorff die Ausrichtung der Hochzeit in geschehener Weise

verlangt und dazu 3 Dutzend Karten gekauft, wodurch die Gäste einge-
laden worden sind. Ableugnen kann ich es nicht, daß die Hochzeit und der
Tumult in meiner Stube stattgefunden hat, daß ich mit dem Arbeitsmann
Francke früher im Concubinat gelebt habe und ein Kind mit ihm erzeugt
habe, ist wahr, jedoch habe ich allen näheren Umgang mit ihm abgebro-.
chen. Er besucht zwar sein Kind zuweilen, und es ist auf meinen Antrag,
daß ihm der Besuch verboten werden möchte, von Seiten des Gerichts
nicht reflektirt, mir vielmehr bekannt gemacht worden, daß ich ihm diesen
Besuch nicht verbieten könnte.
Handzeichen der Witwe Brodbeck: xxx

Die weiteren Nachforschungen des gewissenhaften Armenkommissars
ergeben, daß der Bräutigam sich das Geld für die Hochzeit geborgt hat.
Krahmer verlangt von ihm folgende schriftliche Erklärung:
10 Rthl. hab ich mir vom Invaliden Wegener geborgt. 3 sind bezahlt, ←A 34
und 7 Rthl. hab ich noch zu bezahlen, jede Woche mit 15 Sgr.
Ludwigs Eheleute
Meiers Eheleute
Schultzens dito
Witwe Grauhmann
Schneidermeister Bauer
Weber Pankratius Eheleute
Herr Welle nebst Frau
Ist von dem p. Brodbeck eingegeben, um dadurch anzuzeigen, daß er die
10 Rthl. geborgt und welche Hochzeitsgäste zugegen gewesen sind.
Krahmer.

Unabhängig von ihrem Vorgesetzten, der sie um ihre *gutachtliche Mei-*
nung gebeten hat, untersuchen die Deputierten Adler und Kernbach den
Fall. Ihr Bericht vom **15.11.1834** ergänzt diese seltsame Hochzeitsbe-
schreibung: *Wir selbst sind mit Unwillen Augenzeugen gewesen, daß sol-* ←A 35
che lärmenden Auftritte bei der vorerwähnten Hochzeit stattgefunden
haben. Um zu ermitteln, wo die Mittel zu solchem Unternehmen herge-
kommen, vernahmen wir die beteiligten Personen. Die Almosen-Empfän-
gerin Lattorff sagte aus, daß sie hierzu keinen Sgr. gegeben habe und geben
könne, daß vielmehr die jungen Leute sich 10 Rthl. von einem Invaliden
Wegener geliehen haben, welche sie in wöchentlichen Terminalzahlungen
zu 10 Sgr. zurückzahlen. Hiervon sei das Brautkleid (welches nur alt) für
1 1/2 Rthl., Schuh für 20 Sgr. und Tuch für 20 Sgr. gekauft, dann die
Trauungskosten bestritten, und so blieb folglich nur wenig zum Hochzeits-
schmaus übrig. Da nun beide Brautleute noch jung waren und vielen An-
hang unter den jungen Leuten haben, so haben sich mehr, als sie erwartet,
teils gebetene, teils ungebetene Gäste eingefunden und ihr Scherflein bei-
getragen, um sich einen lustigen Tag zu machen, welcher dann freilich
etwas in Ausgelassenheit überging. Von ihnen ist nichts mehr als der Ka-
sten gegeben worden, wofür sie auch reichlich entschädigt sind. Die Wwe.
Brodbeck, welche nur ein Almosen von 20 Sgr. für ihren 16 Jahr alten
Sohn Johann Frd. Schmidt (welcher eine lahme Hand hat) bezieht, sagt,
daß die Hochzeit wohl in ihrer Stube gehalten, sie aber dazu nichts weiter
beigetragen habe und selbst unwillig gewesen sei, daß sich die Hochzeits-
gäste am Montagmorgen nicht haben entfernen wollen. Die beiden jungen
Eheleute traten den Aussagen ihrer Mütter bei. Auch von versammelten
Gästen haben wir erfahren, daß sowohl Musikanten als auch mehrere Ge-
nüsse durch ihren Beitrag bestritten worden sind. Wir sind der Meinung,
daß den Eltern um deswillen ihr Almosen nicht zu schmälern sei.

Außer der Form einer Hochzeitsfeier in den Familienhäusern zeigt dieser Fall die Art und Weise, wie ein solches Fest organisiert und finanziert
werden kann, aber auch die Beaufsichtigung der Almosenempfänger durch
die Armenverwaltung, der solche Feste ein Greuel sind. Wer arm ist, hat
sich wenigstens ruhig zu verhalten. Dieser Auffassung ist auch der Schullehrer Gerlach, von dem Frau Kayser Grunholzer erzählt, er suche als reli-
giöser Sektierer unter den Bewohnern Anhänger, von denen er Einkehr
fordere, *die alle Zeit zur Arbeit wegnehme.* Von ihm stammt die einzige
uns bekannte Anzeige wegen Ruhestörung in den Familienhäusern:
Vom Sonntagabend, den 5. Juli, bis Montag früh, den 6. Juli, war bei ←A 36
dem Arbeitsmann Haertel (oder Ertel) in unseren Familienhäusern, Haus
92, ein so entsetzliches Schreien, Lärmen, Tanzen und Stampfen mit den

Füßen, während die Trompeten schmetterten und andere Instrumente schrieen, daß ich die Nacht hindurch weder schlafen, noch sonst etwas tun konnte.

In solche peinliche Lage sind aber gewiß viele durch dieses Unwesen, wozu der Schwefelholz-Macher Meyer 92 seine Stube eingeräumt und hergegeben hatte, besonders auch Kranke versetzt worden. Wenn man nun bedenkt, daß die Leute, die in der Nachtruhe gestört sind und heut bei höchst geringen Nahrungsmitteln ihr Brot auf eine harte, angestrengte Weise verdienen sollen, und dazu nimmt, wie besonders die Jugend durch solche böse Beispiele geärgert wird, so ist der große Nachteil, den hier bei uns Tausende von Menschen durch solche Gottlosigkeit auf einmal erleiden, gewiß schon jedem vernünftigen Menschen einleuchtend, und ich fühle mich veranlaßt, meine frühere Bitte, dieses Unwesen abzuschaffen, auf das dringendste zu wiederholen. Es muß hier bei uns wirklich eine Ausnahme gemacht werden, es geht sonst nichts.
Berlin, den 6.7.1835
Ihr geringer Diener
Gerlach
Schullehrer in den Familienhäusern vor dem Hamburger Tor

Daß sich Armut und Fröhlichkeit nach bürgerlichen Moralvorstellungen nicht miteinander vertragen, stellt auch Grunholzer bei seinen Besuchen
→S 14 fest: *Der Frohsinn wird dem Armen sehr häufig zum Vorwurfe gemacht und kann sogar die Unterstützung verhindern. „Der braucht nichts; es ist ihm wohl genug", heißt es; gleichsam als müßte man sich durchs Elend an der ganzen Seele niederdrücken lassen. Ich habe die Klage oft gehört, daß man sich recht kleinmütig zeigen müsse, um von den Armenbehörden unterstützt zu werden.*

Obwohl solche Feiern, wie die hier beschriebenen, sicher nicht zu den alltäglichen Ereignissen in den Familienhäusern gehören, sind sie aber auch nicht seltene Ausnahmen, denn an Anlässen wie Kindtaufen, Geburtstagen oder Hochzeiten fehlt es bei der Menge der hier Wohnenden nicht. Das zeigt eine polizeiliche Anzeige des Armendirektors Semmler vom **12.11.**
→A 37 **1834**, der *einen regen Mißbrauch in den Häusern zur Strafe bringen wollte — nämlich das Tanzen und Musiziren ganze Tage und Nächte hindurch bei Hochzeiten und Kindtaufen.*

Sonn- und Feiertage

Einen Eindruck davon, wie in den Familienhäusern wohl die gewöhnlichen Sonn- und Feiertage ausgesehen haben, geben die Besuche Grunholzers vom **9.4.1843**, einem Sonntag, und vom **14.4.1843**, dem Karfreitag:
→S 15   Der Glaser Weidenhammer *war in einer benachbarten Stube, wo sich jeden Sonntag eine kleine Spielgesellschaft bilde. Um Geld werde nicht gespielt; zuweilen gebe jeder einen Dreier, damit Branntwein oder Bier geholt werden könne.*
Währenddessen hat seine Frau in der Stube für den Säugling zu sorgen.
→S 18 Der Arbeitsmann Fundt *arbeitete am Schnitzstuhle; einige Knaben spielten Mariage, andere das Damenspiel. . . . (Fundt) hat eine geschickte Hand, verfertigt Vogelbauer, Kinderspielzeug, aber auch Zithern und Guitarren. . . . Seine Knaben spielen die Zither. Ich ließ mir einige Stücke vorspielen und bewunderte den kleinen Fritz, der nie einen Lehrer hatte und doch mit Fertigkeit die Tänze spielte, die er von den Leierkasten hört. Er hat Lust zum Violinspiel.* Frau Suchi, die Knochensammlerin, nutzt den Feiertag, sich die Kleider zu waschen, was sie allerdings daran hindert, das Haus zu verlassen, um etwas zu verdienen. Auch in der Dachstube der Familie
→S 18 Schumann *sah es nicht festlich aus. Es war nicht aufgeräumt; der Vater, die Mutter und vier Mädchen von elf bis zweiundzwanzig Jahren saßen im Werktagskleide müßig beisammen; ein Sonntagsgewand ist nicht vorhanden, darum ging auch niemand in die Kirche.*

Der Kirchenbesuch im Voigtland ist im allgemeinen sehr gering, wir wer-
→S 372 den hierauf noch später genauer eingehen. Seit **1828** sind deshalb in den Schulräumen des Schulvereins in den Familienhäusern sogenannte Betstun-

den eingerichtet worden, die mittwochs und sonntags stattfinden. Grunholzer wird Zeuge einer dieser sonntäglichen Erbauungsveranstaltungen:

Im Familienhause Nr. 92b kam ich glücklicherweise zu einer Betstunde ←S 22
(9. April). Um sechs Uhr abends versammelten sich in zwei nebeneinander liegenden Schulstuben ohngefähr zweihundert Personen, darunter mehr Weiber als Männer und eine bedeutende Anzahl von Kindern. Wenn ich nach den Kleidern schließen darf, so bildeten die Bewohner der Familienhäuser die Minderheit, und es waren vornehme Damen aus der Stadt und Umgebung anwesend. Die gefalteten Hände, die seitwärts geneigten Köpfe und die gezwungen niedergeschlagenen Augen brachten mich sogleich ins Reine über den Charakter der Gesellschaft. Ich setzte mich zu Weber M., den ich bei der armen Witwe als Opponenten des unzufriedenen Schusters kennengelernt hatte. Nach geschehenem Gebete und Gesange stellte sich der Prediger auf die Schwelle der die beiden Zimmer verbindenden Tür. Im Äußeren dieses jungen Mannes fand ich den Geist der ganzen Versammlung summarisch ausgedrückt. Auf dem blassen Gesicht waren die Züge des geistigen Lebens glatt gestrichen, Zerknirschung und Hochmut kämpften um die letzten Streifen. Die ganze Gestalt schien vor dem Crucifix einzubrechen. – Ich wußte zum voraus, daß eine Passionspredigt folgen würde, denn die Geistlichen sind in nichts gewissenhafter als in Festhaltung der nach der Lebensgeschichte Christi gemachten Textordnung. Wer funfzig Jahr den Gottesdienst besucht hat, ward funfzig Mal im gleichen Ideenkreise herumgeführt. Die Wahl des Textes: „Darnach, als Jesus wußte, daß schon alles vollbracht war, daß die Schrift erfüllet würde, spricht er: M i c h d ü r s t e t" (Ev. Joh. 19,28.) konnte mich also nicht befremden, wohl aber die Behandlung derselben. Mit einem leichten Sprunge setzte der Prediger über die Worte „daß schon alles vollbracht war" und „daß die Schrift erfüllet würde" hinweg und arbeitete sich eine volle Stunde müde am Ausrufe „M i c h d ü r s t e t." Es war für den Theologen kein leichtes Geschäft nachzuweisen, wie der Durst überhaupt entstehe, wie sich der leibliche Schmerz im Angesicht des Herrn ausdrückte, wie ihm die Lippen glühten u.s.w. Noch weniger fand er sich zurecht in dem Collisionsfalle, daß Christus, der Herr, dem die Macht über alles gegeben, der aller Hunger zu stillen, alle Schmerzen zu lindern weiß, Durst litt. Dagegen kam er ganz auf sein Feld, als er den leiblichen Durst auch als Durst des Herzens gefaßt hatte. Mit bewunderungswürdiger Beredsamkeit schilderte er die Schlechtigkeit der Menschen, zeigte, wie auch nicht einer gerecht war, und wie den Herrn darnach dürsten mußte, die Seelen aus des Satans Gewalt zu gewinnen. Mit Begeisterung wurde ausgesprochen, daß Christus seine Seele nicht hoch und teuer gehalten, daß er sie freudig hingegeben habe für die elenden, sündhaftigen Menschen. Schlafend seien wir des höchsten Glückes teilhaftig geworden. Durch die Gnade des Herrn empfangen wir bewußtlos die heilige Taufe und werden gerettet vom Verderbnis des Heidentums. Indessen sei der Durst des Herrn doch zur Stunde noch nicht gelöscht. Groß sei die Zahl derjenigen, die den Durst des Herrn nicht stillen wollen. „Ach, möchten wir doch recht heiß nach dem Herrn dursten; wir, die wir nur Strafe und Zorn verdienen! Doch, wir müssen alles vom Herrn erbitten, selbst, daß wir ihn lieben, daß wir nach ihm dürsten können; denn unser Herz ist so matt, so ohnmächtig, so tot, daß wir alles nur durch die Gnade des Herrn erlangen. Ach, könnten wir doch die Welt ganz aus unserm Herzen stoßen!" So ohngefähr ging es eine Zeitlang fort, dann kam es an den moralischen Teil der Predigt und zwar schnurstracks an den Genuß des Branntweins. Es hieß, im Genusse dieses Giftes vergesse man der Worte des Herrn: „Mich dürstet"; der Genuß geistiger Getränke sei darum ungerecht, weil Christus am Kreuze Durst gelitten; es sei billig, daß man auch dürste, dieweilen der Heiland gedürstet habe, unbillig, diesem allein allen Schmerz zu überlassen und uns die sinnlichen Genüsse zu verschaffen. Mit der dringendsten Bitte, wenigstens in der Karwoche weder Branntwein noch Punsch zu trinken, wurde die Passionspredigt geschlossen. Nachdem der Psalm „Wie nach einer Wasserquelle" abgesungen war, wurden die Statuten des Enthaltsamkeitsvereins vorgelesen, und der Prediger sprach die Erwartung aus, daß diejenigen, welche das Wort des Herrn: „Mich dürstet" beherzigen, dem Vereine beitreten. Gerührt ging die Versammlung auseinander.

Für viele Handwerker und Arbeiter, vor allem für die in den Fabriken oder als Lehrlinge arbeitenden Kinder ist der Sonntag kein oder nur zur Hälfte ein arbeitsfreier Feiertag: *Bei uns ist man damit nicht so streng;* ←L 32
man sieht das dritte Gebot fast als erloschen an. Fabrikherren und Mei-

ster machen sich kein Gewissen daraus, ihre Arbeiter bis sonntags nachmittags zu beschäftigen und ihnen die Gelegenheit gottesdienstlicher Erbauung und Belehrung zu entziehen. Man frage einmal die Kinder, welche in Fabriken arbeiten, oder die Lehrburschen, wie vielen es möglich ist, den Sonntag oder nur die hohen Festtage zu feiern, und man wird erschrecken über den Umfang der Versündigung gegen jenes Gebot...

Der Sonntag ist noch kein gesetzlicher Feiertag. Als zu Beginn des Jahres **1842** im Zusammenhang mit der Gründung eines „Vereins für die Förderung einer würdigen Sonntagsfeier" in der „Spenerschen Zeitung" eine Debatte darüber geführt wird, inwieweit es im Interesse des Staates und der Industrie liege, den Sonntag arbeitsfrei zu halten, werden zwei gegensätzliche bürgerliche Auffassungen davon, wie für das Proletariat der Sonntag →L 33 auszusehen habe, formuliert: *Der Sonntag soll ein Tag des Herrn sein, an ihm soll der Mensch r u h e n und seinem G o t t d i e n e n ... Der Arbeiter, der am Sonntag so gern fröhlich mit den Fröhlichen wäre, der gern in die Kirche ginge, gern mit seiner Familie unter Gottes freien Himmel träte und sich an der Schöpfung erfreute; e r m u ß a r b e i t e n. Er mag dabei ein außerordentliches Honorar für den Sonntag verdienen, aber wiegt dies den Dienst Gottes, seiner Familie und der Natur auf?*

Dieser konservativ-christlichen Argumentation steht die folgende Auffas-
→L 34 sung gegenüber, die das aufsteigende Industriebürgertum vertritt: *Steht es einmal fest, daß jeder am Sonntag von seiner Arbeit ruhen solle, so fragt es sich, wo hier der Anfang und wo das Ende ist. Sollten die Redakteure... sonntags Ruhe haben, so haben die Schauspieler, sowie das Orchester... dasselbe zu fordern. (Weitergeführt auf Köchin, Postbote, Feuerwehr usw. D. Verf.) Muß das nicht zur Vernichtung aller Ordnung ... führen? Man sehe nur, wie im Sommer am Sonntage vom frühesten Morgen an ganze Familien ... und sich zu ihnen gesellende junge Leute auf unschickliche Weise von dem Hamburger ... Tore auf dem Felde um die Flasche lagern, und an einem Tage, an einem Sonntage vielleicht den Erwerb einer Woche vergeuden ... Nein, Müßiggang ist des Teufels Ruhebank, Müßiggang ist aller Laster Anfang.*

Wenn konservativ-christliche Kreise den Sonntag als Tag des Herrn, der Natur und der Familie auch von Arbeitern feiern lassen wollen, so ist dies in doppelter Weise unrealistisch. Zum einen ist ein Feiern des Sonntags undenkbar, wenn nicht gleichzeitig eine Erhöhung der Löhne durchgesetzt wird, zum anderen läßt sich die Vorstellung von der Familie, die nach dem gemeinsamen Kirchgang einen Sonntagsspaziergang vornimmt, um sich an Gottes Schöpfung zu erfreuen, schwer auf die Familien übertragen, die wir durch Grunholzer kennenlernen.

Krankheit und Tod

Grunholzer trifft in 16 der 33 Haushalte, die er besucht, auf Kranke, oft auf mehrere in einer Stube. Die Schwiegermutter des Tischlergesellen Gellert liegt im Sterben, und der greise, völlig hilflose Weber Würth sehnt sich nach dem Tod. In der Familie Schadow sind 5, bei Engelmanns 8 und Jährigs 10 Kinder gestorben. Krankheit und Tod gehören für die Bewohner der Familienhäuser zu den alltäglichen Bedrohungen und Erfahrungen.

Daß Krankheit und Sterblichkeit keine rein medizinischen Probleme darstellen, sondern ursächlich mit der sozialen Lage der Menschen, ihren Lebens-, Arbeits- und Wohnbedingungen zusammenhängen, ist lange bekannt. Bereits **1796** weist Ludwig Formey in seinem „Versuch einer medizinischen Topographie Berlins" auf diesen Zusammenhang hin:
→L 35 *Überhaupt tragen die elenden Wohnungen, welche der gemeine Mann in Berlin hat, zu den Krankheiten dieser arbeitsamen Classe unserer Mitbürger viel bei, und die vielen Bauten in Berlin sind ein wahres Unglück für sie. Jeder, der ein altfränkisches Haus, worin dergleichen Leute wohnten, niederreißt, erbaut an dessen Stelle ein Prachthaus und richtet es zu großen Wohnungen für wohlhabende Leute ein. Daher sind in Berlin große Wohnungen in Überfluß und verhältnismäßig wohlfeil zu haben; kleine hingegen werden immer seltener und teurer, und der Arme findet kaum ein Obdach für sich und die Seinigen. Er schränkt sich daher immer mehr ein und behilft sich mit einem einzigen Zimmer, worin er nicht allein sein*

Handwerk treibt; sondern auch mit seiner ganzen Hausgenossenschaft wohnt und schläft. Bei dem hohen Preis des Brennholzes versperrt er nun im Winter der äußern Luft allen Zugang aufs sorgfältigste, und so leben diese Menschen in einer Atmosphäre, die beim Eintritt in ein solches Zimmer jeden Fremden zu ersticken droht. Es wäre daher wohl zu wünschen, daß bei den häufigen Königlichen Bauten auf diese schätzungswerte Klasse unserer Mitbürger mehr Rücksicht genommen und den oft tödlichen Folgen ihrer elenden und kleinen Wohnungen abgeholfen würde. Wenn diese Menschen eine verdorbene Luft nicht beständig einatmeten, so würden sie und ihre Kinder stärker sein und nicht so oft erkranken.

Die Armut dieser Klasse von Menschen hat einen großen Einfluß nicht allein auf die Sterblichkeit, sondern auch auf die Bildung der am Leben gebliebenen Kinder. Die Vernachlässigung der kleinen Kinder, der Mangel an Raum, an gesunder Luft, an Wäsche und die schlechte Nahrung schwächet dieselben und macht sie schief, krumm und auf alle Art verwachsen.

Wenn nun in einer solchen kleinen Haushaltung Pocken, Masern oder andere Krankheiten Kinder oder Erwachsene befallen, so ist nicht allein das Elend unbeschreiblich; sondern der Tod mehrenteils unvermeidlich.

Was Formey hier beschreibt und was erst sehr viel später durch die Forschungsgebiete der Hygiene und der Sozialmedizin wissenschaftlich nachgewiesen wird, könnte auf die Familienhäuser bezogen sein, wenn sie nicht erst 28 Jahre nach Erscheinen seines Buches fertiggestellt worden wären.

Bereits unmittelbar nachdem die Familienhäuser bezogen worden sind, zeigen sich die Folgen, und es sind Mediziner, die als erste gezwungen sind, sich mit den Wohn- und Lebensbedingungen der Bewohner zu befassen. Schon am **29.7.1824**, gerade 2 Monate nach Fertigstellung des letzten großen Wohnhauses, verfaßt der Vorsteher des 12. Medizinalbezirks, der Armenarzt Dr. Büttner, einen alarmierenden Bericht für die Armendirektion:

Die Anzahl der in dem 12ten Medizinal-Bezirk behandelten armen Kranken – 790 – ist auffallend groß, indem sie den vierten Teil aller in der Commune vorhanden gewesenen armen Kranken beträgt. Wenn nun jener Bezirk zwar sehr groß ist und in demselben namentlich im sogenannten Voigtlande eine im Verhältnis zu den übrigen Bezirken überwiegend große Anzahl armer Leute wohnen, so hat es sich doch aus den von den betreffenden Armen-Sanitäts-Beamten eingereichten Kranken-Nachweisungen ergeben, daß bei weitem die meisten Kranken in der sub Nr. 58, 59 und 60 in der Gartenstraße belegenen, dem Herrn von Wülcknitz zugehörigen Häusern vorgekommen sind.

Folgender Auszug aus den erwähnten Nachweisungen mag dies näher beweisen.

In den genannten Häusern wurden behandelt
im April: 136
im Mai: 189 und
im Juni: 213 arme Kranke.

Wenn nun in dem ganzen 12. Medizinalbezirke inclusive der von Wülcknitzschen Häuser
im April: 284
im Mai: 355
im Juni: 342

Kranke behandelt wurden, so ergibt sich hieraus, daß zwar im April 12 Kranke weniger, dahingegen im Mai 23 Kranke und im Juni sogar 84 Kranke in den von Wülcknitzschen Häusern mehr vorgekommen als in dem ganzen übrigen Teile des großen 12ten Medizinal-Bezirks.

Aus diesen Notizen gehet ferner hervor, daß sich die Zahl der Kranken in den v. Wülcknitzschen Häusern von Monat zu Monat vermehrt, ob dies in der fehlerhaften Bauart jener Häuser oder in einer schlechtern innern Ordnung oder in Mangel an Reinlichkeit seinen Grund habe, oder ob das Zusammenpressen der Bewohner in zu enge Räume daran schuld sei – dies können wir zwar nicht untersuchen, allein wir müssen bemerken, daß nun eine solche Vermehrung der Kranken schon in den Sommer-Monaten stattfindet, wo der größte Teil der männlichen Bewohner als Handlanger, Tagelöhner usw. außer dem Hause arbeitet, wo die Stubentüren und Flur-Fenster geöffnet und somit der freien Luft Eingang verschafft werden kann, wo mancherlei häuslicher Arbeiten im Freien verrichtet werden; wo die Kinder ihr Wesen in freier Luft auf dem Hofe treiben; so müssen wir für die Winter-Monate äußerst besorgt werden, wo nicht allein alle diese

→L 36

←A 38

Friedrich Sass über den Gesundheitszustand der Proletarier:

Medizinische Untersuchungen haben es erwiesen und bestätigen es fortwährend, daß die verschiedenen Funktionen der verschiedenen Gewerbe einen sehr beträchtlichen Einfluß auf die Gesundheit des Menschen ausüben. Wenn schon die besondere Tätigkeit oft an sich den Körper ruinirt, so ist es gar kein Wunder, wenn dieser vollkommen untergraben wird, sobald, wie in der Regel, durch das niedrige Arbeitslohn ihm die notwendigsten Bedürfnisse verkümmert werden und die Arbeit zu einer Überarbeitung führt. Durch die schlechte Kost, die schlechte Wohnung und Kleidung erklärt es sich außerordentlich leicht, daß das Verhältnis der Sterblichkeit unter den Armen mindestens immer wie 1 zu 2 angenommen werden muß; d.h. es sterben mindestens noch einmal soviel Arme wie Wohlhabende. Es fehlen uns für Berlin, zum Beweise dieser Behauptung, zwar die directen Zahlen, aber auf indirectem Wege bewahrheitet sie sich vollkommen. Im Jahre 1844 behandelte die Charité 9446 Kranke, davon waren 5646 ganz zahlungsunfähig und nur 161 aus höheren Ständen. Im Jahre 1839 starben an Berliner Stadtarmen 1319, im folgenden Jahre 1845; in fortschreitender Steigerung hat sich die Zahl der gestorbenen Stadtarmen für 1844 auf circa 2000 Personen belaufen. Es ist aber unendlich wenig gesagt, wenn wir mindestens vier Mal soviel Proletarier als Stadtarme annehmen. So würden dann für das Jahr 1844 circa 8000 gestorbene Proletarier herauskommen, während Berlin für jenes Jahr überhaupt nur 9192 Todesfälle aufzuweisen hatte. Hier wie dort sind die Kinder und Frauen mitgerechnet. Es findet also darin eine Ausgleichung statt. Wenn man aber diese Wahrscheinlichkeitsrechnung für zu hoch hält, weil bei den Stadtarmen die ganz hülflosen Kinder und Alten beträchtlich überwiegen (obgleich wir deshalb auf den Stadtarmen nur 4 Proletarier annehmen), so ziehe man von 8000 immer noch 2000 ab, und man wird dann gerade das obige Verhältnis haben, wonach zwei Arme auf einen Wohlhabenden in die Grube fahren müssen. Die summarische Übersicht der jährlich in sämtlichen Medizinalbezirken Berlins behandelten Kranken, welche das Monatsblatt für die Berliner Armenverwaltung alle Jahre veröffentlicht, wird hier sehr lehrreich; denn, obgleich man es hier überhaupt nur mit den Armen zu tun hat, so zeigt sich doch, daß auch in den Stadtteilen, wo die Armen-Bevölkerung besonders vorwiegt, die Todesfälle unter ihnen sich noch wieder ganz bedeutend vermehren. Nirgend grassirt der Typhus so heftig und bösartig als im nördlichen Berlin, in den eigentlichen Armendistricten. Bis zum Jahre 1842 bestanden in Berlin nur 13 Medicinal-Armenbezirke, damals wurden dieselben bis auf 15 vermehrt, im Jahre 1845 hat eine neue Einteilung der Stadt in 32 Medicinal-Armenbezirke stattgefunden. Ob der Grund dafür nur in der allgemeinen Vergrößerung Berlins lag, wenn die Armendirection unter dem 20sten Juni 1842 erklärt, ,,daß sich die Zahl der Armen-Kranken mehrerer Medicinalbezirke dergestalt vermehrt hat, daß solche von den betreffenden Armenärzten nicht ferner zu behandeln gewesen ist", oder ob vielmehr auch eine innere Vermehrung der Berliner Stadtarmen stattgefunden, dieses muß hier leider ununtersucht bleiben, wahrscheinlich findet aber auch hier eine Wechselwirkung statt.

günstigen Bedingungen wegfallen, sondern wo vielmehr das gerade Gegenteil stattfindet, weil die Familien später vielleicht, ohne etwas zu verdienen, sich im Hause aufhalten und vielleicht mit ihren Familien darben müssen, weil man die Ritzen der Fenster, Türen sorgfältig verkleben wird, um die Stubenwärme zu erhalten, die frische gesunde Luft aber abzuwehren, und weil endlich durch die große Anzahl von Kindern, die sich auf den Corridors herumtummeln werden, Schmutz und Unreinlichkeit im ganzen Hause verbreitet werden muß.

Daß die Zahl der Toten in den oft gedachten Häusern nicht gering ist, geht aus Folgendem hervor.

Es starben nämlich

im April:	*3 Personen*
im Mai:	*10 ”*
im Juni:	*8 ”*
Summa	*21 Personen.*

Die größte Besorgnis muß aber wohl die sehr bedeutende Anzahl solcher Kinder erregen, die, an epidemischen und contagiösen Krankheiten leidend, in den von Wülcknitzschen Häusern sich vorfanden. Im Monat Juni c. wurden nämlich in diesen Häusern folgende Kranke der eben angegebenen Art ärztlich behandelt.

An den Menschenpocken	*13 Kranke von 1/4 bis zu 12 Jahren*
An den Blattern (Varicellae)	*8 Kranke*
An Masern	*30 Personen*
Am Scharlachfieber	*8 Kranke.*

Außerdem befanden sich in dem Hause No. 58 drei syphylitische Kranke, worunter zwei Kinder waren.

Das ist in der Tat mehr Zunder zu ansteckenden Krankheiten, als erforderlich ist, um eine noch größere Stadt wie Berlin aufs höchste zu gefährden.

Als die Armendirektion diesen Bericht am **29.10.1824** an den Magistrat und das Polizeipräsidium weiterleitet, ergänzt sie ihn für die folgenden Monate:

→A 39

im Juli	*196 Kranke*	
darunter befanden sich:		
an den Menschenpocken	. . . .	*5 Pers.*
” ” falschen Pocken	. . . .	*5 ”*
” ” Masern	. . . .	*27 ”*
an Scharlachfieber	. . . .	*8 ”*
im August	*146 Kranke*	
darunter litten:		
an den Menschenpocken	. . . .	*5 ”*
” ” Varicellen	. . . .	*3 ”*
” ” Masern	. . . .	*4 ”*
am Scharlach	. . . .	*6 ”*
im September	*165 Kranke*	
unter diesen befanden sich:		
an den Masern	. . . .	*2 ”*
” ” Varicellen	. . . .	*2 ”*
am Scharlach	. . . .	*12 ”*

Da nicht alle Einwohner der von Wülcknitzschen Häuser Arme sind, so läßt sich wohl vermuten, daß noch weit mehr Kranke, als oben angegeben worden sind, in jenen Häusern vorhanden gewesen, welche entweder von andern als Armen-Ärzten oder vielleicht gar nicht ärztlich behandelt worden sind.

Wie sehr übrigens ansteckende Krankheiten in diesen anscheinend mit Menschen überfüllten Häusern um sich greifen und bösartiger werden können, solches beweisen die Masern. Im Monat Juli wurden in sämtlichen Medizinal-Bezirken Berlins behandelt:

39 Masernkranke.

Von dieser Anzahl befanden sich ganz allein in den von Wülcknitzschen Häusern

27 mit Masern

behaftete Kranke, von denen drei Kinder starben, während in den übrigen Medizinalbezirken kein Todesfall an den Masern vorgekommen ist.

In jenen Häusern sind auch die im Juli und August an den Menschenpocken gestorbenen zwei Personen behandelt worden.

Stadtrat Keibel formuliert die Angst, die die medizinischen Berichte aus den Familienhäusern bei den Stadtbürgern Berlins auslösen: *Brechen* ←S 134 *aber einmal epidemische Krankheiten als Pocken, Scharlachfieber etc.* →L 37 *hierin auf, so können sie von den in den verschiedensten Gegenden der Stadt arbeitenden Bewohnern leicht weiter verbreitet und selbst die Hauptstadt in die größte Gefahr bringen.*

Direkte Folge des zitierten Medizinalberichts ist, daß der Magistrat dem König über die Zustände in den Familienhäusern berichtet und daß ein speziell für die Familienhäuser zuständiger Armenarzt eingestellt wird. Es ist Dr. Thümmel, der seit **1825** in einer ihm von v. Wülcknitz zur Verfügung gestellten Stube täglich seine Sprechstunden abhält, Bestellungen zu Krankenbesuchen entgegennimmt und sonntags die Impfungen gegen Blattern und Pocken vornimmt, die den Bewohnern der Familienhäuser durch Mietkontrakt zur Pflicht gemacht werden. Die Pflege der Kranken liegt ganz in der Hand der Angehörigen. Das macht Dr. Thümmel Sorgen, der an die notwendige Isolierung bei zukünftigen Epidemien, z.B. Scharlach, denkt, *namentlich, da sich die Eltern, welche fast überall eine Scheu* ←A 40 *und nicht zu besiegende Vorurteile gegen die Charité haben, es nicht würden gestatten lassen, ihre Kinder dorthin zu senden und diese Heilanstalt selbst nicht zur Aufnahme von kranken Kindern geeignet ist.*

In dieser Beziehung habe ich Herrn von Wülcknitz meine Vorschläge zur Einräumung eines oder zweier Zimmer getan und hat sich Herr von Wülcknitz erboten, mir ein von den Familienhäusern ganz abgesondertes kleines Quartier von Stube, Kammer und Küche einzuräumen, welches nächstdem zur Anwendung von Bädern, zur Bereitung von Umschlägen etc. etc. sehr zweckmäßig sein dürfte. Jedoch sind in dieser Beziehung noch keine weiteren Schritte getan und erwarte ich hierüber die Genehmigung Einer Hochlöblichen Armen-Direction, da zur Abwartung der Kinder in dem isolierten Locale eine eigene Wärterin unbedingt gehalten werden müßte.

Dieses Angebot wird von Dr. Büttner, Thümmels Vorgesetztem, abgelehnt: *Die Meinung des Herrn Thümmel ist äußerlich die, bei einer entste-* ←A 41 *henden Scharlach-Fieber-Epidemie die erkrankten Kinder zu isolieren, d.h. sie von ihren Eltern wegzunehmen und sie in einem eigenen Locale der Pflege einer angenommenen Wärterin zu übergeben. Dies ist aber eine Maßregel, welche sich nicht durchführen läßt, indem kein Gesetz existiert, welches Eltern zwingen könnte, ihre kranken Kinder fremder Pflege zu übergeben. Dann würde aber auch der für solchen Zweck in Antrag gebrachte Raum von einer Stube und einer Kammer gar keinen Nutzen haben, denn bei einer Anzahl von wenigstens 1000 Kindern, die sich in den v. Wülcknitzschen Häusern befinden mögen, würde für den angegebenen Zweck eine Quarantäne-Anstalt oder vielmehr ein mit allem zur Kinderpflege versehenes Lazarett für 30 bis 40 kranke Kinder erforderlich sein. Ich will nicht einmal erwähnen, welch ein großes Wärter-Personal für so viele im zartesten Alter befindliche Kinder angestellt werden müßte.*

Um uns eine Vorstellung davon zu machen, welche Rolle der Tod für die Bewohner der Familienhäuser gespielt hat, haben wir die Totenbücher der zuständigen Sophien-Gemeinde durchgesehen. Diese Totenbücher, die zu jedem Verstorbenen Angaben über Wohnung, Name, Alter, Todesursache, Stand, Todestag sowie Tag und Ort der Beerdigung enthalten, könnten das Grundmaterial zu einer ausführlichen medizinischen Untersuchung nach statistischen und topographischen Gesichtspunkten liefern, die jedoch nur in einem großen, auf die ganze Stadt bezogenen Rahmen sinnvoll wäre. Die Kartierung von Krankheiten und Todesursachen ist bis heute ein ausgezeichnetes Mittel, Einblicke in die soziale Unterversorgung von Stadtquartieren und Regionen zu erhalten. Daß solche Karten bei uns, wenn überhaupt angefertigt, dann nicht publik gemacht werden, liegt an der Negierung der Tatsache, daß es eine Abhängigkeit zwischen der sozialen Lage und der physischen Verfassung gibt. Wir haben für unsere Zwecke lediglich die in den Jahren **1824–1830** in den Familienhäusern gestorbenen Personen zusammengestellt, um eine Vorstellung von den Todesursachen, dem Lebensalter und der Häufigkeit des Todes in diesen Häusern zu erhalten.

Die Zusammenstellung der Todesfälle in den Familienhäusern, ausge- ←A 42 wählt nach den Adressenangaben in den Totenbüchern, ergibt für die 6 Jahre zwischen **1824** und **1830** insgesamt 541 Fälle – das bedeutet für die Bewohner der Häuser alle 4 Tage, wenn sie nicht in ihrem eigenen

Friedrich Sass über die Krankheitsverhältnisse verschiedener Gewerbe:

Für den Gesundheitszustand der Handwerksgesellen der verschiedenen Gewerbe in Berlin stehen uns einige interessante Data zu Gebote, die wir nicht verschweigen dürfen. Der Geist der entfesselten Gewerbefreiheit hat nämlich das Assoziationswesen der alten Corporationen in diesen Kreisen nie ganz auflösen können, und so bestehen denn unter ihnen zur Zeit noch 60 Gesellen-Kranken- und Sterbe-Kassen, aus denen im Jahre 1845 an 8107 Kranke verpflegt und Tote beerdigt wurden. Wenn man nun die in der vorstehenden Tabelle gegebene Zahl der sämtlichen Gesellen eines Gewerks mit den in demselben Jahre unter ihnen stattgehabten Krankheitsfällen vergleicht, so erhält man (wir wählen nur einige Gewerke) dann die folgenden Resultate. Im Jahre 1845 waren

von	*295 Buchbindern*	*123 erkrankt;*
von	*885 Garnwebern*	*233 erkrankt;*
von	*280 Klempnern*	*126 erkrankt;*
von	*390 Schlächtern*	*87 erkrankt;*
von	*2700 Maurern*	*450 erkrankt;*
von	*1200 Seidenwirkern*	*291 erkrankt;*
von	*1600 Schlossern*	*684 erkrankt;*
von	*1680 Zimmerleuten*	*70 erkrankt;*
von	*2600 Schneidern*	*896 erkrankt;*
von	*1968 Schuhmachern*	*1484 erkrankt;*
von	*2200 Tischlern*	*1158 erkrankt.*

Leider stehen uns die Zahlen der Todesfälle nicht zu Gebote. Aber die Krankheitsfälle sagen genug. Während bei den Zimmerleuten auf 24 Gesunde ein Kranker kommt, wird bei den Schneidern auf 3 eine Person, bei den Klempnern und Tischlern sogar unter 2 Gesellen einer krank. Die Gesundheitszustände in der elendesten Armut können kaum schlechter sein als unter diesen Gesellen, wo doch die meisten dem kräftigen Mannesalter angehören. In diesen Zahlen liegt also eine große Anklage für den gegenwärtigen Zustand unsrer Arbeiter. Während das Zimmerhandwerk an sich der Gesundheit zuträglich sein wird, mag die Tischlerei an sich dem Körper, besonders die Brust, ruinieren, aber selbst darin findet das abnorme Zahlenverhältnis durchaus noch keine Begründung. Die Hauptursache liegt auch hier in dem niedrigen Arbeitslohne. Die Arbeit der Tischler beträgt Tag für Tag volle 12 Stunden. Die Gesellen, welche es bis auf 7 Thlr. Wochenlohn bringen wollen, um ihre Familie kümmerlich zu ernähren, sehen sich oft zu 15 bis 19 Stunden täglicher Arbeit genötigt. Die Tischlerei und der Arbeitslohn in derselben ist, wie oben gesagt, durch den fabrikationsmäßigen Betrieb so tief heruntergebracht worden. Die Folge davon ist auch, daß die Berliner Tischler, was ihre Gesundheit betrifft, zu den elendesten Menschen gerechnet werden müssen. Etwas Ähnliches ist der Fall bei den Schlossern, Klempnern, Schneidern u.s.w.

Haushalt betroffen sind, die Nachricht vom Tod eines Nachbarn. Das bedeutet auch, daß durchschnittlich in jedem der 400 Haushalte in diesen 6 Jahren sich 1–2 Todesfälle ereignen.

Wir haben diese Todesfälle nach dem Alter der Gestorbenen aufgeschlüsselt und sie in Gruppen zusammengefaßt:

Jahre	Todgeb.	0–12	1–15 J.	16–55 J.	55 J. +	Summe
1824	1	44	48	16	8	117
1825	2	44	44	9	4	103
1826	5	30	27	16	5	83
1827	5	40	54	10	9	118
1828	0	26	20	12	9	67
1829	1	13	22	6	11	53
Summe	14	197	215	69	46	541
%	2.6	36.4	39.75	12.75	8.5	100

Es zeigt sich, daß 2,6% der Todesfälle Totgeburten sind, 39% der Gestorbenen haben das erste Lebensjahr nicht erreicht, 53,8% sind nicht älter als 2 Jahre geworden, und 78,75% sind jünger als 15 Jahre. Nur 8,5% der Verstorbenen sind älter als 55 Jahre. Die durchschnittliche Lebenserwartung in den Familienhäusern liegt bei 13 Jahren. Für die, die das erste Lebensjahr überlebt haben, bei 19 Jahren, und für erwachsene (über 15 Jahre alte) Männer und Frauen liegt sie bei 52–53 Jahren.

Um zu erfahren, woran die Bewohner gestorben sind, haben wir für die verschiedenen Altersgruppen die häufigsten Todesursachen und deren Anteil innerhalb dieser Gruppen zusammengestellt:

1. 0–12 Monate	Krampf	46,20%
	Abzehrung	13,70%
	Zahnen	6,60%
2. 1–15 Jahre	Abzehrung	30,70%
	Krampf	13,00%
	Wassersucht	9,30%
	Scharlach	6,00%
3. 16–55 Jahre	Schwindsucht	20,30%
	Wassersucht	15,94%
	Lungenentzündung	14,50%
	Schlagfluß	14,50%
	Nervenschwäche	7,25%
4. über 55 Jahre	Schwindsucht	26,10%
	Abzehrung	19,50%
	Altersschwäche	17,40%

Ohne daß wir die einzelnen Krankheiten hier analysieren können, die zum Tode führen, ist doch sofort erkennbar, daß ein Großteil der Bewohner an Hunger (Abzehrung), schlechter Zusammensetzung der Nahrung (Wassersucht) und an den Bedingungen der Arbeit im Zusammenhang mit Unterernährung (Schwindsucht als typische Weberkrankheit) sterben. Ein natürlicher Tod (Altersschwäche) ist für die Gruppe derer, die älter als 55 Jahre werden, nicht die Haupttodesursache.

Wie alltäglich der Umgang mit dem Tod in den Familienhäusern ist, zeigt die Art, wie mit den Leichen nach dem Tod zunächst verfahren wird:

→A 43 *Die Hinterbliebenen behalten ihre Toten entweder in der eigenen Wohnung oder bewahren solche in einem gerade leer stehenden Zimmer auf.* Dr. Thümmel, der von den Leichen ausgehende ansteckende Ausdünstungen, sogenannte „Miasmen", fürchtet, versucht mit Hilfe des Hausinspektors die Hinterbliebenen zu veranlassen, ihre Toten bis zum Begräbnis in einer Totenkammer aufzubewahren, die *in einem abgesperrten Ausgang aus dem Keller-Corridor des Hauses Gartenstraße 92* angelegt und zumindest bis **1828** *selten genutzt* worden ist. Jetzt beschweren sich jedoch

→A 44 die Kellerbewohner bei Dr. Thümmel: *Der bei der jetzt hohen Temperatur der Luft leicht entstehende üble Geruch der Leichen verbreitet sich weni-*

ger durch die kleinen Luftlöcher nach dem Hofe als durch den Bretterverschlag nach dem Corridor und in die daranstoßenden Kellerstuben, deren Bewohner zum Teil, um nach dem Hofe zu gelangen, vor der Totenkammer vorbeigehen müssen, und ist für dieselben ebenso belästigend, als er durch die Erzeugung eines Krankheits-Miasmus gefahrdrohend werden kann. Von den Angehörigen der Toten wird der Verschlag im Keller abgelehnt, da er erst mittels Durchgehung des Kellerflurganges in der größeren Länge des Gebäudes erreicht werden kann und nicht einmal gegen das Eindringen der Katzen geschützt ist.   ←A 45

Das Begräbnis findet manchmal erst 5 Tage nach dem Tod statt, aus den Totenbüchern geht hervor, daß die Angehörigen die Toten entweder selbst   ←A 46
auf dem Armenkirchhof an der Linienstraße oder, wenn sie das Geld erübrigen können (Kinderleichen sind billiger und gelten als 1/4 Leiche), durch den Pfarrer auf dem den Familienhäusern gegenüberliegenden Sophien-Kirchhof bestatten lassen.

1862 macht ein Diakon der Elisabeth-Gemeinde die Entdeckung — auch wenn er es selbst nur als Pietätlosigkeit begreifen kann —, daß die Bedingungen, unter denen Menschen aufwachsen, leben und die sie bewältigen müssen, auch ihre Sprache prägen: Die Wörter „Grab" und „begra-   ←L 38
ben" sterben im Voigtlande aus. Das „Grab" ist zum „Loch", aus „begraben" ein „inbuddeln" geworden, und 14jährigen Kindern sind die ordentlichen Bezeichnungen höchst ungewohnt, die gerügten höchst geläufig.

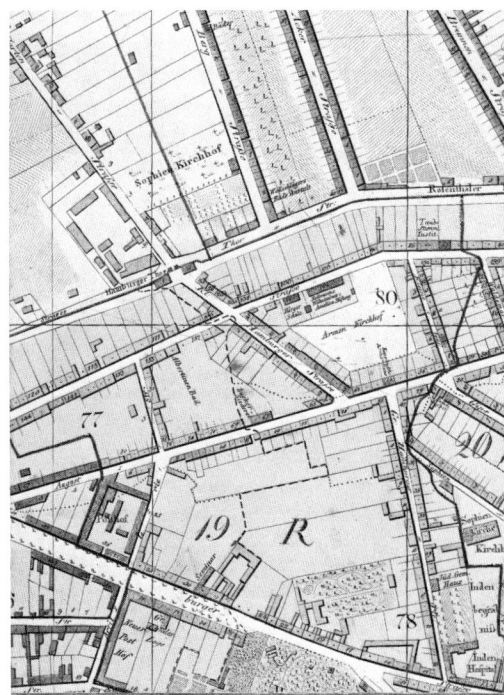

→B 19 Berlin 1843, Ausschnitt: Die Lage der Friedhöfe (Sophienkirchhof und Armenkirchhof) in unmittelbarer Nähe der Familienhäuser

Funktion und Zusammensetzung der Familien

Wenn wir die 33 von Grunholzer beschriebenen Haushalte auf ihre personelle Zusammensetzung hin untersuchen, so stellen wir zunächst fest, daß 6 davon von alleinstehenden Frauen, meistens Witwen, geführt werden. Bei der näheren Analyse der Fälle stellt sich heraus, daß genausoviele Haushalte von alleinstehenden Männern, ebenfalls meistens Witwern, geführt werden. Es gibt in den Familienhäusern Haushalte wie den der Witwe Kayser, die mit ihrer ebenfalls verwitweten Schwester und ihren Kindern zusammenlebt, aber auch solche wie den des Webers Kupfer, wo zwei alleinstehende Männer mit den Kindern zusammenwohnen, oder den Fall der Witwe Schreyer, die mit einem unverheirateten Weber zusammengezogen ist. Außerdem trifft Grunholzer noch zwei Familien an, die aus „polizeilichen Gründen" reduziert worden sind. Die Frau des Arbeitsmanns Weber ist auf einige Jahre wegen Betteln eingesperrt, und der   ←S 21
Schlossergeselle Bettin, eines Vergehens gegen einen Beamten verdächtig,   ←S 22
sitzt schon eineinhalbes Jahr in Spandau gefangen. In vier weiteren Fällen trifft Grunholzer Haushalte an, die nur noch aus zwei Personen, alte Ehepaare ohne Kinder, bestehen. Nur in einem einzigen Fall, beim Tischlergesellen Gellert, dessen Schwiegermutter todkrank auf einem Strohlager in der Stube liegt, trifft Grunholzer eine aus 3 Generationen bestehende Familie.

Es zeigt sich, daß in den Familienhäusern die 3-Generationen-Familie die Ausnahme darstellt und man auch nicht davon reden kann, daß die aus Vater, Mutter, Kindern bestehende 2-Generationen-Familie die Regel ist, da dieses Muster nur für die Hälfte der von Grunholzer besuchten Familien zutrifft. Die Erscheinung, daß die Haushalte weniger nach verwandtschaftlichen Beziehungen, sondern mehr nach ökonomischen Gesichtspunkten zusammengestellt werden, wobei sich die Größe der zusammenlebenden Gruppe danach bestimmt, ob man gemeinsam die Miete und die sonstigen Lebenshaltungskosten aufbringen kann, wird für die Familienhäuser bis 1828 als allgemein zu beobachtendes Phänomen beschrieben, es läßt sich aber auch noch nach dem Verbot des Schlafstellenhaltens und uneingeschränkten Zusammenwohnens in den Grunholzer-Protokollen nachweisen.

Dem christlich-bürgerlichen Ideal kommen diejenigen Familien am nächsten, die aus einem Ehepaar mit Kindern bestehen. Untersuchen wir aber diese Familien näher, so stellen wir auch hier mit zunehmendem Proletarisierungsgrad erhebliche Auflösungstendenzen der Familienstrukturen fest.

Eine ökonomische und räumliche Einheit bilden unter den von Grunholzer besuchten Familien nur noch 6 Familien (Unger, Schadow, Jährig, Fischer, Matthes und Hambach). Es sind die Familien von heimarbeitenden

Handwerkern, meistens Webern, mit kleinen Kindern, wo die Familie durch den gemeinsamen Produktionsprozeß über den ganzen Tag zusammengehalten wird und wo Arbeit und „Familienleben" nicht voneinander zu trennen sind.

Mit zunehmender Proletarisierung löst sich diese Einheit notwendig auf. Der Glaser Weidenhammer kann in den Familienhäusern keine Werkstatt mit entsprechender Kundschaft führen und wird zum Hausierer, seine Frau muß in einer Papierfabrik arbeiten, damit der Haushalt finanziert werden kann, währenddessen muß der ältere Sohn den jüngsten hüten. Die Familie Weidenhammer ist den größten Teil des Tages voneinander getrennt und wird auch nicht mehr durch eine gemeinsame Produktion zusammengehalten.

→S 15 Den nächsten Schritt der Zersplitterung dokumentiert der Fall der Familie des kranken Seidenwirkers Dahlström: *Der älteste Sohn, ein Strickmusterzeichner, hat ihn vor einigen Wochen . . . verlassen. Der zweite arbeitet auch für sich, wohnt bei den Eltern und gibt 25 Sgr. zu der Miete. Ein vierzehnjähriges Mädchen verdient wöchentlich 22 1/2 Sgr. in einer Kattunfabrik, wo es von 5 Uhr morgens bis neun Uhr abends zur Arbeit angehalten wird. . . . Ein zehnjähriger Knabe geht in die Schule oder hütet sein zweijähriges Brüderchen. Die Mutter sucht in der Stadt Knochen zusammen.*

→S 15 Zu der zeitlichen und produktionsspezifischen Trennung der Familien tritt als weiterer Schritt zu ihrer Auflösung die haushaltsmäßige Zersplitterung, wie man es bei Frau Kleist und ihren Kindern beobachten kann: *Obschon (der älteste Sohn) bei der Mutter wohnt, kauft er sich das Brot doch selbst und spart das Erworbne zusammen für ein Paar Stiefel. Die Kinder aus armen Familien machen sich frühe unabhängig. Die Eltern verzichten gerne auf die Unterstützung des Sohnes in der Hoffnung, dieser reiße sich aus der Armut heraus. Ein anderer Knabe lernt das Töpferhandwerk, erhält wöchentlich 1 Thlr. Lohn und bezahlt davon 22 1/2 Sgr. Kostgeld an die Mutter. Die älteste Tochter war Dienstmagd in der Stadt.* Diese Familie wohnt nur noch teilweise zusammen, da Dienstmägde normalerweise bei ihrer Herrschaft untergebracht werden, die einzelnen Mitglieder sind nur noch über Teilfunktionen eines gemeinsamen Haushalts miteinander verbunden, und auch die, die noch gemeinsam ihre Unterkunft bezahlen, beginnen ihre eigenen Haushalte zu führen, indem sie für sich selbst sparen.

Traditionelle familiäre Bindungen zerfallen unter dem Druck der äußeren Verhältnisse, wozu nicht zuletzt die räumliche Trennung aufgrund großräumlicher Wanderungsbewegungen gehört. Unger kommt z.B. aus Scherzburg, Engelmann aus Nordheim, Würth aus Biberach. Fundt hat Ver-
→S 17 wandte im Harzgebirge, und Fischer erzählt seinem Gast, *es helfe ihm niemand; mit seinen Geschwistern in Sachsen habe er seit zehn Jahren keinen Brief gewechselt.*

Mit der räumlichen und ökonomischen Zerteilung der Familien zerbrechen auch die traditionellen Formen der gegenseitigen Unterstützung und sozialen Absicherung, was das öffentliche System der Armenversorgung nicht ausgleichen kann. Hierfür steht der Fall des 63jährigen Webers
→S 21 Lottes: *Da er von der Armendirektion monatlich nur 20 Sgr. erhält, so ist es mir jetzt noch rätselhaft, wie er sich durchbringt. Er wünscht sehr, ins Hospital aufgenommen zu werden; was aber nicht geschehe, bis er hülflos auf der Straße gefunden werde. Von seinen vier erwachsenen Kindern hat er keine Unterstützung zu hoffen: die Mädchen sind Dienstmägde und brauchen das Ersparte für Kleider; die Söhne haben weben gelernt, sind brotlos und leiden selbst Hunger.*

Solidarische Beziehungen unter den Nachbarn

Grunholzer findet bei seinen Besuchen eine Reihe von Anhaltspunkten dafür, daß die früher durch die Familie geleisteten Formen der Unterstützung unter den Lebensbedingungen in den Familienhäusern, wo städtische Hilfe versagt, von Nachbarn und Freunden übernommen werden. Das zeigt u.a. der Fall des 82jährigen Bergmann, der nur noch mit seiner 79jährigen
→S 21 Frau zusammenlebt, die ihn pflegen muß: *Er ward vom Schlage gerührt, kann seit fünf Wochen das Bett nicht verlassen. Die Frau hat geschwollene*

Beine. Verdient wird nichts, und die Armendirektion bezahlt nur die Miete. Ohne Unterstützung der Nachbarn müßten die alten braven Leute vor Hunger umkommen.

Eine andere Form der Unterstützung lernt Grunholzer bei der Wohngemeinschaft Schreyer/Ignaz kennen: Weber Ignaz hat sich Schuhe bei Nachbarn entliehen, da er selbst keine hat, um in die Stadt zu gehen, wo er um Brot betteln wollte. Ein Schuster kommt in die Stube von Ignaz und seiner Lebensgefährtin, der Witwe Schreyer, und bringt ein Paar Stiefel, die er Ignaz schenken will, da er weiß, daß dieser barfuß gehen muß. Auch die Witwe Schreyer hat sich bei Frau Bischoff, einer Nachbarin, Kleider entleihen müssen, damit sie das Haus verlassen kann.

Zu den wenigen, die auch Geld verborgen können, gehört der Leierkastenmann Wegener, der das Geld für die Lattorff-Brodbecksche Hochzeit geliehen hat. Er hilft auch dem Schneider Engelmann: *Das Kind starb, und* ←S 13 *E(ngelmann) konnte die Begräbniskosten nicht bestreiten. Ein Invalide, der blinde Leierkastenmann Wegener, borgte ihm ein Beinkleid und ein Hemd, daß er Geld darauf entleihen konnte. Als einige Wochen später ein zweites Kind starb, borgte derselbe Mann 1 Thlr.*

Nachbarn und Freunde sind es auch, die, als die Eltern ins Arbeitshaus, Gefängnis oder in die Charité gebracht worden sind, die zu Hause gebliebenen Kinder der Familien Weber und Bettin versorgen.

Armenwächter, Stadt-Sergeanten und Polizisten, die „natürlichen Feinde der Armen":

Vor dem Jahre 1820 waren 12 Armenwächter, die sogenannten Bettelvögte, und ein Wachtmeister angestellt, welche die Aufgabe hatten, die Bettler aufzugreifen, zugleich auch verpflichtet waren, die aufgefundenen Leichen von Selbstmördern und Verunglückten nach dem Obductionshause, dem sogenannten Türmchen . . . , zu transportiren.

←L 39

Zur Belebung ihres Diensteifers erhielten die Armenwächter für jeden aufgegriffenen Bettler, den sie zur Bestrafung beförderten, eine Belohnung von 2 1/2 Silbergroschen.

In alten Zeiten war das Amt eines Büttels ein unehrliches gewesen, das der Bettelvögte galt in den Augen des Berliner Volkes auch noch im Jahre 1820 für unehrenhaft. Kein Beamter der Polizei wurde so gehaßt und verachtet als der Bettelvogt, den das niedere Volk fast unter den Schinderknecht stellte.

Einen Bettelvogt zu necken und zu höhnen, war die höchste Wonne der Berliner Straßenjugend; wo diese dem verachteten Beamten einen Schabernack spielen, wo sie ihn bei der Erfüllung seiner Amtspflicht stören konnte, tat sie es nur zu gern, und sie erhielt stets bereitwillige Unterstützung auch von Erwachsenen, von allen Arbeitern und ärmeren Leuten, die jene Beamten als ihre natürlichen Feinde betrachteten.

Die Bettelvögte lebten im Kriege mit aller Welt. Wo man einen Bettelvogt in seiner altertümlichen Uniform sah, da konnte man sicher sein, auch ein Rudel pfeifender Straßenjungen zu treffen. Häufig genug gab es in den Straßen lustige Jagden. Der Bettelvogt bemühte sich, einen flüchtigen Bettler zu greifen, vor und hinter ihm aber trabte ein Rudel Buben einher, welche ihn verhöhnten. Bald kam einer scheinbar zufällig dem Beamten in den Weg, daß er nicht vorwärts konnte, bald hingen sich ein paar verwegene Burschen ihm an den langen blauen Rock, um ihn aufzuhalten; aber sofort ließen sie los, wenn er sich nach ihnen umwendete, und pfeilgeschwind entflohen sie der Verhaftung, die ihnen drohte.

. . . Als im Jahre 1820 die Kommune die Armenpflege übernahm, erschien es ihr vor allen Dingen notwendig, neue Einrichtungen zu treffen. Den Armenwächtern mußte eine größere Autorität geschaffen werden, wenn sie überhaupt irgend etwas wirken sollten. Die bisherigen Bettelvögte, meistens alte abgelebte Invaliden, wurden pensionirt, jüngere rüstigere Männer angeworben. Sie erhielten eine neue, mehr den Zeitverhältnissen angemessene Uniform, und ein tüchtiger Mann wurde als Wachtmeister angestellt. Ihm erteilte man die Uniform eines Stadt-Sergeanten, damit er nicht ferner dem Spotte und der Verfolgung, welche seine Vorgänger erduldet hatten, ausgesetzt sei.

Dörbeck, Berliner Stadtsergeant, um 1830

10.2 Frühe Formen des proletarischen Widerstands

Wenn wir die Darstellung der Formen, in denen sich der Widerstand gegen die herrschenden Verhältnisse entwickelt, an das Ende dieses Kapitels setzen, so ist das dadurch motiviert, daß man jetzt, vertraut mit den Einzelheiten des sozialen Elends in den Familienhäusern, die Ursachen für die hier zusammengetragenen Fälle, die sich zuerst auf die Familienhäuser und ihre Bewohner selbst, dann aber mehr und mehr auf die Gegend, den Berliner Norden und schließlich auf die Stadt als Ganzes beziehen, bereits kennt. Daß wir mit den Zusammenstößen in den Familienhäusern beginnen, liegt daran, daß über diese Häuser ein so umfangreiches und detailliertes dokumentarisches Material vorhanden ist, nicht etwa daran, daß wir behaupten wollten, erste Widerstandsformen seien dort entstanden oder nur dort. Es ist zu vermuten, daß es auch noch andere Vorfälle gegeben hat, die nur nicht aktenkundig geworden sind, weil sie die Ebene der Polizeikommissariate nicht verlassen und höhere Stellen beschäftigt haben, denn nur dann existieren darüber Berichte in den Akten.

Wir dokumentieren hier insgesamt 7 Fälle von Auseinandersetzungen, die alle in Zusammenhang mit den Bewohnern der Familienhäuser, bzw. mit dem in den Vorstädten wohnenden Proletariat stehen. Der erste Fall ereignet sich **1824** in den Familienhäusern, der letzte **1847** dauert zwei Tage und erfaßt die ganze Stadt. Die chronologische Sortierung der dokumentierten Fälle soll anschaulich machen, wie die Formen des proletarischen Widerstandes gegen die herrschenden Verhältnisse sich entwickeln. Wir können diese Entwicklung in vielfacher Weise feststellen:

– die Ursachen, an denen sich Widerstand entzündet, werden zunehmend allgemeiner;

– die Zahl derer, die Widerstand leisten, wächst;

– der anfänglich private Widerstand von einzelnen wird zum öffentlichen von Massen;

– aus emotionaler Spontaneität entwickeln sich langsam Vorformen organisierten Handelns;

– der Widerstand ist zuerst defensiv, später offensiv;

– der Ort des Widerstandes verlagert sich schrittweise aus der einzelnen Stube heraus zum öffentlichen Raum der Stadt.

Dementsprechend entwickeln sich die Formen der Reaktion der Staatsmacht von der hilflosen momentanen Kapitulation bis zum Aufgebot des gesamten sich in der Residenz befindlichen Militärs. Wir dokumentieren den Lernprozeß, den sowohl das entstehende Proletariat wie auch Bürgertum und Adel machen, und bereiten die folgenden Kapitel über die 48er Revolution und die anschließende Darstellung der herrschaftssichernden Gegenstrategien vor.

Der Fall 1: Die Witwe Bein verursacht einen Auflauf

Als am **28.3.1824** der Bauherr der Familienhäuser, von Wülcknitz, beim Polizeipräsidium den Genehmigungsantrag zur Beheizung der Oberdachstuben stellt, um sie auch im Winter vermieten zu können, begründet der Stadtbaurat Langerhans seine ablehnende Haltung u.a. damit, *daß es nicht ratsam sei, die Zahl der Bewohner auf einem Gehöfte noch zu vermehren, da die zu große Anhäufung von Wohnungen für Menschen der niederen Klasse in einem Gehöfte sehr leicht zu tumultuarischem Auftritte Veranlassung geben kann.* Schon kurze Zeit später zeigt sich, daß diese Befürchtungen aus seiner Sicht völlig berechtigt ist.

→S 86

Der Kaufmann Zieche, Bewohner des ersten großen Familienhauses am Hamburger Tor, Gartenstr. 60, das wahrscheinlich nach ihm als „Kaufmannshaus" bezeichnet wird, fungiert in den Familienhäusern als ehrenamtlicher Armendeputierter, zu dessen Aufgabe die monatliche Auszahlung der Almosengelder gehört. Er fühlt sich bereits im Januar **1824** mit

←B 20

diesem Amt völlig überfordert, da er in seinem Bezirk *3000 Seelen, davon* ←A 47
ca. 2000 in den von Wülcknitzschen Familienhäusern zu betreuen hat und
täglich ca. 50 Arme zu ihm kommen, die *sich nicht zurückweisen lassen.*
Auf seinen Antrag hin werden ihm ein Schreiber und ein Stadtsergeant bei
den Austeilungsterminen beigegeben, nicht zuletzt deshalb, weil diese
immer mehr mit Tumulten verbunden sind. Zu dem Vorfall, der den Kaufmann dazu bringt, sein Amt endgültig niederzulegen, kommt es am **27.9.
1824**, nachdem Zieche von seinem Vorgesetzten, dem Armenkommissions-
Vorsteher Stoof, statt der für die 151 Almosen-Empfänger beantragten
148 Thlr. 16 Sgr. nur 108 Thlr. 22 Sgr. erhalten hat. So etwas ist bereits
öfter vorgekommen, bisher hat der Kaufmann die fehlende Summe aus
eigenen Mitteln vorgestreckt, die er aber später von Stoof nicht wieder zu-
rückerstattet bekommen hat. Als bei der Auszahlung am **27.9.1824** Frau
Bein an der Reihe ist, hält sie dem Armendeputierten ihren Almosenzettel, der sie zum Empfang von 1 Rthl. berechtigt, vergeblich vor. Was nun
folgt, beschreibt der Kaufmann Zieche:

Weil die mir eingehändigten Gelder ausgezahlt waren, so produzierte ←A 48
*die Wwe. Bein, Gartenstr. No. 58, Stube 119, wohnhaft, angeschlossenen
Almosenzettel, dieselbe wurde von mir mit Bescheidenheit verwiesen, in
einigen Tagen wieder anzufragen, um von dem Nachschuß, so ich von einer
Hochlöblichen Direction erwarte, ihr befriedigen zu können, hierauf wurde
die Bein so furchtbar grob und artete dermaßen in pöbelhaften Ausdrük-
ken aus, daß sie mir ihre 3 Kinder bringen würde, um solche zu erhalten.
Ich so wenig wie mein Schreiber Schwanert und der Stadtsergeant Baumann waren gar nicht im Stande, die p. Bein zu beruhigen, ja selbst schlug
sie mit den Armen um sich so, daß wir drei uns in Acht zu nehmen hatten,
nicht im Gesicht geschlagen zu werden. Die Bosheit dieser Frau ging so
weit, daß selbe den Fußboden des Bureaus mit ihrem eigenen Wasser ver-
unreinigte. Ich wurde mehrmal Schweinhund und infamer Spitzbube genannt. Durch Güte war bei der Bein nichts auszurichten; ihr Geschrei, welches durch die mitgebrachten Kinder vermehrt wurde, verursachte einen
Auflauf von beinahe 200 Menschen, und da ich zur Oranienburger Torwache um Beistand schicken mußte, kam ein Artillerist; was sollte diese
einzelne wachthabende Person hier unter solcher versammelten Volksklasse beginnen? Ich mußte daher froh sein, daß die öffentliche Ruhestö-
rerin Bein nur von selbst sich in ihre Wohnung begab.*

*Ich bin hier meines Lebens nicht mehr sicher, denn unter einer Seelen-
zahl von 3900 Armen allein Deputierter zu sein, bin ich nicht ferner im
Stande, es sei denn, daß Eine Hochlöbliche Direction mir am Tage der
Almosen-Auszahlung und am Tage der Waisengelder-Zahlung einen Gensdarmen und Stadtsergeanten zuordneten.*

*Die Bein verursachte, wie schon erwähnt, einen Auflauf, der von der
Beschaffenheit war, daß die schon zusammengesuchten Steine vom Publico
mir in den Fenstern geworfen werden sollten. Ich mußte meine Wohnung
verlassen und meine Ausflucht zur Hintertüre nehmen, um bei meinem
Nachbarn meine Zuflucht zu suchen.*

Der Fall der Witwe Bein zeigt schon das Besondere des Ortes: Nur hier
ist es möglich, daß spontan auf ihr Schreien etwa 200 Leute zusammen-
strömen. Das liegt nicht nur an der Form der öffentlichen Hauserschlie-
ßung, sondern auch an der sozialen Gleichheit der Bewohner, wo die einzelne Betroffenheit auch eine allgemeine ist. Kämpft hier eine einzelne
Person um ihr zugestandenes Recht auf den Almosentaler, so geht es im
nächsten Fall um ein Gewohnheitsrecht, das für alle Bewohner der Familienhäuser gilt.

Der Fall 2: Widerstand gegen Pfändung

Der zweite Fall ist bereits dargestellt in einem anderen Zusammenhang,
wo es um die Eintreibung der Mietsteuer für die Bewohner der Familienhäuser geht, die bis **1828** von dem Besitzer pauschal für alle Bewohner an
die Stadt bezahlt wurde. Die Bewohner weigern sich zu zahlen, und infolgedessen wird versucht zu pfänden. Am **29.7.1828** kommt es dabei zur Auseinandersetzung:

*Vor allem kam es darauf an, den Bettelvögten bei
ihrer Amtsverrichtung eine größere Autorität zu verschaffen. Zu diesem Zwecke wurde ihnen eine gedruckte Instruktion übergeben und es ihnen zur
Pflicht gemacht, sich jedes Schimpfens und jeder
Tätlichkeit gegen die Bettler zu enthalten; sie sollten
diese mit Schonung behandeln und alles vermeiden,
was das Publikum gegen sie einnehmen könnte.*

*Nach dem Geiste jener Zeit glaubten die städti-
schen Behörden dabei nicht stehenbleiben zu können.
Hatte der Staat seine geheime Polizei, so mußte auch
die Stadt sie haben. Es wurde ein nichtuniformirter
Armenwächter angestellt, der den Auftrag erhielt, den
Bettlern, die sich der Verhaftung durch die uniformirten Beamten etwa entzögen, unbemerkt zu folgen, um
ihre Wohnungen und Verstecke zu entdecken, sie demnächst anzuzeigen und nachträglich ihre Verhaftung zu
bewirken. Vorzugsweise war dieser Beamte angewiesen, auf die bettelnden Kinder zu achten, da stets die
öffentliche Verhaftung eines Bettelkindes am sichersten die Entrüstung des gutmütigen Berliner Volkes
hervorrief.*

*Die bisherige Prämie von 2 1/2 Silbergroschen für
die Einlieferung eines Bettlers hatte höchst nachteilig
gewirkt, und oft genug waren alte Leute, die gar nicht
an Betteln gedacht hatten, von den übereifrigen Bettelvögten aufgegriffen worden, nur zu dem Zweck der
Prämienerlangung; deshalb wurde die Einlieferungs-
prämie ganz abgestellt.*

*So wesentlich die von den Kommunalbehörden an-
geordneten Verbesserungen waren, einen rechten Erfolg hatten sie doch nicht. Die neuuniformirten Armenwächter behielten im Volksmund den verhaßten
Namen der Bettelvögte, und auch auf sie vererbte sich
die Verachtung, welche ihre Vorgänger sich erworben
hatten. Jetzt wie früher wurden sie verhöhnt und beleidigt. Häufig genug gab es, da die kräftigen Männer
sich den Beleidigungen widersetzten, förmliche Kämpfe
mit dem Volke, die zu ganz bedenklichen Aufläufen
führten.*

*Eine Zeitlang versuchten es die Armenwächter, ihre
Autorität aufrecht zu erhalten; bald genug aber sahen
sie ein, daß sie der großen Übermacht doch weichen
mußten. Sie setzten sich nicht ferner den Gefahren
von Mißhandlungen aus und vermieden es stets, sich
mit jungen rüstigen Bettlern, auf die zu achten doch
vorzugsweise ihre Pflege gewesen wäre, in einen Streit
einzulassen. Um etwas zu tun, beschränkten sie ihre
Wirksamkeit vorzugsweise auf die Arretirung alter
bettelnder Leute und bettelnder Kinder. Hierdurch
aber regten sie naturgemäß das Mitleiden des Publikums und die Verachtung gegen sich noch mehr an.*

*Die gänzliche Abschaffung der nicht mehr zeitge-
mäßen Bettelvögte wurde endlich zur dringenden
Notwendigkeit. Nach langen Unterhandlungen mit den
Königlichen Behörden gelang es dem Magistrat endlich
im Jahre 1839 zum Ziel zu kommen. Die Polizei übernahm die Verpflichtung, die Bettler aufzugreifen, sie
erhielt dafür von Seiten der Stadt die jährliche Summe
von 3000 Thalern.*

Die vorbildliche Organisation der Berliner Polizei aus der Sicht des Premierlieutenants a.D. und Privatlehrers der Mathematik J.P. Kux:

Die Polizeianstalten Berlins haben seit vielen Jahren unter den ausgezeichneten Directoren einen solchen Aufschwung erlangt, daß sie zum Muster für große und kleine Städte geworden sind. Wenn die Polizei vollkommen sein soll, muß sie viel leisten. Von ihrem Eifer, ihrer Wachsamkeit und ihrem Betrieb hängt größtenteils das Wohl des Bürgers ab. Sie muß für den Flor des Gewerbes, für innere Ruhe und Sicherheit, wie für die glückliche Befolgung heilsamer Verordnungen sorgen; sie muß der Zügellosigkeit der Sitten Einhalt tun, auf Zufuhr nötiger Lebensbedürfnisse, auf lebhaftem Verkehr und Bevölkerung Bedacht nehmen, Teurung, Verunreinigung der Luft möglichst verhüten, kurz auf alles, was das bürgerliche Wohl betrifft, ihr Augenmerk richten.

Nach dem Verhältnisse der Größe und Bevölkerung läßt die öffentliche Sicherheit in Berlin nur noch wenig zu wünschen . . . Die Polizei von Berlin hat eine sehr einfache und zweckmäßige Organisation. Außer dem Gouverneur und Kommandanten, deren Wirksamkeit sich nicht allein auf das Militairische, sondern auch dahin erstreckt, die erstrebten Erfolge der Polizei zu sichern, steht die Polizei in Berlin unter einem Präsidenten.

Das Polizei-Präsidium zerfällt, außer einem selbständigen Bureau, das Einwohner-Melde-Amt, in fünf Abteilungen; zum Geschäftskreise derselben gehören: Die von dem vormaligen Regierungs-Collegio zu Berlin auf das Polizei-Präsidium übergegangenen Angelegenheiten. Die gesamte Ortspolizei-Verwaltung in Berlin und dem weiteren Bezirk der Residenz.

Die Tätigkeit des Polizei-Präsidenten ist, bei dem großen Umfange seiner Dienstgeschäfte, meist auf die allgemeinen Gegenstände der öffentlichen Sicherheit und Ordnung begrenzt.

Unter dem Polizei-Präsidenten (gegenwärtig Hr. v. Puttkammer) steht ein Ober-Regierungsrat, 14 Regierungs-Medizinal- und Polizei-Räte; 5 Polizei-Inspectoren, mehrere Assessoren und Referendarien, 58 verschiedene Bureau-Beamte, ein Polizei-Baumeister, 2 Physici Chirurgi forenses, 36 Polizei-Kommissarien, 4 Polizei-Markt-Kommissarien, 29 Revier-Sergeanten, 9 Markt-Sergeanten, 10 Nacht-Wachtmeister, 145 Nachtwächter.

Im weiteren Polizei-Bezirk fungiren von den gedachten Beamten 5 Polizei-Kommissarien und 5 Sergeanten zu Charlottenburg, Neu-Schöneberg, Alt-Moabit, Pankow und zu Lichtenberg, welche vom Polizei-Präsidium zu Berlin ressortiren, ferner gehören zum Ressort des Polizei-Präsidiums: die Commission zur Prüfung der Bauhandwerker, die Straßen-Erleuchtungs-Commission, 14 vereidete Schornsteinfeger-Meister, 22 vereidete Lohnlakaien, 3 Gesinde-Vermietungs-Comtoire, 14 Kornmesser.

Das Heer der Eckensteher steht unter polizeilicher Aufsicht; sie tragen deshalb Nummern wie die Droschken.

Die Residenz ist in 29 Polizei-Bezirke, und diese wiederum in 4 Polizei-Inspectionen, eingeteilt. Die Polizei-Inspectoren führen die Oberaufsicht, außerdem haben sie alle bestimmte Functionen, welche sie in der ganzen Stadt ausführen müssen. Davon hat Hr. Hofrichter, die Sitten-Polizei; Hr. Merkte, die Militaria; Hr. Altmann, die Gewerbe-Polizei; und Hr. Winkler, die öffentliche Ordnung. Jeder Polizeibezirk hat einen Polizei-Kommissarius zum Vorsteher, der als Wächter der Gesetze, der Sicherheit und Ordnung in seinem Bezirk bestellt ist.

Die Pflichten und Rechte dieses Postens sind so ausgedehnt als wichtig. Der Kommissarius muß genaue Kenntnis von den Einwohnern seines Bezirks haben, über welche ihm eine Art von väterlicher Gewalt vertraut ist; er ist der Sittenrichter seines Reviers; sein Haus darf weder bei Tage noch bei Nacht verschlossen, sondern soll ein beständiger Zufluchtsort für jeden Gefahr- und Notleidenden sein. Er selbst darf sich nicht aus der Stadt entfernen, ohne daß sein Dienst einem andern übertragen wäre. In Geschäften seines Dienstes wird er von einem Gensdarmen begleitet. Über ein widerrechtliches Verfahren des Polizei-Kommissarius kann man sich beim Polizei-Präsidium beschweren.

Die Nachtwächter eines jeden Bezirks stehen unter dem betreffenden Polizei-Kommissarius. Jeder Nachtwächter hat seinen bestimmten Posten und hat von 10 Uhr abends bis zur Morgendämmerung die Straßen seines Reviers abzupatrouillieren und die Stunden durch Pfeifen anzugeben.

Diese aus vielen untergeordneten Teilen bestehende →A 50

→A 49 *Heute, als am 29. d.M., wurden wir von dem Buchhalter Herrn Eysenhardt beauftragt, den Executor Berger zu begleiten und bei dem Auspfändungsgeschäft auf Ruhe und Ordnung zu sehen. Die Ehefrau des Webers*

←L 40 *Braune, wohnhaft Gartenstraße 92a/Stube Nr. 42, wurde, da der Mann in dem Augenblick nicht gegenwärtig war, gefragt, ob sie ihre rückständigen Mietsabgaben zahlen könnte oder nicht, weil sonst die bereits unter Siegel belegten Sachen gepfändet würden, darauf geriet dieselbe hierbei sogleich in Eifer und erwiderte, sie könne nicht zahlen, würde sich aber auch nicht auspfänden lassen, währenddem kam ihr Mann zur Tür herein, welcher ebenfalls bemerkte, daß er nicht zahlen könnte.*

Die genannte Braune entfernte sich hierauf einige Augenblicke aus der Stube, stürzte aber mit einem wütenden Geschrei wieder zur Tür herein und langte, als sie bemerkte, daß der mitgenommene Arbeitsmann die Uhr von der Wand nehmen wollte, nach einem an dem Boden liegenden Beil und rannte so in voller Wut mit den Worten auf uns zu: Ehe ich mir ein Stück nehmen lasse, muß erst einer sterben.

Ihr Mann sowohl als wir übrigen hielten ihr sogleich die Arme, entwanden ihr das Beil und hielten sie solange fest, bis die versiegelten Sachen aus der Stube gebracht waren. Der genannte Braune äußerte, er befürchte, daß sie dennoch, wenn wir schon fort wären, ein Unglück anrichten möchte, indem sie schon öfter, wenn sie auf solche Art gereizt würde, in diesen fast wahnsinnigen Zustand gefallen sei; jedoch schien es wohl nur bloße Bosheit zu sein, denn sie fing schon wieder an sich zu beruhigen, als die Sachen wieder da waren.

Das fürchterliche Fluchen und Schreien der p. Braune hatte nicht allein die Bewohner in demselben Hause, sondern auch aus den übrigen Gebäuden in Aufruhr gebracht, so daß alle Treppen und Ausgänge mit Menschen angefüllt waren. Als wir den Corridor verlassen wollten, begegnete uns der betreffende Revierkommissar mit mehreren Herren von der Baukommission, welche sich nach der Ursache dieses ungewöhnlichen Auflaufs erkundigten. Als sie hiervon in Kenntnis gesetzt waren, zahlte einer der Herren die schuldige Mietsteuer nebst Gebühren, und so erhielt der p. Braune die gepfändeten Sachen wieder zurück. Das war auch der Grund, daß der Unfug nicht noch mehr ausartete, und von allen Seiten hörten wir beleidigende Äußerungen. Wir übergingen es aber mit Stillschweigen, denn zu einer Arretierung zu schreiten wäre nicht ratsam gewesen, indem die Gemüter zu sehr erbittert und aufgeregt waren. Auch wenn noch mehrere Beamte zugegen gewesen wären, konnte nicht anders verfahren werden, denn das allgemeine Geschrei war: Wenn sie alles genommen haben, können sie uns auch mitnehmen.

Sind die Formen und der Verlauf des Sichwehrens bei den beiden ersten Fällen noch fast identisch, so sind die Ursachen und ihr Allgemeinheitsgrad schon sehr verschieden: Im zweiten Fall geht es um die gemeinsame Abwehr einer alle Bewohner betreffenden Bedrohung. Auch wenn sich hier durch Zufall und von außen der Fall löst, so hat er doch zur Folge, daß der Plan, die Mietsteuer von allen Bewohnern durch den Gerichtsvollzieher eintreiben zu lassen, aufgegeben werden muß, da solche massenhaften Pfändungen mit den polizeilichen Mitteln undurchführbar, bzw. zu riskant erscheinen.

Der Fall 3: Die Polizei bezieht Prügel

In der gleichen Akte, in der der eben beschriebene Fall dokumentiert ist, findet sich auch der Bericht des Polizeikommissars Günther über einen Vorfall, der sich zwei Monate später, am **21.9.1828**, im Voigtland ereignet und der das Polizeipräsidium veranlaßt, vom Gouvernement eine stärkere Besetzung der Torwachen durch das Militär zu fordern. Der auf den ersten Blick harmlose Vorfall vermeintlicher nächtlicher Ruhestörung entwickelt sich zu einer handfesten Auseinandersetzung mit der Polizei. Aus dem möglichen und befürchteten Widerstand wie im Falle 1 und 2 wird hier der direkte offensive, der dadurch verstärkt wird, daß die angeblich in ihrer Nachtruhe Gestörten sich mit den Störern solidarisieren:

Am 21. des Abends 1/4 vor 12 Uhr bei Revision der Tabagien und öffentlichen Örter fand ich mit dem Polizei-Sergeanten Schönau und dem Gensdarmen Wilcke in der Bergstraße mehrere gemeine Handarbeiter und Fuhrknechte, worunter der Fuhrknecht Friedrich Theodor Hellmuth, 29 Jahre alt, aus Berlin gebürtig, ein wegen Diebstahls bestraftes Subject, und der Fuhrknecht Carl Reckling, 23 Jahre alt, aus Berlin gebürtig, ein ebenfalls wegen Diebstahl bestraftes Subject, waren. Beide hier Erwähnte sangen mit einem gräßlichen Geschrei ein Räuberlied des Rinaldini. Ich forderte dieselben daher auf, ruhig zu sein und nach Hause zu gehen, da es sich nicht passe, in der Nacht ein solches Geschrei auf der Straße zu machen, jedoch statt Folge zu leisten, wurden uns Grobheiten und Schimpfwörter zu Teil. Ich forderte den Hellmuth auf, mit mir zu gehen, weil er nach einer Verfügung am 22.ten früh 8 Uhr zum Polizeiamte sistiert werden sollte, weil derselbe niemals ohne Sistierung erscheint. Jedoch statt einer Antwort erhielt ich mit geballter Faust von dem p. Hellmuth einen Schlag vor die Brust, daß ich einige Schritte zurückprellte, und gleich darauf schlug er auf dem Gensdarmen Wilcke und den Sergeanten Schönau wie wütend ein, und schimpfte für Spitzbuben, Räuberbande pp. Er wolle uns zerschlagen, und wenn wir auch 6 Mann wären, er habe uns eine derbe Tracht Prügel zugedacht, die wir auch erhalten sollten; wir wollten nun zu einer förmlichen Arretierung schreiten, wurden jedoch von dem p. Reckling, der den Hellmuth unterstützte, angepackt und zurückgeworfen, währenddem sich Hellmuth schlagend gegen uns verteidigte, so daß keiner von uns drei Beamten unbeschädigt blieb. Da nun bei diesem gräßlichen Schimpfen und Toben dieser beiden Kerle sich immer mehr Gesinde sammelte, die die beiden ersteren freundierten, so wurden wir zurückgedrängt und die beiden Urheber frei. Ich sandte hierauf zwar nach den Torwachen, jedoch konnte uns keine Unterstützung werden, indem die Wachen nur mit drei Mann besetzt sind, und auf diese Weise entkamen der Hellmuth und der Reckling.

Auf ihrer Flucht nach dem Weinberge des Wollanke begegneten die beiden flüchtigen Hellmuth und Reckling, die für begangene Tat sich in ihren Wohnungen nicht mehr sicher glaubten, dem Nachtwachtmeister Krüger, Prenzlauerstr. 57 wohnhaft, welcher in seinen Dienstgeschäften die Nachtwächter kontrollierte. Dieser sagte, wo der Hellmuth und Cons. noch so spät hinwollten, da ihre Wohnungen doch nicht dorthin wären, jedoch statt dem genannten Krüger richtige Antwort zu geben, ergriff der Hellmuth den Krüger, schlug ihm mit geballter Faust ins Gesicht, warf ihn zu Boden, wo er nun mit den Füßen getreten und von beiden so gemißhandelt wurde, daß er betäubt liegen blieb, und sodann nahmen sie den Stock, welchen der Krüger bei sich führte, und schlugen denselben auf dem Rücken des p. Krüger in mehrere Stücke. Diese Begebenheit soll der Müller Francke, an der Brunnenstr. Ecke wohnhaft, mitangesehen haben, jedoch dem p. Krüger keine Hilfe geleistet, daselbst der Krüger um Hilfe geschrien.

Nach dem bedeutenden Blutverlust, welchen der Krüger erlitten, und nachdem er wieder zur Besinnung kam, konnte er nur mühsam nach Hause gehen, wozu ich ihm riet, sogleich einen Arzt zu Rate zu ziehen. Die beiden Täter waren jedoch entflohen und konnten die Nacht hindurch nicht aufgefunden werden.

Am 22. morgens fand ich mit Zuziehung des Polizeikommissarius Schulz 1 auf dem Weidendamm, wo beide Täter sich gewöhnlich herumtrieben, den Reckling auf, er wurde nun arretiert und zum Kriminalarrest gesandt.

Den Hellmuth als den gefährlichsten Schläger habe ich gestern abend bei Gelegenheit meines Dienstes im Königstädtischen Theater, durch Nachforschungen, in dem Branntweinladen auf dem Alexanderplatz im sogenannten „Merkur", wo der Hellmuth Billard spielte, ermittelt, denselben dort durch die Gensdarmen Laubsch und Lipke verhaften und im Kriminalarrest abliefern lassen.

Wenn in dieser Anzeige des Polizeikommissars Günther beschrieben wird, daß die Bewohner der Bergstraße, das „Gesinde", während der nächtlichen Schlägerei auf die Straße kommen und sich offensichtlich in ihrer Nachtruhe gar nicht gestört fühlen, sondern im Gegenteil die Partei der vermeintlichen Störer ergreifen gegen die Polizei, die sie gemeinsam zum Rückzug zwingen, so läßt dies schon vermuten, daß die verabreichte Tracht Prügel, die dem Kontrollgang der drei Beamten durch das Voigtland ein vorzeitiges Ende setzt, nicht nur eine zufällige Rüpelei zweier übermütiger Fuhrknechte ist, sondern daß sich hier unter allgemeinem

Maschine besitzt in ihrem regelmäßigen Gange jene Sicherheit und Ruhe, die die Bewunderung aller Fremden erregt. Die Tätigkeit jedes einzelnen Gliedes löst sich auf in die Tätigkeit des Ganzen, und nur durch diese Verteilung wird die Erreichung eines so vielseitigen Zweckes möglich.

Alle Polizei-Kommissarien finden sich des Morgens um 10 Uhr beim Polizei-Präsidium ein, um den Rapport von allem abzustatten, was innerhalb 24 Stunden in ihrem Quartier vorgefallen ist. Die Nachtverhaftungen werden an jedem Tage gleich untersucht. Die Organisation und Wachsamkeit der Polizei, die auch für ein zahlreicheres und unruhigeres Publikum ausreichen würde, machen die geheimen Kundschafter entbehrlich. Die Polizei hat Kenntnis von allen in der Residenz vorhandenen Personen.

→B 21 Dörbeck, Berliner Polizeikommissarius, um 1830

Beifall ein wachsender Unmut der Vorstadtbewohner gegen die ständige Polizeiaufsicht Luft macht.

Der Fall 4: Die willkürliche Verhaftung von Schneidergesellen löst einen mehrtägigen Aufruhr aus

Die sogenannte „Schneiderrevolution" vom **16.–20.9.1830** hat wie der vorhergehende Fall, nur in einem anderen Maßstab, den Unmut gegen die Willkür der Berliner Polizei zum Anlaß. Da bisher eine ausführliche Beschreibung dieses sich über mehrere Abende hinziehenden Aufruhrs nicht veröffentlicht ist, wollen wir versuchen, aus dem uns bekannten Material die Vorfälle den Tagen nach zu rekonstruieren. Das Besondere an diesem Aufruhr ist, daß er fast ausschließlich von Handwerksgesellen und Lehrlingen getragen wird. Der Aufruhr hat zur Folge, daß die Polizei das Stadtgebiet sortiert nach gefährlichen Gebieten, die stärker zu observieren sind. In diesem Zusammenhang sind die Familienhäuser neben den Handwerkerherbergen ausdrücklich genannt. Wir rekonstruieren die Ereignisse im wesentlichen anhand von zwei sich ergänzenden Dokumenten: Den Haupttext bilden die Tagesberichte des Polizeipräsidenten v. Esebeck an den König. Die Randspalte gibt die Tagebuchaufzeichnungen des Stadtrats Carl Knoblauch wieder, der die Ereignisse als unbeteiligter Bürger erlebt. Dem vorangestellt sei eine kurze Charakterisierung der allgemeinen Stimmung, die die Nachrichten von der Pariser Juli-Revolution und den darauf folgenden kleineren Revolten in mehreren europäischen Städten in Berlin auslösen:

→L 41 *Während des ganzen August des Jahres 1830 herrschte in der Residenz eine eigentümliche gereizte Stimmung unter der Bürgerschaft. Die Regierung erkannte dies wohl, sie bereitete sich auf ernste Unruhen vor. Von welcher Seite diese aber ausgehen würden, zu welchen Zielen sie führen sollten, davon hatte weder die Regierung noch die Bürgerschaft die geringste Ahnung.*

Den unmittelbaren Anlaß für den Aufruhr liefert am **16.9.1830** die Verhaftung von 8 Schneidergesellen, die sich in einem Laden in der Roßstraße getroffen haben:

Aus dem Tagebuch des Stadtrats Carl Knoblauch:

Donnerstag, 16. September 1830: Rottierungen in der Breiten Straße, ursprünglich veranlaßt durch Arrestation einer Spiel- und Trinkgesellschaft in einer unbefugten Kneipe in der Roßstraße. Militär ist auf den Beinen. Der Command. Polizeipräsident und Herzog Carl (von Mecklenburg) dabei gewesen. Die Mehrzahl soll aus müßigen Zuschauern bestanden haben. Viel Handwerksgesellen und Burschen, die sich mit der Polizei und den Gendarmen Zeck gejagt haben. In der Bischofsstraße ist ein Auflauf gewesen.

→A 51
←L 42 **Donnerstag, der 16.9.1830:** *Schon abends zwischen 7 und 8 Uhr versammelten sich einige hundert Menschen vor der Cöllnischen Marktwache, unter deren Assistenz der Polizei-Commissarius Seydel acht arbeits- und brotlose Schneidergesellen verhaftet hatte, welche er bei dem Viktualienhändler Timm in der Roßstraße Nr. 31 bei einer dort abgehaltenen Recherche anwesend fand. Dem Timm hatte die Polizeibehörde schon früher das Setzen von Gästen in seinem Lokale untersagt, hauptsächlich weil sich bei demselben größtenteils arbeitsloses, liederliches Gesindel einzufinden pflegte und weil der Timm nicht der Mann ist, dem die Aufrechterhaltung der Ruhe und Ordnung unter solchen Gästen zuzutrauen war. Dem polizeilichen Verbote trotzend, hatte der Timm bisher jedoch fortgefahren, Gäste zu setzen, und da der am 15. des Monats in Arrest gebrachte Schneidergeselle Daniel Schupp, 29 Jahre alt, aus Kreuznach (Rheinprovinz) gebürtig, am 14. d.M. abends auf der Schneiderherberge versucht hatte, die zahlreich versammelten Gesellen durch aufrührerische Reden zu Exzessen zu reizen, wurde die Beobachtung der arbeitslosen Schneidergesellen polizeilicherseits als besonders notwendig erachtet. Die Verhaftung der acht bei dem Timm vorgefundenen Schneidergesellen erfolgte, weil sich dieselben gegen den PC. Seydel über ihren rechtlichen Broterwerb nicht auszuweisen vermochten.*

Bekanntlich gehört die Roßstraße mit ihrer Umgegend zu den frequentesten, stark bewohnten Stadtteilen und ist insbesondere diese Gegend um die gewöhnliche Feierabendzeit von heimkehrenden Tagarbeitern, Gesellen und Lehrlingen sehr belebt, wie denn nicht minder mit dem Eintritt der Abendstunden bei günstiger Witterung zum Zweck der Erholung das in den unteren Ständen übliche müßige Verweilen in und vor den Haustüren eine nicht geringe Menschenmasse, besonders Kinder und weibliche Personen, auf kurze oder längere Zeit dort die Straßen füllt. In dieser Zeit der höchsten Frequenz wurde die Arretierung von 8 Personen ausgeführt und diese somit ein Gegenstand der Aufmerksamkeit vieler überdies müßiger Personen, welche auf längere Zeit unterhalten wurden, da der Transport der Arretierten zur Cöllnischen Wache und von dort nach dem Stadtvoigteigebäude in verschiedenen Abteilungen erfolgte. Von Neugier und Schaulust getrieben, wurde jeder Transport von vielen Personen begleitet; die größere Zahl des zusammengetretenen Volks aber verblieb in weiterer Erwartung teils in den Straßen, durch welche die Transporte ihre Richtung nahmen, teils in der Umgegend der Cöllnischen Wache, und mutwillige Buben trieben nunmehr in jugendlicher Unbesonnenheit ihr Unwesen durch Schreien und Pfeifen. Auf diese Weise wurden die Roßstraße, die Umgegend der Cöllnischen Wache und der Mühlendamm bis zum Stadtvoigteigebäude ein Ort der Unruhe.

Der hierdurch, wie fast bei jeder Arretierung, herbeigeführte Zusammenlauf neugieriger Personen wurde bald durch den p. Seydel beseitigt; indessen erhielt ich gegen 9 Uhr Nachricht, daß in der Breitenstraße ein nicht unbedeutender abermaliger Auflauf entstanden sei, ich begab mich alsbald zur Stelle und forderte die versammelten Menschen auf, sich ruhig nach Hause zu begeben, was auch von vielen Personen geschah, und es war zu hoffen, daß der Auflauf in Kurzem sich ganz zerstreuen würde. In der Breitenstraße in der Nähe des Schloßplatzes angelangt, fand ich den Generallieutenant und Commandanten v. Tippelskirch, welcher die sich dort versammelten Personen durch gehaltene Anrede zur Ruhe und Ordnung ermahnte und mit dem Ausruf schloß: ,,Es lebe Seine Majestät der König!" Von der Menge wurde jubelnd dieser Ausruf mit vielfältigem Hurra-Geschrei wiederholt, dann auch vielstimmig geschrien: ,,Es lebe der Generallieutenant v. Tippelskirch! Hurra! Die Schneider müssen aber losgelassen werden!" Unter der Versammlung, die zum größeren Teil aus Schneider-, Schuhmacher- und Schlossergesellen und Lehrlingen bestand, versuchten mehrere, die guten Gesinnungen der Menge umzustimmen, indem sie zur Fortsetzung des Aufruhrs anreizten, zischten und pfiffen.

Es sind dieseswegen 23 Aufwiegler und solche Personen, die sich auf geschehene Anweisung nicht entfernen wollten, zum Arrest gebracht worden. – Das Hurra-Rufen zog aus den Straßen in der Nähe des Schlosses eine nicht unbedeutende Menge herbei; der Generallieutenant v. Tippelskirch hatte ein Détachement des 2. Garderegiments zur Stelle beordern lassen, welches nun von der Cöllnischen Marktwache bis zum Schloßplatz die Breite Straße entlangmarschierte. Das Publikum stand der Militärmannschaft eine geraume Zeit ruhig gegenüber, nur aus der Ferne wurde Zischen und Pfeifen gehört. Wiederholte Aufforderungen zur Entfernung hatten einigen Erfolg, sobald aber das Militär in das Innere des Schlosses, wohin auch ein Bataillon kommandiert worden war, zurückgezogen wurde, löste sich in sehr kurzer Zeit die versammelte Menge auf, und bald nach 11 Uhr war überall Ruhe. Eigentliche Exzesse sind nicht verübt worden, die größere Anzahl der zusammengelaufenen Personen bestand aus Neugierigen, indessen blieb nicht unbemerkt, daß sich vieles Gesindel eingefunden hatte, dessen Absicht es war, die Ruhe und Ordnung zu stören.

Freitag, der 17.9.1830: *Wie mir heute früh angezeigt worden, haben die Lohgerbergesellen die Absicht geäußert, sich in der Wallstraße bei dem Bierschänker Pritzkow zu versammeln, um von dort aus die Fortsetzung der gestrigen Unruhe zu bewerkstelligen. Zur möglichsten Vorbeugung ferneren Aufruhrs sollen die sorgfältigsten Maßregeln getroffen werden.*

Mit dem Eintritt der Dämmerung versammelte sich zunächst vor der Cöllnischen Marktwache und vor der Stadtvoigtei eine gleich anfangs nicht unbedeutende, sich schnell vermehrende Menschenmenge, die sich zuletzt bis über die Breite Straße und den Schloßplatz erstreckte. Bis dahin, daß seine Hoheit der Herzog Carl v. Mecklenburg mich nach dem Schlosse gerufen und von der dort sehr zunehmenden Anzahl von Tumultanten benachrichtigen ließen, verblieb ich in und vor der Stadtvoigtei, sobald ich mich aber zu Pferde nach dem Schloßplatze begab, empfing mich die mir von der Stadtvoigtei nachfolgende Menge mit Zischen und Pfeifen. Auf dem Schloßplatze angelangt, näherte sich mir ein gutgesinnter Bürger, mir den Rat gebend, der Menschenmasse in der Umgebung des Kandelabers mich nicht zu nähern, indem mir von dort aus Gefahr drohte. Ich ließ mich nicht abhalten, dennoch dem Schlosse in gerader Richtung zuzureiten, und hörte bald das Geschrei des Gesindels: ,,Da kommt er, laßt ihn nicht durch, reißt ihn vom Pferde." Es gelang mir, in das Innere des Schlosses zu kommen, und da der Ruf ,,Es lebe die Freiheit" fortgesetzt

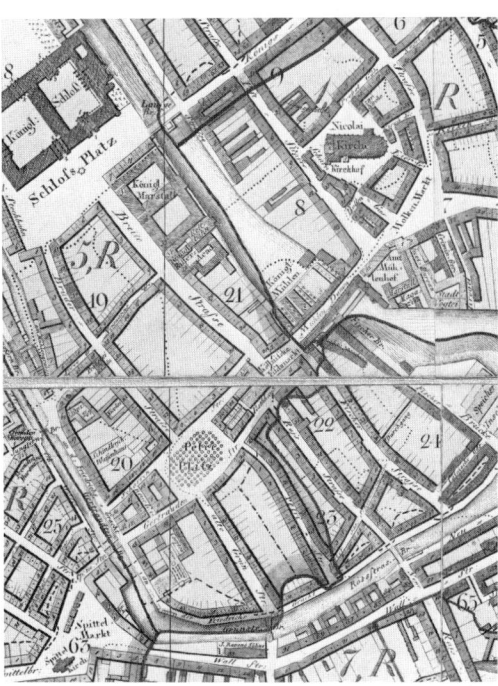

→B 22 Berlin 1843, Ausschnitt: Schloßplatz und Umgebung

→L 43 Carl Knoblauch: *17. September: Magistratssession. Man nahm die Sache von der leichten Seite. Eine Adresse an den König, welche Unwillen über den Vorfall und Versicherung der Treue enthalten sollte, und die ich vorschlug, wurde nicht beliebt. Nach Tisch mit meinen Kindern und Prof. Schwabe nach Charlottenburg in die Cauersche Anstalt und in das Mausoleum in dem Königl. Garten. Um 7 Uhr erreichten wir die Stadt. In der Nähe des Schlosses zeigten sich Handwerker und Arbeiter, paarweise nach dem Schloßplatz ziehend; dieser war schon ganz angefüllt, und der Wagen mußte schrittweise fahren. Die Menge wich zurück. Aus einer Gruppe hörten wir: Dem wollen wir nichts tun. Zu Hause angelangt, wurde das Lärmen zur größten Angst meiner Kinder immer stärker. Ein wildes Geschrei erhob sich vom Schloßplatz, der Königstraße und vom Molkenmarkt her. Schwärme von Menschen zogen durch die Straßen, meistens junge Leute aus den arbeitenden Classen, viel Neugierige, wenn es nicht fast alle waren, dazwischen auch Frauen. Gendarmen und Polizeioffizianten verfolgten große Mengen, die eilig flohen. Besonders war das Lärmen groß, wenn einige Gefangene nach der Stadtvogtei geführt wurden. Gegen 10 Uhr war der Tumult vielleicht am größten. Die nach dem Schloß und Palais führenden Straßen wurden durch zahlreiche Truppenabteilungen gesperrt, niemand hin, aber alles von dort fortgelassen. Die Plänkeleien mit den Gendarmen und einzelnen Polizeibeamten gaben eigentlich der Aufregung erst eine bestimmte Richtung. Alle Gespräche, von denen ich Fragmente aus dem Fenster meines Eckhauses hörte, bei dem sich hin und wieder Gruppen der zum Unfug nicht übel ausgelassenen jungen Kerle bildeten, bezogen sich auf ihr Betragen zu jenen Personen und auf das Benehmen derselben zu ihnen. Aus einem Haufen heraus hörte ich: „Morgen wird wohl alles mit Stöcken kommen"; andere riefen: „Heute fehlen noch alle aus den Fabriken . . ." Auch über den Kirchplatz zogen flüchtige Haufen, verfolgt von Gendarmen mit gespanntem Gewehrhahn. Viele nahmen von dem abgebrochenen Küsterhause Steine mit. Die Kinder, besonders Hermann, waren in höchster Angst, Hermann weinte bitterlich und zitterte am ganzen Körper . . . Bis Mitternacht blieb ich auf. Starke Reiterpiquets und Infanterie-Detachements und kleinere Patrouillen durchzogen die Straßen. Gestern Abend (16.) soll auch die Volksmasse auf dem Schloßplatze „ein freies Leben führen wir" gebrüllt haben. – Unverständliche Töne, von denen einige wie „Freiheit" klangen, so wenig begriffen wie roh ausgestoßen, hörte ich mitten im Tumult.*

Carl Knoblauch: *Den 18.9.1830. Mariechen und Hermann zur Schule gebracht, dann zum Rathause. Schlechtes Betragen der Gendarmen, die überall fliehende Haufen verfolgten und auf einzelne, ohne daß sie sich zur Wehr setzten, und die teils nicht weichen konnten und sich ruhig vor ihren Häusern hielten, einhieben. Herrn v. Bärensprung begegnet und begleitet, der zum Commandanten gerufen war. Außerordentliche Magistratssession. Lieber Besuch vom Probst Roß. Verabredung wegen Fortschaffung der Steine und Bohlen vom Küsterhause auf dem Nikolaifriedhof. Sie wurden teils in die Fundamentgrube geworfen, teils auf den Hof des Luisenstifts gebracht. Anordnung deshalb mit dem Küster Eckardt. Allgemeine Klage über die Gendarmen. Auch Gauert (Werkführer bei K.) und Guillemot haben einen Kolbenstoß erhalten, der junge Schubert (Nachbar) ist verwundet. Aufforderung an die Einwohner. Zu Anfang der Session vorgetragen, gegen Ende der Session war sie schon gedruckt. Ermahnung zur Ruhe an die Gewerke. Der Präsident v. Esebeck kam auch in die Session; er gab zu, daß die früher sehr verhöhnten und gereizten Gendarmen hie und da in ihrer Hitze zu weit gegangen und daß sie auch zu früh abgeritten wären. Dies hätte nicht eher geschehen sollen, als bis der Herzog Carl und der Polizeipräsident noch einmal die Menschenmasse verwarnt haben würde. Nötig wäre es aber doch gewesen, Ernst zu brauchen, nachdem er selbst aufs gröblichste beleidigt worden sei, ohne die geringste Veranlassung gegeben zu haben, nachdem drei Polizeioffizianten bedenklich verwundet gewesen wären und vergebliche Versuche gemacht worden seien, das Volk von den Steinhaufen im Lustgarten zurückzudrängen, und nachdem der Haufe angefangen habe, mit Steinwürfen gegen das Portal vorzudringen. – Eine Adresse an den König kam wiederholt zur Sprache, ich wurde mit Abfassung derselben beauftragt. Einige Abkürzungen wurden nachher mit (Reg.-Rat) Reichhelm und (Stadtrat) de Cuvry vereinbart. Erst um 3 Uhr zu Tisch. Später Anordnungen auf dem Kirchhof. Wegen der Bohlen zum Präsidenten. Er hatte soeben von einem Auflauf auf dem Neuen Markt gehört. Ich fand alles ruhig auf dem Wege. Zu Jungk, Franz (Schwager) und Wilhelm (Keibel). Den Gedanken, meine Kinder zu (Schwägerin) Wilhelmine nach dem Alexanderplatz übersiedeln zu lassen, gab ich auf. Nach Schluß des Kontors wurde das Haus bald geschlossen. In der Königs-, Breitenstraße und auf dem Schloßplatz waren zwar viel auf- und abziehende Menschen, aber nirgends, soviel ich bemerken konnte, sammelten sie sich; zahlreiche Patrouillen hielten die Ordnung aufrecht. Ich wies auf einer, die der Präsident nach dem Nikolaikirchhof beordert hatte, wegen der Steine und des Steinreservoirs im Luisenstift an. Besonders gut sollen sich überall die Dragonerpatrouillen benommen haben; ich übergzeuge mich in einem Fall selbst davon, Offizianten und Gendarmen waren nicht zu sehen. Mehrere Arrestationen fielen vor. Die Kerle und Buben schrien nur aus Übermut, und wenn sie gefaßt wurden, baten sie, daß die Wache sie loslassen möchte. Adolph Lieber in Uniform kam in die Poststraße und versicherte uns, daß alles ruhig und in Ordnung sei; ein Schuß fiel in die Nähe des Mühlendamms und setzte die Kinder, besonders Marie, sehr in Schrecken; sie begaben sich in das in der Mitte unserer Wohnung gelegene Schlafkabinett. Wie sich herausstellte, war nur ein mutwillig hingeworfener „Kanonen-*

gehört, von der Menge auch heftig dem Schlosse zugestürmt, Polizeibeamte und Gensdarmen, aller Ermahnungen zur Ruhe und Entfernung ungeachtet, mit Steinwürfen und Knütteln angefallen und teilweise mehr oder minder körperlich verletzt wurden, so blieb nichts übrig, als durch Anwendung von Gewalt, unter tätiger Mitwirkung des Militärs den Aufruhr zu dämpfen.

In kaum 8 Minuten hatten 25 berittene Gensdarmen nach empfangenem Befehl zum Angriff die zahllose Menschenmasse von dem Schloßplatze und aus der Breiten Straße entfernt; starke Militärpatrouillen leisteten den Polizeibeamten und Gensdarmen kräftigen Beistand zur Säuberung der übrigen Straßen von den auf solchen befindlichen Menschen, und gegen 10 Uhr war die Ruhe wiederhergestellt.

Es sind 73 Personen zum Arrest gebracht – von welchen mehrere unbedeutende Hautverletzungen, anscheinend durch flache Säbelhiebe herrührend, an sich tragen –, und nach bis jetzt eingelaufener Nachricht sind der Kutscher Petzold und die Dienstmagd Louise Lehmann durch Säbelhiebe ersterer nicht unbedeutend, letztere weniger gefährlich am Kopfe verletzt worden.

←L 44

Sonnabend, der 18.9.1830: Am Morgen des Sonnabend geben die Polizei und der Magistrat Bekanntmachungen heraus:

→A 52

Polizeiliche Bekanntmachung.

Es hat gestern Abend ein Zusammenlauf stattgefunden, den unbefugte Neugier erzeugte, der aber Anlaß zu Unordnungen gab. Zur Vermeidung ähnlicher, die Ruhe der Stadt und der achtbaren Bürger störender Vorfälle, wird, mit Hinweisung auf die bestehenden Gesetze, hiermit zur Nachachtung bekannt gemacht:

1) Jedermann ist schuldig, den Verfügungen der Polizei und den zu ihrer Unterstützung angeordneten Patrouillen unbedingt Folge zu leisten.

2) Jedes Zusammentreten von mehr als Fünf Personen Abends auf den Straßen ist untersagt und wird Verhaftung zur Folge haben.

3) Aeltern und Meister werden, bei eigner Verantwortlichkeit, angewiesen, ihre Kinder und Lehrlinge Abends zu Hause zu halten.

Alle rechtlichen Leute werden die Nützlichkeit der obigen Verfügung einsehen; bei dem guten Geiste der Bürgerschaft kann man daher erwarten, daß sich jeder eben so willig darin fügen, als sich unzeitiger Neugier enthalten wird, um dadurch zur Aufrechthaltung der Ordnung mitzuwirken und strengere Maaßregeln überflüssig zu machen.

Berlin, den 18. September 1830.

Königliches Gouvernement und Polizei-Präsidium.

v. Tippelskirch. • v. Esebeck.

Schon bei Eintritt der Dämmerung (ist) ein mehr als gewöhnliches Treiben auf den Straßen bemerklich geworden, welches sich besonders in der Breiten- und der Königstraße und auf dem Schloßplatze geäußert hat. Die Menschenhaufen mehrten sich gegen 8 Uhr bedeutend, und hörte man hier und da Geschrei und das Pfeifen einzelner Tumultanten, dagegen wurden Volksaufläufe, die einen geregelten Angriff zu erkennen gegeben, nicht

Aufforderung an die Einwohner Berlins.

Die Verhaftung einiger Handwerks-Gesellen in der Abendstunde des vorgestrigen Tages hat die Veranlassung gegeben, daß eine Menge Menschen sich zu derselben Zeit in der Breitenstraße versammelte, um ihre Neugier zu befriedigen.

Dieß Zusammenkommen hat sich am gestrigen Tage wiederholt. — Unter einer solchen Zahl von Menschen finden sich natürlich auch immer mehrere, die einen Zusammenlauf benutzen, um Unfug zu treiben, und wenn dieser entsteht, so vermehrt sich die Zahl der Neugierigen noch mehr.

Die Personen, welche von den betreffenden Behörden beauftragt sind, auf Ordnung zu halten, um jedem etwanigen Unfug zu steuern, können dabei nicht untersuchen, welche von den auf den Straßen befindlichen Leuten nur aus Neugier, oder welche eines zu treibenden Unfugs wegen, dort sind.

Es ist daher nothwendig, daß bei einer solchen Veranlassung sich Jeder zu Hause halte, nicht durch unzeitige Neugier den Zulauf vermehre, oder ihn eigentlich erst dadurch veranlasse, und sich selbst in dieser Art vor Schaden bewahre, der unvermeidlich ist, sobald man sich unter die Menge begiebt.

Wenn alle wohlgesinnten Einwohner nicht nur für ihre Person hiernach verfahren, sondern auch die von ihnen abhängigen, vornämlich die bei ihnen in Lohn und Brod stehenden Leute, dazu veranlassen; so hört der Zusammenlauf von selbst auf, durch welchen nur Unordnung begünstigt wird.

Wer sich dann noch an solchen Orten, ohne sehr dringende Geschäfte zu haben, einfindet oder aufhält, der erregt den Verdacht, daß er sich nur eines zu veranlassenden Unfugs wegen dahin begeben habe. Gegen solche Leute können diejenigen Personen, welche zur Aufrechthaltung der Ordnung bestimmt sind, alsdann die erforderlichen Maaßregeln leicht und nöthigenfalls mit allem Ernste ergreifen, ohne daß dadurch andere gut gesinnte Personen Gefahr laufen.

Wir finden uns veranlaßt, durch dies Circular die sämmtlichen Haus-Eigenthümer hierauf aufmerksam zu machen, mit dem Ersuchen, auch den Bewohnern ihres Hauses dasselbe mitzutheilen, und mit ihnen gemeinschaftlich dafür zu sorgen, daß sowohl die Erwachsenen, als besonders auch die Jüngeren, sich vom Finsterwerden an zu Hause halten, und nicht, aus Neugier oder aus Lust an solchem Unfug, den Zulauf vermehren.

Unser theurer König, den wir Alle so innig lieben, muß mit Mißfallen dies unbedachte Zusammenlaufen bemerken. Die Ehre der hiesigen Einwohner, welche sich immer durch Ordnung und gesetzmäßiges Benehmen auszeichneten, würde leiden, wenn dasselbe noch länger fortdauerte; auch die eigene Sicherheit der Einwohner verlangt es, daß jede Störung der Ordnung vermieden werde.

Berlin, den 18. September 1830.

Ober-Bürgermeister, Bürgermeister und Rath hiesiger Königlichen Residenzien.

←A 53 schlag" losgegangen. Um 10 Uhr war alles fast ruhig, um 11 Uhr die Straße leer. Ich sagte dem Präsidenten offen, daß, wie die Sache jetzt läge, nur das Betragen der Gendarmen den absichtslosen Aufläufen eine bestimmte Richtung gegeben habe und ferner geben könne. General Brause gesprochen, nach Haus, August Stüler kam zum Besuch. Wir befürchteten viel vom Sonnabend, der Löhnung und des freien Nachmittags wegen. Gottlob umsonst bis hierher. General Diebitsch (der damals gerade in Berlin sich aufhielt) ist in bürgerlicher Kleidung gestern Abend umhergegangen, hat u.a. eine Patrouille, bei der sich Hermann Lieber befand, in der Burgstraße angesprochen.

wahrgenommen. Dessenungeachtet haben sich einzelne Patrouillen genötigt gesehen, die ihnen entgegenkommenden Haufen mit Gewalt auseinanderzutreiben, weil sich die Absicht der Widersetzlichkeit durch Ausrufungen als z.B. „Herunter vom Pferde!" und ähnliches mit Pfeifen untermischtes Geschrei deutlich zu erkennen gab.

Bei Gelegenheit solcher Vorfälle sind, nach den bestimmten Anzeigen solcher Patrouillen, einzelne Soldaten auch durch Steinwürfe angegriffen worden, welche dann die Täter solcher Exzesse, einige mit bestimmter Anzeige, zur Haft gebracht haben.

In der Gegend der Werder'schen Mühlen hat eine Patrouille von Dragonern einen unruhigen und widersetzlichen Volkshaufen angreifen müssen, der eine von dem Lieutenant v. Witzleben II des Kaiser-Franz-Grenadier-Regiments geführte Patrouille zur Hülfe gekommen ist. Von den mit Gewalt auseinandergetriebenen Unruhestiftern haben sich einzelne durch die Mannschaft der Infanteriepatrouillen gedrängt, und es ist bei dieser Gelegenheit der Lieutenant v. Witzleben II durch eine zwar nicht lebensgefährliche, jedoch 1 Zoll weit unter die Haut fortlaufende, wahrscheinlich mit einem dreischneidigen Instrumente verursachte Stichwunde in der linken

Carl Knoblauch: *19.9. war Magistrats-Session. (Es folgen Familiennachrichten.) Der Tag verlief ruhig, erst zwischen 10 und 11 Uhr abends hörte man großen Lärm. Es hieß, daß in der Breitenstr. eingehauen würde. Cerf soll einigen von denen, welche nach dem Schloßplatz gezogen sind, für die Comödie Billets offeriert haben. Die Adresse an den König soll erwartet worden sein.*

←L 45

Aus den Polizeiakten:

Die Schwiegermutter des am Neuen Markt wohnhaften Kaufmanns Müller hat heute den hier neben beigefügten Zettel mit der Aufschrift „Constitution und Pressefreiheit" auf dem Spittelmarkt gefunden, woselbst, wie der Müller mir bei Aushändigung des Zettels erzählte, noch mehrere andere Zettel umhergelegen haben sollen.

←A 54

Der Schreiber anliegenden Zettels ist durch Vergleichung von Handschriften und anderweitig bisher nicht zu ermitteln gewesen.
Berlin, den 13.10.1830

Abschrift des am Gartenzaun neben den Familienhäusern gefundenen Flugblatts:

Auf! Auf! Ihr Teutschen!
Schüttelt das Joch ab, welches seit 15 Jahren immer drückender geworden ist. Blicket nach Süden und Westen, da sehet Ihr ein ruhmvolles Beispiel, wie sich andere Nationen mit Gewalt ihre Freiheit erkämpfen. Wollen wir diesen nachstehen? Fließt in unsern Adern kein Blut? Nein! Nein, brave deutsche Mitbrüder! Fort mit den Hunden der Tyrannei, den Gendarmen! Es lebe die Nation! Es lebe eine repräsentative Verfassung! Es lebe der konstitutionelle König! Brutus.

Lende verletzt worden. Nach Anzeige des v. Witzleben hat derselbe seinen wahrscheinlich flach gestellten Säbel auf dem Kopfe des Täters zerschlagen, es ist diesem aber dennoch gelungen, im Gedränge zu entkommen. Von den verschiedenen Patrouillen und durch Polizeibeamte sind als Teilnehmer an unruhigen Aufläufen überhaupt 60 Personen verhaftet, deren Mehrzahl aus jungen Gesellen und Lehrlingen besteht, worunter sich auch mehrere früher schon bestrafte Subjekte befinden.

Sonntag, der 19.9.1830: *Auf dem Schloßplatze und den den Zugang zu diesem Platze bildenden Straßen sammelten sich schon bei Eintritt der Dunkelheit neugierige Menschenmassen. Der Zudrang näherte sich bis gegen 10 Uhr, ohne daß mehr als ein unanständiges Schreien und Pfeifen, Zeichen der gestörten und etwa zu störenden Ruhe, wahrgenommen wurde. Vorübergehende und vornehmlich Folgende wurden verhöhnt, ausgepfiffen und beklatscht. Gleiches erfuhr ich selbst, als ich mich von der Stadtvoigtei aus zu Pferde nach dem Schlosse begab und die Menge aufforderte, sich ruhig nach Hause zu begeben. Die Massen, größtenteils Knaben von 12–17 Jahren, drängten nach dem Schlosse hin und stellten sich vor dem Portale auf. Der die Schloßwacht kommandierende Oberstleutnant v. Fabeck vom Kaiser-Alexander-Grenadier-Regiment bemühte sich mehrmals vergeblich, das Volk durch gütliches Zureden zum Auseinandergehen zu bewegen. In der Meinung, daß durch Aussenden von Patrouillen und Aufstellen vieler Wachtposten das Volk gereizt und zu Exzessen verleitet werden könnte, wurde das Schloßportal, und zwar der Haupteingang, nur durch einen Unteroffizier und jeder der Nebeneingänge durch einen Grenadier besetzt, auch Befehl gegeben, die Patrouillen einzustellen.*

←A 54

Diese Maßregel hatte jedoch nicht den erwünschten Erfolg; Militärpersonen, welche einzeln und in Patrouillen den Schloßplatz passierten, wurden von Steinwürfen begleitet, größere Steine wurden nach dem Schloßportale geworfen. Der Bediente des Generals Grafen v. Brandenburg, welcher dicht hinter seinem Herrn ritt, erhielt einen ihn jedoch nicht verletzenden Steinwurf, gerade als er das Portal passierte. Gleichzeitig wurde ein als Posten am Schlosse aufgestellter Grenadier des Kaiser-Alexander-Grenadier-Regiments durch einen Steinwurf stark verwundet zur Erde gestreckt, der Verletzte mußte nach dem Lazarett gebracht werden. Eine Patrouille des Garde-Dragoner-Regiments, welche die auf dem Schloßplatze versammelte Menge auseinandertrieb, stellte für den Augenblick die Ruhe her; allein bald rottierte das Gesindel sich von neuem. Vor dem Hause des Weinhändlers Nitze an der Ecke des Schloßplatzes und der Breiten Straße, sowie vor dem Nachbarhause auf dem gen. Platze, wurden die Scheiben der Straßenlaterne eingeworfen; vor dem Nitze'schen Hause rissen die Tumultanten das Straßenpflaster an zwei verschiedenen Stellen auf; zwei der am Bürgersteige stehenden Prellpfähle wurden ausgegraben, ein dritter abgebrochen.

Auf die Nachricht von diesen Exzessen und davon, daß der Hauptmann von Preuß, Adjutant des Chefs der Gensdarmerie, mit Steinen beworfen wurde, als er zur Ruhe und Ordnung ermahnte, beorderte der Oberstleutnant v. Fabeck gegen 10 Uhr zwei Züge der auf dem Schloßhofe aufgestellten Kürassiere, welche mit gezogenem Säbel nach dem Schloßplatze rücken. Das versammelte Volk, zum bei weitem größeren Teile liederliches Gesindel, verhöhnte in Berliner Redensarten, als z.B. „Bangemachen gilt nicht!", und unter dem Zurufe: „Schafsköpfe, steckt die Plempen ein, hauen dürft ihr ja doch nicht!" das Militärkommando und weigerte sich, den Platz zu räumen, indem es rief: „Wir gehen nicht, man schaffe die Miets- und Hundesteuer ab, lasse uns im Tiergarten Tabak rauchen, zerstöre die Maschinerien in England usw." Dies veranlaßte den kommandierenden Offizier, den Befehl zu geben, das Volk mit Gewalt auseinanderzutreiben. Die Kürassiere ritten auf die Menge ein, welche in sehr kurzer Zeit völlig zerstreut wurde, und nach 10 1/2 Uhr war die Ruhe hergestellt. Aus diesem Haufen sind 32 Individuen verhaftet, unter welchen sich drei nicht bedeutend Verwundete befinden. Überhaupt sind gestern abend 46, welche als Teilnehmer an unruhigen Aufläufen bezeichnet worden, zum Arrest gebracht.

←A 55

←A 56

In der Torstraße vor dem Hamburger Tore fand man an dem Gartenzaun des Eigentümers Christian Sën alleruntertänigst in Abschrift beigefügten Anschlag, gestern abends 11 Uhr, und auf dem Mühlendamm sowie auf dem Nicolai-Kirchhof sind zusammen drei kleine Zettel gefunden worden, auf welchen geschrieben steht: „Constitution und Preßfreiheit".

Montag, der 20.9.1830: *Abends in der 7. Stunde hatten sich wieder einige Menschenhaufen auf dem Schloßplatze gebildet, deren Zerstreuung jedoch durch die angeordneten Patrouillen schon im Entstehen des Zusammenlaufs bewirkt worden ist, ohne daß mit Gewalt einzuschreiten nötig gewesen, und wurde demnächst weder auf dem Schloßplatz noch auf den Straßen eine mehr als sonst gewöhnlich stattfindende Frequenz bemerkt.* →L 46

. . . Übrigens ist die Ruhe gestern abend und während der Nacht nirgends durch Exzesse besonders gestört worden und spricht sich die Mißbilligung des Betragens der Unruhestifter im besseren Teile des Publikums mehr und mehr laut aus.

In der Wilhelmstraße sollen gestern abend mehrere Zettel ausgestreut gewesen sein, welche gleichen Inhalts mit einem der hier eingereichten gewesen sind und auf welchen geschrieben steht:

Nieder mit der Polizei
Denn wir alle stehn uns bei
auch habt mit die Gensdarmen
mit die Bluthund kein Erbarmen
doch der König lebe hoch
lebe viele Jahre noch.

Der chronologischen Darstellung des Aufruhrs lassen wir die soziale Analyse der Verhafteten — es sind insgesamt immerhin 208 Personen — folgen, die der Historiker Obermann anhand der Akten des Innenministers bereits vorgenommen hat:

Die Liste der 208 Verhafteten gibt Aufschluß über die Teilnehmer die- ←L 47 *ser Demonstrationen. Bis Anfang Dezember 1830 waren 25 Verhaftete, die sich angeblich besonders straffällig gemacht hatten, der gerichtlichen Untersuchung überwiesen worden. Der Jüngste war ein 16jähriger Seidenwirkerlehrling, der beschuldigt wurde, aufrührerische Reden geführt zu haben. Wegen der gleichen Beschuldigung wurden noch ein 18jähriger Schlächterlehrling und ein 23jähriger Student dem Richter übergeben. Außer einem 43jährigen Kaufmann aus Berlin, der wegen Beleidigung der Patrouillen angeklagt wurde, und einem 45jährigen Postsekretär, der beschuldigt wurde, zwei Verhaftete befreit zu haben, handelte es sich im übrigen nur um Arbeiter und Handwerksgesellen im Alter zwischen 20 und 45 Jahren, u.a. zwei Maurergesellen, zwei Kattundruckergesellen. Die Beschuldigung, aufrührerische Reden geführt zu haben, kehrt häufig wieder, ebenso werden einige beschuldigt, mit Steinen geworfen zu haben. Ein Schneidergeselle wurde wegen ,,Beleidigung der Majestät`` angeklagt. Die Untersuchung gegen die übrigen 183 Verhafteten wurde durch die Polizei mit Hilfe von 13 besonders zur Verfügung gestellten Kammergerichtsreferendaren beschleunigt durchgeführt. Nur 8 gingen straffrei aus. 175 erhielten sogenannte Polizeistrafen: d.h. 10 bis 20 Peitschenhiebe, 48 Stunden Arrest bei Wasser und Brot, 3 Tage Arrest bei Wasser und Brot, 8 Tage Arrest, davon 6 Tage bei Wasser und Brot. Die höchste Polizeistrafe war 14 Tage Arbeitshaus. Ein 12jähriger Tuchmacherlehrling erhielt als Strafe 12 Peitschenhiebe, ein 14jähriger Schuhmacherlehrling wurde sogar mit 20 Peitschenhieben bestraft, ebenso zwei 15jährige Seidenwirkerlehrlinge. Im übrigen handelt es sich bei den Verhafteten neben weiteren 16- und 17jährigen Handwerkerlehrlingen in der Hauptsache um Gesellen im Alter von 20 bis 30 Jahren des Maurer-, Schuhmacher-, Schneider-, Schlossergewerbes, der Dachdecker, Weber, Seidenwirker, Mühlenbauer, Bäcker, Sattler, Buchdrucker, Tischler, Zimmerer, Porzellanmaler usw. Laut Verfügung des preußischen Königs vom 21. September 1830 wurden alle verhafteten Handwerksgesellen, die nicht in Preußen gebürtig waren, also als ,,Ausländer`` galten, nach Verbüßung der Strafe ausgewiesen. Außerdem wurde der Grund der Ausweisung im Wanderbuch vermerkt.*

Bei den 175 Verurteilten befanden sich außerdem noch 1 Schüler, 1 Student, 3 Privatlehrer, 3 Handlungsgehilfen, 2 Handelsmänner, 1 Viktualienhändler.

Bei den Prozessen, die wegen Beteiligung am Aufruhr im Frühjahr 1831 vor dem Berliner Stadtgericht stattfanden, wurde in den meisten Fällen die Untersuchungshaft von etwa 6 Monaten als ausreichende Strafe gewertet. Die höchsten Urteile lauteten: ein Jahr Zwangsarbeit für einen 22jährigen Kattundruckergesellen und zwei Jahre Zwangsdienst in einer Festungsgarnison-Kompanie für einen 27jährigen Maurergesellen. Die Verurteilung erfolgte in beiden Fällen ,,wegen tätlicher Behandlung der zur Stillung des Auflaufs abgeordneten Wachen und Polizeibeamten``.

Carl Knoblauch: *20.9. Herrn v. Bärensprung und den Castellan des Rathauses gesprochen: In der Nacht ist ein Criminal-Commissar nach dem Rathause gekommen, um dort auf die Einräumung eines Offizierszimmers anzutragen und bei der Dringlichkeit der Gefahr die Aufstellung eines Detachements im Hofe anzukündigen. Falsche, dem Polizeipräsidenten zugekommene Nachrichten von einer Rottierung im Voigtlande von Maurer- und Zimmergesellen sollen die Veranlassung zu dieser beabsichtigten Maßregel und zu anderen ebenfalls überflüssigen Truppenbewegungen gewesen sein. — Der Criminal-Commissar soll sich auf eine höchst süffisante sonderbare Weise benommen haben. Als dem Polizeipräsidenten später von Herrn v. Bärensprung wegen der Besetzung des Rathauses überhaupt Vorstellungen gemacht wurden, hat es geheißen, daß nur ein Mißverständnis dabei zu Grunde gelegen habe. Auf dem Cöllnischen Rathause habe man ein Zimmer für die Offiziere der in der Nachbarschaft aufgestellten Truppen gewünscht. Auf den Volkshaufen beim Nitzschen Hause am Schloßplatz ist gestern Abend (zw. 10 u. 11) erst dann eingehauen worden, oder es wurde derselbe vielmehr erst dann teils zerstreut und umzingelt und in den Schloßhof gedrängt und dort verhaftet, als unzählige Aufforderungen, nach Hause zu gehen, fruchtlos an sie erlassen worden waren. Der Oberst Barer, Graf Baudissin und viele andere Offiziere sollen sich vortrefflich benommen haben. Als man die Leute fragte, was sie denn eigentlich wollten, haben sie u.a. auch gesagt: Keine Hundesteuer, keine Mietsabgaben und keine neuen Maschinen, ,,un in Tierjarten roochen`` (wie anno 48). Auch haben sie auf die Gensdarmen geschimpft, zuletzt aber auch die Truppen verhöhnt: ,,Was wollt Ihr uns denn tun?! Ihr dürft ja gar nicht einhauen!`` Übrigens hatte das Gesindel schon angefangen, 2 Pfähle umzureißen und die Straßenpflaster aufzunehmen; alle, die im Schloßhofe und hie und da anderwärts gefänglich eingezogen wurden, haben Steine in den Taschen gehabt. Als infolge der verschiedenen Aufforderungen einige der Leute fortgehen wollten, haben die anderen sie zurückgeholt und gerufen: Hierbleiben! Auf dem Nikolaikirchplatz hat man einen Zettel gefunden mit den Worten Constitution und Pressefreiheit. In den Wülcknitzschen Häusern soll man einen in sehr gebildeter Sprache verfaßten Aufruf gefunden haben, auf die Brüder im Westen und Süden zu sehen und eine Verfassung zu fordern. Die Proklamation soll mit den Worten: Es lebe der konstitutionelle König! geschlossen haben. — Auch das Betragen einiger Polizeioffizianten wird sehr getadelt. Es soll sehr viele Beamte darin geben, deren Immoralität notorisch ist. Die Gendarmen sind schon seit langem sehr unbeliebt. Man sieht im Volke ihre Hauptaufgabe, auf den ,,Pfeifenfang`` da, wo das Rauchen nicht erlaubt ist, auszugehen. Man nennt sie spottweise kurz die Pfeifen oder auch Strick-Reuter nach dem Strick, den sie zum Einbringen der Gefangenen bei sich führen.*

„Das Haus des Elends"
überschreibt Rasch seine Beschreibung
des Arbeitshauses:

Fast fünf Jahre waren verflossen, seit ich das große, ←L 48
graue Haus am Alexanderplatz nicht besucht hatte,
welches in der Akten- und Geschäftssprache „das Ar-
beitshaus" heißt und welches der Berliner kurzweg
den „Ochsenkopf" nennt.

Die Ecke der Alexanderstraße und des Alexander-
platzes bilden, wie ich für den Fremden bemerke, der
Berlin nicht kennt, mehrere große Gebäude von einem
grauen und düstern Anstrich, von denen der Vorüber-
gehende nicht weiß, was er daraus machen soll. Sie
sehen aus wie eine Kaserne, oder auch wie ein großes
Magazin, dann auch wieder wie ein Gefängnis. Die
Ausdehnung und der Umfang der Gebäude ist von der
Seite des Platzes nicht recht zu beurteilen, weil sie
einen weit größern Raum einnehmen, als es von die-
ser Seite aus scheint, und mit den hintern Höfen und
Seitenflügeln an die Spree stoßen. Im Winter kommt
die Einwohnerzahl dieser Gebäude zuweilen der Be-
völkerung eines kleinen Landstädtchens gleich, da sie
oft bis auf tausend Seelen – um hier einmal diesen
Ausdruck zu gebrauchen, da er hier am Platze ist –
und steigt oft bis an tausend. Die Häuser gehören der
Commune und werden von Seiten des Magistrats
verwaltet.

Vor fünf Jahren ging ich an einem Herbstnachmit-
tage in der Alexanderstraße vor diesem großen, grauen
Gebäude eine Stunde lang umher. Die Stunde war
recht interessant. Eine Menge neuer Bewohner hielt in
das Siechenhaus menschlichen Elends seinen Einzug;
heraus sah ich niemanden kommen . . .

Sein zweiter Besuch:

. . . *Ich zog nun, immer noch erstaunt und verwun-*
dert, die Klingel am Tore – denn im allgemeinen schrei-
tet der Fortschritt im Berliner Magistrat außerordent-
lich langsam –; vielleicht hat der Magistrat bei seiner
Verwaltung sogar die Prügel abgeschafft, sagte ich zu
mir selbst, dann drehte sich im Schloß ein Schlüssel,
schwerfällig und langsam öffnete sich die Tür von
innen, und ich stand wieder auf dem engen und nied-
rigen Flur, auf dem sich die Eingänge zu der Wacht-
stube und zu den Bureauzimmern öffnen. Ein Dutzend
Gewehre stand vor der Wachtstube an ihren Ständern,
Soldaten gingen ab und zu, der Flur bot noch den
Anblick des früher gefängnisartigen Raumes, dessen
Eindruck nichts weniger als einladend und erfreulich
war.

Die schriftliche Empfehlung eines Magistratsmit-
gliedes, welches ich im Bureau vorzeigte, verschaffte
mir die Erlaubnis, von einem uniformirten Cicerone
in den Räumen des großen Hauses umhergeführt zu
werden. Wir stiegen, wie vor fünf Jahren, Trepp auf
Trepp ab und kamen durch lange Corridors und weite,
ein wenig niedrige Säle. Den grotesken, oft schreckli-
chen Anblick von früher, wo aller Schmutz und alles
Elend der Residenz, wo der ganze Kehricht von den
Straßen in diesen Räumen aufeinander gehäuft lag,
hatte das Arbeitshaus allerdings verloren, und damit
war für den Schriftsteller manches Interessante ver-
schwunden. Die Siechen und die unheilbar Kranken
in den Höfen und den Räumen am Wasser, ebenso die
Irren und Wahnwitzigen fehlten, das Gelächter und
die frechen Scherze der liederlichen Dirnen war ver-
klungen, der „Ochsenkopf" war zu einem stillen
Hause geworden. In den langen und niedrigen Sälen
saßen die Detinirten an den Wänden und arbeiteten,
in jeder Stube, unter Aufsicht eines Aufsehers. Nach
ihren Leistungen und Fähigkeiten waren sie in einzel-
ne Kategorien abgesondert. Sie kratzten Wolle, fertig-
ten Schwefelhölzer an, oder flochten Strohdecken.
Alle waren in der grauen Hauskleidung, in grauen
Jacken, grauen Hosen, grauwollenen Strümpfen und
Klappantoffeln. So saßen sie von morgens fünf Uhr
bis abends sieben Uhr, mittags hatten sie eine arbeits-
freie Stunde, morgens eine halbe Stunde, abends eine
viertel Stunde, welche zum Essen und zum Umherge-
hen auf dem Hofe benutzt werden konnte. Das ist eine
vierzehnstündige Arbeit. Niemand kann behaupten,
daß vierzehn Arbeitsstunden täglich zu wenig sind. Ob
mit dieser vierzehnstündigen täglichen Arbeit aber der
eigentliche Zweck des Arbeitshauses erfüllt wird, der
doch nicht allein darin besteht, die Kosten der Verwal-
tung und Erhaltung zu erschwingen, ist eine andere
Frage, welche ich heute wie vor fünf Jahren wieder-
um mit N e i n beantworten mußte. Dadurch, daß die
hier Detinirten täglich vierzehn Stunden spinnen,
Schwefelhölzer anfertigen und Wolle kratzen, mögen
sie freilich einen Teil der Verwaltungskosten erwer-
ben; sie werden aber durch eine solche Arbeit nicht

In den Akten des Polizeipräsidiums findet sich im Zusammenhang
mit der „Schneiderrevolution" eine undatierte Liste der *Stadtgegenden,*
welche sich zur besonderen Berücksichtigung beim Patrouillieren eignen
dürften. Die Liste, strategisches Ergebnis des Aufruhrs, führt einerseits
die Objekte auf, die besonders zu schützen sind, andererseits aber auch
die Wohn- und Arbeitsgebiete, in denen die Masse der Aufrührer vermutet
wird. Daraus lassen sich erste Anhaltspunkte für eine klassentopographi-
sche Stadtanalyse gewinnen.

→A 57 *Stadtgegenden, welche sich zur besonderen Berücksichtigung beim Pa-*
trouillieren eignen dürften:
A. Berlin, Cölln und Werder: Der Schloßplatz mit den angrenzenden Stra-
ßen resp. bis zur Friedrichsgracht, Gertraudenbrücke, Jungfernbrücke,
Oberer Wallstraße, ferner bis zur Eisernen Brücke, sämtliche Umgebungen
des Königshauses mit eingeschlossen, bis zur Friedrichsbrücke und zur
Jüdenstraße; Molkenmarkt; Neue Friedrichstraße, Gegend der Cockerill-
schen Fabrik; hinter der Königsmauer wegen der Bordelle.
B. Neustadt und Friedrichstadt: Unter den Linden, für die Dauer des Jahr-
markts die dazu genutzten Straßen; Opernplatz; Gensdarmenmarkt; Wil-
helmstraße und Wilhelmsplatz.
C. Louisenstadt und Neu-Cölln: Neue Grünstraße, Alte Jakobstraße;
Todtengasse; Stallschreibergasse (wegen der dort befindlichen zahlreichen
Tabagien und Herbergen); Köpenickerstraße, wegen der Fabriken.
D. Stralauer Viertel: Holzmarktstraße; Holzstraße; Stralauer Platz und der
zunächst anstehende Teil der Mühlenstraße, wegen der Fabriken; Magazin-
straße.
E. Spandauer Viertel: Alexanderplatz, wegen des Theaters und Arbeits-
hauses; Linienstraße vom Prenzlauer bis zum Hamburger Tor; Münzstraße
und Alexanderstraße; Monbijouplatz; Artilleriestraße und Flatowgasse,
wegen der Fabriken und Herbergen; Hospitalstraße in der Gegend der
Hamburger Straße, wegen der Zimmerherbergen; die beiden Hamburger
Straßen wegen der Nähe der v. Wülcknitzschen Familienhäuser.
F. Umgegend von Berlin: Vor dem Hallischen Tore wegen der Gasberei-
tungsanstalt. Vor dem Rosenthaler und Hamburger Tore: die Brunnen-,
Acker-, Berg-, Garten- und Torstraße. Vor dem Unterbaum die Gegend der
Pulverfabrik und Magazine, sowie die Unterbaumstraße.

Der Fall 5: Ein kleiner Erfolg und eine erste Perspektive

Der folgende Fall, der sich am **27.7.1831** wieder in den Familienhäusern ereignet und als Ausgangspunkt den Versuch hat, dort Exmissionen
durchzuführen, weil viele ihre Miete nicht bezahlen können, wird von dem
Hausbesitzer Wiesecke selbst geschildert.

→S 154 *Heute gegen Mittag also begab ich mich selbst in Begleitung des Ge-*
richts-Executors Reimann und meiner Hausofficianten in die Wohnungen
der zu exmittierenden Einwohner. Bei vieren derselben gelang es uns, die
Leute zum Abzug zu bewegen; der fünfte aber – ein Schneider namens
Weißbecker – wollte durchaus nicht weichen, drohte trotz allem Zureden
mit tätlichem Widerstand und raste endlich – das Bügelholz in der Hand –
wie ein Wahnsinniger im Zimmer umher. Der Executor war endlich, zu
seiner persönlichen Sicherheit und um auch für künftige Fälle nicht ganz
seine Autorität einzubüßen, durchaus notgedrungen, sich von der Tor-
wache zwei Mann zu erbitten, mit deren Hülfe es endlich gelang, auch diese
Familien aus dem Zimmer zu bringen. Inzwischen hatte das lärmende To-
ben dieses Menschen eine Masse Neugieriger herbeigezogen. Dicht gedrängt
standen diese auf dem Corridor, murrten und stießen Verwünschungen
aus, als wir uns in das sechste Zimmer begaben, die letzte Execution vor-
zunehmen. Hier fand der Executor den hartnäckigsten Widerstand, und
soviel Güte er auch verschwendete, man wollte weder Vorstellungen, noch
der Gewalt weichen, da bereits sich mehrere hundert Männer und Weiber
versammelt hatten, welche unter trotzigen Drohungen und selbst Injurien
sich entschlossen erklärten, die Sache zu der ihrigen zu machen und Ge-
walt mit Gewalt zu vertreiben. Kein Zureden, kein Bitten half, und von
dem tumultuarischen Haufen eng umgeben, blieb mir nichts übrig, als diese
letzte Exmission aufzugeben und, von meinem Vorhaben abstehend, das

Haus mit dem Executor zu verlassen. – Ohnerachtet dieser Nachgiebigkeit war indessen die Aufregung der Friedenstörer immer größer. Man rottirte sich auf dem Hofe in großen Haufen zusammen, insultirte meine Hausofficianten und wurde immer unverschämter und herausfordernder. Unter diesen Umständen mußte der Executor den Beistand der Wache aufs Neue fordern, und da diese nur aus vier Mann bestand, so verstärkte sie sich von der Hauptwache und aus der Artillerie-Caserne, so daß in kurzem 30 Mann und ein reitender Gensdarm auf dem Hofe erschienen. Statt diesen Demonstrationen zu weichen, ging nun der Lärm erst recht los, man brüllte, pfiff und schrie, verhöhnte die Wache und insultirte mich, der ich stets zu vermitteln und zu begütigen suchte, nebst meiner Umgebung, bewarf uns mit Sand und drohte zu Steinwürfen zu schreiten. – Mittlerweile erschienen mehrere Polizei-Beamte, welche ich zur Schlichtung des Handels aufgerufen hatte, und um den Sturm nicht sich weiter – vielleicht bis in die Stadt – verbreiten zu lassen, indem schon mehrere gar nicht in diesen Häusern ansässige Menschen sich den Tumultuanten beigesellt hatten, beschloß ich auf Anraten des Herrn Polizei-Commissarius: von meinem früheren Vorhaben einstweilen ganz abzustehen. – Ich ließ den bereits exmittierten Einwohnern die Schlüssel wieder zurückgeben, die Wache sich entfernen und redete dann mit Hülfe der Polizei-Beamten den versammelten Leuten zu, sich in ihre Wohnungen zu verfügen. Nach einigem Widerstreben taten sie das auch, und so wurde die Ruhe für den Augenblick wieder hergestellt.

Es liegt jedoch am Tage, daß ein Geist der Widersetzlichkeit in hohem Grade eingerissen ist, welchen teilweise die Verzweiflung erzeugt und der – ganz abgesehen von meinem persönlichen Interesse – sehr bedenklich ist, wenn die Veranlassung dazu nicht auf eine oder die andere Weise aus dem Wege geräumt wird. – Der Arbeitsmangel und der ganz unverhältnismäßig geringe Fabriklohn sind wohl hauptsächlich als nähere und entferntere Ursachen des allgemeinen Unmuts anzunehmen, und da nun leider der böse Wille diesmal das Feld behauptete, da man es gegen das Gesetz und die executive Gewalt durchsetzte, den Fortbesitz der gemieteten Wohnungen zu erzwingen, so könnte es leicht geschehen, daß die einmal aufgeregte Menge auch weiter ginge und sich einen höheren Tageslohn zu erstürmen suchte. – Schon fielen heute vielfache schlimme Äußerungen darüber: Man sprach von allgemeiner Rebellion, daß man in die Stadt ziehn und alle Gewerke aufbieten müsse, man beschwerte sich über die Härte der Fabrikherren, welche den Verdienst allein in die Tasche steckten, den Lohn stets schmälerten und die Arbeiter verhungern ließen, man rief: es sei kein Gesetz mehr zu respektieren, denn umkommen müßte man doch, und der Hunger sei es auch, von dem die Cholera entstände.

Der Vermieter nennt die wesentlichen Gründe, die zur zunehmenden Härte der Auseinandersetzung führen. Der Widerstand nimmt aktive Formen an, verhindert nicht nur weitere Exmittierungen, sondern erreicht, daß die bisher erfolgten rückgängig gemacht werden. 13 Jahre vor dem ersten nachweisbaren Lohnstreik in Berlin, den die Kattundrucker **1844** führen, wird hier die Forderung nach höheren Löhnen laut.

Der Fall 6: Die Provokation am Hamburger Tor

Außer einigen Ausschreitungen nach Festen und Umzügen wie bei dem Geburtstag des Königs und dem Stralauer Fischzug fehlen für etwa 15 Jahre und für den Umkreis der Familienhäuser Nachrichten von weiteren Vorfällen.

Der neue Fall ereignet sich **1845**, ein Jahr nach dem mit Militär niedergeschlagenen Weberaufstand in Schlesien, mit der ihm folgenden Verschärfung der Zensur und alltäglichen Überwachung und nach den ersten Berliner Lohnstreiks:

Auszug aus den Untersuchungsakten über den am 29.1.1845   ←A 58
an der Hamburger Torwache hier stattgehabten Tumult

Am 29.1.1845 zog ein Haufen von etwa 200 Arbeitern, welche auf dem Bauplatze in der Ziegelstraße gearbeitet hatten, nach der Feierstunde um 5 Uhr rauchend und lärmend und sich so umfassend, daß sie die ganze Breite der Straße einnahmen, durch die Hamburger Straße hin nach dem Hamburger Tore zu.

fähiger werden, wenn sie das Haus verlassen, um ein Unterkommen zu finden, als sie es vorher waren. So ist der Zweck ihres Aufenthalts im Arbeitshause meistenteils nutzlos und erfolglos. Sie kommen hieher, weil sie betteln, weil sie keine Arbeit und kein Unterkommen haben, und sie gehen nach Wochen und Monaten oder auch Jahren wieder hinaus, ohne daß ihre Fähigkeiten, sich ihren Lebensunterhalt zu erwerben, auch nur um eine einzige vermehrt wäre. Es mag sein, daß es seine großen Schwierigkeiten hat, aus dem Berliner Arbeitshause das zu machen, was es eigentlich sein soll, ein Zufluchtshaus und eine Besserungsanstalt; aber es ist dies daraus zu machen, wenn man bei der Administration von dem Gedanken, daß die Verwaltungskosten durch den Ertrag der Arbeiten im Hause selbst gedeckt werden sollen, fürs erste einmal gänzlich abstrahirt, daß man ferner den Sträfling an eine ordentliche und auch die Mittel zum Lebensunterhalte erschwingende Tätigkeit gewöhnt, und wenn er keine Fähigkeiten irgendeines Arbeitserwerbes besitzt, daß er sich diese Fähigkeiten erwerbe; wenn er endlich das, was er durch seine Arbeit im Hause verdient, für sich selbst verdiente. Würde er dann, mit der Protection der Anstalt versehen, wieder auf die Straße gestellt, so würde er aus dem Arbeitshause die Mittel mit sich fortnehmen, ein ordentlicher, fleißiger und der Gesellschaft nützlicher Bürger zu werden. So aber – – – erwirbt er einen Teil der Kosten seines Aufenthalts, bettelt wieder, treibt sich wieder umher, und kehrt dann wieder hierher zurück, zum ersten, zum zehnten, zum dreißigsten Male, bis er hier stirbt und von hier aus in dem kleinen platten Sarge in einem Winkel des Armenkirchhofes begraben wird.

Eine weite, lange Galerie führte uns in den Saal der Obdachlosen. Es war inmitten des Vierteljahres und deshalb hier ziemlich leer. Nur einige Frauen und Kinder waren anwesend, die Männer hatten sich bereits wieder entfernt, um ein passendes Quartier zu suchen. Die wenige Habe lag in einigen Bündeln auf den Dielen und Bänken umher, die Weiber und Kinder sahen ärmlich genug aus; ihre Gesichter waren bleich und abgezehrt. Natürlich trugen sie die graue Hauskleidung und brauchten auch nicht zu arbeiten. Sie waren die einzigen im ganzen Hause, für welche dasselbe den Charakter einer Zufluchtsstätte hatte. Im Anfang des Quartals und im Winter ist es hier nicht so leer. Dann sind hier oft Hunderte von Menschen, welche in den großen und prächtigen Häusern der Stadt kein Obdach finden können, weil kein Hauseigentümer die Armen mit dem Kinderspektakel, mit den Lumpen und mit der Armut in seinem Hause wohnen lassen will, oder weil er sie durch den Exekutor hat auf die Straße setzen lassen, da sie nicht im Stande waren, Mietszins zu bezahlen, und weil sie doch nicht auf der Straße und im Freien liegen bleiben können und auch nach dem Willen der Polizei nicht sollen.

„Wollen Sie nun auch gleich die Tretmühle sehen?“ sagte mein Cicerone, als wir wieder auf dem Hofe waren, „sie ist in der Nähe.“

Ich staunte bei dieser Frage. Schon vor fünf Jahren, als ich hier war, erstaunte ich, als mein Begleiter mit mir von der Tretmühle sprach. Damals hatte ich oft von der Tretmühle im Arbeitshause gehört, hatte sie auch abgebildet gesehen, war aber immer der Ansicht gewesen, daß sie gar nicht existire. Das Rad einer Mahlmühle, von Menschen gedreht, war mir in unserer Zeit, wo der Dampf überall als eine bewegende Kraft verwandt wird, wo an die Stelle beschwerlicher Handarbeit die Maschine getreten ist, denn doch eine fabelhafte Erscheinung. Mein Begleiter lachte damals, als ich ihm meine Idee mitteilte, und führte mich zu einem einzelnen, kleinen Hause, welches mitten auf dem Hofe stand und aussah wie ein großes Brunnenhaus. Vor uns gingen zwölf starke, große Männer, welche in der Tretmühle arbeiten.

Sie betraten vor uns das Haus und waren bereits in voller Tätigkeit, als wir eintraten. Was sah ich? Ein schweres und großes Rad war in seinem ganzen äußeren Umfange mit einer Holzbedachung umgeben, und diese Holzbedachung war mit einer Reihe übereinander liegender Stufen versehen. Zwei kleine Treppen führten von beiden Seiten bis auf die Höhe des Rades. Auf einer der übereinander liegenden Stufen standen die zwölf Männer und stiegen in gleichmäßiger Bewegung, wie nach dem Takte, auf die über ihnen liegende Stufe, während sie sich mit den Händen an einer Stange festhielten, um einen Stützpunkt für den Moment zu haben, wo der eine Fuß sich über den andern erhob, um einen neuen Boden auf der folgenden Stufe zu suchen.

Es war ein höchst mühsames, fortwährendes Treppensteigen. Bei jedem Tritte wechselte der Boden, in-

dem die Stufe, worauf die vierundzwanzig Füße standen, hinabgedrückt wurde und verschwand. Daß die Tretmühle nun wirklich existirte, daß sie kein Produkt der starken Einbildungskraft der Berliner sei, sah ich nun freilich; ich sah auch, weil das Rad sehr schwer war, daß die Arbeit eine sehr mühsame sein müsse; warum die Arbeiter aber überhaupt existire, das begriff ich denn doch nicht. Ich kam natürlich auf den Gedanken, daß die Arbeit in der Tretmühle eine Strafe für die Personen im Arbeitshause sei, welche sich vielleicht zu arbeiten weigerten. Dem war aber nicht so. Die Arbeit in der Tretmühle im Arbeitshause ist keine Strafe. Jeder, der dort detinirt wird, könnte dazu kommen. Die im Arbeitshause detinirten Männer fürchten sich vor dieser Arbeit. Es werden ihnen täglich zwei besondere Stücke Brot verabreicht, wenn sie in der Tretmühle beschäftigt sind.

Und diese Tretmühle war noch heute da. In Berlin, in der Stadt der Civilisation und Intelligenz, in einer städtischen Anstalt, welche ihrem eigentlichen Zwecke gemäß ein Zufluchtsort und eine Besserungsanstalt sein soll, existirte noch heute eine Maschine, welche in die Rumpelkammer des vorigen Jahrhunderts gehörte. Die verflossenen fünf Jahre, welche doch so manchen Richtungen hin im Hause des Elends aufgeräumt haben, haben die Tretmühle nicht bei Seite geschafft? Der Fortschritt geht im Magistrats-Collegium mit langsamen Schritten. Und warum existirt die Tretmühle heute noch? Sie ist ein Überbleibsel vergangener Zeit, aber wahrlich kein Zeichen der Zeit, und die Anwendung des Dampfes oder der tierischen Kräfte kosten Geld. Die Anwendung der menschlichen Kräfte kostet hier aber kein Geld. Das ist, mit klaren, dürren Worten gesprochen, der einzige Grund ihrer Existenz.

– „Ich will die Tretmühle nicht sehen“, sagte ich zu meinem Führer, „ich kenne sie schon. Genug, daß ich weiß, daß sie noch da ist. Aber, ist der Fuchs auch noch da?“ –

Der Fuchs ist die Maschine, auf der die Prügel ausgeteilt werden. Der Unglückliche, der geprügelt werden soll, wird auf dieser Maschine festgeschnallt. Ein lederner Riemen wird ihm um die Beine, ein anderer um die Arme und um die Brust befestigt. So ist er auf dem Leder überzogenen, hölzernen Bock regungslos, und der Prügelmeister erteilt ihm mit einem Rohrstock oder mit einem ledernen Kantschuh, der die Dicke eines Daumens hat, die ihm zudiktirte Anzahl Hiebe. Den Frauen werden, wenn sie auf den Fuchs geschnallt werden, um die ihnen bestimmte Anzahl Hiebe zu empfangen, leinene Beinkleider angezogen. „Gewiß ist der Fuchs noch da. Wo sollte denn der Fuchs geblieben sein?“ erwiderte der Aufseher.

– „Wieviel Hiebe können denn auf einmal ausgeteilt werden?“ –

– „Dreißig Hiebe.“ –

– „Nein, ich will den Fuchs nicht wiedersehen, ich kenne ihn schon, führen Sie mich wieder hinaus. Die Fortschrittsbeine des Berliner Magistrats schreiten sehr langsam.“ –

Über die Kartoffel in Preußen:

Als in den Jahren 1525–1543 die Spanier Peru und Chile erobern, entdecken sie im Hochland von Peru, daß die dort lebenden Indianer neben Mais und Bohnen eine Art „Trüffel“ anbauen, die den Europäern unbekannt ist, *Pflanzen mit wenigen blaßvioletten Blüten und mehligen Wurzeln, von angenehmem Geschmack, eine für die Indianer sehr angenehme Gabe und ein leckeres Gericht sogar für Spanier.* Die neuentdeckte Pflanze gelangt nun während des 16. Jahrhunderts auf zwei Wegen, von Peru über Spanien/Italien und von Chile über England, nach Europa. Wegen ihrer Ähnlichkeit mit der Trüffel erhält sie in Italien den Namen „Tarathopoli“ bzw. „Taratouphli“, von dem später die uns geläufige Bezeichnung „Kartoffel“ abgeleitet wird. Zunächst findet die Kartoffel in Europa jedoch nicht als Nahrungsmittel, sondern wegen ihrer hübschen Blüten als exotische Gartenpflanze Verbreitung. So läßt 1651 der „Große Kurfürst“ in Berlin die ersten Kartoffeln im Lustgarten pflanzen. Dem Feldanbau der Kartoffel stehen in Preußen jedoch noch lange unüberwindbare Hindernisse entgegen. Zwar bearbeiten bereits seit 1720 ausgewanderte Pfälzer Bauern Kartoffelfelder in Ostpreußen (Pommern/Litauen), zwar läßt Friedrich II. Versuchsfelder auf Sandböden anlegen und zu Beginn des Siebenjährigen Krieges 1756 die schlesischen Bauern unter Militäraufsicht zwingen, Kartoffeln anzubauen (eine militärisch-strategische Maßnahme, da Kartoffelfelder vom Gegner schwerer zu verwüsten

Beim Vorübergehen vor dem Wachtgebäude qualmte einer der Arbeiter dem Wachhabenden Grenadier BRINKERT in das Gesicht. Dieser verbot das Rauchen, worauf einer der Arbeiter aus der Menge hervorsprang und ihn an der Brust faßte. BRINKERT ergriff diesen Unbekannten ebenfalls, um ihn zu arretieren, was dann auch mit Hilfe der übrigen herbeitretenden Wachmannschaften gelang. Man transportierte den Arbeiter in die Wachtstube, während die übrigen Arbeiter sich bemühten, ihn freizumachen, und teils von der Straße, teils vom Tore aus unter Drohungen auf das Wachthaus und die Mannschaft mit Steinen, Eisstücken u.s.w. loswarfen. Bei dieser Gelegenheit wurden von den Arbeitern durch Würfe die Fenster des Wachgebäudes, in welches gegen 20 Steine geworfen wurden, zertrümmert und dadurch ein Schaden von 2 Rthl. 1 Sgr. 6 Pf. veranlaßt; auch waren die Wachmannschaften zum Teil durch die Würfe am Helm oder am Körper getroffen; jedoch ohne daß eine weitere Beschädigung derselben erfolgt war. – Auf Antrag des Königl. Polizei-Präsidii ist dieser Vorfall durch eine besondere Commission des Kammergerichts mit Gemäßheit der Verordnung vom 30.9.1836 als Gegenstand einer Criminal-Untersuchung erörtert worden; es wurden 15 Individuen teils wegen Widersetzlichkeit gegen Wachmannschaften, teils wegen Teilnahme an einem Tumulte zur Untersuchung gezwungen, unter diesen auch der Maurerlehrling August Julius Schröder. Derselbe ist jetzt 21 Jahre alt, evangelischer Confession, noch nicht Militair und einmal wegen Entwendung aus Lüsternheit mit Anrechnung des erlittenen Arrestes bestraft worden.

Er hat zugestanden: am 29.1.1845 sich unter den Arbeitern vor der Wache etwa 5 Schritt vor der ersten Reihe aufgestellt zu haben, dann von der Wache nach dem Tore gedrängt zu sein und dort ein Stück Schnee oder Eis ergriffen und damit nach der Wache geworfen zu haben.

Aus einer Notiz im „Gesellschaftsspiegel“, den Moses Heß herausgibt, geht hervor, daß nicht nur Schröder verurteilt wird, sondern auch die →L 49 anderen, und daß der Vorfall noch in die zweite Instanz geht: *Das Urteil der wegen des Tumults vor dem Hamburger Tor verurteilten Arbeiter ist in zweiter Instanz bedeutend gemildert worden. Nur einer derselben, der zu 2 Jahren verurteilt war, ist zu 1 Jahr, die übrigen, denen eine Strafe von 6 und 4 Jahren zuerkannt war, sind jetzt nur zu 6 und 4 Monaten verurteilt worden.* Schröder jedenfalls tritt seine Strafe am **20.3.1845** in der Strafanstalt Spandau an.

Der Fall 7: Der Wucherpreis für das Grundnahrungsmittel treibt die Hungernden zur Gewalt

---

Das auslösende Moment für die sogenannte „Kartoffelrevolution“ vom **21./22.4.1847** ist eine **1846** in Europa erstmalig aufgetretene Kartoffelkrankheit, die im Frühjahr **1847** auf den Berliner Märkten zu Wucherpreisen für die knappe Ernte führt. Von Adolf Streckfuß stammt die ausführlichste Darstellung der Ereignisse. Er beginnt mit der Schilderung der allgemeinen Lage unmittelbar vor Ausbruch dieser „Revolution“:

←L 50
→L 51 *Teuerung und Geschäftslosigkeit hatten eine drückende Not in der Hauptstadt hervorgerufen, welche sich mit jedem Tage fühlbarer machte. Noch herrschte zwar nicht wie in Schlesien der Hungertyphus in den Vorstädten und Arbeitervierteln, so schlimm war es freilich in Berlin noch nicht, aber dennoch auch schlimm genug.*

Die Arbeit stockte. Berlin war im Begriff, sich zu einer Fabrikstadt zu erheben, viele Fabriketablissements waren neu entstanden und hatten zahlreiche Arbeiter an sich gezogen, die jetzt ohne Beschäftigung waren. Den Winter hatten sie glücklich überwunden, im Frühling aber fehlte es an allem, und dazu kam, daß die Lebensmittel einen kaum zu erschwingenden Preis hatten.

Daß es so kommen würde, hatte sich voraussehen lassen, aber alle Versuche, den drohenden Notstand abzuwenden, waren vergeblich geblieben. Die Regierung hatte schon im Januar die Einfuhrzölle für Getreide, Mehl etc. gänzlich aufgehoben, trotzdem war bei der allgemeinen Mißernte des vergangenen Jahres doch der Preis aller Lebensmittel im fortwährenden Steigen begriffen.

Die wohlhabenden und reichen Berliner taten, was sie tun konnten, um die Not der unteren Klassen zu lindern, aber die Größe derselben spottete jeder Hilfe. Der Central-Verein für das Wohl der arbeitenden Klassen regte sich wieder, ohne indessen eine größere Wirksamkeit als früher erlangen zu können. Man gab Bälle und Konzerte zu Gunsten der Armen, man sammelte in allen Privatgesellschaften. Tausende kamen ein, aber Hunderttausende wären erforderlich gewesen.

Die unter den Arbeitern herrschende Not erschien um so bedrohlicher, als durch sie die politische Unzufriedenheit nur noch mehr genährt wurde. War es nicht natürlich, daß die hungernden Arbeiter die Regierung verantwortlich machten dafür, daß nicht frühzeitig fürsorgende Mittel ergriffen worden waren, um den Notstand fern zu halten? Warum duldete es die Regierung, daß die Kornwucherer das Korn und die Kartoffeln aufkauften, um den Preis derselben zu verteuern und sich zu mästen, reich zu werden auf Kosten der Armen? Eine Schande war es, daß nicht der Marktpreis fixirt wurde und die Bauern schamlos wagen durften, 3 bis 4 Silbergroschen für die Metze Kartoffeln zu fordern, die doch nicht mehr als höchstens 1 Silbergroschen wert war und niemals mehr gekostet hatte? Solche unsinnigen Redensarten hörte man damals oft in Berlin. Die kommunistischen Irrlehren, die bisher stets an dem gesunden Sinn des Berliner Volks abgeprallt waren, fanden jetzt Eingang, die herrschende Not schuf ihnen einen fruchtbaren Boden.

In den Arbeiterkneipen wurde gewaltig politisirt, mehr als je und unfruchtbarer als je. Die Hungernden verlangten Sättigung, die Arbeitslosen Arbeit vom Staat, mindestens aber Polizeigesetze, welche sie schützen sollten gegen die eingebildeten Korn- und Kartoffelwucherer durch die Festsetzung eines bestimmten mäßigen Marktpreises. Es erschien ihnen nur natürlich, daß in dem allmächtigen Polizeistaat Preußen die Polizei alles machen könne, auch die Marktpreise. Der Glaube hieran war so allgemein, daß er sogar in die Zeitungen Eingang fand. Die sonst sehr gesunden volkswirtschaftlichen Grundsätzen huldigende Zeitungs-Halle ließ sich verführen, am 28. Januar folgende Notiz zu bringen:

„Nach einer Verordnung durfte heute auf sämtlichen Märkten Berlins die Metze Kartoffeln n i c h t ü b e r 2 S i l b e r g r o s c h e n verkauft werden. Wer einen höheren Preis stellte – ob Bauer oder Höker oder Afterverkäufer –, dem wurde sein ganzer Vorrat sofort polizeilich konfiszirt. Einem Bauer, welcher der obigen, gleich bei seiner Ankunft ihm mitgeteilten Instruktion nicht nachgekommen war und dem Publikum einen höheren Preis stellte, wurde ein ganzer Wagen voll Kartoffeln konfisziert. Bei Kundwerdung dieses Falles stellten viele Verkäufer, was sie über die polizeilich festgesetzte Taxe entnommen hatten, dem Publikum von selbst zurück. Letzteres wurde auch aufgefordert, die Überteurer anzugeben, oder wenn es dies nicht wolle, sich den Mehrbetrag zurückerstatten zu lassen. Diese Maßregel gilt bis auf weitere Bestimmung für die nächste Zukunft, ob sie sich jedoch auch auf die Nichtmarkttage bezieht, ist uns nicht bekannt geworden."

Die von der Zeitungs-Halle veröffentlichte Nachricht fand nicht nur bei den Berlinern vollen Glauben, sie verbreitete sich auch schnell auf das Land hinaus. Die Bauern erfuhren, es solle ihnen für ihre Ware ein bestimmter Marktpreis gesetzt werden und zwar ein so niedriger, daß sie nur mit Schaden hätten verkaufen können. Schon am nächsten Tage zeigte sich das Resultat des unsinnigen Gerüchtes; die Märkte waren leer, nur wenige Verkäufer, solche, die nichts von dem Gerüchte gehört hatten, erschienen, und auch diese hätten am liebsten den Markt wieder verlassen; sie blieben nur, weil sie fürchteten, sich Mißhandlungen der empörten Arbeiter, die zu kaufen kamen, auszusetzen. Zu einer Erniedrigung des Preises ließen sie sich indessen nicht bewegen, sie benutzten sogar die geringe Konkurrenz der Verkäufer zu einer Steigerung.

Schon am 30. Januar wurde die Zeitungs-Halle gezwungen, eine Entgegnung des Polizei-Präsidenten von Puttkamer aufzunehmen, in welcher ausdrücklich erklärt wurde, daß die Polizei nicht daran denke, den freien Verkehr zu beschränken, und daß sie die Verkäufer dringend auffordere, im Vertrauen auf den Schutz der Polizei die Berliner Märkte nach wie vor sicher zu besuchen.

Die durch ihr falsches Gerücht bloßgestellte Zeitung mußte sich demütig entschuldigen, daß sie so leichtgläubig gewesen war. Die Berliner Arbeiter aber meinten, die Polizei nehme Partei gegen sie und f ü r die Kornwucherer; sie murrten und grollten, und schon damals hörte man unter

→L 52

sind als Kornfelder und die Versorgung des Militärs gesichert werden muß) – durchsetzen kann sich der feldmäßige Anbau nicht. Das liegt weniger am vielzitierten Starrsinn von Bauern, die das amerikanische Kraut für giftig halten (was für die Früchte ja zutrifft), als vielmehr daran, daß unter den feudalen Anbaubeschränkungen, die die „Dreifelderwirtschaft" mit Brache, Winter- und Sommergetreide vorschreiben, der Kartoffelanbau auf Kosten des ohnehin nicht ausreichenden Kornanbaus gegangen wäre.

Zwischen der Ablösung der feudalen Produktionsverhältnisse und der Aufnahme der Kartoffelproduktion besteht ein untrennbarer Zusammenhang, der sich in fast allen europäischen Ländern nachweisen läßt. Erst die Zerreißung der feudalen Anbaubeschränkungen, die Überwindung des Triftzwanges und die Ablösung der Dreifelderwirtschaft ermöglichten die Kartoffelerzeugung in großem Maßstab. Zumeist erreichte die Kartoffelproduktion deshalb auch in den Ländern Europas zuerst eine wirtschaftliche Bedeutung, in denen sich – wie in England – die kapitalistischen Produktionsverhältnisse frühzeitig zu entwickeln begannen . . . Erst nach der Abschaffung der reinen Brache – am Rhein in den siebziger Jahren, in Thüringen und Sachsen in den achtziger Jahren des 18. Jahrhunderts und in Preußen nach der Agrargesetzgebung des Freiherrn von Stein – begann ihr Anbau in großem Ausmaß und wurde unter dem Einfluß der fortschreitenden Entwicklung der Kartoffelbrennereien fast über Gebühr ausgedehnt.

Der Kartoffelanbau steht in engem Zusammenhang sowohl mit der Kapitalisierung der landwirtschaftlichen Produktion als auch mit dem Entstehen der großen Städte und dem Proletariat, zu dessen Hauptnahrungsmittel die Kartoffel wird. Dabei ist sie wegen ihres 75%igen Wassergehalts mehr Sättigungsals Nahrungsmittel. Während sie den Bürgern als schmackhafte Beilage zu Fleisch und Gemüse dient, hat sie beim Proletariat oft Mangelerscheinungen zur Folge, da in diesen Familien Kartoffeln wegen ihres relativ niedrigen Preises oft die einzige warme Speise sind. *Rein theoretisch könnte ein Mensch von Kartoffeln allein ohne Mangelerscheinungen leben, vorausgesetzt, er verzehrt davon täglich sieben Pfund.*

→L 53

Zusammensetzung der Kartoffel:

Wasser	75,0 g	Kalium	523,00 mg
Stärke	18,0 g	Phosphor	50,00 mg
Roheiweiß	2,0 g	Vitamin C	15,00 mg
Reineiweiß	1,3 g	Kalzium	10,00 mg
Rohfaser	0,8 g	Natrium	3,20 mg
Gesamtpektin	0,4 g	Niazin	1,22 mg
Sacharose	0,2 g	Eisen	0,80 mg
Fruktose	0,1 g	Vitamin B1	0,11 mg
Glukose	0,1 g	Vitamin B2	0,05 mg
		Karotin	0,01 mg

(Mittelwerte, bezogen auf 100 g eßbaren Anteil)

Die Abhängigkeit großer Bevölkerungsteile von diesem Nahrungsmittel führt zu katastrophalen Hungersnöten, als sich seit 1844 überall in Europa die „Krautund Knollenfäule", eine bislang unbekannte Krankheit der Kartoffelpflanze, ausbreitet.

Die Krankheitssymptome der Kraut- und Knollenfäule (Phytophthora infestans)

→L 54

Das Auftreten der Krautfäule trägt epidemischen Charakter. Es erfolgt vorwiegend von Mai bis September und ist von den Witterungsbedingungen abhängig. Als Anfangssymptome werden an den untersten Blättern kleine gelbliche oder dunkelgrüne, ölige Flecke sichtbar. Diese erscheinen vorzugsweise am Rand der Fiederblätter, können aber auch an anderen Stellen auftreten. Bei feuchtwarmer Witterung vergrößern sich die Blattflecke rasch, werden bis auf eine Randzone braun bis schwarz und gehen auf die ganze Pflanze über. Unter feuchten Bedingungen entwickelt sich in einer Zone am Rande des abgestorbenen Gewebes, hauptsächlich auf der Blattunterseite, ein leichter Myzelanflug, durch den die Krautfäule sicher identifiziert werden kann. Im Spätsommer findet man bei hoher Luftfeuchtigkeit den Myzelflaum gleichmäßig auf der Ober- und Unterseite. Beim Eintrocknen der Läsionen verschwindet der Myzelbelag. Eine einwandfreie Diagnose ist dann nach dem Einlegen der Blätter in eine „Feuchte Kammer", wo nach 24 Stunden der typische Myzelflaum wieder erscheint, leicht möglich.

Anhaltende feuchtwarme Bedingungen fördern die Entwicklung der Krautfäule so weit, daß in wenigen Tagen das gesamte Laubwerk in eine schwärzliche, faulige Masse verwandelt wird, so daß nur noch die mehr oder weniger braunverfärbten, aufrechtstehenden Sten-

gel übrigbleiben, an denen Reste der abgestorbenen Blätter herabhängen. Die Triebspitzen sind vielfach verbräunt, abgestorben und vertrocknet. Unter diesen Bedingungen können ganze Feldbestände, insbesondere frühe und mittelfrühe Sorten in kurzer Zeit vernichtet werden, wobei ein charakteristischer muffiger Geruch nach faulendem Kartoffelkraut auf größere Entfernungen wahrzunehmen ist. Beim Einsetzen trockener Witterung kommt die Ausbreitung der Einzelflecke auf den Blättern und damit auch die der Krankheit im ganzen Bestand zum Stillstand. Die verbräunten Blattpartien schrumpfen zusammen, trocknen ein und werden brüchig. Bei einsetzender und anhaltender Trockenheit breitet sich die Krankheit nicht weiter aus, doch sobald wieder feuchtwarme Witterung einsetzt, schreitet sie weiter fort.

Mit Phytophthora infestans infiziertes Kartoffelblatt   ←B 23

Mit der Krautfäule steht eine Knollenkrankheit, die Knollenfäule oder Braunfäule, in direktem Zusammenhang. Erste Anzeichen dieser Krankheit beobachtet man auf der Knolle zur Erntezeit. Sie bestehen in mehr oder weniger großen, unregelmäßigen, leicht eingesunkenen, bleigrau verfärbten Flecken. Unterhalb der befallenen Knollenteile findet man beim Durchschneiden rostbraune Verfärbungen des Gewebes, die teilweise bis zur Knollenmitte reichen. Eine scharfe Trennungslinie zwischen dem gesunden und kranken Speichergewebe der Knolle ist nicht zu beobachten.

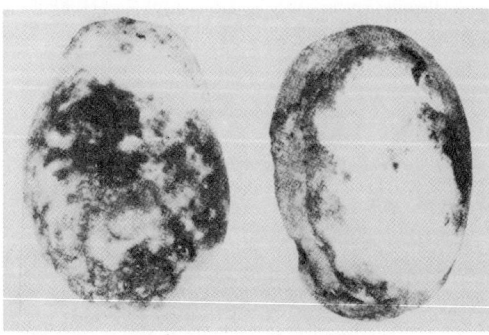

Braunfäule, verursacht durch Phytophthora infestans, ←B 24 an der Knollenoberfläche (links) und im Inneren (rechts)

ihnen drohende Rede: wenn ihnen die Polizei nicht helfen wolle, dann würden sie sich schon selbst helfen.

Dazu waren sie auch entschlossen. Zur Ausführung aber kam der Entschluß erst einige Monate später, als die Preise der Lebensmittel immer mehr und mehr stiegen, als sie endlich eine Höhe erreichten, die es dem Armen kaum mehr möglich machte, seine hungernde Familie zu sättigen.

Im April 1847 hatte die Not der arbeitenden Klasse den Kulminationspunkt erreicht. Obgleich die Regierung eifrig bestrebt war, kräftige Maßregeln zur Linderung des herrschenden Elends zu ergreifen, gelang ihr dies doch nicht.

Am 19. April befahl der König durch Kabinets-Ordre, daß die Mahlsteuer bis zum 1. April gänzlich aufgehoben werde. Trotzdem aber wurde das Brot nicht größer, vor der Hand gewannen nur die Berliner Bäcker durch diese Maßregel, denn auswärtige Verkäufer scheuten sich vielfach, die Märkte der Hauptstadt zu besuchen, da sie oft recht drohende Äußerungen von den Käufern hörten und fürchten mußten, es werde zu gewalttätigen Auftritten zwischen ihnen und den Arbeitern kommen. Diejenigen, welche die Lust am Gewinn bewegte, der Gefahr zu trotzen, machten ihre Preise ganz denen der Berliner Bäcker konform. Der Steuererlaß konnte nur nach und nach durch die zwingende Konkurrenz eine Preisverminderung des Brotes bewirken, für den Augenblick hatte er keinen Erfolg, und überdies wurde das Hauptnahrungsmittel der Armen, die Kartoffel, durch denselben nicht betroffen.

Mit jedem Markttage wurde die Stimmung der Arbeiter bedrohlicher, es gab oft heftige Wortwechsel zwischen Käufern und Verkäufern, bei denen die ihrer Zungen- und Schimpffertigkeit wegen seit Altersher brühmten Hökerinnen in dem Glauben an den Schutz der Polizei häufig genug die hungernden Käufer, die um den Preis der Kartoffeln handeln wollten, frech verhöhnten. War einmal der Markt schwächer als gewöhnlich durch auswärtige Verkäufer besucht, dann benutzten die Hökerinnen sofort den glücklichen Umstand zu einer plötzlichen Steigerung des Preises, und sie wurden dabei getreulich durch die Bauern unterstützt, welche natürlich für ihre Kartoffeln möglichst hohe Preise zu erzielen suchten.

So geschah es auch am 21. April auf dem Gendarmenmarkt. Eine Hökerin, welche beim Beginn des Marktes noch die Metze Kartoffeln zu 3 Silbergroschen verkauft hatte, schlug plötzlich den Preis bis zu 4 Silbergroschen auf. Ihr Beispiel fand bei den nächstsitzenden Bauern sofort Nachahmung.

Ein wilder Tumult erhob sich. Der unerschwingliche Preis erregte den tiefsten Unwillen der Käufer, die Kartoffeln haben mußten, um die Kinder zu Haus zu sättigen, und sie doch nicht bezahlen konnten. Anfangs gab es nur Schimpf- und Drohreden, die von den Hökerinnen und Bauern derb erwidert wurden, dann aber riß den Arbeiterfrauen, die an ihre hungernden Kinder dachten, der zu straff gezogene Faden der Geduld. Eine Frau war es, die zuerst das Signal zur Gewalttat gab; mit einem scharfen Messer schnitt sie einen der zum Verkauf ausgestellten Kartoffelsäcke auf, die Kartoffeln rollten auf den Boden, und sofort warf sich jubelnd und schreiend die Menge über dieselben. Jeder suchte zusammenzuraffen, was er finden konnte, niemand dachte mehr ans Bezahlen.

Die Verkäufer schimpften und tobten, sie versuchten ihr Eigentum zu retten, aber sie wurden zurückgestoßen und mißhandelt.

Wer dachte jetzt noch an das Kaufen! Die Kartoffelsäcke und Brotschragen wurden geplündert, und die ohnmächtige Marktpolizei mußte tatenlos zuschauen, denn die wenigen Polizisten vermochten nichts gegen die wütende Menge auszurichten.

Männer, Frauen und Kinder beteiligten sich mit gleicher Energie bei dem Raubwerk, ja die Frauen waren am tollkühnsten und rücksichtslosesten.

Auf dem Molkenmarkt hatten sich zu gleicher Zeit ähnliche Excesse zugetragen. War es in Folge einer Verabredung geschehen? Schwerlich! Dieselbe Ursache hatte an verschiedenen Orten dieselbe Folge gehabt.

Mit der Plünderung auf den Märkten war der Skandal nicht beendet, er begann mit derselben vielmehr erst. Die Arbeiter rotteten sich zusammen. Eine wilde Schar, welche zum großen Teil aus Weibern bestand, zog durch die Straßen, um die Bäcker- und Fleischerläden zu plündern. Jenes hauptstädtische Diebsgesindel, welches sich sonst am Tage in seinen Schlupfwinkeln zu verbergen pflegt und nur in den entlegensten Vorstädten haust, ergriff freudig die Gelegenheit, um Beute zu machen.

Es verband sich mit den vom bittern Hunger zum Verbrechen Getriebenen, und wo diese nur Brot und Fleisch für die Kinder daheim raubten, stürmten jene die Konditor- und Cigarrenläden. Geld war ihnen lieber als Ware, sie erbrachen die Ladenkassen in einzelnen Geschäften.

Erst spät am Abend gelang es dem energischen Einschreiten der Polizei, die Ruhe wiederherzustellen.

Schon am frühen Morgen des 22. April wiederholten sich die Straßenskandale in verstärktem Maße. Aus den Vorstädten zogen singend und jubelnd große Massen zerlumpten Gesindels nach dem Alexanderplatz, wo Markt abgehalten werden sollte. „Wir wollen nach der Revolution!", schrieen sie den Arbeitern zu, die ihnen auf der Straße begegneten, und forderten sie zur Teilnahme auf.

„Nach der Revolution!" Dies war das Losungswort an jenem Tage. Der Polizei-Präsident und die städtischen Behörden hatten Proklamationen erlassen, in welchen sie mit ernst mahnenden Worten das Volk von Berlin zur Aufrechterhaltung der Gesetze aufforderten, und darauf hingewiesen, daß die Gewalttaten nur dazu dienen könnten, die Verkäufer von den Märkten fernzuhalten und dadurch die Preise zu erhöhen. Alle solche Ermahnungen aber waren fruchtlos.

Was fragten die Hungernden nach dem Gesetze? die Leidenschaft machte sie blind, und das Diebsgesindel, welches sich ihnen angeschlossen hatte, welches am zweiten Tage der sogenannten Kartoffelrevolution den Hauptbestandteil der Ruhestörer ausmachte, war naturgemäß jeder Ermahnung unzugänglich.

Auf dem Alexanderplatze wiederholten sich die Scenen des gestrigen Tages. Der Aufruhr gewann sogar einen so gefährlichen Charakter, daß die Ladenbesitzer in vielen benachbarten Straßen die Geschäfte schlossen und die Türen verrammelten, um sich vor Überfällen zu sichern. Den Bäckern nutzte dies nichts, denn ihre Läden wurden trotzdem erstürmt, auch einige andere Geschäftslokale wurden geplündert.

Der Tumult gewann eine solche Ausdehnung, daß Militär einschreiten und die Königsstraße sperren mußte. Während dies aber hier geschah, wurden in andern Stadtgegenden die Läden ungestört geplündert. Zwar gelang es den immer schnell zum Schutz herbeieilenden Militärpatrouillen, eine große Anzahl von Verhaftungen zu bewirken, aber das bedrohte Eigentum der unglücklichen Bäcker und Schlächter vermochten sie nur in seltenen Fällen zu retten; es war geraubt, ehe sie kamen.

Auch am folgenden Tage, dem 23. April, würde sich der Tumult wiederholt haben, denn wieder kamen die Vorstädter in dichten Scharen zu den Toren herein, sie fanden die Stadt aber so vollständig von Militär besetzt, daß sie keine Plünderung wagen durften. Die ganze Garnison war aufgeboten und nach einem durchdachten Plan über die Stadt so verbreitet worden, daß überall im Augenblick jeder Angriff abgeschlagen werden konnte. Es war dies um so leichter möglich geworden, als die Excedenten von der Bürgerschaft naturgemäß nicht die geringste Unterstützung erhielten.

Auch die Dörfer in der Nähe Berlins wurden durch Militär geschützt, denn man hatte in Erfahrung gebracht, daß sich ein Haufen des hauptstädtischen Gesindels zu einem Raubzuge auf das Land begeben wollte. Alle Maßregeln waren mit solcher Umsicht getroffen worden, daß sogar auf dem neuen Markte der Wochenmarkt ungestört abgehalten werden konnte. Die städtischen Behörden ließen dort eine bedeutende Quantität Kartoffeln für den Preis von 2 1/2 Silbergroschen die Metze verkaufen. Natürlich erhielt jeder einzelne Käufer nur so viel, als eben zum Familienbedarf notwendig war, denn die Höker sollten nicht zu einem gewinnbringenden Geschäft herangelockt werden.

Die Kartoffel-Revolution, diesen Namen hat der unglückliche Aufstand des Proletariats in der Berliner Geschichte erhalten, war mit dem 22. April beendet. Sie hatte nicht den geringsten politischen Hintergrund und dennoch eine Bedeutung, denn sie zeigte, daß in der sonst so ruhigen Stadt Berlin der günstige Moment einen Sturm erzeugen konnte. Ein zusammengelaufener Volkshaufen vermochte zwei Tage lang die Hauptstadt in Schrecken zu setzen, obwohl er ohne Halt in der Bürgerschaft dastand. Was war zu erwarten, wenn die Bürgerschaft sich dem Aufstande anschlösse? Das sollte die Zukunft bald lehren.

→B 25 Theodor Hosemann, Guckkästner

Adolf Glassbrenner, 1847:

→L 55 *Guckkästner: Rrrrr! Hür, meine Herrschaften, präsentirt sich Ihnen das erste Bild! Düses is eine kranke Kartoffel, nach der Natur jemalt von einen Düsseldorfer Künstleer, der eine katholische Richtung hat. Sie bemerken, daß die Kartoffel janz jesund is, bis auf die schwarzen Stellen, welche krank sind und wodurch sie unjenießbar wird. Diese Kartoffel ist nach einem Exemplare jemalt, welches der Verein zur Hebung der ärmern Klassen anjekauft hat, um sie jnau zu untersuchen und dem Volke die wohltätige Mitteilung zu machen, daß kranke Kartoffeln durchaus nich zu jenießen sind.*
Zweiter Junge: Na hören Se mal, wenn die andern Bilder alle so sind wie Des, denn hätt' ick meinen Silberzechser die Reise nach Rothschilden noch nich machen lassen. Det soll Weltjeschichte sind? Ne bloße kranke Kartoffel?
Guckkästner: Sie sind gefälligst ein Schafskopp. Was Weltjeschichte betrifft, so is die kranke Kartoffel alleweile mehr als alle Könije un Kaiser zusammenjenommen. Sie müssen sich des überhaupt merken, deß wir keene Krieje mehr haben, un deß jetzt die Jeschichte nich mehr von o b e n, sondern von u n t e n jemacht wird. Die neuste Zeit haben wir krank aus de Erde jebuddelt. Früher wurde die Jeschichte mit Blut jeschrieben, jetzt mit Tränen. Die kranke Kartoffel is jejenwärtig unser Napoljon.
Schreiber Bobbe: Sie bedienen sich als Historiker keiner anständigen Schreibart, indem Sie J e d a n - k e n haben. Diese sind für die jute Presse nicht anwendbar, diese braucht bloß Ehrfurcht.

→B 26 Sturm auf Kartoffelstände in Berlin 1847, Lithographie von V. Katzler

11 Das Gebiet 1848

Das Proletariat lernt, sich in eigener Sache zu äußern

Johann Christian Lüchow, 1848:

Das Proletariat

Es quillt und keimt von unten auf,
Wie frisch gesäte Saat;
Es wächst wohl aus der Erd heraus;
Das Proletariat!

Es ist erwacht der vierte Stand,
Der nützlichste im Staat;
Denn wer ernährt das ganze Land?
Das Proletariat!

Es schindet sich nur für den Sarg,
O Schande, Volksverrat!
Es zehrt von seinem Lebensmark,
Das Proletariat!

Die ihr auf weichen Kissen ruht,
Im Überfluß und Staat,
Denkt, wenn ihr satt und wohlgemut,
Ans Proletariat!

Was nützt noch hohler Phrasen Schwall,
Frischauf zur ernsten Tat!
Es regt und reckt sich überall,
Das Proletariat!

←L 1

Es kann nicht Aufgabe dieses Kapitels sein, die Revolution von **1848** in ihrer Gesamtheit zu beschreiben oder gar zu analysieren, sondern es geht uns darum, an wenigen Ereignissen schlaglichtartig zu beleuchten, welchen Anteil das Proletariat — als die gesellschaftliche Gruppe, die überwiegend in den nördlichen Vorstädten Berlins wohnt und arbeitet — an dieser Revolution gehabt hat. Indem wir hier ausschließlich den proletarischen Anteil betrachten und dabei den revolutionären bürgerlichen Anteil weitgehend vernachlässigen, wollen wir nicht das falsche Bild vermitteln, diese Revolution wäre nur aus einem dieser Teile zu erklären.

Es soll aber aufgezeigt werden, welche Motive und Erwartungen Arbeiter und Handwerker dazu geführt haben, sich an dieser Revolution zu beteiligen und ihr Leben auf den Barrikaden einzusetzen. Dabei soll auch gezeigt werden, daß die Kämpfe im **März 1848** in der Folge der Erfahrungen zu sehen sind, die wir in Kapitel 10.2 aus den alltäglichen Lebensbedingungen hergeleitet haben. Wir betrachten die März-Ereignisse unter dem Aspekt des Lernprozesses, den das Proletariat durchmacht, und betrachten dabei drei für diesen Prozeß wesentliche Momente.

Zunächst verfolgen wir, wie die Nachrichten aus Paris, in denen davon die Rede ist, daß Arbeiter die Macht übernommen haben, sich in Berlin auswirken und hier dazu führen, daß Arbeiter an den politischen Versammlungen im Vorfeld der März-Ereignisse teilnehmen und eigene Forderungen stellen. Die Darstellung des **18. März** beschränken wir auf den Anteil, den die Bewohner der Oranienburger und Rosenthaler Vorstadt an den Barrikadenkämpfen haben. Als drittes Moment verfolgen wir den Lernprozeß des Proletariats in den Wochen und Monaten nach den Kämpfen. Es lernt die Macht begreifen, die von ihm ausgeht, es lernt, öffentlich von den eigenen Lebensverhältnissen zu reden und Forderungen nach deren Verbesserung abzuleiten, und es lernt, daß es sich organisieren muß und sich auf den Bündnispartner von gestern heute nicht mehr verlassen kann; daß ihm neben dem Militär, gegen das es gekämpft hat, politisch ein neuer Gegner erwachsen ist — der Fabrikbesitzer.

Straßenkampf in der Rue Montmartre in Paris, Lithographie von Delaporte, 1848   ←B 1

11.1 Was die Nachrichten aus Paris in Berlin auslösen

Am 26. Februar 1848 kam von Paris die Nachricht, daß dort eine   ←L 2
Emeute ausgebrochen, daß das Ministerium Guizot gestürzt sei, daß aber
der König der Franzosen Louis Philipp durch die Ernennung eines neuen
Ministeriums den Aufstand zu beschwichtigen hoffe. Die Nachricht erregte
am Hofe schon manche ernste Besorgnis, aber man hatte sich in Berlin so
sehr daran gewöhnt, den schlauen Bürgerkönig für fast untrüglich zu halten; man glaubte so bestimmt, Louis Philipp, der groß geworden in der Revolution, das französische Volk und seinen Revolutionsgeist genauer
kannte als irgendein Sterblicher, werde mit seiner gewohnten Klugheit die
Emeute schnell besiegen, daß die ängstlichen Gemüter sich bald beruhig-
ten.

Aber schon am folgenden Morgen, am 27., kamen neue Nachrichten,
die noch besorgniserregender lauteten. Da hörte man, aus der Emeute sei
eine Revolution geworden, Louis Philipp habe nicht gewagt, sich auf dem
Thron zu halten, er habe abgedankt, und seine Schwiegertochter, die Herzogin von Orleans, sei Regentin.

Die Bestürzung am Hofe war ungeheuer. Das Volk hatte also wirklich
gesiegt, hatte den Bürgerkönig gestürzt, einer seiner Führer, Odilon-Barrot,
war Minister geworden. Und hiermit nicht genug. Kaum war die Schrek-
kensnachricht in Berlin, als derselben fast unmittelbar, schon am Mittage
des 27., eine neue folgte: Louis Philipp sei aus Paris und Frankreich ent-

Anfang Januar 1848: Aufstand in Mailand und Sizilien, Beginn der bürgerlich-demokratischen Revolution

22.–25.2.1848: Revolution in Paris, Ausrufung der Republik, Bildung der bürgerlichen provisorischen Regierung

13.3.1848: Revolution in Wien, Entlassung Metternichs, Bewaffnung der Bürgergarde

17.3.1848: Bildung einer nationalen Regierung in Ungarn

17.3.1848: Proklamation der Republik Venedig

18./19.3.1848: Barrikadenkämpfe in Berlin

Ein Gespenst geht um in Europa – das Gespenst des Kommunismus. Alle Mächte des alten Europa haben sich zu einer heiligen Hetzjagd gegen dies Gespenst verbündet, der Papst und der Zar, Metternich und Guizot, französische Radikale und deutsche Polizisten.

←L 3

Wo ist die Oppositionspartei, die nicht von ihren regierenden Gegnern als kommunistisch verschrien worden wäre, wo die Oppositionspartei, die den fortgeschritteneren Oppositionsleuten sowohl wie ihren reaktionären Gegnern den brandmarkenden Vorwurf des Kommunismus nicht zurückgeschleudert hätte?

Zweierlei geht aus dieser Tatsache hervor.

Der Kommunismus wird bereits von allen europäischen Mächten als eine Macht anerkannt.

Es ist hohe Zeit, daß die Kommunisten ihre Anschauungsweise, ihre Zwecke, ihre Tendenzen vor der ganzen Welt offen darlegen und dem Märchen vom Gespenst des Kommunismus ein Manifest der Partei selbst entgegenstellen.

Zu diesem Zweck haben sich Kommunisten der verschiedensten Nationalität in London versammelt und das folgende Manifest entworfen, das in englischer, französischer, deutscher, italienischer, flämischer und dänischer Sprache veröffentlicht wird.

Die Kommunisten verschmähen es, ihre Ansichten und Absichten zu verheimlichen. Sie erklären es offen, daß ihre Zwecke nur erreicht werden können durch den gewaltsamen Umsturz aller bisherigen Gesellschaftsordnung. Mögen die herrschenden Klassen vor einer kommunistischen Revolution zittern. Die Proletarier haben nichts in ihr zu verlieren als ihre Ketten. Sie haben eine Welt zu gewinnen.

Proletarier aller Länder, vereinigt euch!

flohen, die Regentschaft der Herzogin von Orleans sei nur ein Werk des Moments gewesen, das Volk habe überall gesiegt, die Republik sei erklärt, und eine provisorische Regierung habe sich überall der Gewalt bemächtigt. Die Männer der äußersten Opposition, ein Lamartine, ein Dupont de L'Eure u.a., ständen an der Spitze der Regierung Frankreichs, neben ihnen sei ein Arbeiter von bisher unbekanntem Namen in die provisorische Regierung gezogen. – Ein unbekannter Arbeiter sollte einer der künftigen Herrscher Frankreichs werden!...

Ein Arbeiter in der Regierung! Das Gespenst des Kommunismus tauchte auf, zum ersten Male fast greifbar, denn die Frage, ob nicht auch in Berlin die Arbeiter ein Gelüste zur Regierung erhalten könnten, lag ja nahe genug!

Die Angst vor den Arbeitern, die durch diese Nachrichten geschürt wird, veranlaßt die „Vossische Zeitung" am **7.3.1848** zu folgender Adresse an die *wackeren Arbeiter und Handwerker:*

→L 4

Berlin. L a ß t   E u c h   n i c h t   t ä u s c h e n! Dies Wort der Warnung wollen wir, in dieser Zeit großer Bewegungen, schwerer Ereignisse, an u n s r e w a c k e r e n   A r b e i t e r   u n d   H a n d w e r k e r, richten. Euer Beruf ist oft ein schwerer; das Leben stellt Euch keine leichte Aufgabe: aber noch viel schwerer ist die Aufgabe zu lösen, allen Übeln zu wehren, die Euch bedrängen. L a ß t   E u c h   n i c h t   t ä u s c h e n! Versprechungen geben ist leicht, sie halten schwer, oft unmöglich. Was in der Stunde der Aufregung, unter dem Einfluß vielleicht der Begeisterung für ein edles Ziel, mehr aber noch unter dem der Furcht, vor augenblicklicher, leidenschaftlicher Gewalt, am Strande der Seine dem Arbeiter v e r s p r o c h e n wird: d a s   w i r d   i h m   n i e m a n d   h a l t e n   k ö n n e n. Alle Mittel und Wege dazu sind bis jetzt nur Theorien, noch keine hat die Prüfung der Ausführung bestanden. Ja, die Unhaltbarkeit der meisten springt so klar ins Auge, daß nur die verblendetste Leidenschaft sie übersieht; die Mittel der Abhülfe, die man darbietet, werden vielmehr, wenn sie auch für den Augenblick den Schein der Wohltat haben, doch bald das Übel nur m a ß l o s   v e r g r ö ß e r n. Darum: „L a ß t   E u c h   n i c h t   t ä u s c h e n!" Goldene Berge verspricht die neue Ordnung der Dinge dem Arbeiter in Paris! Sie wirft ihm im ersten Augenblick eine große Summe zu, die aber, auf die Menge der Bedürftigen verteilt, doch zu einer ganz unbedeutenden wird. Dennoch bleibt sie eine so große für den Geber, daß er sie nicht öfter erschwingen kann. Um Arbeit zu geben, muß das Bedürfnis dazu vorhanden sein; künstlich geschaffene stillt die Not einen Tag und vermehrt sie auf Jahre! Die erste Bedingung zur e i n t r ä g l i c h e n Arbeit sind O r d n u n g,   R u h e ,   F r i e d e! Wie hoch die Arbeit bezahlt werden kann, das hängt nicht von der Willkür ab. Ihr alle seht es ein: müssen die Gegenstände mit größeren Kosten hergestellt werden, so müssen sie auch teurer sein und finden w e n i g e r Käufer. Die Mittel, durch künstliche, erzwungene Ankäufe dem Übel zu steuern, sind schnell erschöpft, und dann ist die Not verdoppelt. Darum: „ L a ß t   E u c h   n i c h t   t ä u s c h e n!" Haben die Männer der Umwälzung in Paris das Geheimnis gefunden, das Glück der Arbeiter plötzlich, durch einen Zauberschlag zu begründen: dann wollen wir es ihnen aufs schleunigste nachmachen. Aber vorher wartet das Ergebnis ab! Es ist e i n   G l ü c k   für uns, daß s i e, nicht w i r den gefährlichen Versuch machen! Darum: „ L a ß t   E u c h   n i c h t   t ä u s c h e n! " – Auch dort gesteht man sich's schon ein, daß man versprochen hat, was man nicht halten kann, daß man den rechten Weg zum Ziel nicht wisse. Deshalb bietet man dem Arbeiter den Dienst in der beweglichen Nationalgarde an, das heißt in der, die nicht in Paris bleiben, sondern ausmarschiren soll. Dafür gibt man ihm zwölf Silbergroschen Löhnung, und er muß, statt freudig in seinem Gewerk zu schaffen, ausrücken, Weib und Kind verlassen, um die Grenzen zu bewachen, die seiner Bewachung nicht bedürften, wenn die Ruhe nicht so gewaltsam gestört wäre. – Und nun hört die Zeitungen! Jede ist anderer Meinung, wie das Glück des Arbeiters geschaffen werden soll. Alle Vorschläge sollen erst v e r s u c h t werden! Die praktischen, tüchtigen Engländer, die wahrlich mit dem Lose des Arbeiters bekannt sind, die seit Jahren alles tun, um es zu verbessern, oder um der Not vorzubeugen, die durch die Zeitumstände, welche nur Gott lenkt, dennoch zuweilen eintritt und nie ganz abzuwehren ist: die Engländer sagen den Franzosen: Was Ihr jetzt tut, ist töricht! Ihr heilt das Übel für h e u t, damit es morgen dreimal stärker ausbricht. – Die Not, das Unglück schickt Gott! Er schickt sie nicht dem Arbeiter allein, er schickt sie uns allen. Und niemals haben die anderen Stände sich mehr damit beschäftigt, dem Arbeiter sei-

nen Beruf zu erleichtern, als jetzt. – Darum nochmals: L a ß t E u c h
n i c h t t ä u s c h e n ! Was Ihr wünscht, ist am wenigsten zu erreichen
durch den Schwindel der Aufregung, der die Massen ergreift. Er tobt wie
ein Strom, der durch den Damm bricht und die Felder verwüstet, die er
nähren soll, die Felder, wo die Nahrung auch für E u c h wächst, wenn sie
Euch auch nicht zugehören. Was Sonnenschein und befruchtender Regen
für die Ernte des Feldes, das ist Ordnung und Frieden für die Ernte der
Arbeit. Der Aufstand aber ist Hagelschlag! Darum, und immer wieder:
„ L a ß t E u c h n i c h t t ä u s c h e n ! "

Adolf Wolff, der Chronist der Berliner März-Revolution, klärt, wer der
Verfasser dieses Artikels gewesen ist:

Dieser Warnungsruf „an unsere wackeren Arbeiter und Handwerker" ←L 5
hatte nicht den gewünschten Erfolg. Der Verfasser desselben, Herr Ludwig
R e l l s t a b , früher Artillerie-Lieutenant, dann Theaterrecensent, und
schließlich Politiker der Vossischen Zeitung, teilt in seinen noch nicht in
die gesammelten Werke letzter Hand aufgenommenen Memoiren mit,'daß
er zu jener Zeit, wo das Scheinglück der Arbeiter in Frankreich von den
Blättern gerühmt wurde, gewähnt habe, es sei möglich, „noch eine Stimme
der Vernunft" zur Geltung zu bringen. Er habe in dem Artikel „Laßt Euch
nicht täuschen" diesen Versuch gemacht. Aber „vergeblich! Der erwachte
Ungestüm der Leidenschaft hörte nicht mehr; gegen die Stimme der ruhi-
gen Einsicht, gegen die liebreichste Lehre, war er völlig taub, weil die Wahr-
heit eine mißfällige war. Die Zeilen, die leiten, beruhigen, beschwichtigen
sollten, erregten nur Erbitterung. Die heftigsten Briefe voller Vorwürfe
und Drohungen gingen bei dem Verfasser, bei der Redaction der Zeitung
ein, j a , e s w u r d e n e i n z e l n e e r b i t t e r t e D e m o n s t r a -
t i o n e n g e m a c h t ". –
Die erbitterten Demonstrationen, deren der betrübte Verfasser des War-
nungsrufes hier erwähnt, hatten wenigstens die Folge, daß die Vossische
Zeitung seit dem 8. März einige Wochen hindurch keinen l e i t e n d e n
Artikel mehr brachte.

Die Nachrichten über die revolutionären Ereignisse ziehen in Berlin die
interessierten Bürger in die Lesehallen und Cafés, also dorthin, wo die →L 6
wichtigen europäischen Zeitungen gehalten werden. Aus diesen gesellschaftlichen Orten werden Debattierclubs, hier taucht die Idee auf, eine
gemeinsame Adresse an den König zu verfassen.

Ein geeignetes Lokal für eine Versammlung wurde in der Stadt nicht ←L 7
gefunden; so entschloß man sich, Montag, den 6ten, vor das Tor in den
Tiergarten zu ziehen und dort in einem der öffentlichen Etablissements,
Zelte genannt, . . . eine Versammlung abzuhalten. Eine nicht allzu große
Zahl junger Männer war zugegen; man kam darin überein, eine in ihren
Wünschen sich den damals in verschiedenen Ländern gestellten „Forderun-
gen" anschließende Adresse zu verfassen, diese vorzugsweise als eine
„ A d r e s s e d e r J u g e n d " zu bezeichnen, und so – da die ander-
weitigen ähnlichen Vorhaben unbekannt schienen – eine Manifestation
des in Berlin herrschenden Geistes; dem Könige gegenüber abzugeben.
Die Versammlung übertrug die Redaktion der Adresse einer Kommission
von drei Männern, und der von diesen ausgearbeitete Entwurf sollte an dem
anderen Abende derselben Versammlung zur Beratung vorgelegt werden.
Am nächsten Abende, den 7ten, fand an jenem Orte wiederum eine
Versammlung statt, die jedoch stärker als die erste besucht war. Fünf- bis
sechshundert Männer mochten zugegen sein; auch die Physiognomie der
Versammlung war eine veränderte. Nicht bloß die „Jugend", auch gereifte
Männer, feine Leute aus dem Kaufmanns-, Handwerker- und Arbeitsstande
wohnten ihr bei. Der letztere Umstand bestimmte die Versammlung, von
dem ursprünglichen Plane, eine „Adresse der Jugend" an den König zu
richten, abzugehen und eine allgemeine Adresse dem Könige zu überrei-
chen. Von zwei vorgelegten Entwürfen wurde der eine mit einigen Modifi-
cationen nach vierstündiger Beratung angenommen und beschlossen, daß
eine Deputation von zehn aus der Versammlung gewählten Männern dem
Könige die Adresse persönlich übergeben solle.

In dieser Adresse sind die allgemeinen bürgerlichen Forderungen, soweit
sie **1848** formuliert sind, zusammengefaßt:

Das bestimmte, ins Bewußtsein des Volkes übergegangene Bedürfnis ←L 8
nach größerer politischer Freiheit ist der sicherste Maßstab zur Beurteilung
der Reife einer Nation.

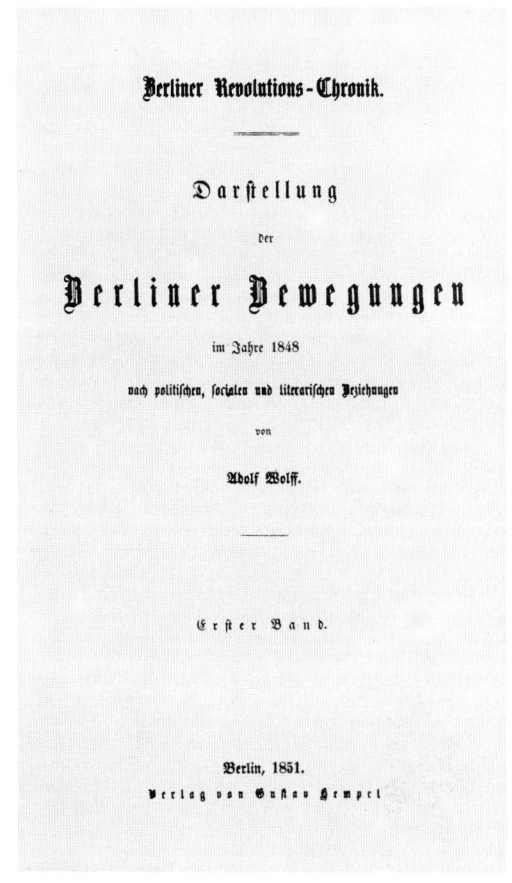

Zeitungsberichte aus Berlin

Berlin, 6.3.1848: *Einen so ruhigen und selbst trä-*
gen Anschein Berlin noch mitten unter den großarti-
gen Aufregungen des Tages darbietet, so haben sich
doch auch hier jetzt einige Anzeichen ergeben, die
für uns um so bedenklicher sind, da hier nicht wie in
den andern Teilen Deutschlands die organischen und
gesetzlichen Körperschaften sich zum Träger und Ver-
mittler der Volkswünsche machen wollen. Die Hoff-
nungen, welche unsere Bürgerschaft in dieser Hinsicht
auf die berliner Stadtverordnetenversammlung gerich-
tet, haben sich als gänzlich illusorisch erwiesen, da
diese mitten in unserm Bürgerleben wurzelnde Ver-
sammlung, welche durch die Kraft der Öffentlichkeit
jetzt ungemein wohltuend auf die Beruhigung der
Gemüter wirken könnte, sich mit einer erstaunlichen
Ataraxie mit allem beschäftigt, nur nicht mit dem, was
in diesem Augenblicke die Gedanken und das Herz
jedes deutschen Mannes bewegt. Unter diesen Umstän-
den halten wir, wie gesagt, solche Anzeichen, wie sie
sich jetzt durch das Anheften von Maueranschlägen an
den hiesigen Kasernen bemerklich gemacht haben, für
weit beunruhigender, als wir sie sonst ansehen würden.
In diesen Maueranschlägen wird die berliner Garnison
aufgefordert, wenn die Gelegenheit erscheinen sollte,
nicht gegen die Bürger die Waffen zu führen oder auf
das Volk zu schießen, sondern eingedenk zu sein, daß
auch das Militär zum Bürgerstande gehöre.

Berlin, 7.3.1848: *Berlin trägt seit einigen Tagen*
nach der Seite der untersten Volksklassen hin eine
etwas unheimliche Physiognomie, die man noch nicht
bestimmt zu deuten weiß. Es fehlt in unserer Stadt wie
in keiner andern Deutschlands bei der großen Bevölke-
rung an einer Durchbildung der politischen Begriffe,
wie überhaupt an solchen, aber dafür ist auf der andern
Seite hier stets ein gefährlicher Zündstoff zu Krawal-
len und Volkstumulten da, die, wenn sie auch einen
ganz eigentümlichen Stil haben, doch in einer gewis-
sen Regelmäßigkeit mit instinktartig mit den grö-
ßern Weltbegebenheiten zusammenzutreffen pflegen.
Auch jetzt hegt man eine Besorgnis vor Ausbrüchen,
die nicht unbegründet sein mag! Die hiesige Garnison
ist dazu vorbereitet, wie man jetzt einen
sehr regen Kasernendienst und die vielfachsten militä-
rischen Übungen angeordnet sieht.

Berlin, 8.3.1848: Eine unheimliche Stimmung zieht immer erhitzender durch unsere Stadt. Man fühlt sich unbehaglich in seiner eigenen Haut, jeder Tag kann auch uns den Ausbruch von Unruhen bringen, deren Ende dann nicht abzusehen sein wird. Man hatte, wie es scheint, mehr von der Thronrede des Königs erwartet; die nicht erfüllte Hoffnung schürt die allgemeine Besorgnis um so mehr. Es bestätigt sich, daß das Militär in der vorigen Nacht überall in den Casernen consignirt war. Dunkle Gerüchte bezeichneten den Abend als den Zeitpunkt beginnender Ruhestörungen, wozu die Fastnachtsschwärmereien allerdings den Anlaß geben konnten. Es ist ruhig geblieben, aber auch wohl nie eine Fastnacht festloser begangen. Die Vergnügungen liegen ebenso darnieder wie die Geschäfte. Besonders nachteilig treten die Wirkungen solcher Stimmung in ihrer Unmittelbarkeit auf die Börse hervor. Die Entwertung der Effecten, namentlich der Actien, ist so entsetzlich, daß schon wieder ein Teil des Privatpublicums durch den reichen Zinsgewinn gelockt sich zum Kaufen entschließt. Viele Actien stehen unter 50; die Staatsschuldscheine behaupten sich allein durch die riesigen Anstrengungen der Seehandlung auf 84. Wie lange kann, wie lange wird das so gehen? Mehrere Adressen, wie ich Ihnen schon meldete, sind im Gang, teils an den König, teils an die Stadtverordneten-Versammlung gerichtet. Die letztern sind auch verschiedene von Privatpersonen eingereicht. Der Andrang des Publicums zu dieser Sitzung wird voraussichtlich sehr stark werden, und vielleicht lassen sich dabei manche Symptome der öffentlichen Stimmung studiren. An Se. Maj. den König haben die Studenten gestern abend, wie wir schon mitteilten, eine Adresse in den Zelten des Tiergartens beraten. Dieselbe sollte heute morgen noch einmal in Local der Zeitungshalle superredigirt und dann dem Könige in Pleno überreicht werden. Um 12 Uhr erschien jedoch der Polizeipräsident v. Minutoli in dem gedachten Local, ließ sich die Leiter dieser Angelegenheit vorstellen und eröffnete ihnen, daß es durchaus nicht seine Absicht sei, sie in ihrem Vorhaben zu stören, daß sie immerhin eine loyale Adresse an Se. Maj. beraten, sich auch, wenn es nur sonst ohne Unruhe geschähe, versammeln, jedoch davon abstehen möchten, dem König die Adresse im großen Comitat zu überreichen. Es sei der feste Entschluß Se. Majestät, solche Deputationen nicht zu empfangen, und er, der Polizeipräsident, müsse sie noch besonders darauf aufmerksam machen, wie leicht eine solche Demonstration in so erhitzter Zeit zu den bedauerlichsten Excessen veranlassen könnte. Wollten sie ihm ihre Adresse übergeben, so bürge er mit seinem Ehrenwort dafür, daß Se. Majestät die Adresse in zwei Stunden überreicht werden würde. Die Studenten sollen nun mit echt spartanischer Kriegslist beschlossen haben, dem König einen solennen Fakkelzug zu bringen, um ihm bei dieser Gelegenheit ihre Adresse zu überreichen. Ob indes dieser Entschluß zur Ausführung kommt, möchte wohl noch um so mehr dahinstehen, als auch der Fackelzug polizeilicher Erlaubnis bedarf, welche mit Hinsicht auf die allgemeine Stimmung kaum erteilt werden wird. In mehreren Privathäusern finden heute abend kleine Versammlungen der Bürger statt, woselbst über Bürgerbewaffnung, Preßfreiheit, Geschwornengericht und die andern Zeitforderungen beraten wird.

Volksversammlung in den Zelten   ←B 2

Dies Bedürfnis ist vorhanden.

Wir drängen aber mit Besonnenheit alle Wünsche zurück, welche erst die weitere Entwickelung des geistigen und materiellen Fortschritts im Volke an den Tag bringen wird, und schließen uns den Wünschen der übrigen deutschen Völker an, welche bereits an die deutschen Fürsten gelangt und von Einzelnen gewährt sind. Diese Wünsche sind:

1) Unbedingte Preßfreiheit.

2) Vollständige Redefreiheit.

3) Sofortige und vollständige Amnestie aller, wegen politischer und Preßvergehen Verurteilten und Verfolgten.

4) Freies Versammlungs- und Vereinigungs-Recht.

5) Gleiche politische Berechtigung Aller, ohne Rücksicht auf religiöses Bekenntnis und Besitz.

6) Geschwornen-Gericht und Unabhängigkeit des Richterstandes.

7) Verminderung des stehenden Heeres und Volksbewaffnung mit freier Wahl der Führer.

8) Allgemeine deutsche Volksvertretung.

9) Schleunigste Einberufung des Vereinigten Landtages.

Nur die Gewährung dieser Wünsche wird im Stande sein, die Eintracht zwischen König und Volk zu sichern, auf welcher allein die Kraft der Nation nach innen und nach außen beruht.

In tiefster Untertänigkeit gegen Ew. Majestät verharren wir etc.

In der Diskussion über die Formulierung der Adresse wird eine Forderung nach „Garantie der Arbeit" laut, die aber in die Adresse nicht mit aufgenommen wird. Von wem sie aufgestellt wird, läßt ein Bericht in der „Mannheimer Abendzeitung" vom **10.3.1848**, die Wolff zitiert, vermuten:

→L 9   *„Die Stimmung im Volke", heißt es hier, „ist eine d u m p f e , gewitterschwüle. Viele A r b e i t e r haben die Unterzeichnung der (Zelten-) Petition verweigert, weil sie von Petioniren kein Heil für sich erwarten. Die Arbeitslosigkeit ist im Wachsen . . . Mehrere große Fabriken, u.a. die Borsig'sche Maschinenfabrik mit einigen tausend Arbeitern, wollte hundert davon entlassen. Auf „höhere Anordnung" ist dies jedoch nicht geschehen. Man hat dem Fabrikbesitzer Entschädigung zugesichert. Aber wie lange wird man im Stande sein, diese Entschädigung zu leisten? Wie erschöpft unsere Staatscasse ist, das zeigt der Hilferuf der Regierung um Unterstützung der Schlesier. Preußens Regierung vermag für sich allein nicht Tausende zu retten, wie sollte sie auf die Länge hin den hiesigen Arbeitern Arbeit verschaffen können? . . . Wer die Stimmung des arbeitenden Volkes, wer seine Gedanken, seine Plane, seine Lage kennt, der weiß, daß ein Orkan im Anzuge ist, gegen den Frankreichs Sturm ein Hauch war. Es ist hohe, es ist die höchste Zeit, daß die Monarchie die Segel streicht und der Demokratie die Bahn eröffnet. Streicht sie die Segel, so wird sie ihr morsches Schiff noch einige Zeit flott halten. Wagt sie es fortzusteuern mit vollen Segeln, wie jetzt, so wird ihr Fahrzeug jählings vom Sturme erfaßt und zerschmettert werden."*

Das Schicksal der Adresse wollen wir nicht weiter verfolgen, wohl aber genauer erfahren, was es mit der Forderung „Garantie der Arbeit" auf sich hat. Auch an den folgenden Tagen nach Verabschiedung der Adresse finden weitere Versammlungen „in den Zelten" statt.

→L 10   *Die letzte große Versammlung in den Zelten hatte, namentlich bei den Handwerkern und Männern der Fabriken, die Meinung veranlaßt, als würden von nun an regelmäßige Versammlungen stattfinden, in denen gebildete Redner sie, das weniger gebildete Volk, belehren würden. Solche Vermutungen trieben viele Personen aus den genannten Ständen auch an den nachfolgenden Abenden in den Tiergarten, an den Ort, wo die Adreßberatungen stattgefunden hatten. Zwar fanden die Leute dort nicht, was sie erwartet, die Redner; sie setzten jedoch einige Tage den Versuch fort und zogen scharenweise zum Tore hinaus. Es wurde von A r b e i t e r v e r s a m m l u n g e n gesprochen, und wirklich ließ der Umstand, daß in den Tiergärten lithographirte Exemplare einer sogenannten „ A r b e i t e r a d r e s s e " verteilt wurden, diese Nachricht als eine begründete erscheinen. Doch bis jetzt noch ist unbekannt geblieben, woher diese Adresse stammt, und bis jetzt noch haben Polizei und gewisse Zeitungen – welche beiden Mächte ziemlich bestimmt von Arbeiterversammlungen sprachen – keinen irgendwie genügenden Grund für die Richtigkeit ihrer Behauptungen beigebracht. Jene Adresse aber enthielt in nicht besonders glänzendem Stil und mangelhafter Orthographie die an den König gerichtete*

Bitte um die Errichtung eines A r b e i t s m i n i s t e r i u m s, dessen Mitglieder aus Arbeitsgebern und Arbeitern selbst bestehen sollte. Sie lautete wörtlich:

Diese Adresse wird in lithographierter Form als Flugblatt zwischen dem **10.** und **13.3.1848** verbreitet und am **15.3.1848** sogar in der „Vossischen Zeitung" erwähnt.

Die Situation spitzt sich zu durch die Verweigerung des Königs, die Bürger-Adresse entgegenzunehmen, und dadurch, daß weitere Versammlungen, die immer mehr den Charakter von Volksversammlungen annehmen, in den Zelten stattfinden.

Am 13. verbreitete sich das Gerücht, es sei „höheren Ortes" befohlen worden, die sich täglich wiederholenden Zusammenkünfte in dem Tiergarten nicht zu dulden und nötigenfalls mit bewaffneter Hand zu verhindern. Diese Maßregel provocirte natürlich viele Menschen in's Freie; es war überdies ein schöner Frühlingstag, und so mochten wohl mehr Menschen als gewöhnlich nach dem gewohnten Versammlungsorte strömen.

In der Stadt wurden aber ganz ungewöhnliche Vorsichts-Maßregeln sichtbar. Die Cavallerie hatte nachmittags Befehl erhalten, sich um 5 3/4 Uhr sattelfertig zu halten; um diese Zeit bewegten sich große Massen Cavallerie nach den Toren zu; das Schloß und das Zeughaus boten einen ungewöhnlichen Anblick dar, indem sie militairisch besetzt waren; selbst Kanonen waren an einzelnen Punkten aufgefahren.

Während des Nachmittags ging es unter den Zelten lebendig genug zu, man hörte hier und da politische Reden, aber zu einer eigentlichen Versammlung kam es nicht. Erst als ein großer Teil der Bürger sich wieder nach Haus begeben hatte, änderte sich der Charakter der dort draußen Versammelten.

Ein Redner bestieg die . . . Orchester-Tribüne, andere stellten sich auf Stühle, um von diesen herab dem kleinen Kreis, der sich um sie versammelte, politische Mitteilungen zu machen. Es ging ganz ruhig und friedlich zu, und gegen Abend ordneten sich die kleineren Versammlungen, welche sich gebildet hatten, mehr und mehr zu einer größeren, in der regelrechte Debatten gehalten wurden.

Man erwartete in jedem Augenblick, die Polizei werde erscheinen, um

Die von der Volksversammlung in den Zelten verabschiedete „Arbeiteradresse":

Allerdurchlauchtigster König! Allergnädigster König u. Herr!

In dieser schon seit Jahren für uns so schwerbedrängten und drückenden Zeit wagen die Arbeiter jeden Standes eine Bitte an Ew. Majestät zu richten. ←L 11

Diese Bitte ist um schleunige Abhülfe der jetzigen großen Not u. Arbeitslosigkeit aller Arbeiter u. Sicherstellung ihrer Zukunft.

Der Staat blüht und gedeiht nur da, wo das Volk durch Arbeit seine Lebensbedürfnisse befriedigen u. als fühlender Mensch seine Ansprüche geltend machen kann.

Wir werden nämlich von Kapitalisten u. Wucherern unterdrückt; die jetzigen bestehenden Gesetze sind nicht im Stande uns vor ihnen zu schützen.

Wir wagen daher Ew. Majestät untertänigst vorzustellen, ein Ministerium bestellen zu wollen, ein Ministerium für Arbeiter, das aber nur von Arbeitgebenden und Arbeitern zusammengesetzt werden darf u. deren Mitglieder nur aus beider Mitte selbst gewählt werden dürfen.

Ein solches Ministerium ist nur im Stande den wahren Grund der drückenden Lage des Volkes kennen zu lernen, das Loos der Arbeiter zu verbessern, den Staat vor drohender Gefahr zu schützen, Eigentum u. Leben Aller bevorstehenden Verwüstungen nicht Preis zu geben.

In tiefster Untertänigkeit verharrend

(Als Manuskript gedruckt.)

→L 12   **Berlin, 13.3.1848:** *Der erste Anlaß zu einer Bewegung entstand gegen Abend um 6 Uhr in der Gegend der Tiergartenzelte, wo Versuche zu einer größern Volksversammlung stattfanden und auch schon einige Reden von Arbeitern gehalten wurden, unter anderm ein Vortrag über die deutsche Flotte, welcher Wendung der Beratungsgegenstände die Polizei nicht ungern zuzusehen schien. Ein größeres Andrängen und Tumultiren des Volks auf verschiedenen Plätzen des Tiergartens führte jedoch zu einem Einschreiten der bewaffneten Gewalt, die dazu schon in bedeutenden Massen vorbereitet war und besonders mit Anwendung der Cavallerie die Volkshaufen nach der Stadt zurückdrängte. Am spätern Abend steigerten sich diese Bewegungen durch ein immer dichteres und unruhigeres Anhäufen von Volksgruppen auf den Straßen und Plätzen, besonders aber in der Nähe des Schlosses. Hier, wie auch an einigen Stellen unter den Linden, kam es zu einem scharfen Einhauen des Militärs auf die Volksmassen, wobei es an vielfachen Verwundungen nicht gefehlt hat, von denen auch einige namhafte Personen, die in das Gedränge geraten, betroffen wurden. Die Entwickelung der militärischen Kräfte war überwältigend, überstieg aber jedenfalls den Anlaß, um den* ←L 13 *es sich anfänglich gehandelt hatte. Die in Bewegung geratene Volksmasse war höchstens auf 4000 Köpfe anzuschlagen und hatte sich durchaus absichtslos und ohne alle weitergehenden Pläne durcheinander geworfen, obwohl hier und da auch schon einige tendenziöse Bestandteile sich geltend machten. Diese zeigten sich besonders in der Austeilung einer Petition, die aus dem Kreise der Arbeiter selbst hervorgegangen ist und von deren Entwurfe wir schon früher gehört hatten. Sie ist an den König gerichtet und betrifft die Errichtung eines Ministeriums der Arbeit, das, nach dem dabei ausgedrückten Wunsche der Bittsteller, zum Teil aus Arbeitgebenden, zum Teil aus Arbeitnehmenden zusammengesetzt sein soll und sich mit einer Einrichtung der Arbeitsverhältnisse nach den Bedürfnissen des* ←L 14 *Volks zu beschäftigen habe. Dies war jedoch nur ein sehr einzelnes bewußtes Element in den auf- und niederwogenden Volksmassen, die erst gegen 11 Uhr gänzlich von den Straßen verschwanden. In der Grünstraße ist es sogar zu dem Versuch einer Errichtung von Barrikaden gekommen, wozu Baumaterialien von der im Neubau befindlichen Peterskirche benutzt wurden. In der Jägerstraße wurde ein Angriff auf einen Waffenladen versucht, mit dessen Inhalt sich ein Volkshaufen streitfertig machen wollte, es kam aber nur zu einem Einwerfen der Fensterscheiben. Wie ernsthafte Besorgnisse aber die Behörde selbst hegte, geht auch aus der militärischen Besetzung der königl. Bank hervor, die an dem gestrigen Abend wohl von 160 Mann Soldaten größtenteils im Innern des Gebäudes bewacht wurde.*

Berlin, 14.3.1848: *Die Zusammenhäufungen von Menschen begannen, nachdem der Tag ruhig geblieben war, mit dem Einbruch der Dunkelheit auf dem Schloßplatz und in der anstoßenden Breiten- und Brüderstraße von neuem. Da sich gleichzeitig starke Militärpatrouillen sehen ließen, so war hiermit zugleich der Erregung der Gemüter durch Pfeifen, Schreien u.s.w. volle Nahrung gegeben. Der Lärm und die Erhitzung steigerten sich in dieser Weise bis gegen 9 Uhr, wodurch das Militär auch seinerseits sehr gereizt werden mochte, obgleich das Nichterscheinen desselben sicherlich jenen Aufruhr verhindert hätte. Etwas nach 9 Uhr aber begab sich in der Brüderstraße ein Ereignis, welches, an sich beklagenswert, es in seinen Folgen noch mehr wurde. Nachdem das Militär nämlich den einen Ausgang dieser Straße, da wo sie am Schloßplatz ausmündet, besetzt hatte, sprengte die Cavallerie am andern Ende mit verhängten Zügeln und hochgeschwungenen Säbeln in dieselbe heran. Der Schrecken und die Verwirrung war grenzenlos. Die zusammengepreßte Menge, welche weder vor- noch rückwärts konnte und ebensowenig in den verschlossenen Häusern Rettung fand, war schutzlos den Hieben der Dragoner preisgegeben. Diese machten obenein von dem Vorteil ihrer Position rücksichtslosen Gebrauch, und so sind denn viele und schwere Verwundungen und in Folge derselben bereits einige Todesfälle vorgekommen. Es haben dieselben auch friedliche Bürger getroffen, welche in Geschäften oder sonst in ruhiger Absicht des Weges kamen. Der Anblick war in der Tat so entsetzlich, daß die Bewohner der Straße aus ihren Fenstern dem Militär ihren Unwillen zuriefen und zum Teil die Türen öffneten, um die Verwundeten bei sich aufzunehmen. Der Tumult legte sich dann gegen Mitternacht.*

Berlin, 15.3.1848: *Heute hat Berlin einen Schreckenstag erlebt; das Militär hat gegen das Volk von der Schußwaffe Gebrauch gemacht. Die Erbitterung der Bürger war im Laufe des Tages hoch gestiegen, da man erfuhr, daß gestern abend einzelne Verwundungen bis auf den Tod vorgekommen seien . . . Die Durchgänge des Schlosses blieben vom Militär versperrt; hier sammelten sich Volkshaufen an, aus denen hin und wieder Hurrahs und Pfeifen ertönten. Die improvisirte Bürgergarde, die durch weiße Armbinden kenntlich war, scheint keine Autorität gewinnen zu können; denn schon um 7 Uhr marschirte aus dem Schlosse Infanterie unter den Trommeln des Generalmarsches heraus und säuberte den Platz. Die Volksmassen drängten sich in die angrenzenden Straßen hinein und versuchten hin und wieder zu ihrem Schutze Barrikaden zu errichten, worunter man aber nur das Aufhäufen einiger Brückenbohlen zu verstehen hat . . . In der Brüderstraße, der Breitenstraße wurden Barricaden errichtet, die, nachdem die Cavallerie mit einem starken Steinhagel wiederholt zurückgewiesen war, erst vom Volke verlassen wurden, als die Infanterie gefeuert hatte. In der Überwasserstraße zog das Volk die Brücken auf, und das Militär feuerte über das Wasser hinüber. Ebenso kam es auf dem Dönhofsplatze, wo die Bretter von der Renzschen Kunstreiterbude abgerissen wurden, um Barricaden daraus zu errichten, zu ernstlichem Einschreiten. Die Unruhen dauerten von 7 Uhr bis 11 Uhr abend. Verschiedene Personen sind getötet worden, wie groß die Zahl derselben ist, läßt sich bis jetzt nicht bestimmen. Wenn nicht mit dem größten Ernst von den Behörden das Militär in den Casernen zurückgehalten und die Bürgergarde zur Erhaltung der öffentlichen Ordnung sofort errichtet wird, so ist gar nicht abzusehen, wohin das führen soll. Das Volk ist hauptsächlich gegen das Militär erbittert, eine politisch bewußte Tendenz hat die Emeute bis jetzt nicht.*

Berlin, 16.3.1848: *Als ich des Abends um etwa 6 1/2 Uhr die Brüderstraße und den Schloßplatz besuchte, waren dieselben noch leerer als am Vormittage, und es gelang mir sogar, durch die inneren Schloßhöfe zu kommen, die schon bedeutend mit Truppen besetzt waren. An dem zum Lustgarten führenden Portale angelangt, hörte ich an die daselbst stationirte Wache aus dem Munde eines höheren Offiziers den Befehl erteilen, jedermann hinaus, niemand mehr hinein zu lassen. Ich beeilte mich, hinaus zu kommen; die Rampe vor dem Schlosse ebenso wie der Lustgarten waren nur sehr spärlich mit Menschen besetzt; dagegen wogten bedeutende Massen unter den Linden. Plötzlich ertönte in der Nähe des Opernhauses eine Salve von Flintenschüssen. Die Scene der Verwirrung, welche hierauf erfolgte, ist schwer zu beschreiben. Mit furchtbarem Angstgeschrei stürzten sich die am Opern-*

die Versammlung auseinander zu treiben. Dies aber geschah nicht, obgleich der Polizei-Präsident persönlich sich einfand. Er sprach mit einigen Bürgern recht freundlich und forderte sie auf, sie möchten dafür sorgen, daß die Versammlung sich friedlich halte. Zum Dank dafür brachte ihm die Menge ein Lebehoch.

Nach sieben Uhr rückte Militär heran. Zu einem Einschreiten kam es nicht, denn aus der Versammlung selbst ertönte der Ruf, man solle friedlich nach Hause gehen. So bildete sich denn bald ein langer Zug, der von den Zelten aus den Rückweg nach der Stadt antrat. Auffallend war es, daß auf diesem Wege eine Anzahl von unbekannten Leuten Proklamationen, die in einer Arbeiter-Adresse die Bitte an den König um Ernennung eines Arbeiter-Ministeriums enthielten, unter die Spaziergänger verteilte. Von wem diese gedruckten Zettel ausgingen, wußte man nicht.

Es waren wohl über 10,000 Menschen, die am Abende in das Brandenburger Tor einzogen.

Die nun folgenden Ereignisse werden von einem Korrespondenten für das „Frankfurter Journal" beschrieben:

→L 15   *Gegen Abend zogen diese Leute nach der Stadt zurück und blieben unter den Linden, im Lustgarten und auf dem Schloßplatz in Gruppen verteilt stehen, welche zwischen acht und neun Uhr durch die von der Arbeit kommenden Handwerker und Arbeiter vermehrt wurden, ohne jedoch irgendeine Demonstration, irgendeine Drohung oder einen Act der Gewalt zu begehen. Hunderte von Spaziergängern der gebildeteren Klassen wandelten zwischen denselben durch die Straßen. Plötzlich erscheinen gewaltige Massen Militair, das Schloß wird von mehreren tausend Mann besetzt, als wenn ein Angriff auf dasselbe bevorstände. Die Truppen, welche sich zwischen der Menge hin und her bewegen, verdichten den Menschenknäul, welcher ihnen ausweicht, bald aber sich nur mühsam fortbewegen kann. Kein politisches Geschrei ertönt, nur das Halloh der Gassenbuben, kein Stein wird aufgehoben, kein Schimpfwort gegen das vorhandene Militair fällt. – Da bricht mit einem Male Cavallerie auf dem Schloßplatz unter die Menge in ge sprengtem Galopp ein, ohne daß eine warnende Aufforderung ertönte, und haut mit blanken Klingen scharf unter die Menge. Klinge und Pferdehufe fordern ihre Opfer. Entsetzen, Verwirrung, Flucht, verzweifeltes Geschrei ergreift alles. Um 10 Uhr waren die Schreckensscenen im Centrum der Stadt vorüber; doch auch in andern Gegenden wurde scharf eingehauen, unter den Linden, der Jägerstraße, der Königstraße etc., wohin teils das Volk sich flüchtete, teils dichtere Scharen von Spaziergängern sich befanden. Der Anblick der Fallenden erweckte eine unbeschreibliche Erbitterung – erst nach diesen Scenen vor dem königlichen Schloß wurde der Gedanke an Widerstand beim niedern Volke rege.*

Offensichtlich scheint es auf den Nebenschauplätzen noch härter zugegangen zu sein, wie eine Darstellung von Adolf Wolff zeigt:

→L 16   *In der S t e c h b a h n hieben die Kürassiere auf die Masse ein, die vorher völlig umringt und eingefangen war, h i e b e n e i n, ohne daß vorher irgendeine Aufforderung zum Auseinandergehen erfolgt war. Frauen erhielten Säbelhiebe, andere wurden von den Pferden zertreten, ein junger Mann erstochen. An anderen Orten stieß die Infanterie mit Kolben und Bajonetten ruhige Spaziergänger nieder, einzelnen Flüchtlingen wurde nachgesetzt, und selbst Offiziere brachten ihnen Säbelhiebe bei. An einem einzigen Orte in der Grünstraße setzte sich der ohnmächtige, waffenlose Haufen zu einer Art Gegenwehr, er errichtete eine B a r r i k a d e, riß das Pflaster auf und zog die Brücke über den Flußarm in die Höhe. An andern Orten, so an der Ecke Jäger- und Oberwallstraße, wurden Versuche gemacht, Waffenläden zu erbrechen.*

Die Regierung dagegen stellt die Vorgänge so dar:

→L 17   *„Es hatten vor einigen Tagen unter den Zelten im Tiergarten Zusammenkünfte stattgefunden, welche, da sie in Volksversammlungen a u s z u a r t e n drohten, einen g e s e t z w i d r i g e n Charakter annahmen. In Folge von Einladungen zu einer solchen Versammlung, wo man namentlich die Klasse der Arbeiter aufzuregen g e d a c h t e, hatte sich am 13ten abends eine große Menge Menschen im Tiergarten eingefunden. Das Einschreiten der Polizeibehörde, welche das größere Anwachsen der Menge und Unfug zu verhindern suchte, hatte deren Rückkehr in die Stadt zur*

Folge, wodurch jedoch in einigen Straßen ein Zusammenfluß größerer Massen veranlaßt wurde. Das zur V o r b e u g u n g von Excessen aufgestellte Militair zerstreute die Volkshaufen, welche sich auf den Straßen gebildet hatten, o h n e d a ß i r g e n d w i e e r h e b l i c h e E x c e s s e v o r f i e l e n. Leider wurden aber, wie es bei solcher Gelegenheit nicht zu vermeiden ist, mehrere Personen b e s c h ä d i g t."

Diese ersten militärischen Einsätze am **13.3.1848** veranlassen das Gouvernement und das Polizeipräsidium am nächsten Tag zu folgender Bekanntmachung:

Eine auf gestern abend im Tiergarten unter den Zelten verabredete ←L 18
Volksversammlung hatte eine so bedeutende Menge von Menschen in Bewegung gesetzt, daß zur Vorbeugung etwaiger Unruhen die Aufstellung von Truppen notwendig wurde. Dieselbe entsprach ihrem Zweck, und war nur an einzelnen Punkten eine Zerstreuung der Volksmasse nötig. Da Volksversammlungen unerlaubt sind, so ergeht hiermit die Aufforderung an das Publikum, sich bei derartigen Zusammenkünften nicht zu beteiligen, indem nicht allein die dabei betroffenen Rädelsführer und Teilnehmer, sondern auch die aus Neugierde anwesenden Personen sich denjenigen Folgen aussetzen, welche die Überschreitungen der gesetzlichen Bestimmungen nach sich ziehen. Außerdem finden wir uns veranlaßt, nachstehende Verordnung in Erinnerung zu bringen:

Sobald bei einem Auflauf von Seiten des commandirenden Offiziers die Aufforderung an die Versammelten ergangen, auseinanderzugehen, oder dieser Zuruf durch dreimaligen Trommelschlag oder Trompetenschall erfolgt ist, verfallen diejenigen, welche dieser Aufforderung nicht augenblickliche Folge leisten, schon deshalb in eine Freiheitsstrafe bis zu 6-monatlicher Gefängnis- oder Strafarbeit. Paragraph 8. der Verordnung vom 30. Decbr. 1798. Paragraph 5. der Verordnung vom 17. Aug. 1835.

Zugleich wird den Hauswirten in Erinnerung gebracht, bei entstehendem Auflaufe ihre Häuser zu verschließen. An Eltern, Schullehrer und Herrschaften ergeht die Aufforderung, ihre Kinder, Zöglinge und Gesinde zurückzuhalten und ihnen unter keinerlei Vorwand zu gestatten, die Volksmenge durch ihr Hinzutreten zu vergrößern. Die Inhaber von Fabriken und die Gewerksmeister sind verpflichtet, solche Vorkehrungen zu treffen, daß ihre Arbeiter, Gesellen und Lehrlinge verhindert werden, sich aus den Werkstätten und Wohnungen zu entfernen. Mutwillige Buben, welche bei Gelegenheit eines Auflaufes auf den Straßen und an den öffentlichen Orten Unruhe erregen und Unfug begehen, wohin auch Aufregung durch Geschrei und Pfeifen zu rechnen, werden nach §. 183. Tit. 20. Th. II. Allg. L.R. bestraft.
Berlin, den 14. März 1848. Königl. Gouvernement. v. P f u e l. Königl. Polizei-Präsidium v. M i n u t o l i.

←A 1

Bekanntmachung.

Die Ereignisse der letzten Tage machen es nothwendig, daß der freie Verkehr auf den Straßen nirgends gehemmt werde.

Das Durchziehen der Straßen in Trupps und das Versammeln der Menschen auf den Plätzen und in den Straßen ist deshalb nicht gestattet.

Wird der Aufforderung zum Auseinandergehen nicht augenblicklich Folge geleistet oder Widerstand versucht, so werden die Widerspenstigen gewaltsam auseinander getrieben oder verhaftet.

Die Hausbesitzer werden wiederholt aufgefordert, ihre Häuser bei einem entstehenden Auflauf sogleich und überhaupt um 8 Uhr Abends zu schließen.

Berlin, den 16. März 1848.

Königliches Gouvernement.   **Königliches Polizei-Präsidium.**

v. Pfuel.   **v. Minutoli.**

und Zeughause befindlichen Massen an der Schloßfreiheit hinunter nach der Schleusenbrücke . . .

Der Schrecken in Folge dieses Feuerns verbreitete sich schnell in der Nachbarschaft, und mehrmals versetzte ein blinder Lärm in der Oberwall- und Jägerstraße alles in Aufregung und Angst.

Etwa eine Stunde nach dem eben erwähnten Vorfall stürzte ein Menschenwall von dem sogenannten Schwiebbogen her unter Angstschrei die Oberwallstraße entlang und der Jägerstraße zu. Es wurde geschrieen, teils, daß Militär nachdränge, teils, daß in die Straße hereingeschossen würde; einige schrieen sogar: Man schießt mit Kartätschen! – In dem Lokale der Berliner Zeitungshalle waren sehr viele ruhig lesende oder in den Gesellschaftszimmern sich unterhaltende Besucher aus den gebildetsten Ständen zugegen, unter andern die in der Beilage Unterzeichneten. Diese stürzten, als das Geschrei entstand, an die Fenster des Lokals. An der Oberwallstraße in die Jägerstraße stopfte sich die Menge. Alles schrie durcheinander. Jemand rief: Macht doch eine Barrikade! ein sinnloser Vorschlag, da kein Material vorhanden war, um, aus der Furcht vor eben eindringendem Militär, die sehr breite Straße zu sperren. Dennoch trugen einige die Bohlen von den nächsten Straßen und Gassen in die Mitte des Dammes. Auch wurde, wie häufig an den letzten Abenden: Waffen, Waffen! gerufen, und jemand rannte in den Keller des Hrn. N. in der Jägerstraße und holte dort ein Beil, mit welchem versucht wurde, den Laden an der gegenüberliegenden Ecke der Jägerstraße, da man dort Waffen zu finden hoffte, zu erbrechen. Alle diese Handlungen schienen Eingebungen der Todesangst zu sein und geschahen in der größten Verwirrung, ohne daß einer der Beschäftigten daran dachte, von dem Begonnenen etwas zu Ende zu bringen.

In der Bekanntmachung vom 14. März hat Gouvernement und Polizei-Präsidium hiesiger Stadt unter anderem den Hauswirten in Erinnerung gebracht, bei entstehendem Auflauf ihre Häuser zu verschließen. Eine buchstäbliche Erfüllung dieser Vorschrift ist jedem Hauswirte, der menschliches Gefühl in der Brust und Verstand im Kopfe hat, etwas Unmögliches bei der Brutalität, mit der von dem Militär schuldlose Menschen durch die Straßen gehetzt und zusammengehauen wurden – wofür Unterzeichnete namhafte Zeugnisse in Menge beibringen können. Der Wirt des Hauses Nummer 12 und 13 in der Oberwallstraße begab sich persönlich an die Haustür mit dem Hausschlüssel in der Hand und sorgte dafür, daß die Tür zugehalten, aber jedem, der Zuflucht im Hause suchte, augenblicklich geöffnet wurde.

Der 17. März *verging – ruhig. Es verbreiteten sich eine Menge wüster Gerüchte durch die Stadt; in Magdeburg und in Breslau, hieß es, sei das Volk Meister der Stadt geworden, in Erfurt, in Stettin sei der Aufruhr ausgebrochen, die ganze Monarchie stehe in Flammen. An diesem Abende kam die Cölner Deputation hier an. Wie ein Lauffeuer ging es durch die Stadt: „Die Rheinländer kommen mit bestimmten Forderungen, mit der Drohung des Abfalls von Preußen!" Nun endlich regte sich die Bürgerschaft. Die Mehrzahl war für Bürgerbewaffnung. Der Oberbürgermeister, der Magistrat hemmten noch immer, kein entscheidender Schritt war zu erreichen.*

Alles bereitete sich auf den folgenden Tag, den 18ten, vor. Nochmals sollte eine städtische Deputation zu dem Könige gehen, ihn um Gewährung dringender Wünsche (Preßfreiheit, Volksbewaffnung, Entfernung des Militärs etc.) bitten, und eine auf dem Schloßplatz sich versammelnde Menge wollte auf die Antwort des Königs warten.

Ein Augenzeuge berichtet

„Diesmal ging es scharf her", sagte heut morgen (Montag d. 20.) mein Friseur zu mir, ein durchaus glaubhafter und ehrenwerter Mann, 28 Jahr alt, verheiratet, Vater von vier Kindern, von denen das jüngste erst zwei Monate alt ist. (Der bescheidene junge Mann bat, seinen Namen nicht öffentlich zu nennen; allein solche Namen gehören der Geschichte Berlins an, und das dankbare Vaterland wird seine Vorkämpfer zu ehren, zu belohnen und zu schützen wissen; sein Name ist B r ö c k e l m a n n .) Er erzählte mir Folgendes: Ein Geschäftsgang führte mich Sonnabend (d. 18.) nachmittags gegen drei Uhr von der Wohnung meines Prinzipals aus der Brüderstraße über den Schloßplatz. Aus der Ferne sah ich, daß der König auf dem Balkon nach der langen Brücke zu herausgetreten war und mit ungeheurem Jubel begrüßt wurde. „Alles gewährt! Alles bewilligt!" schrie die Menge, ich schrie mit, ohne noch zu wissen, was er bewilligt hatte, einige tausend Menschen standen dichtgedrängt unter den Schloßfenstern des Königs, alle schwenkten die H ü t e , und ich verwunderte mich, fast lauter anständige Bürger mit H ü t e n , fast keine mit M ü t z e n zu sehen; an Frauen und Kindern, selbst an vornehmen Damen fehlte es auch nicht, aber alles war nur Freude, ein Jubel, ein Vivatrufen. Der Schloßwache mochte das doch zuviel werden, denn wir andern, die wir den König nur von ferne oder gar nicht gesehen hatten, wollten ihn gern auch sehen, und so hörte das Rufen und Drängen nicht auf, es nahm durch die herbeiströmende Menge noch zu. Jetzt rückte die Infanterie mit gefälltem Bajonette, aber ohne jemand etwas zuleid zu tun, aus den Schloßportalen Nro. 1 und 2 heraus, das Gedränge hinter uns wurde immer ärger, die Bajonete vorn wurden uns auf die Brust gesetzt: „D a s M i l i - t a i r z u r ü c k !" rief man, einen andern Ruf habe ich in meiner Nähe nicht gehört. Es wurde hier weder d r e i m a l g e t r o m m e l t , noch d r e i m a l g e b l a s e n ; eine andere Aufforderung zum Auseinandergehen als den Ruf der Offiziere und Soldaten: „Zurück!" habe ich nicht gehört. Mit einem Male hörten wir Pferdegetrampel und das Geschrei: „Die Dragoner hauen ein!" Sie hieben aber noch nicht ein, sondern kamen von der Schloßfreiheit im Trab, aber – so wahr Gott lebt! mit blanken Sä- b e l n herangeritten. (Der Maler S c h r a d e r und viele andere wurden von den vom Werderschen Markt ansprengenden Dragonern an der Schleusenbrücke niedergeritten.) Da entstand Schrecken und Verwirrung; ein Bataillon ging im Sturmschritt vor; als sie uns gegen die lange Brücke hin gedrängt hatten, gaben sie – aber nur zwei Mann – Feuer. Dies nahmen die Dragoner für ein Signal zum Einhauen, und das war das eigentliche Unglück. V e r r a t ! R a c h e ! war nun der allgemeine Ruf; zu den Waffen! Rache! schrie ich aus Leibeskräften mit und eilte mit vielen anderen über die lange Brücke nach der Königstraße. Da uns die Dragoner nicht verfolgten, machten wir an der Kö- nig- und Poststraßen-Ecke Halt. „Hier eine Barrikade", riefen wir, ein Ömnibus wurde ausgespannt, umgekippt, im Umsehen war eine Barrikade aus Droschken und andern Fuhrwerk errichtet, bald eine zweite und dritte zu beiden Seiten, die Pflastersteine wurden aufgerissen und auf die Dächer geschleppt, die Flintenkugeln der anrückenden Infanterie sausten uns schon um die Ohren, wir hatten nicht mehr als ein einziges Feuergewehr, bald aber fielen aus den Fenstern Schüsse, von den Dächern Steine, die Infanterie zog sich zurück und machte zwei auf der Brücke aufgefahrenen Kanonen Platz. Unterdessen waren einige Herren, ich glaube Studenten und Büchsenmacher, mit Flinten bei uns eingetroffen, wir verschanzten uns noch stärker, da hörten wir in der Ferne das Kommando: Abgeprotzt! „Jetzt, ihr Brüder, gilt es!", und kaum hatte ich das Wort ausgesprochen, so krachten auch schon die Kartätschen in die Wagen und Fässer, die wir mit Steinen gefüllt hatten. Mir hatte auch ein Mann eine Flinte und Pulver gebracht, an Pulver war kein Mangel, die jüdischen Kaufleute brachten es in Schnupftüchern, es fehlte aber an Kugeln. „I c h h a b e e i n e T a s c h e v o l l M u r m e l (gebrannte Tonkugeln) bei mir!" rief ein Knabe von 12 bis 15 Jahren, der tüchtig an der Barrikade mitgearbeitet hatte, und lief von einem zum andern, seine Murmel austeilend. Nun schossen wir, aber freilich: Murmel gegen Kartätschen und Paßkugeln, das hielt nicht vor; mehrere von uns wurden schwer verwundet und getötet, da wurde mir auch unser kleiner Murmel-Camerad von der Seite gerissen, eine Kanonenkugel riß ihm den linken Arm ganz fort, eine zweite hatte ihm den Leib ganz aufgerissen, er atmete noch, und wir trugen ihn nach der Klosterstra- ße, dort ist er gestorben, seinen Namen habe ich nicht erfahren. Wir zogen uns von einer Barrikade nach der

←L 19

Die bisherige Darstellung zeigt, daß die Märzrevolution nicht erst am **18. März** in das Stadium des Barrikadenbaus gegen die Übergriffe des Militärs tritt, sondern schon am **13. März** all die Elemente des Widerstandes gegen die Willkürherrschaft des Militärs sichtbar werden, die wir bereits bei der „Schneiderrevolution" beschrieben haben.

An den Tagen bis zum **18. März** wiederholen sich die gewaltsamen Auseinandersetzungen zwischen dem sich versammelnden Volk und dem Militär. Die Zuspitzung der Ereignisse veranlaßt den König am **18.3.1848**, den bürgerlichen Forderungen in einigen Punkten nachzugehen: Es wird am Morgen des **18.3.1848** die Pressefreiheit verkündet und die Einberufung des Landtages für den **2.6.1848** angekündigt. Diese Zugeständnisse erscheinen als Text mittags auf Anschlägen, die von der sich auf dem Schloßplatz sammelnden Menge gelesen werden.

→L 20

Endlich, es war gegen 2 Uhr, erschien der König auf dem Balkon des Schlosses. Er wurde empfangen mit einem donnernden Beifallsgeschrei, mit einem schallenden Lebehoch.

Wohl 10.000 Menschen waren auf dem Platz versammelt. Der König winkte, er versuchte zu sprechen, aber seine Stimme vermochte das Getöse nicht zu durchdringen. Ein Herr neben ihm, der Minister von Bodelschwingh, so hörte man später, ergriff das Wort und rief mit donnernder Stimme: der König habe die Preßfreiheit proklamirt, den Landtag berufen, er wolle eine Konstitution auf den freisinnigsten Grundlagen für alle deutschen Länder begründen, eine deutsche Nationalflagge solle künftig auf den Meeren wehen, alle Zollschlagbäume in Deutschland sollten fallen, Preußen werde sich dem Willen des Königs gemäß an die Spitze der deutschen Bewegung stellen!

Nicht viele hatten den Redner verstanden, aber doch einige, und von diesen ging ein neuer donnernder Jubel aus.

Der König zog sich zurück; nach kurzer Zeit erschien er abermals. Wieder versuchte er zu sprechen, er wehte mit dem Tuche, aber es war ihm unmöglich, zum Worte zu kommen. Der Jubelruf war so stürmisch, er ertönte von allen Seiten des weiten Platzes her, daß keine menschliche Stimme ihn zu übertönen vermochte. Zum Zeichen des Dankes verneigte sich der König, auch rief der Minister von Bodelschwingh abermals einige Worte zum Volke herunter, in denen er den Dank Sr. Majestät und zugleich den Wunsch aussprach, jetzt möge, nachdem alles gewährt sei, das Volk sich entfernen.

Auch diejenigen, welche von den Worten des Ministers nichts gehört hatten, sollten im nächsten Augenblicke alle die vom Könige gemachten Konzessionen erfahren. Ein Extrablatt der Allgemeinen Preußischen (Staats-) Zeitung, welches soeben ausgegeben worden war, enthielt die Verordnung über die Preßfreiheit vom 17. März und das Patent über die Einberufung des Vereinigten Landtages. Das Zeitungsblatt wurde in einer Anzahl von Exemplaren auf dem Schloßplatz verteilt. Sofort ergriffen es einige Männer, die ihren Lungen vertrauen konnten, um es vorzulesen; hier und da wurden sie auf die Schultern anderer gehoben, und unter lauten Jubelrufen vollendeten sie die schwierige Vorlesung. Gerade hierdurch aber hatte sich auf dem Platz ein chaotisches Durcheinanderwirren erzeugt. Das Gedränge war groß geworden.

Ein Teil des Volkes war bis in die Schloßportale hineingedrungen. Hier entdeckte man bedeutende Militär-Abteilungen, welche auf den Schloßhöfen kampffertig aufgestellt waren. Sofort erschallte der Ruf: „Militär zurück!"

Man erinnerte sich der traurigen Vorfälle der vergangenen Abende. Nicht eher glaubten die Berliner Bürger sich sicher, nicht eher meinten sie den Verheißungen der Regierung trauen zu dürfen, als bis die Soldaten zurückgezogen wären.

Der Ruf: „Die Soldaten fort! das Militär zurück!" verbreitete sich von einem Ende des Platzes zum andern; mit jedem Augenblicke wurde er lauter und stürmischer.

Ein paar Herren traten aus dem Schloß und mischten sich unter das Volk, unter ihnen auch der Minister von Bodelschwingh. Sie bemühten sich vergeblich, den Herandrängenden gut zuzureden; der König habe ja alles gewährt, was man irgend wünschen könne, auch das Ministerium wolle er entlassen, die beliebtesten Abgeordneten des Landtages, Männer wie Camphausen und Auerswald sollten in die Regierung berufen werden, die der Graf von Arnim bilden werde. Jetzt aber sei es auch an der Zeit, daß das Volk vertraue; es möge sich zurückziehen, den Platz räumen, dem Könige Ruhe gönnen.

Diese gütlichen Worte verhallten ungehört. Das wilde Geschrei: „Militär zurück, Militär zurück!" wurde stürmischer als zuvor. Es mochte wohl denen, welche es in den Königlichen Gemächern oben im Schlosse hörten, bedrohlich genug erscheinen.

Statt des Jubels, der anfangs die Gewährungen des Königs begrüßt hatte, erschallte jetzt jener vieltausendstimmige Ruf. Die Volksmasse drängte sich gegen die Schloßportale. Beabsichtigte sie vielleicht einen Angriff?

Man sprach im Schloß von fremden Emissären, welche das Volk aufwiegelten, man sprach davon, die ruhigen Bürger hätten längst den Schloßplatz verlassen, diesen fülle jetzt nur eine wilde Pöbelmasse aus, raubgieriges, aufstandlustiges, von Revolutionären geleitetes Gesindel.

Glaubte sich der König persönlich bedroht? fühlte er sich in seiner Königlichen Würde verletzt dadurch, daß das Volk seinen Mahnungen, sich zu zerstreuen, nicht nachgegeben hatte, daß es trotz den ihm gemachten Konzessionen jetzt Neues, die vollständige Zurückziehung des Militärs forderte? Verlangte er nach den Tagen der Aufregung jetzt endlich erschöpft nach Ruhe?

Wir wissen es nicht, historisch erwiesen ist nur, daß er einen verhängnisvollen Befehl gab. Gerade in jenem entscheidenden Augenblick entzog er dem General von Pfuel, dem freisinnigen volksfreundlichen Feldherrn, welchem jedes Blutvergießen ein Greuel war, den Oberbefehl über die Berliner Truppen und übertrug ihn dem General-Lieutenant von Prittwitz, dem er zugleich die Ordre gab, den Schloßplatz durch Cavallerie säubern zu lassen.

Während noch auf der einen Seite des Platzes unter dem Hüteschwen- ←L 21
ken und Hurrarufen der Menge dies Placat vorgelesen wurde, zeigte sich auf der andern Seite an der Stechbahn das Gardedragonerregiment, dem ebenfalls zugerufen wurde: Militair fort! Als das Regiment darauf einige Schwenkungen machte, erscholl ein lauter Beifallsruf aus der Masse, weil man glaubte, diese Truppen wollten in der Tat jetzt abmarschiren. Dies schien den Commandeur des Regiments erbittert zu haben, er ließ jetzt Front machen, und die Cavallerie rückte im Trabe und mit blanker Waffe →B 3

andern zurück. „In dem Lagerhause sind Waffen", rief einer, und wir stürmten sogleich das dort befindliche Depot, fanden jedoch hier nur auseinandergenommene alte Gewehre, Schafte und Läufe ohne Schlösser. Viele hielten sich hier mit Suchen zu lange auf; ich eilte mit vielen andern nach der Wache auf dem neuen Markt, wo Waffen zu finden sein mußten. Unterwegs hörten wir, daß der dortige Posten einige zwanzig Mann stark sei. In der Bischofsstraße stieß ein anderer Trupp zu uns mit einer Fahne, ein Schlossergeselle führte sie an. Die Wachmannschaft zog sich zurück, allein in der Rosenstraße wurde sie aufgehalten und entwaffnet, kein Bürgerblut floß dabei. Wir hatten nun gleich einige zwanzig schöne geladene Gewehre und Munition in den Patrontaschen. Unterdessen waren andere von uns in die Wache eingedrungen, aus den Fenstern des oberen Stocks flogen Säbel und Patrontaschen der Landwehr herab, an der Ecke der Rosenstraße wurde von dem Mobiliar des Wachhauses eine Barrikade errichtet. Hier war kein Feind mehr; da fiel

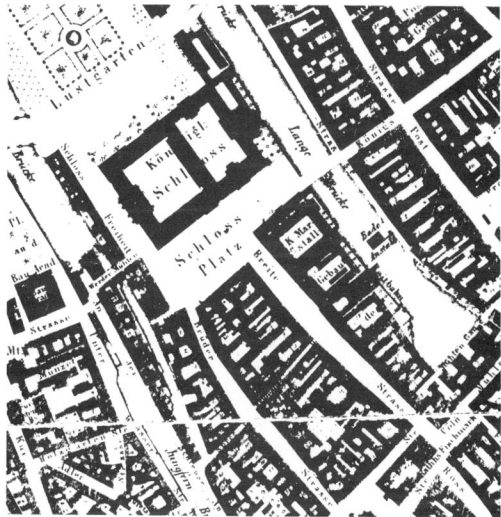

18. März, Schloßplatz Berlin   ←B 4

*uns ein, daß die Kameraden in dem Lagerhause in Ge-
fahr sein könnten, sogleich eilten wir nach dem Lagerhause zurück, vor welchem wir Neuschateler-Schützen
fanden, wir waren viel stärker als sie. Da die Soldaten
nicht schossen, schossen wir auch nicht und verlangten
nur, daß sie unseren im Lagerhause zurückgelassenen
Kameraden freien Abzug verstatteten. So retteten wir
hier noch elf Bürgern das Leben; denn die Soldaten,
die in die Häuser drangen, gaben niemandem Pardon.
Jetzt tat ich schnell einen Sprung nach Hause, um
nach Frau und Kindern zu sehen. Hier fand ich auch
schon alles im Aufstand; mein braver Hauswirt stand
an der Barrikade, die Frauen und Kinder schleppten
die Pflastersteine auf die Böden, und in allen Küchen
standen Kessel mit siedendem Wasser. Wie freute ich
mich, meine Frau und Kinder gesund zu sehen; wir
müssen gleich Abschied nehmen, sagte ich zu meiner
armen Frau, die das Kind an der Brust hatte, wir müssen unsre Brüder rächen! „Geh mit Gott!" sagte meine
Frau – (hier mußte er sich sammeln, um nicht in Tränen auszubrechen), „geh mit Gott! Paul, und wenn du
nicht wiederkommen solltest, so will ich schon brav
arbeiten und für die Kinder sorgen." Nicht wahr, auf
solch eine Frau kann ich stolz sein; erst dreiundzwanzig Jahr alt und die vier Kleinen! –*

*gegen die Menge los. In demselben Augenblick trat auch aus dem mitt-
lern Portal des Schlosses ein Bataillon des Kaiser-Franzregiments heraus
und marschirte zuerst bis in die Mitte des Schloßplatzes vor, worauf es mit
gefälltem Bajonett nach der Langen Brücke zu abschwenkte, während es
die schon im Zurückweichen begriffene Menge unter dem Wirbel der Trommeln vor sich hertrieb. In diesem Augenblick gingen aus den Reihen der
Soldaten zwei Schüsse los, über deren Ursprung nachher soviel gestritten
worden ist und die, wie nachher behauptet wurde, durch das zufällige Ent-
laden zweier Gewehre fielen. Mit Entsetzen und Rachegeschrei stob das
Volk auseinander und in die angrenzenden Straßen hinein.*

Die Schüsse, egal ob absichtslos oder auf Befehl abgefeuert, sind der
äußere Anlaß für den Barrikadenbau, für die zweitägige Revolution. Wir
verfolgen den Barrikadenkampf in der Innenstadt nicht weiter — er ist vielfach dargestellt und belegt —, sondern wollen beschreiben, was die Nachricht von den geschilderten Vorfällen des Tages in der Oranienburger und
Rosenthaler Vorstadt auslöst.

11.2   Der 18. März in der Oranienburger- und Rosenthaler Vorstadt

→L 22   *Mit furchtbarer Schnelligkeit hatte sich die Nachricht von den Vorgän-
gen auf dem Schloßplatze in alle Teile der Stadt verbreitet. Um 3 Uhr war
an dem Oranienburger Tore eine große Menge Menschen versammelt. In
der Nähe dieses Tores befand sich die Kaserne der Artillerie. Bald nach
3 Uhr kam ein Offizier herangesprengt und überbrachte den Befehl: „Vier
Kanonen nach dem Schlosse!" Kaum war das bekannt geworden, als von
Seiten des Volkes durch Errichtung von Barrikaden der Ausführung dieses
Befehls Hindernisse bereitet wurden. Binnen einer halben Stunde erhoben
sich in der Oranienburgerstraße fünf Barrikaden, so daß der Transport der
Kanonen auf diesem Wege unmöglich wurde; sie mußten auf langen Umwegen durch die Friedrichsstraße abgeführt werden.*

Über das, was sich am **18.3.1848** ab 15 Uhr vor dem Oranienburger Tor
und der dort gelegenen Artillerie-Kaserne ereignet, gibt es eine Reihe Berichte: Einmal die ausführliche Darstellung nach Erzählung eines Maschi-
nenbauarbeiters von Egells, die sich in den „Amtlichen Berichten und Mitteilungen über die Berliner Barrikadenkämpfe" findet. Auf der anderen
Seite besitzen wir mehrere Erinnerungen von Offizieren, die versucht
haben, die Kanonen aus der Kaserne in die Innenstadt zu bringen. Wir
montieren diese Berichte parallel, weil wir meinen, die beiden Seiten der
Barrikaden vertreten sich so selbst besser, als wenn beide zu einer Darstellung, die sich um Objektivität bemüht, verarbeitet werden.

**Die Maschinenbau-Arbeiter vor dem Oranienburger Tor;
der erste Kartätschenschuß**
(Nach mündlicher Mitteilung in der Maschinenbau-Anstalt von Egells)

Der Offizier v. Hohenlohe-Ingelfingen erinnert sich

*Wir setzten uns eben zu Tische. Ein Teller warmer
Suppe dampfte vor mir, ein Glas Bowle war eben vor
mich hingesetzt, als der Oberst rief: „Meine Herren,
Alarm, ein jeder auf seinen Posten!"*
*Wir Offiziere der Reitenden Artillerie, die wir bis
ans Oranienburger Tor zu gehen hatten, sprangen auf
und eilten, die Soldaten am Oranienburger Tor in der
Nähe der Werkstätten von Borsig u.s.w. nicht ohne
Leitung zu lassen. . . .*
*In der Kaserne erwarteten wir weitere Befehle. Ich
meinesteils war in großer Verlegenheit. Trotz meiner
Anordnung war mein Pferd noch nicht in der Kaserne.
Bald traf der Befehl ein, daß die Batterie, zu der ich
gehörte, nach dem Schlosse marschiren, für alle anderen Batterien die Munition aus dem Laboratorium geholt werden solle. Die zweite Reitende marschirte ab,*

→L 23   *Herr E g e l l s , der Begründer der ersten großartigen Maschinenbauan-*
←L 24   *stalt in Berlin, war am 18. März mittags von seiner Wohnung vor dem
Oranienburger Tor nach der Stadt und zufällig gegen 2 Uhr nach dem
Schloßplatze gegangen, wo er als Schutzdeputirter an der freudigen Kund-
gebung der dort versammelten Bürgerschaft Anteil nahm. Noch nie hatte
sich so urplötzlich Sonnenschein in Gewitter, Freude in Leid, Lebehoch!
in Rachegeschrei verwandelt wie hier. Herr Egells hatte seine Tochter am
Arm, und nur mit Lebensgefahr rettete er sich und sein Kund durch das
Gedränge der tobenden Volksmenge, durch die anrückenden Bajonette und
ansprengenden Schwadronen. Nach Verlauf einer halben Stunde hatte er
gegen 3 Uhr des Nachmittags seine Wohnung erreicht. Vor ihm her und
neben ihm tönte der Ruf: Verrat! zu den Waffen! In der Friedrichsstraße
und deren Nebenstraßen erhoben sich im Nu Barrikaden, an dem Oranien-*

burger Tor und in der Nähe der dortigen Artillerie-Caserne war das Volk schon versammelt. Ein Adjutant sprengte heran und überbrachte den Befehl: „vier Kanonen nach dem Schlosse!" Das Volk ging sogleich daran, durch Barrikaden die Ausführung dieses Befehls zu verhindern; in der Oranienburgerstraße erhoben sich binnen einer halben Stunde fünf, und der Abmarsch der Artillerie wurde auf diesem Wege unmöglich; sie machten sich durch die Friedrichsstraße den Weg frei.

Die Kaserne der reitenden Artillerie in der Friedrichstraße vor dem Oranienburger Tor ←B 5

In seiner Maschinenbauanstalt angekommen, fand Egells die Arbeiter in größter Aufregung. Es waren einige Studenten, einer sogar zu Pferd, in den Hof angesprengt gekommen und forderten die Arbeiter auf, sich an sie anzuschließen und ihnen in die Stadt zu folgen. Dasselbe taten sie bei B o r s i g und in den andern großen Werkstätten in diesem Stadtteile. Nur die jüngeren, besonders die unverheirateten Arbeiter erklärten sich bereit; sie waren sämtlich ohne Waffen, auch von den Studenten hatten nur einige sogenannte Schläger (Säbel), keiner ein Feuergewehr. Die Arbeiter ergriffen das erste beste Stück Eisen als Waffe; mancher Bursche schleppte so schwere Stücke mit sich, die er weder zum Werfen noch zum Schlagen brauchen konnte, andere wieder zu leichte. Einen Burschen sahen wir unter großem Wutgeschrei eine F e i l e erheben, als ob es ein Dolch sei, die Besonnensten hatten sich mit Hämmern versehen. – Vor dem Oranienburger Tore befinden sich Grundstück an Grundstück: die Maschinenbauanstalten von B o r s i g, E g e l l s, R ü d i g e r, W ä h l e r t, S i g l, W e b e r s und einige große Zimmermeister-Bauhöfe, mit drei- bis viertausend handfesten Arbeitern, eine sehr respectable Gesellschaft, welche Berlin zum ersten Male nach den Märztagen bei dem Trauerzuge, später auch bei der Einholung des Militairs in geschlossenen Colonnen beisammen sah. Eine Verabredung zu einem gemeinschaftlichen Aufstande hat in diesen Anstalten nicht stattgefunden, ebensowenig sind hier fremde Emissäre, Aufwiegler und splendide Geldspender von irgend jemand gesehen worden. Wäre die Mannschaft dieser Anstalten auch nur im entferntesten auf den Kampf vorbereitet oder dazu organisirt gewesen, so würden sie nicht, wie es der Fall gewesen ist, an verschiedenen, entfernt von ihren Werkstätten liegenden Barrikaden gefochten haben, sondern hätten in geschlossenen Reihen zunächst die Artillerie-Caserne, wozu die Veranlassung sehr nahe lag, gestürmt. Gleich zu Anfang des Tumults hatten die Steueraufseher des Tores die, für die Fuhrwerke bestimmte, m i t t l e r e E i n f a h r t geschlossen, die Eingänge zu beiden Seiten, welche für die Fußgänger bestimmt sind, blieben geöffnet, und die Menge Neugieriger zog hin und her, viele blieben in den Torhallen stehn, um von hier aus dem Barrikadenbau in der Oranienburgerstraße in gesichertem Rückhalt zuzusehn. Die Besatzung der Garde-Artillerie-Kaserne bestand nach dem Abzuge der nach dem Schlosse gesendeten Kanonen und nachdem der Lieutenant v. Reibnitz mit 60 Mann zur Besetzung des Schlosses Monbijou abmarschirt war, aus 30–40 Mann und einem Offizier. Das Volk hatte es

und der vorgenannte Premierlieutenant v. Kräwell ritt mit einigen Gespannen nach dem Laboratorium, die Munitionswagen zu holen. . . . In diesem Augenblick erschien mein Diener mit meinem Pferde. Er war in die Hände einer Bande Aufständischer in der Friedrichstraße gefallen, die das Pferd als gute Beute erklären wollte. Mein Diener hatte sich gewehrt, unterstützt von meinem braven Roderich (dem Pferde, das ich in Koschentin zugeritten), der um sich schlug und biß. Mit zerrissenem Vorderzeug kam mein Diener durch. Ich brachte das Sattelzeug notdürftig in Ordnung, sprang auf das Pferd und wollte der Batterie nach. Man rief mir am Tore zu, vor dem Tore sei eine Rotte Aufrührer. Ich befahl, das Tor zu öffnen, und ritt in der Karriere durch die Bande durch, einige umreitend. Ein Student, blondgelockter Jüngling mit blauer Mütze und schwarz-rot-goldenen Streifen, schlug mit seinem Schläger nach mir, schlug aber vorbei, und ich winkte ihm ein freundliches Lebewohl lachend nach rückwärts zu.

Nicht sehr lange darauf, etwa eine halbe Stunde, ist Premierlieutenant v. Kräwell mit der Munition zurückgekommen. Vor dem Kasernenportale fiel ihn die Rotte an, die Kanoniere aus der Kaserne stürzten zu Fuß heraus und kamen ihm zu Hülfe. Er erhielt einen Pflasterstein ins Gesicht, der ihm sechs Vorderzähne einschlug, so daß er hinten auf die Kruppe seines Pferdes sank. Ein Student (nach der Beschreibung kann es derselbe gewesen sein, der nach mir geschlagen hatte) faßte sein Pferd mit der linken Hand am Zügel und wollte ihm mit dem Schläger den Garaus machen. Aber ein Kanonier schlug nach dem Studenten, der mit dem Kopfe dem Hieb auswich. In diesem Augenblick kam Kräwell zu sich, führte einen wuchtigen Hieb ins freie Genick des Studio, der zusammenstürzte. Der junge Mensch hat lange krank gelegen und ist dann an der Wunde gestorben. Es war ein Herr v. Bojanowsky. Sein Vater oder Großvater soll Flügeladjutant Friedrich Wilhelms III. gewesen sein. Die ganze Familie war unglücklich über die Verirrung des jungen Menschen.

Unterdessen war ich längst bei meiner Batterie. Ich holte sie noch in der Oranienburgerstraße ein, und wir marschirten, weil die Artilleriestraße durch eine Barrikade gesperrt war, über den Monbijou-Platz, die Herkules-Brücke, die Brücke an der Börse nach dem Schloßplatze. Dort stellten wir uns wieder in Reserve auf. Bald hörte man Kampf und Geschrei von allen Seiten.

Ein Adjutant kam mit der Meldung gesprengt, am Oranienburger Tor werde mit Kartätschen geschossen. Die Sache verhielt sich, wie ich nachher durch viele Kameraden hörte, so: Unmittelbar nach der Rückkehr Kräwells hörte die Masse der Aufrührer weiter vor der Kaserne und wollte zu den Fenstern einsteigen. Einige Attacken der Kanoniere aus dem Tore heraus waren fruchtlos, also lud man ein Geschütz mit einem Kartätschschuß, rollte es zum Tore heraus und schoß ungezielt ab. Der Schuß ging 10 Fuß hoch an die innere Fläche des Tores, und von da prallten die Kugeln die Oranienburger Chaussee entlang, wo sechs Menschen gefallen sein sollen, auch ganz unschuldige Leute darunter. Die Straße war sofort menschenleer, und bis Mitternacht ließ sich kein Aufrührer mehr in der Nähe der Kaserne sehen. Dies war der erste Kanonenschuß in Berlin.

Der Generalleutnant von Meyerinck erinnert sich

Das Garde-Artillerieregiment nahm ←L 25
an dem Straßenkampfe am 18. März ruhmreichen An-
teil, und wenn es selbstverständlich den Umständen
nach nicht in Massen auftreten konnte, so haben doch
die einzelnen Züge oder Batterien mit ihren Offizieren
und Leuten ihre volle Schuldigkeit getan und zur Nie-
derwerfung des Aufstandes erheblich beigetragen. Die
Artillerie war gleich allen übrigen Truppenteilen am
18. März in den Kasernen konsigniert. Der Kampf, den
man in Berlin bestimmt erwartete, schien an gedach-
tem Tage noch einmal verschoben werden zu sollen,
weswegen die Offiziere der am Oranienburger Tor lie-
genden reitenden Abteilung die Erlaubnis erhielten,
am Mittagstische in der Kaserne am Kupfergraben teil-
nehmen zu dürfen. Als sie sich dorthin begaben, ka-
men ihnen die Bewohner Berlins wie Verrückte vor.
Menschenmassen wälzten sich durch die Straßen, ganz
unbekannte Leute fielen den Offizieren um den Hals
und küßten sie unter Tränen, und ein unbeschreib-
licher Jubel herrschte. Auf die Frage, was dies alles
eigentlich zu bedeuten habe, antwortete man ihnen,
es sei Friede, es fände nun kein Kampf statt, denn der
König habe alle Forderungen des Volkes bewilligt. Die
Offiziere eilten ihrem Ziele zu, und setzten sich mit
den bereits versammelten Kameraden zu Tische. Kaum
war die Suppe aufgetragen, da schmetterte die Trom-
pete das Alarmsignal durch die Kaserne, jeder eilte auf
seinen Platz, und die Offiziere der reitenden Abtei-
lung kehrten auf demselben Wege, den sie eben gekom-
men waren, nach der Kaserne am Oranienburger Tor
zurück. Hierbei stießen sie in der Artilleriestraße be-
reits auf eine aus Wagen zusammengesetzte Barrikade;
man ließ sie jedoch in Anbe-
tracht ihrer größeren Anzahl unbehelligt passieren.

In der Kaserne angelangt, wurde Premierleutnant
v. Kräwell mit 2 Gespannen und 20 reitenden Artille-
risten zum Laboratorium in Moabit geschickt, um dort
Munition für die Infanterie zu holen; ein Rebellenhau-
fe versuchte auf dem Rückmarsche das kleine Kom-
mando beim Oranienburger Tor ungefähr um 5 1/2
Uhr nachmittags aufzuhalten. Dabei erhielt Leutnant
v. Kräwell einen Steinwurf an den Mund, so daß er
stark blutete, einige Leute der Bedeckung und ein
Zugpferd stürzten. Der Wagen geriet in Gefahr, in die
Hände des Pöbels zu fallen, wurde aber durch die Rei-
ter, die mit gezogenem Säbel auf die Rebellen losgin-
gen, und durch eine Kartätschladung, die man aus ei-
nem aus der Kaserne herausgebrachten Sechspfünder
auf sie abgab, gerettet. Hierbei stürzten sechs der Re-
bellen zu Boden.

Mittlerweile hatte die Artillerie den Befehl erhal-
ten, sich in das Schloß zu begeben, und da sich bei der
Borsigschen Fabrik ein Volkshaufe angesammelt hatte,
so mußten erst Mannschaften der 3. und 4. Kompa-
gnie, unter den Hauptleuten Tiedemann und v. Brause,
diese Menschenmassen auseinandertreiben; 60 Mann
blieben als Kasernenwache zurück. Bis 3 Uhr nachmit-
tags waren zwei Fußbatterien und eine reitende Bat-
terie (die 2.) nach dem Schlosse abgerückt, und bis
7 Uhr abends wurden auch die übrigen dorthin gezo-
gen.

Der erste Kanonenschuß, vom militärischen Standpunkte aus beobachtet

(Die) Garde-Artillerie-Brigade (...) hat bekanntlich ←L 26
zwei Casernen: für die Fuß-Artillerie am Kupfergra-
ben, für die reitende am Oranienburger Tor.

Schon beim ersten Alarm rückte P. Lt. v. Reibnitz
mit 5 Unteroffizieren 50 Mann nach dem Oranienbur-
ger Tor, um die Pferde der Fußartillerie zu sichern,
welche aus der Caserne der reitenden nach dem Kup-
fergraben gingen. Er verjagte Studenten von den dort
gelegenen Fabriken, wo sie die Arbeiter aufwiegelten,
und begab sich dann nach Monbijou, seiner eigentli-
chen Bestimmung.

Zwischen 2 und 3 Uhr N.M. rückten in kurzen
Zwischenräumen 2 Fußbatterien, 1 reitende nach dem
Schloß; bis 7 Uhr abends wurden auch die übrigen da-
hin gezogen. Es kamen dabei einige erwähnenswerte
Zwischenfälle vor.

vergeblich versucht, den Abmarsch der Kanonen nach dem Schlosse auf-
zuhalten, und von der Barrikade der Oranienburgerstraße her waren Steine
gegen die Truppen geflogen, ohne daß von diesen etwas dagegen geschehen
war; die geringe Mannschaft, welche zurückblieb, zog sich in die Caserne
zurück, ohne daß ein Sturm auf diese unternommen worden war; der
Kampf beschränkte sich hier eigentlich nur auf Neckereien, und das Klüg-
ste würde gewesen sein, daß der Offizier mit seiner kleinen Besatzung,
welche keine Infanteriegewehre hatte, sich im Innern ruhig verhalten und
von der nah gelegenen Kaserne des zweiten Garderegiments Unterstützung
mit Gewehren herangezogen hätte. Statt dessen machte der Offizier An-
stalt, mit seinen nur mit kurzen Säbeln bewaffneten Leuten den Bau einer
Barrikade vor dem Tor zu verhindern; hier wurden die Artilleristen mit
einem Steinhagel empfangen, welcher sie zum schnellsten Umkehren
zwang, der Offizier hatte eine schwere Verletzung im Gesicht erhalten. Es
trat nach dem Rückzuge der Truppen in die Kaserne Waffenruhe ein; Neu-
gierige, selbst Frauen und Kinder zogen an der Kaserne vorüber, draußen
vor dem Tore war man eifrig mit dem Bau der Barrikade beschäftigt,
wozu vornehmlich die nächsten Stackete, Balken und anderes, in den Ma-
schinenbauanstalten vorhandenes, Gitterwerk verwendet wurde. Plötzlich
fuhren die Artilleristen eine Haubitze auf, welche sie durch ein Hintertor
der Kasernenställe unbemerkt in dem engen Gäßchen zwischen der Kaserne
und der Stadtmauer herbeigefahren hatten. Der bloß Neugierigen bemäch-
tigte sich ein gewaltiger Schreck, alle stürzten nach den offenen Seiten-
türen des Tores, oder nach der Oranienburger Straße zu; die Keckeren
hielten es für eine bloße Drohung, welcher sie die Drohungen, die ihnen
zu Gebote standen, entgegensetzten, doch zogen die Vorsichtigern sich in
die Torhallen zurück, in welchen das Gedränge immer größer wurde, zumal
in der von der Kaserne am entferntesten gelegenen rechter Hand. Die
Kanoniere ließen sich nicht Zeit, ihre Haubitze bis in die Mitte der Straße
zu fahren, sie schienen sogar unschlüssig oder uneins, wohin sie den mör-
derischen Schlund richten sollten, darüber vergaßen sie, durch Trommel-
schlag oder Trompetensignal zum Auseinandergehen aufzufordern, oder
auch nur anzukündigen, daß scharf geschossen werden würde. Die b r e n -
n e n d e L u n t e , sonst das allgemein bekannte Feuerzeichen, war
ebenfalls nicht zu sehen, da auch bei den Kanonen das Abfeuern vermit-
telst Knallsilbers und eines Schlages geschieht. Die Bombardiere – zu
Ehren des Offiziers wollen wir glauben, daß er sich wegen seiner Wunde
außer Gefecht befunden habe – gaben in größter Übereilung der Haubitze
die Richtung schräg nach der zweiten engen Torhalle hin, in welcher das
Gedränge am dichtesten war, der mörderische Schuß wurde abgefeuert,
die Wirkung war entsetzlich! Eine Cartouche mit vierzig bis fünfzig sechs-
lötigen eisernen Kugeln wurde auf eine Entfernung von fünfundzwanzig
Schritt in die dichte Menschenmasse, welche sich in einer engen Türhalle
des Tores zusammengedrängt befand, abgefeuert. Fünf Männer stürzten
tot nieder, das Wehegeschrei der fürchterlich Verstümmelten und Verwun-
deten und mehr noch das Wut- und Rachegeschrei der Nichtgetroffenen
war fürchterlich, in wildester Flucht stürzten Männer, Frauen und Kinder
fort, die Toten und Schwerverwundeten blieben auf dem Platze liegen,
die Artilleristen zogen die Haubitze, in die Wolke des Pulverdampfes ge-
hüllt, nach der Kaserne zurück, ohne sich um die Schlachtopfer zu küm-
mern, deren sich auch von den Bürgern, welche fürchten mußten, daß
eine zweite Ladung auf sie abgefeuert werden würde, niemand annahm;
es war ein grausiger Anblick. Erst als man sich überzeugte, daß die Artil-
leristen es bei diesem einen Schusse bewenden lassen würden und sich in
die Kaserne zurückgezogen hatten, kam man den Verwundeten zu Hülfe
und trug die Toten hinweg. Das Unglück würde noch viel entsetzlicher ge-
wesen sein, hätten die Kartätschkugeln sich nicht mehr nach oben als nach
unten zerstreut, wie man das an den von ihnen in der Wand der Torhalle
zurückgelassenen Spuren noch jetzt bemerken kann. Diese gegen die Mauer
geflogenen Kugeln verletzten und töteten durch ihr Zurückprallen noch
mehrere Fernstehende; unter den Toten befand sich ein Mann, welcher
so mit Kalkstaub von der Mauer bedeckt war, daß man ihn für einen M ü l -
l e r hielt, während er, wie sich später ergab, ein Arbeiter aus einer
Schmiedewerkstatt war. Wie ganz unberechenbar der Flug so tödlicher
Wurfgeschosse ist, hat sich auch hier gezeigt. Obschon die Artilleristen ihre
Kanone gegen die Torhalle, welche als zufälliger Kugelfang noch größeres
Unglück verhütete, richteten, sind dennoch mehrere Kugeln in die vor dem
Tore gelegenen Gärten und Höfe geflogen. In dem z w e i h u n d e r t

S c h r i t t e entfernten Gebäude der Fabrik von Egells sieht man noch Spuren von vielen Kartätsch-Kugeln; eine davon schlug durch den geschlossenen Fensterladen in das Comptoir und wird dort zum Andenken aufbewahrt.

Es war dies, nach den von uns gesammelten Nachrichten, der e r s t e K a n o n e n s c h u ß , welcher am 18. März in Berlin abgefeuert wurde; er nimmt den Vorrang vor dem auf der Langen Brücke in Anspruch, doch wird darüber erst der noch zu erwartende militärische, amtliche Bericht die Wahrheit feststellen. Zum Schutze der Artillerie-Kaserne traf jetzt eine Abteilung Infanterie von den Linden her ein. Ulanen, welche von außerhalb durch die Invalidenstraße herbeigeritten kamen, wurden durch die Barrikaden aufgehalten und durch Gewehrschüsse zur Umkehr veranlaßt. Die Volkswut, welche sich verhindert sah, an der Kaserne Rache zu üben, wendete sich nun gegen die in der Chausseestraße Nr. 48 bis 61 befindlichen A r t i l l e r i e - W a g e n h ä u s e r , in denen sich unermeßliche Vorräte an Laffeten, Rädern, Pulverkasten, Riemenzeug, verarbeitetem und rohem Material aller Art, Kanonen bis zum Anspannen fertig auf offenen Plätzen und in Gebäuden aufgestellt befanden. Alle diese reichen, in unsern bedrohlichen Kriegszeiten dem Vaterlande so unentbehrlichen Vorräte, deren Wert auf z w e i M i l l i o n e n T h a l e r geschätzt wird, wurden ein Raub der Flammen.

August Braß über die Ereignisse vor dem Oranienburger Tor

Vor dem O r a n i e n b u r g e r T o r e hatten sich die Arbeiter der ←L 27
dortigen Fabriken ebenfalls so schleunig wie möglich bewaffnet; die Arbeiter aus der B o r s i g 'schen Fabrik hatten das Straßenpflaster außerhalb des Tores aufgerissen, weil es hieß, die außen auf den Dörfern liegende Kavallerie wolle in die Stadt rücken. Bald nachher erschien ein junger Mann zu Pferde, wahrscheinlich ein Student, der eine kurze Anrede an die Leute hielt und sie dann über die Barrikade weg zum Angriff auf die dortige reitende Artillerie-Kaserne führte. Dieser junge Mann warf sich auf den Offizier, welcher seine Leute ihm entgegenführte, schoß ein Pistol auf ihn ab, ohne ihn jedoch zu treffen, und griff ihn dann mit blanker Waffe an. Die B o r s i g 'schen Leute folgten diesem Beispiel, und obgleich nur mit Steinen bewaffnet, trieben sie doch die Kanoniere in die Kaserne zurück, ohne jedoch selbst in dieselbe eindringen zu können. Zu gleicher Zeit wurde auch eine am Oranienburger Torgebäude belegene Montirungs-Kammer erbrochen und die dort vorgefundenen Waffen schnell verteilt. Da jagte ein Geschütz, welches die Kaserne durch einen anderen Ausgang verlassen hatte, im Galopp von der Communication her heran, schwenkte

Ebenfalls gleich anfangs wurde Pr. Lt. v. Kräwell mit zwei Gespannen und zwanzig reitenden Artilleristen nach dem Artillerie-Laboratorium zu Moabit entsendet, die dort bepackt in Bereitschaft gehaltenen zwei Infanterie-Patronenwagen zu holen. Auf dem Rückwege nahe bei der Caserne der reitenden Artillerie um 5 1/4 Uhr wagte ein mit Hiebern, Steinen und wenigen Schießgewehren bewaffneter Haufe, den Transport anzufallen, dessen Führer durch einen Steinwurf erheblich verwundet ward. Der hintere Eingang des Casernenhofes konnte nicht schnell genug geöffnet werden, um die im Trabe ankommenden Wagen aufzunehmen, sie wendeten sich daher nach dem vorderen Tore und gerieten hier noch mehr in ein gegen die Caserne bereits bestehendes Gefecht. Einige Leute der Bedeckung und ein Zugpferd des zweiten Wagens stürzten, so daß derselbe leicht in die Gewalt des Volkes fallen konnte. Um dies abzuwenden, gingen zuerst Bedienungs-Mannschaften gegen den Haufen vor, außerdem brachte man ein Geschütz aus der Caserne und feuerte dessen Kartätschladung hoch gerichtet gegen den ersten Pfeiler des Oranienburger Tores ab, wovon fünf oder sechs Menschen teils tot, teils verwundet fielen. Wagen und Geschütz wurden in die Caserne gebracht und deren Eingänge verschlossen, die Angriffe der Rebellen aber mit Schießen und Steinwerfen fortgesetzt.

Gegen Abend holte eine halbe Schwadron die beiden Patronenwagen ab. Um 6 Uhr erschienen zwei Compagnien 2ten Garde-Rgts. nebst einer Ulanen-Schwadron und vertrieben die Volkshaufen, wobei die Infanterie von der Schußwaffe Gebrauch machen mußte; als das Detachement wieder abzog, blieb ein Zug Grenadiere in der Caserne, welche nun nicht weiter angegriffen ward.

Während der Nacht empfingen die geleerten Patronenwagen im Laboratorium neuen Vorrat und kamen glücklich nach dem Schlosse zurück. Auch brachte das zweite Bataillon des Garde-Reserve-Regiments zwei gefüllte Wagen von Spandau mit, so daß am Morgen des 19ten, nachdem sämtlichen Truppen die verschossene Munition ersetzt worden, noch ungefähr 100,000 Patronen vorrätig waren.

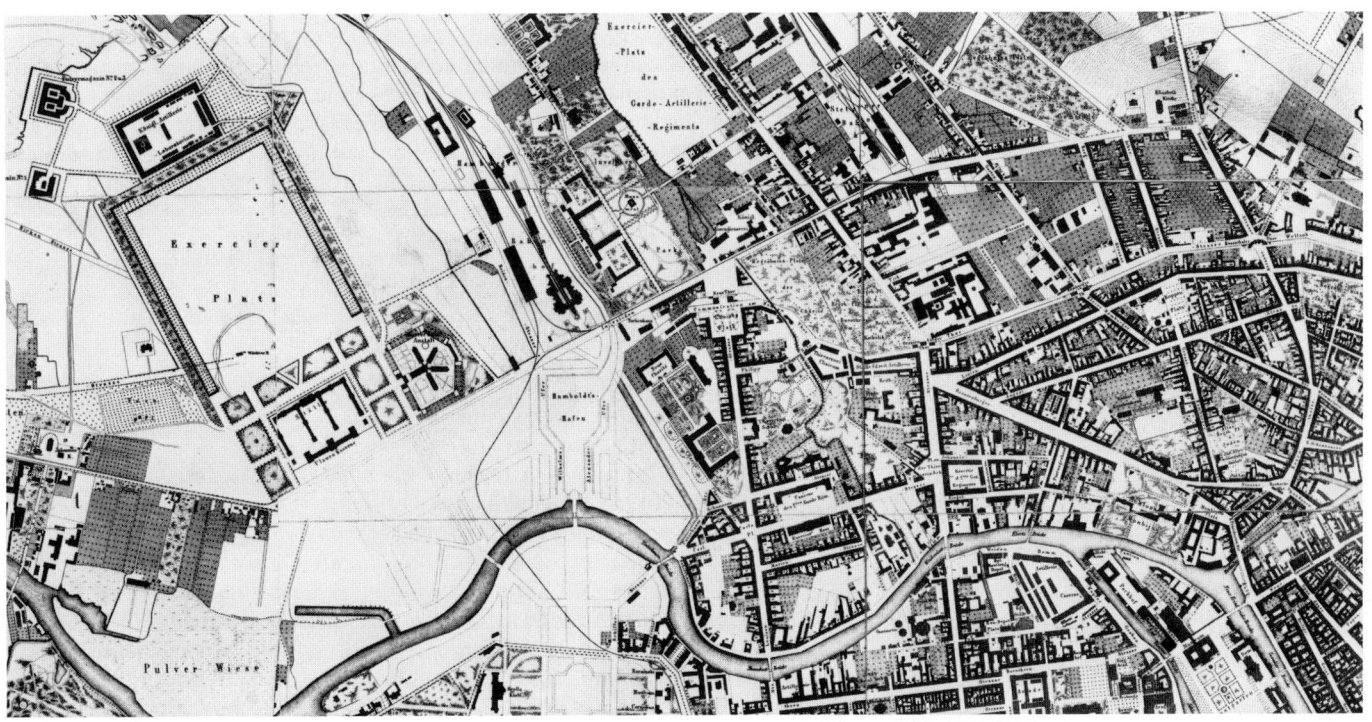

Berlin, Planausschnitt, Sineck, 1856   ←B 6

in die Friedrichsstraße ein und protzte ab. Die Arbeiter wichen zurück, der Schuß fiel, aber es ergab sich, daß das Geschütz blind geladen gewesen war. Wahrscheinlich war dieser Schuß noch von den früheren Tagen her in der Kanone gewesen. Dieser Umstand ermutigte die Arbeiter aufs neue. Sie hatten bei dem Anfahren des Geschützes das Tor schließen wollen, aber es war ihnen nicht gelungen, den einen Hauptflügel zuzumachen, und durch diese Öffnung krachte gleich darauf der zweite Schuß, eine Kartätschladung, die fünf Arbeiter zu Boden streckte, von denen zwei auf der Stelle tot waren, von den Verwundeten starben zwei bald nachher. Die Leute zerstreuten sich nun, um auf anderen Wegen in die Stadt zu kommen, aber auch das Geschütz zog ab, da man von den Querstraßen, besonders von der Communication aus, einen Angriff mit blanker Waffe fürchtete. Stattdessen rückte eine Infanterie-Abteilung des zweiten Garde-Regiments gegen das Tor vor, besetzte dasselbe zwar ohne allen Widerstand, wagte indessen kein weiteres Vorrücken.

→L 28   *Einige Studenten, welche sich zu Pferde geschwungen hatten, galoppierten zum Oranienburger Tor hinaus, hielten vor allen Maschinen-Werkstätten still und feuerten die Arbeiter an, in die Stadt zu kommen und an einem Kampf sich zu beteiligen, der in der Freiheit aller auch das Los der Arbeiter zu einem günstigeren wenden werde. Die Arbeiter der Borsig'schen Fabrik gingen namentlich in großer Anzahl auf diese Aufforderung ein, und bis gegen 6 Uhr abends waren wohl an 900 von ihnen in die Stadt gezogen. Ihrer heldenmäßigen Tapferkeit und Ausdauer hinter den Barrikaden war es vornehmlich zuzuschreiben, daß in der Nacht des 18. März ein Kampf gekämpft wurde, der die Volkssache in ihrer nicht mehr zurückzustellenden Bedeutung erscheinen ließ und der, wenn auch der materielle Sieg nach dem Abbrechen des Kampfs zweifelhaft blieb, doch den geistigen Sieg, die Behauptung der dem Volke im Staat unweigerlich gehörenden Rechte, für sich in Anspruch nehmen durfte.*

Die erste Aufgabe, die die Maschinenbauer und die Bevölkerung vor den Toren im Norden in den Kämpfen des **18. März** übernehmen, besteht also in dem Versuch, den Nachschub an Kanonen und Munition in das Stadtinnere, wo seit **15 Uhr** auf den Barrikaden gekämpft wird, zu verhindern, was nicht ganz gelingt. Danach ziehen einige hundert der Maschinenbauer in die Stadt, um dort auf den Barrikaden mitzukämpfen und an ihnen mitzubauen. Der Bau der großen Barrikade am Cöllnischen Rathaus wird z.B. von dem Maschinenbauer Karl Siegerist geleitet. Ein großer Teil der Bevölkerung der Oranienburger und Rosenthaler Vorstadt bleibt aber vor den Toren und versucht, durch den Bau von Barrikaden die Stadt abzuriegeln, um so den Nachschub für das Militär unmöglich zu machen.

Von den Barrikadenkämpfen in der Innenstadt existiert eine Fülle von detaillierten Beschreibungen, über die Barrikaden in den Vorstädten wissen wir kaum etwas. Schon der Vergleich der uns bekannten Barrikaden-Pläne zeigt, daß nur auf einem, dem hier abgebildeten, überhaupt die Barrikaden vor den Toren im Norden eingetragen sind. Danach haben auch vor den Familienhäusern auf der Gartenstraße Barrikaden gestanden.

Aus der folgenden Montage aller uns zugänglichen Nachrichten wird erkennbar, daß es noch weitere gegeben hat, z.B. am Rosenthaler Tor, die auf dem Plan nicht eingetragen sind.

Auch der folgende Brand der Artillerie-Wagenschuppen an der Chausseestraße und der Königlichen Eisengießerei, die ja auch Kanonenkugeln gießt, gehört in den strategischen Zusammenhang: Verhinderung von Nachschub an das kämpfende Militär in der Innenstadt, das durch die Barrikaden eingekreist ist.

Über die Tore:

→L 29   *D i e   k l e i n e n   T o r w a c h e n in Stärke von 3–9 Mann, welche sich beispielsweise am Kottbusser, Frankfurter, Prenzlauer und Hamburger Tor sowie im Arbeitshause und am Neuen Markt befanden, mußten ihre Posten bald verlassen, um nicht in die Hände der weit überlegenen Volksmassen zu fallen. Sie retteten sich zum Teil ins Freie außerhalb Berlins oder schlossen sich anderen Truppenteilen oder Wachen an.*

→L 30   *W a c h e   a m   H a m b u r g e r   T o r, 1 Gefreiter, 7 Mann. Wurde durch große, besonders mit Eisenstangen bewaffnete Massen genötigt, das Local zu räumen, und wütend verfolgt. Die Mannschaft mußte sich einzeln zu retten suchen, was mit Verlust der Waffen auch gelang.*

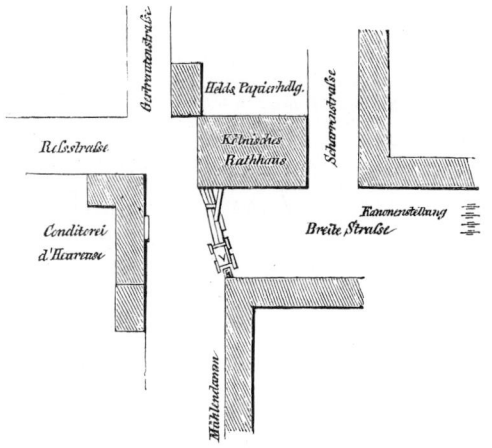

Plan der Barrikade.   ←B 7

Große Barrikade vor dem Köllnischen Rathaus zu Berlin in der Nacht vom 18. zum 19. März   ←B 8

Über die Barrikaden:

Die Rosenthaler Vorstadt vom Haakschen Markt ab ist von dem An- ←L 31
drängen des Militairs gänzlich frei geblieben. So auch das sogenannte →L 32
Voigtland vom Rosenthaler Tore bis zum Oranienburger und Neuen Tor
hinab. Sämtliche hier belegene Torwachen wurden wie durch Zauberschlag
durch das Volk erstürmt und durch Steinwürfe hart zugedeckt. Das Volk
hatte keine einzige Schußwaffe. Furchtbare Barrikaden erhoben sich auch
in diesem Stadtviertel. Wir zählten allein in der Rosenthaler Straße mit
deren Fortsetzung, der Brunnenstraße, 17 Barrikaden, von denen sich be-
sonders die am Haakschen Markt und die zwischen den Häusern No. 36
und 71, Ecke der Linienstraße, durch planmäßige hand- und schußfeste
Construktion und Anlage auszeichneten. Das Rosenthaler Tor mit den
daranstoßenden Communicationen war allein durch 5 Barrikaden befestigt.
Hinter denselben wogte das Volk, selbst Frauen und Kinder, in buntem
Gemisch durcheinander. An Schußwaffen war hier der größte Mangel,
selbst an Säbeln fehlte es; man drang daher auf verschiedenen Punkten
in die Eisenniederlagen und bewaffnete sich mit Eisenstangen, Äxten,
Beilen; in den Schmiede- und Schlosserwerkstätten wurden Lanzen ge-
schmiedet. Der Besitzer einer bekannten Maschinen-Bauanstalt verteilte
auf diese Weise in wenigen Minuten 6 Centner Eisengerätschaften.

Ein gewaltiger Barrikadenbau bedeckte auch die Rosenthaler Vorstadt ←L 33
und das sogenannte Voigtland. Das Rosenthaler Tor mit den daran sto-
ßenden Communicationen war allein durch fünf Barrikaden befestigt.
Einige Barrikaden in dieser Gegend hatten eine vollkommen architektoni-
sche Construction und waren so fest gebaut, daß sie unzerstörbar und un-
durchdringlich schienen. Der Kampf drang in seinen größern Wogen nicht
hierher, aber das Volk rüstete sich dazu mit ungeheurer Anstrengung. In
den hier befindlichen zahlreichen Schlosser- und Schmiedewerkstätten wur-
den die ganze Nacht hindurch Lanzen geschmiedet. Eine bekannte Maschi-
nenbauanstalt lieferte allein sechs Centner Eisengerätschaften dazu.

Gleichzeitig mit diesem Vorrücken des achten und zwölften Infanterie- ←L 34
Regiments hatte die Cavallerie einen Angriff auf die Vorstädte des Rosen-
thaler, Schönhauser, Hamburger, Oranienburger und Neuen Tores gemacht.
Aber die braven Vorstädter hatten Zeit genug gehabt, ihre Straßen zu sper-
ren, und wiesen hinter ihren Barrikaden jeden Angriff der Reiter mit ent-
schlossenem Mute zurück. Da es in diesen Gegenden, besonders in der
Louisenstadt, an Waffen mangelte, hatte man das Eisengitter an dem Platz
beim Neuen Tore sowie das vor der Tierarznei-Schule niedergerissen und
sich mit den dadurch gewonnenen Eisenbarren bewaffnet.

Über den Brand der Artillerieschuppen und der Eisengießerei:

Zugleich hatte man Feuer an die Artillerie-Zeughäuser vor dem Oranien- ←L 35
burger Tore gelegt, wohl hauptsächlich, um das Vorrücken der fremden
Cavallerie, die in großen Massen auf dem Weddingsplatz hinter der zweiten
Pankbrücke hielt, zu verhindern. Auch die Königl. Eisengießerei war, und
wir wollen hoffen, aus keinem andern Grunde angezündet worden. Das
Feuer in dem Wachthause am Neuen Tore soll durch Unvorsichtigkeit ver-
anlaßt worden sein.

Noch vor Mitternacht hatten Pöbelhaufen die Artillerie-Wagenhäuser ←L 36
vor dem Oranienburger Tor, wo jetzt die Kaserne des Garde-Füsilierregi-
ments liegt, in Brand gesteckt, wobei die sämtlichen Bestände der Feld-
artillerie des Gardekorps, im Werte von über eine Million Thalern, in Flam-
men aufgingen, zweifellos ein Racheakt, der ganz zwecklos war, da der
Staat den Schaden ersetzen mußte.

Die Königliche Eisengießerei ist zum größten Teil abgebrannt; nur ein ←L 37
Formgebäude und das Wohnhaus sind stehengeblieben. – Die drei neu-
erbauten Wagenhäuser der Artillerie vor dem Oranienburger Tore sind
gleichfalls ein Raub der Flammen geworden. Die Studirenden waren es,
wie wir hören, welche dem Brand Einhalt taten und mit Hülfe vieler Bür-
ger des Viertels einen Teil des Materials retteten, das dem V a t e r l a n d e
gehört und zur Kriegsrüstung für dessen Verteidigung, wo diese nötig wer-
den sollte, dient. –

– Von den niedergebrannten Kanonenschuppen auf der Oranienburger ←L 38
Vorstadt stehen nur noch die Seitenwände. Das Innere bietet einen grauen-
haften Anblick der Zerstörung. Unter dem noch glimmenden und qual-
menden Gebälk, das in das Innere des Hauses hinabgestürzt war, glühen

Die Leipziger Illustrierte Zeitung über die Berliner Barrikaden:

Die Pariser dürfen sich nichts mehr auf ihre Ge-
wandtheit im Bau von Barrikaden zu gut tun, sie sind
von den Berlinern übertroffen worden. Mit einer
Schnelligkeit, die selbst bei denen Verwunderung erre-
gen muß, welchen solche Erscheinungen nicht neu
sind, entstanden diese Straßenwälle, die zunächst an
den bedrohtesten Stellen aufgeworfen wurden, sich
aber fortschreitend über die ganze Stadt ausdehnten
und bis zur Zahl von 5000 in wenigen Stunden anstie-
gen. Die Baustoffe dazu wurden von jedermann bereit-
willig hergegeben. Man benutzte außer Wagen, Bal-
ken, Pfosten, Straßensteinen auch Hausgerät und Haus-
türen für diesen Zweck. Die Bretter der Marktbuden
auf dem Dönhofsplatz und in der Jerusalemerstraße,
wo Jahrmarkt gehalten wurde, lieferten reichliche
und brauchbare Hülfsmittel, und alle diese verschie-
denartigen Bestandteile wurden so zweckmäßig und
kunstfertig verwendet, daß mehrere dieser Verramme-
lungen, so z.B. die am köllnischen Rathause, sogar
der Wirkung der Kartätschen widerstanden. Das auf-
gerissene Straßenpflaster machte an den meisten Stel-
len die Verwendung der Reiterei unmöglich, und um
diese noch mehr zu erschweren, wurden mehrere Stra-
ßen, vorzüglich die Leipzigerstraße, mit Glasscherben
bestreut; auf anderen trieben Kinder spitzige Eisen in
den Boden ein. Steine wurden auf die Dächer geschafft
und diese letzteren selbst abgedeckt, um als Wurfge-
schoß zu dienen; siedendes Wasser und Öl setzte man
in Bereitschaft. Leute jeden Alters, Geschlechts und
Standes waren bei diesen Zurüstungen mit gleichem
Eifer tätig, und nur beim Heranrücken des Militärs
entfernten sich Frauen, Kinder, Greise in die Häuser,
um von dort aus durch die Fenster und von den Dä-
chern alles Bereitgehaltene herabzuschleudern, den
Männern aber die Verteidigung der Barrikaden zu
überlassen. Die anfänglich geschlossenen Häuser wur-
den späterhin zu dem Zweck offen gehalten, damit
sich die Kämpfenden, sooft sie aus einer Stellung ver-
drängt wurden, in jene zurückziehen konnten. Mit der
Beleuchtung der Häuser verfuhr man in der Weise, daß
die Fenster, zumal des zweiten Stockwerks, erhellt
wurden, sobald die Kämpfer Licht bedurften, und
plötzliche Dunkelheit eintrat, wenn ihr Rückzug sie
den Blicken des verfolgenden Feindes entziehen
sollte.

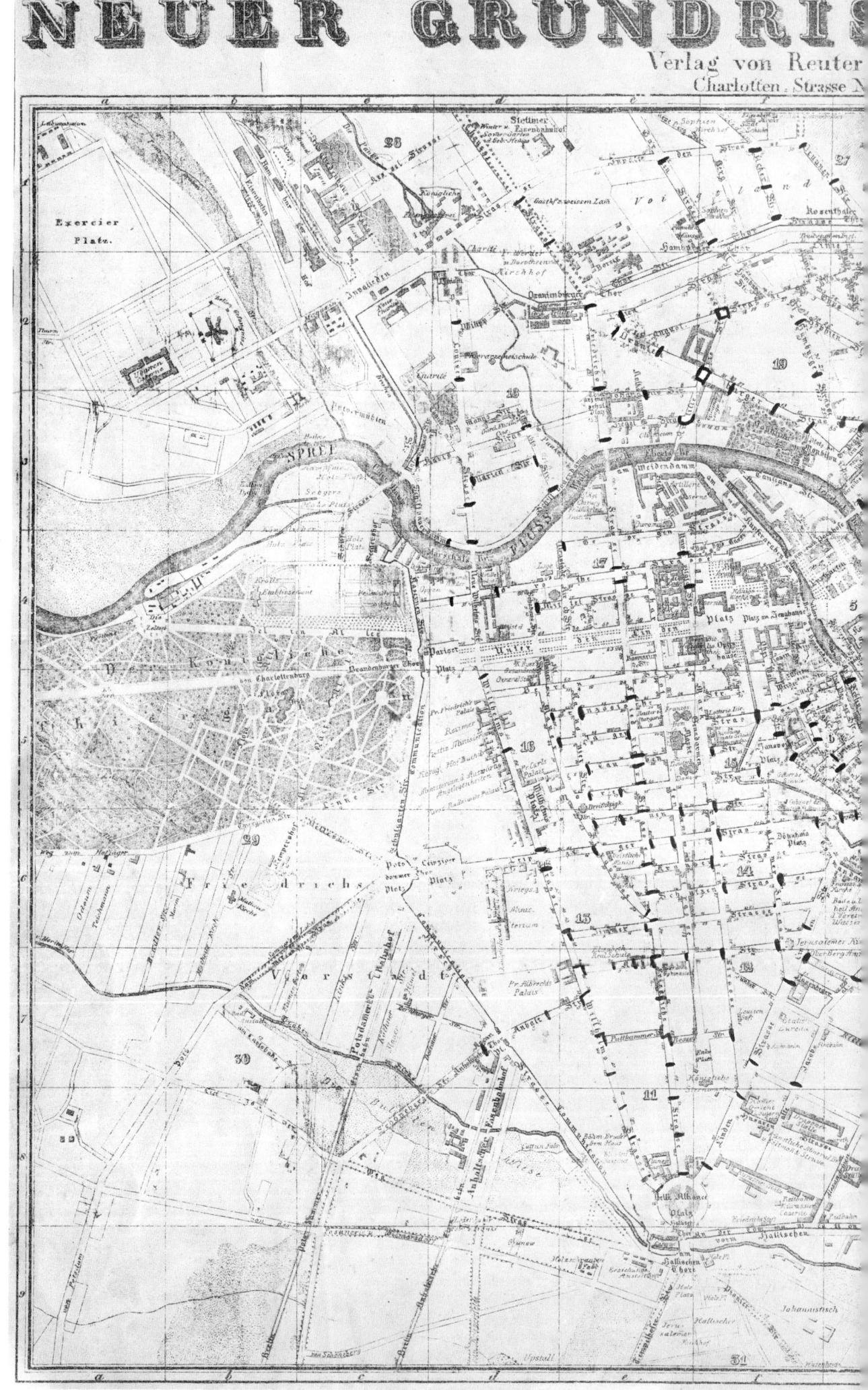

NEUER GRUNDRIS

Verlag von Reuter

Charlotten. Strasse N

VON BERLIN 1848

rgardt in Berlin.

ensd'armen Markt

Verzeichniß der an den Märztagen Gefallenen.

Gebhardt, Friedr., Müllergeselle, Wallstr. 11.
Borchardding, Carl, Tischlerges., Schillingsg. 32a.
Behm, Adelaide geb Neumann, Arbeitsfr. Gr. Frankfurterstr. 11.
Trost, Joh. Andr., Schuhmachermstr., Waßmannstr. 18.
Müller, Carl Fr., Bäckergeselle.
Hinzpeter, Jul., Buchbindergef., Kurstr. 48.
Hagenhausen, Fr. Chr., Maschinenbauer, Alexandrinenstr. 55.
Wenzel, Auguste, unverehl., Klosterstr. 81.
Anders, Gottl., Arbeitsm., N. Königstr. 33.
Bartenfeld, Arbeitsm., Prenzlauerstr. 19.
Mengel, Buchbindergef., Gr. Hamburgerstr. 8
Hoffmann, Chr., Weber, Weberstr. 5.
Herrmann, Zimmergef.
Hahn, Tischlergef aus Dresden.
Graf, Carl Heinr. Gust., Seidenwirkergef., Kl Frankfurterstr 8.
Maton, Tischler, Niederwallstr.
Dill, Friedr., Arbeitsm., Kl. Frankfurterstr. 11.
Girn, Fr. Hausknecht, Friedrichstr. 115.
Schulz, Raschmacher, vor dem N. Königsthore.
Hartmann, Carl, Arbeitsm., Rosengergasse 14.
Dambach, Frl Charl., Ober-Steuerinsp.-Tochter, Jerusalemerstr. 20.
Kohn, Mor., Handlungsd., Spandauerstr. bei Bock
Bernstein, Magnus, Buchdrucker aus Ellrich.
Weiß, Levin, Student, aus Danzig.
von Holzendorff, Herrm., Stud jur., aus Jagow bei Prenzlau.
Franke, Ludwig Wilhelm, Buchhalter im Schidler'schen Handlungshause, Kochstraße 58.
Sabatier, Louis, Buchhalter.
Clauß, Carl, Schlossergeselle, Jüdenstraße.
Schötensack, Carl, Arbeitsmann, Weberstr. 35.
Moll, Malergehülfe, Kurstraße 43.
Heuscher, Maschinenmeister, Neue Friedrichstr. 24.
Leitzke, Albert, Knabe, taubstumm, Krausenstr. 3.
Bumcke, Wilh., Schiffer, Wassergasse 22
Unterloh, Arbeitsmann, im Frankfurt.rthor-Bezirk.
Rudolph, Fr., Schlossergeselle, v. d. Oranienburgerthor.
Rumhold, Arbeitsmann.
Schlansky, Carl Dav., Seidenwirkergef., Büschingstr. 13
Faß, Maschinenbauer, Linienstr. 116.
Mühlhoff, Carl, Schlossergeselle, Mauerstr. 12.
Fehrmann, Aug., Malerlehrling beim Maler Talmater, Kochstraße.
Hohendorff, Hausdiener, Golnowstr. 24.
Altekopf, Arbeitsmann aus Charlottenburg.
Braun, Wilhelm, Eisenbahninspekter, Wilhelmstr.
Brüggsmann, Tapezierer.
Erdmann, Friedr. Ed., Tischlergeselle, Schützenstraße 3
Freund, Tischlergeselle, aus Berlin.
Hoffmann, Schuhmacher, aus Leipzig.
Hinz, Benno, Schneider, aus Königsberg i. P
Heissler, M., Sattlergeselle, aus Berlin.
Koch, Schlosser.
Kleinfeld, Caroline, Oberwallstr. 12 u. 13. b. Friedheim
Körting, Schuhmachergeselle, aus Halberstadt
Kalinsky, Tischlergeselle, Köpnickerstraße 51.
Knickeberg, Tischlergeselle, Stallschreiberstraße 9.
Klett, Speisewirth, Fischerstraße 23.
Kossez, Schneidergeselle, Mehnerstraße.
Mailand, Carl Gottl. Hein., Schlosser, Schützenstr. 3.
Nigelski, Schneider, Neue Königstr. 13.
Priebe, Schneidergeselle, aus Neu-Stettin.
Pahmann, Carl, Schmiedelehrling, Auguststraße 37
Riemer, Wilh., aus Dammsgarten bei Wollin.
Richter, F. W. A., Lederwaarenfabrikant, Ritterstraße.
Rupprecht, Conditor, Werderstr. 3.
Schröder, Carl, Schuhmacher, Wollankstr 23.
Steinau, Tischlergeselle, aus Leipzig.
Specht, Tapezierer, Linkstr 18
Schulz, Louis, Riemerlebrl., Spandauerstr., Ecke d. Königstr
Voigt, unbekannt.
Würdig, Daniel Fr., Kattundrucker
Werlein, Tischlergeselle, aus Berlin.
Wegemann, Christine, aus Christianstadt.
Wegener, Tischlergeselle, Stralauerstr 5.
Teichmann, Zimmergeselle, Linkstr. 23.
Hachar, Tischlergeselle, Blumenstr. 35
Behnert, a. Berlin, Schneidergeselle, Jerusalemerstr. 53.
Werner, Carl, Kleidermacher, Charlottenstr. 32.
Lamprecht, Ferd., Maschinenbauer, Gr. Frankfurterstr. 74.
Matthes, Gust. Ad., Dresdnerstr. 87.
Wehrlein, Tischlergeselle.

← L 39 *noch die Reste und Trümmer von ungeheuren Kanonenmassen, Munitionswagen, Kugeln, Feldkesseln, eisernen Achsen, Bändern und Beschlägen. Das Volk drängt sich wie zu einer Wallfahrt nach diesem eingeäscherten Schutthaufen.*

Über die Kämpfenden:

Von dem Pfarrer der Elisabeth-Kirche und einem dort beschäftigten Diakon erfahren wir etwas über die, die auf den Barrikaden im Voigtland gekämpft haben. Ihre Aussagen zeigen deutlich, auf welcher Seite die Sympathien dieser beiden Gottesmänner liegen:

→ L 40 *Das Jahr 1848 brachte den ganzen Schlamm der inneren Verderbtheit auch in dieser Vorstadt zum Vorschein. Nachdem die mißvergnügten Proletarier am 18. März bei den Barrikaden in der Stadt geholfen hatten und mehrere derselben gefallen waren, wurde das Spiel am Sonntage, den 19. März, in der Vorstadt wiederholt, wobei sich besonders die Weiber auszeichneten.*

→ L 41 *Das Jahr 1848 hat es zu schauerlicher Klarheit gebracht, was Berlin und Preußen in Zeiten der Gefahr vom Voigtlande zu erwarten haben. Merkwürdig war, daß die Männer noch von den Weibern übertroffen wurden, ein schlimmes Prognostikon, wenn man bedenkt, wie hauptsächlich von den M ü t t e r n die Beschaffenheit der kommenden Generation abhängt.*

Wenn wir das, was die Nachrichten über die Kämpfe und Ereignisse in unserem Gebiet hergeben, überblicken, so bleibt der starke Eindruck von der zuerst spontanen, dann aber organisierten Beteiligung der Arbeiter und Handwerker des Maschinenbauviertels einerseits und andererseits der Beteiligung der Frauen und Kinder des Voigtlandes an der Revolution des 18.3.1848. Über den Kartätschenschuß am Oranienburger Tor urteilt der Arzt Rudolf Virchow in einem Brief an seinen Vater vom 19.3.1848:

→ L 42 *Zum erstenmal seit der Französischen Revolution des vorigen Jahrhunderts, zum erstenmal in der deutschen Geschichte ist es vorgekommen, daß ein Landesfürst auf seine Untertanen mit Kanonen hat schießen lassen; das Kleingewehrfeuer genügte nicht – nein, Kartätschen und Granaten ließ er in das Volk schleudern.*

11.3 Auf dem Wege zur politischen Selbständigkeit

Rudolf Virchow an seinen Vater in einem späteren Brief vom 1.5.1848:
→ L 43 *Ich sehe es recht wohl ein, wie schwer es Dir als altem Grundbesitzer u. Bürger werden muß, die Bedeutung der Arbeiter in dieser Revolution ganz zu würdigen, zumal da Dir die Anschauung dieser Verhältnisse in einem größeren Maßstabe abgeht; ich kann Dich aber versichern, daß wir unter diesen Arbeitern eine große Zahl von Männern haben, vor denen alle Eure Bürger ohne Ausnahme weit zurückstehen. Darin habt Ihr recht, daß es wesentlich die Arbeiter gewesen sind, welche die Revolution entschieden haben, aber ich glaube, Ihr in den Provinzen denkt auch nicht genug daran, daß diese Revolution nicht eine einfach politische, sondern wesentlich eine soziale ist. Alles, was wir jetzt Politisches machen, die ganze Verfassung, ist ja nur die Form, in welcher die soziale Reform zustande kommen soll, das Mittel, durch welches der Zustand der Gesellschaft bis in ihre Grundlagen umgestaltet werden soll.*

Virchow spricht in seinem Brief von Arbeitern im umfassenden Sinne, der Handwerker und Gesellen einschließt, alle, die produktiv tätig sind. Die

Totenliste der März-Gefallenen auf der Seite der Aufständischen — es existiert eine erste Totenliste als Plakat zum Zeitpunkt des Begräbnisses am **22.3.1848** mit 150 Namen, spätere Zählungen nennen 270 Namen unter Einbeziehung der in der Charité Gestorbenen — zeigt, wenn man die angegebenen Berufe durchgeht, daß ein großer Prozentsatz der Gefallenen Arbeiter und Handwerker waren. Ruth Hoppe und Jürgen Kuczynski haben eine genaue Berufs- und Klassenanalyse der März-Gefallenen angefertigt, auf die wir hier nicht näher eingehen können, aus der wir nur die Aufschlüsselung der Berufe zitieren:

Berufsangaben	*270*
Davon:	
„Arbeitsleute und Proletarier"	*52*
Lehrlinge	*13*
Gesellen	*115*
Meister	*29*
„Sogenannte gebildete Stände"	*15*
Kleinbourgeoise Berufe	*34*
Berufslose Frauen	*7*
Berufslose Knaben	*4*

←L 44

Die Beteiligung der Arbeiter und Handwerker manifestiert sich auch im Zug, der den Toten zu ihrer Begräbnisstätte im Friedrichshain folgt: Zum ersten Mal treten Arbeiter nach Fabriken und die Handwerker nach Gewerken organisiert auf.

Es folgte immer eine Gruppe von einigen Särgen zusammen, worauf ←L 45
sich die verschiedenen Bestandteile des Zugs in ihrer eigentümlichen Erscheinung dazwischenreihten. Man sah darunter sämtliche Gewerke mit ihren besonderen Emblemen und Fahnen, die gesamte Geistlichkeit der Stadt, die Professoren der Universität in ihrer Amtstracht (unter ihnen Alexander von Humboldt), dann die große Zahl der Studenten in Waffen, nach den Rotten abgeteilt, wie sie sich als akademische Legion gebildet hatten und vorauf das Reichsbanner und die deutsche Fahne tragend. In militairischer Haltung und Bewaffnung schritten ebenfalls die Mitglieder des Handwerkervereins einher und die Fabrikarbeiter, von letztern viele in dem Aufzuge, in dem sie auf den Barrikaden gefochten hatten. Manche den Arm in der Binde tragend oder mit verbundenem Kopf. Die tapfern Maschinenbauer, die sich vornehmlich ausgezeichnet, hatten ihren bekannten Fabrikherrn Borsig an der Spitze.

Die Gräber der Märzgefallenen im Friedrichshain ←B 10

. . . Die Arbeiter der Borsig'schen Fabrik mit zwei deutschen ←L 46
Fahnen, ebenso die der Egells'schen und Rüdiger'schen, die der „Eisengießerei der Nation" (früher und später Königlichen Eisengießerei) und der Sigl'schen, Trauermarschälle, Gewerke, die Wöhlert'schen und Weber'schen Fabrikarbeiter, die der „National-" (Königlichen) Maschinenbauanstalt in Moabit, alle mit ihren Fahnen an der Spitze.

Hesse, Heinr., Hausknecht, Jerusalemer- und Schützenstr.-Ecke, beim Kaufmann Eckert.
Lankford, Ad. Wilh., Kunstgießer, alte Jakobstr. 30.
Klein, Arbeitsmann, Friedrichsfelde.
Engel, Büchsenmachergef., Elisabethstr. 17.
Müller, Rud., Tischlergeselle.
Werpel, Maurergef., Kochstr. 34.
Pätzel, Casimir, Arbeiter bei Wöhlert, Brunnenstr. 19.
Freund, Tischlergef., Mauerstr. 2.
Gieseler, Franz, Maurergef., Elisabethstr. 11.
Frankenberg, Schlossergef. bei Borsig, Artilleriestr. 25.
Jungmann, Zeugschmied.
Tutschke, Christ. Fr. Wilh., Knecht in Wilmersdorf b. Schulzen Bliß.
Kemnitz, Zeugschmiedegef. b. Mstr. Wöhlert.
Seiffert, Seidenwirkergef.
Hering, Schneidergef.
Kuhn, Carl Ludw., Knabe, 12 Jahre alt, Linienstr. 27., beim Vater.
Thiemann, Ad., Schneidergef., Stralauer Mauer bei Puhlmann.
Sprott, Casp., Tischlergef., Stallschreiberstr. 46.
Puls, unbekannt.
Junge, Arbeitsmann; Spittelmarktstr. b. Hennig.
Rudolph, Joh., Schlossergef., Gartenstr. 2.
Lemde, Karl Friedr. Herrm., Korbmacherlehrl., Ackerstr. 4.
von Stoczynsky, Florian, Kaufmann, aus Fraustadt im Großherzogth. Posen.
Benn, Jean, Buchbindergef., unbek.
Stahlberg, Friedr., Zimmergef.
Thäpler, Joh. Friedr., Colorist, Lichtenberger Kietz.
Mauer, Seidenwirkergef.
Heintze, Carl Fr., Schuhmachergef., Golnowstr. 40.
Schubach, George, Webergef., Roseng. 33"
Zinna, Ernst Fr. Rud., Schlosserlehrling, Jägerstr. 4. b. Leining.
Waldschidek, Friedr., Töpfergef., Auguststr. 13.
Kirchner, Möbelpol., Roseng. 16.
Schmidt, Christ., Schlächtergef.
v. Lenski, Gust., Reg.-Ref.
Krüger, Joh. Kupferschmied.
Schulz, Friedr., Tischlergef.
Dressler, Ernst, Bildhauer.
Reichstein, Schneidergef. aus Ohlau, Krausen- u. Charlottenstr. Ecke.
Arnold, männl. Leiche.
Siebert, männl. Leiche.
Häger, Tischlergeselle, Invalidenstr. 50.
Bauerfeld, Arbeitsmann, Gr. Hamburgerstr. 30.
Eben, Carl Wilh. Joh., Knabe, Gartenstr. 51.
Zimmermann, Schneider, unbekannt.
Bürfner, Ferd., Tischlergeselle, unbekannt.
Graubaum, Tischlergeselle, Wallstr. 17.
Bremmer, Vergoldergehülfe, unbekannt.
Kloß, Wilh., Tischlergeselle, Mehnerstr. 1.
Hintze, Wilh., Tischlergeselle, Elisabethstr. 5—9
Behm, Buchbindergeselle aus Bromberg.
Behnert, Schneidergeselle, Splittgerbergasse 1.
Rosenfeld, Helene, geb. Eichelmann, Arbeitsmannsfrau, Friedrichstr. 167.
Brünn, Leop., Kattundrucker, Stralauer-Platz 24.
Riebe, Fried. Christian, Kattundrucker, Rosengasse 33.
Würdig, Wilh., Kattundrucker, Mühlenstr. 65.
Blumenthal, Carl Wilh., Privat-Secretair, Große Hamburgerstr. 16.
Rand, Ludwig, Maurergeselle, Brunnenstraße.
Schmidt, Franz August Gottlieb, Tischlermeister, Brunnenstraße 41.
Gehrke, George, Schmiedegeselle, Mohrenstr. 56.
Radmig, Maurerpolier u. Straßenaufseher bei der Straßen-Reinigungs-Anstalt unter den Frankfurter Linden.
Seiffert, Franz Isaac, Handlungsdiener, Kürassierstr. 15
Flügge, Tischlermeister, Alte Jacobstr. 102.
Tillack, Schlosser aus Sorau, Neue Königstr. 39.
Jungmann, Zeugschmied, Chausseestr. 75.
Behmer, Aug., pension. Grenz-Aufseher, Blumenstr. 30a
Fuchs, Seidenwirker, Große Frankfurterstraße
Anclam, Schuhmachergeselle, Friedrichsgracht.
Wentt, Tischlermeister, Markgrafenstr. 82.
Wackerhagen, Vergolder, Jerusalemerstr 45
Stutik, Ludwig, Kattundrucker, Weberstr. 34.
Ohm, Tischlergeselle, Anhalt. Komm. 13.

Die Namen der übrigen Gefallenen sind nicht zu ermitteln.

Verlag und Schnellpressendruck von G. Lufay. Adlerstr. 6.

Die Geschlossenheit und Einheit zwischen Bürger und Handwerker und Arbeiter hält jedoch nicht lange, bereits am nächsten Tag, am **23.3.1848**, treten die Arbeiter von Borsig in Streik für den Mindestlohn von 4 Thl. wöchentlich und für den 10-Stunden-Tag, nachdem die Verhandlungen mit Borsig gescheitert sind. Ihnen folgen in den nächsten Tagen die Arbeiter der anderen Maschinenbauanstalten. Diesen Streiks folgen eine ganze Reihe weiterer, die fast alle Gewerke erfassen:

Die Berliner Streiks im Jahre 1848

→L 47	*Datum u. Dauer*	*Gewerbe*	*Forderungen*	*Erfolg*
	Ende März	*Maschinenbauer*	*Mindestlohn 4 Taler wöchentl., 10-Stunden-Tag, Bezahlung d. Überstunden u. d. Sonntagsarbeit. Arbeiterausschuß*	*Mindestlohn 4 Taler, 10-Stunden-Tag*
	Zwischen dem 3. u. 7. April	*Zigarrenarbeiter d. Fa. Prätorius*	*Höhere Löhne*	*Entlassung der Zigarrenarbeiter*
	6. – 7. April	*200 Kattundrukker, mit ihnen alle Arbeiter der Fabriken*	*Teilweise Beibehaltung d. Handdrucks, Entlassung weibl. Arbeitskräfte*	*Unternehmer gab teilweise nach. Handdruck sollte z.T. beibehalten werden und Mädchen nicht mehr beschäftigt werden. Mindestlohn pro Woche 4 Taler.*
	11. April	*Weber, Seidenwirker, Tuchmacher, Raschmacher*	*Abschaffung der Zuchthausarbeit*	*Zugeständnisse d. Ministeriums, daß Unternehmer Verträge kündigen können.*
	11. oder 12. April	*Maurer, Zimmerer- u. Tischlergesellen, Bauarbeiter*	*Lohnerhöhung, Kürzung d. Arbeitszeit auf 10 Stunden*	*Maurer 25 Sgr., Zimmerer 22 1/2 Sgr., Bauarb. 15 Sgr., 10-Stunden-Tag*
	16. u. 17. April	*Schneidergesellen*	*Lohnerhöhung auf 25 Sgr., Kürz. d. Arbeitszeit auf 12 Std. Keine Sonntagsarbeit, Arb.-Vermittl. Sache d. Gesellen. Entlassung weibl. Arbeitskräfte. Gleiche Kündigungsfrist*	*Kompromiß, 20 Sgr. Tagelohn, 12-Stunden-Tag, keine weibl. Arbeitskräfte*
	18. April	*Bäckergesellen*	*12-Stunden-Tag, Überstundenberechnung. Anrede „Sie" statt „Du"*	*Bewilligung*
	1 Tag zw. d. 18. u. 25. April	*Schneidergesellen*	*Entlassung Lüchows aus d. Haft bzw. Rücknahme d. Ausweisung*	*War bereits entlassen. Ausw. wurde zurückgenommen*
	20.–25. April	*Schuhmachergesellen (2000)*	*Lohnerhöhung, Herrenarbeit 3 Taler 5 Sgr., später 4 Taler, Damenarbeit 3 Taler, später 3 1/2 T.*	*„Die Meister machten einige der verlangten Conzessionen"*
	29. April	*Töpfergesellen*	*Lohnerhöhung v. 17 1/2 auf 25 Sgr. tägl. Keine Arbeit nach 6 Uhr abends*	*?*
	29. u. 30. April	*Buchdruckergehilfen (600), auch Lehrlinge streikten mit*	*Lohnerhöhung, Kürzung der Arbeitszeit*	*Junitarif, von den Gehilfen nicht anerkannt*
	ab 30. April	*Tischlergesellen*	*Abschaffung der Akkordarbeit*	*?*
	im April	*Schlossergesellen*	*Lohnerhöhung auf 3 1/2 T. Minimum, 10-Stunden-Tag. Überstundenbezahlung. Tarif f. Akkordarbeit.*	*bewilligt*
	2. Mai	*Buchdruckergehilfen*	*Gegen Vorlegung von Revers durch d. Meister*	*Zurücknahme des Revers*
	ab 3. Mai	*Schneidergesellen*	*Abschaffung der Akkordarbeit*	*?*
	ab 3. Mai	*Schlossergesellen*	*Abschaffung der Akkordarbeit*	*?*
	1. Juli	*Erdarbeiter*	*Abschaffung der Akkordarbeit*	*?*
	1. August Dauer 4 Wochen	*Buchdruckergehilfen (400)*	*Anerkennung der Mainzer Beschlüsse*	*ohne*

Rudolf Virchow bemerkt bereits am **24.3.1848** in einem weiteren Brief →L 48 an seinen Vater: *Schon beginnt unter der Bürgerschaft (Bourgeoisie) die Reaktion gegen die Arbeiter (das Volk). Schon spricht man wieder von Pöbel; schon denkt man daran, die politischen Rechte ungleichmäßig unter* *die einzelnen Glieder der Nation zu verteilen; schon wagt man, die Presse zu terrorisieren, und die Regierung beginnt allmählich wieder einen Ton anzustimmen, der dem Ton vor dem 18ten März sehr nahe verwandt ist.*

Die erste Volksversammlung bei der einsamen Pappel vor dem Schönhauser Tor

Parallel zu den ersten Streiks beginnen die Arbeiter und Handwerker sich an den entstehenden politischen Klubs zu beteiligen, um dort in eigener Sache das Wort zu ergreifen. Bereits am **26.3.1848** kommt es auf Initiative von Barrikadenkämpfern, Urban und Eckert, zu einer großen Volksversammlung unter der „Einsamen Pappel" auf dem großen Exerzierplatz weit draußen an der Schönhauser Allee. Adolf Wolff stellt in seiner Revolutionschronik ein ziemlich genaues Protokoll zusammen, das wir hier trotz seiner Ausführlichkeit wiedergeben wollen, weil hier an der Revolution Beteiligte aus unterschiedlichen Schichten zu Wort kommen, von ihren augenblicklichen Lebensverhältnissen berichten, ihre Erwartungen an die Revolution formulieren:

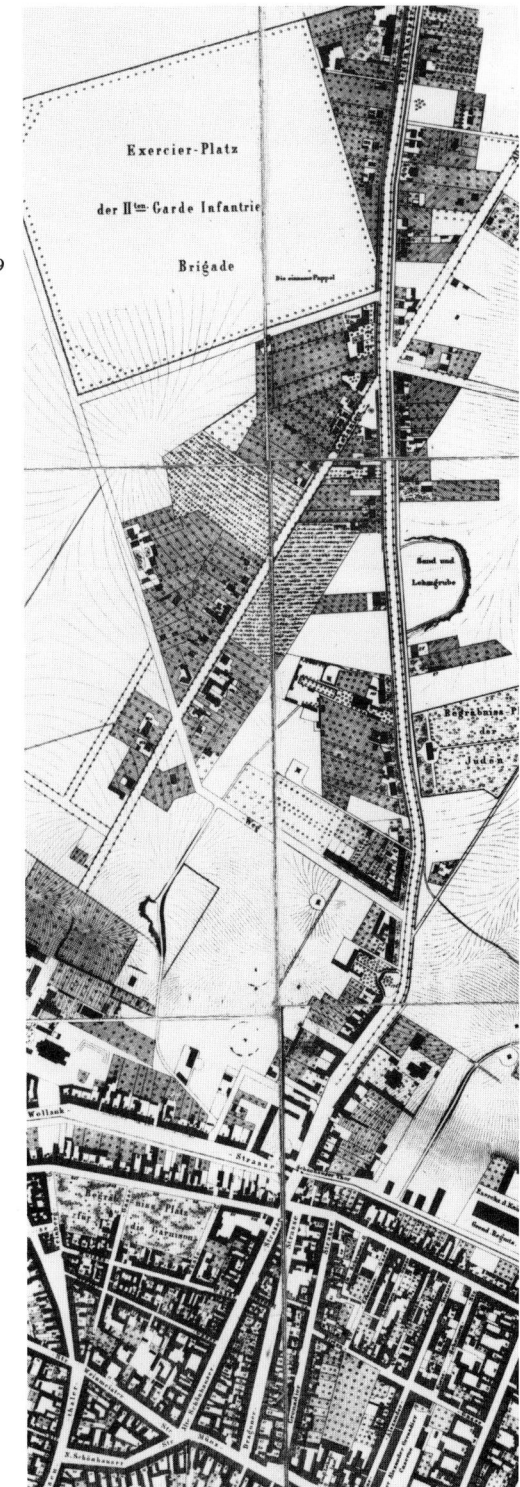

Diese Volksversammlung war die größte, die Berlin bisher gesehen hatte. ←L 49
Etwa 20.000 Menschen (andere Angaben schwanken zwischen 6, 8, 10.000 u.s.w.) standen um eine große Pappel, von welcher eine schwarz-rot-goldene Fahne wehte und an der eine Art Tribüne aus übereinander gestellten Tischen errichtet war. Gegen 3 Uhr eröffnete der Sprecher E c k e r t die Debatte durch Vorlesung der vorläufig von der Deputation festgestellten Ordnung. Hierauf sprach Hr. Eckert noch mehrere einleitende Worte mit der Tendenz, die etwa noch vorhandene Aufregung zu beschwichtigen, ließ sich dann von der Versammlung das Versprechen der Ruhe geben und schloß, indem er die 3 Landtagsabgeordneten von Berlin, Herren Schauß, Möwes und Knoblauch vorstellte. Diese wurden von den Umstehenden gebeten, auf die Tribüne zu treten und einige, wenn auch nur wenige, Worte zu sprechen.

Hr. Schauß: *Ich bin der Kaufmann Schauß. Verlassen Sie sich auf die Aufrichtigkeit unserer Gesinnung. Was an uns ist, wird zu Ihrem Wohle geschehen. Wir fühlen Ihre Not, wir werden ihr nach Kräften abhelfen, aber verlangen Sie nicht Unmögliches; das Unmögliche kann niemand, können auch wir nicht leisten. Das Mögliche soll geschehen, denn wo Ihr Glück ist, blüht auch das unsere.*

Hr. Möwes *fordert ebenfalls zum Vertrauen auf und verspricht, nach Kräften für die Verbesserung der Lage der Arbeiter zu sorgen.*

Ähnlich **Hr. Knoblauch,** *welcher mit den Worten schließt: „Für treue Arbeit gerechter Lohn!" Diese Worte erregen Beifall in der Nähe der Tribüne, ein entfernter Stehender bemerkt jedoch: Nur die Deputation scheine Vertrauen zu haben, die Versammlung habe noch keines.*

Hr. v. Förster: *Die Herren Landtags-Deputirten von Berlin fordern uns zum Vertrauen auf. Wir kennen diese Herren nicht, wir haben sie nicht gewählt, sie mußten uns erst vorgestellt werden. Aber wenn wir sie auch kennten und wenn wir ihnen das Vertrauen schenkten, das sie fordern, was wäre dann gewonnen? Wer bürgt uns für die andern Deputirten? Wer bürgt uns namentlich für die Herrenkurie, die fast nur aus Grafen und aus Fürsten besteht? Wie? jenem Landtage sollen wir die Sorge für unser Wohl in die Hände geben, jenem Landtage, der nicht einmal so freimütig war wie die gefallene Regierung, jenem Landtage, der die Vermögenssteuer, die einzige gerechte Steuer, die einzige, nach der der Reiche mehr zahlt als der Arme, zurückgewiesen hat? Die Deputation überschreitet ihre Befugnisse, wenn sie uns so etwas zumutet. Se. Majestät der König hat selbst erklärt, er wolle den Landtag nur berufen, um ihn über das Wahlgesetz zu hören. Jetzt verlangt man schon, er solle auch die Not beseitigen, die Arbeit regeln, dieser Landtag mit dem zehnjährigen Grundbesitz, mit den Grafen, mit den Fürsten? M. H., das geht nicht! Nimmermehr! (Bravo.)*

Bötticher, Bauarbeiter: *Wir haben nur 9 Monat Arbeit. Im Winter müssen wir Schulden machen, im Sommer sollen wir diese wieder decken. Bei dem geringen Lohne können wir aber nicht jedem gerecht werden, wir tragen daher auf Lohnerhöhung an. Dann sind 14 Stunden Arbeit viel zuviel.*

→B 11 Lage der „Einsamen Pappel" auf dem Exerzierplatz an der Schönhauser Allee

Volksversammlung unter der „Einsamen Pappel" am ←B 12
26.3.1848

Mit Hin- und Herlaufen werden 18 draus. Ein Familienvater kann dabei kaum das Lallen seiner Kinder hören. Wenn er nach Haus kommt, schlafen sie schon, und wenn er ausgeht, sind sie noch nicht wach. Von den Bauherren wollen wir erhöhten Lohn haben, die können ihn geben.

Siegerist, Schlosser: *Im Namen sämtlicher Maschinenarbeiter beklage ich mich über Mangel an Arbeit. Wir haben höchst unpraktische Werkführer an der Spitze, Werkführer, die uns selten die Gelegenheit geben, einem Meister ein Frühstück abzuverdienen. Ein Arbeiterministerium würde ihrem Despotismus steuern. Ein solches Ministerium müßte dann auch das Minimum des Lohnes auf 4 Thaler festsetzen, damit die arbeitende Klasse existiren könne; es müßte die Arbeitszeit auf 10 Stunden herabsetzen und die Verwaltung der Kassen beaufsichtigen, ohne Einmischung des Magistrats.*

Driese, Handlungsbeflissener: *Manche können nur mit dem Kopf und mit der Feder arbeiten, und diese Art der Arbeit wird mit am schlechtesten bezahlt. Eine Deputation von Kaufleuten, alle arbeitslos, hat mich hierher geschickt, damit ich mit Ihnen berate, wie diese Leute Arbeit bekommen. Es gibt ja Eisenbahnen, Fabriken, wir können überall arbeiten. Warum wird die Arbeit und das Salair der Handlungsdiener nicht controllirt? Es wäre vielen geholfen, wenn sie nur das Brot hätten, täglich 10 Sgr.*

Ottensoser, Buchhalter: *Ich muß dem vorigen Redner widersprechen. Ich verlange nicht, daß für mich gesorgt werde aus dem Grunde, daß ich nichts anderes gelernt habe. Ich will Schriftbeamter der associirten Arbeiter werden, und wenn ich das nicht kann, so will ich mit den Händen arbeiten. Ich stimme auch für ein Arbeits-Ministerium, ich gehe aber weiter: Eine neue Versammlung muß aus dem Volke hervorgehen, damit der Spruch Wahrheit werde: Wer arbeitet, soll genießen.*

Wilke, Lohgerber: *Unser Wunsch ist erfüllt, wir wollen das Blutbad nicht erneuern, aber wir verlangen nach den Früchten unseres Schweißes. Wir arbeiten von 5 Uhr morgens bis abends 7 Uhr. Eine Verringerung der Arbeitszeit um 2 Stunden, eine Festsetzung dieser Zeit von 6 bis 6 Uhr und eine Erhöhung des Lohnes auf 4 Thaler wöchentlich, heißt nicht zuviel verlangt.*

Brill, Buchdrucker: *Wir haben alle gekämpft, wir wollen alle zusammenhalten. Wenn die heutige Gelegenheit vorübergeht, uns zu besprechen, werden sich unsere Kräfte zersplittern. Wir können den Meister nicht zwingen, höheren Lohn zu geben; denn er müßte dann selbst mehr nehmen, die Waren würden teurer und nicht mehr gekauft werden. Wir würden den Meister ruiniren, das wollen wir nicht! (Lärm.) Ich bin Arbeiter, wie Sie, und will ebenso das Wahre und das Rechte. Ich bin auch für eine Erhöhung des Lohnes, aber sie darf nur auf freundschaftlichem Wege zustande kommen, durch gütliche Übereinkunft mit dem Meister, denn nicht dieser, sondern die Concurrenz bestimmt den Preis der Dinge. Es ist ferner notwendig, daß der Arbeiter auch an seiner geistigen Ausbildung arbeiten könne, deshalb muß die Arbeitszeit abgekürzt werden. Die bisjetzt bestandene Gesellschaft hat ein großes Unrecht gegen die Arbeiter getan, sie hat sie mit Gensdarmen zurückgewiesen, wenn sie Brot verlangten, und warum tat sie dieses? Weil die Arbeiter keine Bildung hatten. Ich verlange daher Volkserziehung auf Kosten des Staates. Es wird viel Geld kosten, das sehe ich ein; wir ersparen aber auch viel. Wir ersparen die Gensdarmen, die Gefängnisse, die Zuchthäuser, die Henker, die Hinrichtungen. Wenn wir helfen wollen, müssen wir tief durchgreifende Mittel nehmen. Die Reichen müssen einen Teil ihres Vermögens aufopfern. Wer hat bis jetzt die Leitung in Händen gehabt? Der Adel, die Vornehmen, die Reichen. Die wußten wohl zu leben, aber für den Arbeiter taten sie nichts, für den Arbeiter, der ihnen doch alles, von ihrem Unterhalte bis auf ihren Luxus, schaffte. Freilich gibt es auch Leute, die, obgleich sie einen guten Rock anhaben, für uns sorgen werden. Der Arbeiter aber ist die Grundlage der Gesellschaft, und weil diese jetzt geändert wird, muß die ganze Gesellschaft gebessert, umgestaltet werden. Wir müssen eine w o h l f e i l e R e g i e r u n g haben. Dadurch werden die Lasten leichter, die auf dem Bauer, Handwerker und Arbeiter jeder Art ruhen. Sämtliche Mitbürger müssen das Wahlrecht haben, das stehende Heer muß durch allgemeine Volksbewaffnung ersetzt werden, die nach außen und nach innen ebensoviel Achtung gebieten wird als jenes, wo nicht mehr. Dadurch wird erspart. Sachverständige müssen ein Arbeiterministerium bilden, das sich mit dem ganzen Lande in Verbindung setzt und in jeder Provincialhauptstadt einen Provincialausschuß, in jeder Kreisstadt einen Kreisausschuß niedersetzt. Endlich, wie ich schon* *sagte: Volkserziehung. Wir kennen alle das Ministerium E i c h h o r n. Dieses Ministerium vertröstete uns mit dem Jenseits, wenn wir ihm unsere diesseitige Not klagten: „Leute, nach dem Tode werdet ihr alles bekommen." Es schickte in alle Gemeinden Pastoren und Lehrer, die die Kinder mit Bibelsprüchen füttern und verdummen mußten. Durch eine solche Erziehung konnte der bedrückten Menschheit keine Hülfe werden. Die Hülfe für die Menschheit kommt aus ihr selbst. Jeder hat den Heiland in seiner Brust! (Langer stürmischer Beifall.)*

Vogel, Arbeitsmann: *Ich rede im Auftrage von 30 brotlosen Arbeitern und verlange Arbeit, kein Militair. Ferner allgemeine Lohnerhöhung. Dem Landmann muß nach seiner Ernte und im Verhältnis zu derselben ein Preis festgesetzt werden, damit er uns nicht überteuere, damit er nicht zu sehr aufschlagen kann. Hören Sie, was der Arbeiter täglich braucht. Für 3 Pfennige Kaffee, für 3 Pfennige Brot zum ersten Frühstück, das ist nicht zuviel. Zum zweiten rechne ich für 6 Pfennige Brot, 6 Pfennige Butter und einen Sechser zu Getränken, sei es nun Bier oder Schnaps; denn ganz trocken kann man das Brot doch nicht essen, das werden Sie zugeben. Das Mittagessen ist jetzt, wo alles teuer ist, unter 2 1/2 Sgr. nicht herzustellen. Für den Nachmittag schlage ich soviel an wie für das Frühstück, und für das Abendbrot soviel wie für das zweite Frühstück. Das macht zusammen 6 1/2 Sgr. täglich. Nun ist es aber noch nicht aus. Wir können doch nicht nackend gehen. Kleider, Stiefel, ein Schnupftuch, ein Hemde sind notwendig. Ein Paar Strümpfe können, namentlich bei schlechter Witterung – das werden Sie zugeben – nicht schädlich sein. Nun kommt die Wäscherin, das Ausbessern der Kleider und der Wäsche, 4 harte Wintermonate: wovon sollen die gutgemacht werden? Und wäre es der Unverheiratete im Stande, sich durchzuschlagen, wo bleibt der Familienvater? Der kann es nicht bestreiten, den muß der Mangel zu unreellen Handlungen führen.*

Lüschke, Arbeitsmann: *Alle Fabrikherren könnten wohl einen Lohn von 15 Sgr. festsetzen. Auch dürften sie nicht welche nach dem Feiern arbeiten lassen, während andere brotlos umherlaufen. Wenn sie die Arbeit gleichmäßiger verteilen, so wird weniger Mangel an Arbeit sein.*

Ebert Helm, Arbeitsmann: *Drei Thaler geht für Unverheiratete, aber nicht für den Familienvater. Überall finden wir auf dem Bau Professionisten. Das dürfte nicht sein! Es muß verboten werden, daß diese als Arbeiter gehen.*

Bergemann, Arbeiter: *Ich bin Familienvater von 5 Kindern, und mich trifft die Not namentlich deshalb, weil die Droschken alle Pakete in der Stadt und von und nach den Eisenbahnen fahren. Wenn ihnen dieses verboten und wenn festgesetzt würde, daß sie nur Pakete von einer bestimmten Schwere fahren dürfen, würden viele Leute Brot bekommen.*

Hermes, Mustermaler: *Im Namen meiner Collegen beschwere ich mich, daß die Verleger zuviel im Zuchthaus arbeiten lassen. Ferner tut uns die Schablonenarbeit großen Schaden. Franke z.B. läßt durch Schablonen viel verfertigen und ist dadurch im Stande, 6mal billigere Ware zu liefern als wir. Ich trage auf Abschaffung der Schablonen an. Ferner kann niemand bei dem Lohne bestehen. Wir haben ein sogenanntes Nullblatt. Da kostet das Dutzend ohnehin schon wenig, und nun nimmt der Arbeitgeber von dem Preise noch einen großen Teil für sich. Der Preis des Dutzends muß um 1/3 erhöht werden. Ferner wollen wir, daß kein Meister mehr als zwei Burschen beschäftige. Manche haben deren 6, das ist zuviel. In der Malmène-schen Anstalt werden ebenfalls viele Knaben beschäftigt, die uns wie die Mädchen großen Abbruch tun.*

Saße, Arbeitsmann: *Ich stelle vier Anträge: 1) Lohnzulage, 2) Verkürzung der Arbeitsstunden, 3) Unterstützung für die, welche in Maschinenwerken verunglücken, 4) eine Extra-Zulage von 2 1/2 Sgr. für die Sonn- und Feiertage.*

Dr. Rieß: *Wir wollen hier nicht nur reden, sondern auch handeln, und dazu haben wir bisher den falschen Weg gewählt. Wir vernahmen alle Gewerke einzeln und ihre einzelnen Beschwerden, die sie lieber für sich abmachen sollten. Mein Vorschlag ist: alle Gewerke treten zusammen und wenden sich an eine Behörde, die zwar noch nicht da ist, aber sogleich geschaffen werden soll. Wir müssen einen festen Punkt haben, der unsere Beschwerden vereinigt, und dieser ist das Arbeits-Ministerium. Einzelne Lohnerhöhungen können nichts helfen; wenn zum Beispiel auch unsere Seiden- und Baumwollen-Fabrikanten höheren Lohn bewilligen, so kommen auf der Leipziger Messe die Sachsen, die schinden ihre Arbeiter noch, verkaufen billiger und nehmen uns so den Markt, die Arbeit. Also ein*

Robert Springer über die erste Volksversammlung unter der einsamen Pappel

→L 50   *Wenn man zum Schönhauser Tore hinausgeht, die Straße nach Pankow entlang, wo die bestäubten Maulbeerbäume stehen, so gelangt man, wenn man glücklich bei den lockenden Bierhäusern von Ley, Pfeffer etc. vorbeigekommen, links an einen weiten sandigen Platz, in dessen Mitte sich eine einzelne Pappel befindet. Alles Vereinsamte, mag es lebendig oder leblos sein, erweckt unser Mitleiden. Diese melancholische Pappel scheint sich, wie Heines Fichtenbaum, zu sehnen, schmerzlich zu sehnen, vielleicht nach einem der Knödelbirnbäume, die man so oft vereinzelt auf den Feldern der Neumark stehen sieht.*

Unter dieser einsamen Pappel war die Tribüne aufgeschlagen, und darauf standen zwei Männer, welche die Leitung der Versammlung übernommen hatten. Der eine war lang und hager, mit einem blauen, fadenscheinigen Rock bekleidet, das blasse Gesicht, von einem mächtigen Bart eingerahmt und von langem Haupthaar umwallt, zeigte eine starke, gebogene Nase und stechende, tiefliegende Augen, die von Pietismus, Loyalität und Pferdekrankheit sprachen. Dies war der Tierarzt U r b a n. Der andre, in brauner Twine, kleiner und schmächlicher von Gestalt, aber fast ebenso stark von Bartwuchs wie sein Nachbar, mit einem b blassen Gesicht, das von sitzender Lebensart und nach dem Kopfe gestiegenen Blähungen zeugte, war der Schneider E c k e r t.

Diese beiden Männer hatten sich gleich nach der Revolution zu Popularität und Berühmtheit aufgeschwungen. Das war leicht. Mit der Revolution sollte die alte Zeit abgetan sein, man fragte daher die neuen Berühmtheiten nicht, wo sie so lange gesteckt und was für Empfehlungsbriefe sie mitgebracht hätten, da man wußte, daß die Barrikaden- und Clubgenies in der absoluten Monarchie in das Dunkel verwiesen worden waren. Selbst der König ließ in den ersten Tagen der constitutionellen Bedrängnis jeden Obscuranten vor sich, da er ja nicht wissen konnte, ob er durch Abweisung nicht irgendeinen Mirabeau vor den Kopf stoße. Schwerer war es natürlich, sich längere Zeit populär und berühmt zu erhalten; dazu gehörte doch einiges Zeug, wenn auch nicht viel, und da Urban und Eckert auch den geringen Bedarf nicht hatten, sich namentlich entschieden radical zeigten, fielen sie sehr schnell in der Volksgunst.

In dieser Versammlung wurden die verschiedensten Interessen beraten, man wollte die vox populi hören und sie dem Könige überbringen. Ein Student R a u sprach für Versöhnung mit dem Militair; Arbeiterverhältnisse, Volkserziehung kamen zur Sprache, zuletzt auch die Einberufung des Landtags. Dabei erhob sich nun ein gewaltiger Sturm, das Volk war ratlos und ohne Einsicht, politisch roh aus der Hand des Absolutismus der mündigen Zeit überliefert worden. Da war kein Takt, kein Urteil, die haltlose Menge ließ sich wie eine Wetterfahne in ihrer Meinung wenden. Urban schwenkte die Windmühlenflügel-Arme, als wollte er ein von Kolik geplagtes Pferd niederhalten, dazwischen ächzte die einsame Pappel ihre Liebesseufzer nach dem Knödelbaume in der Neumark – es war zum Davonlaufen! W ö n i g e r trat auf und gab dem Volkswillen eine bestimmte Richtung für die Einberufung des Landtags; es gehörte das trübe Auge des rohen Volkes dazu, um den Volteschlag des Rädelsführers nicht zu merken. R u t e n b e r g opponirte zwar in steifer und erfolgloser Weise. Da trat, wie ein Deus ex machina, ein Greis auf, der Justiz-Kommissar R e i n - h a r d t aus Köln. Mit Feuer und Eindringlichkeit setzte er dem Volke auseinander, welche Bedeutung jenes alte Institut für die neue Zeit habe und welche Gefahr darin liege, demselben irgendeine Gültigkeit zuzugestehen. Durch diese verständliche und lebendige Rede wurden den Leuten die Augen geöffnet, und sie stimmten nun einstimmig gegen die Einberufung des Landtags.

Arbeits-Ministerium! – Der jetzige Landtag reicht nicht aus. Wer 10 Jahre auf seinem Grund und Boden sitzt, der hat auch Grundsätze eingesogen. Wenn der jetzige Landtag liberal ist, so ist er es aus Furcht, das wollen wir nicht! Ich vertraue dem jetzigen Landtage nicht und Sie auch nicht. Die anwesenden Herren nehme ich aus. Wir müssen die Männer unseres Vertrauens wählen, wir werden schon die wählen, die rein geblieben sind, und wenn unsere Wahl auch lauter Besitzende, wenn sie auch lauter Fürsten und Grafen träfe. Was einzeln geschen soll, beraten wir im einzelnen, die Schlosser für sich, die Maurer für sich u.s.w. Ein Heer müssen wir ferner haben, eine Vorschule für unsere militairische Bildung, aber nicht das Heer, was 800 Millionen gekostet hat, sondern ein Volksheer. Wir wollen endlich noch Volkserziehung. Dann werden wir alles haben, was wir brauchen, dann werden wir Menschen sein! (Bravo.)

Bittkow, Volksschullehrer: *Ich erbiete mich, den arbeitenden Klassen des Abends umsonst Unterricht zu geben, und kann versichern, daß viele meiner Collegen meinem Beispiel folgen werden. Aber wenn Sie guten Unterricht haben wollen, wenn Sie verlangen, daß der Arbeitsstand gehoben werde, müssen Sie auch den Lehrstand besser stellen. Auch der Volksschullehrer darf nicht hungern. Ein zweiter Punkt ist der: Die 26 Millionen, die das stehende Heer jährlich gekostet, sind nicht die größte Ausgabe gewesen, die es uns verursacht hat. Dem Ackerbau sind Kräfte entzogen worden, die ihm wiedergegeben werden müssen. Die Bauern, in ihre Hütten, ihre Felder zurückkehrend, werden uns reiche Quellen des Wohlstandes öffnen. Sie werden uns Brot und Kartoffeln in Menge schaffen. Öffnen wir die Quellen des Landes!*

Bisky, Goldschmidt: *Wir waren bis jetzt die große Null im Staate. Endlich kommen wir einmal zur Sprache. Wo, fragt es sich, erwarten wir Hülfe? Viele der bisherigen Redner haben nur geklagt, und ihre Klagen waren meist die alten, die wir schon lange kennen, über Not und Arbeitslosigkeit. Gehen wir der Sache auf den Kern, der ist das Arbeitsministerium! Versäumen wir keine Zeit! Schreiten wir sofort zur Tat und tragen darauf an, daß auf das Schleunigste ein Ministerium zusammengesetzt werde aus Arbeitern und Arbeitgebern, welches mit den verschiedenen Gewerken in Verbindung treten und beraten soll. Das Arbeiterministerium würde zuerst die Aufgabe haben, dem Arbeiter, der keine Arbeit hat, welche zu verschaffen. Wir wollen alle Art der Arbeit annehmen. Jede nützliche Arbeit ist auch ehrenhaft! Es gibt viel Arbeit und wird daher viel verteilt werden können. Die alten und schwachen Arbeiter, das trage ich noch an, müssen in einem A r b e i t e r - I n v a l i d e n h a u s e Unterkommen finden.*

Biefel, Seidenwirker: *Wir gehören zu den gedrücktesten Arbeitern und tragen darauf an, daß die Zuchthausarbeiten aufhören mögen. Ferner sollen die Arbeitgeber keine Mädchen und nicht mehr als 3 Lehrlinge beschäftigen dürfen, auch nicht mehr Stühle, als der innere Raum ihrer Wohnungen es gestattet, im Gange halten.*

Löhner: *Ich vertrete das Tischlergewerk. Wir bitten darum, daß der Arbeitslohn auf 25 Sgr. erhöht und die Arbeitszeit verkürzt werde. Wir wollen nur von 6 bis 6 arbeiten.*

Dr. Woeniger: *Noch 30 Redner sind eingeschrieben. Ich bin der Meinung, daß wir nur noch 10 hören, damit wir die Beschlüsse formuliren können und zu einem Resultate kommen.*

Löwinson *spricht über das Arbeiterministerium, über Vereinigung und über Credit: die Arbeiter möchten keinen Credit geben, sondern sich ihre Arbeit gleich bezahlen lassen; ferner über Abschaffung aller Mängel in der jetzigen Verwaltung.*

Michaelis, Schneider: *M. H. Im Auftrage des Schneidergewerks! Wir haben eingereicht, was wir für uns am besten halten. Es muß eine geregelte Arbeit sein, eine bestimmte Zeit, ein fester Lohn. Wir wollen 25 Sgr. täglich, das ist für den Leib notwendig. Es wird immer gesagt, es sei schon viel für uns getan. Wir wollen gleich jetzt das Arbeitsministerium gründen, wir wollen gar nicht darum petitioniren. Alle Gewerke müssen sich vereinigen, um schon die nächste Woche zu beraten.*

Fromm, Schneider, *erklärt: schon früher für das Arbeitsministerium gewirkt zu haben und spricht sich noch ferner dafür aus.*

Lange: *Ein Ministerium hat keine Gesetze zu machen. Der alte Landtag interessirt sich nicht für uns, darum müssen wir einen neuen Landtag haben, einen Landtag, in dem auch die Armen vertreten sind. Dies ist mein Antrag zur Abhülfe der Not.*

Steinhof, Posamentier, *stellt folgende Anträge: 1) alle Mädchen auf Posamentierstühlen müssen aufhören zu arbeiten; 2) die Maschinen, die Menschenhände unnötig machen, müssen beschränkt werden. Wenn man mir einwendet, was sollen die Mädchen zu Hause anfangen, so antworte ich: durch die Erhöhung des Lohnes werden ihre Väter in den Stand gesetzt, sie zu ernähren.*

G. Hesse, Drechsler: *Ich bin nicht Sprecher, ich will daher meine Sprache vom Papier nehmen. „B r ü d e r d e r A r b e i t u n d B r ü d e r d e s K a m p f e s! Leget es mir nicht als Anmaßung aus, wenn ich, der Geringste von Euch, hier über eine so wichtige Sache, wie die Verbesserung unseres Zustandes ist, zu Euch spreche. Ich habe mir das Recht dazu redlich erkämpft, ich habe mit Euch die Pflicht übernommen, für die Freiheit zu streiten, für welche unsere geliebten Brüder gefallen sind, ich habe endlich an ihrem Grabe gelobt, diese Pflicht bis zum letzten Atemzuge zu erfüllen. – Darum rufe ich Euch hier zu: „Hütet Euch vor falschen Maßregeln!" – Unsere Not ist groß, das wissen wir alle, aber noch weit schwerer ist es, die richtigen Mittel dagegen zu finden. Hüten wir uns, daß wir nicht solche wählen, die nur scheinbar und auf kurze Zeit Erleichterung schaffen! Hüten wir uns aber noch mehr, solche Mittel vorzuschlagen, die auf den Schaden anderer gegründet sind! – Wir haben nicht um Lohn gekämpft, nicht unser Privatvorteil war das Ziel unserer Anstrengungen. Unser Kampf war für die Freiheit und das Recht des ganzen Vaterlandes. Darum, lieben Brüder, lasset uns nicht selbstsüchtig nach Vorteilen streben, die doch nicht von Dauer sein können. Unser Glück ruht im Glück des ganzen Landes; wenn dieses blühend und im Wohlstande ist, dann wird uns nicht die Arbeit und für unsere Arbeit nicht der würdige Lohn fehlen. Darum, meine Brüder, lasset uns vor allen Dingen die Freiheit auf festen Grundlagen erbauen! Aus ihr allein können uns die Früchte unserer Arbeit erwachsen. Dieses Ziel kann aber nur erreicht werden, wenn alle Klassen, wenn auch wir unsere Vertreter zu einem Landtage schicken können, der das Wohl aller zu beraten und zu befördern berufen ist. Erst dann, wenn wir einen solchen gesetzlichen Körper besitzen, wollen wir ihm die Mittel vorschlagen, die unsere Lage gründlich und dauerhaft verbessern können. Daher mache ich Euch den Vorschlag: „Lasset uns unsern hochherzigen König in einer Adresse bitten, uns ein Wahlgesetz zu verleihen, wonach jeder ohne Unterschied des Standes und Vermögens Wähler und wählbar ist."*

Kölling, Cigarrenmacher, *will Ausgleichung zwischen Capital und Arbeit, aber nicht im Sinne der Communisten. Jeder müsse seine Kräfte bieten und nutzen, aber auch dem Verdienste der gerechte Lohn werden. Der Redner stellt die Anträge, daß den Fremden keine Arbeit gegeben werde und die Meister nicht mehr als drei Burschen halten sollen.*

Oppermann, Buchbinder, *beantragt das Arbeitsministerium. Wir wollen hier sofort den Beschluß dazu fassen und ihn dann dem Könige vorlegen.*

Zachariä, Schreiber: *nicht für sich, sondern für die Tagelöhner trete er auf. Der Staat habe den Arbeitern Wunden geschlagen, er müsse sie heilen. Er solle billige Wohnungen geben. Ebenso solle er Mehl im Großen zum Wiederverkaufe im Kleinen anschaffen. Die Tagelöhner möchten sich zu einem Proletarierbunde vereinigen. (Es entsteht ein Lärm, die Versammlung bestimmt den Redner, das Wort „Proletarier" zurückzunehmen.) Jeder Bürger, der täglich weniger als einen halben Thaler verdient, gehört dem Bunde an; der Staat gibt den Gliedern dieses Bundes Wohnung für geringen Mietzins (der Redner braucht wieder das Wort „Proletarier", welches ihm neue Mißbilligung zuzieht). Die Mitglieder des Bundes bleiben von jeder directen oder indirecten Steuer frei. (Beifall.)*

Klahm, Bonbonfabrikant: *Wir müssen soviel Arbeit schaffen, daß nicht 1000, sondern 100.000 Arbeiter beschäftigt werden. Ich mache daher den Vorschlag, Berlin mit einem Boulevard zu umgeben und ferner mit einem großen Wall, der für Berlin das sein würde, was für Paris die Festungswerke (Zeichen des Mißfallens in der Versammlung). Berlin hat ferner viel städtisches und königliches Grundeigentum. Wir bedürften daher keiner Expropriationen, um diese Grundstücke einzuteilen und Colonieen anzulegen, um Häuser darauf zu erbauen, die für ein Billiges vermietet würden. Wie es jetzt ist, fließen die Armengelder für hohe Miete u.s.w. in die Taschen der Reichen zurück. Wir wollen aber, daß die Armen Gelegenheit erhalten, selbständig und wohlhabend zu werden.*

Krause, Schlosser: *Unsere Meister haben alles genehmigt, alles, was wir verlangten: Erhöhung des Lohnes, Verkürzung der Arbeitszeit. Aber es* *läßt sich nicht mit einem Male bewerkstelligen. Volksunterricht tut uns Not, wir fordern Menschenrechte, die uns die Reichen so lange vorenthielten. Sehen Sie sich um! alle diese Dome, diese Paläste, in denen sie üppig wohnen, die Wagen, in denen sie stolz daherfahren, wer hat sie gemacht? – der Arbeiter. Wir vermögen viel, unser Capital ist die Arbeit, unser Stand ist ein glücklicher. Aber wachen Sie über unsere Menschenrechte, wachen Sie, damit uns das Versprochene nicht verkümmert werde!*

Hesse, Zimmerpolierer: *Ich habe den Kampf mitgemacht, und meine Jungens, 6 Kerls von der Höhe, haben ihn auch mitgemacht. Gehauen habe ich – fürchterlich. Ich bin 25jähriger Bürger und aus der Gewerksliste gestrichen worden, weil ich meinen Beitrag nicht bezahlen konnte. Ich bin immer rechtschaffen gewesen. Gebt mir, damit ich wieder eintreten kann! (Viele aus der Versammlung rufen gerührt: ihr sollt haben, ihr sollt haben!)*

Ziegelbein, Kattundrucker, *liest eine Eingabe im Namen von 800 Kattundruckern, von denen seit Jahren nur 150 in Arbeit seien, die übrigen aber seit Entstehung der Maschinen im größten Elend. Die wesentlichen Punkte sind folgende: Beschränkung der Maschinen und Perrotinen und zwar so, daß, wenn das Stück 2 Farben habe, die zweite eingedruckt werden müsse; wenn es drei Farben habe, die dritte u.s.w. Ferner keine Mädchen, Verkürzung der Arbeitszeit, 14tägige Kündigung von beiden Seiten. Brot oder Sterben!*

Sußmann, Fabrikant: *Wir Fabrikanten, wenigstens die von uns, die es gut meinen, sind ebenfalls Arbeiter. Wir suchen für Sie Arbeit, wir verteilen sie, wir sorgen für den Absatz. Wie ich höre, ist heut bei dem Fabrikanten Schildknecht der Beschluß gefaßt: daß alle Fabrikanten, die Arbeit in die Zuchthäuser geben, gebeten werden sollen, davon abzustehen. Das wird geschehen. Ich habe zu meinem großen Bedauern gehört, daß manche reiche Leute die Stadt aus Furcht, ich weiß nicht, aus welcher, verlassen haben. Lassen wir diese Feiglinge ziehen, sie verdienen die Freiheit nicht; es bleiben noch genug, die es gut mit uns meinen; diese haben bereits beschlossen, ein Credit-Institut zur Unterstützung der Industrie zu errichten, um ihr in der jetzigen Krisis die Mittel zu bieten, die sie braucht, um nicht zu Grunde zu gehen. Das vorige System hatte die Industrie beschränkt, es ist gefallen; die Industrie muß sich also heben, der Vorteil ist auf Seiten der Industrie!*

Konsky, Seidenwirker: *Ich rede nicht im Namen einer Deputation, ich rede nur in meinem Namen, aber ich rede doch für alle. Man hat vorher von einem Arbeiterministerium gesprochen, das die Arbeit in unserem Lande regeln soll. Ich gehe weiter: auch in Frankreich, Österreich, England müssen solche Arbeiterministerien errichtet werden und alle untereinander in Verbindung treten, dann erst wird es möglich sein, ein gleiches System der Arbeit und Industrie hervorzubringen. (Bravo! Bravo!)*

Hermann Jüngling, Schriftsteller: *Die ganze Welt ist meine Familie ... Ich habe schon, während dem Bestehen der Büreaukratie, zwanzig Petitionen eingereicht im Interesse der Arbeiter, aber sie sind alle fruchtlos gewesen. Der Redner liest hierauf eine sehr energisch abgefaßte unter großem Beifall der Versammlung vor. Die wesentlichen Punkte derselben sind: ein gemeinsames Gewerbe-, Handel- und Ackerbau-Ministerium, Organisation der Auswanderung und der deutschen Kolonien in Amerika. (Bravo!)*

Helmut Meier, Student *(Bravo bei seinem Erscheinen). Der Redner sagt, daß er sich in viele Herbergen begeben habe, um die Wünsche und Anträge der Arbeiter zu sammeln. Er faßt dieselben zusammen und erklärt sich nachher gegen Abschaffung der Maschinen, so wie gegen die Erbitterung, die mehrere Arbeiter auf dieselben haben.*

Bethge, Kutscher, *verliest im Namen sämtlicher Dienstboten eine Eingabe, in der besonders eine Beschwerde über die Verwendung der Soldaten zum Ziehen, Tragen, überhaupt zum Privat-Dienste variirt ist, und bittet, daß seine Beschwerden sogleich dem Könige vorgetragen werden.*

Rau, Candidat der Theologie, *unterstützt und erläutert den etwas undeutlichen Vortrag des Vorhergehenden und führt nachher ein Thema über die Macht der Liebe, die uns alle, Arbeiter, Besitzende und Soldaten, zu umfassen habe, aus.*

Berends, Mechanikus, *hält eine energische zusammenfassende Rede; worauf U r b a n die Debatte für geschlossen erklärt. Hierdurch entsteht großer Lärm, indem noch mehrere zu sprechen verlangen. E c k e r t beschwichtigt sie jedoch durch das Versprechen, daß ein Blatt für Handwerker gegründet werden solle, in welchem jeder seine Anträge drucken lassen könne.*

Dr. Woeniger: *Die gestellten Anträge lassen sich in zwei Abteilungen bringen, von denen die erste die speciellen Anträge umfaßt, deren Zahl so groß ist, daß hier nicht darüber entschieden werden kann. In die zweite Abteilung gehören die Anträge allgemeinerer Natur, die wir in einer Adresse stellen wollen, und deren sind sechs: 1) ein Arbeiterministerium, aus Arbeitern und Arbeitgebern zusammengesetzt. 2) Verringerung des stehenden Heeres. 3) Volkserziehung. 4) Versorgung für die Invaliden der Arbeit. 5) Wohlfeile Regierung und 6) Zusammensetzung eines neuen Landtages durch Urwahlen, mit allgemeiner Wählbarkeit und Wahlfähigkeit. Die ersten 5 Punkte wurden einstimmig angenommen. Bei dem sechsten machte Hr. Woeniger eine unklare Fragestellung, welche einen stundenlangen undurchdringlichen Lärm in der ganzen Versammlung hervorrief.*

Nachdem mehrere Redner ihre Stimmen vergebens angestrengt hatten, gelang es Hrn. Justizcommissarius R e i n h a r d t , sich Gehör zu verschaffen. Er stellte die Frage klar, und die Versammlung entscheidet sich mit großer Majorität gegen die Einberufung des alten Landtages und für die Bitte um sofortigen Erlaß eines neuen, auf allgemeines Wahlrecht gegründeten Wahlgesetzes.

Auf die Adressen, die von der Versammlung verabschiedet werden, und auf die Umstände, wie sie dem König überbracht werden, gehen wir hier nicht weiter ein, da sie folgenlos bleiben. Folgenreicher scheint uns eine Erfahrung zu sein, die die dort Versammelten in den nächsten Tagen machen:

Was die ursprünglichen Leiter der Versammlung betrifft, so ließ der ←L 51
brave Urban schon am Tage vor der Audienz vom 29. März eine von ihm, Bremer und Eckert unterschriebene Proklamation an den Straßenecken anschlagen, worin „im Auftrage des Komitees der ersten Volksversammlung" die von den reaktionären Ordnungsfreunden gestellte Forderung der Z u - r ü c k b e r u f u n g d e s M i l i t ä r s n a c h B e r l i n im Namen der „allseitigen Versöhnung" unterstützt wurde. Ein Teil der Arbeiterschaft fiel auf diese Proklamation, zu der die Betreffenden absolut kein Mandat hatten, wirklich hinein; Protestbeschlüsse des politischen Klubs und der Zeltenversammlung konnten es nicht verhindern, daß, als schon am 30. März das 24. Regiment wieder in Berlin einzog, es unter anderem von einem großen Teil der Maschinenbauer mit fliegenden Fahnen begrüßt wurde. Was die Zurückholung der Truppen zu einer Zeit bedeutete, wo noch gar keine Verfassung bestand, auf die man die Truppen hätte vereidigen können, diese vielmehr noch durchaus „des Königs Soldaten" waren, braucht nicht erst gesagt zu werden.

Die erste deutsche Arbeiterorganisation

Am **29.3.1848** findet unter dem Vorsitz des Schneiders Johann Christian Lüchow im Café d'Artistes eine von etwa 150 Personen besuchte Versammlung statt, die über die Gründung eines selbständigen Arbeiterklubs berät. Auf dieser Versammlung sprechen auch Mitglieder des „Bundes der Kommunisten". Man einigt sich auf ein Ketten-System mit Bezirksklubs und einem übergeordneten Zentralklub zunächst für Berlin. Für politische Versammlungen will man die bestehenden öffentlichen Foren benutzen, vor allem die des Demokratischen und des Politischen Klubs. Zum Vorsitzenden des provisorisch eingerichteten Zentralklubs wird der Schriftsetzer Stephan Born gewählt. Nachdem sich am **6.4.1848** die im „Volksverein" zusammengeschlossenen Tagelöhner diesem Zentralverein angeschlossen haben, wird für den **11.4.1848** eine große Versammlung vorbereitet, zu der die Arbeiter aller Gewerke eingeladen werden. Es scheint nicht zufällig, daß genau an diesem Tag der drei Wochen dauernde Streik der Maschinenbauarbeiter beendet wird. Am **11.4.1848** erklären sich die Unternehmer der Fabriken vor dem Oranienburger Tor kompromißlos bereit, die Forderungen der Arbeiter anzuerkennen, und organisieren noch am selben Tag auf ihre Kosten in Moabit ein großes Festmahl für die 3–4000 Arbeiter.

Der Zentralverein kommt aber trotzdem zustande. Am **19.4.1848** wird ein inzwischen ausgearbeitetes Statut verabschiedet, zusammen

→L 52 **Lüchow, Johann Christian:** *Nähere Lebensdaten nicht zu ermitteln. War Schneidergeselle, der sich anfänglich dem Weitlingschen Handwerkerkommunismus anschloß. Später Mitglied des „Bundes der Kommunisten". Wirkte 1848 beim Aufbau von Arbeiterorganisationen in Berlin mit. Wird 1851 noch einmal im Zusammenhang mit dem Kölner Kommunistenprozeß erwähnt. Werke: Die Organisation der Arbeit und deren Ausführbarkeit (1848).*

19.3.1848: Der Prinz von Preußen („Kartätschenprinz" und späterer Kaiser Wilhelm I.) muß aus Berlin nach England fliehen.

26.3.1848: Volksversammlung unter der „Einsamen Pappel"

29.3.1848: Übernahme der preußischen Regierungsgewalt durch die liberale rheinische Großbourgeoisie (Ministerium Camphausen/Hansemann)

2.4.1848: Beseitigung der Zensur und Erringung der Pressefreiheit

19.4.1848: Gründung des Zentralkomitees für Arbeiter („Arbeiterverbrüderung") in Berlin

Anfang Mai 1848: Wahlen zur Nationalversammlung

18.5.1848: Eröffnung der deutschen Nationalversammlung in der Paulskirche in Frankfurt/M

22.5.1848: Eröffnung der preußischen Nationalversammlung in Berlin

Mai 1848: Blutige Niederschlagung eines Volksaufstandes in Polen durch preußische Truppen, die auf Befehl der bürgerlichen Regierung Camphausen/Hansemann handeln

1.6.1848: In Köln erscheint die erste Nummer der „Neuen Rheinischen Zeitung" (Chefredakteur Karl Marx)

14.6.1848: Zeughaussturm in Berlin

23.–26.6.1848: Juni-Aufstand in Paris, erste große bewaffnete Klassenauseinandersetzung zwischen Proletariat und Bourgeoisie. Niederlage des Proletariats, Wendepunkt der Revolution ermutigt die Konterrevolution in anderen Ländern Europas.

6.8.1848: Österreichische Truppen zerschlagen die revolutionäre Bewegung in Mailand und Norditalien

23.8.–3.9.1848: Auf dem Arbeiterkongreß in Berlin wird die „Arbeiterverbrüderung" als Dachorganisation aller Arbeiter- und Gewerbevereine gegründet.

18.9.1848: Barrikadenkämpfe in Frankfurt/M, Niederschlagung des Volksaufstandes

Oktober 1848: Sieg der Konterrevolution in Wien

10.11.1848: Einmarsch von 20 000 Soldaten in Berlin, um die Revolution zu unterdrücken.

5.12.1848: Auflösung der preußischen Nationalversammlung in Brandenburg durch konterrevolutionäre Truppen.

28.3.1849: Verabschiedung einer Reichsverfassung durch die Nationalversammlung in Frankfurt

April 1849: Wilhelm IV. lehnt die von der Frankfurter Nationalversammlung angebotene Kaiserkrone ab. Die meisten deutschen Staaten lehnen die Reichsverfassung ebenfalls ab.

3.–8.5.1849: Bewaffnete Kämpfe in Dresden um die Einführung der Reichsverfassung. Niederschlagung durch preußische und sächsische Truppen

19.5.1849: Letzte Nummer der „Neuen Rheinischen Zeitung"

30.5.1849: Einführung des Dreiklassenwahlrechts in Preußen

18.6.1849: Gewaltsame Auflösung der Nationalversammlung in Stuttgart

Mai–Juni 1849: Kampf der badisch-pfälzischen Revolutionsarmee

23.7.1849: Fall der Festung Rastatt

11.3.1850: In Preußen werden alle Vereine und Versammlungen unter Polizeikontrolle gestellt.

1.9.1850: Wiedereröffnung des Bundestages des reaktionären Deutschen Bundes in Frankfurt

Mai–Juli 1851: Verhaftung zahlreicher Mitglieder des Bundes der Kommunisten

mit einer von Stephan Born verfaßten programmatischen Erklärung. Das am **19.4.1848** gegründete „Zentralkomitee für Arbeiter", das sich in den nächsten Monaten auch noch in anderen deutschen Städten konstituiert, löst alle bisherigen ständischen Organisationen der Handwerker ab und ersetzt sie durch eine klassenmäßige, die in der programmatischen Erklärung ihren Bewußtseinsstand spiegelt:

→L 53   *... Wir Arbeiter waren einem großen Teile der deutschen Bürgerklasse fremde, unbekannte Wesen, an welche man die dunkelen Begriffe von Rohheit und Feigheit, Unbildung und Demut, Dummheit und wilder Zerstörung knüpfte; konnten wir erwarten, daß man uns in einer geschichtlichen Bewegung sah, daß man uns als eine Klasse in der Gesellschaft betrachtete, die ihre eigene selbständige Entwickelung durchmacht? Und nun, nachdem sich neben jener unbewußten Capitalistenmacht allmählich eine bewußte Arbeiterklasse entwickelt, nach einer Revolution, die Deutschland halb überraschte, weil ihr Impuls vom Auslande gekommen, nun sieht ein Teil des Volkes, der hie und da selbst die errungenen politischen Freiheiten noch nicht zu benutzen versteht, sich einer drohenden Macht gegenüber, die mancher selbst um den Preis des eben erst gewonnenen Sieges unterdrücken möchte. Und diese Macht der Arbeiter, ist sie wirklich so drohend, so gefahrvoll, als es die Furchtsamen, die Geizigen und die Ehrgeizigen, die Diener der Reaction auf der einen und die gedankenlosen Stürmer auf der andern Seite meinen? Glaubt uns, wir schlagen unsere Kräfte weder zu hoch noch zu niedrig an; es ist wahr, wir stehen jetzt auf einer Stufe der Entwickelung, von der uns keine Gewalt auf Erden mehr zurückwerfen soll; der Sturz des Polizeistaats, der Bevormundung hat auch uns, den Kindern der Not und Entbehrung, die Mündigkeit gegeben, w i r n e h m e n u n s e r e A n g e l e g e n h e i t e n s e l b s t i n u n s e r e H ä n d e , u n d n i e m a n d s o l l s i e u n s w i e d e r e n t r e i ß e n . Aber neben diesem Gefühle unserer Stärke wissen wir auch, daß es in unserm Vaterlande noch keineswegs zwei scharf getrennte Volksklassen: Kapitalisten und Arbeiter gibt, sondern daß in demselben sich noch andere Elemente geltend machen, Elemente, die, weder der einen noch der andern dieser beiden Klassen ganz angehörend, sich immer noch eine bedeutende Selbständigkeit erhalten haben. Wir wissen, daß das deutsche Volk in seiner geschichtlichen Entwickelung abhängig ist von der Entwickelung der Völker, die diesen Proceß schon durchgemacht, daß in einem Volke, wo es zwar Arbeiter, Arme, Bedrückte und Belastete, aber noch keine arbeitende K l a s s e gibt, auch keine Revolution von einer solchen zuerst ausgehen kann. Wir wissen sehr wohl, daß wir bei dem unklugen Versuche einer neuen Revolution in die sehr nahe Gefahr kommen würden, alles das noch zu verlieren, was wir eben erst errungen, und Deutschland in eine Anarchie zu versetzen, in welcher aber, wissen wir es, wer? zur Herrschaft gelangen kann. Hier begegnen sich unsere Interessen mit den Interessen der Capitalisten, wir wollen beide den Frieden, wir müssen ihn wollen ... Wollen wir es dahin bringen, daß wir als Arbeiter k l a s s e , als eine Macht im Staate dastehen, daß jeder von uns sich als ein Mitglied derselben erkläre und betätige, so wird die O r g a n i s a t i o n d e r A r b e i t e r für uns zur ersten Notwendigkeit, sie ist unsere erste Aufgabe. — Wir zählen zu uns den größten Teil der Nation, zu uns gehört nicht allein der Lohnarbeiter, der Geselle, zu uns gehört auch die große Zahl des Capitals, der Ackerbauer, dessen kleine Parcelle nicht mehr hinreicht, ihn und seine Familie zu ernähren, der Lehrer, der unsere Kinder unterrichtet, das Mädchen, das hinter dem Stickrahmen oder der Maschine sitzt, zu uns gehört ein jeder, dessen Fleiß und Anstrengung überboten wird von der Macht des Capitals und untergehen muß in der freien Concurrenz. Sind wir alle vereinigt, verfolgen wir e i n heiliges Interesse, e i n erhabenes Ziel, das der Befreiung des Menschen von der Notwendigkeit, seine Arbeitskraft an einen Glücklicheren zu verkaufen, so legen wir unser Interesse nicht mehr in die Hände einzelner Menschenfreunde, so stellen wir an den S t a a t die Verpflichtung, dem größten Teile seiner Kinder nicht länger die Mittel zu entziehen, mit denen allein sie existiren, sich fortentwickeln und, hoffen wir es, glücklich sein können. Sind wir vereinigt, so werden wir diese Mittel finden, denn für jede Notwendigkeit muß es eine Möglichkeit geben. Deutschland ist noch nicht so arm, daß ein Teil seiner Kinder notwendig darben muß. Wir, die wir zu denen gehören, die in Not und Entbehrung groß geworden, wir werden unsern Brüdern Hülfe bringen.*

Die Geschichte der Organisation der Arbeiter brauchen wir aus der Geschichte des Gebietes heraus nicht weiter zu verfolgen, sie nimmt schnell nationalen Charakter an.

Zwei Jahre nach der Revolution

Am **18.3.1850** beabsichtigen die Maschinenbauer das Andenken an die Revolution von **1848** durch Arbeitsruhe zu feiern:

Da ließ derselbe Borsig, der 1848 mit zu denen gehört hatte, welche ←L 54
die im März gefallenen Arbeiter als heldenmütige Kämpfer für die Freiheit feierten, folgendes Plakat in seiner Fabrik anschlagen:

„Es hat sich verlauten lassen, daß mehrere meiner Arbeiter am Montag, den 18. März, nicht arbeiten wollen. Ich mache hiermit auf die bestehende Ordnung aufmerksam, daß jeder, der am Montag nicht arbeiten will, den Urlaub bei seinen betreffenden Meistern nachsuchen muß.

A. B o r s i g."

Darauf hielten die Arbeiter Werkstattbesprechungen ab und beschlossen in den einzelnen Abteilungen in Gegenwart der Werkführer – wir zitieren ihre Erklärung – „das Andenken ihrer am 18. März 1848 gefallenen Brüder ohne Demonstrationen ruhig in ihren Wohnungen zu feiern", und teilten dies gemäß dem Plakat den Meistern mit. Diese hatten aber schon Weisung erhalten, niemand Urlaub zu erteilen, und außerdem setzte ein Teil von ihnen eine Beeinflussung der Arbeiter in der Weise ins Werk, daß sie und von ihnen beauftragte Personen in die Wohnungen von Arbeitern gingen und sie in Gegenwart der Frauen unter Hinweis auf den sonst eintretenden Verlust des Broterwerbs zum Abstehen von der Arbeitsruhe bearbeiteten. Bei einer Anzahl mit Erfolg, rund 200 Arbeiter aber hielten das einander gegebene Wort und feierten. Sie wurden am 19., als sie sich wieder zur Arbeit meldeten, kurzweg entlassen, was nun auch eine Anzahl der Umgefallenen veranlaßte, empört mit ihnen die Werkstatt zu verlassen.
Die Sache erregte erhebliches Aufsehen, und auch die bürgerlich-liberalen Blätter erhoben sich zu einem schüchternen Tadel an die Adresse des verehrten Mitbürgers. Dieser machte in einer Gegenerklärung die Ausrede, die Maßregelung richte sich nicht gegen die politische Gesinnung, sondern gegen den ihm als Fabrikherrn gegenüber an den Tag gelegten „Ungehorsam". Er habe „die gegen sein Verbot von den Arbeitern beschlossene Feier als eine Demonstration gegen sich ansehen und deshalb mit Entlassung strafen zu müssen geglaubt". Die Polizei ergänzte diese fabrikherrliche Aktion dadurch, daß sie zunächst die Unverheirateten von den Gemaßregelten – gegen 40 Arbeiter – ohne weiteres a u s B e r l i n a u s w i e s und dann anfing, die Verheirateten vorzuladen und auszufragen, selbstverständlich nur zum Behuf der Einschüchterung. Die so Bedrohten ließen sich denn auch in der Zeit der Allherrschaft der Polizei dazu bewegen, Borsig um Verzeihung zu bitten. Aber selbst sie wurden nicht ohne weiteres in Gnaden angenommen, sondern auch unter ihnen noch Auslese gehalten. „Herr Borsig und die Polizeibehörde helfen sich gegenseitig", schrieb damals selbst die bürgerlich-liberale „Nationalzeitung". Ein anderer Maschinenfabrikant, Hummel, machte noch kürzeren Prozeß und diktierte drei Arbeitern, die im Namen ihrer Kollegen als Deputation zu ihm kamen, um wegen der Feier des 18. März mit ihm zu verhandeln, kurzerhand die Entlassung. So weit war die Reaktion im Frühjahr 1850 gediehen.

12 Die Familienhäuser - Teil V

Die Entwicklung einer Sozialpolitik zur Beherrschung des Proletariats

Der Darstellung der „Berliner gemeinnützigen Baugesellschaft" als Motto vorangestellt (1852):

In welcher Ordnung allein kann der Fortschritt zum Bessern erwartet werden? Nicht durch den Gang der Dinge von unten hinauf, sondern durch den von oben herab.   Kant

Von oben herab – aus der Klarheit des Geistes, nicht aus den Sümpfen des Materialismus.
Von oben herab – aus entschiedenem Wollen, nicht aus chaotischen Trieben.
Von oben herab – aus befreiender Liebe, nicht aus zerstörendem Hasse.
Von oben herab – aus göttlicher Segnung, nicht aus trotzendem Hochmut.
                                          Janus 1845

→L 1
←L 2

Die Industrie Deutschlands ist freilich mit der Englands noch nicht zu vergleichen, aber sie ist auch erst in ihrem Anfange. Es steht zu erwarten, daß durch die Zollvereinigungen die gewerbliche Entwicklung einen bisher noch nicht gekannten Aufschwung nehmen werde. Allein damit wird sich auch die Masse der Arbeiter mehren: Wir werden Städte und Districte bekommen, die denen in England gleichen werden, in einzelnen Gegenden findet sich ja itzt schon etwas Ähnliches. Und wie nun, wenn durch Handelskonjunkturen oder andere Verhältnisse auch einmal bei uns eine Zeit eintritt, wo ein ganzes Heer von Arbeitern brotlos wird? Sind da Aufstände etwas so Unmögliches? Und wo ist der Schutz gegen dieselben vorhanden? Möge doch endlich die Industrie zur Erkenntnis kommen, daß ihr sicherster Schutz nicht ist hinter Bajonetten und Kanonenmündungen, sondern hinter der christlichen Pflege des Volks, daß man wohl auf blutige Weise die Ausbrüche langgenährter Übel niederschmettern, aber niemals das Übel sich selbst heilen kann, daß der unaufhaltsam fortstürzende Egoismus der Industrie sich nur sein eigenes Grab wühlt, wenn nicht eine edlere und höhere Kraft noch mächtiger ihn begleitet und überflügelt und das, was er schlimm gemacht hat, wieder gut macht und ausgleicht. Es ist klug getan, solche Mahnungen zu vernehmen, da wir noch am Anfange stehen, es könnte eine Zeit kommen, wo es zu spät wäre. Versteht daher die Industrie ihr eigenes Interesse, so wird sie gerade am meisten dafür Sorge tragen, daß mit der gewerblichen Entwicklung auch die christliche Gesittung des Volkes fortschreite, daß neben den Fabriken sich auch christliche Schulen und Kirchen erheben – versäumt sie das, es wird für sie selbst über kurz oder lang die Rache nicht ausbleiben, gerade von der Seite her, an der sie das Unrecht begangen hat, von den niedern Volksklassen.

Dieser Text entstammt einem Artikel der „Spenerschen Zeitung" und erscheint am **2.9.1842** in Berlin. Er nennt die beiden Instrumente, die zur Verfügung stehen, um die staatliche Ordnung zu sichern: Kanonen sind gut, die Bibel ist besser. Militär und Kirche ergänzen sich als Machtinstrumente der preußischen Junker. Man rechnet in Berlin jedoch nicht erst seit **1842** mit gewaltsamen Auseinandersetzungen. Die Eskalation der gewaltsamen Zusammenstöße zwischen Proletariat und Militär bzw. Polizei haben wir in den Kapiteln 10 und 11 dargestellt. Diese Zusammenstöße lösen nicht nur militärische Strategien, sondern auch verfeinerte politische und ideologische Konzepte aus, mit deren Hilfe man versucht, das Proletariat zu beherrschen. Hierbei kommt in Preußen der evangelischen Kirche, aber mehr noch der zunächst noch außerhalb der offiziellen Kirche stehenden pietistischen Erweckungsbewegung, die auf vielfache Weise mit der Staatsführung verbunden ist, eine besonders aktive Rolle zu. Es ist nicht verwunderlich, daß für die, die den ständischen preußischen Staat nach der französischen Besetzung wieder restaurieren wollen, das Voigtland und dort natürlich speziell die Familienhäuser zum sozialpolitischen Experimentierfeld werden. Zunächst verspricht man sich einen Erfolg durch die direkte ideologische Beeinflussung über Schule, Vereine und Kirche. Nachdem sich diese idealistisch angelegten Versuche als erfolglos erwiesen haben, geht man schrittweise, nun durch Protektion auf der Ebene des Staates, dazu über, durch materielle Maßnahmen ein konservatives Kleinbürgertum als soziales Bollwerk gegen das Proletariat heranzuziehen, beziehungsweise Anstalten zu schaffen, in denen gefährliche Teile des Proletariats vorübergehend isoliert und gezielt behandelt werden können. Dabei kommt der Wohnungsreform für den „kleinen Mann" in unserem Arbeitszusammenhang eine zentrale Bedeutung zu. Auch wenn ihre praktischen Konsequenzen erst sehr viel später wirksam werden, so muß doch die Konzeption der Wohnungsreform in der Zeit zwischen den Weberaufständen und der 48er Revolution im Zusammenhang mit der gesamten christlich-konservation Sozialpolitik begriffen und dargestellt werden, um ihre politische Zielsetzung verstehen zu können.

12.1 Die Familienhäuser als sozialpolitisches Experimentierfeld

Die nacheinander dargestellten Experimente zur Eindämmung der „verderblichen Fluten" unterscheiden sich dadurch, daß immer weitere und höhere Kreise an ihnen beteiligt sind. Die Diskussion um die Methoden wird in den konservativ-restaurativen Kreisen verdeckt geführt, und alle Maßnahmen, die eingeleitet werden, verbinden sich mit allgemein christlichen Motiven, die das eigentlich gesetzte Ziel nur schwer erkennen lassen. Um ein einigermaßen realistisches Bild der Experimente zu entwerfen, um die es hier geht, mußten wir die Einzelheiten dazu mühsam und mosaikartig aus Biographien, Vereinsberichten, Tagebüchern und Akten zusammentragen.

12.1.1 Die Betstunden

Am **8.11.1827** berichtet der Armenarzt Dr. Thümmel der Armendirektion von merkwürdigen Zusammenkünften in den Familienhäusern:

→A 1   *... der ich verpflichtet zu sein glaube, jede günstige oder ungünstige Veränderung in dem mir geneigtest anvertrauten Armen-Reviere sofort zu berichten, erfülle ich um so freudiger diese Pflicht, da der Gegenstand meiner Mitteilungen, welcher sich auf die vielbesprochenen v. Wülcknitzschen Familienhäuser bezieht, von der ersteren Eigenschaft ist; indem ich zugleich die gehorsamste Bitte damit verbinde, das von mir mitzuteilende Ereignis sowohl günstig zu beurteilen, als auch dasselbe, wenn es mit den Ansichten des Collegii übereinstimmt, geneigtest unterstützen zu wollen.*

Wenn irgend etwas im Stande ist, den gesunkenen moralischen, traurigen Zustand der Bewohner dieser Häuser schnell und dauerhaft zu verbessern, so bietet unleugbar wohl die Religiosität dazu am liebreichsten und besten die Hand, was menschlichen Kräften und polizeilicher Strenge oft unmöglich wird, sieht man sie nicht selten mit Leichtigkeit und Liebe, zum Erstaunen aller, vollbringen. Ohne mich enthusiastisch über den günstigen Erfolg einer Erscheinung aussprechen zu wollen, welche bei aller ihrer Unscheinbarkeit doch unverkennbar die Spuren einer höheren lenkenden Hand an sich trägt, aber jetzt, seit kurzem, wie man nicht ohne Grund vermuten darf, zur Wohlfahrt jener Armen hervortritt und die Aufmerksamkeit des teilnehmenden Beobachters in Anspruch nimmt, glaube ich es doch nicht ganz mit Stillschweigen übergehen zu dürfen, daß sich in dem sogenannten Schulhause (Gartenstr. No. 58b) ein Verein gebildet hat, der sich wöchentlich 3mal (mittwochs, sonnabends und sonntags um 7 Uhr) zu gemeinschaftlichen Andachtsübungen und christlicher Erbauung versammelt und zu dem der Weber Siegmund (58b/37), welcher früher 3 Jahre den Bet- und Andachtsübungen des verewigten Jänicke beigewohnt, den Impuls gegeben hat; indem er anfangs in seinem eigenen Zimmer für sich

←L 3   *und seine Familie seine gewohnten Andachtsübungen fortsetzte, die in Bibellesen, Gebeten und Gesange geistlicher Lieder bestanden und soviel Teilnahme unter nahen und entfernteren Nachbarn gefunden hat, daß der Raum seines Zimmers bald zu beschränkt zur Aufnahme der Trostsuchenden wurde und man sich genötigt sah, ein eigenes Zimmer auf gemeinschaftliche Kosten zu mieten. Mit der Erweiterung des Raumes begann auch dieser fromme Verein, aus dessen Mitte ein inspirierter Maurergesell und der p. Siegmund hervortraten, das Evangelium aus Brosamen von Jänicke's geistlicher Volkstafel zu verkünden und die Bibel nach ihrer Einfalt zu interpretieren, worin sie bald durch unsern Herrn Schulvorsteher und Missionäre freundlich unterstützt wurden. Aber auch dies Zimmer, in das der Beschauer nicht ohne Rührung treten kann, wenn er die aus den entbehrlichen Utensilien ärmlich zusammengezimmerten Bänke, der den zerbrechlichen Altar vorstellt und auf dem die Bibel nebst einigen Gesangsbüchern und Kinderlehren liegen, den Polsterstuhl für den Redner und den verbogenen, ehemals lackiert gewesenen Zinnleuchter mit dem halbherabgebrannten Lichte betrachtet, wurde bald für die sich täglich mehrende*

Johann Jänicke (1748–1827), lutherischer Prediger, errichtete während der „Befreiungskriege" ein „Beterkorps", das für die Siege Preußens beten sollte. Karl Gutzkow beschreibt das Wirken dieses Berliner Pietisten im Haus der böhmischen Brüdergemeinde am Ende der Wilhelmstraße: *Jänicke, lange Zeit der einzige Pietist auf Berlins Kanzeln, wußte seine Zuhörer zu fesseln, trotzdem daß seine Predigten Konversationen waren, bei denen vorkam, daß er diesen oder jenen in der Gemeinde anredete oder auf Stühle verwies, wo Menschen von ihm erblickt wurden, die ihm nicht aufmerksam genug oder wohl gar nur gekommen waren, „um hinter den Hüten ihr Lachen zu verbergen". Seinem Publikum gefiel diese Natürlichkeit. Schuhmacher, Weber, „Raschmacher", besonders aus dem oberen Teil der Wilhelmsstraße, den man dieser mährischen Einwanderer wegen mit wenig Kenntnis der Geographie „die Walachei" nannte, fanden es ganz im Stile der Volksberedsamkeit, wenn Jänicke sagte: „Der Geist Gottes fuhr auf die Jünger herab nicht im Sturmgebraus wie ein Donnerwetter, sondern sanft und lieblich wie eine Taube, zirp, zirp, zirp!" Als Vorstand des Missionsvereins vermittelte Jänicke die Phantasie seiner Gemeinde mit den fernsten Völkern der Wildnis. Er wußte insofern die eigentliche und beste Wirkung alles Missionswesens zu treffen, die eben keine andere ist als die Erhebung und Begeisterung derer, welche die Missionen absenden.*

Menge zu klein und ließ das Bedürfnis, den Raum erweitert zu sehen, lebhaft fühlbar werden.

Herr von Wülcknitz hat den vielseitigen Bitten Gehör gegeben und sich bereit gefunden, zwei Zimmer für die monatliche Miete von 1 Thaler, welche durch Hinwegnahme der Wand vereinigt und zu einem kleinen Saale erhoben wurden, abzugeben. Ja, mehrere achtbare Geistliche der Stadt wollen dies selbstgebildete Institut durch lehrreiche Vorträge unterstützen. Wenn man auch annehmen kann, daß Neubegier und Neuheitsreiz auch viele zu diesen Übungen lockt, so ist doch nicht zu verkennen, daß viele Arme, welche teils der entlegenen Kirchen, teils des Kleidermangels wegen ihren Gottesdienst versäumen, gern an diesen Andachtsübungen teilnehmen und Ersatz ihrer fehlenden öffentlichen Bethäuser finden; ja, daß das Beispiel segensreich nach und nach auf die Schwachen und Verirrten zu wirken nicht verfehlen werde.

Wenn der Staat seine guten Christen als seine besten Bürger erkennt und Institute, welche zur Beförderung wahrer Religiosität abzwecken, schon aus politischen Gründen gern unterstützt, so darf man es ohne Frage von der Milde der Armen-Direction mit Zuversicht erwarten, daß sie, um dies wohltätige Institut immer kräftiger ins Leben treten zu lassen, mit Beifall auf dasselbe herabsehen und unterstützen werde; um so mehr, da sich meine ergebenste Bitte vorläufig nur auf einen viertel Haufen Holz, das Lokal zu erwärmen, um die Versammlungen im Winter nicht zu unterbrechen, beschränkt.

Dürfte ich nicht fürchten, unbillig zu erscheinen, so würde ich, da den Armen die aus den gesammelten Beiträgen die Miete für das Local bis jetzt zu erschwingen nicht vermochten, diese Ausgabe schwerfällt, auch auf diesen Almosenthaler monatlich antragen.

Die Armendirektion hält sich nicht für zuständig, sondern leitet den Antrag weiter an das Konsistorium der Mark Brandenburg, die Oberaufsichtsbehörde der Evangelischen Kirche, und informiert den Berliner Bischof Neander. Der Bischof äußert sich skeptisch über die Betstunden, er vermißt die Autorität, vor allem ist ihm der *inspirierte Maurergesell* suspekt, und er rät dringend von einer Unterstützung ab.

Am **20.1.1828** beauftragt das Konsistorium die gebietsmäßig zuständigen Geistlichen der Sophien-Kirche in Berlin, sich der Angelegenheit anzunehmen und die Leitung der Betstunden selbst zu übernehmen oder aber geeignete Personen einzusetzen, die sie beaufsichtigen können.

Aus Berichten des gleichen Jahres geht hervor, daß die Betstunden dann von den Schulvorstehern Hennig und Hornung geleitet werden. Die beiden gehören zu dem Gründungskomitee des Privatvereins, der seit dem **1.1.1828** in den Familienhäusern eine Armen-Freischule eingerichtet hat, die dort den Schulunterricht für die Kinder aus den Familienhäusern bis zur Einrichtung der ersten kommunalen Schule im Voigtland **1847** übernehmen wird. Die Aufzeichnungen von Grunholzer zeigen, daß die Betstunden ←S 22 auch **1843** noch stattfinden.

12.1.2 Die Armen-Freischule

Die Stifter der zu Beginn des Jahres **1828** eingerichteten Armen-Freischule sind der Obrist Graf v. der Gröben, der Oberlandesgerichtsrat v. Gerlach, der Kammergerichtsrat Le Coq, der Justizrat Focke und die beiden Schulvorsteher Hornung und Hennig.

Über die Entstehung und Einrichtung der Schule informiert ein von einem der Stifter selbst verfaßter Bericht, der **1829** in den „Jahrbüchern der Straf- und Besserungsanstalten, Erziehungshäuser, Armenfürsorge und anderer Werke der christlichen Liebe" erscheint. Diese Hefte werden herausgegeben von Nikolaus Heinrich Julius, dem „Pionier der preußischen Gefängnisreform", der uns noch in diesem Zusammenhang beschäftigen wird. Wir bringen den Bericht ungekürzt, weil er praktisch unzugänglich ist und eines der frühesten Dokumente zur Schulerziehung proletarischer Kinder darstellt.

Karl Gutzkow erinnert sich an die Konventikel der Berliner Pietisten:

→L 4 *Beim gemeinen Mann hießen sie Betstunden. Auch sie hingen zunächst mit dem Missionswesen zusammen. Unstudierte Missionäre übten sich im Sprechen. Aber auch Handwerker sprachen. Meist in dem entlegenen Klassenzimmer einer Schule oder in einem sonstigen Privatlokal versammelten sich abends fünfzig bis sechzig Gläubige beim Schein eines einzigen Talglichts und hörten die Rede oder das Gebet eines Inspirierten an, der seinen Vortrag zuletzt mit „Nachrichten aus dem Reiche Gottes", die über Nürnberg und Basel gekommen, und mit Sammlungen für die fernen Heidenbekehrer endete. Diese Betstunden wurden anfangs untersagt oder nur dann geduldet, wenn der Erleuchtete, der auftrat, einen gedruckten Vortrag ablas oder nur ein Gebet aus dem Stegreif hielt. Die Redner wollten aber nichts Fremdes ablesen; so blieb ihnen nichts übrig, als der Rede die Form des Gebetes zu geben. So beteten sich hier dann manche Schuster und Schneider rein von der Erde hinweg. Die Verzückung sah den Himmel offen. Die Dringlichkeit betete den Himmel zur Erde nieder. Man sah Christus den Herrn (Gott-Vater war in diesem Kreise nicht grade abgesetzt, hatte aber mehr die Rolle des „Alten vom Berge", der hinten, im äußersten Libanon, in einer dunkeln Höhle sich in den Ruhestand versetzt hatte) leibhaftig auf seinem Throne sitzen. Herzzerreißende Klagetöne, die fast eine Stunde dauerten, lösten hier alle Weltlichkeiten auf. In der engen Stube, unter den ernsten, dunkelgekleideten Männern, bei dem einzigen Talglicht, das oft am Erlöschen war, im fahlen Dunkel so sich zu unterhalten mit dem Bräutigam der Seele – es mußte sich aller „Brüder" und „Schwestern" ein heiliger Schauer, aber auch jene Selbstzufriedenheit bemächtigen, die den Pietisten eigen ist, wenn sie von ihrer Gottesfreundschaftshöhe auf andere Menschen herabblicken. Wer wird aber in diesem seltsamen Gottesdienst lediglich Heuchelei sehen wollen? Ein guter Redner wußte in dies einzige Gebet, das er halten durfte, das ganze Leiden der Armut hereinzuziehen. Schlechte Zeiten, Arbeitslosigkeit, die Maschinen als Stellvertreter der Händearbeit, die neuen Moden, die z.B. die Filzhüte verdrängten und nur noch die Seidenhüte gelten ließen, die drückenden Abgaben, Krankheiten und Unglücksfälle, alles sprach sich hier in diesem Hülferufe aus. Hätten sich nicht die Vornehmen eingemischt, hätte nicht der Staat verraten, wie gerade ihm an dieser Auffassung des Himmels schon auf Erden gelegen war und er eine Menge Belohnungen dafür in Bereitschaft hielt, diese Gottesverehrung hätte sich nicht so bald getrübt, wie später geschah.*

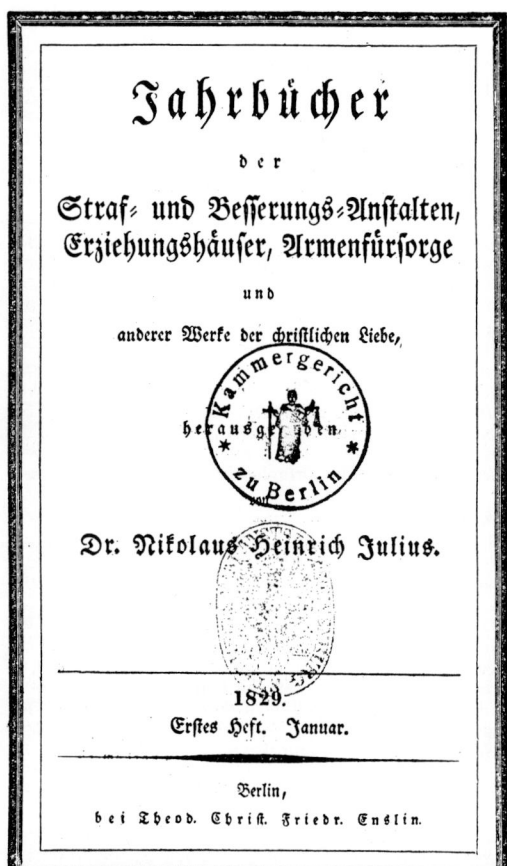

Schulvorsteher Hornung, Mitbegründer der Armen-Freischule in den Familienhäusern, nimmt am **20.4.** 1848 an der Volksversammlung an der „Einsamen Pappel" teil. Adolf Streckfuß berichtet darüber:

Interessant war diese Versammlung nur durch einen eigentümlichen Zwischenfall. Plötzlich erhob sich der Ruf, ein Polizeispion befinde sich in der Versammlung, und sofort folgte das wütende Geschrei: „Hängt den Schuft auf!" So unsinnig es war, in einer öffentlichen, von Tausenden besuchten Versammlung einen Spion zu wittern, so erregte doch schon der verhaßte Namen eines solchen die Wut der Arbeiter.

Ein bleicher, vor Angst zitternder Mann wurde nach der Rednertribüne geschleppt, man fand bei ihm einen Zettel, der die Namen verschiedener Redner enthielt. Eine eigentümliche Scene, gewissermaßen ein Gerichtsverfahren des Volkes entwickelte sich jetzt. Der Spion, denn daß er in der Tat ein Agent der Polizei sei, glaubte nach den Notizen, die ihm entrissen worden waren und die ein Redner der Versammlung mitteilte, jedermann, wurde nach Namen und Stand gefragt. Er nannte sich Hornung und gab an, daß er Rendant sei. Ein Arbeiter, der ihn von früherher kannte, erzählte, er sei ein früherer Vorsteher einer Mädchenschule, dem aber das Amt genommen worden sei, weil er Mißbrauch mit den kleinen Mädchen getrieben habe. Ein Schrei der Entrüstung unterbrach den Redner, und erst nach einiger Zeit konnte er fortfahren. Herr Hornung, obgleich damals aus dem Amte gejagt, habe sich doch wieder höheren Orts in Gunst zu setzen gewußt, weil er sich auf die Frömmelei gelegt habe. Später hat sich derselbe Mann einen nicht beneidenswerten Namen durch seine Leistungen auf dem Gebiete der Geisterseherei gemacht.

Bericht

über

die neugegründete Armen-Frei-Schule in den von Wülknitzschen Häusern vor dem Hamburger Thore *).

1. Entstehung und Fortgang.

→L 5 *Die erste Veranlassung zur Errichtung einer Armen-Freischule für die Kinder der Einwohner in den Häusern des Königlichen Kammerherrn Baron von Wülcknitz, vor dem Hamburger Tore, wurde einem der Stifter derselben im Spätherbste 1827 dadurch gegeben, daß er sich persönlich von dem höchst bedauernswürdigen Zustande der vernachlässigten, des Schulunterrichts und der Erziehung großenteils entbehrenden zahlreichen Jugend vielfältig zu überzeugen Gelegenheit hatte.*

Nach einer amtlichen Zählung befanden sich damals in diesen Häusern, bei einer Bevölkerung von 2300 Seelen, 1007 Kinder bis zu einem Alter von 14 Jahren, und unter ihnen gegen 500 schulfähige, von welchen nur 111 den freien Unterricht in den zunächst — jedoch in ziemlicher Entfernung — gelegenen Communal-Armenschulen genossen. Für den bei weitem größten Teil dieser Kinder war also gar nicht gesorgt und konnte auch damals nicht gesorgt werden, indem die genannten Schulen entweder zu entlegen oder zu angefüllt waren.

Teils in Fabriken und Werkstätten arbeitend, teils mit ihren armen Eltern das Brot im Hause und auf den Straßen verdienend, teils sich herumtreibend in Müßiggang und Laster, war die dort aufwachsende Generation, ungeachtet vieler wohltätiger Anstalten unserer Hauptstadt, in der augenscheinlichsten Gefahr geistigen und leiblichen Verderbens.

Wenngleich sich nicht verkennen läßt, daß diese Familienhäuser der ärmsten Bevölkerung Berlins ein ohnedies, besonders für Stuhlarbeiter und Familien mit vielen Kindern, schwer zu findendes Unterkommen gewähren, daß das Elend, welches durch die Vereinigung so vieler Bedürftigen auf einem Punkte einen erschreckenden Eindruck macht, nicht weniger v o r h a n d e n sein würde, wenn es in verborgenen Winkeln der Stadt zerstreut wäre, vielmehr eben durch die Contraction der polizeilichen Zucht, wie der tätigen Christenliebe und gewissenhaften Seelsorge, ihre Aufgabe erleichtert wird, so ist es doch nicht minder wahr, daß der Zustand der Bewohner jener Häuser im hohen Grade bedauernswert und daher die fast allgemeine Klage, welche man über sie hört, erklärlich ist.

Diese traurigen Verhältnisse, unter welchen die dort aufwachsende Jugend dem Verderben Preis gegeben war, und Vorschläge, ihnen möglichst abzuhelfen, teilte der Obengenannte mehreren Freunden mit, die, ←L 6 *gleich ihm überzeugt von der dringenden Notwendigkeit, dieses schreckliche Übel an der Wurzel durch christlichen, verständigen Unterricht und durch sorgfältige Erziehung der Jugend anzugreifen, sich mit ihm verbanden, durch Sammlungen im Kreise ihrer Gönner und Freunde und aus eigenen Mitteln, einen Fond zur Errichtung einer Armenschule für die von Wülcknitzschen Häuser aufzubringen.*

Unter göttlichem Segen gelang dieses in so kurzer Zeit, daß schon am 1sten Januar 1828 die beiden K n a b e n k l a s s e n eröffnet werden konnten, zu welchen der Königliche Kammerherr Baron v. W ü l c k n i t z mit zuvorkommender Bereitwilligkeit ein sehr geräumiges Lokal unentgeldlich hergab und zweckmäßig einrichten ließ.

Der Schulunterricht wurde dem Lehrer H i s c h e r einstweilen übertragen und dieser bei der feierlichen Einweihung am 7ten Januar des nämlichen Jahres den versammelten 126 Knaben vorgestellt.

In seine Stelle trat am 1sten April der durch achtjährigen treuen Unterricht in der H e n n i g s c h e n Schule bewährte Lehrer G e e t z, der indessen leider schon am 29sten Juli aus dem von ihm mit gesegnetem Erfolge übernommenen Wirkungskreise durch einen frühen Tod ausschied und dessen Andenken im Segen bleiben wird.

Bis zu Ende des Septembers wurde die Stelle interimistisch verwaltet, indem der vom Verein berufene, an einer Bürgerschule zu Potsdam als zweiter Lehrer angestellte Lehrer G e r l a c h nicht früher aus seinem Wirkungskreise scheiden konnte.

Vom 1sten Oktober ab übernahm dieser das ihm übertragene Amt eines Knabenlehrers, dessen gewissenhafte Verwaltung ihm sehr am Herzen liegt und zur Erwartung recht gesegneter Folgen berechtigt.

Für die Mädchen, deren sich vorläufig schon 118 gemeldet hatten, wurden am 1sten März desselben Jahres zwei Klassen eröffnet und der Unterricht dem durch mehrjährige Übung bewährten Lehrer B ü t z o w anvertraut, welcher mit gutem Erfolge und sichtbarem Segen sein Amt verwaltet.

Das geräumige Lokal für die beiden Mädchen-Klassen erließ der Baron v. W ü l c k n i t z für einen sehr ermäßigten Preis und übernahm dessen Einrichtung auf seine eigene Kosten. Bei der am 1sten Oktober erfolgten Eröffnung der Abendschule setzte er, das Bedürfnis derselben anerkennend, die Miete noch bedeutend herab und verminderte dadurch die bedeutenden Mehrausgaben.

Den Gesangunterricht aller Klassen hat der geübte Gesanglehrer Herr S c h u l t z unentgeldlich übernommen.

Zwei im Juli und December angestellte Prüfungen sämtlicher Klassen überzeugten uns von dem Fleiße der Lehrer und Schüler und den erfreulichen Fortschritten der letzteren.

Durch die den Lehrern neben den Schulklassen eingeräumte Amtswohnung strebt der Verein eine genaue Bekanntschaft und gesegnete Einwirkung derselben auf die Schüler und deren Eltern zu erreichen und dadurch, verbunden mit prüfend dargereichten Liebesgaben, den Zustand der Häuser unter göttlichem Beistande je länger je mehr zu heben. Vorzugsweise zwecken dahin auch die im Schullokale mit Vorwissen der Herren Prediger an der Sophienkirche von den Schullehrern H o r n u n g und H o f f m a n n gehaltenen, von Erwachsenen und der Jugend zahlreich besuchten Erbauungsstunden ab, deren still wirkender Segen immer mehr sichtbar wird.

Die Frequenz der Schule konnte bei abnehmender Bevölkerung der v. W ü l c k n i t z s c h e n Häuser im Laufe des Jahres nicht wachsen, obschon sie auch nicht abnahm. Bei einer neuen Zählung fanden sich 460 schulfähige Kinder, von welchen

142 die Communal-Armenschulen
und 244 unsere Schule besuchten;
zusammen 386 die Schulen besuchende Kinder.

Bei sorgfältiger Prüfung ergab es sich, daß die noch übrigen keine Schule besuchenden 74 Kinder durch unabweisliche Verhältnisse davon abgehalten wurden, indem sie zum Broterwerbe oder zur Abwartung jüngerer Geschwister in Abwesenheit der Eltern unentbehrlich oder wegen zu großer Dürftigkeit der letzten auf den Fabriken beschäftigt waren.

Für diese blieb kein andres Mittel der Belehrung übrig als der A b e n d u n t e r r i c h t , welchen einzuführen wir um so weniger Bedenken trugen, als die Bitten der Eltern, ihren Kindern diese Wohltat zuzuwenden, immer dringender wurden. Daß solche A b e n d s c h u l e n ein dringendes Bedürfnis für die große Anzahl der Kinder sind, welche am Tage für den Erwerb mit arbeiten müssen, ergibt sich schon daraus, daß es nicht möglich gewesen ist, mehr als etwa 10 Kinder von obengenannten 74 in eine versuchsweise von uns gebildete Morgenschule hinein zu bekommen, welche wir nach dem Muster einer ähnlichen von der Commune gegründeten, als Ersatz der Abendschule berechneten Anstalt eingerichtet hatten. In diesen Morgenschulen wird der Unterricht wöchentlich in 8 Stunden (im Winter des Morgens von 7–10) für jede Classe erteilt, während in unserer Abendschule die Kinder 14 Stunden Unterricht erhalten, welchen sie nach beendeter mechanischer Tagesarbeit als eine Art geistiger Erholung mit großer Munterkeit und Aufmerksamkeit aufnehmen und überdies dadurch der Gefahr des müßigen Herumtreibens am Abend enthoben werden. – Den Unterricht der Knaben haben der Communal-Armenschullehrer L e r c h , den der Mädchen der Lehrer B ü t z o w übertragen erhalten.

2. E i n r i c h t u n g d e r S c h u l e .

Die Beaufsichtigung und Leitung dieser Schule wird von den Stiftern derselben geführt und sind damit besonders die beiden Schulvorsteher J. C. H e n n i g und D. H o r n u n g beauftragt. Als geistlicher Aufseher ist der erste Prediger an der Sophienkirche (in deren Parochie diese Schule liegt), Herr Prediger S c h u l z , erwählt.

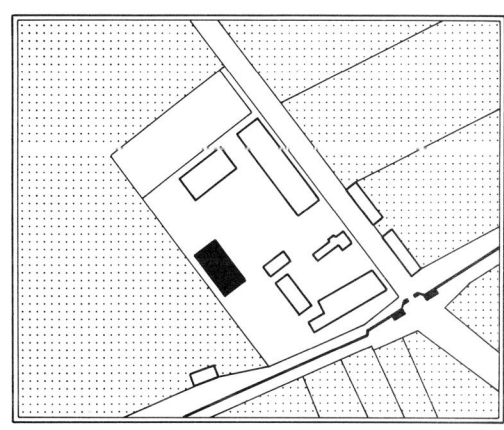

→B 1 Das „Schulhaus" der v. Wülcknitzschen Familienhäuser

Der Mädchenlehrer Bötzow beschreibt seinen Unterricht:

→L 7 *Sämtliche Kinder der Mädchenschule sind in Beziehung auf Entwicklungszeitraum und Kenntnisse in 2 Klassen und jede derselben für jeglichen Lehrgegenstand in erforderliche Unterabteilungen gebracht.*

Die Lehrgegenstände der Schule, welche beide Klassen gemeinsam haben, sind Religion, Lesen, Schreiben, Rechnen, deutsche Sprache und Gesang.

1) Der Unterricht im Worte Gottes war es, mit welchem für die erste Klasse an jedem Tage, nachdem Gesang, Gebet und Memoriren beendet, der Schulunterricht seinen Anfang nahm, wozu uns montags das Sonntags-Evangelium, dienstags der Wochenspruch und mittwochs die biblische Geschichte alten und neuen Testaments, nach ihrer Zeitfolge und im Zusammenhange erzählt, reichlichen Stoff darboten. Donnerstags beschäftigten wir uns mit der Erklärung des lutherischen Katechismus und freitags mit Betrachtung des Monats-Psalms und Monatsliedes, am Sonnabend war Wiederholung der biblischen Geschichte.

Die zweite Klasse hatte, mit Ausnahme des Freitags, wo statt Erklärung des Monats-Psalms und Monatsliedes Zahlenlehre oder sogenanntes Kopfrechnen war, an den gedachten Tagen denselben Lehrstoff, doch mit dem Unterschiede, daß hier nur das 1ste Hauptstück des lutherischen Katechismus erklärt und in der biblischen Geschichte, besonders Erzählungen aus dem Leben Jesu, mitgeteilt wurden.

2) Beim ersten Leseunterricht bedienen wir uns als Hand-Lehrmittel des Hornungschen Leselernbuches, welches nach den verschiedenen Abteilungen der Klasse abgeteilt ist. Die A-B-C-Kinder nämlich beschäftigen sich mit Erlernung der Buchstaben, nach Gestalt, Laut und Namen; sind sie hiermit hinlänglich bekannt, so werden sie in die dritte Abteilung versetzt, und ihre Übungen bestehen jetzt in einfachen Silben und einsilbigen Wörtern, die Übungen der folgenden zwei Abteilungen in zweisilbigen und solchen Wörtern, bei denen sich die Consonanten am Anfange und Ende häufen, die der ersten endlich in drei-, vier- und mehrsilbigen Wörtern, und der im genannten Buche enthaltenen Erzählungen und Abschnitte aus der biblischen Geschichte.

Das Lesebuch der ersten Klasse ist die Bibel, als das Wort Gottes, das nütze ist zur Lehre, zur Strafe, zur Besserung, zur Züchtigung in der Gerechtigkeit; und daher wird hier, neben dem richtigen Lesen, vorzüglich das verständige Lesen und das Anwenden des Wortes auf Herz und Wandel beabsichtigt.

3) Die Vorübungen des Schönschreibens auf der Schiefertafel bestanden in waagerechten, senkrechten und schrägen Linien und den aus ihnen gebildeten Winkeln und Figuren. Hierauf folgen für die zweite Klasse als eigentliche Schreibübungen auf Schiefertafeln die Buchstaben des kleinen und großen Alphabets, nach ihrer Abstammung, alsdann ein- und zweisilbige Wörter und Sätze.

Die erste Klasse hat denselben Stufengang, doch mit dem Unterschiede, daß sie statt der Tafeln Schreibebücher und statt der Übungen an der Wandtafel die Vorschriften von Hennig und Hornung benutzt. Hauptzweck des Schönschreibens ist für unsere Schule eine deutliche und gefällige Currentschrift.

4) Der Rechenunterricht nahm seinen Anfang mit der Zahlenlehre, wobei die Kinder Zahlen ohne Ziffern anschauen, bilden und behandeln lernten. Wir suchten hierbei, soviel in unsern Kräften stand, dem Zwecke dieses zur Übung des Denkvermögens so sehr geeigneten Unterrichts-Gegenstandes nachzukommen.

An die Lehre von den Zahlenverhältnissen schloß sich das sogenannte Zifferrechnen, bei dem wir als Hand-Lehrmittel das Rechenbuch von Ferbitz benutzen.

5) Der Sprach-Unterricht nimmt seinen Anfang mit Sprechübungen, die, der großen Wortarmut der Kinder wegen, notwendig sind; auch werden diese Übungen, da sie meist in Benennung sichtbarer Gegenstände, Bestimmung ihrer Eigenschaften, ihrer Zahl, ihrer Lage und ihres Zusammenhanges mit andern Gegenständen, in Benennung der Zustände des Wirkens und Leidens nach den verschiedenen Zeiten bestehen, zugleich Denkübungen, weil sie nicht nur das Sprachvermögen, sondern auch das Wahrnehmungsvermögen und die Einbildungskraft der Kinder in Anspruch nehmen.

Hierauf folgten Übungen in der Wortbildung durch Vor-, Stamm- und Nachsilben, wobei die Kinder mit einer Menge von Wörtern bekannt wurden und sich durch die über jede Klasse von Wörtern angestellten Sprachübungen des Unterschiedes der Wörter bewußt und so auf die nun folgende Wort-Unterscheidungslehre vorbereitet wurden, bei der die Kinder vorzüglich auf die Veränderung, welche mit den Wörtern in ihren Verbindungen vorgeht, aufmerksam gemacht, zum Begriffe der Wortbeugung gelangten. Auch wurde die erste Abteilung mit den Gesetzen der Wort-Verbindungslehre bekanntgemacht. Der orthographische Unterricht konnte füglich an diese Übungen des Sprachunterrichts geknüpft werden.

6) Bei dem Gesangunterrichte betrachten wir, eingedenk der Worte des Apostels Paulus: „Lehret und vermahnet euch selbst mit Psalmen und Lobgesängen, und geistlichen lieblichen Liedern, und singet dem Herrn in eurem Herzen", den Kirchengesang als Hauptzweck und als Nebenzweck andere geistreiche Lieder in Beziehung auf Jahreszeiten, denkwürdige Tage und dergl., um dadurch unsittliche und geistlose Volkslieder zu verdrängen.

Als Beförderungsmittel des Fleißes und der Sittlichkeit sind für die zweite Klasse sowie auch für die verschiedenen Abteilungen der ersten Klasse gewisse Erfordernisse bestimmt, die von den Schülerinnen, welche versetzt zu werden wünschen, erfüllt sein müssen, z.B. in Hinsicht der Schul-Disziplin wird gefordert: Reinlichkeit, Wohlanständigkeit im Kommen und Gehen, im Reden u.s.w., in Hinsicht der Kenntnisse ist ihnen ebenfalls das zu erreichende Ziel vorgesteckt.

Da auf die Erfüllung dieser Erfordernisse strenge gehalten wird und der Herr, der da spricht: lasset die Kindlein zu mir kommen, unser Gebet und Fürbitte gnädig annimmt und nicht selten durch seinen Geist bewundernswürdige Veränderungen in ihnen schafft, aus Adams Gottes Kinder macht, so arbeiten wir mit gesegnetem Erfolge und führen daher unser Amt mit Freudigkeit.

Der Knabenlehrer Gerlach beschreibt die „Missionsstunden", die er sonntags früh abhält:

Die Missionsstunde bei den Kindern in den v. Wülcknitzschen Häusern nahm ihren Anfang am ersten Sonntage im März 1829 und soll allemal am ersten Sonntage in jedem Monate wiederholt werden.

In jeder Stunde wurde den Kindern der Zustand der Heiden, vorzüglich der ihrer Kinder, geschildert. Es wurde ihnen anschaulich gemacht, wie gut sie es gegen diese Kinder haben, um sie zur Dankbarkeit gegen Gott ihren Heiland und zur Teilnahme gegen diese ihre Mitkinder zu erwecken. Es wurde ihnen ferner klar gemacht, welchen Segen der allmächtige Gott auf einen einzigen Pfennig, in Liebe gegeben, legen kann, indem schon dafür ein Wort von Jesu gedruckt und dadurch eine Seele gerettet werden kann; um ihnen den Wahn zu benehmen, als würde eine Wenigkeit zu diesem großen Werke nichts helfen. Es wurde ihnen klargemacht, daß alles Große aus kleinen Teilen besteht – weshalb auch viele christliche Kinder für dieses große Werk ihren ersparten Pfennig im Glauben beitragen. – Vorzüglich wurde ihnen an das Herz gelegt, daß alles an dem Segen Gottes gelegen ist, weshalb sie fleißig für die Heiden beten müssen. Es wurde ihnen ausdrücklich gesagt, daß der, welcher nichts zu geben habe, dem lieben Gott ebenso angenehm sei als der, welcher geben kann, damit keiner deshalb außenbleiben möchte.

Das Lokal der Anstalt befindet sich in dem schon früher zu einer Schule eingerichtet gewesenen Hintergebäude und hat eine freundliche weite Aussicht auf Gärten, die ihm fortwährend eine reine, gesunde Luft zuführen. Es besteht aus zwei Klassen, jede von 24 Fuß Länge und 19 Fuß Tiefe, nebst einer geräumigen Wohnung für zwei Lehrer, abgesondert von allem störenden Geräusch. Die Einkünfte bestehen in bestimmten freiwilligen Gaben der Liebe, welche von dem Rendanten des Vereins vereinnahmt und aus denen die Lehrergehalte, Miete, Schulutensilien und Lehrmittel, Heizung, Erleuchtung und alle andre Ausgaben bestritten werden, worüber die beigefügte Rechnung nähere Nachweisung gibt. Die Kinder erhalten nicht nur den Unterricht, sondern empfangen auch alle Lehrmittel ganz unentgeldlich.

Der Besuch der Schule ist nur den in den v. Wülcknitzschen Häusern wohnenden Kindern gestattet, und diese werden ohne Ausnahme, sofern sie im schulfähigen Alter sind und nicht etwa andere Schulen besuchen, zu einem regelmäßigen Schulbesuche verpflichtet. Auch ist diese Verpflichtung in die Mietskontrakte der Einwohner aufgenommen und wird den Eltern beim Einziehen durch den Inspektor dieser Häuser angezeigt, welcher dem Verein vierteljährig die Liste der mit eingezogenen Kinder überreicht und dieselben der Schule zuweiset. Ein ohne Grund stattfindendes fortwährendes Zurückhalten der Kinder aus der Schule kann durch Aufkündigung der an ihre Eltern vermieteten Wohnung von Seiten des Bevollmächtigten des Herrn Baron v. Wülcknitz bestraft werden. In der Regel werden alle Vierteljahre neue Schüler aufgenommen, von welchen der Tauf- und Impfungsschein beizubringen ist. Über den Schulbesuch, den Fleiß und das gute Verhalten der Schüler werden von den Lehrern Verzeichnisse geführt, welche den beaufsichtigenden Vereinsmitgliedern zur Einsicht und weiteren Maßnahme vorzulegen sind. Die jährlich zweimal anzustellenden Prüfungen geben dem Vereine einen Maßstab von dem Fortschreiten sämtlicher Schüler.

Die Schule zerfällt in die T a g e s - und in die A b e n d - Schule; jene in zwei Knaben- und zwei Mädchen-Klassen, diese in eine Knaben- und eine Mädchen-Klasse. Zu den beiden Oberklassen der Tagesschule gehören alle Kinder, welche bereits lesen können und in den Anfangsgründen des Schreibens und Rechnens einige Geläufigkeit haben, zu den beiden Unterklassen diejenigen, welchen obige Fertigkeiten mangeln. Die Abendschüler, deren Zahl sich in den beiden Klassen auf 70 bis 80 beläuft, stehen auf gleicher Stufe der Kenntnisse. Sie können bereits notdürftig lesen und brachten wenige Übung im Schreiben und Rechnen mit, weshalb sie, ohne Hindernis und Beschränkung im Fortschreiten, gleichzeitig unterrichtet werden können.

Beide Oberklassen versammeln sich an den vier ganzen Schultagen von 8–11 Uhr, an den halben Schultagen (Mittwoch und Sonnabend) von 8–10 Uhr, beide Unterklassen an den erstgenannten Tagen von 1–4, an den letztgenannten von 10–12. Demnach hat jedes Kind in der T a g e s - s c h u l e wöchentlich 16 Stunden und überdies am Montage von 11–12 eine Stunde Gesang-Unterricht. Die A b e n d k l a s s e n versammeln sich an den sechs Wochentagen von 7–9 Uhr und am Sonntage früh von 7–9 Uhr, genießen also 14 Stunden Unterricht.

Nebenstehender Plan enthält die Gegenstände und Stundenzahl des Unterrichts für alle Klassen.

Nro.	Gegenstände des Unterrichts	Elementar-Klassen	Ober-Klassen	Abend-Klassen
1	*Religions-Unterricht*	*3 Stunden*	*4 Stunden*	*3 Stunden*
2	*Buchstabiren und Lesen*	*5 dito*	*3 dito*	*3 dito*
3	*Schreiben*	*4 dito*	*3 dito*	*3 dito*
4	*Rechnen*	*1 dito*	*3 dito*	*3 dito*
5	*Deutsche Sprache*	*1 dito*	*1 dito*	*0 dito*
6	*Memoriren biblischer Sprüche und des Katechismus*	*2 dito*	*2 dito*	*1 dito*
7	*Gesangunterricht*	*1 dito*	*1 dito*	*1 dito*
	Wöchentlich	*17 Stund.*	*17 Stund.*	*14 Stund.*

Die Schüler, welchen das häusliche Verhältnis es irgend gestattet, erhalten überdies Aufgaben mit nach Hause, welche von vielen zur Zufriedenheit der Lehrer mit Pünktlichkeit geliefert oder erlernt werden.

Nur das N o t w e n d i g e konnte bei der oben angegebenen Anzahl von Stunden, und durfte bei dem Stande der Eltern, in den Kreis der Lehrgegenstände gezogen werden, und es wurde die größere oder geringere Stundenzahl nach der Wichtigkeit der Gegenstände bestimmt, nach welcher Anordnung auf den Religionsunterricht, das Memoriren der Bibelsprüche und des Katechismus, die meisten Stunden fallen. Da die Schule jedesmal mit Gesang anfängt und geschlossen wird, so läßt sich annehmen, daß die dem Kirchengesange wöchentlich gewidmete eine Stunde zur Einübung der gebräuchlichsten Choralmelodien ausreichen werde.

Die engen Grenzen dieses Berichtes erlauben uns nicht, weiter auf die Erläuterung des aufgestellten Lehrplans einzugehen, und wir begnügen uns hier noch zu bemerken, daß das Streben des Vereins dahin gerichtet ist: vermittelst der von ihm sorgfältig gewählten Lehrer allen Unterricht er z i e h e n d und zu einem c h r i s t l i c h e n , r e c h t s c h a f f e n e n und n ü c h t e r n e n L e b e n b i l d e n d , erteilen zu lassen, hoffend, daß durch Gottes Gnade die in den genannten Familienhäusern aufwachsende Generation, in der Furcht und Vermahnung zum Herrn auferzogen und eben dadurch möglichst vor dem Pfade des Lasters bewahrt oder demselben entrissen, die Zahl der Verbrecherkinder in Straf- und Rettungsanstalten vermindert und die bürgerliche Gesellschaft durch brauchbare und nützliche Mitglieder vermehrt werde. –

Außer verschiedenen Geschenken an Sachen beträgt die Einnahme

	Thlr.	Sgr.	Pf.
an jährlichen Beiträgen	*520*	*–*	*–*
an einmaligen Beiträgen	*333*	*6*	*–*
an außerordentlichen zum Weihnachtsfeste	*153*	*27*	*6*
Vergütung von Abendschülern für drei Monate			
für Bücher, Heizung und Licht	*25*	*10*	*9*
zusammen	*1032*	*14*	*3*
Ausgabe	*850*	*13*	*11*
Bestand außer einem Pfandbriefe von 200 Thalern			
bei Jahresschluß	*182*	*–*	*4*

Ab **1.12.1829** gibt der dritte der genannten Lehrer, der für die Abendschule zuständig war, seine Stelle auf, ohne daß ein neuer Lehrer eingestellt wird. Während der nächsten 20 Jahre stehen für den Schulunterricht der Kinder aus den Familienhäusern zwei ganze Lehrer zur Verfügung. Der Bericht aus den Jahrbüchern von **1832** zeigt, daß die Zahl der Schüler zusätzlich noch steigt:

Die S c h ü l e r z a h l hat nach und nach bedeutend zugenommen, ←L8
und es befanden sich gegen Ende des Jahres 1830

in der ersten Knabenklasse	*60 Knaben,*
– zweiten –	*78 –*
– Abendschule der Knaben	*42 –*
Zusammen	*180 Knaben,*
in der ersten Mädchenklasse	*66 Mädchen,*
– zweiten –	*86 –*
– Abendschule der Mädchen	*33 –*
Zusammen	*185 Mädchen,*
im Ganzen also die bedeutende Anzahl von	*365 Kindern.*

Der große Zuwachs unserer Schulkinder, deren Zahl sich im Jahre 1828 nur auf 244 belief, schreibt sich daher, daß die Kinder aus den v. Wülcknitzschen Häusern, welche früher an dem freien Schulunterrichte in mehreren Communal-Armenschulen Teil nahmen, uns durch das ehrende Vertrauen der Commune überwiesen wurden.

Hinter dem *ehrenden Vertrauen* ist eher ein Abschieben zu vermuten. Die Protokolle von Grunholzer zeigen, daß sich zumindest bis in die 40er ←S 9 Jahre in bezug auf den Unterrichtsstoff, den Ort, die Schülerzahl und die restlose Überlastung der Lehrer nichts geändert hat.

Als ich am Schlusse der Stunde sagte, daß sie nun ihre Wenigkeit in die Büchse werfen wollten, bemerkte ich auf ihren Gesichtern eine sichtbare Freude, die ich dadurch zu mäßigen und zu veredeln suchte, daß ich ihnen noch kürzlich den Spruch erklärte: „die Linke soll nicht wissen, was die Rechte tut." Ich sagte ihnen, der Herr Jesus würde es ihnen sehr übelnehmen, wenn sie sich mit ihren Gaben großtun und das, was sie gegeben haben, ausposaunen wollten. Worauf sie sehr anständig und ehrerbietig die Klasse verließen.

Die Sammlung betrug an diesem Tage 15 Silbergroschen.

Nachdem, wie in der ersten Stunde, früh um sieben Uhr wir mit Gesang und Gebet vor dem Herrn in unserer Schwachheit erschienen waren, erzählte ich den Kindern die Geschichte aus dem Barmer Missionsblatt vom 24sten April 1826, vom Abdallah und Sabat. Die Kinder waren ungemein aufmerksam und zeigten eine große Teilnahme an dem Schicksale des Abdallah.

Es wurde den Kindern besonders an das Herz gelegt, daß man dem Herrn Jesu auch dann treu bleiben müsse, wenn man in seiner Nachfolge nur Schmach und Schande von Menschen dadurch zu erwarten hätte; und daß man seine Feinde lieben und für sie herzlich beten solle. Auf meine Frage, ob sie das alles tun und auch wohl um Jesu willen etwas leiden wollten, wenn er es verlangen sollte, sprachen sie alle ein inniges, seelenvolles „Ja" aus, welches mich selbst rührte, erbaute und beschämte. Hierauf ermahnte ich wieder zum Gebet, weil mit unserer Macht, mit unsern guten Vorsätzen und dergleichen nichts getan ist.

Die Sammlung betrug an diesem Tage 15 Sgr. 5 Pf.

Missionsstunde am ersten Sonntage im Mai 1829:

Nachdem den Kindern die am verflossenen Sonntage schon angefangene Geschichte, „Heinrich von Eichenfels", vollends mitgeteilt worden war, erzählte ich ihnen etwas aus dem Barmer Missionsblatt vom 25sten Februar.
1) Wie die Verbrecher geschont werden von christlichen Obrigkeiten und Regenten. Daraus wurde ihnen Liebe eingeflößt gegen den König und die Obrigkeit.
2) Welche Gefahren die Boten Gottes unter den Heiden auszustehen haben. Daraus wurde ihnen ans Herz gelegt, daß sie unsere Fürbitte nötig haben.
Besonders klar wurde dies den Kindern aus der Erzählung der Sitte der Neuseeländer, daß sie sich nämlich auch an dem für eine zugefügte Beleidigung rächen, welcher ein Verwandter ihres Beleidigers ist, wenn sie diesen nicht erreichen können.
Nachdem wir dem Herrn unseren Dank und unsere Bitten in unserer Schwachheit vorgetragen hatten, legten die Kinder ihr Scherflein zusammen, und es betrug 16 Silbergroschen.

Anonym:

Christliche Volkserziehung

→L 9 *Lehrt meinem Volk hübsch fromme Lieder,*
So sprach der Fürst zu seinen Pfaffen,
Bückt es mir hübsch zur Erde nieder,
Um ihm des Himmels Heil zu schaffen.
Denn ihm laß ich den Himmel
Mit seinem Sterngewimmel,
Wenn mir nur bleibt die Erde!

Nur demutsvoll es angeführt
Zum alten, echten Christenglauben;
Den süßen Trost, der ihm gebühret,
Will ich dem guten Volk nicht rauben.
Denn ihm laß ich den Himmel
Mit allem dem Gebimmel,
Wenn mir nur bleibt die Erde!

Gehorsam macht es und ergeben
Mit euren salbungsreichen Worten,
Daß es mir im dereinst'gen Leben
Gewinnen mag des Himmels Pforten.
Denn ihm laß ich den Himmel
Mit allem dem Gebrümmel,
Wenn mir nur bleibt die Erde!

Und daß es zahle fromm die Steuer,
Lehrt nach dem Evangelium;
Denn gebt dem Kaiser das, was euer,
Sagt Christus, und das war nicht dumm;
Dem Volk laß ich den Himmel
Mit seinem Sterngewimmel,
Wenn mir nur bleibt die Erde!

Siebenter Jahresbericht
des
christlichen
Männer-Kranken-Vereins
in Berlin.
1840.

Berlin.
Gedruckt bei F. Schantze, vormals J. We...
Stralauer Straße № 33.

Der Vorstand des Christlichen Männer-Krankenvereins (1842):

Achilles, Wundarzt, Wall-Straße Nr. 66
Benecke, Tischlermeister, Junker-Straße Nr. 21
Borsum, Kleidermachermeister, Markgrafen-Straße Nr. 83
Boshardt, Goldarbeiter, Krausen-Straße Nr. 63
Buffleb, Fabrikant, Mauer-Straße Nr. 80
Dr. Couard, Prediger, Landsberger Str. Nr. 40
v. Gerlach, Prediger, Invaliden-Straße Nr. 5
Kuntze, Prediger, Wall-Straße Nr. 11
Liehr, Sattlermeister, Kloster-Straße Nr. 46
Mittendorf, Lehrer, Geschäftsführer des Vereins, Klosterstraße Nr. 65
Rothe, Hülfsprediger, Invaliden-Straße Nr. 5
v. Rohr, Hofrat, Rechnungsführer des Vereins, vor d. Prenzlauer Tore
Sack, Schuhmachermeister, unter den Linden Nr. 29
Schätzig, Schlossermeister, Kassenführer des Vereins, Krausen-Straße Nr. 75
Schönemann, Küster, stellvertretender Geschäftsführer, Brunnen-Straße Nr. 2
Schweder, Prediger, Stralauer Straße Nr. 38
Seiffert, Lederhändler, Linden-Straße Nr. 44
Stubenhauer, Kleidermachermeister, Niederwall-Straße Nr. 8
A. Weise, Webermeister, Alexander-Straße Nr. 17
S. Weise, Webermeister, Alexander-Straße Nr. 6

Stellvertretende Vorsteher:
Claus, Seidenwirker, große Georgen-Kirchgasse Nr. 14
Czapla, Kleidermachermeister, Linden-Straße Nr. 73
David, Seidenwirker, Brunnen-Straße Nr. 18
Keeb, Lithograph, Chaussee-Straße Nr. 25
Opitz, Seidenwirker, Acker-Straße Nr. 38
Paulsen, Maler, Spittelmarkt Nr. 4
Schantze, Buchdruckerei-Besitzer, Stralauer Straße Nr. 33
Schröder, Rentier, Linden-Straße Nr. 90
Wilke, Tischlermeister, Sparwaldsbrücke Nr. 8
Zillmann, Tischler, Husaren-Straße Nr. 1

Die Rechnungs-Revisions-Commission:
Dreger, Schulvorsteher, Mauer-Straße Nr. 85
Kampffmeyer, Lederfabrikant, Wall-Straße Nr. 63
Stobwasser, Fabrikinhaber, Wilhelms-Straße Nr. 98

Die Calculatur:
v. Born, Lieutenant a.D., Wilhelms-Straße Nr. 38
Müller, Kriminal-Gerichts-Secretair, Wall-Straße Nr. 66
Wollanke, Kassen-Secretair, alte Jakobs-Straße Nr. 7

12.1.3 Die Krankenbesuchsvereine

Die beiden Schulstuben in den Familienhäusern werden seit **1833** noch von einer dritten privaten Vereinsgründung genutzt. Es ist der Männerkrankenverein, der auf die Initiative des Pfarrers der Böhmisch-Lutherischen Betlehemsgemeinde in Berlin, Johannes Evangelista Gossner, zurückzuführen ist, der zum Umkreis der ersten Berliner Pietisten gehört.

Die Mitglieder des Männerkrankenvereins treffen sich monatlich in einer der Schulstuben als einem von drei ständigen Versammlungslokalen. Dabei werden die Mitgliedsbeiträge eingesammelt und öffentliche Gottesdienste abgehalten.

Im gleichen Jahr **1833** wird auch ein Frauenkrankenverein gegründet, zunächst aus Mangel an Mitgliedern nur innerhalb der Stadtmauer, später ein eigener Verein, der das Voigtland betreut. Dieser separate Verein richtet in den Familienhäusern später eine Speiseanstalt ein, die Kranke mit Suppen versorgt. **1843** gründet dieser Verein, ebenfalls in den Familienhäusern, noch eine Beschäftigungsanstalt, →L 10 *die hier armen Stuhlarbeitern (Webern), welche ohne Beschäftigung sind, dadurch zu Hilfe komm(t), daß man sie auf Rechnung des Vereins arbeiten läßt. Aus den gelieferten Zeugen werden von anderen Armen Hemden, Röcke, Schürzen und dergleichen angefertigt. Ein Verkaufslokal ist in den Familienhäusern und in der Weihnachtszeit im Hause der Vorstandsdamen der Stadt eröffnet worden.*

Die Tätigkeit des Männerkrankenvereins wird folgendermaßen beschrieben: →L 11 *Er sucht den männlichen Kranken nicht bloß Linderung ihrer leiblichen Not durch Darreichung von Geld, Kleidung, Essen zu bringen, sondern auch den Trost des Evangeliums. Mancher Sterbender hat dadurch den Eingang zum ewigen Heil und nachher Genesene den Rückweg zur Sitte und zeitlicher Zufriedenheit gefunden.*

Der Männerkrankenverein hat seit seiner Gründung im Jahre **1833** Jahresberichte herausgegeben, in denen sich neben den Spenderlisten auch zahlreiche Beschreibungen von Krankenbesuchen finden, die zwar nicht lokalisierbar sind, aber doch einen realistischen Eindruck vermitteln, worin ←L 12 der *Trost des Evangeliums* bestanden hat: →L 13 *Einem Kranken, der an der Wassersucht elend darnieder lag und zugleich des nötigen Unterhalts ermangelte, wurde zunächst mit einer Geldunterstützung aus der drückendsten Not geholfen. Als man hierauf nach seinem geistlichen Zustande forschte, so ergab sich's, daß er darüber eine gute Meinung von sich hatte, indem er versicherte, niemandem Unrecht getan zu haben, auch kein Spieler, Hurer, Ehebrecher, Trunkenbold gewesen zu sein. Man hielt ihm vor, daß er in dieser Hinsicht vor den Augen der Welt als gerechter Mann gelte, aber in den Augen des Geistes gewiß nicht. Nach den Augen des Fleisches und den bürgerlichen Gesetzen nenne man auch nur diejenigen, welche zum Hochgericht verurteilt seien, arme Sünder, weil ihre Taten diese Strafe nach sich zögen; wie aber, wenn der heilige und gerechte Gott in das Herz sähe, würde er da nicht zittern und zagen? ja wenn es möglich wäre, würde er sich nicht lieber gänzlich vor seinen feuerflammenden Augen verbergen mögen? und da dies doch unmöglich sei, müßte er sich nun nicht vor ihm in den Staub werfen und bekennen: Ich bin ein Wurm und kein Mensch! und um Gnade bitten, da es noch Zeit sei, ehe diese köstliche Frist der Gnade verginge? Er fühlte diese Wahrheit und versprach, um Erkenntnis seiner selbst zu bitten. Während der 13 Wochen seiner Krankheit, die zum Tode führte, hatten wir manche Unterredung mit ihm. Er erkannte seine Sünde, und wir hoffen, daß auch er vor dem, mit dem Blute Jesu Christi unsers Erlösers und Seligmachers besprengten Gnadenstuhle Gottes Vergebung und die ewige Seligkeit erhalten haben wird.*

Ein Artikel in den „Fliegenden Blättern aus dem Rauhen Hause" von **1845** nennt neben den bereits erwähnten Vereinen im Voigtland noch →S 298 einen Kinderverwahrverein, der seit **1837** in den Familienhäusern besteht, einen Enthaltsamkeits-, einen Schulbesuchs- und einen Sparverein. Diese nach **1835** gegründeten Vereine stehen im engen Zusammenhang mit der Einrichtung der Elisabeth-Gemeinde.

12.1.4 Die Elisabeth-Kirche

Am **28.6.1835** wird an der Ecke Invaliden-/Badstraße die Elisabeth-Kirche eingeweiht, von der aus die Bevölkerung des Voigtlands „seelsorgerisch erfaßt" werden soll. Die im zweiten Weltkrieg zerstörte Elisabeth-Kirche steht heute noch in ihren Umfassungsmauern.

Der erste Anstoß zur Gemeindegründung geht auf den bereits zitierten Bericht Dr. Thümmels über die Familienhäuser vom **11.1.1827** zurück, ←S 193 worin er eine *zu erhöhende Seelsorge* fordert, wenngleich er hinzufügt, *inwiefern dies am besten zu erreichen, ob durch Anlegung neuer Kirchen und Fundierung neuer Pfarren oder durch Missionäre, welche vielleicht hier ebensoviel als unter den Südsee-Insulanern zu bekehren bekämen – hierüber zu urteilen liegt außer meinem Bereich.*

Deutlicher wird in dieser Beziehung der Magistrat, der dem König im **März 1827** ein Exemplar des frisch gedruckten Thümmel-Berichts überreicht. Gleichzeitig findet sich in dem handschriftlichen monatlichen „Zeitungsbericht" des Magistrats an den König folgender Kommentar:

Durch diesen Bericht ist es abermals sehr lebhaft in Anregung gekom- ←A 2
men, in welchem üblen Verhältnis sich die ganze Sophien-Parochie in
kirchlicher Hinsicht befindet, zu welcher auch diese Häuser gehören. Sie
umfaßt die ganze Spandauer Vorstadt, geht von dem Oranienburger Tore
bis zu den Rehbergen und sowohl innerhalb als außerhalb der Stadt längs
des Rosenthaler, Hamburger bis über das Schönhauser Tor hinaus. Die
ganze Parochie enthält leicht die in der Anlage angenommenen 60.000, ge-
wiß aber 50.000 Seelen, und die Bevölkerung ist bedeutend im Zunehmen.
Diese so überaus große Parochie hat aber nur zwei Geistliche und eine ein-
zige Kirche, welche an der einen Seite derselben liegt und nicht für den
sechsten Teil der Bevölkerung ausreicht. Die nachteiligen Folgen, welche
aus einem so großen Mängel der Kirchen und Geistlichen herbeigeführt
werden, sind nur zu traurig und haben uns veranlaßt, bei dem Consisto-
rium den Antrag zu machen, daß in dieser unter Euer Königl. Majestät
Patronat stehenden Parochie zwei neue Kirchen gebaut werden. Die schick-
lichsten Plätze zu denselben scheinen uns:
1. vor dem Oranienburger Tor jenseits der Panke, wo die Oranienburger
Straße von der Chaussee zur rechten Hand abgeht und wo wir bei der
Parzellierung einen großen Platz haben liegen lassen;
2. vor dem Rosenthaler Tor, wo die Brunnenstraße aufhört und das
freie Feld anfängt, von welchem jetzt noch wohlfeil würde ein Kirchplatz
erworben werden können.

Auf diesen „Zeitungsbericht" hin erfolgt zunächst nichts. Der Magistrat wendet sich deshalb in der gleichen Angelegenheit am **9.8.1827** an das Konsistorium.

In einer neuen Eingabe von Oberbürgermeister, Bürgermeister und ←L 14
Rat an die kirchlichen Behörden unter dem 9. August 1827 wurde dar-
gelegt, daß zwei neue Kirchen mit je einer Pfarrstelle für den außerhalb
der Mauern belegenen Teil der Sophiengemeinde durchaus notwendig
wären, und zwar müßte die eine Kirche im Neuen Voigtland vor dem
Rosenthaler Tor, die andere weiter weg auf dem Vorwerk Wedding gegrün-
det werden.

Die Kirchenbehörde leitete das Anliegen weiter, der König erbat vom
Kultusminister Bericht, den dieser am 5. Februar 1828 erstattete. Er be-
zifferte die Seelenzahl der Sophiengemeinde auf etwa 38 000, und so
müsse er bei der Weitläufigkeit der ganzen Gegend den Bau zweier neuer
Kirchen durchaus befürworten. Randbemerkungen des vortragenden Kabi-
nettsrats Albrecht besagen, daß der König den Bau genehmige und die
Kosten aus seiner Schatulle anweisen lassen wolle. „Schinkel soll die Zeich-
nungen dazu entwerfen und zwar nur ganz einfache ohne besondere Ver-
zierungen und ohne Türme." Der betreffende Erlaß erging am 23. Februar
1828 an Altenstein. Schinkel erhielt am 29. Februar den Auftrag dazu.
In einem Brief vom 22. März 1828 begründet Schinkel, einen Auftrag zur
Wiederherstellung der Jacobikirche in Stettin jetzt nicht persönlich über-
nehmen zu können, indem er u.a. anführte:

„Außerdem habe ich soeben von Sr. Majestät dem Könige Befehl zum
schleunigen Entwurfe zweier Kirchen für das hiesige Voigtland und den
Wedding erhalten. Die Arbeit an diesen Projekten wird nicht gering wer-
den, weil es bei zwei Plänen nicht sein Bewenden haben dürfte, indem Se.
Majestät eine Auswahl für diese ganz neuen und auf unbegrenzten Plät-

→B 2 Die Elisabeth-Kirche 1980

→B 3 Turm der Sophienkirche in der Spandauer Vorstadt (ist erhalten)

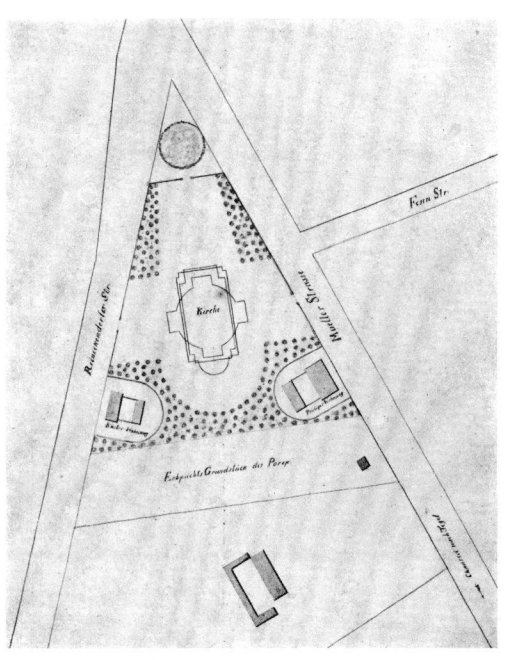

→L 15

←B 4

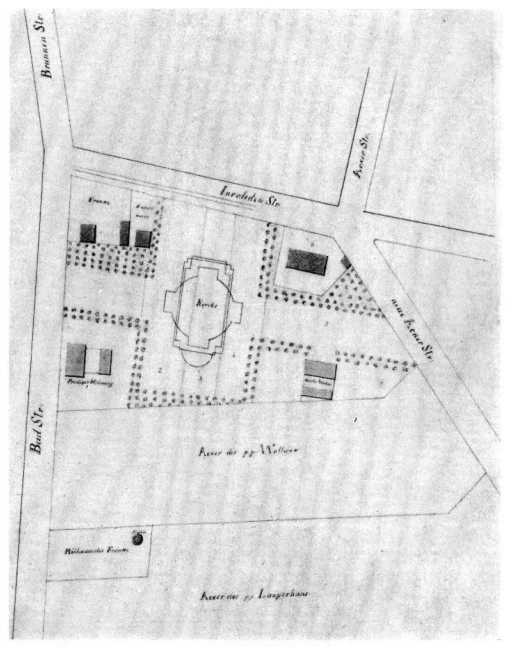

Lagepläne für die Standorte der zuerst geplanten bei- ←B 5
den neuen Kirchen im Voigtland und auf dem Wedding.
Vorschläge von Schinkel, 1828

zen ohne Beschränkung der Örtlichkeit nur allein ihrem inneren Zwecke entsprechenden evangelischen Kirchen zu haben wünscht."

Die verwickelte Planungsgeschichte der Berliner Vorstadtkirchen ist ausführlich im Schinkel-Werk dargestellt, so daß wir uns hier mit einem kurzen Abriß begnügen können. Am **14.5.1828** erhält Schinkel vom Kultusminister Altenstein noch nähere Weisung zum Bau der Kirche: Er hat *die Pläne für die beiden neu zu erbauenden Kirchen vor dem Oranienburger Tor (also auf dem Wedding) und vor dem Rosenthaler Tor (also im Voigtland) so zu entwerfen, daß jede womöglich auf 3000 und mindestens auf 2500 Sitzplätze eingerichtet würde.* Das Entwurfsprogramm zeichnet sich also klar ab: einfach, ohne Verzierungen, ohne Turm, aber mit einer Sitzplatzzahl wie in keiner anderen Berliner Kirche, etwa doppelt soviel Plätze wie im Dom. Bereits drei Monate später, am **14.5.1828**, legt Schinkel dem König 5 Entwürfe zur Auswahl vor, die sich in äußerer Form, Fassungsvermögen und Baukosten unterscheiden. Gleichzeitig bietet Schinkel die Möglichkeit an, die Kirchen etwas kleiner zu bauen, im Maßstab 3:2, bzw. 4:3, wodurch die Kosten erheblich gesenkt werden könnten.

	Kirche	Plätze	Kosten (Thlr.)	kleinere Ausführung:	
				Plätze	Kosten (Thlr.)
1	im Rechteck	2000–2200	120–150.000	900–1000	50– 60.000
2	mit Vorhalle	2000–2130	150–170.000	900–1000	55– 70.000
3	in Kreuzform	2000	190–220.000	1000–1100	110–120.000
4	im Kreisrund	2300–2350	220–250.000	1200–1300	113–145.000
5	mit vier Türmen	2400–2500	230–255.000	1000–1200	110–115.000

Der König entscheidet sich für die Kirchen Nr. 2 und 5, die mit der Vorhalle und die große mit den 4 Türmen.

KIRCHE IN DER ORANIENBURGER VORSTADT BEI BERLIN. NACH DEM ENTWURF Nº III.

→B 6 Karl Friedrich Schinkel, Entwurf einer Vorstadt-Kirche mit vier Türmen (Nr. 5)

Nach der weiteren Bearbeitung der Entwürfe und nachdem am **7.7.1830** der Magistrat das Grundstück neben dem **1825** an der Invalidenstraße gebauten Schulhaus an das Konsistorium abgetreten hat, beginnen hier am **1.9.1830** die Ausschachtungs- und Fundamentierungsarbeiten für die Kirche mit Vorhalle, den mit Nr. 2 bezeichneten Entwurf. Diese Kirche für die Rosenthaler Vorstadt soll, da sie den Auftraggebern am dringendsten erforderlich scheint, zuerst gebaut werden, anschließend dann Nr. 5 auf dem Wedding. Die Fundamente sind bereits gelegt, als im **August 1831** wegen der Cholera-Epidemie in Berlin die Bauarbeiten ausgesetzt werden.

Während der nun folgenden Monate geraten die beiden Kirchenprojekte am Hof in eine erneute Diskussion mit dem Ergebnis, daß auf Anraten des Bischofs Neander statt der geplanten großen Kirche auf dem Wedding drei verstreut liegende Kirchen gebaut werden sollen. Am **28.2.1832** erhält Schinkel den Auftrag, Entwürfe für diese kleinen, sogenannten „Normalkirchen" anzufertigen, die er am **19.3.1832** dem König zur Aus-

wahl vorlegt. Schinkel dazu in seinem Begleitbrief: *Meiner unmaßgebli- ←L 16
chen Meinung nach würde ich in architektonischer Hinsicht mit Bezug auf
kirchlichen Charakter den Entwürfen D, B, E und A den Vorzug geben.
Die Pläne sämtlicher Entwürfe sind gleich groß, jede Kirche faßt 800 bis
1000 Kirchgänger, die sitzen können. Nach einem Überschlage wird jede
dieser Kirchen für 25 000 bis 30 000 Thaler zu erbauen sein. Es wird also
von der Summe für die jetzt fortfallende größere Kirche der Bau dreier
Kirchen bestritten werden können und noch ein Bedeutendes erspart
werden, indem ich mich dem Allerhöchsten Willen zufolge der größten
Einfachheit und Sparsamkeit in diesen Entwürfen befleißigt habe.*

Der König entscheidet sich für die Entwürfe A, C und D, gibt am
21.3.1832 den Befehl zum Bau dieser „Normalkirchen" auf dem Wedding,
in Gesundbrunnen und Moabit und fordert von Schinkel, ungeachtet der
bereits begonnenen Arbeiten an der Kirche vor dem Rosenthaler Tor, diese
zu vereinfachen und zu verkleinern. Im **April 1832** erhält er den umgearbei-
teten Entwurf für diese Kirche, der eine Senkung der Baukosten von
100.000 auf 80.000 Rthl. ermöglicht und auf dessen Grundlage der Bau
nun wieder aufgenommen wird.

→B 7

→B 8

→B 9

→B 10

→B 11

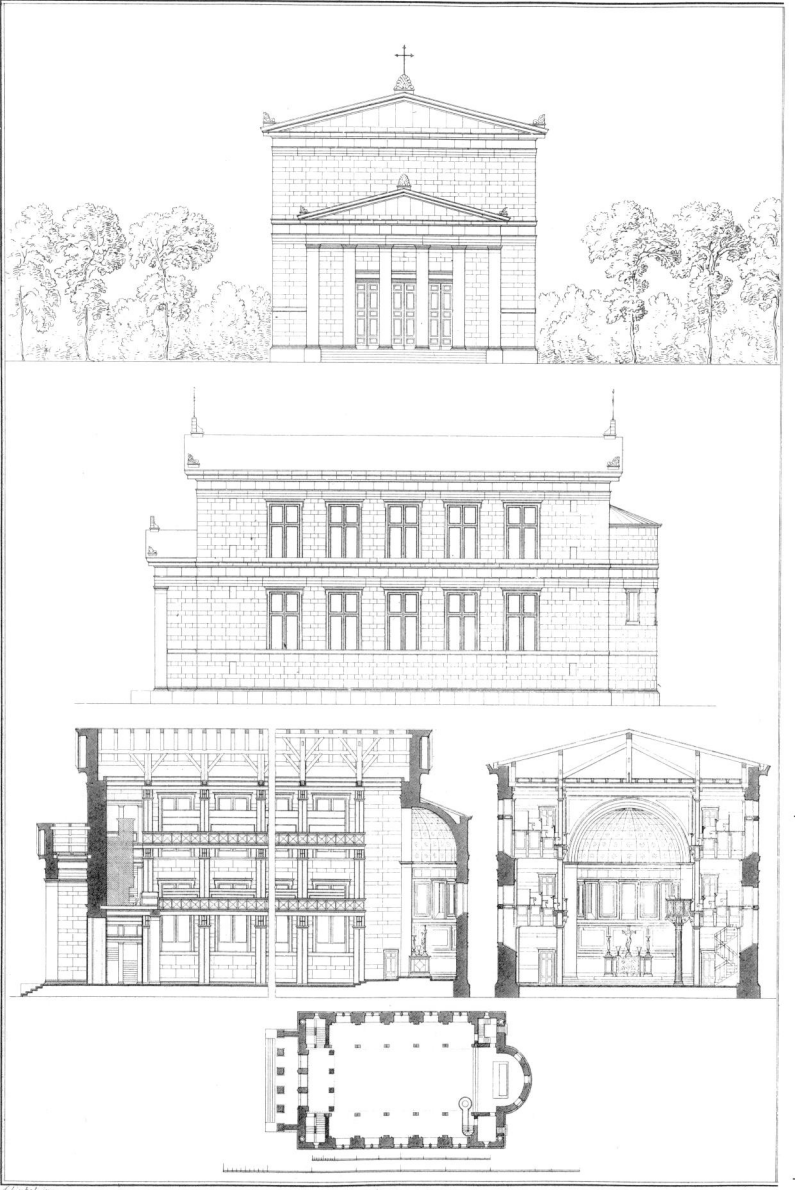

KIRCHE VOR DEM ROSENTHALER THORE ZU BERLIN.

Karl Friedrich Schinkel, endgültiger Entwurf für die Kirche vor dem Rosenthaler Tor, ←B 12
1832

Aufrisse der Schmalseiten der fünf „Normalkirchen"
A, B, C, D und E von Schinkel, März 1832

Gleichzeitig mit der Wiederaufnahme des Baues werden ab **30.10.1832**
durch den Prediger Seidig sowohl in der Schule auf dem Wedding als auch

Innenansicht der Elisabeth-Kirche, 1832, Entwurf von Schinkel   ←B 13

Die Namenspatronin der Elisabeth-Kirche

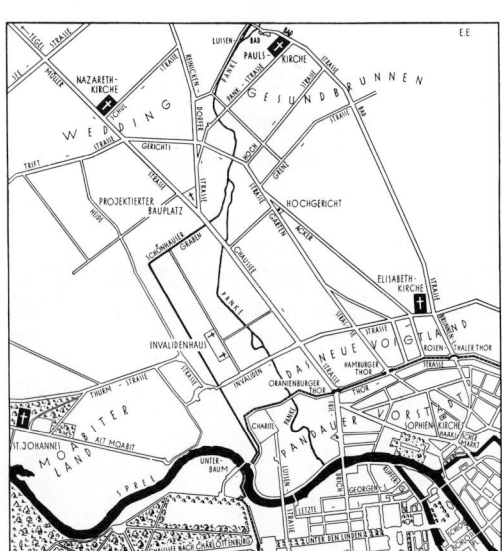

Lageplan der vier Vorstadtkirchen   ←B 15

in den Schulräumen der Familienhäuser öffentliche Gottesdienste eingerichtet, die dort auch nach Fertigstellung der vier Vorstadtkirchen noch lange abgehalten werden. Noch **1855** erwähnt Pfarrer Kuntze in seinem „Jubiläum des Voigtlandes" ihre Existenz.

→L 17   *Schon im Herbst 1834 waren die drei kleinen Kirchen so weit fertiggestellt, daß das Consistorium sie übernehmen sollte, sich dessen aber weigerte, da noch gar keine Prediger bestimmt, weder Pfarr- noch Küsterhäuser errichtet seien und so die Beaufsichtigung in jenen einsamen Gegenden, „wo die Sittenlosigkeit unter der Bevölkerung groß ist", nicht möglich sei. Daher sah sich die Bauverwaltung gezwungen, die „so sehr pressierten" Bauten einstweilen tatlos weiter zu betreuen. Altenstein erbat im November die Entscheidung des Königs. Erst am 10. März 1835 erfolgte eine Anweisung des Königs zur Übernahme der Kirchen und über die Begrenzung der neuen Pfarrbezirke.*

Auf einem ebenfalls von Altenstein eingereichten Vorschlag vom 19. März 1835 zur Benennung der vier Kirchen änderte und bezeichnete der König eigenhändig die ihm passend erscheinenden Namen:

→L 18   *Eine Kirche – heute in Alt-Moabit – wurde nach Johannes dem Täufer St.-Johannis-Kirche, die zweite – heute in der Badstraße – nach dem Apostel Paulus St.-Pauls-Kirche, die dritte nach Nazareth Nazarethkirche benannt, und die vierte erhielt von Friedrich Wilhelm III. nach dem Namen der Mutter Johannes des Täufers den Namen St.-Elisabeth-Kirche, obwohl die Kirchenbehörde nach dem Jünger Matthäus den Namen St.-Matthäi-Kirche vorgeschlagen hatte. Der König legte auf den Namen Elisabeth besonderen Wert, weil er damit auch seiner Schwiegertochter, der Kronprinzessin Elisabeth, einen besonderen Dank für ihre soziale und religiöse Fürsorge abstatten wollte.*

Gleichzeitig werden die neuen Parochiegrenzen festgelegt. St. Elisabeth umfaßt demnach:

→L 19   *1. Für die Brunnenstraße, Torstraße und den*
*   Wollankschen Weinberg wurden an Seelen gerechnet* .... *1932 Seelen*
2. für die Bergstraße .... *1433 Seelen*
3. für die Gartenstraße .... *3286 Seelen*
4. für die Badstraße .... *10 Seelen*
5. für die Invalidenstraße .... *820 Seelen*
6. für die Ackerstraße .... *1932 Seelen*
7. für die Pankower Chaussee .... *234 Seelen*
                                        zusammen 9647 Seelen

Nachdem vier geeignete Personen für die Pfarrstellen gefunden sind – die Johanniskirche wird dem Prediger aus den Familienhäusern, Seidig, die Elisabeth-Gemeinde dem Missionarsausbilder Otto von Gerlach anvertraut –, können die Kirchen im **Sommer 1835** dem Konsistorium übergeben und eingeweiht werden. Welche Bedeutung dabei vor allem der Elisabethkirche von seiten des Staates beigemessen wird, läßt sich an der

→L 20   zur Einweihung zahlreich erschienenen Prominenz ablesen: *König Friedrich Wilhelm III., die Fürstin von Liegnitz, Kronprinz Friedrich Wilhelm,*
←B 14   *der spätere König Friedrich Wilhelm IV., mit seiner Gemahlin, der Kronprinzessin Elisabeth, Prinz Karl von Preußen, sowie der Herzog Karl von Mecklenburg nebst einer großen Zahl anderer Vertreter des Staates und der Stadt waren erschienen.*

Bei der Betrachtung der Geschichte der Gemeindegründung für die nördlichen Vorstädte Berlins drängt sich der Eindruck auf, daß es sich nicht um kirchliche, sondern um staatliche Gründungen handelt: Dieser Eindruck wird in der Schrift zum 100jährigen Jubiläum der Gemeinde

→L 21   bestätigt: *Der König zahlte die Kosten des Baues der vier Kirchen und der Besoldung der Pfarrer aus seiner Schatulle, so daß diese vier Kirchen bis 1918 königliches Patronat waren. Zum großen Bedauern gab Sophien nicht einen Pfennig zur Errichtung der vier Parochien hinzu, obwohl es von den Kanzeln angekündigt und die Gemeinde dazu aufgefordert wurde, Mittel zuzusteuern. Gesamtkirchliches Interesse fehlte eben!*

Hinzuzufügen bleibt, daß auch die Pfarrhäuser auf Staatskosten gebaut, beziehungsweise die Mieten für die Unterkunft der Pfarrer bezahlt werden.

Die besondere Funktion der Kirche als staatliche Erziehungsanstalt, hineingesetzt in den ersten Berliner Arbeitervorort, zeigt sich auch noch 100 Jahre nach der Gründung:

Die Elisabeth-Kirche zur „Reichstagswahl und Volksabstimmung" am 29.3.1936   ←B 16

12.1.5 Das Scheitern der „Inneren Mission" im Voigtland

→B 17 Die Elisabeth-Kirche 1978. Der Innenraum ist im zweiten Weltkrieg zerstört worden.

Über die Wirkungen der bisher behandelten sozial-politischen Unternehmungen urteilt Pfarrer Kuntze, v. Gerlachs Nachfolger in der Elisabeth-Gemeinde, 1855: *Nirgend ist auf das Proletariat so viel verwandt als in den Familienhäusern. Besuchs-Vereine brachten ihnen das Wort Gottes und christliche Schriften in die Stube; man suchte sie auf jede Weise zu belehren und zum Heile zu leiten; Wohltaten zur leiblichen Aufhülfe sind in reichem Maße hier verwendet, gute Früchte sind aber nur sehr spärlich davon zum Vorschein gekommen. Die Häuser sind noch jetzt ein Sammelplatz des größten leiblichen und geistigen Elends.* Eine Bemerkung in der späteren Chronik der Gemeinde zur 100-Jahr-Feier zeigt, daß es zwar an Einsatz nicht gefehlt hat, aber auch, daß die Anpassung der Bewohner des Voigtlandes an die Normen der bürgerlichen Gesellschaft mit den bis dahin entwickelten Methoden nicht zu erreichen ist: *Von den Bewohnern (der Familienhäuser) wird berichtet, daß sie ihrer Natur nach jeder Verbesserung unzugänglich waren und jeder christlichen Hebung einen undurchdringlichen Wall entgegensetzten.*

Das in diesen Zitaten angedeutete Scheitern der pietistischen Missionare im Voigtland wird bestätigt durch zwei Berichte aus unterschiedlichen Zeiten. Der erste stammt vom Vorsteher der für das gesamte Voigtland zuständigen Armenkommission und ist 1837, also 1 1/2 Jahre nach Einweihung der vier neuen Vorstadtkirchen, verfaßt, der andere überblickt den Zeitraum bis 1862 und stammt von einem Diakon, der an der Elisabeth-Kirche beschäftigt war. Die Tätigkeit der Verfasser bestimmt ihren Blick. Ihre Berichte charakterisieren auch die Träger der Armenpflege und Seelsorge im Voigtland und ihr Verhältnis zu der dortigen Bevölkerung:

Einer Hochlöblichen Armendirektion erlaube ich mir im Nachstehenden ←A 3 *den Jahresbericht pro 1836 über die Verwaltung der mir anvertrauten Armenkommissionen Nr. 56 I und II gehorsamst vorzutragen. In statistischer Hinsicht habe ich zuvörderst zu bemerken, daß die Population in der diesseitigen Vorstadt im Jahre 1836 bedeutend zugenommen hat. Nicht allein die Heyderschen Familienhäuser sind überfüllt, sondern auch übrige Häuser haben so viele Einwohner, als Wohnungen darin zu vermieten waren, aufgenommen, der Menge von Einliegern nicht zu gedenken. Mehrere bereits beendete neue Wohnhäuser, reichlich mit kleinen Quartieren versehen, haben den Armen neue Wohnungen und den Armenkommissionen Nr. 56 I und II einen reichen Zuwachs an Unterstützungsbedürftigkeit zugeführt, daher es auch nicht auffallen kann, daß die Unterstützungen so bedeutend zugenommen haben. Seit dem 1. Januar 1836 bis heute sind*

Pfarrer Kuntze am 18.3.1848:

→L 22   *Pfarrer Kuntze stand auch hier seinen Mann. Er* ←L 23 *war nicht nur als Seelsorger, leitender Pfarrer und Amtswalter verwaltungstechnisch zu seiner Stelle geeignet, sondern bewies auch nach außen hin den Mut eines treu an seinem Königshause hängenden Preußen. Mit dem Hilfsprediger Meuß ging er während der ganzen Nacht vom 18. zum 19. März in seiner Gemeinde umher und ermunterte seine Leute, ihrem angestammten Königshause die Treue zu halten, ein Unterfangen, das in jener aufgeregten Zeit eine persönliche Gefahr bedeutete. Kuntze sagte ein Jahr später im Gedenken jenes Jahres zu einem Freunde: Wenn ich in meiner Gemeinde nur ein halbes Dutzend entschlossener Männer mir zur Seite gehabt hätte, es wäre nicht* e i n e *Barrikade im Vogtland errichtet worden* ←L 24 *– aber dieses halbe Dutzend fehlte!*

406 neue Arme teils durch Zuzug aus der Stadt, teils durch Verarmung zugewachsen, und die noch im Bau begriffenen Häuser, welche ebenfalls nur zu kleinen Quartieren von Stube und Kammer eingerichtet worden, lassen für die Zukunft einen noch reichlicheren Zuwachs von Armen erwarten.

Die Moralität unter den geringeren Klassen ist leider immer noch im Sinken, und wenn ich mir durch die Erbauung der vier neuen Gotteshäuser einen wesentlichen Einfluß auf die Besserung der Leute versprach, so ist meine Hoffnung beinahe ganz verschwunden, indem die Kirchen, besonders die St.-Johannis- und die Nazareth-Kirche sehr wenig besucht worden und selbst die St.-Elisabeth-Kirche bei ihrer viel zahlreicheren Gemeinde ebenfalls eine große Lehre darbieten würde, wenn nicht eine große Zahl von Einwohnern aus der Stadt aus besonderer Anhänglichkeit an den Herrn Prediger v. Gerlach seinen Predigten beiwohnten. Ebenso ist es bei den Kommunikanten, und es sind schon Fälle vorgekommen, daß in der St.-Johannis- oder Nazareth-Kirche nur ein Kommunikant sich hineingefunden hat. Übrigens ist es in diesen beiden Kirchen nicht selten, daß außer den Kirchenbeamten kaum 12–15 Zuhörer zugegen sind, ja es sind schon Sonntage gewesen, wo diese die Zahl 6 nicht überschritten hatten, und an den letzten beiden Weihnachtsfeiertagen waren gar nur 4 dergleichen zugegen.

Dagegen aber sind die Tabagien, Tanzböden und Schnapsläden desto mehr besucht, und hier wird der größte Unfug getrieben, die Sittlichkeit ganz verdorben und so manches unreife junge Mädchen zur frühen Hure gemacht. Unsere unterste Klasse ist ein grundsatz-, gesinnungs- und richtungsloser Pöbel, der keine Richtung hat, weil er dem Regiment der Begierden und Leidenschaften folgt, die sowohl den einzelnen und alle beherrschen, darum ist sein Irrwahn und Tollsinn gleich gefährlich zerstörend.

Ein schauderhaftes Beispiel steht mir noch immer vor Augen, welches von der Gesunkenheit des Pöbels zeugt, nämlich nach der Hinrichtung des Hobusok zog der Pöbel vom Galgen weg nach den Kneipen und Tabagien und tollte und tanzte bis in die späte Nacht hinein, und dies wird unter den Augen der Polizei ebenso geduldet als das Besuchen der Tanzkneipen und besonders des Apollosaals durch kaum oder nicht konfirmierte Mädchen. Ich habe mich hierüber schon bei einer anderen Gelegenheit ausgesprochen und glaube nicht, daß es am unrechten Ort ist, wenn ich nochmals wiederhole, daß der Apollosaal und ähnliche Kneipen der wahre Ruin für die Moralität sind, weil hier die Unschuld der jungen Mädchen bald verlorengeht, da die männlichen Besucher dieser Orte größtenteils Soldaten und Handwerksburschen sind, welche, im kraftvollen, männlichen Alter, nur darauf ausgehen, zur Befriedigung ihrer Wollust dergleichen unreife, mit der Welt noch wenig bekannte junge Mädchen zu angeln und zu verführen. Immer mehr und mehr lernt man hierbei erkennen, daß es uns ganz an einer Sittenpolizei fehlt und daß der Mangel an sittlicher Kraft bei dem Volke aus schlechter Erziehung und namentlich aus der Macht des schlechten Beispiels und aus dem Mangel des Ehrgefühls und des Gemeingeistes hervorgeht. Aus eben diesen Gründen sieht man bei den untern Klassen soviel schlechte Ehen, das Volk läuft sozusagen wie das Vieh zusammen, größtenteils zur Stillung der Wollust, und wenn der Kitzel vorbei ist, so läuft der schlechte Ehemann davon und läßt Frau und Kinder der Commune zur Last zurück. Sollte man denn diesen leichtsinnigen unglücklichen Ehen nicht einen Riegel vorschieben können? Der Stuhlarbeiter kann kaum in der Regel sein Leben fristen, er verschlimmert seine Lage noch mehr, wenn er sich eine Genossin wählt und eine Familie gründet, zur Entwicklung seiner geistigen Kräfte, seines sittlichen Gefühls bleibt ihm keine Zeit. Niemand kümmert sich um ihn, das physische Elend führt ihn zur Vertierung, diese zur Sittenverderbnis, die dann wieder die Quelle neuen Elends wird.

Dergleichen traurige Beispiele sehe ich täglich neue vor Augen, woher dann auch die täglich immer mehr um sich greifende Armut kömmt. Da es bei dem Volke auch fast überall an einer strengen, geregelten und häuslichen Zucht fehlt und sie keine richtigen Begriffe über Fleiß, Tätigkeit, Bürgerehre, Selbstständigkeit und tätigen Gemeingeist überhaupt haben, sich darüber auch nicht belehren lassen und in ihrem Sündenleben fortfahren, was ihnen leichter und wohlgefälliger ist.

Ebenso sündhaft sind die wilden Ehen, die leider ebenfalls so häufig vorkommen und der Sittlichkeit so öffentliches großes Ärgernis geben. Ich wirke zwar nach Kräften dahin, dergleichen Verbindungen zu stören, und mache den Herren Predigern der Parochien von solchen Fällen sofortige Anzeigen, damit sie solche Personen darauf aufmerksam machen, was sie Gott, der bürgerlichen Gesellschaft und ihren Nachkommen schuldig sind, und sie ermahnen, ihre Verbindung in eine rechtmäßige Ehe zu verwandeln. Zu meiner Freude habe ich hierin schon einige günstige Erfahrungen gemacht.

Alle dergleichen schlechte Beispiele wirken selbstredend auf die Kinder sehr nachteilig, denn keine Schule bewirkt die ganze Erziehung, das elterliche Haus, das Leben und alle anderen Momente haben für die Erziehung einen größeren Einfluß als die Schule. Wo diese Faktoren mit dem Streben der Schule nicht übereinstimmen, wenn sie nicht anders wirken als bisher, so kann die Schule das Rätsel nicht lösen, da sie es hauptsächlich mit dem Unterricht und nur teilweise mit der Erziehung durch Gewöhnung und Zucht zu tun hat; wogegen die Eltern durch Gewöhnung ihrer Kinder an Zucht, Ordnung, Fleiß, Gehorsam, Pietät und durch Einflößung des Abscheus gegen Faulheit, Betteln und Gemeinheit diese zu einem menschenwürdigen, ehrenhaften, selbständigen Leben zu erziehen haben würden.

Nach allem diesen kann ich nur von Herzen wiederholt wünschen, daß es den Herren Predigern der vier neuen Parochien gelingen möge, durch kräftiges Einschreiten und durch ihnen zu Gebote stehende Mittel unter unserm Volke eine bessere Moralität, einen christlichen Sinn, wahre Gottesfurcht und einen regelmäßigeren Kirchenbesuch zu erzielen, damit dasselbe der Frömmigkeit sein Leben weihe, von der Sünde sich immer mehr und mehr entferne und sich täglich dahin mahnen möge, daß es der Verehrer Gottes gut hat, daß aber die Sünde des Menschen Verderben ist.
Berlin, den 2. Januar 1837
Der Vorsteher der Armenkommission No. 56 I und II,
Krahmer an die Armendirektion.

Daß die Hoffnungen des Herrn Krahmer sich nicht bestätigen, zeigt der zweite, an entlegener Stelle gedruckte Bericht 25 Jahre später:

. . . Kein Wunder, daß die Städtische A r m e n verwaltung hier einen schweren Stand hat. Geistlichen und Armen-Vorstehern werfen in der Winterzeit erboste Mütter ihre Kinder vor die Füße mit dem Schrei: „Da habt ihr sie, behaltet sie, wir können sie nicht ernähren!" Zwei Armen-Kommissionen verausgaben jährlich circa 30,000 Thaler und haben dabei doch keine andere Aufgabe, als zu verhindern, daß keiner Hungers sterbe.

←L 25

Mit dieser Armut geht die wütendste V e r g n ü g u n g s sucht Hand in Hand. Es kommen dann und wann die Zeiten des reichlichen Erwerbes, in denen ein tüchtiger Fabrikarbeiter wöchentlich seine 8 bis 10 Thaler verdient; aber was in der Woche erworben wird, pflegen die meisten am Sonnabend, Sonntag und Montag zu verschwenden, und nicht selten ist schon am Dienstag der Mangel wieder eingekehrt. In der einen Straße steht einem Tanzlokal ein Leihhaus gegenüber. Wie oft sieht man namentlich Weibspersonen erst in das Leihhaus und direkt aus ihm in das Tanzlokal gehen.

A r b e i t s s c h e u und U n z u c h t sind die unzertrennlichen Begleiterinnen solchen Treibens. Eine Flut von Bettelbriefen strömt alle Tage aus dem Voigtlande über Berlin bis in die fernsten Gegenden des Vaterlandes; aber die Hülfe der innern Mission ist oft nicht erwünscht, weil sie auf Arbeitsamkeit und Ordnung dringt; zuweilen wird sie mit schnöder Verachtung und rohen Worten zurückgewiesen. „Geld wollen wir haben, und nichts anderes", oder: „Was soll uns das helfen, das mögen Sie sich behalten", kann man öfter hören.

Von der grassirenden Unzucht möge der Schleier ungehoben bleiben. Es genüge darauf hinzuweisen, daß nach der Aufhebung der Bordelle der größte Teil der liederlichen Weibspersonen sich nach dem Voigtlande gezogen, daß in manchen Straßen fast jedes Haus eine Anzahl derselben beherbergt, daß es zu gewissen Zeiten für einen anständigen Menschen beinahe unmöglich wird, des Abends über die Straßen zu gehen, daß in öffentlichen Lokalen zahlreiche Mädchen unter 14 Jahren als freche Verführerinnen an die Männer herantreten, daß die Häuser und Zäune mit unzähligen schmutzigen Kreidemalereien bedeckt sind.

Wie unter solchen Umständen das F a m i l i e n l e b e n geartet sein muß, liegt auf der Hand. Ehebruch, Schlägereien, Schimpfen und Toben, gegenseitiges Sich-Hintergehen der Eheleute sind in einer Unzahl von Häusern an der Tagesordnung. Auch die sogenannten wilden Ehen finden sich in großer Menge. Zu den häufigsten und gräßlichsten Mißhandlungen der Frauen durch die Männer führen namentlich die Unordnung und Zanksucht der erstern und die Trunksucht der letztern.

Das

Berliner Voigtland.

Abdruck aus dem in Duisburg im Diakonenhause erscheinenden Sonntagsblatt für innere Mission.

1862.

Gedruckt bei Joh. Ewich in Duisburg.

Die Kinderzucht ist in solchen Fällen natürlich so schlecht wie möglich. Aber auch die Jugend der bessern Familien steht in äußerster Gefahr, wenn sie manchmal vom Morgen bis zum Abend ein fortwährendes Schimpfen und Fluchen vom Keller bis zum Boden hört, wenn sie die liederlichen Dirnen und ihr Treiben beständig vor Augen sieht und mit grundverderbten Kindern unausgesetzt in Berührung kommt. Eine Gewandtheit und Hartnäckigkeit im Lügen, die an's Unglaubliche grenzen, finden sich in großer Allgemeinheit vor. Nicht selten herrscht namentlich bei Knaben ein merkwürdiger Hang zum vagabondirenden Leben, der sie fast periodisch je und je auf drei bis acht Tage dem elterlichen Hause zu entziehen pflegt. Weder Güte noch Strenge, weder Versprechungen noch Drohungen, weder die strengste Aufsicht noch freiere Bewegung, weder eine gute Pflege daheim noch die äußerste Entbehrung beim Umhertreiben vermögen diesen Hang zu brechen. – Aber auch die zahllosen Kinder, die sich mit Fabrikarbeit beschäftigen, sind in der gefährlichsten und beklagenswertesten Lage. Um der Schändlichkeiten, mit denen sie in k l e i n e r n Fabriken Tag um Tag vergiftet werden, nicht zu gedenken, gewinnen sie durch ihren Verdienst frühzeitig den Eltern gegenüber eine selbständige Stellung; sie bezahlen denselben für Wohnung und Kost, und was sie ihnen alles sonst noch geben, wird als unverdientes Almosen dargeboten und angenommen; in Folge hiervon lösen sich die Familienbande; die Zeit, in welcher die Mädchen einen Haushalt zu führen lernen oder für einen Dienst sich vorbereiten könnten, verstreicht ungenützt, und so geben sie die traurige Aussicht auf jämmerliche Hausfrauen und Mütter der Zukunft; in Zeiten reichlichern Erwerbes frönen sie der Vergnügungssucht, in Zeiten der Arbeitslosigkeit, aber vielfältig auch während sie noch Arbeit haben, verfallen sie dem Laster. Eine Mutter, die ihre sonst fleißige Tochter vom nächtlichen Herumtreiben abmahnte, bekam die Antwort zu hören: „Wenn ich mich am Tage herumplacken muß, so will ich wenigstens die Nacht frei haben." Eine sterbende Mutter wünschte neuerdings ihrer gesunkenen Tochter ins Gewissen zu reden und ließ sie holen. Zum Arbeiten ermahnt, gab sie die im lustigen spottenden Ton gesprochene Antwort: „Ei nicht doch, vom Arbeiten werden einem ja die Finger krumm." Zuletzt erklärte sie der Mutter, sie wäre nur um deswillen auf ihre Bitte zu ihr gekommen, damit sie ihr noch sagen könne, wo sie ihre Wertsachen verborgen habe. Als vor einigen Jahren ein Familienvater, nachdem er in Folge einer Wette ein Quart Branntwein mit einem Zuge ausgeleert, tot niedergesunken war, sah man seine Kinder um den Leichnam herumspielen, die eisige Hand des Vaters hinüber- und herüberwerfen und sich freuen, daß dieselbe sie nicht mehr strafe.

Hier stehen wir an dem Punkt, in welchem Wurzel und Frucht der verderblichen Entwicklungen des Voigtlandes gleich sehr beschlossen liegen, hinsichtlich dessen Jung und Alt, Mann und Weib, die verkommensten Schichten der Bevölkerung und mit wenigen Ausnahmen auch die bessern zusammenstimmen. – Das ist: D i e h e r r s c h e n d e P i e t ä t s l o s i g k e i t. Hochachtung und Ehrfurcht sind den meisten unbekannt und unverständliche Namen. Stille Zurückhaltung in Gegenwart Höhergestellter kennt man nicht. Mit der Cigarre in der Hand kommt man zum Taufstein oder zum Traualtar und ist höchlich verwundert, wenn dies als eine arge Unschicklichkeit gerügt wird. Während der Predigt aufzustehen und mit Aufsehen erregendem Geräusch durch die ganze versammelte Gemeinde hindurchzugehen, sind 13- oder 14jährige Kinder im Stande, ohne daß man ihnen dabei die geringste Verlegenheit anmerkt. Die Wörter „Grab" und „begraben" sterben im Voigtlande aus. Das „Grab" ist zum „Loch", aus „begraben" ein „inbuddeln" geworden, und 14jährigen Kindern sind die ordentlichen Bezeichnungen höchst ungewohnt, die gerügten höchst geläufig.

Bei solchem Mangel an Pietät ist es nicht zu verwundern, wenn r e v o l u t i o n a i r e und s o z i a l i s t i s c h e Gelüste die Massen in erschreckender Weise durchdringen. Das Jahr 1848 hat es zu schauerlicher Klarheit gebracht, was Berlin und Preußen in Zeiten der Gefahr vom Voigtlande zu erwarten haben. Merkwürdig war, daß die Männer noch von den Weibern übertroffen wurden, ein schlimmes Prognostikon, wenn man bedenkt, wie hauptsächlich von den M ü t t e r n die Beschaffenheit der kommenden Generation abhängt.

Besonders seit 1848 erscheint auch das k i r c h l i c h e Leben in entsetzlichem Verfall. Achtzig Jahre lang, nämlich bis zum Jahre 1835, ist der Stadtteil ohne Kirche gewesen, und gegenwärtig besitzt er, der beinahe

50,000 Seelen zählt, eine Kirche, die, wenn sie überfüllt ist, 2000 Menschen faßt, mit zwei bis drei Geistlichen! Aber nur an manchen Festtagen reicht der Raum der Kirche für die Besuchenden nicht aus; an gewöhnlichen Sonntagen ist sie zuweilen stark, meist nur leidlich besucht. Wer zur Kirche geht, wird als ein „verrückter" oder „weit zurückgebliebener" Mensch verhöhnt. Das Gewühl der um den Beginn des Hauptgottesdienstes vom Sonntagsmarkt zurückkehrenden Menge erstickt auch die leiseste Erinnerung an den Sonntag. Zehntausende betreten die gottesdienstliche Stätte nur bei Gelegenheit von Taufen und Trauungen. Geht aber demselben ein Gottesdienst voran, so wartet man lieber, zuweilen unter Sturm und Regen, vor der Kirchentür das Ende desselben ab, anstatt in die Kirche einzutreten, oder man tritt auf freundlich dringendes Zureden endlich ein, stört aber durch halblautes Sprechen, Spotten und Lachen die andächtige Gemeinde dermaßen, daß das letzte Übel ärger wird, denn das erste war. Die Leichenbegleitungen der Geistlichen werden, obgleich man sie den Hinterbleibenden unentgeltlich anbietet, in verhältnismäßig höchst ausnahmweisen Fällen gewünscht.

Der größte Teil derjenigen Einwohner des Voigtlandes, die sich überhaupt geistig beschäftigen, entnimmt seine Nahrung ausschließlich antichristlichen, teils r e v o l u t i o n s - , t e i l s s k a n d a l s ü c h t i g e n ö f f e n t l i c h e n B l ä t t e r n. Je geschickter diese Blätter redigirt sind, desto verderblicher ist ihre Wirkung. Kein hohes Fest läßt die eine jener Zeitungen vorübergehen, ohne vom hohen Pferde der „modernen Bildung" herab die Heilstatsachen mit superkluger Miene als sinnige Märchen, an deren Realität kein vernünftiger Mensch mehr glaube, zu besprechen. Diese Sprache gefällt, denn sie imponirt durch ihre Selbstgewißheit, bietet dem letzten schwächlichen Reste religiösen Gefühls einige Nahrung und schlägt zugleich alle ernstere Gewissensregungen nieder.

Das ist die Nachtseite des Berliner Voigtlandes. Fürwahr, sie ist schauerlich genug, obgleich der hier hausenden V e r b r e c h e r w e l t nur oberflächlich gedacht ist. Indem wir sie, die anderwärts mehrfach öffentlich geschildert ist, übergehen, bemerken wir nur, daß vor kurzem ein aus dem Gefängnis entsprungener und lange von der Polizei vergebens gesuchter Dieb in einer Straße des Voigtlandes zur Haft gebracht worden ist, der seit einem Jahre hier als geachteter Rentner gelebt und während dieser Zeit die Verübung von beinahe 200 nächtigen Diebstählen und Einbrüchen geleitet hatte.

Die beiden Berichte zeigen, wie sich für die Vertreter der herrschenden Ordnung der Zusammenhang zwischen der „Sittenlosigkeit" des Proletariats und seiner politischen Gefährlichkeit herstellt. Zum einen ist die Stadt, speziell die Armendirektion, unmittelbar materiell dadurch bedroht, daß die Arbeiter in Zeiten, in denen sie ausreichend verdienen, den Wochenverdienst am Wochenende auf den Kopf hauen, anstatt ihn für schlechtere Zeiten zu sparen. Durch diesen Hang zum unmittelbaren Genuß tragen die Arbeiter zur Erhöhung der Zahl der Almosenempfänger in schlechten Zeiten bei. Zum andern stellt die *fehlende Gewöhnung an Zucht, Ordnung, Fleiß, Gehorsam und Pietät* eine weitergehende Bedrohung der staatlichen Ordnung dar. In den Augen des Diakons führt gerade *die herrschende Pietätslosigkeit*, das heißt die *fehlende Hochachtung und Ehrfurcht vor Höhergestellten* dazu, daß *revolutionäre und sozialistische Gelüste die Masse in erschreckender Weise durchdringen.* Die Angst vor dem revolutionären Proletariat bewegt auch die Konservativen spätestens seit der Julirevolution in Paris **1830**, in Preußen verstärkt seit den schlesischen Weberaufständen im **Sommer 1844**, und besonders *das Jahr 1848 hat es* ←S 245 *zur schauerlichen Klarheit gebracht, was Berlin und Preußen in Zeiten der* ←S 350 *Gefahr vom Voigtlande zu erwarten hat.*

Gemeinsam ist beiden Berichten die Grundhaltung der Verfasser bei der „Analyse" der proletarischen Verhältnisse. Mit den Augen des auf Sicherung der bestehenden Ordnung bedachten Bürgers wird eine den Verfassern fremde Lebensweise oberflächlich beschrieben und zum Teil überzeichnet, nicht aber auf ihre Bedingungen und Ursachen hin untersucht. Eine solche Betrachtungsweise führt diejenigen, die die gesellschaftlichen Ursachen des Pauperismus oder der Verarmung nicht erkennen dürfen, zu einer Verkehrung von Ursachen und Wirkungen: Die beobachteten Umgangsformen des Proletariats folgen für das konservative Bürgertum nicht aus dessen äußeren Lebensbedingungen, sondern umgekehrt wird die Armut als Folge eines Sittenverfalls erklärt. So Pfarrer Kuntze von St. Eli-

→L 26 sabeth: *Unzucht unter Verheirateten und Ledigen, Trunksucht, Vergnü-*
gungssucht, Putzsucht, Fressen und Saufen, Unordnung bei den Frauen,
Unreinlichkeit und Faulheit sind die hervorstechenden Untugenden, die
zur Verarmung führen.

Die Ursachen für die sich verbreitenden *Untugenden*, die durch *schlech-*
tes Beispiel auf die Kinder übertragen werden, scheinen ihnen begründet
zu sein einerseits im Verfall der familiären Beziehungen, wo die Erziehung der früh selbständigen Kinder, deren Gewöhnung an bürgerliche Normen und Wertvorstellungen, nicht geleistet wird, andererseits in der Wohn-
situation, die durch Zusammenleben auf engstem Raum gekennzeichnet
ist. Auf diesen Zusammenhang weist schon **1825** der Stadtrat Keibel in
→A 4 seinem Bericht über die Familienhäuser hin: *Niederschlagend in hohem*
Grade aber ist es, wenn Einrichtungen entstehen und geduldet werden,
welche die Demoralisation jener Volksklasse befördern. Befindet sie sich
verteilt durch alle Gegenden einer großen Stadt, so ist ihre nachteilige
Wirkung weniger gefährlich. Der Einfluß aber, den ein besseres Beispiel auf
sie als ganze Familien oder Individuen ausübt, kann wesentlich zur Verbes-
serung ihres eigenen Zustands dienen. Sind dergleichen Personen jedoch
auf einen Punkt zusammengedrängt, so müssen sie, auf sich selbst angewie-
sen, nur tiefer und tiefer sinken und andere in ihr Verderben mit hinein-
ziehen.

Noch präziser ist diese inzwischen durch die Erfahrung bestätigte Be-
fürchtung 20 Jahre später in dem bereits öfter zitierten Bericht über die
„Armenbevölkerung im Berliner Voigtland" formuliert. Dort heißt es:

→L 27 *Eine solche Zusammenhäufung von armen, oft durch ihre Verschuldung*
verarmten Leuten auf einen Ort kann nicht anders als höchst nachteilig
sein. Sie benimmt ihnen die Scham, die sie sonst zur Reinlichkeit antrei-
ben und sittlich aufrichten würde. Sie fühlen sich so ganz unter ihres Glei-
chen, und da die sittlich Heruntergekommenen gewöhnlich die Tonan-
geber sind: so bildet sich eine Macht der Verderbnis, gegen welche die
wenigen Bessergesinnten gar nicht aufkommen können und sich ruhig ver-
halten müssen, wenn sie nicht dem äußersten Spott, ja wohl gar Mißhand-
lungen ausgesetzt sein wollen.

Der Zerfall des familiären Zusammenhalts und das *enge Zusammen-*
leben führen nach Meinung der im Voigtland arbeitenden christlich-bürgerlichen Institutionen zum Sittenverfall, dann zur Verarmung und schließlich
zur Revolution. Dieser scheinbar auf Anschauung beruhende Gedanke im
allgemeinen und das praktische Scheitern der Erziehungsmaßnahmen von
Schule und Kirche im Voigtland und in den Familienhäusern im besonderen beunruhigt immer weitere Kreise in der Stadt und im Staat und beschleunigt die Suche nach umfassenderen Konzepten zur Eindämmung der
immer deutlicher werdenden Bedrohung durch das am Stadtrand zusammengedrängte Proletariat. Die Leitbilder der konservativen Reformer, auf
die wir im nächsten Kapitel eingehen werden, drehen sich seit Anfang der
30er Jahre um die Schaffung öffentlicher Zucht- und Erziehungsanstalten,
die direkt auf den „Sittenverfall" antworten, später um die Konstruktion
und rechtliche Ausstattung der christlichen Familie nach bürgerlichem
Vorbild, als kleinste Zelle des Staates, und schließlich um deren rämliche
Ausstattung in einer abgeschlossenen, aber beaufsichtigten Wohnung aus
„gemeinnütziger" Hand.

12.2   Die Sozialpolitik des „Christlichen Staates"

Am 7.6.1840 stirbt Friedrich Wilhelm III. Ihm folgt der beliebte, joviale, kunstinteressierte, auch beim liberalen Bürgertum mit Hoffnungen auf die Einlösung der nach den „Befreiungskriegen" versprochenen neuen Verfassung ausgestattete Friedrich Wilhelm IV. auf den Thron. Doch diese Hoffnung erfüllt sich besonders für die nicht, die diese Liberalisierung der staatlichen Strukturen für die Durchsetzung ihrer Kapitalinteressen brauchen, nämlich die rheinischen Industriellen und Bankiers, die schnell zu den Wortführern der liberalen Opposition gegen den König, an der Regierung jedoch erst nach der 48er Revolution beteiligt werden. Der neue König betreibt nach anfänglichen Zugeständnissen durch Lockerung der Zensur und Berufungen an die Berliner Universität in der Verfolgung seiner Idee eines ständischen, vom Adel geführten Staates unter christlichem Vorzeichen eine durchaus widersprüchliche Personalpolitik. Schritt für Schritt stattet er seinen bisher privaten Beraterstab und Freundeskreis mit Machtbefugnissen aus. Eine der ersten spektakulären personalpolitischen Maßnahmen, die uns hier interessieren, betrifft die Umbesetzung des Ministeriums der Geistlichen, Unterrichts- und Medizinalangelegenheiten. An die Stelle des als liberal geltenden Ministers v. Altenstein tritt jetzt Dr. Eichhorn, der u.a. für die nächsten Jahre die Berufungen an die Universität bestimmt. Welche Richtung Eichhorn vertritt, wird an der bereits 1840 erfolgten Berufung des Rechtsphilosophen Friedrich Theodor Stahl, des Theoretikers des „Christlichen Staates", klar. Stahl wird Nachfolger des Hegelschülers Eduard Gans, eines Vertreters der von den Berliner Pietisten heftig bekämpften „rationalistischen Schule". Die Theorie vom „Christlichen Staat" in praktische Politik umzusetzen übernimmt am Hof ein informell zusammengesetzter Kreis von Freunden und Beratern des Königs, die zum Teil schon seit Jahrzehnten dessen Erziehung und Entwicklung bestimmt haben. Zu dieser Kamarilla gehören auch die beiden Brüder Otto v. Gerlachs, des Pastors der Elisabeth-Gemeinde. An ihrer politischen Biographie zeigen sich die Entwicklung der neuen Staatsidee und der Versuch ihrer praktischen Umsetzung nach 1840.

Die drei v. Gerlachs – Otto, der Prediger; Leopold, der General und Schulgründer; Ernst Ludwig, Jurist und Gründer der „Evangelischen Kirchenzeitung", Kampfblatt der christlichen Erneuerung des Staates und Vorläufer der später berüchtigten „Kreuzzeitung" – personifizieren den Zusammenhang zwischen den pietistischen Experimenten im lokalen Maßstab des Voigtlandes der 20er und 30er Jahre und den sozialpolitischen Experimenten, die mit dem Regierungsantritt Friedrich Wilhelms IV. auf Staatsebene eingeleitet werden.

Die praktischen Erfahrungen auf dem Experimentierfeld Voigtland und die Einsicht, daß mit den herkömmlichen Mitteln das sich formierende Proletariat als Klasse nicht zu disziplinieren ist, sich nicht einordnen läßt in christlich-bürgerliche Maßstäbe, bestimmen nicht unwesentlich die Überlegungen und Projekte im städtischen und staatlichen Maßstab, die auf scheinbar unterschiedlichen Ebenen vorangetrieben werden:

1. die Ausschaltung der theoretischen Opposition an der Universität, in der Presse und in den übrigen Publikationsmöglichkeiten durch Berufungspolitik und Zensurmaßnahmen;

2. der Eingriff des Staates in die Institution der Ehe durch das neue Ehescheidungsgesetz und Einführung des „Staatsanwalts" bei Ehescheidun- ←S 442 gen, die bis dahin privatrechtlich geregelt wurden;

3. die Wiederbelebung des christlichen Kultes durch Verordnungen wie z.B. die Einführung des Pflichtbesuchs des Sonntagsgottesdienstes für Beamte u.ä.;

4. die Stiftung von christlich geleiteten und theologisch überwachten Anstalten in offener und geschlossener Form für die ideologische Erziehung des Proletariats unter staatlichem Protektorat (Bethanien, Zellengefängnis Moabit und Kolonieprojekte);

5. Rekultivierung des gotischen Denkmalsbestandes auf preußisch-rheinischem Territorium zur Legitimation der christlich-germanischen Staats- →L 28 idee (Dombauprojekte in Köln und Berlin, Inventarisierung und Restaurierung von Baudenkmälern);

6. Überlegungen zur Umgestaltung des Verhältnisses von Kirche und Staat

Otto v. Gerlach, ev. Theologe, geb. **12.4.1801** in Berlin, gest. **24.10.1849** daselbst. Jurastudium in Berlin, Heidelberg und Göttingen, seit **1821** Theologiestudium in Berlin, **1828** Promotion, Vorlesungen an der Universität, Tätigkeit in der „Berliner Gesellschaft zur Verbreitung des Evangeliums unter den Heiden", wo er Missionare ausbildet, seit **1835** Pfarrer von St. Elisabeth in der Rosenthaler Vorstadt, wo er nach englischen Vorbildern praktisch einführt, was später unter dem Namen „Innere Mission" zusammengefaßt wird, **1842** im Auftrag des Königs Forschungsreise nach England, wird **1847** Hofprediger am Berliner Dom.

Ernst Ludwig v. Gerlach, konservativer Publizist und Politiker, geb. **7.3.1795** in Berlin, gest. **16.2.1877** daselbst. Jurastudium **1810–1813** in Berlin, Göttingen und Heidelberg, Teilnehmer der „Befreiungskriege" im Yorckschen Korps, **1823** Oberlandesgerichtsrat in Naumburg, in den 30er Jahren Mitarbeiter am „Politischen Wochenblatt" und der „Evangelischen Kirchenzeitung" in Berlin, wo er für die gänzliche Trennung der Verfassung und Verwaltung der Kirche vom Staat und die Umbildung des Staates in einen „christlich-germanischen" eintritt; **1834** Vizepräsident des Oberlandesgerichts in Frankfurt; **1842–44** Mitglied des Staatsrats und Berufung in die Savignysche Gesetzgebungskommission, dort Referendar für die Reform des Ehescheidungsrechts; **1844** erster Präsident des Oberlandesgerichts in Magdeburg; **1848** Mitbegründer der feudal-konservativen „Neuen Preußischen Zeitung" („Kreuzzeitung"), enger Vertrauter Friedrich Wilhelms IV., mit dessen Regierungsende auch der politische Einfluß zurückgeht.

Leopold v. Gerlach, Politiker und General, geb. **17.9.1790** in Berlin, gest. **10.1.1861** daselbst. Jurastudium in Berlin, Göttingen und Heidelberg, **1812** Regierungsreferendar in Potsdam, Teilnahme an den „Befreiungskriegen"; Mitglied der Christlich-Deutschen Tischgesellschaft Achim v. Arnims, wo er bereits für die Hallersche Staatsphilosophie wirbt; gehört zum engen Vertrautenkreis des Kronprinzen, **1826** persönlicher Adjutant des Prinzen Wilhelm, **1844** General-Major, **1849** General-Lieutenant, maßgebliche Beteiligung an der Konterrevolution 1848/49, **1859** General der Infanterie; stirbt acht Tage nach dem Tode Friedrich Wilhelms IV., *an den Folgen einer Kopfrose, deren Entstehung unter dem festen Druck des Helms während der Wache am königlichen Sarge v. Gerlach trotz der Warnungen der Ärzte nicht beachten wollte.*

Karl Ludwig von Haller, Politiker und Publizist, geb. 1.8.1768 in Bern, gest. 20.5.1854 in Solothurn.

Haller trat schon als Jüngling, ohne studiert zu haben, in den Staatsdienst ein und rückte hier bald zu verantwortungsvollen Ämtern auf. Als die Heere der französischen Revolution in bernerisches Gebiet einbrachen und Bern fiel, wurde Haller zum Wortführer der Gegenrevolution in der Schweiz. Nach einigen Jahren der Emigration übernahm er 1806 an der heimischen Akademie eine Professur für Staats- und Völkerrecht. Aus seinen staatsrechtlichen Gedanken ergab sich mit zwingender Folgerichtigkeit sein Übertritt zur katholischen Kirche (1820). Deswegen aus Regierung und Großem Rat gestoßen, denen er seit 1814 angehört hatte, siedelte er nach Paris über und arbeitete dort als Publizist in der Diplomatie König Karls X. Der Sturz der Bourbonen 1830 trieb Haller in die Schweiz zurück, wo er nun ganz seinen Studien lebte, als Staatshistoriker von europäischem Ansehen.

Weitaus das entscheidendste Erlebnis Hallers war die französische Revolution. Der „Ausrottung" der revolutionären Mächte hat er sein ganzes Leben geweiht. Sein Lebenswerk „Restauration der Staatswissenschaft oder Theorie der natürlichen Zustandes, der Chimäre des künstlich-bürgerlichen Zustandes entgegengesetzt" (6 Bde., 1816–34) ist ein Kampfbuch. Bedeutsamer als die vorgetragene Systematik der neuen Staatslehre erscheint Hallers Widerlegung des aus dem Naturrecht hervorgegangenen Gesellschaftsvertrages, wie ihn besonders eindrucksvoll Rousseau vertreten hatte. Zu dieser Mission glaubte sich Haller durch göttliche Eingebung berufen. In fast apokalyptischem Ton erklärte er, den Augiasstall revolutionärer Irrtümer gesäubert zu haben, so daß nun das Gottesreich nahen könne, und daß es ihm tatsächlich gelungen sei, die Revolutionsdoktrin vom Gesellschaftsvertrag als geschichtlichen Widersinn durch seine Theorie der Staatenbildung aufzudecken. Statt wie die Aufklärer von der in Individuen atomisierten Gesellschaft auszugehen, erblickt Haller den Ursprung der „geselligen Verhältnisse" in dem „Naturgesetz", daß der Mächtigere herrsche, der an Eigentum, Tapferkeit und Geist Überlegene. In der ganzen Schöpfung erweise es sich, daß der Stärkere gebiete, der Schwächere bei ihm Schutz suche und ihm diene. So herrsche der Mann und Vater über Weib und Kinder, der Anführer über seine Begleiter, der Hausherr über sein Gesinde. Was von den geselligen Verhältnissen im allgemeinen gelte, das treffe auch auf den Staat zu. Denn der Staat sei nichts als ein großes Hauswesen, eine Summe übereinandergeordneter Herrschaftsverhältnisse, die durch Privatverträge geregelt würden. Im Patrimonialstaat – Haller hat das Wort und den Begriff geschaffen – finde die Macht des Fürsten nach oben am Willen Gottes, nach unten am Recht des Untertanen eine Grenze. Auf die äußere Staatsform kam es Haller viel weniger an als darauf, daß der Staat Autorität sei. Darin sollte ihn die Kirche unterstützen, die damit große politische Bedeutung bekam. Haller setzte den langsam gewachsenen „gottgewollten Organismus" der verstandesmäßigen Gleichmacherei demokratischer Volksfreiheit entgegen.

Nicht oft ist das Wesen der Macht als so naturbedingt erklärt und ihr Wert so freimütig bejaht worden wie in Hallers systematischem Gedankenbau; es führen von hier verschlungene Wege zu Darwins Lehre von der natürlichen Auslese und zu Nietzsches Verherrlichung des Herrenmenschen. Hinter seiner Theorie stand nicht das Streben nach reiner Erkenntnis und Darstellung, sondern der politische Wille des Berner Patriziers, die versunkenen Zustände des Ancien Régime wieder herzustellen. In Berlin schlug Hallers Buch zündend ein. Achim von Arnim schrieb, Haller werde von einer Anzahl junger Leute abgöttisch verehrt; und

dahingehend, daß die protestantische Kirche und die ihr zugerechneten Organisationen in einer ersten Phase öffentliche Aufgaben im Staatsauftrag übernehmen und in der zweiten Phase die Staatsführung christlichen Leitlinien folgt.

Die im letzten Punkt formulierten Überlegungen lassen die Frage nach den Theoretikern und der politischen Strategie des „Christlichen Staates" aufkommen. Geht man die Biographien der einflußreichsten königlichen Berater durch, etwa die der Brüder Gerlach, des in Staatsministerium berufenen v. Thile, des Ministers v. Savigny oder des Theologen Hengstenberg, so stößt man immer wieder auf die Namen des Staatstheoretikers Karl Ludwig v. Haller und des Rechtsphilosophen Friedrich Julius Stahl, der ja 1840 an die Berliner Universität geholt wird — unter dem Protest der Studenten, die seine Vorlesung boykottieren.

→L 29
←L 30

Die Staatsideen des Schweizers Karl Ludwig Haller, dargestellt in seinem fünfbändigen Werk „Die Restauration der Staatswissenschaften oder Theorie des natürlich-gesellig Zustandes der Chimäre des künstlich-bürgerlichen Zustandes entgegengesetzt", dessen erster Band 1816 erscheint, werden seit 1817 in verschiedenen christlich angeregten Diskussionszirkeln in Berlin bekannt. Einer der wichtigsten dieser Zirkel ist die nach den „Befreiungskriegen" unter dem Namen „Maikäferei" (so genannt nach dem Versammlungslokal an der Schloßfreiheit) wieder konstituierte „Christlich-germanische Tischrunde". Der romantische Dichter Achim von Arnim, Bettinas Ehemann, hatte sie 1811 noch während der französischen Besetzung Berlins gegründet, und um ihren „harten Kern" gruppiert sich seit 1819 die stark pietistisch orientierte „Freitag-Abend-Gesellschaft". Diese Gesellschaft, die sich in den Privatwohnungen ihrer Mitglieder trifft, setzt sich zusammen aus jüngeren Gardeoffizieren, adligen Juristen und anderen Akademikern, deren Interessen entweder direkt oder durch ihre Familien über Militär, Kirche und Ministerien eng mit denen der preußischen Staatsführung verknüpft sind. Neben den drei Gerlach-Brüdern treffen sich hier der Graf Karl von der Groeben, seit 1824 Generalstabschef in Berlin, Anton von Stolberg, Karl von Röder, Adjutant des Kronprinzen Friedrich Wilhelm, der Gardelieutenant Alexander von der Goltz und andere. Dieser Kreis von jungen Männern aus den einflußreichsten preußischen Junkerfamilien findet sich zusammen, um nach dem politischen Weg einer nationalen Wiedergeburt des durch die napoleonische Besatzung zerschlagenen preußischen Staates zu suchen, und es sind zunächst die restaurativen Ideen Karl Ludwig Hallers, die ihn *elektrisieren*, wie Ludwig v. Gerlach später bekennt.

Der Kern der Staatstheorien des Katholiken Haller ist die Verdammung der Ideen der Reformation, der Aufklärung und der französischen Revolution und die Restauration des mittelalterlichen ständegegliederten Feudalstaates. Wir können hier nicht die Hallerschen Gedanken im einzelnen darstellen; was jedoch in unserem Zusammenhang wichtig ist, ist eine kurze Beleuchtung des Verhältnisses zwischen Kirche und Staat und der Funktion der kirchlichen Anstalten im Hallerschen Sinne, da sie das theoretische Verständnis für die frühen Sozialexperimente im Voigtland, die ja eng mit den v. Gerlachs verbunden sind, bringt.

→L 31

Für Haller steht die Kirche als *geistliche Herrschaft* zwar selbständig neben der *weltlichen Herrschaft* des Staates, ihre Funktion ist jedoch die ideologische Sicherung der feudalen Ordnung: *Die geistliche Herrschaft, d.h. die überlegene Weisheit und Erkenntnis in den Werken und Gesetzen des Höchsten, ist zwar nur eine H e r r s c h a f t ü b e r d i e G e m ü t e r; sie gebietet nicht über äußere Sachen, nicht über körperliche Dienstleistungen; sie gibt unmittelbar nicht leibliche Nahrung und schützt nicht gegen physische Gefahren; der Glaube oder der Gehorsam wird weder durch körperlichen Zwang noch durch irdische Bedürfnisse abgenötiget; sie hat aber gleichwohl eine unermeßliche Kraft, weil sie auf den Willen und den Verstand der Menschen, als der Quelle aller ihrer freien Handlungen, wirkt und mithin dieselben gleichwie durch einen unsichtbaren Zauberstab zu lenken und zu bestimmen vermag. Willig und freudig gehorchen die Menschen aus allen Kräften, indem sie frei und bloß aus eigenem Trieb zu handeln wähnen. Sie werden durch ein mildes, kaum fühlbares Band gezäumet und regieret, gleich großen vom Wind der Leidenschaft getriebenen Schiffen, durch ein kleines Ruder gelenket . . .*

Diese *Herrschaft über die Gemüter* wird sowohl direkt über den religiösen Kult, wozu auch die Kirche als Bauwerk gehört, und die Kanzelpredigt als auch über verschiedene *Vehikel*, vor allem Schulen, Kranken-

und Armenanstalten, ausgeübt: *Ihre Errichtung und Besorgung ist nicht* ←L 32
nur pflichtmäßig, sondern auch für die Häupter und Vorsteher der Kirche
selbst notwendig und schicklich, teils weil die Gemeinnützigkeit solcher
Anstalten jedermann in die Augen leuchtet, folglich allgemeine Achtung
erwirbt und das Ansehen der Geistlichen befestigt, teils weil die Erzie-
hung der Jugend, die Pflege der Kranken und die Unterstützung der Armen
mannigfaltige Veranlassung gibt, die religiösen Wahrheiten und Pflichten
eindringend darzustellen, auf zahlreiche Menschen-Classen zu wirken, mit
denen man sonst wenig in Berührung käme, und selbst alle anderen Wis-
senschaften und Künste zum Vehikel der Lehre zu machen.

Die Leitung und Beaufsichtigung der Kinder-Schulen soll unabhängig
vom Staat ganz in der Hand der Kirche liegen: *Die bei jeder Pfarrei errich-* ←L 33
teten K i n d e r - oder C h r i s t e n - S c h u l e n sind allerdings schon
einer großen Aufmerksamkeit würdig, um die religiösen Grundsätze früh
in das Gemüt der Kinder aller Classen einzuprägen. Die Schullehrer sind
des Pfarrers Gehülfen und sollen also, mit dem Beifall der Gemeinde, die
das Beneficium gibt, von ihm ernannt und beaufsichtigt werden, damit
unter ihnen Friede, Einigkeit und treues Zusammenwirken bestehe, wie
dieses auch vormals in der ganzen Christenheit geschehen ist. Normal-
Schulen oder Seminarien zu Bildung solcher Schullehrer sind keineswegs
notwendig, da für einen so beschränkten Unterricht keine große Gelehrte
erfordert werden und der Pfarrer unter seinen bessern Zöglingen oder den
erwachsenen Gemeindsgenossen stets die tüchtigen Subjekte wird zu
finden wissen.

Der Unterricht soll sich auf *wenige und unentbehrliche Gegenstände*
beschränken: *Der Unterricht muß hier nur auf wenige und unentbehrliche* ←L 34
Gegenstände beschränkt werden, auf solche, die allen Menschen ohne
Ausnahme zu wissen nötig sind, die von den Kindern aller Stände und
Geschlechter gefasset werden können und zu deren Erlernung sie auch die
gehörige Muße haben. Dazu gehören nun, außer den religiösen Wahrheiten
und Pflichten, höchstens noch die Kunst zu lesen, zu schreiben und einige
Fertigkeit im Rechnen und Singen, wobei die auszuwählenden Muster
abermal dazu dienen können, nicht nur den Verstand zu bilden, sondern
auch das Herz zu rühren und für alles Gute empfänglich zu machen. Wer
Lust, Anlage und Mittel zu Erlernung höherer Künste und Wissenschaften
hat, dem bleibt der Weg dazu allerdings offen: aber es ist nicht nur unmög-
lich und unvernünftig, sondern im hohen Grade schädlich, solche Wissen-
schaften und Künste denjenigen aufzudringen, denen die Talente dazu
mangeln oder denen sie zu ihrem künftigen Berufe nicht nötig sind, und
auf diese Art nur aufgeblähte, mit ihrem Stand unzufriedene Halbwisser,
eitle und verkehrte Sophisten, die gefährlichste aller Menschenclassen, zu
bilden.

Statt *unzufriedener Halbwisser* sollen durch Übung von Gehorsam und
Unterwerfung unter ein höheres Gesetz und eine höhere Vernunft zufrie-
dene Nichtwisser als gute Untertanen erzogen werden: *Wachsen die Kinder* ←L 35
heran, sollen sie bald einen Beruf ergreifen, an den Versammlungen der
Gläubigen und den Hülfsmitteln der Kirche Teil nehmen, so müssen sie
etwas ausführlicher in allen Religionswahrheiten unterrichtet werden,
und zwar nach kurzen, aber zusammenhängenden Lehrbüchern (Katechis-
men), die sich vorerst dem Gedächtnis, sodann dem Verstande einprägen
und deren Inhalt ihnen zwar möglichst erklärt wird, den sie aber doch gro-
ßenteils auf Autorität der Lehrer, auf das Zeugnis der Kirche annehmen
sollen, damit der Gehorsam, die Unterwerfung unter ein höheres Gesetz
und eine höhere Vernunft, als die Quelle aller Tugenden geübt werde und
nach der Ordnung der Natur, der Glaube dem Wissen vorangehe; das spä-
tere Wissen aber des Glaubens Belohnung sei.

Werden den Kindern die *religiösen Wahrheiten und Pflichten* in den
Schulen eingebläut, so sollen die erwachsenen Untertanen, und zwar in
erster Linie die für den Staat am ehesten gefährlichen eigentumslosen, die
nur in geringem Maße durch die sonntäglichen Kanzelpredigten erreicht
werden, durch ein kirchlich geleitetes Armenwesen, durch *milde Stif-*
tungen für Kranke, Arme und Unglückliche erfaßt werden. Mit bemer-
kenswerter Offenheit begründet Haller die ideologische Funktion dieser
Institute, die der Öffentlichkeit gegenüber gewöhnlich nur als Werke un-
eigennütziger christlicher Nächstenliebe verbrämt dargestellt werden: *Zu-* ←L 36
letzt pflegt jede Kirche oder geistliche Gesellschaft Anstalten zur Pflege
der K r a n k e n und zur Unterstützung der A r m e n zu gründen, ver-
lassenen und verunglückten Glaubensbrüdern zu helfen. Es liegt dieses

in dem Kreis um den Kronprinzen von Preußen, den
späteren König Friedrich Wilhelm IV., machte man
den Vorschlag, in keine Gesellschaft zu gehen, ohne
wenigstens ein Zeugnis für Haller abzulegen. Die Haller-
sche Idee vom ständischen Patrimonialstaat auf reli-
giöser Grundlage erschien diesem christlich-germani-
schen Zirkel bis in die 1850er Jahre als das zu verwirk-
lichende Vorbild; der Monarch der preußischen Reak-
tion machte es zur Richtschnur seines Handelns.

schon in der Natur einer geselligen, zumal geistigen Verbindung, in der Liebe, die zwischen allen Gleichgesinnten herrscht, welche von einem gemeinsamen Glauben ausgehen, auf gemeinsame Zwecke hinarbeiten. Dabei ist sie aber auch ein mächtiges Mittel, um der kirchlichen Gesellschaft Ansehen bei der Welt zu verschaffen, den Glauben zu befördern und den Menschen die religiöse Doctrin oder Gesinnung in solchen Lagen und Umständen beizubringen, wo ihr Gemüt am meisten dazu aufgelegt ist.

→L 37 *Zudem sind die Kranken, Armen und Unglücklichen aller Art schon eine sehr zahlreiche Menschenclasse; viele derselben haben sich ihre Leiden mehr oder weniger selbst zugezogen, und in dergleichen Fällen findet der Priester, welcher liebreiche Hülfe bringt, auch mit seiner freundlichen Belehrung mehr Eingang; von solchen Unglücklichen ist, wo nicht immer, doch größtenteils, Dank, Gegenliebe und gläubiges Zutrauen zu erwarten; sie werden einer Religion geneigt, von der sie so viele Wohltaten erhalten, und es ist nicht zu berechnen, wieviel dieses zur Verbreitung des Glaubens beitragen kann, ja vielleicht im Verborgenen noch heut zu Tage beiträgt.*

Schon diese wenigen Zitate aus dem Hallerschen Werk lassen die im vorigen Kapitel beschriebenen sozialen Experimente im Voigtland als direkte praktische Anwendungsversuche der Theorien Hallers im Sinne der Restauration des preußischen Staates erscheinen, zumal wenn man berücksichtigt, daß diese Unternehmungen alle direkt von dem von Haller *elektrisierten* Kreis der Adligen um die v. Gerlachs ausgehen oder mit ihm eng zusammenhängen. Ende **1827** wird von Mitgliedern der „Freitag-Abend-

→S 373 Gesellschaft" die Armen-Freischule in den Familienhäusern gegründet, die dem Gründerkreis angehörenden Schulvorsteher leiten die ebendort stattfindenden „Erbauungsstunden" in enger Zusammenarbeit mit den Predigern von St. Sophien. Die **1833** gegründeten Männer- und Frauenkrankenvereine, aus denen **1837** das Elisabethkrankenhaus als erstes kirchlich geleitetes Krankenhaus in Berlin hervorgeht, gehen auf die Initiative von Johann Evangelista Gossner zurück, den ehemaligen katholischen Wanderprediger aus Süddeutschland, der **1826** die Konfession wechselt und seit **1829** als Prediger der Brüdergemeine in der Berliner Bethlehemskirche in engster Verbindung mit der Erweckungsbewegung und dem Kreis um die v. Gerlachs steht. Als zu Beginn der 30er Jahre die Elisabethgemeinde und -kirche im Voigtland eingerichtet wird, übernimmt einer der drei v. Gerlachs, Otto, auf Betreiben seiner Freunde und Brüder die Pfarrstelle. Bis zu dem ebenso unrühmlichen wie offiziell peinlich vertuschten Ende seiner dortigen Tätigkeit im Jahre **1844** betreibt er den Ausbau des christlichen

←L 38 Vereinswesens und setzt sich wiederholt für die Ablösung des städtisch verwalteten durch ein kirchlich beaufsichtigtes Armenwesen ein. Während Otto also vor Ort praktische Arbeit leistet, hält Leopold als engster Freund des Kronprinzen die Verbindung zum designierten Nachfolger des Königs, und Ernst Ludwig, der Oberlandesgerichtsrat, verlagert seine Tätigkeit auf die öffentliche Propaganda mit Hilfe der entstehenden konservativen Presse. Ab **1828** schreibt er in der von Ernst Wilhelm Hengstenberg gegründeten „Evangelischen Kirchenzeitung", wo er für die gänzliche Trennung der Verfassung und Verwaltung der Kirche vom Staat eintritt. In den 30er Jahren erweitert er seinen Einfluß als Mitarbeiter im politischen Wochenblatt des Organs des sogenannten „Clubs der Wilhelmstraße". Dieser Klub ist mit den Namen der Grafen Brandenburg, von der Groeben, v. Radowitz und Voß verbunden, vertritt die Grundsätze einer sich formierenden feudal-konservativen Partei in Preußen und strebt die Umbildung des Staats in einen sogenannten „christlich-germanischen" an.

Die Idee des „christlich-germanischen Staats", wonach der Staat gemeinsam mit der Kirche an der Formung des „Gottesreiches" arbeiten sollte, theoretisch untermauert durch den Rechtsphilosophen Friedrich Theodor Stahl, wird ab **1840** zum leitenden Staatsprogramm unter Friedrich Wilhelm IV. Der weitverzweigte konspirative Kreis der geistigen Väter dieses „christlich-germanischen Staates" wird seit den 30er Jahren trotz fehlender äußerer Organisation mehr und mehr als „feudal-konservative" oder „pietistische Partei" bezeichnet, durch den neuen König in den 40er Jahren systematisch mit Regierungsaufgaben betraut und in die Staatsführung integriert.

Mit dieser Skizzierung der Hofkamarilla und ihrer politischen Ziele soll nur das notwendige Vorverständnis geschaffen werden für die unter Friedrich Wilhelm IV. begonnenen, mit der Konstituierung des „Christlichen Staats" zusammenhängenden Anstaltsbauten, auf die wir ausführlich eingehen wollen. Die Skizze deutet den theoretischen Hintergrund und die

Varnhagen v. Ense über das Ende der Predigertätigkeit Otto v. Gerlachs im Voigtland:

1.10.1844: Geschichte des Predigers von Gerlach (Bruder des Generals), der sein Dienstmädchen so mißhandelt, so barbarisch geschlagen, ihr die Brust gequetscht und andre Verletzungen zugefügt hat, daß sie, in die Charité gebracht, dort an den Folgen starb. Der Pfaffe ist, trotz alles Ansehns und aller Gunst, in der er steht, doch zu einjähriger Festungsstrafe verurteilt worden, wird aber auch diese verhältnismäßig geringste Strafe nicht leiden, sondern legt nur sein Predigeramt nieder und geht mit seiner Familie auf Reisen.

6.3.1847: Man spricht mit Empörung davon, daß der Prediger Otto von Gerlach, dessen schmachvoller Prozeß eben erst niedergeschlagen worden, zum Hof- und Domprediger ernannt ist, durch Hof- und Parteibetrieb.

beteiligten Personen nur an. Ausführlichkeit würde den Rahmen der Arbeit sprengen, zumal der gesamte Komplex der Rolle des pietistisch-konservativen Lagers im Preußen der Restauration und des Vormärz unseres Wissens noch nicht kritisch durchgearbeitet ist. Auf keinen Fall dürften bei einer ausführlicheren Darstellung neben den genannten Verbindungen die pietistische Erweckungsbewegung um die Prediger der Brüdergemeine in Berlin fehlen, es wäre weiter unbedingt notwendig, sich zu beschäftigen mit dem Kreis um den Baron v. Kottwitz, in dessen „freiwilliger Beschäftigungsanstalt" in der ehemaligen v. Winningschen Kaserne am Alexanderplatz, dem Bischof Neander, dem jungen, Ende der 20er Jahre in Berlin studierenden Johann Hinrich Wichern, dem Gefängnistheoretiker Nikolaus Heinrich Julius, der 1824 gegründeten Berliner Missionsgesellschaft und anderen, die alle untereinander in engstem Kontakt stehen.

Wir haben in den folgenden Kapiteln im Zusammenhang mit den Anstaltsprojekten und der Diskussion um eine Wohnungsreform nun genauer einzugehen auf Julius, Wichern und den später nach Berlin gerufenen Victor Aimé Huber, auf den man am Hof wegen seines Konzeptes zur Gründung einer konservativen Partei aufmerksam wird.

12.2.1 Die Gefängnisreform im Zellengefängnis

Die erste Reform im Sinne des „Christlichen Staats", die Friedrich Wilhelm IV. nach der Thronbesteigung einleitet, ist die Reform des Gefängniswesens, die in der Theorie zum Zeitpunkt 1840 durch den „Vater der europäischen Gefängniskunde", Dr. Nikolaus Heinrich Julius, ausgearbeitet ist. Die Berufung von Julius nach Berlin erfolgt wenige Monate nach Regierungsantritt.

Die Beziehung des Königs zu Julius geht zurück auf das Jahr 1827, wo Friedrich Wilhelm zu dem erlauchten Kreis der Zuhörer der Vorlesungen von Julius über die Gefängniskunde gehört, die dieser in Berlin hält und mit denen die öffentliche Diskussion über die Gefängnisreform eröffnet wird. Julius widmet die Veröffentlichung dieser Vorlesungen dem Kronprinzen, von dem er sich die praktische Durchsetzung erhofft. Diese Vorträge sind die Zusammenfassung einer dreijährigen Forschungstätigkeit des ehemaligen Hamburger Armenarztes, der sich ab 1825, wahrscheinlich auf eigene Initiative, mit dem Gefängniswesen beschäftigt. In diesem Zusammenhang hat er die wenige bis dahin zu diesem Thema existierende Literatur aufgearbeitet und fast alle europäischen Länder bereist, um statistisches Material zu sammeln und die bestehenden Gefängnissysteme aus eigener Anschauung kennenzulernen. In der Auswertung seiner Forschungen spricht Julius sich für ein Anstaltskonzept aus, wonach das Gefängnis eine sittliche Erziehungsanstalt sein soll, die den Delinquenten aus dem Feld seiner sozialen Beziehungen herauslöst und isoliert. Die „Besserung" bei dem von Julius propagierten „Schweigesystem", wie es in Amerika im Zuchthaus von Auburn bei New York praktiziert wird, soll durch einen Selbsterkenntnisprozeß des Gefangenen hervorgerufen werden. Zu diesem Zweck werden die Gefangenen nachts in Einzelschlafzellen eingesperrt, tagsüber arbeiten sie gemeinsam unter Aufsicht bei strengstem Sprechverbot. Mit Hilfe der Schweigepflicht soll verhindert werden, daß sich unter den Gefangenen neue soziale Beziehungen entwickeln.

Auf Grund der Vorlesungen und ihrer Veröffentlichung wird Julius ministeriell mit der Besichtigung der preußischen Gefängnisse beauftragt, die Ergebnisse veröffentlicht er neben theoretischen Erörterungen in den von ihm von 1829–1833 herausgegebenen „Jahrbüchern der Straf- und Besserungsanstalten, Erziehungshäuser, Armenfürsorge und andere Werke der christlichen Liebe" (bis 1833 10 Bände). In den Jahren 1834–1836 unternimmt Julius dann zwei umfangreiche Studienreisen nach Amerika, deren Erfahrungen seine bisherigen Vorschläge verändern.   ←S 374

Bei der jahrelangen Anwendung des „Auburnschen Systems" hat sich in Amerika die praktische Undurchführbarkeit des Schweigegebotes herausgestellt, das die Gefangenen durch immer verfeinerte Verständigungsmöglichkeiten zu durchbrechen gewußt haben. Beim Besuch des 1822–1825 von dem Architekten John Haviland in Philadelphia gebauten Eastern Penitentiary lernt Julius die totale Einzelhaft kennen, deren eifriger Propagandist er nach seiner Rückkehr in Europa wird.

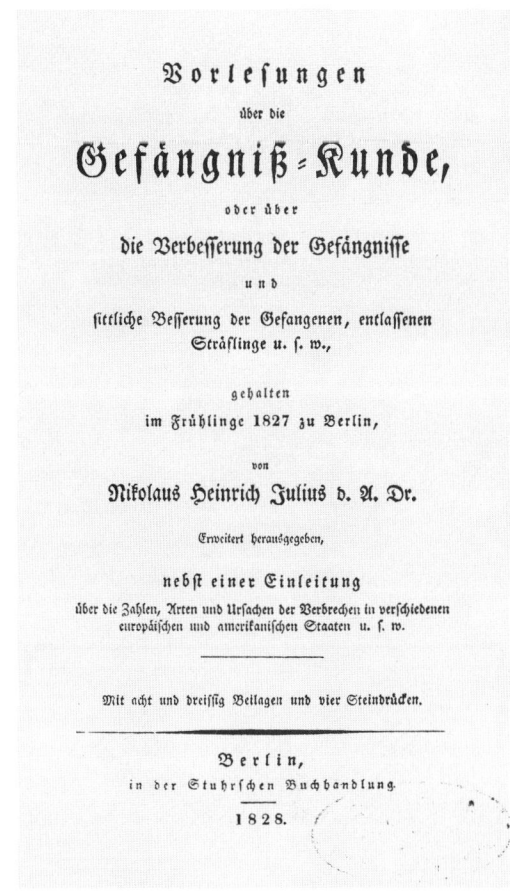

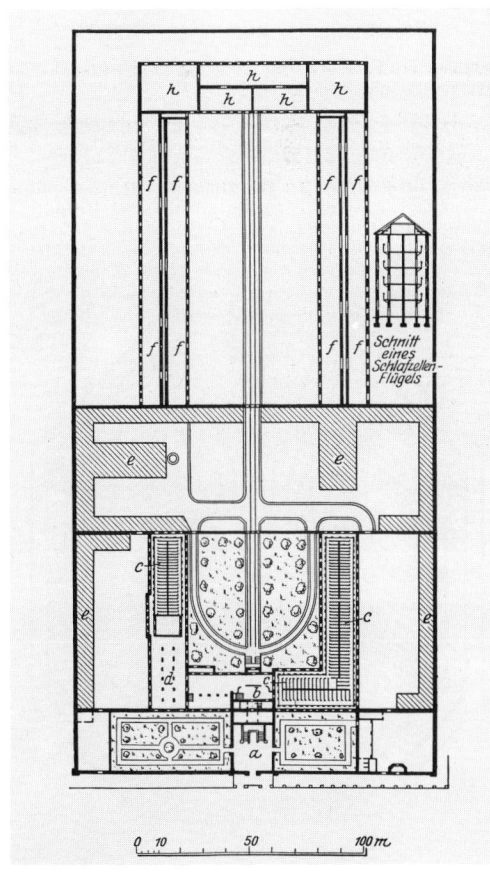

→B 18   Das Zuchthaus in Auburn bei New York von 1820
a Eingang   e Schuppen
b Verwaltung   f Arbeitsräume
c Schlafzellen   g Beobachtungsgang
d Betsaal   h Wirtschaftsräume

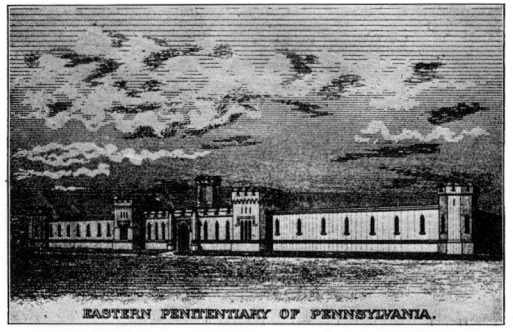

EASTERN PENITENTIARY OF PENNSYLVANIA.

←B 19

a = Zelle　　　　　　　　　　　　　　c = Luftheizung

b = Korridor　　　　　　　　　　　　d = Spazierhof

←B 20

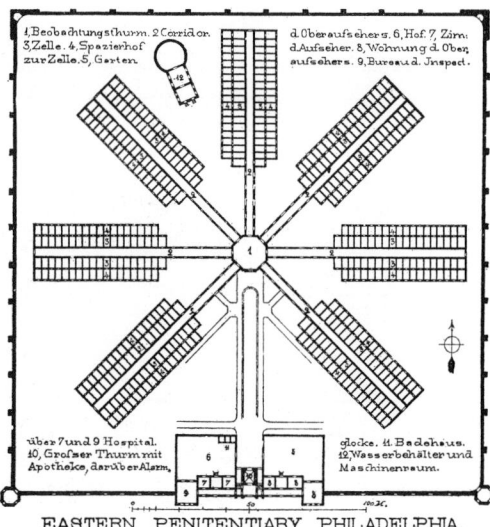

EASTERN PENITENTIARY PHILADELPHIA.

Eastern Penitentiary in Philadelphia, Architekt John
Haviland, 1822–25. Ansicht, Schnitt und Grundriß,
Vorbild für Anstalten mit Einzelhaft und Strahlen-
grundriß

←B 21

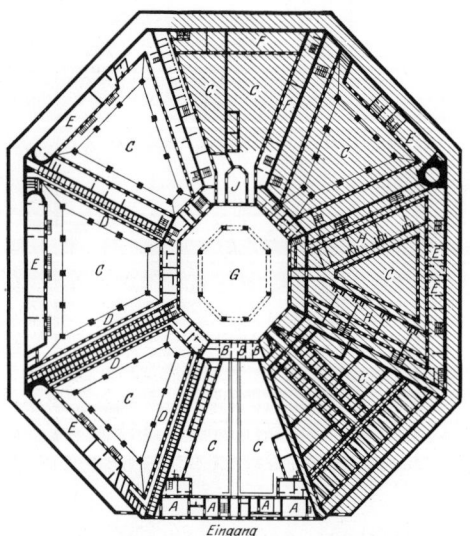

Eingang

Zuchthaus (Maison de force) in Gent, 1775
a　Wohnung (Direktor)　　　f　Magazine
b　Expeditionslokale　　　　g　Zentralhof
c　Höfe　　　　　　　　　　h　Lazarett
d　Schlafzellen　　　　　　　j　Kapelle
e　Speise-, Schul- und Arbeitssäle

←B 22

　　　Von Johann Hinrich Wichern, der seit Anfang der 30er Jahre Schüler
von Julius in der Gefängnisfrage ist und der dessen Position am königlichen
Hof nach 1848 einnehmen wird, hier ein Text zum Vergleich der beiden
lange noch alternativ diskutierten Verwahrsysteme:

→L 39

*Beide gingen von der wohlbegründeten Überzeugung aus, daß die Ge-
meinschaft der Verbrecher die Quelle des unter ihnen fortwuchernden sittlichen Verderbens und damit ihres völligen sittlichen und bürgerlichen
Unterganges und der größten Gefahren für die Gesellschaft sei. Darin treffen jene beiden Systeme zusammen. Sie unterscheiden sich aber dadurch,
daß nach dem Auburnschen die Regel gilt: die l e i b l i c h e Trennung
nur bei Nacht eintreten zu lassen, so daß die Gefangenen in einzelnen Zellen schlafen, während die Trennung am Tage bei g e m e i n s c h a f t l i -
c h e r Arbeit durch das Gebot absoluten Stillschweigens unter zwingender Aufsicht erzielt werden soll. H i e r in Philadelphia aber gilt als Grundsatz die Trennung bei Tag u n d bei Nacht mit Beschäftigung, Unterricht
und Seelsorge der vereinzelten Sträflinge in den Z e l l e n. Zweckent-
sprechende bauliche Einrichtungen ermöglichen tägliche Bewegung jedes
einzelnen Gefangenen in freier Luft und gemeinschaftliche gottesdienstliche Erbauung in der Kirche sowie gemeinschaftliche Unterrichtung der
Schulklassen bei Vermeidung persönlicher Berührung der Gefangenen
untereinander. – Die Amerikaner verbergen nicht, daß der Gedanke zu
diesem Haftverfahren in ihnen durch jene G e n t e r Anstalten zuerst
entstanden sei.*

　　*Die vielbesprochene vollständige E i n z e l h a f t oder das pennsylva-
nische Verfahren ist vom amerikanischen Boden aus – jetzt 30 Jahre lang
– der Gegenstand der vielseitigsten Erörterungen und eine Tatsache von
den größten praktischen Folgen geworden. Wir dürfen ihr gleich hier zur
Verständigung eine besondere Stelle widmen, deren Inhalt sich nach und
nach ergänzen wird. Wir übergehen dabei hier die Stadien der Entwickelung, die das Einzelhaftverfahren durchgemacht, um das nach unserer Auffassung wesentlichste an der Sache vorläufig festzustellen. Die v o l l s t ä n -
d i g e E i n z e l h a f t wäre eine neue Grausamkeit, w e n n sie, wie sie
höchst irriger Weise oft in öffentlichen Tagesgesprächen dargestellt worden, absolut e i n s a m e Haft wäre. Absolute Einsamkeit eines Menschen
ist dem Tode gleich, wenn sie nicht etwa auf Selbstentsagung wie bei dem
Eremiten beruht. Die Einzelhaft ist aber keine Einsamkeit, auch kein Ere-
mitenleben. Was durch sie zu erreichen ist und erreicht werden soll, ist zunächst die völlige, auf naturgemäßem Wege durch die entsprechende Räum-
lichkeit vollzogene Aufhebung der Gemeinschaft der Sträflinge, ist die
Auflösung ihrer Verbindung und Beratschlagung untereinander. Sie bricht
und will brechen den Gesinnungsaustausch zwischen unbußfertigen Gemütern. Sie will d i e Gesinnung tilgen, welche sich gegen die Strafe setzt,
welche das Wohlgefallen am Verbrechen, den Widerstand gegen göttliches
und menschliches Gesetz befestigt, vertieft und zuletzt zur zweiten Natur
macht, also Unnatur, Widernatur im Menschen schafft. Die leibliche Trennung, welche dies verhindern soll, ist aber nur die N e g a t i o n, deren
Bedeutung in der Möglichkeit einer P o s i t i o n besteht. Diese Position ist bei solcher Einzelhaft die Hauptsache. Die Negation ist in diesem
Fall durch Kalk und Stein beschafft, die Position durch lebendige Men-
schengemeinschaft; das P o s i t i v e bei der Einzelhaft ist die S t i f -
t u n g einer neuen, n i c h t verbrecherischen, sondern sittlich untade-
ligen Gemeinschaft von Menschen für das Gefängnis und in dem Gefängnis
selbst, das Walten einer solchen Gemeinschaft unter den Gefangenen, von
der eine lebendig sittliche Gegenwirkung gegen den Geist und die Versu-
chung des Verbrechens ausgeht. Die Einzelhaft, wie sie sein soll und sein
kann, fordert ein B e a m t e n p e r s o n a l, das solcher hohen Aufgabe
gewachsen sein muß, das die Gefangenen vereinzelt in seine Gemeinschaft
aufnimmt, sie umgibt und jedem einzelnen, der unter der Strafe leidet, die
neuen sittlichen Lebenskräfte zufließen läßt, zu diesem Zwecke zur Arbeit
führt, ihm mit Unterricht zu Hilfe kommt und mit christlicher Weisheit ihn
leiblich und geistig versorgt. Der unvergleichliche, nur durch das Christentum erkennbare Wert der menschlichen Persönlichkeit auch in dem Tiefst-
gefallenen, der Glaube an die Macht göttlicher Liebe, die keinen in der
Gnadenzeit verworfen hat, die Entfernung aller Einflüsse, die den sittlichen
Stand des Verbrechens verschlimmern könnten – zeugen von dem Geiste,
der hier auch gegen den Gefangenen zu seinem Rechte kommt. Ist das aber
der Fall, so ist die E i n z e l h a f t die Haft eines Sträflings in der G e -*

m e i n s c h a f t solcher, die ihm d a s O p f e r d e s L e b e n s bieten, um ihm unter seiner Strafe zu der inneren Freiheit aus Gott zu helfen.

Julius zieht sich nach seiner Rückkehr aus Amerika auf die Eremitage seines Freundes und Förderers, des Syndikus Sieveking, bei Hamburg zurück, wo er seine amerikanischen Erfahrungen niederschreibt, die 1839 unter dem Titel „Nordamerikas sittliche Zustände" in zwei Bänden erscheinen. 1840, nach dem Thronwechsel, wird Julius vom König nach Berlin gerufen, um die praktische Durchführung der Gefängnisreform in die Wege zu leiten.

Da Julius in den Ministerien nicht den gleichen Rückhalt wie beim König selber hat, zieht er es vor, anstatt als Beamter in eins der zuständigen Ministerien einzutreten, in freier Stellung dem königlichen Kabinett „attachiert" zu sein, wodurch seine Arbeiten der Kontrolle der Ministerien entzogen sind. Die konkrete Aufgabe, mit der Julius betraut wird, beinhaltet den Entwurf des Raumprogramms für das erste preußische Zellengefängnis, das auf einem Gelände außerhalb der Stadtmauer vor Berlin gebaut werden soll.

Geht man die in der Randspalte zusammengestellten Ausschnitte aus den Bebauungsplänen des sogenannten Pulvermühlengeländes und des Köpenicker Feldes durch, so fällt auf, daß der Standort des geplanten Mustergefängnisses mehrfach innerhalb eines kurzen Zeitraumes von 1839–1844 springt. Die Bebauungspläne stammen alle aus einem Zeitraum, in dem Friedrich Wilhelm IV., seit 1840 König, mit seinem Gartenbaudirektor Lenné und mit seinem Architekten Schinkel in die völlig ins Stocken geratene Planung für die Residenz eingreift. Beide, das Pulvermühlengelände und das Köpenicker Feld, sind Problemgebiete der Berliner Stadtplanung, deren endgültige Gestaltung sich über Jahrzehnte hinzieht und deren Geschichte noch nirgends aufgearbeitet ist. Die staatliche Seite hat sich mit den privaten Grundbesitzern herumzuschlagen, die an den Fiskus überhöhte Forderungen stellen, und die städtische Seite hat große Schwierigkeiten, längst geplantes Gelände baureif zu machen, weil die Separationen noch nicht abgeschlossen sind und weil sie sich mit der Staatsseite nicht über die Erschließungskosten einigen kann.

Die Planreihe zeigt, daß das Mustergefängnis zum ersten Mal auftaucht im großen Plan von Lenné für die Schmuck- und Grenzzüge der Residenz von 1840, dann aber sogar hinüberwechselt in den Plan des Köpenicker Feldes, um dann nach mehrfachen Verschiebungen endlich in Anlehnung an das große Exerzier- und Kasernengelände untergebracht zu werden.

Betrachten wir den Planungsprozeß für das Mustergefängnis etwas genauer: Ausgangspunkt für die Planung des beiderseits der Spree liegenden Geländes nordwestlich der Stadt ist einmal die Verlagerung des Exerzierplatzes direkt vor dem Brandenburger Tor, um dieses Gelände im Spreebogen repräsentativen Zwecken zuzuführen, zum anderen die technisch notwendige Auslagerung der staatlichen Pulvermühlen auf der rechten Seite der Spree. Schinkel und Lenné arbeiten im Wettbewerb miteinander eine Lösung aus, die die Vermittlung sucht zwischen der repräsentativen Westfront des Invalidenhauses, dem städtebaulichen Anschluß Moabits und der notwendigen Verbindung Nord–Süd von der Invalidenstraße über die Spree zum Tiergarten. Zuerst planen beide 1839–1840 ein großes Marsfeld nach Pariser Vorbild vor dem Invalidenhaus und komplizierte städtebauliche Figuren, die die genannten Gegebenheiten vermitteln sollen. Schon auf dem zweiten Lennéschen Plan von 1840 tritt als Gegenüber zum Invalidenhaus eine Fort-artige Kasernenanlage, der seitlich zur Spree zu das Gefängnis zugeordnet wird. Schinkel, der den Lenné-Plan an dieser Stelle überarbeiten soll, rückt an Stelle der Kasernen das Gefängnis in die Achse mit dem Invalidenhaus. Beide Gefängnisschemata sind Sterngrundrisse nach amerikanischem Vorbild, deren Erschließung nur umgedreht wird. Dieser Plan ist Schinkels letzte städtebauliche Arbeit, sie ist datiert 7.7.1840. Er erkrankt danach schwer und erholt sich nicht mehr. Sein Plan jedoch wird erst am 18.1.1842 im Staatsrat behandelt.

Hierbei wurden von verschiedenen Seiten Beanstandungen laut. Die Heeresbehörden fanden ihren Ansprüchen nicht Rechnung getragen, der Finanzminister machte geltend, daß viele teuer zu erkaufende Privatgrundstücke in den Plan einbezogen waren u.a.dgl. Der Staatsrat beschloß, einen Ausschuß zu ernennen, der den Schinkelschen Plan nach den Gegebenheiten umändern sollte, zumal mit Berücksichtigung des von Lenné eingereichten und für besser befundenen Vorschlages. Nach weiteren Beratungen wurde am 26. November 1842 angeordnet, daß Stüler, Lenné

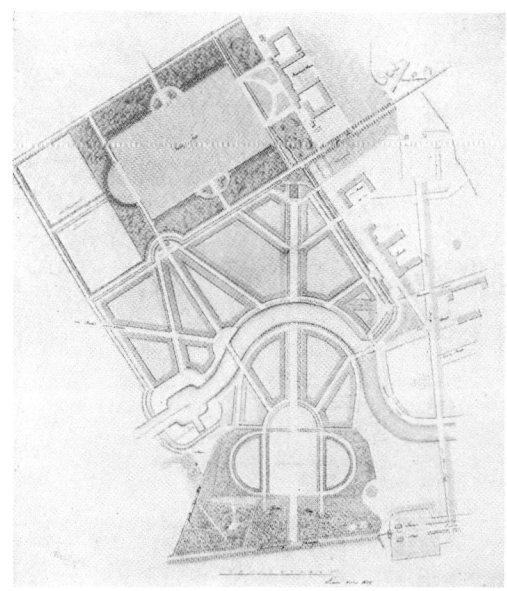

→B 23 Lenné, Bebauungsplan 1839 (ohne Gefängnis)

←S 476

→S 477

→B 24 Lenné, Bebauungsplan 1840 (mit Gefängnisgrundriß nach dem Vorbild Philadelphia)

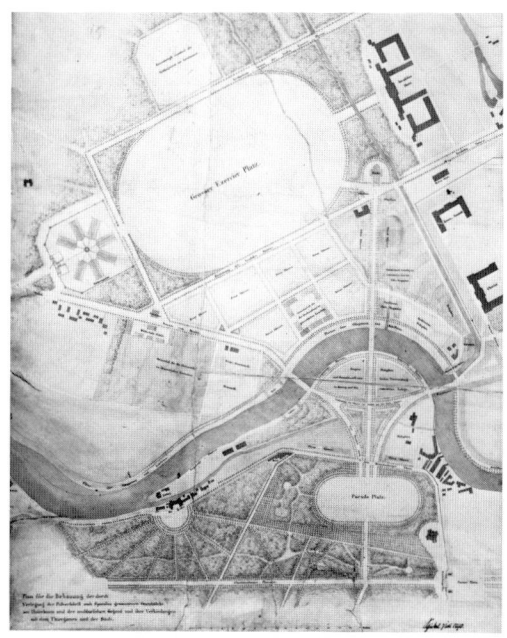

←L 40

→B 25 Schinkel, Bebauungsplan 1840 (mit zwei Standorten für das Gefängnis)

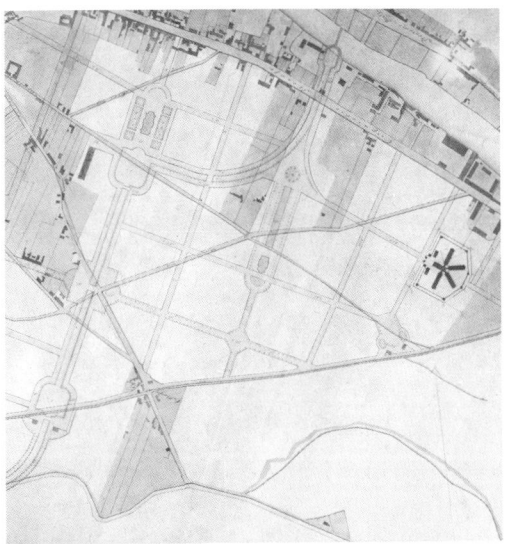

Lenné, Bebauungsplan Köpenicker Feld 1840 (alternativer Standort Gefängnis nach dem Vorbild Pentonville) ←B 26

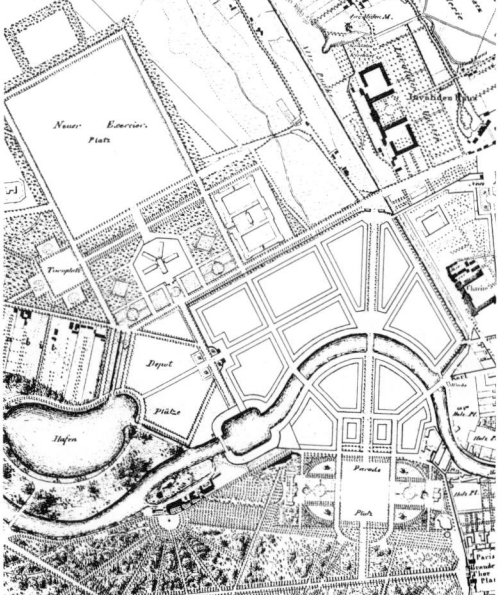

Lenné, Bebauungsplan 1843 (mit geändertem Standort) ←B 27

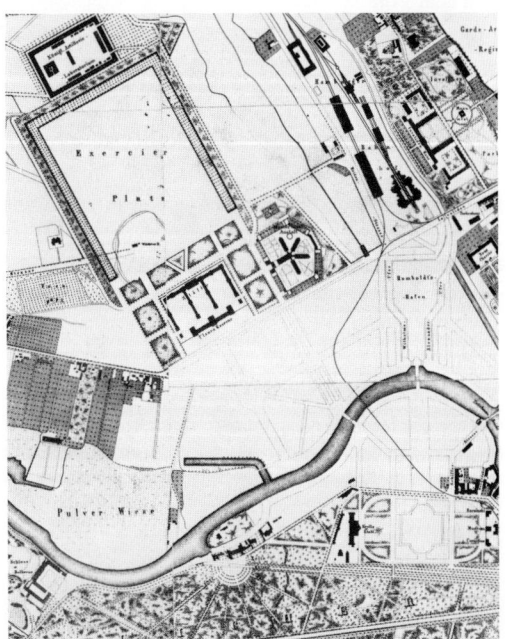

Endgültige Ausführung des Zellengefängnisses nach dem Plan Sineck 1856 ←B 28

und der Regierungsrat Naunyn wegen der Veränderungen des Planes zusammentreten, ferner, daß das „Mustergefängnis" auf der von Lenné vorgeschlagenen Stelle erbaut werden sollte, nach den Entwürfen von Busse. Am 20. Dezember 1842 bestimmte Friedrich Wilhelm IV. durch Erlaß, daß wegen der unmäßigen Forderungen der Anlieger der Exerzierplatz anders ausgeführt werden solle und daß Lenné den Bebauungsplan, wie der König ihn nunmehr beabsichtigte, bald vorlegen möge.

Aus dieser Notiz geht hervor, daß die Lokalisation des „Mustergefängnisses" auf dem Köpenicker Feld offensichtlich nur eine Episode ist. Der Plan für das Köpenicker Feld von Lenné ist datiert **1841**, ist aber hier deswegen interessant, weil das Mustergefängnis zum ersten Mal in seiner von Busse ausgearbeiteten architektonischen Figur eingetragen ist, die sich so nicht mehr verändert, sondern zur Verzweiflung der Planenden nur noch wandert. Auf dem nächsten Ausschnitt, der **1843** datiert ist und alle Projekte Lennés für die Residenz enthält, ist das Mustergefängnis wieder auf das Pulvermühlengelände geraten, jetzt nur in einer ganz anderen räumlichen Komposition: Das Exerziergelände mit geplanten Kasernen und Gefängnis hat seine achsiale Beziehung zum Invalidenhaus verloren – infolge der bereits vorangeschrittenen Planung für die Strecke der Hamburger Eisenbahn, die diese achsiale Verbindung unmöglich macht. Vergleicht man diesen neuen Plan von Lenné mit dem endgültigen Bebauungsplan von **1844**, so erfolgt nur noch eine Auswechslung zwischen Kaserne und Mustergefängnis, ein Plan, der dann so ausgeführt wird und lange so isoliert und abgetrennt von der übrigen Planung zur Spree hin bleibt, wie es der Ausschnitt aus dem Sineckschen Plan von **1856** deutlich macht.

→L 41 Varnhagen von Ense, der oft zitierte Chronist, war Zeuge dieses letzten Standortwechsels: *Freitag, den 11. August 1843. Heute zu Frau von Olfers. – Herr von Griesheim erzählte einen seltsamen Auftritt, der beim Könige in Potsdam stattgefunden. Der Minister des Innern Graf von Arnim brachte dem Könige die schließlichen Arbeiten über den Anbau des neuen Stadtviertels jenseits der Spree dem Exerzirplatze gegenüber; der König betrachtete die Vorlagen mit Verwunderung, mit Mißvergnügen, er erklärt alles für falsch, ganz wider seinen Willen, seine Befehle, seine Anordnungen. Der Minister, betreten, beruft sich auf die Äußerungen, die der König teils ihm selbst gemacht, teils durch Direktor Lenné hat bestellen lassen. „Nein, nein", ruft der König, „das ist nicht wahr, nie hab' ich das befohlen, nichts von diesem allen angeordnet, alles falsch, grade umgekehrt sollte es sein!" Neuen Beteurungen wird neuer, schneidender Widerspruch entgegengesetzt, der Minister ist in grausamer Verlegenheit und bittet endlich, daß Lenné, der draußen warte, hereingerufen werde. Auch der behauptet dem Könige ins Gesicht, so und nicht anders habe er befohlen. Der König ruft abermals: nein, das ist nicht wahr, grade das Gegenteil! Da ruft ihm Lenné nach und nach die einzelnen Besprechungen ins Gedächtnis, der König leugnet noch immer, doch endlich überwunden, wenn auch nicht überzeugt, sagt er mit Achselzucken: „Nun, es ist alles möglich, es kann sein!" Doch fügt er gleich hinzu: „Aber ausgeführt muß es doch nun anders werden, ganz umgekehrt, hier soll die Kaserne stehen, hier das Gefängnis" u.s.w. Es sind schon große Vorarbeiten geschehen, eine Million Bausteine angefahren etc. Das muß nun alles umgetan werden. Ein Pröbchen von der Art, wie Geschäfte betrieben werden.*

Als unmittelbares Vorbild für das Berliner Zellengefängnis dient das Mustergefängnis in Pentonville bei London. Julius und mit ihm der für den Bau der Anstalt bestimmte Geheime Oberbaurat Carl Ferdinand Busse besichtigen im Sommer **1841** das in Bau befindliche Gefängnis bei London, das – für das Einzelhaftsystem in Strahlenform gebaut – eine verbesserte →L 42 Nachahmung des Eastern Penitentiary in Philadelphia darstellt. *In dem sehr umfänglichen Reisebericht, in dem die Ergebnisse der Studien niedergelegt sind, werden die Vor- und Nachteile des Isoliersystems, an dessen erhofften Triumph der Verfasser nicht zu glauben vermag, ausführlich erörtert, und es werden zugleich die Modifikationen aufgezeigt, unter denen das System auf preußische Strafanstalten anzuwenden sei. Es wird eine vermittelnde Lösung vorgeschlagen, die eine Teilung der Gefangenen nach Klassen empfiehlt und außer den einfachen Zellen noch kleinere Schlafzellen und größere Arbeitsräume für die Unterabteilungen vorsieht: ein Vorschlag, der dann beim Neubau des Moabiter Zellengefängnisses zu praktischer Durchführung gelangt ist.*

Als Bauzeit für das Zellengefängnis wird der Zeitraum zwischen **1842** und **1849** angegeben. Eine Teilbelegung erfolgt aber bereits **1847**, als hier 254 Polen, die unter dem Verdacht standen, als Mitglieder des „Polnisch-demokratischen Vereins" eine Revolution vorbereitet zu haben, eingekerkert werden. Der Prozeß gegen die Polen findet hier im Zellengefängnis vom **3.8.** bis zum **2.12.1847** statt, am **20.3.1848** erzwingen die Berliner Bürger ihre Freilassung.

Das Moabiter Zellengefängnis ist der erste systematisch, wie eine Maschine bis ins kleinste Detail von der Funktion her durchdachte Anstaltsbau in Preußen. Von seinen amerikanischen und englischen Vorbildern unterscheidet er sich nur durch seine architektonische Erscheinung, die Elemente mittelalterlicher Wehrbauten, speziell des Deutschen Ritterordens, aufnimmt: Schießscharten, Zinnen und Wehrtürme, in denen hier

→L 43

Wichern über die Krönung der Inneren Mission:

Mit dieser Reform der Gefangenen in den Gefängnissen werden die prävenierenden Anstrengungen der inneren Mission unter verwahrlosten Kindern und Erwachsenen, unter Armen und Bettlern in großen und kleinen Städten und auf dem platten Lande mit dem besten Erfolge gekrönt werden, weil dann erst die erworbenen Fertigkeiten der Gewissenlosigkeit, die die entlassenen Sträflinge ins öffentliche Leben zurückbringen, aufhören werden, die Magnete des sittlichen Ruins zu werden, in welchem unter ihrem Einfluß ein großer Teil der Gesellschaft der unteren Stände abzubröckeln droht, um dem besitz- und gewissenlosen Proletariat zu verfallen.

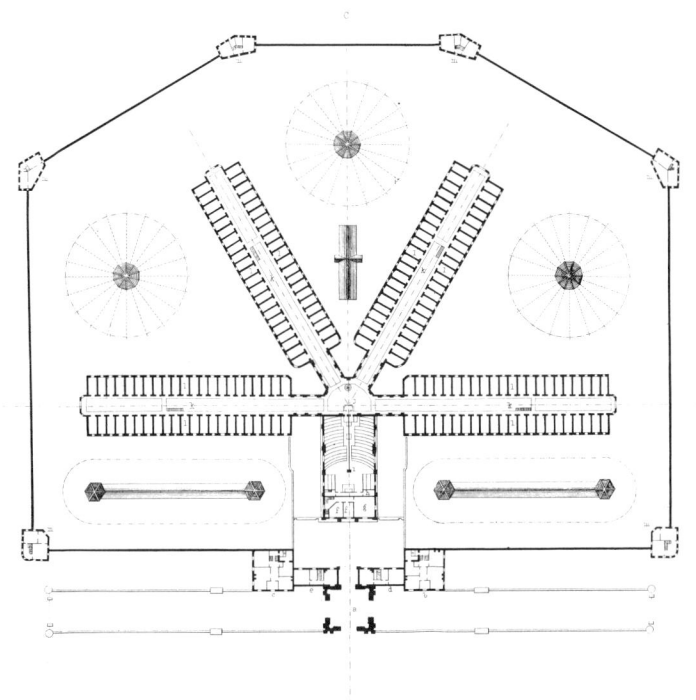

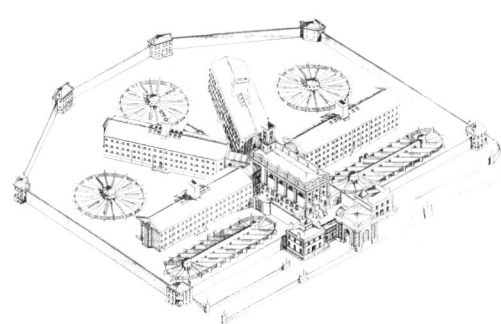

→B 29 Mustergefängnis Pentonville bei London 1840—42

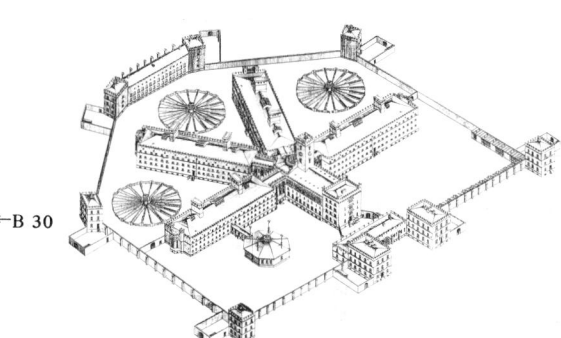

←B 30

→B 31 Die Strafanstalt Moabit 1842—49

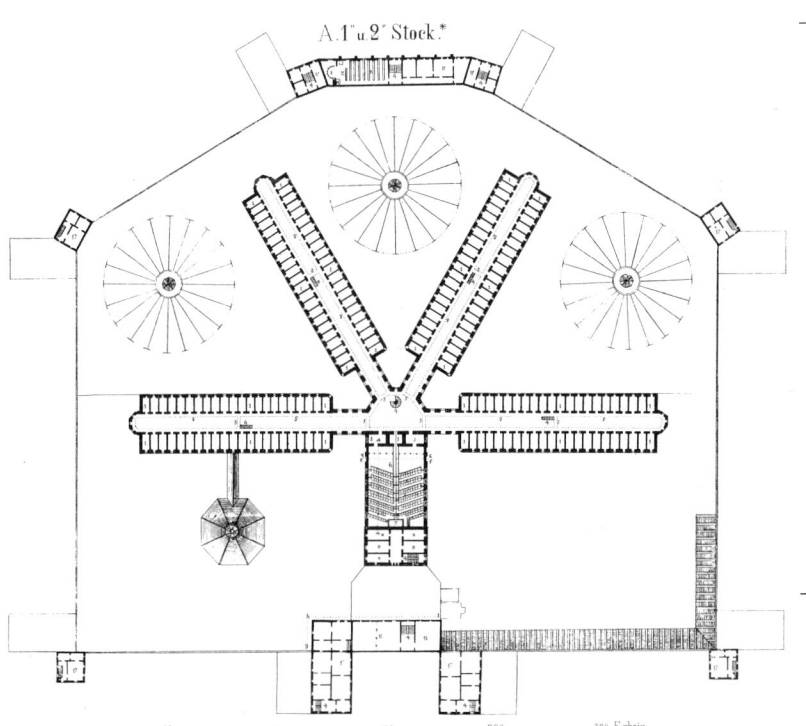

A. 1″ u 2″ Stock.*

←B 33 Grundrißvergleich des 1. Obergeschosses der Zellengefängnisse von Pentonville und Moabit

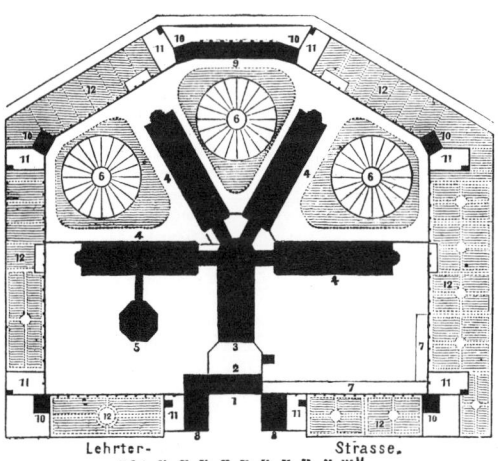

→B 32

Fig. 134. Zellengefängniss in Moabit.
(Archit. Busse.)

1. Portalgebäude und Wache. 2. Vorhof. 3. Verwaltungsgebäude mit Zentralhalle. 4. Gefängnissflügel. 5. Schulhaus. 6. Einzelspazierhöfe. 7. Schuppen. 8. Wohngebäude für Verwaltungsbeamte. 9. Wohngebäude für Beamte und Beamtenkirche. 10. Wohngebäude für Unterbeamte. 11. Höfe der Wohngebäude. 12. Gärten für Beamte.

B. Erd-Geschoss.

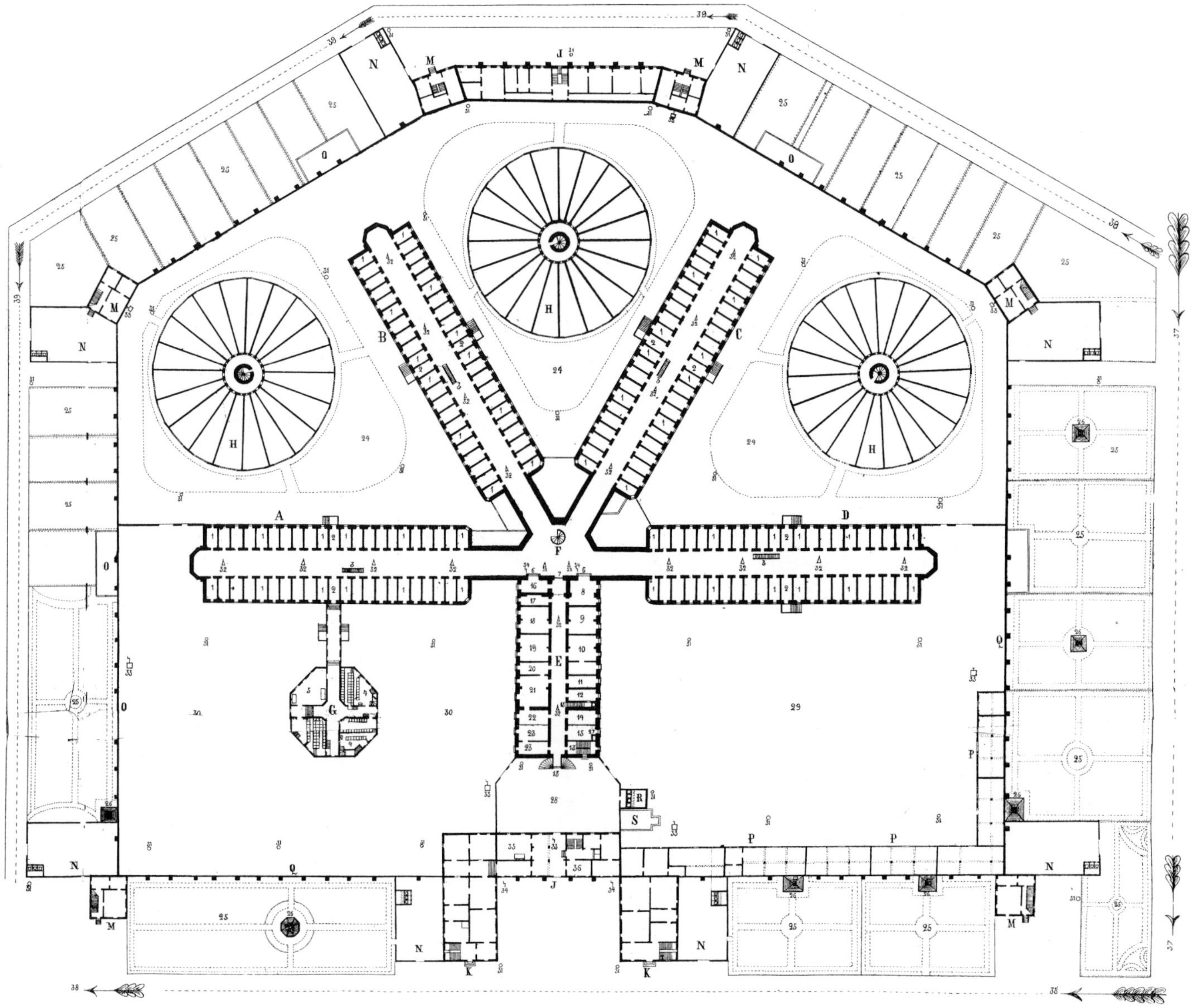

Erläuterungen zum Erd-Geschoss.

1. Gefangenen-Zellen
2. Flure
3. Treppen nach dem 1.ᵗᵉⁿ Stock
4. Drei Schulklassen
5. Conferenz- u. Bibliothekzimmer
6. Observationsfenster
7. Verschlossene Gitterthür
8. Bureau des Directors
9. Bureau des 1.ᵗᵉⁿ Geistlichen
10. Materialien-Raum
11. Bureau für den Arbeits-Inspector
12. Reinigungszimmer
13. Treppen
14. Bureau des 2.ᵗᵉⁿ Geistlichen
15. Sprechzimmer für Gefangenen-Besuch

16. Bureau des Polizei-Inspectors
17. Commissionszimmer
18. Zimmer zur Einkleidung der Gefangenen
19. Zimmer für den Hausvater
20, 21 u. 22. Registratur
23. Rendantur
24. Spazierhof-Anlagen
25. Gärten für Beamte
26. Gartenlauben
27. Telegr. Apparat
28. Vorhof
29. Trockenplatz
30. Küchengarten
31. Laternen
32. Gasflammen

33. Wachtposten
34. Nachtposten
35. Wachtstube
36. Portier
37. Invaliden-Strasse
38. Torf-Strasse
39. Baumgang um die Anstalt

B. Haupt-Façade der Anstalt.

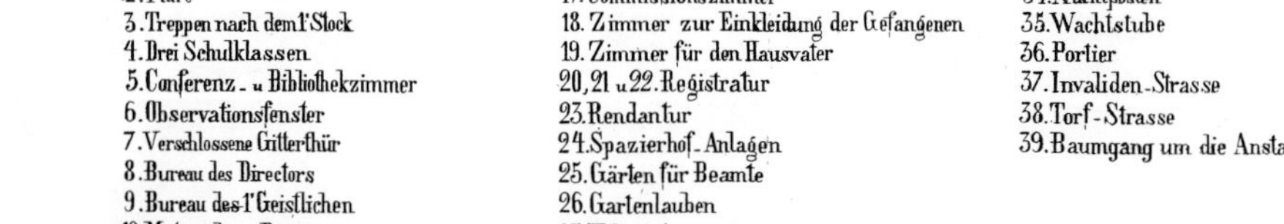

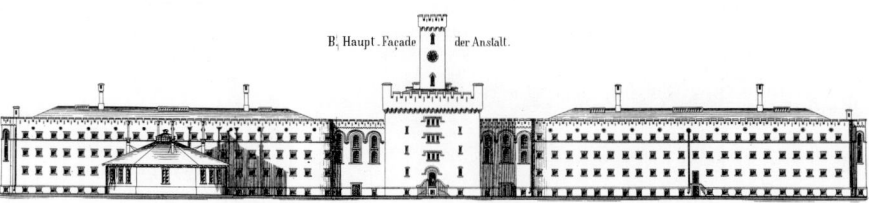

A.1" u.2" Stock.*

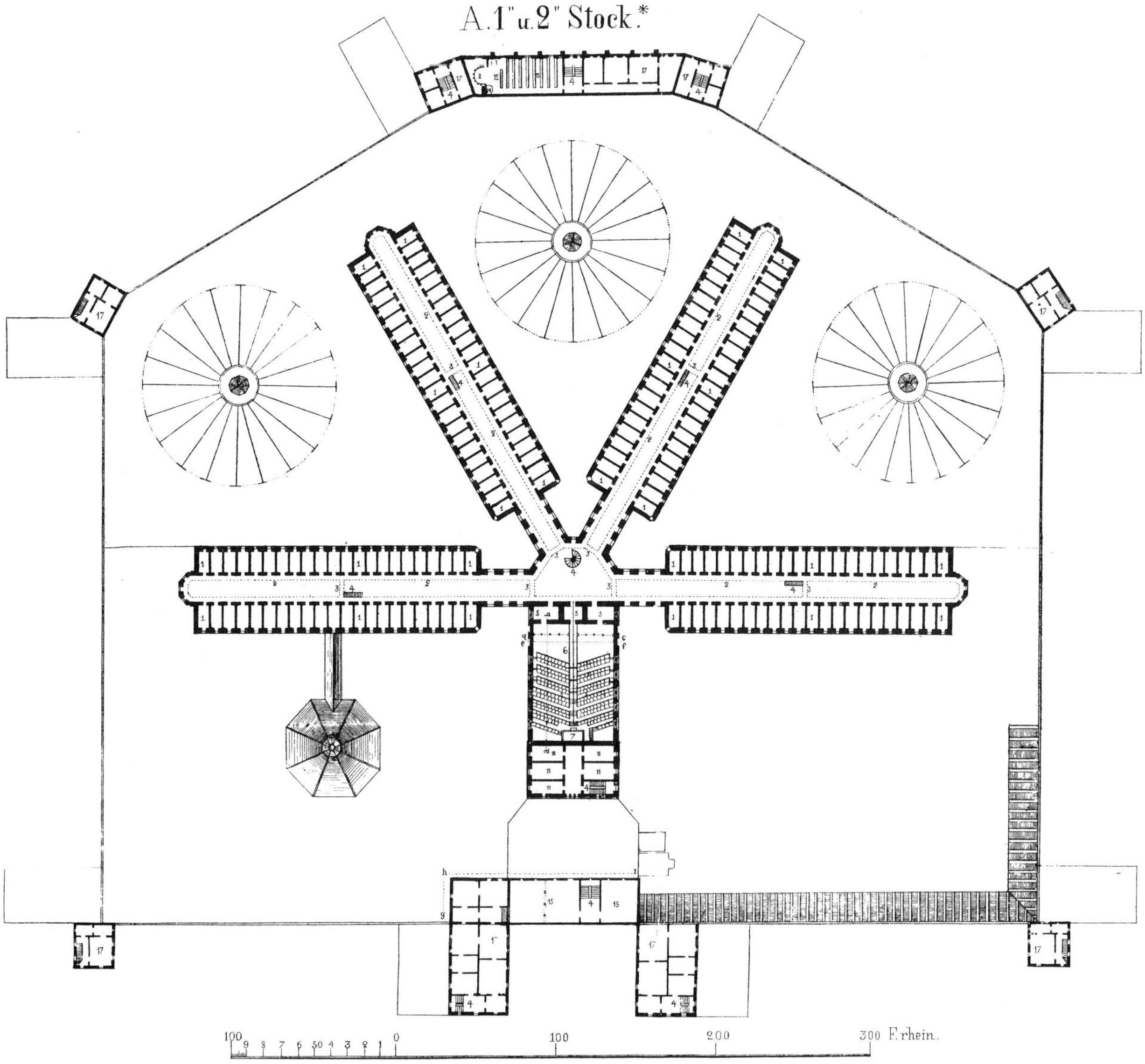

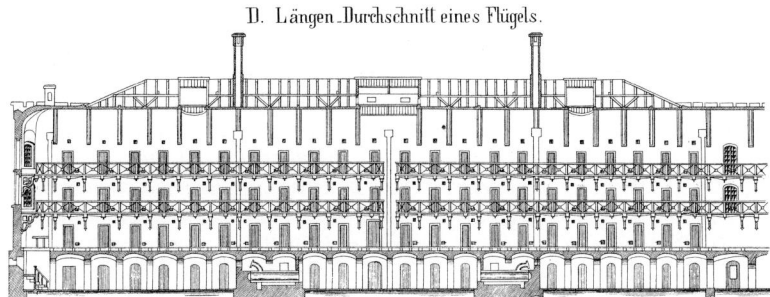

100   9 8 7 6 50 4 3 2 1   0   100   200   300 F.rhein.

Erläuterungen zu sämmtlichen Geschossen.

A,B,C u.D. Flügel
E. Verwaltungs Gebäude
F. Centralhalle mit Spiraltreppe
G. Schulhaus
H. Spazierhöfe
J. Portal-Gebäude
K. Wohngebäude für Verwaltungsbeamte
L. Wohngebäude für Beamte u.Beamtenkirche

M. Wohngebäude für Unterbeamte
N. Höfe
O. Senkgruben
P. Schuppen
Q. Umfassungsmauer
R. Militair Appartement
S. Müllgrube
T. Brunnen

Erläuterungen.

* Im 2" Stock fällt der mit g_h_i. bezeichnete
  Gebäude_Complex hinweg.
1. Gefangenen_Zellen
2. Eiserne Gallerien
3. Uebergänge
4. Treppen
5. Durchgänge.
6. Kirche
7. Orgel
8. Altar.
9. Isolirte Sitzplätze
10. Chor
11. Krankenzimmer
12. Beamten_Kirche
13. Bänke
14. Kanzel
15. Kornboden
16. Katheder
17. Beamten_Wohnungen

D. Längen_Durchschnitt eines Flügels.

→B 34 Zusammenstellung der Grundrisse, der Ansicht und des
Längsschnitts durch einen Zellenflügel der Strafanstalt
in Moabit

→B 35 Das Zellengefängnis in Moabit, Zeichnung von Strieber, 1846

die Beamten wohnen. Die architektonische Wehrhaftigkeit nach außen, die auf den inneren Feind zielt, wird zum Muster für den sich in seinen Funktionen immer weiter verzweigenden Anstaltsbau in Preußen, in dem sich die Phantasie der bürgerlichen Baukunst manifestiert wie in keiner anderen Gebäudegattung.

Das Zellengefängnis vor den Toren Berlins wird in den 50er Jahren von den Brüdern des Rauhen Hauses unter der Leitung von Johann Hinrich Wichern geführt, als von einem privaten, protestantischen Orden in staatlichem Auftrag. Wichern ist seit **1829**, als er in Berlin studiert, mit Julius befreundet und spielt eine maßgebliche Rolle bei allen Reformvorhaben, die von der pietistischen Umgebung Friedrich Wilhelms IV. in Berlin in Angriff genommen werden. Seit **1833** ist Wichern Leiter und Mitbegründer der Anstalt im sogenannten „Rauhen Hause", einer Erziehungsanstalt für Hamburger Arbeiterkinder, die dort von ihren Familien getrennt aufwachsen. Durch Ausbau dieser Anstalt zu einem „Rettungsdorf" wird eine erweiterte Organisation für die Betreuung des Dorfes nötig, was zur Gründung eines protestantischen Ordens, der „Brüderanstalt", führt, die sich die Ausbildung von Missionaren unter den deutschen Protestanten im Rahmen einer „inneren" Mission zur Aufgabe gestellt hat. Nachdem Wichern am **18.10.1843** in Rostock den ersten „Verein für innere Mission" gegründet und im **Juli 1844** ein Aufgabenprogramm für die innere Mission ausgearbeitet und veröffentlicht hat, nimmt er im **Oktober 1844** in Berlin Kontakt mit dem Minister Eichhorn auf und bietet ihm die Dienste seiner Brüder in staatlichen Anstalten an. Am **31.10.1844** beschreibt er seinen Besuch in einem Brief an seine Frau:

→L 44 *Zum Abendbrot hatte mich Minister E i c h h o r n geladen; ich wurde bald vorgelassen. Das fast zweistündige Gespräch mit dem Minister war nach allen Seiten hin eingehend, teils prinzipiell, teils in konkretester Beziehung zu den socialen, kirchlichen und theologischen Elementen der ganzen Monarchie. Es kam zu dem lebendigsten Austausch und von seiner Seite zu den reichlichsten Mitteilungen über Zustände der westfälischen Bezirke und der Provinzen Sachsen und Pommern. Es ist bewunderungswürdig, was für eine detaillierte Kenntnis von Sachen und Personen der vortreffliche Mann an den Tag legte. Ich wurde veranlaßt, ihm noch einmal den Gedanken über die apostolische Idee der Kirche als freier Schöpferin der Ämter*

Nothstände

der protestantischen Kirche

und

die innere Mission.

Zugleich als zweite Nachricht
über die
Brüder des Rauhen Hauses als Seminar für innere Mission
von
J. H. Wichern,
Vorsteher des Rauhen Hauses.

Hamburg 1844.

Agentur des Rauhen Hauses.

der Diakonie aus der Fülle des einen Geistes darzulegen und weitere Ex-
positionen dessen, was ich an einer Stelle in den „Notständen" darüber →L 45
entwickelt. Er antwortete mir, das sei der Gedanke, der das ganze Herz des
Königs erfülle, der durch eigene Forschung zum energischen Festhalten
dieses Gedankens gekommen sei. Ich hatte bei meinen Darlegungen zu-
gleich den praktischen Zweck im Auge, den Minister über den Organismus
und die Ziele der Brüderanstalt im Rauhen Hause zu orientieren und meine
Grundsätze zu entwickeln, nach welchen wir allein dem Staat in Darrei-
chung von Personen würden dienen können. Mit aller Bestimmtheit hob
ich hervor, daß ich der Monarchie einen Dienst vom Rauhen Hause aus nur
dann bieten würde, wenn ich die Zusage erhielte, daß jene apostolischen
Grundsätze bei der Wirksamkeit unserer Brüder würden anerkannt und gel-
tend gemacht werden. Der Minister erwiderte nun, daß er mir entgegentre-
ten würde, wenn ich das Gegenteil wollte. Ich machte ihn ferner darauf
aufmerksam, wie unsere Tätigkeit im Rauhen Hause in Beziehung auf die
angrenzenden Länder Mecklenburg, Holstein u.s.w. geknickt werden würde,
wenn Preußen einen andern Weg einschlagen wollte. Endlich hob ich die
Wirksamkeit unserer Brüderanstalt in etwa neu zu gründenden Rettungsan-
stalten innerhalb der preußischen Monarchie hervor. Dabei mußten von
mir preußische Gesetze berührt werden und das Bedenken der Hemmung
durch diese. Manche hätten schon geäußert, daß eine Wirksamkeit wie die
unsere in Beziehung auf die Eltern der Kinder in Preußen nicht möglich
sein würde. „Die solches geäußert", war die Antwort, „verstehen das Gou-
vernement nicht, das nichts anderes will als Sie, aber die Arbeit nur in den
Händen der rechten Personen zu sehen wünscht"; es solle unseren künftig
zu sendenden Brüdern kein Hindernis in den Weg gelegt werden . . .

Der erste Kontakt brachte keine konkreten Vereinbarungen, jedoch im
Juni 1846, zu einem Zeitpunkt also, wo das Zellengefängnis fast fertig
und beziehbar ist, ist Wichern wieder zu neuen Verhandlungen mit Eichhorn in Berlin, wo er auch mit dem König zusammentrifft. Am **14.6.1846**
besucht er gemeinsam mit Julius den Bau:

Sonntag mittag: Gestern bin ich wirklich in dem neugebauten Gefängnis ←L 46
gewesen. Ich war durch die Werke von W i r t h und durch Dr. Julius'
„Pentonville" so gut orientiert, daß ich mich völlig ohne Führer zurecht-
finden konnte. Das Ganze ist ein großes Kastell mit so vieler Berücksich-
tigung des sanitären Wohls der Gefangenen und der hier zu lösenden sitt-
lichen Aufgaben aufgeführt, daß nur Unkenntnis und flache Philanthro-
pie das Werk verwerfen kann. Wen Gott fallen ließe, der müßte bitten, in
solchem Bußtempel feiern zu können. Ich bin nicht unbedingt für die Ein-
richtung begeistert, wer aber das Wesen der Verbrecher und die jetzigen
Gefahren der Gefängnisse kennt, kann sie nur wünschen, bis aus der christ-
lichen Gemeinde Scharen der Barmherzigen hervorgehen, um den gefalle-
nen Brüdern zu dienen; dann wird daneben noch Vollkommeneres mög-
lich werden. Wie weit wir aber davon noch entfernt sind, zeigt allein schon
die Teilnahmlosigkeit für die entlassenen Gefangenen, die mir nach Lesung
des neuesten Berliner Jahresberichts so recht grell wieder entgegengetreten
ist. Wie wenige regen doch für die armen entlassenen Gefangenen auch nur
ein Glied trotz alles Rufens und Schreiens nach Hilfe! Das Gefängnis wird
auch in diesem Jahre noch nicht fertig. Hindernisse bieten die großen
außerordentlichen Ausgaben, die voriges Jahr durch den Mißwachs, dies
Jahr durch die polnische Insurrektion veranlaßt sind, so daß der Finanz-
minister den übrigen Ministerien anzeigen mußte, daß ihnen für 1847 von
der gewöhnlichen außerordentlichen Kreditsumme nur der vierte Teil
würde überlassen werden können. Übrigens liegt das Gefängnis unmittel-
bar am Hamburger Bahnhof, an dem mit allem Fleiß gearbeitet wird. Zum
Schluß besah ich noch die Wohnung der Wärter in den der äußern Mauer
eingereihten Türmen, mir besonders wichtig, weil das die künftigen Woh-
nungen unserer Brüder sein werden. Die Aufseher leben darin wie freie
Leute; die Verheirateten haben mit Rücksicht auf ihre Familien nur Aus-
gänge nach außen, d.h. nach der offenen Straße.

Es scheint, als habe **1846** ziemlich festgestanden, daß Wichern mit seinen Brüdern aus dem Rauhen Hause die Leitung der Anstalt übernehmen
soll. Tatsächlich verzögert sich diese Übernahme noch um 10 Jahre, was
vor allem daran gelegen haben mag, daß das Prinzip der totalen Isolierhaft
in einigen Ministerien auf Kritik und Ablehnung gestoßen ist. So wird die
Anstaltsleitung zunächst nicht Wichern übertragen, sondern Direktoren,
die es zulassen, daß die Gefangenen gemeinsam arbeiten, wobei die Schwei-

Verhaltungs-Vorschriften

Die Verhaltungsvorschriften für die Gefangenen in
der Einzelhaft, welche in jeder Zelle aushängen, lauten:

1.
Jedem Sträfling werden nach seiner Einweisung in
die Gefängnis-Zelle alle zu derselben gehörigen beweg-
lichen Gegenstände nach einem für die Zelle bestimm-
ten und in derselben verbleibenden Verzeichnis über-
geben, und er ist für deren Erhaltung in gutem Zu-
stande verantwortlich.

2.
Als Hauptpflichten hat der Sträfling zu beachten:
a. den Beamten und Angestellten der Anstalt pünkt-
lichen Gehorsam zu erweisen;
b. die ihm zugewiesenen Arbeiten mit Fleiß und
Sorgfalt zu verrichten;
c. in Kirche und Schule mit Aufmerksamkeit dem
Vorgetragenen zu folgen;
d. an seinem Körper sowohl als in seiner Zelle sich
der strengsten Ordnung und Reinlichkeit zu befleißi-
gen;
e. die arbeitsfreien Stunden zum Lesen, Schreiben
und zur Erfüllung der ihm in der Schule erteilten Auf-
gaben zu verwenden;
f. jedes Versuchs sich zu enthalten, mit seinen Mit-
gefangenen durch Worte, Zeichen oder Gebärden,
durch Schriftwechsel oder sonst zu verkehren; – nicht
minder ist es
g. dem Sträfling streng verboten zu schreien, zu
rufen, zu singen, zu pfeifen, zu poltern, in der Zelle,
Schule und Kirche in die Höhe zu steigen sowie Wände,
Fenster und Geräte zu beschreiben oder zu beschmut-
zen. In der Kirche und Schule darf nicht geschnupft
werden.

3.
Jeder Sträfling erhebt sich des Morgens auf das Zei-
chen der Glocke von seinem Lager, kämmt sein Haar,
wäscht sich sauber Gesicht und Hände, bringt sein
Lagergerät in Ordnung, reinigt seine Kleider und geht
sodann, nach vorher verrichtetem Morgengebete, an
die Arbeit.
An Sonn- und Feiertagen und am Geburtstage Sr.
Majestät des Königs bleibt alle Werktagsarbeit ausge-
setzt und beschäftigt sich der Gefangene, solange er
nicht an dem Gottesdienste teilnimmt, wie in den
arbeitsfreien Stunden der Wochentage.

4.
Die Zeit zur Verabreichung des Frühstücks, des
Mittagessens und der Abendsuppe wird durch ein
Signal mit der Glocke angezeigt. Bei dem Frühstück
und der Abendsuppe findet eine halbstündige Unter-
brechung der Arbeit statt, bei dem Mittagessen eine
solche von einer Stunde, und es hat dann jedesmal auf
ein weiteres Zeichen mit der Glocke die Arbeit sogleich
wieder zu beginnen.
Außer der Zeit, welche dem Sträfling in der vorste-
henden Weise zum Ausruhen gestattet ist, hat sich der
Sträfling, solange er sich in seiner Zelle befindet, un-
ausgesetzt mit seiner Arbeit zu beschäftigen.

5.
Das Reinigen der Zelle erfolgt während der Früh-
stückszeit; das Reinigen des Nachtgeschirrs, sobald der
Aufseher dem Sträfling hierzu die Weisung erteilt.

6.
Sobald abends das Zeichen zur Ruhe gegeben wird,
hat der Sträfling alle scharfen Werkzeuge an den Auf-
seher abzugeben und sein Licht auszulöschen. Er be-
gibt sich nach dem Abendgebet und nachdem er sich
zuvor gewaschen, gereinigt und ausgekleidet hat, bei
dem gegebenen zweiten Zeichen auf sein Lager und
darf, Notfälle ausgenommen, von demselben nicht
früher, als bis ihn des Morgens die Glocke dazu ruft,
wieder aufstehen.

7.
Sooft der Sträfling die Zelle verläßt, hat er das zu
seiner Zelle gehörige Nummerschild an seiner Brust zu
befestigen, auch jedesmal seine Mütze auf den Kopf zu
setzen und den Schirm derselben herunterzuklappen.
Bei Gängen, welche er gleichzeitig mit mehreren ande-
ren Gefangenen zusammen macht, wie nach der Kir-
che, Schule, Spazierhof u.s.w., hat er sich von seinem
Vordermann mindestens 10 Schritt entfernt zu halten
und sich so gleichmäßig fortzubewegen, wie ihm dies
von dem Aufseher geheißen wird.

8.
In der Kirche und Schule hat der Sträfling, sobald
er auf seinem Sitzplatz angelangt ist, sein Nummerschild
oberhalb seines Sitzes aufzuhängen und erst beim

Fortgehen dort wieder abzunehmen und von neuem an seiner Brust zu befestigen. Auch die Mütze wird, sobald der Platz eingenommen ist, abgenommen und erst unmittelbar vor dem Verlassen des Platzes aufgesetzt.

9.

Im Spazierhof, wo das Aufklappen des Mützenschirmes gestattet ist, muß der Sträfling, wenn ihm ein anderes nicht besonders erlaubt ist, im starken Schritt an den langen Seiten still auf- und abgehen. Von Zeit zu Zeit wird das Lagergerät im Spazierhofe gereinigt und ausgeklopft, nach Anordnung des Aufsehers; ebenso die Kleidungsstücke.

10.

Hat der Sträfling bei dem Direktor der Anstalt irgendein Gesuch anzubringen, so meldet er dies dem Aufseher und bittet um Vorführung, wenn er es nicht vorzieht, dazu einen Besuch des Direktors in seiner Zelle abzuwarten. Er hat alles gebührlich vorzutragen, sich jeder Heftigkeit und jedes Drängens zu enthalten und der Abhülfe oder des Bescheides ruhig gewärtig zu sein. Fühlt er sich krank, so hat er dies gleichfalls dem Aufseher anzuzeigen, damit er dem Arzt, welcher jeden Morgen in der Anstalt erscheint, gemeldet werde.

11.

Wird der Gefangene des Nachts von Krankheit befallen, so darf er die Schelle ziehen.
Ebenso darf er bei Tage mittelst Ziehen an der Schelle den Aufseher herbeirufen, sobald er irgendeiner schnellen Hilfe, sei es bei der Arbeit oder in sonstiger Beziehung, bedarf. Schellen ohne Not zieht dagegen Strafe nach sich.

12.

Jeder Sträfling erhält regelmäßig Besuche von den Ober- und Unter-Beamten der Anstalt. Die ihm hierbei dargebotene Gelegenheit, sich auszusprechen, Bitten, Anfragen oder Klagen vorzubringen, mag ein jeder Sträfling vertrauensvoll und ohne Scheu benutzen, hat sich aber jedes unnötigen Quärulirens streng zu enthalten.

13.

Es soll jedem Sträfling bei guter Führung gestattet sein, an seine Angehörigen ab und zu Briefe abzusenden und ebenso dergleichen von ihnen zu empfangen. Es darf dies jedoch nur mit Vorwissen des Direktors geschehen. Weder die abgehenden noch die ankommenden Briefe dürfen Unschicklichkeiten oder sonst Ungehöriges enthalten, widrigenfalls sie vor der Beförderung an ihre Bestimmung kassirt werden.

14.

Ebenso wird es bei guter Führung einzelnen Angehörigen des Sträflings, die sich durch ortspolizeiliche Zeugnisse als legitimirt ausweisen, gestattet werden, den Sträfling im Sprechzimmer unter der geordneten Aufsicht zu sehen und zu sprechen. Dergleichen Besuche dürfen sich jedoch immer nur in längeren Zwischenräumen wiederholen.

15.

Es wird dem Sträfling von dem Ertrage seiner Arbeit nach dem darüber bestehenden Tarif als Ermunterung zum Fleiß ein Anteil gutgeschrieben, von dem er während der Haft einen Teil, bis höchstens zur Hälfte, für sich, mit besonderer Genehmigung, auch für seine Angehörigen verwenden darf. Branntwein, Rauch- und Kautabak dürfen nicht angeschafft werden. Die Anschaffung von Schnupftabak ist nur auf besondere Erlaubnis des Direktors gestattet.

16.

Bei der Entlassung des Sträflings aus der Anstalt wird ihm sein Guthaben berechnet und dasselbe, soweit er es nicht zur Reise in die Heimat bedarf, an die Orts-Behörde seines künftigen Aufenthalts zur Aushändigung gesandt. Besitzt er keine eigenen noch brauchbaren Kleidungsstücke und reicht sein Guthaben nicht aus, sich selbst dergleichen anzuschaffen, so werden ihm die notwendigsten Gegenstände von Seiten der Anstalt verabreicht.

17.

Läßt sich ein Sträfling Übertretungen der vorstehenden Bestimmungen oder anderer ihm bekannt gemachter Anordnungen oder Weisungen zu Schulden kommen, so verfällt er den vorschriftsmäßigen Hausstrafen.

gepflicht nicht streng gehandhabt wird und die Zellentüren tagsüber offenstehen. Diese Zustände ändern sich grundlegend ab **1856** als, nachdem sich in dieser Anstalt bei den Häftlingen Fälle von Selbstmord und Wahnsinn häufen, Wichern zunächst mit der Untersuchung dieser Fälle, dann mit der Reorganisation des Zellengefängnisses beauftragt und schließlich zum neuen Direktor der Strafanstalt ernannt wird. In dieser Position ersetzt er zunächst das gesamte Personal durch die Brüder aus Hamburg, für deren Unterbringung und Ausbildung in Moabit das erste Johannisstift gebaut wird. Gleichzeitig wird im Zellengefängnis das Prinzip der strengsten Isolierhaft eingeführt. Aus dieser Zeit stammt die Beschreibung des wegen seiner Aktivitäten während der 48er Revolution mit Berufsverbot belegten ehemaligen Gerichtsreferendars Gustav Rasch, ein Bericht, der auch im Zusammenhang mit aktuellen Diskussionen um Isolationsfolter und den Moabiter „Hochsicherheitstrakt" gelesen werden sollte:

→L 47   *Ich habe das Zellengefängnis in seinen drei verschiedenen Stadien gesehen, unter der Direktion des Herrn Bormann, während der Zeit, wo Herr Schück Direktor war, und – heute: Ich werde dasselbe nun schildern, wie ich es vor wenigen Monaten gefunden habe, und in meiner Schilderung überall die früheren Zustände berücksichtigen.*

Es war ein heiterer, frischer Junitag, als ich hinausfuhr. Die kleinen Gärten und Blumenbeete, welche die nach der Straße liegende Seite des Gefängnisses umgaben, schimmerten im frischen Grün des Frühlings. Die Fronte des Gebäudes mit den Beamten- und Dienstwohnungen ist nach dem Felde zu erbaut. Ein großes Eingangstor führte in einen kleinen innern Hof, auf dem sich das Wachtgebäude der im Gefängnis stationirten Soldaten befand. Dann kam ich auf den Flur des Gebäudes. Zu beiden Seiten öffneten sich die Verwaltungszimmer und das Sprechzimmer der Gefangenen. In einem von den Bureaus hing eine weiße Tafel. Auf ihr waren die am heutigen Tage im Gefängnis detinirten Gefangenen bezeichnet. Es waren 651. Das Sprechzimmer, dessen Türen offen standen, hatte nichts Gefängnisartiges. Es war licht und hell; das Drahtgitter, welches in den meisten Gefängnissen den Raum des Sprechzimmers in zwei Hälften teilt, fehlte. Der Gefangene hat die Erlaubnis, in diesem Zimmer den Besuch eines Verwandten oder jemandes, mit dem er in häuslichen oder Vermögens-Verhältnissen zu sprechen hat, zu empfangen. Die Unterredung kann eine Viertelstunde, eine halbe Stunde oder auch, wenn der Gegenstand der Unterhaltung es nötig macht, eine Stunde dauern. Die Verwaltung ist in dieser Beziehung nicht inhuman. Eine zweite große Tür führt noch in den innern Raum des Gefängnisses. Ich hatte es, wie gesagt, bereits zweimal gesehen; die Einrichtung war für mich nichts Neues. Dennoch überraschte mich der Anblick wie früher, weil er etwas außerordentlich Fremdartiges hat. Vier Flügel, welche mit den Buchstaben a., b., c., d. bezeichnet werden, trafen, in der Gestalt eines Sternes erbaut, mit den Enden ihrer Stadien in einem Centrum zusammen, von dem sämtliche Flügel vom Boden bis zum Dachstuhl mit einem Blick überschaut werden können. Ich stand in diesem Centrum und überschaute das ganze Gefängnis. Jeder Flügel hatte drei Stockwerke, an jedem Stockwerk lief eine schmale eiserne Galerie mit eisernem Geländer entlang. An der einen Seite dieser Galerien öffneten sich die Türen dieser einzelnen Zellen, in denen die Gefangenen Tag und Nacht isolirt sind; sämtliche Türen waren verschlossen. Sämtliche drei Galerien der drei Stockwerke vereinigen sich im Centrum. Die Verbindung zwischen den Galerien wird durch freischwebende Treppen, welche vom Dachstuhl in Windungen bis zum Boden führen, hergestellt. Die Böden und Stufen der Galerien und der Treppen bestehen aus Schieferplatten. Das Licht fällt durch ein Glasdach von oben in diese Räume. Der ganze Anblick hat etwas Phantastisches. Wer ihn zum ersten Male hat und nicht weiß, daß er sich in einem Gefängnisse befindet, weiß gewiß nicht, was er aus diesem höchst sonderbaren Gebäude machen soll, und hat keine Ahnung davon, daß in den äußern Seiten dieser schmalen, schlanken Eisengalerien in jedem Flügel hundert und fünfzig Menschen gefangen gehalten werden. Das Gefängnis ist mit einigen Modifikationen nach dem Philadelphischen Strahlenplan gebaut, der Bau fand in den Jahren 1843–1846 statt. Als er fertig war, hatte man die Idee, zu deren Realisirung man es mit enormen Kosten erbaut hatte, wieder aufgegeben. Es stand lange Zeit leer, dann benutzte man die Räumlichkeiten zur Gefangenhaltung der Polen, welche am Mieroslawskischen Aufstande in der Provinz Posen teilgenommen hatten. Die Unglücklichen erlitten dort eine fast einjährige

Untersuchungshaft. Die März-Revolution machte bekanntlich diesem widerwärtigen Prozeß ein Ende.

Eine Todesstille herrschte in den gewaltigen Räumen. Ich hörte nichts als den Pendelschlag der großen Uhr, welche sich über meinem Kopfe befand und hier die Einsamkeit und das Schweigen in Stunden und in Minuten abteilte und dann und wann den schallenden Ton der Glocken, welche von den unsichtbaren Gefangenen in den kleinen Zellen in Bewegung gesetzt wurden und die Aufseher herbeiriefen. Vor zwei Jahren, wie ich an dieser Stelle stand, überraschte mich ein höchst sonderbarer Anblick. Plötzlich hörte ich ein Schlurfen hinter mir, wie wenn jemand in Filzschuhen dahin schlich auf einem Boden, der hohl ist. Das Schlurfen ertönte erst in weiter Ferne, dann näher und näher. Der Ton schlug in verschiedener Schallstärke an mein Ohr, erst leise, dann immer lauter. Verwundert wandte ich mich um, um die Ursache dieses sonderbaren Geräusches zu entdecken. Und was sah ich? Einige fünfzig menschliche Gestalten schlichen einer der oberen Galerien entlang. Alle waren in dunkle, braune Jacken gekleidet. An dunkelbraune, kurze Hosen schlossen sich schwarze, lange Strümpfe. Die Füße steckten in Filzpantoffeln. Die Filzpantoffeln verursachten das sonderbare, schlurfende Geräusch auf den Schieferplatten der Galerien. Über den Kopf hatte jede von diesen Gestalten eine braune Wollkappe gezogen, deren vorderer Teil in der Gestalt eines Schirmes heruntergeklappt war und das Gesicht so bedeckte, daß man nichts von demselben sehen konnte als zwei Augen, welche durch zwei in den Schirm angebrachte Löcher unheimlich hindurchblickten. Jede schlich zehn Schritt hinter der andern her und hielten, da sie alle wie Soldaten in demselben Tritt und in demselben Takt marchirten, immer auf das Genaueste dieselbe Entfernung inne. So stiegen sie auf der freischwebenden Verbindungstreppe von der oberen Galerie nach der zweiten, von der zweiten auf die untere Galerie herab. Dann schritten sie an mir vorüber. Jeder blickte mich durch die Augenlöcher unheimlich und starr an. Diese Gestalten wurden auf diese Weise zum Spaziergehen geführt. Verwundert sah ich die Gefangenen an, welche mit ihren verhüllten Köpfen wie Abgeordnete der mittelalterlichen Vehme aussahen.

„Es sind Gefangene", sagte der Aufseher, „Gefangene, welche zum Spaziergehen geführt werden."

„Und sie gehen immer in diesem Schritt, immer in dieser Entfernung voneinander?"

„Immer. So gehen sie zum Baden, zur Kirche, zum Spaziergang. In dieser Entfernung können Sie nicht miteinander sprechen."

Ich ging damals hinter dem traurigen Zuge her und wurde in einen großen innern Hof geführt. Der Hof war der Spazierhof. Auch der Anblick dieses Hofes hatte etwas Fremdartiges. Zwanzig hohe Mauern liefen in demselben strahlenförmig zu einem Centrum zusammen. Im Mittelpunkte dieses Centrums erhob sich in der Höhe von einigen fünfzig Fuß ein steinerner Turm, dessen oberer Teil ringsum ganz von Glas war. Eine Treppe führte im Innern des Turmes hinauf, bis in die gläserne Spitze. Dieses sonderbare, fächerartige Gebäude diente zum Spaziergehen der Gefangenen. In der gläsernen Spitze des Turmes stand ein Aufseher, der vermöge der Construction des Gebäudes im Stande war, mit einem Blick in sämtliche zwanzig Mauerstrahlen hineinzuschauen. In jedem einzelnen fächerartigen Raum wurde nun ein Gefangener hineingelassen. So wie er drinnen war, schlug er die Wollkappe in die Höhe. Er hatte nun die Erlaubnis, eine halbe Stunde in diesem colossalen Steinfächer hin- und herzulaufen und sich die beiden Mauern anzusehen, zwischen denen er eingeschlossen war. Schlug die große Gefängnisuhr die neue halbe Stunde, dann war das Vergnügen oder die Arbeit – wie man es nennen will – vorbei, und der Zug der Gefangenen ging in das Gefängnis zurück, in derselben Art und Weise, in derselben langsamen Bewegung, in demselben Maßhalten der Entfernung, wie er gekommen war. Ich erinnerte mich, wie ich heute wieder im Centrum des gewaltigen Gebäudes stand und die vier colossalen Flügel überschaute, dieses sonderbaren Anblicks, den ich vor zwei Jahren hatte.

„Wird das Spaziergehen noch gerade so executirt wie vor zwei Jahren, als ich auch hier war", fragte ich den neben mir stehenden Aufseher, dem ich zum Umherführen übergeben war, „und ist der Spazierhof noch gerade so eingerichtet wie früher?"

„Es ist alles noch gerade so", erwiderte er, „Sie können aber von der Galerie später in den Hof hineinsehen, oder wollen Sie, daß ich Sie sogleich hinführe?"

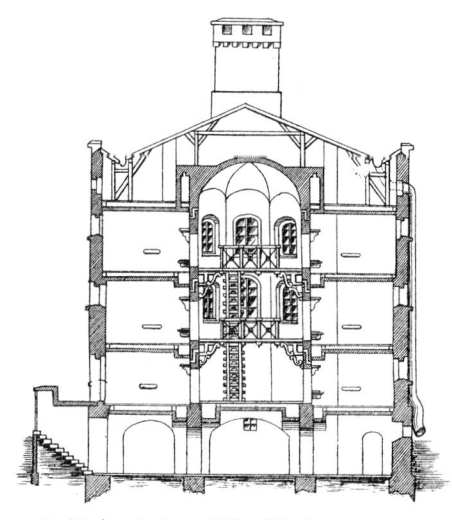

→B 36 Querschnitt durch einen Zellenflügel

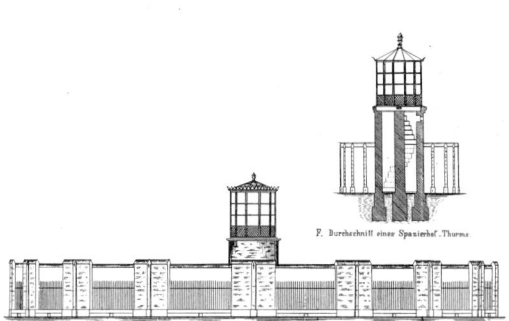

→B 37

Die Spazierhöfe:

→L 48 *Der hintere große Hofraum, welcher von den Flügeln A und D, den daran stoßenden Abgrenzungsmauern, der Ringmauer, vier turmähnlichen Aufseherwohnungen und der Filialkirche eingeschlossen wird und in den die Flügel B und C von der Centralhalle aus hervorlaufen, enthält, wie in dem Pentonville-Gefängnis, drei Spazierhofkreise, welche in den drei von den vier Flügeln eingeschlossenen Winkeln angebracht sind. Jeder Kreis enthält 20 spitzwinklige, durch hohe Mauern, die vom Centrum wie Radien auslaufen, getrennte Isolir-Erholungshöfe; jeder bildet einen Kreisausschnitt, dessen Bogen aus einem hohen eisernen Gitter besteht, so daß die Peripherie jedes Kreises aus Eisengittern zusammengesetzt ist, nur stoßen die Radialmauern etwas über diese vor, damit die Gefangenen nicht durch die Gitter miteinander communiciren können. Durch einen dieser Höfe führt der Zugang zu dem Centrum, einem Rundgang, von dem 20 Türen in die spitzen Winkel der Isolirhöfe sich öffnen. In der Mitte dieses Rundganges steht das Aufsichtstürmchen, dessen Oberteil ein Glashaus ist und von wo aus ein Aufseher, im Sommer bei Sonnenschein freilich von der stärksten Hitze geplagt, alle 20 Höfe übersehen kann. Jeder Hof hat an einer Seitenmauer ein Regendach von starkem Glas und enthält, was sehr zu loben ist, einen Turnapparat, ein Barren oder Reck, außerdem ist durch Wölbung des Bodens dafür gesorgt, daß die Höfe leicht austrocknen. Die Höfe sind ringsum mit Gartenanlagen, Buschwerk und fortwährend, vom Frühling bis zum Herbst, mit Blumen umgeben, welche den Gefangenen durch die Eisengitter sichtbar sind und ihren Duft zusenden. In dem Winkel zwischen dem Flügel C und D ist nun ein verdeckter Brunnen gelegen, und das ganze Terrain wird durch drei Militärposten Tag und Nacht hindurch bewacht.*

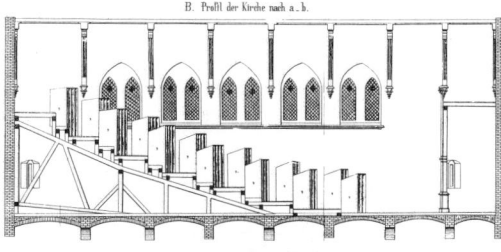

B. Profil der Kirche nach a_b.

C. Profil der Kirche nach c_d.

←B 38

Die Kirche mit den Isolierstühlen:

←L 49

Von den Corridoren der Centralhalle, an deren Rückwand sich die Uhr des Zellengefängnisses befindet, gelangt man durch je zwei Türen dieser geradlinigen Rückwand in die Kirche, die den oberen Raum des Mittelgebäudes ausfüllt. Dieselbe ist der im Pentonville-Gefängnis und im Bruchsaler neuen Zuchthaus nachgeahmt; indem sich 233 Kirchstühle (stalls) amphitheatralisch von der Tiefe der Kirche in Reihen bis zur Orgel hinauf über- und hintereinander erheben. Jeder Stuhl ist nur für einen einzigen Gefangenen eingerichtet und ist durch Holzwände und eine Bedachung dermaßen eingeschlossen, daß der darin befindliche Sträfling keinen Neben-, Hinter- oder Vordermann, sondern nur die gegenüberliegende Kanzel, den dahinterstehenden Altar und die auf beiden Seiten danebenliegenden Emporen für die Beamten sehen, aber auch jeder Gefangene von diesen Orten aus in seiner Kirchenzelle gesehen werden kann. Um dies zu ermöglichen, mußte, da die oberen Reihen der Isolirstühle nicht sehr hoch über die Vorderreihe, über deren Bedachung die in der oberen Reihe Befindlichen wegsehen müssen, gebaut werden durften, um möglichst viele Stühle zu beschaffen, der Altar, die Kanzel (mehr ein Pult) und die Beamtenlogen hoch gelegt werden, fast so hoch wie die gegenüber, hinter den Isolirstühlen befindliche Orgel. Auf dem Orgelchor sind die Sitzplätze für die Gefangenen des Souterrains ohne Abscheidung. Zu den Isolirstühlen gelangen die Gefangenen durch zweckmäßige Gänge im Distancemarsch. Da die Kirche etwa nur die Hälfte der Gefangenen faßt, muß alle Sonntage zweimal Gottesdienst gehalten werden. Diese Einrichtung der Kirche erfolgte erst, mit der Einführung der Einzelhaft, im Jahre 1856, und gleichzeitig machte sich eine ähnliche Isolirung für die Schule und die Bewegung in freier Luft nötig.

Isolierstühle im Hörsaal des Gefängnisses von Fresnes (in Ermangelung von Abbildungen aus dem Moabiter Zellengefängnis)   ←B 39

Ich dankte, ich erinnerte mich des Anblicks ganz genau, und der Anblick war mir ein zu trauriger, um ihn zu wiederholen. Ich fragte aber den Herrn Oberconsistorialrat Wichern: Ist dies ein Spaziergang zur Erholung und zur Erfrischung des Geistes, oder ist dies eine nur mechanische Bewegung der Beine, und wird der gewiß anerkennenswerte Zweck der Isolirhaft, nämlich die Verhinderung der geistigen Gemeinschaft unter den Sträflingen, dadurch verhindert, daß man die Gefangenen ohne die Verhüllung des Kopfes aus den Zellen führt, daß man die Gefangenen statt zwischen fächerartigen Mauern in einem Garten spazierengehen ließe; wo sie Rasen und Blumen sehen und frische Luft schöpfen können? Wenn man in diesem Garten jedem Gefangenen einen besonderen Gang zwischen den Rasenbeeten zuteilt, so kann man sie ganz in derselben Weise durch einen einzigen Aufseher von dem Turm beobachten lassen, wie dies jetzt zwischen den Mauern geschieht. Der Spaziergang ist für einen Gefangenen, der dreiundzwanzig und eine halbe Stunde während eines Tages und einer Nacht in einer engen Zelle von der Länge und Breite einiger Fuß zubringen muß, der diese dreiundzwanzig Stunden in größter Schweigsamkeit und Einsamkeit verlebt, eine Erholung, und eine notwendige Erholung, welche auch dem ärgsten und schwersten Verbrecher zu gönnen und für ihn zur Aufrechterhaltung seiner geistigen Frische und seiner körperlichen Gesundheit notwendig ist. So eingerichtet wie im Zellengefängnis zu Moabit, ist der Spaziergang ganz nutzlos und gehört in die Reihe der menschenquälerischen Extreme der Isolirhaft, auf welche man in d i e s e m Zellengefängnis nach allen Richtungen hin stößt.

In derselben Art und Weise werden die Gefangenen auch in die Kirche und zur Schule geführt. Die Bauart der Kirche ist insofern sehr sinnreich, indem jeder einzelne Gefangene, sobald er seinen Platz eigenommen hat, den Pfarrer auf der Kanzel sehen und an allen gottesdienstlichen Handlungen teilnehmen kann, ohne in irgendeine Gemeinschaft mit seinen Mitgefangenen zu kommen oder auch nur, ohne dieselben sehen zu können. Den ganzen Grund der Kirche nehmen die terrassenförmig aufsteigenden Kirchenstühle ein, welche so eingerichtet sind, daß jeder Kirchenstuhl eine eigne Zelle bildet, welche nur nach vorne offen ist. Die drei andern Seiten dieses Kirchenstuhls werden durch drei hohe Bretterwände gebildet. Aus jedem Kirchenstuhl hat man den Anblick der Kanzel und des Altars. Sämtliche Kirchenstühle sind in ihrer Mitte durch zwei Gänge, welche nebeneinander laufen, und wiederum voneinander durch eine hohe hölzerne Scheidewand getrennt. Durch diese beiden Gänge werden die Gefangenen einzeln, immer zehn Schritte voneinander, in ihre Kirchenstühle geführt, welche sie nach Beendigung des Gottesdienstes in eben dieser Weise wieder verlassen. Die Schulstuben der Gefangenen sind in derselben Art und Weise gebaut. Jeder Platz in eine nach drei Seiten hin bedeckte kleine hölzerne Zelle, deren vordere Öffnung dem Katheder des Lehrers zugewandt ist, so daß alle Gefangenen den Lehrer hören und sehen, niemand von ihnen aber den andern sehen kann. Sie werden auf dieselbe Weise in die Schulstube geführt wie in die Kirche und verlassen die Schulstube ebenso. In einem Seitengange des Gefängnisses sind sechs Zimmer in dieser Art eingerichtet.

Die Gefangenen werden dort in den Elementarwissenschaften, im Lesen, Schreiben, Rechnen, in der Geographie u.s.w. unterrichtet, und nach ihrer geistigen Beschäftigung oder nach der Bildungsstufe, welche sie während des Gefängnisunterrichts erreichen, in vier verschiedene Klassen eingeteilt. Die Einrichtung der Kirche und der Schule sowie die Art und Weise des Unterrichts ist ganz ihrem Zwecke entsprechend. Es wird der Zweck der Isolirhaft, Bildung des Geistes und Veredlung des Gemüts sowie des Herzens, erreicht, ohne daß eine geistige Mitteilung unter den Gefangenen stattfinden kann und ohne daß die Isolirhaft zu menschenquälerischen Extremen ausgedehnt ist.

Um in der Schilderung der Einrichtung des Gefängnisses ganz vollständig zu sein, muß ich, bevor ich mit dem Leser die einzelnen Gefangenen in ihren Isolirzellen besuche, noch einige allgemeine Mitteilungen machen.

Die ganze Anstalt wird winters mit Wasserdämpfen geheizt. Die Erleuchtung geschieht durch Gas. Mit der Anstalt ist eine Mühle und Bäckerei verbunden, welche sie mit dem nötigen Brot versorgt. Küche und Waschhaus liegen im Souterrain und werden ebenfalls von Gefangenen versehen, welche unter beständiger Aufsicht sind und bei denen das Schweiggebot strenge durchgeführt ist. Die Reinigung des Gefängnisses, welche musterhaft und außerordentlich genannt werden muß, geschieht ebenfalls von Gefangenen. Sie kehren, scheuern und frottiren die Galerien und die Gänge, deren Boden gebohnt und mit einem Firnis versehen sind. Es ist ihnen bei dieser Beschäftigung ausnahmsweise gestattet, die Schirme der Wollkappen von dem Gesicht zu entfernen. Die Kost besteht mittags in einem Gemüse, welches an jedem Tage der Woche wechselt, und in einem Stück gut gebackenen Brotes, morgens und abends in einer Suppe, welcher ebenfalls ein Stück Brot beigegeben wird. Fleisch erhalten die Gefangenen nur an vier Tagen des Jahres, an den hohen Festtagen und, wenn ich nicht irre, am Geburtstage des Königs. Gegen die Qualität der Speisen ist nichts zu erinnern; auch ist es den Gefangenen gestattet, von dem Verdienste ihrer Arbeit, oder, falls ihnen von ihren Verwandten und Freunden da draußen in der Welt die Geldmittel gewährt werden, kleine Genüsse wie Schnupftabak, ein Glas Bier, eine Wurst u.s.w. zu verschaffen. Man kann nach dieser Seite hin der Verwaltung durchaus nicht den Vorwurf der Inhumanität oder einer nutzlosen Strenge machen.

Besuchen wir nun die Gefangenen in ihren Isolirzellen – eine traurige Arbeit. In Betreff der extremen Art und Weise, wie in diesen Zellen die Isolirhaft jetzt, unter der Verwaltung des Ober-Consistorialrats Wichern, bei den Gefangenen durchgeführt wird, kann ich unmöglich umhin, meine Meinung auf das Entschiedenste dahin auszusprechen, daß das jetzt im Moabiter Gefängnis angewendete System über seinen Zweck weit hinausgeht und mit den Humanitätsprinzipien unserer Zeit im äußersten Widerspruche steht. Wie ich schon erwähnte, arbeiteten die Gefangenen unter der früheren Verwaltung in gemeinschaftlichen Räumen. Die verschiedenen Handwerker waren in den großen Räumen der vier Flügel verteilt. Die Schneider arbeiteten z.B. an einem langen Tisch, ebenso die Schuhmacher. In einer anderen Abteilung des Raumes waren die in der Anstalt detinirten Cigarrenarbeiter beschäftigt, in einer andern die Steindrucker, in einer andern die Tischler u.s.w. Sie arbeiteten unter genauer Aufsicht der Aufseher und durften durchaus nicht conversiren, außer wenn es eine nötige, sich auf das Geschäftliche ihrer Arbeit bezügliche Information durchaus notwendig machte. Ein Teil der Gefangenen arbeitete auch, wie jetzt, in den Isolirzellen, aber die Türen der Zellen waren bei Tage geöffnet, so daß die Aufseher hineinsehen konnten. Nur während der Nacht wurden die Gefangenen in ihren Zellen eingeschlossen. Das Prinzip der Isolirung war also nur in Betreff des Schweigens und auch hier nicht in seiner ganzen Strenge durchgeführt; von der Einzelhaft war, die Nacht ausgenommen, Abstand genommen worden. Genügte eine in dieser Weise und bis zu diesem Grade angewandte Isolirung, um die Demoralisation der Gefangenen zu verhindern und nun im Verein mit Schulunterricht und mit dem Zuspruch der Geistlichen die Besserung des Gefangenen vom religiös-sittlichen Standpunkt aus zu heben, oder genügte sie nicht? Die Frage ist unzweifelhaft mit „Ja" zu beantworten, weil auch in dieser Weise jede schädliche geistige Gemeinschaft unter den Gefangenen vollkommen aufgehoben war. Alles, was bei Anwendung der Isolirhaft aber über den Zweck derselben hinausgeht, ist eine Quälerei, welche vollkommen unmotivirt ist.

Man erwidere mir nicht, daß bei einem gemeinschaftlichen Arbeiten der Gefangenen das Prinzip des Schweigens nicht mit dieser Consequenz durchgeführt werden kann, wie wenn man jeden Gefangenen allein in eine Zelle einsperrt – das ist nicht wahr. Und wenn es insoweit wahr wäre, daß wirklich einer dieser Unglücklichen dem andern ein Wort zuflüsterte, schadete das etwas? Kann dies Wort, kann diese kurze Mitteilung den Gefangenen moralisch verderben, kann es einen Einfluß auf seine Moralität, auf seinen Geist oder auf sein Herz haben? Oder, man könnte mir erwidern, das gemeinschaftliche Arbeiten zieht den Gefangenen vom Nachdenken über sich selbst, von der Selbstbetrachtung ab? Ich denke aber doch, daß der Gefangene während der langen Nacht, welche sommers und winters im Zellengefängnis zu Moabit abends 9 Uhr beginnt und bis morgens 5 Uhr dauert, hinreichend Zeit zur Selbstbetrachtung hat. Daß in dem gemeinschaftlichen Arbeiten und in dem Arbeiten in geöffneten Zellen für den Gefangenen außerordentliche Erleichterung seiner Haft liegt, das wird mir jeder zugeben, der sich um Gefängniswesen bekümmert hat oder – der selbst Jahre lang im Gefängnisse zubrachte. Kann es z.B. irgendwie vor der Vernunft oder vor der Humanität verantwortet werden, einen Gefangenen, der vier Jahre im Zellengefängnis zugebracht hat und dessen Strafe in drei Monaten zu Ende ist, kann es, sage ich, verantwortet werden, diesen Unglücklichen noch in den letzten Monaten seiner vierjährigen Haft die ganze Strenge des Isolirsystems in ihrer vollständigen Consequenz fühlen zu lassen?

Die Zellen

→L 50

Die Zellen im Erdgeschoß oder ersten Stock und die des zweiten Stocks enthalten 730 Kubikfuß Raum, die des oberen oder dritten Stocks 756 Kubikfuß. Die Zellen erscheinen im Vergleich mit denen des Pentonville-Gefängnisses, welche 820 Kubikfuß Raum enthalten, und mit denen des Bruchsaler Männerzuchthauses, welche 13 Fuß lang, 8 Fuß breit und 9 Fuß 7 Zoll bis zum Scheitel der Deckenwölbung hoch sind und über 1000 Kubikfuß Raum enthalten, als etwas klein, und doch muß man, wenn man sie selbst gesehen hat, sagen, sie sind groß genug. (Die Abmessungen der Zellen: 2,04 m breit, 4,08 m lang, 2,90 m hoch). Diese Zellen sind die Wohnungen der Gefangenen; die Kranken werden in den im Parterre des Flügels D gelegenen Krankenzellen untergebracht, sobald eine Krankheit bedenklich wird oder besondere Pflege erheischt. Die Türen der Zellen haben, wie in ande-

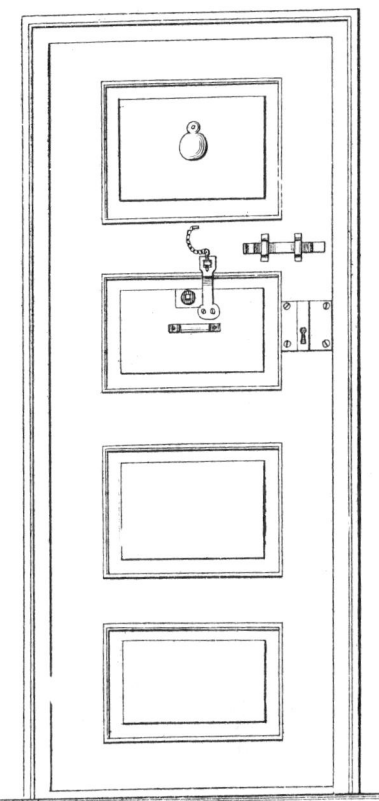

→B 40

ren Isolirgefängnissen, eine Klappe, durch welche dem Gefangenen Kost, Arbeitsmaterial, Bücher u. dgl. gereicht werden kann, und etwa 1 1/2 Fuß darüber befindet sich außen ein kleiner runder Schieber, welcher das mit einer kleinen Glasscheibe gedeckte Beobachtungsloch verdeckt, damit der Gefangene nicht in die Mittelhalle sehen kann. Die Zelle ist von außen numerirt. Aus jeder führt ein Klingelzug, der sich einem langen, oberhalb der Zellentüren hinlaufenden und an der Aufseherzelle einen Klöppel an einer Glocke in Bewegung setzenden Drahtzug anschließt. Es ist dieselbe Einrichtung wie im Pentonville-Gefängnis, wo an der Glocke (dem chinesischen Gong), wenn gezogen wird, nur ein Schlag erfolgt und gleichzeitig die Schwingung eines Pendels die Richtung anzeigt, von woher der Zug gekommen ist; an dem neben der Zellentür angebrachten Schnäpper oder Schieber, der mit dem Anziehen des Klingelzuges aufspringt, erkennt der Aufseher die Zelle, worin er begehrt wird. Sobald er diese wieder verläßt, muß er den Schieber wieder einschnappen. Die Verhaltungsvorschriften für die Gefangenen §. 11 gestatten denselben das Anziehen der Glocke bei Nacht, wenn der Gefangene von Krankheit befallen wird, bei Tage, sobald er irgendeiner schnellen Hülfe bedarf, sei es bei der Arbeit oder in sonstiger Beziehung; dagegen wird Schellen ohne Not mit Strafe bedroht.

Tritt man in die Zelle ein, so findet man in ihr ein kleines Wohnstübchen, wie es mancher Handwerker nicht besser hat, und es würde kaum etwas anderes daran erinnern, daß es ein Gefängnis wäre, als das hochgelegene vergitterte Fenster. Die Zellen haben etwas gewölbte Decken, sind weiß angestrichen und haben einen braungestrichenen Holzfußboden. Ein ziemlich

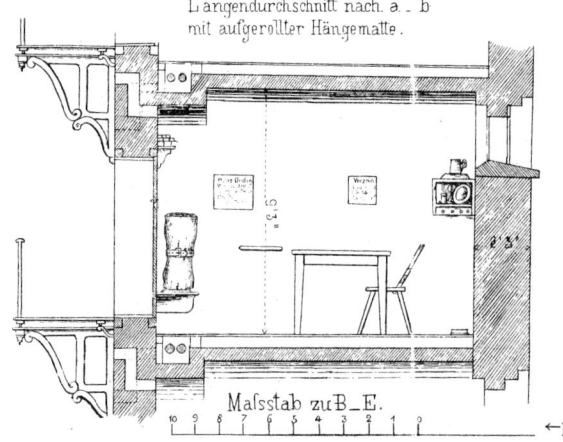

Längendurchschnitt nach a _ b
mit aufgerollter Hängematte.

Maßstab zuB _ E.

←B 41

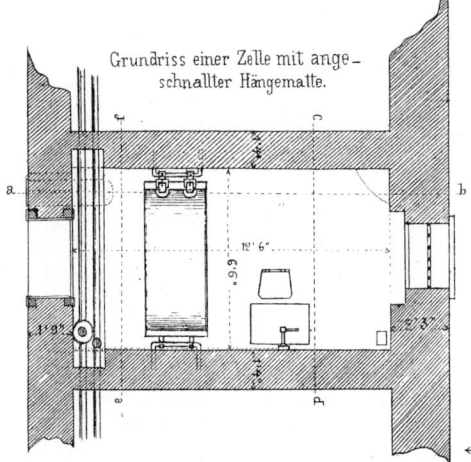

Grundriss einer Zelle mit ange-
schnallter Hängematte.

←B 42

großes, 6 Fuß 3 Zoll über dem Fußboden gelegenes Fenster von oblonger Form erhellt die Zelle vollständig; es kann von innen ganz herabgenommen werden, sobald es geschehen darf. Für die gewöhnliche Ventilation ist eine der unteren kleinen Tafeln mit einem dem Gefangenen zugänglichen Schieber versehen; vor demselben befindet sich ein kleines nach oben geöffnetes Glaskästchen, wie ein Luftfang, welches verhindert, daß ein zu starker Luftzug in die Zelle dringt, aber auch gleichzeitig, daß durch diese Öffnung irgendeine Communication stattfinde. Wohl zu bemerken ist, daß die Scheiben des Fensters nicht, wie in anderen Isolirstationen, von geriffeltem oder geripptem Glase sind, daß also der Zellenbewohner den Strahl der Sonne empfangen und den Himmel sehen kann. Wenn er in die Höhe steigen würde, was indessen nach § 2 g. der Verhaltungsvorschriften verboten ist, würde er auch unter Umständen ins Freie sehen können. Die Ventilation wird noch durch die Öffnung des Heizkanals und durch das zeitweilige Öffnen der Türklappen oder der Türen befördert.

Was die Heizung der Zellen anbelangt, so war schon erwähnt worden, daß die Wärme durch Wasserheizung verbreitet wird. Von der Dampfmaschine aus wird warmes Wasser in die Stockwerke getrieben; es läuft in horizontalen Röhren unter den Zellentüren hin, und in der Ecke an der einen Längenseite der Zelle nächst dem Fußboden und der Corridorwand ist eine einen Fuß große, mit gußeisernem Gitter verwahrte Öffnung, welche die von den heißen Wasserröhren erwärmte Luft in die Zelle führt. Da die von der Dampfmaschine entfernter liegenden Zellen aber schwerer zu erwärmen sind als die näher gelegenen, so sind in jenen noch kupferne, wohl verwahrte Cylinderöfen, 209 an der Zahl, welche gleichfalls von der Dampfmaschine gefüllt werden, angebracht. Es ist dies ein Notbehelf der Wasserheizung, der den Nachteil hat, daß die Sträflinge im Winter sich gern nach diesen Wärme-Cylindern hinziehen und sich leicht dadurch schwächen können, aber auch die Arbeit unterbrechen, sofern diese an einer Drehbank oder einem in der Mitte der Zelle befindlichen Arbeitstisch verrichtet werden muß. Daß das Wärmen an diesen Öfen vielfach geschieht, zeigen die abgetretenen Stellen vor und um denselben. Das Wärmen an den an ebener

Wir stiegen die schwebende, eiserne Treppe hinauf und betraten die erste Galerie. Eine zweite schwebende Treppe mit gußeisernem Geländer und mit Schieferstufen führte zur zweiten Galerie, welche wir entlanggingen. Eine endlos scheinende Reihe kleiner Türen bildete die innere Seite der Galerie. Jede Tür war wohl verriegelt und verschlossen. Hinter jeder dieser kleinen, schweren Türen, welche mir vorkamen wie die Türen mittelalterlicher Verließe, wohnte ein Gefangener. Über jeder Tür war ein Klingelzug angebracht, mit einem Schieber, welcher von selbst aufsprang, sowie die Klingel angezogen wurde. Der Klingelzug stand mit einem langen Drahtzug in Verbindung, welcher auf der ganzen Galerie oberhalb der Zellentür entlanglief und wieder mit einer Kurbel verbunden war, welche sich, sowie die Klingel angezogen wurde, nach der Seite hindrehte, wo die Schnur angezogen war. Kurbel und Schieber waren die Arme des Wegweisers für den Aufseher, dessen Hülfe herbeigerufen wurde. Die Richtung der Kurbel wies ihm die Richtung des Weges an, den er einzuschlagen hatte, der aufspringende Schieber die Zellentüre, in welche er eintreten mußte, um zu dem betreffenden Gefangenen zu kommen. Die Schweigsamkeit des Systems war auch auf den Klingelzug und auf diese stummen Wegweiser ausgedehnt worden. Die Wegweiser sprachen nur durch eine Bewegung nach rechts oder nach links, eine Klingel oder eine Glocke schlug nicht an, man hörte nur das Zittern des in Bewegung gesetzten langen Drahtes und das Aufspringen des Schiebers an der Zellentüre. Der Aufseher öffnete eine dieser kleinen, schweren Türen, und gebückten Hauptes trat ich ein. Ich befand mich im Innern einer kleinen, viereckigen Zelle. Drei Schritte genügten, um sie in ihrer Länge zu durchschreiten; sie hatte eine Breite von etwas über einen Schritt. Das Licht fiel durch ein vergittertes Fenster hinein, welches ungefähr zehn Fuß über dem Boden an der der Türe gegenüber liegenden Wand angebracht war. Es war ein warmer Tag, und die obern Scheiben des Fensters waren heut geöffnet. Die Scheiben sind geblendet und gestatten auch sonst dem Licht den Zugang, ohne daß jedoch die Farbe der Wolken zu unterscheiden ist. Neben der kleinen, schweren Türe stand ein Schemel, und auf diesem der irdene Napf mit der Suppe; an der andern Seite der Tür lag die Matratze zusammengerollt, welche abends um 6 1/2 Uhr von dem Gefangenen ausgebreitet und als Lagerstätte zurechtgemacht wird. An der Wand hing eine Schiefertafel mit einem Rechenexempel, eine Schulaufgabe, welche der Gefangene in seiner Zelle gelöst hatte; neben der Tafel hing auch ein gedrucktes Reglement, die Hausordnung enthaltend. Lesen wir dieselbe, und wir werden alle Einzelheiten jedes Tages der Schweigsamkeit und der Einsamkeit kennenlernen, da hier der eine Tag ganz genau wie der andere verläuft. Die Nacht dauert hier nach den Vorschriften der Hausordnung sehr lange. Sie beginnt um 7 Uhr abends und endigt morgens um 5 Uhr, also hat der Gefangene zehn Stunden Zeit zum Schlafen – und zur Selbstbetrachtung über sich und sein vergangenes Leben. Das sind lange, qualvolle Nächte, durch nichts unterbrochen als von dem Pendelschlag der großen Gefängnisuhr, welche diese Einsamkeit und diese Stille in Teile zerlegt. Nächte, wie im Grabe, aber Nächte mit Empfindung und Bewußtsein, mit Erinnerungen an eine elende und durch Verbrechen bedeckte Vergangenheit.

Um 5 Uhr steht der Gefangene auf. Seine Kleider werden ihm durch die in der Türe befindliche Klappe in die Zelle gereicht, ebenso die scharfen und schneidenden Instrumente und Werkzeuge, deren er zur Ausübung seiner täglichen Arbeit bedarf. Er muß sich waschen, beten und erhält alsdann seine Morgensuppe. Nun beginnt die Arbeit, welche er in der beständig verschlossenen Zelle vornimmt. Der Vormittag wird sonntags durch den Besuch der Kirche, an den Wochentagen zweimal oder dreimal durch die Schulstunden unterbrochen. Die halbe Stunde Spazierengehens, welche bei schlechtem Wetter indes abgekürzt wird, oder auch ganz fortfällt, findet für manche Gefangenen vormittags, für manche nachmittags statt. Aufs Strengste ist dem Gefangenen jedes Geräusch, jedes Pfeifen, jedes Singen und alles laute Sprechen verboten. Kein Gefangener darf, bei Strafe härterer Einsperrung in eine dunkle Zelle, oder bei Entziehung warmer Kost, mit einem anderen Gefangenen, wenn er zufällig mit einem solchen auf einer der Galerien oder im Hofe beim Spazierengehen oder beim Baden zusammentreffen sollte, sprechen. Sprechen darf er nur mit seinem Aufseher, der ihm durch die Türklappe oder auch durch die geöffnete Türe seine Mahlzeiten reicht oder den er durch den Zug der oben beschriebenen Klingelschnur herbeiruft, wenn er seiner Hülfe bedarf. Ein Anteil dessen, was er durch seine Arbeit erwirbt, wird für ihn verwandt oder für ihn aufbewahrt und ihm nach Beendigung seiner Haft ausgezahlt. Auch kann er darüber zu Gunsten seiner Familie disponiren. Monatlich ist ihm gestattet, einen Brief zu schreiben, auch kann er alle Monate einen Besuch im Sprechzimmer empfangen. Mittags um 12 Uhr wird dem Gefangenen das Mittagessen durch die Klappe in die Zelle gereicht. Es besteht aus einer Bohnensuppe, Graupensuppe oder Erbsensuppe, von einem Stücke Brot begleitet. Dann beginnt wieder die Arbeit, welche bis abends 6 Uhr währt. Um 6 1/2 Uhr erhält der Gefangene die Abendsuppe mit dem dritten Stück Brot, rollt, nachdem er beides verzehrt hat, seine Matratze auf, entkleidet sich, wäscht sich, reicht seine Kleidungsstücke sowie seine Arbeitswerkzeuge durch die Klappe auf die Galerie hinaus und legt sich dann schlafen. Die im Centrum befindliche Uhr schlägt langsam und tönend sieben Mal; es beginnt die lange Nacht, um, wenn die Uhr wiederum fünf Mal schlägt, dem neuen Tage zu weichen.

So lautete das Gefängnis-Reglement, welches an der Wand der Zelle hing, und der Leser weiß nun, wie es in jeder Zelle aussieht und wie man in jeder Zelle lebt. Eine Zelle sieht ganz aus wie die andere, jeder Gefangene in seinen braunen Kleidern, in seinen schwarzen Strümpfen und mit dem kurz geschorenen Haar gleicht ganz und gar dem andern. Hier gibt es nur Buchstaben und Nummern. Die Buchstaben – a., b., c., d. – bezeichnen die Flügel, die Nummern die Menschen. Die Unterschiede liegen in den verschiedenen Jahren der Haft und in der Beschäftigung.

Die Beschäftigung der Gefangenen geschieht im Metalldrehen, Rohrschneiden, Vergolden, Plüschweben, Knopfmachen und insbesondere in der Holzbildhauerei. Die „Holzbildhauerei" ist bekanntlich eine alte deutsche Kunst, welche eigentlich viele Jahre geschlafen hat oder deren Ausübung vergessen ist und welche zwei intelligente und industrielle Männer in Berlin, die Herren Louis und Siegfried L ö w i n s o n, vor einigen Jahren zum Leben erweckt haben. Sie verbanden mit der Gründung des Geschäfts eine sehr wohltätige und in die Existenz der Strafgefangenen eingreifende Idee, nämlich ihre Arbeiten in der Strafanstalt zu Moabit durch die Gefangenen anfertigen zu lassen, denselben dadurch zu einer interessanten und einträglichen Arbeit zu verhelfen und durch die Anlernung in dieser Kunst nach ihrer Entlassung wieder den Weg ins Leben zu bahnen. Die Idee ist vollkommen gelungen. Das mit drei Strafgefangenen begonnene Holzbildnergeschäft ist zu einer „R e n a i s s a n c e - C o m m a n d i t - G e s e l l s c h a f t f ü r H o l z s c h n i t z k u n s t" geworden, aus deren Ateliers Gegenstände und Mobilien aller Art hervorgehen, welche die Bewunderung von Sachkennern haben, und aus den „drei Mann" sind einhundertfünfzig geworden, welche eine ebenso interessante wie einträgliche Arbeit erlernen und sowohl im Gefängnisse wie nach ihrer Freilassung ausüben; unbedingt weit interessanter und vorteilhafter, als wenn sie mit den gewöhnlichen Zuchthausarbeiten, mit Spulen, mit Haarspinnen, mit Wollkämmen, mit Teppichweben und mit Brettschneiden beschäftigt würden. Ich besuchte mit dem mich begleitenden Aufseher einige zwanzig Zellen. In jeder war der in derselben inhaftirte Gefangene mit einem Zweig oder mit einem Stück Holzbildnerei beschäftigt. In der einen saß ein Zeichner und zeichnete die Gestalt des Tisches, des Stuhls, des Spiegelrahmens, des Toilettenkastens, des Armleuchters, oder was aus dem Holz geschnitzt werden sollte, auf das abgeplattete Stück, in der andern stand ein Gefangener an einer Drehbank und gab dem Stück Holz nach der auf demselben angebrachten Zeichnung die erste Form von dem, was es werden sollte, in der dritten wurde diese rohe Form mit Hülfe feiner Schnitzwerkzeuge ihrer Vollendung näher geführt. So durchwanderte ich die Holzbildnerei in allen Stadien und allen Graden ihres Werdens und war mehrmals die Kunst und die Fertigkeit der Gefangenen zu bewundern gezwungen, welche es in der Erlernung derselben oft in ganz kurzer Zeit zu einem bedeutenden Grade von Sicherheit und Vollendung gebracht hatten und meistenteils mit großem Interesse von ihrer Arbeit und von den Stücken, welche sie anfertigten, sprachen. Währenddem sprach der Aufseher mit ihnen von ihren häuslichen Verhältnissen und von dem, was sie da draußen interessirte, mit dem einen von seiner Frau, die sich einem anderen Manne zugewendet hatte, während ihr Mann eine zehnjährige Haft wegen schweren Diebstahls verbüßte, worüber der Arme sehr traurig und betrübt schien, mit dem andern von seiner baldigen Entlassung, mit dem dritten von seinen Schularbeiten und mit dem vierten wiederum von seiner Frau und von seinen Kindern, denen der Unglückliche, welcher zwanzig Jahre zu verbüßen hatte,

→ B 43

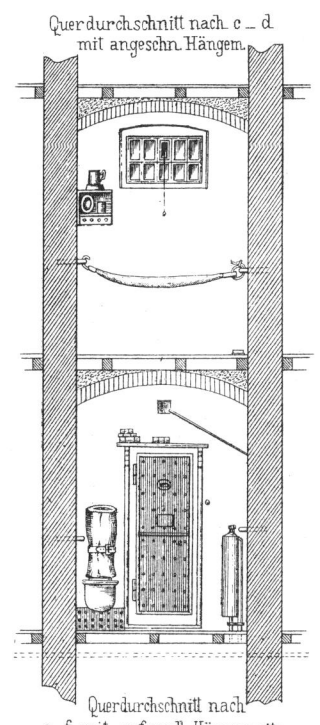

Querdurchschnitt nach c_d mit angeschn. Hängem.

Querdurchschnitt nach e_f mit aufgeroll. Hängematte.

Erde gelegenen Heizöffnungen ist schon weit schwieriger, da dieselben in den Zellenecken angebracht sind; um aber auch dieses zu vermeiden, hat man im Pentonville-Gefängnis und in Bruchsal, wo Luftheizung eingeführt ist, die Wärmeöffnungen hart an die Decken der Zellen gebracht, von woher die warme Luft sich um so leichter nach unten verbreitet, als dieser Öffnung diagonal gegenüber an der Erde eine Abzugsöffnung für die verbrauchte Luft angebracht ist. In allen Zellen, welche ich besah, waren die Ventilatoren in den Fenstern geöffnet, zumal nicht mehr geheizt wurde, und die Luft war durchweg sowie in den Flügelhallen und der Centralhalle eine ganz reine.

Eine sehr wichtige Einrichtung ist in den Zellengefängnissen der Abtritt; er ist in den Moabiter Zellen kein Watercloset wie in dem Pentonville- und dem Antwerpener Zellengefängnis, sondern ein einfaches, an der einen Türwand befestigtes, geruchloses Closet von 1 1/2 Fuß Höhe und 1 1/4 Fuß Breite, mit dicht verschließender eiserner Klappe. Darin befindet sich ein eisernes Geschirr für die Abgänge, welches vermittelst eines langen, daran befestigten Stabes und Griffes von dem Corridor aus nach Öffnung eines in der Außenwand befindlichen Schiebers herausgezogen werden kann. Mit der Reinigung dieser Geschirre sind besondere Gefangene, Calefactoren, beauftragt. Diese, auf jeder Station, d.h. auf den Corridoren eines Stockwerkes einer, reinigen nach §.3 der Tagesordnung morgens die Nachtgeschirre, während die Aufseher frisches Wasser und das Handwerkszeug in die Zellen verteilen, indem sie dieselben in die am Ende der Flügel gelegenen Reinigungszellen bringen, nach Ausschüttung des Unrates in die Pfanne mittelst des aus der Wasserleitung fließenden Wassers ausspülen, welches zugleich den Unrat durch die eisernen Schläuche aus der Pfanne in die Latrinen hinabführt und dann die Geschirre sofort wieder in die Closets schieben. Die Einrichtung dieser ist somit auch zweckmäßiger als in dem Zellengefängnis zu Bruchsal, wo der Gefangene das Nachtgeschirr aus der in seiner Zelle befindlichen Maueröffnung herausnehmen und darin wieder verschließen muß.

Die Lagerstätte der Gefangenen besteht meistens aus einer Hängematte, ausnahmsweise aus einem gewöhnlichen Bett mit eiserner Bettstelle, welche indessen am Tage nicht, wie im Bruchsaler Zellengefängnis, an die Wand emporgeklappt zu werden scheint und deshalb zuviel Raum wegnimmt. Die Hängematten haben sich in den Zellen bisher als sehr practisch bewährt, weil sie am Tag zusammengerollt in eine Ecke gestellt werden und einen kleinen und entbehrlichen Raum einnehmen; daß der Sträfling sich schwer daran gewöhne, wie man bei der Einrichtung der Bruchsaler Anstalt annahm, wird durch andere Erfahrungen widerlegt. Die Hängematte im Moabiter Zellengefängnis wird etwa 2 Fuß entfernt von der

Zellentür über dem Boden, an zwei in den Längenwänden festgemauerten eisernen Riegeln, welche so lang sind, wie die Hängematte breit ist, mit den an den Enden befindlichen Riemen, am Kopf höher, an den Füßen tiefer, geschnallt. Darauf liegt eine Haarmatratze – ein Bettlaken darüber, auf diesem als Kopfkissen eine Rolle mit Überzug und zwei wollene Decken. Da die Schwere des Körpers die Hängematte in der Mitte stets niederdrücken wird, sind die in manchen Anstalten an den Seiten der Hängematten befindlichen Riemen zum Festschnallen über den Körper, damit er nicht herausfalle, entbehrlich. Außerdem befindet sich in jeder Zelle ein Tisch, eine Sitzbank oder Schemel, ein Bort mit Trink- und Speisegeschirr, ein Speisenapf, eine Wasserkanne, ein Eßlöffel, ein Wasserglas, eine Büchse, dazu eine Kanne, ein Waschbecken, eine Blechlampe mit Schirm, ein Handtuch, ein Spucknapf, ein Handfeger, vier Bürsten zur Reinigung der Kleider und Schuhe, ein Paar Handschuhe für die Winterspaziergänge, das Schild mit der Zellennummer, welches der Sträfling bei seinem Austritt aus der Zelle an der Brust anzuhängen hat; an der Türwand ist ein Bücherbrett angebracht mit Pappschreibzeug und Schreibmaterial, mit Bibel, Katechismus, Porst's Gesangbuch, dem Schullesebuch und anderen gerade aus der Anstaltsbibliothek entliehenen Büchern; ein Bibelkalender und eine Lesetafel gibt die für die einzelnen Tage zu lesenden Stücke an, und eine Schiefertafel mit Schwamm und Stift steht dem Gefangenen zu Notizen zu Diensten. In jeder Zelle ist die Hausordnung, welche in 17 Paragraphen die Verhaltungsvorschriften für die Gefangenen enthält, befestigt. Auch findet man in einzelnen Zellen die zum Arbeitsbetrieb notwendigen Gerätschaften und leichteres Handwerkszeug in Wandspindchen aufgehängt. Manche Gefangene erhalten auch die Erlaubnis, sich Blumen in ihren Zellen zu ziehen und selbst Vögel zu halten oder ein Bild ernsten Inhalts an der Wand aufzuhängen; ich selbst habe von den Höfen aus verschiedene Zellenfenster mit Blumentöpfen besetzt gesehen. Derartige Vergünstigungen sind den Isolirten meistens unschätzbar; öfter kommt es vor, daß sie eine Spinne als einen treuen Zellengefährten sorgsam pflegen, da diese ihnen in ihrer Einsamkeit eine wahre Unterhaltung zu gewähren vermag.

Strafanstaltsinspektor Sanden aus Sonnenburg verteidigt die Nützlichkeit der Isolierhaft:

←L 51

Fast alle Strafgefangene, die zur Isolirhaft ich habe bringen sehen, und deren Zahl dürfte gewiß 300 überschreiten, befanden sich im Anfange derselben in einem gereizten Gemütszustande, während dessen in den meisten Fällen jeder Versuch, auf das Gemüt des Isolirten einzuwirken, ein vergeblicher ist; während dieser Zeit, die ich das erste Stadium nennen möchte, sind heftige Ausbrüche der Leidenschaften nicht allzuselten, und kann der Beamte zu dieser Zeit nichts Besseres tun, als den Gefangenen sich selbst überlassen. Nach kürzerer oder längerer Zeit, je nach der Charakterstärke und den sonstigen geistigen Anlagen des Gefangenen, tritt ein häufig mit Körperschwäche verbundener milderer Gemütszustand, oft eine wahre Zerknirschung ein, welchen Zeitraum ich das zweite Stadium nennen möchte; die Sehnsucht nach Gemeinschaft mit anderen Gefangenen tritt auf das Lebhafteste hervor, und liegt hier der Zeitpunkt an, von welchem ab der Beamte auf den Gefangenen einwirken kann, weshalb meiner Ansicht nach der Beamte, sofern er von Liebe für sein Fach erfüllt ist, alles aufbieten muß, um diesen Zustand des Gefangenen zu rechter Zeit zu bemerken, und ihn für das Bessere empfänglich zu machen. Hat der Gefangene dies Stadium körperlich und geistig überwunden, dann tritt nicht selten eine überraschende Umänderung des ganzen inneren Menschen ein, die oft zum Heile führt; die Sehnsucht nach Gemeinschaft mit anderen Gefangenen tritt immer mehr in den Hintergrund, eine ruhigere Stimmung macht den Gefangenen empfänglich für Belehrungen, die Arbeitslust wird immer größer, gute Vorsätze werden gefaßt, die Lust zu beten erwacht, und nicht zu meinen seltensten Wahrnehmungen gehört es, daß solche Gefangene sich unbeachtet während, neben ihrer Arbeit Gesangbuch oder Bibel liegen haben, und, was sie früher vielleicht nie getan haben, eifrig und mit Inbrunst beten.

aus seiner Zelle von den Verdiensten seiner Arbeit binnen kurzem zwanzig Thaler zur Unterstützung gesandt hatte. Ich kann der Wahrheit gemäß nicht anders sagen, als daß die Gefangenen, welche ich gesehen habe, sich in einem ziemlich heitern Gemütszustande befanden und Teilnahme und Interesse äußerten. Verfallen und angegriffen sah keiner von ihnen aus. Die Gesichter trugen nur jene gelbliche Blässe, welche von einer langen Kerkerhaft unzertrennlich ist. Die Verbrechensgeschichte der Gefangenen, welche mir der Aufseher auf meine Frage zuweilen draußen auf der langen Eisengalerie erzählte, gehört nicht hierher. Auch gleichen sich die meisten Verbrechensgeschichten ja mit wenigen Ausnahmen fast alle; sie nehmen im Elend und in der Armut ihren Anfang und gehen gewöhnlich durch eine Reihe von Diebstählen der verschiedenen Grade, bis sie in das Stadium des Raubes kommen und damit im Gefängnisse schließen. Zwischen den einzelnen Gefangenen und dem Aufseher – es war der Ober-Aufseher Scheer – schien nach den Gesprächen, welche zwischen denselben geführt wurden, überall ein wohlwollendes und teilnehmendes Verhältnis zu bestehen. Letzterer war ein verständiger, sich seiner Aufgabe, auf die sittliche Besserung des Gefangenen hinzuwirken, wohl bewußter Mann. Er gehörte zu der Brüderschaft des „Rauhen Hauses", wie sämtliche Aufsichts-Beamte des Zellengefängnisses. Bekanntlich zogen mit der Gefängnisreform, welche der Ober-Consistorialrat Wichern vornahm, die Brüder des Rauhen Hauses in das Moabiter Zellengefängnis ein und übernahmen sämtliche Aufsichtsstellen. Ob die Veränderung in der Verwaltung auf die sittlich-religiöse Besserung der Gefangenen von gutem oder nachteiligem Einfluß sein wird, ist in den letzten Jahren vielfach besprochen und vielfach bekrittelt worden. . . .

Dieser Blick in das Innere des ersten Stücks der realisierten sozialpolitischen Maßnahmen auf dem Wege zum „christlichen Staat" führt zu der Frage des Zusammenhangs mit unserem Thema. Erst einmal ganz formal: Es sind hier über fünfhundert Zellen gebaut, die nach einem Schema angeordnet sind, das durchaus dem Grundrißschema der Familienhäuser gleicht. Auch die Familienhäuser, das „trojanische Pferd vor den Toren Berlins", wie sie genannt wurden, hat etwa 400 gleichartige Stuben aufgereiht zu beiden Seiten eines Korridors. Nur das Verhältnis von Gangbreite zu Stuben- bzw. Zellengröße ist umgekehrt. Die dadurch bedingte Unkontrollierbarkeit, die in den Familienhäusern beklagt wird von denen, die dort für Ordnung sorgen sollen, ist jedoch im Gefängnis in sein Gegenteil verkehrt: Die Korridore sind aufgeschnitten, aus dem Mittelgang werden seitliche Galerien, die von oben durch Glasdächer beleuchtet werden, und die Gesamtheit der Eingänge ist von einem Punkt aus kontrollierbar. Die Stuben in den Familienhäusern sind überbelegt durch eine „verderbliche Gemeinschaft", in der Zelle lebt einer allein mit einer Matratze, die er nachts ausrollen kann und die die Zelle in der Breite ausfüllt. Der einzige soziale Kontakt ist der mit dem Bruder des Rauhen Hauses, der den Läuterungs- und Bekehrungsprozeß des Gefangenen überwacht, nur mit ihm darf er reden.

→L 52 Wenn es von den Bewohnern der Familienhäuser heißt, daß sie *jeder Verbesserung unzugänglich waren und jeder christlichen Hebung einen undurchdringlichen Wall entgegensetzten*, so kann man hier davon sprechen, daß die „christliche Hebung" für den einzelnen unausweichlich werden soll.

Der Bau ist zu sehen vor dem Hintergrund der rapide ansteigenden Eigentumsdelikte, die zu einer Bedrohung des Stadtbürgertums werden und die Grundlage der staatlichen Ordnung angreifen. Sie sind Folge der wachsenden Zahl von Verarmten und Eigentumslosen, die in die Stadt gezogen sind, dort Arbeit suchen und großenteils unter dem Existenzminimum leben müssen. Klassenmäßig decken sich die Bewohner der Familienhäuser mit den Insassen des Zellengefängnisses. Was die christlichen Moralprediger von Zucht und Ordnung in den Familienhäusern und im Voigtland nicht erreichen, soll, nach Isolierung einzelner mit Hilfe baulicher Maßnahmen, in Anstalten nachgeholt werden.

Dieses Prinzip der Vereinzelung durch Herauslösung von Individuen aus den gesellschaftlichen Beziehungen, in denen sie sich sicher bewegen können, und der Herstellung von Situationen, in denen der einzelne dem Klassengegner hilflos ausgeliefert ist, ist ein durchgängig nachzuweisendes Merkmal, das die in diesem Kapitel zu behandelnden Reformvorhaben verbindet. Wichern, der Begründer der Inneren Mission, spielt in allen Fällen eine maßgebende Rolle.

12.2.2 Die christliche Krankenpflege in Bethanien

Das zweite große Reformvorhaben Friedrich Wilhelms IV. in Vorbereitung des „christlichen Staates" betrifft das Armenwesen, das er nach mittelalterlichem Vorbild wieder in die Hand der Kirche legen will. Ähnlich wie schon bei der Gefängnisreform sieht der König die Vorbilder in den englischen Zuständen, von deren Kenntnis sich am ehesten praktische Maßnahmen ableiten lassen. So wird **1842** im königlichen Auftrag eine vierköpfige Delegation, bestehend aus dem Oberbaurat Stüler und den drei Predigern Uhden, Sydow und Otto v. Gerlach, dem Pfarrer aus dem Voigtland, nach England und Schottland geschickt, um die dortigen kirchlichen Anstalten und Organisationen zu studieren. Das besondere Interesse Otto v. Gerlachs gehört dabei dem in Glasgow seit Jahren praktizierten kirchlichen Armenwesen, das auf der Wiederbelebung des urchristlichen Diakonats beruht. Die Organisation dieses Armenwesens ist dem Pfarrer von St. Elisabeth seit Jahren theoretisch vertraut, und er hat seit **1835** versucht, in seiner Gemeinde zumindest Ansätze davon praktisch zu erproben. Dazu gehören die Gründung eines „Gehilfenseminars" von Laienpredigern, die auf die Bewohner der Familienhäuser losgelassen werden, die zahlreichen Vereinsgründungen und die Einmischung in die städtische Armenverwaltung des Voigtlandes. Hier Otto v. Gerlachs Bericht über sein Glasgower Vorbild:

„Wichtig . . . ist für das kirchliche Leben in Schottland in Bezug auf ←L 53 Armenpflege und Seelsorge eine Reihe von Schriften des berühmten Dr. C h a l m e r s geworden, welcher zugleich diese Angelegenheit nach seinem Plane 18 Jahre hindurch zu Glasgow in einer großen und armen Gemeine geleitet hat. Die Grundsätze seines höchst merkwürdigen Systems der kirchlichen Armenpflege sind folgende: In einer gegebenen Gemeine →L 54 muß zunächst die ganze Einwohnerzahl in eine Anzahl ganz kleiner Bezirke geteilt werden, von denen jeder nicht mehr als höchstens 4–5000 Seelen umfassen darf; jedem solcher Bezirke wird ein Deacon als Gemeinebeamter vorgesetzt. In diesem kleinen Kreise macht sich zunächst der Armenpfleger mit den Umständen der Armen genau bekannt, indem er vorzugsweise den religiösen und sittlichen Zustand der Familien erforscht: ob sie regelmäßig die Kirche besuchen, an dem Abendmahl teilnehmen, ihre Kinder in die Schule schicken, ob sie etwa dem Trunke, Spiel etc. ergeben sind und dergleichen mehr. Ist der Besucher einigermaßen mit den Umständen der Armen bekannt geworden, so beginnt er damit, nicht daß er ihnen etwas gibt, sondern daß er ihnen allen etwas abfordert: Er dringt darauf, daß sie alles Geld, was sie irgend erübrigen können, in eine Sparcasse zahlen, und hält hierauf so strenge, daß späterhin, wenn er wirklich Unterstützung darreicht, die Nichtzahlung des Verdienstes in eine solche Casse den Armen vorgehalten wird. Wenn nun wirklich Not in dem, dem Besucher also genau bekannt gewordenen Kreise ist, so sucht er zuerst durch Verschaffung von Beschäftigung und dann durch Heranziehung der Verwandten zu helfen. Reicht dies nicht aus, so stellt er unter den Armen seines ganzen Bezirks eine Sammlung an. Bei der ersten solchen Collecte muß er oft den Einwand hören: Ja, wir haben selbst nichts! Hierauf erwidert er, daß ihm auch die allerkleinsten Gaben willkommen sein würden; und er bringt durch die große Menge derselben in der Regel dennoch die nötige Summe auf. Bei dieser Art der Sammlungen entsteht der doppelte Vorteil: erstlich, es wird das Edelste und Beste, was Gott den Menschen gibt, die Liebe, oft in Gemütern erweckt, welche durch ihre elende Lage, ihre weltlichen Sorgen oft nur wenig über den Tieren stehen; sodann wird der Gebrauch der Gabe unter die schärfste, nur denkbare Controle gestellt, denn jede schlechte Anwendung wird von allen Nachbarn sogleich bemerkt und angezeigt. Ist nun aber durch weit verbreitete Arbeitslosigkeit, durch epidemische Krankheiten, durch außerordentliches Zusammendrängen der Armen in einer Stadtgegend das Elend so groß, daß die beschriebene Hülfe unzureichend sich erweist, so ist für solche Fälle, die aber dann erst anzunehmen sind, wenn alle übrigen Mittel erschöpft sind, ein Armenfond zu bilden, welche von dem Collegium der Diaconen (deacons court) unter Aufsicht des Geistlichen verwaltet wird und der aus Sammlungen an den Kirchtüren entsteht. Diese Armenverwaltung ist offenbar die wohlfeilste von allen, denn bei weitem den meisten Teil der Not lindern die Armen sich untereinander, und auch was sonst nötig ist, kommt an den Kirchtüren durch freiwillige Sammlungen ein. Überall, wo die Armenpfle-

Kranken-Ordnung
Verhaltungs-Regeln für die Kranken

1) Jeder in die Anstalt tretende Kranke erhält, wenn er es bedarf, die nötige Kleidung von der Anstalt und hat seine eigene Kleidung und die andern Gegenstände, welche er mitgebracht, der pflegenden Schwester gegen Quittung zu übergeben, welche sie verwahrt und ihm bei dem Austritt aus der Anstalt zurückgibt.

2) Das Zurückbehalten von Kleidungsstücken, von Geld und Gegenständen von Geldeswert ist untersagt; behält der Kranke aber demungeachtet dergleichen Dinge zurück und kommt ihm etwas davon abhanden, so hat derselbe nicht nur keinen Ersatz vom Krankenhaus zu fordern, sondern es wird nicht einmal von der Art des Abhandenkommens der bezeichneten Gegenstände die geringste Notiz genommen, wie der Anstalt auch aus der einzuleitenden Nachforschung keine Lasten erwachsen dürfen.

3) Ist der Kranke aufgenommen, so hat er sich in den vom Arzte bestimmten Krankensaal und, hier angekommen, an das von der Pflegerin ihm zugewiesene Bett zu begeben.

4) Der Kranke hat der Schwester und dem Krankenwärter sowie dem Arzte pünktlich und ohne Widerspruch zu gehorchen.

5) Der Kranke hat sich und seine Kleidung reinlich zu halten, auch das Bett zu schonen. Wenn er aufstehen darf, so muß er sein Bett soviel wie möglich in Ordnung bringen. Überhaupt hat er sich der Ordnung und Reinlichkeit in allen Stücken zu befleißigen. Er darf daher auch nicht im Zimmer, noch auf den Gängen auf den Boden spucken. Wo es nötig ist, sind Spucknäpfe hingestellt.

6) Das Tabakrauchen und das Tabakkauen ist den Kranken in der Anstalt nirgends erlaubt.

7) Ohne ärztliche Erlaubnis hat der Kranke das Bett und den Krankensaal nicht zu verlassen.

8) Ebensowenig darf ein Kranker länger im Bette liegen bleiben, als es der Arzt für notwendig findet, wie es ihm auch untersagt ist, sich außer dem ihm angewiesenen Bette in andere zu legen oder einzelne Stücke von diesen zu gebrauchen.

9) Kranke, welche das Bett verlassen dürfen und können, haben keinen Anspruch auf den Gebrauch von Leibschüsseln, sondern sie haben sich des Abtrittes oder der in den Krankensälen eigens zur Aufnahme der Nachtstühle eingerichteten Lokale zu bedienen.

10) In den Abtritten wie beim Gebrauche der Nachtstühle ist die größte Reinlichkeit zu beobachten, und sollte eine Verunreinigung derselben bemerkt werden, so hat der letzte, welcher den Abtritt oder den Nachtstuhl benutzte, ohne Widerrede denselben zu reinigen. – Bemerkt daher der Kranke beim Eintritte in den Abtritt oder in das für Aufnahme eines Nachtstuhles bestimmte Lokal eine Verunreinigung, so hat er dieses vor dem Gebrauche anzuzeigen, damit der Vorausgegangene zur Reinigung angehalten wird. Unterläßt dieses der betreffende Kranke, so hat er die Reinigung selbst vorzunehmen.

11) Jeder Kranke muß die vom Arzte verordnete Arznei gebrauchen und die von demselben bestimmten Nahrungsmittel und die bestimmte Portion sich gefallen lassen, ohne darüber zu murren. – Auch darf kein Kranker seine Speisen oder Getränke oder Medizin an andere Kranke ohne Erlaubnis der Schwester oder des Arztes geben oder vertauschen, sondern muß, was er nicht genießen kann, der Schwester zurückgeben.

12) Kein Kranker darf sich Speisen oder Getränke von außen bringen lassen, und wenn besuchende Verwandte oder andere ihm dergleichen bringen, so muß alles der Schwester übergeben werden, damit diese über das Genießen oder Nicht-Genießen bestimme. Auch darf kein Kranker für den andern heimlich Commissionen machen, sondern muß die Schwester um Erlaubnis fragen.

13) Ein Kranker darf sich weder in noch außer dem Bette anders als anständig betragen, wie er dies sich selbst und andern, besonders der dienenden Schwester, schuldig ist. Unehrbare oder zweideutige Gespräche sowie jedes schamlose Benehmen werden mit Entlassung bestraft. Sobald jemand das Bett verläßt, hat er seinen Schlafrock anzuziehen.

14) Dem Kranken ist es verboten, irgendeinen seiner Mitkranken oder sonst jemand verächtlich zu behandeln, ihnen, namentlich ihren Vorgesetzten, übel nachzureden sowie die Behandlung, die ärztliche sowohl als die sonstige, vor andern zu tadeln. Gegründete Klagen mögen sie der dienenden Schwester oder dem Arzte, und wenn sie ihre Klagen nicht berücksichtigt glauben, dem Vorstande der Anstalt mitteilen.

15) Jeder muß in der Anstalt sich still und ruhig betragen, was notwendig zu sprechen ist, ohne Geschrei und Lärm oder lautes Lachen sprechen, die Türen leise öffnen und schließen, die Treppen still hinauf und hinunter gehen, nicht während der Besuche des Arztes sich bei seinem Bette aufhalten, überhaupt jedes unnötige Geräusch vermeiden. Bei Nacht ist ohne Not gar nicht zu sprechen. Fluchen sowie alles leichtsinnige Reden und Spotten über Religion ist verboten, ebenso jeder Wortwechsel unter den Kranken, besonders über Religionssachen.

16) Wird auf einer Stube das heilige Abendmahl ausgeteilt oder sonst eine heilige Handlung verrichtet, so ist nicht nur alles eigenmächtige Sprechen verboten, sondern es hat auch jeder gebührenden Anstand zu beobachten.

17) Ohne Vorwissen der Schwester dürfen keine Bücher in die Krankenstuben gebracht werden. Schlechte oder unpassende Bücher, die gefunden werden, würde man wegnehmen. Kartenspiel und anderer unnützer Zeitvertreib ist verboten.

18) Wenn ein Kranker sich auf eine angenehme und nützliche Weise beschäftigen will, so wird die Schwester gern dazu Gelegenheit geben, soweit sein Gesundheitszustand es erlaubt. Die in der Genesung Begriffenen (Reconvalescenten), welche schon einige Dienste leisten oder etwas arbeiten können, haben solches nach Anleitung der Schwester zu tun.

19) Besuche von auswärtigen Verwandten oder Freunden der Kranken müssen so kurz als möglich sein, dürfen auch in der Regel nur zu den festgesetzten Stunden geschehen und die Ruhe der Kranken nicht stören. Die Besuchenden haben sich daher zu entfernen, sobald der Schwester es angemessen findet. Kein Fremder darf ohne Begleitung der Schwester in eine Krankenstube treten.

20) Alles Zuwiderhandeln gegen die vorstehenden Regeln, wenn es mutwillig und wiederholt geschieht, ist von den Schwestern dem Vorstande der Anstalt anzuzeigen. Die Schwestern nehmen von dem Kranken oder dessen Verwandten oder Freunden keine Belohnung für ihre Dienste, ebenso ist es den Wärtern verboten; man darf sie daher nicht mit solchen Anerbietungen belästigen.

21) Wird der Kranke aus dem Krankenhause entlassen, so erhält er die bei dem Eintritte ins Krankenhaus zur Aufbewahrung übergebenen Effecten zurück und zugleich einen Entlassungsschein, womit er sich nach dem Büreau begibt. Der Beamte vermerkt den Tag der Entlassung in seinen Büchern, behält diesen Schein zurück und stellt dem Abgehenden einen andern Schein aus, den derselbe der Pförtnerin vorzeigt, woraufhin ihn diese durch das Haupttor entläßt.

22) Derjenige Kranke, welcher gegen Bezahlung im Krankenhause sich befindet, hat vor jenem, der unentgeltlich verpflegt wird, in Beziehung auf vorstehende die Hausordnung normirende Bestimmungen kein Vorrecht.

Diakonissen-Haus Bethanien zu Berlin im Jahre 1847

ger mit dem Sammeln fleißig und sorgfältig, mit dem Geben sparsam und vorsichtig sind, befinden sich die Armen am besten, während nichts so sehr die Armut erzeugt als unvorsichtiges Almosengeben. Diese Armenpflege ist aber auch die am wenigsten Zeit raubende, denn eine langjährige Erfahrung hat erwiesen, daß die Armenpfleger, wenn sie in dem ersten Monat ihrer Tätigkeit eine genaue Kenntnis ihres Bezirks sich erworben hatten, nicht mehr als m o n a t l i c h d r e i S t u n d e n auf Besuche zu verwenden brauchten. –

Die Vorteile des Chalmerschen Systems gegenüber dem in Berlin praktizierten kommunalen Armenwesen für Stadt, Staat und Kirche liegen auf der Hand. Die kommunale Unterstützung wird, wie die Erfahrung zeigt, von den Armen immer mehr als ein ihnen zustehendes Recht aufgefaßt, die Verwendung der Almosen wird nicht kontrolliert. Demgegenüber bietet sich dem Diakon die Möglichkeit, mit einem eindeutigen Auftrag in die Familien der Armen einzudringen, was den Predigern des Voigtlands bisher nur selten gelungen ist, und seine Belehrungs- und Bekehrungsversuche auf einem offenen Abhängigkeitsverhältnis aufzubauen. Die Unterstützungswürdigkeit einer Familie hängt davon ab, ob ihr Lebenswandel dem Diakon sittlich erscheint, die Unterstützungen selbst fallen nicht mehr der Kommune zur Last, sondern werden von den Verwandten des Hilfsbedürftigen oder durch Sammlungen unter den Armen selbst aufgebracht. So kann das Armenwesen zum Disziplinierungsmittel und zum ideologischen Vehikel in Hallerschem Sinne werden.

→L 55 Unter dem **7.12.1842** notiert Leopold v. Gerlach in seinen „Denkwürdigkeiten": *Vorgestern war ich mit meinem Bruder Otto zur Tafel nach Charlottenburg befohlen. Nach der Tafel wurden wir beide in S.M. Cabinet gerufen. Hauptgegenstand des Gesprächs war die Einführung des Diakonats und der Diakonissen. Die Kirche und sie allein sollte alles tun, namentlich die Einführung des Diakonats vollbringen. Otto erwiderte, alles Große in der Kirche sei von einzelnen Bestrebungen ausgegangen, namentlich die Mönchsorden u.s.w. Zuletzt kam das Gespräch auf den Schwanenorden.*

Drei Wochen später überrascht der König seine Frau Elisabeth mit einer Kette, die er für 12.000 Thaler hat anfertigen lassen, und die Öffentlichkeit mit einem „Patent", d.h. einer öffentlichen Erklärung, worin die Erneuerung des „Schwanenordens" angekündigt wird. Mit diesem Orden, der in
→L 56 dem Patent als *Vereinigung von Männern und Frauen ohne Ansehen des Standes und Bekenntnisses, welche entschlossen sind, die christliche Wahrheit durch die Tat zu bekennen,* hofft Friedrich Wilhelm, einen organisatorischen Träger des Gedankens der Diakonie ins Leben zu rufen. Weiterhin
→L 57 heißt es zu den ersten Schritten, die zu unternehmen seien: *Wir haben die Anfertigung neuer Statuten und die Bildung eines leitenden Ordensrates befohlen, dessen Gliederung in Abteilungen zur Leitung der verschiedenen Tätigkeiten der Gesellschaft demnächst erfolgen soll. Unsere nächste Sorge für die praktische Wirksamkeit der Gesellschaft des Schwanenordens soll die Stiftung eines evangelischen Mutterhauses in Berlin für die Krankenpflege in großen Spitälern sein.*

Diese Idee der Gründung einer evangelischen Ausbildungsstätte für Krankenpflegerinnen und somit der Wiedereinführung der christlichen Krankenpflege in Preußen hat bereits der Kabinettsorder vom **23.2.1842** an Minister Eichhorn zugrunde gelegen, in der ein entsprechendes Gutachten, ein „Pro memoria", gefordert wird, das am **4.2.1843** vorliegt. Der
→L 58 König erklärt sich mit den Vorschlägen soweit einverstanden, *betont jedoch, daß die Anstalt eine eigene Kirche, einen eigenen Seelsorger und täglichen Gottesdienst erhalten müsse.* Zur konkreten Ausführung des Plans wird eine vierköpfige Kommission eingesetzt, der neben dem Gutachter Snethlage auch wieder Otto v. Gerlach angehört.

Im **März 1843** findet in Berlin eine Audienz des Königs mit dem Pastor Theodor Fliedner, dem Gründer der ersten deutschen „Diakonissen-Anstalt" in Kaiserswerth, statt, dessen Anstalt, eine Ausbildungsstätte für evangelische Krankenschwestern, verbunden mit einer Heilanstalt für 80 Kranke, Friedrich Wilhelm **1839** selbst besucht und seit **1840** aus staatlichen Mitteln unterstützt hat. Hauptgegenstand der Unterredung ist die Aufforderung an Fliedner, an der Gründung einer ähnlichen Anstalt in Berlin mitzuwirken.

Die eingesetzte Kommission sucht währenddessen nach geeigneten Bauplätzen, beziehungsweise nach einem geeigneten Gebäude, was entsprechend zu nutzen sei, wobei Otto v. Gerlach die neue Anstalt am liebsten

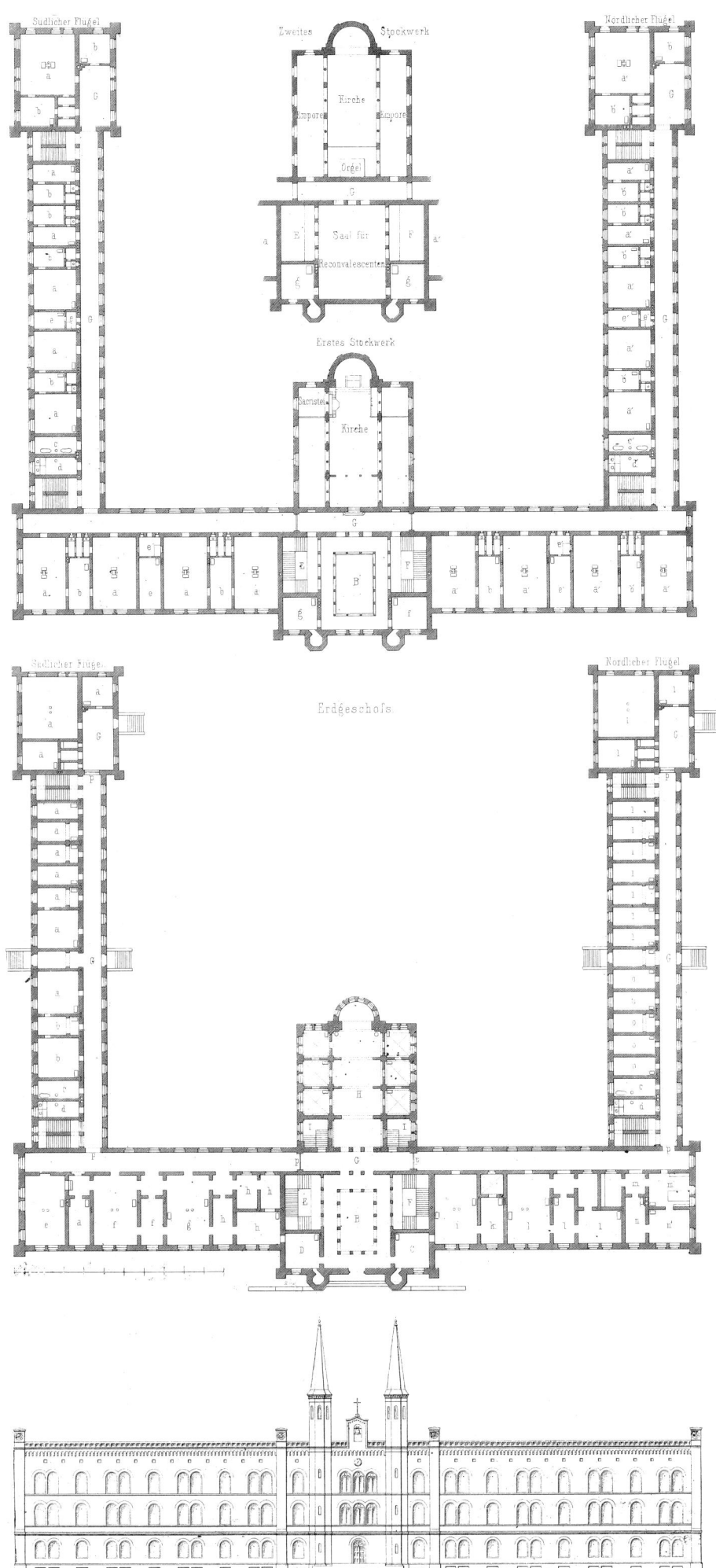

a. *Säle u. Zimmer für weibliche Kranke*
b. *Zimmer der Pflegerinnen*
c. *Badezimmer*
d. *Abtritt*
e. *Wärmeküchen*
f. *Für chirurgische Instrumente, Bandagen etc.*
g. *Reconvalescentenzimmer*
a'. *Säle u. Zimmer für männliche Kranke*
b'. *Zimmer der Wärter*
c'. *Badezimmer*
d'. *Abtritt*
e'. *Wärmeküche*

B. *Eintrittshalle*
C. *Annahmezimmer*
D. *Zimmer der Pförtnerin*
E. *Treppe für die weiblichen Kranken*
F. *Treppe für die männlichen Kranken*
G. *Corridore*
H. *Halle für Reconvalescenten*
I. *Treppen*

a. *Zimmer der Pflegerinnen*
b. *Schulzimmer*
c. *Badezimmer*
d. *Abtritt*
e. *Speisesaal der Pflegerinnen*
f. *Leinen-Magazin etc.*
g. *Conferenzsaal*
h. *Wohnung der Oberin*
i. *Bureau*
k. *Casse*
l. *Reservezimmer*
m. *Apotheke*
n. *Wohnung des Apothekers*
o. *Wohnung des Verwalters, Maschinenmeisters*
p. *Glaswände*

←B 44 Grundrisse und Ansicht der Krankenanstalt Bethanien 1844–1847

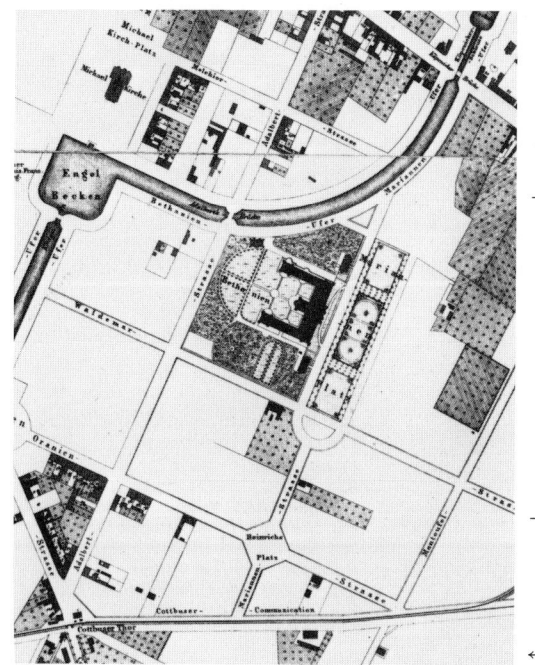

im Voigtland gesehen hätte. Am **3.11.1843** entscheidet sich der König für einen Neubau, und zwar auf dem Köpenicker Feld. Die nun eingesetzte Baukommission steht unter der Leitung des Oberhofbaurats Persius, dessen erstem Bauplan eine Denkschrift Fliedners zugrunde liegt, in der die Aufgaben der geplanten Diakonissenanstalt eingehend entwickelt sind. Diese Denkschrift zeigt, daß es keineswegs bloß um die Planung eines Krankenhauses geht. Unter anderem heißt es darin: *Da für die Zukunft auch auf die Bildung von Kinder-, Armen- und Gefangenenpflegerinnen Rücksicht genommen werden soll, so wäre es sehr wichtig, Bauplätze zu reservieren, worauf späterhin eine Kleinkinderschule mit Raum für Probelehrerinnen, ein Waisenhaus für weibliche Waisen, welche zum Pflegedienst erzogen würden, und ein Asyl für entlassene weibliche Gefangene, die Lust zur Besserung haben, gebaut werden könnte.*

→L 59

Der von Persius angefertigte Plan wird von Fliedner abgelehnt. Er beauftragt statt dessen den Baumeister Borgius aus Düsseldorf mit einem völlig neuen Plan, der die Grundlage für den zweiten Versuch von Persius liefert, den Fliedner dem König im **Herbst 1844** zur Genehmigung vorlegt. Dieser Plan *war für Aufnahme von 500 Kranken berechnet. Hiernach sollte das Haus vier ins Quadrat gestellte Flügel erhalten; der eingeschlossene Raum sollte durch einen die Vorder- und Hinterfront verbindenden fünften Flügel, der die Kirche enthielte, in zwei gleiche Teile von 95 x 50 Fuß Größe geteilt werden. Es wäre, bei aller Großartigkeit der Dimensionen, doch ein vielfach dumpfer, lichtloser Bau geworden, der König bestimmte aber, möglichst alle Krankenräume so zu legen, daß sie von irgend einer Seite her Sonnenschein erhielten. Darauf war nun bei diesem Bauprojekt gar nicht Bedacht genommen. Man mußte also abermals einen neuen Plan aufstellen. Vor Erledigung der Sache trat P e r s i u s eine längere Reise nach Italien an. Er schlug einen seiner tüchtigsten Mitarbeiter, den Bauinspektor S t e i n , als seinen Vertreter vor. S t e i n hatte schon an der Bearbeitung des früheren Bauplans einen sehr wesentlichen Anteil, er war deshalb auch der rechte Mann für die endgültige Erledigung der Sache. P e r s i u s – übrigens bekanntlich auch der Erbauer der Friedenskirche in Potsdam – starb in seinem 41. Lebensjahre im Juli 1845, kurz nach seiner Rückkehr aus Rom, und die Weiterführung der Verhandlungen ging deshalb ganz in S t e i n s Hände, unter Leitung des Oberbaurats S t ü l e r , über. Durch S t e i n erfuhr das Bauprojekt noch einige wesentliche Abänderungen. Vor allem wurde auf den Rat des Geheimen Obermedizinalrats S c h ö n l e i n , dessen Gutachten man einholte, das geschlossene Viereck gestrichen. Auch reduzierte man dementsprechend die in Aussicht genommene Krankenziffer von 500 auf 350 und nahm von der Erbauung der geplanten Nebenanstalten wenigstens vorläufig Abstand. Für den Fall des Bedürfnisses faßte man die Verlängerung der beiden Seitenflügel ins Auge. Auch die beiden Türme neben der Kirche wurden gestrichen. In diesem Sinne wurde der Bauplan im Frühjahr 1845 fertiggestellt und am 7. März genehmigt. Der Anschlag lautete auf 490 000 Thaler einschließlich der Kosten für die innere Einrichtung. Wie genau der König sich auch um die Einzelheiten bekümmerte, ersieht man daraus, daß er noch am*

→L 60

←B 45

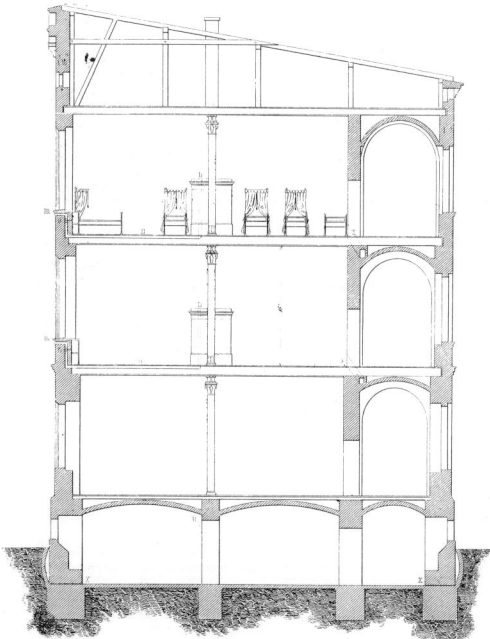

←B 46

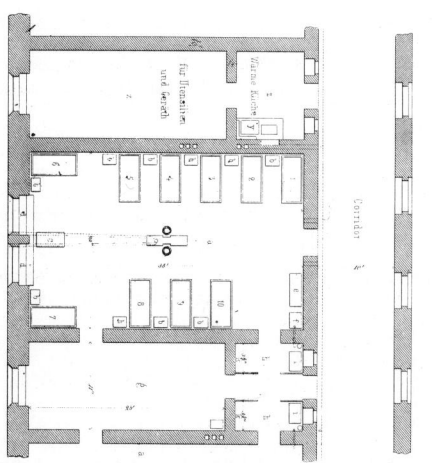

Hauptflügel, Schnitt und Grundriß

←B 47
→B 48 Krankensaal im Bethanien, 1847

Die Krankenanstalt Bethanien nach einer Zeichnung von L. Rohbock, um 1855

←B 49

2. Mai bestimmte, die beiden Türme sollten doch gebaut, jedoch vor das Hauptportal gelegt werden, um dadurch schon in der Vorderfassade zu zeigen, daß die Kirche den Mittelpunkt des ganzen Hauses bilde. So schreibt Stüler, der die Türme nach den Angaben des Königs gezeichnet hat, dem General von Thile.

Als Standort wird ein Gelände zwischen dem durch das Köpenicker Feld geführten Landwehrkanal und dem von Lenné schon **1841** projektierten späteren Mariannenplatz gewählt. Die Grundsteinlegung findet am **23.7. 1845** statt, am **10.10.1847** erfolgt die Übergabe des Gebäudes an die zukünftige Oberin Marianne von Rantzau, die Wichern und Fliedner einhellig empfohlen haben, am gleichen Tag erfolgt die Namensgebung durch den König: „Bethanien" gefällt ihm besser als „Salem". Die Anstalt steht bis etwa in die 60er Jahre noch auf freiem Feld. Der Mariannenplatz wird erst **1853** von Lenné angelegt.

12.2.3 Die Wohnungsreform für die „kleinen Leute"

1847 referiert Johann Hinrich Wichern in einem Artikel für die von ihm herausgegebenen „Fliegenden Blätter aus dem Rauhen Hause" die Pläne und Projekte zur Wohnungsreform in London, Brüssel und Berlin, überschrieben: „Bausachen zur Hebung und Förderung des sittlichen Lebens . . ." In wenigen Sätzen formuliert er den Zusammenhang, der zwischen den bisher behandelten Reformen des Gefängnis- und Armenwesens und der des Wohnungswesens aus der Sicht der Inneren Mission besteht. Wichern gewinnt diese Erkenntnis aus seinen Erfahrungen in den Gängevierteln Hamburgs, die er schon **1832** durch Hausbesuche im Zusammenhang mit der Sonntagsschule, wo er als Lehrer tätig war, sehr genau kennengelernt hat.

←L 62

In diesen Kloaken der großen Städte stagniert der Sumpf derjenigen Schicht der bürgerlichen Gesellschaft, welche bereits angefangen, in sittliche Fäulnis und Verwesung überzugehen. Schreiber dieses suchte neulich Arme in Hamburg auf. Sein Weg führte ihn in eine enge Durchpassage mit hohen Häusern zu beiden Seiten, links und rechts Wohnung über Wohnung und wieder Wohnung in der andern, fast alle eng neben- und ineinander geschachtelt. Ihm sind die innern Zustände der so logierten Familien, als teilweise von aller auch nur bürgerlich gerechten Basis entrückt, nur zu bekannt. Die scheußlichste Pestluft aus den Gossen erfüllt zuzeiten die enge Straße, in welcher die Bewohner einander in die Fenster sehen. Unter manchen dieser Häuser sind wieder Eingänge in neue Labyrinthe. Nur gebückt ist das Innere dieser zweiten Höfe zu erreichen. Als ich in einen dieser Gänge eingetreten war, waren links und rechts Fenster und Türen geöffnet, Lärmen, Schelten und Zuschauer und Zuhörer für bei-

←L 63

Karl Gutzkows Beschreibung der Diakonissenanstalt „Bethanien":

→L 61   In seinem Roman „Die Diakonissin", in dem Gutzkow **1855** anhand des Lebenswegs einer jungen Frau, die sich als Diakonissin ausbilden läßt und im Krankenhaus „Friedenthal" arbeitet, die Muffigkeit und Kümmerlichkeit des Lebens der Diakonissinnen beschreibt, findet sich diese Beschreibung des „Friedenthals", in der man unschwer das „Bethanien" wiedererkennt, die Constanze, die Heldin des Romans, nach ihrem ersten Besuch in dieser Anstalt aufschreibt.

Denken Sie sich ein riesiges Gebäude, das in einer entlegenen Gegend der Stadt aufgeführt worden ist. Schon der Weg zu diesem stillen Asyl der Leiden weckt die ernstesten Betrachtungen. Er führt nicht durch die Straßen, in welchen sich die Prachtbauten der Regierung und Wohnungen der Reichen aneinanderreihen, sondern durch die Wohnungen der Armen, durch Gärten und Felder, über denen schon die Lerche sich in glücklichem Morgenjubel erhebt. Ein abgelenkter Arm des Flusses, an dem die Stadt gelegen ist, zieht sich traurig und melancholisch an dem Gebäude vorüber, das uns schon in den Verzierungen seiner Fronte als ein zur Sammlung des Gemüts auffordernder heiliger Ort erscheinen will. Doch bemitleidete ich die Kranken, deren erster Gruß ihnen hier nur von jenen Emblemen der Religion geboten wird, die uns mehr auf den Tod als auf die Wiedergenesung vorbereiten.

Eine Vorhalle nimmt uns auf. Sie ist einem griechischen Vestibül nicht unähnlich. Ihr gegenüber liegt eine Kirche. Die ist nur klein, aber freundlich genug, um von dem Kranken, den ein verdeckter Korb in die Anstalt trägt, beim zufälligen Aufblick einen Raum erkennen zu lassen, in dem sich's in Gemeinschaft mit andern dem Himmel danken läßt, wenn dieser Genesung und Rückkehr zum Leben verhängt.

Die drei Flanken des Gebäudes sind außerordentlich groß und in ihren lichthellen Corridoren mit Luxus angelegt. Glücklich jeder Kranke, dem nicht das Los zu Teil wurde, unter einem düstern Dache in einem engen Kämmerchen gewartet und gepflegt zu werden. Eine Anzahl junger Mädchen in der Ihnen bekannten Tracht kam bereits aus dem Eßsaale, wo man unter Gebet und Gesang sich in früher Stunde schon zum ferneren Tagewerk durch das Mittagsmahl gestärkt hatte. Der Gedanke, mit ihnen wirken zu sollen, ihnen mich anschließen zu dürfen als eine Schwester im gleichen Berufe, erschütterte mich. Ich bewunderte zwei junge Mädchen, die in die Apotheke gingen. Ihnen ist die Bereitung der Medikamente anvertraut. Sie hatten etwas Sicheres und Überlegenes. Ich empfand Hochachtung vor unserem Geschlecht, das im Stande sein kann, auch in der Wissenschaft mit dem Manne um die Palme zu ringen. Ich kann nicht sagen, wie mich die ruhige, fast stolze Art dieser beiden jungen Mädchen gehoben hat.

Johann Heinrich Wichern, Organisator der Inneren Mission, geb. **21.4.1808** in Hamburg, gest. **7.4.1881** daselbst. Theologiestudium in Göttingen und Berlin, dort Kontakt mit Neander, dem Prediger Johannes Goßner, dem Gefängnistheoretiker Julius und dem Philanthropen Baron v. Kottwitz, **1831** Privatlehrer in Hamburg, gemeinsam mit Syndikus Sieveking Mitbegründer der Erziehungsanstalt im sogenannten Rauhen Hause zu Horn, die er bald zu einer Ausbildungsanstalt für „Brüder" zur „Inneren Mission unter den deutschen Protestanten" erweitert; wird in den vierziger Jahren enger Berater der Regierung in Berlin, führt **1852–53** im Auftrag der Regierung drei große Reisen zur Besichtigung der Gefängnisse durch, wird **1854– 56** mit der Reorganisation des Zellengefängnisses in Moabit betraut, **1857** Berufung in den Staatsdienst als Oberkonsistorialrat im Oberkirchenrate und gleichzeitig als vortragender Rat für Gefängniswesen im Ministerium des Innern, in Berlin Gründung des „Johannisstifts" als Ableger des Rauhen Hauses, organisiert die „Felddiakonie" für die mobilen Truppen während der Kriege **1864, 1866** und **1870/71**; scheidet **1873** aus dem Staatsdienst.

des, Alte und Kinder, Dirnen und Jungen bildeten die Bevölkerung zwischen den zusammengehenden Mauern. Wieder links ab war eine noch engere von Wohnungen gebildete Linie; der Atem wurde von der Stickluft, die sich an dieser Stelle entwickelt hatte, gehemmt; hier wohnte rechts die gesuchte Familie in einer förmlichen Höhle; im untern Teile der elenden Baracke war fast im Finstern ein zusammengelaufenes Paar einquartiert, eine Art Hühnertreppe führte nach oben, wo wieder zwei bis drei voneinander unabhängige Partien ihr Obdach hatten; alles strotzte von Schmutz aller Art an Wänden, Fenstern, Fußböden; 5 Kinder und 3 Weiber und ein kaum herangewachsener Bube mit seiner Dirne aßen und tranken hier durcheinander. Frechheit, Verzweiflung und völliger Stumpfsinn warfen dunkle Schatten auf die Gesichtszüge der Versammelten, um das Bild des leiblichen und sittlichen Elends, das hier hauste, zu vollenden. – Die erst der Neuzeit abgewonnene Überzeugung, daß für Gefängnisse, Arbeitsanstalten, Krankenhäuser und ähnliche Institute die lokalen Einrichtungen eine wesentliche Mitbedingung sind, um den Boden für höhere Einwirkung zu gewinnen, muß beim Eintritt in solche Spelunken sich dahin erweitern, daß auch für die Armen und Unbemittelten eine Umwandlung der Wohnungsverhältnisse notwendig ist, sei es zum Schutz der besseren Familien, welche mitten zwischen dem Proletariat zu wohnen genötigt sind, oder sei es zur Trennung der Proletarierfamilien selbst, wo unablässig die eine die andere um so tiefer in den Strudel des sittlichen Verderbens hinabzieht, je näher die Opfer der Trunksucht, Unzucht, Völlerei und aller Gott- und Sittenlosigkeit sich in diesen Gräbern der Lebendigen berühren. Wie eng auf diesem Punkt leibliche, geistige und sittliche Gesundheit oder Verderbnis Hand in Hand gehen, soll hier nicht weiter ausgeführt werden, bedarf auch keines weitern Beweises. Man erinnere sich nur der aus diesen Familien hervorgegangenen Kinder, nicht bloß der Skrofeln, sondern auch des in diesen Kreisen damit so oft zusammenhängenden totalen Stumpfsinns und viehischen Naturzustandes dieser Jugend, oder an die durch solches Zusammenwohnen mit verursachte oder doch geförderte Auflösung aller Familienverhältnisse in Unordnung, Schmutz, Zank und Streit und der dumpfen Gewöhnung, in solchem Zustande zu leben, und man wird zugestehen, daß hier eine materielle Aufgabe zu lösen übrig bleibt, die unmittelbar mit der Lösung sittlicher und christlicher Aufgaben zusammenfällt.

Die folgende Untersuchung befaßt sich mit der im Vormärz einsetzenden Diskussion um eine preußische Wohnungsreform im Rahmen des „christlichen Staates", mit den hierbei entwickelten Konzepten und schließlich mit der Gründung und Bautätigkeit der „Berliner gemeinnützigen Baugesellschaft". Die Diskussion um die „Wohnungsfrage" wird bestimmt durch die sich verschärfenden sozialen Gegensätze in den großen europäischen Städten, durch die ersten Klassenauseinandersetzungen zwischen Proletariat und Bourgeoisie und den besonderen Erfahrungen und theoretischen Arbeiten einzelner Personen. Zudem wird diese Diskussion noch durch unvorhersehbare Katastrophen vorangetrieben. Sieht man sich die einzelnen Momente genauer an, so sind es
1. die Entwicklung der großen Städte, in denen die proletarischen Wohnverhältnisse unübersehbar werden: London, Manchester etc., Brüssel, Hamburg, Berlin;
2. die ersten proletarischen Aufstände der Chartisten in England 1842 oder die Weberaufstände in Schlesien im Juni 1844, die blutig niedergeschlagen werden;
3. der große Brand von Hamburg im **Mai 1842**, der von einem Tag auf den andern eine große Wohnungsnot auslöst;
4. Personen wie Wichern oder Sieveking, die nach dem Brand das Konzept einer Wohnanstalt, den sog. „Bürgerhof", entwickeln, Bettina v. Arnim, Wilhelm Wolff und vor allem Friedrich Engels, deren Berichte über die sozialen Verhältnisse des Proletariats die politische Notwendigkeit der Lösung der Wohnungsfrage weiten, auch konservativen Kreisen deutlich machen, oder Victor Aimé Huber, der sich zur gleichen Zeit wie Engels in den englischen Industriezentren umsieht und anschließend ein theoretisches Konzept für die konservative Lösung der Wohnungsfrage in Anlehnung an die Innere Mission als sogenannte „Innere Colonisation" entwickelt.
Diese ab **1843** einsetzende Diskussion ist wichtig zum Verständnis der ab **1849** in Berlin durch die „Berliner gemeinnützige Wohnungsbaugesell-

schaft" praktisch begonnenen Wohnungsreform. Trotz äußerer Erfolglosigkeit und des unbedeutenden Umfangs der Bautätigkeit wirken sich die vorgestellten Grundrisse und die Organisationsformen der Häuser und Wohnungen entscheidend auf den kommenden Berliner Mietshausbau aus.

Die Familienhäuser sind in der gesamten Diskussion über die Wohnungsfrage das von allen gekannte negative Vorbild, zu dem Gegenbilder entwickelt werden.

Der Bürgerhof in Hamburg

Vom **5.–8.5.1842** brennt in Hamburg ein großer Teil der Innenstadt ab. Es werden 1100 Wohnhäuser und 102 Speicher vernichtet, 20 000 Menschen, ein Achtel der Gesamtbevölkerung, werden obdachlos. Sofort nach dem Brand wird eine „technische Kommission" gebildet, die die Rats-

Die Budenstadt nach dem Hamburger Brand auf dem Johannisplatz (dem heutigen ←B 50 Rathausmarkt), 1842–1846

und Bürgerdeputation beim Wiederaufbau beraten soll. Der mittelalterliche Stadtgrundriß wird ersetzt durch einen modernen bürgerlichen Stadtplan mit dem Mittelpunkt Rathaus und Börse. Dabei machen umfangreiche Enteignungen auf dem Gebiet der ehemals dicht bewohnten Altstadt die Bereitstellung von Gelände für neue Wohnbauten am Rande der Stadt notwendig. Nach der Linderung der unmittelbaren Not durch provisorische Maßnahmen und unterstützt durch ein großes internationales Spendenaufkommen werden grundsätzliche Überlegungen besonders im Kreis um den Stadtsyndikus Sieveking angestellt. Es wird ein Wohnungsverein gegründet und an einem Konzept für Familienwohnungen für „die arbeitende Bevölkerung" gearbeitet. Im Privatarchiv der Familie Sieveking befindet sich, datiert auf den **1.2.1844**, die Beschreibung einer vom Wohnungsverein entworfenen idealen Wohnanlage, die sowohl auf städtische wie auf ländliche oder vorstädtische Verhältnisse angewandt werden kann. Die Wohnanlage hat eindeutig den Charakter einer A n s t a l t und wird als „Bürgerhof" bezeichnet:

1. Zu dem Zweck, die Familienwohnungen der arbeitenden Bevölkerung ←A 5
für einen möglichst ermäßigten Preis geräumig, gesund und bequem einzurichten, bildet sich unter der Leitung eines von den Stiftern zu ernennenden beständigen Bevollmächtigten ein Wohnungsverein von 12 Mitgliedern.
2. Jede, völlig von allen in demselben Gebäude damit vereinigten abgeschlossene Wohnung erhält eine helle Küche, von dem Vorplatz getrennt, ein größeres heizbares Zimmer, zwei Schlafkammern, den erforderlichen Kellerraum, einen Bodenverschlag und ein verschließbares, mit einem Abfluß in Verbindung stehendes Closet.
3. Sieben solcher Wohnungen bilden einen Wochenkreis, vier Wochenkreise eine Altermannschaft, davon sechs in dem Hintergebäude, drei in jedem der beiden Flügel des Bürgerhofs verteilt sind.
4. Das Vordergebäude zerfällt in sieben Abteilungen, wovon die mittlere für den Haupteingang nebst zwei daranstoßenden, einen Entresol begreifenden Logen für den Pförtner und den Hofknecht bestimmt ist.
5. Das Kellergeschoß des Gebäudes wird teils für die allgemeinen Zwecke des Wohnungsvereins verwandt, teils abgesondert, den einzelnen Wohnungen zugewiesen. Das Erdgeschoß wird nach der Gasse zu Läden, gegen den

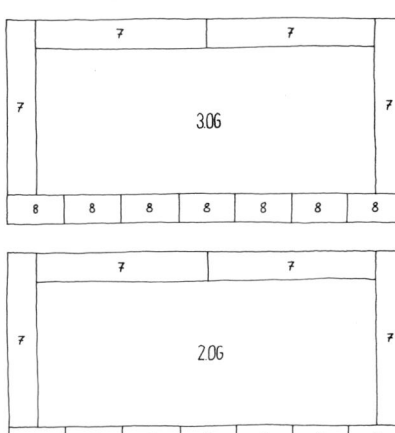

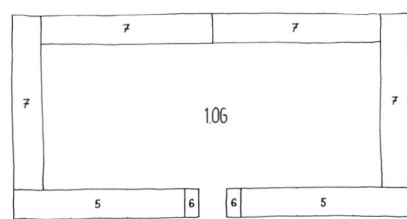

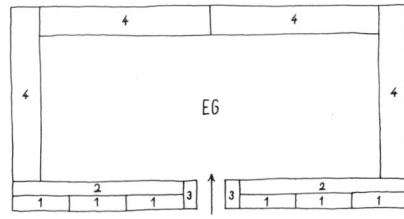

1 - LADEN
2 - SPEISEANSTALT / WASCHKÜCHEN
3 - HAUSKNECHT- / PFÖRTNERLOGE
4 - WERKSTÄTTEN
5 - ERSTER STOCK: WOHNUNG DES HAUSVERWALTERS U.DES BUCHFÜHRERS, RÄUME F.
     SCHULE, KRANKENPFLEGE, VERSAMMLUNGEN ...
6 - WOHNUNGEN DES PFÖRTNERS UND DES HAUSKNECHTS
7 - ALTERMANNSCHAFT [12 MIT JE 28 FAMILIENWOHNUNGEN]
8 - "DOPPELTE WOHNUNGEN"

Rekonstruktion des „Bürgerhofs". Der Hamburger
Staatssyndikus Karl Sieveking entwarf mit 12 angese-
henen Bürgern das Idealmodell einer Wohnanlage, den
„Bürgerhof", das allerdings nie verwirklicht wurde

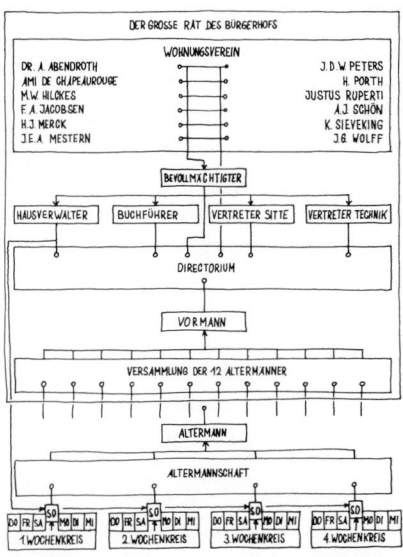

Das Organisationsschema des Bürgerhofs

Hof, in dem Hintergebäude und den Flügeln zu Werkstätten, in dem Vor-
dergebäude zu gemeinschaftlichen Anstalten des Bürgerhofs verwandt.
6. Als solche werden vorläufig eine, jede Haushaltung unentgeltlich mit
heißem Wasser versorgende Speiseanstalt, sowie die erforderliche Zahl von
Waschküchen bezeichnet.
7. Der städtische Bürgerhof enthält in den einen Hofraum umgebenden
Gebäuden über dem Erdgeschoß drei Stockwerke. In jedem Stockwerk
der beiden Flügel befindet sich eine, in jedem Stockwerk des Hintergebäu-
des befinden sich zwei Altermannschaften von vier Wochenkreisen, somit
von achtundzwanzig Wohnungen. Das Vordergebäude dagegen zerfällt in
sieben Abteilungen, deren jede in den beiden oberen, von dem Torweg
nicht durchschnittenen Stockwerken vier größere Wohnungen enthält.
Das erste Stockwerk, durch den Torweg geteilt, enthält die Wohnung des
Hausverwalters, des Buchführers sowie, zu größeren Versammlungen, zum
Schulwesen und zur Krankenpflege geeignete Räume.
8. Die geringere Kostbarkeit des Platzes gestattet, dem Bürgerhofe in der
Vorstadt oder im Weichbilde, statt der drei Stockwerke über dem Erd-
geschoß nur zwei zu geben, und dem geräumigeren Hofraum einen Bleich-
platz hinzuzufügen. In noch größerer Entfernung von der Stadt würde
das über dem Keller und Erdgeschoß nur einstöckige Gebäude, von Vorgär-
ten umgeben, Zwinger, Rasenplätze und Baumgänge umschließen.
9. Die Wohnungen werden nur an ordentliche Familien vermietet, welche
von der öffentlichen Armenanstalt keine Unterstützung erhalten. Die An-
nahme einer solchen, Lottospiel und Trunk sind Motive der Kündigung.
10. Die Bank des Bürgerhofs eröffnet jedem seiner Bewohner, sofern er es
wünscht, eine Rechnung, von welcher ein Contrabuch den Auszug enthält;
in dieser Rechnung wird er für eine möglichst billige, halbjährige Miete, für
Gaslicht, Wasser, Feuerung und Kartoffeln nach dem von der Verwaltung
bezahlten Preise debitirt, dagegen für seine Einzahlungen creditirt. Der
nach den Grundsätzen der Vorschußanstalt zu Darlehn an fleißige Haus-
väter des Bürgerhofs zu verwendende ersparte Überschuß wird nach den
Grundsätzen der Sparbank verzinst. Für die Reinhaltung der Eingänge,
Treppen und Corridors durch den Hofknecht unter Verantwortlichkeit des
Hausverwalters wird jedem Bewohner ein kleiner Beitrag berechnet. Die Be-
wohner der Bürgerhöfe außerhalb der Stadt werden für die Torsperre ent-
schädigt und mittelst eines Omnibus unentgeltlich zur Stadt befördert.
11. Die Wohnungen der einzelnen Familien eines Wochenkreises werden
durch die Wochentage bezeichnet. Derjenige Hausvater, welchem durch
die von dem Hausverwalter zu bestätigende Wahl des Wochenkreises der
Sonntag zufällt, wird für ein Jahr Vertreter seines Kreises.
12. Vier Vertreter von Wochenkreisen wählen einen Altermann, deren elf
mit dem durch den zwölften zu ergänzenden Directorium mit den nicht
zum Directorium gehörigen Mitgliedern des Wohnungsvereins den großen
Rat des Bürgerhofs bilden.
13. Das Directorium besteht aus dem beständigen Bevollmächtigten der
Stifter, einem jährlich wechselnden Mitglied des Wohnungsvereins, einem
monatlich wechselnden Vormann der zwölf Altermannschaften, dem
Hausverwalter, dem Buchführer und zwei zur Vertretung sittlicher oder
technischer Interessen von dem Bevollmächtigten zugezogenen Personen.
14. Nach einem rohen, nicht geschmeichelten Überschlag läßt sich folgen-
des Budget entwerfen.

Kosten eines Platzes auf der
Brandstätte 100.000 Quadratfuß à
2 1/2 Courant/Fuß

Bauplatz	*250.000 Courant*
336 Wohnungen à 1.000 Courant	*336.000 Courant*
28 doppelte Wohnungen	*56.000 Courant*
2 halbe Wohnungen des Pförtners	
und Hofknechts à 500 Courant	*1.000 Courant*
	643.000 Courant

Transport:

366 Wohnungen	*643.000 Courant*
Vordergebäude	*107.000 Courant*
Baukosten zusammen	*750.000 Courant*

Miete von

336 Wohnungen à 100 Courant	*33.600 Courant*
28 W. à 200 Courant	*5.600 Courant*
2 W. à 50 Courant	*100 Courant*
	39.300 Courant
Böden und Werkstätten	*10.700 Courant*
	50.000 Courant
Ab für Abgaben, Administrations-	
und Unterhaltungskosten 1/4	*12.500 Courant*
netto	*37.500 Courant*
circa 5 %	

*Die Annahme, sei es derselben Währung für Capitalauslage, jährliche Aus-
gabe, und Mietseinnahmen, sei es Banco oder Courantwährung für eine dieser Positionen, dürfte die Grenze der Verzinsung des Unternehmens zwischen 4 und 6 1/4 procent Gold von Gold bezeichnen.*
1. Febr. 1844   *Sieveking*

In diesem der Öffentlichkeit bis heute unbekannten Entwurf wird deutlich, daß das Anstaltsprinzip — Trennung, in diesem Falle, der Familien
voneinander, und Überwachung, d.h. kontrollierte Kontakte im ganzen —
auf die Wohnsphäre übertragen werden soll. Die Verwandtschaft zwischen
diesem Hamburger Konzept und dem Entwurf Stiers zu einer Armenstadt, ←S 231
vor allem, was ihre innere Organisation anbetrifft, ist auffällig. Der Entwurf Stiers ist von uns auf **Mitte 1843** datiert, und da Kontakte zwischen
Sieveking und Bettina v. Arnim aktenkundig sind, besteht zumindest die
Möglichkeit einer gegenseitigen Beeinflussung.

Da ein Plan zu dieser Ideenskizze fehlt und über das Erschließungssystem des blockartigen Gebäudekomplexes nichts ausgesagt ist, müssen
wir uns auf die Analyse der Wohnung beschränken. Alle Rekonstruktions-
versuche deuten auf eine Mittelgangerschließung, weil auf andere Art die
Grundeinheit der Altermannschaft mit 28 Wohnungen auf einem Geschoß
nicht möglich wäre.

Entscheidend ist die a b g e s c h l o s s e n e Wohnung mit innerer
Aufteilung, die das Prinzip der räumlichen Trennung der einzelnen Lebens-
vorgänge verfolgt und über einen sog. „Vorplatz" organisiert. Das zweite
wichtige Moment ist die Möglichkeit zur Vorratshaltung im Keller und im
zugeteilten Bodenverschlag. Das dritte ist die Ausstattung mit einem eigenen, abschließbaren Wasserklosett nach englischem Vorbild — eine Idee,
die im Zusammenhang mit der nach dem Brand in Hamburg durch Lindley
geplanten öffentlichen Entwässerung der Stadt zu sehen ist. Auch scheint
eine Versorgung der Wohnungen mit Gaslicht geplant gewesen zu sein.
An allgemeinen Einrichtungen sind Läden und Werkstätten vorgesehen,
an gemeinschaftlichen Einrichtungen Speiseanstalt, Waschküchen und
Räume für Versammlungen, Schule und Krankenpflege sowie eine Bank.
Die Speiseanstalt deutet auf das Vorbild von Robert Owen hin, mit dem
Sieveking auch in persönlichem Kontakt steht.

Abgeschlossene Familienwohnung mit belichteter Küche und Speiseanstalt widersprechen sich. Während die Gemeinschaftsküche bei Owen
ein Mittel zur Herstellung gemeinschaftlicher Lebensformen und bei Stier
in seinem Entwurf noch von der Armenversorgung durch Suppenküchen
hergeleitet ist, verschwindet sie in den späteren Projekten und wird entschieden abgelehnt, weil sie das Familienleben zerstöre.

Der Kreis um Sieveking beauftragt Wichern, mit dem der Syndikus über
das „Rauhe Haus" seit Jahren verbunden ist, ein Gutachten über die in
dem Bürgerhof zu verwirklichenden sittlichen Zwecke anzufertigen.
Wichern gibt dieses Gutachten, in dem er die Funktion der gemeinschaftlichen Einrichtungen bestimmt, am **16.2.1844** ab. Wir geben das Gutachten trotz seiner Länge vollständig wieder, da es die notwendige Ergänzung
zur architektonischen und organisatorischen Beschreibung darstellt. Das
Gutachten dokumentiert die weitere Verfeinerung des Instrumentariums
der ideologischen Beeinflussung durch die Kirche mit den Mitteln der Inneren Mission. Verglichen mit den geradezu plumpen Anfängen im Voigtland, also Erbauungsstunden, Krankenbesuchsvereinen und Kirchgang, die
alle ihr Ziel nicht erreicht haben, verschwindet hier alle vordergründige
christliche Symbolik, die, wie Wichern wohl realistisch einschätzt, nur auf
Ablehnung stoßen würde. Trotz äußerer Ähnlichkeit zu Owens System
zielt Wichern genau auf das entgegengesetzte Ergebnis: die räumlich sepa-

Robert Owens Plan und Beschreibung eines
"Village of Unity and Mutual Co-operation" (1817):

Auf der Abbildung ist im Vordergrund eine derartige Siedlung mit den notwendigen Nebengebäuden und einem entsprechenden Grundbesitz zu sehen. In angemessener Entfernung liegen Dörfer desselben Typus.

←L 64

→L 65

rierte, ideologisch kontrollierte Familie am eigenen Herd. Wichern empfiehlt in seinem Gutachten für den ursprünglich auf 366 Wohnungen geplanten *Familienkomplex zunächst, daß eine Zahl von nur 150 bis 200 Familien (also ca. 1600 Einwohner) genügen mögen,* um dann zur Hauptsache zu kommen.

←B 51

Johann Hinrich Wichern (16.2.1844): Der Bürgerhof in Beziehung auf die darin zu verwirklichenden sittlichen Zwecke

→L 66

. . . Was nun die sittlichen Tendenzen des Unternehmens betrifft, so müssen dieselben keineswegs zu stark in den Vordergrund treten. Es wird darauf ankommen, Formen der unverfänglichsten Art für die Belebung und Verwirklichung derselben aufzustellen. Das eigentlich Kirchliche als solches darf kaum genannt werden. An eine aus der christlichen Idee hervorgehende Organisierung der betreffenden Lebensverhältnisse ist ebensowenig zu denken, da die Annahme von der Existenz solcher zu organisierenden Elemente in der aufzunehmenden Bevölkerung im allgemeinen nur auf einer Selbsttäuschung beruhen konnte. Die betreffenden Einrichtungen können zunächst nur bezwecken, solche höhere Interessen zu wecken, und müssen dann so gestaltet sein, daß sie künftigen Gestaltungen des Geistes nicht hinderlich in den Weg treten.

In dem lebendigen Bewußtsein, daß bei tieferem Eingehen das Gesagte vielfach zu erweitern sein wird und sich noch andere Einrichtungen werden einleiten lassen, hebe ich hier nur Folgendes hervor:
I. Die Fürsorge für die Erziehung der Kinder.
II. Die Fürsorge für die unverheirateten Bewohner, welche zunächst nur aus materiellen Gründen und meistens nur sehr vorübergehend mit den Familien verbunden, aber doch in wesentlicher Beziehung zu dem Innern der Familie stehen – also für Gesellen, Lehrburschen und Dienstboten.
III. Fürsorge für Kranke.
IV. Fürsorge für geistige Bildung überhaupt und für Erholung der Bewohner des Bürgerhofs.

Durch diese vierfache Fürsorge müßte es möglich sein, in das Innere der Familien einzudringen und dem christlichen Leben einen Eingang zu verschaffen; – die Kinder und die Dienstboten, die Kranken und Schwachen – und das scheinbar ferner liegende geistige Bedürfnis der Familien selbst sollen den Weg zu dem innern Herd des Familienlebens bahnen.

I. Fürsorge für die Erziehung der Kinder

Der die Bürgerhöfe begründende Verein könnte hier eine große Aufgabe lösen in der Aufstellung einer Musterschule, wie vielleicht noch keine existiert. Ich will dabei keine Rücksicht auf ökonomische Schwierigkeiten nehmen, die sich heben lassen werden, wenn man nicht darauf aus ist, die Schwierigkeiten größer zu machen, als sie wirklich sind.

In geeigneten, von vornherein darauf eingerichteten, hellen, gesunden Schullokalen müßten sich im Bürgerhofe finden:
1. eine Spiel- oder Kleinkinderschule, lediglich für die Bewohner des Bürgerhofes. In ihr würde der Grund gelegt. Die Einrichtungen dieser Art Schulen sind bekannt und im Grunde sehr einfach. Es käme auf eine tüchtige Kindermutter an, die sich wohl finden lassen würde.
2. Eine eigentliche mittlere Bürgerschule, in welcher das rechte Gleichgewicht zwischen dem Wissen und dem Können der Kinder stets im Auge behalten würde. Es ist, so wird angenommen, eine richtige Voraussetzung, daß die meisten Familien ordentlich zünftige Handwerksfamilien sein würden oder doch solche, die diesem dem Stand und der Achtung nach gleich geschätzt werden können. Demgemäß muß an die Schule eine höhere Forderung gestellt werden als an die eigentliche Armenschule, die sich nur auf den Elementarunterricht zu beschränken hat – Lesen, Schreiben, Rechnen und Choral- und wenig anderer Gesang. – In der Schule des Bürgerhofes sollen keinerlei fremde Sprachen gelehrt werden, wohl aber sollen die Kinder dahin kommen, daß sie sich schriftlich richtig und verständlich auszudrücken wissen, da ihnen das als künftigen Handwerkern nötig und nützlich sein wird. Einige sog. gemeinnützige Kenntnisse dürften ihnen nicht vorenthalten werden. Wenn man sich an die gegenwärtigen im Handwerksstande aufsprießenden Tendenzen, z.B. des Kommunismus und anderer Aftergeburten der Zeit erinnert, so wird die Notwendigkeit der Darreichung gesunder geistiger Nahrung auch auf diesem allgemeineren Lebens-

←B 52

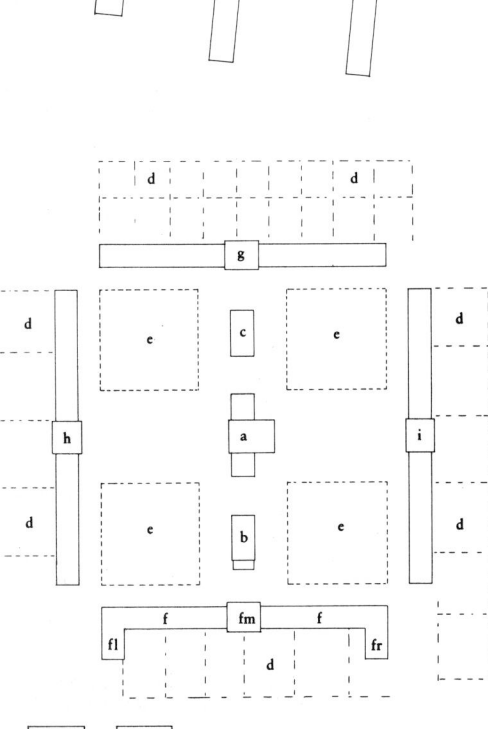

Die hier gezeigten quadratisch angeordneten Bauten (f, g, h, i) jeden Dorfes können ungefähr 1200 Personen beherbergen und sind von einem Terrain von 1000 bis 1500 'acres' umgeben. Innerhalb des Quadrates stehen die öffentlichen Gebäude (a, b, c), die es in mehrere Parallelogramme unterteilen.
Das Zentrale Gebäude (a) enthält die Gemeinschaftsküche und Speiseräume mit allem funktionalen und bequemen Zubehör.

gebiete um so ersichtlicher. Die Basis bleibt eine tüchtige Kenntnis der Schrift, und daran muß sich eine Kunde von der Fortbildung der christlichen Kirche als der höhern Gemeinschaft, der der künftige Abendmahlsgenosse angehört, schließen. Außer diesem ist die Musik und die Arbeit besonders hervorzuheben in dem Maße, daß die Schule des Bürgerhofes bestünde: in einer Schule im engern Sinne, in einer Musikschule – und in einer Arbeitsschule. Von der ersteren ist die Rede gewesen. Ich würde proponieren, dies Amt – aus noch anderen nachher zu nennenden Gründen – einem eigentlichen Theologen zu übertragen. – Derselbe müßte auch die Macht der Musik begriffen haben und verstehen, mit ihrem Zauber, ich möchte sagen, den Familien was anzutun. Die mehrstimmigen Chöre der Kinder des Bürgerhofes müßten durch die Werkstätten und Familienwohnungen dringen – und die Eltern zur Schule ziehen, der Schule den Weg ins Haus bahnen. Ja, es müßte sich durchführen lassen, ein erträglich Orchester aus den Kindern zu bilden und in diesem Zusammenklang der Töne den Eltern eine Ahnung aufgehen zu lassen von einem neuen Wesen, das ihnen selbst bis dahin größtenteils unbekannt geblieben. Man muß das Staunen und die Freude unserer umliegenden Dörfer bei Hamburg gesehen haben, wenn singende Kinderchöre bei ihnen einkehren, um zu glauben, daß in seelenvollen Tönen noch unbekannte Potenzen zur Neubelebung der Häuser verborgen liegen. Wie dies Element weiter zu verbrauchen, ergibt sich von selbst: die Kinder bringen das Evangelium und die von demselben geheiligten Lieder weltlicher Art singend in die Häuser und in die Herzen; von anderem soll ebenfalls nachher noch die Rede sein.

Die Industrieschule wäre das dritte Moment. Sollte es nicht ausführbar sein, daß förmliche Werkstätten für die Kinder angelegt würden, in denen sie unter kundiger Aufsicht ihren für jede Familie nicht geringen Anteil zu dem beitrügen, was zu ihrer eigenen Unterhaltung nötig wäre, Schuhe und Kleider machend, in Holz arbeitend etc.? Der Gewinn derjenigen Arbeiten, die nicht unmittelbar von ihnen selbst gebraucht würden, fiele in eine gemeinsame Kasse, die Schulkasse des Bürgerhofes, und würde irgendwie verwandt zum Besten der Eltern, die Schulkosten zu vermindern. Die Kinder müßten dann natürlich den größten Teil des Tages der Schule angehören, womit den meisten Eltern der größte Gefallen geschehen würde. – Zur Industrieschule gehörte noch eine Handwerkszeichnen- und Modellierschule – was nur angedeutet sein mag. An dem letztern Unterrichte würden auch die Lehrburschen der Meister teilnehmen.

An die Schule schlösse sich nun aber auch noch eine ganz andere Wirksamkeit, nämlich der Verkehr des ganz im Bürgerhofe wohnenden und in ihm einheimischen Schulmeisters und seiner Gehilfen mit den Eltern in bezug auf die ihm anvertrauten Kinder. Der Schulmeister mit seinen Gehilfen, der dieses Element auszubeuten verstünde, würde dadurch die vollständigste, speziellste Pflege des innern Lebens überkommen und die Seele der Familien im Bürgerhofe auf die natürlichste Weise werden. Es schadete nichts, wenn er die Sache so ansähe, daß er das Schulmeisteramt nur um dieser Beziehung zu den Eltern willen überkommen.

Von der Einführung eines gemeinsamen Gottesdienstes kann im Bürgerhofe nicht die Rede sein, überhaupt von keinen Gottesdiensten im eigentlichen Sinne des Wortes. Doch aber wäre die Frage, ob man nicht eine Kirche aus den Kindern herausbilden könnte: eine Schulkirche, oder eine Kinderkirche, an die sich nachher die Freiwilligen anschlössen, ohne den andern irgendwie einen Zwang anzutun oder ein anderes als ein heilsames Ärgernis zu geben. Es kommt da freilich alles auf den Mann, hier den Schulmeister, an, wie der die ihm gegebenen Fäden auszuspinnen und die Lebensbeziehungen des Bürgerhofes wie ebensoviele geistige Lebensfäden in das von ihm zu fertigende Gewebe hineinzuwirken weiß. In äußerer Beziehung könnte man ihm dadurch zu Hilfe kommen, daß man die Schule nicht – wie in den §§ steht – in das Vordergebäude verlegte. Das würde auch noch aus anderen Gründen zu widerraten sein; der Verkehr mit der Straße würde störend auf die Schule wirken. Die Schule und das Schullokal müßten das Zentrum des Bürgerhofes bilden; sie müßte da stehen, wohin die Jesuiten in ihren Kolonien die Kirchen, wohin Owen in seinen sozialen Bauten die Küchen stellte. Die Schule, soweit sie das kirchliche Element in sich trägt, müßte sich liturgisch gestalten. Eine der Idee entsprechende Schulagende führte in liturgischer Würde und anziehender Schönheit die Idee des Kirchenjahres durch; Weihnachten, Ostern, Pfingsten mit ihren festlichen Vorbereitungswochen durchdringen das Leben der Schulkinder, gestalten die täglichen Physiognomien der Schulgemeinde

Rechts davon steht ein Gebäude (b) mit der Kleinkinderschule im Erdgeschoß und einem Lese- und einem Kultraum (place of worship) im Obergeschoß.

Das links davon liegende Gebäude (c) ist die Schule für die größeren Kinder mit einem Versammlungsraum im Erdgeschoß und einer Bibliothek und Aufenthaltsräumen für die Erwachsenen im Obergeschoß.

Auf dem Freigelände innerhalb des Quadrates befinden sich Sportplätze und Erholungsanlagen (e), die man sich baumbestanden vorstellen muß.

Von den umgebenden Bauten sind drei Flügel (g, h, i) den Wohnungen – vor allem für Verheiratete – vorbehalten, von denen jede aus vier Räumen besteht.

Der vierte Flügel (f) enthält Schlafräume für die Kinder, die älter als drei Jahre sind oder aus Familien mit mehr als zwei Kindern stammen. In der Mitte dieses Flügels (fm = f-mitte) befinden sich die Wohnungen für das Aufsichtspersonal in den Schlafräumen. In den kurzen Außenflügeln dieses Traktes (fl = f-links, und fr = f-rechts) liegt in dem einen Flügel eine Krankenstation und im anderen eine Art Hotel zur Unterbringung von Besucher, Freunden oder Verwandten.

Die Wohnungen für die Oberaufseher, den Geistlichen, die Lehrer, den Wundarzt etc. liegen in der Mitte der Seitenflügel (i. g). Im dritten Flügel (h) sind die Lagerräume für alles im Dorf Notwendige untergebracht.

Hinter den Häusern, außerhalb des Quadrates, liegen von Straßen umgebene Gärten (d). An einer Seite schließen sich Kraftwerke und Produktionsstätten (j) an, die sowohl wie Ställe und Schlachthaus (k) von der Siedlung durch Baumpflanzungen getrennt sind. Auf der gegenüberliegenden Seite befinden sich die Wäscherei, die Bleiche (l) etc. und in einiger Entfernung die Landwirtschaftsgebäude mit Brauerei und Mühle (m) etc.

Rundherum breiten sich kultiviertes Land, Wiesen und Obstbaum bestandene Heckenreihen aus...

Der dargestellte Plan ist zur Unterbringung von 1200 Personen gedacht, Männer, Frauen und Kinder jeden Alters und Charakters, viele von ihnen ungebildet und mit den schlechtesten Gewohnheiten; ausgestattet mit den gewöhnlichen physischen und geistigen Fähigkeiten eines menschlichen Wesens...

Jede Wohnung des Siedlungsquadrates soll Raum für einen Mann, seiner Frau und zwei Kinder unter drei Jahren bieten. Der Komfort soll den der üblichen Unterkünfte der Armen bei weitem übertreffen.

Alle Kinder über drei Jahre sollen die Schule besuchen – der Unterricht wird entsprechend der bereits geschilderten Prinzipien abgehalten –, gemeinsam essen und gemeinsam schlafen. Die Eltern können selbstverständlich auch die Mahlzeiten mit den Kindern gemeinsam einnehmen und auch sonst mit ihnen zusammen sein.

Die älteren Kinder sollten dazu angehalten werden, ihrer Konstitution entsprechend, für einen Teil des Tages bei Garten- und Fabrikarbeit zu helfen. Alle Männer sollen in der Landwirtschaft und in der Fabrik arbeiten oder sind mit anderen für die Gemeinschaft nützlichen Arbeiten beschäftigt.

Friedrich Engels geht in seiner **1845** für das „Bürgerbuch" verfaßten „Beschreibung der in neuerer Zeit entstandenen und noch bestehenden kommunistischen Ansiedlungen" auf das unter Robert Owens Anleitung durchgeführte praktische Siedlungsexperiment, die Kolonie "Harmony" bei Hampshire ein.

→L 67

Aber nicht nur in Amerika, auch in England ist es versucht worden, die Gütergemeinschaft durchzuführen. Hier hat der menschenfreundliche Robert Owen seit dreißig Jahren diese Lehre gepredigt, sein ganzes großes Vermögen zugesetzt und sein Letztes hingegeben, um die jetzt bestehende Kolonie zu Harmony in Hampshire zu gründen. Nachdem er eine Gesellschaft zu diesem Zwecke gestiftet, hat diese ein Grundstück von 1200 Morgen angekauft und dort eine Gemeinschaft nach den Vorschlägen Owens errichtet. Sie zählt jetzt über hundert Mitglieder, die in einem großen Gebäude zusammenwohnen und bis jetzt hauptsächlich im Feldbau beschäftigt worden sind. Da sie gleich von vornherein als ein vollkommenes Muster der neuen Gesellschaftsordnung eingerichtet werden sollte, so war ein bedeutendes Kapital dazu nötig, und bis jetzt sind schon an zweimal hunderttausend Taler hineingesteckt worden. Ein Teil dieser Gelder wurde angeliehen und mußte von Zeit zu Zeit zurückgezahlt werden, so daß hieraus viele Schwierigkeiten entstanden und viele Anlagen wegen Mangel an Geld nicht vollendet und einträglich gemacht werden konnten. Und da die Mitglieder der Gemeinde nicht die alleinigen Eigentümer der Anlage waren, sondern von der Direktion der Gesellschaft der Sozialisten, welcher die Anlage gehört, regiert wurden, so entstanden auch hieraus hin und wieder Mißverständnisse und Unzufriedenheit. Aber trotz alledem geht die Sache ihren Gang voran, die Mitglieder vertragen sich untereinander, nach dem Zeugnisse aller Besucher, aufs beste, helfen sich gegenseitig voran, und bei allen Schwierigkeiten ist das Bestehen der Anlage jetzt doch gesichert. Die Hauptsache ist, daß alle Schwierigkeiten nicht aus der Gemeinschaft entstehen, sondern daraus, daß die Gemeinschaft noch nicht vollständig durchgeführt ist.

Engels zitiert dann einen Agrarökonomen, der durch Zufall auf "Harmony" stößt und die in Entstehung begriffene Anlage beschreibt:

Nachdem er wieder durch schlecht bebaute Felder gekommen war, stieß er auf ein sehr gut bewirtschaftetes Rübenfeld mit einer reichlichen, schönen Ernte und sagte zu seinem Freunde, einem Pächter aus der Gegend: Wenn das sozialistische Rüben sind, so lassen sie sich gut an. Bald darauf begegneten ihm siebenhundert sozialistische Schafe, die ebenfalls prächtig waren, und kamen dann an das große, geschmackvolle und solide Wohngebäude. Alles war indes noch unvollendet, Ziegel und Bauholz, halbfertige Mauern und umgegrabener Boden. Sie traten ein, wurden höflich und freundlich aufgenommen und im Gebäude umhergeführt. Im Erdgeschoß war ein großer Eßsaal und die Küche, von der aus die vollen Schüsseln mit einer Maschine in den Eßsaal und die leeren zurück in die Küche gebracht wurden. Einige Kinder zeigten den Fremden diese Maschine und zeichneten sich durch reine nette Kleidung, gesundes Aussehen und anständiges Betragen aus. Die Frauen in der Küche sahen ebenfalls sehr reinlich und anständig aus, und der Besucher wunderte sich sehr, daß sie unter all den ungewaschenen Schüsseln – das Mittagessen war eben vorüber – noch so nett und rein aussehen konnten. Die Küche selbst war über alle Beschreibung schön eingerichtet, und der Londoner Baumeister, der sie gemacht, erklärte, daß in London selbst sehr wenige Küchen so vollständig und kostspielig eingerichtet seien, eine Bemerkung, in die unser Besucher einstimmt. Bei der Küche waren bequeme Waschhäuser, Bäder, Kellerräume und aparte Räume, wo jedes Mitglied bei seiner Rückkehr von der Arbeit sich waschen konnte.

Im nächsten Stockwerk war ein großes Ballzimmer und darüber die Schlafzimmer, alle sehr bequem eingerichtet.

Der Garten, siebenundzwanzig Morgen groß, war in der besten Ordnung, und überhaupt war eine große Tätigkeit nach allen Seiten hin zu bemerken. Da wurden Ziegel gemacht, Kalk gebrannt, gebaut und Straßen angelegt; hundert Morgen Weizen waren schon gesät, und es sollte noch mehr Weizenfeld angelegt werden; ein Teich zur Aufnahme flüssigen Düngers wurde angelegt, und aus dem Wäldchen, das sich auf der Besitzung befand, wurde die Pflanzenerde zum Düngen gesammelt; kurz, alles wurde getan, um die Ertragsfähigkeit des Bodens zu heben . . .

Die Mitglieder wohnen in einem großen Hause zusammen, und zwar hat jeder sein apartes Schlafzimmer, das aufs bequemste eingerichtet ist; die Hauswirtschaft wird für alle zusammen von einem Teile der Frauen betrieben, wodurch natürlich sehr viele Unkosten, Zeit und Mühe erspart wird, die bei vielen kleinen Haushaltungen verloren gehen würden, und wodurch viele Bequemlichkeiten erreicht werden, die in kleinen Wirtschaften gar nicht möglich sind. So heizt das Feuer der Küche zugleich alle Zimmer des Hauses mit warmer Luft, und durch Röhren ist warmes und kaltes Wasser in jedes Zimmer geleitet, und was dergleichen Annehmlichkeiten und Vorteile mehr sind, die nur bei einer gemeinschaftlichen Einrichtung stattfinden können. Die Kinder werden in die Schule gegeben, die mit der Anlage verbunden ist, und dort auf allgemeine Kosten erzogen. Die Eltern können sie sehen, wenn sie wollen, und die Erziehung ist sowohl für die körperliche wie für die geistige Ausbildung und für das gemeinschaftliche Leben berechnet. Mit religiösen und theologischen Zänkereien, mit Griechisch und Lateinisch werden die Kinder nicht geplagt; dafür lernen sie desto besser die Natur, ihren eignen Körper und ihre geistigen Fähigkeiten kennen und erholen sich auf den Feldern von den wenigen Sitzen, das ihnen zugemutet wird; denn die Schule wird ebensooft unter freiem Himmel als in geschlossenen Räumen gehalten, und die Arbeit ist ein Teil der Erziehung. Die sittliche Erziehung beschränkt sich auf die Anwendung des einen Satzes: Was du nicht willst, das andere dir tun sollen, das tue du ihnen nicht, also auf die Durchführung vollkommner Gleichheit und brüderlicher Liebe.

eigentümlich; der tägliche gottesdienstliche Beginn und Schluß der Schule – der nichts Auffallendes hat und sich von dem Gleichen in anderen Schulen nur dadurch unterscheiden würde, daß hier als die sinnvolle Gestaltung des Geistes erscheine, was dort häufig (keineswegs immer) ein hohles und fades, maschinenmäßig sich bewegendes Gerippe ist – jener Beginn und Schluß der Schule geschähe mit dem Klang der Orgel und dem liturgisch gestalteten Gesang, mit Antiphonien und Gebet; sonntags würde nachmittags eine einstündige Sonntagsschule oder Kinderkirche gehalten, die zugleich als wöchentliche Prüfung der Kinder in der Schrift, als Reproduktion des in der Woche erworbenen Schatzes in der heiligen Schrift diente. Die offenen Türen und die Feierzeit der Eltern würde diese mit ihren Kindern großenteils vereinigen. Ebenso würden die Feste hier eigentünlich gefeiert – und die Eltern müßten keine Eltern sein, wenn nicht das Aufleben und Fortschreiten ihrer Kinder ein höherer Impuls für sie selber würde. Es kann dies bei anderen Schulen nicht so der Fall sein wie mit dieser Schule des Bürgerhofes, der sich in seinen Wohnungen um die Schule sammelt, wo jede Minute die Eltern mit der Schule vereinigt. Wenn von dieser Schule aus wie von einem geistigen Quell hörbar und sichtbar rauschend sich das Leben des Heils ergösse, müßte die Wirkung in den Familien unberechenbar sein.

In bezug auf die Jugend des Bürgerhofes will ich auf noch zwei sehr große Vorteile aufmerksam machen:

1. Es fielen die eigentlichen Schulwege – und damit tausendfacher Anlaß zur Entsittlichung der Kinder weg. Die Kinder blieben stets unter Augen der Eltern.

2. Auch die Spielzeit würde unter den Augen des Lehrers verlebt, und wieviel Gutes und Gemeinsames ließe sich daran anknüpfen!

Übrigens müßte es allen Eltern freistehen, wenn sie ihre Kinder in eine andere Schule als die des Bürgerhofes schicken wollten. Die Schule des Bürgerhofes müßte aber von der Art sein, daß nicht nur die zu ihr gehörenden Eltern ihre Kinder in keine andere Schule schicken wollten, weil sie in jeder Beziehung als die beste zu erkennen sein müßte, sondern daß auch die außerhalb des Bürgerhofes wohnenden Einwohner um die Aufnahme ihrer Kinder in die Schule bäten – was ihnen aber nicht gestattet sein dürfte. Die Reaktion auf andere Schulen würde bald zu erkennen sein, wenn auch zunächst nur im negativen Sinn.

II. Fürsorge für Dienstboten, Gesellen und Lehrburschen

Für die Gesellen wäre ein Gesellenlokal zu eröffnen, zu dem jeder, der sich den Ordnungen des Vorstandes fügen will, Zutritt erhalten soll. Das Religiöse tritt hier gar nicht hervor. Der Gesellenverein, oder wie man ihn nennen will, ist lediglich ein Asyl für diejenigen gesitteten Gesellen der im Bürgerhofe wohnenden Meister, welche sich dem Unfug der Herbergen entziehen wollen. Das Lokal, das nur zwei Räume zu umfassen braucht, steht unter Mitaufsicht einiger dazu vom Vorstande des Wohnungsvereins, jedenfalls von oben herab zu ernennenden Meister; im übrigen dirigiert sich der Verein selbst durch einige dazu auserwählte Mitglieder. Kein Geselle hat davon irgendwelche Kosten. In dem Lokale wird Wasser und Bier verabreicht und freies Gespräch verstattet; das Lokal dient überdies zum Briefschreiben etc. und Lesen. Zu diesem Zweck ist eine geeignete Bibliothek, die keineswegs nur erbauliche Schriften enthält, aufgestellt. Freiwillige Freunde der Sache sollen hier für gewisse Zeiten einigen dem Handwerker nützlichen Unterricht, etwa in der Geographie (an die sich so viele andere nützliche Kenntnisse anschließen lassen) und im Technologischen abhalten. Nachhilfe für Lesen, Schreiben, Rechnen, Zeichnen dürfte nicht fehlen. Jedenfalls wird hier auch der Gesang fleißig geübt und zu mehrstimmigem Gesang Anlaß gegeben. Keinerlei Spiel in Würfel, Karten wird hier gestattet, ausgenommen etwa Schachspiel. Tabakrauchen wäre erlaubt.

Übrigens ist kein Geselle des Bürgerhofes zur Teilnahme verpflichtet. Es würde sich aber bald folgendes herausstellen:

1. Daß die besser-gesinnten und -gesitteten Gesellen in der Stadt sich den Werkstätten im Bürgerhof zuwenden würden.

2. Daß die Meister des Bürgerhofs diese Gesellen vorzugsweise suchen würden, da sich herausstellt, daß diese Art Gesellen auch die besten Arbeiter sind, weil sie die treuesten sind.

3. Die günstige Rückwirkung dieser Gesellen auf die Werkstätten, auf die Meister, deren Familien und auf die Burschen.

4. Es ist zum Voraus unbezweifelbar, daß innerhalb dieses Gesellenkreises sich bald das Evangelium als die oberste Macht geltend machen würde. Es käme da auf den rechten Moderator an, der mit Weisheit die gewonnenen Resultate benutzte, um den Fortschritten der höhern sittlichen und christlichen Kräfte alle Hemmnisse aus dem Wege zu räumen. Wie sehr der Schulmeister sich hier wieder nützlich machen könnte, ist klar. Daß bei solchem Zusammensein besserer Kräfte auch eine bedeutende Rückwirkung auf die weiblichen Dienstboten sichtbar werden würde, ist nicht zu bezweifeln. Denn was ist verführerischer für die weiblichen Dienstboten in diesen Ständen als die Lockung schlechter Gesellen? Darum gilt auch der umgekehrte Satz.

III. Fürsorge für Kranke etc.

Im allgemeinen ist diese den Familienkreisen selbst zu überlassen. Es kommen aber Fälle vor, wo die Kräfte der Familien nicht ausreichen, z.B. wenn die Hausmutter schwer erkrankt und viele Kinder da sind – oder wenn der Nachtwachen zu viele werden, als daß die Eltern, die ganze Tage mit ihren Händen arbeiten, ihnen genügen können, ohne die andern Glieder ihrer Familie oder ihr Geschäft hintenanzusetzen. Andere Fälle sind: wenn Burschen, Mägde oder Gesellen erkranken. In letzterem Falle ist jedesmal durch die Hamburger Zunftgenossen gesorgt, indem jeder Geselle, wenn er wöchentlich an den Amtskassier die zu zahlenden Abgaben entrichtet, ein Anrecht an den Allgemeinen Krankenhof hat. Anders ist es mit den Burschen und weiblichen Dienstboten. Für diese beiderlei Klassen sorgen die Herrschaften gewöhnlich nur, weil sie müssen, schicken sie auf den Krankenhof gegen Kostgeld oder entlassen sie zu den Ihrigen. Für diese könnte der Bürgerhof einige nicht große Räumlichkeiten zur Krankenpflege enthalten, wofür von der Herrschaft ein geringes Kostgeld entrichtet würde, wogegen man vielleicht einigen bedürftigeren Einwohnern, vielleicht verwitweten Frauen, die Pflege übertragen könnte. – Dagegen müßte sich unter den Gesellen sowie unter den unverheirateten jüngeren Frauenzimmern ein Verein zur Krankenpflege bilden, der vorzugsweise die Nachtwachen zu besorgen hätte und seine Dienste nur da leistete, wo man sie nachsuchte, der aber namentlich für alleinstehende Insassen des Bürgerhofes, Witwen und Witwer, eine erwünschte Handreichung bieten würde. Diese Dienstleistung würde natürlich nicht honoriert, oder wenn dafür bezahlt würde, so würde das Einkommende in eine gemeinsame, etwa für die Krankenstube zu benutzende Kasse fallen. Vielleicht ließe sich aus den Hausvätern und Gesellen noch ein Begräbnisverein bilden, welcher das Begräbnis als solches persönlich besorgte – und mit dem die Singschule in eine solche Verbindung treten könnte, daß die Trauerfeier dadurch mit dem christlichen Charakter versehen würde, ohne höhere Kosten zu verursachen. Der also, der in dem Bürgerhofe verstürbe, würde von seinen redlichen Mitbürgern, mit denen er bis dahin unter einem Dache gewohnt, die letzte Ehre erfahren, die Freunde seiner Kinder, denen er selbst nicht ein Unbekannter sein würde, sängen ihm im Bürgerhofe das Abschieds-, am Grabe das Heimatslied, und der Schulmeister könnte den Spruch der Verheißung dazu sprechen.

Ob beim Bürgerhof ein Arzt anzustellen sein möchte, ist mir nicht klar. Jedenfalls müßten die Familien Freiheit in der Wahl des Arztes behalten. Übrigens ist diese Frage von dem Gesichtspunkte aus, von dem diese Promemoria ausgeht, mehr gleichgültig.

IV. (Fürsorge für geistige Bildung überhaupt)

Zum Schluß sollen nur noch zwei mit dem Bürgerhofe zu verbindende Institute, durch welche die sittlichen Tendenzen des Unternehmens gefördert werden könnten, hervorgehoben werden. Denn eine Spar- und Vorschußbank bedürfen hier keiner weitern Erwähnung, da sie bereits in den §§ genannt sind. Es werden deswegen nur noch
a) die Bibliothek des Bürgerhofes und
b) die in demselben abzuhaltenden Vorträge
genannt.

Es ist zweifelhaft, ob der letztere Vorschlag Beifall finden wird; aber er ist samt dem ersteren, der Bibliothek, mit Rücksicht auf ein Bedürfnis des jetzigen, hier zu berücksichtigenden Mittelstandes gemacht. Die schlechten Bibliotheken unserer Stadt und die vielen, glücklichen Fortgang habenden Nebentheater und Schaustellungen sind nicht die Ursache einer tiefer gehenden Demoralisation des Mittelstandes, sondern von dieser eine Frucht, eine natürliche Folge. Und doch ist in diesem Keime, aus dem die

**Bekanntmachung in den „Hamburger Nachrichten"
am 3.10.1845:**

*Verein zur Erbauung
kleiner Wohnungen*

Je weiter der Neubau unserer Stadt fortschreitet, ←L 68
*um so lebhafter drängt sich die Überzeugung auf, daß
es neben Prachtgebäuden aller Art fast ganz an einem
Ersatz mangelt für die vielen durch den Brand eingeäscherten Wohnungen kleiner Bürger, ein Übelstand,
der noch greller hervortreten wird, wenn die vor den
Toren errichteten Hülfswohnungen zum Abbruch
kommen.*

*In dieser Überzeugung liegt aber auch zugleich die
dringende Aufforderung für die Behörden, wie für die
wohlhabenden Bürger, so bald und so gut wie möglich abzuhelfen, und dazu scheint sich ein Actien-Ver-
ein als das wirksamste und einfachste Mittel zu empfehlen, nachdem es gelungen sein wird, ein paßliches
Areal für den bezeichneten Zweck unter vorteilhaf-
ten Bedingungen zu sichern.*

*Auf eine ähnliche Weise ist der gleiche Zweck in
Berlin, in Belgien und in England angestrebt und erreicht worden.*

*Es ist einleuchtend, daß jene kleinen Leute, die
nicht zu den größeren Handwerkern gehören, um den
hohen Mieten zu entgehen, in der Stadt nur auf Keller
und andere ungesunde Locale angewiesen sein würden,
falls nicht durch Erbauung neuer Wohnungen für sie
Rat geschaffen werden sollte.*

*Die Unterzeichneten beabsichtigen daher, unter
dem Namen des „Bürgerhofes" vorläufig 160 kleine
Wohnungen in der Vorstadt St. Georg zu erbauen, und
die Unterzeichneten, welche sich zu einer provisorischen Comité gebildet, werden sich supplicando an
Einen Hochweisen Rat wenden, um einen Platz von
circa 60,000 Quadratfuß (oder mehrere Plätze, welche
zusammen diese Flächengröße enthalten), gegen eine
mäßige Grundhauer in möglichster Nähe der Stadt angewiesen zu bekommen.*

*Es ist nicht wohl daran zu zweifeln, daß ihrem Ge-
such gewillfahret werde, denn erstens ist solches in
analogen Fällen bereits früher und namentlich im
Jahre 1799 schon geschehen, zweitens ist ja gerade
durch die unvermeidliche Staatsmaßregel der Expropriation in dem neuen Stadtteile und in Folge des
neuen Bau-Gesetzes der Übelstand entstanden, und
drittens entsteht durch die vielen Hülfswohnungen ein
empfindlicher Verlust für die Staats-Casse an der
Accise- und Grundsteuer-Einnahme.*

*Sollten die Behörden wider Erwarten eine abschlä-
gige Antwort erhalten, so würde die Comité gezwungen sein, von Privaten das erforderliche Areal anzukau-
fen und sich dann wohl mit einem kleineren Platze,
etwa von 40,000 Quadratfuß begnügen müssen. Die
Wohnungen würden dann keine so freie Lage bekommen, wie es wünschenswert ist, aber doch immerhin
mit einem unbebauten Raume von ca. 18,000 Quadratfuß versehen sein.*

*Die zuletzt hinter dem Strohhause in der Vorstadt
St. Georg von Privaten verkauften Plätze wurden mit
5 bis 6 Courant Bco. pr. Quadratfuß bezahlt. Wenn
mithin die Comité ihre Berechnung auf 8 Courant Bco.
pr. Quadratfuß macht, so wird sie hoffentlich im ungünstigen Falle dennoch durch Ankauf zum Zweck gelangen.*

*Die einzurichtenden Wohnungen sollten bestehen:
aus einem Vorplatz, einer oder zwei Stuben, Kammer,
Küche und Feuerungsgelaß, und wenn möglich einem
kleinen Kartoffel-Keller, und werden mit Wasserleitung versehen werden.*

*In dieser Weise und unter Benutzung der neuesten
Erfahrungen (in England etc.) ausgeführt, würde der
„Bürgerhof" ein Muster für kleine Wohnungen werden
und gewiß den heilsamsten Einfluß auf das körperliche Wohl der arbeitenden Classen ausüben.*

*Um diesen Zweck möglichst vollkommen zu er-
reichen, muß nicht nur bei der Verwaltung eine streng
sittliche Tendenz vorherrschen, sondern durch die bal-
dige Errichtung einer guten Volksschule für geistige
und sittliche Erziehung der Kinder gesorgt, und damit
diesem wohltätigen Werke der wahre Wert und eine
dauernde Bedeutung gegeben werden.*

*Jedoch wird, um die Ausführung des ganzen Pro-
jects nicht zu gefährden und dem nächstliegenden Bedürfnisse zuerst zu genügen, mit dem Bau der Wohnungen zunächst begonnen werden, und die Einrichtung der Schule von den Mitteln abhängig gemacht
werden, die sich dafür – eventualiter auf anderem als
dem jetzigen Wege ansammeln lassen.*

*Für den Bau der Wohnungen ist nach dem vorlie-
genden Plane und Kosten-Anschlage ein Capital von
circa 200,000 Courant Bco. erforderlich, welches*

*faule Blüte und Frucht herausgereift, eine Richtung auf Geistigkeit enthal-
ten, die herausgewickelt werden und als Wahrzeichen betrachtet werden
muß, auf welche jede reformatorische Tendenz in Bezug auf das Zusammenleben dieser Stände aufs ernstlichste Rücksicht zu nehmen hat. Es ist
ein Trieb und ein Treiben in diesen Familien, aus sich herauszugehen, in
eine andere als ihre eigene Welt und Lebenssphäre hineinzugucken. Was
sich ihnen dazu aber allein darbietet, ist die phantastische und schlüpfrige
Romanen- und Komödien-Welt. Das Sich-umsehen-wollen und Aus-sich-
herausgehen-wollen ist an sich nicht das Schlimme; das Schlimme sind die
genannten Gegenstände des Ergötzens, in denen eine zauberische, dämonische Kraft liegt, welche, ohne einen Widerstand oder ein Gegengewicht
zu finden, die Familie recht eigentlich aus sich herausbringt, aushöhlt, aus-
leert, so daß die Frau und der Mann, und ihre Kinder mit ihnen, ihre Häuser nur als interimistische Herbergen ansehen, in denen ihnen nur für die
Zeit wohl ist, in der sie gewisse Aussicht haben, bald ihren anderweitigen
Genüssen nachzuleben. Je mehr sie diese genießen, desto unheimlicher
wird ihnen das eigene Haus. Es kommt darauf an, ob sich Mittel finden
lassen, diesen Familien geistige Genüsse darzubieten, welche ihnen nicht
die häuslichen Freuden verderben, sondern wieder recht lieb und wert
machen. Die Freude an ihren Kindern – die ihnen durch die oben angegebene Fürsorge für die Kinder erhöht und verklärt werden wird – ist einer
der reinern Genüsse, der hier zu nennen wäre. Aber wir sehen davon ab,
ebenso von dem Rate derjenigen, die nur zu sagen wissen, daß ihnen das
Wort Gottes soll gepredigt werden, denn das ist gerade die Frage, wie das
geschehen soll und auf welchen Wegen der Schlüssel zu den Herzen wieder
zu entdecken ist. Außer dem schon oben Genannten wären eben vielleicht
die zwei Institute: eine Bürgerbibliothek und Vorträge oder geistigere
Unterhaltungen der Bürger hinzuzufügen.*

*Außer der Bibliothek für die Gesellen würde also auch für die Bürger
und ihre Kinder durch eine Bibliothek zu sorgen sein. Die Ansammlung
solcher Bibliotheken hätte ihre Schwierigkeiten; aber die Literatur der
letzten 15 bis 20 Jahre hat sie doch schon wieder möglich gemacht. Gute
geschichtliche Bücher, Kirchen- und Staatengeschichte populär behan-
delnd, Reisebeschreibungen der mannigfachsten Art, Ethnographisches
und namentlich Biographisches enthält unsere neue Literatur zunächst hinreichend, um eine solche Bibliothek zu fundieren, welche für Klein und
Groß des Bürgerhofes dienen könnte. 6–7000 Bände der Hausbibliothek
des Rauhen Hauses würden vielleicht den ersten Wegweiser abgeben können. Es müßten namentlich alle polytechnischen Journale, Blätter und
Schriften hinzugefügt werden, die dem Handwerksstande als solchem gewidmet sind. Eigentlich Erbauliches sollte auch nicht fehlen, müßte aber
von ausgesuchter Art sein. Die Bücher würden in die Häuser des Bürgerhofes verliehen. Ein sehr geringer jährlicher Beitrag der Hausbewohner
würde die Bibliothek im Gange erhalten und neue Anschaffungen möglich
machen. Um zu reizen, könnte man die Haltung von einer geeigneten Zahl
von Exemplaren W.G. Nachrichten verbinden, die unentgeltlich gebraucht
werden dürften. Sie werden in jedem Haushalt der Art gelesen und sind
wegen der Annoncen zum Teil unentbehrlich. Für die, welche es wünschen,
würde ein Lesezimmer neben der Bibliothek eingeräumt, wodurch gesel-
lige Unterhaltung möglich wäre.*

*Was nun die genannten Vorträge betrifft, so müßten dieselben etwa
Sonntagsabends stattfinden. Geeignete Männer müßten sich dazu darbieten, wechselnd dem Bedürfnis zu genügen. Dieselben könnten oft bloß im
Vorlesen guter Schriften, in einfachen Mitteilungen geschichtlicher Art bestehen, sie würden Aufschlüsse geben über die verschiedenen mehr materiellen und höhern geistigen Bestrebungen unserer Tage. Es gehört eine
echte patriotische und populäre Gesinnung dazu, sowohl den rechten Inhalt als die rechte Form zu wählen. Man muß wissen, wie gern der Mittel-
standsmann sich erzählen läßt, wie gern er hört, wie gern er sich vorlesen
läßt, wie wißbegierig er ist (da er in unsern Tagen von tausend Dingen hört,
von denen er nicht weiß, wohin sie gehören) – um zu glauben, daß solch
ein Hörsaal sein bürgerliches Publikum finden würde, dem nur diese wirkliche Welt brauchte aufgeschlossen zu werden, um ihn für diese und für
den Mittelpunkt derselben, das eigne Haus und den eignen Herd zu gewinnen, und ihn, nachdem er sich außerhalb desselben umgesehen, geistig genährt, in seine Familie mit Freude und Lust zurückkkehren zu sehen.*

*Es liegt auch zur Hand, daß es nicht schwer sein möchte, für alle die
herausgestellten gemeinschaftlichen Lebensbeziehungen im Bürgerhofe aus*

den Vertretern der Wochenkreise (den Ältermännern) und einzelnen Hausvätern Verwalter, Beschützer und Förderer dieser gemeinsamen Interessen zu gewinnen und in mannigfacher Kreuzung auch für diese sittlichen Zwecke zu organisieren. So möchte es gelingen, dem Ganzen allmählich zum Besitz des Geistes gemeinsamer Handreichung zu verhelfen und ihm das Gepräge und die Äußerungen eines höhern Bürgertums, derjenigen Politeia, von der Paulus an die Philipper Kap. 3, 20 ein hohes Zeugnis gibt, zu entlocken.
Horn, den 16. Februar 1844.

Wichern stellt der späteren Veröffentlichung seines Gutachtens ein Vorwort voran, das das weitere Schicksal des Planes für den Bürgerhof, der nie ausgeführt worden ist, kurz beschreibt: *Der Plan ist nachher, mannigfach* ←L 69 *modifiziert, und mit Hinweglassung der eigentlichen höheren Zwecke (also eigentlich als ein ganz anderer) veröffentlicht, dann aber aus Mangel an genügender Unterstützung (es wurden 120 Aktien à 1000 Mk. Bco. gesucht) zunächst wieder aufgegeben. Wir hegen die Überzeugung, daß in dem Grundgedanken praktische Wahrheiten liegen, halten auch Ausführungen der Art, wenn auch vielleicht nicht hier, doch an anderen Orten, nicht für allzu schwierig, wenngleich zunächst große Städte oder z.B. Fabrikörter, wo eine große Zahl der Bevölkerung der arbeitenden Klasse angehört, sich vorzugsweise zur Anlegung der Bürgerhöfe eignen werden. Was für Schöpfungen der Art ließen sich, um nur ein Beispiel anzuführen, z.B. in einem Distrikt wie das sogenannte Voigtland in Berlin ausführen! Warum sehen wir Unternehmungen der Art denen so ferne liegen, welche doch versichern, daß ihnen das Christliche das Nächste sei? Man wird zu spät begreifen, was für Wahrheiten hinter den Karikaturen des Kommunismus verborgen liegen, und zu spät bereuen, demjenigen Geiste nicht Vorschub getan zu haben, welcher nichts als der Freiheit und des Bauplatzes bedarf, um solche neue Gliederungen der bürgerlichen Gesellligkeit hervorzubringen, aus denen mit einer gewissen Notwendigkeit gleichmäßig die Quellen eines bürgerlichen Wohlstandes und einer geheiligten Gesinnung entspringen.*

Zu der Vorstellung, das Projekt an einem anderen Ort realisieren zu können, *zum Beispiel in einem Distrikt wie das sogenannte Voigtland in* ←L 70 *Berlin*, kommt Wichern nicht von ungefähr. Er steht in engem Kontakt mit dem Prediger der Elisabeth-Kirche, Otto v. Gerlach, dem Berliner Verbindungsmann seines „Vereins für Innere Mission", und kennt das Voigtland aus eigener Anschauung. Als Wichern sich im **Oktober 1844** in Sachen Ge- ←S 400 fängnisreform in Berlin aufhält, besucht er am **31.10.1844** die Familienhäuser vor dem Hamburger Tor, über die er in Bettina v. Arnims „Königsbuch" gelesen hat.

Sehr wichtig war mir der verabredete und ausgeführte Besuch im Voigt- ←L 71 *lande vor dem Hamburger und Rosenthaler Tore, wo ich die hiesigen Verhältnisse der Ärmsten kennenlernen wollte. Der Hilfsprediger R o t h e war mein Führer. Es lebt hier eine förmliche Nation von Heiden in einer Sandwüste. Besonders durchsuchte ich das sogenannte Gauertsche und Ottosche Haus, so benannt nach den darin wohnenden Besitzern, die zugleich Schankwirte sind. Welch eine verfaulte, verpestete, innerlich und äußerlich tief verfallene Armut, in der Sünde – Gerechtigkeit und Schande – Ehre ist! Ähnliches gibt es nur in den verworfensten Gängen Hamburgs. Ein Lumpenhändler, von einer großen Kindermasse umgeben, bildete ein sonderbares Genrebild. Er fuhr einen Karren mit einer kleinen Kommode darauf, in der Zwirn und Bilder bewahrt wurden. Oben im Ottoschen Hause traf ich einen Weber mit seinem Sohn, der aus unserm Besuche Gelegenheit zu einer Disputation nahm, in der er uns klarmachen wollte, daß man, wenn man kein Heuchler sei und seine Arbeitszeit nicht verlieren wolle, keine Zeit haben könne zum Gebet; in der Bibel zu lesen sei auch nicht ratsam, da sie Widersprüche enthalte. Der arme Mann erboste sich dabei sehr. Der Plan O t t o v o n G e r l a c h s, hier mitten zwischen diese Wohnungen im Sande ein Krankenhaus und eine Schule etc. zu errichten, war gewiß vortrefflich; aber trotzdem sich eine Person unentgeltlich zur Leitung erbot, wurden ihm die Mittel verweigert. Gerlachs Idee scheint gewesen zu sein, daß sich an dieser Stelle das auf dem Köpenickerfelde projektierte Diakonissenstift erheben sollte.*
Ein ausführlicher Besuch wurde den sogen. „Familienhäusern" gewidmet. Das sind dieselben, über welche neulich B e t t i n a v o n A r n i m

durch Actien von 1000 Courant Bco. aufgebracht werden soll, unter dem Vorbehalte, daß, sobald 120 Actien gezeichnet sind, mit der Ausführung begonnen werden darf, da eventualiter eine Summe von 80,000 Courant als erste Hypothek auf das Gebäude gegen 4 pCt. Court. Zinsen zu negociiren sein würden.
Aus dem Überschusse der Miete-Einnahme, nach Abzug der Verwaltungs-Kosten, wäre an die Actien-Inhaber eine Zinse bis zu 4 pCt. Cour. pro maximo zu zahlen, und würde jedem derselben das Recht zustehen, zu den nicht besetzten Wohnungen Mieter vorzuschlagen, welche vorzugsweise von der Direction zu berücksichtigen wären.
Der Rest des Überschusses sollte dann zu anderen, mit dem „Bürgerhofe" in Verbindung stehenden gemeinnützigen oder wohltätigen Zwecken verwandt werden.
Um den vorangedeuteten Plan zur Ausführung vorzubereiten, sind Statuten entworfen, und indem die Unterzeichneten sich als eine provisorische Comité zur Entgegennahme von Actien-Zeichnungen erbieten, verpflichten sie sich, sobald 120 Actien gezeichnet sind, eine General-Versammlung zu berufen, durch welche eine definitive Direction zu erwählen und die Statuten festzustellen sein würden. Hamburg, im April 1845.

Das lebhafte Interesse, welches sich nach Veröffentlichung des obigen Programms für die Erbauung des Bürgerhofes kund gab, macht es der unterzeichneten provisorischen Comité zur Pflicht, den gegenwärtigen freiwilligen Stand der Sache zur öffentlichen Kunde zu bringen.
Von den im Programm als minimum festgesetzten 120 Actien à 1000 Courant Bco. sind ungefähr zwei Drittel gezeichnet worden; worunter jedoch einige Unterzeichnungen an Bedingungen geknüpft sind, welche vielleicht nicht erfüllt werden können. Es fehlen demnach noch reichlich 40 Actien, welche untergebracht werden müssen, wenn das Unternehmen in der beabsichtigten Ausdehnung ausgeführt werden soll.
Die Mitglieder der Comité, welche sich bisher persönlich nur an nähere Freunde und Bekannte zur Erlangung von Unterschriften wendeten, hoffen durch eine wiederholte öffentliche Aufforderung zur Actienzeichnung auch andere Freunde dieses Unternehmens als tätige Teilnehmer an demselben zu gewinnen, und bitten daher diejenigen, welche geneigt sein sollten, sich durch Actienzeichnung zu beteiligen, um desfallsige Mitteilung an einen der Unterzeichneten, bis zum 20sten October d.J. Sollte bis zu diesem Termin die erforderliche Actienzahl nicht complet werden, so behält die Comité es sich vor, den Actionisten Vorschläge über eine Modification des bisherigen Plans zu machen.
Hamburg, 30sten Seotember 1845

A. Abendroth, Dr.	*J.D.W. Peters*
Ami de Chapeaurouge	*H. Porth*
M.W. Hilckes	*Justus Ruperti*
F.A. Jacobsen	*A.J. Schön*
H.J. Merck	*K. Sieveking*
J.E.A. Mestern	*J.G. Wolff*

Heinrich Grunholzer besucht das Rauhe Haus:

Als Heinrich Grunholzer Berlin am **14.8.1843** verläßt, fährt er mit der Eisenbahn zunächst nach Potsdam, um von da aus mit dem Dampfboot durch die Havel in die Elbe und nach Hamburg zu gelangen. In Hamburg besucht er das von Wichern gegründete Rauhe Haus:

Einen einläßlichen Besuch widmete Grunholzer dem „Rauhen Haus" im Horn, der weltberühmten pietistischen Rettungsanstalt für sittlich verwahrloste Kinder, eröffnet am 1. Nov. 1833. Die Anstalt unterscheidet sich von ähnlichen Anstalten dadurch, daß sie die Kinder nicht zu einer zahlreichen und schwer zu übersehenden Schar vereinigt, sondern, das Verhältnis des Familienlebens nachbildend, sie in kleineren Kreisen (je zu 12 Kindern) unter besonderer Aufsicht zusammenleben läßt. So sammelt sich um den Vorsteher, der das Ganze leitet und auf den einzelnen teils durch Vermittlung seiner Gehülfen, teils durch unmittelbares Eingreifen jeden Augenblick wirken kann, allmählich eine aus gesonderten und doch verbundenen Familien bestehende kleine Gemeinde. Die Anstalt wurde von Dr. Wichern mit 12 Knaben eröffnet. Zur Zeit, da Grunholzer sie besuchte, war der Bestand 65 Zöglinge, circa 2/3 Knaben und 1/3 Mädchen vom 2. bis zum 20. Altersjahr. Die Mädchen standen unter der speziellen Aufsicht von zwei Gehülfinnen. Die Anstalt besaß eine kleine Hausbibliothek, eine Buchdruckerei, Tischler-, Schuster-, Schneider-, Buchbinder-Werkstätten, Säle für Wollspinner, Unterrichtssäle, einen großen Garten, Äcker und Wiesen. Die Anstalt ist nicht nur eine Rettungsanstalt, sondern auch Bildungsanstalt für die Gehülfen, die meist aus dem Handwerksstande gewählt werden.

Feer aus Aarau besuchte mit Grunholzer die Anstalt. Sie trafen den Direktor nicht, und ein Gehülfe zeigte ihnen die Einrichtung. Es war dies Grunholzer um so lieber, da er ungenirter fragen konnte.

Die Familien leben getrennt in verschiedenen Häusern und nach Geschlechtern ausgeschieden. Lassen wir Grunholzer seinen Befund der Anstalt erzählen: „Unser Führer hat auch ein Vatergeschäft auf sich. Ich fragte ihn, was für Zuchtmittel er gebrauche. Antwort: ‚Verschiedene, auch Schläge; doch vor allem das Evangelium. – Viele Kinder stoßen das Evangelium lange von sich' (!!!). Die Lehrerinnen sehen sehr einfältig aus. Einzelne Knaben sind ganz schmutzig in den Kleidern und im Gesicht – viele blaß – alle etwas matt. Die Häuschen sind einstöckig, sehr reinlich und freundlich. Der Betsaal wird bekränzt, wenn fürstliche Personen kommen: sind im Betsaale nicht alle gleich? Morgens und abends eine Betstunde. Schulstunden 4–6, vom Direktor und den Gehülfen erteilt. Knaben und Mädchen sehen sich nur im Betsaal und spielen nie miteinander – das ist jesuitisch! – Die Sonderung in Familien ist gut gemeint, aber sehr schlecht durchgeführt. 10–12 Jungen unter einem zwanzigjährigen einfältigen beschränkten Pietisten oder ebensoviel Mädchen unter einer bornirten Betschwester bilden keine Familie – das ist Schindluder getrieben mit dem Wort Familie. Es ist verwegen, Kinder vom Elternherzen zu reißen, und noch verwegener, sie zu Scheinfamilien zusammenzuwürfeln.

In allen Zimmern liegen Betbücher und Karten von Palästina etc.

Das Ganze sieht wie ein sehr freundliches Dörfchen aus. Aber alles ist Miniatur – auch das Handwerk Zuckerwerk, Berliner Arbeit, d.h. Mücken hinterm Vergrößerungsglas. Poetisch habe ich das ‚Rauhe Haus' gefunden, aber nicht gut. Es ist elend, daß wir Schweizer dahin in die Schule schicken: die Schurtanne (Appenzell A.Rh.) ist viel mehr."

←S 240

←L 72

in ihrem: „Dies Buch gehört dem König" Mitteilungen gemacht hat. Übrigens weiß niemand von denen, die im Voigtlande fortwährend beschäftigt sind, daß Frau v. Arnim selbst je dort gewesen, man weiß aber von einer Emissärin, die sie dorthin abgeschickt hat. Es wird daher anstößig, wenn man das Urteil der Bettina mit dem solcher vergleicht, welche die dortigen Bewohner aus eigener Beobachtung kennen. Männer, die sie oft die „vortrefflichsten", „bravsten" nennt (man kann in ihrem Buche die einzelnen von ihr gemeinten Personen sehr gut herausfinden), sind, wie die Gerlachschen Hilfsprediger R o t h e und S c h u l z e , die hier die Seelsorge haben, bezeugen, das größte Gesindel. Ich erinnere mich der Stelle, wo Bettina die Behauptung aufstellt, es sei für jene Familienhäuser viel besser, wenn einmal ein Leierkastenmann in ihre Mitte käme als etwa ein pietistischer Prediger. Ohne daß Bettina genannt wurde, habe ich erfahren, was dort das Kommen eines Leierkastenmannes bedeutet: die Loslassung aller wilden Lüste im Tanz, zu dem man sich in Branntwein erhitzt; jene pietistischen Prediger aber sind unsere Freunde Gerlach, Rothe u.a., welche ihr Leben zur Rettung der armen, verkommenen Brüder lassen und ihre Liebe mit großer Weisheit verbinden. Wenn ich die Frau Bettina auf meinen hiesigen Wegen treffen sollte, werde ich sie nach dem Sinne ihrer Reden fragen. Die „Familienhäuser" sind vier große Wohnungen, die zusammen etwa 2000 Seelen beherbergen. Davon heißt das eine „das lange Haus", das zweite anders, das dritte das „Querhaus" oder „Mord und Totschlag". Charakteristisch ist, daß, wie Zinzendorf die Kirche in die Mitte seiner Kolonie setzte, so in der Mitte dieser „Familienhäuser" sich eine ungeheure, alles verpestende Kloake befindet. Ich habe jedes der Häuser besucht und einige Dutzend Familien begrüßt. Jede Wohnung besteht aus einem Zimmer, in welchem die ganze Familie schläft, wohnt, in welchem auch alles gewaschen und gekocht wird; der Ofen dient zugleich als Herd, was für den Sommer natürlich eine unerträgliche Hitze ergibt. Es ist die unsinnigste Einrichtung, die sich denken läßt, erbaut von einem Manne, der, als in eins seiner Tannenhölzer der Wurmfraß kam, deswegen das Holz umhauen und zum Bau dieser Häuser verwenden ließ. Oft hört man, wenn von diesen Armen die Rede ist, noch den Namen des alten Papa Kottwitz. Der ehrwürdige alte Baron hatte unlängst auf Anstellung eines Armenpredigers in den „Familienhäusern" angetragen, den er aus seinen Mitteln erhalten wollte; es wurde ihm aber verweigert. Nachher ist hier von noch lebenden Männern, u.a. dem Rat Focke, eine Freischule gestiftet worden, die vierhundert bis fünfhundert Knaben umfaßt und einen gläubigen Lehrer bekommen hat, der Gerlach heißt. Dieser Gerlach ist aber separatistisch. Er zieht sich wie ein Johannes in die Wüste zurück, statt im Geiste Christi in die Masse vorzudringen. Viel besser hat mir die dort angelegte Warteschule gefallen, der ein alter Schulmeister vorsteht, den Jean Paul vielleicht als Staffage für eine Karikatur hätte brauchen können, dem man aber die Liebe zu den Kleinen abmerkt, so daß man hier einen wohltuenden Eindruck mit hinwegnimmt. Die Anfänge des Besseren sind hier allerwärts zu sehen. Überblickt man aber die gemachten Anstrengungen einzelner zur Reform dieser Massen, so überwältigt einen die Masse des Elendes doch noch so, daß man überall an den Tropfen im Eimer erinnert wird. Wenn es doch möglich wäre, an einer Stelle gründlich zu helfen, um von da aus als von einem gesunden Mittelpunkte weiter zu wirken und alles, was helfen will, zur Hilfe heranzuziehen. Das Voigtland böte eine großartige Aufgabe, zu der man vielleicht viele Vorschläge machen kann.

Das Gutachten Wicherns über die im Bürgerhof zu verwirklichenden sittlichen Zwecke wird im **Mai 1846** in den „Fliegenden Blättern aus dem Rauhen Haus" erstmalig veröffentlicht. Den Vorschlag zur Realisierung des Bürgerhofs im Voigtland vor Berlin macht Wichern im Vorwort zu dieser Veröffentlichung. Der Zeitpunkt scheint nicht zufällig gewählt, wenn man ihn in Zusammenhang sieht mit den Berliner Bestrebungen zur Wohnungsreform, die gleichzeitig, zu Beginn des Jahres **1846**, konkrete Formen

→S 447　anzunehmen beginnen. Der Baumeister C.W. Hoffmann, Gründer der „Berliner gemeinnützigen Baugesellschaft", erinnert sich an diese Zeit:

→L 73　*Im Jahre 1846 wurden in Berlin mehrere und von verschiedenen Seiten ausgehende Versuche gemacht, um einen Verein zur Verbesserung der Arbeiter-Wohnungen zu stiften. Obschon es dabei nicht an weitem Auseinandergehen der einzelnen Ansichten fehlte, so herrschte doch in dem e i n e n Einstimmigkeit, daß Durchgreifendes Not tue und man sich deshalb nicht darauf beschränken dürfe, bloß den sehr fühlbar gewordenen*

Mangel an kleinen Wohnungen zu beseitigen, sondern daß man vielmehr auch an eine gleichzeitige Verbesserung aller übrigen wirtschaftlichen Verhältnisse, noch mehr aber an eine Hebung der sittlichen Lage der Arbeiter denken müsse.

Diesen Zweck wollten die einen durch eine strenge Handhabung christlicher Hauszucht erreichen und durch freiwillige, geschenkweise herzugebende Beiträge, unter Hinzutritt von Staatsmitteln, die nötigen Fonds zur Erbauung von Erziehungshäusern für die untersten Schichten des Volks beschafft wissen; die andern, ebenfalls von der Notwendigkeit des Almosengebens und der staatlichen Mitwirkung ausgehend, erwarteten das Heil dagegen von der Einführung eines starken polizeilichen Regiments. – Beide Ansichten setzten die Wichtigkeit der technischen Seite eines solchen Unternehmens hinten an und gefielen sich noch mehr darin, eine Verachtung der künstlerischen Aufgabe und deren Bedeutung auf dem Gebiete der Ethik zur Schau zu tragen.

Ihnen gegenüber machte sich eine dritte geltend, welche gerade das, was jene verneinten oder mißachteten, in den Vordergrund stellte und vorzugsweise die in dem Bau-Unternehmen liegenden eigentümlichen Mittel benutzt wissen wollte, um durch sie die Selbsttätigkeit der Arbeiter zur Verbesserung ihrer wirtschaftlichen und sittlichen Verhältnisse anzuregen und zu fördern.

Es sind vor allem zwei Ereignisse, die für den weiteren Fortgang der Wohnungsreform bestimmend sind: Im **Februar/März 1846** erscheint in den Heften 7 und 8 des „Janus" unter dem Titel „Über innere Colonisation" der ausführlich beschriebene Plan zu einem Siedlungsprojekt im Sinne der Inneren Mission von Victor Aimé Huber, und am **29.4.1846** findet eine Verhandlung des sich in Gründung befindenden „Vereins zur Verbesserung der Arbeiter-Wohnungen" statt, aus dem die „Berliner gemeinnützige Baugesellschaft" hervorgehen wird. Gegenstand dieser Verhandlung ist die Analyse der von Wülcknitzschen Familienhäuser, die als Negativbeispiel dienen, an dem die Vorstellungen über die Reformhäuser entwickelt werden sollen. Auf beide Ereignisse werden wir im folgenden näher eingehen.

Die „Innere Colonisation"

Im **Januar–Februar 1843** werden fast gleichzeitig zuerst die „Rheinische Zeitung" unter der Redaktion von Marx, dann die „Deutschen Jahr- ←S 204
bücher" als theoretisches Organ der Junghegelianer, herausgegeben von Ruge, verboten. Hof und Staat meinen, daß eine konservative Alternative zu diesen Presseorganen ebenso wie ein durchgearbeitetes Gegenprogramm fehlt. Auf der Suche nach einer konservativen Persönlichkeit, die diese Aufgabe übernehmen könnte, verfällt man auf jenen Victor Aimé Huber aus Marburg, der schon **1841** eine Schrift mit dem Titel „Über die Elemente, die Möglichkeit oder die Notwendigkeit einer konservativen Partei in Deutschland" veröffentlichte, die *den ganz praktischen Zwecke (hatte),* ←L 74
zur Gründung einer konservativen Zeitschrift gegen Ruges „Hallische Jahrbücher" (so genannt bis 1841, ab dann „Deutsche Jahrbücher") aufzurufen, um den zerstörenden Mächten auf ihrem eigenen Gebiet – Presse und Literatur – entgegenzutreten, denn Huber sah klar, daß man Bewegungen wie den Liberalismus und den Atheismus mit den Mitteln des Polizeistaates nicht eindämmen konnte.

Am **3.3.1843** wird Minister Eichhorn durch königliche Kabinettsorder beauftragt, mit Huber wegen seiner Anstellung an der Berliner Universität in Verhandlung zu treten. Hauptergebnis dieser Verhandlungen ist, daß er mit der Gründung und Herausgabe einer Zeitschrift beauftragt wird. Huber berichtet am **23.3.1843** seinem Schwiegervater über die Verhandlungen: *Freieste Hand, ausgedehnteste Mittel sagte er zu, und Mitarbeiter des aller-* ←L 75
besten Klanges (Schelling, Puchta, v. Gerlach und ein Dutzend desselben oder ähnlichen Kalibers, die er nannte). Eine Wochenschrift in Form und Ökonomie der deutschen Jahrbücher schien wünschenswert, doch werde mir das ganz überlassen bleiben. Die Tendenz, soweit sie in einer nicht wissenschaftlichen, obgleich gebildeten Behandlung Raum finde und gefordert werden könne, solle ganz so sein, wie ich sie bei vielen Gelegenheiten

→B 53 Allegorie auf das Verbot der „Rheinischen Zeitung": Marx als Prometheus gefesselt an eine Druckpresse, zu seinen Füßen die klagenden Rheinischen Städte, auf dem Thron Minister Eichhorn

Victor Aimé Huber: Pro Memoria, die Gründung einer literarisch-politischen Zeitschrift betreffend, Marburg, Juni 1843 (Auszug):

§ 2: Die Prinzipien, die Tendenz eines solchen Organs der Presse ... dürfte sich am kürzesten aus einer negativen Definition ergeben. Ausgeschlossen nämlich bleibt alles, was dem Wesen und Geist des Christentums und der christlichen Kirche – alles, was dem Wesen und Geist des monarchischen Staatslebens, sei es ausdrücklich oder in den Prämissen und der dadurch bedingten ganzen Haltung feindseelig oder auch mit entschiedener, bewußter Indifferenz entgegentritt ...

§ 8: Form und äußere Einrichtung der Zeitschrift dürfte am besten und kürzesten durch Hinweisung auf die Rugeschen deutschen Jahrbücher zu charakterisieren sein, welche in dieser Beziehung in der Tat nur zu viel Takt und praktisches Geschick zeigten. Kann übrigens bei der bekannten Tendenz und Gesinnung jenes Blattes dessen Titel in gewissem Sinne als usurpiert bezeichnet werden, so dürfte um so weniger ein Bedenken dagegen sein, diesen der Tendenz und Gesinnung der beabsichtigten Zeitschrift vollkommen entsprechenden Titel: ,,Deutsche Jahrbücher" oder einen ähnlichen anzunehmen.

Victor Aimé Huber, Literaturhistoriker und Sozialreformer, geb. **10.3.1800** in Stuttgart, gest. **19.7.1869** in Wernigerode. Schüler der Erziehungsanstalt Emanuel v. Fellenbergs in Hofwyl, Studium (Literatur und Geschichte) in Göttingen und Würzburg, **1820** Promotion, **1821–24** Reisen nach Frankreich, Spanien, Schottland und England, journalistische Arbeiten und weitere Reisen bis **1828**, **1828–33** Lehrer in Bremen, **1833–36** Professor für neuere Literatur und Geschichte in Rostock, **1836–43** dasselbe in Marburg, **1843–52** dasselbe in Berlin; **1841** erste conservative Schrift, **1844** Reise nach England, **1845–48** Herausgeber des ,,Janus", **1849–52** Schriftführer der Berliner gemeinnützigen Baugesellschaft, **1852** Übersiedlung nach Wernigerode; **1854** Reisen nach Belgien, Frankreich, England; in Wernigerode und von dort aus unermüdlicher Vereinsgründer und Propagandist in Sachen Innere Mission und Innere Colonisation.

Friedrich Engels (1845) über die Cottages in Manchester

In späterer Zeit hat man eine andre Bauart angefangen, die jetzt die allgemeine ist. Die Arbeitercottages werden jetzt nämlich fast nie einzeln, sondern immer dutzend-, ja schockweise gebaut – ein einziger Unternehmer baut gleich eine oder ein paar Straßen. Diese werden dann auf folgende Weise angelegt: Die eine Front – vgl. die Zeichnung von unten – bilden Cottages ersten Ranges, die so glücklich sind, eine Hintertür und einen kleinen Hof zu besitzen, und die die höchste Miete bringen. Hinter den Hofmauern dieser Cottages ist eine schmale Gasse, die Hintergasse (back street), die an beiden Enden zugebaut ist und in die entweder ein schmaler Weg oder ein bedeckter Gang von der Seite her führt. Die Cottages, die auf diese Gasse führen, bezahlen am wenigsten Miete und sind überhaupt am meisten vernachlässigt. Sie haben die Rückwand gemeinsam mit der dritten Reihe Cottages, die nach der entgegengesetzten Seite hin auf die Straße gehen und weniger Miete als die erste, dagegen mehr als die zweite Reihe tragen. Die Anlage der Straßen ist also etwa so:

ausgesprochen habe, die größtmögliche Freiheit der Discussion innerhalb der Grenzen, die ich selbst anerkannt hätte, u.s.w.u.s.w., womit ich Sie nicht belästigen will. (Radowitz ist ein wenig beau parleur.) Die Hauptsache aber ist die, daß alles das und auch die Beziehung auf mich des Königs eigene individuelle Ansicht und Wunsch ist – wie Radowitz ausdrücklich sagte. Nun – ich habe ihm darauf ganz reinen Wein eingeschenkt und gesagt, daß die Gründung der Zeitschrift für mich der zweite Punkt sei, der erst in Frage komme, wenn der erste, die Professur, erledigt sei, und daß eine in jeder Hinsicht genügende akademische Stellung die erste Bedingung meines Eintritts in preußische Verhältnisse sei.

Bereits im **Juni 1843** reicht er von Marburg aus den Programmentwurf für eine literarisch-politische Zeitschrift in Berlin ein, siedelt aber erst nach Abschluß seiner Vorlesungen in Marburg im **Oktober 1843** nach Berlin über.

←A 6
→L 76

Hubers Berufung nach Berlin war von der öffentlichen Meinung sofort als ein politischer Act angesehen und kritisirt worden. So ängstlich auch die Pläne in Betreff des conservativen Journals von den Beteiligten als ein Geheimnis behandelt waren, so war doch davon etwas ins Publikum gedrungen, auswärtige Zeitungen hatten darüber geschrieben, und niemand teilte daher die von ihm festgehaltene Überzeugung, daß er um seiner wissenschaftlichen Leistungen willen nach Berlin berufen sei, sondern jeder sah seine Stellung an der Universität nur als den Vorwand und als das Mittel an, um politische Zwecke zu fördern.

→L 77 Am **9.11.1843** notiert Varnhagen von Ense in seinem Tagebuch: *Professor Huber hat seine Vorlesungen angefangen; sehr schlecht.* Die Gründungsvorbereitungen zu der Zeitschrift, die Huber mit dem Titel ,,Janus, Jahrbücher deutscher Bildung, Gesinnung und Tat" versehen will, ziehen sich in die Länge, weil die Mitarbeit der konservativen Persönlichkeiten, die ihm in Aussicht gestellt wurde, ausbleibt. Huber geht daher bereits im **April 1844** auf Reisen, um selbst Mitarbeiter für seinen ,,Janus" zu werben, und versucht sich dabei, in England und auf der Rückreise in Belgien und Frankreich Einblicke in das politische und literarische Leben zu verschaffen. Bereits in Hamburg, der ersten Station auf seiner Werbereise, gewinnt Huber die ersten, allerdings auch letzten Mitarbeiter. Unter ihnen befinden sich Hubers alter Freund Johann Hinrich Wichern und der Syndikus Sieveking, die zur Zeit gerade mit der Projektierung des ,,Bürgerhofs" beschäftigt sind. In Hamburg schifft Huber sich dann nach England ein und bereist von London aus die englischen Industriereviere. Er hofft, dort Kontakte knüpfen zu können, und will sich über die Lage der ,,ärmeren Classen" informieren. Nach den später im ,,Janus" veröffentlichten Reiseberichten zu urteilen, scheinen ihn die sozialen Verhältnisse in Birmingham und Manchester besonders beeindruckt und auch nachdrücklich auf die Wohnungsfrage gestoßen zu haben. Huber ist dort gleichzeitig mit Friedrich Engels, doch seine Reiseeindrücke bleiben fast unbekannt. Daraus ein Zitat, das erhellt, inwieweit Hubers Manchester-Erfahrungen in sein später entwickeltes Konzept der ,,Inneren Colonisation" einfließen:

→S 415

→L 78
←L 79
Ich erzähle, was ich gesehen, gehört. – Ich bin in Manchester stundenlang (in Birmingham weniger) durch die endlosen Reihen kleiner Häuser gewandert, worin die Fabrikarbeiter wohnen, habe im langsamen Vorbeischlendern in Hunderte (nicht ohne einiges Risiko) einen indiskreten Blick geworfen – bin vor vielen länger stehen geblieben, bin in nicht wenige unter irgendeinem Vorwand (die Aufnahme ist oft sehr unfreundlich) ein- oder doch auf die Schwelle getreten und habe mich außerdem in subsidium bei manchen Leuten erkundigt, welche die beste Gelegenheit haben, das alles alle Tage in der Nähe und von Grund aus zu sehen. Wohlan – und ich habe verhältnismäßig nur wenig von wirklichem Elend gesehen und gehört. Nur wenige dieser kleinen Häuser entsprechen mit ihren Bewohnern den Beschreibungen, die von Zeit zu Zeit und kürzlich wieder bei Gelegenheit der Ashleyschen Motion von der Presse vor der ganzen civilisirten Welt ausgebreitet worden sind. Wenn ich sage w e n i g e, so ist das freilich noch sehr relativ, und heißt zunächst nur nicht so v i e l e, als ich erwartete. Dann muß ich noch beifügen, daß ich die Arbeiterquartiere in dem ältern Teil der Stadt, wo sie mehr in großen alten Häusern oder Höfen zusammengedrängt sind, weniger beobachten konnte – aber w a s ich da gesehen, war freilich auch schlimmer als das Allerschlimmste, was ich dort in den Regionen der eigentlichen Arbeitercottages gesehen. Ich würde hier die Fälle von dem wirklich unverkennbaren Elende etwa auf acht bis neun von Hundert anschlagen. Freilich muß dabei noch in Anschlag gebracht

werden, daß die völlig Hülf- und Arbeitslosen größtenteils nach dem Armenhause wandern – welches hier wie anderwärts freilich nur eine leidige Hülfe ist, aber nach allem, was ich gesehen habe, mit ganz unverantwortlicher Gehässigkeit verschrieen wird. Auch so bleiben genug einzelne Cottages übrig, deren erster Anblick ihr gräßliches Elend verrät – fast völlige Nacktheit sowohl der Räume als der Bewohner, einen Schmutz wie im Schweinestall im Haus und um das Haus, und der nagende Hunger und Kälte, die gänzliche Brutalisierung auf allen Gesichtern – keine Spur von Feuer auf dem Herd. Bei nicht wenigen fand ich eine andre Stufe und Form des Elends, nämlich noch die materiellen Elemente besserer Zeiten, eine Menge von Geräten, wie das auch der beschränkteste Haushalt dort in viel größerer Mannigfaltigkeit fordert als bei uns auch die drei bis vier Stufen höher stehenden. – Aber um so widerlicher wird dann eine solche Wirtschaft, wenn sie v e r l u m p t – wenn Schmutz, Unordnung, Verfall sich dieser Menge von, zum Teil fast eleganten Gegenständen bemächtigt, und z.B. die Matten, welche, wenn's nicht gar Teppiche sind, unter dem Tisch, vor dem Herd oder vor dem Bett stehen, die Vorhänge des Bettes selbst u.s.w., anfangen zu f a u l e n. – Und ebenso dann bei den Bewohnern und ihrer im Zuschnitt und allem durchaus feinbürgerlichen Kleidung! – Ja, ich gestehe, daß es vielmehr diese Art von L u x u s ist, welcher mich auch bei der großen Mehrzahl derjenigen, wo bei näherer Betrachtung sich ein ganz leidlicher Zustand herausstellt, auf den ersten Blick irre und stutzig machte. Es hat alles sowas vom Trödelmarkt, vom Judenschacher an sich – so nichts Reines, Tüchtiges, Eigenes, Solides. Schon die oft unglaublich engen Lokalitäten passen nicht dazu, sondern fordern ein möglichst einfaches Hausgerät. Seltsam, wie hier eine in dem tiefsten tüchtigsten Kern der englischen Nationalität begründete Lebensform, durch gedankenlosen, gemütlosen Schlendrian der Reichen wie der Armen nicht nur die herrlichen Früchte, die sie haben könnte und sollte, n i c h t trägt, sondern im Gegenteil sonstige unvermeidliche Übelstände vermehrt und eigene erzeugt. Kaum gibt es ein auch für das sittliche Leben wichtigeres Moment der äußern Lebensgestaltung als das echt Englische: jeder in s e i n e m Haus, in s e i n e n vier Pfählen für s i c h und a l l e i n mit den S e i n i g e n – im Gegensatz zu dem unseligen Kasernirungssystem, welches auf dem festen Lande, zumal aber bei uns vorherrscht. Und zwar liegt es in der Natur der Sache, daß die praktische Entwicklung dieses continentalen Princip in dem Maße zu wahrhaft monströsen Resultaten führt, wie es die untere Klasse der Bevölkerung ergreift, und endlich das Proletariat in „Familienhäusern" aufschichtet, oder wie diese Miststätten des physischen, sittlichen und geistigen Elends sonst heißen mögen! Schon die erste, allgemeine Übersicht einer englischen und einer continentalen Stadt ist da charakteristisch. Bei uns – aber d a s kennst Du selbst am besten! – die massenhafte Gleichförmigkeit in allen Teilen der Stadt, wo denn die Armut in den Hintergebäuden, den parties honteuses desselben Hauses sich verkriechen, wo vorne der Reichtum sich spreizt; ja, es lagern sich die größten kasernenartigen Massen wohl vorzugsweise an der Peripherie in den Vorstädten, eben um jene Kehrigthaufen der Armut unterzubringen. Wie ganz anders in England – z.B. gleich wenn Du London betrittst, in dessen Centrum freilich noch gewisse courts sind, die vielleicht alle Arten von Scheußlichkeiten im höchsten Grade vereinigen. Aber davon abgesehen – die äußerste Peripherie wird von Tausenden und Tausenden von Mignaturhäusern, Nürnberger Spielware, gebildet – nicht höher als ein Mann mit der Hand reichen kann, dann folgen zwei, drei Häusergürtel concentrisch aufeinander, die Häuser immer etwas höher, breiter, entwickelter, dann auch bald nach einer gewissen Eleganz strebend, mit kleinen Ziergärten davor u.s.w., in der dritten Reihe steigt wohl schon ein Stockwerk in die Höhe. Ehe Du Dich's versiehst, bist Du dann in der eigentlichen Stadt mit ihren zwar zum Teil ganz reputirlichen, aber gegen u n s e r e Kasernen immer noch kleinen, bürgerlich wohnlichen Häusern – genug, Du kannst Dir keinen Haushaltszuschnitt denken, vom Lord, vom Banquier, bis zum Tagelöhner und Fabrikarbeiter hinunter, der nicht ein angemessenes Unterkommen unter e i g e n e m Dach, zwischen e i g e n e n vier Pfählen fände, wo er sagen kann: my house is my castle!

In diesem Bericht wird zum erstenmal in der deutschen Literatur das englische Cottage der Unterbringungsform der Kaserne, hier verkörpert durch die Berliner Familienhäuser, gegenübergestellt. Die Frage „Cottage oder Kaserne" wird zum Standard in der Diskussion der Wohnungsreform

Durch diese Bauart wird zwar für die erste Reihe Cottages eine ziemlich gute Ventilation gewonnen und die der dritten Reihe wenigstens nicht gegen die der entsprechenden in der frühern Bauart verschlechtert; dagegen ist die Mittelreihe mindestens ebenso schlecht ventiliert wie die Häuser in den Höfen und die Hintergasse selbst stets in demselben schmutzigen und unansehnlichen Zustande wie jene. Die Unternehmer ziehen diese Bauart vor, weil sie ihnen Raum spart und Gelegenheit gibt, die besser bezahlten Arbeiter durch höhere Miete in den Cottages der ersten und dritten Reihe desto erfolgreicher auszubeuten.

Diese dreierlei Formen des Cottagebaues findet man in ganz Manchester, ja in ganz Lancashire und Yorkshire wieder, oft vermengt, aber meist hinreichend geschieden, um hieraus schon auf das verhältnismäßige Alter der einzelnen Stadtteile schließen zu können. Das dritte System, das der Hintergassen, ist das in dem großen Arbeiterbezirk östlich von St. George's Road, zu beiden Seiten von Oldham Road und Great Ancoats Street, entschieden vorherrschende und findet sich auch in den übrigen Arbeiterbezirken von Manchester und seinen Vorstädten am häufigsten.

In dem erwähnten großen Bezirk, den man unter dem Namen Ancoats begreift, sind die meisten und größten Fabriken von Manchester an den Kanälen angelegt – kolossale sechs- bis siebenstöckige Gebäude, die mit ihren schlanken Rauchfängen hoch über die niedrigen Arbeitercottages emporragen. Die Bevölkerung des Bezirks sind daher hauptsächlich Fabrikarbeiter und, in den schlechtesten Straßen, Handweber. Die Straßen, die dem Zentrum der Stadt am nächsten liegen, sind die ältesten und daher die schlechtesten, doch sind sie gepflastert und mit Abzügen versehen; ich rechne hierzu die nächsten Parallelstraßen von Oldham Road und Great Ancoats Street. Weiterhin nach Nordosten findet man manche neugebaute Straße; hier sehen die Cottages nett und reinlich aus, die Türen und Fenster sind neu und frisch angestrichen, die inneren Räume rein geweißt; die Straßen selbst sind luftiger, die Straßen zwischen ihnen größer und häufiger. Aber das läßt sich nur von der kleineren Zahl der Wohnungen sagen; dazu kommt dann noch, daß Kellerwohnungen fast unter jeder Cottage eingerichtet, daß viele Straßen ungepflastert und ohne Abzüge sind, und vor allem, daß dieses nette Aussehen doch nur Schein ist, Schein, der nach den ersten zehn Jahren schon verschwunden ist. Die Bauart der einzelnen Cottages selbst ist nämlich nicht weniger verwerflich als die Anlage der Straßen. Solche Cottages sehen alle anfangs nett und solide aus, die massiven Ziegelmauern bestechen das Auge, und wenn man durch eine neugebaute Arbeiterstraße geht, ohne sich um die Hintergassen oder die Bauart der Häuser selbst näher zu bekümmern, so stimmt man in die Behauptung der liberalen Fabrikanten ein, daß nirgends die Arbeiter so gut wohnen wie in England. Aber wenn man näher zusieht, so findet man, daß die Mauern dieser Cottages so dünn sind, wie es nur möglich ist, sie zu machen. Die äußeren Mauern, die das Kellerstockwerk, das Erdgeschoß und das Dach tragen, sind höchstens einen ganzen Ziegel dick – so daß in jeder waagerechten Schicht die Ziegel mit der langen Seite aneinandergefügt werden (⌷⌷⌷⌷⌷⌷); ich habe aber manche Cottage von derselben Höhe – einige sogar noch im Bau – gesehen, bei denen die äußeren Mauern nur einen halben Ziegel dick waren und die Ziegel also nicht der Breite, sondern der Länge nach gelegt waren, so daß sie mit der schmalen Seite aneinanderstießen (▭). Dies geschieht teilweise, um Material zu sparen, teilweise aber auch, weil die Bauunternehmer nie die Eigentümer des Bodens sind, sondern ihn nach englischer Sitte nur auf zwanzig, dreißig, vierzig, fünfzig oder neunundneunzig Jahre gemietet haben, nach welcher Zeit er mit allem, was darauf ist, dem ursprünglichen Besitzer wieder zufällt, ohne daß dieser für gemachte Anlagen etwas zu vergüten hätte. Die Anlagen werden also vom Pächter darauf berechnet, daß sie nach Ablauf der kontraktlichen Zeit so wertlos wie möglich sind; und da solche Cottages oft nur zwanzig oder dreißig Jahre vor diesem Zeitpunkte errichtet werden, so ist es leicht zu begreifen, daß die Unternehmer nicht zuviel darauf verwenden werden. Dazu kommt noch, daß diese Unternehmer, meist Maurer und Zimmerleute oder Fabrikanten, teils um den Mietertrag nicht zu verringern, teils wegen herannahenden Rückfalls des Bauplatzes, wenig oder gar nichts auf Reparaturen verwenden, daß wegen Handelskrisen und der darauffolgenden Brotlosigkeit oft ganze Straßen leerstehen und daß infolge hiervon die Cottages sehr rasch verfallen und in unbewohnbaren Zustand geraten. Man rechnet wirklich allgemein, daß Arbeiterwohnungen durchschnittlich nur vierzig Jahre bewohnbar bleiben; das klingt wunderbar genug, wenn man die schönen, massiven Mauern neuerbauter Cottages dabei sieht, die eine Dauer von ein paar Jahrhunderten zu ver- aller Reparaturen, das häufige Leerstehen, der fort- während schnelle Wechsel der Bewohner und dazu die Verwüstungen, die die Einwohner während der letzten zehn Jahre der Bewohnbarkeit, meist Irlän- der, anrichten, indem sie das Holzwerk oft genug aufbrechen und zur Heizung gebrauchen – alles das macht diese Cottages nach vierzig Jahren zu Ruinen. Daher kommt es denn auch, daß der Distrikt von Ancoats, der erst seit dem Aufblühen der Industrie, ja meist erst in diesem Jahrhundert erbaut wurde, dennoch eine Menge alter und verfallender Häuser zählt, ja daß die größere Zahl der Häuser schon jetzt in dem letzten Stadium der Bewohnbarkeit sich be- findet. Ich will nicht davon reden, wieviel Kapital auf diese Weise verschwendet wird, mit wiewenig mehr ursprünglicher Anlage und späterer Reparatur dieser ganze Bezirk lange Jahre hindurch reinlich, anständig und wohnlich gehalten werden könnte – mich geht hier nur die Lage der Häuser und ihrer Bewohner an, und da muß allerdings gesagt werden, daß es kein schädlicheres und demoralisierenderes System, die Arbeiter unterzubringen, gibt, als dieses. Der Arbei- ter ist gezwungen, solche verkommene Cottages zu be- wohnen, weil er keine besseren bezahlen kann oder weil keine besseren in der Nähe seiner Fabrik liegen, vielleicht auch gar, weil sie dem Fabrikanten gehören und dieser ihn nur dann in Arbeit nimmt, wenn er eine solche Wohnung bezieht.

Friedrich Engels über die „Wohnungsfrage":

Ebensowenig habe ich nötig, mich dagegen zu ver- teidigen, als erschienen mir die heutigen infamen Woh- nungszustände der Arbeiter „als unbedeutende Klei- nigkeit". Ich bin, soviel ich weiß, der erste gewesen, der in deutscher Sprache diese Zustände in ihrer klas- sisch entwickelten Form, wie sie in England bestehn, geschildert hat: nicht, wie Mülberger meint, weil sie „meinem Rechtsgefühl ins Gesicht schlagen" – wer alle Tatsachen, die seinem Rechtsgefühl ins Gesicht schlagen, in Bücher verwandeln wollte, der hätte viel zu tun – sondern, wie in der Vorrede meines Buchs zu lesen, um dem damals entstehnden, in hohlen Phrasen herumfahrenden deutschen Sozialismus eine tatsächliche Unterlage zu geben durch Beschreibung der von den modernen großen Industrie geschaffnen Gesellschaftszustände. Aber die sogenannte Wohnungs- frage lösen zu wollen, das fällt mir allerdings nicht ein, ebensowenig wie ich mich mit den Details der Lösung der noch wichtigeren Eßfrage befasse. Ich bin zufrie- den, wenn ich nachweisen kann, daß die Produktion unserer modernen Gesellschaft hinreichend ist, um allen Gesellschaftsgliedern genug zu essen zu verschaf- fen, und daß Häuser genug vorhanden sind, um den arbeitenden Massen vorläufig ein geräumiges und ge- sundes Unterkommen zu bieten. Wie eine zukünftige Gesellschaft die Verteilung des Essens und der Woh- nungen regeln wird, darüber zu spekulieren, führt direkt in die Utopie.

im bürgerlichen Lager und zieht sich durch die Geschichte bis in heutige Tage, wo es dann „Eigenheim oder Mietwohnung" heißt.

→L 80   Der zitierte Ausschnitt aus Hubers Englandbericht erscheint erst im **Dezember 1845**, also nach dem Erscheinen von Engels' „Lage der arbei- tenden Klassen . . ." Im **August 1844** kehrt Huber nach Berlin zurück. Die Realisierung des „Janus" zieht sich in die Länge, weil die Unterstützung ausbleibt. Sein alter Freund Johann Hinrich Wichern schildert Huber wäh- rend seines Berlin-Aufenthaltes **Oktober–November 1844**.

→L 81   *27.10.1844: Huber ist außer sich, daß sein J a n u s aus „Treulosigkeit oder Menschenfurcht" nicht zustande kommt. Huber sagt vortreffliche Dinge, fordert Entschiedenheit, Allseitigkeit, Rücksichtslosigkeit für die Wahrheit, weiß die hiesigen Zustände mit trostlosen Farben zu schildern – aber er hat verspielt, sein Wort macht keinen Eindruck mehr, weil man zur Bedeutung seiner Person das Vertrauen verloren hat. Den Mann hat sein Glück unglücklich gemacht; er hätte nicht nach Berlin kommen müssen.*

9.11.1844: Ich ging um sechs Uhr zu H u b e r , da derselbe fast täg- lich bei mir gewesen war. Die einsame Häuslichkeit, bei der er studiert und die Frau ihre einfachen Näharbeiten besorgt, ist ungefähr wie das Leben in einer Heide, die, wie man sagt, so reichen Anlaß zu Ideen geben soll, da man sich hier eine Welt schaffen muß, wenn man eine Welt sehen will. So geht es auch Huber, bei dem ich übrigens gern bin, da er voll von Plä- nen und Projekten ist, die sein Eifer hervortreibt. Huber hat die Idee unsrer Brüderschaft mit großer Lebendigkeit aufgefaßt und wird die Sache im ersten Hefte seines Janus besprechen. Kommt vom Janus vielleicht auch kein zweites oder drittes Heft zum Vorschein, so wird das erste doch ←L 82 *gewiß gelesen werden, und da wird die Opposition an diesem „Mönchs- orden" – ich wette, es wird so gedeutet werden – genug zu knacken haben.*

Huber gibt es nicht auf, hier in Berlin einen Verein für innere Mission zustandezubringen.

Zunächst gründen Otto v. Gerlach und Victor Aimé Huber einen „Christlichen Handwerkerverein" als Gegenorganisation zu dem im **April 1844** entstandenen „Berliner Handwerkerverein von 1844", dessen Lokal in der Johannisstr. 4 nahe dem Oranienburger Tor liegt. Mit diesem christ- lichen Gegenverein soll versucht werden, dem „Berliner Handwerkerverein", →L 83   von dem Stephan Born schreibt, daß er *eine Bildungsstätte für heranwach- sende Revolutionäre, nicht bloß des Arbeiterstandes, sondern aller Berliner Gesellschaftskreise* war, Mitglieder abzuziehen und Spaltungstendenzen in diesen ersten Organisationsversuch der Berliner Arbeiter und Handwerker hineinzutragen.

Huber, v. Gerlach und Wichern benutzen das Vereinslokal des „Christ- lichen Handwerkervereins", schräg gegenüber der Elisabeth-Kirche in der Brunnenstraße 19a, als propagandistische Bühne, um ihre Ideen unter die Berliner Handwerker zu bringen. Hier finden auch die Mitgliederversamm- lungen des **1845** von dem General-Staatskassen-Buchhalter und Armen- →S 450   kommissions-Vorsteher des Hamburger-Tor-Bezirks G.S. Liedke gegründe- ten „Sparladens" statt, nach dessen Vorbild Huber und v. Gerlach für das Voigtland einen ähnlichen Sparverein zum gemeinsamen Großeinkauf von Kartoffeln und Brennmaterial initiieren. Dem „Christlichen Handwerker- verein" widmet Huber auch den Sonderdruck seiner im **Oktober 1845** geschriebenen und **1846** im „Janus" erstveröffentlichten „Inneren Colo- nisation".

Diese Schrift, die die *Restauration gesunder Verhältnisse* zur Sicherung der herrschenden Ordnung mit Hilfe des Wohnungs- und Siedlungsbaus propagiert, ist zu sehen vor dem Hintergrund der seit dem Vorjahr **1844** nun auch in Deutschland vermehrt stattfindenden „strikes" und Auf- stände. So kommt es auch in Berlin im **Sommer 1844** nach den blutig nie- dergeschlagenen Weberaufständen in Schlesien erstmalig zu massenhaf- ten Arbeitseinstellungen der Kattundrucker, die für höhere Löhne strei- ken. Diese Angst vor dem selbständigen Auftreten des Proletariats, vor „englischen Zuständen" in Preußen, ist Anlaß und Ausgangspunkt des Plans zur „Inneren Colonisation". Wir kürzen und montieren im folgenden Hubers weitschweifigen und mühsam lesbaren Text von 61 gedruckten Seiten so, daß die Konzeption der Arbeiterkolonie deutlich wird.

Wieweit ist nun bei diesen Gefahren und Leiden des modernen Barbaren- und Helotentums auch Deutschland beteiligt? Halten wir uns an einen bloß relativen Maßstab, an den Vergleich mit anderen Ländern, z.B. mit England, so können wir uns immerhin dabei beruhigen, daß die Gefahr und das Leiden bei uns noch nicht groß, nicht dringend – ja, eigentlich kaum erst im Entstehen sind. Wenn in England für einen Stamm von vier bis fünf Millionen und für einen jährlichen Zuwachs von 200 000 Heloten gesorgt werden muß, oder werden müßte, so handelt es sich bei uns um einige Tausende, deren Stamm überdies nur in einzelnen Punkten, z.B. Schlesien, Erzgebirge, Wuppertal, irgend massenhaft zusammengedrängt ist. So kann also hier von materieller Gefahr noch viel weniger die Rede sein als dort, und auch die Verwüstungen, welche jede bedeutendere Helotenempörung in England unfehlbar herbeiführen muß, ehe die Mittel zur Unterdrückung auf der bedrohten Stelle vereinigt sein können, würden bei uns nur unter der Voraussetzung der größten Untüchtigkeit der lokalen oder der bedrohten Stelle vereinigt sein können, da unsere polizeilichen und militärischen Repressionsmittel im Verhältnis zu den möglichen Kräften des Aufruhrs ohne alles Verhältnis größer und disponibler sind als dort. Sollte diese Lage der Dinge aber hinreichen, um die Tatsache zu erklären, geschweige denn zu rechtfertigen, daß man bei uns noch viel weniger als anderwärts, und zumal in England, ernstlich daran denkt, für den jährlichen Zuwachs des Helotismus irgendwo und irgendwie Quartier zu machen, oder auch nur dem gegenwärtigen Bestand eine leidliche Lage zu verschaffen? Gewiß nicht! ... gewiß aber ist es, daß (umgekehrt) eine gesunde Entwicklung oder, wenn es dazu zu spät ist, eine Restauration gesunder Verhältnisse in dieser durch den Umschwung des Kapitals erzeugten besitzlosen Bevölkerung, auch rückwirkend, das sicherste Präservativ der Besitzenden gegen das Gift des Mammonismus sein muß. ... (Ja), je ohnmächtiger die modernen Heloten erscheinen, d.h. je tiefer sie physisch, geistig und sittlich herabgewürdigt werden, desto gefährlicher werden sie durch die langsame, aber sichere Rückwirkung der in diesen hart gefesselten Gliedern erzeugten Fäulnis auf den ganzen Körper, dessen allgemein krankhafter Zustand sich schon in der Erzeugung solcher Zustände und Notwendigkeiten auf eine furchtbare Weise zeigt.

←L 84

Der „Helot" erscheint also als sozial Kranker, der, damit er nicht gefährlich wird, behandelt, physisch, vor allem aber sittlich-moralisch, „gehoben" werden muß.

→L 85

Ehe irgendetwas Wesentliches geschieht, um das Proletariat einer gegebenen Lokalität aus dem physischen und moralischen Schmutz und Elend zu reißen, worin wir es finden, muß für ein neues zweckmäßiges Lokal gesorgt werden, wohin wir es verpflanzen. Es ist eben wie mit einem individuellen Fall. Ehe wir den Kranken zu heilen hoffen können, zu behandeln unternehmen, ziehen wir ihn aus seiner schlechten, schmutzigen, verpesteten Streu, bereiten ihm ein frisches, reinliches Lager und verlegen ihn dahin; ehe wir dem Landstreicher Arbeit geben, entkleiden wir ihn seiner Lumpen, vertilgen sie und ihre Bevölkerung, waschen und brühen ihn gründlich und ziehen ihm ein reines Hemd u.s.w. an. Neue bessere Umgebungen – a fresh home würde ein Engländer sagen – sind unerläßliche Bedingung jeder weitern, größern, gründlichern Verbesserung.

Bevor die Therapie beginnt, muß das Proletariat also *verpflanzt* werden, in *fresh homes*, die Grundlage *gesunder Verhältnisse*, die sich Huber so vorstellt: *... jeder Arbeiter soll im sauren Schweiß seines Angesichts während sechs Wochentagen soviel erwerben, daß er (mit den Seinen) mit Sicherheit darauf rechnen könne, in einem reinlichen gesunden Hauswesen alle Tage „mit Wohlgefallen und Dank satt zu werden" und den siebenten Tag zu ruhen, sich in christlichem Gottesdienst zu erbauen und in ehrbarer Freude zu erholen – dann für seine Kinder einen Unterricht in den nötigsten, bekannten allgemeinen Kenntnissen und Fertigkeiten und in einem besondern, seinen Mann nährenden Gewerbe – endlich, daß er sein Wort zu den gemeinsamen Angelegenheiten des bürgerlichen und kirchlichen Ge-*

Ueber

innere Colonisation

von

V. A. Huber.

Aus dem Janus, Heft VII. VIII.,
besonders abgedruckt
zum Besten
des Berliner Handwerkervereins
Brunnenstraße Nr. 19a.

Berlin,
in Commission bei Justus Albert Wohlgemuth.
1846.

HELOTEN ($E\H\lambda\omega\tau\epsilon\varsigma$), Name des vierten Standes der Bewohner der Landschaft Lakedämon in Griechenland, oder der unglücklichen, von ihren Herren auf das Ärgste bedrückten Leibeignen. Der Ursprung dieser Klasse von Sklaven ist mit einigem Dunkel umhüllt. Nach der Einwanderung der Dorer in den Peloponnes, und der Unterwerfung dieser Landschaft, suchten die Eingewanderten die unterworfenen Achäer sich zu gewinnen und geneigt zu machen; sie gestanden ihnen daher, unter dem Namen Heloten *) gleiche Rechte, gleichen Antheil an der öffentlichen Berathung und Verwaltung zu, doch sollten ihnen, den Dorern, im Allgemeinen alle Einwohner untergeordnet seyn. Dieses unnatürliche Verhältniß, nach welchem die einander Untergeordneten gleiche Rechte haben und genießen sollten, konnte nicht lange bestehen;

m e i n w e s e n s , d e m e r z u n ä c h s t a n g e h ö r t , u n d m i t d e r Z e i t a l l e n f a l l s s e i n e S t i m m e z u r W a h l e i n e s R e p r ä s e n t a n t e n s e i n e r S t a n d e s i n t e r e s s e n b e i P r o v i n z i a l - o d e r L a n d s t ä n d e n g e b e n k ö n n e – wenn wir mit Beschämung eingestehen, daß unsere kühnsten Wünsche und Hoffnungen sich nicht höher versteigen, so wird es nicht an solchen fehlen, die unter dem Schein der eifrigsten, ja monopolischen Liebe für das Proletariat, uns mit größter Verachtung den Rücken kehren oder gar das Wort verbieten werden. Denn freilich ganz andere Herrlichkeiten verheißen sie in Fourier'schen Phalansteren, oder Owen'schen Socialcolonien, oder Cabetschen Ikarien, oder gar in der humanistischen Communität der allerneusten Erfindung – der Weitlingschen und anderer dem Schweizer Communismus eigener roherer Genialitäten in Beziehung auf M e i n und D e i n nicht zu gedenken! Mit allen diesen hohen, wunderbaren Dingen haben wir hier nichts zu schaffen und bitten nur bescheidentlich: uns wissen zu lassen, wenn die Bescherung fertig und die Lichter angezündet sind. Ja, nicht einmal die (wenn auch noch so lange) verzögerte Erwerbung sogenannter politischer Rechte und Freiheiten für die Proletarier kann uns über das irre machen, was z u n ä c h s t Not tut!

Nach Entwicklung des idealen Arbeiteralltags in biblischen Dimensionen und Ablehnung der zu seiner Zeit diskutierten utopischen Projekte, aus der Angst heraus, es könnten dadurch die bestehenden Eigentumsverhältnisse in Frage gestellt werden, wendet Huber sich der Frage zu, *was zunächst Not tut*:

Alle Welt verlangt und erwartet eine mächtige Entwickelung der deutschen Industrie, des deutschen Welthandels, träumt von deutscher Seemacht und deutschen Colonien. Das alles ist gut und schön; aber das alles sollte zu erlangen sein ohne eine Hand in Hand gehende Entwickelung des Helotismus oder, um bei dem hergebrachten Ausdruck zu bleiben, des Proletariats? Niemand wird das im Ernst behaupten. Jedermann muß zugeben, daß jede neue Fabrik, welche wir anlegen, auch eine neue Quelle proletarischer Bevölkerung, ein neues ovarium jener modernen vagina gentium sein wird und daß wir, statt für Tausende, früher oder später für Zehn- und Zwanzig- und Hunderttausende jährlich Q u a r t i e r werden bereit halten müssen. . . . Und zwar – fügen wir zu noch engerer Begrenzung unseres Terrains hinzu – Quartier zu machen in der H e i m a t. Wir wollen damit der Wichtigkeit der äußern Colonisation als Ableitung und Unterbringung des wirklichen Überschusses nationaler Kräfte nicht im mindesten zu nahe treten; obgleich es nicht schwer sein dürfte zu beweisen, daß jedenfalls die i n n e r e Colonisation sehr entschieden den Vorrang vor der äußern hat, insofern diese dem Vaterlande brauchbare, verwendbare Kräfte zu erhalten, jene nur den d a n n sich ergebenden Überschuß zu größtmöglichem Vorteil aller Beteiligten, besonders aber des Vaterlandes zu verwenden hat.

Huber wendet sich also gegen die schon in den 40er Jahren anschwellende Auswanderung, empfiehlt die Kolonisation im Landesinneren, um der entstehenden Industrie die Arbeitskräfte zu sichern, und entwickelt, ebenfalls gegen die sozialutopischen Modelle, die er als *antichristlich* bezeichnet, weil sie auf die Auflösung der abgeschlossenen, christlichen Familie zielen, die sozialen Grundlagen, auf denen seine zukünftigen Kolonien aufbauen sollen.

W i r also gehen – um uns an das zu halten, worauf es hier zunächst ankommt – von der Voraussetzung aus, daß das c h r i s t l i c h e F a m i l i e n l e b e n die einzige mögliche Grundlage jeder gesunden Organisation und Entwicklung des nationalen wie des individuellen Lebens in Kirche und Staat, in der Gesellschaft auf allen ihren Stufen, also auch auf der Stufe der Besitzlosigkeit, des Proletariats ist. Und da versteht es sich von selbst, daß wir uns die nötige Selbständigkeit und relative Abgeschlossenheit der christlichen Familie nicht ohne eine entsprechende Selbständigkeit des B e s i t z e s im weitesten Sinne denken können, den wir überhaupt als unabweisliches Attribut der Persönlichkeit ansehen, aber freilich nicht bloß für das Individuum, sondern auch für die moralische Person, Familie, Corporation, Gemeinde, Staat, Volk – worin denn der individuelle Besitz seine Beschränkungen findet. Damit ist also die Aufgabe einer Organisa-

*tion des Proletariats auf den Hauptpunkt zurückgeführt: G r ü n d u n g
u n d S i c h e r u n g d e s c h r i s t l i c h e n F a m i l i e n l e b e n s
i m P r o l e t a r i a t. Als unerläßliche Bedingung jedes Familienlebens
aber ist festzuhalten ein gewisser Grad von Selbständigkeit, von Abgeschlossenheit des Haushalts, des Hauswesens – was der Engländer bestimmter und prägnanter unter seinem home, seiner fireside versteht. Damit wieder sind unbedingt beseitigt a l l e die Pläne, welche jene Selbständigkeit
zerstören, die Familien, das Hauswesen in einer größern Masse, n i c h t
organisch verbinden, sondern a u f l ö s e n wollen, so gut gemeint sie
auch zum Teil sonst sein, so viele wirkliche Vorteile sie auch sonst darbieten mögen.*

*Die christliche Familie, als Keimzelle des Staates, als Grundelement
einer Organisation des Proletariats, mit abgeschlossenem Haushalt, bildet
die soziale Grundlage der Huberschen Kolonie. Sie soll selbständig, muß
aber auch in ein größeres Ganzes eingewachsen sein.*

*Hier erklären wir zu allem Überfluß, daß wir uns unsere Familie nicht
als in der Luft hängend denken, sondern daß wir die Voraussetzung der
k i r c h l i c h e n und der b ü r g e r l i c h e n G e m e i n d e ebenso
entschieden festhalten als die Voraussetzung der Familie selbst. Aber
auch schon die bloße materielle Nachbarschaft bringt gar mancherlei Beschränkungen, wie jeder nur zu gut weiß, der einmal mit Hausgenossen,
Nachbarn oder gar einer löblichen Polizei in diesen Dingen zu tun gehabt
hat. Dazu kommt denn aber noch, daß abgesehen von der vorhandenen,
dem staatlichen und kirchlichen Leben angehörenden G e m e i n d e,
auch die A s s o c i a t i o n (um das einmal recipirte Wort zu brauchen) in
unserer Zeit ihr gutes Recht und ihre großen Vorteile hat, auf die wir für
unsere Zwecke keineswegs zu verzichten gedenken. Im Gegenteil beruht
— was wir hier nur vorläufig und mit Vorbehalt weiterer Ausführung bemerken — unser Plan h a u p t s ä c h l i c h auf der materiellen Grundlage
von A s s o c i a t i o n e n e i n e r g r ö ß e r n o d e r g e r i n g e r n
A n z a h l p r o l e t a r i s c h e r I n d i v i d u e n u n d F a m i l i e n,
und die dadurch mögliche mittelbare und unmittelbare Steigerung der Mittel zur Befriedigung höherer und niederer Lebensbedürfnisse. . . .*

*Die Aufgabe wird aber nach alledem zunächst sein: zu unterscheiden,
wieweit die Vorteile der Association mit der Selbständigkeit der Familie
sich leidlich und möglichst verbinden lassen — welche Momente also des
Familienlebens und Haushalts als wesentliche Bedingung jener Selbständigkeit anzusehen und festzuhalten sind und welche als unwesentlichere
den Vorteilen der Association, des gemeinsamen Haushaltes aufgeopfert
werden dürfen? Und hier stellen wir nun zuvörderst als Axiom den Satz
auf: d a s e n g l i s c h e C o t t a g e s y s t e m i s t, r i c h t i g v e r -
s t a n d e n u n d s o r g f ä l t i g a u s g e f ü h r t, d a s e i n z i g e,
w e l c h e s d e r p r o l e t a r i s c h e n F a m i l i e d i e n ö t i g e
S e l b s t ä n d i g k e i t s i c h e r t, o h n e d i e w e s e n t l i c h e n
V o r t e i l e d e r A s s o c i a t i o n a u s z u s c h l i e ß e n. Wir verstehen aber unter Cottage — wofür wir kein ganz entsprechendes deutsches
Wort wissen, denn H ü t t e hat einige Nebenbedeutungen, welche ein
ganz falsches Bild geben – aber gleichviel! mit dem Ausdruck H ü t t e bezeichnen wir ein Haus, oder Häuschen, worin s t r e n g genommen nur
e i n e Familie eine ihren Bedürfnissen angemessene Wohnung nebst allen
sog. häuslichen Bequemlichkeiten findet, wozu wir denn jedenfalls nicht
bloß einen Hof u.s.w., sondern auch ein Gärtchen rechnen. Ob diese Wohnung ganz isolirt, oder mit einer oder mehren unter einem Dach und nur
durch Scheidewände geschieden steht, darauf kommt soviel nicht an; und
es mag immerhin sogar ein Stockwerk mit einem eignen Eingang und zu
einer eignen Wohnung eingerichtet werden. Dennoch aber müssen wir uns
auf's entschiedenste sogar gegen die V e r s u c h u n g e n verwahren,
welche in der bloß materiell pekuniären Auffassung der Sache liegen. Da
liegt es freilich auf der Hand, daß die Kosten desto geringer sind, je mehre
Wohnungen unter einem Dach gefaßt, also besonders je mehr derselben
ü b e r e i n a n d e r geschichtet werden. Hier aber treten eben sogleich
Beschränkungen der Familienselbständigkeit und Nachteile moralischer
und physischer Art ein, welche (a u f d i e L ä n g e sogar pekuniär) jene
Vorteile bei weitem überwiegen; so daß wir eigentlich doch gradezu nur
zwei, drei, höchstens vier (in's Kreuz gelegte) Hüttenwohnungen nebeneinander und insofern unter einem Dach statuiren, die etagenweise Auf-*

Cottage:

Cottage meint kleine Hütte, kleiner Stall, architektonisch ländliches Wohnhaus für Arbeiter, Handwerker
ohne großen Wirtschaftsteil und ohne eigene Felder.
Das Cottage existiert in England als freistehendes,
einen Raum tiefes Wohnhaus mit eigenem Eingang und
längs der Straße angeordneten Räumen oder als zwei
Raum tiefes Reihenhaus mit einem oder zwei Geschossen, aber ebenfalls mit eigener Erschließung, Garten
und abgeschlossenem Haushalt.

Das Cottage wird Ende 18. Jh. das Vorbild für das
Industriearbeiter-Wohnhaus in der einfachsten Form
als Haushälfte (back to back angeordnet), als Hausvier-
tel etc. oder als Reihenhaus oder als freistehendes
Haus, dann aber in der Regel schon für Arbeiter nicht
mehr erschwinglich.

Das Cottage kommt als Modellvorstellung über
Reiseberichte, Entwurfsanlagen und schließlich als
gebautes Modell auf der Londoner Weltausstellung
1851 nach Europa in die ländlichen Industriereviere
und wird dort auf vielfache Weise abgewandelt.

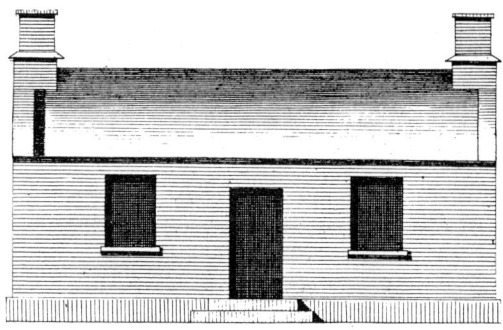

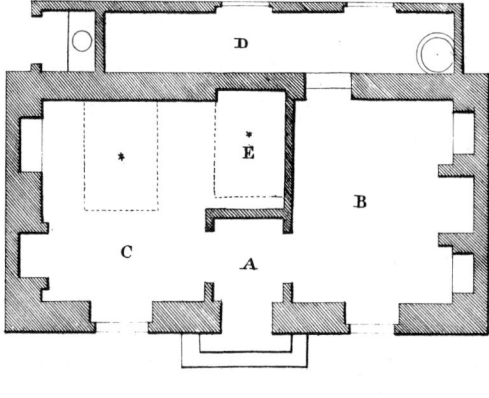

→B 54 Entwurf eines einfachen Cottage für Arbeiter, John
Wood, 1806

*schichtung aber womöglich ganz ausschließen, oder jedenfalls doch nur auf
e i n Stockwerk von zwei Wohnungen (und ebensoviele im Parterre) beschränken möchten. Sollte es nun aber ferner wirklich nötig sein, die p h y -
s i s c h e n und m o r a l i s c h e n Vorteile d i e s e s H ü t t e n s y -
s t e m s im Vergleich zu irgendeiner andern Einrichtung weitläufig auseinanderzusetzen? Sollte es irgend jemanden im Ernst einfallen, z.B. dem
eigentlichen systematischen Gegensatz desselben, den wir immerhin das
Casernirungssystem nennen wollen, irgendeinen entscheidenden Vorzug
zuzuschreiben, irgendeinen der centnerschwer überwiegenden Nachteile
desselben zu leugnen, auch wenn es sich wirklich um einen ganz neuen,
unter allen wünschenswerten Vorteilen mit aller Erfahrung, Rücksicht,
Weisheit, Liebe auszuführenden Versuch handelt? Oder wenn man bei
Casernirung gleich an gemeinsame Menage und große Schlafsäle denkt –
sollen die sog. F a m i l i e n h ä u s e r , worin funfzig, ja Hunderte von
Familien übereinander und durcheinander wohnen, auch nur einen Augenblick den Vergleich aushalten – vorausgesetzt auch, daß sie so zweckmäßig
eingerichtet würden, als das Princip, das System selbst, die Natur der Sache
es irgend verträgt? Wir können und mögen unsere Zeit nicht damit verlieren, Gegner zu bekämpfen, die wir nirgends sehen, die wir uns kaum, sofern nur die W a h l freisteht, denken können, und wollen jedenfalls
ruhig abwarten, ob und bis sich solche Stimmen wirklich erheben. Über
das ganz von dem Zufall, von der Not bedingte Unterkriechen proletarischer Familien in irgendeinem Winkel irgendeines Hauses oder Hofes ist
ohnehin kein Wort zu verlieren. Genug also, es steht fest, daß die H ü t t e
allein die Möglichkeit der zum physischen und moralischen Wohl der Familie nötigen Reinlichkeit, Ordnung und Abschließung gewährt und unzählige Veranlassungen zum Unfrieden oder noch bedenklicherer Vertrau-
lichkeit zwischen den verschiedenen Familien ausschließt, also positive und
negative Vorteile vereinigt, welche bei jedem andern System entweder gar
nicht oder nur mit viel größern Kosten zu beschaffen sein würden.*

Eine überschlägige Berechnung, die Huber anstellt, zeigt nicht nur, daß
er seine Kolonie für genauso viele Familien plant, wie auch in den von
Wülcknitzschen Familienhäusern wohnen, sondern gibt auch Aufschlüsse
über Hubers Vorstellungen von den Baukosten und Mieten, der Grundrißgestaltung der „Hütten" und dem Standort der Kolonie.

*Wir verteilen unsere 600 Arbeiter, nach einem keineswegs übergünstigen
Anschlag, auf 400 Familien und brauchen also 400 Wohnungen nach den
oben angedeuteten Grundsätzen. Hundert solide und nette Cottages mit
vier Wohnungen jedes – zwei Parterre und zwei eine Treppe hoch, jede
mit b e s o n d e r e m E i n g a n g , jede zu einer zweifenstrigen Stube
(15 auf 24), zwei einfenstrigen Kammern und einer einfenstrigen Küche
– würden (einem uns vorliegenden sachkundigen Riß und Anschlag zu
Folge) für 20 000 Thlr. in B e r l i n herzustellen sein. Rechnen wir dazu
50 000 Thlr. für ein angemessenes Centralgebäude nebst Zubehör und
10 000 Thlr. für Grund und Boden (in nicht zu großer Entfernung von der
Stadt, an einer Eisenbahn und in relativ wohlfeilsten Bodenpreisen müßten da auch Gärten u.s.w. drein gehen), so haben wir für den ganzen Bau
260 000 Thlr., also zu 5 Procent 13 000 Thlr. oder für jede Familie 32 1/2
Thlr. jährliche Miete. Eine Wohnung aber, die ohne alle Vorteile der isolirten Lage, des Gartens u.s.w., ohne das Centralgebäude und alle darin liegenden Vorteile und Nutzungen, in irgendeinem Hintergebäude 2–3 Treppen hoch mit allen Nachteilen der bisherigen Wohnart der Armen, n u r
dieselben R ä u m e enthält wie die unsrige, ist gewiß nicht unter 60–70
Thlr. zu bekommen.*

So wie das Cottage, die „Hütte", die baulich-räumliche Entsprechung
zur selbständigen christlichen Familie darstellt, entspricht der Assoziation
die Gruppierung einzelner *Hütten* um ein *centrales Gebäude* zur Kolonie:

*Es versteht sich nach der Natur der Sache, den gegebenen Zuständen
und den frühern Andeutungen über A s s o c i a t i o n eigentlich schon
von selbst, daß wir uns m e h r e solche Hütten in einer G r u p p e beisammen denken; es handelt sich nur darum, diese Gruppierung nicht dem
Z u f a l l zu überlassen, sondern nach den Bedürfnissen und Bedingungen
der Association zu reguliren. Ein gewisses gemütliches, wenn man will,
idyllisch-sentimentales, oder bloß ästhetisches Widerstreben gegen solche*

Eingriffe in die malerische Willkür wissen wir gar wohl zu achten, ja zu teilen – aber für alles dies ist jetzt keine Zeit mehr. Es handelt sich darum, viel wichtigere Dinge zu retten, und überdies dürften schon jetzt in den meisten Fällen jene regrets sich auf ein Bild beziehen, dessen Original entweder nie existirt hat oder längst abhanden gekommen ist. Und ,endlich hängt es auch jetzt noch nur von uns ab, das starre Gerüste, welches die strenge Notwendigkeit aufrichtet, mit mancherlei blühenden, duftenden Rankengewächsen zu verhüllen. Doch weiter! denn noch sind wir mit der Bauarbeit nicht fertig, vielmehr fehlt noch ein Hauptstück, eine Hauptbedingung zugleich und eine Hauptfrucht der Association.

Die Association soll den Teilnehmern die Lebensbedürfnisse aller Art wohlfeiler und in besserer Qualität liefern, als die vereinzelten Kräfte es zu beschaffen vermöchten. In welcher Art und bis zu welchem Grade sie dazu geeignet ist, werden wir später sehen; hier handelt es sich nur um die B a u l i c h k e i t e n, welche mit dieser Funktion der Association zusammenhängen und die materielle Anlage unserer Colonie vervollständigen. Es wird gleich einleuchten, daß ihre Wichtigkeit namentlich auch darin liegt, daß sie die einschlägigen Fortschritte der Wissenschaft und Technik auch zum Besten des A r m e n anwendbar machen sollen. Als erste Lebensbedürfnisse stellen sich sogleich dar: F e u e r , L i c h t , W a s - s e r . Wir vereinigen also eine angemessene Anzahl von Arbeiterhütten in angemessener Entfernung und Form um ein c e n t r a l e s G e b ä u d e , von wo aus den einzelnen Hütten warmes und kaltes Wasser, Gaslicht und eventuell gewärmte Luft, oder Dampf zuströmt. Das hier concentrirte Feuer wird zugleich ein gemeinsames Backhaus, das Wasser ein Badehaus versehen – a l l e n f a l l s auch ein Waschhaus. Aber warum nicht auch eine gemeinsame K o c h a n s t a l t , welche gewiß auch bedeutend bessere und wohlfeilere Speisen liefern würde als die Küche der einzelnen Haushaltungen? Darauf antworten wir: weil die Besorgung der Küche durch die H a u s f r a u ein w e s e n t l i c h e s Stück des selbständigen Familienlebens ist, an dem sehr tiefgreifende sittliche Momente desselben hängen. Wir gestehen sogar, daß wir in Beziehung auf ein gemeinsames Waschhaus Bedenken haben. Für die kleine Wäsche einer Arbeiterfamilie würde der Apparat viel zu groß sein; eine periodische Generalwäsche aber würde wieder ein zu bedenklicher Eingriff in die Haushaltung sein. Sogar die gemeinsame Dampf- oder Luftheizung dürfte nicht unbedingt ausschließen, daß nicht jede einzelne Familie noch ihre sichtliche F e u e r s t e l l e hätte, wo denn durch eine zweckmäßige Anlage des Ofens oder Herdes hinreichend vorgesorgt werden könnte. Denn mit vollem Recht legen die Engländer ein so großes auch ethisches Gewicht auf the fireside of the poor – freilich zum Teil eben, weil die Sache mehr und mehr als antiquirt erscheint. Und so lassen wir denn, was die Feuerung betrifft, die Alternative ganz offen, daß die Ersparung durch wohlfeilere und bequemere häusliche Heiz- und Kochapparate und die wohlfeilere Beschaffung des Heizmaterials erzielt werde, oder durch eine solche gemeinsame Associations- oder Gemeindeheizung. Dabei wären wohl auch die Vorteile der Lufterneuerung durch Zugöfen gewiß sehr in Anschlag zu bringen. Hat man zwei oder vier Wohnungen unter einem Dach, so wird sich wieder manche Ersparnis anbringen lassen.

Aber jenes Centralgebäude müßte noch andere Bedürfnisse befriedigen. Der Vorteil der Association durch größere Wohlfeilheit und bessere Qualität erstreckt sich auf alle sog. ersten Lebensbedürfnisse, und es muß daher immer eine hinreichende Menge derselben vorhanden sein. Auch die zur Arbeit der Glieder nötigen Werkzeuge und Rohstoffe werden hier nicht zu übersehen sein. Das Centralgebäude wird also auch angemessene Räume zu solchen Vorräten enthalten müssen. Aber auch die geistigen Bedürfnisse der Association dürfen nicht vernachlässigt werden, und da läßt sich denn auf gar mancherlei Weise die Einrichtung von Räumen denken, welche zugleich, oder geschieden, als Kleinkinderbewahranstalt, Schule, Betsaal, Sprech-, Lesezimmer und Bibliothek dienen können. Und warum sollte nicht auch eine Wein- oder Bierstube, ein Tanz- und Musiksaal in allen Ehren Raum finden? Und damit würde eigentlich schon jeder Grund und Vorwand zur Opposition wegfallen, wenn wir auch eines Hospitals, einer Apotheke und eines Lokals für Leichenaussetzung und was sonst zu einem ehrlichen, anständigen Begräbnis gehört, erwähnen, welches letztere jedenfalls mit zu den ersten Bedürfnissen gehören wird, deren Befriedigung die Association ihren Gliedern garantirt. Wie weit auch an Unterbringung einiger Beamten der Association in diesem Centralgebäude zu denken

→L 86

Woher hat Huber seine Ideen zur „Inneren Colonisation"?

Aus seinem Bericht über die Reise nach England, Belgien und Frankreich geht nicht unmittelbar hervor, woher er die Idee zur „Inneren Colonisation" und zum Organisationsmodell der „Assoziation" nimmt. Wenn er in Belgien gewesen ist, kann er als Mann des Schreibtisches eigentlich an den Ideen, Untersuchungen und Propagandaschriften von Edouard Ducpétiaux nicht vorbeigegangen sein. Unter dem Eindruck englischer Vorbilder, die ihm G. Simon in seinem Buch „Les observations recueillies en Angleterre" 1835 vermittelt, und nationaler Vorbilder von Arbeiterkolonien in unmittelbarem Zusammenhang mit Bergwerken wie in Grand Hornu und in Bois du Luc schlägt Ducpétiaux bereits seit 1838 Assoziationen und Kolonien vor, die von Aktiengesellschaften gebaut werden sollen. Nur ist Ducpétiaux im Gegensatz zu Huber Fachmann auf seinem Gebiet, Jurist von der Ausbildung her, Mitkämpfer in der Revolution 1830, aus der der belgische Nationalstaat hervorgeht, Inspektor für das Armen- und Gefängniswesen der Regierung und derjenige, der zusammen mit den Ärzten Mooremans und Spaak im Auftrag des „Conseil central de la salubrité publique" die Wohnverhältnisse des Proletariats in Brüssel mit statistischen Methoden untersucht. Untersuchungsergebnisse und Vorschläge zur Abhilfe sind niedergelegt im *Rapport de la commission nommée par le conseil central de salubrité publique pour vérifier l'état des habitations de la classe ouvrière à Bruxelles et proposer les moyens de l'améliorer".*

Aus diesem Rapport die wichtigsten Abschnitte, in denen das Comité die Idee der Assoziation aufnimmt und bezeichnenderweise gegenüber den genannten Vorbildern dahingehend reduziert, daß die unmittelbare Verbindung zur Produktion entfällt. Die Arbeiterkolonien sollen von Aktiengesellschaften mit einer garantierten Ausschüttung von 4 % – wie heute die „gemeinnützigen Gesellschaften" – gebaut werden.

Das Alleingelassensein des Arbeiters ist der stärkste Grund seines Unbehagens, das Heilmittel für dieses Übel liegt in der Assoziation. Wir haben zu Beginn dieses Rapports beschrieben, wie die Arbeiterklasse wohnt, wie sie sich ernährt und wie sie heizt. Nun, die Assoziation bietet ein unfehlbares Mittel an, um die Zustände zu verbessern. Man sollte diese schmutzigen, feuchten, düsteren und schlecht gelüfteten Elendshütten, auf die der Arbeiter ständig zurückgreifen muß, durch weiträumige, gut beleuchtete und gut gelüftete gemeinschaftlich genutzte Gebäude ersetzen. Diese Gebäude sollten hauptsächlich in den Vorstädten errichtet werden, wo der Boden billiger ist, der Baupreis billiger ist und die Nahrungsmittel auch; sie sollten in eine gewisse Anzahl von Wohnungen eingeteilt werden, soweit wie möglich unabhängig voneinander sein und für Familien von 4–5 Personen bestimmt sein. Unabhängig von diesen Wohnungen sollte es Gemeinschaftsgebäude geben, eine Küche, eine Waschküche, eine Krankenstation, einen Baderaum, einen Wärmeraum, ja vielleicht sogar ein Asyl, wenn die Menschen so zahlreich sein sollten, daß dies notwendig werden sollte. Falls der Boden zu sehr billigem Preis erworben werden kann, könnte man dem Gebäude kleine Gärten anfügen, die den Mietpreis für die Benutzer ein wenig anheben würden, und auf jeden Fall würde es einen großen gemeinsamen Hof geben, mit einer Pumpe oder einem Brunnen, die den Mietern das notwendige Wasser liefern würden.

Hier nun die Vorteile, die aus dieser Art Gemeinschaft erwachsen würden.

Die Arbeiterbevölkerung, die in hygienischen, sauberen und freundlichen Wohnungen wohnte, wäre den häufigsten Ursachen von Krankheiten und Sterblichkeit (!) entzogen; der Handwerker, der jetzt nur mit Widerwillen seine Behausung betritt, der seine Zeit und sein Geld in der Kneipe läßt, um der Unsauberkeit und den Krankheitserregern seines Elendsquartiers zu entkommen, das zu bewohnen er gezwungen ist, würde in seiner neuen Wohnstätte soviel anziehende Liebenswürdigkeit finden, daß er den Weg nach Hause zurückfindet; nach seiner Rückkehr aus der Werkstatt könnte er seinen kleinen Garten bestellen, und während der Winterabende würde er sich im gemeinsamen Wärmeraum bei Lektüre und gemeinsamer Unterhaltung aufhalten. Jede Arbeiterfamilie ist heutzutage verpflichtet, ihren eigenen Haushalt zu haben, für sich allein die Mahlzeiten zuzubereiten, jeden Tag ihren Ofen anzuzünden; diese Arbeiten nehmen den Hauptteil des Tages ein und hindern die Frauen daran, sich einer produktiven Beschäftigung zu widmen; die Lebensmittel und das Heizmaterial sind viel teurer, wenn man sie in kleinen Mengen einkauft. Das Essen ist gleichförmig und oft von schlechter Qualität, ungesund oder unzureichend: wiederum eine Quelle für Krankheit und Unglück. – Im Plan der Assoziation, um die es sich hier handelt, wäre diese Quelle umgeleitet und würde versickern: durch eine wöchentliche Lieferung, proportional zu der Anzahl der Familienmitglieder könnte sich die Familie in der Gemeinschaftsküche gesunde, verschiedenartige und ausreichende Nahrung besorgen; das Waschen der Wäsche in der Gemeinschaftswaschküche würde ebenfalls zum billigsten Tarif geschehen, Lebensmaterial und Heizmaterial, auf Vorrat gekauft, wären billiger und von besserer Qualität; die Frauen bräuchten sich nicht mehr ausschließlich um den Haushalt zu kümmern und könnten durch ihre Arbeit zum Erwerb ihrer Familie beitragen.

Der Einbau der gemeinsamen Wärmehalle, wo sich die Frauen zum Arbeiten versammeln können, wäre ebenfalls ein Mittel, um Heizung und Licht zu sparen. Die Einrichtung eines Baderaumes, dessen Wasser vom gleichen Apparat erwärmt wird, der zur Zubereitung der Speisen dient, würde die hygienischen Einrichtungen vervollständigen, die dazu bestimmt sind, die Gesundheit des Arbeiters zu schützen, sein kostbarstes Kapital. Im Krankheitsfalle, wenn sein Zustand nicht schlecht genug ist, um in ein Krankenhaus eingewiesen zu werden, bleibt der Arbeiter heutzutage zu Hause ohne die geringste Pflege, die Ausgaben steigen im gleichen Maße, wie seine Geldquellen abnehmen, und die Armut sitzt bald auf seiner Bettkante. – Der Einbau einer Gemeinschaftskrankenstube würde dieser Angst und Sorge ein Ende machen, der Kranke könnte hier den Besuch des Arztes, dem das Viertel zugeordnet wäre, empfangen, und die Indisposition, die sich durch fehlende Pflege heutzutage meistens verschlimmert, würde bald unter dem Einfluß von guter Pflege und angemessener Diät verschwinden. Die Kosten für diese Krankenstation würden gedeckt werden durch einen bescheidenen wöchentlichen oder monatlichen Beitrag, der demjenigen entspräche, den die Mitglieder von gemeinschaftlichen Hilfsgesellschaften zahlen, die zu diesem Zwecke gegründet worden sind.

Aber die Gemeinschaft zwischen den Bewohnern eines gleichen Viertels würde nicht nur das materielle

wäre, oder ob sie besser in Hütten wie die übrigen versorgt werden, darüber wird sich streiten lassen. Überhaupt – für dies alles lassen sich gar sehr verschiedene Zuschnitte, Combinationen und Cumulationen mit mancherlei Ab- und Zutun denken.

Wie die Funktionen des Zentralgebäudes bleiben auch Größe und Lage der Huberschen Ideal-Kolonie den lokalen Gegebenheiten gegenüber flexibel. Die Standortbestimmung der Kolonie bewegt sich zwischen den Faktoren Grundstückspreis und Zeitaufwand für den Arbeitsweg. Bemerkenswert ist, daß Huber bereits **1845** an die Benutzung der gerade entstehenden Eisenbahnen als Transportmittel für Arbeiter zwischen Wohn- und Arbeitsplatz denkt, was ermöglichen würde, das Proletariat noch weiter von den Städten entfernt unterzubringen, wo nicht nur die Bodenpreise geringer sind, sondern wo auch eine *moralisch gesundere Luft* herrscht, so daß die Arbeiter vor den *Versuchungen* des städtischen Lebens und die Stadtbürger vor den Arbeitern sicher sind.

Daß die Wahl der Lokalität und die Ausdehnung der Association sich gegenseitig bedingen müssen, liegt auf der Hand. Was aber die erste betrifft, so wird dabei neben, ja vor so manchen andern Momenten natürlich auch die Entfernung von dem Ort der Arbeit zu berücksichtigen sein, wobei leider in den meisten Fällen ein mißliches Dilemma eintreten wird, indem die größere Entfernung die Kosten des Grundeigentums vermindert, aber den Verlust an Zeit und Kräften der Arbeiter vermehrt. Indessen ist dabei nicht zu übersehen, daß die Entfernung nicht bloß nach dem Raum, sondern auch nach der Zeit zu ermessen ist, und es dürfte sich in manchen Fällen die Möglichkeit ergeben, entweder schon vorhandene wohlfeile Transportmittel zu benutzen oder sie auf Kosten der Association zu beschaffen. Ja, man darf sicher annehmen, daß der relativ weitere Weg, wenn er nur gut unterhalten wird, dem Arbeiter nicht so beschwerlich sein wird als der nähere, den er jetzt eben durch Kot oder Sand in Staub und Hitze zu gehen hat. Mancher Klasse von Arbeitern wird sogar die Motion diätetisch zu empfehlen sein – so daß jedenfalls alle Vorteile einer relativ entfernteren Lokalität (Wohlfeilheit der Anlage, physisch und moralisch gesundere Luft, geringere Versuchungen und manche andere lokale Vorzüge, z.B. Wasserfluß u.s.w.) zusammengerechnet, jenen Nachteil in der Regel leicht überwiegen können. Und wozu sind denn die Eisenbahnen da, die sich nach allen Seiten ausdehnen, zwar ohne alle Rücksicht auf d i e s e Bedürfnisse; aber doch gewiß nicht mit vorgefaßter Ausschließung ihrer Befriedigung. Legt zwei, drei Meilen weit von der großen Stadt entfernt eine solche Colonie an, wenn sie nur der Eisenbahn nahe ist, so ist es eine Vorstadt, und der Arbeiter ist in einer viertel oder halben Stunde an der Arbeit.

Das Proletariat soll also zunächst sowohl räumlich als auch sozial isoliert und gleichzeitig organisatorisch erfaßt werden. Danach kann die soziale Therapie beginnen:

Erstlich legen wir schon auf die organische Vereinigung einer gewissen Anzahl von Individuen und Familien, auf die Erlösung, wenn man so sagen darf, aus der atomistischen Massenhaftigkeit den allergrößten Wert; und es braucht nach dem oben Angedeuteten gar nicht ausgeführt zu werden, wie viele gemeinsame Beziehungen zwischen den Bewohnern einer solchen Colonie stattfinden müssen. Aber auch nach außen treten sogleich Beziehungen mancherlei Art hervor; und gerade hier zeigt sich der Vorteil der organischen Gruppirung gegen die atomistische Masse. Diese kann man nirgends recht anfassen, nirgends festhalten. Die Einwirkung auf den einzelnen ist teils unendlich erschwert, teils bleibt es eben ein isolirtes Atom. Ganz anders mit der G r u p p e. Wie dem physischen Leben nun von allen Seiten Luft, Licht, Wärme, reinigendes Wasser zuströmt, denen das massenhafte Gedränge nirgends zugänglich war, so die geistigen, sittlichen Elemente: der in der Liebe tätige Glaube, wenn und wo von Christen und einer christlichen Kirche und Gemeinde die Rede ist, oder doch mindestens die allgemeine Menschenliebe, oder wie man das nennen will – ja, auch gar manche Bestrebung des wohlverstandenen und berechtigten Eigennutzes.

Wir haben keinen Beruf, hier alle diese Möglichkeiten weiter auszuführen, und wir begnügen uns, nur einige Punkte verschiedener Art hervorzuheben. Erstlich erinnern wir an d a s, was wir bei einer andern Gelegen-

heit über die sogenannte i n n e r e M i s s i o n gesagt haben, wo sich dann die Nutzanwendung von selbst finden wird. In der Tat wird in unserem Plan die innere Mission mit dieser unsererer innern Colonisation Hand in Hand gehen. Ja, die i n n e r e C o l o n i s a t i o n wird recht eigentlich das Arbeitsfeld der i n n e r n M i s s i o n in mehren ihrer wichtigsten Zweige sein, und wir denken uns beide als gegenseitig zwingende Postulate. Wir schließen dabei alles, was in der neuern Zeit zur weitern Entwickelung der kirchlichen Seelsorge vorgeschlagen worden, keineswegs aus, sondern im Gegenteil haben wir es ganz besonders im Sinn. Wieviel wirksamer würde ihre Tätigkeit, ihr Beispiel in einem solchen hellern, engern, organischen, überschaulichen Kreis sein, als bei den zufälligen Berührungen mit einzelnen Atomen der Massen!

Wie zu erwarten, ist die „Therapie" nichts anderes als Wicherns „Innere Mission", deren Erfolg in einer „Inneren Colonie" sehr viel eher zu erwarten ist als etwa im Voigtland. Gleichzeitig denkt Huber aber auch daran, über direkte Belohnungen und Bestrafungen die Assoziation als Disziplinierungsinstrument zu benutzen.

Eine große Strenge, ja Härte in mancher Hinsicht wird gar nicht zu vermeiden sein. Namentlich wird z.B. der Association das Recht zugestanden werden müssen, die Aufnahme, die Zulassung zu den Vorteilen, welche sie gewährt, von der Unterwerfung unter sehr strenge Sitten- und Ehegesetze (zur Vermeidung zu früher Heiraten u.s.w.) abhängig zu machen. Ebenso werden etwanige Luxusgesetze nicht ausgeschlossen sein und hier auch die Anknüpfung an die Kirchenzucht sich nach Umständen darbieten.

Wozu die „Innere Colonie" eine Alternative bieten soll, wird u.a. aus folgender Passage deutlich, wo Huber versucht, sich gegen etwaige Einwände zu schützen.

Es liegt nämlich bei dem bisher Gesagten das Bedenken nahe genug: „Ihr mutet uns neue Bauten zu, während wir z u n ä c h s t jedenfalls Lokale im Überfluß haben, um die Proletarier gut oder schlecht unterzubringen. Was soll denn aus den Familienhäusern, aus den Hinterhäusern, aus ganzen Straßen werden, welche bisher auf diese Weise benutzt und vermietet wurden?" Wir gestehen, daß uns diese Bedenken, aus mehr denn einem Grunde, gar nicht anfechten. Erstlich handelt es sich überhaupt gar nicht darum, eine große und für viele Tausende wohltätige, für das Ganze dringend nötige Maßregel durchzuführen, ohne irgendein Interesse zu verletzen – von einer Rechtsverletzung, ja, auch nur von einer Unbilligkeit ist aber hier gar nicht die Rede. Mit denen freilich, welche nicht einsehen, daß und warum wir auf eine solche Versetzung der proletarischen Pflanze in ein anderes Terrain so überwiegenden, entscheidenden Wert legen für die Verbesserung dieser Zustände – daß und warum wir den Wohnungspunkt, die Colonisation nach den angedeuteten Principien so sehr voranstellen –, mit denen, die meinen, es sei ziemlich einerlei, ob Tausende von Familien in Folge der ihnen zu Wucherpreisen dargebotenen Wohnungen fast notwendig in moralischem und physischem Schmutz, Unordnung u.s.w. verkommen, wenn nur einige Hausbesitzer ihre Rechnung dabei finden, sich bereichern –, mit denen haben wir hier kein Wort zu verlieren. Die Frage aber wollen wir allen, die es angeht, besonders aber den städtischen Magistraten zu bedenken geben: ob denn gerade in den Stadtteilen, von denen hier die Rede ist, gar kein Bedürfnis nach freien Plätzen oder nach einer Benutzung solcher Räume vorliegt, die dem Gemeinwesen mehr Nutzen brächten als jene proletarischen Rattennester? Ob gar keine Kirchen zu bauen, keine Zierplätze anzulegen sind? Ja, ob nicht gerade an solchen Plätzen nach Abtragung jener Familienhäuser u.s.w. eben solche von uns postulirte Colonieen angelegt werden können? „Wir werden uns hüten – Grund und Boden ist dazu zu teuer!" Damit habt Ihr Euch selbst geschlagen! Legt die Colonie vor der Stadt an, laßt die Rattennester im Preise fallen, kauft dann den ganzen Plunder auf Abbruch und verwendet den Platz, wie Ihr es verantworten könnt, so macht Ihr noch ein gutes Geschäft obendrein.

Es taucht die Frage nach einem möglichen Bauherrn auf, woran die Realisierung des Plans in dieser Form auch letztlich scheitern wird.

Hier sei nur gestattet, noch einmal an die Möglichkeiten zu erinnern, welche in der Idee des S c h w a n e n o r d e n s lagen. Hat das Mittel-

Leben umfassen, sie wäre auch um die moralischen Notwendigkeiten bemüht. So wären die kleinen Kinder, selbst unter 2 Jahren, in einem Gemeinschaftszimmer vereint, unter der Aufsicht von einer oder zwei alten Frauen, während die Mütter ihren Beschäftigungen nachgehen. Dieser Raum könnte bei Bedarf in einen Kinderhort umgewandelt werden, wenn sich ein solcher nicht schon in unmittelbarer Nähe des Gebäudes befindet. Es wäre besser, Kinder unter 6 Jahren dann dorthin zu schicken. Kinder über 6 Jahren sollten die Grundschule besuchen. – Es bedürfte auch nur eines kleinen wöchentlichen Beitrages der Mieter, um eine kleine Wanderbibliothek zu schaffen. – Die Leitung dieser Institute würden denen zufallen, die zu ihrem Aufbau und zu ihrer Unterhaltung beigesteuert haben; sie würden zu diesem Zweck Delegierte abordnen, die über den Verbrauch der Mittel wachen und den Beitragzahlenden darüber Rechenschaft ablegen.

Die Alten beiderlei Geschlechts, die heutzutage ihren armen Familien eine Last sind und die, wenn sie das Glück haben sollten, in Altenheimen aufgenommen zu werden, oft genug dazu gezwungen sind, Brot und Unterkunft beim Betteldepot zu erbitten, würden nach dem Plan der Assoziation hier Platz und Beschäftigung finden. Tagsüber könnten sie im Gemeinschaftswärmeraum bleiben, nachts könnten sie in einem für sie reservierten Schlafraum übernachten. Ihre Mahlzeiten könnten sie mit ihren Familienmitgliedern einnehmen, die außerdem eine kleine Entschädigung jede Woche für ihre Wohnung und die anderen Vorteile, die ihnen geboten werden, zu zahlen hätten. Außerdem wird man jenen Greisen, die dazu fähig sind, Funktionen zuweisen, die ihren Kräften und ihren Möglichkeiten entsprechen; so können die alten Frauen Kinder und Kranke hüten, die alten Männer könnten Besorgungen machen und sich um Bewachung und Unterhaltung der Gemeinschaftsräume kümmern, die Kinder zur Schule begleiten und sie von dort wieder abholen etc.

Wir können hier noch eine Menge anderer Vorteile aufzählen, die sich aus der Annahme dieses Planes ergeben würden, aber wir haben genug gesagt . . . Es handelt sich hierbei nicht um eine Utopie. Wir haben unser Quartier nicht mit einem pompösen Namen wie Phalanstère oder Société coopérative geschmückt, es ist einfach eine Assoziation, die sich auf der einfachsten Basis aufbaut. Ein leicht zu realisierendes Projekt, auf das einfachste vereinbar mit den Prinzipien, die unsere Gesellschaft bestimmen, und deren billige Ausführung übrigens lukrativ wäre für die, die sie unternehmen . . .

Dieser Rapport wird 1841 in den Annalen des Conseil abgedruckt und von Ducpétiaux 1844 in seinem Aufsatz „De la Mortalité à Bruxelles comparée à celle des autres grandes villes" wieder zitiert und ausführlicher dargestellt. Im Anhang zu diesem Aufsatz ist ein kalkulierter Plan für eine Arbeiter-Assoziation wiedergegeben, der gezeichnet ist von Pierre Cluysenaar, dem Architekten der großen Galerie St. Hubert in Brüssel.

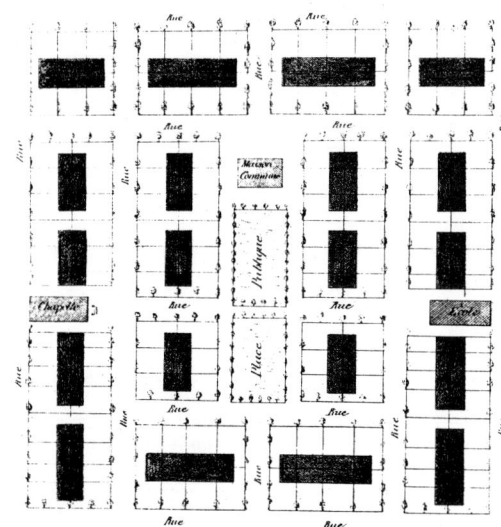

→B 55 Pierre Cluysenaar 1844, Plan für ein Arbeiterviertel bei Brüssel

→S 483 Dieses Projekt ähnelt auffällig dem, das Huber an eigener Vorstellung entwickelt, und dem, das die Waaren-Credit-Gesellschaft 1856 als Plan beim Polizeipräsidium einreicht – nur im größeren Maßstab. Realisiert von diesen Projekten, die in der Nähe der Stadt geplant waren, aber keinen Bezug zur Produktion hatten, nichts.

alter einen Orden erzeugt, der das damalige Preußen durch Burgen, Kirchen und Ackerbau-Colonien der Barbarei entriß, warum sollten nicht auch in unserer Zeit Männer zusammentreten, um durch Colonien, wie u n s e r e Zeit sie bedarf und fordert, die Barbarei unserer Zeit, auf i h r e m Gebiete, dem Proletariat, zu überwinden?

Der Aufruf am Schluß der Schrift, in dem Huber zu praktischen Taten auffordert, zeigt, wer seine Adressaten sind und in wessen Interesse er die „Innere Colonisation" entworfen hat:

Schließlich noch ein Wort insbesondere an a l l e , welche in irgendeinem Sinne als c o n s e r v a t i v gelten oder gelten wollen und überdies noch bei dem Siege der destruktiven Kräfte am meisten zu verlieren haben, welche aller Enden, besonders aber in unterirdischer langsamer, sicherer Arbeit in den tiefen, breiten Grundlagen des status quo ihr Wesen treiben. An gutem Willen, löblicher Gesinnung, trefflichen Worten, an christlichem Glauben und christlicher Zucht im Haus, und christlicher Liebe außer dem Haus, und treuer Pflichterfüllung im Amt fehlt es nicht und hat es jedenfalls vielleicht nie weniger gefehlt als jetzt, zumal in den höheren und höchsten Kreisen. D a s ist anzuerkennen, mit Dank gegen Gott vor allem; aber d a m i t ist es noch n i c h t getan, und es wäre der verderblichste Irrtum, sich länger in der Täuschung zu wiegen, als wenn d a m i t und mit einem leidlichen Hinhalten der staatlichen und kirchlichen und socialen Zustände, auf denen all diese löblichen Dinge ruhen und wachsen, alles getan wäre, was dazugehört, U m w ä l z u n g e n oder U m w a n d l u n g e n , tiefergreifend und zerstörender als je eine frühere, zu verhindern.

Die Schwierigkeiten, die wir hatten, diesen Text aufzutreiben, lassen darauf schließen, daß der „Janus" keine große Leserschaft gehabt haben kann, allenfalls als Sonderdruck wie hier für den „Christlichen Handwerkerverein" gezielt verbreitet worden ist.

→L 87   Elvers, der Biograph Hubers, bestätigt diese Annahme: *Erwägt man noch, daß Huber's Styl wenig Gewinnendes hat, ja, daß derselbe in Folge der massenhaften Production, zu der er genötigt war, gerade damals seine unglücklichste Zeit hatte, so wird man begreifen, daß der Janus nur geringen Beifall beim Publikum zu finden vermochte. Ohnehin hatte man in conservativen Kreisen noch wenig Verständnis dafür, daß es Pflicht sein könne, die den Parteizwecken dienenden Organe durch Halten derselben zu unterstützen, und wir erinnern uns beispielsweise, daß an einem Orte zehn angesehene Männer, die auf Huber große Stücke hielten, zusammentraten, um gemeinschaftlich e i n Exemplar des Janus zum Preise von 8 Thalern jährlich zu erhalten. So war denn auch der Absatz desselben ein nur sehr geringer. Im ersten halben Jahre wurden nur 66 Exemplare verkauft, und der Zuschuß, welcher aus dem Staatsschatz gewährt werden mußte, belief sich für das erste Jahr auf mehr als 4000 Thaler. Dieses Ergebnis hatte man nicht erwartet, und es wurde dadurch das fernere Erscheinen des Janus in Frage gestellt. . . . Der Absatz steigerte sich im nächsten Jahr auf 174 Exemplare, womit aber auch der höchste Punkt erreicht zu sein scheint, und der Staatsschatz mußte immer noch alljährlich erhebliche Summen zur Erhaltung des Blattes hergeben.*

Im **März 1848** wird dann das Erscheinen des „Janus" eingestellt.

Victor Aimé Huber entwickelt sein Konzept für eine Arbeiterkolonie vor dem Hintergrund seiner Reiseerfahrungen in England und Belgien, wobei er das, was er in diesen Ländern an Arbeiterhäusern und Siedlungen kennenlernt, mit den Grundgedanken der „Inneren Mission" zu verbinden sucht. Bei dem Ergebnis gehen freilich wesentliche Bestimmungsfaktoren verloren, die in den genannten Ländern zum Bau solcher Kolonien geführt haben. Hubers Kolonie steht in keinem Verhältnis zur industriellen Entwicklung, die z.B. in England zur Notwendigkeit des Baus von Arbeiterkolonien in direkter Nachbarschaft entlegen gelegener Industrieanlagen geführt hat. Ebensowenig baut Huber, wie es in Brüssel der „Conseil Central de Salubrité" unternommen hat, auf der empirischen Untersuchung der örtlichen demographischen und sozialhygienischen Verhältnisse auf. Huber bezieht sich nirgends auf vergleichbare Ansatzpunkte in Berlin, gibt auch die ausländischen Analysen nicht wieder, sondern empfiehlt die Kolonie als allgemeine Form der Anstalt zur Beherrschung des Proletariats über

Janus.

Jahrbücher

deutscher Gesinnung, Bildung und That.

Herausgegeben

von

V. A. Huber.

———

Zweiter Band.

1845.

———————

Berlin,
Verlag von Wilhelm Besser.
1845.

Ernst Dronke (1845) über Hubers „Janus":

In neuerer Zeit hat die gouvernementale Presse mehrfachen Zufluß erhalten. Zunächst kommt hierbei der Professor Huber mit seinem Janus in Betracht. Herr Huber, früher Professor in Marburg, suchte sich schon damals durch mehrfache konservative Broschüren in der Verfassungsfrage der preußischen Regierung bemerklich zu machen, so daß er fast das Ansehen eines Bettelbriefes an Preußen um eine Anstellung bekam. Als er glücklich nach Berlin berufen worden und bei den Studenten wie in Marburg Fiasko gemacht, begann er seine konservative Tätigkeit in der Presse zur Geltung zu bringen. Sein Janus ist indes nie besonders in die Öffentlichkeit gekommen. Herr Huber selbst ist ein zu verworrener, unklarer Kopf, um besondere Aufmerksamkeit zu erregen, und seine langweiligen konservativen Tiraden blieben von der übrigen Presse, selbst von seinen Freunden und Anhängern unberücksichtigt.

←L 88

die Wohnung. Unter dem zentralen Aspekt der Wiederherstellung, bzw. Schaffung der christlichen Familie mit räumlich abgeschlossenem Haushalt als kleinster gesellschaftlicher Zelle, wird die Kolonie im Landesinneren nur zu einer Modifikation der geschlossenen Anstalten für Straftäter und Kranke, wie wir sie anhand zweier Erscheinungsformen in Berlin dargestellt haben. Die Kolonie kann — anders als die Stiersche Armenstadt — in ihrer baulich-räumlichen Form offen sein, da sie so weit weg von der Stadt gebaut werden soll, daß man sie, wenn möglich, nur mit der Eisenbahn erreichen kann.

Diese **1845** entwickelte Idee fällt zeitlich zwischen das noch nicht abgelegte feudale Muster der friderizianischen Handwerkerkolonie des 18. Jh. und das Muster der aufgrund noch fehlender Kapital-Akkumulation erst in der zweiten Hälfte des 19. Jh. realisierbaren privatkapitalistischen Werkskolonie, wie wir sie ab **1853** bei Mulhouse, Bochum, Dortmund und anderen Orten im Zusammenhang mit der Textil- und Stahlindustrie und dem Bergbau finden.

Das Konzept der „Inneren Colonisation" fließt, wenn auch nicht unmittelbar und in seiner Totalität, in die ab **1846** in Preußen einsetzenden Diskussionen zur Wohnungsreform ein. Wir belassen es hier bei der Darstellung des Konzepts und gehen über zur Vorgeschichte der erst nach **1848** praktisch wirksam werdenden bürgerlich-gemeinnützigen Initiative zum Bau von Arbeiterwohnungen in Berlin. Wir werden dabei zu beobachten haben, wann und durch wen Elemente der „Inneren Colonisation" einfließen.

Die Gründungsvorbereitungen einer „Berliner gemeinnützigen Baugesellschaft"

Wie wir bereits erwähnt haben, werden ab **1846** in Berlin *mehrere und von verschiedenen Seiten ausgehende Versuche gemacht, um einen Verein zur Verbesserung der Arbeiterwohnungen zu stiften.* Über die Personen, die hinter diesen *verschiedenen Seiten* stehen, ist uns nichts Näheres bekannt, es gibt jedoch Anhaltspunkte dafür, daß diese Bestrebungen in Zusammenhang stehen mit dem „Centralverein für das Wohl der arbeitenden Classen". Dessen offizielle Gründung wird zwar bis zum Jahr **1848** hinausgezögert, aber der Beginn seiner Konstituierungsphase liegt im **Winter 1844/45** im Zusammenhang mit der Gewerbeausstellung in Berlin und unter dem frischen Eindruck der Weberunruhen in Schlesien. Als einziger aus dem Personenkreis, der ab **1846** die Gründung eines Bauvereins anstrebt, ist uns der Königl. Land-Baumeister Carl Wilhelm Hoffmann bekannt, der nach seinen eigenen Angaben bereits 5 Jahre zuvor vergebliche Einzelversuche in diese Richtung unternommen hat: *Schon im Jahre 1841 machte (ich) einen Versuch zur: „Bildung eines Häuserbau-Vereins", der jedoch aus Mangel an Capital nicht zustande kam. – Ein im hiesigen Architekten-Verein 1841 gemachter Vorschlag, unter die dort monatlich zu stellenden Preis-Aufgaben auch Entwürfe zu besserer Einrichtung von Arbeiter-Wohnungen aufzunehmen, wurde abgelehnt, weil eine solche Aufgabe zu wenig architektonisches Interesse biete. – Ein ebenfalls im Jahre 1841 bei dem Magistrate der Stadt Berlin eingebrachter Antrag mit speziellen Vorschlägen: „zur Verbesserung der Miethswohnungen", wurde mit einer Hinweisung auf die bestehenden wohltätigen Vereine, welche die Sache in die Hand zu nehmen geeignet sein mochten, beantwortet.*

Am **29.4.1846** findet in Berlin eine Sitzung statt, die dem Kreis der Vereinsgründer dazu dient, Vorstellungen über die später zu erbauenden Vereinshäuser zu entwickeln. In seiner Rückschau auf die Gründungsgeschichte und bisherige Bautätigkeit der „Berliner gemeinnützigen Baugesellschaft" veröffentlicht C.W. Hoffmann das folgende Protokoll dieser Sitzung:

Die Bemühungen der Humanität, auf die Moral der untern Volksklassen in großen Städten zu wirken, haben von jeher in der Macht des bösen Beispiels unverbesserlicher Subjekte großen Widerstand gefunden, und die Gefängnisse und Zuchthäuser liefern den Beweis, daß je mehr der Kreis

←L 89 **Keine Familienhäuser mehr!**

→L 90 **V.A. Huber, 1854:** *Der Wunsch der gemeinnützigen Baugesellschaft war und ist, möglichst wenige Familien unter ein Dach zu bringen – eben im Gegensatz zu den berüchtigten Familienhäusern . . .*

→L 91 **§ 13 der Statuten der Gemeinnützigen Baugesellschaft:** *Die Gesellschaft errichtet keine großen sogenannten Familienhäuser, sondern nur Gebäude von ungefähr 6 bis 12 Wohnungen, je nach dem Verhältnis des Raumes und sonstiger Umstände . . .*

→L 92 **C.W. Hoffmann, 1852:** *Aus der Fassung des § 13 würde man die unrichtige Folgerung ziehen, wenn man annehmen wollte, daß nur Wohnungen für 6 bis 12 Familien auf einem Bauplatze errichtet werden sollen. Die Forderung des Statuts geht vielmehr nur dahin, für je 6 bis 12 Wohnungen ein besonderes Haus zu errichten, mit getrenntem Hof usw. . . . . anzulegen . . . Ein Zusammenlegen mehrerer Häuser, eine Gruppierung derselben in solcher Weise, daß mehrere ein organisches Ganze bilden, ist nicht nur nicht statutenwidrig, sondern in vieler Beziehung sehr nützlich. Es befördert den Gemeinsinn, sowie die Stärke und Kraft, welche in dem Bewußtsein liegt, mit mehreren nach demselben Ziele zu streben, es erleichtert die gegenseitige Unterstützung, die Verwaltung und Beaufsichtigung, ohne die Nachteile zu haben, welche kasernenartige Gebäude unvermeidlich mit sich führen, da die Absonderung eines jeden Hauses, jeder Wohnung möglich ist.*

→L 94 **Erfahrungsbericht des Gesellschaftsvorstandes 1901:** *Solche Arbeiterkasernen sind auch nicht beliebt, da sie den Klassenunterschied in die Augen fallend machen. Vorzuziehen sind Reihenhäuser, d.h. Zerteilung in einzelne, ganz getrennte Grundstücke mit verschiedenen Fassaden und Wohnungen.*

←L 95

unmittelbarer Berührung zwischen ungebildeten und rohen Menschen erweitert wird, um so schwerer Schutz vor schädlicher Ansteckung geschafft werden könne.

Familienhäuser sind darin den Zwangshäusern ähnlich, daß sie ein fortwährendes und engeres Zusammenleben unbemittelter und ungebildeter Personen befördern, das Familienleben zerstören und durch die unabwendbare Vermischung des Geschlechts und der Alters-Klassen die Unsitte begünstigen und die Arbeitslust schwächen.

Aus diesem Gesichtspunkte wird vielleicht der Sittenlehrer gegen die Vermehrung solcher Anlagen Bedenken aufstellen, gewiß aber ein Mittel suchen müssen, die Gefahr der Benachteiligung zu schwächen. Der Zustand der von Wülcknitzschen Familienhäuser verdient ein ungünstiger nicht genannt zu werden, allein es war unbedenklich ein Fehler im Prinzip, daß man von Anfang an, nicht mehr als geschehen, darauf gehalten hat, die nackte Armut und die zweideutige Persönlichkeit von der Benutzung der dortigen Wohnungen auszuschließen. Die Folge davon war, und hat es sein müssen, daß die Familienhäuser allmählich den Charakter von Armenhäusern angenommen haben und daß sie nicht selten von schlechten Subjekten als eine absichtliche Zuflucht gesucht werden, weil der Aufenthalt daselbst die Präsumtion der Bedürftigkeit gewährt und also die Hoffnung auf Unterstützung vergrößert. Den Beweis liefert die unverhältnismäßig große Anzahl der Almosen-Empfänger, und die Prüfung, welche angeblich bei der Aufnahme durch den Inspektor hinsichts der Persönlichkeit angestellt wird, hat das Zudrängen verdächtiger Individuen nicht hindern können.

Hier müßte bei Anlage neuer Familienhäuser ein anderer Grundsatz befolgt werden, und wie das ganze Unternehmen nur auf der Basis der Humanität gedeihen kann, nicht aber Gegenstand der Speculation sein darf, würde darauf zu achten sein:

1. Daß als Bewohner der Vereinshäuser nur vollständig unbescholtene, zwar unbemittelte, aber als fleißig und ordentlich bekannte Familien, deren Häupter in gültiger Ehe leben, zugelassen werden.

2. Daß das die Aufsicht führende Personal aus Männern bestände, deren Bildungsgrad sie befähigte, einerseits die wahren Interessen der untern Volksklassen zu verstehen, andererseits auf ihre Persönlichkeit einzuwirken.

Daß solche Anlagen recht eigentlich zu den Pflichten einer Commune gehören, ergibt sich von selbst, sie werden aber auch bestehen können, sobald die Mittel zur Errichtung durch Actien-Vereine gestiftet werden, welche, statt die Speculation auf Miets-Vorteile in den Vordergrund zu stellen, die Wohnungen vielmehr zu mäßigen Preisen und als ein Beneficium, d.h. als Belohnung für ein ruhiges und arbeitsames Leben, darbieten, und deren Mitglieder es selbst nicht verschmähen wollen, sich der Aufsicht solcher Institute persönlich hinzugeben.

Für die Leitung und Beaufsichtigung solchergestalt gebildeter Vereinshäuser würde statt lästigen Zwanges lediglich die Bedingung genügen können, daß das gewährte Beneficium aufhören würde, sobald schlechte Führung die Familien der Fortgewähr unwürdig mache, für den Staat aber und die Stadt würde eine Einrichtung dieser Art einen wahrhaften Vorteil begründen, indem sie die besseren Elemente der unteren Volksklassen unter einen sichern Schutz stellt, bescholtenen Individuen aber für den Fall der Besserung materielle Vorteile in Aussicht geben könnte.

Hinsichts der äußern und innern Organisation solcher Vereinshäuser wurde in der Versammlung eines neuerlich erschienenen Werkes des Professor Huber

"Über innere Colonisation"

erwähnt, welches schätzenswerte Bemerkungen über den Gegenstand enthält.

Als Andeutungspunkte wurden in der Versammlung folgende Momente besprochen:

Teils um die Aufsicht möglich zu erhalten, teils um nicht zuviel Individuen der ärmeren Klasse auf einer Stelle zu versammeln, würde darauf gehalten werden müssen, daß nicht mehr als hundert Familien ein Etablissement bilden.

Hinsichts der Wahl und Einrichtungen der Lokalitäten würde man den allgemeinen Vorschriften für öffentliche Gebäude sich anzuschließen haben; gesunde, möglichst hoch belegene Gegenden, große Höfe und Plätze zwischen den Gebäuden, welche zwar vierstöckig, aber nicht zu *groß, und voneinander getrennt, anzulegen wären, hohe geräumige Zimmer.*

Es ist ein Übelstand in den Familienhäusern, daß die Böden und Kellerräume zu Quartieren eingerichtet, daß die Zimmer selbst nicht geräumig genug, daß die Wohnungen nicht sämtlich mit verschließbaren Kammern versehen sind und daß die Kochgelegenheiten auf den Korridors liegen.

Bei Familien, welche wie die Weber etc. ihre Arbeit in der Wohnung betreiben, ist die Ausdünstung der rohen Stoffe so stark, daß sie für niedrige Zimmer der Gesundheit schädlich werden kann, und wenn die Familie außerdem in demselben Zimmer schlafen muß, in welchem die aufgestellte Maschine den größten Teil des Raumes einnimmt und in welchem auch noch die Küchengeräte stehen, so entstehen Nachteile für Reinlichkeit, Ordnung und Sittlichkeit, welche nur vermieden werden können, wenn besondere Schlafzimmer und ebenso selbständige Küchenräume vorhanden sind; die Flur-Kamine in den v o n W ü l c k n i t z s c h e n Häusern sind an sich polizeilich unstatthaft, sie reichen aber auch nicht aus, weil die Familie einen Raum braucht, Gerätschaften, Vorräte und Abgänge außerhalb des Wohnzimmers aufzuheben.

Als wünschenswert würde noch hinzuzufügen sein, daß öffentliche Waschküchen und Trockenböden eingerichtet würden, in denen mehrere Familien zugleich, aber gesondert, ihre Wäsche besorgen könnten, da das Waschen und Trocknen in den Stuben, ja selbst in den Küchen unbequem und nachteilig ist.

Die Anlegung von Korridors wird sich bei Einteilung der Häuser bedingen; es wird indes vorzüglich darauf zu sehen sein, daß sie hell und freundlich, nicht wie in den Familienhäusern schmal und dunkel, daß die Treppen breit und in größerer Zahl als dort seien und daß die Erleuchtung der Korridore und Treppen nicht nur bis 9 Uhr abends, sondern die ganze Nacht hindurch dauert.

Da die Vereinshäuser nur in großen Städten gedacht werden, so erscheint die Errichtung besonderer Kranken-Stationen nicht erforderlich, dagegen wird eine Leichenkammer vorhanden sein müssen und dem Etablissement ein besonderer Arzt zu überweisen sein.

Da vorausgesetzt worden ist, daß die qu. Häuser ein Beneficium für unbescholtene Familien gewähren sollen, so wird es nicht auffallen, daß bei den Quartieren eine größere Bequemlichkeit in Anspruch genommen ist, als die Familienhäuser sie darbieten, es wird aber dessenungeachtet dem Mietspreise gegenüber ein solches Verhältnis bestehen müssen, daß ein ersichtlicher Vorteil zur Erwerbung des Beneficii anreizt; das Nähere hierüber bleibt der Beratung über den einzelnen Fall vorbehalten.

Was die Hausordnung in Vereinshäusern anbetrifft, so würde es zweckmäßig sein, dieselbe von einem Aufsichts-Comité unter Zuziehung der ersten Bewohner entwerfen zu lassen; die Gegenstände werden sich im allgemeinen auf das beschränken, was in dem anliegenden Formular angedeutet ist, nur daß die Ansprüche an Führung und Beschäftigung sich höher stellen lassen und die Übertretungen einfach mit dem Verlust des Beneficii bedroht werden.

Als der wichtigste Vorteil der erwähnten Vereinshäuser könnte sich die Einwirkung auf das jugendliche Alter herausstellen. Wenn der Schulbesuch von den Eltern als eine B e d i n g u n g der Erlangung und Fortgewähr des Beneficii gefordert wird; so läßt sich mit Bestimmtheit erwarten, daß er regelmäßig sein werde. Außerdem aber, daß ein vollständiges Lehrer-Personal den ordentlichen Unterricht zu erteilen verpflichtet wäre, müßte das Aufsichts-Comité eines Vereinshauses sich überhaupt der Erziehung und Leitung der Kinder soweit bemächtigen, als es ohne Verletzung der Familienrechte irgend möglich ist; sämtliche Kinder solcher Eltern, welche entweder abwesend auf Arbeit oder in ihrer Wohnung beschäftigt sind, könnten auch außerhalb der Lehrstunden beschäftigt und bei ihren Spielen überwacht werden, und nur auf diese Weise würde sich das Herumtreiben und das unbewachte Zusammensein von Kindern verschiedenen Alters und Geschlechts verhindern lassen; es versteht sich von selbst, daß den Lehrern hierbei Erleichterung verschafft würde, und es wäre zu vermitteln, daß auch die älteren Bewohner des Hauses bei der Disciplin über die Jugend konkurrirten.

Was die äußere Einrichtung der Schulen anlangt, so hält man es für zweckmäßig, ein eignes Gebäude zum Schulgebrauch herzurichten und darin zu Gunsten Kranker u.s.w. einen geräumigen Saal für kirchliche Zwecke anzubringen, das Gebäude würde entfernt von den Wohnhäusern anzulegen, mit einem Spielplatz zu umgeben und, um Störungen zu verhüten, gegen das Etablissement abzuzäunen sein.

Hinsichts der Warteschule wurde die Einrichtung in den Familienhäusern, daß die Kinder mit Speisen versehen werden können, nicht unpassend gefunden; und ist auch die Rede davon gewesen, ob nicht überhaupt für die Familien gemeinschaftliche Speise-Anstalten zu errichten seien, es wurde indes davon abgegangen, weil man der Meinung war, daß dadurch das Familienleben zu sehr beeinträchtigt werden möchte; ebenso ist die Idee verworfen worden, eine allgemeine Beschäftigungs-Anstalt zu errichten, indem man davon einerseits eine nachteilige Einwirkung auf den Gewerbe-Verkehr überhaupt, andrerseits auf den freien Tätigkeitstrieb der Bewohner fürchtete.

Die von Wülcknitzschen Familienhäuser erfreuen sich zwar der Teilnahme des weiblichen Wohltätigkeits-Vereins, allein dieser Verein hat nur in einem ganz engen Kreise dazu getan, schwächlichen, alten Leuten durch Weben oder Nähen Verdienst zu verschaffen, und beabsichtigt aus den vorangeführten Gründen, nicht seine Tätigkeit noch weiter auszudehnen.

Als ein sehr beachtenswerter Vorschlag ist dagegen anerkannt worden, daß in einem Vereinshause ein Nachweisungs-Büreau bestehen müsse, in welchem Tage-Arbeit auf längere oder kürzere Zeit aufgegeben und angenommen werden könne etc.

Für uns sind an diesem Protokoll vor allem zwei Punkte bemerkenswert: erstens die Tatsache, daß das abschreckende Beispiel der v. Wülcknitzschen Familienhäuser den Ausgangspunkt der Berliner Diskussion um eine Wohnungsreform bildet. Daran werden Programm und Grundrißidee der Vereinshäuser entwickelt; zweitens können wir feststellen, daß in diese Diskussion von Anfang an Hubers Argumentation zur „Inneren Colonisation" einfließt, vor allem das Motiv, die Arbeiterwohnung als sittliches und politisches Erziehungs- und Disziplinierungsinstrument einzusetzen. Um das Programm der Vereinshäuser mit späteren Entwürfen vergleichen zu können, fassen wir die in dem Protokoll verstreut wiedergegebenen Einzelheiten zusammen:

Zu den Wohnungen und Häusern:
– nicht mehr als 100 Familien/Etablissement;
– Übernahme der allgemeinen Bestimmungen für öffentliche Gebäude (große Höfe, hohe Räume, hochgelegene Grundstücke, Trennung der einzelnen Gebäude voneinander);
– viergeschossig;
– besondere Schlafzimmer in jeder Wohnung;
– selbständige Küchen;
– breitere und hellere Korridore als in den Familienhäusern, mehr Treppen.

Zu den gemeinsamen Einrichtungen:
– Waschküche und Trockenboden;
– Leichenkammer;
– Schule;
– Saal für Kranke und kirchliche Zwecke;
– Arbeitsnachweisbüro;
– ausdrückliche Ablehnung von gemeinsamen Speiseanstalten wegen der Beeinträchtigung des Familienlebens;
– keine Beschäftigungsanstalt wegen der Freiheit der Wirtschaft.

Zur Organisation:
– garantierte niedrige Mieten als Benefizium und Disziplinierungsinstrument;
– Kontrolle der Bewohner: Auswahl, ständige Aufsicht.

10 Monate später, am **23.2.1847**, verfaßt C.W. Hoffmann, ob im Auftrag oder aus eigener Initiative, können wir nicht mehr feststellen, eine 12seitige Broschüre, überschrieben „Die Aufgabe einer Berliner gemeinnützigen Baugesellschaft", die einen genau kalkulierten und erläuterten Musterentwurf zu einem Vereinshaus enthält. Dem Entwurf ist eine Einleitung vorangestellt, in der er sich auf Beispiele in London und Brüssel beruft, beides Aktiengesellschaften, deren Vorschläge er nicht übernimmt, sondern für Berliner Verhältnisse abwandelt:

→L 97   *Man gehet dabei von der Überzeugung aus, daß das Familienleben die einzig richtige Grundlage alles bürgerlichen Wohlseins ist; daß daher zuvörderst das alle Unsitte befördernde, die Entwickelung des Familienlebens behindernde, massenhafte Zusammendrängen unbemittelter und roher Per-*

J.H. Wichern über Hoffmanns Plan einer gemeinnützigen Baugesellschaft (1847):

←L 96   *Der Plan geht durchaus von einem sittlichen Gesichtspunkte aus: Häuser herzustellen, welche in ihrer Art das Familienleben, als die Grundlage alles bürgerlichen Wohlseins, fördern. Deshalb kleine, in jedem Stockwerk höchstens 2 Wohnungen enthaltende Häuser, so daß das alle Unsitte befördernde, die Entwickelung des Familienlebens behindernde massenhafte Zusammendrängen unbemittelter und roher Personen vollständig vermieden wird. Almosenempfänger und verrufene Personen sollen ferngehalten werden. Die Hausordnung, soviel sie zu überwachen ist, soll auf Reinlichkeit etc. sehen, im übrigen so wenig drückend als möglich und in allen Stücken darauf berechnet sein, den Bewohnern den eignen Herd behaglich zu*

sonen vollständig vermieden werden muß und nur auf Häuser von möglichst geringer Größe, welche in jedem Stockwerk höchstens 2 Wohnungen enthalten, Rücksicht genommen werden kann. Obschon die Häuser k l e i n anzunehmen sind, so müssen doch die Zimmer geräumiger und besser sein als bisher in diesem Kreise üblich.

Almosenempfänger und verrufene Personen sind f e r n zu halten. Es ist hier nicht Aufgabe anzugeben, was mit diesen Unglücklichen zu machen sei, sondern es tut nur Not, vor ihrer Aufnahme in die neu zu erbauenden Häuser der Gesellschaft zu warnen. Die Vernachlässigung dieser Warnung hat mehrere bona fide in's Leben gerufene Anstalten so heruntergebracht, daß man gegenwärtig ihre Unterdrückung wünschen möchte, da sie nur noch fast ausschließlich von Bettlern und Tagedieben aufgesucht werden, weil der Aufenthalt in ihnen das Vorurteil der Hülfsbedürftigkeit erweckt und Hoffnung auf Unterstützung gewährt. Jedenfalls aber vermeide man bei Anordnung von Maßregeln zur sittlichen Hebung der Bewohner a l l e S c h a u s t e l l u n g e n. Es ist natürlich, daß der bessere Arbeiter, der e i n z i g e, welchen man aufnehmen darf, einen natürlichen Widerwillen gegen Häuser hat, welche ausschließlich für Leute bestimmt sind, auf welche man Erziehungsmaßregeln anwenden will; denn niemand will mit Fingern auf sich zeigen lassen, und wenn die Annahme, daß Veranlassung dazu vorhanden sei, auch unbegründet sein sollte, so kann sie doch zum Gespenst werden. Dagegen gewähre man möglichst viele materielle Vorteile, besonders solche, deren Ergreifung notwendig zur sittlichen Tätigkeit führen muß. Die Hausordnung halte auf strenge Reinlichkeit, sei aber im übrigen so wenig drückend als möglich und in allen Stücken darauf berechnet, dem Bewohner den eigenen Herd behaglich zu machen. Will man den Arbeiter nach vollbrachtem Tagewerke an seine Frau und seine Kinder fesseln, das beste Mittel, ihn von der Schenke abzuhalten, so gebe man ihm eine Wohnung, die d i e s e n N a m e n verdient, ein Zimmer, in welchem er H e r r ist. Wer 15 lange Stunden des Tages Last und Mühe getragen hat, dem gönne man für die kurze übrige Zeit das beseeligende Gefühl der Selbständigkeit.

Inzwischen gehören circa 40 000 Personen Berlins keinem engeren Familien-Verbande an. Soweit sie hier in Betracht kommen, werden sie mit dem gewöhnlichen Namen S c h l a f b u r s c h e n genannt. Einen Teil derselben bilden die Handwerksgesellen, welche den früher zwischen Meister und Gesellen bestandenen patriarchalischen Verhältnissen längst entzogen, auf sich selbst angewiesen, bei irgendeiner Familie ein Nachtlager suchen, den Abend aber in Schenken, Bierstuben und Herbergen verbringen. Die übrigen Schlafburschen sind unverheiratete Tagelöhner und solche, die verheiratet oder nicht, einen Teil des Jahres hier arbeiten und dann mit einer kleinen ersparten Summe in die Heimat zurückkehren.

Für alle solche Leute hat die M e t r o p o l i t a n a s s o c i a t i o n besondere Häuser erbauet. Diese mögen für die dortigen Verhältnisse eine Wohltat sein, hier in Berlin würden sie nur nach beiden Seiten hin nachteilig wirken. Zwar soll nicht in Abrede gestellt werden, daß auch das Schlafstellen-Vermieten, so wie es hier bestehet, ungeachtet der strengen polizeilichen Überwachung, hin und wieder Unordnungen herbeiführe, allein im Ganzen genommen, sind diese selten und werden meistenteils nur durch den Mangel an ordentlichen Wohnungen veranlaßt. Jedenfalls ist ein Schlafbursche, der sich einer ordentlichen Familie anschließt, besser verwahrt wie ein anderer, der haltlos neben Hunderten seines Gleichen eine englische Schlafbucht gemietet hat. Die ganze Sache, wie sie sich hier in Berlin nach und nach von selbst gemacht hat, zeigt nichts Unnatürliches, sie darf daher nicht unterdrückt, sondern sie muß vielmehr befördert werden, allerdings unter möglichster Läuterung.

Was als hervorstehender Übelstand in die Augen fällt, ist die genannte Gewohnheit der Schlafburschen, den Abend in der Schenke etc. zu verbringen. Es wird nämlich sehr oft bei Vermietung einer Schlafstelle zur Bedingung gemacht, sie nicht vor 9 oder 10 Uhr abends zu benutzen, da dies aber nur durch die zu engen Wohnungen veranlaßt ist, so wird es in den Häusern der Gesellschaft schon von selbst fortfallen. Natürlich darf nur denjenigen Mietern die Aftervermietung oder das Vermieten von Schlafstellen erlaubt werden, welche hierzu die besondere Genehmigung erhalten haben. Diese wird zu erteilen sein, wenn der Bittsteller für sein dermaliges Bedürfnis eine überflüssig große Wohnung hat und das für den oder die Schlafburschen bestimmte h e i z b a r e Zimmer von allen andern Räumen getrennt liegt.

Die Aufgabe
einer
Berliner gemeinnützigen Baugesellschaft.

Zu haben Grenadier-Strafse No. 26. Preis 3 Sgr.

Der Ertrag soll an den Central-Verein für das Wohl der arbeitenden Classen abgeführt werden.

Seit längerer Zeit hat man in Berlin die Ergreifung von Maafsregeln zur Erbauung von Wohnungen für sogenannte kleine Leute beabsichtigt. Ursachen, deren Aufzählung zu weitläuftig sein würde, haben die Ausführung bis hieher verschoben. Inzwischen ist das Bedürfnifs im Allgemeinen anerkannt. Man hat sich überzeugt, dafs der Mangel an gesunden, bequemen und billigen Wohnungen für Personen, welche vor dem Proletariat bewahrt werden können, und müssen, nie beseitigt werden wird, wenn man die Erbauung neuer, in räumlicher Beziehung genügender Häuser nur der Privat-Speculation überlässt. Denn die Vermiethung kleinerer Wohnungen ist mit mancherlei Mühen und Verdriefslichkeiten verknüpft, ohne allen Reiz für den, der sie nicht zu seiner ausschliefslichen Lebensaufgabe gemacht hat. Krankheits- und Unglücksfälle geben fortwährend Anlass zu Bitten um Stundung oder Erlafs der Miethen, und der achtungswerthe und mitleidige Eigenthümer kann nicht umhin, sie hie und da zu gewähren. Die dadurch entstehenden Ausfälle vermag er aber nicht zu tragen, wenn er nicht von vorn herein übermäfsig hohe Sätze bedungen hat, was gegen die vorausgesetzten Eigenschaften des Mannes streiten würde. So ist es denn leicht erklärlich, dafs die ganze Angelegenheit fast nur den hartherzigen, geldgierigen, meistentheils mitlellosen, und erborgtem Gelde stolz durchschwindelnden Baupfuschern überlassen blieb. Und diese haben denn allerdings den Zustand der Dinge planmäfsig verschlimmert, ungesunde Schlupfwinkel, höhlenartige Keller, kalte Dachkammern und feuchte Ställe zu Wohnungen eingerichtet, bei Abmessung der Räume mit jedem Zollé geizt und durch unausgesetzte Vermeidung der leisesten Erinnerung an Bequemlichkeit es soweit gebracht, dafs zur Zeit kein Miether aus dem in Rede stehenden Kreise noch Ansprüche darauf macht.

machen. – Berlin zählt 40 000 Personen, welche keinem engern Familienverbande angehören. Soweit diese Personen hier in Betracht kommen, werden sie gewöhnlich mit dem Namen Schlafburschen genannt. Einen Teil derselben bilden die Handwerksburschen. Die meisten Schlafburschen der Art bringen ihre Abende und Feiertage in den Schenken und ähnlichen Orten zu, was vornehmlich auch mit darin seinen allgemeinen Grund hat, daß sehr oft bei Vermietung einer Schlafstelle zur Bedingung gemacht wird, sie nicht vor 9 oder 10 Uhr abends zu benutzen. Es ist sehr richtig, daß der für London und Brüssel angenommene Plan, für diese Klasse von familienlosen Personen eigne große Häuser zu bauen, zurückgewiesen, dagegen festgehalten ist, daß dieselben bei den Bewohnern der zu erbauenden Häuser als Aftermieter sich einmieten dürfen unter Bedingungen, welche eine Bürgschaft geben, daß durch diese Einquartierung die Sittlichkeit nicht gefährdet wird.

Zu dem Plane gehört wesentlich der Punkt, daß den Einwohnern der Baugesellschaftshäuser die Erwerbung der von ihnen bewohnten Häuser als Eigentum in Aussicht gestellt wird; wir dürfen hier auf die desfallsige Berechnung nicht eingehen, aber der Gedanke ist unsers Wissens in Beziehung auf städtische Wohnungen der Art neu; wäre er ausführbar, so wäre damit ein Großes gewonnen.

Durch einen Reservefonds wird als ausführbar hingestellt, daß die Vorteile, welche den Einwohnern dargeboten werden sollen, noch wieder dadurch vermehrt werden können, daß man für sie einrichtet: die unentgeltliche Benutzung einer von der Gesellschaft anzuschaffenden Volksbibliothek; unentgeltlichen ärztlichen Beistand; unentgeltliche Benutzung einiger Bäder für Kranke und Kinder; unentgeltliche Benutzung einiger auf Kosten der Gesellschaft zu errichtenden Waschhäuser, Turnplätze und Kleinkinderbewahranstalten. Die Anlage besonderer Elementarschulen, heißt es weiter, erscheint überflüssig, da kein Grund vorhanden sei, die Schulkinder dem Umgange ihrer außerhalb der Gesellschaftshäuser wohnenden Altersgenossen zu entziehen. – Hier aber stimmen wir nicht mehr mit dem Plan des Verfassers überein. Der Herausgeber hat schon im vorigen Jahrgang von einem ganz verwandten Plane ausführlich gesprochen und bei der Gelegenheit entwickelt, wie eine sittliche und christliche bis ins Innerste der Familien dringende Reform in einem solchen Komplex von Familien, der dort als „Bürgerhof" bezeichnet war, gerade vermittelst einer Schule würde eingeführt werden können. Die feine Bemerkung des Hrn. Hoffmann, daß bei dergleichen Einrichtungen alles vermieden werden müsse, was die Bewohner solcher Häuser an Erziehungsmaßregeln, die auf sie angewandt werden sollen, erinnern könne, erkennt der Herausgeber so vollkommen an, daß er bei

Abfassung jenes Gutachtens über den „Bürgerhof" gerade von diesem Gesichtspunkt ausgegangen ist und jedes Unternehmen der Art für von vornherein verfehlt achten muß, das diesen Gesichtspunkt nicht entschieden geltend machen würde.

Wir glauben bis heute an die Möglichkeit, solche Aufgabe, die mit zu den größten christlich-sozialen Problemen gehört, zu lösen, und hatten dabei schon damals Berlin (wie auch bei der Gelegenheit ausgesprochen worden) ins Auge gefaßt. Unternehmungen dieser und ähnlicher Art müssen zur Ausführung gebracht werden, um den Kern der untern Bevölkerung der größeren Städte wieder mit den Kräften eines christlichen Lebens zu durchdringen. Einmal hunderttausend Taler zu solchen Zwecken verwandt, würden unnötig machen, im Laufe der Jahre viermalhunderttausend Taler vielleicht zur Vermehrung der sozialen Übelstände sich abnötigen zu lassen.

J.H. Wichern über die politischen Aufgaben der Inneren Mission (1849):

Die Familie, der Staat und die Kirche mit den ihr wesentlich eingeborenen Ämtern sind die drei Zentren, um die sich alle derartige Tätigkeit sammelt. Alle drei gelten der innern Mission unbedingt als göttliche, lebendig ineinander wirkende Stiftungen, welche von ihr heilig gehalten werden und denen sie sich einordnet, um denselben zur Erreichung der höchsten Zwecke zu dienen; denn an dem Umsturz dieser drei müht sich der Geist, der freilich in sehr verschiedenem Grade bewußt über sein Ziel, seit langer Zeit Eingang bei den Massen gesucht und gefunden hat, um, wenn es möglich wäre, den Glauben, daß diese Stiftungen aus Gottes Hand sind, auszurotten und damit den Umsturz alles dessen, was teuer und heilig ist, zu vollenden . . . In Beziehung auf den Staat weiß die innere Mission ihre Aufgabe von der besonderen Aufgabe der Politik und Staatsökonomie zu unterscheiden. Sie ist nicht von vornherein die Vertreterin irgendeiner ausschließlichen politischen Ansicht über Verfassung und deren Gestaltung; nur insofern und so weit nimmt die innere Mission teil an der Politik, als dieselbe zusammenfällt mit dem Worte Gottes, zu dem die innere Mission feste steht: „Jedermann sei untertan der Obrigkeit, die Gewalt über ihn hat, denn es ist keine Obrigkeit ohne von Gott, wo aber Obrigkeit ist, die ist von Gott verordnet. Wer sich wider die Obrigkeit setzt, der widerstrebt Gottes Ordnung." Der allgemeine oder individuelle Abfall von dieser Wahrheit in der Masse ruft sie zur Betätigung ihrer heilsamen Kräfte auf, um die göttliche Stiftung der Obrigkeit und ihr Recht und die Freiheit des Volkes als in ihr wurzelnd wieder zur Anerkennung zu bringen.

In betreff der Familie hat die innere Mission hier zuerst die innere Auflösung und Zerrüttung des Familienlebens mit allen ihren Folgen ins Auge zu fassen . . . Die Aufhebung des Unterschiedes der göttlichen Ordnungen von Oben und Unten, von Regierenden und Regierten, Eltern und Kindern, Herren und Knechten, Obrigkeiten und Untertanen folgt aus der Auflösung der Familien von selbst und erscheint dem Kommunismus als ein um so gewisser erreichbares Ziel, als die Sünde, welche an dieser Ordnung rüttelt, in unserm Jahrhundert schon längst gar mächtig geworden ist. Zur Verwirklichung dieser anarchischen Zukunft führt am sichersten die mit so viel Glück versuchte und weitergeführte Zerspaltung der Stände, so weit ihr Unterschied durch das verschiedene Maß des Besitzes begründet ist.

Diether Huhn:
Minister v. Savigny erklärt die Ehe zur Institution des Staates und erfindet den „Staatsanwalt":

Der größte deutsche Jurist des Jahrhunderts, der Haupttheile der deutschen Rechtswissenschaft, erhält auf der Bühne, auf der (u.a.) die Reform des Ehe- und Familienrechts gespielt wird, seine Rolle. Es ist die Rolle eines Ministers. Als ein Mann der Restauration war Savigny, der Mann also, der seiner Zeit den „Beruf zur Gesetzgebung" apodiktisch abgesprochen hatte, 1842 preußischer Gesetzgebungsminister geworden. Für das Amt qualifizierte ihn manches, wenig allerdings praktische Fähig- und Tätigkeiten, eher schon seine Abneigung gegen die „flache Trivialität" des Liberalismus. Er hatte, als er seine neue Rolle übernahm, auch über das Ehe- und Familienrecht längst alles gesagt, was ihm in der Theorie sagenswert erschien: in seinem „System des heutigen römischen Rechts" ist es im ersten Band zu lesen. „In den Familien sind die Keime des Staats enthalten." Freilich hatte Fichte auch ihn nicht unbeeindruckt gelassen: Ehe und Familie sind auch ihm zwar überindividuelle

Unter den zu gewährenden materiellen Vorteilen stelle man die Aussicht, e i n E i g e n t u m z u e r w e r b e n, oben an. Es ist nicht nötig zu erörtern, welch' ein mächtiger Hebel der Wohlfahrt eine solche Aussicht werden kann. Als zu erwerbendes Eigentum biete man das von den B e t e i l i g t e n b e w o h n t e H a u s.

→S 43 Wenn wir den von C.W. Hoffmann entworfenen Mustergrundriß eines Vereinshauses betrachten, so fällt zunächst die Ähnlichkeit mit den traditionellen friderizianischen Kolonistenhäusern auf. Neuartig ist lediglich die Viergeschossigkeit, das zweiläufige Treppenhaus und innerhalb der Wohnung neben Küche, Kammer und Stube ein vierter Raum, der kleine „Vorraum" (G), der an vier Seiten durch Türen begrenzt von der Fläche der Küche abgeteilt die Trennung der 3 übrigen Räume erreicht. Neu, gegenüber dem Kolonistenhaus, ist auch die „Einliegerwohnung", die „Wohnstube für einzelne" (H), die sich über dem Eingang befindet. Hier soll der unverheiratete Schlafbursche wohnen, nicht mehr wie bisher üb-

←L 98 lich innerhalb der Familienwohnung, aber doch noch mit „Familienanschluß" am gemeinsamen Eßtisch.

Es wird also ein fünfachsiger, viergeschossiger Vorderhaustyp mit ausgebautem Dachgeschoß entwickelt, der aneinanderreihbar ist und sich in das städtische Blockbebauungskonzept einfügen läßt. Es fehlt hier jede Kolonie-Idee, wenngleich das Konzept Hoffmanns die Eigentumsübertragung an die späteren Nutzer vorsieht.

Das Problem der Übertragung des Hauseigentums vom Kolonistenhaus als Eigenheim auf das mehrgeschossige städtische Mietshaus kann Hoffmann nicht lösen, sondern stellt zwei alternative Modelle zur Diskussion. Nach dem ersten würde das zu übergebende Gebäude nach Ablauf einer gewissen Zeit vom Verein an den Meistbietenden versteigert und der Erlös den Mietern ausgezahlt. Nach dem zweiten würde dem sogenannten „Vizewirt", der das Erdgeschoß mitsamt der Ladenwohnung, die er vermieten kann, bewohnt und dem die Hausverwaltung und Beaufsichtigung der Mieter obliegt, nach dreißig Jahren das ganze Haus zum uneingeschränkten Eigentum übertragen, dabei jedoch mit einer Hypothek zu 2/3 des Anlagekapitals belastet. Das aufgenommene Geld wird auf die Mieter verteilt. Hier taucht, wahrscheinlich zum ersten Mal, der Gedanke der längerfristigen Bindung des Mieters an die Wohnung auf, um ihn zu disziplinieren.

In dem Musterentwurf von Hoffmann ist die erste vollständig durchgearbeitete Alternative zu den Familienhäusern zu erkennen, die die Vorstellungen eines Vereinshauses, wie sie noch 1 Jahr vorher diskutiert wurden, in vielen Punkten entscheidend abwandelt: Nicht breitere und hellere Korridore, sondern keine mehr, keine Waschküche, Leichenkammer, Schule mehr, kein Versammlungsraum und kein Arbeitsnachweis mehr. Was übrig bleibt, ist im Grunde nur ein von seinen Seitenflügeln befreites Berliner Mietshaus als Zweispänner mit Vizewirt, aber niedrigen Mieten, solange die Mieter anständig bleiben.

In diesem Entwurf sind andererseits schon alle Momente einer Angleichung der Arbeiterwohnung an die bürgerlich-städtischen Normen vorgesehen und eingearbeitet wie:
— abgeschlossene Wohnung für eine Familie;
— Trennung von Schlafen und Kochen;
— Modell der christlichen Familie;
— Prinzip der gegenseitigen Überwachung;
— System der Belohnung für Wohlverhalten;

←L 99 — Einführung des Vorraumes zur getrennten Erschließung der einzelnen Räume;
— direkte Erschließung der Wohnung durch die Treppe und Vermeidung von hausöffentlichen Erschließungsflächen;
— Abbau sämtlicher Gemeinschaftseinrichtungen;
— Beseitigung aller ländlichen Elemente.
Was noch nicht gelöst wird, ist die Privatisierung von Frischwasserversorgung und Toilette, weil dafür die technischen Voraussetzungen in Berlin noch nicht gegeben sind.

→L 100 C.W. Hoffmann berichtet über den weiteren Fortgang der Vereinsgründung: *Im April 1847 erschien unter Bezugnahme auf die Denkschrift die A u f g a b e eine von den Herren S c h r o e n e r und andern unterzeichnete A u f f o r d e r u n g zur Bildung der gegenwärtigen Gesellschaft, anscheinend nicht ohne glücklichen Erfolg. Da aber gleichzeitig die Ver-*

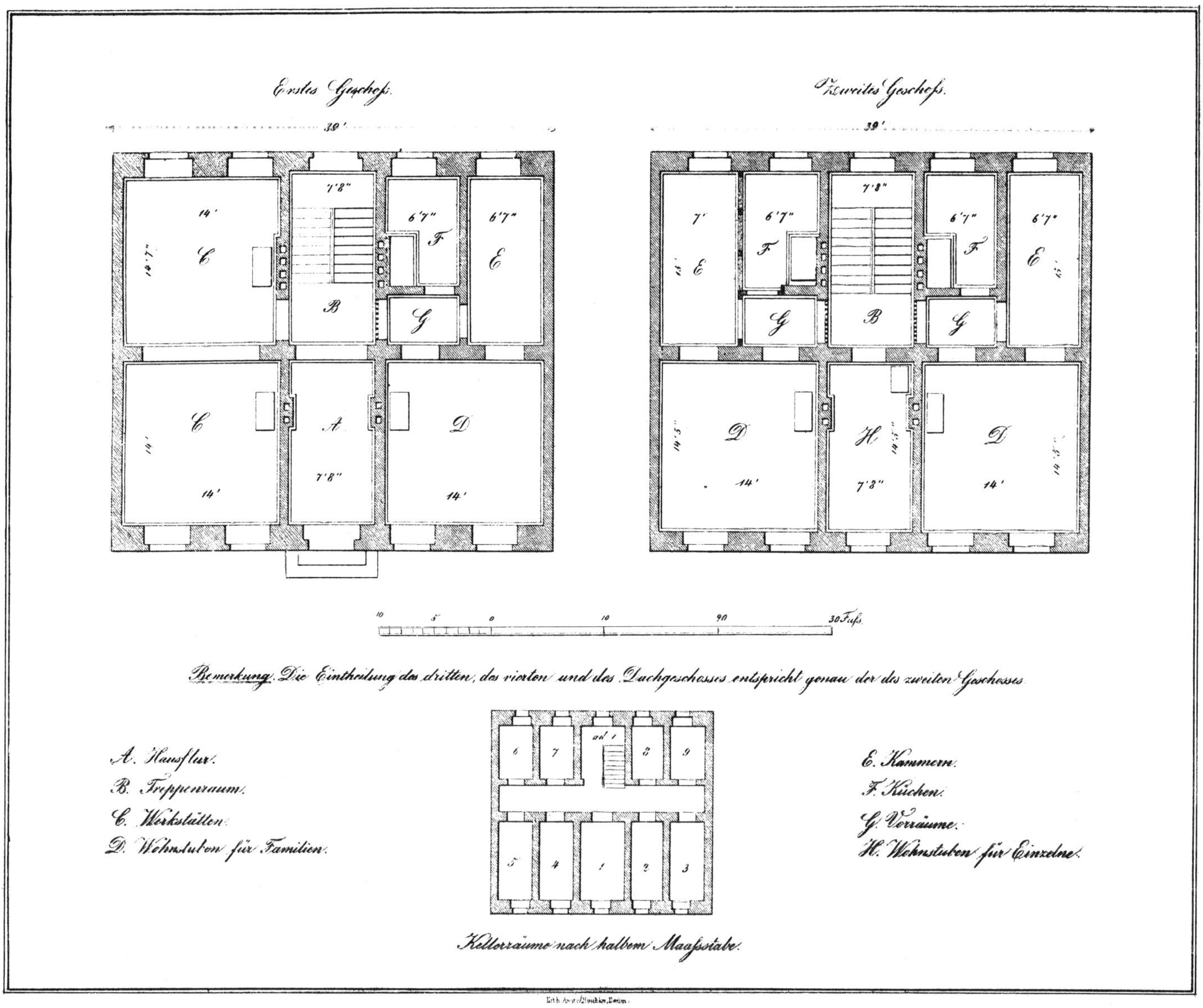

C.W. Hoffmann, Musterentwurf für die Gemeinnützige Baugesellschaft von 1847 ←B 56

Anlage.

Aus der anliegenden Zeichnung erfährt man die Anordnung von 2 Wohnungen für jedes Geschofs eines kleinen Hauses, deren mehre neben einander errichtet werden können.

Rechnet man nun auf keine Kellerwohnungen, aber auf 4 mäfsig hohe Stockwerke, und einen ausgebaueten Dachraum, so erhält man 10 Wohnungen für jedes Häuschen, je aus Stube, Kammer, Küche und verhältnifsmäfsig geräumigem Keller bestehend, und aufserdem 4 einzelne heizbare Zimmer zum Wiedervermiethen an unverheirathete Einlieger. Jedes dieser Zimmer hat hinlänglich Raum für 2 Schlafstellen. Im untern Geschofs soll nur eine Wohnung eingerichtet werden. Dieselbe enthält ausser Wohnstube, Kammer. Küche und Keller noch 2 als Werkstätten, Laden oder auf andere Weise zu benutzende Räume. Der Dachraum über dem Kehlgebälk ist als gemeinschaftlich zu benutzender Trockenboden einzurichten. Nach den eingeschriebenen Maafsen wird jedes Haus einschliefslich der massiven Treppe 39 Fufs lang, 34 Fufs tief, also 1326 Quadratfufs grofs.

Liegen die Bauplätze nicht ganz ungünstig, so kann bei zweckmäfsiger Zusammenstellung der einzelnen Gebäude, eine vollkommen genügende Hoflage erreicht werden, wenn man den ganzen Bauplatz um die Hälfte gröfser annimmt, als die zu bebauende Fläche [1]), was auf obengenannte 10 Wohnungen 1326+663 =1089 Quadratfufs oder in runder Zahl 13⅚ Quadratruthen ausmacht.

Hiernach hat man:

13⅚ Quadratruthen Bauplatz innerhalb der Stadt, jedoch in wohlfeiler Gegend belegen, einschliefslich Gerichtskosten etc., à 80 Thlr. 1106⅔ Thlr.

1326 Grundfläche mit gewölbten Kellern, 4 massiven Geschossen und bewohnbarem Ziegeldach zu bebauen, bei solider Ausführung, jedoch ohne allen Luxus, à 4 Thlr. . . . . 5304 -

Herstellung des Brunnens, der Pflasterungen eines Arbeitsgebäudes 300 -

macht zusammen 6700⅔ Thlr.

wofür 6750 Thlr. genommen werden sollen.

Jede Wohnung enthält durchschnittlich:

einen Vorraum	4¼	Fufs breit	7	Fufs lang	30	Q.-F.
eine Stube . .	14	- lang	14½	- tief	203	-
eine Kammer .	6¼	- -	15½	- -	100	-
eine Küche . .	6¼	- -	10½	- -	68	-
Kellerraum im Mittel					80	-
				Summa circa	481	Q.-F.

sowie das Anrecht auf Mitbenutzung des gemeinschaftlichen Trockenbodens.

Wird die Miethe für diese Wohnungen auch nur nach der der Hofwohnungen in den entlegensten Gegenden abgemessen, so müssen doch folgende Sätze als höchst billig gelten:

a.	Für eine Wohnung	1 Treppe hoch	44 Thlr.,	also für 2	88 Thlr.
b.	-	2 -	40 -	- 2	80 -
c.	-	3 -	36 -	- 2	72 -
d.	-	im Dachraum	30 -	- 2	60 -

herzu kommen noch:

e.	für 1 Stube 7½ F. breit, 14½ F. lang,	1 Treppe hoch	18 -
f.	für 1 desgl.	2 -	16 -
g.	für 1 desgl.	3 -	14 -
h.	für 1 desgl.	im Dache	12 -

ferner:

i. für das Erdgeschofs, bestehend aus einer Wohnung wie ad a. und aus den den beiden Werkstätten etc. . . . 90 -

Summa 450 -

macht von 6750 Thlr. 6⅔ pCt.

[1]) Der Hofraum würde alsdann etwa 39 • 17 Fufs grofs. Das gesetzliche Minimum ist 17 • 17 Fufs.

Ordnungen, aber doch in ihrem Innenbereich frei von rechtlicher Regelung, lediglich den Gesetzen der Sitte, nicht den Gesetzen des Rechts unterworfen. Nachdem er Minister für Gesetzesrevision geworden war, schien ihm diese Ansicht indessen revisionsbedürftig. Mit seiner Schrift von 1844 „Darstellung der in den Preußischen Gesetzen über die Ehescheidung unternommenen Reform" erfüllte Savigny einen Teil der restaurativen politischen Ansprüche derer, die ihm sein Ministeramt gegeben hatten.

„Die Würde der Ehe als Institution begründet den wichtigsten und eigentümlichsten Gesichtspunkt, der hierin für die Gesetzgebung zu beachten ist. Ihre Ehrfurcht gebietende Natur gründet sich darauf, daß sie, in Beziehung auf die einzelnen, eine wesentliche und notwendige Form des menschlichen Daseins überhaupt ist, in Beziehung auf den Staat aber unter die unentbehrlichen Grundlagen seines Bestehens gehört. Durch diese ihre Natur erhält sie ein selbständiges Dasein, einen Anspruch auf Anerkennung, welcher von individueller Willkür und Meinung unabhängig ist. Der wichtige Zusammenhang der Ehe mit dem gesamten geistigen Wohlsein des Ganzen wie der einzelnen ist auch in allen Zeiten und bei allen Völkern anerkannt worden. Im christlichen Zeitalter insbesondere ist die Ehe, in der Form der Monogamie, die Grundlage unsrer Bildung und Gesittung geworden. Die sittliche Erhebung des weiblichen Geschlechts über die unwürdige Stellung, die dasselbe bei vielen Nationen einnimmt, knüpft sich an diese Form der Ehe, welche aber mit ihren edlen Folgen nur da gegen Entartung gesichert werden kann, wo für die Erhaltung ihrer Reinheit durch Sitte und Gesetz angemessene Sorge getragen wird. Das Gesetz allein, ohne die Unterstützung und Ergänzung der Sitte, wird gewiß nicht ausreichen; aber ebenso kann die Sitte das Gesetz nicht entbehren, und sie wird durch mangelhafte Gesetze unfehlbar geschwächt und heruntergezogen werden."

Von nun an soll also der Staat die Ehe „um ihrer Würde als Institution willen" auch gegen die Eheleute selbst schützen und bewahren. Die Macht des Gesetzgebers ist „darauf abzweckend, daß nicht die Begriffe von Recht und Unrecht, Gut und Böse, in der Nation geschwächt oder gar verkehrt werden. Gibt der Gesetzgeber diese Macht aus der Hand, so hat er auf sittliche Verhältnisse überhaupt keine sichere Einwirkung".

Aus demselben Gedanken, der bei Fichte aus der Ehe und der Familie einen rechtsfreien Raum zu voller Disposition der Partner gemacht hatte, folgt bei Minister Savigny das gerade Gegenteil: „ein mit dem Interesse der individuellen Freiheit gerade in Widerspruch stehendes Normierungsprinzip" (Dörner). Die Ehe ist also eine „Instituion" der Staatsmacht geworden. Der Staat nimmt höchstes Interesse an ihr. Er kann es nicht mehr zulassen, daß mit Ehesachen die „Untergerichte", offenbar von geringer politischer Zuverlässigkeit, betraut bleiben. Aber selbst den Richtern der „Obergerichte" kann der Minister allein nicht zutrauen, daß sie das staatliche Interesse an der Ehe recht ins Werk setzen. Savigny erfindet deshalb eine völlig neue Behörde. Über ihren Namen stellt das Staatsministerium sorgfältige Erwägungen an; der Name „Eheverteidiger" wird vorgeschlagen, aber von Savigny verworfen. Da die neue Behörde vielmehr „das Recht und die Würde der Ehe im allgemeinen zu vertreten" habe, soll „die das öffentliche Interesse vertretende Person" Staatsanwalt heißen.

C.W. Hoffmann über die Aufgaben der Gemeinnützigen Baugesellschaft bei der Absicherung der „kleinsten Zelle des Staates" (1852):

Der lebendigste, mannigfaltigste, umfassendste, unmittelbarste und am tiefsten greifende Einfluß auf den Menschen wird der Natur der Sache nach von seinen menschlichen Umgebungen ausgeübt, und zwar in dem Maße mehr, je näher, häufiger und fortgesetzter die Beziehungen sind. Schon dadurch wird die Anerkennung der ganz überwiegenden, entscheidenden Bedeutung der Familie eine wesentliche Voraussetzung unserer ganzen Untersuchung und Darstellung. Hier ist nicht der Ort, die Berechtigung, Bedeutung und Heiligkeit der Familie zumal in der christlichen Welt und noch specieller in der Welt des evangelischen Christentums erst noch aus dem Wort Gottes oder dem gesunden Menschenverstand nachzuweisen und gegen irgend welche Schwächung und Herabsetzung von welcher Seite und in welchem Sinne es auch sein mag, zu vertreten. Die Ehe ist für uns jedenfalls die Regel, als Grundlage jedes gesunden Volks- und Staatslebens – unbeschadet mancher Ausnahmen, welche als vorübergehender oder bleibender Zustand gar wohl zu

handlungen des ersten vereinigten Landtags die öffentliche Aufmerksamkeit in einem bis dahin unbekannten Maße in Anspruch nahmen, so fand man bei vielen nur halbes Gehör, mindestens folgte manchen schönen Worten keine Tat.

Sehr ungünstig wirkten die darauf folgenden Brot-Unruhen. Das Publikum trat jetzt mit der sonderbaren Behauptung auf, daß es nicht an der Zeit sei, für Arme zu   b a u e n. Statt alle Hände anzustrengen, um den Damm zu schütten und zu befestigen, den man gegen das Herandringen verheerender Fluten zu errichten für nötig anerkannt hatte, wich man bei den verhängnisvollen Vorboten des Hochwassers scheu zurück, und mehrere der Beteiligten nahmen den Eintritt des Sommers, weil er die Paläste der großen Städte entleere, zum plausiblen Vorwand, um die definitive Annahme der bereits mehrfach beratenen Statuten auf 6 Monate zu vertagen.

Während dieser Zeit bleiben jedoch die Begründer der Bau-Gesellschaft, direkt und indirekt unterstützt von dem damaligen Minister Herrn v o n   B o d e l s c h w i n g h Excellenz und unter der speziellen Leitung des Geheimen Regierungs-Rats Herrn S c h r o e n e r , keineswegs untätig, so daß es möglich wurde, am 15. November 1847 ein sehr großes Verzeichnis von Gönnern des Unternehmens aus den höchsten und höheren Kreisen vorzulegen und zur Genehmigung der Statuten zu schreiten, nach deren Inhalt die Herren L i e d k e und G a e b l e r mit dem Herausgeber zu einem Comité zusammentraten, das die Weiterführung der Angelegenheit selbständig in die Hand zu nehmen sich verpflichtete.

Als die Genehmigung der Statuten durch das Ober-Präsidium nicht gleich erfolgt, weil es Bedenken nicht nur gegen bestimmte Einzelpunkte des Statuts, sondern auch prinzipiell gegen die Realisierbarkeit und die Notwendigkeit der Baugesellschaft hegt, beauftragt der Verein den Gerichts-Assessor Dr. Gaebler damit, eine ausführliche Schrift über die *Idee und Bedeutung der Berliner gemeinnützigen Baugesellschaft* zu verfassen, die im **Januar 1848** erscheint. Dieses Büchlein enthält neben genauen Wirtschaftlichkeitsberechnungen, wozu auch die Erläuterung des Verfahrens der Eigentumsübertragung der Wohnungen an die Mieter nach 30 Jahren gehört, auch die ausführliche Darstellung der politischen Bedeutung der Vereinsgründung. Diese Argumentation scheint uns wegen ihrer Deutlichkeit so bemerkenswert, daß wir sie ausführlich zitieren wollen. Bedeutsam scheint uns an diesem Text vor allem die politische Bestimmung des „kleinen Mannes", des künftigen Bewohners der Vereinshäuser. Die „Berliner gemeinnützige Baugesellschaft" nimmt für sich in Anspruch, diesen mysteriösen „kleinen Mann", der auch heute noch der umworbene Adressat konservativer Politiker ist, als eigene Kategorie in die Sozialwissenschaft eingeführt zu haben. Diese „kleinen Leute", als kleinbürgerliche Zwischenschicht, werden in der politischen Strategie der Konservativen zum „Damm" gegen die verheerenden Fluten des Proletariats „erhoben", zum sozialen Bollwerk, dessen Stützpfeiler das Eigentum ist, sei es auch noch so bescheiden.

Verhältnis der Gesellschaft zum Proletariat – Begriff der „kleinen Leute"
Allgemeine sociale und politische Bedeutung der Gesellschaft

→L 101 *Als der Verfasser einen seiner Freunde, der den Statutenentwurf erhalten hatte, um seine Meinung darüber fragte, erhielt er zur Antwort:*
←L 102 *„Ich habe die Statuten mit wahrer Erbauung gelesen und bin für die Idee begeistert, aber – warum will die Gesellschaft ihre Tätigkeit auf einen Stand beschränken, der noch zu den Besitzenden gehört? warum die Besitzlosen ausschließen, die doch jedenfalls einer Hülfe noch dringender bedürftig sind?"*

Vielleicht möchte noch mancher andere dieselbe Frage aufwerfen, es sei deshalb gestattet, hier die Antwort darauf vorzulegen.

Den Stiftern der Gesellschaft war allerdings früher von einer andern Seite der Vorschlag ganz allgemein gemacht worden: gesunde und billige Wohnungen für die Armen zu bauen. Dieser Vorschlag schloß das Proletariat keineswegs aus, war vielmehr direct auf dasselbe berechnet. Die Idee erschien auch practisch nicht unausführbar, namentlich feuerte eine ähnliche, in London bestehende Gesellschaft (die M e t r o p o l i t a n a s s o c i a t i o n   f o r   i m p r o v i n g   t h e   d w i l l i n g s   o f   t h e   i n d u s t r i a n s   c l a s s e s) zur Nacheiferung an. Je näher man aber der Sache trat, je reiflicher man die hiesigen Verhältnisse erwog und damit die in London gemachten Erfahrungen zusammenstellte, desto bedenklicher erschien die Ausführung. Sollte das Unternehmen von nachhaltigem Erfolge sein, so gehörten s e h r bedeutende Mittel dazu. Diese Mittel durch bloße G e s c h e n k e aufzubringen war weder zu erwarten noch ratsam. Die Capitalien mußten auf Rückzahlung und Verzinsung berechnet werden. Dazu gehörte ein verhältnismäßiger und wenigstens einigermaßen sicherer Mietsertrag. Zu einem solchen aber war keine Aussicht vorhanden; denn der Proletarier kann nur eine s e h r geringe Miete zahlen, und überdies ist sein Verdienst im allgemeinen wenig geregelt, so daß selbst diese geringe Miete oft precair ist. Die Gesellschaft hätte daher, um zu ihren Zinsen zu kommen, die Zahl der Mieter vermehren, d.h. die Bewohner in enge Räume zusammendrängen, mithin gerade ihren Grundgedanken: die Rücksicht auf Gesundheit und verhältnismäßige Bequemlichkeit, aufgeben müssen; wir würden Familienhäuser bekommen haben, wie wir sie vor dem Hamburger Tor finden! Die Idee mußte daher aufgegeben werden.

Es schien noch ein anderer Weg übrig, direct für das Proletariat zu sorgen. Man konnte den Begriff „Wohnung" fallenlassen und gesunde S c h l a f s t e l l e n gewähren. Da nämlich die größte Zahl der Proletarier überhaupt keine eigentliche Wohnung, sondern entweder nur sogenannte Schlafstellen hat oder ganz obdachlos ist, so schien schon viel gewonnen, wenn man diesen wenigstens zu einem gesunden und anständigen Nachtlager verhelfen konnte; und in der Tat legt die Londoner Baugesellschaft einen T e i l ihres Capitals auf diese Weise an. Soviel aber diese Idee bei dem ersten Anblick für sich zu haben scheint, so verderblich erweist sie sich doch bei näherer Prüfung.

Es ist bekannt, daß nichts so sehr zur Hebung des sittlichen Zustandes beiträgt als Häuslichkeit und Familienglück, und daß umgekehrt der Mangel daran sich als die reichhaltigste Quelle der Unsittlichkeit und des Verbrechens erweist. Jene Einrichtung aber würde gerade dazu geschaffen →L 103 sein, den Sinn für Häuslichkeit zu ertöten, zum herumschweifenden Leben anzureizen und so die Unsittlichkeit zu befördern. Der Proletarier würde aufhören, die Obdachlosigkeit oder das Beschränktsein auf eine jetzt oft mühsam zu findende und meist nicht eben einladende Schlafstelle als ein Übel zu betrachten, wenn er sich durch die Veranstaltungen einer solchen Gesellschaft befriedigend gedeckt sähe. Übrigens würde auch die Ausführung noch mancherlei andere Übel mit sich führen. Sollten nicht unverhältnismäßige Kosten entstehen, so könnte nicht jedem einzelnen ein besonderes Zimmer angewiesen werden, und wenn auch die Schlafstellen selbst voneinander abgegrenzt würden, so müßten doch Versammlungssäle vorhanden sein, in denen die Obdachsuchenden die Stunden vor dem Schlafengehen zubrächten. Es bedarf aber keiner Ausführung, zu welchen verderblichen Folgen eine solche Anhäufung des Proletariats führen würde.

Wir haben auch hier die Erfahrung für uns. In Paris haben ähnliche Anstalten bestanden, s i e m u ß t e n a b e r w i e d e r a u f g e h o b e n w e r d e n. Der Verfasser hat bei seinem dortigen Aufenthalte auch hierüber die genauesten Nachrichten eingezogen. Er hat dieselben aus dem Munde des als wohlwollender Menschenfreund allbekannten und mit dieser Angelegenheit vollkommen vertrauten früheren Polizei-Präfecten, jetzigen Präsidenten D e b e l l e y m e erhalten, und die ihm mitgeteilten Gründe werden gewiß jedem die Überzeugung von der unglaublichen Verderblichkeit solcher Anstalten gewähren. Kaum waren dieselben in's Leben getreten, als Tausende ihre bisher innegehabten festen Wohnungen aufgaben und es vorzogen, sich Tag vor Tag in den Zufluchtssälen ein augenblickliches Unterkommen zu suchen. Der Andrang wuchs in erschreckenden Progressionen. Der Zusammenfluß so vieler, meist der Hefe der Gesellschaft angehörenden Personen gab trotz aller Aufsicht doch zu den empörendsten Unsittlichkeiten Veranlassung. Verbrecher benutzten die Gelegenheit, ihre Zusammenkünfte zu halten, Complotte zu stiften, Genossen anzuwerben, die etwa noch Unbescholtenen wurden verführt oder verhöhnt u.s.w. Hierzu trat noch eine andere, höchst gefährliche Seite. Böswilligkeit fand in dieser Einrichtung ein bequemes Mittel, die unsinnigsten socialen und politischen Ideen zu verbreiten. Haß und Erbitterung gegen den Stand der Besitzenden, die Regierung und alle bestehenden Zustände zu predigen und überhaupt das ungebildete und leicht zu betörende Volk irrezuleiten. So wurden die in der edelsten Absicht gegründeten Anstalten die Quellen zu Unheil und Verderben.

Die in London von der Metropolitan association in's Leben gerufenen

rechtfertigen, ja als höchste Entsagung ernster Pflichterfüllung zu ehren sein können, sobald sie nur ihr eigentliches Motiv nicht in irgend welcher Art von Selbstsucht haben.

Von dieser Voraussetzung ausgehend, halten wir denn weiter den Grundsatz fest: Alles, was in irgend einer Maßregel oder Einrichtung hinsichtlich der nähern oder entfernten Umgebungen, namentlich aber in den Wohnungs-Verhältnissen mittelbar oder unmittelbar, positiv oder negativ, bewußt oder unbewußt das Familienleben zu gefährden, zu trüben, zu lösen geeignet ist, das ist vom Übel und muß um jeden Preis vermieden oder beseitigt werden, auch wenn es in anderen namentlich materiellen Beziehungen die größten Vorteile gewähren könnte. Damit sind denn auch alle die Zumutungen oder Versuchungen aufs entschiedenste abgewiesen, welche wenigstens auf den ersten Blick und bei einem gewissen Mangel an Besonnenheit, Erfahrung und Kenntnis in den Verheißungen oder angeblichen Leistungen des modernen Socialismus mit oder ohne religiöse Färbung oder Vorwand sich darbieten mögen. Wir verwahren uns von vorn herein gegen jede Gemeinschaft mit irgend einer Lehre, irgend einem Programm, irgend einem Unternehmen, welches, beabsichtigt oder nicht, dahin führen könnte, die Functionen, die Pflichten und Rechte des häuslichen Lebens nach dem Maß und Begriff der deutschen und christlichen Familie in ihren sittlichen oder materiellen Bedürfnissen auf eine größere Gemeinschaft zu übertragen, zu mehr oder weniger öffentlichen Lebens-Functionen, zu machen. Dies scheidet uns aufs aller Bestimmteste und ohne daß wir deshalb über alle ein gleiches unbedingtes Verdammungsurteil aussprechen möchten, eben so sehr von Owen, St. Simon, Fourier u.s.w. auf der einen, als von Kapp, Proli, den Mormonen u.s.w. auf der andern Seite.

C.W. Hoffmann über die Verwandlung des unselbständigen Arbeiters in den selbständigen Hausherrn:

Will man den Arbeiter nach vollbrachtem Tagewerke an seine Frau und seine Kinder fesseln, das beste Mittel, ihn von der Schenke abzuhalten, so gebe man ihm eine Wohnung, die diesen Namen verdient, ein Zimmer, in welchem er H e r r ist. Wer 15 lange Stunden des Tages Last und Mühe getragen hat, dem gönne man für die kurze übrige Zeit das beseeligende Gefühl der Selbständigkeit.

Idee und Bedeutung

der Berliner

gemeinnützigen Baugesellschaft

von

Dr. Gaebler,
Kammergerichts - Assessor.

Der Ertrag ist für den Reservefonds der Berliner gemeinnützigen
Baugesellschaft bestimmt.

BERLIN.
Commissions-Verlag von CARL HEYMANN.
1848.

Archäologie des „kleinen Mannes":

Alle Ethymologien, Begriffsgeschichten und Wortgeographischen Lexika brachten uns auf der Suche nach dem ersten Auftritt des sogenannten „kleinen Mannes" nur bis zu Goethe: *Drum treibs ein jeder, wie er kann / ein kleiner Mann ist auch ein Mann!* Alle sonstigen Nachforschungen bis hinauf zum Abteilungsleiter in der neuen Staatsbibliothek blieben erfolglos: In der höchsten Auskunftsinstanz allgemeine Ratlosigkeit, dabei wird in der jüngsten deutschen Geschichte dauernd mit dem „kleinen Mann" hantiert, Adolf Hitler spricht von ihm und erweitert ihn noch zum „normalen kleinen Mann". (Daß sein Anhang besonders aus den Mittelschichten kam, könnte eine statistische Auswertung der noch immer im Grunewald liegenden Akten des Parteiarchivs erhärten.) Fallada läßt **1932** den Angestellten in einem seiner Romane fragen: „Kleiner Mann, was nun?" Und Peter Paul Zahl sagt zu Strauß in seiner satirischen Anbiederung als Chefpropagandist unter der Überschrift „Ihr Petrarca schmachtet in einem preußischen Knast!": *Ein Großteil Ihrer Wähler – der berühmte Kleine Mann – hält Sie, den Mann der extremen Rechten, für den Mann, der nicht nur „aufräumt", sondern auch die sozialen Reformen durchsetzt, die seit 1969 von den „Sozialliberalen" nur versprochen werden...* Und schließlich Jürgen Eick, einer der „großen Männer" unter den deutschen Wirtschaftsjournalisten, widmet dem „kleinen Mann" sogar ein ganzes Taschenbuch unter dem Titel „Das Jahrhundert des kleinen Mannes", durch das man allerdings auch nicht genau erfährt, wer er nun ist.

Kehren wir daher zurück zur Gemeinnützigen Baugesellschaft in Berlin, die sich als eine der ersten um die Definition des „kleinen Mannes" bzw. der „kleinen Leute" bemüht hat. Hoffmann definiert sie einerseits als Personen, *welche vor dem Proletariat bewahrt werden können,* andererseits ist *der bessere Arbeiter der einzige, den man aufnehmen darf.* Für beide Personenkreise gilt, *daß es nur vollständig unbescholtene, zwar unbemittelte, aber als fleißig und ordentlich bekannte Familien (sind), deren Häupter in gültiger Ehe leben,* und daß es nur solche Leute sind, *die mindestens 5 Jahre in Berlin wohnen, in gutem Rufe stehen, eigenes Mobiliar besitzen und einen bestimmten Broterwerb nachweisen können.*

Schlafstellen sind zwar ähnlicher Natur, mögen indessen trotz dieser augenscheinlichen Nachteile einem Bedürfnis abhelfen, weil in England das Proletariat bereits zu einer so erschreckenden Höhe gestiegen ist, daß viele Rücksichten bei Seite gesetzt werden müssen; f ü r u n s e r e h i e s ig e n Verhältnisse passen sie Gott sei Dank noch nicht.

Auf den Vorschlag war daher nicht einzugehen.

Dagegen versprach die Idee, welche die Stifter des Vereins von Anfang an im Auge gehabt hatten: Für die sogenannten „ k l e i n e n L e u t e" gesunde und billige Wohnungen zu bauen, in jeder Beziehung einen günstigen Erfolg.

←L 104

Unter „kleinen Leuten" werden hier diejenigen verstanden, welche die letzte Stufe der Besitzenden vor dem Proletariat einnehmen, namentlich also die kleinen Handwerker und alle, welche mit diesen etwa in gleichen Verhältnissen leben; Leute, die noch eine eigene Wohnung, eigene Möbel und einen eigenen Hausstand, aber doch nur ihr n o t d ü r f t i g e s und zwar u n f i x i r t e s Auskommen haben, also nicht etwa von Gehalt oder sonstigen f e s t e n Einnahmen leben. Auch für sie ist das Bedürfnis gesunder und billiger Wohnungen in hohem Grade vorhanden.

←L 105

←L 106

H i e r war, wenn man davon ausgeht, jeder einzelnen Familie ein angemessenes Quartier zu gewähren, die Ausführung eine leichtere. Es konnte auf eine entsprechende, ziemlich sichere Miete und somit auf die Verzinsung des Capitals gerechnet werden. Bei vorsichtiger Ausführung und bei mäßigem Zinssatze mußte sich sogar ein erheblicher Überschuß herausstellen, der wieder zum Besten der Mieter, resp. zur Hebung der kleinen Leute, angelegt werden konnte.

←L 107

Gelangte aber das Unternehmen in dieser Form zur Ausführung, so hatten wir zugleich einen mächtigen Damm gegen die immer wilder hereinbrechenden Wogen des Proletariats aufgerichtet und diesem selbst den Haupt-Strom seines Zuflusses abgegraben! Denn der S t a n d d e r k l e in e n L e u t e i s t g e r a d e d e r j e n i g e , a u s w e l c h e m h a u p ts ä c h l i c h u n d z u n ä c h s t d a s P r o l e t a r i a t s i c h r ec r u t i r t ! Er ist das Stadium, welches alle Besitzenden zuletzt betreten, bevor sie in den Stand der Besitzlosigkeit übergehen.

←L 108

←L 109

Man hat die Bedeutung dieses Standes bisher noch lange nicht genügend gewürdigt, und es darf wohl als ein Verdienst der gemeinnützigen Baugesellschaft angesehen werden, ihn zuerst als eine besondere Categorie in das große System der socialen Wissenschaften eingefügt zu haben. Gewöhnlich wird er hineingezogen in den Begriff des Proletariats, während er doch von diesem wesentlich verschieden ist. Er bildet d i e G r e n z e gegen das Proletariat, und d a r u m eben ist er von solcher Wichtigkeit. Schon die einfache Regel jeder Verteidigung: gegen einen angreifenden Feind vor allem die G r e n z e zu sichern, sollte die Besitzenden darauf geführt haben, diesen Stand auf jede mögliche Weise zu kräftigen und zu heben. Statt dessen haben wir ihn bisher nicht nur seinem Schicksale überlassen, sondern die großartigen Bewegungen der Industrie, welche wie mit Polypenarmen die Vermögenskräfte der kleineren Besitzenden an sich ziehen, haben auch seine Widerstandsmacht geschwächt und seine Reihen gelichtet. Und doch ist wahrlich jene Grenze schwer genug zu verteidigen! Hier beginnen alltäglich jene verzweifelten Kämpfe, in denen der noch Besitzende mit der furchtbar herandrängenden Gewalt der Not und des Elends ringt; hier versucht schon der blutige Geist des Verbrechens seine eherne Hand auszustrecken nach dem armen, von immer erneuertem Streit erschöpften Schlachtopfer. Zwar werden hier auch herrliche Siege erfochten; Siege, die eine höhere sittliche Kraft voraussetzen, als Tausende der Besitzenden ahnen mögen, da keine Lobgesänge sie feiern, kein Ruhmesglanz sie verherrlicht; sie aber vermögen nicht die neuen und immer neuen Eroberungen des mächtigen Widersachers aufzuwiegen, und müssen endlich seltener und seltener werden, wenn die Besitzenden länger säumen, ihrem zumeist bedrängten Mitstande kräftige Unterstützung zu gewähren.

Es leuchtet daher ein, welche hohe Bedeutung für das Gemeinwohl ein Institut haben muß, dessen nächste und specielle Aufgabe dahingestellt ist, diesen Grenzstand, gerade den „kleinen Mann", in jeder Beziehung zu heben und zu kräftigen.

Diese Bedeutung gewinnt aber noch an Wichtigkeit, wenn man das Verhältnis zugleich vom p o l i t i s c h e n Standpunkte auffaßt.

Fragen wir nach dem Boden, wo die einer organischen Staatsentwickelung feindlichen Elemente, wo der wütende Ultra-Radicalismus sowie der zerstörungsgierige Communismus am liebsten ihren giftigen Samen aus-

streuen und am reichsten ihre Ernten halten, so zeigt uns die tägliche Er-
fahrung einen doppelten. Teils sind es die Regionen einer krankhaften →L 110
Über- und Afterbildung, teils das Proletariat und diejenigen der ihm zu-
nächst liegenden Volksschichten, wo der Kampf um die materielle Exi-
stenz bereits begonnen hat. Dort sind es die sinnlosen Consequenzen aus
phantastischen und aberwitzigen Theoremen, welche die Köpfe verwirren,
hier ist es die furchtbare Geißel materieller Not, welche die Unglücklichen
zu convulsivischen Zuckungen reißt und sie antreibt, mit der Kraft der
Verzweiflung sich an jene verderblichen Lehren anzuklammern, in denen
sie bei ihrem beschränkten geistigen und moralischen Standpunkte die er-
sehnte Rettungsbotschaft zu begrüßen vermeinen. Und diese letztere Cate-
gorie der Irrenden ist die gefährlichere. Denn ihr steht die numerische
Macht zur Seite!

Es ist also von der höchsten Wichtigkeit, gerade hier schleunig zu
Hülfe zu eilen; dazu aber muß man sich zunächst desjenigen Standes zu
versichern suchen, der mit dem Proletariat in unmittelbarer Berührung
steht und aus welchem letzteres seinen hauptsächlichsten Zufluß erhält.
Die Mahnung zur Hülfe ist um so dringender, als hier meist noch nicht eine
totale Umkehr zu erzwingen, sondern in der Regel nur geschwächte Gei-
ster zu ermutigen, wankende Existenzen zu unterstützen sind, mithin ein
günstiger Erfolg eher zu erwarten steht. Im allgemeinen ist der kleinere
Bürger, zumal wenn er sich eines kleinen Grundbesitzes erfreut, vorzugs-
weise conservativer Natur. Dabei ist er im ganzen noch am wenigsten an-
gesteckt von dem gierigen Haschen nach Genuß und dem fieberhaften
Jagen nach Besitz. Er ist noch genügsam; eine notdürfte Existenz reicht
noch aus, ihn zufrieden und glücklich zu machen. Die Mittel, ihm diese
Existenz zu erhalten, fordern deshalb auch nicht einen so gewaltigen Auf-
wand und müssen für die Gesamtheit der Besitzenden verhältnismäßig
gering erscheinen. Um so größer wäre daher der politische Fehler, sich die
Sympathie dieses so zahlreichen und durch seine Grenzstellung so wichti-
gen Standes entgehen zu lassen und ihn sorglos dem Verderben preiszu-
geben.

Wenn hiernach feststeht, welch ungemeine Wichtigkeit in socialer und
politischer Hinsicht die Hebung des Standes der kleinen Leute gewinnt,
und wenn nach den früheren Erörterungen zugegeben werden muß, daß die
gemeinnützige Baugesellschaft dies Bedürfnis reichlich zu befriedigen ver-
spricht, so ist auch die hohe Bedeutung derselben für das A l l g e m e i n e
dargetan.

J.H. Wichern über den Kommunismus (1848):

Kommunismus – der Name wirkt jetzt wie ein
Medusenhaupt. Die Furcht geht vor ihm her und läßt
das Blut in den Adern der bürgerlichen Gesellschaft er-
starren. Und mit Recht. So unbekannt den meisten,
die von dieser Furcht erfaßt sind, diese finstere Macht
ihrem Wesen auch sein mag, so erkennbar ist sie doch
an ihren Wirkungen, die überall inmitten der politi-
schen Stürme und Brandungen hervorbrechen. Der
Kommunismus ist seiner eigentlichen Natur nach nicht
eine politische, sondern eine soziale Erscheinung . . .
Er fordert die Ausgleichung des verschiedenen persön-
lichen Besitzes an Hab und Gut, Ehre, Bildung und
Genuß bis zur Gleichstellung aller – für jeden gleich-
viel Land und Acker, Silber oder Gold, gleichviel An-
sehen, gleiche Erziehung. Er ist also eine sinnlose
Forderung, die, selbst für einen Augenblick als ver-
wirklicht gedacht, nicht Bestand haben könnte, da die
Ungleichheit immer wiederkehren, also der immer
erneuerte Umsturz des Bestehenden, die endlose mit
völliger Vernichtung endende Revolution die Folge
seiner Verwirklichung sein würde. Es ist aber zugleich
eine unsittliche Forderung, da er das von Gott gesetzte
Wesen des Einzelnen und des Ganzen, mit den ihm zu-
geordneten Bedingungen der Existenz, der Auflösung
und Zerstörung entgegenführt. Es liegt schon in dem
Gesagten, daß er eine Bewegung von unten nach oben
ist, vom Proletariat aufwärts gehend gegen alle über
diese unterste Schicht hinausgehende Stände und deren
geistige und materielle Güter. Da der Staat, die Kirche,
die Familie (Ehe) und die gesellschaftlichen Verhält-
nisse mit ihren Rechten das schützende und bewah-
rende Band dieser Güter sind, so kann der Kommu-
nismus nicht anders: er muß zuletzt (auch wenn er
sich mit seinen Grundsätzen dagegen weigerte) diese
Gestalten des gemeinsamen Lebens auflösen, die
rechtmäßige von Gott eingesetzte Obrigkeit und Ge-
setz und Recht zerbrechen, die Kirche und deren hei-
lige Güter entweihen, die Ehe aus seinem Bereiche aus-
weisen, die gesellschaftlichen Verhältnisse und die in
ihnen geltenden Gerechtsame, die sich alle mehr oder
weniger um die Familie und das geistige und materielle
Privateigentum sammeln, zu zertrümmern trachten,
wie er sich denn auch in diesen Beziehungen bereits
kenntlich genug gemacht hat.

Die christlichen Sozialpolitiker während der Revolution 1848

Gaeblers Broschüre über die „Idee und Bedeutung der gemeinnützigen
Baugesellschaft" erscheint im **Januar 1848** und zielt noch auf die unmittelbar bevorstehende Vereinsgründung und den Beginn der Bautätigkeit.
Durch die Ereignisse des **18.** und **19. März** wird dies zunächst unmöglich
gemacht. Für das Komitee der Gemeinnützigen Baugesellschaft bedeutet
das jedoch keineswegs die Aufgabe seiner Pläne, auch wenn der Verein
nun vorerst scheinbar ganz andere Aufgaben übernimmt.

– Schon am 20sten hatte sich die „gemeinnützige Baugesellschaft" – ←L 111
ein seit einem Jahre gegründeter Privatverein, bestehend aus dem Landbau-
meister Hoffmann, dem Generalstaatskassen-Buchhalter Liedke, dem
Assessor Dr. Gaebler, dem G. O. Baurat Stüler, dem Fabrikbesitzer Borsig,
dem Oberlehrer Liebetreu und dem Buchhändler Heymann – mit dem
Ministerium in Verbindung gesetzt, um die Ausführung von Staatsbauten
anvertraut zu erhalten, zu denen die unbeschäftigten Bauarbeiter ver-
wandt würden. Am 23sten machte diese Gesellschaft Folgendes bekannt:
Zur Beruhigung für diejenigen, welche bei dem für den Augenblick miß-
lichen Stande der Privatbauten Arbeitslosigkeit für die nächste Zukunft be-
fürchten möchten, macht die gemeinnützige Baugesellschaft, mit Bezug auf
den erlassenen öffentlichen Aufruf, das Resultat ihrer bisherigen Bemü-
hungen bekannt. Das Comité der Gesellschaft hat sofort am 20. März
bei den Behörden die geeigneten Schritte getan, um den Angriff von grö-
ßeren Bauten, deren Ausführung eigentlich noch nicht bevorstand, zu er-

Carl Wilhelm Hoffmann, geb. in Gröningen **1818,**
Todesdatum unbekannt. Hoffmann arbeitet seit
1845 als Conducteur beim Neuen Museum in Berlin
und ist bis **1851** Landbaumeister bei der Hofbaukom-
mission für das Neue Museum, danach Kreisbaumeister
in Creutzburg, **1857** Bauinspektor in Hohenstein.
1863 scheidet er auf eigenen Wunsch aus dem Staatsdienst aus. Hoffmann gewinnt **1843** den ersten Preis bei
der Konkurrenz für das Friedrich-Wilhelm-Hospital
und baut mehrere Landhäuser, darunter das Wohnhaus
Hubers in Nöschenrode im Harz.

Charakteristik des C.W. Hoffmann
Aus dem Geheimbericht des Polizeipräsidiums:

→A 7   *In dem Vorstande, in dem Kassenwesen, in der*
Ökonomie-Deputation finden wir nur diesen als den
eigentlichen Nerv und die fast ausschließliche, verwal-
tende und entwickelnde produktive Tätigkeit.
Es dürfte daher von Interesse erscheinen, die Haupt-
momente aus dem Leben dieses Mannes an dieser Stelle
hervorzuheben, zumal derselbe einerseits mit Männern
wie Kleist, Huber, Stüler etc. auf das innigste und ver-
trauteste befreundet ist, andererseits aber auch mit
Personen aller religiösen und politischen Parteien in

direktem und indirektem vertraulichen und losen Zusammenhang steht. Der königliche Landbaumeister
Herr C.W. Hoffmann, Grenadierstr. Nr. 32 hierselbst
wohnhaft, ist zu Halberstadt geboren, etwa 36 bis 40
Jahre alt, hat auf dem Gymnasium der Vaterstadt
seine Ausbildung erhalten und wurde nach Absolvie-
rung seiner Militärpflichten bei dem Regierungskolle-
gium zu Posen längere Zeit hindurch beschäftigt. In
diese Zeitperiode fällt auch seine Ausbildung als Architekt, die er jedoch unter fortwährenden sehr dürftigen Verhältnissen vollführte. Als Soldat lebte er ausschließlich von der Löhnung und darauf von einem
monatlichen Einkommen von 5 Thalern, obschon es
sein Stolz nicht zuließ, die Armut irgendwie merken
zu lassen. Später heiratete er ein vermögensloses Mädchen aus Breslau, kam mit derselben hierher und besuchte nun die religiösen sogenannten pietistischen
Vereine, namentlich die Herren Prediger, um durch
Vermittlung derselben die zur Fristung seiner und
seiner Gattin Subsistenz zu erlangen, was ihm denn
auch glückte. Die Gattin starb jedoch früh, und er
verband sich nun mit einer ebenso gebildeten und
geistreichen als weisen Dame, einer Frau, die es verdient, in sittlicher und darum vor allem auch in häuslicher Beziehung als Muster hingestellt zu werden, mit
der Tochter des in seinem jetzigen Domizil ebenfalls
wohnhaften Dr. Benda. Es hat die überragende Geistigkeit der Frau einen sehr mächtigen Einfluß auf den
Gatten und kettet ihn ebenso innig an die
übrigen Familienmitglieder, namentlich an den Schwiegervater, als auch mehrere Kinder das Band der Ehe
beglücken. Herr. Dr. Benda und seine Familie ist
jedoch jüdischer Konfession, und wenn die religiösen
Eigentümlichkeiten hier auch von philosophischer
Bildung verdrängt werden, so üben sie doch auf Herrn
Hoffmann den Einfluß aus, daß er in einem Aufsatze,
den ihm ein Vertrauter unlängst schrieb und der für
die Öffentlichkeit bestimmt war, den Namen Christus
an einer Stelle, wo derselbe als Vermittler der sozialen
Gegensätze seiner Zeit bezeichnet wurde, ausstrich,
um die jüdische Konfession nicht zu beleidigen.

Im Jahre 1848 finden wir Hoffmann als Begründer
des damals hier aufgetauchten und bekannt gewordenen demokratischen Vereins für Volksrechte. (Nachdem er im Jahre 1847 bereits einen Verein für die Begründung der gemeinnützigen Baugesellschaft zu Stande gebracht.) Ebenso wurde er in einem Zuge nach
dem Friedrichshain, wie das Gerücht sagt, umgürtet
mit einer roten Schärpe gesehen. Aus dem Verein für
Volksrechte wurde er jedoch durch die List des später
hier eintretenden Justizkommissars (Streuber?) verdrängt, wußte die Präsidentenstelle aber einem gewissen Jacobi (nicht dem Königsberger) in die Hände zu
spielen, damit eben (Streuber?) den Vorsitz nicht bekam (so äußerte er sich selbst gegen einen Vertrauten).
Nachdem so der eigentliche Zweck seiner demokratischen Beteiligung, nämlich die ausschließliche Leitung
jenes Vereins vereitelt war, werden von Hoffmann
keine weiteren Bestrebungen auf dem demokratischen
Gebiete bekannt. Nach seinen eigenen vertraulichen
Äußerungen trat er von diesem Augenblicke an von
diesem Schauplatz ab.

Es läßt sich nach all den vorangegangenen Prämissen fast nicht annehmen, daß der Hoffmann der demokratischen Fahne irgend aus Anhänglichkeit oder aus
einer gegen die königliche Regierung gerichteten feindlichen Gesinnung gefolgt wäre; schon sein Zusammenhang und seine Abhängigkeit von den königlichen Behörden im unmittelbar vorangegangenen Jahre dürfte
ihn vor einem solche Vorwurfe freisprechen; mehr
aber noch seine unmittelbar seit dem 18. März und
infolge dieser ganzen Periode teils mit dem Magistrate
hiesiger Residenz, teils mit den höchsten Staatsbehörden unterhaltenen geheimen Tätigkeit zur Bewältigung des Aufruhrs, durch Beschaffung von Arbeit für
die Brotlosen, eine Tätigkeit, welche, entsprechend berücksichtigt, vielleicht viel Unheil abgewandt hätte.
Über die letztere geben die in dem Besitz des Herrn Land-
baumeisters Hoffmann befindlichen Akten das unzwei-
deutigste Zeugnis. So wechselte er z.B. am 20. März
allein gegen 15 Briefe mit den Behörden zu diesem
Zweck; an diesem Tage wurde von ihm auch ein großes
Plakat an allen Hauptplätzen der Hauptstadt angeheftet, welches den Arbeitern Verdienst auswies und noch
jetzt ebenfalls unter den Akten sich befindet. Mehr als
diese Erscheinung jedoch wird seine demokratische
Beteiligung erklärt durch ein Bekenntnis, welches er
vor kurzem gegen den bewegten Vertrauten ablegte,
und zwar bei einer Gelegenheit, welche unter dem Genusse einer ungewöhnlichen Quantität schweren Wei-
nes seine Zunge gänzlich entfaltete. Danach erklärt
er sich als prinzipieller Gegner der Demokratie. Niemals, so äußerte er, habe die Masse etwas vermocht,

→A 8

wirken und dadurch Beschäftigung für arbeitslose Bauarbeiter zu erzielen.
Die Behörden sind den desfallsigen Anträgen mit Bereitwilligkeit entgegen-
gekommen. Seit dem 20. März sind folgende Arbeiten angeordnet worden:
1) Aufräumung und teilweiser Abbruch der eingeäscherten Wagenhäuser
vor dem Oranienburger Tor und der königl. Eisengießerei; 2) die Anlage
eines schiffbaren Kanals von Moabit nach Spandau; 3) Abbruch der Gebäude auf dem Pulvermühlen-Terrain; 4) Planirung des Pulvermühlen-
Terrains; 5) Neubau der Kirche auf dem Stralauer Platze; 6) Abreißung
und Neubau des alten Teiles des grauen Klostergymnasiums; 7) Verstärkung der Arbeiten auf den Boulevards am neuen Kanale vor dem Halleschen Tor; 8) in Aussicht stehen die Neubauten der beiden andern Kirchen
in der Landsberger- und Frankfurter-Vorstadt und einige andere große
Neubaue. – Das Comité ist unablässig bemüht, noch fernere Gelegenheit
zu Bauarbeiten zu beschaffen. Möge daher das beteiligte Publicum sich
nicht etwa der Unruhe hingeben, sondern dem Comité, welches die hohe
Bedeutung seiner für die Zeit der Aufregung übernommenen Aufgabe aufs
tiefste erkennt und mit allen Kräften für die Lösung derselben arbeitet,
volles Vertrauen schenken. An alle diejenigen aber, in deren Macht es
steht, zur Beteiligung etwaiger Arbeitslosigkeit, wenn auch mit einigen
Opfern, beizutragen, ergeht die dringende Bitte, ihre Bemühungen mit
denen des Comité's zu vereinigen, um das erwünschte Resultat recht bald
zu erzielen.

Comité der gemeinnützigen Baugesellschaft.

Die Gemeinnützige Baugesellschaft übernimmt die Organisation dieser
Notstandsarbeiten, der Magistrat die Finanzierung. Welche Motive hinter
diesen so eilig in Angriff genommenen Maßnahmen stehen, beleuchtet
Adolf Streckfuß:

→L 112   . . . nicht das Mitleid allein gebot es, auch die leidige Furcht, daß die
Hungernden die Waffen ergreifen könnten, um sich selbst zu helfen. Das
Gespenst des Kommunismus schreckte die guten Berliner Bürger, und
mächtig genug stand es allerdings in jenen Tagen vor ihnen. . . .

→L 113   Die städtischen Behörden hatten vor allem das Streben, den Berliner
Arbeitern Unterhalt durch Gewährung von Arbeit zu verschaffen, damit
sie nicht auf revolutionäre Gedanken kommen möchten, zugleich suchten
sie die fremden Elemente, vor denen ihnen am meisten bange war, aus
der Stadt loszuwerden.

Der Magistrat tat im Einvernehmen mit der Stadtverordneten-Versammlung, wie er dieser unterm 8. April berichtete, die geeigneten Schritte beim
Polizeipräsidium, damit alle Arbeitslosen, nicht in Berlin Ortsangehörigen,
ausgewiesen würden. Er beschäftigte so viele Arbeiter wie möglich, bis
1300 Mann bei den städtischen Arbeiten, und erhöhte ihren Lohn, um
sie bei guter Laune zu erhalten, von 12 1/2 Silbergroschen auf 15 Silbergroschen täglich.

Die ausgeschriebenen Arbeiten, die mehr ein Vorwand dafür sind, be-
schäftigungslose Arbeiter aus der Stadt zu entfernen, werden sofort in
Angriff genommen, die Erdarbeiten bei den Rehbergen für den von Moabit

nach Spandau geplanten Schiffahrtskanal werden bereis am **27.3.1848** begonnen. Die Arbeiten sind schlecht oder gar nicht geplant, so daß man die Arbeiter *eine Anzahl Sandhügel abtragen und an anderer Stelle aufschütten ließ. . . . Daß das Ganze nur eine Komödie war, hatten die Arbeiter bald bemerkt. Sie taten deshalb so gut wie nichts, schaufelten so wenig wie möglich, eben nur etwas zu ihrer Belustigung, nahmen jedoch vergnügt den Lohn für ihre scheinbare Arbeit in Empfang.* →L 114 ←L 115

Diese durchaus verständliche Reaktion der „Rehberger" auf die ihnen aufgetragenen unsinnigen Beschäftigungen löst in der Stadt vielverbreitete Spottgedichte und Darstellungen über die vermeintliche Faulheit und Vergnügungslust des Proletariats aus – ein erster Spaltungskeil in das kurzzeitige Bündnis zwischen Bürgern und Arbeitern.

Das sind jedoch nur die ersten politischen Ergebnisse dieser zunächst so harmlos scheinenden Arbeitsbeschaffungsmaßnahmen, denn schon bald wird von bestimmten Herrschaften versucht, die außerhalb der Stadt zusammengefaßten, in ihrem politischen Bewußtsein noch unerfahrenen und manipulierbaren Tagelöhner und Arbeitslosen für ihre Ziele zu gewinnen.

Fein gekleidete Herren erschienen auf den Arbeitsstätten bei den Erdarbeitern und machten sich beliebt durch Geldgeschenke oder indem sie Bier und Schnaps verteilen ließen. Sie erzählten viel von den Juden, deren Wucher an aller Not Schuld sei und auf welche sie den Haß der Arbeiter zu lenken suchten. ←L 116

Die *feingekleideten Herren* knüpfen dabei geschickt an die alltägliche Erfahrung der vor allem im Norden Berlins wohnenden Tagelöhner und Arbeiter an, denen die vornehmlich in der Spandauer Vorstadt lebenden Juden täglich als Händler und Pfandleiher gegenüberstehen.

Dieser Auftritt der feinen Herren ist in Zusammenhang damit zu sehen, daß am **19.3.1848** die bisherigen politischen Machtverhältnisse zwar ins Wanken gebracht, aber durchaus noch nicht beseitigt und grundlegend verändert worden sind. Eine wirkliche Gefahr für den Bestand der Monarchie geht jedoch von dem infolge der Märzereignisse in Berlin entstehenden demokratischen politischen Leben aus, das nun nicht nur Intellektuelle, sondern, immer mehr, auch Arbeiter ergreift.

Die Arbeiter beteiligten sich mehr und mehr bei den Volksversammlungen und Klubs, sie hatten hierzu auch alle Veranlassung, denn täglich wurde die Arbeiterfrage verhandelt sowohl in der Volksversammlung unter den Zelten als bei der einsamen Pappel, im politischen Klub und in der Sitzung der Stadtverordneten, in den Arbeiter-Versammlungen und im Magistrat. Sogar der konstitutionelle Klub, der doch sehr vornehm war und nicht gern zu den tieferen Schichten des Volkes herabstieg, konnte nicht umhin, hier und da auch die soziale Frage fruchtlos zu diskutieren. ←L 117

Am konsequentesten wird die Sache der Arbeiter und ihre Organisierung in dem sogenannten „Politischen Klub" behandelt. ←S 367

Der politische Club wurde für den Mittelpunkt jener der Ruhe und deren Anhängern feindlichen Oppositions-Bestrebungen gehalten. Je ungenauere und unverständlichere Mitteilungen über das, was der Club wirklich tat und beabsichtigte, in die eigentlich bürgerlichen Kreise kamen, desto mehr beeiferte sich das Gerücht, Ungeheuerlichkeiten aller Arten von diesem Vereine zu verbreiten. Der Club bestände aus Juden, Polen, französischen Emissairen u.s.w., war eins jener Gerüchte, das von den Leichtgläubigen auch nicht bezweifelt wurde. Ja, von Seiten der Judenschaft wurden ernstliche Reclamationen gegen das Gerücht, als ob der Club vorzugsweise aus jüdischen Elementen bestehe, erhoben. Eine gleichlautende Notiz der beiden Morgenblätter hält es für nötig, dem auf das Entschiedenste zu widersprechen; „indem zwar auch einige Juden sich in jenem Club befinden, jedoch verhältnismäßig in sehr kleiner Zahl, während die bei weitem größte Anzahl der Gemeinde ihrer Natur nach conservativer Gesinnung ist." ←L 118

Welcher Zusammenhang zwischen den spendablen Herren auf den Rehbergen und den Gerüchten über den angeblich von Juden unterlaufenen „Politischen Klub" besteht, erklärt Adolph Wolff.

– Der politische Club hielt am 1. April seine Sitzung im Mehlhause; (im Hotel de Russie, dem ursprünglichen Sitzungslokal, fand eine Versammlung der Landtags-Abgeordneten statt); seine Verhandlungen, auf die wir später zurückkommen werden, betrafen die polnische Angelegenheit. Die Sitzung war bereits beendigt, als spät abends ein Haufe von einigen ←L 119

Lied der Rehberger.

(Melodie: Ein freies Leben führen wir.)

Ein scheenes Leben führen wir,
Ein Leben voller Freide:
Der Dag verseht bei Schnaps und Bier,
Un Abends denn erholen wir
Uns in de Jungfernhaide.

Un sind wir von de Arbeet matsch,
Denn wird zum Spaß jelesen:
Wir bilden uns janz demokrat'sch,
Wir halten bloß den **Kladderadatsch**
Un **Tante Voß** mit'n Besen.

Jetzt schinden wir von'n Majistrat
Dagtäglich man zwelf Jroschen –
Wat denkt denn so'n Jeheimberath?
Det wird, wenn Eener Unjlick hat,
In Klabberjas verdroschen.

Zwelf Jroschen, un zehn Stunden karr'n?
Ne, Scheenster, det jeht so nich!
Denkt er, de Rehberj'r, det sind Narrn?
Zwelf Jroschen, un zehn Stunden karr'n!
Naunyn, ne, na man jo nich!

Die scheene Zeit is bald entfloh'n,
Drum nu noch frisch jetummelt.
Heit jeht et noch **uf Dagelohn,**
Doch ach Herrje, von morgen schon
Wird **uf Accord jebummelt!**

nur das aus derselben hervorragende Individuum. Das Individuum müßte in diesem Falle die unbedingte, absolute Herrschaft ausüben und die Massen unbedingt demselben Gehorsam leisten, und wenn sein Ideal sich verwirklichen solle, so müßte einst nur einer an der Spitze der gesamten Menschheit stehen und alle übrigen ihm untertänig sein: nur so entwickele sich richtig die Welt, nur so auch habe sie sich bisher entwickelt. Darum verlange denn auch er von allen, die in seinem Dienste stünden, unbedingten Gehorsam, und ein tüchtiger Kopf wisse sich diesen Gehorsam auch von solchen zu erzwingen oder zu erwerben, die mit Wissen sonst nicht die Lust hätten, demselben zu gehorchen. Unumwunden ausgesprochen bekenne er sich für den Absolutismus.

Es scheint demnach offenbar zu sein, daß Hoffmann im Jahre 1848 nur eine demokratische Rolle gespielt. Er selbst äußert sich in dieser Beziehung dahin: Er habe erwartet, daß die tüchtigen Köpfe hervorgetreten wären, nicht aber daß die Pöbelmassen sich in der Herrschaft geteilt hätten. Sobald er dies wahrgenommen, sei er zurückgetreten. Die Demokratie habe sich selbst gerichtet; aber er sei auch ihr prinzipieller

Gegner (aus den oben bezeichneten Gründen). Ob jedoch Hoffmann aus Auftrag oder im Interesse der königlichen Regierung sich damals den Schein eines Demokraten gegeben, darüber könnten nur anderweitige Zeugnisse Auskunft geben (vielleicht das des Herren von Kleist, Mauerstr. 23 wohnhaft); wofern ein solches Zeugnis nicht vorhanden ist, muß es jedoch wohl den Anschein gewinnen, daß Hoffmann jene Rolle für sein persönliches Interesse übernahm. Das „traue schaue wem?" ist damit zwar noch nicht beantwortet, bei dem unseres Vetters Vetter, den Dr. medic. Benda, dem Arzte der Genossenschaftshäuser, auch mit dem, demselben Volksverein wie dieser Benda im vorigen Jahre angehörig gewesene Dr. Spiekermann mitunter noch jetzt in Berührung kommt; ebenso mit Diesterweg & Co. Indessen der Grundzug in dem Charakter des Hoffmann ist der von ihm in seinen Reden freilich verworfene Egoismus, nicht nur in Bezug auf Geldvermögen, sondern auch in Beziehung auf Ruhm und auf jene Eitelkeit, andere gleichhoch oder höher gestellte Persönlichkeiten geistig durch Klugheit zu überragen und als der Produzent und Träger großer Taten, Ideen oder Prinzipien zu glänzen, und er dürfte daher die Berührung mit demokratischen Persönlichkeiten, wie selten sie auch sei und wie sehr er sie auch meidet, um dem Unternehmen der gemeinnützigen Baugesellschaft nicht zu schaden, und es dürfte diese Berührung ebenso wie jene mit Personen anderer Parteirichtungen, z.B. constitutionellen Absolutisten, Pietisten, Rationellen und zuletzt nur das selbst zum Zwecke haben, nämlich sein Unternehmen durch Personen und Parteien aller Farben emporgetragen zu sehen. Auf das vom Egoismus zeugende Prinzip, welches dem von ihm gegründeten baugesellschaftlichen Unternehmen zugrunde liegt; und nach welchem arme, schwache, unglückliche Arbeiter sich durch eigene Kraft emporarbeiten sollen, diejenigen aber, welche nicht mehr diese Kraft besitzen, alle, und wären es Millionen, wie er sich äußert, untergehen mögen, damit nur dieses von ihm aufgestellte Prinzip nach und nach allein die Welt beherrsche, bestätigt ebenso eine solche Ansicht, wie des Herrn Hoffmann Teilnahmlosigkeit, Gefühllosigkeit und Rücksichtslosigkeit gegen Hilfsbedürftige in seinen Privatverhältnissen; er schilt auf alle jene Vermögenden, welche nicht die Humanität besitzen, sein Institut mit Kapitalien zu heben, während er grob gegen diejenigen wird, die über zunehmenden Mangel an Verdienst klagen und pecuniäre Hilfe von ihm beanspruchen. Es war natürlich, daß, nachdem die Demokratie eine solche Niederlage wie jene der vorangegangenen Jahre erlitten und die sozialen Fragen an ihre Stelle traten, auch diese auf Hoffmanns Unternehmen einen Einfluß ausüben mußten, ebenso wie es die Demokratie damals tat. Daher tauchten von da ab alle möglichen Ideen in der Beziehung auf und beanspruchten die Aufnahme in die Genossenschaftshäuser; so das sittliche Element, die Gemeinsamkeit von Einrichtungen wie Unterricht, Vorträge in dieser Beziehung, gemeinsame Beschaffung von Lebensmitteln, von Rohstoffen u.s.w. und der stete Umgang mit seinem Schwiegervater und mit anderweitigen hohen Standespersonen, das eigene Interesse und die Lektüre mögen Hoffmann bewogen haben, sich in Mußestunden in diesem Gebiete umzusehen, so daß ihm wenige Seiten desselben unbekannt geblieben sein dürften – wenigstens der allgemeinen Vorstellung nach; aber wenn derselbe im Baufache als dem seines ursprünglichsten Berufes nach noch so tüchtig dastehen sollte, so herrscht in ihm doch ein ebensolcher Wirrwarr und eine Verwechslung der Begriffe, aber auch eine Inkonsequenz der Gesinnung, sobald er das soziale Feld betritt. Dies ist das einstimmige Urteil von gelehrten und practischen Männern, welche er seit längerer Zeit an sich zog, und selbst auf seinem Bureau wird über seine Launenhaftigkeit und den steten Wechsel seiner Ansichten geklagt. Er sagt von sich selbst in dieser Beziehung: „Mit dem Bewußtsein, welches ihm klassische Bildung verliehe, könne er zwar nicht an die Dinge gehen; dagegen sei es die Ursprünglichkeit, welches seine Auffassungsweise charakterisiere; d.h. er fasse alles als Künstler auf, er fühle es, er ahne den inneren Zusammenhang, und wenn es ihm dann auch nicht immer sogleich klar erscheine, so treffe er doch das künftige."

Indem er aber heute von dieser, morgen wieder von der entgegengesetzten Ansicht ausgeht, heute für diese, morgen für jene Partei sich erklärt, ist es auf dem sozialen Gebiete unmöglich, daß es unter seiner Leitung zu etwas Bestimmtem komme. Er fühlt dieses auch wohl und sucht sich daher mit Männern vom Geiste zu verbinden, um einen kräftigen Verstand zu bilden, der ihm das Material zu der Idee liefern soll, deren Träger er sein will.

hundert, zum Teil bewaffneten oder mit Stöcken versehen, Personen sich gegen das Versammlungslokal bewegte. Schon vorher, während noch die Beratungen des Clubs stattfanden, war ein starker Trupp Menschen auf einer benachbarten Brücke angetroffen worden, „welcher die Absicht zu erkennen gab, Tätlichkeiten gegen den Club auszuüben." Die eingegangenen Erkundigungen – Personen aus den Trupps selbst beeiferten sich, Auskunft zu geben – stellten als tatsächlich fest: daß ein Beamter, „dessen Namen früher vielfach bei den Sparvereinen genannt worden," eine Anzahl Arbeiter aus den ärmeren Vorstädten für den Mietspreis von 10 Groschen auf die Person für den Abend geworben habe, um durch sie den Club gewaltsam zu sprengen. Der Generalstaatskassen-Buchhalter L i e d k e war als Werber der Banden genannt. –

→S 428 Der Bandenchef, der Generalstaatskassen-Buchhalter Liedke, ist Gründungsmitglied der „Berliner gemeinnützigen Baugesellschaft", und seit er in der Spandauer Vorstadt **1845** die ersten „Sparläden" organisiert hat, eng liiert mit dem Kreis der inneren Missionare um den „Christlichen Handwerkerverein" in der Brunnenstr. 19a. Der Überfall auf den Politischen Klub veranlaßt dessen Präsidium am **3.4.1848**, folgendes Plakat zu veröffentlichen.

→L 120 *A n d i e A r b e i t e r . Brüder, seid auf eurer Hut! Man treibt einen schmählichen Mißbrauch mit der Leichtgläubigkeit Vieler unter Euch. Man redet zu Euch von Aufwieglern, Juden und Fremden, welche Ursache aller Unruhe, und mithin des gestörten Handels und der Industrie seien und dadurch auch Euch um die Arbeit und das Brot bringen würden. Man hat, wo solche Aufreizungen nicht ausreichten, an einige von Euch Geld vertheilt, und diese sind am Sonnabend bewaffnet mit Knütteln gegen den politischen Club im Mehlhause gezogen, der aber schon früher auseinandergegangen war. Arbeiter, duldet nicht, daß solche Schmach auf eurem Stande lasten bleibe, Ihr, die Kämpfer der Freiheit, wolltet, dem Privathaß niederträchtiger Menschen zu lieb, zuerst die Freiheit wieder zerstören! – Ihr wolltet eine Versammlung mißhandeln, die zuerst und am lautesten den Grundsatz aufstellte: Jeder großjährige Preuße muß Wähler und wählbar sein! – Ist das Aufwiegelung? Stocken durch das Aussprechen solcher Forderungen die Geschäfte? – Nein! – Der Handel ist gestört, weil die ganze Welt gestört ist. Überall befreien sich die Völker, überall wird die alte, schlechte Wirthschaft über den Haufen geworfen, Wir wollen nichts, als den alten Kehricht gründlich ausfegen, damit wir nicht noch einmal so eine schlimme Störung bekommen. – Eure Verführer zogen aber Vortheil aus dem alten Kehricht und deshalb schimpfen sie uns Aufwiegler und mißbrauchen eure Leichtgläubigkeit. Hättet Ihr uns am Sonnabend gefunden und in bethörter Wuth uns erschlagen und mißhandelt, uns, die wir gerade beriethen, wie man die Deutschen in Posen gegen Mord und Plünderung schützen könne, welche ewige Schmach wäre das für Euch gewesen! Die Soldaten, hätte man gesagt, fochten gegen die Freiheit, weil sie dem König geschworen hatten. Die Arbeiter zerstören die Freiheit, weil man sie bezahlt hat dafür! – Werdet Ihr diese Schande dulden, deren 3–500 unter Euch sich theilhaftig machten? – Den Verführten aber geben wir den Rath, die Herren, welche sie geleitet, angestiftet und bezahlt haben, zu greifen, wo sie sie finden, und sie der Polizei zu übergeben, denn sie waren wirkliche Aufwiegler, die Ersten welche unsere Revolution geschändet haben. D e r P r ä s i d e n t d e s p o l i t i s c h e n C l u b s .*

Das hier Aufgeführte soll genügen, die politische Haltung und Arbeit des Komitees der Gemeinnützigen Baugesellschaft in der demokratischen Bewegung von **1848** zu charakterisieren. Es ist nur der Anfang der konterrevolutionären Wühlarbeit, mit der das Komitee bis zum **September 1848** vollauf beschäftigt ist. Erst als sich die Konsolidierung der alten Verhältnisse abzuzeichnen beginnt, finden die Mitglieder der Baugesellschaft Zeit, sich mit der ein Jahr zuvor verlangten Überarbeitung der Statuten zu befassen, die am **28.10.1848** genehmigt werden. Nach dem Einmarsch der königlichen Truppen am **10.11.1848**, durch den die Märzrevolution in Berlin endgültig beendigt und unterdrückt wird, steht auch dem Beginn der Bautätigkeit der „Berliner gemeinnützigen Baugesellschaft" nichts mehr im Weg.

Gründung und Bautätigkeit der „Berliner gemeinnützigen Baugesellschaft"

Am **16.1.1849** findet die erste Generalversammlung der „Berliner gemeinnützigen Baugesellschaft" mit 45 stimmfähigen Mitgliedern statt. Einen Monat später, am **13.2.1849**, beschließt der Vorstand, den Professor Huber, *welcher durch sehr gediegene Aufsätze in der Zeitschrift Janus* ←L 121 *über unserer Gesellschaft naheliegende Zeitfragen ganz besonders dazu beigetragen hat, dem Publikum die von uns verfolgte Idee nahezurücken,* zur Teilnahme an den Vorstandssitzungen einzuladen mit der Bitte, daß er sich dem Interesse der Gesellschaft widmen möge. Auf einer der nächsten Versammlungen wird Huber in den Vorstand gewählt. Er übernimmt die Schriftführung des Vereins und gründet, nachdem der „Janus" im **März 1848** eingegangen ist, eine neue Zeitschrift:

Das Bedürfnis, durch die Presse auf die öffentliche Meinung zu wirken, ←L 122 *wurde als ein so berechtigtes und dringendes anerkannt, daß der Vorstand demselben seine besondere Aufmerksamkeit zuzuwenden sich verpflichtet hielt. Er kam deshalb dem Anerbieten des Herrn Professor Huber, ein besonderes Blatt als Organ der Gesellschaft herauszugeben, mit großer Bereitwilligkeit entgegen und gründete im April 1849 die Zeitschrift „Concordia, Blätter der Berliner gemeinnützigen Bau-Gesellschaft". Sie mußte leider der Teilnahmslosigkeit des Publikums und dem beharrlichen Ignorieren von Seiten der politischen Tagespresse schon mit dem Ende des Jahres 1849 erliegen.*

Die praktische Bautätigkeit beginnt mit der Grundsteinlegung des ersten „Gesellschaftshauses" am **27.3.1849**. Huber verfaßt die Urkunde, die in den Grundstein des Hauses Ritterstraße 28 eingemauert wird:

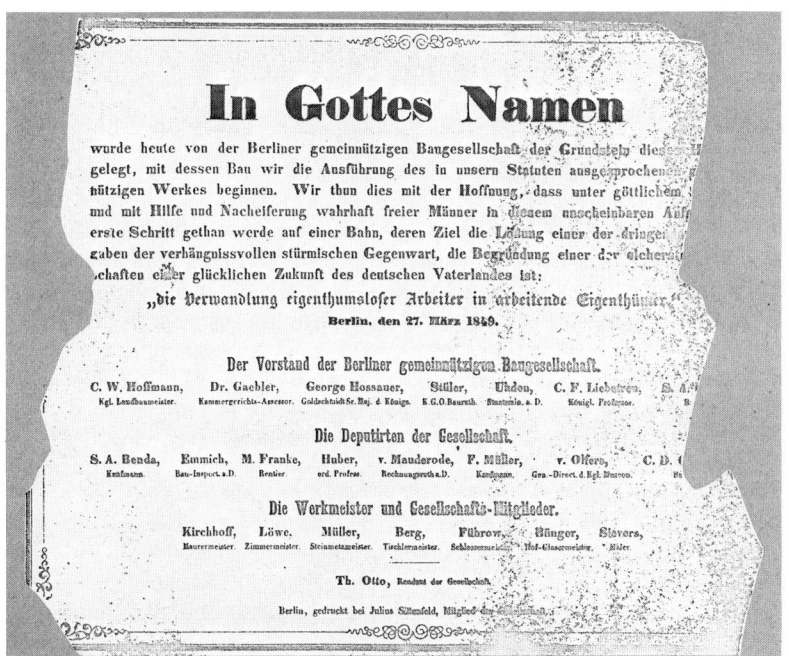

Kopie der bei den Abbrucharbeiten in der Ritterstraße gefundenen Grundsteinurkunde. ←B 57
Das Original ist mittlerweile nicht mehr aufzutreiben.

In dem Grundsatz *die Verwandlung eigentumsloser Arbeiter in arbeitende Eigentümer* wird zum ersten Mal das Leitmotiv der bürgerlichen Sozialreform angeschlagen, das bis heute propagiert, unter immer neuen politischen Situationen hervorgeholt wird, aber nicht zu verwirklichen ist, weil die propagierte Seßhaftigkeit des Arbeiters im eigenen Heim im Widerspruch steht zur geforderten Mobilität der Arbeitskräfte in der kapitalistischen Wirtschaftsweise.

Das Haus Ritterstraße 28 bildet den Auftakt der Bautätigkeit der Gesellschaft, die den Zeitraum **1849−1852** und insgesamt 6 Häusergruppen umfaßt. Es werden 12 vierstöckige Häuser im Südosten und Norden Berlins realisiert, eins wird dazugekauft, und vor dem Schönhauser Tor wird eine Kleinhaussiedlung mit Cottages begonnen, die aber über sechs ausgeführte Häuser nicht hinauskommt.

Aus der Mitgliederliste der Berliner gemeinnützigen Baugesellschaft, Juni 1849:

→L 123

←A 9

A Vorstand (im Jahre 1850):
1. Herr C.W. Hoffmann, Landbaumeister, Vorsitzender
2. Herr Stüler, Geh. Oberbaurat, Stellv. des Vorsitzenden
3. Herr Dr. Gaebler, Obergerichtsassessor, Syndikus der Gesellschaft
4. Herr George Hossauer, Goldschmied der Königl. Majestät
5. Herr Löwenberg, Schatzmeister der Gesellschaft
6. Herr Prof. Huber
7. Herr v. Kleist
8. Herr Koch, Präsident des Ober-Tribunals
9. Herr Emmich

B Deputierte des Vorstandes (im Jahre 1849):
a. Herr Dr. v. Olfers, Generaldirektor der Königl. Museen
b. Herr C.D. Appenfeld, Bankier
c. Herr Benda, Kaufmann
d. Herr v. Mauderode, Regierungsrat a.D.
e. Herr Müller, Kaufmann
f. Herr Emmich, Bauinspektor a.D.
g. Herr Huber, ordentl. Professor

C Mitglieder:
1. Seine Königl. Hoheit der Prinz v. Preußen
2. Seine Königl. Hoheit der Prinz Carl v. Preußen
3. Seine Königl. Hoheit der Prinz Wilhelm v. Preußen
und weitere 203 Namen, darunter viele Militärs, Fabrikbesitzer, Handwerksmeister, Bankiers und Staatsbeamte. Kurioserweise auch jener Ratsbaumeister C. Lindner unter der Nr. 95, der die Familienhäuser gebaut hat.

No. d. Häusergruppe.	Name des Haus-Vorstehers.	Bezeichnung der einzelnen Häuser.	Anzahl der Wohnungen.	Werkstätten.	Bemerkungen nebst Bezeichnung der hauptsächlichsten Zubehörungen.	Zahl der Hintergebäude.	Zahl der Bewohner, männlich.	Summa d. Bewohner.	Anlage-kapital. Rt.
1	Hr. Hoffmann, Landbaumeister, bis 31. December 1851.	a. Wollank-Strasse No. 8.	14	—	1 Waschhaus, 2 Holzställe, mehrere kleine Gärten.	14	5	58	10,100
		b. Wollank-Strasse No. 9.	18	—	1 Waschhaus, 1 Holzstall u. 3 kleine Gärten.	20	8	96	16,600
	Hr. S. A. Benda, Kaufmann.	1tes Seiten-Gebäude daselbst. 2tes Seiten-Gebäude daselbst.	— 1	5 1					
		c. Am Weinbergs-Wege ohne No.		1	⅓ Morgen Bauplatz u. Garten.	—			3,200
2	Hr. Huber, Professor, bis 30. Juli 1851.	a. Michaelis-Kirch-Strasse No. 2.	9	1	....	9	2	47	7,900
	Hr. v. Greiffenberg, Major a. D.	b. Michaelis-Kirch-Strasse No. 3.	10	—	1 Waschhaus	9	4	34	8,000
		c. Michaelis-Kirch-Strasse No. 4.	9	—	1 Waschhaus	9	4	44	7,500
3	Hr. Koch, Kammer-Ger.-Präsident, bis 30. Juni 1851.	a. Ritter-Strasse No. 28.	9	2	....	9	4	44	8,900
		b. Ritter-Strasse No. 29.	9	1	1 Badehaus, 1 Waschhaus.	9	8	49	8,900
	Hr. Huber, Professor emer.	c. Ritter-Strasse No. 30. Brandenburg-Strasse.	14	2	2 Holzställe .... 2 Bauplätze	14	5	62	13,000 2,500
4	Hr. v. Thielemann, Rittmeister a. D., bis 31. December 1851.	a. Alexandrinen-Strasse No. 21. Hintergebäude daselbst.	10 —	— 6	1 Waschhaus,1 klein.Garten.	11	5	61	13,000
		b. Alexandrinen-Strasse No. 20a.	5	—	....	5	3	19	4,000
		c. Alexandrinen-Strasse No. 20.	5	—	1 Waschhaus	5	—	24	4,000
	Hr. Nobiling, Major.	d. Alexandrinen-Strasse No. 19.	9	—	....	9	12	44	7,666⅓
		e. Wasserthor-Strasse.			4 Leere Bauplätze, von denen ein Theil einstweilen als Garten benutzt wird.	—			6,000
5	Hr. Hoffmann, bis 31. December 1851. Hr. v. Greiffenberg, Major a. D.	Bernburger-Strasse No. 32. nebst Seiten-Gebäude daselbst.	12	2	1 Waschhaus	12	21	70	14,500
6	Hr. Hoffmann, bis 31. December 1851.	a. Schönhauser-Allee No. 58.	1	—	15 Holz- und Viehställe (in 3 Gebäuden).				
		b. Bremerhöhe No. 3.	4	—					
	Hr. v. Olfers, General-Direktor d. Königl. Museen.	c. Bremerhöhe No. 8.	6	—	11 Gärten von 20 bis 180 ☐Ruthen Grösse u. ausserdem circa 6 Morgen Bauplatz, Garten u. Ackerland.	11	5	61	10,000
	Summa		145	21		146	86	714	145,766⅓

Ausserdem besitzt die Gesellschaft einen Bauplatz am Luisen-Ufer (Ecke der Dresdener-Strasse) und 2 Bauplätze in der Militairstrasse, für welche letztere jedoch der Besitztitel noch nicht berichtigt ist.

Die Gesellschaftshäuser, wie sie genannt werden, werden mit geringen Abwandlungen, hauptsächlich der Treppenformen, nach drei Typengrundrissen als 1-, 2- und 3-Spänner gebaut.

→L 124 *Von dem Hausflur oder Treppenpodeste aus gelangt man durch eine feste, verschließbare Tür in den V o r r a u m a, von welchem man in der Regel unmittelbar in die Zimmer gelangt. Er ist gegen den Treppenflur durch eine feste Tür begrenzt, welche demnach die ganze Wohnung abschließt. Die Wohnstuben b b, 12 bis 15 Fuß breit, 14–17 Fuß tief, durchschnittlich 200 Q.-F. groß, liegen nach der Straßenseite und sind mit 2 Fenstern versehen. Die Schlafzimmer c c sind 6–7 F. breit, 13–14 F. tief, haben e i n Fenster und stehen mit dem Wohnzimmer (im Grundriß No. 2 und 3) in keiner unmittelbaren Verbindung. Im Grundriß No. 1 haben die beiden Eckwohnungen eine etwas abweichende Einrichtung, die Schlafzimmer sind daselbst 11 und 12 Fuß im Quadrat groß und stehen nicht nur mit den Wohnzimmern in Verbindung, sondern müssen sogar als Durchgang dienen. Damit dies nicht hinderlich werde, ist je nach dem Bedürfnis der Bewohner das Aufstellen einer Schirmwand nötig. Die Küchen sind mit d bezeichnet. Die meisten Wohnungen bestehen aus e i n e r Stube, einer Kammer und der Küche. Einige wenige haben nur Stube und Küche, und die übrigen z w e i Stuben, Kammer und Küche. In jedem Wohnzimmer stehet ein Kachelofen mit eiserner Platte und*

↓B 58 *eisernem Rost zu Coaks-, Torf- und Kohlenfeuerung so eingerichtet, daß*

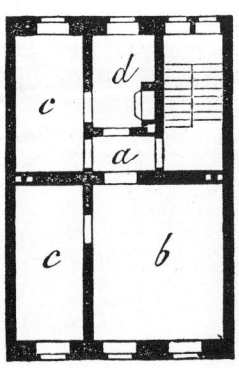 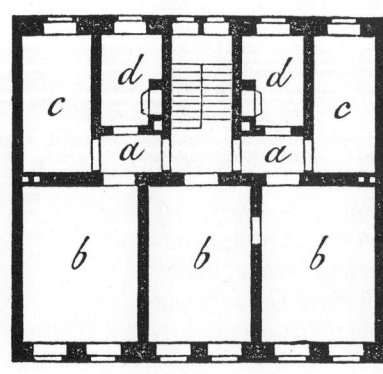 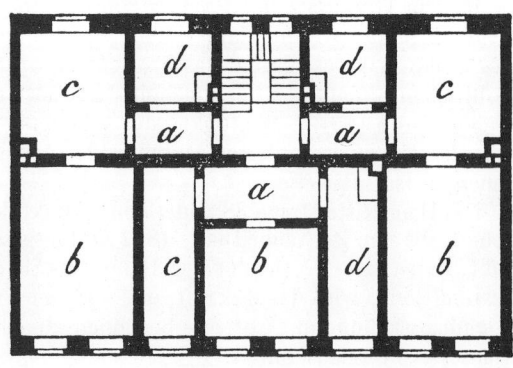

man in ihm auch kochen kann; in jeder Küche eine g e s c h l o s s e n e Feuerungs-Anlage (sogenannte Kochmaschine). Türen und Fenster haben die in Berlin für gute, aber anspruchslose Häuser übliche Größe und Form und sind mit Ölfarbe angestrichen. Von einzelnen Abweichungen wird bei den Häusergruppen No. 2, 3 und 4 die Rede sein. — Die Fußboden sind in den Wohnungen mit gespundeten Brettern gedielt, in den Fluren mit Fliesen gepflastert oder mit Asphalt belegt, in den Werkstätten je nach Bedürfnis mit rauhen Brettern gedielt oder mit Ziegeln gepflastert. Die Decken mußten, den hier geltenden baupolizeilichen Vorschriften gemäß, verschalt, gerohrt und geputzt werden (soweit nicht in den Werkstätten g e - w ö l b t e Decken zur Anwendung gekommen sind). Die Treppen sind sämtlich aus Sandstein construirt und größtenteils mit e i s e r n e n Geländern versehen. Die Dächer sind mit Ziegeln, Schiefer oder Zink gedeckt. Mit Ausnahme eines Hauses auf Bremerhöhe und der Werkstatt in der Ritterstraße sind sämtliche Gebäude massiv, von Mauersteinen in Kalkmörtel aufgeführt und zwar: a) o h n e B e w u r f (Putz) in den Häusergruppen No. I und VI, b) m i t B e w u r f in den Gruppen II, III, IV und V, in denen jedoch einzelne Hintergebäude (Werkstatt in III und IV u.s.w.) ebenfalls ohne Bewurf hergestellt sind.

Es sind in der Regel reine Vorderhäuser mit glatten Straßenfassaden, die beliebig reihbar sind und auf den in Berlin bei der Erschließung neuer Baublöcke üblichen Parzellen stehen. 600 m östlich der Familienhäuser auf gleicher Höhe und direkt vor den Toren der Stadt und damit außerhalb der noch existierenden Akzisemauer wird von der „gemeinnützigen Baugesellschaft" ein weiterer Komplex von drei Häusern mit Werkstätten auf dem Hof gebaut, den wir stellvertretend für alle als Entwurf dokumentieren wollen, auch deshalb, weil er heute noch existiert, wenngleich später zu einer großen Hofanlage erweitert.

Der Baukomplex liegt in der heutigen Wilhelm-Pieck-Str. 32/33, früher Lothringer Straße, davor, z.Z. seiner Erbauung, Wollankstr. 8–9, so benannt nach dem Besitzer der nördlich davon gelegenen Weinberge. Der Ausschnitt der Sineckschen Karte von **1856** zeigt, daß die Häuser der Gemeinnützigen Baugesellschaft, die am **1.1.1850** bezogen werden, sich im Plan unterschiedslos einreihen in die übliche Blockrandbebauung, also schon vom Stadtplan her deutlich das feudal-ländliche Muster der Familienhäuser ablösen durch das bürgerlich-städtische auf schmalen Parzellen mit beliebiger rückwärtiger Bebauung, woran auch die inzwischen **1853** erlassene Bauordnung nichts ändert.

→B 59 Die einzigen heute noch erhaltenen Häuser der Gemeinnützigen Baugesellschaft in der Wilhelm-Pieck-Str. 32–33

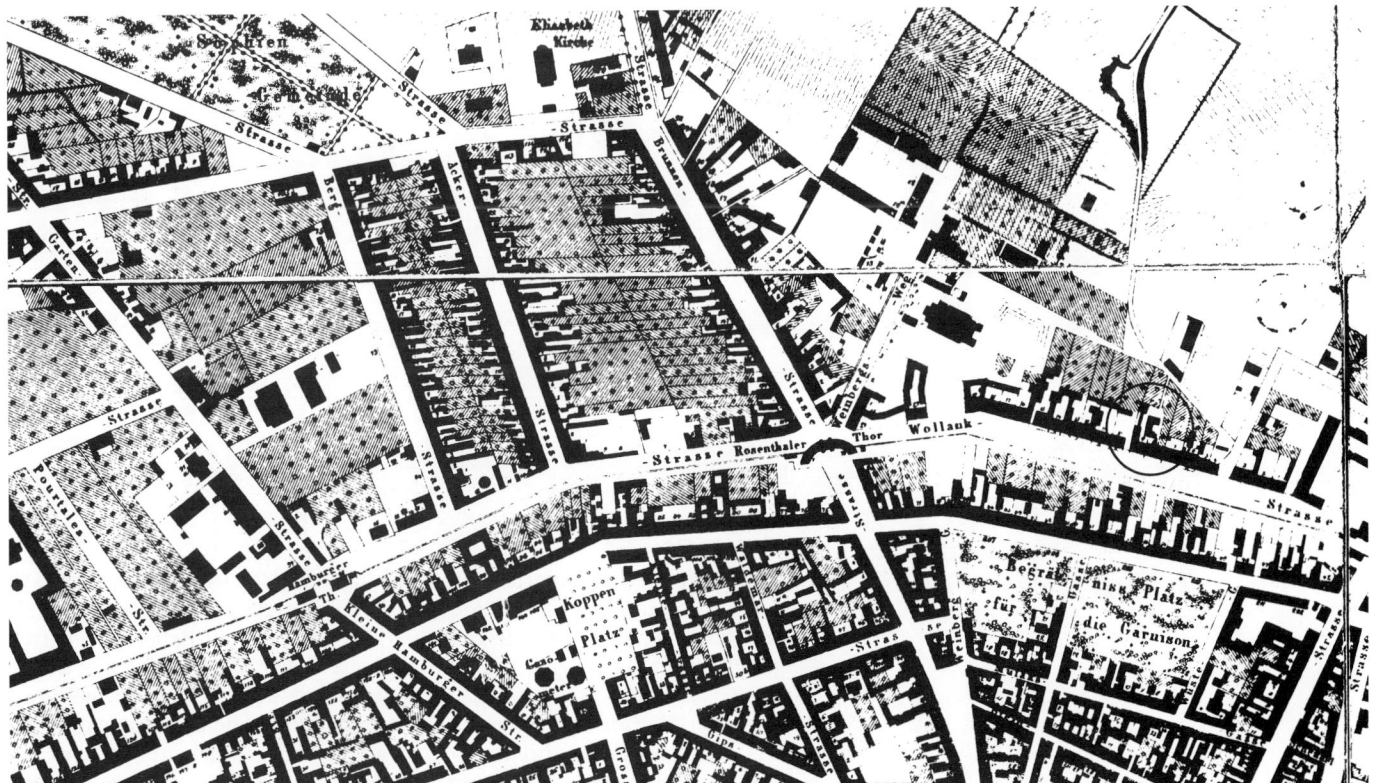

Lage, durch Kreis gekennzeichnet, der Vereinshäuser in der Wollankstraße 8–9   ←B 60

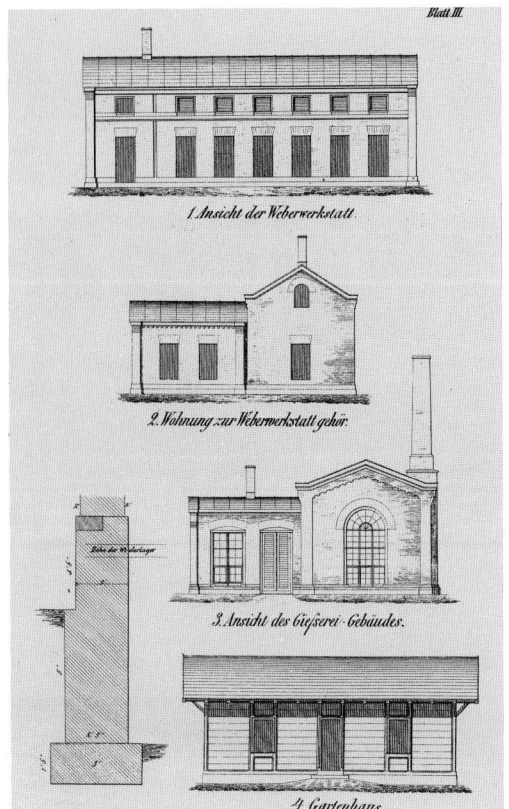

←B 61

→B 62

→B 63
←B 64

Das hier dokumentierte Beispiel Wollankstraße 8–9 vor Augen, müssen wir jetzt untersuchen, wie in diesen Häusern organisiert wird, was wir in der Darstellung der Anstaltskonzepte als Prinzipien der Beherrschung freigelegt haben. Der sog. „kleine Mann", der gegen das Absinken ins Proletariat gesichert werden und als sozialer Schutzwall dienen soll, wird mit folgender Methode diszipliniert: Ausgangspunkt ist die Erwartung der Mieter, nach vier Probejahren, in denen ihnen kein Guthaben angeschrieben wird, endgültig nach 30 Jahren Eigentümer der Wohnung zu werden, die man durch seine Miete amortisiert hat. Zu der geplanten finanziellen Bindung tritt die emotionale Bindung an den Ort, die Identifizierung mit der Umgebung, die der Architekt Hoffmann, zentrale Figur des Vereins, vorsätzlich plant.

„Die Pädagogik der Umgebung!" – Diese nach ihrer Natur, nach ←L 125 *Zweck und Bedeutung sinnig zu gestalten, ihren Formen und Farben Sprache, und der Sprache Form und Farbe zu geben, ist Sache der Kunst, und Sache der Schule, dieselbe in dieser ihrer Wirklichkeit zum Motiv der Wissenschaft und Wahrheit, die sie lehrt, zu machen. –*

Ohne Zweifel wird überall die nächste Umgebung mit ihren stetigen und beständigen Eindrücken unvermeidlich auch von der größten pädagogischen Wirkung sein. Das Sprüchwort: „Kleider machen Leute!" – ist nicht bloß ironisch von der Wirkung auf andere, es ist auch pädagogisch von der Rückwirkung auf die Person des Trägers zu verstehen. Ich brauche nur im Vorbeigehen an die Uniform, an den Soldatenrock z.B. und dessen disciplinarischen Einfluß zu erinnern. – Je enger und einsamer, je abgeschlossener die nächste Umgebung, um so stärker die Eindrücke, um so einseitiger die Bildung. Ja, diese Eindrücke können sogar Wunden hinterlassen unter gewissen Bedingungen, und das Heimweh, wie bekannt, zu einer unheilbaren Krankheit machen, wogegen der beständige Wechsel und die Mannigfaltigkeit der Umgebung, den heimatlosen Nomaden zu keiner stetigen Bildung kommen läßt.

Und was, frage ich, ist dem Menschen nächst dem Kleide näher, und weniger wie dies dem Wechsel unterworfen, als die Wohnung, das Haus, das mit seinen 4 Wänden, seinen Türen und Fenstern, mit seiner Aussicht und seiner Ansicht von fern, mit seinem Giebel in alle Lagen des Lebens, in alle Stimmungen hineinragt, sich mit jeder erweiterten Kenntnis, mit jeder Vorstellung, mit jeder Erinnerung unzertrennlich verbindet und mit den frühesten Jugenderlebnissen noch zuletzt im Gedächtnis des Greises haften bleibt? –

Die so aufgebauten Bindungen können umgekehrt durch Androhung ihres Verlustes als Disziplinierungsinstrument angewandt werden, wie aus dem § 12 des Mietvertrages hervorgeht:

§. 12. In folgenden Fällen wird der Vertrag als aufgehoben und der Mie- ←L 126 *ter unter Verlust aller seiner Ansprüche als verpflichtet angesehen, die Wohnung sofort zu verlassen, ohne dadurch von der Verpflichtung der Zahlung der Miete für das laufende Quartal entbunden zu werden: 1) Wenn der Mieter oder einer seiner bei ihm wohnenden Angehörigen nach dem Urteile des Haus-Vorstehers und des Vorstandes einen unsittlichen oder liederlichen Lebenswandel führt, oder in seinem Gewerbe unehrenhaft und unreell verfährt, oder in seiner Wohnung Verkehr mit verrufenen oder unsittlichen Personen unterhält, oder mit den Hausgenossen unverträglich umgehet, oder sonst sich eines Betragens schuldig macht, das ihn in der Achtung seiner Mitbürger herabzusetzen geeignet ist.*

Die vorgesehene Exmittierung bei Verlust aller in Aussicht gestellten Ansprüche setzt eine sorgfältige und abgestufte Überwachung der Mieter voraus. Diese Überwachung wird von der Gemeinnützigen Baugesellschaft organisiert. Den direktesten Einblick in die Lebenssphäre der Bewohner eines Hauses, die eine sogenannte „Mietsgenossenschaft" bilden, hat der „Vizewirt". Es ist jeweils einer der Hausbewohner, der seit mindestens vier Jahren die Bedingungen des Mietvertrages erfüllt hat. Er wird von den Mietern gewählt und dann durch den Vorstand bestätigt bzw. direkt vom Vor- →L 127 stand dazu bestimmt. Der „Vizewirt" *vertritt die Berliner gemeinnützige* ←L 128 *Baugesellschaft überall für das von ihm verwaltete Haus, wo es sich um Aufrechterhaltung der Hausordnung, um Erfüllung obrigkeitlicher Verfügungen und Gesetze, namentlich polizeilicher Bestimmungen, handelt.* Er ist persönlich für die Einhaltung nicht nur der Hausordnung, sondern auch der polizeilichen Bestimmungen verantwortlich und hat sich sofort nach seiner Ernennung bei seinem zuständigen Polizei-Leutnant anzumelden. Der „Vizewirt" hat unbegrenzten Zutritt zu den Wohnungen der einzelnen Mieter, die ihm laut Mietvertrag gehorsamspflichtig sind. Er untersteht direkt einem „Haus-Vorsteher", der vom Vorstand der Gesellschaft aus der unbeschränkten Zahl der Gesellschaftsmitglieder ernannt wird. Die Liste der bis **1852** gebauten Hausgruppen nennt unter der Rubrik „Haus-Vorsteher" auch die Namen, es sind alles Gründungsmitglieder des Vereins, unter ihnen Huber und Hoffmann. Die gesamte Gesellschaft

Der Vizewirt, der Prototyp des Hauswarts:

Aus den Statuten der Gemeinnützigen Baugesellschaft:

§ 32. Die Mitglieder jeder Miets-Genossenschaft wählen durch Stimmenmehrheit (wobei alle Stimmen ohne Rücksicht auf den Mietsbetrag gleiche Geltung haben) unter Aufsicht eines Vorstands-Deputirten aus der Anzahl derjenigen Miets-Genossen, welche mindestens 4 Jahre in ununterbrochener Folge Bewohner des Genossenschafts-Gebäudes sind, einen Vizewirt, der als solcher Namens der Miets-Genossen mit der Gesellschaft in Verbindung tritt. Findet sich in einer Miets-Genossenschaft niemand, der dem obigen Erfordernisse entspricht, so ernennt der Deputirte den Vizewirt.

§ 33. Der Vizewirt wird auf ein Jahr gewählt, resp. ernannt und tritt sein Amt am 1. Januar an. Er wird durch den Vorstand mit einer besonderen Instruction versehen werden.

Die Instruktion bestimmt die Aufgaben des Vizewirts. Neben reinen Verwaltungsaufgaben kommt ihm

Haustürschlösser
mit Schließzwang

A. KERFIN & CO. G.M.B.H.

Türschließer- u. Haustürschloßfabrik
über 80 Jahre

1 Berlin 65
Liebenwalder Str. 39
Tel. 461 82 77

Unverbindliche
Beratung

Anzeige aus der Zeitschrift „Das Grundeigentum",   ←B 65
Nr. 19, 1977

die Beaufsichtigung der Mietgenossen zu:

*1) Der Vizewirt vertritt die Berliner gemeinnützige   ←L 129
Bau-Gesellschaft überall für das von ihm verwaltete
Haus, wo es sich um Aufrechterhaltung der Haus-Ordnung und um Erfüllung obrigkeitlicher Verfügungen
und Gesetze, namentlich polizeilicher Bestimmungen   →A 10
handelt, mit allen Rechten und Pflichten, welche in
dieser Beziehung einem Hauswirt und Eigentümer zukommen und obliegen.*

*2) Er hat deshalb bei persönlicher Verantwortlich-
keit dafür zu sorgen, daß den betreffenden bestehenden sowohl als den etwa zukünftig in Kraft tretenden
Gesetzen, Verordnungen und Erlassen der Behörden
und obrigkeitlichen Beamten und der eingeführten
Haus-Ordnung in seinem Kreise überall und vollständig
Genüge geleistet werde.*

*3) Zunächst hat er sich sofort nach seiner Ernen-
nung, bei dem betreffenden Polizei-Lieutenant, als
Vizewirt in der vorgeschriebenen Weise anzumelden.*

*4) Wenn Seitens der Hausgenossen die Haus-Ord-
nung übertreten werden sollte, so ist er befugt, nach
Maßgabe der in den einzelnen Miets-Kontrakten und
Haus-Ordnungen näher festgestellten Bestimmungen,
Ordnungsstrafen festzustellen und zur Hauskasse einzuziehen. Sollte der Vizewirt etwa die Haus-Ordnung
selbst übertreten, so erfolgt die Festsetzung der Ord-
nungsstrafe durch den Vorstands-Deputirten.*

*5) In denjenigen Häusern, in welchen Mieter woh-
nen, die kontraktlich berechtigt sind, an der jährlich
zu bewirkenden Festsetzung der Haus-Ordnung teilzu-
nehmen, ist der Vizewirt verpflichtet, innerhalb der
ersten 14 Tage des neuen Jahres eine Conferenz der
Mieter zur Beratung der Haus-Ordnung anzuberaumen
und das Resultat dieser Beratung dem Haus-Vorsteher zur Feststellung vorzulegen. Zu einer solchen Conferenz sind sämtliche selbständige Mieter durch einen
Anschlag an dem für dergleichen Bekanntmachungen
ein für alle Mal in der Haus-Ordnung zu bezeichnenden
schwarzen Brette einzuladen und zwar ohne Unterschied, ob sie als provisorische Mieter oder als defi-
nitiv aufgenommene Mitglieder der Miets-Genossen-
schaften gelten. Wer in der Conferenz nicht erscheint,
ist an die Beschlüsse der Mehrheit gebunden.*

*6) In denjenigen Häusern dagegen, wo keiner der
Bewohner eine solche kontraktliche Berechtigung
hat, wird dem Vizewirt die Abhaltung einer Conferenz
nur anheimgestellt. Erachtet er eine solche für überflüssig oder unzweckmäßig, so hat er bis zum 15. Januar
eines jeden Jahres dem Hausvorsteher anzuzeigen, ob
und welche Abänderungen der bis dahin bestandenen
Haus-Ordnung nach seinem eigenen Ermessen nötig
werden.*

*7) Der Haus-Vorsteher wird in allen genannten
Fällen zur sofortigen Feststellung der Haus-Ordnung
schreiten. Bis dahin aber, daß dies geschehen und den
Hausbewohnern mitgeteilt ist, gilt die vorjährige Ordnung.*

wiederum steht unter Oberaufsicht des Staates, die durch einen vom Oberpräsidenten der Provinz eingesetzten Kommissar ausgeübt wird. So schließt sich das System der Überwachung, in dem viele Elemente vorgebildet sind, die bis heute mit der Geschichte des Berliner Mietshauses eng verbunden sind – von der praktischen Zusammenarbeit zwischen Hauswart und Kontaktbereichsbeamten bis hin zu der woanders unbekannten Erfindung des „Durchsteckschlüssels", der die Bewohner zwingt, sich ab 20.00 Uhr selbst einzuschließen.

Wurde bisher gezeigt, wie der Familie die abgeschlossene Wohnung zugeordnet wird, in der sie unter Beaufsichtigung lebt, so bleibt noch darzustellen, wie sich die Familie als kleinste gesellschaftliche Zelle assoziiert zur Genossenschaft und Gesellschaft, wie also Hubers Konzept der „Inneren Colonisation" unter städtischen Verhältnissen aussieht. In den Akten des Polizeipräsidiums befindet sich ein ausführlicher Geheimbericht über die „Berliner gemeinnützige Baugesellschaft" und ihren führenden Kopf C.W. Hoffmann, datiert vom **18.9.1850**, also zu einem Zeitpunkt verfaßt, als die ersten 12 Häuser bezogen und die ersten Mietgenossenschaften gegründet waren. Außer den eigenen Darstellungen Hoffmanns ist dies der einzige authentische Bericht darüber, wie diese Mietgenossenschaften funktioniert haben:

Gemeinsam für alle Häuser ist auch noch der in dem ehemaligen Porzellangebäude neben dem neuen Museum zu den Mieterversammlungen benutzte Saal. . . . Die sämtlichen Mieter eines solchen Hauses bilden eine Genossenschaft. Jeder Genossenschaft steht ein Vice-Wirth vor, der die Hausordnung (Polizei) zu übernehmen hat und darum in dem Hause selbst wohnen muß. Über jedem Vice-Wirth und über das ganze Haus ist ein Vorstandsmitglied der Baugesellschaft gesetzt, von welchen Mitgliedern denn manche (wie z.B. Herr Präsident Koch) über 2 Häuser die Oberaufsicht führen. Um nicht die Beamten der Verwaltung zu oft zu belästigen, kommen die sämtlichen Mieter aller 12 Häuser alle 14 Tage (jedesmal am Abend 8 Uhr) nach Beendigung der Vorstandssitzung, also in dem vorbezeichneten Saale unter dem Vorsitz des W. Hoffmann zusammen, um vor diesem ihre Streitigkeiten und Angelegenheiten zu schlichten und zu ordnen. Außer diesen ihren persönlichen Angelegenheiten werden hier aber auch solche von allgemeinem Interesse wahrgenommen, z.B. Vorträge gehalten, Erzählungen, Ermahnungen, Mitteilungen gemacht und neue Einrichtungen beraten, die dann unter Genehmigung des Vorstandes in das Leben treten. So z.B. hat sich ein Gesangsverein unter den Mietern gebildet, eine Krankenkasse, und ebenso ist ihnen eine Bibliothek geschenkt. Der Gesangsverein trägt jetzt jedesmal bei Anfang und Schluß einer Versammlung patriotische Lieder vor. In der letzten Versammlung wurden auf den Wunsch der Männer auch die Frauen der Mieter zugezogen. Die fand wegen der Ungastlichkeit des früheren Lokals im Englischen Hause statt. – Die Aufsicht über die intellektuelle und sittliche Bildung der Mietgenossen führt die Ökonomie-Deputation, dieselbe hat jetzt auch eine Lehrerin zur Unterrichtung der Töchter der Mietgenossen bestellt, wie eine Kleinkinderbewahranstalt etabliert. Ebenso ist vor ein paar Tagen auf Anregung des Herrn Präsidenten Alvensleben, der dazu 200 Taler gegeben hat, der Anfang zur Stiftung einer Anstalt von Knaben bei den Genossenschaftshäusern gemacht, welche hier nach der Schule zur Bewahrung gegen schlechte Einflüsse von außen unter Aufsicht eines Lehrers gestellt werden sollen. Die Mietgenossen sind bestimmt, in Krankheits-, Abwesenheits- u.a. -fällen sich gegenseitig unter sich beizustehen, und je länger sie, von ihrem Interesse verleitet, in einem Wohnhause zusammenbleiben, desto mehr sollen sie also in dem gemeinsamen Interesse und Geschicke zu e i n e r Familie zusammenwachsen, die mit den zunehmenden Jahren an Bildung des Geistes, des Herzens und des materiellen Vermögens zunimmt. (Vorausgesetzt, daß jeder Mieter stets Arbeit und Verdienst hat und also wohnen bleiben kann; im anderen Falle fließt sein erworbener Vermögensanteil vor dem Ablauf der ersten 5 Jahre in den Reservefonds der Gesellschaft.) Wie jedes einzelne Haus also in sich eine Genossenschaft bildet, so bilden ebenso die sämtlichen Häuser unter sich und durch den Vorstand eine Gesellschaft.

In der folgenden Beurteilung der Baugesellschaft und der Idee der Mietgenossenschaften wird der doppelte Charakter deutlich, den diese Mieterorganisation hat. Einerseits Isolierung und Überwachung der einzelnen gesellschaftlichen Zellen, andererseits Zusammenführung aller Beteiligten zu einer Assoziation, hier die Summe der Mietergenossenschaften, die sich natürlich, das ist der Widerspruch, als Baustein des Staates im großstädtischen Zusammenhang in der Form einer offenen Anstalt nicht organisieren kann, da die Voraussetzung für die Kolonie, die räumliche Isolierung, nicht gegeben ist und die öffentlichen Transportmittel, die dies ermöglichen würden, noch nicht entwickelt sind. In der allgemeinen Beurteilung am Ende des zitierten Geheimberichts spiegelt sich auch die Angst vor unkontrollierten Zusammenrottungen nach den Erfahrungen vom **März 1848**.

Die Idee der Mietsgenossenschaft oder die ökonomi- ←A 11
sche Association ist der wesentlichste Teil derselben. Dieselbe ist in den Statuten und den Begriffen nach so gefaßt, daß für die Entwicklung jede neue und gute, aber auch jede neue verderbliche Idee der sozialen Welt darin aufgenommen werden kann; geht das aufzunehmende Element mit den Prinzipien der königlichen Regierung Hand in Hand, so ist es möglich, das höchste zu erreichen und selbst die soziale Frage zur Lösung zu bringen; denn diese Frage kann nur durch denjenigen Teil der Menschheit zur Lösung geführt werden, in welchem die intellektuelle und sittliche Bildung und die materielle Macht wohnt: durch die bestehenden fürstlichen Regierungen Europas – trägt man aber in die Idee der Mietgenossenschaft für die Entwicklung verderbliche Elemente hinein, z.B. Clubbildungen, und Verbindungen mit der Umsturzpartei, so kann aus eben dieser Genossenschaft sehr wohl allmählich eine sozialdemokratische Republik hervorgehen, selbst dann noch, wenn durch die Beiträge hoher Gönner und Potentaten das Unternehmen einen bedeutenden Umfang unter deren Ägide erlangt hätte.

Dem Berichterstatter, dessen Unterschrift nachträglich unleserlich gemacht worden ist, erscheint sowohl die innere Organisation der Baugesellschaft wie auch die Person C.W. Hoffmanns suspekt, und er empfiehlt am Schluß seines Berichts, Hoffmann *zur Seite einen ebenso allseitig gebil-* ←A 12
deten, aber mit dem Fortschritt des Zeitgeistes gehenden und ohne Engherzigkeit der Auffassung der Krone treu ergebenen königlichen Regierungsbeamten in den Vorstand hineinzustellen, welcher über alle, auch die kleinsten Erscheinungen die Aufmerksamkeit richtet. Durch denselben wäre der königlichen Regierung einerseits die Bürgschaft dafür gegeben, daß eine gute Meinung von dem Institute gerechtfertigt erscheint, andererseits die Zuverlässigkeit, daß mangelhafte Seiten dem wachenden Auge nicht entgehen, sondern zeitig entfernt würden. . . . Aber es würde auch noch ein besonderer Vorteil für die Gesellschaft einerseits und für den Staat andererseits daraus hervorgehen können: Daß man nämlich dem königlichen Regierungsbeamten, dem es leicht wäre, die Präsidentenstelle zu erlangen, die ausschließliche Verwaltung der sozialen Inter-essen übertrüge, während der Herr Landbaumeister Hoffmann nach wie vor ausschließlich die Ausführung der Bauten zu besorgen hätte. Die königliche Regierung selbst könnte sogar das Unternehmen zu dem ihren machen, besonders jetzt noch, wo das Anlagekapital der Gesellschaft noch nicht 100.000 Rthl. beträgt und jedes der Mitglieder mit Freuden ihr seine Actien übertrüge. In solchem Falle, wo das Unternehmen also zu einem Staatsunternehmen erhoben würde, ressortierend etwa von dem Ministerium des Handels oder auch selbst des Inneren, wäre es der Regierung in die Hand gegeben, den jungen Zweig in einer veredelnden Weise zu pfropfen und den frischen Keim des neuen, aber besseren, höheren Zeitgeistes über den Trümmern des veraltenden emporzuentwickeln zur Befriedigung der vernünftigen Forderung und zur Lösung der wahren Aufgaben unserer neuen Zeit. Nur eine königliche Erhebung und Verwaltung dürfte auch dem hohen Protectorate entsprechen.

Der Berichterstatter bezieht sich hier darauf, daß die Generalversammlung der Gemeinnützigen Baugesellschaft am **5.2.1850** beschlossen hat, *Se. Königl. Hoheit den Prinzen von Preußen zur Übernahme des Protec-* ←L 130
torats zu bitten. Der Prinz, der spätere Kaiser Wilhelm I. und in Berlin seit dem **18.3.1848** unter dem Namen *Kartätschenprinz* bekannt, da ihm der Schießbefehl zugeschrieben wurde, nimmt dieses Angebot an, und vom **17.10.1850** an, einen Monat nach der Abfassung des oben zitierten Berichts, übernimmt er die Leitung der Vorstandssitzungen persönlich. Er eröffnet die Sitzung vom **17.10.1850** mit den Worten: *Ich danke zu-* ←L 131
nächst für das Vertrauen, das Sie zu mir gehabt, mich als Protector an die Spitze der Gesellschaft zu stellen. Zusätzlich wird noch der vorgeschlagene Staatskommissar in den Vorstand eingesetzt.

→S 462   Wie die Liste der ausgeführten Gesellschaftsbauten zeigt, beginnt die Bautätigkeit der Gesellschaft von nun an, seit **Ende 1850**, zu stocken. Gaebler, langjähriges Vorstandsmitglied der Gesellschaft, nennt einen
→L 132   der Gründe hierfür: *Es war außerordentlich schwierig geworden, die Actien der Gesellschaft zum Pari-Course unterzubringen und dadurch die erforderlichen Bau-Capitalien zu beschaffen. Man mußte sich gestehen, daß ein Unternehmen, bei dem die Actionaire nie mehr als 4 Procent Dividende beziehen konnten, keinen Anreiz für die Capitalisten zur Beteiligung gewähre und daß bei den herrschenden Geldverhältnissen die Entnahme von Actien der gemeinnützigen Baugesellschaft fast immer nur als ein Act der Wohltätigkeit angesehen wurde.*

Die „Berliner gemeinnützige Baugesellschaft" und vor allem die beabsichtigte *Verwandlung des eigentumslosen Arbeiters in einen arbeitenden Eigentümer* war zur Zeit ihrer Konzeption in den Jahren **1847/48** in erster Linie ein politisches Instrument im Zusammenhang mit dem zur Staats-
→S 451   bedrohung werdenden Proletariat. Das Geheimnis dieser „Verwandlung" liegt darin, daß sich die Aktionäre mit einer 4%igen statt der üblichen 6%igen Verzinsung ihrer Aktien begnügen und die verbleibenden 2% einsetzen, eine staatstreue, „vor dem Proletariat gesicherte" Zwischenschicht von „kleinen Leuten" materiell und ideologisch an sich zu binden. Mit der zunehmenden Konsolidierung bürgerlich-kapitalistischer Verhältnisse in Preußen muß folgerichtig die Motivation zu einem solchen Profitverzicht wegfallen, so daß die finanzielle Grundlage der Gemeinnützigen Baugesellschaft zunehmend in Widerspruch tritt mit den tatsächlich sich entwickelnden gesellschaftlichen Verhältnissen.

Das allgemein zurückgehende Interesse an der Baugesellschaft konstatiert auch der Schriftführer Huber in einem Brief vom **11.1.1851**:
→L 133   *Schlimm ist es nur, daß mit dem scheinbaren Zurücktreten der Gefahr auch das Interesse für die socialen Fragen, zumal bei den sogenannten Conservativen, mehr und mehr abstirbt. Dieses Volk kennt kein Motiv als die F u r c h t – sie haben kein H e r z für das Volk. Schon dies scheidet mich von ihnen, und überdies stehe ich politisch viel weiter rechts, bin so consequent und mir selbst treu geblieben, daß ich mich auch mit meinen ehemaligen nächsten Freunden und Bekannten (Stahl, Gerlach) nicht mehr vertrage – politice. Die Sache ist eigentlich, daß der ganze Quark mich anekelt, und am meisten das viele Geschwätz darüber und dabei! – Nächst der Association, unter welche Rubrik ich die Baugesellschaft setze, beschäftigt mich denn besonders die sogenannte innere Mission, und was ich da um die Hand habe, ersiehst Du aus dem beiliegenden kleinen Bericht. Übrigens auch hier die entsetzlichste Apathie! Als meinen Beruf würde ich besonders ansehen, diese beiden Factoren zu kräftigem Zusammenwirken zu vereinen, aber die einen wollen nichts von Pietismus, d.h. Christentum wissen, und die anderen, die Pietisten, kommen nicht über das Almosen heraus. – Übrigens hat das ganze Vereinswesen – besonders in Berlin – soviel Widriges, Störendes, so viele faux frais aller Art, daß ich mich schon aus diesem Grunde danach sehne, von hier weg und auf ein Terrain zu kommen, wo ich auf eigene Hand arbeiten kann – abgesehen von allem andern, was die Sehnsucht nach einem stillen, grünen Winkel von Tag zu Tag steigert. Dieser Gedanke fängt an, uns schon im Detail viel zu beschäftigen, und wir stehen bereits vor der leidigen Qual der Wahl des Ortes. –*

Tatsächlich zieht Huber sich im **Sommer 1852** gänzlich aus Berlin und von seinen dortigen Aktivitäten in die Heide nach Wernigerode zurück, wo ihm sein Mitstreiter W.C. Hoffmann ein Eigenheim gebaut hat. Doch vor diesem resignierten Abtritt versucht Huber noch, der die Möglichkeiten, seine Pläne im Rahmen der Gemeinnützigen Baugesellschaft durchzusetzen, immer weiter schwinden sieht, mit Hilfe seines Aktienanteils an der Gesellschaft, der sich nach seinen Angaben auf 7000 Rthl. beläuft, wovon 5000 Rthl. von seinem Schwiegervater, dem Bremer Senator Klugkist stammen, wenigstens noch einen Teil dessen zu verwirklichen, was ihm seit **1845** vorschwebt: eine abgeschlossene Cottage-Kolonie vor der Stadt. Die mehrgeschossigen städtischen Mietshäuser, die die Gesellschaft bisher gebaut hat, sind für Huber, trotz der Ansätze zur Assoziation in ihnen, im-
→L 134   mer ein Kompromiß gewesen. Für ihn steht fest, was *zu einer wirklich guten, zweckmäßigen, gesunden, freundlichen Wohnung für den Arbeiter, den kleinen Mann, gehört: daß nämlich unter sonst ähnlichen Verhältnissen immer d i e Wohnung die b e s s e r e sein wird, welche die meisten*

Was ift Eigenthum?

darin

das einzige Mittel,

die

jetzigen Staatsgewalten

vor

den unfinnig communiftifchen Ideen

zu retten,

eine Erweiterung von der guten Sache

der Seele.

Motto: finb ft du's nicht,
So wirb's gefunden.

Auf Koften des Verfaffers.

Wandsbeck,

H. G. Voigt's Buchdruckerei
1843.

Bedingungen der S e l b s t ä n d i g k e i t der Familie vereinigt. Ja, der höhere Grad dieser Eigenschaft wird immer manche anderweitige Nachteile aufwägen. Also, wenn es möglich, einzelne kleine Wohnungen mit kleinem Garten – das englische Cottage!

In der Zeit von **1852–53** beginnt die „Berliner gemeinnützige Baugesellschaft" auf der nach dem Hauptfinanzier aus Bremen benannten „Bremerhöhe" mit dem Bau einer ganz auf die Initiative Hubers zurückgehenden, nie vollendeten Kleinhaussiedlung:

→L 135

Kritische Randbemerkung zu Hegemanns „Steinernes Berlin", 1930:

Um einmal zu zeigen, wie ungenau und journalistisch Hegemann gearbeitet hat, aus seinem Standardwerk hier eine Textprobe zu dem in der Hauptspalte behandelten Zusammenhang:

Hubers Versuch mit einigen „cottages" in einiger Entfernung vom damaligen Berlin, bei dem Dorfe Schöneberg auf der sogenannten „Bremer Höhe", blieb wirkungslos; Hubers Schwiegervater, bezeichnenderweise kein Berliner, sondern ein Senator Bremens, der deutschen Hochburg des Einfamilienhauses, hatte 3300 Taler dazu vorgeschossen, aber keine Nachfolger gefunden. Auf der Urkunde im Grundsteine des ersten Hauses war „die Verwandlung eigentumsloser Arbeiter in arbeitende Eigentümer" „eine der dringendsten Aufgaben der verhängnisvollen stürmischen Gegenwart" genannt worden.

Weder liegen diese Cottages beim Dorf Schöneberg, noch gehört die Urkunde dorthin, sondern in die Ritterstraße, und es sind auch nicht 3300 Taler, sondern 5000 Taler. Dabei sind das alles noch Informationen aus gedruckten Büchern, die auch Hegemann zugänglich waren. In der Begeisterung für sein konservatives Vorbild Huber sind ihm die Quellen durchgegangen. Daß er sie nur da nennt, wo er sie nennen will, gilt für das ganze Buch.

Die besondere Rolle Bremens in der Geschichte der deutschen Wohnformen hat er allerdings als Propagandist des Einfamilien-Reihenhauses richtig erkannt. Sie wird heute im Zusammenhang mit dem Gespenst des sogenannten Stadthauses, das man in diesem armen Berlin wieder einführen will, neu diskutiert.

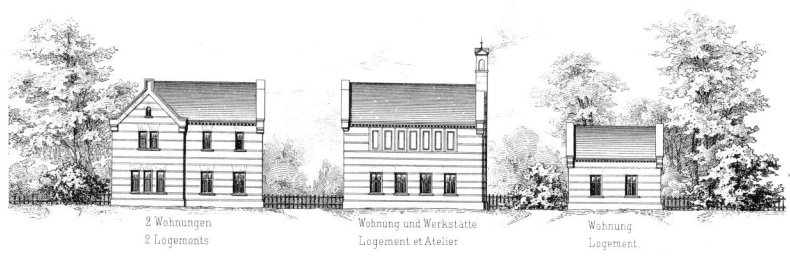

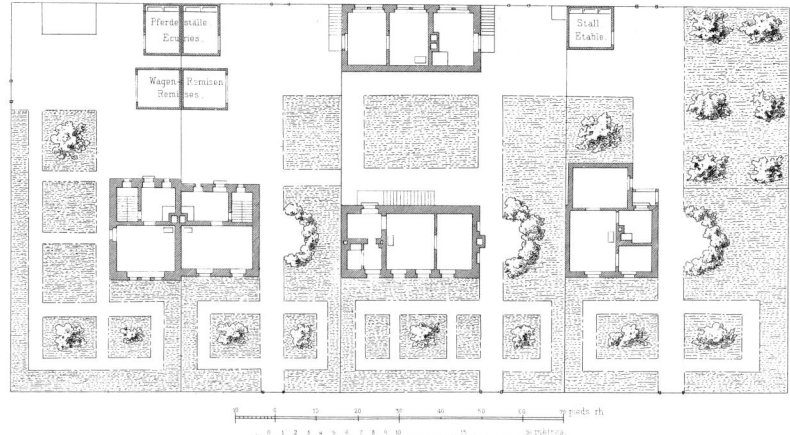

Cottages der Kolonie Bremer Höhe   ←B 66

H ä u s e r g r u p p e No. 6: B r e m e r h ö h e
Mit Zeichnungen auf Blatt XI. u. XII.

Nördlich von der Stadt und von ihr etwa 1/8 Meile entfernt, an der nach ←L 136
dem Dorfe Pankow und dem Schlosse Schönhausen führenden Chaussee, die Schönhauser Allee genannt, liegt eine, sparsam mit halb erwachsenen, halb verkümmerten Akazien und Pappeln besetzte, ringsum von fruchtbarem Acker umgebene 10 Morgen große Sandscholle, welche seit 1 1/2 Jahren B r e m e r h ö h e heißt und oft wohl das reizende Bremerhöhe genannt wird. Es liegt hart an der ziemlich dicht mit Häusern besetzten, lebhaften Landstraße, auf welcher Omnibus und Droschken den Staub aufwühlen, so daß selbst die vierfache, stattliche, uralte Linden-Reihe darunter zu leiden scheint, während die Menge der Fahrgäste und Spaziergänger mit den zahlreichen Besuchern der dicht am Wege liegenden Bierhallen und Biergärten wetteifernd, allen Staubwolken und frei-musikalischen Gewalten Trotz zu bieten scheint. Dennoch empfängt uns, schon in sehr mäßiger Entfernung von der Chaussee, auf Bremerhöhe eine frische reine Luft und eine wohltuende Stille; denn der schwere Steinstaub lagert sich dicht neben dem Wege ab, und weiterhin wehet ein frischer Luftzug von den Ackerfeldern herüber. Dann und wann aber, namentlich bei trockenem Wetter und gleichzeitig starkem Winde bemerkt man sehr wohl, daß Acker und Gärten von Bremerhöhe nur durch eine 2 bis 3 Zoll starke künstlich aufgebrachte Lehmdecke geschützt werden und daß dieser Auftrag, soweit der Spaten reicht, mit dem Flugsande vermischt ist.

Insgesamt werden 6 Cottages mit ganz unterschiedlichen Grundrissen gebaut, die im Entwurf den preußischen Landbaumeister der nach-Schinkelschen Tradition verraten. Diese Häuser stehen auf gesonderten Parzellen, die Eingänge sorgfältig voneinander getrennt. Es ist wahrscheinlich eins der frühesten Grundmuster des über die Werkskolonien, dann über die

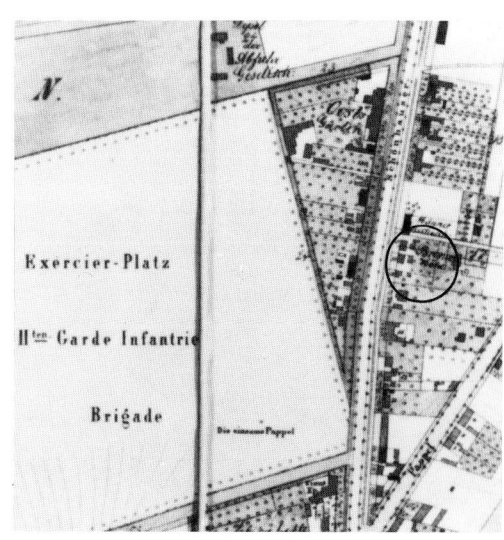

→B 67 Lage der Bremer Höhe in der Nähe des Exerzierplatzes mit der „Einsamen Pappel"

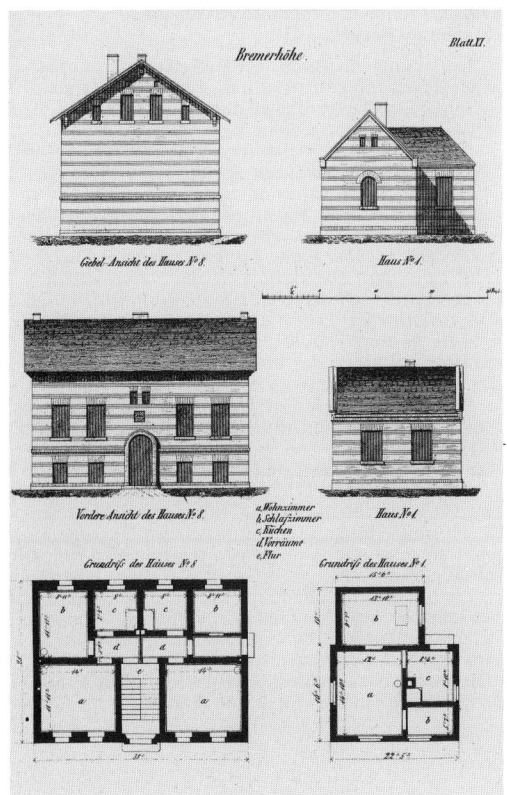

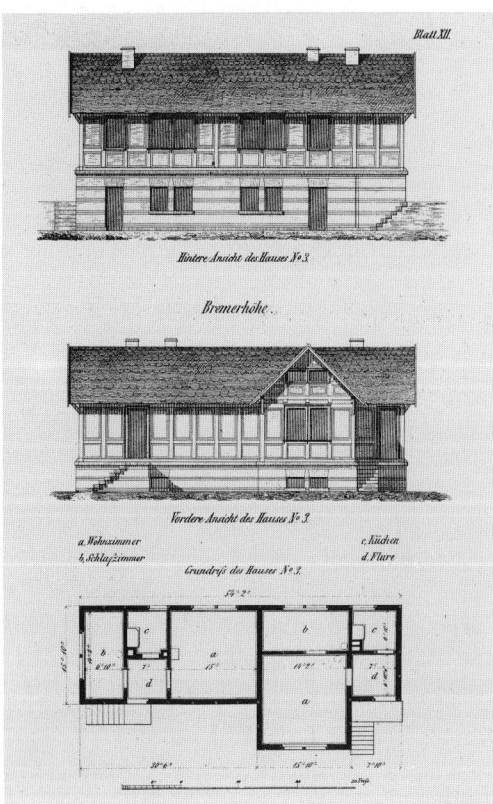

Cottages für die Bremer Höhe

Gartenstadt sich tradierenden, erst im 20. Jh. massenhaft realisierten Eigenheims für Lohnabhängige – im Unterschied zur bürgerlichen Villa. Es sind Experimentalbauten, denen nach der ersten eigenen Erfahrung mit den Bewohnern noch einiges fehlt zu ihrer vollständigen Selbständigkeit:

→L 137 *Die Einrichtung der Häuser gehet aus den Zeichnungen deutlich hervor. Bis jetzt entbehren die Wohnungen des sehr wünschenswerten Beilasses; namentlich fehlt es noch an den nötigen Kellerräumen, an einem Waschhause, einer Räucherkammer. „Für das Erste", so entschuldigt der Vorstand diesen Mangel, der letzten General-Versammlung gegenüber, „war es nur wünschenswert, einen A n f a n g zu machen. Es ist aber gar nicht so leicht, einen verwöhnten Stubenarbeiter, einen siechen, vor dem erfrischenden Hauch der Morgenluft erschreckenden Weber zu der Urbarmachung einer Sandscholle, während seiner Feierstunden, zu bewegen. Daß wir aber gerade diese Leute und nicht etwa Gärtner, oder routinirte Ackerbauer in unsere Pflanzstätte bringen, liegt im Zwecke derselben. Bis dahin nun, daß unsere Mieter auf Bremerhöhe soviel Kartoffeln etc. bauen, als sie nötig haben, um den Winter über nicht Not zu leiden, werden wir ihnen die Keller ganz gewiß verschaffen."* – Ungeachtet des sehr sandigen Bodens, gedeihen die meisten Gartenfrüchte.

Die 6 Häuser werden nach dem Bericht der Generalversammlung **1854** von 15 Familien bewohnt (12 Männer, 14 Frauen, 26 Kinder. Mietergenossenschaften werden nicht gegründet). Sie existieren bis in die 80er Jahre, bis sich die Baugesellschaft entschließt – wahrscheinlich deshalb, weil die Cottages inzwischen von den Mietshäusern eingeholt worden sind und keiner der Mieter an der Eigentumsübertragung einer solchen „Hütte" interessiert ist –, sie abzureißen, um dort eine Kinderbewahranstalt zu ←B 68 bauen. Aus späterer Sicht der Baugesellschaft wird dieses Experiment mit dem Cottage, das das einzige der Gesellschaft bleibt, so beurteilt:

→L 138 *Die Herstellung von Einzelhäusern (Cottages) ist in Berlin und den städtisch gebauten Vorstädten nicht zweckmäßig. Sie sind im Winter kalt, im Sommer heiß. Die Herstellungskosten, besonders in Folge des Preises für Grund und Boden, sind zu teuer und steigern die Miete über die Preise, die für Wohnungen, wie sie das Einzelhaus bieten kann, gezahlt werden. Derartige Häuser entsprechen auch nicht dem Charakter der Stadtbauten, auch nicht den Gewohnheiten des die Großstadt bewohnenden Publikums. Dasselbe will hierorts auf einer Tenne wohnen, nicht die Wohnräume in verschiedenen Etagen haben, was bei Einzelhäusern kaum zu vermeiden ist. Dem Arbeiter fehlt auch für die k l e i n e n Häuser die Neigung zum Erwerb, da auch sie ihn in seiner Bewegung hindern und ihm Verpflichtungen auferlegen, deren Erfüllungsmöglichkeit nicht mit Sicherheit übersehen werden kann.*

Die Kläglichkeit dieses Berliner Exemplars der „Inneren Colonisation" wird besonders deutlich im Vergleich mit der fast gleichzeitig, **1853**, in Mülhausen im Elsaß begonnenen „cité ouvrière", die Huber **1854** im Bau besichtigt und in der er viele von seinen Vorstellungen verwirklicht findet:

→L 139 *Die Idee der Cité ouvrière, wie sie seit 1848 in Paris auftauchte – mit welchem Erfolg oder Nichterfolg, haben wir gesehen –, wurde in Mülhausen in dem Kreise einer der ersten und geachtetsten deutschen Familien der großen Industrie des Elsasses und namentlich von deren Haupt, dem trefflichen J. D o l f u s , in wahrhaft gemeinnützigem und echt liberalem und volksfreundlichem Sinne und mit d e u t s c h e m Ernst und Treue aufgenommen. Etwa ein Dutzend gleichgesinnter, meist verwandter und jedenfalls befreundeter Fabrikherren bildeten 1853 eine Aktiengesellschaft (wenigstens war dies die gesetzliche Form) zur Gründung einer cité ouvr-* ←B 69 *ière, und wurde ihr von der Regierung eine Subvention von 300 000 Fr. unter der Bedingung zugesagt, daß sie wenigstens 900 000 Fr. auf ihre Unternehmung verwenden und unabhängig von den Wohnungen auch einige größere wirtschaftliche und sonst nützliche Unternehmungen zum Besten der arbeitenden Klassen gründen solle. Das Aktienkapital wurde auf 300 000 Fr. zu 4 % gebracht und für weitere Baukosten die Aufnahme von Capital zu 4 1/2 % vorbehalten. Die Häuser sollten aber nicht bloß billig vermietet werden, sondern es wurde auch das so höchst wichtige und wohltätige Princip der B e s i t z e r w e r b u n g in die Statuten aufgenommen. Die Operation ist eben so als einfach zweckmäßig. Der formale und tatsächliche Besitz eines Hauses mit Garten (auf einem Grund-*

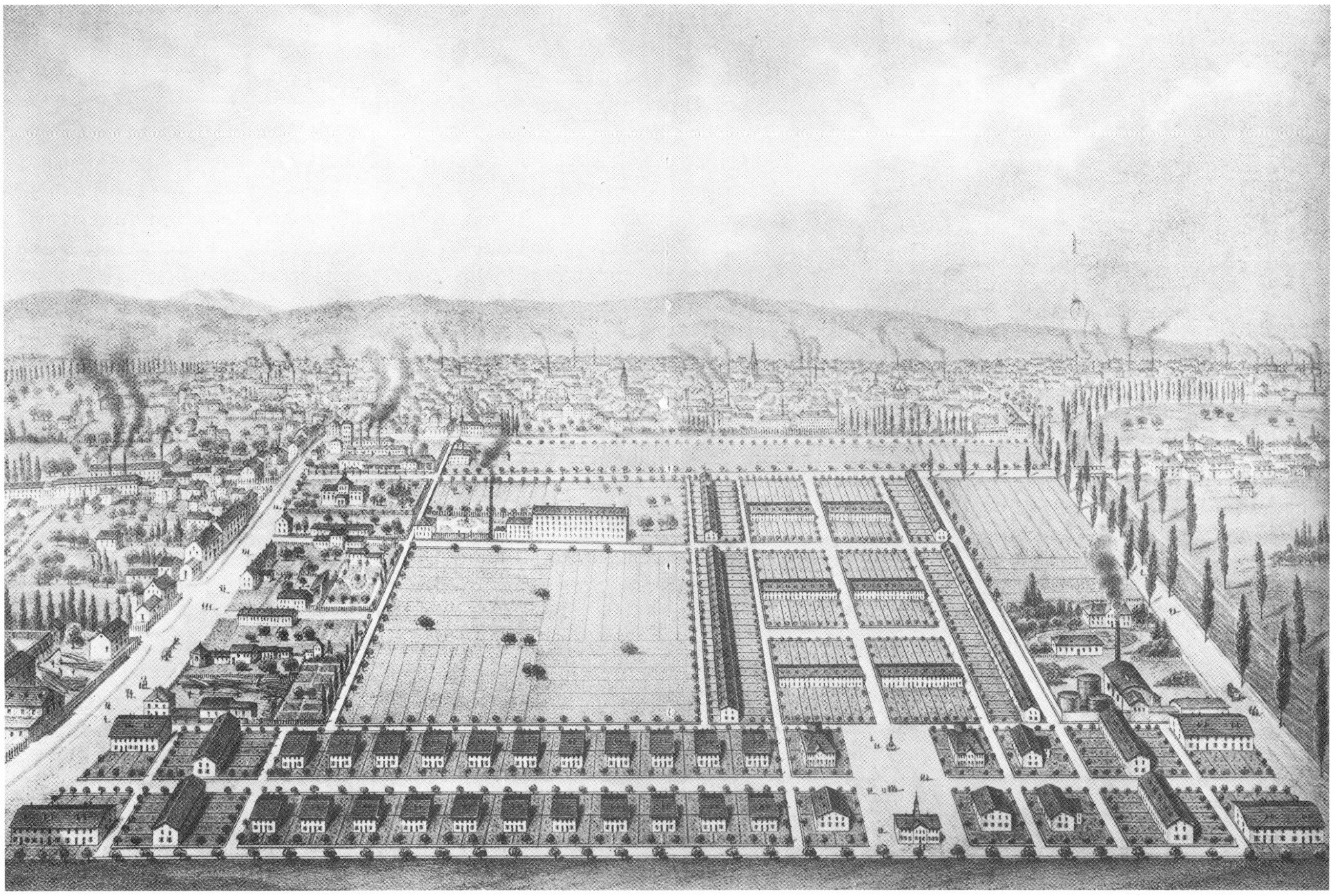

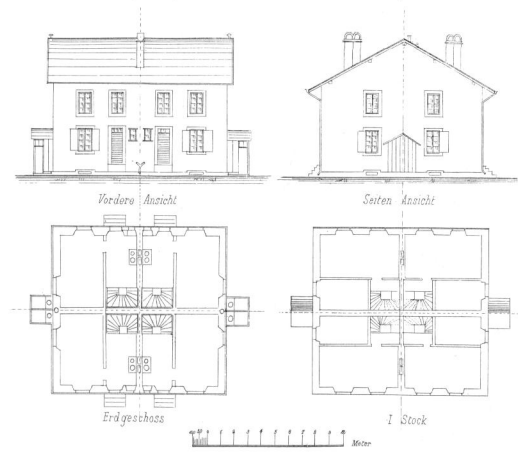

1. Abschnitt der 1853 begonnenen Cité ouvrière in Mulhouse   ←B 70

stück von etwa 150 Quadratmètres) von 1600–2300 Fr. wird schon durch eine Anzahlung von 2–300 Fr. erworben, welche dem Käufer zu 5 % verzinst werden. Der Rest bleibt als Hypothek auf dem Grundstück . . . Bekanntlich gebührt der Berliner gemeinnützigen Baugesellschaft die Ehre, zuerst dieses Princip anerkannt und verwirklicht zu haben. Um so mehr denn ist zu bedauern, daß sie schon seit längerer Zeit tatsächlich und seit Jahr und Tag auch durch einen förmlichen Beschluß dem Geist und dem Buchstaben ihrer Statuten und ihrer ganzen Entstehung in diesem und andern Punkten untreu geworden ist. Überhaupt tritt bei einem Vergleich zwischen der Mülhauser Cité und der Berliner g. B.-G. ein tiefbeschämender Gegensatz einerseits von tüchtigem beharrlichen Gemeinsinn, andererseits von wahrhaft byzantinischer Unfruchtbarkeit hervor.

Die Cottage-Kolonie auf der Bremerhöhe wird zu einer Zeit gebaut, als die Gemeinnützige Baugesellschaft aus Mangel an Aktionären, für die die nur 4 % bringenden Aktien gegenüber der zunehmenden Zahl anderer und gewinnbringender Kapitalanlagemöglichkeiten immer unattraktiver werden, in immer größere finanzielle Schwierigkeiten gerät. Dies führt dazu, daß im Vorstand der Gesellschaft das Prinzip der Eigentumsübertragung in Frage gestellt und erwogen wird, die bis dahin den Mietern von ihren bezahlten Mieten gutgeschriebenen 2 % zusätzlich den Aktionären auszuzahlen. Die entschiedensten Vertreter des bisherigen Systems sind Huber und Hoffmann. Beide scheiden unter heute nicht mehr klar zu rekonstruierenden Umständen **1852** aus der Baugesellschaft aus. Huber zieht sich nach Wernigerode zurück, Hoffmann wird *(kraft bürokratischer Weisheit) als Wegbauinspektor in die Regierung der Wasserpollacken und Masuren versetzt, (wo er) die Leiden der Wohnungsnot auch aus eigenen Erfahrungen lernen sollte.*

Etwa zur selben Zeit hält sich der Schwager des königlichen Protektors der Gesellschaft Zar Nikolaus von Rußland in Potsdam auf und stiftet am **1.7.1852** zu Ehren des Geburtstags seiner Frau Alexandra 1000 Golddukaten zu Gunsten der Baugesellschaft. Diese Stiftung, aus Kreisen des preußischen Hofstaates noch erheblich aufgestockt, wird im Vorstand der Bauge-

→B 71 Das Mulhouser Cottage, das aus vier mit dem Rücken aneinandergesetzten Wohnungen besteht

Die Cité ouvrière in Mülhausen (Mulhouse):

→L 140 *Wie noch erinnerlich, war die Cité vorwiegend einer Stimmung entsprungen, welche die Ereignisse des Jahres 1848 unter allen einsichtsvollen Elementen des Fabrikantenstandes erweckt hatte. Es mußte etwas geschehen. Die Wohnungsnot Mülhausens spottete jeder Beschreibung und beschwor bereits ernstliche Gefahren herauf. Arbeiter-Kasernen zu errichten, das war nichts Neues. Solche gab es bereits hie und da in den Tälern. Auch hatte die Zusammenpferchung so vieler*

←L 141 *Menschen in ein Gebäude wenig gute Früchte getragen.*
Da kam man auf den Gedanken, es mit dem entgegengesetzten Extrem zu versuchen. Das Programm war: Jede Familie sollte ihr Häuschen haben; aber nicht nur mietweise: der Arbeiter sollte es vielmehr käuflich erwerben können. Gelang es den besitzlosen Proletarier zum Hausbesitzer aufsteigen zu lassen, so schien das große Rätsel unserer Zeit gelöst.
Um aus dem Stadium des Wunsches in das der Erfüllung zu treten, mußte es technisch möglich gemacht werden, unter äußerster Raumersparnis in einem nur eine Wohnung enthaltenden Häuschen alles, was die

Arbeiterfamilie zur Wohnung bedarf, zu vereinen, und – was noch wichtiger war – es mußte das Häuschen so billig hergestellt werden, daß es ein Arbeiter ankaufen konnte. Das technische Problem wurde von dem Architekten Müller gelöst.

Man entschloß sich, die Häuschen zu Gruppen zu verbinden.

Entweder wurden mehrere der mit dem Rücken aneinanderstoßenden Häuschenpaare unmittelbar nebeneinander gebaut, so daß nur die Flankenhäuser von zwei Seiten Luft und Licht erhalten, oder, und das erwies sich als das Zweckmäßigere, man vereinigte nur immer zwei Häuschenpaare, so daß jedes Häuschen die Vorteile eines Flankenhäuschens genießt, da jede Gruppe von der nächsten durch ein kleines Gärtchen getrennt wird.

Die Bauten der Berliner gemeinnützigen Baugesellschaft:

Nr.	Datum	Ort	Wohng.	Wkst.
1./2.	1.10.49	Ritterstr. 28 u. 29	20	3
3.	1. 1.50	Michaelkirchstr. 37	10	
4.		Lothringerstr. 32	13	
5.	1. 4.50	Michaelkirchstr. 35	10	
6.		Michaelkirchstr. 36	10	
7.		Alexandrinenstr. 20	5	
8.		Alexandrinenstr. 21	10	6
9.	1. 7.50	Alexandrinenstr. 20a	5	
10.		Alexandrinenstr. 19	9	
			92	9

Die 1851/52 fertiggestellten Grundstücke:
Lothringerstr. 33 mit 17 Wohnungen und 5 Werkstätten; Ritterstr. 30 mit 13 Wohnungen und 1 Werkstatt.

Demnächst hatte die Gesellschaft versuchsweise auf ihrem ca. 3 Morgen großen Terrain an der Schönhauser Allee No. 58, welches für den geringen Preis von 9000 Mk erkauft war und den Namen Bremerhöhe erhielt, 1852/53 6 Cottages nach englischem System mit 1–2 Wohnungen erbaut. Diese Häuser sollten von den Mietern durch Amortisation der Baukosten erworben werden. Sie fanden aber besonders wegen der hiesigen klimatischen Verhältnisse und weil sie auch zu teuer wurden, keine event. Erwerber. Der Plan, die ursprünglich beabsichtigte Colonie solcher Häuser dort weiterzubilden und derartige Anlagen an anderen Stadtplätzen zu gründen, wurde nach Prüfung der dort gemachten Grundstückseigentum aufgegeben und zum Bau mittlerer Häuser zurückgekehrt. So entstanden als weitere Gesellschaftshäuser:

1853: Brandenburgstraße 30/31: ein Hofgebäude mit	2	4
1854: Brandenburgstraße 30/31: das Vorderhaus mit	18	
1855/56: Wasserthorstr. 35 mit	10	3
1856: Alexandrinenstr. 18a mit	15	1
1857: Möckernstr. 142 mit	10	
Möckernstr. 143 mit	10	

Der Vorstand der Gemeinnützigen Baugesellschaft über die schlechten Erfahrungen mit der Eigentumsübertragung (1901):

Der Versuch mit den Mietsgenossenschaften hat gezeigt, daß das Bestreben nach dem Besitz eines Grundstücks in der Stadt bei den kleinen Leuten in Berlin fehlt. Sämtliche 92 Mietsgenossen haben das Äquivalent, Geld, ihrem erworbenen, resp. zu erwerbenden Grundstückseigentum vorgezogen. Dies ist auch erklärlich, da bei dem Wechsel der Erwerbsplätze das Gebundensein an die Scholle hinderlich ist und die Verwaltung eines Hauses Zeit und parate Mittel erfordern, die den kleinen Leuten meist fehlen. Dieselben Gründe werden bei allen großen Städten derartigen Versuchen hindernd entgegenstehen.

sellschaft zum Anlaß einer prinzipiellen Diskussion über die Verwendung dieser Gelder. Da man sich nicht allgemein für die Statutenänderung der Gemeinnützigen Baugesellschaft in Hinblick auf die Eigentumsübertragung entschließen kann, was vor allem der Prinz anstrebt, wird beschlossen, daß die Gemeinnützige Baugesellschaft in der bisherigen Form weiterexistieren soll, die königliche Stiftung aber unter dem Namen „Alexandra-Stiftung" dazu verwandt werden soll, Wohnhäuser auf der Basis von sich mit 6% verzinsenden Aktien zu bauen, bei denen keine Eigentumsübertragung vorgesehen ist. Für diese Stiftung werden eigene Statuten erarbeitet, so daß sie seit 1856 als selbständige Gesellschaft besteht, die jedoch von dem Vorstand der Gemeinnützigen Baugesellschaft mitverwaltet wird. Die Alexandra-Stiftung besteht noch heute, sie kann auf eine umfangreiche Bautätigkeit in Berlin zurückblicken. Die Berliner Gemeinnützige Baugesellschaft verkümmert mehr und mehr und beschränkt sich seit Ende der 50er Jahre des 19. Jh. ausschließlich auf die Verwaltung ihrer bis dahin gebauten Häuser.

Noch 1853 wendet sich der Oberpräsident der Provinz Brandenburg, Flottwell, an die Stadt Berlin mit der Aufforderung, die Gemeinnützige Baugesellschaft mit städtischen Mitteln zu unterstützen. Der Oberbürgermeister Krausnick lehnt diesen Antrag ab, da ihm die Baugesellschaft *unzeitgemäß* und unrentabel erscheint. Die in Magistrat und Stadtverordnetenversammlung zusammengeschlossenen Berliner Haus- und Grundbesitzer sehen die Lösung der Wohnungsfrage in der privatspekulativen Bautätigkeit:

→A 13
←L 142

Schließlich dürfen wir nicht unerwähnt lassen, daß der unverkennbare Mangel an kleinen Wohnungen und die Mittel, diesem Übelstand abzuhelfen, auch uns schon ernstlich beschäftigt hat. Wir sind indessen nach wiederholten Beratungen immer wieder zu der Überzeugung gekommen, daß ein Eingriff in dieses Gebiet des Privatverkehrs weder rätlich noch zeitgemäß ist. Der Grund des Mangels an kleinen Wohnungen ist wesentlich auch in dem Mangel an größeren Quartieren und den gesteigerten Preisen der letzteren zu suchen.

Denn viele begnügen sich jetzt mit kleinen Wohnungen, die ihren Verhältnissen nach ein größeres Quartier beziehen würden, wenn ein solches zu angemessenem Preise zu mieten wäre. Viele mögen auch die durch die Einführung der klassificierten Einkommensteuer ihnen obliegenden neue Ausgabe durch Verminderung ihrer Mietszahlungen und Beziehen kleiner Wohnungen zu decken suchen. Der Mangel an größeren Quartieren liegt aber wieder darin, daß sich die Spekulation jahrelang von Bauunternehmungen ferngehalten hat, weil im Jahre 1848 die Mietpreise so gefallen und die Preise der Materialien wie der Löhne so gestiegen waren, daß die in Bauten angelegten Kapitalien sich nicht verzinsen konnten. Die Erfahrung dieses Jahres hat aber bereits gelehrt, daß die Spekulation sich der Bauten wieder bemächtigt, und die Baulust wird sich voraussichtlich noch mehr beleben, wenn die Materialien in größeren Vorräten und zu billigeren Preisen als z.Z. vorhanden sein werden. Dies wird, vorausgesetzt daß die öffentliche Ruhe und der Friede nicht gestört wird, bereits im nächsten Jahre der Fall sein. Dann wird sich das Angebot mit der Nachfrage nach Wohnungen bereits so ziemlich in das richtige Verhältnis setzen, und der Mangel an kleinen Wohnungen, die mit den größeren immer von selbst entstehen, wird behoben sein. Wir erachten daher den zeitigen Wohnungsmangel nur für eine notwendige, aber vorübergehende Folge der gewaltsamen Verkehrsstockung des Jahres 1848 und sind überzeugt, daß die Sicherheit und Ordnung, welche in die sozialen Verhältnisse zurückgekehrt ist, von selbst in kürzester Frist dem Mißverhältnisse ein Ende machen wird, welches in dem Angebot der Wohnungen im Vergleich zur Nachfrage noch obwaltet. Wir haben daher alle Maßregeln, welche bei uns zum Zwecke der Belebung der Baulust beantragt sind, noch ausgesetzt, weil wir der Überzeugung sind, daß nach den zeitigen Verhältnissen das Kapital den Bauten reichlich zuströmen muß, und weil, wenn wir uns hierin wider Verhoffen irren sollten, jede künstliche Hinleitung des Kapitals einem gefährlichen und von uns verschuldeten Rückschlag nach der entgegengesetzten Seite hin zur Folge haben würde.

←L 143

Unterschrieben: Magistrat hiesiger Haupt- und Residenzstadt, Krausnick Berlin, 5. August 1853

Was ist, wenn all diese Reformen versagen?

Ziel dieses Kapitels war, die Mittel nachzuzeichnen, die von der konservativ-pietistischen Fraktion des Bürgertums im Bündnis mit Hof und Landjunkern entwickelt werden, um das Proletariat zu beherrschen. Die beschriebenen Versuche erscheinen als gescheitert, gehören aber bis heute zum festen Repertoire reaktionärer deutscher Politik. Vieles von dem, was hier entwickelt wird, taucht in der späteren Geschichte als gut gemeinte Reform-Idee wieder auf ohne Bewußtsein seiner Herkunft. Allen den hier aufgeführten Reformversuchen gemeinsam ist die Absicht, die aufbrechenden gesellschaftlichen Widersprüche zu kitten und zu verdekken, die entstandenen Klassengegensätze zu harmonisieren. Diese Versuche müssen scheitern, da die Aufhebung der Klassenwidersprüche ohne die Aufhebung des herrschenden politischen Systems, um dessen Absicherung es aber gerade geht, nicht möglich ist. Das führt dazu, daß nach tiefergreifenden Mitteln gesucht wird, eine Einheit des Volkes, auch wenn sie nie existiert hat, wiederherzustellen. Eine Notiz vom **22.8.1847** im Tagebuch Johann Hinrich Wicherns belegt, worüber in den Kreisen der Retter der Monarchie schon seit **1840** nachgedacht wird:

Einen gar tiefen Eindruck machten mir die Gespräche mit Götze über ←L 144
seine Kriegserlebnisse, bei welchen er einen Schuß ins Bein erhalten hat, an dem er noch hinkt. Ich konnte nicht lassen, ihm den mir oft ankommenden Gedanken auszusprechen, daß mir das einzige Mittel für unsere verworrene und versinkende Zeit in einem großen europäischen Kriege zu liegen scheine, der heile die Wunden aus, zertrete das Unkraut, rufe große Persönlichkeiten hervor, gäbe neuen Aufschwung zu einem Ziele, dessen wir bedürfen. Da erzählte er mir seinerseits, wie er schon 1840 zu einem gewissen Minister X. gekommen, der gleich wie sein Bruder viele Schlachten mit durchgemacht und ihm gesagt habe: er wage kaum das Wort, aber im Blick auf das, was damals in Frankreich geschehen und in Deutschland anfange zu wirken, könne er sich nicht enthalten zu glauben, daß Deutschlands Wiedergeburt sich – – – ,,an einen großen Krieg knüpfen wird'', vollendete dann der Minister den Satz, und dasselbe hatte ein andrer, der in gleich hoher Stellung hätte stehen können, sogleich darauf im Vertrauen ausgesprochen.

Götze, Präsident des Obertribunals, gehört zu dem Kreis, der ab **Juni 1848** die ,,Neue Preußische Zeitung'' begründet, die unter der Devise ,,Vorwärts mit Gott für König und Vaterland'' antritt und unter dem Eisernen Kreuz firmiert, weshalb sie als ,,Kreuzzeitung'' in die Geschichte eingegangen ist. Die ,,Kreuzzeitung'' ist das Sprachrohr der preußischen Konterrevolution, zu deren Gründern Hengstenberg, Stahl, die Gebrüder v. Gerlach und auch Huber gehören, vor allem aber jene *große Persönlichkeit*, mit der die praktische Durchsetzung von *Deutschlands Wiedergeburt* eng verbunden ist: Otto v. Bismarck, der **1862** zum preußischen Ministerpräsidenten ernannt wird.

→B 72 Otto v. Bismarck 1850

→B 73 Die ,,ruhmvollen Etappen'' der Laufbahn Bismarcks

13 Das Gebiet 1852 - 1862

Der Versuch einer planmäßigen Erweiterung Berlins

→S 70   Geht man die Gebietszustandspläne von **1737** bis **1856** daraufhin durch,
→S 178 in welcher Weise die räumliche Erschließung und das bauliche Wachstum
erfolgen, so kann man beobachten, wie Schritt für Schritt das mittelalterliche unbefestigte Wegenetz überführt wird in ein regelmäßigeres Straßensystem, an dem sich Gebäude der unterschiedlichsten Nutzung in regellosem Nebeneinander aufreihen. Wir können bei der Bebauung des Gebietes drei Phasen unterscheiden:

Erste Phase: Der König, bzw. der absolutistische Staat, läßt für bestimmte Bevölkerungsgruppen wie Bauhandwerker, Gärtner und Invalide,
die untergebracht werden müssen, regelmäßige Siedlungen bzw. Anstalten
in architektonisch abgeschlossener Form errichten (Neu-Voigtland, Invali-
→S 42   denhaus, Gärtnerkolonie).

Zweite Phase: Nach den Stein-Hardenbergschen Reformen werden das
Invalidenhausgelände und andere separierte Ackerflächen aufgeteilt in
verkäuflichen privaten Grundbesitz. Es entwickeln sich regelmäßige Stra-
ßenverbindungen, an denen sich in direktem Nebeneinander die unterschiedlichsten Nutzer unter dem Aspekt des Standortvorteils und unter Aufgabe eines ästhetisch einheitlichen Erscheinungsbildes ansiedeln. Teilweise
sind es Einrichtungen, die aus der inneren Stadt ausgelagert werden, wie
die Friedhöfe und Fabriken, zum anderen schieben sich Anlagen möglichst
dicht an die Stadt heran, um von ihr zu profitieren, wie die Familienhäuser
und später die Bahnhöfe. In dem wüsten Nebeneinander von Friedhöfen,
Fabriken, Exerzierplätzen, Mietshäusern, Villen, Gärtnereien, Vergnü-
gungslokalen, Bahnhöfen und Anstalten konstituiert sich die klassische
bürgerlich-kapitalistische Vorstadt als Schlachtfeld konkurrierender Interessen. Von einer planvollen Stadterweiterung ist bis **1850** nichts zu entdecken.

Dritte Phase: Die Konzentration der Maschinenbauindustrie in diesem
Gebiet schafft im Zusammenhang mit den Eisenbahnanlagen die Notwendigkeit von räumlich wie technisch verbesserten Verkehrsverbindungen und
für die in diesem Gebiet Arbeitenden einen Bedarf an billigen Wohnungen.
Damit sind in diesem Gebiet die Voraussetzungen für eine die privaten und
öffentlichen Interessen ausgleichende Stadtplanung gegeben. In unmittelbarer Nachbarschaft zu den Fabriken erfolgt seit **1850** auf noch unbebauten Geländeresten systematisch die Anlage von Straßen zur Erschließung
des Geländes für den Bau von Mietshäusern. Am Beispiel der Unterneh-
→S 190 mung des Grafen v. Pourtales können wir verfolgen, wie eine solche Terrainspekulation, die gegenüber der Bauspekulation des Kammerherrn v.
Wülcknitz ganz andere Dimensionen hat, sich in Abstimmung mit Stadt
und Staat und unter Beachtung der gesetzlichen Bestimmung vollzieht.

Das Voigtland um 1855:

←L 1

*Jetzt gehört diese Vorstadt zu den belebten und
volkreichen Teilen Berlins. Die Einwohnerzahl beträgt
18–19,000. Obgleich in der Acker- und Bergstraße
noch viele von den vor hundert Jahren erbauten kleinen Häusern stehen, so sind doch diese meist erweitert und um ein Stock erhöht; etliche aber hoch und
neu erbaut, so in der Brunnen-Straße auf der rechten
Seite. Dagegen ist die Invaliden-Straße mit stattlichen
Gebäuden geziert, und die über die Invaliden-Straße
hinausgelegenen Teile der Garten-, Berg- und Acker-
Straße werden immer mehr bis zur Stadtgrenze bebaut.
Die Hauptstraßen sind mit Granitbahnen und bis zur
Invalidenstraße mit Gaserleuchtung versehen, auch hat
es den Anschein, als ob die Bevölkerung im Ganzen
sich in bürgerlicher Beziehung mehr hebe, da Beamte,
kräftige Fabrikarbeiter und Handwerker sich in größerer Anzahl niederlassen, und die Weber mehr und
mehr aus dieser Gegend verdrängt werden.*

Die Terrainspekulation des Grafen von Pourtales

Am **3.4.1850** legt der Handelsminister von der Heydt dem König das
Projekt des Grafen Henry von Pourtales zur Genehmigung vor, denn seit
dem Regierungsantritt Friedrich Wilhelms IV. sind alle städtebaulichen
Erweiterungsprojekte der Residenz von der königlichen Genehmigung abhängig.

→A 1   *Der Graf Henry von Pourtales hat in der Oranienburger Vorstadt hierselbst die Grundstücke Nr. 5, 6 und 7 der Chausseestraße, Nr. 43 in der*

Thorstraße, Nr. 83–90 in der Gartenstraße und Nr. 70 und 70a in der Invalidenstraße käuflich erworben und beabsichtigt, auf dieser ihm gehörigen umfangreichen Fläche zwei neue Straßen zu eröffnen, welche nach näherem Ausweis des mit der alleruntertänigsten Bitte um Rückgewähr ehrerbietigst angeschlossenen Situationsplan zwischen A und B die Chausseestraße mit der Gartenstraße und zwischen C und D die Thorstraße mit der Invalidenstraße verbinden sollen. Für die Straße AB ist eine durchweg gerade Linie projektiert; bei der Straße CD dagegen ist eine geringe Abweichung in der Richtung an der Stelle E, wo sie die Straße AB durchschneidet, mit Rücksicht auf ein in der Invalidenstraße stehendes Haus nicht wohl zu vermeiden gewesen; an sich sollen indessen die einzelnen Abteilungen in der Straße von C nach E und von E nach D ebenfalls gerade Linien bilden. Dabei hat der Unternehmer sich verpflichtet, nicht nur für beide, mit einer durchgängigen Breite von 5 Ruthen anzulegenden Straßen die erforderliche Grundfläche unentgeltlich herzugeben, dieselben innerhalb zweier Jahre nach der Eröffnung aufzuhöhen, zu pflastern, mit Rinnsteinen und Bürgersteigen zu versehen, letztere nach Maßgabe des Fortschreitens der Bebauung mit Granitplatten zu belegen, auch die an den Einmündungen der neuen in die alten Straßen erforderlichen Rinnsteinbrücken herzustellen und alle diese Anlagen nach ihrer Vollendung noch fünf Jahre lang auf seine Kosten zu unterhalten, wonächst die Unterhaltungspflicht in Gemäßheit des Allerhöchst genehmigten Regulativs vom 31. Dezember 1838 auf die Stadtgemeine übergeht, sondern auch von seinem Terrain im Anschlusse an die Thorstraße einen fünfzig Fuß breiten Streifen zur Verbreiterung dieser Straße unentgeltlich abzutreten.

Seitens des Magistrats ist gegen das Projekt nichts eingewendet worden. Dasselbe verspricht aber, abgesehen davon, daß durch die einzuleitenden Arbeiten für längere Zeit eine vorteilhafte Erwerbsgelegenheit geboten wird, auch noch insofern nützlich zu werden, als der Unternehmer noch besonders darauf Bedacht zu nehmen gedenkt, in den neuen Straßen Wohnungen für Fabrikarbeiter zu errichten. Ich kann die beabsichtigten Anlagen hiernach nur in jeder Beziehung für empfehlenswert halten und erlaube mir demgemäß Ew. Königliche Majestät alleruntertänigst zu bitten, durch Vollziehung des im Entwurfe angeschlossenen Erlasses die Ausführung huldreich genehmigen zu wollen.

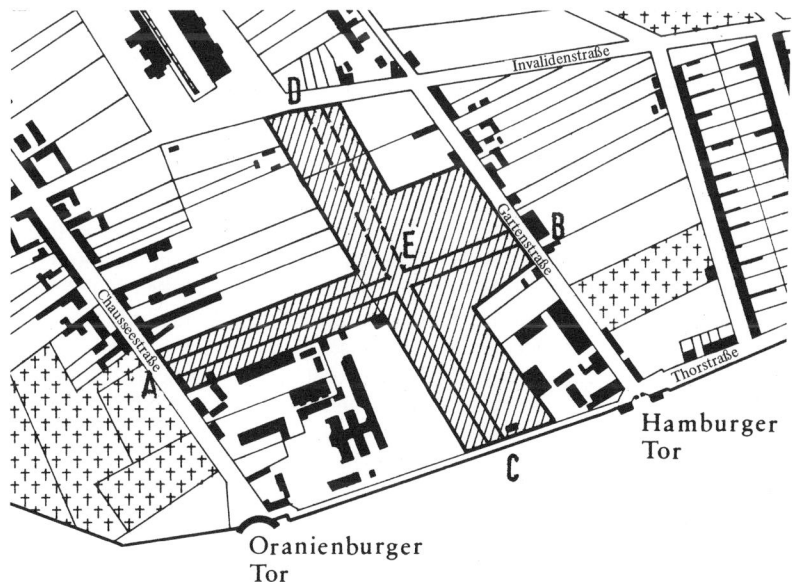

Die Grundstücke des Grafen v. Pourtales mit den projektierten Erschließungsstraßen, eingetragen auf den Gebietsplan 1841 ←B 1

Das Projekt wird wie beantragt genehmigt und in Etappen durchgeführt. Die Straße A–B (Tieckstraße) und der Straßenabschnitt C–E (Pourtalesstraße) werden zuerst angelegt und ab **1853**, von den Straßenecken ausgehend, mit vier- und fünfgeschossigen Mietshäusern bebaut, die ←S 190 zum Teil heute noch stehen. Zu den Käufern der Parzellen, die die Bebauung durchführen, gehören Bau- und Zimmermeister, Kaufleute, Rentiers etc.

Ab **1853** gilt eine neue Bauordnung, die die Form der Häuser und die Ausnutzung der Grundstücke regelt bzw. offenläßt, und **1852** wird im Polizeipräsidium ein Bauinspektor eingestellt, der die Überarbeitung aller

Wer ist für die Pflasterung der Berliner Straßen zuständig?

Solange Berlin befestigt ist, pflastert das Gouvernement die Straßen aus Einnahmen der Akzisekasse. Wer die Straßen außerhalb Berlins zu versorgen hat, ist seit einem Urteil des Kammergerichts aus dem Jahr 1772 →L 2 nicht Sache des Gouvernements, praktisch jedoch hat es für die Straßen gesorgt, denn die Stadt hat gar nicht genug Einnahmen, um das Geld für die Pflasterung aufzubringen.

Die Städteordnung von 1808 regelt aber nun im § 179/g, daß die Baudeputation für die Pflasterung der Straßen zuständig wird. Das führt zu neuen Auseinandersetzungen mit dem Staat und dem Fiskus, die 1823 durch ein Urteil des Kammergerichts dahingehend entschieden werden, daß die Stadt nicht für das Pflaster der Straßen zu sorgen hat, die vor 1820 angelegt sind, strittig bleibt aber weiter, was zum Stadtraum zählt. Diese Frage wird durch das Obertribunal 1832 entschieden, das festlegt, daß alle seit 1820 *innerhalb der Landwehr Berlins* neu angelegten und anzulegenden Straßen auf Kosten der Stadt zu pflastern sind. Was aber nun *innerhalb der Landwehr* bedeutet, darauf kann man sich lange nicht einigen, denn das ist nirgendwo genau festgelegt, bis endlich 1837 die strittige und für die Stadterweiterung Berlins entscheidende Frage durch Königliche Kabinettsorder folgendermaßen entschieden wird:

Bestimmungen
→L 3 *über die Unterhaltung des Straßenpflasters in Berlin*

1) Innerhalb der gegenwärtigen Ringmauer der Stadt Berlin ist die Anlegung und Unterhaltung des Steinpflasters
a) in allen vor dem 1sten Januar 1837 vorhanden gewesenen Straßen, mit Hilfe des zu 2. festgelegten Zuschusses aus der Communal-Kasse, auf Kosten des Staats von der damit beauftragten Baubehörde, dagegen
b) in allen nach dem 1sten Januar 1837 neu angelegten oder künftig anzulegenden Straßen und Straßenverlängerungen ohne einen Zuschuß aus Staatsfonds, auf Kosten der Communalkasse von dem Magistrate zu bewirken, wobei dem letztern jedoch vorbehalten bleibt, sich mit der gedachten Baubehörde dahin zu einigen, daß dieselbe auch in den unter 6. bezeichneten Straßen und Straßenverlängerungen die Leitung und Ausführung der Pflasterungsarbeiten für Rechnung der Communalkasse übernimmt.

2) In Betreff derjenigen zu 1. unter a. bezeichneten Straßen, welche in der Zeit vom 16ten September 1820 bis zum 1sten Januar 1837 neu angelegt und teils bereits gepflastert, teils noch ungepflastert sind, hat die Stadt an die Staatskasse, und zwar an den Berliner-Straßen-Pflasterungsfonds zu den seit dem 1sten Januar 1837 aufgewendeten oder noch aufzuwendenden Kosten der ersten Pflasterung ein für alle Mal ein Aversionalquantum von Achttausend Thalern, welches vom 1. Januar 1837 ab in jährlichen Raten von 800 Rthl. abzuführen ist, und außerdem zu der Unterhaltung, sowohl der bereits ausgeführten, wie der noch auszuführenden Pflasterungsarbeiten ebenfalls vom 1sten Januar 1837 ab einen dauernden Beitrag von Neunhundert Thalern jährlich zu entrichten.

3) Der Beitrag, welchen die Stadt judicatmäßig auch zu denjenigen Kosten leisten müßte, welche bereits von dem 1sten Januar 1837 auf die erste Anlegung des Pflasters in den zu 2. bezeichneten Straßen verwendet worden sind, wird derselben mit Rücksicht auf die nach den Bestimmungen zu 1. und 2. von ihr zu erfüllenden Verpflichtungen erlassen.

4) Für die Zukunft soll den städtischen Behörden die Befugnis zustehen, bei der Anlage einer neuen Straße, oder bei der Verlängerung einer schon bestehenden, von dem Unternehmer der neuen Anlage oder von den angrenzenden Eigentümern die Legung des ersten Straßenpflasters oder den Betrag der hierzu erforderlichen Kosten zu verlangen. Diese Verpflichtung soll bei Erteilung der Erlaubnis zur Anlegung einer neuen oder zur Verlängerung einer schon bestehenden Straße den Beteiligten bekanntgemacht, auch soll der Communalbehörde Behufs Wahrnehmung ihrer Gerechtsame von der erteilten Erlaubnis Nachricht gegeben werden.

5) Die auf dem Cöpnicker Felde und in den Stadtteilen am Frankfurter und Landsberger Tore bisher ←S 190 *nur projektirten Straßen sind zur Zeit für angelegt noch nicht zu erachten, und unterliegen deshalb den Bestimmungen zu 1. unter b. und zu 4.*

6) Um bei den hiernach von der einen und von der andern Seite aus zu erfüllenden Verbindlichkeiten für die Zukunft jedem Zweifel vorzubeugen, soll alsbald unter Teilnahme der Communalbehörde ein vollständiges

Verzeichnis aller Straßen und Straßenecken aufgenommen werden, welche vor dem 1sten Januar 1837 innerhalb der Ringmauer schon vorhanden gewesen sind und deren Unterhaltung und Pflasterung sonach ausschließlich, oder respective mit Hilfe des zu 2. bestimmten Beitrages, der Staats-Kasse obliegt.

7) Außerhalb der Ringmauer hat die Commune die Anlegung und Unterhaltung des Straßenpflasters überall auf ihre alleinige Kosten zu bewirken, insofern nicht für einzelne Straßen oder Straßenteile besondere Rechtstitel der Befreiung nachgewiesen werden können. Die Minister des Innern und der Finanzen sind autorisirt, geeigneten Falls bei Anlegung neuer Straßen außerhalb der Ringmauern die Bestimmung zu 4. gleichfalls in Anwendung zu bringen.

Berlin, den 31sten Dezember 1838

Johann Carl Ludwig Schmid

Die biographischen Daten von Schmid sind nirgends zu entdecken, weil er nicht für einen Künstler gehalten wurde. Uns ist nur bekannt, daß er 1819 Mitglied der Königlichen Oberbaudeputation, später Oberbaurat und schließlich nach Schinkels Tod 1841 Direktor dieser beratenden Instanz wird, zu deren Mitgliedern viele bedeutende Architekten gehören. Schmid muß etwa 1849 gestorben sein, denn nach ihm ist eine Straße in der Luisenstadt benannt.

Technische Oberbaudeputation

Das 1770 eingerichtete Oberbaudepartement des Generaldirektoriums wurde im Jahre 1805 in die Technische Oberbaudeputation umgewandelt. Bei der Reorganisation des preußischen Staatsapparates von 1808 bis 1810 im Zusammenhang mit den Stein-Hardenbergschen Reformen blieb die Technische Oberbaudeputation unverändert bestehen. Sie wurde der Abteilung für Handel und Gewerbe im Ministerium des Inneren unterstellt und war als beratende Instanz in Bauangelegenheiten und als Prüfungsbehörde für Bauführer, Baumeister und Feldmesser zuständig.

Nach der Gründung des Ministeriums für Handel und Gewerbe nach den revolutionären Ereignissen im März 1848 wurde auch die Bauverwaltung reorganisiert. Im Dezember 1849 wurde die Technische Oberbaudeputation aufgelöst. Die von ihr wahrgenommenen Aufgaben gingen auf die neugebildete Abteilung für Bauwesen im Ministerium für Handel und Gewerbe über. An die Stelle der Technischen Oberbaudeputation trat die Technische Baudeputation, die ihre Tätigkeit im März 1850 aufnahm. Sie hatte die Aufgabe, das Bauwesen repräsentativ zu vertreten und bei Bauunternehmen des Staates als beratende Instanz zu wirken.

Ober-Bau-Deputation, bisher Zimmer-Straße Nr. 25, und künftig in dem Gebäude der allgemeinen Bauschule (man sehe diesen Artikel). Sie ressortirt von dem Königl. Ministerium des Innern für Handels- und Gewerbe-Angelegenheiten, und ist keine ausführende oder verwaltende, sondern nur eine berathende Behörde, zur Kontrolle und Revision der öffentlichen Baue, und in allen Angelegenheiten und Gegenständen der allgemeinen Bau-Polizei und der unter der Administration des Staates stehenden Baue. Sie prüft alle Bau-Beamten und Feldmesser, und giebt ihr Gutachten bei Vermessungen, und über die Maaße und Gewichte ab. Diese Behörde besteht, außer dem Bau-Direktor, aus sieben Geheimen Ober-Bau-Räthen, einen Ober-Bau-Rath, einen Assessor ꝛc. Die Vorschriften zu den Prüfungen der Feldmesser, Bau-Beamten, Bau-Inspektoren, so wie die der Privat-Baumeister und Kommunal-Baubeamten, bestimmt eine Verordnung vom Minister des Innern für Handels-, Gewerbe- und Bauwesen, unter dem 8. September 1831.

←A 2

←L 4
→A 3

bisher existierenden Bebauungspläne für die Umgebung Berlins vornehmen soll. Bebauungsplan und Bauordnung sind die beiden Instrumente, mit denen der Staat versucht, das von dem kapitalistischen Wildwuchs bedrohte Stadtbild der Residenz auch bei der als notwendig erkannten Erweiterung der Stadt zu bewahren. Dieses letzte Gebietskapitel beschäftigt sich damit, in welcher Weise die Vermittlung der öffentlichen und der Privatinteressen in bezug auf die Stadterweiterung erfolgt.

Existiert eine Bebauungsplanung für den Norden Berlins?

Ein „Bebauungsplan für die Umgebungen Berlins" existiert seit 1830 in 5 Abteilungen. Unser Gebiet im Norden der Stadt liegt in der 5. Abteilung, die von der Unterspree bis zur Pankower Chaussee reicht, aber als Entwurf vom König nie genehmigt worden ist. Von diesem Bebauungsplan von 1830, den Oberbaurat Schmid von der Oberbaudeputation entworfen hat, existieren in den Archiven nur noch die Abteilungen II und III, die übrigen Teile sind wahrscheinlich 1945 verlorengegangen. Wir haben also keine Kenntnis darüber, wie die erste Bebauungsplanung für das Gebiet ausgesehen hat. Bis 1844 liegt die Bebauungsplanung für die Umgebungen Berlins offiziell in den Händen der Oberbaudeputation, danach wird sie an das Königliche Polizeipräsidium abgegeben. In den 40er Jahren schaltet sich der neue König Friedrich Wilhelm IV. in den Ausbau der Residenz ein. 1843 bestimmt er durch Kabinettsordre, daß bei der Anlegung neuer oder Veränderung vorhandener Straßen in Berlin und Potsdam immer die unmittelbare Genehmigung des Königs eingeholt werden muß. Die Stadtplanung konzentriert sich auf den Ausbau des Köpenicker Feldes, die Frankfurter Vorstadt, die Anlage des Landwehrkanals im Zusammenhang mit dem Ausbau der Bahnhofsanlage der Potsdamer und Anhalter Eisenbahn und auf die Gestaltung und endgültige Lage des sogenannten Marsfeldes, das die Kasernen, das Zellengefängnis und den Raum südlich des Invalidenhauses mit einschließt. Die Planung findet im gedanklichen Austausch zwischen Friedrich Wilhelm IV. und seinem Gartenbaudirektor Lenné statt, der auch vom Polizeipräsidium mehr und mehr zu Beratungen herangezogen wird.

Zu Beginn der 50er Jahre wird deutlich, daß der bisherige Bebauungsplan einer Revision unterzogen werden muß, der besonders durch die Anlage der Eisenbahnen und durch die sich über Jahrzehnte hinziehenden Ablösungen feudaler Rechte an dem landwirtschaftlich genutzten Berliner Umfeld hinfällig geworden ist. 1852 wird deshalb im Polizeipräsidium der Bauinspektor Köbicke eingestellt, der die Revision des gesamten Bebauungsplanes vorbereiten und die notwendigen Kosten dafür erfassen soll. Zunächst überprüft Köbicke den Schmidschen Bebauungsplan von 1830, indem er ihn mit der tatsächlichen Bauentwicklung vergleicht, und liefert am 12.9.1852 dem Polizeipräsidenten einen *Bericht über die Umarbeitung der Bebauungspläne der Umgebung Berlins, Abteilung I und V* ab:

Der Bebauungsplan von der Umgebung Berlins, Abt. I, erstreckt sich von der Pankower bis zur Frankfurter Chaussee und ist derselbe durch später angeordnete Abänderungen an folgenden Stellen nicht mehr verwendbar:

1. durch die allerhöchste Kabinettsordre vom 31.3. v.J. ist eine Verlegung der Straße Nr. 65, welche früher über das an der Schönhauser Allee belegene Grundstück des Brauereibesitzers Wagner geführt werden sollte, angeordnet und erstreckt sich diese Änderung vom Schönhauser Tore aus bis zwischen dem Prenzlauer und Königstor. Von dieser Veränderung liegt mir ein genauer Plan vor;

2. zwischen dem Königstor und dem Landsberger Tor ist der Friedrichshain angelegt und ist mir nicht bekannt, ob hierüber spezielle Pläne vorhanden sind;

3. ist auf dem mir vorliegenden Bebauungsplan mit Bleistift zwischen dem Landsberger und Frankfurter Tor die Verlegung einer Straße eingezeichnet, welche nach dem Ministerial-Rescript vom 24.4.1850 . . . ausgeführt werden soll. Der Bebauungsplan ist demnach zwischen der Stadtmauer und dem projektierten Kommunikationswege in seiner ganzen Ausdehnung von der Pankower bis zur Frankfurter Chaussee nicht in seiner jetzigen Beschaffenheit anwendbar.

Wenn es nun auch den Anschein hat, daß in der dortigen Gegend wenig Bauten ausgeführt worden sind, da mir seit Anfang März d.J., wo mir die hiesige Stelle übertragen wurde, kein Gesuch vorgelegen hat, so dürfte es doch zweckmäßig sein, den Bebauungsplan namentlich von der Gegend, wo der Friedrichshain angelegt ist, zu berichtigen, um für vorkommende Fälle einen Anhalt zu haben.

Viel nötiger ist es jedoch, den Bebauungsplan von der Umgebung Berlins, Abteilung V, welcher sich von der Spree unterhalb Berlin bis zur Pankower Chaussee erstreckt, neu aufzunehmen und umzuarbeiten, da nicht nur in dieser Gegend gegenwärtig die meisten Bauten vorgenommen werden, sondern auch der Plan durch folgende Anlagen wesentliche Veränderungen erlitten hat:

1. Durch die Verlegung der Pulverfabrik, die Erbauung der Kasernen und der Strafanstalt daselbst in der verlängerten Invalidenstraße, ferner durch die Anlage des Kanals von der Spree nach Spandau und der Erbauung des Hamburger Bahnhofes sind die Straßen 3, 12, 14, 28 und 32 teilweise nicht in den früheren Richtungen ausführbar;

2. durch die Erbauung der Kasernen in der Chausseestraße ist die Anlage der Straße Nr. 42 gestört;

3. durch die Anlage des Stettiner Bahnhofes ist die Anlage der Straße Nr. 41 gehindert;

4. bestehen über die Abänderung der Fluchtlinie in der Invalidenstraße besondere Bestimmungen;

5. ist zwischen der Chausseestraße und Gartenstraße eine neue Verbindungsstraße angelegt.

Unter diesen Umständen dürfte es dringend notwendig sein, die Umarbeitung des Bebauungsplanes von der Umgebung von Berlin Abt. V zu beantragen.

Der Bericht macht deutlich, daß das Gebiet, welches wir behandeln, von der Planung her völlig vernachlässigt ist und die vorhandenen Bebauungspläne durch den Baufortschritt gegenstandslos geworden sind. Von der Anlage des Friedrichshains im Osten bis hin zum Exerzierplatz im Westen, also im ganzen nördlichen Halbkreis des Bebauungsplans haben sich Veränderungen ergeben, die eine komplette Neuplanung erfordern. Was für diese Umarbeitung des Bebauungsplanes, bezogen auf die Abteilung V, an technischen Maßnahmen und an Kosten aufzuwenden ist, stellt Köbicke in einem Erläuterungsbericht vom **10.12.1852** zusammen:

. . . Unter diesen Umständen wird es um so dringender notwendig, die- ←A 4
sen Bebauungsplan vollständig umzuarbeiten, größtenteils neu aufzunehmen und die Straßen an Ort und Stelle abpfählen zu lassen, weil gerade in der dortigen Gegend jetzt sehr viel gebaut wird.

Der alte Bebauungsplan ist nach dem Maßstabe von 1:4000 der natürlichen Größe gezeichnet, dieser Maßstab ist jedoch zu klein, um die Baufluchtlinien an Ort und Stelle angeben zu können, und würde der neue Plan in einem Maßstabe von 1:2000 der natürlichen Größe in mehreren Abteilungen zu zeichnen sein. Bei dem ebenfalls neu angefertigten Teil des Bebauungsplans Abteilung IV, Gegend vor dem Potsdamer Tor, ist gleichfalls der größere Maßstab angewendet worden. Die Ausfluchtung der Straßen, das Setzen der dieselben bezeichnenden circa 567 Stück eichenen Kreuzholzpfähle, das Aufmessen sämtlicher bereits vorhandener Gebäude, welche gestreut auf einer Fläche von ca. 12 500 Morgen, also über 1/2 Quadratmeilen, liegen, die Aufnahme des neuen Kanals und der Eisenbahnen, das Auftragen und Zeichnen der Brouillonkarte sowie das Zeichnen von zwei Reinkarten wird auf dem anliegenden Kostenüberschlage die Summe von 5.550 Rthl. in Anspruch nehmen.

Da diese Arbeit viel mühsamer ist als die Aufnahme einer Feldmark und viel genauer erfolgen muß, so wird der reglementsmäßige Diätensatz von 1 1/2 Rthl. auf keinen Fall genügen, um zur Anfertigung geeignete Feldmesser zu gewinnen, und ist deshalb ein Diätensatz von 2 Rthl. im Anschlage angenommen.

Über das Weichbild von Berlin

„Weichbild" ist ein früher Rechtsbegriff, der herstammt vom lateinischen „vicus", niederdeutsch „Wiek" in seiner Bedeutung „Siedlung, Handelsplatz". Es ist, bezogen auf die mittelalterliche Stadt, einerseits das Gebiet, in dem das Stadtrecht gilt, zum anderen bezeichnet es ein Territorium, das durchaus nicht identisch ist mit der Stadtmauer, sondern darüber hinausgeht und die Ländereien umfaßt, die von der Stadt aus bewirtschaftet werden und der Stadt abgabepflichtig sind. Der Begriff ist in der absolutistischen Phase des Feudalismus nicht mehr gebräuchlich gewesen, taucht erst wieder auf mit der im 19. Jh. einsetzenden Beschäftigung mit germanischen Rechtsaltertümern.

In Berlin ist der Begriff „Weichbild" vor der Städtebauordnung von 1808 unbekannt. Der Rechtskreis der Stadt ist die sogenannte „Feldmark". Die Feldmark ist das Gebiet, das ursprünglich der Bürgerschaft zur landwirtschaftlichen Nutzung zugewiesen ist, und deckt sich mit dem Geltungsbereich der städtischen Gerichtsbarkeit, des Zunftrechts, der Berliner Bauobservanzen, also den bis dahin geltenden baupolizeilichen Bestimmungen, und der Abgabepflicht der Steuern an die Stadt. In allen Beziehungen eindeutig ist der Begriff „Feldmark/Weichbild" jedoch nicht. Clausewitz, der sich mit der Bedeutung dieser Begriffe für Berlin herumgeschlagen hat, schreibt: *Landgüter im Eigentum der Stadt, auch wenn sie unmittelbar an das Stadtgebiet angrenzten, gehörten nicht ohne weiteres zur Feldmark, andererseits konnte die Feldmark Ländereien oder Grundstücke in sich schließen, die nicht dem Stadtrecht unterworfen waren.* Ursprünglich gab es eine Berlinische und eine Kölnische Feldmark, deren Ausdehnung sich in der Geschichte vielfach verändert hat. Die Städteordnung von 1808 sagt nun in bezug auf das Stadtgebiet in folgenden Paragraphen etwas aus:

←L 5

Stadtrecht:
§ 3. Das Stadtrecht, so wie überhaupt der Umfang der Städte erstreckt sich auch auf die Vorstädte.
Polizei- und Gemeinebezirk:
§ 4. Zum städtischen Polizei- und Gemeinebezirk gehören daher alle Einwohner und sämtliche Grundstücke der Stadt und der Vorstädte.
Einteilung jeder Stadt in Bezirke:
§ 11. Jede Stadt, welche über achthundert Seelen enthält, soll geographisch nach Maßgabe ihres Umfanges, in mehrere Teile geteilt werden, wovon jedoch in großen Städten keiner über 1500 und keiner unter 1000 – in mittlern und kleinen aber keiner über 1000 und unter 400 Seelen enthalten darf.
§ 12. Diese Teile werden Bezirke genannt, und jeder derselben wird durch einen Beinamen nach der darin belegenen Hauptstraße oder einem Hauptplatze etc. etc. von den übrigen unterschieden.

←L 6

Die Städteordnung kümmert sich in diesem Punkt also nicht um die komplizierten feudalen Abhängigkeiten und sich überlagernden Rechtstitel in bezug auf das Umfeld der Stadt, sondern geht vom Faktischen aus und bestimmt als Stadtgebiet Stadt und Vorstädte, doch wie diese zu begrenzen sind, bleibt ungeklärt. Die Städteordnung verkleinert in bezug auf Berlin also das der Stadt gehörige Gebiet drastisch, da es landwirtschaftlich genutzte Flächen nicht mehr zur Stadt zählt. Die Folge sind jahrelange Streitereien um Kompetenzen zwischen Stadt, Staat und Landkreis. Erst über die Bildung einer Regierung von Berlin, die nur von 1816–1822 existiert hat, kommt es zu einer Definition des Umfanges des Regierungsbezirks, die am 12.6.1816 im Amtsblatt der Regierung veröffentlicht wird. Es wird unterschieden ein weiterer Regierungsbezirk, der die umliegenden Ortschaften von Charlottenburg bis Köpenick einschließt, und ein engerer, der die Residenz, das Mühlenland, den Tiergarten und die Hasenheide einschließt, also ein viel weiteres Gebiet, als es die Städteordnung vorsieht. Eine spätere Erklärung der Regierung vom 12.1.1818 macht das Maß der Verwirrung voll, indem sie erklärt, daß Weichbild und engerer Regierungsbezirk nicht identisch sind. In der Praxis muß nun, da die Gebietseinteilungen weiter ungeklärt bleiben, von Fall zu Fall die Zugehörigkeit ausgehandelt werden. Faktisch setzt sich jedoch die Weichbildgrenze als Steuerbezirk etc. durch und wird in mehreren Schritten ausgedehnt; zuerst 1831–1832 östlich der Spree durch Einbeziehung der Berliner Hufen, die bereits 1822 separiert sind, und durch Hereinnahme verschiedener Grundstücke vor dem Frankfurter Tor, dann 1840 auch südlich der Spree durch Festlegung der Weichbildgrenze etwa im Verlauf des geplanten Landwehrkanals. 1846 erscheint die erste Karte mit einer amtlich eingetragenen Weichbildgrenze.

Überblick über die Bebauungsplanung für die Umgebungen Berlins bis 1862

Ab 1852 wird im Polizeipräsidium systematisch an der „Revision des Bebauungsplanes für die Umgebung Berlins" gearbeitet. 1857 entwickelt das Polizeipräsidium in einem umfassenden Erläuterungsbericht, der von dem Geheimen Regierungsbaurat Rothe verfaßt ist, ein Konzept für die Neueinteilung des Bebauungsplanes in 14 statt bisher 5 Abteilungen, von denen einzelne Abteilungen bereits entworfen und in Teilplänen vorhanden sind. Zu diesem Plan gibt die Abteilung für Bauwesen des Ministeriums für Handel und Gewerbe 1858 ein Gutachten ab, worin der Vorschlag Rothes übernommen wird. 1859 macht der Handelsminister den Vorschlag, die immensen Kosten für die Vermessung und Aufstellung des Bebauungsplans gleichmäßig auf den Staat, auf die beteiligten Gemeinden und auf den Magistrat aufzuteilen. Mit der Bewilligung von 6000 Rthl. aus der königlichen Schatulle wird die Arbeit an dem Bebauungsplan vorangetrieben, und auf Vorschlag des Handelsministers von der Heydt wird ein besonderes „Kommissarium zur Ausarbeitung der Bebauungspläne für die Umgebung Berlins" eingerichtet, als Leiter wird der Feldmesser und Baumeister für den Wasser-, Wege- und Eisenbahnbau James Hobrecht im Rang eines Regierungsbaumeisters eingestellt, der seine Arbeit am 1.4. 1859 aufnimmt. Hobrecht koordiniert die Vermessung und Kartierung, arbeitet die bereits existierenden Teilpläne ein und ergänzt die noch fehlenden Abteilungen durch eigene Entwürfe. Besonders die nördlichen und östlichen Erweiterungen unseres Gebietes, u.a. die Abteilungen IX, X und XI, werden von ihm entworfen. In den Instruktionen, die er bei seinem Dienstantritt vom Ministerium für Handel und Gewerbe erhält, ist ausdrücklich auch der Entwurf für die Entwässerung der im Bebauungsplan vorgesehenen öffentlichen Flächen gefordert. Bis zum 6.12.1861, dem Datum, an dem Hobrecht seine komplizierte Arbeit abschließt, um nach Stettin zu gehen mit dem Auftrag, ein Entwässerungssystem für die Stadt zu entwerfen, sind alle Verhandlungen mit dem Magistrat, der Stadtverordnetenversammlung und einzelnen Grundstückseigentümern einerseits und den staatlichen Instanzen andererseits eingeleitet, die Entwürfe und Erläuterungsberichte für die Abteilungen liegen vor. Seine Arbeit wird übernommen von dem Regierungsbaumeister Sesshaft. 1862 trägt der Handelsminister dem König die von ihm nochmals überprüften Entwürfe und Erläuterungsberichte zu den 14 Abteilungen vor und erreicht deren Genehmigung. Ende 1862 liegt der gesamte Bebauungsplan in gedruckter Form vor.

Dieser Plan soll die künftige Entwicklung der Stadt bestimmen und wird später für den Mietshausbau, in der Form, wie er bis zur Jahrhundertwende in Berlin praktiziert wird, verantwortlich gemacht. Wir werden uns in diesem Kapitel nicht mit der schon Ende der 60er Jahre einsetzenden Kritik an diesem Plan beschäftigen, sondern zunächst nur mit seiner komplizierten und noch weitgehend unbekannten Entstehungsgeschichte. Im folgenden werden wir den bisher gegebenen Überblick vertiefen und mit dem Moment beginnen, wo das Stadtbild der Residenz unregelmäßig zu werden droht. Bei der allgemeinen Darstellung der Geschichte des Bebauungsplanes liegt der Schwerpunkt unserer Untersuchung in einem Ausschnitt, den Abteilungen IX und XI, die unmittelbar nord-östlich an das behandelte Gebiet angrenzen. An dem Zustandekommen des endgültigen Planes für die Abteilungen IX und XI wird deutlich, welche Personen und Instanzen an ihm beteiligt sind. Dieses erweiterte Gebiet ist besonders deswegen interessant, weil hier 1856 eine der ersten Berliner Kommandit-Gesellschaften eine Terrain-Spekulation auf Aktienbasis versucht. Am Beispiel des privaten Bebauungsplans dieser Terraingesellschaft, der in den allgemeinen Bebauungsplan eingearbeitet wird, entzündet sich eine aufschlußreiche Diskussion über die richtige Größe der Baublöcke, die sich durch alle Erläuterungsberichte bis hin zur Verabschiedung des Bebauungsplans 1862 zieht. Die Planung des Gebietes ist also im folgenden eingebettet in die allgemeine Geschichte des Bebauungsplans.

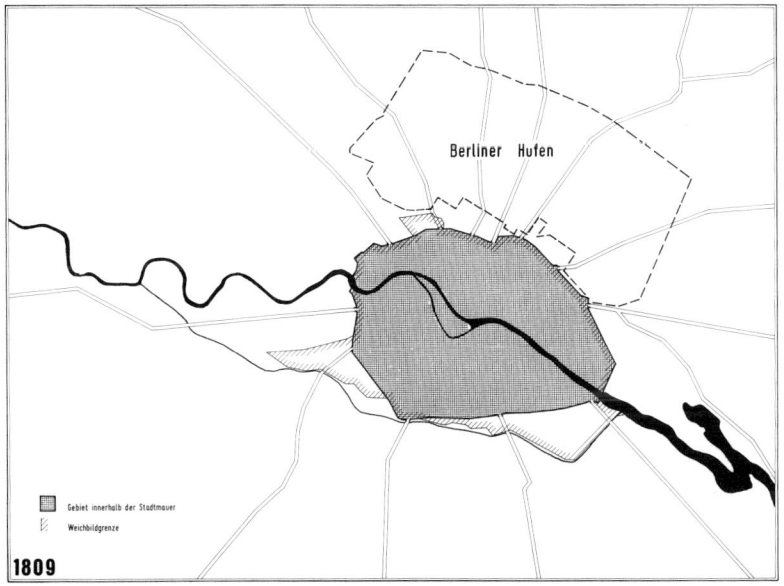

Reduziertes Weichbild nach der Städteordnung von 1808 und Lage der Berliner Hufen, ←B 2
Ackerland der Berliner Kommune

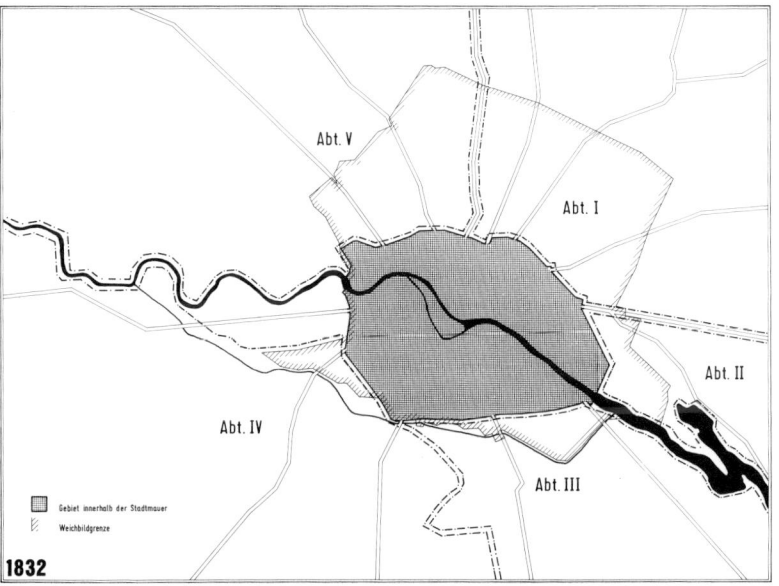

Erste Weichbilderweiterung 1831 und die 5 Abteilungen des Bebauungsplans für die ←B 3
Umgebungen Berlins von 1830

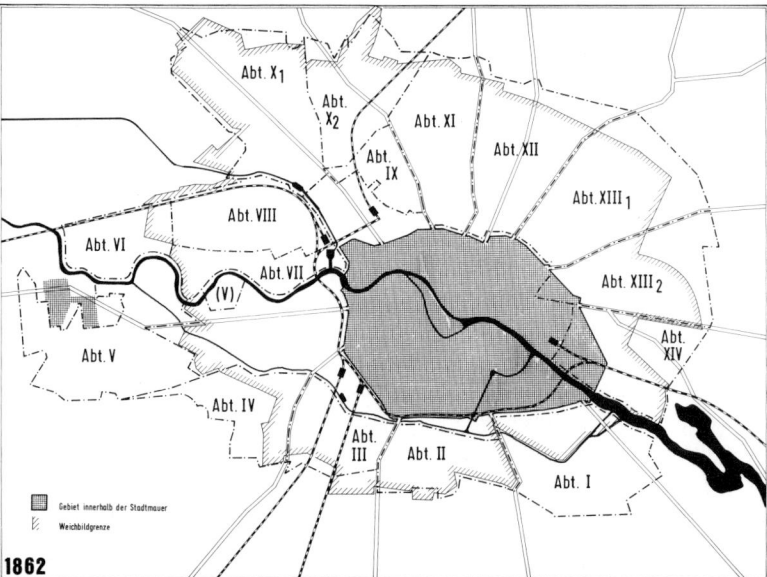

Zweite große Weichbilderweiterung 1861 und die 14 Abteilungen des zweiten Bebau- ←B 4
ungsplans für die Umgebungen Berlins von 1862 unter Einbeziehung Charlottenburgs

→L 7 *Die Umgestaltung des Landwehrgrabens, der bisherigen Grenze im Süden in den Schiffahrtkanal, wobei stellenweise eine Verlegung des Wasserlaufs stattgefunden'hatte, bedingte eine Erweiterung des Weichbildes nach dieser Richtung. Aber auch abgesehen hiervon, machten sich bei der Bevölkerung jenseits des Kanals Bestrebungen geltend, die auf noch weitere Einverleibungen im Süden der Stadt drangen. Magistrat und Regierung wünschten anderseits daneben auch eine Ausdehnung des Weichbildes auf dem rechten Spreeufer, besonders mit der Einbeziehung des Weddings in das Stadtgebiet. Die langwierigen Verhandlungen der Beteiligten wurden durch die politischen Verhältnisse, die das Jahr 1848 im Gefolge hatte, unterbrochen und begannen erst wieder 1851. Aber eine Einigung über eine neue Grenze war diesmal bei den Parteien – Magistrat, Stadtverordnete, Regierung, Vertretung der Kreise – nicht zu erzielen. Die Stadtverordneten hielten es für richtig, nur in südlicher Richtung durch Tempelhofer und Schöneberger Gebiet das Weichbild zu vergrößern. Der Magistrat stimmte zunächst dem Beschlusse der Stadtverordneten zu, in der Erwartung, die von ihm geforderte Erweiterung auf der rechten Spreeseite durch den Wedding und das Moabiterland später erreichen zu können. Die Vertretung des Teltower Kreises lehnte die von ihm verlangte Abtretung von Gebieten des Kreises aus Tempelhof und Schöneberg ab, der Niederbarnimer Kreistag dagegen willigte unter gewissen Bedingungen in die Einverleibung von Moabit, Wedding und den zugehörigen Ländereien in den Stadtbezirk ein. Die Regierung nahm den Standpunkt ein, daß eine teilweise Erweiterung des Weichbildes im Süden oder im Norden den Anforderungen, die die Staatsverwaltung zu stellen habe, nicht mehr genüge, vielmehr eine umfassende Ausdehnung des Weichbildes nötig sei, mit Hineinziehung auch des Moabiter- und des Weddinglandes.*

Als der Magistrat zu der Überzeugung kam, die Regierung sei gegenüber dem Widerstreit der Wünsche und Meinungen bestimmt entschlossen, in der angedeuteten Weise vorzugehen, trat er in Rücksicht auf die von ihm erkannte Notwendigkeit der Maßregel der Ansicht der Regierung bei. Da die Stadtverordneten entschieden dabei beharrten, im Norden keine Eingemeindung vornehmen zu wollen, so kam es zu einem ziemlich erregten Schriftwechsel mit ihnen. Der Regierung blieb, da eine Einigung der Beteiligten aussichtslos erschien, kein anderer Weg übrig, als die Maßregel zwangsweise durchzuführen.

Der Staat kann in dieser Weise eingreifen, denn die revidierte Städteordnung von 1853 sieht im § 2 die Möglichkeit vor, daß der König, wenn ein öffentliches Bedürfnis vorliegt, die Weichbildgrenze verändern kann. Am 28.1.1860 verfährt der König so, und am 1.1.1861 wird das Weichbild von Berlin im Süden, Westen und Nordwesten wesentlich erweitert. Große Teile südlich des Landwehrkanals, Moabit und der Wedding, werden eingemeindet.

→A 5 Der Vorschlag, den das Ministerium des Innern am 5.5.1854 dem Minister für Handel, der für den Bebauungsplan zuständig ist, unterbreitet, die Bebauungsplangrenze identisch zu machen mit der Weichbildgrenze und dem engeren Polizeibezirk, wird nie verwirklicht.

13.1 Die Residenz droht, „unregelmäßig" zu werden

Die Frage, in welcher Form innerhalb der Stadtmauer die noch brachliegenden und landwirtschaftlich genutzten Flächen in der Stralauer Vorstadt und auf dem Köpenicker Feld erschlossen und bebaut werden sollen, beschäftigt die staatlichen Instanzen nach den Stein-Hardenbergschen Reformen. Am **8.10.1812** schreibt der Chef der Abteilung Gewerbe und Handel im Innenministerium Sack an den Polizeipräsidenten Le Coq:

Über die verwirrende Zuständigkeit für den Bebauungsplan auf Ministerebene:

Schon **1808** wird bestimmt, daß im Innenministerium eine besondere Handelsabteilung zu errichten sei. Danach erfolgen mehrfache Umbildungen und Zuständigkeitsverschiebungen zwischen dem Innenministerium, dem Finanzministerium und einem selbständigen Handelsministerium, das von **1817–1825** bestanden hat. **1837** wird ein selbständiges Handelsamt gebildet, das noch im gleichen Jahr dem Finanzministerium eingegliedert, **1844–1848** aber wieder selbständig wird. Erst am **17.4.1848** entsteht das „Ministerium für Handel, Gewerbe und Öffentliche Arbeiten". Mit diesem Datum wird ihm vom Innenministerium die Bau- und Gewerbepolizei übertragen, dadurch wird das Ministerium ab **1848** für den Bebauungsplan für die Umgebungen Berlins zuständig.

←L 8
→A 6

Es ist ein Hauptzweck der Stadtbaupolizei, besonders in der Residenz und einer so vorzüglich regelmäßig gebauten Stadt wie Berlin, dafür zu sorgen, daß dieser Regelmäßigkeit durch Neubau oder andere Bauanlagen nicht geschadet, vielmehr stets vor Augen gehalten und immer mehr befördert werde.

Demgemäß müssen die Polizei- und Bauoffizianten unablässig darauf wachen, daß keine Bauveränderung vorgenommen werde, welche diesem Grundsatze Eintrag tun könnte, und es muß alsdann sofort Ordnung geschaffen werden. Die näheren Verpflichtungen deshalb sind in dem Baupolizei-Reglement enthalten, welches vorlängst schon in Verhandlung genommen ist. Bis das aber, daß solches zustande kömmt, muß der obige Grundsatz im allgemeinen und überall mit größter Achtsamkeit aufrechterhalten werden. Dieses scheint aber nicht überall zu geschehen, von dem sonst z.B. erst das Vorspringen eines Hauses nicht verstattet, mehreren Gebäuden als neuerlich dem in der Holzmarktstraße statt des Brettermagazins gebauten Hause nach dieser Straße hin eine andere Richtung gegeben sein würde. Insbesondere aber ist bei den noch unbebauten Gegenden der Stadt diese Aufmerksamkeit nötig. Der freie noch unbebaute Raum, welcher sich auf dem Köpenicker Felde innerhalb der Ringmauern Berlins befindet und die unregelmäßige Bebauung desjenigen Teils vom Stralauer Viertel, welcher zwischen der Spree und der Frankfurter Straße gelegen ist, machen es in dieser Beziehung vorzüglich notwendig, auf Mittel zu denken, wie noch größeren Unregelmäßigkeiten vorgebeugt werden könne. Dies wird nur dadurch geschehen können, wenn jetzt im voraus planmäßig festgesetzt wird, in welchen Richtungen die Straßen zur Erhaltung der Verbindung zwischen den teils vorhandenen, teils etwa noch zu errichtenden Gebäuden gehen sollen, im Gleichen, daß die Grenzen bestimmt werden, innerhalb welcher keine Gebäude aufgeführt werden dürfen, damit durch solche die Anlage regelmäßiger Straßen nicht verhindert werden kann.

Bauordnung, sie schreibt vor, daß ←L 9
zu jedem Neubau, desgleichen zu jeder Reparatur eines Gebäudes, die polizeiliche Erlaubniß eingeholt werden muß, wobei Pläne, Zeichnungen ꝛc. mit vorzulegen sind, worauf sodann von der betreffenden Behörde untersucht wird, ob durch den Bau für das Allgemeine sowohl, als für den Einzelnen kein Nachtheil erwächst. Alle weit vorragende Treppen und Kellerhälse an der Außenfronte der Häuser sind gesetzlich untersagt, und wo sie noch vorhanden, sind sie allmählig zu entfernen. Alle Bauplätze müssen eingehegt sein und Nachts Warnungs-Laternen an den Einhegungen sich befinden, um allen Schaden von den Vorübergehenden zu entfernen. Die Baue selbst sollen nur durch recipirte Gewerks-Meister ausgeführt werden, welche für Beobachtung der polizeilichen Vorschriften verantwortlich sind. Ein Mißbrauch ist es, wenn der Bau blos von Gesellen ausgeführt wird und ein Gewerks-Meister blos den Namen dazu giebt, ohne sich um die Ausführung zu bekümmern.

Diese Aufforderung zeigt, daß es zu dieser Zeit weder einen gültigen Bebauungsplan noch eine Bauordnung in Berlin gibt, die eine regelmäßige Stadterweiterung gewährleisten können: Gültig ist lediglich die Bauordnung von **1641**, eine Zusammenstellung von Gewohnheitsrechten und Pflichten, die Ende des 18. Jahrhunderts durch die „Spezial-Observancen, nach welchen die Bau-Commission in Berlin erkennet", ergänzt wird. Das Polizeipräsidium reagiert auf die wiederholten Aufforderungen des Handelsministeriums nicht; erst **1809** eingerichtet, scheint es der Aufgabe nicht gewachsen zu sein, für die noch freien Flächen innerhalb der Stadtmauern einen regelmäßigen Bebauungsplan zu entwerfen. Als **1816** der Magistrat den Status einer Königlichen Regierung für Berlin erhält, der ihm jedoch schon **Ende 1821** wieder genommen wird, fällt die Aufgabe der Aufstellung eines Bebauungsplans in seine Kompetenz. Am **22.3.1816** wird ihm diese Aufgabe vom Ministerium der Finanzen und des Handels übertragen:

→A 7
Da nun diese Angelegenheit jetzt ganz für die hiesige Königl. Regierung gehört, so wird hierdurch auf dieselbe die oben bezeichnete an das Polizei-Präsidium gemachte Aufforderung übertragen und die Königl. Regierung hiermit aufgefordert, die genannten auf einen allgemeinen bei der ferneren Bebauung Berlins innerhalb der Ringmauern zu befolgenden Plan zu gründenden Vorschläge recht bald einzureichen, weil, wenn auch nicht die Absicht dahingeht, Berlin noch mehr zu vergrößern, dennoch verhütet werden muß, daß bei vorkommender Gelegenheit keine unregelmäßigen Anlagen entstehen, welche die Kommunikation erschweren.

Die Königliche Regierung von Berlin reagiert zwar prompt, scheint die Aufgabe aber offenbar unterschätzt zu haben. Dies geht aus der Reaktion des Ministers der Finanzen und des Handels von Bülow vom **28.6.1816** auf diesen ersten städtischen Bebauungsplan für Berlin hervor:

Bei Einsendung des dem Bericht der Königlichen Regierung vom 13. ←A 8
April d.J. beigefügten ganz unausführbaren Plans zur Verminderung künftiger unregelmäßiger Bauanlagen in Berlin und zur möglichen Verbesserung der schon vorhandenen ist die Königliche Regierung selbst, wie es scheint, so überzeugt gewesen, daß dieser Plan dem, was schon da ist, nicht hinlänglich anpassend ist. Ich erwarte dagegen, daß das schon längst verfügte Nivellement endlich einmal zustande gebracht und hiernächst ein zweckmäßigeres, den örtlichen Verhältnissen entsprechenderes Projekt eingereicht werde.

Durch einen solchen Plan soll, wie der Königlichen Regierung mehrere Male eröffnet ist, verhindert werden, daß Baulustige nicht ferner wie bisher, durch die willkürliche Stellung ihrer Gebäude, die erforderliche Kommunikation stören und daß schon von jetzt an die Sorge für Verbindungsstraßen nicht aus der Acht gelassen werde. Erst dann, wenn der darauf abzweckende Plan, welcher möglichst bald anzufertigen ist, Genehmigung erhalten hat, können Anträge auf Anweisung der nötigen jährlichen Fonds zur Ausführung der Projekte geschehen.

Es ist nicht verwunderlich, daß der eingereichte Entwurf für den geforderten Zweck unbrauchbar war, denn es fehlen sämtliche Voraussetzungen, um einen solchen Plan herzustellen. Erstens ist es notwendig, innerhalb und außerhalb der Stadtmauer die feudalen Lasten von den noch landwirtschaftlich genutzten Flächen zu beseitigen, um die schmalen Ackerstreifen der Dreifelderwirtschaft in bebaubare Parzellen umwandeln zu können. Dieser „Separation" genannte Vorgang wird durch eine Verordnung vom **20.10.1817** geregelt. Das erste Separationsverfahren im Zeitraum von **1819** bis **1826** betrifft die sogenannten „Berliner Hufen", Ackerflächen vor dem Hamburger, Rosenthaler, Schönhauser und Prenzlauer Tor. Auch für die Flächen innerhalb der Stadtmauer, in der Stralauer Vorstadt und auf dem Köpenicker Feld wird die Separation eingeleitet, die hier jedoch aus vielerlei Gründen nicht so schnell abgeschlossen werden kann, sondern sich bis in die vierziger Jahre hinzieht.

Die zweite Voraussetzung ist die Erarbeitung einer modernen, dem einsetzenden Stadtwachstum angepaßte Bauordnung, für die ein erster Entwurf in gedruckter Form in Zusammenarbeit von Magistrat und Polizeipräsidium am **15.3.1821** erarbeitet wird, deren Verabschiedung sich jedoch bis **1853** hinzieht.

Die dritte Voraussetzung für einen Bebauungsplan ist die längst überfällige Vermessung des Stadtgebietes, die **1823** auf Veranlassung des Ministeriums für Handel, Gewerbe und Bauwesen und unter Aufsicht der Ministerial-Baukommission im Maßstab 1:2000 auf 9 Blättern ausgeführt wird.

Die vierte Voraussetzung ist die Klärung der Frage, wer für die Kosten der Anlage und Pflasterung der projektierten Straßen aufkommen muß, der König oder der Magistrat. *Für die Pflasterung der Straßen und die* ←L 11
Unterhaltung der Brücken hatte von alters her, sicher seit 1684, der Fiskus gesorgt, zuletzt aus der Rücksicht, daß er sich im Genuß der Akzise befand, die von der Bürgerschaft aufgebracht wurde. 1820 trat die königliche Baudeputation mit dem durchaus begründeten Anspruche hervor, daß nach § 179 der St.O. diese Kosten der Stadt zur Last fielen, und verlangte Erstattung der seit Einführung der Städteordnung aufgewendeten Beträge.

Ein hierauf vom Fiskus angestrengter Prozeß wird am **17.2.1823** vom Kammergericht so entschieden, daß die Stadt zwar nicht für die zwischen **1808** und **1820** gepflasterten Straßen aufzukommen habe, jedoch für alle nach **1820** angelegten. Nach Klärung dieser Voraussetzungen kann ab **1823** auf Initiative des seit **1822** für die Regierung Berlins wieder zuständigen Polizeipräsidiums, das ressortmäßig dem Innenministerium untersteht, die Bebauungsplanung für die Gebiete innerhalb der Stadtmauer wiederaufgenommen und bis **1826** zu einem vorläufigen Abschluß gebracht werden. Diese Planung wird von dem Oberbaurat Schmid zuendegeführt. In dem „Grundriß von Berlin" von Selter aus dem Jahre **1826** ist diese Planung eingetragen.

Wo liegen die Ökonomie-Gebäude zu den Berliner Ackerhufen?

Nördlich des Alexanderplatzes liegen die Scheunengassen, die Fidicin in seiner Stadttopographie beschreibt und die als sogenanntes Scheunenviertel erst in den 20er Jahren dieses Jahrhunderts saniert worden sind.

Scheunengassen, welche von den Scheunen ihren →L 10
Namen haben, die dorthin verlegt wurden, als die Königs- und Spandauer Vorstadt regelmäßig bebaut werden sollte. Die Menge der Scheunen war groß, weil früher fast jeder Einwohner, der einen nur ziemlich bedeutenden Hausstand hatte, selbst höhere Staatsbeamte Ackerbau und Viehzucht treiben. Sie nahmen fast den ganzen Raum zwischen der Grenadierstraße, Prenzlauerstraße, Hirtengasse und Linienstraße ein. Die Kurze und die Vierte Scheunengasse gehören zu denjenigen, welche zuerst seit Friedrich dem Großen bebaut wurden. In den übrigen wurden erst in neuerer Zeit Wohnhäuser errichtet. Die 1., 2. und 3. Scheunengasse rechnete man zur Spandauer Vorstadt. —

→A 9

Entwurf
zu
einer Bau-Ordnung
für
die Königl. Preuß. Haupt- und Residenz-Stadt Berlin.

Es ist ein längst gefühltes Bedürfniß für die hiesige Commune eine Bau-Ordnung zu besitzen, durch welche alle öffentliche und Privat-Verhältnisse der dabei interessirten Personen festgestellt werden, und das Königliche Ministerium für Handel und Erwerbe hat daher unter dem 13. Juli 1820 bestimmt, daß die Commune ihre Erklärung über die, in der Bau-Ordnung aufzunehmende Bestimmungen abgeben solle. Da nun bereits vor längerer Zeit in der Form eines Entwurfs für eine zukünftige Bau-Ordnung der größte Theil der bereits vorhandenen oder zu wünschenden Bestimmungen zusammengetragen waren, so sind wir dadurch veranlaßt worden, den anliegenden Entwurf in einer hinreichenden Anzahl von Exemplaren abdrucken zu lassen, damit sowohl die Stadtverordneten-Versammlung, als die einzelnen Bau-Gewerke rc. darüber ihre Erklärung abgeben können, welche Bestimmungen sie etwa darin noch aufgenommen, verändert, oder weggelassen zu sehen, für nothwendig halten, damit ein möglichst vollständiger Entwurf, der ganz dem Nutzen der Commune entspreche, den höheren Behörden vorgelegt, und zur Königlichen Genehmigung gebracht werden könne.

Berlin, den 15ten März 1821.

Ober-Bürgermeister, Bürgermeister und Rath hiesiger Königlichen Residenzien.
Büsching.

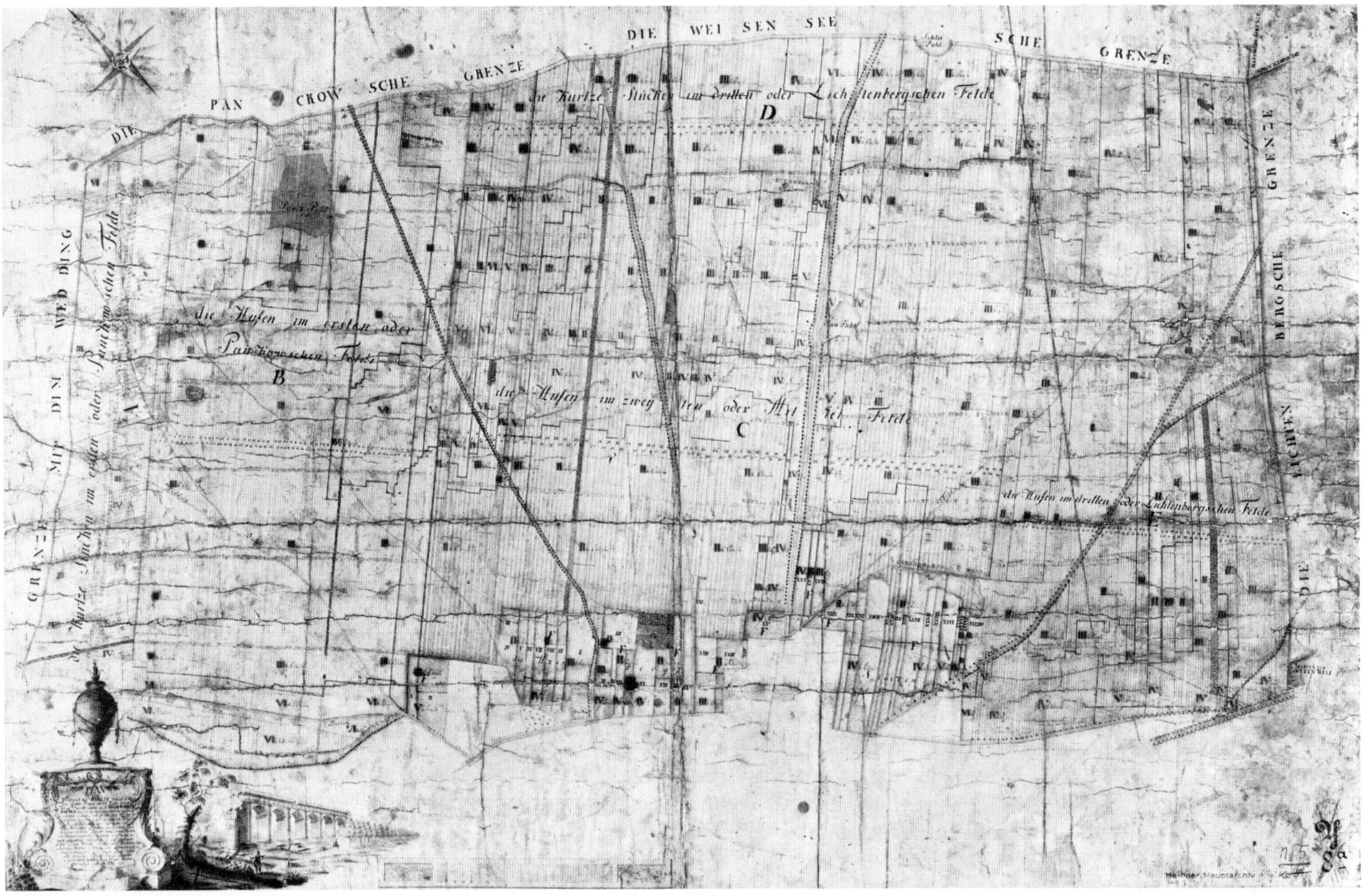

→B 5 „Plan der Feldmark bei Berlin, worauf sämtliche Äcker . . . wie solche in der Lage vor der Separation befindlich so . . . auf Gnäd. Ordre Euer Königl. Preuß. Hochlöbl. Kurmärkischen Kriegs- und Domänenkammer vermessen und dieser Plan nebst einem speziellen Vermessungsregister angefertiget worden in den Sommermonaten Anno 1773.“

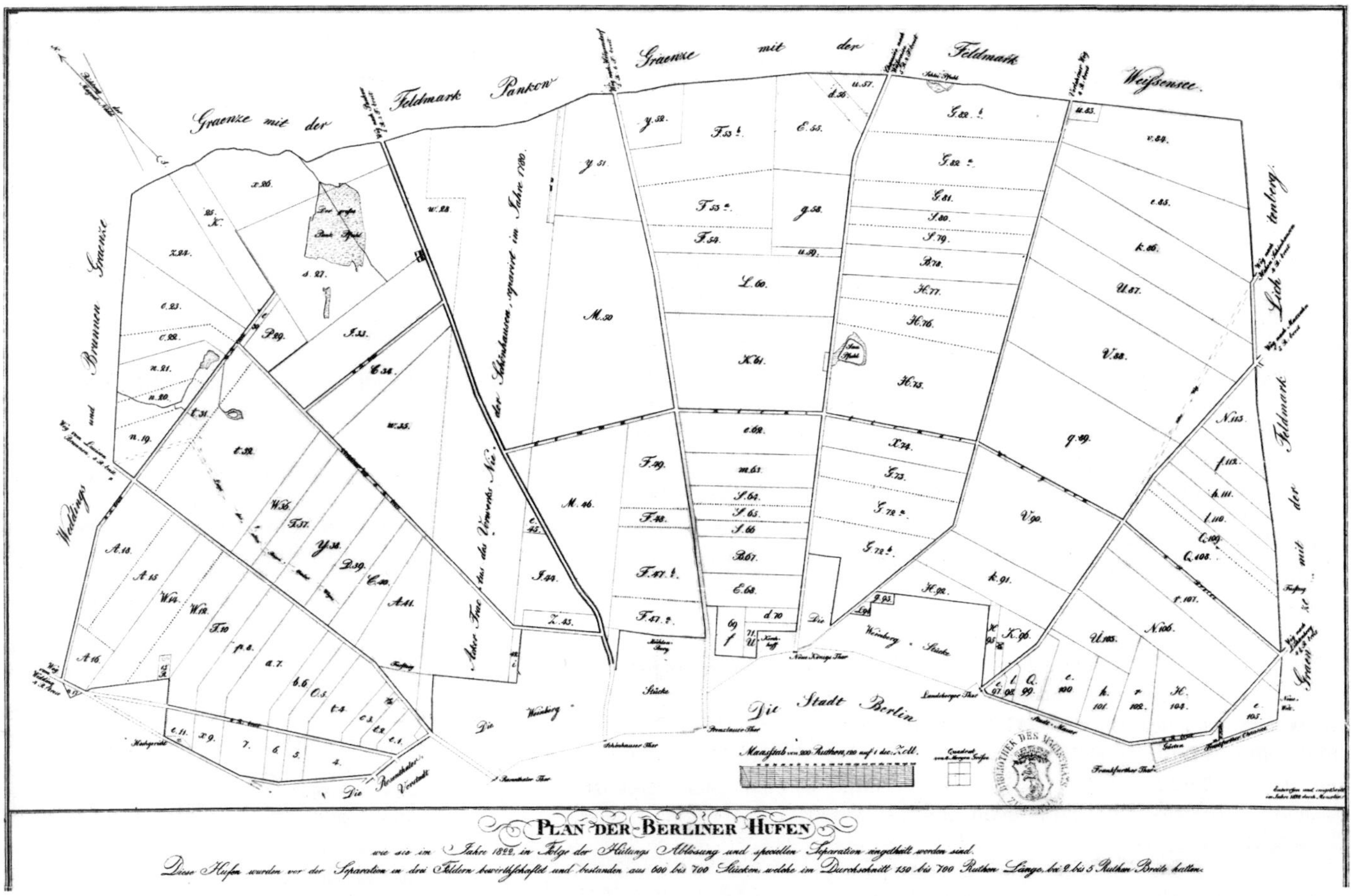

→B 6 Planvergleich vor und nach der Separierung der Berliner Hufen (1773–1822). Die Ziffern in den einzelnen Grundstücken beziehen sich auf eine Liste der Privateigentümer.

13.2 Der erste Bebauungsplan für die Umgebung Berlins von 1830

→L 12 Gemeinheitsteilungen. *E i n l e i t u n g. G. und A b l ö s u n g v o n D i e n s t b a r k e i t e n (S e r v i t u t a b l ö s u n g) kommen nur bei Rechtsverhältnissen vor, die in der früheren Agrarverfassung ihren Grund haben. Im 18. Jahrhundert lagen gutsherrlicher und bäuerlicher Besitz noch vielfach durcheinander: Gemeinheiten, d.h. Grundstücke, die von mehreren Miteigentümern als gemeinschaftliches oder als Gesamteigentum besessen oder gemeinschaftlich, insbesondere zur Weide benutzt wurden, gab es in großem Umfange. Daneben bestanden zahlreiche einseitige oder gegenseitige Handgerechtigkeiten (Servituten, Dienstbarkeiten): Weide-, Holz, Fischereiberechtigungen u. dgl. m. Die Notwendigkeit, diese, die volle Ausnutzung des Grund und Bodens stark beeinträchtigenden Rechte zu beseitigen, wurde schon früh erkannt: Durch „Gemeinheitsteilungsordnungen" wurde daher ihre Aufhebung ermöglicht und geregelt. Unter diese G. fallen daher: 1. im engeren Sinne die Teilung solcher Grundstücke, welche auf Grund eines vor Erlaß der Gem.TO. vom 7.6.1821 (GS. 53) entstandenen Rechtsverhältnisses von mehreren Miteigentümern ungeteilt besessen und gemeinschaftlich benutzt werden, wobei jedem Teilnehmer ein Anteil der aufgehobenen Gemeinheit zum ausschließlichen Eigentum überwiesen wird; 2. im weiteren Sinne die Aufhebung einer gemeinschaftlichen Benutzung von Grundstücken, die der Land- und Forstwirtschaft dienen, einerlei ob diese Benutzung auf einem gemeinschaftlichen Eigentum oder auf einem Dienstbarkeitsrechte (Servituten, Grunddienstbarkeit) beruht. Auch hier wird den Teilnehmern an Stelle ihrer Berechtigungen eine angemessene Entschädigung aus Teilen des gemeinschaftlichen oder belasteten Grundstücks oder aber eine Geldabfindung zur ausschließlichen und freien Verfügung überwiesen. Werden n u r Dienstbarkeitsrechte gegen Entschädigung in Land oder in Geld aufgehoben, so spricht man von A b l ö s u n g d e r D i e n s t b a r k e i t e n (S e r v i t u t a b l ö s u n g). Bestehen diese Dienstbarkeiten in Weideberechtigungen, denen die vermengt belegenen Grundstücke einer Feldmark unterworfen sind, und wird mit ihrer Ablösung eine wirtschaftliche Zusammenlegung jener Grundstücke verbunden, so liegt eine S p e z i a l s e p a r a t i o n vor. Wird nur eine solche Zusammenlegung (Verkoppelung) ausgeführt, d.h. werden die zerstückelt und vermengt liegenden ländlichen Grundstücke verschiedener Eigentümer unter gleichzeitiger Beschaffung der erforderlichen Wege und Gräben innerhalb einer Feldmark dergestalt gegeneinander ausgetauscht, daß ein jeder seinen Grundbesitz in möglichst zusammenhängender Lage und in einer für die zweckmäßige Bewirtschaftung günstigen Gestaltung der einzelnen Pläne erhält, so liegt ein U m l e g u n g s v e r f a h r e n (Z u s a m m e n l e g u n g s v e r f a h r e n) vor.*

Nachdem die innerhalb der Mauer liegenden unbebauten Gebiete geplant sind, stellt der Magistrat am **3.7.1827** beim Innenministerium den Antrag, auch die Gebiete außerhalb der Stadtmauer zu planen.

←A 10 *Der Plan zur Bebauung der noch aus Äckern z.Zt. bestehenden städtischen Gegenden ist bisher nur auf die innerhalb der Ringmauer belegenen Teile ausgedehnt worden. Nachdem aber vor den meisten Toren der Stadt die Separation bereits beendigt, vor den anderen aber eingeleitet ist, steht mit Wahrscheinlichkeit zu erwarten, daß der Anbau immer mehr und mehr in den Umgebungen der Stadt werde bewirkt werden. Auf den Äckern der Berliner Feldmark, deren Separation beendiget, ist dies schon jetzt der Fall und würde gewiß in weiterem Umfange stattgefunden haben, wenn die Resultate der Separation bereits in das Hypothekenbuch hätten eingetragen werden können, wodurch eine unbeschränkte Disposition über die Grundstücke erst möglich wird. Bei der Separation ist und wird aber nur auf diejenigen Wege und Straßen Rücksicht genommen, welche für die ackerwirtschaftlichen Verhältnisse erforderlich sind. Ein Mehreres kann von der Ackergemeine nicht verlangt werden, und daher kommt es, daß schmale unregelmäßige Wege entstehen, welche späterhin zunächst zum Anbau benutzt werden. Dadurch geht aber jede Übereinstimmung in der Bebauung verloren, und mit der Zeit entstehen ganze Stadtreviere, denen jede Ordnung in baulicher Hinsicht mangelt. . . . Es wäre sehr zu bedauern, wenn der für die inneren Stadtteile so zweckmäßig entworfene Bebauungsplan nun wieder durch einen ohne alle Ordnung ausgeführten Anbau, der mit den inneren Stadtteilen konkurrierenden Umgebungen einen wesentlichen Teil seiner Nützlichkeit einbüßen sollte. Bei dem Bebauungsplan für das Köpenicker Feld ist z.B. die Anlage einiger neuer Tore projektiert, zu welchen aus den inneren Stadtteilen breite und zweckmäßig projektierte Straßen führen. Es ist nun gar nicht bestimmt, in welcher Art diese Straßen außerhalb der Ringmauer fortgeführt werden sollen.*

Nachdem sich der König am **13.7.1827** mit dem Vorschlag des Magistrats einverstanden erklärt hat, beauftragt der Innenminister v. Schuckmann am **31.7.1827** den Oberbaurat Schmid mit der Aufgabe, einen Bebauungsplan für die Umgebungen Berlins zu entwerfen:

←A 11 *Da E. Hochwohlgeboren den Ihnen erteilten früheren Auftrag wegen Anfertigung des Plans zur Bebauung des Köpenicker Feldes innerhalb der Stadtmauer zur vollsten Zufriedenheit des unterzeichneten Ministerii ausgeführt haben, so wird auch die jetzt von der Königl. Majestät befohlene Erweiterung jenes Bauplans Ihnen, wie hierdurch geschieht, um so mehr aufgetragen, als Sie bereits die Lage der Sache sowie die dabei zu berücksichtigenden Verhältnisse speziell kennen, mithin in jeder Hinsicht am geeignetsten sind, dies Geschäft, welches eine umsichtige Behandlung erfordert, ebenfalls zu übernehmen. E. Hochwohlgeboren werden dabei, wie es auch in Betracht des Plans für die Bebauung des Köpenicker Feldes geschehen ist, sowohl den Magistrat, das Polizei-Präsidium und die hiesige Baukommission als auch wegen der Separationen die Generalkommission und wegen der konkurrierenden Grundstücke des platten Landes den Kreislandrat zuzuziehen haben.*

Am **16.8.1827** lädt Schmid die Vertreter der oben aufgeführten Behörden zu einer Beratung über die Ausdehnung des Bebauungsplanes in seine Wohnung in der Köpenicker Straße Nr. 113 ein. Es wird beschlossen, erst einmal alles vorhandene Kartenmaterial zusammenzusuchen und alle Bauanträge zu stoppen, *die der Ausführung eines Bebauungsplans offenbar* ←A 12 *oder wahrscheinlich hinderlich sein könnten.* In bezug auf die Ausdehnung des Bebauungsplanes wird diskutiert, ob die Weichbildgrenze so ausgedehnt werden kann, daß sie mit dem Plan identisch wird. Das Protokoll dieser Beratung schließt mit einer Bemerkung, die sich auf das Gebiet im Norden der Stadt bezieht: *Endlich kam es noch zur Sprache, die Grund-* ←A 13 *stücke des Invalidenhauses seien vor kurzem auf eine baupolizeilich nicht zweckmäßige Weise parzelliert worden; es sei sehr zu wünschen, daß bauli-*

→B 7 Bebauungsplan von Schmid, 1826, für das Köpenicker Feld, eingetragen in Selter, Berlin 1826, revidierte Fassung von 1841

che Anlagen auf den Parzellen, die schon beabsichtigt würden, so lange untersagt blieben, bis man wegen angemessener Anlage von Straßen sich geeinigt habe.

Am **19.8.1829** kommt es zu einer zweiten Konferenz. In dem Protokoll heißt es:

→A 14   *Der unterzeichnete Commissarius (Schmid) des Königl. Ministerii setzte zuvorderst auseinander, wie der bedeutende Umfang der Arbeit es habe ratsam erscheinen lassen, den Plan zur Erleichterung der Übersicht in 5 Abteilungen aufzustellen, nämlich für die Flächen*
I   – zwischen den Chausseen nach Pankow und nach Frankfurt;
II   – zwischen letzterer Chaussee und der oberen Spree;
III   – zwischen der Spree und dem aus dem Hallischen Tore nach der Hasenheide führenden Wege;
IV   – zwischen diesem Wege, dem Tiergarten und der Spree unterhalb;
V   – zwischen der unteren Spree und der Chaussee nach Pankow.

Auf zwei Sitzungen gehen die beteiligten Instanzen die Entwürfe für die Abteilungen I–IV durch. Danach werden sie von Schmid überarbeitet und am **26.4.1830** mit einem Erläuterungsbericht über den Innenminister dem König vorgelegt, der sie am **13.10.1830** genehmigt. Die Abteilung V, die das Gebiet im Norden Berlins betrifft, bleibt zunächst liegen. Am **27.10. 1830** beauftragt der Innenminister das Polizeipräsidium, den Bebauungsplan anzuwenden und mit der Absteckung der Baufluchtlinien zu beginnen. Zugleich wird Oberbaurat Schmid aufgefordert, auch die Abteilung V, für die offensichtlich noch Vermessungsarbeiten erforderlich sind, fertigzustellen.

1831 bis **1832** wird das Weichbild von Berlin im Nordwesten bis an den Schönhauser Graben und im Osten bis an den Markgrafendamm erweitert, umfaßt also die bereits separierten Berliner Ackerhufen und ziemlich genau das Gebiet, dessen Entwicklung Gegenstand unserer Arbeit ist. Am **5.3.1832** erscheint im „Berliner Intelligenz-Blatt" die Ankündigung, daß mit der Absteckung der Fluchtlinien des Bebauungsplans begonnen wird:

Berliner Intelligenz-Blatt.

№. 55. Montags, den 5. März 1832.

Intelligenz-Comtoir im sogenannten Fürstenhause, Kurstraße No. 53. par terre.

Seine Majestät der König haben dem Kreis-Deputirten **Julius Bernhard Richard von Erdmannsdorff** zu Weißig bey Hoyerswerda die Kammerherrn-Würde zu ertheilen geruhet.

Seine Königliche Majestät haben den bisherigen Appellations-Gerichts-Assessor **Ludwig Simons** zum vierten Königlichen Prokurator am Landgericht zu Düsseldorf zu ernennen geruhet.

Polizeyliche Bekanntmachung. Behufs der Ausführung des, auf Allerhöchsten Befehl Sr. Majestät des Königs, entworfenen und von Allerhöchstdenenselben genehmigten Planes zur künftigen Bebauung der Umgegend hiesiger Residenz, und zwar namentlich der Gegend, zwischen der Frankfurter Chaussee und dem Spreeflusse, so wie zwischen diesem und dem Wege vom Halleschen Thore nach der Hasenheide, soll nunmehr in der Mitte des Monats März d. J. mit der Absteckung der anzulegenden Straßen und öffentlichen Plätze verfahren werden. Die Natur des gedachten Geschäfts erfordert es, daß solches zu jeder Tageszeit verrichtet, daß ein und dasselbe Grundstück nach Umständen mehrmals betreten, die verschiedenen Fluchtlinien abgesteckt, und zuletzt durch einzugrabende oder einzuschlagende Pfähle, oder durch Marken an Häusern, Planken, Zäunen u. s. w. bezeichnet werden müssen, deren sorgfältige Erhaltung nothwendig ist, damit sie bey dem nachherigen Nivellement oder bey Anweisung von Baustellen beachtet werden können. Dies wird hierdurch zur öffentlichen Kenntniß gebracht, insbesondere aber den Besitzern und Bewohnern in den oben näher bezeichneten Gegenden mit der Aufforderung bekannt gemacht, die mit dem gedachten Absteckungsgeschäft beauftragten, durch ein Zeugniß des Königlichen Polizey-Präsidii legitimirten Conducteurs, nebst ihren Gehülfen und Arbeitern, sobald und so oft sie es für nöthig finden, zu ihren Grundstücken zuzulassen und die von ihnen Behufs der Absteckung anzubringenden Marken und Vorrichtungen, weder zu zerstören, noch zu beschädigen. Gegen diejenigen, welche dieser Verordnung entgegen handeln, wird, nach Befinden der Umstände, polizeyliche Geld- oder Leibesstrafe verhängt werden. Berlin, den 28sten Februar 1832. Königl. Polizey-Präsidium.

Nach dieser Ankündigung beginnt die Arbeit der Feldmesser, die die Fluchtlinien des geplanten Straßennetzes auf den noch unbebauten Feldern abstecken. Schmid wird in den 30er Jahren von allen denen aufgesucht, die feststellen müssen, ob das Haus, welches sie bauen wollen, nicht auf geplantem öffentlichen Straßenland liegt, denn die Bebauungspläne werden in seinem Büro aufbewahrt und sind nicht vervielfältigt. 1841, nach Schinkels Tod, wird Schmid zu dessen Nachfolger als Direktor der Oberbaudeputation ernannt. Schmid fühlt sich durch die zunehmende Zahl derer, die die Bebauungspläne bei ihm einsehen wollen, belästigt und gibt schließlich alle in seinem Besitz befindlichen Pläne 1844 an die zuständige zweite Abteilung des Polizeipräsidiums ab. Die Aufstellung der überreichten Pläne vom 2.4.1844 ist für uns die einzige Einblicksmöglichkeit, inwieweit dieser erste Bebauungsplan für die Umgebung Berlins ausgearbeitet war.

←L 13
→A 15

Liste der Pläne, die Schmid an das Polizeipräsidium abgibt:

Unter Genehmigung Ihrer Excellenzien der Herren Geheimen Staats-Minister der Finanzen und des Innern vom 6ten v. Monats übersende Einem königl. Hochlöblichen Polizei-Präsidio ich beikommend ganz ergebenst folgende, auf den Bebauungsplan für die Umgebungen Berlins sich beziehende Karten und Situationszeichnungen:

1. Abteilung I. Gegend zwischen der Pankower und der Frankfurter Chaussee.
a) Karte aufgenommen vor Bearbeitung des Entwurfs und diesen enthaltend,
b) Rein-Karte aufgenommen nach der Absteckung, aber nicht vollendet, weil die in Abteilung V übergehenden Straßen von Allerhöchster Genehmigung des Bebauungs-Planes in dieser Abteilung nicht bewirkt werden konnte, die Genehmigung aber noch nicht erfolgt ist;
2. Abteilung II. Gegend zwischen der Frankfurter Chaussee und der Spree, oberhalb der Stadt. Rein-Karte wie unter 1b, aber vollendet;
3. Abteilung III. Gegend zwischen der Spree oberhalb der Stadt und der Straße vom Halleschen Thore nach der Hasenheide. Rein-Karte wie unter 1b, gleichfalls vollendet;
4. Abteilung IV. Gegend zwischen der unter 2. genannten Straße und der Spree unterhalb der Stadt.
a) Karte wie unter 1a;
b) Rein-Karte wie unter 1b;
5. Abteilung V. Gegend zwischen der Spree unterhalb der Stadt und der Pankower Chaussee. Karte wie unter 1a.
6. 10 Stück Situations-Zeichnungen einzelner Partien der Abteilung V nach beiliegendem Verzeichnisse.

Diese Pläne sind aufgenommen worden, um in Ermangelung einer allgemeinen Absteckung einzelne Straßen regulieren oder Modifikationen des Entwurfs bei den Königl. Ministerien in Antrag zu bringen.

Zu 1. und 4. bemerke ich ganz ergebenst, daß bei Beurteilung der Zulässigkeit beabsichtigter Baue vorzugsweise die Rein-Karte unter b, soweit dieselben sich ausdehnen, und nur aushülfsweise die Karten unter a zu benutzen sein werden.

Verzeichnis
der Situations-Zeichnungen einzelner Partien der Abteilung V des Bebauungs-Plans für die Umgebungen Berlins

A Gegend zwischen dem Schönhauser Graben und der Pulver-Fabrik
B Verlängerte Invalidenstraße
C Invaliden-Straße
D Pulvermühlen-Straße
E Pulver-Fabrik und ein Teil von Moabit
F Teil der Müller-Straße bei der Jungfernheide
G Liesen-Straße
H Seller-Straße
J St.-Johannis- (Moabiter) Kirche und St.-Pauls- (Gesundbrunnen) Kirche
K Elisabeth-(Neuvoigtlands) Kirche

P.J. Lenné, Ölbild von Begas, um 1850

Peter Josef Lenné

Peter Josef Lenné wurde am 29.9.1789 in Bonn geboren. Er entstammte einer alten Gärtnerfamilie, die um die Mitte des 17. Jahrhunderts aus der Lütticher Gegend nach Kurköln gekommen war und deren Angehörige seither als Hofgärtner in Bonn und Poppelsdorf arbeiteten. Sein Vater war zugleich Inspektor des zur kurfürstlichen Universität gehörenden Botanischen Gartens.

Nach dem Besuch des städtischen Gymnasiums und dem Abschluß der Gärtnerlehre reiste Lenné nach Süddeutschland (1809) und Paris (1811), wo er als Gehilfe im Botanischen Garten arbeitete, nebenher naturwissenschaftliche Vorlesungen hörte und sich, unter Anleitung des bekannten Baumeisters DURAND, mit architektonischen Studien beschäftigte. 1812 kehrte er für kurze Zeit zu seinen Eltern zurück, die inzwischen nach Koblenz übergesiedelt waren. Noch im gleichen Jahr folgten Studienreisen in die Schweiz und nach München, wo Lenné wahrscheinlich Beziehungen zu dem damals schon berühmten Gartenkünstler FRIEDRICH LUDWIG VON SCKELL (seit 1804 Intendant des gesamten bayerischen Gartenwesens, 1808 geadelt) aufnahm, wo er auf jeden Fall zwei der bedeutendsten Werke SCKELLS kennenlernte: den Englischen Garten, Deutschlands ersten Volkspark (begonnen 1789), und die landschaftlichen Partien in Nymphenburg. Von München ging Lenné für einige Jahre nach Wien, und hier entstand 1815 das früheste Dokument seiner gartenkünstlerischen Tätigkeit: ein Entwurf für den Laxenburger Park.

1816, nach einem abermaligen Zwischenaufenthalt in seiner inzwischen preußisch gewordenen rheinischen Heimat, wurde Lenné nach Potsdam berufen, um als „Gartengeselle" in Sanssouci zu arbeiten.

Schon 1818 wurde er Mitglied der königlichen Garten-Intendantur, und 1824 erfolgte seine Ernennung zum Gartendirektor. 1854 verlieh ihm FRIEDRICH WILHELM IV. Rang und Titel eines Generaldirektors aller königlichen Gärten, wodurch ihm u.a. auch die im Rheinland gelegenen Parks (Brühl, Benrath, Bonn und Koblenz) direkt unterstellt wurden. Zahlreiche Ehrungen begleiteten diesen beruflichen Aufstieg: 1842 war Lenné bereits in das eben gegründete Landesökonomie-Kollegium berufen worden, und 1853 ernannte ihn die Preußische Akademie der Künste zum Ehrenmitglied. Wenige Jahre später (1858) wurde er Ehrenbürger der Stadt Potsdam, und 1861 verlieh ihm die Universität Breslau die Ehrendoktorwürde.

Lennés Lebenswerk ist unerhört vielgestaltig: es umfaßt eine kaum mehr feststellbare Zahl von Gärten und Parks, die Verschönerung und Verbesserung von Landgütern und ganzen Landstrichen, die Planung öffentlicher Grün- und Erholungsanlagen, Bebauungspläne für Stadtteile, Vorschläge für stadtgliedernde Grünsysteme u.a.m. . . .

Dieses Lebenswerk, das weit über die Grenzen der Mark Brandenburg hinausgreift bis nach Wien und

13.3 Der König versucht zusammen mit seinem Gartenbaudirektor die Residenz zu verschönern

Peter Josef Lenné, mit der Umgebung Berlins vertraut durch die Planung des Tiergartens und durch die Zuständigkeit für die königlichen Parkanlagen, wird in zwei Gebieten mit stadtplanerischen Aufgaben betraut, nämlich mit der Überarbeitung des Bebauungsplanes für das Köpenicker Feld und mit der Gestaltung des sogenannten „Pulvermühlengeländes", dessen langwierige Planungsgeschichte mit dafür ein Grund ist, daß die Abteilung V des ersten Bebauungsplans nicht verabschiedet wird. In dem Plan „Projektierte Schmuck- und Grenzzüge von Berlin mit nächster Umgegend", der um **1840** von ihm entworfen wird, versucht Lenné, die Teilprojekte, mit deren Bearbeitung er beauftragt ist, zu integrieren. Zoologischer Garten, Landwehrkanal, Köpenicker Feld und der Entwurf für das Pulvermühlengelände mit dem nördlich sich anschließenden Marsfeld, das auf die Mittelachse des Invalidenhauses bezogen ist und als Gegenüber den →S 393 Neubau von Kasernen und das Mustergefängnis vorsieht, werden verbunden ←B 8 durch ein weitausgreifendes, nördlich und östlich die Stadt umschließendes Ringstraßenprojekt, das von dem Hof des Invalidenhauses ausgeht, den geplanten Friedrichshain durchschneidet und gegenüber dem Ausgang des Luisenstädtischen Kanals auf die Oberspree trifft, was darauf hindeutet, ←L 14 daß dieses Ringstraßenprojekt ursprünglich als Kanalring mit seitlichen Promenaden geplant war. Dieser Plan ist einerseits der letzte Versuch einer feudalen Zusammenschließung der sich disparat entwickelnden Teilgebiete, dessen städtebauliche Elemente nach englischen Vorbildern als Plätze, Alleen, Uferpromenaden, Bassins und Kanäle entwickelt sind. Andererseits ist dieser Plan der Auftakt für eine sich in den Dimensionen schnell ausweitende Reihe von Versuchen, die Stadt nach Pariser Vorbild und nach dem lokalen Vorbild Unter den Linden durch eine Ringplanung unter Einschluß von Charlottenburg zusammenzuhalten und die unterschiedliche Entwicklung der Stadt städtebaulich auszugleichen.

Lenné reicht seinen großen Plan für die Schmuck- und Grenzzüge von Berlin am **24.4.1840** dem Ministerium des Innern ein. Er hat diesen Plan in einem ausführlichen Begleittext beschrieben, den wir hier deswegen zitieren, weil er die guten Absichten Lennés, in königlichem Auftrag die Sphären der Gesellschaft – Arbeit, Wohnen, Erholung, Kultur etc. – zu harmonisieren, dokumentiert, die sich später alle – vielleicht mit Ausnahme des Landwehrkanals – in ihr Gegenteil verkehrt haben.

→L 15 *Vor allem notwendig erscheint es mir, zu bemerken, daß der vorliegende Plan nicht allein auf die Befriedigung der Bedürfnisse der Gegenwart, sondern auch wesentlich auf die einer ferneren Zukunft gerichtet ist, daß also derselbe nicht in der Absicht von mir vorgelegt wird, um die sofortige Ausführung der verschiedenen darauf angedeuteten Projekte zur Erweiterung der Hauptstadt und Raumgewinnung zu deren Industrie- und Schmuckanlagen zu beantragen.*

Den Hauptzug in dem Gesamtplan (soweit er das Köpenicker Feld betrifft), bildet ein schiffbarer Wassergraben (der Luisenstädtische Kanal), der von der Spree oberhalb der Jannowitzbrücke bis zur südlichen Stadtmauer zwischen dem Kottbusser und dem Halleschen Tore geleitet ist. Sein Zweck ist sowohl auf die Entwässerung des Köpenicker Feldes gerichtet, als auch der immer mehr sich erweiternden Industrie eine bequeme Fahrbahn zu verschaffen, denn mit diesem Kanal ist es nicht zweifelhaft, daß der Gewerbefleiß auf dem Köpenicker Felde sich immer mehr ausdehnen werde, während ohne denselben nie die Hoffnung dazu vorhanden sein kann. Zwei Bassins, ein rundes und ein viereckiges, und anschließende Marktplätze dienen vorzugsweise zum Ein- und Ausladen der Fahrzeuge; aber beide Bassins schließen nicht die Möglichkeit aus, daß der eine oder andere Fabrikunternehmer von diesem Hauptkanal einen Nebenkanal auf die Hofräume seiner Fabrik ziehe.

Doch der Entwurf zu diesem Schiffahrtskanal würde unvollständig sein, wenn er ähnlich einem sal de sac an der Stadtmauer endigen sollte. So ansehnlich der Raum auch ist, der längs dieses Grabens der Industrie geboten

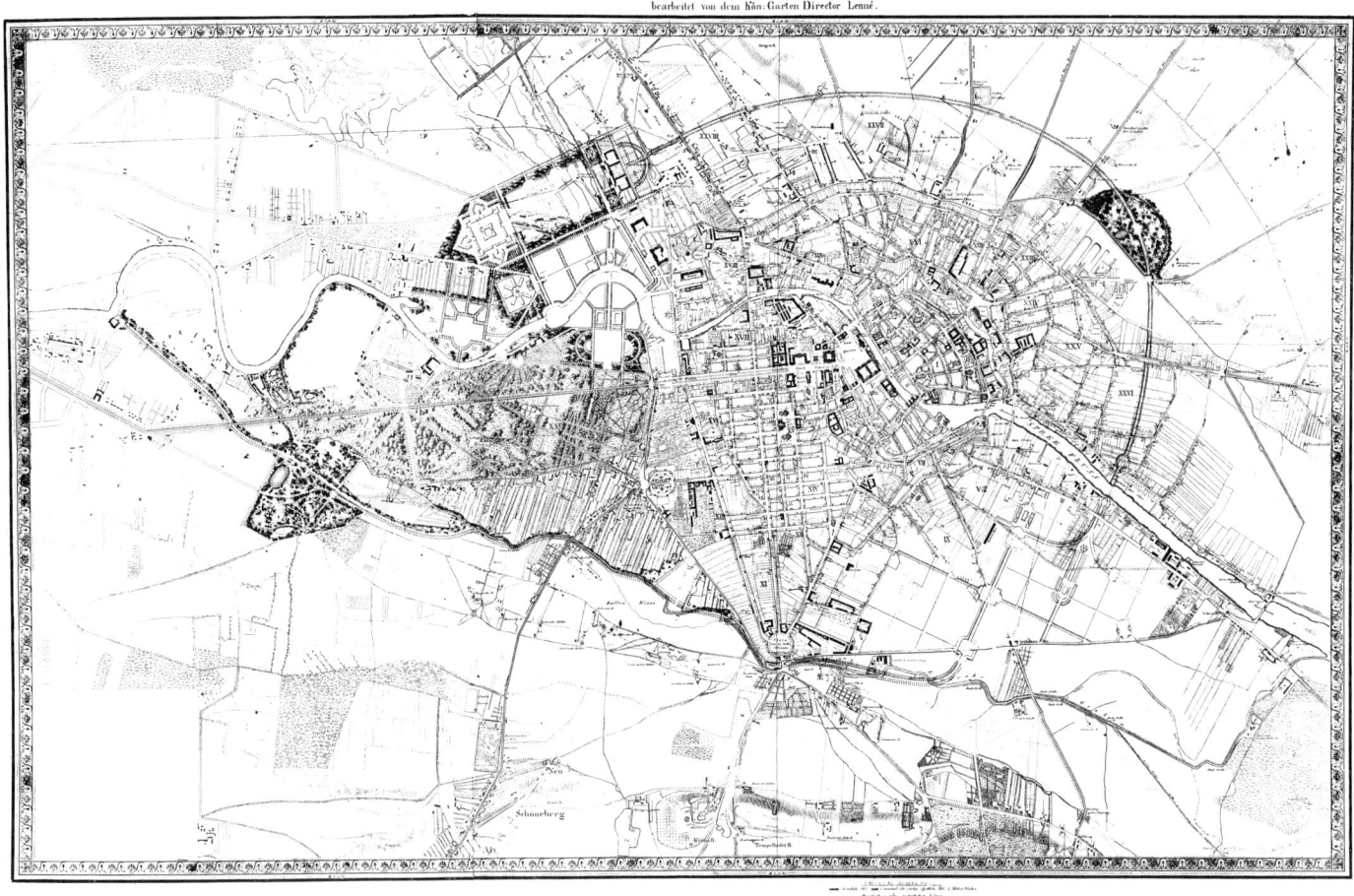

PROJECT ante zu SCHMUCK u. GRENZZÜGE v. BERLIN mit nächster UMGEGEND
bearbeitet von dem Kön: Garten Director Lenné.

Lenné, Plan der Schmuck- und Grenzzüge von Berlin 1840   ←B 9

wird, so steht doch zu erwarten, daß er in nicht gar entfernter Zeit so besetzt sein werde, wie die beiden oberen Ufer der Spree es schon sind.

Deshalb ist darauf Bedacht genommen, jenen Kanal zu verlängern, und dazu bietet sich auf die natürlichste Weise seine Vereinigung mit dem Landwehrgraben und die Schiffbarmachung dieses letzteren Grabens. Wenn man erwägt, daß schon jetzt die untere Mündungsgegend des Landwehrgrabens zwischen dem Tiergarten und der Stadt Charlottenburg mit mehr als einer Fabrik besetzt ist, so tritt die Wahrscheinlichkeit hervor, daß der Gewerbefleiß eine Reihe von Werkstätten längs des Landwehrgrabens errichten werde, wenn derselbe in eine fahrbare Wasserstraße verwandelt sein wird. Ja, die Wahrscheinlichkeit dürfte zur absoluten Gewißheit werden, wenn ferner erwogen wird, daß an diesem Graben die Anfangspunkte zweier Eisenbahnen liegen:

1. der Anhaltischen Bahn,

2. der Potsdamer Bahn, deren Verlängerung nach Magdeburg und Hamburg in Aussicht gestellt ist,

auf denen die Produkte des Berliner Gewerbefleißes ihren Weg auf die großen Marktplätze Leipzig, Magdeburg und Hamburg finden werden.

Aber nicht bloß die künftige Ausbreitung der Industrie und des Handels sprechen für die Schiffbarmachung des Landwehrgrabens, die Bedürfnisse der Gegenwart – der Schiffahrt, welche Berlin passiert – machen sie schon jetzt zur entschiedenen Notwendigkeit....

Noch bleibt mir übrig, mit ein paar Worten des Boulevards zu gedenken, welcher auf der Nordseite die Stadt umgibt und beim Landsberger Tore innerhalb ihrer Ringmauern tritt, um sich, über die Frankfurter Straße hinaus, an die Spree dort anzuschließen, wo der Schiffskanal des Köpenicker Feldes in dieselbe mündet. Dieser Boulevard umgürtet die Stadt in einem großen Bogen, in dem er, als Avenue des Invalidenhauses beginnend und hier mit den Allee-Straßen des nordwestlichen Stadtteiles in Verbindung stehend, zwischen dem Hamburger und Rosenthaler Tore auf das Plateau steigt, welches den nördlichen Rand des Spreetales bezeichnet. Das Plateau beherrscht bekanntlich die Aussicht auf die Stadt und das ganze Spreetal aufwärts, abwärts über Charlottenburg hinaus bis Spandau.

Bayern, bis in die Rheinlande, nach Sachsen, Mecklenburg und Pommern, spiegelt Lennés Streben nach „Ganzheit", nach einer umfassenden Landespflege, und stellt ihn an die Seite der besten Geister seiner Zeit.

Mit F.L. VON SCKELL (1750–1823) und dem Fürsten HERMANN VON PÜCKLER-MUSKAU (1785–1871) führte er die landschaftliche Gartenkunst in Deutschland zum Höhepunkt ihrer künstlerischen Entwicklung. In KARL FRIEDRICH SCHINKEL (1781–1841), mit dem er seit der gemeinsamen Tätigkeit im Dienste des Kronprinzen FRIEDRICH WILHELM immer wieder zusammentraf, fand er einen kongenialen Partner bei seinen städtebaulichen Arbeiten. . . .

Die Hauptschaffenszeit Lennés läßt mehrere Phasen mit unterschiedlichen Aufgaben-Schwerpunkten und einer insgesamt zunehmenden Ausdehnung seines Wirkungsbereiches erkennen. Während des ersten – bis gegen 1820 andauernden – Abschnittes seiner Potsdamer Tätigkeit stand die eigentliche gartenkünstlerische Arbeit noch ganz im Vordergrund. Auch in der zweiten Phase, zwischen 1820 und 1840, schuf Lenné viele Gärten und Parks (u.a. die Anlagen Charlottenhof, Schönhausen oder Babelsberg sowie zahlreiche ländliche Parks in der Mark Brandenburg), doch traten daneben nun grünplanerische Aufgaben, wie die Umwandlung des Berliner Tiergartens in eine Erholungsanlage, die Gestaltung von Stadtplätzen in Potsdam und Berlin oder die Planung eines „Volksgartens" für die Stadt Magdeburg (ab 1824), wohl des ersten kommunalen Parkes in Deutschland. Außerdem begann Lenné sich mit landeskulturellen Fragen zu beschäftigen. Neue Anregungen dafür erhielt er ohne Zweifel durch eine Englandreise, die er 1822 unternahm und der er eine seiner wenigen Veröffentlichungen widmete. Im gleichen Jahr wurde auch der „Verein zur Beförderung des Gartenbaues in den Königlich-Preußischen Staaten" gegründet, in dem sich gebildete Land- und Forstwirte, Gärtner, Wissenschaftler und hohe Staatsbeamte zusammenfanden.

Der Regierungsantritt FRIEDRICH WILHELMS IV. im Jahre 1840 brachte für Lenné eine neue Schaffensphase: die Zeit seiner großen städtebaulichen und grünplanerischen Leistungen. Gleich an ihrem Anfang entstand die Planung der „Schmuck- und Grenzzüge der Residenz Berlin" (1840) mit großzügigen Ring-

straßen und Promenaden, die der rasch wachsenden Stadt ein Gliederungsgefüge geben sollten, mit den Projekten für den Landwehr- und Luisenstädtischen Kanal und Bebauungsplänen für das Köpenicker Feld bzw. für das ehemalige Pulvermühlengelände. Es folgten Entwürfe für Berliner Stadtplätze, für den Zoologischen Garten (1842), den Friedrichshain (1843), die Tiergartenerweiterung (1846) und andere öffentliche Freiflächen sowie weitere Bebauungsvorschläge (u.a. für das Gebiet am Frankfurter Bahnhof und die Schöneberger Feldmark).

Im Juli 1846 schrieb Lenné voller Zuversicht an seinen Neffen: „Wenn Du mich wieder besuchst, findest Du die Riesen-Projekte für die Hauptstadt, deren Pläne Dir bekannt sind, realisiert; ich hoffe, im nächsten Jahr damit zustande zu kommen." (Zitiert bei (G. HINZ 1937.)

Auch wenn sich diese Hoffnung nicht erfüllte, manche seiner Pläne konnte Lenné verwirklichen.

Nach der Erkrankung FRIEDRICH WILHELMS IV. im Jahre 1858 wurden die Voraussetzungen dafür allerdings geringer, und in Lennés letzter Arbeitsphase entstanden in Berlin und Potsdam nur noch wenige neue Anlagen. Gleichzeitig nahmen die Aufgaben außerhalb seines engeren „Dienstbereiches" immer mehr zu. Schon 1847 hatte Lenné Vorschläge für die Kuranlagen in Oeynhausen ausgearbeitet und 1854 nach dem Vorbilde seiner Berliner Planungen die „Schmuck- und Grenzzüge der Residenz München" projektiert. Nun folgten Pläne für die Kurparke in Bad Homburg und Bad Neuenahr (1857), für die Wiener Ringanlagen (1858), für öffentliche Grünflächen in Leipzig (1857/ 58) oder für die Bürgerwiese und den Zoologischen Garten in Dresden (1859/60). Bis ins hohe Alter war Lenné unermüdlich tätig, und noch im Herbst 1865 besuchte er, am Baugeschehen bis zuletzt interessiert, die Gartenbau-Ausstellung in Erfurt. Bald danach, am 23.1.1866, starb er in Potsdam, wenige Tage vor seinem 50jährigen Dienstjubiläum.

Arbeiten von Lenné in Berlin: ←L 16

Königliche und fürstliche Schloßparkanlagen:

Berlin –	Charlottenburg	1819
Berlin –	Schönhausen	1828
Berlin –	Ansbachisches Palais	1820
Berlin –	Prinz-Albrecht-Garten	1830
Berlin –	Park Bellevue	1833
Berlin –	Garten am Palais Leopold (Ordenspalais)	o. D.

Bebauungspläne:

Berlin –	Pulvermühlengelände	1839
Berlin –	Schmuck- und Grenzzüge	1840
Berlin –	Köpenicker Feld	1840
Berlin –	Gebiet am Frankfurter Bahnhof	1843
Berlin –	Schöneberger Feldmark	1844
Berlin –	Schlächterwiesen (Urban)	1855
Berlin –	Gelände rechts der Potsdamer Chaussee	1855
Berlin –	Feldmarken Charlottenburg und Lützow	1855

Städtische Grünanlagen, Volksparks:

Berlin –	Tiergarten	1833–39
Berlin –	Der kleine Tiergarten	1833
Berlin –	Hasenheide	1838
Berlin –	Friedrichshain	1843
Berlin –	Kreuzberg	1861

Stadtplätze:

Berlin –	Leipziger Platz	1828
Berlin –	Schinkelplatz	1835
Berlin –	Luisenplatz	1841
Berlin –	Belle-Alliance-Platz	1842
Berlin –	Wilhelmsplatz	1844
Berlin –	Opernplatz	1845
Berlin –	Mariannenplatz	1853
Berlin –	Hausvogteiplatz	1857
Berlin –	Schloßplatz	1857
Berlin –	Lustgarten	1830

Krankenhäuser:

Berlin –	Charitégärten	1834
Berlin –	Bethanien	1843
Berlin –	Invalidenhaus	1853
Berlin –	Evang. Johannisstift Moabit	1864

Gefängnisse:

Berlin –	Moabit – Zellengefängnis	Aktenhinweis

Während dieser Boulevard die Bestimmung hat, den Bewohnern der nördlichen und östlichen Stadtteile und der dortigen Vorstädte einen schattigen Spaziergang zu verschaffen, leidet es keinen Zweifel, daß er wohlhabende Partikuliers anlocken wird, Landhäuser längs desselben zu erbauen. Unter diesen Umständen darf auch schon jetzt darauf hingedeutet werden, daß bei der zu erwartenden Anlage von Landhäusern auf jenem Plateau polizeiliche Maßregeln das Überschreiten der vom guten Geschmack vorgeschriebenen Regeln der landschaftlichen Architektur verhüten möchten.

Den Beschluß des Projekts bildet endlich eine kleine Parkanlage zu beiden Seiten des Boulevards zwischen dem neuen Königs- und dem Landsberger Tore auf Grundstücken, die großenteils der Berliner Kommune gehören.

Überall war es bei vorliegendem Projekt mein Bemühen, die Verteilung des gegebenen Raums so zu leiten, daß neben dem Nutzen, welcher der Gemeine aus den neuen Anlagen geschafft werden soll, auch dem Vergnügen der Einwohner sein Recht widerfahre. Denn je weiter ein Volk in seiner Kultur und in seinem Wohlstande fortschreitet, desto mannigfaltiger werden auch seine sinnlichen und geistigen Bedürfnisse. Dahin gehören dann auch die öffentlichen Spazierwege, deren Anlage und Vervielfältigung in einer großen Stadt nicht allein des Vergnügens wegen, sondern auch aus Rücksicht auf die Gesundheit dringend empfohlen werden muß.

Wie sehr Berlin daran Mangel leidet, ist bekannt. Außer der Promenade Unter den Linden und außer dem Tiergarten besitzt die Hauptstadt keinen öffentlichen Spaziergang, wo der fleißige Handwerker, der tätige Fabrikarbeiter nach überstandenem Tagewerk sich abends und sonntags ergehen könnte. Dieser Mangel zeigt sich im ganzen nördlichen und südlichen Teil, also gerade in denjenigen Gegenden der Stadt, welche der Hauptsitz der Gewerbe treibenden Klasse sind, die nach vollbrachtem Tagewerk weder Zeit haben noch aufgelegt sein mögen, den Spaziergang nach dem fernliegenden Tiergarten einzuschlagen. – Mit dem oben angedeuteten Kreise wird der Grenzzug der Residenz Berlin vollendet, und wie sie schon jetzt in architektonischer Beziehung den ersten Rang unter Europas Hauptstädten einnimmt, so wird sie dereinst auch in Rücksicht auf landschaftlichen Schmuck, Großartigkeit und Mannigfaltigkeit der zur Gesundheit seiner Bewohner und zum öffentlichen Vergnügen bestimmten genußreichen Einrichtungen und Anlagen nicht ihresgleichen haben.

Die ausführliche Erläuterung des großen Plans zeigt, wie Lenné versucht, der wachsenden Stadt Berlin noch einmal ein begrenzendes, endliches Gesicht zu geben in einem Moment, wo die industrielle Entwicklung und die Herstellung des Privateigentums an Grund und Boden das schon nicht mehr möglich machen. Der bürgerliche Lenné, hervorragender Beamter und sozial orientierter Entwerfer, steht im Dienst des Königs, der versucht, die in Potsdam realisierten Ordnungen auch auf die Stadt zu übertragen. Aber dem König fehlen bereits schon die Geldmittel und die Macht, seine und die Ideen von Lenné durchzusetzen. In einem Brief vom **18.5. 1841** beklagt er sich bei seinen Ministern und regt eine neue Planungsinstanz an:

An die Minister v. Rochow und v. Alvensleben

→A 16 *Aus Ihrem des Staatsministers v. Rochow Berichte vom 8. d.M. habe ich ungern die Schwierigkeiten entnommen, die sich der Verwirklichung des Planes der Bebauung des Köpenicker Feldes immer noch entgegenstellen, obgleich die Grundbesitzer sich zu beträchtlichen Opfern bereitwillig gefunden haben. Ein Haupthindernis scheint mir darin zu liegen, daß sich diese Angelegenheit in den Händen so vieler Behörden befindet, wodurch zeitraubende und oft völlig unnötige Schreibereien veranlaßt werden. Es wird deshalb am zweckentsprechendsten sein, eine Immediatkommission, bestehend aus Mitgliedern der einzelnen dabei beteiligten Behörden, durch Zuziehen des Garten-Direktors Lenné unter ihrer Leitung zu bilden, der die Bearbeitung dieser Sache übertragen wird, und überlasse Ihnen die nähere Zusammensetzung dieser Kommission. Zugleich wird dieselbe ebenso auch ihre Tätigkeit auf die Anlegung des Kanals, sowie auf den hiermit zusammenhängenden größeren Plan wegen der Schmuck- und Grenzzüge der Residenz Berlin, der mir bereits von dem Lenné vorgelegt und im allgemeinen meinen Beifall hat, zu richten haben.*

Zu letzterer Beziehung will ich zuerst einen ungefähren Überschlag der erforderlichen Kosten erwarten. Ich empfehle Ihnen die Beschleunigung dieser Angelegenheit, damit noch in diesem Sommer mit der Ausführung des obigen Plans begonnen wird, und werde Ihrem weiteren Bericht baldigst entgegensehen. Wilh.

Vergleicht man den Plan von **1840** und das sich in der Beschreibung ausdrückende Ideal des friedlichen Nebeneinanders der Stände mit dem zweiten Plan, den *Schmuck- und Bauanlagen der Residenz Berlin, auf Befehl Seiner Majestät des Königs angefertigt von Lenné im Februar 1843,* so entdeckt man sofort, daß der große Plan wieder zerfallen ist in Teilprojekte. **1843**, im Jahr, in dem die Grunholzer-Protokolle über die Familienhäuser veröffentlicht werden, ist aus dem Marsfeld ein Exerzierplatz geworden, zur Stadt hin abgeschirmt durch Gefängnis und Kasernen. Das großzügige Ringprojekt ist aufgegeben, der Luisenstädtische Kanal setzt sich zwar noch nördlich der Oberspree fort, knickt aber um den eben angelegten Frankfurter Bahnhof und mündet in eine riesige Platzanlage, die sich als eine frühe Fassung des späteren Friedrichshains entpuppt.

Das Scheitern der Lennéschen Gesamtplanung für die Residenz, das sich bereits beim Vergleich dieser nur 3 Jahre auseinanderliegenden Pläne andeutet und sich bei allen weiteren Projekten Lennés für Berlin verstärkt, wie z.B. bei dem sogenannten „Generalszug", resultiert aus dem Widerspruch, daß er zwar die neuen Bedürfnisse erkennt, sie aber mit städtebaulichen Elementen erfüllen will, die den kapitalistischen Wachstumsnotwendigkeiten nicht mehr entsprechen. Der König macht zwar **1842** jeden Straßenentwurf von seiner Genehmigung abhängig, kann aber schon lange nicht mehr über Grund und Boden verfügen, weil der in Privatbesitz übergegangen ist. Seine Planungen scheitern an den maßlosen Geldforderun-

Zoologische Gärten:

Berlin		*1842*

Kanäle und Eisenbahnen:

Berlin –	Spandauer Schiffahrtskanal	*1843–55*
Berlin –	Landwehrkanal	*1845–50*
Berlin –	Luisenstädtischer Kanal	*1848–52*
Berlin –	Eisenbahn Berlin–Potsdam	
Berlin –	Eisenbahn Berlin–Hamburg und weitere Eisenbahnen, soweit sie das Gebiet von Berlin und Potsdam berührten.	

Parkanlagen im Stadtbereich:

Berlin –	General von Witzleben	*1823*
Berlin –	Schloßpark Steglitz, Graf Wrangel	*1856*
Berlin –	Buch bei Berlin, Lenné?	
Berlin –	Dahlwitz bei Berlin, Graf Hake	*1821*
Berlin –	Friedrichsfelde bei Berlin, v. Treskow	*ca. 1822*
Berlin –	Tegel b. Berlin, v. Humboldt	*Aktenhinweis*

→L 17

Der Friedrichshain – *Nicht nur vor dem Schönhauser Tor gab es eine sehenswerte Allee, auch „die Alleen so vor dem Bernauer und Landsberger Tore gepflanzt sind, sind zu bemerken". Sie führten den Berliner auf seinem sonntäglichen Spaziergang zu einem neuen Park, der auf einer Höhe zwischen beiden Toren angelegt worden war: zum Friedrichshain. Der Friedrichshain stellte den ersten städtischen Park dar, den der Magistrat für die wachsende Bevölkerung, besonders*

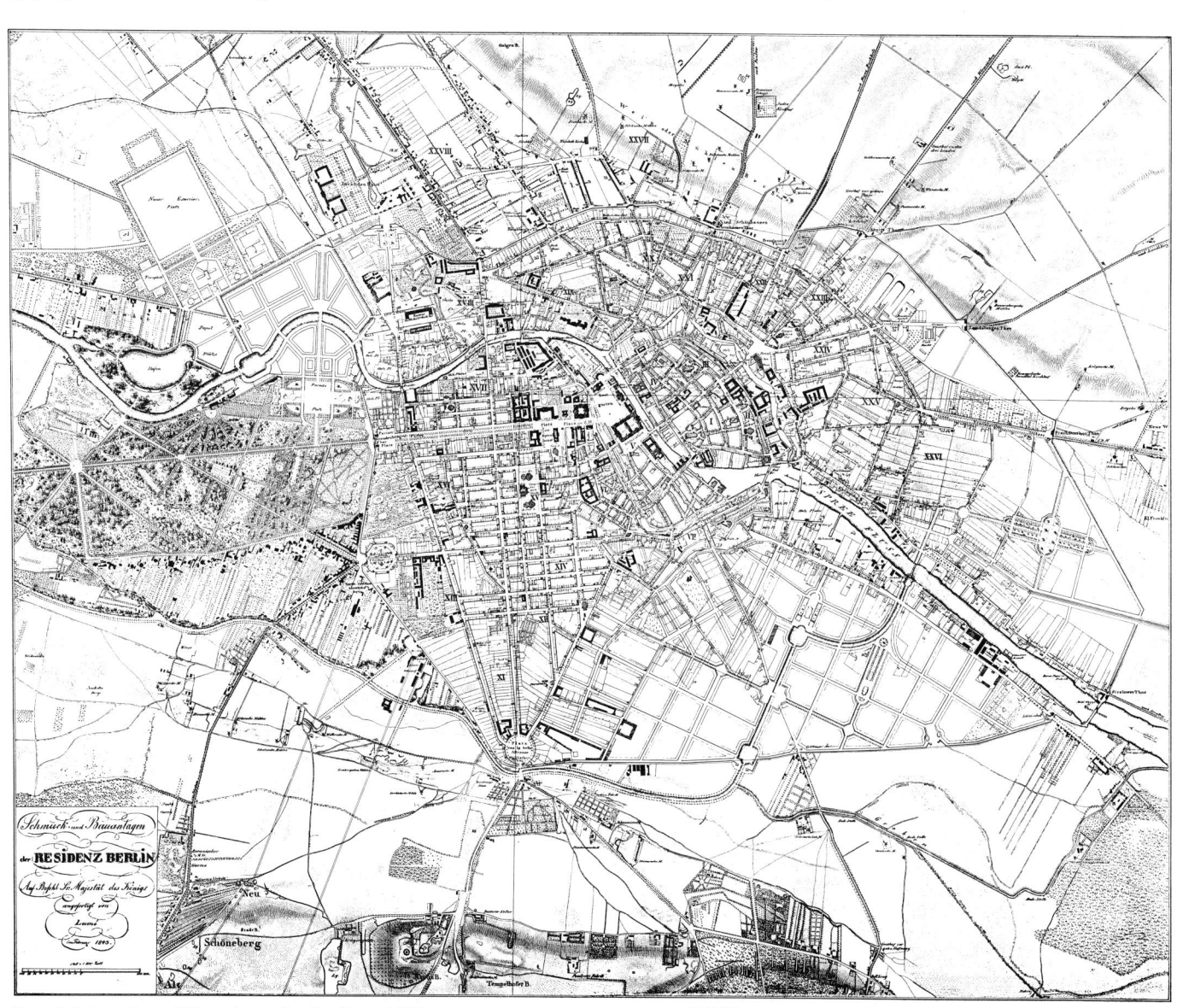

Lenné, Schmuck- und Bauanlagen der Residenz 1843 ←B 10

der Vorstädte, anlegen ließ. Anläßlich der Grundsteinlegung zum Denkmal Friedrichs des Großen Unter den Linden am 1. Juni 1840, zur Feier seiner Thronbesteigung 1740, beschloß man, im Osten der Stadt als Gegenstück zum Tiergarten einen Park zu schaffen, der seinen Namen tragen sollte. Man bediente sich eines ganz modernen Verfahrens, um für das Gelände, das dafür geeignet schien, einen Entwurf zu erhalten; die Ausschreibung eines Wettbewerbs. Gustav Meyer, der damals noch in Sanssouci beschäftigt war, gewann ihn. Der Magistrat beschloß, Meyers Entwurf ausführen zu lassen, und begann, die zur Abrundung notwendigen Ländereien von den angrenzenden Weinbergen und Grundstücken zu erwerben. Diese Käufe zogen sich mit ihren teilweise schwierigen Verhandlungen über sechs Jahre hin, ehe mit der Anlage begonnen werden konnte. Die Arbeiten leitete der damalige Stadtgärtner von Berlin, Adolf Patzig, unter der Oberleitung von Stadtbaurat Langerhans. Für das Zustandekommen dieses Vorhabens sorgte wiederum der Stadtverordnete Kochhann. Am 7. Juni 1846 setzten die Bauarbeiten ein, und schon zwei Jahre später war der Park fertiggestellt; dreißigtausend Taler betrugen die Kosten. In den neuen Park fügte man im Frühjahr 1848 gleich den Ehrenfriedhof für die Gefallenen der Märzrevolution ein, der auf der höchsten Erhebung, dem Kanonenberg, mitten im Park lag. Dieser Berg hatte seinen Namen fast hundert Jahre früher erhalten, als von hier aus während des Siebenjährigen Krieges im August 1760 die Russen Berlin beschossen. Außer dem Namen Kanonenberg führte die Anhöhe die Bezeichnung ,,Mühlenberg". Auf ihr standen zwei Mühlen, das Müllerhaus ist an der Landsberger Allee erhalten geblieben. Nur zwanzig Jahre bestand der Park in dieser Ausdehnung. Für den umfangreichen Bau des ersten städtischen Krankenhauses an der Landsberger Allee wurden rund zwanzig Morgen benötigt. Die Bauzeit währte von 1868 bis 1874. Infolge dieser Maßnahme war der Gefallenenfriedhof aus seiner Mittelpunktslage gerückt worden und lag nun in einem vergessenen Winkel an der Krankenhausmauer, zumal ihn auch noch die Zufahrtsstraße zum Krankenhaus vom übrigen Park abtrennte. Den Geländeverlust konnte man schnell ausgleichen. Bereits 1874/1875 legte Gustav Meyer, nun Gartendirektor der Stadt Berlin, den ,,neuen" Friedrichshain an, der seitdem bis zur Elbinger Straße – heute Dimitroffstraße – reicht. In diesem Teil schuf Meyer einen großen, von Linden eingefaßten Spielplatz von zweihundert Metern Länge und einhundert Metern Breite.

gen der Grundbesitzer. Gleichzeitig durchbrechen die kapitalstarken Eisenbahn-Aktiengesellschaften durch ihren Versuch, die Bahnhöfe möglichst nahe an die Residenz heranzubringen, jede harmonisierende Gesamtplanung.

Seit den 40er Jahren hat das Berliner Polizeipräsidium die Ausarbeitung der Bebauungspläne von der Technischen Oberbaudeputation übernommen. Mit Erlaß der neuen Bauordnung **1853** wird seine Funktion im § 10 gesetzlich festgeschrieben: *Die Fluchtlinie für Gebäude und bauliche Anlagen an Straßen und Plätzen wird von dem Polizeipräsidium bestimmt.* Das Polizeipräsidium zieht Lenné in den 50er Jahren immer wieder zur städtebaulichen Beratung heran, jedoch schwindet sein Einfluß mit der Erkrankung seines Protektors Friedrich Wilhelm IV. ab **1858**, an dessen Stelle der ,,Kartätschenprinz" die Regierung übernimmt.

Die Stadtplanung degeneriert ab Mitte der 50er Jahre zu einem bloßen Interessenausgleich zwischen Sicherung des öffentlichen Verkehrsbedarfs und dem privaten Verwertungsinteresse an Grund und Boden. Diese der kapitalistischen Stadtplanung eigentümliche Erscheinung der Vermittlung konkurrierender Interessen, bei der die sozialen Momente, die in die Stadtplanung einzugehen haben, auf der Strecke bleiben, beginnt sich, bezogen auf Berlin, im Zeitraum **1841–1857** durchzusetzen.

13.4 Der zweite Bebauungsplan für die Umgebung Berlins von 1862

Am **30.8.1857** verfaßt der Geheime Regierungs- und Baurat Rothe für das Polizeipräsidium einen umfassenden Erläuterungsbericht über den Stand der Arbeiten an der Revision des Bebauungsplanes für die Berliner Umgebungen, in dem er alle schon von Köbicke **1852** erwähnten Änderungen und die neue Einteilung des Bebauungsplanes in 14 Abteilungen gegenüber den bisher 5 erläutert. In der Einleitung zu diesem Bericht geht Rothe auf das ein, was sich seit **1852** in bezug auf den Bebauungsplan ergeben hat.

Von dem ursprünglichen Bebauungsplane für die Umgebungen Berlins ←A 17 *sind viele Teile durch die später erfolgte Anlage der Eisenbahnen und Kanäle unausführbar geworden. Außerdem haben sich bei der fortschreitenden Bebauung verschiedene Bedürfnisse als Plätze zur Errichtung von Kirchen, breiter Hauptstraßen etc. herausgestellt, denen im ursprünglichen Plan teils gar nicht, teils nur in ungenügender Weise Rechnung getragen war. Aus diesen Gründen hat der letztere schon vielfachen Abänderungen unterworfen werden müssen, und sind solche Abänderungen bisher meist und vereinzelt und stückweise entworfen und genehmigt worden, wenn größere öffentliche Anlagen oder eingehende Baugesuche die Notwendigkeit dazu herausgestellt haben. Dies Verfahren hat aber den Nachteil, daß dadurch viele Unternehmungen verzögert werden müssen und daß bei den Anschlüssen der abgeänderten Straßensysteme an die ursprünglich orientierten immer von neuem Inconvenienzen entstehen. Deshalb sind in neuester Zeit größere Abteilungen des Bebauungsplanes, welche als ein Ganzes für sich betrachtet werden konnten, in Zusammenhange einer größeren Revision unterworfen worden, und es wird beabsichtigt, in solcher Weise nach Maßgabe der disponiblen Arbeitskräfte, resp. Geldmittel und des hervorgetretenen Bedürfnisses sämtliche Teile des Bebauungsplanes der Reihe nach zu erneuern. Am dringendsten hatte sich das Bedürfnis einer Revision bei denjenigen Teilen des Bebauungsplanes herausgestellt, welche die Umgebungen Berlins südlich von der Spree umfassen.*

Deshalb war, nachdem für die Gegend zwischen der Tempelhofer und Potsdamer Straße und für den Urban oder die Schlächterhütung nördlich von der Hasenheide ein neuer Bebauungsplan vorgelegt und genehmigt war, in neuester Zeit ein Entwurf zur Änderung des Bebauungsplanes für die Gegend südlich von der Oberspree bis zur Wusterhauser Chaussee und ein zweiter Bebauungsplan für die Gegend westlich von der Potsdamer Straße und für die Feldmarken Charlottenburg und Lützow zur höhern Genehmigung vorgelegt worden.

Der erstgenannte Plan ist dem Polizeipräsidium mittelst hoher Verfügung vom 25. April d.J. mit dem Auftrage zurückgegeben worden, die sämtlichen in der Bearbeitung begriffenen Baupläne für die Erweiterung der Stadt im Zusammenhange u. in den Sineck'schen Plan eintragen zu lassen . . .

Der ursprüngliche Bebauungsplan war in 5 Abteilungen geteilt:

Diese Abteilungen sind sämtlich so groß, daß die betreffenden, in kleinem Maßstabe gefertigten Karten dennoch für den Gebrauch höchst unbequem sind. Es empfahl sich daher um so mehr, bei der Revision des Planes kleinere Abteilungen zu machen, weil die Spezialpläne in doppelt so großem Maßstabe gefertigt werden sollten und weil von einzelnen Unterabteilungen des Bebauungsplanes der bereits genehmigten Umarbeitungen auf besonderen Plänen dargestellt sind. Demnach ist der neue Bebauungsplan in 14 Abteilungen geteilt.

Die allgemeine Vorbemerkung zeigt, daß bereits unabhängig von den genehmigten 4 Abteilungen des Schmidschen Planes von **1830** an Teilabschnitten weitergearbeitet worden ist und daß im Zusammenhang mit dem Kanalbau und der Heranführung der Eisenbahnen an die innere Stadt die nicht genehmigte Abteilung V des ersten Bebauungsplanes aufgeteilt worden ist in die Abteilungen VI, VII, VIII, IX, X und XI. Das Gebiet ist besonders in Richtung Norden enorm ausgeweitet worden und nimmt bereits die **1861** erfolgende Ausweitung des Weichbildes durch Einbeziehung des Wedding vorweg. Uns interessieren im Zusammenhang mit der Gebietsentwicklung die aufeinander bezogenen Abteilungen IX und XI. Die in diesen Abteilungen notwendig gewordenen Abänderungen beschreibt Rothe ausführlich. Während in der Abteilung IX eigentlich nur kleinere Ergänzungen des bisher schon bekannten Straßennetzes vorgeschlagen werden, taucht in der Abteilung XI die „Waaren-Credit-Gesellschaft" auf, die ein größeres Areal auf den 1822 separierten Ackerhufen nach einem selbstentworfenen Plan bebauen will.

→A 18   *In neuerer Zeit hat aber die hiesige Waarenkredit-Gesellschaft um die Erlaubnis gebeten, die großen zwischen der Brunnen- und Badstraße und dem verlorenen Wege begonnenen, dem Gutsbesitzer Wollank und Haase gehörigen Ackerflächen ABC'D' nach einem vorgelegten Plan bebauen zu lassen. In der Voraussetzung, daß dieser Bebauungsplan für die Fläche ABC'D' nach dem Antrage des Polizei-Präsidiums höheren Orts genehmigt werden wird, ist derselbe bei der Revision des Bebauungsplans vollständig adoptiert und in die Spezial- und Generalpläne eingetragen worden.*

13.4.1   Die erste Terrain-Spekulation im großen Maßstab

Die Gründung der „Waaren-Credit-Gesellschaft" **Anfang Juli 1856** gehört in einen wirtschaftsgeschichtlichen Zusammenhang, den wir hier nur am Rande streifen können. Sie hängt zusammen mit den auf die Initiative des rheinischen Bankiers Hansemann zurückgehenden ersten Versuchen, Kommanditgesellschaften auf Aktienbasis zu gründen, die in der Lage sind, mit dem so zusammengebrachten Kapital profitträchtige industrielle oder spekulative Unternehmungen aller Art auf privater Grundlage zu finanzieren. Die Gründung solcher kapitalistischen Finanzierungsgesellschaften stößt auch nach 1848 zunächst noch auf Widerstand in den Staatsministerien. So wird noch **1850** der Versuch zur Gründung einer „Berliner Kreditgesellschaft" vom Handelsministerium abgelehnt. Wortführer dieser „Ber-

→L 18 linischen Hypotheken-Credit-Gesellschaft" ist der Rechtsanwalt Robert, den wir bereits in den 30er Jahren als Vorreiter der Gründungen von Eisen-

→S 117 bahn-Aktiengesellschaften kennengelernt haben. Erst mit der Gründung der „Diskontogesellschaft" **1853**, der „Berliner Handelsgesellschaft" und dem „Berliner Bankverein" **1856**, denen die „Waaren-Credit-Gesellschaft" unmittelbar folgt, die nach dem Vorbild der französischen Tauschbank

→L 19 von Bonnard & Co. aufgebaut ist, beginnen sich die preußischen Finanzierungsinstitute zu entwickeln, die für den zweiten Teil der Mietshausgeschichte im Zusammenhang mit der Gründerzeit wichtig werden.

Über die Umstände der Gründung der „Waaren-Credit-Gesellschaft" sind wir ebensowenig informiert wie über ihre Gründer. Drei kurze Notizen aus den „Berlinischen Nachrichten", die die „Berliner Börsenzeitung" zitiert, lassen jedoch Rückschlüsse auf das Datum der Gründung und Vermutungen über den Kreis der Gründer zu.

→L 20   **1.7.1856**: *Die seit langem umlaufenden Gerüchte von der Begründung einer neuen großen Commandit-Gesellschaft hier am Orte, um die Stelle der von der Regierung abgeschlagenen Credit-Gesellschaft zu ersetzen, gewinnen an Bestand. Die Gründer der Gesellschaft sind zu einem guten Teile dieselben Personen, die als Bewerber um die Concession für die eine der beiden projectirt gewesenen Credit-Gesellschaften aufgetreten waren.*

→L 21   **9.7.1856**: *Die hier seit kurzem begründete Waaren-Credit-Gesellschaft hat nunmehr in der unmittelbaren Nähe der Börse, nämlich hinter dem Neuen Packhof Nr. 3, geräumige Lokalitäten gemietet, in denen sie im Laufe der nächsten Woche ihre Geschäftstätigkeit beginnen wird.*

→L 22   Ab **August 1856** annonciert die neue Gesellschaft selbst.

Wie der Bebauungsplan der Gesellschaft, der möglicherweise zu dem angebotenen Prospekt gehört hat, zeigt, verbirgt sich hinter der „Waare" die käufliche Parzelle. Vergleicht man diesen Plan und die Lokalisation der Bebauung mit zweigeschossigen Häusern einfachster Bauart, zusammengefaßt zu Baublöcken, deren Größe denen der Friedrichstadt entspricht, mit dem Sineckschen Plan von **1856**, so ist dieses kolonieartige, entfernt an das Mülhausener Arbeiterquartier erinnernde Projekt die erste großangelegte

Waaren-Credit-Gesellschaft.
Ein ausführlicher Prospect über unseren Geschäftsbetrieb, in Form einer kleinen Brochüre, wird in unserem Bureau, hinter dem neuen Packhof Nr. 3., gratis ausgegeben.
Berlin, den 14. August.
Direction der Waaren-Credit-Gesellschaft.

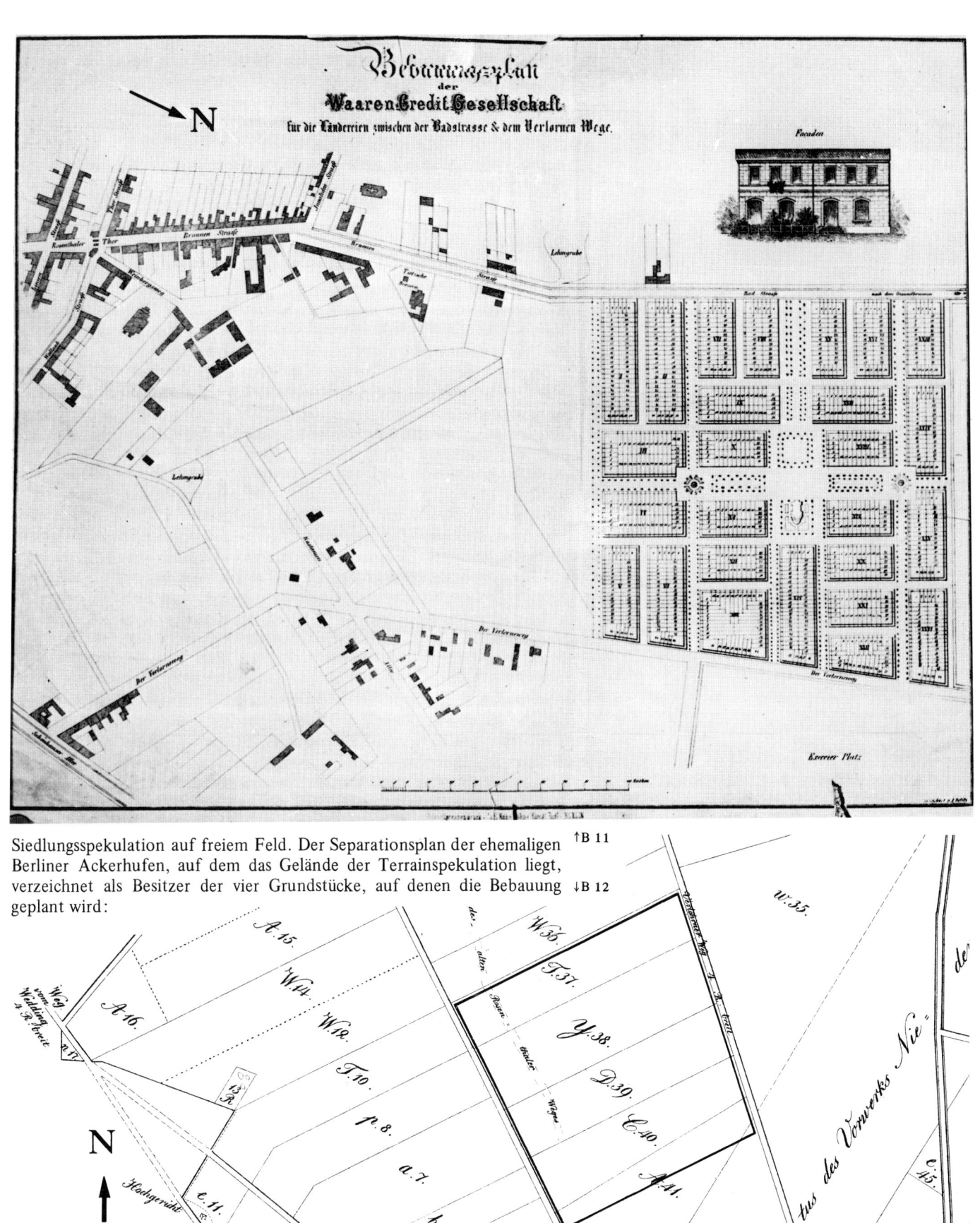

Siedlungsspekulation auf freiem Feld. Der Separationsplan der ehemaligen ↑B 11
Berliner Ackerhufen, auf dem das Gelände der Terrainspekulation liegt,
verzeichnet als Besitzer der vier Grundstücke, auf denen die Bebauung ↓B 12
geplant wird:

T37: Johann Hein Friedrich
Y38: Johann Gottfried Haase
D39: H. Bernoully
C40: Forstmeister Barsikow
A41: Kurt Fr. Bachmann

Ausschnitt aus dem Plan der Berliner Hufen 1822 nach
der Separation mit eingetragenem Gelände der „Waaren-Credit-Gesellschaft"

Weitere Einzelheiten erfahren wir aus einem Schreiben des Handelsministers von der Heydt an den König vom **23.4.1858**, worin er um die Genehmigung der neuentworfenen Abteilung IX des Bebauungsplans bittet, die der König auch am **3.5.1858** erteilt.

→A 19 *In meinem Berichte hatte ich bereits ehrerbietigst bemerkt, daß die hiesige Waaren-Credit-Gesellschaft zwischen der Brunnenstraße und dem verlorenen Wege eine in vorgelegtem Plane II angedeutete Bebauung in größerem Umfange beabsichtige, daß aber der diesfällige Bauplan noch der näheren Prüfung seitens des Polizei-Präsidiums unterliege. Wie sich bei anderer Veranlassung ergeben, hat letzteres aus der demselben mit allerhöchster Genehmigung in Betreff der Abänderung der im Berichte vom 19. Juni v.J. bezeichneten Straßen-Alignements eine Genehmigung auch des Plans gefolgert, welcher die von diesen Straßen eingeschlossenen Ländereien der Waaren-Credit-Gesellschaft betrifft. Das Polizei-Präsidium hat die gedachte Gesellschaft hiernach beschieden, die Bedingungen zur Ausführung vorgeschrieben, und letztere ist, wie jetzt zu meiner Kenntnis gekommen, bereits so weit vorgerückt, daß mit den einzelnen Bauten vorgeschritten werden soll. Zur Verantwortung über sein Vorgehen in der Sache ohne erfolgte, vorgängige Genehmigung des betreffenden Bauplans aufgefordert, hat das Polizeipräsidium die erwähnte irrige Auffassung der demselben mitgeteilten Allerhöchsten Erlasses vom 26. Juni v.J. damit zu rechtfertigen gesucht, daß der, die vorgedachten Ländereien betreffende Bauplan in dem E. Königl. Majestät vorgelegten Bebauungs-Plan bereits eingetragen gewesen sei, mit der Bitte, in Berücksichtigung der Gemeinnützigkeit des fraglichen Bauunternehmens und bei der Dringlichkeit der Sache, es bei dem Geschehenen bewenden zu lassen.*

Aus dem beigefügten großen Plane Abt. XI, welcher einen Teil des Abschnitts V des früheren Bebauungsplans für die Umgebungen von Berlin bildet, sind die Ländereien, welche das fragliche Bauprojekt umfaßt, mit den Umgebungen ersichtlich. Diese Ländereien haben ein Areal von 180 Morgen, welches zwischen dem verlorenen Wege und der Brunnen- und Badstraße belegen, von einer Straßen-Linie, welche die (rot) eingetragenen Buchstaben A, B, C, D verbinden, eingeschlossen wird. Der ebenfalls beigefügte kleine Plan stellt das Bebauungsprojekt näher ausgeführt dar. Die ausführlich laut gewordene angebliche Absicht der Gesellschaft, nur allein Häuser für kleine Leute, namentlich Arbeiter, zu bauen und ihnen solche zu verkaufen, unbedenklich haben erscheinen lassen. Die Gesellschaft hat indessen angezeigt, daß eine solche Anlage nicht in ihrer Absicht liege, und durch Vorlegung eines Verzeichnisses von 678 Meldungen zur Erwerbung von Baustellen dargetan, daß die Häuser in diesem neuen Stadtteile zum größten Teile von Beamten, Künstlern, Gewerbetreibenden und anderen dem Mittelstande angehörigen Personen erbaut werden sollen. Der Umstand, daß sich Kauflustige gemeldet haben, welche mehrere, bis zu vier Baustellen zugleich zu erwerben wünschen, läßt erwarten, daß auch bedeutendere Gebäude zur Ausführung kommen werden. Gegen den Bauplan findet sich sonst nichts zu erinnern. Das Polizei-Präsidium hat die öffentliches Interesse erforderlichen Anforderungen getroffen und zur Bedingung gemacht. Für die künftige Erbauung einer Kirche ist ein angemessener Platz ausgewiesen, und da die Vermehrung der Mittelwohnungen für Berlin nur wünschenswert ist, nehme ich keinen Anstand, E. Königliche Majestät ehrfurchtsvoll zu bitten:
den gedachten Bebauungsplan huldreichst genehmigen und zu dem Ende den beigefügten Erlaß allerhöchst vollziehen zu wollen.

Die ursprüngliche Absicht der Gesellschaft, für „kleine Leute" zu bauen, und der Versuch, für dieses Projekt sogar das Prädikat „gemeinnützig" zu erreichen, erinnern auch von der Form her an Victor Aimé Hubers Idee der „Inneren Colonisation", die kurz zuvor, und nur wenige hundert Meter von dem Terrain der „Waaren-Credit-Gesellschaft" entfernt, in den ersten Anfängen steckengeblieben ist.

13.4.2   Das Zustandekommen des Bebauungsplans am Beispiel der Abteilungen IX und XI

Am **1.2.1859** trägt der Handelsminister von der Heydt dem König die neue Konzeption für einen Bebauungsplan in 14 Abteilungen vor und bittet ihn, einen Teil der Kosten aus der Staatskasse zu bestreiten, was am **14.2.1859** bewilligt wird.

Das Polizei-Präsidium ist schon seit längerer Zeit mit Vorarbeiten zu   ←A 20
einem (. . .) allgemeinen Bebauungsplan für die Umgebungen Berlins nach einem genügenden Maßstabe beschäftigt. Bei dem Umfang desselben sind jedoch die vorhandenen Arbeitskräfte dazu nicht ausreichend. Von dem ganzen Areal, welches 31.363 Morgen beträgt, sind 5268 vermessen und kartiert, für 4106 Morgen, welche früher vermessen worden, ist eine Revision mit Nachtragung aller Veränderungen erforderlich, 21.989 Morgen sind neu zu vermessen und zu kartieren; das Nivellement ist nach verschiedenen Richtungen auf etwa 25.519 Morgen auszuführen. Der Plan soll in 14 Abschnitte zerfallen, außerdem ein Generalplan angefertigt werden. Daß die Arbeit in möglichst kurzer Zeit beendet werde, ist dringend wünschenswert, damit aus dem Mangel eines Plans keine Hemmungen für die fortschreitende Bebauung entstehen, vielmehr die Zulässigkeit von Bauausführungen auf den Grundstücken der einzelnen Besitzer übersehen werden könne. Das Polizei-Präsidium hat daher beantragt, daß ein dazu geeigneter Baubeamter mit Ausführung der zur Aufstellung des Plans im Ganzen und in seinen einzelnen Teilen erforderlichen Arbeiten beauftragt und denselben die nötige Arbeitshülfe gewährt werde. Derselbe ist der Ansicht, daß die sämtlichen Arbeiten einschließlich der Planzeichnungen im Laufe dreier Jahre beendigt werden können, und hat den dazu nötigen Kostenaufwand auf 23.474 Rthl. veranschlagt, welche sich folgender Weise verteilen:

a) für Anfertigung der Situationspläne einschließlich der erforderlichen Vermessungen berechnet	*12 445*
b) für die nivellistischen Arbeiten	*1 765*
c) für die Bearbeitung des Bebauungsplans selbst	*6 450*
d) für Absteckung des Straßennetzes	*2 814*
	23 474

→A 21

Diese Karten werden nach der Bestimmung des § 3 des Gesetzes vom 11.3. 1850 über die Polizeiverwaltung von den Communen aufzubringen sein, in deren Gemeindebezirke die Ländereien sich befinden, deren Vermessung, Nivellierung und Kartierung im polizeilichen Interesse notwendig ist. Der größte Teil dieser Ländereien gehört zu den Bezirken der Gemeinden von Berlin, Charlottenburg und Lützow, allein außer diesen sind noch 26 andere Beteiligte vorhanden, unter denen sich auch der Königliche Fiskus befindet. Das Polizei-Präsidium hat nun den Antrag gemacht, daß die Hälfte derjenigen Kosten, welche außer dem Anteile der Stadt Berlin aufzubringen sind, im Betrage von etwa 6000 Rthl. aus der Staatskasse gewährt, auch der ganze Kostenbetrag vorbehaltlich der Wiedereinziehung von den Beteiligten sofort aus fiskalischem Fonds vorgeschossen werde.

Infolge eines Schlaganfalls des Regierungsbaumeisters Köbicke, der seit **1852** im Auftrage des Polizeipräsidiums mit der Revision des Bebauungsplanes beschäftigt ist, verhandelt der Königliche Regierungs- und Baurat Rothe **Anfang 1858** mit dem als Baumeister am Bau der Eisenbahn von Frankfurt/Oder nach Küstrin beschäftigten James Hobrecht darüber, ob er bereit ist, Köbicke bei der Überarbeitung des Berliner Bebauungsplanes zu vertreten. Hobrecht nimmt dieses Angebot an und zieht deshalb nach Berlin. Ihn schlägt der Polizeipräsident später als Leiter für das „Commissarium zur Ausarbeitung der Bebauungspläne für die Umgebung Berlins" vor. Der Handelsminister von der Heydt bestätigt ihn mit Schreiben vom **25.2.1859**, gibt ihm eine Instruktion an die Hand und vereinbart mit ihm als Arbeitsbeginn den **1.4.1859**. Hobrecht richtet sich ein eigenes Büro in der Villa Begas im Karlsbad Nr. 13 ein. Bereits im **Mai 1859** gibt das Polizeipräsidium im „Berliner Intelligenz-Blatt" bekannt, daß die Vermessungsarbeiten für den neuen Bebauungsplan beginnen.

→L 23   *James Friedrich Ludolf Hobrecht wurde am 31.12. 1825 in Memel/Ostpreußen geboren. Er starb am 8.9. 1902 im Alter von 76 Jahren in Berlin.*
Hobrechts Vater war in der Landwirtschaft tätig. Im Jahre 1827 übernahm er das Gut Polkendorf und zog 1834 mit der Familie als kgl. preuß. Oekonomiekommissar nach Königsberg/Preußen. Hobrechts Mutter, geb. Johnson, stammte aus einer englischen Familie, die sich Ende des 18. Jahrhunderts in Memel niedergelassen hatte. Hobrechts älterer Bruder Arthur Hobrecht (1824–1912) war der spätere Oberbürgermeister von Breslau (seit 1863) und Berlin (seit 1872) und Finanzminister unter Bismarck (1878/79). Ein jüngerer Bruder ist als Novellendichter bekannt geworden.
Zunächst besuchte Hobrecht das Collegium Fridericianum in Königsberg. Sein Interesse an der ihm von zu Hause her vertrauten Landwirtschaft veranlaßte ihn, Ostern 1841 den Unterricht abzubrechen und eine landwirtschaftliche Lehre zu beginnen. Um diese zu ergänzen, trat er 1842 bei einem Feldmesser in Preußisch-Holland als Eleve ein. Hier wurde Hobrechts Interesse an diesem Fachgebiet so stark gefördert, daß er im Sommer 1843 nach Königsberg zurückkehrte, um am 3.1.1844 die Reifeprüfung am Altstädtischen Gymnasium nachzuholen und im Januar 1845 die Feldmesserprüfung bei der Regierung in Königsberg abzulegen. Als Feldmesser war er mit Umlegungs- und Flurbereinigungsarbeiten in Ostpreußen und bei der Köln-Mindener Eisenbahn in Duisburg beschäftigt. Von 1847 bis 1849 war er an der Bauakademie in Berlin eingeschrieben, wo er am 10.7.1849 die Baufhrerprüfung ablegte. Nach Ableistung der Militärpflicht erwarb er seine Bauführerpraxis beim Packhofbau in Königsberg in den Jahren 1851/52, um sich dann noch einmal in der Landwirtschaft zu versuchen. 1853 heiratete er. Im Herbst desselben Jahres bezog er wieder die Bauakademie in Berlin und legte am 6.4.1856 die erste und am 5.6.1858, inzwischen 32 Jahre alt, die zweite Prüfung als Baumeister für den Wasser-, Wege- und Eisenbahnbau ab. In der Zwischenzeit war er als Abteilungsbaumeister am Bau der Eisenbahnlinie Frankfurt/O.–Küstrin in Frankfurt/O. tätig gewesen.

Instruktion für den mit der Ausarbeitung eines Bebauungsplans für Berlin und seine Umgebungen beauftragten Baubeamten

§ 1
Die vorhandenen Karten und Pläne der Stadt Berlin und ihrer Umgebung reichen für die Regulierung der Bebauung der letzteren nicht mehr aus, weil für die festgestellten Alignements der Straßen, Plätze durch mittlerweile erfolgte Entstehung neuer baulicher Anlagen, wie die der Eisenbahnen und Kanäle, unausführbar oder unzweckmäßig geworden, zum Teil auch unvollständig sind.
Es hat sich deshalb die Notwendigkeit der Ausarbeitung eines neuen Bebauungsplanes für das ganze vorbezeichnete Terrain als unabweisbar herausgestellt, und es ist in Anerkennung dieser Notwendigkeit durch Erlaß des Herrn Ministers für Handel, Gewerbe und öff. Arbeiten vom 27.5. ad No. III 11641 und dergleichen vom 26.12.1858 ad No. III 10265 verfügt worden, daß durch einen besonderen Baubeamten mit Hinzuziehung der hierzu erforderlichen, unter Leitung derselben gestellten Arbeitskräfte folgende Arbeiten ausgeführt werden sollen:
1.) eine genaue Revision, Vervollständigung und nötigenfalls Umzeichnung der vorhandenen Karten und, soweit es erforderlich, neue Vermessung und eine vollständige Kartierung aller Teile der noch aufzustellenden Bebauungspläne mit Eintragung aller derzeit vorhandenen Bauwerke, Parzellen, Wasserläufe gg. nach dem Maßstabe von 1 Dec.Zoll = 20 Ruthen;
2.) die Herstellung eines Nivellements im Maßstabe von 20 Ruthen = 1 Dec.Zoll für die Längen und 10 Dec.Fuß = 1 Dec.Zoll für die Höhen, vorzugsweise von dem noch nicht oder unvollständig entwässerten Terrain, wobei zunächst mit Aufnahme der Situation behufs vorläufiger Skizzierung der Bau-Quartiere der Örtlichkeit noch diejenigen Punkte ermittelt werden, nach denen hin die Entwässerung zu bewirken ist, und nach Festlegung der Straßen-Richtungen durch Angabe der Höhenlage der Straßenkreuzungen, Plätze gg. ersichtlich wird, in welcher Weise die zweckmäßigste Entwässerung nach jenem Entwässerungspunkte erfolgen soll und kann;
3.) die Projektierung und Ausarbeitung eines Bebauungsplanes unter Zuhilfenahme allen bisher gesammelten Materials, demnächstiger Berücksichtigung der vorhandenen Feststellungen, soweit dies ausführbar ist und angemessen erscheint, und nach Anleitung folgender Gesichtspunkte:
a, es sollen alle Straßen-Anlagen, welche voraussicht-

Aus der allgemeinen Erläuterung für den
Bebauungsplan der Abt. I und VII
vom 15.1.1862:

*Über den formellen Gang, den die Bearbeitung
dieses Bebauungsplans genommen hat, erlaube ich mir
vorab folgendes alleruntertänigst zu bemerken:*

←A 31

*Das zur Bebauung ausgesehene Terrain ist zuerst
unter der Leitung eines eigens zu diesem Zwecke eingestellten Baumeisters genau vermessen, nivelliert und
unter Eintragung aller derzeit bestehenden Bauwerke,
Grenzen, Wasserläufe und sonstigen Merkmale vollständig kartiert worden. Unter Benutzung des auf diese
Weise gewonnenen Materials ist sodann seitens des
Polizeipräsidiums ein Projekt zu dem Bebauungsplan
aufgestellt und über solches mit dem Magistrat confe-
riert worden. Der aus der Beratung mit dem Magistrat
hervorgegangene veränderte Entwurf ist demnächst
unter ausführlicher Motivierung hier eingereicht und
der Technischen Bau-Deputation zur Prüfung unterbreitet worden. Die Technische Bau-Deputation hat,
unter Zugrundelegung des ehrerbietigst beigefügten
Böhmschen Plans A, in welchen die bis dahin festgestellten oder entworfenen Bebauungspläne sämtlicher
Abschnitte zusammengetragen sind, ihre Prüfung vorzugsweise darauf erstreckt, inwiefern der Bebauungsplan für die einzelnen Abteilungen der Umgebungen
in den Bebauungsplan für das gesamte Gebiet von Berlin sich zweckmäßig einfüge und inwiefern durch die
Anordnung des rings um die Stadt reichenden Bebauungsplans im Großen und Ganzen eine angemessene
Bebauung und ausreichend für die Herstellung von
Hauptverkehrs-Straßen gesorgt werde, welche teils,
aus dem Kern der Residenz hervorgehend, diesen mit
den Vorstädten resp. den umliegenden Ortschaften
verbinden, teils, jene radialen Communicationen ring-
förmig durchschneidend, die äußeren Stadtteile unter
sich in bequemere Verbindung bringen. Unter Mitteilung des diesfälligen Gutachtens der obersten Bau-
technischen Instanz ist der Entwurf endlich von mir,
bei Entscheidung der streitig gebliebenen Punkte, dem
Polizei-Präsidium wieder zugefertigt worden, um danach den zu Eurer Königlichen Majestät Allerhöchster
Genehmigung vorzulegenden Bebauungsplan anfertigen zu lassen.*

13.4.3   Verordnet die Polizei mit dem Bebauungsplan Miets-kasernen für 4 Millionen Berliner?

Werner Hegemann charakterisiert den Bebauungsplan in der Überschrift
zum 23. Kapitel seines Buches „Das steinerne Berlin": „Der Straßenplan
von 1858–1862. Die Polizei verordnet Mietskasernen für vier Millionen
Berliner". Geht man die Kritik von Hegemann an dem Bebauungsplan im
einzelnen durch, so stellt man fest, daß er sich weniger mit dem Plan selber
beschäftigt hat, als vielmehr Bewertungen des Planes von früheren Kriti-
kern, wie z.B. Ernst Bruch, übernimmt, ohne sie exakt zu zitieren. Die
Wertung, die Hegemann mit seiner Kapitelüberschrift vornimmt, ist von
neueren Autoren, die sich mit der Berliner Stadtentwicklung beschäftigt
haben, kritiklos übernommen worden. Ebenso ist es der Überbewertung
der Rolle Hobrechts bei der Herstellung des Bebauungsplans ergangen,
die sich in der Pauschalierung „Hobrechtplan von 1862" niederschlägt.

→L 27

→L 28

Daß die Polizei nicht „verordnet", sondern vielmehr mit den Grundbesitzern, die durch die Stadtverordnetenversammlung politisch vertreten
sind, verhandelt, hat die Darstellung der Entstehung der Abteilungen IX
und XI bereits gezeigt. Ob die Vorstellung von „Mietskasernen" **1862**
schon in der Form existiert hat, wie sie später entstehen, und das gleich für
4 Millionen Berliner, muß überprüft werden. Wir werden daher das Ergebnis von **1862** unter folgenden Aspekten untersuchen:
1. Was wird aus dem Auftrag, ein Entwässerungsprojekt zu entwickeln?
2. Was sind die Strukturelemente des Bebauungsplans?
3. Aus welchen Vorbildern leiten sie sich her?
4. Welche Vorstellungen über die Nutzung sind entwickelt zum Zeitpunkt
   der Verabschiedung des Bebauungsplans?

Um die komplizierte Einteilung und Genehmigung der Bebauungspläne
besser zu überblicken, hier noch einmal eine systematische Übersicht bis
zum Zeitpunkt der endgültigen Verabschiedung aller Bebauungspläne am
1.9.1862. Das ist aber auch zugleich der Zeitpunkt, an dem die ersten

↓B 18

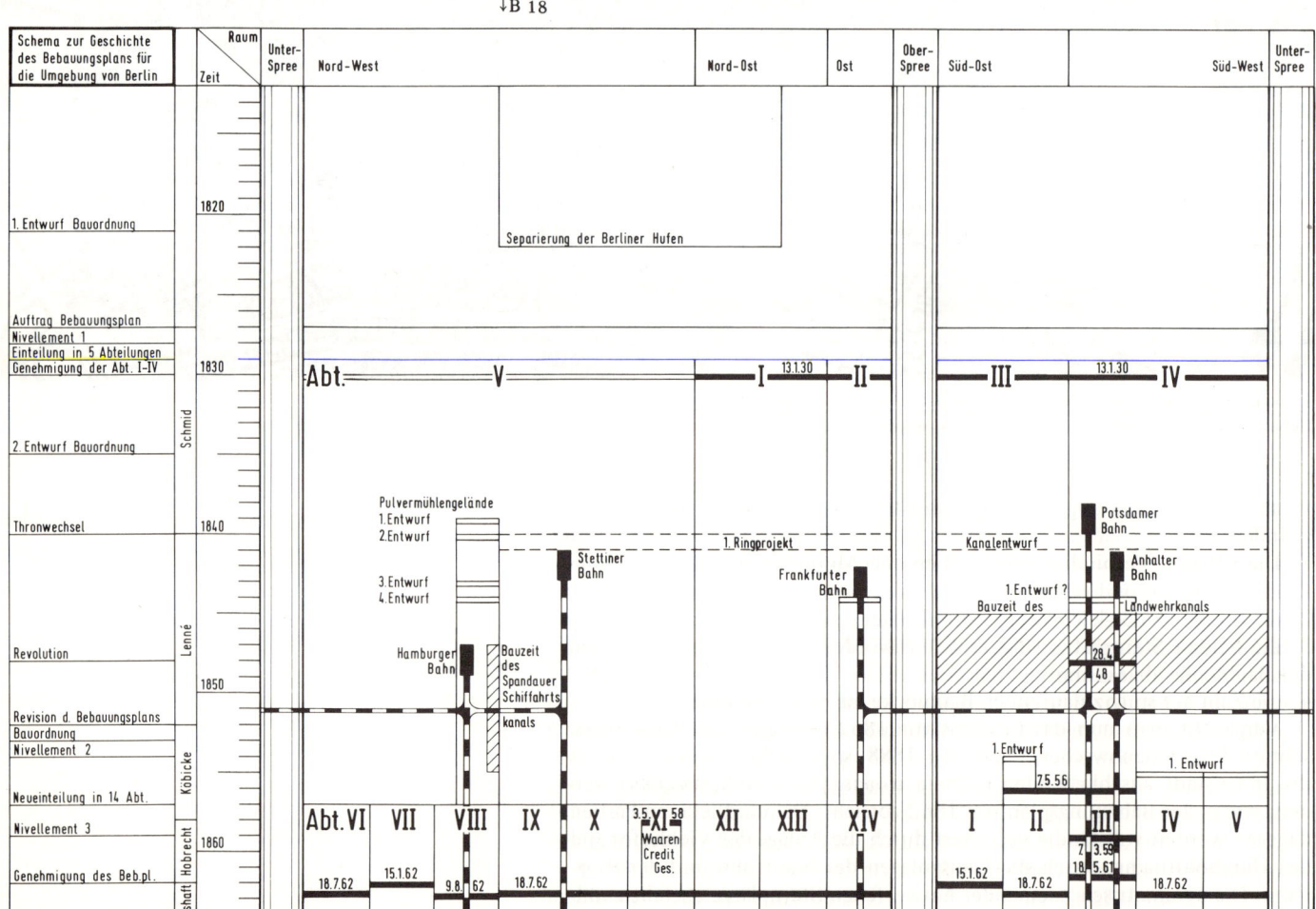

Änderungen beantragt werden. Das Schema hat eine räumliche und zeitliche Achse und versucht den Prozeß seiner Herstellung und Verabschiedung darzustellen.

Was aus dem Auftrag geworden ist, gleichzeitig auch die Entwässerung Berlins zu planen

Die Verbesserung der hygienischen Verhältnisse in bezug auf die Abwasserbeseitigung, die zum ursprünglichen Auftrag für Hobrecht gehört, bleibt im Entwurf einer kanalisierten Entwässerung in die Spree, den Wiebe **1861** vorschlägt, stecken. Die kritische Beurteilung dieses Planes, die Hobrecht schon am **17.6.1861** an das Polizeipräsidium weiterleitet, löst eine 10jährige erbittert um Kosten und Systeme geführte Diskussion zwischen städtischen und staatlichen Instanzen aus, die erst **1873** zugunsten der von Hobrecht vertretenen „Schwemmkanalisation" entschieden wird, mit radial um die Stadt angelegten Rieselfeldern.

Fontane vergleicht London mit Berlin 1852:

→L 29   *Eins aber haben Londons Straßen und Häuser vor uns voraus, das ist ihre äußerste Sauberkeit. Man gewahrt dies nicht ohne ein Gefühl der Beschämung, wenn man dabei des Schmutzes gedenkt, der namentlich zur Winterzeit in unsern Straßen souverän zu herrschen pflegt und sich auftürmt, als sei das so sein Recht. Jedes Londoner Haus hat bis in seine zweite und dritte Etage hinauf den unschätzbaren Vorteil eines nie mangelnden Wasserstroms, der ihm, nach Gefallen, aus Dutzenden von Röhren entgegenströmt. Alles schmutzige Wasser fließt sofort wieder ab und ergießt sich in eine tief unter jedem Straßendamm gelegene Kloake, deren Hauptkanäle mit der Themse in Verbindung stehen. Die Straßen selbst zeigen eine Reinlichkeit, die nur von der niederländischen übertroffen wird. Trottoirs (meist von Sandstein) nehmen gemeinhin die ganze Breite des Bürgersteiges ein, und*

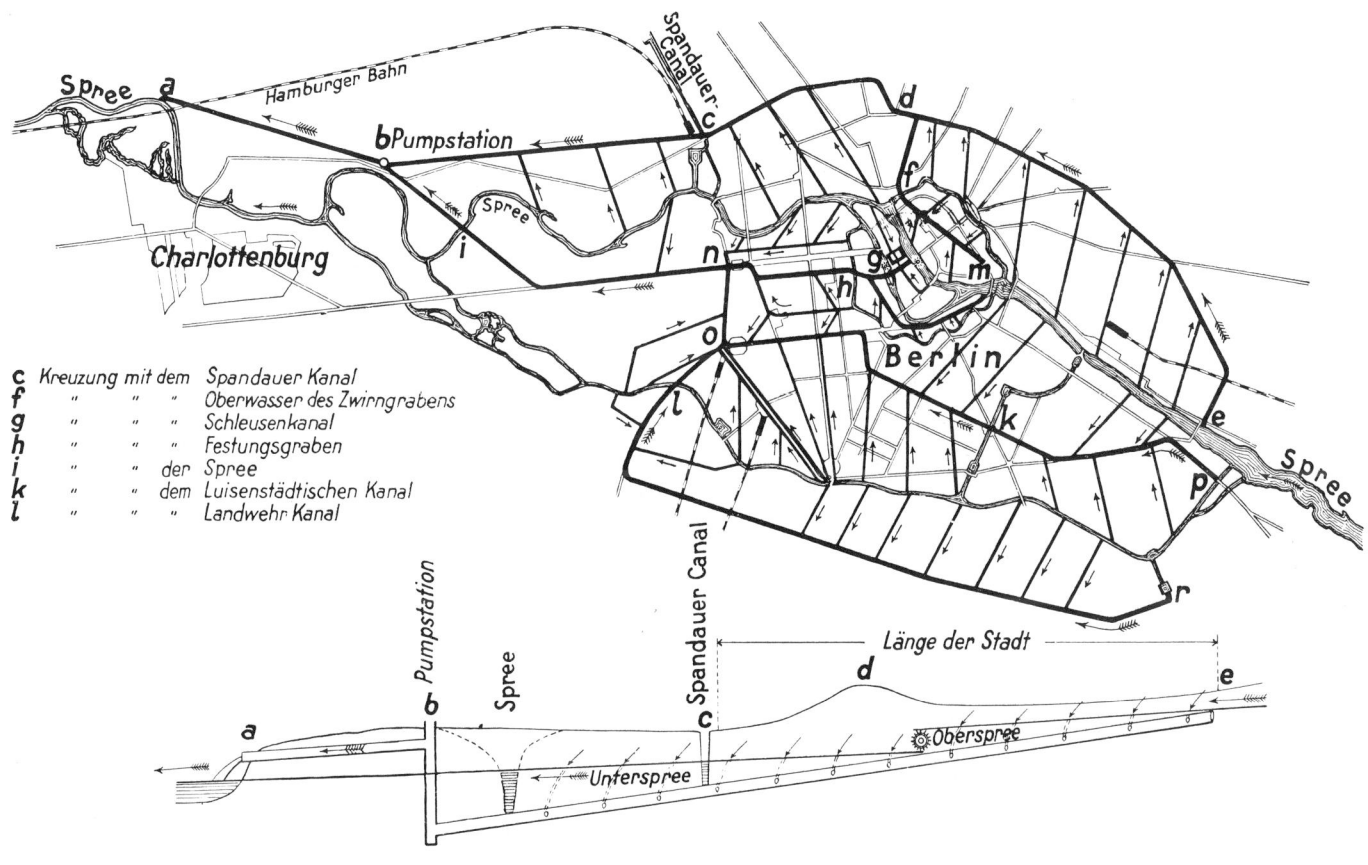

Wiebe, Entwurf für die Entwässerung Berlins von 1861   ←B 19

Nachdem die Vermessungen der Umgebungen Berlins vollendet sind, auch bereits der neue Bebauungsplan auf einzelnen Abteilungen aufgestellt und seitens des Herrn Ministers für Handel die Genehmigung erhalten, liegt es mir ob, ein Entwässerungsproject für die genehmigten Straßennetze auszuarbeiten. Bei näherem Eingehen auf diese Angelegenheit sind indessen bei mir erhebliche Zweifel über die Angemessenheit einer sogenannten natürlichen Entwässerung wie über die Möglichkeit der Durchführung einer solchen entstanden. Zu dem anliegenden Promemoria habe ich dieselben zusammengestellt und erlaube mir, dem Königl. Polizei-Präsidium dasselbe zur Prüfung ganz gehorsamst mit der Bitte vorzulegen, entscheiden zu wollen, ob diesen Bedenken ungeachtet, demnach ein Projekt zu einer natürlichen Entwässerung ausgearbeitet werden soll, oder ob diese Frage vielleicht vorher dem Herrn Minister zur andersweitigen Beschlußfassung vorzulegen sei.

←A 32   *das eigentliche Straßenpflaster (auf den Hauptverbindungslinien makadamisiert) befindet sich selbst bei Regenwetter und trotz des unglaublichen Verkehrs in stets passierbarem Zustand. Eigentümliche Fuhrwerke, die, ähnlich wie unsere Eggen auf dem Felde, einen breiten Besen hinter sich führen, fahren bei schmutzigem Wetter auf und ab und säubern so die aufgeweichten Straßen.*

Beschreibung der großen Gürtelstraße in dem Erläuterungsbericht vom 15.1.1862:

→A 33   *Für die Projektierung der großen G ü r t e l s t r a ß e , welche die aus dem Kern der Stadt strahlenförmig hervorgehenden Communicationen in einfacher*

→B 20 „Plan von Berlin und Umgegend bis Charlottenburg" mit eingetragenen sämtlichen Abteilungen des Bebauungsplans, verlegt bei Reimer 1865

UMGEGEND bis CHARLOTTENBURG

oder doppelter Reihe miteinander verbinden soll, ist die durch den Böhmschen Plan gewährte Übersicht der allgemeinen Anordnung, welche rings um die Stadt . . . Bebauungsplane zu Grunde gelegt ist, von wesentlicher Bedeutung. Auf der Südseite von Berlin ist die Richtung dieser Straße durch die Allerhöchst genehmigten Bebauungspläne für die betreffenden Abteilungen der Umgebungen dahingehend festgestellt, daß sie bei dem Platz am Knie der Charlottenburger Chaussee beim Hippodrom beginnt und in der Chaussee durch die Hasenheide ausläuft. Auf der Nordseite der Stadt sind zum Teil doppelte Gürtel projektiert. Der äußere, welcher das ganze Gebiet der Stadt in ununterbrochenem Zuge umfaßt, geht im Westen von der Charlottenburger Brücke aus, folgt dem geraden Zuge der Seestraße bis zur Reinickendorfer Straße auf dem Wedding, durchschneidet das ausgedehnte Gebiet vom Louisenbrunnen bis Weißensee in gerader Richtung und gewinnt vermittelst bestehender Communicationswege über Hohenschönhausen, Lichtenberg und Friedrichsberg (?) auf dem Markgrafendamm diesseits Stralow die Oberspree. Der innere Gürtel ist wegen der inmitten liegenden, bereits dicht bebauten Stadtteile nicht vollständig durchzuführen. Im Westen geht dasselbe von dem Platz beim Hippodrom aus, folgt der Richtung der Marchstraße und geht nach Überschreitung der Spree in die Moabiter Chaussee über, welche sie in der Invalidenstraße und der Hauptstraße von der Brücke beim Humboldt-Hafen nach dem Tiergarten fortsetzt. Im Osten geht derselbe von der Oberbaumbrücke aus, folgt der Richtung der Stadtmauer, überschreitet die Frankfurter Chaussee bei der „Neuen Welt" und geht von dort in den beim Exerzierplatz an der einsamen Pappel endenden Communicationsweg über. Bei Projektierung der Gürtelstraße innerhalb der Abteilung I der Umgebungen kam es hiernach darauf an, das Ende der Chaussee durch die Hasenheide mit der Oberbaumbrücke einerseits und mit dem Markgrafendamm andererseits in angemessene Verbindung zu bringen. Dieserhalb ist die innere Gürtelstraße vom Oberbaum aus in senkrechter Richtung zum Lauf der Spree unter Berücksichtigung der durch die Separation festgestellten Grundstücksgrenzen auf dem Köpenicker Felde und unter rechtwinkliger Kreuzung des Landwehr-Kanals bis zu dem Punkte fortgeführt, wo sie mit der Verlängerung der Hasenheiden-Allee zusammentrifft. Von dem bei diesem Vereinigungspunkte projektierten großen Platze ist die äußere Gürtelstraße unter rechtwinkliger Kreuzung des neu projektierten Stichkanals bis zum Durchschneidungspunkte mit der Alsen (?) -Allee und vom dem an diesem Punkte angenommenen großen Platze ab in der Richtung dieser bereits bestehenden Allee bis zur Spree gegenüber dem Markgrafendamm fortgeführt.

Durch die außerdem projektierte Verlängerung der den Stichkanal rechtwinklig kreuzenden Straßenstrecke bis Treptow wird eine ununterbrochene, von der geraden Linie sehr wenig abweichende Verbindung zwischen Charlottenburg und Treptow hergestellt werden. Nach Feststellung der Gürtelstraße ergab die Projektierung des übrigen Straßennetzes sich aus der Lage der bestehenden Straßen, Wege, Wasserläufe und Grundstücksgrenzen.

Allgemeine Erläuterung des Bebauungsplans vom 18.7.1862:

Nachdem die Bearbeitung des neuen Bebauungsplans für Berlin und dessen Umgebungen gegenwärtig auf dem ganzen, für die Bebauung ausersehenen Gebiete beendigt worden ist, gestatte mir, Eurer Königl. Majestät die aus dieser Bearbeitung hervorgegangenen Entwürfe für die Abteilungen II, IV, V Section 1, 2 und 3, VI, IX, X Section 1 und 2, XI, XII, XIII Section 1 und 2, XIV und das Stralauer Viertel zur allerhöchsten Prüfung und Feststellung alleruntertänigst vorzulegen, indem ich mir vorbehalte, die danach allein noch übrig bleibende Abt. VIII des Bebauungsplanes, welche das Terrain der Pulvermagazine bei Moabit umfaßt, nach Abschluß der darüber mit dem Kriegsminister noch schwebenden Verhandlungen mittelst besonderen Berichts nachträglich einzureichen.

In Betreff des formellen Ganges, den die Bearbeitung des neuen Bebauungsplanes genommen hat, ist zuvorderst zu den diesfälligen Bemerkungen am Eingang des Berichts meines Amtsvorgängers vom 15.1. d.J. noch folgendes ehrfurchtsvoll hinzuzufügen.

Bei den Beratungen, welche seitens des Polizei-Präsidiums mit den Kommissarien der städtischen Behörden von Berlin, resp. Charlottenburg, über den

Ebenmäßig bemerke ich noch, daß die Frage insofern jetzt schon eine dringliche genannt werden muß, als sofort nach erfolgter Feststellung der zu einer natürlichen Entwässerung erforderlichen Höhenlage der Straßendämme in jedem Baukonsens die Höhe der Torwegschwelle angegeben werden müßte.

Nachdem er schildert, welche Kosten entstehen, um in den flachen Gebieten der Umgebung Berlins das notwendige Gefälle für eine natürliche Entwässerung herzustellen, führt er am Schluß aus:

Welche Übelstände die Annahme dieses Systems zunächst in der Zeit fühlbar machen würde, wo die Bebauung durchweg eingetreten, ist noch zu erwähnen. Es bliebe nichts übrig, als jedem Bauenden, ähnlich wie es in Bezug auf die Kosten für die Pflasterung geschieht, die Kosten für die dereinstige Straßendammerhöhung (etwa 400 wtl bei gewöhnlicher Grundstücksbreite) vorweg beim Bau abzunehmen; bis der Damm geschüttet wird, ist natürlich von einer Entwässerung nicht die Rede, das Haus jedoch steht 50 bis 100 Jahre 12 bis 24 Fuß mit der Torwegschwelle über dem natürlichen Terrain, und die Bewohner sind genötigt, auf einer angeschütteten Rampe in ihre Behausung zu gelangen. Ist die Bebauung eingetreten und die Aufschüttung der Straßendämme erfolgt, so muß, soll die ganze Arbeit nicht umsonst gewesen sein, an den Mängeln festgehalten werden, welche der Reinlichkeitsbetrieb, den man mit Recht den Thermometer der Sittlichkeit und Bildung eines Volkes nennen kann, in anderen Ländern längst beseitigt hat – von den Appartementsgruben, Senkgruben, den Abtritten in den Wohnungen, den Rinnsteinen mit ihren Brücken und Zungenrinnsteinen (?). Die Einführung der WATER-CLOSETS, welche jedem, der die Wohlfahrt solcher Einrichtungen kennt, geradezu unentbehrlich werden, muß konsequent verboten werden. – Überzeugt man sich, daß diese Übelstände wirklich eintreten und durch Annahme der natürlichen Entwässerung für permanent erklärt werden, so bleibt nur übrig, entweder jedes Bauen von neuen, nicht gepflasterten und nicht aufgehöhten Straßen zu verbieten, oder, da dies kaum angänglich sein möchte, sich zur Annahme der einzig richtigen Art der Entwässerung von Städten – der künstlichen – zu entschließen, welche für die Hälfte der Kosten herzustellen allen vernünftigen Anforderungen der Reinlichkeit und Gesundheitspflege entspricht und dem Bau-Unternehmungsgeist keine gewaltsamen Fesseln und keine nutzlosen Geldopfer auferlegt.

Noch im gleichen Jahr übernimmt die Diskussion eine vom Magistrat eingesetzte Deputation, die „über die Reorganisation des Latrinenwesens bzw. die Kanalisation Berlins" beraten wird. Hier können sich die Anhänger des Abfuhrsystems und die der Kanalisation über Jahre nicht einigen; währenddessen stinkt es weiter in Berlin.

Der Bebauungsplan als Grundlage für die Mietshausbebauung

Der Bebauungsplan für die Umgebung von Berlin in der Zusammenzeichnung aller 14 Abteilungen ist hier in zwei Varianten abgedruckt:
1. eine von Hand gezeichnete und kolorierte Fassung auf der Grundlage des Sineckschen Planes von **1860** im Maßstab 1:6250. Die einzelnen Abteilungen sind farbig voneinander abgesetzt, und zwar sind nur die von der Bebauung freizuhaltenden öffentlichen Straßen- und Platzflächen farbig angelegt. Der Entwurf des Bebauungsplanes ist nicht in seiner Gesamtheit auf dem Plan untergebracht. Wir können nicht ermitteln, zu welchem Behördenvorgang dieser Plan gehört;
2. eine gedruckte Fassung, in der der Bebauungsplan in den Boehmschen Plan von **1865** im Maßstab 1:15384 eingetragen ist. Auf dem Plan sind die vorhandene Bebauung in Schwarz und die für die Bebauung vorgesehenen Flächen in Rot dargestellt. Hier ist das Straßennetz weiß gelassen, die Baublöcke sind schwarz bzw. rot schraffiert.

Wir beziehen uns im folgenden auf die zweite, gedruckte und verabschiedete Variante des Bebauungsplans. (Zu dem Bebauungsplan existieren zwei aufeinanderfolgende und aufeinander bezogene Erläuterungsberichte, der erste vom **15.1.1862** vom Handelsminister von der Heydt für die zuerst verabschiedeten Abteilungen I und VII, der zweite vom **18.7. 1862** von dem neuen Handelsminister Holzbrink für die restlichen Abtei-

→S 544
←A 34
→A 35
→S 498

lungen mit Ausnahme der Abteilung VIII, die erst am **9.8.1862** nach abschließenden Verhandlungen mit dem Kriegsminister verabschiedet wird. Beide Erläuterungsberichte gliedern sich in einen allgemeinen Teil und in die Einzelbeschreibungen der Abteilungen.)

In der Randspalte dokumentieren wir zusätzlich die bisher unbekannten zwei Erläuterungsberichte zu dem Bebauungsplan in ihren allgemeinen Teilen.

Die Strukturelemente des Bebauungsplans

Wenn man sich mit dem Bebauungsplan vertraut gemacht hat, so entdeckt man zunächst ganz grob folgende Strukturen:
1. Berlin und Charlottenburg werden um den Freiraum Tiergarten herum durch eine im Osten weitausgreifende äußere Ringstraße zusammengefaßt.
2. Von beiden Zentren, dem alten Berlin und der kleinen Stadt Charlottenburg, die um das Schloß und in Richtung Berlin gewachsen ist, gehen Chausseen in alle Richtungen, die vom Bebauungsplan aufgenommen werden und zu seiner Unterteilung in einzelne Abschnitte dienen.
3. Die noch unbebauten Räume zwischen diesen Chausseen werden aufgeteilt in Quartiere verwandter Größe von etwa 50.000 qm. Addieren sich mehrere Quartiere zwischen zwei Chausseen, so sind sie durch ringartige Verbindungsstraßen voneinander getrennt, die in der Regel mehrere Sektoren durchschneiden.
4. Die Quartiere haben in der Regel als Mittelpunkt einen Platz, der polygonal, rechteckig, quadratisch sein kann und in vielen Variationen entweder vom Straßennetz gekreuzt oder tangiert wird oder zu ihm versetzt ist. Die Plätze sind als Grünplätze gedacht, denn es fehlen in dem Bebauungsplan jegliche neue Grünflächen, oder als Kirchen- oder Marktplätze. Es lassen sich außerdem entlang der Wasserwege besondere Freiflächen feststellen, die als Lagerplätze vorgesehen sind.
5. Bei den Straßen lassen sich im wesentlichen 3 unterschiedliche Breiten feststellen – die Ringstraßen mit etwa 15 Ruthen, die Verbindungsstraßen in sektoraler und radialer Richtung mit ca. 9–12 Ruthen und die Nebenstraßen, die die Quartiere in einzelne Baublöcke aufteilen, mit ca. 5 Ruthen (1 Ruthe = 12 Fuß = 12 x 0.31385 m = 3,76 m).
6. Die Baublöcke haben unterschiedliche Zuschnitte. In der überwiegenden Zahl sind es rechteckige oder quadratische Baublöcke, die in ihren Dimensionen denen der Luisenstadt folgen, weil sich damit die Vorstellung einer Randbebauung mit inneren Gärten oder einer industriellen Nutzung verbindet.

Die Aufzählung dieser Entwurfselemente vernachlässigt alle die Besonderheiten, die sich aus den schon bebauten Flächen und angelegten Straßen ergeben. Wie sehr sich der Bebauungsplan an die vorhandenen Eigentumsgrenzen, an den Verlauf der Feldwege und Chausseen hält und versucht, etwa schon vorhandene Bebauung zu umgehen, kann man selbst nachvollziehen, wenn man den Plan der separierten Ackerhufen von **1822** mit der ihm entsprechenden Fläche in dem Bebauungsplan von **1862** vergleicht. Ernst Heinrich hat diesen Zusammenhang bereits nachgewiesen. ←S 472 ←L 30

Vorbilder für die Entwurfselemente des Bebauungsplans

Der Bebauungsplan setzt sich aus Elementen zusammen, die unterschiedliche Erfahrungen verarbeiten und verschiedene Verfasser haben. Die endgültige Fassung von **1862** spiegelt auch seine Entstehungsgeschichte. Die Ausgangsgrößen, auf die sich alle Entwerfer, Kommissionen und Gutachter berufen, sind die Elemente der einzigen regelmäßigen feudalabsolutistischen Berliner Stadtteilplanung, der Berliner Friedrichstadt. Der Querschnitt der Allee Unter den Linden, die Dimensionen der Plätze Gendarmenmarkt, Pariser, Leipziger und Belle-Alliance-Platz sowie die Baublöcke sind immer wieder zitierte Bezugsgrößen. Die große Ringstraße,

Entwurf gepflogen worden, sind auch Vertreter der Ministerial-Bau-Kommission zugezogen, um die dabei in Betracht kommenden fiskalischen Interessen, insbesondere auch die Interessen der Strom- und Schifffahrts-Polizei wahrzunehmen. Seitens der städtischen Kommissarien ist dabei vielfach mit den meistbeteiligten Grundbesitzern in Verbindung getreten, der aus diesen Beratungen hervorgegangene Entwurf ist hier nochmals der Prüfung durch die Abteilung für das Bauwesen unterbreitet worden, welche eine Reihe zum Teil wesentlicher Ausstellungen gegen den Entwurf ergab und es unumgänglich machte, denselben dem Polizei-Präsidium zur nochmaligen Umarbeitung zurückzugeben. Bei der darauf wiederum unter Zuziehung der städtischen Kommissionen und der Vertreter der Ministerial-Bau-Kommission stattgefundenen letzten Revision des Entwurfs haben die seitens der Bau-Abteilung

→B 21 Schema der für den Bebauungsplan angewandten Quartiersaufteilungen

gemachten Ausstellungen und in Vorschlag gebrachten Abänderungen die entsprechende Berücksichtigung gefunden. Der vorliegende Entwurf stellt sich hiernach als das Resultat wiederholter sehr sorgfältiger Untersuchungen und Beratungen seitens sämtlicher beteiligter Behörden dar, bei denen sowohl den allgemeinen Interessen als auch den besonderen Lokal- und Privatinteressen die tunlichste Berücksichtigung zuteil geworden ist.

Um eine umfassende Prüfung des Entwurfs im Großen und Ganzen vornehmen zu können, ist unter Benutzung der Böhmschen Karte der ehrerbietigst beigefügte Übersichtsplan B angefertigt worden, in welchen die bereits festgestellten Abteilungen des Bebauungsplans violett, die neuentworfenen braun angelegt sind. Dieser Übersichtsplan ist mehrfach ausgefertigt und zur Beglaubigung von den Vorstehern der beteiligten Behörden sowie unter dem heutigen Tage von mir vollzogen.

Der neuentworfene Bebauungsplan umfaßt außer dem erweiterten Weichbild von Berlin die Stadt und Feldmark Charlottenburg nebst Lietzow sowie Teile der Feldmarken von Rixdorf, Wilmersdorf, Reinickendorf, Weißensee, Lichtenberg und der Colonie Hohen-Schönhausen, Friedrichsberg und Buxhagen. Die Ausdehnung des demnach zur Bebauung ausersehenen Gebietes beträgt nach der Länge etwa 1 3/4 Meilen, nach der Breite etwa 1 Meile. Dieses Gebiet hat, abgesehen von dem Tiergarten, einen Flächenraum von etwa 30 000 Morgen, ist also etwa fünf und einhalb mal so groß als das etwa 5400 Morgen enthaltende Gebiet innerhalb der Stadtmauer. Auf den Morgen innerhalb der Stadtmauer wohnen gegenwärtig im Durchschnitt etwa 70 Menschen. Nach diesem Maßstab würden auf dem in den neuen Bebauungsplan fallenden Gebiete über zwei Millionen wohnen können. Werden dagegen mit Rücksicht darauf, daß die Dichtigkeit der Bevölkerung in den vom Mittelpunkt der Stadt entfernteren Stadtteilen abzunehmen pflegt, nur 50 E auf den Morgen gerechnet, so würden auf dem gedachten Gebiete immer noch anderthalb Millionen wohnen können. Die Einwohnerzahl von Berlin betrug nach der Zählung im Jahre 1816: 188 485, nach der Zählung im Dezember vorigen Jahres: 545 319. Dieselbe ist danach in den letzten 46 Jahren beinahe um das Dreifache gestiegen. Sollte das gleiche Verhältnis in der Zunahme der Bevölkerung fortdauern, so würde die Seelenzahl von anderthalb Millionen in noch nicht 50 Jahren erreicht werden. Mag aber

auch ein Jahrhundert darüber hingehen, bevor die
Einwohnerzahl von Berlin eine Höhe erreicht haben
wird, welche die Ausführung des entworfenen Bebauungsplanes in seinem ganzen Umfange bedingt, so
kann daraus doch nicht gefolgert werden, daß bei
Aufstellung des Planes über das Bedürfnis hinausgegan-
gen sei.

Erfahrungsmäßig schreitet die Bebauung vom Kern
der Stadt aus nicht gleichmäßig nach allen Seiten hin
fort. Die bei vielen großen Städten beobachtete Erscheinung, daß die Bebauung vorzugsweise dem Zuge
nach Westen folgt, trifft auch in Berlin zu und findet

die ihren westlichen Ausgangspunkt im Turm des Charlottenburger Schlosses hat, ist ausdrücklicher Wunsch des Königs. Möglicherweise haben die
Pariser Boulevards hier als Vorbild gedient.

Ein Teil dieses Ringes, und zwar der südliche Abschnitt vom Witten-
bergplatz bis zum Südstern mit seiner abwechslungsreichen Platzfolge,
trägt noch ganz die Handschrift von Lenné und repräsentiert den durch
ihn aus der Gartenbaukunst entwickelten Formenapparat mit baumbe-
standenen Plätzen, Promenaden und Kanälen, wie sie die südlichen Abteilungen des Bebauungsplans bestimmen.

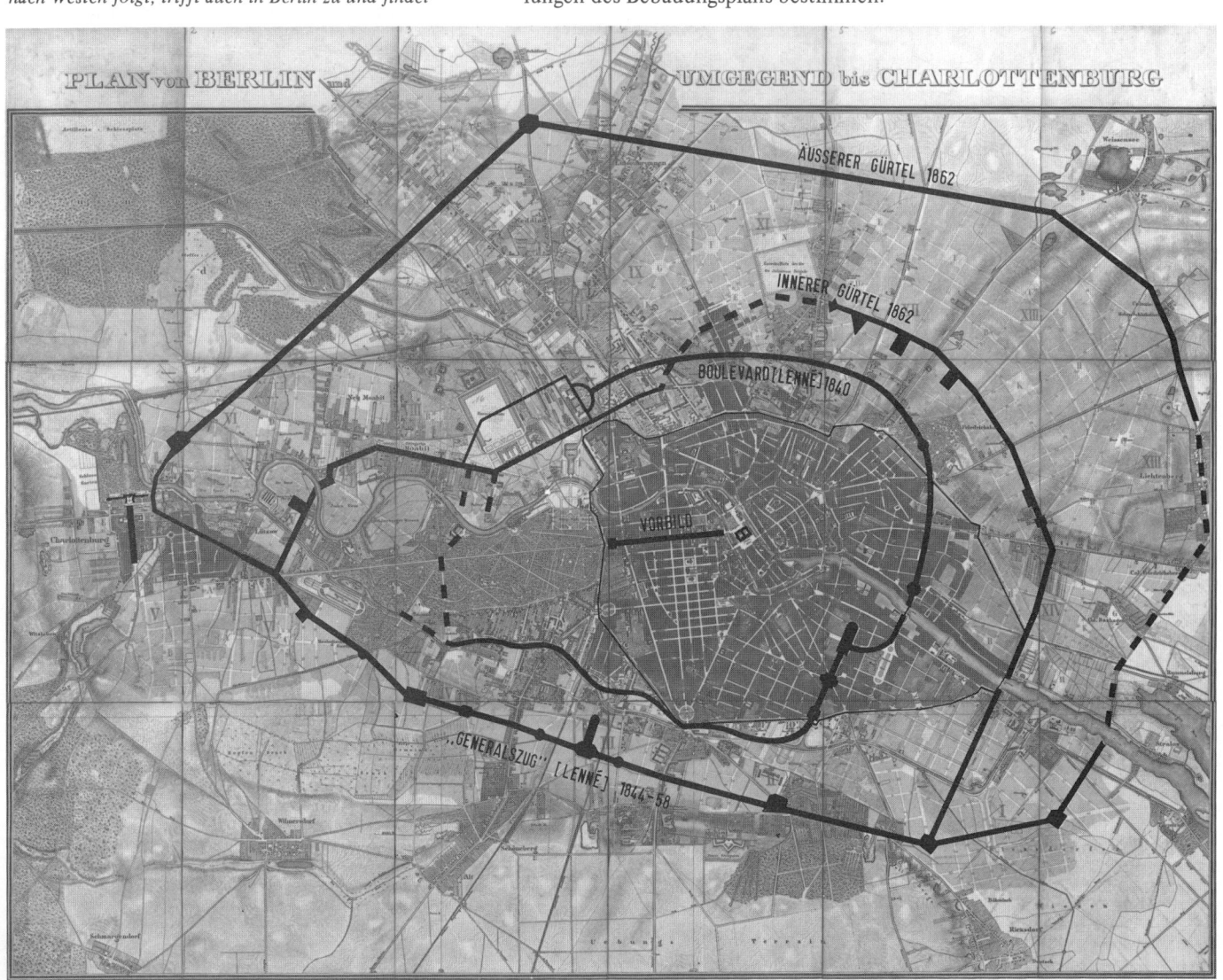

hier durch den Vorzug, den die westlichen Stadtteile
durch die Nähe des Tiergartens genießen, noch einen
besonderen Anlaß. Es erscheint daher gerechtfertigt,
daß eine Ausdehnung der Stadt besonders nach Westen
hin bis über Charlottenburg hinaus in Aussicht genommen ist.

In Moabit, auf dem Wedding und dem Louisenbrunnen nähert sich die Bebauung schon gegenwärtig
den Grenzen des erweiterten Weichbildes. Dasselbe ist
der Fall längs der Schönhauser Allee, der Frankfurter
Chaussee, der Tempelhofer und der Potsdamer Straße.

Fortsetzung S. 504

**Aus Lennés englischem Reisetagebuch von 1822
über die Squares:**

Außer diesen Hauptanlagen ist die Hauptstadt mit
öffentlichen Plätzen (Squares genannt) reichlich versehen. Viele davon zeichnen sich durch eine zweckmäßige Anordnung und durch die ungewöhnliche Sorgfalt
und Mühe, welche man auf deren zierliche Erhaltung
verwendet, vorteilhaft aus. Die Rasenplätze sind mit
einer Sauberkeit und Sorgfalt angelegt und die Gänge
mit einer Schönheit und Reinlichkeit erhalten, welche
man nur in England kennt und anderwärts vergeblich
sucht. Allein nur ein geringer Teil des Publikums hat
von diesen Anlagen Genuß; alle sind mit kostbaren
eisernen Gittern umgeben, und nur wenigen nahe woh-

→B 22 In den Bebauungsplan von Berlin und Charlottenburg in gedruckter Fassung von
1865 sind alle Ringstraßenprojekte eingetragen und datiert. Dort, wo sie gestrichelt
sind, ist ihr Verlauf nicht genau auszumachen, bzw. schon damals ungeklärt.

Die von Hobrecht bearbeiteten Abteilungen unterscheiden sich dadurch, ob sie vor oder nach der **1860** zum Studium der Kanalisation
nach England und Frankreich unternommenen Dienstreise entworfen
sind.

Im Erläuterungsbericht der Abteilung X vom **1.3.1861** geht Hobrecht
auf die in England gemachten Erfahrungen mit Straßen und Plätzen ein

→L 31 — Erfahrungen, die auch schon Lenné in bezug auf die Squares **1822** gemacht hat.

←L 32

→A 36 Desgleichen ist in vielen Straßen die Breite der Art bemessen, daß Vorgärten angelegt werden müssen oder können. Die Anlage von Vorgärten in
allen Nebenstraßen ist ebenso bedenklich, wie der vollständige Mangel derselben unschön ist; für letzteres sind die Straßen in der Friedrichsvorstadt
(sog. Geheimratsviertel) und in dem Köpenicker Felde ein passendes Beispiel, für ersteres eine Menge von jetzt bestehenden außerhalb der Ringmauer und namentlich der Abteilung X selbst belegenen Straßen.

Abgesehen davon, daß zur Anlage von Vorgärten gesetzlich in keiner

Weise ein Zwang ausgeübt werden kann – es sei denn, daß Straßenunternehmer dieser Bedingung sich kontraktlich unterwerfen –, daß es also jedem freisteht, wenn er nur die Baufluchtlinie einhält, das Vorgartenterrain wüst liegen zu lassen oder zu pflastern, so sind es auch noch andere praktische Bedenken, welche der durchgängigen Projektierung von Vorgärten in den Nebenstraßen entgegenstehen. Häuser mit Läden und Schaufenstern können Vorgärten nicht brauchen; nicht allein, daß es notwendig ist, an die Schaufenster heranzutreten, um die ausgestellten Waren zu besichtigen, es haben auch die einzelnen Läden, deren es eine größere Anzahl in dem Erdgeschoß eines Hauses häufig gibt, je eine Ausgangstür und einen Zugang nach dem Straßendamm, resp. Bürgersteig; es werden dadurch, wenn auch schon der Schaufenster wegen von der Anlage der Vorgärten nicht Abstand genommen, dieselben vor jedem einzelnen Hause durch gepflasterte Passagen so oft unterbrochen, daß sie eine ganz aufgelöste Form bekommen und einen wenig erfreulichen Anblick darbieten. Es möchte daher angemessen erscheinen, einem nicht allzu großen Teil der Nebenstraßen die zur Anlage der Vorgärten notwendige Breite zu geben. Daß der Fall, welcher bei Erteilung von Bauerlaubnisscheinen vorgesehen wird, der nämlich, daß der gesteigerte Verkehr die Verbreiterung des Straßendammes notwendig mache und daß dann das Vorgartenterrain zur Verbreiterung der Bürgersteige hergegeben werde, daß dieser Fall, sage ich, irgendwo eintreten werde, ist nicht anzunehmen. Wenn die schmalsten Straßen in den jetzigen Bebauungsprojekten die Breite von 5 Ruthen erhalten, mehr oder minder erheblich breitere Straßen aber überall vorhanden sind, wie soll da für den Verkehr nicht aufs ausreichendste gesorgt sein, wenn man sich vergleichsweise erinnert, daß in der Londoner City, wo ein Verkehr stattfindet, der hier wegen der notwendig viel geringeren Bedeutung als Binnenstadt, niemals erreicht werden kann – kaum eine einzige Straße zu finden sein möchte, die überhaupt nur die Breite von 5 Ruthen hat.

Das Mittel, dem Auge dennoch einen wohltuenden Anblick grüner Anlagen, Baumpflanzungen und Rasen zu gewähren, und die Nachteile, welche die Anlage von Vorgärten dem kleinen Handelsverkehr zuschieben, zu beseitigen, ist ein doppeltes; man kann die Baum- und Rasenanlagen eingegittert mehr oder weniger in die Mitte der Straßen placieren, und man kann die beiden Straßenseiten verschieden behandeln, so daß auf der einen Seite ein für den durchgehenden Hauptverkehr ein breiter Straßendamm und ein Bürgersteig ohne Vorgärten, auf der anderen Seite aber ein schmaler, vielleicht chaussierter Straßendamm mit schmalen Bürgersteigen und breiten Vorgärten projectiert wird, in diesem Fall würden die beiden Straßendämme durch eine Promenade oder einen Rasenstreifen zu trennen sein. Eine solche Anlage, welche sehr vielfach in den neueren Stadtteilen Londons und anderen englischen Städten vorkommt, nimmt Rücksicht auf die verschiedenen Bedürfnisse der verschiedenen Bewohner einer Straße; an dem breiten Straßendamm ohne Vorgärten mit dem durchgehenden Verkehr placirt sich der Kaufmann und das Gewerbe, an den schmalen, seitwärts herausgerückten Straßendamm mit Vorgärten der der Ruhe bedürftige Teil der Bevölkerung: der Gelehrte, der Beamte, der Künstler.

Nebenstehende Querprofile geben ein Bild solcher mehr oder minder reich ausgebildeten Straßen. Derartige Straßen habe ich in Paris nicht gesehen, wo aber auch überhaupt bei den neueren Straßen-Anlagen die Ansicht vorzuherrschen scheint, daß die Schönheit einer Straßen-Anlage lediglich mit der Breite derselben in directem Verhältnis fortschreitet; dieser Grundsatz ist sehr bedenklich. Denn wenn auch im allgemeinen monumentale Bauwerke wenigstens zum Teil verlangen, daß sie auf einem freien Platze stehen, so ist das doch bei der gewöhnlichen städtischen Häuser-Architektur nicht der Fall; diese muß gewissermaßen etwas Gedrungenes behalten, denn sie imponiert vorzugsweise durch ihre zusammenhängende Masse, welche das Auge mit einem Blicke zu übersehen im Stande ist. Die maßlose Breite neuer Straßen in Paris, wie die der Boulevards exterieures, löst jeden architectonischen Total-Eindruck auf, die Häuser erscheinen winzig, und die Straße sieht aus wie ein Dorfanger.

Solche Straßen, wie ich sie vorhin beschrieb, wie ich sie in den neueren Teilen von London gesehen, habe ich mehrfach auf dem Bebauungsplan der Abt. X projectiert.

Dem Gutachten der technischen Bau-Deputation entsprechend, sind die Häuser-Quartiere in ihrer Größe wechselnd so projectiert, daß vielleicht mit ganz geringen Ausnahmen die kleinsten derselben größer sind als die Quartiere der Friedrichstadt. Ebenso sind an den Rändern der Stadt und

nenden Personen ist der Zugang – vermutlich gegen einen jährlichen Beitrag zu den Unterhaltungskosten – gestattet. Nächst diesem äußern Verschluß entziehen doppelte Heckenwände von immergrünen Sträuchern dem Vorbeiwandelnden die Ansicht. Die Eigentümlichkeit der Stadt London und das Wogen eines derben Pöbels mögen zu diesen Einschließungen nötigen. Mir haben sie, gewöhnt an die Liberalität meines Königs und anderer deutschen Fürsten, die alles, was sie an schönen Gartenanlagen ausgeführt haben, ihren Untertanen großmütig öffnen, eine widerwärtige Empfindung abgenötigt, und mehrmals habe ich mich nach den Potsdamer Gärten zurückgesehnt, welche jedermann, zu jeder Tageszeit offen, in ihrem unversehrten Schmuck, Zeugnis von der Ehrfurcht geben, mit welcher das Publikum die Gnade des Königs anerkennt. Jene Squares sind ein Notbehelf für die Städter, welchen ihre Umstände nicht gestatten, die Schönheiten der Natur außerhalb zu besuchen.

Es wäre zu wünschen, daß der Bauplan der Stadt Berlin auf ähnliche Einrichtungen gemacht wäre. –

Noch einmal Fontane 1852:

→L 33

Der Stadtteil, den ich jetzt bewohne, besteht überwiegend aus großen und kleinen Plätzen, so daß die Straßen, die sich vorfinden, weniger um ihrer selbst als vielmehr um der Verbindung willen, die sie zwischen den zahllosen Squares unterhalten, dazusein scheinen. Bedford und Fitzroy, Bloomsbury und Torrington Square halten gute Nachbarschaft mit uns, und Russell und Euston Square sind so nah, daß wir uns mit ihnen begrüßen können. Die ganze Gegend hat was Herrschaftliches; das macht, sie war das West End Londons in der zweiten Hälfte des vorigen Jahrhunderts, und dieselbe Aristokratie, die jetzt auf Belgrave und Eaton Square ihre town-residences hat und sich des Bekenntnisses schämen würde, östlich von Grosvenor Place und Hyde Park Corner zu wohnen, lebte vor 80 Jahren, nicht minder selbstbewußt, hier auf Tavistock Square und baute jene fassadengeschmückten Häuser und jene hohen Zimmer, die jetzt nicht mehr passen wollen zu der meist bürgerlichen Schlichtheit ihrer Bewohner. Ich sage ,,meist", denn wir haben hier auch Notabilitäten in nächster Nähe, keine Lords und Viscounts, aber Ritter von Gottes statt von Königs Gnaden und Namen, die schwerer wiegen als die Stammbäume von sechs irischen Lords.

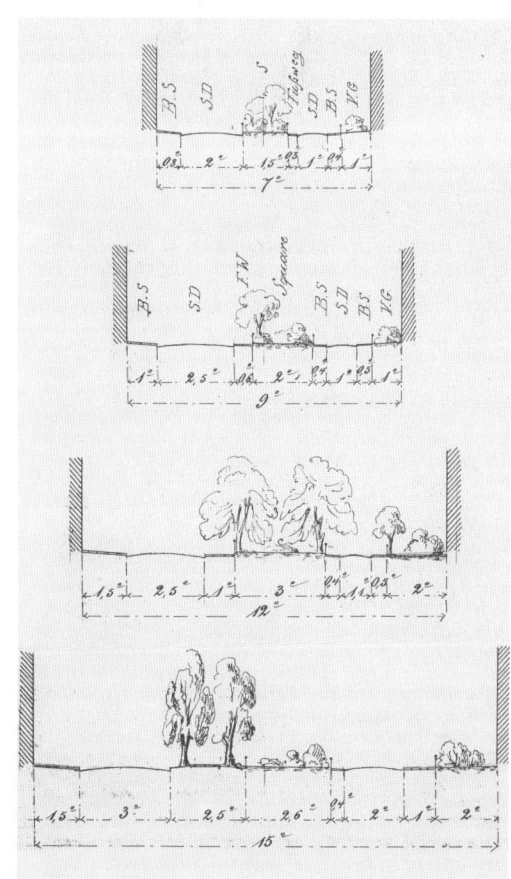

→B 23 Hobrecht, Vorschläge für Straßenquerschnitte nach englischem Vorbild

Fortsetzung von S. 502

←A 37

Hiernach erscheint es unbedenklich, daß der neue Bebauungsplan nach diesen Richtungen auch auf das zwischenliegende, zur Zeit noch zu Äckern und Gärten benutzte Terrain ausgedehnt worden ist. Einen Beweis, wie oft nicht vorhergesehene Umstände dahin führen können, auf einem selbst entfernten Gebiete eine ungemeine Bautätigkeit hervorzurufen, liefert das Grundstück der ehemaligen Waaren-Credit-Gesellschaft vor dem Rosenthaler Tore, auf welchem in Folge der durch die Auflösung der Gesellschaft noch besonders beschleunigten Parzellierung binnen wenigen Jahren ein zusammenhängender dicht bebauter Stadtteil teils bereits entstanden, teils noch im Entstehen begriffen ist.

Ein Bedenken, welches gegen eine zu frühzeitige Feststellung des Bebauungsplanes hin und wieder erhoben worden ist, daß nämlich die Grundeigentümer dadurch ohne Not auf lange Jahre hinaus in der Benutzung ihrer Grundstücke beeinträchtigt würden, greift nur in den seltenen Fällen Platz, wo ein Grundstück ganz in das zu Straßen und Plätzen bestimmte Terrain fällt. Wird nur ein Teil des Grundstücks zur Straße gg. erforderlich, so liegt in der Regel keine Härte darin, daß der Eigentümer bei der Bebauung desselben die Freilassung des Straßenterrains aufgegeben wird.

In den ersteren Fällen kann die Aufrechterhaltung des Bebauungsplanes unter Umständen allerdings zu Härten führen. Indessen ist bei Aufstellung des Bebauungsplanes soviel wie möglich darauf Bedacht genommen, daß dergleichen Fälle nur selten vorkommen werden. So oft sie eintreten, wird es Sache der Stadt sein, unter Berücksichtigung der concreten Umstände jedes einzelnen Falles Abhülfe zu verschaffen, sei es durch Gewährung vorübergehender Entschädigungen, sei es durch Erwerbung des betreffenden Grundstücks. Ein gewichtigeres Bedenken gegen die Aufstellung eines in der Ausführung noch weit aussehenden Bebauungsplanes beruht anscheinend darin, daß in der langen Zeit zwischen der Aufstellung und der Ausführung des Planes vielerlei nicht vorherzusehende Umstände eintreten können, welche eine Änderung des Planes bedingen. Allerdings ist nicht zu bezweifeln, daß dergleichen veränderte Umstände auch hinsichtlich des vorliegenden Bebauungsplanes eintreten werden. Als solche sind schon gegenwärtig in Anregung gekommen: die Anlegung eines Vorflut- und Schiffahrtskanals von der Ober-Spree bei der Kannenbrücke, unter dem Höhenzuge des Kreuzbergs hin, durch den Hopfenbruch bis zur Unterspree bei der Charlottenburger Brücke, die Herstellung eines Kanals von dem Berlin-Spandauer Kanal beim Plötzensee nach der Unter-Spree in der Nähe der Mündung des Landwehrkanals, die Verlegung der Verbindungsbahn, der Bau einer zweiten Eisenbahn nach Potsdam, sowie einer direkten Bahn nach Cüstrin, die Ausführung eines umfassenden Entwässerungs- und Reinigungssystems vermittelst unterirdischer Kanäle; die Anlage eines Zentrallagerhofs und andere größere Unternehmungen.

Allein der Zeitpunkt, in dem über alle derartige bei Aufstellung des Bebauungsplanes in Betracht kommende Unternehmungen definitive Entscheidung getroffen werden kann, wird nie eintreten und kann keinesfalls vor der Feststellung des Bebauungsplanes abgewartet werden, da die Bebauung, welche dem Wohnbedürfnis gemäß nach allen Seiten großartigen Fortgang nimmt und die Grenzen des Gebietes, für welches ältere Bebauungspläne bestehen, bereits längst überschritten hat, die baldigste Feststellung des Bebauungsplanes erfordert, wenn nicht durch planloses Bauen die Durchführung eines geregelten Planes dauernd vereitelt werden soll, daß durch das Eintreten verändernder Umstände eine Revision des Planes erforderlich wird, erscheint auch im Interesse des Planes selbst nicht nur nicht als ein Nachteil, sondern sogar erwünscht, indem der Plan durch wiederholte Bearbeitung einzelner Teile nur gewinnen kann. Denn nicht derjenige Bebauungsplan ist befriedigend, welcher, ohne irgendwie durch gegebene Verhältnisse beschränkt zu sein, lediglich eine regelmäßige Bebauung bezweckt, sondern ein solcher, der durch die verschiedenartigsten gegebenen Verhältnisse bedingt, mit Überwindung der daraus sich ergebenden Schwierigkeiten eine zweckmäßige, den Verkehrsinteressen genügende Bebauung sichert.

Hiernach dürfte dem Antrage des Polizei-Präsidio und der städtischen Behörden, den neuen Bebauungsplan schon jetzt für das ganze darin in Betracht gezogene Gebiet festzustellen, vorbehaltlich künftig etwa als notwendig sich ergebender Abänderungen kein Bedenken entgegenstehen.

Für die Prüfung des Entwurfs im Allgemeinen gewährt der Übersichtsplan einen Anhalt. Wie Eure Kö-

in der Nähe der Schiffahrtswege große Quartiere für Fabrikanlagen angeordnet.

Was in dem betreffenden Gutachten über die Größe und Lage der freien Plätze gesagt worden, ist berücksichtigt worden.

Kreisförmige und sonstige krummlinige Baufronten sind, wie in den früheren Projecten, so auch hier vollständig vermieden.

Wie stellt man sich 1862 die zukünftige Bebauung der im Bebauungsplan ausgewiesenen Flächen vor?

Die Diskussion um die ideale Größe der Baublöcke entzündet sich bereits ab **1825** bei der Schmidschen Planung für das Köpenicker Feld. Schinkel schreibt dazu in seinem Gutachten am **27.1.1835** unter Punkt 2

→L 34

der *Motive für den projektierten Plan zur Bebauung des Köpenicker Feldes: Diese Vierecke wurden 4-, 6- bis 10mal größer als in der alten Stadt gehalten, um den Charakter der Vorstadt zu gewinnen.* Und in der Aufzählung der Schwierigkeiten, *die dem von Seiner Königlichen Hoheit entworfenen Plane sich entgegenstellen,* bemerkt Schinkel unter dem Punkt 6: *Alles, was irgend auf Spekulation neubaut, muß, wenn einigermaßen Vorteil dabei sein soll, wenigstens drei Etagen hoch bauen . . . Bei diesem städtischen Charakter der Gebäude werden aber die neuen Quartiere, die so groß angenommen sind wie Kölln an der Spree und Alt-Berlin, keine recht heimliche Wirkung machen, und man wird dazu schreiten müssen, in der Folge kleinere Abteilungen im Inneren derselben zu machen, was weit geratener sein dürfte, jetzt gleich zu veranlassen.*

Vergleicht man diese gutachtliche Äußerung Schinkels mit der Beurteilung, die der Magistrat für die Abteilungen I und VII dem Polizeipräsidium am **9.2.1860** übermittelt, so zeigt sich, daß sich der Anspruch an die Blockgrößen innerhalb von 25 Jahren verändert hat:

→A 38

In Betreff der angenommenen Größe der Häuserquartiere erscheint es und zweckmäßig, denselben eine größere Ausdehnung zu geben als den Quartieren der Straßenanlage der Friedrichstadt.

Berlin ist eine bedeutende Fabrikstadt, in der es schon jetzt an geeigneten großen Baustellen zur Anlage größerer industrieller Unternehmungen mangelt. Besonders sind hierzu die in der Nähe des Wassers belegenen Grundstücke geeignet und gesucht, weshalb es wünschenswert erscheint: den Häuserquartieren eine größere Ausdehnung zu geben. – – –

Zur Motivierung dieser Anforderungen für den vorliegenden Plan machen wir noch besonders darauf aufmerksam, daß auf dem angrenzenden Köpenicker Felde die Häuserquartiere ungleich größer bemessen sind und daß ein gleiches für die Umgebung insbesondere auch nur deshalb dringend wünschenswert erscheint, weil sonst bei dem üblich gewordenen Bau vielstöckiger Häuser nicht auf gute Gesundheitsverhältnisse zu rechnen sein möchte.

Aus der Vorstellung einer landwirtschaftlichen Nutzung der Blockinnenflächen, wie etwa im Voigtland, mit einer Randbebauung aus dreigeschossigen Häusern entwickelt sich mit der Industrialisierung Berlins und den Erfahrungen mit dem Flächenbedarf von Fabriken in der Oranienburger Vorstadt die Vorstellung von einer wahlweisen Nutzung der großen Bauflächen als Industriestandorte oder Blockrandbebauung mit vielgeschossigen Mietshäusern, die aber ausreichend Grünflächen im Inneren erhalten sollen. Sie wird ganz deutlich und deckt sich auch mit den aus England importierten Vorbildern in einem Schreiben des Magistrats an das Polizeipräsidium vom **10.11.1863**, in dem er die Aufteilung des Baulandes des Gärtnereibesitzers Kielgan in Schöneberg in zu schmale Baublöcke mit folgenden Argumenten ablehnt:

→A 39

Bei der Bearbeitung und Feststellung des neuen Bebauungsplanes wurde von den Communalbehörden und deren Kommissarien besonders der Zweck, eine zu enge Bebauung der neu anzulegenden Stadtviertel zu verhindern, als Hauptprinzip ins Auge gefaßt und zur Erreichung desselben ganz vorzüglich darauf gesehen, die anzulegenden – Carrés nicht zu klein, sondern in einer solchen Größe projektiert worden, daß bei einer Bebauung derselben an den sie umschließenden Straßen und nach Besetzung der zu den Wohnhäusern erforderlichen Höfe mit Seitengebäuden, Ställen und Remisen doch auch im Innern dieser Häuser-Carrés hinter den Wirtschafts-

höfen noch ein hinlänglicher unbebauter Flächenraum zu Gartenanlagen verbleiben kann, wodurch eine hinlängliche Ventilation und eine Zuführung frischer reiner Luft nach den anliegenden Höfen und Hintergebäuden der einzelnen adjacierenden Grundstücke gesichert wird.

An dem Fall der „Waaren-Credit-Gesellschaft", der ersten großen Terrainspekulation des privaten Aktienkapitals in Berlin, wird deutlich, daß der Bebauungsplan nur die öffentlich als notwendig erachteten Verkehrsflächen ausweist, die Erschließung, Parzellierung und Nutzung der durch öffentliches Straßenland abgegrenzten Flächen der privaten Bauunternehmung überläßt. Die spätere Bebauung zeigt, daß sie in ihrem Charakter durch die Blockgröße nicht vorbestimmt wird – auf den kleinen Blöcken des Geländes der ehemaligen „Waaren-Credit-Gesellschaft", die denen der Friedrichstadt entsprechen, findet die gleiche vollständige Überbauung mit Mietshäusern statt wie auf den großen Blöcken anderer Abteilungen. Die Form der Bebauung regelt einerseits die in der Altstadt Berlins vorgegebene Tradition des Hausbaus, andererseits die **1853** verabschiedete neue Bauordnung, der eine 40jährige Diskussion zwischen städtischen Grundbesitzern und staatlichen Instanzen vorausgeht, deren Ergebnis sich aber erst in den 60er Jahren auszuwirken beginnt.

Es findet sich in den Diskussionen um den Bebauungsplan nirgends eine konkrete Vorstellung der späteren Miethausbebauung, es wird lediglich die Hoffnung formuliert, die enge Bebauung der Altstadt und ihre ungesunden hygienischen Verhältnisse durch großzügige Baublöcke zu verhindern. Die rückwärtige Bebauung von Parzellen mit mehreren hintereinanderliegenden Höfen ist **1862** noch so gut wie unbekannt. Für das, was man vermeiden will, hat man aber kein entsprechendes rechtliches Instrumentarium.

Die rechtliche Bedeutung des Bebauungsplans von **1862** klärt eine Entscheidung des Ober-Tribunals vom **1.7.1869**: Der Bebauungsplan sei seine Wesen nach nichts anderes *als eine Sammlung ortspolizeilicher Anord-* ←L 35 *nungen, durch welche auf dem Weichbilde der Stadt belegene Grundstücke mit Gebäuden besetzt werden können, und welche Grundstücke, als zu öffentlichen Straßen und Plätzen bestimmt, unbebaut gelassen werden sollen.* Wer jedoch für die Entschädigung des privaten Geländes aufkommen soll, das von dem Bebauungsplan zur Anlegung von Straßen vorgesehen ist, wird bis zur Verabschiedung des Bebauungsplans ungeklärt bleiben. Der Staat, hier vertreten durch das Polizeipräsidium, hat natürlich kein Geld, um Entschädigungssummen an die Grundeigentümer im Umfang des von der Bebauung freizuhaltenden Geländes zu bezahlen, daher versucht er die Eigentümer dazu zu bringen, das Gelände unentgeltlich zur Verfügung zu stellen. Das Polizeipräsidium hat zwei Mittel, die unentgeltliche Abtretung des Straßengeländes durchzusetzen, einmal durch Verweigerung der Baugenehmigung und zum anderen durch Abänderung des Bebauungsplans nach den Wünschen der Grundstückseigentümer. Auch die Frage, ob der Bebauungsplan alle Platz- und Straßenflächen enthalten muß oder nur die im öffentlichen Interesse wesentlichen, bleibt bis **1862** ungeklärt. In der Instruktion für Hobrecht heißt es zwar: *Es sollen alle* ←A 40 *Straßen-Anlagen, welche voraussichtlich für den künftigen Verkehr erforderlich werden, projektiert werden, wobei für die Größe der Quartiere die Straßenanlagen der Friedrichstadt zwischen Behren- und Kochstraße als Anhalt dienen sollen,* also Baublockgrößen mit zwei in der Mitte aneinanderstoßenden Grundstücksreihen von einem Hof Tiefe – tatsächlich aber werden Baublöcke geplant, die drei- bis viermal so groß sind und die spätere Nutzung offenhalten sollen. Eine weitere innere Erschließung soll ausdrücklich der Privatspekulation überlassen bleiben. Daß das nicht unbedingt Straßen sein müssen, sondern auch Höfe sein können, zeigt die spätere Geschichte der Bebauung. Die Tiefenerschließung auf dem eigenen Grundstück hat den Vorteil, daß keinerlei Gelände öffentlich abgetreten werden muß.

nigliche Majestät daraus das Nähere zu ersehen geruhen wollen, fügen sich die neuentworfenen Abteilungen in den gesamten, Berlin und dessen Umgebungen umfassenden Bebauungsplan, dessen Grundzüge bereits in dem ehrfurchtsvollen Berichte vom 15.1. d.J. mit Bezug auf die wieder beigefügte Böhmsche Übersichtskarte dargelegt worden sind, zweckmäßig ein und stehen miteinander sowie mit dem Plan der bebauten Stadt und den bereits festgestellten Abteilungen des neuen Bebauungsplanes in harmonischem Zusammenhang. Die große Gürtelstraße, welche den Süden von Berlin vom Knie von der Charlottenburger Chaussee bis zur Hasenheide umfaßt, den Norden von Berlin in Doppelarmen einspannt, hat ganz diejenige Lage erhalten, welche in dem Bericht vom 15.1. d.J. beschrieben ist. Der Verkehr aus dem Mittelpunkt der Stadt nach den an der Peripherie gelegenen Stadtteilen und den umliegenden Ortschaften wird vorzugsweise durch die zu Hauptstraßen erweiterten bestehenden Straßen, resp. Chausseezüge vermittelt. Zwischen denselben sind Parallel-Straßen in ausreichender Zahl angeordnet. Längs der Unterspree sind, soweit es die bereits stattgefundene Bebauung zuließ, Uferstraßen angenommen. Zugleich sind im Interesse des Schiffsverkehrs vier Plätze zur Anlage von Häfen reserviert worden: der erste in Abteilung II am linken Ufer des Landwehrgrabens schräg gegenüber der Abzweigung des Louisenstädtischen Kanals, der zweite in Abteilung V am linken Ufer der Spree auf den Schöneberger Wiesen unterhalb der in Verlängerung der Großen-Stern-Allee angenommenen Hauptstraße, der dritte in derselben Abteilung am linken Spreeufer unterhalb der Einmündung des Landwehrkanals, der vierte endlich in Abt. IV vom rechten Spreeufer oberhalb der Charlottenburger Brücke. Die Ausführung des Hafens auf Abteilung II am linken Ufer des Landwehrkanals, wozu das Terrain sich bereits im Besitz des Magistrats, resp. des Fiskus, befindet, wird von dem Magistrate bald beabsichtigt. Das spezielle Projekt wird Eurer Königlichen Majestät zur Allerhöchsten Genehmigung vorgelegt werden. Im Übrigen ist bei Entwerfung des Straßennetzes überall auf die bereits bestehenden Wege, Wasserläufe und Grundstücksgrenzen tunlichst Rücksicht genommen. Die Größe der Bauviertel nimmt nach der Peripherie des Bebauungsplanes hin zu. Die kleinsten Bauviertel sind in der Regel noch etwas größer als diejenigen in der Friedrichstadt zwischen der Friedrich-, Charlotten- und Markgrafenstraße angenommen. Nur auf dem Terrain der ehemaligen Waaren-Credit-Gesellschaft vor dem Rosenthaler Tor kommen einzelne, noch kleinere Quartiere vor, da es nicht mehr anging, den durch die Allerhöchste Ordre vom 3. Mai 1858 für dieses Terrain genehmigten, in der Ausführung bereits weit vorgeschrittenen Bebauungsplan wieder rückgängig zu machen. Auch bei der Kolonie Buxhagen (auf Abteilung XIV) sind eine Reihe sehr kleiner Bauviertel durch die Separation festgelegt worden, deren Abänderung nicht tunlich war.
Längs der Eisenbahnen sind mehrfach Parallel-Straßen zu beiden Seiten derselben angenommen. Es entspricht dies zunächst der im Interesse der Feuersicherheit erlassenen polizeilichen Vorschrift vom 4. Dez. 1847, wonach in der Regel Gebäude mit leicht Feuer fangenden Gegenständen nur in einer Entfernung von 10 Ruthen, keinerlei Gebäude aber in einer geringeren Entfernung als 5 Ruthen von der nächsten Schiene errichtet werden dürfen. Sodann gewährt diese Maßregel den Vorteil, daß im Zuge der Eisenbahnen etwa 15 Ruthen breite, besonders gesunde und annehmliche Wohnungen darbietende Avenuen entstehen. Endlich ist es für den Verkehr von Wichtigkeit, daß im Falle der vorübergehenden oder dauernden Sperrung eines Eisenbahnüberganges durch die Parallelstraßen eine Communication bis zum folgenden Übergange nach beiden Seiten hin auf dem kürzesten Wege hergestellt wird. Daraus, daß dieser Gesichtspunkt bei Feststellung des Bebauungsplanes für die Abteilung III in bezug auf die Berlin-Potsdamer und die Berlin-Anhaltische Eisenbahn außer Acht gelassen worden ist, sind schon jetzt Schwierigkeiten entstanden, welche binnen kurzem eine abermalige Modifikation dieses Planes erforderlich machen dürften.
Die angenommenen Plätze sind im Plan grün angelegt. Es wird dadurch ersichtlich, daß dieselben in ausreichender Zahl, in nachstehender Form und Größe angenommen und zweckmäßig verteilt sind. Im Interesse der zweckmäßigeren Bebauung sind dieselben tunlichst mit gradlinigen Grenzen und rechteckig projektiert. Das dazu erforderliche Terrain befindet sich, wie die Vermerke auf den einzelnen Abteilungen des Bebauungsplanes ergeben, zum großen Teile schon jetzt im Besitz des Magistrats oder des Fiskus oder öffentlicher Corporationen.

14 Die Familienhäuser - Teil VI

Die letzten 20 Jahre bis zum Abriß 1882

Wir haben als äußeren Abschluß dieses ersten Teils der Geschichte des Berliner Mietshauses das Jahr **1862** gewählt und nicht, wie ursprünglich beabsichtigt, das Jahr **1882**, in dem die Familienhäuser abgerissen worden sind, weil **1862** unserer Meinung nach all die Voraussetzungen entwickelt sind, die den Mietshausbau, wie er heute die Erscheinung Berlins noch weit-
→S 493 gehend bestimmt, möglich machen. **1862** ist der Bebauungsplan für die Umgebungen Berlins abgeschlossen, die Bauordnung von **1853** in Kraft, das Stadtgebiet durch die Erweiterung des Weichbildes so vergrößert, daß besonders im Norden Berlins Bebauungsplan und Weichbildgrenze iden-
→S 514 tisch sind. Der Blick auf die Sineckche Karte von **1856**, die zum ersten Mal in der Berliner Kartengeschichte die realistische Darstellung aller Häuser als Vorder- und Hinterhäuser liefert, sowie der Blick auf die Karte
→S 544 von **1860** mit dem eingetragenen Bebauungsplan zeigen, daß die tatsächliche Mietshausbebauung das Territorium der noch durch die Akzisemauer eingeschlossenen Stadt kaum verlassen hat und der Bebauungsplan von **1862** erst an ganz wenigen Stellen von der realen Bebauung erreicht ist. **1862** ist zudem auch eine politische Zäsur. Mit dem endgültigen Thronwechsel nach dem Tod Friedrich Wilhelms IV. und der Berufung Bismarcks zum Reichskanzler wird eine aggressive Außenpolitik eingeleitet, die auf die gewaltsame Herstellung eines deutschen Reiches unter der Führung Preußens zielt. Diese Politik hat auch Auswirkungen auf die Stadtentwicklung Berlins sowohl in bezug auf die Vermehrung der Bevölkerung als auch auf den Umbau der Residenz zur politischen und wirtschaftlichen Metropole. Diese Entwicklung hier schon zu verfolgen würde den Rahmen dieses Buches sprengen. Wir begnügen uns daher in diesem letzten Kapitel damit, vier Punkte zu klären:
– Wie sieht es in den Familienhäusern um **1862** aus?
– Wie stellt sich dieser besondere Fall zu den Wohnverhältnissen in der gesamten Stadt dar?
– Unter welchen Umständen werden die Familienhäuser abgerissen?
– Wie erfolgt die Neubebauung, und inwieweit lassen sich darin die Auswirkungen der Bauordnung von **1853** ablesen?

14.1 Berliner Wohnverhältnisse um 1862

... Es war an einem schönen, sonnenleuchtenden Frühlings- ←L 1
morgen des vergangenen Jahres, als ich eines dieser grauen,
kasernenartigen Gebäude besuchte. Die langen Fensterreihen
und die vielen aufeinander gesetzten Stockwerke werden dem
Leser wenigstens aus der nach der Straße zugekehrten Front
bekannt sein. Im grünen, duftigen Laube des Tiergartens sangen die Nachtigallen und Grasmücken, und Millionen glänzen-
der Sonnenbildchen funkelten und schimmerten auf den grünen, frischen, noch nicht vom Staub und von der Hitze gelb-
gefärbten Blättern. Auf dem weiten, wüsten Sandplatz, der den
inneren Hofraum des grauen, dunklen Hauses bildete, blühte
keine Blume und rauschte kein Blatt. Weder der heitere Frühling, noch der grüne Sommer, noch der gelbe Herbst leiht
dieser einförmigen, grauen Fläche seine Farben, nur der Winter ist mitleidig gegen die armen Leute, er breitet seine weiße,
glänzende Schneedecke überall aus, während die andern Jahreszeiten hochmütig und achselzuckend vorübergehen. In dem
Sande spielten Hunderte von zerlumpten Kindern, barfuß,
ohne Schuhe und Strümpfe. Die Kinder waren noch nicht acht
Jahre alt, denn wenn sie das achte Jahr erreicht haben, dürfen
sie hier nicht mehr spielen, sondern müssen in die Fabrik gehen und mit ihren kleinen, zarten Fingern Garn haspeln. Eine
Frau saß mitten auf dem Hofe in einem sonderbaren Häuschen
und verkaufte Blumen und Kirschen; aber ich sah keinen Menschen, der ihr eine Blume oder eine Kirsche abkaufte. Ihr Haus
bestand in einer großen, gerade aufgerichteten Tonne, aus der
der obere Boden und die vordere Wand herausgeschlagen
waren und der sie ein Dach von grauer Sackleinewand in der
Form einer spitzen Mütze aufgesetzt hatte. Rechts auf dem
Hofe stand ein kleines, einstöckiges Haus, welches nur aus
einer einzigen Stube bestand. Ich trat hinein. Es war die Wohnung des Verwalters oder Inspektors des Familienhauses.

Die Stube war durch eine hölzerne Barrière in zwei Teile geteilt. Hinter der Barrière saß auf einem Schemel an einem kleinen Pulte ein alter, magerer Mann, ein paar große Registerbü-
cher vor sich liegend. Um seinen halbkahlen Kopf flatterten
einige spärliche, graue Haare, die er, als er die Mütze abnahm,
mit Mühe zusammenstrich. Der Mann war eine verwitternde
Ruine, bei der der Mörtel das Gestein kaum mehr zusammenzuhalten im Stande ist und welche die geringste Erschütterung
in Trümmer stürzt. Der Mann war Soldat gewesen, hatte die
französischen Kriege in den Jahren 1813, 1814 und 1815
mitgemacht und war dann als Invalide mit zwei Thalern monatlicher Pension entlassen worden. In dem Knopfloch seines
wenigstens zehn Jahre alten Rockes war das Bändchen der
Waterloomedaille eingebunden. Als Inspektor des Familienhauses hatte er mit sechzehn Thalern monatlichem Gehalt eine
kümmerliche, magere Ruhestätte gefunden. Ich setzte mich auf
einen zweiten Schemel des sogenannten Comptoirs und suchte
mit ihm ein Gespräch über die Verwaltung seines Amtes und
die Zustände des Familienhauses zu beginnen. Der Mann war
aber so gleichgültig, daß er kaum Lust hatte, mir zu antworten,
und nur nach mehrmaligem Fragen über denselben Gegenstand
konnte ich ihn zu einer Äußerung vermögen.

„Worin besteht denn hier eigentlich Ihr Amt?" fragte ich
den alten Mann.

„Ich kontrolliere die Seelen", war die Antwort.

Ich horchte verwundert auf. Wenn ein Leibeignen-Aufseher
in Rußland oder ein Sklavenvogt in den südlichen Staaten der
amerikanischen Union mir diese Antwort gegeben hätte, hätte
ich mich nicht gewundert, aber hier, in einem konstitionel-
len Staate, dicht vor den Toren der sogenannten Metropole der
Intelligenz, Staatsbürger „Seelen" genannt zu hören, das klang
mir doch märchenhaft sonderbar. „Die Seelen?" wiederholte
ich fast mechanisch.

„Nun ja, die Seelen", sagte der Mann, „die hier im Hause
wohnen; wir rechnen nach Seelen."

„Wie groß ist die Zahl der Mieter, oder die der Seelen, wollte
ich sagen, denn jetzt?"

„Heute sind es 1021 Seelen. 146 Familien machen 1021
Seelen aus. Zwei Drittel von diesen sind junge Seelen."

Das war für mich eine ganz neue Nomenclatur, welche gewiß noch in keinem Wörterbuche der deutschen Sprache vorkommt. „Was sind denn junge Seelen?" fragte ich neuerdings.

„Nun die Kinder. Je mehr junge Seelen die Leute hier
haben, desto besser stehen sie sich."

Wieder machte ich ein erstauntes Gesicht. Der Mann sah
mich ungeduldig an, daß ich sein Deutsch und seine Begriffe
nicht verstand. Bisher hatte ich immer geglaubt, daß es für
arme Leute ein Unglück und ein Grund ihrer Armut sei, viele
Kinder zu haben; der alte Mann stellte den Satz gerade auf den
Kopf und erklärte ihn so für richtig.

„Warum sind denn die jungen Seelen ein Glück für die
armen Leute?" fragte ich wieder.

„Weil sie arbeiten und Geld verdienen. Von ihrem achten
Jahre an arbeitet die Seele im Hause und vom vierzehnten
Jahre an in der Fabrik. Wenn nun jemand zehn Seelen täglich
arbeiten läßt und nun jede Seele täglich 5 Silbergroschen verdient, rechnen Sie mal nach, was das einbringt. Sehen Sie mal
aus dem Fenster, es schlägt jetzt 1/4 auf 1 Uhr, die Seelen
müssen sogleich aus den Fabriken über den Hof kommen."

Ich sah aus dem Fenster. Haufenweis und truppweis zogen
Hunderte von unerwachsenen Kindern an dem Comptoir des
Seelenwächters vorüber, bleich, armselig gekleidet, Knaben
und Mädchen, viele in Lumpen, viele ohne Strümpfe und
Schuhe. Sie liefen nicht, sie jagten sich nicht, sie jauchzten und
schrieen nicht wie fröhliche Kinder, welche die Schulstunden
hinter sich haben und die übrigen Stunden des Tages mit Spielen und Umherlaufen verbringen, sondern sie gingen langsam
und ruhig vorüber, wie erwachsene und verständige Menschen,
um das kärgliche Mittagsmahl bei ihren Eltern und Angehörigen einzunehmen, wenn es überhaupt ein Mittagessen gab, und
nach einer halben Stunde neuerdings wieder in die Fabrik zu
gehen und die eintönige Arbeit des Morgens für den Lohn einiger Silbergroschen fortzusetzen. Von allen Kindern ging auch
kein einziges an das Tonnenhaus der Obsthändlerin heran, um
für einige Pfennige Kirschen zu naschen oder sich ein Blüm-
chen zu kaufen. Die jungen Seelen mußten ja jeden Pfennig
Geld, den sie erarbeiteten, jeden Abend an ihre Erzeuger abliefern. Morgens um 6 Uhr begann ihre Arbeit und endigte
abends nach 7 oder 8 Uhr. Alle Freuden und glücklichen Stunden der Kindheit gingen in dieser zwölfstündigen Arbeit auf
und wurden vom Haspel und vom Spinnrade konsumirt. Die
jugendliche Fröhlichkeit und der kindliche Sinn schwanden in
dem Geräusch der Maschinen und vor dem strengen Blick des
Werkmeisters, der darauf achten muß, daß in jeder Stunde
auch das verlangte Pensum abgehaspelt oder abgewickelt wird.
Was hilft gegen diese Ausbeutung der Kinderjahre das Gesetz
über die Beschäftigung der jugendlichen Arbeiter in den Fabriken, nach welchem die Tagesarbeit von 5 1/2 Uhr morgens bis
8 1/2 Uhr abends mit einer Vormittags- und Nachmittagspause
von je einer halben Stunde festgestellt wird, nach welchem
Kinder unter dem vierzehnten Jahre täglich nur 6 Stunden be-
sćäftigt werden können? Gar nichts! Wer hat Lust oder die
Befugnis, den Arbeitgeber zu kontrolliren, wenn die Eltern der
unglücklichen Kinder mit ihm gemeinschaftliche Sache machen?
Oder ist eine täglich fünfzehnstündige Arbeit für ein vierzehnjähriges Kind nicht schon eine entsetzliche Anstrengung? In
der Mitte der Sandwüste trennten sich die jugendlichen Arbeiter und Arbeiterinnen, manche schauten sehnsüchtig nach den
Blumen und Kirschen der Obstfrau hinüber und zerstreuten
sich in die verschiedenen Türen und Gänge der großen, grauen
Häuser. – Ich schloß das Fenster und setzte mich wieder auf
meinen Schemel.

„Kann denn jeder hier bei Ihnen eine Wohnung finden, wer
will?" fragte ich den Inspektor weiter.

„I bewahre", erwiderte er, „nur der, welcher im voraus
bezahlt, wer Sachen hat und vorher nicht anderswo exmittirt
ist."

Also ganz wie in den großen Häusern der Stadt, dachte ich,
nur mit dem Unterschiede, daß der Mieter hier Kinder haben
kann, soviel er will, und die Kinder ihm sogar zum Wohlstande
angerechnet werden.

„Wer wohnt denn eigentlich in Ihren Häusern, und was bezahlen die Seelen?" fragte ich weiter.

„Lauter Weber und alte, arbeitsunfähige Leute", war die
Antwort. „Ein Weber verdient höchstens fünf Silbergroschen
den Tag und kann deshalb auf die Wohnung nicht viel verwenden. Für die Kellerstuben wird ein Thaler, für die Dachstuben
ebenfalls ein Thaler, für die Stuben im ersten, zweiten und
dritten Stock eineinhalb bis zwei Thaler monatlich bezahlt.
Wer nicht ganz pünktlich bezahlt, wird sofort exmittirt und
seine Sachen einbehalten. Hier stehen sie alle in meinem Buche,
und monatlich kontrollire ich die Seelen, die zahlungsunfähig
sind."

Mein Erstaunen wuchs von neuem. Unwillkürlich brach ich
in die Worte aus: „Da braucht man wahrhaftig ja nicht in das
Erzgebirge zu reisen, um bei den dortigen armen Webern und
Spinnern menschliches Elend zu sehen!"

„Das haben Sie auch gar nicht nötig", erwiderte der Mann. „Gehen Sie nur in das Familienhaus. Siebert, Siebert, komm mal her!" rief er dann mit einer rauhen und starken Stimme, welche ich ihm gar nicht zugetraut hätte, aus der Tür seines Comptoirs auf den Hof.

Siebert kam. Er war ein alter, aber noch kräftig aussehender Mann mit krausem Haar, in Leinwandshosen und Hemdsärmeln, auch ein Invalide, ein Factotum des Inspektors.

„Siebert, führe den Herrn mal in die einzelnen Stuben, aber zu den ordentlichen Leuten", sagte der Inspektor.

Ich verabschiedete mich von dem Verwalter des Familienhauses und trat in Sieberts Begleitung meinen Weg an. Auch Siebert trug das Bändchen der Waterloo-Medaille im Knopfloch seiner Weste, lebte von seinen zwei Thalern monatlicher Pension und dem, was er so nebenbei verdiente, und hielt seinen Kameraden, der für sechzehn Thaler die Seelen kontrollirte, für einen beneidenswerten Menschen. Über dem großen, wüsten Sandplatz, an der Obsthändlerin in ihrer Tonne vorüber, gingen wir in das gegenüberliegende Haus und stiegen in das erste Stockwerk hinauf. Die Treppe war eng und die einzige Treppe im Hause, sie nahm nur die Breite eines Fensters ein, also nur die Hälfte einer Stube, und verminderte den jährlichen Mietsertrag auf diese Weise also für jedes Stockwerk höchstens um zwölf Thaler. Der Treppenflur war ganz dunkel; denn an den Treppenfenstern fehlten die Scheiben, und diese waren durch vorgenagelte Bretter ersetzt. Während wir im Zwielicht die Treppe hinaufstiegen, bemerkte mein Cicerone erklärend:

„Sehen Sie, die jungen Seelen schlagen die Scheiben doch nur ein, da haben wir denn statt der Scheiben Bretter vornageln lassen."

Das Auskunftsmittel war zu naiv erfunden, um auf die Erklärung etwas zu erwidern. Von dem Treppenflur liefen schmale Gänge aus, so eng, daß nicht zwei Menschen neben einander gehen konnten, an denen die Eingänge zu den vorderen und hinteren Stuben lagen. Die Wände hatten, soviel ich im Zwielicht sehen konnte, einen gelben Ockeranstrich, der indes an den meisten Stellen heruntergefallen war. In einem dieser halbdunklen Gänge öffnete mein Führer eine Türe, und wir traten in eine Stube. Die Stube hatte eine Länge von höchstens sieben, eine Breite von ungefähr fünf Schritten und erhielt ihr Licht durch zwei schmale Fenster. Die Wände hatten auch hier den gelben Ockeranstrich wie die Gänge, an vielen Stellen war der Kalk von den Wänden gefallen, an andern war er dem Herunterfallen nahe. In der übrigens mit großer Sauberkeit und Ordnungsliebe aufgeräumten Stube war jedes Plätzchen und jeder Winkel so besetzt, daß wir Mühe hatten, für unsere vier Füße einen Raum zu finden, um stehen zu können. Zwei große Webestühle nahmen den Raum an beiden Fenstern und die Hälfte der ganzen Stube ein. Hinter jedem Stuhle saß ein junger Mann in Hemdsärmeln und arbeitete tätig drauf los. Zwischen beiden Webestühlen saß ein Kind von vielleicht sieben Jahren und war emsig mit dem Haspeln von Garn beschäftigt. Es war eine junge, arbeitende Seele. Neben ihr saß eine Frau und drehte das Spinnrad. Sie konnte höchstens dreißig Jahr alt sein; denn sie war die Frau des einen jungen Mannes hinter dem einen Webestuhl; aber sie hatte das Aussehen einer Vierzigerin. In einer Proletarierfamilie muß die Frau am meisten und am anstrengendsten arbeiten, denn außerdem, daß ihr die Sorge für die Bewirtung und Verpflegung der ganzen Familie auf dem Halse liegt, muß sie auch zum täglichen Erwerbe mithelfen und also alle Tage zehn bis zwölf Stunden am Webestuhle oder am Spinnrade zubringen. Die Stunde der Erholung, welche der Mann, eine Dreiercigarre rauchend und vor der Haustüre stehend, vor dem Schlafengehen zubringt, wird auch bei ihr durch die Sorge für die kleinen Kinder in Anspruch genommen. Eine solche Proletarierfrau ist das gedrückteste und gequälteste Geschöpf auf der Erde, die weiße Sklavin der modernen Zeit.

Der Mann heiratet sie häufig nur, um ihre Arbeitskräfte auszubeuten, und da die Kinder für die armen Leute ein Erwerbsmittel sind, muß sie, wie die schwarze Sklavin in den südlichen Staaten der amerikanischen Union, auch im Kindergebären so produktiv wie irgend möglich sein, wenn sie in der Gunst ihres Herrn, nämlich ihres Mannes, bleiben will, für dessen Launen sie der einzige Gegenstand ist, woran er sie auslassen kann. Wenn die Proletarierfrauen dann früh alt werden und mit vierundzwanzig Jahren aussehen, als wären sie vierundvierzig, so ist das kein Wunder. Auch diese Frau, die hier am Spinnrade saß, trug den Stempel ihrer Sklaverei auf ihrem Gesichte und auf ihrer ganzen schon verfallenden Gestalt. Sie hatte sechs Kinder, von denen das, was neben ihr am Garnhaspel mit den zarten, kleinen Fingern arbeitete, das jüngste war. Die übrigen

fünf Kinder standen alle in dem Alter von neun bis vierzehn Jahren und arbeiteten sämtlich bereits in einer Fabrik. Der junge Mann drüben am andern Webstuhle wohnte in der Stube, wie man in Berlin zu sagen pflegt, mit ein und war noch unverheiratet. Es wohnten also neun Menschen in dem engen kleinen Raum. Eine Kommode, ein Tisch und einige Stühle von Birkenholz, zwei Betten und allerlei Gerümpel nahmen den übrigen Teil der Stube ein, den ein großer Ofen übrig ließ. Dieser Ofen diente zugleich als Feuerherd, Küche und zur Erwärmung der Stube. Es war draußen eine Wärme von 20 Grad Réaumur im Schatten, und hier drinnen brannte ein Feuer im Ofen, denn es war Mittagszeit, und es mußte gekocht werden. Die Hitze und der Dunst in der Stube waren fast unerträglich, obschon beide Fenster geöffnet waren. Keine Stube im Familienhause hat nämlich eine Küche, die Küche würde ja Raum wegnehmen, und da sie nicht zu dem Preise einer Stube vermietet werden kann, würde sie den Mietszins verringern. Im Lande und auch in der Stadt kommt häufig der fromme Glaube zum Vorschein, die Familienhäuser seien eine wahre Wohltat für die armen Leute und zum Nutzen derselben aufgebaut. Die Erbauer haben niemals daran gedacht. Spekulation war der einzige Gesichtspunkt bei der Erbauung dieser Häuser, wie sie es noch heute bei der Verwaltung ist. Der Übelstand, daß keine Stube eine Küche hat, ist eine wahre Tortur für die unglücklichen Bewohner. Im Sommer ist es in den Stuben deshalb vor Hitze nicht auszuhalten und im Winter, wo die Fenster nicht geöffnet werden können, vor Dunst nicht. Wenn in demselben Raume neun Menschen wohnen, essen, trinken und schlafen und für diese neun Menschen noch gekocht wird, wenn während des Winters dazu der Ofen geheizt wird und die Fenster verschlossen sind, wie enorm muß der Stickstoffgehalt dieser Luft sein, welche durch den Verbrennungsprozeß und durch das Atmen von neun Menschen erzeugt wird, und dies um so mehr, weil durch den im Winter notwendigen Verschluß der Fenster die freie Ventilation der äußeren Luft ja gänzlich ausgeschlossen ist. Dem Übelstande ließe sich leicht zumal dadurch abhelfen, daß man in jedem Familienhause mehrere gemeinsame Küchen erbaute und jeder Familie in jeder Stube eine Feuerstelle zuwiese. Es geschieht natürlicherweise nicht, weil es der Spekulation der Eigentümer der Häuser nicht vorteilhaft ist, welche die Stube zu einem höhern Mietszins ausbringen können als eine Feuerstelle. Was geht die Eigentümer des Hauses die Gesundheit der Bewohner an? Der Inspektor im Comptoir am Eingange hat nur zu kontrolliren, daß die Miete regelmäßig monatlich gezahlt und daß an den Wänden, Fenstern und Türen nichts ruinirt wird; über den Gesundheitszustand der Seelen in den engen, gelben Stuben hat er in seinen Büchern kein Register offen. Ich sprach mit den beiden Webern am Fenster und mit dem armen Weibe am Spinnrade darüber; auch sie erklärte diesen Übelstand, abgesehen von allen andern Übelständen, für unerträglich und für die Gesundheit höchst nachteilig; aber was sollten sie machen! Der geringe Verdienst einiger Groschen bannte sie in diesen engen Raum. Die Armut war das unsichtbare Band, was sie an die dunstige, heiße Stube fesselte; sie war die Kette, welche sie unauflöslich von der Wiege bis zum Grabe mit sich schleppen mußten. Wenn ihnen die Wohnung nicht gefiel, konnten sie sich ja eine Wohnung für mehrere hundert Thaler in den schönen Häusern der Stadt mieten – das war die einzige Erwiderung auf ihre Klagen, die allmählich von selbst verstummten, da sie fruchtlos waren.

Das Factotum mit der Waterloomedaille, also auch ein Stück von Verwaltungsmitglied, zuckte die Achseln, ich verteilte unter sie die kleine Münze meines Portemonnaies, und wir gingen hinaus. Die Webestühle klappten hinter uns, das Spinnrad und der Garnhaspel schnurrten, um die verlorenen Minuten wieder einzubringen, und wir stiegen aus dem ersten Stocke nach dem Parterre auf der schmalen, dunklen Treppe hinunter. Ich hatte die ordentlichen Leute in der Bel-Etage des Hauses gesehen, ich wollte nun die Seelen in der Kellerwohnung besuchen.

Aus dem Parterre des Hauses stiegen wir auf einigen gebrechlichen Stufen in die Kellerräume hinab. Der Gang war hier noch enger und düsterer, die Wände in noch schlechterem Zustande. Eine schmale, gebrechliche Türe führte uns in die Kellerstube. Sie hatte die Größe der Stuben in den oberen Räumen, aber sie war weit niedriger und im Abputz der Wände und der Decke weit schlechter gehalten. Ein großer Ofen mußte auch hier doppelte Zwecke erfüllen. Die Fenster lagen zur Hälfte unter dem Niveau des Sandplatzes vor dem Hause. Die Wände waren ganz schmucklos, ohne Spiegel und ohne Bild. Möbel bemerkte ich außer zwei Betten, einem wackligen Tische und einigen alten Stühlen gar nicht in der Stube. Von einer Kommode oder einem Kleiderspinde war gar keine Rede. Das letztere war auch ganz überflüssig; denn die armen Weiber, die die Stube bewohnten, hatten gewiß keinen weiteren Anzug als die Lumpen, die sie auf dem Leibe trugen. Ein junges, hübsches Mädchen stand am Ofen und war mit dem Mittagessen beschäftigt. Sie war gerade aus einer Kattunfabrik gekommen, wo sie wöchentlich für eine täglich zehnstündige Arbeit 22 1/2 Silbergroschen verdiente. Auf den Tag macht das 3 Silbergroschen und einige Pfennige. Davon mußte das arme Geschöpf sich Kleider, Wohnung und Beköstigung verschaffen. Da die Stube monatlich einen Thaler Mietszins kostete und sie mit acht armen, alten Weibern zusammenwohnte, betrug ihr Mietszins monatlich nur etwas über 3 Silbergroschen. Sie trug einen kattunen, durchsichtigen Rock, ihr weißer Hals und ihre schön geformten Schultern waren mit einem weißen, reinen Hemde bekleidet. Sie ging zur Wand, wo sie die Kattunjacke aufgehängt hatte, und zog diese wieder an. Vater und Mutter waren ihr früh gestorben, sie war bei mitleidigen Nachbarsleuten, die auch im Familienhause wohnten, groß geworden und hatte bis zum vierzehnten Jahre täglich 6 Stunden und dann täglich 10 bis 12 Stunden die Kattunfabrik besucht. Eine Freude oder ein Vergnügen hatte sie gewiß nie in ihrem Leben gehabt; das Leben bot ihr auch keine Aussicht auf Änderung ihrer Lage, wenn sie nicht vielleicht ein armer Seidenwirker oder Weber heiratete und sie durch diese Heirat zu seiner Sklavin und zur Ernährerin eines halben Dutzends von Kindern machte. – Da war die eigene Existenz der Heirat noch vorzuziehen. Sie knöpfte züchtig die Jacke über ihre junge Brust zu. Kann man der Armen einen Vorwurf machen, wenn sie es nicht tut und wenn sie durch ein liederliches Leben sich eine menschliche Existenz zu verschaffen versucht? Drei alte Frauen waren gerade in der Stube anwesend, die übrigen waren in der Stadt und beschäftigten sich mit dem Einsammeln von Knochen und Lumpen. Eine alte Frau saß am Spinnrade. Sie war bereits 75 Jahre alt. Ihr Mann war Soldat gewesen, hatte bei Leipzig und Waterloo gefochten; in dem Gefecht bei Montmirail war ihm das linke Bein abgeschossen worden, und er hatte seit der Zeit eine Pension von 2 Thalern monatlich und die Concession erhalten, gegen Zahlung der Gewerbesteuer, mit dem Leierkasten umherzugehen und zu betteln. Vor zwei Jahren war er gestorben. Die Frau ernährte sich seit der Zeit vom Spinnen, von dem, was ihr mitleidige Menschen schenkten, und von 1 Thaler 15 Silbergroschen, welche sie gewöhnlich von der Armendirektion erhielt. Sie mußte aber alle Monate von neuem darum einkommen, und jedesmal erhielt sie vorher einen Besuch eines Deputirten, der sich die Gewißheit darüber verschaffte, ob die Frau wirklich des Almosens noch immer bedürftig sei. Die zweite alte Frau, die in der Stube umherschlich und drei Jahre älter war, beneidete sie darum. Sie kann, obschon sie kränklich ist und an einem offenen Schaden am Bein leidet, zu einer Armenunterstützung gelangen, sondern lebt lediglich von dem Almosen, was ihr mitleidige Menschen in der Stadt gaben. „Wenn ich betteln dürfte", sagte sie zu mir, „würde ich mich schon besser ernähren, aber das neue Strafgesetzbuch setzt ja auf das Betteln eine Gefängnisstrafe von mehreren Monaten, und ich will nicht im Arbeitshause sterben."

Ich hatte auch hier genug in der Kellerstube gesehen, verteilte weiteres kleines Geld an das junge Mädchen und die arme, alte Frau, die sich darüber beklagte, daß sie nicht betteln durfte, und ging mit dem Factotum in den finstern Gängen auf und ab. In den meisten Stuben, an deren Türen ich vorüberkam, hörte ich das Weberschiffchen und das Spuhlrad oder den Garnhaspel rauschen; wenn ein Name an der Türe angeschrieben war, las ich darunter fast immer die Worte: „Webergeselle", „Webermeister" oder „Seidenwirker". In einer Stube hörte ich kein Geräusch; obschon ich dasselbe Wort mit Dinte auf einem Zettel an der Türe fand. Ich sah das Factotum fragend an; es begriff den Sinn meiner stillschweigenden Frage und sagte: „Er sitzt."

„Wo sitzt er und warum sitzt er?" fragte ich weiter.

„Im Arbeitshause. Er sollte die monatliche Miete bezahlen und konnte es nicht, weil er krank war und auch keine Arbeit hat. Seine Frau lag krank im Bette, und der Inspektor hatte die Exmissionsklage angestellt. Da ist er in die Stadt gegangen und hat gebettelt. Ein Constabler hat ihn dabei abgefaßt, und nun sitzt er im Arbeitshause, wo er zu einer vierzehntägigen Strafe wegen Vagabondirens und Bettelns verurteilt ist."

„Und die Frau und die Kinder?"

„Die hat der Stadtgerichts-Exekutor gestern auf die Straße

gesetzt, weil sie drei Thaler Miete nicht bezahlen konnten. Ich habe gehört, sie befinden sich auch im Arbeitshause, im Saal für Obdachlose. Die Stube ist wieder vermietet an einen Seidenwirkergesellen mit einer Frau und neun Kindern; aber da es eine große und schöne Stube ist, ist die Miete um einen halben Thaler monatlich gesteigert."

Das Factotum erzählte mir diese ganze Summe von Elend und Unglück, als wenn es von einer ganz gleichgültigen Begebenheit spräche. Es begriff nicht, wie ich darüber nur in Verwunderung geraten könne, und meinte, das käme hier alle Tage vor. Auf meine Frage, ob sich die Armendirektion denn nicht darum bekümmere, entgegnete es, „da hätte dieselbe viel zu tun."

„Sehen Sie", fuhr er fort, „hier nebenan wohnt bei mehreren andern Leuten ein alter Webermeister von siebenzig Jahren mit ein. Der Mann ist brustkrank und unheilbar. Deshalb entlassen sie ihn auch immer aus der Charité, weil er ja doch einmal nicht kurirt werden kann. Weben kann der Mann nicht mehr mit seiner kranken Brust. Nun geht er bei den anderen Webern im Familienhause herum und sucht das Garn zusammen, was sie nicht mehr brauchen können. Davon macht er Schürzenschnüre und verkauft diese Schürzenschnüre heimlich in der Stadt. Er darf aber mit den Schürzenschnüren nicht hausiren gehen, weil er keine Concession zum Hausiren hat. Er könnte die Concession wohl bekommen, aber dieselbe kostet zwölf Thaler, und wo soll der alte, kranke Mann zwölf Thaler herbekommen; die hat er seit vielen Jahren nicht zusammen gesehen, viel weniger besessen. Kriegen sie ihn dabei, so wird er bestraft und kommt in das Arbeitshaus. Aber er muß doch leben und kann von den zehn Silbergroschen, welche ihm die Armendirektion monatlich gibt, nicht existieren. In das Hospital kann er auch nicht kommen, denn er hat gar keine Fürsprache. Seine Frau und seine Kinder sind vor vier Jahren an der Cholera sämtlich gestorben; nur ein Sohn ist übrig geblieben, der ihm aber nichts geben kann, weil er selbst ein armer Webergeselle ist und im Stadtvogteigefängnisse sitzt. Als vor einigen Monaten ein Constabler seinen Vater in der Stadt mit den Schürzenschnüren hausiren gehen sah, verlangte er sein Hausirpatent zu sehen, und als er ihm dies nicht zeigen konnte, wollte er ihn verhaften und auf die Polizei führen. Der Sohn kam zufälligerweise des Weges und widersetzte sich dem Constabler. Sie gerieten untereinander in Streit, es kam zu einem Handgemenge, der junge Mann wurde ergriffen und ist zu einer achtwöchentlichen Gefängnisstrafe wegen tätlicher Widersetzlichkeit gegen einen Abgeordneten der Obrigkeit verurteilt worden, welche er jetzt in der Stadtvogtei verbüßen muß. Solche Geschichten könnte ich Ihnen ein Dutzend erzählen, wenn Sie sie hören wollen, aber eine ist wie die andere."

Der Mann hatte Recht. Eine ist wie die andere; nur das Elend bleibt immer dasselbe. Ich hatte auch vollkommen genug gesehen und gehört, ohne helfen zu können, da ich nicht Eigentümer der Familienhäuser bin. Ich gab dem Factotum den Rest seiner Börse als Trinkgeld und eilte über die dunklen Gänge, die holperigen Treppen und über den wüsten Sandplatz bei der Obsthändlerin in ihrer Tonne vorüber hinaus. Den Seelenwächter hörte ich in seinem elenden Comptoir mit lauter und heftiger Stimme schelten; er exmittirte zwei alte und zehn junge Seelen. Morgen lagen sie auf der Straße, oder wenn ihnen das Glück günstig war, im Saal der Obdachlosen im Arbeitshause am Alexanderplatz.

Vor zwanzig und mehreren Jahren gab der in Berlin verstorbene Sanitätsrat Dr. Thümmel eine Broschüre über die Familienhäuser im Voigtlande heraus und beleuchtete diese in sanitätspolizeilicher Hinsicht. Die Broschüre enthielt schreckliche Dinge und fürchterliche Ziffern und wurde kurz nach ihrem Erscheinen confiscirt. Die Zustände in den Familienhäusern aber blieben dieselben. Im Jahre 1843 erschien das Königsbuch der Frau Bettina von Arnim. Das Buch enthält weder Sonderbares noch Verkehrtes, wie der geistreichen und berühmten Verfasserin vielfach vorgeworfen ist. Das Buch ist eine Appellation von dem Elend der Armen in der Gegenwart an die Zukunftsreligion des Socialismus und trägt sehr sinnigerweise die Devise: „Das Buch gehört dem Könige." Es hat nur eine allerdings nicht sehr angenehme Eigentümlichkeit, es ist in einem höchst sonderbaren Stile geschrieben. Der zweite Band dieses Königsbuches enthält ein schreckliches Anhangkapitel. Es führt den Titel: „Erfahrungen eines jungen Schweizers im Voigtlande", und erzählt eine Reihe von Schauergeschichten aus dem Leben in den Familienhäusern, Geschichten, wie ich sie aus dem Munde des Factotums hörte oder sie selbst sah.

→S 194
→S 9
Gustav Rasch zeigt mit dieser **1861** erstveröffentlichten Beschreibung, daß sich die Wohnverhältnisse in den Familienhäusern gegenüber **1827** („Thümmel-Bericht") und **1843** („Königsbuch") so gut wie nicht geändert haben. Was sich jedoch geändert hat, ist die Stellung der Familienhäuser innerhalb des Gebiets.

→L 2 *Dies sind die Familienhäuser. Gegenwärtig beherbergen sie eine Bevölkerung von etwa 2000 Seelen und machen immer noch einen Sammelplatz des größten geistigen und leiblichen Elends aus.*

Enthielten sie aber anfangs beinahe ein Dritteil der Einwohner des Voigtlandes, so bilden sie jetzt fast nur noch einen verschwindenden Punkt in dem Meer der Bevölkerung. Die vielen neuerbauten Fabriken, der Stettiner Bahnhof, die Nähe des Hamburger Bahnhofs und die Zunahme Berlins überhaupt, das seine armen Leute immer mehr vor die Tore drängt, haben die Einwohnerzahl der Rosenthaler Vorstadt in riesiger Progression vermehrt. In den 25 Jahren von 1830 bis 55 ist sie von 10,000 Seelen auf 20,000 und seitdem bis zum gegenwärtigen Moment, dem Vernehmen nach, auf beinahe 50,000 gestiegen ...

Auf die äußere Physiognomie des Voigtlandes ist dieses Wachstum nicht ohne günstigen Einfluß geblieben. Obgleich noch viele der vor hundert Jahren erbauten kleinen Häuser stehen, so sind sie doch meist erweitert und um ein Stockwerk erhöht. Einige Straßen sind mit stattlichen Gebäuden geziert, ja mit Granitbahnen und teilweise mit Gaserleuchtung versehen. Gardinen und Blumentöpfe finden sich oft an allen Fenstern auch der ärmlichern Häuser. Aber schon der flüchtigste Blick in das Innere kann vielfältig zeigen, in welchem erschreckenden Maße U n o r d n u n g , S c h m m u t z und E l e n d zumeist hier heimisch geblieben sind. Gewisse, bisher für schweres Geld vermietete Wohnungen sind von solcher Beschaffenheit, daß ihre weitere Vermietung den Hauswirten polizeilich hat untersagt werden müssen.

Das starke Anwachsen der Bevölkerung im Zeitraum von **1855** bis **1862** wird belegt durch die Berliner Volkszählung vom **3.12.1861**, deren Ergeb-
→L 3 nisse als *Bericht der städtischen Central-Commission für die Volks-Zählung* **1863** in gedruckter Form vorliegen. Dort ist für die Oranienburger und Rosenthaler Vorstadt eine Bevölkerung von 49.216 „Seelen" ausgewiesen. Der enorme Anstieg gegenüber **1855** (20.000) ist z.T. darauf zurückzuführen, daß die beiden Vorstädte **1862** zusammengezählt werden. Insgesamt ist die Berliner Bevölkerung zwischen **1855** und **1862** von 426.602 auf 523.678 „Seelen", also um 22.75 %, gestiegen, was jedoch z.T. auf die Erweiterung des Weichbildes zurückzuführen ist. **1861** wohnen in der Oranienburger und Rosenthaler Vorstadt etwa 10 % der Bevölkerung Berlins.

←L 4 Diese Bevölkerungszählung ist deshalb bemerkenswert, weil sie aus der Zusammenarbeit zwischen dem Polizeipräsidium und freiwilligen kommunalen Zählern, die vor Ort Fragebögen ausgefüllt haben, hervorgegangen ist. Sie ermöglicht erstmalig einen statistischen Einblick in die Berliner Wohnverhältnisse zum Stichtag **3.12.1861**. Der Zählung liegen insgesamt 136 Zählbezirke innerhalb der 12 Stadtviertel zugrunde.

Ohne allzu detailliert auf die statistischen Methoden dieser Erhebung einzugehen, wollen wir kurz zusammenfassen, was untersucht wird. Die Gesamtbevölkerung wird kategorisiert nach Haushalten und deren Zusam-

Kurze Chronologie zur Entwicklung der kommunalen Berliner Statistik:

1805: *Auf Anregung des Freiherrn vom Stein wird das Königliche Statistische Bureau in Berlin gegründet.*

Juli 1842: *Der Direktor des Königlichen Statistischen Bureaus Hoffmann regt an, die Volkszählung bis 1843 in Berlin als eine „communale" Sache zu behandeln; diese Zählung wird als Naturalerhebung von Haus zu Haus erstmals „durch unbesoldete Communal-Beamte und achtbare Bürger" durchgeführt.*

1. April 1852: *Beim Königlichen Polizei-Präsidium wird eine statistische Dienststelle errichtet.*

9. Oktober 1856: *Bürgermeister Franz Naunyn stellt in seiner Eigenschaft als Vorsitzender der städtischen Armen-Direktion beim Magistrat den Antrag, die Lokalstatistik Berlins zu konzentrieren, und regt die Bildung eines eigenen städtischen Statistischen Bureaus an.*

30. Dezember 1856: *Der Magistrat beschließt, ein Statistisches Bureau einzurichten, das versuchsweise mit der Magistratskalkulatur verbunden wird.*

20. November 1860: *Der ... Stadtrat ... Hermann Duncker beantragt beim Magistrat, ein selbständiges Statistisches Bureau zu bilden.*

23. Januar 1861: *Nach unbefriedigender Tätigkeit des Statistischen Bureaus beschließt eine Gemischte Deputation, den Magistrat darüber entscheiden zu lassen, ob ein selbständiges Statistisches Bureau eingerichtet oder ob den einzelnen Verwaltungen „die Anfertigung der nötigen Zusammenstellungen" übertragen werden soll.*

3. Mai 1861: *Bericht des Stadtverordneten Dr. Neumann über die geplante Berliner Reform des Volkszählungswesens.*

→L 5 Stadtteile	Seelenzahl	Haushaltungen
I. Berlin	32,663	6,176
II. Cöln	24,157	5,050
III. Friedrichs-Werder	9,262	1,933
IV. Dorotheenstadt	17,293	3,333
V. Friedrichsstadt	94,646	20,266
VI. Louisenstadt	86,867	17,978
VII. Friedrich-Wilhelmsstadt	17,168	3,286
VIII. Spandauer Viertel	60,776	12,650
IX. Königsstadt	50,388	10,316
X. Stralauer Viertel	43,302	8,838
XI. Oranienburger-Rosenthaler-Vorstadt . .	49,216	10,502
XII. Neues Weichbild	37,940	7,988
Summa totalis . .	523,678	108,316

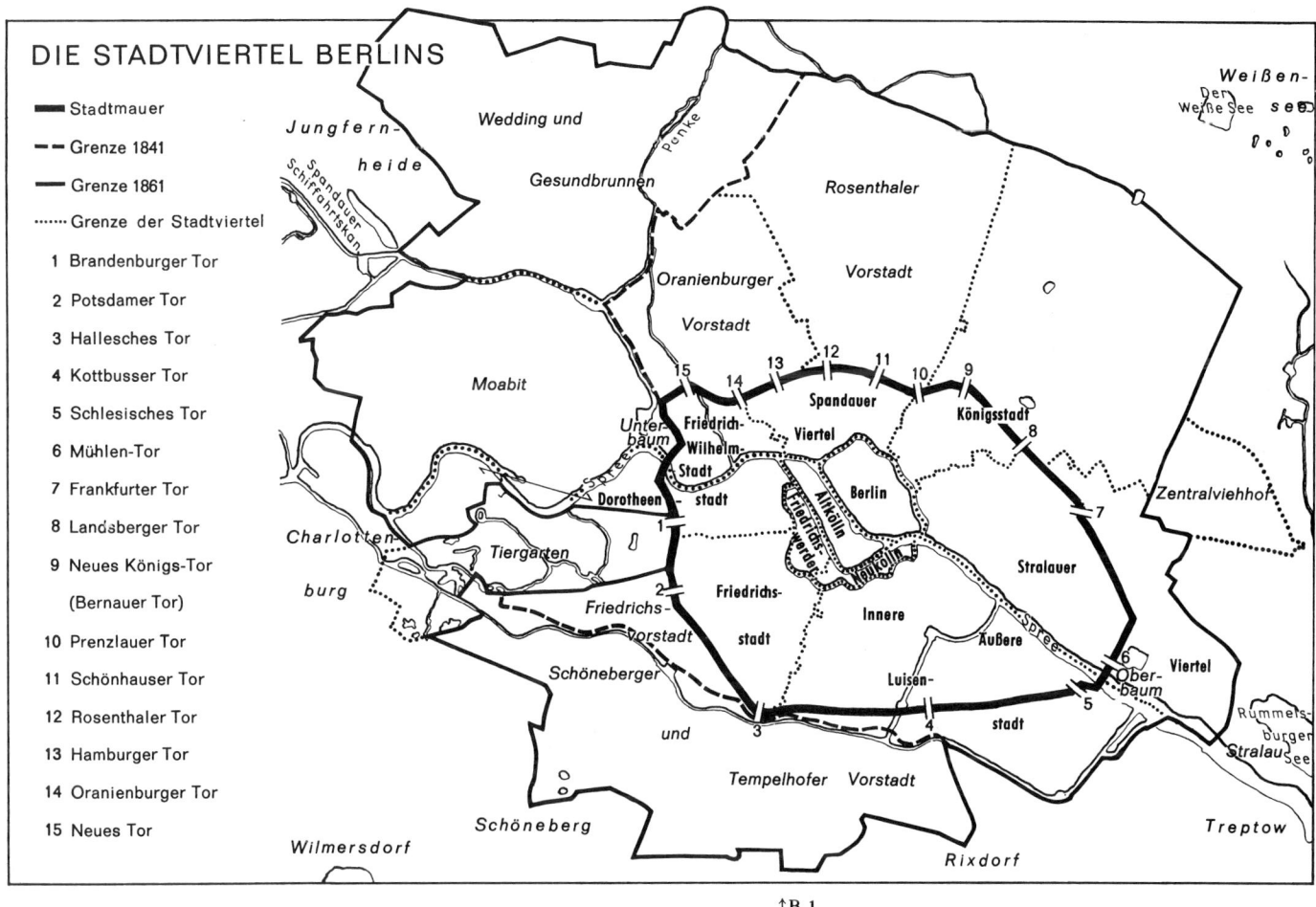

DIE STADTVIERTEL BERLINS

- Stadtmauer
-- Grenze 1841
— Grenze 1861
...... Grenze der Stadtviertel

1 Brandenburger Tor
2 Potsdamer Tor
3 Hallesches Tor
4 Kottbusser Tor
5 Schlesisches Tor
6 Mühlen-Tor
7 Frankfurter Tor
8 Landsberger Tor
9 Neues Königs-Tor
  (Bernauer Tor)
10 Prenzlauer Tor
11 Schönhauser Tor
12 Rosenthaler Tor
13 Hamburger Tor
14 Oranienburger Tor
15 Neues Tor

↑B 1

mensetzung. Alle Personen über 16 Jahre werden auf ihre gesellschaftliche Stellung hin untersucht. Daraus wird eine soziale Rangordnung der Stadtviertel herzustellen versucht.

Nach ihrem socialen Range und der durch diesen Rang begründeten Zu- ←L 6
sammengehörigkeit nehmen demgemäß die 12 Stadtteile folgende Stelle ein:
Dorotheenstadt, Friedrichs-Werder und Friedrichsstadt,
Berlin, Cöln und Friedrich-Wilhelmsstadt,
Louisenstadt, Spandauer Viertel,
Königsstadt, Neues Weichbild, Stralauer Viertel, Oranienburger-Rosenthaler Vorstadt.
Entsprechend diesem Rang-Verhältnisse verhält sich endlich auch der G e g e n s a t z, *welcher in j e d e m S t a d t t e i l e f ü r s i c h zwischen den Vorderhäusern und Hofgebäuden sich darstellt. In a l l e n Stadtteilen zeigen die* V o r d e r h ä u s e r *ein Plus an Dienstboten und an Chambregarnisten ... – die* H o f g e b ä u d e *dagegen in gleicher Weise ein Plus an Schlafleuten und an Familien-Angehörigen. Der Gesamt-Betrag der Differenzen, d.h. also der Gegensatz zwischen Vorderhäusern und Hofgebäuden, verhält sich in jedem Stadtteil parallel seiner Stelle in der socialen Rang-Ordnung: er ist desto größer, je höher die Rangstufe ist, welche der Stadtteil einnimmt.*

Die soziale Rangordnung der Stadtviertel entspricht somit nicht den absoluten Klassenunterschieden der Bevölkerung. Diese Unterschiede werden, *wenigstens zu einem großen Teil, durch die Hofgebäude zwischen allen* ←L 7 *Stadtteilen mehr oder weniger ausgeglichen. Ist die Ausgleichung auch keine vollständige, ... so kann andererseits auf den, auch in den Stadtteilen der untersten Rangstufe nicht fehlenden Gegensatz zwischen Vorderhäusern und Hofgebäuden hingewiesen werden, zum Beweise, daß auch diese, von verschiedenen Bevölkerungsklassen in nachbarschaftlicher Gemeinschaft bewohnten Stadtteile streng genommen eigentliche sogenannte Arbeiter-Viertel nicht repräsentieren.*

Verfolgen wir den zweiten Strang der statistischen Erhebung, der sich mit den Wohnungen beschäftigt, ihrer Lage (Vorder-, Hinterhaus, Stock-

3. Dezember 1861: *Berlin beteiligt sich an einer Volkszählung erstmals maßgeblich als Kommune ...* Es werden zusätzlich durch Haushaltslisten die Wohnverhältnisse untersucht. Der Unterschied zwischen polizeilicher und kommunaler Einteilung der Stadt kann bei dieser Zählung noch nicht beseitigt werden.

8. Februar 1862: *Der Magistrat errichtet ein selbständiges „Statistisches Bureau"; es wird im alten Berliner Rathaus untergebracht.*

16. März 1862: *Der im Königlichen Statistischen Bureau tätige Dr. Hermann Schwabe legt dem Magistrat einen Plan über eine Statistik von Berlin vor.* Schwabe wird **1865** Direktor des Bureaus.

Angeregt von den Verhandlungen über die Statistik der Großstädte auf der Tagung des Internationalen Statistischen Kongresses in Paris im Jahre 1855 schlug Schwabe dem Magistrat vor, statistisches Material für folgende Gebiete des öffentlichen Lebens zu sammeln und auszuwerten:
- *Stadtgebiet,*
  Bevölkerung,
  Gebäude,
- *Landwirtschaft und Viehzucht,*
  Forstwirtschaft, Jagd und Fischerei,
- *Bergbau und Hüttenwesen,*
  Handel und Industrie,
  Verkehr,
- *Öffentliche Bauten und Bauwesen,*
- *Geld- und Kreditinstitute,*
  Versicherungswesen,
- *Preise und Konsumtion,*
- *Arbeitende Klassen und Arbeitsverhältnisse,*
- *Soziale Selbsthilfe,*
  Öffentliche Wohltätigkeit und Armenwesen,
- *Gemeindeverfassung und Verwaltungsorganismus,*
- *Sicherheitspolizei und Gefängniswesen,*
- *Öffentliche Gesundheit und Gesundheitspflege,*
- *Kirche und Gottesdienst,*
  Schulen und Unterricht,
- *Künste und Wissenschaften,*
  Presse und Literatur,
- *Zivil- und Kriminalrechtspflege,*
- *Finanzen, Steuern, Stadtschulden.*
  Die 24 Kapitel wurden nochmals in 108 Abschnitte unterteilt.

Emmy Reich:
Berliner Wohnverhältnisse zwischen 1840 und 1861

Wie im einzelnen die Wohnungsverhältnisse sich ge-   ←L8
stalteten, dafür gibt es wenig feste Anhaltspunkte. Wie
alle sozialen Probleme der neuen Zeit, so taucht auch
die Wohnungsfrage zuerst am Anfang der vierziger
Jahre des 19. Jahrhunderts auf. Die ersten Schriften,
die das Wohnungselend behandeln, erscheinen, und
schon werden die ersten Versuche einer Reform ge-
macht. In Berlin wird 1849 der Gemeinnützige Bau-
verein gegründet, der heute noch besteht, aber nicht
mehr baut. Und in den fünfzig Jahren gehört die
Wohnungsfrage zu den meist behandelten sozialen
Themen. Überfüllung, schlechte Beschaffenheit der
Wohnungen, Zunahme der Kellerwohnungen, Teuerung
und Mangel der Wohnungen sind die Klagepunkte.
Über die letzten ist schon gesprochen worden, für die
ersteren gibt es keinen statistischen Beweis. Nur ein-
zelne Aufschlüsse geben die Zahlen des Mietsteuer-
katasters. Es besteht die Tendenz, die Grundstücke
enger und wahrscheinlich höher zu bebauen. 1841
kommen auf ein Grundstück 7,85 Wohnungen und
Gelasse und 40,30 Bewohner, 1861 10,09 und 47,88.
Das bedeutet eine große Steigerung während 20 Jah-
ren, auf das Mietskasernensystem deuten sie aber
jedenfalls noch nicht hin. Noch herrscht im allgemei-
nen das Haus mit 8 bis 10 Wohnungen vor. Darum
hören wir auch damals keine Klagen über eine zu
dichte Bebauung und einen schlechten Häusertypus.
Die Gemeinnützige Baugesellschaft baut unbedenk-
lich ihre Häuser mit 8 bis 12 Wohnungen und einem
Grundriß, der auch noch heute mustergültig sein würde,
auf die großen Holzplätze und Höfe, die die meisten
Häuser noch als Hinterland besitzen, und verkauft den
Vorderstreifen als selbständiges Grundstück. Dennoch
kannte Berlin schon die Mietskaserne. Anfang der
zwanziger Jahre hatte ein Kammerherr aus schlechten
Steinen und Holz 5 Häuser mit mehreren Stockwerken
in den damaligen Voigtlanden, der heutigen Garten-
straße, erbaut. Eine zweifenstrige Stube war darin für
eine Familie bestimmt, und deshalb führten die Häuser
den Namen ,,Familienhäuser". Die Besetzung war
immer eine außerordentlich große, manchmal teilten
sich zwei, drei, auch vier Familien in eine Stube, die
sie durch einen Kreidestrich teilten. In den dreißiger
Jahren beherbergten sie 2300 Seelen, 1845 bis 50
16–1800. Dabei wurde für eine Stube 24 Taler bis 36
Taler bezahlt. In ihrer Umgebung waren allmählich
noch andere Bauten von einem ähnlichen Typus ent-
standen, so daß die Rosenthaler Vorstadt die billig-
sten Wohnungen und die ärmsten Bewohner von Ber-
lin aufwies. Dennoch ist nach dem Mietsteuerkata-
ster die Zahl der Wohnungen und Bewohner eines
Grundstücks hier nicht allzu groß, wohl weil neben
den großen Gebäuden viel kleine ärmliche vorhanden
waren, außer Schuppen und Ställen usw. Aber die
Oranienburger Vorstadt zeigt 1843 8,8 Wohnungen
und 1861 12,6 auf ein Grundstück, während die
Friedrichstadt, das Viertel, in dem die wohlhaben-
den Schichten sich ansiedelten, 1843 nur 4,2 Woh-
nungen aufweist. 1853 allerdings auch schon 8,9.
Neben der zunehmenden Dichtigkeit der Bebauung
können wir aber gleichzeitig beobachten, daß die Zahl
der Bewohner einer bewohnten Wohnung abnimmt.
Von 1816 bis 1847 war sie dauernd gestiegen, dann
aber nimmt sie ohne Unterbrechung ab. Worauf diese
zahlenmäßige Verbesserung zurückzuführen ist, ist
schwer zu sagen. Sie kann entstanden sein durch eine
Vermehrung der selbständigen Geschäftsräume, aber
auch dadurch, daß in einer Familie weniger Gesellen
und Lehrlinge aufgenommen wurden. Doch hören wir
aus jener Zeit auch schon lebhafte Klagen über die
moralischen Gefahren des Schlafstellenwesens. Statisti-
sche Erhebungen sind nicht gemacht worden, doch
wird geschätzt, daß drei Viertel der Zuwandernden,   →L9
also jährlich ungefähr 7000 Menschen, als Schlafbur-
schen ihre Unterkunft finden. – Auch auf einen ande-
ren Punkt hatte sich damals schon die Aufmerksam-
keit gerichtet, auf die Abnahme der Hauseigentümer;
wieder sind die Erfahrungen der Gemeinnützigen Bau-
gesellschaft von Interesse. Sie mußte schon in den
fünfziger Jahren einsehen, daß ihre Absicht, durch
Mietgenossenschaften allmählich den kleinen Mann
zum Grundeigentümer zu machen, vergeblich sei.
Die Arbeiter ließen sich nicht mehr lange genug an
einen Ort fesseln und haben weder Geld noch Zeit in
jedem Moment zur Verfügung, um ohne Schaden
für sich die Last der Hausverwaltung zu tragen. Auch
der Versuch, das Haus mit ein oder zwei Wohnungen,
das auch damals als Ideal galt, mißlang, da die Arbeiter
kein Interesse daran nahmen und der Bau zu teuer
wurde.

werk), ihrer Größe nach beheizbaren Zimmern und ihrer Belegung, so ergibt sich für Berlin insgesamt:

Wohnungen Belegung	Vorder- und Hinterhäuser	nur Vorderhäuser	nur Hinterhäuser
Wohnungen	105.811	75.865	29.946
Bewohner	521.933	380.028	141.905
Kellerwohnungen	9.654	7.895	1.759
Bewohner	48.326	40.944	8.282
Wohnungen mit 1 beheizbarem Zimmer	51.909	29.818	22.091
Bewohner	224.406	125.426	98.980
Wohnungen mit 2 beheizbaren Zimmern	26.635	20.728	5.907
Bewohner	135.327	103.870	31.437
Wohnungen mit 3 beheizbaren Zimmern	12.721	11.791	930
Bewohner	66.397	61.002	5.395

Belegungsdichte nach Wohnungstypen am 3.12.1861 in Berlin

Die bemerkenswerten Ergebnisse dieser Untersuchung sind:
– 42,8 % der Berliner Bevölkerung lebt in Wohnungen mit nur einem beheizbaren Zimmer,
– diese Wohnungen sind durchschnittlich mit 4,3 Personen belegt,
– 49,05 % aller Berliner Wohnungen sind solche mit nur einem beheizbaren Zimmer,
– 73,8 % aller Wohnungen in Hinterhäusern sind Wohnungen mit einem beheizbaren Zimmer,
– 26,8 % der Berliner Bevölkerung wohnt bereits **1861** in Hinterhäusern, und
– 10 % der Berliner Bevölkerung lebt in Kellerwohnungen.

Die Untersuchung der Verteilung der Wohnungen mit nur einem beheizbaren Zimmer auf die einzelnen Stadtviertel ergibt folgende Anteile an der Gesamtzahl der Wohnungen:
30–40 % – Dorotheenstadt, Friedrichswerder, Friedrichstadt, Friedrich-Wilhelmstadt,
40–50 % – Louisenstadt, Cöln, Berlin,
50–60 % – Spandauer Viertel, Stralauer Viertel, Königsstadt,
60–70 % Neues Weichbild, Oranienburger/Rosenthaler Vorstadt.

Beziehen wir diese statistischen Einblicke in die Berliner Wohnverhältnisse auf die Familienhäuser vor dem Hamburger Tor, so zeigt sich, daß sie, was den Haustyp betrifft, ein Sonderfall sind; sie sind es nicht in bezug auf die durchschnittlichen Wohnungsgrößen und in bezug auf die Belegung. Sie liegen **1862** nicht mehr im ,,Voigtland", dem ausgesprochenen Proletarierviertel Berlins in der ersten Hälfte des 19. Jahrhunderts, sondern in der ,,Oranienburger und Rosenthaler Vorstadt", die ihren ausschließlichen Klassencharakter zu verlieren beginnt. Diese Veränderung, die nach **1855** einsetzt, erscheint dem Diakon der Inneren Mission von der Elisabeth-Kirche **1862** wie eine hoffnungsvolle Dämmerung:

Im ganzen und großen beginnt wenigstens in manchen Straßen, vor
allem in der Invalidenstraße und einem Teil der Brunnenstraße, seit gerau-
mer Zeit der Wohlstand sich zu heben. Pensionirte Beamte verzehren in
der Rosenthaler Vorstadt ihr Ruhegehalt, höhere Subalternbeamte nehmen
hier ihre Wohnung, der in der Invalidenstraße belegene Stettiner Bahnhof
zieht ebenfalls eine günstiger situirte Einwohnerschaft heran, ein kräfti-
ger Stamm von Fabrikarbeitern tritt zum großen Teil an die Stelle meist
jammervoll energieloser Weber. Daß die Juden in größerer Anzahl sich im
Voigtlande niederlassen, daß eine höhere Töchterschule in dasselbe ver-
legt und die Begründung einer Mittelschule neuerdings als Bedürfnis emp-
funden worden ist, daß hier bereits einige Droschkenstationen sich finden
und mehrere Omnibuslinien ihren Ausgangspunkt haben, sind deutliche
Zeichen eines begonnenen teilweisen Aufschwunges. Die äußere Stattlich-
keit vieler Häuser, die Gardinen und Blumentöpfe an den Fenstern sind

zwar sehr geeignet, einen günstigeren Eindruck zu geben, als der Wirklichkeit entspricht, aber einen materiellen und sittlichen Fortschritt bezeichnen sie doch. Damit hängt zusammen, daß der Nebenbegriff, der mit dem Namen „Voigtland" sich unwillkürlich verbindet, zu allgemeinem Bewußtsein gekommen ist. Wehe dem, der einen Voigtländer als Voigtländer bezeichnen wollte. Er würde Rache für eine ihm angetane Beschimpfung nehmen, denn er will ein „Rosenthaler Vorstädter" sein. Voraussichtlich wird der teilweise Wohlstand noch erheblich wachsen, aber freilich, ohne die ihm zur Seite gehende äußerste Verarmung wesentlich zu vermindern. Denn wenn die zunehmende reiche Bevölkerung Berlins die mittleren Schichten an die Tore, und über die Tore hinaus, also auch ins Voigtland drängen, so werden die letzteren das Proletariat immer weiter fortschieben, aber damit nicht verschwinden machen.

Ehe wir zu einer abschließenden Beschreibung der tendenziellen Entwicklung kommen, die das Berliner Mietshaus und die Arbeiterquartiere nehmen, wollen wir hier die Überlegungen des Mannes einblenden, der im Moment der statistischen Erhebung, im **Dezember 1861**, Berlin verläßt, nachdem er den Berliner Bebauungsplan im Entwurf abgeschlossen hat. James Hobrecht stellt in seiner **1868** veröffentlichten Schrift *Über öffent-* ←L 10 *liche Gesundheitspflege und die Bildung eines Central-Amts für öffentliche Gesundheitspflege im Staate* die Frage, wie man sich bei der Erweiterung Berlins vor reinen Arbeitervierteln hüten kann und geht dabei von seinen englischen Erfahrungen aus.

Unsere Art zu wohnen steht – wie bekannt – in einem prinzipiellen ←L 11 *Gegensatz zu der englischen. In einer sogenannten Mietskaserne befindet sich im I. Stockwerk eine Wohnung zu 500 Talern Miete, im Erdgeschoß und II. Stockwerk je zwei Wohnungen zu 200 Talern, im III. Stockwerk je zwei Wohnungen zu 150 Talern, im IV. drei Wohnungen à 100 Taler, im Keller, auf dem Bodenraum, im Hinterhause oder dergleichen, noch mehrere Wohnungen à 50 Taler. In einer englischen Stadt finden wir im Westend oder irgendwo anders, aber zusammenliegend, die Villen und einzelnen Häuser der wohlhabenden Klasse, in den anderen Stadtteilen die Häuser der ärmeren Bevölkerung, immer in Gruppen nach dem Vermögen der Besitzer zusammenliegend, ganze Stadtteile dabei lediglich von der Arbeiterbevölkerung bewohnt. Wer möchte nun bezweifeln, daß die reservierte Lage der je wohlhabenderen Klassen und Häuser Annehmlichkeiten genug bietet, aber – wer kann auch sein Auge der Tatsache verschließen, daß die ärmere Klasse vieler Wohltaten verlustig geht, die ein Durcheinanderwohnen gewährt. Nicht „Abschließung", sondern „Durchdringung" scheint mir aus sittlichen und darum aus staatlichen Rücksichten das Gebotene zu sein. In der Mietskaserne gehen die Kinder aus den Kellewohnungen in die Freischule über denselben Hausflur wie diejenigen des Rats oder Kaufmanns auf dem Wege nach dem Gymnasium. Schusters Wilhelm aus der Mansarde und die alte bettlägerige Frau Schulz im Hinterhause, deren Tochter durch Nähen oder Putzarbeiten den notdürftigen Lebensunterhalt besorgt, werden in dem I. Stockwerk bekannte Persönlichkeiten. Hier ist ein Teller Suppe zur Stärkung bei Krankheit, da ein Kleidungsstück, dort die wirksame Hilfe zur Erlangung freien Unterrichtes oder dergleichen, und alles das, was sich als das Resultat der gemütlichen Beziehungen zwischen den gleichgearteten und wenn auch noch so verschieden situierten Bewohnern herausstellt, eine Hilfe, welche ihren veredelnden Einfluß auf den Geber ausübt. Und zwischen diesen extremen Gesellschaftsklassen bewegen sich die Ärmeren aus dem III. und IV. Stock, Gesellschaftsklassen von der höchsten Bedeutung für unser Kulturleben, der Beamte, der Künstler, der Gelehrte, der Lehrer usw. In diesen Klassen wohnt vor allem die geistige Bedeutung unseres Volkes. Zur steten Arbeit, zur häufigen Entsagung gezwungen und sich selbst zwingend, um den in der Gesellschaft erkämpften Raum nicht zu verlieren, womöglich ihn zu vergrößern, sind sie in Beispiel und Lehre nicht genug zu schätzende Elemente und wirken fördernd, anregend und somit für die Gesellschaft nützlich, und wäre es fast nur durch ihr Dasein und stummes Beispiel auf diejenigen, die neben ihnen und mit ihnen untermischt wohnen. Ein englisches Arbeiterviertel betritt der Polizeibeamte und der Sensationsdichter. Wenn die junge Lady seinen alarmierenden Roman gelesen hat, bricht sie wohl in Schluchzen aus, läßt anspannen und fährt in die von ihresgleichen nie betretene Gegend, nach welcher der Kutscher kopfschüttelnd den Weg*

vom Königlichen lithographischen Institut in Berlin.

Verlag von Simon Schropp & Comp.

Lith. v. C. Birk.

B 2

sucht. In der Regel wird das Bad zu stark für ihre Nerven sein; sie schaudert vor der Armut; sie schaudert vor der Schlechtigkeit und dem Verbrechen, welche überall die Begleiter der sich selbst überlassenen Armut sind, fährt zurück, um nie wieder die schreckliche Gegend zu sehen, und salviert ihre Seele durch einen Geldbeitrag an eine Armenkommission.

Dann fährt er fort: *Wenn wir uns vor Arbeiter-Vierteln hüten wollen, so müssen wir bei unserem Prinzip stehenbleiben, es nicht verwerfen, sondern verbessern. Es kann hier nicht meine Aufgabe sein, im Speziellen anzugeben, wie und wodurch wir unsere Wohnungs-Verhältnisse verbessern, wie wir das empfehlenswerte Durcheinanderwohnen beibehalten können, ohne dabei unseren Häusern den Kasernen-Charakter zu belassen, aber das ist als hauptsächlichstes Postulat kurzweg hinzustellen, daß mehr Luft und mehr Licht den Gebäuden zu geben ist. Fort mit den Kellerwohnungen, die gut sind für Fässer und Kartoffeln und Gemüse, aber nicht für Menschen! Raum für die Höfe! das Vierfache der Dimensionen, welche die Berliner Baupolizei-Ordnung verlangt, das Achtfache des Raumes, den die Stettiner Häuser übriglassen, ist nicht zuviel, ist kaum genug, wenn wir für unsere Hinterzimmer noch Sonne, Licht und Luft in genügender Qualität und Güte behalten wollen. Hier helfe uns die öffentliche Gesundheits-Pflege zu bessern, zu erträglichen Verhältnissen! Sie kann es auch! –*

Die breiteren Straßen, welche man in neuen Stadtteilen nun schon in der Regel anzulegen pflegt, werden in ihrer wohltätigen Wirkung paralysirt durch die geschlossenen Reihen der Gebäude, die so hoch aufgeführt werden, daß 6 Mal übereinander, wie in 6 Schubladen, Menschen wohnen können und wohnen.

Dieser Text, der, unvollständig zitiert, fälschlicherweise als nachträg-
→L 12 liche Rechtfertigung Hobrechts für den von ihm entworfenen „Mietskasernenplan" gehalten wird, enthält tatsächlich interessante Überlegungen: Hobrecht idealisiert das innerstädtische Berliner Mietshaus mit viergeschossigem Vorderhaus und einem Hintergebäude, wo das Hinter- und Übereinander der Klassen im gemeinsamen Hausflur zum *empfehlenswerten Durcheinander* wird, und begreift es als Modell für die bauliche Erweiterung der Stadt. Seltsamerweise verwendet er für diesen Gebäudetyp den Begriff „Mietskaserne", dessen Inhalt hier weder etwas mit den „kasernenartigen Gebäuden" wie den Familienhäusern zu tun hat, noch mit den erst später auf dem Gebiet des Bebauungsplans gebauten Mietshäusern mit bis zu 5 Hinterhöfen, die heute landläufig als „Mietskasernen" bezeichnet werden. Er denkt sich diese „Mietskaserne" als baulich-räumliche Einheit und als Gegenbild zu der räumlichen Separierung der Klassen, wie er sie in England beobachtet hat. Er warnt auch davor, daß die Möglichkeiten, die der Bebauungsplan mit seinen breit angelegten Straßensystemen und seinen Blockgrößen bietet, nicht ausgeschöpft werden. Die neue Tendenz der Bebauung kann er nur studiert haben an der völlig anders als ursprünglich
→S 488 geplanten Bebauung des Terrains der „Waaren-Credit-Gesellschaft", während er das Ideal des *empfehlenswerten Durcheinanders* nur aus den Ver-
→S 487 hältnissen der inneren Stadt Berlins vor **1862** kennengelernt haben kann.

14.2 Spekulation, Abriß und Neubebauung

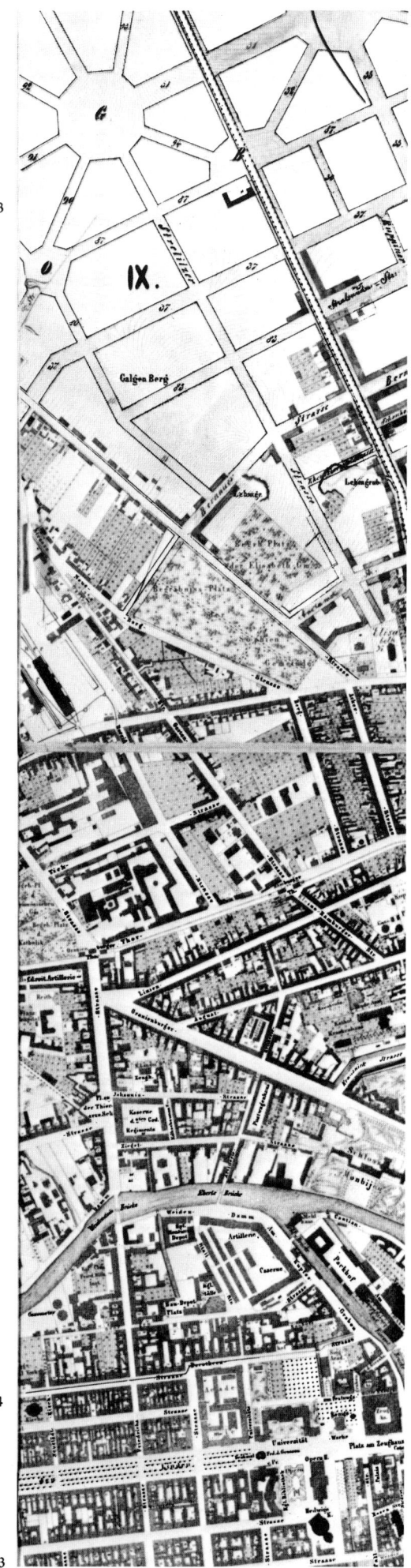

Am **8.3.1864** informiert die „Berliner Börsen-Zeitung" ihre Leser über die Familienhäuser vor dem Hamburger Tor:

Anläßlich des in Nr. 105 unserer Zeitung vom 3. März c. gebrachten ←L 13
Artikels „Berlins Wohltätigkeit II.", in welchem die schlechte Beschaffenheit mancher hiesiger Arbeiterwohnungen beklagt und auf Abhülfe für diesen Übelstand gedrungen wurde, haben wir von sehr achtbarer Seite ein Schreiben erhalten, in welchem, unter Zustimmung zu dieser unserer Auslassung, speciell auf ein Haus in der Gartenstraße, das sogenannte F a m i - l i e n h a u s , als auf ein Muster trauriger Wohnungsräume aufmerksam gemacht wird. Dieses Haus ist wohl den meisten unserer Leser dem Äußern nach bekannt. Es liegt nahe dem Hamburger Tore, gehört den von Wülcknitzschen Erben, ist von 1500 Köpfen bewohnt, so daß durchschnittlich fünf Köpfe auf jedes Gelaß kommen (!). Das Haus trägt jährlich 11,200 Rthl. Miete, hat 2% Mietsverlust. Es ist in vieler Beziehung b a u f ä l l i g . Die gegenüberliegenden Baustellen bleiben leer liegen, weil niemand diesem ungesunden und schmutzigen Gebäude gegenüber wohnen mag. Die ganze Nachbarschaft leidet darunter, die Bewohner selbst aber, in solcher, heutzutage fast unerhörter Weise zusammengepfercht, verfallen in Krankheit, in Siechtum. Es wäre in der Tat an der Zeit, daß die städtischen Behörden und die Sanitätspolizei hier einschritten, und wenn der Verein für die Verschönerung der Stadt einen Spaziergang in die Vorstädte machen und sich hier ein wenig umtun wollte, so würde er sich, wir wiederholen das, ein größeres Verdienst erwerben als durch Errichtung einer Fontäne auf dem Schloßplatze. Die Beseitigung des Familienhauses würde allerdings der Stadt resp. dem Fiskus ein bedeutendes Opfer auferlegen, denn das Haus repräsentirt ein Capital von 150–160.000 Rthl., während im Falle des Abbruchs für 13 Baustellen nur etwa 80.000 und vielleicht für das Material 6–8000 Rthl. zu erzielen sein dürften. Es ist schon wiederholt davon die Rede gewesen, daß das Haus beseitigt und dort ein Kreisgerichtsgebäude errichtet werden solle. Neuerdings weist man auf die Angemessenheit eines Kirchenbaues hin, nachdem der dortige Bezirk in drei Parochien geteilt worden. Es ist sehr zu wünschen, daß bald etwas geschehe, denn jener Pestsitz ist keine Zierde, sein Bestehen keine Ehre für Berlin.

Die Familienhäuser bringen also der Stadt keine Ehre und den Besitzern der Nachbargrundstücke Verluste. Dieser Artikel wird nicht zufällig genau zu dem Zeitpunkt geschrieben, wo der Abriß der Stadtmauer unmittelbar bevorsteht. Ein Blick auf den Sineckschen Stadtplan von **1861** verdeutlicht, was diese Maßnahme für die noch weitgehend unbebauten Grundstücke in Nachbarschaft der Familienhäuser bedeutet.

Die nördlichen Grundstücke der Linienstraße, deren Rückseiten bisher an die Mauer grenzen, werden nach deren Abriß an einer weitgehend neu zu bebauenden breiten Durchgangsstraße, der ehemaligen Thorstraße, liegen, die im Falle einer Norderweiterung der Stadt zu einer Hauptgeschäftsstraße werden könnte. Am **11.3.1864** beschäftigt sich der Magistrat, in dessen Aktender oben zitierte Zeitungsartikel archiviert ist, mit dem öffentlich geforderten Abriß der Familienhäuser und kommt zu folgendem Ergebnis:

Unser Collegium hält es für bedenklich, die bezeichneten Häuser zu ←A 1
beseitigen, weil sie vielen Armen eine unverhältnismäßig wohlfeile Wohnung gewähren und neue solche Häuser entstehen würden, wenn dieses Familienhaus beseitigt werden sollte.

Eine entsprechende Antwort an die „Börsen-Zeitung" erscheint am **30.3.1864** in der „Spenerschen Zeitung":

Die sogenannten Familienhäuser vor dem Hamburger Tore haben für ←L 14
die Nachbarschaft schon viel Anstoß erregt und zu Beschwerden aller Art Veranlassung gegeben. Mögen diese Beschwerden auch ihre Begründung haben, sicherlich ist aber die polizeiliche Aufsichtsbehörde nicht im Stande, dauernde Abhülfe zu schaffen. Man darf nicht übersehen, daß in diesen Häusern die größte Ordnung herrscht und daß viele Arme darin gegen eine sehr billige Miete ein geeignetes Unterkommen finden. Dergleichen Anstalten fehlen in Berlin, denn die Häuser der gemeinnützigen An- →B 3

stalt gewähren nur eine teilweise Abhülfe und sind noch lange nicht in genügender Menge vorhanden. Die Stadt könnte das Grundstück allerdings erwerben und parcelliren, der Armut aber dadurch keinen Gefallen erzeigen, sondern lediglich den Anwohnern nutzen, deren Grundstücke allerdings durch die Nähe dieses Grundstücks in ihrem Werte verlieren. Es wird deren Sache sein, das Haus zu kaufen, wenn sie sich der Nachbarschaft entledigen wollen.

Nach **1864** passiert zunächst noch nichts, erst **1867** verändert sich die Situation dadurch, daß die Akzisemauer und damit auch die Tore abgerissen werden. Die Thorstraße wird zu einer breiten Ringstraße ausgebaut, auf der Seite zur Stadt auch mit Mietshäusern bebaut. Der Abschnitt um das Hamburger Tor wird nach folgendem Plan reguliert:

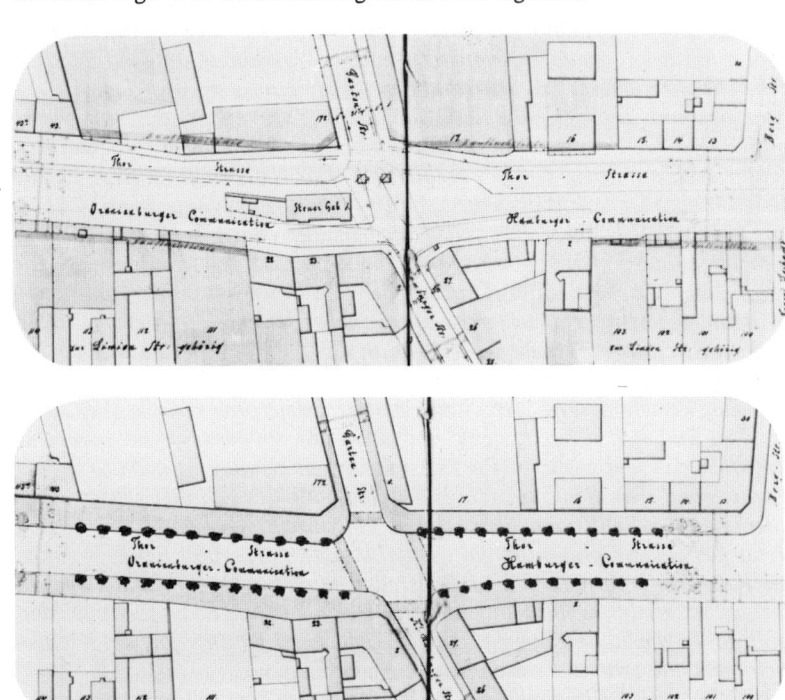

→B 5 Regulierung der Straßenkreuzung nach Abriß des Hamburger Tores 1867

Die Akzisemauer nördlich des Brandenburger Tors ←B 4 nach einer Photographie von Schwartz

→A 2 *Erläuterungsbericht zu dem Plan betreffend die Umgestaltung und Regulierung des Platzes vor dem Hamburger Tore. 29.5.1868. Nachdem der Abbruch des Hamburger Tores erfolgt ist, die einschließenden Teile der Stadtmauer ebenfalls beseitigt sind, wird es dringend notwendig, auf die zukünftige Gestaltung des Thorplatzes Einfluß zu nehmen. Zu diesem Zwecke ist der auf Blatt I dargestellte Entwurf bearbeitet worden. In den gedachten Thorplatz münden die Kleine Hamburger Straße, die Gartenstraße sowie die von der Rosenthaler- und vom Oranienburger Tor ausgehenden Teile der Ringstraße. Auf der Allerhöchsten Cabinettsordre vom 20.6.1865 sind die Baufluchtlinien für die Teile der Ringstraße bestimmt.*

Die eingetragenen Baufluchtlinien gehen bereits vom Abriß der Familienhäuser aus.

Die städtischen Grund- und Hausbesitzer haben kein Interesse daran, ihren Konkurrenten, den Grundstücksbesitzern am Hamburger Tor, mit öffentlichen Mitteln Vorteile zu verschaffen. Diese sollen die Familienhäuser selbst kaufen. Dazu fehlt ihnen jedoch während der nächsten Jahre wohl nicht nur das Kapital, sondern auch der Anreiz, denn die Bebauung des Berliner Nordens vollzieht sich auch nach Abriß der Mauer zunächst nur sehr zögernd.

Erst am **14.3.1872** werden die Familienhäuser verkauft, und zwar an den von Heinrich Quistorp kurz zuvor gegründeten „Deutschen Central-Bauverein". Es handelt sich hierbei um eine von über 800 Aktiengesellschaften, die als Anlagemöglichkeiten für die seit **Anfang 1872** in Berlin eintreffenden französischen Reparationsmilliarden gegründet werden. Die Familienhäuser wechseln von nun an während der letzten 10 Jahre ihres Bestehens viermal ihre Besitzer. Nachdem sie über 50 Jahre ihre auf die Mieteinnahmen spekulierenden Besitzer ernährt haben, wird ab **1872** das

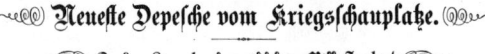
Neueste Depesche vom Kriegsschauplatze.

Großer Sieg der französischen Mill-Jarden!

Thiers: Hurrah! à Berlin! à Berlin! ←B 6

Photographie von Schwartz: Chausseestraße/Ecke Thorstraße nach Abriß der Stadt- ←B 7
mauer (vor 1882). Rechts im Hintergrund der Giebel des „Kaufmannshauses"

Grundstück, auf dem die Familienhäuser stehen, zum begehrten Objekt
für Terrainspekulanten, unter denen sich neben Quistorp so illustre Gestalten wie Hermann Geber und die Brüder Haberland befinden.

Die Besitzer der Familienhäuser   ←A 3
1820–1831: Kammerherr Heinrich Otto von Wülcknitz
1831–1832: Gutsbesitzer Heinrich Ferdinand Wiesecke
1832–1835: Kammergerichtliche Administration
1835–1844: Rendant Friedrich Wilhelm Heyder
1844–1872: Erbengemeinschaft Heyder
1872–1875: Aktiengesellschaft „Deutscher Central-Bauverein"
1875–1877: Kaufmann Hermann Geber
1877–1880: Consul Friedrich Poll zu Stettin
1880–1882: Handelsgesellschaft Haberland

Die Handelsgesellschaft J.+S. Haberland, ursprünglich ein gutgehender →L 15
Manufakturbetrieb in der Spandauerstraße, der sich nun mit Hilfe von
Grundstücksgeschäften erweitern will, geht **1881** daran, die Familienhäuser
abzureißen und das Grundstück zur neuen Bebauung freizumachen. Georg
Haberland, der Sohn des Mitbegründers der „Berlinischen Boden-Gesell-
schaft", erinnert sich an die Geschäfte seines Vaters:

Der Aufschwung Berlins war nach dem Kriege 1870/71 glänzend ge- ←L 16
worden. Der große Zuzug nach der Reichshauptstadt machte eine dauern-
de lebhafte Bautätigkeit zur Versorgung der Bevölkerung mit Wohnungen
dringend notwendig. Größere gewerbliche Unternehmungen, die sich plan-
mäßig dieser Aufgabe widmeten, waren in Berlin kaum vorhanden. Soweit
es Terraingesellschaften gab, erschlossen diese zwar unbebautes Gelände,
veräußerten aber dann die fertigen Blocks an Privatleute, die ihrerseits
das Parzellierungsgeschäft betrieben oder Grund und Boden in der Hoff-
nung erwarben, ihn in einigen Jahren mit Gewinn weiterzuveräußern. Mein
Vater erblickte in der planmäßigen Aufschließung von Geländen, in der
Schaffung baureifer Baustellen, ihrer Veräußerung unter Gewährung von
Baugeldkrediten direkt an den Baugewerbetreibenden eine wirtschaftlich
notwendige Aufgabe. Er war der Überzeugung, daß eine solide und kapital-
kräftige Gesellschaft, welche die Geländeerschließung in dieser Weise be-
treibt, zu großer Bedeutung gelangen müßte.

Von Gründern und Schwindlern
Otto Glagau über Heinrich Quistorp:

Herr Schweder war groß, aber Herr Quistorp war
noch größer. Erinnert jener an einen unverantwortli-
chen Premierminister, so ist dieser einem absoluten
Monarchen zu vergleichen. Wie Napoleon Bonaparte
schuf auch Heinrich Quistorp alles selber und allein,
und gewissermaßen alles aus – nichts. Nachdem er zu-
nächst in seiner Vaterstadt Stettin und, wenn wir nicht
irren, dann in England Schiffbruch gelitten, kam er
ohne Mittel, ohne Bekanntschaften nach Berlin. Sein
erster „Versuch" war die Villen-Colonie „Westend",
belegen an der Chaussee nach Spandau, noch hinter
Charlottenburg, auf einer kahlen, sterilen, allen Win-
den preisgegebenen Anhöhe. Hier steckte er Straßen
ab, denen er die lieblichsten hochpoetischen Namen
gab wie: Ahorn-Allee, Akazien-Allee, Platanen-Allee
etc. und baute in jeder Allee ein oder gar zwei Häu-
ser; zugleich aber auch einen Restaurant ersten Ran-
ges, ein großartiges Casino und eine Wasserkunst.
Trotz alledem wollten sich keine Käufer, nicht einmal
Mieter finden, und die luftigen Villen, bei deren An-
blick man einen leichten Rheumatismus verspürt, wur-
den Jahre lang nur von Quistorp und seinen Freunden
bewohnt. . . .
Aber der geniale Gründer hatte an „Westend" nicht
genug – er schuf noch eine zweite „Baugesellschaft".
Unmittelbar nachdem Herr Quistorp das Capital
von „Westend" um 1,100,000 Thaler vermehrt hatte,
gründete er den „Deutschen Central-Bau-Verein", für

den er gleichfalls eine Actiensumme von 1,200,000 Thalern in Anspruch nahm. Dieser war ehemals eine „Genossenschaft" gewesen, aber wie Quistorp im „Prospect" sich ausdrückte, das „Experiment eines humanen Princips" geblieben; und wurde nun in eine Actiengesellschaft umgewandelt. Der „Deutsche Centralbauverein" sollte nicht Villen, sondern kleine und mittlere Wohnungen bauen; und außerdem einem schreienden Bedürfnis abhelfen, nämlich „die baulichen Ausführungen der Westend-Gesellschaft gegen eine der Sache entsprechende Provision mitleiten"; während die Westend-Gesellschaft wieder seine, des Deutschen Centralbauvereins, Bauterrains „commissionsweise parcelliren" und von den ihm übertragenen Bauten eine „entsprechende Rückprovision" beziehen sollte.

Man merkt, wie erfinderisch Herr Quistorp war, um den eigentlichen Zweck seiner Gründungen festzustellen, und wie innig er die verschiedenen Gesellschaften miteinander verknotete – eine Verknotung, die später immer eine Gesellschaft nach der andern in den Concurs riß und ein Monstre-Verfahren herbeiführte, bei dem sowohl der Concursrichter wie dem Massenverwalter Jahre lang die Haare zu Berg standen. Bei beiden Baugesellschaften hatte Quistorp dieselben Verbündeten und Gehülfen: außer den schon Genannten noch die Herren Stadtrat Holtz, Apotheker H. Augustin, Dr. med. Eduard Wiss u.a.

Der „Volkswirt" W i s s hatte kurz vorher im Feuilleton der „National-Zeitung" einen Bandwurm von Artikeln über Wohnungsnot, Wohnungsreform etc. losgelassen, die alle in dem Satze gipfelten: Das einzige Rettungsmittel sei die Colonisation. Zum Dank für diese Reclame machte ihn Quistorp zum „Vorsitzenden des Aufsichtsrats", und nun ging der „Deutsche Centralbauverein" ins Zeug mit Ankäufen, Parcellirungen und Bauausführungen. Das erste Geschäftsjahr schloß am 1. Juli 1873 mit einer Dividende von 15 Procent, aber nur 10 Procent kamen zur Auszahlung; während „Aufsichtsrat" und „Direction" das Ihrige natürlich voll eingestrichen haben werden.

Im Juli 1873, mitten im „Krach", rückte Herr Quistorp noch mit dem Antrage heraus, „das Actiencapital successive auf vier Millionen Thaler zu erhöhen"; was auch beschlossen ward. Aber es blieb beim Beschlusse. Schon nach drei Monaten brach der „Deutsche Centralbauverein" zusammen, mit einer Million Unterbilanz. Die Grundstücke, welche mit mehreren Millionen zu Buche standen, sind bei der gerichtlichen Taxe auf ein Fünftel oder noch tiefer herabgesetzt. Die Masse wird kaum die Schulden decken – über 2 1/2 Millionen Thaler; die Actionäre haben alles verloren.

Doch Herr Quistorp ist nicht außer Fassung zu setzen. Mitten im Concurse, gründete er eine neue Gesellschaft: W e s t e n d - B e r l i n.

Otto Glagau über Hermann Geber

Hermann Geber, ein schwarzlockiger Versicherungskünstler, verwandelte sich kurz vor der Wiedergeburt des Deutschen Reiches in den farbenschillernden Falter eines Großindustriellen und General-Speculanten. Er ist ebenso reich an „Ideen" wie Quistorp, nur ist er darin weit glücklicher. Während Quistorp heute, gezwungenermaßen, auf seinen Lorbeeren ruht, beglückt Geber noch immer das dankbare Berlin mit seinen Schöpfungen.

Hermann Geber begann damit, daß er die verlassene Kaserne des Kaiser-Franz-Regiments in der Kommandantenstraße ankaufte, von einem gewissen – Fiscus. Fiscus ist ein alter wunderlicher Herr, der es z.B. liebt, möglichst billig zu verkaufen und möglichst teuer einzukaufen. Er verkauft, was er selber höchst nötig braucht und was er dann hinterher zehnmal teurer wieder anschaffen muß. Er hat verschiedene kostbare Grundstücke in Berlin den Gründern überlassen, wofür er sich heute in großer Verlegenheit befindet. So findet er in der Stadt selber keinen Platz mehr für das neue Criminal-Gerichtsgebäude und muß es – sehr bequem für das Publikum – draußen nach Moabit verlegen.

Also Geber kaufte von Fiscus, mit dem er öfter Geschäfte macht, die alte Franz-Kaserne, die inzwischen das Ansehen einer Räuberhöhle angenommen hatte, und schuf daraus das sogenannte „Industriegebäude", welches an dreißig Läden und zahlreiche Comtoirs und andere Geschäftslocalitäten enthält. Dazu erstand er noch, zum Teil in Verbindung mit Herrn Eduard Stahlschmidt, eine Anzahl benachbarter Grundstücke, legte sie nieder und erbaute die heutige Beuth-Straße, die in der Hauptsache gleichfalls aus lauter Läden und allerhand Geschäftsräumen besteht.

Haberland teilt das Grundstück der Familienhäuser in 13 Parzellen auf und veräußert sie an verschiedene Bauunternehmer. Der Preis der Parzellen richtet sich hierbei nach den maximal zu erwartenden Mieteinnahmen, die durch eine möglichst enge Bebauung der Grundstücke erreicht werden können. Der Grundstückspreis bestimmt die Form der späteren Bebauung, und die Familienhäuser machen 1882 Mietshäusern Platz, wie sie seit den 70er Jahren als Typ massenhaft um das alte Berlin gebaut werden.

Die Neubebauung des parzellierten Grundstücks der Familienhäuser mit schmalen, aber tiefen Mietshäusern mit 5 bis 6 Geschossen und 1 bis 2 Höfen erfolgt aufgrund der 1853 endgültig verabschiedeten und am 21.4. →L 17 1853 in Kraft getretenen Bauordnung. Ihr waren drei gedruckte Entwurfsfassungen vorausgegangen (1821, 1835, 1846), von den 792 Paragraphen →S 471 des ersten Entwurfs von 1821 sind 1853 noch 118 Paragraphen übriggeblieben. Die Bauordnung von 1853 enthält allerdings zum ersten Mal Aussagen über die Qualität der Wohnungen, geht also speziell auf den Mietshausbau ein. Was den Haustyp und die Ausnutzung des Grundstücks angeht, enthält die Bauordnung allerdings nur Mindestbestimmungen, die sich auf die Standsicherheit und auf den Feuerschutz beziehen. Die Art und Weise, wie der Eigentümer sein Grundstück ausbauen will, ist ihm freigestellt. Was die Bauordnung an Formen der Überbauung zuläßt, zeigt das Schema, das drei für Berlin charakteristische Mietshausbebauungen darstellt, wobei die von der Bauordnung geforderten Mindestmaße für die Höfe und Gebäudeabstände auf demselben Grundstück eingetragen sind.

Über die Zahl der Höfe oder der Gebäudeteile ist in der Bauordnung nichts ausgesagt.

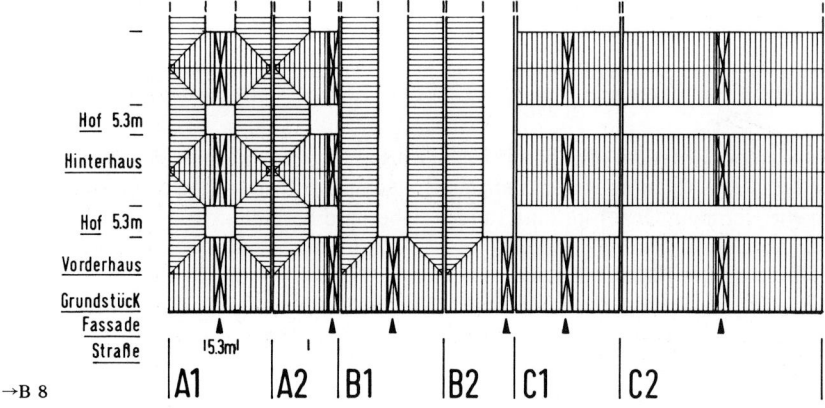

→B 8

A: Haustyp mit eingeschlossenem Hof (Vorderhaus, Seitenfügel, Quer ←L 18 gebäude),
B: Haustyp mit nur von Seitenflügeln eingeschlossenem Hof (Vorderhaus, Seitenflügel),
C: Haustyp mit hintereinandergestellten Quergebäuden, die sich besonders für kleine Wohnungen eignen.

Alle Hofräume müssen nach dem § 31 der Bauordnung durch Durchfahrten mit der Straße verbunden sein. Diese Durchfahrten dienen der Feuerwehr als Einfahrt für die Spritzen, deren Wenderadius die Mindesthofgröße von 17 mal 17 Fuß (= 5,30 m/5,30 m) begründet (§ 27). In bezug auf die Wohnungen wird in den Paragraphen 87–90 folgendes ausgesagt:

→L 19 *Vierter Titel*
Vorschriften in Betreff der Wohnungsräume

§ 87. Die zu Wohnungen bestimmten Gebäude oder Gebäudeteile müssen so angelegt und in solchem Material ausgeführt werden, daß sie hinlänglich Luft und Licht haben, trocken und der Gesundheit nicht nachteilig sind.

§ 88. Alle zum täglichen Aufenthalt von Menschen bestimmten Wohnräume müssen in neuen Gebäuden wenigstens 8 Fuß und, wenn solche in vorhandenen Gebäuden neu angelegt werden, wenigstens 7 1/2 Fuß lichte Höhe erhalten. Alle Wohn- und Schlafräume mit weniger als 9 Fuß lichter Höhe müssen zur Herstellung eines gehörigen Luftwechsels mit passenden Einrichtungen und mindestens mit Fenstern zum Öffnen in hinreichender Zahl und Größe und mit von innen zu heizenden Öfen versehen sein.

§ 89. Kellergeschosse dürfen nur dann zu Wohnungen eingerichtet werden, wenn deren Fußboden mindestens e i n e n Fuß über dem höchsten Wasserstande, deren Decke aber wenigstens 3 Fuß über dem Niveau der Straße liegen. Der Sturz des Fensters muß 2 Fuß über dem Niveau der Straße liegen. Auch müssen die Mauern und Fußböden solcher Wohnungen gegen das Eindringen und Aufsteigen der Erdfeuchtigkeit geschützt werden.

§ 90. Wohnungen in neuen Häusern oder in neu erbauten Stockwerken dürfen erst nach Ablauf von 9 Monaten nach Vollendung des Rohbaues bezogen werden, wird eine frühere wohnliche Benutzung der Wohnungsräume beabsichtigt, so ist die Erlaubnis des Polizei-Präsidiums dazu nachzusuchen, welches nach den Umständen die Frist bis auf 4 Monat, und bei Wohnungen in neu erbauten Stockwerken bis auf 3 Monat ermäßigen wird.

Kellerwohnungen werden in der Bauordnung ausdrücklich zugelassen.

Über die Geschoßzahl ist im § 28 ausgesagt, *ältere Gebäude dürfen in*   ←L 20
ihrer früheren Höhe wieder aufgebaut, neue Gebäude überall bis auf 36 Fuß Höhe errichtet werden. Bei einer Straßenbreite von 46 bis 48 Fuß ist eine Höhe der Gebäude von 1 1/4 der Straßenbreite zulässig. Bei noch breiteren Straßen unterliegt die Höhe der Bauten keiner allgemeinen Beschränkung. Die Höhe des Gebäudes wird von dem Straßenpflaster bis zur oberen Kante der Frontwand gemessen. Daraus ergibt sich in breiteren Straßen ohne weiteres eine Bebauungshöhe von 20 m, bei einer Geschoßhöhe von 3,50 m also 6 Geschosse plus ein bewohnbares Kellergeschoß.

Diese Bauordnung ermöglicht also mit ihren fehlenden Aussagen zu hygienisch notwendigen Abständen und Überbauungsbeschränkungen eine so totale Grundstücksausnutzung, wie wir sie am Beispiel der Neubebauung des Grundstücks der Familienhäuser feststellen können.

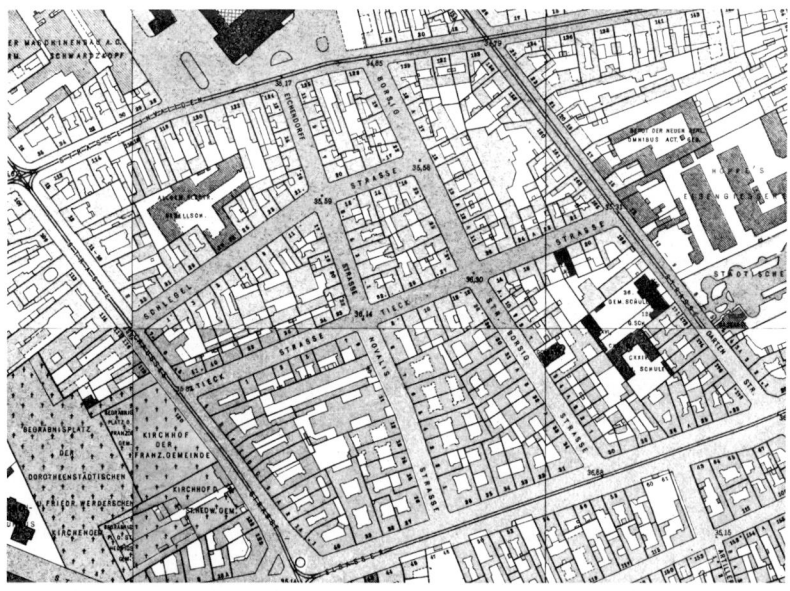

←B 9

Der Planausschnitt aus dem Stadtplan 1:4000 in der Fassung von **1900** zeigt, wie zwar in der Parzellierung das Grundstück der Familienhäuser noch aufzufinden ist, diese Gegend vor den Toren aber inzwischen sich vollständig in ein innerstädtisches Quartier verwandelt hat.

Über den Abriß haben wir zwei Berichte, einen aus den Polizeiakten   →L 21
und einen öffentlichen mit dem Charakter eines Nachrufs. Der königliche Polizeileutnant Glaesemer macht sich Sorgen um die korrekte Numerierung der neuaufgeteilten Grundstücke, und Otto Bohm, der Feuilletonist, feiert die Mietshäuser mit den engen Höfen, die an die Stelle der Familienhäuser getreten sind, als „Prachtbauten".

Die sogenannten Familienhäuser, an der Elsasser- und Gartenstraße   ←A 4
belegen (ehemalige Thorstraße, d.V.), sind teils abgebrochen, teils noch in Abbruch begriffen, und ist das ganze Terrain in der Gartenstraße in 9 und in der Elsasser in 4 Parzellen geteilt worden. Die Häuser in der Gartenstraße führten die Nummern 170, 170a, 170b, 171, 171a und 172. Diese Nummern reichen jedoch für die 9 Parzellen nicht aus, weshalb diesseits beantragt wird, daß dieselben, unter Fortlassung der Nummern 170a und 170b und 171a, die Nummern von 170 bis 178 führen dürfen. Für die Parzellen in der Elsasserstraße reichen die dem Revier zugeteilten Nummern aus, wenn, da das Eckhaus Gartenstraße 178 von der Elsasserstraße auch

Anno dazumal und Anno heut

„Ein neues Haus laß ich mir bau'n,
Zwei ganze Stock hoch soll es sein,
Doch Leute muß man auch drin schau'n,
Drum nehm ich noch zwei Miether ein;
Drei Jahre werden wohl vergehn,
Eh' das wird fest und sicher stehn.
Ach Häuser bauen – welche Qual!"
So war es Anno dazumal! –

„Herr Architekt, bau'n Sie mir'n Haus,
Wo ich schlag' recht viel Miethe raus,
Sind ooch die Stuben schmal und klein,
Fünf Stock hoch kann es immer sein,
Doch muß es etwas schnelle gehn,
Und bald uff diese Stelle stehn,
Vier Wochen haben Sie Zeit!"
So ist es Anno heut: Ja heute! heute! heut'!

einen Eingang hat und die Nummer Elsasserstraße 23 führen muß, die Nummer 25a eingeschaltet wird. Eine Skizze, unter Angabe der Eigentümer und der gerichtlichen Bandnummer, ist zur besseren Veranschaulichung beigefügt mit der Bitte, den diesseitigen Antrag, da die Parzellen drei, vier, fünf, sechs und sieben bereits von neuem bebaut sind und die Parzelle fünf bereits bewohnt ist, in Bälde zu genehmigen.

Berlin, den 9.12.1881   *Glaesemer*
An Ein Königl. Polizeipräsidium   *Königlicher Polizeileutnant*

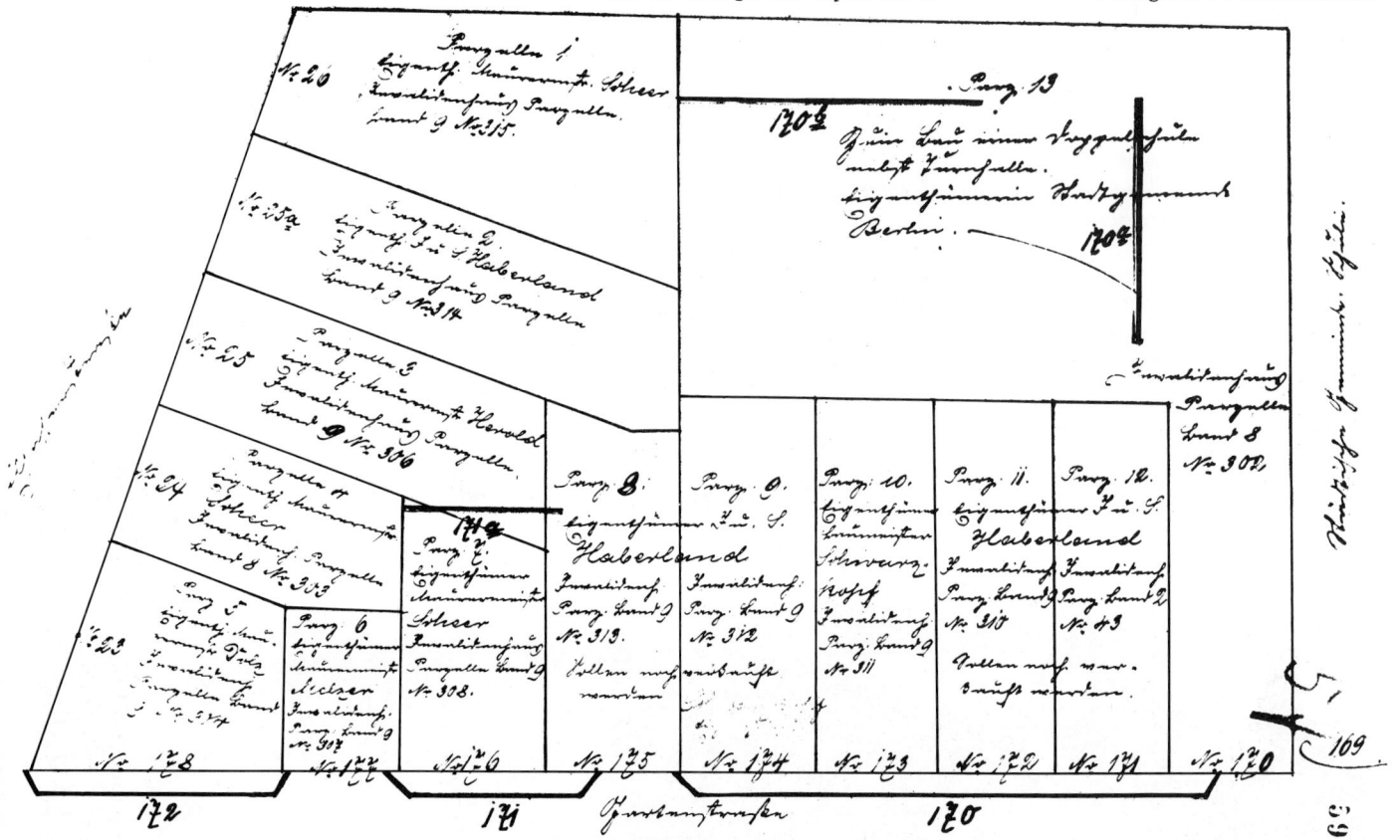

→B 10 Polizeileutnant Glaesemer: Die neue Numerierung der Gartenstraße nach der Parzellierung der Grundstücke 170–172 (1881)

→L 22   *Das Alte stürzt, es ändert sich die Zeit, und neues Leben blüht aus den Ruinen! Noch wenige Tage werden vergehen, und auch der letzte Rest des unter dem Namen der „Familienhäuser" bekannten, in der Gartenstraße, dicht am ehemaligen Hamburger Tor belegenen Häusercomplexes wird vom Erdboden verschwunden sein. „Familienhäuser", vulgo „Mücken" war der Gesamtname für fünf daselbst in den Jahren 1820 bis 24 vom spekulativen Kammerherrn v. Wülcknitz aus schlechten Steinen und schlechtem Holz mit Lehmstaaken erbaute gewaltige Häuser . . . (Wir lassen aus, was er über die Geschichte erzählt, d.V.)*

Von 3 Familien, welche im November cr. diese Häuser verlassen mußten, erfuhr Schreiber dieser Zeilen, daß bereits ihre Großeltern und Eltern dieselbe Stube innegehabt haben, in der die Enkel bis dahin wohnten. Daß diese Häuser der Sammelplatz des größten leiblichen und geistigen Elends waren, ist wohl nicht zu verwundern. Durch Spekulation — eine Zeit lang hieß es, dort solle ein großer Cirkus errichtet werden — sind die Familienhäuser im letzten Jahrzehnt mehrfach in andere Hände übergegangen, bis dieselben im Anfange des Jahres 1881 subhastirt und parzellirt wurden. Dabei soll sich ergeben haben, daß fast das halbe Grundstück der 1. Gemeindeschule, auf dem deren Turnhalle steht, noch immer zum Grund und Boden des Familienhausgrundstücks gehörte. Einer der reichen Besitzer des letzteren hatte nämlich vor Jahren der Kommune Berlin den Zins für das von ihr in Erbpacht genommene Stück des Schulgrundstückes erlassen, und war dadurch im Laufe der Zeiten das wahre Rechtsverhältnis verdunkelt worden und in Vergessenheit geraten! —

An Stelle der baufälligen 5 Baracken, welche in den 61 Jahren ihres Bestehens zum Glück von jedem größeren Brande, der dort hätte namenloses Unglück anrichten können, verschont geblieben sind, wachsen jetzt Prachtbauten aus der Erde, die sich nicht schämen brauchten, wenn sie im Mittelpunkt der Stadt ständen; sechs derselben sind bereits fertig, zum

Teil schon bezogen, und noch sechs andere sind im Bau begriffen. Auch die Stadt Berlin hat einen großen Teil des Terrains, das ganze Hinterland und das an die 1. Gemeindeschule stoßende Stück in der Gartenstraße erworben; auf dem Hinterlande ist ein neuer, 32 Klassen und eine Aula – auch ein Plättzimmer – enthaltender Prachtbau bereits bis zum 3. Stockwerk fertig, während an der Straße der Grund gelegt wird zu einem Wohngebäude für 3 Rektoren. Das nun veraltete Schulhaus der 1. Gemeindeschule wird vollständig umgebaut, um ein Stockwerk vergrößert und als katholische (wahrscheinlich Knaben-) Schule weiter benutzt werden. Auch an der andern, dem ehemaligen Familienhause gegenüberliegenden Ecke der Gartenstraße ist ein großes, mit eleganten Läden, und allem Comfort der Neuzeit ausgestattetes Wohnhaus fertig, und ein gleiches ist daneben im Bau begriffen; dazu kommt, daß der unweit gelegene „alte Sophienkirchhof" – allerdings noch immer durch eine häßliche Mauer von der Garten- und Bergstraße abgesperrt – in einen Park und Schmuckplatz verwandelt worden ist, so daß die dortige Gegend sich binnen Jahresfrist sehr zu ihrem Vorteil verändert hat und schon heute kaum wiederzuerkennen ist! – Möchten doch die Väter der Stadt auch den weiter hinaus nach dem alten Viehhof und dem Exerzierplatz („zur einsamen Pap- ←S 361 *pel") belegenen Teilen jener Vorstadt ihre besondere Fürsorge zuwenden, so würde dem Norden Berlins bald geholfen sein.* Otto Bohm

Ecke Gartenstraße/Wilhelm-Pieck-Straße, Zustand 1979, Grundstück, auf dem die ←B 11
Familienhäuser gestanden haben

Quellen

Archivalien

Abkürzungen für alle Kapitel

LA Berlin (West)   Landesarchiv Berlin (West)
StA Berlin (DDR)   Stadtarchiv Berlin (DDR)
StA Potsdam   Staatsarchiv Potsdam
ZStA Merseburg   Zentrales Staatsarchiv,
                    Dienststelle Merseburg

Bilder und Pläne

Schutzumschlag

Umgebung Berlins. Aufnahme im Jahre 1825, gezeichnet 1826 vom Ingenieur-Geographen Glaeser.

Staatsbibliothek. Berlin (West)

Innendeckel vorn

Grund-Riss der Königl. Preuß. Residentz Berlin, 1737, gezeichnet von J.F. Walther, gestochen von G.P. Busch

Verwaltung der Staatlichen Schlösser und Gärten Charlottenburg. Berlin (West)

Innendeckel hinten

Situationsplan der Haupt- und Residenzstadt Berlin mit nächster Umgebung von Sineck. Lithogr. von C. Birk, Verlag von Schropp 1860. Eintragung des Bebauungsplans von Hand wahrscheinl. 1862.

Staatsbibliothek. Berlin (West)

Literatur

Kapitel 1 Literatur

L1   GRUNHOLZER, Heinrich, und ARNIM, Bettina v.: Erfahrungen eines jungen Schweizers im Voigtlande. In: (Bettina v. Arnim:) Dies Buch gehört dem König. (Berlin 1843) – S. 534–598.

Kapitel 3 Literatur

L1 KUNTZE, E(duard): Das Jubiläum vom Voigtlande oder Geschichte der Gründung und Entwicklung der Rosenthaler Vorstadt bei Berlin 1755–1855. Berlin 1855 – S. 3 f.

L2 ZEDLITZ (-NEUKIRCH, Ernst) L(eopold) Frhr. v.: Neuestes Conversations-Handbuch für Berlin und Potsdam zum täglichen Gebrauch der Einheimischen und Fremden aller Stände . . . Berlin 1834 – S. 241 f., 799.

L3 CONSENTIUS, Ernst: Berlin anno 1740. Berlin 1907 – S. 4 f.

L4 = L1, S. 4.

L5 vgl. OLLECH, (Karl Rudolf) v.: Geschichte des Berliner Invalidenhauses von 1748 bis 1884. Berlin 1885 – S. 4 f.

L6 NIKOLAI, Friedrich: Beschreibung der Königlichen Residenzstädte Berlin und Potsdam, aller daselbst befindlichen Merkwürdigkeiten und der umliegenden Gegend. 3., völlig umgearb. Aufl. Berlin 1786 – S. 949 ff.

L7 Kurzer Abriß der Militärgeschichte von den Anfängen der Geschichte des deutschen Volkes bis 1945. Berlin (DDR) 1974 – S. 80 ff.

L8 FLEMMING, Graf v.: Bericht über Berlin. Zit. nach: Berliner Leben 1648–1806. Hrsg.: Ruth Glatzer. Berlin (DDR) 1956 – S. 130.

L9 = L5, S. 4.

L10 = L5, S. 5.

L11 KRÜNITZ, Johann Georg: Oekonomisch-technologische Encyclopädie, oder allgemeines System der Staats-, Stadt-, Haus- und Landwirtschaft. Brünn 1784. Teil XXX – S. 473 ff.

L12 = L11, S. 476 f.

L13 Biographisches Lexikon der hervorragenden Ärzte aller Zeiten und Völker. 2. Aufl. Berlin 1931. Bd. 3 – S. 619 f.

L14 = L11, S. 489.

L15 = L11, Stw. „Servis- und Einquartierungswesen" – S. 378 ff.

L16 = L11, S. 476 ff.

L17 = L5, S. 52 f.

L18 = L5, S. 390 f.

L19 KLÖDEN, Karl Friedrich v.: Jugenderinnerungen. Hrsg.: Max Jähns. Leipzig 1874.

L20 GILLY, David: Abriß der Cameral-Bauwissenschaft. Berlin 1801 – S. 126.

L21 = L5, S. 17.

L22 = L11, Teil VIII – S. 225 f., 230.

L23 = L1, S. 4 f.

L24 = L1, S. 6 f.

L25 = L1, S. 6.

L26 Brockhaus' Conversations-Lexikon. 13. Aufl. Leipzig 1885.

L27 = L6, S. 1125.

L28 = L5, S. 22.

L29 = L5, S. 22 f.

L30 = L1, S. 13 f.

L31 = L1, S. 16.

L32 = L5, S. 37.

L33 = L5, S. 41.

L34 = L5, S. 37.

L35 ZEDLER, Johann Heinrich: Großes vollständiges Universallexikon aller Wissenschaften und Künste (64 Bde.). Leipzig 1731–1750.

L36 = L26.

L37 = L1, S. 7.

L38 Brief eines Fremden. In: Berlin. Eine Zeitschrift für Freunde der schönen Künste, des Geschmacks und der Moden, 1. Jg./5. Heft. Berlin 1799.

L39 KOCHHANN, Heinrich Eduard: Tagebücher. Hrsg.: Albert Kochhann. Berlin 1905. Bd. 1 – S. 23 f.

L40 (ZEITLER, Karl Ludwig:) Erinnerungen eines Berliners aus den letzten 70 Jahren des 19. Jahrhunderts, Heft 1. (Berlin 1908) – S. 32 f.

L41 SKODA, Rudolf: Wohnhäuser und Wohnverhältnisse der Stadtarmut,

dargestellt insbesondere an der Rosenthaler Vorstadt von Berlin zwischen 1750 und 1850. Diss. Hochschule f. Architektur u. Bauwesen Weimar 1968 (Ms.).

L42 = L1, S. 10 f.

L43 = L41, S. 115.

L44 = L41, S. 116.

L45 RASCH, Gustav: Die dunklen Häuser von Berlin. 2. Aufl. Wittenberg 1863 – S. 110 ff.

L46 = L41, S. 117.

L47 = L1, S. 17.

L48 = L41, S. 110.

L49 = L41, S. 139.

L50 = L41, S. 139.

L51 = L1, S. 17.

L52 = L6, S. 964 f.

L53 = L26.

L54 Schattenriß von Berlin. Amsterdam (Zittau) 1788 – S. 10.

L55 (KNÜPPELN, Julius Friedrich:) Charakteristik von Berlin. T. 1–4. Philadelphia (Leipzig u. Gera) 1784–1788. Zit. nach L8 – S. 345.

L56 SALEWSKI, Wilhelm: Alte Eisenwerke in Schlesien und Mähren. Holzminden 1962 – S. 13 f.

L57 CRAMER, (Hermann): Geschichte der Königlichen Eisengießerei zu Berlin. In: Zeitschrift f. Berg-, Hütten- und Salinenwesen im preuß. Staate. Bd. 23. 1875 – S. 164–87.

L58 = L57.

L59 = L57.

L60 = L57.

L61 = L56, S. 85.

L62 RADIG, Werner: Frühformen der Hausentwicklung in Deutschland. Berlin (DDR) 1958.

L64 = L1, S. 18.

L65 STEIN, Karl Frhr. vom und zum, zit. nach: AUGUST KREBSBACH: Die preußische Städteordnung von 1808. 2. Aufl. Stuttgart 1970 – S. 22.

L66 Abhandlungen über den jetzigen Zustand der Seidenfabriken (1800). Zit. nach L8 – S. 341.

L67 MEHRING, Franz: Historische Aufsätze zur preussisch-deutschen Geschichte. Berlin 1946 – S. 138 ff.

L68 Statistische Übersicht von der gestiegenen Bevölkerung der Haupt- und Residenzstadt Berlin in den Jahren 1815 bis 1828 und der Communal-Einnahmen und Ausgaben derselben in den Jahren 1805 bis 1828. Berlin 1829 – S. 35 ff.

L69 GUTZKOW, Karl: Berliner Erinnerungen und Erlebnisse. Hrsg.: Paul Friedländer. Berlin (DDR) 1960 – S. 97 ff.

Kapitel 3 Archivalien

A1 StA Potsdam, Pr.Br.Rep.30/Berlin C, Polizeipräsidium, Tit. 121, Nr. 16 924, Bl. 24.

A2 StA Potsdam, Pr.Br.Rep.30/Berlin B, Regierung Berlin, Tit. 40, Nr. 194, Bl. 6.

A3 StA Potsdam, Pr.Br.Rep.30/Berlin A, Polizeidirektorium, Tit. 12, Nr. 75, Bl. 121.

A4 StA Potsdam, Pr.Br.Rep.30/Berlin C, Polizeipräsidium, Tit. 9, Nr. 206, Bl. 16.

A5 = A4, Bl. 32.

A6 = A4, Bl. 32.

A7 = A3, Bl. 51.

A8 ZStA Merseburg, Registratur des Ober-Bergamtes Berlin, Rep.112, B X 46, Bl. 1.

A9 = A8, Bl. 1/2.

A10 = A8, Bl. 1–83.

A11 ZStA Merseburg, Technische Oberbaudeputation, Rep.93D, Lit.LG., Tit. XI, Nr. 1, Bl. 38–39.

A12 = A8, Bl. 1–83 (Zusammenfassung).

A13 = A11, Bl. 40.

Kapitel 3 Bilder und Pläne

B1 Berlin in der Tasche. Berlin (West) 1977.

B2 Bildarchiv Preußischer Kulturbesitz. Berlin (West).

B3 Verwaltung der Staatl. Schlösser und Gärten Charlottenburg. Berlin (West).

B4 Altberliner Stadtpläne. Hrsg.: Berlin-Information, Berlin (DDR). 1978.

B5 Berlin Museum. Berlin (West).

B6 DIEPGEN, Paul, und HEISCHKEL, Edith: Die Medizin an der Berliner Charité bis zur Gründung der Universität. Berlin 1935 – S. 9 u. 10.

B7 = L11, Teil XXX, Tafel 1719.

B8 Landesarchiv. Berlin (West).

B9 Landesbildstelle. Berlin (West).

B10 Archiv Forschungsschwerpunkt.

B11 Les Invalides. Trois Siècles d'Histoire. Paris 1974 – S. 23.

B12 = B9.

B13 = L5, Anhang.

B14 = B8.

B15 Brandenburgische Jahrbücher 17/1941 – S. 44.

B16 = L41, S. 133.

B17 = L41, S. 450.

B18 = B10.

B19 MIELKE, Friedrich: Das Bürgerhaus in Potsdam. Tübingen 1972 – S. 100.

B20 Märkisches Museum. Berlin (DDR).

B21 = B10.

B22 – B24 = B8.

B25 J.B. Basedows Elementarwerk mit Kupfertafeln Chodowieckis u.a. Bd. III. Hrsg.: Theodor Fritzsch. Leipzig 1909.

B26 = B5.

B27 = B10.

B28 = L41, S. 141.

B29 = B9.

B30 = L41, S. 142.

B31 = B10.

B32 = L41, S. 447.

B33 = B10.

B34 = L41, S. 447.

B35 = B10.

B36 Illustrirte Zeitung. Leipzig. Bd. 17, 1851.

B37 = B9.

B38 = B9.

B39 = B9.

B40 = A3, Bl. 52.

B41 = B5.

B42 Archiv Folkwin Wendland.

B43 Preussen im Kartenbild. Katalog der Ausstellung des Geheimen Staatsarchivs 1979. Berlin (West) – S. 53.

B44 HELMIGK, Hans-Joachim: Oberschlesische Landbaukunst um 1800. Berlin 1937 – S. 277.

B45 BIMLER, Kurt: Die neuklassische Bauschule in Schlesien. Breslau 1931 – S. 18.

B46 = A8, Bl. 3.

B47 SCHMITZ, Hermann: Berliner Eisenkunstguß. Festschrift zum fünfzigjährigen Bestehen d. Kgl. Kunstgewerbemuseums 1867–1917. München 1917 – Tafel 2.

B48 = B5.

B49 = B47.

B50 = B47.

B51 Berliner Leben 1806–1847. Hrsg.: Ruth Köller und Wolfgang Richter. Berlin (DDR) 1954, nach S. 320.

B52 = B47.

B53 STÖLZEL, Karl: Gießerei über Jahrtausende. Leipzig 1979 – S. 81.

B54 = B47, Tafel 3.

B55 RADIG, Werner: Das Bauernhaus in Brandenburg und im Mittelelbegebiet. Berlin (DDR) 1966 – S. 17.

B56 = B10.

B57 = B44, S. 254.

B58 Nachzeichnung nach A11, Bl. 40.

B59 Die Bauwerke und Kunstdenkmäler von Berlin. Stadt und Bezirk Charlottenburg. Bearb.: Irmgard Wirth. Berlin (West) 1961 – 2. Teil, Tafel 811.

B60 = B59, Tafel 812.

B61 Staatsbibliothek. Berlin (West).

B62 – B65 = B10.

B66 = B61.

Kapitel 4 Literatur

L1 KUNTZE, E(duard): Das Jubiläum vom Voigtlande oder Geschichte der Gründung und Entwicklung der Rosenthaler Vorstadt bei Berlin 1755 – 1855. Berlin 1855 – S. 18 f.
L2 ZEDLITZ (-NEUKIRCH, Ernst) L(eopold) Freiherr v.: Neuestes Conversations-Handbuch für Berlin und Potsdam zum täglichen Gebrauch der Einheimischen und Fremden aller Stände... Berlin 1834 – S. 313 f.
L3 SKODA, Rudolf: Wohnhäuser und Wohnverhältnisse der Stadtarmut, dargestellt insbesondere an der Rosenthaler Vorstadt von Berlin zwischen 1750 und 1850. Diss. Hochschule f. Architektur u. Bauwesen Weimar 1968. (Ms). – S. 196 ff., S. 414 ff.
L4 = L2, S. 192.
L5 WEBER, Heinrich: Der Vaterländische Gewerbefreund. Leitfaden z. Kenntnis d. industriellen Geschäftigkeit im preuß. Staate. (Wegweiser durch die wichtigsten technischen Werkstätten der Residenz Berlin.) Teil 1. Berlin 1819 – S. 62 ff.
L6 Beilage zum 19ten Stück des Amtsblatts 1853 der Königlichen Regierung zu Potsdam und der Stadt Berlin. Berlin 1853 – S. 12.
L7 GILLY, David: Handbuch der Landbaukunst, 3. Aufl. Halle 1811.
L8 (GUTZKOW, Karl:) Correspondenz aus Berlin vom 21.8.1842. In: Die junge Generation, 9. Lieferung, September 1842 – S. 157 f.
L9 BAUMERS, Heinrich Joh(ann) Paul: Beschreibung eines zu Ersparung des Holtzes eingerichteten Stuben-Ofens, ... Berlin 1765 – S. III ff.
L10 RASCH, Gustav: Die dunklen Häuser von Berlin. 2. Aufl. Wittenberg 1863 – S. 135.
L11 Halle, Johann Samuel: Magie, oder die Zauberkräfte der Natur, so auf den Nutzen und die Belustigung angewandt worden. Teil 3. Wien 1787 – S. 281 f.
L12 POOL, Wilh(elm): Der praktische Feuer- und Ofenbaumeister, 2. Aufl. Leipzig u. Quedlinburg 1834 – S. 285 f.
L13 = L10, S. 133 ff.

Kapitel 4 Archivalien

A1 ZStA Merseburg, Ministerium des Innern, Rep.77, Tit. 227a, Nr. 53, Bl. 21–22.
A2 StA Potsdam, Pr.Br.Rep.37, Adelige Herrschaften und Güter, Nr. 7246, Bl. 33.
A3 LA Berlin (West), Städt. Feuersocietät, Rep.180, Acc. 750, Bd. 271, Bl. 278.
A4 = A3.
A5 = A3.
A6 = A3.
A7 = A1, Bl. 21.
A8 = A3, Bl. 281.
A9 = A8.
A10 = A1, Bl. 21.
A11 THÜMMEL: Auszug eines Berichts über die innere Verfassung, den physischen und moralischen Zustand der Bewohner der von Wülcknitzschen Familienhäuser und deren Mängel nebst Gutachten zur Abhülfe derselben. Berlin 11.1. 1827. – S. 2. In: StA Berlin (DDR), Magistrat zu Berlin, Generalia Armenwesen Nr. 44, Nr. 1055, Bl. 77–85.
A12 StA Berlin (DDR), Polizeipräsidium zu Berlin, Grundstücksakte Gartenstr. 170a (No. 2683), Nr. 22625, Bl. 1.
A13 = A12.
A14 StA Berlin (DDR), Polizeipräsidium zu Berlin, Grundstücksakte Gartenstr.
170b (No. 2684), Nr. 22625, Bl. 1.
A15 ZStA Merseburg, Ministerium des Innern, Rep.77, Tit. 228 Nr. 4, Bl. 115.
A16 = A3, Bl. 283/284.
A17 = A15.
A18 = A3, Bl. 284.
A19 = A3, Bl. 285.
A20 = A12, Bl. 24.
A21 = A12, Bl. 21–24.
A22 = A15, Bl. 51.
A23 = A15, Bl. 58.
A24 = A15, Bl. 96.
A25 = A12, Bl. 12.
A26 = A15, Bl. 120/121.
A27 = A12, Bl. 25.
A28 = A12, Bl. 12.
A29 = A15, Bl. 91.
A30 = A3, Bl. 286.
A31 = A3, Bl. 286.
A32 = A3, Bl. 286.
A33 = A3, Bl. 281.
A34 StA Potsdam, Pr.Br.Rep.30/Berlin C, Polizeipräsidium, Tit. 20 Nr. 501, Bl. 13/14.
A35 = A12, Bl. 5.
A36 = A12, Bl. 5.
A37 = A12, Bl. 6.
A38 = A12, Bl. 11.
A39 = A12, Bl. 9.
A40 = A12, Bl. 9.
A41 = A11, S. 1.
A42 StA Berlin (DDR), Magistrat zu Berlin, Generalia Armenwesen Nr. 44, Nr. 1055, Bl. 140.
A43 = A11, S. 1.
A44 = A11, S. 2.
A45 = A11, S. 4.
A46 = A1, Bl. 169.
A47 = A42, Bl. 121.
A48 = A42, Bl. 18.
A49 = A1, Bl. 173.
A50 = A1, Bl. 163.
A51 = A1, Bl. 146.
A52 = A42, Bl. 17.
A53 = A1, Bl. 146.
A54 = A42, Bl. 88.
A55 = A11, S. 8.
A56 = A1, Bl. 147.
A57 = A1, Bl. 171.
A58 = A42, Bl. 124.
A59 = A11, S. 3.
A60 = A42, Bl. 18.
A61 = A11, S. 3.
A62 = A1, Bl. 148.
A63 StA Berlin (DDR), Armendirektion, Generalia Armenwesen VI Nr. 15 Vol. 1, Nr. 18575, Bl. 74/75.
A64 = A42, Bl. 103–106.
A65 = A14, Bl. 17/18.
A66 = A14, Bl. 33.
A67 GRUNHOLZER, Heinrich: Schatzkämmerlein. Berlin vom 27.10.1842 bis 13.8.1843. 2 Bde. Chronikstube der Paul-Kläui-Bibliothek in Uster/Schweiz. Nachlaß Grunholzer (ohne Inv.-Nr.).
A68 = A11, Bl. 77–85.
A69 = A11, Bl. 77–85.
A70 = A1, Bl. 168–176.
A71 = A11, Bl. 77–85.
A72 = A1, Bl. 141.
A73 = A42, Bl. 118–132.
A74 = A42, Bl. 118–132.
A75 = A11, Bl. 77–85.
A76 = A42, Bl. 139–142.
A77 = A42, Bl. 13–22.
A78 = A11, Bl. 77–85.
A79 = A42, Bl. 13–22.
A80 = A63.
A81 = A42, Bl. 13–22.
A82 = A11, Bl. 77–85.
A83 = A42, Bl. 86–94.
A84 = A1, Bl. 130–167.
A85 = A42, Bl. 118–132.
A86 = A11, Bl. 77–85.
A87 = A42, Bl. 113/114.
A88 = A11, Bl. 77–85.
A89 = A11, Bl. 77–85.
A90 = A42, Bl. 139–142.
A91 = A1, Bl. 130–167.
A92 = A42, Bl. 118–132.

Kapitel 4 Bilder und Pläne

B1 Archiv Dieter Vorsteher.
B2 = A2, Bl. 4.
B3 Ausschnitt aus Charte v.d.Kgl. preußischen Provinz Brandenburg. C.F. Weiland. 1823.
B4 Topographische Karte Biesenthal 3247. Maßstab 1:25000. 1941.
B5 Archiv Forschungsschwerpunkt.
B6 = B5.
B7 = B5.
B8 Architektonisches Skizzenbuch Bd. 48, Jg. 1860. H.5. Blatt 4.
B9 = A12, Bl. 2/3.
B10 = A14, Bl. 2.
B11 HELMIGK, Hans-Joachim: Oberschlesische Landbaukunst um 1800. Berlin 1937 – S. 254.
B12 Brandenburgische Jahrbücher 17/1941 – S. 44.
B13 = A14, Bl. 3.
B14 = B5.
B15 = B5, vgl. A24, Bl. 120.
B16 = A12, Bl. 13.
B17 Bezirksamt Kreuzberg. Bauaufsicht.
B18 = A14, Bl. 25.
B19 Zentralblatt der Bauverwaltung. 59/1939 – S. 391.
B20 = B5.
B21 StA Berlin (DDR), Armendirektion, Generalia Armenwesen VI Nr. 15 Vol. 2, Nr. 18575, Bl. 128.
B22 = B5, vgl. B21.
B23 = B5.
B24 = L7, Tafel 12 (Ausschnitt).
B25 = L7, Tafel 13 (Ausschnitt).
B26 HELMIGK, Hans-Joachim: Aus dem Schaffen der altpreußischen Landbaumeister in Pommern. Stettin 1938 – S. 28.
B27 Heimische Bauweise in der Mark Brandenburg. Hrsg.: Architektenverein zu Berlin. Berlin 1910 – Abb. 40.
B28 SCHACHINGER, Erika: Alte Wohnhäuser in Berlin. Berlin (West) 1969 – Abb. 41.
B29 MERINGER, Rudolf: Das deutsche Haus und sein Hausrat. Leipzig 1906 – S. 34.
B30 RADIG, Werner: Das Bauernhaus in Brandenburg und im Mittelelbegebiet. Berlin (DDR) 1966 – S. 61.
B31 WILKE, Carl: Küche des Berliner Bürgers (1839), Ausschnitt. In: LUDWIG, Hans: Berlin von gestern. Berlin (DDR) 1957 – S. 26.
B32 = B5.
B33 = L9, Fig. 18.
B34 = L12, Taf. 21 (Ausschnitt).

Kapitel 5 Literatur

L1 REIHLEN, Helmut: Christian Peter Wilhelm Beuth: Eine geschichtliche Betrachtung zum 125. Todestag. Hrsg.: DIN Dt. Inst. für Normung e.V., Berlin. Berlin (West), Köln 1979 – S. 34 f.

L2 KRÜNITZ, Johann Georg: Oekonomisch-technologische Encyclopädie, oder allgemeines System der Staats-, Stadt-, Haus- und Landwirtschaft. Brünn 1784. Teil XXX – S. 489.

L3 OLLECH, (Karl Rudolf) v.: Geschichte des Berliner Invalidenhauses von 1748 bis 1884. Berlin 1885 – S. 50.

L4 = L3, S. 51.

L5 VARNHAGEN VON ENSE, Karl August: Blätter aus der preußischen Geschichte.

L6 STRAUBE, H(ans) J(oachim): Chr. P. Wilhelm Beuth. In: Deutsches Museum – Abhandlungen und Berichte, 2. Jg./Heft 5. Berlin 1930 – S. 136 f.

L7 = L3, S. 51.

L8 = L3, S. 51 f.

L9 PIERSON, Kurt: Borsig – ein Name geht um die Welt. Die Geschichte des Hauses Borsig und seiner Lokomotiven. Berlin (West) 1973 – S. 27.

L10 MATSCHOSS, Conrad: Preußens Gewerbeförderung und ihre großen Männer. Berlin 1921 – S. 48.

L11 = L6, S. 147.

L12 = L6, S. 123.

L13 Allgemeine Deutsche Biographie, Hrsg.: Historische Kommission bei der Königl. Akademie der Wissenschaften. Leipzig 1879, (Egells, Franz Anton).

L14 = L10, S. 48.

L15 STRECKFUSS: Adolf: 500 Jahre Berliner Geschichte. 4. Aufl. Berlin 1886, Bd. 2 – S. 928.

L16 SCHÖLER, Hermann: Helden der Arbeit. Berlin 1920 – S. 36.

L17 KOCHHANN, Heinrich Eduard: Mitteilungen aus den Jahren 1839–1848. Zit. nach: Berliner Leben 1806–1847. Erinnerungen und Berichte. Hrsg.: Ruth Köhler/Wolfgang Richter. Berlin (DDR) 1954 – S. 359 f.

L18 = L6, S. 123.

L19 = L9, S. 60 f.

L20 = L9, S. 61.

L21 VARNHAGEN VON ENSE, Karl August: Tagebücher. Zit. nach L17 – S. 359.

L22 NEUMEYER, Fritz: Der Werkswohnungsbau der Industrie in Berlin und seine Entwicklung im 19. und frühen 20. Jahrhundert. Diss. Techn. Universität Berlin (West) 1977 – S. 306.

L23 = L9, S. 61.

L24 Brockhaus' Conversations-Lexikon. 13. Aufl. Leipzig 1885. Stw.: Eisenhüttenwesen.

L25 ZEDLITZ, (Ernst) L(eopold) Freiherr v.: Neuestes Conversations-Handbuch für Berlin und Potsdam zum täglichen Gebrauch der Einheimischen und Fremden aller Stände . . . Berlin 1834 – S. 169 f.

L26 = L10, S. 200.

L27 NORDMANN, Hans: Die Frühgeschichte der Eisenbahnen. In: Abhandlungen der Deutschen Akademie der Wissenschaften zu Berlin, Jg. 1947, Math.-nat.-wiss. Klasse Nr. 4. Berlin 1948 – S. 11.

L28 PACHTNER, Fritz: August Borsig. Zeulenroda 1943 – S. 119.

L29 HAECKEL, Julius: Die Anfänge der Berlin-Potsdamer Eisenbahn. In: Mitteilungen des Vereins für die Geschichte Potsdams, Jg. 1932 – S. 376.

L30 = L27, S. 20.

L31 GOETHE, Johann Wolfgang: Am 23. 10.1828 zu Eckermann. Zit. nach: Die ersten deutschen Eisenbahnen Nürnberg–Fürth und Leipzig–Dresden. Hrsg.: Friedrich Schulze. 2. Auflage. Leipzig (o.J.) – S. 12 f.

L32 HARKORT, Friedrich: Die Eisenbahn von Minden nach Köln. Zit. nach L31 – S. 13.

L33 Deutscher Maschinenbau 1837–1937 im Spiegel des Werkes Borsig. Hrsg.: Rheinmetall-Borsig Aktiengesellschaft. Berlin 1937 – S. 15.

L34 = L16, S. 39.

L35 = L16, S. 39.

L36 = L29, S. 392.

L37 = L16, S. 41.

L38 = L33, S. 18.

L39 KNOBLAUCH, Carl: Tagebücher. In: Zeitschrift des Vereins für die Geschichte Berlins, Jg. 1938/Heft 3 – S. 115.

L40 = L9, S. 28.

L41 WAGENBLASS, Horst: Der Eisenbahnbau und das Wachstum der Deutschen Eisen- und Maschinenbauindustrie 1835–1860. Stuttgart 1973 – S. 87.

L42 Berlinische Nachrichten von Staats- und gelehrten Sachen (Haude & Spenersche Zeitung). Berlin, 2.9.1842.

L43 (Anonym:) Berlin vor seinen Thoren. Die Freund'sche Fabrik. In: L42, 22.1.1840.

Kapitel 5 Archivalien

A1 LA Berlin (West), Städt. Feuersocietät zu Berlin, Rep.180, Acc.750, Bd.175, Bl. 20.

A2 = A1, Bd. 271, Bl. 326.

A3 = A1, Bd. 175, Bl. 12.

A4 = A1, Bd. 271, Bl. 246.

A5 = A1, Bd. 271, Bl. 246.

A6 = A1, Bd. 271, Bl. 326.

Kapitel 5 Bilder und Pläne

B1 = L9, nach S. 16.

B2 = L9, S. 26.

B3 Archiv Forschungsschwerpunkt.

B4 = B3.

B5 Landesbildstelle. Berlin (West).

B6 = L24, vgl. S. 902.

B7 DOLLFÚS, Charles, und GEOFFREOY, Edgar de: Histoire de la Locomotion Terrestre. Les chemins de fer. Paris 1935 – S. 16.

B8 = B7, S. 20.

B9 = B7.

B10 = B7, S. 20.

B11 = B7, S. 21.

B12 = B3, nach B13, S. 26.

B13 Die ersten deutschen Eisenbahnen Nürnberg–Fürth und Leipzig–Dresden. Hrsg.: Friedrich Schulze. 2. Aufl. Leipzig (o.J.) – S. 35.

B14 = L28, S. 129.

B15 = B3.

B16 = L9, S. 62.

B17 = L9, vor S. 73.

B18 = B3.

B19 = B3.

B20 Hundert Jahre Eisenbahn Berlin–Potsdam. 1838–1938. Festschrift zur Hundertjahrfeier der Berlin-Potsdamer Eisenbahn. Hrsg.: Reichsbahndirektion Berlin. Berlin 1938 – S. 11.

B21 = B20, S. 37.

B22 (Autorenkollektiv:) Die Dampflokomotive. Berlin (DDR) 1964 – S. 34.

B23 Hundert Jahre Borsig Lokomotiven 1837 –1937. (Berlin) 1937 – S. 37.

Kapitel 6 Literatur

L1 PILTZ, Werner: Der Berliner Arbeiter von 1815–48. Diss. Phil. Fakultät der Universität Jena (1922).

L2 Statistische Übersicht von der gestiegenen Bevölkerung der Haupt- und Residenz-Stadt Berlin in den Jahren 1815 bis 1828 und der Communal-Einnahmen und Ausgaben derselben in den Jahren 1805 bis 1828. Berlin 1829.

L3 = Kapitel 5, L25 – S. 469 f.

L4 = L3, S. 725.

L5 = L3, S. 287.

L6 KUNTZE, E(duard): Das Jubiläum vom Voigtlande oder Geschichte der Gründung und Entwicklung der Rosenthaler Vorstadt bei Berlin 1755–1855. Berlin 1855 – S. 19.

L7 HEUSER, K.: Die Pest und die Cholera. Neuwied/Leipzig (o.J.) – S. 25 f.

L8 WILLE, (Friedrich Karl): Die erste Cholera-Epidemie in Berlin vor 100 Jahren. In: Mitteilungen d. Vereins f.d. Geschichte Berlins, Jg. 49. 1932 – S. 21.

L9 STRECKFUSS, Adolf: 500 Jahre Berliner Geschichte. 4. Aufl. Berlin 1886. Bd. II – S. 776, 780.

L10 SCHÜTZ, W(ilhelm): Vergleichende Statistische Übersicht der in Berlin in den vier Epidemien 1831, 1832, 1837 und 1848 vorgekommenen Cholerafälle. Berlin 1849 – S. 10.

L11 Berliner Cholera-Zeitung, ersch. vom 24.9.1831 bis 27.12.1831. Hrsg.: Johann Ludwig Casper. Berlin 1831.

L12 = L11, S. 135.

L13 = L11, S. 134 f.

L14 = L10, S. 31 f.

L15 = L10, S. 157.

L16 Meyers Lexikon 1925, Bd. 2 – S. 1535.

L17 = L10, S. 12.

L18 SACHS, Albert: Tagebuch über das Verhalten der bösartigen Cholera in Berlin. Berlin 1831/32 – S. 321.

L19 FISCHER, Alfons: Geschichte des Deutschen Gesundheitswesens. Hildesheim 1965. Bd. 1 – S. 557.

L20 = L11, S. 212 ff.

L21 = L6, S. 19.

L22 = L3, S. 364 f.

L23 Berliner Intelligenz-Blatt Nr. 295, 10. 12.1832 (Dritte Beilage).

L24 Monatsblatt der Armen-Direction von Berlin, Nr. 4, 25.4.1834.

L25 Vossische Zeitung Nr. 238, 12.10. 1835.

L26 = L6, S. 19.

Kapitel 6 Archivalien

A1 ZStA Merseburg, Geheimes Zivilkabinett, Rep.2.2.1, Nr. 15316, Bl. 1.

A2 ZStA Merseburg, Ministerium des Innern, Rep.77, Tit. 227a Nr. 53, Bl. 14–17.

A3 = A2, Bl. 18.

A4 = A2, Bl. 23.

A5 = A2, Bl. 24.

A6 = A2, Bl. 21–22.

A7 = A2, Bl. 28–31.

A8 = A2, Bl. 36–53.

A9 = A2, Bl. 54.

A10 StA Berlin (DDR) Armendirektion, Generalia Armenwesen VI Nr. 15 Vol. 1, Nr. 18575, Bl. 74.

A11 StA Berlin (DDR), Magistrat zu Berlin, Generalia Armenwesen Nr. 44, Nr. 1055, Bl. 13–22.

A12 = A11, Bl. 24/25.

A13 = A11, Bl. 27/28.

A14 = A11, Bl. 30.

A15 = A11, Bl. 90/91.

A16 = A1, Bl. 13.

A17 = A2, Bl. 94–97.

A18 = A11, Bl. 101/102.

A19 ZStA Merseburg, Geheimes Zivilkabinett, Rep.2.2.1, Nr. 15761, Bl. 28.

A20 = A2, Bl. 156, 159.
A21 = A2, Bl. 182–185.
A22 = A2, Bl. 186/187.
A23 = A11, Bl. 129/130.
A24 = A11, Bl. 142.
A25 StA Berlin (DDR), Armendirektion, Generalia Armenwesen VI Nr. 15 Vol. 2, Nr. 18575, Bl. 100.
A26 = A1, Bl. 14.
A27 = A11, Bl. 96/97.
A28 = A11, Bl. 103–106.
A29 = A11, Bl. 147.
A30 = A11, Bl. 143.
A31 = A11, Bl. 134.
A32 StA Potsdam, Pr.Br.Rep.30/Berlin C, Polizeipräsidium, Tit. 119 Nr. 16914, Bl. 4.
A33 = A32, Bl. 3.
A34 = A32, Bl. 7–9.
A35 = A32, Bl. 9/10.
A36 = A32, Bl. 13.
A37 = A32, Bl. 28.
A38 = A32, Bl. 14.
A39 = A32, Bl. 26.
A40 = A11, Bl. 131/132.
A41 StA Potsdam, Pr.Br.Rep.30/Berlin C, Polizeipräsidium, Tit. 92 Nr. 7699, Bl. 1.
A42 = A41, Bl. 13–18.
A43 = A41, Bl. 27.
A44 = A41, Bl. 44.
A45 = A41, Bl. 48.
A46 = A11, Bl. 77–85.
A47 = A11, Bl. 163/164 (Zusammenstellung).
A48 StA Berlin (DDR), Rep.01, Cholera Specialia Nr. 1 GB, Nr. 256, o. Bl.
A49 = A11, Bl. 162.
A50 = A11, Bl. 157–159.
A51 = A11, Bl. 157–159.
A52 = A11, Bl. 168.
A53 = A25, Bl. 13.
A54 = A11, Bl. 170–175.
A55 = A25, Bl. 48.
A56 = A11, Bl. 166.
A57 = A25, 28–31.
A58 = A11, Bl. 180.
A59 = A11, Bl. 185–187.
A60 = A11, Bl. 184.
A61 = A25, Bl. 54/55.
A62 = A25, Bl. 38.
A63 = A11, Bl. 181–183.
A64 = A11, Bl. 185, 187 (Faks.).
A65 = A25, Bl. 43.
A66 = A25, Bl. 49.
A67 = A25, Bl. 50.
A68 = A25, Bl. 51.
A69 = A25, Bl. 52 (Faks.).
A70 = A25, Bl. 64.
A71 = A25, Bl. 65.
A72 = A11, Bl. 202–209.
A73 = A25, Bl. 130.
A74 StA Berlin (DDR), Polizeipräsidium zu Berlin, . Grundstücksakte Gartenstr. 170a (No. 2683), Nr. 22625, Bl. 31.
A75 StA Berlin (DDR), Polizeipräsidium zu Berlin, Grundstücksakte Gartenstr. 170b (No. 2684), Nr. 22625, Bl. 9.
A76 = A25, Bl. 85–98.
A77 = A11, Bl. 140/141.
A78 = A11, Bl. 232/233.
A79 LA Berlin (West), Städt. Feuersocietät zu Berlin, Rep.180, Acc. 750 Bd. 82, Bl. 61–68.
A80 = A25, Bl. 145 (Faks.).

Kapitel 6 Bilder und Pläne

B1 Annalen der Stadt Elberfeld 1825. 12. Jg. H.10. Elberfeld 1826. Nach SCHMOLL, Fritz: Wohnungsnot und Wohnungsreform in Deutschland. Das Beispiel der gemeinnützigen Wohnungsunternehmen vor 1870. Diss. Stuttgart 1979 – S. 546.
B2 Theodor Hosemann. Hrsg.: Hans Ludwig. München 1974 – S. 26.
B3 Archiv Forschungsschwerpunkt.
B4 DRIGALSKI, Wilhelm v.: Männer gegen Mikroben. Berlin (West) 1951 – S. 218.

Kapitel 7 Literatur

L1 Schütz, W(ilhelm): Vergleichende Statistische Übersicht der in Berlin in den vier Epidemien 1831, 1832, 1837 und 1848 vorgekommenen Cholerafälle. Berlin 1849 – S. 9 f.
L2 Berlin und seine Eisenbahnen 1846–96. Berlin 1896. Bd. I – S. 175.
L3 PIERSON, Kurt: Borsig – ein Name geht um die Welt. Die Geschichte des Hauses Borsig und seiner Lokomotiven. Berlin (West) 1973 – S. 104.
L4 = L2, S. 176 f.
L5 WEYL, L.: Eröffnung der Berlin-Stettiner Eisenbahn. In: Die Stafette, 5. Jg./1843, Nr. 100, 24.8.1843.
L6 EICHHOLZ, Dietrich: Junker und Bourgeoisie vor 1848 in der preußischen Eisenbahngeschichte. Berlin (DDR) 1962 – S. 184 ff.
L7 = L1, S. 10.
L8 STRECKFUSS, Adolf: 500 Jahre Berliner Geschichte. 4. Aufl. Berlin 1886. Bd. II – S. 816.
L9 PIETSCH, Ludwig: Aus dem vormärzlichen Berlin. In: Berliner Pflaster, Illustrierte Schilderungen aus dem Berliner Leben. Hrsg.: M. Reymond/L. Manzel. Berlin 1893 – S. 292.
L10 (ZEITLER, Karl Ludwig:) Erinnerungen eines Berliners aus den letzten 70 Jahren des 19. Jahrhunderts. (Berlin 1908). Heft 1 – S. 7 f.
L11 (Anonym:) Armenbevölkerung Berlins, besonders im ehemals sogenannten Voigtlande. In: Fliegende Blätter aus dem Rauhen Hause zu Horn bei Hamburg, Hrsg.: J.H. Wichern. Hamburg. 5. Jg./1845, Nr. 5 – S. 93.
L12 BRASS, Heinrich August: Die Mysterien von Berlin. Berlin 1844, Bd. 2 – S. 58.
L13 HELMS, Hans G.: Zur politischen Ökonomie des Transportwesens. In: Protokolle '75/1, Wiener Halbjahresschrift für Literatur, bildende Kunst und Musik. Wien/München 1975 S. 172, 175, 177.
L14 vgl. BAAR, Lothar: Die Berliner Industrie in der industriellen Revolution. Berlin (DDR) 1966, S. 225 ff.
L15 (Anonym:) A. Borsig's Eisengießerei und Maschinenbauanstalt in Berlin. In: Illustrirte Zeitung, Leipzig. No. 242/244. 19.2./14.3.1848.
L16 Allgemeine Bauzeitung. Hrsg.: F.L. Förster. Wien. 8. Jg./1844 Nr. 9.
L17 FRIEDLÄNDER, Emanuel: Tagebuch. Zit. nach: L3 – S. 106 f.
L18 WAGENBLASS, Horst: Der Eisenbahnbau und das Wachstum der Deutschen Eisen- und Maschinenbauindustrie 1835–1860. Stuttgart 1973 – S. 206.
L19 RING, Max: Berlin und Breslau 1847–1849. Breslau 1849 – S. 221 f.
L20 = L19, S. 223.
L21 = L2, S. 241.
L22 = L2, S. 242.

Kapitel 7 Archivalien

A1 ZStA Merseburg, Ministerium des Innern, Rep.93B, Nr. 2853, Bl. 11.
A2 = A1, Bl. 17.
A3 LA Berlin (West), Städt. Feuersocietät zu Berlin, Rep. 180, Acc. 750, Bd. 204.
A4 = A3, Bd. 271.
A5 = A3, Bd. 271.
A6 StA Potsdam, Pr.Br.Rep.30/Berlin C, Polizeipräsidium, Tit. 20 Nr. 611, Bl. 2.
A7 = A6, Bl. 2.
A8 ZStA Merseburg, Geheimes Zivilkabinett, Rep.2.2.1, Nr. 28634, Bl. 1–3.

Kapitel 7 Bilder und Pläne

B1 = L3, S. 75
B2 SCHMITZ, Hermann: Berliner Eisenkunstguß. Festschrift zum fünfzigjährigen Bestehen des Kgl. Kunstgewerbemuseums 1867–1917. Berlin 1917 – Tafel 7.
B3 Archiv Forschungsschwerpunkt.
B4 OSTWALD, Hans: Kultur- und Sittengeschichte Berlins. 2. Aufl. Berlin (o.J.) – S. 445.
B5 = B3.
B6 = B3.
B7 = B3.
B8 BEER, Brigitte: Louis Schwartzkopff. Leipzig 1943. – Nach S. 80.
B9 = L15.
B10 = L16, Bl. 25/26.
B11 = L15.
B12 = L15.
B13 = L15.
B14 = L15.
B15 = L3, Abb. 27.
B16 KRAMMER, Mario: Berlin im Wandel der Jahrhunderte. Berlin (West) 1956 – S. 194.
B17 Die Gartenlaube. Nr. 35. 1867.
B18 = L2, Bd. I, Taf. 7.
B19 Landesbildstelle. Berlin (West).
B20 Berlin-Museum. Berlin (West).
B21 Amerika-Gedenk-Bibl. Berlin (West).
B22 = B3.
B23 = B21 (Ausschnitt).
B24 = B3.
B25 Landesarchiv. Berlin (West).
B26 = B3.
B27 = B3.

Kapitel 8 Literatur

L1 Berliner Intelligenz-Blatt Nr. 241, 7.10. 1828.

L2 Geschichte der Deutschen Arbeiterbewegung, Hrsg.: Institut für Marxismus-Leninismus beim Zentralkomitee der SED. Kap. 1. Berlin (DDR) 1966 – S. 28 ff.

L3 Der Hülferuf der deutschen Jugend, Sept. 1841. Nachdruck Leipzig 1972.

L4 Die junge Generation, Sept. 1842.

L5 (GUTZKOW, Karl:) Correspondenz Berlin, 21.8.1842. In: L4.

L6 DRONKE, Ernst: Berlin. (Frankfurt/ M. 1846). Nachdruck Darmstadt/ Neuwied 1974 – S. 46 ff.

L7 SASS, Friedrich: Berlin in seiner neuesten Zeit und Entwicklung. Leipzig 1846, S. 70 ff.

L8 Adreß-Calender der Königlich-Preußischen Haupt- und Residenzstädte Berlin und Potsdam u. daselbst befindlichen Kgl. Hofes . . . 1831. Berlin.

L9 Neue Deutsche Biographie. Hrsg.: Historische Kommission bei der Bayrischen Akademie der Wissenschaften. Berlin (West) 1966.

L10 WILPERT, Gero von: Lexikon der Weltliteratur, Bd. 1. Stuttgart 1965.

L11 (GUTZKOW, Karl:) Die Berliner Familienhäuser. In: Rheinische Zeitung für Politik, Handel und Gewerbe. Köln. Nr. 273, 30.9.1842.

L12 KOSZYK, Kurt: Deutsche Presse im 19. Jahrhundert. Geschichte der Deutschen Presse, Teil 2. Berlin (West) 1966 – S. 97 ff.

L13 (HESS, Moses:) Die politischen Parteien in Deutschland. In: Rheinische Zeitung. Köln. Nr. 254, 11.9.1842.

L14 (KOLB, Gustav:) Die Communistenlehren. In: Allgemeine Zeitung. Augsburg. Nr. 284, 11.10.1842.

L15 (MARX, Karl:) (ohne Titel). In: Rheinische Zeitung. Köln. Nr. 289, 16.10. 1842.

L16 ENGELS, Friedrich: Brief an R. Fischer vom 5.4.1893. Zit. nach: Auguste Cornu: Karl Marx und Friedrich Engels, Leben und Werk, Bd. 1. Berlin (DDR) 1954 – S. 344.

L17 MARX, Karl: Zur Kritik der Politischen Oekonomie (1859). In: MEW Bd. 13 – S. 7 f.

L18 (BETA:) Die Berliner Familienhäuser. In: Die Stafette, Berlin. Nr. 136, 17. 11.1842.

L19 BETA (Heinrich BETTZIECH): Physiologie Berlins, Heft 1. Berlin 1846 – S. 54 f.

L20 = L9.

L21 (Anonym:) Die Berliner Familienhäuser. In: Königlich privilegierte Berlinische Zeitung von Staats- und gelehrten Sachen. Berlin. Nr. 304, 29.12. 1842.

L22 (BETA:) Hand- und Maschinenarbeit. In: Die Stafette. Berlin. Nr. 110, 16.9.1843.

L23 (BETA:) Bettina in den Berliner Familien-Häusern. In: Die Stafette. Berlin. Nr. 111, 19.9.1843.

L24 (BETA:) Berliner Charaktere, III. Die Armen. In: Die Stafette. Berlin. Nr. 142, 30.11.1843.

L25 = L6, S. 100.

L26 CARRIERE, Moritz: Bettina von Arnim. Breslau (o.J.) – S. 30.

L27 VARNHAGEN VON ENSE, Karl August: Tagebücher. Leipzig 1861/62.

L28 GEIGER, Ludwig: Bettine von Arnim und Friedrich Wilhelm IV. Frankfurt/ M. 1902 – S. 14.

L29 ARNIM, Bettina von: Werke und Briefe, Hrsg.: Joachim Müller. Darmstadt 1961. Bd. 3 – S. 452.

L30 = L27.

L31 = L27.

L32 RING, Max: Erinnerungen. Berlin 1898. Bd. 2 – S. 122 f.

L33 BEHREND, Horst: Vorwort zu: HANS VON ARNIM: Bettina von Arnim. Berlin (West) 1963 – S. 6.

L34 OHFF, Heinz: Die liberalen Preußen. T. 5. Bettina von Arnim. In: Der Tagesspiegel. Berlin (West), 15.10.1978.

L35 = L34.

L36 MÄNCHEN-HELFEN, Otto/NIKOLA-JEWSKI, Boris: Karl und Jenny Marx. Berlin 1933 – S. 58 ff.

L37 DISCHNER, Gisela: Bettina von Arnim. Berlin (West) 1977 – S. 11.

L38 = L37, S. 8.

L39 REUSCHLE, Frieda Margarete: An der Grenze einer neuen Welt – Bettina von Arnims Botschaft vom freien Geist. Stuttgart 1977 – S. 172.

L40 MEYER-HEPPNER, Gertrud: Das Bettina-von-Arnim-Archiv. In: Sinn und Form. Berlin (DDR). Heft 4/1954 – S. 599 ff.

L41 MEYER-HEPPNER, Gertrud: Der Magistratsprozeß der Bettina von Arnim. Weimar 1960 – S. 17.

L42 Karl Marx, Chronik seines Lebens in Einzeldaten. Zusammengestellt vom Marx-Engels-Lenin-Institut Moskau. Zürich 1934 – S. 15.

L43 = A6, Eintragung vom 29.6.1843.

L44 MARX, Karl: Brief an Dagobert Oppenheim, etwa Aug./Sept. 1842. In: MEGA, Abt. III/Bd. 1. Berlin (DDR) 1975 – S. 31.

L45 vgl. KOLLER, Traugott: Heinrich Grunholzer. Lebensbild eines Republikaners. Zürich 1876.

L46 = L45, Bd. 1 – S. 265 f.

L47 BURCKHARDT, Jakob: Briefe, Bd. 1. Basel 1949 – S. 99 f.

L48 HENRICI, Karl Ernst: Versteigerung 148, Bettine von Arnim, Literarisches und Politisches aus ihrem handschriftlichen Nachlaß. Versteigerung am 28.2.1929. Berlin 1929 – S. 3.

L49 Arnim, Bettina von: Brief an den Buchhändler Merz, o. Datum. In: Bettina v. Arnim: Werke und Briefe. Bd. 5. Darmstadt 1961 – S. 488.

L50 (ARNIM, Bettina von:) Dies Buch gehört dem König, Teil 2, Berlin 1843. In: Bettina v. Arnim: Werke und Briefe, Bd. 3. Darmstadt 1961 – S. 346.

L51 FRANK, Hartmut: Wilhelm Stiers „Skizze zu einer Armenstadt". Ein Vorschlag zur Lösung der Arbeiterfrage im Berlin der Märzrevolution 1848. In: Festschrift Ernst Heinrich, Hrsg.: Goerd Peschken, Dieter Radicke und Tilmann J. Heinisch. Berlin (West) 1974 – S. 139–173.

L52 BÖRSCH-SUPAN, Eva: Berliner Baukunst nach Schinkel 1840–1870. München 1977 – S. 684.

L53 STRECKFUSS, Adolf: 500 Jahre Berliner Geschichte. 4. Aufl. Berlin 1866. Bd. I – S. 89 f.

L54 = L27.

L55 = L29, S. 458.

L56 JACOBY, Johann: Brief vom 20.9. 1843. Zit. nach: L41, S. 4.

L57 Allgemeine Zeitung. Augsburg. Nr. 211, 30.7.1843.

L58 = L 27.

L59 ARNIM, Adolf Heinrich Graf von: Eingabe an den König vom 17.8.1843. In: L 29 – S. 459 f.

L60 Literarische Geheimberichte. Protokolle der Metternich-Agenten. Bd. 1. 1840–1843. Hrsg.: Hans Adler. Köln 1977 – S. 245 f.

L61 = L 48.

L62 GUTZKOW, Karl: Diese Kritik gehört Bettinen. In: Telegraph für Deutschland. Hamburg. Nr. 166, Okt. 1843.

L63 L 27.

L64 ST(AHR), A(dolf): Bettina und ihr Königsbuch. Hamburg 1844.

L65 = L27.

L66 FROMM, Leberecht (Adolf Streckfuß): Ruchlosigkeit der Schrift: „Dies Buch gehört dem König". Bern 1844, S. 42.

L67 SCHMID, Bruno: Zum 100. Todestag von Heinrich Grunholzer. In: Anzei-

ger von Uster. Uster. 18.7.1973, L45.

L68 WOLFF, W(ilhelm): Die Kasematten. In: Breslauer Zeitung. Breslau. 18.11. 1843. Zit. nach: Wilhelm Wolff: Gesammelte Schriften. Hrsg.: Franz Mehring. Berlin 1909 – S. 33 ff.

L69 Cöllnische Zeitung. Köln. Nr. 139, 18.5.1844.

L70 ARNIM, Bettina von: Brief an Alexander v. Humboldt, Juni 1843. Zit. nach: Jahrbuch des Freien Deutschen Hochstifts 1962. Tübingen 1962 – S. 388.

L71 = L27.

L72 ARNIM, Bettina von: Brief an Adolf Stahr vom 27.6.1844. In: L28 – S. 70.

L73 Allgemeine Zeitung. Augsburg. Nr. 176, 24.6.1844.

L74 WOLFF, Wilhelm: Das Elend und der Aufruhr in Schlesien. In: Deutsches Bürgerbuch für 1845. Hrsg.: H. Püttmann. Darmstadt 1845 – S. 188 ff.

L75 ENGELS, Friedrich: Rascher Fortschritt des Communismus in Deutschland (geschrieben 9.11.1844). In: Marx/Engels Werke Bd. 2 – S. 510 f.

L76 = L27.

L77 Vorwärts. Pariser Deutsche Zeitschrift. Paris. 29.11.1844.

L78 MILLER, Norbert/RIHA, Karl: Eugène Sue und die Wildnis der Städte. In: EUGENE SUE: Die Geheimnisse von Paris. München 1970 – S. 671 f.

L79 = L78, S. 676 f.

L80 vgl.: EDLER, Erich: Die Anfänge des sozialen Romans und der sozialen Novelle in Deutschland. Frankfurt/M. 1977 – S. 99 f.

L81 (Anonym:) Die Geheimnisse von Berlin. Aus den Papieren eines Berliner Kriminalbeamten. Berlin 1844 – S. 23 f.

L82 MUNDT, Theodor: Carmela oder die Wiedertaufe. Hannover 1844 – S. 196 ff.

L83 vgl.: L10.

L84 MÜHLBACH, Luise (Klara Mundt): Ein Roman in Berlin. 3 Bde. Berlin 1846. Bd. 1 – S. 1 ff, 14 f, 22. f, 27 f, 36 ff. Bd. 3 – S. 70 ff.

L85 = L32. Bd. 2 – S. 28 ff.

L86 MÜHLBACH, Luise: Erinnerungsblätter aus dem Leben Luise Mühlbachs, gesammelt und herausgegeben von ihrer Tochter Thea Ebersberger. Leipzig 1902 – S. XI f.

L87 MOHL, Ernst Theodor: Marginalien zum Nachdruck der von Moses Heß redigierten Zeitschrift „Gesellschaftsspiegel". Glashütten im Taunus 1971 – S. I f.

L88 Gesellschaftsspiegel. Organ zur Vertretung der besitzlosen Volksklassen und zur Beleuchtung der gesellschaftlichen Zustände der Gegenwart. Elberfeld. Heft 8/Januar 1846 – S. 13.

L89 FRAENKEL, Albert/KÖPPEN, Ludwig: Berliner Skizzen – Bilder und Charakteristiken aus dem Leben der Gesellschaft. Berlin (1846). Bd. II – S. 40.

L90 = L7, S. 6 f.

L91 vgl. L60, S. 172. FONTANE, Theodor: Von Zwanzig bis Dreißig. München 1973 – S. 39 ff. RASCH, Gustav: Aus meiner Festungszeit. Pest/ Wien/Leipzig 1868 – S. 26/83. Revolutionsbriefe 1848/49. Frankfurt/M. 1973 – S. 425.

L92 vgl. OBERMANN, Karl: Nachwort zu Ernst Dronke: Berlin. Berlin (DDR) 1953 – S. 335 ff.

L93 = L6, S. 230 ff.

L94 = L92, S. 384 f.

L95 GLASSBRENNER, Adolf: Berliner Volksleben. Leipzig 1847. Bd. II – S. 35 ff.

Kapitel 8 Archivalien

A1 StA Berlin (DDR), Magistrat zu Berlin, Generalia Armenwesen Nr. 44, Nr. 1055, Bl. 107/108.
A2 = A1, Bl. 77–85.
A3 = A1, Bl. 139–142.
A4 = A1, Bl. 101–102.
A5 = A1, Bl. 48/49.
A6 GRUNHOLZER, Heinrich: Schatzkämmerlein, Berlin, vom 27.10.1842 bis 13.8.1843. 2 Bde. Chronikstube der Paul-Kläui-Bibliothek in Uster/Schweiz. Nachlaß Grunholzer (ohne Inv.-Nr.).
A7 Plansammlung der TUB Bibliothek Berlin (West), Nachlaß W. Stier, Mappe II M 57 G (ohne Inv.-Nr.).
A8 = A7, Mappe II M 78 B (ohne Inv.-Nr.).

Kapitel 8 Bilder und Pläne

B1 Berliner Leben 1806–1847. Erinnerungen und Berichte. Hrsg.: KÖHLER, Ruth, und RICHTER, Wolfgang. Berlin (DDR) 1954 – vor S. 257.
B2 Ausschnitt aus Selters 1826 (Plan v. Berlin). Landesarchiv Berlin (West).
B3 Bildarchiv Preussischer Kulturbesitz. Berlin (West).
B4 Marx und Engels und die ersten proletarischen Revolutionäre. Berlin (DDR) 1965 – nach S. 32.
B5 Theodor Hosemann. Hrsg.: LUDWIG, Hans. München 1974. S. 52.
B6 = B5, S. 58.
B7 Goethe-Haus Frankfurt/M.
B8 Privatbesitz Ritter-Hürlimann. Nachlaß H. Grunholzer.
B9 = A6.
B10 KASTINGER RILEY, Helene M.: Achim von Arnim. (Rowohlts Monographien Bd. 277). Reinbek 1979 – S. 67.
B11 = A6.
B12 = A6.
B13 Archiv Forschungsschwerpunkt.
B14 = A6.
B15 = B13.
B16 Grunholzer, Heinrich: Skizzenbuch, Berlin 27.10.1842–13.8.1843. Privatbesitz Ritter-Hürlimann. Nachlaß H. Grunholzer.
B17 Technische Universität Berlin (West), Plansammlung der TUB-Bibliothek, Inv.-Nr. 7255.
B18 = B17, Mappe II M 78.
B19 = B17, Mappe II M 78 D (ohne Inv.-Nr.).
B20 = B17, Mappe II M 78 D (ohne Inv.-Nr.).
B21 = B17, Inv.-Nr. 18346.
B22 Kirchenbau des Protestantismus. Berlin 1893 – S. 204 und B19.
B23 Der Kölner Dom. Bau und Geistesgeschichte. Ausstellungskatalog Hist. Museum Köln 1956 – S. 66.
B24 Berlin-Museum. Berlin (West).
B25 = B16.
B26 = B8.
B27 = B8.
B28 Die gesellschaftliche Wirklichkeit der Kinder in der Bildenden Kunst. Ausstellungskatalog der Staatlichen Kunsthalle Berlin (West) 1979 – S. 26.
B29 Allgemeine Zeitung. Augsburg. 2.8.1843.
B30 = A6.

Kapitel 9 Literatur

L1 DRONKE, Ernst: Berlin. (Frankfurt/M. 1846). Nachdruck Darmstadt/Neuwied 1974 – S. 32 f.
L2 BRASS, Heinrich August: Die Mysterien von Berlin. Berlin 1844. Bd. I – S. 58 ff.
L3 LENZ, Ludwig: Berlin und die Berliner. Humoresken, Skizzen und Charakteristiken. Berlin 1851. Zit. nach: Der Berliner zweifelt immer. Seine Stadt in Feuilletons von damals, vorgestellt von Heinz Knobloch. Berlin (DDR) 1977 – S. 74 ff.
L4 KOSSAK, Karl Ludwig Ernst: Berlin und die Berliner. Humoresken, Skizzen und Charakteristiken. Berlin 1851; zit. nach: Der Berliner zweifelt immer. Seine Stadt in Feuilletons von damals, vorgestellt von Heinz Knobloch. Berlin (DDR) 1977, S. 74 ff.
L5 (Anonym:) Die Geheimnisse von Berlin. Aus den Papieren eines Berliner Kriminalbeamten. Bd. I – S. 19 ff.
L6 ASTON, Luise: Revolution und Contrerevolution. Mannheim 1849. Bd. I – S. 121 ff., 151 ff., 159 ff.

Kapitel 9 Archivalien

A1 GRUNHOLZER, Heinrich: Schatzkämmerlein, Berlin, vom 27.10.1842 bis 13.8.1843. 2 Bde. Chronikstube der Paul-Kläui-Bibliothek in Uster/Schweiz. Nachlaß Grunholzer (ohne Inv.-Nr.).

Kapitel 10 Literatur

L1 PILTZ, Werner: Der Berliner Arbeiter von 1815–48. Diss. Phil. Fak. d. Universität Jena (1922) – S. 7 ff.

L2 SASS, Friedrich: Berlin in seiner neuesten Zeit und Entwicklung. Leipzig 1846 – S. 248 ff.

L3 = L2, S. 253 ff.

L4 (Anonym:) Armenbevölkerung Berlins, besonders im ehemals sogenannten Voigtlande. In: Fliegende Blätter aus dem Rauhen Hause zu Horn bei Hamburg. Hrsg.: J.H. Wichern. Hamburg. 5. Jg. 1845. Nr. 5 – S. 95.

L5 BAAR, Lothar: Die Berliner Industrie in der industriellen Revolution. Berlin (DDR) 1966 – S. 40 f.

L6 (ZEITLER, Karl Ludwig:) Erinnerungen eines Berliners aus den letzten 70 Jahren des 19. Jahrhunderts. Heft 1. (Berlin 1908) – S. 22 f.

L7 RASCH, Gustav: Die dunklen Häuser von Berlin. 2. Aufl. Wittenberg 1863 – S. 138 f.

L8 BARENTIN, W.: Lehrbuch der Technologie für den Gebrauch beim Unterricht. 4. Aufl. Wien 1856 – S. 78 ff.

L9 entfällt.

L10 DRONKE, Ernst: Berlin. (Frankfurt/M 1846). Nachdruck. Neuwied/Darmstadt 1974 – S. 233.

L11 vgl.: L2 – S. 268 ff., und L10 – S. 223 ff.

L12 SCHRADER, Kurt: Die Verwaltung Berlins von der Residenzstadt des Kurfürsten Friedrich Wilhelm bis zur Reichshauptstadt, unter besonderer Berücksichtigung der Stellung der Stadtverwaltung zu den oberen preussischen Staatsbehörden und mit einem Abriß der Behördengeschichte der Berliner Regierung. Diss. Humboldt-Universität Berlin (DDR) 1963. Teil II – S. 211.

L13 KUX, J.P.: Berlin. Eine aus zuverlässigen Quellen geschöpfte Charakteristik und Statistik dieser Residenz und ihrer Umgebung, nebst einer ausführlichen Abhandlung über das Berliner Armenwesen. Berlin 1842 – S. 57.

L14 = L13, S. 56 f.

L15 = L1, S. 30.

L16 = L2, S. 281 f.

L17 (Anonym:) Die Geheimnisse von Berlin. Aus den Papieren eines Berliner Kriminalbeamten. Berlin 1844 – S. 24.

L18 = L2, S. 286.

L19 = L2, S. 295 f.

L20 = L2, S. 290 ff.

L21 HESSLEIN, Bernhard, und ROGAN, Carl: Berühmte und berüchtigte Häuser. In historischer, criminalistischer und socialer Beziehung. 3. Aufl. Berlin 1881. Bd. I – S. 413 ff.

L22 = L12, S. 209.

L23 = L13, S. 272 ff.

L24 Allgemeine Schulzeitung 1847. Zit. nach: Quellen zur Geschichte der Vorschulerziehung. Zusammengestellt und eingel. v. Margot Krecker. Berlin (DDR) 1971 – S. 125 f.

L25 = L2, S. 286 f.

L26 = L10, S. 235.

L27 KUNTZE, E(duard): Das Jubiläum vom Voigtlande oder Geschichte der Gründung und Entwicklung der Rosenthaler Vorstadt bei Berlin 1755–1855. Berlin 1855 – S. 21.

L28 SKODA, Rudolf: Wohnhäuser und Wohnverhältnisse der Stadtarmut, dargest. insbesondere an der Rosenthaler Vorstadt von Berlin zwischen 1750 und 1850. Diss. Hochschule f. Architektur u. Bauwesen Weimar 1968 (Ms) – S. 384 f.

L29 = L27, S. 22.

L30 = L2, S. 78 f., 80 f., 82.

L31 = L17, S. 20.

L32 Berlinische Nachrichten (Spenersche Zeitung). Berlin 2.9.1842.

L33 = L32, 18.2.1842. Zit. nach: L1, S. 47.

L34 = L32, 17.3.1843. Zit. nach: L1, S. 47 f.

L35 FORMEY, J(ohann) Ludwig: Versuch einer medicinischen Topographie von Berlin. Berlin 1796 – S. 86 f.

L36 = L2, S. 279 ff.

L37 = L2, S. 283 f.

L38 (Anonym:) Das Berliner Voigtland. Abdruck aus dem in Duisburg im Diakonissenhause erscheinenden Sonntagsblatt für innere Mission. Duisburg 1862 – S. 10.

L39 STRECKFUSS, Adolf: 500 Jahre Berliner Geschichte. 4. Aufl. Berlin 1886. Bd. II – S. 832 f.

L40 = L13, S. 81 ff.

L41 = L39, S. 773.

L42 KNOBLAUCH, Carl: Tagebuch. In: Mitteilungen des Vereins f. d. Geschichte Berlins. Berlin 1938. S. 47 ff.

L43 = L42.

L44 = L42.

L45 = L42.

L46 = L42.

L47 OBERMANN, Karl: Die Volksbewegung in Berlin in den Jahren 1830–32. In: Berliner Heimat. Berlin (DDR) 1956. Heft 3 – S. 12 ff.

L48 = L7, S. 90 ff.

L49 Der Gesellschaftsspiegel. Organ zur Vertretung der besitzlosen Volksklassen und zur Beleuchtung der gesellschaftlichen Zustände der Gegenwart. (Hrsg.: Moses Heß.) Elberfeld 1845. Heft 2.

L50 vgl. Die Kartoffel. Ein Handbuch. Hrsg.: Rudolf Schick und Maximilian Klinkowski. Berlin (DDR) 1962. Bd. I – S. 571.

L51 = L39, S. 948 ff.

L52 = L50, S. 586/978.

L53 WINKLER, Heiner: Kartoffeln. In: Die Neue. Berlin (West), 22.8.1980.

L54 = L50, Bd. II, S. 1169 f.

L55 GLASSBRENNER, Adolf: Berliner Volksleben. Leipzig 1847. Bd. I – S. 309 f.

Kapitel 10 Archivalien

A1 GRUNHOLZER, Heinrich: Schatzkämmerlein, Berlin, vom 27.10.1842 bis 13.8.1843. 2 Bde. Chronikstube der Paul-Kläui-Bibliothek in Uster/Schweiz. Nachlaß H. Grunholzer (ohne Inv.-Nr.).

A2 StA Berlin (DDR), Armendirektion, Generalia Armenwesen VI Nr. 15 Vol. 2, Nr 18575, Bl. 160 f.

A3 = A2, Bl. 179.

A4 = A2, Bl. 91, 160/161.

A5 StA Berlin (DDR), Magistrat zu Berlin, Generalia Armenwesen Nr. 44, Nr. 1055, Bl. 103.

A6 = A5, Bl. 232 f.

A7 = A2, Bl. 138 f.

A8 = A2, Bl. 158.

A9 = A2, Bl. 207.

A10 = A2, Bl. 205–209.

A11 = A5, Bl. 154.

A12 = A5, Bl. 155.

A13 = A1 (28.3.1843).

A14 = A5, 146 f.

A15 ZStA Merseburg, Ministerium des Innern, Rep.77, Tit. 227a Nr. 53, Bl. 232.

A16 StA Berlin (DDR), Rep.20, Schuldeputation, Armenschulen L Nr. 1, Nr. 13175, Bl. 3–5.

A17 StA Berlin (DDR), Armendirektion Generalia Armenwesen VI Nr. 15 Vol. 1, Nr. 18575, Bl. 116.

A18 = A16, Bl. 17 ff.

A19 StA Berlin (DDR), Rep.20 Schuldeputation, Armenschulen Abt. A Nr. 17, Nr. 26951, Bl. 20.

A20 = A2, Bl. 97.

A21 StA Berlin (DDR), Rep. 20 Schuldeputaion, Communal-Armenschulen I Nr. 1d, Nr. 13195, Bl. 1.

A22 = A15, Bl. 167 f.

A23 = A22, Bl. 174 f.

A24 StA Potsdam, Pr.Br.Rep. 30/Berlin C, Polizeipräsidium, Tit. 121, Nr. 16924, Bl. 30.

A25 = A15, Bl. 36–53.

A26 = StA Berlin (DDR), Armendirektion, Generalia Armenwesen VI Nr. 16 Vol. 1, Nr. 638, Bl. 36.

A27 = A26, Bl. 41.

A28 = A26, Bl. 42.

A29 = A26, Bl. 42.

A30 = A26, Bl. 42.

A31 = A26, Bl. 44.

A32 = A2, Bl. 107.

A33 = A2, Bl. 108 f.

A34 = A2, Bl. 110.

A35 = A2, Bl. 107.

A36 = A2, Bl. 120.

A37 = A2, Bl. 106.

A38 = A5, Bl. 3 f.

A39 = A5, Bl. 10 f.

A40 = A17, Bl. 64.

A41 = A17, Bl. 66.

A42 Archiv der Evangelischen Kirche der Union, Berlin (West), Totenbücher der Sophien-Gemeinde 1824–1830.

A43 = A17, Bl. 74.

A44 = A17, Bl. 149.

A45 = A15, Bl. 166.

A46 = A17, Bl. 47.

A47 = A17, Bl. 11.

A48 = A17, Bl. 66.

A49 StA Potsdam, Pr.Br.Rep.30/Berlin C, Polizeipräsidium, Tit. 119 Nr. 18914, Bl. 4.

A50 = A49, Bl. 1 f.

A51 StA Potsdam, Pr.Br.Rep.30/Berlin C, Polizeipräsidium, Tit. 19 Vol. 2, Nr. 483, Bl. 2–13.

A52 StA Potsdam, Pr.Br.Rep.30/Berlin C, Polizeipräsidium, Tit. 19, Nr. 482, Bl. 87 (faks.).

A53 = A52, Bl. 21 (Faks.).

A54 StA Potsdam, Pr.Br.Rep.30/Berlin C, Polizeipräsidium, Tit. 19, Nr. 484, Bl. 10–12 (Faks.).

A55 = A54, Bl. 21 (Faks.).

A56 = A51, Bl. 14.

A57 = A52, Bl. 58/59.

A58 ZStA Merseburg, Geheimes Zivilkabinett, Rep.2.2.1, Nr. 15099, Bl. 75/76.

Kapitel 10 Bilder und Pläne

B1 OSTWALD, Hans: Kultur- und Sittengeschichte Berlins. 2. Aufl. Berlin (o.J.) – S. 519.

B2 VOGLER, Günter: Zur Geschichte der Weber und Spinner von Nowawes 1751–1785. Veröffentl. d. Bezirksheimatmuseums Potsdam Heft 7. Potsdam 1965 – S. 83.

B3 HENRY, Bernard: Des Métiers et des Hommes au Village. Paris 1975 – S. 57.

B4 Die große Walz. Hrsg.: BRANDL, Bruno, und CREUTZBURG, Günter. Berlin (DDR) 1974 – S. 16.

B5 STENBOCK-FERMOR, Alexander Graf: Deutschland von unten. Stuttgart 1931 – nach S. 8.

B6 = B5.

B7 = B5.

B8 Grunholzer, Heinrich: Skizzenbuch, Berlin 27.10.1842–13.8.1843. Privatbesitz Ritter-Hürlimann. Nachlaß H. Grunholzer.

B9 = B8.

B10 = B1, S. 292.

B11 Theodor Hosemann. Hrsg.: LUDWIG, Hans. München 1974 – S. 20.

B12 = B1, S. 532.

B13 = B1, S. 446.

B14 = L10, S. 317.

B15 = L28, S. 385.

B16 Archiv Forschungsschwerpunkt.

B17 OSBORN, Max, u.a.: Berlins Aufstieg zur Weltstadt. Berlin 1929 – S. 91.

B18 Illustrirte Zeitung. Leipzig Nr. 475. 1852.

B19 Ausschnitt aus Selter 1826/1843 (Plan v. Berlin). Landesarchiv. Berlin (West).

B20 Franz Burchard Dörbeck. Hrsg.: LUDWIG, Hans. Berlin (West) 1979 – S. 99.
B21 = B20, S. 91.
B22 = B19.
B23 = L50, Bd. 2, S. 1168.
B24 = L50, Bd. 2, S. 1169.
B25 GLASSBRENNER, Adolf: . . . ne scheene Jejend is det hier! Berlin (West) 1977 – nach S. 200.
B26 Illustrierte Geschichte der deutschen Revolution 1848/49. Berlin (DDR) 1973 – S. 43.

Kapitel 11 Literatur

L1 LÜCHOW, Johann Christian: Das Proletariat (1848). In: Der deutsche Vormärz. Texte und Dokumente. Hrsg.: Jost Hermand. Stuttgart 1967 – S. 238.
L2 STRECKFUSS, Adolf: 500 Jahre Berliner Geschichte. 4. Aufl. Berlin 1886. Bd. II – S. 952 f.
L3 (MARX, Karl, und ENGELS, Friedrich:) Manifest der Kommunistischen Partei. London 1848. In: MEW Bd. IV – S. 461, 493.
L4 (RELLSTAB, Ludwig:) Laßt Euch nicht täuschen! In: Vossische Zeitung. Berlin. 7.3.1848.
L5 WOLFF, Adolf: Berliner Revolutions-Chronik. Darstellung der Berliner Bewegungen im Jahr 1848 nach politischer, sozialer und literarischer Beziehung. Berlin 1851. Bd. I – S. 56.
L6 Die Berliner März-Revolution. Hrsg. von Mitkämpfern und Augenzeugen. Berlin 1848 – S. 15 ff.
L7 = L6, S 17 f.
L8 = L6, S. 19.
L9 = L5, S. 53.
L10 = L6, S. 26 f.
L11 Allerdurchlauchtigster König! Flugblatt Berlin März 1848. In: Illustrierte Geschichte der deutschen Revolution 1848/49. Berlin (DDR) 1975 – S. 84.
L12 = L6, S. 28 f., 41, 43 ff., 50 ff., 54 f.
L13 = L6, S. 28.
L14 = L2, S. 964.
L15 = L5, S. 62.
L16 = L5, S. 61.
L17 = L5, S. 63.
L18 = L5, S. 72.
L19 Amtliche Berichte und Mitteilungen über die Berliner Barrikadenkämpfe am 18. und 19. März. Von Augenzeugen und Mitkämpfern aus dem Bürger- und Soldatenstande. Berlin 1848. Heft 1 – S. 16 ff.
L20 = L2, S. 975.
L21 Berlin im März 1848. In: Die Gegenwart. Leipzig 1849. Faks. mit Vorbemerkungen von Laurenz Demps. Hrsg.: Interessengemeinschaft für Denkmalpflege, Kultur und Geschichte der Hauptstadt Berlin beim Kulturbund der DDR. Berlin (DDR) 1978 – S. 550.
L22 = L15, S. 150.
L23 = L19, S. 42 ff.
L24 HOHENLOHE-INGELFINGEN, Kraft Prinz zu: Aus meinem Leben. Aufzeichnungen. Berlin 1897. Bd. I – S. 26 ff.
L25 MEYERINCK, Hubert von: Die Straßenkämpfe in Berlin am 18. und 19. März 1848. In: Voigtländers Quellenbücher. Bd. 7. Hrsg.: Horst Kohl. Leipzig 1911 – S. 56 f.
L26 (SCHULZ, Karl Gustav:) Die Berliner Märztage. Vom militärischen Standpunkt aus geschildert. Berlin 1850 – S. 41 ff.
L27 BRASS, August: Berlins Barrikaden. Ihre Entstehung, ihre Verteidigung und ihre Folgen. Eine Geschichte der Märzrevolution. Berlin 1848. S. 77 ff.
L28 = L21, S. 552.
L29 = L25, S. 77.
L30 = L26, S. 56.
L31 Vossische Zeitung. Berlin, 25.3.1848.
L32 Die Märztage in Berlin. In: Illustrirte Zeitung. Leipzig. Nr. 250. 15.4.1848 – S. 253 f.
L33 = L21, S. 558 f.
L34 = L27, S. 83.
L35 = L27, S. 83 f.
L36 = L25, S. 58.
L37 Vossische Zeitung. Berlin, 20.3.1848.
L38 = L31.
L39 Unvollständiges Verzeichnis der während der Kämpfe in Berlin gefallenen Revolutionäre. Plakatanschlag März 1848. In: Illustrierte Geschichte

der deutschen Revolution 1848/49. Berlin (DDR) 1975 – S. 91.
L40 KUNTZE, E(duard): Das Jubiläum vom Voigtlande. Berlin 1855 – S. 27 f.
L41 (Anonym:) Das Berliner Voigtland. Abdruck aus dem in Duisburg im Diakonissenhause erscheinenden Sonntagsblatt für innere Mission. Duisburg 1862 – S. 10.
L42 VIRCHOW, Rudolf: Brief an seinen Vater vom 19.3.1848. In: Revolutionsbriefe 1848 /49. Hrsg.: Rolf Weber. Frankfurt/M. 1973. – S. 70.
L43 = L42, (1.5.1848), S. 136 f.
L44 HOPPE, Ruth, und KUCZYNSKI, Jürgen: Eine Berufs- bzw. auch Klassenund Schichtenanalyse der Märzgefallenen 1848 in Berlin. In: Jahrbuch f. Wirtschaftsgeschichte Nr. 4/1964. Berlin (DDR) 1964 – S. 204.
L45 = L21, S. 5573 f.
L46 = L5, S. 323.
L47 TODT, Elisabeth, und RADANDT, Hans: Zur Frühgeschichte der deutschen Gewerkschaftsbewegung 1800 –1849. Berlin (DDR) 1950 – S. 200 ff.
L48 = L42, (24.3.1848), S. 87.
L49 = L5, S. 435 ff.
L50 SPRINGER, Robert: Berlins Straßen, Kneipen und Clubs im Jahre 1848. Berlin 1850 – S. 51 ff.
L51 BERNSTEIN, Eduard: Die Geschichte der Berliner Arbeiter-Bewegung. Berlin 1907. Teil I – S. 31 f.
L52 Der deutsche Vormärz. Texte und Dokumente. Hrsg.: Jost Hermand. Stuttgart 1967 – S. 409.
L53 BORN, Stephan: Programm des Central-Comités für Arbeiter (April 1848). In: L5, Bd. II – S. 147 f.
L54 = L51, S. 80.

Kapitel 11 Archivalien

A1 LA Berlin (West). Flugblattsammlung 48er Revolution.

Kapitel 11 Bilder und Pläne

B1 Kunst der bürgerlichen Revolution von 1830–1848/49. Berlin (West) 1973 – S. 51.
B2 Illustrirte Zeitung. Leipzig. Nr. 253, 6.5.1848.
B3 Ausschnitt aus Sineck: Situationsplan Berlin 1856. Berlin-Museum. Berlin (West).
B4 = B2, Nr. 249, 8.4.1848.
B5 Postkarte. Bildarchiv Preussischer Kulturbesitz. Berlin (West).
B6 = B3.
B7 = B2, Nr. 250, 15.4.1848.
B8 = B7.
B9 Landesarchiv. Berlin (West).
B10 = B2, Nr. 260, 24.6.1848.
B11 = B3.
B12 Illustrierte Geschichte der deutschen Revolution 1848/49. Berlin (DDR) 1973 – S. 83.

Kapitel 12 Literatur

L1 Berlinische Nachrichten von Staats- und gelehrten Sachen (Haude & Spenersche Zeitung). Berlin. 2.9.1842.

L2 HOFFMANN, C(arl) W(ilhelm): Die Wohnungen der Arbeiter und Armen. Berlin 1852. – S. 2.

L3 GUTZKOW, Karl: Aus der Knabenzeit (1852). In: Gutzkows Werke. Hrsg.: Reinhold Gensel. Berlin/Leipzig/Wien /Stuttgart (o.J.). Bd. VII – S. 98.

L4 = L3, S. 98 f.

L5 Bericht über die neugegründete Armen-Frei-Schule in den Wülcknitzschen Häusern vor dem Hamburger Thore. In: Jahrbücher der Straf- und Besserungs-Anstalten, Erziehungshäuser, Armenfürsorge und andere Werke christlicher Liebe, hrsg. von Dr. Nikolaus Heinrich Julius. Berlin. – Heft 1. Jg. 1829 – S. 363 ff.

L6 STRECKFUSS, Adolf: 500 Jahre Berliner Geschichte. 4. Aufl. Berlin 1886. Bd. II – S. 1055 f.

L7 = L5, Heft 7, Jg. 1832 – S. 58 ff.

L8 = L7, S. 57.

L9 (Anonym:) Christliche Volkserziehung. In: Vorwärts, hrsg. von Robert Blum und Friedrich Steger. Leipzig 1845 – S. 64.

L10 (Anonym:) Armenbevölkerung Berlins, besonders im ehemals sogenannten Voigtlande. In: Fliegende Blätter aus dem Rauhen Hause zu Horn bei Hamburg. Hrsg.: J.H. Wichern. Hamburg. 5. Jg./1845, Nr. 6 – S. 111.

L11 = L10, S. 109.

L12 Neunter Jahresbericht des christlichen Männer-Kranken-Vereins in Berlin 1842. Berlin 1842 – S. 10.

L13 Siebenter Jahresbericht des christlichen Männer-Kranken-Vereins in Berlin. Berlin 1840 – S. 4 f.

L14 SCHINKEL, Karl Friedrich: Lebenswerk. Hrsg. von der Akademie d. Bauwesens. Schriftltg.: Paul Ortwin Rave. 1. Abt. Bd. I. Teil 1. Berlin 1941 – S. 302.

L15 = L14, S. 302.

L16 = L14, S. 328.

L17 = L14, S. 339.

L18 BETHKE, Eugen: Hundert Jahre St. Elisabeth. Berlin 1835–1935. Bilder aus dem Wachsen und Werden einer evangelischen Kirchengemeinde der Großstadt. Berlin 1935 – S. 14.

L19 = L18, S. 20.

L20 = L18, S. 18.

L21 = L18, S. 9.

L22 = L18, S. 27.

L23 KUNTZE, E(duard): Das Jubiläum vom Voigtlande oder die Geschichte der Gründung und Entwicklung der Rosenthaler Vorstadt bei Berlin 1755 –1855. Berlin 1855 – S. 20.

L24 = L 18, S. 29.

L25 (Anonym:) Das Berliner Voigtland. Abdruck aus dem in Duisburg im Diakonissenhause erscheinenden Sonntagsblatt für innere Mission. Duisburg 1862 – S. 7 f.

L26 = L18, S. 28 ff.

L27 = L10, Nr.5/1845 – S. 94.

L28 HARTMANN, v.: Leopold v. Gerlach. In: Allgemeine Deutsche Biographie. Hrsg.: Hist. Kommission bei der Kgl. Akademie der Wissenschaften. Leipzig 1879.

L29 HALLER, Carl Ludwig von: Restauration der Staatswissenschaft oder Theorie des natürlich-geselligen Zustandes, der Chimäre des künstlich-bürgerlichen entgegengesetzt. 6 Bde. 2. Aufl. Winterthur 1822. (Neudruck: Aalen 1964).

L30 BONJOUR, Edgar: Karl Ludwig von Haller. In: Neue Deutsche Biographie. Hrsg.: Hist. Kommission bei der Bayrischen Akademie der Wissenschaften. Berlin 1966. Bd. 7 – S. 549 f.

L31 = L29, Bd. IV – S. 19.

L32 = L29, Bd. V – S. 216 f.

L33 = L29, Bd. V – S. 217 f.

L34 = L29, Bd. V – S. 218 f.

L35 = L29, Bd. V – S. 221.

L36 = L29, Bd. IV – S. 131.

L37 = L29, Bd. V – S. 230.

L38 VARNHAGEN VON ENSE, Karl August: Tagebücher. Leipzig 1861/62.

L39 WICHERN, Johann Hinrich: Die Gestaltung der Gefangenenfrage in Deutschland, Amerika, England und Frankreich seit dem Ende des vorigen Jahrhunderts. (1857). In: Wichern. Sämtliche Werke hrsg. v. Peter Meinhold. Berlin/Hamburg 1973. Bd. VI – S. 105 f.

L40 = L14, 1. Abt. Bd. II – S. 30 f.

L41 = L38, (11.8.1843).

L42 BEHRENDT, Walter Curt: Carl Ferdinand Busse. Ein preussischer Baubeamter. In: Zentralblatt der Bauverwaltung Nr. 52. 1932 – S. 635.

L43 WICHERN, Johann Hinrich: Gutachten an den Centralausschuß für die Innere Mission über die Aufgaben der Gefängnisreform. (1851). In: Wichern Sämtl. Werke. Bd. VI – S. 28. (= L39)

L44 WICHERN, Johann Hinrich: Brief an seine Frau vom 31.10.1844. In: Wichern: Briefe und Tagebuchblätter. Bd. I. Hamburg 1901 – S. 347 f.

L45 WILKE, Karl: Baueinrichtung und Verwaltung der Kgl. neuen Strafanstalt (Zellengefängnis) bei Berlin. Berlin 1872 – S. 18 ff.

L46 WICHERN, Johann Hinrich: Briefe und Tagebuchblätter. Bd. I. Hamburg 1901 – S. 392 f.

L47 RASCH, Gustav: Die dunklen Häuser von Berlin. 2. Aufl. Wittenberg 1863 – S. 54 ff.

L48 ORTLOFF, Hermann: Das Zellengefängnis zu Moabit. Gotha 1861 – S. 22 f.

L49 = L48, S. 19 f.

L50 = L48, S. 24 ff.

L51 SANDEN: Über Isolierung der Gefangenen. In: Jahrbücher der Gefängniskunde und Besserungsanstalten, hrsg. von N.H. Julius, F. Noellner und G. Varrentrapp. Frankfurt/M. Jg. 1843. Bd. 3 – S. 151 f.

L52 = L18, S. 29.

L53 GERLACH, Otto von: Bericht über die Entstehung und Einrichtung vieler neuer Kirch- und Pfarrsysteme in England. In: v. Gerlach/Uhden/Sydow/Stüler: Amtliche Berichte über die in neuerer Zeit in England erwachte Tätigkeit für die Vermehrung und Erweiterung der kirchlichen Anstalten. Potsdam 1845 – S. 79 ff.

L54 STEIN (Theodor): Das Krankenhaus der Diakonissen-Anstalt „Bethanien" zu Berlin. Berlin 1850. – S. 6 f.

L55 GERLACH, Leopold v.: Denkwürdigkeiten. Berlin 1891 – S. 88.

L56 SCHULZE, Gustav: Bethanien. Die ersten 50 Jahre und der gegenwärtige Stand. (Privatdr.) Berlin 1897 – S. 6.

L57 = L56.

L58 = L56, S. 10 f.

L59 = L56, S. 14.

L60 = L56, S. 14 f.

L61 GUTZKOW, Karl: Die Diakonissin. Ein Lebensbild. Frankfurt/M 1855 – S. 127 ff.

L62 vgl.: WICHERN, Johann Hinrich: Sämtliche Werke. Hrsg.: Peter Meinhold. Berlin/Hamburg 1973. Bd. IV – S. 19 ff. und 32 ff.

L63 WICHERN, Johann Hinrich: Bausachen zur Hebung und Förderung des sittlichen Lebens, mit besonderer Beziehung auf London. Brüssel und Berlin. (1847). In: L62, Bd. V – S. 68 f.

L64 OWEN, Robert: Report on the Poor (1817). Zit. nach: Franziska Bollerey: Architekturkonzeption der utopischen Sozialisten. München 1977 – S. 35 f.

L65 WICHERN, Johann Hinrich: Der Bürgerhof in Beziehung auf die darin zu verwirklichenden sittlichen Zwecke

L66 = L65, S. 314 ff.

L67 (ENGELS, Friedrich:) Beschreibung der in neuerer Zeit entstandenen und noch bestehenden communistischen Ansiedlungen. In: Deutsches Bürgerbuch für 1845. Hrsg.: H. Püttmann. Darmstadt 1845 – S. 336 ff.

L68 Verein zur Erbauung kleiner Wohnungen. In: Privilegierte wöchentlich-gemeinnützige Nachrichten für Hamburg (Hamburger Nachrichten). Hamburg. Nr. 235. 3.10.1845.

L69 = L65.

L70 = L65.

L71 = L46, S. 343 ff.

L72 KOLLER, Traugott: Heinrich Grunholzer. Lebensbild eines Republikaners. Zürich 1876. Bd. I – S. 311 ff.

L73 = L2, S. 18 f.

L74 PAULSEN, Ingwer: Victor Aimé Huber als Sozialpolitiker. 2. Aufl. Berlin (West) 1956 – S. 43.

L75 ELVERS, Rudolf: Victor Aimé Huber. Sein Werden und Wirken. Bremen 1872. Teil I – S. 116 f.

L76 = L75, S. 124.

L77 = L38, Bd. II – S. 224.

L78 HUBER, Victor Aimé: Eindrücke und Betrachtungen eines Reisenden. Manchester. Das Proletariat. In: Janus. Jahrbücher deutscher Gesinnung, Bildung und That. Hrsg.: V.A. Huber. Berlin. Jg. 1845. Bd. II. Heft 23 – S. 663 ff.

L79 ENGELS, Friedrich: Die Lage der arbeitenden Klasse in England. (1845). In: MEW Bd. 2 – S. 288 ff.

L80 = L79, S. 224 ff.

L81 = L46, S. 337, 360.

L82 ENGELS, Friedrich: Zur Wohnungsfrage. In: MEW Bd. 18 – S. 284 f.

L83 BORN, Stephan: Erinnerungen eines Achtundvierzigers. 3. Aufl. Leipzig 1898 – S. 23.

L84 HUBER, Victor Aimé: Ueber innere Colonisation. Aus dem Janus, Heft VII. VIII., besonders abgedruckt zum Besten des Berliner Handwerkervereins. Berlin 1846 – S. 2/3, 33, 6/7, 4, 10, 11/12, 13, 14–16, 43, 18–20, 21/22, 23/24, 26, 38/39, 59, 60/61.

L85 Encyklopädie der Wissenschaften und Künste. (Ersch-Gruber). 2. Section. Leipzig 1829.

L86 MOEREMANS, SPAAK, DUCPETIAUX: Rapport de la Commission nommée par le Conseil central de Salubrité publique, pour vérifier l'état des habitations de la classe ouvrière, à Bruxelles, et proposer les moyens de l'améliorer. (1.2.1838). In: DUCPETIAUX, Eduard: De la mortalité à Bruxelles comparée à celles des autres grandes villes. Bruxelles 1844 – S. 8 ff.

L87 = L75, S. 188 f.

L88 DRONKE, Ernst: Berlin. (1846). Nachdruck Darmstadt/Neuwied 1974 – S. 253.

L89 = L2, S. 18.

L90 HUBER, Victor Aimé: Die Berliner gemeinnützige Baugesellschaft. In: Fliegende Blätter aus dem Rauhen Hause zu Horn bei Hamburg. Nr. 1. Jg. 1854 – S. 7.

L91 = L2, S. 42.

L92 = L2, S. 42.

L93 = L2, S. 19.

L94 KROKISIUS, E.: Die unter dem Protektorat Seiner Majestät des Kaisers und Königs Wilhelm II stehenden Berliner gemeinnützigen Baugesellschaft und Alexandra-Stiftung 1847–1901. Berlin 1901 – S. 61.

L95 = L2, S. 19 ff.

L96 = L63, S. 71 f.

L97 HOFFMANN, C(arl) W(ilhelm): Die Aufgabe einer Berliner gemeinnützigen Baugesellschaft. Berlin 1847 – S. 3 ff.

L98 WICHERN, Johann Hinrich: Die innere Mission. Eine Denkschrift (1849). In: L62, Bd. I – S. 182, 253, 256.

L99 HUHN, Diether: Der Fall Familie.

(1846). In: L62, Bd. IV – S. 314.

Recht und Unrecht einer bürgerlichen Einrichtung. Darmstadt/Neuwied 1977 – S. 154 ff.

L100 = L2, S. 22 f.

L101 GAEBLER: Idee und Bedeutung der Berliner gemeinnützigen Baugesellschaft. Berlin 1848 – S. 32 ff.

L102 = L2, S. 9 f.

L103 = L97, S. 4.

L104 EICK, Jürgen: Das Jahrhundert des kleinen Mannes. Eine zeitkritische Studie. Berlin (West) 1960.

L105 HITLER, Adolf: Mein Kampf. 213./217. Aufl. München 1936 – S. 622.

L106 MÖRBITZ, Eghard: Abgeordnete haben zum Document Center keinen Zugang. In: Frankfurter Rundschau 25.9.1979.

L107 ZAHL, Peter-Paul: Ihr Petrarca schmachtet in einem preußischen Knast! In: Frankfurter Rundschau, 30.6.1980.

L108 = L104.

L109 = L2, S. 42.

L110 WICHERN, Johann Hinrich: Kommunnismus und die Hilfe gegen ihn (1848). In: L62, Bd. I – S. 133

L111 WOLFF, Adolf: Berliner Revolutions-Chronik. Darstellung der Berliner Bewegungen im Jahr 1848 nach politischer, socialer und literarischer Beziehung. Berlin 1851. Bd. I – S. 405 f.

L112 = L6, Bd. II – S. 1037.

L113 STRECKFUSS, Adolf: Berliner März 1848. Berlin 1948 – S. 146 f.

L114 Lied der Rehberger (1848). In: BERNSTEIN, Eduard: Die Geschichte der Berliner Arbeiter-Bewegung. Berlin 1907. Bd. I – S. 37.

L115 = L83, S. 133 f.

L116 = L113, S. 147.

L117 = L113, S. 146.

L118 = L111, S. 487.

L119 = L111, S. 487 f.

L120 = L111, S. 488.

L121 = L75, S. 271.

L122 = L2, S. 27.

L123 = L2, S. 69.

L124 = L2, S. 71 f.

L125 = L2, S. 13.

L126 = L2, S. 66.

L127 = L2, S. 47.

L128 = L2, S. 59.

L129 = L2, S. 59.

L130 = L2, S. 25.

L131 = L2, S. 32.

L132 GAEBLER: Die Berliner gemeinnützige Baugesellschaft und die damit verbundene Alexandra-Stiftung. In: Zeitschrift f. Bauwesen 17/1867. – Sp. 327 ff.

L133 = L75, S. 269.

L134 HUBER, Victor Aimé: Die Berliner gemeinnützige Baugesellschaft. In: Concordia. Blätter der Berliner gemeinnützigen Baugesellschaft. Nr. 2. 8.5.1849.

L135 HEGEMANN, Werner: Das steinerne Berlin. Berlin 1930 – S. 292.

L136 = L2, S. 83.

L137 = L2, S. 84 f.

L138 = L94, S. 60.

L139 HUBER, Victor Aimé: Die Wohnungsfrage in Frankreich und England. Besonders abgedruckt aus der Zeitschrift des Central-Vereins für das Wohl der arbeitenden Klassen, Bd. 3. Heft 1/2. Berlin 1859 – S. 12.

L140 HERKNER, Heinrich: Die Oberelsässische Baumwollindustrie und ihre Arbeiter. Straßburg 1887 – S. 330 f.

L141 HUBER, Victor Aimé: Ausgewählte Schriften über Sozialreform und Genossenschaftswesen. Hrsg.: K. Munding. Berlin (o.J.) – S. 1062 f.

L142 = L94, S. 26 f.

L143 = L94, S. 59.

L144 = L46, S. 417 f.

Kapitel 12 Archivalien

A1 StA Berlin (DDR), Armendirektion, Generalia Armenwesen VI Nr. 15 Vol.1, Nr. 18575, Bl. 103/104.

A2 ZStA Merseburg, Geheimes Zivilkabinett, Rep.2.2.1, Nr. 15316, Bl. 4.

A3 StA Potsdam, Pr.Br.Rep.30/Berlin C, Polizeipräsidium, Tit. 121, Nr. 16924, Bl. 23–28.

A4 StA Berlin (DDR), Magistrat zu Berlin, Generalia Armenwesen Nr. 44, Nr. 1055, Bl. 12.

A5 Staatsarchiv Hamburg. Familie Sieveking, V, A16r.

A6 ZStA Merseburg, Geheimes Zivilkabinett, Rep. 2.2.1, Nr. 15221, Bl. 1–3.

A7 StA Potsdam, Pr.Br.Rep.30/Berlin C, Polizeipräsidium, Tit. 162, Nr. 13370, B. 65–70.

A8 ZStA Merseburg, Finanz-Ministerium, Rep.93B, Nr. 1025, Bl. 5 (Faks.).

A9 StA Potsdam, Pr.Br.Rep.30/Berlin C, Polizeipräsidium, Tit. 162, Nr. 13370.

A10 = A7.

A11 = A7.

A12 = A7.

A13 Geheimes Staatsarchiv Dahlem. Berlin (West), Pr.Br.Rep.1, Nr. 1.

Kapitel 12 Bilder und Pläne

B1 Archiv Forschungsschwerpunkt.

B2 = B1.

B3 Landesbildstelle. Berlin (West).

B4 = L14, Teil 2, S. 203.

B5 = B4.

B6 SCHINKEL, Karl Friedrich: Sammlung architectonischer Entwürfe. Heft 15. Berlin 1829 – Nr. 91.

B7 = L14, S. 320–22.

B8 = B7.

B9 = B7.

B10 = B7.

B11 = B7.

B12 = B6, Heft 22. Berlin 1834 – Nr. 137.

B13 = B6, Heft 24. Berlin 1835 – Nr. 150.

B14 Berlin-Museum. Berlin (West).

B15 = L14, S. 301.

B16 = L18, S. 144a.

B17 = B1.

B18 HIPPEL, Robert v.: Deutsches Strafrecht, Bd. 1. Berlin 1925 – S. 598.

B19 = B18, S. 596.

B20 = B18, S. 597.

B21 = B18, S. 597.

B22 = B18, S. 594.

B23 HINZ, Gerhard: Peter Josef Lenné. Berlin 1937 – S. 181.

B24 Verwaltung der Staatlichen Schlösser und Gärten Charlottenburg. Berlin (West).

B25 Landesarchiv Berlin (West).

B26 Die Bauwerke und Kunstdenkmäler von Berlin. Bezirk Kreuzberg, Karten und Pläne. Bearb.: Manfred Hecker. Ausschnitt aus Plan 13.

B27 = B26, Ausschnitt aus Plan 14.

B28 = B14.

B29 JULIUS, Nikolaus Heinrich: Englands Mustergefängnis in Pentonville in seiner Bauart, Einrichtung und Verwaltung abgebildet und beschrieben aus den Berichten des Major Webb. Berlin 1846 – Tafelanhang.

B30 = B29.

B31 = L45, Tafel I.

B32 Berlin und seine Bauten. Hrsg.: Architekten-Verein zu Berlin. Berlin 1877. Teil 1 – S. 231.

B33 = L45, Tafel III.

B34 = L45, Tafel I und II (Montage).

B35 = B3.

B36 = L45, Tafel I.

B37 = L45, Tafel III.

B38 = L45, Tafel III.

B39 FOUCAULT, Michel: Surveiller et punir. La naissance de la prison. Paris 1975.

B40 = L45, Tafel IV.

B41 = L45, Tafel IV.

B42 = L45, Tafel IV.

B43 = L45, Tafel IV.

B44 = L54, Bl. 1–4.

B45 = R14.

B46 = L54, Bl. 6.

B47 = L54, Bl. 6.

B48 Illustrirte Zeitung. Leipzig. Nr. 254, 13.5.1848.

B49 = B3.

B50 Museum für Hamburgische Geschichte.

B51 OWEN, Robert: The Life of Robert Owen. Vol. 1A. London 1858 – nach S. 62.

B52 = B1, nach BOLLEREY, Franziska: Architekturkonzeptionen der utopischen Sozialisten. München 1977 – S. 40.

B53 Kunst in der bürgerlichen Revolution von 1830 bis 1848/49. Berlin (West) 1973 – S. 37.

B54 WOOD, J.: A Series of Plans für Cottages or Habitations of the Labourer . . . London 1806 – Tafel 5.

B55 SMETS, Marcel: L'avènement de la cité-jardin en Belgique. Bruxelles (1977) – S. 26.

B56 = L97, Anlage.

B57 Alexandra-Stiftung, Berlin (West).

B58 = L2, S. 71.

B59 = B1.

B60 = B14, Sineck: Situationsplan Berlin 1856 (Ausschnitt).

B61 = L2, Bl. III.

B62 = L2, Bl. I.

B63 = L2, Bl. II.

B64 = B1.

B65 Das Grundeigentum. Nr. 19, 1977.

B66 Zeitschrift für Bauwesen. Nr. 17. 1867. Atlas, Tafel 42.

B67 Kartensammlung der Staatsbibliothek Berlin (West). Sineck Situationsplan Berlin 1861 (Ausschnitt).

B68 = L2, Bl. XI.

B69 = L2, Bl. XII.

B70 Trois Etappes de la Vie mulhousienne. Hrsg.: Société industrielle de Mulhouse. Mulhouse 1948 – nach S. 40.

B71 SCHALL, Mart.: Das Arbeiter-Quartier in Mülhausen im Elsass. Berlin 1877 – Tafel 3.

B72 BERENDT, Moritz: Portrait Otto v. Bismarck 1850.

B73 Zeitgen. Karikatur, nach: FESSER, Gerd: Der Weg nach Königgrätz. Illustrierte Hist. Hefte Nr. 13. Berlin (DDR) 1978 – S. 42.

Kapitel 13 Literatur

L1 KUNTZE, E(duard): Das Jubiläum vom Voigtlande oder Geschichte der Gründung und Entwicklung der Rosenthaler Vorstadt bei Berlin 1755–1855. Berlin 1855 – S. 29.
L2 CLAUSWITZ (Paul): Die Städteordnung von 1808 und die Stadt Berlin. Festschrift zur hundertjährigen Gedenkfeier der Einführung der Städteordnung. Berlin 1908 – S. 32.
L3 Bericht über die Verwaltung der Stadt Berlin 1829–1840. Berlin 1841 – S. 59.
L4 ZEDLITZ, (Ernst) L(eopold) Freiherr v.: Neuestes Conversations-Handbuch für Berlin und Potsdam zum täglichen Gebrauch der Einheimischen und Fremden aller Stände . . . Berlin 1834 – S. 55.
L5 CLAUSWITZ, Paul, und ZÖGNER, Lothar: Die Pläne von Berlin. Berlin (West) 1979 – S. 49 ff.
L6 KREBSBACH, August: Die preußische Städteordnung von 1808. 2. Aufl. Köln 1970 – S. 51 f.
L7 = L5, S. 101 f.
L8 Grundriß zur deutschen Verwaltungsgeschichte 1815–1945. Reihe A: Preußen. Bd. 5 Brandenburg. Hrsg.: W. Hubatsch. Marburg/Lahn 1975 – S. 120.
L9 = L4, S. 55.
L10 FIDICIN, Ernst: Topographische Beschreibung Berlins. Berlin 1843 – S. 100.
L11 = L2, S. 141.
L12 nach einem Lexikon.
L13 Berliner Intelligenz-Blatt. No. 55, 5.3. 1832.
L14 Handwörterbuch der Raumforschung und Raumordnung. Hrsg.: Akademie f. Raumforschung und Landesplanung. 2. Aufl. Hannover 1970 – Sp. 1912 ff.
L15 HINZ, Gerhard: Peter Josef Lenné und seine bedeutendsten Schöpfungen in Berlin und Potsdam. Berlin 1937 – S. 180 ff.
L16 HINZ, Gerhard: Peter Josef Lenné. Landschaftsgestalter und Städteplaner. Göttingen, Zürich, Frankfurt/M. 1977 – S. 85 (Liste gekürzt).
L17 WENDLAND, Folkwin: Berlins Gärten und Parke von der Gründung der Stadt bis zum ausgehenden neunzehnten Jahrhundert. Berlin (West), Frankfurt/M., Wien 1979 – S. 243 f.
L18 RACHEL, Hugo, und WALLICH, Paul: Berliner Großkaufleute und Kapitalisten. In: Veröffentlichungen des Vereins für die Geschichte der Mark Brandenburg. Nachdruck der ersten 1939 erschienenen Auflage. Berlin (West) 1967. Bd. 3 – S. 282.
L19 = L18, S. 287.
L20 Berlinische Nachrichten von Staats- und gelehrten Sachen (Haude & Spenersche Zeitung). 1.7.1856.
L21 = L20, 9.7.1856.
L22 = L20, 16.8.1856.
L23 = L14, Bd. I, Sp. 1212 f.
L24 = L13, 20.5.1859.
L25 Fünfzig Jahre Berliner Stadtentwässerung 1878–1928. Hrsg.: Hermann Hahn, Fritz Langbein. Berlin 1928 – S. 3.
L26 = L25, S. 24 f.
L27 HEGEMANN, Werner: Das steinerne Berlin. Geschichte der größten Mietskasernenstadt der Welt. Berlin 1930 – S. 295.
L28 BRUCH, Ernst: Berlin's bauliche Zukunft und der Bebauungsplan. Besonderer Abdruck aus der Deutschen Bauzeitung. Berlin 1870.
L29 FONTANE, Theodor: Wanderungen durch England und Schottland. Berlin (DDR). Bd. I – S. 177 f.
L30 HEINRICH, Ernst: Der „Hobrechtplan". In: Jahrbuch für Brandenburgische Landesgeschichte. Bd. 13. Berlin 1962 – S. 41–58.
L31 RADICKE, Dieter: Der Berliner Bebauungsplan von 1862 und die Entwicklung des Wedding. Zum Verhältnis von Obrigkeitsplanung zu privatem Grundeigentum. In: Festschrift Ernst Heinrich, hrsg. von Peschken, Radicke, Heinisch. TU Berlin (West) 1974 – S. 56 ff.
L32 LENNE, Peter Josef: Allgemeine Bemerkungen über die Britischen Parks und Gärten. Fragmente aus dem Reise-Journal. In: Verhandlungen des Vereins zur Beförderung des Gartenbaus in den Königl. Preußischen Staaten. Jg. 1/1825 – S. 92 f.
L33 = L29, S. 195.
L34 SCHINKEL, Karl Friedrich: Lebenswerk. Hrsg.: Akademie d. Bauwesens, Schriftltg. Paul Ortwin Rave. Berlin Stadtbaupläne, Brücken, Straßen, Tore, Plätze. Berlin 1948 – S. 27.
L35 Verwaltungsbericht des Königlichen Polizeipräsidiums zu Berlin 1891–1900. Berlin 1902 – S. 102.

Kapitel 13 Archivalien

A1 ZStA Merseburg, Geheimes Zivilkabinett, Rep.2.2.1, Nr. 28634, Bl. 1–3.
A2 ZStA Merseburg, Findbuch Technische Oberbaudeputation.
A3 StA Potsdam, Pr.Br.Rep.30/Berlin C, Polizeipräsidium, Tit. 20, Nr. 586, Bl. 29.
A4 = A3, Bl. 38.
A5 ZStA Merseburg, Ministerium des Innern, Rep.77, Tit. 227a Nr. 49, Bd. 1, Bl. 257–260.
A6 StA Potsdam, Pr.Br.Rep.30/Berlin C, Polizeipräsidium, Tit. 20, Nr. 511, Bl. 2–4.
A7 = A6, Bl. 7.
A8 = A6, Bl. 7–9.
A9 = A6, Bl. 60/61.
A10 ZStA Merseburg, Ministerium des Innern, Rep.93B Abt. C Nr. 12, Nr. 1595, Bl. 2–4.
A11 ZStA Merseburg, Technische Oberbaudeputation, Rep.93D, Tit. XI, Lit.Gc, Nr. 49 Vol. 1, Bl. 1/2.
A12 LA Berlin (West), Pr.Br.Rep.30, Polizeipräsidium, Nr. 196, Bl. 8.
A13 = A12, Bl. 8r.
A14 = A11, Bl. 89–91.
A15 = A12, Bl. 103/104.
A16 ZStA Merseburg, Geheimes Zivilkabinett, Rep.2.2.1, Nr. 28598 Vol. IV, Bl. 26.
A17 StA Potsdam, Pr.Br.Rep.30/Berlin C, Polizeipräsidium, Tit. 20, Nr. 627, Bl. 16–55.
A18 = A17, Bl. 52.
A19 ZStA Merseburg, Geheimes Zivilkabinett, Rep. 2.2.1, Nr. 28601 Vol. 7, Bl. 76–80.
A20 = A19, Bl. 76/77.
A21 StA Potsdam, Pr.Br.Rep.30/Berlin C, Polizeipräsidium, Tit. 20, Nr. 626, Bl. 2–8.
A22 LA Berlin (West), Pr.Br.Rep.30, Polizeipräsidium, Nr. 188.
A23 = A22.
A24 = A22, Bl. 104.
A25 ZStA Merseburg, Geheimes Zivilkabinett, Rep.2.2.1, Nr. 28637, Bl. 10–11.
A26 = A22.
A27 = A22, Bl. 63 f.
A28 LA Berlin (West), Pr.Br.Rep.30, Polizeipräsidium, Nr. 195, S. 91–92.
A29 = A19, Bl. 177–190.
A30 = A19, Bl. 177–190.
A31 ZStA Merseburg, Geheimes Zivilkabinett, Rep.2.2.1, Nr. 28640, Bl. 9–10.
A32 = A22.
A33 = A31, Bl. 1–10.
A34 = A19, Bl. 76–80.
A35 Kartensammlung der Staatsbibliothek Berlin (West).
A36 = A22, Bl. 23 ff.
A37 = A19, Bl. 177–190.
A38 = A21, Bl. 80 ff.
A39 StA Potsdam, Pr.Br.Rep.30/Berlin C, Polizeipräsidium, Tit. 20, Nr. 651, Bl. 32 f.
A40 = A21.

Kapitel 13 Bilder und Pläne

B1 Archiv Forschungsschwerpunkt.
B2 = B1.
B3 = B1.
B4 = B1.
B5 Geheimes Staatsarchiv Dahlem.
B6 Landesarchiv Berlin (West).
B7 = B6.
B8 = L15.
B9 Verwaltung der Staatlichen Schlösser und Gärten Charlottenburg, Berlin (West).
B10 Die Bauwerke und Kunstdenkmäler von Berlin, Bezirk Kreuzberg. Karten u. Pläne. Bearb.: HECKER, Manfred. Berlin (West) 1980 – Pl. 14.
B11 Märkisches Museum, Berlin (DDR).
B12 = B6.
B13 StA Potsdam, Pr.Br.Rep.30/Berlin C, Polizeipräsidium, Tit. 20, Nr. 628, Bl. 28.
B14 = B6.
B15 = A22, Bl. 140.
B16 = B6.
B17 = B10, Pl. 32.
B18 = B1.
B19 = L25, S. 27.
B20 = B6.
B21 = B1.
B22 = B1.
B23 = A22.

Kapitel 14 Literatur

L1 RASCH, Gustav: Die dunklen Häuser von Berlin. 2. Aufl. Wittenberg 1863 – S. 131 ff.
L2 Das Berliner Voigtland. Abdruck aus dem in Duisburg im Diakonissenhause erscheinenden Sonntagsblatt für innere Mission. Duisburg 1962 – S. 6 f.
L3 Die Berliner Volks-Zählung vom 3. December 1861. Bericht der städtischen Central-Commission für die Volks-Zählung über die Mitwirkung der Commune an der Zählungsausführung und deren Resultate. Teil 1. Berlin 1863.
L4 100 Jahre Berliner Statistik 1862–1962. Festschrift zum hundertjährigen Bestehen des Berliner Statistischen Amtes. Hrsg.: Stat. Landesamt Berlin. Berlin (West) 1962 – S. 30.
L5 = L3, S. 31.
L6 = L3, S. 43.
L7 = L3, S. 44 f.
L8 REICH, Emmy: Der Wohnungsmarkt in Berlin von 1840–1910. München, Leipzig 1912 – S. 71 f.
L9 = L2, S. 12 f.
L10 HOBRECHT, James: Über öffentliche Gesundheitspflege und die Bildung eines Central-Amts für öffentliche Gesundheitspflege im Staate. Stettin 1868.
L11 = L10, S. 13 ff.
L12 HEGEMANN, Werner: Das steinerne Berlin. Berlin 1930 – S. 328.
L13 Berliner Börsenzeitung, Nr. 113, 8.3. 1864.
L14 Berlinische Nachrichten von Staats- und gelehrten Sachen (Haude & Spenersche Zeitung) Nr. 76, 30.3.1864.
L15 GLAGAU, Otto: Der Börsen- und Gründungs-Schwindel in Berlin. Leipzig 1876 – S. 35 f., 138 ff.
L16 HABERLAND, Georg: Aus meinem Leben. (Berlin) 1931.
L17 BAU-POLIZEI-ORDNUNG 1853. In: Beilage zum 19. Stück des Amtsblatts 1853 der Königl. Regierung zu Potsdam und der Stadt Berlin. Berlin 1853.
L18 = L15, S. 144 f.
L19 = L17.
L20 = L17.
L21 LINDERER, Eduard: Berliner Leierkasten-Couplets. In: Der Berliner Gassenhauer. Darstellung, Dokumente, Sammlung von Lukas Richter. Leipzig (um 1978) – S. 54 f.
L22 BOHM, Otto: Das Alte stürzt, es ändert sich die Zeit, und neues Leben blüht aus den Ruinen! In: Der Bär. Nr. 21. 1882 – S. 286 f.

Kapitel 14 Archivalien

A1 StA Berlin (DDR), Magistrat zu Berlin, Generalia Armenwesen Nr. 44, Nr. 1055, Bl. 235.
A2 StA Potsdam, Pr.Br.Rep.30/Berlin C, Tit. 20, Nr. 611, Bl. 37–38.
A3 LA Berlin (West), Städt. Feuersocietät, Rep. 180, Acc. 750, Bd. 82, Bl. 61–68.
A4 StA Potsdam, Pr.Br.Rep.30/Berlin C, Polizeipräsidium, Tit. 131, Nr. 17398, Bl. 57.

Kapitel 14 Bilder und Pläne

B1 Nach THIENEL, Ingrid: Städtewachstum im Industrialisierungsprozeß des 19. Jh. Berlin (West) 1973 – Abb. 2.
B2 Berlin-Museum, Berlin (West), Sineck: Situationsplan Berlin 1856 (Ausschnitt).
B3 Geheimes Staatsarchiv Dahlem, Sineck: Situationsplan Berlin 1861 mit eingetragenem Bebauungsplan (Ausschnitt).
B4 Berlin und seine Eisenbahnen. Berlin 1896. Bd. 1 – S. 60.
B5 = A2, Bl. 40/41.
B6 Aspekte der Gründerzeit. Ausstellungskatalog der Akademie der Künste Berlin (West) 1974 – S. 64.
B7 Märkisches Museum, Berlin (DDR).
B8 Archiv Forschungsschwerpunkt.
B9 Landesarchiv Berlin (West).
B10 = A4, Bl. 59.
B11 = B8.

Register

Personen

Orte

Sachen